Vahlens Großes Personallexikon

Vahlens Großes Personallexikon

Herausgegeben von

Prof. Dr. Christian Scholz

Universität des Saarlandes

Verlag C. H. Beck München
Verlag Franz Vahlen München

ISBN 978 3 8006 3491 0

© 2009 Verlag Franz Vahlen GmbH, Wilhelmstraße 9, 80801 München
Satz: ottomedien
Marburger Straße 11, 64289 Darmstadt
Druck und Bindung: Druckhaus „Thomas Müntzer" GmbH
Neustädter Str. 1–4, 99947 Bad Langensalza
Umschlaggestaltung: Bruno Schachtner, Dachau

Gedruckt auf säurefreiem, alterungsbeständigem Papier
(hergestellt aus chlorfrei gebleichtem Zellstoff)

Vorwort des Herausgebers

Dass Personalarbeit zu den zentralen Erfolgsfaktoren von Unternehmen gehört, ist ebenso unbestritten wie der Trend hin zu ihrer forcierten Professionalisierung. Kern einer solchen Entwicklung ist die Existenz von akzeptierten Grundlagen, die (weniger eine konkrete personalwirtschaftliche „Schule" darstellen, sondern) das ausdrücken, worin sich letztlich die zentralen Protagonisten des Feldes einig sind. Solche Informationen findet man üblicherweise in einem guten Lehrbuch, vor allem aber in einem Lexikon. Die spezifische Notwendigkeit zum jetzt – endlich! – vorliegenden Personallexikon ergibt sich darüber hinaus aus fünf Gründen:

1. Das Personalmanagement hat in den letzten Jahren eine beeindruckende Ausdifferenzierung erfahren und gleichzeitig benachbarte Disziplinen nicht nur erreicht, sondern zunehmend Wissensbausteine aus ihnen assimiliert. Die Faszination dieser Breite wirft zwangsläufig immer häufiger Fragen nach konkreten Inhalten, Sachverhalten und Zusammenhängen auf.
2. Wir stehen im Zeitalter von Google und Wikipedia. Ohne viel zu überlegen, hat man auf Knopfdruck zu fast jedem Ausdruck und zu fast jeder Wortkombination eine Antwort parat, im Regelfall auch schon ansprechend formatiert, vielleicht sogar mit gut klingenden Fußnoten kombiniert und auch sonst „einfach richtig" aussehend. Dies wirft zwangsläufig immer häufiger Fragen nach der wissenschaftlichen Korrektheit von Aussagen auf.
3. Praktiker treffen auf eine Flut von Literatur, Beratungskonzepten und Leitfäden. Zudem kommen auf nicht-wissenschaftlichen Kongressen und in Personalzeitschriften überwiegend Praktiker und Berater zu Wort, die ein unmittelbares Werbe- beziehungsweise Vermarktungsinteresse haben. Dies wirft zwangsläufig immer häufiger für die Akteure der betrieblichen Personalarbeit Fragen auf, die sich darauf beziehen, wie man „Erfolg versprechend" von „nur teuer" und vielleicht sogar „völlig falsch" unterscheiden kann.
4. Schlagworte wie Talent Management oder War for Talents stellen nur einige der zentralen Herausforderungen für die Personalarbeit dar. Auch eine strategische Ausrichtung und die damit verbundene Professionalisierung der Personalarbeit sind dringend gefordert. Dies wirft zwangsläufig immer häufiger Fragen danach auf, wie man die strategische und die operative Ebene verbinden kann, aber auch, wie eine Vereinbarung von „Altbekanntem" (und Bewährtem) mit aktuellen Innovationen möglich wird.
5. In der Personalwirtschaft gibt es einen Generationenwechsel. Viele der bekannten großen Namen aus unserer Zunft sind schon im Ruhestand oder kurz davor, dorthin zu wechseln. Dies wirft zwangsläufig immer häufiger Fragen nach (neuen) Namen auf: Wer sind diese und wo sind die Experten, die für bestimmte Inhalte stehen und vielleicht sogar innovative Impulse setzen?

Aus diesen fünf Gründen ergaben sich auch die Schwierigkeiten, die erst überwunden werden mussten, bevor dieses Personallexikon in den Druck gehen konnte:

1. Auch wenn die Abgrenzung der Stichworte öfters schwierig war und vor allem einzelne Konzepte in unterschiedlichen Bereichen mit jeweils anderen Inhalten belegt sind, haben wir uns zumindest bemüht, diese Verbindungen und auch den Diskurs zwischen Denkrichtungen entsprechend zu kennzeichnen.
2. Auch die Qualitätskontrolle und formale Standardisierung der Beiträge erwiesen sich als nicht trivial.
3. Auch wir standen vor dem Problem einer Bewertung von praktischer Nutzbarkeit – speziell angesichts des dramatischen Empiriedefizits unserer Disziplin. Hier sind wir nicht so weit gekommen, wie wir anfänglich gehofft hatten. Trotzdem wurde immer auch versucht, den Bezug zur praktischen Umsetzung herzustellen.
4. Auch wenn Vieles im Personalmanagement in die Rubrik „altbewährt" einzustufen ist, haben wir einige neuere Konzepte in das Personallexikon aufgenommen, sofern diese Ideen einen ersten Test in Theorie und Praxis überstanden haben.

Vorwort des Herausgebers

5. Auch wenn mir aus dem Kreis der älteren Kollegen die heftige Kritik der Diskriminierung entgegengebracht wurde, haben wir die ältere Generation der Personalprofessoren nicht berücksichtigt.

Ein neues Personallexikon ist also durchaus nötig und auch – ohne die auf dem Markt befindlichen Lexika in ihrer Struktur und Qualität irgendwie hinterfragen zu wollen – in der hier realisierten Form durchaus möglich. Insgesamt haben sich für dieses Personallexikon 92 Autoren zusammengefunden und es wurden 2.283 Stichworte produziert, davon

- 554 Querverweise
- 53 Kurzerläuterungen und
- 1.676 längere Stichworte.

Aufgrund seiner lexikalischen Vollständigkeit und seiner handbuchartigen Tiefe ermöglicht dieses Lexikon sowohl dem Laien als auch dem Experten, sowohl dem Wissenschaftler als auch dem Praktiker und sowohl dem Neueinsteiger als auch dem „alten Hasen" Fortschritte in der eigenen Professionalisierung. In diesem Kontext erscheint auch wichtig, dass alle Beiträge (außer Querverweise) immer am Anfang eine Definition zum entsprechenden Stichwort bringen, die weniger nur die spezifisch-originäre Idee des Autors darstellt, sondern im Zusammenspiel mit dem Herausgeber und seinem Team entstanden.

Deshalb an dieser Stelle zunächst einmal mein Dank an mein Team: Jean-Marc Abel, Lisa Böhmer, Sandra Bonk, Fabienne Brenneisen, Felix Eichhorn, Anke Kewerkopf, Carolin Günther, Nicole Kaufmann, Benjamin El Khalib, Barbara Kiock, Christine Kling, Stephanie Kohlmeyer, Steffen Lay, Stefanie Müller, Edith Niklas, Benjamin Quinten, Henriette Rudolph, Nadine Schaaf, Prof. Dr. Volker Stein, Jutta Astrid Stelletta, Ricarda Türk und vor allem Karoline Jorzyk, die mich (und alle Anderen im Team) beim Produktionsprozess umfassend unterstützte. Mein Dank geht auch an Dieter Sobotka, der die Idee zu diesem Lexikon hatte und der (wie schon vor über 20 Jahren bei meinem Lehrbuch Personalmanagement) viele gute Hinweise beisteuerte. Dennis Brunotte führte dieses Projekt verlagsseitig fort und half somit, das Lexikon fertig zu stellen. Ganz besonders ist natürlich den vielen Autoren zu danken, die bei diesem Projekt mitgemacht haben, die über mehrere Jahre Geduld und auch Verständnis aufbrachten, wenn es aus Gründen der Gesamtlogik zu teilweise doch deutlichen Veränderungen (mit erneutem Änderungsbedarf) kam.

Alles das hat die Arbeit an diesem Personallexikon (im internen Sprachgebrauch „Plexi" genannt und vielleicht in Zukunft auch so zitiert) zu einem Erlebnis gemacht, das länger gedauert hat als erwartet, das aber auch wesentlich intensiver und damit für mich bereichernder war, als ich es vermutet hatte.

Deshalb noch einmal Dank an alle, die mitgemacht haben, und unserem „Plexi" viel Erfolg bei seinen Lesern!

Univ.-Prof. Dr. Christian Scholz
Universität des Saarlandes

Hinweise zum Gebrauch

1. Die Stichwörter sind alphabetisch geordnet. Einige Besonderheiten sind allerdings zu erwähnen: Besteht ein Stichwort aus mehr als zwei Wörtern (z. B. Aktionstheorie der Motivation), so ist dieses Stichwort unter dem Buchstaben A zu finden, das bedeutet, es ist immer nach dem Anfangsbuchstaben des ersten Wortes zu suchen. Auch die Platzierung innerhalb eines Buchstabens erfolgt streng alphabetisch, dies gilt sowohl für zusammengesetzte Worte (z. B. Annerkennungsbedürfnis), für Stichworte, die mit einem Bindestrich verbunden sind (z. B. ABC-Analyse) als auch für Stichworte mit mehreren Wörtern (z. B. Alternative Karrieremodelle). Die Umlaute ä, ö, ü werden wie a, o, u behandelt, ß wird in ss aufgelöst und die Einordnung von mit Ziffern oder Zahlen beginnenden Stichwörtern (360-Grad-Feedback) erfolgt vor dem eigentlichen Alphabet.
2. Die Wahl von Plural oder Singular eines Stichwortes hängt von logischen Erfordernissen und sprachlichen Gepflogenheiten ab. Dies gilt auch für englische Termini. Sobald sowohl englische als auch deutsche Termini gebräuchlich sind (z. B. Sperrklinkeneffekt vs. Ratchet-Effekt), sichern Querverweise den Findungsprozess.
3. Verweispfeile verbinden Stichwörter innerhalb einer Begriffshierarchie und versuchen, auf benachbarte Stichwörter zu verlinken. Verweise erfolgen innerhalb eines Stichwortes nur bei der erstmaligen Nennung des Wortes.
4. Wichtige Stichwörter haben Literaturangaben, die zur weiteren Vertiefung der Thematik dienen. Diese stehen am Ende jedes Stichwortes und sind alphabetisch geordnet.
5. Alle Beiträge (außer Querverweise) haben am Anfang eine Definition des jeweiligen Begriffes.
6. Im Lexikon sind drei Arten von Stichwörtern zu finden: (1) Querverweise, (2) Kurzerläuterungen, die nur eine kurze Definition des Begriffes wiedergeben, sowie (3) längere Stichwörter.
7. Alle Stichwörter – ausgenommen die Kurzstichwörter – sind mindestens einem Verfasser zuzuordnen, der unter dem jeweiligen Artikel genannt wird.
8. Alle in den Stichwörtern verwendeten Abkürzungen sind im Text oder in einem entsprechenden Verzeichnis erklärt.
9. Das alphabetisch geordnete Autorenverzeichnis gibt einen Überblick über die am Lexikon beteiligten Verfasser aus Wissenschaft und Praxis sowie deren Wirkungsstätten.
10. Aus stilistischen Gründen und zur Verbesserung der Leserlichkeit wird nur die männliche Form verwendet.

Autorenverzeichnis

Andresen	Maike	Dr.	Helmut-Schmidt-Universität Hamburg
Bank	Volker	Prof. Dr.	Technische Universität Chemnitz
Bankhofer	Udo	Prof. Dr.	Technische Universität Ilmenau
Barmeyer	Christoph	Prof. Dr.	Universität Passau
Bartscher	Thomas	Prof. Dr.	Fachhochschule Deggendorf
Bechtel	Roman	Dr.	Qimonda AG
Behrends	Thomas	Jr.-Prof. Dr.	Universität Lüneburg
Benning	Axel	Prof. Dr.	Fachhochschule Bielefeld
Bergknapp	Andreas	Dr.	Universität Augsburg
Bernecker	Tobias	Dr.	Universität Stuttgart
Boemke	Burkhard	Prof. Dr.	Universität Leipzig
Boerner	Sabine	Prof. Dr.	Universität Konstanz
Brandl	Julia	Dr.	Wirtschaftsuniversität Wien
Brauchler	Regina	Dr.	Hochschule Reutlingen, Universität Hohenheim
Bröckermann	Reiner	Prof. Dr.	Hochschule Niederrhein
Bruch	Heike	Prof. Dr.	Universität St. Gallen
Bürkle	Thomas	PD Dr.	Johann Wolfgang Goethe-Universität Frankfurt
Burr	Wolfgang	Prof. Dr.	Universität Stuttgart
Dilger	Alexander	Prof. Dr.	Westfälische Wilhelms-Universität Münster
Eisele	Daniela	Dr.	ZF Friedrichshafen AG
Eisenbeis	Uwe	Dr.	Universität des Saarlandes
Elšik	Wolfgang	Prof. Dr.	Wirtschaftsuniversität Wien
Fallgatter	Michael	Prof. Dr.	Bergische Universität Wuppertal
Festing	Marion	Prof. Dr.	ESCP-EAP Europäische Wirtschaftshochschule Berlin
Fisch	Jan-Hendrik	Prof. Dr.	Universität Augsburg
Fischer	Christian	Prof. Dr.	Friedrich-Schiller-Universität Jena
Fischer	Nikolaj	PD Dr.	Universität Kassel
Föhr	Silvia	Prof. Dr.	Universität Leipzig
Friedli	Vera	Dr.	
Frost	Jetta	Prof. Dr.	Universität Hamburg
Fuhlrott	Michael	Dr.	CMS Hasche Sigle
Funder	Maria	Prof. Dr.	Universität Marburg
Germelmann	Claas Christian	Dr.	Universität des Saarlandes
Giardini	Angelo	Dr.	Deutsche Bank AG
Gilbert	Ulrich	Prof. Dr.	Universität Erlangen-Nürnberg
Gmür	Markus	Prof. Dr.	Université Fribourg
Grieger	Jürgen	PD Dr.	Freie Universität Berlin
Groening	Yvonne	Dr.	myconsult GmbH

Autorenverzeichnis

Grund	Christian	Prof. Dr.	Julius-Maximilians-Universität Würzburg
Hansen	Katrin	Prof. Dr.	Fachhochschule Gelsenkirchen
Haunschild	Axel	Prof. Dr.	Universität Trier
Hecker	Achim	Dr.	Albert-Ludwigs-Universität Freiburg
Hell	Benedikt	Dr.	Universität Konstanz
Henselek	Hilmar	PD Dr.	Ruhr-Universität Bochum
Hofmann	Laila Maija	Prof. Dr.	Fachhochschule für Wirtschaft Berlin
Horender	Ulrike		Festo AG & Co. KG
Hornberger	Sonia	Dr. habil.	Audi AG
Jirjahn	Uwe	PD Dr.	Universität Hannover
Kabst	Rüdiger	Prof. Dr.	Justus-Liebig-Universität Giessen
Kaiser	Stephan	PD Dr.	Katholische Universität Eichstätt-Ingolstadt
Kamin	Oliver	Dr	Carl von Ossietzky Universität Oldenburg
Koch	Antje	Dr.	Universität Erfurt
Kräkel	Matthias	Prof. Dr.	Universität Bonn
Kuhn	Thomas	PD Dr.	Universität St. Gallen
Ladwig	Désirée H.	Prof. Dr.	Helmut-Schmidt-Universität Hamburg
Lindstädt	Hagen	Prof. Dr.	Technische Universität Karlsruhe
Meckl	Reinhard	Prof. Dr.	Universität Bayreuth
Meyer	Friedrich	Prof. Dr.	Fachhochschule der Wirtschaft Paderborn
Meyer	Michael	Prof. Dr.	Wirtschaftsuniversität Wien
Möller	Klaus	Prof. Dr.	Georg-August-Universität Göttingen
Morschett	Dirk	Prof. Dr.	Université Fribourg
Nagel	Annette	Prof. Dr.	Fachhochschule Münster
Nicolai	Christiana	Prof. Dr.	Fachhochschule Frankfurt a. M.
Ortlieb	Renate	Dr.	Freie Universität Berlin
Ortner	Tuulia	Dr.	Freie Universität Berlin
Piber	Martin	Prof. Dr.	Universität Innsbruck
Preusche	Ingrid	Dr.	Universität Wien
Remdisch	Sabine	Prof. Dr.	Leuphana Universität Lüneburg
Ritz	Adrian	Prof. Dr.	Universität Bern
Sauerland	Martin	Dr.	Universität Regensburg
Schramm	Florian	Prof. Dr.	Helmut-Schmidt-Universität Hamburg
Schwaab	Markus-Oliver	Prof. Dr.	Fachhochschule Pforzheim
Schweizer	Lars	Prof. Dr.	Johann Wolfgang Goethe-Universität Frankfurt
Sliwka	Dirk	Prof. Dr.	Universität zu Köln
Sodenkamp	Daniel	Dr.	Praxis für Arbeitspsychologie
Spengler	Thomas	Prof. Dr.	Otto-von-Guericke Universität Magdeburg
Spieß	Erika	Prof. Dr.	Universität Augsburg
Stein	Volker	Prof. Dr.	Universität Siegen
Stock-Homburg	Ruth	Prof. Dr.	Technische Universität Darmstadt
Strohmeier	Stefan	Prof. Dr.	Universität des Saarlandes
Tomenendal	Matthias	Prof. Dr.	Berlin School of Economics

Vogel	Bernd	Dr.	Universität St. Gallen
vom Brocke	Jan	Prof. Dr.	Hochschule Liechtenstein
Weisweiler	Silke	Dr.	Ludwig-Maximilians-Universität München
Weißert-Horn	Margit	Dr.	Ergon GmbH, ergonomia Verlag Stuttgart
Wengelowski	Peter	PD Dr.	Carl von Ossietzky Universität Oldenburg
Wilkens	Uta	Prof. Dr.	Ruhr-Universität Bochum
Wolff	Birgitta	Prof. Dr.	Otto-von-Guericke-Universität Magdeburg
Wolff	Michael	Dr.	Universität Karlsruhe
Wrona	Thomas	Prof. Dr.	ESCP-EAP Europäische Wirtschaftshochschule Berlin
Wüstner	Kerstin	Dr.	Helmut-Schmidt-Universität Hamburg
zu Knyphausen-Aufseß	Dodo	Prof. Dr.	Otto-Friedrich-Universität Bamberg

Abkürzungsverzeichnis

a. M.	am Main	BCSP	Board of Certified Safety Professionals
AA	AccountAbility		
ABC	Activity Based Costing	Bd.	Band
AbGl	Absprachegleitzeit	BDA	Bundesvereinigung der Deutschen Arbeitgeberverbände e.V.
ABM	Arbeitsbeschaffungsmaßnahmen		
ABR	Aufenthaltsbestimmungsrecht	BDP	Berufsverband Deutscher Psychologinnen und Psychologen
Abs.	Absatz		
AC	Assessment Center	BDSG	Bundesdatenschutzgesetz
ACoP	Approved Code of Practice	BErzGG	Bundeserziehungsgeldgesetz
AET	Arbeitswissenschaftliche Erhebungsverfahren zur Tätigkeitsanalyse	BeschFG	Beschäftigungsförderungsgesetz
		BetrAVG	Gesetz zur Verbesserung der betrieblichen Altersvorsorge
AEVO	Ausbildereignungsverordnung	BetrVG	Betriebsverfassungsgesetz
AFRG	Arbeitsförderungsreformgesetz	BGB	Bürgerliches Gesetzbuch
AG	Aktiengesellschaft	BIS	Berliner Intelligenzstrukturmodell
AGG	Allgemeines Gleichbehandlungsgesetz	BKK	Betriebskrankenkasse
		BKV	Berufskrankenverordnung
AIST	Allgemeiner Interessens-Struktur-Test	BM	Burnout Measure
		BMBF	Bundesministerium für Bildung und Forschung
AktG	Aktiengesetz		
ANOVA	Analysis of Variance	BMFSFJ	Bundesministerium für Familie, Senioren, Frauen und Jugend
AOK	Allgermeine Ortskrankenkasse		
ArbGG	Arbeitsgerichtsgesetz	BMWA	Bundesministerium für Wirtschaft und Arbeit
ArbSchG	Arbeitsschutzgesetz		
ArbStättV	Arbeitsstättenverordnung	BOS	Behavior Observation Scales
ArbZG	Arbeitszeitgesetz	BPA	BestPersAward
ARC	Austrian Research Centers GmbH	BSC	Balanced Scorecard
ARIS	Architektur integrierter Informationssysteme	BSP	Bruttosozialprodukt
		Bsp.	Beispiel
ARPA	Advanced Research Projects Agency	bspw.	beispielsweise
		BUrlG	Bundesurlaubsgesetz
Art.	Artikel	bzw.	beziehungsweise
ASiG	Arbeitssicherheitsgesetz	CBT	Computer-Based-Training
ASP	Application Service Providing	CEEP	Centre européen des entreprises à participation publique et des entreprises d'interêt économique général
AufenthG	Aufenthaltsgesetz		
Aufl.	Auflage		
AÜG	Arbeitnehmerüberlassungsgesetz	CEEP	European Centre of Enterprises with Public Participation and of Enterprises of General Economic Interest/Europäischer Zentralverband der öffentlichen Wirtschaft
AuslG	Ausländergesetz		
AVEM	Arbeitsbezogenes Verhaltens- und Erlebensmuster		
AZO	Arbeitszeitverordnung		
AZWV	Anerkennungs- und Zulassungsverordnung	CEO	Chief Executive Officer
		CGB	Christlicher Gewerkschaftsbund
B2B	Business-to-Business	CI	Corporate Identity
B2C	Business-to-Consumer	CIMOSA	Computer Integrated Manufacturing Open System Architecture
B2E	Business-to-Employer		
BA	Berufsakademie	CIPD	Chartered Institute of Personnel and Development
BAG	Bundesarbeitsgericht		
BAG	Bundesagentur für Arbeit	COLA	Cost of Living Award
BAGE	Bundesarbeitsgemeinschaft Elterninitiative	CPI	California Personality Inventory
		CUBE	Content, Usability, Branding, Emotion
BBiG	Berufsbildungsgesetz		
BBP	Betriebliche Beschäftigungspolitik	CWQC	Company Wide Quality Control

Abkürzungsverzeichnis XIV

d.h.	das heißt
DAG	Deutsche Angestelltengewerkschaft
DBW	Deutscher Beamtenwirtschaftsring
DCC	Dual-Career-Couples
DEÜV	Daternerfassungs- und Übermittlungsverordnung
DEVO	Datenerfassungsverordnung
DGB	Deutscher Gewerkschaftsbund
DGBL	Digital Game Based Learning
DGFP e.V.	Deutsche Gesellschaft für Personalführung e.V.
DGP e.V.	Deutsche Gesellschaft für Personalwesen e.V.
DGUV	Deutsche Gesetzliche Unfallversicherung
DHV	Deutscher Hochschulverband
DIHK	Deutscher Industrie- und Handelskammertag
DIN	Deutsches Institut für Normung
Diss.	Dissertation
DIW	Sozialökonomisches Panel des Deutschen Instituts für Wirtschaftsforschung
DNB	Der Neue Betrieb – Studienkreis für sozialwirtschaftliche Betriebsformen e.V.
DPG	Deutsche Postgewerkschaft
DSS	Decision Support Systeme
dt.	deutsch
DÜVO	Datenübermittlungsverordnung
e.V.	eingetragener Verein
EBZ	Europäisches Berufsberatungszentrum
EDV	Elektronische Datenverarbeitung
EFQM	European Foundation of Quality Management
EFZG	Entgeltfortzahlungsgesetz
EG	Europäische Gemeinschaft
EGB	Europäischer Gewerkschaftsbund
EGKS	Europäische Gemeinschaft für Kohle und Stahl
EGV	Gründungs- und Änderungsvertrag zur Europäischen Gemeinschaft
eHRM	Electronic Human Resource Management
EIRO	European Industrial Relations Observatory
EIS	Exekutive Informationssysteme
EK	Ersatzkasse
EMRK	Europäische Menschenrechtskonvention
engl.	englisch
EQA	European Quality Award
ERG	Existence, Relatedness, Growth
ERP	Enterprise Resource Planning
ES-BA	Europaservice der Bundesagentur für Arbeit
ESC	Europäische Sozialcharta
ESOPs	Employee Share Ownership Plans
ESS	Employee Selfservice
EstG	Einkommenssteuergesetz
etc.	et cetera
EU	Europäische Union
EuGH	Europoäischer Gerichtshof
EURATOM	Europäische Atomgemeinschaft
EURES	European Employment Services
EURO-CADRES	Europäischer Rat der Fach- und Führungskräfte
EUROSTAT	Statistisches Amt der Europäischen Union
EUS	Entscheidungsunterstützende Systeme
EV	Einigungsvertrag
evtl.	eventuell
EWG	Europäische Wirtschaftsgemeinschaft
EzA	Entscheidungssammlung zum Arbeitsrecht
F&E	Forschung und Entwicklung
f.	folgende
FAQ	Frequently Asked Question
FASB	Financial Accounting Standards Board
ff.	fortfolgende
FIS	Führungsinformationssysteme
FTE	Full-Time-Equivalent
FTP	File Transfer Protocol
GdED	Transnet – Gewerkschaft der Eisenbahner Deutschlands
GdP	Gewerkschaft der Polizei
GEW	Gewerkschaft Erziehung und Wissenschaft
GewO	Gewerbeordnung
GG	Grundgesetz
ggf.	gegebenenfalls
GIS	Generelle Interessens-Skala
GLAZ	Gleitende Arbeitszeit
GmbH	Gesellschaft mit beschränkter Haftung
GPL	General Public License
GS	Großer Senat
GVG	Gerichtsverfassungsgesetz
GWA	Gemeinkostenwertanalyse
H.	Heft
HAG	Heimarbeitsgesetz
HAWIE	Hamburger-Wechsler-Intelligenztest für Erwachsene
HAWIK	Hamburger-Wechsler-Intelligenztest für Kinder
HBV	Gewerkschaft Handel, Banken und Versicherung
HCNs	Host Country Nationals
HeimG	Heimgesetz
HERBIE	Hybrid Education and Research Base for Information Exchange

Abkürzungsverzeichnis

HGB	Handelsgesetzbuch	IST	Intelligenzstrukturtest
HPWS	High Performance Work Systems	J	Joule
HR	Human Resource	JArbSchG	Jugendarbeitsschutzgesetz
HRA	Human Resource Accounting	JCM	Job Characteristics – Modell
HRCI	Human Resource Certification Institut	JDS	Job Diagnostic Survey
HRG	Hochschulrahmengesetz	Jg.	Jahrgang
HRIS	Human Resource Information System	JUSE	Japanese Union of Scientists
HRM	Human Resource Management	K	Kernzeit
HRMS	Human Resource Management System	KAPOVAZ	Kapazitätsorientierte variable Arbeitszeit
Hrsg.	Herausgeber	KBS	Deutsche Rentenversicherung Knappschaft-Bahn-See
HR-Swiss	Schweizerische Gesellschaft für Human Resource Management	KLLA	Komplexe Lehr- und Lernarrangements
HWB	Handwörterbuch der Betriebswirtschaft	KMU	Kleine und Mittlere Unternehmen
		KonTraG	Gesetz zur Kontrolle und Transparenz im Unternehmensbereich
HwO	Handwerksordnung	KPI	Key Performance Indicator
i.d.R.	in der Regel	KSchG	Kündigungsschutzgesetz
IAB	Institut für Arbeitsmarkt und Berufsforschung der Bundesagentur für Arbeit	KSchR	Kündigungsschutzrecht
		KV Schweiz	Schweizerischer Kaufmännischer Verband
IAC	Interkulturelles Assessment Center	LadSchlG	Ladenschlussgesetz
		LAG	Landesarbeitsgericht
IAO	Internationale Arbeitsorganisation	LAN	Local Area Network
IAT	Implicit Association Tests	LAS	Learning Administration Systeme
ICT	technologische Veränderungen	LBDQ	Leader Behavior Description Questionnaire
IFEBO	International Foundation of Employee Benefits Resources	LCS	Learning Content Systeme
		L-Daten	Life-record-Daten
IG BAU	Interessengemeinschaft Bauen-Agrar-Umwelt	LEWITE	Lexikon-Wissen-Test
		lmi	leistungsmengeninduziert
IG BCE	Interessengemeinschaft Bergbau, Chemie und Energie	lmn	leistungsmengenneutral
		LMS	Learning Management Systeme
IGM	Interessengemeinschaft Metall	LPC	Least Preferred Co-Worker
IHK	Industrie- und Handelskammer	LPI-Theorie	Theorie Linearer Partieller Information
IHKG	Gesetz zur vorläufigen Regelung des Rechts der Industrie- und Handelskammer	LQW	Lernorientierte Qualität in der Weiterbildung
IKT	Informations- und Kommunikationstechnik	LSI	Learning Style Inventory
		LZR	Lebenszykluskostenrechnung
ILO	International Labour Organisation	M&A	Mergers and Acquisitions
imk	Institut für Managementkompetenz	MANOVA	Multivariate Varianzanalyse
		MbD	Management by Delegation
IMS	Institute of Manpower Studies	MbE	Management by Exception
insb.	insbesondere	MBI	Maslach-Burnout-Inventory
InsO	Insolvenzordnung	MBNQA	Malcolm Baldrige National Quality Award
IOE	Internationale Arbeitgeberorganisation	MbO	Management by Objectives
IPMA-HR	International Personnel Management Association of Human Resources	MDW	Measure Daywork
		Mio.	Million
IRS/IFRS	International Accounting Standards/International Financial Reporting Standards	MIT	Massachusetts Institute of Technology
		MKWI	Multikonferenz Wirtschaftsinformatik
ISCO	International Standard Classification of Occupation (Internationale Standardklassifikation der Berufe)	MLQ	Multifactor Leadership Questionnaire
ISO	Organization for Standardisation	MMG	Multi-Motiv-Gitter

Abkürzungsverzeichnis

MMH	Multimoment-Häufigkeitszählverfahren
MMZ	Multimoment-Zeitmessverfahren
Mrd.	Milliarde
MTM	Methods Time Measurement
MuSchuG	Mutterschutzgesetz
NachwG	Nachweisgesetz
NAIRU	Nonaccelerating Inflation Rate of Unemployment
NASDAQ	National Association of Securities Dealers Automated Quotations
NGG	Gewerkschaft Nahrung, Genuss und Gaststätten
NIST	National Institute of Standards and Technology
NJW	Neue Juristische Wochenschrift
NLP	Neurolinguistisches Programmieren
NPM	Nex Public Management
NPO	Nonprofit-Organisationen
NZA	Neue Zeitschrift für Arbeitsrecht
OCB	Organizatiuonal Citizenship Behavior
OECD	Organization for Economic and Development
OpenUSS	Open University Support System
OSI	Open Source-Initiative
OSQ	Occupational Stress Questionnaire
ÖTV	Gewerkschaft öffentliche Dienste, Transport und Verkehr
PCNs	Parent Country Nationals
PE	Personalentwicklung
PERDOC	Datenbank zum Thema Personalmanagement
PersVG	Personalvertretungsgesetz
PI	Performance Improvement
PIS	Personalinformationssysteme
PIX	Personalmanagement-Professionalisierungs-Index
PMPQ	Professional and Managerial Position Questionnaire
POSDCoRB	Planning, Organizing, Staffing, Directing, Coordination, Reporting, Budgeting
PPM	Partizipatives Produktivitätsmanagement
PR	Public Relations
PSV	Pensionssicherungsverein
PSVaG	Pensionssicherungsverein auf Gegenseitigkeit
PTSD	Posttraumatic Stress Disorder
Q-Daten	Questionnaire-Daten
R	Realtime
RADAR	Results, Approach, Deployment, Assessment, Review
REFA	Verband für Arbeitsgestaltung, Betriebsorganisation und Unternehmensentwicklung (Reichsausschuss für Arbeitszeitvermittlung)
RHIA	Regulationshindernisse in der Arbeit
RKW	Rationalisierungs-Kuratorium der deutschen Wirtschaft / Rationalisierungs- und Innovationszentrum der Deutschen Wirtschaft
RoE	Return on Education
RoI	Return on Investment
RVO	Rechtsverordnung
S.	Seite
s.a.	siehe auch
SA	Social Accountability
SAP	Systeme, Anwendung und Produkte in der Datenverarbeitung
SAZ	Skala zur Messung von Arbeitszufriedenheit
SBS-HP	Staff Burnout Scale for Health Professions
SBU	Strategic Business Unit
SchwarzArbG	Schwarzarbeitsbekämpfungsgesetz
SEC	Securities and Exchange Comission
SeemG	Seemannsgesetz
SFo	Saarbrücker Formel
SGB	Sozialgesetzbuch
SGB	Sozialgesetzbücher
SGG	Sozialgerichtsgesetz
SIETAR	Society for Intercultural Education, Training and Research
SLA	Service Level Agreement
SMT	Self-Managed Team
SOEP	Sozioökonomisches Panel
sog.	sogenannt
SOM	Self-Organizing Feature Maps
Sp.	Spalte
SPEC	Stanford Projekt on Emerging Companies
SprAuG	Sprecherausschussgesetz
SPSS	Statistical Product and Service Solutions
SSL	Secure Socket Layer
StGB	Strafgesetzbuch
SVZ	System vorbestimmter Zeiten
SWOT	Strengths, Weakness, Opportunities, Threats
SYMPAZ	Systematische Methode zur Planung der Arbeitszeitflexibilisierung
syn.	synonym
TA	Telearbeit
TAG	Teilautonome Arbeitsgruppen
TCNs	Third Country Nationals
TCP/IP	Transmission Control Protocol/Internet Protocol
TCQ	Total Quality Control
T-Daten	Test-Daten
TQM	Total Quality Management
TVG	Tarifvertragsgesetz
TzBfG	Teizeit- und Befristungsgesetz
u.a.	unter anderem

UEAPME	Union Européenne de l'Artisanat et des Petites et Moyennes Entreprises	VRIN	Valuable, Rare, inimitable, nonsubstitutable
UML	Unified Modelling Language	VRML	Virtual Reality Markup Language
UNICE	Union of Industrial and Employers Confederation of Europe/Europäische Vereinigung der Industrie- und Arbeitgeberverbänder	VRS	Voice Response System
		VVBS	Verhaltensverankerte Beurteilungsskala
		WBT	Web-Based-Training
US-GAAP	United States Generally Accepted Accounting Principles	WFA	Work Factor Analysis
		WFG	Wachstums- und Beschäftigungsförderungsgesetz
USP	Unique Selling Position		
UST	Umwelt-Struktur-Test	WGP	Wertgrenzprodukt
usw.	und so weiter	WMS	Wissensmanagement-System
UVV	Unfallverhütungsvorschriften	WoP	Wertorientiertes Personalmanagement
UWG	Gesetz gegen den unlauteren Wettbewerb		
		WRV	Weimarer Reichsverfassung
ver.di	Vereinigte Dienstleistungsgewerkschaft	WSI	Wirtschafts- und Sozialwissenschaftliches Institut
VERA	Verfahren zur Ermittlung von Regulationserfordernissen in der Arbeitsfähigkeit	WWW	World Wide Web
		XPS	Personalwirtschaftliche Expertensysteme
vgl.	vergleiche	z. B.	zum Beispiel
VIE	Value-Expectancy-Instrumentality	z. T.	zum Teil
VisCAP	Visibility, Credibility, Attractiveness, Power	ZfO	Zeitschrift für Organisation
		ZPO	Zivilprozessordnung
VOBS	Verhaltensorientierte Beurteilungsskala	ZSRO	Zentralverband Schweizerischer Arbeitgeberorganisationen

360-Grad-Feedback

multiperspektivisches und multipersonales Verfahren der →Personalbeurteilung, bei dem →Führungskräfte von verschiedenen Gruppen und damit aus unterschiedlichen Perspektiven im Unternehmen beurteilt werden (syn.: 360-Grad-Beurteilung).

Zu den diskutierten und praktizierten Varianten dieses Verfahrens gehören regelmäßig die *Beurteilung durch die Führungskraft* (→Leistungsbeurteilung), die *Beurteilung durch unterstellte Mitarbeiter* (→Vorgesetztenbeurteilung) und seltener die *Beurteilung durch Kollegen* (→Gleichgestelltenbeurteilung). Vereinzelt wird auch für die Einbeziehung von Kunden und Lieferanten in den Kreis der Beurteiler plädiert (540-Grad-Feedback). Diese, teils anonymisierte und inhaltlich aufbereitete Beurteilung wird der beurteilten Person, die ihrerseits eine →Selbstbeurteilung vornimmt, rückgekoppelt. Auf dieser Informationsbasis sollen – häufig im Rahmen von →Feedbackgesprächen oder Workshops sowie mit Unterstützung durch Berater (→Coaching) – jeweils individuelle Entwicklungsmaßnahmen, insbesondere zur Verbesserung des →Führungsverhaltens, eingeleitet werden.

Die Erwartung positiver Effekte infolge der Rückkopplung differenzierter leistungs- und verhaltensrelevanter Informationen an die Führungskraft wird begleitet von Bedenken hinsichtlich einer umfassenden Beobachtungs- und Kontrollsituation (→Beobachtung). Insofern erfordert die für eine erfolgreiche Anwendung dieses Verfahrens unabdingbare Akzeptanz umfangreiche organisatorische, personalpolitische und kulturelle Voraussetzungen. Grundsätzlich steht der zunehmenden Verbreitung des Verfahrens in der Praxis eine Reihe ungelöster konzeptioneller Fragen und methodischer Probleme sowie ein sehr hoher Aufwand gegenüber.

Jürgen Grieger

3-D-Modell

auf dem →Führungsstilmodell der Ohio-Forschung basierende Kombination zweier Dimensionen des →Führungsverhaltens (Beziehungs- und Aufgabenorientierung), die vier Grundstile der Führung (→Mitarbeiterführung) bildet.

Bei geringer Beziehungs- und Aufgabenorientierung liegt der *Verfahrensstil* vor, bei Steigerung der Aufgabenorientierung handelt es sich um den *Aufgabenstil*. Ist die Beziehungsorientierung stark ausgeprägt, die Aufgabenorientierung aber gering, spricht *Reddin* (1977) vom *Beziehungsstil*. Hohe Beziehungs- und Aufgabenorientierung entsprechen dem *Integrationsstil*.

Abhängig von der Führungssituation (→Situationsansatz der Führung), kann jeder der vier Grundstile effektiv sein. *Reddin* (1977) führt neben der Beziehungs- und Aufgabenorientierung die *Effektivität* als dritte Dimension in sein Modell ein. So wird aus der rein aufgabenorientiert führenden →Führungskraft bei hoher Effektivität ein „Macher", bei geringer ein „Autokrat", aus dem rein beziehungsorientiert Führenden bei hoher Effektivität ein „Förderer", bei geringer ein „Missionar". Den Verfahrensstil anwendend verhält die Führungskraft sich bei hoher Effektivität als „Bürokrat", bei geringer als „Deserteur", mit dem Integrationsstil handelt sie in effektiver Weise als „Integrierer", sonst als „Kompromissler". Es wird deutlich, dass die Effektivität keine selbständig variierbare, mit der Beziehungs- und Aufgabenorientierung vergleichbare Dimension des →Führungsstils ist, sondern sich erst aus der Art der Anwendung ergibt.

Für die Entscheidung, ob ein bestimmter Führungsstil effektiv ist oder nicht, führen die Führungskräfte eine *Analyse der Situation* durch. Sie betrachten die Variablen Aufgabenanforderung, Mitarbeiter, Kollegen, Führungskräfte sowie →Organisationsstruktur und →Organisationsklima und leiten nach den Regeln *Reddins* den effektiven Führungsstil ab. Um alle Stile von Situation zu Situation effektiv anwenden zu können, müssen sie diese einerseits beherrschen und andererseits zwischen ihnen wechseln können. Zum Erwerb der hierzu nötigen *Führungsstilflexibilität* (→Reifegradmodell) bietet *Reddin* (1977) Flex-Karten an.

Mit dem 3-D-Modell wurde ein interessantes Konzept entwickelt, das die Unangemessenheit von Handlungsempfehlungen für die Wahl eines „immer besten" Führungsstils zu überwinden vermag. Weiterhin schenkt es dem häufig vernachlässigten Gesichtspunkt der Verhaltensflexibilität von Führungskräften Beachtung. Struktur und Regeln des Modells sind einleuchtend und in Seminaren schnell vermittelbar. Ein Teil der Beliebtheit des Modells bei Führungskräften ist auch darauf zurückzu-

3-D-Modell

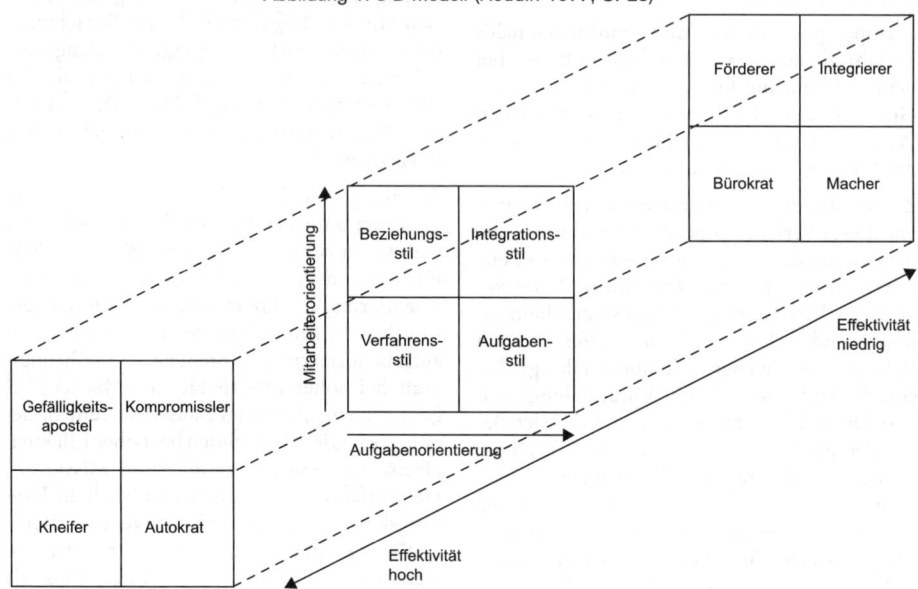

Abbildung 1: 3-D-Modell (*Reddin* 1977, S. 28)

führen, dass es dem Anwender bei der Analyse, Ableitung und Umsetzung ausreichend Spielräume gibt, um jeden bisher intuitiv praktizierten Führungsstil mithilfe des Modells nunmehr als effektiv zu deklarieren. Aus wissenschaftlicher Sicht könnte erst dann zu einer Anwendung geraten werden, wenn ein systematisches Messkonzept und eine empirische Validierung des Modells vorgelegt würde.

Literatur: Reddin, W. J.: Das 3-D-Programm zur Leistungssteigerung des Managements, München 1977.

Jan Hendrik Fisch

400-Euro-Jobs → Geringfügige Beschäftigung

540-Grad-Feedback → 360-Grad-Feedback

A

ABC-Analyse

Instrument zur Entscheidungsunterstützung, mit dessen Hilfe eine Rangreihenfolge der betrachteten Variablen nach Wichtigkeit und Bedeutung gebildet werden kann.

Mithilfe der ABC-Analyse können komplexe Problembereiche strukturiert und deren quantitative Strukturen sichtbar gemacht werden (*Arnolds*, *Heege* und *Tussing* 1998). Die Schwerpunkte des zukünftigen Handelns lassen sich dann auf diejenigen Bereiche (z. B. Personengruppen oder Maßnahmen des →*Personalmanagements*) konzentrieren, die im Hinblick auf das untersuchte Kriterium am effizientesten erscheinen.

Das Prinzip der ABC-Analyse besteht darin, eine Klassenbildung (A, B und C-Klasse) zu erzeugen, bei der das gegenläufige Verhalten von Mitteleinsatz und Zielerreichung sichtbar wird:

- *A-Klasse*: Effizientester Bereich; mit circa 10 % bis 20 % des Mitteleinsatzes werden circa 70 % bis 80 % des Zieles erreicht.
- *B-Klasse*: Weniger effizienter Bereich; mit circa 20 % bis 50 % des Mitteleinsatzes werden nur circa 20 % bis 30 % des Zieles erreicht.
- *C-Klasse*: Ineffizienter Bereich; für nur 10 % Zielerreichung werden bis zu 80 % der Mittel benötigt.

Die Darstellung erfolgt in graphischer Form in der Regel mittels einer Lorenz-Kurve mit dem kumulierten Wert. Die Vorteile der ABC-Analyse liegen in der einfachen Handhabung und der objektiv-visuellen Verdeutlichung komplexer Sachverhalte. Nachteil ist, dass lediglich ein Kriterium zur Entscheidung herangezogen wird und damit unter Umständen wichtige Ursache-Wirkungs-Zusammenhänge unberücksichtigt bleiben. Die ABC-Analyse ist ein wichtiges Instrument zur Entscheidungsunterstützung sowohl im operativen als auch im strategischen Bereich und insbesondere im Rahmen von →Personalbeschaffung und →Personalmarketing ein weit verbreitetes Instrument.

Literatur: Arnolds, H.; Heege, F.; Tussing, W.: Materialwirtschaft und Einkauf, 10. Aufl., Wiesbaden 1998.

Klaus Möller

Abfindung

Zahlung an den →Arbeitnehmer bei Beendigung des Arbeitsverhältnisses (→Beschäftigungsverhältnis).

Neben einer freiwilligen vertraglichen Vereinbarung im →Aufhebungsvertrag kann auch ein Arbeitsgericht (→Arbeitsgerichtsbarkeit) das Arbeitsverhältnis im →Kündigungsschutzprozess nach § 9 des Kündigungsschutzgesetzes auf Antrag auflösen und eine Abfindung festlegen. Ferner gibt § 1a des genannten Gesetzes Arbeitnehmern bei →betriebsbedingten Kündigungen einen Abfindungsanspruch, wenn sie innerhalb der dreiwöchigen Klagefrist keine Kündigungsschutzklage erheben. Daneben sind →Interessenausgleich und Sozialplan vor allem bei einer →Betriebsänderung meist mit der Zahlung von Abfindungen verbunden.

Im Rahmen der Verhandlung vor dem Arbeitsgericht setzt man gemäß § 10 des Kündigungsschutzgesetzes maximal ein monatliches Bruttoarbeitsentgelt pro Jahr der Betriebszugehörigkeit an, bei betriebsbedingten Kündigungen zwingend ein halbes, wobei ein Zeitraum von mehr als sechs Monaten auf eine volles Jahr aufzurunden ist. Bei außergerichtlichen Verträgen wird, je nach Prozessrisiko, maximal ein halbes Bruttoarbeitsentgelt gezahlt. Neben den im Kündigungsschutzgesetz geregelten Abfindungen existieren noch lukrative Aufhebungsverträge wie der →goldene Fallschirm, durch den dann weitaus höhere Beträge zur Auszahlung kommen.

Reiner Bröckermann

Abgangsinterview

bei einer →Arbeitnehmerkündigung stattfindendes Gespräch zwischen →Führungskraft oder Mitarbeiter der Personalabteilung und dem kündigenden Mitarbeiter.

Die ausscheidenden Mitarbeiter können sich frei äußern, denn in der Regel haben sie keine negativen Folgen zu befürchten. Deshalb dient das Abgangsinterview

- der Ermittlung der tatsächlichen Kündigungsgründe,
- dem Erarbeiten eines unternehmensspezifischen Katalogs von Kündigungsgründen,
- dem Erkennen von betrieblichen Schwachstellen, die zu Kündigungen führen und behoben werden sollten,
- zudem dem Versuch des Abbaus von etwaigen Aversionen gegenüber dem Unternehmen und
- der Verabschiedung.

Scholz (2000) zufolge setzen in Deutschland 83 %, in Österreich 62 % und in den USA sogar 100 % aller Unternehmen Abgangsinterviews ein.

Wenn der Arbeitgeber kündigt (→Kündigung), wird ein *Trennungsgespräch* angesetzt, das vor allem den Zugang der Kündigungserklärung sicherstellt. Die Kündigungsgründe sind in diesem Fall in der Regel bekannt.

Literatur: *Scholz, C.*: Personalmanagement, 5. Aufl., München 2000, S. 552.

Reiner Bröckermann

Ablauforganisation

räumliche und zeitliche Verknüpfung der einzelnen Stellen beziehungsweise Aufgaben zu Prozessen.

Die Ablauforganisation entsteht im Rahmen der →Aufbauorganisation als Ergebnis der →Aufgabenanalyse und einer anschließenden zielorientierten Synthese der Einzelaufgaben. Diese bildet ein statisches Gerüst aus Stellen, Sachmitteln und Mitarbeitern, die für die Stellenbesetzung vorgesehen sind.

Die →Stellen werden in zeitlicher, logischer und räumlicher Hinsicht so koordiniert, dass dynamisch betrachtet eine zu erstellende Gesamtleistung das Ergebnis eines Prozessdurchlaufs darstellt. Im betrieblichen Alltag sind eine Vielzahl, häufig miteinander verzahnter Prozesse zu beobachten. Es lassen sich drei Typen von Prozessen unterscheiden:

1. *Entscheidungsprozesse*: Beschreiben den Ablauf von Entscheidungen in einem Unternehmen. Input dieser Prozesse sind →Informationen, Output sind umzusetzende Alternativen.

2. *Leistungserstellungsprozesse*: Beschreiben die einzelnen Schritte zur Erfüllung betrieblicher Sachziele. Input sind Produktionsfaktoren verschiedenster Art, Output sind Produkte und/oder Dienstleistungen.

3. *Informationsprozesse*: Beschreiben die Inhalte, die Weiterverarbeitung und die Reihenfolge, in der Informationen von einer organisatorischen Einheit zur nächsten weitergegeben werden.

Diesen drei Typen von Prozessen sind die in Abbildung 1 dargestellten Grundelemente gemeinsam: Die Inputfaktoren werden durch mehrere Stellen in aufeinander folgenden Prozessschritten zu einer Leistung, die als Prozessoutput bezeichnet werden kann, verarbeitet. Kritische Punkte in einem Prozess sind die Schnittstellen, an denen die weiterverarbeiteten Inputfaktoren zum nächsten Prozessschritt übergehen. An diesen Schnittstellen kann beispielsweise festgestellt werden, dass das Zwischenprodukt einer erneuten Überarbeitung bedarf. Abbildung 1 enthält iterative Schleifen, die die Rückverweisung an vorherige Prozessschritte beinhalten, um zum Beispiel neu auftretende Informationen noch zu berücksichtigen oder Qualitätsmängel zu beseitigen.

Abbildung 1: Elemente eines Prozesses

Die Prozesse in einem Unternehmen werden hinsichtlich ihrer Relevanz unterschiedlich gewichtet. Eine grundsätzliche Unterscheidung besteht zwischen Kernprozessen, die die →Kernkompetenzen des Unternehmens abbilden, und Randprozessen, die unterstützend wirken. Im Rahmen von →Business Process Reengineering-Konzepten wurde eine Vielzahl von Empfehlungen zur Optimierung der Prozessabläufe erarbeitet. Beispielhaft können hier *Hammer* und *Champy* (1993) sowie *Osterloh* und *Frost* (1996) genannt werden.

Die wichtigsten Effizienzkriterien für die Prozesse der Ablauforganisation sind

- die Durchlaufzeit,
- die Qualität des Ergebnisses,
- die Prozesskosten,

– die Flexibilität sowie
– der prozessinterne Informationsaustausch.

Auch im Personalbereich können laut *Jochmann* (1997) eine Vielzahl von Prozessen, unterteilt in die oben beschriebenen drei Typen, identifiziert werden. Typische Beispiele für personalwirtschaftliche Prozesse sind der Personalakquisitionsprozess, der von der Ausschreibung bis zur Vertragsunterzeichnung reicht, oder auch Personalverwaltungsprozesse wie zum Beispiel die einzelnen Schritte von der Leistungserfassung bis zur Zahlung des Entgelts. Aufgrund der starken Vernetzung der personalwirtschaftlichen Prozesse fällt es schwer, Kern- und Randprozesse klar voneinander zu trennen. Tendenziell werden die standardisierbaren Verwaltungsprozesse zu den Randprozessen gezählt.

Literatur: *Hammer, M.*; *Champy, J.*: Reengineering the Corporation, New York 1993. *Jochmann, W.*: Optimierung von Geschäftsprozessen im Personalbereich, in: *Kienbaum, J.* (Hrsg.): Benchmarking Personal, Stuttgart 1997, S. 129–146. *Osterloh, M.*; *Frost, J.*: Prozessmanagement als Kernkompetenz, Wiesbaden 1996.

Reinhard Meckl

Abmahnung

im Regelfall schriftliche Rüge des →Arbeitnehmers für eine von ihm verschuldete Pflichtverletzung.

Die Arbeitsgerichte (→Arbeitsgerichtsbarkeit) verlangen für die Zulässigkeit einer ordentlichen →Kündigung mindestens zwei bis drei Abmahnungen, die gleichartige Pflichtverletzungen rügen, aber nur, wenn ein steuerbares Verhalten in der Kritik enthalten ist, also keineswegs betriebsbedingte Gründe zur Diskussion stehen. Zudem darf im Hinblick auf die Pflichtverletzung keine positive Entwicklung zu erwarten sein.

Vom Gesetzgeber sind Abmahnungen nicht einheitlich geregelt. Die Rechtsprechung hat diese Regelungslücke wie folgt geschlossen (*Bröckermann* 2003):

- Es muss, etwa in der Überschrift, deutlich werden, dass es sich um eine Abmahnung und nicht etwa um eine Betriebsbuße, eine →Verwarnung oder einen Verweis handelt. Letztere sind mitbestimmungspflichtig, Abmahnungen jedoch nicht.
- In einer Abmahnung muss der Tatbestand mit Zeit- und Ortsangaben präzise beschrieben werden. Nach Möglichkeit sind schriftliche Zeugenaussagen beizufügen.
- Eine Abmahnung sollte zügig, im Allgemeinen innerhalb von zwei Wochen, nach dem jeweiligen Vorfall erteilt werden.
- Ein nachdrücklicher Hinweis, dass das kritisierte Verhalten als Verletzung arbeitsvertraglicher (→Arbeitsvertrag) Pflichten angesehen wird, darf ebenso wenig fehlen wie eine Ermahnung, künftig vertragsgemäßes Verhalten an den Tag zu legen.
- Eine Abmahnung muss mögliche Folgen des vertragswidrigen Verhaltens androhen und vor diesen warnen.
- Es ist zweckmäßig, eine Abmahnung schriftlich zu formulieren, sie dem Arbeitnehmer nachweisbar auszuhändigen und zu erläutern. Durch eine Kopie in der Personalakte wird das vertragswidrige Verhalten dokumentiert und eine spätere Kündigung wegen gleichartiger Verstöße erleichtert. Eine weitere Kopie sollte der Betriebs- oder Personalrat erhalten.
- Obwohl grundsätzlich jede →Führungskraft eine Abmahnung eigenständig vornehmen könnte, sollten sachkundige Mitarbeiter des Personalwesens Formulierungshilfe leisten oder die Abmahnung nach Rücksprache mit den Führungskräften selbst verfassen.
- Zur Wirksamkeit einer Abmahnung ist die Kenntnis des Empfängers von ihrem konkreten Inhalt erforderlich. Deshalb fordern die Arbeitsgerichte für Abmahnungen gegenüber ausländischen Beschäftigten im Zweifel eine schriftliche Übersetzung in deren Muttersprache.

Gemäß § 83 des →Betriebsverfassungsgesetzes können Arbeitnehmer eine schriftliche Gegendarstellung zur Aufnahme in die Personalakte abgeben, wenn sie mit einer Abmahnung nicht einverstanden sind. Die bestrittenen Fakten der Abmahnung müssen dann in einem eventuellen →Kündigungsschutzprozess vom Arbeitgeber bewiesen werden. Arbeitnehmer im öffentlichen Dienst werden bereits vor Ausspruch der Abmahnung angehört.

Literatur: *Bröckermann, R.*: Personalwirtschaft, 4. Aufl., Stuttgart 2007, S. 466–468

Reiner Bröckermann

Abrufarbeit →KAPOVAZ

Abrufvertrag

beinhaltet →Arbeitszeiten auf Abruf.

Laut *Meyer* (1989) ist →KAPOVAZ das bekannteste Beispiel eines Abrufvertrags, bei dem der Arbeitgeber relativ kurzfristig über Lage und Dauer des Arbeitseinsatzes entscheidet. Meist setzt sich die Arbeitszeit eines Abrufvertrags aus einer regelmäßigen, zum Beispiel wöchentlichen Arbeitszeit (z. B. 20 Stunden pro Woche) und so genannten Zusatzzeiten (z. B. zusätzlich 10–15 Stunden pro Woche) zusammen. Sie können im Bedarfsfall, beispielsweise bei saisonalen Arbeitsspitzen vom Arbeitgeber eingefordert werden. Diese Zusatzzeiten sollten mindestens vier Tage vor Einsatzzeitpunkt angekündigt werden. Da Abrufverträge meist individuell ausgehandelt werden, ist der →Betriebsrat nicht zuständig und hat auch kein Mitbestimmungsrecht, was Umfang der Zusatzzeiten und Beginn oder Ende der Einsatzzeiten angeht. Wird die vereinbarte →Mehrarbeit nicht abgerufen, ist die Vergütung trotzdem in voller Höhe zu zahlen. Nach § 4 Abs. 1 WFG (Wachstums- und →Beschäftigungsförderungsgesetz – letzte Änderungen vom 25. 09. 1996) muss das Arbeitszeitvolumen (wöchentlich/monatlich) festgelegt werden, sonst gilt automatisch eine wöchentliche Arbeitszeit von zehn Stunden als vereinbart. KAPOVAZ wird in der Fachwelt relativ kritisch diskutiert, da der Arbeitnehmer in seiner Zeitplanung von den Vorgaben des Arbeitgebers stark abhängig ist.

Literatur: *Meyer, H.-J.*: Kapazitätsorientierte variable Arbeitszeit (KAPOVAZ), Neuwied etc. 1989.

Désirée H. Ladwig

Absageschreiben

Ablehnungsmitteilung an die nicht berücksichtigten Bewerber am Ende der Auswahlphase im Rahmen der Personalbeschaffung.

Mit dem Absageschreiben kann auch die Rücksendung der Bewerbungsunterlagen (→Bewerbung) an den Bewerber erfolgen. Erscheint der Bewerber dem Unternehmen trotz des Unterliegens im konkret abgeschlossenen Auswahlprozess als prinzipiell geeignet, besteht hier die Möglichkeit, im Absageschreiben auf eine potenzielle zukünftige Berücksichtigung hinzuweisen. In diesem Falle werden die Bewerbungsunterlagen, sollte der Bewerber damit einverstanden sein, vom Unternehmen archiviert.

Thomas Bürkle

Abschlussgespräch →Abgangsinterview

Abschlussfreiheit

Recht einer natürlichen oder juristischen Person, darüber zu entscheiden, ob sie einen (Arbeits-)Vertrag abschließt.

Die Abschlussfreiheit ist Teil der durch Art. 2 Abs. 1 Grundgesetz (GG) verfassungsrechtlich geschützten Vertragsfreiheit. Dieser Grundsatz der Privatautonomie (→Autonomie) garantiert sowohl die freie Entscheidung über den Vertragsschluss als auch die freie Wahl der Vertragspartner (sog. Partnerwahlfreiheit) und Vertragsinhalt (sog. Inhaltsfreiheit). Auch →Arbeitnehmer und →Arbeitgeber sind grundsätzlich frei zu bestimmen, ob und mit wem sie einen →Arbeitsvertrag schließen wollen. Insbesondere besteht keine allgemeine Pflicht des Arbeitgebers zur ermessensfehlerfreien Bewerberauswahl. Dem Arbeitgeber ist es nicht untersagt, die Auswahl bei der Einstellung eines Bewerbers um einen freien Arbeitsplatz nach anderen als sachbezogenen Gründen vorzunehmen. Er muss insbesondere nicht die →Diskriminierungsverbote des Art. 3 Abs. 3 GG beachten, weil die →Grundrechte im Privat- und damit auch im →Arbeitsrecht nicht unmittelbar gelten, sondern nur mittelbar über Generalklauseln in das Zivilrecht einwirken. Der Grundsatz der Privatautonomie gewährt gerade auch die rechtliche Möglichkeit zu willkürlicher, selbstbestimmter Gestaltung nach dem freien Willen der Beteiligten. Der Arbeitgeber kann daher einen Bewerber zum Beispiel wegen seiner politischen Anschauungen oder der Konfession einstellen, aber auch zurückweisen. Der Arbeitgeber kann die Einstellung auch von bestimmten Voraussetzungen, zum Beispiel einer Einstellungsuntersuchung, abhängig machen und den Vertragsschluss scheitern lassen, wenn der Bewerber diesen nicht nachkommt. Einschränkungen der Abschluss- beziehungsweise Auswahlfreiheit des Arbeitgebers bestehen nur in zweierlei Hinsicht: Erstens schränken zum Schutz des Arbeitnehmers oder öffentlicher Interessen Abschlussverbote die rechtliche Möglichkeit des Arbeitgebers ein, mit bestimmten Personen Arbeitsverträge zu schließen (Bsp.: § 5 Abs. 1, § 7 Abs. 1 Jugendarbeitsschutzgesetz, JArbSchG). Zweitens ziehen spezielle gesetzliche Diskriminierungsverbote der Willkür des Arbeitgebers bei Einstellungsentscheidungen Grenzen.

Literatur: *Boemke, B.*: Studienbuch Arbeitsrecht, 2. Aufl., München 2004, § 3 Rn. 41.

Burkhard Boemke

Abschlussgratifikation

Form der zusätzlichen Vergütung für →Arbeitnehmer bei Abschluss eines Arbeitsverhältnisses (→Beschäftigungsverhältnis), englisch auch Signing Bonus genannt.

Wenn man Personen mit besonders seltenen und begehrten Qualifikationen beziehungsweise mit speziellem Insiderwissen als neue Beschäftigte gewinnen will, bietet man ihnen bisweilen eine zusätzliche Vergütung an, die bei Vertragsschluss oder zu einem vereinbarten Termin nach der Arbeitsaufnahme fällig wird. Diese zusätzliche Vergütung, die man auch *Golden Handshake* nennt, ist in jeder nur denkbaren Form möglich, etwa als Prämie in Geld, als →Dienstwagen mit unbeschränkter privater Nutzung oder als →Aktienoption.

Der derzeitige Arbeitgeber des gesuchten Mitarbeiters wird diese Strategie zu konterkarieren versuchen, indem er seinerseits Zahlungen in Aussicht stellt (→Goldener Fallschirm).

Reiner Bröckermann

Absentismus

Abwesenheit von Beschäftigten von einem vertraglich vereinbarten Arbeitsort (→Fehlzeiten).

Eine Person begründet ihre Abwesenheit mit →krankheitsbedingter Arbeitsunfähigkeit, diese Begründung erscheint Außenstehenden allerdings nicht glaubwürdig, oder die abwesende Person schildert selbst weitere, tatsächliche Gründe für ihre Abwesenheit. Der dem Absentismus zugrunde liegende Begriff „Absenz" (lateinisch Absentia: Abwesenheit) kommt im heutigen deutschen Sprachgebrauch kaum mehr vor, im österreichischen und schweizerischen Sprachgebrauch dagegen schon. Während „Absenz" grundsätzlich als neutraler Oberbegriff für verschiedene Arten von Fehlzeiten geeignet wäre, evoziert die sprachliche Wendung in Absentismus eine negativ zu bewertende, mit Übersteigerung und mangelnder Moral konnotierte (Einstellung und) Verhaltensweise. Ähnlich gebraucht werden die Begriffe wie „Bummelantentum" und „Krankfeiern", „Absentist" sowie „motivationsbedingte Fehlzeiten".

Da die tatsächlichen Gründe für eine Abwesenheit vom Arbeitsplatz oftmals unbekannt sind, ist eine valide empirische Ermittlung des Ausmaßes von Absentismus kaum möglich. Schätzungen, dass es sich bei einem Viertel bis einem Drittel aller Fehlzeiten, die offiziell mit krankheitsbedingter Arbeitsunfähigkeit begründet werden, um Absentismus handelt, sind daher nicht haltbar.

Literatur: *Neuberger, O.*: Personalwesen, Stuttgart 1997, S. 331 ff. *Ortlieb, R.*: Betrieblicher Krankenstand als personalpolitische Arena, Eine Längsschnittanalyse, Wiesbaden 2003, S. 72 ff.

Renate Ortlieb

Absprachegleitzeit

Fall, in dem die →Gleitzeit in Absprache mit dem →Arbeitgeber vom Mitarbeiter gestaltet wird (z. B. in Abhängigkeit von „Saisonzeiten" mit unterschiedlichen →Gleitzeitspannen).

Abweichungsanalyse

strategisches Planungs- und Kontrollinstrument, das über eine Betrachtung der Differenz zwischen Soll- und Ist-Kosten die Wirtschaftlichkeit von Kostenstellen oder ganzen Betriebsbereichen zu überwachen versucht.

Ziel der Abweichungsanalyse besteht allgemein in der näheren Bestimmung von Abweichungen zwischen betriebswirtschaftlichen Plan- und Ist-Werten auf der Input- und/oder Output-Seite, wie zum Beispiel bei Kosten und Leistungen, und deren Ursachen. Dadurch ist eine Verbesserung künftiger Planungs- und Entscheidungsprozesse möglich.

Abweichungen können in den Mengen der abgelaufenen Periode bestehen. Die *Mengenabweichung* ermittelt sich aus der Differenz von Plan- und Ist-Menge, die mit dem Planpreis multipliziert wird. Dies bedeutet, dass auf der Output-Seite zu viel beziehungsweise zu wenig im Vergleich zu den geplanten Produktzahlen produziert wurde. Auf der Input-Seite kann eine Mengenabweichung zu viel beziehungsweise zu wenig Faktoreinsatz anzeigen. Warum diese Abweichungen eingetreten sind, unterzieht sich weiterführenden Analysen. So ist ein höherer als geplanter Faktoreinsatz

Abwicklungsvertrag

eventuell auf eine ineffiziente Leistungserstellung zurückzuführen.

Neben der Mengenabweichung zeigt die *Preisabweichung* Wertänderungen aufgrund der vom Planpreis abweichenden Ist-Preise an. Sie wird über diese Differenz, die mit den Planmengen multipliziert wird, ermittelt. Veränderungen der Marktpreise auf den Faktor- beziehungsweise Absatzmärkten sind hier die Ursache. Schließlich können beide Abweichungsursachen gemeinsam auftreten, was sich als „Restgröße" durch die Multiplikation der Mengen- mit den Preisdifferenzen darstellen lässt.

Bezogen auf den Faktor →Arbeit lassen sich Mengenabweichungen in Form der Differenz zwischen Plan- und Ist-Arbeitszeit (→Arbeitszeit), multipliziert mit einem Standardlohnsatz, und Preisabweichungen als Differenz zwischen geplanten Lohnkosten und Ist-Lohnkosten, multipliziert mit der gemessenen Ist-Zeit, definieren. Gründe für die Abweichungen sind vielfältig, meist jedoch als Planungsfehler oder auch als Realisationsfehler zu bezeichnen. Schließlich ist zu prüfen, ob nicht auch Auswertungsfehler entstanden sein können (*Scholz* 2000).

Die verursachungsgerechte →Differenzierung der Gesamtabweichung kann aus personalpolitischer Perspektive zudem als Instrument zur Verhaltenssteuerung von Entscheidungsträgern eingesetzt werden. Die Plangrößen können als →Anreiz wirken und in Zielvereinbarungen abgestimmt werden. Die konkrete Ausgestaltung hängt dann vom jeweiligen Beurteilungs- und →Anreizsystem ab.

Literatur: *Scholz, C.*: Personalmanagement, 5. Aufl., München 2000.

Silvia Föhr

Abwicklungsvertrag

vertragliche Regelung, die Rechtsfragen der →Trennung nach Ausspruch einer arbeitgeberseitigen →Kündigung festlegt.

Abwicklungsverträge regeln etwa den Verzicht auf eine Klage (→Kündigungsschutzprozess). Sie sind mit den gleichen Risiken wie →Aufhebungsverträge behaftet.

Für die Kündigung, an die sich der Abwicklungsvertrag anschließt, gibt es genaue Formvorschriften. Für den Abwicklungsvertrag existieren solche Vorschriften grundsätzlich nicht, es sei denn, im →Arbeitsvertrag, in einer Betriebs- oder Dienstvereinbarung respektive einem einschlägigen Tarifvertrag ist die Schriftform vorgeschrieben. Diese ist ohnehin aus Beweisgründen ratsam.

Die Rechtschutzversicherungen gewinnen für die anwaltliche Vertretung bei Verhandlungen über Abwicklungsverträge häufig den Deckungsschutz, den sie für Aufhebungsverträge verweigern.

Andererseits bleibt bei Abwicklungsverträgen der mit Kündigungen generell verbundene Aufwand beispielsweise durch die Anhörung des →Betriebsrats oder gegebenenfalls des →Integrationsamts erhalten, der beim →Aufhebungsvertrag entfällt.

Reiner Bröckermann

Action Learning

Ansätze, die davon ausgehen, dass durch die Reflexion von Handlungserfahrungen im Kontext früherer Erfahrungen der eigentliche Lernprozess stattfindet und sich die möglichen Handlungsalternativen durch diesen Prozess erhöhen.

Diese Ansätze grenzen sich vom →Kognitivismus (→Sozial-kognitive Theorie) ab, indem sie annehmen, dass kognitives Lernen zwar über Erinnerungsprozesse Wissen über längere Zeit bereithalten kann, aber kein tiefergehendes Verständnis der Materie erlaubt.

Die Vertreter des Action Learnings, unter ihnen sind vor allem *Kolb* (1984) und *Revans* (1980) zu nennen, betonen indessen, dass Verständnis vor allem durch die Reflexion, die im Anschluss an die eigene Handlung einsetzt, erzeugt wird. Entscheidend ist beim Action Learning, dass erfahrungsbasiertes Lernen mit Reflexion gepaart wird. Action Learning ist eine wichtige Komponente individuellen und kollektiven Lernens (→Lernen, →Organisationales Lernen). Der Lernprozess vollzieht sich entlang der Phasen

– Aktion,

– Reflexion/Ergebnisauswertung,

– Speichern/Erfahrungsbildung und

– Planen/Erwartungsbildung für die Zukunft.

Aus der Perspektive des Action Learning lernt ein Arbeitsteam, wenn es während der Projektbearbeitung bewusst Phasen einschaltet, in denen es aus einer Meta-Perspektive den eigenen Bearbeitungsprozess analysiert und reflektiert, also nicht nur Erfahrungen sammelt, sondern diese kritisch aufbereitet.

Literatur: *Kolb, D. A.*: Experimental Learning: Experience as the Source of Learning and Development, Englewood Cliffs, New York 1984. *Revans, R. W.*: Action Learning. New Techniques for Management, London 1980.

Uta Wilkens

Adaptives Testen

Technik der Präsentation von Aufgaben (= Items) eines psychologischen Leistungstests.

Während die herkömmliche Textpraxis darin besteht, allen Personen dieselben Items vorzugeben und anhand desselben Tests einen möglichst großen Alters- beziehungsweise Leistungsbereich zu erfassen, werden Testpersonen im Idealfall beim adaptiven Testen lediglich *informative* Items vorgegeben. Ein Item ist im Bezug auf eine Person dann maximal informativ, wenn es etwa gleich wahrscheinlich ist, dass sie dieses Item löst beziehungsweise es nicht löst; die Lösungswahrscheinlichkeit liegt also bei 0.5. Grundlage für die Entwicklung messfairer adaptiver Testverfahren bildet zwingend die probabilistische →Testtheorie. Bei Geltung des Rasch-Modells ist es möglich, über die entsprechende Modellgleichung die wahre, aber unbekannte Fähigkeit einer beliebigen Person unter Berücksichtigung ihrer Antworten auf eine getroffene Itemauswahl zu schätzen. Dazu müssen allerdings notwendigerweise die Itemparameter (Itemschwierigkeiten) aus entsprechend großen Voruntersuchungen bekannt sein. Nur bei Modellgeltung kann die Leistung von Personen, die unterschiedliche Items bearbeitet haben, fair verglichen werden. Bei der Konstruktion von Tests nach der klassischen Testtheorie ist dies nicht möglich.

Zu unterscheiden sind nach *Kubinger* und *Jäger* (2003) prinzipiell zwei Strategien des adaptiven Testens: Das Branched Testing und das Tailored Testing. Im *Tailored Testing*, welches lediglich computergestützt möglich ist, werden einer Testperson in der Regel schrittweise genau diejenigen Aufgaben vorgegeben, welche dem geschätzten Fähigkeitsniveau entsprechen und daher maximal informativ sind. Nach Beantwortung jeder Aufgabe wird die Fähigkeit (der Personenparameter) neu geschätzt und eine dementsprechend möglichst informative Aufgabe aus einem Pool ausgewählt. Wenn ein (schwieriges) Item also von einer Person gelöst wurde, fällt die aktualisierte Parameterschätzung höher aus als die vorangegangene. Wenn es nicht gelöst wurde, wird sie geringer. Demgemäß wird die entsprechende nachfolgende Aufgabe schwieriger beziehungsweise leichter gewählt als die vorangegangene. Im *Branched Testing* ist die Itemauswahl in (beliebig vielen) vordefinierten Verzweigungen bereits festgelegt. Hier gibt es unterschiedliche Vorgabetechniken, wie etwa die Verzweigung von Itemgruppen (*Testlets*) oder eine Verzweigung nach jedem Item, wie etwa im *Pyramidalen Design*. Eine adaptive Testung kann demzufolge für bestimmte Tests auch ohne Computerunterstützung vorgenommen werden. Da nur eine geringe →Flexibilität der Itemauswahl gegeben ist, sind die meisten Vorteile nicht in dem Ausmaß gegeben wie im Tailored Testing.

Adaptives Testen, insbesondere das Tailored Testing, birgt verschiedene Vorteile:

- *Ökonomisierung der Testung*: Wenn lediglich informative Items vorgegeben werden, werden insgesamt weniger Items zur Schätzung der Personenfähigkeit benötigt. Die Testdauer ist bei Vorgabe weniger Items verkürzt.

- *Messgenauigkeit*: Die alleinige Vorgabe von informativen Items führt trotz insgesamt geringerer Itemzahlen zu einer genaueren Schätzung der Personenfähigkeit (Personenparameter). Die Einsparung von Items ohne Informationsgehalt bietet also die Möglichkeit, mehr informative Items pro Person vorzugeben und somit die Messgenauigkeit pro Person zu erhöhen. Wenn zum Beispiel eine Person von fünf Items alle löst und keine Aufgabe nicht löst, kann ihre Fähigkeit theoretisch unendlich ausgeprägt sein. Erst wenn mindestens eine Aufgabe nicht gelöst (bzw. im umgekehrten Fall gelöst wird), kann eine erste (ungenaue) Schätzung der Personenfähigkeit erfolgen. Für eine Person mit sehr hoher Fähigkeitsausprägung bedeutet also die Vorgabe zu einfacher Aufgaben keinen Informationsgewinn. Ein computeradaptiver Test kann zudem nach unterschiedlichen Testabbruchkriterien definiert werden, beispielsweise auch in der Form, dass die Vorgabe von Aufgaben für jede Person erst dann beendet wird, wenn eine vorab definierte/notwendige Messgenauigkeit reicht ist. Andere Abbruchkriterien sind eine maximale Testdauer, das Fehlen weiterer informativer Items oder ein nur geringer Genauigkeitszuwachs zwischen den Schätzungen.

- *Motivationseffekte*: Es ist anzunehmen, dass Personen eher motiviert sind, wenn gestellte Aufgaben Ihrem Fähigkeitsniveau entsprechen. Eine große Anzahl von zu leichten Items zu Beginn mag ebenso demotivierend sein wie zu schwierige Items am Testende.

- *Verbreitung von Iteminhalten*: Wenn Testpersonen im Rahmen einer adaptiven Testung unterschiedliche Items kennen lernen, sind damit adaptive Verfahren hinsichtlich der Verbreitung von Iteminhalten grundsätzlich besser geschützt. In bestimmten Testsystemen wurden darüber hinaus schon jetzt Programme entwickelt, welche ein Item nach einer voreingestellten Anzahl maximaler Vorgaben ablaufen lassen. Das heißt, es wird nach einer gewissen Zeit „aus Sicherheitsgründen" aussortiert und durch ein anderes, vergleichbar schwieriges (computergeneriertes) Item ersetzt, wie es etwa bei *Wainer* (2000) beschrieben ist.

- *Faire Beurteilung bei unterschiedlichen Arbeitsstilen*: Insofern, als zumindest beim computerisierten adaptiven Testen jede Testperson nach ihrem eigenen Tempo arbeiten kann, wird im Vergleich zur homogenen Gruppentestsituation in Papier-Bleistift-Tradition eine faire Beurteilung bei einem breiten Spektrum von Antwortstilen im Sinne einer *Power*-Testung wahrscheinlicher.

- *Image*: Je größer die Anzahl der Testpersonen (z. B. Bewerber) ist, die von einer Organisation getestet werden, desto relevanter wird die Frage nach dem Image, das durch die Eindrücke der Testung im Bezug auf die durchführende beziehungsweise beauftragende Organisation nach außen transportiert wird. Auch bei grundsätzlich wenigen geeigneten Bewerbern kann es wichtig sein, eine grundsätzliche Bereitschaft zur Partizipation aufrechtzuerhalten beziehungsweise zu fördern. Eine computergestützte, individuell zugeschnittene Testung mit anwenderfreundlicher Software demonstriert dabei generell einen moderneren Zeitgeist (*High Tech Image*) als eine Papier-Bleistift-(Gruppen-)Testung.

Nachteil des adaptiven Testens ist insbesondere der hohe, vorab notwendige Konstruktionsaufwand, insbesondere die Zusammenstellung eines geeigneten, (Rasch-homogenen) Itempools und die „Itemkalibrierung". *Ortner* (2004) hat den Ansatz adaptiven Testens erstmals auf einen Persönlichkeitsfragebogen angewandt. Es zeigte sich hier, dass Items aus Persönlichkeitsfragebogen stärker Reihenfolgeneffekten unterworfen sind: Personen beantworten Items unterschiedlich, je nachdem in welcher Position sie vorgegeben werden und mit welchen Fragen sie zuvor konfrontiert wurden.

Literatur: *Kubinger, K. D.; Jäger, R. S.* (Hrsg.): Schlüsselbegriffe der Psychologischen Diagnostik. Weinheim 2003. *Ortner, T. M.*: Möglichkeiten und Grenzen adaptiver Persönlichkeitsfragebogen, Lengerich 2005. *Wainer, H.* (Hrsg.): Computerized Adaptive Testing, London 2000.

Tuulia Ortner

Added Value → Wertschöpfung

Advanced Budgeting → Beyond Budgeting

Adverse Selektion

Situation, in der zwei oder mehrere Parteien einen Vertrag abschließen, wobei mindestens eine der Vertragsparteien private Information zum Zeitpunkt des Vertragsabschlusses besitzt, die von anderen Vertragsparteien nicht beobachtet werden kann.

Enthält eine Vertragspartei erst nach dem Abschluss des Vertrags private Information, so spricht man von einem → Moral Hazard Problem mit → Hidden Information.

Ursprünglich stammt der Begriff Adverse Selektion aus der Versicherungstheorie und beschreibt die Tendenz, dass Versicherungsnehmer nicht eine zufällige Stichprobe der Bevölkerung bilden, sondern eher diejenigen mit den höchsten Rückzahlungserwartungen sind, also beispielsweise den größten Risikogruppen angehören.

In der → Personalökonomie kommen Modelle adverser Selektion insbesondere bei der Analyse von Mitarbeiterauswahlentscheidungen zum Einsatz. Die optimale Vertragsgestaltung in solchen Situationen wird in der → Principal-Agent-Theorie (bzw. Vertragstheorie) formal analysiert. Es zeigt sich, dass eine uninformierte Partei optimalerweise einer besser informierten Partei ein Portfolio an unterschiedlichen Verträgen vorschlägt, aus dem gewählt werden kann. Diesen Prozess der

Auswahl bezeichnet man auch als →Screening.

Dirk Sliwka

Affektives Commitment →Commitment

Affirmative Action

sozialpolitischer, US-amerikanischer Ansatz zur Herstellung von Chancengleichheit (→Gleichstellung), der ein Bündel öffentlicher Maßnahmen und privater Initiativen zur Eliminierung vergangener und gegenwärtiger Diskriminierung von Individuen und sozialen Gruppen aufgrund von Rasse, Hautfarbe, Religion, Geschlecht oder Herkunft bezeichnet.

Affirmative Action umfasst einerseits vom Gesetzgeber geforderte Maßnahmen, die sich an historisch benachteiligte Gruppen richten, um diesen eine gleichberechtigte Teilhabe zu ermöglichen. Andererseits beinhaltet dieser Begriff auch Ansätze einer positiven Bevorzugung beziehungsweise die Rekrutierung und Vergabe von öffentlichen Finanzen, um vergangenes Unrecht zu sühnen, wobei die entsprechende Qualifikation der Person gegeben sein muss. Gesetzliche Grundlagen in den USA sind *Johnsons* Executive Order 11.246 von 1965 und der Civil Rights Act von 1964. Um die Jahrtausendwende finden sich zahlreiche Versuche, unter dem Stichwort „Reverse Discrimination" gerichtlich gegen Affirmative Action vorzugehen.

In einer erweiterten Definition umfasst Affirmative Action auch freiwillige Aktivitäten von privaten und öffentlichen Organisationen, die damit Vielfalt und Chancengleichheit stärken wollen. Letzteres wird heute eher mit dem Begriff →Diversity Management belegt und geht über das gesetzlich Geforderte hinaus.

Literatur: *Thomas, R. R.*: From Affirmative Action to Affirming Diversity, in: Harvard Business Review on Managing Diversity, Boston 2002, S. 1–31.

Katrin Hansen

Ähnlichkeitsphänomen →Beurteilungsfehler

Akkommodation

kurzzeitige Anpassung einer Person an ihre Umwelt, zum Beispiel im Rahmen von interkultureller Zusammenarbeit in Projektteams oder bei Arbeits- und Lebensortwechseln von Auslandsentsandten (→Auslandsentsendung).

Die teilnehmenden Interaktionspartner passen zeitweise ihr Denken und Verhalten an das der anderen →Kultur an und erlernen Regeln der →Kommunikation und Kenntnisse einer fremden Gesellschaft, um interaktions- und arbeitsfähig zu werden beziehungsweise zu bleiben. Prozesse der Akkommodation können ablaufen, ohne dass die Person ihre grundlegenden Überzeugungen, Werte, Vorlieben oder Denkweisen ändert.

Literatur: *Dodd, C. H.*: Dynamics of Intercultural Communication, 1995.

Christoph I. Barmeyer

Akkulturation

die meist unbewusst und ungeplant ablaufende Übernahme von Elementen einer fremden →Kultur aufgrund enger Kontakte zu Einzelpersonen oder →Gruppen, zum Beispiel in Folge eines längeren Aufenthaltes in anderskultureller Umgebung.

Akkulturation geht über die →Akkomodation hinaus und setzt diese voraus. In interkulturellen Lern- und Anpassungsprozessen werden bestimmte Werte, Normen und Denkweisen einer anderen Kultur übernommen und teilweise als eigene angesehen. Je nach Persönlichkeitsstruktur, Wertschätzung und Akzeptanz der Eigen- und Fremdkultur läuft die Akkulturation mehr oder weniger erfolgreich ab (→Integration).

Literatur: *Layes, G.*: Interkulturelles Lernen und Akkulturation, in *Thomas, A. et al.* (Hrsg.): Handbuch Interkulturelle Kommunikation und Kooperation, Bd. 1, Göttingen 2003, S. 126–137.

Christoph I. Barmeyer

Akquisitionsfunktion

extern ausgerichtetes Aufgabenfeld des →Personalmarketings.

Vor dem Hintergrund eines mangelnden Angebots an qualifizierten Fach- und →Führungskräften (→Akquisitionsproblem) besteht eine Aufgabe des Personalmarketings darin, externe Bewerber für das Unternehmen und die angebotenen Arbeitsplätze zu begeistern und dazu zu motivieren, bei Arbeitsplatzentscheidungen dem Unternehmen den Vorzug gegenüber Konkurrenzunternehmen einzuräumen. Hilfsmittel zur Aufgabenerfüllung bieten die Instrumente des Personalmarketing-Mix.

Antje Koch

Akquisitionsproblem

Mangel an qualifizierten Fach- und →Führungskräften in Groß- und mittelständigen Unternehmen trotz einer allgemeinen Unterbeschäftigung auf hohem Niveau.

Unternehmen konkurrieren mit einer Vielzahl von Wettbewerbern auf →Arbeitsmarktsegmenten mit stagnierendem Wachstum und erheblichem Verdrängungswettbewerb. Verschärft wird das Akquisitionsproblem der Unternehmen durch die enorme Geschwindigkeit des technischen Fortschritts in Wachstumsbranchen wie Biotechnologie, Mikroelektronik oder der informationsverarbeitenden Industrie. Unternehmen, die in solchen Branchen tätig sind, stehen vor dem Problem, dass aktuell gesuchte →Qualifikationen mit einer Verzögerung von bis zu fünf Jahren verfügbar sind, wenn die Studierenden ihre →Ausbildung beendet haben.

Antje Koch

Aktienoption

variable Vergütungsbestandteile, die in der Regel an →Führungskräfte ausgegeben werden (engl.: Stock Options).

Aktienoptionen gelten als terminierte Bezugsrechte auf Aktien des Unternehmens an die Beschäftigten. Sie berechtigen zum Kauf der Aktien zu einem vorher festgesetzten Preis an einem ebenfalls vorher festgesetzten Zeitpunkt oder in einem bestimmten Zeitraum. Der Kaufpreis wird so in Relation zum aktuellen Aktienkurs bestimmt, dass sich bei der zu erwartenden Marktentwicklung ein Gewinn für den Beschäftigten ergibt. Der ergibt sich daraus, dass er die Aktie zu einem Preis unter dem dann gültigen Marktpreis erwerben und anschließend gegebenenfalls wieder verkaufen kann. Liegt der Marktpreis entgegen der Erwartung unter dem in der Option festgelegten Preis, wird die Option nicht ausgeübt und verfällt in der Regel.

Vor allem in der anglo-amerikanischen Praxis hat sich inzwischen eine große Zahl unterschiedlicher Optionsmodelle herausgebildet. Sie unterscheiden sich voneinander durch die Sperrfrist zwischen dem Erwerb einer Option und ihrer Ausübung, die Bedingungen zur Ausübung und die daraus folgenden steuerlichen Konsequenzen:

- *Qualified Stock Option*: Gesetzlich spezifizierte Optionsprogramme mit steuerlicher Begünstigung.
- *Non-Qualified Stock Option*: Gesetzlich nicht geregelte Optionen, bei deren Ausübung der Gewinn durch den Beschäftigten zu versteuern und im Gegenzug für das Unternehmen abzugsfähig ist.
- *Incentive Stock Option*: In diesem Modell werden die Gewinne erst bei der Veräußerung der Aktien versteuert. Die gesetzlichen Voraussetzungen sind eine zweijährige Sperrfrist, die Verpflichtung zum Halten der Aktien während eines vollen Jahres, ein Ausgabepreis, der nicht unter dem Aktienkurs zum Zeitpunkt der Ausgabe liegt und schließlich eine Volumenobergrenze.
- *Indexed Stock Option*: Hier wird der Preis der Option an einen Index (z. B. einen der gängigen Aktienindices) gekoppelt. In diesem Fall ist ein Gewinn für den Beschäftigten nur möglich, wenn der Aktienkurs des Unternehmens gegenüber dem Marktindex überdurchschnittlich ansteigt. In Deutschland praktizierten im Jahr 2000 rund 40 % der Unternehmen ein Indexmodell, während 45 % die isolierte Entwicklung des eigenen Aktienkurses zugrunde legten.
- *Abschlagsmodell*: Der Preis für die Option wird erst zu einem späteren Zeitpunkt aus einem Abschlag auf den aktuellen Aktienkurs berechnet.
- *Performance (Accelerated) Stock Option*: In diesem Modell wird das Recht zum Ausüben der Option an die Erreichung eines Erfolgsziels (z. B. ein bestimmter Umsatz oder Gewinn) gekoppelt.
- *Premium Priced Stock Option*: Der Basispreis liegt über dem aktuellen Aktienkurs und führt nur zu Gewinnen, wenn der Kurs weiter ansteigt.

Während 1996 erst 6 % der DAX-100 Unternehmen Aktionsoptionsprogramme praktizieren, stieg der Anteil bis zum Jahr 2000 auf knapp 60 %. Dabei war ein einziges auf die Vorstandsebene beschränkt, 20 % bezogen die erste Führungsebene und weitere 40 % auch die zweite Ebene mit ein. Seit den massiven Kurseinbrüchen an den Börsen ist die Bedeutung von Aktienoptionen wieder im Rückgang begriffen.

Literatur: *Achleitner, A.-K.; Wollmert, P.* (Hrsg.): Stock Options, 2. Aufl., Stuttgart 2002. *Kramarsch, M. H.*: Aktienbasierte Managementvergütung, Stuttgart 2000.

Markus Gmür

Aktienoptionsplan

Entgeltkomponente, die häufig für →Führungskräfte vorgesehen wird und ein Angebot von Aktien beinhaltet, die innerhalb einer bestimmten Frist zu einem zuvor festgelegten Preis (Optionspreis) erworben werden können.

Ein Aktienoptionsplan geht oft mit Nachlass auf den Börsen- oder Ausgabekurs einher. Bei Aktiengesellschaften ist dies eine unproblematische Variante, während bei nicht-börsennotierten Unternehmen eine Art „Nachbildung" erfolgt, zum Beispiel *Phantom Stock Plans*. Die Umsetzung unterscheidet sich nach den Varianten des Aufbaus des zur Verfügung stehenden Eigenkapitals. Somit ist denkbar, dass das Unternehmen eigene Aktien über die Börse (begrenzt auf 10 %) erwirbt. Eine weitere Variante beinhaltet, dass laut §§ 182–191 Aktiengesetz (AktG) die Hauptversammlung eine ordentliche Kapitalerhöhung beschließt und Bezugsrechte der Aktionäre ganz oder teilweise ausschließt. Weitere Möglichkeiten sind die bedingte Kapitalerhöhung oder das genehmigte Kapital, bei dem der Vorstand mit Zustimmung des Aufsichtsrats das Grundkapital bis auf einen bestimmten Nennbetrag aufgrund einer Satzungsermächtigung erhöht.

Literatur: *Scholz, C.*: Personalmanagement, 5. Aufl., München 2000, S. 766–768.

Silvia Föhr

Aktionsforschung

→Forschungsmethode, bei der Forscher und Betroffene beziehungsweise Berater und Organisationsmitglieder gemeinsam Probleme zu klären und zu lösen versuchen.

Die von dem externen Berater zumeist über einen längeren Zeitraum untersuchten Gruppen werden über die Forschungsziele informiert, können über Ziele und Auswertung mitbestimmen und werden bei der praktischen →Arbeit der Umsetzung mit einbezogen. Dabei wird die traditionelle Grenze zwischen Forscher beziehungsweise Berater und Untersuchten zugunsten eines gemeinsamen Handlungssystems aufgehoben. Die Lenkung des Prozesses durch die Beteiligten ist erheblich – ebenso auch die Erfordernisse nach Verantwortungsübernahme und Selbstreflexion, wie *French*, *Bell* und *Cecil* (1990) konstatieren.

Die Aktionsforschung verwendet meist die Methode der teilnehmenden →Beobachtung, deren zentrales Kennzeichen darin besteht, dass der Forscher an der natürlichen Lebenswelt seiner Untersuchungspersonen teilnimmt und durch systematische Beobachtung deren Verhalten exploriert. Diese Methode ist besonders zur Untersuchung der typischen Beziehungsmuster und informellen Regeln in Organisationen geeignet. Um die verborgenen Spielregeln, die von den Beteiligten oftmals nicht mehr reflektiert werden, zu erkennen und trotz der starken subjektiven Einbindung des Beobachters in den Untersuchungsgegenstand eine möglichst objektive Ermittlung sicherzustellen, wird die Methode der teilnehmenden Beobachtung und der gezielten kommunikativen Intervention im Regelfall um eine externe Supervision ergänzt.

Die Durchführung der Forschung findet nach *Spieß* (1994) in einem systematischen Wechsel von Datenerhebung und Aktion statt: Sammlung empirischer Daten – Rückmeldung der Daten an die Betroffenen – Bewertung der Daten – Aktionsplanung und -durchführung – Sammlung empirischer Daten zur →Evaluation der Aktion – Rückmeldung – Bewertung – erneute Aktionsplanung und -durchführung.

Breitere Resonanz fand die Aktionsforschung in Deutschland bei den Wissenschaftlern und Studenten der gesellschaftlichen Reformbewegung 1968, die das Konzept der Aktionsforschung als Handlungsanweisung für die Aufklärungsarbeit im Rahmen gesellschaftlicher Demokratisierungsprozesse diskutierte.

Inzwischen ist dieser umfassende Anspruch nicht mehr vorhanden und die Aktionsforschung lässt sich in den Methoden-Kanon der empirischen Sozialforschung einordnen.

Literatur: *French, W. L.*; *Bell, C. H.*; *Cecil, H.*: Organisationsentwicklung. Sozialwissenschaftliche Strategien zur Organisationsveränderung, 3. Aufl., Bern, Stuttgart 1990. *Spieß, E.*: Aktionsforschung, in: *von Rosenstiel, L.*; *Hockel, C. M.*; *Molt, W.* (Hrsg.): Handbuch der Angewandten Psychologie, 3. Aufl., Landsberg/Lech 1994, III-7 S. 1–6.

Erika Spieß

Aktionskette →Handlungskette

Aktionskosten

neben den →Bestands- und →Reaktionskosten Bestandteil der →Personalkosten, die als Planungsobjekt zu verstehen sind, das zum Ziel hat, eine möglichst genaue, verursachungsgerechte Zuordnung der Personalkosten zu erreichen.

Aktionskosten entstehen durch personalpolitische Maßnahmen – Aktionen – wie zum Beispiel →Personalbeschaffung, →Personalentwicklung oder →Personalfreisetzung. Zwischen diesen Feldern bestehen begrenzte Substitutionsmöglichkeiten (Scholz 2000). Es gibt prinzipiell folgende Teilaufgaben der Kostenstrukturierung für die Aktionskosten:

– Die Entscheidung über die Schwerpunktsetzung zwischen diesen Managementfeldern und
– die Entscheidung innerhalb der Aktionsfelder (Scholz 2000).

Der Freiheitsgrad der Aktionskosten wird durch institutionelle Rahmenbedingungen beschränkt.

Literatur: *Scholz, C.*: Personalmanagement, 5. Aufl., München 2000.

Silvia Föhr

Aktionstheorie der Motivation

fokussiert im Gegensatz zu den Inhalts- und Prozesstheorien der →Motivation strikt einen expliziten Handlungsbezug.

Ausgangspunkt der Aktionstheorie ist die *Analyse der Situation*, in der die Motivation entsteht. Die Motivation kann ihren Ursprung in einem gesteigerten Anspruch an sich selbst haben, oder aufgrund der Interaktion mit der →Führungskraft aus einer herausfordernden Aufgabe erwachsen sowie sich aus dem sozialen Umfeld ergeben. Dabei stehen nicht nur die eigene Arbeitsgruppe, sondern auch die ganze Organisation und die Gesellschaft im Vordergrund (Scholz 2000).

Neben diesen Quellen der Motivation ist auch die *Emotion*, das heißt der aktuelle Gefühlszustand des Menschen, handlungsleitend. Nach Izard (1991) setzt sich diese aus zwei positiven Komponenten (Interesse, Freude), sieben negativen Komponenten (Angst, Ärger, Abscheu, Schmerz, Verachtung, Scham, Schuld) und einer neutralen Komponente (Überraschung) zusammen, die jeweils spezifische Verhaltensmuster auslösen.

Das Verhalten ist weiterhin von *Intuition* (→Organisationales Lernen) geprägt, mithilfe derer Entscheidungen ohne vorherige Analyse getroffen werden (Nalcadzjan 1975). Neben der sinnlichen und mystischen Intuition ist für die Personalführung (→Mitarbeiterführung) insbesondere die intellektuelle Intuition von Bedeutung, wenn zur Lösung einer Aufgabe Entdeckungen, Ideen oder schnelle Bewertungen erforderlich sind. In der Managementliteratur wird die Intuition dem Denken in der rechten Gehirnhälfte zugeschrieben, während die linke Gehirnhälfte das analytische Denken übernehmen soll. Ein physiologischer Nachweis hierfür steht allerdings noch aus.

Mit der *Volition* ist die reale Handlung gegeben, mit der man das mit der Motivation angestrebte Ziel erreichen will. *Heckhausen* (2005) zerlegt die Volition in vier Phasen:

1. *Prädezisionale Phase*: Die Entscheidung zu einer bestimmten Handlung wird gefällt.
2. *Präaktionale Phase*: Der geeignete Zeitpunkt für die Handlung wird ausgewählt.
3. *Aktionale Phase*: Die Intention wird realisiert.
4. *Postaktionale Phase*: Die Intention wird bewertet.

Werden Mitarbeiter durch ihre Führungskraft von der Motivation bis in die Volition hinein unterstützt, lässt sich eine gesteigerte Leistung erwarten.

Über Prozesse der *Attribution* (→Attributionstheorie der Führung) werden nachträglich Gründe für eine Handlung und deren Erfolg gebildet, die der eigenen Person (Intention, Anstrengung, Fähigkeit) oder der Umwelt (Schwierigkeitsgrad, Zufall) zuzuordnen sind. Die Attribution ist maßgeblich für künftige Handlungen, wobei sich verschiedene Typen von Mitarbeitern völlig konträr verhalten:

- *Erfolgsorientierte Personen*: Sie attribuieren Erfolg mit den eigenen Fähigkeiten und Misserfolg mit mangelnder Anstrengung, so dass sich ihre Leistung quasi automatisch verbessert.

- *Misserfolgsvermeidungsorientierte Personen*: Sie führen ihren Erfolg auf (zu) leichte Aufgaben und Misserfolg auf mangelnde Fähigkeiten zurück, was häufig in →Frustration und Inaktivität endet.

Die Aktionstheorie der Motivation stellt einen derzeit noch etwas fragmentierten Theoriekomplex dar. Gegenüber den herkömmlichen Motivationstheorien erfasst sie jedoch ein wesentlich breiteres Spektrum handlungsrelevanter Phänomene.

Literatur: *Heckhausen, J.*; *Heckhausen, H.*: Motivation und Handeln, 3. Aufl., Berlin 2005. *Izard, C. E.*: The Psychology of Emotions, New York 1991. *Nalcadzjan, A. A.*: Intuition im wissenschaftlichen Schöpfertum, Berlin 1975. *Scholz, C.*: Personalmanagement, 5. Aufl., München 2000.

Jan Hendrik Fisch

Aktive Feedbacksuche →Proaktives Feedback

Aktivierung

physiologischer Erregungsvorgang, der den menschlichen Organismus in einen Zustand der Leistungsfähigkeit und Leistungsbereitschaft versetzt.

Die Aktivierung bildet somit eine zentrale physiologische Grundlage für die →Arbeitsleistung. Die *tonische* Aktivierung bestimmt die allgemeine Wachheit, die *phasische* Aktivierung ändert sich kurzfristig als Reaktion auf Reize und bestimmt die spezifische Leistungsfähigkeit des Probanden bei der Verarbeitung konkreter Stimuli beziehungsweise bei der Lösung von konkreten Aufgaben (*Gröppel-Klein* 2004). Die phasische Aktivierung kann valide mit der elektrodermalen Reaktion, der Veränderung des Hautwiderstandes, gemessen werden; dabei ist auch eine telemetrische Messung im Feld möglich (*Gröppel-Klein* 2005), also beispielsweise die Messung der Aktivierung des Verkaufspersonals direkt im Geschäft.

Eine hohe positiv empfundene Aktivierung (in der Personalpsychologie oft operationalisiert als „Enthusiasmus" vs. „Langeweile") steht in einem positiven Zusammenhang mit dem emotionalen Wohlbefinden am Arbeitsplatz (*Daniels* 2000) und stellt damit eine wichtige Hintergrundvariable bei der Erforschung der Wirkung von stimulierenden Reizen auf die Arbeitsleistung dar. Beispielsweise erklärt die Aktivierung im Zusammenwirken mit positiver Stimmung den so genannten „Mozart-Effekt", der besagt, dass Musik von Mozart im Gegensatz zu anderer klassischer Musik zu einer besseren Leistung bei der Lösung von Aufgaben zum räumlichen Denkvermögen führen soll: Es konnte gezeigt werden, dass nicht die Musik selbst, sondern die durch die Musik ausgelöste und positiv erlebte Aktivierung für die Leistungssteigerung verantwortlich ist (*Thompson et al.* 2001). Das Belohnungssystem scheint eng mit dem Aktivierungssystem verknüpft zu sein: Hohe erwartete Belohnungen zum Beispiel im Aktienhandel führen zu einer hohen Aktivierung und dadurch zu einer höheren Bereitschaft, Risiken einzugehen und Geld auszugeben (*Peterson* 2005). Die Aktivierung von Mitarbeitern spielt daher im Kontext des Berufsfelds „Börsenhandel" eine wichtige Rolle, und hier insbesondere bei sehr schnell ablaufenden Entscheidungsprozessen, die wie beim Optionshandel oder bei Warentermingeschäften mit hohen monetären Einsätzen und Risiken verbunden sind.

Ein zu hohes Aktivierungsniveau kann dagegen zu →Stress, im Extremfall sogar zur Panik, und zu geringeren Leistungen am Arbeitsplatz führen. Die funktionale Verknüpfung zwischen Aktivierung, ihrem Umschlagen in Stress und der (Arbeits-)Leistung ist noch nicht endgültig bestimmt (U-förmige vs. positive lineare vs. negative lineare Beziehung zwischen Stress und Leistung, vgl. *Muse et al.* 2003).

Literatur: *Daniels, K.*: Measures of Five Aspects of Affective Well-Being at Work, in: Human Relations, 53. Jg. (2000), H. 2, S. 275–294. *Groeppel-Klein, A.*: Arousal and Consumer In-Store Behaviour, in: Brain Research Bulletin, 67. Jg. (2005), H. 5, S. 428–437. *Gröppel-Klein, A.*: Aktivierungsforschung und Konsumentenverhalten, in: Gröppel-Klein, A. (Hrsg.): Konsumentenverhaltensforschung im 21. Jahrhundert, Wiesbaden 2004, S. 29–66. *Muse, L. A.*; *Harris, S. G.*; *Field, H. S.*: Has the Inverted-U Theory of Stress and Job Performance Had a Fair Test?, in: Human Performance, 16. Jg. (2003), H. 4, S. 349–364. *Peterson, R. L.*: The Neuroscience of Investing: fMRI of the Reward System, in: Brain Research Bulletin, 67. Jg. (2005), H. 5, S. 391–397. *Thompson, W. F.*; *Schellenberg, E. G.*; *Husain, G.*: Arousal, Mood, and the Mozart Effect, in: Psychological Science, 12. Jg (2001), H. 3, S. 248–251.

Claas Christian Germelmann

Aktivierungsgrad

Kennzahl, die darüber Aufschluss gibt, wie dauerhaft ein gezeigtes Verhalten (→Behaviorismus) ist und wie stark die Intensität des Verhaltens ausgeprägt ist.

Aktiviertheit beruht dabei auf der Intensität der psychologischen Erregung des Zentralnervensystems und beeinflusst die Leistungsbereitschaft für Prozesse, insbesondere zu denken, fühlen und zu handeln. Aktivierung des Organismus, mit der ein zielgerichtetes (motiviertes) Verhalten einhergeht, ist insofern verantwortlich für seine jeweilige

→Leistungsfähigkeit. Hohe Aktivierung löst Heckhausen und Heckhausen (1989) zufolge die Zunahme der Leistungsbereitschaft aus und befähigt zu einer schnelleren Informationsaufnahme und -verarbeitung bei erhöhter Lernfähigkeit.

Die Aktivierung wird durch verschiedene Faktoren beeinflusst: mentale Faktoren (Großhirnrinde), psychische Faktoren (limbisches System) vegetative Faktoren (Hypothalamus) physische Faktoren (Retikularformation) sowie Umweltfaktoren.

Vertreter der Aktivierungstheorie untersuchen auf Basis dieser Faktoren Verhaltenskonsequenzen wie positive und negative Annäherung, defensive Aggression, passives Vermeiden und Leistungsbereitschaft.

Literatur: *Dorner, H.*: Ergonomie, in: *Wittkuhn, K.; Bartscher, T.* (Hrsg.): Improving Performance. Leistungspotenziale in Organisationen entfalten, Neuwied, Kriftel 2001. *Heckhausen, J.; Heckhausen, H.*: Motivation und Handeln, Berlin 1989.

Thomas Bartscher

Akzeptanztheorem

Bedingungssatz für die Akzeptanz komplexer Verfahren, der sich generell auch auf die Akzeptanz von Entscheidungen erweitern lässt.

Das Akzeptanztheorem geht auf eine Studie von *Drumm* und *Scholz* (1988) zurück und nennt fünf Bedingungen beziehungsweise Akzeptanzregeln, unter denen Entscheidungsträger in der Praxis den Einsatz komplizierter Methoden akzeptieren:

1. Ein bislang unbewältigter Problemdruck muss spürbar sein.
2. Die neue Methode sollte die gewohnte Technik hinsichtlich Effektivität und Effizienz übertreffen.
3. Für die Entwicklung und Nutzung der Methode muss sich ein Promotorenteam einsetzen.
4. In der Implementationskette ist durchgängige →Kommunikation über alle unmittelbaren und mittelbaren Nutzer erforderlich.
5. Die neue Methode darf nicht als Bedrohung der eigenen →Kompetenzen empfunden werden. Die Bedrohung darf muss allerdings nicht objektiv vorliegen, eine intellektuelle Überforderung durch die Methode reicht bereits aus.

Dieses Theorem wurde zwar zunächst empirisch nur für komplexe Verfahren zur Personalplanung formuliert, lässt sich aber auch im breiteren Kontext (z. B. IT-Systeme) verwenden.

Literatur: *Drumm, H.J.; Scholz, C.*: Personalplanung, 2. Aufl., Bern 1988.

Jan Hendrik Fisch

All-Employee Share Plan (ASEP)

bietet →Arbeitnehmern die Möglichkeit, Anteile an dem sie beschäftigenden Unternehmen zu erlangen.

Das System wurde in Großbritannien durch den 2000 Finance Act eingeführt und gilt für Arbeitnehmer, die mindestens 18 Monate Betriebszugehörigkeit aufweisen. Im Rahmen der konkreten finanziellen Möglichkeiten wird die Ausgestaltung vorgenommen. Besondere Vorteile bestehen bei einer Halteperiode von drei beziehungsweise fünf Jahren in der Steuerfreiheit für Arbeitnehmer sowie in steuerlichen Vorteilen auch für Arbeitgeber durch Gewinnreduzierung aufgrund bestimmter absetzbarer Ausgaben.

Literatur: *Davies, J.*: Shares for Everyone?, in: Cabinet Maker (2000), H. 12, S. 6.

Silvia Föhr

Allgemeinverbindlichkeitserklärung →Tarifrecht

Ältere Arbeitnehmer →Bevölkerungsentwicklung

Alternative Karrieremodelle

gleichwertig nebeneinanderstehende Modelle, der Führungs-, Fach- und Projektkarriere.

Der Begriff Alternative Karrieremodelle wurde insbesondere in der Literatur geprägt und Abbildung 1 stellt die wesentlichen Merkmale der alternativen Karrieremodelle dar.

Die gleichzeitige Ausprägung mehrerer Karrieremodelle scheint bei größeren Unternehmen mit einer ausreichenden Anzahl an homogenen Stellen in stabilen →Hierarchien realisierbar zu sein. Bei kleinen Betrieben oder Firmen, welche ein von den Anforderungen her stark heterogenes Stellengefüge aufweisen, heben sich selten eindeutigen Karrieremuster hervor. Jede frei werdende (Führungs-)Position löst hier individuelle Nachfolgeüberlegungen aus.

Alternative Karrieremodelle

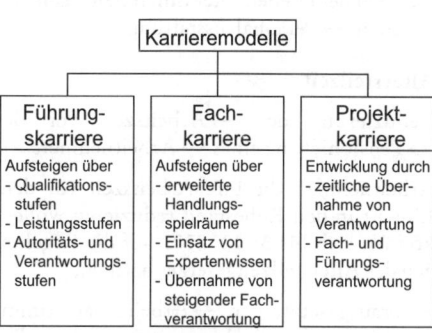

Abbildung 1: Alternative Karrieremodelle
(*Friedli* 2003, S. 29)

Unter einer *Führungskarriere* wird eine Versetzung innerhalb der Linienorganisation beziehungsweise der Hierarchie (→ Aufbauorganisation) verstanden, in der Regel erfolgt diese „vertikal nach oben". Die Hierarchie dient als Strukturprinzip und schafft für eine Gesamtheit von Elementen systematische Beziehungen der Unter- und Überordnung. Karrieremöglichkeiten im Rahmen der traditionellen Führungskarriere werden mit der Verlangsamung des Wirtschaftswachstums und infolge des organisatorischen Wandels, oft verknüpft mit der Schaffung flacherer Hierarchien, geringer.

Die *Fachkarriere* enthält, nur insofern ähnlich der Führungskarriere, den Aufstiegsgedanken, doch sind für sie ein hoher Anteil an reinen → Fachaufgaben und ein geringer Umfang an Personalführungs- und den damit zusammenhängenden Verwaltungsaufgaben typisch. Das Zielpublikum der Fachkarriere bilden Personen, bei welchen die Motivation zur → Arbeit sich derart auf die Sachaufgabe bezieht (→ Karriereanker), dass sie nicht bereit sind, eine → Führungsaufgabe zu übernehmen, da deren Übernahme aufgrund der damit verbundenen zeitlichen Beanspruchung (→ Belastungs-Beanspruchungs-Modell) die Verringerung der fachlichen Aufgaben und der persönlichen Fachexpertise zur Folge haben muss. Primäres Ziel der Fachkarriere ist es, diese Mitarbeitergruppe zu motivieren und ihr ein über die Fachaufgabe definiertes alternatives Aufstiegssystem anzubieten. Die Fachkarriere dient somit insbesondere der Erhaltung hochqualifizierter Fachkräfte. Vor allem für solche Unternehmen kommen Fachkarrieren in Frage, welche in genügendem Umfang Fachspezialisten aufweisen (z. B. in der Entwicklung, der Forschung, in der Informatik oder im Marketing). Mit der Fachkarriere wird ein zweiter Hierarchieast, parallel zum Leitungsgefüge eingerichtet. Bei der Beschreibung der Spezialisierung interessieren hierbei insbesondere der Aufgabeninhalt und die Positionsausstattung.

Im Weiteren bedarf auch der neue Hierarchieast einer Gliederungstiefe und der Regelung von Unterstellungsverhältnissen. Das Design der Fachkarriere beinhaltet vor allem die Festlegung klar unterscheidbarer Rangstufen, die Definition der Gehaltsbandbreiten und weiterer spezifischer rangstufengerechter Anreize sowie die Bestimmung der Eingangsvoraussetzungen, der Auswahl- und Leistungsbeurteilungskriterien für die einzelnen Stufen. Übersicht 1 zeigt ein Beispiel einer Fachkarriere.

Übersicht 1: Beispiel einer Fachkarriere
(*Friedli* 2002, S.34)

Rangstufe	Leistungsebene	Fachkarrierenstufe
1	Direktor	
2	Bereichsleiter	fachwissenschaftlicher Berater
3	Abteilungsleiter	wissenschaftlicher Experte
4	Gruppenleiter	Fachwissenschaftler
5	Mitarbeiter	wissenschaftlicher Assistent

In vielen Unternehmensbereichen wird zunehmend in Projekten gearbeitet. Diese stellen komplexe, umfangreiche und neuartige Aufgabenstellungen dar, deren meist interdisziplinäre Bewältigung zeitlich befristet ist. In Ergänzung zu den hierarchisch orientierten Karrieremodellen ergibt sich durch die vermehrte Arbeit in Projekten eine eher horizontal (traversal) orientierte dritte, praxisrelevante Karrierestruktur: die *Projektkarriere*. Dabei handelt es sich nicht nur um den üblichen Einsatz der Mitarbeitenden in der Projektarbeit, sondern um eine systematische Einbindung der Projektarbeit in das Personalentwicklungskonzept. Die oft in Ergänzung zur hierarchischen Organisationsstruktur von Unternehmen verwendete Projektorganisation bietet aufgrund ihrer zeitlichen Befristung die Möglichkeit der Potenzialerkennung im Sinne eines realen Assessments. Je nach Stellung des

Alterspyramide

Mitarbeitenden in der Projektorganisation und je nach Gewicht des Projekts innerhalb der Unternehmensaufgaben ergeben sich durch den Einsatz im Projekt alternative Karrierepfade. Ein möglicher Werdegang wäre zum Beispiel Projektmitarbeiter in Projekten mit zunehmendem Wichtigkeitsgrad der Projektaufgabe; mehrere Einsätze als stellvertretender Projektleiter und als Projektleiter in Projekten mit aufsteigendem Komplexitäts- und Bedeutungsgrad.

In der Regel findet für den Mitarbeiter keine Positionsbestimmung im Vergleich zur Fach- und/oder Führungskarriere statt. Dies entspricht nicht dem Wunsch vieler Mitarbeiter nach Anerkennung ihrer Tätigkeiten. Nicht selten wird aber das Durchlaufen einer Projektkarriere als Karriereschritt im Rahmen der Führungskarriere gesehen und dient somit als Sprungbrett zu höheren Stufen in der Linienkarriere. Weitere Ansätze zu →Karrieremodellen gehen in Richtung *internationaler Karriere,* welche insbesondere in international tätigen Unternehmen den Mitarbeitenden auch die Option eröffnen, im Ausland tätig zu sein.

Mit dem strukturellen Wandel in Wirtschaft und Gesellschaft verändern sich auch die Karrieremuster beziehungsweise -modelle. Während ein Mitarbeiter früher oftmals sehr lange Zeit für dasselbe Unternehmen tätig war, wechseln nun die meisten Mitarbeitenden im Laufe ihrer Arbeitstätigkeit nicht nur das Aufgabenfeld, sondern auch das Unternehmen. Dieser Unternehmenswechsel kann innerhalb derselben oder zwischen verschiedenen Branchen stattfinden. Eine individuelle berufliche →Karriere begrenzt sich nicht nur auf ein Unternehmen, sondern setzt sich zusammen aus Aufgabenfeldern in verschiedenen Unternehmen, welche unterschiedlichen Branchen angehören können.

Literatur: *Friedli, V.*: Die betriebliche Karriereplanung. Konzeptionelle Grundlagen und empirische Studien aus der Unternehmensperspektive, Bern etc. 2002. *Domsch, M. E.*: Fachlaufbahn – ein Beitrag zur Flexibilisierung und Mitarbeiterorientierung der Personalentwicklung, in: *Domsch, M. E.; Siemers, S. H. A.* (Hrsg.): Fachlaufbahnen, Heidelberg 1994, S. 3–22.

Vera Friedli

Alterspyramide →Bevölkerungsentwicklung

Alterssicherung →Kündigung

Altersstruktur

die nach dem Lebensalter differenzierte Struktur einer →Personalausstattung.

Altersteilzeit

Reduzierung der →Arbeitszeit vor der →Pensionierung eines →Arbeitnehmers.

Arbeitnehmer, die ihre Arbeitszeit vor dem Eintritt in den Ruhestand reduzieren wollen, können sich bis 31. 12. 2009 auf die Regelungen des Altersteilzeitgesetzes berufen,

– vorausgesetzt, der →Arbeitgeber stimmt dem zu oder die Tarifparteien haben dies vereinbart, und

– vorausgesetzt, die Betroffenen haben innerhalb der letzten 5 Jahre mindestens 3 Jahre in einer die Beitragspflicht begründenden Beschäftigung gestanden (*Bröckermann* 2007).

Sind diese Voraussetzungen erfüllt, haben Beschäftigte ab dem vollendeten 55. Lebensjahr die Möglichkeit, ihre Arbeitszeit auf die Hälfte der regelmäßigen wöchentlichen Arbeitszeit zu verringern oder vorerst weiter in Vollzeit zu arbeiten, um dann später – als rechtlich vollwertiger Arbeitnehmer, aber im so genannten Ruhestandsverhältnis – die Arbeitszeit auf Null zu senken (→Vorruhestand). Zum Beispiel kann ein Beamter die letzten 5 Dienstjahre so gestalten, dass er 2,5 Jahre voll arbeitet, aber nur Teilzeit (50 %) entlohnt wird und dann die letzten 2,5 Jahre nicht mehr arbeitet, aber ebenfalls noch Teilzeit (50 %) entlohnt wird. Im öffentlichen Dienst beträgt die Teilzeitquote 27 %, im Allgemeinen um 20 %.

Literatur: *Bröckermann, R.*: Personalwirtschaft, 4. Aufl., Stuttgart 2007, S. 204–205.

Reiner Bröckermann

Ambiguitätstoleranz

Fähigkeit (→Qualifikation), emotionale und kognitive Diskrepanzen und Mehrdeutigkeiten auszuhalten und andere Sichtweisen zu akzeptieren.

Widersprüche und Ambivalenz in Situationen und Handlungsweisen werden ertragen, ohne sich unwohl zu fühlen oder aggressiv zu reagieren. Dies kann vorkommen, wenn ein Individuum Informationen erhält, die vage, unvollständig, überflüssig, unlogisch oder widersprüchlich erscheinen.

Ambiguitätstoleranz hilft interkulturelle Irritationen in produktiver, zielführender Weise auszuhalten und ist damit eine Eigenschaft →interkultureller Kompetenz.

Besonders bei Anpassungsprozessen an anderskulturelle Situationen – etwa im Rahmen von →Auslandsentsendungen oder multikultureller Teamarbeit – kann fehlende Ambiguitätstoleranz zu Unwohlsein und Konfusionen führen.

Literatur: *Landis, D.*; *Bhagat, R. S.* (Hrsg.): Handbook of Intercultural Training, London 1996.

Christoph I. Barmeyer

Analytische Arbeitsbewertung →Arbeitsbewertung

Änderungskündigung →Kündigung

Anerkennungsbedürfnis

soziales Bedürfnis (→Motiv) von Personen, sich gegenüber anderen Personen dadurch abzuheben, dass sie Wertschätzung erfährt, Lob empfängt, Privilegien nutzen kann oder Statussymbole besitzt.

Nach der Theorie von *Maslow* (1954) zählt das Anerkennungsbedürfnis zu den Defizit-Bedürfnissen, das heißt seine Befriedigung ist eine Voraussetzung dafür, dass eine Person langfristig leistungs- und selbstverwirklichungsfähig ist (→Motivation). Wird dieses Bedürfnis langfristig frustriert, kann es zur Ursache von →Leistungsstörungen oder Änderungswiderständen werden.

Das Anerkennungsmotiv wird vor allem durch die →Hierarchie einer Organisation und die damit verbundenen Statusunterschiede tangiert. In dem Maße, wie eine hierarchische Position mit sichtbaren Privilegien (z. B. Titel, Größe und Abschirmung des Arbeitsplatzes, Anzahl der zugeordneten Mitarbeiter, Zugang zu Clubs oder bevorzugten Parkplätzen) verbunden ist, wird der Aufstieg für Personen mit einem stark ausgeprägten Anerkennungsbedürfnis attraktiv. Damit ist gleichzeitig die Gefahr verbunden, dass Personen, die nicht aufsteigen können, durch das Nichterreichen der Statussymbole demotiviert (→Demotivation) werden.

Literatur: *Maslow, A.*: Motivation und Persönlichkeit. Olten 1977.

Markus Gmür

Anfechtung

Gestaltungsrecht, welches einer Vertragspartei unter bestimmten Umständen ermöglicht, die Wirkung einer Willenserklärung nachträglich für nichtig zu erklären.

Wer bei der Abgabe seiner Willenserklärung auf Abschluss des →Arbeitsvertrags (Angebot bzw. Annahme) über deren Inhalt im Irrtum war oder eine Erklärung diesen Inhalts überhaupt nicht abgeben wollte, kann die Erklärung anfechten, wenn anzunehmen ist, dass er sie bei Kenntnis der Sachlage und bei verständiger Würdigung des Falles nicht abgegeben hätte (§ 119 Abs. 1 Bürgerliches Gesetzbuch, BGB). Das gleiche Recht steht demjenigen zu, der zur Abgabe einer Willenserklärung durch arglistige Täuschung oder widerrechtliche Drohung veranlasst wurde (§ 123 Abs. 1 BGB). Für die Erklärung der Anfechtung ist – anders als bei der →Kündigung des Arbeitsverhältnisses – keine Schriftform erforderlich. Zudem gelten keine Kündigungsschutzvorschriften zugunsten des →Arbeitnehmers, insbesondere ist eine Anhörung des →Betriebsrates nicht erforderlich. Die Anfechtung wegen Irrtums muss allerdings unverzüglich, das heißt ohne schuldhaftes Zögern erklärt werden (§ 121 BGB). Für die Anfechtung wegen arglistiger Täuschung oder widerrechtlicher Drohung gilt eine Frist von einem Jahr (§ 123 BGB).

Wird ein anfechtbarer Arbeitsvertrag angefochten, bevor der Arbeitnehmer seine Arbeitsstelle angetreten hat, ist der Arbeitsvertrag ab dem Zeitpunkt des Vertragsschlusses, also von Anfang an nichtig. Der Vertrag entfaltet keine Wirkung. Wurde die →Arbeit bereits aufgenommen, entsteht ein →*faktisches Arbeitsverhältnis*. Das Arbeitsverhältnis ist für die Vergangenheit als fehlerfrei (also wirksam) zu behandeln und kann nur für die Zukunft aufgelöst werden. Für den Zeitraum, für den das Arbeitsverhältnis als wirksam behandelt wird, bestehen sämtliche arbeitsrechtlichen Rechte und Pflichten (→Arbeitsrecht).

Literatur: *Boemke, B.*: Studienbuch Arbeitsrecht, 2. Aufl., München 2004, § 3 Rn. 84. *Dörner, K.*: AR-Blattei, SD 60 Rn. 1.

Burkhard Boemke

Anforderungen

zu bewältigende Aufgaben für Mitarbeiter.

Für das →Personalmanagement in Betrieben stellt die Analyse der aktuellen und zukünfti-

Anforderungsanalyse

gen Anforderungen, mit denen sich das Unternehmen und demzufolge auch die Belegschaft konfrontiert sieht, *von Rosenstiel* (2003) zufolge die Grundlage für die qualitative →Personalplanung und damit die Entscheidungsbasis für die →Personalbeschaffung und die →Personalentwicklung dar. In der Literatur findet sich eine Vielzahl an Beschreibungen von Anforderungen sowie an Definitionen der entsprechenden Kriterien. Einen Eindruck gibt beispielsweise *Küppers* (2000). Eine hilfreiche Systematik stellt die in Abbildung 1 visualisierte Unterteilung in Anforderungen resultierend aus dem Unternehmensumfeld, solchen aus dem Unternehmen selbst sowie – im Sinne eines ganzheitlichen Ansatzes – in Anforderungen, die sich für Mitarbeiter aus ihrer privaten Situation ergeben, dar.

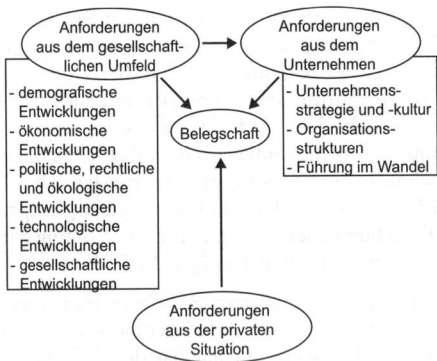

Abbildung 1: Anforderungsfelder (*Hofmann* 2000, S. 16).

Hierbei ist zu bedenken, dass die Anforderungen aus dem Umfeld die Belegschaft nicht nur direkt beeinflussen, sondern auch indirekt über die abgeleiteten unternehmensinternen Entscheidungen. Den Unternehmensmitgliedern steht zur Bewältigung dieser Anforderungen laut *von Rosenstiel* (2003) ihre →Qualifikation zur Verfügung.

Literatur: *Hofmann, L. M.*: Führungskräfte in Europa. Anforderungen und Praxis in kulturell komplexen Unternehmen, Wiesbaden 2000. *Küppers, H.*: Das globale Management, Berlin 2000. *von Rosenstiel, L.*: Grundlagen der Organisationspsychologie, Stuttgart 2003.

Laila Maija Hofmann

Anforderungsanalyse

Analyse zur Bestimmung der →Anforderungen, die an einen fiktiven Stelleninhaber zu stellen sind. Sie wird auch als *Stellenbewertung* bezeichnet.

Dabei werden die Anforderungen einerseits durch die Art und die Anzahl der auf einer Stelle zu erledigenden Aufgaben bestimmt, andererseits muss dem Zusammenwirken der aus den einzelnen Aufgaben resultierenden Teilanforderungen Rechnung getragen werden. Die Anforderungen lassen sich gemäß dem REFA-Schema in vier Anforderungskategorien differenzieren:

1. Anforderungen hinsichtlich des benötigten Wissens und Könnens.
2. Anforderungen an Funktionen des Geistes und des Körpers (Belastung).
3. Anforderungen hinsichtlich der zu tragenden Verantwortung.
4. Anforderungen durch Begleitumstände (Umgebungseinflüsse).

Als Ergebnis der Anforderungsanalyse ergibt sich das *Anforderungsprofil*, das Aussagen über die benötigten Fähigkeitsmerkmale und -ausprägungen macht, die seitens eines fiktiven Stelleninhabers für eine erfolgreiche Ausführung der auf einer Stelle anfallenden Aufgaben unerlässlich sind.

An die Anforderungsanalyse schließt sich die →*Arbeitsbewertung* an, deren Ziel es ist, den konkreten Schwierigkeitsgrad zu bestimmen, den eine →Arbeit an einen fiktiven Positionsinhaber unter Zugrundelegung einer Bezugsleistung stellt. Dabei erfolgt eine Bewertung der konkreten Ausprägung der Anforderungskategorien sowie eine Gewichtung der Kategorien im Rahmen der analytischen Verfahren. Alternativ dazu besteht die Möglichkeit einer summarischen Bewertung, die auf einem Vergleich der betrachteten Stelle mit Referenzpositionen basiert.

Literatur: *Kossbiel, H.*: Personalwirtschaft, in: *Bea, F. X.*; *Dichtl, E.*; *Schweitzer, M.* (Hrsg.): Allgemeine Betriebswirtschaftslehre, Bd. 3, 8. Aufl., Stuttgart 2002, S. 467–553.

Thomas Bürkle

Anforderungskategorien →Anforderungsanalyse

Anforderungsprofil

zusammenfassende und oftmals gewichtete Auflistung der für eine bestimmte Position relevanten →Anforderungen.

Das Profil stellt die Grundlage für die Entscheidungen bezüglich der →Personalbeschaffung und →Personalentwicklung dar. Die Schwierigkeit bei der Erstellung eines solchen Profils besteht insbesondere darin, die Vielzahl an Anforderungen auf eine handhabbare und überprüfbare Größe zu reduzieren. Es gilt, die Profile so konkret wie möglich für die zu beschreibende Position zu formulieren. Dabei muss darauf geachtet werden, dass nicht nur aktuelle Aufgaben benannt sind, sondern auch absehbare zukünftige Anforderungen bedacht werden. Um den Arbeitsaufwand in einem akzeptablen Umfang zu halten, haben sich so genannte Baukastensysteme bewährt. Hierbei werden insbesondere positionsübergreifende Anforderungen (bspw. Kommunikationskompetenz) anhand von beobachtbaren Beschreibungen von einer zentralen Stelle im Unternehmen definiert („Der/die Stelleninhaber/in bzw. der/die Bewerber/in unterbricht nicht." oder „...hört aufmerksam zu."). Zur Erstellung eines Profils kann dann für die jeweilige Position eine Auswahl aus den aufgelisteten Beschreibungen getroffen werden – die wiederholte Definitionsarbeit entfällt somit. Einzelne Anforderungen oder aber Anforderungsgruppen können somit für mehrere ähnliche Positionen verwendet werden.

Laila Maija Hofmann

Angebotspolitik

auf die Angebotsseite des →Arbeitsmarktes zielende Variante der →Arbeitsmarktpolitik.

Arbeitsmarktpolitik und die hierunter subsummierbaren Instrumente zur arbeitsmarktpolitischen Intervention lassen sich aus einer nachfrage- und einer angebotsorientierten Perspektive betrachten. Die angebotsorientierte Perspektive der Arbeitsmarktpolitik, als Angebotspolitik bezeichnet, stellt nach *Harmes-Liedtke* (1999) deshalb einen spezifischen Aspekt der allgemeinen Arbeitsmarktpolitik dar.

Instrumente beziehungsweise Maßnahmen, welche auf der Angebotsseite des Arbeitsmarktes gewollte Effekte erzielen sollen, sind nach *Schmidt* (2001) vorrangig Berufsberatung und →Arbeitsvermittlung. Mit ihrer Hilfe soll die Markttransparenz erhöht und der Suchprozess verkürzt werden. Hierfür sind insbesondere die Daten der →Arbeitsmarktforschung relevant. Darüber hinaus zählen Mobilitätshilfen wie Trennungsentschädigung oder Umzugshilfen etwa zum Abbau struktureller →Arbeitslosigkeit, sowie berufsbildende Maßnahmen (berufliche Aus- und Weiterbildung).

Literatur: *Harmes-Liedtke, U.*: Regionale Autonomie und Arbeitsmarktpolitik, Frankfurt a. M. 1999. *Schmidt, C. M. et al.*: Perspektiven der Arbeitsmarktpolitik: Internationaler Vergleich und Empfehlungen für Deutschland, Berlin und Heidelberg 2001.

Florian Schramm

Angestellte

→Arbeitnehmer, deren →Arbeit eher nicht körperlicher, sondern eher geistiger Natur ist.

Angestellte werden in einer insbesondere sozialversicherungsrechtlich und tarifvertraglich kodifizierten Differenzierung von Arbeitern, deren Arbeit eher körperlicher Natur ist abgegrenzt. Diese Differenzierung spiegelt die traditionelle ständische Strukturierung der deutschen Arbeitsverhältnisse wider. Mit dieser heute zunehmend kritisch diskutierten Segmentierung der Arbeitnehmer sind nach *Deutschmann* (2002) tiefreichende soziale Identitäten verbunden, deren (deutsche) Ursprünge bei den Arbeitern in die Phase der Entstehung der Fabrikproduktion im 19. Jahrhundert und bei den Angestellten in den Beginn des 20 Jahrhunderts zurückreichen.

Literatur: *Deutschmann, C.*: Postindustrielle Industriesoziologie, München, Weinheim 2002.

Axel Haunschild

Annahmeverzug

entsteht, wenn der →Arbeitgeber die ordnungsgemäß angebotene →Arbeitsleistung des →Arbeitnehmers nicht annimmt.

Ob Annahmeverzug vorliegt, bestimmt sich generell nach §§ 293 ff. Bürgerliches Gesetzbuch (BGB). Entgegen der allgemeinen schuldrechtlichen Regelungen werden die Rechtsfolgen des Annahmeverzugs im →Arbeitsrecht jedoch durch § 615 BGB modifiziert. Nach allgemeinem Schuldrecht bleibt der Schuldner trotz Annahmeverzugs weiterhin zur Leistung verpflichtet. Abweichend hiervon regelt § 615 BGB, dass bei Annahmeverzug des Arbeitgebers der Arbeitnehmer für den fraglichen Zeitraum den Lohnanspruch behält, ohne zur Nachleistung verpflichtet zu sein.

Voraussetzung des Annahmeverzugs ist zunächst die Möglichkeit der Leistung. Dies setzt insbesondere eine bestehende →*Ar-*

beitspflicht des Arbeitnehmers voraus. Ferner muss der Arbeitnehmer leistungsbereit – das heißt leistungsfähig und leistungswillig – sein. Weiter muss der Arbeitnehmer seine Arbeitsleistung ordnungsgemäß angeboten haben. Nach § 294 BGB ist in der Regel hierfür erforderlich, dass der Arbeitnehmer am Erfüllungsort (meist der Arbeitsplatz) erscheint und zur Arbeitsaufnahme bereit ist (tatsächliches Angebot). In Ausnahmefällen (§§ 295, 296 BGB), wie zum Beispiel bei Ausspruch einer rechtsunwirksamen Kündigung, ist nach der Rechtsprechung des Bundesarbeitsgerichts kein Leistungsangebot des Arbeitnehmers für den Annahmeverzug erforderlich. Abschließend bedarf es einer Nichtannahme der angebotenen Leistung durch den Arbeitgeber (§ 293 BGB), wobei die Leistung nur so angenommen werden muss, wie sie geschuldet wird.

Literatur: Boemke, B.: Studienbuch Arbeitsrecht, 2. Aufl., München 2004, § 5 Rn. 157 ff. Schaub, G.: AR-Blattei, SD 80 Rn. 1 ff.

Burkhard Boemke

Anreiz

Signal, das wenn es seine Entsprechung in den Bedürfnissen (→Motiv) von Menschen findet, auf die →Motivation einer Person oder einer →Gruppe wirkt (→Teamanreiz).

Die Wirkung eines Anreizes beruht darauf, dass die betreffende Person ein unbefriedigtes Bedürfnis hat und die Möglichkeit sieht, dieses über den Anreiz zu befriedigen. Aus Sicht der Organisation ist der Anreiz ein Angebot im Tausch für eine Leistung der Mitglieder (→Anreiz-Beitrags-Theorie). Das →Anreizsystem umfasst dann sämtliche Anreize, welche die Organisation anbietet. Aus Sicht der Organisationsmitglieder existieren Anreize jedoch nur so weit, wie sie auf aktuelle unbefriedigte Motive treffen.

Übersicht 1: Typen von Anreizwirkungen

	personalpolitische Anreize	sonstige Anreize
treffen auf aktuelle Motive	geplant wirksame Anreize	ungeplant wirksame Anreize
fehlende Motive	unwirksame Anreize	

Die Unterscheidung von Anreizen aus Organisations- und Mitgliederperspektive ist folgenreich. In einem →Beschäftigungsverhältnis lassen sich danach drei Typen von Anreizen unterscheiden:

1. *Geplant wirksame Anreize* sind diejenigen Teile des personalpolitischen Anreizsystems, welche die Leistungsbereitschaft der Beschäftigten auch tatsächlich beeinflussen (z. B. eine von den Beschäftigten als attraktiv wahrgenommene Prämienregelung).

2. Bei *ungeplant wirksamen Anreizen* besteht eine Wirkung auf die Leistungsbereitschaft, die personalpolitisch ungeplant oder sogar unerwünscht ist (z. B. eine Prämienregelung, welche die individuelle Leistung belohnt und dabei zu einer höheren Konkurrenzorientierung und einem Rückgang des Teamzusammenhalts führt). In diesem Fall wird ein Anreiz gesetzt, ohne dass die Organisation sich darüber bewusst ist.

3. *Unwirksame Anreize* sind Leistungen der Organisation, die auf kein Interesse der Beschäftigten stoßen (z. B. ein Angebot für →Belegschaftsaktien, das aufgrund eines Kapitalmarktabschwungs nicht genutzt wird).

Wie sich ein bestimmter Anreiz auf das Verhalten einer Person auswirkt, ist Gegenstand von →Motivationstheorien.

Gmür, M.; Thommen, J.-P.: Human Resource Management, 2. Aufl., Zürich 2007. Baron, J. M.; Kreps, D. M.: Strategic Human Resources, New York 1999.

Markus Gmür

Anreiz-Beitrags-Theorie

erklärt gleichgewichtsthematisch, warum Personen einer Organisation beitreten und in ihr verbleiben.

Begründet wurde die Anreiz-Beitrags-Theorie von *Barnard* (1971), einem Manager und Organisationstheoretiker. Eintritt und Verbleib eines Mitarbeiters hängen davon ab, ob es dem Management einer Organisation gelingt, ein Gleichgewicht von →Anreizen und Beiträgen herzustellen. Anreize sind Leistungen, welche die Organisation für ihre Mitglieder und deren Bedürfnisbefriedigung (→Motiv) bereitstellt (z. B. Lohn und Gehalt, Aufstiegschancen, Status und Privilegien, Weiterbildungsmöglichkeiten). Beiträge sind die Leistungen, welche die Mitglieder zur Zielerreichung der Organisation erbringen (z. B. →Arbeitsleistung, Loyalität, Bereitschaft zur Einfügung in eine →Gruppe). Auf dem Anreiz-Beitrags-

Gleichgewicht beruht der psychologische Kontrakt zwischen der Organisation und den einzelnen Mitgliedern.

Für das Anreiz-Beitrags-Gleichgewicht entscheidend ist daher nicht nur der formale Vertrag, wie er in einer schriftlichen Zielvereinbarung (→ Management by Objectives) oder einer → Stellenbeschreibung festgelegt ist. Ebenso wichtig ist der implizite oder reale Vertrag. Er umfasst neben den tatsächlich gewährten Anreizen auch Erwartungen über zukünftige Leistungen der Organisation. Auf der Beitragsseite umfasst der implizite Vertrag auch Beiträge, die das Mitglied freiwillig zusätzlich erbringt. Zu diesen freiwilligen Beiträgen zählen zum Beispiel die Bereitschaft, vorübergehend oder dauerhaft zusätzliche Aufgaben zu übernehmen, oder die Flexibilitätsbereitschaft in Krisensituationen.

Ist das Gleichgewicht von Anreizen und Beiträgen aus Sicht der einzelnen Mitglieder gestört, werden sie im ersten Schritt versuchen, ihre Beiträge an die Anreize anzupassen. Hier kommt es dann zu Verhaltensweisen wie dem Prinzip „Dienst nach Vorschrift" oder zu anderen Formen der Beitragsverminderung.

Wenn die Anpassung nicht gelingt, nimmt die Wahrscheinlichkeit zu, dass die Person die Organisation bei der ersten sich bietenden Gelegenheit verlassen wird. Dies gilt insbesondere dann, wenn das Organisationsmitglied überzeugt ist, die Anreize seien nicht ausreichend für die geleisteten Beiträge. Wenn die Anreize hingegen die Beiträge aus Sicht des Mitglieds übersteigen, wird es eher zu einer Neubewertung des Gleichgewichts kommen: Die Anreize werden geringer und die eigenen Beiträge höher bewertet. Wenn beispielsweise ein Mitarbeiter den Eindruck gewonnen hat, er erhalte für seine Leistungen ein weit überdurchschnittliches Gehalt, kann er das wahrgenommene Ungleichgewicht von Anreizen und Beiträgen wieder herstellen, indem er das Gehalt durch besondere Qualität und Zuverlässigkeit (Höherbewertung der Beiträge) oder durch den Hinweis auf hohen Stress oder nachteilige Arbeitsbedingungen (Abwertung der Anreize) rechtfertigt. Für die Organisation birgt ein Anreiz-Beitrags-Ungleichgewicht also die Gefahren eines Leistungsrückgangs, des Verlusts wichtiger Mitglieder oder der Abwertungen der Organisationsleistungen durch die Mitglieder.

Literatur: Barnard, C.: The Functions of the Executive, 21. Aufl., Cambridge 1971. March, J.; Simon, H. A.: Organizations, Cambridge 1958.

Markus GmÜr

Anreizkonflikt

liegt vor, wenn eine Person in einer Dilemma-Situation mit mehreren positiven oder negativen → Anreizen konfrontiert ist.

Seit *Lewin* (1935) werden drei Motivationskonflikte unterschieden, die häufig um eine vierte Variante ergänzt werden. Konflikte entstehen demnach durch Appetenz (Anziehung) und Aversion (Vermeidungsbedürfnis):

1. *Appetenz-Appetenz-Konflikt*: Besteht, wenn die Person zwei Alternativen hat, die beide attraktiv erscheinen, sich aber gegenseitig ausschließen. Eine solche Situation liegt zum Beispiel vor, wenn sich eine Person zwischen zwei gleichermaßen attraktiven Stellenangeboten entscheiden muss.

2. *Aversion-Aversions-Konflikt*: Wird dadurch erzeugt, dass die Person aus zwei unerwünschten Alternativen eine auswählen muss. Ein Beispiel dafür wäre eine Situation, in der eine Person vor die Wahl gestellt wird, entweder eine unangenehme Aufgabe zu übernehmen oder aber eine Gehaltskürzung zu akzeptieren.

3. *Appetenz-Aversions-Konflikt*: Entsteht, wenn eine Person sich für eine Sache entscheiden muss, die sowohl attraktive als auch unerwünschte Aspekte aufweist. In einer solchen Situation befindet sich beispielsweise eine Person, die vor der Frage steht, ob sie das Angebot für eine befristete Tätigkeit im Ausland annehmen soll; auf der einen Seite reizt sie die neuartige Aufgabenstellung, auf der anderen Seite befürchtet sie, eine langjährige Partnerschaft aufs Spiel zu setzen.

4. *Doppelter Appetenz-Aversions-Konflikt*: Entsteht dadurch, dass die Person zwei Alternativen hat, von denen jede sowohl positive als auch negative Seiten aufweist.

Anreizkonflikte können die geplanten Wirkungen von Anreizsystemen neutralisieren. Für die Personalarbeit (→ Personalmanagement) bedeutet dies im Einzelfall, wenn sich eine Person nicht zu einem bestimmten Verhalten motivieren lässt, zu prüfen, ob ein Konflikt vorliegt und dieser gegebenenfalls aufgelöst werden kann.

Literatur: Lewin, K.: A Dynamic Theory of Personality, New York 1935.

Markus Gmür

Anreizsystem

Summe aller →Anreize, die den Beschäftigten eines Unternehmens (oder allgemeiner den Mitgliedern einer Organisation) angeboten werden, um ihre Leistungen zu erhalten und ihren Verbleib im Unternehmen zu sichern.

Ein zentrales Merkmal von Anreizsystemen ist ihre Steuerungswirkung. Sie ergibt sich aus den Zielen, auf die das System ausgerichtet ist. *Gmür* und *Thommen* (2005) unterscheiden und kombinieren sechs grundlegende Ausrichtungen:

1. *Leistungsorientierung*: Ein leistungsorientiertes Anreizsystem ist durch einen hohen Anteil variabler Vergütungen gekennzeichnet, die vor allem von den individuellen Leistungen abhängig sind (→Leistungsgehalt). Kurz- und mittelfristige Erfolge stehen in der Regel gegenüber den Beiträgen zu einer langfristigen Entwicklung im Vordergrund. Die Aufstiegschancen hängen ebenfalls in erster Linie von den erreichten Ergebnissen ab, während →Seniorität oder Qualifikationen nachrangig sind.

2. *Strategieorientierung*: In einem strategieorientierten Anreizsystem steht die laufende Abstimmung mit den strategischen Marktzielen des Unternehmens im Vordergrund. Die Anreizstrukturen wechseln mit den strategischen Prioritäten. Ein solches System setzt eine Klarheit über die strategischen Ressourcen und →Kernkompetenzen des Unternehmens voraus.

3. *Flexibilitätsorientierung*: Ein flexibilitätsorientiertes Anreizsystem zielt auf die Sicherung der Anpassungsfähigkeit des Unternehmens. Dabei stehen insbesondere die Förderung breiter Qualifikationsprofile (→Mehrfachqualifikation, Metaqualifikation, Qualifikationslohn) und Anreize für die Einsatzflexibilität der Beschäftigten im Vordergrund.

4. *Entwicklungsorientierung*: Während in der Flexibilitätsorientierung die kurzfristige Anpassungsfähigkeit betont wird, soll durch ein entwicklungsorientiertes Anreizsystem die längerfristige Anpassungsfähigkeit an Marktentwicklungen unterstützt werden. Es bewertet Innovationsbeiträge höher als kurzfristige Leistungserträge, sowohl was variable Gehaltsanteile als auch Aufstiegschancen im Unternehmen betrifft. Einen wichtigen Stellenwert haben in einem entwicklungsorientierten Anreizsystem insbesondere Weiterbildungsangebote.

5. *Integrationsorientierung*: Ein Anreizsystem, das die Leistungen und Ergebnisse von Teams und Abteilungen stärker gewichtet als die individuellen Beiträge (→Teamanreiz), stärkt den Zusammenhalt zwischen den Beschäftigten. Auch ein Kapitalbeteiligungsmodell, das für die gesamte Belegschaft offensteht (→Belegschaftsaktie), und eine Gewinnbeteiligung, die nicht nach individuellen Leistungen differenziert, zielen vor allem auf die →Integration im Unternehmen.

6. *Bindungsorientierung*: Bindungsorientierte Anreizsysteme zielen auf das →Commitment der Beschäftigten und damit vor allem auf eine Minimierung von →Fehlzeiten und ungeplanter →Fluktuation. Seniorität ist ein wichtiges Kriterium für den Aufstieg im Unternehmen, und auch die variable Vergütung berücksichtigt als ein Kriterium die Dauer der Betriebszugehörigkeit (→Personalbindung).

Das Anreizsystem eines Unternehmens erstreckt sich über die Vergütungs- und Weiterbildungspolitik, über das Beurteilungssystem, Beförderungsentscheidungen (→Beförderung) und die Gestaltung und Organisation der Aufgaben.

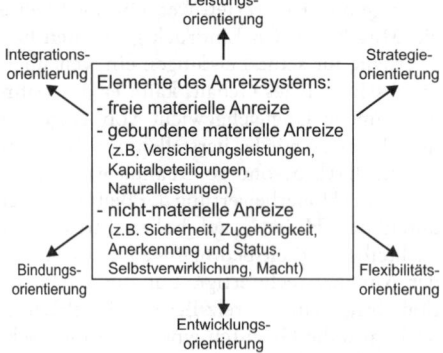

Abbildung 1: Ausrichtung von Anreizsystemen

Nach ihrer Form lassen sich nach *Klimecki* und *Gmür* (2005) die Elemente eines Anreizsystems in drei Gruppen mit unterschiedlichen Konsequenzen für die Handlungsspielräume des Unternehmens und die Motivationswirkung für den Beschäftigten untergliedern:

Freie materielle Anreize sind Geldleistungen des Unternehmens, die anforderungs- oder leistungsabhängig ausgezahlt werden und über deren Verwendung der Beschäftigte jederzeit frei verfügen kann. Auf der freien Verwendbarkeit beruht ein Teil ihrer Motivationswirkung. Für das Unternehmen besteht der Nachteil gegenüber gebundenen Anreizen im Liquiditätsabfluss.

Gebundene materielle Anreize sind geldwerte Leistungen des Unternehmens, deren Weiterverwendung für den Beschäftigten eingeschränkt ist. Zu den wichtigsten gebundenen Leistungen zählen Versicherungsleistungen, →Kapitalbeteiligungen und Naturalleistungen:

- *Versicherungsleistungen*: Ergänzen die gesetzlich vorgegebenen Pflichtversicherungen und erlangen inzwischen auch in Deutschland in dem Maße zunehmende Bedeutung, wie die staatlichen Sicherungssysteme ihre Leistungen kürzen. Diese Versicherungen erweitern in den meisten Fällen die gesetzliche Altersvorsorge. Neben steuerlichen Vorteilen stärkt eine →Betriebsrente auch die Bindung des Beschäftigten an das Unternehmen (Deferred Compensation). Gleichzeitig werden diese Leistungen im Normalfall erst mit dem Verlassen des Unternehmens liquiditätswirksam.
- *Kapitalbeteiligungen*: Lassen sich danach unterscheiden, ob sie Eigen- oder Fremdkapitalcharakter haben. Zu den wichtigsten →Eigenkapitalbeteiligungen zählen die →Belegschaftsaktie und der GmbH- beziehungsweise Kommanditanteil. →Fremdkapitalbeteiligungen sind das Genussrecht, die stille Beteiligung und das Mitarbeiterdarlehen. Abgesehen von der Liquiditätswirkung erhoffen sich Unternehmen auch mit der Kapitalbeteiligung eine höhere →Identifikation und Bindung an das Unternehmen.
- *Naturalleistungen*: Sind geldwerte Nebenleistungen des Unternehmens wie Betriebskantine, Betriebskindergarten, Sportaktivitäten, die Verfügung über einen →Dienstwagen oder eine günstige Werkswohnung. Mit solchen Leistungen kann sich ein Unternehmen ein Image als attraktiver Arbeitgeber (Employer Branding) aufbauen. Auch die betriebliche Weiterbildung ist eine anreizwirksame Naturalleistung, wenn der Beschäftigte damit seinen Arbeitsmarktwert steigern kann. Solche Leistungen sind unter finanziellen Gesichtspunkten für ein Unternehmen dann interessant, wenn es die Leistungen deutlich unter dem Marktpreis bereitstellen kann. Das gilt insbesondere auch für Unternehmen, die ihren Mitarbeitern die eigenen Produkte zu besonders günstigen Konditionen anbieten.

In dem Maße, wie die gebundene Leistung aus Sicht der Beschäftigten einen symbolischen Wert hat, der über den geldwerten Vorteil hinausgeht, ist sie für das Unternehmen gegenüber einer freien materiellen Leistung vorteilhaft. Zudem verzögern einige dieser gebundenen Leistungen den Liquiditätsabfluss. Ein Nachteil gebundener Leistungen entsteht insbesondere bei Naturalleistungen für das Unternehmen, wenn die Leistungen des Unternehmens von den Beschäftigten nicht mehr bewusst wahrgenommen und selbstverständlich werden. In diesem Fall wird aus dem Motivationsfaktor ein →Hygiene-Faktor, der sich zu einer möglichen Quelle der Unzufriedenheit entwickelt.

Nicht-materielle Leistungen sind solche Leistungen, die das Unternehmen ohne Zusatzaufwand im Rahmen des Normalbetriebs zur Verfügung stellen kann und die aktuelle Bedürfnisse (→Motiv) der Beschäftigten befriedigen. Diese →Anreize lassen sich nach den wichtigsten Bedürfniskategorien ordnen:

- *Sicherheitsanreize*: Bieten vor allem eine hohe Beschäftigungssicherheit (→Sicherheitsbedürfnis).
- *Soziale Anreize*: Kann ein Unternehmen durch eine ausgeprägte Teamkultur und Solidarität unter den Beschäftigten bieten, aber auch dadurch, dass es den Zugang zu geschlossenen sozialen Kreisen (z. B. Clubs) eröffnet (→Zugehörigkeitsbedürfnis).
- *Statusanreize*: Entstehen aus Titeln oder Auszeichnungen, die ein Unternehmen oder eine Organisation vergeben kann. Besondere Bedeutung haben diese Anreize in vielen öffentlich-rechtlichen Organisationen mit ihren spezifischen Titelhierarchien (z. B. Universitäten oder der diplomatische

Dienst). Unternehmen und Organisationen können auch Auszeichnungen verleihen, die über diese Organisation hinaus einen Stellenwert besitzen (→Anerkennungsbedürfnis).

- *Selbstverwirklichungsanreize*: Entstehen daraus, dass das Unternehmen Aufgaben oder Positionen vergibt, die dem Einzelnen die Möglichkeit zur (bezahlten) Realisierung eigener Ideen und Visionen geben. Auch die →Fort- und Weiterbildung kann einen Anreiz darstellen, wenn sie dem Beschäftigten die Chance zur persönlichen Weiterentwicklung bietet (→Selbstverwirklichungsbedürfnis).
- *Machtanreize*: Ergeben sich aus der →Hierarchie des Unternehmens. Die Übertragung von Verantwortung und die Zuordnung unterstellter Mitarbeiter bieten Möglichkeiten der Einflussnahme zur Erreichung persönlicher Ziele und zur Durchsetzung eigener Vorstellungen (→Machtmotiv).
- *Nicht-materielle Anreize*: Sind häufig eng mit finanziellen Anreizen verbunden (so bedeutet eine Beförderung in der Regel sowohl einen Gehalts- als auch Machtzuwachs); sie können für ein Unternehmen kostenneutral sein.

Literatur: *Gmür, M.*; *Thommen, J.-P.*: Human Ressource Management, Zürich 2005. *Klimecki, R.*; *Gmür, M.*: Personalmanagement, 3. Aufl., Stuttgart 2004. *Klimecki, R.*; *Gmür, M.*: Personalmanagement, 3. Aufl., Stuttgart 2005.

Markus Gmür

Ansparverfahren

Verfahren zum Ansparen von Zeitguthaben (→Zeiterfassung) über einen längeren Zeitraum.

Es gibt verschiedene Möglichkeiten, Zeitguthaben anzusparen. Die Aufsummierung von →Überstunden ist eine verbreitete Form. Das Ansparen von Urlaubsansprüchen über das Kalenderjahr hinaus hingegen gilt als problematisch, da der Jahresurlaub der dringend notwendigen Regeneration dient und gemäß § 7 Abs. 3 Satz 1 Bundesurlaubsgesetz (BUrlG) grundsätzlich im laufenden Kalenderjahr gewährt und genommen werden muss. Ausnahmsweise kann der Anspruch nach *Hamm* (2001) jedoch aus dringenden betrieblichen oder in der Person des Arbeitnehmers liegenden Gründen auf das Folgejahr übertragen werden (§ 7 Abs. 3 Satz 2 BUrlG). Dann ist der Urlaub jedoch innerhalb der ersten drei Monate des Folgejahrs zu nehmen (§ 7 Abs. 3 Satz 3 BUrlG). Andernfalls verfällt er.

Literatur: *Hamm, I.*: Flexible Arbeitszeiten in der Praxis, 2. Aufl., Frankfurt a. M. 2001, S. 196.

Désirée H. Ladwig

Anstrengungsbereitschaft →Motivation

Anwendungssystem

integrierte Einheit aus Hard- und Softwarekomponenten, die für die Bewältigung betrieblicher Problem- und Aufgabenstellungen eingesetzt wird.

Die Hardwarekomponente (→Hardware) lässt sich in Computerhardware und sonstige Hardware (bspw. Peripherie) gliedern. Bei Anwendungssoftware unterscheiden *Mertens et al.* (2005) zwischen Standard- und Individualsoftware.

Unter *Standardsoftware* werden Produkte verstanden, die für den Massenmarkt konzipiert worden sind. Sie zeichnen sich durch eine gewisse Hardwareunabhängigkeit aus. Dadurch können sie in der Regel mittels Selbstinstallationsroutinen auf die Computerhardware der Anwender aufgespielt und aktiviert werden. Abhängig von den Anforderungen der Anwender und der →Komplexität der Anwendungssoftware sind Anpassungen (Customizing) der Standardsoftware vorzunehmen, die jedoch nur in einem begrenzten Umfang möglich sind. Diese Anpassungen erfolgen durch die Einstellung von Parametern und die Konfiguration beziehungsweise das Schaffen von Schnittstellen, so dass der eigentliche Programmcode der Kernanwendung (Quellcode) nicht verändert werden muss.

Mertens et al. (2005) definieren für Standardsoftware die folgenden vier Unterklassen:

1. *Basissoftware*: Übernimmt grundlegende Funktionalitäten wie eMail-Kommunikation inkl. Adressverwaltung oder Virenscanner.
2. *Standardbürosoftware*: Hat in der Vergangenheit zu der weiten Verbreitung von Personalcomputern beigetragen. In der Regel werden Aufgaben wie Textverarbeitung, Präsentationsgrafik, Desktop-Publishing, Tabellenkalkulation, Datenbankverwaltung oder Webseitenerstellung mit Standardsoftware ausgeführt.

3. *Funktionsorientierte Standardsoftware*: Lösungen, die eine Funktion oder funktionsübergreifend mehrere Anwendungsbereiche in einem Unternehmen aus betriebswirtschaftlicher Sicht unterstützen. *Keller* (1999) spricht im letzteren Fall von funktionsübergreifender integrierter Standardsoftware, welche sich in Module gliedert, die auf eine gemeinsame Datenbasis zugreifen. Beispielhafte Ausprägungen solcher Standardprogramme bezeichnen *Hansen* und *Neumann* (2005) als Enterprise Resource Planning-Systeme. Die Grenzen zwischen funktions- und prozessorientierter Standardsoftware verlaufen fließend.

4. *Prozessorientierte Anwendungssoftware*: Lösungen, die Prozesse unterstützen, welche sich quer durch die Funktionsbereiche des Unternehmens ziehen. Entsprechende Workflow-Management-Systeme bilden in diesem Zusammenhang nach *Picot et al.* (1998) Geschäftsprozesse für insbesondere administrative Aufgabenbereiche im Unternehmen ab, wobei die damit verbundene (teilweise automatische) Vorgangsabwicklung durch die sequenzielle und/oder parallele Anordnung der jeweiligen Arbeitsschritte vorgenommen wird.

Sofern für spezielle betriebliche Anforderungen Programme angefertigt werden, handelt es sich nach *Mertens et al.* (2005) um *Individualsoftware*. Aufgrund des Zuschnitts auf die speziellen Wünsche des Benutzers können sie nicht auf andere Anwendungszwecke oder Einsatzorte portiert werden. Standardsoftware kann entweder selbst im Unternehmen (in der ITV-Abteilung und/oder in den entsprechenden Fachabteilungen) entwickelt oder fremdbezogen werden. Herausforderung ist hier, die Entwicklung der Anwendungssoftware technisch und finanziell zu bewältigen.

Wegen der oft hohen Entwicklungskosten der Individualsoftware halten *Mertens et al.* (2005) fest, dass auch in größeren Unternehmen zunehmend zu beobachten ist, dass vermehrt Teile von Standardsoftware zum Einsatz kommen. Demgegenüber wird der Einsatz von Individualsoftware nur dann erwogen, wenn Standardlösungen nur ein unzureichendes Funktionsspektrum bereitstellen können, um bestimmte Problem- oder Aufgabenstellungen zu lösen. Sofern auch die zugehörige Hardwareumgebung individuell konfiguriert und gegebenenfalls angefertigt werden muss, kann von individuellen Anwendungssystemen gesprochen werden.

Betriebliche Anwendungssysteme für den operativen Bereich gliedert *Stahlknecht* und *Hasenkamp* (1999) nach Administrations- und Dispositionssystemen:

- *Administrationssysteme*: Kommen vornehmlich für die Rationalisierung von (vorhandenen) Abläufen in betrieblichen Grund- und Querschnittsfunktionen zum Einsatz (bspw. Vornehmen von Materialbuchungen in der Lagerhaltung oder Abwicklung der Arbeitszeiterfassung im Personalwesen).

- *Dispositionssysteme*: Zielen auf die Verbesserung der im operativen Betrieb zu treffenden Entscheidungen ab (bspw. Erstellung eines optimalen Maschinenbelegungsplans in der Produktion oder eines Personaleinsatzplans).

Neben den vorgenannten operativen Systemen unterscheiden unter anderem *Mertens et al.* (2005) Planungs- und Kontrollsysteme:

- *Planungssysteme*: Sollen auf der Management-Ebene gewährleisten, dass für (langfristige) Planungen zuverlässige →Daten zur Verfügung stehen und mögliche Alternativen systematisch berücksichtigt werden. Mit Planungssystemen können beispielsweise aus Vergangenheitsdaten, Erfahrungswerten oder anderweitigen Informationen beziehungsweise Sachverhalten Soll-Vorgaben gebildet werden (bspw. ein Umsatzplan oder Finanzplan für einen zukünftigen Zeitraum).

- *Kontrollsysteme*: Überwachen das operative Betriebsgeschehen im Unternehmen im Hinblick auf das Erfüllen der zuvor festgelegten Soll-Vorgaben und lenken die Aufmerksamkeit von Fach- und Führungskräften auf beachtenswerte Datenkonstellationen. Sofern nennenswerte Planabweichungen vorliegen (bspw. das nicht Erreichen eines Umsatzzieles oder die Überschreitung eines Finanzbudgets über einen vorab bestimmten Schwellenwert), wird eine entsprechende Information (teil-)automatisch generiert. Kontrollsysteme zeigen ebenfalls auf, wo gegebenenfalls tiefer gehende Analysen einzuleiten sind (z. B. bei Störungen) und welche Abhilfemaßnahmen zu ergreifen sind. Hierfür werden die Symptome und Ursachen des Verfehlens aufgezeigt und untersucht.

Anwendungssystem

Das Entwickeln beziehungsweise Anpassen von Anwendungssystemen zum computergestützten Bearbeiten betrieblicher Aufgaben ist ein zentraler Gegenstand der Wirtschaftsinformatik. Stark vereinfacht geht es bei der Anwendungssystementwicklung darum, mit geeigneten Vorgehensweisen und Methoden die fachlichen sowie organisatorischen Anforderungen eines Unternehmens zu spezifizieren und in ablauffähige Anwendungssysteme umzusetzen. Die so entwickelten Produkte sollen die Nutzer bei einem effizienten, sachgerechten Ausführen ihrer Tätigkeiten (bspw. in der Auftragsabwicklung oder im Personalwesen) unterstützen.

Bei der Anwendungssystementwicklung und -einführung muss (zumindest bei größeren Aufgabenstellungen) mit einer hohen Komplexität gerechnet werden, demzufolge sind eine Vielzahl von Aufgaben zu lösen. Um diese Komplexität zu reduzieren, halten es unter anderem *Schumann et al.* (1994) für notwendig, planvoll und systematisch vorzugehen. Dabei ist der gesamte Ablauf in einzelne, überschaubare Aufgabeneinheiten mit begrenztem inhaltlichen und zeitlichen Umfang zu gliedern, die dann sukzessive oder (sofern möglich) parallel durchlaufen werden.

Zwei grundsätzliche Vorgehensweisen zur Anwendungssystementwicklung sind das *phasenorientierte Vorgehen* und das *Prototyping*. Mit der Kombination beider Vorgehensweisen wird versucht, die jeweiligen Vorteile der Verfahren miteinander zu vereinen.

Mertens et al. (2005) gliedern die *phasenorientierte Entwicklung* von individuellen Anwendungssystemen in sechs in sich abgeschlossene Spezifikationsschritte mit nachzuweisenden Ergebnissen:

1. *Planungsphase*: Hier wird die Projektidee auf hohem Abstraktionsgrad beschrieben. Ebenfalls werden die Ziele des Anwendungssystems definiert und eine Wirtschaftlichkeitsbetrachtung vorgenommen. Das Ergebnis dieser Phase stellt das potenzielle Projekt dar.

2. *Definitionsphase*: Hier werden vor allem fachliche Anforderungen spezifiziert. Dies geschieht durch eine Analyse der relevanten Aufgaben und des hiermit verbundenen Unterstützungsbedarfs. Hierzu wird der Ist-Zustand eruiert und eine Schwachstellenanalyse vorgenommen. Mittels der Ergebnisse wird ein Soll-Konzept entworfen, wobei insbesondere funktionale, qualitative und ökonomische Aspekte Einfluss auf die Gestaltung haben. Sämtliche Ergebnisse werden in einem Pflichtenheft niedergeschrieben.

3. *Entwurfsphase*: Erstellung eines Fachentwurfs auf Grundlage des Pflichtenhefts. Der Fachentwurf stellt die Funktionen sowie ihre Zusammenhänge und die zu verarbeitenden Daten dar. Die Visualisierung des Fachentwurfs erfolgt mittels Funktions-, Daten- und Objektmodellen. Zusätzlich wird die potenzielle Benutzungsoberfläche entworfen. Im zweiten Teilschritt wird der zuvor erstellte Fachentwurf in einem informationsverarbeitungstechnischen Entwurf überführt und verfeinert. Hier werden die Umgebungsbedingungen der (zukünftigen) Hardware, der Systemsoftware und/oder der zu verwendenden Programmiersprache berücksichtigt. Ebenfalls sind weitere infomationsverarbeitungstechnische Aspekte zu berücksichtigen. Als Ergebnis liegt eine Gesamtstruktur (der Komponenten) des Anwendungssystems vor. Darüber hinaus entstehen Programmmodule, mit denen die angepeilten betriebswirtschaftlichen Funktionen realisiert werden sollen, wobei zusätzlich ihre zeitliche und logische Einbindungen werden in das System fixiert. Ebenfalls werden Daten- und Dateistrukturen festgelegt.

4. *Implementierungsphase*: Hier wird der vorliegende Systementwurf bis auf die Ebene einzelner Anweisungen detailliert und mittels einer Programmiersprache codiert, wobei zuvor durch Feinkonzepte die Datenschemata, Datei- und Datenbankbeschreibungen festgelegt werden. Anschließend werden alle Programmmodule und das gesamte Anwendungssystem einem ausführlichen Systemtest unterzogen.

5. *Abnahme- und Einführungsphase*: Hier wird mittels der durch den Auftraggeber festgelegten Kriterien geprüft, ob das Anwendungssystem den Anforderungen des Pflichtenhefts genügt. Anschließend wird das Anwendungssystem in Betrieb genommen, nachdem eine Anwenderschulung erfolgt ist.

6. *Wartungsphase*: Häufig werden Fehler in einem Anwendungssystem erst im produktiven Betrieb aufgedeckt, die dann im Rah-

men der Wartungsphase eliminiert werden. Oft ändern sich Benutzerwünsche oder externe Einflüsse machen eine Überarbeitung des Anwendungssystems zu einem späteren Zeitpunkt erforderlich. Dies sind Gründe, weswegen die Wartungsphase im Lebenszyklus eines Anwendungssystems häufig bis zu 50 % des gesamten Entwicklungsaufwandes ausmachen kann.

Falls sich Unternehmen nicht für die Entwicklung von Individualsoftware, sondern für den Einsatz integrierter Standardsoftware entscheiden, kann nach *Mertens et al.* (2005) eine sukzessive Einführung des Systems, angepasst an die bestehenden Organisationsstrukturen im Unternehmen, funktions-, modul- oder prozessorientiert, erfolgen.

Obwohl im Gegensatz zur Entwicklung von Individualsoftware beispielsweise der Neu-Programmieraufwand wegfällt, sollte dennoch mit Projektlaufzeiten von mehreren Monaten gerechnet werden, wobei die Personalkosten häufig die Anschaffungskosten der Softwarelizenzen um ein Vielfaches übersteigen können. Insbesondere komplexe Enterprise Resource Planning-Systeme erfordern häufig eine Reorganisation der vorhandenen Geschäftsprozesse, um die betrieblichen Abläufe an die Erfordernisse der Software anzupassen.

Projekte zum Einführen von Standardsoftware laufen in ähnlicher Form ab, wie die bei der individuellen Entwicklung von Anwendungssystemen, wobei *Mertens et al.* (2005) drei Grundphasen definieren:

1. *Auswahlphase*: Auswahl eines geeigneten Softwareproduktes sowie Entscheidung darüber, welche vorgefertigten Module des Produkts im Unternehmen zu implementieren sind. Hier kommen in ähnlicher Weise die zuvor beschriebenen Aufgaben zum Erstellen des Pflichtenheftes und des Anforderungskatalogs zum Einsatz. Die Anforderungen sind hierbei in Muss- und Kann-Kriterien zu gliedern, wobei die erstgenannten zwingend zu erfüllen sind. Nach ähnlicher Beschreibungsweise werden die Menge und der Zeitpunkt der einzuführenden Module der Standardsoftware bestimmt.

2. *Einführungsphase*: Beginnt mit der technischen Installation der Software auf die vorgesehene Hardware des Unternehmens. Dieser Schritt kann häufig durch technische Mitarbeiter des Unternehmens vorbereitet werden, wobei die konkrete Installation (insbesondere bei komplexen Produkten) durch den Softwareanbieter erfolgt. Nachdem die Software aufgespielt ist, werden die Module an die geforderten Eigenschaften der Funktionen und Prozesse des Unternehmens im Rahmen des Customizing (→ Personalwirtschaftliche Anwendungssoftware) angepasst. Häufig muss an dieser Stelle das neue Anwendungssystem in die IT-Infrastruktur des Unternehmens integriert werden, indem Schnittstellen zu anderen beziehungsweise vorhandenen Systemen geschaffen werden. Die abschließenden *Parametereinstellungen* beziehen sich auf die Art und Weise, wie die mit der Software abgebildeten betrieblichen Objekte später im laufenden Betrieb zu behandeln sind (beispielsweise die Festlegung von Meldebeständen zur Nachbestellung in Dispositionssystemen oder die Bestimmung der Toleranzgrenzen beim Über- und Unterschreiten von Soll-Werten bei Kontrollsystemen). Nach der Konfiguration der Software werden die Datenbestände in das System eingespielt und auf ihre Qualität hin überprüft. Vor der Übernahme in den produktiven Betrieb werden umfangreiche Tests durchgeführt, um zu gewährleisten, dass die Anforderungen des Pflichtenheftes korrekt umgesetzt wurden. Ebenfalls wird mittels Belastungstests (bspw. hohes Transfervolumen bei Administrationssystemen) die Software auf ihre Stabilität getestet.

3. *Betriebsphase*: Beginnt mit dem Start des Systems (Herausholen aus der Testumgebung) und wird durch die laufende Wartung begleitet. Auch hier müssen zuvor die Mitarbeiter hinreichend geschult werden. Ebenfalls können im laufenden Betrieb Korrektur- und Änderungsanlässe auftreten, wie sie zuvor bei der Entwicklung von Individualsoftware beschrieben wurde. Hinzu kommt, dass die Wartung von Standardsoftware häufig mit sogenannten Releasewechseln einhergeht, wo herstellerseitig neben der Fehlerbeseitigung auch neue Funktionalitäten oder Weiterentwicklungen umgesetzt werden.

Phasenorientierte Vorgehensweisen sind besonders in der Projektgrobplanung eine gute Hilfestellung, um Entwicklungs- beziehungsweise Anpassungsvorhaben in sinnvolle Arbeitsschritte zu gliedern. Bei der Feinplanung oder der konkreten Durchführung des Projektes ist jedoch zu berücksichtigen, dass sich die einzelnen Phasen nicht immer strikt voneinander abgrenzen lassen oder dass Rücksprünge zu vorhergehenden Arbeitsschritten auftreten können.

Das →Personalmanagement wird in weiten Teilen von personalwirtschaftlichen Programmen unterstützt, die Problemlösungen der Personalarbeit darstellen und Anwender bei der Bearbeitung personalwirtschaftlicher Aufgaben unterstützen oder diese ergänzen beziehungsweise ersetzen. Generell gilt, dass mittlerweile für *alle* personalwirtschaftlichen Aufgabenfelder Anwendungssysteme existieren.

Literatur: *Hansen H. R.*; *Neumann G.*: Wirtschaftsinformatik 1, 9. Aufl., Stuttgart 2005. *Keller, G.*: SAP R/3 prozessorientiert anwenden. Iteratives Prozess-Prototyping mit Ereignisgesteuerten Prozessketten und Knowledge Maps, 3. Aufl., München 1999. *Mertens, P. et al.*: Grundzüge der Wirtschaftsinformatik, 9. Aufl., Berlin 2005. *Picot, A. et al.*: Die grenzenlose Unternehmung, 3. Auflage, Wiesbaden 1998. *Schumann, M. et al.*: Entwicklung von Anwendungssystemen, Berlin 1994. *Stahlknecht, P.*; *Hasenkamp, U.*: Einführung in die Wirtschaftsinformatik, 9. Aufl., Berlin 1999.

Oliver Kamin

Anwesenheitsquote

Anteil des Personals in einer Periode (z. B. Monat), der tatsächlich anwesend war.

Die Anwesenheitsquote kann erheblich von dem geplanten Soll-Personalstamm abweichen (zum Beispiel durch Krankheit). Beispiel: Anwesenheitsquote (z. B. 93 %) + Abwesenheitsquote (z. B. 7 %) = 100 %. Sie wird auch als Anteil der tatsächlichen (effektiven) Arbeitsstunden je Periode an den Soll-Arbeitsstunden gemessen.

Désirée H. Ladwig

Anzeigen und Stellteile

technische Einrichtungen, die dazu dienen, dem Menschen veränderliche →Informationen zu übermitteln.

Anzeigen sind so zu gestalten, dass sie bestmöglich an die menschliche Wahrnehmung angepasst sind, um somit einer →Ermüdung der Sinnesorgane vorzubeugen. Daraus ergeben sich Anforderungen an Farbe, Form, Größe und Art der Kodierung visueller Anzeigen. Aber auch die Gestaltung visueller Anzeigen, die die Skalen, Zeiger und gegenseitige Anordnung von Skalen und Zeiger berücksichtigt, ist hier zu beachten. Des Weiteren müssen die Lage und Anordnung der Anzeigen sowie die Zuordnung der Anzeigen zu den Stellteilen beachtet werden.

Stellteile, auch Bedienelemente, Bedienteile, Steuerarmatur oder Betätigungsteil genannt, sind Elemente an Arbeitsmitteln (→Arbeitssystem), die durch das Stellen eine Veränderung des Informations-, Energie- und/oder Stoffflusses beziehungsweise einer Position bewirken. Der Begriff des Stellens umfasst das Drehen, Schwenken, Drücken, Schieben oder Ziehen eines Stellteils. Die Zwecksetzung eines Stellteiles besteht zum Beispiel im Ein- und Ausschalten eines Vorgangs oder der Prozesssteuerung beziehungsweise -regelung. Bei der Beurteilung eines Stellteils ist die Kopplungsart (Einsatz der Extremitäten, das Achsensystem, die Greifarten sowie die Körperstellung), die Körperhaltung, die Stellkräfte, der Stellweg, die Rückkoppelung und Stellteildynamik, die Anzahl der Freiheitsgrade in den Stellmöglichkeiten eines Stellteils, die räumliche Anordnung von Stellteilen sowie die Kodierung von Stellteilen zu berücksichtigen.

Die →Arbeitswissenschaft hat die Aufgabe die Schnittstelle Mensch – Anzeige – Stellteile zu optimieren, um Fehlverhalten zu verhindern, →Arbeitszufriedenheit zu erhöhen und die Erträglichkeit der Aufgabe sicher zu stellen.

Margit Weißert-Horn
Regina Brauchler

Application Service Providing (ASP)

Dienstleistung eines Internet Service-Providers, bei der neben der reinen Bereitstellung von Anwendungssoftware (Application Software Providing oder Application Hosting) zusätzlich auch softwarebezogene Dienstleistungen wie etwa die Benutzerbetreuung übernommen werden.

Dabei werden die bereitgestellten Programme in der Regel nicht auf Rechnern des nutzenden Unternehmens (Kunde) gespeichert, sondern durch Rechner des Service Providers über Internet zur Verfügung gestellt. Die Anwender im Kundenunternehmen erhalten auf diese Weise „Fernzugriff" auf Anwendungssoftware, was zu einer größeren räumlichen Unabhängigkeit führt, da die Software von jedem Rechner mit Internetzugang genutzt werden kann. In der Regel wird die Software vom verwendenden Unternehmen nicht gekauft. Vielmehr erfolgt eine Bezahlung nach der tatsächlichen Nutzungszeit der Software. Wartung, Releasewechsel oder Up-Grading werden vom Service Provider entgeltpflichtig übernommen.

Zunehmend wird ASP auch für die Nutzung →personalwirtschaftlicher Anwendungssoftware angeboten. Da viele ASP-Anbieter zusätzlich auch Teile der entsprechenden personalwirtschaftlichen Aufgabe übernehmen, sind die Grenzen zu einem →Outsourcing fließend. ASP wird auch öfter im Rahmen kommerzieller →HR-Portale angeboten.

Literatur: *Strohmeier, S.*: Informationssysteme im Personalmanagement, 2008, Seite 15ff.

Stefan Strohmeier

Apprenticeship →Ausbildung

Approved Code of Practice (ACoP)

Verhaltenskodex mit quasi-gesetzlichem Status.

Der Approved Code of Practice (ACoP) wird meist vom Gesetzgeber oder von den →Gewerkschaften initiiert und findet im Stile eines *Leitfadens* oder einer *Verfahrensregel* als Ausführungsvorschlag Anwendung, um ähnliche Gruppen bei der gemeinsamen Auslegung und Durchsetzung gesetzlicher Bestimmungen zu unterstützen. Anwendung finden ACoP beispielsweise zur Umsetzung gesetzlicher Bestimmungen für den Nichtraucherschutz am Arbeitsplatz, wie *Deeks* (2000) betont.

Ein guter ACoP überzeugt, hat aber weder rechtsverbindlichen Charakter, noch schließt er andere Interpretationen geltenden Rechts aus. Die Nichtbeachtung eines ACoP eröffnet allerdings dem Geschädigten in der Regel den Rechtsweg, wie *Stranks* (2006) betont. Bewährt sich ein ACoP, wird er oftmals zu einem späteren Zeitpunkt in eine entsprechende Rechtsverordnung oder ein formelles Gesetz überführt.

Literatur: *Deeks, E.*: Approved Code of Practice on Non-Smoking Leaves Employees Open to Legal Action, in: People Management, 6. Jg. (2000), H. 18, S. 7. *Stranks, J.*: The Manager's Guide to Health and Safety at Work, 8. Aufl., London 2006.

Tobias Bernecker

Arbeit

definiert über die verschiedenen wissenschaftlichen Fachdisziplinen Physik, Physiologie, Psychologie, Soziologie und Ökonomie.

In der *Physik* besteht die Arbeit in der Überwindung eines Widerstands über einen Weg, das heißt Arbeit ist Kraft mal Weg und wird in der Einheit Joule (J) definiert. Diese Definition ist für die →Arbeitswissenschaft zu einseitig, weil hier nur das Kraftverhalten unter allgemeinen Bedingungen definiert wird.

Bei der *Physiologie* sind menschliche Eigenschaften, Fähigkeiten und Fertigkeiten (→Qualifikation) in Arbeitsprozessen Gegenstand von Untersuchungen. Arbeit wird dabei als Prozess des Umsetzens von Energie und des Verarbeitens von →Informationen bei einer Tätigkeit definiert.

In der *Psychologie* wird Arbeit gegenüber Spiel, Sport und anderen Freizeitaktivitäten abgegrenzt. Arbeit ist fortgesetzte, angespannte und geordnete Tätigkeit mit dem Ziel materielle oder ideelle Güter zu erzeugen, zu beschaffen, umzuwandeln, zu verteilen oder zu benutzen. Dabei kann zwischen Informationsaufnahme, -verarbeitung und -ausgabe unterschieden werden.

Der *soziologische Arbeitsbegriff* beschäftigt sich mit der sozialen Lebenswirklichkeit des Menschen, das heißt mit der sozialen Struktur der Arbeit und ihrer Determinanten. Dazu gehören beispielsweise Schichtarbeit und Teilzeitbeschäftigung von schwerbehinderten Menschen.

Die *Ökonomie* betrachtet die Arbeit als Produktions- oder Bestandsfaktor in Leistungsprozessen. Nach *Gutenberg* (1951) gilt Arbeit als Einsatzfaktor, das heißt direkter Eingang in einen Leistungsprozess und als dispositiver Faktor, das heißt Leistungsfunktion.

Literatur: *Bokranz, R.; Landau, K.*: Einführung in die Arbeitswissenschaft, Stuttgart 1991. *Gutenberg, E.*: Grundlagen der Betriebswirtschaftslehre, Bd. 1: Die Produktion, Berlin, Heidelberg, New York 1951. *Luczak, H.; Volpert, W.*: Handbuch Arbeitswissenschaft, Stuttgart 1997.

Margit Weißert-Horn
Regina Brauchler

Arbeiter

Arbeitnehmer, deren Arbeit eher körperlicher Natur ist, und damit abzugrenzen von →Angestellten.

Arbeitgeber

natürliche oder juristische Person, die mindestens einen →Arbeitnehmer beschäftigt.

Arbeitgeberimage

Die Rechte und Pflichten zwischen Arbeitgeber und Arbeitnehmer werden im →Arbeitsvertrag geregelt. Der Arbeitnehmer ist in dessen Unternehmen eingegliedert, schuldet dem Arbeitgeber eine Arbeitsleistung gemäß Arbeitsvertrag und hat dessen Weisungen hinsichtlich Arbeitsinhalt, Arbeitsort und Arbeitszeit zu folgen. Der Arbeitgeber schuldet ihm dafür das Arbeitsentgelt. Nach § 3 ArbSchG gehört es zu den Grundpflichten des Arbeitgebers, dass er auf eigene Kosten die erforderlichen Maßnahmen des Arbeitsschutzes trifft, um die Gesundheit und Sicherheit der Beschäftigten zu garantieren. In vielen Branchen sind Arbeitgeber in →Arbeitgeberverbänden zusammengeschlossen.

Volker Stein

Arbeitgeberimage →Personalimage

Arbeitgeberverbände

freie, regelmäßig als privatrechtliche Vereine organisierte Zusammenschlüsse einzelner unternehmerisch tätiger juristischer und natürlicher Personen mit Arbeitgeberfunktion zur Interessenvertretung und Durchsetzung sozialpolitischer Vorstellungen der Arbeitgeberseite, insbesondere in Lohn- und Tarifverhandlungen (→Tarifvertrag) gegenüber den →Gewerkschaften.

Die *Zielsetzung* der Arbeitgeberverbände ist die Förderung von Eigeninitiative, Selbstverantwortung und Unternehmerfreiheit, sowie die Propagierung einer gesamtwirtschaftlich orientierten, preisneutralen Lohnpolitik. Diese zu den Interessen der Arbeitnehmervertretungen und Gewerkschaften regelmäßig diametrale Zielsetzung birgt Konfliktpotenzial, vor allem, wenn es sich um Fragen der Mitbestimmung und der Einkommensverteilung handelt. Wie die Gewerkschaften unterfällt der Bestand und die Betätigung der Arbeitgeberverbände dem grundgesetzlichen Schutzbereich der Koalitionsfreiheit (→Koalition) nach Art. 9 Abs. 3 GG. Politisch und weltanschaulich sind die Arbeitgeberverbände regelmäßig neutral.

Organisatorisch zusammengefasst sind die Arbeitgeberverbände unter dem Dach der →Bundesvereinigung der Deutschen Arbeitgeberverbände e.V. (BDA) mit Sitz in Berlin (bis 1999: Köln), untergliedert in rund 50 branchenabhängige Bundesfach- und 14 Landesverbände (Berlin/Brandenburg und Hamburg/Schleswig-Holstein sind je als gemeinsamer Landesverband organisiert). Der Anteil der in der BDA organisierten →Arbeitgeber beträgt derzeit rund 80 %.

Die Entstehung der Arbeitgeberverbände ist als Folge der Organisation der →Arbeitnehmer in Gewerkschaften zu begreifen. Etwa ab 1870 schlossen sich Arbeitgeber zu eigenen Verbänden innerhalb der jeweiligen Branchen zusammen, um den Forderungen der Gewerkschaften geschlossen entgegentreten zu können. Nach Auflösung der Arbeitgeberverbände 1933 durch die Nationalsozialisten bildeten sich nach dem Zweiten Weltkrieg zunächst regionale Fachverbände, die sich nach der Zugehörigkeit bestimmter Wirtschaftszweige abgrenzen. Neben den regionalen Fachverbänden auf Landes- und auf Bundesebene sowie der Fachspitzenverbänden existieren fachübergreifende Regional- und Landesverbände. Als soziale Gegenspieler von Gewerkschaften werden die Arbeitgeberverbände bisweilen begriffen. Ebenso wirken die Arbeitgeberverbände unmittelbar durch Tarifabschlüsse und mittelbar durch Lobbyarbeit und beratende Tätigkeiten bei der Gesetzgebung in wirtschafts-, arbeitsmarkt- und sozialpolitischen Fragestellungen auf die Entwicklung und Gestaltung der Arbeits- und Wirtschaftsbedingungen mit ein. Weiterhin nehmen die Arbeitgeberverbände durch die Wahrnehmung von Ordnungsaufgaben im Rahmen der Sozial- und Arbeitslosenversicherung und bei der Besetzung der Arbeits- und Sozialgerichte Aufgaben der sozialen Selbstverwaltung wahr. Durch die zunehmende globale Verflechtung der Wirtschaftsbeziehungen nimmt die internationale Zusammenarbeit der Arbeitgeberverbände an Bedeutung zu. Es ist daher abzusehen, dass der Einfluss und die Bedeutung bestehender internationaler Arbeitgebervereinigungen, wie beispielsweise der bereits 1920 gegründeten Internationalen Arbeitgeberorganisation (IOE), auch in Zukunft weiter an Gewicht gewinnen werden.

Literatur: *Kissel, R.:* Arbeitskampfrecht, München 2002. *Vajna, T.:* Verbandsfibel, 2. Aufl., Köln 1996. *Woyke, W.:* Verbände, Schwalbach 2005.

Michael Fuhlrott

Arbeitnehmer

nicht selbstständig erwerbstätige Personen, die von →Arbeitgebern angestellt sind.

Arbeitnehmer verrichten entgeltliche Dienste aufgrund eines privatrechtlichen Arbeitsvertrages (§§ 611, 612 BGB). Sie können sich ihre Arbeit nicht frei einteilen, sondern sind hinsichtlich des Arbeitsinhalts, des Arbeitsortes und der →Arbeitszeit weisungsgebunden. Zu den Arbeitnehmern zählen die →Angestellten, die →Arbeiter und die Auszubildenden, nicht dagegen Arbeitslose, Schüler, Selbstständige, Rentner und Pensionäre.

Die Rechte und Pflichten zwischen Arbeitnehmer und Arbeitgeber werden im →Arbeitsvertrag geregelt. Der Arbeitnehmer hat die Pflicht, die vereinbarte Arbeit zu leisten, und hat das Recht, im Gegenzug eine Vergütung vom Arbeitgeber zu erhalten.

Der Wandel von der Industrie- und Dienstleistungsgesellschaft verursacht einen Wandel in den Beschäftigungsverhältnissen. Heutzutage werden Arbeitnehmer immer häufiger in Teilzeitbeschäftigung (→Teilzeitarbeit) und in befristete Beschäftigung eingestellt. In vielen Branchen sind Arbeitnehmer in →Gewerkschaften zusammengeschlossen.

Volker Stein

Arbeitnehmerähnliche Personen

Arbeitskräfte, die für andere in wirtschaftlich abhängiger Stellung →Arbeit leisten, ohne den Status eines →Arbeitnehmers zu haben.

Aufgrund ihrer Abhängigkeit werden diesen Personen gesetzliche Urlaubsrechte zugestanden. Auftraggeber haben nach langjähriger Beschäftigung arbeitnehmerähnlicher Personen bei der Beendigung der Arbeitsbeziehung bestimmte Auslauffristen zu beachten. Juristisch zählen üblicherweise nicht angestellte Künstler, Musiker und Journalisten zu dieser Personengruppe. Eine Abgrenzung vom Status der →Scheinselbstständigkeit kann im Hinblick auf Bewertung der persönlichen Abhängigkeit der Arbeitskraft unter Umständen schwierig sein.

Axel Haunschild

Arbeitnehmerkündigung

durch den →Arbeitnehmer ausgesprochene Beendigung des Arbeitsverhältnisses (→Beschäftigungsverhältnis).

Ein Arbeitsverhältnis kann durch eine – laut § 623 des Bürgerlichen Gesetzbuchs (BGB) zwingend schriftliche – →Kündigung seitens des Arbeitnehmers beendet werden.

Üblich sind ordentliche fristgemäße Arbeitnehmerkündigungen im Sinne der §§ 620 ff. BGB, beispielsweise um eine aussichtsreichere Position bei einem anderen Arbeitgeber zu übernehmen.

Die große Ausnahme bilden die außerordentlichen Arbeitnehmerkündigungen. Sie sind nach § 626 BGB nur zulässig, wenn es unzumutbar ist, die →Kündigungsfrist einzuhalten, beispielsweise wenn das Arbeitsentgelt wiederholt unpünktlich oder gar nicht gezahlt wird. Selbst dann werden Beschäftigte zögern, auf die Kündigungsfrist zu verzichten, es sei denn, sie hätten bereits einen neuen Arbeitsplatz.

Zumeist wird das Personalwesen nach dem Eingang der Arbeitnehmerkündigung die Abwicklung in die Hand nehmen: die Prüfung des Kündigungstermins und der Kündigungsfrist, die Eingangsbestätigung sowie, falls die Kündigung bei der Personalabteilung eingegangen ist, die Information der →Führungskraft. Ein →Abgangsinterview wird jedoch ebendiese Führungskraft führen, es sei denn, sie selbst ist der Anlass für die Kündigung.

Reiner Bröckermann

Arbeitnehmerüberlassung

liegt vor, wenn ein Leiharbeitnehmer durch den rechtlichen →Arbeitgeber (Verleiher) an einen Dritten (Entleiher) überlassen wird, um in dessen Leistungserstellungsprozess eine →Arbeitsleistung zu erbringen (syn.: Zeitarbeit).

Zwischen →Arbeitnehmer und Verleihunternehmen besteht ein *reguläres* Arbeitsverhältnis (→Beschäftigungsverhältnis), das bestandsrechtlich geschützt ist. Zwischen Verleiher und Entleiher besteht ein Arbeitnehmerüberlassungsvertrag, der nach deutschem Recht einem →Dienstvertrag laut § 622 BGB ähnlich ist. Der *Überlassungsvertrag* enthält die Verpflichtung des Verleihunternehmens, im Überlassungszeitraum den Arbeitnehmer mit der den Anforderungen entsprechenden Qualität beziehungsweise Qualifikation zur Verfügung zu stellen. Die Gegenleistung ist eine Art Honorar.

Neben diesen beiden Verträgen wird ein *fiktives* Arbeitsverhältnis zwischen Arbeitnehmer und Entleihunternehmen hergestellt. Zwar bleibt die rechtliche Arbeitgeberschaft beim Verleihunternehmen, jedoch werden temporär Wei-

Arbeitnehmerüberlassung

sungs- und →Direktionsrechte an das Entleihunternehmen übertragen. Der fiktive →Arbeitsvertrag sichert den Arbeitnehmer zum Beispiel für den Fall ab, dass das Verleihunternehmen aufgelöst wird. Dann wird aus dem fiktiven ein →faktisches Arbeitsverhältnis.

Die weiteren *Bedingungen* für eine gewerbsmäßige Arbeitnehmerüberlassung regelt in der Bundesrepublik Deutschland das Arbeitnehmerüberlassungsgesetz (AÜG), Stand vom 01.01.2004. In diesem Gesetz sind die Verleihbefugnis und Erlaubnispflicht geregelt, die zunächst auf ein Jahr befristet wird, später jedoch unbefristet erteilt werden kann. Zudem besteht eine Meldepflicht, die halbjährliche Meldungen über Leiharbeitnehmer (bspw. Zahl, Geschlecht, Staatsangehörigkeit oder Berufsgruppe), Überlassungsfälle, Entleiher, Arbeitsverhältnisse sowie Beschäftigungstage vorschreibt. Wenn der Arbeitsvertrag zwischen Verleiher und Leiharbeitnehmer unwirksam wird, tritt nach § 10 Abs. 1 AÜG der Fall des oben genannten, fiktiven Arbeitsvertrags ein. Eine zeitliche Beschränkung der Überlassungsdauer ist im AÜG nicht mehr vorgesehen.

Zu den *Neuregelungen* gehört vor allem die Pflicht zur →Gleichstellung der Leiharbeitnehmer im Vergleich zu fest angestellten Arbeitnehmern des Entleihers (§§ 3 Abs. 3, 9 Abs. 2 AÜG) hinsichtlich des Entgelts (Equal-Treatment bzw. Equal-Pay). Um dies durchzusetzen, besteht unter bestimmten Bedingungen *Auskunftsanspruch* des Leiharbeitnehmers an den Entleiher. Der Auskunftsanspruch entfällt, wenn der Zeitarbeitnehmer einzelvertraglich nach einem Tarifvertrag beschäftigt wird. Das entleihende Unternehmen ist nur noch dann auskunftspflichtig, wenn der zur Anwendung kommende Tarifvertrag auf bestimmte Arbeitsbedingungen im Entleihbetrieb Bezug nimmt, zum Beispiel im Hinblick auf Zuschläge für Nacht-, Sonntags- und Feiertagsarbeit. Das Recht zur Mitbestimmung der Leiharbeitnehmer besteht im Verleihunternehmen, nicht beim Entleiher. Das in früheren Gesetzen zur Arbeitnehmerüberlassung enthaltene *Synchronisationsverbot*, das heißt wiederholte Befristungen des Vertrags zwischen Entleiher und Leiharbeitnehmer beziehungsweise Arbeitsvertragsdauer muss ungleich der Entleihdauer sein, ist nicht mehr gültig. Das AÜG enthält zudem zahlreiche Sonderregelungen, zum Beispiel für das Baugewerbe,

→Kleinbetriebe und die Arbeitnehmerüberlassung im europäischen und außereuropäischen Wirtschaftsraum (*Schüren* und *Behrend* 2003).

Die personalwirtschaftlichen *Vorteile* beim Entleihunternehmen liegen im Flexibilisierungspotenzial, da ein Überlassungsvertrag einfacher und kurzfristig abzuschließen und aufzuheben ist als ein alternativer Vertrag (befristeter oder unbefristeter Arbeitsvertrag). Dazu liegt das Beschäftigungsrisiko beim Verleiher, und in bestimmten Fällen entstehen Kostenvorteile. Die Anpassungsgeschwindigkeit des Personalbestands an den Personalbedarf wird erhöht, und ungeplante Vakanzen sind schnell und übergangsweise zu besetzen. Ebenso verfügen viele Verleihunternehmen über Spezialisierungsvorteile aufgrund der Beschränkung der Leiharbeitnehmer auf bestimmte Qualifikationsprofile. Somit werden vor allem aus saisonbedingten Gründen, bei Terminproblemen, bei Absatzschwankungen, in Wachstumsphasen oder bei der Einführung neuer Technologien Arbeitnehmer (zunächst) ausgeliehen. Die Grenzen aus Entleihersicht bestehen in wiederholtem Einarbeitungsaufwand, in der Anpassungsnotwendigkeit zum Beispiel an die →Arbeitsorganisation und Unternehmenskultur (→Organisationskultur), in der begrenzten Anwendung bei unternehmensspezifischen Anforderungen an die Qualifikation der Leiharbeitnehmer und im fehlenden langfristigen Aufbau von Kooperation, die insbesondere bei Teamarbeit unverzichtbar ist. Zudem besteht eine Qualitätsunsicherheit gegenüber dem Verleiher, da die Leistung – die Überlassung eines den Anforderungen entsprechend qualifizierten Arbeitnehmers – erst beurteilt werden kann, wenn sie in Anspruch genommen und entgolten worden ist.

Verleihunternehmen wirken als *Intermediäre* auf dem →Arbeitsmarkt. Sie realisieren Spezialisierungsvorteile in der Informationsbeschaffung und -verarbeitung über die beiden Seiten des Arbeitsmarktes – Arbeitnehmer und Arbeitgeber. Die Spezialisierungsvorteile entstehen dadurch, dass sich Zeitarbeitsfirmen in der Regel auf bestimmte Berufsbilder beziehungsweise Branchen konzentrieren und damit gegenüber einem Unternehmen, das eine Vakanz selbst (befristet) besetzen will, schneller reagieren können. Das Unternehmen reduziert den Auswahlprozess bei der Suche nach Arbeitskräften auf eine Entscheidung, nämlich die Wahl der Zeitarbeitsfirma, und nicht auf viele Entscheidungen, die sich aus der Bewerberauswahl für mehrere Positionen ergeben können. Die Spezialisierungsvorteile führen zu Kostenreduktionseffekten, die einen →Anreiz bieten, in den Markt einzutreten (*Föhr* 2000). Bisher kamen weitere Kostenvorteile dadurch hinzu, dass Zeitarbeitnehmer geringer entlohnt wurden als vergleichbar qualifizierte Arbeitnehmer, die dauerhaft in einem Unternehmen beschäftigt waren, was nach dem „equal pay-Prinzip" nun gemindert ist beziehungsweise entfällt.

Aus Sicht der Zeitarbeitnehmer bestehen die Vorteile in einer Beschäftigungsalternative zur Erwerbslosigkeit, die nicht nur die Berufserfahrung aufbaut beziehungsweise erhält, sondern unter Umständen den Einstieg in ein dauerhaftes Beschäftigungsverhältnis außerhalb der Zeitarbeit bietet („Sprungbrett-Funktion"). Außerdem können Präferenzen für wechselnde Einsatzgebiete umgesetzt werden. Die Nachteile eines derartigen Beschäftigungsverhältnisses liegen in der (derzeit noch) schlechteren Entlohnung im Vergleich zu Arbeitnehmern, die in einem Normalarbeitsverhältnis stehen, das heißt dauerhaft in einem Unternehmen ohne wechselnden Einsatz beschäftigt sind, und in der Unsicherheit über den Einsatzort beziehungsweise den fähigkeitsorientierten Einsatz, den das Zeitarbeitsunternehmen per Direktionsrecht bestimmt. Gegebenenfalls müssen Zeitarbeitnehmer bei Auslastungsproblemen auch eine Beschäftigung unterhalb ihres Qualifikationsniveaus akzeptieren (*Föhr* 2000).

Literatur: *Föhr, S.*: Flexibilisierung des Personaleinsatzes durch Arbeitnehmerüberlassung – Eine personalökonomische Analyse, in: *Alewell, D.* (Hrsg.): Zwischen Arbeitslosigkeit und Überstunden. Personalwirtschaftliche Überlegungen zur Verteilung von Arbeitsvolumina, Frankfurt a. M. 2000, S. 49–83. *Rudolph, H.; Schröder, E.*: Arbeitnehmerüberlassung: Trends und Einsatzlogik, in: MittAB, 30. Jg. (1997), H. 1, S. 102–126. *Schröer, E.; Huhn, K.*: Zeit- und Telearbeit. Flexible Beschäftigungsformen und ihre Bedeutung für den Mittelstand, Wiesbaden 1998. *Schüren, P.; Behrend, B.*: Arbeitnehmerüberlassung nach der Reform – Risiken der neuen Freiheit, in: Neue Zeitschrift für Arbeitsrecht, 20. Jg. (2003), H. 10, S. 521–576.

Silvia Föhr

Arbeits- und Organisationspsychologie

Teilgebiet der Psychologie, welches sich der Beschreibung, Analyse, Erklärung, Prognose und Gestaltung menschlicher →Arbeit und menschlichen Verhaltens sowie Erlebens in →Organisationen widmet.

Die Wurzeln der Arbeits- und Organisationspsychologie gehen auf den Taylorismus (→Scientific Management) und die Psychotechnik zurück. Die →Hawthorne-Studien haben die Bedeutung der zwischenmenschlichen Beziehungen im Arbeitsleben erkannt und bildeten den Ausgangspunkt der Human Relations Bewegung. Der soziotechnische Ansatz des Tavistock-Instituts hatte die gemeinsame Optimierung von sozialem und technischem System zum Ziel.

Die Trennung zwischen Arbeits- und Organisationspsychologie erscheint jedoch bei einigen Themen, wie zum Beispiel bei Einführung von →Gruppenarbeit künstlich, dennoch gibt es auch verschiedene Aufgabenfelder und Entwicklungslinien. Vor allem haben Arbeits- und Organisationspsychologie unterschiedliche Ausgangsquellen:

Die Angewandte Psychologie und die Industrialisierung gelten als Ausgangspunkt für die *Arbeitspsychologie,* ebenso wie medizinische und physiologische Vorarbeiten zum Studium der Arbeit und die Erforschung der psychischen Strukturen von Arbeitstätigkeiten. Die Arbeitspsychologie übernimmt Kenntnisse der psychologischen Grundlagenforschung, besonders der allgemeinen Psychologie und entwickelt Methoden, die für die Analyse, Bewertung und Gestaltung von menschlicher →Arbeit von Bedeutung sind. Als Teilgebiet der Angewandten Psychologie betreibt Arbeitspsychologie gestaltungswirksame und praxisbezogene Intervention. Sie befasst sich mit der Beschreibung, Erklärung und Vorhersage des Erlebens und Verhaltens von Menschen in Arbeitssituationen. Dabei wird Arbeit in der Arbeitspsychologie als Tätigkeit verstanden, die sowohl die Umwelt als auch den Menschen verändert. Arbeitspsychologen überlegen sich beispielsweise welche Merkmale Situationen als Arbeitssituationen kennzeichnen. Arbeitspsychologisches Handeln ist bestimmten Humankriterien verpflichtet: Arbeitstätigkeiten müssen ausführbar, schädigungslos, belastungsarm und persönlichkeitsförderlich sein. Praxisfelder der Arbeitspsychologie sind, wie *Frieling* und *Sonntag* (1999) beispielhaft auflisten, eine humane Gestaltung der →Arbeitsumgebung (z. B. die Produktionsräume), die Gestaltung von Mensch-Maschine-Schnittstellen (z. B. Bildschirmarbeitsplätze), die Gestaltung der zeitlichen und organisatorischen Bedingungen von Arbeitstätigkeit (z. B. →Arbeitszeitmodelle), →Personalauswahl und die →Arbeitssicherheit.

Aus der Sozialpsychologie des Betriebs und aufgrund eigenständiger Forschungen und Replikationen nordamerikanischer Arbeiten zum Erleben und Verhalten in Organisationen entwickelte sich die *Organisationspsychologie*. Diese befasst sich mit dem Erleben und Verhalten von Menschen in Organisationen. Sie beobachtet, beschreibt und erklärt das Verhalten und verändert es im Falle von Interventionen. Wie beeinflussen zum Beispiel Arbeitsplätze und Organisationsstrukturen Verhalten und Befindlichkeiten der Menschen? Organisationspsychologie versteht sich als eine angewandte Wissenschaft, die ihre Probleme in der praktischen Welt findet. Sie orientiert sich jedoch bei der Problemlösung an allgemeinen Theorien und Erkenntnissen und bezieht daraus ihre Methoden.

Die Organisationspsychologie hat ein eher weites Verständnis von Organisation, die als ein gegenüber der Umwelt offenes System definiert wird, das zeitlich überdauernd existiert, spezifische Ziele verfolgt, sich aus Individuen beziehungsweise aus →Gruppen zusammensetzt und eine Struktur aufweist, die durch →Arbeitsteilung und eine →Hierarchie von Verantwortung gekennzeichnet ist. Die Breite dieser Definition schließt beispielsweise auch Behörden, Schulen oder Krankenhäuser mit ein. Die Beziehung zwischen Individuum und Organisation wird als ein Spannungsverhältnis interpretiert, da die Organisation nach dem Prinzip von Zweckrationalität strukturiert ist, und den Einzelnen dafür instrumentalisiert. Organisationsmitglieder verfolgen persönliche und berufliche Ziele, die nicht immer mit den Zielen der Organisation übereinstimmen. Vor diesem Hintergrund betrachtet die Organisationspsychologie die Teilaspekte Aufgabe, Individuum, Gruppe und Organisation. Weitere wichtige Themen der Organisationspsychologie sind nach *von Rosenstiel* (2003) Führung (→Mitarbeiterführung), Personal- und Organisationsentwicklung und Kompetenzentwicklung (→Kompetenzmanagement).

Literatur: Frieling, E.; Sonntag, K. H.: Lehrbuch Arbeitspsychologie, Bern 1999. *von Rosenstiel, L.*: Organisationspsychologie, 5. Aufl., Stuttgart 2003.

Erika Spieß

Arbeits- und Zeitstudien

wissenschaftliche Analysen der betrieblichen Abläufe (Zeitaufwand pro Arbeitseinheit).

Arbeits- und Zeitstudien führen nach *Scholz* (2000) zu einer Effizienzsteigerung des Personaleinsatzes. Im Mittelpunkt stehen hierbei Verfahren der Zeitdatenermittlung und Methoden der ergonomischen Gestaltung von Arbeitsplätzen. Bekannte und in der Vergangenheit häufig eingesetzte Methoden zur Datenermittlung sind das →REFA-Zeitschema und das MTM-Verfahren (→Methods Time Measurement). Die geschichtlichen Wurzeln von Arbeits- und Zeitstudien gehen auf die Grundzüge der wissenschaftlichen Betriebsführung von *Taylor* (1913) zurück (→Scientific Management). Er konnte beweisen, dass durch eine effizientere Nutzung der →Arbeitszeit erhebliche Produktivitätssteigerungen erreicht werden.

Literatur: Scholz, C.: Personalmanagement, 5. Aufl., München 2000, S. 316–320. *Taylor, F. W.*: Die Grundsätze wissenschaftlicher Betriebsführung, München 1913.

Désirée H. Ladwig

Arbeitsanforderungen

ergeben sich aus den →Arbeitsaufgaben und den situativen Arbeitsbedingungen und kennzeichnen die Schwere und Schwierigkeit einer Arbeit.

Analysen der Anforderungen sind wichtig für Berufswahl, Stellenbesetzung, →Personalentwicklung, →Arbeitsbewertung und Lohngestaltung.

Das bekannte *Genfer Schema*, das sowohl in der Industrie als auch im Dienstleistungsbereich eingesetzt wird, unterscheidet die Grund-Anforderungen des Könnens, der Belastung (→Belastungs-Beanspruchungs-Modell), der Verantwortung und der Bedingungen der →Arbeitsumgebung.

Für die anforderungsanalytische Betrachtung einer Tätigkeit ist die Differenzierung in die drei Anforderungsbereiche Informationsaufnahme, Informationsverarbeitung und Informationsausgabe beziehungsweise Handlung empfehlenswert:

1. Bei der *Informationsaufnahme* muss der Mitarbeiter im →Arbeitssystem eingehende oder entstehende →Informationen durch Sinnesleistungen zu Wahrnehmungen verarbeiten können. Die Qualität und Quantität

der Informationsaufnahme werden dabei durch die Art der Information, die angesprochenen Sinnesorgane, die Sinnesdimensionen der entsprechenden Organe, die Erkennungsart, die Aussagefeinheit und -genauigkeit sowie Störeinflüsse auf die aufnehmenden Sinnesorgane bestimmt.

2. Bei der *Informationsverarbeitung* erfolgt die Selektion und Kodierung der Informationen. Dazu ist ein Pufferspeicher notwendig, der Informationen kurzfristig festhält. Mit zunehmender →Komplexität der Aufgabe wird auch das Langzeitgedächtnis erforderlich.

3. Bei der *Informationsausgabe* wird eine sinnvoll ausgewählte Reaktion in eine Handlung umgesetzt. Von besonderer Relevanz sind die sensumotorischen Fertigkeiten (→Qualifikation) eines Menschen, um Informationen in Handlungen umsetzen zu können.

Literatur: *Bokranz, R.; Landau, K.*: Einführung in die Arbeitswissenschaft, Stuttgart 1991. *Luczak, H.; Volpert, W.*: Handbuch Arbeitswissenschaft, Stuttgart 1997.

Margit Weißert-Horn
Regina Brauchler

Arbeitsangebot

Situation, in der →Erwerbspersonen nach Maßgabe ihrer Präferenzen in Abhängigkeit des Lohnsatzes individuell ihre Arbeitskraft anbieten und sich daraus in der aggregierten Betrachtung das gesamtwirtschaftliche Arbeitsangebot ergibt.

Dem individuellen Arbeitsangebot liegt eine unter Restriktionen getroffene Entscheidung zugrunde. Entscheidend für ein Angebot ist die Gegenüberstellung des Marktlohnes mit dem Wert der Freizeit, mit der gegebenenfalls durch das soziale Sicherungssystem ebenfalls ein gewisses Einkommen verbunden ist. Wird dieser Anspruchslohn unterschritten, wird keine →Arbeit angeboten.

Die Höhe des Arbeitsangebots wird maßgeblich durch den Reallohn bestimmt, wobei mit dem Einkommens- und dem Substitutionseffekt zwei gegenläufige Wirkungen auftreten:

1. *Einkommenseffekt*: Impliziert bei einer Steigerung des Reallohns eine Senkung des Arbeitsangebots.
2. *Substitutionseffekt*: Besteht in einer Steigerung des Arbeitsangebots aufgrund der erhöhten Opportunitätskosten.

Darüber hinaus ist es möglich, dass mit einem Senken des Reallohnes bei einem niedrigen Lebensstandard zur Existenzsicherung das Arbeitsangebot sogar ausgedehnt werden muss, so dass die Arbeitsangebotsfunktion in Abhängigkeit des Reallohnes auch die Form eines Fragezeichens annehmen kann.

Literatur: *Holst, E.*: Die stille Reserve am Arbeitsmarkt, Bonn, Berlin 2000.

Florian Schramm

Arbeitsaufgabe

Beschreibung von Arbeitssystemzwecken (→Arbeitssystem).

Arbeitsaufgaben bestimmen zusammen mit der →Arbeitsumgebung die →Anforderungen. Grundsätzlich kann zwischen organisationstheoretischem, ingenieur- und arbeitswissenschaftlichem (→Arbeitswissenschaft) Aufgabenbegriff unterschieden werden.

Der *organisationstheoretische Aufgabenbegriff* definiert die Aufgabe als eine Zielsetzung, die es zu erfüllen gilt. Sie wird dabei durch fünf Merkmale beschrieben: Eine Aufgabe beinhaltet immer einen Verrichtungsvorgang, wie zum Beispiel das Planen, Analysieren und Aufstellen.

Sie vollzieht sich an einem Objekt, das sachlich, personal oder mental sein kann. Sie erfordert den regelmäßigen Einsatz von Arbeitsmitteln (→Arbeitssystem).

Zudem hat sie einen räumlichen und einen zeitlichen Bezug. Eine Beschreibung der Aufgabe mit diesen Kriterien wird als Aufgabenanalyse bezeichnet. Die Bündelung der gegliederten Teil- beziehungsweise Unteraufgaben, die bestimmten Personen oder Stellen übertragen werden, stellt eine Aufgabensynthese dar.

Der *ingenieurwissenschaftliche Aufgabenbegriff* definiert Aufgaben über Arbeitsabläufe und Ablaufarten. Arbeitsabläufe werden als räumliche und zeitliche Folge des Zusammenwirkens von Mensch und Arbeitsmittel mit dem Arbeitsgegenstand betrachtet. Sie werden in zeitlicher Hinsicht in Teilabläufe, Ablaufstufen und Vorgänge, das heißt Makroarbeitsablaufabschnitte oder Teilvorgänge, Vorgangsstufen und Vorgangselemente, das heißt Mikroarbeitsablaufabschnitte gegliedert. Ablaufarten sind Zusammenwirkungen von Menschen und Arbeitsmitteln mit der Eingabe des Arbeitssystems innerhalb bestimmter Ablaufabschnitte.

Für den *engeren arbeitswissenschaftlichen Aufgabenbegriff* ist die Schnittstelle zwischen →Arbeit und Mensch Ausgangspunkt der Betrachtungen. Die Aufgabe wird dabei als Verhaltensbeschreibung, Eignungsvoraussetzung (→Eignung), Verhaltensforderung und Reiz-Komplex gesehen (*Bokranz* und *Landau* 1991, *Luczak* und *Volpert* 1997).

Literatur: *Bokranz, R.; Landau, K.*: Einführung in die Arbeitswissenschaft, Stuttgart 1991. *Luczak, H.; Volpert, W.*: Handbuch Arbeitswissenschaft, Stuttgart 1997.

Margit Weißert-Horn
Regina Brauchler

Arbeitsbefreiung →Beurlaubung, →Freistellungsanspruch

Arbeitsbelastung →Belastungs-Beanspruchungs-Modell

Arbeitsbereicherung →Job Enrichment

Arbeitsbeschaffungsmaßnahmen (ABM)

bezuschusste Tätigkeiten, die Arbeitssuchenden zur Erhaltung und Wiedererlangung der Beschäftigungsfähigkeit (→Employability) dienen.

Nach *Franz* (2003) gehören Arbeitsbeschaffungsmaßnahmen zu den Instrumenten der staatlichen Arbeitsverwaltung und werden als ein Instrument der aktiven →Arbeitsmarktpolitik eingesetzt. Maßnahmen zur Arbeitsbeschaffung werden mit dem Ziel durchgeführt, zusätzliche Arbeitsplätze für arbeitslose Arbeitnehmer zu schaffen. Entsprechend § 261 des SGB III sollen Arbeitsplätze für Arbeiten gefördert werden, die zusätzlich sind und im öffentlichen Interesse liegen.

Arbeiten gelten demnach als zusätzlich, wenn sie ohne Förderung, nicht in diesem Umfang oder erst zu einem späteren Zeitpunkt durchgeführt werden. Arbeiten die aufgrund einer rechtlichen Verpflichtung durchzuführen sind oder die üblicherweise von juristischen Personen des öffentlichen Rechts durchgeführt werden, sind nur förderungsfähig, wenn sie ohne Förderung voraussichtlich erst nach zwei Jahren durchgeführt werden (§ 261 Abs. 2 SGB III). Arbeiten sind dann im öffentlichen Interesse, wenn das Arbeitsergebnis der Allgemeinheit dient. Die geförderte →Arbeit darf demnach nicht überwiegend einem erwerbswirtschaftlichem Interesse oder dem Interesse eines begrenzten Personenkreises dienen.

Die Wirksamkeit von Arbeitsbeschaffungsmaßnahmen wird aber als skeptisch beurteilt, da es ABM-Beschäftigten oftmals nicht gelingt, auf den →Arbeitsmarkt mittels Arbeitsbeschaffungsmaßnahmen zurückzukehren. Daher wird dieses kostenintensive Instrument mittlerweile vergleichsweise wenig eingesetzt.

Die Durchführung von Arbeitsbeschaffungsmaßnahmen erfolgt durch private Träger und Personen des öffentlichen Rechts.

Literatur: *Franz, W.*: Arbeitsmarktökonomie, 5. Aufl., Berlin, Heidelberg 2003. Sozialgesetzbuch (SGB), Drittes Buch: Arbeitsförderung.

Florian Schramm

Arbeitsbescheinigung

Zeugnis über Tatsachen, die für die Entscheidung über den Anspruch auf Arbeitslosengeld oder Übergangsgeld erheblich sein können.

Scheidet der →Arbeitnehmer aus einem Arbeitsverhältnis aus (→Beschäftigungsverhältnis), hat der →Arbeitgeber eine Arbeitsbescheinigung auszustellen (§ 312 Abs. 1 Satz 1 Sozialgesetzbuch, SGB III). Diese dient zur Vorlage bei der Bundesagentur für Arbeit. Sie soll die Vermittlung des Arbeitnehmers in ein neues Arbeitsverhältnis erleichtern und dient zugleich der Ermittlung seines Anspruchs auf Arbeitslosengeld, Arbeitslosenhilfe, Unterhaltsgeld oder Übergangsgeld. Die Arbeitsbescheinigung muss nach § 312 Abs. 1 Satz 2 SGB III die Art der Tätigkeit, Beginn, Ende, Unterbrechungen und den Grund für die Beendigung des Arbeitsverhältnisses, die Höhe des Arbeitsentgeltes und sonstige Geldleistungen, die der Arbeitnehmer erhalten oder zu beanspruchen hat, angeben.

Burkhard Boemke

Arbeitsbewertung

eine der Grundlagen für eine kausale beziehungsweise inputorientierte Entgeltfindung, bei der Arbeitsinhalte im Fokus stehen und über die daraus resultierenden →Anforderungen an einen möglichen Arbeitsplatzinhaber ein Arbeitswert ermittelt wird.

Dem Äquivalenzprinzip folgend, erhalten Organisationsmitglieder, die eine →Arbeit mit höheren Anforderungen und damit einen höheren Arbeitswert innehaben, ein höheres Entgelt gegenüber Organisationsmitgliedern, die eine Arbeit mit geringerer Arbeitsschwierigkeit und damit geringerem Arbeitswert ausüben. Die Festlegung von Entgelthöhen ist jedoch nicht Aufgabe der Arbeitsbewertung, sie ist vielmehr Grundlage für die anforderungsgerechte Ermittlung von Entgelten. Neben einer anforderungsgerechten Lohn- und Gehaltsdifferenzierung werden mit der Arbeitsbewertung noch weitere Zielsetzungen verfolgt. Dies kann beispielsweise die gezielte Rekrutierung und valide Auswahl von Mitarbeitern (→Personalauswahl), deren anforderungsgerechter Einsatz sowie ihre *Aus- und Weiterbildung* oder die Humanisierung der Arbeitsbedingungen (→*Humanisierung der Arbeit*) sein.

Als Grundlage der Arbeitsbewertung dienen Arbeits- oder auch konkrete →*Stellenbeschreibungen*, die sich wiederum aus Arbeitsanalysen ergeben. Erst dann kann eine Bewertung der →Arbeitsaufgaben in ihrer Gesamtheit oder gemäß einzelner Kriterien angegangen werden.

Prinzipiell unterschieden werden laut *Femppel* und *Zander* (2005) die

- *summarische Arbeitsbewertung*, das heißt die Anforderungen des →Arbeitssystems an den Menschen werden als Ganzes erfasst, und die
- *analytische Arbeitsbewertung*, das heißt die Anforderungen des Arbeitssystems an den Menschen werden mithilfe von Anforderungsarten differenziert ermittelt.

Im Gegensatz zum summarischen Vorgehen, erfordert die analytische Arbeitsbewertung Methoden zur Zerlegung des Arbeitssystems und zur separaten Bewertung der einzelnen Teile, die dann wiederum (gewichtet) zusammengefasst werden. Zunächst sind also Teilanforderungen zu differenzieren. Das erste Gliederungsschema dieser Art, das *Genfer Schema*, welches in Abbildung 1 visualisiert ist, wurde im Jahre 1950 auf der Internationalen Tagung über Arbeitsbewertung entwickelt.

Gemäß dem verwendeten Prinzip der Reihung oder Stufung werden →Rangfolgeverfahren (summarisch) und →Rangreihenverfahren (analytisch) oder Katalogverfahren (summarisch) und Wertzahlverfahren (analytisch) unterschieden.

Abbildung 1: Genfer Schema (*REFA* 1988)

Im *Rangfolgeverfahren* (Ranking Method) werden die Arbeitsplätze in einem Betrieb in der Gesamtschau ihrer Schwierigkeit (summarisch) gereiht. Die Bildung der Rangfolge beruht auf einem Paarvergleich aller in einem Unternehmen vorhandenen, unterschiedlichen Arbeiten. Nachteile sind die Ungenauigkeit durch subjektives Beurteilen der Arbeitsschwierigkeiten und begrenzte Einsatzmöglichkeiten bei größeren Betrieben sowie bei stark unterschiedlichen Arbeitsplätzen. Demgegenüber stehen die Vorteile der Einfachheit und Verständlichkeit.

Im *Katalogverfahren* (Classification Method) werden die Arbeitsplätze in einem Unternehmen unter Betrachtung der jeweiligen Gesamtanforderungen verschiedenen Stufen zugeordnet. Die Zuordnung erfolgt dabei gewöhnlich über Richtbeispiele, denen dann wiederum Vergütungsgruppen zugeordnet sind. Viele →Tarifverträge basieren auf diesem System. Dabei besteht die Gefahr, dass bestehende Richtbeispiele und Vergütungsgruppen die Wirklichkeit nur (noch) unzureichend abbilden. Zudem ist der mehr oder weniger subjektiven Einstufung keine Begründung inhärent. Aufgrund der komplexer werdenden Arbeitssysteme sowie Forderungen nach mehr Eigenverantwortung, Höherqualifizierung oder Belastungswechsel (→Belastungs-Beanspruchungs-Modell) durch →Arbeitsgestaltung werden vor allem in größeren Unternehmen analytische Verfahren der Arbeitsbewertung den summarischen vorgezogen.

Mit dem *Rangreihenverfahren* (Factor Ranking Method) werden einzelne Anforderungsarten der Arbeitsplätze in einem Unternehmen gereiht, um darüber zu einer Gesamtreihung zu kommen. Bei getrennter Gewichtung ermittelt sich der Wert durch Multiplikation des Gewichtungsfaktors mit dem Rangplatz je Anforderungsart. Das Rangreihenverfahren schafft einen ersten Ansatzpunkt für eine verbesserte Genauigkeit und Objektivität durch analytische Anforderungsermittlung. Dem-

Arbeitsbewertungssysteme

gegenüber besteht ein großer Ermessensspielraum bei der Bildung von Rangfolgen.

Mit dem *Wertzahl*- beziehungsweise *Stufenverfahren* (Point Ranking Method) werden einzelne Anforderungsarten der Arbeitsplätze im Unternehmen Stufen zugeordnet und mit Punkten bewertet, um daraus einen Gesamtwert zu generieren. Nach der Festlegung der Anzahl der Schwierigkeitsstufen werden den einzelnen Stufen Wertzahlen zugeordnet. Dabei sollte die Höhe der Wertzahl den Anforderungen in der jeweiligen Stufe entsprechen. Die Stufenwertzahl wird durch Multiplikation der Wertzahl je Stufe und Anforderungsart mit dem Gewichtungsfaktor ermittelt. Ihre Addition führt zur Stufenwertzahlsumme, anhand derer eine Eingruppierung erfolgen kann. Die Vorteile dieses Verfahrens liegen in der Möglichkeit, die ermittelte Wertzahl leicht in Geldeinheiten umrechnen zu können. Demgegenüber ist das Verfahren bei einer Vielzahl unterschiedlicher Merkmale und Arbeitsplätze komplex und sehr aufwändig in der Handhabung.

Implizit vorausgesetzt wird bei der anforderungsabhängigen Entgeltfindung, dass alle Arbeitnehmer mit der gleichen Leistungsabgabe, mit der →Normalleistung arbeiten. Diese wird als die Leistung beschrieben, die von jedem in erforderlichem Maße geeignetem, geübten und voll eingearbeitetem Arbeitnehmer auf Dauer erbracht werden kann, sofern die freie Entfaltung seiner Fähigkeiten nicht behindert wird. Da das Arbeitssystem unabhängig vom jeweiligen Arbeitsausführenden bewertet wird, finden interindividuelle Unterschiede vorerst keinen Eingang.

Literatur: *Ackermann, K.-F.*: Lohnformen und Arbeitsbewertung, in *Wittmann, W. et al.* (Hrsg.): Handwörterbuch der Betriebswirtschaft HWB, 5. Aufl., Stuttgart 1993, Sp. 2631–2646. *Ackermann, K.-F.; Eisele, D.*: Arbeitsentgeltsysteme, in: AKAD (Hrsg.): Lehrheft für den Fernunterricht im Lernmodul Personalmanagement, Stuttgart 2000. *Femppel, K.; Zander, E.*: Integrierte Entgeltpolitik in *Zander, E.; Wagner, D.* (Hrsg.): Handbuch Entgeltmanagement, München 2005. *REFA-Verband für Arbeitsstudien REFA e.V.* (Hrsg.): Methodenlehre des Arbeitsstudiums. Teil 2: Datenermittlung, München 1971. *REFA* (Hrsg.): Methodenlehre des Arbeitsstudiums 1,2,3 und Methodenlehre der Betriebsorganisation, München 1988.

Daniela Eisele

Arbeitsbewertungssysteme

Kategorie →personalwirtschaftlicher Anwendungssoftware, die Anwender bei der Bewertung von →Stellen beziehungsweise Arbeitsplätzen unterstützt.

Der Bewertungsvorgang bleibt dabei dem menschlichen Anwender vorbehalten. Unterstützung erhält dieser durch Quervergleiche von Stellen untereinander, durch „Interrater"-Vergleiche, durch Bereitstellen von Vergleichsdaten, Richtbeispielen und Bewertungsvorschlägen oder durch Plausibilitätskontrollen, wodurch Einzelbewertungen einer Stelle auf interne Konsistenz geprüft werden. In den Systemen sind summarische, analytische und summalytische Methoden der →Arbeitsbewertung implementiert, darunter auch bekannte Verfahren wie etwa die Hay-Stellenwert-Profilmethode.

Stefan Strohmeier

Arbeitsdirektor → Unternehmensmitbestimmung

Arbeitserlaubnis

Grundvoraussetzung für die Aufnahme einer Berufstätigkeit durch einen Ausländer innerhalb der Bundesrepublik Deutschland.

Ausländer ist gemäß § 2 Abs. 1 Aufenthaltsgesetz (AufenthG) jeder, der nicht Deutscher im Sinne des Art. 116 Abs. 1 Grundgesetz (GG) ist. Neben den deutschen Staatsbürgern bedürfen allerdings auch EU-Bürger sowie Staatsangehörige der EWR-Staaten Norwegen, Island und Liechtenstein einschließlich der Familienangehörigen (die Rechtsstellung bestimmt sich nach dem neuen Freizügigkeitsgesetz/EU) keiner Arbeitserlaubnis. Staatsangehörige der erst am 01.05.2004 der EU beigetretenen Mitgliedstaaten aus Mittel- und Osteuropa benötigen für einen Übergangszeitraum von maximal sieben Jahren (30.04.2011) eine Arbeitsgenehmigung nach § 284 Sozialgesetzbuch (SGB) III, die als befristete Arbeitserlaubnis-EU oder unbefristete Arbeitsberechtigung-EU erteilt wird.

Das durch das Zuwanderungsgesetz vom 30.07.2004 (BGBl. I 04, S. 1950) neu eingeführte und zum 01.01.2005 in Kraft getretene AufenthG ersetzt das zum 31.12.2004 außer Kraft getretene Ausländergesetz (AuslG) und enthält die für den Aufenthalt und die Beschäftigung von Ausländern in Deutschland relevanten Regelungen. Die beiden vormals durchzuführenden Genehmigungsverfahren für die Bereiche Aufenthalt (Ausländerbehörde) und

Beschäftigung (Agentur für Arbeit) sind zusammengefasst worden. Nunmehr ergibt sich unmittelbar aus dem Aufenthaltstitel – relevant sind die *Aufenthaltserlaubnis* nach § 7 AufenthG und die *Niederlassungserlaubnis* nach § 9 AufenthG –, ob und in welchem Umfang ausländische Arbeitnehmer von Arbeitgebern im Inland beschäftigt werden dürfen (§ 4 Abs. 2 Satz 1 AufenthG). Über die Erteilung des Aufenthaltstitels entscheidet die Ausländerbehörde (§ 71 Abs. 1 AufenthG). Ist mit dem Aufenthaltstitel die Berechtigung zur Ausübung einer Beschäftigung verbunden, bedarf es hierzu der Zustimmung der Bundesagentur für Arbeit, soweit nichts anderes bestimmt ist (§ 39 AufenthG).

Asylbewerber sind nicht zur Ausübung einer Beschäftigung berechtigt, weil deren Aufenthaltsgestattung keinen Aufenthaltstitel enthält (Ausnahmen: § 61 Abs. 2 Asylverfahrensgesetz).

Literatur: *Renner, G.; Kanein, W.:* Ausländerrecht, 8. Aufl. München 2005. *Storr, C.:* Kommentar zum Zuwanderungsgesetz, Stuttgart etc. 2005.

Burkhard Boemke

Arbeitserweiterung →Job Enlargement

Arbeitsflächen →Körperunterstützungen

Arbeitsförderungsgesetz

Rechtsgrundlage des deutschen Arbeitsförderungsrechts bis zum 31. 12. 1997.

Ziel des Arbeitsförderungsrechts ist die Schaffung eines hohen Beschäftigungsstandes und die Vermeidung beziehungsweise Verkürzung von →Arbeitslosigkeit. Durch das Arbeitsförderungs-Reformgesetz (AFRG) vom 24. 03. 1997 (BGBl. I S. 594/720) wurde das Arbeitsförderungsrecht zum 01. 01. 1998 als drittes Buch in das Sozialgesetzbuch (Arbeitsförderung, SGB III, vom 24. 03. 1997, BGBl. I S. 594) inkorporiert. Das Arbeitsförderungsgesetz wurde mit Wirkung vom 01. 01. 1998 aufgehoben.

Burkhard Boemke

Arbeitsformen

Betrachtungen der →Arbeit nach unterschiedlichen Aspekten.

Für die Einteilung der Arbeit in Arbeitsformen ist für die →Arbeitswissenschaft die Wirkung der Arbeit auf den arbeitenden Menschen von Bedeutung. Daraus ergeben sich Formen vorwiegend körperlicher menschlicher Arbeit und Formen vorwiegend nichtkörperlicher menschlicher Arbeit (*Bokranz* und *Landau* 1991, *Luczak* und *Volpert* 1997).

Bei der körperlichen Arbeit (energetisch-effektorische Arbeit) werden *dynamische* und *statische* Arbeit sowie *Kontraktionsarbeit* unterschieden.

Muskuläre Arbeit führt durch das Erzeugen von Kräften zur vorwiegenden Beanspruchung von Muskeln, gegebenenfalls von Herz und Kreislauf. Wird die Kraftentwicklung in Bewegungsenergie umgesetzt, dann handelt es sich um *dynamische Arbeit*, ansonsten um *statische Arbeit*. Einseitig dynamische Arbeit liegt vor, wenn weniger als 1/7 der gesamten Skelettmuskulatur eingesetzt wird. Bei schwerer dynamischer Arbeit wird mehr als 1/7 der Muskelmasse eingesetzt. Statistische Arbeit gliedert sich in Abhängigkeit von der inneren und äußeren Kraftwirkung in statische Haltearbeit und statische Haltungsarbeit. Statische Haltearbeit liegt vor, wenn Gliedmaßen nicht bewegt werden, aber Kräfte auf Werkzeuge oder Ähnliches übertragen werden. Bei statischer Haltungsarbeit erfolgen weder Bewegungen von Gliedmaßen noch werden Kräfte auf zum Beispiel Werkstücke übertragen. Muskelkraft ist jedoch zur Erzielung einer entsprechenden Körperhaltung erforderlich. Kontraktionsarbeit liegt vor, wenn bei geringer Bewegungsfrequenz ein Übergang zur statischen Arbeit erfolgt.

Bei der vorwiegend nicht-körperlichen Arbeit (informatorisch-mentaler Arbeit) lassen sich sensorische, diskriminatorische, kombinatorische und sensumotorische Arbeit unterscheiden:

- *Sensorische Arbeit*: Führt zu Engpässen bei den Organsystemen der Rezeptoren.
- *Diskriminatorische und kombinatorische Arbeit*: Führen zu Engpässen beim Zentralnervensystem.
- *Sensumotorische Arbeit*: Beansprucht vorwiegend Muskeln und Sinnesorgane durch die Koordination von Motorik und Sensorik.

Einen Überblick der unterschiedlichen Arbeitsformen gibt Abbildung 1.

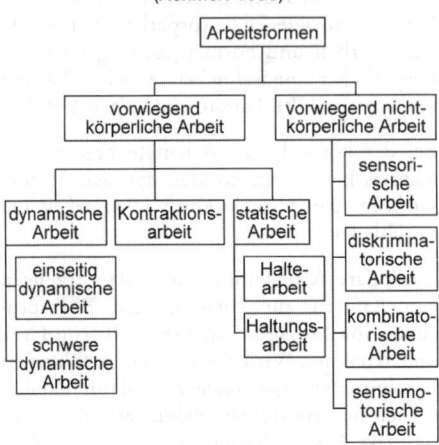

Abbildung 1: Arbeitsformen im Überblick (*Rohmert* 1983)

Literatur: *Bokranz, R.*; *Landau, K.*: Einführung in die Arbeitswissenschaft, Stuttgart 1991. *Luczak, H.*; *Volpert, W.*: Handbuch Arbeitswissenschaft, Stuttgart 1997. *Rohmert, W.*: Formen menschlicher Arbeit, in: *Rohmert, W.*; *Rutenfranz, J.* (Hrsg.): Praktische Arbeitsphysiologie. Begründet von G. Lehmann, 3. Aufl., Stuttgart, New York 1983.

Margit Weißert-Horn
Regina Brauchler

Arbeitsgerichtsbarkeit

Fachgerichtsbarkeit für Rechtsstreitigkeiten im Bereich des →Arbeitsrechts.

Trotz Überschneidungen mit der ordentlichen und der Sozialgerichtsbarkeit handelt es sich um einen selbstständigen Rechtsweg, der in Art. 95 Abs. 1 Grundgesetz (GG) verfassungsrechtlich garantiert ist. Rechtsgrundlage für den arbeitsgerichtlichen Prozess ist das Arbeitsgerichtsgesetz (ArbGG); subsidiär gelten jedoch auch Zivilprozessordnung (ZPO) und Gerichtsverfassungsgesetz (GVG). Der Rechtsweg zu den Gerichten der Arbeitsgerichtsbarkeit ist eröffnet, wenn die betreffende Streitigkeit zu einem der im ArbGG abschließend aufgeführten Gegenstände gehört. Hierzu rechnen neben Streitigkeiten aus dem Arbeitsverhältnis insbesondere auch Rechtsstreitigkeiten zwischen Tarifvertragsparteien, aber auch zwischen →Arbeitgeber und →Betriebsrat.

Der *Instanzenzug* im arbeitsgerichtlichen Verfahren ist dreistufig. Erstinstanzlich zuständig sind die Arbeitsgerichte. Auf den Streitwert kommt es – anders als in der ordentlichen Gerichtsbarkeit – nicht an. Der Spruchkörper beim Arbeitsgericht (Kammer) ist mit einem (vorsitzenden) Berufsrichter und zwei ehrenamtlichen Richtern (je einer aus den Kreisen der Arbeitnehmer und der Arbeitgeber) besetzt. Gegen die Entscheidungen des Arbeitsgerichts können Berufung beziehungsweise Beschwerde als Rechtsmittel eingelegt werden, über die in zweiter Instanz das Landesarbeitsgericht entscheidet. Die Besetzung der Kammer am Landesarbeitsgericht entspricht der bei den Arbeitsgerichten. Gegen die Entscheidungen des Landesarbeitsgerichts sind Revision beziehungsweise Rechtsbeschwerde als Rechtsmittel vorgesehen. Über diese entscheidet das Bundesarbeitsgericht in Erfurt in dritter Instanz (Ausnahme: Sprungrevision vom Arbeitsgericht direkt zum Bundesarbeitsgericht nach § 76 ArbGG). Der Spruchkörper am Bundesarbeitsgericht (Senat) setzt sich aus drei Berufsrichtern und zwei ehrenamtlichen Richtern zusammen.

Im *arbeitsgerichtlichen Verfahren* werden das Urteilsverfahren für individualrechtliche Streitigkeiten (§§ 2, 46 ff. ArbGG) und das Beschlussverfahren für kollektivrechtliche Streitigkeiten (§§ 2a, 80 ff. ArbGG) unterschieden.

Literatur: *Hromadka, W.*; *Maschmann, F.*: Arbeitsrecht, Bd. 2, 3. Aufl., Berlin, Heidelberg, New York 2004, § 21.

Burkhard Boemke

Arbeitsgesellschaft

macht als ein die Gegenwartsgesellschaft charakterisierender Begriff darauf aufmerksam, dass Veränderungen der →Kompensation, Verteilung und Anerkennung von →Arbeit einen unter Umständen weitreichenden gesamtgesellschaftlichen Wandel anstoßen, woran die personalwirtschaftlichen Akteure maßgeblich beteiligt sind.

Arbeitsgesetzbuch

Kodifikation, die alle für das →Arbeitsrecht relevanten Normen zusammenfasst beziehungsweise kodifiziert.

Ein Arbeitsgesetzbuch existiert in der Bundesrepublik nicht. Stattdessen sind die arbeitsrechtlichen Normen über diverse Gesetze verstreut. Von Bedeutung sind insbesondere die arbeitsrechtlichen Regelungen des Bürgerlichen Gesetzbuchs (§§ 611 ff. BGB), §§ 105–110 Gewerbeordnung (GewO), das Kündigungsschutzgesetz (KSchG), das Tarifvertragsgesetz (TVG) und das →Betriebsverfassungsgesetzes (BetrVG). Darüber hinaus existiert jedoch noch eine Vielzahl weiterer gesetzlicher Regelungen.

Burkhard Boemke

Arbeitsgestaltung

trägt *konzeptiv*, das heißt vor der Einrichtung eines Arbeitsplatzes oder *korrektiv* zur Verbesserung eines bereits bestehenden Arbeitsplatzes bei.

Aus humanitären und wirtschaftlichen Gründen sollte die konzeptive Arbeitsgestaltung bevorzugt werden. Neben der Analyse der technischen, organisatorischen und sozialen Bedingungen von Arbeitsprozessen stellt deren Gestaltung den zweiten Schwerpunkt der →Arbeitswissenschaft dar.

Bei der *strategischen Arbeitsgestaltung* stehen die Konzeption und der zielgerichtete Einsatz von Maßnahmen in Arbeitsfeldern im Mittelpunkt. *Operative Arbeitsgestaltung* liegt vor, wenn es um die Gestaltung eines →Arbeitssystems oder mehrerer gleichartiger Arbeitssysteme geht.

Für die strategische Planung der Arbeitsgestaltung sind Analysetechniken der strategischen Unternehmensplanung zu empfehlen. Eine speziell für arbeitsgestalterische Aufgaben geeignete Technik stellt die *Arbeitsfelddiagnose* dar. Sie unterscheidet vier Arbeitsschritte.

1. Im ersten Schritt wird das Arbeitsfeld abgegrenzt, wobei vorrangig auf bereits bestehende Grenzen zurückgegriffen wird.
2. Danach werden für jeden Arbeitsplatz mittels einer Checkliste Informationen zur Körperstellung und -haltung, zum Bewegungs- und Sehraum, zu Arbeitsflächen, zu →Körperunterstützungen, zu Stellteilen, zu Anzeigen, zum →Bewegungsablauf sowie zu Belastungen erfasst. Die Ergebnisse des Checklisteneinsatzes werden zu Mängelclustern verarbeitet.
3. Im dritten Schritt werden anhand von Profilvergleichen die Mängel formuliert, die zur Clusterbildung geführt haben.
4. Im letzten Schritt der Arbeitsfelddiagnose wird eine Clustermängelliste erstellt.

Für die operative Planung und Durchführung von Gestaltungsvorhaben eignet sich ein Planungsschema mit fünf Schritten:

1. Am Anfang steht die Durchführung der Problemanalyse mit der Beschreibung und Abgrenzung von Gestaltungsvorhaben.
2. Im zweiten Schritt werden die Gestaltungsziele formuliert, die Bewertungskriterien und -maßstäbe abgesichert sowie die Planung der Abwicklung erstellt.
3. Ein dritter Schritt dient der Informationserhebung und Entwicklung von Gestaltungslösungen.
4. Im vierten Schritt werden diese Lösungen einem Entscheidungsgremium präsentiert und eine Entscheidung herbeigeführt.
5. Zum Abschluss werden die Gestaltungsvorhaben unter Berücksichtigung der zuvor formulierten Ziele umgesetzt.

Grundsätzlich lassen sich die anthropometrische, die physiologische, die bewegungs-, die informations-, die sicherheitstechnische sowie die organisatorische Arbeitsgestaltung unterscheiden. Bei der anthropometrischen Arbeitsgestaltung erfolgt eine Anpassung des Arbeitsplatzes an die Körpermaße und -funktionen. Die physiologische Arbeitsgestaltung beschäftigt sich unter anderem mit der Art der →Arbeit und der Körperstellung beziehungsweise -bewegung. Bei der bewegungstechnischen Arbeitsgestaltung stehen die Bewegungsablauf- und Zeitanalyse, die Gestaltung von Stellteilen und Handwerkzeugen sowie die räumliche Anordnung im Mittelpunkt. Die informationstechnische Arbeitsgestaltung hat das Ziel der Optimierung des Informationsflusses am Arbeitsplatz, zum Beispiel durch die Gestaltung von Anzeigen. Technische und menschbezogene Fragen der →Arbeitssicherheit sowie die Organisation der Unfallverhütung finden bei der sicherheitstechnischen Arbeitsgestaltung Beachtung. Die organisatorische Arbeitsgestaltung beschäftigt sich mit Fragen zum →Handlungsspielraum, der Aufgabenzuweisung und →Arbeitsplatzeinbindung, zur Gruppenarbeit sowie zur Arbeitszeitgestaltung (→Arbeitszeit)(*Bokranz* und *Landau* 1991, *Luczak* und *Volpert* 1997).

Literatur: *Bokranz, R.; Landau, K.*: Einführung in die Arbeitswissenschaft, Stuttgart 1991. *Luczak, H.; Volpert, W.*: Handbuch Arbeitswissenschaft, Stuttgart 1997.

Margit Weißert-Horn
Regina Brauchler

Arbeitsintensivierung

Erbringung der gleichen Arbeitsmenge (z. B. Bearbeitung von 20 Versicherungspolicen) in einer kürzeren →Arbeitszeit (z. B. drei Stunden statt vorher vier).

Tarifliche Wochenarbeitszeitverkürzungen (→Arbeitszeitverkürzung) können zur Arbeitsintensivierung (auch Arbeitsverdichtung) führen, wenn das gleiche Arbeitsvolumen wie vorher erledigt werden muss. Dies gilt nicht für taktgebundene Arbeitsplätze, wie zum Beispiel Montagebänder. Hier wird das Arbeitsvolumen entsprechend der Taktzahl auf die neue, verkürzte Arbeitszeit umgerechnet.

Désirée H. Ladwig

Arbeitskampf

alle kollektiven Maßnahmen von Seiten der →Arbeitnehmer oder →Arbeitgeber, mit denen diese das Arbeitsverhältnis zu stören versuchen, um bestimmte Ziele zu erreichen.

Die *Voraussetzungen* und Rechtsfolgen des Arbeitskampfes finden sich im →Arbeitskampfrecht. *Parteien* des Arbeitskampfes sind auf Arbeitnehmerseite die →Gewerkschaften, auf Arbeitgeberseite die Arbeitgeber selbst beziehungsweise deren Organisationen (→Arbeitgeberverbände). Am Arbeitskampf *teilnahmeberechtigt* sind hingegen alle organisierten und nicht organisierten Arbeitnehmer im Kampfgebiet einschließlich aller AT-Angestellten, →Angestellten und Arbeiter im öffentlichen Dienst, Arbeitnehmer mit Sonderkündigungsschutz und Auszubildenden (streitig). Nicht teilnahmeberechtigt sind hingegen Beamte, Richter, Soldaten und Arbeitnehmer im Notdienst.

Als *Kampfmittel* kommen alle kollektiven Maßnahmen zur Störung der Arbeitsbeziehungen in Betracht; ein numerus clausus besteht aufgrund der freien Wahl der Kampfmittel nicht. Auf Arbeitnehmerseite kommen insbesondere Streik (Arbeitseinstellung), Bummelstreik, die übergenaue Befolgung von Ordnungs- und Sicherheitsvorschriften (Dienst nach Vorschrift), Massenänderungskündigungen sowie Boykott in Betracht. Als generell unzulässig werden Betriebsbesetzungen und Betriebsblockaden angesehen. Auf Arbeitgeberseite haben sich →Aussperrung, Massen(änderungs)kündigungen, Betriebs(teil)stilllegung, Streikprämien, Weiterarbeit und Boykott (Erstellung schwarzer Listen, *Blacklisting*) als Kampfmittel herausgebildet.

Burkhard Boemke

Arbeitskampfrecht

regelt Voraussetzungen und Rechtsfolgen des →Arbeitskampfes.

Die grundsätzliche *Zulässigkeit* von Arbeitskämpfen ergibt sich aus ihrer Funktion zur Sicherung der in Art. 9 Abs. 3 Grundgesetz (GG) gewährleisteten Tarifautonomie (→Autonomie). Sie dienen dem Ausgleich von Interessenskonflikten im freiheitlichen Tarifvertragssystem. Eine gesetzliche Regelung des Arbeitskampfrechts ist nicht gegeben. Es ist vielmehr durch Rechtsprechung und Wissenschaft ausgebildet worden.

Als *Voraussetzung eines rechtmäßigen Arbeitskampfs* ist es notwendig, dass er durch eine befugte Kampfpartei ausgerufen wird. Erforderlich hierfür sind die Tariffähigkeit und Tarifzuständigkeit der Kampfparteien. Tariffähig sind →Gewerkschaften, einzelne Arbeitgeber sowie Vereinigungen von Arbeitgebern und die Spitzenorganisationen von Gewerkschaften und →Arbeitgeberverbänden bei entsprechender Vollmacht (§ 2 Abs. 1, 2 Tarifvertragsgesetz, TVG). Die (örtliche und sachliche) Tarifzuständigkeit ergibt sich aus den Satzungen der →Koalitionen beziehungsweise beim Firmentarifvertrag aus dem Gegenstand des Unternehmens, für den der Tarifvertrag Geltung beansprucht.

Weiter sind nur Arbeitskämpfe zulässig, die auf Abschluss, Änderung oder Beseitigung von Tarifverträgen beziehungsweise die Abwehr von rechtswidrigen Arbeitskämpfen gerichtet sind. Der Arbeitskampf muss um ein tarifliches Regelungsziel geführt werden. Ziel des Arbeitskampfs muss somit ein Gegenstand nach § 1 Abs. 1 TVG sein (grundsätzlich unzulässig sind daher z. B. politische Arbeitskämpfe oder Sympathiestreiks). Was nicht tariflich regelbar ist, kann auch nicht durch einen Arbeitskampf erzwungen werden.

Darüber hinaus darf zu einem Arbeitskampf erst dann aufgerufen werden, wenn die so genannte *Friedenspflicht* aus dem Tarifvertrag abgelaufen ist („pacta sunt servanda"). Unter dem Begriff der Friedenspflicht versteht man die Verpflichtung, während der Dauer eines Tarifvertrags von Arbeitskampfmaßnahmen in bestimmtem Umfang keinen Gebrauch zu machen. Die Friedenspflicht gilt nur relativ zwischen den Tarifvertragsparteien im Umfang bestehender tariflicher Regelungen. Da nur Kampfmaßnahmen untersagt sind, die sich gegen den Bestand des geltenden Tarifvertrags richten, ergibt sich der Umfang der Friedenspflicht aus dem Inhalt des jeweiligen Tarifvertrags.

Weiter muss der *Verhältnismäßigkeitsgrundsatz* beachtet werden. Maßnahmen, die zur Erreichung des rechtmäßigen Kampfzieles nicht geeignet oder nicht erforderlich sind, sind unzulässig. Daraus wird insbesondere das so genannte Ultima-Ratio-Prinzip abgeleitet, wonach der Arbeitskampf das letzte Mittel sein muss, um die erstrebten Ziele zu erreichen. Ferner kann ein Übermaßverbot aus dem Verhältnismäßigkeitsgrundsatz hergeleitet werden.

Negative Voraussetzungen eines rechtmäßigen Arbeitskampfs stellen die *Schranken der Kampfführung* dar. Zu nennen ist zunächst die weiterhin bestehende Bindung an die Rechtsordnung. Der Arbeitskampf suspendiert nur die Hauptleistungspflichten aus dem Arbeitsverhältnis; darüber hinausgehende Maßnahmen sind unzulässig. Ebenso ist eine gewisse Gemeinwohlbindung gegeben, welche die Kampfparteien verpflichtet, die öffentliche Sicherheit und Ordnung nicht zu gefährden und die Grundversorgung der Bevölkerung (Daseinsvorsorge) sicherzustellen. Weiter ist das Gebot der fairen Kampfführung zu beachten, wonach auch während des Arbeitskampfs Rücksicht auf die berechtigten Interessen des Gegners genommen werden muss. Einwirkungen auf diesen dürfen daher nur so weit gehen, als sie zur Erreichung des Kampfziels notwendig sind. Abschließend ist das Gebot der Kampfparität beziehungsweise der Waffengleichheit zu nennen. Dieses soll ein hinreichendes Verhandlungs- beziehungsweise Kampfgleichgewicht gewährleisten. Daraus ergibt sich auch das Gebot der Staatsneutralität, das dem Staat jede einseitige Begünstigung einer Kampfpartei verbietet (vgl. z. B. § 146 Sozialgesetzbuch, SGB III). Nach der heute wohl herrschenden Meinung bestimmt sich die Parität nach dem so genannten abstrakt-materiellen Parteibegriff. Danach ist bei (neuen) Arbeitskampfmitteln zu fragen, ob sie zu einer „strukturellen Entwertung" der Kampfführung der Gegenseite führen können.

Für die *Rechtsfolgen* aus Arbeitskampfmaßnahmen ist entscheidend, ob es sich um rechtmäßige oder rechtswidrige Arbeitskämpfe handelt. Im Verhältnis der kämpfenden Tarifparteien untereinander ergeben sich bei rechtmäßigen Arbeitskämpfen keine gravierenden Rechtsfolgen. Zu beachten ist jedoch, dass mit dem Auslaufen des Tarifvertrags nicht alle Verpflichtungen entfallen, sondern vielmehr nachvertragliche Schutz- und Verhaltenspflichten entstehen (z. B. Pflicht zur Organisation von Erhaltungs- und Notstandsarbeiten). Weitere Pflichten ergeben sich aus dem Grundsatz der Verhältnismäßigkeit (bspw. Pflicht zur Beachtung der allgemeinen Kampfgrenzen). Führt ein Verband hingegen einen rechtswidrigen Arbeitskampf, so steht dem Gegner ein Unterlassungs- und Beseitigungsanspruch zu. Darüber hinaus können sich schuld- und deliktsrechtliche Schadensersatzansprüche ergeben. Ebenso ist der Gegner berechtigt, die grundsätzlich geschuldete Leistung zu verweigern beziehungsweise selbst Kampfmaßnahmen zu ergreifen. In Extremfällen kann der rechtswidrige Arbeitskampf ein Recht begründen, bestehende Tarifverträge außerordentlich zu kündigen.

Sehen die Satzungen der Verbände eine finanzielle Unterstützung ihrer Mitglieder während eines Arbeitskampfs vor, so wird diese Pflicht im Verhältnis zwischen Verband und Mitglied mit Beginn des Arbeitskampfes aktuell.

Die Teilnahme an einem rechtmäßigen Arbeitskampf suspendiert die Hauptleistungspflichten der am Kampf beteiligten Arbeitsvertragsparteien. Mithin ist der (auch nicht oder anders organisierte) Arbeitnehmer von seiner →*Arbeitspflicht*, der Arbeitgeber von seiner Beschäftigungs- und Vergütungspflicht befreit; das Arbeitsverhältnis bleibt jedoch bestehen. Die Teilnahme am Arbeitskampf bedarf einer eindeutigen Erklärung des Arbeitnehmers oder Arbeitgebers, nicht arbeiten oder beschäftigen zu wollen. Die arbeitsvertraglichen Nebenpflichten werden vom Arbeitskampf nicht berührt. Für betriebliche Sonderzahlungen ist entscheidend, ob sie eine tatsächliche →*Arbeitsleistung* oder nur ein bestehendes Arbeitsverhältnis voraussetzen. Urlaubsrechtliche Ansprüche sind nur dann zu erfüllen, wenn der Urlaub bereits vor Beginn des Arbeitskampfes bewilligt oder angetreten wurde. Ebenso erhalten Arbeitnehmer, die durch Streik oder →*Aussperrung* in den Arbeitskampf einbezogen sind, auch für Zeiten der krankheitsbedingten Arbeitsunfähig-

Arbeitskampfrecht

keit (vgl. § 3 Entgeltfortzahlungsgesetz, EntgFG), der Arbeitsverhinderung aus persönlichen Gründen (vgl. § 616 Bürgerliches Gesetzbuch, BGB), an →Feiertagen (vgl. § 2 EntgFG) und bei Betriebsratstätigkeit (→Betriebsrat) kein Entgelt. Das Recht, das Arbeitsverhältnis zu kündigen, wird durch den Arbeitskampf nicht berührt. Ein rechtswidriger Arbeitskampf hingegen führt nicht zur Suspendierung der Hauptleistungspflichten und lässt die Erfüllungsansprüche aus dem Arbeitsvertrag unberührt. Der Arbeitnehmer verletzt durch die Teilnahme an einem rechtswidrigen Streik seine Arbeitspflicht, der Arbeitgeber gerät bei Gebrauch eines rechtswidrigen Arbeitskampfmittels in →Annahmeverzug. Ebenso können sich Unterlassungsansprüche ergeben. Auch schuld- und deliktsrechtliche Schadensersatzansprüche kommen in Betracht. Ferner kann die Teilnahme an einem rechtswidrigen Arbeitskampf unter Umständen eine Kündigung rechtfertigen.

Arbeitnehmer des umkämpften Betriebs, die nicht am Arbeitskampf teilnehmen, haben die vereinbarten Dienste zu verrichten. Dafür erhalten sie die vereinbarte *Vergütung*. Auch für Zeiten, in denen keine Arbeit geleistet wird, kann ein Entgelt(fort)zahlungsanspruch bestehen, wenn dies durch entsprechende vertragliche oder gesetzliche Regelungen vorgesehen ist (z. B. Arbeitsunfähigkeit infolge Erkrankung, § 3 EntgFG, persönliche Arbeitsverhinderung, § 616 BGB).

Die Vergütungspflicht des Arbeitgebers entfällt jedoch, wenn die Arbeitnehmer entgegen der Wertung des § 615 BGB das so genannte Arbeitskampfrisiko zu tragen haben. Dies ist immer dann der Fall, wenn der Arbeitgeber die Arbeitswilligen arbeitskampfbedingt tatsächlich nicht beschäftigen kann, ihm eine Beschäftigung wirtschaftlich nicht zuzumuten ist oder die Kampfmaßnahmen die Wiederaufnahme der Arbeit nach dem Arbeitskampf unmöglich oder unzumutbar machen. Ebenso verlieren die Arbeitnehmer nach der Rechtsprechung des Bundesarbeitsgerichts ihren Anspruch auf Entgelt, wenn sich der Arbeitgeber dem Arbeitskampf beugt und den (bestreikten) Betrieb im Umfang des gewerkschaftlichen Streikbeschlusses stilllegt. Auch die wegen einer rechtmäßigen *Aussperrung* beschäftigungslosen Arbeitnehmer verlieren ihren Lohnanspruch.

Im Verhältnis der Arbeitsvertragsparteien gegenüber den Tarifvertragsparteien kann der einzelne Arbeitgeber oder Arbeitnehmer im Falle eines rechtswidrigen Arbeitskampfes einen Unterlassungsanspruch geltend machen. Ebenso kommen wiederum schuld- und deliktsrechtliche Schadensersatzansprüche in Betracht.

Da Fernwirkungen des Arbeitskampfes nach heute wohl herrschender Meinung geeignet sind, das Verhandlungsgleichgewicht zu stören und somit die Kampfparität in Frage zu stellen, können auch arbeitswillige Arbeitnehmer in nicht umkämpften Betrieben ihren Vergütungsanspruch verlieren, wenn die Arbeit aufgrund der Auswirkungen des Arbeitskampfes ausfällt. Dies ist dann der Fall, wenn die Arbeitnehmer an dem erkämpften Tarifvertrag partizipieren und die Kampfparteien auch für den Betrieb zuständig sind, der nur mittelbar von dem Arbeitskampf betroffen ist (räumliche und fachliche Zuständigkeit beziehungsweise enge organisatorische Verbundenheit der zuständigen Verbände). Zu fordern ist jedoch der Nachweis einer Paritätsverschiebung (vgl. § 146 Abs. 3 SGB III).

Kommt es aufgrund eines rechtmäßigen Arbeitskampfs zur Verletzung von Liefer-, Abnahme- oder sonstigen Verpflichtungen, so können Dritte grundsätzlich keine *Schadensersatzansprüche* wegen Unmöglichkeit oder Verzugs (vgl. §§ 280 ff. BGB) geltend machen, weil der Arbeitgeber diese Leistungsstörungen nicht zu vertreten hat. Das Leistungsstörungsrecht hat hinter dem in Art. 9 Abs. 3 GG garantierten Arbeitskampfrecht zurückzustehen. Anderes gilt jedoch für den verschuldensunabhängigen *Annahmeverzug* und die Übernahme termingebundener Aufträge in Kenntnis eines drohenden Arbeitskampfs. Kann ein Arbeitgeber seine Vertragspflichten gegenüber Dritten aufgrund einer rechtswidrigen Arbeitskampfmaßnahme nicht erfüllen, so hat er dies gemäß § 276 Abs. 1 BGB zu vertreten. Das Verhalten seiner Arbeitnehmer muss er sich bei einem rechtswidrigen Arbeitskampf jedoch nicht zurechnen lassen. Aber auch eine etwaige →Haftung der Arbeitnehmer scheidet aufgrund eines fehlenden unmittelbaren Zusammenhangs aus.

Das Arbeitskampfrecht entfaltet auch Auswirkungen auf das *Betriebsverfassungsrecht*. § 74 Abs. 2 Satz 1 →Betriebsverfassungsgesetz (BetrVG) statuiert ein Arbeitskampfverbot der Betriebspartner gegeneinander. Der

Betriebsrat selbst darf keinen Arbeitskampf betreiben, ist vielmehr zur Neutralität verpflichtet. Allerdings dürfen die Betriebsratsmitglieder in ihrer Eigenschaft als Arbeitnehmer am Arbeitskampf teilnehmen (Doppelstellung der Betriebsratsmitglieder). Das Betriebsratsamt bleibt während des Arbeitskampfes bestehen und wird nicht suspendiert. Der Arbeitgeber muss den Betriebsratsmitgliedern jederzeit die Wahrnehmung ihrer betriebsverfassungsrechtlichen Aufgaben ermöglichen. Die Beteiligungsrechte des Betriebsrats sind während des Arbeitskampfes eingeschränkt, sofern sie arbeitskampfbezogen sind.

Literatur: *Brox, H.*; *Rüthers, B.*: Arbeitskampfrecht, 2. Aufl., Stuttgart 1982. *Hromadka, W.*; *Maschmann, F.*: Arbeitsrecht, Bd. 2, 3. Aufl., Berlin, Heidelberg, New York 2004, § 14. *Kissel, O. R.*: Arbeitskampfrecht, München 2002. *Löwisch, M.*: Arbeitskampf- und Schlichtungsrecht, Heidelberg, 1997. *Preis, U.*: Arbeitsrecht. Praxislehrbuch zum Kollektivarbeitsrecht, 2. Aufl., Köln 2003, §§ 108 ff.

Burkhard Boemke

Arbeitskosten

Kosten, die einem Unternehmen aufgrund des Faktors →Arbeit entstehen.

Zu den Arbeitskosten gehören nicht nur das Entgelt für geleistete Arbeit beziehungsweise das Direktentgelt, sondern auch Sozialleistungen und Steuern. Im Einzelnen sind dies das Entgelt für arbeitsfreie Tage, zum Beispiel →Urlaub, →Feiertage oder Krankheit, sowie Sonderzahlungen, zum Beispiel →Erfolgsbeteiligungen, Urlaubsgeld, Vermögenswirksame Leistungen oder ein 13. Monatsgehalt. Diese drei Komponenten – Direktentgelt, Entgelt für arbeitsfreie Tage und Sonderzahlungen – umfassen das Bruttogehalt der Arbeitnehmer. Um die gesamten Arbeitskosten abzubilden, werden noch die Arbeitgeberbeiträge zur Sozialversicherung (Renten-, Arbeitslosen-, Kranken-, Pflege- und Unfallversicherung), die →betriebliche Altersversorgung sowie sonstige →Personalzusatzkosten hinzu addiert (*Oechsler* 2006).

Literatur: *Oechsler, W.*: Personal und Arbeit, 8. Aufl., München 2006, S. 187.

Silvia Föhr

Arbeitskräftegesamtrechnung

Arbeitszeit- und Arbeitsvolumenrechnungen des Instituts für Arbeitsmarkt- und Berufsforschung der *Bundesanstalt für Arbeit*, die der umfassenden Analyse der gesamtwirtschaftlichen Arbeitsmarktentwicklung dienen.

Seit 1997 ist diese Datensammlung in die Volkswirtschaftliche Gesamtrechnung des *Statistischen Bundesamtes* integriert.

Silvia Föhr

Arbeitskraftunternehmer

neuer Leittypus von Erwerbsarbeitenden angesichts des Wandels der Arbeitsverhältnisse (syn.: Ich-Aktie, →Ich-AG, Selbst-GmbH).

Der Begriff Arbeitskraftunternehmer geht auf die Soziologen *Voß* und *Pongratz* (1998) zurück. Sie gehen davon aus, dass Erwerbstätige zunehmend unternehmerisch mit ihrer eigenen Arbeitskraft umgehen müssen. Das Individuum wird zwangsweise zum „Unternehmer in eigener Sache". Damit wird den Forderungen der →Arbeitgeber nach mehr Eigenverantwortung und Selbststeuerung der Beschäftigten in der täglichen Arbeit, wie sie auch in der →Flexibilisierung auf individualisierter Basis zum Ausdruck kommen, Rechnung getragen. Aus den Arbeit-Nehmenden werden Auftrag-Nehmende.

Laut den Autoren lässt sich der neue Typus von Arbeitskraft anhand drei Dimensionen definieren:

1. *Selbst-Kontrolle*: Ersetzt Fremdkontrolle und bedeutet aktive Selbststeuerung und →Selbstorganisation der eigenen →Arbeit bei nur rudimentären Handlungsvorgaben.

2. *Selbst-Ökonomisierung*: Bedeutet, dass der Arbeitskraftbesitzer zunehmend zu einem „strategischen Vermarkter eigener Fähigkeiten" (→Employability) wird, →Selbstmanagement und Selbstmarketing werden zu Schlüsselaufgaben.

3. *Selbst-Rationalisierung*: Fordert aufgrund der neuen Anforderungen eine systematische Gestaltung des gesamten Lebenszusammenhangs (→Patchwork-Biographie).

In ausgeprägter Form entsprechen diesem Typus des Arbeitskraftunternehmers bisher vor allem selbstständig Erwerbstätige mit hohen Qualifikationen in der Medienbranche, in Bildungs- und Beratungsberufen oder Kulturschaffende im weiteren Sinne. Im Bereich abhängiger Beschäftigung ist dieser Typus am ehesten dort zu finden, wo qualifizierte Arbeit mit flexibilisierter Auftragsbearbeitung verbunden ist, wie in vielen EDV-Bereichen oder

Arbeitsleistung

in der Beratungsbranche. Aber auch bei niedriger qualifizierter Dienstleistungsarbeit ist diese Form zunehmend zu beobachten.

Auch wenn Beschäftigte mit (mit-)unternehmerischen Qualitäten sicherlich wichtige nicht von der Hand zu weisende Wettbewerbsvorteile für die Unternehmen mit sich bringen, ist die Entstehung marktwirtschaftlicher Beziehungen innerhalb eines Unternehmens mit einigen Risiken, wie etwa geringerer Loyalität der „Arbeitskraftunternehmer" gegenüber dem (zur gegebenen Zeit arbeitsmarktlichen Nutzen bringenden) Unternehmen und mangelnder Kollegialität gegenüber den Mitbewerbern verbunden.

Literatur: *Voß, G. G.; Pongratz, H. J.*: Der Arbeitskraftunternehmer. Eine neue Grundform der Ware Arbeitskraft?, in: Kölner Zeitschrift für Soziologie und Sozialpsychologie, 50. Jg. (1998), H. 2, S. 131–158.

Sonia Hornberger

Arbeitsleistung

Verhältnis von Arbeitsmenge bestimmter Qualität zu →Arbeitszeit.

In Annäherung an weitere mögliche Bedeutungsgehalte kann unter Arbeitsleistung sowohl das erzielte Arbeitsergebnis als auch das Arbeitsverhalten von Mitarbeitern verstanden werden.

In beiden Fällen wird die Arbeitsleistung von objektiven und subjektiven Einflussfaktoren bestimmt (Leistungsdeterminanten):

- Zu den *objektiven Determinanten* der Arbeitsleistung zählen die →Arbeitsaufgabe, die hieraus resultierenden Anforderungen, die Arbeitsmittel (→Arbeitssystem) sowie die Arbeits- beziehungsweise →Leistungsbedingungen.

- Zu den *subjektiven Determinanten* gehören die individuelle Leistungsfähigkeit (→Qualifikation oder geistige und körperliche Eigenschaften) und die individuelle Leistungsbereitschaft des Mitarbeiters, eine bestimmte Arbeitsaufgabe zu bewältigen (Leistungswille, →Motivation oder Bedürfnisse).

Zwischen diesen Determinanten bestehen zum Teil recht starke Wechselwirkungen, weshalb Maßnahmen zur Steigerung der Arbeitsleistung in nur einem Einflussbereich wenig aussichtsreich erscheinen. Abgesehen von objektiv messbaren Arbeitsergebnissen (bspw. bei Fließbandarbeit) kann allerdings nur im Zusammenhang einer Bewertung (→Leistungsbeurteilung) von Arbeitsergebnis und/oder Arbeitsverhalten bestimmt werden, was im jeweils konkreten Fall unter Arbeitsleistung zu verstehen ist.

Jürgen Grieger

Arbeitslosenversicherung

eine der fünf Säulen der Sozialversicherung, die der Unterstützung der Integration von Personen in Arbeits- und Ausbildungsverhältnisse dient und eine existenzielle Sicherheit im Fall der →Arbeitslosigkeit gewährleistet.

In organisatorisch engem Zusammenhang steht die Arbeitslosenversicherung mit der Arbeitsförderung. Die Arbeitslosenversicherung ist gesetzlich im dritten Buch des Sozialgesetzbuches (SGB III) geregelt. Pflichtversichert ist, wer mehr als einer →geringfügigen Beschäftigung gegen Arbeitsentgelt nachgeht; hierzu zählen auch Auszubildende. Eine Befreiung kommt nur bei Menschen in Frage, die nicht dem Schutz der Versicherung unterliegen, wie zum Beispiel Beamte oder Personen, die das 65. Lebensjahr vollendet haben.

Finanziert wird die Arbeitslosenversicherung durch Beiträge der →Arbeitnehmer, →Arbeitgeber und Dritter. Der Beitragssatz beträgt ab dem 1.1.2008 3,3 % der Beitragsbemessungsgrundlage. Es gibt ein breites, gesetzlich festgelegtes Spektrum an Leistungen, die im Rahmen der Arbeitslosenversicherung angeboten werden. Sie richten sich nach den jeweiligen Personengruppen und werden nur dann erbracht, wenn die gesetzlichen Vorraussetzungen vorliegen. Anspruch hat darauf grundsätzlich nur, wer als Arbeitnehmer bereits die Sozialabgaben mitfinanziert hat. Der Gesamtsozialversicherungsbeitrag wird an die Krankenkassen als Einzugsstellen gezahlt und von dort aus an die Bundesagentur für Arbeit weitergeleitet.

Literatur: *Mutschler, B.; Bartz, R.* (Hrsg.): Sozialgesetzbuch III – Arbeitsförderung, 3. Aufl., Baden-Baden 2008.

Volker Stein

Arbeitslosigkeit

entsteht, wenn sich das Angebot an Arbeitskräften (Erwerbspersonen) nicht vollständig mit der Nachfrage nach Arbeitskräften (Angebot an Arbeitsplätzen) deckt und dabei ein Angebotsüberhang an Arbeitskräften entsteht.

Arbeitslosigkeit tritt in einer Vielzahl sehr unterschiedlicher Erscheinungsformen auf. Üblicherweise wird für eine differenzierte Darstellung zwischen friktioneller, saisonaler, konjunktureller und struktureller Arbeitslosigkeit unterschieden. Eine Übersicht geben *Eichhorst*, *Profit* und *Thode* (2001):

- Unter *friktioneller Arbeitslosigkeit*, auch als Fluktuationsarbeitslosigkeit bezeichnet, wird eine temporäre unvermeidliche Arbeitslosigkeit verstanden, die ihre Ursache in Anpassungsvorgängen am →Arbeitsmarkt hat. Die Dauer der friktionellen Arbeitslosigkeit ist als die Zeitspanne definiert, die zwischen der Aufgabe der alten und Aufnahme der neuen Tätigkeit liegt. Friktionelle Arbeitslosigkeit tritt selbst in Phasen der Vollbeschäftigung auf. Sie dauert in der Regel nur kurz und stellt grundsätzlich kein beschäftigungspolitisches Problem dar.

- Die Ursachen der *saisonalen Arbeitslosigkeit* sind jahreszeitliche Schwankungen natürlicher oder ökonomischer Nachfrage- und Angebotsbedingungen einzelner Sektoren innerhalb einer Volkswirtschaft. Diese Form der Arbeitslosigkeit tritt zum Beispiel häufig in der Landwirtschaft sowie der Bau- oder Tourismusbranche auf. Die Höhe der saisonalen Arbeitslosigkeit ist von der gesamtwirtschaftlichen Situation auf dem Arbeitsmarkt weitgehend unabhängig.

- Von *konjunktureller Arbeitslosigkeit* wird gesprochen, wenn eine im Verhältnis zu den vorhandenen Produktionsmöglichkeiten unzureichende güterwirtschaftliche Gesamtnachfrage existiert. Die konjunkturelle Arbeitslosigkeit ist von dem zeitlichen Verlauf und den Ausschlägen des Konjunkturzyklus abhängig.

- *Strukturelle Arbeitslosigkeit* ist ein vieldeutiger Sammelbegriff sehr unterschiedlicher Typen von Arbeitslosigkeit. Als Ursache dieser Form der Arbeitslosigkeit werden Merkmalsdifferenzen (*Mismatch*) zwischen →Arbeitsangebot und →Arbeitsnachfrage gesehen. So führen eine Reihe unterschiedlicher Faktoren, wie ein sektoraler Strukturwandel, regionale Verwerfungen, strukturelle Gütermarktdisparitäten, Wandel von Alters- und Geschlechtsstruktur, Technologiewandel oder ein Mismatch von beruflichen Fähigkeiten und Anforderungen (Qualifikations-Mismatch) zu struktureller Arbeitslosigkeit.

Konjunkturelle und strukturelle Arbeitslosigkeit werden als beschäftigungspolitisch relevant eingestuft, wie *Sesselmeier* und *Blauermel* (1997) bemerken.

Als *unfreiwillige* Arbeitslose werden gemeinhin diejenigen bezeichnet, die zwar zu den geltenden Bedingungen arbeiten möchten, jedoch keine Beschäftigung gefunden haben. Unter den *geltenden Bedingungen* werden dabei die Bedingungen verstanden, unter denen vergleichbare Arbeitskräfte tätig sind. Unfreiwillige Arbeitslosigkeit ist insofern Kennzeichen eines Marktversagens. *Freiwillige Arbeitslosigkeit* besteht nach *Franz* (2003) hingegen dann, wenn die entsprechende Lohnforderung über den herrschenden Bedingungen liegt.

Die NAIRU (Nonaccelerating Inflation Rate of Unemployment) bezieht sich auf den Zusammenhang von Arbeitslosenquote und Inflationsrate. Ausgangspunkt ist, dass mit wachsender Arbeitslosigkeit die Inflationsrate tendenziell sinkt, während mit einem Sinken der Arbeitslosigkeit die Inflationsrate steigt (*Philipps-Kurve*). Unter der NAIRU wird die Arbeitslosenquote verstanden, deren Unterschreiten inflationssteigernd wirken würde. Sie entspricht nicht der *natürlichen Arbeitslosigkeit*. Unter dieser wird die Arbeitslosigkeit verstanden, die auch im Gleichgewicht von Angebot und Nachfrage auf dem →Arbeitsmarkt aufgrund unvollständiger Informationen existiert.

Formal werden in der Arbeitslosenstatistik der *Bundesagentur für Arbeit* alle Personen als arbeitslos gewertet, die unter 65 Jahre alt sind, als arbeitslos registriert, nicht arbeitsunfähig erkrankt und nicht oder nur kurzzeitig erwerbstätig sind. Zudem wird, wie *Franz* (2003) vermerkt, vorausgesetzt, dass eine über drei Monate hinausgehende Beschäftigung mit zumindest 15 Wochenarbeitsstunden gesucht wird, und Personen für eine Arbeitsaufnahme sofort zur Verfügung stehen. Bei der Beurteilung der Arbeitslosenstatistik muss berücksichtigt werden, dass auf der einen Seite in der Statistik erfahrungsgemäß etliche Personen aus Gründen des Leistungsbezugs arbeitslos gemeldet sind, jedoch dem Arbeitsmarkt nicht zur Verfügung stehen. Auf der anderen Seite existieren verschiedene Gruppen mit einer hohen Erwerbsorientierung, die jedoch nicht

Arbeitsmängel

als Arbeitslose gezählt werden (→Stille Reserve).

Trotz gesamtwirtschaftlichen Gleichgewichts existiert immer ein bestimmter Bestand an Arbeitslosigkeit. Dieser Bestand wird als natürliche Arbeitslosigkeit bezeichnet. Sie existiert, weil zu dem im gesamtwirtschaftlichen Gleichgewicht gegebenen Reallohn immer ein bestimmtes Unterbeschäftigungsniveau existiert. Ursächlich hierfür sind Strukturcharakteristika von Arbeits- und Gütermärkten, wie beispielsweise Marktunvollkommenheit, Informationsintransparenz, Mobilitätskosten sowie Zufallsschwankungen von Angebot und Nachfrage.

Literatur: *Eichhorst, W.; Profit, S.; Thode, E.*: Benchmarking Arbeitsmarkt, Bericht der Arbeitsgruppe Benchmarking und der Bertelsmann Stiftung, Berlin etc. 2001. *Franz, W.*: Arbeitsmarktökonomie, 5. Aufl., Berlin, Heidelberg 2003. *Sesselmeier, W.; Blauermel, G.*: Arbeitsmarkttheorien, 2. Aufl., Heidelberg 1997.

Florian Schramm

Arbeitsmängel

liegen vor, wenn der →Arbeitnehmer seine arbeitsvertraglichen Pflichten (→Arbeitsvertrag) nicht beziehungsweise nur schlecht erfüllt oder dem →Arbeitgeber aus der Art und Weise der Leistungserbringung Schäden entstehen.

Erfüllt der Arbeitnehmer seine arbeitsvertraglichen Pflichten nicht oder zeitlich nicht vollständig, so ist der Arbeitgeber gemäß § 320 Abs. 1 Satz 1 Bürgerliches Gesetzbuch (BGB) grundsätzlich berechtigt, die Entgeltzahlung zu verweigern beziehungsweise zu kürzen. Das gilt jedoch nicht, wenn der Arbeitnehmer zur Nichtleistung berechtigt war und gleichzeitig seinen Anspruch auf Vergütung behält, wie beispielsweise bei →Annahmeverzug des Arbeitgebers, →Urlaub oder Krankheitsfall.

Erfüllt der Arbeitnehmer seine arbeitsvertraglichen Verpflichtungen nur schlecht, ist zu differenzieren: Handelt es sich um so genannte Quantitätsmängel (der Arbeitnehmer handelt nicht mit der gehörigen Intensität und erbringt daher weniger Dienste als er gewöhnlich zu leisten in der Lage ist), so kann dies als teilweise Nichterfüllung angesehen werden, die den Arbeitgeber wiederum zur Verweigerung der Vergütung berechtigen kann (§ 320 BGB). Handelt es sich jedoch um reine Qualitätsmängel (das Ergebnis der →Arbeit ist mangelhaft), so ist eine Kürzung der vertraglichen Vergütung nicht möglich, weil der Arbeitnehmer aufgrund des →Arbeitsvertrags einzig seine →Arbeitsleistung und nicht einen bestimmten Erfolg schuldet.

Entstehen dem Arbeitgeber durch Arbeitsmängel Schäden, so kann er gegen den Arbeitnehmer Schadensersatzansprüche geltend machen. Hier sind jedoch die Besonderheiten des →Arbeitsrechts zu beachten, wonach der Arbeitnehmer bei leichtester Fahrlässigkeit nicht, bei grober Fahrlässigkeit und Vorsatz hingegen grundsätzlich voll haftet. Bei so genannter mittlerer Fahrlässigkeit findet im Allgemeinen eine Haftungsteilung (→Haftung) nach den Umständen des Einzelfalls statt.

Darüber hinaus hat der Arbeitgeber die Möglichkeit, bei Arbeitsmängeln →Abmahnungen beziehungsweise (als letztes Mittel) Kündigungen auszusprechen. Sind Vertragsstrafen vereinbart, so können im Einzelfall auch diese verwirkt werden.

Literatur: *Hromadka, W.; Maschmann, F.*: Arbeitsrecht, Bd. 1, 2. Aufl., Berlin, Heidelberg, New York 2002, § 6 III.

Burkhard Boemke

Arbeitsmarkt

Ort, an dem (Arbeits-)Angebot und (Arbeits-)Nachfrage zusammentreffen, wobei der Begriff Markt angesichts der Spezifika der vorliegenden Strukturen und Prozesse mit Bedacht zu verwenden ist.

Die Erwerbsarbeit nimmt in modernen Wirtschaftssystemen eine herausragende Rolle ein: Aus betrieblicher Perspektive stellt →Arbeit einen unverzichtbaren Produktionsfaktor dar. Für die Gesellschaft kann der Arbeitsmarkt nach *Sesselmeier* und *Blauermel* (1997) aufgrund seiner materiellen und sozialen Funktion für die meisten Wirtschaftssubjekte als der zentrale Markt einer Volkswirtschaft bezeichnet werden, der dem Individuum seine materielle und immaterielle Wohlfahrtsposition zuweist.

Die Funktion des Arbeitsmarktes ist es, Arbeitskräfte und Arbeitsplätze, das heißt Arbeitsanbieter und -nachfrager in optimaler Weise zusammenzuführen. Die Marktpartner auf der Nachfragerseite (→Arbeitsnachfrage) sind im Wesentlichen private Unternehmen sowie öffentliche Haushalte. Auf der Anbieterseite (→Arbeitsangebot) stehen die privaten Haushalte.

Zentrale Aufgabe der →Arbeitsmarktforschung ist, wie *Franz* (2003) betont, die Arbeitsmarktanalyse, die sich einerseits mit dem Verhalten von Anbietern und Nachfragern und andererseits mit der Lohnbildung auseinandersetzt. Zur Erklärung der hiermit verbundenen Arbeitsmarktstrukturen und -prozesse wird in der Literatur auf eine Vielzahl von →Arbeitsmarkttheorien zurückgegriffen. Neben der neoklassischen Arbeitsmarkttheorie (Angebots- und Nachfragetheorie) existieren nach *Baßeler, Heinrich* und *Utecht* (2002) insbesondere die →Humankapitaltheorie, Kontrakttheorie, Suchtheorie, →Effizienzlohntheorie und Insider-Outsider-Theorie zur Beschreibung des komplexen Arbeitsmarktgeschehens (→Arbeitsmarkttheorien). Darüber hinaus ist *Mussel* und *Pätzold* (2001) zufolge der Arbeitsmarkt auch Gegenstand makroökonomisch orientierter Theorien, die ihm einen unterschiedlichen Stellenwert beimessen.

Der reale Arbeitsmarkt ist unvollkommen, was auf die Grenzen der neoklassischen Gleichgewichtstheorie verweist. Wie im Folgenden skizziert wird, haben diverse Ansätze das restriktive Modell der Neoklassik erweitert: Arbeitsangebot und auch Arbeitsnachfrage sind heterogen, ersteres findet in der *Humankapitaltheorie* besondere Beachtung. Die Akteure des Arbeitsmarktes verfügen nicht über vollständige →Informationen, was insbesondere in der →Principal-Agent-Theorie berücksichtigt wird. Das Agieren auf dem Arbeitsmarkt ist mit Kosten verbunden. Derartige Kosten werden in der Transaktionskostentheorie inklusive der Suchtheorie des Arbeitsmarktes abgehandelt. Interessenkonflikte bestehen nicht nur zwischen Kapital und Arbeit, sondern auch zwischen Arbeitsplatzbesitzern und Arbeitslosen, womit sich die Insider-Outsider-Theorie befasst. Die Kontrakttheorie berücksichtigt explizit die Risikoaversion der Beschäftigten, Arbeitsverhältnisse können somit auch ein Versicherungselement enthalten. In der Effizienzlohntheorie wird das Austauschverhältnis von Lohn und Leistung thematisiert, wodurch sich die gleichzeitige Existenz von gut bezahlten und produktiven Beschäftigten und unfreiwillig Arbeitslosen erklären lässt.

Der Arbeitsmarkt besteht insgesamt aus einer Vielzahl von Teilmärkten. Diese sind durch fachlich-berufliche, personelle und räumliche →Differenzierung geprägt, er ist strukturell segmentiert: Die Arbeitskräfte oder Arbeitsplätze oder beide sind keine homogenen Mengen, in denen jeder gegen jeden substituierbar ist und nicht jeder gegen jeden konkurriert. Stattdessen handelt es sich um nach bestimmten Merkmalen unterscheidbare Teilmengen, die untereinander nicht oder nur in eingeschränktem Maße austauschbar sind. Dies wird insbesondere von der Segmentationstheorie des Arbeitsmarktes berücksichtigt.

Schließlich sei an die Segmentationstheorie anknüpfend die Unterscheidung von internen und externen Arbeitsmärkten hervorgehoben: Unter *Externer Arbeitsmarkt (External Labour Market)* sind alle Arbeitsmärkte zu verstehen, die nicht unter interne, das heißt betriebsinterne Arbeitsmärkte fallen. →Interne Arbeitsmärkte sind dadurch charakterisiert, dass sie nur einem begrenzten Personenkreis zugänglich sind.

Zur Beschreibung der aktuellen Situation des deutschen Arbeitsmarktes ist es nach *Eichhorst, Profit* und *Thode* (2001) erforderlich, die existierende →Komplexität und Vielschichtigkeit des Arbeitsmarktes über ein Bündel von Dimensionen abzubilden. Die zentralen Arbeitsmarktdimensionen lassen sich analytisch in Bestands- und Stromgrößen unterteilen:

- *Bestandsgrößen*: Größen, die zeitpunktbezogen gemessen werden. Typische Bestandsgrößen des Arbeitsmarktes sind die Arbeitslosenquote oder die Zahl der offenen Stellen.
- *Stromgrößen*: Werden über einen bestimmten Zeitraum erfasst und dargestellt. Beispielhaft hierfür sind die in einem Zeitraum vermittelten Arbeitslosen zu nennen.

Die *zentralen Kenngrößen* des Arbeitsmarktes sind das →Erwerbspersonenpotenzial (Arbeitskräftepotenzial). Die Erwerbspersonen sind nochmals in Arbeitnehmer, Selbständige sowie Arbeitslose zu differenzieren. Zur Gruppe der Arbeitslosen gehören einerseits die registrierten Arbeitslosen und andererseits die →Stille Reserve.

Für den Arbeitsmarkt, das heißt das Erwerbsleben in der Bundesrepublik Deutschland ergibt sich für 2007 folgendes Bild. 2007 gab es im Jahresdurchschnitt in Deutschland etwa 3,8 Millionen Arbeitslose. Hiervon entfielen

2,5 Millionen auf das frühere Bundesgebiet und 1,3 Millionen auf die neuen Länder einschließlich Ost-Berlin. In den neuen Ländern und Ost-Berlin fiel die Arbeitslosenquote höher aus wie in den alten Bundesländern. Junge und ältere Menschen sind in Deutschland besonders stark von der Erwerbslosigkeit betroffen. Generell ist ein Rückgang der Bevölkerung im erwerbsfähigen Alter (15 bis 65 Jahre) und damit des gesamtwirtschaftlichen Arbeitspotenzials festzustellen.

Neben diesen aktuellen Arbeitsmarktzahlen haben sich auf dem deutschen Arbeitsmarkt in den letzten 25 Jahren zwei zentrale Veränderungen vollzogen.

1. Es hat sich ein stetiger *Strukturwandel* ereignet. Dieser hatte eine Abnahme der Erwerbstätigen im primären und sekundären, sowie eine Zunahme der Zahl der Erwerbstätigen im tertiären Sektor zur Folge. Seit den letzten 25 Jahren hat sich der Anteil der Erwerbstätigen im tertiären Sektor um circa 20 % erhöht. Damit arbeiten heute circa 2/3 aller Erwerbstätigen im Dienstleistungsbereich. Im gleichen Zeitraum, mit gegenläufiger Tendenz ist die Zahl der Erwerbstätigen im primären und sekundären Sektor um circa 1 Million gesunken.

Die *Qualifikationsstruktur* der Erwerbstätigen hat sich hin zu einer formal höheren Qualifikation verschoben. Diese Nachfrageverschiebung wurde durch technischen Fortschritt ausgelöst, hiermit einhergehend war eine abnehmende Nachfrage nach gering qualifizierten Arbeitnehmern. Da sich im gleichen Zeitraum das Arbeitsangebot hin zu den höheren Qualifikationen nicht verschoben hat und somit keine Kompensation der Nachfrage nach Arbeitnehmern mit geringerer Qualifikation eingetreten ist, sind *Klodt et al.* (2003) zufolge Geringqualifizierte von steigender Arbeitslosigkeit betroffen.

Der Arbeitsmarkt wird auch in Zukunft von zentraler Bedeutung sein und durch vielschichtige, teilweise gegenläufige Entwicklungen geprägt sein: Technische Entwicklungen, die Verflechtung der Weltwirtschaft, die Qualität des Bildungssystems, die demographische Entwicklung und andere Größen werden für den Arbeitsmarkt eine Rolle spielen.

Literatur: *Baßeler, U.; Heinrich, J.; Utecht, B.*: Grundlagen und Probleme der Volkswirtschaft, 17. Aufl., Stuttgart 2002. *Ehrlich, V.*: Arbeitslosigkeit und zweiter Arbeitsmarkt, Frankfurt a. M. 1997. *Eichhorst, W.; Profit, S.; Thode, E.*: Benchmarking Deutschland, Bericht der Arbeitsgruppe Benchmarking der Bertelsmann Stiftung, Berlin, Heidelberg 2001. *Franz, W.*: Arbeitsmarktökonomie, 5. Aufl., Berlin etc. 2003. *Klodt, H. et al.*: Die neue Ökonomie, Berlin etc. 2003. *Liedtke-Harmes, U.*: Regionale Autonomie und Arbeitsmarktpolitik, Frankfurt a. M. 1999. *Mussel, G; Pätzold, J.*: Grundfragen der Wirtschaftspolitik, 4. Aufl. München 2001. *Schmidt, C. M. et al.*: Perspektiven der Arbeitsmarktpolitik: Internationaler Vergleich und Empfehlungen für Deutschland, Berlin, Heidelberg 2001. *Sesselmeier, W.; Blauermel, G.*: Arbeitsmarkttheorie, Heidelberg 1997.

Florian Schramm

Arbeitsmarktfähigkeit → Employability

Arbeitsmarktforschung

erstellt sowohl Analysen als auch Prognosen über den →Arbeitsmarkt, indem Strukturen und Prozesse des Arbeitsmarktes wissenschaftlich bearbeitet und spezifische Phänomene des Arbeitsmarktes beschrieben werden.

Die arbeitsmarktspezifische Forschung unterstützt die →Arbeitsmarktpolitik in ihrer Gestaltungsfunktion, indem sie für die Politik relevante Daten erzeugt und interpretiert.

In Deutschland existiert seit langem eine ausgebaute Arbeitsmarktforschung. Institutionell ist sie an den Universitäten sowie den Wirtschaftsforschungsinstituten beheimatet. Eine zentrale Institution der Arbeitsmarktforschung ist das *Institut für Arbeitsmarkt und Berufsforschung der Bundesagentur für Arbeit* in Nürnberg (IAB). In theoretischer Hinsicht ist die Arbeitsmarktforschung weitgehend von Ökonomen dominiert, darüber hinaus ist auch die soziologische Perspektive von Bedeutung.

In methodischer Hinsicht bedient sich die Arbeitsmarktforschung einer Vielzahl von Quellen. Hier sind neben prozessproduzierten Daten wie die Beschäftigtenstatistik der *Bundesagentur für Arbeit* weitere Erhebungen von Belang. Einen besonderen Stellenwert nehmen hierbei das Betriebspanel des IAB sowie das *Sozioökonomische Panel des Deutschen Instituts für Wirtschaftsforschung* (DIW) ein. Bei dem *IAB-Betriebspanel* werden im jährlichen Abstand mehrere tausend Betriebe zu einem weitgehend gleichbleibenden Fragenprogramm zu arbeitsmarktpolitischen Vorgängen im Betrieb befragt. Die hierdurch gewonnenen Daten geben einen Einblick in das Verhalten der →Arbeitsnachfrage. Das *Sozioökonomische Panel* stellt eine Haushaltsbefragung (→Befragung) dar, in der mehr als 10.000 Befragungspersonen im jährlichen Abstand zu einem weitgehend gleichbleibenden Fragenprogramm befragt werden. Diese Daten geben einen Einblick über die Strukturen und Verhaltensweisen der Bevölkerung am Arbeitsmarkt.

Neben der beschriebenen unternehmensexternen Arbeitsmarktforschung existiert darüber hinaus eine unternehmensinterne Arbeitsmarktforschung, wie *Berthel* und *Becker* (2003) betonen. Sie dient der systematischen Gewinnung und Verarbeitung von Informationen zur Unterstützung personalwirtschaftlicher Entscheidungen.

Literatur: *Berthel, J.; Becker, F.*: Personal-Management, 7. Aufl., Stuttgart 2003.

Florian Schramm

Arbeitsmarktpolitik

wirtschafts- und sozialpolitische Entscheidungen und Maßnahmen, die die Funktionsfähigkeit des →Arbeitsmarktes regeln, Funktionsprobleme reduzieren und mit den Problemen verbundenen sozialen Folgen abmildern.

Zur Arbeitsmarktpolitik werden alle staatlichen oder sozialpartnerschaftlichen Aktivitäten und institutionellen Arrangements gezählt, die sich entweder *passiv* (passive Arbeitsmarktpolitik) mit der Überbrückung von →Arbeitslosigkeit oder *aktiv* (aktive Arbeitsmarktpolitik) mit der Beseitigung von Ungleichgewichten auf dem →Arbeitsmarkt befassen. Die Gesamtheit an arbeitsmarktpolitischen Instrumentarien setzt sich in diesem Sinne aus aktiven und passiven arbeitsmarktpolitischen Bestandteilen zusammen.

Die *passive Arbeitsmarktpolitik* umfasst Einkommensersatzleistungen in Form der verschiedenen Varianten des Arbeitslosengeldes (z. B. in Deutschland Arbeitslosengeld oder Arbeitslosenhilfe). Diese Arbeitslosenversicherung kann hinsichtlich des Verhältnisses von Leistung und Arbeitseinkommen, dem Zeitraum der möglichen Inanspruchnahme und der Anforderungen für den Bezug variieren. Zur passiven Arbeitsmarktpolitik lassen sich auch Programme rechnen, mit denen eine vorzeitige Verrentung von Beschäftigten gefördert wird. Die passive Arbeitsmarktpoli-

tik versucht somit weniger den Arbeitsmarkt umzugestalten, sondern vielmehr die finanziellen Folgen von Arbeitslosigkeit abzumildern.

Die *aktive Arbeitsmarktpolitik* hat nach *Franz* (2003) ihre Zielsetzung insbesondere in der Bekämpfung der Mismatch-Problematik, also dem Ausgleich von →Arbeitsangebot und →Arbeitsnachfrage. Ein Mismatch kann aufgrund regionaler und qualifikationsbedingter Unterschiede auftreten. Die Instrumentarien der aktiven Arbeitsmarktpolitik können bezüglich ihrer Wirksphäre auf dem Arbeitsmarkt unterschieden werden, je nachdem, ob sie auf die Angebots- oder die Nachfragerseite einwirken (→Angebotspolitik, →Nachfragepolitik).

Eine aktive, auf die Angebotsseite bezogene Arbeitsmarktpolitik befasst sich nach *Eichhorst, Profit* und *Thode* (2001) zum Beispiel mit der Beratung und Vermittlung von Stellensuchenden. Darüber hinaus ist die berufliche Qualifizierung von Arbeitnehmern und Arbeitslosen ein Instrumentarium der aktiven Arbeitsmarktpolitik, wie *Schmidt* (2001) betont. Zu Maßnahmen einer aktiven Arbeitsmarktpolitik, die sich auf die Nachfragerseite bezieht, sind beispielsweise Lohnkostenzuschüsse zu zählen. Sie sollen insbesondere benachteiligten Gruppen einen Einstieg in eine bezahlte Beschäftigung ermöglichen. Darüber hinaus bestehen →Arbeitsbeschaffungsmaßnahmen sowie zielgruppenorientierte Eingliederungsprogramme, zum Beispiel für Jugendliche oder Behinderte. Neben der allgemeinen, das heißt bundesweiten Arbeitsmarktpolitik werden regionale Besonderheiten des Arbeitsmarktes durch regionale Arbeitsmarktpolitik berücksichtigt.

Literatur: *Eichhorst, W.; Profit, S.; Thode, E.*: Benchmarking Deutschland, Bericht der Arbeitsgruppe Benchmarking der Bertelsmann Stiftung, Berlin, Heidelberg 2001. *Franz, W.*: Arbeitsmarktökonomie, 5. Aufl., Berlin etc. 2003. *Schmidt, C. M. et al.*: Perspektiven der Arbeitmarktpolitik: Internationaler Vergleich und Empfehlungen für Deutschland, Berlin etc. 2001.

Florian Schramm

Arbeitsmarktportfolio →Portfoliomethode

Arbeitsmarktsegmente

Ergebnis eines Prozesses, bei dem eine heterogene Menge von →Arbeitnehmern in mehrere Segmente zusammengefasst wird, die in

Arbeitsmarktsegmente

sich vergleichsweise homogen, untereinander jedoch relativ heterogen sind.

Mit dem Sammelbegriff *Personal* wird leicht eine Homogenität der arbeitstätigen Individuen, des Produktionsfaktors →Arbeit suggeriert. In manchen Fällen mag es sich aus einer personalwirtschaftlichen Perspektive als nützlich erweisen, mit diesem uniformen Sammelbegriff zu arbeiten, während in anderen Fällen – wie etwa der konkreten Auswahl eines Bewerbers (→Personalauswahl) – der Einzelne im Vordergrund einer individuell ausgerichteten Betrachtung steht. Selbst bei einer vergleichsweise aggregierten Betrachtungsweise ist es oftmals angemessen, die Heterogenität des Personals durch das Bilden von →Gruppen im Sinne von Typen, Segmenten zu berücksichtigen.

Diese Segmente sollten dabei eine gewisse Stabilität im Zeitverlauf aufweisen. Nahe liegend ist eine Segmentierung im Sinne einer Typenbildung anhand einer simultanen Berücksichtigung mehrerer Merkmale. Faktisch erfolgt jedoch eine Segmentierung oftmals anhand nur eines Merkmals, da sich eine sachgerechtere Differenzierung, die auf der Kombination mehrerer Merkmale beruht, leicht als unhandlich erweist. Folgende Punkte sind bei einer Segmentierung zu beachten:

Als Kriterien der →Gruppenbildung kommen Merkmale des →Arbeitsangebots sowie des Verhältnisses von Arbeitsangebot und →Arbeitsnachfrage in Betracht. Denkbar ist schließlich eine mittelbare Zuordnung von Arbeitnehmern anhand von Merkmalen der Arbeitskraftnachfrage: Wirtschaftssektor, Branche, Beschäftigungsort, Betriebsgröße, Rechtsform wie Betriebszweck können für die Bearbeitung personalwirtschaftlicher Fragestellungen von Bedeutung sein; dieser Vorgehensweise wird hier nicht weiter gefolgt. Eine Zuordnung bedarf der Definition der Begriffe, entsprechender Operationalisierungen und vorliegender Daten, anhand derer Arbeitnehmer gruppiert werden können.

Gruppenbildung durch Segmentierung des Arbeitsangebots: Traditionell werden soziodemographische Kriterien zur Unterteilung genutzt, wenn auf Sondergruppen des →Arbeitsmarktes hingewiesen wird. Als die üblichen, auf soziodemographischen Kriterien des Arbeitsangebots beruhenden „Sondergruppen" gelten weibliche, ältere, behinderte oder ausländische Arbeitnehmer, die übrigens in ihrer Summe die Mehrheit der Beschäftigten darstellen. Ergänzend sei auf das Kriterium *Race* im Sinn von Hautfarbe sowie *Culture* hingewiesen.

Aus einer gestaltungsorientierten Perspektive sollte die Segmentierung der Personalarbeit (→Personalmanagement) dienen, indem sie beispielsweise als Informationsgrundlage einer differentiellen Personalpolitik oder individualisierten Personalpolitik fungiert. Explizit wird, wie *Krell* (2001) betont, die Existenz von Arbeitnehmergruppen in Konzeptionen des *Management* →*Diversity* berücksichtigt und als Chance begriffen. Der Vollständigkeit halber sind aufgrund ihrer besonderen betrieblichen Stellung die →leitenden Angestellten zu nennen.

Hervorzuheben ist, *Richter* und *Furubotn* (1999) zufolge, die Möglichkeit einer differenzierten Bestimmung des →Beschäftigungsverhältnisses zwischen Arbeitgebern und Arbeitnehmern. Die grundsätzliche Unbestimmtheit von Arbeitsverhältnissen eröffnet je nach Situation und Interessen der beteiligten Akteure vielfältige Möglichkeiten der Regelung von Arbeitsverhältnissen mit eher marktorientierten oder eher hierarchieorientierten Komponenten. Das →*Normalarbeitsverhältnis* ist dabei – wie im Folgenden gezeigt wird – die vorherrschende, jedoch nicht die alleinige Erwerbsform.

Eine Typenbildung kann auch anhand von Werthaltungen oder Einstellungen erfolgen. Die in den letzten Jahrzehnten geführte Diskussion über den Wandel des subjektiven Verhältnisses zur Erwerbsarbeit hat neben einem Wandel von Werten und Einstellungen im Zeitverlauf auch deren Heterogenität belegt. So haben sich in den vergangenen Jahrzehnten *postmaterialistische Werthaltungen* verbreitet, während gleichzeitig ein beachtlicher Anteil der arbeitenden Bevölkerung materialistische oder indifferente Haltungen äußert. Auf die spezielle Gruppe des potenziellen →Führungsnachwuchs bezogen unterscheidet die Arbeitsgruppe um *von Rosenstiel* (1989) mit den Bezeichnungen *Karriereorientierung*, *Freizeitorientierung* und *Alternatives Engagement* drei Typen von Berufsorientierungen, wobei diese Gruppen empirisch nicht eindeutig zu trennen sind, wie *Blickle* (1999) bemerkt.

Ebenfalls auf der Ebene nicht direkt beobachtbarer Eigenschaften der Arbeitnehmer lassen sie sich mittels Verfahren der →Eignungsdiagnostik etwa anhand ihrer Persönlichkeit oder auch ihrer sexuellen Orientierung differenzieren. Auf besondere Schwierigkeiten stößt der Versuch, schematisch Leistungsträger zu bestimmen. So lassen sich nach *Wunderer* und *Schlagenhaufer* (1994) über den jeweils hohen oder niedrigen aktuellen beziehungsweise zukünftigen Leistungsbeitrag für das Unternehmen vier Typen von Arbeitnehmern bilden. Deren Bezeichnung (Work Horses, Stars, Problem Employees sowie Dead Wood) verweist darauf, dass eine derartige Gruppenbildung im besten Fall eher als eine nützliche Provokation denn als eine sachorientierte Analyse begriffen werden sollte, die in der →Arbeitsmarktforschung nicht verwendet wird.

Zur Strukturierung von Arbeitnehmern wird oftmals auf die sozialrechtliche →Differenzierung von Erwerbsformen in zum Beispiel Arbeiter oder Angestellte, die Differenzierung nach formalen Qualifikationen oder Berufsgruppen sowie das Bilden von Einkommensgruppen zurückgegriffen.

Literatur: *Blickle, G.*: Karriere, Freizeit, Alternatives Engagement, München, Mering 1999. *Krell, G.* (Hrsg.): Chancengleichheit durch Personalpolitik, 3. Aufl. Wiesbaden 2001. *Richter, R.*; *Furubotn, E.G.*: Neue Institutionenökonomik, 2. Aufl., Tübingen 1999. *von Rosenstiel, L. et al.*: Führungsnachwuchs im Unternehmen, München 1989. *Wunderer, R.*; *Schlagenhaufer, P.*: Personal-Controlling, Stuttgart 1994.

Florian Schramm

Arbeitsmarktstatistik

dient der Darstellung des aktuellen Arbeitsmarktgeschehens im Hinblick auf →Informationen zu den Bereichen Arbeitskräftenachfrage, Arbeitskräfteangebot, →Arbeitslosigkeit sowie →Arbeitsmarktpolitik.

Die *Bundesagentur für Arbeit* wurde vom Gesetzgeber damit beauftragt aus den Unterlagen ihrer Geschäftsbereiche die hierfür notwendige Statistik zu erzeugen. Das wesentliche Hauptziel bei der Erstellung von Arbeitsmarktstatistiken ist, eine Basis für die Politikberatung zu liefern, indem statistische Grundlagen für arbeitsmarktpolitische Entscheidungen erzeugt werden. Hierzu werden aktuelle globale und differenzierte Strukturdaten für bestimmte Teilarbeitsmärkte zur Verfügung gestellt. Zusätzlich dient die Arbeitsmarktstatistik der Öffentlichkeitsarbeit und der Arbeitsmarkt- und Berufsforschung. Die statistischen Daten lassen zusätzlich Rückschlüsse auf die Wirksamkeit arbeitsmarktpolitischer Maßnahmen zu.

Die *Bundesagentur für Arbeit* kommt ihrer gesetzlichen Verpflichtung dadurch nach, dass sie monatliche Pressekonferenzen zur allgemeinen Arbeitsmarktentwicklung gibt. In ähnlicher Weise werden auch regionale Arbeitsmarktergebnisse in den Arbeitsämtern präsentiert. Weitere Arbeitsmarktstatistiken finden sich in dem jährlich erscheinenden Mikrozensus (→Bevölkerungsentwicklung) der Bundesrepublik Deutschland. Auch auf europäischer Ebene wird es immer wichtiger, vergleichbare Arbeitsmarktdaten zu erstellen. *Das Statistische Amt der Europäischen Union* (EUROSTAT) gibt hierzu die monatlichen EU-Arbeitslosenquoten ebenso wie etwa – in der Reihe *Statistik kurz gefasst* – aktuelle Zahlen aus der Arbeitskräfteerhebung für die Mitgliedstaaten der EU und die Beitrittsländer heraus.

Florian Schramm

Arbeitsmarktstrategie →Arbeitsmarktpolitik

Arbeitsmarkttheorien

müssen einerseits das Verhalten von →Arbeitnehmern und Unternehmen aus einer ökonomischen Sichtweise erklären, andererseits hierauf aufbauend die Ursachen von →Arbeitslosigkeit am →Arbeitsmarkt aufschlüsseln.

In der Literatur werden hierzu vorrangig folgende Theorien diskutiert.

- *Neoklassisches Modell*: Zentrales Theorieelement des neoklassischen Paradigmas ist die Gleichgewichtstheorie. Die neoklassische Arbeitsmarkttheorie ist ein Spezialfall der allgemeinen Gleichgewichttheorie und wird aus ihr unmittelbar abgeleitet. Entsprechend dem neoklassischen Modell unterscheidet sich der Arbeitsmarkt nicht von anderen Märkten. Die Arbeitskraft wird als Ware definiert. Der Arbeitslohn wird *Sesselmeier* und *Blauermel* (1997) zufolge als Preis des Produktionsfaktors →Arbeit verstanden und durch Angebot und Nachfrage bestimmt. Entsprechend des neoklassischen Ansatzes stellen sich auf dem Arbeitsmarkt stets der Vollbeschäftigungs-Reallohnsatz und die gleichgewichtige Arbeitsmenge ein. Hierfür sorgt bei hinreichend flexiblen Löhnen der Lohnmechanismus. Bei existierender →Arbeitslosigkeit wird, wie *Baßeler, Heinrich* und *Utecht* (2002) betonen, der Lohnsatz aufgrund der Konkurrenz unter den Arbeitslosen soweit sinken, bis Vollbeschäftigung erreicht wird. Diese idealtypischen Annahmen, die die Grundlage des neoklassischen Paradigmas darstellen, erweisen sich allerdings in der Praxis als problematisch. Der Arbeitsmarkt stellt sich nach *Wagner* und *Jahn* (1997) in der Realität als heterogenes Gebilde mit einer Vielzahl unterschiedlicher Koordinationsmechanismen dar, die zwischen Anbietern und Nachfragern vermitteln. Gleichgewichtszustände mit einer positiven Arbeitslosenrate sind die Regel, ein geräumter Arbeitsmarkt die Ausnahme.

- *Humankapitaltheorie*: Die Humankapitaltheorie ist eine Erweiterung des neoklassischen Modells. Die Homogenität des Faktors Arbeit, wie in dem neoklassischem Modell angenommen, wird durch die Annahme der Heterogenität des Arbeitsmarktes ersetzt. Wesentlicher Fokus der Theorie ist es, einen Erklärungsbeitrag zu liefern, der personelle Einkommensdifferenzen, die Existenz von Teilarbeitsmärkten, selektives Einstellungs- und Kündigungsverhalten, →Beschäftigungsstabilität sowie Einkommensverteilungen erklären kann. Das →Arbeitsangebot differenziert sich nach den →Qualifikationen der Anbieter. Die Einkommensdifferenzen werden durch die getätigte Investition in das Humankapital (Ausbildungsinvestition) erklärt. Versteht man die Qualifikation als Grundeigenschaft des Menschen in der Produktion, wird die Arbeitskraft zum Investitionsgut. Zur Verbesserung der Produktivität (→Arbeitsproduktivität) kann demnach in dieses Gut investiert werden. Durch diese Humankapitalinvestitionen werden die Arbeitnehmer, *Sesselmeier* und *Blauermel* (1997) folgend, zu Kapitalisten, da ihr Wissen ökonomischen Wert besitzt. Die Funktion von Teilarbeitsmärkten wird in der Humankapitaltheorie über die Existenz von allgemeiner (überbetrieblicher) und (berufs- und betriebsspezifischer) spezieller Qualifikation erklärt.

- *Kontrakttheorie*: Unternehmer und Arbeitnehmer gehen zur Vermeidung unsicherheitsbedingter Kosten und Risiken für einen definierten Zeitraum implizit oder explizit Kontrakte mit festen Löhnen ein. Sowohl für die Arbeitgeber, als auch für die Arbeitnehmer sind diese Kontrakte vorteilhaft. In der Kontrakttheorie wird ebenfalls davon ausgegangen, dass an den abgeschlossenen Kontrakten so lange festgehalten wird, wie die Verluste aus den von Gleichgewichtslohn abweichenden Fixlöhnen insgesamt niedriger sind, als die über eine ständige Anpassung entstehenden Informations-, Fluktuations-, Such- und Anpassungskosten. Die spezifische kontrakttheoretische Vereinbarung zwischen Arbeitgeber und Arbeitnehmer besteht indes darin, dass beide Seiten eine kontrakttheoretische Übereinkunft vereinbaren, in der sie einen impliziten Versicherungsvertrag abschließen. Die Unternehmensseite garantiert eine langfristige Anstellung mit dem festgelegten Lohnsatz, wohingegen die Arbeitnehmerseite sich nach *Abb, Auer* und *Mirz* (1992) mit dem zwar niedrigeren aber festen Lohn zufrieden gibt. Die Kontrakttheorie ist damit eine Theorie impliziter Kontrakte, wie *Sesselmeier* und *Blauermel* (1997) bemerken.

- *Suchtheorie*: Die Suchtheorie gibt ebenso wie die Kontrakttheorie zwei zentrale Prämissen des neoklassischen Modells auf. Zum einen wird von der Heterogenität des Faktors Arbeit, zum anderen von der Existenz unvollständiger Informationen auf dem Arbeitsmarkt ausgegangen. Die Suchtheorie will Faktoren erklären, die das Suchverhalten eines Arbeitslosen erläutern. Sucht ein Individuum nach einer besser bezahlten Stelle, benötigt er geeignete Informationen, etwa über Angebots- und Nachfrageverhältnisse am Arbeitsmarkt. Die Beschaffung von Informationen kann insofern als Produktionsprozess verstanden werden, der Aufwendungen und Erträge bringt. Um eine effiziente Suche durchführen zu können, ist es sinnvoll den bisherigen Arbeitsplatz aufzugeben. Arbeitslosigkeit wird damit zu einer produktionstechnischen Notwendigkeit und ist nichts anderes als eine Investition der Arbeitnehmer, mit dem Ziel durch einen Arbeitsplatzwechsel (→Job Rotation) ein besseres (Lebens-)Einkommen zu erzielen. Die Arbeitssuche ist *Sesselmeier* und *Blauermel* (1997) gemäß solange ökonomisch sinnvoll, wie die erwarteten Mehreinnahmen die aktuellen Suchkosten übersteigen.

- →*Effizienzlohntheorie*: Ziel der Effizienzlohntheorie ist es, eine mikroökonomische Erklärung von Lohnrigidität und unfreiwillige Arbeitslosigkeit zu liefern. Der Fokus der theoretischen Betrachtungen wird auf die Seite der →Arbeitsnachfrage gelegt. Unterstellt wird hierbei, dass es einen positiven Zusammenhang zwischen gezahltem Lohn und →Arbeitsproduktivität gibt. Die Effizienzlohntheorie versucht nun, Erklärungen für einen über dem *Markträumungslohn* liegenden Lohn zu finden. Zum Markträumungslohn würde entsprechend der neoklassischen Markttheorie Vollbeschäftigung herrschen. Aus der Sicht der Effizienzlohntheorie sind Unternehmer nicht daran interessiert, die Lohnofferten in Richtung Vollbeschäftigungs- beziehungsweise Markträumungsgleichgewicht anzupassen, weil sie mit der Erzielung von Effizienzlöhnen ihren Profit erhöhen können. So ist für den Unternehmer nicht alleine entscheidend wie viel ein Mitarbeiter pro Zeit verdient, sondern vielmehr welche Wertschöpfung in dieser Zeiteinheit geleistet wird, das heißt wie effizient gearbeitet wird. Für den Unternehmer sind nach *Sesselmeier* und *Blauermel* (1997) Lohnsteigerungen solange wirtschaftlich sinnvoll, wie die zusätzlichen Erlöse die zusätzlichen Kosten kompensieren.

- *Insider-Outsider Theorie*: Das zentrale Erklärungsziel der Theorie entspricht dem der Effizienzlohntheorie. Auch sie will die Ursachen unfreiwilliger Arbeitslosigkeit erklären. Im Gegensatz zur Effizienzlohntheorie besteht hier allerdings der →Konflikt zwischen arbeitslosen und beschäftigten Arbeitnehmern. In der Theorie wird von verschiedenen Gruppen von Arbeitsanbietern ausgegangen, die verschiedene Fluktuationskosten (→Reaktionskosten) verursachen. Die erste Gruppe wird durch Personen gebildet, die sich in einem →Beschäftigungsverhältnis befinden (*Insider*). Die zweite Gruppe wird gerade im Unternehmen eingearbeitete (*Entrants*). Die dritte Gruppe besteht aus denjenigen Personen, die nicht beschäftigt sind (*Outsider*). Die Arbeitnehmergruppen haben unterschiedlich starke Verhandlungspositionen gegenüber dem Unternehmen. Insider besitzen die stärkste, Outsider die schwächste Verhandlungsposition. Die unterschiedlich starken Verhandlungspositionen entsprechen den Kosten, die die jeweilige Gruppe verursachen können, beziehungsweise bereits verursacht haben. Für die Insider gilt beispielsweise, dass sie bereits firmenspezifisch ausgebildet worden sind und alle Einstellungs- und Ausbildungskosten getätigt wurden. Im Falle einer →Entlassung kämen hierzu noch die Entlassungskosten. Da sich die Entrants noch in der Integrationsphase befinden, entsteht nur ein Teil der oben aufgeführten Kosten. Die Outsider erzeugen gegenüber dem Unternehmen keine Kosten. Für ein Unternehmen wäre der komplette Austausch einer betriebsspezifisch, voll ausgebildeten Belegschaft sehr kostenaufwendig, weshalb sie dies zu vermeiden versucht. Die Kostenreduktion, die sich aus dem Nichtaustausch der Belegschaft ergibt, kann im Rahmen von Lohnverhandlungen durch die Insider abgeschöpft werden. Als Effekt wird, wie *Sesselmeier* und *Blauermel* (1997) bemerken, das Lohniveau so stark über den markträumenden Gleichgewichtslohn gehoben, dass Outsider durch Unterbieten der bestehenden Löhne ihre Marktposition nicht verbessern können.

Die skizzierten ökonomisch orientierten Theorien könnten noch um weitere ergänzt werden. Insgesamt darf es nicht erstaunen, dass eine Vielzahl von Theorien und Modellen versucht, die komplexen Phänomene auf dem Arbeitsmarkt zu beschreiben und zu erklären. Diese Theorien und Modelle betrachten bestimmte Eigenschaften des Geschehens auf Arbeitsmärkten, die sie mit unterschiedlichem Erfolg zu erklären versuchen. Gemeinsam ist den vorgestellten Ansätzen, dass sie Arbeitsmarktstrukturen betrachten, was aus der Perspektive der makroökonomischen Analyse notwendig, jedoch nicht hinreichend ist.

Literatur: *Abb, F.; Auer, J.; Mirz, P.*: Arbeitsmarkttheorie, in: Wirtschaftswissenschaftliches Studium, 21. Jg. (1992), H. 12, S. 969–974. *Baßeler, U.; Heinrich, J.; Utecht B.*: Grundlagen und Probleme der Volkswirtschaft, Stuttgart 2002. *Sesselmeier, W.*: Der Arbeitsmarkt aus neoinstitutionalistischer Perspektive, in: Wirtschaftsdienst, 74. Jg. (1994), H. 3, S. 136–142. *Sesselmeier, W.; Blauermel, G.*: Arbeitsmarkttheorien, 2. Aufl., Heidelberg 1997. *Wagner, T.; Jahn, E. J.*: Neue Arbeitsmarkttheorien, Düsseldorf 1997.

Florian Schramm

Arbeitsmotivation → Motivation

Arbeitsnachfrage

Menge der von den Arbeitskräften angebotene Arbeit, die sich aus Erwerbstätigen und Erwerbslosen zusammensetzt.

Die Arbeitsnachfrage ist neben dem →Arbeitsangebot die zweite wichtige Dimension des →Arbeitsmarktes und aus der Perspektive der →Beschäftigungspolitik (Staatliche Beschäftigungspolitik, →Betriebliche Beschäftigungspolitik) sicherlich die zentrale Größe. Als Einflussfaktoren, die Menge und die Qualität der nachgefragten →Arbeitsleistung determinieren, kommen Faktor- und Produktpreise (sofern sich das Unternehmen als Mengenanpasser verhält), sowie die Produktionstechnologie in Frage. Darüber hinaus spielen arbeitsspezifische Faktoren wie Beschäftigtenanzahl oder →Arbeitszeit eine wichtige Rolle.

Die Arbeitsnachfrage weist in den verschiedenen Branchen und Sektoren (Landwirtschaft, Industrie, Dienstleistung) große Unterschiede auf und ist einem Wandel unterworfen. Die wohl stärkste Veränderung der letzten Jahrzehnte ist in der Zunahme der Arbeitsnachfrage im Dienstleistungsbereich zu sehen. Der Dienstleistungssektor beschäftigt bereits heute fast zwei Drittel aller Erwerbstätigen in Deutschland. Eine starke Nachfrageentwicklung gibt es auch im Bereich der Informations- und Kommunikationsindustrie.

Literatur: *Franz, W.*: Arbeitsmarktökonomie, 5. Aufl., Berlin etc. 2003.

Florian Schramm

Arbeitsorganisation

Verteilung der Einzelaufgaben auf Individuen, →Gruppen oder größere Organisationseinheiten sowie Schaffung eines geregelten Ablaufs zwischen den Einheiten.

Arbeitsorganisation umfasst Fragen der →Aufbauorganisation sowie der →Ablauforganisation. Für den Zugang zur Arbeitsorganisation gibt es drei Varianten, nämlich den Human Relations-Ansatz (→Human Relations-Theorie, den soziotechnischen und den Gruppenansatz:

1. *Human Relations-Ansatz*: Geht vom Individuum aus und betrachtet die Einflussfaktoren →Motivation und die →Arbeitszufriedenheit des einzelnen Mitarbeiters als die wesentlichen Faktoren für die →Arbeitsleistung. Insbesondere der →Führungskraft und den informellen Beziehungen in einer Gruppe kommt laut empirischen Studien von *Buck* (2003) die größte Bedeutung für die Arbeitszufriedenheit zu. Diese Erkenntnisse bilden den Ausgangspunkt für eine Vielzahl organisationspsychologischer Untersuchungen.

2. *Soziotechnische Ansätze*: Konzentrieren sich nach *Buck* (2003) auf die Gestaltung optimaler →Arbeitssysteme. Als beeinflussbare Variablen werden insbesondere Technik und Humanressourcen angesehen. Diese Größen sind so zu gestalten, dass optimale Rahmenbedingungen ein effizientes Arbeiten ermöglichen. Ein Arbeitssystem wird damit in ein technisches und ein soziales Teilsystem unterteilt. Das technische Teilsystem ist gegeben durch das zur Verfügung stehenden Betriebsmittel wie zum Beispiel Maschinen und deren Konfiguration. Das soziale Teilsystem umfasst die beteiligten Individuen mit ihren Werten, Einstellungen und vor allem ihren Bedürfnissen (→Motiv). Beide Teilsysteme sind verbunden über die festgelegte →Arbeitsteilung und beeinflussen sich gegenseitig.

3. *Ansätze zur* →*Gruppenarbeit*: Im Fokus stehen gemäß *Buck* (2003) die Beziehungen, die innerhalb einer →Gruppe und zu Gruppenexternen existieren. In der Wissenschaft lassen sich eine ganze Reihe von Gruppenkonzepten finden. Generell geht die aktuelle Tendenz hin zu selbstorganisatorischen Ansätzen. Diese gehen von Gruppen aus, die in Eigenverantwortung eine klar abgrenzbare Leistung zu erbringen haben. Hier wird die interne Arbeitsorganisation den Gruppenmitgliedern selbst überlassen.

Die drei genannten Ansätze werden verwendet, um bei der Gestaltung konkreter Arbeitssysteme Hinweise auf eine möglichst effizienzfördernde Struktur zu erhalten. Eine aktuell von *Buck* (2003) diskutierte Möglichkeit besteht darin, dass einzelnen Teams ganzheitliche Aufgaben zugeteilt werden und die Beziehung zwischen den Teams als Kunden-Lieferanten-Verhältnis gestaltet wird. Voraussetzung dafür ist eine weitgehende →Dezentralisierung der Entscheidungsstrukturen.

Literatur: *Buck, H.*: Aktuelle Unternehmenskonzepte und die Entwicklung der Arbeitsorganisation. Visionen und Leitbilder, in: *Bullinger, H.J.; Warnecken, H.J.; Westkämper, E.* (Hrsg.): Neue Organisationsformen im Unternehmen, 2. Aufl., Berlin 2003, S. 69–92.

Reinhard Meck

Arbeitspapiere

alle schriftlichen Unterlagen, die einen Bezug zur Aufnahme, Durchführung oder Beendigung des Arbeitsverhältnisses (→ Beschäftigungsverhältnis) haben.

Zu den Arbeitspapieren gehören unter anderem Lohnsteuerkarte, Sozialversicherungsausweis, Sozialversicherungsnachweisheft, →Arbeitserlaubnis. Wird das Arbeitsverhältnis beendet, hat der Arbeitgeber eventuell erforderlich werdende Eintragungen sorgfältig vorzunehmen und die in seinem Besitz befindlichen Arbeitspapiere herauszugeben. Darüber hinaus hat der Arbeitnehmer bei Beendigung des Arbeitsverhältnisses einen Anspruch auf Ausstellung weiterer Arbeitspapiere: Zeugnis (§ 109 Abs. 1 Satz 1 Gewerbeordnung, GewO), →Arbeitsbescheinigung (§ 312 Abs. 1 S. 1 Sozialgesetzbuch, SGB III), Urlaubsbescheinigung (§ 6 Abs. 2 Bundesurlaubsgesetz, BUrlG) sowie Lohnsteuerbescheinigung (§ 41b Abs. 1 Satz 2 Einkommensteuergesetz, EStG).

Literatur: *Knipp, G.*: AR-Blattei SD 180 Rn. 1 ff.

Burkhard Boemke

Arbeitspausen

Zeitraum, während dem die →Arbeit niedergelegt wird.

Pausenzeiten gelten somit nicht als →Arbeitszeit. Üblich sind eine Frühstückspause (z. B. 15 Minuten) und eine Mittagspause (z. B. 30 Minuten). Diese Arbeitspausenzeiten (hier täglich 45 Minuten) werden dem Mitarbeiter automatisch von seinem Zeitbudget abgezogen, auch wenn er diese Zeiten gar nicht oder nicht voller Höhe in Anspruch nimmt. In vielen Arbeitsbereichen kann der Mitarbeiter die Lage seiner Arbeitspausen frei wählen, solange sie nicht aufgrund von betrieblichen Belangen nach einem bestimmten System gestaltet werden müssen (z. B. bei Montageschichtarbeit Gewährleistung des kontinuierlichen Montageablaufs). Bekannt wurde in letzter Zeit die „Steinkühlerpause" von *Mercedes* (Stammwerk Sindelfingen).

Bei einer Arbeitszeit von unter sechs Stunden pro Tag muss keine Pause, bei sechs bis neun Stunden muss eine Pause von mindestens 30 Minuten gewährt werden und bei mehr als neun Stunden hat die Pause mindestens 45 Minuten zu betragen (§ 4 ArbZG). Die Pause kann als zusammenhängender Zeitabschnitt oder aus einzelnen, kurzen Zeitabschnitten bestehen. Mit der Gewährung von Pausen soll einer →Ermüdung vorgebeugt und die Konzentrationsfähigkeit gesteigert werden. Wissenschaftliche Studien von *Boucsein* und *Thum* (1997) haben ergeben, dass am Vormittag kurze Unterbrechungen nach etwa einstündigen Arbeitsperioden die günstigste Wirkung haben, während gegen Ende der Arbeitszeit längere Pausen nach mehrstündigen Arbeitsperioden im Sinne der Beanspruchungsreduktion (→Belastungs-Beanspruchungs-Modell) wirksamer waren.

Literatur: *Boucsein, W.; Thum, M.*: Design of Work/Rest Schedules for Computer Work Based on Psychophysiological Recovery Measures, in: International Journal of Industrial Ergonomics, 20. Jg. (1997), S. 51–57.

Désirée H. Ladwig

Arbeitspflicht

Hauptleistungspflicht des →Arbeitnehmers aus dem Arbeitsverhältnis (→Beschäftigungsverhältnis), die in der Leistung der versprochenen (weisungsabhängig zu erbringenden) Dienste liegt (§ 611 Abs. 1 Bürgerliches Gesetzbuch, BGB).

Rechtsgrundlage der Arbeitspflicht und damit Anspruchsgrundlage für die →Arbeitsleistung ist stets das Arbeitsverhältnis, das zumeist durch den →Arbeitsvertrag begründet wird.

Der *Inhalt* der Arbeitspflicht des Arbeitnehmers wird durch das jeweilige Arbeitsverhältnis festgelegt und ist im Einzelfall anhand des Arbeitsvertrags unter Berücksichtigung kollektivrechtlicher Normen und der Verkehrssitte zu bestimmen. Drei bedeutende Teilaspekte des Anspruchs auf die Arbeitsleistung sind Zeit (Dauer und Lage der →Arbeitszeit), Ort und Art der Arbeitsleistung. In der Regel werden die vom Arbeitnehmer geschuldeten Dienste vom Arbeitsvertrag nur rahmenmäßig vorgegeben. Die konkrete Festlegung des Tätigkeitsinhalts erfolgt durch den →Arbeitgeber im Wege seines →Direktionsrechts.

Der Anspruch des Arbeitgebers gegen den Arbeitnehmer auf Erbringung der Arbeitsleistung *erlischt* im Regelfall dadurch, dass der Arbeitnehmer die geschuldete →Arbeit leistet (Erfüllung, § 362 BGB). Wodurch Erfüllung eintritt, richtet sich im Einzelfall nach dem Arbeitsverhältnis. Ausnahmsweise führt hier auch der →Annahmeverzug des Arbeitgebers zum Erlöschen der Leistungsverpflichtung des Arbeitnehmers (§ 615 Satz 1 BGB). Dies ergibt sich aus dem absoluten Fixschuldcharakter der Arbeitsleistung, die ihrem Inhalt nach grundsätzlich nur zum fest vereinbarten Termin erbracht werden kann. Ebenso erlischt die Leistungsverpflichtung, wenn einer der in § 275 BGB geregelten Unmöglichkeitsgründe greift.

Literatur: *Boemke, B.*: Studienbuch Arbeitsrecht, 2. Aufl., München 2004, § 9.

Burkhard Boemke

Arbeitsplatzanalyse

Verfahren, die zur Beschreibung von Arbeitsplätzen dienen und entweder objektiv, also auf →Beobachtungen oder Angaben Dritter gestützt, oder aber subjektiv sind, das heißt der Arbeitsplatzinhaber charakterisiert selbst seine Tätigkeit.

Das jeweils am weitesten verbreitete objektive Verfahren ist das *RHIA-Verfahren*, beim subjektiven Verfahren handelt es sich um den →*Job Diagnostic Survey*.

Der Job Diagnostic Survey (JDS) stellt ein subjektives Arbeitsanalyseverfahren dar, das bereits in den 1970er Jahren von *Hackman* und *Oldham* (1980) entwickelt wurde. Ziel ist es, psychologisch bedeutsame Aufgaben- und Tätigkeitsmerkmale zu diagnostizieren und die Wirkungen hieran ansetzender →Arbeitsgestaltungsmaßnahmen zur Veränderung dieser Merkmale einer Bewertung zu unterziehen. Der JDS-Anwendungsbereich ist weder auf bestimmte Branchen noch Tätigkeitsklassen begrenzt. Analysegegenstand ist der einzelne Arbeitsplatz.

Dem Job Diagnostic Survey liegt das von *Hackman* und *Oldham* (1980) ausgearbeitete →Job Characteristics-Modell (JCM) zugrunde, das als Ausgangspunkt einer motivationspsychologisch orientierten Arbeitsanalyse und -gestaltung gelten kann. Dieses Modell geht von der Frage aus, welche Gestaltungsmerkmale Arbeitsaufgaben und -tätigkeiten aufweisen müssen, um motivations- und leistungsanregend zu wirken sowie Personen zugleich Entfaltungsmöglichkeiten bei der Arbeit zu eröffnen. Zur theoretischen Ableitung solcher Aufgaben- und Tätigkeitsmerkmale greifen *Hackman* und *Oldham* (1980) auf das von *Deci* und *Ryan* (1985) entwickelte Konzept der →intrinsischen Motivation zurück. Mit diesem Konzept ist angewandt auf Arbeitssituationen die Vorstellung verbunden, dass Personen ihre Arbeit nicht allein durch äußere Zwänge oder durch äußere, extrinsische Anreize veranlasst tun. Vielmehr werden sie von Anreizen angeregt, die durch die Ausführung der Arbeitstätigkeit selbst vermittelt sind (z. B. Gefühle von Stolz, Leistungszufriedenheit oder das Erleben eigener →Kompetenz).

In Anlehnung an diese theoretischen Überlegungen ist im JCM das Entstehen einer intrinsischen Motivation an drei Bedingungen geknüpft:

1. Personen müssen über ein Wissen um die Ergebnisse ihrer Arbeit verfügen.
2. Personen müssen sich selbst als verantwortlich für die Ergebnisse ihrer Arbeit erleben.
3. Personen müssen ihre Arbeit als bedeutsam und sinnvoll erfahren.

Schließlich wird postuliert, dass diese drei Erlebenszustände durch fünf Aufgaben- beziehungsweise Tätigkeitsmerkmale ausgelöst werden sollten, die *Hackman* und *Oldham* (1980) wie folgt definieren:

1. *Anforderungsvielfalt*: Beinhaltet das Ausmaß, in dem eine Arbeit die Ausführung verschiedenartiger Tätigkeiten verlangt, die wiederum den Einsatz verschiedenartiger Fähig- und Fertigkeiten (→Qualifikation) erfordern.

2. *Aufgabengeschlossenheit*: Umfasst das Ausmaß, in dem eine Arbeit die Erledigung von vollständigen, das heißt nicht weiter zerstückelten Aufgaben ermöglicht, die durch einen eindeutig erkennbaren Anfang und durch ein im Sinne der Ausführungslogik sinnvoll erlebtes Ende gekennzeichnet sind.

3. *Bedeutsamkeit der Aufgabe*: Wird durch das Ausmaß bestimmt, in dem die eigenen Arbeitstätigkeiten Einfluss auf das Leben oder die Arbeit anderer Personen nehmen.

4. →*Autonomie*: Beinhaltet das Ausmaß, in dem eine Arbeit der ausführenden Person Freiräume gewährt, den Arbeitsablauf nach eigenen Vorstellungen zu gestalten und hierbei geeignete Arbeitsverfahren zu entwickeln und zu erproben.

5. *Rückmeldung*: Verweist auf das Ausmaß, in dem der Person durch die Ausführung der Arbeitstätigkeit selbst Informationen über die Effektivität ihrer Arbeitshandlungen vermittelt werden.

Diese fünf Aufgabenmerkmale machen das so genannte Motivierungspotenzial einer Arbeit aus. *Hackman* und *Oldham* (1980) haben zur quantitativen Bestimmung dieses Potenzials eine Verrechnungsregel vorgeschlagen, nach der die Ausprägungsgrade der drei erstgenannten Aufgabenmerkmale sich additiv und die Ausprägungsgrade der beiden letztgenannten Merkmale multiplikativ im Gesamtmotivierungspotenzial einer Arbeit niederschlagen sollten. Diesem Vorschlag wird in der Forschungspraxis häufig – wenngleich nicht immer – gefolgt.

Den theoretischen Annahmen zufolge soll das Modell zusätzlich zu den Kriteriumsvariablen

– allgemeine →Arbeitszufriedenheit,

– intrinsische Arbeitsmotivation,

– Zufriedenheit mit den Entfaltungsmöglichkeiten sowie

– →Arbeitsleistung

auch *Vorhersagen von* →*Fehlzeiten* und *Fluktuation* erlauben. Den Modellannahmen zufolge sollten Fehlzeiten und Fluktuation in einem negativen Zusammenhang, alle übrigen Kriteriumsvariablen in einem positiven Zusammenhang mit den jeweiligen Aufgabenmerkmalen und den hieraus resultierenden Erlebenszuständen stehen. Zudem berücksichtigt das Modell schließlich eine Personenvariable, das „Bedürfnis nach persönlicher Entfaltung", welches die postulierten Variablenzusammenhänge in der Funktion einer Moderatorgröße beeinflussen sollte. Dieses Bedürfnis beinhaltet den bei Personen unterschiedlich stark ausgeprägten Wunsch nach Selbständigkeit, Entscheidungspartizipation sowie nach Weiterentwicklung und persönlichem Wachstum. Je höher das Entfaltungsbedürfnis ausgeprägt ist, umso stärker sollten die Variablenverknüpfungen ausfallen. Das Modell und das hierauf aufbauende Analyseverfahren gehen also davon aus, dass nicht alle Personen in gleicher Weise auf bestimmte Merkmale ihrer Arbeit reagieren. Dies unterscheidet diesen Ansatz von vielen anderen bedingungsbezogenen Ansätzen der Arbeitsanalyse.

Der JDS zielt darauf ab, alle Variablen des Job Characteristics-Modells einer Messung zugänglich zu machen (ausgenommen die verhaltensbezogenen Kriterien Leistung, Fehlzeiten und Fluktuation). Der Einsatz des Verfahrens sollte

– das Motivierungspotenzial von Arbeitsaufgaben einschließlich aller seiner Merkmalskomponenten diagnostizieren helfen, um zum Beispiel den Veränderungsbedarf dieses Potenzials abschätzen zu können, sowie

– eine Wirkungsevaluation von hierauf aufbauenden Gestaltungsmaßnahmen ermöglichen.

Alle hierzu erforderlichen Informationen werden durch einen standardisierten Fragebogen erhoben, der von den Arbeitspersonen selbst zu beantworten ist. Die resultierenden Messungen spiegeln somit die „Realität" der Aufgaben und Tätigkeitsmerkmale ausschließlich aus der Perspektive der jeweiligen Stelleninhaber wider. *Hackman* und *Oldham* (1980) begründen ihre Wahl dieses methodischen Zugangs der Informationsgewinnung mit dem Hinweis darauf, dass letztlich nicht die objektiv vorfindbaren Aufgaben- und Tätigkeitsbedingungen erlebens- und verhaltenswirksam seien, sondern vielmehr die aus der aktiven Auseinandersetzung hiermit resultierenden subjektiven Abbildungen oder „Redefinitionen" ebendieser objektiven Bedingungen. Die objektiven Aufgaben- und Tätigkeitsbedingungen stellen, so wird angenommen, gleichwohl die bedeutsamsten Determinanten der gemessenen Merkmalseinstufungen dar.

Eine 1985 von *Schmidt et al.* ins Deutsche übertragene Langfassung entspricht im formalen Aufbau vollständig der JDS-Originalversion. Der gesamte Fragebogen ist in sieben Teilabschnitte untergliedert und enthält insgesamt 83 Items. Jede Variable wird in jeweils zwei getrennten Teilabschnitten durch mehrere Items mit jeweils zwei unterschiedlichen Antwortformaten erfasst. Alle Items sind auf 7-stufigen *Likert-Skalen* zu beantworten, wobei in der Mehrzahl der Fälle die Skalen-Stufen verbal verankert sind. Der Einsatz des JDS sollte Personen vorbehalten bleiben, die über theoretische Kenntnisse und praktische Erfahrungen bezüglich arbeitsanalytischer Techniken verfügen und die insbesondere mit den spezifischen methodischen Problemen von Fragebogenverfahren vertraut sind. Der gesamte Fragebogen kann in Gruppensitzungen bearbeitet werden. Die Bearbeitungszeit liegt erfahrungsgemäß bei 30 bis 45 Minuten.

In einer Meta-Analyse des Modells kommen *Loher et al.* (1985) zu dem Ergebnis, dass zwischen den Variablen „Motivationspotenzial" und „Arbeitszufriedenheit" eine Korrelation von .39 besteht, was als außerordentlich hoher Wert angesehen werden darf. Angaben zur Reliabilität der JDS-Skalen, die sich in zahlreichen Publikationen finden lassen, können mit häufigen Werten um .70 nach Angaben von *Aldag, Barr* und *Brief* (1981), sowie *Schmidt* und *Kleinbeck* (1999), als durchaus zufrieden stellend beurteilt werden.

Literatur: *Aldag, R. J.; Barr, S. H.; Brief, A. P.*: Measurement of Perceived Task Characteristics, in: Psychological Bulletin, 90. Jg. (1981), H. 3, S. 415–431. *Deci, E. L.; Ryan, R. M.*: Intrinsic Motivation and Self-Determination in Human Behavior, New York 1985. *Hackman, J. R.; Oldham, G. R.*: Work Redesign, Reading 1980. *Loher, B. T. et al.*: A Meta-Analysis of the Relation of Job Characteristics to Job Satisfaction, in: Journal of Applied Psychology, 70. Jg. (1985), H. 2, S. 280–289. *Schmidt, K.-H. et al.*: Ein Verfahren zur Diagnose von Arbeitsinhalten: Der Job Diagnostic Survey (JDS), in: Zeitschrift für Arbeits- und Organisationspsychologie, 29. Jg. (1985), H. 4, S. 162–172. *Schmidt, K.-H.; Kleinbeck, U.*: Job Diagnostic Survey, in: *Dunckel, H.* (Hrsg.): Handbuch psychologischer Arbeitsanalyseverfahren, Zürich 1999, S. 205–230.

Daniel Sodenkamp

Arbeitsplatzdaten

bilden neben den →Personaldaten eine wesentliche Kategorie personalwirtschaftlicher →Daten.

Neben Daten zur Bezeichnung von Arbeitsplätzen bestehen Arbeitsplatzdaten im Wesentlichen aus Daten, die Aufgaben, →Anforderungen, Ressourcen und teilweise auch die Bewertung von Arbeitsplätzen näher charakterisieren. Im weiteren Sinne zählen auch Daten zur strukturellen Einordnung des Arbeitsplatzes in Organisationseinheiten zu den Arbeitsplatzdaten.

Stefan Strohmeier

Arbeitsplatzeinbindung

organisatorische Einbindung von Arbeitsplätzen, die zwischen dem Zuweisungsprinzip der →Arbeitsaufgabe und dem Einbindungsprinzip des Arbeitsplatzes in den Betriebsablauf unterscheidet.

Es lassen sich drei verschiedene Prinzipien der *Arbeitsaufgabenzuweisung* unterscheiden:

1. Je Mitarbeiter wird eine Aufgabe an einen Arbeitsplatz zugeteilt.

2. Je Mitarbeiter werden mehrere Aufgaben an mehrere Arbeitsplätze verteilt (Aufgabenwechsel bzw. →Job Rotation).

3. Wenige Mitarbeiter werden an verschiedenen oder sogar an jedem Arbeitsplatz eingesetzt (Springerprinzip).

Das zuerst genannte Zuweisungsprinzip ist am verbreitetsten. Allerdings hat der Aufgabenwechsel mehrere Vorteile. Die Mitarbeiter sind universeller einsetzbar. Sie haben einen besseren Überblick über Arbeitsabläufe und die Auswirkung von Fehlhandlungen. Durch Aufgabenwechsel kann ein Belastungsartenwechsel erreicht werden. Dem Monotonieerleben wird entgegen gewirkt. Ein großer Nachteil des Aufgabenwechsels besteht für den Arbeitgeber in der Regel darin, dass damit eine höhere Qualifikation verbunden ist und diese höhere Lohnkosten verursacht. Beim Springerprinzip entstehen vor allem zwei Nachteile. Die Mitarbeiter erfahren eine zeitliche Zwangsbindung und die Arbeitsinhalte sind relativ gering.

Bei den Einbindungsprinzipien des Arbeitsplatzes in den Betriebsablauf können ortsgebundene oder -veränderliche Arbeitsplätze unterschieden werden. Bei der Baustellenfertigung handelt es sich um den bekanntesten Fall eines ortsveränderlichen Einbindungsprinzips. Beim Verrichtungs- und Flussprinzip liegen ortsveränderliche Arbeitsplätze vor. Das Verrichtungsprinzip, auch Werkstättenprinzip genannt, gruppiert vergleichbare →Arbeitssysteme räumlich zusammenhängend. Beim Flussprinzip (Fließ- und Reihenfertigung) erfolgt eine Anordnung der Arbeitssysteme in der Reihenfolge ihrer Mitwirkung bei der Herstellung eines Produktes im weitesten Sinne. Bei Vorliegen einer zeitlichen Bindung des Mitarbeiters am Arbeitsplatz liegt Fließfertigung vor, ansonsten ist Reihenfertigung gegeben.

Margit Weißert-Horn
Regina Brauchler

Arbeitsplatzgestaltung →Ergonomische Arbeitsplatzbedingungen

Arbeitsplatzunsicherheit

Wahrscheinlichkeit eines Arbeitsplatzverlustes, wobei die objektive Arbeitsplatzunsicherheit von ihrem subjektiven Pendant zu unterscheiden ist.

Die *objektive Arbeitsplatzunsicherheit* bestimmt sich über die Wahrscheinlichkeit, dass eine Person oder eine Personengruppe in einem Zeitraum ihren Arbeitsplatz unfreiwillig verliert. Bei Beschäftigungsunsicherheit wird zudem davon ausgegangen, dass die Wiederbeschäftigungswahrscheinlichkeit in einem neuen Arbeitsverhältnis (→Beschäftigungsverhältnis) gering ist.

Die *subjektive Arbeitsplatzunsicherheit* bezieht sich vorrangig auf die subjektive Wahrscheinlichkeit eines Arbeitsplatzverlustes. Das Erleben von Arbeitsplatzunsicherheit ist zudem maßgeblich von der erlebten Machtlosigkeit sowie von der Bedeutung des gegenwärtigen Arbeitsplatzes abhängig. Bedeutsam ist auch die Unterscheidung der Antizipation des sicheren Arbeitsplatzverlustes und der Unsicherheit bezüglich des eventuellen Erhalts des Arbeitsplatzes. Die subjektive Arbeitsplatzunsicherheit ist in Deutschland sehr unterschiedlich ausgeprägt. Bei entsprechenden Umfragen wie dem Sozioökonomischen Panel (SOEP) geben nur kleine Minderheiten an, mit einem baldigen Arbeitsplatzverlust zu rechnen. Besonders betroffen sind in regionaler Hinsicht die Ostdeutschen. In soziodemographischer Hinsicht spielt, wie *Schramm* (1992) betont, insbesondere das Lebensalter eine zentrale Rolle.

Niveau und Struktur der Arbeitsplatzunsicherheit lassen sich durch die Funktionsweise des Arbeitsmarktes erklären. Eine hohe Bedeutung kommt →internen Arbeitsmärkten zu, die für einen wesentlichen Teil der Beschäftigten für eine vergleichsweise hohe Stabilität sorgen.

Die Folgen der Arbeitsplatzunsicherheit sind nach *Schramm* (1992) auf der individuellen Ebene und auf der betrieblichen Ebene anzutreffen:

- Auf der *individuellen Ebene* zeigen sich deutliche Einbußen der →Arbeitszufriedenheit und ein verändertes Arbeitsverhalten.
- Die *betrieblichen Konsequenzen* der Arbeitsplatzunsicherheit bestehen aus ambivalenten Wirkungen, da zum einen die →Fehlzeiten tendenziell mit der Arbeitsplatzunsicherheit sinken und zum anderen die →Kooperationsbereitschaft der Beschäftigten nachweislich leidet.

Aufgrund der hohen Bedeutung der Arbeitsplatzunsicherheit für die betroffenen Beschäftigten und auch für die Betriebe stellt die Arbeitsplatzunsicherheit eine zunehmende Herausforderung für die Gesamtwirtschaft und die betriebliche Personalpolitik dar.

Literatur: Schramm, F.: Beschäftigungsunsicherheit, Berlin 1992.

Florian Schramm

Arbeitsplatzwechsel →Job Rotation

Arbeitsproduktivität

Produktivitätskennziffer, die das erzielte Produktionsergebnis (Output) mit dem in den Produktionsprozess eingehenden Produktionsfaktor „Arbeit" (Input) ins Verhältnis setzt.

Für die Arbeitsproduktivität gilt die Formel:

$$Arbeitsproduktivität = \frac{Ausbringungsmenge}{Arbeitsmenge}$$

Dabei beziehen sich Ausbringungsmenge und Arbeitsmenge als Stromgrößen auf eine bestimmte Zeiteinheit. Zur Ermittlung dieser arbeitsbezogenen Faktorproduktivität wird der wert- und mengenmäßig zu spezifizierende Gesamtoutput im betriebswirtschaftlichen Kontext häufig durch den erwirtschafteten Umsatz operationalisiert, der auf den einzelnen Mitarbeiter heruntergebrochen wird (Pro-Kopf-Umsatz). Die unter volkswirtschaftlichen Gesichtspunkten relevante gesamtwirtschaftliche Arbeitsproduktivität errechnet den produktiven Beitrag jedes Beschäftigten einer Volkswirtschaft zur gesamten Wertschöpfung, indem das reale Bruttoinlandsprodukt durch die Anzahl der Erwerbstätigen beziehungsweise die geleisteten Arbeitsstunden dividiert wird.

Roman Bechtel

Arbeitsrecht

Gesamtheit der Normen über Arbeitsverhältnisse (→Beschäftigungsverhältnis) und ähnliche Rechtsverhältnisse, welche sowohl →Individualarbeitsrecht als auch kollektives Arbeitsrecht und das Recht der Entscheidungen von Arbeitsstreitigkeiten im Rahmen von Schlichtung und →Arbeitsgerichtsbarkeit umfasst.

Arbeitsrecht

Das Arbeitsrecht regelt die Rechtsbeziehungen zwischen →Arbeitnehmern und →Arbeitgebern. Eine gesetzliche Definition für den Begriff des Arbeitnehmers gibt es nicht. Er wird lediglich in verschiedenen Vorschriften vorausgesetzt, zum Beispiel § 2 Arbeitsgerichtsgesetz (ArbGG), § 5 →Betriebsverfassungsgesetz (BetrVG), § 1 Bundesurlaubsgesetz (BUrlG), § 1 Kündigungsschutzgesetz (KSchG). Allgemein anerkannt ist heute, dass Arbeitnehmer ist, wer aufgrund eines privatrechtlichen Rechtsverhältnisses zur weisungsabhängigen →Arbeit im Dienste eines anderen verpflichtet ist. Von den Arbeitnehmern sind *arbeitnehmerähnliche* Personen zu unterscheiden, auf welche die für Arbeitsverhältnisse geltenden Normen, abgesehen von einigen wenigen, in den jeweiligen Gesetzen geregelten Fällen (z. B. § 5 Abs. 1 Satz 2 ArbGG, § 2 Abs. 2 Nr. 3 →Arbeitsschutzgesetz, Arb SchG, § 2 Satz 2 BUrlG; § 12a Abs. 1 Tarifvertragsgesetz, TVG), weder unmittelbar noch analog anwendbar sind. Kennzeichnend für arbeitnehmerähnliche Personen sind die persönliche Unabhängigkeit auf der einen Seite und die wirtschaftliche Abhängigkeit (vgl. hierzu die Legaldefinition in § 12a Abs. 1 Nr. 1 lit. a) und b) TVG) sowie die soziale Schutzbedürftigkeit (vgl. hierzu § 12a Abs. 1 Nr. 1 TVG) auf der anderen Seite.

Arbeitgeber ist, wer mindestens einen Arbeitnehmer beschäftigt. Hierbei wird zwischen dem abstrakten und dem konkreten Arbeitgeber unterschieden. *Abstrakter Arbeitgeber* ist derjenige, dem der Anspruch auf die →Arbeitsleistung zusteht. *Konkreter Arbeitgeber* ist derjenige, der Inhaber des Weisungsrechts ist.

Das Arbeitsrecht ergibt sich aus zahlreichen Rechtsquellen. Das Recht der Europäischen Union unterscheidet zwischen dem Primärrecht der EG, den Gründungs- und Änderungsverträgen zur Europäischen Gemeinschaft (z. B. EG-Vertrag, EGV) und dem Sekundärrecht, das von den Organen der Europäischen Gemeinschaft selbst erlassen wird. Die Vorschriften des EG-Vertrags entfalten in der Bundesrepublik unmittelbare Wirkung und stehen über dem Bundesrecht. Für das Arbeitsrecht sind insbesondere Art. 39 ff. EGV (Garantie der Freizügigkeit) und Art. 141 Abs. 1 EGV (Garantie der Lohngleichheit von Männern und Frauen) von Bedeutung. Das Sekundärrecht umfasst insbesondere die Verordnungen und Richtlinien der EU (Art. 249 Abs. 2, 3 EGV). Verordnungen sind verbindlich und gelten unmittelbar in jedem Mitgliedstaat, das heißt eine Umsetzung in nationales Recht ist nicht erforderlich. Entgegenstehendes nationales Recht wird von der Verordnung verdrängt. Richtlinien sind nur für die Mitgliedstaaten als solche und zudem nur hinsichtlich des Ziels verbindlich. Für eine unmittelbare verbindliche Wirkung gegenüber dem einzelnen Bürger bedarf es grundsätzlich einer Umsetzung in nationales Recht. Hierbei bestimmen die Mitgliedstaaten weitgehend frei über Form und Mittel der Umsetzung. Allerdings dürfen nationale Bestimmungen, die in Widerspruch zu inhaltlich hinreichend bestimmten Richtlinien, deren Umsetzungsfrist abgelaufen ist, stehen, nicht angewandt werden. Daneben spielt die Rechtsprechung des Europäischen Gerichtshofs, insbesondere im Rahmen des Vorabentscheidungsverfahrens nach Art. 234 EGV, eine wichtige Rolle. Gemäß Art. 234 EGV haben die Gerichte der Mitgliedstaaten bei Zweifeln hinsichtlich der Auslegung des Gemeinschaftsrechts im Wege der Vorlage die Entscheidung des EuGH einzuholen.

→Grundrechte gelten, von wenigen Ausnahmen abgesehen, unmittelbar nur im Verhältnis von Trägern hoheitlicher Gewalt zu Privatpersonen. Allerdings wirken diese in dreifacher Hinsicht auf das Privat- und damit das Arbeitsrecht ein. Erstens ist der Gesetzgeber auch beim Erlass arbeitsrechtlicher Bestimmungen an die Grundrechte gebunden. Gesetzliche Bestimmungen, die in Widerspruch zum Grundgesetz (GG) stehen, sind, soweit keine verfassungskonforme Interpretation möglich ist, nichtig. Zweitens wirken Grundrechte über Generalklauseln in das Arbeitsrecht ein. Insbesondere die Begriffe Treu und Glauben (§ 242 Bürgerliches Gesetzbuch, BGB) sowie billiges Ermessen (§ 106 Gewerbeordnung, GewO) müssen inhaltlich durch die Wertentscheidungen des Grundgesetzes angereichert werden. Drittens ist bei der Auslegung von gesetzlichen Bestimmungen der Wertegehalt der Grundrechte zu berücksichtigen. Im Zweifel ist die Auslegung zu wählen, die Grundrechte möglichst in vollem Umfang zur Entfaltung bringen kann.

In der Bundesrepublik existiert kein →*Arbeitsgesetzbuch*. Die maßgeblichen einfachgesetzlichen Normen sind daher über zahlreiche Gesetze verstreut. Der →Arbeitsvertrag ist als Unterfall des →Dienstvertrags in den §§ 611 ff. BGB geregelt. Daneben sind die Regelungen der §§ 105–110 GewO von zentraler Bedeutung.

Zudem sind Tarifverträge und →Betriebsvereinbarungen (→Kollektivarbeitsrecht) relevant für die Gestaltung der arbeitsrechtlichen Bedingungen.

Literatur: *Boemke, B.*: Studienbuch Arbeitsrecht, 2. Aufl., München 2004, §§ 2–15. *Dütz, W.*: Arbeitsrecht, 9. Aufl., München 2004, § 2. *Gitter, W.; Michalski, L.*: Arbeitsrecht, 5. Aufl., Heidelberg 2002, S. 27–43. *Hanau, P.; Adomeit, K.*: Arbeitsrecht, 13. Aufl., München 2005, S. 21–54. *Hromadka, W.; Maschmann, F.*: Arbeitsrecht Bd. 1, Individualarbeitsrecht, 2. Aufl., Berlin 2002, S. 17–47. *Preis, U.*: Arbeitsrecht. Praxislehrbuch zum Kollektivarbeitsrecht, 2. Aufl., Köln 2003, S. 112–115; S. 158–161. *Schaub, G.*: Arbeitsrechts-Handbuch, 11. Aufl., München 2005, §§ 1–22. *Söllner, A.; Waltermann, R.*: Grundriss des Arbeitsrechts, 13. Aufl., München 2003, S. 11–68.

Burkhard Boemke

Arbeitsschutzgesetz

Erlass vom 07.08.1996, der Sicherheit und Gesundheitsschutz der Beschäftigten bei der →Arbeit durch Maßnahmen des Arbeitsschutzes zu sichern und zu verbessern bezweckt (§ 1 Abs. 1 Arbeitsschutzgesetz, ArbSchG).

Unter den Geltungsbereich fallen →Arbeitnehmer, die zu ihrer Berufsbildung (→Ausbildung) Beschäftigten, arbeitnehmerähnlichen Personen im Sinne des § 5 Abs. 1 Arbeitsgerichtsgesetz (ArbGG), Beamte, Richter, Soldaten und Beschäftigte in Werkstätten für Behinderte (§ 2 Abs. 2 ArbSchG). Vom Anwendungsbereich ausgenommen sind allerdings Hausangestellte in privaten Haushalten, Beschäftigte auf Seeschiffen und in Betrieben, die dem Bundesberggesetz unterliegen, soweit hinsichtlich des Arbeitsschutzes entsprechende Rechtsvorschriften bestehen (vgl. § 1 Abs. 2 ArbSchG). Für die in →Heimarbeit Beschäftigten und die ihnen Gleichgestellten gelten die Regelungen der §§ 12–16a Heimarbeitsgesetz (HAG). Adressat des (öffentlich-rechtlichen) ArbSchG ist der →Arbeitgeber (vgl. §§ 3 ff. ArbSchG).

Maßnahmen des Arbeitsschutzes im Sinne dieses Gesetzes sind Maßnahmen zur Verhütung von Unfällen bei der Arbeit und arbeitsbedingten Gesundheitsgefahren einschließlich Maßnahmen der menschengerechten Gestaltung der Arbeit. Die insoweit bestehenden Pflichten des Arbeitgebers sind in den §§ 3–14 ArbSchG geregelt. Der Arbeitgeber ist insbesondere verpflichtet, Beschäftigte in besonders gefährlichen Arbeitsbereichen vor Arbeitsantritt anzuweisen und die Beschäftigten über Sicherheit und Gesundheitsschutz bei der Arbeit während ihrer →Arbeitszeit ausreichend und angemessen zu unterweisen.

Rechte und Pflichten des Beschäftigten ergeben sich aus den §§ 15–17 ArbSchG. So sind die Beschäftigten etwa verpflichtet, nach ihren Möglichkeiten sowie gemäß der Unterweisung und Weisung des Arbeitgebers für ihre Sicherheit und Gesundheit bei der Arbeit Sorge zu tragen (§ 15 Abs. 1 ArbSchG), die Arbeitsmittel (→Arbeitssystem) und die persönliche Schutzausrüstung bestimmungsgemäß zu verwenden (§ 15 Abs. 2 ArbSchG) und festgestellte Defekte unverzüglich dem Arbeitgeber zu melden (§ 16 ArbSchG). Nach § 17 ArbSchG sind die Beschäftigten berechtigt, dem Arbeitgeber Vorschläge zu allen Fragen der Sicherheit und des Gesundheitsschutzes zu machen und Beschwerden vorzubringen.

Literatur: *Dieterich, T.* (Hrsg.): Erfurter Kommentar zum Arbeitsrecht, 6. Aufl., München 2006. *Dütz, W.*: Arbeitsrecht, 9. Aufl., 2004, § 7. *Gitter, W.; Michalski, L.*: Arbeitsrecht, 5. Aufl., Heidelberg 2002, S. 315–334. *Hromadka, W.; Maschmann, F.*: Arbeitsrecht, Bd 1, Individualarbeitsrecht, 2. Aufl., Berlin 2002, § 7. *Kollmer, N.*, AR- Blattei, SD 200.1, Rn. 1 ff. *Schaub, G.*: Arbeitsrechts-Handbuch, 11. Aufl., München 2005, § 36. *Söllner, A.; Waltermann, R.*: Grundriss des Arbeitsrechts, 13. Aufl., München 2003, §§ 25–26.

Burkhard Boemke

Arbeitsschutzrecht

alle kodifizierten Regelungsbereiche, die das Ziel einer gefahrlosen und humanen Arbeitsabwicklung verfolgen.

Nach dem Regelungsgegenstand wird zwischen dem sozialen und dem technischen Arbeitsschutz unterschieden; die Grenzen sind in Einzelfällen jedoch fließend:

- *Sozialer Arbeitsschutz*: Schützt den →Arbeitnehmer in seiner Situation als abhängig Beschäftigter, etwa im Hinblick auf →Kündigungsschutz, →Arbeitszeit, Mutterschutz, →Jugendarbeitsschutz und Schwerbehinderung.

- *Technischer Arbeitsschutz*: Hier geht es um die Sicherheit am Arbeitsplatz, das heißt den Schutz vor gesundheitlichen Gefährdungen bei der →Arbeit und durch die

Arbeit. Es sollen ein umfassender Unfallschutz gewährleistet und →Berufskrankheiten und arbeitsbedingte Erkrankungen vermieden werden.

Neben den zur Erreichung dieses Ziels erlassenen Gesetzen sind die *Unfallverhütungsvorschriften* (UVV) der Berufsgenossenschaften von erheblicher Bedeutung. Sie werden von Fachausschüssen erarbeitet, von der Vertreterversammlung der Berufsgenossenschaft beschlossen und vom zuständigen Bundesministerium genehmigt. Die UVV sind daher für die Mitglieder und Versicherten normativ verbindlich. Sie sind Mindestnormen, deren Standard nicht durch innerbetriebliche Vereinbarungen unterschritten werden darf.

Den Berufgenossenschaften kommt zudem die Aufgabe zu, die Durchführung der Maßnahmen zum Arbeitsschutz zu überwachen und die Arbeitgeber sowie die Versicherten zu beraten (§ 17 Sozialgesetzbuch, SGB VII). Zur Durchsetzung der Überwachungspflicht stehen den Berufsgenossenschaften gemäß §§ 19 ff. SGB VII hoheitliche Rechte zu. Diese Überwachungspflicht ist in den jeweiligen, den Arbeitsschutz regelnden Gesetzen zudem den Gewerbeaufsichtsämtern zugewiesen (§ 21 →Arbeitsschutzgesetz, Arb-SchG).

Unter den Voraussetzungen des *Arbeitssicherheitsgesetzes* (ASiG) sind zur Gewährleistung des Arbeitsschutzes zudem Betriebsärzte und Fachkräfte für →Arbeitssicherheit zu bestellen, die für die Belange des Arbeitsschutzes und der Unfallverhütung zuständig sind. Sofern ein →Betriebsrat im Betrieb vorhanden ist, stehen ihm nach §§ 80 Abs. 1 Nr. 1 und Nr. 2, 90 →Betriebsverfassungsgesetz (BetrVG) für die Einhaltung der Unfallverhütungs- und Arbeitsschutzbestimmungen allgemeine Kontroll-, Beratungs- und Informationsrechte zu. Er kann zudem Maßnahmen des Arbeitsschutzes und des betrieblichen Umweltschutzes im Sinne von § 80 Abs. 1 Nr. 9 BetrVG fördern. Nach § 87 Abs. 1 Nr. 7 BetrVG hat der Betriebsrat bei Regelungen über die Verhütung von Arbeitsunfällen und Berufskrankheiten sowie über den Gesundheitsschutz mitzubestimmen.

Literatur: *Dütz, W.*: Arbeitsrecht, 9. Aufl., 2004, § 7. *Gitter, W.; Michalski, L.*: Arbeitsrecht, 5. Aufl., Heidelberg 2002, S. 315–334. *Hromadka, W.; Maschmann, F.*: Arbeitsrecht Bd. 1, Individualarbeitsrecht, 2. Aufl., Berlin 2002, § 7, S. 245–251. *Küttner, W.*: Personalbuch, 12. Aufl., München 2005. *Schaub, G.*: Arbeitsrechts-Handbuch, 11. Aufl., München 2005, § 36. *Söllner, A.; Waltermann, R.*: Grundriss des Arbeitsrechts, 13. Aufl., 2003, §§ 25–26 (S. 243–261).

Burkhard Boemke

Arbeitssicherheit

Vermeidung von →Arbeitsunfällen und Berufskrankheiten.

Nach heutigem Verständnis geht der Auftrag darüber hinaus und es ist für eine umfassende Gewährleistung von Sicherheit und Gesundheitsschutz am Arbeitsplatz zu sorgen. Arbeitssicherheit umfasst somit die Abwehr und den Abbau gesundheitsgefährdender Belastungen, die Verhütung von Unfällen und die menschengerechte Gestaltung des Arbeitsplatzes.

Für eine erfolgreiche Gestaltung der präventiven Arbeitssicherheit sollten verschiedene Aspekte beachtet werden. Dazu gehört die Einbeziehung der Prävention in die unternehmerische Gesamtstrategie, zum Beispiel durch die Inanspruchnahme der Präventionsnetze der Berufsgenossenschaften. Alle Mitarbeiter einschließlich des Managements sollten in die Präventionsarbeit einbezogen werden, beispielsweise in Form von Schulungs- und Unterweisungsveranstaltungen zu sicherheitsgerechtem Verhalten oder durch regelmäßige Gesundheitszirkel. Informationen, die zu präventiven Handlungen Anlass geben, sind zu gewinnen und entsprechend aufzubereiten. Relevante Informationen können beispielsweise Gesundheitsberichte, Unfallstatistiken, Arbeitsunfähigkeitsstatistiken, epidemiologische Studienergebnisse, Krankheitsregister und Gefahrstoffdatenbanken sein.

Die *Vorteile* einer präventiven Arbeitssicherheit bestehen für den Arbeitgeber nicht nur in der rechtlichen Absicherung. So können vor allem Kosten aufgrund verringerter Ausfalltage wegen Krankheit und Arbeitsunfällen eingespart werden, Personalengpässe werden verringert, Menschenleben und Sachwerte können besser geschützt werden und Arbeitsprozesse werden durch kritisches Hinterfragen optimiert.

Seit der Einführung des Unfallversicherungsgesetzes im Jahre 1984 besteht in der Bundesrepublik Deutschland ein zweigliedriges öffentlich-rechtliches System von Vorschriften und Kontrollen zum Schutz der Arbeitnehmer, in dem nicht nur der Staat, sondern auch die Träger der gesetzlichen Unfallversicherung Rechtsetzungs- und Überwachungsbefugnisse besitzen. 1996 wurde dieses durch das →Arbeitsschutzgesetz ergänzt, das auch die Unternehmer zur aktiven Beteiligung und Umsetzung präventiver Maßnahmen der Arbeitsicherheit verpflichtet (*Luczak* und *Volpert* 1997).

Literatur: *Luczak, H.; Volpert, W.*: Handbuch Arbeitswissenschaft, Stuttgart 1997.

Margit Weißert-Horn
Regina Brauchler

Arbeitssitze →Körperunterstützungen

Arbeitsstättenverordnung

dient der Umsetzung der EG-Richtlinien 89/654/EWG, 92/58/EWG und 92/57/EWG, die Mindestvorschriften für Sicherheit und Gesundheitsschutz in Arbeitsstätten beziehungsweise an Arbeitsplätzen enthalten.

Die Ermächtigungsgrundlage für diese Verordnung vom 25. 08. 2004 folgt aus § 18 →Arbeitsschutzgesetz (ArbSchG). Die Arbeitsstättenverordnung (ArbStättV) gliedert sich in einen Vorschriftenteil und einen Anhang, in dem die Anforderungen an die Mindestvorschriften für Sicherheit und Gesundheitsschutz in Arbeitsstätten beziehungsweise an Arbeitsplätzen konkretisiert werden. Adressat der ArbStättV ist der →Arbeitgeber (§ 3 Abs. 1 ArbStättV). Er hat dafür Sorge zu tragen, dass Arbeitsstätten nach den Bestimmungen der ArbStättV einschließlich ihres Anhangs so eingerichtet und betrieben werden, dass von ihnen keine Gefährdung für die Sicherheit und Gesundheit der Beschäftigten ausgehen. Insbesondere hat der Arbeitgeber im Rahmen des Einrichtens und Betreibens der Arbeitsstätte grundsätzlich die von dem durch § 7 eingeführten Ausschuss für Arbeitsstätten erarbeiteten und vom *Bundesministerium für Wirtschaft und Arbeit* bekannt gemachten Regeln für Arbeitsstätten zu berücksichtigen.

Literatur: *Küttner, W.*: Personalbuch, 12. Aufl., München 2005.

Burkhard Boemke

Arbeitsstrukturierung

Gestaltung von →Arbeitsaufgabe, -inhalt und -organisation (*Luczak* und *Volpert* 1997).

Die *Prinzipien* zur Arbeitsstrukturierung befassen sich mit dem →Handlungsspielraum, der organisatorischen →Arbeitsplatzeinbindung sowie mit sozialen Beziehungen (→Gruppenarbeit).

Es gibt sieben wesentliche Ziele der Gestaltung der Arbeitsstrukturen (*Bokranz* und *Landau* 1991):

1. Die *Belastungsarten* sollten regelmäßig wechseln, zum Beispiel von vorwiegend energetisch-effektorischer zu informatorisch-mentaler Belastung.

2. *Aufgabenumfang und Arbeitsinhalt* sollten schrittweise ausgedehnt werden können und damit lerneffektiv sein.

3. *Arbeitsstrukturen* sollten die Qualifikation verbessern, indem sie die Entwicklung des Mitarbeiters individuell fördern und die Wahlmöglichkeit zwischen Aufgaben unterschiedlicher →Komplexität besteht.

4. *Teilaufgaben* sollten zeitweise ausgegliedert werden können und ablauftechnische Zwänge sollten nicht bestehen.

5. *Arbeitsstrukturen* sollten →Flexibilität bei den Mengen und den Arten der produzierten Ergebnisse ermöglichen.

6. Der Mitarbeiter sollte die Möglichkeit zu *sozialen Kontakten* haben, sie jedoch auch meiden können.

7. *Arbeitsstrukturen* sollten immer auf Zielgruppen ausgerichtet werden. Dies erleichtert im Bedarfsfall die Personalbeschaffung.

Literatur: *Bokranz, R.; Landau, K.*: Einführung in die Arbeitswissenschaft, Stuttgart 1991. *Luczak, H.; Volpert, W.*: Handbuch Arbeitswissenschaft, Stuttgart 1997.

Margit Weißert-Horn
Regina Brauchler

Arbeitssucht

beschreibt ein Arbeitsverhalten, auf das allgemeine Indikatoren nicht-stoffgebundener Süchte zutreffen (engl.: Workaholism).

Ein Workaholic lässt sich gemäß einer empirisch und theoretisch basierten (*Schumacher* 1986), vorläufigen Arbeitsdefinition primär durch folgende *Merkmale* kennzeichnen:

- Das gesamte Denken und Handeln bezieht sich auf die Arbeit.

- Die Person ist unfähig, Umfang und Dauer des Arbeitsverhaltens zu bestimmen.

- Bei gewolltem oder erzwungenem Nicht-Arbeiten treten Entzugserscheinungen bis hin zu vegetativen Symptomen auf (Abstinenzunfähigkeit).
- Es zeigt sich eine Erhöhung der Toleranz gegenüber der Arbeitsquantität, das heißt zur Erreichung angestrebter Gefühlslagen oder Bewusstseinszustände muss immer mehr gearbeitet werden.
- Es treten psychosoziale und/oder psychoreaktive Störungen auf.
- Darüber hinaus sind bei Workaholics häufig zwanghaft-perfektionistische Grundeinstellungen, extrem hohe Anforderungen und die Unfähigkeit, zwischen wichtigen und weniger wichtigen Arbeiten unterscheiden zu können, und die Unfähigkeit zur →Delegation von Arbeiten vorzufinden.

Bei Arbeitssucht handelt es sich dann um eine psychische Störung, wenn die Gesundheit, das private Umfeld oder die Organisation durch das Arbeitsverhalten des Workaholics geschädigt wird. Die Grenzen sind hier allerdings fließend, da →Arbeit und Leistung in unserer Gesellschaft extrem positiv bewertet werden.

Eine zentrale Erkenntnis der noch jungen Arbeitssuchtforschung ist, dass es vier Formen von Arbeitssucht gibt:

1. *Entscheidungsunsichere Arbeitssüchtige*: Arbeiten immer mehr, weil es ihnen schwer fällt, Entscheidungen zu treffen und umzusetzen. Die Mehrarbeit soll die Entscheidungsunfähigkeit kompensieren.
2. *Überfordert-unflexible Arbeitssüchtige*: Unterdrücken und kontrollieren durch Vielarbeit ihre Angst vor der Arbeit.
3. *Verbissene Arbeitssüchtige*: Wollen ihre Überzeugungen und Absichten um jeden Preis durchsetzen und lehnen Delegation von Verantwortung oder Arbeiten an Andere ab.
4. *Überfordert-zwanghafte Arbeitssüchtige*: Werden von einem ausgeprägten Perfektionismus getrieben. Dies führt dazu, dass sie nie mit der Arbeit fertig werden, weil immer noch etwas besser gemacht werden könnte.

Gründe für die Entstehung von Arbeitssucht können im ausgeprägten Drang nach Leistung, Erfolg und →Karriere oder im Bemühen, durch engagiertes Arbeiten die eigene Arbeitsplatzsicherheit zu vergrößern, liegen. Als weitere Motive für Arbeitssucht werden Verdrängungen unangenehmer Gefühle, Situationen, Probleme oder Personen oder die Angst vor Passivität und vor den eigenen, als Bedrohung erlebten Ruhebedürfnissen (→Motiv) diskutiert. Häufig werden Arbeitssüchtigen Selbstkonzeptdefizite zugeschrieben. Empirische Belege dafür sind allerdings kaum vorhanden. Es wird vermutet, dass Gefühle der Unterlegenheit und mangelnder Wertschätzung kompensiert werden sollen.

Arbeitssucht tritt wesentlich häufiger in Führungspositionen auf. Arbeiter mit festen →Arbeitszeiten sind selten davon betroffen. Bei Arbeitssüchtigen, welche das letzte der vier Stadien (Einleitung, kritische Phase, chronische Phase und Endphase) erreicht haben, kommt es zu einem deutlichen Leistungsknick. Diese gehen häufig schon Mitte 50 in Rente oder sterben früh (→Karoshi-Syndrom).

Das →Personalmanagement kann durch Aufklärung (häufig muss erst ein Bewusstsein für das Phänomen Arbeitssucht geschaffen werden) und spezifische Programme (Work-Life-Balance-Programme, Zeitmanagement, →Coaching) dazu beitragen, die negativen Auswirkungen von arbeitssüchtigem Verhalten zu vermindern. Zu berücksichtigen ist aber, dass individuelle Maßnahmen ohne die Flankierung von strukturellen und kulturellen Veränderungen häufig zu kurz greifen.

Literatur: *Schumacher, W.*: Untersuchungen zur Psychodynamik des abhängigen Spielverhaltens, in: *Feuerlein, W.* (Hrsg.): Theorie der Sucht, Berlin 1986, S. 165–179. *Poppelreuter, S.*: Arbeitssucht, Weinheim 1997.

Andreas Bergknapp

Arbeitssystem

grundlegendes Modell der →Arbeitswissenschaft, welches der Analyse, Dokumentation und Diskussion verschiedener Aspekte der menschlichen →Arbeit dient.

Arbeitssysteme sind dadurch gekennzeichnet, dass sie der Erfüllung von →*Arbeitsaufgaben* dienen, wobei Menschen und Arbeitsmittel mit der Eingabe unter *Arbeitsumgebungseinflüssen* (→Arbeitsumgebung) zusammenwirken. Die Abgrenzung eines Arbeitssystems zu seiner Arbeitsumgebung und der Austausch mit seiner Umwelt erfolgt durch einen Hüllraum. Durch den Hüllraum ergeben sich verschiedene Schnittstellen:

- die *Eingabe* ins Systeminnere,
- die herausgehende *Ausgabe* und
- die in den und aus dem Hüllraum wirkenden Umgebungseinflüsse.

Eingaben in das Arbeitssystem können →Informationen, Materialien im weitesten Sinne sowie Energien sein. Ausgaben sind Informationen, Abfälle und Arbeitsergebnisse entsprechend der Arbeitsaufgabe. Umgebungseinflüsse können *physikalisch-chemisch* (z. B. Lärm, Licht, Klima, Gase, Stäube) oder *organisatorisch-sozial* (z. B. Bezahlung, Verhalten anderer Menschen) sein. Als Systemelemente gelten der *arbeitende* Mensch, der *Arbeitsgegenstand* und das *Arbeitsmittel*. Arbeitsgegenstände können sowohl zu versorgende Menschen als auch Materialien, Informationen oder Energien sein. An ihnen werden entsprechend der Arbeitsaufgabe Transformationen vorgenommen. Arbeitsmittel oder technische Sachmittel, wie zum Beispiel Maschinen, Anlagen und Vorrichtungen, sollen die menschliche Arbeitskraft ersetzen, entlasten, ergänzen oder verstärken. Die Beziehungen zwischen der Eingabe, den Systemelementen und der Ausgabe ergibt, wie Abbildung 1 darstellt, die *Systemstruktur* beziehungsweise den *Arbeitsablauf*.

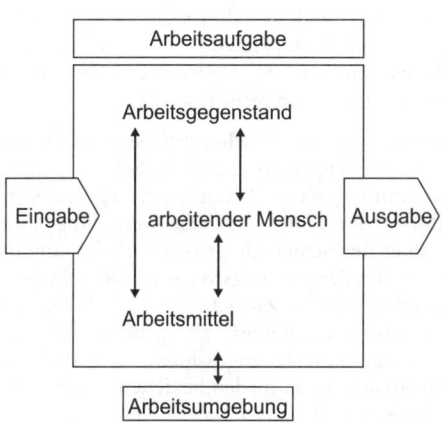

Abbildung 1: Arbeitssystem-Modell
(*Kirchner* 1972)

In der Regel sind Arbeitssysteme, so genannte *Mikroarbeitssysteme*, Bestandteil eines komplexen Arbeitssystems, dem *Makroarbeitssystem*. Die Verknüpfung der Mikroarbeitssysteme kann parallel, hintereinander, hierarchisch oder netzwerkartig erfolgen. Die Größe des Systems wird durch den Umfang und die →Komplexität der Arbeitsaufgabe bestimmt (*Bokranz* und *Landau* 1991, DIN 33400, *Luczak* und *Volpert* 1997).

Literatur: *Bokranz, R.; Landau, K.*: Einführung in die Arbeitswissenschaft, Stuttgart 1991. *DIN 33400* (Hrsg.): Gestalten von Arbeitssystemen nach arbeitswissenschaftlichen Erkenntnissen, Begriffe und allgemeine Leitsätze, Merkmale 1983–10. *Kirchner, H.-J.*: Arbeitswissenschaftliche Beiträge zur Automatisierung. Analyse und Synthese von Arbeitssystemen, Berlin, Köln und Frankfurt a. M. 1972. *Luczak, H.; Volpert, W.*: Handbuch Arbeitswissenschaft, Stuttgart 1997.

Margit Weißert-Horn
Regina Brauchler

Arbeitsteilung

Zerlegung einer Gesamtaufgabe und die Aufteilung der Einzelaufgaben auf die Mitarbeiter in einem Unternehmen.

Die Arbeitsteilung stellt eines der Grundprinzipien des Organisierens dar. Die wesentlichen *Gründe* für Arbeitsteilung liegen nach *Jost* (2000) in der Fähigkei von Organisationen, durch die Aufteilung der Gesamtaufgaben Leistungen zu schaffen und eine Effizienz erreichen zu können, wie sie bei fehlender Spezialisierung nicht zu verwirklichen wäre. Da die kognitiven und physischen Fähigkeiten des Einzelnen begrenzt sind und für verschiedene Aufgabentypen unterschiedlich gut geeignet sind, können mittels der bei Arbeitsteilung möglichen Spezialisierung komplexe Projekte und Tätigkeiten bewältigt werden. Die Spezialisierung erlaubt Kostensenkungen durch Ausstattung mit spezifischen Sachmitteln und die Erzielung von Lerneffekten.

Arbeitsteilung kann in eine horizontale und eine vertikale Form unterschieden werden:

- *Horizontale Arbeitsteilung*: Bezieht sich im Wesentlichen auf die Strukturierung der Arbeitsprozesse zur Erbringung der Gesamtleistung und findet ihren Ausdruck in der →Ablauforganisation.

- *Vertikale Arbeitsteilung*: Setzt an den hierarchischen Ebenen eines Unternehmens an und bezieht sich insbesondere auf die zwischen diesen Ebenen verlaufenden Informations- und Entscheidungsprozessen. Die →Aufbauorganisation spiegelt die vertikale Art der Arbeitsteilung innerhalb einer Organisation wider.

Die *Gestaltungsregeln* der Arbeitsteilung folgen gemäß *Reiß* (1992) organisatorischen Erkenntnissen, die entweder aus Organisationstheorien oder praktischer Anwendung abgeleitet werden. Unter dem Effizienzpostulat sind diejenigen organisatorischen Gestaltungsformen zu wählen, die eine Leistungserstellung mit dem geringsten Aufwand erlauben. Eine explizite Organisationsgestaltung bei guter Planbarkeit der Arbeitsteilung macht die ex ante-Bewertung unterschiedlicher Teilungsvarianten möglich. Erfahrungsbasierte Heuristiken der Gestaltung der Arbeitsteilung schaffen zunächst ein Grundgerüst, schließen grundsätzlich nicht zulässige Teilungsvarianten, zum Beispiel aufgrund arbeitsrechtlicher Vorschriften (→Arbeitsrecht), aus und können in einem zweiten Schritt optimiert werden.

Allerdings sind der Arbeitsteilung auch *Grenzen* gesetzt. Bei zunehmender Aufteilung der Gesamtaufgabe und Verteilung auf die Mitarbeiter steigt der Koordinationsaufwand. Spezifische Strukturen zur Abstimmung der vielen Einzeltätigkeiten müssen eingerichtet werden. Es entstehen Schnittstellenprobleme durch die Weitergabe und eine sukzessive Aufgabenerfüllung, die wiederum Risiken von Ineffizienz bergen. Außerdem kann die Spezialisierung Monotonie bei der Aufgabenausführung zur Folge haben, woraus negative Motivationseffekte (→Motivation) resultieren.

Der Personalarbeit (→Personalmanagement) kommt die Aufgabe zu, die vor dem Hintergrund der Arbeitsteilung benötigten spezifischen Qualifikationen bereitzustellen. Eine entsprechende →Personalakquisition (→Personalbeschaffung), →Personalentwicklung und die Konzeption von Personaleinsatzplänen, die auch Motivationsaspekte berücksichtigen, sind dazu nötig.

Literatur: *Jost, P.*: Organisation und Motivation, Wiesbaden 2000. *Reiß, M.*: Arbeitsteilung, in: *Frese, E.*: Handwörterbuch der Organisation, Stuttgart 1992, Sp. 107–128.

Reinhard Meckl

Arbeitsumgebung

physikalisch-chemische und organisatorisch-soziale Einflüsse, die auf den arbeitenden Menschen einwirken.

Es ist wichtig, diese Einflüsse zu kennen, weil sie die Beanspruchung (→Belastungs-Beanspruchungs-Modell) sowie die Erkrankung und →Fehlzeiten des Mitarbeiters aber auch die Arbeitsqualität erheblich beeinflussen können.

Die physikalischen Einflüsse ergeben sich durch die unterschiedlichen Rezeptorgruppen der menschlichen Sensorik. Beleuchtungseinflüsse stehen in Zusammenhang mit dem Auge. Klimaeinflüsse werden durch Thermofühler und das Zentralnervensystem wahrgenommen. Schwingungen werden mit dem Tastsinn, den Muskeln und Sehnen erfasst. Schall und Lärm sind Einflüsse, die mit dem Ohr zusammen hängen.

Der Beleuchtung sollte besondere Beachtung geschenkt werden, weil 80 bis 90 % aller Wahrnehmungen durch das Auge erfolgen und arbeitsbedingte →Ermüdung vorrangig durch Beanspruchung des Auges entsteht. Bei der Planung der Beleuchtung sind die Beleuchtungsart, die Lampenart, die Leuchtenart, die Anzahl der Lampen und Leuchten und die Begrenzung der Blendung zu berücksichtigen.

Das Klima ergibt sich durch die Lufttemperatur, die Luftfeuchte, die Luftbewegung und die Strahlung. Des Weiteren sind in diesem Zusammenhang der Bekleidungsisolationswert sowie die Wärmebildung im Körper von Bedeutung. Vorrangig sollten am Arbeitsplatz konstruktive Maßnahmen gewählt werden, die die klimatischen Einflüsse von Anfang an optimieren, zum Beispiel durch Jalousien oder Dachüberstände. Ist dies nicht möglich, sollten Schutzmaßnahmen im Menschen, am Menschen, am Arbeitsplatz und in der →Arbeitsorganisation gesucht werden.

Vibrationen und Erschütterungen werden unter dem Begriff mechanische Schwingungen zusammengefasst. Belastungen ergeben sich durch die Höhe, zeitliche Verteilung und Dauer der Schwingungsfrequenz, der -amplitude, den Schwingungsweg sowie die Schwingbeschleunigung. Zunächst ist im Rahmen des Schwingungsschutzes zu prüfen, ob die Schwingungserregung durch konstruktive Maßnahmen vermieden beziehungsweise verringert werden kann. Sofern dies ohne Erfolg ist, muss geklärt werden, ob mit einer Isolation die Schwingungsausbreitung verhindert werden kann oder durch die Gestaltung der Arbeitsmittel (→Arbeitssystem) an den Einleitstellen der Mensch geschützt oder durch organisatorische Maßnahmen eine entsprechende →Erholung von den Schwingungen erzielt werden kann.

Lärmminderung beziehungsweise -vermeidung sollte immer an der Lärmquelle ansetzen, zum Beispiel durch niedrige Maschinendrehzahlen oder durch geräuscharme Verfahren. Wenn hier keine weiteren Möglichkeiten zur Reduzierung von Lärm möglich sind, sollten Maßnahmen der Schalldämmung und -dämpfung gewählt werden. Als letzte Schutzmaßnahme, wenn die anderen Maßnahmen erfolglos sind, bleibt der persönliche Gehörschutz.

Chemische Einflüsse erfordern die Betrachtung von Gefahrstoffen und ionisierenden Strahlungen. Beim Schutz vor Schadstoffeinwirkung steht an erster Stelle die Schadstoffverhinderung durch Verwendung ungefährlicher Werkstoffe oder durch veränderte Arbeitsverfahren. Zur Verhinderung der Ausbreitung von Schadstoffen sind geschlossene Systeme zu empfehlen. Sofern dies nicht möglich ist, sollten die Schadstoffe abgesaugt, gefiltert, kondensiert, absorbiert, adsorbiert oder gegebenenfalls verbrannt werden. Maßnahmen der Vermeidung von Schadstoffeinwirkungen beim Menschen bestehen zum Beispiel im Tragen von Handschuhen, Schutz- und Atemschutzanzügen.

Zur Erzielung optimaler organisatorisch-sozialer Arbeitseinflüsse steht die Gestaltung von →Aufbau- und →Ablauforganisation im Vordergrund (*Bokranz* und *Landau* 1991, *Luczak* und *Volpert* 1997).

Literatur: *Bokranz, R.; Landau, K.*: Einführung in die Arbeitswissenschaft, Stuttgart 1991. *Luczak, H.; Volpert, W.*: Handbuch Arbeitswissenschaft, Stuttgart 1997.

Margit Weißert-Horn
Regina Brauchler

Arbeitsunfähigkeitsbescheinigung
→Krankheit

Arbeitsunfall

körperlich schädigende, zeitlich begrenzte, von außen kommende plötzliche Ereignisse, die der →Arbeitnehmer im Rahmen seiner Arbeitstätigkeit erleidet.

Im Gegensatz zu Unfällen, die der Arbeitnehmer in seiner privaten Lebenssphäre erleidet, ziehen Arbeitsunfälle im Rahmen der gesetzlichen Unfallversicherung Leistungen der Berufsgenossenschaften nach sich (§§ 26 ff. Sozialgesetzbuch, SGB VII). Zur Abgrenzung ist es daher erforderlich, dass ein innerer Zusammenhang mit der versicherten Tätigkeit besteht. Dieser ist sowohl bei Verrichtung der eigentlichen *Arbeitstätigkeit* als auch bei vorbereitenden Tätigkeiten gegeben (§ 8 Abs. 1 Satz 1 SGB VII). Ebenfalls als Arbeitsunfall werden so genannte *Wegeunfälle* (§ 8 Abs. 2 Nr. 1–4 SGB VII) und so genannte *Arbeitsgeräteunfälle* (§ 8 Abs. 2 Nr. 5 SGB VII) kategorisiert. Nicht vom Unfallversicherungsschutz umfasst sind dagegen eigenwirtschaftliche, privatpersönliche Handlungen des Arbeitnehmers, insofern diese nicht der Erhaltung der Arbeitskraft dienen und es dem Arbeitnehmer damit ermöglichen, die betriebliche Tätigkeit fortzusetzen, wie zum Beispiel Nahrungsaufnahme während der →Arbeitszeit.

Obwohl § 618 Abs. 3 Bürgerliches Gesetzbuch (BGB) auf §§ 842–846 BGB verweist, kommen Schadensersatzansprüche des Arbeitnehmers gegen den Arbeitgeber wegen Personenschäden in der Regel nicht zum Tragen. Beruht die Schädigung auf einem Arbeitsunfall, werden die bürgerlich-rechtlichen Regelungen über die Rechtsfolgen von Pflichtverletzungen durch das Recht der gesetzlichen Unfallversicherung (SGB VII) überlagert und teilweise modifiziert. Nach der in § 104 Abs. 1 SGB VII geregelten *Haftungsbefreiung* ist der Unternehmer Versicherten und deren Angehörigen beziehungsweise Hinterbliebenen nur dann zum Ersatz des durch einen Arbeitsunfall verursachten Personenschadens verpflichtet, wenn der Versicherungsfall vorsätzlich herbeigeführt wurde oder es sich um einen Wegeunfall im Sinne von § 8 Abs. 2 Nr. 1–4 SGB VII handelt. Einen entsprechenden Haftungsausschluss sieht § 105 Abs. 1 SGB VII für den Fall der Schädigung des Arbeitnehmers durch einen Arbeitskollegen vor. Der Grund für die Haftungsbefreiung besteht darin, dass bei Arbeitsunfällen bereits Leistungen der Berufsgenossenschaften erbracht werden, und zwar ohne Rücksicht auf die Leistungsfähigkeit und ein etwaiges Verschulden des schädigenden Arbeitgebers oder Arbeitskollegen sowie ein etwaiges Mitverschulden des Geschädigten.

Literatur: *Waltermann, R.*: Sozialrecht, 4. Aufl., Heidelberg 2004, § 10 R. 273 ff. *Boemke, B.*: Studienbuch Arbeitsrecht, 2. Aufl., München 2004, § 7 Rn. 54 ff.

Burkhard Boemke

Arbeitsvermittlung

dient dem Zusammenführen von Angebot und Nachfrage auf dem →Arbeitsmarkt.

Arbeitsvermittlung erfolgt nach *Franz* (2003) als staatliche Arbeitsvermittlung durch die *Bundesagentur für Arbeit*, darüber hinaus durch private, von der Bundesagentur jedoch genehmigte Arbeitsvermittler.

Auf dem Arbeitsmarkt ergeben sich Arbeitsverhältnisse (→Beschäftigungsverhältnis) durch den Vertragsabschluss zwischen →Arbeitsangebot und →Arbeitsnachfrage. Vor dem Zustandekommen eines →Arbeitsvertrags finden auf dem äußerst vielschichtigen Arbeitsmarkt eine Reihe von Prozessen statt: Anbieter wie Nachfrager verschaffen sich einen Marktüberblick, sie verfügen über beschränkte →Informationen, die Suche ist mit Kosten verbunden. An dieser Stelle erfüllt die Vermittlung von Arbeitsangebot und Arbeitsnachfrage eine wichtige Aufgabe. Da der deutsche Arbeitsmarkt in vielfacher Hinsicht stark reguliert ist, ist die Vermittlung auf dem Arbeitsmarkt staatlich ebenfalls reguliert.

Der Großteil der →Beschäftigungsverhältnisse wird ohne Beteiligung der Bundesagentur begründet. Das Sinken dieses so bezeichneten „Einschaltungsgrads" der Bundesagentur wird durch neue Plattformen, wie elektronische Jobbörsen und neue rechtliche Arrangements wie bei der Leiharbeit (→Zeitarbeit) noch befördert.

Literatur: Franz, W.: Arbeitsmarktökonomie, 5. Aufl. Berlin etc. 2003.

Florian Schramm

Arbeitsvertrag aus (arbeits)rechtlicher Sicht

Dauerschuldverhältnis, dessen Hauptpflichten darin bestehen, dass gemäß § 611 Abs. 1 BGB der →Arbeitnehmer die versprochene →Arbeitsleistung und der →Arbeitgeber die versprochene Vergütung zu leisten hat.

Bereits der vom BGB geregelte →Dienstvertrag ist insoweit personengebunden, als § 613 BGB anordnet, dass der Arbeitnehmer im Zweifel seine Leistung persönlich und nicht *durch einen Dritten* zu erbringen hat, und der Arbeitgeber den Anspruch auf Erbringung der Arbeitsleistung im Zweifel nicht abtreten darf, so dass die Leistung des Arbeitnehmers folglich auch nicht *gegenüber einem Dritten* zu erbringen ist.

Friedrich Meyer

Arbeitsvertrag aus (personal)ökonomischer Sicht

regelt schriftlich die formalen vertraglichen Beziehungen zwischen →Arbeitnehmer und →Arbeitgeber.

Bereits *Simon* (1951) hat darauf hingewiesen, dass im Gegensatz zu einem einfachen Kaufvertrag der Arbeitsvertrag dem Arbeitgeber einen gewissen Autoritätsspielraum einräumt, innerhalb dessen er die Handlungen des Arbeitnehmers frei bestimmen kann. Der typische Arbeitsvertrag sieht also für die Pflichten des Arbeitgebers (z. B. Entlohnung, Urlaub, Weiterbildung) recht genaue Angaben vor, während die Verpflichtungen des Arbeitnehmers – innerhalb eines bestimmten Autoritätsspielraumes des Arbeitgebers – recht offen gehalten sind. Diese Offenheit resultiert letztlich aus der begrenzten Rationalität realer Akteure, die nicht sämtliche Zukunftsentwicklungen voraussehen können.

Dadurch, dass es sich bei realen Arbeitsverträgen in der Regel um unvollständige Verträge im Sinne der ökonomischen Vertragstheorie (→Principal-Agent-Theorie) handelt, entstehen jedoch Folgeprobleme. Nutzenmaximierende Vertragsparteien könnten dazu neigen, bestehende Vertragslücken zu Lasten der jeweils anderen Vertragspartei auszunutzen. Dieses Problem (→Hold-up) ergibt sich insbesondere dann, wenn eine Vertragspartei im hohen Maße an der Aufrechterhaltung der Arbeitsbeziehung interessiert ist und dadurch von der anderen Partei partiell ausbeutbar wird. Bei dynamischer Betrachtung kann sich diese Problematik jedoch zum Teil aufgrund von Reputationsüberlegungen entschärfen.

Neben der Offenheit von Arbeitsverträgen unterscheiden sich diese insbesondere auch durch ihre Laufzeit von typischen Kaufverträgen. Arbeitsverträge sind tendenziell eher langfristiger Natur. Bei unvollständigen Märkten folgen hieraus eine ganze Reihe von Vorteilen für beide Vertragsparteien, zum Beispiel verbesserte Anreizmöglichkeiten für den Arbeitgeber oder intertemporale Einkommensglättung für den Arbeitnehmer (*Milgrom* und *Roberts* 1992).

Literatur: Milgrom, P.R.; Roberts, J.: Economics, Organization and Management, Englewood Cliffs 1992, Kap. 10. Simon, H.A.: A Formal Theory of the Employment Relationship, in: Econometrica, 19. Jg. (1951), S. 293–305.

Matthias Kräkel

Arbeitsvertragsbruch

endgültige rechtswidrige Lösung vom →Arbeitsvertrag.

Diese grobe Verletzung des Arbeitsverhältnisses (→Beschäftigungsverhältnis) kann durch beide Vertragsparteien erfolgen. Verletzt der →Arbeitgeber den Arbeitsvertrag (etwa durch eine rechtswidrige Kündigung und/oder die Verweigerung der Beschäftigung), kann der →Arbeitnehmer den Bestand des Arbeitsverhältnisses und seinen Anspruch auf die sich daraus ergebenden Leistungen durch die Arbeitsgerichte (→Arbeitsgerichtsbarkeit) feststellen lassen und entsprechend durchsetzen. Begeht der Arbeitnehmer den Arbeitsvertragsbruch (z. B. durch Nichtantritt der Stelle oder faktische einseitige Lösung vom Arbeitsverhältnis), ist der Arbeitgeber nicht (länger) verpflichtet, Vergütungszahlungen zu leisten. Ferner kann er, gegebenenfalls nach erfolgloser →Abmahnung, fristlos kündigen und etwaige Schadensersatzforderungen geltend machen. Zur Abschreckung vor Arbeitsvertragsbrüchen bietet sich die Vereinbarung einer Vertragsstrafe an.

Literatur: *Stoffels, M.:* AR-Blattei, SD 230 Rn. 1 ff.

Burkhard Boemke

Arbeitsvertragsgesetz

Regelung, die alle für das Arbeitsvertragsrecht relevanten Normen kodifiziert.

Ein einheitliches Arbeitsvertragsgesetz gibt es bislang nicht. Der erste der zahlreichen Versuche, das Arbeitsvertragsrecht einheitlich zu kodifizieren, beruhte auf einem in Art. 157 Abs. 2 Weimarer Reichsverfassung enthaltenen Gesetzgebungsauftrag. Dieser führte zu dem Entwurf eines Allgemeinen Arbeitsvertragsgesetzes im Jahr 1923 und zu einem weiteren Entwurf im Jahr 1938. Sowohl diese beiden als auch die folgenden Entwürfe aus den Jahren 1969 und 1977 wurden nicht umgesetzt. Zwar fordert Art. 30 Abs. 1 Einigungsvertrag (EV) vom gesamtdeutschen Gesetzgeber, das →Arbeitsrecht sowie das öffentlich-rechtliche →Arbeitszeitrecht einschließlich der Zulässigkeit von Sonn- und Feiertagsarbeit und des besonderen Frauenarbeitsschutzes möglichst bald einheitlich zu kodifizieren. In den vergangenen fünfzehn Jahren sind von der Bundesregierung gleichwohl keine Vorbereitungen getroffen worden, ein einheitliches Arbeitsvertragsgesetz auszuarbeiten. Die vom Freistaat Sachsen am 23.6.1995 und vom Land Brandenburg am 12.9.1996 im Bundesrat eingebrachten Entwürfe eines Arbeitsvertragsgesetzes wurden nicht weiter verfolgt.

Burkhard Boemke

Arbeitswert →Arbeitsbewertung

Arbeitswissenschaft

Systematik der Analyse, Ordnung und Gestaltung technischer, organisatorischer und sozialer Bedingungen von Arbeitsprozessen.

Die Arbeitswissenschaft dient dem Ziel, dass arbeitende Menschen in produktiven und effizienten Arbeitsprozessen:

– schädigungslose, ausführbare, erträgliche und beeinträchtigungsfreie Arbeitsbedingungen vorfinden,

– Standards sozialer Angemessenheit sowie Entlohnung und Kooperation erfüllt sehen und

– ihre Handlungsspielräume entfalten, Fähigkeiten erwerben und in Kooperation mit anderen ihre Persönlichkeit erhalten und entwickeln können.

Der Arbeitswissenschaft liegen zwei Modelle zugrunde, das →Belastungs-Beanspruchungs-Modell und das Arbeitssystem-Modell.

Als rechtliche Grundlage für die Arbeitswissenschaft dient das Arbeitsschutzgesetz, welches eine einheitliche Rechtsgrundlage für den Schutz vor Gesundheitsgefahren am Arbeitsplatz darstellt und der Umsetzung der Arbeitsschutz-Rahmenrichtlinie 89/391/EWG dient. Ergänzt wird es durch verschiedene Einzelrichtlinien, wie zum Beispiel die Arbeitsstätten-Verordnung, die Arbeitsmittelbenutzungs-Verordnung, die Persönliche Schutzausrüstungs-Verordnung, die Lastenhandhabungsverordnung, die Bildschirmarbeitsverordnung, die Gefahrenstoffverordnung, die Baustellenverordnung und die Mutterschutzrichtlinienverordnung.

Weitere rechtliche Regelungen, die für arbeitswissenschaftliche Fragestellungen zu berücksichtigen sind, stellen das Betriebsverfassungsgesetz, das Personalvertretungsgesetz, die Gewerbeordnung, das Arbeitszeitgesetz, das Jugendarbeitsschutzgesetz, das Mutterschutzgesetz sowie das Schwerbehindertengesetz dar. Zudem müssen Tarifverträge, Be-

Arbeitszeit

triebsvereinbarungen und Arbeitsverträge beachtet werden.

Für den einzelnen Arbeitnehmer gilt dabei das Günstigkeitsprinzip.

Margit Weißert-Horn
Regina Brauchler

Arbeitszeit

Zeit, die mit bezahlter oder unbezahlter →Arbeit verbracht wird.

Aus ganzheitlichen Gesichtspunkten für die Personalpolitik zunehmend relevant ist nicht nur der Teil der betrieblichen (internen) →Arbeitszeit, sondern auch die Arbeit, die außerhalb des Betriebs geleistet wird (Tendenz zum Zweit- und Drittjob, Familienarbeit, ehrenamtliche Tätigkeit oder Weiterqualifikation). Der Mitarbeiter wird zunehmend in seiner gesamten Persönlichkeit und Arbeitszeitleistung wahrgenommen und nicht mehr wie früher als Betriebsfaktor Arbeit, neben Kapital und Sachanlagen nur rein kostenmäßig erfasst.

Die sich aus der industriellen Revolution (ab 1770) entwickelnde Wahrnehmung und Fixierung einer „betrieblichen Arbeitszeit", die mehr oder weniger eng an die →Betriebszeiten gebunden ist, war in dieser Form vorher nicht vorhanden und hat sich in der heutigen Zeit für viele in neuen →Arbeitsformen Beschäftigte (→Freie Mitarbeiter, Callcentermitarbeiter, Home Office-, Telearbeiter (→Telearbeit) oder weltweit tätige 24-Stunden-Programmierernetzwerke) radikal geändert. Heutzutage arbeiten zum Beispiel nur noch 65 % aller japanischen Arbeitnehmer in einem „regulären" Arbeitsverhältnis (*The Japan Institute for Labour Policy and Training* 2004). In Europa geht der Trend in die gleiche Richtung. Historisch gesehen hat sich die „traditionelle Arbeitszeit" in Deutschland bis in die jüngste Vergangenheit stets verkürzt (→Arbeitszeitverkürzung; →Tagesarbeitszeitverkürzung).

Aktuell ist wieder eine Rückkehr zu einer höheren wöchentlichen Arbeitszeit auf 40 Stunden pro Woche und mehr zu verzeichnen. Beispiele dafür sind:

- *DaimlerChrysler*, Wegfall der Überstundenvergütung (seit Juli 2004),
- Beamte in Bayern von 38,5 auf 40 Stunden (seit Juli 2004),
- Lehrer in Hamburg (seit August 2004) sowie
- Erhöhung der Beamtenarbeitszeit bundesweit, gültig ab März 2006.

Übersicht 1: Durchschnittliche wöchentliche Arbeitszeit in Europa

Land	Jährliche Stunden
Slowakei	1881,4
Ungarn	1824,0
Griechenland	1808,0
Irland	1801,8
Belgien	1794,0
Finnland	1752,8
Schweden	1738,2
Portugal	1735,5
Spanien	1732,5
Luxemburg	1731,6
Österreich	1709,4
Norwegen	1687,5
Großbritannien	1685,2
Italien	1672,0
Deutschland	1661,8
Dänemark	1639,1
Niederlande	1633,2
Frankreich	1599,4
Durchschnitt	1728,6

Zielsetzung ist es, den Faktor Arbeit im internationalen Vergleich wettbewerbsfähiger zu machen. Da die Arbeitszeiterhöhung ohne Lohnausgleich erfolgt, bedeutet es praktisch eine Reduktion der Lohnkosten. Hiermit soll die internationale Wettbewerbsfähigkeit erhöht werden, da Deutschland international über die höchsten Lohnkosten und eine unterdurchschnittliche wöchentliche Arbeitszeit verfügt, wie in Übersicht 1 ersichtlich wird.

Die Arbeitszeit wird durch die

- chronometrische Dimension (Länge der Arbeitszeit),
- chronologische Dimension (Lage der Arbeitszeit) und
- den Flexibilitätsgrad,

die in Abbildung 2 verdeutlicht werden, determiniert.

Arbeitszeit und Freizeit

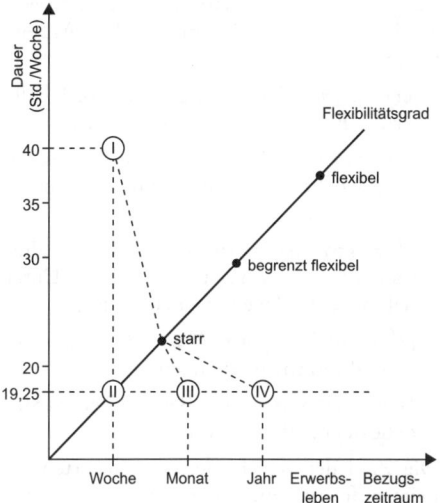

Abbildung 2: Dimensionen der Arbeitszeit

Beispiel I stellt das traditionelle, starre →Arbeitszeitmodell dar, das mit einer *Vollzeitstelle* und einem wöchentlichen Zeitbezug charakterisiert ist. Beispiel II stellt ein traditionelles starres *Teilzeitmodell* dar, ebenfalls mit einem wöchentlichen Zeitbezug. Im vorgegebenen dreidimensionalen Raum ist jedoch eine Vielzahl von Arbeitszeitmodellen möglich, je nach Ausprägung der drei Dimensionen (z. B. III oder IV).

Es ist in den letzten Jahrzehnten eine stetige Abnahme der Länge der Arbeitszeit und eine Zunahme der Flexibilität zu verzeichnen. Unternehmen bieten heutzutage vielfältige Arbeitszeitmodelle an, mit einer gesteigerten →Zeitsouveränität der Arbeitnehmer. Als Referenz- beziehungsweise Bezugszeiträume gelten der Tag, die Woche, der Monat, die Saison, das Arbeitsleben.

Die betriebsorientierte Arbeitszeit beinhaltet naturwissenschaftliche, technische, chemische, physiologische – sowie organisatorische Aspekte und ist bestimmten Restriktionen unterworfen, wie zum Beispiel rechtliche, gesellschaftliche, psychische und politische. Das →Arbeitszeitgesetz reguliert in Deutschland laut *Hanau* (2006) einen Teil dieser Restriktionen.

Literatur: *Baillod, J. et al.*: Handbuch Arbeitszeit, Zürich 1993. *Hanau, P.*: Möglichkeiten und Grenzen der Vereinbarungen zur Dauer der Arbeitszeit, in: Neue Zeitschrift für Arbeitsrecht, 23. Jg (2006), H. 1, S. 34–37. *The Japan Institute for Labour Policy and Training*: Japan Labour Flash, No. 21 (2004).

Désirée H. Ladwig

Arbeitszeit und Freizeit

in klassischer Lesart komplementäre Aufteilung der verfügbaren Gesamtlebenszeit.

→Arbeitszeit gilt traditionell als fremdbestimmt und der Sicherung des Lebensunterhalts gewidmet (Erwerbstätigkeit). Freizeit wird als selbstbestimmt und den persönlichen Neigungen nachkommend angesehen. In der Arbeitszeit wird Geld verdient, in der Freizeit Geld ausgegeben. Diese klassische Unterscheidung ist heutzutage nicht mehr zeitgemäß.

Was Arbeit und was Freizeit ist, hängt heute im Wesentlichen von der persönlichen Wahrnehmung und der individuellen Einstellung ab. Diese Wahrnehmung differiert zwischen den Geschlechtern, den Alterskohorten, den unterschiedlichen Bildungsniveaus oder Berufsgruppen. So wird zum Beispiel Familienarbeit (Erziehung der Kinder, Pflege der Eltern) als Arbeitszeit (weil mit erheblichen Arbeitsaufwand verbunden) oder als Freizeit (weil unbezahlt) gesehen. Ist das stereotype „samstägliche Autowaschen für den deutschen Mann" Freizeit oder Arbeitszeit? Ist der Besuch des betrieblichen Stammtisches Freizeit oder Investition in die Karriere?

Für die betriebliche Personalarbeit (→Personalmanagement) ist der Spannungsbogen „Arbeitszeit – Freizeit" unter dem Gesichtspunkt der Anreizgestaltung sehr relevant (z. B. Bevorzugung von Freizeit gegenüber anderen →Gratifikationen oder Veränderung der →Leistungsbereitschaft durch vermehrte Freizeitorientierung). Betriebliche Freizeitangebote können die →Identifikation mit dem Unternehmen und die Arbeitsmotivation (→Motivation) erhöhen.

Es zeichnen sich zielgruppenspezifisch verschiedene Trends ab:

- *Zunahme der Freizeitorientierung* mit zum Teil erheblichen (auch kostenintensiven) Aktivitäten (Freizeitstress).
- *Annahme von Zweit- und Drittjobs*, wie in den USA schon seit Jahren feststellbar, jetzt zunehmend auch in Deutschland (z. B. Kellnern oder Putzen nach „Feierabend").
- *Investition in die eigene Weiterbildung* zur Sicherung der langfristigen →Employability: Sprachkurse oder MBA-Programme.
- *Selbstverwirklichung und/oder ehrenamtliches Engagement*: Organisation von gemein-

Arbeitszeiteffizienz

nützigen Veranstaltungen oder Events (→Ehrenamt).

- *Exzessive Karriereorientierung*: Investition fast der gesamten „Wachzeit" in den Job. Freizeit gibt es dann nicht mehr, beziehungsweise der →Beruf ist Arbeit und Hobby in einem.

Große Schwierigkeiten haben gerade junge Menschen aus der Vielzahl der ihnen offenstehenden Möglichkeiten eine gesunde Balance zwischen ihrer persönlichen individuellen Arbeits- und Freizeit zu finden.

Die Europäische Kommission hat eine neue „Kategorie" zwischen Arbeit und Freizeit definiert, unter die zum Beispiel die Bereitschaftsdienste (→Rufbereitschaft) fallen. Der Europäische Gerichtshof hatte in seinem Urteil vom 09.09.2003 verfügt, dass der Bereitschaftsdienst (z.B. für Ärzte) als Arbeitszeit gelten muss. Mit der neuen Regelung zwischen Arbeitszeit und Freizeit ist Bereitschaft dann keine Arbeitszeit mehr (→Bereitschaftszeit).

Literatur: *Opaschowski, H.W.; Reinhardt, U.; Pries, M.*: Wirtschaftsfaktor Freizeit, 1. Aufl., Wiesbaden 2006. *Russell, A.*: Keine Zeit: Wenn die Firma zum Zuhause wird und zu Hause nur Arbeit wartet, Opladen 2002.

Désirée H. Ladwig

Arbeitszeiteffizienz

Verhältnis der Menge an aufgewendeter →Arbeitszeit zum erzielten Arbeitsergebnis.

Mithilfe von Arbeitszeitstrategien soll die Arbeitszeiteffizienz erhöht werden, das heißt bei gleicher Arbeitszeitdauer den Output erhöhen oder bei gleichem Output die eingesetzte Zeit reduzieren. Beispiel: Arbeitszeitstrategie „Neuordnung der Projektarbeit". Durch ein formalisiertes, professionelles Projektmanagement können erhebliche „Mannstunden" der Projektmitarbeiter eingespart werden, die Arbeitseffizienz wurde also erhöht. Nach *Müller-Seitz* (1996) sollen dadurch sowohl die betrieblichen Arbeitsbedingungen als auch die privaten Lebensbedingungen verbessert werden.

Literatur: *Müller-Seitz, P.*: Erfolgsfaktor Arbeitszeit, München 1996.

Désirée H. Ladwig

Arbeitszeitform

determiniert die Lage der →Arbeitszeit.

Düll und *Ellguth* (1999) unterscheiden in Abhängigkeit vom Beschäftigungsgrad und vom Zeithorizont verschiedene flexible Arbeitszeitformen:

- *Tagesarbeitszeitformen*, zum Beispiel halbe Frühschicht von 6:00 bis 10:00 Uhr,
- *Wochenarbeitszeitformen*, zum Beispiel 4-Tage-Woche mit einem 80-prozentigem-Arbeitspensum,
- *Monatsarbeitszeitformen*, zum Beispiel alternierende →Telearbeit, zwei Tage im Unternehmen, drei Tage Arbeit zu Hause,
- *Jahresarbeitszeitformen*, zum Beispiel saisonale Jahresarbeitszeiten und
- *Lebenszeitformen*, zum Beispiel Zeitsparmodelle oder Stafettenmodelle.

Die Zahl der verschiedenen realisierten Arbeitszeitformen nimmt immer mehr zu. Die Volkswagen AG hat alleine mehr als 1.000 unterschiedliche Arbeitszeitformen relisiert.

Literatur: *Düll, A.; Ellguth, P.*: Arbeitszeitstrukturen in der BRD. Empirische Ergebnisse aus dem IAB-Betriebspanel, Nürnberg 1999.

Désirée H. Ladwig

Arbeitszeitgesetz (ArbZG)

Gestaltung der →Arbeitszeit in einheitlicher Form in den alten und neuen Bundesländern.

Das Arbeitszeitgesetz vom 06.06.1994 (BGBl. I S. 1170), geändert durch Gesetz vom 30.07.1996 (BGBl. I S. 1186), vom 09.07.1998 (BGBl I S. 1242), vom 21.12.2000 (BGBl. I S. 1983), Verordnung vom 25.11.2003 (BGBl. S. 2304) und Gesetz vom 24.12.2003 (BGBl. S. 3002) löste die über 50 Jahre alte Arbeitszeitordnung aus nationalsozialistischer Zeit und die aus der Kaiserzeit vor 1900 stammende Regelungen der Sonn- und Feiertagsarbeit ab.

Das →Arbeitszeitrecht in seiner heutigen Gestalt ist nach *Neumann* und *Biebl* (2004) das Ergebnis einer jahrhundertelangen Entwicklung. Die Sklavenarbeit im Altertum oder die Familien- und Handwerkerarbeit im Mittelalter kannten keine verbindlichen →Arbeitszeitregelungen. Die Sonntagsarbeit wurde schon von *Konstantin dem Großen* im Jahre 321 verboten, auch das preußische allgemeine Landrecht beinhaltete diesen Schutz der Sonntagsruhe. Erst mit der Industrialisierung wurden nach und nach umfassende Regelungen zum Schutze des →Arbeitnehmers (→Höchstarbeitszeit, Pausenregelungen, Arbeit von Kindern, Jugendlichen, Frauen oder Schwangeren) festgelegt. 1933 wurde auf Grundlage des Ermächtigungsgesetzes eine Neufassung der Arbeitszeitverordnung (AZO) erlassen. Im Gebiet der früheren DDR wurde ab 1945 durch Militäranordnung der 8-Stunden-Tag wiedereingeführt. Am 19.04.1950 wurde ein Gesetzbuch der Arbeit veröffentlicht, in dem auch die Arbeitszeit geregelt wurde. Nach der Wiedervereinigung wurde dann 1994 das gemeinsame ArbZG implementiert.

Die Arbeitszeitdirektive der Europäischen Union (Richtlinie 2000/34/EG des Europäischen Parlaments und des Rates vom 22. Juni 2000, Working Time Direktive von 1993 und 2000), soll auf europäischer Ebene Schutzstandards für Arbeitnehmer in den folgenden Arbeitszeitbereichen festlegen:

- Tägliche und wöchentliche Ruhephasen (mindestens 11 Stunden pro Tag, mindestens 35 Stunden pro Woche),
- maximale tägliche Arbeitszeit (14 Stunden),
- maximale wöchentliche Arbeitszeit (48 Stunden pro Woche),
- Schichtarbeit (maximal 8 Stunden bei Nachtschicht im Schnitt über 2 Wochen) und
- bezahlter Jahresurlaub von mindestens vier Wochen.

Diese Arbeitszeitdirektive muss von allen Mitgliedsländern ratifiziert werden. Großbritannien wollte nicht ratifizieren, hat den Rechtsstreit aber verloren und die Direktive gilt jetzt auch dort.

Literatur: *Neumann, D.; Biebl, J.*: Arbeitszeitgesetz, 14. Aufl., München 2004.

Désirée H. Ladwig

Arbeitszeitmodelle

→Arbeitszeit, spezifiziert entlang der Dimensionen Lage (chronologisch), Dauer (chronometrisch) sowie Flexibilitätsgrad.

In Arbeitszeitmodellen werden die →Betriebszeit, das Arbeitsvolumen, Leer-, →Bereitschafts-, Stillstandzeiten sowie Anlagenutzungs- und Amortisationszeit dargestellt. Man unterscheidet zwischen starren und flexiblen, individuellen und gruppen-, beziehungsweise betriebsbezogenen Modellen. Das Spektrum von Arbeitszeitmodellen entwickelte sich von uniformen Modellen, die für die Mehrzahl der Mitarbeiter galten (Einheitsmodelle) hin zu Mischformen mit →Gleitzeit- und Teilzeitmöglichkeiten sowie zunehmender Arbeitszeitflexibilität (→Flexible Arbeitszeit). *Volkswagen AG* zum Beispiel orientiert sich unter anderem an einem demographischen Arbeitszeitmodell, das heißt Jüngere arbeiten mehr, Ältere weniger.

Abbildung 1 zeigt ein innovatives individuelles Vollzeit-Arbeitszeitmodell. Das traditionelle Normalarbeitszeitmodell geht in der Regel von einer kontinuierlichen, täglich etwa achtstündigen Beschäftigung im Rahmen einer 5-Tage-Woche (Montag–Freitag) aus. Im innovativen Modell wird auch ein Vollzeitjob geleistet, aber flexibel bezogen auf Lage und Dauer der täglichen, wöchentlichen und gegebenenfalls auch jährlichen Arbeitszeit. Nach *Ladwig* (2003) haben damit auch →Führungskräfte durchaus Möglichkeiten, ihre Arbeitszeit flexibel zu gestalten.

Abbildung 1: Flexibles 100 % Modell

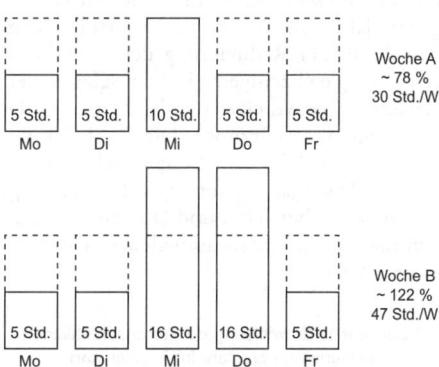

Im vorliegenden Beispiel arbeitet die Führungskraft im wöchentlichen Wechsel 30 beziehungsweise 47 Stunden und leistet so im Durchschnitt eine 40-Stunden-Woche. Die Entlohnung erfolgt entsprechend auf dieser Basis.

Abbildung 2: Flexibles 100 % Saisonmodell

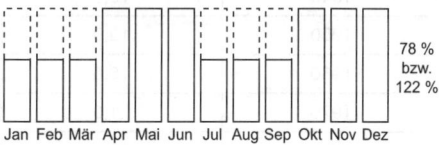

In Beispiel 2 arbeitet die Führungskraft bezogen auf die →Jahresarbeitszeit in der betrieblichen „Hochsaison" sechs Monate lang 122 %

der monatlichen Arbeitszeit und in den restlichen Monaten nur 78 %.

Literatur: *Ladwig, D.*: Mobiles Arbeiten – Möglichkeiten der Arbeitszeitflexibilisierung für Führungskräfte, in: *von Rosenstiel, L.; Regnet, E.; Domsch, M.E.* (Hrsg.): Führung von Mitarbeitern, 5. Aufl., Stuttgart 2003, S. 849–863.

Désirée H. Ladwig

Arbeitszeitordnung (AZO) →Arbeitszeitgesetz (ArbZG)

Arbeitszeitpolitik

Themenbereich der Gewerkschaftspolitik und anderer politischer sowie gesellschaftlicher Institutionen in Deutschland, bei dem es darum geht in Verhandlungen mit den Regierungsparteien und den Arbeitgeberorganisationen die Arbeitsbelastung (→Belastungs-Beanspruchungs-Modell) der durch die →Gewerkschaften vertretenen →Arbeitnehmer zu reduzieren.

Die Gewerkschaften konnten in den vergangenen Jahrzehnten erhebliche Erfolge zum Beispiel in der Reduzierung der →Arbeitszeit bei gleichzeitigem Lohnausgleich verzeichnen (→Arbeitszeitverkürzung, →Tagesarbeitszeitverkürzung). Die Zahl der Urlaubstage pro Jahr zum Beispiel erhöhte sich seit den 1950er Jahren kontinuierlich und liegt derzeit wie Übersicht 1 und Übersicht 2 deutlich machen, im internationalen Vergleich an zweiter Stelle.

Übersicht 1: Entwicklung der durchschnittlichen Urlaubstage pro Jahr in Deutschland (*BAT Freizeit-Forschungsinstitut* 1990 und *EIRO* 2002)

Jahr	Durchschnittliche Urlaubstage
1900	0,0
1910	5,0
1940	10,0
1950	12,0
1960	16,0
1970	21,0
1980	27,0
1990	31,0
2000	31,3

Übersicht 2: Durchschnittliche Urlaubstage pro Jahr in Deutschland (*BAT Freizeit-Forschungsinstitut* 1990 und *EIRO* 2002)

Land	Jahresurlaub
Niederlande	31,3
Deutschland	29,1
Dänemark	29,0
Italien	28,0
Luxemburg	28,0
Finnland	25,0
Schweden	25,0
Österreich	25,0
Norwegen	25,0
Frankreich	25,0
Portugal	24,5
Großbritannien	24,5
Griechenland	23,0
Spanien	22,0
Slowakei	20,0
Ungarn	20,0
Irland	20,0
Belgien	20,0
Durchschnitt	24,7

Die aktuellen Probleme der Gewerkschaften in Bezug auf die Arbeitszeitpolitik liegen zum einen darin, dass immer weniger Beschäftigte gewerkschaftlich organisiert sind (erheblicher Mitgliederschwund in den letzten Jahren) und auf der anderen Seite immer mehr Arbeitslose ihr Recht auf Arbeit(szeit) einfordern, die aber nicht von den Gewerkschaften vertreten werden. Laut *Finkemeyer* (2002) können viele arbeitsmarktpolitische Maßnahmen der jüngeren Vergangenheit, wie zum Beispiel die →Altersteilzeit, als gescheitert angesehen werden. Der aktuelle politische Kurs geht in die Richtung mehr →Arbeit ohne Lohnausgleich (Rückkehr zur 40-Stunden-Woche und mehr) und Diskussion der Ausdehnung des Renteneintrittsalters auf 70 Jahre (derzeit 65 Jahre).

Literatur: *Finkemeier, T.*: Jobmotor flexible Arbeitszeiten, in: Mitbestimmung o. Jg. (2002) H. 1/2, S. 48–50.

Désirée H. Ladwig

Arbeitszeitrecht

öffentlich-rechtliche Festlegung von Höchstgrenzen der von →Arbeitnehmern zu leistenden →Arbeitszeit, welche hauptsächlich im →Arbeitszeitgesetz (ArbZG) geregelt sind.

Weitere Vorschriften, die den Arbeitszeitschutz betreffen, finden sich zum Beispiel im Teilzeit- und Befristungsgesetz (TzBfG), im Jugendarbeitsschutzgesetz (JArbSchG), im Mutterschutzgesetz (MuSchG) und im Ladenschlussgesetz (LadSchlG).

Mit dem zum 01.07.1994 in Kraft getretenen ArbZG, das die seit 1938 geltende Arbeitszeitverordnung abgelöst hat, gilt ein fast für alle Arbeitnehmergruppen einheitliches Arbeitszeitrecht. Zweck des ArbZG ist es, die Sicherheit und den Gesundheitsschutz der Arbeitnehmer bei der Arbeitszeitgestaltung zu gewährleisten und die Sonn- und →Feiertage als Tage der Arbeitsruhe zu schützen (§ 1 ArbZG). Das ArbZG gilt für alle →Angestellten, Arbeiter und die zu ihrer Berufsbildung (→Ausbildung) Beschäftigten (§ 2 Abs. 2 ArbZG). Vom persönlichen Geltungsbereich sind gemäß § 18 Abs. 1 ArbZG leitende Angestellte im Sinne des § 5 Abs. 3 BetrVG, Chefärzte, Leiter von öffentlichen Dienststellen und deren Vertreter und Arbeitnehmer im öffentlichen Dienst, die zu selbstständigen Entscheidungen in Personalangelegenheiten befugt sind, ausgenommen. Auch gilt das Gesetz hiernach nicht für Arbeitnehmer, die in häuslicher Gemeinschaft mit den ihnen anvertrauten Personen zusammenleben und sie eigenverantwortlich erziehen, pflegen oder betreuen. Keine Anwendung findet es ferner auf den liturgischen Bereich der Kirchen und der Religionsgemeinschaften.

Literatur: *Baeck, U.; Deutsch, M.*: Arbeitszeitgesetz, 2. Aufl., München 2004. *Dütz, W.*: Arbeitsrecht, 9. Aufl., 2004, § 4. *Dieterich, T.* (Hrsg.): Erfurter Kommentar zum Arbeitsrecht, 6. Aufl., München 2006. *Hromadka, W.; Maschmann, F.*: Arbeitsrecht Bd. 1, Individualarbeitsrecht, 2. Aufl., Berlin 2002, § 6, S. 185–201. *Schaub, G.*: Arbeitsrechts-Handbuch, 11. Aufl., München 2005, §§ 155–160.

Burkhard Boemke

Arbeitszeitregelung

durch den →Tarifvertrag kollektiv, die →Betriebsvereinbarung betriebsbezogen oder den Einzelarbeitsvertrag (→Arbeitsvertrag) individuell realisierte Festlegung der →Arbeitszeit.

Das →Arbeitszeitgesetz (ArbZG) regelt die gesetzlichen Bestimmungen zur Arbeitszeit in Deutschland. Normal- und →Höchstarbeitszeiten werden normiert. Ebenso werden Sonderbestimmungen für bestimmte Mitarbeitergruppen wie zum Beispiel Jugendliche, Frauen, Mütter, oder Behinderte festgelegt. Die Arbeitszeitdirektive der Europäischen Union (Working Time Directive/Richtlinie 93/104/EG des Rates vom 23.11.1993 und Richtlinie 2000/34/EG des Europäischen Parlaments und des Rates vom 22.06.2000) legt auf europäischer Ebene Mindeststandards für die Arbeitszeitregelung fest.

Désirée H. Ladwig

Arbeitszeitstruktur

historisch gewachsene Verteilung der Mitarbeiter die letztlich betriebliche Abläufe optimal unterstützten soll.

Bei der Notwendigkeit zum Beispiel einer 24-stündigen Erreichbarkeit sind die Arbeitszeitstrukturen durch geeignete →Arbeitszeitmodelle so zu gestalten, dass diese Erreichbarkeit gewährleistet ist. Eine Garantie der Grundversorgung mit zum Beispiel öffentlichen Serviceleistungen (z. B. Krankenhäuser, Polizei oder Feuerwehr) bedingt andere Arbeitszeitstrukturen als zum Beispiel Marktstände auf Wochenmärkten. Ein Trend in der Entwicklung von Arbeitszeitstrukturen sind, wie *Düll* und *Ellguth* (1999) beschreiben, die zunehmenden 24-Stunden-Betriebsstrukturen mit globalen →Interaktionen rund um den Erdball.

Literatur: *Düll, H.; Ellguth, P.*: Arbeitszeitstrukturen in der BRD, Bremerhaven 1999.

Désirée H. Ladwig

Arbeitszeitvariation

tägliche, wöchentliche, Jahres- oder Lebensarbeitszeitmodelle bedingen immer eine Abweichung von der „Normal-Arbeitszeit".

Variieren kann die →Lage der Arbeitszeit (Chronologie) und/oder die Dauer der →Arbeitszeit (Chronometrie). →Gleitzeit ist ein Beispiel für chronologische und →Teilzeitarbeit ein Beispiel einer chronometrischen Arbeitszeitvariation. Je höher die Anzahl der Variationsmöglichkeiten, desto flexibler ist nach *Pöschl* (2004) die Arbeitszeit.

Literatur: *Pöschl, A.*: Arbeitszeitflexibilisierung in Arbeitsmärkten mit Tarifverhandlungen, Frankfurt a. M. 2004.

Désirée H. Ladwig

Arbeitszeitverkürzung

Arbeitszeitverkürzung

liegt vor, wenn die regelmäßige →Arbeitszeit (täglich, wöchentlich, monatlich oder jährlich) verkürzt wird.

Tarifvertraglich setzten die →Gewerkschaften in den letzten Jahrzehnten eine Verkürzung der tariflichen Wochenarbeitszeit von ursprünglich 48 Stunden (bis 1956 geltend) schrittweise über 45 Stunden (ab 1956) auf 42 Stunden (1962) und schließlich auf flächendeckend 40 Stunden (1967) durch. 1984 wurden in der Metallindustrie die 38,5 Stunden nach längerem →Arbeitskampf von den Gewerkschaften durchgesetzt. Seit 1995 ist in diesem Tarifbereich die 35-Stunden-Woche realisiert. Diese Arbeitszeitverkürzungen bei vollem Lohnausgleich führte, wie *Feil* (2000) beschreibt, zusammen mit den geringen →Jahresarbeitszeiten insgesamt zu den weltweit höchsten Lohnkosten deutscher Unternehmen und belastet ihre Wettbewerbsfähigkeit gegenüber internationalen Billiglohnkonkurrenten erheblich. Rationalisierungsmaßnahmen in der Vergangenheit (Ersatz des Kostenfaktors „Menschliche Arbeitskraft" durch „Maschinenarbeitskraft") und umfangreiche Outsourcing-Maßnahmen (→Outsourcing) waren die Folge. Unternehmensteile oder ganze Betriebe werden ins billigere Ausland verlegt.

Die *Volkswagen AG* ging 1992 für einige Jahre betriebsweit auf eine 28,5-Stunden-Woche ohne Lohnausgleich, um aufgrund der zurückgehenden Verkaufszahlen keine Mitarbeiter entlassen zu müssen (*Fritsch* 2006). Derzeit sind sie wieder bei der 35-Stunden-Woche angelangt.

Eine spezielle Form der Arbeitszeitverkürzung ist die →Kurzarbeit. Es handelt sich hierbei um eine vorübergehende Verkürzung der tariflichen Arbeitszeit aufgrund betrieblicher Erfordernisse (z. B. aufgrund von saisonalen Schwankungen, wie die Sommerpause, →Kurzarbeitswoche).

Literatur: Feil, M.: Die Auswirkungen der Arbeitszeitverkürzung in Deutschland: Gutachten im Auftrag des Gesamtverbandes der metallindustriellen Arbeitgeberverbände, Köln 2002. *Fritsch, U.:* Arbeitszeitverkürzung muss wieder auf die politische Agenda!, in: Betrieb und Gewerkschaft, Nr. 5 (2006).

Désirée H. Ladwig

Arbeitszeugnis

vom →Arbeitgeber ausgestelltes Schriftstück, das die Tätigkeit, Leistung und Dauer der Beschäftigung eines →Arbeitnehmers bescheinigt und als Referenz für die →Bewerbung auf zukünftige →Beschäftigungsverhältnisse dient.

Wenn man von →Zeugnissen spricht, sind meist Arbeitszeugnisse gemeint, obwohl auch betriebliche Ausbildungszeugnisse sowie Schul- und Hochschulzeugnisse bei der Bewerbungsanalyse eine wichtige Rolle spielen können.

Reiner Bröckermann

Arbeitszufriedenheit

positive Gefühle und Einstellungen eines Beschäftigten gegenüber seiner Arbeit.

Zur Definition und Erklärung von Arbeitszufriedenheit liegen zahlreiche, höchst unterschiedliche Ansätze aus der Psychologie und Soziologie vor, deren Bedeutung für die betriebliche Praxis bislang nur zurückhaltend zu bewerten ist.

Arbeitszufriedenheit wird bis heute von den meisten verstanden und definiert, wie bei *Arnold* (2005), als „the achievement of one's job values in the work situation results in the pleasurable emotional state known as job satisfaction".

Arbeitszufriedenheit ist ein sehr subjektiver Begriff, da jeder Mitarbeiter hier eigene individuelle Bewertungsmaßstäbe anlegt, die sich auch nach persönlicher Lebenssituation (z. B. Familienverhältnisse, Lebensalter), Bedürfnisstruktur (→Motiv), →Motivation und der jeweiligen Situation auf dem →Arbeitsmarkt unterscheiden und verändern können. Messungen und Analysen der Arbeitszufriedenheit der Mitarbeiter im Unternehmen sind verlässlich nicht möglich und Versuche hierzu, zum Beispiel mittels dafür entwickelter schriftlicher, anonymer →Mitarbeiterbefragungen, sind methodisch häufig problematisch und in ihren Aussagen nur sehr bedingt tragfähig.

Der schwachen eigenständigen theoretischen Fundierung der Arbeitszufriedenheit steht eine enge Verbindung zwischen Motivations- und Zufriedenheitsforschung gegenüber. Diese Verbindung ist durch Inhalts-, Prozess- und Zielsetzungstheorien der Motivation gekennzeichnet.

Sie sagen etwas über den Gegenstand der Arbeitsmotivation und deren Entwicklung aus, indem sie die zentralen menschlichen Bedürfnisse und Motive benennen.

Ein Beispiel für die Inhaltstheorie neben *Maslow* (1954) (→Bedürfnishierarchie), *Alderfer* (1972) (→ERG-Theorie) oder *McClelland* (1985) ist die →Zweifaktorentheorie von *Herzberg* (1966).

Nach *Herzberg* (1966) sind die Unzufriedenheit erzeugenden „Dissatisfier" (Dissatisfaktoren) der →Arbeitsumgebung zuzuordnen. Sie werden auch als →Kontextfaktoren bezeichnet. Eine positive Ausprägung dieser Faktoren kann nur der Unzufriedenheit entgegenwirken, nicht aber Zufriedenheit bewirken.

Die Faktoren, die Zufriedenheit bewirken können, werden als „Satisfier" (Satisfaktoren) bezeichnet. Sie hängen unmittelbar mit dem Inhalt der →Arbeit zusammen und werden deshalb von *Herzberg* (1966) auch als Kontentfaktoren bezeichnet. Da die positive Ausprägung dieser Faktoren den →Selbstverwirklichungsbedürfnis entspricht und zu Leistung motiviert, werden sie auch, wie in Übersicht 1, „Motivatoren" genannt.

Übersicht 1: Einflussfaktoren auf die Arbeitszufriedenheit

Kontextfaktoren: „Dissatisfier" = erzeugen Unzufriedenheit	Kontentfaktoren: „Satisfier" = können Zufriedenheit bewirken
- äußere Arbeitsbedingungen - Beziehungen zu den Arbeitskollegen - Beziehungen zu den Vorgesetzten - Firmenpolitik und Administration - Entlohnung inklusive Sozialleistungen - Krisensicherheit des Arbeitsplatzes	- Tätigkeit selbst - Möglichkeit, etwas zu leisten - Möglichkeit sich weiterzuentwickeln - Möglichkeit, Verantwortung zu übernehmen - Aufstiegsmöglichkeiten - Anerkennung
Positive Ausprägung wirkt nur der Unzufriedenheit entgegen.	Faktoren hängen unmittelbar mit der Tätigkeit zusammen.
→ Hygienefaktoren	→ Motivatoren

Die Prozesstheorien von *Porter* und *Lawler* (1968) sowie *Vroom* (1964) beschäftigen sich damit, wie Prozesse ablaufen, also angetrieben, gerichtet und beendet werden; dabei stehen Variablen wie Erwartung und Instrumentalität von Handlungen und die Valenz der Ergebnisse im Mittelpunkt.

Das Prozessmodell von *Porter* und *Lawler*, (1968) dargestellt in Abbildung 1, will plausibilitätsgestützte Beziehungen zwischen allen relevanten Komponenten aufzeigen, die zur Leistungserstellung führen.

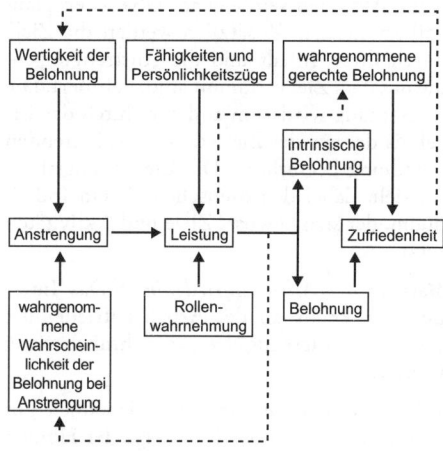

Abbildung 1: Motivationstheorie (*Porter/Lawler* 1968)

Porter und *Lawler* (1968) erklären Leistung und Zufriedenheit als ein mehrfach rückgekoppeltes System. Deswegen sind Kausalitäten kaum aufdeckbar. Trotzdem sind alle Bestandteile dieses System mögliche Ansatzpunkte zur Veränderung von Motivation und Leistung.

Porter und *Lawler* nehmen eine Aufteilung in *intrinsische* und *extrinsische* Belohnung (→Belohnung und Bestrafung) vor. Mit intrinsisch werden personeninterne Faktoren wie Empfindung eines Erfolgserlebnisses, mit extrinsisch von außen kommende Faktoren wie Bezahlung bezeichnet. Durch die Zahl der Komponenten erhält das Modell einen hohen Komplexitätsgrad und zeigt die vielfältigen →Interdependenzen menschlicher Motivation (siehe auch →Intrinsische Motivation, →Extrinsische Motivation).

Die Zielsetzungstheorie von *Locke* und *Latham* (1990) (Zielvereinbarungssysteme) geht schließlich davon aus, dass Ziele das Handeln motivieren und lenken und dass das Erreichen von Zielen wesentliche motivationale Grundlage menschlichen Handelns darstellt (→Zieltheorie).

Locke (2000) sieht das gesetzte Ziel als den zentralen Impuls, der das komplexe System aus Motivations- und Aktionsvariablen in Bewegung bringt. Danach operieren Menschen intentional und versuchen, in einer gegebenen Situation ein bestimmtes Ziel zu erreichen, das weitestgehend mit der Umfeldbedingung und mit der Motivstruktur kompatibel ist. Das bedeutet zum einen, dass die biologische Basis jeglichen Handelns das Streben ist, durch gezielte Aktionen sein eigenes Überleben planvoll zu sichern. Zusätzlich werden die Ziele durch ihren Inhalt und die Anstrengungen, die mit dem Ziel verknüpft sind, definiert. Die Zielsetzung wird zum anderen durch das Ergebnis der aus der Zielsetzung resultierenden Handlung beeinflusst. Die Zielsetzungstheorie sieht dabei den Menschen als ein Individuum, der sich bewusst Ziele und Aktivitäten setzt.

Messung der Arbeitszufriedenheit: Das Interesse der Praxis an der Arbeitszufriedenheit und ihrer Messung hat vornehmlich zwei Gründe:

1. Das Ausmaß der Arbeitszufriedenheit gilt insbesondere in der Nachfolge der Human Relations Bewegung als ein Indikator dafür, inwieweit die Unternehmen Mitarbeiterbedürfnisse befriedigen.
2. Es wird davon zusammenhängend ausgegangen, dass Arbeitszufriedenheit auch die →Leistungsbereitschaft und →Leistungsfähigkeit der Mitarbeiter sowie hierüber das Erreichen der Leistungsziele des gesamten Unternehmens beeinflusst.

Zur Messung der Arbeitszufriedenheit hat sich vor allem der →Fragebogen durchgesetzt. Dabei ist zu beachten, dass sich das Unternehmen vorher genau überlegt, welche Ergebnisse sie erreichen wollen und wie mit den Ergebnissen weitergearbeitet werden soll.

Neben Fragebogen, die Arbeitszufriedenheit über gewichtete oder ungewichtete Summation von Urteilen über verschiedene Aspekte der Arbeit zu erfassen und eine Gesamtzufriedenheit zu schätzen versuchen, finden sich auch Instrumente, die nach verschiedenen Bereichen von Arbeit und dementsprechenden Skalen unterscheiden, zum Beispiel Kollegen, →Führungskräfte, Tätigkeit, Arbeitsbedingungen (→Ergonomische Arbeitsbedingungen), Entwicklung oder Bezahlung.

Weitere Methoden sind: Skala zur Messung von Arbeitszufriedenheit von *Fischer* und *Lück* (1972), Arbeitsbeschreibungs-Bogen von *Neuberger* und *Allerbeck* (1978) oder der Job Descriptive Index von *Smith*, *Kendall* und *Hulin* (1969).

Bei allen Problemen, die mit der Messung von Arbeitszufriedenheit verbunden sind, kommt ihr nichtsdestotrotz eine wichtige Rolle zu, um die Bedürfnisbefriedigung der Mitarbeiter zu ermitteln, denn Arbeiten und →Arbeitsleistung im Unternehmen sind kein Selbstzweck, sie dienen den Menschen nicht zuletzt auch dazu, sich zu entwickeln, Ziele und Werte zu verwirklichen, die Gesundheit und Persönlichkeit zu fördern.

Eine differenzierte Arbeitszufriedenheitsmessung beispielsweise zu den Bereichen Kollegen, Führungskräfte, →Bildung, Entwicklung, materielle Arbeitsbedingungen, Arbeitstätigkeit, Bezahlung, Sozialleistungen, Organisation und Führung (→Mitarbeiterführung) kann Grundlage für das Erstellen von Profilen sein, die Vergleiche ermöglichen und Schwerpunkte von Zufriedenheit und Unzufriedenheit erkennen lassen. Im Sinne eines →Screenings können Ansatzpunkte hierzu →Mitarbeitergespräche, →Mitarbeiterbefragungen im Sinne von →Interviews und Analysen des Betriebsklimas liefern, in denen die Ergebnisse vertieft besprochen und den Wünschen und Zielen der Mitarbeiter gegenübergestellt werden, sofern diese durch mehr objektive Daten, wie zum Beispiel →Arbeitsplatzanalysen, Stellenbewertungen und Zeitstudien (→Arbeits- und Zeitstudien) ergänzt werden und insgesamt Eingang in eine systematische Schwachstellenanalyse finden.

Nach den Ergebnissen verschiedener Studien muss man davon ausgehen, dass resignierte Arbeitszufriedenheit mit einer Abnahme an Wohlbefinden, Arbeitsleistung, von Anstrengung und Zielsetzung und einem Widerstand gegen Veränderung und damit auch einer begrenzten beruflichen Entwicklung verbunden ist. Dies ist aber keineswegs immer mit persönlicher Resignation verknüpft, sondern kann mit einer Verschiebung von Ansprüchen auf andere Lebensbereiche einhergehen und bemerkenswerterweise ein aktives Denken und Handeln in Bezug auf Hobbys, Familie oder andere Beschäftigungen zur Folge haben. Gerade dieser Umstand sollte Unternehmen zu denken geben und Anlass sein, durch differenzierte Maßnahmen der →Arbeitsgestaltung, also über →Job Enlargement, →Job Enrichment oder →Job Rotation frühzeitig Veränderungen beziehungsweise Verlagerungen von Ansprüchen und Zielen in der Arbeit vorzubeugen.

„Prävention" scheint hier also bei weitem der kosteneffektivere Weg zu sein. Darüber hinaus werden aber auch Auswirkungen der Arbeitszufriedenheit auf →Fehlzeiten und →Fluktuation (= konstruktive Arbeitsunzufriedenheit) am Arbeitsplatz vermutet. Untersuchungen haben hier zwar gewisse Zusammenhänge aufgezeigt, die aber ursächlich nicht eindeutig auf die Arbeitszufriedenheit zurückzuführen sind.

Insgesamt sollten →Organisationen konstruktive Arbeitsunzufriedenheit in einem positiven Licht sehen; denn in der sich immer schneller verändernden Arbeitswelt wird hoch motiviertes, kritisches und qualifiziertes Personal benötigt, um den wachsenden Anforderungen gerecht zu werden.

Literatur: *Alderfer, C. P.:* Existence, Relatedness, and Growth: Human Needs in Organizational Settings, New York 1972. *Arnold, J.:* Work Psychology: Understanding Human Behaviour in the Workplace, 4. Aufl., Essex 2005. *Fischer, L.; Lück, H. E.:* Entwicklung einer Skala zur Messung von Arbeitszufriedenheit (SAZ), in: Psychologie und Praxis, Bd. 16 1972, S. 64–76. *Gaugler, E.; Weber, W.; Oechsler, W.:* Handwörterbuch des Personalwesens, 3. Aufl., Stuttgart 2004. *Herzberg, F.:* Work and the Nature of Man, New York 1966. *Lawler, E. E.:* Motivation in Work Organizations, Monterey 1973. *Locke, E. A.:* Motivation, Cognition and Action: An Analysis of Studies of Task Goals and Knowledge, in: Applied Psychology: An International Review, 49. Jg. (2000), H. 3, S. 408–429. *Locke, E. A.; Latham, G. P.:* A Theory of Goal Setting and Task Performance, Englewood Cliffs 1990. *Martin, A.:* Organizational Behaviour, Stuttgart 2003. *Maslow, A. H.:* Motivation and Personality, New York 1954. *McClelland, D. C.:* Human Motivation, Glenview 1985. *Neuberger, O.; Allerbeck, M.:* Messung und Analyse von Arbeitszufriedenheit, Bern 1978. *Porter, L. W.:* Organizational Patterns of Managerial Job Attitudes, New York 1964. *Porter, L. W.; Lawler, E. E. III:* Managerial Attitudes and Performance, Homewood 1968. *Scholz, C.:* Personalmanagement, 5. Aufl., München 2000. *Smith, P. C.; Kendall, L. M.; Hulin, C. L.:* The Measurement of Satisfaction in Work and Retirement, Chicago 1969. *Ulich, E.:* Arbeitspsychologie, 4. Aufl., Zürich 1998. *Vroom, V. H.:* Work and Motivation, New York 1964.

Thomas Bartscher

Architektur →Informationssystem

Arm- und Handstützen →Körperunterstützungen

Artefakte

auf der Oberflächenstruktur wahrnehmbare, von Menschen geschaffene Objekte und Manifestationen einer →Organisationskultur, die sich zum Beispiel in Symbolen oder symbolischen Handlungen manifestieren.

Die in der organisationalen Tiefenstruktur verankerten kulturellen Regeln und →Grundannahmen können sich auf vielfältige Art und Weise an der „Oberfläche" eines sozialen Systems (z. B. in Architektur, Logos, Broschüren, Umgangsformen, Sprachgebrauch, Kleiderordnung, Ritualen, Geschichten oder Anekdoten) verdinglichen. Diese unterschiedlichen Erscheinungsformen kultureller Artefakte sind vergleichsweise leicht zu beobachten und bilden einen wertvollen Ansatzpunkt für die empirische Analyse der eigentlichen kulturellen Substanz von Organisationen. Ein unmittelbarer Rückschluss aus den Artefakten auf die „dahinter" wirkende Kultur ist aber angesichts der impliziten Mehrdeutigkeit kultureller Symbole nur bedingt möglich. Unabdingbare Voraussetzung für eine angemessene Interpretation des Bedeutungsgehalts von Artefakten ist die Kenntnis der ihrer Erzeugung zugrunde liegenden mentalen Modelle.

Interkulturell bedeutend ist, dass Artefakte häufig eine kulturspezifische symbolische Bedeutung haben, ihre eindeutige, „richtige" Entschlüsselung und Interpretation jedoch für einen anderskulturellen Mitarbeiter schwierig ist. Besonders deutlich wird dies an der Interpretation von Farben: schwarz wird in vielen westeuropäischen Ländern als Farbe der Trauer verstanden, in vielen ostasiatischen Ländern symbolisiert schwarz jedoch Freude, weiß dagegen Trauer.

Literatur: *Schein, E. H.:* Unternehmenskultur, Frankfurt a. M., New York 1995. *Trice, H. M.; Beyer, J. M.:* Studying Organizational Cultures Through Rites and Ceremonials, in: Academy of Management Review, 9. Jg. (1984), H. 4, S. 653–669.

Thomas Behrends

Assessment Center

eines der am meisten genutzten Verfahren der →Potenzialbeurteilung, das unter anderem der organisationsexternen und -internen Personal- beziehungsweise Bewerberauswahl dient.

Assessment Center basieren auf einer multiplen Verfahrenstechnik, mit der die Einschätzung aktueller →Kompetenzen und die Prognose zukünftiger beruflicher Entwicklung vorgenommen werden.

Mit ihnen werden Fähigkeiten und Verhaltensweisen von Personen ermittelt und beurteilt, von denen der Schluss auf zukünftig erwartbares Arbeitsverhalten und das Fähigkeitspotenzial möglich erscheint. Angestrebt wird eine Eignungs- oder Erfolgsprognose (→ Eignungsdiagnostik) auf Basis der Simulation und Abbildung tätigkeitsspezifischer Aufgaben in verschiedenen, meist standardisierten Testsituationen, in denen methodisch unterschiedliche →Testverfahren zum Einsatz gelangen. Solchen als arbeitstypisch erachteten Situationen werden mehrere Teilnehmer zugleich und in Konkurrenz zueinander ausgesetzt. Dabei werden ihre Verhaltensleistungen von mehreren geschulten Beobachtern in Bezug auf vorab definierte Anforderungen über mehrere Dimensionen beobachtet und – hiervon getrennt und anhand vorgegebener Kriterien – beurteilt.

Die Vielzahl potenziell möglicher Verwendungszwecke erfordert im Vorfeld die Klärung und Festlegung zu erreichender Ziele, die Analyse der Anforderungen und deren Übersetzung in erfolgsrelevante Fähigkeiten und Verhaltensweisen, nach denen die Teilnehmer beurteilt werden sollen, sowie die Auswahl der einzelnen diagnostischen Verfahrenselemente und die Schulung der Beobachter.

Zu den *typischen Aufgaben* in Assessment Centern gehören führerlose oder geführte Gruppendiskussionen, die Präsentation von Ergebnissen, Postkorbübungen, mündlicher Vortrag, schriftliche Übungen, (Daten-)Analysen sowie die Bearbeitung typischer, arbeitsplatzspezifischer Aufgaben. Hierbei handelt es sich in der Mehrzahl um Prädiktoren der Klasse „Arbeitsproben" und „situative Übungen", während die →Beobachtung das konkrete Verhalten (→ Behaviorismus) der Teilnehmer fokussiert.

An die Durchführung des Assessment Centers schließt sich die *Auswertung der Beobachtungsdaten* und deren Aggregation zu (Potenzial-)Urteilen durch alle Beurteiler sowie die Rückkopplung der Ergebnisse an die Teilnehmer an, wobei die Urteilsbegründung streng verhaltensbezogen und in Bezug auf formulierte Anforderungen erfolgen soll.

Nachgelagert sind idealerweise eine *Evaluierung des Verfahrens* durch Überprüfung von Konstruktvalidität (→Gütekriterien) und prognostischer Validität, der einzelnen Elemente des Verfahrens und der Skalen, anhand derer das Verhalten beurteilt wird sowie eine kritische Reflexion des Agierens der Beurteiler.

Viele Studien bescheinigen dem Assessment Center eine im Vergleich zu anderen Instrumenten und Verfahren der →Eignungsdiagnostik hohe Validität. Umstritten sind hingegen die Authentizität des Verfahrens, insbesondere die Möglichkeit, Schlüsse vom Verhalten in Testsituationen auf das tatsächliche Arbeitsverhalten zu ziehen, die Bestimmung von Anforderungskategorien (→Anforderungsanalyse) und die Ableitung von Verhaltensweisen, die Möglichkeit deren objektiver Beobachtung sowie die fehlende Erfassung von Handlungsstrategien und kognitiven Leistungen von Teilnehmern.

Literatur: *Jochmann, W.* (Hrsg.): Innovationen im Assessment Center, Stuttgart 1999. *Kompa, A.*: Assessment Center, 6. Aufl., München, Mering 1999. *Sarges, W.*; *Byham, W. C.*: Assessment Centers and Managerial Performance, Nork etc. 1982

Jürgen Grieger

Assimilation

Wertschätzung der Fremdkultur und Geringschätzung oder gar Ablehnung der Eigenkultur.

Personen oder →Gruppen versuchen durch bewusste Übernahme von Werten, Normen und Verhaltensweisen des anderskulturellen Systems, ihr eigenkulturelles Orientierungssystem abzulegen.

Literatur: *Dodd, C. H.*: Dynamics of Intercultural Communication, Dubuque 1995.

Christoph I. Barmeyer

Attendance Record

Erfassung der tatsächlichen Anwesenheit des Mitarbeiters im Betrieb (dt.: →Zeiterfassung).

Bei der Arbeitszeiterfassung wird →Urlaub ebenso vermerkt wie Krankheitstage (→Krankheitsbedingte Fehlzeiten), Nicht-Anwesenheitszeiten und →Überstunden. Mit Attended Tim wird die tatsächliche Zeit umschrieben, die ein Mitarbeiter pro Messperiode (Woche, Monat, Jahr) an seinem Arbeitsplatz verbringt (dt.: Anwesenheitszeit).

Désirée H. Ladwig

Attitude Survey

empirische Messung der Einstellung (engl.: Attitude).

Die Einstellung ist nach *Kroeber-Riel* und *Weinberg* (2003) die subjektiv wahrgenommene Eignung eines Gegenstands (z. B. eines Lebensbereichs wie Arbeit, fremder Personen, eigenes Selbst, Produkte und Dienstleistungen) zur Befriedigung einer Motivation. Einstellungen werden drei zentrale *Komponenten* zugesprochen:

1. Die *kognitive* (gedankliche) Komponente (z. B. „die Stellenanzeige dieses Unternehmens ist aussagekräftig").
2. Die *affektive* (gefühlsmäßige) Komponente (z. B. „dieses Unternehmen ist mir sympathisch").
3. Die *konative* (handlungsorientierte) beziehungsweise *intentionale* (absichtsbezogene) Komponente (z. B. „ich werde mich bei diesem Unternehmen bewerben").

Die Attitude Survey kann auf drei Ebenen ansetzen (*Kroeber-Riel* und *Weinberg* 2003):

1. *Psychobiologische Ebene*: Hier werden physiologische Reaktionen wie die →Aktivierung herangezogen, um Aussagen zur Intensität und Wichtigkeit einer Einstellung zu erhalten.
2. *Ebene der →Beobachtungen*: Aus dem beobachteten Entscheidungsverhalten (z. B. Kauf, erbrachte →Arbeitsleistung), aber auch aus der Beobachtung von Mimik und Gestik wird auf die hinter dem Verhalten (→Behaviorismus) vermuteten Einstellungen geschlossen.
3. *Ebene der subjektiven Erfahrungen*: Hier wird an die typischerweise in fragebogengestützten →Interviews geäußerten Aussagen zu den Erfahrungen der Interviewten angeknüpft.

Die Messung der Einstellung auf der subjektiven Erfahrungsebene kann eindimensional oder mehrdimensional erfolgen:

- *Eindimensionale Messung*: Setzt an einer einzigen der drei Komponenten an (oft der affektiven). Ziel der dazu verwandten Verfahren ist es, Bewertungen von Items, die die zu messende Komponente umschreiben, auf Ratingskalen zu erfassen und zu einem einzigen Summenwert zu verdichten. Dieser Summenwert gibt die individuelle Einstellung wieder. Das bekannteste Verfahren ist die Likert-Skalierung, bei der fünfstufige Ratingskalen (−2 = starke Ablehnung bis +2 = starke Zustimmung) zur Bewertung der vorab gesammelten und in einem Pretest auf Validität geprüften Items zum Einsatz kommen. Auch die Nutzung von →Magnitude-Skalen zählt zu den eindimensionalen Messansätzen.
- *Mehrdimensionale Messansätze*: Berücksichtigen mindestens zwei der drei Einstellungskomponenten. Beim *semantischen Differential* wird die Einstellung mit Eigenschaftswörtern, die im übertragenen Sinn zu verstehen sind (z. B. erregend – ruhig, glücklich – traurig), gemessen. Auf diese Weise können unterschiedliche Meinungsgegenstände wie zum Beispiel das Saarland und die Marke *Villeroy & Boch* auf der gleichen Skala beurteilt werden. In *Multiattributmodellen* werden verschiedene Eigenschaften des Meinungsgegenstands anhand kognitiver, affektiver oder konativer Aspekte auf Ratingskalen bewertet. Diese Bewertung wird mit der gleichfalls auf Ratingskalen gemessenen Wichtigkeit, der Wahrscheinlichkeit des Vorhandenseins dieser Eigenschaft oder der Differenz zur idealen Ausprägung gewichtet. *Moderne mehrdimensionale Messansätze* wie zum Beispiel das von *Trommsdorff* vorgeschlagene WISA-Modell beziehen zusätzlich konkurrierende Meinungsgegenstände ein und ermöglichen die Prognose der Auswirkungen einer Einstellungsänderung zu einem Objekt auf die anderen konkurrierenden Objekte.

Wenn die Einstellung zu räumlichen Objekten gemessen werden soll, die zum Zeitpunkt der Studie nicht direkt wahrgenommen werden können (z. B. eine →Befragung von Studierenden nach einer Jobmesse zur Gestaltung der Messestände), dann sollte zunächst am Gedächtnisbild angesetzt werden, dessen Ausprägung (insbesondere Lebendigkeit und Ordnung) die Einstellungen prägt. Hierbei haben sich Bilderskalen und verbale Skalen bewährt, die sprachliche Bilder nutzen, damit die bildliche Modalität des Einstellungsgegenstands erfasst werden kann (*Germelmann* und *Gröppel-Klein* 2004).

In der Personalforschung werden Attitude Surveys oft genutzt, um zu messen, wie die →Angestellten das Unternehmen sehen und wie diese Einstellung zum Unternehmen auf ihr Engagement im Unternehmen wirkt. Bei der Aufstellung solcher Kausalzusammenhänge muss jedoch berücksichtigt werden, dass nicht immer die Einstellung das Verhalten steuert. Gerade bei noch wenig klar ausgeprägten Einstellungen kann das Verhalten auch die

Einstellung bestimmen. Nach *Fazio* und *Zanna* (1981) sollte daher für die Interpretation einer Attitude Survey gefragt werden: Unter welchen situativen Bedingungen sagen welche Arten von Einstellungen von welchen Personen welches Verhalten voraus?

Bei der Planung, Durchführung und Auswertung einer Attitude Survey müssen ferner drei Fehlerquellen Berücksichtigung finden, die aus dem Antwortverhalten der Befragten entstehen können (*Bortz* und *Döring* 2006):

1. *Selbstdarstellung der Befragten*: Ein kooperationsbereiter Befragter hat die Tendenz, ein Höchstmaß an Anerkennung und individuellem Nutzen aus der Attitude Survey zu ziehen. Daher interpretiert er alle nonverbalen und verbalen Signale des Interviewers, um „Eindrucksmanagement" zu betreiben und sein Antwortverhalten an den vermuteten Zielsetzungen auszurichten (*Phillips* 1971, *Esser* 1986). Die Art der Selbstdarstellung ist abhängig vom Adressaten; so könnte ein Befragter einen Fragebogen unterschiedlich ausfüllen, wenn er von einem unabhängigen Forschungsinstitut oder von einer Unternehmensberatung kommt.

2. *Soziale Erwünschtheit*: Orientieren sich die Befragten in ihrem Antwortverhalten streng an tatsächlichen oder vermuteten sozialen Normen und Erwartungen, spricht man von sozial erwünschtem Antwortverhalten. Auch hier müssen jedoch die Situation und die Bezugsgruppe Berücksichtigung finden. In einem Einstellungstest für den Vertrieb könnte sich ein Proband als besonders extrovertiert darstellen, während der gleiche Proband in einem Partnerschaftstest ein eher introvertiertes Bild von sich vermitteln können wollte, um sympathisch zu wirken. *Puntoni* und *Tavassoli* (2007) fanden zudem heraus, dass aufgrund der Tendenz zur positiven Selbstdarstellung sozial erwünschte Antworten häufiger gegeben werden, wenn beim Ausfüllen des Fragebogens eine andere Person im Raum ist.

3. *Antworttendenzen* (Response Sets): Liegen vor, wenn die Probanden stereotyp und unabhängig vom Inhalt durch Zustimmung (Akquieszenz) oder durch Ablehnung (Neinsage-Tendenz) antworten. Neben diesen Tendenzen, die zu einer Häufung der Messwerte an den Endpunkten der Skalen führen, besteht auch die Tendenz, sich nicht festzulegen, was zu einer Häufung der Antworten um den Skalenmittelpunkt führt. Zur Vermeidung werden eindeutige und extreme Itemformulierungen, positiv und negativ formulierte Items und abgestufte Antwortvorgaben empfohlen.

Attitude Surveys müssen drei *Gütekriterien* genügen:

1. *Objektivität*: Keine Verfälschung der Ergebnisse durch die Anwender bei der Erhebung, Auswertung und Interpretation der Daten. Verschiedene Testanwender müssen bei den gleichen Befragungspersonen (→Befragung) zum gleichen Messergebnis kommen.

2. *Reliabilität*: Unter den gleichen Bedingungen muss die Attitude Survey stets die gleichen Ergebnisse erbringen, das heißt, der Messfehler muss möglichst gering sein.

3. *Validität*: Die Attitude Survey muss das messen, was sie zu messen vorgibt, ansonsten liegt ein systematischer Messfehler vor (z. B. wenn statt der Einstellung die Testangst oder der Grad der Anpassung an vermutete Unternehmensnormen gemessen wird).

Wird eine Attitude Survey in mehreren Ländern durchgeführt, muss zuvor geprüft werden, ob auch die →Kultur einen Einfluss auf die Interpretation von Items oder das generelle Antwortverhalten ausüben kann.

Literatur: *Bortz, J.*; *Döring, N.*: Forschungsmethoden und Evaluation für Human- und Sozialwissenschaftler, 4. Aufl., Heidelberg 2006. *Esser, H.*: Können Befragte lügen? Zum Konzept des „Wahren Werts" im Rahmen der handlungstheoretischen Erklärung von Situationseinflüssen in der Befragung, Zuma-Arbeitsbericht H. 86/02, Mannheim 1986. *Germelmann, C. C.*; *Gröppel-Klein, A.*: State of the Art der Imagery-Forschung und ihre Bedeutung für den Handel, in: *Gröppel-Klein, A.* (Hrsg.): Konsumentenverhaltensforschung im 21. Jahrhundert, Wiesbaden 2004, S. 99–126. *Fazio, R. N.*; *Zanna, M. P.*: Attitudinal Qualities Relating to the Strength of the Attitude-Behavior-Relationship, in: Advances in Experimental Social Psychology, (1981), H. 14, S. 161–202. *Kroeber-Riel, W.*; *Weinberg, P.*: Konsumentenverhalten, 8. Aufl., München 2003. *Phillips, D. L.*: Knowledge from What?, Chicago 1971. *Puntoni, S.*; *Tavassoli, N. T.*: Social Context and Advertising Memory, in: Journal of Marketing Research, (2007), H. 44 (2), S. 284–296.

Claas Christian Germelmann

Attributionstheorie der Führung

Beschreibt Führungsbeziehungen in Abhängigkeit von individuellen Verhaltensbegründungen.

Attributionen (Zuschreibungen) sind Erklärungen, die der Laie in seinem Alltagsverständnis für sein eigenes Verhalten und das Verhalten anderer Personen findet. Derartige Zuschreibungen werden häufig unbewusst getroffen und bleiben oft unausgesprochen; sie sind in der Regel nicht Ergebnis eines rationalen Kalküls, sondern werden von emotionalen Prozessen beeinflusst, sie sind individuell unterschiedlich und müssen nicht mit der Realität übereinstimmen.

Für die Führungsforschung ist das Phänomen der Attribution aus zwei verschiedenen Perspektiven bedeutsam:

1. Die Frage, welche Erklärungen die Geführten für das Verhalten des Führenden finden, stand Ende der 1970er Jahre im Zentrum der Arbeiten von *Calder* (1977). Führung (→ Mitarbeiterführung) als hypothetisches Konstrukt entsteht danach vor allem in den Köpfen der Geführten, wenn sie dem Führenden Eigenschaften zuschreiben, die ihrem Führungsprototyp entsprechen (z. B. Durchsetzungsvermögen). Diese Perspektive wurde in den 1980er Jahren von *Meindl*, *Ehrlich* und *Dukerich* (1985) unter dem Stichwort „the romance of leadership" auf kollektive Attributionsprozesse in Organisationen übertragen. Hierbei wird besonders deutlich, dass in der Wahrnehmung der Geführten der Erfolg eines Führenden ein entscheidendes Merkmal seiner Qualität als Führender darstellt.

2. *Green* und *Mitchell* (1979) beleuchten umgekehrt die Zuschreibungen, die der Führende für das Verhalten der Geführten trifft. Die Weise, wie der Führende sich den Erfolg oder Misserfolg eines Geführten erklärt (z. B. Erfolg durch Anstrengung oder Glück), bestimmt dabei seine Reaktion: zum Beispiel Belohnung beziehungsweise Bestrafung (→ Belohnung und Bestrafung) des Geführten, die Zuweisung von leichteren oder schwierigeren Aufgaben oder Training des Mitarbeiters. Dabei wird angenommen, dass die Zuschreibungen, die der Führende trifft, von seinen Informationen über die Beständigkeit und die Besonderheit des Geführten-Verhaltens sowie die Übereinstimmung des Geführten-Verhaltens mit dem anderer Geführter abhängt.

Darüber hinaus beeinflussen Eigenheiten der sozialen Wahrnehmung die Attributionen des Führenden:

- Der *fundamentale Attributionsirrtum* besteht darin, dass er als Beobachter tendenziell den Geführten für die Ursache eines Ergebnisses hält, während der Geführte selbst (auch) Aspekte der Situation und der Aufgabe für die Ursachen seines Ergebnisses hält.

- *Selbstwertdienliche Tendenzen* begünstigen die Neigung des Führenden, einen Erfolg des Geführten tendenziell sich selbst, einen Misserfolg jedoch dem Geführten zuzuschreiben.

- Ebenso können zum Beispiel *Sympathie* oder *Antipathie* und *Stereotpye* die Zuschreibungen des Führenden verzerren.

Dasselbe Ergebnis des Mitarbeiters wird also in Abhängigkeit von der Zuschreibung, die eine →Führungskraft trifft, unterschiedlich bewertet. Ein Erfolg, der auf internale, variable und kontrollierbare Faktoren zurückgeführt wird, wird den Führenden vermutlich zu einer Belohnung veranlassen, während derselbe Erfolg bei einer externalen Attribution nicht zu einer Belohnung führen wird. Für die Praxis ist diese Tatsache deshalb relevant, weil die Attribution des Geführten und des Führenden nicht übereinstimmen müssen. Bei Reaktionen des Führenden, die der Geführte als Folge ungerechtfertigter Zuschreibungen von Erfolg oder Misserfolg erlebt, sind negative Konsequenzen für seine Leistungsmotivation (→ Motivation) wahrscheinlich.

Literatur: *Calder, B. J.*: An Attribution Theory of Leadership, in: *Staw, B.*; *Salanick, G.* (Hrsg.): New Directions in Leadership Behavior, Chicago 1977, S. 179–204. *Green, S. G.*; *Mitchell, T. R.*: Attributional Process of Leaders in Leader-Member Interactions, in: Organizational Behavior and Human Performance, 23. Jg. (1979), H. 3, S. 429–458. *Meindl, J. R.*; *Ehrlich, S. B.*; *Dukerich, J. M.*: The Romance of Leadership, in: Administrative Science Quarterly, 30. Jg., (1985), H. 1, S. 78–102.

Sabine Boerner

Atypische Beschäftigung

Beschäftigungsformen, die vom →Normalarbeitsverhältnis als Norm für die Konstituierung einer Arbeitsbeziehung abweichen.

Für ein atypisches →Beschäftigungsverhältnis trifft mindestens eine der folgenden *Bedingungen* zu:

– Es liegt keine Vollzeitbeschäftigung vor,

– die Dauer des Beschäftigungsverhältnisses ist begrenzt (Befristung) oder ist im Sinne einer fehlenden Willensbekundung für ein unbefristetes Fortbestehen des Arbeitsverhältnisses ungewiss,

- der Beschäftigte arbeitet „frei", das heißt nicht weisungsgebunden,
- es liegt kein →Arbeitsvertrag vor, sondern ein dienst- oder werkvertragliches Verhältnis beziehungsweise ein Leiharbeitsverhältnis,
- die für die →Arbeitsleistungen oder die Bereitstellung der Arbeitskraft gezahlte Vergütung erfolgt unregelmäßig und/oder ist nicht ausreichend zur Existenzsicherung,
- die Arbeitstätigkeit wird zu einem wesentlichen Teil nicht im Betrieb beziehungsweise an dem für die Ausführung (bisher) üblichen und definierten Ort ausgeführt und
- die →Arbeitszeit ist entweder nicht klar von der „Lebenszeit" abgegrenzt oder aber unterliegt nicht vorhersehbaren Schwankungen.

„Typische" atypische Beschäftigungsformen sind nach *Keller* und *Seifert* (1995) und *Wimmer* und *Neuberger* (1998) zum Beispiel →Telearbeit, →Heimarbeit, →Zeitarbeit, →Dienst- und →Werkverträge (→Contracting), →Scheinselbstständigkeit, →geringfügige Beschäftigung und →Teilzeitarbeit. Auch Formen der illegalen Beschäftigung (→Schwarzarbeit), Arbeit in arbeitsmarktpolitischen Maßnahmen (bspw. ABM) oder Arbeit in der so genannten informellen Ökonomie (z. B. Nachbarschaftshilfe) lassen sich zu den atypischen Beschäftigungsformen zählen.

Atypische Beschäftigungsverhältnisse können also in ganz unterschiedlicher Weise von typischen Beschäftigungsverhältnissen abweichen. So haben zum Beispiel ein projektbezogen arbeitender Manager auf Zeit (Interim Manager), ein festangestellter Telearbeiter, ein (schein-) selbstständiger Kurierfahrer und ein geringfügig beschäftigter Call Center-Mitarbeiter bezüglich ihrer Beschäftigungsverhältnisse auf den ersten Blick wenig gemeinsam (→Contingent Work). Auch können gleiche oder ähnliche Arbeitsverhältnisse ganz unterschiedliche Interpretationen und Bewertungen erfahren, je nachdem, in welcher Lebenssituation (Student, Familienernährer, Arbeitsloser) sich die Beschäftigten befinden. Da der Anteil von im Sinne des Normalarbeitsverhältnisses typischen Beschäftigungsverhältnissen kontinuierlich sinkt und zudem atypische Beschäftigungsverhältnisse im hier verwendeten Sinne in einigen Branchen oder Industrien zunehmend verbreitet und deutlicher wahrnehmbar sind (→Postindustrielle Arbeitswelt, →Beschäftigungsverhältnisse von Künstlern, →Personalmanagement in Non-Profit Organisationen), ist das Adjektiv „atypisch" zunehmend weniger hilfreich für eine begriffliche →Differenzierung von Beschäftigungsformen.

Die zahlenmäßige *Verbreitung atypischer Beschäftigungsformen* ist aufgrund unterschiedlicher oder fehlender Meldepflichten sowie Überschneidungen und Doppelerfassungen schwer zu ermitteln. Mikrozensusdaten, Statistiken der Bundesanstalt für Arbeit und Einzelanalysen lassen erkennen, dass der Anteil der Erwerbstätigen in einer unbefristeten abhängigen Vollzeitbeschäftigung langsam, aber kontinuierlich sinkt und derzeit bei etwa 60 % liegt. Folgt man den 2002 veröffentlichten Analysen von *Hoffmann* und *Walwei* vom *Institut für Arbeitsmarkt- und Berufsforschung der Bundesanstalt für Arbeit*, so ergeben sich für den Zeitraum 1985 (Westdeutschland) bis 2000 (Gesamtdeutschland) folgende Entwicklungen: Der Anteil der abhängig Teilzeitbeschäftigten hat stark zugenommen (von 10,6 % auf 17,7 %), der Anteil der Selbstständigen ohne Berücksichtigung der Landwirtschaft ist leicht gestiegen (von 8,1 % auf 9,5 %), allerdings hat der Anteil der Beschäftigten ohne Mitarbeitern an den gesamten Selbstständigen stark zugenommen, der Anteil der befristeten Vollzeitbeschäftigungsverhältnisse hat gering zugenommen (von 9,4 % auf 10,2 %), der Anteil der befristeten Teilzeitbeschäftigungsverhältnisse ist (relativ gesehen) stärker gestiegen (von 0,9 % auf 1,7 %), der Anteil der Leiharbeitnehmer, die in den befristeten und unbefristeten Vollzeitbeschäftigungsverhältnissen enthalten sind, hat sich mehr als vervierfacht und liegt jetzt bei circa 1 %.

Zu ergänzen ist die Telearbeit, deren Zahl in den letzten Jahren stark zugenommen hat und auf bis zu sechs Millionen geschätzt wird, sowie die stark gewachsene Gruppe der geringfügig Beschäftigten, deren Zahl auf vier bis sechs Millionen geschätzt wird. Zählt man diese Beschäftigungsform mit zu den Teilzeitbeschäftigungsverhältnissen, würde sich eine Teilzeitquote von über 20 % ergeben.

Bemerkenswert ist, dass atypische Beschäftigungsverhältnisse insbesondere unter den neu entstehenden Arbeitsplätzen auffallend stark verbreitet sind und überdurchschnittlich häufig Niedrigqualifizierte, Frauen und Berufsanfänger betreffen und damit zu einer Segmentierung des Arbeitsmarkts beitragen (→Randbelegschaft). Zudem sind sie branchenspezifisch verteilt, mit einem besonders hohen Anteil zum Beispiel im Einzelhandel, im Gastgewerbe, in der Bauindustrie, im Ausbildungssektor (→Ausbildung), in den Medien- und Kulturbranchen und im Non-Profit Sektor.

Literatur: *Hoffmann, E.; Walwei, U.*: Wandel der Erwerbsformen: Was steckt hinter den Veränderungen, in: *Kleinhenz, G.* (Hrsg.): IAB-Kompendium Arbeitsmarkt- und Berufsforschung, Nürnberg 2002, S. 135–144. *Keller, B.; Seifert, H.*: Atypische Beschäftigung. Verbieten oder gestalten?, Köln 1995. *Wimmer, P.; Neuberger, O.*: Personalwesen 2, Stuttgart 1998.

Axel Haunschild

Atypisches Arbeitsverhältnis →Flexibles Arbeitsverhältnis

Audit

im →Personalmanagement die Überprüfung der unternehmerischen Personalprozesse durch einen professionellen Anbieter auf die Entsprechung mit zeitgemäßen Verfahrensstandards hin.

Ein Audit darf jedoch nur dann durchgeführt werden, wenn genügend →Informationen existieren, ausreichende Ressourcen vorhanden sind und eine angemessene →Kooperationsbereitschaft des zu auditierenden Unternehmens vorliegt.

Innerhalb des Auditprozesses werden ausdrücklich Objektivität, →Kompetenz, Unabhängigkeit, Sorgfalt, Zuverlässigkeit und die Erstellung eines Audit-Reports verlangt. Vor dem eigentlichen Audit ist in der Regel ein detaillierter Auditplan zu entwerfen und zu kommunizieren. Es gilt, vorhandene Dokumente zu analysieren, persönliche →Interviews mit Betroffenen durchzuführen und →Beobachtungen innerhalb des Unternehmens anzustellen, um die Nichtübereinstimmung beziehungsweise Übereinstimmung von tatsächlichem Verhalten (→Behaviorismus) mit erwünschtem Verhalten festzustellen.

Dirk Ulrich Gilbert

Aufbau der Personalabteilung →Organisation der Personalabteilung

Aufbauorganisation

Gesamtheit der strukturellen Regelungen in einem Unternehmen, welche die Zuweisung von Mitarbeitern und Sachmitteln zu bestimmten Aufgaben zum Gegenstand haben.

Die Aufbauorganisation bildet ein statisches Gerüst, innerhalb dessen sich durch die Verknüpfung der →Stellen, Instanzen und Abteilungen die →Ablauforganisation ergibt. Durch die Aufbauorganisation wird das Unternehmen in Subsysteme unterteilt und sowohl vertikal als auch horizontal strukturiert. Frühe Beispiele dazu können bei *Taylor* (1911) und *Fayol* (1916) gefunden werden.

Die Aufbauorganisation wird dokumentiert durch das Organigramm. Dieses ist der schriftliche Ausdruck der Über- und Unterordnungsverhältnisse der Subsysteme des Unternehmens. Abbildung 1 zeigt das →Einliniensystem als klassisches Beispiel einer Aufbauorganisation.

Abbildung 1: Einliniensystem als Beispiel für ein Organigramm (*Krüger* 1993, S. 65)

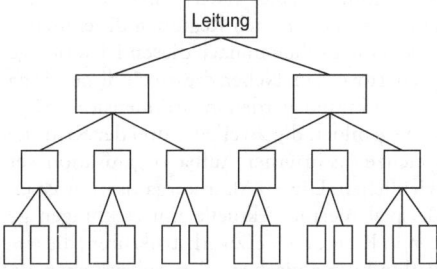

Eine Aufbauorganisation entsteht durch die Zerlegung der zu lösenden Gesamtaufgabe in Einzelaufgaben, die in einer Synthese zu Aufgabenbündeln zusammengefasst und einer Stelle zugeordnet werden. Die Schaffung von Stellen mit Weisungsbefugnissen gegenüber anderen Stellen bildet Instanzen, die einer Anzahl von Stellen übergeordnet sind. Instanzen und zugeordnete Stellen werden als Abteilungen bezeichnet. Durch Zusammenfassung von Abteilungen entstehen wiederum größere Einheiten.

Die Art und Weise, wie und welche Stellen zusammengefasst und wie die Unter- und Überordnungsverhältnisse (→Hierarchie) zwischen den Stellen geregelt werden, bestimmt die Form der gewählten Aufbauorganisation. Ziel der Bildung der Aufbauorganisation ist die Erreichung organisatorischer Effizienz. Im Einzelnen sind, wie etwa *Hoffmann* (1992) betont, drei Ziele anzustreben:

1. *Sachziele*: Die Erfüllung der technisch-ökonomischen Aufgabe des Unternehmens muss durch eine geeignete Aufbauorganisation gewährleistet sein. Kostenminimierung durch Vermeidung von Doppelarbeiten, klare Kompetenz- und Aufgabenabgrenzung und eine sinnvolle Definition von Schnittstellen sind Einzelziele in diesem Bereich.

2. *Mitarbeiterorientierte Ziele*: Die Schaffung von interessanten Aufgabenbündeln und die Einordnung der Stellen in ein Abteilungsumfeld, das zur →Motivation der Mitarbeiter beiträgt, werden aufbauorganisatorisch angestrebt.

3. *Anpassungsziele*: Die Strukturen müssen in der Lage sein, sich verändernden Umweltbedingungen anzupassen.

Bei der Verfolgung dieser Ziele sind inzwischen eine große Anzahl von aufbauorganisatorischen Konzepten entwickelt worden. Das in Abbildung 1 gezeigte Einliniensystem wird zum Beispiel nach Funktionen, nach Divisionen oder nach Regionen differenziert, indem die Einheiten nach diesen Kriterien gegliedert werden. Neben diesen eindimensionalen Strukturen werden mehrdimensionale Systeme gebildet, die zwei oder drei der Kriterien gleichzeitig in einer Aufbauorganisation verwirklichen. Die →Matrixorganisation ist ein Beispiel hierfür. Aktuelle Entwicklungen gehen in Richtung Netzwerkstrukturen, die eine Verbindung zwischen allen Subsystemen des Unternehmens herstellen und auf eine hierarchische Gliederung im Wesentlichen verzichten.

Literatur: *Fayol, H.*: Administration Industrielle et General, Paris 1916. *Hoffmann, F.*: Aufbauorganisation, in: *Frese, E.* (Hrsg.) Handwörterbuch der Organisation, 3. Aufl., Stuttgart 1992, Sp. 208–221. *Krüger, W.*: Organisation der Unternehmung, 2. Aufl., Stuttgart 1993. *Taylor, F.W.*: Shop Management, New York, London 1911.

Reinhard Meckl

Aufbewahrungspflicht

bezieht sich im personalwirtschaftlichen Kontext auf Bestandteile der →Personalakte, spezielle Aufbewahrungspflichten für Personalunterlagen existieren nicht.

Eine Ausnahme gilt jedoch zum einen für die Buchungsbelege der Lohn- und Gehaltsabrechnung. Diese unterliegen der zehnjährigen Aufbewahrungsfrist des § 257 HGB. Zum anderen müssen die Bescheinigungen nach §§ 25, 31 DEÜV (Meldungen an Sozialversicherungsträger) bis zum Ablauf des auf die letzte Prüfung nach § 28p SGB IV folgenden Kalenderjahres aufbewahrt werden. Unabhängig davon empfiehlt es sich jedoch, sämtliche Unterlagen so lange aufzubewahren, wie mit Ansprüchen des Arbeitnehmers zu rechnen ist, damit im Falle eines Rechtsstreits entsprechendes Beweismaterial vorliegt.

Axel Benning

Aufgabenanalyse und -synthese

Gestaltungssystematik für die Zerlegung von Aufgaben zu Teilaufgaben, Zusammenlegung dieser Teilaufgaben zu Aufgabenbereichen und Zuordnung zu Aufgabenträgern.

Aufgaben sind nach *Kosiol* (1962, S. 43) „Zielsetzungen für zweckbezogene menschliche Handlungen". Diese Handlungen werden als Verrichtungen bezeichnet und an gegebenen Objekten, den Ausgangsobjekten, vollzogen. Die Aufgabenerfüllung wird durch die sachgerechte Zuordnung von Rechten und Pflichten auf die *Aufgabenträger* sowie den effizienten Einsatz von *Sachmitteln* gewährleistet. Die zu erfüllenden Aufgaben, Aufgabenträger und Sachmittel stellen somit die Gestaltungselemente der Aufgabenerfüllungssituation dar. Um Aufgaben in geordneter Weise erfüllen zu können, müssen sie zunächst inhaltlich bestimmt und in verteilungsfähige *Teilaufgaben* zerlegt werden. Anschließend werden diese zu Aufgabenbereichen zusammengelegt und Aufgabenträgern verschiedener Stellen und Abteilungen zugeordnet. *Kosiol* (1962) hat für diese Gestaltungssystematik die Begriffe Aufgabenanalyse und -synthese geprägt.

In einem ersten Schritt ist die *Aufgabenanalyse* als vororganisatorischer Akt für die sachgerechte Aufgliederung der komplexen Gesamtaufgabe in notwendige Teilaufgaben zuständig. Dazu gehören die Gliederungsmerkmale:

– Verrichtungsanalyse,

– Objektanalyse,

– Ranganalyse,

– Phasenanalyse sowie
– Zweckbeziehungsanalyse.

In einem zweiten Schritt erfolgt die *Aufgabensynthese* als eigentlicher organisatorischer Akt. Die einzelnen Teilaufgaben werden wieder zu aufgaben- und arbeitsteiligen Handlungen zusammengefasst. Diese →Integration erfolgt nach fünf idealtypischen Zusammenhängen:

1. *Verteilungszusammenhang*: Umfasst die Verteilung der Teilaufgaben auf Aufgabenträger. Die entstehende Verteilungseinheit ist die zunächst personenunabhängige, auf die durchschnittliche →Leistungsfähigkeit eines Aufgabenträgers zugeschnittene →Stelle. Zur adäquaten Aufgabenerfüllung werden Stellen dauerhaft mit Rechten und Pflichten, so genannten →Kompetenzen, ausgestattet.

2. *Leitungszusammenhang*: Führt aufbauend auf dem Verteilungszusammenhang zu einer Verknüpfung von Stellen nach rangmäßigen Verteilungseinheiten, deren Zusammenhang das *Abteilungs- und Leitungssystem* ergibt. Eine Stelle mit Weisungsbefugnissen gegenüber einer bestimmten Gruppe von Stelleninhabern wird als Instanz (→Aufbauorganisation) bezeichnet. Aus der Zusammenfassung mehrerer Stellen unter Leitung einer Instanz entsteht eine Abteilung.

3. *Stabszusammenhang*: Ist das Hilfssystem des Leitungszusammenhangs. Stäbe sind Entlastungsorgane und stellen einen ergänzenden Beziehungskomplex zum vorhandenen Verteilungssystem dar. Diese drei Zusammenhänge ergeben ein geschlossenes, hierarchisches Gliederungssystem, das durch zwei zusätzliche Zusammenhänge ergänzt wird.

4. *Arbeitszusammenhang*: Umfasst die Gestaltung des Informations- und Kommunikationsprozesses, der das Stellengefüge aus Verteilungs-, Leitungs- und Stabszusammenhang überlagert und somit für einen zusammenhängenden Arbeitsprozess sorgt.

5. *Kollegienzusammenhang*: Hierbei handelt es sich um einen Sonderfall des →Informationssystems. Hier werden Kollegien und Personen aus unterschiedlichen Stellen und Bereichen zusammengefasst.

Die Zusammenfassung der Teilaufgaben nach diesen Beziehungszusammenhängen führt zur →Aufbauorganisation. Sie schafft mit der Aufgabenzerlegung, der Stellen- und Abteilungsbildung sowie der Festlegung der Kommunikations- und Weisungsbeziehungen die organisatorische Infrastruktur als Rahmen für Gestaltungsoptionen des Personalmanagements.

Literatur: *Kosiol, E.*: Organisation der Unternehmung, Wiesbaden 1962, S. 43.

Jetta Frost

Aufgabenbereicherung →Job Enrichment

Aufgabenerweiterung →Job Enlargement

Aufgabenorientierung
→Führungsstilmodell der Ohio-State-Forschung, →Leistungsorientierung

Aufgabenstruktur

Zerlegung der unternehmerischen Gesamtleistung in Einzelaufgaben und die anschließende Zusammenfassung dieser Einzelaufgaben zu Arbeitsstellen.

Entsprechend der klassischen Organisationslehre wie etwa von *Kosiol* (1992) kann die Zusammenfassung von Einzelaufgaben zur Aufgabenstruktur nach zwei Arten erfolgen:

1. Bei einer *verrichtungsorientierten* Zusammenfassung der Einzelaufgaben ergibt sich eine Aufgabenstruktur, die durch gleichartige Tätigkeiten gekennzeichnet ist. So werden in einem Produktionsprozess zum Beispiel alle Schweißarbeiten in einer →Stelle oder einer Abteilung zusammengefasst. Spezialisierungsvorteile zum Beispiel durch Lerneffekte und ein effizienterer Einsatz von Produktions- und Betriebsmitteln sind wesentliche Vorteile dieser Aufgabenstruktur.

2. Werden die Einzelaktivitäten *objektorientiert* zentriert, so bildet sich eine Aufgabenstruktur, die alle Tätigkeiten an einem bestimmten Objekt, normalerweise ein Produkt zusammenfasst. Die Aufgabenstruktur ist dann heterogen nach der Art der Tätigkeit. Der wichtigste Vorteil bei dieser Aufgabenstruktur liegt in einer höheren →Motivation der Mitarbeiter.

Die vordringliche Aufgabe der Personalarbeit (→Personalmanagement) besteht darin, je nach Art der Zusammenfassung der Einzelaufgaben die sich daraus ergebenden Personalpotenziale zu beschaffen und einzusetzen.

Aufhebungsvertrag

Literatur: Kosiol, E.: Organisation der Unternehmung, Wiesbaden 1962.

Reinhard Meckl

Aufhebungsvertrag

vertragliche Auflösung eines Arbeitsverhältnisses (→Beschäftigungsverhältnis), ohne dass eine →Kündigung ausgesprochen wird. Der Aufhebungsvertrag bedarf gemäß § 623 des Bürgerlichen Gesetzbuchs (BGB) der Schriftform. Für beide Vertragspartner ergeben sich nach *Bröckermann* (2007) und *Scholz* (2000) wesentliche *Vorteile*:

- →*Arbeitnehmer* haben die Möglichkeit, andere berufliche Chancen umgehend zu nutzen. Sie vermeiden die Dokumentation von Kündigungsgründen. Grundsätzlich bleiben alle bereits entstandenen Ansprüche aus dem Arbeitsverhältnis bestehen. Aufhebungsverträge schließen von Fall zu Fall die Zahlung einer →Abfindung ein. Abfindungen sind vorerst sozialversicherungsfrei und unter diffizilen Voraussetzungen zu einem ermäßigten Satz steuerpflichtig, aber nur, wenn der Aufhebungsvertrag vom →Arbeitgeber veranlasst wurde.

- Der *Arbeitgeber* ist nicht an gesetzlich, tarifvertraglich oder einzelvertraglich festgelegte Kündigungsfristen gebunden. Es besteht keine Nachweispflicht von Kündigungsgründen. Ein Zustimmungserfordernis des →Betriebs- oder Personalrats und behördlicher Genehmigungsstellen gibt es nicht. Mit einem Aufhebungsvertrag kann eine Kündigungsschutzklage (→Kündigungsschutzprozess) ausgeschlossen werden.

Dagegen sind einige *Nachteile* abzuwägen, die sich in der Hauptsache aus dem Sozialgesetzbuch ergeben (*Bröckermann* 2007, *Scholz* 2000):

- Für die *Arbeitnehmer* bewirkt der Aufhebungsvertrag eine in der Regel zwölfwöchige Sperrzeit für das Arbeitslosengeld, wenn die →Arbeitslosigkeit vor dem eigentlichen Kündigungstermin vorsätzlich oder grob fahrlässig herbeigeführt wurde. Eine Abfindung wird überdies, abhängig von den Details des Falls und vom Lebensalter, zu einem nennenswerten Anteil auf das Arbeitslosengeld angerechnet.

- Der *Arbeitgeber* hat hinsichtlich aller etwaigen Nachteile eine Hinweispflicht. Von möglichen Schadensersatzforderungen wird er nur frei, wenn er dem Arbeitnehmer eine Bedenkzeit eingeräumt hat. Ist die Arbeitsunfähigkeit der Anlass für einen Aufhebungsvertrag, wird der Arbeitgeber für die Zahlung des Krankengelds in Regress genommen. Regress wird ebenfalls fällig bei Aufhebungsverträgen mit Arbeitnehmern, die das 55. Lebensjahr vollendet haben, und zwar für das Arbeitslosengeld zuzüglich der Beiträge zur Sozialversicherung. § 147 a des Dritten Buchs des Sozialgesetzbuchs spezifiziert die Voraussetzungen, führt aber auch Bedingungen an, unter denen die Erstattungspflicht ganz oder teilweise entfällt.

Die Risiken aus der Hinweis- und Schadensersatzpflicht führen dazu, dass Arbeitgeber immer öfter statt eines Aufhebungs- einen →Abwicklungsvertrag anbieten.

Literatur: Bröckermann, R.: Personalwirtschaft, 4. Aufl., Stuttgart 2007, S. 478–480. Scholz, C.: Personalmanagement, 5. Aufl., München 2000, S. 554–555.

Reiner Bröckermann

Aufsichtsrat →Unternehmensmitbestimmung

Auftauphase →Organisationsentwicklung

Auftragsdatenverarbeitung

liegt vor, wenn →personenbezogene Daten im Auftrag durch andere →Stellen verarbeitet oder genutzt werden.

Beispiel für Auftragsdatenverarbeitung ist die Lohnbuchhaltung, die nicht der →Arbeitgeber selbst vornimmt, sondern von einer anderen Stelle vornehmen lässt. Sofern eine Auftragsdatenverarbeitung vorliegt, ist § 11 BDSG zu berücksichtigen. Danach ist der Auftraggeber für die Einhaltung datenschutzrechtlicher Vorschriften verantwortlich. Deshalb müssen nach *Steckler* (2006) Betroffene die in § 6 i.V.m. §§ 34, 35 BDSG genannten Rechte wie Auskunft, Berichtigung, Löschung oder Sperrung sowie Schadensersatzansprüche gegenüber dem Auftraggeber geltend machen.

Der Auftragnehmer einer Auftragsdatenverarbeitung ist unter besonderer Berücksichtigung der →Eignung der von ihm getroffenen technischen und organisatorischen Maßnahmen sorgfältig auszuwählen (§ 11 Abs. 2 BDSG). Zu beachten ist, dass der Auftrag schriftlich erteilt werden muss, wobei die Datenerhebung,

-verarbeitung oder -nutzung, die technischen und organisatorischen Maßnahmen und etwaige Unterauftragsverhältnisse festzulegen sind (§ 11 Abs. 2 BDSG). Im Falle der Personaldatenverwaltung trägt der Arbeitgeber die Verantwortung für die technischen Datensicherungsmaßnahmen, wenn die Personaldatenverwaltung im Wege der Auftragsdatenverarbeitung durchgeführt wird. Der Auftragnehmer ist weisungsgebunden und darf die Daten nur im Rahmen der Weisungen des Auftraggebers verarbeiten oder nutzen. Er hat laut *Steckler* (2006) den Auftraggeber darauf hinzuweisen, wenn nach seiner Auffassung Weisungen gegen Datenschutzgesetze verstoßen.

Eine Auftragsdatenverarbeitung liegt allerdings nicht vor, wenn das Rechenzentrum eines Konzerns die Personaldatenverarbeitung einheitlich für alle Konzernunternehmen betreibt und mindestens teilweise Aufgaben der Personalverwaltung übernimmt. In diesem Fall handelt es sich um eine *Funktionsverlagerung*. Dabei findet § 11 nach *Steckler* (2006) BDSG keine Anwendung, weil auch die rechtliche Verantwortung für die Datenverarbeitung übertragen wird.

Literatur: Steckler, B.: Grundzüge des IT-Rechts, München 2006, S. 101.

Axel Benning

Auftragszeit

ergibt sich aus Rüstzeit und Ausführungszeit.

Zur Ausführungszeit gehören, wie in Abbildung 1 dargestellt, →Grundzeit, →Erholzeit und →Verteilzeit.

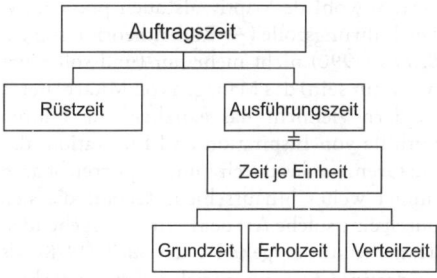

Abbildung 1: Gliederung der Auftragszeit

Ist die Auftragszeit für einen Smart zum Beispiel 5 Stunden, entfallen davon 20 Minuten auf die Rüstzeit, 4 Stunden auf die Grundzeit, 30 Minuten sind Erholzeit und 10 Minuten Verteilzeit.

Désirée H. Ladwig

Aufwärtsbeurteilung →Vorgesetztenbeurteilung

Augmentationsthese

Zuwachs an Führungseffektivität, der bei bestehender transaktionaler Führung durch transformationales Führen (→Transformnationale Führung) erzielt werden kann (syn.: Zuwachsthese).

Transaktionale Führung kann als Tauschbeziehung (Transaktion) angesehen werden, bei der die zielbezogene Arbeitsleistung des Mitarbeiters mit der dafür vom Unternehmen – und seinen →Führungskräften – gewährten Entlohnung ausbalanciert wird. Die Führungsbeziehung wird als „Geben und Nehmen" charakterisiert und fokussiert eher auf Prozesseffektivität als auf substanzielle inhaltliche Fortschritte bei der Problemlösungsfindung.

Dagegen bezieht die →*transformationale Führung* die Persönlichkeit der Führungskraft, welche die Mitarbeiter zu einem höheren Leistungsniveau anregt, in ihre Betrachtung mit ein: Durch die Persönlichkeit der Führungskraft wird im Geführten eine Veränderung der Anspruchsniveaus angestoßen. In deren Folge verändert sich der Geführte im Hinblick auf seine Eigenmotivation selbst (es erfolgt eine „Transformation") und er setzt sich für Ziele ein, die über seine ursprünglich verfolgten Ziele hinausgehen. Es geht dem Geführten dann nicht mehr nur um das Erreichen vereinbarter Unternehmensziele, sondern auch um das Erarbeiten und Erreichen weiterer, mit der Führungskraft gemeinsam neu definierter Ziele. Somit kann aufgrund transformationaler Führung durch erhöhte Motivation ein Führungserfolg erzielt werden, der über die ursprünglichen Erfolgserwartungen der Führungskraft, die auf der rein transaktionalen Führung basieren, hinausgeht (*Bass* 1985).

Im Gegensatz zu *Burns* (1978) sieht *Bass* (1985) transformationale Führung damit nicht als Gegenpol zur transaktionalen Führung auf demselben Kontinuum an, sondern als ergänzendes Führungsmuster. Diese Augmentationsthese entwickelt *Bass* (1985) durch Analyse der vorhandenen Literatur und durch beispielhafte Darstellung historischer Führungskräfte wie *John F. Kennedy*, *George Patton* oder *Charles de Gaulle* samt ihrer (transformationalen) Führungseigenschaften. Sein Modell enthält vier Ausprägungen der transformationalen Führung:

1. *Charisma*: Spezifische persönliche Ausstrahlungskraft einer Führungskraft, die sich auf das Leistungsverhalten der Mitarbeiter auswirkt.
2. *Inspirierende Motivation*: Begeisterungskraft in Form emotional positiv belegter Zukunftsvisionen.
3. *Individuelle Wertschätzung*: Fähigkeit (→Qualifikation) der Führungskraft, jeden Mitarbeiter als Individuum zu behandeln, ihm Aufmerksamkeit entgegenzubringen und einzeln zu fördern.
4. *Intellektuelle Stimulierung*: Fähigkeit zur Anregung der Mitarbeiter in Hinblick auf Ideenfindung, eigenständige Problemanalyse und -lösung.

Bass (1985) folgert aus den Beispielen erfolgreicher transformationaler Führungspersonen aus Politik und Gesellschaft, dass auch Führungskräfte der Wirtschaft einen verändernden Einfluss auf ihre Mitarbeiter ausüben können, um diese dadurch zusätzlich zu motivieren. Entscheidend ist die Beziehungsstruktur, die emotionale und intellektuelle Abhängigkeiten der Geführten von der Führungskraft mit einschließt.

Messtheoretische Basis für die Augmentationsthese ist der von *Bass* (1985) sowie *Bass* und *Avolio* (1990) entwickelte *Multifactor Leadership Questionnaire* (MLQ) als Teil des „Transformational Leadership Program" zur Messung, Bewertung und Entwicklung von Führungsverhalten. Der multifaktorielle MLQ beinhaltet Skalen zu den vier oben genannten Ausprägungen der transformationalen Führung sowohl zur Selbstbewertung als auch zur Fremdbewertung. Ergänzt werden drei weitere Skalen zur Erfassung der transaktionalen Führung: bedingte Entlohnung, passives Management by Exception sowie Laissez-Faire-Führung. Sie decken damit bewusst eine große Breite von Führungsverhalten ab, um ineffektive (bei ihnen: laissez-faire) von effektiver (bei ihnen: transformationaler) Führung zu unterscheiden. Dieses empirisch fundierte Messinstrument arbeitet mit einem leicht anzuwendenden Fragebogen (*Scholz* 2000) und erlaubt Aussagen sowohl über das Ausmaß transformationaler Führung als auch über Entwicklungsansätze hinsichtlich individuellen, gruppenbezogenen und organisationsbezogenen Führungsverhaltens.

Die Augmentationsthese wird durch eine Reihe von empirischen Studien wie beispielsweise von *Geyer* und *Steyrer* (1998), *Lowe*, *Kroeck* und *Sivasubramaniam* (1996) oder *Felfe* (2008) teilweise gestützt und gilt daher als nicht falsifiziert. Dennoch werden methodische Bedenken hinsichtlich der Messinstrumente geäußert, etwa zur problematischen Bestimmung der Skalen transaktionaler und transformationaler Führung. Weiter wird kritisiert, dass die Augmentationsthese ursprünglich weder die Aufgabencharakteristika noch die Führungssituationen, in denen transformationale Führung auftritt, ausreichend situativ differenziert. Dies hat *Bass* (1999) allerdings insofern ergänzt, als er die Bedingungen spezifiziert, unter denen die Wahrscheinlichkeit charismatischer beziehungsweise transformationaler Führung eher hoch oder niedrig ist. Eine hohe Wahrscheinlichkeit für transformationale Führung ergibt sich in einer variablen, kollektivistisch geprägten Umgebung, in organisch-proaktiven Organisationsformen mit dezentralen Entscheidungsstrukturen sowie bei komplexen Aufgaben, die Veränderungen implizieren und Offenheit für Innovation voraussetzen. Ein weiterer situativer Faktor ist laut *Shamir* und *Howell* (1999) das Entwicklungsstadium einer Organisation, wobei hier vor allem Gründungs- und Umbruchphasen die transformationale Führung begünstigen.

Die Bedeutung für die Führungsforschung und das Personalmanagement ergibt sich daraus, dass die Augmentationsthese das traditionelle, bis in die 1980er Jahre vorherrschende Rollenbild einer Führungskraft paradigmatisch hin zu einem „New Leadership" verändert, sowohl deskriptiv als auch präskriptiv: Die Führungsrolle (→Rollentheorie) ist nach *Bennis* (1990) nicht mehr nur (und soll nicht mehr nur sein) das Managen von Mitarbeitern, sondern vielmehr das ganzheitliche Führen mithilfe von Inspiration und Innovation, das die Grenzen des durch Führung Erreichbaren immer weiter hinausschiebt. Gerade die sich durch eine solche Art der Führung ergebenden Teamstrukturen gelten nach *Vaill* (1978) als prädestiniert zu einer (sich selbst verstärkenden) Erreichung von Hochleistung. Letztlich werden die Mitarbeiter angespornt, selbstverantwortlich ihr Aufmerksamkeits- und Bewusstseinsniveau über Wichtigkeit und Wert der Arbeitsergebnisse und die Wege dorthin anzuheben, den Weg von der Verfolgung ihrer

Eigeninteressen hin zu Team-, Unternehmens- oder Gemeinschaftsinteressen zu beschreiten und ihre Bedürfnisse in Richtung Selbstverwirklichung auszuweiten und so nicht mehr nur den Anweisungen der Führungskraft nachzukommen.

Literatur: *Bass, B. M.*: Leadership and Performance Beyond Expectations, New York 1985. *Bass, B. M.*: Two Decades of Research and Development in Transformational Leadership, in: European Journal of Work and Organizational Psychology, 8.Jg. (1999), H. 1, S. 9–32. *Bass, B. M.; Avolio, B. J.*: Transformational Leadership Development. Manual for the Multifactor Leadership Questionnaire, Palo Alto 1990. *Bennis, W. G.*: Führen lernen. Führungskräfte werden gemacht, nicht geboren, München 1990. *Burns, J. M.*: Leadership, New York 1978. *Felfe, J.*: Mitarbeiterbindung, Göttingen etc. 2008. *Geyer, A.; Steyrer, J.*: Messung und Erfolgswirksamkeit transformationaler Führung, in: Zeitschrift für Personalforschung, 12.Jg. (1998), H. 4, S. 377–401. *Lowe, K. B.; Kroeck, K. G.; Sivasubramaniam, N.*: Effectiveness Correlates of Transformational and Transactional Leadership: A Meta-Analytic Review of the MLQ Literature, in: Leadership Quarterly, 7.Jg. (1996), H. 3, S. 265–284; *Scholz, C.*: Personalmanagement, 5. Aufl., München 2000. *Shamir, B.; Howell, J. M.*: Organizational and Contextual Influences on the Emergence and Effectiveness of Charismatic Leadership, in: Leadership Quarterly, 10.Jg. (1999), H. 2, S. 257–283. *Vaill, P.*: Toward a Behavioral Description of High-Performing Systems, in: *McCall, M. W. Jr.; Lombardo, M. M.* (Hrsg.): Leadership, Durham 1978, S. 103–125.

Volker Stein

Ausbilder

stellt →Auszubildende ein und hilft ihnen innerhalb der Berufsausbildung (→Ausbildung), berufliche Fähigkeiten und Kenntnisse (→Qualifikation) erlangn.

Ausbilder dürfen gemäß Berufsbildungsgesetz (§§ 28–30 BBiG) nur dann →Auszubildende einstellen, wenn sie persönlich geeignet sind, und nur dann ausbilden, wenn sie persönlich und fachlich geeignet sind. Unter der Verantwortung des Ausbilders dürfen auch dritte Personen an der Vermittlung der Ausbildungsinhalte mitwirken, die über die erforderlichen beruflichen Fertigkeiten, Kenntnisse und Fähigkeiten verfügen und ebenfalls persönlich geeignet sind. Entsprechende Legaldefinitionen für die persönliche und fachliche Eignung sind im BBiG enthalten. Festgestellt wird die berufs- und arbeitspädagogische Eignung in der Regel durch eine Ausbildereignungsprüfung.

Ausbilder tragen Verantwortung für den Ausbildungserfolg und die Entwicklung der Auszubildenden und fördern somit Fachkräftenachwuchs (→Führungsnachwuchs). Ausbilder sind mehr als fachliche Anleiter: Sie sind zudem für die Förderung der Motivation und des Sachinteresses der Auszubildenden verantwortlich und treten als Berater bei individuellen Schwierigkeiten auf. Häufig betreuen Ausbilder mehrere Auszubildende gleichzeitig. Die meisten Ausbilder bilden neben ihrer beruflichen Haupttätigkeit aus.

Literatur: *Sarge, K.; Conrads-Hassel, E.*: Berufsbildungsgesetz, Baden-Baden 2007.

Volker Stein

Ausbildereignungsverordnung

regelt die Vorraussetzungen, unter denen →Ausbilder zugelassen werden können.

Die noch auf Grundlage des § 21 Berufsbildungsgesetz (BBiG) alter Fassung erlassene Ausbildereignungsverordnung (AEVO) sieht vor, dass nur solche Personen →Auszubildende ausbilden dürfen, die eine Prüfung nach der AEVO abgelegt haben. In dieser Prüfung musste der Ausbilder seine arbeits- und berufspädagogischen Kenntnisse (→Qualifikation) nachweisen. Das bisherige Verfahren galt insbesondere in neugegründeten und kleineren Unternehmen als zu zeit- und kostenaufwändig. Die damalige Bundesregierung hat daher in ihrer Kabinettsitzung am 21.05.2003 beschlossen, die AVEO für fünf Jahre auszusetzen. Die Aussetzung wurde zum 1.08.2003 wirksam und gilt bis zum 31.07.2008.

Burkhard Boemke

Ausbildung

erstmalige Einführung in eine berufliche Tätigkeit.

Zielgruppen sind unter anderem Praktikanten, Anzulernende und →Auszubildende. Im Sinne des Berufsbildungsgesetzes (BBiG) vom 14.08.1969 (zuletzt geändert durch Artikel 184 der Verordnung vom 25.11.2003) ist die Berufsausbildung ein Teilbereich der *Berufsbildung*, die darüber hinaus

– die Berufsausbildungsvorbereitung,

– die berufliche Fortbildung sowie

– die berufliche Umschulung

umfasst.

Nach dem Wortlaut des Gesetzes dient die Berufsausbildungsvorbereitung der Heranführung von Interessenten an eine Berufsausbildung in einem anerkannten Ausbildungsberuf (→Beruf) beziehungsweise eine gleichwertige Berufsausbildung (BBiG § 1 Abs. 1). Die Berufsausbildung soll zum einen eine „breit angelegte berufliche Grundbildung und die für die Ausübung einer qualifizierten beruflichen Tätigkeit notwendigen fachlichen Fertigkeiten und Kenntnisse" gewährleisten; zum anderen sollen Auszubildende die erforderliche Berufserfahrung erwerben können (BBiG § 1 Abs. 2). Für die Betriebe hat die Ausbildung die Aufgabe, den Nachwuchs an kaufmännischem und technischem Fachpersonal sicherzustellen. In der Regel werden sowohl die Ausbildungsberufe wie auch die Anzahl an Auszubildenden (→Ausbildungskapazität) auf Grundlage einer Bedarfsplanung festgelegt, wie *Riekhof* (2002) betont. Hierbei orientieren sich die Unternehmen an der strategischen →Personalbedarfsplanung sowie den von den Fachbereichen erstellten →Anforderungsprofilen für zukünftige Fachkräfte (→Personalentwicklungsplanung). Aufgrund des für die letzten Jahre in Deutschland verzeichneten Mangels an Ausbildungsstellen haben sich laut *Steinmann* (2000) einige Firmen dazu entschlossen, auch über den eigenen prognostizierten Bedarf hinaus auszubilden.

Die Durchführung der Berufsausbildung wird im dualen System von Schulen und Betrieben gemeinsam verantwortet. Damit soll, wie in Abbildung 1 dargestellt, eine Verzahnung von Lernen und →Arbeiten, von Theorie und Praxis gewährleistet werden.

Abbildung 1: Das duale System in Deutschland (*Bundesministerium für Bildung und Forschung* 2003, Schaubild 4)

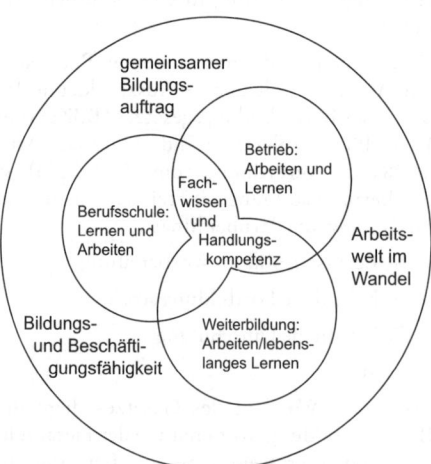

Die Ausbildung zur Ausübung von akademischen Berufen, die in der Regel an Hochschulen erfolgt, wird üblicherweise nicht zur Berufsausbildung gezählt.

In den letzten Jahren haben sich neben den Berufsschulen in vielen Bundesländern →Berufsakademien und Fachhochschulen als Partner für die Betriebe in der Berufsausbildung etabliert. Durch die Möglichkeit, einen Ausbildungsberuf mit einer Hochschulausbildung zu kombinieren, steigt nach *Steinmann* (2000) für viele Abiturienten die Attraktivität einer betrieblichen Ausbildung. Für die Unternehmen sind diese Kombinationen zum einen deshalb interessant, da die Eingangsqualifikationen der Auszubildenden zumeist höher sind beziehungsweise höher sein müssen (Abitur als Voraussetzung); zum anderen kann die berufliche Ausbildung für diese Zielgruppe deutlich näher an den betrieblichen Anforderungen ausgerichtet werden als dies im Rahmen eines unverbundenen Studiums möglich wäre.

Literatur: *Bundesministerium für Bildung und Forschung* (Hrsg.): Berufsausbildung sichtbar gemacht, Bonn 2003. *Riekhof, H.C.*: Strategien der Personalentwicklung, Wiesbaden 2002. *Steinmann, S.*: Bildung, Ausbildung und Arbeitsmarktchancen in Deutschland, Opladen 2000.

Laila Maja Hofmann

Ausbildungsaufwand →Bildungsaufwand

Ausbildungsberuf →Beruf

Ausbildungsberufsbild

Darstellung der Arbeitsvorgänge an einem bestimmten Arbeitsplatz, zumeist ergänzt durch die Auflistung wesentlicher Qualifikationsanforderungen für diesen bestimmten →Beruf.

Ausbildungsberufsbilder werden in der jeweiligen Ausbildungsordnung gemäß Berufsbildungsgesetz (BBiG) und Handwerksordnung (HwO) beschrieben. Diese legen die in der spezifischen →Ausbildung zu vermittelnden Inhalte (Mindestkenntnisse und -fähigkeiten) fest.

Laila Maja Hofmann

Ausbildungskapazität

Umfang, in dem Berufsausbildung (→Ausbildung) geleistet werden kann.

Die Höhe ergibt sich aus der Anzahl an Ausbildungsplätzen. Im *gewerblich-technischen Bereich* wird die Kapazität hauptsächlich durch die Verfügbarkeit von Ausbildungsplätzen in den Lernwerkstätten und die Zahl der Ausbilder begrenzt. In der *kaufmännischen Ausbildung* stellt die Anzahl der zu durchlaufenden Abteilungen sowie deren Aufnahmefähigkeit den limitierenden Faktor dar.

Für Hochschulen legt § 29 des Hochschulrahmengesetzes (HRG) Maßstäbe zur Ermittlung der Ausbildungskapazität fest. In Unternehmen wird diese Zahl in der Regel auf Grundlage des Bedarfs an entsprechenden Qualifikationen ermittelt. Wegen der weit über dem Angebot liegenden Nachfrage nach Ausbildungsplätzen in den letzten Jahren in Deutschland haben einige Firmen eine Ausbildungsplatzinitiative gestartet und über ihren Bedarf hinaus Neueinstellungen von Auszubildenden vorgenommen (z. B. *Adam Opel AG* oder *Schering AG*).

Laila Maja Hofmann

Ausbildungsmethoden

Verfahren, die zur Erreichung der Ausbildungsziele gemäß Berufsbildungsgesetz (BBiG) geeignet sind).

Eine häufig getroffene Unterscheidung ist die zwischen der eher praktischen Unterweisung in →Lehrwerkstätten oder am Arbeitsplatz und dem Unterrichten im schulischen Kontext.

Die Unterweisung kann als Einzel- oder Gruppenunterweisung erfolgen. Oftmals wird ein Stufenverfahren angewandt: Zunächst findet eine Vorbereitung statt; darauf folgt die Vorführung und Erklärung des Lehrenden. Im dritten Schritt wird der Lernende aufgefordert, den Arbeitsschritt nachzuvollziehen. Die Vervollkommnung schließt dieses *Vier-Stufen-Konzept* ab. Am Arbeitsplatz kommt das betriebliche Lehrgespräch hinzu.

Im schulischen Kontext finden vielfach die klassischen lehrerzentrierten Vorgehensweisen (bspw. Vortrag oder Lehrgespräch) Anwendung, die ergänzt werden durch moderne Weiterbildungsmethoden (→Personalentwicklungsmethoden).

Laila Maja Hofmann

Ausbildungsordnung

Grundlage für eine geordnete und einheitliche Berufsausbildung (→Ausbildung), welche das *Bundesministerium für Wirtschaft und Arbeit* oder das sonst zuständige Fachministerium (nunmehr *Bundesministerium für Arbeit und Soziales*) im Einvernehmen mit dem *Bundesministerium für Bildung und Forschung* erlassen kann (§ 4 Abs. 1 Berufsbildungsgesetz, BBiG).

Für einen anerkannten Ausbildungsberuf (→Beruf) darf nur nach der Ausbildungsordnung ausgebildet werden (4 Abs. 2 BBiG). Jugendliche unter 18 Jahren dürfen nur in →Berufen mit Ausbildungsordnung ausgebildet werden, insofern die Berufsausbildung nicht auf den Besuch weiterführender Bildungsgänge vorbereitet (§ 4 Abs. 3 BBiG). Der festzulegende Inhalt der Ausbildungsordnung ergibt sich aus § 5 BBiG. Für die Berufsausbildung behinderter Menschen können sich Besonderheiten ergeben (vgl. §§ 64 ff. BBiG). Ein Verzeichnis der anerkannten Ausbildungsberufe wird gemäß § 6 Abs. 2 Nr. 4 Berufsbildungsförderungsgesetz (BerBiFG) vom *Bundesinstitut für Berufsbildung* in Bonn geführt und veröffentlicht.

Burkhard Boemke

Ausbildungsplan

Grundlage für die Berufsausbildung (→Ausbildung).

Der Ausbildungsplan wird nach § 12 der →Ausbildungsordnung von den Ausbildern der Unternehmen auf der Grundlage der Ausbildungsrahmenpläne für die jeweiligen Ausbildungsberufe (→Beruf) erstellt. Hierbei werden für jede einzelne Ausbildungsstätte die Ziele, Inhalte, →Lernorte und →Ausbilder spezifiziert. Zusätzlich wird ein Zeitplan entwickelt.

Laila Maja Hofmann

Ausbildungsrahmenplan

Anleitung zur sachlichen und zeitlichen Gliederung der Vermittlung der beruflichen Fertigkeiten, Kenntnisse und Fähigkeiten (→Qualifikation) in einem anerkannten Ausbildungsberuf (→Beruf) (§ 5 Abs. 1 Nr. 4 Berufsbildungsgesetz).

Der Ausbildungsrahmenplan ist Mindestinhalt der →Ausbildungsordnung und enthält eine Konkretisierung des Ausbildungsablaufes.

Burkhard Boemke

Ausbildungsrecht

beinhaltet abweichende und ergänzende Regelungen zu den allgemeinen arbeitsrechtlichen Vorschriften (→Arbeitsrecht).

Die Notwendigkeit eines gesonderten Ausbildungsrechts ergibt sich aus der Doppelstellung der Auszubildenden: Einerseits sind sie (echte) →Arbeitnehmer, andererseits ist die Berufsausbildung (→Ausbildung) das vorrangige Ziel der Vertragsbeziehung zwischen Ausbildendem und Auszubildendem. Zur Förderung dieses Ziels finden auf das Ausbildungsverhältnis daher die für den →Arbeitsvertrag geltenden Rechtsvorschriften und Rechtsgrundsätze nur insoweit Anwendung, als sich aus seinem Wesen und Zweck und aus dem Berufsbildungsgesetz (BBiG) nichts anderes ergibt (§ 10 Abs. 2 BBiG). Bei noch nicht volljährigen Auszubildenden ist weiter das Gesetz zum Schutz der arbeitenden Jugend (JArbSchG) zu beachten. Ferner sind dem →Betriebsrat im Bereich der Berufsausbildung Mitbestimmungsmöglichkeiten eingeräumt (vgl. §§ 96 ff. →Betriebsverfassungsgesetz, BetrVG).

Burkhard Boemke

Ausbildungsvertrag

Kontrakt zwischen einem →Auszubildenden und einem →Ausbilder, durch den ein Ausbildungsverhältnis begründet wird (§ 10 Berufsbildungsgesetz, BBiG).

Der wesentliche Inhalt des Ausbildungsvertrages ist schriftlich niederzulegen und muss die in § 11 BBiG aufgezählten Mindestangaben enthalten. Die Pflichten des Auszubildenden ergeben sich aus § 13 BBiG, die des Ausbildenden aus §§ 14 ff. BBiG. Darüber hinaus muss der Ausbildende unverzüglich nach Abschluss des Berufsausbildungsvertrages bei der zuständigen Stelle (§ 71 BBiG) die Eintragung des Berufsausbildungsvertrag (bzw. späterer Änderungen des wesentlichen Inhalts) in das Verzeichnis der Berufsausbildungsverhältnisse beantragen (§§ 34 ff. BBiG).

Auf den Berufsausbildungsvertrag sind, soweit sich aus seinem Wesen und Zweck und aus diesem Gesetz nichts anderes ergibt, die für den Arbeitsvertrag geltenden Rechtsvorschriften und Rechtsgrundsätze anzuwenden (§ 10 Abs. 2 BBiG). Ist der Auszubildende noch nicht volljährig, so ist er bei Vertragsschluss durch seine gesetzlichen Vertreter zu vertreten. Schließen die gesetzlichen Vertreter mit ihrem Kind einen Berufsausbildungsvertrag, so sind sie von dem Verbot des § 181 Bürgerliches Gesetzbuch (BGB) befreit (§ 10 Abs. 3 BBiG).

Burkhard Boemke

Ausfallprinzip

Modell zur Regelung des Freizeitanspruchs auf freie Tage.

Nach dem Ausfallprinzip ist für den Freizeitanspruch (→Freistellungsanspruch) die tatsächliche effektive →Arbeitszeit maßgebend. Dementsprechend werden dem Freizeitkonto des 38,5-Wochenstundenarbeiters, der effektiv 40 Stunden arbeitet, an Ausfalltagen jeweils 0,3 Stunden gutgeschrieben. Nach dem konträren →Referenzprinzip ist die individuelle regelmäßige →Wochenarbeitszeit entscheidend. Folglich wird die Arbeitszeit auch an freien Tagen mit 7,7 Stunden bewertet, so dass der Anspruch auf Freizeit nur durch tatsächlich geleistete →Arbeit erworben werden kann.

Burkhard Boemke

Ausfallzeiten →Fehlzeiten

Auslandsentsendung

zeitlich begrenzter und beruflich bedingter Auslandsaufenthalt, hervorgerufen durch die zunehmende →Internationalisierung.

Der internationale Personaleinsatz betrifft vor allem Fach- und →Führungskräfte im grenzüberschreitenden Einsatz multinationaler Unternehmen. Damit sind große räumliche Distanzen zum Stammhaus und ein fremdes soziokulturelles Umfeld verbunden. In der Regel beträgt die Entsendungsdauer drei bis vier Jahre, im angelsächsischen Sprachraum zwei bis drei Jahre. Neuerdings nehmen projektförmige Aufenthalte, die nur einige Monate dauern, zu, wie *Kammel* und *Teichelmann* (1994) feststellen.

Das →internationale Personalmanagement ist stärker als das nationale mit sozialen Problemen konfrontiert. Unter den unternehmensexternen Einflüssen gewinnt besonders die kulturelle Dimension an Bedeutung. In diesem Zusammenhang werden die Besonderheiten →interkulturellen Handelns wichtig. Die Psychologie hat sich dem Thema interkultureller Begegnungen im Kontext von Organisationen bisher kaum gewidmet. Für dieses Themenfeld gibt es keinen übergreifenden theoretischen Ansatz, wohl aber interessante Ansatzpunkte. So wird versucht, einen Auslandsaufenthalt konzeptionell in die Transitionsforschung als Spezialfall einer „Transition" einzuordnen. Unter Transition wird dabei eine „Zäsur im Handlungsstrom" verstanden, die verschiedenste Erlebnisse beinhalten kann wie zum Beispiel →Arbeitslosigkeit oder Wohnortswechsel. Sie ist mit einer weitreichenden Umweltveränderung verbunden, die eine Umorientierung im Erleben und Verhalten erfordert. Das bislang aufgebaute „Passungsverhältnis" von Person und Umwelt muss neu konstruiert werden. So erweisen sich bei einem Auslandsaufenthalt zum Beispiel bislang bewährte Handlungsroutinen als nicht mehr ausreichend.

Auslandsentsendung beinhaltet Passivität auf der Seite dessen, der entsendet wird. Betrachtet man das Individuum in Organisationen aktiv handelnd, das nicht nur durch Sozialisationsmaßnahmen einseitig geprägt wird, sondern eigene Vorstellungen und Ziele einbringt, ist nach *Kühlmann* und *Stahl* (2001) auch für die Auslandsentsendung zu postulieren, dass hier stärker das Eigeninteresse und die Ziele des Mitarbeiters zu berücksichtigen sind.

Der Großteil der Forschung zu diesem Themenbereich lässt sich nach *Kühlmann* (1995) einer der folgenden vier Phasen einer Auslandsentsendung zuordnen: Auswahl, Vorbereitung und Training, Aufenthalt, Betreuung vor Ort und Rückkehr.

Auswahl: Die Auswahlentscheidungen werden von Seiten des Unternehmens überwiegend aufgrund fachlicher Kriterien getroffen. Dieser Auswahlgepflogenheit liegt die Annahme zugrunde, dass jemand, der in der gewohnten Umgebung des Stammhauses erfolgreich war, dieses Verhalten auch in ganz anderen Umweltbedingungen realisieren kann. Bezogen auf die Auswahl von Führungskräften, erscheint dies aber problematisch: Forschungen zur interkulturellen Effektivität zeigen, dass gerade der Prototyp des westlichen Managers in anderen kulturellen Bedingungen zum Scheitern verurteilt ist. Versuche, Merkmale erfolgreicher Mitarbeiter festzuhalten, verweisen auf folgende Eigenschaften: →Empathie, Respekt, Interesse an der Kultur und den Menschen des Gastlandes, →Flexibilität, Toleranz, technische Fähigkeiten, Soziabilität, ein positives Selbstbild, Initiative und Offenheit. Studien zu Auswahlentscheidungen für Auslandspositionen nennen verschiedene erfolgskritische Anforderungsmerkmale:

- →Ambiguitätstoleranz (Fähigkeit in unsicheren und komplexen Situationen kompetent zu handeln),
- Verhaltensflexibilität (Fähigkeit sich schnell auf geänderte Bedingungen einzustellen),
- Zielorientierung,
- Kontaktfreudigkeit,
- Einfühlungsvermögen,
- Polyzentrismus (Vorurteilsfreiheit) sowie
- metakommunikative →Kompetenz.

Wichtig ist jedoch, wie *Kühlmann* und *Stahl* (1998) betonen, vor allem die Fähigkeit und Bereitschaft, mit Vertretern der Gastkultur wirkungsvoll zu kommunizieren.

Über den idealen Zeitpunkt eines Auslandseinsatzes gibt es nach *Kammel* und *Teichelmann* (1994) unterschiedliche Auffassungen. Für einen Einsatz zu Berufsbeginn sprechen die Mobilität (→Beschäftigungsstabilität) des Mitarbeiters und die geringeren Kosten. Dagegen steht, dass sich der Mitarbeiter im Unternehmen noch nicht bewährt hat und sich kaum den Unternehmenszielen verbunden fühlt.

Die →Motivation der Mitarbeiter, ins Ausland zu gehen, spielt eine wesentliche Rolle für ihr weiteres Engagement und nicht zuletzt auch für das Gelingen der Maßnahme. Ein wenig motivierter auslandsentsandter Mitarbeiter, der vom Stammhaus „verschickt" wurde, kann in der Auslandsniederlassung mehr Schaden als Nutzen stiften.

Oft wird auch die familiäre Situation des zu Entsendenden nicht berücksichtigt. In der Forschung hat sich jedoch die Familie als die kritische Größe für ein Scheitern eines Auslandsaufenthaltes herausgestellt: Wenn die Familienangehörigen im Ausland nicht zurechtkommen, wird am häufigsten der Aufenthalt vorzeitig abgebrochen.

Vorbereitung und Training: Zur Sensibilisierung für das Verhalten und den Umgang mit Angehörigen fremder Kulturen bedarf es gezielter Vorbereitung und Trainingsmaßnahmen. Trainingsinhalte sind traditionellerweise Fachwissen, Problemlöse- und Entscheidungstechniken, Einstellungen, Selbstbild und Spra-

Auslandsentsendung

chen. Relativ neu in der →Personalentwicklung sind Maßnahmen zur Verbesserung der →Kommunikation, Kooperation, Teamarbeit zwischen Mitgliedern verschiedener Kulturkreise, wobei die Ziele interkultureller Trainings vor allem die Sensibilisierung für eine fremde Kultur, Förderung des gegenseitigen Kennenlernens, Fähigkeit zum Umgang mit Konflikten und Aneignung angemessener Handlungsstrategien sind.

Aufenthalt – Kulturschock und Betreuung: Der Entsandte und seine Familie sollten sich auch im Ausland zum Stammhaus zugehörig fühlen. Im Idealfall gibt es eine fachliche, eine administrative und eine psychologische Betreuung. Psychologische Betreuung besteht beispielsweise darin, soziale Netzwerke zu schaffen. Viele Firmen bestimmen im Stammhaus einen „Mentor" für den Entsandten, dessen Aufgabe darin besteht, dem Entsandten als Ansprechpartner zur Verfügung zu stehen.

Nicht allen Entsandten gelingt es, sich problemlos an das Gastland anzupassen. Für extreme Anpassungsschwierigkeiten, die für gewöhnlich nach den ersten Monaten beginnen, wurde der Begriff „Kulturschock" geprägt. Dies bedeutet, dass stressähnliche Symptome auftreten können. Vielfach sind die Entsandten mit mehrdeutigen, unvorhersehbaren Situationen konfrontiert, die einhergehen mit einer Reizüberflutung und einem Gefühl (→Emotionalität), die Situationskontrolle zu verlieren. Als körperliche Symptome können zum Beispiel Schlafstörungen und Appetitverlust auftreten, auf der Ebene des Erlebens gibt es Gefühle der Isolation und auf der Verhaltensebene erfolgt eine Abkapselung gegenüber den Einheimischen.

Der Kulturschock nimmt häufig folgenden Verlauf: Die erste Phase besteht aus Euphorie über das neue Land und seine Kultur. Dieser Phase folgt der Schock, wenn das normale Leben in einer neuen Umgebung beginnt. Der Fremde empfindet Unsicherheit hinsichtlich der passenden Verhaltensweisen. Dies erzeugt →Stress und Gefühle von Hilflosigkeit. Die Phase der →Akkulturation setzt ein, wenn der Fremde langsam gelernt hat, unter den neuen Bedingungen zu leben, Werte übernommen hat und in das neue soziale Netzwerk weitgehend integriert ist.

Ursachen für *interkulturelle Konflikte* sind unzureichende Kenntnisse der eigenen und fremden Verhaltensmuster, die unreflektierte Übertragung der eigenen Regeln auf ein anderes Normensystem, Ablehnung der geschriebenen oder ungeschriebenen Regeln und der Versuch, einem System die eigenen Regeln aufzuzwingen. Dies ist auch Ausdruck von ethnozentrischem Denken, das nicht in der Lage ist, sich in eine andere Kultur hineinzuversetzen.

Die Regulierung derartiger interkultureller Divergenzen kann auf vier verschiedene Arten geschehen:

1. Beim *Dominanzkonzept* werden die eigenkulturellen Werte und Normen gegenüber der fremden Kultur als überlegen angesehen.
2. Beim *Assimilationskonzept* (→Assimilation) werden die fremdkulturellen Werte und Normen bereitwillig übernommen, wobei die Anpassungstendenzen so weit gehen können, dass die eigene kulturelle Identität verloren geht.
3. Beim *Divergenzkonzept* werden die Werte und Normen beider Kulturen als bedeutsam angesehen, wobei allerdings viele Elemente inkompatibel sind und zu ständigen Widersprüchen und Verunsicherungen führen.
4. Beim *Synthesekonzept* gelingt es, bedeutsame Elemente beider Kulturen zu einer neuen Qualität zu verschmelzen.

In der Praxis werden diese verschiedenen Konzepte je nach situativen Bedingungen und Traditionen eingesetzt. Sicherlich erscheint das Synthesekonzept als das auf lange Sicht effektivste, doch bedarf es dazu intensiven Trainings.

Will man das Ziel einer wirkungsvollen interkulturellen Zusammenarbeit erreichen, genügt es nicht, die eigene Kultur zu reflektieren und das Fremde zur Kenntnis zu nehmen, sondern es muss versucht werden, Eigenes und Fremdes aufeinander abzustimmen. Kulturelle Divergenzen können als Barriere wirken und die gegenseitige Verständigung erschweren, Differenzen können aber auch als leistungsförderliches Potenzial erkannt und zur Förderung synergetischer Effekte genutzt werden. Hierzu ist die Förderung →interkultureller Kompetenz wichtig, die die Fähigkeit beinhaltet, bei der Zusammenarbeit mit Menschen aus anderen Kulturen in der Lage zu sein, deren spezifische Konzepte der Wahrnehmung, des Denkens, Fühlens und Handelns nachzuvollziehen und in das eigene Denken und Verhalten zu integrieren. Dieses erhöhte Verständnis für die andere Kultur wird von der interkulturell kompetenten Person dann in ein – dieser Kultur angemessenes – Denken, Fühlen und Handeln umgesetzt.

Rückkehr und Wiedereingliederung: Als ein Hauptproblem bei der Rückkehr gilt die →Identifikation mit der neuen Arbeitsstelle im alten Unternehmen, denn in der Regel hat der Mitarbeiter im Ausland selbständiger gearbeitet. Er muss häufig ein Teil bisheriger Entscheidungskompetenzen abgeben. Hinzu kommen Sozialisationsschwierigkeiten am neuen Arbeitsplatz, denn es ist nicht immer leicht, für den rückkehrenden Mitarbeiter eine adäquate →Stelle bereit zu stellen.

Idealtypische Beschreibungen der Wiedereingliederungen werden zumeist in Phasenmodellen dargestellt. Demnach kehren die Entsandten in einem Stimmungshoch zurück, danach kommt es jedoch zu einem zweiten Kulturschock („Rückkehrschock"), weil man erkannt hat, dass sich in der Zwischenzeit auch einiges in der Heimat geändert hat. Zu diesem Problembereich liegt aber noch wenig systematische empirische Forschung vor.

Für die vier Phasen einer Auslandsentsendung lassen sich folgende *Defizite und Perspektiven* festhalten: Für die Phase der Auswahl fehlt es noch an der wissenschaftlichen Fundierung der Auswahlkriterien. Ebenso wenig wird bislang die Rolle des Mitarbeiters und seiner Motive und Ziele berücksichtigt. Für die Phase der Vorbereitung und des Trainings fehlen Konzepte und →Evaluationen für interkulturelle Trainings. Für die Phase des Aufenthalts gilt es, den Kulturschock mit einzubeziehen, Problemhilfen vor Ort anzubieten, die Rolle von Ehepaaren und Familie zu berücksichtigen, konkretes Wissen über das jeweilige Gastland bereitzustellen, geeignete Handlungsstrategien einzuüben und für die Kultur zu sensibilisieren. Für die Rückkehrphase ist eine verstärkte Nutzung und systematische Aufarbeitung der Auslandserfahrungen nötig, wie sie in Transferworkshops geleistet wird.

Literatur: *Kammel, A.; Teichelmann, D.:* Internationaler Personaleinsatz, München 1994. *Kühlmann, T. M.:* Mitarbeiterentsendung ins Ausland, Göttingen 1995. *Kühlmann, T. M.; Stahl, G. K.:* Diagnose interkultureller Kompetenz: Entwicklung und Evaluierung eines Assessment Center, in: *Barmeyer, C.; Bolten, J.* (Hrsg.): Interkulturelle Personalorganisation, Berlin 1998. *Kühlmann, T. M.; Stahl, G. K.:* Problemfelder des internationalen Personaleinsatzes, in: *Schuler, H.* (Hrsg.): Lehrbuch der Personalpsychologie, Göttingen 2001, S. 533–558.

Erika Spieß

Auslandsvorbereitung →Interkulturelle Auslandsvorbereitung

Ausschlussfristen →Verfallfristen

Außerordentliche Kündigung

Form der →Kündigung, die laut § 626 des Bürgerlichen Gesetzbuchs (BGB) ohne Einhaltung einer →Kündigungsfrist vollzogen werden kann.

Es gibt aber durchaus außerordentliche Kündigungen, bei denen eine soziale Auslauffrist gewährt wird, beispielsweise als Resturlaub. Trotzdem werden sie umgangssprachlich als →fristlose Kündigungen bezeichnet.

Außerordentliche Kündigungen sind nur zulässig, wenn Tatsachen vorliegen, aufgrund derer die Fortsetzung des Arbeitsverhältnisses (→Beschäftigungsverhältnis) bis zum Ablauf der Kündigungsfrist oder der vereinbarten Vertragsdauer unter Berücksichtigung aller Umstände und unter Abwägung der Interessen beider Vertragsteile unzumutbar ist. Das ist etwa bei aggressiven Tätlichkeiten gegenüber →Führungskräften, Kollegen oder Mitarbeitern, betrügerischen Angaben, Diebstählen, die über Bagatellfälle hinausgehen, und Unehrlichkeit in Vertrauensstellungen der Fall. In Ausnahmen kann allerdings bereits bei einem schwerwiegenden Verdacht (→Verdachtskündigung) das Arbeitsverhältnis beendet werden.

Reiner Bröckermann

Aussperrung

planmäßige Ausschließung mehrerer →Arbeitnehmer von der →Arbeit unter Verweigerung der Lohnfortzahlung zur Erreichung bestimmter Ziele durch einen oder mehrere →Arbeitgeber.

Bei der Aussperrung handelt es sich um eine kollektive Maßnahme zur Störung der Arbeitsbeziehungen und somit um ein Kampfmittel im →Arbeitskampf und →Arbeitskampfrecht. Sie bedarf einer eindeutigen Erklärung des Arbeitgebers. Man unterscheidet die Angriffsaussperrung, bei der die Arbeitgeberseite die Initiative zum Arbeitskampf ergreift, und die Abwehraussperrung, die le-

Auswahlrichtlinie

diglich eine Reaktion auf den Streik einer Gewerkschaft darstellt. *Abwehraussperrungen* sind nach allgemeiner Ansicht grundrechtlich garantiert und mithin zulässig, weil die →Gewerkschaften ansonsten ein Verhandlungsübergewicht erzielen könnten (z. B. bei Teil- und Schwerpunktstreiks). Der zulässige Umfang von Abwehraussperrungen richtet sich nach dem Grundsatz der Verhältnismäßigkeit. Maßgebend ist der Umfang des Angriffsstreiks. Hierzu hat das Bundesarbeitsgericht eine →Quotenregelung entwickelt: Streiken weniger als 25 % der Arbeitnehmer, so darf der Arbeitgeber bis zu weiteren 25 % aussperren; streiken 25 bis 50 % der Arbeitnehmer, so soll die Arbeitgeberseite auf 50 % „auffüllen" können; streiken mehr als 50 % der Arbeitnehmer, kommt eine Aussperrung nicht mehr in Betracht. Die Zulässigkeit der *Angriffsaussperrung* ist umstritten. Unter dem Gesichtspunkt des Gebotes der Kampfparität kann sie jedoch nicht schlechthin unzulässig sein, weil der Arbeitgeberseite auch in Krisensituationen ein adäquates Kampfmittel zur Verfügung stehen muss. Zumindest wenn die Arbeitgeberseite eine Veränderung der tariflichen Regelungen zu ihren Gunsten anstrebt, ist eine Angriffsaussperrung zulässig. Allerdings müssen auch in diesem Fall die allgemeinen Rechtmäßigkeitsvoraussetzungen eines Arbeitskampfs gegeben sein.

Weiter unterscheidet man zwischen der suspendierenden und der lösenden Abwehraussperrung. Bei der *suspendierenden Abwehraussperrung* weigert sich der Arbeitgeber, streikende und/oder weitere Arbeitnehmer seines Betriebs zu beschäftigen und zu entlohnen, ohne dass es zu einer Beendigung des Arbeitsverhältnisses kommt. Bei der *lösenden Abwehraussperrung* hingegen reagiert der Arbeitgeber mit der Auflösung der Arbeitsverhältnisse. Eine solche lösende Abwehraussperrung ist jedoch meist unverhältnismäßig und somit unzulässig. Von einer *Selektivaussperrung* spricht man, wenn nur bestimmte Personengruppen ausgesperrt werden. Die Aussperrung kann sich auf das bisherige Kampfgebiet beschränken oder auch kampfgebietsausweitend sein (z. B. bei Unternehmen, die Betriebe in unterschiedlichen Tarifgebieten haben und für die ein Firmentarifvertrag durchgesetzt werden soll).

Literatur: *Preis, U.:* Arbeitsrecht, Praxislehrbuch zum Kollektivarbeitsrecht, Köln 2003, §§ 108 ff.

Burkhard Boemke

Austrittsinterview →Abgangsinterview

Auswahlkriterium →Eignungsdiagnostische Instrumente

Auswahlrichtlinie

betriebsintern aufgestellte Richtlinie über die personelle Auswahl bei Einstellungen (→Personalbeschaffung, →Personalauswahl), Versetzungen, Umgruppierungen und/oder →Kündigungen.

Auswahlrichtlinien bedürfen der Zustimmung des →Betriebsrats (§ 95 Abs. 1 S. 1 →Betriebsverfassungsgesetz). In Betrieben mit mehr als 500 →Arbeitnehmern kann der Betriebsrat die Aufstellung von Richtlinien über die bei den genannten Maßnahmen zu beachtenden fachlichen und persönlichen Voraussetzungen und sozialen Gesichtspunkte verlangen. Kriterien für Auswahlrichtlinien können beispielsweise Alter, Gesundheitszustand, psychologische Tests, Bildungsstand, Berufserfahrung, →Zeugnisse sein.

Burkhard Boemke

Auswahlverfahren

Inhalt und Ablauf der Prozesse zur Feststellung der →Eignung von Bewerbern für eine bestimmte →Stelle im Unternehmen.

Die Auswahl ist im Rahmen des Prozesses der →Personalbeschaffung zwischen der Personalakquisition und der -einstellung anzusiedeln. Im Zentrum der →Personalauswahl steht die *Festlegung einer Selektionsstrategie*. Diese stellt ein institutionelles, normatives Regelsystem dar, das auf Grundlage bestimmter zu erhebender Informationen Aussagen bezüglich der Zugehörigkeit des Bewerbers zu einer diagnostischen Kategorie trifft. Die zu erhebenden Informationen werden hinsichtlich Art und Umfang durch die konkrete Ausgestaltung dieser Strategie festgelegt. Diese Aussagen sind mit bestimmten Umgangsoptionen verbunden. Im einfachsten Falle sind dies im Hinblick auf die betriebliche Auswahlentscheidung zum Beispiel die diagnostischen Kategorien „geeignet" oder „ungeeignet", die mit den Umgangsoptionen „einstellen" oder „nicht einstellen" verbunden sind.

Die *Formulierung einer Selektionsstrategie* ist nach *Bürkle* (1999) ein zweistufiger Entscheidungsprozess:

1. Zuerst ist eine Entscheidung über die Globalstrategie zu treffen. Diesbezüglich lassen sich *Screening-Strategien* (→Screening), die auf einer aktiven Erhebung von Bewerberinformationen durch das Unternehmen (→Testverfahren) basieren, und *Self-Selection-Strategien* differenzieren. Letztere basieren allgemein auf der Vorgabe von Preisstrukturen, die den Bewerber zur wahrheitsgemäßen Offenbarung seiner Qualität durch ein dadurch induziertes Marktverhalten veranlassen. Die Globalstrategien können grundsätzlich kombiniert werden: So ist zum Beispiel denkbar, dass im Rahmen einer Vorauswahl eine Self-Selection-Strategie verwendet wird und bei der Endauswahl die damit vorselektierten Bewerber einem Testverfahren unterzogen werden.

2. Nach Festlegung der Globalstrategie ist die gewählte Strategie auf der Maßnahmenebene durch eine Substrategie zu konkretisieren (Entscheidung für ein spezielles Testverfahren beziehungsweise eine spezielle Form der →Self-Selection). Auch hier besteht prinzipiell die Möglichkeit der Kombination von Substrategien innerhalb einer Globalstrategie: So werden zum Beispiel unterschiedliche Testverfahren im Rahmen eines →Assessment Centers zu „Testbatterien" zusammengeschlossen.

Die Entscheidung über eine Einstellung ist ökonomisch legitimierbar, wenn diejenige Person eingestellt wird, die innerhalb der Menge der Bewerber einen maximalen Nettoertrag erwarten lässt. Dieser von der zukünftigen Produktivität (→Arbeitsproduktivität) des Bewerbers abhängige monetäre Nutzen ist durch bestimmte Eigenschaftsmerkmale (*Background Characteristics*) wie die Intelligenz eines Bewerbers zu prognostizieren. Vielfach muss aufgrund mangelnder Quantifizierbarkeit dieser Background Charakteristics auf beobachtbare Merkmale zurückgegriffen werden wie zum Beispiel Testwerte, Schulabschlüsse oder Rhetorik), die mit den Zielmerkmalen in einer signifikant korrelativen Beziehung stehen.

Für die Beurteilung der Güte einer Selektionsstrategie sind die Kriterien *diagnostische Exaktheit* und *ökonomische Legitimität* bedeutend.

Der erste Gesichtspunkt betrifft die technisch-naturwissenschaftliche Seite, bei der jenes Verfahren zu identifizieren ist, das zur Auswahl des im Hinblick auf die Anforderungen im höchsten Maße geeigneten Individuums führt. Diesbezüglich weist eine Selektionsstrategie einen hohen diagnostischen Wert auf, wenn die nachfolgend genannten Gütekriterien nach *Lienert* (1969) erfüllt sind:

- *Differenzierungsvermögen*: Eine Selektionsstrategie muss in der Lage sein, Unterschiede bezüglich des zu ermittelnden Persönlichkeitsmerkmals zwischen Bewerbern mit unterschiedlicher Ausprägung dieses Merkmals zu ermitteln.

- →*Objektivität*: Betrifft den Grad der Unabhängigkeit der Verfahrensergebnisse vom Untersucher bezüglich Durchführung, Auswertung und Interpretation.

- →*Reliabilität*: Betrifft den Grad der Genauigkeit, mit der ein Merkmal gemessen wird. Dabei bleibt die Frage unberücksichtigt, ob dieses Merkmal überhaupt gemessen werden soll; es geht um die Stabilität der → Beobachtungsergebnisse. Diesbezüglich spricht man von *Paralleltest-Reliabilität*, das heißt ein alternatives Verfahren zur Ermittlung eines Merkmals ermittelt dieselben Ausprägungen bei einem Probanden wie das zuerst angewandte Verfahren. *Retest-Reliabilität* liegt dagegen vor, wenn eine Wiederholung des Tests zu einem späteren Zeitpunkt dieselben Merkmalsausprägungen ergibt.

- →*Validität*: Trifft Aussagen über den Grad der Genauigkeit, mit der ein Verfahren das Persönlichkeitsmerkmal, das es vorgibt zu messen, auch wirklich misst. Die Validität ist das wichtigste diagnostische Gütekriterium. Eine hohe Ausprägung der Validität erfordert eine Erfüllung der vorgenannten Gütekriterien. Die Erfüllung der Merkmale Differenzierungsvermögen, Objektivität und Reliabilität lässt jedoch noch keinen Rückschluss auf die Validität zu. Soll zum Beispiel die Intelligenz gemessen werden und das Unternehmen versucht dies über die Körpergröße zu operationalisieren, so erfüllt die Messung der Körpergröße die drei erstgenannten Kriterien. Die Validität des Verfahrens ist dabei jedoch nicht gegeben, weil das gemessene Merkmal (Körpergröße) zu dem eigentlich gesuchten Merkmal (Intelligenz) in keiner kausalen Beziehung steht.

Der Gesichtspunkt der ökonomischen Legitimität tangiert die Frage, ob das Erreichen einer hohen diagnostischen Exaktheit ökonomisch sinnvoll ist. Der erwartete ökonomische Vorteil aufgrund hoher Eignung kann hierbei durch die Kosten des Verfahrens (über-)kompensiert werden. Eine Entscheidung über eine Selektionsstrategie unter rein eignungsdiagnostischen Gesichtspunkten ist aufgrund der Vernachlässigung des zu deren Realisation notwendigen Ressourcenverzehrs nicht zwangsläufig ökonomisch legitimierbar. Eine ökonomische Beurteilung erfordert eine Analyse von Selektionsverfahren unter monetären Kosten-Nutzen-Gesichtspunkten. Im Rahmen einer ökonomischen Beurteilung eines Selektionsverfahrens ist die Bestimmung des mit dem Verfahren assoziierten ökonomischen Nutzens außerordentlich schwierig. Ein entsprechender Ansatz wurde von *Cronbach* und *Gleser* (1965) formuliert. Er repräsentiert eine ökonomische Analyse einer Selektionsstrategie unter Berücksichtigung der situationsspezifischen Determinanten der Validität, dem zu erwartenden Testergebnis der eingestellten Bewerber, der Selektionsrate, der Streuung der Leistungsunterschiede sowie der Verfahrenskosten. Der ökonomische Nutzenzuwachs aufgrund der Anwendung eines Selektionsverfahrens im Vergleich zur Zufallsauswahl ΔU wird von *Cronbach* und *Gleser* (1965) anhand folgender Gleichung operationalisiert:

$$\Delta U = \tilde{N} \cdot \sigma_e \cdot \rho_{ye} \cdot \bar{y} - K(N)$$

Der Nutzengewinn eines Selektionsverfahrens im Vergleich zur Zufallsauswahl hängt somit von den Parametern Standardabweichung der Leistung σ_e in der unausgelesenen Population, der Validität des Verfahrens ρ_{ye} (Validitätskoeffizient), der durchschnittlich zu erwartenden Testleistung $\bar{y}$ der angenommenen Bewerber (die wiederum von der Selektionsrate abhängt) und den Verfahrenskosten K in Abhängigkeit von der Zahl der getesteten Bewerber N ab. Dabei gibt N die Zahl der ausgewählten Bewerber an. Einen Eindruck hierzu gibt zum Beispiel *Gerpott* (1989).

Die Vorteilhaftigkeit eines Verfahrens steigt ceteris paribus mit zunehmender Validität, zunehmender Standardabweichung der Kriteriumsvariablen, zunehmender zu erwartender Testleistung sowie mit fallenden Verfahrenskosten. Folglich besteht bei der Existenz unterschiedlicher Verfahren die Möglichkeit, dass ein Verfahren mit komparativ niedrigerer Validität doch das bessere ist, wenn zum Beispiel die Streuung der zukünftig erwarteten Pay-Offs entsprechend größer ist. Ein invalides Verfahren kann niemals ökonomisch effizient sein. Die Etablierung eines Selektionsverfahrens lohnt sich ökonomisch nur, wenn in der unausgelesenen Population überhaupt Streuungen bezüglich des Merkmals vorliegen. Teure Auswahlverfahren (wie z. B. →Assessment Center) rechtfertigen sich trotz einer eventuell komparativ hohen ökonomischen Güte aus ökonomischer Perspektive nur dann, wenn aus einer Fehlauswahl ein hohes ökonomisches Schadenspotenzial resultiert. Aus diesem Grund kommen Assessment Center überwiegend bei der Auswahl von Spezialisten, →Führungskräften sowie →Führungsnachwuchs zum Einsatz. Ein aus diagnostischer Sicht weniger valides Verfahren wird einem hoch validen Verfahren aus ökonomischer Perspektive vorgezogen, wenn die ökonomischen Nachteile aus der verringerten Validität durch Kosteneinsparungen überkompensiert werden.

Literatur: *Bürkle, T.*: Qualitätsunsicherheit am Arbeitsmarkt. Die Etablierung separierender Gleichgewichte in Modellen der simultanen Personal- und Organisationsplanung zur Überwindung der Qualitätsunsicherheit, München, Mering 1999. *Cronbach, L. J.; Gleser, G. C.*: Psychological Tests and Personnel Decisions, Urbana 1965. *Gerpott, T. J.*: Die Nutzenbeurteilung von Personalauswahlverfahren. Zwei klassische Modelle, in: Das Wirtschaftsstudium, 18. Jg. (1989), H. 12, S. 609–614. *Lienert, G. A.*: Testaufbau und Testanalyse, 3. Aufl., Weinheim 1969.

Thomas Bürkle

Auszubildender

von einem Unternehmen im Rahmen eines gesetzlich anerkannten Ausbildungsberufs eingestellte Person, die berufliche Fertigkeiten, Kenntnisse und Fähigkeiten (→Qualifikation) erlernt.

Gesetzlich ist der Begriff des Auszubildenden in Deutschland nicht geregelt. Meist sind Auszubildende junge Menschen, die ihre erste berufliche Qualifikation erwerben. Je nach Berufsbild (→Ausbildungsberufsbild) werden verschiedene Schulabschlüsse als Einstellungsvoraussetzung gefordert. Auszubildende müssen in ihrer zwei- bis dreijährigen Ausbildungszeit zum einen eine praktische Ausbildung im Unternehmen absolvieren und zum anderen eine berufsbildende Schule besuchen. Der →Ausbildungsvertrag regelt nach Vorgabe des Berufsbildungsgesetzes (BBiG) hier Genaueres. Der Auszubildende erhält eine Ausbildungsvergütung, die angemessen sein und nach Lebensalter und Ausbildungsfortschritt mindestens jährlich ansteigen muss.

Gemäß § 13 BBiG haben sich Auszubildende zu bemühen, die berufliche Handlungsfähigkeit zu erwerben, die zum Erreichen des Ausbildungsziels erforderlich ist. Weitere gesetzliche Pflichten bestehen für Auszubildende hinsichtlich einer sorgfältigen Aufgabenausführung, der Teilnahme an Ausbildungsmaßnahme, des Befolgens von Weisungen weisungsberechtigter Personen, der Beachtung der für die Ausbildungsstätte geltenden Ordnung, der pfleglichen Behandlung der dortigen Werkzeuge, Maschinen und sonstigen Einrichtungen sowie hinsichtlich des Stillschweigens über Betriebs- und Geschäftsgeheimnisse.

Literatur: *Sarge, K.*; *Conrads-Hassel, E.*: Berufsbildungsgesetz, Baden-Baden 2007.

Volker Stein

Automatisierung → Technischer Wandel und seine personalwirtschaftlichen Implikationen

Autonomie

Unabhängigkeit des Entscheidungssubjekts (Individuum, Gruppe) gegenüber externen Vorgaben und Anpassungserfordernissen; Eigengesetzlichkeit.

Es kann zwischen einer horizontalen Autonomie als Unabhängigkeit von anderen Organisationseinheiten (z. B. durch Senkung des Koordinationsbedarfs) und einer vertikalen Autonomie als Unabhängigkeit von Weisungen (z. B. durch →Delegation) unterschieden werden. Ein hoher Autonomiegrad in einem Unternehmen ist Ausdruck einer grundsätzlich dezentral angelegten →Organisationsstruktur. Internen unternehmerischen Einheiten sollte vor allem dann ein hohes Maß an Autonomie zugestanden werden, wenn sie eine eigene Ergebnisverantwortung tragen und zum Beispiel als →Profit-Center geführt werden.

Autonomie bedeutet nicht, dass das Entscheidungssubjekt unabhängig von seiner Umwelt agiert. Sie findet in einem konkreten Bezugsrahmen zum organisationalen Umfeld und unter externen Bedingungen des Handelns statt und ist daher immer relational. Ein Entscheidungssubjekt handelt autonom, wenn es die Elemente des Bezugsrahmens, nach denen es sein Handeln ausrichtet, selbst bestimmen kann (→Selbstbestimmung). Darüber hinaus geht es in der betrieblichen Praxis stärker um eine Autonomisierungsprozess als um Gewährung von Autonomie, das heißt um Erreichung eines bestimmten Grades an Autonomie von Bereichen und Individuen, der dem Bedarf des Unternehmens an Flexibilitätssteigerung und Komplexitätsreduzierung sowie den Selbstbestimmungsbedürfnissen (→Motiv) der Organisationsmitglieder optimal entsprechen würde.

Bezüglich des Individualisierungsprozesses sind die klassischen Individualisierungsansätze mit einer Autonomie von betrieblichen Vorgaben und Belangen verbunden. Auch diese sind selbstverständlich an bestimmte betriebliche Begrenzungen geknüpft. Jedoch sind im Rahmen dieser Begrenzungen die Mitarbeiter in der Regel autonom, zum Beispiel in ihren Entscheidungen bezüglich der Arbeitszeit (→Individualisierung).

Die Flexibilisierungsansätze auf individualisierter Basis (→Flexibilisierung) gewähren den Beschäftigten einen gewissen Handlungsfreiraum für →Selbstorganisation, jedoch nicht Autonomie. Die →Arbeitsgestaltung erfolgt hier vorrangig entsprechend der betrieblichen Belange und Vorgaben.

Einen extremen Grad an Autonomie erreichen nach *Göbel* (1998) Beschäftigte in Netzwerkstrukturen von virtuellen Unternehmen sowie die neuen Selbstständigen, die dadurch in einem hohen Maße mit den Gefahren einer Autonomie konfrontiert werden – sie sind auf sich selbst gestellt und werden gleichzeitig den Marktzwängen ausgesetzt.

Die Autonomie der →Personalabteilung beinhaltet die →Kompetenz, sowohl strategische als auch Aktivitäten der Personalverwaltung eigenständig zu konzipieren und anzubieten. Der Vorteil eines hohen Maßes an Autonomie liegt in der Problemnähe und der hohen Geschwindigkeit der Entscheidungen, da die Entscheidungswege sehr kurz sind. Bei ungenügender →Koordination besteht allerdings die Gefahr von Doppelarbeiten, nicht ausgenutzten Wissenstransferpotenzialen und generellen Kostensteigerungen.

Literatur: *Göbel, E.*: Theorie und Gestaltung der Selbstorganisation, Berlin 1998. *Moldaschl, M.*; *Voß, G.G.* (Hrsg.): Subjektivierung von Arbeit, Bd. 2, München 2002.

Sonia Hornberger
Reinhard Meckl

Autorität → Macht

B

B2E → Business-to-Employee

Balanced Scorecard (BSC)

Anfang der 1990er Jahre ein von *Kaplan* und *Norton* entwickeltes Verfahren, das alle für den Unternehmenserfolg wichtigen Faktoren übersichtlich und ausgewogen abbildet, messbar macht und kommuniziert.

Der Begriff Balanced Scorecard kann behelfsmäßig ins Deutsche als „ausgewogener Berichtsbogen" übersetzt werden. Eine Balanced Scorecard ist jedoch viel mehr als nur ein „ausbalanciertes Kennzahlensystem". Sie kann ausgebaut werden zu einem strategischen Managementsystem.

Das Balanced Scorecard-Konzept konnte in den letzten Jahren einen hohen Verbreitungsgrad erlangen. Für diese Entwicklung lassen sich hauptsächlich folgende Gründe feststellen:

- In der Praxis fehlte es bisher an Instrumenten zur Umsetzung von Strategien in konkrete Aktionen, hier setzt die Balanced Scorecard an.
- Häufige Kritik an den klassischen Messgrößen und Dominanz der finanziellen meist vergangenheitsorientierten Steuerungsgrößen, die viele wichtige Sachverhalte im Unternehmen, insbesondere auch Aspekte des Personals nicht oder nur teilweise erfassen.
- Die Balanced Scorecard unterstützt eine Fokussierung des Reportings, indem Kennzahlen integriert werden, die qualifizierte Aussagen über eine Erreichung der wichtigsten strategischen Zielsetzungen tätigen.

Abbildung 1 stellt den typischen Aufbau einer Balanced Scorecard dar.

Ausgangspunkt einer Balanced Scorecard ist die →Vision und die daraus abgeleitete →Strategie eines Unternehmens. Zur Umsetzung der Strategie werden für verschiedene Perspektiven strategische Ziele definiert, als Orientierungsgröße haben sich circa fünf Ziele je Perspektive bewährt. Daran schließt sich die Auswahl von finanziellen und nicht-finanziel-

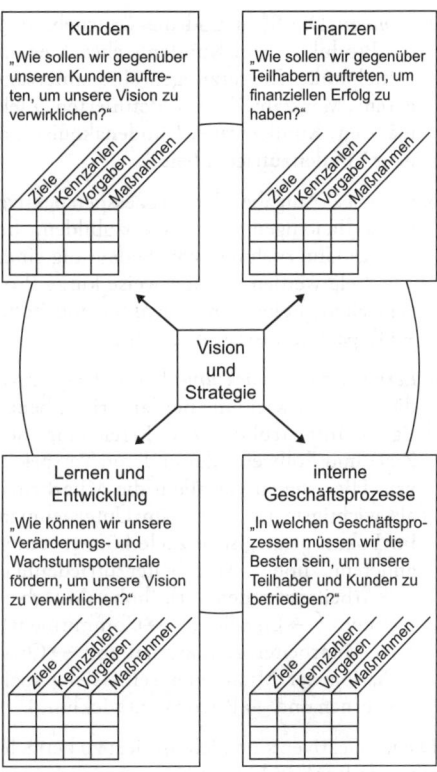

Abbildung 1: Die Architektur der Balanced Scorecard (*Kaplan/Norton* 1997, S. 9)

len Maßgrößen für jedes Ziel und die Festlegung von Sollwerten an. Schlussendlich werden Aktionsprogramme beziehungsweise Einzelmaßnahmen zur Erreichung der angestrebten Sollwerte geplant und realisiert. In einem Feedbackprozess (→Feedback) können Soll-Ist-Vergleiche folgen, die in der nächsten Periode zu einer Anpassung der Balanced Scorecard führen können (*Horváth* und *Partners* 2000).

Üblicherweise werden vier Perspektiven zur mehrdimensionalen Leistungsmessung genannt. Die Anzahl wie auch der Inhalt der Perspektiven ist jedoch nicht fest vorgegeben, sondern kann und soll unternehmens- beziehungsweise funktionsspezifisch und situationsabhängig angepasst werden:

1. *Finanzen*: Diese Perspektive trägt den Ansprüchen der Kapitalgeber Rechnung, da die Strategie eines Unternehmens längerfristig nur dann realisiert werden kann, wenn deren Ansprüche zumindest erfüllt werden. Typische strategische Zielsetzungen sind Umsatzwachstum, Ertragswachstum, Kostensenkungen und Erhöhung des Shareholder Value.

2. *Kunden*: Die Sicht und die Wahrnehmung der Produkte beim Kunden stehen hier im Mittelpunkt. Zielsetzungen sind unter anderem Marktanteile auf definierten Zielmärkten, Kundentreue, Kundenakquisition oder Kundenzufriedenheit.

3. *Prozesse*: Aufgabe der Prozessperspektive ist es, diejenigen Prozesse abzubilden, die für das Unternehmen von Bedeutung sind. Als Ziele werden beispielsweise kurze Prozesszeiten, hohe Prozessqualität und hohe →Kapazitätsauslastung genannt.

4. *Lernen und Entwicklung*: Diese Perspektive dient der Entwicklung der langfristig benötigten Infrastruktur zur Erreichung der Ziele und Sollwerte der anderen Perspektiven. Hier stehen vor allem die Mitarbeiter als wichtigste Ressource im Unternehmen im Fokus. Strategische Ziele können unter anderem hohe Mitarbeiterzufriedenheit (→Arbeitszufriedenheit), hohe Mitarbeitertreue (→Loyalität, →Commitment), hohe Mitarbeiterproduktivität und →Qualifikation der Mitarbeiter sein (siehe auch →Lernen und →Personalentwicklung).

Die Perspektiven sind nicht isoliert zu betrachten, sondern sind durch Ursache-Wirkungs-Zusammenhänge miteinander zu verknüpfen, das heißt die Umsetzung eines strategischen Zieles wirkt sich auch auf die Erreichung von anderen Zielen in einer Balanced Scorecard aus. Solche Strategy Maps stellen eine auf der Balanced Scorecard aufbauende fundamentale Weiterentwicklung dar. Sie basieren auf der Entwicklung einer logischen Kette von Ursache-Wirkungsbeziehungen zwischen einzelnen messbaren Indikatoren, die Teilziele auf dem Weg zur Umsetzung einer Strategie repräsentieren. Es entsteht also eine „Karte" mit logisch verknüpften Performancegrößen für eine bestimmte Strategie. Sie fasst die Ziele und Maßnahmen einer strategischen Alternative und ihrer Umsetzung in operative Aktionen zusammen. Wesentliche Merkmale und bedeutsame Vorteile von *Strategy Maps* sind ihre hohe Eignung als Instrument einer systematischen Strategieerarbeitung, -kommunikation und -operationalisierung (*Kaplan* und *Norton* 2004).

In einem Unternehmen können mehrere Balanced Scorecards implementiert werden, denn auch auf Geschäfts- und Funktionsbereichsebene ist die Umsetzung von Strategien notwendig. Ausgehend von einer Unternehmens-Balanced Scorecard bietet sich deshalb die Möglichkeit verschiedene Balanced Scorecards für Geschäfts- oder Funktionsbereiche wie zum Beispiel den Personalbereich (*Ackermann* 2000), bis auf Abteilungsebenen oder einzelne Mitarbeiter zu erstellen. Diese Vorgehensweise gewährleistet ein durchgängiges Zielsystem, alle Zielsetzungen können auf die strategischen Unternehmensziele ausgerichtet werden. Außerdem bietet sich aus Sicht des →Personalmanagements die Chance, die Balanced Scorecard mit dem →Anreizsystem zu verknüpfen und als Grundlage von Zielvereinbarungen (→Management by Objectives, →Zielvereinbarungssysteme) und einer leistungsorientierten Vergütung zu nutzen.

Vor allem bei der Erstellung einer Funktions-Balanced Scorecard „Personal" aber auch im Rahmen der Ausarbeitung einer unternehmensweiten Balanced Scorecard, insbesondere in der Perspektive „Lernen und Entwicklung", ist der Personalbereich aktiv gefordert. Eine Personal-Balanced Scorecard ermöglicht es der Personalführung (→Mitarbeiterführung), ihre Aufgaben zielorientiert und mehrdimensional zu steuern. Durch die Fokussierung auf wenige strategische Ziele und deren Operationalisierung mit Kennzahlen und Maßnahmen, können lang- und kurzfristige Aktivitäten ausbalanciert gesteuert werden. So kann die Aufmerksamkeit auf strategische Personalentwicklungsmaßnahmen (Perspektive Lernen und Entwicklung) gelegt werden, ohne dass die Verantwortung für die operative Prozessabwicklung (z. B. effiziente Durchführung von Einstellungsprozessen) darunter leidet. Die Balanced Scorecard unterstützt die Operationalisierung und →Kommunikation von Strategien und bietet dabei aus Sicht des Personalmanagements die Möglichkeit, dass personalwirtschaftliche Informationen und Kennzahlen in der Unternehmensführung stärkere Berücksichtigung finden.

Literatur: *Ackermann, K.-F.* (Hrsg.): Balanced Scorecard für Personalmanagement und Personalführung, Wiesbaden 2000. *Horváth & Partners* (Hrsg.): Balanced Scorecard umsetzen, Stuttgart 2000. *Kaplan, R. S.; Norton, D. P.*: Balanced Scorecard: Strategien erfolgreich umsetzen, Stuttgart 1997. *Kaplan, R. S.; Norton, D. P.*: Strategy Maps, Stuttgart 2004.

Sonja Festerling
Klaus Möller

Balance-Sheet Approach

Entscheidung über die Höhe des Entgelts, die ein Mitarbeiter bei einer Entsendung (→Auslandsentsendung) erhält.

Beim Balance-Sheet Approach orientiert sich die Entlohnung am Stammland. Das Grundgehalt richtet sich nach dem Niveau des Heimatlandes und wird um ausländische Gehaltskomponenten ergänzt. Andere Varianten sind die gastlandbezogene Entlohnung oder die gemischten Ansätze.

Silvia Föhr

Basic Work Time

individuell oder tarifvertraglich festgelegte (wöchentliche, monatliche oder jährliche) →Arbeitszeit.

Die tatsächliche Arbeitszeit kann aufgrund von →Überstunden wesentlich über der Basic Work Time liegen (→Durchschnittliche Wochenarbeitszeit).

Désirée H. Ladwig

Basisprämissen →Grundannahmen

Beanspruchung →Belastungs-Beanspruchungs-Modell

Beanspruchungsmessung

Untersuchungsmethoden in Abhängigkeit der vorwiegend beanspruchten Organe, Organsysteme oder Funktionen, mit denen psycho-physiologische Größen erfasst werden können.

Die Beanspruchung ist ein theoretisches Konstrukt und lässt sich nicht direkt messen (→Belastungs-Beanspruchungs-Modell). *Physische Beanspruchung* lässt sich vor allem über die Herzschlagfrequenz, Arrhythmie der Herzschlagfrequenz, Atemfrequenz, Aktionspotenziale der Muskulatur, Veränderungen des Blutdrucks, der Haut-/Körperkerntemperatur sowie den Veränderungen der Zusammensetzung von Körperflüssigkeiten erfassen. Zur Bewertung der *psychischen Beanspruchung* eignen sich die Herzschlagfrequenz, die Arrhythmie der Herzschlagfrequenz, die Atemfrequenz, Veränderungen des Hautwiderstands und der Hauttemperatur, Veränderungen des Blutdrucks, Veränderungen in der Zusammensetzung von Körperflüssigkeiten, Veränderungen der elektrischen Signale des Gehirns, Spannungsschwankungen bei Bewegung des Augapfels sowie die Lidschlagfrequenz.

Geeignet sind vor allem *elektrophysiologische Methoden*, wie zum Beispiel die Elektro-Kardiographie, Elektro-Myographie, Elektro-Enzephalographie, Elektro-Okulographie sowie Elektro-Dermal-Aktivität. Sie haben eine Vielzahl von Vorteilen. In der Regel ist die Messung zuverlässig, die Mitarbeiter werden nur geringfügig belästigt und Beanspruchungsveränderungen werden unmittelbar sichtbar. Die Messgrößen lassen sich normalerweise im Rechner weiterverarbeiten und auswerten. Bei diesen Methoden werden elektrische Signale genutzt, die bei der →Arbeit Stimulanz, Begleiterscheinung sowie beides darstellen.

Die Messung der Beanspruchung bei informatorisch-mentaler Arbeit unter Verwendung von physiologischen Faktoren stößt aufgrund von →Artefakten an Grenzen. Deshalb sind hier zusätzliche *psycho-metrische Verfahren* einzusetzen. Es können Verfahren der Selbst- und Situationsskalierung sowie Verfahren der subjektiven Bewertung des Arbeitsplatzes unterschieden werden. Mit der Selbstskalierung wird der aktuelle Eigen- oder Befindenszustand eines Mitarbeiters erfasst. Die retrospektive →Befragung eines Mitarbeiters zur empfundenen Beanspruchung gehört zur Situationsskalierung. Subjektive Bewertungen des Arbeitsplatzes beziehen sich auf Beurteilungen der Handhabung des Arbeitsplatzes durch den Mitarbeiter (*Bokranz* und *Landau* 1991, *Luczak* und *Volpert* 1997).

Literatur: *Bokranz, R.; Landau, K.*: Einführung in die Arbeitswissenschaft, Stuttgart 1991. *Luczak, H.; Volpert, W.*: Handbuch Arbeitswissenschaft, Stuttgart 1997.

Margit Weißert-Horn
Regina Brauchler

Bedarfsbestimmungsmethode →Personalbedarfsbestimmungsmethode

Bedarfsdeterminanten

Faktoren, die den Personalbedarf eines Unternehmens bestimmen.

Gemäß *Kossbiel* (2002) gibt der Personalbedarf die Art und Anzahl von Arbeitskräften an, die zur Durchführung aller in einem Bezugszeitpunkt beziehungsweise -zeitraum vorgesehenen Prozesse dispositiver und exekutiver Art erforderlich sind. Der Personalbedarf stellt somit eine Soll-Größe dar.

In der Literatur wird zum Teil zwischen einem Brutto- und einem Nettobedarf differenziert. Der Bruttobedarf entspricht der o.a. Definition nach *Kossbiel* (2002). Mit Nettobedarf ist die Differenz zwischen Personalbedarf und -ausstattung, also die Bedarfslücke oder der Personalzusatzbedarf gemeint, der zum Beispiel durch Maßnahmen der →Personalbeschaffung zu decken ist. Die weiteren Ausführungen beziehen sich auf den Bruttobedarf. Hinsichtlich des Personalbedarfs lässt sich zwischen Bedarfsniveau und Bedarfsstruktur differenzieren. Dabei bezieht sich die Bedarfsstruktur auf die unterschiedlichen Bezugsobjekte (z. B. Aufgaben, Tätigkeiten, →Stellen), aus denen Personalbedarfe resultieren. Das Bedarfsniveau bezieht sich dagegen auf die Höhe des Personalbedarfs eines Bezugsobjekts (wie die Zahl der benötigten Arbeitskräfte pro Aufgabenart oder Stellenart). Bedarfsniveau und Bedarfsstruktur sind im Rahmen der →Personalplanung jedoch simultan zu betrachten. Eine Personalplanung, die nur auf dem Bedarfsniveau oder nur auf der Bedarfsstruktur aufbaut ist wenig sinnvoll. So ist die Aussage „der Personalbedarf des Betriebs beträgt 1.000 Arbeitskräfte" für die Personalplanung vielfach zu undifferenziert. Hier ist zumeist eine →Differenzierung notwendig, die beispielsweise Angaben darüber macht, für welche im Betrieb anfallenden Aufgabenarten wie viele Arbeitskräfte benötigt werden. Die Determinanten des Personalbedarfs, die das Bedarfsniveau für ein Bezugsobjekt bestimmen, lassen sich nach *Kossbiel* (1992) grob drei Klassen, den Primärdeterminanten des Personalbedarfs, zuordnen. Diese sind

- das Leistungsprogramm,
- die →Arbeitsproduktivität beziehungsweise der Arbeitskoeffizient und
- die →Arbeitszeit, in der eine Arbeitskraft dem Unternehmen in der betrachteten Periode zur Verfügung steht.

Das Leistungsprogramm wird durch die betriebliche Aufgabe und die entsprechende →Arbeitsteilung bestimmt. Der Arbeitskoeffizient gibt die Arbeitszeit an, die zur Erledigung einer Aufgabeneinheit erforderlich ist. Die Arbeitsproduktivität ist der reziproke Wert des Arbeitskoeffizienten und gibt an, wie viele Aufgabeneinheiten pro Zeiteinheit bearbeitet werden. Arbeitskoeffizient beziehungsweise -produktivität werden wesentlich durch die technischen Gegebenheiten des Prozesses der Leistungserstellung und den Leistungsgrad der Arbeitskräfte bestimmt. Anhand der Arbeitsproduktivität beziehungsweise dem Arbeitskoeffizienten wird die Interdependenz personalwirtschaftlicher Wirksamkeits- und Verfügbarkeitsprobleme deutlich: Ohne eine Vorstellung über die Wirksamkeit des Personals kann keine sinnvolle Aussage über den Personalbedarf gemacht werden. Maßnahmen der Personalverhaltensbeeinflussung wirken somit auch auf den Personalbedarf ein. Die Arbeitszeit pro Arbeitskraft und Periode (z. B. 38-Stunden-Woche) wird durch betriebliche Vereinbarungen, tarifvertragliche oder arbeitsvertragliche Regelungen bestimmt (z. B. →Teilzeitarbeit).

Literatur: *Kossbiel, H.:* Personalbedarfsermittlung, in: *Gaugler, E.; Weber, W.* (Hrsg.): Handwörterbuch des Personalwesens, 2. Aufl., Stuttgart 1992, Sp. 1596–1608. *Kossbiel, H.:* Personalwirtschaft, in: *Bea, F. X.; Dichtl, E.; Schweitzer, M.* (Hrsg.): Allgemeine Betriebswirtschaftslehre, Bd. 3, 8. Aufl., Stuttgart 2002, S. 467–553.

Thomas Bürkle

Bedarfsniveau →Bedarfsdeterminanten

Bedarfsstruktur →Bedarfsdeterminanten

Bedürfnishierarchie

unterstellt eine geschichtete, sukzessiv abzuarbeitende Struktur von menschlichen Bedürfnissen (→Motiv) und geht auf die Forschungen von *Maslow* (1908–1970) im Jahre 1954 zurück.

Die Bedürfnishierarchie geht davon aus, dass der Mensch durch die beiden gegensätzlichen Bedürfnisse nach Sicherheit und Geborgenheit auf der einen Seite und nach Veränderung und Selbstverwirklichung auf der anderen Seite geprägt ist. Im späteren Verlauf erweitert *Maslow* die Polarität zu einer Bedürfnishierarchie. Nach dieser Theorie ist eine Person zur Leistung motiviert, wenn sie ein aktuelles Bedürfnis hat und die Möglichkeit sieht, dieses Bedürfnis durch →Arbeitsleistung intrinsisch oder extrinsisch zu befriedigen (→Extrinsische Motivation, →Intrinsische Motivation).

Maslow geht davon aus, dass sich alle wesentlichen Bedürfnisse einer Person in fünf Kategorien zusammenfassen lassen (→Physiologisches Bedürfnis, →Sicherheitsbedürfnis, →Zugehörigkeitsbedürfnis, →Anerkennungsbedürfnis und →Selbstverwirklichungsbedürfnis) und dass diese fünf Bedürfnisse hierarchisch angeordnet sind.

Die Basis bilden die physiologischen Bedürfnisse. Sind diese den Ansprüchen der Person entsprechend befriedigt, wird das Sicherheitsbedürfnis aktuell, während die physiologischen Bedürfnisse in ihrer Bedeutung für das Verhalten (→Behaviorismus) abnehmen. Wenn das Sicherheitsbedürfnis abgedeckt ist, wird es ebenfalls schwächer, und dafür treten erst das Zugehörigkeits- und später das Anerkennungsbedürfnis in den Vordergrund. Wenn diese vier Defizitbedürfnisse erfüllt sind, wird das oberste Bedürfnis in der →Hierarchie, das Selbstverwirklichungsbedürfnis, dominant.

Abbildung 1: Die Bedürfnishierarchie (*Maslow* 1977)

Solange keine Defizite auftreten, bleibt das oberste Bedürfnis im Vordergrund; andernfalls wird es vorübergehend wieder von einem der darunter liegenden Bedürfnisse überlagert, bis das Defizit beseitigt wird. Aus der Bedürfnishierarchie lassen sich Schlussfolgerungen für die →Motivation und Gestaltung von →Anreizsystemen ziehen.

Insgesamt ist die Bedürfnishierarchie von *Maslow* sicherlich die einflussreichste Motivationstheorie für →Personalmanagement und →Mitarbeiterführung.

Literatur: *Maslow, A.*: Motivation und Persönlichkeit, Olten 1977.

Markus Gmür

Beeinflussungsstrategie →Macht

Beendigungskündigung →Kündigung

Beförderung

Ranghierarchischer Aufstieg infolge eines Zuwachses an Qualifikationsstufen, Leistungsstufen und/oder Autoritäts- und Verantwortungsstufen.

Beförderungen können unternehmensspezifisch stark standardisiert sein, so dass sich Automatismen bilden.

Vera Friedli

Befragung

weit verbreitete Methode der empirischen Forschung zur Erhebung von →Informationen über bestimmte Gegenstände oder Sachverhalte.

Befragungen können sowohl schriftlich, mittels →Fragebogen, als auch mündlich im Rahmen eines →Interviews erfolgen. Im Rahmen der *Personalforschung* erlangen →Befragungen bei der Erhebung von Informationen an Bedeutung, die anderweitig – beispielsweise durch Dokumentenanalysen – nicht beschafft werden können. Die Informationserhebung erfolgt systematisch dadurch, dass die befragte Person durch die Frage zu einer Antwort veranlasst wird, die ihrerseits als Indikator für eine bestimmte Ausprägung eines Konstrukts angesehen wird, über das Informationen erhoben werden sollen.

Sie werden nach dem Grad ihrer →Standardisierung in standardisierte, teilstandardisierte und nicht-standardisierte Befragungen unterschieden, wobei schriftliche Befragungen häufig in stark standardisierter Form und mündliche Befragungen oft in weniger standardisierter Form durchgeführt werden:

- *Standardisiert* bedeutet, dass sowohl Inhalt und Abfolge der Fragen festgelegt sind und die Möglichkeiten ihrer Beantwortung zum Teil deutlich beschränkt werden (beispielsweise indem die Antwort durch die Angabe eines Skalenwertes zu erfolgen hat).

- Die *nicht-standardisierte Befragung* erfolgt wenig strukturiert anhand eines Leitfadens, der die Sachverhalte, über die Informationen erhoben werden sollen, nur thematisch benennt und dem Interviewer dadurch die Möglichkeit lässt, Reihenfolge und Formulierung der Fragen der jeweiligen Situation anzupassen.

Während die Standardisierung von Befragungen eine wichtige Voraussetzung für die Vergleichbarkeit der erhobenen Informationen darstellt, bieten nichtstandardisierte Befragungen den Vorteil größerer →Flexibilität, wodurch unter anderem die →Qualität der erhobenen Informationen erhöht werden kann.

Jürgen Grieger

Befristete Beschäftigungsverhältnisse

Beschäftigungsverhältnis, bei dem das Vertragsende nicht offengehalten, sondern vertraglich fixiert wird.

Eine Befristung kann auf Basis des Teilzeit- und Befristungsgesetzes (TzBfG) geschehen, das mit Beginn des Jahres 2001 das bis Ende 2000 befristete (→Beschäftigungsförderungsgesetz (BeschFG) in der Fassung vom 01.10. 1996 abgelöst hat. Das TzBfG erlaubt Befristungen bei Vorliegen eines *sachlichen Grundes* (§ 14 Absatz 1 TzBfG), so unter anderem:

- ein nur vorübergehender betrieblicher Bedarf an der Beschäftigung,
- die Beschäftigung im Anschluss an eine (→Ausbildung, um den Übergang in ein Anschlussbeschäftigungsverhältnis zu vereinfachen,
- die Vertretung eines →Arbeitnehmers,
- die Erprobung eines Arbeitnehmers oder
- befristete Haushaltsmittel.

Ein weiterer sachlicher Grund für eine Befristung kann in der Eigenart der (→Arbeitsleistung liegen, zum Beispiel bei Rundfunk und Bühnen oder in der Wissenschaft. Wie auch bereits im BeschFG ist die Befristung erleichtert, wenn das Beschäftigungsverhältnis nicht mehr als zwei Jahre dauert (§ 14 Absatz 2 TzBfG). Innerhalb dieser Frist darf der →Arbeitsvertrag aber lediglich dreimal verlängert werden.

Im Gegensatz zur alten Regelung ist die erleichterte Befristung nicht möglich, wenn bereits zuvor ein (befristetes oder ein unbefristetes) Arbeitsverhältnis mit demselben →Arbeitgeber bestand, unabhängig davon, ob die Beschäftigung im unmittelbaren Anschluss erfolgt. Weitere Möglichkeiten einer erleichterten Befristung bestehen für Arbeitnehmer (Befristungen ohne sachlichen Grund bis zu und für vier Jahren möglich), die älter als 52 Jahre sind (diese Regelung ist bis Ende 2007 befristet). Seit dem 01.01.2008 bedarf die Befristung keines sachlichen Grundes mehr. Die →Gruppe der befristet Beschäftigten ist heterogen, denn sie enthält nach *Rudolph* (2000) beispielsweise Auszubildende, Aushilfen und Vertretungen, Beschäftigte in arbeitspolitischen Maßnahmen und (vermehrt) Berufsanfänger. Eine generelle Bewertung befristeter Beschäftigungsverhältnisse ist daher nicht möglich.

Befristete Beschäftigungsverhältnisse stellen atypische, vom →Normalarbeitsverhältnis abweichende →Beschäftigungsformen dar. Da aber für beide Vertragspartner, Arbeitgeber und Arbeitnehmer, Gründe dafür bestehen können, dass sie nicht von einer längeren Dauer des Arbeitsverhältnisses ausgehen (z. B. bei einer von Vertragsbeginn an bestehenden Fluktuationsabsicht des Arbeitnehmers oder bei dem Arbeitgeber bereits bekannten Personalabbaumaßnahmen), ist die Frage, ob ein vertraglich nicht explizit befristetes Beschäftigungsverhältnis tatsächlich unbefristet ist, unter Umständen schwer zu klären. Dies zeigt, dass die Frage der erwarteten Dauer des Arbeitsverhältnisses und die damit verbundenen Planungshorizonte und Verlässlichkeiten nicht auf eine formaljuristische Bestimmung eingeschränkt werden sollten. Dies gilt insbesondere, wenn versucht wird, aktuelle Veränderungen von Beschäftigungsverhältnissen und deren Konsequenzen zu betrachten (→Contingent Work).

Befristungen und Ungewissheiten bezüglich der Dauer des Beschäftigungsverhältnisses beeinflussen in grundlegender Weise den Charakter von Arbeitsverhältnissen, da ungewisse Erwartungen hinsichtlich der Zukunft des Arbeitsverhältnisses gegenwärtiges Führungs- und Arbeitsverhalten und gegenwärtige Entscheidungen über Investitionen in Aus- und Weiterbildung sowie in die sozialen Beziehungen zu Arbeitskollegen unter anderen Voraussetzungen getroffen werden als bei einem langfristigen Planungshorizont.

Literatur: Rudolph, H.: Befristete Arbeitsverträge sind neu zu regeln, in: *IAB Kurzbericht,* H. 12, Nürnberg 2000.

Axel Haunschild

Begabtenförderung

Entwicklung von Mitarbeitern mit hohem individuellem Potenzial (→ Entwicklungsplanung).

Unter Potenzial wird hierbei die vom Unternehmen als hoch eingeschätzte Fähigkeit des Mitarbeiters zum Ausbau seiner/ihrer →Qualifikation verstanden. Darüber hinaus ist das Ziel der Förderung, die Übernahme einer bestimmten Funktion, unter Umständen auch einer Führungsaufgabe, durch den Begriff „Begabtenförderung" nicht näher spezifiziert.

Laila Maija Hofmann

Begrüßungs- und Kennenlernspiele

dienen in Veranstaltungen mit Seminarcharakter dazu, dass sich die Teilnehmer kennen lernen und mit der Bildung einer Gruppenidentität sowie mit der gemeinsamen Ausrichtung auf die Veranstaltungsziele beginnen (→ Spielen im Arbeitskontext).

In Erweiterung einer Vorstellungsrunde, bei der jeder Teilnehmer sich kurz charakterisiert, werden spielerische Elemente hinzugefügt, die das Erinnern der Teilnehmer unterstützen sollen. Beispiele für solche Elemente sind
- Namensschilder, die man sich gegenseitig anheftet oder zuordnet,
- Interviews von Teilnehmern mit anschließendem Rollenwechsel beim Vorstellen,
- →Gruppenbildung nach dem Zufallsprinzip, die nach gegenseitigem Vorstellen der Gruppenmitglieder wiederholt wird, oder
- Gruppenbildung nach bestimmten gemeinsamen Eigenschaften.

Es gibt eine Vielzahl solcher Begrüßungs- und Kennenlernspiele (*Halbig* und *Wehnert* 2001, *Thiesen* 2002), die je nach Geschmack als fantasievoll oder albern angesehen werden. Als Seminarleiter sollte man sich genau überlegen, ob und welche Begrüßungs- und Kennenlernspiele dem Veranstaltungsziel und den Teilnehmern angemessen sind.

Literatur: Halbig, J.; Wehnert, R.: Spielwiese 1. Kennenlern- und Kommunikationsspiele, 2. Aufl., Ostfildern 2001. Thiesen, P.: Das Kommunikationsspielbuch, Weinheim 2002.

Volker Stein

Behaviorismus

Lehre vom Verhalten und damit theoretische sowie methodische Ausrichtung der Psychologie, die auf den amerikanischen Psychologen *Watson* (1913) zurückgeht.

Für den Behaviorismus ist menschliches Verhalten gelerntes Verhalten. Der Lernvorgang selbst entzieht sich der direkten →Beobachtung, analysiert werden können lediglich die Reiz-Reaktions-Verbindungen. Das Bewusstsein gilt als nicht-kausale Begleiterscheinung (Epiphänomen) biochemischer Vorgänge. *Watson* (1913) hat zahlreiche tierpsychologische Arbeiten durchgeführt, um seine Theorie des konditionierten Lernens zu demonstrieren. Die klassische Konditionierung geht auf den russischen Physiologen *Pawlow* (1928) zurück und bezeichnet den Erwerb einer Reaktion auf einen neutralen (bedingten) Reiz, der durch einen anderen (unbedingten) Reiz ausgelöst wird, wie zum Beispiel der Speichelfluss, der beim Anblick von Nahrung einsetzt. Wird der unbedingte Reiz mit einem Ton verbunden, so löst dieser nach einigen Versuchsdurchgängen den Speichelfluss aus. Eine Weiterentwicklung des Behaviorismus erfolgte durch *Skinner* (1953), der zwischen reflexartigem respondenten Verhalten, das reizgesteuert ist und dem operanten Verhalten unterscheidet, das von äußeren Reizen in der Auftretenswahrscheinlichkeit beeinflusst wird. Für dieses operante Verhalten werden systematisch die Beziehungen zwischen den vorausgehenden Reizen, dem beobachtbarem Verhalten und den unmittelbaren Verhaltensfolgen wie →Belohnung und Bestrafung sowie deren Wahrscheinlichkeit (Verstärkerpläne) analysiert. Diese Lerngesetze fanden Eingang in die Verhaltenstherapie. Verhaltenskonsequenzen treten ein, wenn die entsprechende Reaktion gezeigt wurde und haben so Verstärkerfunktion für das Verhalten (instrumentelle Konditionierung).

Literatur: Pawlow, J. P.: Lectures on Conditional Reflexes, New York 1928. Skinner, B. F.: Science and Human Behavior, New York, 1953. Watson, J. B.: Psychology as the Behaviorist Views it, in: Pyschological Review, (1913), H. 20, S. 158–177.

Erika Spieß

Behavioural Observation Scales (BOS)

Spezifisches Rating System, mit dem geprüft wird, wie oft Mitarbeiter ein gewünschtes Verhalten (→Behaviorismus) zeigen.

Nach *Latham* und *Wexley* (1977) handelt es sich bei Behavioural Observation Scales (BOS) um ein Verfahren der Leistungsmessung, bei der Experten gebeten werden, das Verhalten von Probanden zu beobachten und ihre Leistung anhand von Ratingskalen festzuhalten. Anders als bei einer →Behaviorally Anchored Rating Scale (BARS) wird bei BOS nicht die Intensität eines Verhaltens gemessen. Mit BOS wird vielmehr erfasst, *wie oft* Probanden ein bestimmtes, an einem Beispiel spezifiziertes Verhalten zeigen. Die Häufigkeit des Verhaltens „übernimmt Verpflichtungen, Aufgaben zu erledigen" kann zum Beispiel mit vorgegebenen Prozentintervallen für das Vorkommen dieses Verhaltens im Verhältnis zu allen beobachteten Situationen (z. B. 0 bis 64 %, 65 bis 74 %, 75 bis 84 %, 85 bis 95 % und 95 bis 100 %) oder auf einer fünfstufigen Ratingskala („niemals – manchmal – oft – fast immer – immer") gemessen werden. Die einzelnen Häufigkeiten lassen sich über verschiedene Verhaltensdimensionen zu einem Leistungswert aufsummieren. Neben der Leistungsmessung werden BOS oder an BOS angelehnte Verfahren beispielsweise auch bei der Erfassung von wertorientierten Verhaltensweisen im Management angewandt (*Bouchko* 2007).

Weil jedes Häufigkeitsintervall unabhängig von der gemessenen Verhaltensdimension zeigen soll, wie weit das Verhalten den Erwartungen entspricht, entsteht ein Problem beim Vergleich von unterschiedlichen Verhaltensdimensionen: Für einen Vertriebsmitarbeiter kann eine Häufigkeit von 75 bis 84 % auf der Dimension „gewinnt das Neugeschäft bei einem Kundenerstkontakt" sehr positiv sein. Die „Vermeidung von Korruption im Neugeschäft" in 75 bis 84 % der beobachteten Fälle wäre dagegen ein unbefriedigender Wert. Eine Lösung besteht darin, für jede Verhaltensdimension einzeln Skalen festzulegen, die unterschiedliche Niveaus der Zufriedenheit reliabel angeben (*Kane* und *Bernadin* 1982).

In der Anwendung liefern BOS bessere Ergebnisse in Bezug auf die Trennschärfe der Werte für verschiedene Probanden und in Bezug auf die →Eignung für →Feedback, wenn zunächst globale Kriterien für eine Verhaltensdimension bewertet werden sollen (z. B. „Der Dozent zeigt Enthusiasmus in ihrer Vorlesung"), bevor einzelne Subdimensionen der Verhaltensdimension „Enthusiasmus" erfragt werden (z. B. „Der Dozent spricht in der Vorlesung ‚dramatisch' oder expressiv, also nicht monoton"): Die globalen Items wirken über die „Bahnung" (Priming) als „Wegbereiter" für die folgenden Bewertungen (*Jelley* und *Goffin* 2001). Bereits gebahnte Konzepte können leichter und trennschärfer bewertet werden, da durch die Bahnung kleinere Unterschiede im Verhalten erkannt und auf der →Skala angegeben werden als ohne vorherige Bahnung.

Literatur: *Buchko, A. A.*: The Effect of Leadership on Values-Based Management, in: Leadership & Organization Development Journal, 28. Jg. 2007, H-1, S. 36–50. *Jelley, R. B.; Goffin, R. D.*: Can Performance-Feedback Accuracy be Improved? Effects of Rater Priming and Rating-Scale Format on Rating Accuracy, in: Journal of Applied Psychology, 86. Jg. (2001), H.1, S. 134–144. *Kane, J. S.; Bernardin, H. J.*: Behavioral Observation Scales and the Evaluation of Performance Appraisal Effectiveness, in: Personnel Psychology, 35. Jg.(1982), H. 3, S. 635–641. *Latham, G. P.; Wexley, K. N.*: Behavioral Observation Scales for Performance Appraisal Purposes, in: Personnel Psychology, 30. Jg. (1977), H. 2, S. 255–268.

Claas Christian Germelmann

Behaviourally Anchored Rating Scales (BARS)

von *Smith* und *Kendall* (1963) vorgeschlagene vor allem bei der →Leistungsbeurteilung eingesetzte →Skalen, bei denen die Skalenendpunkte und einzelnen Skalenwerte beziehungsweise Stufen durch konkrete Beschreibungen verankert sind.

Diese Beispiele geben jeweils eine beobachtbare Verhaltensausprägung wieder, die für ein Niveau der zu messenden Leistungsdimension typisch ist.

Die Entwicklung von BARS für spezifische Branchen, Unternehmen, Abteilungen oder Projekte kann in fünf Schritten erfolgen (*Smith* und *Kendall* 1963, *Staples* und *Locander* 1975/76):

1. *Sammlung von Dimensionen und Verhaltensbeschreibungen*: Experten (z. B. externe Berater oder Manager in Leitungsfunktionen) sammeln relevante Leistungsdimensionen und pro Leistungsdimension Beschreibungen für hohe, mittlere, noch akzeptable und geringe Leistungsniveaus. Zu beachten ist, dass abweichend von der ursprünglichen Konzeption von *Smith* und *Kendall* nicht nur extreme →Critical Incidents, sondern gerade auch häufiger auftretende, „normale" Verhaltensweisen aufgeführt werden sollen, die eng mit der zu messenden Leistungsdimension verknüpft sind (*Atkin* und *Conlon* 1978).

2. *Prüfung der Dimensionen und Verhaltensbeschreibungen*: Zur Prüfung des Ergebnisses aus dem ersten Schritt wird die gleiche Prozedur mit einer anderen →Gruppe durchgeführt und geprüft, ob die Dimensionen aussagekräftig, vollständig und trennscharf sind und ob die Definitionen der Dimensionen und Verhaltensbeispiele adäquat (z. B. passend für die jeweilige Abteilung) und durch die Anwender nachvollziehbar sind.

3. *Entwicklung vorläufiger Skalen*: Die Verhaltensbeispiele werden den einzelnen Dimensionen und Skalenwerten zugeordnet. Hier wird zumeist auf eine neunstufige Ratingskala zurückgegriffen.

4. *Ergänzung der Skalen*: Wegen der oft anzutreffenden Tendenz, zunächst extreme Verhaltensbeispiele zu sammeln, werden in dieser Phase die Skalen ergänzt (typischerweise um Beispiele für mittlere und noch akzeptable Verhaltensweisen).

5. *Prüfung der Skalen*: Eine weitere Expertengruppe kann in der optionalen fünften Phase dazu herangezogen werden, die Skalen, Verhaltensbeispiele und Dimensionen zu prüfen, um die inhaltliche Gültigkeit der Skalen zu sichern.

Von den →Behavioural Observation Scales (BOS) unterscheiden sich BARS durch die Vorgabe von Beispielen für bestimmtes Verhalten zur Illustration von Skalenwerten, während bei den BOS lediglich untersucht wird, wie oft ein spezifisches Verhalten gezeigt wurde. *Tziner*, *Joanis* und *Murphy* (2000) berichten, dass in ihrer Studie die Zufriedenheit der bewerteten Personen bei einer Bewertung ihrer Leistung durch BOS höher war als bei BARS.

Literatur: *Atkin, R. S.*; *Conlon, E. J.*: Behaviorally Anchored Rating Scales: Some Theoretical Issues, in: The Academy of Management Review, (1978) H. 3 (1), S. 119–128. *Smith, P. C.*; *Kendall, L. M.*: Retranslation of Expectations: An Approach to the Construction of Unambiguous Anchors for Rating Scales, in: Journal of Applied Psychology, (1963) H. 47, S. 149–155. *Staples, W. A.*; *Locander, W. B.*: Behaviorally Anchored Scales: A New Tool for Retail Management Evaluation and Control, in: Journal of Retailing, 52. Jg. (1975/76), H. 4, S. 39–48 und 94–95. *Tziner, A.*; *Joanis, C.*; *Murphy, K. R.*: A Comparison of Three Methods of Performance with Regard to Goal Properties, Goal Perception, and Ratee Satisfaction, in: Group & Organization Management, (2000), H. 25 (2), S. 175–190.

Claas Christian Germelmann

Behindertenschutz

dient der Förderung von →Selbstbestimmung und gleichberechtigter Teilhabe behinderter und von Behinderung bedrohter Menschen am Leben in der Gesellschaft, insbesondere am Arbeitsleben.

Gleichzeitig sollen Benachteiligungen behinderter Menschen vermieden beziehungsweise ihnen entgegen gewirkt werden.

Gesetzliche Normierungen finden sich insbesondere im Sozialgesetzbuch (SGB) IX. Dieses enthält sowohl Regelungen für behinderte und von Behinderung bedrohte Menschen als auch besondere Regelungen zur Teilhabe schwerbehinderter Menschen (→Schwerbehindertenrecht). Menschen sind behindert, wenn ihre körperliche Funktion, geistige Fähigkeit (→Qualifikation) oder seelische Gesundheit mit hoher Wahrscheinlichkeit länger als sechs Monate von dem für das Lebensalter typischen Zustand abweicht und daher ihre Teilhabe am Leben in der Gesellschaft beeinträchtigt ist (§ 2 Abs. 1 Satz 1 SGB IX). Menschen sind von Behinderung bedroht, wenn eine solche Beeinträchtigung zu erwarten ist (§ 2 Abs. 1 Satz 2 SGB IX). Der Behindertenschutz soll die selbstbestimmte Teilhabe behinderter Menschen trotz →Krankheit und Behinderung ermöglichen. Dazu werden entsprechende Leistungen zur Teilhabe von Rehabilitationsträgern erbracht (vgl. §§ 4 und 6 SGB IX). Das Schwerbehindertenrecht bezweckt den Schutz und die Eingliederung der schwerbehinderten (§ 2 Abs. 2 SGB IX) beziehungsweise diesen gleichgestellten Menschen (§ 2 Abs. 3 SGB IX) in Arbeit, Beruf und Gesellschaft. Dieses erfolgt zum Beispiel durch Sonderkündigungsschutz (§§ 85 ff. SGB IX), Zusatzurlaub (§ 125 SGB IX), Freistellung von Mehrarbeit (§ 124 SGB IX) und besondere Schwerbehindertenvertretungen in Betrieben und Dienststellen (§§ 93 ff. SGB IX). Darüber hinaus besteht für die Arbeitgeber eine Pflicht zur Beschäftigung schwerbehinderter Menschen (§§ 71 ff. SGB IX), deren Missachtung die Zahlung einer Ausgleichsabgabe nach sich zieht.

Burkhard Boemke

Belastungs-Beanspruchungs-Modell

grundlegendes Modell der →Arbeitswissenschaft, welches dazu dient die menschbezogene Wirkung von →Arbeitssystemen analysieren, messen, beurteilen und gestaltbar machen zu können.

Mit dem Belastungs-Beanspruchungs-Modell lässt sich eine Beziehung zwischen den objektiv im Arbeitssystem auf den Menschen einwirkenden Einflussgrößen und den beim Menschen dadurch hervorgerufenen Wirkungen herstellen. Die Ursachen werden mit dem Begriff *Belastung* bezeichnet, die Wirkungen mit *Beanspruchung*. Neben den Belastungen werden die Beanspruchungen von den individuellen Eigenschaften, Fähigkeiten, Fertigkeiten (→ Qualifikation) und Bedürfnissen (→ Motiv) des Menschen beeinflusst. Die Belastung beziehungsweise Beanspruchung setzen sich, wie Abbildung 1 deutlich macht, aus Teilbelastungen oder -beanspruchungen zusammen.

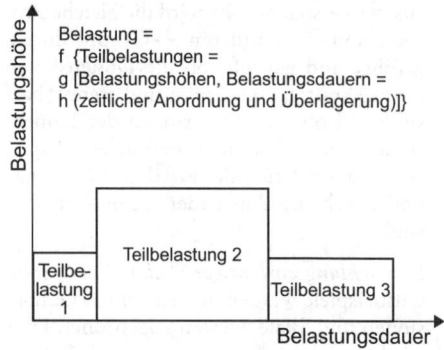

Abbildung 2: Zusammensetzung der Belastung aus Teilbelastungen (*Bokranz/Landau* 1991, S. 35)

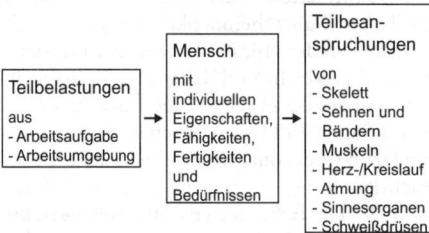

Abbildung 1: Belastungs-Beanspruchungs-Modell (*Bohmert* 1984)

Teilbelastungen, als Teilbelastungsarten bezeichnet, ergeben sich aus der → Arbeitsaufgabe und der → Arbeitsumgebung. Jede Teilbelastungsart setzt sich aus einer *Belastungshöhe* und -*dauer* zusammen wie Abbildung 2 visualisiert. Sofern die Belastungshöhe intervall- oder proportional skaliert werden kann, wird sie als Belastungsgröße bezeichnet. Mit dem Begriff des *Belastungsfaktors* wird sie bezeichnet, wenn sie nominal oder ordinal skalierbar ist. *Belastungsabschnitte* sind dadurch gekennzeichnet, dass Belastungsfaktoren und -größen über einen bestimmten Zeitraum unverändert bleiben.

Teilbeanspruchungen ergeben sich beispielsweise beim Skelett, bei den Muskeln und beim Herz-/Kreislaufsystem. Sie lassen sich in ihrer Höhe und Dauer analysieren und sind nicht direkt messbar (→ Beanspruchungsmessung).

Das in Abbildung 1 dargestellte vereinfachte Modell vernachlässigt die Handlungsspielräume des Arbeitenden. Erweiterte Modelle (*Luczak* 1982) berücksichtigen dies über unterschiedliches Bewältigungsverhalten (*Bokranz* und *Landau* 1991, *Luczak* und *Volpert* 1997).

Literatur: *Bokranz, R.; Landau, K.*: Analyse und Gestaltung von Arbeitssystemen, Stuttgart 1991. *Luczak, H.*: Lernen als informatorisch-mentale Arbeit, in: *Berndt, J.; Busch D. W.; Schönwälder, H. G.* (Hrsg.): Schule: Arbeit, Belastung und Beanspruchung von Schülern, Braunschweig 1982. *Luczak, H.; Volpert, W.*: Handbuch Arbeitswissenschaft, Stuttgart 1997. *Rohmert, W.*: Das Belastungs-Beanspruchungs-Konzept, in: Zeitschrift für Arbeitswissenschaft, 38. Jg. (1984), H. 4, S. 193–200.

Margit Weißert-Horn
Regina Brauchler

Belegschaftsaktie

Form der → Kapitalbeteiligung mit dem Ziel, die Leistungsbereitschaft und Bindung (→ Personalbindung) an das Unternehmen zu erhalten.

Mit der Belegschaftsaktie erwerben die Beschäftigten Anteile am Grundkapital der arbeitgebenden Aktiengesellschaft. Nach § 71 AktG dürfen Aktiengesellschaften bis zu 10 % ihres Kapitals erwerben, um sie ihren Beschäftigten zum Kauf anzubieten. Über den Aktienbesitz sind die Beschäftigten unmittelbar am Gewinn und Verlust des Unternehmens beteiligt und erwerben auch die damit verbundenen Stimmrechte. Die Belegschaftsaktie wurde in Deutschland erstmals 1867 in der Messingfabrik *Borchert*, Berlin, eingeführt.

Nach Untersuchungen aus dem Jahr 2005 kann davon ausgegangen werden, dass rund 4 % der deutschen Unternehmen Belegschaftsaktien oder ähnliche Formen von Kapitalbeteiligungsmodellen (→ Erfolgsbeteiligung) anbieten und weitere 10 % ein solches Modell für ihre (Führungskräfte praktizieren, was nach *Weber et al.* (2005) im Vergleich der führenden Industrieländer niedrige Prozentwerte sind.

Literatur: *Weber, W.; Kabst, R.; Giardini, A.: Personalmanagement im europäischen Vergleich, Ergebnisbericht zur Befragung 2005, Gießen 2005.*

Markus Gmür

Belegschaftsbefragung →Mitarbeiterbefragung

Beleuchtung →Arbeitsumgebung

Belohnung und Bestrafung

zentrale Elemente eines Sanktionssystems mit Erklärungsgrundlagen in der Ökonomie und der Verhaltenspsychologie (→Behaviorismus).

Die Ökonomie beruht auf der Grundannahme, dass Verhaltensmuster und Entscheidungen durch das Streben nach Nutzen und Belohnungen sowie das Vermeiden von Kosten und Bestrafungen motiviert sind (→Motiv). Innerhalb der Verhaltenspsychologie hat sich vor allem die in den 1970er Jahren entstandene Verstärkungstheorie (Konditionierung) nach *Skinner* (1978) mit der Bedeutung von Belohnungen und Bestrafungen für das →Lernen befasst. Demnach verändert eine Person ihr Verhalten, wenn sie dafür in der Vergangenheit kontinuierlich bestraft wurde. Wird sie dagegen für ein Verhalten belohnt, so behält sie es nicht nur bei, sondern wiederholt es immer öfter und dies zu Lasten alternativer Verhaltensweisen.

Dieser Zusammenhang ist für verschiedene Bereiche des Personalmanagements, insbesondere aber für die betriebliche →Sozialisation, die Aus- und Weiterbildung sowie für die Gestaltung von Anreizsystemen bedeutsam:

- *Einführungsprogramme* (→Personalbeschaffung): Mit dem Eintritt in eine →Organisation sind neue Mitarbeiter besonders offen für positive und negative →Feedbacks durch Vorgesetzte oder Kollegen. Die Erfahrungen der ersten Wochen und Monate prägen die individuellen Verhaltensmuster mit nachhaltiger Wirkung.

- *Lernmotivation*: Die Lernbereitschaft einer Person hängt wesentlich davon ab, ob sie in der Vergangenheit wiederholte und deutliche →Kritik erfahren hat. Ohne diese Erfahrung fühlen sich Personen in ihrem Verhalten häufig implizit bestätigt: „Darüber hat sich noch niemand beschwert!"

- *Lernerfolg*: Weiterbildungsmaßnahmen können immer nur alternative Verhaltensweisen aufzeigen. Ob eine Person ihr Verhalten nach einer solchen Maßnahme auch tatsächlich ändert, hängt davon ab, wie beispielsweise Kollegen oder Vorgesetzte auf das neue Verhalten reagieren und ob sie Verhaltensänderungen durch positives Feedback bestätigen.

- →*Anreizsystem*: Mit ihren →Anreizen schafft eine Organisation ein System von Belohnungen und Bestrafungen für das Verhalten seiner Mitglieder. Je weniger Änderungen ein solches System durchläuft, umso stabiler wird auch das Verhalten der Mitglieder und umso größer sind die Widerstände gegenüber neuen →Anforderungen.

Belohnung und Bestrafung im Rahmen des →Personalmanagement erstrecken sich über sämtliche Bereiche eines Anreizsystems.

Literatur: *Skinner, B.: Was ist Behaviorismus? Hamburg 1978.*

Markus Gmür

Benchmarking

Verfahren, bei dem personalwirtschaftliche Konzepte und Maßnahmen, Dienstleistungen und Prozesse mit denen anderer Unternehmen oder Betriebe verglichen werden.

Durch den systematischen Vergleich von solchen →Best Practices sollen Verbesserungspotenziale aufgedeckt werden, die die Wettbewerbsposition eines Unternehmens stärken können. Beim internen Benchmarking werden eigene Unternehmenseinheiten verglichen; das externe Benchmarking findet zum Teil innerhalb der Branchengrenzen statt, teilweise werden aber auch branchenfremde Unternehmen einbezogen. Der Wahl des personalwirtschaftlichen Analyseobjekts wie zum Beispiel der Rekrutierungsprozess, das Vergütungssystem oder →Personalkennzahlen folgt nach *Glanz* und *Dailey* (1992) die →Identifikation des geeigneten Benchmarking-Partners und im Anschluss die eigentliche Analyse der Aktivitäten, vorhandener Leistungsdiskrepanzen und möglicher Ursachen. Es schließt sich die Konzeptions- und Realisierungsphase im eigenen Unternehmen an und in der Folge eine Überwachung im Sinne eines kontinuierlichen Verbesserungsprozesses unternehmerischer Personalarbeit.

Literatur: *Glanz E.; Dailey, L.: Benchmarking,* in: Human Resource Management, 31. Jg. (1992), H. 1/2, S. 9–20.

Yvonne Groening

Beobachtung

Technik, mit der im Kontext der Personalforschung empirisch Informationen über das Verhalten (potenzieller) Mitarbeiter in bestimmten Situationen und mit Blick auf bestimmte Aspekte erhoben werden.

Beobachtung findet Verwendung im Zusammenhang von →Leistungsbeurteilung und ist in methodischer Hinsicht das charakteristische Merkmal des Assessment Center-Verfahrens als Instrument der →Potenzialbeurteilung.

Die Beobachtung menschlichen Verhaltens zum Zweck der Gewinnung und Verarbeitung von Personalinformation erfordert in jedem Fall das Vorhandensein eines theoretischen Konstrukts, mit dem von den jeweils beobachteten Verhaltensweisen (z. B. Arbeits- oder Problemlösungsverhalten) – also dem Objekt der Beobachtung – auf die das Verhalten auslösenden Faktoren (z. B. Leistungsmotivation) oder durch das Verhalten hervorgerufenen Ergebnisse (z. B. Leistung) geschlossen werden kann. Insofern erfordert Beobachtung nicht nur eine *sorgfältige Auswahl* der zu beobachtenden Objekte, sondern auch eine →*Hypothese* oder *Theorie* über dieses Objekt sowie die *Einhaltung formaler Ansprüche und Regeln* für die Protokollierung des Beobachteten sowie für dessen anschließende Kodierung, Auswertung und Verwendung im Rahmen von Personalentscheidungen.

Verfahrenstechnisch zu unterscheiden sind die strukturierte und unstrukturierte Beobachtung, die offene und verdeckte Beobachtung sowie die teilnehmende und nicht-teilnehmende Beobachtung.

Literatur: *Dieckmann, A.: Empirische Sozialforschung,* 8. Aufl., Hamburg 2002.

Jürgen Grieger

Beratungs- und Fördergespräch →Personalgespräch

Beratungs-Center →Referentenmodell

Bereitschaftsdienst →Rufbereitschaft

Bereitschaftszeit

von der *Europäischen Kommission* geplante neue Kategorie zwischen →Arbeit und Freizeit.

Der Europäische Gerichtshof hatte in seinem Urteil vom 09. 09. 2003 verfügt, dass der Bereitschaftsdienst (→Rufbereitschaft) (z. B. für Ärzte) als →Arbeitszeit gelten muss. Mit der neuen Regelung zwischen Arbeitszeit und Freizeit (→Arbeitszeit und Freizeit) ist Bereitschaft dann keine Arbeitszeit mehr.

Désirée H. Ladwig

Bereitstellungsplanung

sucht für den vorab (als Datum) festgelegten Personalbedarf die optimale →Personalausstattung und gegebenenfalls den optimalen Personaleinsatzplan (→Personaleinsatzplanung).

Im Folgenden soll ein Grundmodell formuliert werden, bei dem der über die Teilperioden des Planungszeitraums schwankende Personalbedarf nach Tätigkeitskategorien differenziert wird. Dazu werden die in Übersicht 1 dargestellten Symbole benötigt.

Übersicht 1: Symbole

Symbol	Definition
$\bar{R}$	$\{r|r=1,2,...,R\}$ Menge der Arbeitskräftearten
$\bar{Q}$	$\{q|q=1,2,...,Q\}$ Menge der Tätigkeitsarten
$\bar{T}$	$\{t|t=1,2,...,T\}$ Menge der Teilperioden
$\bar{K}$	$\{k|k=1,2,...,K\}$ Menge der Prozessarten
D_k	Deckungsbeitrag, der mit der einmaligen Durchführung des Prozesses k verbunden ist
K_q	Menge der Prozessarten $k \in \bar{K}$, bei denen Tätigkeiten der Art $q \in \bar{Q}$ zu erledigen sind
a_{qk}	(Personal-)Bedarf für Tätigkeiten der Art q bei einmaliger Durchführung von Prozessen der Art k
x_{kt}	Niveau des Prozesses k in Periode t
x_{kt}^{max}	Bis zur Periode t maximal zulässige Durchführungen des Prozesses k

Mit diesen Symbolen lautet das Grundmodell wie folgt:

Zielfunktion (1):

$$\sum_{t \in \bar{T}} \left(\sum_{r \in \bar{R}} \begin{pmatrix} GK_{rt} \cdot PA_{rt} + HK_{rt} \cdot h_{rt} + \\ FK_{rt} \cdot f_{rt} - \ddot{U}E_{rt} \cdot P\ddot{U}A_{rt} \end{pmatrix} + \sum_{q \in \bar{Q}} UK_{qt} \cdot PBU_{qt} \right) \to \min!$$

Restriktionen (2):
Abstimmung Personalbedarf — Personalausstattung:

$$\sum_{q \in \hat{Q}} \left(PB_{qt} - PBU_{qt} \right) \leq \sum_{r \in \bigcup_{q \in \hat{Q}} R_q} \left(PA_{rt} - P\ddot{U}A_{rt} \right)$$

$$\forall \hat{Q} \in \wp(\overline{Q}) \setminus \{\varnothing\}, t \in \overline{T}$$

Fortschreibung der Personalausstattung (3):

$$PA_{rt} = PA_{r,t-1} + h_{rt} - f_{rt} \quad \forall r \in \overline{R}, t \in \overline{T}$$

Obergrenzen (4):

$$h_{rt} \leq H_{rt}^{\max} \quad \forall r \in \overline{R}, t \in \overline{T}$$
$$f_{rt} \leq F_{rt}^{\max} \quad \forall r \in \overline{R}, t \in \overline{T}$$

Nichtnegativitätsbedingungen (5):

$$PBU_{qt}, PA_{rt}, P\ddot{U}A_{rt}, h_{rt}, f_{rt} \geq 0$$

$$\forall \text{ relevanten } q \in \overline{Q}, r \in \overline{R}, t \in \overline{T}$$

Als Ergebnis einer solchen Modellrechnung erhalten wir Auskunft über die Anzahl der jeweils einzustellenden und zu entlassenden Arbeitskräfte sowie über das korrespondierende Niveau der Personalbedarfsdeckung. Die *Zielfunktion* (1) strebt die Minimierung der einschlägigen Kosten-Ertrags-Differenz an, wobei wir hier die Einstellungs-, Entlassungs- und Gehaltskosten sowie die aus der Unterdeckung des Personalbedarfs resultierenden „Kosten" (z. B. Konventionalstrafen oder Umsatzeinbußen) einerseits und die Erträge aus anderweitiger Verwendung überzähliger Arbeitskräfte andererseits in Ansatz bringen.

Restriktion (2) stellt eine — um Personalbedarfsunterdeckungen und Personalüberausstattungen — erweiterte Version des impliziten Ansatzes dar und Restriktion (3) dient der Fortschreibung der Personalausstattung. Durch die Restriktionen (4a) und (4b) wird der Zulässigkeitsbereich der Einstellungs- und Entlassungsvariablen nach oben beschränkt. Die *Nichtnegativitätsbedingungen* (5) werden für alle einschlägigen Entscheidungsvariablen gefordert.

Durch geringfügige Variationen kann dieses Grundmodell in einen Ansatz des *Personnel Pooling* oder in ein *Hiring-Firing-Modell* transformiert werden. Bei Pooling-Modellen wird zu Beginn des Planungszeitraums ein — in den Folgeperioden nicht zu veränderender — Personalpool aufgebaut. Hiring-Firing-Strategien sehen hingegen die Unzulässigkeit von Personalbedarfsunterdeckungen sowie den weitest möglichen Verzicht auf Personalüberausstattungen vor. Weitere Variations- und Ergänzungsmöglichkeiten des Modells liegen zum Beispiel in der →Integration von Überstunden, Leiharbeitskräften oder Personalschulungen.

Anhand des folgenden Beispiels soll die Wirkungsweise des Grundmodells illustriert werden: In einer neu zu gründenden Abteilung sind zwei Arten von Tätigkeiten zu erledigen, die von insgesamt drei Arten von Arbeitskräften erledigt werden können (siehe Übersicht 2).

Übersicht 2: Bereitstellungs- und Verwendungsmöglichkeiten

	r=1	r=2	r=3
q=1	x	–	x
q=2	–	x	x

„x" (bzw. „–") bedeutet: Arbeitskräfte der entsprechenden Spalte können (nicht) für Tätigkeiten der entsprechenden Zeile eingesetzt werden.

Die Personalbedarfe schwanken über den insgesamt sechs Teilperioden umfassenden Planungszeitraum wie folgt (siehe Übersicht 3).

Übersicht 3: Personalbedarfe

t	1	2	3	4	5	6
PB1t	20	10	15	25	5	15
PB2t	5	15	8	12	20	8

Die einschlägigen Kosten- und Ertragssätze sowie die geltenden Einstellungs- und Entlassungsobergrenzen sind in Übersicht 4 notiert.

Übersicht 4: Obergrenzen, Kosten- und Ertragssätze

		HK$_{rt}$	FK$_{rt}$	GK$_{rt}$	ÜE$_{rt}$	UK$_{qt}$	H^{max}	F^{max}
	r=1	40	50	100	30	–	8	8
t=1,2,3	r=2	40	50	120	40	–	10	10
	r=3	40	50	138	50	–	20	20
	r=1	40	36	105	33	–	8	8
t=4,5,6	r=2	40	65	108	44	–	10	10
	r=3	40	75	91	69	–	20	20
t=1,...,6	q=1	–	–	–	–	140	–	–
	q=2	–	–	–	–	140	–	–

Geht man zusätzlich davon aus, dass der Abteilung vor Beginn des Planungszeitraums noch keinerlei Personal zur Verfügung steht $(PA_{r_0}=0 \quad \forall r \in \overline{R})$, dann ergibt sich folgendes Ergebnis der Modellrechnung: Im vorliegenden Fall ist es optimal, lediglich den Personalbedarf der dritten und fünften Periode exakt zu decken und für die Perioden 1, 2 und 4 Unterdeckungen sowie für die Periode 6 Überdeckungen des Personalbedarfs vorzusehen (siehe Abbildung 1). Weitere Variablenausprägungen finden sich in Übersicht 5, wobei nicht ausgewiesene Variablen im Optimum den Wert Null annehmen.

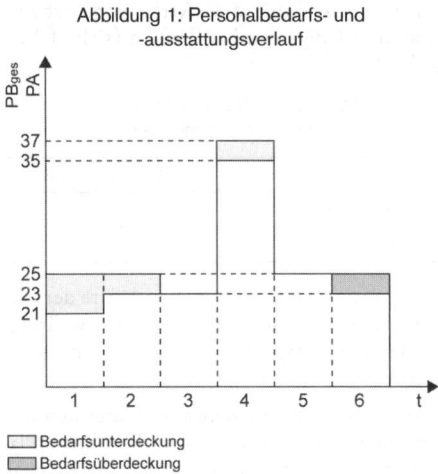

Abbildung 1: Personalbedarfs- und -ausstattungsverlauf

☐ Bedarfsunterdeckung
■ Bedarfsüberdeckung

Übersicht 5: Optimale Variablenausprägungen

t	PA_{1t}	PA_{2t}	PA_{3t}	h_{1t}	h_{2t}	h_{3t}	f_{1t}	$PÜA_{3t}$	PBU_{1t}	PBU_{2t}
1	8	5	8	8	5	8	0	0	4	0
2	10	5	8	2	0	0	0	0	0	2
3	10	5	8	0	0	0	0	0	0	0
4	10	5	20	0	0	12	0	0	2	0
5	0	5	20	0	0	0	10	0	0	0
6	0	5	20	0	0	0	0	2	0	0

In diesem – gemessen an praxisrelevanten Fällen – sehr kleinen Beispiel sind bereits (unter anderem) 38 Kosten- und Ertragssätze sowie 12 Personalbedarfsausprägungen im Entscheidungsprozess zu verarbeiten. Ob und in welchem Umfang Personal eingestellt oder entlassen, der Personalbedarf in den jeweiligen Perioden über- oder unterdeckt wird, hängt maßgeblich vom Zusammenspiel der Einstellungs-, Entlassungs-, Gehalts- und Unterdeckungskosten einerseits sowie der Überausstattungserträge andererseits ab. Dieses Datengeflecht und dessen Auswirkungen bei alternativen Entscheidungen ist mit intuitiven Entscheidungsprozeduren kaum zu bewältigen und erfordert (vor allem in größeren Fällen) ein systematisches, modellgestütztes Vorgehen. Ansonsten läuft der Betrieb Gefahr, wertvolles Erfolgspotenzial zu verschenken.

Thomas Spengler

Berichtswesen → Internes Personalreporting

Beruf

auf die langfristige Sicherung des Unterhalts ausgerichtete Tätigkeit, die auf Grundlage spezifischer Kenntnisse und Fähigkeiten (→ Qualifikation) ausgeführt werden kann.

Meist wird diese → Qualifikation im Rahmen einer → Ausbildung erworben und in Form einer Prüfung nachgewiesen. In Deutschland gibt es zurzeit etwa 30.000 verschiedene Berufe. 360 davon sind staatlich anerkannte betriebliche Ausbildungsberufe, die auf Basis des Berufsbildungsgesetzes (BBiG) beziehungsweise der Handwerksordnung (HwO) durch Ausbildungsordnungen bundeseinheitlich geregelt sind. Gemäß BBiG sollen die Ausbildungsberufe an die technischen, wirtschaftlichen und gesellschaftlichen Erfordernisse angepasst werden. Demzufolge können Anerkennungen von den im BBiG genannten Stellen aufgehoben oder (neue) Ausbildungsberufe anerkannt werden. In 2003 wurden beispielsweise sechs Ausbildungsberufe staatlich anerkannt, die zum Teil schon länger auf dem → Arbeitsmarkt existierten (bspw. Kosmetiker).

Laila Maja Hofmann

Berufliche Weiterbildung

alle Maßnahmen organisierten → Lernens, die im Anschluss an eine erste allgemeine oder berufliche Bildungsphase stattfinden.

Weiterbildung kann sich auf allgemeine oder berufsbezogene Inhalte konzentrieren. Im letztgenannten Fall spricht man auch von beruflicher Weiterbildung. Sie ist im Kontext der Personalarbeit (→ Personalmanagement) von besonderem Interesse.

Die berufliche Weiterbildung kann dem Erhalt der → Leistungsfähigkeit der Arbeitskraft durch Anpassung an veränderte Rahmenbedingungen dienen (Anpassungsqualifizierung), auf den Erwerb von Zusatzqualifikationen (Zusatzausbildung) oder auf die Weiterentwicklung zur Übernahme höherwertiger Tätigkeiten gerichtet sein (Aufstiegsqualifizierung) beziehungsweise der Ausrichtung auf ein verändertes Tätigkeitsspektrum entsprechen (Umschulung). Die lange Zeit vorzufindende Unterscheidung zwischen →Fort- und Weiterbildung erweist sich heute, auch vor dem Hintergrund der nicht einheitlichen und zum Teil wiederum synonymen Begriffsauslegungen, als nicht mehr sinnvoll.

Es gilt nach wie vor als schwierig, aussagefähige →Daten zu den trägerspezifischen Aufwendungen für berufliche Weiterbildung zu erlangen. Dem Berichtssystem Weiterbildung VIII des *BMBF* (2003) zufolge, lagen die Ausgaben der Bundesagentur für Arbeit zum Ende der 1990er Jahre bei rund 6,6 Mrd. Euro, sonstige Träger der öffentlichen Hand verausgabten 2,2 Mrd. Euro, die Betriebe beteiligten sich mit rund 17,2 Mrd. Euro und Privatpersonen wendeten rund 7 Mrd. Euro für berufliche Weiterbildung auf. In der letztgenannten Gruppe ist die Abgrenzung der Aufwendungen gegenüber allgemeiner Weiterbildung nicht trennscharf. Vom Größenumfang kann insgesamt davon ausgegangen werden, dass in der Bundesrepublik Deutschland jährlich rund 33 Mrd. Euro für berufliche Weiterbildung verausgabt werden.

Betrachtet man das Gesamtfinanzierungsvolumen im Zeitverlauf, so ist der von betrieblicher Seite getragene Anteil an der beruflichen Weiterbildung rückläufig (66 % in 1986; 54 % in 1999), wohingegen der Anteil der Arbeitsagenturen von 11 % in 1986 auf 21 % in 1999 gestiegen ist.

Der Nutzen beruflicher Weiterbildung wird vor allem in der besseren Aufgabenerledigung und der Verwertung beruflicher Chancen gesehen. Tendenziell nimmt die Nutzenbewertung laut Teilnehmerbefragung leicht ab; lediglich im Zusammenhang mit der Einstufung in Gehaltsgruppen wird ihr eine wachsende Funktionalität zugeschrieben.

Die allgemeine Weiterbildung wird in erster Linie privat getragen, wobei Teilkosten über steuerliche Vergünstigungen jedoch indirekt auf die Allgemeinheit abgewälzt werden können. Sofern es um die Nachholung eines Schulabschlusses geht, kann auch eine direkte öffentliche Finanzierung erfolgen. Von betrieblicher Seite ist allenfalls im Zusammenhang mit Regelungen zum Bildungsurlaub mit einer Teilförderung zu rechnen. Die berufliche Weiterbildung wird vorwiegend aus öffentlichen und betrieblichen Mitteln getragen. Eine öffentliche Trägerschaft kommt vor allem dann in Betracht, wenn durch die Weiterbildungsmaßnahme die Integrationschancen einer Arbeitskraft in den →Arbeitsmarkt steigen. Die im Gesamtspektrum der Weiterbildung nach wie vor an Bedeutung gewinnende →betriebliche Weiterbildung wird von Unternehmensseite durchgeführt (interne Weiterbildung) beziehungsweise gegenüber einem Weiterbildungsanbieter veranlasst und finanziert (externe Weiterbildung mit betrieblicher Trägerschaft).

Uta Wilkens

Berufsakademie (BA)

Bildungseinrichtung, die Studierenden mit allgemeiner Hochschulreife ein duales Studium ermöglicht (engl.: University of Cooperative Education).

Die ersten Berufsakademien (BA) entstanden 1974 in Mannheim und Stuttgart. Ursprünglich waren Berufsakademien nur in Baden-Württemberg vertreten, Stand 2008 gibt es sie jedoch in neun weiteren Bundesländern. Berufsakademien sind staatlich oder privat organisiert. Der Unterricht findet im klassenähnlichen Verband, also in Kleingruppen mit engem Kontakt zu Dozenten, statt und ist charakterisiert durch einen regelmäßigen Wechsel von Theorie- und Praxisphasen. Die Studierenden benötigen für ein Berufsakademie-Studium daher auch einen →Ausbildungsvertrag mit einem Unternehmen, in dem die Praxisphasen absolviert werden können. Während des Studiums bekommen die Studierenden durchgehend eine Ausbildungsvergütung.

Das dreijährige Studium wurde bislang mit dem Diplom (BA) abgeschlossen, nach Inkrafttreten der „Bologna-Reform" mit dem Abschluss Bachelor. Teilweise wird dieser Abschluss mit den Abchlüssen an staatlicen Fachhochschulen gleichgestellt, obwohl die Studieninhalte aufgrund der zeitlichen Restriktionen nicht in der gleichen Tiefe behandelt werden können; er wird aber von den deutschen Bundesländern nicht gleichermaßen anerkannt. Damit ist (Stand 2008) nicht gewährleistet, dass Bachelor-Absolventen einer Berufsakademie an allen deutschen Hochschulen problemlos ein Master-Studium anschließen können. Allerdings wird zurzeit von politischer Seite her diskutiert, wie man die Berufsakademien weiterentwickeln könnte, damit der Bachelor als allgemeiner Hochschulabschluss anerkannt wird.

Volker Stein

Berufsausbildung → Ausbildung

Berufsausbildungsvertrag → Ausbildungsvertrag

Berufsbeamtentum

Gesamtheit jener öffentlich Bediensteten (Beamte), die in einem besonderen Dienst- und Treueverhältnis gegenüber ihrer öffentlichen Institution stehen.

Typische Merkmale dieses Arbeitsverhältnisses (→ Beschäftigungsverhältnis) sind in Anlehnung an die deutschen Gegebenheiten:

- *Funktionsvorbehalt*: Ausübung hoheitsrechtlicher Befugnisse als ständige Aufgabe durch die Beamten.
- *Staatsangehörigkeitsvorbehalt*
- *Dauer des Arbeitsverhältnisses*: Beamte werden in der Regel „auf Lebenszeit", aber auch „auf Zeit" (befristet, z. B. Wahlbeamte oder politische Beamte), „auf Probe" (während → Probezeit), „auf Widerruf" (während Vorbereitungsdienst und für vorübergehende Aufgaben) oder „als Ehrenbeamter" (nebenberufliches Beamtenverhältnis) mittels einer Ernennungsurkunde sowie eines Amtseides in das Beamtenverhältnis berufen.
- *Dienst- und Treueverhältnis*: Pflichtenbindung des Beamten für die gesamte Dauer seines Berufslebens.
- *Unparteiische Amtsführung*: Gerechte und das Allgemeinwohl berücksichtigende Amtsführung.
- Bekenntnis und Verhalten gemäß der *freiheitlich-demokratischen Grundordnung*.
- *Enthaltung jeglicher politischer Meinungsäußerungen*: Bei politischer Betätigung, die zum Teil beschränkt werden kann, muss jene Zurückhaltung geübt werden, die sich aus seiner Stellung und seinen Amtspflichten ergibt.
- *Gehorsamspflicht*: Anordnungen und Richtlinien der vorgesetzten → Stelle zu befolgen (bei Bedenken gegen die Rechtmäßigkeit solcher Anordnungen ist die Remonstrationspflicht auszuüben).
- *Streikverbot*
- *Laufbahnprinzip*: Möglichkeit für Beamte, nach → Anforderungen unterschiedliche Ämter innerhalb der vier Laufbahngruppen des einfachen, mittleren, gehobenen und höheren Dienstes zu durchlaufen (z. B. im Rahmen des gehobenen Dienstes die Ämter Inspektor, Oberinspektor, Amtmann).

Der Einstieg in die Laufbahngruppen erfolgt aufgrund des Bildungsabschlusses. Die → Beförderung innerhalb der Laufbahngruppe erfolgt in der Regel der → Hierarchie nach → Eignung, Befähigung und fachlicher Leistung. Aufstiege von einer zur anderen → Laufbahn sind speziell geregelt und erfordern für den mittleren und gehobenen Dienst eine Laufbahnprüfung. Neben diesen typischen Eigenheiten zeichnet sich das Berufsbeamtentum durch eine zumeist strenge Hierarchie in der Verwaltungsorganisation, verwaltungsinterne Studiengänge, Dominanz rechtlicher Aspekte bei der Ernennung und → Ausbildung der Beamten sowie durch regelmäßige Besoldungs- und Beförderungsanstiege aus.

Das *Berufsbeamtentum in Europa* besteht vielerorts durch ein landesspezifisches, gesetzlich ausgestaltetes Arbeitsverhältnis im Gegensatz zum arbeitsrechtlichen Angestelltenverhältnis (z. B. Österreich, Frankreich, England, Niederlande, Spanien, Italien). Hinsichtlich der besonderen Pflichten und Rechte der Beamten bestehen Ähnlichkeiten zwischen den unterschiedlichen Systemen, was zum Beispiel Dienst- und Treuepflichten, das Lebenszeitprinzip, die Eidesleistung, die Laufbahngruppierung oder das Streikverbot anbelangt. Die *Europäische Union* kennt ihrerseits ein besonderes öffentlich-rechtliches Dienstverhältnis für die Beamten, welches sich unter anderem an Elemente des französischen und deutschen Beamtenrechts anlehnt. Es fehlt im europäischen Beamtenrecht jedoch der Gedanke des Alimentationsprinzips.

Das Berufsbeamtentum sieht sich mit regelmäßiger *Kritik* konfrontiert: Insbesondere werden die dadurch eingeschränkte Mobilität (→ Beschäftigungsstabilität), der nicht mehr zeitgemäße Berufsethos aufgrund Loyalitäts- statt Job-Denkens, die Beamtenprivilegien (Alimentationsprinzip), die Erhaltung unnötiger Arbeitsplätze über Jahre hinweg, das fehlende Leistungsdenken und die Beförderungsautomatismen hinterfragt.

Literatur: *Michel, M.*: Beamtenstatus im Wandel. Vom Amtsdauersystem zum öffentlichrechtlichen Gesamtarbeitsvertrag, Zürich 1998. *Rieckhof, T.*: Die Entwicklung des Berufsbeamtentums in Europa, Baden-Baden 1993. *Thom, N.; Ritz, A.*: Public Management. Innovative Konzepte zur Führung im öffentlichen Sektor, 2. Aufl., Wiesbaden 2004.

Adrian Ritz

Berufsbild → Ausbildungsberufsbild

Berufsbildung → Ausbildung

Berufsbildungsrecht → Ausbildungsrecht

Berufsbildungssystem

die einer Berufsausbildung (→ Ausbildung) zugrunde liegende Art und Weise und die sie bestimmenden gesetzlichen Vorgaben.

Dem *deutschen Berufsbildungssystem* liegt eine Zweiteilung zugrunde. Auf der einen Seite steht der Bereich der *akademischen Berufsbildung*. Dieser führt über gymnasiale Oberstufe (Abitur bzw. Fachabitur) und Hochschule (Universität bzw. Fachhochschule) zu einem entsprechendem berufsqualifizierenden Abschluss. Hieran kann sich in einigen Fällen noch eine berufspraktische Ausbildungsphase (Referendariat bzw. Praktisches Jahr) anschließen.

Auf der anderen Seite steht die *Berufsausbildung im engeren Sinne*. Diese ist durch das so genannte *duale System* gekennzeichnet, wonach die Ausbildung sowohl durch die betriebliche Lehre (praktische Ausbildung) als auch den Besuch einer Berufsschule (fachtheoretische Ausbildung) gekennzeichnet ist.

Burkhard Boemke

Berufseignungsdiagnostik → Eignungsdiagnostik

Berufsgenossenschaften

Träger der gesetzlichen Unfallversicherung, deren Aufgaben Prävention, Rehabilitation und Entschädigung im Zusammenhang mit → Arbeitsunfällen und → Berufskrankheiten sind.

Ursprüngliche *Rechtsgrundlage* der Berufsgenossenschaften war das von *Bismarck* 1884 initiierte Unfallversicherungsgesetz. Nach zahlreichen Erweiterungen, die sowohl die Einbeziehung aller Wirtschaftsbereiche als auch die Ausweitung des Versicherungsschutzes beinhalteten, wurden 1996 das Recht der Unfallversicherung in das Sozialgesetzbuch (SGB VII) aufgenommen und der Präventionsauftrag auf alle arbeitsbedingten Gesundheitsgefahren erweitert. Voraussetzung für eine eventuelle Entschädigung ist hiernach eine entsprechende Kausalität.

Stand 2008 gibt es 23 gewerbliche Berufsgenossenschaften und 20 Unfallversicherungsträger der öffentlichen Hand. Sie haben sich zum Spitzenverband *Deutsche Gesetzliche Unfallversicherung* (DGUV) zusammengeschlossen und bilden auf regionaler Ebene sechs Landesverbände.

Organisiert sind die Berufsgenossenschaften als selbstverwaltete Körperschaften des öffentlichen Rechts (*Seewald* 2006), die keinen Gewinn erwirtschaften. Ihre Organe sind die Vertreterversammlung und der Vorstand. Die Vertreter der Selbstverwaltung werden alle sechs Jahre in allgemeinen Sozialwahlen bestimmt. Es besteht eine Zwangsmitgliedschaft für die versicherungspflichtigen Unternehmen, die mit Eröffnung beziehungsweise Gründung des Unternehmens beginnt. Die Berufsgenossenschaften finanzieren sich aus Pflichtbeiträgen aller → Arbeitgeber. Berechnungsgrundlage sind der Finanzbedarf, die Arbeitsentgelte der Versicherten sowie die Gefahrenklasse. Versicherungsschutz erhalten alle → Arbeitnehmer, die in einem Arbeits-, Dienst- oder Lehrverhältnis beschäftigt sind, sowie weitere gesetzlich festgelegte Personengruppen.

Die Berufsgenossenschaften können ihr autonomes Recht gegenüber Unternehmen und Versicherten geltend machen und dürfen unter anderem das Einhalten von Vorschriften überwachen, bei vorsätzlicher oder grob fahrlässiger Verletzung von Unfallverhütungsvorschriften Sanktionen gegen Unternehmen verhängen, Schulungen für Sicherheitspersonal halten, arbeitsmedizinische Untersuchungen organisieren und Forschung betreiben. Sie sind bei der Verhütung gesundheitlicher Gefahren verpflichtet, mit den Krankenkassen zusammenzuarbeiten. Berufsgenossenschaften garantieren im eingetretenen Versicherungsfall eine frühzeitig einsetzende und sachgemäße Heilbehandlung.

Durch erfolgreiche Prävention konnten die Berufsgenossenschaften in den vergangenen

Berufsklassifikation

Jahrzehnten ihre Kosten und nachfolgend die Beiträge senken. Die paritätische Selbstverwaltung gilt international als struktureller Vorteil des Systems. Allerdings wird ein fortlaufender Anpassungsbedarf der Berufsgenossenschaften durch den Strukturwandel von der produktions- zur dienstleistungsorientierten Wirtschaft für notwendig gehalten (*Steinmeyer*, *Dörner* und *Ehlers* 2007).

Literatur: *Seewald, O.*: Gibt es noch eine Selbstverwaltung in der Unfallversicherung?, in: Die Sozialgerichtsbarkeit, 53. Jg. (2006), H. 10, S. 569–580. *Steinmeyer, H. D.; Dörner, H.; Ehlers, D.* (Hrsg.): Reformen in der gesetzlichen Unfallversicherung, Karlsruhe 2007.

Volker Stein

Berufsklassifikation →Klassifizierung der Berufe

Berufskrankheiten

Erkrankungen, die in der Berufskrankheitenverordnung (BKV) als Berufskrankheiten bezeichnet sind und die der →Arbeitnehmer infolge seiner Arbeitstätigkeit erleidet (§ 9 Abs. 1 Satz 1 Sozialgesetzbuch, SGB VII).

Berufskrankheiten sind dadurch gekennzeichnet, dass sie nicht auf einem zeitlich begrenzten Ereignis beruhen, sondern auf dauernder Einwirkung. Sie stellen ebenso wie →Arbeitsunfälle Versicherungsfälle der gesetzlichen Unfallversicherung dar (§ 7 Abs. 1 SGB VII) und ziehen somit die entsprechenden Leistungen der Unfallversicherungsträger nach sich (§§ 26 ff. SGB VII).

Die BKV enthält eine Aufzählung der als Berufskrankheiten geltenden →Krankheiten. Dies sind Krankheiten, die nach den Erkenntnissen der medizinischen Wissenschaft durch besondere Einwirkungen verursacht werden, denen bestimmte Personengruppen durch ihre Arbeitstätigkeit in erheblich höherem Grade als die übrige Bevölkerung ausgesetzt sind (§ 9 Abs. 1 Satz 2 SGB VII). Aufgrund der notwendigen aber mitunter sehr schwierigen Abgrenzung zu in der privaten Lebenssphäre erlittenen Krankheiten soll die BKV den Nachweis erleichtern, dass die Arbeitstätigkeit kausal für die Erkrankung ist. Ist eine Krankheit nicht in der BKV bezeichnet, so ist sie dennoch als Berufskrankheit anzuerkennen, sofern sie im Zeitpunkt der Entscheidung nach neuen Erkenntnissen der medizinischen Wissenschaft die Voraussetzungen für eine Bezeichnung als Berufskrankheit erfüllt (§ 9 Abs. 2 SGB VII, Berufskrankheitenreife).

Burkhard Boemke

Berufsorientierungsspiele →Recruiting Games

Beschäftigte in internationalen Unternehmen

Mitarbeiter, die in international tätigen Unternehmen arbeiten und entsprechend ihres Herkunftslandes eingeteilt werden.

Dabei werden das Stammland des Unternehmens, das Gastland, in dem sich eine Tochtergesellschaft befindet und dritte Länder, aus denen Arbeitskräfte rekrutiert werden, unterschieden. Nach *Morgan* (1986) sind drei Mitarbeitergruppen zu unterscheiden:

1. *Host Country Nationals* (HCNs): Mitarbeiter, welche die Staatsangehörigkeit des Gastlandes, in der sich die Tochtergesellschaft befindet, besitzen.
2. *Parent Country Nationals* (PCNs): Mitarbeiter, welche die Staatsangehörigkeit des Stammlandes des Unternehmens besitzen (→Expatriate).
3. *Third Country Nationals* (TCNs): Mitarbeiter, welche die Staatsangehörigkeit eines dritten Landes besitzen.

Die →Gleichbehandlung dieser drei Mitarbeitergruppen stellt das →Personalmanagement vor große Herausforderungen, insbesondere bezüglich der Entlohnung (→Internationale Entlohnung).

Literatur: *Morgan, P.V.*: International Human Resource Management – Fact or Fiction, in: Personnel Administrator, 31. Jg. (1986), H. 9, S. 43–47.

Rüdiger Kabst

Beschäftigtenschutzgesetz

Erlass mit dem Ziel, die Würde von Frauen und Männern durch den Schutz vor sexueller Belästigung am Arbeitsplatz zu wahren (§ 1 Abs. 1 Beschäftigtengesetz, BeschäftigtenschutzG).

Gemäß § 2 Abs. 1 BeschäftigtenschutzG haben →Arbeitgeber und Dienstvorgesetzte die Beschäftigten sowohl durch präventive als auch repressive Maßnahmen vor sexueller Belästigung am Arbeitsplatz zu schützen. →Sexuelle Belästigung am Arbeitsplatz ist jedes vorsätzliche, sexuell bestimmte Verhalten, das die Würde von

Beschäftigten am Arbeitsplatz verletzt (§ 2 Abs. 2 Satz 1 BeschäftigtenschutzG). Fühlen sich Beschäftigte durch Kollegen oder Dritte am Arbeitsplatz sexuell belästigt, so können sie sich bei der zuständigen →Stelle des Betriebs oder der Dienststelle beschweren (§ 3 Abs. 1 S. 1 BeschäftigtenschutzG). Diese Beschwerde ist vom Arbeitgeber beziehungsweise Dienstvorgesetzten zu prüfen, der daraufhin die in § 4 Abs. 1 BeschäftigtenschutzG beispielhaft aufgezählten Maßnahmen zu ergreifen hat (§ 3 Abs. 2 BeschäftigtenschutzG). Ergreift der Arbeitgeber oder Dienstvorgesetzte keine oder offensichtlich ungeeignete Maßnahmen, so ist der betroffene Beschäftigte berechtigt, seine Tätigkeit am betreffenden Arbeitsplatz einzustellen, ohne seine Ansprüche auf Arbeitsentgelt oder Bezüge zu verlieren (§ 4 Abs. 2 BeschäftigtenschutzG). Beschäftigte, die von ihren Rechten nach dem Beschäftigtenschutzgesetz Gebrauch gemacht haben, dürfen vom Arbeitgeber oder Dienstvorgesetzten nicht benachteiligt werden (§ 4 Abs. 3 BeschäftigtenschutzG).

Literatur: *Schlachter, M.*: AR-Blattei, SD 425 Rn. 1 ff.

Burkhard Boemke

Beschäftigungsfähigkeit →Employability

Beschäftigungsförderungsgesetz

regelte bis zum 31. 12. 2000 das Recht der befristeten Beschäftigung und der → Teilzeitarbeit.

Das Beschäftigungsförderungsgesetz (BeschFG) sollte die Beschäftigungschancen für Arbeitsuchende verbessern, indem die Arbeitgeber dazu veranlasst werden sollten, zusätzliche Arbeitskräfte zunächst befristet einzustellen, wodurch diese die Chance auf ein Dauerarbeitsverhältnis erhielten. Das Beschäftigungsförderungsgesetz wurde mit Wirkung vom 01. 01. 2001 vom Teilzeit- und Befristungsgesetz (TzBfG) abgelöst.

Burkhard Boemke

Beschäftigungsformen

mögliche Ausgestaltungen einer Fremdnutzung von Arbeitskraft gegen Vergütung.

Bei Beschäftigung geht es nicht darum, beschäftigt zu *sein*, sondern beschäftigt zu *werden*. Dass überhaupt jemand jemanden anderen beschäftigen kann, setzt ein entsprechendes soziales Konstrukt voraus, das Arbeitskräften Eigentumsrechte an ihrer Arbeitskraft zugesteht, die es ermöglichen, diese Arbeitskraft für einen Vertragspartner einzusetzen (→Lohnarbeit).

Die hierbei verwendeten Vertragskonstruktionen unterliegen einem historischen →Wandel und weisen derzeit eine große Variationsbreite auf.

Folgende *Dimensionen* lassen sich bei der vertraglichen Ausgestaltung eines →Beschäftigungsverhältnisses unterscheiden:

– Die festgelegte Dauer des Beschäftigungsverhältnisses (Zeithorizont),

– der Umfang sozialer Absicherung,

– der Umfang kollektiver Rahmenvereinbarungen,

– der Umfang von Schutzrechten,

– der vereinbarte zeitliche Umfang der →Arbeitsleistung,

– der Grad der (persönlichen und ökonomischen) Abhängigkeit der Arbeitskraft vom Auftraggeber beziehungsweise →Arbeitgeber,

– der Grad der Einbindung der Arbeitskraft in die →Arbeitsorganisation des Arbeitgebers oder Auftraggebers,

– die Zahl und Art der Kontraktpartner,

– der Grad der vertraglichen Fixierung der Leistungspflichten,

– der Ort, an dem gearbeitet wird und

– die Art und Höhe der geleisteten Vergütung.

Der heute als „Normalfall" der vertraglichen Konstitution einer Beschäftigungsform angesehene →Arbeitsvertrag ist vor diesem Hintergrund nur eine mögliche Alternative.

Neben Arbeitsverträgen haben zwar immer auch andere Beschäftigungsformen (weiter-) existiert (→Freie Mitarbeiter, →Befristete Beschäftigungsverhältnisse, →Heimarbeit), in den letzten zwei Jahrzehnten aber ist eine zunehmende Verbreitung von Beschäftigungsformen zu beobachten, die vom Arbeitsvertrag, insbesondere vom →Normalarbeitsverhältnis, in zumindest einer der oben genannten Dimensionen abweichen und daher auch neue beziehungsweise →*atypische Beschäftigung* genannt werden. Insbesondere sind dies Abweichungen bezüglich

– des *Zeithorizonts*,

– des *zeitlichen Umfangs* (→Teilzeitarbeit),

Beschäftigungsformen

- des *Leistungsortes* (→ Telearbeit),
- der *Entlohnungshöhe*,
- des zeitlichen Umfangs und der sozialen *Absicherung* (→ Geringfügige Beschäftigung),
- der *Art des Vertrags* und der Vertragspartner sowie der organisationalen Einbindung (→ Zeitarbeit) oder
- der *Abhängigkeit der Arbeitskraft* und des Anteils der bereits bei Vertragsschluss festgelegten Arbeitsleistungen (→ Contracting, → Self-Employment).

Wie das Beispiel der → Scheinselbstständigkeit zeigt, ist eine Abgrenzung der Beschäftigungsformen aufgrund der möglichen Abweichungen zwischen juristischem Status des Vertrags, Benennung des Beschäftigungsverhältnisses durch die Vertragspartner und Wahrnehmung der Beschäftigungsbedingungen durch den Beschäftigten nicht immer einfach.

Während einige der genannten „neuen" Beschäftigungsformen in juristischer Perspektive zeitliche oder räumliche Varianten von Normalarbeitsverträgen darstellen (Teilzeitarbeit, in den meisten Fällen Telearbeit, Befristungen), basieren andere Beschäftigungsformen auf anderen Vertragskonstrukten (Kaufvertrag, freier → Dienstvertrag oder Leihvertrag). Diese Beschäftigungsformen beinhalten eine vom Arbeitsvertrag abweichende Zuordnung von Verantwortlichkeiten, Handlungsrechten und Risiken der Vertragspartner. Das Beispiel der Befristungen aber zeigt, dass die juristische (Arbeitsvertrag mit begrenzter Dauer) und ökonomische (durch fixiertes, nicht offenes Ende anderes Vertragskonstrukt als Arbeitsvertrag) Bewertung von Beschäftigungsformen durchaus voneinander abweichen können (siehe z. B. die Analysen in *Boemke* und *Föhr* 1999).

Will man grundlegende *Entwicklungsrichtungen von Beschäftigungsformen* benennen, die aktuell beobachtbar sind beziehungsweise beschrieben werden, dann sind dies eine zunehmende Auflösung der durch Normalarbeitsverhältnisse gegebene räumliche und zeitliche Grenzen (→ Entbettung von Arbeitsbeziehungen), eine zunehmende Vermarktlichung von Beschäftigungsverhältnissen (→ Ökonomisierung von Arbeitsbeziehungen, → McJob), eine zunehmende Kurzfristigkeit oder ungewisse Dauer von Beschäftigungsverhältnissen (→ Contingent Work) sowie eine (empirisch bisher wenig belegte) zunehmende Mobilität (→ Beschäftigungsstabilität) auf dem → Arbeitsmarkt.

Mögliche *Erklärungen für die genannten Entwicklungen* werden gesehen in veränderten Wettbewerbsbedingungen (z. B. Profitabilitätsdruck, Kostensenkungsdruck, Dynamik, → Globalisierung), technologischen Veränderungen (ICT), neuen Managementtechniken (→ Dezentralisierung, → Empowerment), veränderten Arbeitsmarktsbedingungen (vermehrter Eintritt von Frauen, → Arbeitslosigkeit), veränderten beziehungsweise förderlichen gesetzlichen Rahmenbedingungen (→ Deregulierung, Sozialversicherungskosten), veränderten gesellschaftlichen Rahmenbedingungen und Leitbildern (→ Individualisierung, → Ich-AG) sowie veränderten Organisationsstrukturen und -formen (virtuelle Organisationen, Netzwerkorganisationen). Diese genannten Veränderungen können dazu beitragen, dass atypische Beschäftigungsformen von Arbeitgebern als vorteilhaft oder notwendig angesehen werden und in ihren → Beschäftigungsstrategien Berücksichtigung finden.

Insbesondere von amerikanischen Autoren, wie beispielsweise *Cappelli* (1995) wird darauf hingewiesen, dass diese Veränderungstendenzen nicht nur die wachsende Gruppe atypisch Beschäftigter betreffen, sondern auch die nach wie vor „normal" beschäftigten → Arbeitnehmer. Dies umfasst zum Beispiel eine geringere Arbeitsplatzsicherheit, vermehrte Jobwechsel, flachere → Hierarchien mit geringeren Einstiegs- und Aufstiegschancen und eine Entlohnung und Qualifizierung, die stärker durch unternehmensexterne Faktoren reguliert wird. Daher lässt sich die Diskussion um neue Beschäftigungsformen nicht allein auf die quantitativ-statistische Erfassung der vom Normalarbeitsverhältnis abweichenden Beschäftigungsformen reduzieren. Während die zahlenmäßigen Entwicklungen derzeit zwar einen Bedeutungsverlust, aber keine schnelle Erosion des Normalarbeitsverhältnisses erkennen lassen, besitzen die geschilderten Veränderungen von Beschäftigungsverhältnissen – zumindest, wenn Sie von Arbeitnehmern und Arbeitgebern als bedeutsam wahrgenommen werden – doch große Handlungsrelevanz (siehe z. B. die Studien in *Martin* und *Nienhüser* 2002).

Aus *personalwirtschaftlicher Perspektive* verlangen Kurzfristigkeit, Vermarktlichung, Mobilität und Entbettung nach einer vermehrten Auseinandersetzung mit Fragen der Mitarbeiterbindung (→Personalbindung), einer organisationsübergreifenden →Personalpolitik beispielsweise in Netzwerken (→Organisation der Personalarbeit) und der Abwägung von Möglichkeiten der Auswahl, des Einsatzes und der Entwicklung von Arbeitskräften bei organisationsübergreifenden Karrieren.

Literatur: *Boemke, B.; Föhr, S.*: Arbeitsformen der Zukunft: Arbeitsflexibilisierung aus arbeitsrechtlicher und personalökonomischer Perspektive, Heidelberg 1999. *Cappelli, P.*: Rethinking Employment, in: British Journal of Industrial Relations, 33. Jg. (1995), S. 563–602. *Martin, A.; Nienhüser, W.* (Hrsg.): Neue Formen der Beschäftigung – neue Personalpolitik, München, Mering 2002. *Mikl-Horke, G.*: Industrie- und Arbeitssoziologie, 5. Aufl., München, Wien 2000. *Simon, H. A.*: A Formal Theory of the Employment Relationship, in: Econometrica, 19. Jg. (1951), S. 293–305.

Axel Haunschild

Beschäftigungspflicht

verpflichtet den →Arbeitgeber nicht nur zur Lohnzahlung, sondern auch zur tatsächlichen Beschäftigung der →Arbeitnehmer, soweit nicht schutzwürdige Interessen des Arbeitgebers entgegenstehen.

Die tatsächliche Beschäftigung ist erforderlich, um die beruflichen Fähigkeiten (→Qualifikation) zu erhalten und auszubilden. Daher besteht der Anspruch auf Beschäftigung generell und nicht nur, wenn der Arbeitnehmer ein besonderes Interesse an der Beschäftigung hat.

Einzige *Voraussetzung* für den Beschäftigungsanspruch ist das Bestehen eines Arbeitsverhältnisses (→Beschäftigungsverhältnis). Daher wird die Frage, ob eine Beschäftigungspflicht gegeben ist, in der Regel nur dann relevant, wenn über den Fortbestand des Arbeitsverhältnisses Streit besteht (z. B. nach einer vom Arbeitgeber ausgesprochenen und vom Arbeitnehmer angegriffenen →Kündigung). Man spricht insoweit von der so genannte *Weiterbeschäftigungspflicht*. Eine solche besteht aufgrund des so genannten betriebsverfassungsrechtlichen →Weiterbeschäftigungsanspruchs, wenn der →Betriebsrat einer vom Arbeitgeber ausgesprochenen ordentlichen Kündigung fristgerecht und ordnungsgemäß widersprochen hat (§ 102 Abs. 3 →Betriebsverfassungsgesetz, BetrVG) und der Arbeitnehmer sowohl Kündigungsschutzklage erhoben (§ 4 Kündigungsschutzgesetz, KSchG) als auch Weiterbeschäftigung verlangt hat

(§ 102 Abs. 5 BetrVG). Zudem kann der Weiterbeschäftigungsanspruch auf einer entsprechenden Vereinbarung von Arbeitgeber und Arbeitnehmer beruhen, die auch konkludent getroffen werden kann. Darüber hinaus soll nach der Rechtsprechung des Bundesarbeitsgerichts ein allgemeiner Weiterbeschäftigungsanspruch bestehen, wenn die Kündigung oder ein sonstiger Beendigungstatbestand offensichtlich unwirksam ist oder die Kündigung beziehungsweise der sonstige Beendigungstatbestand in einem erstinstanzlichen, nicht unbedingt rechtskräftigen Urteil als unwirksam angesehen wurde. Der Sache nach sind damit die tatbestandlichen Voraussetzungen festgelegt, unter denen der allgemeine Beschäftigungsanspruch aus dem Arbeitsverhältnis im Wege des einstweiligen Rechtsschutzes durchgesetzt werden kann. Wird der Arbeitnehmer aufgrund eines Weiterbeschäftigungsanspruchs beziehungsweise einer Weiterbeschäftigungsvereinbarung weiter beschäftigt, so wird das Arbeitsverhältnis bis zur endgültigen Klärung des (Rechts-)Streits fortgesetzt; es bleiben sämtliche Rechte und Pflichten aus dem Arbeitsverhältnis bestehen.

Literatur: *Boemke, B.*: Studienbuch Arbeitsrecht, 2. Aufl., München 2004, § 6 Rn. 2 ff und § 15 Rn. 2 ff.

Burkhard Boemke

Beschäftigungspolitik

Sammelbegriff für sämtliche wirtschaftspolitischen Aktivitäten, die der Beeinflussung der Beschäftigungssituation des Produktionsfaktors →Arbeit dienen und alle beschäftigungsrelevanten Maßnahmen umfassen.

Beschäftigungspolitik wird vielfach in synonymer Verwendung zur →Arbeitsmarktpolitik genutzt. Während *Arbeitsmarktpolitik* allerdings lediglich jene wirtschafts- und sozialpolitischen Interventionen umfasst, die auf die →Arbeitsmärkte und damit auf die Angebots- und Nachfrageseite gerichtet sind, ist das Konzept der *Beschäftigungspolitik* weiter gefasst. Ziel der staatlichen Beschäftigungspolitik ist die Herstellung und Erhaltung eines Arbeitsangebots- und Arbeitsnachfragegleichgewichtes (→Arbeitsangebot, →Arbeitsnachfrage).

Zur Beschreibung eines Angebotsüberhanges (→Arbeitslosigkeit) und den hiermit verbundenen Maßnahmen zur Herstellung eines Gleichgewichtes auf dem Arbeitsmarkt stehen

Beschäftigungsstabilität

insbesondere zwei theoretische Erklärungs- und Handlungsmuster zur Verfügung:

1. Aus der Perspektive der *klassischen Theorie* wird unterstellt, dass die Arbeitslosigkeit durch eine angebotsorientierte Beschäftigungspolitik reduziert, beziehungsweise eingedämmt werden kann. Es wird von einer Preisanpassung ausgegangen, das heißt, dass das →Arbeitsangebot sich über den Preismechanismus eine entsprechende Nachfrage schaffen kann. Hierzu ist es erforderlich den Arbeitsmarkt zu flexibilisieren und zu deregulieren. Hiermit verbunden ist die →Flexibilisierung von Löhnen und Preisen. Darüber hinaus kann über die Stärkung der Angebotsseite beispielsweise durch die Stärkung der privaten Investitionen und/oder durch Steuersenkung eine erhöhte Arbeitsnachfrage geschaffen werden.

2. Aus der Perspektive der *keynesianischen Theorie* (nachfrageorientierte Beschäftigungspolitik) wird davon ausgegangen, dass die Beschäftigung von der gesamtwirtschaftlichen Nachfrage abhängig ist, das heißt, dass sich das Arbeitsangebot der Arbeitsnachfrage anpasst. Da im Gegensatz zur klassischen Theorie von der Existenz starrer Nominallöhne ausgegangen wird, erfolgt die Schaffung eines Gleichgewichtes auf dem Arbeitsmarkt durch Mengenanpassung. Die Stärkung der Nachfrageseite kann hier nach *Mussel* und *Pätzold* (2001) zum Beispiel über Staatsausgaben erfolgen, wobei die damit verbundene Staatsverschuldung oftmals auch in konjunkturell besseren Zeiten nicht reduziert wird, so dass auch diesem Weg, insbesondere angesichts der Währungsunion, Grenzen gesetzt sind.

Literatur: *Kromphardt, J.*: Ansatzpunkte der Beschäftigungspolitik aus keynesianischer Sicht, in: Mitteilung aus Arbeitsmarkt und Berufsforschung, 32. Jg. (1999), H. 4, S. 499–513. *Mussel, G.; Pätzold, J.*: Grundfragen der Wirtschaftspolitik, 4. Aufl., München 2001.

Florian Schramm

Beschäftigungsstabilität

historisch ein wesentliches Merkmal von Arbeitsverhältnissen (→Beschäftigungsverhältnis), das für das unbefristete und vollzeitige →Normalarbeitsverhältnis charakteristisch ist.

Die tatsächliche Dauer der Beschäftigung – die Betriebszugehörigkeitsdauer – impliziert somit eine bestimmte Beschäftigungsstabilität. Der westdeutsche →Arbeitsmarkt gilt hinsichtlich der in ihm herrschenden Beschäftigungsstabilität im internationalen Vergleich als besonders ausgeprägt, wie *Struck* und *Köhler* (2004) betonen. Die Veränderungen im Wirtschafts- und Sozialsystem lassen auch in Deutschland eine Verringerung der Beschäftigungsstabilität erwarten, wobei die empirische Evidenz geteilt ist.

So ist auf der einen Seite davon auszugehen, dass angesichts neuer, prekärer →Beschäftigungsverhältnisse und aufgrund der seit Jahrzehnten bestehenden Massenarbeitslosigkeit (→Arbeitslosigkeit) die Stabilität der Beschäftigung, die damit verbundene Betriebszugehörigkeitsdauer sowie die Arbeitsplatzsicherheit sinkt. Auf der anderen Seite finden sich durchaus ökonomisch begründete Forschungsergebnisse, die eine unveränderte Beschäftigungsstabilität der „Arbeitsplatzbesitzer" zeigen.

Literatur: *Struck, O.; Köhler, C.* (Hrsg.): Beschäftigungsstabilität im Wandel? Empirische Befunde und theoretische Erklärungen für West- und Ostdeutschland, München, Mering 2004.

Florian Schramm

Beschäftigungsstrategien

Konfigurationen, die sich bei der von einem →Arbeitgeber (bewusst oder unbewusst) verfolgten Auswahl und Zusammenstellung von →Beschäftigungsformen ergeben.

Sowohl die einzelnen Beschäftigungsformen als auch ihr jeweiliges Zusammenwirken haben unterschiedliche personalwirtschaftliche Konsequenzen, die den Erfolg beschäftigungsstrategischer Maßnahmen beeinflussen. Aus Arbeitgebersicht können →Beschäftigungsverhältnisse, die nicht auf einem →Arbeitsvertrag basieren (→Zeitarbeit, →Contracting), verschiedene Vorteile aufweisen. So können exemplarisch direkt Lohnkosten gesenkt werden, wenn Sozialabgaben externalisiert oder Tarifverträge umgangen werden können. →Atypische Beschäftigungsformen können zudem verlängerte Probezeiten beziehungsweise verbesserte Möglichkeiten der Personalselektion bedeuten, den Zugang zu über Normalarbeitsverträge nicht erschließbaren Wissensquellen ermöglichen, die numerische →Flexibilität erhöhen sowie permanent Beschäftigte vor →Entlassungen schützen oder auch disziplinieren.

Vor allem drei beschäftigungsstrategische Ansätze haben das Ziel, die Wahl von Beschäftigungsformen zu erklären oder kriterienbezogen zu verbessern: das flexibilitätsorientierte Modell *Flexible Firm*, *humankapitalorientierte Modelle* sowie *beschäftigungssystemorientierte Modelle*.

Der Ansatz der Flexible Firm (oder auch Core-Periphery-Modell) wurde in den 1980er Jahren von *Atkinson* (1984) und Mitarbeitern des britischen *Institute of Manpower Studies* (IMS) entwickelt und zielt darauf ab, durch eine optimale Mischung verschiedener Beschäftigungsverhältnisse unterschiedlichen Anforderungen an die funktionale, die numerische und die finanzielle Flexibilität gerecht zu werden (→Individualisierung, →Flexibilisierung). Dies geschieht beziehungsweise soll geschehen durch eine Segmentierung der Belegschaft in eine →Kern- und eine →Randbelegschaft. *Funktionale Flexibilität* (→Flexibilisierung) wird nach dem Modell von einer →Kernbelegschaft beigesteuert, die Arbeitsplatzsicherheit genießt, vielseitig qualifiziert (polyvalent) ist, Karrieremöglichkeiten im Rahmen eines →*internen Arbeitsmarkts* genießt und die zentralen firmenspezifischen und dauerhaften Tätigkeiten ausführt. *Numerische Flexibilität* wird durch drei Gruppen peripherer Arbeitskräfte gewährleistet:

1. Diejenige Gruppe, die routinierte oder mit geringen Qualifikationsanforderungen verbundene Aufgaben, die aber firmeninternes Training erfordern, ausführt. Diese Gruppe ist zwar im *zweiten internen →Arbeitsmarkt* dauerhaft auf Voll- oder Teilzeitbasis beschäftigt, aber anfällig gegenüber Markt- und Technologieveränderungen.
2. Diejenige Gruppe, die im *ersten externen Arbeitsmarkt* auf zeitlich befristeter Basis für die Organisation arbeitet und aufgrund spezialisierter, aber nicht firmenspezifischer Kenntnisse für ihre Leistung relativ hoch honoriert werden (etwa Systemanalysten oder TQM-Berater).
3. Diejenige Gruppe, die Tätigkeiten ausführt, die kaum →Qualifikationen erfordern und problemlos an kleinere Firmen vergeben werden können. Arbeitskräfte dieser Gruppe gehören zum *zweiten externen Arbeitsmarkt*; sie sind gering qualifiziert und arbeiten vorwiegend in unsicheren, befristeten oder geringfügigen Beschäftigungsverhältnissen.

Das Besondere des Flexible Firm-Modells liegt darin, dass es nicht lediglich unterschiedliche Beschäftigungsformen systematisiert, sondern dass es die Segmentierung von Belegschaften in funktionale Flexibilität bereitstellende Kernbelegschaft und numerische Flexibilität bereitstellende Randbelegschaft als eine →Personalstrategie identifiziert, die sowohl allgemeingültig als auch wünschenswert ist.

Sowohl die empirische Grundlage des Modells als auch die unklare Positionierung zwischen deskriptiver und normativer Betrachtung gaben Anlass für heftige, insbesondere von *Pollert* (1988) und *Legge* (1995) vorgebrachte, Kritik des Modells. An einem Kern-Peripherie-Modell von Belegschaften lässt sich zum Beispiel folgende Kritik äußern:

- Wenn alle permanent Beschäftigten (→Stammbelegschaft) zum Kern gehören, ist die Begriffsbestimmung zirkulär und tautologisch, oder aber der Begriff verbirgt Differenzierungsmerkmale innerhalb der Kernbelegschaft, wie beispielsweise strategische Bedeutung der Qualifikationen, Bezahlung, Status, unterschiedliche Beschaffungswege oder Karrierechancen.
- Bei Arbeitskräften mit knappen Qualifikationen, die in temporären Beschäftigungsverhältnissen für eine Organisation arbeiten, ist die Bezeichnung „Peripherie" wenig sinnvoll.
- Das beobachtbare Phänomen, dass unterschiedlich Beschäftigte gleiche Aufgaben für eine Organisation wahrnehmen, ist nicht mit dem Modell vereinbar, genauso wenig wie das Phänomen der Peripherisierung einer Kernbelegschaft etwa durch Franchising.
- Ein Beschäftigter kann in einer Organisation beispielsweise als Zeitarbeitnehmer oder als Fremdpersonal zur Peripherie gehören, in derjenigen, mit der er einen Arbeitsvertrag hat, aber zur Stamm- beziehungsweise Kernbelegschaft.
- Eine an Flexibilitätszielen ausgerichtete Belegschaftssegmentierung hat eventuell negative personalwirtschaftliche Konsequenzen, wie aus enttäuschten Gerechtigkeitserwartungen resultierende Produktivitätseinbußen. Diese negativen Konsequenzen werden im Flexible Firm-Modell nicht berücksichtigt.
- Manche Industrien oder Branchen, wie die Kulturindustrien (→Beschäftigungsver-

hältnisse von Künstlern), zeichnen sich gerade dadurch aus, dass Kernaktivitäten von Mitabeitern erbracht werden, die auf Basis von befristeten Beschäftigungsverhältnissen oder Werkverträgen projektbezogen beschäftigt sind.

• Aktuelle Veränderungen der Arbeitswelt betreffen auch die permanent beschäftigten Stammbelegschaften.

Unabhängig von dieser angedeuteten konzeptionellen Kritik hat das Core-Periphery-Modell dazu beigetragen, das Ziel einer (numerisch *und* funktional) flexiblen Belegschaft zum festen Bestandteil der Managementrhetorik zu machen und als →Leitbild einer flexiblen und damit fortschrittlichen →Personalpolitik zur Legitimation neuer Beschäftigungsformen beizutragen.

Zu den in der *ökonomischen Theorie* (→Transaktionskostentheorie, →Humankapitaltheorie, →Resource- oder Knowledge-Based-View des strategischen Managements) verankerten beschäftigungsstrategischen Ansätze zählen zum Beispiel die von *Burton-Jones* (1999) („Knowledge Supply-Modell"), *Lepak* und *Snell* (1999) sowie *Matusik* und *Hill* (1998) vorgelegten Ansätze. Ihnen ist gemeinsam, dass sie die Wahl der Beschäftigungsform im Wesentlichen an Merkmalen des Humankapitals ausrichten, von dem eine Organisation durch das Eingehen eines Beschäftigungsverhältnisses profitieren möchte. Die zentralen Merkmale, die für die Wahl einer Beschäftigungsform herangezogen werden, sind hierbei der Wert des Humankapitals (beziehungsweise des Wissens der Arbeitskraft), die Einzigartigkeit oder Spezifität des Humankapitals und die Art des Wissens.

Tendenziell gilt hierbei, dass Organisationen Arbeitskraft umso enger an sich binden sollten (→Personalbindung), je höher der Wert und je größer die Spezifität des Humankapitals für die Organisation ist. Ist beides gering, werden marktbasierte Kontraktformen empfohlen (*Burton-Jones* spricht hier von „flexihire workers" und „mediated services"). Anders als zum Beispiel *Lepak* und *Snell* (1999) betonen *Matusik* und *Hill* (1998) und auch *Burton-Jones* (1999), dass ein hoher Wert des „bereitgestellten" Wissens durchaus mit atypischen Beschäftigungsformen kompatibel ist. Dies ist dann der Fall, wenn aufgrund der Umweltbedingungen „Wissenserneuerung" (z. B. aus berufsspezifischen →Best Practices) zur Erhaltung der Wettbewerbsfähigkeit notwendig ist.

Sowohl der Ansatz der Flexible Firm als auch die humankapitalorientierten Ansätze basieren auf der Idee einer segmentierten Belegschaft – bestehend aus einer Kernbelegschaft und „angelagerten" Randbelegschaftsgruppen. Beide Zugänge sind präskriptiv ausgerichtet und stellen firmenzentrierte Erklärungen zur Begründung atypischer Beschäftigungsverhältnisse dar.

Ein Beispiel, das die Einbettung von Beschäftigungsstrategien in organisationsübergreifende Arbeitsmarktstrukturen betont, ist der Ansatz von *Osterman* (1987), der zu den *beschäftigungssystemorientierten Modellen* zählt. Als Ergebnis einer empirischen Untersuchung in den USA unterscheidet er vier unterschiedliche Beschäftigungs-Subsysteme:

1. *Secondary*: Hierzu zählen Hilfsarbeiter und unqualifizierte →Arbeitnehmer.

2. *Craft*: Darunter fallen Facharbeiter ohne Beschäftigungsgarantien.

3. *Salaried*: Die so genannten Büroangestellten.

4. *Industrial*: Hierzu werden gewerbliche Arbeitnehmer gezählt.

Auch *Osterman* (1987) zufolge verfolgen Arbeitgeber *Effizienz- und Flexibilitätsziele*. Bei der Wahl einer Kombination aus den genannten vier Subsystemen sind sie aber unter anderem an die verwendete Produktionstechnologie, das vorhandene →Arbeitsangebot und gesetzliche Rahmenbedingungen gebunden. Der Ansatz *Ostermans* (1987), der allerdings nicht ausdrücklich auf den Einsatz atypischer Beschäftigungsformen abzielt, verdeutlicht, dass die Einflüsse auf die Wahl einer Beschäftigungsform weit in die institutionellen Rahmenbedingungen des Beschäftigungssystems hinein reichen. Gesetzliche Spielräume der Kontrahierung von Beschäftigungsverhältnissen und arbeitsmarktlichen Rahmenbedingungen, die direkt oder indirekt die Verfügbarkeit und die Kosten von flexiblen Beschäftigungsverhältnissen beeinflussen, stellen den Möglichkeitsraum für betriebliche Beschäftigungsstrategien dar.

Alle drei vorgestellten Ansätze sehen Beschäftigungsstrategien als das Ergebnis bewusster und ökonomisch rationaler betrieblicher Entscheidungen. Im Unterschied zum Modell der Flexible Firm berücksichtigen humankapitalorientierte Modelle die Verfügbarkeit und Spezifität von Humankapitalressourcen. Der beschäftigungsorientierte Ansatz *Ostermans* stellt zudem die Bedeutung überbetrieblicher Arbeitsmarktstrukturen heraus.

Literatur: *Atkins, J.*: Manpower Strategies for Flexible Organizations, in: Personnel Management, 16. Jg. (1984), H. 8, S. 28–31. *Burton-Jones, A.*: Knowledge Capitalism. Business, Work and Learning in the New Economy, Oxford 1999. *Legge, K.*: Human Resource Management, Basingstoke 1995. *Lepak, D. P.*; *Snell, S. A.*: The Human Resource Architecture: Toward a Theory of Human Capital Allocation and Development, in: Academy of Management Review, 24. Jg. (1999), H. 1, S. 31–48. *Matusik, S. F.*; *Hill, C. W. L.*: The Utilization of Contingent Work, Knowledge Creation, and Competitive Advantage, in: Academy of Management Review, 23. Jg. (1998), H. 4, S. 680–697. *Osterman, P.*: Choice of Employment Systems in Internal Labor Markets, in: Industrial Relations, 26. Jg. (1987), S. 46–67. *Pollert, A.*: The Flexible Firm: Fixation or Fact?, in: Work, Employment and Society, 2. Jg. (1988), S. 281–316.

Axel Haunschild

Beschäftigungssysteme

Gesamtheit aus organisationsübergreifend etablierten Regeln der betrieblichen Ausgestaltung von →Arbeitsverträgen sowie deren institutionelles Umfeld.

Marsden hat in seinem 1999 erschienenen Buch „Theory of Employment Systems" den Versuch unternommen, eine theoretische Erklärung für die Diversität (→Diversity) nationaler Ausgestaltungen von Arbeitsbeziehungen zu geben. Er stellt heraus, wie institutionelle Rahmenbedingungen (z. B. gesetzliche Normen, Ausbildungsinstitutionen und überbetriebliche →Organisationen wie beispielsweise →Gewerkschaften und →Arbeitgeberverbände) auf der einen und betriebliche Formen der Arbeitsplatzbildung und Tätigkeitszuweisung auf der anderen Seite ineinandergreifen, sich gemeinsam herausbilden und so ein Beschäftigungssystem konstituieren. Merkmale und personalwirtschaftliche Konsequenzen von Beschäftigungssystemen werden im Folgenden anhand der *ökonomischen Beschäftigungssystemtheorie* erläutert.

Ausgangspunkt ist die Annahme, dass die mit unbefristeten Arbeitsverträgen verbundenen ökonomischen Vorteile nur dann tatsächlich wirksam werden, wenn die Möglichkeit des Arbeitgebers, nach Vertragsschluss Entscheidungen über die konkrete Zuordnung von Tätigkeiten zu Mitarbeitern treffen zu können, begrenzt wird. Dies geschieht durch institutionalisierte Lösungen, die von →Arbeitgebern und →Arbeitnehmern akzeptierte, robuste und effiziente Zuordnungen von Tätigkeiten zu Jobs und Arbeitskräften gewährleisten. Es existieren lediglich vier dieser institutionalisierten Lösungen oder *Employment Rules* (*Marsden* 1999), von denen sich jeweils eine in einem von Arbeitsverträgen geprägten Beschäftigungssystem durchsetzt. Diese employment rules ergeben sich daraus, wie das Problem der *Durchsetzbarkeit* und der *ausreichenden Effizienz* dieser Tätigkeitszuordnungen lösen. Das Problem der Durchsetzbarkeit kann durch die Festlegung bestimmter konkreter Tätigkeiten oder Inputs (task-centred rules) oder durch die Festlegung von Aufgabenfeldern beziehungsweise Funktionen oder Outputs (function-centred rules) erfolgen. Das Problem der effizienten Abstimmung von Arbeitsplatzanforderungen und Mitarbeiterqualifikationen kann gelöst werden, indem, ausgehend von den Erfordernissen der Leistungserstellung, Mitarbeiter On-the-Job trainiert werden (*production approach*) oder indem bei der Gestaltung und Zuordnung der Arbeitsplätze auf Off-the-Job erworbene, externe berufsfachliche Qualifikationen zurückgegriffen wird (*training approach*). Mischformen aus training und production approach sowie aus einer tätigkeits- und einer funktionsorientierten Aufgabenzuordnung sind nach *Marsden* (1999) mit so hohen Kosten (ausgelöst durch effiziente bzw. unklare Zuordnungen) verbunden, dass sie sich nicht als employment rule auf überorganisationaler Ebene durchsetzen können.

In Deutschland ist dieser Systematik zufolge eine Mischung aus training approach und function-centred rule verbreitet. Arbeitsplätze werden in der Regel nach auf dem →Arbeitsmarkt verfügbaren (z. B. im Dualen Ausbildungssystem erworbenen) Qualifikationen geschnitten und dann denjenigen Arbeitnehmern zugewiesen, die diese Qualifikationen aufweisen. Die von den Arbeitnehmern wahrzunehmenden Aufgaben oder auszuführenden Tätigkeiten werden nicht konkret vorgegeben, sondern orientieren sich an auf Basis des qualifikatorischen Hintergrunds ausfüllbaren Aufgabenspektren. *Marsden* (1999) nennt die in Deutschland vorherrschende employment rule *qualification rule*.

Eine vollkommen andere employment rule, die *work post rule*, hat sich dagegen in den USA (und auch in Frankreich) herausgebildet. Hier werden Mitarbeiter, im Wesentlichen orientiert an Produktionserfordernissen, On-the-Job trainiert (*production approach*) und es werden konkrete überschneidungsfreie Einzeltätigkeiten zugewiesen (task-centred). Jeweils unterschiedliche Elemente von qualification und work post rule finden sich in der *competence rank rule* (production approach kombiniert mit function-centred rule, vorherrschend in Japan) und in der *job territory* oder *tools of the trade rule* (training approach kombiniert mit task-centred rule, vorherrschend in Großbritannien).

Auch wenn *Marsden* (1999) alle Beschäftigungsregeln als gleichwertige Lösungen für die genannten Probleme der Effizienz und Durchsetzbarkeit betrachtet, wird doch deutlich, dass die qualification rule größere Interpretationsspielräume bei der Zuweisung von Tätigkeiten zulässt und damit bei Umweltveränderungen im Rahmen bestehender →Beschäftigungsverhältnisse eine größere →Flexibilität aufweist. Dies resultiert aus einer breiten →Qualifikation der →Arbeitnehmer kombiniert mit der Tradition, weniger konkrete Tätigkeiten zuzuweisen.

Marsden hat seine Theorie mit empirischen Studien zu den industriellen Sektoren der genannten Länder unterlegt. Dies beschränkt seiner Auffassung nach aber nicht die Anwendbarkeit der Theorie auf diesen Sektor. Die Übertragbarkeit der von *Marsden* (1999) anhand der klassischen industriellen Produktion entwickelten Sichtweise auf andere Industrien oder Branchen, wie zum Beispiel unterschiedliche Dienstleistungsbranchen, stellt allerdings eine noch offene empirische Frage dar. Anzumerken ist hierbei, dass die den Ländern jeweils zugeordnete employment rule auch aus *Marsdens* Sicht weder für alle Industrien oder Branchen noch für alle Beschäftigtengruppen eines Arbeitgebers gültig sein muss. Die parallele Existenz unterschiedlicher Beschäftigungsregeln setzt aber voraus, dass die durch sie konstituierten Beschäftigungssysteme weitgehend isoliert voneinander sind.

Für die Personalwirtschaftslehre legt die aufgezeigte Beschäftigungssystem-Perspektive sechs *Schlussfolgerungen* nahe:

1. Es wird die *institutionelle Eingebettetheit* betrieblicher →*Beschäftigungsstrategien* betont. Die Ausgestaltung einzelner Beschäftigungsverhältnisse und personalpolitischer Strategien (z. B. →Personalbeschaffung, →Personalentlohnung, Anreizsetzung, Qualifizierung) ist nicht unabhängig von den Handlungen und Strategien anderer Akteure, die auf demselben Arbeitsmarkt agieren. Damit, im Unterschied zum Ansatz *Ostermans* (1987), wird bewusst keine firmenzentrierte Perspektive eingenommen.

2. Es wird gezeigt, dass eine dominante und für „normal" gehaltene Art und Weise der Gestaltung von Arbeitsplätzen und der Zuordnung von Aufgaben auch anders möglich ist. Dies öffnet den Blick für die *historische Bedingtheit* der Unterschiede von Beschäftigungssystemen.

3. Die *Übertragbarkeit beschäftigungssystemspezifischer Personalpolitiken* (wie die in den USA entwickelten und aus der work post rule resultierenden Ansätze) auf andere Beschäftigungssysteme ist zu hinterfragen.

4. In Zeiten, in denen →Wandel und Dynamik auf allen Ebenen des Beschäftigungssystems eingefordert wird, hilft die Beschäftigungssystem-Perspektive, die Funktionen und historischen Ursachen vermeintlicher institutioneller *Blockaden und Beharrungskräfte* besser zu verstehen (siehe für Deutschland auch *Bosch* 2001). Dies gilt exemplarisch für die Rolle von überorganisationalen Institutionen wie das Bildungssystem und insbesondere die Gewerkschaften, die durch die Stabilisierung von Verhandlungen und die Schließung von Interpretationsspielräumen bei der Aufgabenzuweisung, insbesondere im deutschen Beschäftigungssystem, zu einer Stärkung der employment rule beitragen. Damit wird ein differenzierterer Blick auf unterschiedliche Ebenen und Ausprägungen von Flexibilität in einem Beschäftigungssystem ermöglicht.

5. Auch in *nicht durch Normalarbeitsverträge geprägten Industrien* (→Beschäftigungsverhältnisse von Künstlern) muss eine Abstimmung von Qualifikationen und Arbeitsplatzanforderungen sowie eine akzeptierte Tätigkeitszuweisung erfolgen. *Marsdens* Theorie gibt hier Hinweise auf einen Bedarf nach institutionalisierten funktionalen Äquivalenten zu den genannten employment rules. So lässt sich beispielsweise anhand des Beschäftigungssystems Theater

aufzeigen, wie Arbeitsmarktmobilität durch eine mehr oder weniger standardisierte Basisqualifikation, organisationsübergreifende →Reputation und Beziehungsnetze, die Beobachtbarkeit der →Arbeitsleistung und – in einer ökonomischen Beschäftigungssystemtheorie vernachlässigte – internalisierte Berufs- und Mobilitätsnormen sowie Lebenseinstellungen ermöglicht wird.

6. Eine theoretische Perspektive, welche die ökonomische Vorteilhaftigkeit und die institutionelle Einbettung von Arbeitsverträgen herausstellt, stellt einen guten Referenzpunkt für die Analyse der Verbreitung davon abweichender, →*atypischer Beschäftigung* dar. Stärkere Berücksichtigung verdient allerdings noch die kulturelle und soziale Einbettung von Beschäftigungsbeziehungen, wie sie beispielsweise im Rahmen der in Frankreich entwickelten und von *Maurice* und *Sorge* (2000) theoretisch weiterentwickelten *Societal Analysis* untersucht wird.

Zusammenfassend stellt die Beschäftigungssystem-Perspektive einen wichtigen für firmenübergreifende Gemeinsamkeiten und gesellschaftliche Unterschiede der Ausgestaltung von Beschäftigungsverhältnissen dar.

Literatur: *Bosch, G.*: Konturen eines neuen Normalarbeitsverhältnisses, in: WSI Mitteilungen, 54. Jg. (2001), S. 219–230. *Marsden, D.*: A Theory of Employment Systems. Micro-Foundations of Societal Diversity, Oxford 1999. *Maurice, M.; Sorge, A.* (Hrsg.): Embedding Organizations. Societal Analysis of Actors, Organizations and Socio-economic Context, Amsterdam, Philadelphia 2000. *Osterman, P.*: Choice of Employment Systems in Internal Labor Markets, in: Industrial Relations, 26. Jg. (1987), S. 46–67.

Axel Haunschild

Beschäftigungsverhältnis

arbeitsrechtlich das tatsächliche Verhältnis, in dem ein →Arbeitnehmer Dienste oder →Arbeit leistet, auch wenn ein rechtswirksamer →Arbeitsvertrag nicht zustande gekommen ist.

Generell kann jede Form des Tauschs von Arbeitskraft gegen ein direkt oder indirekt geleistetes Entgelt als Beschäftigungsverhältnis verstanden werden. Ein gegebenenfalls gesellschaftlich legalisiertes Eigentumsverhältnis am Träger der Arbeitskraft – Sklaverei – konstituiert somit kein Beschäftigungsverhältnis.

In Abgrenzung zu einem aus einem rechtswirksamen Arbeitsvertrag resultierenden Arbeitsverhältnis umfasst ein Beschäftigungsverhältnis damit unterschiedliche →Beschäftigungsformen wie beispielsweise Arbeitsverträge, →Zeitarbeit und die Beschäftigung von Arbeitskräften auf der Basis freier →Dienstverträge.

Axel Haunschild

Beschäftigungsverhältnisse von Künstlern

Vielzahl eher kurzfristiger →Beschäftigungsverhältnisse für Kunstschaffende, die gleichzeitig einen Eindruck von möglichen zukünftigen →Normalarbeitsverhältnissen geben.

Künstler werden im Rahmen unterschiedlicher →Beschäftigungsformen beschäftigt. Für die meisten Balletttänzer, Schauspieler, Sänger, Regisseure, Bühnenbildner, Kostümbildner, Artisten und viele Musiker gilt, dass sie in →atypischer Beschäftigung arbeiten. Dies sind häufig Beschäftigungsverhältnisse als →freie Mitarbeiter, →Werkverträge oder befristete →Arbeitsverträge, beispielsweise auf Projektbasis oder als Ensemblevertrag. Daneben finden sich aber auch unbefristete →Arbeitsverträge, exemplarisch bei Orchestermusikern oder bei Schauspielern nach einer Beschäftigungsdauer von 15 Jahren bei einem →Arbeitgeber.

Für Bühnenkünstler (Solomitglieder, überwiegend künstlerisch arbeitende Bühnentechniker, Opernchor- und Tanzgruppenmitglieder) gilt der zwischen dem Deutschen Bühnenverein als Arbeitgeberverband der deutschen Theater und der Genossenschaft Deutscher Bühnenangehöriger abgeschlossene *Normalvertrag Bühne* (NV Bühne). Auf Basis dieses Vertrages können mit Bühnenkünstlern in (fast) unbegrenzter Folge befristete Verträge abgeschlossen werden, die meist eine Dauer von ein bis drei Jahren haben. Der NV Bühne regelt unter anderem die monatliche Mindestvergütung (bspw. für Schauspieler derzeit 1.550 € pro Monat), Bedingungen für die Nichtverlängerung eines Vertrags oder die Vertragsauflösung, Bedingungen für eine Festanstellung, das Anrecht des Bühnenmitglieds auf angemessene Beschäftigung und zu gewährende Ruhezeiten.

Ein anderes Beschäftigungsmodell findet sich in der *Film- und Fernsehproduktions-Industrie*. Dort herrscht eine →Projektorganisation vor, das heißt die an einer Filmproduktion beteiligten Arbeitskräfte werden nur für das Projekt beziehungsweise für bestimmte Projektphasen beschäftigt.

Beschäftigungsverhältnisse von Künstlern sind für die Personalwirtschaftslehre von besonderer Relevanz, weil in der Diskussion befindliche neue Beschäftigungsformen dort zum Teil seit Jahrzehnten etabliert sind und damit in natürlicher Lage untersucht werden können. Daher überrascht es nicht, dass in den letzten Jahren vermehrt Studien zu Arbeitsmärkten, →Karrieren und Beschäftigungsverhältnissen von Künstlern durchgeführt wurden. Hierbei wurde zum Beispiel von *Haak* und *Schmidt* (1999) und von *Haunschild* (2002) argumentiert, dass die Analyse so genannter kreativer Industrien nach *Caves* (2000) dazu beitragen könne, die Entwicklung von Erwerbsformen, die zukünftige Regulation von Arbeitsbeziehungen, die Funktionsweise offener oder flexibler Arbeitsmärkte, die individuellen Konsequenzen unsicherer Beschäftigungsverhältnisse sowie die personalwirtschaftlichen Konsequenzen organisationsübergreifender Karrieren und kurzfristiger Beschäftigungsverhältnisse besser zu verstehen.

Literatur: *Caves, R. E.*: Creative Industries. Contracts between Arts and Business, Cambridge, Mass 2000. *Haak, C.; Schmid, G.*: Arbeitsmärkte für Künstler und Publizisten – Modelle einer zukünftigen Arbeitswelt?, Research Report WZB, Berlin 1999. *Haunschild, A.*: Das Beschäftigungssystem Theater: Bretter, die die neue Arbeitswelt bedeuten?, in: Zeitschrift für Personalforschung, 16. Jg. (2002), S. 577–598.

Axel Haunschild

Bestandskosten

aus personalwirtschaftlicher Perspektive die Kosten, die durch die Bereitstellung des Faktors →Arbeit entstehen.

Damit sind Bestandskosten als Anteil der →Personalkosten an den Gesamtkosten oder im Verhältnis zum Umsatz zu bestimmen, was allgemein oder differenziert nach verschiedenen Entgeltbestandteilen erfolgen kann. Die Soll-Personalkostenstruktur ist von der Unternehmensstrategie, der Wettbewerbssituation, den prognostizierten Technologie- und Umweltveränderungen und dem sich daraus ergebenden Personalbedarf abhängig (*Scholz* 2000). Zwischen der Personalkosten- und →Personalbedarfsplanung besteht ein enger Zusammenhang.

Literatur: *Scholz, C.*: Personalmanagement, 5. Aufl., München 2000.

Silvia Föhr

BestPersAward (BPA)

vom *Institut für Managementkompetenz (imk)* an der Universität des Saarlandes in Saarbrücken vergebener Preis für die beste →Personalabteilung im →Mittelstand.

Der BestPersAward geht auf eine in Zusammenarbeit mi dem Manager Magazin 1991 durchgeführte Aktion zurück und wird seit 2003 verliehen. Anders als bei kommerziellen Anbietern ist die Teilnahme an diesem Wettbewerb kostenlos. In der gegenwärtigen Form wird die Personalarbeit (→Personalmanagement) mittelständischer Unternehmen anhand wissenschaftlich fundierter Kriterien hinsichtlich zehn Kategorien beurteilt: →Strategie & →Vision, →Personalbeschaffung, Personaleinsatz, Personalentwicklung, Familienfreundlichkeit, →Kommunikation & Führung, Entlohnung, Diversity, Computerisierung sowie Nachhaltigkeit. Grundlage für die Evaluation ist eine schriftliche Befragung der Teilnehmer, die ihre Fragebogenangaben um aussagefähiges Belegmaterial ergänzen können. Die Teilnahme an der Studie zur vergleichenden Beurteilung der Personalarbeit macht transparent, wo Unternehmen mit ihrer Personalarbeit stehen. Dabei ist die Beurteilung explizit auf die spezifische Rolle der Personalarbeit im Mittelstand ausgerichtet, die mit teilweise begrenzten Ressourcen anders agieren muss als die Personalarbeit in Großunternehmen. Dennoch kann sich die Personalarbeit im Mittelstand trotz schwieriger Ausgangspositionen bei richtiger Akzentsetzung Vorteile im Kampf um Mitarbeiter, in dem es keinen „Mittelstandbonus" gibt, sichern.

Unternehmen, die die wissenschaftlichen →Anforderungen an eine gute Personalarbeit erfüllen, erhalten ein BestPersZertifikat als Qualitätssiegel für gute Personalarbeit. Darüber hinaus wird in jeder der genannten zehn Kategorien ein Spartensieger ermittelt. Dem Gesamtsieger wird der BestPersAward für die beste Personalarbeit im Mittelstand verliehen, der den Vorbildcharakter des Siegerunternehmens für eine zeitgemäße, aber auch zukunftsweisende Personalarbeit würdigt.

Übergeordnetes Ziel ist die nachhaltige Optimierung der Personalarbeit im Mittelstand. Neben dem BestPersAward tragen drei weitere

Komponenten zur Erreichung dieses Zieles bei: das Kurzfeedback für jedes teilnehmende Unternehmen mit Benchmark-Informationen über Stärken und Schwächen seiner Personalarbeit, Best Practice-Workshops zum →Lernen anhand von Beispielen erfolgreicher Personalarbeit sowie die Preisverleihung als Kontaktforum für Personalverantwortliche aus dem Mittelstand. 2007 hat sich unter den Spartensiegern ein Benchmark-Netzwerk gebildet.

Volker Stein

Best Practices

personalwirtschaftliche Handlungsmuster, deren Anwendung erfolgreiche von weniger erfolgreichen Unternehmen unterscheidet.

Best Practices folgen der Grundannahme des universalistischen Ansatzes des strategischen Personalmanagements und blenden Kontextvariablen (→Kontextfaktoren) wie beispielsweise Unternehmensspezifika weitgehend aus.

Erfolgreiche Personalpraktiken können in vielen Aufgabenbereichen des Personalmanagements angesiedelt sein, wie beispielsweise in der →*Personalauswahl*, der Weiterbildung, der →Leistungsbeurteilung oder der *Vergütung*. Viele der Empfehlungen erscheinen plausibel, teilweise fast trivial: So werden strukturierte →Auswahlverfahren empfohlen, die sich an zukünftigen →Anforderungen orientieren oder Leistungsbeurteilungssysteme, die über die Bewertung von Eigenschaften hinausgehen und Verhaltensweisen und/oder Ergebnisse berücksichtigen.

Im Detail unterscheiden sich die Best Practice-Listen verschiedener Autoren allerdings erheblich. Eine häufig zitierte Liste von Best Practices im →Personalmanagement ist diejenige von *Pfeffer* (1998), die *Arbeitsplatzsicherheit*, selektive Personalauswahl, *Teamarbeit*, ein hohes Arbeitsentgelt in Abhängigkeit vom Unternehmenserfolg, extensives Training, Reduzierung von Statusunterschieden und Informationsteilung als besonders wichtige personalwirtschaftliche Maßnahmen bewertet. Die von *Pfeffer* (1998) aufgestellte Liste spiegelt allerdings den Einfluss US-amerikanischer Werte wider, so dass die Übertragbarkeit auf andere geographische Regionen zumindest überprüft werden müsste.

Solche Überlegungen bilden die Grundlage für das *Best International Human Ressource Management Practices Project*, eine insgesamt 40 Länder umfassende, international vergleichende Untersuchung zu Best Practices im Personalmanagement. Hierbei geht es nicht nur darum, den Ist-Zustand zu identifizieren, sondern auch einen Soll-Zustand zu erfragen. Das Ziel und die Vorgehensweise des Best Practices Projekts setzen keine universalistische Gültigkeit von Best Practices voraus, sondern untersuchen explizit, ob Personalpraktiken kontextfrei, kontextspezifisch oder kontextabhängig sind. So zeigt sich zum Beispiel im Rahmen der →Kompensation, dass manche individualistisch geprägten Länder wie die USA oder Kanada entgegen kulturell begründeten Erwartungen erstaunlich geringe Ausprägungen einer individuell orientierten variablen Verfügungspolitik aufweisen. Universelle Trends zeichneten sich der Studie zufolge ab für die Verwendung von Benefits, die Berücksichtigung individueller Leistungen im Gegensatz zur Gruppenleistung oder zur Gesamtleistung des Unternehmens und eine insgesamt zurückgehende Bedeutung von →Seniorität. Ähnliche Ergebnisse liegen auch für weitere personalwirtschaftliche Aufgabenbereiche vor (*von Glinow* 2002). Im Hinblick auf die dentifikation von kulturunabhängigen Best Practices scheint die Zielsetzung des Best International →Human Resource Management Practices Project sinnvoll zu sein, jede personalwirtschaftliche Maßnahme zu überprüfen, inwiefern sie universalistischen Charakter aufweist oder durch den jeweiligen landeskulturellen oder firmenspezifischen Kontext geprägt ist.

Unabhängig von den Überlegungen, ob erfolgreiche personalwirtschaftliche Praktiken kontextabhängig sind oder nicht, stellt sich die Frage der Bewertungsperspektive und der entsprechenden Bewertungskriterien. Welche Aspekte machen Personalmanagementinstrumente zu Best Practices und wer bestimmt darüber? Manche Arbeiten sind stark durch eine Shareholder-Value Perspektive beeinflusst, die die Interessen anderer Stakeholder und damit mögliche Konflikte nicht thematisieren. Nur selten wird diese Diskussion explizit aufgegriffen.

Wird der Argumentation der ressourcenorientierten Perspektive gefolgt (→Resource Based View), die derzeit die strategische Personalmanagementforschung dominiert, so führen insbesondere firmenspezifische Ressourcen und Fähigkeiten zu Wettbewerbsvorteilen. Vorteile von Best Practices liegen jedoch definitionsgemäß in der interorganisationalen Übertragbarkeit, das heißt im Sinne der ressourcenorientierten Perspektive können Best Practices im Zusammenhang mit der Erlangung von Wettbewerbsvorteilen keine Rolle spielen. Best Practices würden dann eher die Überlebensfähigkeit eines Unternehmens sichern, als dass sie eine strategische Bedeutung besitzen.

Der universalistische Ansatz wird von einer Reihe empirischer Untersuchungen gestützt, die den Zusammenhang zwischen einzelnen oder einer Kombination von Personalmanagementpraktiken (HR Systeme) und dem Unternehmenserfolg empirisch untersuchen (*Delery* und *Doty* 1996). Wie die folgenden Beispiele zeigen, können Erfolgsindikatoren auf verschiedenen Ebenen angesiedelt sein:

- *Ergebnisse auf der Mitarbeiterebene*: Betreffen direkte Auswirkungen der personalwirtschaftlichen Maßnahmen auf die Einstellungen und das Verhalten (→Behaviorismus) der Mitarbeiter, insbesondere →Fehlzeiten und Fluktuationsraten (→Fluktuation).
- *Ergebnisse auf der Ebene der* →*Organisation*: Fokussieren Produktivitäts- oder Qualitätskennziffern; finanzielle Ergebnisse beziehen sich auf Ausgaben, Einnahmen oder Rentabilität.
- *Marktorientierte Ergebnisse*: Reflektieren den Marktwert eines Unternehmens, insbesondere den Aktienpreis und seine Entwicklung.

Diese Erfolgsindikatoren werden selbstverständlich nicht ausschließlich im Rahmen universalistischer Ansätze verwendet.

Als besonders wünschenswerte HR Systeme gelten High Commitment Management (→Commitment), High Performance Work Practices beziehungsweise Maßnahmenpakete, die zu einem besonders hohen →Involvement der Mitarbeiter beitragen.

Hinsichtlich einzelner personalwirtschaftlicher Maßnahmen stellten *Delery* und *Doty* (1996) in ihrer empirischen Untersuchung von Mitarbeitern aus Kreditabteilungen US-amerikanischer Banken fest, dass Profit Sharing (→Erfolgsbeteiligung), ergebnisorientierte Bewertungssysteme und Arbeitsplatzsicherheit einen besonders großen Einfluss auf den Unternehmenserfolg besaßen. Der Nutzen dieser Praktiken lässt sich nach *Delery* und *Doty* (1996) anhand verschiedener theoretischer Perspektiven begründen. So kann die Bedeutung von Profit Sharing durch *verhaltensorientierte Ansätze* oder die →Principal-Agent-Theorie gestützt werden, indem die Angleichung individueller und organisationaler Interessen in den Mittelpunkt des Interesses gerückt wird. Die Effizienz des Einsatzes ergebnisorientierter Bewertungssysteme kann den Autoren zufolge durch die Principal-Agent-Theorie oder die →Transaktionskostentheorie begründet werden. Kritisch anzumerken ist an dieser Stelle jedoch, dass die Tätigkeitsmerkmale der Mitarbeiter in den Kreditabteilungen hervorragende Voraussetzungen für eine ergebnisorientierte Leistungsbewertung bieten, da die Ermittlung der Leistungsergebnisse relativ einfach und somit kostengünstig ist. Es ist also zu untersuchen, inwieweit die Ergebnisse auch auf andere Mitarbeitergruppen zutreffen. Sollte dies nicht der Fall sein und die Aussage auf eine bestimmte Zielgruppe mit bestimmten Tätigkeitsmerkmalen begrenzt werden müssen, würde dies dem universalistischen Ansatz widersprechen, da in diesem Fall eine Kontingenzvariable eine wesentliche Rolle spielen würde. Eine solche Einschränkung würde folglich die Empfehlung an alle Unternehmen in Frage stellen, die genannten Personalmanagementinstrumente als Best Practices mit dem Ziel einzusetzen, einen größeren Unternehmenserfolg zu erzielen.

Der Beitrag universalistisch orientierter Ansätze ist in erster Linie in der Beschreibung (deskriptives Ziel) und Verbesserung (normatives Ziel) personalwirtschaftlicher Instrumente im Sinne von Best Practices zu sehen. Hinzu kommt der in vielen Untersuchungen positiv zu bewertende Versuch, die Auswirkungen personalwirtschaftlicher Praktiken auf den Unternehmenserfolg aufzuzeigen und so auch in quantitativer Hinsicht die Bedeutung personalwirtschaftlicher Maßnahmen zu belegen. Wie verschiedene Autoren – beispielhaft können *Boxall* und *Purcell* (2000) genannt werden – andeuten, sind jedoch für die fundierte Analyse der Wirkungen von Best Practices weitergehende theoretische Überlegungen erforderlich, die – wie oben skizziert – beispielsweise auf institutionenökonomischen Argumenten oder eher verhaltenswissenschaftlich geprägten Ansätzen basieren können. Damit sind die angesprochenen Personalpraktiken in ihrer Ausprägung an bestimmte Rahmenbedingungen geknüpft und insofern nicht mehr „universalistisch". Dies ist für *Bo-*

xall und *Purcell* (2000) ein Argument dafür, dass kritisch hinterfragt werden muss, warum so genannte Best Practices trotz postulierter Überlegenheit bisher keinen weiteren Verbreitungsgrad in der Praxis des Personalmanagements finden.

Eine Aussage zum Einfluss personalwirtschaftlicher Best Practices auf die Erlangung von Wettbewerbsvorteilen scheint theoretisch nur selten begründet zu sein. Der Beitrag zu einem höheren Unternehmenserfolg ist zwar wünschenswert, in der strategischen Managementdiskussion ist er jedoch keine allein ausschlaggebende Grundlage für eine bestimmte Position im Wettbewerb und nachhaltige Wettbewerbsvorteile. Zudem ist nochmals mit Nachdruck auf die Problematik der Übertragbarkeit von Best Practices auf andere kulturelle Kontexte hinzuweisen.

Literatur: Boxall, P.; Purcell, J.: Strategic Human Resource Management: Where Have We Come From and Where Should We Be Going?, in: International Journal of Management Review, 2. Jg. (2000), H. 2, S. 183–203. *Delery, J. E.; Doty, D. H.*: Modes of Theorizing in Strategic Human Resource Management: Tests of Universalistic, Contingency and Configurational Performance Predictions, in: Academy of Management Journal, 39. Jg. (1996), H. 4, S. 802–835. *Pfeffer, J.*: The Human Equation. Building Profits by Putting People First, Boston 1998. *von Glinow, M. A.*: Best Practices in IHRM: Lessons Learned from a Ten-Country/Regional Analysis, in: Human Resource Management, 41. Jg. (2002), H. 1, S. 123–140.

Marion Festing

Beteiligung am Erwerbsleben

Teilnahme der Bevölkerung am Arbeitsleben aus statistischer Sicht, indem nach →Erwerbspersonen und Nichterwerbspersonen unterschieden wird.

Erwerbspersonen sind all die Personen mit einem deutschen Wohnsitz, die eine auf →Erwerb gerichtete Tätigkeit ausüben oder suchen. Die tatsächliche Bedeutung des Ertrages für ihren Lebensunterhalt und das Ausmaß der vertraglich vereinbarten oder tatsächlich geleisteten →Arbeitszeit spielt hierfür keine Rolle. Die Erwerbspersonen sind erwerbstätig oder erwerbslos. *Erwerbstätige* stehen entweder in einem Arbeitsverhältnis oder sind selbstständig tätig. *Erwerbslose* laut dem *Statistischen Bundesamt* (2004) sind unabhängig von ihrer Registrierung als Arbeitslose, Personen ohne Arbeitsverhältnis, die sich um ein Arbeitsverhältnis bemühen.

Nach der Stellung im →Beruf unterscheiden sich die Erwerbstätigen nach Selbstständigen, mithelfenden Familienangehörigen und abhängigen Beschäftigten. Letztere setzen sich wiederum aus vier Gruppen zusammen. Die Beamten umfassen die Personen in einem öffentlich-rechtlichen Dienstverhältnis des Bundes, der Länder, der Gemeinden und sonstigen Körperschaften, zusätzlich Richter, Soldaten und Geistliche der katholischen und evangelischen Kirchen. →*Angestellte* sind alle nicht verbeamteten Gehaltsempfänger inklusive leitender Angestellter, sofern sie nicht Miteigentümer sind. →Arbeiter sind alle Lohnempfänger. Auszubildende stehen in einer praktischen Berufsausbildung (→Ausbildung). Einen genauen Einblick gibt das *Statistische Bundesamt*.

Literatur: Statistisches Bundesamt (Hrsg.): Statistisches Jahrbuch 2004, Wiesbaden 2004.

Florian Schramm

Betriebliche Altersversorgung

Teil der Altersversorgung neben der gesetzlichen Altersversorgung und der privaten Eigenvorsorge.

Zur betrieblichen Altersversorgung gehören insgesamt Leistungen der Alters-, Invaliditäts- und Hinterbliebenenversorgung, die aus Anlass eines Arbeitsverhältnisses (→Beschäftigungsverhältnis) entstehen, zum Beispiel →Betriebsrenten, Kapitalleistungen, Sach- und Nutzungsrechte, Gewinnbeteiligungen oder Lebensversicherungen. Sie sind kein „Geschenk", sondern eine Versorgungsleistung, durch die der →Arbeitgeber die →Arbeitsleistung des →Arbeitnehmers insgesamt abgilt und eine Fürsorge für den Versorgungsfall übernimmt (*Uebelhack* und *Drochner* 2003).

Literatur: *Uebelhack, B.; Drochner, S.*: Handbuch der betrieblichen Altersversorgung, 2. Aufl., Heidelberg 2003.

Silvia Föhr

Betriebliche Beschäftigungspolitik (BBP)

umfasst als Teil der →Personalpolitik Zielbildungsprozesse und gestaltende Maßnahmen mit deren Hilfe der Umfang, die Struktur und der zeitliche Einsatz der Belegschaft bestimmt werden können.

Die betriebliche Beschäftigungspolitik steht in engem Zusammenhang mit der →Personalplanung. Träger der betrieblichen Beschäftigungspolitik sind einerseits die Leitungsorgane innerhalb eines Unternehmens, das heißt das Management (Betriebsleitung und die Personalleitung) sowie die Kapitaleigner. Andererseits sind die Personalvertretungen wie zum Beispiel der →Betriebsrat aufgrund der Regelungen im →Betriebsverfassungsgesetz von 1972 ebenfalls in die Planung des Arbeitsvolumens und andere zahlreiche Anpassungsmaßnahmen integriert.

Generelles Ziel der →Beschäftigungspolitik ist es, die Deckung des Bedarfes an →Arbeit unter Berücksichtigung der angestrebten →Arbeitsproduktivität zu gewährleisten. Da der aktuelle Bedarf an Arbeit in Abhängigkeit von der Arbeitsproduktivität und der Entwicklung auf dem →Arbeitsmarkt variiert, ist es Aufgabe der betrieblichen Beschäftigungspolitik, diese Anpassungsprozesse der Belegschaft zu sichern. Hierzu dienen die →Personalbedarfsplanung, →Personalentwicklungsplanung und →Personaleinsatzplanung sowie die Personalanpassung. Unter Personalanpassung fallen zum Beispiel die Einstellung (→Personalbeschaffung) und →Entlassung je nach Auftragslage oder der Nicht-Ersatz von Arbeitskräften bei ungewollter →Fluktuation oder Frühverrentung sowie der Strukturumbau der Belegschaft. Die Personalvertretungen (Betriebsrat und Personalrat) haben in diesem Zusammenhang unter anderem Interesse an einer arbeitserhaltenden und arbeitsbeschaffenden Stabilisierung der Beschäftigung, der Verringerung und Verteilung der →Arbeitszeit, an Kompensationsmaßnahmen (→Kompensation) sowie an einem →Interessenausgleich.

Die betriebliche Beschäftigungspolitik ist laut *Nienhüser* (2006) oftmals durch widersprüchliche Interessen beeinflusst. Sie ist zudem häufig nicht der Ausdruck einer klar definierten und umgesetzten →Strategie. Herausforderungen sind gegenwärtig für die betriebliche Beschäftigungspolitik in dem Verhältnis von erforderlicher Stabilität und gewünschter →Flexibilität und außerdem in dem Verhältnis von betrieblicher und gesellschaftlicher Ebene zu sehen.

Literatur: *Kühl, J.*: Betriebliche Beschäftigungspolitik, in: Mitteilungen aus Arbeitsmarkt und Berufsforschung, 25. Jg. (1992), H. 3, S. 333–343. *Nienhüser, W.* (Hrsg.): Beschäftigungspolitik von Unternehmen, München, Mering 2006.

Florian Schramm

Betriebliche Bildung

alle vom Unternehmen veranlassten oder vom Betrieb zumindest teilweise finanzierten Bildungsaktivitäten.

Zur betrieblichen Bildung zählen die betriebliche Erstausbildung (→Ausbildung) zum Erwerb einer berufsfachlichen →Qualifikation wie auch alle darüber hinaus gehenden Aktivitäten der →betrieblichen Weiterbildung.

Uta Wilkens

Betriebliche Freizeitangebote

Leistungen des Unternehmens, die den →Arbeitnehmern (und teilweise auch deren Angehörigen) zusätzlich zu den sonstigen →Sozialleistungen außerhalb der →Arbeitszeiten angeboten werden.

Große Unternehmen verfügen zum Beispiel über große Betriebssportabteilungen mit den vielfältigsten Angeboten in allen sportlichen und kulturellen Bereichen. Die Aufwendungen für betriebliche Freizeitangebote (Nutzungs-, Sach-, Geld- und/oder Dienstleistungen) werden in den →Sozialbilanzen erfasst. Laut einer älteren Untersuchung von *Kollenberg* (1979) bieten 93 % der Unternehmen mit mehr als 2.000 Mitarbeitern sportliche Freizeitaktivitäten an. Zwischen 500 und 2.000 Beschäftigten sind es auch noch 92 % und immerhin 88 % der Unternehmen mit unter 500 Mitarbeitern. Es dominieren Angebote zum Betriebs-Fußball, aber auch Leichtathletik und Schwimmen ist mit großen Anteilen vertreten. Kulturelle Freizeitangebote werden seltener bereitgestellt, bei Unternehmen unter 2.000 Beschäftigten nur bei 61 %. Meist handelt es sich dabei auch nur um eine Serviceleistung wie zum Beispiel ein zentraler Kartenvorverkauf. →Werksbüchereien basieren auf einer langen Tradition und sind bei 76 % der Unternehmen mit über 1.000 Beschäftigten vorzufinden. Der Trend geht zu einem Abbau der kollektiven Leistungen. Junge Unternehmen bieten sie gar nicht mehr an, sondern setzen auf die zunehmende →Individualisierung ihrer Mitarbeiter, die kaum noch Interesse an kollektiven Angeboten haben.

Betriebliche Freizeitangebote sollen nicht nur der Identifikationsstärkung (→Identifikation) und Motivationserhöhung (→Motivation) der Mitarbeiter dienen. Gerade die Betriebssportangebote sollen, wie *Linstedt* und *Pudel* (2003) beschreiben auch der Gesunderhaltung, Regeneration und →Sozialisation (z. B. →Teamgeist) dienen. Neuere Tendenzen gehen dazu über, besonders beanspruchten Mitarbeitergruppen wie →Führungskräfte oder Fachspezialisten Freizeitangebote während des Arbeitstages anzubieten (z. B. verlängerte Mittagspause). Fitnesstraining, Schwimmen und Entspannungssitzungen führen nachweislich zu einer besseren →Leistungsfähigkeit nach dem Leistungstief zur Mittagszeit. Freizeitberatung ist eine ebenfalls noch neue und wenig verbreitete Leistung. Mitarbeiter werden über Urlaubs-, Freizeit- und Verbrauchertipps informiert.

Literatur: *Kollenberg, U.*: Freizeit und Wirtschaft. Privatwirtschaftliche Initiativen im Freizeitbereich, Köln 1979, S. 60. *Lindstedt, B.; Pudel, C.*: Betriebssportliche Freizeitangebote in Deutschland, Oldenburg 2003.

Désirée H. Ladwig

Betriebliche Karriereplanung

Teilplanung der unternehmensweiten Gesamtplanung, in deren Rahmen sich ein besonderer Abstimmungsbedarf zwischen der →Personalplanung und anderen Planungsfeldern (z. B. Produktion) einerseits und zwischen der betrieblichen Karriereplanung und anderen Planungsfeldern des →Personalmanagements andererseits ergibt.

Die betriebliche Karriereplanung hat zum Sachziel auf den Bedarf des Unternehmens und die Bedürfnisse (→Motiv) der Mitarbeiter ausgerichtete →Karrieremodelle und Entwicklungswege zu entwickeln und so zur Erhaltung der für die Leistungserstellung erforderlichen Human Ressourcen in qualitativer, quantitativer, zeitlicher und örtlicher Hinsicht beizutragen.

Sie wird durch eine Vielzahl von außerbetrieblichen (z. B. Gesetze), betrieblichen (z. B. Branche oder Größe des Unternehmens) und personellen *Bedingungsgrößen* (z. B. Dauer der Betriebszugehörigkeit oder Qualifikationsstand) beeinflusst, welche von den Entscheidungsträgern bei der Verfolgung des Sachziels angemessen berücksichtigt werden müssen.

Weiterhin weist die betriebliche Karriereplanung zentrale *funktionelle Schnittstellen* zum Personalmanagement auf. So kann sie als Instrument des Personaleinsatzes (z. B. Nachfolgeplanung), der Personalentwicklung sowie der Personalerhaltung und Motivation (z. B. Aufstieg als materieller und immaterieller →Anreiz) gesehen werden. Ebenso ergeben sich wesentliche Anknüpfungspunkte zum Arbeitszeitmanagement (→Arbeitszeit).

Die Karriereplanung beinhaltet als Prozess verschiedene wirksame *Instrumente* zur Identifizierung der im Unternehmen bestehenden Mitarbeiterfähigkeiten und -kompetenzen beziehungsweise der Lücken dieser, Maßnahmen und Instrumente zur Verringerung allfälliger Fähigkeitsdefizite, Instrumente zur Identifizierung des vorhandenen Mitarbeiterpotenzials, Instrumente und Maßnahmen zur Beurteilung der mess- und beobachtbaren Mitarbeiterleistung.

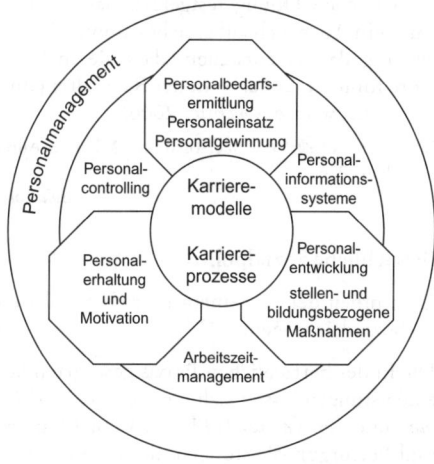

Abbildung 1: Die Einbettung der betrieblichen Karriereplanung in das Personalmanagement (*Friedli* 2002, S. 298)

Wesentlicher Erfolgsfaktor des gesamten Karrieresystems ist eine integrierte Sichtweise. Erst durch das optimale Zusammenspiel der Karrieremodelle, Instrumente und Funktionen kommt die Karriereplanung eines Unternehmens zum Tragen. Effektivität und Effizienz der Karriereplanung entscheiden sich maßgeblich an diesen Schnittstellen beziehungsweise an deren Ausgestaltung. Es gilt, Karrieremodelle an eventuell bereits bestehende Instrumente und Funktionen anzuhängen und so Synergien zu erstellen und zu nutzen.

Vera Friedli

Betriebliche Sozialleistungen

Bestandteil der →Sozialleistungen, die ein Unternehmen zusätzlich zum Direktentgelt als →Personalzusatzkosten aufbringt.

Alle Leistungen, die vom →Arbeitgeber über die tariflichen und gesetzlichen Sozialleistungen hinaus dem →Arbeitnehmer gewährt werden, gehören zu den betrieblichen Sozialleistungen, wie zum Beispiel Weihnachtsgeld, Zusatzversicherungen, Betriebskindergärten, Vermögensbildung oder Weiterbildungsmaßnahmen. Diese haben zunächst einen freiwilligen Charakter, das heißt der Arbeitgeber ist zu deren Leistung nicht verpflichtet. Eine Verpflichtung kann allerdings aus verschiedenen Gründen entstehen: Zum einen kann eine →Betriebsvereinbarung über bestimmte Sozialleistungen bestehen, zum anderen eine individualvertragliche Regelung mit dem einzelnen Arbeitnehmer. Schließlich hat die Rechtsprechung in Deutschland den Fall der betrieblichen Übung festgelegt, das heißt es kann ein Anspruch auf eine bestimmte Sozialleistung daraus entstehen, dass sie mehrere Jahre hintereinander – in der Regel drei Jahre – gewährt wurde (*Oechsler* 2006).

Literatur: *Oechsler, W.*: Personal und Arbeit, 8. Aufl., München 2006.

Silvia Föhr

Betriebliche Sozialpolitik

Gesamtheit der von einem Betrieb gewährten →Sozialleistungen.

Die in der betrieblichen Praxis gewährten Sozialleistungen lassen sich *nach* Frick, *Neubäumer* und *Sesselmeier* (1999) in Versicherungs- und Versorgungsleistungen, direkte monetäre Leistungen sowie in Leistungen in Form von Gütern und Dienstleistungen unterteilen. Typisches Beispiel für Versicherungs- und Versorgungsleistungen ist die →betriebliche Altersversorgung. Zu den direkten monetären Leistungen zählen jährlich gezahlte Sonderleistungen wie Weihnachtsgeld, Urlaubsgeld und eine Gewinnbeteiligung der Belegschaft. Zur letztgenannten Kategorie zählen die Bereitstellung von Berufskleidung, die Werksverpflegung sowie Gemeinschafts- und Freizeiteinrichtungen.

Die verschiedenen Erklärungsansätze, warum Betriebe überhaupt Sozialleistungen für die Beschäftigten gewähren, gehen davon aus, dass es sich bei Sozialleistungen um spezielle Kompensationsformen (→Kompensation) handelt, die gegenüber anderen Kompensationsformen im Hinblick auf ihre Bestimmungsgründe und Wirkungsweisen abzugrenzen sind. Zu unterscheiden ist zwischen dem Marktansatz, dem Verhandlungsansatz sowie dem anreiztheoretischen Ansatz.

Im *Marktansatz* stellen betriebliche Sozialleistungen wie betrieblicher Gesundheitsschutz, betriebliche Versicherungsleistungen und Freizeitangebote Güter dar, die von einem Betrieb angeboten und von den Beschäftigten des Betriebs nachgefragt werden. Betriebliche Sozialleistungen sind somit das Ergebnis eines Tauschprozesses zwischen Betrieb und →Arbeitnehmern. Die Arbeitnehmer werden dann auf höhere Löhne verzichten und die entsprechenden Sozialleistungen von dem Betrieb beziehen, in dem sie beschäftigt sind, wenn der Betrieb die Leistungen preisgünstiger bereitstellen kann als andere Anbieter. Unterscheiden sich die Arbeitnehmer in ihren Präferenzen für bestimmte Sozialleistungen, dann wird der Betrieb Wahlmöglichkeiten anbieten.

Im Verhandlungsansatz sind betriebliche Sozialleistungen das Ergebnis formeller oder informeller Verhandlungen zwischen Anteilseignern, Management und Arbeitnehmern, bei denen es um die Aufteilung erzielter Wertsteigerungen des Betriebs geht (Rent Sharing). Dieser Ansatz wirft die Frage auf, warum die Aufteilung der Wertsteigerungen in Form von Sozialleistungen und nicht direkt in Form höherer Löhne erfolgt. Eine mögliche Antwort kann darin bestehen, dass Unternehmen mit großer Marktmacht ein weniger offensichtliches Rent Sharing bevorzugen, um gegenüber der unternehmensexternen Öffentlichkeit die tatsächliche Höhe der erzielten Wertsteigerungen zu verbergen. Außenstehende können den Wert betrieblicher Sozialleistungen hiernach weniger eindeutig einschätzen als den Wert einer direkten Lohnerhöhung. Eine andere Möglichkeit besteht darin, dass Betriebe den Beschäftigten im Rahmen der Verhandlungen Sozialleistungen anbieten, um durch den Anschein von Großzügigkeit einen höheren als den tatsächlichen Wert der Leistungen zu suggerieren.

In anreiztheoretischen Ansätzen stellen betriebliche Sozialleistungen Instrumente zur Steigerung der →Leistungsbereitschaft von Mitarbeitern dar, die im Vergleich zu anderen Anreizinstrumenten spezifische Vor- und Nachteile aufweisen. So lässt sich eine betriebliche Altersversorgung als eine Form der zeitlich verzögerten Entlohnung interpretieren, bei der ein Teil der Entlohnung nicht in der gegenwärtigen Periode, sondern erst in der Zukunft ausgezahlt wird. Eine solche Form der Entlohnung erhöht die Bindung an den Betrieb und schafft Leistungsanreize, da Arbeitnehmer später in den Genuss der zeitlich verzögerten Entlohnung kommen möchten.

Literatur: *Frick, B.*; *Neubäumer, R.*; *Sesselmeier, W.* (Hrsg.): Die Anreizwirkungen betrieblicher Zusatzleistungen, München, Mering 1999.

Uwe Jirjahn

Betriebliche Weiterbildung

alle vom Unternehmen veranlassten oder vom Betrieb zumindest teilweise finanzierten Bildungsaktivitäten, die im Anschluss an eine berufliche Erstausbildung (→Ausbildung) stattfinden.

Die betriebliche Weiterbildung ist das Kernfeld der →Personalentwicklung. Hier trägt sie gemeinsam mit Maßnahmen zur Arbeitsfelderweiterung (→Job Enlargement) und Ansätzen des Karrieremanagements (→Betriebliche Karriereplanung) zur Entfaltung der Arbeitskraft und zur Erreichung betrieblicher Leistungsziele bei.

Dem Berichtssystem Weiterbildung des *Instituts der deutschen Wirtschaft* (2006) zufolge wendeten deutsche Unternehmen in 2004 rund 26,8 Milliarden für Weiterbildung auf, davon 9,1 Milliarden direkte und 17,6 Mrd. indirekte Kosten. Das entspricht 1.073 € pro Mitarbeiter im Jahr. Hinsichtlich der zeitlichen Struktur der Weiterbildung unterscheiden sich Klein- und Großunternehmen. Kleinunternehmen geben an, gut die Hälfte ihrer Weiterbildung direkt am Arbeitsplatz durchzuführen, rund 15 % der Weiterbildung durch externe Veranstaltungen abzudecken und jeweils rund 10 % auf Informationsveranstaltungen, selbst gesteuertes →Lernen sowie interne Lehrveranstaltungen zu verwenden. Demgegenüber wird betriebliche Weiterbildung in Großunternehmen zu gut 25 % durch interne Lehrveranstaltungen angeboten. Hinzu kommen 22 % externe Veranstaltungen. Der Institutionalisierungsgrad ist deutlich höher. Der Anteil des Lernens am Arbeitsplatz liegt hier dementsprechend nur noch bei gut einem Drittel.

Hervorzuheben ist, dass sich der positive Zusammenhang zwischen Weiterbildungsausgaben und Unternehmenserfolg auch auf metaanalytischer Basis als stabil erweist. Insgesamt ist der Zusammenhang zwischen Weiterbildungsausgaben und RoI beziehungsweise Unternehmensgewinn bei Großunternehmen stärker ausgeprägt als bei Kleinunternehmen (*Gmür* und *Schwerdt* 2004).

Die betriebliche Weiterbildung umfasst

- die Ermittlung des Weiterbildungsbedarfs,

- die Angebotskonzeption zur Deckung des Weiterbildungsbedarfs,

- den Lerntransfer vom Lernfeld ins Funktionsfeld sowie

- die →Evaluation beziehungsweise Erfolgsermittlung.

Idealerweise sollten in der betrieblichen Praxis alle vier Phasen ausgewogen berücksichtigt werden.

Bei der Ermittlung des Weiterbildungsbedarfs steht ein Soll-Ist-Vergleich zwischen den Qualifikationsanforderungen des Unternehmens und den Potenzialen der Mitarbeiter im Zentrum. Das Ziel ist es, die betrieblicherseits benötigten Qualifikationen in ausreichendem Umfang zum richtigen Zeitpunkt bereit zu stellen. Sowohl für die →Anforderungsanalyse als auch für die Potenzialbewertung (→Potenzialbeurteilung) stehen zahlreiche Erfassungsmethoden zur Verfügung. Eine ausführliche Beschreibung dazu ist bei *Pawlowsky* und *Bäumer* (1996) zu finden. So bietet sich für die Bedarfsermittlung beispielsweise eine Befragung nach der →Critical Incident Methode an. Während die Orientierung an kritischen Ereignissen vergangenheitsorientiert ist, erlauben andere Befragungsformen eine stärker zukunftsorientierte Bedarfsanalyse, unter anderem die Delphi-Befragung. Eine noch stärker gruppenorientierte Bedarfsermittlung kann durch die subjektive Tätigkeitsanalyse (STA) nach *Ulich* (2005) oder moderierte Gruppendiskussionen erreicht werden. Andere Wege der Bedarfsermittlung werden durch Arbeitsplatzbeobachtungen, Kennziffern- und Dokumentenanalysen beschritten.

Parallel zu den Anforderungen gilt es, die Potenziale der Mitarbeiter zu bewerten. Hierzu bieten sich die Durchführung von Assessments auch in Form von →Assessment Centern, die Strategische Management Simulation nach *Streufert* (1990) zur Bewertung komplexer Handlungsstrategien oder die Kompetenzbiographie von *Erpenbeck* und *Heyse* (1999) (→Kompetenzmessung) an.

Betriebliche Weiterbildung

Bei der Deckung des Weiterbildungsbedarfs geht es um eine Reihe von Entscheidungstatbeständen, die die Angebotskonzeption und -durchführung betreffen. Weiterbildungsmaßnahmen müssen inhaltlich-thematisch konzipiert werden. Ebenso sind Lernorte (Training On-the-Job, Training Near-the-Job, Training Off-the-Job), Lernformen (Seminare, →Workshops, →Coachings, →eLearning u.ä.) und →Trainer (interne oder externe) festzulegen. Die Entscheidung sollte sich dabei im Einklang mit dem inhaltlich-thematischen Schwerpunkt befinden.

Bei der Lerntransfersicherung geht es darum, die durch eine Weiterbildungsmaßnahme erzielte Verhaltensänderung beziehungsweise den dadurch erzielten Wissenszuwachs für die Zeit nach Beendigung der Maßnahme und Rückkehr in das Arbeitsfeld mit seinen täglichen Routinen nachhaltig zu sichern. Fehlende Nachbereitung und betriebliche Barrieren bei der Erprobung neuen Wissens sind Hauptgründe für Probleme des Lerntransfers. Um diesen Problemen systematisch vorbeugen beziehungsweise entgegen wirken zu können, ist es entscheidend, dass Trainer sich an den Teilnehmererwartungen und -problemen orientieren, der Erprobung von →Wissen breiten Raum geben und Ähnlichkeiten zwischen Lern- und Funktionsfeld erzeugt werden. Seitens der Unternehmen ist es wichtig, dass Handlungsbarrieren bei der Erprobung neuen Wissens durch entsprechende Fehlertoleranzen abgebaut werden, dass Weiterbildungsteilnehmer zur Diffusion des neu erworbenen Wissens intern als Trainer eingesetzt werden und dass durch Berichte und Nachbereitungsgespräche dem Gelernten entsprechende Aufmerksamkeit geschenkt wird. Weiterbildungsteilnehmer können zur Lerntransfersicherung beitragen, indem sie Weiterbildungsziele definieren und überprüfen, Zeitpläne zur Umsetzung neuen Wissens erstellen, dabei Verträge mit sich selbst schließen sowie selbst gewählte Feedback-Partner heran ziehen, die sie in ihrem →Lernprozess begleiten.

Bei der Erfolgsermittlung oder Weiterbildungsevaluation geht es darum, die Effektivität und Effizienz einer Weiterbildungsmaßnahme zu ermitteln und diese gegebenenfalls in Kennzahlensysteme zur Gesamtunternehmenssteuerung zu integrieren. Die Effektivität im Sinne des Anwendungserfolgs einer Maßnahme kann man bei operativen Tätigkeiten durch Tests oder Beurteilungen durch →Führungskräfte ermitteln. Die Effizienz beziehungsweise der Investitionserfolg lässt sich in operativen Feldern zumindest ansatzweise an Kennziffern wie Output, Fehlerrate, Verkaufszahlen, Stillstandszeiten, Qualität, →Fluktuation oder →Absentismus festmachen, die in Relation zur Investitionssumme betrachtet werden. Sofern es gelingt, externe Einflussfaktoren auf die genannten Kennzahlen konstant zu halten, können Renditen für das in Weiterbildung investierte Kapital errechnet werden. Geht es um Führungsaufgaben, so lässt sich der Erfolg entsprechender Trainings weniger eindeutig bestimmen. Üblicherweise konzentriert man sich darauf, Beurteilungen von Trainern und Trainingsinhalten vorzunehmen. Die Tendenzen in der Evaluationspraxis gehen dahin, Zusammenhänge zur Gesamtunternehmensrechnung herzustellen, um den Erfolgsbeitrag, der durch betriebliche Weiterbildung erzielt werden kann, zu unterlegen. Ansatzpunkte dafür bieten beispielsweise Zusatzbilanzen, in denen Weiterbildungsinvestitionen ausgewiesen werden oder auch die Aufnahme von Weiterbildungszielen in die →Balanced Scorecard. Letztlich muss jedoch eingeräumt werden, dass sich trotz aller Bemühungen der Beitrag von Weiterbildungsaktivitäten zum Gesamtunternehmensergebnis nur schwer ermitteln lässt. Ferner ist auf Tendenzen in der Lernevaluation hinzuweisen, wonach den subjektiven Sichtweisen der Lernenden hohe Aufmerksamkeit zuteil wird. Implizites Lernen kann durch Ansätze der Kompetenzmessung berücksichtigt werden. Überdies sollte berücksichtigt werden, dass sich der Lernerfolg oftmals erst einige Zeit nach Beendigung einer Maßnahme zeigen kann, wenn eine entsprechende Erprobung im Funktionsfeld möglich war. Diese Form der zeitlich verzögerten Bewertung einer Weiterbildungsmaßnahme durch Back-up-Befragungen findet in der Praxis allerdings kaum Anwendung.

Insgesamt ist mit Blick auf die betriebliche Weiterbildung festzuhalten, dass sie eine wichtige Grundlage zur Aufrechterhaltung der organisationalen Wandlungsfähigkeit liefert, sich vom Grundgedanken allerdings nicht von einer reaktiven Anpassung der Arbeitskräfte an betriebliche Rahmenbedingungen befreit. Eine Ressourcensicht der Mitarbeiterpotenziale, von denen die →Organisation lernt und über die sie sich weiterentwickelt, ist hier nicht eindeutig zu finden. Daher stellen Konzepte des →Wissensmanagements und der Kompetenzentwicklung (→Kompetenzmanagement) heute wichtige Ergänzungen und Weiterentwicklungen zu Ansätzen betrieblicher Weiterbildung dar.

Literatur: *Erpenbeck, J.*; *Heyse, V.*: Die Kompetenzbiographie-Strategien der Kompetenzentwicklung durch selbstorganisiertes Lernen und multimediale Kommunikation, Münster 1999. *Gmür, M.*; *Schwerdt, B.*: Der Beitrag des Personalmanagements zum Unternehmenserfolg – Eine Metaanalyse nach 20 Jahren Erfolgsfaktorenforschung, in: Zeitschrift für Personalforschung, 19. Jg. (2005), H. 3, S. 221–251. *Pawlowsky, P.*; *Bäumer, J.*: Betriebliche Weiterbildung. Management von Qualifikation und Wissen, München 1996. *Ulrich, E.*: Arbeitspsychologie, 6. Aufl., Stuttgart 2005. *Streufert, S.*: Zur Simulation komplexer Entscheidungen, in: *Fisch, M.*; *Boos, M.*: Vom Umgang mit Komplexität in Organisationen, Konstanz 1990, S. 197–214.

Uta Wilkens

Betriebliches Rechnungswesen

systematische Erfassung und Auswertung von quantifizierbaren Beständen und Abläufen innerhalb des Unternehmens zu Planungs-, Steuerungs- und Kontrollzwecken.

Der traditionelle Aufbau des betrieblichen Rechnungswesens umfasst die Buchführung und Bilanzerstellung, eine Kosten- und Leistungsrechnung sowie Betriebsstatistiken und Planungsrechnungen. Die Aufgaben werden typischerweise in interne und externe Bestandteile getrennt.

- *Externes Rechnungswesen*: Beinhaltet die Rechenschaftslegung aufgrund gesetzlicher Vorschriften sowie die Informationsaufbereitung als Entscheidungsgrundlage für bestimmte Zielgruppen, zum Beispiel Gesellschafter, Gläubiger, →Arbeitnehmer, Finanzbehörden und die Öffentlichkeit unter anderem über die Vermögens-, Finanz- und Ertragslage des Unternehmens.
- *Internes Rechnungswesen*: Umfasst die Dokumentation und Kontrolle interner Leistungserstellungsprozesse, also die mengen- und wertmäßige Erfassung und Überwachung von Prozessen, sowie die Planung und Steuerung des Unternehmens mithilfe von Wirtschaftlichkeits- und Rentabilitätsrechnungen (*Coenenberg* 1999).

Trotz unterschiedlicher Zielgruppen und Freiheitsgrade bei der Gestaltung sind das interne und externe Rechnungswesen zur Erzielung von Synergieeffekten aufeinander abzustimmen.

Die Bedeutung des Rechnungswesens für das →Personalmanagement ist vor allem in Zeiten knapper Budgets unbestritten. Einhergehend mit der Personalkostenkontrolle leitet sich hier der Bereich des organisatorischen Downsizings ab.

Literatur: *Coenenberg, A.*: Kostenrechnung und Kostenanalyse, Landsberg/Lech 1999.

Silvia Föhr

Betriebliches Vorschlagswesen

System, das eine permanente Verbesserung betrieblicher Abläufe und Leistungen durch die Initiative der →Arbeitnehmer, kreative Gestaltungsideen zur Verfügung zu stellen, sichern soll.

Durch ein explizites System zur Förderung von Verbesserungsvorschlägen von Seiten der Arbeitnehmer soll, wie beispielsweise *Thom* (1996) vorschlägt, erreicht werden, dass Effizienzsteigerungspotenziale in der Prozessorganisation, aber auch im Produktbereich des Unternehmens erreicht werden.

Eine zentrale Komponente eines betrieblichen Vorschlagswesens sind die Anreizsetzungen, die zur Entwicklung und Einreichung von Verbesserungsvorschlägen führen sollen. An erster Stelle stehen monetäre Anreize. Ein eingereichter Vorschlag wird im Hinblick auf seine Einspar- oder Innovationswirkungen untersucht. Auf dieser Basis wird eine Geldprämie an den Mitarbeiter, der den Vorschlag gemacht hat, ausbezahlt. Nicht-monetäre Belohnungen reichen von →Beförderungen zum Teamleiter bis hin zu offiziellen Auszeichnungen (z. B. „Mitarbeiter des Monats").

Literatur: *Thom, N.*: Betriebliches Vorschlagswesen, Bern etc. 1996.

Reinhard Meckl

Betriebliches Wohnungswesen

alle Entscheidungen hinsichtlich der Bereitstellung und Administration von Wohnungen, die von den Beschäftigten eines Unternehmens genutzt werden.

Die Bereitstellung von so genannten Betriebs- oder →Werkswohnungen hat ihren Ursprung in einem paternalistischen Unternehmertum des 19. Jahrhunderts. Wie das berühmte Beispiel des Unternehmens *Krupp* in Essen zeigt, wurden für die Arbeiterschaft von Industriebetrieben nach dem Vorbild herrschaftlicher Güter auch ganze Siedlungen errichtet. Damit wurde nicht nur preisgünstiger Wohnraum bereitgestellt, sondern damit auch die Möglichkeit eröffnet, auf die Lebensweise der Beschäftigten Einfluss zu nehmen. Neben dieser traditionellen Funktion werden heute Betriebswohnungen für einen vorübergehenden Wohnbedarf (z. B. bei vorübergehenden Arbeitseinsätzen oder für Praktikanten und Werkstudenten) oder zu Repräsentationszwecken zur Verfügung gestellt.

Markus Gmür

Betriebsänderung

umfasst gemäß §§ 111 ff. des →Betriebsverfassungsgesetzes in erster Linie die Einschränkung beziehungsweise Stilllegung des ganzen Betriebs oder von wesentlichen Betriebsteilen, aber auch eine →Personalfreisetzung unter Beibehaltung der sächlichen Betriebsmittel, wenn mindestens 5 % der Belegschaft betroffen sind.

Über geplante *Betriebsänderungen* muss der →Arbeitgeber den →Betriebsrat rechtzeitig und umfassend unterrichten. Er ist ferner gehalten, mit dem Betriebsrat einen →*Interessenausgleich* über das Ob, Wie und Wann der vorgesehenen Maßnahmen zu vereinbaren. Wenn es zu keiner Einigung kommt, kann sowohl der Arbeitgeber als auch der Betriebsrat den Vorstand der Bundesagentur für Arbeit und notfalls eine →Einigungsstelle zur Vermittlung einschalten. Weder der Vorstand der Bundesagentur für Arbeit noch die Einigungsstelle sind jedoch befugt, einen verbindlichen Spruch über den Interessenausgleich zu fällen. Scheitert der Interessenausgleich, ist der Arbeitgeber gleichwohl berechtigt, die geplanten Maßnahmen zu realisieren.

Führt der Arbeitgeber allerdings eine Betriebsänderung durch, ohne einen Interessenausgleich mit dem Betriebsrat zu versuchen, oder weicht er ohne zwingenden Grund von einem vereinbarten Interessenausgleich ab, so ist er gesetzlich zum →*Nachteilsausgleich* gezwungen. Er muss nach *Hanau* und *Adomeit* (2000) die wirtschaftlichen Nachteile der von der Betriebsänderung Betroffenen ausgleichen, insbesondere muss er bei Kündigungen →Abfindungen zahlen.

Unabhängig vom Zustandekommen eines Interessenausgleichs hat der Betriebsrat bei Betriebsänderungen grundsätzlich ein erzwingbares Mitbestimmungsrecht zur Aufstellung eines →Sozialplans. Eine Personalfreisetzung wird jedoch nur unter den Bedingungen aus Übersicht 1 sozialplanpflichtig.

Neugegründete Unternehmen brauchen in den ersten vier Jahren nach ihrer Gründung bei allen Betriebsänderungen keinen Sozialplan aufzustellen. Kommt eine Einigung über einen Sozialplan nicht zustande, so entscheidet auf Antrag des Arbeitgebers oder des Betriebsrats die Einigungsstelle nach billigem Ermessen. Die §§ 121 ff. der Insolvenzordnung (→Insolvenz) beinhalten Sonderregelungen.

Übersicht 1: Sozialplanpflichtige Personalfreisetzung (*Bröckermann* 2007, S. 524)

Anzahl der regelmäßig Beschäftigten	Anzahl der betriebsbedingten Kündigungen, vom Arbeitgeber initiierten Arbeitnehmerkündigungen und Aufhebungsverträge
21–59	10 % aber mindestens 6
60–249	20 % aber mindestens 37
250–499	15 % aber mindestens 60
über 499	10 % aber mindestens 60

Literatur: Bröckermann, R.: Personalwirtschaft, 4. Aufl., Stuttgart 2007, S. 522–524. Hanau, P.; Adomeit, K.: Arbeitsrecht, 12. Aufl., Neuwied, Kriftel 2000, S. 141–142.

Reiner Bröckermann

Betriebsbedingte Kündigung

Form der →Kündigung, die betriebliche Gründe hat, aber eine einzelne Person betrifft.

Eine ordentliche betriebsbedingte Kündigung ist zulässig, wenn dringende betriebliche Erfordernisse wie

– Rohstoffmangel, Absatzschwierigkeiten und Auftragsmangel,

– die Einschränkung, Umstellung oder Stilllegung eines Betriebs,

– die Einstellung oder Umstellung der Produktion,

– die Änderung der Arbeits- oder Produktionsmethoden oder

– Rationalisierungsmaßnahmen durch die Einführung neuer Maschinen

dauerhaft eine Weiterbeschäftigung ausschließen. Die Rechtsprechung lässt solche Gegebenheiten aber ausschließlich dann als dringend gelten, wenn die Situation nur durch eine

Kündigung bereinigt werden kann. Deshalb muss der →Arbeitgeber nachweisen, dass keine Weiterbeschäftigung möglich ist, weder nach einer Umschulung noch zu anderen Bedingungen, weder auf einem anderen, gleichwertigen Arbeitsplatz im gleichen Betrieb noch in einer anderen Betriebsabteilung.

§ 1 Abs. 3 des Kündigungsschutzgesetzes fordert darüber hinaus eine →Sozialauswahl. Der Arbeitgeber muss nachweisen, dass er bei der Bestimmung des relevanten Personenkreises, der Gewichtung der Sozialdaten und der Entscheidung, welche →Arbeitnehmer für den Betrieb notwendig sind, soziale Gesichtspunkte ausreichend berücksichtigt hat.

§ 1a der besagten Vorschrift gibt Arbeitnehmern einen Abfindungsanspruch (→Abfindung), wenn sie innerhalb der dreiwöchigen Klagefrist keine →Kündigungsschutzklage erhoben haben.

Reiner Bröckermann

Betriebsbuße →Verwarnung

Betriebsdatenschutz

besonderer Schutz für betriebsbezogene →Daten im Sinne von Einzelangaben über Verhältnisse eines bestimmten oder bestimmbaren Betriebs, die nicht im Zusammenhang mit einer bestimmten Person stehen.

Beim Betriebsdatenschutz handelt es sich um Informationen über das Unternehmen wie zum Beispiel innerbetriebliche Angelegenheiten oder Geschäftsgeheimnisse. Derartige Betriebsdaten werden durch vertragliche und gesetzliche Verschwiegenheitspflichten im Arbeits- und Sozialversicherungsrecht gewahrt. Beispiele hierfür sind, wie *Steckler* und *Schmidt* (2004) beschreiben, die →Verschwiegenheitspflichten des →Arbeitnehmers aufgrund seiner arbeitsvertraglichen Treuepflicht, wettbewerbsrechtliche Verschwiegenheitspflichten (§§ 17 ff. UWG), Verschwiegenheitspflicht der →Auszubildenden im Berufsausbildungsverhältnis (§ 13 Nr. 6 BBiG) und die Verschwiegenheitspflicht der Betriebsratsmitglieder (→Betriebsart) (§ 79 BetrVG).

Geschäfts- und Betriebsgeheimnisse sind alle Tatsachen und Umstände, die nach dem Willen des →Arbeitgebers aus wirtschaftlichen Gründen geheim gehalten werden sollen wie zum Beispiel Bilanzen, Preislisten, →Kalkulationen, Produktionsverfahren und Kundenlisten (*Steckler* und *Schmidt* 2004). Ohne die Regelungen des Betriebsdatenschutzes bestünde für Unternehmen die Gefahr, dass deren gesamtes Know how verloren ginge. Insoweit ist der Betriebsdatenschutz für Unternehmen überlebenswichtig.

Literatur: *Steckler, B.; Schmidt, C.:* Arbeitsrecht und Sozialversicherung, Ludwigshafen 2004, S. 309.

Axel Benning

Betriebsferien

Zeitraum währenddessen der gesamte Betrieb geschlossen ist (Ausnahme: ggf. eine Notbesetzung oder Bewachung).

Alle Mitarbeiter müssen diese Betriebsferien wahrnehmen. Diese Tage (z. B. drei Wochen im Sommer) werden ihnen vom individuellen Jahresurlaub (→Urlaub) abgezogen.

Désirée H. Ladwig

Betriebsfest

in der Regel jährlich oder auch zu besonderen Anlässen (z. B. Firmenjubiläum) stattfindende Feierlichkeit für die Belegschaft eines Unternehmens, oftmals auch für deren Lebenspartner beziehungsweise Familie.

Als Maßnahme zur Förderung der betrieblichen →Integration können Betriebsfeste zur Stärkung des Gemeinschaftsgefühls von Mitarbeitern beitragen. Hier treffen Mitarbeiter aus den verschiedenen Abteilungen und Bereichen in einem informalen, entspannten Rahmen aufeinander und können (beziehungsweise sollen) so über eine vom üblichen Problemdruck und von hierarchischen Barrieren entlastete Interaktionssituation eine stärkere emotionale Bindung zueinander und vor allem auch zu „ihrer" →Organisation entwickeln.

Aus der Perspektive einer anthropologisch fundierten Organisationskulturforschung stellen Betriebsfeste ein klassisches Beispiel organisationaler *Zeremonien* dar. Eine weitere, latente Funktion von Betriebsfesten besteht häufig in der *kanalisierten Kontrastierung* des organisationalen Alltags: Über die hier für alle Beteiligten erlebbaren „unproduktiven" Konsequenzen einer vorübergehenden Lockerung des organisationalen Regel- und Normensystems wird den Teilnehmern die Sinnhaftigkeit der Regeln und Normen für den normalen Organisationsalltag vor Augen geführt. Insofern können sich aus dem Ablauf von Betriebsfesten wertvolle Hinweise auf unternehmenskulturspezifische Vorstellungen bezüglich der

Bedeutung von →Hierarchie und Disziplin generieren lassen.

Literatur: *Helmers, S.*: Beiträge der Ethnologie zur Unternehmenskulturforschung, in: *Dierkes, M.; von Rosenstiel, L.; Steger, U.* (Hrsg.): Unternehmenskultur in Theorie und Praxis, Frankfurt a. M. 1993, S. 147–187. *Rosen, M.*: You Asked for It, Christmas at the Bosses' Expense, in: Journal of Management Studies, 25. Jg (1988), H. 5, S. 463–480. *Trice, H. M.; Beyer, J. M.*: Studying Organizational Cultures Through Rites and Ceremonials, in: Academy of Management Review, 9. Jg. (1984), H. 4, S. 653–669.

Thomas Behrends

Betriebsjustiz

dient der Ahndung von Verstößen gegen die betriebliche Ordnung; sie wird auch als Betriebsbuße (→Verwarnung) bezeichnet.

Eine Betriebsbuße soll bei gemeinschaftswidrigem Verhalten der →Arbeitnehmer verhängt werden können. Als Maßnahmen kommen Verwarnung, Verweis und Geldbuße in Betracht. Rechtsgrundlage der Betriebsbuße ist eine durch →Betriebsvereinbarung oder →Tarifvertrag geschaffene, ordnungsgemäß zustande gekommene und bekannt gemachte Bußordnung. Die Betriebsbuße hat strafenden Charakter, ist jedoch nicht strafrechtlich zu bewerten. Bei der Verhängung der Betriebsbuße ist dennoch ein rechtsstaatlichen Grundsätzen entsprechendes, ordnungsgemäßes Verfahren einzuhalten. Sowohl bei der Aufstellung der Bußordnung als auch bei der Verhängung der Betriebsbuße steht dem →Betriebsrat ein erzwingbares Mitbestimmungsrecht zu, § 87 Abs. 1 Nr. 1 →Betriebsverfassungsgesetz (BetrVG). Die Betriebsjustiz unterliegt in jeglicher Hinsicht der vollen arbeitsgerichtlichen Kontrolle (→Arbeitsgerichtsbarkeit).

Literatur: *Schaub, G.*: AR-Blattei, SD 480 Rn. 1 ff.

Burkhard Boemke

Betriebskrankenkassen (BKK)

rechtsfähige, selbstverwaltete Körperschaften des öffentlichen Rechts und neben anderen gesetzlichen Krankenkassen wie den Allgemeine Ortskrankenkassen (AOK) und den Ersatzkassen (EK) drittgrößte Krankenkassenart Deutschlands.

Die erste Betriebskrankenkasse (BKK) bildete sich Anfang des 18. Jahrhunderts als Teil einer betrieblichen Sozialpolitik (*BKK Bundesverband* 2007). Heute gibt es neben Großunternehmen auch viele kleinere und mittlere Betriebe mit eigenen Betriebskrankenkassen. Man unterscheidet zwischen

– *traditionellen Betriebskrankenkassen*, die nur →Arbeitnehmer bestimmter Unternehmen, deren Familienangehörige sowie ehemalige Mitarbeiter versichern, und

– *geöffneten Betriebskrankenkassen*, welche alle Versicherten aufnehmen müssen, die nach Einführung der Wahlfreiheit 1996 die gesetzlichen Voraussetzungen einer Krankenversicherung erfüllen.

Eine BKK kann errichtet werden, wenn in einem Betrieb mindestens 1.000 Versicherungspflichtige beschäftigt sind, von denen sich mehr als die Hälfte für die BKK entscheidet, und die Leistungsfähigkeit der Kasse auf Dauer gesichert ist. 2007 bestehen rund 180 selbstständige Betriebskrankenkassen mit mehr als 14 Millionen Versicherten. Diese schließen sich in jedem Land zu einem Landesverband der Betriebskrankenkassen zusammen, dessen Aufgabe es ist, die Mitgliedsbetriebskrankenkassen bei der Wahrnehmung ihrer Interessen zu unterstützen. Die Landesverbände bilden zusammen die Spitzenorganisation Bundesverband der Betriebskrankenkassen mit Sitz in Essen, welcher die gemeinsamen Interessen der BKK gegenüber der nationalen Politik und Öffentlichkeit sowie der internationalen Organisationen der Gesundheits- und Sozialpolitik vertritt. Die Betriebskrankenkassen setzten sich für Wettbewerb innerhalb der gesetzlichen Krankenversicherungen ein, um eine Verbesserung der Leistungsfähigkeit des Gesundheitswesens zu erzielen.

Für →Arbeitgeber ergeben sich Vorteile aus der Einrichtung einer Betriebskrankenkasse daraus, dass eine exklusive, enge Verzahnung zum Trägerunternehmen besteht und so beispielsweise ein gezieltes Gesundheitsmanagement konzipiert werden kann. Betriebskrankenkassen symbolisieren zudem die besondere Bereitschaft von Unternehmen, Verantwortung für ihre Belegschaften zu übernehmen, und können so als Mitarbeiterbindungsinstrument genutzt werden.

Literatur: *BKK Bundesverband* (Hrsg.): Versichern, versorgen, gemeinsam handeln, Essen 2007.

Volker Stein

Betriebspädagogik

aus wissenschaftlicher Sicht Teildisziplin der Erziehungswissenschaft aus praktischer Perspektive bestimmtes pädagogisches Handeln an einem spezifischen Ort, dem Betrieb.

Obwohl der Begriff bereits in den 1920er Jahren eingeführt wurde, gilt dieser Bereich laut *Dewe* (2002) bis heute als wissenschaftlich eher vernachlässigt. Aus der Sicht der Alltagspraxis gibt es Ansätze zur Weitergabe beruflicher Kenntnisse und Fähigkeiten (→Qualifikation) seit es formalisierte Berufstätigkeit gibt. Im Laufe der Zeit wurde das →Lernen durch die Arbeit durch die Qualifizierung für die Arbeit, getrennt vom Leistungserstellungsprozess in Werkstätten (→Lehrwerkstätte) oder in Weiterbildungshäusern, immer weiter zurückgedrängt. Für die Betriebe ist die →Ausbildung beziehungsweise die Weiterbildung eine Nebenfunktion. Demzufolge ist das Unternehmensziel Ausgangspunkt für pädagogische Maßnahmen im Betrieb. Die betriebspädagogischen Aktivitäten sollten

- die fachliche Qualifizierung der Mitarbeiter für eine bestimmte Aufgabe im Unternehmen sowie
- den Auf- und Ausbau von →sozialer Kompetenz, die das positive Zusammenwirken aller Mitglieder des Betriebs gewährleistet

zum Ziel haben. Der größte Teil der betrieblichen Bildungsarbeit wird jedoch nicht in geplanten Aus- und Weiterbildungsmaßnahmen geleistet, sondern vielmehr im Alltag am Arbeitsplatz. Die Beschäftigten lernen – unbeabsichtigt – unter anderem durch Erfahrung, durch die Gestaltung der Arbeitsprozesse oder am Vorbild (Sozialisation). Dieses ungesteuerte Lernen beeinflusst nach *Dewe* (2002) in der Regel die intendierte Bildungsarbeit in hohem Maße. Man versucht in den letzten Jahren diese Einflussfaktoren im Rahmen von Aktivitäten zur →Organisationsentwicklung in die geplante Bildungsarbeit einzubeziehen (bspw. in Form einer Lernwerkstatt).

Literatur: Dewe, B. (Hrsg.): Betriebspädagogik und berufliche Weiterbildung, Bad Heilbrunn 2002.

Laila Maija Hofmann

Betriebspsychologie

repräsentiert die Themen der in Betrieben arbeitenden Psychologen (wie z. B. →Personalauswahl oder →Arbeitssicherheit) und ist Vorläufer der →Arbeits- und Organisationspsychologie.

Betriebsrat

wesentliches Organ der betrieblichen →Mitbestimmung, die neben der →Unternehmensmitbestimmung die zweite Säule der Mitbestimmung von →Arbeitnehmern in Deutschland darstellt.

Weitere Organe betrieblicher Mitbestimmung sind die →Betriebsversammlung, die →Einigungsstelle, die →Jugend- und Auszubildendenvertretung, der →Sprecherausschuss, der →Wirtschaftsausschuss und im öffentlich-rechtlichen Betrieb an Stelle des →Betriebsrats der nach dem →Personalvertretungsrecht arbeitende Personalrat.

Die Konstituierung und →Arbeit des Betriebsrats wird durch das →Betriebsverfassungsgesetz geregelt. Demnach ist in Betrieben ab fünf regulären Vollzeitbeschäftigten (oder entsprechend mehr Teilzeitbeschäftigten) auf Antrag von mindestens drei Mitarbeitern ein Betriebsrat zu wählen, dessen reguläre Amtszeit vier Jahre beträgt. Die Anzahl der Betriebsratsmitglieder steigt mit der Anzahl der Beschäftigten. Ab neun Betriebsratsmitgliedern führt ein Betriebsausschuss die laufenden Geschäfte des Betriebsrats.

Die Betriebsratsmitglieder sind für ihre Betriebsratstätigkeit von ihrer sonstigen Arbeit freizustellen. Ab 200 Beschäftigten ist eine Person, in der Regel der Betriebsratsvorsitzende, vollständig freigestellt. Auf Unternehmens- und Konzernebene kann durch die einzelnen Betriebsräte zusätzlich ein Gesamt- beziehungsweise Konzernbetriebsrat (→Konzernarbeitsrecht) gebildet werden.

Der Betriebsrat repräsentiert die Belegschaft gegenüber dem →Arbeitgeber und hat eine Reihe von Informations-, Initiativ- und Zustimmungsrechten bis hin zum Veto. Die Rechte des Betriebsrats betreffen insbesondere soziale, personelle und wirtschaftliche Angelegenheiten sowie die Gestaltung von Arbeitsplatz, Arbeitsablauf und →Arbeitsumgebung nach arbeitswissenschaftlich gesicherten Erkenntnissen (→Arbeitswissenschaft). Bei *sozialen Angelegenheiten* muss der Betriebsrat zum Beispiel der Betriebsordnung zustimmen sowie der Lage von →Arbeitszeiten und →Pausen, dem Urlaubsplan, technischer Überwachung von Verhalten und Leistung, Formen der →Arbeitsbewertung oder der Einrichtung und Ausgestaltung des betrieblichen Vorschlagswesens. Fragen des Umwelt-

Betriebsrat

schutzes und der Verwaltung von betrieblichen Sozialeinrichtungen und Werkswohnungen fallen ebenfalls in die →Kompetenz des Betriebsrats. Hinzu kommen Entgeltmodalitäten einschließlich Akkord- und Prämiensätze, nicht jedoch die Entgelthöhe, die Sache der Tarifparteien ist. Bei den *personellen Angelegenheiten* darf der Betriebsrat an der Personalbedarfsplanung mitwirken, während er die Ausschreibung von Stellen und die Auswahl von Ausbildungsteilnehmern (→Ausbildung) sogar erzwingen kann. In Großbetrieben kann er auch die Einführung von Richtlinien für die Auswahl, →Versetzung und →Umgruppierung von Mitarbeitern erzwingen, während er in kleineren und mittleren Betrieben diesbezüglich „nur" ein Vetorecht hat. Ein Vetorecht hat der Betriebsrat außerdem bei der Bestellung von Ausbildern und einzelnen Einstellungen (→Personalbeschaffung), Versetzungen und Umgruppierungen (jeweils sogar mit nachträglichem Aufhebungsanspruch), bei ordentlichen →Kündigungen sowie Personalfragebögen und Beurteilungsgrundsätzen. Im Insolvenzfall (→Insolvenz) oder bei sonstigen →Massenentlassungen kann der Betriebsrat einen →Interessenausgleich beziehungsweise →Sozialplan aushandeln. Ab 100 Beschäftigen kann der Betriebsrat schließlich über den Wirtschaftsausschuss hinsichtlich *wirtschaftlicher Angelegenheiten* mitwirken.

Das →Betriebsverfassungsgesetz fordert eine vertrauensvolle Zusammenarbeit von Betriebsrat und Betriebsleitung, die in der Praxis auch vorherrschend ist. In den meisten Betrieben werden fast alle Entscheidungen einvernehmlich getroffen. Dies bedeutet aber nicht, dass der Betriebsrat überflüssig ist, denn die Betriebsleitung würde ohne ihn in manchen Fällen vermutlich anders entschieden. Die Konsensentscheidungen sind also in Wirklichkeit bereits Kompromisse, die mit Blick auf die Folgen einer Nichteinigung getroffen werden. So führen Betriebsräte zum Beispiel bereits durch ihre bloß Existenz dazu, dass bestehende Gesetze konsequenter eingehalten werden.

Insgesamt werden die Arbeitsbeziehungen stärker verrechtlicht und ansonsten nicht lösbare Konflikte müssen von Einigungsstellen oder Arbeitsgerichten entschieden werden. Vetoentscheidungen des Betriebsrats sind in diesem Sinne nicht unumstößlich, führen aber regelmäßig zu Zeitverzögerungen und hohen Kosten. Die Betriebsleitung sollte deshalb versuchen, solche Vetos möglichst durch einen für beide Seiten akzeptablen Kompromiss zu verhindern, zumal bei den Prozesskosten die Besonderheit gilt, dass sie der Arbeitgeber immer in voller Höhe trägt, selbst wenn er das Verfahren gewinnt. Der Betriebsrat darf keine Streiks organisieren. Dieses Recht steht allein den →Gewerkschaften zu, was zu Rollenkonflikten führen kann, da über Dreiviertel aller Betriebsratsmitglieder Gewerkschaftsmitglieder, häufig in herausgehobener Position, sind.

Rund ein Drittel aller betriebsratsfähigen Betriebe (dies sind solche, in denen nach dem Gesetz auf Antrag ein Betriebsrat eingerichtet werden könnte) hat einen Betriebsrat. Gut Zweidrittel aller abhängig Beschäftigten arbeiten in einem Betrieb mit Betriebsrat. Dies zeigt, dass Betriebsräte eher in größeren Betrieben vorkommen, weil dort leichter drei gründungswillige Arbeitnehmer zusammenkommen und auch die Rechte des Betriebsrats zunehmen. Die Quote betriebsratsloser Betriebe nimmt zu, was jedoch vor allem an einer Veränderung der Branchenstruktur hin zur Dienstleistungsgesellschaft mit kleineren Betrieben und weniger organisierten Beschäftigten liegt. Außerdem sind zum Beispiel Frauen und Akademiker weniger an Mitbestimmung interessiert, weil ihre Betriebsbindung geringer ist beziehungsweise sie der Meinung sind, sich selbst besser vertreten zu können oder dem Arbeitgeber näher zu stehen. Entsprechend ist in kleineren Betrieben oder bei zunehmend flacheren →Hierarchien der Repräsentationsbedarf nicht so hoch. Ist dieser Bedarf hingegen hoch genug, kann die Arbeitgeberseite eine Gründung mit legalen Mitteln nicht verhindern. Einzelne Unternehmen entlassen systematisch gründungswillige Mitarbeiter, was hohe Abfindungszahlungen (→Abfindung) erfordert und vermutlich insgesamt nicht billiger ist als die Kosten eines Betriebsrats.

Betriebsräte verursachen nicht nur *direkte Kosten*, insbesondere für die Freistellung ihrer Mitglieder von ihrer sonstigen Arbeit sowie für Büros, Betriebsversammlungen, Verfahren vor der Einigungsstelle oder dem Arbeitsgericht, die durchaus eine Größenordnung von 1 % der gesamten →Personalkosten und mehr erreichen können. Sie können auch zu *indirekten Kosten* führen, deren Höhe sich nur schwer schätzen lässt und von der Verzögerung oder gar Verhinderung der vom Management geplanten Entscheidungen abhängt. Dabei ist es umstritten, ob die Betriebsleitung unbeeinflusst von betrieblicher Mitbestimmung stets die (relativ) besten Entscheidungen trifft oder der Betriebsrat zumindest in einigen Fällen zu besseren Resultaten beitragen kann.

Zu den Auswirkungen von Betriebsräten gibt es dementsprechend eine Reihe von Theorieansätzen (*Dilger* 2002):
- Gemäß dem *Ineffizienz-Ansatz* verschlechtert der Betriebsrat die Entscheidungen, so dass sowohl die Arbeitgeber als auch die Arbeitnehmer darunter leiden.
- Der *Umverteilungsansatz* nimmt einen Verteilungsgewinn der Arbeitnehmer zu Lasten der Arbeitgeber an.
- Der *Eigenwertansatz* sieht in Mitbestimmung einen Wert an sich beziehungsweise in der →Partizipation selbst eine Steigerung des Arbeitnehmernutzens, unabhängig von den erzielten materiellen Ergebnissen.
- Der *Voice-Ansatz* betont die Bedeutung des Betriebsrats bei der Weiterleitung von Ideen und Belangen der Beschäftigten an die Betriebsleitung.
- Der *Ear-Ansatz* hält in umgekehrter Richtung das Überprüfen von Managementinformationen für wesentlich, zum Beispiel, ob eine behauptete Krise tatsächlich besteht und Zugeständnisse erforderlich sind oder letztere nur zur weiteren Gewinnsteigerung verlangt werden.
- Schließlich sieht der *Kündigungsschutz-Ansatz* die beschäftigungsstabilisierende Rolle des Betriebsrats als zentral an, wodurch Investitionen in →Humankapital erleichtert, Senioritätsentlohnung und eine betriebsinterne Quasi-Versicherung gegen →Arbeitslosigkeit ermöglicht sowie langfristige, opportunismusreduzierende Kooperationsbeziehungen begründet werden.

Welche der theoretischen Ansätze am ehesten der Realität entsprechen, kann nur empirisch ermittelt werden, wozu eine Vielzahl von Studien (*Dilger* 2002) durchgeführt wurde. Diese zeigen unter anderem, dass mit der Einrichtung von Betriebsräten die Personalfluktuation zurückgeht, und zwar sowohl Entlassungen als auch Eigenkündigungen sowie Neueinstellungen. Zum Ausgleich steigt die Arbeitszeitflexibilität. Außerdem werden bei Existenz eines Betriebsrats höhere Löhne gezahlt, obwohl er über diese gar nicht direkt verhandeln darf. Dies zeigt, dass die empirischen Auswirkungen nicht direkt aus dem Gesetz erschlossen werden können, sondern sehr wohl auch indirekte Wirkungen sowie Kompensationsgeschäfte möglich sind. Entsprechend steigt die →Wertschöpfung pro Kopf bei Existenz eines Betriebsrats, während auf die Innovationstätigkeit kein Einfluss festzustellen ist und die betriebliche Ertragslage sich verschlechtert. Dieser letzte, für die Arbeitgeber besonders bedeutsame Effekt lässt sich jedoch neutralisieren und die Produktinnovationen steigen an, wenn das Management den Betriebsrat über das gesetzlich vorgeschriebene Maß hinaus in Entscheidungsprozesse einbindet. Schließlich lassen sich verschiedene Ausprägungen von Betriebsräten unterscheiden, zum Beispiel aktive und passive oder kooperative und antagonistische, wobei diese Unterschiede ökonomisch bedeutsame Auswirkungen haben.

Insgesamt lässt sich festhalten, dass auf der einen Seite die Beschäftigten in der Regel von einem Betriebsrat profitieren, wobei der Kündigungsschutz-Ansatz am besten mit den empirischen Ergebnissen vereinbar ist. Auf der anderen Seite kann die Arbeitgeberseite durch eine kluge Einbindungspolitik eine Schädigung ihrer Interessen verhindern, so dass im Saldo die Vorteile von Betriebsräten ihre möglichen Nachteile überwiegen.

Literatur: *Dilger, A.*: Ökonomik betrieblicher Mitbestimmung. Die wirtschaftlichen Folgen von Betriebsräten, München, Mering 2002. *Kotthoff, H.*: Betriebsräte und Bürgerstatus. Wandel und Kontinuität betrieblicher Mitbestimmung, München, Mering 1994. *Levine, D.*: Reinventing the Workplace, Washington 1995. *Richardi, R.*: Betriebsverfassungsgesetz, 8. Aufl., München 2002. *Rogers, J.*; *Streeck, W.* (Hrsg.): Works Councils. Consultation, Representation and Cooperation in Industrial Relations, Chicago, London 1995.

Alexander Dilger

Betriebsratskosten

alle dem Unternehmen im Zusammenhang mit dem Bestehen eines →Betriebsrats entstehenden Kosten.

Die Mitglieder des Betriebsrats führen ihr Amt unentgeltlich als →Ehrenamt (§ 37 Abs. 1 BetrVG). Dem →Arbeitgeber entstehen insoweit keine Kosten für eine zusätzliche Vergütung in Form einer Zulage oder Ähnlichem.

Allerdings entstehen Kosten dadurch, dass der Arbeitgeber nach § 37 Abs. 2 BetrVG die Mitglieder des Betriebsrats von ihrer beruflichen Tätigkeit freistellen muss, wenn und soweit es nach Umfang und Art des Betriebs zur ordnungsgemäßen Durchführung ihrer Aufgaben erforderlich ist. Eine vollständige Freistellung von der →Arbeitsleistung hat nach der Staffel des § 38 BetrVG zu erfolgen. Danach ist ab einer Betriebsgröße von 200 →Arbeitnehmern ein Mitglied freizustellen und darüber hinaus, gestaffelt nach der Anzahl der Arbeitnehmer, gegebenenfalls mehrere Betriebsratsmitglieder von der Arbeitsleistung freizustellen.

Kosten entstehen für den Arbeitgeber ferner dadurch, dass Betriebsratsmitglieder Anspruch auf die Teilnahme an Schulungs- und Bildungsveranstaltungen haben (§ 37 Abs. 6, 7 BetrVG). Auch in diesen Zeiträumen, in denen der Arbeitnehmer seiner Arbeitsleistung nicht nachkommen kann, ist das Entgelt fortzuzahlen (vgl. BAG, Urteile vom 20. 10. 1993, 05. 03. 1997, AP Nr. 90, 123 zu § 37 BetrVG 1972).

Über die vorstehenden Kosten hinaus sind weitere Kosten zu übernehmen. Der Arbeitgeber ist gemäß § 40 Abs. 1 BetrVG verpflichtet, die durch die Tätigkeit des Betriebsrats entstehenden Kosten zu tragen. § 40 Abs. 2 BetrVG regelt, dass der Arbeitgeber dem Betriebsrat die für Sitzungen, Sprechstunden und laufende Geschäftsführung erforderlichen Räume, sachlichen Mittel, Informations- und Kommunikationstechnik sowie Büropersonal zur Verfügung zu stellen hat. Was erforderlich ist, richtet sich danach, welche Kosten ein verständiges Betriebsratsmitglied in einer bestimmten Situation für vertretbar halten darf (BAG, Beschluss vom 11. 11. 1998, NZA 1998, S. 945; Beschluss vom 12. 05. 1999, NZA 1999, S. 1280, Beschluss des 7. Senats vom 25. 05. 2005, A3 7ABR 45/04). Dazu können auch Kosten für die Beratung durch einen Rechtsanwalt gehören. Die Kosten einer Schulung, für die ein Betriebsratsmitglied gemäß § 37 Abs. 6 BetrVG unter Fortzahlung der Bezüge freizustellen ist, fallen ebenfalls unter die vom Arbeitgeber im Rahmen des § 40 BetrVG zu tragenden Kosten.

Hinsichtlich der für die Betriebsratstätigkeit erforderlichen Räume kommt es auf die Größe des Betriebs und die vom Betriebsrat konkret zu erledigenden Aufgaben an, ob der Arbeitgeber bestimmte Räumlichkeiten dauernd und ausschließlich für den Betriebsrat oder nur zu bestimmten Zeiten zur Verfügung zu stellen hat. Zu den Sachmitteln gehören Papier, (Mit-)Benutzung von Fax, Kopierer und Telefon, in der Regel ein PC, nicht jedoch ein Laptop. Mehrere Gerichte haben bereits entschieden, dass Mobiltelefone zur Verfügung zu stellen sind. Der Betriebsrat hat außerdem einen Anspruch auf Überlassung entsprechender Fachliteratur (Gesetzestexte, Bücher) zum →Arbeitsrecht (BAG, Beschluss vom 24. 01. 1996, AP Nr. 52 zu § 40 BetrVG 1972), wozu in Betrieben ab 20 Beschäftigten auch der Bezug einer Fachzeitschrift gehören soll. Büropersonal muss der Arbeitgeber ebenfalls zur Verfügung stellen, wenn das erforderlich ist, was etwa für Schreibarbeiten der Fall sein kann.

Nach empirischen Untersuchungen des Instituts der Deutschen Wirtschaft aus dem Jahr 1998 entstehen durchschnittlich pro Arbeitnehmer im Betrieb 560 € Kosten durch Betriebsratstätigkeit. Davon noch nicht erfasst sind die fortzuzahlenden Vergütungen bei Freistellung von Betriebsratsmitgliedern für Betriebsratstätigkeit oder Schulungen. Ebenfalls nicht erfasst werden mittelbare Folgekosten, die bei Bestehen eines Betriebsrats etwa durch verzögerte Entscheidungsprozesse oder notwendige Sozialpläne anfallen können.

Literatur: *Fitting, K.*; *Engels, G.*: Betriebsverfassungsgesetz, 24. Aufl., München 2008.

Friedrich Meyer

Betriebsrente

Form der →betrieblichen Altersversorgung, die in der Literatur unter anderem auch mit betrieblichen Pensionszahlungen bezeichnet wird.

Betriebsrenten sind ein Teil der *freiwilligen* →*betrieblichen Sozialleistungen*, zusätzlich zu gesetzlichen und tariflichen Sozialleistungen im Rahmen der Lohnnebenkosten. Für den →Arbeitgeber besteht keine Verpflichtung, diese Versorgungsleistung zu erbringen. Die Rechtsgründe sind vielfältig und können im Einzelvertrag, in einer Gesamtzusage (Einheitsregelung), in der betrieblichen Übung oder sogar in einer kollektivvertraglichen Regelung, zum Beispiel durch →Tarifvertrag, bestehen.

Ebenso vielfältig sind die *Durchführungsformen*, wie zum Beispiel Ruhegelddirektzusage, Betriebsunterstützungskasse, →Pensionskasse, freiwillige Versicherung in der gesetzlichen Rentenversicherung oder →Pensionsfonds. Unabhängig davon werden während des Arbeitsverhältnisses regelmäßige Einzahlungen in die oben genannten Durchführungsarten getätigt. Nach dem Arbeitsverhältnis erfolgen regelmäßige Auszahlungen auf Basis der letzten Bruttolohnzahlungen oder in Abhängigkeit der gesetzlichen Rentenansprüche. Grundsätzlich werden Betriebsrenten als freiwillige betriebliche Sozialleistungen dann eingesetzt, wenn andere personalpolitische Instrumente „ausgereizt" sind oder eine Abgrenzung von Wettbewerbern erforderlich wird (*Hentze* und *Graf* 2005).

Zu den *Motiven* für Betriebsrenten gehörte historisch die Für- und Vorsorgefunktion aufgrund des Ausgleichs mangelnder staatlicher Versorgung, die eine Art Vorsorge für den Ruhestand (→Pensionierung) schaffte. Später kamen personalökonomische Motive hinzu, wie zum Beispiel die Knappheit des Angebots am →Arbeitsmarkt überwinden, wenn andere, vergleichbare Unternehmen keine Betriebsrente anbieten. Außerdem können Betriebsrenten die →Leistungsbereitschaft der →Arbeitnehmer erhöhen, da Leistungszurückhaltung die Gefahr birgt, dass diese aufgedeckt wird und der Anspruch auf Betriebsrenten erlischt. Mit diesem Instrument wird zudem eine Art Bindung der Arbeitnehmer an das Unternehmen induziert und damit die Fluktuationsbereitschaft reduziert, da Betriebsrenten als verzögerte Lohnzahlung wirken. Arbeitgeber weisen dadurch eine höhere Bereitschaft auf, in spezifisches →Humankapital durch Aus- und Weiterbildung zu investieren, da sie nicht befürchten müssen, dass nach Verlassen des Unternehmens die Rückflüsse durch den Einsatz spezifisch qualifizierter Arbeitnehmer ausbleiben. Zu den personalökonomischen Motiven gesellen sich steuerliche beziehungsweise finanzwirtschaftliche Zielsetzungen. Grundsätzlich präferieren Arbeitgeber steuerlich absetzbare beziehungsweise gewinnmindernde Leistungen und Arbeitnehmer präferieren Leistungen, die nicht bei der Einkommenssteuer angerechnet werden. Pensionsrückstellungen als eine Durchführungsart sind aufwandsrelevant für die Unternehmen und zudem als verzögerte Lohnzahlung während der Betriebszugehörigkeit einkommensmindernd für die Arbeitnehmer. Insbesondere in höheren Einkommensklassen ist diese Einkommensnivellierung für Arbeitnehmer interessant.

Die rechtliche Grundlage in der Bundesrepublik Deutschland bildet das Gesetz zur Verbesserung der betrieblichen Altersversorgung aus dem Jahr 1974 sowie dessen Novellierungen (*Uebelhack* und *Drochner* 2003).

Literatur: *Hentze, J.*; *Graf, A.*: Personalwirtschaftslehre 2, Göttingen 2005. *Uebelhack, B.*; *Drochner, S.*: Handbuch der betrieblichen Altersversorgung, 2. Aufl., Heidelberg 2003.

Silvia Föhr

Betriebsrisiko

umschreibt die Frage, ob der →Arbeitgeber zur Lohnzahlung verpflichtet bleibt, wenn er die →Arbeitsleistung der →Arbeitnehmer aufgrund von Störungen im betrieblichen Bereich, wie zum Beispiel Maschinenschäden, Brand in der Betriebsstätte oder Unterbrechung der Energieversorgung sowie infolge externer Ursachen (bspw. Naturereignisse, behördliche Anordnungen) nicht entgegennehmen kann.

Bis zur Schuldrechtsmodernisierung im Jahre 2002 wurde ein solcher Zustand aus Sicht der Arbeitgeber durch ein unvorhergesehenes Risiko verursacht, das dem Arbeitnehmer die Arbeitsleistung unmöglich machte, so dass § 323 Abs. 1 Bürgerliches Gesetzbuch (BGB) alter Fassung hätte Anwendung finden müssen. Aus Sicht der Arbeitnehmer nahm der Arbeitgeber die angebotene Dienstleistung nicht an, was § 615 BGB alter Fassung zur Folge gehabt hätte. Die Rechtsprechung lehnte eine Anwendung der Vorschriften des BGB in diesen Fällen ab und suchte eine Lösung über die Grundsätze der so genannten Betriebsrisikolehre. Danach trug der Arbeitgeber das Beschäftigungsrisiko, es sei denn, dass die Ursache der Störung in der Sphäre der Arbeitnehmer begründet war oder ein Ausmaß erreichte, das die Existenz des Betriebes bedrohte.

Durch die Schuldrechtsmodernisierung wurde mit Wirkung zum 01.01.2002 in § 615 BGB Satz 3 neu angefügt, nach dem die Sätze 1 und 2 auch in den Fällen entsprechend gelten, in denen der Arbeitgeber das Risiko des Arbeitsausfalls trägt. Trotz unglücklicher Formulierung wollte der Gesetzgeber damit an die bisherige Rechtsprechung zum Betriebsrisiko anknüpfen. Die Fälle der Annahmeunmöglichkeit sind daher nunmehr eindeutig § 615 Satz 3 BGB und nicht § 326 Abs. 2 Satz 1 Alternative 1 BGB als Nachfolgenorm von § 324 Abs. 1 BGB alter Fassung zuzuordnen. Folglich sind dem Arbeitgeber im Rahmen des § 615 Satz 3 BGB all diejenigen Umstände zuzurechnen, die ihm die Entgegennahme der Arbeitsleistung aus Gründen unmöglich machen, die im betrieblichen Bereich liegen; er gerät in →Annahmeverzug.

Literatur: *Boemke, B.*: Studienbuch Arbeitsrecht, 2. Aufl., München 2004, § 5 Rn. 167–168.

Burkhard Boemke

Betriebsübergang

Vorschrift aus § 613a BGB, welche die Rechte und Pflichten von →Arbeitnehmer und →Arbeitgeber bei einem rechtsgeschäftlichen (Teil-)Betriebsübergang im Zusammenhang mit Unternehmenszusammenschlüssen regelt.

Der Erwerber tritt danach in die Rechte und Pflichten des Veräußerers ein. Regelmäßig können die arbeitsvertraglichen Vereinbarungen mit den Arbeitnehmern des übernommenen Betriebs erst nach Ablauf einer einjährigen Frist zum Nachteil der Arbeitnehmer abgeändert werden. Diese Regelung gilt für alle Rechte und Pflichten, gleich aus welchem Rechtsgrund. Damit muss ein Erwerber nicht nur arbeitsrechtliche schriftliche Vereinbarungen zum Beispiel in Form von →Tarifverträgen oder →Betriebsvereinbarungen für und gegen sich gelten lassen, sondern auch Regelungen, die sich im bisherigen Betrieb beispielsweise aufgrund betrieblicher Übung gebildet haben.

§ 613a BGB gilt für alle Arbeitsverhältnisse (→Beschäftigungsverhältnis). Alle befristet und unbefristet beschäftigten Mitarbeiter einschließlich der →leitenden Angestellten, →Auszubildenden und Teilzeitbeschäftigten werden erfasst, auch die ruhenden Arbeitsverhältnisse (z. B. →Erziehungsurlaub oder Mitarbeiter im Wehr- oder Ersatzdienst).

Markus-Oliver Schwaab

Betriebsübung

regelmäßige Wiederholung bestimmter Verhaltensweisen des →Arbeitgebers, aus denen die →Arbeitnehmer schließen können, ihnen solle eine Leistung oder Vergütung auf Dauer gewährt werden.

Wiederholt der Arbeitgeber gleichförmige Verhaltensweisen regelmäßig, kann dies Auswirkungen auf das Arbeitsverhältnis haben, weil im Einzelfall ein Anspruch des Arbeitnehmers aus betrieblicher Übung auf Leistungsgewährung auch für die Zukunft erwachsen kann. *Voraussetzung* für die Entstehung einer betrieblichen Übung ist, dass durch mehrfache, ununterbrochene, gleichförmige und vorbehaltlose Wiederholung des (Leistungs-)Vorgangs bei dem Arbeitnehmer der Eindruck hervorgerufen wird, der Arbeitgeber werde die betreffenden Leistungen auch zukünftig gewähren. Nach der Rechtsprechung des Bundesarbeitsgerichts (BAG) soll bei Sonderzuwendungen (Urlaubs-, Weihnachtsgeld) eine dreimalige, ununterbrochene Leistungsgewährung hierfür ausreichend sein. Weiter ist erforderlich, dass der Arbeitnehmer unter Berücksichtigung der Art der betreffenden Leistung tatsächlich auf einen Verpflichtungswillen des Arbeitgebers für die Zukunft vertrauen durfte. Im Übrigen ist die eventuell erforderliche →Mitbestimmung des →Betriebsrats nach den Bestimmungen des →Betriebsverfassungsgesetzes (BetrVG) zu beachten. Auch neu eingetretene Arbeitnehmer, die noch nicht in den Genuss von Leistungen gekommen sind, können sich auf die im Betrieb bestehende Übung berufen. Ob dies im Wege einer Vertragsauslegung oder über die bestehende betriebliche Übung in Verbindung mit dem allgemeinen arbeitsrechtlichen Gleichbehandlungsgrundsatz (→Gleichbehandlung aus (arbeits-)rechtlicher Sicht) geschieht, sei hier dahingestellt.

Die Bindungswirkung kann vom Arbeitgeber mithilfe eines so genannten *Freiwilligkeitsvorbehalts* von vornherein *ausgeschlossen* werden. Mit dem Freiwilligkeitsvorbehalt bringt der Arbeitgeber zum Ausdruck, dass aus der Leistungsgewährung kein Rechtsanspruch für die Zukunft folgt. Hat sich der Arbeitgeber den Widerruf der Leistung vorbehalten (Widerrufsvorbehalt), steht dem Arbeitnehmer zwar ein Anspruch auf die Leistung aus betrieblicher Übung zu; der Arbeitgeber kann aber diesen Anspruch durch einseitige Erklärung für die Zukunft *beseitigen*. Die betriebliche Übung kann darüber hinaus auch durch den Abschluss eines Änderungsvertrags, gegebenenfalls mithilfe des Ausspruchs einer Änderungskündigung (→Kündigung), beseitigt werden, weil die betriebliche Übung kraft konkludenter einzelvertraglicher Vereinbarungen in die einzelnen Arbeitsverhältnisse eingeht und somit Vertragsbindungen bestehen (streitig). Ferner kann eine einmal entstandene betriebliche Übung ihrerseits durch eine neue (entgegenstehende) betriebliche Übung geändert beziehungsweise beseitigt werden. Voraussetzung hierfür ist wiederum, dass dem Gesamtverhalten der Beteiligten die konkludente Willenserklärung zur Änderung einer bestehenden betrieblichen Übung zu entnehmen ist. Nach der umstrittenen Rechtsprechung des BAG kann die betriebliche Übung kollektivrechtlich durch eine umstrukturierende →Betriebsvereinbarung (auch zum Nachteil einzelner Arbeitnehmer) geändert werden, wenn die Neuregelung bei kollektiver Betrachtung nicht ungünstiger ist (kollektiver Günstigkeitsvergleich).

Literatur: *Boemke, B.*: Studienbuch Arbeitsrecht, 2. Aufl., München 2004, § 5 Rn. 94 ff.

Burkhard Boemke

Betriebsvereinbarung

entspricht einem Vertrag zwischen →Arbeitgeber und →Betriebsrat.

Betriebsvereinbarungen bedürfen der Schriftform und sind von beiden Seiten zu unterzeichnen, wenn sie nicht auf einem Spruch der →Einigungsstelle beruhen. Sie werden in der Regel vom Arbeitgeber umgesetzt. Der Betriebsrat darf keinesfalls einseitig in die Leitung des Betriebs eingreifen. Betriebsvereinbarungen werden entweder befristet abgeschlossen oder sind mit einer dreimonatigen Frist von beiden Seiten kündbar. Sie gelten aber in bestimmten Fällen bis zu einer neuen Abmachung weiter.

Die Entlohnung (→Personalentlohnung) und sonstige durch →Tarifvertrag geregelte Angelegenheiten dürfen nicht Gegenstand einer Betriebsvereinbarung sein, außer wenn der Tarifvertrag ergänzende Vereinbarungen ausdrücklich erlaubt. Dagegen können Betriebsvereinbarungen häufig Regelungen des →Betriebsverfassungsgesetzes, ihrer eigenen gesetzlichen Grundlage, konkretisieren oder in bestimmten Grenzen gemäß den jeweiligen betrieblichen Belangen verändern. →Arbeitnehmer können auf Rechte durch eine Betriebsvereinbarung nur mit Zustimmung des Betriebsrats verzichten.

Alexander Dilger

Betriebsverfassungsgesetz (BetrVG)

regelt die Einrichtung und die →Kompetenzen eines →Betriebsrats sowie die meisten anderen Fragen betrieblicher →Mitbestimmung.

Vorläufer des bundesdeutschen Betriebsverfassungsgesetzes war das Betriebsrätegesetz der Weimarer Republik von 1920. Die erste Fassung des eigentlichen Betriebsverfassungsgesetzes stammte von 1952 und war bis 1976 beziehungsweise teilweise noch bis 2004 auch in Fragen der →Unternehmensmitbestimmung relevant, wo es eine Drittelparität vorsah. Wesentliche Änderungen des Betriebsverfassungsgesetzes erfolgten 1972 und zuletzt 2001.

Das Betriebsverfassungsgesetz regelt die Einrichtung (§§ 1 und 7–20) eines Betriebsrats, dessen Amtszeit (§§ 21–25) und Geschäftsführung (§§ 26–41), auf überbetrieblicher Ebene den Gesamtbetriebsrat (§§ 47–53) und den Konzernbetriebsrat (§§ 54–59a) sowie die meisten anderen Organe betrieblicher Mitbestimmung wie die →Betriebsversammlung (§§ 42–46), die →Jugend- und Auszubildendenvertretung (§§ 60–73b), die →Einigungsstelle (§§ 76, 76a) und den Wirtschaftsausschuss (§§ 106–110). Neben allgemeinen Regelungen zur Mitwirkung und Mitbestimmung des Betriebsrats (§§ 74–80) gibt es Mitwirkungs- und Beschwerderechte jedes einzelnen →Arbeitnehmers (§§ 81–86a).

Inhaltlich enthält § 2 die Generalnorm der vertrauensvollen Zusammenarbeit zwischen →Arbeitgeber und Betriebsrat, daneben die Abgrenzung von →Gewerkschaften. Betriebsräte dürfen sich dementsprechend als solche (im Gegensatz zu den Personen in anderer Rolle als Arbeitnehmer oder Gewerkschaftsmitglied) nicht an Arbeitskämpfen beteiligen (§ 74). Der Betriebsrat hat zahlreiche Mitwirkungs- und Mitbestimmungsrechte bei sozialen Angelegenheiten (insbesondere § 87, rein freiwillig § 88), beim Arbeits- und betrieblichen Umweltschutz (§ 89), der Gestaltung von Arbeitsplatz, -ablauf und -umgebung (§ 91, wo nach § 90 in einigen Fällen auch nur Unterrichtungs- und Beratungsrechte bestehen), allgemeinen personellen Angelegenheiten (§§ 92–95), der Berufsbildung (→Ausbildung) (§§ 96–98) und vor allem personellen Einzelmaßnahmen (§§ 99–105) sowie schließlich bei Betriebsänderungen (§§ 111–113), bei de-

Betriebsversammlung

nen er einen →Interessenausgleich (§ 112) und →Sozialplan (§§ 112, 112a) aushandeln kann. Besonders wichtig ist die Möglichkeit zum Abschluss von Betriebsvereinbarungen zwischen Arbeitgeber und Betriebsrat (§ 77), wodurch auch, allerdings nachrangig zu entsprechenden tarifvertraglichen Regelungen, andere Formen und Organe der betrieblichen Mitbestimmung begründet werden können (§ 3).

In der Seeschifffahrt (§§ 114–116) und Luftfahrt (§ 117) gelten Sonderregelungen, in Tendenzbetrieben gilt das Betriebsverfassungsgesetz nur eingeschränkt, für Religionsgemeinschaften und deren Einrichtungen gar nicht (§ 118), ebenfalls nicht für öffentlich-rechtliche Betriebe (§ 130), für die das →Personalvertretungsrecht relevant ist. Es gelten spezielle Straf- und Bußgeldvorschriften (§§ 119–121). Der Rest des Gesetzes dient Begriffsklärungen (§§ 4 und 5) oder enthält Übergangs- und Schlussvorschriften (§§ 125–132), wenn er nicht weggefallen oder gegenstandslos geworden ist (§§ 6, 10, 12, 122–124, 129).

Literatur: *Richardi, R.*: Betriebsverfassungsgesetz, 11. Aufl., München 2008. *Stege, D.; Weinspach, F. K.; Schiefer, B.*: Betriebsverfassungsgesetz, 9. Aufl., Köln 2002.

Alexander Dilger

Betriebsversammlung

wird von den →Arbeitnehmern eines Betriebes gebildet und vom Vorsitzenden des →Betriebsrats geleitet.

Rechtsgrundlage ist das →Betriebsverfassungsgesetz. Wenn wegen der Eigenart des Betriebs nicht alle Arbeitnehmer zugleich zusammenkommen können, werden Teilversammlungen durchgeführt. Außerdem sind bei besonderen Belangen Abteilungsversammlungen möglich. Jedes Quartal soll eine Betriebsversammlung durchgeführt werden, auf der der Betriebsrat Bericht erstattet. Pro Jahr ist eine weitere Betriebsversammlung aus besonderem Grund zulässig; zusätzliche Versammlungen sind nur außerhalb der →Arbeitszeit und unbezahlt möglich, außer wenn der →Arbeitgeber einer abweichenden Regelung zustimmt.

Der Arbeitgeber ist zu den Betriebsversammlungen einzuladen und hat ein Rederecht. Außerdem kann er die Durchführung einer Betriebsversammlung und die Behandlung bestimmter Tagesordnungspunkte verlangen. Einmal im Jahr hat der Arbeitgeber oder ein Vertreter über die Situation des Betriebs, insbesondere des Personal- und Sozialwesens, zu berichten. Der Arbeitgeber kann einen Beauftragten seines Arbeitgeberverbandes hinzuziehen. Des Weiteren dürfen Beauftragte der im Betrieb vertretenen →Gewerkschaften beratend an Betriebsversammlungen teilnehmen. Die Versammlungen können an den Betriebsrat Anträge stellen und zu seinen Beschlüssen Stellung nehmen. In betriebsratsfähigen Betrieben ohne Betriebsrat kann eine Betriebsversammlung einen Wahlvorstand wählen, damit dieser Betriebsratswahlen vorbereitet.

Alexander Dilger

Betriebszeit

Gesamtzeit, in der ein Betrieb „geöffnet" ist.

Die Betriebszeit kann mit der normalen tariflichen wöchentlichen →Arbeitszeit übereinstimmen (z. B. Montag-Freitag 9:00 bis 17:00) oder durch Schichtbetrieb bis auf maximal 168 Stunden pro Woche (7 x 24 Stunden) ausgedehnt werden. Hierdurch werden unproduktive Stillstandszeiten von teuren Maschinen verhindert beziehungsweise Energie gespart, da zum Beispiel durch Dauerbetrieb kein Hochfahren von Schmelzanlagen in der Metallindustrie mehr notwendig wird. Die Betriebszeit kann sich – je nach Betriebstyp – zusammensetzen aus

– der *Anlagenutzungszeit* (konkrete Leistungserstellung),

– der *Rüstzeit* (Vor- und Nachbereitung der Leistungserstellung) sowie

– der *Betriebsbereitschaftszeit* (→Bereitschaftszeit).

Die Dauer der Betriebszeit wird von der Unternehmensleitung ohne →Mitbestimmung des →Betriebsrates festgelegt.

Désirée H. Ladwig

Betriebszeitverlängerung

Ausdehnung der Betriebsöffnungszeiten (z. B. Ausweitung der Ladenöffnungszeiten von 10:00 bis 18:00 auf 10:00 bis 20:00).

Mit der Föderalismusreform entscheiden statt des Bundes seit 2006 die Länder über die Ladenöffnungszeiten. Die meisten Ministerpräsidenten haben die Öffnung an Werktagen komplett freigegeben. Einen regelmäßigen Sonntagshandel gibt es aber nicht – es bleibt bei vier Ausnahmen im Jahr. Hessen, Niedersachsen und Schleswig-Holstein haben bereits beispielsweise Anfang 2007 liberalisiert. Das Saarland lehnt bislang jede Änderung ab. Dies kann durch →Arbeitszeitmodelle so gestaltet werden, dass kein zusätzlicher Personalbedarf entsteht. Beispiele hierfür sind gruppenbezogene →Absprachegleitzeit oder gruppenautonome Mindestbesetzungsmodelle.

Désirée H. Ladwig

Betriebszugehörigkeitsdauer →Beschäftigungsstabilität

Better Budgeting →Beyond Budgeting

Beurlaubung

einseitige Anordnung des →Arbeitgebers beziehungsweise Vereinbarung zwischen den Arbeitsvertragsparteien, den →Arbeitnehmer von der Pflicht zur Erbringung seiner →Arbeitsleistung dauerhaft oder zeitweise zu entbinden.

Eine *einseitige Beurlaubung* durch den Arbeitgeber kommt nur in Betracht, wenn ihm eine entsprechende Berechtigung durch Arbeits- oder →Tarifvertrag eingeräumt wurde und ein schutzwürdiges Interesse des Arbeitgebers besteht, den Arbeitnehmer nicht mehr weiterzubeschäftigen.

Die Beurlaubung erfolgt häufig einseitig und aus disziplinarischen Gründen. Sie kommt insbesondere im Vorfeld der Beendigung eines Arbeitsverhältnisses (→Beschäftigungsverhältnis) durch →Kündigung in Betracht, wenn der Arbeitgeber an der Weiterarbeit des Arbeitnehmers während der →Kündigungsfrist kein Interesse mehr hat oder diese sogar seinen Interessen entgegenlaufen könnte, wie dies zum Beispiel bei Außendienstmitarbeitern häufig der Fall ist. Erfolgt die Beurlaubung auf Wunsch des Arbeitnehmers, ist sie in der Regel unbezahlt. Stellt der Arbeitgeber den Arbeitnehmer von sich aus frei, gerät er bezüglich der Arbeitsleistung in →*Annahmeverzug* gemäß § 615 Bürgerliches Gesetzbuch (BGB) und bleibt zur Lohnzahlung verpflichtet. Wird die Beurlaubung widerruflich ausgesprochen, kann der Arbeitgeber jederzeit die Wiederaufnahme der →Arbeit verlangen. Die Beurlaubung unter Anrechnung von Urlaubsansprüchen ist jedoch nur bei der unwiderruflichen Beurlaubung möglich, weil ansonsten der Sinn des Erholungsurlaubs (→Erholung, Urlaub) gefährdet wäre. Erfolgt keine Anrechnung, behält der Arbeitnehmer seinen vollen Urlaubsanspruch, so dass er nach der Beendigung des Arbeitsverhältnisses →Urlaubsabgeltung verlangen kann (§ 7 Abs. 4 Bundesurlaubsgesetz, BUrlG).

Burkhard Boemke

Beurteilungsfehler

Urteilstendenzen, die bei der Beurteilung von Personen auftreten (syn.: Personalbeurteilungsfehler).

Solche Tendenzen sind den Urteilenden meist nicht bewusst, können aber unter mikropolitischen Gesichtspunkten von Urteilenden auch bewusst erzeugt werden, um konkrete Ziele zu erreichen (Beurteilungstaktiken). In der personalwirtschaftlichen Literatur werden Beurteilungsfehler in der Regel pragmatisch danach unterschieden, ob sie auf Probleme bei der Wahrnehmung oder auf Maßstabsprobleme zurückzuführen sind:

- *Wahrnehmungsprobleme*: Entstehen durch unbewusste Verzerrungen bei der →Beobachtung von beurteilungsrelevanten Merkmalen und führen zu Fehlern bei ihrer Differenzierung. Als *Halo-Effekt* wird das Ausstrahlen eines – meist überbewerteten – Merkmals auf die Wahrnehmung anderer Merkmale bezeichnet. Werden erst kurz zurückliegende Ereignisse stärker beurteilt als länger zurückliegende so spricht man vom *Recency-Effekt* und im umgekehrten Fall der Überbewertung länger zurückliegender Ereignisse vom *Primacy-Effekt*. Werden vormals schlecht beurteilte Personen auch in nachfolgenden Perioden tendenziell schlechter beurteilt, so kommt der *Kleber-Effekt* zum Tragen. Als *Hierarchie-Effekt* wird die Tendenz bezeichnet, Personen auf höheren Positionen grundsätzlich besser zu beurteilen als Personen auf hierarchisch niedriger angesiedelten Positionen.

- *Beurteilungsfehler, die auf Maßstabsproblemen beruhen*: Betreffen das Ausmaß der Variabilität von Urteilen. Sie beziehen sich darauf, inwiefern existierende Unterschiede hinsichtlich der zu beurteilenden Merkmale oder Kriterien bei verschiedenen Personen von einem Beurteilenden auch tatsächlich im Urteil ausgewiesen werden. Zu den Fehlern, die auf Maßstabsproblemen beruhen, zählen solche Verzerrungen, die sich auf Sympathie- und Antipathiegefühle gegenüber dem zu Beurteilenden zurückführen lassen. Darüber hinaus drücken sich die persönlichen Anspruchsniveaus der Beurteilenden entweder in einer *Tendenz zur Strenge* oder in einer *Tendenz zur Milde* aus, was bedeutet, dass im Vergleich zu anderen Beurteilenden systematisch schlechter oder besser geurteilt wird. Demgegenüber bezeichnet eine *Tendenz zur Mitte* systematische Häufungen von Urteilen eines Beurteilers bei den mittleren Urteilswerten (bspw. auf →Beurteilungsskalen).

Der Nachweis solcher Beurteilungsfehler ist schwierig und setzt einwandfrei funktionierende Verfahren der →Leistungsbeurteilung voraus. Zur Erklärung von Urteilstendenzen sind die beschriebenen Wahrnehmungs- und Maßstabsfehler allerdings nicht ausreichend. Deshalb setzen testpsychologische Untersuchungen systematisch an statistischen Kennwerten an und analysieren Beurteilungsfehler im Rahmen von drei Dimensionen, den *Mittelwertstendenzen* (der Bezugspunkt bei quantitativen Urteilen), den *Streuungstendenzen* (die Unterscheidung der beurteilten Person) und den *Korrelationstendenzen* (die Unterscheidung der Beurteilungsaspekte).

Literatur: *Bartölke, K.*: Probleme und offene Fragen der Leistungsbeurteilung, in: Zeitschrift für Betriebswirtschaft, 42. Jg. (1972), H. 9, S. 629–648. *Brandstätter, H.*: Die Beurteilung von Mitarbeitern, in: *Mayer, A.; Herwig, B.* (Hrsg.): Betriebspsychologie, 2. Aufl., Göttingen 1970, S. 668–734. *Murphy, K. R.; Balzer, W. K.*: Rater Errors and Rating Accuracy, in: Journal of Applied Psychology, 74. Jg. (1989), H. 4, S. 619–624.

Jürgen Grieger

Beurteilungsgespräch

→Mitarbeitergespräch, →Personalgespräch

Beurteilungsmethoden

im Rahmen von →Beurteilungsverfahren eingesetzte Techniken der Repräsentation des zu Beurteilenden sowie des beurteilten Objekts (syn.: Bewertungsmethoden, Personalbeurteilungsmethoden).

In der Literatur wird der Begriff der Beurteilungsmethode überwiegend mit dem des Beurteilungsverfahrens gleichgesetzt, beziehungsweise das Verfahren durch die ihm zugrunde liegende Technik beschrieben. Dies gilt etwa für *Einstufungsverfahren*, die auf der Methode der Skalierung beobachtbaren Verhaltens beruhen, für *Kennzeichnungsverfahren*, wie das Verfahren der kritischen Ereignisse, dem methodisch die Protokollierung derartiger, als leistungsrelevant erachteter Vorkommnisse zugrunde liegt oder für *Rangordnungsverfahren*, die auf der Methode der Bildung von Rangordnungen beruhen.

Eine solche Gleichsetzung von Verfahren und Methode erscheint unter dem Aspekt der Anwendung von Beurteilung in der Praxis unbedenklich, ist aber unter wissenschaftlichen Gesichtspunkten unpräzise. Im Gegensatz zu Beurteilungsverfahren, die auch Regelungen zum formalen Prozedere der Beurteilung enthalten, wie beispielsweise Anweisungen für den Beurteiler, bezeichnen Beurteilungsmethoden im engeren Sinne nur die Art und Weise der theoretischen Konstruktion des Urteils mittels bestimmter Techniken der Abbildung des Beurteilungsgegenstands.

Jürgen Grieger

Beurteilungsskalen

dienen der Messung von Merkmalsausprägungen.

Beurteilungsskalen operationalisieren einen Beobachtungsgegenstand (→Beobachtung) durch verbale Beschreibung und geben zum Zweck seiner Beurteilung eine unterschiedliche Anzahl von möglichen, skaliert aufgeführten *Merkmalsausprägungen* an (→Beurteilungsmethoden). Die eigentliche Beurteilung erfolgt durch Zuordnung der beobachteten Merkmalsausprägung des Beobachtungsgegenstands zu der entsprechenden Skalenstufe. Beurteilungsskalen finden Verwendung im Rahmen von →Personalbeurteilungen.

Im Zusammenhang der →Leistungsbeurteilung weit verbreitet sind die so genannten →verhaltensverankerten Beurteilungsskalen, mit denen beobachtbares Verhalten als Indikator für Eigenschaften der Person oder →Arbeitsleistung beurteilt wird.

Die Verwendung von Beurteilungsskalen erlaubt die Erhebung beurteilungsrelevanter Information in standardisierter und für Vergleichszwecke geeigneter Form. Gegen ihre allzu unkritische Verwendung werden insbesondere aus methodischen Gründen Bedenken geäußert.

Jürgen Grieger

Beurteilungsverfahren

erfassen und bewerten die Leistung und das Potenzial von Mitarbeitern.

Beurteilungsverfahren

Es handelt sich hierbei um verfahrenstechnische Regelungen, die Beurteilungskriterien vorgeben und den Beurteilungsprozess inhaltlich strukturieren, seinen Ablauf formalisieren sowie Beurteilungsaussagen standardisieren. Sie beruhen auf je spezifischen Methoden, das heißt Techniken der Repräsentation des zu beurteilenden sowie des beurteilten Objekts, die bei der Erfassung und der Beurteilung zum Einsatz gelangen. Die geläufigen Beurteilungsverfahren basieren auf unterschiedlichen →Beurteilungsmethoden, die zu den Methoden der empirischen Sozialforschung zu zählen sind.

Beurteilungsverfahren lassen sich nach verschiedenen, nicht überschneidungsfreien oder trennscharfen *Merkmalen* klassifizieren:

- Entsprechend des *Grades der Strukturierung* der Beurteilung bestimmen die Verfahren grundsätzlich eher *freie* oder eher *gebundene* Vorgehensweisen.
- Stellt man auf die *Genauigkeit und Differenziertheit* der Erfassung des Beurteilungsobjekts ab, so können *summarische* und *analytische* Verfahren differenziert werden.
- Fragt man nach der *Stellung des Beurteilenden in Relation zum Beurteilten*, so sind die traditionelle Beurteilung durch die →Führungskraft, die Beurteilung der Führungskraft durch seine Mitarbeiter (→Vorgesetztenbeurteilung), die →Selbstbeurteilung, die Beurteilung durch Kollegen (→Gleichgestelltenbeurteilung) und das →360-Grad-Feedback zu unterscheiden.
- Demgegenüber werden nach dem jeweiligen *Objekt der Beurteilung* eigenschaftsorientierte, verhaltensorientierte, tätigkeits- oder aufgabenorientierte sowie zielorientierte Verfahren voneinander abgegrenzt.

Da für →Leistungsbeurteilung und →Potenzialbeurteilung jeweils verschiedene Verfahren zum Einsatz gelangen, soll hier den in der Literatur dominierenden Systematisierungen gefolgt werden.

Verfahren der *Leistungsbeurteilung* werden meist nach der Vorgehensweise bei der Beurteilung, das heißt nach dem Akt der Klassifizierung des Beurteilungsobjekts unterschieden:

Freie Beurteilungen basieren auf der Annahme, dass die Unstrukturiertheit des Verfahrens geschulten Beobachtern bei ihrer Beurteilung den Zugang zu Besonderheiten des Beurteilten und seines Arbeitsplatzes ermöglicht. Sie sind aufgrund der Möglichkeit von Willkür und ihrer Unsystematik allerdings sehr umstritten. Zu unterscheiden sind formlose Aufzeichnungen über die Leistung von Mitarbeitern und teilstrukturierte Beurteilungen, die dem Beurteilenden eine Hilfestellung in Form stichpunktartiger Kriterien oder Indikatoren für Leistung oder Leistungsverhalten geben.

Rangordnungsverfahren vergleichen die Leistungen von Beurteilten in Bezug auf mehrere Kriterien oder ein Gesamtkriterium und ordnen diese in eine auf- oder absteigende Rangfolge beziehungsweise Rangreihe. Zur Erzeugung einer Rangordnung bestehen verschiedene Möglichkeiten: Die Reihung erfolgt entweder *summarisch*, das heißt durch Gesamtbewertung der jeweiligen Personen und Anordnung auf einer →Ordinalskala, oder *analytisch*, das heißt durch Bewertung einzelner Kriterien und Bildung von Rangreihen, Addition der einzelnen Rangplätze je Beurteiltem und anschließender Aufstellung einer endgültigen Rangfolge. Ein anderes Verfahren ist der paarweise Vergleich, bei dem jede zu beurteilende Person mit allen anderen zu beurteilenden Personen verglichen und eine Rangordnung aus der Summe der Vergleiche ermittelt wird. Bei den Verfahren der erzwungenen Verteilung werden die zu Beurteilenden entsprechend einer vorgegebenen Verteilung (häufig: Normalverteilung) bestimmten Einstufungen zugeordnet.

Kennzeichnungsverfahren erfordern die Angabe, ob gemischt und hinsichtlich ihrer Erwünschtheit neutral vorgegebene Kriterien, Merkmale oder Aussagen zur Leistung oder zum Leistungsverhalten bei den Beurteilten zutreffen oder nicht. Zu ihnen zählt die gemischte Aussagenliste mit freier Wahl, bei der enthaltene Merkmale vom Beobachter daraufhin geprüft werden, ob sie zutreffen oder nicht. Die Beurteilung erfolgt im Anschluss im Rahmen der Auswertung. Bei der gruppierten Aussagenliste mit Wahlzwang hat der Beurteilende aus einem Paar beschreibender Aussagen das jeweils zutreffende Merkmal auszuwählen, ohne die jeweilige Wertigkeit erkennen zu können. Das Verfahren der kritischen Ereignisse erfordert vom Beurteilenden, aus einer Liste mit erfolgsrelevanten Verhaltensweisen die zutreffenden Beschreibungen auszuwählen. Hierzu ist eine beständige →Beobachtung der beurteilten Person erforderlich, wobei schließlich Häufigkeitsverteilungen der kritischen Ereignisse die Basis der Beurteilung bilden.

Einstufungsverfahren basieren auf der Methode der Skalierung und sind die am häufigsten verwendeten Verfahren der Leistungsbeurteilung. Zur Differenzierung der Leistung oder der Leistungskennzeichen hat der Beurteiler Merkmale oder Kriterien auf Likert-Skalen oder mithilfe unverankerter Skalen einzustufen. Der Urteilsvorgang besteht in einem Akt der Klassifizierung, wobei der Vergleichsmaßstab durch die Art der jeweils zur Anwendung kommenden Skalen (→Nominal-, →Ordinal-, →Intervall- und →Ratioskala) festgelegt wird. Zu unterscheiden sind merkmalsorientierte oder analytische Verfahren, bei denen Beurteiler die Ausprägung von Merkmalen angeben müssen und verhaltensorientierte Verfahren, die mögliche leistungsrelevante Verhaltensweisen vorgeben, deren Vorhandensein beim Beurteilten angegeben werden sollen (→Verhaltensverankerte Beurteilungsskala).

Aufgabenorientierte Verfahren gründen die Leistungsbeurteilung auf den in einer Periode jeweils zu erfüllenden Aufgaben des Beurteilten. Sie zielen primär auf das Verständnis des Zustandekommens individueller Leistung, verzichten auf interpersonale Vergleiche und legen das Augenmerk auf die Förderung von Mitarbeitern. Die Beurteilung bezieht sich auf das Arbeitsverhalten, erfolgt durch dessen Einstufung und soll Aufschlüsse über die Ursache von Abweichungen hinsichtlich des erwarteten Verhaltens liefern. Aufgabenorientierte Verfahren sind in der Praxis kaum verbreitet und bleiben in der Literatur in der Regel unerwähnt.

Zielorientierte Verfahren gehen von erwarteten, vorab festgelegten Leistungsergebnissen oder -zielen aus und prüfen durch Soll-Ist-Vergleich, inwieweit sie vom Beurteilten erreicht wurden. Gegenstand der Beurteilung ist der Zielerreichungsgrad, gegebenenfalls auch Verhaltensziele oder Ursachen möglicher Abweichungen. Diese, in der Praxis wenig verbreiteten Verfahren sind mit dem Führungskonzept des →Management by Objectives verbunden und in der Anwendung vornehmlich auf Führungspositionen beschränkt.

Die skizzierten Verfahren sind in jeweils unterschiedlicher Weise geeignet, die einzelnen Funktionen von Leistungsbeurteilung zu erfüllen. Grundsätzlich stellt sich die Frage, auf der Basis welcher Kriterien die Beurteilung erfolgen soll beziehungsweise was als Indikator für Leistung gelten soll. Bei der Konstruktion, Auswahl und Anwendung von Verfahren ist zu bedenken, dass das Leistungsergebnis oft nicht messbar ist und auch keine Informationen über sein Entstehen vorliegen. Insofern kann keines der genannten Verfahren das Kriterienproblem hinreichend lösen. Darüber hinaus muss entschieden werden, welche Personen zur Abgabe von Urteilen herangezogen und für diese Tätigkeit entsprechend geschult werden sollen.

Hinsichtlich der Potenzialbeurteilung hat sich folgende Unterteilung der Verfahrensarten durchgesetzt:

Diagnoseorientierte Verfahren zielen auf Informationen über relativ stabile personale Eigenschaften, deren Vorhandensein als Indikatoren für Entwicklungsfähigkeit beziehungsweise das Potenzial von Personen gelten, im Bedarfsfall entsprechende Qualifikationen zu erzeugen. Diagnoseorientierte Verfahren gehen im Prinzip von einer wenig diskontinuierlichen, relativ konstant verlaufenden Entwicklung von Qualifikationen aus. Die Prognose basiert auf der Fortschreibung des aus der Vergangenheit in die Gegenwart reichenden Trends. Diagnoseorientierte Verfahren gründen auf Leistungsbeurteilungen und berücksichtigen untereinander widerspruchsfreie Daten, die über einen längeren Zeitraum hinweg erhoben wurden. Prognostiziert wird die zeitabhängige Änderung von Qualifikationsmerkmalen auf der Basis gegenwärtiger oder vergangener Tätigkeit der Person. Durch die Interpretation typischer Kennzeichen der Zusammensetzung und Entwicklung von Merkmalen (Aufwand, Dauer, Ausprägung und (Dis-)Kontinuität der Qualifikationsentwicklung) werden Hinweise auf die zukünftige qualifikatorische Entwicklung erwartet. Besondere Aufmerksamkeit gilt den prozessunabhängigen, „extrafunktionalen" oder „Schlüsselqualifikationen", da diese als relevant für das Vorliegen von Qualifizierungspotenzial erachtet werden. Grundsätzlich gilt, dass die Orientierung an Trends der Vergangenheit und die Unterstellung kontinuierlicher Entwicklung problematisch sind, und zwar umso mehr, als sich zukünftige Aufgaben und Anforderungen von denen der Vergangenheit unterscheiden oder unbekannt sind.

Biographische Verfahren folgen dem Konzept der Selektion oder Zuordnung von Personal durch systematische Gewinnung und statistische Auswertung von Vergangenheits- und Hintergrunddaten von Mitarbeitern. Sie basieren auf der impliziten Theorie, dass der bisherige Lebens- und Berufsweg sowie Grundeinstellungen und Überzeugungen einer Person gute Prädiktoren künftigen Leistungshandelns sind und dass die besten Kriterien einer Erfolgsprognose Persönlichkeitsmerkmale und Verhaltensmuster der Vergangenheit sind. Biographische Daten geben einen Überblick über die persönliche Entwicklung und den bisherigen Lebensweg. Deren Analyse zielt auf Unterscheidung potenziell erfolgreicher von potenziell weniger erfolgreichen Personen. Abgefragt werden beispielsweise familiäre Verhältnisse in der Herkunftsfamilie, Wohnverhältnisse, Finanzlage, Gesundheitszustand, Ausbildungsweg (→Ausbildung), Motive der Berufswahl, beruflicher Werdegang sowie Einstellung zur Arbeit, aber auch private Interessen und Aktivitäten sowie religiöse oder metaphysische Überzeugungen. Solche Fragen werden Gruppen mit gleichen oder vergleichbaren Tätigkeiten vorgelegt, die bereits als erfolgreich und weniger erfolgreich klassifiziert wurden. Bei der Auswertung wird untersucht, ob einzelne Fragen oder Antwortalternativen signifikant häufig zwischen Erfolg und Misserfolg unterscheiden. Letztlich werden die zu beurteilenden Personen am Profil bereits erfolgreicher Stelleninhaber beurteilt. Obwohl die in vielen Analysen nachgewiesene prognostische →Validität biographischer Fragebögen recht hoch erscheint, fehlt eine theoretische Erklärung dieses Umstands. Gegen die Verwendung biographischer Verfahren sprechen der fehlende Anforderungsbezug, die problematische Bildung angemessener Kontrollgruppen, die fehlende theoretische Basis der Konstruktion und Auswahl biographischer Daten, die konservative Fortschreibung von Erfolgsmerkmalen sowie die auf einen bestimmten Kulturkreis bezogenen Leistungsindikatoren, die zu systematischen Benachteiligungen führen können.

Verhaltensorientierte Verfahren gründen die Potenzialanalyse auf das gegenwärtig realisierte Arbeitsverhalten und prognostizieren das zukünftig erwartbare Arbeitsverhalten. Sie basieren auf der Beobachtung von Verhalten bei der Bewältigung fiktiver beziehungsweise simulierter Aufgaben und Tests. Als →Assessment Center stellen sie die in der Praxis vorherrschenden Verfahren der Potenzialbeurteilung und Bewerberauswahl dar, denen auch in der Literatur der Vorzug bei der Potenzialbeurteilung gegeben wird.

Die vorgestellten Beurteilungsverfahren sind im Schrifttum breit diskutiert und gelangen in der Praxis in zum Teil recht unterschiedlichen Varianten zum Einsatz. In ihren konkreten Ausprägungen stellen sie die Kernelemente von Leistungsbeurteilung und Potenzialbeurteilung dar.

Literatur: *Becker, F. G.*: Grundlagen betrieblicher Leistungsbeurteilungen, 4. Aufl., Stuttgart 2003. *Gaugler, E. et al.*: Leistungsbeurteilung in der Wirtschaft, Baden-Baden 1978. *Herriot, P.* (Hrsg.): Assessment and Selection in Organizations, Chichester etc. 1989. *Rübling, G.*: Verfahren und Funktionen der Leistungsbeurteilung in Unternehmen, Konstanz 1988. *Sarges, W.* (Hrsg.): Management-Diagnostik, 3. Aufl., Göttingen etc. 2000. *Schuler, H.* (Hrsg.): Beurteilung und Förderung beruflicher Leistung, Stuttgart 1991.

Jürgen Grieger

Bevölkerungsentwicklung

zeigt sowohl wirtschafts- als auch sozialpolitisch die zeitliche Bestandsänderung einer Bevölkerung auf, wobei als Bevölkerung die in einem geographisch oder verwaltungsrechtlich abgegrenzten Gebiet lebenden Menschen verstanden werden.

Diese zu registrierende Bevölkerungsentwicklung lässt sich über die Zu- und Abgänge (Migration) innerhalb der Bevölkerung darstellen, wobei unter Zugängen Geburt und Einwanderung, unter Abgängen Sterbefälle und Auswanderung subsumiert werden. Die Entwicklung der Bevölkerung wird somit durch eine Reihe von Faktoren wie der →Altersstruktur, der Geburtenhäufigkeit, der Sterblichkeit und der Zu- und Abwanderung bestimmt (Demographische Merkmale). Wissenschaftlich wird die Bevölkerungsentwicklung von der Demographie erforscht, die sich als eigenständige Disziplin versteht.

Eine zentrale Datenquelle zur Beurteilung der Bevölkerungsentwicklung ist der *Mikrozensus*, der eine amtliche Repräsentativstatistik, in der Daten zur Bevölkerung und zum →Arbeitsmarkt veröffentlicht werden, darstellt. Der Mikrozensus findet seit 1957 (Ausnahmen waren lediglich 1983 und 1984) im jährlichen Rhythmus statt und behandelt eine Vielzahl von Themen wie die sozioökonomische Grundstruktur der Bevölkerung, zum

Erwerbsleben, zur Altersvorsorge oder zur Ausbildung der Erwerbsbevölkerung (→ Erwerbspersonen). Er liefert Daten nicht nur auf Personen-, sondern auch auf Haushalts- und Familienebene. Seit 1991 wird der Mikrozensus auch in den neuen Ländern und Berlin-Ost durchgeführt und liefert, wie *Breiholz* (2004) betont, eine wichtige gemeinsame Datenbasis für einen Vergleich der Bevölkerungs- und Arbeitsmarktstrukturen innerhalb des gesamten Bundesgebietes.

Für das Jahr 2007 wurden folgende, die Bevölkerung bestimmende Faktoren gemessen. Im Jahr 2007 lebten circa 82,3 Millionen Menschen in der Bundesrepublik Deutschland. Hierunter sind 6,74 Millionen Ausländer. Von der Gesamtbevölkerung sind 40,3 Millionen Männer und 42 Millionen Frauen. Insgesamt lassen sich aufgrund der aktuellen amtlichen Bevölkerungsvorausberechnung folgende Annahmen bis 2050 treffen:

- Es wird langfristig eine absolute Abnahme der Menschen in allen Altersgruppen der Bevölkerung geben.
- Die Bevölkerung dürfte von circa 82,3 Millionen in 2007 auf circa 75 Millionen in 2050 zurückgehen.
- In der Altersstruktur der Bevölkerung wird es zu erheblichen Veränderungen kommen. So wird beispielsweise der Anteil der unter 20-Jährigen von 19 % der Gesamtbevölkerung in 2007 auf 16 % der Gesamtbevölkerung in 2050 zurückgehen. Gleichzeitig wird der Anteil der über 60-Jährigen von 23 % (2007) auf 37 % in 2050 zunehmen.
- Neben der aufgezeigten Veränderung der Altersstruktur wird die Lebenserwartung von Frauen und Männern zunehmen.

Die Kenntnis über aktuelle und zukünftige Zahlen zur Bevölkerungsentwicklung ist insbesondere wichtig, um adäquate wirtschafts- und sozialpolitische Maßnahmen zur Sicherung der Sozialsysteme zu gewährleisten. Für den Arbeitsmarkt, das heißt das Erwerbsleben in der Bundesrepublik Deutschland, ergibt sich folgendes Bild: Im Jahr 2007 waren in Deutschland im Schnitt 3,7 Millionen Menschen erwerbslos. Hiervon entfielen 2,4 Millionen Erwerbslose auf das frühere Bundesgebiet und 1,3 Millionen auf die neuen Länder einschließlich Ost-Berlin. In den neuen Ländern und Ost-Berlin fällt die Erwerbslosenquote höher aus. 2005 lag sie in den neuen Bundesländern bei 10,3 %, in den alten Bundesländern bei 7,3 %. Junge und ältere Menschen sind in Deutschland besonders stark von der Erwerbslosigkeit betroffen. Generell ist ein Rückgang der Bevölkerung im erwerbsfähigen Alter (15 bis 64 Jahre) und damit des gesamtwirtschaftlichen Arbeitspotenzials festzustellen. Von April 2002 bis Mai 2003 ist *Sommer* (2004) zufolge die Zahl der Personen im erwerbsfähigem Alter um circa 170.000 auf knapp 55,1 Millionen gesunken.

Literatur: *Breiholz, H.*: Ergebnisse des Mikrozensus 2003, in: Wirtschaft und Statistik, o. Jg. (2004), H. 6, S. 662–672. *Sommer, B.*: Bevölkerungsentwicklung in den Bundesländern bis 2050, in: Wirtschaft und Statistik, o. Jg. (2004), H. 8, S. 834–844. *Statistisches Bundesamt* (Hrsg.): Leben und Arbeiten in Deutschland. Ergebnisse des Mikrozensus 2003, Wiesbaden 2004. *Statistisches Bundesamt* (Hrsg.): Bevölkerung Deutschlands bis 2050, Wiesbaden 2003.

Florian Schramm

Bewegungsablauf

motorische Handlungen, die vom Menschen ausgeführte Arbeitsabläufe darstellen.

Bei Bewegungsabläufen wird durch den Menschen auf Arbeitsgegenstände eingewirkt. Arbeitssystem-Eingaben (→ Arbeitssystem) werden dabei zu Arbeitssystem-Ausgaben transferiert.

Mit der Gestaltung von Bewegungsabläufen sollten zwei Ziele umgesetzt werden:

1. Beanspruchungen (→ Belastungs-Beanspruchungs-Modell) sollen begrenzt werden, indem die → Leistungsfähigkeit des Mitarbeiters berücksichtigt wird.

2. Leistungserstellung soll wirtschaftlich sein, um damit Wettbewerbfähigkeit sicher zu stellen. Bewegungsabläufe sind deshalb immer so zu planen, dass Fehlhandlungen möglichst ausgeschlossen werden. Hierzu können Informationen aus dem Qualitätsmanagement sehr hilfreich sein.

Mithilfe von *Bewegungsstudien* lassen sich Unterschiede bei den Ausführungszeiten zwischen verschiedenen Arbeitsmethoden nachweisen, Arbeitsmethoden können simuliert und mögliche Mängel im Vorfeld diagnostiziert werden. Zum Bewegungsstudium wird häufig das *MTM-Verfahren* (→ Methods Time Measurement) eingesetzt.

Margit Weißert-Horn
Regina Brauchler

Bewerbung

Willensäußerung eines Individuums bezüglich des Wunschs, in eine konkrete →Organisation als →Arbeitnehmer eingestellt zu werden.

Im Regelfall erfolgt die Bewerbung in Schriftform. Diese enthält das eigentliche Bewerbungsschreiben, welches darüber informiert, auf welche Position man sich bewirbt sowie Aussagen über die Intention der konkreten Bewerbung macht. Neben dem Bewerbungsschreiben umfasst die Bewerbung üblicherweise einen Lebenslauf sowie →Arbeitszeugnisse, Ausbildungszertifikate (→Ausbildung) und ein Bewerberfoto. Die Bewerbung kann auch unternehmensseitig strukturiert werden, indem Interessenten ein →biographischer Fragebogen zur Verfügung gestellt wird. Die Bewerbung kann als Reaktion auf eine unternehmensseitig signalisierte konkrete Vakanz (z. B. durch eine Stellenanzeige) erfolgen oder vom Bewerber ohne Kenntnis eines konkreten Bedarfs dem Unternehmen übermittelt werden. Im letzten Fall spricht man von einer Initiativ- oder Blindbewerbung.

Für das Unternehmen ermöglicht die Sichtung der Bewerbungsunterlagen eine Entscheidung hinsichtlich der weiteren Verfahrensweise mit dem Bewerber. Ihr kommt nach *Drumm* (2005) diesbezüglich eine Vorauswahlfunktion zu:

- Bewerber, die aufgrund der Bewerbungsunterlagen als *keinesfalls geeignet* erscheinen oder im Falle des Vorliegens mehrerer Bewerbungen als eindeutig unterlegen gelten, werden bereits im Rahmen der Vorauswahl abgelehnt.
- Bewerber, die dem Unternehmen hingegen als *aussichtsreich* erscheinen, nehmen an weiteren Stufen des →Auswahlverfahrens (wie z. B. →Vorstellungsgespräch oder →Assessment Center) teil.

Dies ist unter anderem darauf zurückzuführen, dass die Aussagekraft der Bewerbungsunterlagen insgesamt als eher gering einzustufen ist. So erfordern formale Ausbildungszertifikate einerseits eine Kenntnis über die Glaubwürdigkeit der zertifizierenden Instanz (z. B. Schule, Hochschule), andererseits lassen sie nur sehr eingeschränkte Rückschlüsse auf die Produktivität eines Bewerbers zu (z. B. aufgrund evtl. Transferprobleme zwischen Theorie und Praxis).

Arbeitszeugnisse sind aufgrund zweifelhafter Formulierungskonventionen und der Gefahr des „Weglobens" ebenfalls als alleiniges Auswahlkriterium (→Eignungsdiagnostische Instrumente) problematisch. Eine Einstellung ausschließlich aufgrund der Bewerbungsunterlagen ist somit fragwürdig. Die durch die Sichtung der Bewerbungsunterlagen mögliche Vorauswahl ist jedoch angesichts zum Teil großer Mengen eingegangener Bewerbungen auf eine Vakanz unerlässlich.

Literatur: *Drumm, H. J.*: Personalwirtschaft, 5. Aufl., Berlin etc. 2005.

Thomas Bürkle

Bewerbungsmanagementsysteme

Kategorie →personalwirtschaftlicher Anwendungssoftware, die Anwender bei der →Personalbeschaffung unterstützt.

Bewerbungsmanagementsysteme widmen sich verschiedenen Facetten der Bewerbungsabwicklung von der Ausschreibung der →Bewerbung bis zur →Evaluation verschiedener Rekrutierungsmedien, wobei als Kernbereich die Aufgabe der Bewerberadministration unterstützt wird. Dies umfasst die Erfassung von Bewerberdaten unter Anbindung eines Textverarbeitungssystems, die Abwicklung des notwendigen Schriftverkehrs, Prüfung von Doppelbewerbungen, Erinnerung an fällige Termine über Wiedervorlagefunktionen oder die Auswertung von Bewerbermerkmalen. Umfangreichere Systeme unterstützen auch die Verwaltung vakanter Stellen, die Stellenausschreibung (→Personalbeschaffung), die Verwaltung von Vorstellungsgesprächen, die Auswahl von Rekrutierungsmedien auf der Basis von Vergangenheitsdaten oder eine Unterstützung des Bewerbungskostenmanagements. Unterstützt wird auch die (Vor-)Auswahl von Bewerbern (→Personalauswahl).

Zunehmend bieten Bewerbungsmanagementsysteme auch webbasierte Möglichkeiten der →Personalbeschaffung über internetbasierte →Selfservice Systeme. Dabei können vakante Stellen auf eigenen Webseiten ausgeschrieben werden. Interessenten haben dann die Möglichkeit, sich direkt über Internet zu bewerben.

Stefan Strohmeier

Bewerbungsschreiben →Bewerbung

Bewerbungsspiele →Recruiting Games

Bewertungsmethoden → Beurteilungsmethoden

Beyond Budgeting

Verzicht auf formale Budgets und Ersatz ihrer Funktion durch alternative Managementinstrumente.

Das Beyond Budgeting resultiert aus der in der Vergangenheit zunehmenden Kritik an der traditionellen →Budgetierung (bspw. zu starr, zu aufwändig oder ohne Strategiebezug) im Rahmen des →Controlling (*Daum* 2003). Als Zwischenform zwischen traditioneller Budgetierung und Abschaffung der Budgetierung im Rahmen des Beyond Budgeting existiert das Konzept des *Better Budgeting*. Es zielt auf eine Verbesserung der Budgetierung funktional durch Reduktion der Planungsinhalte sowie institutional durch Verkürzung des Budgetierungsprozesses ab. Allerdings beinhaltet es nur inkrementale Verbesserungen und schafft nur eine mangelhafte Verknüpfung von →Strategie und →Budget.

Der Ansatz des Beyond Budgeting dagegen verzichtet vollkommen auf die Erstellung von Budgets und zielt darauf ab, die traditionelle Budgetierung durch ein flexibles und die dezentrale Initiative durch ein förderndes Managementmodell zu ersetzen. Dieses Modell besteht aus zwölf Prinzipien, die anhand von Grundprämissen verteilt werden. Zum einen soll der →Wandel durch eine Neuausrichtung der Unternehmenskultur (→Organisationskultur) und des organisatorischen Rahmens bewirkt werden (*Devolutionary Framework*) und zum anderen muss der Planungs- und Steuerungsprozess verändert werden (*Adaptive Management Process*).

Die zwölf Prinzipien, die das Modell beschreiben, beziehen sich einerseits auf die Unternehmenskultur und den organisatorischen Rahmen (die ersten sechs Prinzipien) und andererseits auf den Planungs- und Steuerungsprozess (die zweiten sechs Prinzipien) (*Hope* und *Fraser* 2003):

1. *Schnelle, dezentrale Entscheidungen* innerhalb festgelegter Grenzen sollen mittels einer Führung durch geteilte Werte und klare Führungsrichtlinien ermöglicht werden.
2. Über *autonome* →*Profit-Center* soll mehr Unternehmertum im Unternehmen geschaffen werden.
3. *Interne Märkte* zur →Koordination der Profit-Center sollen die Koordination durch Pläne ersetzen und schnellere Reaktionen ermöglichen.
4. *Informationen* stehen überall und unmittelbar (Realtime) zur Verfügung und ermöglichen dadurch eine größtmögliche Transparenz und verteilte Kontrolle.
5. Die Leistung dezentraler Akteure soll durch →*Handlungsspielraum* und *dezentrale Ergebnisverantwortung* erzwungen werden.
6. Die Manager werden von einem →*Coach & Support-Führungsstil* unterstützt.
7. *Ziele* sollen relativ zum internen oder externen Wettbewerb formuliert werden und dadurch selbstadjustierend und leistungssteigernd wirken.
8. Die *ständige Anpassung* von Strategie- und Investitionsentscheidungen an veränderte Umweltbedingungen wird durch Früherkennung (→*Frühwarnsystem*) und rollierende Forecasts erreicht.
9. Durch →*Balanced Scorecards* soll ein rollierender Strategieentwicklungs- und Durchsetzungsprozess entstehen, der zur Förderung der strategiegerechten Koordination der Unternehmensaktivitäten beiträgt.
10. Eine *flexible Ressourcenallokation* soll durch die Vorgabe eines Kalkulationszinsfußes durch die Zentrale und autonome dezentrale Entscheidungen über die Investitionsprojekte erreicht werden.
11. Grundsätzlich sollen sich dezentrale Einheiten selbst kontrollieren (→*Empowerment*). Im Sinne eines →*Management by Exception* greift die Zentrale subsidiär nur dann ein, wenn das dezentrale Management ein Problem nicht lösen kann oder um Hilfe durch das Top-Management bittet.
12. Teamwork und Zusammenarbeit soll durch eine relative, *teambasierte Vergütung*, die den Erfolg der Geschäftseinheit mit anderen vergleicht, gefördert werden.

Es gilt zu beachten, dass die Sinnhaftigkeit dieser einzelnen Prinzipien von einer Reihe von Prämissen abhängt, welche nicht für jedes Unternehmen im gleichen Maße gelten. Vor allem muss geprüft werden, ob die Annahmen der hohen Dynamik und Wettbewerbsintensität gegeben sind und ob ein Unternehmen die postulierten Flexibilitätspotenziale auch in ausreichendem Maße realisieren kann. Durch den Wegfall der Budgetierung kommt anderen Managementwerkzeugen eine größere Bedeutung zu. Dies sind zum Beispiel die *Balanced Scorecard*, →*Führungsinformationssysteme*, Prozessmanagement, Wertorientierte Steuerung (→Wertorientiertes Controlling) und das →Benchmarking. Die Substitution bisheriger festgelegter Prozeduren (Planungsprozess) durch alternative, flexibel anzuwendende Instrumente verlagert Entscheidungen von Systemen und Routinen an die beteiligten Personen. Damit wird insbesondere den →Führungskräften sowohl eine höhere Entscheidungskompetenz und ein größerer Interpretationsspielraum als auch eine größere Verantwortung und Methodenkompetenz (→Kompetenz) zugewiesen. Entsprechend steigen die Qualifikationsanforderungen an Führungskräfte erheblich an. Als Praxisbeispiele für eine erfolgreiche Verwendung dieses Konzeptes können beispielsweise die *Sevenska Handelsbanken* sowie die dänische Polymerhersteller *Borealis* genannt werden. (*Horváth* und *Partners* 2004, *Pflägling* 2003)

In beiden Fällen wurde das komplexe und starre System der Budgetierung durch die o. a. alternativen Instrumente ersetzt. Den Mitarbeitern wurde damit im Sinne eines Empowerment ein ordentlich größerer Handlungsspielraum zugewiesen. Inzwischen hat sich die Erkenntnis durchgesetzt, dass das Beyond Budgeting nicht für jedes Unternehmen in jeder Situation geeignet ist. Umweltdynamik und Unternehmenskultur spielen eine zentrale Rolle bei der erfolgreichen Einführung.

Literatur: *Daum, J.*: Beyond Budgeting – Steuern ohne Budgets, Weinheim 2003. *Hope, J.; Fraser, J.*: Beyond Budgeting, Stuttgart 2003. *Horváth & Partners* (Hrsg.): Beyond Budgeting umsetzen, Stuttgart 2004. *Pflägling, N.*: Beyond Budgeting – Better Budgeting, Freiburg 2003.

Klaus Möller

Beziehungsorientierung
→Führungsstilmodell der Ohio-State-Forschung, →Mitarbeiterorientierung

Bildung
Prozess und Zustand des Erwerbs und der Entwicklung von Kenntnissen und Fähigkeiten (→Qualifikation) im Sinne der →Persönlichkeitsentwicklung.

Der Begriff Bildung ist in der Pädagogik oder auch Erziehungswissenschaft verankert. Seine Ursprünge lassen sich in der Mystik des 14. Jahrhunderts ausfindig machen. Hier stand die Gottesebenbildlichkeit des Menschen im Vordergrund. Starke Bedeutung erlangte der Bildungsbegriff durch die Ideale *von Humboldts* um 1800, wonach die ganzheitliche Menschenbildung als die vornehmste aller Aufgaben des Menschen angesehen wurde. Heute wird beim Bildungsbegriff stärker als in den Schriften *von Humboldts* (1997) auf die Einheit aus →Wissen im Sinne von Einsichten, Kenntnissen, Fähigkeiten und Fertigkeiten einerseits sowie Haltung und Handlung andererseits abgestellt (→Handlungsfähigkeit). Bildung zeigt sich danach auch in den Konsequenzen des Wissens in Form von Ansichten, Einstellungen, Wertungen und Handlungen in einer Gemeinschaft. Durch die Modernisierungsdebatte wurde zudem die Selbstreflexivität des Menschen als eine wichtige Komponente der Bildung herausgestellt. Bildung wird damit zunehmend prozessual im Sinne der Weiterentwicklung des Menschen gesehen und nicht auf ein aktuelles Vermögen reduziert. Der Bildungsbegriff ändert sich also durchaus mit den zeitlichen Epochen.

Obgleich Handlung heute als wichtige Komponente der Bildung gilt, wird ein enger beruflicher Verwertungszusammenhang des Begriffes, bei dem es um die Ausführung ganz konkreter, eher fremdbestimmter Handlungen geht, tendenziell abgelehnt. Im beruflichen Verwertungszusammenhang ist der Begriff der →Qualifikation angemessener. Annäherungen an die Ideale des Bildungsbegriffs finden sich stattdessen im Kompetenzbegriff (→Kompetenz).

Literatur: *von Humboldt, W.*: Bildung und Sprache, 5. Aufl., Paderborn 1997. *Weber, E.* (Hrsg.): Pädagogik, Grundfragen und Fremdbegriffe, 3 Bände, Donauwörth 1999.

Uta Wilkens

Bildungsaufwand
Aufwendungen für Maßnahmen der →Personalentwicklung, die auf die Aus- und Weiterbildung der →Arbeitnehmer des Unternehmens zielen.

Unter den *Ausbildungsaufwand* werden typischerweise die Sachmittel, zum Beispiel für Raummiete oder Lehrbücher, das Entgelt der

Bildungsbedarf

Lehrpersonen und sogar der Arbeitsausfall der →Auszubildenden und →Ausbilder subsumiert. Letzteres lässt sich als Abwesenheitsstunden multipliziert mit dem jeweiligen Personalkostensatz erfassen. Der *Weiterbildungsaufwand* umfasst ebenfalls den dazu gehörigen →Personalaufwand, Referentenhonorare und die Sachkosten (z. B. Unterrichtsmaterial oder Raummiete).

Beide Bildungselemente sind intern oder extern zu organisieren. Entsprechend gibt es auch hier Unterscheidungsmerkmale zwischen den Aufwandsarten. Um den Bildungsaufwand im Hinblick auf die ökonomische Wirkung einzuschätzen ist eine Art →Bildungscontrolling notwendig. Die Rentabilität der Bildungsmaßnahmen ist eher qualitativ in Form von Tests, Seminarbeurteilung beziehungsweise Gespräche zu beurteilen. Die quantitative Bestimmung des Nutzens von Bildungsmaßnahmen ist ungleich problematischer. Der Deckungsbeitragsansatz, der Einzelvergleich, die →Nutzwertanalyse oder die Humanvermögensrechnung (→Human Resource Accounting) setzen an dieser Fragestellung an.

Silvia Föhr

Bildungsbedarf

positive Differenz (= Bildungslücke) von gegenwärtigen und zukünftigen Qualifikationsanforderungen im Unternehmen (= Soll) und den vorhandenen, gegenwärtigen →Qualifikationen, im Sinne von →Wissen, Können und Einstellungen oder Verhalten der Mitarbeiter (= Ist).

Die *Bildungsbedarfsanalyse* stellt quantitative und qualitative Informationen für die Planung, Steuerung und Kontrolle der unternehmensweiten Weiterbildungsaktivitäten bereit. Eine strukturierte Bildungsbedarfsanalyse liefert die Ziele und Inhalte für notwendige Lernprozesse und stellt bedarfsorientierte Investitionen in die Weiterbildung von Mitarbeitern sicher. Die Bestimmung von Weiterbildungsbedarfen ist systematisch und regelmäßig durchzuführen, da sich in Unternehmen permanent die geforderten Qualifikationen sowie das vorhandene Qualifikationsniveau verändern. Sie berücksichtigt neben aktuellen Arbeitsplatzanforderungen auch die Anforderungen, die sich beispielsweise aus organisatorischen und technologischen Entwicklungen in der Zukunft ergeben.

Voraussetzung für die Erhebung zukünftiger Qualifikationsanforderungen ist zum Beispiel das Wissen um

- *betriebliche Erfordernisse*, wie die Unternehmensstrategie, im Sinne zukünftiger Beschäftigungsfelder des Unternehmens (Wo will das Unternehmen hin? Wie kommt das Unternehmen dort hin? Gibt es dazu Qualifizierungsbedarf?),
- *Anforderungen an Fach-, Methoden- und Sozialkompetenzen* für die Arbeitsplätze im Unternehmen heute und in der Zukunft,
- →*Nachfolgeplanung im Unternehmen* sowie
- *Wünsche, Bedürfnisse und Erwartungen* der im Betrieb Beschäftigten, wie die →individuelle Karriereplanung des Mitarbeiters (sowohl im Sinne einer Führungs-, Fach-, als auch Projektlaufbahn).

Eine systematische Bildungsbedarfsanalyse wird als notwendige Voraussetzung für den Erfolg einer Weiterbildung angesehen, um ineffektive und ineffiziente Weiterbildungen zu vermeiden. Notwendig dazu ist eine systematische Verbindung von Bedarfserhebung und Lernzielvereinbarung, um eine Nutzenmessung der Weiterbildung zu ermöglichen. Daraus resultiert, dass sich Mitarbeiter und Führungskraft gemeinsam mit dem „Wozu" der Weiterbildung (Lernziel) und mit den Möglichkeiten zur nachhaltigen Umsetzung der Inhalte beschäftigen. (→Bildungscontrolling, →Evaluation von Weiterbildungsmaßnahmen).

Fragen im Rahmen einer Lernzielvereinbarung sind zum Beispiel:

- Warum diese Maßnahme?
- Was genau soll gelernt werden?
- An was wird der Erfolg der Weiterbildungsmaßnahme festgemacht?
- Was muss bis wann umgesetzt/verändert werden?

Es existieren verschiedene Methoden der Bedarfsermittlung, bei der die vorhandenen Qualifikationen sowie die Potenziale (Potenzial, im Sinne der Fähigkeit und Bereitschaft →Kompetenzen zu erwerben bzw. weiterzuentwickeln) der Mitarbeiter erhoben werden (*Hummel* 1999, *Seeber* 2000). Zentrales Instrument ist in der Praxis häufig das jährliche →Mitarbeitergespräch, wenn es im Sinne eines Personalentwicklungsgesprächs (bzw.

Beurteilungs- und Fördergespräche) geführt wird. Im Rahmen dieses Instruments tritt die Führungskraft ins Zentrum der Bedarfserhebung. Der Mitarbeiter erhält ein →Feedback über seine →Arbeitsleistung und sein Verhalten, Entwicklungserfordernisse und -möglichkeiten werden aufgezeigt sowie Zielvereinbarungen über den folgenden Beurteilungszeitraum gemeinsam getroffen. Die Ergebnisse münden unter anderem in die qualitative Personalbestandsplanung (Ermittlung gegenwärtiger und künftiger Fähigkeitsprofile). Erfolgsentscheidend ist, dass die Führungskräfte ausreichend Kenntnisse über anstehende betriebliche und technische Veränderungen sowie die zukünftige Ausrichtung des Unternehmens haben und darüber hinaus ein klares Bild ihrer Personalstruktur und der vorhandenen Kompetenzprofile besitzen.

Die Bedarfsermittlung über Mitarbeitergespräche beziehungsweise die qualitative Personalbestandsplanung wird häufig durch folgende weiterführende Instrumente ergänzt (*Scharnweber* 2004):

- →*Assessment Center*: Dient dem Erkennen von Potenzialen und Entwicklungsmöglichkeiten, wird häufig zur Besetzung von Führungspositionen eingesetzt und nutzt Selbst- und Fremddiagnose zum Abgleich von →Anforderungsprofil und vorhandenen Fähigkeiten (→Qualifikation) und Kompetenzen.
- *Einstellungs- und Klimaanalyse* (→Mitarbeiterbefragung): Befragung der Organisationsmitglieder zu Themen wie Organisationsstruktur, Informations- und Kommunikationspolitik, Führungskultur oder Zusammenarbeit mit Kollegen, und Aufdecken von Defiziten in den Arbeitsbedingungen aber auch in Führungsthemen und Aspekten der Zusammenarbeit.
- *Know how-Bilanz/Bildungsbedarfsmatrix*: Übersicht zum Beispiel über das Know how oder die Bildungsbedarfe des Unternehmens; Unternehmensleitung und Führungskräfte definieren in einem gemeinsamen Prozess die (Kern-)Kompetenzen, die für die Zukunft des Unternehmens entscheidend sein werden. Die Mitarbeiter des Unternehmens geben ihre persönliche Selbsteinschätzung zu den definierten Kompetenzen ab, in der Regel innerhalb eines Austausches mit der Führungskraft (z. B. während eines Mitarbeitergesprächs). Danach werden die Ergebnisse unter anderem durch den Human Resource Bereich in Form einer Übersichtskarte zusammengefasst und für die allgemeine Weiterbildungsplanung herangezogen. Diese Übersicht kann beispielsweise die Wissensträger, den Grad der Kenntnisse (keine Kenntnisse, Grundkenntnisse, sehr gute Kenntnisse) aber auch bereits die notwendigen Weiterbildungsmaßnahmen enthalten.
- *Moderations-Methode*: Erhebung des Bildungsbedarfs in Workshops, gezielte Fragestellung des Moderators an die →Gruppe und gemeinsame Ermittlung der Bildungsbedarfe, Nutzung spezieller Fragetechnik um die Bildungsbedarfe zu erheben, zu strukturieren und zu priorisieren. Mögliche Fragen sind beispielsweise: Welche Fähigkeiten werden benötigt, um in der Abteilung xy zu arbeiten? Welche dieser Fähigkeiten sind am wichtigsten? Welche Anforderungen sind am dringlichsten durch Weiterbildung zu unterstützen?
- *Prioritätsskala*: Genaue Angabe, welche Weiterbildungsbedarfe am wichtigsten und dringlichsten mit dem vorhandenen Budget durchzuführen sind.

Mehrere Personenkreise müssen die Bereitschaft zeigen, spezifische Funktionen im Rahmen der Bildungsbedarfsanalyse einzunehmen:

- *Unternehmensleitung*: Gibt Strategien und Visionen vor, auf welche sich der Bildungsbedarf hin ausrichten soll.
- *Betriebsrat*: Erteilt Genehmigung bei der Einführung von Personalfragebögen.
- *Führungskräfte*: Konkretisieren die Unternehmensziele und -strategien auf Bereichsebene, beurteilen Stärken und Schwächen der Mitarbeiter, definieren nötige Schlüsselqualifikationen.
- *Mitarbeiter*: Wirken bei ihrer eigenen Weiterentwicklung(-splanung) aktiv mit.
- *Personalentwicklung*: Koordinator des Prozesses, beratende Funktion für die obigen Personenkreise, Auswahl geeigneter Weiterbildungsinstrumente.

Entscheidend für die nachfolgende Suche nach geeigneten Bildungsmaßnahmen ist unter anderem die genaue Beschreibung der Erwartungen, die mit der Bedarfsdeckung verbunden sind. Wie lässt sich das Ziel, der geplante Nutzen genau beschreiben? Bis zu welchem Zeit-

Bildungscontrolling

punkt muss der Bildungsbedarf gedeckt werden? Woran wird der Erfolg der Maßnahme gemessen?

Werden diese Voraussetzungen erfüllt und entsprechende strukturierte Methodik zur Bedarfsermittlung eingesetzt, so können Fehlinvestitionen, wie sie durch Weiterbildung nach dem Gießkannenprinzip oder Weiterbildung als reines Incentive (→Anreiz) verursacht werden können, weitestgehend vermieden werden. Weiterbildung ist weder per se sinnvoll noch überflüssig. Eine Beurteilung kann erst dann erfolgen, wenn das Erreichte den Lernzielen gegenübergestellt wird. Hierfür ist eine fundierte Diagnose der Bildungsbedarfe ein zentraler Schritt.

Literatur: *Hummel, T. R.*: Erfolgreiches Bildungscontrolling, Heidelberg 1999. *Scharnweber, H.*: Instrumente des Personal- und Bildungscontrolling, Marbach 2004. *Seeber, S.* (Hrsg.): Bildungscontrolling, Frankfurt a. M. 2000.

Ulrike Horender
Klaus Möller

Bildungscontrolling

stellt im Rahmen des →Personalcontrollings effektive und effiziente Weiterbildungsmaßnahmen im Unternehmen sicher.

Um dies zu erreichen, bedarf es eines ganzheitlichen Analyse-, Planungs-, Steuerungs- und Kontrollsystems, in welchem eine Planungs- und eine Kontrollperspektive eine Einheit bilden. Das Bildungscontrolling hat einen steuernden Einfluss auf die Weiterbildungsplanung, indem es wichtige qualitative und quantitative Informationen hinsichtlich der unternehmensweiten Lernprozesse bereitstellt. Im Folgenden werden die Planungs- und die Kontrollperspektive näher charakterisiert:

- *Planungsperspektive*: Die Planung zielt auf die systematische Erhebung des Lernbedarfs in qualitativer und quantitativer Hinsicht. Der →Bildungsbedarf wird zum einen von der Ist-Situation im Unternehmen (z. B. aktuelle Stellenplanung, aktuelle Produkte) und zum anderen vom →Wissen um die für die Zukunft geplante Entwicklung und Ausrichtung der →Organisation abgeleitet. Im Fokus der Planung steht damit die Sicherstellung effektiver (zielorientierter) Weiterbildungsprozesse im Unternehmen: Effektive Lernprozesse sind an der aktuellen Unternehmenssituation sowie an den zukunftsorientierten Unternehmenszielen -strategien ausgerichtet und wiederum ihrerseits mit klaren (Lern-)Zielen hinterlegt. Beispielhafte Kennzahlen sind Anteil der bedarfsorientiert konzipierten Seminare oder Anteil der Mitarbeiter, die nach Soll-Ist-Analyse ihrer benötigten und gezeigten Fähigkeiten (→Qualifikation) bedarfsorientiert weitergebildet wurden. Bildungscontrolling unterstützt damit das Unternehmen bei der Entwicklung relevanter →Kernkompetenzen, indem thematische Entwicklungsbedarfe aus dem Zielsystem des Unternehmens abgeleitet werden.

- *Kontrollperspektive*: Bildungscontrolling im Sinne einer Kontrolle zielt auf die Erfolgsmessung von Weiterbildungsprozessen. Bildungsaktivitäten werden dahingehend überprüft, inwieweit durch den eingesetzten Input (spezifisches →Training) der entsprechende, vorab definierte Output (Verhaltensänderung, effizienteres Arbeiten) generiert wurde. Im Fokus steht das Verhältnis Aufwand (Kosten) zum Nutzen (Ertrag): Bezüglich *Aufwand/Kosten* einer Bildungsmaßnahme kann man zwischen *direkten Kosten*, wie Trainerhonorare und Teilnehmergebühren und *indirekten Kosten*, wie Arbeitsausfall und der damit kurzfristig entgangenen Leistung des Mitarbeiters, unterscheiden. Die Weiterbildungskosten können darauf aufbauend den *Kosten bei der Planung und Entwicklung der Weiterbildung* (beispielsweise Zeit für Planung und Entwicklung oder Bücher), den *Kosten bei der Durchführung der Weiterbildung*, wie Trainergehälter, Lehrmittelkosten, Reisekosten und Spesen, gegebenenfalls Raumkosten und anteilige Verwaltungskosten oder Teilnehmer-Gehälter für die Dauer der Abwesenheit von Arbeitsplatz sowie den *Evaluierungskosten* (z. B. Kosten für Auswertungen, Tests oder Kosten für Follow-up-Maßnahmen wie →Interview mit Teilnehmer) zugeordnet werden.

Die detaillierte Kostenbetrachtung ermöglicht es Kostentreiber ausfindig zu machen. Auf zukünftige Weiterbildungsmaßnahmen kann aus wirtschaftlicher Sicht somit aktiv-steuernd Einfluss genommen werden.

Bezüglich dem *Ertrag* einer Bildungsmaßnahme ist zu beachten, dass Bildungscontrolling in den letzten Jahren insbesondere in größeren Unternehmen an Bedeutung gewonnen hat, nicht zuletzt durch die immer vehementer werdende Forderung nach messbaren

Wertschöpfungsbeiträgen in allen Organisationsbereichen. Bildungscontrolling bedeutet damit auch, den schwierigen Nachweis antreten zu müssen, den Nutzen von Lernprozessen in Geldeinheiten darzustellen. Weiterbildung wird als Investition in das →Humankapital beziehungsweise in die Zukunft des Unternehmens gesehen. Sie verursacht Kosten und muss dementsprechend Erträge erwirtschaften. Der Wunsch, den Return on Investment (RoI) von Lernprozessen zu erfassen, ist im gleichen Maße verständlich als auch schwierig (→Evaluation von Weiterbildungsmaßnahmen). Folgende *Schwierigkeiten* sind beispielsweise bei der Nutzenmessung zu bewältigen (*Hummel* 1999, *Krekel* und *Seusing* 1999):

- Der Umfang dessen, was als Erlerntes unmittelbar auf den Arbeitsplatz transferiert wird, ist nicht ausschließlich durch die Bedarfsfestlegung und Weiterbildungsmaßnahme bestimmt. Der Output ist nicht monokausal durch den Input (in Form der Weiterbildungsmaßnahme) bestimmt. Er ist in gleichem Maße von den Rahmenbedingungen vor Ort, das heißt am Arbeitsplatz abhängig. Diese Rahmenbedingungen sind nicht immer optimal auf die Nutzung des Gelernten ausgelegt (bspw. Akzeptanz des Gelernten durch Kollegen und/oder Führungskraft).
- Das Erfolgskriterium einer Maßnahme liegt häufig in einer Verhaltensänderung. Deren direkte Auswirkung auf betriebswirtschaftliche Ergebnisse (z. B. besseres Managen von Konflikten) ist nur sehr schwer bestimmbar und eindeutig zuordenbar.
- Der Versuch die Wirkungen derartig weicher Faktoren in Geldeinheiten darzustellen wird allerdings vor allem dann zweifelhaft, wenn die Bewertung ausschließlich auf Kennzahlen beruht und durch eine qualitative Betrachtung das Gesamtbild des Outputs nicht mehr ergänzt werden darf beziehungsweise wird. Es besteht die Gefahr mit viel Kosteneinsatz künstlich Kennzahlen und große Datenmengen zu generieren, deren Aussagekraft inhaltlich diffus und wenig nutzvoll ist. Beispielsweise sagen Kennzahlen wie Anzahl/Kosten der jährlichen Weiterbildungsmaßnahmen pro Mitarbeiter/pro Führungskraft, Gesamtzahl Maßnahmen pro Themenschwerpunkt, Auslastung pro Bildungsmaßnahme oder Gesamtzahl Teilnehmer pro Einheit noch nichts über den konkreten unternehmerischen Nutzen der Weiterbildung aus. Derartige Kennzahlen sind für einige Empfänger mit Sicherheit relevant (→Internes Personalreporting), sie bedürfen allerdings der Ergänzung durch weitere Kennzahlen, das heißt den Aufbau eines Kennzahlensystems, welches in ausreichendem Maße der qualitativen Betrachtung Platz einräumt (→Personalkennzahlen) (*Scharnweber* 2004). Solche qualitative Größen bestehen darin, zum Beispiel Verhaltensänderungen der Mitarbeiter zu dokumentieren. Die Leistungsmessung von Verkaufstrainings erfolgt über Selbst- und Fremdeinschätzungen zu Faktoren, wie „Verhalten im Team", „Kommunikation mit Kunden" oder „verkäuferisches Verhalten". Kennzahlen über Soft-Skill-Veränderungen der Mitarbeiter nach Weiterbildungsmaßnahmen werden häufig über derartige Fremd- und Eigenbeurteilungen erarbeitet.

- →Lernen ist häufig ein langfristiger Prozess und der Fokus auf kurzfristig erzielbare Erträge eher kontraproduktiv. Über eine kurzfristige Betrachtung kann unter Umständen nur ein Bruchteil des tatsächlichen Outputs festgehalten werden.

Dennoch ist es wichtig, dass auch der Bildungsbereich in Unternehmen sich diesen Fragen stellt und Antworten findet (*Lang* 2000, *Seeber* 2000). Eine Rentabilitätsüberprüfung über eine überschaubare Anzahl aussagekräftiger quantitativer und qualitativer Kennzahlen oder Messgrößen ist mit Sicherheit unerlässlich, da derartige Nachweise (→Kennzahlen/Kennzahlensysteme, →Personalkennzahlen) nicht nur eine gute Argumentationsbasis sondern auch die Möglichkeit für interne und externe Benchmarks (→Benchmarking im Personalbereich) beziehungsweise für Prozessverbesserungen schaffen. Gelingt es, eine optimale Verbindung zwischen der Planungs- und Kontrollperspektive des Bildungscontrollings zu generieren, so ist sichergestellt, dass der Qualitäts- und der Kostenaspekt gleichermaßen Betrachtung finden und die Qualität nicht Opfer reinen Kostendenkens wird. Schafft es das Bildungscontrolling Transparenz in die Weiterbildungsprozesse zu bringen, dann ist die Chance auf eine Aufwertung der Bildungsarbeit gegeben.

Literatur: *Hummel, T. R.*: Erfolgreiches Bildungscontrolling, Heidelberg 1999. *Krekel, E.M.; Seusing, B.*

Biographischer Fragebogen

(Hrsg.): Bildungscontrolling – Ein Konzept zur Optimierung der betrieblichen Weiterbildungsarbeit, Bielefeld 1999. *Lang, K.*: Bildungs-Controlling, Wien 2000. *Scharnweber, H.*: Instrumente des Personal- und Bildungscontrolling, Marbach 2004. *Seeber, S.* (Hrsg.): Bildungscontrolling, Frankfurt a. M. 2000.

Ulrike Horender
Klaus Möller

Bildungsmethoden →Personalentwicklungsmethoden

Biographischer Fragebogen

unternehmensseitig vorgegebener →Fragebogen, der in der Regel Fragen zum schulischen und beruflichen Werdegang, zum Familienstand, sowie zu Interessen und Spezialkenntnissen der Bewerber enthält.

Vereinzelt wird im Rahmen des biographischen Fragebogens auch nach dem Vorhandensein familiärer Bindungen zu Mitarbeitern des Unternehmens gefragt. Er dient einer Standardisierung des Prozesses der →Personalauswahl indem er aufgrund seines vorstrukturierten Aufbaus eine Konzentration auf das Unternehmen interessierende Aspekte im Rahmen der Bewerberauskünfte ermöglicht.

Thomas Bürkle

Blacklisting

Erstellen „Schwarzer Listen" durch die Arbeitgeberseite während eines →Arbeitskampfes.

Blacklisting ist eine spezielle Form des als Arbeitskampfmittel anerkannten Boykotts. Ein Boykott liegt vor, wenn jemand einen bestimmten Personenkreis auffordert, die Beziehungen zu einem Dritten ganz oder teilweise abzubrechen und ihn somit vom rechtsgeschäftlichen Verkehr ausschließt. Beim Blacklisting boykottieren die →Arbeitgeber die Arbeitnehmerseite (→Arbeitnehmer), indem sie „Schwarze Listen" von Personen aufstellen, die nicht eingestellt werden sollen.

Burkhard Boemke

Blended Learning

integriertes Lernkonzept, das die Möglichkeiten der Informations- und Kommunikationstechnologie entweder in Form von →Internetbeziehungsweise →Intranet und/oder in Form von Telefonkonferenzen mit klassischen Lernmethoden in einem Lernarrangement vernetzt (dt.: gemischtes Lernen).

Der Begriff Blended Learning wird erst in letzter Zeit vermehrt im Weiterbildungsumfeld verwendet, wie *Hofmann* und *Regnet* (2003) betonen. Das Konzept hingegen ist ein altbekanntes. Zu Blended Learning Konzepten zählen beispielsweise

– →*Workshops oder Seminare*, die Telefon- oder Videokonferenzen im Verlauf nutzen, (bspw. mit Fachleuten zu bestimmten Themen, die nicht persönlich am →Lernort sein können) oder

– *Weiterbildungskurse*, die beispielsweise während der veranstaltungsfreien Zeiten einen kontinuierlichen Kontakt mittels eMail zwischen den Teilnehmern wie auch zu den Referenten vorsehen.

Vorteile dieses Ansatzes liegen laut *Hofmann* und *Regnet* (2003) zum einen in der Möglichkeit der kostengünstigen Überbrückung von geografischen Entfernungen, da man sich beispielsweise Expertise aus der ganzen Welt für eine Weiterbildungsveranstaltung holen beziehungsweise in international zusammengesetzten →Gruppen die Phasen zwischen den einzelnen Seminarmodulen zum Lernen nutzen kann. Eine Einschränkung liegt hierbei nur in den unterschiedlichen Zeitzonen. Zum anderen werden damit den Teilnehmern von Weiterbildungsveranstaltungen die unterschiedlichsten Lernformen eröffnet, die somit auch dem Bedarf der unterschiedlichen Lerntypen besser entsprechen.

Literatur: *Hofmann, L.*; *Regnet, E.* (Hrsg.): Innovative Weiterbildungskonzepte, 3. Aufl., Göttingen 2003.

Laila Maja Hofmann

Blockfreizeit

längere Freizeitintervalle von mehreren aufeinander folgenden Tagen, Wochen oder Monaten.

Wichtig aus sozialversicherungstechnischer Sicht ist, dass bei *Blockzeitmodellen* kontinuierlich Bezüge bezahlt werden (→Arbeitslosenversicherung, Krankenversicherung, Rentenversicherung). Ein Beispiel für ein Blockarbeitszeitmodell lässt sich bei der Lufthansa Kabinencrew finden: Vier Tagen mit Blockarbeitszeit bei Interkontinentalflügen und Aufenthalten folgen im Wechsel sechs Tage Blockfreizeit.

Désirée H. Ladwig

Bologna-Prozess

der Prozess zur Vereinheitlichung und Stärkung des europäischen Hochschulraumes, der durch die am 19. 06. 1999 in Bologna von den Wissenschaftsministern der europäischen Staaten abgegebene gemeinsame Absichtserklärung „Der Europäische Hochschulraum" gestartet wurde und der sich als langwieriger Umsetzungsprozess in den Unterzeichnerstaaten manifestiert.

Das *Kernziel* des Bologna-Prozesses ist die Schaffung eines international wettbewerbsfähigen, gesamteuropäischen Hochschulraumes, in dem Universitäten, Fachhochschulen, pädagogischen Akademien, →Berufsakademien und diverse andere Bildungseinrichtungen auf die Abschlüsse „Bachelor" und „Master" umgestellt und damit vergleichbar gemacht werden (*Walter* 2006). Dies soll unter anderem der Verkürzung der Studienzeiten, der Intensivierung des internationalen Austauschs der Studierenden, der Verbesserung der berufsqualifizierenden →Ausbildung sowie letztlich einem gemeinsamen Bildungsraum Europa zugute kommen.

Mit diesem Ziel gehen *weitere Veränderungen* einher. In der Hochschulorganisation werden dezentrale, teilautonome Entscheidungen durch eine zentrale Gesamtsteuerung ersetzt. Die →Autonomie der Hochschulleitung gegenüber ihrem aufsichtführenden Ministerium wird erhöht, aber auch gegenüber den Fakultäten und Lehrstühlen. Zwecks Kontrolle der autonomeren Hochschulen werden externe Evaluatoren und Akkreditierungsagenturen institutionalisiert, die Regeln für Hochschulen aufstellen und die Einhaltung dieser Regeln bewerten (*Rudinger, Krahn* und *Rietz* 2007).

Die Ziele des Bologna-Prozesses wurden auf mehreren Nachfolgekonferenzen weiter spezifiziert. Ihre *Umsetzung* ist in Europa unterschiedlich intensiv erfolgt: Während Staaten wie Frankreich ihre Hochschulbildungssysteme bislang nur marginal verändert haben, haben Österreich und Deutschland die im Bologna-Prozess nicht zwingend geforderte Umstellung auf Bachelor- und Master-Programme gesetzlich festgeschrieben, die – bis auf wenige Fächer – zur Abschaffung der bewährten Diplomstudiengänge geführt hat.

Die Umsetzung des Bologna-Prozesses in Deutschland wird kontrovers diskutiert und vielfach kritisiert (unter anderem *Hering* 2003, *Scholz* 2004, *Lege* 2005, *Winter* 2005, *Liessmann* 2006, *Stein* 2008):

- *Autorität statt Demokratie:* Weder Studierende (Kunden) noch Unternehmen (Abnehmer) noch Hochschulen (Produzenten) wurden und werden ernsthaft in die Diskussion einbezogen, sondern mit Marginaldiskussionen zu Umsetzungsdetails befasst.

- *Qualitätsabsenkung statt Exzellenz:* Dass Lehrbücher damit werben, „auch für Bachelors" lesbar zu sein, ist ein Signal für die attribuierte Verflachung der Studienqualität. Letztlich sind die Mehrzahl der Bachelor-Studienangebote nur noch Einführungen in einzelne Fachgebiete, weil in der Modulvielfalt kaum noch ein Kurs verpflichtend auf irgendeinem anderen aufbauen kann. Dies setzt sich beim Master fort: Im Prinzip ermöglicht jeder Bachelor-Abschluss den Zugang zu jedem Master-Programm. Dies bedeutet, dass ein Master kaum auf Vorwissen aufbauen und sich somit kaum vom Bachelor unterscheiden kann, da auch hier die Lehre in einzelnen Modulen immer wieder bei Null anfängt.

- *Bürokratie statt Flexibilität:* In der →Ablauforganisation gibt es unzählige Vorschriften, Akkreditierungsagenturen, Qualitätssicherungseinheiten sowie EU-Institutionen zur Bologna-Standardisierung. Vor dem Hintergrund einer wahren Bürokratielawine ist die Einführung neuer Kurse und aktueller Lehrinhalte in bestehende Studienprogramme faktisch weitgehend unmöglich.

- *Innovationshemmung statt Fortschrittsförderung:* Vor lauter bürokratischen Anforderungen weiß kaum jemand, wie man ein vormals stimmiges Lehrprogramm in exakt reglementierte, weitgehend fixierte Lehrmodule festschreiben soll.

- *Nationalisierung statt Internationalisierung:* Den Studierenden macht es die verschulte Modulstruktur immer schwieriger, während der Bachelor- oder Masterphase an ausländische Hochschulen zu wechseln. Für die Amerikaner hingegen wird Europa immer weniger interessant, weil hier die Hochschulen überlastet, überevaluiert und unterfinanziert sind. Eine Pseudo-Internationalisierung tritt ein, wenn in Deutschland deutsche Studierende auf Englisch unterrichtet werden – was jedoch de facto die

Erosion von Deutsch als Wissenschaftssprache bedeutet.
- *Studienzeitverlängerung statt Verkürzung:* Es wird bezweifelt, ob ein Bachelor-Programm tatsächlich in drei Jahren Studienzeit studiert werden kann, wenn Praktika und Auslandsaufenthalte integriert werden sollen. Addiert man zwei Jahre für ein Master-Programm, ist die Studienzeit gegenüber dem Diplom um ein Jahr länger.
- *Zentralsteuerung statt offener Markt:* Durch die vollkommene Abschaffung der „alten" Systeme soll verhindert werden, dass sich „der Markt" gegen die Bologna-Struktur entscheidet und den Bologna-Unsinn als solchen entlarvt.
- *Kostensteigerung statt Kostenneutralität:* Systemumstellungen, zwangsläufig ineffiziente Modulsysteme und vor allem die europaweite Administration hin zu einem europäischen Einheitshochschulraum verschlingen Unsummen auf Länder- wie auf Hochschulebene.
- →*Frustration statt Motivation:* Die Professoren sehen ihre Freiheitsrechte in Forschung und Lehre massiv beschnitten und sich damit einer ihrer zentralen Motivationsgrundlagen beraubt.

Diese Kritik betrifft nur auf den ersten Blick allein die Hochschulen selbst, wo sich tatsächlich Defizite in der Organisation von Hochschule und Hochschullehre abbauen ließen. Ihre wesentliche Funktion erlangt die Kritik jedoch aufgrund der Tatsache, dass sich die durch den Bologna-Prozess ausgelösten Defizite in der Qualität der Hochschulabsolventen niederschlagen. Daraus ergeben sich primär Konsequenzen für die Personalarbeit (→Personalmanagement) von Unternehmen.

Für die *betriebliche Personalarbeit* ergibt sich durch den Bologna-Prozess zwar die Chance, dass Unternehmen jüngere Absolventen als bisher akquirieren und einsetzen können, was zudem aufgrund einer früheren Rekrutierbarkeit Kostenvorteile mit sich bringen könnte. Doch auch wenn dies im Hinblick auf einige Bachelor-Absolventen zutreffen wird, sind dennoch drei Effekte mit negativen Konsequenzen zu antizipieren:

1. Bachelor-Absolventen sind im Vergleich zu früheren Diplom-Absolventen inhaltlich „dünner" ausgebildet. Aufgrund dieser Tatsache entsteht ein steigender fachlicher Nachschulungsbedarf, der unter anderem auch zu Zusatzkosten der →Personalentwicklung führt.

2. Bachelor-Absolventen verfügen in ihrem Wissens-Mix über sofort einsetzbares Spezial-Wissen, weniger aber über ein breiteres Meta-Wissen, das ihnen eine Einarbeitung in andere Felder als die von ihnen erlernten erlaubt. Folglich sind sie weniger gut multifunktional einsetzbar, was das Personaleinsatzmanagement erschwert.

3. Bachelor-Absolventen sind in ihrem Studium an eine Verschulung gewöhnt worden und wurden von Eigenverantwortung und →Selbstorganisation ferngehalten. Dies impliziert nicht nur einen weiteren betrieblichen Schulungsbedarf, sondern wirkt sich auch auf die Führungsqualität im Unternehmen aus.

Unternehmen unterliegen aufgrund des Bologna-Prozesses mittelfristig dem Risiko, dass sich die Angebotsqualität auf dem →Arbeitsmarkt für Höherqualifizierte vermindert (*Scholz* und *Stein* 2009). Daher müssen sie sich in ihrer Personalarbeit bewusst auf einen veränderten Typ von Hochschulabsolventen einrichten.

Literatur: *Hering, T.:* Mogelpackung und Irrweg – Über Bachelor- und Masterstudiengänge, in: Forschung & Lehre, 10. Jg. (2003), H. 8, S. 426–428. *Lege, J.:* Die Akkreditierung von Studiengängen. Wissenschaftsfreiheit in den Händen privater Parallelverwaltung?, in: Juristenzeitung, 60. Jg. (2005), H. 14, S. 698–707. *Liessmann, K. P.:* Theorie der Unbildung. Die Irrtümer der Wissensgesellschaft, Wien 2006. *Rudinger, G.; Krahn, B.; Rietz, C.* (Hrsg.): Evaluation und Qualitätssicherung von Forschung und Lehre im Bologna-Prozess, Bonn 2007. *Scholz, C.:* Auf dem Bildungsniveau des amerikanischen Durchschnitts, in: Die Tagespost, 14.04.2004, S. 10. *Scholz, C.; Stein, V.* (Hrsg.): Bologna-Schwarzbuch, Bonn 2009. *Stein, V.:* Mea culpa! Die „Bologna-Reform" als Widerstandsproblem mit FRUST-Potential, in: Forschung & Lehre, 15. Jg. (2008), H. 1, S. 8–10. *Walter, T.:* Der Bologna-Prozess. Ein Wendepunkt europäischer Hochschulpolitik?, Wiesbaden 2006. *Winter, S.:* Man könnte auch irren! Die Elimination von Kontrollgruppen als Gestaltungsprinzip der Hochschulpolitik, in: Forschung & Lehre, 12. Jg. (2005), H. 12, S. 642–643.

Volker Stein

Bonus →Prämien(-lohn)

Bore-out

Gegenteil des Burn-out-Syndroms, welches durch das Gefühl (→Emotionalität) der permanenten Unterforderung bei der Arbeit hervorgerufen wird (engl. bored: „gelangweilt").

Bore-out, begrifflich geprägt durch die Schweizer Unternehmensberater *Rothlin* und *Werder* (2007), kommt primär in Dienstleistungsberufen vor, in denen ein sichtbarer Produktivoutput der Arbeit nicht so leicht messbar ist wie etwa im Rahmen eines Produktionsprozesses. Gründe für das Bore-out-Syndrom können in der täglichen Routine und Abwechselungslosigkeit des Berufs oder in der personellen Überausstattung eines Arbeitsbereichs liegen. Von Bore-out betroffene Mitarbeiter langweilen sich und sind unzufrieden mit ihrer Arbeitssituation, deren Schein des Ausgelastetseins sie nur aufrecht erhalten, um ihren Arbeitsplatz zu bewahren. Ähnlich wie das Burn-out-Syndrom kann auch das Bore-out-Syndrom psychosomatische Krankheiten wie Verspannungen oder Magenbeschwerden auslösen.

Literatur: *Rothlin, P.; Werder, P. R.*: Diagnose Boreout. Warum Unterforderung im Job krank macht, Heidelberg 2007.

Volker Stein

Bossing →Mobbing aus psychologischer Sicht, →Mobbing aus (arbeits-)rechtlicher Sicht

Boundaryless Organization

Unternehmen, dessen Grenzen durch starke →Interdependenzen und Austauschbeziehungen mit der Umwelt nicht mehr exakt zu bestimmen sind (dt: grenzenloses Unternehmen).

Entwicklungen auf technischer, organisatorischer und individueller Ebene haben in den letzten Jahren diese Sichtweise und Interpretation einer →Organisation verstärkt, wie beispielsweise *Picot*, *Reichwald* und *Wigand* (2003) betonen: Die modernen Kommunikationsmedien erlauben eine schnelle und kostengünstige →Koordination von organisatorischen Einheiten, die nicht mehr in einem einzigen wirtschaftlich unabhängigen Unternehmen zusammengefasst sein müssen. Die Koordination mit Externen, zum Beispiel mit Zulieferern, die im Rahmen von Outsourcingmaßnahmen (→Outsourcing) entsteht, fällt leichter. Die Anzahl von Mitarbeitern, die als →freie Mitarbeiter nur für ein Projekt oder für eine bestimmte Zeit für ein Unternehmen arbeiten, nimmt zu. Telearbeitsplätze (→Telearbeit) lassen die physische Komponente einer Organisation, die den räumlichen Aspekt der Zugehörigkeit betrifft, als irrelevant erscheinen. Im Extremfall entsteht eine virtuelle Organisationform, deren Strukturen nur dann aktiviert werden, wenn eine entsprechende Problemstellung zu lösen ist.

Die Vorteile der →Flexibilität einer Boundaryless Organization werden nach *Ashkenas* (2002) allerdings teilweise durch eine Unübersichtlichkeit der organisatorischen Beziehungen, was zusätzliche Koordinationskosten impliziert, wieder aufgehoben.

Literatur: *Ashkenas, R.*: The Boundaryless Organization, 2. Aufl., San Fransisco 2002. *Picot, A.; Reichwald, R.; Wigand, R.*: Die grenzenlose Unternehmung, 5. Aufl., Wiesbaden 2003.

Reinhard Meckl

Brand

nach der klassischen merkmalsbezogenen Perspektive Markierung als physisches Kennzeichen für eine garantierte Herkunft (dt.: Marke).

Objekte dieser Herkunftsgarantie können materielle oder immaterielle Ergebnisse eines Produktions- oder Erstellungsprozesses sein (also z. B. Konsum- und Investitionsgüter, Dienstleistungen). Als zentrale Eigenschaften werden die konstante oder verbesserte Qualität bei gleich bleibender Menge und Aufmachung, die Überallerhältlichkeit (Ubiquität) der Marke, eine intensive Verbraucherwerbung und eine hohe Anerkennung im Markt genannt. Aus der *funktionalen* Perspektive soll die Marke ein Produkt identifizieren und es von konkurrierenden Angeboten differenzieren.

Aus *rechtlicher* Perspektive sind Marken in §3 Abs. 1 des Markengesetzes definiert: „Als Marke können alle Zeichen, insbesondere Wörter einschließlich Personennamen, Abbildungen, Buchstaben, Zahlen, Hörzeichen, dreidimensionale Gestaltungen einschließlich der Form einer Ware oder ihrer Verpackung sowie sonstige Aufmachungen einschließlich Farben und Farbzusammenstellungen geschützt werden, die geeignet sind, Waren oder Dienstleistungen eines Unternehmens von denjenigen anderer Unternehmen zu unterscheiden."

Allen genannten Definitionsansätzen ist gemeinsam, dass sie die Konsumentenperspektive vernachlässigen: Informationen über die Eigenschaften der Marke reichen allein nicht aus, um das Verhalten der Konsumenten zu erklären. Hinzu kommt, dass „nonconforming examples" die Gültigkeit der merkmalsbezogenen Definition infrage stellen: Handelsmarken wi zum Beispiel *IKEA* verfügen über eine größere Bekanntheit als manche Herstellermarken, und zum Konzept der meisten Luxusmarken gehört es, gerade nicht ubiquitär zu sein. Zudem können auch Institutionen zur Marke werden (z.B. das Rote Kreuz). In der Marketingforschung hat sich daher die *wirkungsbezogene* Perspektive durchgesetzt, nach der Brands „Vorstellungsbilder in den Köpfen der Anspruchsgruppen, die eine Identifikations- und Differenzierungsfunktion wahrnehmen und das Wahlverhalten prägen" sind (*Esch* 2007a, S. 22).

Hersteller können eine Brand auf vier verschiedene Arten aufbauen (*Kotler et al.* 2007):

1. Als *Herstellermarke* („Manufacturer Brand", z. B. Persil).
2. Durch die Belieferung um Beispiel des Handels als *Handelsmarke* („Private Brand" oder „Private Label", z. B. BioBio von Plus).
3. Durch Übernahme einer bereits auf einem anderen Markt erfolgreichen Marke als *Lizenzmarke* („Licensing", z. B. Lebensmittel der Marke „Weight Watchers").
4. Durch Nutzung von zwei oder mehreren Marken auf einem Produkt („Co-Branding", z. B. die Sorte „Milka" von Langnese Cremissimo).

Neben diesen Hauptformen einer Brand werden weitere spezifische Markentypen diskutiert:

- Im Handel bezeichnen *Store Brands* solche Handelsunternehmen, bei denen der Konsument alle angebotenen Produkte (Handelsmarken) dem Händler als Eigner zuordnet. Je nach strategischer Ausrichtung können *Discount Store Brands* (z. B. ALDI), *Premium Store Brands* (z. B. Mandarina Duck) und *Focus Store Brands* (z. B. Inditex mit seinen neben der Store Brand „Zara" geführten Store Brands „Bershka" und „Pull and Bear") unterschieden werden.
- Als *Lebensstilmarke* (Lifestyle-Brand) werden Brands bezeichnet, bei denen „sich der Marketing-Mix, insbesondere die Produkt- und Kommunikationspolitik, konsequent an den Wünschen, Bedürfnissen (→ Motiv) und Geschmacksvorstellungen einer identifizierten Zielgruppe orientieren" (*Gröppel-Klein* 2004, S. 908).
- *Luxusmarken* sind unabhängig von der Produktkategorie dadurch gekennzeichnet, dass sie einen hohen Preis und exzellente Qualität aufweisen, Einzigartigkeit durch Knappheit signalisieren, Ästhetik im Produkterlebnis vermitteln, eine Historie vermitteln und nicht notwendig sind, was sich durch die dominierende Wahrnehmung symbolischer gegenüber technisch-funktionaler Eigenschaften zeigt.
- Gelingt es schließlich, eine Brand mit einem Mythos zu verbinden, der den Konsumenten hilft, die eigene Identität zu definieren und der einen aktuellen Widerspruch in der Gesellschaft thematisiert, kann eine *Iconic Brand* (z. B. der VW Käfer) entstehen (*Holt* 2003).

Maßnahmen zum Aufbau einer Brand, die diese von der Konkurrenz differenzieren und dem Konsumenten eine eindeutige Zuordnung von Angeboten zu der Marke ermöglichen, werden als *Branding* bezeichnet. Die Maßnahmen des Branding umfassen die *Markierung* selbst (Name, Zeichen, Verpackung) und die *Markenkommunikation* und sollten die Identifikation und die Differenzierung von Konkurrenzmarken erhöhen, eine prägnante Positionierung (→ Profilierungsfunktion) erreichen, die vom Konsumenten verstanden wird, Gefallen, Akzeptanz und →Commitment beim Konsumenten erzielen, leicht lernbar und schützbar sein.

Literatur: *Esch, F.-R.*: Strategie und Technik der Markenführung, 4. Aufl., München 2007. *Gröppel-Klein, A.*: Lifestyle-Markenstrategien, in: *Bruhn, M.* (Hrsg.): Handbuch Markenführung, Wiesbaden 2004, S. 903–926. *Holt, D.*: How Brands Become Icons, Boston 2003. *Kotler, P.; Armstrong, G.; Saunders, J.; Wong, V.*: Grundlagen des Marketing, München 2007.

Claas Christian Germelmann

Brasilianisierung

vom Soziologen *Beck* (1997) für Europa in Aussicht gestellte Entwicklung für den Fall, dass einschneidende Reformen auf europäischer Ebene (*New Deal*) ausbleiben.

Dann drohe bei Abbau des Sozialstaats und Dominanz des Neoliberalismus ein Auseinanderfallen der Gesellschaft mit abgegrenzten

Herrschaftsgebieten auf der einen und rechtlichen und normativen Niemandslandzonen (*Beck* 1997) auf der anderen Seite. Für die Arbeitswelt würde dies zu einer fortschreitenden Segmentierung von →Arbeitsmärkten und einer radikalen Ungleichverteilung erwerbswirtschaftlicher Chancen führen, was für die meisten Erwerbsarbeitenden eine Zunahme des Prekären, Diskontinuierlichen und Unsicheren bedeuten würde.

Literatur: Beck, U.: Was ist Globalisierung?, Frankfurt a. M., 1997

Axel Haunschild

Break-Even-Analyse

zentrales Controllinginstrument, das ermittelt unter welchen Voraussetzungen (Produktmenge, Periode, Produktpreis) die positiven Wirkungen einer unternehmerischen Entscheidung (Erlöse) die negativen Wirkungen (Kosten) gerade kompensieren.

Der *Break-Even-Punkt* zeigt dabei, bei welchem Leistungsumfang die gesamten fixen als auch variablen Kosten gerade durch Erlöse gedeckt werden, also ab welcher Leistungskombination Gewinne realisiert werden können (*Horváth* 2001).

Das Verfahren kann auch als ein Instrument zur *Risikobeurteilung* verwendet werden, wenn nach den Bedingungen gefragt wird, unter denen ein zielneutrales Ergebnis erreicht. Außerdem ist die Break-Even-Analyse eine Entscheidungsgrundlage für die Analyse von Konsequenzen der Veränderung der Prämissen beziehungsweise →Kontextfaktoren auf den Break-Even-Punkt. Varianten der Break-Even-Analyse basieren auf der Veränderung der →Grundannahmen, wie zum Beispiel die Mehrproduktfertigung, sprungfixe Kosten, nicht-lineare Kosten, stochastische oder dynamische Break-Even-Analyse (*Schweitzer* und *Trossmann* 1998).

Die Break-Even-Analyse kann vor allem in der Personalsteuerung zum Einsatz kommen. Durch die Gegenüberstellung von Gesamtkosten und Erlösen, die durch Änderungen im Personalbestand oder den Arbeitszeiten entstehen, kann der Break-Even-Punkt ermittelt werden.

Literatur: Horváth, P.: Controlling, 8. Aufl., München 2001. Schweitzer, M.; Trossmann, E.: Break-even-Analysen, 2. Aufl., Berlin 1998.

Silvia Föhr

Breiten- oder Verbundvorteile →Economies of Scope

Broad Banding

Zusammenfassung von detailliert aufgesplitteten und eindeutig gegeneinander abgegrenzten Lohn- und Gehaltsgruppen in Bändern beziehungsweise Korridoren (dt.: Breitband Entgeltstruktur).

Die Zuordnung des Entgelts zu einer →Stelle mit bestimmten →Anforderungen ist beim Broad Banding mit größeren Spielräumen, zum Beispiel in Abhängigkeit der individuellen Leistung oder →Qualifikation des Stelleninhabers, verbunden. Diese Systeme wurden mit der Zielsetzung eingeführt, eine Vereinfachung des Lohnfindungs- und -administrationsprozesses zu erreichen, eine höhere →Flexibilität bei internen Versetzungen zu sichern, →Anreiz zum Qualifikationserwerb zu setzen und die →Dezentralisierung von Lohnentscheidungen zu ermöglichen (*Milkowich* und *Newman* 1996).

Literatur: Milkovich, G. T.; Newman, J. M.: Compensation, 5. Aufl., Boston 1996.

Silvia Föhr

Brückentag

Arbeitstag, der zwischen einem Feiertag und dem nächstgelegenen Wochenende (z. B. der Freitag nach Christi Himmelfahrt) liegt.

Beim Brückentag kann dem Mitarbeiter durch die Möglichkeit vor- und nachzuarbeiten quasi ein Tag zusätzlicher →„Sonderurlaub" gewährt werden.

Désirée H. Ladwig

Budget

in wertmäßigen Größen ausgedrückte Sollvorgabe an Entscheidungseinheiten für eine bestimmte Zeitperiode.

Demnach stellt ein Budget im engeren Sinne Ergebnis gewinnorientierter Planung und Kontrolle, welches auch als Master Budget bezeichnet wird; im weiteren Sinne Plan zur Steuerung der Ressourcenallokation (*Ewert* und *Wagenhofer* 2003).

Das *Ausgabenbudget* ist der monetäre Betrag, mit dem eine organisatorische Einheit für einen genau bestimmten Zeitraum bei der Erfüllung ihrer Aufgaben auskommen muss. Ohne die Einbindung des Budgets in Anreizsysteme

Budgetabstimmung

entfallen allerdings die Vorteile für personalpolitische Maßnahmen.

Analog ist ein →*Personalbudget* ein auf ein konkretes Leistungsziel ausgerichteter Plan, der die Obergrenze des →Personalaufwands einer übergeordneten organisatorischen Einheit für einen festgelegten Zeitraum, zum Beispiel ein (Abrechnungs-)Jahr, bestimmt (*Scholz* 2000).

Literatur: *Ewert, R.; Wagenhofer, A.*: Interne Unternehmensrechnung, 5. Aufl., Berlin etc. 2003. *Scholz, C.*: Personalmanagement, 5. Aufl., München 2000.

Silvia Föhr

Budgetabstimmung

Wahl unterschiedlicher Grade der →Partizipation von Mitarbeitern im Rahmen eines Budgetierungsprozesses.

Bei der *Top down-Budgetierung* oder auch retrograden →Budgetierung werden entscheidungsvorbereitende Informationen der untergeordneten an die übergeordneten Instanzen (→Aufbauorganisation) weitergeleitet. Die oberste Instanz verarbeitet die Informationen und legt unter Berücksichtigung strategischer und operativer Ziele das entsprechende →Budget fest. Der Partizipationsgrad ist hier gering.

Bei der *Bottom up-Budgetierung* oder auch progressiven Budgetierung ist der Verlauf prinzipiell umgekehrt, denn die Budgetabstimmung erfolgt durch die untergeordneten Instanzen unter Berücksichtigung strategischer Zielvorgaben der übergeordneten Instanzen. Damit ist ein hoher Partizipationsgrad erreicht. Im →Gegenstromprinzip/-verfahren mischen sich die Varianten zu einem mittleren Partizipationsgrad bei der Budgetabstimmung (*Ewert* und *Wagenhofer* 2003).

Zur Beurteilung der Varianten in ihrer Ergebniswirkung im Rahmen eines Agency-Modells sollten Kriterien der Entscheidungsqualität und der Entscheidungskosten, zum Beispiel Opportunitätskosten der Zeit, einbezogen werden.

Literatur: *Ewert, R.; Wagenhofer, A.*: Interne Unternehmensrechnung, 5. Aufl., Berlin etc. 2003.

Silvia Föhr

Budgeterstellung

Aktivitäten der Erstellung, Genehmigung, Durchsetzung, Kontrolle und Anpassung von →Budgets.

Die Erarbeitung von Budgetvorschlägen erfolgt durch hierarchisch untergeordnete Stellen, die diese anschließend den Vorgesetzten zur Verabschiedung vorlegen. Die Verfahren der →Budgetierung lassen sich in *problemorientiert* und *verfahrensorientiert* unterscheiden. Erstere beziehen sich zum Beispiel auf die Kostenplanung, das →Target Costing. Verfahrensorientierung bezieht sich auf den Input, was zum Beispiel in einer Fortschreibung oder einer →Wertanalyse besteht, oder auf den Output, zum Beispiel die Programmbudgetierung. Die Methoden zur Erstellung des →Personalbudgets sind daran angelehnt, also auch das →Zero-Base-Budgeting, die Planung auf Fortführungsbasis oder die →Gemeinkostenwertanalyse.

Literatur: *Scholz, C.*: Personalmanagement, 5. Aufl., München 2000, S. 720–731.

Silvia Föhr

Budgetierung

gewinnorientierte Planung und Kontrolle, bei der das →Budget als Ergebnis der Planung (Master Budget), die Zusammenstellung der aufgrund der Unternehmensplanung vorgesehenen mittel- und kurzfristigen (operativen und taktischen) Maßnahmen und/oder der daraus resultierenden Mengen und Geldwerte für die nächste Planungsperiode oder für ein Projekt bestimmt wird.

Zweck des Budgets ist die Steuerung nachgeordneter Instanzen (→Aufbauorganisation) eines Unternehmens im Hinblick auf ein vorgegebenes Ziel. Budgetierung ist entsprechend die Aufstellung solcher Pläne.

Literatur: *Ewert, R.; Wagenhofer, A.*: Interne Unternehmensrechnung, 5. Aufl., Berlin etc. 2003.

Silvia Föhr

Budgetkontrolle/-überwachung

Soll-Ist-Vergleich in Form der Gegenüberstellung der bis zum Berichtszeitpunkt angefallenen Ist-Kosten mit den für diesen Termin geplanten Budgetkosten.

Die wichtigste *Voraussetzung* ist die Übereinstimmung von Planungs- und Kontrolleinheiten. Das *Hauptproblem* besteht in der Interpretierbarkeit der Abweichungen, denn eine Aufspaltung in Mengen- und Wertkomponenten ist notwendig.

Das →Controlling kann als Subsystem der Führung (→Mitarbeiterführung), das Planung, Steuerung und Kontrolle mit der Informationsversorgung zielorientiert koordiniert, verwendet werden. Dabei spielen zwei Aspekte der Koordinationsfunktion eine Rolle: zum einen geht es um die Entwicklung und die →Implementierung von Planungs-, Kontroll- und →Informationssystemen, zum anderen um die Anpassung der bestehenden Systeme an veränderte Anforderungen (*Horvath* 2001).

Literatur: *Coenenberg, A. G.*: Kostenrechnung und Kostenanalyse, 4. Aufl., Landsberg/Lech 1999. *Horvath, P.*: Controlling, 8. Aufl., München 2001. *Scholz, C.*: Personalmanagement, 5. Aufl., München 2000, S. 731–733.

Silvia Föhr

Bundesagentur für Arbeit (BAG)

selbstverwaltete Körperschaft des öffentlichen Rechts, die für die Arbeitsverwaltung zuständig ist und dem *Bundesministerium für Wirtschaft und Arbeit* untersteht.

Ihren historischen Ursprung hat die Bundesagentur für Arbeit in der „Reichsanstalt für Arbeitsvermittlung und Arbeitslosenversicherung", die 1927 als Folge der Weltwirtschaftskrise zur Unterstützung von sechs Millionen Arbeitslosen gegründet wurde (*Führer* 1990). Bis Ende 2003 hieß die bundesdeutsche Nachfolgeinstitution *Bundesanstalt für Arbeit*. Die mit dem Namenswechsel reformierte Bundesagentur für Arbeit mit Zentrale in Nürnberg untergliedert sich in zehn Regionaldirektionen und 180 Agenturen für Arbeit mit rund 660 Geschäftsstellen. Ihr angeschlossen sind besondere Dienststellen wie das *Institut für Arbeitsmarkt- und Berufsforschung*, die *Fachhochschule des Bundes* – Fachbereich Arbeitsverwaltung, Bildungszentren, eine Führungsakademie und ein IT-Systemhaus. Die interne Organisation sieht einen Verwaltungsrat als Selbstverwaltungsorgan vor, daneben einen dreiköpfigen Vorstand mit einem Vorstandsvorsitzenden, einen Vorstand für Finanzen sowie einen Vorstand für Operative Aufgaben.

Im Fokus der Aufgaben der Bundesagentur für Arbeit, die im dritten Buch Sozialgesetzbuch (SGB III) festgelegt sind, liegen unter anderem die Vermittlung von Arbeits- und Ausbildungsplätzen, die Förderung der beruflichen Aus- und Weiterbildung, Berufsberatung, Arbeitgeberberatung und die Gewährung von Arbeitslosen- sowie Kindergeld. Die Bundesagentur für Arbeit betreibt dazu ein breit aufgestelltes Internetportal insbesondere zur Veröffentlichung von Arbeitsangeboten, das eine Reihe von Partnerportalen integriert und insgesamt Teil des „virtuellen Arbeitsmarktes" ist. Die Finanzierung erfolgt durch Sozialversicherungsbeiträge, die von →Arbeitnehmern und →Arbeitgebern aufgebracht werden, sowie durch Kostenübernahmen des Bundes.

Die Arbeit der Bundesagentur für Arbeit wird wegen ihrer besonderen gesellschaftspolitischen Funktion sowie wiederholt erfolgender arbeitsmarktpolitischer Reformen immer wieder auf den Prüfstand gestellt (*Schütz* und *Mosley* 2005, *Schütz* 2008).

Literatur: *Führer, K. C.*: Arbeitslosigkeit und die Entstehung der Arbeitslosenversicherung in Deutschland 1902–1927, München 1990. *Schütz, H.*; *Mosley, H.* (Hrsg.): Arbeitsagenturen auf dem Prüfstand, Berlin 2005. *Schütz, H.*: Reform der Arbeitsvermittlung, Leverkusen – Opladen 2008.

Volker Stein

Bundesarbeitsgericht (BAG)

einer der fünf obersten Gerichtshöfe Deutschlands und höchste Instanz der →Arbeitsgerichtsbarkeit.

Das Bundesarbeitsgericht (BAG) mit Sitz in Erfurt nahm 1954 seine Arbeit zunächst in Kassel auf (*Oetker, Preis* und *Rieble* 2004). Es ist ausschließlich für solche Streitigkeiten zuständig, die unter einen der im Arbeitsgerichtsgesetz (ArbGG) aufgelisteten Gegenstände fällt. Die erste Instanz der deutschen Arbeitsgerichtsbarkeit bilden die Arbeitsgerichte. Nach Einlegen von Berufung werden die Landesarbeitsgerichte als zweite Instanz angesprochen. Bei Zulassung des Rechtsmittels der Revision ist als dritte Instanz das Bundesarbeitsgericht zuständig. Eine Revisions- beziehungsweise Beschwerdemöglichkeit wird immer dann zugelassen, wenn es sich um entscheidungserhebliche Rechtsfragen von grundsätzlicher Bedeutung für die Rechtsordnung beziehungsweise die Allgemeinheit handelt und wenn eine Entscheidung des Landesarbeitgerichts von einer anderen Entscheidung des Bundesverfassungs- beziehungsweise Bundesarbeitsgerichts in einem vergleichbaren Fall abweicht. Aufgabe des Bundesarbeitsgerichts ist dann die Überprüfung der Entscheidungen der Landesarbeitsgerichte auf Rechtsfehler. Abgesehen von wenigen Ausnahmen werden keine neuen Tatsachen mehr berücksichtigt. Damit wahrt das Bundesarbeitsgericht die Rechtseinheit, stellt Rechtssicherheit her und sorgt für eine Weiterentwicklung der Rechtsprechung.

Weitere Aufgaben des Bundesarbeitsgerichts sind unter anderem der regelmäßige Austausch mit Wissenschaft und Praxis über arbeitsrechtliche Fragestellungen, die Bereitstellung einer umfassenden Fachbibliothek und die Dokumentation und Verbreitung seiner Rechtssprechung. Die Rechtssprechung wird von zehn Senaten wahrgenommen, die sich mit jeweils einer ausgewählten Rechtsmaterie beschäftigen. Sie werden unterstützt von der Geschäftsstelle, der Bibliothek, der Dokumentationsstelle und der Verwaltungsabteilung.

Möglich sind am Bundesarbeitsgericht zwei Verfahrensarten:

1. Das *Urteilsverfahren* mündet in ein Urteil: Hier obliegt es allein den Parteien, dem Gericht die für die Entscheidung erforderlichen Tatsachen zu unterbreiten und gegebenenfalls unter Beweis zu stellen. Beispiele hierfür sind Streitigkeiten im Zusammenhang mit einem Arbeitsverhältnis wie dessen Bestehen und die daraus entstehenden Ansprüche sowie Streitigkeiten im Zusammenhang mit Tarifverträgen.

2. Das *Beschlussverfahren* endet in einem Beschluss: Hier ermittelt und klärt das Gericht den Sachverhalt weitgehend von sich aus. Beispiele hierfür sind Angelegenheiten aus dem Bereich des →Betriebsverfassungsgesetzes, dem Sprecherausschussgesetz und anderer Mitbestimmungsgesetze sowie die Entscheidung über die Tariffähigkeit und Tarifzuständigkeit einer →Gewerkschaft oder eines →Arbeitgeberverbandes.

In beiden Verfahren entscheiden die Senate, bestehend aus drei Berufsrichtern – einem Vorsitzenden und zwei Beisitzern – sowie zwei ehrenamtlichen Richtern aus den Kreisen der →Arbeitgeber und →Arbeitnehmer. Stand 2008 gibt es am Bundesarbeitsgericht 34 Richter, 118 nichtrichterliche Beschäftigte und durchschnittlich 11 wissenschaftliche Mitarbeiter.

Literatur: Arbeitsgerichtsgesetz (ArbGG). *Oetker, H.; Preis, U.; Rieble, V.* (Hrsg.): 50 Jahre Bundesarbeitsgericht, München 2004.

Volker Stein

Bundesdatenschutzgesetz (BDSG)

Sammlung spezifischer Regelungen, die bei der Erhebung und Verarbeitung →personenbezogener Daten zu beachten sind.

Das Bundesdatenschutzgesetz BDSG dient nach *Gola* und *Schomerus* (2005) der Wahrung des Rechts auf informationelle →Selbstbestimmung als Bestandteil des allgemeinen Persönlichkeitsrechts (Art. 2 Abs. 1 GG). Es soll den Einzelnen davor schützen, dass er durch den Umgang mit seinen personenbezogenen Daten in seinem Persönlichkeitsrecht beeinträchtigt wird (§ 1 Abs. 1 BDSG). Keinesfalls werden hierdurch die im Einzelnen erhobenen →Daten an sich geschützt. Der Anwendungsbereich des BDSG ergibt sich aus § 1 Abs. 2 BDSG. Danach gilt das BDSG für die Erhebung, Verarbeitung und Nutzung personenbezogener Daten durch öffentliche Stellen des Bundes (§ 1 Abs. 2 Nr. 1 BDSG) und teilweise der Länder (§ 1 Abs. 2 Nr. 2 BDSG) sowie durch nicht-öffentliche Stellen, soweit sie die Daten unter Einsatz von Datenverarbeitungsanlagen verarbeiten, nutzen oder dafür erheben oder die Daten in oder aus nicht automatisierten Dateien verarbeiten, nutzen oder dafür erheben, es sei denn, die Erhebung, Verarbeitung oder Nutzung der Daten erfolgt ausschließlich für persönliche oder familiäre Tätigkeiten (§ 1 Abs. 2. Nr. 3 BDSG). Moderne Personalarbeit (→Personalmanagement) ist allerdings ohne Einsatz von Datenverarbeitung heutzutage nicht mehr denkbar, so dass die Vorschriften des BDSG berücksichtigt werden müssen.

Voraussetzung für die Anwendung ist zunächst das Vorliegen personenbezogener Daten (§ 1 Abs. 1 BDSG). Hierbei handelt es sich um Einzelangaben über persönliche oder sachliche Verhältnisse einer bestimmten oder bestimmbaren Person (Betroffener) (§ 3 Abs. 1 BDSG). Erheben ist das Beschaffen von Daten über den Betroffenen (§ 3 Abs. 3 BDSG). Verarbeiten bedeutet Speichern, Verändern, Übermitteln, Sperren und Löschen personenbezogener Daten (§ 3 Abs. 4 BDSG). Nutzen ist jede Verwendung personenbezogener Daten, soweit es sich nicht um Verarbeitung handelt (§ 3 Abs. 5 BDSG)

Die Systematik des BDSG unterscheidet die Verarbeitung personenbezogener Daten durch öffentliche Stellen einerseits und nicht-öffentliche Stellen andererseits. Je nachdem, welche

Stelle die Daten verarbeitet, finden unterschiedliche Vorschriften des BDSG Anwendung. Die Datenverarbeitung durch öffentliche Stellen ist im zweiten Abschnitt des Bundesdatenschutzgesetzes (§§ 12–26 BDSG) und die durch nicht-öffentliche Stellen im dritten Abschnitt (§§ 27–38a BDSG) geregelt. Die Rechte der Betroffenen sind identisch. Lediglich die anzuwendenden Vorschriften richten sich nach der Art der verarbeitenden Stelle.

Grundregel des →Datenschutzes ist, dass personenbezogene Daten nur dann erhoben, verarbeitet oder genutzt werden dürfen, wenn das BDSG oder eine andere Rechtsvorschrift dies erlaubt oder anordnet (sog. Gesetzesvorbehalt) oder der Betroffene eingewilligt hat (sog. Einwilligungsvorbehalt, § 4 Abs. 1 BDSG). Auf den Inhalt der Daten kommt es nicht an. Es handelt sich dabei um ein Verbot mit Erlaubnisvorbehalt (*Gola* und *Schomerus* 2005, BDSG §. 4 Rn. 3, *Scholz* 2000).

Im Bereich der Personaldatenverarbeitung durch nicht-öffentliche Stellen ergeben sich die Erlaubnistatbestände aus § 28 BDSG. Einschlägig ist hierbei insbesondere § 28 Abs. 1 Nr. 1 BDSG, wonach eine gesetzliche Erlaubnis zur Datenverarbeitung dann vorliegt, wenn sie der Zweckbestimmung eines Vertragsverhältnisses mit dem Betroffenen dient. Dieses Vertragsverhältnis ist der →Arbeitsvertrag. Danach ist die Verarbeitung personenbezogener Daten durch die gesetzlichen und vertraglichen Erfordernisse zur Durchführung des Arbeitsverhältnisses (→Beschäftigungsverhältnis) gerechtfertigt (*Steckler* und *Schmidt* 2004), weil die entsprechenden personenbezogenen Daten an verschiedene Stellen zu übermitteln sind (§ 28a SGB IV; §§ 67 ff. SGB X). Die Datenerfassung und -übermittlung erfolgt nach den besonderen Vorschriften der Verordnung über die Erfassung und Übermittlung von Daten für die Träger der Sozialversicherung (→Datenerfassungs- und Übermittlungsverordnung). Allerdings muss der →Arbeitgeber beachten, dass schutzwürdige Belange des Arbeitnehmers nicht beeinträchtigt werden. Aufgrund der vorgenannten Regelung dürfen nach *Steckler* und *Schmidt* (2004) zahlreiche Daten zur Person des Arbeitnehmers erhoben und gespeichert werden, wie Name, Anschrift, Telefonnummer, Geschlecht, Familienstand, schulischer und beruflicher Werdegang, →Ausbildung in Lehr- und anderen →Berufen, Hochschulausbildung, Fachrichtung,

Abschluss, Sprachkenntnisse und weitere Umstände, die für die Auswahl unter mehreren Bewerbern von Bedeutung sind sowie die Gesundheitsdaten der Arbeitnehmer, insbesondere wegen einer erforderlichen medizinischen Überwachung nach den Arbeitnehmerschutzgesetzen (z. B. Entgeltfortzahlungsgesetz).

Die unabdingbaren Rechte des Betroffenen sind der Anspruch auf Auskunft und auf Berichtigung, Löschung oder Sperrung (§§ 19 und 20 BDSG). Bei der Datenverarbeitung durch nicht-öffentliche Stellen sind die §§ 34 und 35 BDSG einschlägig (*Scholz* 2000).

Gemäß § 34 BDSG kann der Betroffene Auskunft verlangen, welche Daten zu welchem Zweck über ihn gespeichert sind und an wen diese Daten weitergegeben werden (§ 34 Abs. 1 S. 1 BDSG). Diese Auskunft muss der Arbeitgeber unentgeltlich erteilen (§ 34 Abs. 5 BDSG). Sofern der Betroffene feststellt, dass die über ihn erhobenen Daten unrichtig sind, kann er Berichtigung verlangen (§ 35 Abs. 1 BDSG). Für den Fall, dass die Speicherung unzulässig ist beziehungsweise der Zweck der Speicherung weggefallen ist, kann Löschung verlangt werden (§ 35 Abs. 2 BDSG). An die Stelle einer Löschung tritt eine Sperrung, wenn der Löschung Aufbewahrungsfristen entgegenstehen oder durch die Löschung schutzwürdige Interessen des Betroffenen beeinträchtigt würden oder eine Löschung wegen der besonderen Art der Speicherung nicht oder nur mit unverhältnismäßig hohem Aufwand möglich ist (§ 35 Abs. 3 BDSG). Neben diesen genannten Rechten stehen dem Betroffenen Schadensersatzansprüche zu, wenn er durch eine unzulässige oder unrichtige Erhebung, Verarbeitung oder Nutzung seiner personenbezogenen Daten einen Schaden erleidet. Eine entsprechende Anspruchsgrundlage ergibt sich aus § 7 BDSG. Im Rahmen des Arbeitsverhältnisses gelten laut *Steckler* und *Schmidt* (2004) aber auch die allgemeinen Anspruchsgrundlagen wie § 280 BGB (Schadensersatzanspruch wegen Verletzung einer Pflicht aus dem Arbeitsverhältnis) oder wie *Gola* und *Schomerus* (BDSG, §. 7 Rn. 18) betonen § 823 BGB (Schadensersatzanspruch wegen unerlaubter Handlung).

Mit den Rechten der Betroffenen korrespondiert die gesetzlich festgelegte Benachrichtigungspflicht (§ 33 BDSG). Da aber die personenbezogenen Daten in aller Regel beim Betroffenen zu erheben sind (§ 4 Abs. 2 BDSG), entfällt nach *Gola* und *Schomerus* (BDSG §. 33 Rn. 7) die Benachrichtigungspflicht, weil der Betroffene auf andere Weise Kenntnis von der Speicherung oder Übermittlung erlangt hat (§ 33 Abs. 2 Nr. 1 BDSG). Unberührt davon bleibt die Pflicht des Arbeitgebers, den Arbeitnehmer über die Daten, die an die Sozialversicherungsträger gemeldet werden, in Kenntnis zu setzen (§ 25; § 28 DEÜV).

Die Einhaltung der Datenschutzgesetze unterliegt im nicht-öffentlichen Bereich einer →Selbstkontrolle durch den →Datenschutzbeauftragten, vergleiche § 4f. BDSG. Ferner existiert eine →Meldepflicht, sofern Verfahren automatisierter Verarbeitungen in Betrieb genommen werden (§ 4d BDSG).

Jede Stelle, die personenbezogene Daten erhebt, verarbeitet oder nutzt, hat die technischen und organisatorischen Maßnahmen zu treffen, die erforderlich sind, um die Ausführung der Vorschriften des BDSG zu gewährleisten. Allerdings muss der Aufwand der Maßnahmen in einem angemessenen Verhältnis zu dem angestrebten Schutzzweck stehen (§ 9 BDSG). Die zu treffenden Maßnahmen ergeben sich aus der Anlage zu § 9 BDSG (→Datensicherheit). Dort sind beispielsweise folgende Maßnahmen genannt: Kontrollen des Zutritts, des Zugangs, des Zugriffs, der Weitergabe, und der Eingabe. Je nach Umfang der automatisierten Datenverarbeitung kann eine →Arbeitsteilung zwischen dem betrieblichen Rechenzentrum und anderen Betriebsabteilungen – insbesondere der Personalabteilung – erforderlich werden, ferner die Einrichtung von Zugangskontrollsystemen für Mitarbeiter, Besucher, Wartungspersonen oder Lieferanten. Auch ist ein besonderes Benutzerverwaltungssystem mit entsprechenden Passwörtern und Zugangsberechtigungen einzurichten. Schließlich muss die sachgerechte Verarbeitung, wie *Steckler* und *Schmidt* (2004) beschreiben, durch entsprechende Kontrollsysteme wie etwa Überwachung der Systembedienung mit entsprechenden Aufzeichnungen gewährleistet werden, wobei die Mitbestimmungsrechte des →Betriebsrates (§ 87 Abs. 1 Nr. 6 BetrVG) zu beachten sind. Die datenverarbeitenden Stellen können ihr Datenschutzkonzept durch unabhängige und zugelassene Gutachter prüfen und bewerten lassen (sog. Datenschutzaudit, § 9a BDSG).

Literatur: *Gola, P.*; *Schomerus, R.*: Bundesdatenschutzgesetz, 9. Aufl., München 2007. *Schneider, J.*: BDSG 2001, in: *Schwarz, M.*; *Peschel-Mehner, A.* (Hrsg.): Recht im Internet, Augsburg 2006. *Scholz, C.*: Personalmanagement, 5. Aufl. München 2000. *Steckler, B.*; *Schmidt, C.*: Arbeitsrecht und Sozialversicherung, 6. Aufl., Ludwigshafen 2004.

Axel Benning

Bundesknappschaft →Deutsche Rentenversicherung Knappschaft-Bahn-See (KBS)

Bundessozialgericht

oberstes Gericht im Bereich der Sozialgerichtsbarkeit mit Sitz in Kassel.

Bei der Sozialgerichtsbarkeit handelt es sich um einen *selbstständigen Rechtsweg*, der in Art. 95 Abs. 1 Grundgesetz (GG) verfassungsrechtlich garantiert ist. Rechtsgrundlage für den sozialgerichtlichen Prozess ist das Sozialgerichtsgesetz (SGG). Der Rechtsweg zu den Gerichten der Sozialgerichtsbarkeit ist eröffnet, wenn die betreffende Streitigkeit zu einem der in § 51 SGG aufgeführten Gegenständen gehört, insbesondere wenn es sich um eine Angelegenheit aus einem der Sozialgesetzbücher (SGB) handelt.

Das Bundessozialgericht (BSG) steht an der Spitze eines *dreistufigen Instanzenzuges*. Erstinstanzlich zuständig sind die Sozialgerichte (§ 8 SGG), deren Spruchkörper (sog. Kammern) mit einem Berufsrichter und zwei ehrenamtlichen Richtern, die aufgrund von Vorschlagslisten von Versicherern und Versicherten paritätisch berufen werden, besetzt sind. Gegen die Entscheidungen der Sozialgerichte kann Berufung beziehungsweise Beschwerde als Rechtsmittel eingelegt werden, über die in zweiter Instanz das Landessozialgericht entscheidet (§ 29 SGG). Die Spruchkörper der Landessozialgerichte (Senate) sind mit drei Berufsrichtern und zwei ehrenamtlichen Richtern besetzt. In letzter Instanz entscheidet das Bundessozialgericht über Sprungrevisionen gegen Urteile der Sozialgerichte und Revisionen beziehungsweise Beschwerden gegen Entscheidungen der Landessozialgerichte. Daneben ist es erst- und letztinstanzlich zuständig für Streitigkeiten sozialrechtlicher, nichtverfassungsrechtlicher Art zwischen dem Bund und den Ländern beziehungsweise zwischen den Ländern (§ 39 SGG). Die Spruchkörper des BSG sind mit drei Berufsrichtern und zwei ehrenamtlichen Richtern besetzt.

Burkhard Boemke

Bundesvereinigung der Deutschen Arbeitgeberverbände (BDA)

sozial- und tarifpolitischer Spitzenverband der deutschen Wirtschaft, der die unternehmerischen Interessen im Bereich der Sozialpolitik vertritt.

Der BDA, die seit 1950 besteht (*Göhner* 1999) und deren Sitz sich in Berlin befindet, gehören etwa zwei Millionen Unternehmen an, die von mehr als 1.000 rechtlich und wirtschaftlich selbstständigen →Arbeitgeberverbänden betreut werden. Diese Unternehmen beschäftigen etwa 80 % aller Beschäftigten in Deutschland.

Die Organe der BDA als eingetragener Verein sind die Mitgliederversammlung, der Vorstand, das Präsidium und die Geschäftsführung. Die BDA finanziert sich durch Mitgliedsbeiträge. Organisiert in Branchenfachverbänden und Landesverbänden, ist die BDA nicht nur für seine Mitglieder, sondern auch für die Öffentlichkeit und die Regierung Ansprechpartner und Berater unter anderem in Fragen des Arbeitsrechts, der Bildungs- und der →Personalpolitik. Die BDA vertritt damit die Belange ihrer Mitglieder sowohl auf nationaler als auch auf europäischer Ebene gegenüber der Regierung, den →Gewerkschaften, den gesellschaftlichen Gruppen und der Öffentlichkeit nach außen und nimmt an gesellschaftlich relevanten Diskussionen teil.

Die BDA steht unter anderem (*Schroeder* und *Weßels* 2008) ein für ein modernes →Arbeitsrecht, das neben Entbürokratisierung auch die Rechtssicherheit fördert und weiterhin innovative →Arbeitsformen und flexible →Beschäftigungsformen erlaubt, um den deutschen →Arbeitsmarkt dynamischer zu machen. Dazu zählen vor allem auch die soziale Absicherung bei →Arbeitslosigkeit und die konsequente Arbeitsförderung, um eine schnelle Beschäftigungsaufnahme zu fördern.

Literatur: *Göhner, R.*: 50 Jahre BDA, Köln 1999. *Schroeder, W.; Weßels, B.* (Hrsg.): Die Wirtschafts- und Arbeitsverbände in Politik und Gesellschaft der Bundesrepublik Deutschland, Wiesbaden 2008.

Volker Stein

Bürgerarbeit

vom Soziologen *Beck* (1999) als Alternative zur →Arbeitsgesellschaft und zur „Marktgesellschaft" entwickeltes und in den Bericht der →Zukunftskommission eingebrachtes Konzept belohnter, aber nicht entlohnter und auf individuellem Engagement basierender →Arbeit.

Unabhängig von ihrer tatsächlichen Umsetzbarkeit hat die Idee der Bürgerarbeit eine große visionäre Relevanz im Diskurs zur „Zukunft der Arbeit" erlangen können. Dies vor allem deshalb, weil sie alternative Formen der Arbeit jenseits der „Lohngesellschaft" (*Gorz* 2000) verheißt. Eine weite Verbreitung von Bürgerarbeit hätte zur Folge, dass ein wachsender Anteil von →Arbeitsleistung außerhalb des Wirkungsbereichs betrieblicher Personalarbeit (→Personalmanagement) erbracht werden würde.

Literatur: *Beck, U.*: Schöne neue Arbeitswelt. Vision: Weltbürgergesellschaft, Frankfurt a. M. 1999. *Gorz, A.*: Arbeit zwischen Misere und Utopie, Frankfurt a. M., 2000

Axel Haunschild

Burnout

arbeitsbezogener Zustand von „ausgebrannten" Menschen, die sich hoch engagiert und „Feuer gefangen" haben, das jedoch im Laufe der Zeit erloschen ist.

Der Psychoanalytiker *Freudenberger* gab diesem Phänomen 1974 seinen Namen. Er verstand Burnout als psychischen und physischen „Verfall" bei ehrenamtlichen Mitarbeitern (→Ehrenamt) und beschrieb, wie aus einst glühenden Idealisten nach und nach müde, frustrierte und reizbare Zyniker wurden. Am Schluss waren sie körperlich erschöpft, gleichgültig und feindselig gegenüber ihren Klienten.

Zur Beschreibung und Analyse des Burnout-Phänomens wurden verschiedene *Theorien* aufgestellt, die sich drei verschiedenen Ebenen zuordnen lassen: Individuum/Persönlichkeit, Arbeitsbedingungen/Institution und gesamtgesellschaftliche Bedingungen.

Auf der ersten Ebene steht die *Persönlichkeit* im Vordergrund. Burnoutansätze, die dieser Ebene zugewiesen werden können, stammen von *Edelwich* und *Brodsky* (1980) oder *Fischer* (1983). Hier tritt die Frage in den Vordergrund, ob es eine typische „Burnoutpersönlichkeit" gibt. Die empirischen Befunde sind hierzu allerdings höchst widersprüchlich. So kommen manche Studien zu dem Befund, Burnout treffe eher Frauen. Andere Untersuchungen ergeben höhere Burnoutwerte bei Männern, und wieder andere Studien können keinen geschlechtsspezifischen Unterschied ausmachen. Auch was die Frage einer möglichen Altersabhängigkeit angeht, sind die Ergebnisse uneinheitlich.

Auf der zweiten Ebene der *Arbeitsbedingungen/Institutionen* haben organisationale Einflüsse stärkeres Gewicht, wie etwa organisationsbedingte Arbeitsüberlastung oder Rollenambiguität, zu geringe Kontrollspielräume oder unzureichende Belohnungen (Burnoutansätze auf dieser Ebene wurden von *Pines, Maslach* und *Jackson* entwickelt).

Die dritte Ebene nimmt eine *gesamtgesellschaftliche* Perspektive ein. Ein klassischer Ansatz, wie etwa der von *Karger* (1981), geht von marxistisch-leninistischen Prämissen aus.

Grundsätzlich gilt festzuhalten, dass eine eindeutige Zuordnung von Burnoutansätzen oder -theorien zu den einzelnen Ebenen nicht immer möglich ist. Dies gilt umso mehr, als Burnout das psychische Erleben eines Individuums umschreibt und die →Interaktion von der Person mit ihrer Umwelt (sei es die →Organisation oder die gesamtgesellschaftliche Umwelt) kaum unberücksichtigt bleiben kann.

Da Burnout kein einmaliger, punktueller Zustand, sondern ein längerfristiger Prozess ist, sind ferner verschiedene *Prozesstheorien* aufgestellt worden (z. B. von *Lauderdale, Edelwich* und *Brodsky, Maslach* oder *Cherniss*). Im Allgemeinen beschreiben sie eine Entwicklung weg von einer idealistischen Begeisterung (die „brennende Flamme") hin zu →Frustration, Verzweiflung und Apathie (die „erloschene Flamme"). Dieser Entwicklung liegt das Bild zugrunde, dass ein Mensch mit hohen Idealen an seine →Arbeit herangeht und sehr viel investiert, um bestimmte (von ihm selbst oder von außen gesetzte) Ziele zu erreichen. Allmählich stellt die Person dann fest, bei weitem nicht das erreicht zu haben, was sie wollte. Sie gesteht sich dies aber nur ungern ein, und beschließt im Gegenteil, noch mehr zu investieren, um das Erreichen der Ziele sicherzustellen oder, falls nötig, auch zu erzwingen. Sie bringt immer mehr Energie auf, dennoch kommt immer weniger dabei heraus. Irgendwann ist die „Batterie leer" und die →Handlungsfähigkeit stark eingeschränkt. Das Endstadium von Burnout wird von Gefühlen der Apathie und Gleichgültigkeit dominiert, die in dramatischen Fällen bis hin zu Suizid(gefahr) führen können.

Komplexere *Burnout-Modelle* sind das ökologische Modell von *Carroll* und *White* (1984), das kybernetische Modell von *Heifeitz* und *Bersani* (1983), das Soziale-Kompetenz-Modell nach *Harrison* (1983) oder das integrative Modell (bzw. das Modell gestörter Handlungsepisoden) von *Burisch* (1994). In all diesen Modellen wird versucht, das Zusammenspiel von Person und Umwelt unter burnout-relevanten Gesichtspunkten zu analysieren und zu modellieren. Dabei setzen die Modelle unterschiedliche theoretische Schwerpunkte, was mit verschiedenen Vor- und Nachteilen einhergeht, insbesondere dann, wenn diese Modelle für empirische Fragestellungen genutzt werden sollen.

Eine unter empirischen beziehungsweise praktischen Überlegungen wichtige Frage ist, wie man Burnout erheben und messen kann. Es gibt eine ganze Reihe so genannter Burnout-*Erhebungsinstrumente:*

- Ein international vielfach verwendeter →Fragebogen ist der *Maslach-Burnout-Inventory (MBI),* der aus einer Liste von 22 Items besteht, für die eine Person angeben muss, wie oft sie im Hinblick auf sich selbst zustimmen kann. Beispielsweise soll sie angeben, ob sie sich durch ihre Arbeit nie, einige Male im Jahr und seltener, einmal im Monat, einige Male im Monat, einmal oder einige Male pro Woche oder täglich ausgelaugt fühlt. Die einzelnen Fragen werden schließlich den drei Kategorien emotionale Erschöpfung, Depersonalisierung (oder: Zynismus) und reduzierte persönliche →Leistungsfähigkeit (oder: Ineffizienz), zugeordnet und jeweils ein eigener Wert errechnet. Es macht allerdings die Interpretation nicht immer einfach, wenn etwa eine Person in einer Dimension einen hohen Burnoutwert aufweist, in der zweiten einen mittleren und vielleicht in der dritten einen niedrigen.

- Ein anderes bekanntes Instrument ist der *Burnout Measure (BM)* von *Pines, Aronson* und *Kafry* (2000). In diesem Fragebogen, der auf den drei Komponenten körperliche Erschöpfung, emotionale Erschöpfung und geistige Erschöpfung basiert, werden allgemeine Befindlichkeitsfragen unabhängig vom Arbeitsbereich gestellt.

- Als drittes Instrument sei auf den *Staff Burnout Scale for Health Professions (SBS-HP)* von *Jones* (1982) hingewiesen. Hier liegt die Betonung auf den Dimensionen Unzufriedenheit mit der Arbeit, psychische und interpersonale Spannung, physische →Krankheit und Disstress sowie unprofessionelle Beziehung zu Patienten. Außerdem ist eine so genannte „Lügenskala" eingebaut.

Die Verwendung solcher Fragebögen hat eine Reihe von Vorteilen. So kann mit relativ einfachen Mitteln eine große Anzahl von Menschen befragt werden, ohne dass ein Forscher allzu sehr emotional auf seine Befragten eingehen muss. Die Ergebnisse können in quantifizierender Weise präsentiert werden und eine (weil auf Zahlen beruhende und damit nicht selten als „objektiv" erscheinende) Grundlage für weitergehende Abstimmungen oder Handlungsentscheidungen bilden. Dennoch sollte bedacht werden, dass auch diese Ergebnisse keine Objektivität sichern. Außerdem ist ein grundsätzliches Problem bei dem Umgang mit quantitativen Fragebögen zu bedenken: Gerade in den frühen Phasen des Burnouts versucht eine Person, nicht zugeben zu müssen, ein Problem zu haben. Füllt sie in dieser Zeit den Fragebogen aus, ist es gut möglich, dass sie ein „rosarotes" Bild zeichnet, das an sich zu unzutreffender Ergebnisinterpretation führen kann. Grundsätzlich gilt es ferner bei der Deutung der Resultate solcher →Befragungen zu berücksichtigen, vor welchem Hintergrund diese (z. B. Stellenstreichungen oder anstehende →Beförderungen) stattfinden.

Zur Erhebung von Burnout kann man auch offene qualitative →Interviews durchführen. Dieses Verfahren wird jedoch weit weniger genutzt, da in der Durchführung und Auswertung ein qualitatives Interview erheblich zeitaufwendiger ist als der Einsatz eines standardisierten Fragebogens. Weiterhin lassen sich die Inhalte kaum in Zahlenwerte umsetzen. Zudem sehen sich qualitative Methoden der Sozialforschung grundsätzlich dem Vorwurf ausgesetzt, sie seien weder objektiv noch reliabel noch valide. Jedoch lässt sich mit einem weitgehend offenen Verfahren die Lebenswelt eines Menschen nachvollziehen. Dabei bietet es durch seine Offenheit die Chance, neue Aspekte zu erkennen. In der Praxis kann ein qualitativer Ansatz gut mit Mitarbeitergesprächen verbunden werden.

Hinsichtlich besonders gefährdeter *Personengruppen* betonen manche Autoren, dass Burnout insbesondere in helfenden →Berufen auftritt, wie etwa bei Krankenschwestern, Altenpflegern, Sozialarbeitern oder auch Polizisten.

Gerade in letzter Zeit wurde aber auch vermehrt nach Burnout bei Bankangestellten oder Managern gefragt und auch hier wurden vergleichsweise hohe Burnoutwerte gefunden. Burnout wird auch nicht ausschließlich auf den Arbeitsbereich eingeschränkt. Burnout kann in den unterschiedlichsten Lebens- und Arbeitsbereichen (z. B. in Paarbeziehungen) auftreten und ist überall dort möglich, wo sich Menschen mit Idealen in eine Tätigkeit oder Beziehung einbringen.

Im Hinblick auf das →*Coping*, die Bewältigung von Burnout, besteht zum einen die Möglichkeit, burnoutförderliche Faktoren möglichst im Vorfeld zu eliminieren oder diesen entgegenzuwirken, um eine Prophylaxe zu betreiben. Zum anderen gibt es Interventionsansätze, wenn der Burnoutprozess bereits eingesetzt hat und es um die „Heilung" geht. Alle Schritte lassen sich zum Zwecke einer Systematisierung wieder den oben genannten drei Ebenen (Individuum-Organisation-Gesellschaft) zuordnen. Auf der Ebene des Individuums können zum Beispiel Fortbildungen oder regelmäßiger Sport eine Prophylaxehilfe darstellen. Eine Therapie kann helfen, wenn es schon zu Burnout gekommen ist. Auf der Ebene der Organisation kann ein günstiges Betreuungsverhältnis zwischen Dienstleistern und Kunden Burnout vorbeugen. Supervision und →Mitarbeitergespräche können Hilfe bieten, wenn in der Belegschaft schon Burnoutfälle vorkommen. Zu erwähnen ist außerdem die soziale Unterstützung durch Kollegen, die nachweislich einen großen, stark positiven (oder negativen) Einfluss hat. Weniger konkret und direkt sind die Ansätze auf gesamtgesellschaftlicher Ebene: Zu nennen wären etwa ein verändertes Ausbildungssystem oder entsprechend fokussierte Aktivitäten in Forschung und Wissenschaft.

Burnout ist kein unumkehrbarer Prozess. Er stellt eine Krise im Leben eines Menschen dar, die zugleich aber auch die Möglichkeit eines Neubeginns eröffnen kann.

Für das →*Personalmanagement* ist es ausgesprochen wichtig, das Phänomen Burnout offen und aktiv anzugehen. Gerade Burnouttheorien der zweiten Ebene, die das Interaktionsverhältnis von Person und Organisation in den Mittelpunkt rücken, können hilfreiche Analyseinstrumente sein. Ob zur Feststellung von Burnout quantitative oder qualitative Verfahren herangezogen werden, sollte vor dem spezifischen organisationalen Hintergrund entschieden werden. Wenn ausgebrannte Mitarbeiter identifiziert werden, kann die Organisation intervenieren, indem sie entweder Hilfe vermittelt oder selbst bereitstellt. Kein Unternehmen profitiert langfristig von ausgebrannten Mitarbeitern. Denn sie verlieren an →Motivation sowie Energie und erschweren nicht selten die Zusammenarbeit in Gruppen.

Literatur: *Burisch, M.*: Das Burnout-Syndrom, Berlin etc. 1994. *Carroll, J. F. X.; White, W. L.*: Theory Building: Integrating Individual and Environmental Factors Within an Ecological Framework, in: *Paine, W. S.* (Hrsg.): Job Stress and Burnout, Beverly Hills 1984, S. 41–60. *Cherniss, C.*: Staff Burnout: Job Stress in the Human Services, Beverly Hills 1982. *Edelwich, J.; Brodsky, A.*: Burn-Out. Stages of Disillusionment in the Helping Professions, New York 1980. *Fischer, H. J.*: A Psychoanalytic View of Burnout, in: *Farber, B. A.* (Hrsg.): Stress and Burnout in the Human Service Professions, New York 1983, S. 40–45. *Freudenberger, H. J.*: Staff-Burnout, in: Journal of Social Issues, 30. Jg. (1974), S. 159–165. *Harrison, W. D.*: A Social Competence Model of Burnout, in: *Farber, B. A.* (Hrsg.): Stress and Burnout in the Human Service Professions, New York 1983, S. 46–62. *Heifeitz, L. J.; Bersani, H. M.*: Disrupting the Cybernetics of Personal Growth: Toward a Unified Theory of Burnout in the Human Service, in: *Farber, B. A.* (Hrsg.): Stress and Burnout in the Human Service Professions, New York 1983, S. 46–62. *Jones, J. W.*: Diagnosing and Treating Staff Burnout Among Health Professionals, in: *Jones, J. W.* (Hrsg.): The Burnout Syndrome, Park Ridge 1982. *Karger, H.*: Burnout as Alienation, in: Social Science Review, 55. Jg. (1981), S. 270–308. *Maslach, C.*: Understanding Burnout: Definitional Issues in Analysing a Complex Phenomenon, in: *Paine, W. S.* (Hrsg.): Job Stress and Burnout, Beverly Hills 1982. *Maslach, C.; Jackson, S. E.*: Maslach Burnout Inventory, Palo Alto 1986. *Pines, A.; Aronson, E.; Kafry D.*: Ausgebrannt. Vom Überdruss zur Selbstentfaltung, Stuttgart 2000.

Kerstin Wüstner

Bürokratietheorie

organisationssoziologischer beziehungsweise -theoretischer Ansatz zur Erklärung des Auftretens bürokratischer Herrschaft, von *Weber* (1864–1920) begründet.

Bürokratie verfolgt das Ziel, die störenden personalen und sozialen Elemente nach Möglichkeit auszuschalten und einzig instrumentellrationale Vernunft walten zu lassen.

Die rationale →Arbeitsorganisation und die Bürokratie werden jedoch zu „eisernen Käfigen", indem jeder einzelne →Arbeitnehmer zu einem Rädchen in dieser Maschine wird und sein Streben danach gerichtet ist, von diesem kleinen Rädchen zu einem größeren zu werden. Dadurch wird der Bewegungsspielraum der in der Bürokratie tätigen Menschen eingeengt und ihre Entscheidungsfreiheit und Verantwortung infrage gestellt. Das Funktionieren von Bürokratien (bzw. letztlich auch großer Organisationen) beruht auf einem kontinuierlichen, regelgebundenen Betrieb von Amtsgeschäften durch „Beamte". Bürokratie kann anhand von sieben Hauptmerkmalen (→Arbeitsteilung mit festen →Kompetenzen, Amtshierarchie, Aufgabenerfüllung nach festen Regeln, Aktenmäßigkeit, →Standardisierung, Unpersönlichkeit, Laufbahnprinzip) gekennzeichnet werden, die gerade auch für das →Personalmanagement Bedeutung besitzen; man denke nur an Anträge auf Leistungen (z. B. →Urlaub, Höherstufung, Entschädigung usw.), das Beschwerdewesen, Entgeltsysteme, Auswahl und →Beurteilungsverfahren und Leistungskontrollen.

Die Effizienzhypothese von *Max Weber* (1972) besagt, dass das idealtypische Bürokratiemodell unter den veränderten Bedingungen des modernen Staates die effizienteste Herrschaftsform darstellt. Heute wird aber vielmehr davon ausgegangen, dass neben den beabsichtigten, effizienten Wirkungen auch diverse Dysfunktionalitäten auftreten können, die die Entwicklung alternativer Organisationsformen begünstigen. Der kanadische Organisationsforscher *Henry Mintzberg* (1979) identifiziert dazu insgesamt fünf Strukturtypen der →Organisation, von denen zwei – die „Maschinenbürokratie" und die „professionelle Bürokratie" – offensichtlich noch wesentlich auf Elementen der Weberschen Bürokratietheorie aufbauen, während die anderen drei – die „Spartenunternehmung", die „Adhokratie" und die „Einfachstruktur" – sich davon emanzipiert haben oder erst auf dem Wege zu bürokratisierten Unternehmen sind.

Literatur: *Mintzberg. H.*: The Structuring of Organization, Englewood Cliffs 1979. *Weber, M.*: Wirtschaft und Gesellschaft, 5. Aufl., Tübingen 1972.

Dodo Zu Knyphausen-Aufseß
Lars Schweizer

Business Case →Fallstudienmethode

Business Process Reengineering

meist synonym verwendet mit Business Reengineering oder einfach nur Reengineering steht es für eine umfassende Neugestaltung von Geschäftsprozessen einer →Organisation.

Namensgeber von Reengineering ist *Hammer*, Präsident der Beratungsfirma Hammer and Company und früherer Professor für Computerwissenschaften am Massachusetts Institute of Technology (MIT), der zusammen mit *Champy*, heutiger Chairman der Beratungssparte von Perot Systems, 1993 den Bestseller „Reengineering the Corporation" verfasste. Inhaltlich bezeichnet BPR weniger ein eindeutiges und geschlossenes Konzept als vielmehr eine *charakteristische Vorgehensweise*, die organisationsspezifisch zu interpretieren und anzuwenden ist.

Im Zentrum dieses Vorgehens steht die Orientierung an *Geschäftsprozessen*, das heißt an funktionsübergreifenden Abläufen, die an den Anforderungen von internen und externen Kunden auszurichten sind. Bei einer reinen *Geschäftsprozessoptimierung* wird die Wirtschaftlichkeit von bestehenden Prozessen durch elektronische Vorgangsbearbeitung erhöht. Typische Geschäftsvorfälle werden hierfür standardisiert und weitgehend automatisiert. Das Geschäft wird so mit den technischen Werkzeugen eines Ingenieurs optimiert. BPR geht jedoch über die pure *Elektrifizierung* von Abläufen weit hinaus, indem die gesamte Organisation entlang von Prozessen „wie durch einen Ingenieur" neu definiert wird. Hierfür werden bestehende Strukturen *fundamental* überdacht und sämtliche Annahmen und Regeln der Geschäftstätigkeit in Frage gestellt. Die Organisation wird im Hinblick auf ein strategisches Ziel *radikal* neu gestaltet, indem vor allem Kernprozesse, die einen Wettbewerbsvorteil generieren, neu definiert werden. *Osterloh* und *Frost* (2006) sprechen in diesem Zusammenhang von einem *90ú-Shift* in der Organisation: Weg von einer vertikalen funktionalen Organisation und hin zu einer horizontalen Prozessorganisation. Das angestrebte Ergebnis sind *Verbesserungen um Größenordnungen* in den Bereichen Kosten, Qualität, Service und Zeit.

Der so vorgenommene radikale →Wandel ist ein Kraftakt, der von der Organisationsleitung getragen und *top down* durchgesetzt wird. *Schmalzl* und *Schröder* (1998) beschreiben das Vorgehen bei BPR in mehreren Schritten: Nach der →Kommunikation des Handlungsbedarfs durch die Leitung werden die Geschäftsprozesse einer Organisation identifiziert und die Prozesse mit dem größten Veränderungsbedarf ausgewählt. Die Ist-Abläufe werden analysiert, neue Ziele werden gesetzt, und Veränderungs-Ideen werden gesammelt. Die Soll-Konzeption wird unter Nutzung des Potenzials der →Informationstechnik entwickelt. Ein Maßnahmenplan wird erstellt, anhand dessen die neu konzipierten Prozesse umgesetzt werden.

Hammer und *Champy* (1993) empfehlen das Mitwirken verschiedener BPR-Beteiligter in *Rollen*, die von unterschiedlichen Beteiligten oder auch kombiniert wahrgenommen werden können:

– Der *Leader*, ein Manager aus dem oberen Führungskreis, von dem der Auftrag und die →Motivation für die Reengineering-Anstrengungen ausgeht, bestimmt einen

– *Prozessverantwortlichen*, der ein

– *Reengineering-Team* zusammenstellt, welches sich jeweils mit der Neugestaltung eines der ausgewählten Geschäftsprozesse befasst und dies mit Unterstützung des

– *Reengineering-Zaren* erledigt, der unter Leitung des

– *Lenkungsausschusses* steht.

Der Reengineering-Zar ist ein Mitarbeiter, der in der Organisation für die Entwicklung von geeigneten Reengineering-Techniken sowie für die Realisierung von Synergien zwischen getrennten Reengineering-Projekten zuständig ist. Der Lenkungsausschuss hingegen ist ein aus oberen Führungskräften bestehendes Gremium, welches Richtlinienentscheidungen trifft, die BPR-Strategie für die Gesamtorganisation formuliert und ihren Fortschritt überwacht.

BPR erfreut sich in der Unternehmenspraxis großer Beliebtheit. Kritisch wird jedoch häufig eingewendet, dass zahlreiche BPR-Projekte ihre anspruchsvollen Ziele letztlich verfehlten, weil das mechanistische Top-down-Vorgehen von „Organisations-Ingenieuren" missachte, dass Organisationen sich gerade auch durch erfahrungsbasierte, organische Bottom-up-Prozesse kontinuierlich erneuerten.

Literatur: *Hammer, M.; Champy, J.*: Reengineering the Corporation, New York 1993. *Osterloh, M.; Frost, J.*: Prozessmanagement als Kernkompetenz. Wie Sie Business Reengineering strategisch nutzen können, 5. Aufl., Wiesbaden 2006. *Schmalzl, B.; Schröder, J.*: Managementkonzepte im Wettstreit: Total Quality Management vs. Business Process Reengineering, München 1998.

Matthias Tomenendal

Business-to-Employee (B2E)

verweist – in Anlehnung an prominente eCommerce-Begrifflichkeiten wie Business-to-Business (B2B) oder Business-to-Consumer (B2C) – mit dem Unternehmen und den Mitarbeitern auf zentrale am →eHRM beteiligte Akteurkategorien.

In einer weiten Begriffsauffassung wird Business-to-Employee (B2E) auch als Synonym für das gesamte eHRM verwendet. Da sich mit Beratern oder Bewerbern weitere wichtige Akteurkategorien belegen lassen, wird dieser Begriff dem eHRM nicht vollständig gerecht.

In einer engeren Begriffauffassung wird unter Business-to-Employee die auf →HR-Portalen beziehungsweise →Selfservice Systemen basierende Personalarbeit (→Personalmanagement) verstanden. Hierbei übernehmen Mitarbeiter in →Interaktion mit der entsprechenden Applikation Teile der auf sie gerichteten Personalarbeit wie Pflege der eigenen →Personaldaten, Beantragen von Dienstreisen (→Reisemanagementsysteme) oder die Auswahl von Personalentwicklungsmaßnahmen (→Seminaradministrationssysteme).

Stefan Strohmeier

C

Cafeteria-System

Ansatz im Rahmen der individualisierten →Sozialleistungen, bei dem die einzelnen Beschäftigten aus dem betrieblichen Angebot an freiwilligen Sozialleistungen wie aus einer Menükarte (daher der Name) einzelne Entgeltbestandteile beziehungsweise Unternehmensleistungen entsprechend ihren Bedürfnissen und/oder ihrer finanziellen Situation auswählen können.

Das Prinzip der Individualisierung von Entgeltbestandteilen durch das Cafeteria-System ergibt sich durch

- ein Wahlangebot von Entgeltbestandteilen mit mehreren Alternativen,
- eine periodisch wiederkehrende Wahlmöglichkeit (Wahlturnus) sowie
- durch ein vorgegebenes, einheitliches Wahlbudget für die einzelnen Beschäftigten.

Cafeteria-Systeme können die Anreizfunktion (→Anreiz) von Sozialleistungen deutlich effektiver erfüllen, als dies die traditionellen, wiederkehrenden und so zur Selbstverständlichkeit gewordenen Sozialleistungen tun. Indem die Mitarbeiter die Möglichkeit haben, individuell ihr Sozialleistungsmenü aus Angebotsoptionen zusammen zu stellen, wird dies bewusster wahrgenommen, als Entgeltkomponente geschätzt, auf die Bedürfnisse zugeschnitten und kann damit die Anreiz- und Motivationsfunktion entfalten. Zudem liegt ihre ökonomische Attraktivität für die Erwerbsorganisationen in der Möglichkeit einer effizienteren Aufteilung von →Personalkosten.

In der betrieblichen Praxis kommen Cafeteria-Systeme in der Regel als Gestaltungsprinzip individualisierter Sozialleistungen zur Geltung.

Sonia Hornberger

Career Anchors →Karriereanker

Career Concerns

→Anreize, die eigenen Karriereaussichten durch gezielte Aktionen (z. B. zusätzliche Anstrengungen, aber auch Zurückhaltung nachteiliger Informationen) positiv zu beeinflussen.

Leistungsanreize für Mitarbeiter →Individuelle Karriereplanung) können auf zweierlei Weise erzeugt werden:

1. *Explizite* Anreize lassen sich mittels erfolgsabhängiger Entlohnung gestalten.
2. Über Career Concerns bestehen auch *implizite* Anreize für Mitarbeiter, da jetzige Leistungsergebnisse vom →Arbeitgeber und →Arbeitsmarkt beobachtet werden und entsprechend die Erwartungen über unbekannte Talenteigenschaften des Mitarbeiters beeinflussen. Dies wiederum wirkt sich auf die dauerhaften Karriereaussichten des Mitarbeiters aus.

Gibbons und *Murphy* (1992) zeigen, dass bei *jungen* Mitarbeitern noch sehr stark implizite Anreize wirken, so dass bei ihnen auf explizite Anreize weitgehend verzichtet werden kann. Bei *älteren* Mitarbeitern hingegen müssen fehlende implizite Anreize durch explizite Anreize kompensiert werden.

Holmström (1982) diskutiert ausschließlich *implizite Karriereanreize* vor dem Hintergrund eines Arbeitsmarktes, der die Leistungsergebnisse eines Managers beobachtet und daraufhin seine Erwartungen über das unbekannte Talent des Managers anpasst. Die Modellergebnisse zeigen, dass sich der Manager zu Beginn seiner →Karriere ineffizient stark anstrengt, das Anstrengungsniveau im weiteren Karriereverlauf jedoch kontinuierlich sinkt und später sehr niedrige Werte annimmt. Zu Karrierebeginn besteht noch eine sehr hohe Unsicherheit über das Talent des Managers. Investitionen in Form hoher Anstrengungen in seine →Reputation als sehr talentierter Mitarbeiter lohnen sich also für ihn in dieser Phase. Im Zeitablauf lernt der Arbeitsmarkt das Talent des Managers jedoch immer besser kennen, so dass kaum noch vermehrte Anstrengungen fehlendes Talent substituieren können. Investitionen in seine Reputation lohnen sich daher für den Manager immer weniger.

Kräkel (2004) hält weitere Ergebnisse zum Career Concerns-Effekt bei Managern fest. Danach können Manager trotz Risikoneutralität zu einem recht konservativen Investitionsverhalten neigen, da sie vermeiden wollen, durch einen Fehlschlag dauerhaft ihrer Karriere zu schaden. Aus dem gleichen Grund kann es vorkommen, dass Manager eine einmal gewählte Entscheidung (z. B. Wahl einer bestimmten Technologie oder eines neuen Produkts) nicht zurücknehmen, obwohl neueste Informationen für eine Entscheidungsrevision sprechen. Zudem kann es für Manager aus Career Concerns-Überlegungen rational sein, gerade solche Investitionsprojekte zu wählen, die zu schnellen ersten Rückflüssen und damit positiven Erfolgssignalen führen, obwohl andere Investitionsalternativen profitabler sind. Letztlich kann auch ein so genanntes *Herdenverhalten* von Managern über Career Concerns erklärt werden, da Manager es zum Teil vermeiden wollen, als Außenseiter zu gelten, die entgegen der herrschenden Meinung handeln.

Literatur: *Gibbons, R.*; *Murphy, K. J.*: Optimal Incentive Contracts in the Presence of Career Concerns: Theory and Evidence, in: Journal of Political Economy, 100. Jg. (1992), S. 468–505. *Holmström, B.*: Managerial Incentive Problems – A Dynamic Perspective, in: *Walross, B.* (Hrsg.): Essays in Economics and Management in Honor of Lars Wahlbeck, Helsinki 1982, S. 209–230. *Kräkel, M.*: Organisation und Management, 2. Aufl., Tübingen 2004, Kap. III.7.

Matthias Kräkel

Career Map

Orientierungsmöglichkeit für die Planung des beruflichen Werdegangs (→ Personenentwicklung, → Selbstentwicklung).

Auf Basis von Anforderungsprofilen (→ Anforderungsanalyse) für die Stellen im Unternehmen, die man, bezogen auf eine Landkarte, als „Orte" bezeichnen könnte, werden Wege und – wie von *Neuberger* (1994) beschrieben – unter Umständen auch Schleichwege zu diesen Orten aufgeführt. Es werden demzufolge Karrierepfade, das heißt eine bestimmte Abfolge von Positionen sowie gegebenenfalls → Trainings beziehungsweise Seminare vorgegeben, die Mitarbeiter absolvieren müssen, um eine bestimmte Zielposition übernehmen zu können. Es handelt sich im Idealfall um eine klar strukturierte und umfassend kommunizierte Information, die die Transparenz über Entwicklungsmöglichkeiten im Unternehmen gewährleistet sowie eine gute Grundlage für die → Personalentwicklungsplanung darstellt. In der Praxis werden jedoch bei der Stellenbesetzung oftmals Ausnahmen von dieser klaren Vorgabe gemacht, was zu Unglaubwürdigkeit führt. Darüber hinaus kann nicht garantiert werden, dass für alle Mitarbeiter, die den Karrierepfad durchlaufen haben, eine entsprechende Zielposition zur Verfügung steht. Dies führt oftmals zu → Demotivation. Außerdem besteht die Gefahr, dass dieser Ansatz zu unübersichtlichen und kaum mehr handhabbaren Datenmengen führt.

Im amerikanischen Sprachgebrauch werden auch reine Auflistungen von Funktionen kombiniert mit den entsprechenden Stellenwerten von einigen Unternehmen als Career Map bezeichnet. Einige Weiterbildungsinstitute bezeichnen hingegen die Zusammenfassung ihrer Angebote bezogen auf bestimmte Zielpositionen als Career Map.

Literatur: *Neuberger, O.*: Personalentwicklung, 2. Aufl., Stuttgart 1994.

Laila Maija Hofmann

Career Pathing → Karrieremodelle, → Karrierepfade

CBT-Systeme

Kategorie → personalwirtschaftlicher Anwendungssoftware, die Anwender beim Erwerb neuer → Qualifikationen unterstützt.

Im Rahmen der Computer-Based-Training-Systeme (CBT) gibt es verschiedene Varianten:

- *Präsentationssysteme* präsentieren dem Lernenden Lerninhalte in eher passiver Weise, vergleichbar mit einem Buch.

- *Tutorielle Systeme* reagieren auf Aktionen des Lernenden wie etwa wiederholtes Bearbeiten derselben Lerneinheit oder falscher Lösung von Übungsaufgaben und bieten Hilfestellung wie vertiefende Aufbereitungen der Lerninhalte an.

- *Simulative Systeme* bieten den Lernenden aktive Lernumgebungen durch die Simulation typischer Situationen, die sie bearbeiten und für die sie eigene Lösungen entwickeln können.

Immer häufiger weisen CBT-Systeme eine multimediale Umsetzung (Text, Bild, Ton, Video und Animation) der Lerninhalte auf, was als Vorteil gegenüber anderen Lernmedien gesehen wird.

Werden die entsprechenden Systeme via →Internet zur Verfügung gestellt, spricht man auch vom „Web-based-Training" (WBT). CBT- beziehungsweise WBT-Systeme sind die zentrale Grundlage für das →eLearning.

Stefan Strohmeier

CEEP

europäischer Verband zur Interessenvertretung der Unternehmen, die sich im Besitz der öffentlichen Hand befinden oder die gemeinwohlorientierte Leistungen erbringen sowie ihrer Arbeitgeberorganisationen.

Das *Centre europeén des entreprises à participation publique et des entreprises d'interât économique général (CEEP)* ist als europäischer Zentralverband der öffentlichen Wirtschaft einer der Sozialpartner auf europäischer Ebene, welche von der *Europäischen Kommission* anerkannt werden und am sozialen Dialog teilnehmen. Der Sitz von CEEP ist in Brüssel. In den Mitgliedstaaten der EU befinden sich nationale Sektionen des CEEP.

Christian Fischer

Chance Management

systematischer und facettenreicher Prozess zur Einhaltung und Durchführung von Veränderungen im Unternehmen.

Chance Management und Risikomanagement werden zuweilen als die zwei Seiten einer Medaille bezeichnet: Während aber dem Risikomanagement nicht zuletzt durch das Anfang 1998 vom *Bundestag* verabschiedete Gesetz zur Kontrolle und Transparenz im Unternehmensbereich (KonTraG) ein gesetzgeberischer Rahmen zuteil wurde, muss der Impuls zur →Implementierung eines Chance Managements vom Unternehmen selbst ausgehen.

Dabei bilden Vorgaben des Managements den Ausgangspunkt. Auch unter strategischen Aspekten bestimmen die obersten Unternehmensziele die Auswahl der Chancenstrategie. Von den Leitlinien eines Unternehmens abgeleitet sind Chancen zu identifizieren, gegeneinander abzuwägen und zu bewerten. Wesentlich für die Bewertung ist das Verhältnis der Eintrittswahrscheinlichkeit einer Chance und der ihr beigemessenen Bedeutung (=Wert). Diese so genannte „Erwartungs- mal Wert-Theorie" haben unter anderem *Sodenkamp, Schmidt* und *Kleinbeck* (2007) beschrieben. Weitere Facetten von Chance Management erstrecken sich, wie *Lück* (2001) dargelegt hat, darauf, dass Chancen nicht ignoriert werden dürfen, sondern vielmehr zu entwickeln, zu teilen oder zu realisieren und zu kontrollieren sind.

Dass Chancen nicht ignoriert werden dürfen, dürfte nicht weiter zu erläutern sein. Lediglich in Einzelfällen, in denen das Ignorieren von Chancen unmittelbar mit der Vermeidung damit verbundener Risiken zusammen hängt, mag dieses Vorgehen gerechtfertigt sein. Stetiges Ignorieren von Chancen stellt jedoch zweifelsfrei ein essenzielles unternehmerisches Risiko dar.

Eine systematische *Chancenentwicklung* sollte selbstverständlich da ansetzen, wo der Multiplikationsfaktor aus Eintrittswahrscheinlichkeit und Wert hoch ist. Analog der Unterscheidung von Kern- und Randrisiken im Risikomanagement kann es darüber hinaus sinnvoll sein, zwischen primären und sekundären Chancen zu differenzieren. Eine generelle Empfehlung über die Sinnhaftigkeit einer solchen Unterscheidung muss jedoch zugunsten der individuell vor Ort zu treffenden Entscheidung verwehrt bleiben.

Unter *Chancenteilung* wird die Teilung der Chancen mit einem anderen Marktteilnehmer verstanden. Ein solches Vorgehen dürfte regelmäßig nur dann in Betracht gezogen werden, wenn zugleich auch die Risiken zwischen den Partnern geteilt werden.

Von einer (vollständigen) *Chancenrealisierung* spricht man, wenn die Chance nur von einem Marktteilnehmer wahrgenommen wird. Der Anspruch auf den erwarteten Erfolgsbeitrag wird dann mit dem zugehörigen Risiko „erworben".

Eine weitere bedeutsame Facette behandelt schließlich das *Chancencontrolling*. Dabei wird das im Rahmen der Chancenstrategie identifizierte Chancenpotenzial den tatsächlich erfolgreich wahrgenommenen Chancen gegenübergestellt. Die ökonomische Bewertung des bei dieser Relation ermittelten Ergebnisses kann letztlich nur vom Unternehmen selbst vorgenommen werden.

Die *Bedeutung* von Chance Management wird klar, wenn man sich vor Augen hält, dass ein großes unternehmerisches Risiko darin liegt, dass Chancen ignoriert beziehungsweise nicht systematisch realisiert werden. Insofern ist Chance Management auch als Bestandteil eines aktiv praktizierten Risikomanagements zu verstehen und kann in seiner Bedeutung kaum hoch genug eingeschätzt werden.

Die Personalsituation im Unternehmen ist ein Aspekt, der im Chance Management berücksicht werden muss. Denn dieser Faktor hängt stark von äußeren Bedingungen ab und ist somit kurzfristigen Änderungen ausgesetzt. Vor allem die Personalfluktuation, hohe Personalfehlzeiten, die Abhängigkeit vom Beschaffungsmarkt, die Mitarbeitermotivation (→Motivation) sowie die Entlohnungssysteme sind zu berücksichtigende Größen.

Literatur: *Lück, W.*: Chancenmanagementsystem – neue Chance für Unternehmen, in: Betriebs-Berater, 56. Jg. (2001) H. 45, S. 2312–2315. *Sodenkamp, D.; Kleinbeck, U.; Schmidt, K.-H.*: Self-Management of Work Groups Through Corporate Values: From Theory to Practice, in: International Journal of Manpower, H. 1 (2007).

Daniel Sodenkamp

Chancengleichheit →Affirmative Action, →Gender Mainstreaming, →Gleichstellung

Change Agent

Akteur, dem die Aufgabe zukommt, Veränderungswiderstände zu überwinden beziehungsweise gar nicht erst entstehen zu lassen.

Veränderungen in einer →Organisation (→Organisatorischer Wandel) führen bei den Mitgliedern aufgrund der damit verbundenen Unsicherheit häufig zu einer abwehrenden Reaktion. Intransparenz der geplanten Veränderungsmaßnahmen und fehlende →Kommunikation sind *Havelock* (1995) zufolge in vielen Fällen die Gründe für den Widerstand. Daher sollte der Change Agent von Beginn an in das Veränderungsprojekt involviert sein. Maßnahmen und Instrumente des Change Agents sind nach *Weiss* (2003) eine auf die Bedürfnisse der von der Veränderung Betroffenen abgestimmte Kommunikationspolitik, die Moderation und Koordination von Gesprächen mit der Unternehmensleitung oder auch die Betreuung einzelner Mitarbeiter, für die sich aus dem Wandelprozess besondere Situationen ergeben.

Aus dieser Aufgabenbeschreibung wird deutlich, dass Mitglieder der →Personalabteilung für diese Position prädestiniert sind, da sie die personalwirtschaftlichen Auswirkungen der Wandelprozesse einschätzen können, die relevanten Personen im Unternehmen kennen und gleichzeitig mögliche Problemlösungen im Einzelfall gut abschätzen können. Allerdings sollte der Change Agent eine möglichst neutrale Position einnehmen und als Vermittler auftreten, was die →Eignung von Mitgliedern der Personalabteilung als Change Agent insbesondere dann eingeschränkt, wenn die Personalabteilung im Auftrag des Vorstandes eines Unternehmens zum Beispiel eine Restrukturierung durchführt.

Literatur: *Weiss, A.*: Organizational Consulting. How to Be an Effective Internal Change Agent, Hoboken 2003. *Havelock, R. G.*: The Change Agents Guide, 2. Aufl., Englewood Cliffs 1995.

Reinhard Meckl

Change Catalyst

in innovativen Veränderungsprozessen die Person, die diese Prozesse unterstützt, ohne ihre eigene Position oder Funktion zu verändern (→Change Maker).

Change Maker

Person oder Personengruppe innerhalb einer →Organisation, die bei einem aktiv gestalteten →organisatorischen Wandel entweder die Ziele vorgibt oder deren Aushandlung moderiert.

Der Change Maker muss ferner die Umsetzung der Veränderungen begleiten. Für Personen, die in einer Organisation diese Aufgaben wahrnehmen, haben sich unterschiedliche Bezeichnungen gefunden. Bei *Storey* (1992) vertritt der Manager als *Change Maker* gegenüber anderen Typen des →Human Resource Managements (*Adviser, Handmaiden, Regulator*) einen bestimmten Stil, in dem Veränderungen strategisch angeregt, jedoch nicht angewiesen werden. Daneben treten mit ganz oder teilweise gleicher Begrifflichkeit Bezeichnungen wie →*Change Agent*, →*Change Catalyst* und →*Pacemaker* auf, die sich zum guten Teil in der deutschen betriebswirtschaftlichen Innovationstheorie mit den entsprechenden Begriffen des Fach-, des Macht- und des Prozesspromotors wiederfinden (→Innovationsmanagement).

Im Kern wird der Gedanke eines Veränderungsmanagers relativ früh und umfassend in der Organisationssoziologie behandelt. In dieser Form ist auch die Anschlussfähigkeit an eine moderne, systemtheoretisch und soziologisch rückgebundene Organisationstheorie gewährleistet: Der Träger der Veränderung wird als *Rolle* definiert. Das bedeutet, dass ein Veränderungsmanager nicht unbedingt im →Stellenplan einer Organisation als ein solcher ausgewiesen sein muss, sondern vielmehr dass eine solche Funktion vorkommt und nur in der Realisation zu einem gegebenen Zeitpunkt an bestimmte Personen geknüpft wird.

Auch wenn die Bezeichnung *Change Agent* nicht konzeptionell auf *Jones* (1968) zurückgeht, nimmt dessen Beitrag einen wichtigen Rang in der Diskussion der Träger von Veränderungen ein. Es werden dort verschiedene Funktionen des Veränderungsmanagements spezifiziert. Die erste betrifft ein Erleichtern des Auffindens eines neuen Systemgleichgewichts. Diese Unterstützungsfunktion kann (methodisch) den Weg oder (inhaltlich) die Ziele der Veränderungsprozesse betreffen. Dabei kann es sehr wohl geschehen, dass die Rolle selbst Veränderungen erfährt. Dies wird vielleicht sogar der Normalfall sein. In diesem Fall wird die Bezeichnung *Change Agent* gebraucht. *Rogers* (2003) verwendet diese Bezeichnung exklusiv für systemexterne Agenten. Eine nächste Funktion besteht in der Beschleunigung der Veränderungsprozesse durch Einbringung von →Macht. Dabei bleibt die betroffene Rolle selbst unverändert. Dementsprechend wird ein Träger dieser Funktion als *Change Catalyst* bezeichnet oder wie bei *Rogers* (2003) als *Opinion Leader*. Als dritte Rolle kommt der *Pacemaker* hinzu. Der „Schrittmacher" steuert den Prozess der Veränderung.

Insgesamt ist dabei offen, ob die funktional bestimmten Rollen des *Change Agent*, des *Change Catalyst* oder des *Pacemakers* von Individuen ausgefüllt werden, von →Gruppen oder von organisationalen Einheiten oder gleich ganzen Organisationen, wenn man auf einer entsprechend höheren Systemebene operiert. Letzteres kommt beispielsweise im Zusammenhang mit dem Einsatz von Unternehmensberatungen zum Tragen. Damit wird zugleich deutlich, dass ein Veränderungsmanager zur Organisation selbst gehören kann oder als Systemexterner diese Aufgabe wahrnimmt.

Literatur: *Jones, G. N.*: Planned Organizational Change. A Study of Change Dynamics, London 1968. *Rogers, E. M.*: Diffusion of Innovations, 5. Aufl., New York 2003. *Storey, J.*: Developments in the Management of Human Resources, Oxford 1992.

Volker Bank

Change Management

proaktive, zielgerichtete Veränderung von Unternehmen

Unternehmen als soziale Systeme unterliegen einem ständigen organisationalen, →technologischen und technischen sowie →kulturellen Wandel. Diese Wandlungsprozesse können als erfahrener Wandel in der Systemumwelt auftreten. Technologischer Fortschritt, verändert auftretende oder gänzlich neue Wettbewerber am Markt werden dann als Widerfahrnis wahrgenommen, das als solches hingenommen werden muss und auf das im Interesse eines Fortbestandes des Unternehmens zu reagieren ist. Unabhängig davon kann sich durch eine innere Dynamik des sozialen Systems „Unternehmen" ein Wandel ergeben, der in gleicher Weise ein Widerfahrnis für das System insgesamt darstellt.

Demgegenüber fordert der Begriff des Change Managements eine aktive Gestaltung der Veränderungen der Unternehmensgestalt. In diesem umfassenden Anspruch geht die begriffliche Konzeption des Change Managements weiter als die der →Organisationsentwicklung, die ebenfalls an einer gestalteten Veränderung des Unternehmens als →Organisation Interesse hat. Organisationsentwicklung jedoch wird aufgrund ihrer Tradition seit den späten 1940er Jahren eng mit einem spezifischen sozialpsychologischen Methodenrepertoire wie →Gruppendynamik oder →Aktionsforschung assoziiert, das auf die Schule von *Lewin* zurück geht (zur Geschichte der Organisationsentwicklung: *Richter* 1994).

Change Management dagegen ist stärker managementtheoretisch motiviert und methodisch auf das Instrumentarium der Betriebswirtschaftslehre hin orientiert. Das bloße Reagieren auf Veränderungen systemexterner oder systeminterner Bedingungen wird für unzureichend gehalten. Der Anspruch der Gestaltbarkeit reicht dabei von der Veränderung der verwendeten Technik und Fragen der →Reorganisation bis hin zur Veränderung der Unternehmenskultur (→Organisationskultur) (*Cultural Change Management*). Der Anspruch der Gestaltung geht je nach Autor so weit, dass nicht nur proaktiv auf Umweltveränderungen eingegangen wird, sondern die Umwelt gezielt im Rahmen der Veränderungsprozesse mit gestaltet werden soll.

Allerdings hat sich die begriffliche Schärfe deutlich abgenutzt: *Philipps* (1999) weist darauf hin, dass Change Management wie andere verwandte Begriffe – etwa Organisationsentwicklung, lernende Organisation, →Wissensmanagement, Unternehmenskulturmanagement – im alltagssprachlichen Gebrauch der Unternehmensberatungen zwischenzeitlich ein unverbindliches Schlagwort geworden ist. Daher lädt *Bank* (2004) den Begriff unter Akzentuierung des ganzheitlichen Anspruches semantisch auf und spricht von einem „systemischen Change Management".

Ein systemisch angelegtes Change Management weist laut *Doppler* und *Lauterburg* (2005) der Person des Unternehmensführers die entscheidende Rolle in der Gestaltung von Wandlungsprozessen zu. Dazu gehört zum einen ein klares Bekenntnis zur Verantwortlichkeit im Managementhandeln, das heißt, dass auf das Abschieben von Entscheidungen im Rahmen eines pseudo-demokratischen →Führungsverhaltens auf nachgelagerte Unternehmensebenen oder gar auf Systemexterne (z. B. Unternehmensberater) verzichtet wird. Zum anderen ist die Führungsrolle (→Rollentheorie) keinesfalls mit diktatorischer Vollmacht unbegrenzter Anweisungskompetenz ausgestaltet, und sei es nur jener eines wohlmeinenden platonischen Diktators. Vielmehr geht es um eine aktive Partizipation aller Systemmitglieder, welche vom Unternehmensführer gezielt Impulse und damit in der Regel auch eine klar umrissene Zielrichtung erhält. Dazu gehören nach *Bank* (2004) vier Impulsformen:

1. *Aktivierungsimpuls*: Etwa im Sinne der Hervorbringung von Anregungen oder Setzung von Themen des Wandels.
2. *Konvergenzimpuls*: Ist nötig, damit nach angemessener Zeit ein Konsens gefunden wird und die Debatte um mögliche oder nötige Veränderungen nicht ins Unendliche ausschweift.
3. *Machtimpuls*: Entspringt dem Gedanken des →Machtpromotors in der Innovationstheorie und gilt der Herstellung der operativen Durchsetzungsbedingungen des erreichten Konsenses.
4. *Konsistenzimpuls*: Entspringt dem größeren Gesamtüberblick einer →Führungskraft und soll dafür sorgen, dass nicht widersprüchliche Entwicklungen Raum greifen.

Die aktuellen Zustände und zukünftigen Veränderungen sind Gegenstand einer didaktischen Analyse, die sich als theoretischer Gesamtrahmen für die Beschreibung von →Führungsstilen, Motivationskonzepten und dergleichen mehr auffassen lässt. Es kommt dabei der Führungsperson die Aufgabe zu, unter der Maßgabe eines allgemein ausgehandelten Zielkonsenses die Themenbereiche und die Methoden der beabsichtigten Veränderungen auszuwählen. Dabei ist das soziale Adressatensystem im Blick zu halten. Die drei Bereiche Adressatensystem, Thema und Methode werden als wechselseitig interdependent aufgefasst. Die in der Betriebswirtschaftslehre nicht selten angenommenen und in einer Anzahl von Managementansätzen kritisierten einseitigen Funktionalzusammenhänge von strukturalen Beschreibungsgrößen („Steigerung der Arbeitsmotivation durch Maßnahme X") werden folglich aufgegeben. Abschließend sind als viertes die Effekte des Einwirkens zu evaluieren, andere Veränderungsansätze zu probieren oder nötigenfalls die Zielkonzeptionen des Wandels zu revidieren.

Das *Adressatensystem* eines systemischen Change Managements wird in den allermeisten Fällen ein erwerbswirtschaftliches Unternehmen sein. Selbstverständlich gehören zu möglichen zu entwickelnden Systemen auch Verwaltungsstellen, Ministerien, Schulen und andere. Dann sind jeweils die systemspezifischen Voraussetzungen (Bedingungsfelder) des Wandels zu klären, bevor ein Wandel eingeleitet werden kann. Für das Setzen eines Aktivierungsimpulses muss klar sein, dass sich Systeme hysteretisch verhalten, das heißt, dass jeder Zustand zu einem gegebenen Zeitpunkt von allen Zuständen zu früheren Zeitpunkten mit abhängt. Die Bedeutung der Geschichte eines sozialen Systems wird als Gestaltungsvoraussetzung besonders deutlich, wenn beispielsweise im Rahmen eines Fusionsprozesses zwei unterschiedliche Systeme zusammengebracht werden sollen. Es ist aber auch bedeutsam, ob das zu entwickelnde System *autopoietisch* (selbstschöpferisch) oder *allopoietisch* (fremdgeschaffen) ist. Unternehmen sind durch Verträge geschaffene soziale Systeme und als solche autoporetisch und selbstbestimmt. Sie weisen damit ganz andere Entwicklungsmöglichkeiten auf als beispielsweise staatliche Schulen oder Filialunternehmen, die als Ausgliederungen oder Untergliederungen keine autopoietische Kraft haben und heteronomer Autorität (→Macht) unterliegen. Dort sind Entwicklungen nur im Rahmen der Vorgaben auf höherer Systemebene möglich.

Die *Thematik* des Wandels kann die zur Anwendung gebrachte Technologie betreffen, die organisationalen Strukturen oder die Werthaltungen der Systemmitglieder. Topoi der thematischen Entscheidung sind die theoretischen Grundlagen, die Traditionen und die funktionalen wie extrafunktionalen Wirkungsräume:

- Die *theoretischen Grundlagen* bieten den Bezug zur Frage der Eignung der Veränderungswege im Hinblick auf die vorgegebenen Ziele. Hierfür ist ein breites betriebswirtschaftliches Grundlagenwissen erforderlich.
- Die *Tradition* bindet nicht zuletzt auch kulturelle Vorbedingungen des Wandels (unternehmenskulturelle, branchenspezifische, nationale kulturelle Eigenheiten) in die Gestaltung des Wandlungsprozesses mit ein. Je stärker von bisherigen Usancen abgewichen wird, umso sorgfältiger und längerfristiger sind Änderungen vorzubereiten.
- Veränderungen sind hinsichtlich der *Funktionalität* des Systems zu bewerten: Kann die Effizienz durch eine Veränderungsmaßnahme günstig beeinflusst werden?
- Weiterhin ist sie auch auf *extrafunktionale Aspekte* hin zu überprüfen: Was bedeutet eine Maßnahme beispielsweise für die Mitarbeiter, für die biologische Umwelt?

Die *Methodik* verweist auf die Topoi der (didaktischen) Reduktion und Sequenzierung, der Artikulation und Motivation, der Aktions- und Sozialformen sowie der eingesetzten Medien. Veränderungen müssen in einer Art und Weise aufbereitet werden, die dem jeweiligen „lernenden Unternehmen" gemäß sind. Das bedeutet, dass im Hinblick auf die (didaktische) *Reduktion* über die Frage des Ausmaßes der zumutbaren Veränderungen (Inkrementalismus vs. Revolution) zu befinden ist, ebenso wie hinsichtlich der *Sequenzierung* die Frage beantwortet werden muss, in welcher Reihenfolge einzelne Abschnitte von Veränderungen anzuordnen sind. *Artikulation* bezeichnet demgegenüber den Vollzug der Lernschritte von Seiten des lernenden Systems. Gewöhnlich steht der Schritt der *Motivation* dabei recht weit vorne, bevor die Lösungen gefunden und auf die Realität transferiert werden (Implementation der Lösung). Dieser Aspekt bedarf seitens der Führungskraft eines großen Einfühlungsvermögens: Obzwar die Phase der Motivation nicht zwingend vorab stattfinden muss, ist sie für den erfolgreichen Abschluss des Veränderungsprozesses insgesamt doch unverzichtbar. Wird die Motivationslage mithin missachtet, ist ein Scheitern in der Umsetzung der angestrebten Veränderungen wahrscheinlich. Im Rahmen der Entscheidungen über Sozialformen gilt es zu bestimmen, wer an diesem Veränderungsprozess in welcher Form beteiligt werden soll. Die *Sozialformen* beschreiben dabei das Vorgehen: ‚frontal' durch den Unternehmensführer, in Arbeitsgruppen oder in Einzelarbeit. Kaum einmal wird es möglich sein, alle Beschäftigten gemeinsam an der Vorbereitung der Veränderungen teilhaben zu lassen. Die *Aktionsformen* unterscheiden sich nach der Impulssetzung: Geht es um die bloße Übermittlung von →Informationen genügt unter Umständen ein Vortrag in der →Betriebsversammlung. Andernfalls ist zu überlegen, welche Impulse gesetzt werden müssen, damit die Betroffenen sich der bestehenden Problematik gewahr werden (entdeckendes →Lernen). Schließlich stehen auch noch verschiedene *Medien* für die Setzung der Impulse zur Verfügung; sie reichen von der Betriebszeitung bis hin zur Demonstration an einer neu eingerichteten Maschine.

Der →*Evaluation* kommt die Aufgabe zu festzustellen, ob die beabsichtigten Veränderungen auf einen guten Weg gekommen sind. Im positiven Fall kann man sich neuen Themen zuwenden, im negativen Fall bedarf es der Revision des Führungshandelns. Im Einschleifenfall, dem *Single Loop Learning* müssen nach *Argyris* und *Schön* (1978) die Entscheidungen hinsichtlich Thematik und Methodik revidiert werden. Im Zweischleifenfall (*Double Loop Learning*) sind die Lernziele, hier die Verändungsabsichten als impraktikabel zu verwerfen und andere Ziele zu definieren. Im *Deutero Learning* (→Organisationales Lernen) des lernenden Unternehmens ist eine systemkonstituierende Revision durchzuführen, das heißt die Lernkontexte bedürfen einer völligen Umstrukturierung, die Grundwerte des Systems sind neu zu bestimmen. Dieser letzte Fall wird relativ selten vorkommen; ein Beispiel hierfür hat aber in den letzten Jahren die Preussag AG mit ihrem

Change Manager

Übergang von einem Stahlkonzern zu einem Tourismusunternehmen geliefert.

Literatur: *Argyris, C.*; *Schön, D. M.*: Organizational Learning. A Theory of Action Perspective, Reading etc. 1978. *Bank, V.*: Von der Organisationsentwicklung zum systemischen Change Management, Kiel, Norderstedt 2004. *Doppler, K.*; *Lauterburg, C.*: Change Management. Den Unternehmenswandel gestalten, 11. Aufl., Frankfurt a. M. etc. 2005. *Philipps, G.*: Das Konzept der OE. Ansätze und Kritik sowie Konsequenzen für die Ausgestaltung von OE-Prozessen in der Praxis, Frankfurt a. M. etc. 1999. *Richter, M.*: Organisationsentwicklung. Entwicklungsgeschichtliche Rekonstruktion und Zukunftsperspektiven eines normativen Ansatzes, Bern etc. 1994.

Volker Bank

Change Manager

unspezifische Bezeichnung für jemanden, der innovative Veränderungsprozesse im Unternehmen organisiert (→Change Maker).

Charisma

Ausstrahlung eines Menschen und eine eher ihm zugeschriebene als ihm zugehörige Eigenschaft.

Charismatische Führer beeinflussen ihre Gefolgschaft über deren Glauben an Heldenkraft und Vorbildlichkeit. Sie geben in Not- und Krisensituationen Sicherheit, wenn rationale Problemlösungen außer Reichweite scheinen. Nachvollziehbare Argumentation sowie Überzeugung ist nicht das Anliegen charismatischer Führer. Sie begeistern die Mitarbeiter (→Transaktionale Führung, →Transformationale Führung). Auch wenn der Gehorsam gegenüber charismatischen Führern entlastend sein mag, so kann er sich doch als manipulativ und gefährlich erweisen. Eine kritische Analyse der charismatischen Herrschaft findet sich im Werk von *Weber* (1976).

Literatur: *Weber, M.*: Wirtschaft und Gesellschaft – Grundriß der verstehenden Soziologie, 5. Aufl., Tübingen 1976.

Jan Hendrik Fisch

Christlicher Gewerkschaftsbund (CGB)

Spitzenorganisation der Christlichen Gewerkschaften, gegründet 1959 in Mainz mit Sitz in Berlin.

Im Gegensatz zu den im →Deutschen Gewerkschaftsbund organisierten Einheitsgewerkschaften (→Gewerkschaften) ist der CGB nicht politisch und weltanschaulich neutral, sondern stellt einen Dachverband solcher Richtungsgewerkschaften dar, die eine christlich-soziale Ordnungsvorstellung vertreten und sich in ihren Satzungen ausdrücklich zu den Grundsätzen des Christentums bekennen. Im Vergleich zu den Einheitsgewerkschaften ist die Bedeutung der im CGB organisierten Richtungsgewerkschaften aufgrund der geringen Mitgliederzahlen eher gering, die 16 Einzelgewerkschaften im CGB verfügen über rund 300.000 Mitglieder.

Michael Fuhlrott

Classification Method →Arbeitsbewertung

Clocking in/on

Anmeldung des Mitarbeiters zu Arbeitsbeginn durch eine Zeiterfassungskarte (Clock on/in).

Äquivalent hierzu meldet sich der Mitarbeiter nach Beendigung seiner →Arbeitszeit mittels Zeiterfassungskarte ab (Clock off/out). Die Daten werden für die →Zeiterfassung (→Attendance Record) benutzt.

Désirée H. Ladwig

Clusteranalyse

multivariates statistisches Verfahren der →Datenanalyse zur Ermittlung von →Gruppen (Cluster) zusammengehöriger Objekte aus einer Grundmenge.

Das *Ziel* einer Clusteranalyse besteht darin, die Elemente einer Menge derart zu gruppieren, dass die Elemente innerhalb der gebildeten Klassen möglichst ähnlich und zwischen den Klassen möglichst verschieden sind. Ausgehend von einer *Datenmatrix*, in der zeilenweise die Objekte und spaltenweise die Merkmale enthalten sind, kommen als zu klassifizierende Elemente die Objekte und/oder die Merkmale in Betracht. Sollen lediglich Objekte oder Merkmale in Klassen zusammengefasst werden, spricht man von *einmodaler* Clusteranalyse. Im Fall einer gleichzeitigen Segmentierung von Objekten und Merkmalen liegt nach *Espejo* und *Gaul* (1986) eine *zweimodale* Clusteranalyse vor.

Allgemein versteht man unter einer Klassifikation der *Objektmenge* $N = \{1,...,n\}$, die Teilmenge einer *Grundgesamtheit* von Objekten ist, eine Menge $K = \{K_1,...,K_n\}$ von nicht leeren Objektteilmengen $K_1,...,K_n$. Der Index n

steht dabei für die Klassenzahl. Vor der Durchführung einer Clusteranalyse müssen die Informationen der Datenmatrix in Ähnlichkeiten oder Verschiedenheiten der zu klassifizierenden Elemente überführt werden. Dazu wird im Allgemeinen aus der Datenmatrix eine *Distanzmatrix* berechnet, die sich durch die Bestimmung merkmalsweiser Distanzindizes sowie deren anschließender Aggregation unter Berücksichtigung unterschiedlicher Skalentypen ergibt. Einen Eindruck hierzu geben *Bausch* und *Opitz* (1993).

Vor Anwendung eines Klassifikations- oder Clusteranalyseverfahrens ist zu klären, welcher *Klassifikationstyp* angestrebt wird. Falls jedes Objekt mindestens einer Klasse zugeordnet werden soll, spricht man von einer *exhaustiven*, andernfalls von einer *nicht exhaustiven* Klassifikation. Sollen je zwei Klassen keine gemeinsamen Objekte enthalten, so heißt die Klassifikation *disjunkt*, andernfalls *nicht disjunkt*. Ein disjunktes Klassifikationsergebnis bezeichnet man auch als *Zerlegung* oder *Partition* der Objektmenge, ein nicht disjunktes Klassifikationsergebnis auch als *Überdeckung* oder *Überlappung*.

Die traditionellen Clusteranalyseverfahren lassen sich laut *Backhaus et al.* (2003) im Wesentlichen in *hierarchische* und *partitionierende* Verfahren unterscheiden. Während bei den hierarchischen Ansätzen durch die Vereinigung von zwei Clustern oder die Aufspaltung eines Clusters schrittweise immer gröbere beziehungsweise feinere Segmentierungen erzeugt werden, wird bei den partitionierenden Verfahren eine vorliegende Zerlegung der Objektmenge durch den Austausch von Objekten iterativ verbessert. Zu den partitionierenden Verfahren zählen beispielsweise das *K-Means-Verfahren* für quantitative → Daten sowie das auf Distanzen basierende *CLUDIA-Verfahren* für beliebige Daten. Die mittlerweile zahlreich existierenden Varianten partitionierender Clusteranalysealgorithmen unterscheiden sich vor allem hinsichtlich der gewählten Bewertungskriterien für die resultierende Segmentierung, der Bestimmung einer initialen Clustereinteilung sowie der Art und Weise des Objekttauschs im Rahmen der einzelnen Iterationen. Bei den hierarchischen Clusteranalyseverfahren kann zunächst zwischen *agglomerativen* und *divisiven* Verfahren unterschieden werden. Erstere gehen von einelementigen Klassen aus und fassen schrittweise Elemente zu Klassen zusammen. Im Gegensatz dazu gehen divisive Verfahren von einer Anfangszerlegung aus, die schrittweise verfeinert wird. Aufgrund der rechentechnischen Vorteile haben sich im Wesentlichen die agglomerativen Verfahren durchgesetzt. Dazu zählen vor allem die Verfahrensvarianten *Single Linkage*, *Average Linkage*, *Complete Linkage*, *Median*, *Centroid* und *Ward*, die sich durch eine unterschiedliche Neuberechnung der Verschiedenheiten zwischen den schrittweise fusionierten Klassen differenzieren lassen. Im Vergleich zu den partitionierenden Ansätzen weisen hierarchische Clusteranalyseverfahren den Vorteil auf, dass die Klassenzahl nicht von vornherein vorgegeben sein muss, sondern im Rahmen des Verfahrens beispielsweise über das so genannte *Ellbogenkriterium* bestimmt werden kann. Darüber hinaus kann *Jobson* (1992) gemäß die resultierende Klassenstruktur mithilfe eines *Dendrogramms* grafisch dargestellt werden.

Bei den bislang beschriebenen Ansätzen der Clusteranalyse wird ein Objekt eindeutig einer Klasse zugeordnet. In realen Anwendungen ist dies jedoch durchaus problematisch, da vor allem Ausreißer eine Segmentierung erschweren und zu relativ inhomogenen Clustern führen können. Zu Lösung dieses Problems sind Verfahren entwickelt worden, die unter dem Begriff der *unscharfen* Clusteranalyse (*Fuzzy-Clustering*) zusammengefasst werden und für die einzelnen Objekte Zugehörigkeitsgrade zu den Klassen bestimmen. Auf Basis dieser Zugehörigkeitsgrade können dann nach *Höppner*, *Klawonn* und *Kruse* (1997) Kern-, Rand- oder Zwischenobjekte von Klassen entdeckt werden, so dass im Ergebnis eine deutliche differenziertere Segmentierung der Objekte vorliegt. Als neuere Entwicklungen im Bereich der Clusteranalyse können abschließend noch die Anwendung *neuronaler Netze* in Form der so genannten *Self-Organizing Feature Maps* (SOM) sowie die Anwendung *evolutionärer Algorithmen* zur Klassifikation von Objekten genannt werden, wie *Freitas* (2002) betont.

Hinsichtlich des Personalmanagements lässt sich die Clusteranalyse vor allem in der Findung und Differenzierung von Zielgruppen einsetzen. Beim → Personalmarketing ist eine → Kommunikation dann effektiv, wenn ausschließlich der gewünschte Personenkreis und die geplanten Effekte im gewünschten Ausmaß erreicht werden. Dies tritt dann ein, wenn die Zielgruppe intern so homogen und extern so heterogen wie möglich ist. Um die Zielgruppen zu identifizieren, lässt sich die Clusteranalyse heranziehen, die die Merkmalsträger nach Ähnlichkeitsgesichtspunkten zusammenfasst und somit die Anzahl der Segmente reduziert.

Literatur: *Backhaus, K. et al.*: Multivariate Analysemethoden, 10. Aufl., Berlin 2003. *Bausch, T.; Opitz, O.*: PC-gestützte Datenanalyse mit Fallstudien aus der Marktforschung, München 1993. *Eckes, T.; Roßbach, H.*: Clusteranalysen, Stuttgart 1980. *Espejo, O. E.; Gaul, W.*: Two-Mode Hierarchical Clustering as an Instrument for Marketing Research, in: *Gaul, W.; Schader, M.* (Hrsg.): Classification as a Tool of Research, Amsterdam 1986, S. 121–128. *Fahrmeir, L.; Hamerle, A.*: Multivariate statistische Verfahren, 2. Aufl., Berlin 1996. *Freitas, A. A.*: Data Mining and Knowledge Discovery with Evolutionary Algorithms, Berlin 2002. *Höppner, F.; Klawonn, F.; Kruse, R.*: Fuzzy-Clusteranalyse. Verfahren für die Bildererkennung, Klassifizierung und Datenanalyse, Braunschweig 1997. *Jobson, J. D.*: Applied Multivariate Data Analysis, Bd. II: Categorical and Multivariate Data Analysis, New York 1992. *Steinhausen, D.; Langer, K.*: Clusteranalyse. Einführung in Methoden und Verfahren der automatischen Klassifikation, Berlin, New York 1977.

Udo Bankhofer

Coach

Berater, Vertrauter, Diskussionspartner und auch Wegaufzeichner und Lösungsanbieter (dt.: Kutscher).

Einem Coach obliegt die Aufgabe des Lenkens und Betreuens. Besondere Bedeutung erlangte die Bezeichnung zuerst im sportlichen Bereich, wo die trainingstherapeutische und psychologische Beratung von Leistungssportlern durch einen persönlichen Betreuer gemeint ist. Sportler arbeiten mit professionellen Coachs zusammen, die ihnen helfen, Höchstleistungen zu erzielen.

In den 1970er Jahren fand in den USA ein Transfer des Begriffs in den Managementbereich statt. Seitdem hat diese Art der professionellen Beratung und die Berufsbezeichnung Coach auch in der Geschäftswelt Fuß gefasst. Im Management-Kontext versteht man unter einem Coach jemanden, der in der Regel →Führungskräfte (zunehmend aber auch Mitarbeiter) entwicklungsorientiert führt und ihnen hilft, neue Herausforderungen zu meistern und persönliche und geschäftliche Ziele zu erreichen. Der Coach gibt →Feedback und Beratung von einem außenstehenden Standpunkt, er liefert neue Sichtweisen, die es dem Gecoachten (→Coachee) ermöglichen, seine Situation und Verhalten aus der Beobachterperspektive zu reflektieren. Der Coach begleitet den Coachee und regt ihn an, eigene Lösungen zu entwickeln. Hierbei gibt es zwei Alternativschwerpunkte:

1. Der Coach fördert →Selbstreflexion, Bewusstsein und →Verantwortung, um so *Hilfe zur Selbsthilfe* zu geben. In diesem Zusammenhang kann der Coach dem Coachee behilflich sein, eine Struktur in seine Probleme zu bringen und Sicherheit für Entscheidungen zu gewinnen. Er kann ihm helfen, die Ursachen der Probleme zu erkennen und Auswege zu finden. Besonders in turbulenten beruflichen Phasen, bei schwierigen Projekten sowie in Konflikt- und Krisensituationen kann der Coach wesentlich dazu beitragen, problemlösende Vorgehensweisen zu entwickeln.

2. Der Coach kann einen Beitrag zur *Potenzialentwicklung* leisten, indem er die Stärken, Fähigkeiten und →Kompetenzen des Coachee entwickelt und fördert.

Vom Coach werden dabei umfangreiche methodische Kenntnisse (→Qualifikation), eine fachlich gute →Ausbildung, Objektivität und das Talent, Dinge kritisch zu hinterfragen, verlangt.

Man unterscheidet drei verschiedene Coach-Arten:

1. *Organisationsexterner Coach*: Ist in der Regel selbstständig oder in einer Unternehmensberatung angestellt und als hauptberuflicher Coach für verschiedene Organisationen tätig.

2. *Organisationsinterner Coach*: Ist in einer Organisation hauptberuflich als Coach tätig.

3. *Führungskraft als Coach*: Coacht im Rahmen ihrer →Führungsaufgaben ihre Mitarbeiter und arbeitet an ihren Stärken und Entwicklungspunkten.

Um seinen Coachee umfassend unterstützen zu können, sollte sich insbesondere der externe Coach über das Arbeitsfeld sowie über die organisationalen Gegebenheiten seines Coachee informieren. Für eine erfolgreiche Bearbeitung der meist kontextspezifischen beruflichen Probleme ist dies unerlässlich.

Von ihrem Kompetenzprofil her sollten Coachs vorzugsweise über psychologische und betriebswirtschaftliche Kenntnisse verfügen sowie praktische Erfahrung bezüglich der Anliegen des oder der Gecoachten gesammelt haben.

Angesichts der hohen Anforderungen an den Coach ist die professionelle Aus-, →Fort- und Weiterbildung eine Frage der Qualitätssicherung seiner Arbeit. Zu den Inhalten gehören Gesprächstechniken, Supervision (→Organisation der Führungskräfteentwicklung), Selbsterfahrung sowie Fähigkeiten zur Problemanalyse (*Heß* und *Roth* 2001). Um als angehender Coach zur Schaffung eines seriösen Marktauftritts befähigt zu werden, fordert *Rauen* (2005) darüber hinaus die Behandlung der Themen Akquisition und Marketing.

Literatur: *Heß, T.; Roth W.L.*: Professionelles Coaching. Eine Expertenbefragung zur Qualitätseinschätzung und -entwicklung, Heidelberg 2001. *Rauen, C.*: Handbuch Coaching, 3. Aufl., Göttingen 2005. *Rauen, C.*: Coaching, 3. Aufl., Göttingen 2003.

Sabine Remdisch

Coachee

analog zum Begriffspaar „Trainer – Trainee" entstandener Begriff, der die gecoachte Person bezeichnet.

Coaching

personenzentrierter Beratungs- und Betreuungsprozess in der Arbeitswelt zwischen einem Berater (→Coach) und seinem Klienten (→Coachee).

Beim Coaching geht es um das kritische Überprüfen und Weiterentwickeln des eigenen Verhaltens im →Dialog mit einem neutralen und kompetenten Gesprächspartner.

Insgesamt fehlt im Bereich des Coaching noch eine eindeutige und einheitliche Begriffsverwendung. Auch stehen eine konzeptionelle Fundierung, die Etablierung von Qualitätsstandards sowie ein allgemeingültiger Ausbildungsstandard weitestgehend noch aus. Coaching ist begrifflich und inhaltlich abzugrenzen gegenüber Psychotherapie, Supervision (→Organisation der Führungskräfteentwicklung), →Mentoring, Fachberatung und →Training. Trotzdem lässt sich eine definitorische Tendenz feststellen. Danach zielt Coaching auf die Förderung der →Selbstreflexion und -wahrnehmung. Unabdingbar bei einer Coaching-Beziehung ist, dass sie durch Freiwilligkeit, gegenseitige Akzeptanz, →Vertrauen und Diskretion zwischen den beteiligten Personen bestimmt ist. Coaching dient der Förderung interpersonaler und persönlicher →Kompetenz sowie der Weiterentwicklung der beruflichen Handlungskompetenz, insbesondere in Bezug auf Führung (→Mitarbeiterführung) und Leistung. *Typische Anlässe* für Coaching sind

– die Unterstützung bei konkreten Herausforderungen am Arbeitsplatz oder bei Konflikten,

– die Vorbereitung auf die Übernahme neuer Aufgaben als Führungskraft oder in Teams,

– der Abbau von Leistungs-, Kreativitäts- und Motivationsblockaden sowie

– die Bearbeitung von Stress-Situationen.

Coaching gehört mittlerweile in vielen Unternehmen zum festen Bestandteil der →Personalentwicklung und basiert sinnvollerweise auf dem jeweiligen unternehmensinternen Kompetenz-Modell. Coaching ist den verhaltensorientierten Verfahren der Personalentwicklung zuzuordnen. Es richtet sich spezifisch an Personen mit Führungsverantwortung und/oder Managementfunktionen. Heute ist Coaching aber nicht mehr den →Führungskräften vorbehalten, sondern auch auf mittleren und unteren Ebenen in Unternehmen verbreitet.

Nach *Rauen* (2002) werden in der Praxis mehrere Coaching-Varianten unterschieden, die sich im wesentlichen durch drei *Dimensionen* beschreiben lassen:

1. *Art und Herkunft des Coaches*: Ein Coaching kann durch einen firmeninternen Coach, welcher in der Regel Mitarbeiter der →Personalabteilung ist, durch die Führungskraft oder durch einen externen Berater durchgeführt werden. In den ersten beiden Fällen spricht man von internem, im letzten Fall von externem Coaching.

2. *Art und Anzahl der Klienten*: Hier wird →Einzel- von →Gruppen-Coaching unterschieden. Den Gruppen-Coaching-Verfahren werden wiederum das System- und das Projekt-Coaching untergeordnet.

3. *Inhaltliche Ausrichtung und Zielsetzung des Coaching*: Hierzu zählt zum Beispiel Coaching als Maßnahme zur Mitarbeiterentwicklung und -führung, zum Geben von →Feedback, zur →Teamentwicklung.

Grundsätzlich wird laut *Schreyögg* (1998) Potenzialentwicklungs-Coaching von Krisen-Coaching abgegrenzt. Coaching im Sinne der Potenzialentwicklung intendiert die Karriereförderung des Coachee und die Steigerung der beruflichen Qualifikationen, indem es methodische, konzeptionelle sowie soziale Managementkompetenzen fördert. Krisen-Coaching verfolgt die Zielsetzung der (Wieder-)Herstellung und/oder Verbesserung des Selbstmanagements des Coachee bei beruflichen Problemen oder auch Krisen (Selbst-Coaching). Ein Coaching kann hier die Bewältigung fördern, indem es die Wiedergewinnung beruflicher Gestaltungspotenziale unterstützt und vorhandene Möglichkeiten individueller sowie sozialer Art weiter ausgebaut werden (*Schreyögg* 1998). Unabhängig davon, an welcher der beiden Zielperspektiven sich ein Coaching orientiert, soll der Coach seinen Klienten jeweils derart beraten beziehungsweise fördern, dass er letztendlich nicht mehr benötigt wird. *Rauen* (2002) bezeichnet Coaching immer als „Hilfe zur Selbsthilfe und zur Selbstverantwortung".

Die im Coaching eingesetzten *Methoden* sind individuell auf den Coachee zugeschnitten und in der Mehrzahl reflexive Verfahren wie zum Beispiel Fragetechniken, Rekonstruktionen und Zusammenhangsanalysen, Rollenspiele (→ Kommunikations- und Rollenspiele) oder Feedbackverfahren. Zur strukturierten Erfassung der Merkmale des Coachee sind psychologische → Testverfahren wie → Persönlichkeitstests oder → Leistungstests hilfreich. Grundlage der meisten Interventionen im Coaching sind Gesprächstechniken wie Paraphrasieren, Reframing oder der Gebrauch von Metaphern und Szenarien. Arbeitsplatznahe Methoden wie Verhaltensbeobachtung und -rückmeldung vor Ort durch den Coach, systematische Arbeitsanalysen oder das Training situationsspezifischer Handlungskompetenz unterstützen die Transfereffekte. Zur gezielten Vor- und Nachbereitung der Coachingsitzungen bieten sich Hausaufgaben wie zum Beispiel Reflexionsübungen oder Selbstbeobachtungen des Coachees an.

In der Regel verläuft ein *Coaching-Prozess* in mehreren Phasen: Kontaktphase, Diagnosephase, Veränderungsphase und Abschlussphase. Jedes Coaching beginnt in einem ersten Kontakt mit einer Abstimmung zwischen Auftraggeber, Coachee und Coach sowie der Festlegung der Rahmenbedingungen. In der Diagnosephase erfolgt die gemeinsame Prüfung des Ist-Zustands. Der Coach analysiert die Ausgangssituation und grenzt konkrete Handlungs- und Problemfelder ab; die konkreten Coaching-Ziele werden gemeinsam vereinbart. Anschließend werden zu Beginn der Veränderungsphase ein individueller Arbeitsplan festgelegt und geeignete Coaching-Methoden ausgewählt. Jedes Coaching-Programm schließt mit der Bewertung des Entwicklungsfortschrittes des Coachee ab.

Laut *Looss* (2002) umfasst ein Coaching in der Regel nicht mehr als zehn Sitzungen, hängt jedoch in seinem Umfang stark vom Thema sowie von Anlass und Art und Weise der → Arbeit ab.

Weiterhin bedeutend ist, dass dem Coachee zwischen den Sitzungen ausreichend Zeit bleibt, um Anregungen aus dem Beratungskontext in den eigenen Arbeitsalltag einzubringen und damit zu erproben. Die Häufigkeit der Coachingsitzungen nimmt meistens im Verlauf des Coaching-Prozesses ab. Erfahrungsgemäß ist es notwendig, sich zunächst mindestens ein Mal wöchentlich und danach in größeren Abständen zu treffen. Ein Coaching-Termin umfasst in der Regel zwei Stunden, was dem Coachee die Möglichkeit gibt, Erfahrenes und Erprobtes darzustellen und gemeinsam mit dem Coach beraterisch auszuwerten.

Literatur: *Looss, W.*: Coaching – Qualitätsüberlegungen beim Einsatz von Coaching, in: *Fatzer, G.; Looss, W.*: Qualität und Leistung von Beratung, Bergisch-Gladbach 2002. *Rauen, C.*: Handbuch Coaching, Göttingen 2002. *Schreyögg, A.*: Coaching, Frankfurt a. M., New York 1998.

Sabine Remdisch

College Recruiting

Menge aller Personalmarketingaktivitäten (→ Personalmarketing), die auf die aktive Generierung eines Beschaffungspotenzials unter Hochschulabsolventen ausgerichtet sind.

Die Aktivitäten umfassen exemplarisch die Vergabe von Praktika an Studenten, die Unterstützung von Diplomarbeitsprojekten, die Teilnahme an Bewerbermessen sowie die Durchführung von Informationsveranstaltungen und Fachvorträgen an Hochschulen.

Thomas Bürkle

Commitment

individuelle Verpflichtung und Bindung einer Person (→Personalbindung).

Commitment kann sich, wie *Klimeck* und *Gmür* (2005) feststellen, auf eine Aufgabe, die Zugehörigkeit zu einem Team (→Gruppe) oder ein Unternehmen beziehen oder sich in der →Identifikation mit einem Produkt oder einer Leitidee ausdrücken. In der Regel werden in Anlehnung an die Typologie von *Meyer* und *Allen* (1997) drei Typen von Commitment unterschieden, die an der Frage ansetzten, ob beziehungsweise wie ein Mitarbeiter sich seinem Unternehmen verpflichtet fühlt:

1. *Kalkulatives Commitment* (Continuance Commitment): Ist das Ergebnis eines Kosten-Nutzen-Vergleichs. Der Mitarbeiter wägt dabei die Vor- und Nachteile eines Verbleibs im Unternehmen im Vergleich zu den zu erwartenden Vor- und Nachteilen eines Stellenwechsels ab. Kalkulatives Commitment beruht also auf der Überzeugung, bei einem Weggang Nachteile in Kauf nehmen zu müssen, welche durch die in Aussicht stehenden Vorteile nicht aufgewogen werden. In diese Überlegungen fließen nicht nur finanzielle Gewinne oder Verluste, sondern sämtliche motivationsrelevanten Veränderungen ein (→Motiv), beispielsweise in Bezug auf Sicherheit, Zugehörigkeit, Anerkennung oder Selbstverwirklichung.

2. *Affektives Commitment* (Affective Commitment): Beruht auf positiven Emotionen (→Aktionstheorie der Motivation) wie Freude, Stolz, Zuneigung oder Dankbarkeit. Der Mitarbeiter bindet sich an das Unternehmen, weil er beispielsweise dessen Produkte und Dienstleistungen als attraktiv empfindet, weil er mit seinen Kollegen freundschaftlich verbunden ist, weil er sich mit seinem Vorgesetzten identifiziert, weil er auf seine persönliche Aufgabe stolz ist oder weil er sich an seinem Arbeitsplatz wohlfühlt. Das Commitment beruht hier nicht auf rationaler Überlegung, sondern auf intuitiver Zuneigung gegenüber Bezugspersonen, Aufgaben oder Leitideen.

3. *Normatives Commitment* (Normative Commitment): Resultiert daraus, dass eine Person sich moralisch verpflichtet fühlt. Der Mitarbeiter verbleibt im Unternehmen, weil er beispielsweise glaubt, mit seinem Weggang sein Team im Stich zu lassen. Normatives Commitment entsteht aber auch dann, wenn der Mitarbeiter glaubt, die Ziele des Unternehmens oder eines Unternehmensbereichs seien wichtig und würden gefährdet, wenn er sich nicht mehr dafür einsetzt.

Commitment ist tendenziell selbstverstärkend, das heißt mit jeder Entscheidung, welche die Person für das Unternehmen, ihr Team oder ihre Aufgabe trifft, nimmt in der Regel die Neigung zu, sich in nachfolgenden Wahlsituationen wieder dafür zu entscheiden. Entsprechend sinkt die Wahrscheinlichkeit, sich überhaupt zu binden, mit jedem Wechsel weiter ab.

Commitment ist ein wesentliches Ziel der →Personalbindung. Ein Unternehmen kann das Commitment seiner Mitarbeiter gezielt stärken, indem es beispielsweise seine Weiterbildung oder das Lohn- und Gehaltssystem so ausgestaltet, dass ein langfristiges Commitment des Einzelnen an die →Organisation entsteht oder erhalten bleibt.

Literatur: *Klimecki, R.; Gmür, M.*: Personalmanagement, 3. Aufl., Stuttgart 2005. *Moser, K.*: Commitment in Organisationen, Bern 1996. *Meyer, J. P.; Allen, N. J.*: Commitment in the Workplace, Thousand Oaks 1997.

Markus Gmür

Compressed Working Time

komprimierte →Arbeitszeit, die durch verdichtete Aufteilung der zu leistenden Arbeitszeit über einen bestimmten Zeitraum (Tag, Woche, Monat) entsteht und arbeitsfreie Tage von längeren Blöcken zur Folge hat.

Zu den meist verbreiteten Varianten gehören erstens jegliche Regelungen mit einer festgelegten Arbeitszeitdauer von mehr als acht Stunden pro Tag, die eine Arbeitswoche mit weniger als fünf vollen Arbeitstagen nach sich ziehen. Die zweite Variante beinhaltet Regelungen mit einer zwar nicht verlängerten täglichen Arbeitszeitdauer aber mit einer hohen Anzahl von direkt aufeinander folgenden Arbeitstagen (z. B. sieben und mehr Tage). Beide Varianten bedeuten, dass nach einem Arbeitsblock ein Freizeitblock von mehr als zwei Tagen folgt. Während die erste Variante in einigen Betrieben mit diskontinuierlicher →Betriebszeit zu finden ist (z. B. Automobil- oder Elektroindustrie), kommt die zweite Variante eher in Betrieben mit kontinuierlicher Produktion (z. B. chemische Industrie) oder aber bei Einsätzen an Arbeitsorten, die vom Wohnort extrem weit entfernt sind (z. B. Bohrinseln), vor.

Auf der einen Seite ist komprimierte Arbeitszeit mit einer Reihe von Vorteilen sowohl für die Beschäftigten (z. B. längere Freizeitblöcke, geringere Fahrzeiten) als auch für das Unternehmen (Senkung der Anlaufkosten, weniger Nachtarbeit) verbunden. Auf der anderen Seite steigt bei beiden Varianten das Risiko von →Ermüdung, Fehlern und Unfällen, so dass die Voraussetzungen einer Einführung solcher →Arbeitszeitmodelle sorgfältig zu prüfen sind.

Sonia Hornberger

Compulsory Redundancy →Personalfreisetzung

Computer-Based-Training →CBT-Systeme

Computerdiagnostik

psychologische Diagnostik unter Zuhilfenahme des Mediums Computer.

Bei der Computerdiagnostik sind verschiedene Formen des Einsatzes zu nennen, wie die Testvorgabe am Computer, internetbasierte (→Internet) Testvorgabe und computergestützte Testauswertung. Je nach Bereich der →Personalpsychologie wird der Schwerpunkt des Computereinsatzes unterschiedlich gesetzt. So hat sich nach *Schuler* und *Höft* (2006) die Internetbasierte Diagnostik vor allem in der Bewerberauswahl (→Personalauswahl) etabliert. Des Weiteren sind Computertests zu unterscheiden, welche lediglich eine Umsetzung von Papier-Bleistift-Verfahren darstellen, sowie Tests, die originär für den Computer entwickelt wurden.

Die Vorteile der Computerdiagnostik sind einerseits im Licht der erhöhten Ökonomie sowie einer besseren Objektivität (geringe Testleitereffekte, höhere Auswertungsobjektivität) zu sehen. Andererseits eröffnen sich dabei auch neue Möglichkeiten: Hier sind vor allem das adaptive Testen, also die an die Leistungsfähigkeiten der Testpersonen hinsichtlich der Schwierigkeit angepasste Vorgabe von Aufgaben („maßgeschneidertes Testen") sowie die Entwicklung von Simulationsverfahren zu nennen.

Hinsichtlich der Vergleichbarkeit der Ergebnisse, erfasst mittels Computer und mittels Papier-Bleistift-Verfahren, ist darauf hinzuweisen, dass ihre Äquivalenz (v. a. hinsichtlich der Normen) zu prüfen ist.

Literatur: *Schuler, H.*; *Höft, H.*: Konstruktorientierte Verfahren der Personalauswahl, in: *Schuler, H.* (Hrsg.): Lehrbuch der Personalpsychologie, Göttingen 2006, S. 101–145.

Ingrid Preusche

Computersimuliertes Szenario →Eignungsdiagnosesysteme

Constructive Dismissal

→Arbeitnehmerkündigung in Großbritannien, die der →Arbeitgeber durch eine manipulative Verletzung seiner arbeitsvertraglichen (→Arbeitsvertrag) und arbeitsrechtlichen Verpflichtungen (→Arbeitsrecht) erwirkt hat.

Eine solche Eigenkündigung kann beispielsweise durch ungerechtfertigte →Abmahnungen, Beleidigungen, gefährliche Arbeitsbedingungen und zurückgehaltenes Arbeitsentgelt „produziert" beziehungsweise „provoziert" werden. Ein →Arbeitnehmer, der dieser Manipulation auf die Schliche kommt, kann den Fall vor das Arbeitsgericht bringen (→Kündigungsschutzprozess). Dort werden jene Regeln analog angewendet, die ansonsten für arbeitgeberseitige →Kündigungen mit rechtlich inakzeptablen →Kündigungsgründen (→Fair Reasons for Dismissal) gelten.

Reiner Bröckermann

Context (High/Low)

→Kulturdimension nach *Hall* (1981) zum Ausmaß des in einer →Kultur vorhandenen Vorwissens, Wissensvorrats oder gemeinsamen Bezugsrahmens im Rahmen interpersonaler und medialer →Kommunikation.

Es handelt sich um Menge und Anteil gespeicherter →Informationen in Kommunikationssituationen, von denen der Sender annimmt, dass der Empfänger über sie verfügt. Entscheidend ist für *Hall* (1981) die Beziehung zwischen dem *gespeicherten Wissensvorrat*, dem *Kontext* und der *übermittelten Information*: Einige Menschen benötigen zum Verständnis zusätzliche Detailinformationen, weil sie nur wenige Informationsnetze haben und folglich schlecht informiert sind. Diese Menschen verfügen über eine geringe Informationsdichte („Low Context"), das heißt es muss *explizit* kommuniziert werden. Andere

Menschen hingegen brauchen wenige zusätzliche Informationen, um eine Botschaft zu verstehen, da sie ständig umfassend informiert sind. Sie verfügen über eine hohe Informationsdichte („High Context"), das heißt es kann *implizit* kommuniziert werden.

Hall (1981) vertritt die Auffassung, dass Personen aus romanischen und ostasiatischen Ländern eher implizit kommunizieren, weil sie einen hohen Kontext voraussetzen. Das Verständnis wird jedoch für diejenigen erschwert, die nicht über den Kontext verfügen, also Personen, die aus anderen Kulturen stammen. Personen aus germanophonen und anglophonen Kulturen dagegen tendieren zu einem expliziten Kommunikationsstil (Abbildung 1). Dadurch sind Aussagen klar verständlich, wirken jedoch auf Personen mit einem niedrigeren Informationsbedarf (wie Franzosen oder Italiener) belehrend, da von letzteren die Informationsübermittlung als überflüssig und zeitintensiv empfunden wird.

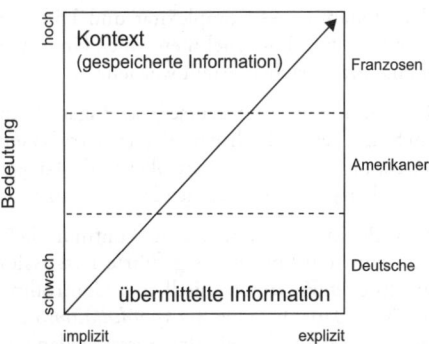

Abbildung 1: Bedeutung, Kontext und übermittelte Information (*Hall* 1981, S. 102)

Innerhalb der internen internationalen Unternehmenskommunikation und des →Personalmanagements ist die Frage der Informationsweitergabe und des -verständnisses – nicht nur aufgrund des Einsatzes von Fremdsprachen und unter Beachtung kulturtypischer Kommunikationsstile – ein zentrales Thema: Wie viel Information (Menge) muss in welcher Form (schriftlich/mündlich) auf welche Weise (explizit/implizit) von wem (Sender) an wen (Empfänger) in welcher Sprache weitergegeben werden, um sicherzustellen, dass die Information verstanden, akzeptiert und in Aktionen umgesetzt wird?

Im internationalen Personalmanagement ist die Kenntnis über divergierendes Kontextwissen beim interorganisationalen oder interpersonalen Austausch von Informationen oder Wissen zwischen der Zentrale und den Ländergesellschaften von Bedeutung: Dies kann zum Beispiel die Vereinheitlichung von Entlohnungssystemen – wie SAP –, von Managementpraktiken – wie →Empowerment – betreffen oder aber auch die →Organisationskultur wie Unternehmenswerte (→Kulturtransfer). Je größer die Kenntnis über unterschiedliche Kontextarten ist und je mehr eine lokale Anpassung erfolgt, desto verständlicher und zielführender kann die →Implementierung von unternehmenskulturellen Systemen und Praktiken des Personalmanagements erfolgen.

Literatur: *Hall, E. T.*: Beyond Culture, New York 1981.

Christoph I. Barmeyer

Contingent Work

Formen →atypischer Beschäftigung mit besonders unsicherem, vagem oder flexiblem Charakter.

Während in einer weiten Begriffsverwendung unter Contingent Work alle atypischen, also vom →Normalarbeitsverhältnis abweichenden →Beschäftigungsverhältnisse bezeichnet werden, verwenden einige Autoren den Begriff enger, indem sie ihn auf Arbeitsverhältnisse anwenden, bei denen eine Arbeitskraft keinen expliziten oder impliziten Kontrakt für eine unbefristete Beschäftigung besitzt oder bei denen die Mindestanzahl zu arbeitender Stunden in unsystematischer Weise variieren kann (*Polivka* und *Nardone* 1989, *Barker* und *Christensen* 1998) Contingent Work dient →Arbeitgebern dazu, ihre numerische →Flexibilität zu erhöhen. Zu dieser Gruppe von →Beschäftigungsformen können →befristete Beschäftigungsverhältnisse, →Zeitarbeit, →Scheinselbstständigkeit und →Self-Employment sowie unfreiwillige →Teilzeitarbeit gezählt werden. Damit gehören zum Beispiel unbefristet beziehungsweise auf freiwilliger Basis beschäftigte Teilzeitarbeiter und unbefristet beschäftigte Telearbeiter (→Telearbeit) nicht zu den contingent workers. Abgrenzungsprobleme bleiben allerdings bei dauerhaft bei einer Zeitarbeitsfirma beschäftigten Zeitarbeitnehmern (so genannte permanent temps), bei Selbstständigen in Freien Berufen (Freelancer, →Freie Mitarbeiter, →Beschäftigungsverhältnisse von Künstlern) und bei Beschäftigten mit fest vereinbarten und beiderseitig gewünschten Vertragslaufzeiten bestehen.

Contingent Workers können ebenso gering qualifizierte beziehungsweise aufgrund ihrer Qualifikation am →Arbeitsmarkt nur begrenzt nachgefragte oder leicht ersetzbare und nur schwach sozial abgesicherte Beschäftigte sein wie auch hochqualifizierte Professionals oder →Wissensarbeiter, die auf Projektbasis für unterschiedliche Auftraggeber arbeiten. Die *individuellen Konsequenzen* und die mit dem Einsatz von contingent workers verbundenen *personalwirtschaftlichen Probleme* sind daher heterogen.

Literatur: *Barker, K.*; *Christensen K.* (Hrsg.): Contingent Work: American Employment Relations in Transition, Ithaca, London 1998. *Polivka, A. E.*; *Nardone, T.*: On the Definition of 'Contingent Work', in: Monthly Labor Review, Washington 1989, S. 9–16.

Axel Haunschild

Contracting

zusammenfassende Bezeichnung für →Beschäftigungsformen, die auf Verträgen mit Unternehmern oder Unternehmen basieren.

Dies können Ein-Personen-Unternehmen (→Self-Employment) oder Unternehmen mit Mitarbeitern sein. Im ersten Fall können freie →Dienst- oder →Werkverträge abgeschlossen werden. Im zweiten Fall können Werkverträge abgeschlossen werden, die von Mitarbeitern des Auftragnehmers im Betrieb des Auftraggebers, aber ohne Übertragung von →Direktionsrechten ausgeführt werden (Fremdpersonaleinsatz beziehungsweise contract work; *Kalleberg* 2000, →Zeitarbeit). Zum Teil werden Kontraktoren nach dem Grad ihrer Abhängigkeit vom Auftraggeber voneinander abgegrenzt. Hierbei ist aber zwischen einer ökonomischen Abhängigkeit eines Unternehmens oder Unternehmers (z. B. Lieferanten, Franchisenehmer) und dem Vorliegen eines abhängigen →Dienstvertrags strikt zu unterscheiden.

Kontraktoren gehören damit im engeren Sinne nicht zum Personal eines Unternehmens. Ihr Einsatz wirft daher die Frage nach der (erwünschten) Reichweite von Personalarbeit (→Personalmanagement) auf. Insbesondere solche personalwirtschaftlichen Maßnahmen, deren Umsetzung das Vorhandensein von Direktionsrechten voraussetzt (z. B. Versetzungen, Qualifizierungen oder Sanktionen), sind nur sehr eingeschränkt auf Kontraktoren anzuwenden.

Literatur: *Kalleberg, A.*: Nonstandard Employment Relations: Part-Time, Temporary and Contract Work, in: Annual Review of Sociology, 26. Jg. (2000), S. 341–365.

Axel Haunschild

Controlling

funktional dasjenige Subsystem der Führung (→Mitarbeiterführung), das Planung und Kontrolle sowie Informationsversorgung systembildend und systemkoppelnd ergebniszielorientiert koordiniert und so die Adaption und Koordination des Gesamtsystems unterstützt (*Horváth* 2006).

Controlling stellt damit eine Unterstützung der Führung dar. Der Bezug auf Entscheidungen erfolgt durch die Ausrichtung an (wirtschaftlichen) Zielen, die Vorgabe der Zielerreichung, Soll-Ist-Vergleiche sowie die instrumentelle und organisatorische Koordination des Entscheidungsprozesses. Damit soll die Koordinations-, Reaktions- und Adaptionsfähigkeit eines Unternehmens trotz zunehmender Dynamik, →Komplexität und Differenziertheit bei Unternehmen und Unternehmensumwelt sichergestellt werden.

Controlling wird im deutschsprachigen Raum im Sinne des englischsprachigen *Controllership* verstanden, das heißt Controller und Manager bewirken gemeinsam Control (Steuerung).

Von Beginn an führte eine kontinuierliche und zum Teil kontrovers geführte Diskussion zur Entstehung unterschiedlicher Controllingansätze. Dabei hat sich der *koordinationsorientierte Ansatz* auf Basis des Systemgedankens durchgesetzt, der die Prozesse Koordination der Informationsversorgung, Koordination des Planungs- und Kontrollsystems sowie Koordination des gesamten →Führungssystems umfasst.

Durch die zielorientierte Koordination der Planung und Kontrolle mit der Informationsversorgung ermöglicht das Controlling der Führung die zielorientierte Anpassung des Unternehmens an Umweltänderungen und die Wahrnehmung der dazu erforderlichen Steuerungsaufgaben.

Unterschiede innerhalb der einzelnen Ansätze betreffen vor allem die Zielkategorien, auf die sich das Controlling bezieht (wirtschaftliche Ziele vs. alle Zielkategorien) und den Koordinationsumfang (*Hahn* und *Hungenberg* 2001, *Scherm* und *Pietsch* 2004).

Die Koordination als Aufgabe des Controllings umfasst zwei Aspekte:

1. *Systembildende Koordination*: Entwurf und →Implementierung von Planungs- und Kontrollsystemen sowie von Informationsversorgungssystemen.
2. *Systemkoppelnde Koordination*: Laufende Dispositionen und Abstimmungen innerhalb eines bestehenden Systems, Beseitigung von Störungen und die Sicherstellung der erforderlichen Informationsversorgung.

Diese Koordinationsleistung des Controllings befähigt die Führung, ihre eigenen unmittelbaren Koordinationsaufgaben bei der Steuerung des Unternehmensgeschehens wahrzunehmen.

Die Controllingaufgaben als funktionaler Aspekt des Controllingsystems umfassen alle einzelnen Aktivitäten im Hinblick auf die Realisierung der Controllingziele, welche durch die branchen- beziehungsweise unternehmensbezogene Festlegung von Konzeptionsparametern konkretisiert werden. Als Teil der Controllingaufgaben werden in den meisten Unternehmen das interne führungsorientierte Rechnungswesen (→Betriebliches Rechnungswesen), die Koordination der →Budgetierung sowie der Planung und das Berichtswesen (→Internes Personalreporting) angesehen.

Bei *institutionalen Aspekten* geht es um aufbauorganisatorische Fragen des Controllings, die in engem Zusammenhang mit entsprechenden Kompetenzzuweisungen, Dezentralisierungsgrad (→Dezentralisierung) und der Implementierung des Controllings in der →Organisationsstruktur des Unternehmens stehen. Zur institutionalen Wahrnehmung der Controllingaufgaben durch den Controller haben sich in der Praxis verschiedene organisatorische Lösungen entwickelt.

In der Praxis ist ein Zusammenwachsen des Finanz- und des Controllingbereichs festzustellen. Da die Sicherung der langfristigen Existenzfähigkeit des Unternehmens in den Mittelpunkt unternehmerischer Entscheidungen rückt, ergibt sich auch eine Erweiterung der Controllingaufgaben im Rahmen des →strategischen Controllings.

Literatur: *Hahn, D.*; *Hungenberg, H.*: PuK – Wertorientierte Controllingkonzepte, 6. Aufl., Wiesbaden 2001. *Horváth, P.*: Controlling, 10. Aufl., München 2006. *Scherm, E.*; *Pietsch, G.*: Controlling, München 2004.

Klaus Möller

Controlling der betrieblichen Karriereplanung

spezifisches Konzept des →Personalcontrollings.

In Analogie zum Personalcontrolling soll auch das Controlling der betrieblichen Karriereplanung als eine Querschnittsfunktion verstanden werden, welche zur Unterstützung der Planung, Steuerung, Kontrolle und Informationsversorgung der Maßnahmen der betrieblichen Karriereplanung (→Individuelle Karriereplanung) eingesetzt wird. Im Rahmen des Controllings der betrieblichen Karriereplanung geht es zusammenfassend darum, den Bereich der betrieblichen Karriereplanung sowohl auf quantitativer als auch qualitativer Ebene zu analysieren, zu organisieren und zu planen. Nebst quantitativen Controllinginstrumenten (z. B. →Budgetierung) sind insbesondere folgende qualitative Instrumente von Bedeutung:

- →*Leistungsbeurteilung*: Sie beinhaltet zum einen die →Evaluation der Leistung des Mitarbeiters – beispielsweise durch den Vergleich von Mitarbeitern, der Bestimmung von Standards sowie der Definition von Anknüpfungspunkten zur Entlohnung – zum anderen sollen Ansätze zu zielorientierten Personalentwicklungsmaßnahmen aufgezeigt werden. Das Personalcontrolling kann mithilfe der Leistungsbeurteilung Daten zur Leistung der Mitarbeitenden und Angaben zu Entwicklungsmaßnahmen gewinnen. Aus dem in der Regel dazugehörenden →Mitarbeitergespräch können weitere Angaben, wie zum Beispiel Karrierewünsche oder Veränderungsvorstellungen gewonnen und im Rahmen des →Controllings in der erwünschten Form verdichtet werden. Diese Angaben fließen im Sinne der Feed-Forward-Steuerung in die Planung der personalwirtschaftlichen Funktionen ein (z. B. Personaleinsatz- und Personalentwicklungsplanung).

- →*Assessment Center (AC)*: Die Auswertung des AC liefert Angaben zum Potenzial des Absolventen, welche Ausgangspunkt zu Portfolio-Analysen oder Nachfolge-Pools bilden (→Nachfolgeplanung). Auch diese Ergebnisse lassen einen Vergleich der Mitarbeitenden bezüglich der Merkmale des Potenzials zu. Ähnlich wie bei der Leistungsbeurteilung erhält der Mitarbeiter im anschließenden Gespräch in der Regel ein differenziertes →Feedback bezüglich seinen Stärken und Schwächen. Detaillierte Auswertungen der Ergebnisse können auch Hinweise auf Änderungen der AC-Übungen und Tests geben.

- *Personal-Portfolio*: Gerade im Rahmen der betrieblichen Karriereplanung ist die Verwendung von Personal-Portfolios oder anderen Gruppierungen (z. B. Nachfolge-Pools) recht verbreitet. Aus den Daten der Leistungs- und/oder Potenzialbeurteilungen werden die Mitarbeiter zu Gruppen mit für das Unternehmen unterschiedlicher strategischer Bedeutung zusammengefasst und in Portfolios dargestellt.

Nicht zu vergessen ist, dass auch die eingesetzten Instrumente laufend einem Controlling unterzogen werden müssen, um ihre Aussagekraft zu erhalten beziehungsweise zu verbessern. Es entsteht sozusagen ein Controlling der Controllinginstrumente. Überwacht werden hierbei insbesondere deren Handhabung, Anwendung, →Objektivität, →Validität sowie die jeweilige Aussagekraft.

Literatur: *Friedli, V.*: Die betriebliche Karriereplanung. Konzeptionelle Grundlagen und empirische Studien aus der Unternehmensperspektive, Bern etc. 2002.

Vera Friedli

Controlling der Personalauswahl

evaluiert und optimiert die Qualität der Auswahlentscheidung (→Personalauswahl) sowie den Prozess, der zu dieser Entscheidung führt.

Die Auswahlentscheidung bezeichnet in der Psychologie die Güte und ist über die →Gütekriterien →*Objektivität*, →*Reliabilität* und →*Validität* verankert.

Im Zusammenhang mit dem Einsatz von →Auswahlverfahren, insbesondere von →Testverfahren, findet sich zudem die Anforderung der *Eichung* beziehungsweise *Normierung*. Die (Test-)Resultate eines Bewerbers können damit im Vergleich zu einer empirisch ermittelten Normstichprobe interpretiert werden. Damit erübrigt sich nicht zwingend die sonst verbreitete Beurteilung der (Test-)Ergebnisse im Vergleich zu kriterienorientierten Vorgaben, das heißt, die Gegenüberstellung von Bewerber- und →Anforderungsprofil. Die Anforderungen des Profils sind von den Entscheidungsträgern systematisch zu definieren. Dabei reicht eine Auflistung einzelner Merkmale nicht aus. Wichtig sind darüber hinaus Kenntnisse über gewünschte Ausprägungen der Anforderungen sowie deren (gewichtete) Relevanz untereinander (*Eisele* 2003).

Neben diesen traditionellen Gütekriterien hat sich in der Wirtschaft die Forderung von Ökonomie und Praktikabilität etabliert. Seit Beginn der 1990er Jahre wird zudem die Akzeptanz der Kandidaten diskutiert. Beforscht hat dieses Thema insbesondere *Schuler et al.* (1995) unter dem Stichwort der *sozialen Validität*. Um diese zu erreichen sind die Probanden über das Vorgehen in der Auswahl laufend zu informieren und beispielsweise Annahmen oder Schlussfolgerungen transparent darzustellen. Die Kandidaten sollten darüber hinaus möglichst aktiv in die Auswahl eingebunden werden und Entscheidungen sollten ihnen gegenüber begründet werden.

Festgehalten sind diese und weitere Forderungen an qualitativ hochwertige Verfahren der Personalauswahl seit Ende 2002 in der *DIN 33430*: Nach Eingrenzung ihres Anwendungsbereiches, normativen Verweisen und Begriffsdefinitionen sind hier Qualitätskriterien und -standards für Verfahren zur berufsbezogenen Eignungsbeurteilung (Auswahl, Zusammenstellung, Durchführung und Auswertung), Erläuterungen zu Verantwortlichkeiten, Qualitätsanforderungen an Auftragnehmer und Mitwirkende der Eignungsbeurteilung sowie Leitsätze für die Vorgehensweise bei berufsbezogenen Eignungsbeurteilungen formuliert. Eine Selbsteinschätzung und/oder Zertifizierung ist über die Beantwortung von über 100 Auditfragen zu den genannten Feldern möglich. Beispiele hierfür sind:

- Erfolgen Anweisungen und Erläuterungen gegenüber den Kandidaten verständlich, eindeutig und möglichst standardisiert?
- Hat der Verantwortliche sichergestellt, dass alle Mitwirkenden aufgabenspezifisch geschult und eingesetzt werden?
- Werden im Rahmen der mündlichen Informationsgewinnung Sachverständige hinzugezogen, um fachliche Kenntnisse und Fertigkeiten (→Qualifikation) der Bewerber zu erkunden?

- Liegt eine Arbeits- und →Anforderungsanalyse als Basis der Eignungsbeurteilung vor?

Viele der Fragestellungen der DIN richten sich zwar an Personaldienstleister und Testanbieter, sie können aber laut *Wottawa* und *Oenning* (2002) ebenso in den Unternehmen selbst Grundlage für eine Optimierung der Personalauswahl bieten.

Um ohne statistische Verfahren Aussagen über die Qualität von Auswahlverfahren zu erlangen, können Ersatzgrößen herangezogen werden (*Wickel-Kirsch* 2002): beispielsweise die Quote der Frühfluktuation (→*Fluktuation*) oder die Zahl der →*Kündigungen* in der →*Probezeit*. Die Zahlen sind im Zeitvergleich, im Unternehmensvergleich oder in Gegenüberstellung zu vorher festgelegten Zielen zu bewerten. Ergeben sich auffällige Abweichungen, kann dies auf eine verbesserungsfähige Auswahl hinweisen, aber auch die Einarbeitungsphase sollte betrachtet werden. Neben der →Führungskraft sollte daher der Mitarbeiter in einem Austrittsgespräch befragt werden, um Aussagen hinsichtlich der Qualität der Einarbeitung zu generieren und zugleich Anhaltspunkte für Verbesserungen und konkrete Maßnahmen zu ermitteln (*Rastetter* 1996).

Literatur: *Eisele, D.*: Personalbeschaffung mittels Online-Bewerbungssystemen, Wiesbaden 2003. *Kompa, A.*: Personalbeschaffung und Personalauswahl, Stuttgart 1984. *Rastetter, D.*: Personalmarketing, Bewerberauswahl und Arbeitsplatzsuche, Stuttgart 1996. *Schuler, H. et al.*: Personalauswahl in Forschung und Entwicklung: Eignung und Leistung von Wissenschaftlern und Ingenieuren, Göttingen etc. 1995. *Wickel-Kirsch, S.*: Personalauswahl mit der Unterstützung von Personalkennziffern, in: Personal, 54. Jg. (2002), H. 7, S. 50-53. *Wottawa, H.; Oenning, S.*: Von der Anforderungsanalyse zur Eignungsbeurteilung: Wie praktikabel ist die neue DIN 33430 bei der Bewerberauswahl?, in: Wirtschaftspsychologie, 4. Jg. (2002), Nr. 11, S. 33–38.

Daniela Eisele
Klaus Möller

Controlling der Personalgewinnung

notwendig, um die richtigen Kandidaten möglichst effizient für ein Unternehmen zu gewinnen.

Ist im Unternehmen eine →Stelle zu besetzen, erfolgt dies meist über eine Ausschreibung (→Personalbeschaffung). Der unternehmensinternen Suche schließt sich regelmäßig die →Rekrutierung am externen Markt an. Damit ergibt sich als erste zentrale Fragestellung des →Controllings im Rahmen der Personalgewinnung: Wie viele und welche der ausgeschriebenen Positionen werden mit internen Mitarbeitern und wie viele beziehungsweise welche werden mit externen Kandidaten besetzt? Eine sinnvolle →Differenzierung der Betrachtung kann über Cluster erfolgen, zum Beispiel nach Hierarchieebenen (→Hierarchie) oder nach Fachbereichen. Eine feste Größe für die Relation kann nicht vorgegeben werden. Für jedes Unternehmen ist diese den aktuellen Rahmenbedingungen (z. B. →Arbeitsmarkt, Technologieentwicklung) sowie seiner spezifischen Situation entsprechend (bspw. →Kultur und Führungsstil oder Marktentwicklung) individuell zu ermitteln.

Allerdings sind Extreme (bspw. werden Managementfunktionen ausschließlich intern oder extern besetzt) aufgrund der verschiedenen Vor- und Nachteile üblicherweise abzulehnen. *Vorteile der Besetzung mit internen Mitarbeitern* sind ein geringeres Risiko (für beide Seiten) und damit einhergehend geringere →Personalkosten. Die Beschaffungskosten sind niedriger und die Einarbeitungszeiten kurz. Die →Motivation aller Mitarbeiter kann im Allgemeinen durch eine interne Besetzungspolitik gefördert werden, da ihnen Entwicklungsmöglichkeiten offenstehen. Im Einzelfall kann es jedoch zu Machtkämpfen ehemaliger Kollegen kommen. *Vorteile der externen Rekrutierung* ergeben sich mit einem großen Qualifikationsangebot am Markt, eventuell ist das geforderte Know how intern nicht vorhanden und nicht wirtschaftlich sinnvoll zu entwickeln. Zudem kommen durch externe Kandidaten neue Impulse ins Unternehmen, andere Perspektiven und Erfahrungshintergründe. Nachteile ergeben sich vice verca.

Eine reine ex post Betrachtung – im Vertrauen darauf, dass sich die verschiedenen Besetzungsmöglichkeiten schon die Waage halten – entspräche lediglich einer Kontrolle. Will ein Unternehmen auf Dauer die richtige Mitarbeiterschaft haben und am →Arbeitsmarkt attraktiv bleiben, ist langfristig zu planen und zu handeln. So sind zukünftig benötigte →Qualifikationen auf Unternehmensseite sowie Potenziale auf Mitarbeiterseite zu ermitteln, um diese vorausschauend entwickeln zu können (→Personalplanung). Neben ihren Fähigkeiten (→Qualifikation) müssen die Mitarbeiter

Controlling der Personalgewinnung

ein →Commitment gegenüber dem Unternehmen aufbauen und konstante Leistungen einbringen (können). Als förderlich dafür werden zum Beispiel eine leistungsorientierte, offene Kultur des gegenseitigen Respekts, ein partizipativer Führungsstil und eine flexible und individualisierte →Personalpolitik genannt (*Steinmetz* 1997).

Am externen Arbeitsmarkt geht es darum, diese Merkmale zu kommunizieren und darüber das Arbeitgeberimage aufzubauen und zu pflegen (→Personalimage, →Unternehmensimage). Dies wird auch als Branding bezeichnet (→Employment Branding). Die Kommunikation im Rahmen des Brandings ist gegenüber dem Controlling einzelner Werbungskanäle bei konkreten Stellenbesetzungen komplexer. Bei einer konkreten Stellenbesetzung ist die Zielgröße zunächst immer die Beseitigung der Vakanz. Die Betrachtung gilt damit laut *Moser* (1995) ex ante dem vermutlichen Potenzial und ex post den Einstellungen (→Personalbeschaffung), die aus einem oder mehreren Werbekanal/-kanälen resultieren. Mit Kanälen sind gedruckte und elektronische Medien gemeint, aber auch Aushänge an Bildungsinstitutionen, die Meldung bei den Arbeitsagenturen, die direkte →Bewerbung auf Messen oder das Sourcing über Datenbanken. Damit ex post eine →Identifikation vorgenommen werden kann, sind die Bewerber in der Ausschreibung beziehungsweise mündlich explizit zur Angabe des genutzten Werbekanals aufzufordern (*Eisele* 2003).

Ergänzt werden sollte die genannte Größe um weitere Vergleiche, aus denen Schlüsse zur Zielgenauigkeit der genutzten Maßnahmen gezogen werden können:

– Zahl der Bewerbungen pro Kanal,

– Zahl der geführten →Interviews pro Kanal,

– Zahl der Einstellungen pro Kanal und

– Zahl der nicht angenommenen Vertragsangebote.

Die Interpretation der Kennzahlen ist ein wesentlicher Schritt, um konkrete Schlussfolgerungen sowie Verbesserungen für die Zukunft zu erreichen. Beispiel: Gehen auf eine Anzeige in der Zeitung (Kosten von rund 15.000) 200 Bewerbungen ein, ergeben sich jedoch nur fünf Gespräche und resultiert keine Einstellung, kann dies verschiedene Ursachen haben:

Unklare Anforderungsermittlung, unzureichende Mediaplanung oder auch nur Gestaltung und Formulierung der Anzeige. Neben der Effektivität ist die Effizienz der gewählten Gewinnungsmaßnahmen zu betrachten (*Teetz* 2002). Dazu werden die bereits genannten Größen um Kosten ergänzt. Wichtig ist es hierbei, nicht nur den externen Mittelabfluss an beispielsweise Agenturen oder Verlage zu betrachten, sondern auch interne Kosten zu berücksichtigen. Dazu sollten feste Stundensätze für die beteiligten administrativ unterstützenden Kräfte, die Personalreferenten und →Führungskräfte angesetzt werden. Neben der →Budgetkontrolle/-überwachung ergeben sich daraus die Kosten pro Bewerbung, pro Gespräch und pro Einstellung im Vergleich verschiedener Werbungskanäle. Auf dieser Grundlage ist eine wirtschaftliche und zielorientierte Steuerung der Nutzung verschiedener Möglichkeiten der Personalgewinnung möglich.

Qualitätskriterien des Prozesses der Personalgewinnung sind unter anderem die Versendung eines Bestätigungsschreibens innerhalb weniger Stunden beziehungsweise Tage nach Eingang der elektronischen oder schriftlichen Bewerbungsunterlagen. Zudem sollten Unternehmen in der Lage sein, den Interessenten professionell Auskünfte über die Einstiegsmöglichkeiten im Vorfeld zu liefern und nach Bewerbungseingang konstant über den Verbleib dieser unterrichten zu können. Einladungs- beziehungsweise →Absageschreiben sollten in einem Zeitfenster von zwei Wochen erfolgen. Nicht nur bei erstem ist zudem auf eine adressatengerechte Formulierung zu achten.

Während bei der Besetzung einer Stelle das Ziel der „Einstellung" vorgegeben ist, fehlt eine solche konkrete Größe im Rahmen des eher langfristig orientierten Personalmarketings und Brandings. Umso wichtiger ist dann die strategische Planung. Für die meisten Unternehmen ist der Zielarbeitsmarkt zunächst sinnvoll eingrenzbar: Örtlich, über Berufsgruppen oder über die Konzentration auf bestimmte Erfahrungslevel (Auszubildender, Absolvent, Young Professional, Experte, Führungskraft). In Abhängigkeit vom Bedarf sind dann konkrete langfristige Zielvorstellungen zu entwickeln:

- *Steigerung des Bekanntheitsgrades* des Unternehmens im relevanten Arbeitsmarkt um

50 %; zum Beispiel zu ermitteln über →Befragungen.

- *Steigerung der Einschätzung wesentlicher Merkmale des Arbeitgeberimages* bei Bewerbern; zum Beispiel über die Befragung von Kandidaten im →Vorstellungsgespräch.

Kontrolle und Steuerung sind dann über die Bewertung einzelner Maßnahmen hinsichtlich deren Wirkung auf den Zielerreichungsfortschritt möglich.

Literatur: *Eisele, D.*: Personalbeschaffung mittels Online-Bewerbungssystemen, Wiesbaden 2003. *Moser, K.*: Vergleich unterschiedlicher Wege der Gewinnung neuer Mitarbeiter, in: Zeitschrift für Arbeits- und Organisationspsychologie, 39. Jg. (1995), H. 3, S. 105–114. *Steinmetz, F.*: Erfolgsfaktoren der Akquisition von Führungsnachwuchskräften, Berlin 1997. *Teetz, T.*: Kontrolle der Recruitingkanäle, in: Personalwirtschaft, 29. Jg. (2002), H. 6, S. 22–25.

Daniela Eisele
Klaus Möller

Controllingphilosophie →Controlling

Coping

ständig verändernde kognitive und verhaltensmäßige Bemühung einer Person, mit spezifischen externen und/oder internen Anforderungen fertig zu werden (dt.: Bewältigung).

Es gibt zwei Klassen von Bewältigungsreaktionen:

1. Das *problembezogene* (ursachenorientierte) Coping ist auf die Veränderung der Person-Umwelt-Relation als Quelle der Belastung (→Belastungs-Beanspruchungs-Modell) gerichtet.
2. Das *emotionsbezogene* (symptomorientierte) Coping bezieht sich auf die subjektive Befindlichkeit, also die Regulation der belastenden Emotionen.

Coping umfasst neben Verhaltensweisen, die auf die Verbesserung der Situation abzielen, auch solche, die die durch →Stress erzeugten Emotionen verändern und unter Kontrolle halten und somit das Wohlbefinden wiederherstellen sollen. Ein Bewältigungsprozess besteht in der Regel aus mehreren dieser teils ineinander greifenden Reaktionen, wobei im Verhalten (→Behaviorismus) kognitive, behaviorale und emotionale Aspekte ineinander spielen. Für dieses funktionale Zusammenspiel der einzelnen Bewältigungsstrategien sind die folgenden Aspekte wichtig: →Kausalattribution des bisherigen Ergebnisses, emotionales Befinden, Situationseinschätzungen, das weitere Bewältigungsziel und Einschätzung und Bewertung der Handlungsfolgen.

Die Bewältigungsversuche einer Person sind unmittelbare Folge der Situationseinschätzung, wobei in primäre und sekundäre Art unterschieden wird. Auf jeden Coping-Versuch erfolgt nach *Lazarus* und *Folkman* (1984) eine Neubewertung der möglicherweise veränderten Person-Umwelt-Relation und, wenn nötig, eine erneute Reaktion.

Literatur: *Lazarus, R. S.*; *Folkman, S.*: Stress, Appraisal and Coping, New York 1984.

Erika Spieß

Core-Periphery-Modell →Beschäftigungsstrategien

Corporate Culture →Organisationskultur

Corporate Governance

Gesamtheit der Regelungen und Mechanismen, die konstitutiv für die Leitung und Kontrolle von Unternehmen sind.

Corporate Governance-Systeme bestimmen, welche Interessengruppen in welcher Weise Einfluss auf wesentliche Unternehmensentscheidungen nehmen. Fragen der Corporate Governance treten immer dann auf, wenn es potenzielle Interessenkonflikte zwischen den beteiligten Anspruchsgruppen gibt. Die verschiedenen Bestandteile von Corporate Governance bilden ein System, das die Macht- und Einkommensverteilung zwischen den Interessengruppen regelt und →Anreize für die Beteiligten setzt.

Traditionell stehen bei der Analyse von Corporate Governance-Systemen der Shareholder Value-Ansatz und damit die Interessen der Kapitalgeber im Vordergrund. Ausgangspunkt nach *Shleifer* und *Vishny* (1997) ist die Trennung von Eigentum und Kontrolle. Insbesondere bei großen Unternehmen ist es nicht üblich, dass die Mehrzahl der Anteilseigner aktiv am Management des Unternehmens beteiligt ist. Damit stellt sich das Problem, wie die Entscheidungen der Manager an die Interessen der Kapitalgeber gebunden werden können. Wenn die Ziele der Manager von den Interessen der Kapitalgeber abweichen, werden Manager vorhandene Entscheidungsspielräume dazu nutzen, um die Unternehmenspolitik an den eigenen Zielsetzungen wie der Minimierung des eigenen Arbeitsleids, dem eigenen Statuserhalt oder der Förderung der eigenen →Karriere auszurichten.

Aufgabe eines Corporate Governance-Systems ist es im *Shareholder* Value-Ansatz, die diskretionären Spielräume von Managern zu begrenzen und laut *Tirole* (2001) Anreize zu schaffen, damit Manager die Interessen der Kapitalgeber bei ihren Entscheidungen berücksichtigen.

Demgegenüber wird im *Stakeholder*-Ansatz gefragt, in welchem Umfang und auf welche Weise ein Corporate Governance-System nicht nur den Kapitalgebern, sondern auch, wie *Blair* und *Roe* (1999) betonen, anderen Interessengruppen einen Einfluss auf die Entscheidungen des Managements einräumt. Diese Betrachtungsweise schließt neben Kunden, Lieferanten und Gemeinden in der Nähe des Unternehmens insbesondere auch die Mitarbeiter ein. Mitarbeiterinteressen werden in vielfältiger Weise von Unternehmensentscheidungen berührt. Dies wird besonders deutlich, wenn →Entlassungen anstehen. In diesem Fall sind Mitarbeiter nicht nur dann von Unternehmensentscheidungen betroffen, wenn sie arbeitslos werden. Haben Mitarbeiter in den Erwerb unternehmensspezifischer →Qualifikationen investiert, dann können sie diese Qualifikationen bei anderen →Arbeitgebern nicht mehr verwerten. In ähnlicher Weise können Mitarbeiter von internen Umstrukturierungen betroffen sein, wenn sich hierdurch ihre Arbeitsbedingungen und Einkommensmöglichkeiten ändern.

Beim Stakeholder-Ansatz ist zu unterscheiden, ob Interessenkonflikte aus einer Trennung von Eigentum und Kontrolle resultieren oder ob sie sich dadurch ergeben, dass die Interessen der Kapitalgeber mit den Interessen anderer Anspruchsgruppen kollidieren. Im ersten Fall führen die diskretionären Spielräume von Managern sowohl für die Kapitalgeber als auch für andere Anspruchsgruppen zu Problemen. Im zweiten Fall geht es um Interessenkonflikte, die sich auch in eigentümergeleiteten Unternehmen einstellen.

Auswirkung auf die →Leistungsfähigkeit von Unternehmen: Die Ausgestaltung eines Corporate Governance-Systems beeinflusst die *Effizienz von Entscheidungen* in den Unternehmen. Dies betrifft die Dauer des Entscheidungsfindungsprozesses sowie den Umfang, in welchem relevante →Informationen in die Entscheidung einfließen und die Interessen der verschiedenen Anspruchsgruppen Berücksichtigung finden. Kann das Management eines Unternehmens in hohem Maße Entscheidungen autonom treffen, dann führt dies auf der einen Seite zu zügigeren und flexibleren Entscheidungen, während auf der anderen Seite möglicherweise wichtige Informationen nicht berücksichtigt werden und die Entscheidungen mit den Interessen anderer Anspruchsgruppen kollidieren. Die Einbeziehung dieser Anspruchsgruppen führt dazu, dass mehr Informationen Berücksichtigung finden und Entscheidungen stärker an den Interessen dieser Gruppen ausgerichtet werden. Dem steht der Nachteil gegenüber, dass es zu langwierigeren Entscheidungsprozessen kommt und Anspruchsgruppen selektiv nur solche Informationen weitergeben, die ihre eigene Verhandlungsposition stärken.

Corporate Governance-Systeme beeinflussen auch den Umfang und die Allokation von *Risiken*. Dadurch, dass sie den Einfluss der Anspruchsgruppen auf Unternehmensentscheidungen regeln, legen sie fest, welchen Einfluss risikoaverse Anspruchsgruppen auf die Umsetzung von Projekten haben. Des Weiteren regeln Corporate Governance-Systeme, welche Anspruchsgruppen welche Risiken zu tragen haben. So wird das Management im Falle einer →Erfolgsbeteiligung auch an den Risiken beteiligt, die mit einer unternehmerischen Tätigkeit einhergehen.

Corporate Governance-Systeme setzten Anreize und beeinflussen die *Verhandlungsmacht* der Anspruchsgruppen. Dies wirkt sich auf den Leistungswillen der Beteiligten und auf ihre Bereitschaft aus, beziehungsspezifische Investitionen zu tätigen. Da die getätigten Investitionen von Mitarbeitern in den Erwerb unternehmensspezifischer Qualifikationen bei Entlassungen obsolet werden, erhöht sich die Investitionsbereitschaft der Mitarbeiter, wenn sie davon ausgehen können, dass sie Einfluss auf entsprechende Unternehmensentscheidungen haben werden, um ihre Interessen schützen zu können. Umgekehrt werden die Anteilseigner des Unternehmens tendenziell nur dann bereit sein, Kapital zur Verfügung zu stellen, wenn sie erwarten können, einen substanziellen Anteil an den erzielten Wertsteigerungen des Unternehmens zu erhalten, und über eine hinreichend große Verhandlungsmacht verfügen, um ihre Interessen gegenüber anderen Anspruchsgruppen durchzusetzen.

Aus gesamtgesellschaftlicher Perspektive ist zu berücksichtigen, dass Unternehmen *externe Effekte* wie zum Beispiel Umweltbelastungen produzieren können. Corporate Governance kann einen Einfluss auf den Umfang der anfallenden externen Effekte ausüben, indem sie den hiervon Betroffenen Einflussmöglichkeiten auf relevante Unternehmensentscheidungen einräumt. Sind beispielsweise in der Nähe eines Unternehmens lebende →Arbeitnehmer und ihre Familien von den Umweltbelastungen betroffen, dann können die Beschäftigten vorhandene Mitbestimmungsmöglichkeiten (→Mitbestimmung) dazu nutzen, um verstärkten Umweltschutz im Unternehmen durchzusetzen. Zu fragen ist allerdings, welche Vor- und Nachteile diese Möglichkeit gegenüber staatlichen Umweltschutzregulierungen hat.

Elemente: Die verschiedenen Elemente von Corporate Governance beeinflussen, in welchem Umfang relevante Unternehmensentscheidungen an die Interessen der Kapitalgeber beziehungsweise an die Interessen anderer Stakeholder gebunden werden. Hierzu zählen die Kontrolle durch →Haftung, Publizität, Stimmrechtsausübung und Aufsichtsgremien sowie eine erfolgsorientierte Entlohnung von Managern und die Disziplinierung durch Kapital-, Manager- und Produktmärkte. Diese verschiedenen Elemente werden die diskretionären Spielräume von Managern nur beschränken, jedoch nicht vollständig aufheben. Gegebenenfalls entfalten sie sogar kontraproduktive Anreizwirkungen.

Die Kontrolle durch Haftung ist in der Regel auf grob eigennütziges oder untreues Verhalten beschränkt. Durch Publizität können Informationsasymmetrien zwischen Managern und Anteilseignern beziehungsweise Stakeholdern abgebaut werden. Allerdings ist die Verarbeitung und Verteilung von Informationen an die verschiedenen Empfänger teuer. Zudem erhalten möglicherweise Wettbewerber Informationen, die zur Erosion von Wettbewerbsvorteilen eines Unternehmens führen.

Bei der Kontrolle durch Stimmrechtsausübung werden den Anteilseignern wichtige Beschlüsse zur Abstimmung vorgelegt. Die Mitglieder der Unternehmensleitung werden durch die Anteilseigner entlastet. Grenzen dieses Kontrollmechanismus ergeben sich daraus, dass kleinere Anteilseigner nur geringe Anreize haben, sich für eine effektive Kontrolle des Managements einzusetzen. In größeren Unternehmen wird eine intensivere Kontrolle des Managements an Aufsichtsgremien delegiert. In diesen Gremien können bei entsprechender gesetzlicher Ausgestaltung auch Vertreter anderer Stakeholder sitzen, um zu gewährleisten, dass das Management nicht nur die Interessen der Kapitalgeber, sondern auch die Interessen anderer Anspruchsgruppen berücksichtigt. Das Problem mit Aufsichtsgremien besteht jedoch darin, dass sie selbst wieder kontrolliert werden müssen. Aufsichtsgremien können mitunter recht passiv sein, solange keine extremen Umstände eintreten.

Durch eine Erfolgsbeteiligung sollen Manager Anreize erhalten, sich verstärkt für eine höhere Unternehmensleistung einzusetzen. Grenzen einer Erfolgsbeteiligung ergeben sich zum einen daraus, dass risikoaversen Managern hierdurch ein Einkommensrisiko aufgebürdet wird. Zum anderen stellt sich das Problem, ein geeignetes Maß für den Unternehmenserfolg zu finden, an welches die Vergütung von Managern geknüpft werden kann.

Bei der Disziplinierung durch Kapitalmärkte kommt zunächst die Gefahr einer feindlichen Übernahme des Unternehmens in Betracht, wenn das Management nicht im Sinne der Anteilseigner handelt und unzufriedene Anteilseigner bereit sind, ihre Anteile zu verkaufen. Nach erfolgter Übernahme wird das alte Management in der Regel durch ein neues Management ersetzt. Das Problem von Unternehmensübernahmen besteht darin, dass diese nicht nur aus Effizienz-, sondern auch aus Umverteilungsgründen erfolgen. Insbesondere können die mit der Übernahme einhergehenden Reorganisationsmaßnahmen zu tiefgreifenden Vertrauens- und Kooperationsverlusten bei der Belegschaft des Unternehmens führen.

Des Weiteren kommt Banken bei der Disziplinierung des Managements eine wichtige Rolle zu. Banken haben im Rahmen von Kreditwürdigkeitsprüfungen eine Informationserstellungsfunktion. Zusätzlich haben sie eine Kontrollfunktion, da sie die Unternehmen überwachen, denen sie Kredite gewähren. Diese Funktionen werden insbesondere dann begünstigt, wenn langfristige Beziehungen zu den Unternehmen bestehen. Probleme ergeben sich dann, wenn mit diesen langfristigen Beziehungen eine gesteigerte Verhandlungsmacht der Banken einhergeht, die sie für Umverteilungen zu ihren Gunsten nutzen.

Eine Disziplinierung durch Managermärkte basiert darauf, dass Manager im Wettbewerb miteinander stehen und eine schlechte Leistung ihre Karriereaussichten verringert oder zu ihrer Entlassung führt. Hierbei können sich auch kontraproduktive Anreizwirkungen ergeben, wenn Manager primär in das Wachstum des von ihnen geleiteten Unternehmens investieren, um ihre eigene Stellung abzusichern, oder aber wenn sie die Umsetzung innovativer Projekte meiden, um beim Scheitern der Projekte der Gefahr verschlechterter Karrierechancen zu entgehen.

Produktmarktwettbewerb wird eine wichtige Anreizfunktion zugeschrieben. Hiernach können Unternehmen nur dann im Wettbewerb bestehen, wenn sich das Management um verstärkte interne Effizienz bemüht. Verstärkter Wettbewerbsdruck kann jedoch auch zu Überinvestitionen bei der Steigerung der Wettbewerbsfähigkeit sowie zu Vertrauensbrüchen zwischen Management und Belegschaft führen. Auf der anderen Seite können sich für Manager, die mit geringen Überlebenschancen ihres Unternehmens rechnen, Entmutigungseffekte einstellen.

Corporate Governance-Systeme: Die jeweilige Kombination der verschiedenen Elemente führt zu Corporate Governance-Systemen. In der Regel wird zwischen einem kapitalmarktdominierten System, wie es für die USA und Großbritannien charakteristisch ist, und einem bankendominierten System, wie es für Japan und Deutschland charakteristisch ist, unterschieden, wie *Nickell* (1995) betont. Im kapitalmarktdominierten System sind die Kapitalgeber nicht eng mit den Unternehmen verbunden, so dass Fusionen und auch feindliche Unternehmensübernahmen hier eher möglich sind. Im bankendominierten System pflegen die Unternehmen mit ihren wichtigsten Kapitalgebern und hier insbesondere auch mit Banken langfristige und enge Beziehungen. Feindliche Unternehmensübernahmen sind nur in Ausnahmefällen möglich.

Einflussmöglichkeiten der Belegschaft: Im bankendominierten System wird die Belegschaft beziehungsweise ihre Interessenvertretung in wichtige Unternehmensentscheidungen einbezogen. Dies ermöglicht es, dass Mitarbeiter ihre Präferenzen gegenüber der Unternehmensleitung zum Ausdruck bringen können (Voice), und fördert den Informationsfluss zwischen Management und Belegschaft. In der Bundesrepublik üben Arbeitnehmer Voice in Form der betrieblichen →Mitbestimmung (→Betriebsrat) sowie in Form der Mitbestimmung im Aufsichtsrat (→Unternehmensmitbestimmung) aus. Der Vorteil für die Unternehmensleitung besteht darin, dass die Personalpolitik stärker auf die Präferenzen der Mitarbeiter ausgerichtet werden kann und langfristige Vertrauensbeziehungen zwischen Belegschaft und Management gefördert werden. Nachteile können sich daraus ergeben, dass grundlegende Umstrukturierungen nur schwer gegen den Widerstand der Belegschaft durchzusetzen sind.

Im kapitalmarktdominierten System fehlen solche umfangreichen Einflussmöglichkeiten. Für Mitarbeiter kommt verstärkt ein indirekter Einfluss in Betracht, indem sie ihre Unzufriedenheit mit der Personalpolitik eines Unternehmens durch Wechsel des Arbeitgebers zum Ausdruck bringen (Exit). Auf der einen Seite schaffen die geringen direkten Einflussmöglichkeiten von Mitarbeitern erhöhte Flexibilitätsspielräume für das Management bei grundlegenden Reorganisationsmaßnahmen. Auf der anderen Seite ergibt sich das Problem hoher Fluktuationskosten (→Reaktionskosten). Insbesondere kann es schwierig sein, langfristige Vertrauensbeziehungen zwischen Belegschaft und Management aufzubauen.

Implikationen für die Personalpolitik: Insgesamt ist davon auszugehen, dass im bankendominierten Corporate Governance-System in stärkerem Maße solche personalpolitischen Instrumente zum Einsatz kommen können, die langfristige →Beschäftigungsverhältnisse erfordern. Hierzu zählen →Beförderungen, Senioritätsentlohnung (→Seniorität) sowie Investitionen in unternehmensspezifische Qualifikationen von Mitarbeitern.

Literatur: *Blair, M. M.*; *Roe, M. J.* (Hrsg.): Employees and Corporate Governance, Washington D.C. 1999. *Nickell, S.*: The Performance of Companies, Oxford, Cambridge 1995. *Shleifer, A.*; *Vishny, R.*: A Survey of Corporate Governance, in: Journal of Finance, 52. Jg. (1997), S. 737–783. *Tirole, J.*: Corporate Governance, in: Econometria, 69. Jg. (2001), S. 1–35.

Uwe Jirjahn

Corporate Identity (CI)

planvoll gestaltete Selbstdarstellung und Identität innerhalb und außerhalb des Unternehmens.

Auf Basis der Unternehmensphilosophie werden zur Schaffung einer eigenständigen Corporate Identity alle verfügbaren Handlungs- und Kommunikationsinstrumente eingesetzt, um auf diese Weise einen konsistenten und klar wahrnehmbaren Zusammenhang zwischen Unternehmensverhalten, -kommunikation und visuellem Erscheinungsbild sicherzustellen. Der in Abbildung 1 dargestellte *Corporate Identity-Mix* beinhaltet dabei drei grundlegende Gestaltungsfelder.

Abbildung 1: Der Corporate Identity-Mix (*Birkigt/Stadler/Funck* 1998, S. 23)

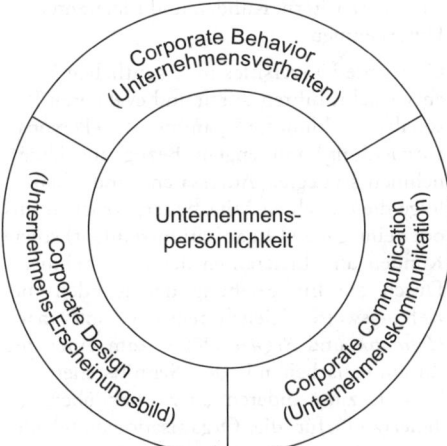

Das *Corporate Design* umfasst alle grafischen Systeme (wie Schriftzüge, Farben und Farbkombinationen, Embleme), die zur symbolhaften optischen Unterstützung der angestrebten Identität eingesetzt werden. Die *Corporate Communication* beschreibt die gezielt identitätsfördernde Übermittlung verbalvisueller Botschaften (wie Slogans, Werbespots, Broschüren) sowohl an das Unternehmensumfeld (Kunden, Lieferanten, sonstige Stakeholder) als auch an die Mitglieder des Unternehmens (wie in Form von Leitlinien oder Unternehmensgrundsätzen). Das bedeutsamste Element einer CI-Konzeption ist schließlich das *Corporate Behavior*, also das tatsächlich von den Mitgliedern des Unternehmens (Vorstände, →Führungskräfte, Mitarbeiter mit Kundenkontakt) gegenüber Außenstehenden, aber auch untereinander gezeigte Verhalten.

Das übergeordnete *Ziel* einer schlüssigen Corporate Identity-Konzeption besteht in einer psychologisch begründeten Förderung ökonomisch relevanter Erfolgsgrößen. In diesem Zusammenhang lassen sich gemäß *Kroehl* (2000) zwei wesentliche *Wirkungsrichtung* unterscheiden:

1. Im Vordergrund der meisten CI-Strategien steht die *externe Wirkung* der entsprechenden Maßnahmen. Durch die erfolgreiche Vermittlung einer positiven Unternehmensidentität nach außen sollen das wahrgenommene *Corporate Image* (→*Unternehmensimage*) verbessert und so die Attraktivität des Unternehmens und seiner Produkte beziehungsweise Dienstleistungen für Kunden, Lieferanten, Bewerber gesteigert werden.

2. Im Hinblick auf die *interne Wirkung* einer ganzheitlichen Corporate Identity-Strategie werden insbesondere die Stärkung der Mitarbeiteridentifikation und damit eine positive Beeinflussung des Leistungsverhaltens als wünschenswert erachtet.

Über ihre Wirkungsrichtung hinaus lassen sich die verschiedenen Corporate Identity-Botschaften auch noch hinsichtlich der für ihre angemessene Interpretation erforderlichen *affektiven Aktivierung* der Adressaten differenzieren:

- Als *thematische* Corporate Identity-Informationen bezeichnet man diejenigen Hinweise, die vor einer eventuellen Modifikation der individuellen Handlungsdispositionen vom jeweiligen Empfänger zunächst thematisiert, also bewusst gemacht werden müssen. Hierzu zählen etwa rein sachbezogene Informationen über das Unternehmen und sein Leistungsangebot.

- Bedeutsamer für die Erreichung der intendierten Verhaltens- und Einstellungsänderungen im Sinne der Corporate Identity sind aber die *unthematischen* Effekte der identitätsstiftenden Maßnahmen. Als solche bezeichnet man Corporate Identity-Wirkungen, die beim Empfänger bestimmte Gefühle (→Emotionalität), Stimmungen und Empfindungen auslösen, ohne dass sich dieser bezüglich der Herkunft oder des Prozesses der *emotionalen Beeinflussung* explizit bewusst wird.

Zusammenfassend betrachtet weist die *Corporate Identity* somit durchaus eine thematische

Nähe zum Konzept der *Unternehmenskultur* (→*Organisationskultur*) auf, hebt in diesem Zusammenhang aber vorrangig auf den Aspekt einer entsprechenden Gestaltung *kultureller* →*Artefakte durch das Management* ab.

Literatur: *Birkigt, K.; Stadler, M. M.; Funck, H. J.*: Corporate Identity, 11. Aufl., München 2002. *Kroehl, H.*: Corporate Identity als Erfolgskonzept im 21. Jahrhundert, München 2000.

Thomas Behrends

Corporate Identity Prozess

Vorgang, der zum Aufbau und zur Entwicklung einer stimmigen und prägnanten Unternehmenspersönlichkeit dient.

Der Corporate Identity-Prozess verfolgt sowohl außengerichtete als auch innengerichtete Ziele. Im Hinblick auf externe Adressaten geht es konkret darum, das Unternehmen für die Umwelt als unverwechselbar und einmalig darzustellen und so eine →Differenzierung und Profilierung (→Profilierungsfunktion) im Wettbewerb zu ermöglichen. CI-Prozesse sollen im Idealfall eine weitgehende Übereinstimmung von Selbst- und Fremdbild erzielen und damit den Beliebigkeitsspielraum des Corporate Image (→Unternehmensimage) reduzieren. Andererseits dient CI der Förderung der →Identifikation der Mitarbeiter mit dem Unternehmen. Das gemeinsame Selbstverständnis soll die Zustimmung zum unternehmerischen Handeln erhöhen und letztlich die →Koordination verbessern sowie die Leistung der Mitarbeiter steigern.

Umsetzungsinstrumente im CI-Prozess sind das Corporate Design, die Corporate Communications mit den Elementen Corporate Advertising und Public Relations sowie das Corporate Behavior. Das *Corporate Design* beinhaltet alle Aktivitäten, die das Selbstverständnis eines Unternehmens visuell abbilden. Gegenstand des Corporate Design ist beispielsweise die Gestaltung von Firmennamen und Firmenzeichen, die Architektur von Firmengebäuden oder das Produktdesign. Unter *Corporate Communications* werden an das Umfeld gerichtete Botschaften verstanden. Dabei wird im Rahmen des *Corporate Advertising* das Unternehmen als Ganzes beworben – nicht nur einzelne Produkte und Dienstleistungen. Die Öffentlichkeitsarbeit (*Public Relations*) setzen Institutionen ein, um ihre Beziehungen zur Öffentlichkeit zu pflegen und Verständnis, →Vertrauen und Wohlwollen zu gewinnen. Mittel der Corporate Communications sind Geschäftsberichte, Plakate, Anzeigen, Messeteilnahmen, TV-Spots, Hauszeitschriften und ähnliches. Unter dem *Corporate Behavior* wird die Summe aller Verhaltensweisen verstanden, mit denen sich die Organisationsmitglieder nach innen und außen präsentieren. Zum Unternehmensverhalten zählen der Umgang mit Kunden und Lieferanten, das →Führungsverhalten, der allgemeine Umgangston im Unternehmen aber auch der Umgang mit (abgelehnten) Bewerbern.

Antje Koch

Corporate Image → Unternehmensimage

Corporate University

strategische Plattform für die Qualifizierung von Mitarbeitern, Kunden und Lieferanten im Unternehmen.

Corporate Universities im eigentlichen Sinne entwickeln, führen durch und evaluieren Personalentwicklungsprogramme (→Personalentwicklung) mit engem Bezug zur Unternehmensstrategie. Adressaten sind demzufolge die einzelnen Mitarbeiter, Arbeitsteams oder eine ganze Organisation(seinheit) sowie Kunden und Lieferanten des Unternehmens. Durch die Einbeziehung der Kunden- beziehungsweise Lieferantensicht soll nach *Hofmann* und *Regnet* (2003) zum einen die Zusammenarbeit mit den Schnittstellen verbessert, zum anderen „der Blick über den Tellerrand" für die Organisationsmitglieder ermöglicht werden.

Corporate Universities arbeiten üblicherweise mit unterschiedlichen unternehmensexternen Bildungsanbietern zusammen, um sich je nach Bedarf einer fachlich und/oder methodisch hochwertigen Expertise versichern zu können. Hierzu führen Corporate Universities oftmals auch eigene Forschungsvorhaben durch oder unterstützen Forschungsinstitute. Im Mittelpunkt der Bemühungen steht in der Regel die Entwicklung einer herausragenden Führungsmannschaft. Als zentrale Gestaltungsprinzipien gelten:

- Unterstützung *strategischer Unternehmensprozesse* durch die Gestaltung von Lernmöglichkeiten, Bildungsprodukten und Dienstleistungen.

- Corporate University ist eher als ein *Prozess* als ein Ort des Lernens zu verstehen. So

haben viele Corporate Universities kein „Universitätsgebäude".
- Die →Integration *aller* →*Kernkompetenzen* des Unternehmens in das Programm der Corporate University.
- Die Nutzung *unterschiedlicher Lernformen* (→eLearning oder →Blended Learning).
- Die →*Evaluation* der eingehenden und der erstellten Leistungen.
- *Vorhandenes Wissens* neben der reinen Wissensvermittlung zur Erreichung von Wettbewerbsvorteilen nutzen.

Neben dem Titel „University" (wie bspw. die *DaimlerChrysler University, Allianz Management University* oder *Bertelsmann University*) werden von Unternehmen auch andere Bezeichnungen für Corporate Universities gewählt, *DaimlerChrysler Services Academy* beziehungsweise *Lufthansa School of Business*.

Übersicht 1: Unterscheidungskriterien zwischen Trainingsabteilung und Corporate University (*Kraemer/Müller* 2001, S. 7)

Criteria	Training Department	Corporate University
Focus	Reactive	Proactive
Organization	Fragmented and Decentralized	Cohesive and Centralized
Scope	Tactical	Strategic
Buy-in	Little/None	Management and Employee
Delivery	Instructor-Lead	Experience with Various Technologies
Owner	Training Director	Business Unit Manager
Audience	Wide Audience/ Limited Depth	Customized Curricula for Job Families
Enrollment	Open Enrollment	Just-in-Time Learning
Outcome	Increase in Job Skills	Increase in Performance on-the-Job
Operation	Operates as a Staff Function	Operates as a Business Unit
Image	„Go Get Trained"	University as a Metaphor for Learning
Marketing	Trainer Dictated	Consultative Selling

Der Begriff „Corporate University" ist nicht geschützt und wird laut *Hofmann* und *Regnet* (2003) in der Praxis für eine ganze Reihe von qualitativ sehr unterschiedlichen Lernkonzepten verwendet. In einigen Unternehmen haben sich Trainingsabteilungen in Corporate University umbenannt; in anderen Organisationen fand nicht nur eine Umbenennung statt, sondern eine Einrichtung hoch innovativer Lernorganisationen. Ein Ansatz zur Unterscheidung zwischen Corporate University und Trainingsabteilungen findet sich in Übersicht 1.

Der *Deutsche Hochschulverband* (DHV) verwehrt sich gegen die Nutzung des Begriffs „Universität" für Corporate Universities, da dies einen Fächerkanon und Interdisziplinarität impliziert, die aus seiner Sicht in Corporate Universities nicht gewährleistet sind. In der Praxis hat oftmals eine schlichte Umbenennung der Weiterbildungsabteilung stattgefunden, ohne dass es zu einer neuen – gegebenenfalls sogar strategischen – Ausrichtung der Arbeit gekommen wäre.

Literatur: Hofmann, L.; Regnet, E.: Innovative Weiterbildungskonzepte, 3. Auflage, Göttingen 2003. Kraemer, W.; Müller, M.: Corporate Universities und ELearning, Wiesbaden 2001.

Laila Maja Hofmann

Cost of Living Award (COLA)

Anpassungen für die Entlohnung von Mitarbeitern, die in ausländische Firmenstandorte entsendet werden.

Der COLA-Ansatz wird auch als Cost of Living Allowance bezeichnet. COLA berücksichtigt die Korrektur von Kaufkraftunterschieden zwischen Stamm- beziehungsweise Heimatland und Gastland und ist anhand verschiedener Indizes möglich. Zudem werden typischerweise auch Wechselkursveränderungen und Inflationsraten beachtet (*Scherm* 2001).

Literatur: Scherm, E.: Internationales Management, München 2001.

Silvia Föhr

Cost-Center

Organisationsform einer betrieblichen Einheit, die durch eine überwiegend qualitativ beschreibbare Leistung und einen weitgehend auf die einzelne Aktivität oder den einzelnen betrieblichen Akteur zuordnbaren und verantwortbaren Kostenblock gekennzeichnet ist.

Im Zuge der →Dezentralisierung von →Kompetenzen und Aufgaben werden Subsysteme des Unternehmens, zum Beispiel Unternehmensbereiche bis hin zu den einzelnen Abteilungen, als abgrenzbare und individuell bewertbare Einheiten definiert. Ziel ist es, die Effizienz eines jeden Subsystems bestimmen und entsprechend steuernd eingreifen zu können, falls die gesetzten Kostenziele nicht erreicht werden, wie beispielsweise *Frese* (2005) konstatiert. Entsprechend dem Gesamtziel eines gewinnorientierten Unternehmens sollten auch die Subsysteme, zum Beispiel die →Personalabteilung nach Erlös-/Kostenkennzahlen geführt werden.

Allerdings ergibt sich *Schmalenbach* (1948) zufolge bei einigen Abteilungen ein *Bewertungsproblem* der erbrachten Leistung. Insbesondere für diejenigen Abteilungen, die intern Leistungen erbringen, die also nicht mit dem externen Markt in unmittelbarer Verbindung stehen, ist es in vielen Fällen schwierig, Preise zu ermitteln, die den Wert der erbrachten Leistung widerspiegeln. Die Personalabteilung ist für viele personalwirtschaftliche Leistungen ein typisches Beispiel einer solchermaßen intern tätigen Abteilung. Da die Erlösseite bei internen Tätigkeiten kaum sinnvoll betrachtet werden kann, besteht aus Sicht der Steuerung einer solchen Abteilung die Möglichkeit, sich auf die Kostenseite zu beschränken und damit ein Cost-Center zu definieren.

Die Steuerung eines „Cost-Centers Personal" erfolgt über die Zuweisung eines am Beginn der Planungsperiode festgelegten →Budgets. Dieses Budget sollte abgeleitet werden aus den Erstellungskosten der zu erbringenden Leistung, kann aber auch auf Basis von Benchmarking-Projekten (→Benchmarking) mit anderen Unternehmen ermittelt werden. Im Zuge einer →Prozesskostenrechnung oder einer klassischen Kostenstellen-/Kostenträgerrechnung können diese Budgets ebenfalls festgelegt werden

Die *Vorteile* einer →Implementierung des Cost-Center-Konzepts für die Personalabteilung liegen in der verursachungsgerechten Zuordnung von Gemeinkostenblöcken (→Gemeinkosten), was zur Aufdeckung von Ineffizienzen genutzt werden kann. Die dadurch hergestellte Transparenz, kombiniert mit einem geeigneten Budgetierungsverfahren, bewirkt einen Rechtfertigungsdruck für jede personalwirtschaftliche Leistung. *Nachteile* ergeben sich aufgrund der ausschließlichen Kostenorientierung. Es besteht die Gefahr, dass innovative personalwirtschaftliche Konzepte von vornherein durch ein enges Kostenbudget verhindert werden. Aus diesem Grund empfiehlt es sich, das Cost-Center-Konzept zumindest bei denjenigen personalwirtschaftlichen Leistungen, für die eine interne Marktbeziehung hergestellt werden kann, mit marktlichen Mechanismen zu kombinieren.

Literatur: *Schmalenbach, E.*: Pretiale Lenkung des Betriebs, Bremen-Horn 1948. *Frese, E.*: Grundlagen der Organisation, 9. Aufl., Wiesbaden 2005, S. 498.

Reinhard Meckl

Counselling

Prozess, in dem Mitarbeiter bei Fehlverhalten oder andauernder Leistungsschwäche von ihren jeweiligen →Führungskräften beratend begleitet werden, um die Ursachen für diese Probleme ausräumen zu können.

In der amerikanischen Personalmanagementlehre wird Counselling als eine Führungsintervention beschrieben. Dabei sind die Regeln des →Feedbacks zu beachten; insbesondere, dass das unangemessene Verhalten (→Behaviorismus) einer Person und nicht die Person selbst kritisiert wird. In Abgrenzung zu →Mentoring oder →Coaching wird Counselling nach amerikanischer Auffassung dann eingesetzt, wenn es sich um Motivationsprobleme (→Motivation, →Demotivation) und nicht um Qualifikationsprobleme handelt.

In der deutschen Literatur wird Counselling ähnlich zu Mentoring und Coaching als ein Bemühen der Führungskraft, ihren Mitarbeitern durch Rat und Hilfe die Übernahme neuer Aufgaben zu erleichtern, beschrieben. Dafür sollen diese durch *geplante* und *überwachte* Tätigkeiten Erfahrungen sammeln können.

Laila Maja Hofmann

Country-of-Origin-Effekt

Ausmaß, mit dem multinationale Unternehmen Personalpraktiken, die sich in ihrem Stammland als erfolgreich erwiesen haben, auf ihre ausländischen Tochtergesellschaften übertragen, beziehungsweise die nationalen Praktiken des Gastlandes übernehmen.

Die Stärke des Country-of-Origin-Effektes hängt nach *Wächter et al.* (2003) wesentlich davon ab, wie permissiv beziehungsweise restriktiv die institutionelle Umwelt des Gastlandes ist, das heißt, wie stark wirtschaftliche, rechtliche, politische oder kulturelle Rahmenbedingungen die Anwendung bestimmter Personalpraktiken fördern oder behindern. Länder wie

Großbritannien gelten in dieser Hinsicht als vergleichsweise wenig restriktiv, wohingegen Deutschland lange Zeit als Land galt, das ausländischen Unternehmen starke Beschränkungen auferlegt.

Neuere Forschung zu diesem Thema legt aber eine differenziertere Betrachtung nahe. Studien, die wie beispielsweise *Giardini, Kabst* und *Müller-Camen* (2005) das →Personalmanagement von Tochtergesellschaften von amerikanischen und britischen multinationalen Unternehmen in Deutschland untersuchten, fanden heraus, dass sich in der Tat die Unternehmen bei Fragen der betrieblichen Interessenvertretung (z. B. Einrichtung eines →Betriebsrates) stark an der deutschen Praxis orientieren.

Bei Aspekten der Mitarbeiterentlohnung und stärker noch bei der Thematik Aus- und Weiterbildung bleiben den Unternehmen große Spielräume, eigene Praktiken zu verwirklichen. Insgesamt gesehen ist aber bei dieser Thematik noch großer Forschungsbedarf gegeben.

Literatur: *Giardini, A.; Kabst, R.; Müller-Camen, M.*: HRM in the German Business System: A Review, in: Management Revue, 16. Jg. (2005), H. 1, S. 63–80. *Wächter, H. et al.*: The Country-of-Origin Effect in the Cross-National Management of Human Resources, München 2003.

Rüdiger Kabst
Angelo Giardini

Cranfield-Projekt

internationales Netzwerk von Wissenschaftlern, das sich zur Aufgabe gemacht hat, auf einer internationalen Basis Personalpraktiken von Unternehmen und Organisationen über die Zeit empirisch zu untersuchen.

Das *Cranfield Project on International Strategic Human Resource Management* (Cranet) wurde 1990 gegründet und war zunächst nur auf europäische Länder beschränkt. Seit 1997 wird der Forschungsverbund systematisch um Netzwerkpartner in zentralen außereuropäische Länder ergänzt, womit der Datenpool gegenwärtig bereits weit über 30 Länder erfasst. Im Rahmen der Untersuchungen werden, wie in *Kabst* und *Giardini* (2006) ersichtlich ist, grundsätzliche Entwicklungen in Struktur und Politik der →Personalbeschaffung, der →Personalentwicklung, der Vergütung und der Arbeitsbeziehungen erfasst und sektorale und/oder länderspezifische Unterschiede analysiert.

Zur Datenerhebung wird die Methode der schriftlichen →Befragung verwendet. Basierend auf einem Paneldesign werden in zwei- bis vierjährigen Abständen standardisierte →Fragebögen an die obersten Personalverantwortlichen einer Stichprobe von privatwirtschaftlichen Unternehmen und öffentlichen Organisationen versandt. Dabei sind die Fragebögen bis auf wenige Spezifika in jedem Land identisch. In jeder Erhebungswelle werden aktuelle personalwirtschaftliche Themen aufgenommen, wobei über die Erhebungsjahre hinweg die Kernelemente des Fragebogens beibehalten werden, um Längsschnitt- und Trendanalysen zu ermöglichen, wie *Brewster, Mayrhofer* und *Morley* (2004) betonen.

Literatur: *Brewster, C.; Mayrhofer, W.; Morley, M.* (Hrsg.): Human Resource Management in Europe: Evidence or Convergence?, Oxford etc. 2004. *Kabst, R.; Giardini, A.*: Personalmanagement im internationalen Vergleich. Ergebnisbericht 2006 des „Cranfield Projects on International Strategic Human Resource Management", Gießen 2006.

Rüdiger Kabst

Crew-Bereitstellungsplanung

beinhaltet die →Personalplanung für den Flugbetrieb von Luftfahrtgesellschaften.

Es müssen die Flugstunden pro Monat (75 Stunden für Piloten in Deutschland, sonst Mehrflugstundenvergütung), die freien Tage pro Monat, die Flugstunden pro Einsatztag, →Bereitschaftszeiten, →Urlaub und Fortbildungszeiten sowie sonstige Ausfallzeiten (→Fehlzeiten) in die Planung integriert werden. Der maximal leistbare Flugstundenwert ist tarifvertraglich geregelt und liegt für Piloten in Deutschland bei 1.000 Stunden jährlich, bei Ryanair durchschnittlich 815 Stunden.

Lufthansa zum Beispiel hat keine festen Crews, sondern jeder Mitarbeiter hat seinen individuellen Einsatzplan, den er aber beispielsweise mit dem Ehepartner/Lebenspartner koppeln kann. Sechs Monate vor Einsatz startet die Bereitstellungsplanung. Individuelle Wünsche (Urlaubswünsche oder bevorzugte Strecken) werden, wenn möglich, berücksichtigt. Jedes Crewmitglied hat einen Wohnsitz in Frankfurt nachzuweisen und für alle Flugzeiten sind entsprechende Springerteams auf Bereitschaft zu planen, um innerhalb von 45 Minuten ausgefallene Crews in Frankfurt ersetzen zu können. Erschwerend für die Bereitstellungsplanung hinzukommen ist die Tatsache, dass Lufthansa auf den Interkontinentalflügen vermehrt mit ausländischen Mitarbeitern aus dem Zielgebiet zusammenarbeitet, das bedeutet zum Beispiel für die Strecke Frankfurt –Tokio, dass je Sitzklasse (Economy, Business, First) mindestens ein japanisches Crewmitglied eingeplant werden muss.

Literatur: *Scholz, C.*: Personalmanagement, 5. Aufl., München 2000, S. 604–609.

Désirée H. Ladwig

Critical Incident

Verfahren, das versucht im positiven wie im negativen Sinne herausragende kritische Verhaltensweisen und Ereignisse, die in der Vergangenheit wesentlich zum Erfolg beziehungsweise Misserfolg beigetragen haben, herauszufiltern.

Critical Incident bezeichnet nach *Barmeyer* (2000) kritische oder bedeutsame Ereignisse, kritische Interaktionssituationen oder typische, rekurrierende Missverständnisse oder Probleme im Rahmen interkultureller Begegnungssituationen, hervorgerufen aufgrund kultureller Unterschiedlichkeit (z. B. divergierender Normen und Wertsysteme oder miteinander nicht kompatibler kultureller Regeln) und Fehlinterpretationen des Verhaltens der Interaktionspartner.

Das Verhalten des anderskulturellen Partners, der aus einem anderen historisch geprägten Erfahrungsraum stammt, wird vom Beteiligten als merkwürdig, irritierend oder gar verletzend wahrgenommen (→Interkulturelle Kommunikation). Die Verletzung kultureller →Normen und Werte wird häufig Anlass für Irritationen, wie *Müller-Jacquier* (2000) betont. Dabei entstehen interkulturelle Missverständnisse und Konflikte unbeabsichtigt aus zunächst unerfindlichen Gründen. In der Regel sind nämlich der Wille und die Bereitschaft für eine gelingende Kommunikation und →Kooperation vorhanden. Dies unterscheidet den interkulturellen →Konflikt maßgeblich vom intrakulturellen Konflikt (z. B. Ziel-, Macht-, Interessen- oder Personenkonflikt).

Ein oft zitiertes Beispiel, das sich für das →Personalmanagement eignet, stammt von *Triandis* (1973): In einer interkulturellen Führungssituation (→Interkulturelle Führung) in Griechenland zwischen einer US-amerikanischen Führungskraft und einem griechischen Mitarbeiter herrscht beiderseitig großes Unverständnis. Der US-amerikanische Chef fragt seinen griechischen Mitarbeiter, wie viel Zeit er für die zu verrichtende Aufgabe brauchen werde. Er bekommt jedoch keine klare Antwort von dem erstaunten Mitarbeiter, was ihm den Eindruck gibt, der Mitarbeiter sei weder kompetent noch motiviert. Der griechische Mitarbeiter hingegen ist verwundert, dass der Chef ihm keine klare Zeitvorgabe für die Aufgabenerfüllung gibt, schließlich ist er derjenige, der über die nötige Autorität (→Macht) und →Kompetenz verfügt. Dieser Critical Incident verdeutlicht zum einen die Problematik von nicht ausgesprochenen divergierenden kulturspezifischen Erwartungen, zum anderen die blockierende Wirkung von Fehlinterpretationen.

Die Critical Incidents-Methode wird in Forschung und →Training häufig verwendet, um kulturelle Unterschiede zu illustrieren (→Kultur-Assimilator, →Kulturstandard). In Begegnungssituationen entstehen spezifische kulturelle Verhaltensweisen, die wiederum aus einer bestimmten (anderskulturellen) Perspektive wahrgenommen und interpretiert werden (→Kultur). Zur angemessenen und im Idealfall richtigen Interpretation anderskultureller Verhaltensweisen bedarf es kulturspezifischer Kenntnisse und →interkultureller Kompetenzen. In der Forschung wird die Critical Incidents-Methode aufgrund ihres theoretischen Mangels kritisiert (*Layes* 2007).

Literatur: *Barmeyer, C. I.*: Interkulturelles Management und Lernstile, Frankfurt, New York 2000. Layes, G.: Kritische Interaktionssituationen, in: Straub, J. et al. (Hrsg.): Handbuch Interkulturelle Kommunikation und Kompetenz. Stuttgart 2007, S.384–391. *Müller-Jacquier, B.*: Linguistic Awareness of Cultures. Grundlagen eines Trainingsmoduls, in: *Bolten, J.* (Hrsg.): Studien zur internationalen Unternehmenskommunikation, Waldsteinberg 2000, S. 30–49. *Triandis, H.C.*: Culture Training, Cognitive Complexity and Interpersonal Attitudes, in: *Hoopes, D. S.* (Hrsg.): Readings in Intercultural Communication, Pittsburgh 1973, S. 55–68.

Christoph I. Barmeyer

Cross-Cultural Competence →Interkulturelle Kompetenz

Cross-Cultural Management →Interkulturelles Management

Cross-Cultural Research

Forschung zu kulturellen Systemen, Kulturunterschieden und Interkulturalität, die auf zahlreiche Wissenschaftsdisziplinen zurückgreift und in deren Mittelpunkt Analyse und Verstehen kultureller Systeme und Menschen stehen.

Wie die Betriebswirtschaftslehre und die Kommunikationsforschung hat sich die *Interkulturelle Kommunikations- und Managementforschung* (→Interkulturelle Kommunikation) aus der Praxis vor allem in den USA entwickelt (→Interkulturelles Management). In den 1950er und 1960er Jahren studierten und arbeiteten eine zunehmende Anzahl von US-Amerikanern und Westeuropäern zum Beispiel im Entwicklungsdienst im Ausland. Die Frage von kultureller Dominanz, Anpassung und →Integration tauchte auf. Die Publikationen von *Mead* (1928) „Coming of Age in Samoa", *Kluckhohn* und *Strodbeck* (1961) „Variations in Value Orientations" sowie von *Hall* (1959) „The Silent Language" beschäftigen sich mit eigen- und anderskulturellen Werten, Verhaltensweisen und Interkulturalität.

Hall gilt als Urvater der →interkulturellen Kommunikation, schließlich ist er es, der 1959 zum ersten Mal den Begriff *Cross-Cultural Communication* benutzte. In den 1970er Jahren treten Themen zu Immigration und multikulturellen Gesellschaften, ausgehend von Nordamerika, in den Vordergrund. Tausende von US-Amerikanern arbeiten in humanitären Projekten (wie z. B. Peace Corps) auf der ganzen Welt und sind mit kultureller Andersartigkeit konfrontiert. Um sie für kulturelle Unterschiede zu sensibilisieren und ihren Einsatz im Ausland besser vorzubereiten, werden die ersten interkulturellen Seminare (Intercultural Communication Workshops, IWC) angeboten. *Stewart* (1972) veröffentlicht „American Cultural Patterns. A Cross-Cultural Perspective", *Samovar* und *Porter* (1972) „Intercultural Communication. A reader". Forschungsprogramme von Universitäten und Beratungsgesellschaften entwickeln sich. 1975 entsteht mit →SIETAR die weltgrößte interkulturelle Vereinigung aus Forschern und Praktikern. 1977 erscheint die wissenschaftliche Zeitschrift International Journal of Intercultural Relations.

Die Unternehmen internationalisieren sich, werden zum Global Player und suchen Ratschläge für das Management kultureller Unterschiedlichkeit. *Harris* und *Moran* (1979) publizieren daraufhin ein Buch, das interkulturelle Aspekte im Management behandelt: „Managing Cultural Differences". Der Expansionsdrang der Global Player wünscht eine einheitlich gestaltete weltweite Unternehmenskultur (→Organisationskultur), die zur berühmten Untersuchung von *Hofstede* (1980) und seinem Buch „Culture's Consequences" führt. *Adler* publiziert 1986 „International Dimensions of Organizational Behavior".

Auf französischer Seite ist es *d'Iribarne* (1989), der den Einfluss der Nationalkultur (→Kultur) auf das Management in „La logique de l'honneur" (dt.: Die Logik der Ehre) untersucht. In den 1990er Jahren gewinnt →Wissensmanagement und →organisationales Lernen an Bedeutung, dies betrifft auch die Entwicklung und Vermittlung →interkultureller Kompetenzen. *Bennett* (1993) veröffentlicht zu diesem Thema seinen Aufsatz „A Developmental Model of Intercultural Sensitivity" und *Landis* und *Bhagat* (1996) das „Handbook of Intercultural Training".

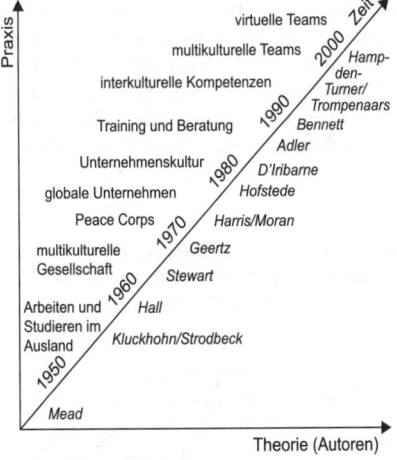

Abbildung 1: Entwicklungspfad interkulturellen Managements (*Davison/Ward* 1999)

Die Zunahme internationaler Fusionen und Kooperationen mit einhergehenden Divergenzen von Strategien, Strukturen und Managementstilen lassen zahlreiche weitere, in Abbildung 1 dargestellte Publikationen erscheinen, wie von *Trompenaars* und *Hampden-Turner* (1993) „Riding the Waves of Culture". →Multikulturelle Teams, insbesondere virtuelle, die interkulturelle und technologische Herausforderungen kombinieren, sind zu Beginn des 21. Jahrhunderts Forschungsgegenstand.

Literatur: *Adler, N.*: International Dimensions of Organizational Behavior, Belmont 1986. *Bennett, M.*: Towards Ethnorelativism: A Developmental Model of Intercultural Sensitivity, in: *Paige, M.* (Hrsg.), Education for the Intercultural Experience, Yarmouth 1993, S. 21–71. *Davison, S.; Ward, K.*: Leading International Teams, London 1999. *D'Iribarne, P.*: La logique de l'honneur, Paris 1989. *Hall, E. T.*: The Silent Language, New York 1959. *Harris, P.; Moran, R.*: Managing Cultural Differences, Houston 1979. *Hofstede, G.*: Culture's Consequences, London 1980. *Kluckhohn, F.; Strodbeck, F.*: Variations in Value Orientations, Evanston 1961. *Landis, D.; Bhagat, R.* (Hrsg.): Handbook of Intercultural Training, London 1996, S. 17–34. *Mead, M.*: Coming of Age in Samoa, New York 1928. *Samovar, L.; Porter, R.* (Hrsg.): Intercultural Communication, Belmont 1972. *Stewart, E.*: American Cultural Patterns. A Cross-Cultural Perspective, Yarmouth 1972. *Trompenaars, F; Hampton-Turner, C.*: Riding the Waves of Culture. Understanding Cultural Diversity in Business, London 1993.

Christoph I. Barmeyer

Cross-Functional Teams

Kombination von Individuen mit unterschiedlicher fachlicher Expertise (syn.: Multifunktionale Teams).

In diesen Teams sind Mitglieder aus unterschiedlichen Funktionsbereichen (Produktion, Marketing, Finanzierung) repräsentiert (*Lovelac, Shapiro* und *Weingart* 2001). Abbildung 1 stellt exemplarisch die organisatorische Einbettung eines Cross-Functional Teams im Absatzbereich eines Unternehmens sowie die →Interaktion innerhalb des Teams dar.

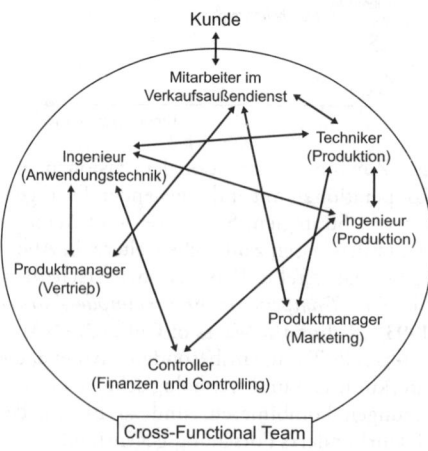

Abbildung 1: Veranschaulichung eines Cross-Functional Teams im Absatzbereich von Unternehmen

Der Einsatz von Cross-Functional Teams erfolgt mit dem Ziel der verbesserten →Koordination und →Integration der Aktivitäten verschiedener Funktionsbereiche innerhalb eines Unternehmens. Bei Unternehmen, in denen grundlegende Veränderungsprozesse stattfinden, kann der Einsatz multifunktionaler Teams problematisch sein (*Lovelace, Shapiro* und *Weingart* 2001).

Primäre Einsatzgebiete von Cross-Functional Teams sind

– Überbrückung von Unternehmensgrenzen (Top Management Teams, →Interorganisationale Teams) sowie
– Neuproduktentwicklung und
– Kundenbetreuung (Selling Teams) (*Moon* und *Armstrong* 1994).

Laut *Denison*, *Hart* und *Kahn* (1996) weisen Cross-functional Teams vier Unterschiede zu „klassischen" Teams auf:

1. Jedes einzelne Teammitglied hat eine eigene soziale Identität und Spezialisierung. Die Teammitglieder weisen unterschiedliche fachliche Fähigkeiten auf.

2. Die Teammitglieder sind unterschiedlichen funktionalen Einheiten innerhalb eines Unternehmens zugeordnet.

3. Cross-Functional Teams sind zeitlich befristet. Sie unterliegen somit stärkeren zeitlichen Restriktionen als reine Arbeitsteams, deren Mitglieder aus derselben funktionalen Einheit stammen.

4. Die Erwartungen an das Teamergebnis sind vielfältiger als bei reinen Arbeitsteams.

Vorteile, die *Lovelace*, *Shapiro* und *Weingart* (2001) in Verbindung mit Cross-Functional Teams bringen, sind die Reduktion der Durchlaufzeiten, Beschleunigung der Entscheidungsfindung, Wissens- und Ideenentwicklung, Steigerung des →organisationalen Lernens, verbesserte Kundenbetreuung. Zu den *Nachteilen* zählen geringere →Flexibilität, geringerer →Teamgeist, erhöhtes Konfliktpotenzial aufgrund unterschiedlicher Ziele und Interessen der Funktionsbereiche.

Literatur: *Denison, D.; Hart, S.; Kahn, J.*: From Chimneys to Cross-Functional Teams: Developing and Validating a Diagnostic Model, in: Academy of Management Journal, 39. Jg. (1996), S. 1005–1023. *Lovelace, K.; Shapiro, D.; Weingart, L.*: Maximizing Cross-Functional New Product Teams' Innovativeness and Constraint Adherence: A Conflict Communications Perspective, in:

Academy of Management Journal, 44. Jg. (2001), S. 779–793. *Moon, M.*; *Armstrong, G.*: Selling Teams: A Conceptual Framework and Research Agenda, in: Journal of Personal Selling & Sales Management, 14. Jg. (1994), S. 17–30.

Ruth Stock-Homburg

Cultural Change → Kultureller Wandel

Cultural Diversity

Beschreibung der komplementären und produktiven Kombination kultureller Unterschiedlichkeit, etwa innerhalb von multikulturell zusammengesetzten →Organisationen und →Gruppen (dt.: Kulturelle Vielfalt).

Grundannahme der Cultural Diversity ist, dass unterschiedliche Werte und Verhaltensweisen, die in unterschiedlichen Sichtweisen und Ideen, aber auch in besonderen →Kompetenzen vorhanden sind, neue und synergetische Denk- und →Arbeitsformen hervorbringen können und den Erfolg von Organisationen maximieren. Das →Personalmanagement kann produktive interkulturelle Lernprozesse durch eine auf Diversity ausgerichtete Personalpolitik (Einstellungen und →Integration anderskultureller Mitarbeiter, →interkulturelle Personalentwicklung, →Reintegration von auslandsentsandten →Führungskräften, Bildung →multikultureller Teams und Knowhow-Transfer in die Organisation) unterstützen und steuern.

Christoph I. Barmeyer

Culture Assimilator → Kultur-Assimilator

Culture Awareness

Methode →interkulturellen Trainings, bei der es nicht primär darum geht, auf eine bestimmte →Kultur vorzubereiten.

Culture Awareness stellt vielmehr eine generelle Sensibilisierung für eigen- und/oder anderskulturelle Wertesysteme, Wahrnehmungsmuster, Kommunikationsformen sowie Denk- und Verhaltensweisen dar.

Hinsichtlich der Werte-Orientierungen eignet sich die Gegenüberstellung eigen- und anderskultureller →Kulturstandards. Beim kulturorientierten →Training steht auch die Entwicklung von →Persönlichkeitsmerkmalen und Einstellungen wie →Ambiguitätstoleranz, →Empathie oder Aufgeschlossenheit im Vordergrund. Im Experiment, durch die Erfahrung, lernt die Person nicht nur über die andere Kultur, sondern auch über ihre eigene, die sie internalisiert hat (Self-Awareness). Im Vordergrund steht die interkulturelle Sensibilisierung, die durch eine Vielzahl pädagogischer Methoden (Diskussionen, interaktive Simulationen, →Kommunikations- und Rollenspiele) erreicht werden kann.

Vorteile dieser Trainingsform sind zum einen die Methoden, die kognitive und affektive Verhaltensebenen der Teilnehmer ansprechen, und zum anderen die *kulturunspezifische Übertragbarkeit* des Erlernten. Inwieweit jedoch die unspezifischen Erfahrungen, die anhand von fiktiven Kulturen und anhand fiktiver Situationen gemacht werden, bei realen Begegnungen mit Angehörigen anderer Kulturen interkulturell handlungskompetent machen, ist schwierig zu beurteilen.

Literatur: *Landis, D.*; *Bhagat, R. S.* (Hrsg.): Handbook of Intercultural Training, London 1996. *von Helmolt, K.*; *Müller, B.-D.*: Zur Vermittlung interkultureller Kompetenzen, in: *Müller, B.-D.* (Hrsg.): Interkulturelle Wirtschaftskommunikation, München 1993, S. 509–548.

Christoph I. Barmeyer

Culture Bound Thesis

kulturbezogener Managementansatz, bei dem Merkmale und Unterschiede von Organisation, Management und Personalführung (→Mitarbeiterführung) auf *kulturellen Faktoren* beruhen (→Kulturdivergenz).

Culture Change Programme

Facette der strategie- und strukturgerechten Ausrichtung der Unternehmenskultur (→Organisationskultur).

Ein Culture Change Programme beziehungsweise das *Culture Change Management* verfolgt nach *Lopez* (2006) das Ziel, so langfristig Einfluss auf die (Unternehmens-)Kultur zu nehmen, dass diese als Integrationsinstrument im →Wandel einsetzbar ist. Das Gelingen eines Culture Change Programms hängt also insbesondere von der *Gestaltbarkeit der Unternehmenskultur* ab. Nur wenn deren Gestaltung und Veränderung gelingen, kann es nach *Jackson* (1992) erfolgreich sein. Das Culture Change Programme nutzt dabei die Gestaltung der *endogenen* und *exogenen* Determinanten der Unternehmenskultur, wobei insbesondere das Umfeld der →Organisation sowie die Änderungskompetenz (bzw. umgekehrt Beharrungstendenzen) der betroffenen Personen im Mittelpunkt der ergriffenen Maßnahmen stehen.

Literatur: *Jackson, L.*: Achieving Change in Business Culture Through Focused Competence-Based Management Development Programmes, in: Management Decision, 30. Jg. (1992), H. 6, S. 149–155. *Lopez, S. H.*: Culture Change Management in Long-Term Care: A Shop-Floor Views, in: Politics & Society, 34. Jg. (2006), H. 1, S. 55–80.

Tobias Bernecker

Culture Free Thesis

kulturfreier Managementansatz, bei dem Merkmale und Unterschiede von →Organisation, Management und Personalführung (→Mitarbeiterführung) auf nicht-kulturellen Situationsfaktoren beruhen (→Kulturkonvergenz).

Customizing →Personalwirtschaftliche Anwendungssoftware

Cyberculture

→Kultur, die sich unter den Nutzern des →Internets geformt hat.

Mit der Cyberculture lassen sich also alle Werte und Wertvorstellungen in Verbindung bringen, die typischerweise von der sozialen Gruppe der Internetnutzer gelebt werden.

Eine Ausprägung der Cyberculture ist beispielsweise das Einhalten einer so genannten *Netiquette* (Netz-Etikette) als Verhaltensnorm. Die Cyberculture ist jedoch einem permanenten und schnellen →Wandel unterworfen: Erstens nimmt die Anzahl der Nutzer des Internets immer noch stark zu, und zweitens verändert sich die Nutzungsweise des Internets stark. Es ist daher davon auszugehen, dass die Idee einer Cyberculture in Zukunft differenzierter – etwa im Sinne von *Subkulturen* einer Cyberculture – betrachtet werden muss.

Aus personalwirtschaftlicher Sicht ist zu bedenken, dass auch in Unternehmen durch die intensive Nutzung der Internettechnologie Elemente einer Cyberculture, wie zum Beispiel unverblümte Kommunikation oder Gefühlsausdrucke durch Emoticons in eMails, an Bedeutung gewinnen können.

Stephan Kaiser

Cyber-Realität →Cyberspace, →Virtuelle Realität

Cyberspace

Ort, an dem →Daten und →Informationen in elektronischer beziehungsweise digitaler Form gespeichert werden.

Das Cyberspace ist eine Wortschöpfung aus Cybernetic und Space und geht insbesondere auf den Sciencefiction-Autor *William Gibson* zurück. Es besitzt als Ort eine →virtuelle Realität, die man mithilfe von Endgeräten (bspw. Datenhelm, Data-Suit oder Data-Glove) besuchen kann. Im Zusammenhang mit →Personalmanagement kommt dem Cyberspace im Bereich des →eLearning, und hier insbesondere im →Web-Based-Training oder im Collaborative Learning Bedeutung zu. Der Cyberspace ist dann der Raum, in dem sich Lernende und Lehrende virtuell treffen.

Stephan Kaiser

D

Darwiportunismus

gemäß *Scholz* (1999, 2003) das Zusammentreffen aus Darwinismus, dem kollektiven Mechanismus zum Optimieren von Unternehmen, Abteilungen oder Mitarbeitern, und Opportunismus, dem individuellen Antrieb, Chancen für sich ohne Rücksicht auf andere zu nutzen.

Darwiportunismus bezieht sich als Phänomen auf gesamtwirtschaftliche Überlegungen ebenso wie auf die einzelwirtschaftliche Entwicklung in →Organisationen jeglicher Art, von Unternehmen über Fußballvereine bis hin zu Hochschulen.

Die von *Darwin* (1900) entschlüsselte Logik der Evolution mit ihrem Mechanismus „Variation – Selektion – Retention", die für sich fortentwickelnde Kollektive gilt, findet man überall in der Wirtschaft. Auch wenn sich kaum ein Unternehmen offen zum Darwinismus bekennt, ist der Kampf um Marktanteile in der Branche eines Unternehmens alltäglich und setzt sich auch innerhalb von Unternehmen fort. Implizit oder sogar explizit wird Darwinismus als Grundlage eines marktradikalen Umbaus von Unternehmen herangezogen. Die Dominanz der darwinistischen Grundidee zeigt sich in vielen Führungsinstrumenten: Beispielsweise bedeutet der überwiegend positiv belegte „Shareholder Value-Ansatz" vornehmlich die Selektion der profitabelsten Unternehmen über den Kapitalmarkt, „Prozesskettenoptimierung" und „Profit Center-Organisation" stehen für das Eliminieren schwächerer Glieder aus der Wertschöpfungskette. Bricht man die Konsequenzen dieser auf die Gesamtorganisation bezogenen Logik auf die Ebene der einzelnen Mitarbeiter herunter, kann für diese im Ergebnis keine garantierte Arbeitsplatzsicherheit mehr bestehen.

Eine zweite Logik betrifft das Handeln von Individuen in Organisationen, das gemäß *Simon* (1957) als allenfalls begrenzt rational und gemäß *Williamson* (1975) als opportunistisch gilt. Opportunismus bedeutet im Grunde „Mache es wie alle: Suche deine Chance und nutze sie!". Es ist ein Bestandteil dieser grundlegenden Verhaltensannahme, dass die Akteure billigend in Kauf nehmen, dass sie zum eigenen Nutzen auch anderen schaden könnten. Es kann somit nicht grundsätzlich davon ausgegangen werden, dass das Unternehmensziel mit den individuellen Zielen der Mitarbeiter übereinstimmt: Statt einer altruistischen Orientierung am Firmen- beziehungsweise am Allgemeinwohl findet häufig primär die Befriedigung egoistischer Bedürfnisse statt, von der Einkommensmaximierung bis hin zur Karriereoptimierung.

Das Darwiportunismus-Konzept unterstellt, dass sich kollektiver Darwinismus und individueller Opportunismus im Rahmen der Bildung impliziter, psychologischer Arbeitskontrakte (*Rousseau* 1995) wechselseitig bedingen. Zunächst werden beide Verhaltensannahmen als gegeben akzeptiert, um dann zu untersuchen, was geschieht, wenn sich die Unternehmen offen oder verdeckt dem Darwinismus verschreiben und gleichzeitig die Mitarbeiter offen oder verdeckt den opportunistischen Weg in die Selbstoptimierung suchen – also wenn beide Phänomene aufeinandertreffen, sich wechselseitig beeinflussen und gegebenenfalls eskalieren.

Die Kombination beider Phänomene in unterschiedlichen Intensitäten (Abbildung 1) führt – in *deskriptiver* Hinsicht – zu vier Grundkonstellationen, die jeweils implizite Kontrakte für das Zusammenarbeiten in Unternehmen darstellen (*Scholz* 2003):

1. *Gute alte Zeit*: Beschreibt die traditionelle Arbeitswelt aus gleichgewichtiger →Loyalität der Mitarbeiter gegenüber ihrem Unternehmen und unternehmensseitiger Gewährung von Beschäftigungssicherheit den Mitarbeitern gegenüber. Funktioniert sie, dann verlassen sich Unternehmen und Mitarbeiter ohne zeitliche Befristung aufeinander und arbeiten produktiv ohne übermäßigen Wettbewerbsdruck zusammen. Hält sich eine der Parteien aber nicht an die unausgesprochene Balance von Loyalität und Sicherheit, so erstarrt das Unternehmen in ohnmächtiger Ineffizienz.

2. *Kindergarten*: Ist die Metapher für die einseitige Betonung der opportunistischen Interessen von Mitarbeitern: Sie genießen relativ hohe Arbeitsplatzsicherheit, sind aber gegenüber dem Unternehmen nicht zwingend loyal. Funktioniert dieses Szenario, das beispielsweise in Zeiten eines Fachkräftemangels häufiger anzutreffen ist, so sind darin angstfrei-spielerische →Kreativität und erfolgreiche Innovation möglich. Bei aufkommenden Konfrontationen zwischen Mitarbeitern und dem Unternehmen etabliert sich aber eine Selbstbedienungsmentalität auf Seiten der Mitarbeiter.

3. *Feudalismus*: Bezeichnet die einseitige Betonung der darwinistischen Unternehmensinteressen sowie der damit verbundenen hierarchischen Weisungen. Mitarbeiter wissen, dass ihre Bedürfnisse nicht im Mittelpunkt stehen, fühlen sich aber trotzdem ihrem Unternehmen gegenüber mehr oder weniger freiwillig verbunden. Wird der unternehmensseitige Druck nicht übertrieben, so kann diese Konstellation zur Effizienzsteigerung gerade von zeitkritischen Wertschöpfungszusammenhängen führen, im übertriebenen Fall besteht die Gefahr einer Ausbeutung der Mitarbeiter bis hin zum Burnout.

4. *Darwiportunismus pur*: Gilt als das von beiden Seiten her transparente Zusammentreffen von darwinistischen und opportunistischen Interessen für einen begrenzten Zeithorizont. Wenn dies funktioniert, führt dies zu einer begeisternden „High Performance"-Dynamik, in der gleichzeitig die individuell genutzten Chancen der Mitarbeiter und die Wettbewerbsposition des Unternehmens sinnvoll abgeglichen werden, im negativen Fall zu einem unsteten Arbeitskontext, in dem sich Unternehmen und Mitarbeiter häufig gegenseitig enttäuschen und noch vor Ablauf der vereinbarten Zusammenarbeit voneinander trennen.

Je nach Kontext der Arbeits- und Aufgabensituation können alle vier Grundkonstellationen sinnvoll ausgestaltet und offen kommuniziert werden sowie effektiv sein. Aus deskriptiver Sicht ist mit den Grundkonstellationen weder die Empfehlung an Unternehmen verbunden, stärker auf „hire and fire" zu setzen, noch die Empfehlung an die Mitarbeiter zu einer verstärkten Selbstoptimierung. Vielmehr zeichnet sich die neue Arbeitswelt durch verschiedene „Spielregeln" aus, die Unternehmen und ihre Mitarbeiter sich zunächst gemeinsam wählen können. Problembehaftet sind hierbei jedoch verdeckte Konstellationen, in denen die kommunizierte und die tatsächlich angestrebte Positionierung (→Profilierungsfunktion) auseinanderfallen. Sehen sich die Mitarbeiter beispielsweise in der „Guten alten Zeit" oder im „Kindergarten", steuert das Unternehmen aber gleichzeitig verdeckt den Kurs „Darwiportunismus pur", so werden hierdurch Führungskrisen ausgelöst.

Abbildung 1: Darwiportunismus-Matrix
(*Scholz* 2003, S. 89)

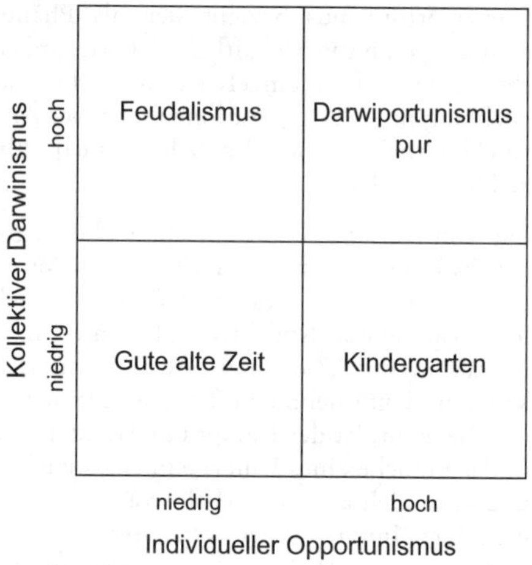

	Individueller Opportunismus	
	niedrig	hoch
Kollektiver Darwinismus hoch	Feudalismus	Darwiportunismus pur
Kollektiver Darwinismus niedrig	Gute alte Zeit	Kindergarten

In seiner betrieblichen Anwendung – und damit in *präskriptiver* Hinsicht – sieht das Darwiportunismus-Konzept eine differenziertere →Unternehmensführung und →Personalentwicklung vor, in denen die Handlungsabsichten sowohl von Unternehmen als auch von den Mitarbeitern deutlich kommuniziert werden. Voraussetzung ist das Verstehen der Arbeitswelt unter diesem neuen Blickwinkel der verschiedenen impliziten Kontrakte, damit man sich gestalterisch-aktiv auf sie einstellen und mit ihr umgehen kann. Dies erfordert allerdings Transparenz und Akzeptanz der jeweils geltenden Spielregeln. Für den „Darwiportunismus pur" bedeutet dies beispielsweise, dass Unternehmen und Mitarbeiter wechselseitig Opportunismus sowie Darwinismus akzeptieren und Regularien reduzieren müssten, die Opportunismus beziehungsweise Darwinismus eingrenzen: Gemäß *Scholz* (2003) heißt Akzeptieren daher, dass Unternehmen nicht beleidigt reagieren, wenn Mitarbeiter eigene

Ziele verfolgen, beispielsweise das Unternehmen verlassen wollen. Dies schließt allerdings nicht die Toleranz jeglichen Verhaltens ein: Weigert sich ein Mitarbeiter, seine →Arbeit zu erfüllen, oder liefert er Minderleistung ab, so mag dies sein spezieller Opportunismus sein, der aber nicht vom Unternehmen akzeptiert wird. Akzeptieren schließt auch nicht aus, dass Unternehmen versuchen, Mitarbeiter durch eine entsprechende Anreizstruktur dazu zu bewegen, sich länger an das Unternehmen zu binden.

Die operative Umsetzung einer differenzierten Unternehmensführung durch die Unternehmen umfasst drei Schritte:

1. Sie beginnt mit der *Ist-Positionierung* eines Managementtatbestandes in der Darwiportunismus-Matrix. Diese Diagnose erfasst das Ausmaß an Darwinismus und Opportunismus bezogen auf den individuellen Arbeitsplatz, die Abteilung oder das gesamte Unternehmen.

2. Dann folgt die *Soll-Positionierung*, die für das Unternehmen und für die Mitarbeiter zur Festlegung von Spielregeln im gemeinsamen Umgang führt. Sie kann für verschiedene Beschäftigtengruppen durchaus unterschiedliche Spielregeln vorsehen. Aus jeder der vier Zellen der Darwiportunismus-Matrix resultiert eine vollkommen andere Positionierung der Führungsarbeit sowie der eingesetzten →Führungsinstrumente. Abbildung 2 erläutert dies am Beispiel der Personalentwicklung.

3. Schließlich leiten sich aus den vorangegangenen Schritten konkrete *Handlungsimplikationen* ab. Sie umfassen eine darwiportunistische Grundbotschaft, etwa die Eigenverantwortlichkeit der Akteure für ihren Erfolg. Diese benötigen dann zu der anvisierten Zelle der Matrix passende Verhaltensregeln, etwa kompatible Entlohnungs- und Kündigungsregeln. Notwendig ist auch die weitgehend offene →Kommunikation der Interessen, um Reibungsverluste zu reduzieren. Hinzu kommt der Einsatz klarer Signale, die dazu beitragen, aus Absichtserklärungen realisiertes Verhalten zu machen.

Darwiportunismus ist damit eine unternehmerische Führungsaufgabe, die unmittelbar in konkrete Personalarbeit (→Personalmanagement) überleitet.

Abbildung 2: Differenzierte darwiportunistische Ausgestaltungen der Personalentwicklung

	Feudalismus	Darwiportunismus pur
Kollektiver Darwinismus — hoch	Unternehmen entscheiden, welche Qualifikationsmaßnahmen dem Mitarbeiter im Interesse des Unternehmens zugebilligt oder abgefordert werden.	Investitionen in Mitarbeiterqualifikation müssen durch nachweisbare Leistungsbeiträge kompensiert werden (Win-Win-Situation).
	Gute alte Zeit	**Kindergarten**
Kollektiver Darwinismus — niedrig	Unternehmen entwickeln ihre Mitarbeiter und dürfen im Gegenzug langfristige Treue und Loyalität erwarten.	Ein Mitarbeiter fordert bestimmte Personalentwicklungsaktivitäten und bekommt sie umgehend, weil er sonst kündigen würde.
	niedrig ← Individueller Opportunismus → hoch	

Unternehmen, die mittels der Darwiportunismus-Logik Wege erkennen, wie sie – selbst in konjunkturell schwierigen Zeiten oder bei einem herrschendem Fachkräftemangel – ihre Belegschaft binden und eine ansprechend-motivierende Unternehmenskultur erreichen können, werden von (*Scholz* 2003) als tendenziell erfolgreicher angesehen. Letztlich liefern sie selbst im Hochleistungswettbewerb sicherere Arbeitsplätze als die Unternehmen, die ihren Mitarbeitern unrealistische und im Wettbewerbsumfeld nicht einzulösende Versprechungen machen. Eine Illustration dieses – durchaus *normativen* – Gedankengangs liefert die Gegenüberstellung zweier alternativer Szenarien der Unternehmensführung:

1. In einem *Negativszenario* würden Unternehmen zumindest an der Oberfläche noch den Schein der „Guten alten Zeit" wahren, vielleicht sogar in der aufrichtigen Hoffnung, sie auf diese Weise wieder herbeizuführen, und die marktradikale Realität verleugnen. Sie würden Marktmechanismen und individuelle Chancensuche ebenso wenig thematisieren, wie sie ihre Verhaltensregeln offen legen. Die Mitarbeiter erhalten keine Signale, auf welche Politik des internen Wettbewerbs sie sich einstellen und wie sie sich verhalten sollen. Werden dann Unternehmen schlagartig vom Markt abgestraft, resultieren daraus Entlassungen, Verunsicherung und Angst. Das Ergebnis der gefährlichen Spirale organisationskultureller Pathologisierung ist ein unproduktiver, „schmutziger" Darwiportunismus pur, in

dem man sich gegenseitige Loyalität und Sicherheit nicht mehr zutraut. Diese Situation verhindert nachfolgend die Bildung produktiver impliziter Kontrakte.

2. In einem *Positivszenario* thematisieren Unternehmen die Logik der neuen Arbeitswelt bewusst, transparent und offensiv durch ihre Personalarbeit. Hier steht nicht der →Konflikt zwischen Unternehmen und Mitarbeitern im Vordergrund, sondern das gemeinsame Ausloten von Überlebensstrategien im harten Wettbewerb. Arbeitsplatzsicherheit wird nur dann signalisiert, wenn sie auch realisiert werden kann. Das Ergebnis ist hier ein produktiver, „sauberer" Darwiportunismus pur, der den Mitarbeitern einen Sicherheitskorridor gibt, die Wettbewerbsfähigkeit des Unternehmens verbessert und auf diese Weise durch Personalarbeit Arbeitsplätze sichern hilft. Dabei akzeptiert das Unternehmen gleichzeitig die Entwicklungs- und Mobilitätsbedürfnisse ihrer Mitarbeiter.

Der *Nutzen* des Darwiportunismus-Konzeptes liegt in einer realistischen Sicht auf die Arbeitswelt: Die Mitarbeiter haben immer seltener eine Arbeitsplatzgarantie. Auch die Unternehmen haben nur noch selten einen „Stammplatz" (*Scholz* 2003), weder auf der Wunschliste der Mitarbeiter noch als Akteure auf dem Weltmarkt. Dies lässt sich auf Dauer nicht verleugnen und auch nicht rückgängig machen, weswegen Unternehmen sich mit dieser neuen Situation arrangieren müssen. So zeigen *von der Oelsnitz*, *Stein* und *Hahmann* (2007) auf, wie die darwiportunistische Logik zum Bestehen des →War for Talents beitragen kann. Hinzu kommt als weiterer Nutzen das Lenken der Aufmerksamkeit betrieblicher Akteure auf die Eigendynamik des Wechselspiels zwischen Unternehmen und Mitarbeitern, das zwar nicht vollkommen beliebig gestaltbar, aber immerhin beeinflussbar ist.

Das Konzept wird aber auch kontrovers diskutiert, da es noch ungewohnt ist, sich mit Unternehmen und Mitarbeitern zu beschäftigen, die um ihre Stammplätze kämpfen und diesen Druck wechselseitig weiterzugeben versuchen. Dies ist nämlich der Abschied von der Illusion eines Unternehmens, das sich fürsorglich um seinen Mitarbeiter kümmert, ebenso der Abschied vom Mythos des Mitarbeiters, der allzeit loyal zu seinem Unternehmen steht.

Die *Darwiportunismus-Forschung* hat vor allem zwei Ansatzpunkte:

In der *Modelltheorie* lassen sich als theoretische Erklärungsmodelle für darwiportunistisches Verhalten primär die Transaktionskostentheorie und die Spieltheorie heranziehen. Zu klären ist beispielsweise, ob ein Nash-Gleichgewicht im „Darwiportunismus pur" existiert – dies wäre der Fall, wenn in einem „nicht-kooperativen Spiel", als das die Bildung impliziter psychologischer Kontrakte aufgefasst werden kann, kein einzelner Akteur durch einseitiges Abweichen von seiner Strategie einen Vorteil für sich erzielen und sich damit besserstellen kann – oder aber ob der Zustand eines betrieblichen Systems zwischen „Feudalismus" und „Kindergarten" oszilliert.

In der *Empirie* gilt es herauszufinden, wie die Messinstrumente für die Konstellationen im Darwiportunismus verfeinert werden können und wo sich situative Erfolgsbezüge verschiedener Konstellationen für Unternehmen (wie Gewinnsteuerung) und Mitarbeiter (wie Karrieresteuerung) ergeben. Dies wird auch im internationalen Kontext wichtig, in dem zu erwarten ist, dass es landeskulturell unterschiedliche Ausprägungsformen von und Reaktionsformen auf Darwinismus und Opportunismus gibt. Ungelöst ist auch die gesellschaftspolitische Frage nach einem sozialen Kontrakt, der Darwiportunismus in der Arbeitswelt mit anderen Lebensbereichen stimmig zusammenführt.

Literatur: *Darwin, C.H.*: The Origin of Species, 6. Aufl., London 1900. *Rousseau, D.M.*: Psychological Contracts in Organizations, Thousand Oaks etc. 1995. *Scholz, C.*: Darwiportunismus: Das neue Szenario im Berufsleben, in: Das Wirtschaftsstudium, 28. Jg. (1999), H. 10, S. 1182–1184. *Scholz, C.*: Spieler ohne Stammplatzgarantie. Darwiportunismus in der neuen Arbeitswelt, Weinheim 2003. *Simon, H.A.*: Administrative Behavior. A Study of Decision-Making Processes in Administrative Organization, 2. Aufl., New York 1957. *von der Oelsnitz, D.; Stein, V.; Hahmann, M.*: Der Talente-Krieg. Personalstrategie und Bildung im globalen Kampf um Hochqualifizierte

Volker Stein

Data Mining

nicht-trivialer Prozess, um bislang unbekannte, gültige und potenziell nützliche Muster in größeren Datenbeständen zu finden.

Grundsätzlich handelt es sich beim Data Mining um Analysemethoden, die in der Lage sind, verdeckte entscheidungsrelevante →Informationen aus Datenbanken zu gewinnen. Der Ursprung dieser Methoden liegt insbesondere in den Bereichen Statistik und Künstliche Intelligenz. Dazu existieren unterschiedliche methodische Ansätze wie die Klassifizierung, die Segmentierung, die Assoziation oder die Anomalie-Identifikation. Die Anwendung der Methoden führt jeweils zur Identifikation von „Mustern" in den Daten, die auf gewisse (Un-) Regelmäßigkeiten bezüglich eines interessierenden Sachverhaltes hinweisen.

Data Mining Algorithmen können in Bewerberdaten Muster zur (Nicht-)Einstellung von Bewerbern finden. Diese Muster bieten dann ein gewisses Interpretations- beziehungsweise Erklärungspotenzial, welche Gründe zur (Nicht-)Einstellung von Bewerbern geführt haben. Ebenso ermöglichen diese Muster, Prognosen dazu abzugeben, welcher Bewerbertypus in Zukunft (nicht) eingestellt werden wird. Generell reichert Data Mining damit die konventionell historisch-deskriptive Informationsversorgung von Entscheidungsträgern mit explikativen und prognostischen Informationen an. Data Mining weist damit auch zur Informationsversorgung des Personalmanagements umfangreiche, derzeit nur ansatzweise ausgeschöpfte Anwendungspotenziale auf.

Literatur: *Strohmeier, S.*; *Piazza, F.*: Modellgestützte Personalentscheidungen mit „Data Mining"? Eine explorative Analyse am Beispiel der Regelinduktion, in: *Kossbiel, H.*; *Spengler, T.* (Hrsg.), Modellgestützte Personalentscheidungen 9, 2005, S. 117–140.

Stefan Strohmeier

Daten

bezeichnen nach DIN 44300 Zeichen oder kontinuierliche Funktionen, die zum Zweck der Verarbeitung aufgrund von bekannten oder unterstellten Vereinbarungen →Informationen darstellen.

Personalwirtschaftlich relevante Daten können in Form von Zeichen, unbewegten und bewegten Bildern und Sprache vorliegen. Besondere personalwirtschaftliche Relevanz besitzen dabei →Personaldaten und →Arbeitsplatzdaten.

Stefan Strohmeier

Datenanalyse

statistische Aufbereitung und Auswertung empirisch erhobener oder bereits vorliegender →Daten.

Die Datenanalyse stellt sich als Teilgebiet der *Statistik* insbesondere die Aufgabe, die Ähnlichkeitsbeziehungen zwischen den Elementen einer endlichen *Objektmenge* $N = \{1,...,n\}$, die Teilmenge einer *Grundgesamtheit* von Objekten ist, zu analysieren. Erfolgt eine Beschreibung der Objekte durch ausgewählte Merkmale, dann können diese Merkmale in einer *Merkmalsmenge* $M = \{1,...,m\}$ zusammengefasst werden. Mithilfe von Methoden der Primär- beziehungsweise Sekundärforschung kann jedes Objekt i bezüglich jedem Merkmal k durch die resultierende Ausprägung a_{ik} beschrieben werden. Werden alle Ausprägungen zu einer Matrix zusammengefasst, erhält man eine *Datenmatrix A* der Form

$$A = \left(a_{ik}\right)_{n,m} = \begin{pmatrix} a_{11} & \cdots & a_{1m} \\ \vdots & & \vdots \\ a_{n1} & \cdots & a_{nm} \end{pmatrix}$$

Dabei entsprechen jeder Zeile die Ausprägungen eines Objektes bezüglich aller Merkmale und jeder Spalte die Ausprägungen eines Merkmals bei allen Objekten. Zahlreiche Methoden der Datenanalyse, wie zum Beispiel die →*Faktoren-*, →*Regressions-* oder →*Diskriminanzanalyse*, basieren unmittelbar auf der Datenmatrix, wie *Jobson* (1991) betont. Andere Verfahren, wie beispielsweise die hierarchische →*Clusteranalyse* oder die →multidimensionale Skalierung, gehen von einer *Distanzmatrix D* der Form

$$D = \left(d_{ij}\right)_{n,n} = \begin{pmatrix} d_{11} & \cdots & d_{1n} \\ \vdots & & \vdots \\ d_{n1} & \cdots & d_{nn} \end{pmatrix}$$

aus, wobei die Distanzindizes d_{ij} nach *Jobson* (1992) die Verschiedenheit von je zwei Objekten $i, j \in N$ quantifizieren. D kann entweder aus einer Datenmatrix abgeleitet oder aber direkt erhoben werden. Im ersten Fall werden aus der Datenmatrix zunächst unter Berücksichtigung der unterschiedlichen Skalentypen merkmalsweise Distanzindizes bestimmt, die

Datenanalyse

anschließend zu einem Gesamtdistanzindex geeignet zu aggregieren sind. Bei ausschließlich quantitativen Daten kommen hier meist die *City-Block-Metrik* oder die →*euklidische Distanz* zum Einsatz. Bei gemischt-skalierten Datenmatrizen stellt laut *Bausch* und *Opitz* (1993) die *linearhomogene* Aggregation der merkmalsweisen Distanzen einen möglichen Lösungsansatz dar.

Ausgehend von einer vorliegende Daten- oder Distanzmatrix können im Allgemeinen die folgenden drei zentralen *Aufgabenstellungen* der Datenanalyse unterschieden werden:

1. *Klassifikation*: Eine meist unübersichtliche Menge von Untersuchungsobjekten (z. B. Kunden, Produkte) soll in Gruppen, Typen oder Klassen so aufgeteilt werden, dass die Objekte einer Klasse möglichst ähnlich, die Objekte verschiedener Klassen möglichst unähnlich sind.

2. *Repräsentation*: Eine gegebene Menge von Untersuchungsobjekten (z. B. Produkte, Konkurrenten) soll in einem möglichst niedrig dimensionierten Raum graphisch so angeordnet werden, dass die Ähnlichkeit von Objektpaaren durch ihre räumliche Distanz möglichst gut wiedergegeben wird.

3. →*Identifikation und Prognose*: Die erhobenen Merkmale sollen auf Zusammenhänge hin untersucht werden um letztendlich aufzuzeigen, ob und gegebenenfalls wie bestimmte Merkmale durch andere Merkmale erklärt werden können. Diese Ergebnisse können dann unter anderem auch zur Prognose herangezogen werden.

Neben der eben skizzierten Einteilung der *Methoden* der Datenanalyse nach der Aufgabenstellung sind auch weitere Systematisierungen denkbar. Hinsichtlich der Anzahl der bei einem Verfahren gleichzeitig verwendeten Merkmale lassen sich die *univariate* (z. B. Lage- und Streuungsparameter einzelner Merkmale), die *bivariate* (→Zusammenhangsmaße, →Korrelationsanalyse) und die *multivariate* Datenanalyse unterscheiden. Vor allem bei den Methoden der multivariaten Datenanalyse bietet sich eine weitere Einteilung in *strukturprüfende* und *strukturentdeckende* Verfahren an. Strukturprüfende Verfahren sind dadurch gekennzeichnet, dass Zusammenhänge zwischen einzelnen Variablen, die auf sachlogischen oder theoretischen Überlegungen basieren, überprüft werden sollen. Diesem Bereich können nach *Fahrmeir* und *Hamerle* (1996) beispielsweise die Regressionsanalyse, die Varianzanalyse, die Diskriminanzanalyse, die Kontingenzanalyse und die Kausalanalyse zugeordnet werden. Demgegenüber besteht das Ziel der strukturentdeckenden Verfahren in der Entdeckung von Zusammenhängen und Strukturen in den Daten, über die der Anwender zunächst keine Vorstellungen hatte. Zu dieser Verfahrensgruppe zählen zum Beispiel die Faktorenanalyse, die multidimensionale Skalierung und die Clusteranalyse.

Insgesamt ergibt sich damit der folgende fünfstufige *Ablauf einer datenanalytischen Untersuchung*:

1. *Präzisierung und Operationalisierung des Untersuchungsziels*: Formulierung der Zielsetzung, Abgrenzung der Untersuchungsobjekte, Ableitung der datenanalytischen Aufgabenstellung.

2. *Diskussion der Datenbasis*: Auswahl der Merkmale, Festlegung des Skalenniveaus oder Charakterisierung der Objekte durch direkte Vergleiche.

3. *Datenerhebung und -erfassung*: Primär- oder Sekundärerhebung, Vollerhebung oder Teilerhebung, Datencodierung und gegebenenfalls Dateneingabe in DV-Systeme.

4. *Auswertung der Daten*: Auswahl der Verfahren zur Lösung der Aufgabenstellung.

5. *Interpretation der Ergebnisse*: Klassenstatistiken und Bezeichnungen bei Clusteranalysen, Benennung der Achsen bei Repräsentationsverfahren, Zusammenfassung signifikanter Einflussgrößen bei Identifikationsverfahren.

Zentrale *Anwendungsbereiche* der Datenanalyse sind laut *Backhaus et al.* (2003) und *Gaul* und *Baier* (1993) folgende:

- *Marktforschung*: Marktsegmentierung, Kundentypisierung, Aufdecken von Marktnischen, Ermittlung von Marktreaktionen.
- *Sozialwissenschaften*: Einstellungsanalysen, Qualifikationsprofile.
- *Volkswirtschaft*: Input-Output-Analysen zur Abgrenzung und Aggregation von Wirtschaftssektoren.
- *Medizin*: Krankheitsdiagnosen.
- *Biologie*: Zuordnung von Pflanzen oder Tieren zu Gattungen.

- *Bibliothekswesen*: Katalogisierung von Büchern.

Neuere Entwicklungen im Bereich der explorativen Datenanalyse haben den Begriff des →Data Mining geprägt, mit dem die Anwendung geeigneter und effizienter Algorithmen und Methoden zur Entdeckung von Strukturen und Beziehungen in extrem großen Datenmengen umschrieben wird. Neben den bereits aus der Datenanalyse bekannten Verfahren der Cluster-, Regressions- und Diskriminanzanalyse sind für das Data Mining vor allem die Ansätze der Neuronalen Netze, der Entscheidungsbäume sowie der neu konzipierte Ansatz der Assoziationsanalyse von Bedeutung. Bei diesen letztgenannten Methoden steht der für das Data Mining typische experimentelle Charakter im Vordergrund, der eine leistungsfähige Hard- und Software zur praktischen Umsetzung voraussetzt. Gerade hier stehen auch entsprechende Anwendungspotenziale im Bereich des Personalmanagements erst am Anfang ihrer Entwicklung.

Literatur: *Backhaus, K. et al.*: Multivariate Analysemethoden, 10. Aufl., Berlin 2003. *Bausch, T.; Opitz, O.*: PC-gestützte Datenanalyse mit Fallstudien aus der Marktforschung, München 1993. *Eckey, H.-F.; Kosfeld, R.; Rengers, M.*: Multivariate Statistik, Wiesbaden 2002. *Fahrmeir, L.; Hamerle, A.*: Multivariate statistische Verfahren, 2. Aufl., Berlin 1996. *Gaul, W.; Baier, D.*: Marktforschung und Marketing Management, München 1993. *Jobson, J. D.*: Applied Multivariate Data Analysis, New York, 1991. *Jobson, J. D.*: Applied Multivariate Data Analysis, New York 1992. *Kähler, W.-M.*: Statistische Datenanalyse: Verfahren verstehen und mit SPSS gekonnt einsetzen, 2. Aufl., Braunschweig 2002. *Litz, H. P.*: Multivariate Statistische Methoden und ihre Anwendung in den Wirtschafts- und Sozialwissenschaften, München 2000.

Udo Bankhofer

Datenbankkomponente

neben der →Methodenbankkomponente und der Ablaufsteuerung wesentlicher Bestandteil →personalwirtschaftlicher Anwendungssoftware.

Die Datenbankkomponente enthält alle →Personaldaten, →Arbeitsplatzdaten sowie sonstigen →Daten, die zur Durchführung einer personalwirtschaftlichen Funktion notwendig sind. Generell bestehen Datenbanken aus einzelnen Datensätzen, die ihrerseits aus einem Aggregat einzelner, nicht weiter zerlegbarer Datenfelder bestehen. Mit der Verwendung externer Datenbanksysteme (→Systemsoftware) wird die Datenbankkomponente allerdings zunehmend von der Anwendungssoftware separiert und ist entsprechend nicht mehr Bestandteil der Anwendungssoftware.

Stefan Strohmeier

Datenerfassungs- und -übermittlungsverordnung (DEÜV)

Meldeverfahren für die Anmeldung zur Kranken- und Rentenversicherung sowie zur *Bundesagentur für Arbeit*.

Diese Prozeduren sind einheitlich durch die DEÜV (BGBl. I 2006, 152; zuletzt geändert durch Artikel 18 des Gesetzes vom 19.12. 2007) geregelt. Sie ersetzt die vor dem Hintergrund der technischen Entwicklung nicht mehr zeitgemäßen Regelungen der →Datenerfassungsverordnung (DEVO) und der →Datenübermittlungsverordnung (DÜVO). Die bislang vorhandene Trennung in zwei Verordnungen ist aufgehoben und mit der DEÜV eine einheitliche „Verordnung über die Erfassung und Übermittlung von →Daten für die Träger der Sozialversicherung" geschaffen worden. Die DEÜV berücksichtigt die Gesetzesänderungen der letzten Jahre und andere allgemeine Änderungen wie zum Beispiel die Einführung des Euro, den Jahrtausendwechsel und das Überschreiten der seinerzeit gültigen 100.000,- DM-Grenze bei der Beitragsbemessungsgrenze.

Außerdem wurde durch die DEÜV das Meldeverfahren vereinfacht und der Verwaltungsaufwand gemindert. Die DEÜV berücksichtigt insbesondere auch den technischen Fortschritt, zum Beispiel den steigenden Einsatz der Datenübermittlung durch den Arbeitgeber an die Krankenkassen, die technischen Möglichkeiten der Datenübertragung einschließlich der aus Sicherheitsgründen erforderlichen Verschlüsselung der Daten zwischen den Weiterleitungsstellen der Krankenkassen und den Rentenversicherungsträgern sowie von und zur Bundesagentur für Arbeit.

Die DEÜV gilt unter anderem für die Meldungen aufgrund des § 28a SGB IV, des § 200 Abs. 1 SGB V, der §§ 190–194 und 281c SGB VI (§ 1 DEÜV). Die Meldungen für die jeweils beteiligten Träger der Sozialversicherung sind gemeinsam zu erstatten.

Meldepflichtig sind insbesondere die Arbeitgeber und Personen, die wie ein Arbeitgeber Beiträge aufgrund gesetzlicher Vorschriften zahlen. Der Inhalt der Meldungen ergibt sich

Datenerfassungsverordnung (DEVO)

aus § 28a SGB IV. Die Frist für die Anmeldung beträgt zwei Wochen, beziehungsweise sechs Wochen, wenn sie durch Datenübermittlung erfolgt, § 6 DEÜV. Abmeldungen müssen einheitlich innerhalb von sechs Wochen erfolgen, § 8 DEÜV. Weiterhin hat der Arbeitgeber Jahresmeldungen abzugeben, und zwar bis zum 15. 04. des Folgejahres, § 10 DEÜV. Die Meldungen können auf Meldevordrucken (§ 26 DEÜV) oder maschinell durch Datenübertragung (§§ 16 ff. DEÜV) abgegeben werden.

Der Arbeitgeber muss dem Beschäftigten mindestens einmal jährlich bis zum 30. 04. eines Jahres für alle im Vorjahr durch Datenübermittlung erstatteten Meldungen eine maschinell erstellte Bescheinigung übergeben, die inhaltlich getrennt alle gemeldeten Daten enthält. Bei Auflösung des Arbeitsverhältnisses (→Beschäftigungsverhältnis) ist die Bescheinigung unverzüglich nach Abgabe der letzten Meldung auszustellen, § 25 DEÜV. Zu beachten ist, dass die Bescheinigung auf den üblichen Lohn- und Gehaltsabrechnungen erteilt werden kann.

Literatur: *Berning, H.-J.*: Meldewesen in der Sozialversicherung, 4. Aufl., St. Augustin 2003. *Steffens, J.*: Melderverfahren in der Sozialversicherung, ZfS 2003, S. 257. Das maschinelle Melde- und Beitragsnachweisverfahren zu Sozialversicherung, Münster 2007.

Axel Benning

Datenerfassungsverordnung (DEVO)

außer Kraft getretenes Meldeverfahren für die Anmeldung zur Kranken- und Rentenversicherung sowie zur *Bundesagentur für Arbeit*.

Die Datenerfassung erfolgte aufgrund einer Datenerfassungsverordnung. Diese ist jedoch zum 01. 01. 1999 außer Kraft getreten. An deren Stelle gilt seit diesem Zeitpunkt die einheitliche →Datenerfassungs- und -übermittlungsverordnung (DEÜV), Artikel 3 der Verordnung zur Neuregelung des Meldeverfahrens in der Sozialversicherung (BGBl I 1998, 343). Durch diese Datenerfassungs- und -übermittlungsverordnung (DEÜV) wird das Nebeneinander zweier Verordnungen betreffend Erfassung (DEVO) und Übermittlung (DÜVO) von →Daten beseitigt.

Axel Benning

Datenschutz

Schutz vor Datenverarbeitung wie er im →Bundesdatenschutzgesetz (BDSG) geregelt ist.

Im Gegensatz zum Datenschutz unterliegen die erhobenen →Daten dem Schutz vor Veränderung beziehungsweise Zerstörung. Dies fällt nach *Scholz* (2000) jedoch unter den Begriff →Datensicherheit.

Der Schutz vor Datenverarbeitung ist der klassische Datenschutzbegriff. Datenschutz wird stets im Hinblick auf Entscheidungsprozesse gefordert, die den Autonomiebereich (→Autonomie) des Einzelnen tangieren. Gerade die Möglichkeiten heutiger Computertechnologie, die es erlaubt, zahlreiche Daten zu sammeln und mit nahezu unbegrenzten Verknüpfungsmöglichkeiten auszuwerten, erfordern laut *Gola* und *Schomerus* (2005) (BDSG, Einleitung Rn. 2) einen besonderen Schutz des Einzelnen vor missbräuchlicher Verwendung seiner Daten. Dieser Schutz ist verfassungsrechtlich durch das Recht auf informationelle →Selbstbestimmung als besondere Ausprägung des allgemeinen Persönlichkeitsrechts (Art. 2 Abs. 1 GG) garantiert (*Gola* und *Schomerus* 2005, BDSG § 1 Rn. 10). Diese Form des Datenschutzes wird durch besondere Gesetze wie das →Bundesdatenschutzgesetz und die Landesdatenschutzgesetze garantiert. Daten im Sinne des Datenschutzes müssen aber in einer bestimmten Beziehung zu Entscheidungsprozessen stehen. Deshalb handelt es sich bei Daten im Sinne des Datenschutzgesetzes nicht um Programmbefehle, sondern nur um diejenigen Informationen, die als Grundlage für bestimmte Entscheidungen dienen, also nur um Daten, aus denen Informationen gewonnen werden können (*Gola* und *Schomerus* 2005, BDSG § 3 Rn. 4, *Scholz* 2000).

Darüber hinaus haben →Arbeitnehmer ein besonderes Schutzbedürfnis (→Motiv) vor der unbeschränkten Nutzung von technischen Einrichtungen, die ihrer Überwachung dienen. Die Einführung und Anwendung derartiger Einrichtungen bedarf der →Mitbestimmung des →Betriebsrats (§ 87 Abs. 1 Nr. 6 BetrVG). Über den Wortlaut der Vorschrift hinaus sind nicht nur Anlagen, die der Überwachung dienen, wie zum Beispiel eine Stechuhr oder ein Fahrtenschreiber, mitbestimmungspflichtig, sondern laut *Steckler* und *Schmidt* (2004) auch solche, die unabhängig von der konkreten Zweckbestimmung objektiv dazu geeignet sind, wie etwa Telefonanlagen, die Anzahl und Dauer von Gesprächen mitprotokollieren, auch wenn diese Funktion nicht genutzt werden soll.

Literatur: *Gola, P.; Schomerus, R.*: Bundesdatenschutzgesetz, 8. Aufl., München 2005. *Scholz, C.*: Personalmanagement, 5. Aufl., München 2000. *Steckler, B.; Schmidt, C.*: Arbeitsrecht und Sozialversicherung, 6. Aufl., Ludwigshafen 2004.

Axel Benning

Datenschutzbeauftragter

Person, dessen Bestellung sich aus § 4f des →Bundesdatenschutzgesetzes (BDSG) ableitet.

Nicht-öffentliche Stellen sind von der Bestellung eines Datenschutzbeauftragten befreit, wenn sie nicht mehr als neun →Arbeitnehmer mit der automatisierten Verarbeitung →personenbezogener Daten beschäftigen (§ 41 Abs. 1 S. 4 BDSG). Diese Privilegierung gilt allerdings dann nicht, wenn nicht-öffentliche Stellen automatisierte Verarbeitungen vornehmen, die einer Vorabkontrolle (§ 4d Abs. 5 BDSG) unterliegen oder personenbezogene Daten geschäftsmäßig zum Zweck der Übermittlung oder der anonymisierten Übermittlung automatisiert verarbeitet werden (§ 4f. Abs. 5 BDSG). In diesem Fall hat die nicht-öffentliche Stelle unabhängig von der Anzahl der Arbeitnehmer einen Datenschutzbeauftragten zu bestellen (§ 4f. Abs. 1 S. 6 BDSG). Eine Vorabkontrolle ist insbesondere dann durchzuführen, soweit automatisierte Vorbereitungen besondere Risiken für die Rechte und Freiheiten der Betroffenen aufweisen (§ 4d Abs. 5 Nr. 1 BDSG). Hierbei handelt es sich um Angaben über die rassische und ethnische Herkunft, politische Meinungen, religiöse oder philosophische Überzeugungen, Gewerkschaftszugehörigkeit, Gesundheit oder Sexualleben (§ 3 Abs. 9 BDSG). Ferner ist eine Vorabkontrolle erforderlich, wenn die Verarbeitung personenbezogener Daten dazu bestimmt ist, die Persönlichkeit des Betroffenen zu bewerten einschließlich seiner Fähigkeiten, seiner Leistung oder seines Verhaltens (§ 4d Abs. 5 Nr. 2 BDSG).

Die Bestellung muss in jedem Fall schriftlich erfolgen (§ 4f Abs. 1 BDSG). Zum Datenschutzbeauftragten darf nur bestellt werden, wer die zur Erfüllung seiner Aufgaben erforderliche Fachkunde und Zuverlässigkeit besitzt (§ 4f. Abs. 2 BDSG). Danach muss der Datenschutzbeauftragte über ein Mindestmaß an Rechtskenntnissen über das BDSG sowie über die bereichsspezifischen Datenschutzvorschriften verfügen. Außerdem ist ein Mindestmaß an technischem Wissen über die eingesetzten Organisationsmittel wie Karteien, Erfassungsbelege, Art der Datenträger und Datenverarbeitungsanlagen sowie der Datensicherungstechniken erforderlich. Schließlich muss nach *Koitz* (2002) und *Steckler* und *Schmidt* (2004) der Datenschutzbeauftragte Kenntnisse (→Qualifikation) über die Organisation des Unternehmens, insbesondere der Personalführung (→Mitarbeiterführung), der Schulung von Mitarbeitern und deren Auswahl im Aufgabenbereich der Verarbeitung personenbezogener Daten besitzen. Es ist laut *Gola* und *Schomerus* (BDSG §4 f. Rn. 18) dagegen nicht notwendig, dass der Datenschutzbeauftragte aus dem eigenen Unternehmen stammt. Vielmehr ist es auch möglich, eine Person außerhalb der →verantwortlichen Stelle damit zu betrauen (§ 4 f. Abs. 2 Satz 2 BDSG).

Der Datenschutzbeauftragte ist in Ausübung seiner Fachkunde auf dem Gebiet des Datenschutzes keinerlei Weisungen unterworfen und darf wegen der Erfüllung seiner Aufgaben nicht benachteiligt werden (§ 4 f. Abs. 3 BDSG). Er ist dem Leiter der verantwortlichen Stelle – wie *Steckler* und *Schmidt* (2004) ausführen, dem Betriebsinhaber, Geschäftsführer, Vorstand oder ähnlichen – unmittelbar zu unterstellen (§ 4 f. Abs. 3 BDSG). Wegen möglicher Interessenkollisionen kommen deshalb Mitglieder der Geschäftsleitung, EDV-Leiter, Personalleiter, Marketingleiter, Sicherheitsingenieure und der Leiter der Revisionsabteilung als Datenschutzbeauftragte nicht in Betracht. Aufgrund seiner Stellung ist der Datenschutzbeauftragte nach *Steckler* und *Schmidt* (2004) auch nicht als →leitender Angestellter anzusehen, weil der Schutz und die Kontrolle bei der Verarbeitung personenbezogener Daten im Betrieb keine unternehmerische Tätigkeit ist. Deshalb gelten für ihn die Vorschriften des Kündigungsschutzgesetzes, soweit es auf den Betrieb anwendbar ist (§§ 1, 23 KSchG).

Der Datenschutzbeauftragte ist zur Verschwiegenheit über die Identität des Betroffenen sowie über Umstände, die Rückschlüsse auf den Betroffenen zulassen, verpflichtet, soweit er davon nicht durch den Betroffenen befreit wird (§ 4 f. Abs. 4 BDSG).

Das Unternehmen hat den Datenschutzbeauftragten bei der Erfüllung seiner Aufgaben zu

Datensicherheit

unterstützen. Es muss ihm Hilfspersonal sowie Räume, Einrichtungen, Geräte und Mittel zur Verfügung stellen, soweit dies zur Erfüllung seiner Aufgaben erforderlich ist. Betroffene haben jederzeit die Möglichkeit, sich an den Datenschutzbeauftragten zu wenden (§ 4f. Abs. 5 BDSG).

Die *Aufgaben* des Datenschutzbeauftragten ergeben sich aus § 4g BDSG. Danach wirkt er auf die Einhaltung des BDSG und anderer Vorschriften über den →Datenschutz hin. In Zweifelsfällen kann er sich an die für die Datenschutzkontrolle zuständige Behörde (§ 38 BDSG) wenden (§ 4g Abs. 1 BDSG). Er hat insbesondere die ordnungsgemäße Anwendung der Datenverarbeitungsprogramme, mit deren Hilfe personenbezogene Daten verarbeitet werden sollen, zu überwachen. Deshalb ist er über Vorhaben der automatisierten Verarbeitung personenbezogener Daten rechtzeitig zu unterrichten (§ 4g Abs. 1 Nr. 1 BDSG). Außerdem hat der Datenschutzbeauftragte die bei der Verarbeitung personenbezogener Daten tätigen Personen durch geeignete Maßnahmen mit den Vorschriften der Datenschutzgesetze und mit den jeweiligen besonderen Erfordernissen des Datenschutzes vertraut zu machen (§ 4g Abs. 1 Nr. 2 BDSG). Zur Erfüllung dieser Aufgaben ist ihm von der verantwortlichen Stelle eine Übersicht zur Verfügung zu stellen, welche die eingesetzten Verfahren der automatisierten Verarbeitung personenbezogener Daten und den darin enthaltenen Angaben gemäß § 4e BDSG sowie die zugriffsberechtigten Personen enthält. Dies gilt auch dann, wenn die Meldepflicht gemäß § 4d Abs. 2 BDSG entfällt (§ 4g Abs. 2 BDSG).

Die Bestellung zum Datenschutzbeauftragten kann in entsprechender Anwendung des § 626 BGB, bei nicht-öffentlichen Stellen auch auf Verlangen der Aufsichtsbehörden, widerrufen werden (§ 4g Abs.3 S. 4 BDSG). Das bedeutet, dass ein Widerruf durch die verantwortliche Stelle nur möglich ist, wenn ein wichtiger Grund im Sinne des § 626 BGB vorliegt. Das ist immer dann der Fall, wenn Tatsachen vorliegen, aufgrund derer ein sofortiger Widerruf der Bestellung gerechtfertigt ist. Ein Beispiel hierfür ist die ungenügende Erledigung der durch das Gesetz (§ 4g DSG) vorgeschriebenen Aufgaben.

Der Datenschutzbeauftragte wird von den Aufsichtsbehörden überwacht (§ 38 BDSG). Die jeweils zuständige Aufsichtsbehörde wird von den Landesregierungen oder den von ihnen ermächtigten Stellen bestimmt (§ 38 Abs. 6 BDSG).

Literatur: *Gola, P.; Schomerus, R..*: Bundesdatenschutzgesetz, 8. Aufl., München 2005. *Koitz, R.*: Informatikrecht, Berlin etc. 2002. *Steckler, B.; Schmidt, C.*: Arbeitsrecht und Sozialversicherung, 6. Aufl., Ludwigshafen 2004.

Axel Benning

Datensicherheit

Schutz von →Daten gegen unbefugten Zugriff, Veränderung oder Zerstörung, mithin vor Beeinträchtigung und Missbrauch (*Gola* und *Schomerus*, BDSG § 9 Rn. 2).

Mit den Maßnahmen der Datensicherheit soll erreicht werden, dass der Zugriff der Daten nur berechtigten Personen möglich ist. Ferner sollen die Daten vor unerwünschter oder unberechtigter Bearbeitung geschützt werden. Auch muss gewährleistet sein, dass die Daten bei der Verarbeitung nicht gefälscht werden. Schließlich dürfen sie auch nicht reproduzierbar sein. Datensicherheit betrifft laut *Koitz* (2002) also den organisatorischen Aufgabenbereich zur Erhaltung der Datenbestände und ihrer Sicherung gegen Missbrauch und Beeinträchtigung (*Gola* und *Schomerus*, BDSG § 1 Rn. 6). Im Gegensatz dazu steht der Begriff des →Datenschutzes. Hierunter versteht man den Schutz vor Datenverarbeitung. Es handelt sich hierbei um das Recht auf informationelle →Selbstbestimmung als Bestandteil des allgemeinen Persönlichkeitsrechts (Art. 2 Abs. 1GG).

Der Schutz der Daten vor Veränderung oder Zerstörung wird durch besondere Gesetze gewährleistet.

Zu nennen ist zunächst das *Signaturgesetz*, welches durch besondere Verschlüsselungsverfahren sicherstellen soll, dass ein elektronisch übertragenes Dokument auch tatsächlich von dem stammt, der als Absender genannt ist und auch nicht verändert worden ist.

Ferner dient § 9 BDSG dem Schutz der Daten, der besagt, dass öffentliche und nicht-öffentliche Stellen, die selbst oder im Auftrag →personenbezogene Daten erheben, verarbeiten oder nutzen erforderliche technische und organisatorische Maßnahmen zur Datensicherheit zu treffen haben (§ 9 S. 1 BDSG). Die einzelnen Maßnahmen sind in der Anlage zu § 9 Satz 1 BDSG genannt. Dort heißt es, dass insbesondere Maßnahmen zu treffen sind, die nach der Art der zu schützenden personenbezogenen Daten oder Datenkategorien geeignet sind. Es sind acht Maßnahmen zu unterscheiden:

1. *Zutrittskontrolle*: Dient dazu, Unbefugten den Zutritt zu Datenverarbeitungsanlagen, mit denen personenbezogene Daten verarbeitet oder genutzt werden, zu verwehren (Nr. 1 der Anlage zu § 9 BDSG).
2. *Zugangskontrolle*: Verhindert, dass Datenverarbeitungssysteme von Unbefugten genutzt werden können (Nr. 2 der Anlage zu § 9 BDSG).
3. *Zugriffskontrolle*: Gewährleistet, dass die zur Benutzung eines Datenverarbeitungssystems Berechtigten ausschließlich auf die ihrer Zugriffsberechtigung unterliegenden Daten zugreifen können, und dass personenbezogene Daten bei der Verarbeitung, Nutzung und nach der Speicherung nicht unbefugt gelesen, kopiert, verändert oder entfernt werden können (Nr. 3 der Anlage zu § 9 BDSG).
4. *Weitergabekontrolle*: Gewährleistet, dass personenbezogene Daten bei der elektronischen Übertragung oder während ihres Transports oder ihrer Speicherung auf Datenträger nicht unbefugt gelesen, kopiert, verändert oder entfernt werden können, und dass überprüft und festgestellt werden kann, an welche Stellen eine Übermittlung personenbezogener Daten durch Einrichtungen zur Datenübertragung vorgesehen ist (Nr. 4 der Anlage zu § 9 BDSG).
5. *Eingabekontrolle*: Gewährleistet, dass nachträglich überprüft und festgestellt werden kann, ob und von wem personenbezogene Daten in Datenverarbeitungssysteme eingegeben, verändert oder entfernt worden sind (Nr. 5 der Analge zu § 9 BDSG).
6. *Auftragskontrolle*: Stellt sicher, dass personenbezogene Daten, die im Auftrag verarbeitet werden, nur entsprechend den Weisungen des Auftraggebers verarbeitet werden können (Nr. 6 der Anlage zu § 9 BDSG).
7. *Verfügbarkeitskontrolle*: Gewährleistet, dass personenbezogene Daten gegen zufällige Zerstörung oder Verlust geschützt sind (Nr. 7 der Anlage zu § 9 BDSG).
8. Zu gewährleisten, dass zu unterschiedlichen Zwecken erhobene Daten getrennt verarbeitet werden können (Nr. 8 der Anlage zu § 9 BDSG).

Ferner existieren besondere Vorschriften zur Datensicherheit im Strafgesetzbuch. Es handelt sich insbesondere um die Tatbestände der Datenveränderung (§ 303a StGB) und der Computersabotage (§ 303b StGB).

Literatur: *Gola, P.*; *Schomerus, R.*: Bundesdatenschutzgesetz, 8. Aufl., München 2005. *Koitz, R.*: Informatikrecht, Berlin etc. 2002.

Axel Benning

Datenübermittlungsverordnung (DÜVO)

außer Kraft getretenes Meldeverfahren für die Anmeldung zur Kranken- und Rentenversicherung sowie zur Bundesagentur für Arbeit.

Die Datenübermittlung erfolgte aufgrund einer Datenübermittlungsverordnung. Diese ist jedoch zum 01. 01. 1999 außer Kraft getreten. An deren Stelle gilt seit diesem Zeitpunkt die einheitliche →Datenerfassungs- und -übermittlungsverordnung (DEÜV), vergleiche Datenerfassungs- und -übermittlungsverordnung in der Fassung der Bekanntmachung vom 23. 01. 2006 (BGBl I S. 152). Zuletzt geändert durch Artikel 18 des Gesetzes vom 19. 12. 2007 (BGBl I S. 3024).

Axel Benning

Datenverarbeitungsrecht

alle Rechtsgebiete beziehungsweise -probleme, die sich mit der Datenverarbeitung befassen.

Durch das Datenverarbeitungsrecht werden nahezu alle herkömmlichen Rechtsgebiete wie Zivilrecht, Strafrecht und öffentliches Recht, berührt. Mit zunehmender Entwicklung der Datenverarbeitung haben sich Gebiete herauskristallisiert, die nunmehr zum „klassischen" Datenverarbeitungsrecht zählen. Nach *Scholz* (2000) ist eines dieser Gebiete das Datenschutzrecht, hier insbesondere das →Bundesdatenschutzgesetz (BDSG), welches den Schutz vor der unzulässigen Verarbeitung →personenbezogener Daten gewährleistet (§ 4 Abs. 1 BDSG). Aber auch Fragen der Datenübermittlung zählen dazu. Schließlich beinhaltet das Datenverarbeitungsrecht auch alle Rechtsfragen, die sich mit der →Datensicherheit, das heißt dem Schutz der erhobenen →Daten befassen.

Im Personalwesen ist laut *Scholz* (2000) insbesondere im Zusammenhang mit Personalinformationssystemen das Datenschutzrecht von Bedeutung.

Literatur: *Scholz, C.*: Personalmanagement, 5. Aufl., München 2000.

Axel Benning

Decision Support Systeme (DSS) →Entscheidungsunterstützende Systeme (EWS)

Deckungsbeitragsrechnung

Variante der Teilkostenrechnung, die auf dem objektbezogenen Vergleich von Verkaufspreisen und variablen Kosten basiert.

Der *Deckungsbeitrag* ist der Überschuss einer Erlösgröße über denjenigen Kosten, die dieser eindeutig gegenübergestellt werden können. Er zeigt folglich den Betrag an, den ein Produkt zur Deckung der Fixkosten und zur Erzielung eines Gewinns leistet. Er findet als Entscheidungsgrundlage Eingang in Systeme der Teilkostenrechnung, zum Beispiel des →Direct Costing.

Der *Stückdeckungsbeitrag* errechnet sich üblicherweise aus der Differenz von Stückpreis und variablen Stückkosten. Multipliziert man diesen mit der Absatzmenge des betrachteten Produkts, erhält man den Gesamtdeckungsbeitrag, also die Summe, die zur Fixkostendeckung zur Verfügung steht.

Neben der klassischen Deckungsbeitragsrechnung kann der Vergleich auch relative Werte umfassen, das heißt relative Preise zu relativen variablen Kosten.

Ziel der Deckungsbeitragsrechnung ist die Ermittlung des Betrags, der zur Fixkostendeckung zur Verfügung steht. Während in der *einstufigen Deckungsbeitragsrechnung* keine Differenzierung der Fixkosten stattfindet, wird in der *mehrstufigen Deckungsbeitragsrechnung* der Versuch unternommen, Fixkosten auf unterschiedlichen Ebenen zu ermitteln, also nicht nur auf der Produktebene, sondern auch bezogen auf Produktgruppen, Produktionsbereiche, Divisionen oder das Gesamtunternehmen. Diese Variante gewährt differenziertere Informationen für eine Entscheidungsgrundlage. Insbesondere bei Engpässen im Leistungserstellungsprozess geben spezifische Deckungsbeiträge Aufschluss darüber, welche Produkte sich am besten zur Fixkostendeckung eignen (*Coenenberg* 1999).

Da die →Personalkosten typischerweise zu den Fixkosten zählen, tragen die Deckungsbeiträge auch zu deren Deckung bei.

Literatur: *Coenenberg, A. G.*: Kostenrechnung und Kostenanalyse, 4. Aufl., Landsberg/Lech 1999. *Wöhe, G.*: Einführung in die ABWL, 22. Aufl., München 2005, S. 387, 1126.

Silvia Föhr

Delegation

Übertragung von Aufgaben, Befugnissen und Verantwortlichkeiten an Andere, in der Regel an Mitglieder der nachgelagerten Ebene (syn.: vertikale →Dezentralisierung der Entscheidungskompetenz).

In der tayloristischen Arbeitswelt beschränkte sich Delegation auf *Übertragung von Aufgaben* beziehungsweise *Tätigkeiten* (→Scientific Management). Heute beinhaltet Delegation darüber hinaus gleichzeitig auch die Übertragung von notwendigen sachlichen, personellen und finanziellen →*Kompetenzen* (= Rechten und Befugnissen) sowie von →*Verantwortung* für die sach- und termingerechte Erfüllung der Aufgabe.

Im Rahmen der Delegation entscheiden und handeln Beschäftigte in einem mehr oder weniger fest umgrenzten Aufgabenbereich selbstständig, müssen dann aber auch ihre Entscheidungen und Handlungen verantworten. Für die Übernahme der Verantwortung müssen einige Voraussetzungen erfüllt werden:

– Beschäftigte müssen systematisch informiert werden,

– sie müssen ausreichende Fachkenntnisse und Berufserfahrung haben und

– Befugnisse und Verantwortung müssen klar festgelegt werden.

Die letzte Verantwortung für die zielentsprechende Aufgabenerledigung bleibt stets bei den →Führungskräften. Insofern werden lediglich Befugnisse übertragen. Führungsverantwortung ist nicht delegierbar.

Ziel der Delegation ist vor allem die Reduktion der →Komplexität von Aufgaben der Führungskräfte durch ihre Entlastung im operativen Bereich. Grundsätzlich ist durch Delegation eine Steigerung der →Motivation der Beschäftigten zu erwarten, da damit ihr Bedürfnis (→Motiv) nach Selbstverwirklichung (→Selbstverwirklichungsbedürfnis) angesprochen wird. Das eigenverantwortliche Handeln bringt eine höhere →Arbeitszufriedenheit und →Identifikation mit der Aufgabe mit sich. Ihre Kompetenzen können sich in weiten Facetten entwickeln, da intensivere

Nutzung von →Wissen und Fähigkeiten, Denken in Zusammenhängen und kontinuierliches →Lernen gefördert werden.

In der Fachliteratur, wie beispielsweise bei *Kick* (1992) und *Sydow* (1989), herrscht ein prinzipieller Konsens über die grundsätzliche Notwendigkeit von Delegation. Was stärker diskutiert wird, sind das Ausmaß der Delegation (→Arbeitskraftunternehmer) sowie die notwendigen Voraussetzungen.

Zusammen mit der →Destandardisierung von Lösungen ist die Delegation von Handlungs- und Entscheidungsspielräumen als Übergang von der Fremdbestimmung zur →Selbstbestimmung des Einzelnen ein wesentlicher Aspekt der →Individualisierung.

Literatur: *Kick, T.*: Individuelles Lebensarbeitszeitmanagement, Frankfurt a. M. 1992. *Sydow, J.*: Individualisierung der Arbeitsorganisation? Das Beispiel der individualisierten Datenverarbeitung, in: *Drumm, H.J.* (Hrsg.): Individualisierung der Personalwirtschaft, Stuttgart 1989, S. 83–96. *Hornberger, S.*: Individualisierung in der Arbeitswelt aus arbeitswissenschaftlicher Sicht, Frankfurt a. M. 2006, S. 41

Sonia Hornberger

Deming Prize

jährlich von der *Union of Japanese Scientists and Engineers* (JUSE) vergebener Preis für →Organisationen, die ihre Leistung durch unternehmensübergreifende Qualitätskontrollen erheblich verbessern konnten.

Der Deming Prize, der 1951 zum Andenken an die von *William Edwards Deming* in Japan geleistete Arbeit zur Qualitätssteigerung gestiftet wurde, ist die älteste Auszeichnung für Organisationen mit umfassendem Qualitätsverständnis. Er ist Vorreiter für andere heute existierende Qualitätsauszeichnungen, wie der amerikanische →Malcolm Baldrige National Quality Award oder der europäische →EFQM Excellence Award.

Der Deming Prize wird an japanische oder ausländische Organisationen in den *Kategorien*

– *Deming Prize for Individuals* (an Einzelpersonen),

– *Deming Application Prize* (an Unternehmen allgemein, an Kleinbetriebe, an Bereiche eines größeren Unternehmens, an ausländische Firmen),

– *Quality Control Award for Factories* (an Unternehmen) sowie

– *Japan Quality Medal* (seit 1969 an Unternehmen, die vor mindestens fünf Jahren bereits den Deming Application Prize gewonnen haben, aber ihr Qualitätsengagement nochmals deutlich verbessert haben)

vergeben.

Kamiske und *Brauer* (2006) erläutern die für den Deming Prize zugrunde gelegten zehn Hauptkriterien, zu denen jeweils eine Checkliste existiert: Bewertet werden

– die *Unternehmenspolitik* in ihrer Ausrichtung auf Qualität,

– die *Organisation* im Hinblick auf ihre Angemessenheit,

– der interne und externe Umgang mit *Information*,

– das Vorgehen und Ausmaß von *Standardisierung* und *Normung*,

– die →*Personalentwicklung* hinsichtlich einer an Qualität orientierten Aus- und Weiterbildung,

– die *Qualitätssicherungsaktivitäten* in allen operativen Prozessen,

– die *Steuerung, Überwachung* und *Regelung* der Qualitätsaktivitäten,

– die *Verbesserungsaktivitäten* im Hinblick auf Qualität,

– die *Ergebnisse* in finanzieller und nichtfinanzieller Hinsicht sowie

– die *Zukunftsplanung* der Organisation.

Ein *Bewertungskomitee* kann insgesamt 100 Punkte vergeben. Alle Bewerber, die mindestens 70 Punkte erzielt haben, werden ausgezeichnet, so dass, im Gegensatz zu vielen anderen Qualitätspreisen, die Anzahl der Preisträger beim Deming Prize nicht begrenzt ist. Bewerber, die die Mindestpunktzahl insgesamt nicht erreicht haben, können sich im folgenden Jahr erneut um den Deming Prize bewerben. Bei ihnen werden dann nur diejenigen Kriterien geprüft, in denen die erforderliche Punktzahl im Vorjahr nicht erreicht wurde.

Literatur: *JUSE* (Hrsg.): The Deming Prize Guide, Tokyo 2007. *Kamiske, G. F.; Brauer, J.-P.*: Qualitätsmanagement von A-Z, 5. Aufl., München 2006.

Matthias Tomenendal

Demographie →Bevölkerungsentwicklung

Demotivation

emotionaler Zustand, in dem ein Antrieb zum Handeln fehlt.

Im Gegensatz zum Zustand der →Motivation sieht die Person keine Möglichkeit, ein aktuelles Bedürfnis (→Motiv) zu befriedigen. Demotivation drückt sich nach *Wunderer* und *Küpers* (2003) in einer Einstellung aus, in der Potenziale, Leistungen oder Beziehungen des Arbeitslebens grundsätzlich negativ bewertet werden.

Demotivation kann ein individueller oder ein kollektiver Zustand sein und dann die Einstellungen einer ganzen →Gruppe, Abteilung oder Organisation kennzeichnen. Kollektive Demotivation lässt sich an verschiedenen äußeren Verhaltensmerkmalen erkennen. Dazu zählen beispielsweise Empfangs- und Umgangsformen im Unternehmen, die Gestaltung des eigenen Arbeitsplatzes, die Art und Weise, wie über andere Personen gesprochen wird, sowie Gerüchte, Anekdoten oder Witze, die im Umlauf sind.

Demotivation kann Ausdruck fehlender Motive oder das Ergebnis frustrierter Motivation (→Frustration) sein. In beiden Fällen erlebt sich die demotivierte Person als handlungsunfähig und einer unerwünschten Situation ausgeliefert. Im Einzelnen lassen sich fünf Ursachen für Demotivation unterscheiden:

1. *Unsicherheit* über die Zukunft des eigenen Arbeitsplatzes und die damit verbundenen Aufgaben, über die Erwartungen von Vorgesetzten, Kollegen oder Mitarbeitern, über die eigenen Fähigkeiten und Entscheidungsspielräume (→Sicherheitsbedürfnis).
2. *Isolation* aufgrund von Konflikten mit wichtigen Bezugspersonen (z. B. Vorgesetzte oder Kollegen), fehlender Unterstützung in Krisensituationen, geringem Teamzusammenhalt, ausgeprägter interner Konkurrenz oder schwacher Unternehmenskultur (→Organisationskultur, →Zugehörigkeitsbedürfnis).
3. *Fehlende Anerkennung* der eigenen Leistung oder des in Anspruch genommenen Status durch Vorgesetzte, Kollegen, Mitarbeiter oder Kooperationspartner, fehlende materielle oder immaterielle Leistungsentgelte der Organisation (→Anerkennungsbedürfnis).
4. *Fremdbestimmung* (→Selbstbestimmung) durch fehlende Entscheidungsfreiräume, ständige →Kontrolle, die konstante Wahrnehmung, in der Erreichung der eigenen Ziele von anderen abhängig zu sein (→Entfremdung).
5. *Persönliche Zurücksetzung* durch →Mobbing oder das Gefühl (→Emotionalität), gegenüber anderen Personen finanziell oder in den Entwicklungschancen benachteiligt zu werden (→Lohngerechtigkeitstheorie).

Demotivation kann durch die betroffene Person selbst beseitigt werden, wenn sie sich gegen die belastenden Arbeitsbedingungen auflehnt und sie verändert oder ganz verlässt. Sie kann aber auch durch die Organisation als gezielte →Remotivierung aufgefangen werden.

Literatur: *Wunderer, R.; Küpers, W.*: Demotivation – Remotivation, Neuwied 2003.

Markus Gmür

Deregulierung

bezieht sich (hier) auf den →Arbeitsmarkt und liegt dann vor, wenn eine Politik der Marktöffnung für den Arbeitsmarkt betrieben wird.

Bei der Deregulierung des Arbeitsmarktes reduziert der Staat bestimmte im Vorfeld vorgenommene Regulierungen, um eine höhere →Flexibilität im Arbeitsmarkt zu erreichen. Eine höhere Flexibilität kann wie in den letzten Jahren in Deutschland praktiziert etwa über eine Lockerung von *arbeitsrechtlichen* (z. B. →Kündigungsschutz, →befristete Beschäftigungsverhältnisse, →Zeitarbeit) und *tarifvertraglichen Regelungen* erreicht werden. Eine Deregulierung wird nach *Sesselmeier* (2004) dann erforderlich, wenn verkrustete Strukturen aufgebrochen werden sollen, die den Wettbewerb innerhalb und zwischen Wirtschaftsystemen (Anpassungsflexibilität, →Arbeitskosten), aber auch innerhalb des →Arbeitsmarktes (Insider-Outsider-Problematik) gefährden.

Als *Folge* einer zu starken Regulierung kann ein zu ausgeprägter Kündigungsschutz die Arbeitskosten erhöhen und so den Beschäftigungsaufbau in der Expansionsphase in bestimmten Segmenten der Wirtschaft behindern. Darüber hinaus können Entlassungskosten (→Entlassung) in Phasen des konjunkturellen Abschwungs die bestehenden →Beschäftigungsverhältnisse stabilisieren und erforderliche Personalanpassungen verhindern.

Die Rolle des gegenwärtigen →Arbeitsrechts für personalwirtschaftliche Entscheidungen erweist sich laut *Schramm* und *Zachert* (2005) dabei jedoch als weitaus vielschichtiger und auch schwächer als es einfache Marktmodelle nahelegen.

Literatur: *Rogowski, R.*; *Wilthagen, T.*: Deregulierung und Regulierung von Übergangsmärkten, in: WSI Mitteilungen, (2004), H. 3, S. 153–158. *Schramm, F.*; *Zachert, U.* (Hrsg.): Arbeitsrecht – Personalpolitik – Wirklichkeit, Baden-Baden 2005. *Sesselmeier, W.*: Deregulierung und Regulierung der Arbeitsmärkte im Lichte der Insider-Outsider-Theorie, in: WSI Mitteilungen, (2004), H. 6, S. 125–131.

Florian Schramm

Desk Sharing

Form der räumlichen →Organisation eines →flexiblen Arbeitsortes, bei der sich ein Mitarbeiter einen Schreibtisch beziehungsweise ein Büro mit anderen „mobilen" Kollegen teilt.

Wenn ein erheblicher Anteil an Beschäftigten zum Beispiel in →Telearbeit arbeitet und dadurch nur zeitweise in der Betriebsstätte anwesend ist, werden Arbeitsplätze eingerichtet, die temporär und abwechselnd von mehreren Personen genutzt werden können. Beim *Desk Sharing* gibt es daher weniger Arbeitsplätze als Beschäftigte, so dass Mitarbeiter nicht mehr einen ihnen exklusiv zugewiesenen persönlichen Arbeitsplatz haben.

Die Hauptmotivation der Unternehmen für Desk Sharing ist die Einsparung von Büroraum- und -ausstattungskosten. In manchen Unternehmen werden aber Teile der frei werdenden Flächen zum Beispiel als Diskussions- und Gemeinschaftsräume genutzt. Mögliche negative Folgen dieser Raumorganisation bestehen in einer Verringerung der →Identifikation der Beschäftigten mit dem Unternehmen, da die Bedürfnisse (→Motiv) nach Identifizierbarkeit, nach Individualität und nach persönlicher Entfaltung der Beschäftigten durch Wegfall eines definierten und erkennbaren Territoriums vernachlässigt werden.

In der Praxis ist Desk Sharing schwerpunktmäßig in Unternehmen mit einem hohen Anteil an Telearbeitsplätzen oder an Beschäftigten im Außendienst zu finden, so zum Beispiel bei Beratungsunternehmen.

Literatur: *Hornberger, S.*: Individualisierung in der Arbeitswelt aus arbeitswissenschaftlicher Sicht, Frankfurt a. M. 2006, S. 56

Sonia Hornberger

Deskilling

eher selten verwendeter Begriff für den Qualifikationsabbau oder die Reduzierung des Wertes einer →Stelle (dt.: Qualifikationsrückgang).

Dies führt zu einer Minderung der Bedeutung eines Arbeitsplatzes innerhalb eines Unternehmens. Üblicherweise findet in der Folge eine Gehaltsreduzierung statt. Diese erfolgt für den Teil der →Kompensation, der sich aus dem Stellenwert ableitet. Es handelt sich nicht um eine Abqualifizierung des Stelleninhabers.

Laila Maja Hofmann

Destandardisierung

Übergang von generalisierten (Standard-)Lösungen hin zu individuenbezogenen personalwirtschaftlichen Gestaltungsalternativen.

Bei der Destandardisierung handelt es sich um die Möglichkeit zur Schaffung verschiedener Arrangements bezüglich der Arbeitsbedingungen in Abhängigkeit von inter- und intraindividuell unterschiedlichen Situationen, Ressourcen und/oder Bedürfnissen (→Motiv) sowie in Abhängigkeit von ihren Schwankungen beziehungsweise Wandlungen. Solche Arrangements betreffen vor allem →Arbeitszeit, Arbeitsort, aber auch →Sozialleistungen sowie manche Aspekte der →Personalentwicklung und Führung (→Individualisierung).

Der *Destandardisierungsgrad* gibt das Maß des Wegfalls von generalisierten beziehungsweise standardisierten Lösungen wieder, von Standardlösungen über ihre →Differenzierung bis hin zur Individualisierung.

Auf der gesellschaftlichen Ebene ist Destandardisierung zum Beispiel in der Enttraditionalisierung der Lebensverläufe (→Patchwork-Biographie) oder im Rückgang der →Normalarbeitsverhältnisse zu beobachten.

Während die →Delegation den Führungsaspekt der personalwirtschaftlichen Individualisierung beschreibt, stellt die Destandardisierung von Regelungen ihren arbeitsorganisationalen Aspekt (→Arbeitsorganisation) dar.

Literatur: *Hornberger, S.*: Individualisierung in der Arbeitswelt aus arbeitswissenschaftlicher Sicht, Frankfurt a. M. 2006, S. 75. *Scholz, C.*: Personalmanagement, 5. Aufl., München 2000, S. 72

Sonia Hornberger

Deutero Learning → Organisationales Lernen

Deutsche Angestelltengewerkschaft → Vereinigte Dienstleistungsgewerkschaft (Ver.di)

Deutsche Gesellschaft für Personalführung e.V. (DGFP e.V.)

unabhängiger Verein zur Förderung des Personalmanagements in Praxis, Wissenschaft und Lehre.

Die Deutsche Gesellschaft für Personalführung (→ Mitarbeiterführung) e.V. (DGFP e.V.) wurde 1952 unter dem Namen *Der Neue Betrieb – Studienkreis für sozialwirtschaftliche Betriebsformen e.V.* (DNB) gegründet, 1968 umbenannt und hat ihren Sitz in Düsseldorf. Die Gründer sahen das Ziel ihres Vereins in der Stabilisierung der jungen westdeutschen Demokratie und der sozialen Marktwirtschaft (*Schmidt-Dorrenbach* 2002). Zu den anfänglichen Mitgliedern zählten bald Vertreter namhafter Unternehmen und zunehmend rückte die Personalarbeit (→ Personalmanagement) in den Fokus des Vereins.

2008 besteht die *Deutsche Gesellschaft für Personalführung e.V.* (DGFP e.V.) aus rund 1.750 Mitgliedsunternehmen und 250 Einzelmitgliedern. Organisatorisch sind sieben Regionalstellen, welche die unternehmensnahe Betreuung ihrer Mitglieder und die Veranstaltung von Seminaren übernehmen, über Deutschland hinweg verteilt. Zu den Angeboten der DGFP e.V. zählen circa 450 „Erfa-Kreise", die dem Erfahrungsaustausch von Personalverantwortlichen dienen, die personalwirtschaftliche Fachzeitschrift *Personalführung*, Aus- und Weiterbildungsangebote in Form einer Akademie für Personalführung sowie der *C. R. Poensgen-Stiftung*, die Veranstaltung des jährlich stattfindenden DGFP-Kongresses sowie einer Messe für Personal und Weiterbildung, ein internetbasiertes Rechercheportal PERDOC zu allen Fragen des Personalmanagements, themenbezogene Arbeitskreise, eine Schriftenreihe zur Veröffentlichung der Forschungsergebnisse sowie eine Tochtergesellschaft zur unternehmensindividuellen Personalberatung. Als Gründungsmitglied mehrerer internationaler Personalmanagement-Verbände ist sie international weit verzahnt.

Die DGFP e.V. setzt mit ihrer Arbeit vielfältige Impulse für die deutschsprachige Personalmanagementszene, wobei diese teilweise auch kritisch diskutiert werden. So hat beispielsweise der „Personalmanagement-Professionalisierungs-Index der DGFP" (*DGFP e.V.* 2005) einen kontroversen Diskurs hervorgerufen (z. B. *Böhm* und *Armutat* 2005, *Oechsler* 2005a, 2005b, *Stein* 2005, Heft 1/2006 der *Zeitschrift für Personalforschung*).

Literatur: *Böhm, H.; Armutat, S.*: Professionalität auf dem Prüfstand, in: Personalwirtschaft, 32. Jg. (2005), H. 8, S. 30–31. *DGFP e.V.* (Hrsg.): PIX – der Personalmanagement-Professionalisierungs-Index der DGFP, Bielefeld 2005. *Oechsler, W. A.*: Wie unprofessionell darf ein Messinstrument sein?, in: Personalwirtschaft, 32. Jg. (2005a), H. 6, S. 26–27. *Oechsler, W. A.*: Personalforschung als Ad-hoc-Aktionismus. Der Personalmanagement-Professionalisierungs-Index der DGFP, in: Zeitschrift für Personalforschung, 19. Jg. (2005b), H. 2, S. 107–119. *Schmidt-Dorrenbach, H.*: 50 Jahre betriebliche Personalpolitik, Frankfurt a. M. 2002. *Stein, V.*: Qualität oder Rhetorik? PIX – Personalmanagement-Professionalisierungs-Index (DGFP), in: CoPers, 13. Jg. (2005), H. 7, S. 28–30. Zeitschrift für Personalforschung, 20. Jg. (2006), H. 1.

Volker Stein

Deutsche Gesellschaft für Personalwesen e.V. (DGP)

unabhängiger Verein zur Schaffung und Förderung eines professionellen Personalwesens in Verwaltung und Wirtschaft.

Die Deutsche Gesellschaft für Personalwesen e.V. (DGP e.V.) wurde im April 1949 gegründet und hat ihren Sitz in Hannover. Ihre Satzung sieht ausschließlich juristische Personen wie Unternehmen, Verwaltungen, Verbände und Forschungseinrichtungen als Vereinsmitglieder vor. Der Verein strebt in seinem Tätigkeitsgebiet Professionalität, die Verknüpfung wissenschaftlicher Erkenntnisse mit der Praxis und die Wahrnehmung gesellschaftlicher Verantwortung an.

Das satzungsgemäße Ziel der DGP e.V. ist es, an dem Aufbau und Ausbau eines sachorientierten, leistungsfähigen Personalwesens in Verwaltung und Wirtschaft mitzuwirken. Hierzu ist sie beratend im Bereich Personalwesen für Verwaltung und Wirtschaft tätig – hier insbesondere auf den Feldern → Organisationsentwicklung, → Personalentwicklung, -auswahl, -beurteilung, → Befragungen, → Fort- und Weiterbildung, Konfliktmanagement sowie individuelles und → Gruppen-Coaching – und setzt unter anderem Erkenntnisse eigener wissenschaftlicher Forschung aus dem Gebiet der angewandten Psychologie ein. Darüber hinaus nennt die DGP e.V. die Interessen und Bedürfnisse der arbeitenden Menschen als wesentlichen Bestandteil der Beratungsleistung. Die DGP e.V. ist keine Berufsvertretung und nimmt auch keine Standesinteressen wahr. Sie verfolgt aber auch keine Gewinnabsichten, sondern strebt die Kostendeckung an.

Volker Stein

Deutsche Gesetzliche Unfallversicherung (DGUV) → Berufsgenossenschaften

Deutsche Rentenversicherung Knappschaft-Bahn-See (KBS)

öffentlich-rechtliche Selbstverwaltungskörperschaft zur Kranken- und Pflegeversicherung, die 2005 aus der Fusion der Bundesknappschaft in der Rentenversicherung mit der Bahnversicherungsanstalt und der See-Sozialversicherung entstand.

Die Knappschaft ist traditionell die Sozialversicherung der Bergleute (*Thielmann* 1960, *Lauf* 1994). Mit ihrer Hauptverwaltung in Bochum und acht weiteren Verwaltungsstellen ist die *Deutsche Rentenversicherung Knappschaft-Bahn-See* seit 01.04.2007 für alle gesetzlich Krankenversicherten frei wählbar. Ihre Leistungsbereiche umfassen die Rentenversicherung, die Renten-Zusatzversicherung, Kranken- und Pflegeversicherungen sowie ein eigenes medizinisches Netz. Sie verfügt zudem über die Minijob-Zentrale, die bundesweit die zuständige Meldestelle für geringfügige Beschäftigungsverhältnisse ist.

Organe der Deutschen Rentenversicherung Knappschaft-Bahn-See sind neben Vertreterversammlung und Vorstand auch die Versichertenältesten, die Regionalausschüsse und die Widerspruchsstelle. Die Selbstverwaltung wird alle sechs Jahre durch Versicherte und →Arbeitgeber im Rahmen der Sozialversicherungswahlen neu gewählt. Drei Geschäftsführer leiten hauptamtlich die Geschäfte. 2008 wurden rund 4,5 Millionen Konten für Versicherte aller Sozialversicherungsbereiche geführt.

Literatur: *Lauf, U.*: Die Knappschaft, Bad Godesberg 1994. *Thielmann, H.*: Geschichte der Knappschaftsversicherung, Bad Godesberg 1960.

Volker Stein

Deutscher Gewerkschaftsbund (DGB)

größte Dachorganisation verschiedener Einzelgewerkschaften, die derzeit aus acht Einheitsgewerkschaften (→Gewerkschaften) besteht und ihren Sitz in Berlin hat.

Der Deutsche Gewerkschaftsbund (DGB) versteht sich als Stimme der Gewerkschaften und →Arbeitnehmer gegenüber politischen Entscheidungsträgern und Verbänden in Bund, Ländern und Gemeinden und koordiniert die gewerkschaftlichen Aktivitäten. Er ist seit seiner Gründung 1949 in München dem Prinzip der Einheitsgewerkschaft verpflichtet. Mitgliedsgewerkschaften sind die Interessenmeinschaft Bauen-Agrar-Umwelt (IG BAU), die Interessengemeinschaft Bergbau, Chemie und Energie (IG BCE), die Transnet Gewerkschaft der Eisenbahner Deutschlands (GdED), die Gewerkschaft Erziehung und Wissenschaft (GEW), die Interessengemeinschaft Metall (IGM), die Gewerkschaft Nahrung, Genuss, Gaststätten (NGG), die Gewerkschaft der Polizei (GdP) sowie die →Vereinte Dienstleistungsgewerkschaft (Ver.di).

Michael Fuhlrott

Deutscher Industrie- und Handelskammertag (DIHK) →Industrie- und Handelskammer (IHK)

Dezentrale Organisationsformen

→Aufbauorganisation, in der Entscheidungsmacht auf organisatorisch nachgelagerte Einheiten verlagert ist.

Abbildung 1: Dezentrale Personalorganisation (*Daul* 1990, S. 90–91)

keine zentrale Personalabteilung	zentrale Personalabteilung mit strategischer Koordinationsverantwortung	zentrale Personalabteilung mit Verantwortung für Grundfunktionen im Personalbereich
alle Aufgaben beim Linienmanagement und bei externen Anbietern	alle operativen Personalaufgaben beim Linienmanagement und bei externen Anbietern	Personalführung, -auswahl und -beurteilung beim Linienmanagement

dezentral ←――――――――――――→ zentral

Die Dezentralisierungsanforderungen an die Personalarbeit (→Personalmanagement) sind vor dem Hintergrund vermehrter Kundennähe, →Flexibilität und Transparenz bezüglich der personalwirtschaftlichen Inhalte entstanden. Eine dezentrale Organisation kann diesen Ansprüchen eher gerecht werden als die in vielen Fällen noch vorherrschende zentrale →Personalabteilung. Man unterscheidet idealtypische Formen der dezentralen Personalorganisation (Abbildung 1).

Als Mischformen sind eine Reihe von weiteren dezentralen Formen denkbar.

Den genannten Vorteilen stehen bei den dezentralen Varianten auch einige Gefahren und Risiken gegenüber, wie *Meckl* und *Scherm* (1994) zu bedenken geben. Die Gefahr der Deprofessionalisierung der Personalarbeit resultiert aus der Überlegung, dass die auch mit operativem Geschäft befassten Linienmanager (→Einliniensystem) nicht über die Zeit und die Kenntnisse verfügen, auf aktuelle Entwicklungen in der Personalarbeit einzugehen, neue Konzepte zu entwickeln und anzuwenden. Die Schaffung von eigenen, den Linienmanagern zugeordneten Personalreferentenstellen kann hier Abhilfe schaffen. Hinzu kommt, dass der strategische Aspekt der Personalarbeit bei einer vollständigen →Dezentralisierung zu kurz kommen könnte. Es wird lediglich versucht, auftauchende Einzelprobleme reaktiv zu lösen. Unternehmensweite Grundprinzipien der Personalarbeit, die auch die Einheitlichkeit der Personalfunktionen sicherstellen, entstehen so nicht. Eine zentrale Personalabteilung, die eine solche Koordinationsfunktion übernimmt, erscheint bei einem hohen, Koordinationsbedarf sinnvoll. Problematisch ist auch die Kostenseite: Bei der extremen Form der Dezentralisierung wird auf Volumeneffekte durch Spezialisierung auf eine Stelle verzichtet. Doppelarbeiten sind die Folge. Das →Outsourcing von Personalaufgaben und die Zentralisierung zumindest der Routineaufgaben bieten hier einen Ausweg.

Literatur: *Daul, H.*: Dezentrale Organisation der Personalarbeit, in: Führung und Organisation, 59. Jg. (1990), H. 2, S. 87–92. *Meckl, R.*; *Scherm, E.*: Personalarbeit in der „schlanken" Unternehmung. Ein Modell zur Beurteilung organisatorischer Gestaltungsalternativen, in: *Scholz, C.*; *Oberschulte, H.* (Hrsg.): Personalmanagement in Abhängigkeit von der Konjunktur, München 1994, S. 109–129.

Reinhard Meckl

Dezentralisierung

Zuweisung von Funktionen an autonome Organisationseinheiten, wobei eine Aufteilung von Aufgaben und Entscheidungsbefugnissen durchgeführt wird.

Die Art und Weise der Zusammenfassung impliziert die Kriterien, nach denen zentralisiert beziehungsweise dezentralisiert wird (→Zentralisierung). Wird beispielsweise eine Zusammenfassung der Aufgaben (→Aufgabenstruktur) nach dem Verrichtungsprinzip vorgenommen, also alle gleichartigen Tätigkeiten zusammengefasst, so bedeutet dies, dass nach den anderen Kriterien, zum Beispiel nach dem Objekt, dezentralisiert wird. Es werden dann alle Aufgaben, die an einem Produkt zu erledigen sind, auf mehrere organisatorische Einheiten aufgeteilt. Die zweite Zentralisierungs- beziehungsweise Dezentralisierungsebene betrifft die Entscheidungskompetenzen. Werden diese →Kompetenzen bei einer Stelle alloziert, so liegt eine zentrale →Organisation vor.

Viele der neueren Organisationskonzepte legen den Schwerpunkt eher auf die dezentrale Struktur. Die wesentlichen *Vorteile* liegen *Wildemann* (2003) zufolge in der →Flexibilität, den kurzen Entscheidungswegen und der großen Problemnähe. In einer dynamischen, wettbewerbsintensiven Umgebung überwiegen diese Vorteile gegenüber den Bedenken, die gegen eine starke Dezentralisierung vorgebracht werden. Besonders bei international tätigen Unternehmen kommen die Vorteile zum Tragen. Für die Auslandsaktivitäten gilt, dass die Einbindung bis hin zur selbstständigen Entscheidung die →Motivation der Mitarbeiter vor Ort tendenziell erhöht. Die *Nachteile* liegen gemäß *Meckl* (2000) vor allem in der Gefahr von Doppelarbeiten, die zu erhöhten Kosten führen. Besonders kritisch wird das Risiko gesehen, dass ein Unternehmen mit einer stark dezentralen Struktur schwerer steuerbar ist, da Entscheidungen primär vor dem Hintergrund der lokalen Gegebenheiten getroffen werden und das Unternehmensziel dabei aus den Augen verloren werden kann.

Schwerwiegend für den Personalbereich ist das Argument, dass eine Gleichbehandlung der Mitarbeiter bei einer rein dezentralen Struktur nicht mehr gewährleistet ist (→Organisation der Personalarbeit).

Literatur: *Meckl, R.*: Controlling im Internationalen Unternehmen, München 2000, S. 30–32. *Wildemann, H.*: Dezentralisierung von Kompetenz und Verantwortung, in: *Bullinger, H.J.*; *Warnecke, H.J.*; *Westkämper, E.* (Hrsg.): Neue Organisationsformen im Unternehmen, 2. Aufl., Berlin 2003, S. 334–351.

Reinhard Meckl

Diagnostik in der Personalpsychologie

meist mit Berufseignungsdiagnostik (→Eignungsdiagnostik) gleichgesetzt.

Nach *Schuler* und *Höft* (2006, S. 102) handelt es sich um „die Methodologie der Entwicklung, der Prüfung und Anwendung psychologischer Verfahren zum Zwecke eignungsbezogener Erfolgsprognosen und Entscheidungshilfen im beruflichen Kontext". Dabei ist es *Schuler* und *Funke* (1995, S. 235–236) zufolge wesentlich die Interessen eines Unternehmens in Einklang zubringen und dabei „Über- und Unterforderung zu vermeiden und Möglichkeiten zur Entwicklung berufsbezogener →Kompetenzen zu sichern".

Die psychologische Diagnostik umfasst somit in diesem Gebiet die Auswahl, Platzierung sowie Beratung und Förderung von →Arbeitnehmern. Eine andere Unterscheidung kann in der Differenzierung zwischen der *Selektionsdiagnostik* und einer *förderorientierten Diagnostik* gesehen werden.

Für die Diagnostik im Personalwesen sind nach *Schaarschmidt* (2003) im Wesentlichen drei Anforderungen zu bestimmen:

1. *Wissenschaftliche Qualität*: Hierzu gehört die Durchsetzung von Standards, wobei grundlegende methodische Ansprüche erfüllt und inhaltliche Voraussetzungen kritisch hinterfragt werden müssen. Diese Forderung ist deshalb so relevant, da nach *Schaarschmidt* (2003) immer noch eignungsdiagnostische Entscheidungen eher intuitiv anstatt auf wissenschaftlichen Grundlagen basierend getroffen werden. In diesem Zusammenhang ist auch die Geltung der DIN 33430 in der →Personalpsychologie zu beachten, welche die Umsetzung (wissenschaftlicher) Qualitätsstandards innerhalb der Eignungsbeurteilung verlangt. Zu den verfahrenstechnisch-methodischen Standards gehören die Durchführung einer →Arbeitsplatzanalyse zur Bestimmung relevanter Eignungskriterien, die Verwendung von psychologischem Wissen bei der Auswahl der zu diagnostizierenden Merkmale und der hierzu geeigneten Verfahren, die Verwendung qualitativ hochwertiger Verfahren sowie die Sicherung und Beachtung der →Gütekriterien. Die inhaltlichen Voraussetzungen beschäftigen sich mit der Frage nach der Angemessenheit des eignungsdiagnostischen Vorgehens: Eignungsdiagnostik sollte dabei keine „Alibifunktion" übernehmen und nicht defizitäre Arbeitsbedingungen zu kompensieren versuchen.

2. *Neue Entwicklungen*: Hierbei lassen sich mehrere Trends nennen: Bei der *entwicklungs- und veränderungsbezogenen Diagnostik* sind das Zustandekommen eines vorgefundenen Status (meist über den biographischen Zugang) sowie die Lernfähigkeitsdiagnostik wesentliche Themen. In der *Interaktionsbezogenen Diagnostik* werden Verhaltenskomponenten wie zum Beispiel Merkmale der sozial-kommunikativen Kompetenz und Problemlösefähigkeiten in sozialen Anforderungssituationen zu erfassen versucht. Hierbei sind hauptsächlich das →Assessment Center und die →systematische Verhaltensbeobachtung als Methoden zu nennen. Ein dritter Trend bildet die →*Computerdiagnostik*.

3. *Erweiterungen der traditionellen Eignungsdiagnostik*: Hierzu werden die Diagnostik im Sinne der →Selbstbestimmung, zum Zwecke der Gesundheitsförderung und zur Gestaltung von Arbeitsbedingungen gezählt. Während in den ersten beiden Punkten der Bewerber im Mittelpunkt steht, steht im dritten Punkt die Eignung der Arbeitstätigkeit für den Betroffenen im Zentrum.

Wird die *Diagnostik zum Zwecke der Gesundheitsförderung* näher veranschaulicht, so bedeutet laut *Schaarschmidt* (2003, S. 322) Eignung „mehr […] als das Vorhandensein psychophysischer Leistungsvoraussetzungen für die Bewältigung beruflicher Anforderungen". Es sind dabei auch die Auswirkungen der Auseinandersetzung mit den Arbeitsaufgaben zu berücksichtigen: „Deshalb muss Psychologische Diagnostik in Betrieben und Institutionen die Erfassung des Beanspruchungserlebens und der Beanspruchungsfolgen mit einschließen" (*Schaarschmidt* 2003). Eine Möglichkeit, Beanspruchung (→Belastungs-Beanspruchungs-Modell) im Sinne chronifizierter Erlebens- und Befindensbeeinträchtigungen zu erfassen, stellt das von *Schaarschmidt* und *Fischer* (2003) entwickelte Verfahren „Arbeitsbezogenes Verhaltens- und Erlebensmuster" (AVEM) dar, welches mittels der elf Dimensionen Bedeutsamkeit der →Arbeit, Beruflicher Ehrgeiz, Verausgabungsbereitschaft, Perfektionsstreben, Distanzierungsfähigkeit, Resignationstendenz, Offensive Problembewältigung,

Innere Ruhe/Ausgeglichenheit, Erfolgserleben im →Beruf, Lebenszufriedenheit, Erleben sozialer Unterstützung folgende vier Beanspruchungsmuster unterscheidet:
1. *G – Gesundheit*: Hohes, aber nicht exzessives Arbeitsengagement bei erhaltener Distanzierungsfähigkeit, starke Widerstandsfähigkeit gegenüber Belastungen und hohe Zufriedenheit.
2. *S – Schonung*: Sehr geringes Engagement bei hoher Differenzierungsfähigkeit, erlebte Widerstandsfähigkeit gegenüber Belastungen und relative Zufriedenheit.
3. *A – (Über-)Anstrengung*: Sehr hohes Engagement bei stark eingeschränkter Distanzierungsfähigkeit, geringe Widerstandsfähigkeit gegenüber Belastungen und eher eingeschränkte Zufriedenheit (Gesundheitsrisiko!).
4. *B – →Burnout*: Reduziertes Engagement bei zugleich verminderter Distanzierungsfähigkeit, sehr geringe Widerstandsfähigkeit gegenüber Belastungen und deutlich eingeschränkte Zufriedenheit (Gesundheitsrisiko!).

Die Diagnostik soll in ihrer Konsequenz einerseits in eine personenbezogene Intervention und andererseits in eine bedingungsbezogene Intervention münden.

Nach *Schuler* und *Höft* (2006) gibt es drei grundsätzliche methodische Ansätze, die meist miteinander kombiniert werden und eine jeweils eigene Validierungslogik verfolgen:
1. Innerhalb des *Eigenschaftsansatzes* werden relativ stabile Merkmale zumeist mittels psychologischer Tests (z. B. →Intelligenztests, →Projektive Verfahren) erfasst. Dabei stellt die Konstruktvalidität (→Gütekriterien) ein wesentliches Kriterium dar. Gängige konstruktorientierte Ansätze innerhalb der Eignungsdiagnostik sind allgemeine kognitive Fähigkeiten (*Intelligenz*), spezielle kognitive Fähigkeiten, wie beispielsweise Aufmerksamkeit, Konzentration, sprachliche Fertigkeiten, räumliches Vorstellungsvermögen, allgemeine Persönlichkeitskonstrukte und spezifische Persönlichkeitseigenschaften (Kontrollüberzeugung, →Motivation, Interessen). An dieser Stelle ist auf die Problematik der Verfälschbarkeit bei Fragebögen im Sinne der positiven Selbstdarstellung (*Impression Management*) hinzuweisen (→Objektive Persönlichkeitstests).
2. Innerhalb des *Simulationsansatzes* werden auf der Verhaltensebene die für die Anforderungsbewältigung relevanten Verhaltensweisen erfasst (→Systematische Verhaltensbeobachtung, →Assessment Center, →Objektive Persönlichkeitstests). Hier ist die inhaltliche →Validität wesentlich.
3. Im *biographischen Ansatz* besteht das Ziel in der Erhebung relevanter biographischer →Daten, entweder mittels →Interview oder aber schriftlich. Innerhalb dieses Ansatzes ist die prognostische Validität (kriteriumsbezogene Validität) relevant.

Durch die systematische Kombination dieser Ansätze und ihrer Verfahren können alle relevanten Bereiche des interessierenden Merkmals abgedeckt werden. So betonen *Schuler* und *Höft* (2006), dass eine hohe Qualität der Potenzialanalyse (→Potenzialbeurteilung) sich auch aus der theoriegestützten Systematik des Gesamtverfahrens ergibt. Ein Überblick über in der Personalpsychologie verwendeten Verfahren findet sich bei *Sarges* und *Wottawa* (2001).

Abschließend lässt sich sagen, dass die Diagnostik in der Personalpsychologie vor allem den Bereich der Eignungsdiagnostik umfasst. Die Diagnostik sollte dabei aber nicht nur die Selektions- sondern auch die Förderungsorientierung umfassen. Die Beachtung der DIN 33430 bedeutet hierbei einen wesentlichen Schritt zu einer Verbesserung der Qualität innerhalb der Eignungsbeurteilung. Dementsprechend ist zu fordern, dass die in der Personaldiagnostik tätigen Personen die wesentlichen wissenschaftlichen Grundlagen in der eignungsdiagnostischen Anwendung umsetzen.

Literatur: Sarges, W.; Wottawa, H. (Hrsg.): Handbuch wirtschaftspsychologischer Testverfahren, Lengerich 2001. Schaarschmidt, U.; Fischer, A.W.: AVEM – Arbeitsbezogenes Verhaltens- und Erlebensmuster, 2. Aufl., Franfurt a. M. 2003. Schaarschmidt, U.: Diagnostik im Personalwesen, in: Kubinger, K. D.; Jäger, R. S. (Hrsg.): Schlüsselbegriffe der Psychologischen Diagnostik, Weinheim 2003, S. 317–324. Schuler, H.; Funke, U.: Diagnose beruflicher Eignung und Leistung, in: Schuler, H. (Hrsg.): Organisationspsychologie, Bern 1995, S. 235–283. Schuler, H.; Höft, H.: Konstruktorientierte Verfahren der Personalauswahl, in: Schuler, H. (Hrsg.): Lehrbuch der Personalpsychologie, Göttingen 2006, 2. Aufl., S. 101–144.

Ingrid Preusche

Dialog

Interaktionsstil, der auf Informationsaustausch gerichtet ist und auf Wertungen bewusst verzichtet, als Voraussetzung, um ein tiefer gehendes Verständnis zu erlangen und Haltungen verändern zu können.

Grundlegende Prinzipien des Dialogs gehen auf *Bohm* (2000) zurück, der im Dialog eine Voraussetzung für die Transformation von Individuen und →Gruppen sah. Die mit dem „Dialog" verbundenen Prinzipien können auch als Instrument des →Teamlernens verstanden werden. →Lernen findet hier durch die Gruppe und als Gruppe statt. Nach *Senge* (1990), durch den der Dialog als Methode der organisationalen Veränderungen in der Managementpraxis verdeutlicht wurde, hilft der Dialog der Modifikation bestehender Interpretationsmuster, der Generierung neuen →Wissens, aber auch der Entwicklung einer gemeinsamen Wirklichkeitsinterpretation (→Wissensmanagement).

Bei der *Dialog-Methode* nach *Senge* (1990) werden die Teilnehmer aufgefordert, ihr implizites Wissen und ihre bislang nicht geteilten Sichtweisen in der Gruppe zu kommunizieren. Dadurch sollen die Teilnehmer erkennen, dass sie durch ihre →Partizipation am Austauschprozess ihre Perspektive erweitern können. Gleichzeitig wird damit aber auch ein Gefühl (→Emotionalität) der Instabilität erzeugt, indem bei den Gruppenmitgliedern Schwankungen zwischen unterschiedlichen Perspektiven auftreten. Dadurch werden die Teilnehmer offen und sensibel, um zu lernen. Sie verzichten auf Standpunkte und beginnen stattdessen, Neues im Austausch zu erkunden. Es entwickeln sich neue Denkmuster, die Kreativitätsschübe freisetzen. Gleichzeitig wird damit ein wichtiger Beitrag zur Gruppenentwicklung geleistet.

Literatur: Bohm, D.: On Dialogue, London 2000. Senge, P.: The Fifth Disciplin. The Art and Practice of the Learning Organization, New York 1990.

Uta Wilkens

Dienstleistungsabend

ermöglichte früher dem Einzelhandel eine →Flexibilisierung der Ladenöffnungszeiten, weil einmal pro Woche längere Öffnungszeiten erlaubt waren (z. B. Donnerstags bis 20:30), aber mit Kompensationszwang (→Kompensation), das heißt Ausgleich im Rahmen der wöchentlichen Gesamtöffnungszeiten.

Heutzutage sind die Ladenöffnungszeiten weiter liberalisiert worden, was Übersicht 1 auch im internationalen Kontext zeigt. Einkaufzentren öffnen während der Woche zum Beispiel von 10:00 bis 20:00, auch an Samstagen. Erfahrungen mit der Liberalisierung der Ladenöffnungszeiten aus anderen Ländern wie Frankreich, USA und Schweden zeigen, dass sich die Personalkosten nicht unbedingt erhöhen müssen. Vielfach können sich aber kleinere Läden solche Öffnungszeiten aufgrund ihrer knappen Personalkapazitäten nicht leisten. Die aktuelle Diskussion in Deutschland dreht sich um die völlige Freigabe der Ladenöffnungszeiten von Montag bis Samstag im 24-Stunden-Betrieb.

Übersicht 1: Ladenöffnungszeiten in Europa (*DIHK 2003*)

Land	Mo-Fr	Sa	Sonn- und Feiertag
A	5:00–21:00	5:00–18:00	Verbot
B	5:00–22:00	5:00–21:00	Beschäftigungsverbot für Angestellte
D	6:00–20:00	6:00–20:00	Verbot
DK	0:00–24:00	6:00–17:00	Verbot
E	0:00–24:00	0:00–24:00	Verbot (8 Tage/Jahr erlaubt)
F	0:00–24:00	0:00–24:00	Beschäftigungsverbot für Angestellte
FIN	7:00–21:00	7:00–18:00	12:00–20:00***
GB	0:00–24:00	0:00–24:00	0:00–24:00
GR	0:00–24:00	0:00–24:00	Verbot
I**	9:00–20:00	9:00–20:00	Verbot
IRL*	0:00–24:00	0:00–24:00	0:00–24:00
N	6:00–19:30	6:00–19:30	Verbot
NL	6:00–22:00	6:00–22:00	Verbot
P	6:00–24:00	6:00–24:00	6:00–24:00
S	5:00–24:00	5:00–24:00	5:00–24:00

* unterschiedliche Regelungen nach Betriebsgröße
** Sommer: 21:00
*** Jan. – Apr., Sep. – Okt. 12:00–21:00 (nur LEH bis 400 m²) Mai – Aug., Nov., Dez. 12:00–21:00

Literatur: *DIHK* (Hrsg.): Übersicht zu Ladenöffnungszeiten in Europa, Berlin 2003.

Désirée H. Ladwig

Dienstleistungs-Center

Organisationsform einer betrieblichen Einheit, die Serviceleistungen für Linienmanager (→Einliniensystem) und Mitarbeiter bereitstellt (syn.: Service-Center).

Das Verhältnis zwischen der →Personalabteilung einerseits und den Linienmanagern und Mitarbeitern andererseits stellt eine Kunden-Lieferanten-Beziehung dar, wie beispielsweise *Wunderer* und *von Arx* (1998) konstatieren. Dies impliziert, dass die Personalabteilung auf Kundennachfrage hin tätig wird. Ausgangspunkt bei der Gestaltung der Personalabteilung als Dienstleistungs-Center ist gemäß *Scholz* (2000) deshalb eine Kundenumfrage oder auch eine Auswertung der Kundenbeschwerden. Die Weiterführung besteht dann aus der Bestimmung des Nutzens der einzelnen personalwirtschaftlichen Leistungen für die Kunden, um die Haupt- und die Randleistungen zu identifizieren.

Die Leistungsbereitstellung kann auf der Basis langfristiger Verträge oder auch im Rahmen einer einmaligen Auftragserteilung erfolgen. Vor diesem Hintergrund bietet es sich an, die Personalabteilung als →Profit-Center zu organisieren. Die Preise für laut *Wunderer* und *von Arx* (1998) die erbrachten Servicefunktionen werden mit den Kunden ausgehandelt, eventuell sogar in Konkurrenz zu externen Anbietern.

Ein erfolgskritischer Faktor für ein Dienstleistungs-Center ist das →Controlling. Eine ständige Anpassung der erbrachten Leistungen an die Kundenbedürfnisse (→Motiv) und eine kontinuierliche Verbesserung der →Qualität kann durch eine regelmäßige Überprüfung der Service-Portfolios und der Erstellungsbedingungen erreicht werden.

Die Voraussetzungen für eine erfolgreiche Umsetzung des Dienstleistungskonzepts in der Personalwirtschaft (→Personalmanagement) liegen vor allem in der Professionalität der Kunden, insbesondere der Linienmanager, in personalwirtschaftlichen Fragen. Des Weiteren muss das Rollenverständnis als „Zulieferer" in der Personalabteilung verankert sein. Bei Vorliegen dieser Voraussetzungen können die Vorteile aus der hohen →Kundenorientierung, die dieses Konzept bewirkt, ausgeschöpft werden.

Literatur: *Scholz, C.*: Personalmanagement, 5. Aufl., München 2000, S. 205. *Wunderer, R.*; *von Arx, S.*: Personalmanagement als Wertschöpfungs-Center, Wiesbaden 1998, S. 32 und S. 293–294.

Reinhard Meckl

Dienstleistungscontrolling

umfasst funktional, institutionell und instrumental eine Spezialisierung des →Controllings für Dienstleistungen.

Die Notwendigkeit dazu resultiert aus den Dienstleistungsbesonderheiten (*Corsten* 2001)

1. Immaterialität,

2. →Integration des externen Faktors und

3. Simultanität.

Die Simultanität bei Leistungserbringung und -verwendung (und damit einhergehende mangelnde Lagerfähigkeit) führt dazu, dass eine permanente Aufrechterhaltung der →Leistungsfähigkeit notwendig ist. Durch schwankende Nachfrage ergeben sich damit gerade bei personalintensiven Dienstleistungen Probleme bei der Planung, Auslastung, Effizienzanalyse und Kostenzurechnung. Die Integration des externen Faktors (z. B. des Kunden) bei der Leistungserstellung bedingt nur eingeschränkte Möglichkeiten zur Automatisierung (→Technischer Wandel und seine personalwirtschaftlichen Implikationen). Gleichzeitig gewinnt die →Qualifikation der Leistungserbringer (d. h. des eigenen Personals) erhebliche Bedeutung. Schließlich geht mit der Immaterialität eine geringere Transparenz bei Leistungsvergleich und →Leistungsbeurteilung einher (*Bruhn* und *Stauss* 2005).

Diese Merkmale erfordern gerade bei personalintensiven Dienstleistungen eine besondere Ausgestaltung des Controllings. Besondere Bedeutung hat hierbei eine prozessorientierten Betrachtungsweise erlangt, (→Prozesskostenmanagement). Die personalintensive Interaktion mit den Kunden kann durch Prozessanalysen, →Prozesskostenrechnung und anschließender prozessorientierter Kalkulation deutlich transparenter gemacht werden. Dies steigert die Möglichkeiten zur zielorientierten Steuerung und zur Ausschöpfung von Automatisierungspotenzialen. Eine besondere Anforderung stellt beim Dienstleistungscontrolling die Messung von „weichen" Faktoren (wie z. B. Kundenzufriedenheit) dar, da diese direkt auf monetäre Ergebnisse der Leistung wirken.

Für das Dienstleistungscontrolling ergibt sich daraus die Notwendigkeit, Input-, Prozess- und Verfahrens- als auch Output- und Ergebniskontrolle durchzuführen. Bei der Inputkontrolle steht der Arbeitseinsatz der Mitarbeiter im Mittelpunkt, bei der Prozesskontrolle die Prozessdurchführung (bspw. Standardisierung und Effizienz) bei der Outputkontrolle das erzielte Dienstleistungsergebnis.

Literatur: *Bruhn, M.; Stauss, B.*: Dienstleistungscontrolling, Wiesbaden 2005. *Corsten, H.*: Dienstleistungsmanagement, 4. Aufl., München, Wien 2001.

Klaus Möller

Dienstplanung bei Unschärfe

dadurch gekennzeichnet, dass nicht alle einschlägigen Daten und Relationen eindeutig bekannt sind und präzise angegeben werden.

Mit diesem für die Praxis typischen Fall hat man es zum Beispiel dann zu tun, wenn Personalbedarfe als „hoch" oder „gering" und →Personalausstattungen als „mehr oder weniger" gefestigt eingeschätzt, Dienstpläne von den Mitarbeitern als „mehr oder minder" gerecht empfunden oder gewisse Schichtmuster als „viel besser" geeignet eingestuft werden als andere.

Des Weiteren bedient man sich in der Dienstplanungspraxis – aufgrund der obwaltenden arbeitsgesetzlichen, tarifvertraglichen und betriebsspezifischen Regelungen – einer kaum überschaubaren Fülle von Regeln, die teils scharf, teils unscharf formuliert werden und die wir hier nur äußerst selektiv ansprechen können. Solche Regeln beziehen sich unter anderem auf die Anzahl einzusetzender Mitarbeiter, indem zum Beispiel verlangt wird, dass die Personalbedarfe „möglichst gut" oder „ungefähr" gedeckt werden sollen. Bezüglich der Arbeitskräfte fordert man zum Beispiel, dass diese „möglichst eignungsadäquat" einzusetzen sind und im Hinblick auf die temporale Dimension beispielsweise, dass arbeitsfreie Tage möglichst en bloc gewährt werden sollten.

Unscharfe Regeln lassen sich laut *Kieper* und *Spengler* (2002) sehr gut über *fuzzy Inferenzen* verarbeiten. Darunter wird in der Theorie des Fuzzy Control das fuzzy-logische Schließen auf der Basis (un)scharfer Fakten und Regeln verstanden. Die fuzzy Inferenz umfasst nach *Kahlert* und *Frank* (1994) mindestens eine Regel, ein Faktum und den korrespondierenden (logischen) Schluss, wobei die auftretenden Unschärfen durch unscharfe Ausdrücke in Ansatz gebracht werden. Diese wiederum bestehen aus linguistischen Variablen, Termen und Operatoren. *Linguistische Variablen* stellen die zu bewertenden beziehungsweise einzuordnenden Kenngrößen dar, wie zum Beispiel die →Eignung einer Arbeitskraft, die Produktivität (→Arbeitsproduktivität) eines Mitarbeiters, der Personalbedarf einer Abteilung oder die Fairness eines Dienstplans. Die Ausprägungen linguistischer Ausdrücke kategorisiert man durch linguistische Terme, die als unscharfe Mengen (z. B. in den Abstufungen gering, mittel, hoch oder schlecht, gut und sehr gut) formuliert werden.

Im Beispiel der Abbildung 1 sind Personalbedarfe (PB) bis zu 5, zwischen 15 und 25 sowie ab 25 als eindeutig ($\mu(PB)=1$) gering, mittel oder hoch eingeschätzt und die anderen Bedarfsausprägungen als abgestuft zu den genannten Termen gehörig ($\leq \mu(PB) < 1$).

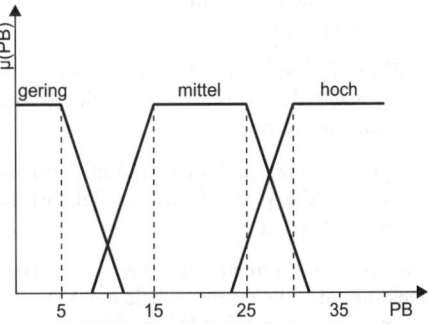

Abbildung 1: Linguistische Variable „Personalbedarf"

Durch linguistische Operatoren werden die linguistischen Terme linguistischer Variablen verknüpft, und zwar in Form der „Und-Verknüpfung" (sowohl – als auch), in Form der „Oder-Verknüpfung" (entweder – oder – oder beides) oder in Kombination dieser beiden Formen (*Schroll* und *Spengler* 2002).

Wir wollen im Folgenden ein fuzzy Inferenzverfahren zur Dienstplanbewertung skizzieren, bei dem lediglich ein Teil der Regelbasis unscharf formuliert ist. Die verwendeten Daten sind aus Vereinfachungsgründen als scharfe Größen angegeben. Zur exemplari-

Dienstplanung bei Unschärfe

schen Verdeutlichung der Zusammenhänge formulieren wir ein Beispiel aus dem Bereich der *Shift Scheduling-Probleme*, in dem der betrachtete Betrieb von 6:00 bis 21:00 geöffnet ist und die Arbeitskräfte jeweils 8 Stunden am Tag arbeiten sowie eine einstündige Pause einlegen müssen. Der tägliche Personalbedarf wird nach Zeitintervallen i partitioniert und sortiert (PB_i), und zwar wie folgt (siehe Übersicht 1):

Übersicht 1: Personalbedarfe

i	6:00–9:00	9:00–12:00	12:00–15:00	15:00–18:00	18:00–21:00
PB_i	14	15	18	14	16

Die Arbeitskräfte können um 6:00, 8:00, 10:00 oder 12:00 ihren Dienst beginnen und haben jeweils nach 4 Stunden ihre Pause. Gesucht ist ein Dienstplan, bei dem der Personalbedarf in den einzelnen Tagesabschnitten möglichst gut gedeckt wird und mit dem die Arbeitskräfte möglichst zufrieden sind. Die drei zu beachtenden Regeln, von denen zwei unscharf formuliert sind (nämlich die Regeln 1 und 3), lauten somit wie folgt:

1. Wenn Einsatz von Arbeitskräften, dann mit „möglichst angemessener" Personalbedarfsdeckung!

2. Wenn Einsatz von Arbeitskräften, dann nur nach den vorgesehenen Dienst- und Pausenmustern!

3. Wenn Einsatz von Arbeitskräften, dann derart, dass die Arbeitskräfte „möglichst zufrieden" sind!

Die Angemessenheit der Personalbedarfsdeckung und die Zufriedenheit der Mitarbeiter mit dem Dienstplan bringen wir über unscharfe Mengen zum Ausdruck. Wir gehen davon aus, dass der Dienstplaner mit (absoluten) Personalbedarfsabweichungen (PBA) in Höhe von 0 absolut zufrieden, mit Abweichungen im Intervall $[+20, \infty]$ sowie im Intervall $[-\infty, -10]$ absolut unzufrieden und mit dazwischenliegenden Abweichungen (linear) abgestuft zufrieden ist. Die gesuchte Zugehörigkeitsfunktion $\mu(PBA_i)$ der unscharfen Menge „gute Personalbedarfsdeckung", die die auf das Intervall $[0,1]$ normierte Zufriedenheit mit Bedarfsabweichungen in den jeweiligen Tagesabschnitten i repräsentiert, ist damit wie folgt definiert:

$$\mu(PBA_i) = \begin{cases} \dfrac{PBA + 10}{10} & \text{für } -10 \leq PBA \\ & \text{(Bedarfsunterdeckungen)} \\[1ex] \dfrac{20 - PBA}{20} & \text{für } 0 \leq PBA \leq 20 \\ & \text{(Bedarfsüberdeckungen)} \\[1ex] 0 & \text{sonst} \end{cases}$$

Die Zufriedenheit der Arbeitskräfte mit einem Dienstbeginn zur Stunde h wird über folgende Zugehörigkeitswerte $\mu(DB_h)$ ausgedrückt (siehe Übersicht 2):

Übersicht 2: Zufriedenheitswerte für Schichten

Dienstbeginn	6:00	8:00	10:00	12:00
$\mu(DB_h)$	0,5	0,9	1,0	0,7

In Übersicht 3 haben wir für fünf alternative Dienstpläne ($DP_1,..., DP_5$), bei denen zur Stunde h jeweils PE_h Arbeitskräfte ihren Dienst beginnen, die resultierenden (jeweils als arithmetisches Mittel der Einzelwerte errechneten) Zufriedenheitswerte angegeben, und zwar aus Sicht des Betriebes $\mu^*(PBA)$, aus Sicht der Arbeitskräfte $\mu^*(DB)$ sowie die korrespondierenden Gesamtzufriedenheitswerte $\mu^*(GES)$:

Übersicht 3: Alternative (bewertete) Dienstpläne

	PE_6	PE_8	PE_{10}	PE_{12}	$\mu^*(PBA)$	$\mu^*(DB)$	$\mu^*(GES)$
DP_1	4	5	0	6	0,26	0,7133	0,4867
DP_2	9	10	0	11	0,6	0,7067	0,6534
DP_3	9	1	9	11	0,59	0,7367	0,6634
DP_4	14	15	0	16	0,6167	0,7044	0,6606
DP_5	14	1	14	16	0,6133	0,7356	0,6745

Dabei berechnen wir $\mu^*(PBA)$ aus der Operation

$$\frac{\sum_{i \in I^*} \mu(PBA_i)}{|I^*|}$$

(mit $I^* :=$ Menge der relevanten Tagesabschnitte). Wir verwenden hier als I^* die Menge der einzelnen Stunden zwischen 6:00 und 21:00, so dass diese bezüglich Bedarfsabweichungen gleich gewichtet werden. $\mu^*(DB)$ errechnen wir aus der Operation

$$\frac{\sum_{h \in H^*} \mu(DB_h) PE_h}{\sum_{h \in H^*} PE_h}$$

(mit $H^* :=$ Menge Dienstbeginnzeitpunkte) und $\mu^*(GES)$ ergibt sich aus

$$\frac{\mu^*(PBA) + \mu^*(DB)}{2}$$

Der Dienstplan DP_5 stellt sich hier als insgesamt zufriedenheitsmaximal heraus. Dieser Plan wird von den Mitarbeitern hinter DP_3 (und vor DP_4) als der zweitbeste eingestuft. Im Hinblick auf die Angemessenheit der Personalbedarfsdeckung rangiert er knapp hinter DP_4 auf Platz 2, da im Vergleich zu diesem die Abweichung vom Personalbedarf über den Tag hinweg zwar absolut gesehen gleich ($PBA = +129$), diese jedoch etwas ungünstiger verteilt ist.

Das hier skizzierte Verfahren gestattet es laut *Spengler* und *Schroll* (2004), auf relativ einfachem Wege Dienstplanungsprobleme auch auf der Basis unscharfer Regeln in relativ kurzer Zeit zu lösen. Darüber hinaus ist der Ansatz in vielfacher Hinsicht erweiterbar und Variationen zugänglich. Zu den Erweiterungsmöglichkeiten zählen zum Beispiel nach *Schroll* und *Spengler* (2002) die Verarbeitung unscharfer Personalbedarfe oder Produktivitätsfaktoren. Variationsmöglichkeiten bieten sich unter anderem bezüglich der verwendeten Aggregationsoperatoren: Durch die Verwendung des arithmetischen Mittels können auch Dienstpläne hinsichtlich der Gesamtzufriedenheit akzeptiert werden oder gar maximal sein, bei denen die Zufriedenheit mit der Personalbedarfsabweichung den Wert Null annimmt. Ist dieser Effekt vom Dienstplaner nicht erwünscht, empfiehlt es sich solche Pläne von vornherein aus der Menge der zulässigen Lösungen zu eliminieren oder das geometrische Mittel als Aggregationsoperator zu verwenden. Darüber hinaus bieten sich zur Verbesserung von Dienstplänen, die auf Basis unscharfer Regeln generiert und bewertet werden, moderne Verfahren des *Local Search* – wie zum Beispiel Tabu Search oder Simulated Annealing – an (*Sixt* 1996).

Literatur: *Kahlert, J.*; *Frank, H.*: Fuzzy-Logik und Fuzzy-Control, Braunschweig, Wiesbaden 1994. *Kieper, F.*; *Spengler, T.*: Das 3–Säulen-Personalmanagement und Fuzzy Control, in: Der Controlling-Berater, (2002), H. 3, S. 69–88. *Schroll, A.*; *Spengler, T.*: Fuzzy-Control in der Personaleinsatzplanung, in: *Kossbiel, H.*; *Spengler, T.* (Hrsg.): Modellgestützte Personalentscheidungen 6, München, Mering 2002, S. 121–140. *Sixt, M.*: Dreidimensionale Packprobleme, Frankfurt a. M. etc. 1996. *Spengler, T.*; *Schroll, A.*: Dienstplanbewertung mit unscharfen Regeln, in: *Ahr, D.*; *Fahrion, R. et al.* (Hrsg.): Operations Research Proceedings 2003, Heidelberg 2004, S. 427–434.

Thomas Spengler

Dienstplanung im deterministischen Fall

stellt ein zentrales Problem der →Personaleinsatzplanung dar und tritt in allen Betrieben auf, in denen die individuelle →Arbeitszeit der Beschäftigten von der →Betriebszeit des Unternehmens abweicht.

Die *Modellansätze zur Dienstplanung* werden in der Literatur nach *Günther* (1989) und *Salewski* (1998) vielfach wie folgt differenziert: Über Ansätze des *Days Off Scheduling*, auf die wir unten ausführlicher eingehen wollen, werden den Arbeitskräften je nach Festlegung des Planungszeitraumes Arbeitstage und arbeitsfreie Tage zugeordnet. Modelle des *Shift Scheduling* sind häufig auf einen singulären Tag bezogen und thematisieren die Allokation von konsekutiven Schichtmustern zu Arbeitskräften, während über das *Tour Scheduling* den Mitarbeitern Dienste mit differierenden (sich zum Teil überschneidenden) Beginn- und Endzeitpunkten zugewiesen werden (Abbildung 1).

Abbildung 1: Dienstplanungsprobleme (*Schroll/Spengler* 2002, S. 124)

Zur Lösung deterministischer *Days Off Scheduling-Probleme* wird nach *Nanda* und *Browne* (1992) eine Fülle spezifischer Algorithmen angeboten. Für Fälle, in denen die Personalbedarfe und →Personalausstattungen homogen

Dienstplanung im deterministischen Fall

sind, in denen Personalbedarfsüberdeckung im Gegensatz zu -unterdeckungen zulässig sind und in denen alle Arbeitskräfte an fünf aufeinander folgenden Tagen arbeiten und dann en bloc zwei Tage frei haben, ist der *Bechtold-Algorithmus* ein gut geeignetes (optimierendes) Lösungsverfahren (*Bechtold* 1981). Wir wollen diesen aus fünf Schritten bestehenden Algorithmus anhand des folgenden Beispiels erläutern, in dem die Personalbedarfe (PB_t) über eine 7-Tage-Woche wie in Übersicht 1 verteilt sind:

Übersicht 1: Personalbedarfe

PB_1	PB_2	PB_3	PB_4	PB_5	PB_6	PB_7
10	12	13	9	14	8	11

Für das genannte Schichtgrundmuster ergeben sich die in Übersicht 2 beschriebenen sieben Schichtmusteralternativen ($s = 1,\ldots,7$), wobei „×" (beziehungsweise „–") bedeutet, dass an Tag t ein (beziehungsweise kein) Einsatz vorgesehen ist:

Übersicht 2: Schichtmuster

	t=1	t=2	t=3	t=4	t=5	t=6	t=7
s=1	x	–	–	x	x	x	x
s=2	x	x	–	–	x	x	x
s=3	x	x	x	–	–	x	x
s=4	x	x	x	x	–	–	x
s=5	x	x	x	x	x	–	–
s=6	–	x	x	x	x	x	–
s=7	–	–	x	x	x	x	x

Die fünf Schritte lauten wie folgt:

1. Bestimme zunächst alle Personalbedarfe, für die $PB_t > PB_{t+1}$ gilt! Gehe dabei von zyklischen Bedarfsfolgen aus, das heißt $PB_1 = PB_8$!

2. Ermittle für die unter dem ersten Schritt identifizierten Tage t die maximale Differenz g! Dabei gilt:

$$g = \max_t \{PB_t - \max(PB_{t+1}, PB_{t+2})\}$$

3. Setze den Tag t mit der maximalen Differenz g als Bezugstag! Auf diesen folgen unmittelbar zwei arbeitsfreie Tage! Siehe an den anderen Tagen für insgesamt g Arbeitskräfte einen Einsatz vor (das heißt an diesen Tagen wird der Personalbedarf um den Betrag g gekürzt, an den beiden arbeitsfreien Tagen bleibt er erhalten)! Setze bei einem Maximum in Höhe von $g = 0$ eine Arbeitskraft ein! Wenn g für mehrere Bezugstage identisch ist, dann wähle einen beliebigen Tag t als Bezugstag aus!

4. Wiederhole die Schritte (1)–(3) so lange, bis alle Personalbedarfe den Wert 0 annehmen (siehe Übersicht 4):

5. Notiere den Einsatzplan (siehe Übersicht 3)!

Übersicht 3: Einsatzplan

	t=1	t=2	t=3	t=4	t=5	t=6	t=7
s=2	3	3	–	–	3	3	3
s=3	3	3	3	–	–	3	3
s=5	6	6	6	6	6	–	–
s=7	–	–	5	5	5	5	5
PE_t	12	12	14	11	14	11	11
PB_t	10	12	13	9	14	8	11

Als Ergebnis erhalten wir somit einen (optimalen) Dienstplan, bei dem insgesamt 17 Arbeitskräfte eingesetzt und die Personalbedarfe für $t = 2, 5$ und 7 exakt gedeckt sowie an Tag $t = 1$ Überdeckungen in Höhe von 2, an Tag $t = 3$ in Höhe von 1, an Tag $t = 4$ in Höhe von 2 und an Tag $t = 6$ in Höhe von 3 Arbeitskräften eingeplant werden.

Ein weiteres zur Lösung des geschilderten Problems geeignetes Verfahren ist das *First Period Principle* von *Nanda* und *Browne* (1992). Diese Lösungsprozedur ist im Vergleich zum Bechtold-Algorithmus auf der einen Seite zwar häufig aufwändiger, auf der anderen Seite können jedoch auch andere (beliebige) Schichtgrundmuster in Ansatz gebracht werden und das Verfahren lässt sich zudem auch für Tour-Scheduling-Probleme verwenden. Der Algorithmus besteht aus den folgenden sieben Schritten:

1. Liste die täglichen Personalbedarfe auf!

2. Setze exakt die benötigte Anzahl an Arbeitskräften ein! Beginne mit dem ersten Tag und notiere an den Folgetagen nur die jeweils zusätzlich benötigten Arbeitskräfte (Beachte, dass Arbeitskräfte, die am Tag t ihren Dienst aufnehmen, an den Tagen $t + 5$ und $t + 6$ frei haben!)!

3. Fahre mit der Zuordnung solange nach 2. fort, bis sich die Zuordnungsmuster wiederholen! (siehe hierzu Übersicht 5).

Übersicht 4: Schritte 1-4 im Bechtold-Algorithmus

t	g	PB_1	PB_2	PB_3	PB_4	PB_5	PB_6	PB_7	
–	–	10	12	13	9	14	8	11	max{-1,3,-1}=3
5	3	7	9	10	6	11	8	11	max{-1,0,2}=2
7	2	7	9	8	4	9	6	9	max{1,-1,0,0}=1
2	1	6	8	8	4	8	5	8	max{0,0,0}=01
3	1	5	7	7	4	8	4	7	max{-1,1,0}=1
5	1	4	6	6	3	7	4	7	max{-1,0,1}=1
7	1	4	6	5	2	6	3	6	max{1,-1,0,0}=1
2	1	3	5	5	2	5	2	5	max{0,0,0}=01
3	1	2	4	4	2	5	1	4	max{-1,1,0}=1
5	1	1	3	3	1	4	1	4	max{-1,0,1}=1
7	1	1	3	2	0	3	0	3	max{1,-1,0,0}=1
2	1	0	2	2	0	2	0	2	max{0,0,0}=01
3	1	0	1	1	0	2	0	1	max{-1,1,0}=1
5	1	0	0	0	0	1	0	1	max{0,1}=1
7	1	0	0	0	0	0	0	0	

Übersicht 5: Schritte 1-3 im FPP (Hinweis: Das sich wiederholende Zuordnungsmuster besteht aus den in den Zeilen # 4-6 aufgeführten Allokationen.)

	PB_1	PB_2	PB_3	PB_4	PB_5	PB_6	PB_7
	10	12	13	9	14	8	11
#1	10	2	1	–	1	4	5
#2	–	2	2	–	10	–	–
#3	–	2	11	–	1	–	–
#4	9	2	2	–	1	3	5
#5	1	2	2	–	9	–	–
#6	1	2	10	–	1	–	–
#7	9	2	2	–	1	3	5

4. Bilde für jeden Wochentag das arithmetische Mittel (AM) über die sich wiederholenden Zuordnungsmuster (siehe Übersicht 6)!

Übersicht 6: Schritt 4 im FPP

	t=1	t=2	t=3	t=4	t=5	t=6	t=7
AM	3,67	2	4,67	0	3,67	1	1,67

5. Bilde für jeden Wochentag zunächst die kumulierte Summe der Durchschnittswerte (KS) und runde diese dann auf die nächsthöhere ganze Zahl (INT) (siehe Übersicht 7)!

Übersicht 7: Schritt 5 im FPP

	t=1	t=2	t=3	t=4	t=5	t=6	t=7
KS	3,67	5,67	10,33	10,33	13,99	14,99	16,67
INT	4	6	11	11	14	15	17

6. Subtrahiere den kumulierten Wert des Vortages (INT.V) vom kumulierten Wert des betrachteten Tages (INT), um die Anzahl der an diesem Tag mit dem Dienst beginnenden Arbeitskräfte zu ermitteln (siehe Übersicht 8)!

Übersicht 8: Schritt 6 im FPP

	t=1	t=2	t=3	t=4	t=5	t=6	t=7
INT_V	0	4	6	11	11	14	15
Differenz	4	2	5	0	3	1	2

7. Notiere den Einsatzplan (siehe Übersicht 9)!

Übersicht 9: Schritt 7 im FPP

	t=1	t=2	t=3	t=4	t=5	t=6	t=7
s=2	3	3	–	–	3	3	3
s=3	1	1	1	–	–	1	1
s=4	2	2	2	2	–	–	2
s=5	4	4	4	4	4	–	–
s=6	–	2	2	2	2	2	–
s=7	–	–	5	5	5	5	5
PE_t	10	12	14	13	14	11	11
PB_t	10	12	13	9	14	8	11

Als Ergebnis erhalten wir somit einen (optimalen) Dienstplan, bei dem wiederum insgesamt 17 Arbeitskräfte eingesetzt und die Personalbedarfe nun für $t = 1, 2, 5$ und 7 exakt gedeckt sowie an Tag $t = 3$ Überdeckungen in Höhe von 1, an Tag $t = 4$ in Höhe von 4 und an Tag t = 6 in Höhe von 3 Arbeitskräften eingeplant werden.

Literatur: *Bechtold, S. E.*: Work Force Scheduling for Arbitrary Cyclic Demands, in: Journal of Operations Management, 1. Jg. (1981), H. 4, S. 205–214. *Günther, H.-O.*: Produktionsplanung bei flexibler Personalkapazität, Stuttgart 1989. *Nanda, R.*; *Browne, J.*: Introduction to Employee Scheduling, New York 1992, S. 94–97. *Salewski, F.*: Klassifikation von Dienstplanungsproblemen, in: *Kossbiel, H.* (Hrsg.): Modellgestützte Personalentscheidungen 2, München, Mering 1998, S. 119–136. *Schroll, A.*; *Spengler, T.*: Fuzzy-Control in der Personaleinsatzplanung, in: *Kossbiel, H.*; *Spengler, T.* (Hrsg.): Modellgestützte Personalentscheidungen 6, München, Mering 2002.

Thomas Spengler

Dienstvertrag

im Bürgerlichen Gesetzbuch (§§ 611–630) kodifizierte Vertragsform zum Tausch einer Pflicht zur Erbringung einer Tätigkeit für einen Dienstgeber gegen eine von diesem geleistete Vergütung.

Der Dienstvertrag basiert damit auf dem kulturgeschichtlich vergleichsweise jungen Konstrukt der →Lohnarbeit. Je nach Grad der persönlichen Abhängigkeit der Dienste leistenden Arbeitskraft werden im →Arbeitsrecht *abhängige Dienstverträge* (→Arbeitsvertrag), bei denen der Diensterbringer als →Arbeitnehmer den →Direktionsrechten eines →Arbeitgebers unterworfen ist, und *freie Dienstverträge*, bei denen keine persönliche Abhängigkeit vorliegt (→Scheinselbstständigkeit, →Freie Mitarbeiter), unterschieden. Im Gegensatz zum →Werkvertrag ist in beiden Fällen kein festgelegtes Arbeitsergebnis zu erbringen. Zusammen mit Werkverträgen werden Dienstverträge, die keine Arbeitsverträge darstellen, auch als →Contracting bezeichnet. Abhängige und freie Dienstverträge stellen unterschiedliche →Beschäftigungsformen dar und konstituieren beide ein →Beschäftigungsverhältnis.

Axel Haunschild

Dienstwagen

Fahrzeuge, die den Beschäftigten zur beruflichen Nutzung überlassen werden.

Zu unterscheiden ist zwischen *Funktionswagen*, die an eine bestimmte Tätigkeit (z. B. Außendienst) geknüpft sind, und *Statuswagen*, deren Vergabe allein von der hierarchischen Position abhängt. Ihre Bedeutung liegt in erster Linie in der Sachleistung, die als geldwerter Vorteil für den Empfänger steuerpflichtig ist.

Gelegentlich stellen Dienstwagen eine Wahlleistung im Rahmen eines →Cafeteria-Systems dar. In diesem Rahmen sind Dienstwagen als Instrument zur Steuerung der individuellen →Motivation zu betrachten. Indem Unternehmen Einfluss auf die Modellwahl bei den Dienstwagen nehmen, setzen sie aber auch kollektive Motivationssignale. Eine gezielte Spreizung, indem beispielsweise Fahrzeuge der gehobenen Mittel- und Oberklasse oberen →Führungskräften vorbehalten bleiben, symbolisiert eine Statushierarchie und wirkt somit auf das →Anerkennungsbedürfnis der verschiedenen Führungsebenen. Umgekehrt signalisiert die Entscheidung für einen einheitlichen Fahrzeugtyp eine geringe Bedeutung von Hierarchieebenen (→Hierarchie). Schließlich sind Dienstwagen über Modell- und Farbenwahl oder die Nutzung als Werbefläche auch ein mögliches Element für das Corporate Design eines Unternehmens.

Wie eine Untersuchung von HAY Management Consulting von 1999 für Deutschland ergab, verfügen rund 85 % der Geschäftsführer, rund 60 % der Bereichs- und Profit-Center-Leiter sowie 20 % der Verkaufsleiter über einen Statuswagen.

Markus Gmür

Differenzierte Arbeitszeiten

Ausdruck für die schwankenden vertraglichen individuellen Wochenarbeitszeiten.

Differenzierung

Prinzip der →Destandardisierung, das auch im Kontext der Personalwirtschaft (→Personalmanagement) verwendet wird.

Im Sinne einer „differenziellen →Personalpolitik" beziehungsweise „differenziellen Personalwirtschaft" erfolgt eine „differenzielle →Arbeitsgestaltung". In Abhängigkeit von bestimmten Differenzierungskriterien werden mehrere alternative Arbeitsstrukturen angeboten, zwischen denen die Mitarbeiter wählen können. Zu solchen Kriterien können beispielsweise bestimmte →Gruppenmerkmale, Stellung in der Unternehmenshierarchie, Altersgruppen oder Qualifikationen gehören. Am häufigsten werden auf diese Weise die →Arbeitszeit („optionale Arbeitszeit" oder „Wahlarbeitszeit") und der Arbeitsinhalt optional gestaltet.

→Individualisierung ist in diesem Sinne theoretisch dann ein spezieller Fall der Differenzierung, wenn die Differenzierungskriterien auf der Ebene der einzelnen Individuen unterschiedlich erfüllt werden. Da dies nur über eine große Menge von Kriterien und eine Vielzahl von Wahloptionen formalisiert werden kann, bleibt Differenzierung in der praktischen Umsetzung gruppenbezogen. Bei einer individualisierten Arbeitsgestaltung werden Gestaltungslösungen individuumsbezogen und maßgeschneidert entwickelt.

Literatur: *Ulich, E.*: Individualisierung und differentielle Arbeitsgestaltung, in: *Graf Hoyos, C.; Zimolong, B.* (Hrsg.): Ingenieurpsychologie, Göttingen, Toronto, Zürich 1990, S. 511–535.

Sonia Hornberger

Digital Game Based Learning (DGBL)

Instrument des elektronischen Lernens (→ Learning), das als Spielbasis zeitgemäße Computer-, Internet- und Videospiele verwendet.

Allgemein lassen sich zwei Arten von Digital Games unterscheiden:

1. Die einen werden kreiert, um dem Nutzer primär einen hohen Spaßfaktor zu bieten.
2. Andere zielen vor allem auf die Vermittlung von Lerninhalten ab.

Digital Game Based Learning (DGBL) bezieht sich auf die letztgenannte Spielart. Bei der Entwicklung des spielbasierten eLearning für Unternehmen (→ Spielen im Arbeitskontext) muss das traditionelle Spieldesign von Digital Games mit pädagogischem Wissen angereichert werden (*von Eck* 2006). In diesem Zusammenhang spricht man auch von „Serious Games", also Spielen mit ernsthaftem Bildungsauftrag.

DGBL (*Burmester, Gerhard* und *Thissen* 2006, *Prensky* und *Sivasailam* 2007) ist insofern eine Weiterentwicklung des traditionellen eLearning, als es vor allem interaktives Spielen mit der Verortung in fiktiven Spielwelten und der Spielumgebung zeitgemäßer Computer- und Internetumsetzung kombiniert. Damit spricht DGBL bewusst gerade die jüngeren Mitarbeiter und Nachwuchsführungskräfte an, bei denen man davon ausgeht, dass sie bereits einen engeren Bezug zu Computerspielen haben. Denn es erfüllt durch den integrierten Einsatz moderner Medien die Ansprüche der „digitalen Netzwerk Generation" (oder „Net Generation"), die sich von dem traditionellen Lern- und Unterrichtsverständnis entfernen: Die Net Generation glaubt verstärkt an die eigene Selbstwirksamkeit (→ Kompetenz), ist risikobereit, bevorzugt induktives Denken, fordert häufige und direkte Interaktionsmöglichkeiten, benutzt mehrere Informationskanäle gleichzeitig und präferiert visuelle Reize, um zu lernen (*Beck* und *Wade* 2006, *von Eck* 2006, *Johnson* 2006). Erfahrungen mit dem Angebot von DGBL zeigen jedoch, dass sich auch ältere Nutzer von diesen Spielen angesprochen fühlen. Insofern trägt das DGBL zu lebenslangem Lernen bei.

Im Kontext der → Personalentwicklung wird DGBL als Selbstlerninstrument und zur Unterstützung des Lernens eingesetzt (→ Lern- und Informationsspiele). Ein Beispiel ist das Spiel „IT-Manager" von Intel, das nicht nur der Produktwerbung dient, sondern dem Spieler hilft, seine IT-Fähigkeiten zu trainieren, Mitarbeiter zu führen, Budgets zu verwalten und somit vielfältige Führungsrollen schult.

Literatur: *Beck, J. C.; Wade, M.*: The Kids are Alright. How the Gamer Generation is Changing the Workplace, Harvard 2006. *Burmester, M.; Gerhard, D.; Thissen, F.* (Hrsg.): Digital Game Based Learning, Karlsruhe 2006. *Johnson, S.*: Neue Intelligenz. Warum wir durch Computerspiele und TV klüger werden, Köln 2006. *Prensky, M.; Sivasailam, T.*: Digital Game-Based Learning, o.O. 2007. *von Eck, R.*: Digital Game Based Learning. It's Not Just the Digital Natives Who Are Restless, in: Educause Review, 41. Jg. (2006), H. 2, S. 17–30.

Volker Stein

DIN EN ISO 9000

allgemeingültige Normen, Modelle, Leitlinien und Empfehlungen zum → Qualitätsmanagement.

Die Abkürzung DIN steht für *Deutsches Institut für Normung e.V.* Die Abkürzung DIN EN ISO signalisiert, dass das ehemals deutsche Regelwerk im Rahmen einer EU-weiten Harmonisierung an die Standards der International Organization for Standardization (ISO) angepasst wurde. Bis zum Jahre 2000 wurden die Regelwerke DIN EN ISO 9000 bis 9004 vollständig überarbeitet, um sie auch an die Bedürfnisse (→ Motiv) von Dienstleistungsunternehmen anzupassen.

Die zunehmende → Globalisierung und die immer komplexeren wirtschaftlichen Abläufe machen es notwendig, Standards und Normen zu entwickeln, auf die sich Unternehmen und Organisationen in ihren Geschäftsbeziehungen berufen können. Hierzu ist die Zertifizierung (→Zertifizierter Personalmanager) dieser Normen durch Dritte vorgesehen.

Lange gab es nur nationale und branchenspezifische Regelwerke. Dann wurde die ISO beauftragt, ein weltweit einheitliches, branchenübergreifendes Qualitätsmanagement-Regelwerk aufzubauen. Inzwischen ist es möglich Unternehmen vom Automobilkonzern bis hin zur Arztpraxis nach DIN EN ISO 9000 ff. zu zertifizieren. Die Regelwerke enthalten unterer anderem Bewertungskriterien für Prozesse, Sicherheitsvorkehrungen und technische Einrichtungen. Auch sind Anforderungen an die Mitarbeiter und das →Personalmanagement aufgeführt: Beispielsweise müssen Nachweise über Schulung, Fähigkeiten und Fertigkeiten (→Qualifikation) der Mitarbeiter geliefert werden.

Literatur: *Brauer, J.-P.*: DIN EN ISO 9000:2000 ff. umsetzen, München 2002. *Pfitzinger, E.*: Der Weg von DIN EN ISO 9000 ff. zu Total Quality Management, Berlin 2002.

Thomas Bartscher

Direct Costing

einstufige Deckungsbeitrags- beziehungsweise Proportionalkostenrechnung, die ein Teilrechnungssystem darstellt.

Direct Costing, das bereits in den 1930er Jahren in den USA entwickelt wurde, basiert auf einer Spaltung der Kosten in variable und fixe Kosten. Während die variablen Kosten den jeweiligen Kostenträgern zugerechnet werden, sollen die Fixkosten, zu denen typischerweise große Anteile der →Personalkosten gehören, als Ganzes erfasst und den Deckungsbeiträgen gegenübergestellt werden. Mit diesem Ansatz können Konsequenzen aus einer Änderung der Produktabsatzmenge erkannt werden. Direct Costing liefert damit Informationen für programmpolitische Entscheidungen. Für kurzfristige Entscheidungen sind vor diesem Hintergrund nur die variablen Kosten entscheidungsrelevant (*Olfert* 2001).

Schwierigkeiten ergeben sich oft aus der ganzheitlichen Behandlung der fixen Kosten. Diese und damit auch große Teile der Personalkosten lassen sich prinzipiell zwar nicht einer einzelnen Produkteinheit zurechnen, aber eine Zuweisung zu einem Produkt insgesamt, einer Produktgruppe oder einer Sparte ist durchführbar und erbringt unter Umständen bessere Informationen als Entscheidungsgrundlage (*Coenenberg* 1999).

Literatur: *Coenenberg, A. G.*: Kostenrechnung und Kostenanalyse, 4. Aufl., Landsberg/Lech 1999. *Olfert, K.*: Kostenrechnung, 12. Aufl., Ludwigshafen 2001.

Silvia Föhr

Direktionsrecht

Anrecht des →Arbeitgebers, die nur rahmenmäßig festgelegte →Arbeitspflicht des →Arbeitnehmers nach Zeit, Ort und Art der Leistung näher zu bestimmen (§ 106 Satz 1 Gewerbeordnung, GewO).

Das Direktionsrecht (auch Weisungsrecht genannt) erstreckt sich auch auf die Ordnung und das Verhalten der Arbeitnehmer im Betrieb (§ 106 Satz 2 GewO). Es findet seine *Grundlage* im Arbeitsverhältnis, weil der Arbeitnehmer lediglich versprochen hat, unselbstständige, weisungsabhängige und somit konkretisierungsbedürftige Dienste zu leisten. Es wird durch einseitige, empfangsbedürftige (Willens-)Erklärung des Arbeitgebers ausgeübt, ist jedoch zahlreichen Beschränkungen unterworfen (§ 106 S. 1 GewO). Der Arbeitgeber darf dem Arbeitnehmer nur solche Tätigkeiten zuweisen, zu denen sich der Arbeitnehmer nach dem →Arbeitsvertrag verpflichtet hat. Tätigkeiten, die nach ihrem Inhalt, nach ihrer Zeit oder ihrem Ort nicht mehr vom Arbeitsvertrag umfasst werden, muss der Arbeitnehmer nicht ausüben. Das Direktionsrecht kann allerdings insbesondere durch so genannte Versetzungsbeziehungsweise Umsetzungsklauseln erweitert werden. Diese räumen dem Arbeitgeber das Recht, den Arbeitnehmer über den vertraglich vereinbarten Leistungsinhalt hinaus mit anderen fachlichen Tätigkeiten oder an einem anderen Ort innerhalb des Unternehmens, gegebenenfalls aber auch innerhalb des Konzerns oder sogar außerhalb dieses Bereichs, zu beschäftigen.

Neben dem Vertrag ist der Arbeitgeber bei der *Ausübung* des Direktionsrechts zudem an höherrangiges Recht (insb. Gesetze, Tarifverträge und →Betriebsvereinbarungen) gebunden. Ebenso muss die Ausübung des Weisungsrechts billigem Ermessen entsprechen (§ 106 Satz 1 GewO). Zur Beurteilung dessen ist auf den konkreten Einzelfall unter angemessener Berücksichtigung der beidseitigen Interessen abzustellen. Relevant ist hier insbesondere eine etwaig eingetretene Konkretisierung der Arbeitspflicht: Hat der Arbeitnehmer über einen längeren Zeitraum eine bestimmte Art von Tätigkeit verrichtet und darf er aus besonderen Gründen darauf vertrauen, diese Tätigkeit auch weiterhin auszuüben, so kann das Direktionsrecht des Arbeitgebers im Laufe des Arbeitsverhältnisses (→Beschäftigungsverhältnis) eingeschränkt werden.

Der Inhalt der Arbeitspflicht des Arbeitnehmers wird nur durch rechtmäßige Weisungen konkretisiert. Der Arbeitgeber hat keinen Anspruch darauf, dass der Arbeitnehmer Tätigkeiten ausübt, die nicht mehr vom Direktionsrecht erfasst sind.

Literatur: *Boemke, B.*: Studienbuch Arbeitsrecht, 2. Aufl., München 2004, § 9 Rn. 6 ff. *Hunold, W.*: AR-Blattei, SD 600 Rn. 1 ff.

Burkhard Boemke

Direktlohn

Entgelt für geleistete Arbeit, das laufende Lohnzahlungen, die ausschließlich der →Arbeitsaufgabe zuzurechnen sind, umfasst.

Die mit der Aufgabe verbundenen Anforderungen spiegeln sich im Grundlohn, die individuelle Leistung des →Arbeitnehmers im Leistungslohn wider. Der Direktlohn, das heißt Grund- und Leistungslohn, bilden zusammen mit den →Personalzusatzkosten (gesetzliche, tarifliche und betriebliche) die Arbeits- beziehungsweise →Personalkosten eines Unternehmens (*Schanz* 2000).

Literatur: *Schanz, G.*: Personalwirtschaftslehre, 3. Aufl., München 2000, S. 575.

Silvia Föhr

Disciplinary Interview

in Großbritannien ein Teil der →Disciplinary Procedure, eine für verhaltensbedingte Verfehlungen übliche Regelung, die den betroffenen Arbeitnehmern rechtliches Gehör gewährt.

In der Regel beginnt das →Interview mit einer Darstellung der Verfehlung. Der →Arbeitnehmer, dem ein Kollege oder ein Gewerkschaftsvertreter zur Seite steht, hat dann die Möglichkeit zur Erwiderung und zum Kreuzverhör. Gegebenenfalls werden Zeugen hinzugezogen. Schließlich kommt man zu einer Entscheidung, die eine →Written Warning oder eine Betriebsbuße (→Verwarnung) zur Folge haben kann (*Heery* und *Noon* 2001).

Literatur: *Heery, E.; Noon, M.*: A Dictionary of Human Resource Management, Oxford 2001, S. 3–4.

Reiner Bröckermann

Disciplinary Procedure

förmliches Verfahren bei einem Verstoß gegen die üblicherweise schriftlichen Richtlinien in Großbritannien, durch die →Arbeitgeber für Ordnung und Disziplin sorgen.

Für die Fälle, in denen →Arbeitnehmer durch ihr Verhalten gegen diese Richtlinien verstoßen, etabliert man ein förmliches Verfahren im Unternehmen, das auf einer genauen Recherche basiert, rechtliches Gehör, Beratung sowie Rechtsbeistand gewährleistet und dokumentiert wird. Im Ergebnis werden →Written Warnings erteilt oder Betriebsbußen (→Verwarnung) verhängt. Eine →Kündigung kommt, außer bei massiven Verstößen, erst nach mehreren gemaßregelten Übertretungen in Betracht.

Auch in Deutschland sind Verfehlungen nur dann Grund für eine →verhaltensbedingte Kündigung, wenn gleichartige Pflichtverletzungen zuvor zwei bis drei Mal gemaßregelt worden sind, allerdings in Form von →Abmahnungen, die zwar inhaltlich den Written Warnings entsprechen, aber keineswegs an ein förmliches Verfahren gekoppelt sind. →Verwarnungen und die in einem der Disciplinary Procedure vergleichbaren Verfahren verhängten Betriebsbußen können Abmahnungen in dieser Funktion nicht ersetzen.

Reiner Bröckermann

Diskontinuierliche Schichtarbeit

→Dreischichtbetrieb (Früh-, Spät-, Nachtschicht) mit freien Sonnabenden und Sonntagen.

Diskriminanzanalyse

multivariater statistischer Ansatz zur Analyse von Gruppenunterschieden.

Bei der Diskriminanzanalyse werden Merkmale herangezogen, anhand derer die Gruppenunterschiede erklärt werden können. Somit wird also der funktionale Zusammenhang zwischen einem nominalen Merkmal Y und den quantitativen oder qualitativen Merkmalen $X_1, \ldots, X_m$ untersucht. Sind die unabhängigen Merkmale quantitativ, so spricht man von einer *metrischen* Diskriminanzanalyse, sind die unabhängigen Merkmale qualitativ, wird die *nicht-metrische* Diskriminanzanalyse verwendet. Einen Überblick hierzu geben *Fahrmeir* und *Hamerle* (1996).

Die metrische Diskriminanzanalyse geht von m quantitativen Merkmale $X_1, \ldots, X_m$ sowie einem nominalen Merkmal Y aus, das eine Zerlegung der Objektmenge in s disjunkte Klassen $K_1, \ldots, K_s$ impliziert. Gesucht ist dann eine Gewichtung der Merkmale $X_1, \ldots, X_m$, so dass die Variable Y bestmöglich approximiert, das heißt

$$Y \cong g_1 \cdot X_1 + \ldots + g_m \cdot X_m.$$

Die Gewichtung der unabhängigen Variablen soll dabei derart erfolgen, dass die Unterschiede zwischen den prognostizierten Werten einer Klasse möglichst klein, die verschiedener Klassen aber möglichst groß sind. Als Ergebnis erhält man *Backhaus et al.* (2003) gemäß dann $(s-1)$ *Diskriminanzfunktionen*, da jede Diskriminanzfunktion lediglich eine Trennung in zwei Gruppen vornehmen kann.

Literatur: *Backhaus, K. et al.*: Multivariate Analysemethoden, 10. Aufl., Berlin 2003, S. 155–227. *Fahrmeir, L.; Hamerle, A.*: Multivariate statistische Verfahren, 2. Aufl., Berlin 1996, S. 394–416. *Klecka, W. R.*: Discriminant Analysis, 15. Aufl., Beverly Hills 1993.

Udo Bankhofer

Diskriminierungsverbot

Verbot, eine Person oder eine →Gruppe von Personen ohne sachlichen Grund gegenüber einer vergleichbaren anderen Personengruppe zu benachteiligen.

Diskriminierungsverbote ergeben sich bereits aus Art. 3 Abs. 3 Grundgesetz (GG), wonach niemand wegen seines Geschlechts, seiner Abstammung, seiner Rasse, seiner Sprache, seiner Heimat und Herkunft, seines Glaubens, seiner religiösen oder politischen Anschauungen benachteiligt oder bevorzugt werden darf. Ebenso darf niemand wegen seiner Behinderung benachteiligt werden. Allerdings ist der →Arbeitgeber nicht unmittelbar an Art. 3 Abs. 3 GG gebunden, weil →Grundrechte im Privat- beziehungsweise →Arbeitsrecht nicht unmittelbar anwendbar sind. Vielmehr wird die Möglichkeit zu willkürlicher, selbstbestimmter Gestaltung durch den Grundsatz der Privatautonomie (→Autonomie) gewährleistet. Über Generalklauseln, wie zum Beispiel §§ 138, 242, 315 Bürgerliches Gesetzbuch (BGB), sowie § 106 Gewerbeordnung (GewO), können die Grundrechte allerdings mittelbar in das Privatrecht einwirken.

Überdies werden der Willkür des Arbeitgebers durch spezialgesetzliche Diskriminierungsverbote Grenzen gezogen. Danach dürfen bestimmte Umstände *Einstellungsentscheidungen* nicht zugrunde gelegt werden (bspw. Verbot der Benachteiligung wegen des Geschlechts gemäß § 611a Abs. 1 Satz 1 Bürgerliches Gesetzbuch, BGB; Verbot der Benachteiligung wegen einer Behinderung gemäß § 81 Abs. 2 Nr. 1 Sozialgesetzbuch, SGB IX; Verbot der Benachteiligung wegen Gewerkschaftszugehörigkeit gemäß Art. 9 Abs. 3 Satz 2 GG; Verbot der Benachteiligung oder Bevorzugung wegen Betriebsratstätigkeit (→Betriebsrat) gemäß § 78 →Betriebsverfassungsgesetz, BetrVG. Zwei bislang noch nicht umgesetzte Richtlinien der Europäischen Gemeinschaft (EG) untersagen eine Ungleichbehandlung (→Gleichbehandlung aus (arbeits-)rechtlicher Sicht) aufgrund der Rasse beziehungsweise der ethnischen Herkunft, der Religion, der Weltanschauung, einer Behinderung, des Alters oder der sexuellen Ausrichtung und bieten damit einen noch weitergehenden Schutz. Sobald diese Richtlinien in geltendes nationales Recht umgesetzt sind, dürfen (auch) diese Merkmale Einstellungsentscheidungen nicht mehr zugrunde gelegt werden. Die Rechtsfolgen eines Verstoßes gegen die Diskriminierungsverbote bestimmen sich nach der jeweiligen Norm.

Ein weiteres Diskriminierungsverbot bildet der so genannte *Gleichbehandlungsgrundsatz*. Gesetzlich normierte Gleichbehandlungsgebote stellen der Grundsatz des gleichen Entgelts für Männer und Frauen (Art. 141 EG-Vertrag, § 612 Abs. 3 BGB), der Grundsatz der Gleichbehandlung von Männern und Frauen (§ 611a Abs. 1 Satz 1 BGB), das Verbot der Schlechterstellung schwerbehinderter Beschäftigter (§ 81 Abs. 2 Nr. 1 SGB IX) und der Grundsatz der Gleichbehandlung von Teilzeitbeschäftigten mit Vollzeitkräften (§ 4 Abs. 1 Teilzeit- und Befristungsgesetz, TzBfG) sowie von befristet mit unbefristet Beschäftigten (§ 4 Abs. 2 TzBfG) dar. Nicht normiert ist der so genannte allgemeine (arbeitsrechtliche) Gleichbehandlungsgrundsatz. Danach darf der Arbeitgeber einzelne →Arbeitnehmer oder Gruppen von Arbeitnehmern bei allgemeinen Regelungen nicht willkürlich schlechter behandeln als andere Arbeitnehmer in vergleichbarer Lage. Voraussetzung ist, dass der Arbeitgeber eine gruppenbezogene, allgemeingültige Regel aufstellt, von der einzelne Arbeitnehmer oder auch Gruppen von Arbeitnehmern ausgenommen werden, ohne dass dafür ein sachlicher Grund besteht. Welche Folgen ein Verstoß gegen den allgemeinen Gleichbehandlungsgrundsatz nach sich zieht, hängt vom Einzelfall ab: Er kann entweder anspruchsbegründende Wirkung für die gleichheitswidrig von der Vergünstigung ausgeschlossenen Arbeitnehmer haben oder zur Unwirksamkeit der entsprechenden Regelung führen.

Literatur: *Boemke, B.*: Studienbuch Arbeitsrecht, 2. Aufl., München 2004, § 3 Rn. 41 ff. und § 5 Rn. 113 ff.

Burkhard Boemke

Disstress → Stress

Distance Learning

Lern- und Lehrsystem, das den Lernenden mit räumlich (und zeitlich) verteilten Lehrressourcen verknüpft.

Auch wenn eine ganze Reihe von unterschiedlich konkreten Ausprägungen existiert, lassen sich doch mehrere gemeinsame Charakteristika festhalten: Distance Learning ist geprägt von einer räumlichen und/oder zeitlichen Trennung von Lehrenden beziehungsweise Lehrressourcen und Lernenden sowie von einer Trennung zwischen einzelnen Lernenden. Konstitutives Merkmal ist zudem die potenzielle →Interaktion zwischen Lehrenden und Lernenden beziehungsweise zwischen Lernenden und Lehrressourcen. Hierzu findet eine Verknüpfung durch Medien (z. B. Studienbriefe, Radio- und Fernsehsendungen), neuerdings insbesondere durch elektronische Medien (z. B. eMail, Websites, Chat, Video-Konferenzen) statt.

Distance Learning ist ein Oberbegriff für vielfältige, in der Praxis vorzufindende Unterformen.

Eine erste Unterform des Distance Learning ist das so genannte *Tele-Selbstlernen* (auch Open Distance Learning genannt), das heute in der Regel via →Web-based-Training durchgeführt wird. Dabei nutzen die Lernenden im →Internet bereitgestellte Lerninhalte und lernen eigenständig anhand von Online-Materialien, Übungen und Simulationen. Selbsttests ermöglichen jederzeit eine Eigenkontrolle.

Eine weitere Form ist das *Tele-Tutoring* oder auch *Tele-Coaching* (→Coaching). Dabei unterstützt und betreut ein Lehrender, das heißt ein Tutor oder →Coach, die räumlich entfernten Lernenden. Für die →Kommunikation können grundsätzlich *asynchrone* (meistens, z. B. eMail) oder *synchrone* (z. B. Videokonferenzen) Kommunikationsmedien genutzt werden.

Einen stärkeren Einsatz des Lehrenden findet man beim *Tele-Teaching* (auch Distance Lecturing). Im Rahmen des Tele-Teaching werden Lehrinhalte in Form einer Art Vorlesung vermittelt, die beispielsweise mithilfe von Video und Internet zum Lernenden übertragen wird.

Eine recht neue und technologieintensive Form des Distance Learning existiert als *Cooperative Distance Learning*. Dabei kooperieren die Lernenden in Lernübungen und Teamprojekten. Die Ergebnisse finden Eingang in internetgestützte Diskussionsformen (z. B. Chat und Foren). Cooperative Distance Learning ist besonders für umsetzungsorientiertes Lernen geeignet.

In der Praxis des Distance Learning finden sich stets neue Kombinationen von Lehr- und Lernmethoden. Die didaktische und auch technologische Entwicklung kann deshalb keineswegs als abgeschlossen gelten.

Literatur: *Christensen, E.W.; Anakwe, U.P.; Kessler, E.H.*: Receptivity to Distance Learning: The Effect of Technology, Reputation, Constraints, and Learning Preferences, in: Journal of Research on Computing in Education, 33. Jg. (2001), H. 3, S. 263–279. *Palloff, R.M.; Pratt, K.*: Building Learning Communities in Cyberspace: Effective Strategies for the Online Classroom, San Francisco 1999. *Rowntree, D.*: Exploring Open and Distance Learning, London 1992.

Stephan Kaiser

Divergenzthese →Kulturdivergenz

Diversity

Verschiedenheit, Ungleichheit, Andersartigkeit und Individualität, die durch zahlreiche Unterschiede zwischen Menschen entsteht.

Diversity betrachtet gleichzeitig aber auch die Gemeinsamkeiten, welche die Menschen in der →Organisation insgesamt oder in →Gruppen (→Gruppenmerkmale) zusammenhalten: „Diversity refers to *any* mixture of items characterized by differences and similarities" (*Thomas* 1996, S. 5), so eine Definition, die sich in den USA immer mehr durchsetzt und beispielsweise von der 1993 gegründeten SHRM (Society of Human Resources Management) in ihren Diversity Programmen übernommen wird.

Personelle Vielfalt umfasst in dieser Interpretation alle Aspekte der individuellen Entwicklung und Prägung von Menschen, die für Unternehmen relevant sein können. Diversity darf jedoch nicht auf die Betrachtung von Individuen reduziert werden; es muss vielmehr die Zugehörigkeit zu unterschiedlich machtvollen Identitätsgruppen berücksichtigt werden, um nicht zu verkürzten Ansätzen des →Diversity Managements zu kommen. In empirischen Studien der neueren wissenschaftlichen Diversity Literatur wird dem *Macht-Aspekt* zunehmend Bedeutung zugewiesen. So kommen *Ely* und *Thomas* (2001) zu dem Ergebnis, dass die grundsätzliche Haltung der Organisation zu Diversity und zu →Minoritäten ein extrem wichtiger Einflussfaktor ist, der darüber entscheidet, ob Diversity Management in der praktischen Umsetzung nachhaltig erfolgreich sein kann.

Positiv belegt ist Diversity im Sinne von Facettenreichtum zu verstehen, der die Unterschiedlichkeit nicht nur als Trennmoment, sondern auch als etwas Verbindendes ansieht und als Chance im Sinne eines Synergiepotenzials begreift. Hierbei geht es um alle Mitarbeiter des Betriebs als Individuen, die gerade aufgrund der Zugehörigkeit zu unterschiedlichen Identitätsgruppen und aufgrund unterschiedlicher Fähigkeiten, Erfahrungen und Perspektiven einen Beitrag zum Unternehmenserfolg leisten können und sollen. Es handelt sich um eine Grundhaltung und um ein neues Verständnis dafür, wie Unternehmen funktionieren können. Eine Wertschätzung von Diversity kann auf einer normativen Basis ruhen, entspringt aber vor allem strategischen Überlegungen angesichts fortschreitender →Globalisierung, Unternehmens-Zusammenschlüssen, Übernahmen und Allianzen sowie der Bedeutung der Netzwerkbildung. Auch der Kampf um qualifizierte Mitarbeiter wie auch die Vielfalt von Berufsqualifikationen und die zunehmende ethnische Diversität der Mitarbeitenden wirken in diese Richtung. Eher *negativ* mutet ein hierarchisch geprägtes Diversity Verständnis an, in dem Außenseitertum als Anderssein im defizitären Sinne empfunden wird oder das Unterschiedlichkeit im Sinne einer Nichtangepasstheit oder Nichtanpassbarkeit deutet. Welches Diversity Verständnis in der Organisation vorherrscht, ist nicht zuletzt auf organisationsinterne Definitionsmacht zurückzuführen.

Angesichts der beschleunigten ökonomischen Dynamik mit ihrem wachsenden Veränderungs- und Innovationsdruck auf Unternehmen und der Notwendigkeit einer effizienteren und effektiveren Nutzung menschlicher Ressourcen erscheinen monokulturelle Organisationen als zu starr und vergangenheitsorientiert, zu wenig lern- und anpassungsfähig und zu wenig kreativ und innovativ. Als diversitätsorientierter Gegenentwurf wird die multikulturelle Organisation gesehen, die nicht nur pluralistisch ist, sondern die formelle und informelle →Integration von Minderheitskulturen, geringe Intergruppen-Konflikte und den Abbau von Vorurteilen und Diskriminierungen anstrebt. Eine solche diverse Organisation bildet − unterstützt durch ein effektives Diversity Management − eine Gruppenidentität der Mitarbeiter heraus, die nach *Koall* (2001) die Annahme einer homogenen Unternehmenskultur (→Organisationskultur) aufgibt und sich durch die Akzeptanz ihrer Multikulturalität auszeichnet. Die hier akzeptierte Vielfalt von individuellen Fähigkeiten, Erfahrungen, →Kompetenzen und Qualifikationen der Organisationsmitglieder stellen damit einen Faktor der „Human Resources" von Organisationen dar, der unternehmerische Strategien der →Flexibilisierung und des kontinuierlichem Lernens nachhaltig forciert und fördert.

Eine Übersicht über die wichtigsten Diversity-Ansätze aus den USA gibt Übersicht 1. Dabei erscheint zunächst der Ansatz von *Loden* und *Rosener* (1991) fruchtbar, der die „otherness" − betrachtet vom subjektiven Standpunkt der Akteure − in den Mittelpunkt der Arbeitsdefinition stellt und eine primäre und sekundäre Dimension von Diversity nach dem Zeitpunkt ihres Erwerbs und ihrer angenommenen Stabilität unterscheidet. Zu ersteren gehören sechs Merkmale, die als angeboren oder früh erworben, als interdependent und stabil angesehen werden. Zu der zweiten Dimension gehören dagegen Merkmale, die als erworben und veränderlich beschrieben werden. Gemeint sind hier die durch Erziehung, →Ausbildung, Berufs- und Lebenserfahrung angenommenen Merkmale. Aus deutscher Sicht wären die soziale Herkunft und Klassenzugehörigkeit zu ergänzen, Aspekte, die mit „Parental Status" nur ungenügend ausgedrückt sind.

Übersicht 1: Systeme zur Differenzierung
von Diversity-Dimensionen
(Aretz/Hansen 2003, S. 15)

Cox 1993	Loden/ Rosener 1991	Jackson/ Ruderman 1996
Individual Level Factors - Personal Identity Structures - Prejudice - Stereotyping - Personality	Primary Dimensions - Age - Ethnicity - Gender - Physical Abilities/ Qualities - Race - Sexual/ - Affectional - Orientation	Demographic Diversity e.g. Based on - Gender - Ethnicity - Age
	Secondary Dimensions - Educational Background - Geographic Location - Income - Marital Status - Military Experience - Parental Status - Religious Beliefs - Work Experience	Psychological Diversity e.g. Based on - Values - Beliefs - Knowledge
Group and Intergroup Factors - Cultural Differences - Ethnocentrism - Intergroup Conflict		
Organizational Context Factors - Organizational Culture and Acculturation Process - Structural Integration - Informal Integration - Institutional Bias in HRS		Organizational Diversity e.g. Based on - Tenure - Occupation - Hierarchical Level

Einen ergänzenden Ansatz zu dieser Typologisierung stellen *Jackson* und *Ruderman* (1996) vor. Sie unterscheiden demographische Diversität von psychologischer Diversität und beziehen die organisationale Diversität als die Vielfalt, die erst in der Organisation entsteht mit ein. *Cox* (1993) unterscheidet in seinem konfliktorientierten Ansatz Aspekte von Diversity nach ihrer sozialen Ebene und stellt „individual level factors", „group and intergroup factors" und „organizational context factors" als wichtige Dimensionen von Vielfalt dar.

Gentile (1998) fügt diesen Ebenen noch die intrapersonelle hinzu und fordert die Aufgabe eines dualistischen Weltbildes, das die Definition unser Selbst in Abgrenzung zu anderen Personen vornimmt: „Rather than defining ourselves, in opposition to someone else, let us incorporate opposition into ourselves." (*Gentile* 1998, S. 20). Sie empfiehlt, sich folgende Einsichten immer wieder bewusst zu machen, um ein Denken und Handeln zu fördern, dass sich an einer multiplen Perspektive orientiert:

- *Individuen verfügen über multiple Identitäten,* die verschiedene Aspekte von Diversity gleichzeitig repräsentieren, wobei eine oder mehrere Teilidentitäten in bestimmten Situationen im Vordergrund stehen. Dieser Gedanke ist aus der Diskussion um weibliche → Führungskräfte wohlbekannt: Diese sind niemals ausschließlich „Frau" oder „Führungskraft", sondern sie müssen sich permanent mit beiden Rollen und den zwischen ihnen bestehenden Rollenkonflikten auseinandersetzen. In den USA wird in diesem Zusammenhang häufig die Zugehörigkeit zu einer Rasse diskutiert. Für Mitglieder nicht-dominanter Gruppen ist diese multiple Identität deutlicher spürbar, als dies auf die dominanten Gruppen zutrifft, die sich selbst automatisch als Normalität definieren. Ein erster Schritt wird also in der Initiierung von Bewusstmachungsprozessen dahin gehend bestehen, dass auch die dominante Gruppen Bestandteil von Diversität sind, die sich über unterschiedliche Dimensionen definieren lässt.

- *Individuen leben in einem Spannungsverhältnis von Einzigartigkeit und Gruppen-Zugehörigkeit,* das sich immer wieder neu ausformt. Diese Erfahrung macht die Relativität von Differenzen spürbar und verhindert ein Abgleiten in Stereotypisierung.

- *Kosten und Nutzen der verschiedenen Teilidentitäten sind unterschiedlich ausgeprägt.* Sie werden gesellschaftlich unterschiedlich bewertet, wodurch sich eine Hierarchisierung von Differenzen ergibt, die es bewusst zu machen gilt, damit sie verstanden und verändert werden kann.

- *Nicht alle Differenzen sind so offensichtlicher Natur wie* →*Gender und Rasse.* Sexuelle Orientierung, Weltanschauung und spezifische Erfahrungen aus der Arbeit in bestimmten (Funktions-)Bereichen erschließen sich erst in offener →Kommunikation. Die Individuen entscheiden, ob und wem sie sich öffnen wollen. Sie haben die Wahl, diese Aspekte in die Diskussion um Diversity einfließen zu lassen. Unabhängig davon sind die Differenzen jedoch existent.

- *Individuelle und Gruppenidentitäten sind nicht statisch*, sondern sie unterliegen dem gesellschaftlichen →Wandel, aber auch individuellen Entwicklungsprozessen: „If we remain aware of our own process of self-definition which involves a continual reconciliation of the multiple aspects of our identities, we can be more open to the same process in those with whom we learn and work" (*Gentile* 1998, S. 23).

- *Effektiver Umgang mit personeller Vielfalt bedarf einer soliden Basis aus gemeinsam geteilten Zielen und eines* →*Commitments* aller Beteiligten über Differenzen und Gruppengrenzen hinweg. Ohne verbindende Ähnlichkeit, ohne geteilte Visionen und Missionen zerfiele Vielfalt in ihre Bestandteile. Ein Organisationsinteresse am Management dieser Vielfalt könnte kaum definiert werden.

Diversity kann eine Chance für Unternehmen darstellen, um Märkte zu erschließen und das Problemlösungsverhalten zu verbessern. Dies setzt aber ein gezieltes Diversity Management voraus (*Aretz* und *Hansen* 2002).

Literatur: *Aretz, H. J.; Hansen, K.*: Diversity und Diversity-Management im Unternehmen, Münster etc. 2002. *Aretz, H. J.; Hansen, K.*: Erfolgreiches Management von Diversity. Die multikulturelle Strategie zur Verbesserung einer nachhaltigen Wettbewerbsfähigkeit, in: Zeitschrift für Personalforschung, 17. Jg. (2003), H. 1, S. 9–36. *Cox, T.*: Cultural Diversity in Organisations, San Francisco 1993. *Ely, R. J.; Thomas, D. A.*: Cultural Diversity at Work. The Effects of Diversity Perspectives on Work Group Processes and Outcomes, in: Administrative Science Quarterly, 46. Jg. (2001), H. 2, S. 5 und S. 229–273. *Gentile, M. C.*: Managerial Excellence Through Diversity, Prospect Heights 1998, S. 20, 23. *Jackson, S.; Ruderman, M. N.* (Hrsg.): Diversity in Workteams. Research Paradigms for a Changing Workplace, Washington 1996. *Koall, I.*: Managing Gender & Diversity. Von der Homogenität zur Heterogenität in der Organisation der Unternehmung, Münster 2001. *Loden, M.; Rosener, J. B.*: Workforce America! Managing Employee Diversity as a Vital Resource, Homewood 1991. *Thomas, R. R.*: Redefining Diversity, New York 1996.

Katrin Hansen

Diversity Management

beschäftigt sich mit der Vielfalt, der Heterogenität und den Unterschieden innerhalb der Organisation (→Diversity) und umfasst die Gesamtheit der Maßnahmen, die zu einem →Wandel der Unternehmenskultur (→Organisationskultur) führen, in der Diversity anerkannt, wertgeschätzt und als positiver Beitrag zum Erfolg eines Unternehmens genutzt wird.

Zielsetzung ist es, dass sich die Mitarbeiter der Bandbreite möglicher Individualität unter den differenzierten Aspekten der Persönlichkeit, der Sachkompetenzen, des kulturellen, gesellschaftlichen, organisationalen und des privaten Umfelds bewusst werden. „Managing Diversity" bedeutet, diese Kenntnisse (→Qualifikation) zu erarbeiten und die daraus entwickelbaren Potenziale zu identifizieren, um sie optimal für die Organisation zu nutzen. Für die Personalführung (→Mitarbeiterführung) bedeutet dies, die Fähigkeiten der Mitarbeiter so zu entwickeln, dass sie ihre Höchstleistung in der Verfolgung der Unternehmensziele erbringen können, ohne dabei aufgrund Geschlecht, Alter oder ethnischer Zugehörigkeit behindert zu werden und sich in interpersonellen Kämpfen zu verlieren. Gerade die unterschiedlichen Erfahrungen, Sichtweisen oder auch Kenntnisse und Fähigkeiten können nutzenstiftend in der Berufsarbeit eingebracht werden.

Diversity Management ist in den USA bereits seit Beginn der 1990er Jahre ein intensiv diskutiertes Thema und wird von dort ausgehend durch internationale Unternehmen auch in Europa eingesetzt. In letzter Zeit trifft Diversity Management in Deutschland auf zunehmendes Interesse – wenn auch zunächst fast ausschließlich in Großunternehmen (z. B. Deutsche Bank, Ford, Lufthansa), da man in diesem Konzept eine Möglichkeit sieht, auf aktuelle Veränderungen in der gesellschaftlichen Umwelt angemessen reagieren zu können.

Die unterschiedliche Haltung von Organisationen zu Diversity lässt sich nach *Thomas* und *Ely* (1996) in verschiedene Paradigmen des Diversity Managements strukturieren.

Im *Fairness & Discrimination Approach* werden Problemfelder für mögliche Diskriminierungen identifiziert, benannt und einer Konfliktbewältigung unterzogen. Motivierend für die →Personalpolitik von Unternehmen wirken in diesem Ansatz gesetzliche Rahmenbedingungen und gesellschaftliche Forderungen, denen die Organisationen aus ethischen oder strategischen Gründen folgen (→Affirmative Action hat hier ihren Platz). Angehörige rassischer oder kultureller Minderheiten und Frauen im Unternehmen sind beispielsweise in Höhe einer politisch korrekten Quote repräsentiert, doch sie sind nicht wirklich integriert. Diese „Gläserne Decke" (das heißt, Frauen erreichen in der Regel keine Top Management-Positionen) ist ein ebenso bekannter Effekt wie der starke Assimilationsdruck (→Assimilation), der auf Personen in Minderheitspositionen ausgeübt wird, solange das Unternehmen im Rahmen des „F&D-Approach" agiert. Das Unternehmen öffnet sich neuen Denk- und Handlungsweisen nicht wirklich, verliert Potenzialträger und vergibt damit wertvolle Lernchancen. Dennoch ist als positiver Effekt festzuhalten, dass →Minoritäten auf interne Positionen zugelassen werden, vorzeigbare Programme etabliert werden und ein „politisch korrekter" Ton herrscht. Dies kann ein erster Schritt sein, insgesamt aber nicht befriedigen: Denn →Gleichstellung wird nicht wirklich in den Organisationszielen verankert und kann auch kein Bestandteil der →Organisationskultur werden. Daher ist immer wieder mit Widerständen seitens der Mitglieder der dominanten Gruppen zu rechnen. Die Verschleierung von Machtverhältnissen im Fairness & Discrimination-Paradigma und die dort häufig anzutreffende „colour-blind ideology" (*Ely* und *Thomas* 2001) führen dazu, dass den Mitgliedern der Minoritäten-Gruppe zweideutige Signale übermittelt werden, in denen diese Zugehörigkeit einerseits als unproblematisch dargestellt wird, andererseits aber mehr oder weniger subtil Anpassungsleistungen gefordert werden.

Als zweites Paradigma im Umgang mit personeller Vielfalt entwickelte sich der *Access and Legitimacy Approach* auf der Grundlage einer marktorientierten Sichtweise. Hier wird nicht die Sozio-Demografie, sondern die spezifische marktabhängige Demografie zu spiegeln versucht.

Die Leitidee ist, durch Repräsentanz „diverser" Mitarbeitergruppen in Entwicklung, Produktion und Marketing über die Nähe von Mitarbeitern und Kunden →Kernkompetenzen zu entwickeln sowie Marktanteile zu sichern. Der Kundenkreis soll seine Spiegelung im Mitarbeiterkreis finden. Es wird erwartet, dass dieser Mitarbeiterkreis auf Basis des Fits geeignete Ideen entwickeln wird, um den Markt zu öffnen und erfolgreich zu bearbeiten beziehungsweise soziale Nähe im Kundenkontakt ein Erfolgsfaktor ist. Problematisch an diesem Ansatz ist, dass er zur Stereotypisierung einlädt, da Mitarbeiter auf ihre Zugehörigkeit zu einer bestimmten sozialen Gruppe reduziert und gruppentypische Einstellungen und Verhaltensweisen erwartet oder gefordert werden. Die Diversität (→Diversity), die in den Menschen, in ihrer facettenreichen Persönlichkeit und in ihren unterschiedlichen →Rollen und Funktionen liegt, wird ignoriert oder geleugnet. Der Wert „diverser" Mitarbeiter für das Unternehmen liegt in erster Linie in ihrer Zugehörigkeit zu einer sozialen Gruppe. Sie sind nicht wirklich akzeptiert, sondern werden in diesem Ansatz lediglich funktionalisiert. Gleichzeitig wird ihnen die Verantwortung für die Bedürfnisbefriedigung (→Motiv) der Kunden, deren Gruppe sie zugeordnet werden, einseitig zugeschoben. Die Organisation kann sich ihrer Verantwortung entziehen und lernt nur bedingt. Die nachhaltige Tragfähigkeit dieses Konzepts ist somit in Zweifel zu stellen. Dennoch ist auch hier als Positivum festzuhalten, dass Minoritäten auf der einen Seite in einem größeren Umfang zu attraktiven Positionen, vor allem im Marketing, aber auch in der Produktentwicklung, zugelassen sind, als es in Unternehmen der Fall ist, die Diversity gar nicht thematisieren. Auf der anderen Seite entgehen diese Positionen der dominanten Gruppe, woraus sich Widerstände ergeben können, die vor allem dann das Konzept des Diversity Managements gefährden, wenn die zuvor erwarteten, positiven Effekte nicht oder nur in geringerem Maße realisiert werden.

Im Rahmen des *Learning and Effectiveness Approach* wird Diversity Management als ganzheitliches, organisationales Lernen interpretiert. In diesem Konzept wird Raum geschaffen, in dem jeder Mitarbeiter seine individuelle Persönlichkeit mit ihren sozialen und kulturellen Bezügen in die Organisation einbringt. Es soll erreicht werden, dass Mitarbeiter ihre Eigenart und Eigenständigkeit nicht einem Homogenisierungszwang unterwerfen, sondern vielmehr Diversity in ihrem Verhalten (→ Behaviorismus) und in ihren Entscheidungen auch am Arbeitsplatz gewinnbringend einsetzen. Das macht eine positive Haltung zum notwendig steigenden Ausmaß der → Komplexität im Unternehmen notwendig und verlangt einen fruchtbaren Umgang mit Spannungen, die aus der Diversität von Haltungen, Erfahrungen und Handlungen entspringen. Neue Sicht- und Vorgehensweisen nicht nur zuzulassen, sondern zu schätzen sowie Fähigkeit (→ Qualifikation) und Bereitschaft zum Perspektivenwechsel zu realisieren, wird vielen Menschen schwer fallen. Damit können Spannungen, Konflikte und eine zumindest zeitweise reduzierte Produktivität (→ Arbeitsproduktivität) verbunden sein. Dieser Ansatz ist konzeptionell am anspruchsvollsten, erfordert von den Unternehmen allerdings besondere Anstrengungen, zu denen sie nur dann bereit sein werden, wenn damit betriebswirtschaftlich Erfolge zu verbinden sind.

Diversity Management will und muss einen Beitrag zum Unternehmenserfolg leisten. *Cox* und *Blake* (1991) betrachten ein proaktives Management kultureller Vielfalt als Faktor zur Steigerung der Wettbewerbsfähigkeit und ziehen dabei die folgenden Argumente heran, die auch auf andere Dimensionen von Diversity übertragbar, dann allerdings empirisch nicht abgesichert sind:

- *Kostenargument*: Mit zunehmender Diversität steigen die Integrationskosten. Ein professionelles Diversity Management kann dem entgegenwirken. Proaktive Unternehmen erzielen Lerneffekte und damit einen Wettbewerbsvorsprung.
- *Human Resource-Argument*: Das Image des Unternehmens verbessert sich auf dem Arbeitsmarkt. Besonders qualifizierte Gruppen bevorzugen proaktive Unternehmen. Bei Engpässen auf dem → Arbeitsmarkt wird dies besonders wichtig.
- *Marketing-Argument*: Subpopulationen fordern eine differenzierte Ansprache und honorieren eine gleichberechtigte Beschäftigung von Personen, die der derselben Gruppe angehören. Dies resultiert in einem erleichterten Marktzugang und in einer engeren Kundenbindung in den „diversen" Segmenten.
- *Kreativitäts-Argument*: Unterschiedliche Perspektiven fördern die → Kreativität im Unternehmen. Sie erhöhen die Vielfalt von Lösungen und damit den Optionenraum.
- *Problemlösungs-Argument*: Unterschiedliche Perspektiven, eine kritischere Analyse und größere Heterogenität in der Entscheidungsfindung steigern die → Qualität der Problemlösungen.

Unter Berücksichtigung der praktischen Erfahrungen und Empfehlungen von Organisationen kommen *Aretz* und *Hansen* (2002) zu dem Ergebnis, dass nur ein mehrdimensionales Konzept der „kleinen Schritte" angemessen sein kann, welches

- die Funktion der *latenten Strukturerhaltung* durch eine Diversity → Vision erfüllt, die den Werten der Organisation entspricht,
- die *Integrationsfunktion* sichert, indem die Organisation eine Grundhaltung zu Diversity entwickelt, die ein Abspalten einzelner Dimensionen verhindert, einen gemeinsamen Nutzen definiert und Erfolge kommuniziert werden,
- die *Zielerreichung* gewährleistet, indem die Organisation Diversity „einen Rahmen gibt", also klare Verantwortlichkeiten festgelegt, Erfolge gemessen werden und die → Nachhaltigkeit der Bemühungen gesichert wird und
- *Ressourcen mobilisiert*, indem „mächtige" Personen Verantwortung für Diversity übernehmen, öffentlich und nachhaltig → Commitment demonstrieren und den Prozess materiell und immateriell fördern.

Nur mit einem effektiven Diversity Management lassen sich die Potenziale von Diversity im Unternehmen erschließen.

Literatur: *Aretz, H.J.*; *Hansen, K.*: Diversity und Diversity-Management im Unternehmen, Münster etc. 2002. *Cox, T.H.*; *Blake, S.*: Managing Cultural Diversity: Implication for Organizational Competitiveness, in: Academy of Management Executive, 5. Jg. (1991), H. 3, S. 45–56. *Ely, R.J.*; *Thomas, D.A.*: Cultural Diversity at Work. The Effects of Diversity Perspectives on Work Group Processes and Outcomes, in: Administrative Science Quarterly, 46. Jg. (2001), H. 2, S. 229–273. *Kirton, G.*; *Greene, A.*: The Dynamics of Managing Diversity, Oxford 2000. *Thomas, D.A.*; *Ely, R.J.*: Making Differences Matter: A New Paradigm for Managing Diversity, in: Harvard Business Review, 74. Jg. (1996), H. 5, S. 79–90.

Katrin Hansen

Divisionale Organisationsform

Ergebnis einer Bildung von → Stellen, Abteilungen bis hin zu ganzen Unternehmensbereichen oder die Zusammenfassung von Einzelaufgaben, die mit einem Produkt oder einer Produktgruppe zusammenhängen (syn.: Produktorientierte Struktur).

Die *Vorteile* der divisionalen Struktur liegen auf Ebene der Stelle in der Ganzheitlichkeit der Aufgabenerfüllung, die zu positiven Motivationseffekten (→Motivation) führen kann. Bei der Bildung von produktbezogenen Abteilungen sind geringere, abteilungsübergreifende Koordinationsprobleme zu erwarten, da alle Tätigkeiten in Zusammenhang mit einem Produkt abteilungsintern abgestimmt werden können. Auf Bereichsebene schließlich liegen die Stärken dieser Organisationsform in den Steuerungsvorteilen für die →Unternehmensführung. Zum einen wird die produktbezogene Erfolgsrechnung ermöglicht, was die erfolgsbezogene Vergütung des Managements erleichtert. Zum anderen kann über die Bildung von strategischen Geschäftseinheiten, die an Produkten orientiert sind, eine Portfoliosteuerung vorgenommen werden.

Der wesentliche *Nachteil* liegt im Fehlen von Spezialisierungseffekten bei den Tätigkeiten, da bei der produktbezogenen Aufgabenerfüllung heterogene Tätigkeiten anfallen.

Reinhard Meckl

Divisionalisierung →Divisionale Organisationsform

Double-Loop-Learning →Organisationales Lernen

Dreischichtbetrieb

Aufteilung der täglichen →Arbeitszeit an einem Arbeitsplatz im 24-Stunden-Betrieb auf drei 8-Stunden-Schichten als Früh-, Spät- und Nachtschicht.

Die *klassische Frühschicht* geht von 6:00 bis 14:00, die Spätschicht von 14:00 bis 22:00 und die Nachtschicht von 22:00 bis 6:00. Durch Urlaubs-, Krankheits-, und Pausenzeiten ist oft eine Vier- beziehungsweise Fünffachbesetzung des einzelnen Arbeitsplatzes nötig. Schichtarbeiter erhalten oft Schichtzulagen. →Schichtarbeit findet man unter anderem im öffentlichen Dienst (Krankenhäuser, Polizei, Feuerwehr), in Produktionsbetrieben mit ununterbrochenen Produktionszeiten und in Versorgungsunternehmen (z. B. Energieversorgung, Telefon).

Désirée H. Ladwig

Dual-Career-Couples (DCC)

Beschäftigte, die in Partnerschaften leben, in denen beide Partner hochqualifiziert sind und eigene Berufslaufbahnen verfolgen.

Es wird geschätzt, dass in Deutschland der Anteil an verheirateten Dual-Career-Couples (DCC) bei mindestens 5 bis 8 % aller erwerbstätigen Ehepaare, bei denen beide Partner berufstätig sind, liegt, wobei die Tendenz stark nach *Ostermann* (2002) zunehmend ist.

Die DCC-spezifische Karriere- und Laufbahnberatung und -planung ist ein wesentlicher Bestandteil dieser Konzepte. Sie erfolgt sowohl unter Berücksichtigung der Laufbahnplanung des Partners als auch unter Berücksichtigung der privaten Lebensplanung beider Partner.

Weiterer betrieblicher Handlungsbedarf liegt schwerpunktmäßig im Bereich der Arbeitsflexibilität und Mobilität (→Beschäftigungsstabilität) (→Individualisierung). In der Praxis sind jedoch ausgereifte ganzheitliche betriebliche Konzepte für Beschäftigte aus Zwei-Karriere-Partnerschaften eher selten zu finden.

Literatur: *Hornberger, S.*: Individualisierung in der Arbeitswelt aus arbeitswissenschaftlicher Sicht, Frankfurt a. M. 2005. *Ostermann, A.*: Dual-Career Couples unter personalwirtschaftlich-systemtheoretischem Blickwinkel, Frankfurt a. M. 2002.

Sonia Hornberger

Dual-Career-Problem

Schwierigkeiten, die sich ergeben, wenn beide Ehepartner berufstätig sind.

Diese Konstellation von →Dual-Career-Couples (DCC) stellt ein zentrales Problem bei der Frage dar, ob Mitarbeiter bereit sind, für ihr Stammunternehmen ins Ausland zu gehen, da meistens durch die Entsendung (→Auslandsentsendung) die →Karriere des Partners unterbrochen wird, oder zumindest eine teilweise Umorientierung notwendig wird. Dazu kommt, wie zum Beispiel *Weber et al.* (2001) betonen, dass je nach gesetzlichen Regelungen des Gastlandes eine Arbeitsgenehmigung für den anderen Partner nicht gewährleistet werden kann. Die Dual-Career-Problematik muss deshalb frühzeitig bei der Planung und Durchführung von Entsendeprojekten berücksichtigt werden.

Literatur: *Weber, W. et al.*: Internationales Personalmanagement, Wiesbaden 2001.

Rüdiger Kabst
Angelo Giardini

Due Diligence

detaillierte Analyse der Unternehmen, die einen →Unternehmenszusammenschluss in Erwägung ziehen.

Die Due Diligence, in die häufig neutrale Dritte mit eingebunden werden, bildet dabei zugleich die Grundlage der endgültigen Entscheidung als auch der vertraglichen Vereinbarung. *Dyroff* (2003) betont, dass die Berichte der externen Berater meist stark zahlenlastig sind und sich oft nur auf rechtliche und steuerliche Probleme konzentrieren. Ob die beiden Unternehmen zueinander passen, welche Schwachstellen und Risiken bei dem zu kaufenden Unternehmen vorhanden sind und worauf in der Integrationsphase der Augenmerk zu legen ist, ist den Berichten üblicherweise nicht zu entnehmen.

Besonders dürftig fallen die Untersuchungen in der Regel beim Thema Personal aus. Da aber der *Wert eines Unternehmens* in Frage zu stellen ist, wenn das →Humankapital gefährdet ist, sollte eine sich auch auf das Personal und das →Personalmanagement erstreckende Due Diligence durchgeführt werden. Relevante Themengebiete sind unter anderem

- die Struktur des Personals (z. B. Alter, →Qualifikation, Entgelt),
- vertragliche Verpflichtungen (bspw. →Tarifvertrag, →Betriebsvereinbarungen, →Arbeitsverträge),
- gewährte Sozialleistungen (z. B. →betriebliche Altersversorgung),
- die Arbeitszeit- und Urlaubsregelungen,
- die Arbeitnehmervertretung,
- das eingesetzte Fremdpersonal oder
- die Unternehmenskultur (→Organisationskultur).

Die →*Informationen* werden von dem zu akquirierenden Unternehmen auf Anfrage meist schriftlich gegeben. Teilweise werden auch Kopien von Dokumenten zur Verfügung gestellt oder eine entsprechende Einsicht gewährt. Weitere Informationen ergeben sich aus Gesprächen mit der Geschäfts- oder Personalleitung. Während die harten Fakten recht zuverlässig ermittelt werden können, ist dies bei weichen Faktoren, wie zum Beispiel der →Motivation der Beschäftigten viel schwieriger. *Schweiger* (2002) zeigt die verschiedenen Aspekte auf, auf die bei der Zusammenstellung eines Due Diligence-Teams zu achten ist, das mit der Prüfung betraut wird.

Häufig wird die Bedeutung der Art und Weise der sorgfältigen Prüfung im Hinblick auf die spätere →Integration unterschätzt. Während der Due Diligence kann bereits ein umfangreicher →Dialog mit dem künftigen Partner entstehen, wenn er die Prozesse und Strukturen erläutert. So besteht – eine entsprechende Einbindung des Personalbereichs vorausgesetzt – grundsätzlich schon die Möglichkeit, ein Beziehungsgeflecht zum künftigen Partner aufzubauen.

Der Fokus der Due Diligence und der Zeitraum, in welchem sie abläuft, sollten bereits vor Beginn für jeden zu untersuchenden Bereich genau festgelegt sein. Ebenso sollten die Kriterien genau bekannt sein, nach denen eine Due Diligence sofort abgebrochen wird.

Der Charakter einer Due Diligence bleibt immer der einer Untersuchung des Käufers beim Verkäufer. Begleitet wird sie von dem Unbehagen, einem Fremden alle Details und Geheimnisse offenbaren zu müssen. Kritische Punkte werden daher nicht vollständig oder gar nicht beantwortet. Hier helfen auch Verschwiegenheitsverpflichtungen mit Androhungen von hohen Schadensersatzforderungen nicht weiter.

Literatur: *Dyroff, N.T.*: Pre-Merger-Integration, in: Schwaab, M.-O.; Frey, D.; Hesse, J. (Hrsg.): Fusionen. Herausforderungen für das Personalmanagement, Heidelberg 2003, S. 227–250. *Schweiger, D. M.*: M&A Integration, New York etc. 2002.

Markus-Oliver Schwaab

Durchschnittliche Wochenarbeitszeit

tarifvertraglich oder individuell festgelegte →Arbeitszeit, die ein Mitarbeiter im Durchschnitt pro Woche beschäftigt ist.

Beispielsweise ist die durchschnittliche tarifvertragliche →Wochenarbeitszeit der vollbeschäftigten →Arbeitnehmer in der Metallindustrie seit 1995 35 Stunden. Die durchschnittliche Wochenarbeitszeit eines Teilzeitbeschäftigten beträgt zum Beispiel 20 Stunden, sie kann aber flexibel nach Betriebserfordernissen zwischen 27 und 13 Stunden pro Woche schwanken.

Désirée H. Ladwig

E

Early Retirement → Vorruhestand

Economies of Scope

positive Synergieeffekte aus der gleichzeitigen Ausübung verschiedener Aktivitäten, die sich in der Regel auf unterschiedliche Produkte beziehen.

Anders als Größenvorteile (Economies of Scale), bei denen die Bündelung gleichartiger Aktivitäten zu Effizienzvorteilen führt, resultieren die Vorteile bei Economies of Scope gerade aus dem unterschiedlichen aber komplementären Charakter der entsprechenden Aktivitäten. Deren Ergebnisse sind entsprechend superadditiv verknüpft, das heißt der Erfolg, der aus einer gemeinsamen Durchführung sämtlicher Aktivitäten resultiert, übersteigt die Summe der Erfolge bei jeweils separater Durchführung. Ursprünglich wurde der Begriff von *Panzar* und *Willig* (1977) geprägt und spielte eine wichtige Rolle bei der ökonomischen Begründung der Existenz von Mehrproduktunternehmen. Später wurden Economies of Scope in der ökonomischen Diskussion weitgehend unter den allgemeineren Begriff der Komplementaritäten subsumiert und seit den wegweisenden Arbeiten von *Milgrom* und *Roberts* (1990) formal mithilfe der Lattice-Theorie nach *Topkis* (1978) analysiert. Ein Beispiel für produktionsseitige Economies of Scope wäre die kosteneffiziente Entwicklung und Herstellung eines neuen Produktes aus vorhandenen Baugruppen bestehender Produkte. Absatzseitig lässt sich als typisches Beispiel Cross-Selling anführen, bei dem der Vertrieb einer Produktgruppe die Absatzchancen anderer Produktgruppen erhöht.

Literatur: *Milgrom, P.; Roberts, J.*: The Economics of Modern Manufacturing: Technology, Strategy, and Organization, in: American Economic Review, 80. Jg. (1990), H. 3, S. 511–28. *Panzar, J. C.; Willig, R. D.*: Economies of Scope, in: American Economic Review, 71. Jg. (1977), H. 2, S. 268–272. *Topkis, D. M.*: Minimizing a Submodular Function on a Lattice, in: Operations Research, 26. Jg. (1978), S. 305–321.

Achim Hecker

Effektive Arbeitszeit

entspricht bei einem Vollzeitbeschäftigten der tatsächlich geleisteten → Arbeitszeit (Netto-Arbeitszeit).

Die effektive Arbeitszeit kann durch → Fehlzeiten wie → Krankheit, Familienereignisse oder Ausfälle erheblich von der Brutto- oder → Soll-Arbeitszeit abweichen. Wird von der → *effektiven Wochenarbeitszeit* gesprochen, so ist dies die tatsächlich geleistete Arbeitszeit in der Woche. Sie kann durch Ausfallzeiten (→ Fehlzeiten) oder → Überstunden von der tariflichen oder individuell vereinbarten Wochenarbeitszeit abweichen.

Désirée H. Ladwig

Effektivitätscontrolling → Personalcontrolling

Effektivklauseln → Tarifrecht

Effizienzcontrolling → Personalcontrolling

Effizienzlohntheorie

besagt, dass Unternehmen ihren Mitarbeitern freiwillig Löhne bezahlen, die über dem markträumenden Niveau liegen.

Ursprünglich wurde die Effizienzlohntheorie entwickelt, um das Auftreten von → Arbeitslosigkeit auf kompetitiven → Arbeitsmärkten zu erklären. Verschiedene Varianten der Effizienzlohntheorie führen unterschiedliche Motive der Unternehmensleitung für die Zahlung höherer Löhne an. Als Vorteile von Effizienzlöhnen werden die Verhinderung von Shirking (Leistungszurückhaltung), die Einsparung von Fluktuationskosten (→ Reaktionskosten), die Vorbeugung einer → Adversen Selektion bei der Einstellung von → Arbeitnehmern und die → Implementierung von Fairnessstandards genannt.

Im Rahmen des *Shirking-Ansatzes* wird von einem positiven Zusammenhang zwischen der Lohnhöhe und der → Leistungsbereitschaft der → Arbeitnehmer ausgegangen. Je höher die Löhne der Arbeitnehmer sind, desto höher sind ihre Opportunitätskosten für den Fall einer →Entlassung aufgrund einer aufgedeckten Leistungszurückhaltung. Eine zusätzliche Disziplinierungsfunktion übernimmt nach diesem Ansatz die Arbeitslosigkeit, da die Arbeitnehmer im Fall einer Entlassung Gefahr laufen, nicht nur eine schlechter bezahlte, sondern gar keine neue Stelle mehr zu finden.

Ein weiterer Vorteil von Effizienzlöhnen kann in einer Verminderung von *Fluktuationskosten* gesehen werden. Geht man von einem inversen Zusammenhang zwischen der Lohnhöhe und der Kündigungsrate der Arbeitnehmer aus, kann es insbesondere für Unternehmen mit hohen Einstellungs- und Einarbeitungskosten sinnvoll sein, Löhne über dem markträumenden Niveau zu zahlen, um Fluktuationskosten zu verringern.

Nach der *Adverse-Selection-Variante* (→Adverse Selektion) zahlen Unternehmen Effizienzlöhne, um die durchschnittliche →Qualität der Bewerber auf freie Arbeitsplätze zu erhöhen. Häufig sind die genauen Fähigkeiten von Bewerbern nicht beobachtbar. Wenn aber Bewerber höherer Qualität einen hohen Akzeptanzlohn haben, gelangen diese nur in den Bewerberpool einer freien Stelle, wenn entsprechend hohe Löhne angeboten werden.

Schließlich wird in der Literatur mit dem *Gift-Exchange-Ansatz* eine sozialpsychologische Sichtweise von Effizienzlöhnen diskutiert. Danach „schenkt" das Unternehmen seinen Mitarbeitern einen hohen Lohn, und im Gegenzug „schenken" die Arbeitnehmer ihrem →Arbeitgeber eine hohe Leistungsanstrengung. Innerhalb dieses Ansatzes spielen Fairnessüberlegungen eine große Rolle. Die Arbeitnehmer müssen das Gefühl (→Emotionalität) haben, fair entlohnt zu werden, wobei sich *Fairnessstandards* zum Beispiel am Lohn anderer Arbeitskräfte, Arbeitsnormen oder dem Lohn vergangener Perioden orientieren können.

Mitunter wird die Effizienzlohntheorie aus theoretischer Sicht kritisiert, da es bessere Möglichkeiten als die teuren Effizienzlöhne gibt, um die genannten Probleme anzugehen. So sind Lohnpfänder (→Lohnpfandmodell) oder Turnierlöhne (→Leistungsturniere) denkbar, um der Shirking-Gefahr zu begegnen, und die Anwendung von Probezeiten möglich, um der Gefahr einer Negativauslese entgegenzutreten. Eine direkte empirische Überprüfung der Relevanz der Effizienzlohntheorie ist schwierig. Allerdings befinden sich einige empirische Fakten wie zum Beispiel die große Bedeutung einer übertariflichen Entlohnung bei gleichzeitiger persistenter Arbeitslosigkeit in der Bundesrepublik Deutschland, zumindest im Einklang mit der Effizienzlohntheorie.

Literatur: *Franz, W.*: Arbeitsökonomik, 4. Aufl., Berlin 1999, S. 310–319.

Christian Grund

EFQM

steht für *European Foundation for Quality Management* und wurde 1988 in Brüssel als „Not-for-profit Membership Foundation" gegründet, um Unternehmen eine Plattform zum Erfahrungsaustausch und →Benchmarking

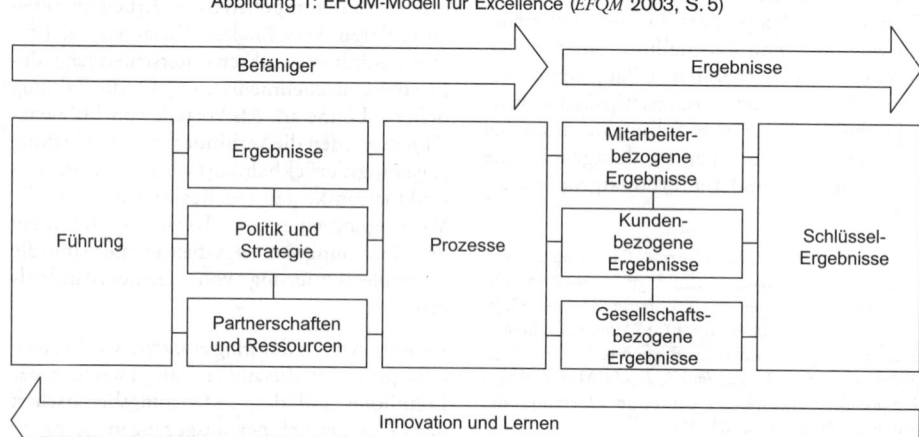

Abbildung 1: EFQM-Modell für Excellence (*EFQM* 2003, S. 5)

über Qualitätsstandards und qualitätsorientierte Maßnahmen zu bieten.

Ziel ist es, die Wettbewerbsfähigkeit europäischer Unternehmen und →Organisationen im globalen Wettbewerb zu festigen: „EFQM helps European businesses make better products and deliver improved services through the effective use of leading edge management practices."

Diesem Auftrag entsprechend werden Netzwerktreffen, →Workshops, Projektgruppen, Trainingsreihen angeboten. Es werden Forschungsprojekte initiiert, um das →Wissen über →Qualität zu vertiefen und um Qualitätstechniken und -tools (weiter) zu entwickeln.

Um in Deutschland diesen Aktivitäten zusätzlichen Nachdruck zu verleihen, wurde 1999 das Deutsche EFQM Center (DEC) gegründet. →Leitbild und Aufgaben des DEC ergeben sich aus den Vorgaben der EFQM: „Das DEC unterstützt in Deutschland die →Vision und Mission der EFQM als treibende Kraft für exzellentes Management in Unternehmen und Organisationen." Gemeinsame Basis für das Vorgehen im Hinblick auf eine moderne Management-Philosophie ist das →EFQM-Modell für Excellence.

Literatur: *European Foundation for Quality Management* (Hrsg.): Die Grundkonzepte der Excellence, Brüssel 2003. Kobjoll, K.: Abenteuer European Quality Award, 2. Aufl., Zürich 2000.

Thomas Bartscher

EFQM Excellence Award

bis 2006 noch *European Quality Award* (EQA) genannt, wird von der *European Foundation for Quality Management* (→EFQM) jedes Jahr an Organisationen in Europa vergeben, die im Sinne der EFQM „Excellence" erreicht haben.

Beim EFQM Excellence Award gibt es drei abgestufte Preiskategorien:

1. *Award Winners*: Erstplatzierte Preisgewinner aus den Kategorien große →Organisation, operative Einheit, öffentlicher Sektor oder kleine/mittlere Organisationen.

2. *Prize Winners*: Zweitplatzierte Preisgewinner und Spezialpreisträger für die einzelnen Exzellenzkriterien.

3. *Finalisten*: Organisationen mit einem hohen Maß an Excellence.

Die *EFQM* mit Sitz in Brüssel ist eine 1988 von 14 europäischen Unternehmen gegründete gemeinnützige Organisation, deren Mission es ist, die treibende Kraft für nachhaltige Excellence in Europa zu sein. Sie hat Partnerschaften mit nationalen Organisationen, die das →*EFQM-Modell für Excellence* in den jeweiligen Ländern fördern. Dieses Modell besteht aus neun Kriterien in zwei Hauptgruppen (Abbildung 1), wobei sich die *Befähiger*-Kriterien auf die Hauptaktivitäten einer Organisation und die *Ergebnis*-Kriterien auf die erzielten Resultate beziehen.

Innovation und Lernen sollen darüber hinaus die Befähiger verbessern, was wiederum zu verbesserten Ergebnissen führen soll.

Die sich um den EFQM Excellence Award bewerbenden Organisationen werden mit Punkten für die Erfüllung der einzelnen Kriterien bewertet, wobei insgesamt 1.000 Punkte erreicht werden können. Zink (2004) erläutert die Kriterien: Zu den Befähigern, die insgesamt 50 % der erreichbaren Punktzahl ausmachen, gehören die folgenden fünf Kriterien:

1. *Führung* (10 %), die visionär und „mitreißend" sein und konsequente Ziele verfolgen soll.

2. *Politik und Strategie* (9 %), die im Ergebnis die Erwartungen der Stakeholder einer Organisationen übertreffen soll.

3. *Mitarbeiter* (8 %), die entwickelt und eingebunden werden sollen.

4. *Partnerschaften und Ressourcen* (9 %), die entwickelt und gepflegt werden sollen.

5. *Prozesse* (14 %), die systematisch definiert und verbessert werden sollen.

Zu den Ergebniskriterien, die ebenfalls 50 % der erreichbaren Punktzahl ausmachen und die anhand von Leistungskennzahlen zu messen sind, gehören die Kriterien

– kundenbezogene Ergebnisse (9 %),
– mitarbeiterbezogene Ergebnisse (20 %),
– gesellschaftsbezogene Ergebnisse (6 %) und
– Schlüsselergebnisse (15 %).

Im *Bewertungsprozess* werden die Unterlagen der Organisationen von Assessoren bewertet und einer Jury vorgelegt, die entscheidet, in welchen Organisationen Audits durchgeführt werden, bevor in einer Schlussbewertung die Preisträger ermittelt werden. Die *Bewertungsmethode* setzt sich aus mehreren Schritten zusammen und wird *RADAR* genannt:

- *Results* (Ergebnisse): Spiegeln den Grad der erreichten Excellence wider.
- *Approach* (Vorgehen): Beschreibt die geplante Vorgehensweise auf Basis der Anforderungen der Stakeholder.
- *Deployment* (Umsetzung): Bezeichnet die Umsetzung in den verschiedenen Bereichen der Organisation.
- *Assessment* (Bewertung): Ist die Feststellung des Ergebnisstandes und die Initiierung von weiteren Verbesserungsmöglichkeiten.
- *Review* (Überprüfung): Ist ein Vergleich des Umsetzungsweges und der Ergebnisse auch mit anderen Organisationen.

Im Rahmen einer *Selbstbewertung* können Organisationen ihre Fortschritte auf dem Weg zu Excellence messen und dokumentieren. Die Betonung und ausführliche Anleitung zur Selbstbewertung durch die EFQM erlauben es Organisationen, das EFQM-Modell als eigenes Qualitätsmanagementsystem zu nutzen, auch wenn (noch) keine ernsthaften Chancen bestehen, den Preis zu gewinnen. Während die EFQM-Kriterien auf den europäischen Kulturkreis ausgerichtet sind, sind sie in wesentlichen Bereichen jedoch mit denen des älteren, amerikanischen →Malcolm Baldrige National Quality Award (MBNQA) vergleichbar.

Literatur: *EFQM* (Hrsg.): Excellence einführen, Brüssel, 2003. *Zink, K. J.*: TQM als integratives Managementkonzept. Das EFQM Excellence Modell und seine Umsetzung, 2. Aufl., München 2004.

Matthias Tomenendal

EFQM-Modell für Excellence

Werkzeug zum Aufbau und zur kontinuierlichen Weiterentwicklung eines qualitätsorientierten Managementsystems (→Qualität).

Mithilfe des *EFQM-Modells* sollen Unternehmen nachhaltig Spitzenleistungen auf allen Unternehmensebenen erzielen können (→Total Quality Management). Diese „Excellence" ist hierbei definiert als die Summe überragender Vorgehensweisen in der Führung einer →Organisation und beim Erzielen von Ergebnissen.

Das EFQM-Modell für Excellence bietet eine Grundstruktur, die im Wesentlichen aus neun Bausteinen besteht. Es berücksichtigt die Vielfalt an Möglichkeiten, mit deren Hilfe nachhaltig Excellence erzielt werden kann. Dabei wird von folgender Prämisse ausgegangen: „Exzellente Ergebnisse im Hinblick auf Leistung, Kunden, Mitarbeiter und Gesellschaft werden durch eine Führung erzielt, die Politik und Strategie mithilfe der Mitarbeiter, Partnerschaften, Ressourcen und Prozesse umsetzt" (*European Foundation for Quality Management* 2003). Das Grundschema des Modells beruht auf drei Säulen (Abbildung 1). Grundaussage dieser Darstellung ist, dass unter Einbeziehung der Mitarbeiter in einem beständigen Verbesserungsprozess bestmögliche Ergebnisse erzielt werden sollen. Es ist einerseits von zentraler Bedeutung, die Mitarbeiter in den Ergebnisverbesserungsprozess mit einzubeziehen, und andererseits deren optimale Leistungserbringung zu unterstützen.

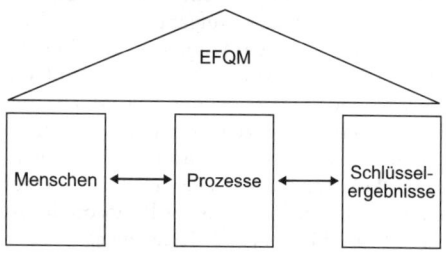

Abbildung 1: Die drei Säulen des EFQM-Modells (*EFQM* 2003)

Das Grundschema wird in das EFQM-Modell mit neun Grundkriterien überführt (Abbildung 2). Die drei tragenden Säulen sind deutlich zu erkennen: Führung (der Mitarbeiter; →Mitarbeiterführung), Prozesse und Schlüsselergebnisse. Die waagerechten Kästchen geben an, mit welchen Mitteln das Modell umgesetzt werden kann und welche Zwischenergebnisse dafür zu erreichen sind.

Das EFQM-Modell ist in zwei Abschnitte unterteilt: Die *Ergebnisse* definieren, *was* das Unternehmen erreichen will. Die *Befähiger* sagen aus, *wie* es dies erreichen will. Diese Unterteilung beinhaltet eine der Kernaussagen dieses Modells: Es genügt nicht nur, Ergebnisse zu managen, vielmehr müssen auch der Weg und die Mittel zu den Ergebnissen, die Befähiger, in die Betrachtungen mit einbezogen werden.

Für das →Personalmanagement sind insbesondere die Kriterien „Mitarbeiter" und „Führung" aus dem Bereich der Befähiger sowie „Mitarbeiterbezogene Ergebnisse" und „Kundenbezogene Ergebnisse" aus dem Bereich der Ergebnisse relevant (Kreise in Abbildung 2).

Da im →Qualitätsmanagement die Kundenzufriedenheit die zentrale Zielgröße ist, steht

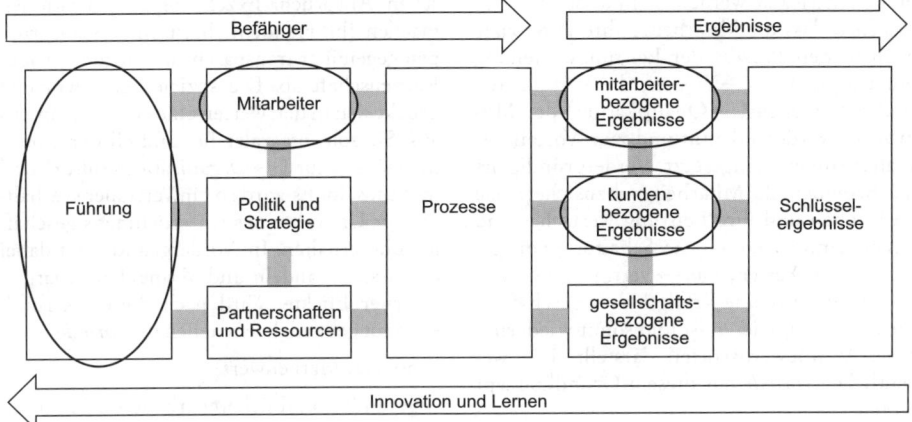

Abbildung 2: Das EFQM-Modell für Excellence (*EFQM* 2003)

auch im EFQM-Modell an erster Stelle, *kundenbezogene Leistungsergebnisse* zu erzielen, die wiederum zu langfristiger Kundenbindung führen. Die Zufriedenheit mit den Produkten und Dienstleistungen eines Unternehmens umschließt dabei auch die Zufriedenheit mit der generellen Unternehmenspolitik und die Zufriedenheit mit dem generellen Verhalten (→ Behaviorismus) aller Unternehmensmitarbeiter einschließlich der → Führungskräfte und der Geschäftsführung.

Die Kundenzufriedenheit hängt in hohem Maße von den Mitarbeitern ab: zufriedene Mitarbeiter, die sich mit dem Unternehmen, seinen Produkten und Dienstleistungen identifizieren, sind in der Lage, auch die Kunden zufrieden zu stellen. Es muss also ein Anliegen von Unternehmen sein, *mitarbeiterbezogene Ergebnisse* in Form von Mitarbeiterzufriedenheit (→ Arbeitszufriedenheit) zu erzielen.

Diese Gedanken finden in den Grundkonzepten der Excellence (Abbildung 3) ihre Fortsetzung. Nachfolgend werden die Grundkonzepte näher erörtert, die im direkten Zusammenhang zum Stichwort „Personal-Qualitäts-Management" stehen.

Ausrichtung auf den Kunden: Exzellente Organisationen kennen und verstehen ihre Kunden. Sie wissen, dass die Ausrichtung des Unternehmens an den Bedürfnissen (→ Motiv) und Erwartungen der Kunden erfolgen muss, und stellen sich auf diese proaktiv ein. Exzellente Organisationen kennen und beobachten ihre Wettbewerber und deren Wettbewerbsvorteil. Sie schaffen und erhalten hervorragende Beziehungen zu ihren Kunden. Die *Vorteile*, die aus diesem Konzept entstehen, sind:

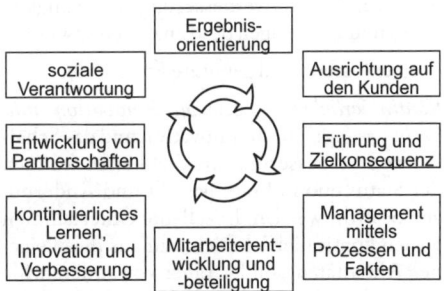

Abbildung 3: Grundkonzepte der Excellence (*EFQM* 2003)

– begeisterte Kunden,
– Kundenbindung,
– steigender Marktanteil,
– nachhaltiger Erfolg der Organisation,
– motivierte Mitarbeiter sowie
– Verständnis des Wettbewerbsvorteils.

Mitarbeiterentwicklung und -beteiligung: Um Ziele, Strategien, und Maßnahmen heute und zukünftig erfolgreich entwickeln und umsetzen zu können, benötigen Unternehmen Kompetenzträger, also qualifizierte und motivierte Mitarbeiter. Für exzellente Unternehmen ist es daher eine kontinuierliche Herausforderung, die richtigen Mitarbeiter aktiv zu rekrutieren, zu entwickeln und zu unterstützen.

EFQM-Modell für Excellence

Über ein konsequentes Fördern und Fordern der Mitarbeiter sollen deren Potenziale zum einen entwickelt werden, zum anderen ist es das Ziel, dass die Mitarbeiter ihre Potenziale auch in den Prozess der Leistungserstellung einbringen. Das →Wissen, die Fertigkeiten und Fähigkeiten (→Qualifikation) der Mitarbeiter werden erkannt und zum Vorteil des Unternehmens eingesetzt. Vordergründig ist das Bemühen, die Mitarbeiter abzusichern, sie zu belohnen und ihre Leistung wertschätzend anzuerkennen. Durch die Schaffung von gemeinsamen Werten, von →Vertrauen und von Offenheit wird eine Erfolgskultur geschaffen, die kaum zu kopieren ist und somit wiederum einen Wettbewerbsvorteil darstellt. Die wesentlichen *Vorteile* aus diesem Grundkonzept lauten

- gemeinsame Verantwortung für die Zielsetzungen und operativen Ziele des Unternehmens,
- dem Unternehmen verpflichtete, loyale und motivierte Arbeitnehmer,
- hervorragendes →intellektuelles Kapital,
- kontinuierliche Verbesserung der Fähigkeiten und Leistungen des Einzelnen sowie
- erschlossene und genutzte Potenziale.

Kontinuierliches →Lernen, Innovation und Verbesserung: Durch Innovation und das Schaffen von Verbesserungsmöglichkeiten können der Status quo in Frage gestellt und Änderungen bewirkt werden. Exzellente Unternehmen lernen kontinuierlich nicht nur aus ihren eigenen Aktivitäten, sondern auch von anderen. Sie vergleichen sich regelmäßig intern und extern. Dabei wird das Wissen der Mitarbeiter aufgegriffen und genutzt. Mit diesem Grundkonzept verbinden sich die *Vorteile*

- verbesserte →Wertschöpfung,
- verbesserte Effektivität und Effizienz,
- erhöhte Wettbewerbsfähigkeit,
- Innovation bei Produkten und Dienstleistungen,
- Erfassung und gemeinsame Nutzung von Wissen sowie
- organisatorische Beweglichkeit.

Soziale Verantwortung: Dieses Grundkonzept besagt, dass die gültigen Gesetze und Regeln zu befolgen sind und dass Erwartungen des gesellschaftlichen Umfelds zu verstehen und zu erfüllen sind. Die soziale Verantwortung eines Unternehmens beinhaltet einen hohen ethischen Anspruch. Exzellente Organisationen machen ihr Handeln ihren Interessensgruppen gegenüber transparent und legen darüber Rechenschaft ab. Die soziale Verantwortung drückt sich in den Werten eines Unternehmens aus. Sie soll integraler Bestandteil der Unternehmenskultur (→Organisationskultur) und -politik sein. Es wird so ein Vertrauensverhältnis zur Umwelt eines Unternehmens geschaffen und erhalten. Im Vordergrund steht dabei bewusstes Handeln und Vermeiden negativer externer Effekte. Wird nach diesem Grundkonzept gehandelt, entstehen die *Vorteile*

- höherer Markenwert,
- gesündere und sicherer arbeitende Mitarbeiter,
- verstärktes Risikomanagement (→Chance Management),
- motivierte Mitarbeiter,
- loyale Kunden sowie
- Erhöhung von Zuversicht und Vertrauen der Interessensgruppen.

Die Grundkonzepte der Excellence stellen Wegweiser dar: Unternehmen müssen die Grundkonzepte auf ihre spezifische Situation übertragen und entsprechende Ableitungen hinsichtlich Zielen, Strategien und Maßnahmen vornehmen. Dies geschieht im Rahmen von Selbstaudits (→Audit) oder über die Auditierung durch Unternehmensexterne. Auf Basis der Grundkonzepte ist es weiterhin möglich, den diesbezüglichen Reifegrad eines Unternehmens zu bestimmen. Grundlage hierbei sind Kriterienraster, die aus den Grundkonzepten abgeleitet werden.

Ein Beispiel sind die nachfolgend aufgeführten Bewertungskriterien (Auszug), die aus dem Grundkonzept „Mitarbeiterentwicklung und -beteiligung" abgeleitet werden:

- Welches sind die wichtigsten Vorgehensweisen Ihrer Mitarbeiterpolitik hinsichtlich zum Beispiel Ressourcenplanung, Einstellung, Karriereentwicklung, Chancengleichheit (→Gleichstellung) oder Beurteilung?
- Wie identifizieren und entwickeln Sie die Fähigkeiten Ihrer Mitarbeiter, so dass Ihre Organisation ihre Ziele erreicht?
- Wie werden Mitarbeiter beurteilt, um ihre Leistung zu verbessern?

Das Excellence-Konzept ist aus Erfahrungswissen heraus entwickelt worden. Es basiert letztlich auf der Frage: Was machen erfolgreiche Unternehmen anders, als weniger erfolgreiche Unternehmen? Im Mittelpunkt dieses Modells stehen die Mitarbeiter, die Kompetenzträger der Unternehmen. Dem Personalmanagement kommt damit eine zentrale Rolle zu. Es ist sicherzustellen, dass die Mitarbeiter einerseits über die Kompetenzen verfügen, die benötigt werden, um das Leistungsversprechen gegenüber den Kunden zu erfüllen. Andererseits ist dafür zu sorgen, dass die Mitarbeiter auch motiviert sind, ihr Leistungsvermögen in die Leistungserstellungsprozesse eines Unternehmens einzubringen.

Möchte man das EFQM-Modell abschließend charakterisieren, so ist es einer Art „Sonntagspredigt" gleichzusetzen: Es wird ein Ideal skizziert – was davon dann im Unternehmensalltag tatsächlich übrig bleibt beziehungsweise tatsächlich gelebt wird, bleibt abzuwarten.

Literatur: *European Foundation for Quality Management* (Hrsg.): Grundkonzepte der Excellence, Brüssel 2003. *European Foundation for Quality Management* (Hrsg.): EFQM-Ratgeber, H. 9, Brüssel 2000. *Radke, P.; Wilmes, D.*: European Quality Award, München 2002.

Thomas Bartscher

Ehernes Gesetz der Oligarchie

geht auf *Michels* (1911) zurück und besagt, dass moderne bürokratische Großorganisationen sich in ihrer Führungsstruktur zwangsläufig zu einer Oligarchie entwickeln (engl.: Iron Law of Oligarchy).

Ausgangspunkt der Überlegungen ist die Tatsache, dass es für große Personenkollektive unmöglich ist, jedes Mal als Gesamtheit zusammenzukommen, sobald eine Entscheidung ansteht. Daraus ergibt sich der Bedarf nach einem Führungsapparat (der bei zunehmender Organisationsgröße eine stetig steigende Anzahl hauptamtlicher Funktionäre aufweist), der die Verantwortung übernimmt und die notwendigen Entscheidungen trifft. Dieser wiederum strebt aber eher danach, seine Position und seine →Macht zu festigen, anstatt den demokratischen Willen der Massen zu vollstrecken.

Kirsch (1990) bezeichnet diesen Führungsapparat als „dominierende →Koalition", der einen Kreis von Mitgliedern der →Organisation umfasst, die sich gegenüber Dritten in koordinierender Weise verhalten und dadurch die Organisation „beherrschen". Es können vier Schichten der dominierenden Koalition" unterschieden werden. Zunächst gibt es den inneren Kreis der dominierenden Koalition, der durch das Top-Management repräsentiert wird. Darüber hinaus gibt es die übrigen Mitglieder der dominierenden Koalition sowie die Mitglieder beziehungsweise Teilnehmer der Organisation, die außerhalb der dominierenden Koalition stehen, aber deren Entscheidungen aktiv zu manipulieren versuchen und teilweise eine Gegenkoalition bilden. Zuletzt gibt es noch interne und externe Betroffene, die sich als Anpasser verhalten.

Dodo zu Knyphausen-Aufseß
Lars Schweizer

Ehrenamt

öffentliche Tätigkeit, der eine der Allgemeinheit dienliche Funktion zugeschrieben wird und deren Übernahme nicht Erwerbszwecken dient.

In bestimmten Fällen kann die Übernahme eines Ehrenamts aufgrund eines gesetzlichen Anspruchs auf Freistellung Auswirkungen auf ein bestehendes Arbeitsverhältnis (→Beschäftigungsverhältnis) haben (→Personalmanagement in Nonprofit und Freiwilligen Organisationen). Ein Ehrenamt kann sich somit negativ auf die Verfügbarkeit des →Arbeitnehmers auswirken, aber auch zu einem erweiterten Qualifikationsspektrum beitragen.

Axel Haunschild

eHRM

räumlich getrennte, technisch vernetzte und technisch unterstützte, arbeitsteilig organisierte Bearbeitung von personalwirtschaftlichen Aufgaben durch mindestens zwei Akteure.

Synonym werden nach *Lepak* und *Snell* (1998) die Begriffe virtuelles HRM, webbasiertes HRM und →Business-to-Employee verwendet.

Das Kriterium der *räumlichen Trennung* zeigt auf, dass die beteiligten Akteure sich nicht am selben Ort befinden, zum Beispiel ein →Bewerber und ein Personalsachbearbeiter bei einer Bewerbung über das →Internet. Die räumliche Trennung ist dabei ein zwar vorliegendes, aber kein zwingendes Kriterium, denn es können auch Akteure vernetzt werden, die im selben Raum arbeiten.

Dagegen muss das Kriterium der *technischen Vernetzung* der Akteure zwingend vorliegen. Auf Basis von →Informationstechnik (und der damit zunehmend konvergierenden Kommunikations- und Medientechnik) ist es möglich, Akteure technisch miteinander zu verbinden, unabhängig davon, ob diese im selben Raum oder auf verschiedenen Kontinenten tätig sind. Arbeitsteilig organisierte Personalarbeit (→Personalmanagement) kann so raumzeitlich entkoppelt werden.

Das Kriterium der *technischen Unterstützung* erfordert, dass speziell die verwendete Informationstechnik über die reine Vernetzung von Akteuren hinaus, gewisse Teile der zu bearbeitenden Aufgabe (teil-)automatisiert übernimmt. Diese zusätzliche Forderung schließt aus, dass bereits bloße eMail-Kontakte zwischen Akteuren als Minimalvariante eines Electronic Human Resources Management gelten können.

Das Kriterium arbeitsteilige Bearbeitung der Aufgaben durch mindestens *zwei Akteure* weist darauf hin, dass eine Aufgabenteilung zwischen mehreren Aufgabenträgern zwingend vorgesehen ist und die konkrete →Arbeitsorganisation, zumindest teilweise schon durch die verwendete Technik vorgegeben ist.

Das Kriterium *arbeitsteiliges Bearbeiten* von personalwirtschaftlichen Aufgaben zeigt auf, dass sich notwendigerweise auch das eHRM auf die Durchführung von Personalarbeit, das heißt auf →Personalbeschaffung, →Personalentwicklung, Vergütung richtet.

Damit ist eHRM neben dem bekannten eCommerce und weiteren betrieblichen Funktionen wie eProduction zunächst ein funktionaler Teilbereich des eBusiness. Das eHRM lässt sich dann wiederum in nachgelagerte Teilfunktionen wie etwa eRecruiting (→Bewerbungsmanagementsysteme) oder →eLearning aufspalten. Gegebenenfalls ist, wie in Übersicht 1 abgebildet, auch diese Ebene nochmals in weitere Teilfunktionen wie eAssessment aufteilbar.

Übersicht 1: Einordnung des eHRM

eBusiness			
eHRM		eCommerce	(...)
eRecruiting	(...)	(...)	(...)
(...)	(...)		

eHRM basiert auf Anwendungen der Informationstechnik, welche die Akteure vernetzen und bei der Aufgabenbearbeitung unterstützen. Für das eHRM sind insbesondere →personalwirtschaftliche Anwendungssoftware, →ERP-Systeme, →HR-Portale, →Selfservice Systeme sowie →Workflowsysteme relevant. Dabei existieren zunehmend Abgrenzungsprobleme zwischen diesen Kategorien, weil reale Systeme die genannten Kategorien zunehmend kombinieren.

Akteure des eHRM sind diejenigen Aufgabenträger, die anfallende personalwirtschaftliche Aufgaben in technisch vernetzter und unterstützter Weise bearbeiten. Mit

– *Administration* (Akteure und Institutionen der Verwaltung, wie Arbeitsämter, Arbeitsgerichte, Krankenkassen, aber auch Kreditinstitute),

– *Applicant* (potenzielle und faktische Bewerber),

– *Consultant* (Berater im Bereich →Personalmanagement, Internet-Content- und Service-Provider, Softwareanbieter),

– *Employee* (Mitarbeiter des Unternehmens),

– *Management* (personalverantwortliche Linienführungskräfte) und

– *Personnel* (Mitglieder der →Personalabteilung)

werden sechs zentrale Kategorien von Aufgabenträgern unterschieden. Mit diesen sechs Kategorien sind die wesentlichen, aber durchaus nicht alle Akteure des eHRM benannt. In Abhängigkeit von der national unterschiedlichen Relevanz betrieblicher und überbetrieblicher Arbeitnehmervertreter können beispielsweise zusätzlich die interne Kategorie Work-Council (→Betriebsrat) und die externe Kategorie Union (Gewerkschaft) relevant werden. Werden die sechs Akteurkategorien in Anlehnung an die Interaktionskategorien des eCommerce angeordnet, ergeben sich 36 mögliche Interaktionssegmente, die wie etwa Applicant-to-Personnel oder Personnel-to-Management jeweils eine spezifische Interaktionsvariante darstellen. Strukturiert man die Interaktionen nach der Herkunft in interne und externe Akteure, lassen sich die 36 Segmente zu vier Quadranten der Interaktion zusammenfassen (Übersicht 2).

Übersicht 2: Akteure und Interaktionen des eHRM (Strohmeier 2002, S. 6)

		Partner der Interaktion					
		externe Akteure			interne Akteure		
		Administration	Applicant	Consultant	Employee	Management	Personnel
Auslöser der Interaktion / externe Akteure	Administration						
	Applicant		I			II	
	Consultant						
Interne Akteure	Employee						
	Management		III			IV	
	Personnel						

Die Zuordnung zu einem Segment erfolgt nach der Auslösung einer Interaktion. Beispielsweise wäre die Blindbewerbung eines Bewerbers auf der Homepage des Personalbereichs dem Segment *Applicant-to-Personnel* zuzuordnen, während die Bewerbung auf eine zuvor auf der Homepage konkret ausgeschriebenen Stelle im Segment *Personnel-to-Applicant* zu verorten wäre.

Den zentralen Schwerpunkt des eHRM bilden die internen Interaktionen zwischen Mitarbeitern, Management und Personalabteilung im Quadranten IV. Neben der generellen technischen Vernetzung und Unterstützung der Akteure liegt ein Unterschied zum konventionellen HRM darin, dass nun auch die Mitarbeiter zu Aufgabenträgern der auf sie selbst gerichteten Personalarbeit werden. Innerhalb der Quadranten II und III überschreiten die Interaktionen die Unternehmensgrenzen und gestalten sich in den Positionen spiegelbildlich. Hier lässt sich die gemeinsame Abarbeitung vielfältiger Aufgaben durch administrative Institutionen, Berater, Bewerber und interne Akteure abbilden.

Indessen finden sich in den Kategorien Administration und Consultant *intermediäre Akteure*, die andere Akteure des eHRM nach dem Muster Akteur-Intermediär-Akteur verbinden. Ein Beispiel eines intermediären Akteurs ist die →Internet-Jobbörse, die zwischen Bewerbern und Personalabteilung vermittelt. Auf diese Weise erlangen auch Interaktionen des Quadranten I Relevanz für das eHRM.

Metamediäre Akteure schieben sich zusätzlich zwischen Akteur und Intermediär und lassen sich insofern als Intermediäre der Intermediäre definieren. Das Beziehungsmuster erweitert sich dann zu Akteur-Metamediär-Intermediär-Akteur. Ein einfaches Beispiel eines metamediären Akteurs bilden Meta-Jobsuchmaschinen.

Alle Akteure werden bei der arbeitsteiligen Durchführung ihrer Aufgaben technisch unterstützt. Tritt nun in einer Interaktionsbeziehung eine Technikanwendung einem menschlichen Akteur der reinen Funktion nach wie ein menschlicher Aufgabenträger gegenüber, handelt es sich um einen *virtuellen Akteur*. Daher sind im eHRM reale und virtuelle Akteure zu unterscheiden. Virtuell im Sinne von „scheinbar", „vorgetäuscht" oder „nicht-wirklich" ist ein Akteur insoweit, als er kein agierender Mensch ist, sondern lediglich dessen Aufgabenbearbeitung technisch nachbildet und in diesem Aspekt die reale Existenz eines Menschen vortäuscht. Einfache Beispiele eines virtuellen Akteurs des eHRM bilden Selfservice Systeme oder HR-Portale. Das HRM, das von solchen virtuellen Akteuren durchgeführt wird, ist allerdings real und nicht nur vorgetäuscht.

Neben Interaktionen von Einzelakteuren haben im eHRM auch *virtuelle Gemeinschaften* Relevanz. Virtuelle Gemeinschaften sind größere Gruppen von Akteuren, die in technikunterstützten Interaktionen wie etwa Chat, Diskussionsforen oder Newsgroups gemeinsamen Interessen nachgehen. Je nach Anforderungen an die soziale Bindung, gemeinsame →Kultur, Häufigkeit der Interaktion der Akteure lassen sich auch im eHRM solche Gemeinschaften oder zumindest Aggregationen interagierender Akteure nachweisen. Ein einfaches Beispiel aus dem Segment Employee-to-Applicant bieten internetbasierte Bewertungsforen, in denen aktuelle oder ehemalige Mitarbeiter ihren →Arbeitgeber hinsichtlich Vergütung oder Arbeitsbedingungen anonym bewerten.

Unbeschadet der Probleme einer vollständigen Aufzählung und trennscharfen Kategorisierung von personalwirtschaftlichen *Aufgaben* ist die grundsätzliche Konstanz personalwirtschaftlicher Aufgaben offensichtlich.

Auch im eHRM muss Personal beschafft, entwickelt oder vergütet werden. Allerdings stellt sich die Frage, ob eHRM auf alle HR-Aufgaben ausgedehnt werden kann, oder ob es aus technischen, aufgabenbezogenen oder sonstigen Gründen auf gewisse Teile der HR-Aufgaben beschränkt werden muss. Die Beantwortung hängt stark vom geforderten Grad der informationstechnischen Unterstützung menschlicher Akteure ab.

Gibt man sich im Einzelfall auch mit einem eher bescheidenen Automatisierungsgrad (→Technischer Wandel und seine personalwirtschaftlichen Implikationen) zufrieden, dann sind nach *Lengnick-Hall* und *Moritz* (2003) grundsätzlich *alle* HR-Aufgaben technisch unterstützbar. Dies gilt inzwischen auch für „qualitative", ehemals nicht informationstechnisch unterstützbare Aufgaben, wie beispielsweise die Eignungsdiagnose (→Eignungsdiagnosesysteme). Generell können damit alle HR-Aufgaben im eHRM dargestellt werden, wenngleich in unterschiedlicher Intensität und Güte. Erhöht man allerdings die Anforderungen an die technische Unterstützung, werden je nach Anforderungsniveau und Aufgabe differenziertere Antworten und Systeme nötig.

Trotz der prinzipiellen Identität der HR-Aufgaben bleibt zu betonen, dass eHRM nicht einfach das elektronische Spiegelbild des HRM darstellt. Vielmehr kommt es zu teils spürbaren Veränderungen (→Informationstechnikfolgen) aufgrund der Informationstechnik. Trotz grundsätzlicher Übereinstimmung mit den Aufgaben des HRM weist eHRM Potenziale zur Veränderung von HR-Aufgaben und ihrer Bearbeitung auf.

Literatur: *Lengnick-Hall, M.*; *Moritz, S.*: The Impact of Her on the Human Resource Management Function, in: Journal of Labor Research, 24. Jg. (2003), H. 3, S. 365–379. *Lepak, D.*; *Snell, S.*: Virtual HR: Strategic Human Resource Management in the 21th Century, in: Human Resource Management Review, 8. Jg. (1998), H. 3, S. 215–234. *Strohmeier, S.*: e-HR: Begriff, Konzept und Praxis, in: Information Management & Consulting, 17. Jg. (2002), H. 1, S. 6–14.

Stefan Strohmeier

eHRM Implikationen

Folgen des eBusiness und die Folgen für das Humanressourcen-Management, die seit den 1990er Jahren, spätestens seit 2000 immer deutlicher spürbar sind.

Der Einzug des →eHRM zieht verschiedene Konsequenzen nach sich. Zum einen ergeben sich für das Humanressource-Management neue Funktionalitäten und Instrumente, zum anderen entstehen auch Probleme mit der Einführung der neuen Technologien. Darüber hinaus lassen sich auf einer nachgelagerten Ebene weit reichendere Konsequenzen für das Humanressourcen-Management konstatieren.

Neue Funktionen und Instrumente finden ihren Niederschlag in so genannten →*HR-Portalen*. Diese werden in jeweils spezifischer Ausprägung sowohl von Personalmanagern als auch von Mitarbeitern und →Führungskräften aus der Linie genutzt, wobei es teilweise zu der Verknüpfung von Funktionalitäten kommt. Besonders früh hat das eHRM im Form von eRecruiting in den Unternehmen Einzug gehalten, mit Elementen wie Online-Jobbörsen (→Internet-Jobbörse) oder Online-Assessments. Ein weiterer Baustein ist →eLearning und hier vor allem die Unterform des →Web-Based-Training, das heißt die Möglichkeit des Lernens mithilfe der Internet-/Intranet-Technologie.

Von herausragender Bedeutung ist jedoch die Idee des *Employee Self Service* (ESS). Hier nehmen Mitarbeiter nicht nur personalwirtschaftliche Verwaltungsaufgaben in die eigene Hand (z. B. Stammdatenpflege, Seminarplanung und →Zeiterfassung), sondern partizipieren auch verstärkt an personalwirtschaftlichen Maßnahmen bezüglich der eigenen Person. Das Gegenstück des ESS ist der so genannte *Manager Self Service* (MSS), über den Führungskräfte ihre personalwirtschaftlichen Aufgaben, etwa die Analyse von Abwesenheiten oder von Personalstrukturen, wahrnehmen können. Ein etwas neuerer Trend ist die Ergänzung der HR-Portale um Elemente des →Wissensmanagement, wodurch nicht nur vorhandenes Wissen vernetzt, sondern auch neues Wissen generiert werden soll.

Neue Probleme betreffen zunächst die häufig fehlende Gesamtstrategie für das eHRM bei der Einführung fehlt. Der Grund dafür ist, dass die Einführung in der Regel stark software- und damit anbietergetrieben ist. Die →Implementierung einer bestimmten Software erfolgt entgegen der Ankündigung meist ohne vorherige Analyse und entsprechender Berücksichtigung der bestehenden HR-Prozesse. Eine systematische Optimierung der

HR-Prozesse findet deshalb selten satt. Folge dieses Vorgehens sind standardisierte, aber eben nicht optimierte HR-Prozesse, die individuelle und historisch gewachsene Besonderheiten des unternehmerischen Humanressourcen-Managements nicht abbilden können. Aufgrund dieser Schwäche im Vorgehen, aber auch aus anderen Gründen, ergeben sich bei der Einführung von eHRM erhebliche Widerstände seitens der Personalmanager, der Mitarbeiter, der Personalvertretungen und auch seitens der Führungskräfte der Linie. Dies ist nicht weiter erstaunlich, da gerade im Umgang mit personalwirtschaftlichen Themen die Einführung von neuen Technologien kritisch betrachtet wird. Die Sorge um →Datensicherheit und -schutz sowie die Angst vor zuviel Transparenz mögen hierfür Gründe sein. Auf Seiten der Personalmanager wird hingegen manchmal der Verlust von Verantwortlichkeiten und damit von Einflusspotenzialen befürchtet.

Weitreichende Auswirkungen auf das →Personalmanagement betreffen die folgenden Punkte:

- *Operative Verbesserungen bei gleichzeitiger Strategieorientierung*: Es gibt einige Hinweise darauf, dass eBusiness das Humanressourcen-Management tatsächlich operativ verbessert, indem die verwaltenden Prozesse stark vereinfacht und standardisiert werden. Die dadurch freigesetzten Ressourcen führen wiederum dazu, dass das Humanressourcen-Management sich stärker in strategischen Themen engagieren kann. Man spricht deshalb vielerorts, wie zum Beispiel Wollschläger (2000) von einem Trend vom Verwalter zum Service- und Strategiepartner. Umgekehrt hält jedoch mit dem eBusiness eine verstärkte und negativ zu bewertende Bürokratisierung im Humanressourcen-Management Einzug.

- *Kostensenkung*: Eine weitere Folge sind die Kostensenkung und Beschleunigung bei den HR-Prozessen. Dies liegt in der →Standardisierung und →Dezentralisierung der Prozesse und in einer weitgehenden Vermeidung von Doppelarbeit begründet. Anbieter von eBusinesslösungen für den Personalbereich sprechen davon, dass das zahlenmäßige Verhältnis von HR-Mitarbeitern zu Gesamtmitarbeitern stark sinkt. Dem ist entgegenzuhalten, dass – gerade bei Einführung von ESS-Systemen – ein Teil der →Arbeitszeit von Mitarbeitern und Führungskräften in der Linie neuerdings mit personalwirtschaftlichen Aufgaben belegt ist. Die Rechnung, dass HR-Kosten je Mitarbeiter sinken, ist also zu relativieren. Darüber hinaus gilt es, das gestiegene IT-Budget im HR-Budget (→Budget) mit zu berücksichtigen.

- *Erhöhung der Dienstleistungsqualität*: eBusiness im Humanressourcen-Management verspricht ferner eine höhere Dienstleistungsqualität und damit →Mitarbeiterorientierung, eine Erhöhung der Transparenz und Genauigkeit der Personaldaten sowie die permanente Erreichbarkeit des Humanressourcen-Management. Es sollte aber nicht geleugnet werden, dass damit gleichzeitig auch eine Entpersonalisierung verbunden ist.

- *Veränderung der* →*Organisation*: Veränderungen im Humanressourcen-Management sind auch in organisatorischer Hinsicht zu erwarten, wenn auch kaum exakt zu prognostizieren. Die Verortung des Humanressourcen-Management wird sich insbesondere durch Employee- und Manager Self Service in Richtung Dezentralisierung verschieben. Führungskräfte und Mitarbeiter werden zum Träger eines Humanressourcen-Management, das lediglich durch die vorhanden Systeme und Funktionalitäten gesteuert wird. Eine derartige fast virtuelle →Personalabteilung entspricht in ihren Grundzügen dem Trend zur →Ich-AG beziehungsweise Selbst-GmbH (→Arbeitskraftunternehmer) und der Suche nach lebenslanger →Employability. Umgekehrt wird bewährtes personalwirtschaftliches Know how in Systeme verlagert und durch Standard-Software abgebildet, wodurch es gegebenenfalls auch zu einer Entflexibilisierung (→Flexibilisierung) des Humanressourcen-Managements kommen kann.

- *Veränderung des Stellenwerts*: Für das Unternehmen bedeutet eHRM, dass dadurch die →Integration neuer Partner – insbesondere bei standardisierten →HR-XML – erleichtert wird. Auch die technische Integration in Enterprise Resource Planning Tools/Software wird ermöglicht. Dieser Trend führt allerdings auch zu einer Erleichterung des →Outsourcing vieler Teile des Humanressourcen-Management. So gesehen könnte eine Folge des Einzugs von eBusiness auch ein Verschwinden des Humanressourcen-Managements in die Bedeutungslosigkeit bedeuten. Wahrscheinlicher ist jedoch eine Verschiebung der personalwirtschaftlichen Tätigkeiten in Richtung eines strategischen Partners.

Insgesamt lässt sich festhalten, dass – analog zum eLearning – die zunächst vorhandene Euphorie bezüglich eHRM von der Idee eines Blended Humanressourcen-Management abgelöst zu sein scheint. New and Old Economy verschmelzen also auch im Humanressourcen-Management. Selbst wenn das eBusiness wesentliche Veränderungen im Humanressourcen-Management bewirkt, so können Unternehmen auch in Zukunft nicht auf herkömmliche personalwirtschaftliche →Kompetenzen verzichten. Es wird allerdings Aufgabe des Humanressourcen-Management sein, sich in Zukunft in geeigneter Weise unternehmerisch zu positionieren. Dies schließt die Nutzung des eHRM ein, bedeutet eine Rückbesinnung auf klassische Kompetenzen und meint aber auch die Erschließung neuer Tätigkeitsfelder.

Literatur: *Bednarczuk, P.; Hartl, A.*: Vom E-Business lernen: Ansätze für ein internet-gestütztes E-HRM, in: Personalführung, 33. Jg. (2000), H. 8, S. 20–26. *Ingenhoff, D.; Eppler, M.*: e-Human Resource Management (e-HRM): Potenziale und Grenzen der Neuen Medien für das Personalmanagement, in: Zeitschrift Führung und Organisation, 70. Jg. (2001), H. 3, S. 159–167. *Jäger, W.; Jäger, M.*: Wie E-Business und Internet das Personalmanagement verändern, in: Personalführung, 34. Jg. (2001), H. 1, S. 72–74. *Schmidt-Rudloff, R.*: Virtuelle Personalarbeit als Chance zur Professionalisierung, in: *Scholz, C.; Guttmann, J.* (Hrsg.): Webbasierte Personalwertschöpfung, Wiesbaden 2003. *Schwalbe, S.; Berger, A.*: Die Rolle des eHRM in der Personalwelt, in: Personal, 55. Jg. (2003), H. 8, S. 10–13. *Wollschläger, F.*: Der Einsatz des Intranets für die Personalarbeit – Optionen für eine Strukturreform, in: Personal, 52. Jg. (2000), H. 11, S. 598–602.

Stephan Kaiser

Eigenkapitalbeteiligung

Eigentumsverhältnis, aus dem sich Beteiligungs- und Verfügungsrechte sowie Gewinneinkommen ergeben.

Die Eigenkapitalbeteiligung ist ein Bestandteil der Vermögensbeteiligung, die mit der →Erfolgsbeteiligung zur →materiellen Mitarbeiterbeteiligung gehört. Die mit einer Eigenkapitalbeteiligung verbundene *Zielsetzung* besteht in der privaten Vermögensbildung, dem Angleichen von Eigentümer- und Arbeitnehmerinteressen, in der Förderung des unternehmerischen Denkens durch Risikobeteiligung und – aus Unternehmensperspektive – einer Verbesserung der Eigenkapitalbasis. Einige der Variationsmöglichkeiten sind die stille Beteiligung entsprechend des HGBs, die →Belegschaftsaktie, →Aktienoptionspläne sowie der →Investivlohn, für den Lohnanteile in das Anlagevermögen des Unternehmens geführt werden.

Zwei wesentliche Problemkreise sind bei der Eigenkapitalbeteiligung zu bedenken:

1. Für die *Finanzierung* gibt es viele Varianten, zum Beispiel aus einer Eigenleistung des Arbeitnehmers, aus Teilen des Entgelts oder aus Sonderzuwendungen des Arbeitgebers.
2. Außerdem ist eine Entscheidung bezüglich der *Fungibilität* der Anteile zu treffen, also ob ein Verkauf der Anteile an Dritte möglich ist und was mit den Anteilen bei Ausscheiden aus dem Unternehmen geschehen soll.

Während diese Frage bei Aktiengesellschaften vergleichsweise leicht zu beantworten ist, stellen sich bei anderen Rechtsformen unter Umständen größere Probleme ein. Schließlich sind Mitspracherechte zu regeln, also, ob aus der Eigenkapitalbeteiligung Stimmrechte entspringen, wie zum Beispiel bei Belegschaftsaktien, oder inwieweit Mitbestimmungsregelungen zu beachten sind (*Scholz* 2000).

In der Praxis sind die häufigsten Formen der Eigenkapitalbeteiligung die *Belegschaftsaktie* und die →Aktienoptionen. Aus Unternehmensperspektive ist daran vorteilhaft, dass →Arbeitnehmer am Risiko beteiligt werden und sich die Eigenkapitalbasis verbreitert. Aus Arbeitnehmerperspektive erwächst eine Ertragsbeteiligung und das Stimmrecht in der Hauptversammlung (*Oechsler* 2006). Ob die Risikoübernahme gewünscht ist, hängt von der jeweiligen Risikoneigung der Arbeitnehmer ab und ist gegebenenfalls durch eine →Risikoprämie zu kompensieren.

Literatur: *Oechsler, W.*: Personal und Arbeit, 8. Aufl., München 2006. *Scholz, C.*: Personalmanagement, 5. Aufl., München 2000.

Silvia Föhr

Eigenschaftstheorie der Führung

basiert auf der These, dass sich Führende durch besondere Eigenschaften auszeichnen und diese dann die Führungsbeziehung prägen (syn.: Trait Approach).

Forschungsmethodisch lautet die an der Eigenschaftstheorie der Führung festzumachende Frage, wie sich Führende von Geführten unterscheiden beziehungsweise wie sich erfolgreiche von weniger erfolgreichen Führenden unterscheiden. Im Ergebnis erweisen sich danach Fähigkeiten, Leistungen, →Verantwortung, →Partizipation und die Situation als bedeutsam.

Die Attraktivität dieses personalistischen Ansatzes besteht darin, dass er unmittelbare Ansatzpunkte für die Auswahl und Entwicklung von →Führungskräften bietet. Zugleich besteht jedoch das Problem, dass auf der theoretischen Ebene nicht nur unklar ist, wie die verschiedenen Eigenschaften miteinander interagieren, sondern auch, wie sich Eigenschaften der Führenden in →Führungsverhalten und in →Führungserfolg übersetzen, zumal die Situation systematisch aus der Betrachtung ausgeblendet wird (→Situationsansatz der Führung)

Übersicht 1: Fünf-Faktoren-Modell der Persönlichkeit (in Anlehnung an *Schuler* 2001, S. 112)

Die fünf großen Persönlichkeitsfaktoren
I *Extraversion* (charakteristische Verhaltensmerkmale: gesellig, gesprächig, großzügig, bestimmt, dominant, aktiv, impulsiv)
II *Emotionale Stabilität* (üblicherweise durch den Gegenpol „Neurotizismus" definiert: ängstlich, deprimiert, verlegen, emotional, leicht verärgert, besorgt, unsicher)
III *Verträglichkeit* (freundlich, höflich, flexibel, vertrauensvoll, kooperativ, tolerant, versöhnlich, weichherzig)
IV *Gewissenhaftigkeit* (verlässlich, sorgfältig, verantwortungsbewusst, planvoll, organisiert, leistungsorientiert, ausdauernd)
V *Offenheit für Erfahrungen* (auch „Intellekt" oder „Kultiviertheit" genannt: einfallsreich, kultiviert, originell, vielseitig, intellektuell, aufgeschlossen, ästhetikbetont)

In der neueren Führungsforschung werden die als *Big Five* gebündelten Persönlichkeitsmerkmale von Führungskräften untersucht (*Goldberg* 1993, *Schuler* 2001): Extraversion, emotionale Stabilität, Verträglichkeit, Gewissenhaftigkeit und Offenheit für Erfahrungen (Übersicht 1). Diese Eigenschaften korrelieren positiv mit dem Führungserfolg sowie mit dem Lebenserfolg (Einkommen/beruflicher Status) der Führungskräfte. Die Höhe der Korrelationen zwischen den verschiedenen Persönlichkeitsmerkmalen und dem Führungserfolg schwankt allerdings mit der Art des erhobenen Erfolgskriteriums und den jeweiligen situativen Bedingungen (wie z. B. der Unternehmensgröße). Kritisiert wird an den Forschungen zu den „Big Five" die mangelnde theoretische Fundierung der fünf Persönlichkeitsmerkmale, die auf faktorenanalytischem Weg ermittelt wurden und ihrerseits nur einen – theoretisch nicht begründeten – Ausschnitt aus der Vielfalt möglicher Eigenschaften darstellen.

Neue Forschungen im Sinne des personalistischen Ansatzes verweisen zunehmend auf die situative Gültigkeit des Eigenschaftsparadigmas (*Gebert* und *von Rosenstiel* 2002): Problemlösefähigkeit erweist sich als Prädiktor für den selbst- oder fremdeingestuften Berufserfolg; Intelligenz und Erfahrung der Führungskraft sind mit dem Führungserfolg je nach Ausmaß des empfundenen Stresses positiv oder negativ korreliert; die Korrelation zwischen der internalen Kontrollüberzeugung von Unternehmern und dem Unternehmenserfolg variiert unter anderem mit der Größe des Unternehmens.

Literatur: *Literatur: Gebert, D.; von Rosenstiel, L.:* Organisationspsychologie, 5. Aufl., Stuttgart 2002. *Goldberg, L. R.:* The Structure of Phenotypic Personality Traits, in: American Psychologist, 48. Jg. (1993), S. 26–34. *Schuler, H.:* Lehrbuch der Personalpsychologie, Göttingen 2001.

Sabine Boerner

Eignung

Summe aller spezifischen Merkmale einer Person einschließlich ihrer Eigenschaften, Verhaltensweisen und Einstellungen, die sie in die Lage versetzen, eine bestimmte Tätigkeit auszuführen beziehungsweise die mit ihrer Ausführung verbundenen Anforderungen zu erfüllen.

Aussagen über die Eignung von Personen, das heißt die Ermittlung und Beurteilung ihrer Eignung, erfordern somit Informationen über die jeweiligen Aufgaben und Tätigkeiten auf bestimmten Arbeitsplätzen sowie über die resultierenden Anforderungen an (potenzielle) Stelleninhaber. Eignung bezieht sich daher nicht auf die Eigenschaften einer Person an sich, sondern kann *immer nur in Bezug auf konkrete Anforderungen* bestimmt werden. Insofern der Eignungsbegriff eine Relation zum Begriff der Anforderung bezeichnet, besitzt eine Person in dem Maße Eignung, wie ihre spezifischen

Merkmale mit dem Profil der jeweiligen Anforderungen übereinstimmen. Aus diesem Grund beinhaltet das Konstrukt der Eignung die Vorstellung der Eignungsprüfung.

Das Ausmaß der Eignung einer Person für bestimmte Aufgaben – ihr *Eignungsgrad* – wird in der betrieblichen Praxis in der Regel im Zusammenhang der Bewerberauswahl (→ Personalauswahl), der Zuordnung von Mitarbeitern und Arbeitsplätzen (→ Personalplanung) sowie der → Personalentwicklung geprüft. Dabei wird auf bestimmte Eignungsmerkmale, wie → Qualifikationen (Fähigkeiten, Fertigkeiten, → Wissen), geistige und körperliche Eigenschaften sowie Persönlichkeitsmerkmale (beispielsweise Ausdauer, Belastbarkeit, Reaktionsvermögen und Sorgfalt) abgestellt und ein → Eignungsprofil erstellt, das dem ermittelten Profil der Anforderungen gegenübergestellt wird. Das Ausmaß der Eignung ergibt sich aus dem Grad der Übereinstimmung zwischen Anforderung und Eignung.

Zur Feststellung der Eignung kommen unterschiedliche Verfahren, wie → Interviews, → Tests (→ Testverfahren), → Beobachtungen und Dokumentenanalysen, aber auch → Assessment Center zur Anwendung.

Bei allen Verfahren beeinträchtigen Mess-, Wahrnehmungs- und Bewertungsprobleme die → Objektivität der Eignungsaussage.

Zudem gilt, dass die Eignung einer Person für eine bestimmte Aufgabe oder ein Aufgabengebiet *nicht statisch* ist, sondern sich in Abhängigkeit von Maßnahmen der Personalentwicklung und Erfahrungen verändert. Schließlich ist zu bedenken, dass auch die Person der Bezugspunkt bei der Prüfung der Übereinstimmung von Anforderung und Eignung sein kann. In diesem Fall wäre eine Tätigkeit für eine bestimmte Person geeignet, wenn die aus der Aufgabe resultierenden Anforderungen den Eigenschaften und Qualifikationen der Person entsprechen.

Grundsätzlich gilt, dass aus der Übereinstimmung von Anforderung und Eignung keine validen Schlüsse auf die künftige → Arbeitsleistung einer Person möglich sind, da die Eignung nur einer unter mehreren Faktoren ist, die Einfluss auf das Leistungsergebnis besitzen.

Literatur: *Sarges, W.* (Hrsg.): Management-Diagnostik, 3. Aufl., Göttingen etc. 2000.

Jürgen Grieger

Eignungsdiagnosesysteme

Kategorie wirtschaftlicher Anwendungssoftware, die Anwender bei der Erfassung und Auswertung von → Eignung und Potenzialen der Mitarbeiter unterstützt (→ Eignungsdiagnostik).

Zu den Eignungsdiagnosesystemen zählen zunächst Systeme zur elektronischen Durchführung von *psychologischen (Eignungs-)Tests* (→ Persönlichkeitstest). Diese umfassen teilweise Versionen bekannter Tests wie etwa des *FPI* oder des *16PF*-Tests. Teilweise sind individuelle neue Tests implementiert. Der → Test wird dabei in der Regel vom Probanden am Computer durchgeführt, alternativ können die Tests teils jedoch auch in der Papierversion ausgedruckt und die Ergebnisse anschließend eingescannt und automatisch ausgewertet werden.

Andere Systeme bieten unterschiedliche Spielarten interaktiver *Postkorbübungen* an. Weitere Verbreitung haben auch *computersimulierte Szenarien* gefunden, bei denen Probanden komplexe Problemsituationen mit unterschiedlichen Fern- und Nebenwirkungen bewältigen beziehungsweise steuern müssen.

Zudem existieren umfassende Assessmentsysteme, die verschiedene der oben genannten eignungsdiagnostischen Methoden vorhalten und die es erlauben, mit Blick auf die zu erhebenden Qualifikationen oder Potenziale spezifische Übungen zusammenzustellen. Zunehmend werden solche Systeme für Mitarbeiter und Bewerber über → Internet in Form von → Selfservice Systemen angeboten.

Als eine jüngere Kategorie personalwirtschaftlicher Anwendungssoftware finden Eignungsdiagnosesysteme nach und nach verbreiteten Einsatz, wie *Hänsgen* (1999) und *Bartram* (1999) bemerken.

Literatur: *Bartram, D.*: Testing and the Internet: Current Realities, Issues and Future Possibilities, in: Selection and Development Review, 15. Jg. (1999), H. 6, S. 3–12. *Hänsgen, K.-D.*: Computereinsatz in der Psychodiagnostik, Forschungsbericht Nr. 141, Fribourg 1999.

Stefan Strohmeier

Eignungsdiagnostik

beinhaltet Methoden der Entwicklung, Prüfung und Anwendung psychologischer Verfahren, um eignungsbezogene Erfolgsprognosen und Entscheidungshilfen in beruflichen Kontexten zu geben.

Eignungsdiagnostik

Es geht bei Eignungsdiagnostik stets auch darum, sowohl die Zielgruppen als auch die Zielpositionen, die „ →Eignung wofür" zu bestimmen. Es müssen also die Anforderungen ermittelt werden ebenso wie die Interessen und Fähigkeiten einer Person. Es gibt drei wichtige →Gütekriterien der eignungsdiagnostischen Verfahren: →Validität, →Reliabilität und →Objektivität.

Wichtige eignungsdiagnostische Verfahren der →Personalauswahl sind die Auswertung der Bewerbungsunterlagen (→Bewerbung), Auswahlgespräche, Personalfragebögen, →biographische Fragebögen, →Testverfahren, →Assessment Center und computergestützte Verfahren. Die Bewerbungsunterlagen stellen zumeist den ersten Kontakt zwischen Bewerber und →Arbeitgeber dar. Schul- und Studienleistungen gelten als valideste Einzelkomponente, allerdings lediglich für die Prognose des Ausbildungs-, weniger für die des Berufserfolgs, wie *Schuler* (1996) anmerkt.

Auswahl- und Einstellungsgespräche gelten als die am meist verbreiteten Methoden in deutschen Unternehmen. Sie können in freier Gesprächsform bis hin zu standardisierten Abläufen stattfinden. Unstrukturierte Einstellungsinterviews (→Personalbeschaffung, →Interview) weisen jedoch im Unterschied zu den strukturierten Interviews wie das multimodale Interview eine geringere Validität auf. Besonders die unstrukturierten Interviews weisen Probleme sozialer Urteilsbildung auf: So können Fehler auf der Ebene des Verhaltens auftreten wie beispielsweise die Tendenz, sozial erwünschte Antworten zu geben. Weiterhin können Fehler auf der Ebene der Wahrnehmung wie zum Beispiel verzerrende Informationsverarbeitung auftreten und schließlich Fehler auf der Ebene der Aussage, wie Bedeutungsvielfalt, die den Eindruck verfälschen.

Weitere Ursachen für die geringe Validität herkömmlicher Einstellungsgespräche sind nach *Schuler* und *Marcus* (2001) der mangelnde Anforderungsbezug der Fragen, unzulängliche Verarbeitung der aufgenommenen →Information, geringe Beurteiler-Übereinstimmung, dominierendes Gewicht früherer Gesprächseindrücke, Überbewertung negativer Informationen, emotionale Einflüsse auf die Urteilsbildung und Beanspruchung des größten Teils der Gesprächszeit durch den Interviewer.

Personalfragebögen sind betriebsspezifisch, manchmal auch tätigkeitsspezifisch gestaltet und stellen ein Zwischenglied in der Bewerberauswahl dar. Personalfragebögen unterscheiden sich von anderen Instrumenten der Personalauswahl durch rechtliche Regelungen. So bedürfen Personalfragebögen der Zustimmung des →Betriebsrats.

Zentral für das Verfahren des *biographischen Fragebogens* ist die Annahme, aus der Biographie einer Person und ihrem Verhalten (→Behaviorismus) in der Vergangenheit ihr zukünftiges Verhalten zu prognostizieren und damit auch ihren Berufserfolg. Die biographischen Fragebögen haben im Vergleich zu anderen →Auswahlverfahren eine hohe Validität. Dies wird auf das Prinzip der Fragestellung, die itemweise Validierung und die Anpassung an die Stichprobe zurückgeführt.

Ein *psychologischer Test* ist definiert als ein standardisiertes, routinemäßig anwendbares Verfahren, um individuelle Verhaltensmerkmale zu messen, aus denen Schlussfolgerungen auf die Eigenschaften der Person oder ihr Verhalten gezogen werden. In der Eignungsdiagnostik sind sie die am häufigsten verwandten Instrumente. Tests haben im Vergleich zu anderen Verfahren eine hohe Objektivität, der Verfahrensablauf ist durchstrukturiert und es gibt einen geringen Einfluss subjektiver Urteilsfehler. In der Berufseignungsdiagnostik finden sich vor allem Tests der allgemeinen Intelligenz, der Aufmerksamkeit und Konzentration, Tests sensorischer und motorischer Leistungen sowie sonstige (z. B. Wissens- und Rechtschreibprüfungen), wie *Schmidt* und *Hunter* (1998) zu entnehmen ist. →Persönlichkeitstests sollen entweder ein umfassendes Bild der Persönlichkeit geben oder aber spezifische Merkmale erfassen.

Arbeitsproben sind standardisierte Aufgaben, die Stichproben erfolgsrelevanten beruflichen Verhaltens provozieren. Sie zeichnen sich dadurch aus, dass sie sich an der inhaltlichen Validität orientieren. Zum Beispiel dient die „Drahtbiegeprobe" der Erfassung von Wahrnehmungsgenauigkeit und feinmotorischem Geschick. Der Kandidat soll aus einem Stück Draht eine vorgegebene Figur in einer etwas anderen Größe nachformen.

Das Assessment Center ist eine multiple Verfahrenstechnik, die aus mehreren eignungsdiagnostischen Instrumenten und Aufgaben besteht. Es wird sowohl zur Auswahl als auch zur Förderung von Mitarbeitern benutzt. Es kann zum Beispiel aus einem zweistündigen Interview, einer dreistündigen Bearbeitung eines Postkorbs, einer Fabrikationsaufgabe, einer führerlosen Gruppendiskussion, einem biographischen Fragebogen, einem kurzen Lebenslauf und einer Selbstbeschreibung bestehen.

Die am häufigsten eingesetzten Verfahren sind der *Postkorb* und die *führerlose Gruppendiskussion*. In einer Postkorbübung geht es darum, eine größere Anzahl von Dokumenten durchzuarbeiten, wie sie sich im Postfach einer Führungskraft befinden könnten, der nach einer längeren Dienstreise zurückkommt. Zumeist treffen mehrere unglückliche Ereignisse zusammen wie Geschäftstermine, finanzielle Probleme und private Schwierigkeiten, die unter Zeitdruck zu lösen sind.

Das Grundprogramm sieht so aus, dass anhand mehrerer dieser Verfahren verschiedene Kandidaten von etlichen Beurteilern auf erfolgsrelevanten Dimensionen beurteilt werden. Die Beurteiler sollen sich auf eine gemeinsame Entscheidung einigen. Da Anforderungen wie beispielsweise Teamfähigkeit zugenommen haben, hat sich das Assessment Center in den letzten Jahren in seiner Anwendung verbreitet. Dem Assessment Center wird eine hohe „soziale Validität" zugeschrieben. Allerdings ist die Validität hinsichtlich des Berufserfolgs relativ gering.

Für alle Phasen der Verfahrensentwicklung, Durchführung, Auswertung und Interpretation kann auch der Einsatz von Computerprogrammen nützlich sein. Der häufigste Einsatz erfolgt bei den Tests, sowie zunehmend für komplexe dynamische Problemlösungsaufgaben, wie sie *Schuler* und *Höft* (2001) darstellen.

Auf eine Initiative des Berufsverbandes Deutscher Psychologinnen und Psychologen (BDP) wurde eine Norm zur berufsbezogenen Eignungsbeurteilung erstellt. Diese Norm wurde vom Deutschen Institut für Normung e.V. (DIN) im Juni 2002 als *DIN-Norm 33430* publiziert. Die Norm beinhaltet Anforderungen an Verfahren und deren Einsatz bei berufsbezogenen Eignungsbeurteilungen und stellt Qualitätskriterien und Standards für berufsbezogene Eignungsdiagnostik auf. In der Einleitung des Normtextes wird darauf hingewiesen, dass Eignungsbeurteilungen und Personalentscheidungen voneinander zu unterscheiden sind. Nur die Eignungsbeurteilung ist Gegenstand dieser Norm, nicht aber Personalentscheidungen die nach wie vor in der Hand der Personalverantwortlichen bleiben. Die Norm dient als Richtschnur bei der Erstellung eines betrieblichen Verfahrens zur Eignungsbeurteilung, sie regelt jedoch nicht das →Beurteilungsverfahren selbst. Die Verbesserung betrieblicher Auswahlverfahren für externe und interne Bewerber ist ein wichtiges Ziel betrieblicher →Personalpolitik. Mit der Norm 33430 soll die Verbreitung von wissenschaftlich und fachlich fundierten Erkenntnissen über Verfahren und deren Anwendung zur Eignungsbeurteilung gefördert werden. Allerdings führt eine →Normierung mit ihren detaillierten Handlungsanweisungen und Dokumentationspflichten zu geringer →Flexibilität, mehr Bürokratie und höheren Kosten. Die Norm ist für private Arbeitgeber grundsätzlich unverbindlich, solange keine individuellen oder kollektiven Vereinbarungen diesbezüglich getroffen wurden. Wird die Norm im Unternehmen eingeführt, können Mitbestimmungsrechte oder Informationsrechte des Betriebsrates tangiert sein.

Literatur: *Schuler, H.*: Psychologische Personalauswahl, Göttingen 1996. *Schuler, H.; Höft, S.*: Konstruktorientierte Verfahren der Personalauswahl, in: *Schuler, H.* (Hrsg.): Personalpsychologie, Göttingen 2001, S. 93–134. *Schuler, H.; Marcus, B.*: Biographieorientierte Verfahren de Personalauswahl, in: *Schuler, H.* (Hrsg.): Lehrbuch der Personalpsychologie, Göttingen 2001, S. 175–215. *Schmidt, F. L.; Hunter, J. E.*: Messbare Personmerkmale: Stabilität, Variabilität und Validität zur Vorhersage zukünftiger Berufsleistung und berufsbezogenen Lernens, in: *Kleinmann, M.; Strauss, B.* (Hrsg.): Potenzialfeststellung und Personalentwicklung, Göttingen 1998, S. 16–43.

Erika Spieß

Eignungsdiagnostische Instrumente

psychologische Methoden und Verfahren zur Feststellung der →Eignung von Personen für bestimmte Aufgaben, die in der betrieblichen Praxis – vor allem bei Großunternehmen – vorwiegend im Rahmen von →Personalauswahl und →Personalentwicklung eingesetzt werden und deren Ergebnisse häufig das Auswahlkriterium zukunftsorientierter Personalentscheidungen bilden.

Insofern diese Entscheidungen für →Organisationen langfristig konsequenzenreich sind, wird der →Qualität der eignungsdiagnostischen Instrumente besondere Bedeutung zugemessen. Aus diesem Grund wird zum einen die Anwendung der Instrumente durch spezialisierte Fachleute, in der Regel Psychologen, gefordert. Zum anderen sollten systematische Bewährungskontrollen der eingesetzten Instrumente durchgeführt werden, um Hinweise auf deren praktische Brauchbarkeit zu erhalten. Vor allem die letzte Forderung wird von der Praxis – vermutlich aus Kostengründen – oftmals ignoriert. Dies führt dazu, dass hinsichtlich vieler verwendeter Verfahren Zweifel in Bezug auf ihre Güte bestehen, was unter anderem zu Akzeptanzproblemen führen kann.

Aus Sicht der statistischen →Testtheorie müssen eignungsdiagnostische Instrumente drei Bedingungen erfüllen:

1. Sie müssen *objektiv* in dem Sinne sein, dass verschiedene Anwender bei denselben Testpersonen zu gleichen Ergebnissen kommen.
2. Sie müssen *valide* sein, das heißt die Instrumente müssen tatsächlich das vorgegebene Untersuchungsobjekt messen beziehungsweise untersuchen und die Untersuchungsergebnisse müssen reproduzierbar sein.
3. Sie müssen *reliabel* sein, das heißt sie müssen treffsichere Ergebnisse in der Weise produzieren, dass die beispielsweise auf Skalen erfassten Unterschiede auch mit den tatsächlichen Ausprägungen von Merkmalen übereinstimmen.

Eignungsdiagnostische Instrumente lassen sich im Hinblick auf die Art der Informationsbeschaffung und die erzeugten →Daten in mehrere Gruppen einteilen. Zu den am weitesten verbreiteten Instrumenten zählen – neben den für bestimmte Tätigkeiten obligatorischen medizinischen Untersuchungen – die verschiedensten →Testverfahren, wie allgemeine oder spezielle Funktions- und →Leistungstests sowie →Intelligenztests, →Fragebögen zur Erhebung von Persönlichkeitsmerkmalen und Persönlichkeitstests (Persönlichkeitsmerkmale und deren Erfassung), Bewerbungsunterlagen (persönliche Daten, →Ausbildung und Berufsbildung, Zeugnisse), →Interviews, biographische Fragebögen, Arbeitsproben sowie das →Assessment Center. Weniger gebräuchlich ist die äußerst umstrittene Schriftanalyse (Graphologie). Alle Instrumente der →Eignungsdiagnostik können die genannten →Anforderungen nur bedingt erfüllen und werden in der wissenschaftlichen Diskussion zum Teil sehr unterschiedlich beurteilt.

Trotz der bekannten Mängel wird an ihrem Einsatz – unter anderem aus Gründen der Legitimation von Entscheidungen – festgehalten, da keine alternativen Instrumente zur Verfügung stehen und willkürliche, das heißt nicht durch Verfahren zustande gekommene und nachvollziehbare Personalentscheidungen zumeist abgelehnt werden.

Literatur: *Anderson, N.* (Hrsg.): Handbook of Industrial, Work and Organizational Psychology, London etc. 2001. *Drenth, P.J.D.* (Hrsg.): Handbook of Work and Organizational Psychology, 2. Aufl., Hove 1998. *Schuler, H.* (Hrsg.): Eignungsdiagnostik in Forschung und Praxis. Psychologische Information für Auswahl, Beratung und Förderung von Mitarbeitern, Stuttgart 1991.

Jürgen Grieger

Eignungsprofil

Ergebnis der wechselseitigen Zuordnung von einzelnen (potenziellen oder aktuellen) Mitarbeitern und konkreten Arbeitsplätzen beziehungsweise -aufgaben im Zuge der →Personalbeschaffung oder der operativen →Personaleinsatzplanung.

Basierend auf dem Vergleich von stellenbezogenem →Anforderungsprofil und mitarbeiterbezogenem Fähigkeitsprofil (→Qualifikationsprofil) wird auf die Eignung eines Kandidaten für eine bestimmte Tätigkeit geschlossen (*Scholz* 2000). Dabei induziert eine größere Ähnlichkeit von Anforderungs- und Fähigkeitsprofil üblicherweise eine höhere Eignung des fraglichen Kandidaten.

Jede →Stelle im Unternehmen stellt bestimmte →Anforderungen an die →Qualifikation des Stelleninhabers, da sie typischerweise bestimmtes Wissen, Fertigkeiten und Kenntnisse (→Qualifikation), beispielsweise Fremdsprachen- oder Computerkenntnisse, in einem spezifischen Ausprägungsgrad erfordert. Diese häufig im Rahmen der Personalbedarfsbestimmung in entsprechenden Stellenbeschreibungen fixierten Ausprägungsmerkmale und -grade bilden in ihrer Gesamtheit ein spezifisches →Anforderungsprofil. Um festzustellen, ob und inwieweit ein Kandidat diese Anforderungen erfüllt, ermöglicht eine Personalbestandsanalyse über die Ermittlung von dessen individuellem →Qualifikationsprofil einen Vergleich mit dem Anforderungsprofil der Stelle. Das Ergebnis dieses Ver-

Eingangsbestätigung

gleichs ist das →Eignungsprofil des Kandidaten. Dieses zeigt, ob und inwieweit das stellenbezogene Anforderungsprofil und das persönliche Qualifikations- oder Fähigkeitsprofil übereinstimmen.

Allerdings sind derartige Profilvergleiche auf der Grundlage korrespondierender Anforderungs- und Fähigkeitsprofile spezifischen Planungsproblemen ausgesetzt; Scholz (1981) verweist hierbei

- auf Schwierigkeiten der konzeptionellen Umsetzung der algorithmischen Durchführung,
- auf die Akzeptanzproblematik,
- auf die Gefahr einer übergroßen, nicht mehr bewältigbaren →Komplexität sowie
- auf rechtliche Schwierigkeiten.

Wird vor diesem Hintergrund darauf verzichtet, aus Über- oder Unterdeckungen zwischen Anforderungs- und Fähigkeitsprofilen Eignungswerte abzuleiten, kann sich die →Personalplanung alternativ auch auf die bisherigen Arbeitsresultate von Mitarbeitern in bestimmten Tätigkeitsbereichen stützen. Diese von Scholz (1981) modellierte *situative Eignungsprognose* erlaubt Rückschlüsse aus dem Erfolgsprofil von Mitarbeitern dieser Tätigkeitsbereiche auf zu erwartende Erfolgswerte interessierender Kandidaten. Entsprechend werden statt stellenbezogener Anforderungsprofile die Erfolgs-, also Fähigkeitsprofile von Personen mit (in der Vergangenheit) extrem hohen sowie extrem niedrigen Erfolgswerten mit den Fähigkeitsprofilen der Kandidaten abgeglichen. Derartige „unscharfe" Mustererkennungsverfahren profitieren zunehmend von den technischen Möglichkeiten formalisiert-computergestützter Personaleinsatzplanung.

Literatur: *Scholz, C.*: Bildschirmorientierte Personalplanung mit SIMIPOC, in: OR Spektrum, 3. Jg. (1981), H. 3, S. 161–174. *Scholz, C.*: Personalmanagement, 5. Aufl., München 2000, S. 650–661.

Roman Bechtel

Einführungsprogramme für neue Mitarbeiter →Personalbeschaffung

Eingangsbestätigung →Personalbeschaffung

Eingliederungsprobleme →Personalbeschaffung

Einheitsgewerkschaft →Gewerkschaften

Einigungsstelle

im Bedarfsfall zur Beilegung von Meinungsverschiedenheiten zwischen →Arbeitgeber und →Betriebsrat zu bilden.

Durch →Betriebsvereinbarung können auch eine ständige Einigungsstelle und weitere Verfahrensregeln geschaffen werden. Gesetzliche Grundlage ist das →Betriebsverfassungsgesetz. In die Einigungsstelle entsenden sowohl der Arbeitgeber als auch der Betriebsrat eine gleiche Zahl an Beisitzern. Zusätzlich gibt es einen neutralen Vorsitzenden, auf den sich beide Seiten einigen. Ist eine Einigung nicht möglich, wird der Vorsitzende vom Arbeitsgericht (→Arbeitsgerichtsbarkeit) bestimmt, welches auch die Zahl der Beisitzer bestimmen kann. Die Einigungsstelle entscheidet nach mündlicher Beratung gemäß billigem Ermessen mit Stimmenmehrheit der anwesenden Mitglieder, wobei in der ersten Abstimmungsrunde der Vorsitzende sich der Stimme zu enthalten hat und nur bei Stimmengleichheit nach erneuter Beratung mitstimmt und gegebenenfalls ein erneutes Patt auflöst.

In vielen Fällen kann per Gesetz oder Betriebsvereinbarung der Spruch der Einigungsstelle die tatsächliche Einigung von Arbeitgeber und Betriebsrat ersetzen. In solchen Fällen wird die Einigungsstelle auf Antrag einer der beiden Seiten tätig, ansonsten nur auf Antrag beziehungsweise mit Einverständnis beider Seiten. Eine Entscheidung der Einigungsstelle schließt den Gang zum Arbeitsgericht nicht aus. Ihre Kosten trägt vollständig der Arbeitgeber, wobei zum Betrieb gehörende Beisitzer für ihre Tätigkeit nicht zu vergüten sind. Schließlich kann durch →Tarifvertrag eine tarifliche Schlichtungsstelle anstelle der Einigungsstelle vorgesehen werden.

Literatur: *Weber, U.; Ehrich, C.*: Einigungsstelle: Eine systematische Darstellung zur Lösung betriebsverfassungsrechtlicher Konflikte, München 1999. *Wiesemann, D.*: Die Einigungsstelle als Einrichtung zur Beilegung von Rechtsstreitigkeiten im Betriebsverfassungsgesetz, Frankfurt a. M. 2003.

Alexander Dilger

Einliniensystem

im Gegensatz zum Mehrliniensystem vorgenommen und von *Fayol* (1916) vorgeschlagene Umsetzung des Prinzips der Einheit der Auftragserteilung.

Werden Aufträge von nur einer Linieninstanz (→Aufbauorganisation) erteilt, besteht eine größere Chance zu einheitlichen und widerspruchsfreien Weisungen. Kommunikationsstrukturen und Führungsprozesse verlaufen dann vergleichsweise effizient. Treten in der Linie fachliche oder zeitliche Engpässe auf, können Stäbe zur Entscheidungsvorbereitung und Kontrolle der Aufgabenerfüllung eingesetzt werden. Weiterhin entlasten *Fayol'sche Brücken* (Anfragen auf dem kleinen Dienstweg) die hierarchisch geordneten Knotenpunkte des Einliniensystems.

Literatur: *Fayol, H.*: Administration industrielle et générale, Paris 1916.

Jan Hendrik Fisch

Einsatzplanung

sucht für den vorab (als Datum) festgelegten →Personalbedarf und die vorab (als Datum) festgelegte →Personalausstattung den optimalen Personaleinsatzplan.

Übersicht 1: Legende

Symbol	Definition
r^* ($r^* = 1,2,...,R^*$)	Arbeitskraft
q^* ($q^* = 1,2,...,Q^*$)	Job oder Stelle
$e_{r^*q^*}$	Zuordnungsabhängiger Zielfunktionskoeffizient (z.B. Neigungs- oder Eignungsgrad, Kosten- oder Deckungsbeitragssatz)
$x_{r^*q^*}$	1, wenn Arbeitskraft r^* Job oder Stelle zugeordnet wird 0, sonst

Im Folgenden soll ein (einperiodiges) Grundmodell formuliert werden, bei dem einzelne Arbeitskräfte r^* ($r^* = 1,2,...,R^*$) einzelnen Arbeitsplätzen oder Jobs q^* ($q^* = 1,2,...,Q^*$) optimal zugeordnet werden. Dieser Ansatz, der zur →Personalplanung im engsten Sinne zählt, ist eine Variante eines erstmals von Dahtzig (1954) formulierten Zuordnungsmodells und dient zur Lösung des klassischen *Personnel Assignment-Problems* und zählt zur Personalplanung im engsten Sinne (→Terminologische Grundlagen der Personalplanung). Dazu werden die in Übersicht 1 dargestellten Symbole benötigt.

$$x_{r^*q^*} := \begin{cases} 1, \text{ wenn Arbeitskraft } r^* \text{ Job oder Stelle } q^* \text{ zugeordnet wird} \\ 0, \text{ sonst} \end{cases}$$

Mit diesen Symbolen lautet das Grundmodell wie folgt:

Zielfunktion (1):

$$\sum_{r^*=1}^{R^*} \sum_{q^*=1}^{Q^*} e_{r^*q^*} \cdot x_{r^*q^*} \to \max \text{ oder } \min!$$

Restriktionen (2 bis 4):

$$\sum_{q^*=1}^{Q^*} x_{r^*q^*} = 1 \quad \forall r^*$$

$$\sum_{r^*=1}^{R^*} x_{r^*q^*} = 1 \quad \forall q^*$$

$$x_{r^*q^*} \in \{0,1\} \quad \forall r^*, q^*$$

Die Zielfunktion (1) strebt je nach verwendetem Zielkriterium die Maximierung beziehungsweise Minimierung der einschlägigen Gesamteignung, -neigung beziehungsweise -kosten oder ähnliches an. Restriktion (2) stellt sicher, dass jede Arbeitskraft genau einer →Stelle oder einem Job und Nebenbedingung (3) gewährleistet, dass jeder Stelle oder jedem Job genau eine Arbeitskraft zugeordnet wird. Die Nichtnegativitäts- und Binaritätsbedingungen (4) werden für alle Entscheidungsvariablen gefordert. Verzichtet man in (4) auf die explizite Binaritätsforderung und bringt somit lediglich schlichte Nichtnegativitätsbedingungen in Ansatz, gelangt man aufgrund der spezifischen Problemstruktur (Set Partitioning-Problem; *van Krieken, Fleuren* und *Peeters* 2004) ebenfalls stets zu binären Lösungen und kann somit ein aufwändig zu lösendes Problem der ganzzahligen Optimierung in ein einfach zu lösendes Problem der linearen Optimierung überführen (*Domschke* und *Drexl* 2002).

Das beschriebene Grundmodell ist vielfältigen Variationen und Erweiterungen zugänglich: Durch Verwendung des expliziten Ansatzes (→Problembereiche, Dimensionen und Notwendigkeit der Personalplanung) kann es zum Beispiel in ein Modell der kollektiven Personalplanung transformiert werden, es lässt sich durch eine geeignete Periodisierung problemlos in einen dynamischen Ansatz umwandeln,

Einstellungen

wie bei *Kossbiel* (1992) und steht der →Integration von beispielsweise Personalschulungsvariablen oder Leiharbeitskräften offen.

Literatur: *Dantzig, G. B.*: A Comment on Edie's „Traffic Delays at Toll Booths", in: Journal of the Operations Research Society of America, 2. Jg. (1954), H. 3, S. 339–341. *Domschke, W.; Drexl, A.*: Einführung in Operations Research, Berlin etc. 2002. *Kossbiel, H.*: Personaleinsatz und Personaleinsatzplanung, in: *Gaugler, E.; Weber, W.* (Hrsg.): Handwörterbuch des Personalwesens, 2. Aufl., Stuttgart 1992, Sp. 1596–1608. *Van Krieken, M. G. C.; Fleuren, H. A.; Peeters, M. J. P.*: A Langrangean Relaxation Based Algorithm for Solving Set Partitioning Problems, Tilburg 2004.

Thomas Spengler

Einstellungen   →Personalbeschaffung

Einstellungsfragebogen   →Personalfragebogen, →Personalfragebogen aus (arbeits-) rechtlicher Sicht

Einstellungshindernis

verbietet dem →Arbeitgeber die Einstellung eines →Arbeitnehmers, da dieser oder Dritte besonders schutzwürdig sind.

Die Einstellungshindernisse stellen eine Durchbrechung der grundsätzlich gewährleisteten →Vertragsfreiheit dar. Es ist zwischen so genannten Abschluss- und Beschäftigungsverboten zu unterscheiden. Der Verstoß gegen ein *Abschlussverbot* führt zur Nichtigkeit des →Arbeitsvertrags (§ 25 Abs. 1 Jugendarbeitsschutzgesetz, JArbSchG). *Beschäftigungsverbote* hingegen untersagen lediglich den tatsächlichen Einsatz der Arbeitnehmer (§ 99 Abs. 2 →Betriebsverfassungsgesetz, BetrVG, §§ 5 ff., 22 ff. JArbSchG, §§ 3 ff. Mutterschutzgesetz, MuSchG, § 74 Handelsgesetzbuch, HGB), während die Wirksamkeit des Arbeitsvertrags durch ein Beschäftigungsverbot nicht berührt wird. Ob es sich bei der jeweiligen Vorschrift um ein Abschluss- oder Beschäftigungsverbot handelt, ist durch Auslegung zu ermitteln.

Burkhard Boemke

Einstellungsinterview   →Personalbeschaffung

Einstellungspflicht

schreibt dem →Arbeitgeber den Abschluss eines →Arbeitsvertrags vor und durchbricht dadurch die grundsätzlich gewährleistete →Vertragsfreiheit.

Die Einstellungspflicht begründet das Arbeitsverhältnis (→Beschäftigungsverhältnis) nicht kraft Gesetzes, sondern entfaltet für den Arbeitgeber einen Kontrahierungszwang. Das Arbeitsverhältnis kommt also nur zustande, wenn sich die Parteien einig sind und ein Arbeitsvertrag geschlossen wird. *Gesetzliche Einstellungspflichten* bestehen insbesondere zugunsten besonders schutzbedürftiger Personengruppen (§ 71 Abs. 1 Satz 1 Sozialgesetzbuch, SGB IX für Schwerbehinderte, § 78 a Abs. 2 →Betriebsverfassungsgesetz, BetrVG für Mitglieder der →Jugend- und Auszubildendenvertretung, entsprechende Regelungen finden sich in den Personalvertretungsgesetzen des Bundes und der Länder) und für den öffentlichen Dienst (Art. 33 Abs. 2 Grundgesetz, GG).

Keine Einstellungspflicht begründen nach geltender Gesetzeslage Verstöße gegen →Diskriminierungsverbote. Diese verpflichten lediglich, der diskriminierten Person eine Entschädigung zu zahlen oder Schadensersatz zu leisten (vgl. z. B. § 611 a Abs. 2 Bürgerliches Gesetzbuch (BGB). Darüber hinaus können *individualvertragliche Einstellungspflichten* – aus Vorvertrag oder als nachwirkende Pflicht aus einem bereits beendeten Arbeitsverhältnis – bestehen. So soll nach der Rechtsprechung des Bundesarbeitsgerichts eine Wiedereinstellungspflicht nach betriebsbedingter →Kündigung bestehen, wenn sich nach Ausspruch der Kündigung, aber noch vor Erreichen des Kündigungstermins herausstellt, dass der Arbeitsplatz doch erhalten bleibt, beispielsweise kündigt der Arbeitgeber, weil er den Betrieb stilllegen will, findet aber nach Ausspruch der Kündigung einen Betriebserwerber. Ebenso können Tarifverträge und →Betriebsvereinbarungen Einstellungspflichten begründen (*kollektivrechtliche Einstellungspflichten*).

Burkhard Boemke

Einstellungsstopp

liegt vor, wenn Personalabgänge kaum oder gar nicht ersetzt werden (syn.: Einstellungssperre). Für diesen Einstellungsstopp gibt es verschiedene Varianten:

- Der *modifizierte* Einstellungsstopp sieht eine restriktive Prüfung des Personalbedarfs vor.
- Der *qualifizierte* Einstellungsstopp ist auf bestimmte →Berufe, Betriebe oder Betriebsteile begrenzt.

- Ein *gezielter* Einstellungsstopp betrifft nur bestimmte Beschäftigtengruppen.
- Beim *eingeschränkten* Einstellungsstopp bleiben Schlüsselpositionen erhalten.
- Beim *generellen* Einstellungsstopp werden ausnahmslos weder der Personalzusatzbedarf (→ Bedarfsdeterminanten) noch der Personalersatzbedarf gedeckt.

Durch Personalabgänge stellt sich eine allmähliche Senkung des Personalbestands ein. Weil aber in den meisten Unternehmen die → Fluktuation nicht hoch ist, zeigen Einstellungsstopps nur auf lange Sicht Wirkung auf den Personalbestand. Wird die Maßnahme allerdings zu lange ausgedehnt, besteht die Gefahr einer nachteiligen qualitativen Veränderung der Belegschaftsstruktur.

Reiner Bröckermann

Einstiegslohngruppen

Entgelt, mit dem neue Mitarbeiter – in der Regel sogar unabhängig von der Hierarchieebene (→ Hierarchie) – beginnen und welches geringer ist als das Gehalt der bereits Beschäftigten des Unternehmens.

Durch Einstiegslohngruppen entsteht eine gespaltene Lohnskala, die zunächst zu einer Kostenentlastung führen soll. Vorhandene Sockellöhne (Mindestlöhne) können allerdings den Kosteneinsparungseffekt reduzieren. Aus personalökonomischer Perspektive kann zudem die im Vergleich geringere Entlohnung als Qualitätssignal des → Arbeitnehmers verstanden werden. In einer Testphase kann die asymmetrische Informationsverteilung über die Mitarbeiterqualität – bei der Einstellung (→ Personalbeschaffung) ist der → Arbeitnehmer über seine → Qualität, zum Beispiel → Qualifikation, → Leistungsfähigkeit oder Bindungsbereitschaft, besser als der → Arbeitgeber informiert – abgebaut werden.

Die Eingruppierungen in Einstiegslohnklassen werden deshalb in der Praxis meist auf die Einarbeitungsphase befristet sein, da davon auszugehen ist, dass die Produktivität (→ Arbeitsproduktivität) des Arbeitnehmers nach der Einarbeitungszeit steigt und dessen Qualität belegt werden kann. Die Einarbeitungsphase oder Probezeit sind dann als verlängerte Auswahl- und Beurteilungsphase zu verstehen.

Literatur: *Jung, H.*: Personalwirtschaft, 7. Aufl., München 2006, S. 600.

Silvia Föhr

Einstiegsproblem → Personalbeschaffung

Eintrittsentscheidung

Bereitschaft einer Arbeitskraft, in eine bestimmte → Organisation einzutreten.

Die Eintrittsentscheidung stellt die Grundvoraussetzung für die Abgabe einer → Bewerbung dar. Ein Individuum ist gemäß der → Anreiz-Beitrags-Theorie von *March* und *Simon* (1976) bereit in eine Organisation einzutreten, wenn der Nutzenentgang durch die dort geforderte Beitragsleistung durch den Nutzen der gebotenen → Anreize mindestens kompensiert wird und wenn die so perzipierte Anreiz-Beitrags-Struktur nicht durch eine alternative Anreiz-Beitrags-Struktur (in einer anderen Organisation) dominiert wird.

Wendet man diese Theorie auf Arbeitsverhältnisse an, basiert der Beitrag des → Arbeitnehmers einerseits in der von der Organisation geforderten Arbeitsanstrengung und -sorgfalt auf der jeweiligen Position (*qualitativer Arbeitsbeitrag*), andererseits in der Organisation zur Verfügung gestellten → Arbeitszeit (*quantitativer Beitrag*). Über das Entgeltsystem erfolgt eine Koppelung der Beiträge an monetäre Anreize. Neben diesen kann die Teilnahme an einer Organisation auch zur Erlangung nichtmonetärer Anreize führen. Exemplarisch sind das mit der Zugehörigkeit zu einer Organisation verbundene Ansehen sowie das Interesse an der Aufgabe selbst zu nennen.

Bei der Beurteilung einer Anreiz-Beitrags-Struktur kommt es auf die Gesamtbeurteilung aller Beitrags- und Anreizgrößen aus der subjektiven Sicht einer Arbeitskraft an. Dabei kommt den Erwartungen der Arbeitskraft eine große Bedeutung zu: Bestimmte Anreize (wie z. B. → Beförderung) sind zum Zeitpunkt der Eintrittsentscheidung hinsichtlich ihres zeitlichen Eintretens sowie der Wahrscheinlichkeit des Eintretens unbestimmt. Die Erwartungsbildung der Arbeitskräfte kann durch Maßnahmen des Personalmarketings in Grenzen beeinflusst werden. Sowohl die Eintritts- als auch die Verbleibensentscheidung nach erfolgtem Eintritt sind Aspekte der übergeordneten Teilnahmeentscheidung. Diese Entscheidung ist von grundlegender Bedeutung für das Organisationsgleichgewicht. Demzufolge ist eine Organisation im Gleichgewicht und damit langfristig überlebensfähig, wenn die Summe der erbrachten Beiträge ausreicht, welche die

Teilnahme konstituierenden Anreize in ausreichendem Umfang zu erstellen.

Literatur: *March, J.G.; Simon, H.A.:* Organisation und Individuum, Wiesbaden 1976.

Thomas Bürkle

Eintrittsschock → Entry Shock

Einzel-Coaching

individuelle Beratung in der Regel von →Führungskräften durch einen professionellen →Coach mit dem Ziel, die persönlichen und beruflichen Handlungskompetenzen optimal weiter zu entwickeln und (Problem-) Situationen zu meistern.

Neben Personen mit Führungs- und Managementfunktionen werden immer öfter auch Mitarbeiter exklusiv von einem Coach beraten. Im Einzel-Coaching geht es um die Reflexion des eigenen Verhaltens und der Persönlichkeit der Führungskraft und deren Wirkung auf Mitarbeiter und Kollegen. Ein Coach arbeitet mit der Führungskraft als →Coachee an deren ganz individuellen Fragestellungen, ihren Stärken und Schwächen, und fördert deren Potenzial. Durch Begleitung der Führungskraft „vor Ort" kann qualifiziertes →Feedback zu „Situationen aus dem Arbeitsalltag" erfolgen. In dieser Zweierinteraktion können sowohl berufliche Problem- und Konfliktsituationen als auch Themen der Potenzialentwicklung besprochen werden.

Für *Looss* und *Rauen* (2000) stellt das persönliche Gespräch ein grundlegendes Gestaltungselement des Einzel-Coaching dar. Dies ermöglicht dem Klienten einen reflektierenden Austausch mit einer neutralen Person, wobei sein Verhalten und Erleben thematisiert und aufgearbeitet wird. Daraus entstehen Selbsterkenntnis und Veränderungsprozesse, das eigene Verhalten gewinnt an Transparenz und die Verbesserung des individuellen Selbstmanagements wird unterstützt (Selbst-Coaching). Der Coach hat hierbei die Funktion des Prozessberaters. Nach einer Klärung von Ausgangs- und Zielzustand entwickelt er mit dem Coachee einen individuellen Handlungsplan, der systematisch die Umsetzung der definierten Ziele verfolgt. Während des gesamten Coaching-Prozesses (→Coaching) erhält der Coachee Feedback zu gezeigten Verhaltensmustern, was ihn in seiner →Selbstreflexion fördert und grundlegend ist für ein bewusstes und eigenverantwortliches Handeln. Um dem Coachee zu ermöglichen, individuelle berufliche Problemkonstellationen als auch Entwicklungsbedürfnisse offen zu besprechen, bedarf es einer Atmosphäre von Diskretion und →Vertrauen.

In diesem Kontext erweist sich eine externe Herkunft des Coachs als besonders günstig, da er dadurch politisch nicht an Firmenvorgaben gebunden ist. Er ist in der Regel ausschließlich den Interessen des Coachee verpflichtet und ermöglicht diesem damit größte Offenheit, was unerlässlich für eine fundierte Beratungsbeziehung ist. Die unabhängige Sichtweise eines externen Coachs unterscheidet sich von der organisationsgeprägten des Coachee und hilft diesem so, „blinde Flecken" zu entdecken und neue Einsichten in Zusammenhänge zu gewinnen.

Literatur: *Looss, W.; Rauen, C.:* Einzel-Coaching – Das Konzept einer komplexen Beratungsbeziehung, in: *Rauen, C.* (Hrsg.): Handbuch Coaching, Göttingen etc. 2000.

Sabine Remdisch

Einzelplatzsystem

im Gegensatz zum →Mehrplatzsystem eine Anwendung auf einem lokalen, nicht an ein Netzwerk angeschlossenen Arbeitsrechner.

Da der Benutzer eines Einzelplatzsystems nicht mit anderen Benutzern interagieren kann, weisen Einzelplatzsysteme aus Sicht der Personalarbeit (→Personalmanagement) spezifische Nachteile auf, weswegen nur noch wenige Systeme für abgegrenzte administrative Aufgaben wie etwa die Erstellung von →Arbeitszeugnissen als Einzelplatzsystem realisiert werden.

Stefan Strohmeier

eLearning

Transfer von Wissensinhalten mithilfe des Computers als Lehr- und Lernmedium.

Wesentliche Aspekte des eLearning, die in einer Vielzahl von Veröffentlichungen, beispielsweise bei *Dittler* (2002) und *Heinike-Renner* (2003), aufgeführt werden, sind

– die Nutzung moderner Informations- und Kommunikationstechnik,

– Multimedialität und

– die Unabhängigkeit von Raum und Zeit.

Dabei versteht sich der letztgenannte Punkt, die räumliche und zeitliche Unabhängigkeit, insbesondere als Abgrenzung zum Präsenzseminar. Denn im Vergleich zu Büchern ist eLearning heute noch deutlich mehr von technischer Infrastruktur abhängig. Die technische Entwicklung wird diese Abhängigkeit jedoch im Laufe der Jahre mehr und mehr reduzieren. eLearning ersetzt beziehungsweise integriert das Schulbuch, den Tonträger oder das Video, kann also multimedial gestaltet werden. Die bekanntesten Varianten von eLearning sind:

- *Computer-Based-Training* (→CBT-Systeme): Älteste Form von eLearning. Hier wird mithilfe von Software, die auf Datenträgern wie Disketten, CD ROMs oder DVDs vorliegt, der Lernstoff auf dem eigenen Computer verfügbar gemacht.
- →*Web-Based-Training* (WBT): Die Software ist in diesem Falle im Intra- oder →Internet verfügbar und kann hier vom Lernenden abgerufen werden.
- *Virtuelle Seminare*: Mehrere Personen lernen entweder asynchron beziehungsweise gemeinsam zur gleichen Zeit (synchron).

Abbildung 1: Erfolgsfaktoren von eLearning (*Heinicke-Renner* 2003, S. 243)

Der anfänglichen Euphorie in den Personalentwicklungsabteilungen vieler Unternehmen über die Möglichkeiten des eLearning, Fort- und Weiterbildung kostengünstig anzubieten, folgte bis zu einem gewissen Ausmaß Ernüchterung. eLearning gilt bis heute als umstritten, wenn es beispielsweise um das →Training von →sozialer Kompetenz geht. Der Erfolg von eLearning hängt – folgt man den Erkenntnissen einer Reihe von Untersuchungen, beispielsweise der Zusammenfassung von *Tergan* (2001) – von einer Vielzahl von Faktoren, die in Abbildung 1 visualisiert werden, ab.

Von außerordentlich hoher Bedeutung stellt sich in letzter Zeit immer mehr die *Selbstmotivationsfähigkeit des Lernenden* heraus. Trotz dieser Einschränkung ist eLearning heutzutage aus der →Personalentwicklung nicht mehr fortzudenken. Die Experten suchen nach Weiterbildungsansätzen, die die Vorteile des eLearning so weit als möglich nutzen. Insbesondere für internationale Programme setzt eine Reihe von Unternehmen auf Mischformen, wie das →Blended Learning.

Literatur: *Dittler, U.* (Hrsg): ELearning, München 2002. *Heinicke-Renner, A.*: Distance Learning – zwischen E- (Learning-) Hype und nutzerorientierter Weiterbildung, in: *Hofmann, L.; Regnet, E.* (Hrsg.): Innovative Weiterbildungskonzepte, 3. Aufl., Göttingen 2003, S. 237–252. *Tergan, S.*: Ansätze zur Evaluation der Qualität von Lernsoftware, in: Personalführung, 2001, H. 2, S. 50–62.

Laila Maija Hofmann

Elektronische Personalakte

Kategorie →personalwirtschaftlicher Anwendungssysteme, die Anwender bei der Archivierung und beim Wiederabruf personalwirtschaftlicher Dokumente und →Daten unterstützt.

Konventionell in →Personalakten geführte personalwirtschaftliche Papierdokumente (→Arbeitsverträge, Bescheinigungen oder →Zeugnisse) werden über Scanner als Bilddokumente erfasst, elektronisch archiviert und in strukturierter Form für den Wiederabruf bereitgehalten. Neben typischen Bestandteilen einer Personalakte sind meist auch alle weiteren personalwirtschaftlichen Papierdokumente wie Bewerberunterlagen oder Abrechnungsbelege archivierbar.

Da elektronisch archivierten Dokumenten juristisch derzeit keine Beweiskraft zugesprochen wird, ist aus rechtlichen Gründen auch weiterhin die redundante Führung einer Rumpfakte in Papierform nötig, was den Nutzen einer deshalb nur zusätzlich verwendbaren elektronischen Archivierung schmälern mag. Gleichzeitig ist damit eines von vielen Hindernissen einer papierlosen Personalarbeit (→ Personalmanagement) dargestellt.

Stefan Strohmeier

Elementarzeitverfahren

Vorgehensweise, bei der eine Tätigkeit in Einzelbewegungen zerlegt und der Gesamtbedarf der Tätigkeit durch eine Addition der Einzelzeiten ermittelt wird (syn.: → Systeme vorbestimmter Zeiten).

In einer industriespezifischen Tabelle ist dazu der Zeitbedarf pro Einzelbewegung als konstanter Zeitwert bei → Normalleistung festgelegt. Wichtige Formen des Elementarzeitverfahrens sind das → *Methods Time Measurement (MTM)* und die → *Work Factor Analysis (WFA)*.

Die Anwendung von Elementarzeitverfahren erfordert einen erheblichen Aufwand und ist nur bei besonders gut strukturierten Aufgabenstellungen wie hoch automatisierte Fertigungsverfahren sinnvoll. Sie erlauben auch die Zeitkalkulation von geplanten neuen Arbeitsabläufen (z. B. die Montage eines neuen Automodells).

Désirée H. Ladwig

Elternurlaub → Erziehungsurlaub

Elternzeit → Erziehungsurlaub

Emergente Personalführung

Umgang mit Mitarbeitern, bei dem sich dessen Wirkungen, die denen einer absichtsvollen Personalführung (→ Mitarbeiterführung) ähnlich sind, unbeabsichtigt oder ungeplant ergeben (lat. emergere: „auftauchen").

In seiner allgemeinen Bedeutung beschreibt der systemtheoretische Begriff *Emergenz* das ungeplante Auftauchen von Ereignissen. Dies geschieht, indem sich die Elemente eines Systems, die bereits vorhanden sind, aufgrund einer System- oder Umweltvariation in einem neuen Sinnzusammenhang anordnen oder als solcher interpretierbar werden. In die Wirtschaftswissenschaften hat Emergenz durch den kanadischen Managementforscher *Mintzberg* (1978) Eingang gefunden, der in seiner Strategiedefinition *intendierte* (geplante) und *emergente* Strategien als Bestandteile der letztlich *realisierten* Strategie begreift.

Emergente Personalführung setzt bewusst darauf, Mitarbeiter im Arbeitskontext sich weitgehend selbst zu überlassen, so dass sie sich autonom ihre eigenen intrinsischen Motivationspotenziale erschließen. Dieses Führungskonzept „Führung durch Nicht-Führung" sieht sowohl Fremdmotivation als auch zukunftsorientierte Zielsysteme als weniger wichtig für das Mitarbeiterhandeln an als den sich aus dem Moment heraus ergebenden Spaß an der Arbeit.

Ein Beispiel für diese Art der emergenten Personalführung ist das Flow-Konzept von *Csikszentmihalyi* (1990): In ihm taucht Führung mit dem Fluss des Arbeitens aus den verborgenen Strukturen des Unternehmens und des Mitarbeiters auf. Dabei fallen laut *Csikszentmihalyi* und *Rathunde* (1993) im Arbeitsprozess nach und nach Handeln und Aufmerksamkeit des Mitarbeiters im Flow-Zustand zusammen, es vermindert sich die Selbstwahrnehmung und es beschleunigt sich die Zeiterfahrung. Begünstigt wird die Erfahrung eines Arbeitsflusses bei Mitarbeitern im Flow-Konzept durch klare Zielstrukturen und sofortiges → Feedback im Arbeitsprozess, aber auch durch die Möglichkeit, im Rahmen einer autonomen → Persönlichkeitsentwicklung Flow-Erfahrungen machen zu können.

Probleme der emergenten Personalführung liegen darin, dass das Unternehmen die Arbeitsresultate nicht genau steuern kann: Es ist beispielsweise möglich, dass Mitarbeiter im Zustand des Flusses dysfunktionale und damit aus kollektiver Sicht unerwünschte Arbeitsresultate hervorbringen. Zudem muss das Arbeitssystem ständig Innovationspotenziale bereithalten, die der einzelne Mitarbeiter sich selbst erschließen kann, was jedoch im Hinblick auf das Gesamtsystem des Unternehmens nicht immer möglich und auch nicht immer in der gleichen Intensität notwendig oder erwünscht ist. Der *Vorteil* der emergenten Personalführung liegt darin, dass sie – wenn sie funktioniert – den Mitarbeitern äußerst befriedigende Arbeitserfahrungen ermöglicht.

Zu warnen ist davor, das Attribut „emergent" als Substitut für jegliche Personalführung zu verwenden, die ansonsten nicht erklärbar scheint, und es somit inflationär als indifferenzierten Modebegriff zu gebrauchen. Dem gegenüber steht jedoch die Chance, im Wirtschaftsprozess statt der Rolle des von einer

Entwicklung überraschten Betroffenen wieder die Rolle des verstehend-gestaltenden Systemanalytikers einzunehmen: Phänomene, denen man sich zunächst passiv ausgesetzt sieht, werden hierbei in ihren emergenten Eigenschaften beschrieben mit dem Ziel, über ein Verstehen der inneren Prozesslogik wieder zu einem aktiven Handeln zu gelangen. Wie am Beispiel des emergenten Unternehmenswachstums gezeigt werden kann (*Stein* 2000), lassen sich emergente Phänomene „rationalisieren", also verstandesmäßig deuten, und sogar zu einem gewissen Grad antizipieren.

Literatur: *Csikszentmihalyi, M.:* Flow. The Psychology of Optimal Experience, New York 1990. *Csikszentmihalyi, M.; Rathunde, K.:* The Measurement of Flow in Everyday Life: Toward a Theory of Emergent Motivation, in: *Jacobs, J. E.* (Hrsg.): Developmental Perspectives on Motivation, London 1993, S. 57–97. *Mintzberg, H.:* Patterns in Strategy Formation, in: Management Science, 24. Jg. (1978), H. 9, S. 934–948. *Stein, V.:* Emergentes Organisationswachstum: Eine systemtheoretische „Rationalisierung", München 2000.

Volker Stein

Emergenz →Emergente Personalführung

Emic

aus der Sozialanthropologie stammende Unterscheidung der von den Akteuren selbst verwendeten Konzepten (Emic) und den vom Beobachter herangetragenen Analysebegriffen (Etic).

Nach *Holzmüller* (1995) ist Emic ein methodischer kulturangepasster Strukturierungsansatz (national-)vergleichender Management-Forschung, bei dem der Forscher einen Standpunkt innerhalb des Systems einnimmt. Es bezeichnet einen als Gegenteil von Etic (→Etic-Ansatz) ursprünglich aus der Ethnolinguistik – ausgehend von der Beschreibung der Lautstruktur – von „Phoneme" (spezifisch) stammenden Ansatz (*Headland, Pike* und *Harris* 1990).

Die verglichenen Ordnungsgesichtspunkte orientieren sich an systemimmanenten Merkmalen. Der Forscher benutzt für die Erhebung Konzepte und Messinstrumente, die aus Sicht der Angehörigen der untersuchten →Kultur als *angemessen* und *sinnvoll* erscheinen, zum Beispiel teilnehmende Beobachtung in ostasiatischen Kulturen. Typisch ist die Untersuchung *einer* Kultur und die Erhebung dessen, was für diese *relevant* ist. Untersucht wird zum Beispiel die Besonderheit einer →Organisationskultur und der Führungsmethoden eines Unternehmens der Zielkultur.

Aufgrund der Einmaligkeit kultureller Verhaltensweisen schließt der Emic-Ansatz in den meisten Fällen einen kulturübergreifenden Vergleich aus. Es wird davon ausgegangen, dass mit Messinstrumenten, die der jeweiligen Kultur angepasst sind, verlässlichere Ergebnisse als mit kulturübergreifenden Methoden (z. B. standardisierter Fragebögen) erreicht werden (Quantitative →Forschungsmethode).

Literatur: *Headland, T. N.; Pike, K. L.; Harris, M.* (Hrsg.): Emic and Etic. The Insider/Outsider-Debate, London 1990. *Holzmüller, H. H.:* Konzeptionelle und methodische Probleme in der interkulturellen Management- und Marketingforschung, Stuttgart 1995.

Christoph I. Barmeyer

Emotion →Aktionstheorie der Motivation, →Emotionalität

Emotionalität

verhaltensbezogener Ausdruck von Gefühlen, der dadurch entsteht, dass man gefühlsmäßig an etwas beteiligt ist.

Emotionen sind augenblickliche oder anhaltende Gefühlszustände eines Individuums, die zumeist mit (mehr oder minder) körperlicher Erregung verbunden sind. Emotionen werden vielfach mit dem Begriff Gefühl gleichgesetzt. Gemäß dem biologisch-rientierten Ansatz sind die grundlegenden Emotionen in den Erbanlagen eines Menschen verankert und werden durch Reize ausgelöst. Angeborene Emotionen sind: Interesse, Freude, Überraschung, Kummer, Zorn, Ekel. Gemäß dem *kognitiven Ansatz* entstehen Emotionen, wenn ein Individuum an einem Ereignis interessiert ist und dieses gleichzeitig positiv bewetet (*Homburg* und *Krohmer* 2003).

Die *Messung von Emotionalität* erfolgt durch psychobiologische Verfahren, subjektive Erlebnismessung und Messung des Ausdrucksverhaltens:

- *Psychobiologische Messungen*: Erfassen die Intensität der emotionalen Erregung durch Pulsfrequenz, elektrodermale Reaktionen oder Gehirnwellen.

- *Subjektive Emotionalitätsmessungen*: Stützen sich auf verbale oder schriftliche Äußerungen von Personen über die Wahrnehmung eigener Emotionen.

- *Messung des Ausdrucksverhaltens*: Hierbei werden Rückschlüsse aus Gestik und Mimik auf die Intensität von Emotionen gezogen.

Da Emotionen starken Einfluss auf das Verhalten (→Behaviorismus) von Menschen haben, kommt ihnen im Personalmanagement, insbesondere im Rahmen der Personalführung (→Mitarbeiterführung), eine zentrale Bedeutung zu. Dabei können Emotionen als Ursache eines bestimmten Entscheidungsverhaltens, als intervenierende Variable (Mediator) oder als Kovariate (Moderator) wirken.

Literatur: *Homburg, C.; Krohmer, H.*: Marketingmanagement, Wiesbaden 2003.

Ruth Stock-Homburg

Emotionsarbeit

Formen und Techniken des Umgangs mit eigenen Gefühlen (→Emotionalität) und deren (Nicht-)Ausdruck mit dem Ziel, spezifische Erwartungen zu erfüllen.

Emotionsarbeit bedeutet somit sowohl Arbeit *an* Gefühlen als auch Arbeit *mit* Gefühlen. Die Begriffe Emotionsarbeit und Gefühlsarbeit werden meist synonym verwendet.

Das Konzept der Emotionsarbeit ist durch die Studien von *Hochschild* (1983) bekannt geworden: Hier hingen die Passagierzufriedenheit und die erneute Wahl einer Fluggesellschaft vom freundlichen und gelassenen Verhalten der Stewardessen auch in schwierigen Situationen ab. Zwischenzeitlich liegen Studien zu unterschiedlichen Berufsgruppen im Dienstleistungsbereich vor: zum Beispiel bei Inkasso-Angestellten (*Hochschild* 1983), in Kaufhäusern und Supermärkten (*Rafaeli* und *Sutton* 1990), McDonald's-Angestellten (*Leidner* 1993), Friseuren (*Cohen* und *Sutton* 1998) und Versicherungsvertretern (*Rastetter* 2001). Besonders Pflegekräfte und Ärzte stehen im Mittelpunkt des Forschungsinteresses, da ihr Umgang mit Patienten eine besondere Rolle spielt und →Burnout-Gefahren naheliegen.

Von dieser entlohnten Emotionsarbeit (Emotion *Labor*) wird die private Emotionsarbeit (Emotion W*ork*) unterschieden (z. B. die Unterdrückung des eigenen Ärgers, damit der Streit mit dem Ehepartner nicht eskaliert). Während es bei der privaten Emotionsarbeit um die Regulation privater Beziehungen und Interaktionen unter Einhaltung sozialer Normen und eventuell beziehungsspezifischer Regeln geht, gilt es bei der betrieblichen Emotionsarbeit, marktförmige Beziehungen gemäß betrieblicher Emotionsregeln so zu gestalten, dass die Ziele Profitmaximierung und Kundenbindung erreicht werden.

Die Herstellung des „richtigen" Gefühls kann als Form von *Arbeit* und Anstrengung bezeichnet werden, die primär in Dienstleistungsberufen zunehmend wichtiger wird: Beispielsweise sind die emotionsspezifischen Normen im Kundenkontakt wesentlich rigider und enger als gesellschaftliche Emotionsregeln. Stewardessen müssen freundlicher sein, als sie natürlicherweise gegenüber einem Fremden wären. Die Regulation der Gefühle ist somit von den geltenden Emotionsregeln abhängig. Dabei wird zwischen *Darstellungsregeln* (Display Rules), die nur den emotionalen Ausdruck vorschreiben, und *Gefühlsregeln* (Feeling Rules), die bestimmen, was überhaupt gefühlt werden darf, unterschieden.

Die Beeinflussung der Emotionen erfolgt durch zwei unterschiedliche Formen: Oberflächenhandeln (Surface Acting) und Tiefenhandeln (Deep Acting). Das *Oberflächenhandeln* bezieht sich ausschließlich auf die äußere Darstellung und den Ausdruck. Ein zu den Normen passendes Gefühl wird durch entsprechende Mimik, Gestik und/oder spezifische verbale Anteile imitiert beziehungsweise produziert, ohne dass es empfunden wird. Dieses Oberflächenhandeln läuft aber Gefahr, nicht authentisch zu wirken, weil Mimik/Gestik schwer steuerbar ist und/oder die „wahren" Gefühle nicht ganz zu verbergen sind. Beim *Tiefenhandeln* hingegen wird ein bestimmtes Gefühl nicht nur gezeigt, sondern dieses wird auch empfunden. Techniken des Tiefenhandelns sind Methoden der körperlichen Entspannung und Konzentration beziehungsweise das empathische Einfühlen in die Gefühlswelt des Anderen. Die bekannteste Technik zur Erzeugung bestimmter Gefühlszustände ist die auf einen russischen Schauspiellehrer zurückgehende *Stanislawski*-Methode: Dabei geht es darum, mentale Bilder und innere Vorstellungen hervorzurufen, die mit einem bestimmten Gefühl verbunden sind. Beispiel: Stewardessen stellen sich die Kabine als gemütliches Wohnzimmer vor, in das sie nette Gäste eingeladen haben. Man bewirtet die Gäste und freut sich, wenn es diesen gefällt.

Mit Emotionsarbeit sind psychische und gesundheitliche Kosten verbunden. Unproblematisch ist der Zustand der *emotionalen Harmonie*, in dem Erleben und Ausdruck eines Gefühls kongruent sind und sowohl den internalisierten als auch den externen Emotionsregeln entsprechen. Kollidiert jedoch das emotionale Ausdrucksverhalten mit den geltenden Normen, liegt *emotionale Deviance* vor, das heißt, die inneren Gefühle werden geäußert. Damit erhöht sich im Wiederholungsfall zwar die Wahrscheinlichkeit, gekündigt zu werden, die aktuelle gefühlsmäßige Belastung ist aber eher gering (mögliche Ausnahmen: Scham aufgrund der Normübertretung oder Selbstvorwürfe, weil man sich nicht normgerecht verhalten hat). Emotional belastender sind dagegen Situationen, in denen die gezeigten Gefühle den Normen entsprechen, aber in Diskrepanz zu den empfundenen Gefühlen stehen. Die Belastung durch gefühlsmäßige Dissoziation beim Oberflächenhandeln wird als *emotionale Dissonanz* bezeichnet. Das Erleben des Unterschieds wird als unangenehm erlebt und führt auf Dauer zu einer Überforderung. Ähnlich wie bei der →*kognitiven Dissonanz* besteht die Tendenz zum Abbau des erlebten Spannungszustandes, indem durch Tiefenhandeln versucht wird, das geforderte Gefühl zu empfinden. Dies führt zum Problem der →*Entfremdung von den eigenen Gefühlen*. Die Folge ist ein Misstrauen gegen die eigene Gefühlswelt, weil nicht mehr klar ist, ob man das Gefühl authentisch erlebt hat oder ob dies nur die äußere Rolle war. Die dauerhafte und wiederholte Belastung durch die Manipulation von Gefühlsausdruck und Gefühl kann zum →*Burnout* führen.

Diesen negativen Folgen von Emotionsarbeit stehen eine Reihe möglicher positiver Aspekte gegenüber. Der erfolgreiche Einsatz eines bestimmten Ausdrucksverhaltens kann mit Gefühlen des *Stolzes* verbunden sein. Emotionsregeln haben nicht nur eine einschränkende, sondern auch eine ermöglichende Funktion und bilden einen *Orientierungsrahmen* für angemessenes Verhalten. Interaktionen werden leichter *vorhersehbar* und Peinlichkeiten können einfacher vermieden werden. Zudem zeigt die – zurzeit noch kontrovers diskutierte – Emotionsforschung, dass dem Gesicht bei der Emotionsregulation eine zentrale Bedeutung zukommt. Experimente zur „Facial Feedback Hypothese" (Rückmeldung über die Gesichtsmuskulatur) zeigen, dass ein künstlich erzeugter Gesichtsausdruck einer Emotion, der mit dem jeweiligen Emotionszustand übereinstimmt, das betreffende *Gefühl verstärken* kann („Smiling makes us feel happy"). Stimmt der Emotionszustand nicht mit dem gezeigten Gefühl überein, wird das erlebte Gefühl abgeschwächt. Schließlich erfolgt auch emotionale *Stressbewältigung* gemäß dem Modell von *Lazarus* (→*Stresstheorien*) in jenen Fällen, in denen die Situation als nicht veränderbar wahrgenommen wird.

Das Konzept der Emotionsarbeit weist einige offene Fragen auf: Wie sind individuelle Differenzen in der Emotionsarbeit zu erklären? Ist Emotionsarbeit immer Dissonanzen erzeugend oder entfremdend, oder nur unter bestimmten Bedingungen? Wie beeinflusst das Verhalten der Kunden die Emotionsarbeit? Welche Rolle spielen neben den formalen Emotionsregeln die informellen Regeln? Gibt es für verschiedene Kundentypen, verschiedene Situationen oder unterschiedliche Phasen einer Beziehung unterschiedliche Emotionsregeln? Gibt es auch dysfunktionale Aspekte mangelnder Emotionsarbeit? Inwiefern kann Emotionsarbeit als emotionale Stressbewältigung beziehungsweise emotionales →*Coping* bezeichnet werden?

Aufgrund der zunehmenden Bedeutung des Dienstleistungsbereichs stellt Emotionsarbeit eine zentrale Herausforderung für das künftige →*Personalmanagement* dar. Insbesondere die Bereiche →*Personalentwicklung*, →*Personalbindung* und Entlohnung sind hier gefordert. Unter der Annahme, dass bevorzugt Mitarbeiter, die eine starke →*Identifikation* mit dem Unternehmen aufweisen, bereit sind, ihre Emotionen im Arbeitsprozess einzusetzen, kommen Maßnahmen zur Personalbindung eine zentrale Funktion zu. Hinsichtlich der Entwicklung von Personal bedarf es neuer Methoden zur Schulung von Emotionsarbeitern. Des Weiteren ist die Frage der Entlohnung (Was sind die Emotionen wert?) zentral. Neben diesen Personalmanagementaufgaben sollte immer auch auf die negativen Effekte (z. B. →*Stress*, Entfremdung von den eigenen Gefühlen) geachtet werden.

Literatur: *Cohen, R.*; *Sutton, R.*: Clients as a Source of Enjoyment on the Job: How Hairstylists Shape Demeanor and Personal Disclosures, in: Advances in Qualitative Organisation Research, 1. Jg. (1998), S. 1–32.

Hochschild, A. R.: The Managed Heart. Commercialization of Human Feelings, Berkeley 1983. *Leidner, R.*: Fast Food, Fast Talk: Service Work and the Routinization of Everyday Life, Berkeley 1993. *Rafaeli, A.; Sutton, R.*: Busy Stores and Demanding Customers: How Do They Affect the Display of Positive Emotion?, in: Academy of Management Journal, 33. Jg. (1990), H. 3, S. 623–637. *Rastetter, D.*: Gute Miene zum bösen Spiel. Die Konstituierung des Emotionsarbeiters im Dienstleistungsunternehmen, Augsburg 2001.

Andreas Bergknapp

Emotionsmanagement

gezielte Beeinflussung von individuellen und kollektiven Gefühlen, Stimmungen und emotionalen Prozessen.

Arbeitsbezogene Emotionen haben sich als zentrale Themen in der Managementforschung und -praxis etabliert. Unternehmen werden als emotionale Arenen bezeichnet, in denen Gefühle und Stimmungen aufeinandertreffen. Insbesondere in Veränderungsprozessen finden intensivierte emotionale Bewertungen statt, die sich bei den Mitarbeitern zum Beispiel in Form von Angst, Ärger, →Frustration, Begeisterung oder Freude zeigen.

In der Wissenschaft ist mittlerweile nicht nur die Präsenz von Emotionen in Unternehmen anerkannt. Vielmehr werden, nach einer langen Phase der Leugnung, Marginalisierung und negativen Bewertung, inzwischen auch positive Wirkungen von Emotionen in Unternehmen in Wissenschaft und Praxis gesehen. So können Frustration oder Enttäuschung zu Leistungsabfall, →Absentismus oder →Fluktuation führen; gleichzeitig sind diese emotionalen Zustände Ausdruck der notwendigen Auseinandersetzung der Mitarbeiter mit wichtigen Ereignissen und bilden damit wesentliche Indikatoren für Missstände in Unternehmen und den Handlungsbedarf von →Führungskräften. Darüber hinaus existieren positive Emotionen in Bezug auf bestimmte Unternehmensaktivitäten. Diese sind mit einem produktiven Antrieb verbunden (*Parkinson* 1995) und fördern individuelle und kollektive Einsatzbereitschaft und Initiative, beispielsweise in Projekten oder Veränderungsprozessen.

Angesichts ihrer Erfolgswirksamkeit ist das Interesse an Emotionen auch in der Managementforschung in den letzten Jahren stark gestiegen. Neben der Erforschung individueller Mitarbeiteremotionen kristallisiert sich dabei eine Beschäftigung mit kollektiven Emotionen heraus. Team- und Projektstrukturen oder die Vielzahl unternehmensweiter strategischer Initiativen bilden den Anlass für Untersuchungen, die zeigen, dass auch auf Gruppen- oder Unternehmensebene emotionale Reaktionen wie kollektive Frustration oder Begeisterung entstehen (*Huy* 2002).

Individuelle Emotionen sind bewusste oder unbewusste, rationale oder nicht-rationale Bewertungen von Ereignissen, die sich auf ein wichtiges Anliegen eines Mitarbeiters positiv oder negativ auswirken. Emotionen wie Freude, Begeisterung, Frustration oder Enttäuschung können förderliche oder hinderliche Wirkungen auf das Handeln in Unternehmen haben.

Kollektive Emotionen sind interpersonale Phänomene. Sie liegen vor, wenn mehrere Personen Emotionen übereinstimmend empfinden. Kollektive Emotionen von Teams werden in ersten Studien auch empirisch nachgewiesen (*Totterdell* 2000). Bei kollektiven Emotionen gelangen die beteiligten Personen zu unbewusst oder bewusst kommunizierten, einheitlichen emotionalen Bewertungen über wichtige, gemeinsame Anliegen. Darüber hinaus ist anzunehmen, dass sich bei Einheiten, die bereits lange zusammenarbeiten, interpersonelle emotionale Dispositionen bilden. Sie bilden als eingespielte emotionale Verhaltensroutinen und Reaktionsgewohnheiten die langfristige, stabile emotionale Basis, die durch eher kurzfristige emotionale Äußerungen ergänzt werden. Unterschiedliche kollektive emotionale Zustände, Stimmungen oder emotionale Dispositionen können entsprechend analog zur individuellen Emotionsforschung abgegrenzt werden (*Huy* 2002).

Die Forschung verweist auf unterschiedliche Arten der Entstehung von kollektiven Emotionen (*Totterdell* 2000) wie das Zusammentreffen ähnlicher emotionsbezogener Persönlichkeitsmerkmale der Beteiligten, übereinstimmende emotionale Bewertungen und Reaktionen auf gemeinsam erlebte Ereignisse oder die gegenseitige Induktion und Beeinflussung von Emotionen über emotionale Synchronisierungs- oder Ansteckungsprozesse.

In emotionalen Ansteckungsprozessen (*Hatfield*, *Cacioppo* und *Rapson* 1994) orientieren die Gruppenmitglieder ihre emotionale Bewertung an sichtbaren Emotionsäußerungen anderer. Durch unbewusste Nachahmung oder Vergleich des emotionalen Verhaltens nähern sie die eigene emotionale Reaktion anderen an. Da Ansteckungsprozesse nicht einmalig verlaufen, sondern Emotionen Auslöser und Folge von Interaktionen sind, kann es zur gegenseitigen Intensivierung und Bekräftigung kommen. Dies erklärt, warum Unternehmen mitunter in positive oder negative emotionale Spiralen geraten, die sich einer zunehmenden Intensivierung kollektiver Emotionen wie zum Beispiel Angst, Aggression, Euphorie oder Begeisterung zeigen.

Führungskräfte haben eine zentrale Rolle beim Emotionsmanagement; sie können in bestimmten Grenzen im Rahmen ihres →Führungsverhaltens gezielt Emotionen zeigen beziehungsweise bei den Mitarbeitern hervorrufen. Im Sinne der Leistungsförderung von Mitarbeitern werden zwei grundlegende Aufgaben des Emotionsmanagement unterschieden (*Huy* 2002, *Bruch* und *Vogel* 2005):

1. Es gilt, *negative Emotionen abzubauen* beziehungsweise auf ihre *Vermeidung* hinzuarbeiten. Damit wird die Gefahr verringert, dass sich Emotionen wie Frustration oder Wut beeinträchtigend auf Unternehmensprozesse und die Zusammenarbeit auswirken. Negative Wirkungen wie Leistungsreduktion oder Fluktuation sowie mögliche destruktive Aktivitäten wie Verteilungskämpfe oder Widerstand gegen Veränderungen sollen auf diese Weise reduziert werden.

2. Emotionsmanagement beinhaltet die Aufgabe, *positive Emotionen* oder *Stimmungen* zu *fördern* beziehungsweise gezielt *hervorzurufen*. Hier sind insbesondere jene Emotionen von Interesse wie Stolz, Freude oder Begeisterung für Unternehmensziele oder bestimmte Projekte, die mit einem starken unternehmensförderlichen Handlungsimpuls verbunden sind. Dies erhöht zum Beispiel die Wahrscheinlichkeit, dass Mitarbeiter und Unternehmenseinheiten die Bedeutung und die Dringlichkeit von anstehenden Veränderungen wahrnehmen und konstruktiv zu erfolgskritischen Initiativen des Unternehmens beitragen.

Führungskräften stehen mehrere Einflussstrategien für das Emotionsmanagement zur Verfügung. In einer ersten →Strategie wirken Führungskräfte direkt auf die Gefühle einzelner Mitarbeiter ein. Dem Konzept der *Emotionalen Intelligenz* folgend (*Salovey* und *Mayer* 1990) basiert diese Strategie auf der Fähigkeit, die eigenen Emotionen und die von anderen wahrzunehmen, zwischen den verschiedenen Arten von Emotionen zu unterscheiden und diese Information zu nutzen, um das eigene Denken und Handeln sowie die eigenen Emotionen und die von anderen zu beeinflussen.

Im Rahmen der *Leadershipforschung* wurden zweitens Strategien aufgezeigt, mit denen Führungskräfte nicht nur einzelne Mitarbeiter, sondern alle Mitglieder einer Abteilung beziehungsweise das gesamte Unternehmen emotionsbezogen beeinflussen können. Beispiele sind hierfür etwa die Formulierung einer inspirierenden →Vision, die angst- oder unsicherheitsreduzierende →Kommunikation oder auch das gezielte „Aufrütteln" des Unternehmens mithilfe von schockauslösenden symbolischen Handlungen.

Eine wesentliche generelle Strategie von Führungskräften ist drittens das *Vorbildhandeln*. Ansteckungsprozesse positiver oder negativer Natur werden insbesondere durch Führungskräfte und speziell durch die von ihnen gezeigten Emotionen ausgelöst. Das Management kann den Umstand, dass Mitarbeiter stark auf den sichtbaren emotionalen Zustand der Führungskraft reagieren und deren emotionaler Bewertung folgen, bewusst nutzen. Entscheidend für die positive Wirkung der Ansteckungseffekte ist allerdings, dass Mitarbeiter kollektiv eine Übereinstimmung zwischen Emotionen, Reden und Tun wahrnehmen.

Die Strategie des Vorbildhandelns und damit das bewusste Zeigen von Emotionen durch Führungskräfte kann darüber hinaus langfristig auch die Entwicklung von *Normen des emotionalen Verhaltens* beeinflussen. Leistungsförderliche Normen beinhalten, dass emotionales Verhalten in Unternehmen positiv sanktioniert wird beziehungsweise nicht negativ beurteilt wird und Mitarbeiter angeregt oder ermutigt werden, Emotionen wie Enttäuschung oder Begeisterung offen zu zeigen, auch wenn kein entsprechender Impuls von Führungskräften vorliegt. So können Mitarbeiter einerseits durch positive Emotionen selbst positive emotionale Ansteckung erzeugen; andererseits werden negative Emotionen für Führungskräfte eher sichtbar.

Trotz zunehmender Forschung zu Emotionen in Unternehmen sind wesentliche Fragen noch nicht ausreichend untersucht worden. Dies gilt insbesondere für das Gebiet der kollektiven Emotionen. So liefern erste Studien, zum Beispiel bei *Barsade* (2002) und *Totterdell* (2000), wichtige empirische Nachweise von Emotionen oder Empfindungen auf Gruppenebene. Weitere Forschungsanstrengungen sind jedoch notwendig, um die Entstehung und die Wirkungen von kollektiven Emotionen konzeptionell und empirisch auf kollektiver Unternehmensebene zu erfassen.

Literatur: *Barsade, S.*: The Ripple Effect: Emotional Contagion and its Influence on Group Behaviour, in: Administrative Science Quarterly, 47. Jg. (2002), S. 644–675. *Bruch, H.; Vogel, B.*: Organisationale Energie: Wie Sie das Potential Ihres Unternehmens ausschöpfen, Wiesbaden 2005. *Hatfield, E.; Cacioppo, J. T.; Rapson, R. L.*: Emotional Contagion, Paris 1994. *Huy, Q. N.*: Emotional Balancing of Organizational Continuity and Radical Change: The Contribution of Middle Managers, in: Administrative Science Quarterly, 47. Jg. (2002), H. 1, S. 31–69. *Parkinson, B.*: Ideas and Realities of Emotion, London, New York 1995. *Salovey, P.; Mayer, J. D.*: Emotional Intelligence, in: Imagination, Cognition, and Personality, 9. Jg. (1990), H. 3, S. 185–211. *Totterdell, P.*: Catching Moods and Hitting Runs: Mood Linkage and Subjective Performance in Professional Sport Teams, in: Journal of Applied Psychology, 85. Jg. (2000), S. 848–859.

Bernd Vogel
Heike Bruch

Empathie

Fähigkeit (→Qualifikation), sich in das Denken, die Gefühle, Einstellungen und Verhaltensweisen des anderskulturellen Gegenübers hineinzuversetzen, um diese dadurch besser zu verstehen und richtig zu interpretieren.

In Abgrenzung zur Sympathie findet ein Perspektivenwechsel statt, durch den eine intensive Beschäftigung mit dem anderskulturellen System erfolgt. Empathie ist eine wichtige Eigenschaft sozialer und →interkultureller Kompetenz und somit für das interkulturelle Personalmanagement von grundlegender Bedeutung.

Empathie ist zum Beispiel im Rahmen von – interkultureller – Personalführung (→Mitarbeiterführung) von Bedeutung: Für einen Mitarbeiter mit hoher →Machtdistanz ist es unüblich, der Führungskraft ungefragt Vorschläge zu unterbreiten oder ihr gar zu widersprechen, unabhängig davon, ob er tatsächlich eine „richtige" zielführende Lösung vorzuweisen hat. Ein empathisches Verhalten seitens der Führungskraft würde in diesem Fall bedeuten, aufbauend auf einer Kenntnis der Dimension Machtdistanz und einem Gespür für die Belange des Gegenübers, durch gezielte Fragen dem Mitarbeiter die Möglichkeit zu geben, seine Meinung auszudrücken und bestenfalls seine Kompetenz einbringen zu lassen.

Empathie kann sich unbewusst entwickeln, etwa durch einen Auslandsaufenthalt und Arbeitserfahrungen in anderen Ländern, sie kann aber auch bewusst gefördert werden durch Personalentwicklungsmaßnahmen wie →interkulturelles Training oder interkulturelles →Coaching.

Literatur: *Bennett, M.*: Developing Intercultural Competence for Global Leadership, in: *Reineke, R.-D.; Fussiger, C.* (Hrsg.): Interkulturelles Management, Wiesbaden 2001, S. 206–225.

Christoph I. Barmeyer

Employability

Beschäftigungsfähigkeit oder Arbeitsmarktfähigkeit) von Personen.

Der Begriff Employability ist aus dem englischen Adjektiv employable abgeleitet, was so viel heißt wie anstellbar, anwendbar oder zu beschäftigen. Es handelt sich um eine dynamische →Strategie der Steigerung betriebsinterner Beschäftigungsfähigkeit beziehungsweise betriebsübergreifender Arbeitsmarktfähigkeit von Erwerbsarbeitstätigen und -suchenden als eine notwendige Maßnahme angesichts der Dynamisierung und →Flexibilisierung der Wirtschafts- und →Arbeitsmärkte.

Die aktuellen Entwicklungen in der Volkswirtschaft und der →Wandel der Absatzmärkte haben Auswirkungen auch auf die Arbeitsbeziehungen und Bedingungen für die Erwerbsarbeit. →Atypische Beschäftigungsverhältnisse, diskontinuierliche Erwerbsverläufe (→Patchwork-Biographie), Rückgang der →Normalarbeitsverhältnisse und die hohe →Arbeitslosigkeit erhöhen den Druck auf die Beschäftigten beziehungsweise Beschäftigungswilligen, ihre →Qualifikation und →Kompetenzen den aktuellen Wirtschafts- und Arbeitsmarkterfordernissen anzupassen. Sie sollen die Märkte im Blick behalten und zu „Unternehmern ihrer eigenen Talente und Fähigkeiten" werden (→Arbeitskraftunternehmer). Somit wird ein lebenslanges und bedarfsgerechtes →Lernen zu einer unabdingbaren Voraussetzung für die nachhaltige Beschäftigungs- beziehungsweise Arbeitsmarktfähigkeit.

Welche konkreten Qualifikationen und Kompetenzen die Employability sichern soll, ist von der Branche, vom →Beruf und von der Arbeitsmarktlage abhängig. Grundsätzlich sollen die Inhalte jedoch weit über die Aneignung neuer →Fachkompetenzen oder fachübergreifender Kenntnisse wie Arbeiten mit dem Computer, vernetztes Arbeiten und Fremdsprachen hinausgehen. Aspekte wie Erhöhung von →sozialer Kompetenz (Teamfähigkeit, Kommunikationskompetenz und Konfliktfähigkeit), aber auch Entwicklung persönlicher →Flexibilität als einer Fähigkeit, sich auf neue Situationen und Veränderungen einzustellen und mit ihnen angemessen umzugehen, stellen weitere arbeitsmarktförderliche Kompetenzen dar.

Idealerweise sind Subjekte der Employability-Aktivitäten sowohl betroffene Individuen als auch Organisationen (→Arbeitgeber, Arbeitsämter). In Bezug auf Erwerbsorganisationen handelt es sich damit um einen neuen Inhalt des psychologischen Vertrages (→Psychologischer Kontrakt) zwischen Beschäftigten und Arbeitgebern, in dem statt der Arbeitsplatzsicherheit und einer (erwerbs-)lebenslangen Beschäftigung bei demselben Arbeitgeber eine arbeitsmarktrelevante Qualifikations- und Kompetenzentwicklung (→Kompetenzmanagement) der Beschäftigten im Tausch für ihre →Arbeitsleistungen und →Loyalität „vereinbart" wird (→Darwiportunismus). Unternehmen profitieren damit von gut ausgebildeten und engagierten, motivierten Mitarbeitern. Die Befürchtung einiger Arbeitgeber, dass sich auf diese Weise für den Arbeitsmarkt gerüstete Mitarbeiter mit dem teuren und wertvollen Know how dem Arbeitsmarkt auch eher stellen, wurde bis jetzt empirisch nicht bestätigt. Im Gegensatz, es scheint so, dass die Loyalität und Bindung (→Personalbindung) zunehmen und die Fluktuationsrate (→Fluktuation) sinkt. Außerdem schließen betriebliche Employability-Aktivitäten nicht aus, Vereinbarungen mit den Beschäftigten zu treffen, die sie länger an das Unternehmen binden.

Dennoch ist häufig die Meinung zu hören, dass die Sicherung von Employability alleinige Aufgabe der Individuen wäre. Employability-Vorreiter sind eher die global agierenden Großunternehmen mit firmeneigenen Fortbildungsakademien. Kleine Betriebe setzen eher auf Eigeninitiative und Eigenverantwortung der Beschäftigten.

Auf Heimtücken mancher Employability-Forderungen weist unter anderem der Arbeitspsychologe *Volpert* (1999) hin, der, wenn es um einen Zwang zum Erwerb vor allem kurzlebiger „Wegwerf-Qualifikationen" geht, darin ein Gegenteil von Höherqualifizierung, Erkenntnisgewinn und Aufbau einer Meisterschaft oder gar Selbstverwirklichung sieht. Seiner Meinung nach tritt eine „Bildungswanderschaft" ein.

Literatur: *Blancke, S.*; *Roth, C.*; *Schmid, J.*: Employability (Beschäftigungsfähigkeit) als Herausforderung für den Arbeitsmarkt, Akademie für Technikfolgenabschätzung in Baden-Württemberg, Arbeitsbericht Nr. 157, Stuttgart 2000. *Rump, J.*; *Sattelberger, T.*; *Fischer, H.*: Employability Management, Wiesbaden 2006. *Volpert, W.*: Wie wir handeln – was wir können, Sottrum 1999.

Sonia Hornberger

Employee Selfservice (ESS) →Selfservice Systeme

Employee Share Ownership

Pensionspläne, die auf die Mitarbeiter zugeschnitten sind.

Das Unternehmen gewährt zur Unterstützung beziehungsweise Vorsorge seinen →Arbeitnehmern eine bestimmte Anzahl von Unternehmensaktien anstelle von Geldzahlungen. →Arbeitnehmer erhalten in vorher festgelegtem Umfang →Aktienoptionen als Entgeltbestandteil. Das Unternehmen hält selbst Aktienpakete, von denen Arbeitnehmer Aktienoptionen erhalten, die sie beim Ausscheiden oder mit der →Pensionierung in Aktien wandeln können (*Stavros* 2002). Unter genau festgelegten Bedingungen kann der Arbeitnehmer die Aktien halten oder verkaufen. Die Optionswerte wirken als eine Art betriebliche →Pensionskasse, haben diverse Steuervorteile und können sogar gegen Takeover-Versuche wirken (*Milgrom* und *Roberts* 1992).

Eine *Anreizwirkung* kann darin bestehen, dass Arbeitnehmer höheres Interesse an dem Unternehmen entwickeln, die Marktentwicklung beobachten und gegebenenfalls nach Möglichkeiten suchen, die →Unternehmensführung zu beeinflussen.

Probleme von Employee Share Ownership Plans (ESOPs) bestehen darin, dass sie ein sehr langfristiges und globales Anreizinstrument darstellen. Langfristig ergibt sich durchaus ein hohes Risiko, da Pensionen vom Marktwert des Unternehmens abhängen, der seinerseits zwar von der Unternehmensleitung, allerdings auch von Umweltzuständen, zum Beispiel der gesamtwirtschaftlichen Lage beziehungsweise den konjunkturellen Entwicklungen, beeinflusst werden.

Literatur: *Stavros, P.*: Private Equity and ESOPs, in: The Journal of Private Equity, 6. Jg. (2002), H. 1, S. 42–58. *Milgrom, P.; Roberts, J.*: Economics, Organization and Management, Englewood Cliffs 1992.

Silvia Föhr

Employment Branding

Teilbereich des internen Marketings, bei dem das beworbene Objekt nicht das Produkt eines Unternehmens ist, sondern vielmehr das Unternehmen selbst.

Beim Employment Branding werden gemäß *Aaker* (1991) die →Organisation, ihr Name und ihre →Kultur gezielt als Marke etabliert. Werbeaktivitäten und -maßnahmen fokussieren nicht mehr den externen Kunden in der Funktion des Abnehmers der hergestellten Produkte oder der erbrachten Dienstleistungen. *Adressaten* sind nach *Bruhn* (1999) vielmehr aktuelle und potenzielle Mitarbeiter, insbesondere Studienabgänger, Berufsanfänger sowie Arbeitsuchende mit Berufserfahrung.

Der zunehmende *Stellenwert* des Employment Brandings ist die Konsequenz dessen, dass (potenzielle) →Arbeitnehmer die Bedeutung von weichen Faktoren, insbesondere der Arbeitsbedingungen und des Arbeitsumfelds, zunehmend höher gewichten. Die Betonung weicher Faktoren prägt daher auch die für das Employment Branding genutzten *Werbemaßnahmen* und Marketinginstrumente. Als besonders geeignet gelten beispielsweise Jobmessen zur Ansprache von Berufsanfängern, der Internetauftritt eines Unternehmens sowie das firmeneigene →Intranet zur gezielten →Motivation der eigenen Mitarbeiter.

Umfragen unter Studienabgängern und Mitarbeitern wie beispielsweise bei *Gatewood* et al. (1993) zeigen, welche Bedeutung der Marke für die Attraktivität des Arbeitgebers zukommt. Richtig eingesetzt stellt das Employment Branding daher ein starkes *Instrument* zur Motivation, Mitarbeiterwerbung und Bindung der Belegschaft (→Retention Management) dar. Falsch eingesetzt bewirkt es regelmäßig das Gegenteil, da ein negatives Bild des Unternehmens entsteht, das, wie *Ambler* und *Barrow* (1996) betonen, so für (potenzielle) Arbeitnehmer an Attraktivität verliert.

Literatur: *Aaker, D. A.*: Managing Brand Equity: Capitalizing on the Value of the Brand Name, New York 1991. *Ambler, T.; Barrow, S.*: The Employer Brand, in: Journal of Brand Management, 4. Jg. (1996), H. 3, S. 185–206. *Bruhn, M.*: Internes Marketing, Wiesbaden 1999. *Gatewood, R. D.; Gowan, M. A.; Lautenschlager, G. J.*: Corporate Image, Recruitment Image, and Initial Job Choice Decisions, in: Academy of Management Journal, 36. Jg. (1993), H. 2, S. 414-427.

Tobias Bernecker

Empowerment

Aufforderung beziehungsweise Ermächtigung der Beschäftigten zum weitgehenden selbstständigen und eigenverantwortlichen Arbeitshandeln durch eine umfassende →Delegation der →Verantwortung sowie der Handlungs- und Endscheidungsspielräume.

Das Managementkonzept des Empowerment zielt darauf ab, brachliegende Potenziale und Fähigkeiten der Beschäftigten durch höhere Einsatzbereitschaft und Leistungsmotivation (→Motivation) zum Nutzen des Unternehmens zu erschließen. Mitarbeiter sollen in ihrem Wirkungsbereich selbst entscheiden und eigene Ideen und Konzepte entwickeln. →Führungskräfte geben nur die notwendigen Bedingungen wie konkrete Ziele vor und stellen entsprechende Ressourcen zur Verfügung. Die Lösungswege bleiben den betroffenen Beschäftigten selbst überlassen.

Nach *Menon* (1999) bewirkt Empowerment bei den Beschäftigten eine Steigerung der wahrgenommenen Kontrolle, die sie über ihre Arbeitssituation und Umgebung ausüben können, der wahrgenommenen →Kompetenz und damit des Vertrauens in ihre Fähigkeiten und Fertigkeiten (→Qualifikation), sowie eine Steigerung der Zielbindung durch höhere →Identifikation mit den Zielen der Organisation und des eigenen Arbeitsbereichs.

Empowerment erhöht die →Anforderungen an die Beschäftigten bezüglich ihrer →Flexibilität, Selbstständigkeit, Zielgerichtetheit, Entscheidungsfähigkeit und Risikobereitschaft sowie ihres Verantwortungsbewusstseins. Darüber hinaus setzt Empowerment eine Bereitschaft zur Delegation von Verantwortung sowie zur Übernahme von Verantwortung und Unsicherheit voraus. Um diesen Anforderungen gerecht zu werden, sind vor allem eine →Organisationsentwicklung hin zu einer lernenden Organisation und eine Veränderung der Unternehmenskultur (→Organisationskultur) hin zur Vertrauenskultur sowie ein angemessenes Informations- und Kommunikationsystem unabdingbar.

Literatur: *Menon, S. T.*: Psychological Empowerment: Definition, Measurement and Validation, in: Canadian Journal of Behavioral Science, 31. Jg. (1999), H. 3, S. 161–164.

Sonia Hornberger

Enkulturation

bewusster oder unbewusster Prozess der Aneignung und Verinnerlichung von Werten und kulturellen Praktiken (wie Sprache oder Fertigkeiten) des heranwachsenden Individuums einer bestimmten →Gruppe oder Gesellschaft im Rahmen der Primärsozialisation.

Primärsozialisation findet in familiären und persönlichen (Eltern, Großeltern, Freunde) oder in öffentlichen Institutionen (Kindergarten, Schule) statt. Diese Institutionen, die kurzfristigen Veränderungen gegenüber eine relative Kontinuität und Stabilität aufweisen, vermitteln kulturelle Werte, Normen, Einstellungen und Bedeutungen, die verinnerlicht werden und das Verhalten prägen (→Kultur).

Literatur: *Barmeyer, C.*: Interkulturelles Management und Lernstile, Frankfurt a. M., New York 2000. Endruweit, G.; Trommsdorff, G. (Hrsg): Wörterbuch der Soziologie. Stuttgart 2002.

Christoph I. Barmeyer

Entbettung von Arbeitsbeziehungen

Herauslösung von →Arbeit beziehungsweise Arbeitsbeziehungen aus ihrer gesellschaftlichen oder sozialen Einbettung.

Der Begriff der Entbettung setzt logisch eine vorherige Einbettung voraus. *Polanyi* hat in seiner 1944 veröffentlichten Studie „The Great Transformation" aufgezeigt, wie die Entstehung freier, deregulierter Arbeitsmärkte im Zuge der Industrialisierung zu einem gesellschaftlichen Transformationsprozess geführt hat, der die Träger der auf diesen Märkten gehandelten Ware in historisch einmaliger Weise aus ihren bisherigen kollektiven, sozialen und lokalen Kontexten herausriss. Mit diesem Prozess war verbunden, dass Arbeit nicht mehr religiösen und kulturellen Maßgaben untergeordnet, sondern eigenständige, gesellschaftsprägende Handlungsphäre wurde (→Erwerbsbiographie, →Lohnarbeit).

Allgemeiner bezeichnet der Soziologe *Giddens* (1996) als Entbettung das Herauslösen sozialer Beziehungen aus ortsgebundenen Interaktionszusammenhängen sowie die Strukturierung sozialer Beziehungen über unbegrenzte Raum-Zeit-Spannen. In einer Entbettung sieht er ein zentrales Merkmal der (Hoch-)Moderne. Insbesondere temporäre und marktvermittelte Beschäftigungsverhältnisse (Befristungen, →Zeitarbeit, →Freie Mitarbeiter, →Werkverträge) tragen zu solchen Entbettungsprozessen bei. Während das →Normalarbeitsverhältnis als unbefristeter Beziehungsvertrag mit personenbezogenen und betriebspezifischen Bindungen den Beschäftigten eine längerfristige Planung und Verstetigung der Entlohnung garantiert und damit eine an zukünftigen Rechten und Pflichten ausgerichtete Erwartungsstruktur aufweist (*Kocka* und *Offe* 2000), führen temporäre Beschäftigungsverhältnisse zu kürzeren zeitlichen Kooperationshorizonten und geringeren Bindungen (→Personalbindung). Diese zeitliche Fragmentarisierung wird zudem ergänzt durch eine örtliche Fragmentarisierung, zum Beispiel durch die Zusammenarbeit unter physisch Abwesenden (→Telearbeit).

Der Soziologe *Sennett* hat in seinem 1998 erschienenen Buch „Der flexible Mensch" auf die individuellen und gesellschaftlichen Folgen hingewiesen, die entstehen, wenn langfristige Bindungen zwischen →Arbeitgeber und →Arbeitnehmer von episodischen, fragmentierten und nach *Sennett* auch oberflächlicheren und unverbindlicheren Beziehungsmustern abgelöst werden. Insbesondere sieht er negative Folgen in einem Verlust geschlossener, linearer Lebenserzählungen und in einer Abnahme der sozialen Inklusion und Anerkennung des Einzelnen und seiner Arbeitshandlungen. Offen ist, ob diese Folgen auch in Zukunft so negativ beziehungsweise krisenhaft wahrgenommen werden wie von den an klassischen Erwerbsbiographien orientierten Arbeitnehmern in *Sennetts* Analyse.

Literatur: *Giddens, A.*: Konsequenzen der Moderne, Frankfurt a. M. 1996. *Kocka, J.*; *Offe, C.* (Hrsg.): Geschichte und Zukunft der Arbeit, Frankfurt a. M., New York 2000. *Polanyi, K.*: The Great Transformation. Politische und ökonomische Ursprünge von Gesellschaften und Wirtschaftssystemen, New York etc. 1944. *Sennett, R.*: Der flexible Mensch. Die Kultur des neuen Kapitalismus, Berlin 1998.

Axel Haunschild

Enterprise Information Portal → HR-Portale

Enterprise Resource Planning-System → ERP-Systeme

Entfremdung

Begriff aus der Lehre von *Karl Marx*, welcher besagt, dass Menschen sich in ihrer → Arbeit als fremdbestimmt erleben, also zum Anhängsel der Maschinen degradiert werden und keinen Einfluss auf den Arbeitsprozess nehmen können.

Der Begriff Entfremdung hat seine Wurzeln in der Philosophie *Hegels* und wurde von *Marx* auf den Arbeitsprozess bezogen. Dabei lassen sich verschiedene Bedeutungen differenzieren: Entfremdung von Arbeitsprozessen, vom Arbeitsprodukt, von sich selbst und von Mitmenschen.

Erika Spieß

Entgeltfortzahlung im Krankheitsfall

Anspruch auf Vergütungszahlung im Falle eines krankheitsbedingten Arbeitsausfalles.

Die Entgeltfortzahlung im Krankheitsfall ist im Entgeltfortzahlungsgesetz (EFZG) geregelt. Wird nach § 3 EFZG ein → Arbeitnehmer durch Arbeitsunfähigkeit infolge → Krankheit an der Erbringung seiner → Arbeitsleistung gehindert, ohne dass ihn ein Verschulden trifft, so hat er Anspruch auf Entgeltfortzahlung im Krankheitsfall durch den → Arbeitgeber bis zu einer Dauer von sechs Wochen. Der Anspruch entsteht erst nach vierwöchiger ununterbrochener Dauer des Arbeitsverhältnisses. Der bloße Arztbesuch ohne Erkrankung (Vorsorge) gehört dazu nicht, so dass insoweit ein Anspruch auf Vergütungszahlung nur aus § 616 BGB folgen kann.

Macht der Arbeitnehmer einen auf das EFZG gestützten Anspruch gegen den Arbeitgeber geltend, muss er die Voraussetzung der Entgeltfortzahlung darlegen und beweisen, also auch die Krankheit. Die Rechtsprechung geht insoweit allerdings davon aus, dass der vom Arzt ausgestellten *Arbeitsunfähigkeitsbescheinigung* („gelber Schein") ein hoher Beweiswert zukommt (BAG, NZA 1993). Durch diese Bescheinigung ist grundsätzlich die Erkrankung nachgewiesen. Der Arbeitgeber darf sich nicht darauf beschränken, die Richtigkeit der Arbeitsunfähigkeitsbescheinigung pauschal zu bestreiten. Er muss vielmehr konkrete Anhaltspunkte darlegen, durch die die Richtigkeit der Arbeitsunfähigkeitsbescheinigung in Zweifel gezogen und ihr Beweiswert erschüttert wird (BAG, Urteil vom 19.02.1997, AP Nr. 4 zu § 3 EntgeldFG). In der Praxis wird vielfach argumentiert, der Arbeitnehmer sei zum Beispiel während der Erkrankung in der Stadt gesehen worden. Eine solche Begründung reicht nicht aus. Nicht jede Erkrankung führt zur Bettlägerigkeit. Der Arbeitgeber muss vielmehr konkret darlegen, dass gerade die Art der Tätigkeit mit der vorliegenden Erkrankung nicht vereinbar ist, etwa der Disco-Besuch bei Migräne oder der Schwimmbadbesuch bei Grippe. Da aus der Arbeitsunfähigkeitsbescheinigung jedoch die Art der Erkrankung nicht hervorgeht, kann diese Darlegung schwierig sein. Einfacher wird es für den Arbeitgeber, wenn der Arbeitnehmer während der behaupteten Arbeitsunfähigkeit einer anderweitigen Beschäftigung nachgeht. Ein solches Verhalten (→ Behaviorismus) ist zudem nicht allein für den Anspruch auf Entgeltfortzahlung im Krankheitsfall relevant, sondern hat als vorgetäuschte Arbeitsunfähigkeit auch kündigungsrechtliche Bedeutung. Bei Zweifeln an der Arbeitsunfähigkeit kann der Arbeitgeber auch den Medizinischen Dienst der Krankenkasse einschalten (*Hromadka* und *Maschmann* 2002, § 8 Rn. 96).

Steht die Arbeitsunfähigkeit fest, kann der Anspruch auf Entgeltfortzahlung daran scheitern, dass die Krankheit vom Arbeitnehmer verschuldet ist. Das muss der Arbeitgeber nachweisen. Unter Verschulden versteht man insoweit eine grobe Verletzung der Sorgfaltspflicht, die von einem Arbeitnehmer schon im eigenen Interesse erwartet werden kann (BAG, Urteile vom 11.11.1987, 07.08.1991, 27.05.1992, EzA § 1 LohnFG Nr. 88, 120, 123) und bei deren Nichteinhaltung es unbillig wäre, den Arbeitgeber mit hierdurch entstehenden Kosten zu belasten. Ein solches Eigenverschulden ist von der Rechtsprechung angenommen worden bei Verstoß gegen das Rauchverbot nach Herzinfarkt, Verkehrsunfällen nach Alkoholgenuss oder Nichtanlegen von Sicherheitsgurten oder Nichttragen von Schutzkleidung am Arbeitsplatz trotz vorheriger Belehrung (*Schmitt* 1999, § 3 EFZG Rn. 93 ff., *KassArbR* 2000, Rn. 80 ff.). Bei Sportunfällen wird ein Verschulden nur bejaht, wenn das Verletzungsrisiko so hoch ist, dass auch ein gut ausgebildeter Sportler bei sorgfältiger Beachtung der Regeln einem unbeherrschbaren Risiko ausgesetzt ist. Das soll nach der Rechtsprechung jedoch beim Skifahren, Fußball, Amateurboxen, Drachenfliegen oder Fallschirmspringen nicht der Fall sein. Diese Sportarten zählen letztlich noch zu sozial adäquatem Verhalten.

Die *Höhe der Entgeltfortzahlung* ist in § 4 EFZG geregelt. Zu zahlen ist das dem Arbeitnehmer bei der für ihn maßgeblichen regelmäßigen →Arbeitszeit zustehende Arbeitsentgelt. Es gilt das Entgeltausfallprinzip. Daher beinhaltet der Anspruch nach dem EFZG auch alle Zuschläge für Nacht-, Sonntags- oder Feiertagsarbeit. Überstunden, die bei Arbeitsfähigkeit angefallen wären, sind allerdings nicht zu berücksichtigen (*Schmitt* 1999, § 4 EFZG Rn. 45 ff., 115 ff.). Wird im Betrieb verkürzt gearbeitet und würde deshalb ohne die Arbeitsunfähigkeit das Entgelt gemindert, gilt das nach § 4 Abs. 3 EFZG auch für den Anspruch auf Entgeltfortzahlung im Krankheitsfall.

§ 4 a EFZG gestattet unter bestimmten Voraussetzungen, Sondervergütungen im Krankheitsfall zu kürzen. Als Sondervergütung sind dabei Zahlungen anzusehen, die zusätzlich zum laufenden Arbeitsverdienst gezahlt wird. Darunter fallen insbesondere auch Anwesenheitsprämien, durch die der Arbeitgeber versucht, die Fehltage aufgrund von Krankheit möglichst gering zu halten. Die Kürzung der Sonderzahlung darf dabei allerdings nach § 4 a Satz 2 EFZG ein Viertel des Arbeitsentgelts, das im Jahresdurchschnitt auf einen Arbeitstag entfällt, nicht überschreiten.

Literatur: *Hromadka, W.; Maschmann, F.*: Arbeitsrecht, Bd. 1, 2. Aufl., Berlin etc. 2002. *Schmitt, J.*: Entgeltfortzahlungsgesetz, 4. Aufl., München 1999.

Friedrich Meyer

Entgeltgerechtigkeit

gerechte Verteilung von Entgelt innerhalb der Belegschaft.

Entgeltgerechtigkeit bezieht sich im Wesentlichen auf zwei Beurteilungsgrundlagen:

1. *Intrapersonelle* →*Gerechtigkeit*: Ein Mitarbeiter wird so entlohnt, dass er diesen Lohn als angemessen im Hinblick auf die von ihm erbrachte Leistung empfindet.

2. *Interpersonelle Gerechtigkeit*: Hat zum Ziel, für gleichwertige →Arbeit eine gleiche Entlohnung zu gewähren und Leistungsunterschiede durch entsprechende Entgeltunterschiede abzubilden.

Wie diese Entgeltgerechtigkeit erreicht beziehungsweise durchgesetzt werden kann, hängt von vielen Einflussfaktoren ab, zu denen der Markt, die gesetzlichen Grundlagen, die Tarifparteien, das Unternehmen, die Stellenmerkmale oder auch die einzelne Person zählen (*Schanz* 2000). In der Praxis ist die relative Entgeltgerechtigkeit ein Ergebnis von Verhandlungen zwischen den Tarifparteien, also →Arbeitgeberverbänden und den →Gewerkschaften. Es ist allerdings nach dem →Günstigkeitsprinzip möglich, im →Arbeitsvertrag andere, für den →Arbeitnehmer vorteilhaftere Konditionen zu vereinbaren. Die relative Entgeltgerechtigkeit kann auch durch die →Anforderungen des Arbeitsplatzes und die →Leistungsfähigkeit des Einzelnen beeinflusst werden. Sogar soziale Gesichtspunkte fließen als eine Art Einzelfallgerechtigkeit ein (*Akerlof* und *Yellen* 1990).

Existieren keine gesetzlichen oder tariflichen Regelungen kann entweder unter Einbeziehen des →Betriebsrats eine gerechte Lohnstruktur im Unternehmen hergestellt werden oder im Fall der außertariflichen Mitarbeiter eine bilaterale Verhandlung zur Abstimmung im Hinblick auf dieses Kriterium führen.

Literatur: *Akerlof, G. A.; Yellen, J. L.*: The Fair Wage-Effort Hypothesis and Unemployment, in: Quarterly Journal of Economics (1990), 105. Jg. H. 2, S. 255–283. *Schanz, G.*: Personalwirtschaftslehre, 3. Aufl., München 2000.

Silvia Föhr

Entgeltpolitik →Lohnpolitik

Entgrenzung

Aufbrechen der Begrenzungen bisheriger Arbeitsverhältnisse (→Beschäftigungsverhältnis) und -strukturen, um soziale und ökonomische Dynamiken zu ermöglichen (→Flexibilisierung).

Entgrenzungen in der Erwerbsarbeit und im Verhältnis von „→Arbeit und Leben" finden sich nach Auffassung von *Voß* und *Pongratz* (1998) sowohl auf allen sozialen Ebenen – der übernationalen und gesellschaftlichen Ebene, der Ebene der Betriebsorganisation nach außen und innen (virtuelle und vernetzte Strukturen), den Arbeitsstrukturen, dem unmittelbaren Arbeitshandeln und der Ebene der persönlichen Eigenschaften und Lebensverhältnisse – als auch in verschiedenen Sozialdimensionen (siehe Übersicht 1). Auf allen diesen Ebenen und in allen diesen Sozialdimensionen müssen Individuen für sich aktiv und eigenverantwortlich neue Strukturen und damit immer wieder neu zu definierende Begrenzungen ihres Handelns schaffen (→Arbeitskraftunternehmer, →Selbstorganisation): in gesellschaftlicher (→Employability), betrieblicher (→Flexible Arbeitszeit, →Flexibler Arbeitsort) als auch in individueller Hinsicht bezüglich Entgrenzungen zwischen Erwerbstätigkeit und anderen Lebensbereichen (→Patchwork-Biographie, →Work-Life Balance).

Dies bedeutet aber nicht, dass Betriebe auf Regulierung und Steuerung der Arbeitsverhältnisse und -verläufe gänzlich verzichten würden. Es werden vielmehr detaillierte, breitflächige und in festen Formen geltende strukturelle Begrenzungen von Arbeitsprozessen reduziert und andere Formen der Steuerung eingesetzt, die eher auf eine stärkere Kontrolle des Arbeitsergebnisses abzielen (z. B. →Vertrauensarbeitszeit oder →Management by Objectives, →Ergebnisorientierung).

Literatur: *Voß, G. G.; Pongratz, H. J.*: Der Arbeitskraftunternehmer. Eine neue Grundform der Ware Arbeitskraft?, in: Kölner Zeitschrift für Soziologie und Sozialpsychologie, 50. Jg. (1998), H. 2, S. 131–158.

Sonia Hornberger

Entkopplung

bezieht sich auf die nicht mehr automatische Gleichsetzung von →Betriebszeit und →Arbeitszeit.

Durch die Verkürzung der individuellen tariflichen →Wochenarbeitszeit einerseits und die Notwendigkeit der Erhöhung der Maschinennutzungszeiten beziehungsweise Ausdehnung der Ladenöffnungszeiten andererseits, sind die Betriebszeit und die persönliche Arbeitszeit nicht gleich lang, sind also entkoppelt. Bei der →Telearbeit liegt neben dieser zeitlichen Entkopplung auch eine räumliche Entkopplung vor.

Désirée H. Ladwig

Entlassung

→Kündigung, die der →Arbeitgeber einem →Arbeitnehmer gegenüber ausspricht.

Übersicht 1: Beispiele für Entgrenzungserscheinungen in der Erwerbsarbeit und im Verhältnis von „Arbeit und Leben" in verschiedenen Sozialdimensionen (*Voß* und *Pongratz* 1998, S. 143)

Sozialdimension	Entgrenzungen in der Erwerbsarbeit	Entgrenzungen von „Arbeit und Leben"
Zeit	Flexibilisierung und Individualisierung von Arbeitszeiten in Dauer, Lage und Regulierungsform	Durchmischung beziehungsweise individualisierte Koordination von Arbeits- und Privatzeiten als Folge flexibler Arbeitszeiten und individualisierter Zeitwünsche und -strategien
Raum	Abbau der Bindung von Arbeit an Orte – innerbetrieblich und betriebsübergreifend	Abbau fester Grenzen zwischen Arbeits- und privaten Lebensorten – als Folge neuer Arbeitsformen und eines individualisierten Raumverhaltens
Hilfsmittel/ Technik	Endstandardisierung von Arbeitsmitteln und wachsende Selbstorganisation und Individualisierung der Auswahl und der konkreten Nutzung von Hilfsmitteln	Durchmischung des privaten und betrieblichen Besitzes von Arbeitsmitteln und ihrer Nutzung
Arbeitsinhalt/ Qualifikation	Selbstorganisation der Arbeitsausführung, Rücknahme von Detailkontrolle und Zunahme von Rahmensteuerung; Dynamisierung von Qualifikationsanforderungen und Qualifizierung; Employability und fachliche Flexibilität; neue überfachliche Anforderungen	zunehmende Bedeutung unklarer Tätigkeiten und Kompetenzen zwischen Privatheit und Arbeit
Sozialorganisation	Selbstorganisation der Kooperationsformen und Sozialnormen in der Arbeit – horizontal und vertikal	wachsende Rolle diffuser Sozialformen und -normen zwischen Arbeit und Privatleben
Sinn/ Motivation	verstärkte Anforderungen an Selbstmotivierung, individuelle Sinnsetzung, Selbstbegeisterung und Disziplinierung – individuell und kooperativ	Durchmischung von Arbeits- und Lebensmotivationen. Arbeit als aufgewertete Lebenssphäre, Privatheit als verstärkt beruflich zu nutzender Bereich

Entrepreneur → Unternehmer

Entry Shock

Erlebnis von Berufsanfängern, die in ein Unternehmen eintreten (syn.: Eintritts-, Praxisbeziehungsweise Industrieschock).

Die Eintrittsphase (Encounter) wird nach *Wanous* (1992) oft mit traumatischen Erfahrungen in Verbindung gebracht und kann im schlechtesten Falle dazu führen, dass das Unternehmen wieder verlassen wird. In dieser Phase werden die Neulinge getestet, ob sie in die →Organisation und in die jeweilige Unternehmenskultur (→Organisationskultur) hineinpassen. Entsprechend ist es für den Anfänger das wichtigste Problem, sich zurechtzufinden. Der Eintrittsschock ist auch Teilbestand des Sozialisationsprozesses (→Sozialisation), der einsetzt, wenn Mitarbeiter in ein Unternehmen eintreten und der sie zu Mitgliedern des Unternehmens macht. Ziel ist eine gelungene Sozialisation, die zufriedene Mitarbeiter (→Arbeitszufriedenheit), mit hoher →Identifikation mit den Unternehmenszielen und geringer →Fluktuation zur Folge hat.

Literatur: *Wanous, J. P.*: Organizational Entry, 2. Aufl., New York 1992.

Erika Spieß

Entscheidungsmodell

Möglichkeit, Entscheidungsprobleme zu beschreiben und zu strukturieren, um diese mithilfe einer vorgegebenen Logik zu lösen.

Bei dem Entscheidungsmodell nach *Vroom* und *Yetton* (1973) handelt es sich um ein normatives Entscheidungsmodell, welches →Führungskräfte bei der Wahl einer situationsangemessenen Entscheidungspartizipation in der Arbeitsgruppe unterstützt.

In diesem →Führungsstilmodell der Iowa-Forschung steht als Verhaltensrepertoire der Führungskraft eine

– autokratische *Alleinentscheidung*,

– *selbständige Entscheidung* nach Beratung mit der Gruppe,

– *gemeinsame Entscheidung* mit der →Gruppe und

– gänzlich an die Gruppe *delegierte Entscheidung*

zur Verfügung.

Um herauszufinden, welcher →Führungsstil effizient ist, erarbeitet die Führungskraft entlang eines *Entscheidungsbaums* eine Mehrzahl von Fragen zur Charakterisierung der Führungssituation (→Situationsansatz der Führung. Wesentliche Fragen betreffen Qualifikationserfordernisse der Entscheidung, die Verfügbarkeit von →Informationen, die Strukturierung des Problems und die Akzeptanz der Entscheidung. In der Struktur des Baums sind sieben *Entscheidungsregeln* verankert, die zum logischen Ausschluss bestimmter Führungsstile dienen. Beispielsweise scheidet nach der Informationsregel eine autokratische Alleinentscheidung aus, wenn die Führungskraft nicht selbst im Besitz der notwendigen Informationen ist.

Am Ende des Entscheidungsbaums steht eine Auswahl derjenigen Führungsstile, die den Kriterien standgehalten haben. Gibt es mehrere zulässige Lösungen, werden diese nach einem weiteren Maßstab, meist der Zeiteffizienz, beurteilt und auf diese Weise in eine Rangfolge gebracht. Da eine Alleinentscheidung schneller vonstatten geht als eine Gruppenentscheidung, ergibt sich stets die oben genannte Reihenfolge.

Das Entscheidungsmodell ist logisch und transparent aufgebaut. Im Vergleich zu anderen Führungsmodellen berücksichtigt es eine Vielzahl von Situationsmerkmalen und leitet daraus sofort umsetzbare Handlungsempfehlungen ab. Das Modell wurde von den Autoren und anderen Forschergruppen mehrerer empirischer Validierungsversuche unterzogen, die jedoch keine einheitlichen Ergebnisse erbrachten.

Die konzeptionelle Kritik, die am Modell geübt wird, ist zuweilen widersprüchlich. Manche Autoren (*Sydow* 1981, *Neuberger* 2002) werfen ihm vor, die Realität zu stark vereinfachend abzubilden – darauf haben die Autoren mit einer verfeinerten Variante reagiert. Andere (*Scholz* 2000) halten es für eine praktische Anwendung zu kompliziert. Dem sind empirische Befunde über die Erlernbarkeit des Modells entgegenzubringen. Weiterhin wird bemängelt, dass das Modell bei mehreren zulässigen Lösungen keine eindeutige oder häufig dieselbe Empfehlung gebe. Andererseits soll es dem Anwender seine Ersetzbarkeit suggerieren, da es die Entscheidungsfindung zu stark programmiere. Zutreffend ist sicherlich der Einwand, dass der genaue Maßstab des

Entscheidungsorganisation

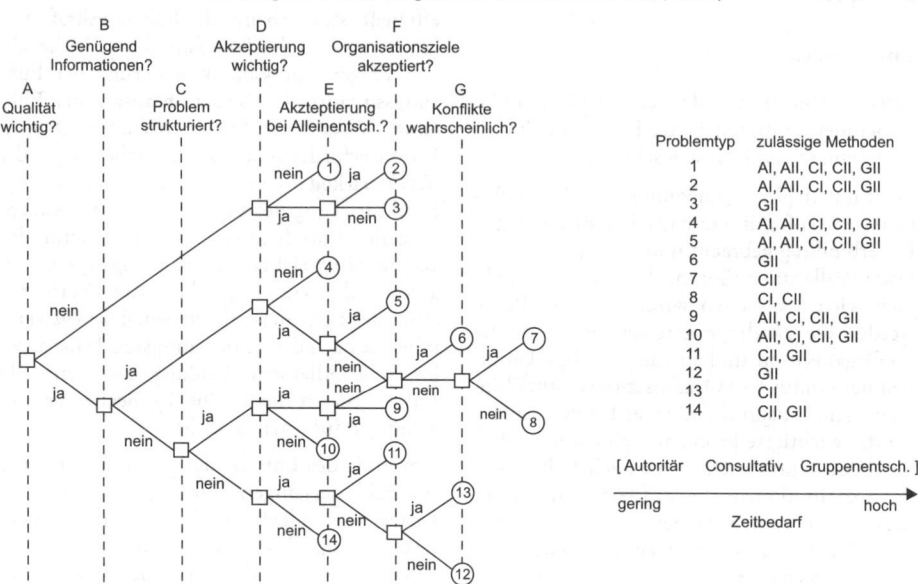

Abbildung 1: Entscheidungsmodell (*Vroom/Yetton* 1973, S. 36)

Modells für den →Führungserfolg im Dunkeln bleibt und mit dem Grad der Entscheidungspartizipation nur ein Teilaspekt des →Führungsverhaltens erfasst wird. Dieses Defizit teilt das Modell mit vielen derzeit vorliegenden Führungsmodellen.

Literatur: *Neuberger, O.*: Führen und führen lassen, 6. Aufl., Stuttgart 2002. *Scholz, C.*: Personalmanagement, 5. Aufl., München 2000. *Sydow, J.*: Der normative Entscheidungsansatz von Vroom/Yetton – Kritik einer situativen Führungstheorie, in: Die Unternehmung, 35. Jg. (1981), S. 1–17. *Vroom, V. H.*; *Yetton, P. W.*: Leadership and Decision-Making, Pittsburgh 1973.

Jan Hendrik Fisch

Entscheidungsorganisation

Menge aller Regelungen, die zur Zielerreichung für Informationsverarbeitung und -entscheidung eingesetzt werden (ergebnisorientierte Version) sowie die Summe der Prozesse, welche die Schaffung solcher Regelungen zum Ziel haben (tätigkeitsbezogene Version).

Begrifflich lehnt sich die Entscheidungsorganisation an den Organisationsbegriff in seiner instrumentellen Sichtweise an. Der Entscheidungsbegriff beschrankt sich hierbei in aller Regel nicht auf den bloßen Entschluss, sondern umfasst die ihm vorgelagerten Stufen des Entscheidungsprozesses. Der Begriff Entscheidungsorganisation bezieht sich also auf das gesamte in diesem Sinne beschriebene organisationale Informationsverarbeitungs- und Entscheidungssystem. Trotz intensiver Diskussion in der einschlägigen Literatur, wie etwa bei *North* (2005) oder *Lindstädt* (2006) werden die Termini →Information und →Wissen hier synonym verwendet.

Nach dieser weiten Auffassung lassen sich sechs Instrumente der Entscheidungsorganisation unterscheiden:

1. *Aufmerksamkeitsallokation*: Bezieht sich auf die →Identifikation neuer Aspekte, Probleme und Herausforderungen für eine Fokussierung der Anstrengungen und eine Frühwarnung der →Organisation. Diese oft vernachlässigte Aufgabe wird durch die Aufmerksamkeit determiniert, die das Unternehmen neuen Geschäftsaspekten beimisst.

2. *Wissensabsorption und -generierung*: Bezeichnen die Schaffung neuen Wissens und seine Aufnahme aus der Umwelt. Eine Abgrenzung zwischen Absorption und Generierung ist dabei kaum möglich, sondern im Gegenteil in der Regel eine Frage der Perspektive.

3. *Wissensdiffusion*: Verteilt Information und Wissen im Unternehmen durch →Kommunikation jeder Art. Ein ökonomisches Kalkül zur Bewertung der Vorteilhaftigkeit dieses Aspekts der Entscheidungsorganisation

ist die Teamtheorie nach *Marschak* und *Radner* (1972).

4. *Wissensorganisation*: Dieses Element wird in einem Teil der Literatur zum →Wissensmanagement ins Zentrum der Überlegungen gestellt. Einen Überblick zu diesem Aspekt bieten *Despres* und *Chauvel* (2000).

5. *Informationsverarbeitung im engeren Sinne*: Wissen und Information müssen im Unternehmen interpretiert, eingesetzt und konkret nutzbar gemacht werden. Dieser Aspekt geht über eine bloße Diffusion hinaus. Vielmehr sind hier auch Elemente von Problemlösung und →Kreativität der Organisationsmitglieder von Belang.

6. *Organisation der Entscheidungsbefugnisse*: Verteilung von Entschlussrechten innerhalb der Organisation. Diese Verteilung erfolgt vertikal entlang des Weisungssystems der Organisation (→Delegation) und horizontal durch Einbeziehung von Mitarbeitern in den Entschluss (→Partizipation). Die Partizipation greift für gewöhnlich in den Bereich der Informationsverarbeitung im engeren Sinne über. Die ökonomische Bewertung der Delegation ermöglicht der Delegationswertkalkül von *Laux* und *Liermann* (2005).

Eine Herausforderung bei der Bewertung von Maßnahmen der Entscheidungsorganisation besteht darin, dass eine ökonomische Bewertung durch die genannten Modelle stets die Kenntnis des spezifischen Verwendungszwecks für Wissen und Information voraussetzt. Tatsächlich sind solche zukünftigen Verwendungen jedoch weder beim Aufstellen der Regelungen noch beim Umgang mit den betreffenden Informationen vollständig bekannt. Organisationsmitglieder und -gestalter stehen so vor der schwierigen Aufgabe, sich hinsichtlich der Verarbeitung und Behandlung des Wissens zumindest partiell vor der Entstehung des Verwendungszwecks als konkretes Entscheidungsproblem festlegen zu müssen.

Beim Management des organisationalen Informationsverarbeitungs- und Entscheidungssystems muss deshalb bis zu einem gewissen Grade gleichzeitig von der Verwendung in der Entscheidung her wie auch „vom vorhandenen Wissen und den angebotenen Informationen her" angeben operiert werden.

Literatur: *Despres, C.*; *Chauvel, D.*: Knowledge Horizons – The Premise and the Promise of Knowledge Management, Boston 2000. *Laux, H*; *Liermann, F.*: Grundlagen der Organisation, 6. Aufl., Berlin 2005. *Lindstädt, H.*: Beschränkte Rationalität, München 2006. *Maschak, J.*; *Radner, R.*: Economic Theory of Teams, New Haven 1972. *North, K.*: Wissensorientierte Unternehmensführung, 4. Aufl., Wiesbaden 2005.

Hagen Lindstädt

Entscheidungstheorien

befassen sich mit der Untersuchung verschiedener Aspekte zielgerichteten Verhaltens und lassen sich klassifizieren nach Betrachtungsumfang, Trägerebene und Erkenntnisinteresse.

Das Interesse beschränkt sich zum einen an der Entscheidung je nach Selektivität oder Reichhaltigkeit des *Betrachtungsumfangs* auf den Entschluss oder Wahlakt der Selektion zwischen alternativen Handlungsmöglichkeiten selbst (entschlussorientiert), oder es umfasst den vor- und zum Teil auch nachgelagerten Prozess der Entscheidungsvorbereitung einschließlich Informationsverarbeitung und gegebenenfalls der Umsetzung (prozessorientiert). Abhängig vom Träger werden zum anderen Entscheidungen auf der individuellen Ebene und solche auf Ebene von →Gruppen oder →Organisationen unterschieden.

Ein weiteres wichtiges Klassifikationsmerkmal von Entscheidungstheorien ist ihr *Erkenntnisinteresse*: Bei einer *deskriptiven Orientierung* besteht das Ziel in der Beschreibung und Erklärung realer Entscheidungen hinsichtlich ihres Ergebnisses und ihres Zustandekommens. Das Ziel deskriptiver Ansätze besteht also darin, empirisch gehaltvolle Aussagen entschluss- und prozessorientierter Entscheidungen auf den unterschiedlichen Trägerebenen (Individuum, Gruppe oder Organisation) zu gewinnen. Bei der Untersuchung von Wahlakten treten regelmäßig Handlungsalternativen als Wahlmöglichkeiten von Entscheidungsträgern, mögliche Umweltzustände als Szenarien und Ergebnisse als interessierende Handlungskonsequenzen auf, die ihrerseits mit Zielvorstellungen des Trägers verknüpft sind („Grundmodell der Entscheidungstheorie"). *Präskriptive Entscheidungstheorien* befassen sich damit, Zielvorstellungen auf der Menge der interessierenden Handlungskonsequenzen (Ergebnisse) logisch konsistent in Präferenzen auf der Menge der Handlungsalternativen zu überführen. Eine Entscheidung, die den Wahlakt auf Basis gewisser nicht beweisbarer Grundüberzeugungen (→Grundannahmen) (Axiome) in diesem Sinne logisch konsistent vornimmt, wird in der (präskriptiven) Entscheidungstheorie als (substanziell) rational bezeichnet (im Unterschied zu prozeduraler Rationalität bei Vorgehen entlang eines ordnungsgemäßen Prozesses).

Nach ihrem Betrachtungsumfang werden entschlussorientierte (Konzentration auf den Wahlakt) und umfassendere prozessorientierte Entscheidungstheorien unterschieden:

Entschlussorientierte Entscheidungstheorien: Ein Klassifikationsmerkmal für Entscheidungen (Wahlakte), das besonders (aber nicht nur) bei der Untersuchung von Wahlakten auf individueller Ebene bedeutsam ist, besteht in der Art der Erwartungsstrukturen des oder der Entscheidungsträger hinsichtlich des Eintretens der Umweltzustände. Zunächst werden Erwartungsstrukturen mit →Interaktion zwischen Umweltzuständen und Handlungsalternativen von denen ohne solche Interaktion unterschieden.

Liegen Entscheidungen mit Interaktionen vor, so beeinflusst die Entscheidung (Wahl) des Entscheidungsträgers das Eintreten der Umweltzustände. Mit derartigen Entscheidungen befasst sich die Spieltheorie; eine klassische Bedeutung in der (nicht kooperativen) Spieltheorie hat hier das Lösungskonzept des *Nash-Gleichgewichts*, das davon ausgeht, dass die Spieler als Entscheidungsträger nur Kombinationen ihrer jeweiligen Züge (Handlungsalternativen) realisieren, die jeweils (hinsichtlich der Präferenzen des jeweiligen Spielers) beste Antworten auf den Zug des anderen Entscheidungsträgers sind.

Entscheidungen ohne Interaktionen („Spiele gegen die Natur") liegt demgegenüber die Vorstellung von Umweltzuständen zugrunde, deren Eintreten nicht durch den Wahlakt (z. B. in Form von Wahrscheinlichkeiten) beeinflusst wird. Es wird deutlich, dass die Frage, ob eine Entscheidung mit oder ohne Interaktion vorliegt, genau genommen Teil des verwendeten Modells ist, nicht primär eine der modellierten Realität. Bei Entscheidungen ohne Interaktion können sichere oder unsichere Erwartungen des Entscheidungsträgers über die (nicht beeinflussbaren) Umweltzustände vorliegen:

Sichere Erwartungen: Hier sind besonders Entscheidungen mit mehreren Zielkriterien in der Literatur von Interesse. Darüber hinaus ist ein großer Literaturapparat über Entscheidungen (Wahlakte) in Gruppen entstanden, welcher sich besonders Fragen nach Aggregationsmechanismen individueller Präferenzen für die Handlungsalternativen zu einer gemeinsamen Gruppenpräferenz widmet. Im Mittelpunkt steht hier die Frage nach der Fairness solcher Mechanismen (*Arrows* 1963, *Unmöglichkeitstheorem*) und nach ihrer Beeinflussbarkeit durch strategisches Verhalten von Gruppenmitgliedern bei der Offenbarung ihrer Präferenzstruktur, etwa in Abstimmungen (Satz von *Gibbard* 1973 und *Satterthwaite* 1975) *Unsichere Erwartungen*: Hier wird der Risikofall, bei dem sich der Entscheidungsträger in der Lage zur Zuordnung (subjektiver) Wahrscheinlichkeiten für die Umweltzustände sieht, vom Fall der Ungewissheit (oder Unsicherheit im engeren Sinne) unterschieden, bei dem er sich hierzu nicht in der Lage sieht. Zwischen diesen beiden Extremfällen hinsichtlich der Erwartungsstrukturen existiert darüber hinaus ein Spektrum von Abstufungen hinsichtlich des Vorliegens von Wahrscheinlichkeitsinformationen und der wahrgenommenen Möglichkeiten einer entsprechenden Zuordnung.

Eine besondere Bedeutung im Rahmen der präskriptiven Entscheidungstheorie bei Erwartungen unter Risiko auf der individuellen Ebene kommt dem *Bernoulli-Prinzip* zu, das auf den Vorschlag *Bernoullis* (*Laux* 2005) zur Lösung des bekannten Petersburger Paradoxons zurückgeht. Sein Vorschlag wurde von *von Neumann* und *Morgenstern* (1944) aufgegriffen und von *Savage* (1954) entscheidend weiterentwickelt. Der Ansatz besteht darin, Ergebnissen (als Konsequenzen einer Handlungsalternative in einem nicht sicher eintretenden Umweltzustand) einen so genannten Risikonutzen zuzuordnen, der sich auf Basis einer Risikonutzenfunktion ergibt. Diese bildet Ergebnisse der Alternativen auf einen Nutzen des Entscheidungsträgers ab. Mithilfe subjektiver Wahrscheinlichkeiten, die der Entscheidungsträger ebenfalls zuordnet, kann dann der Erwartungswert dieses Nutzens einfach berechnet werden (Erwartungsnutzen).

Das *Bernoulli-Prinzip* ist der Standard für präskriptive Entscheidungen unter Risiko. Seine besondere Bedeutung erhält es dadurch, dass die Maximierung des Erwartungsnutzens für einen Entscheidungsträger sinnvoll (rational) ist, sobald er einige Axiome akzeptiert, die von vielen Entscheidungsträgern als unproblematisch angesehen werden. *Laux* (2005) widmet sich dem Bernoulli-Prinzip und präskriptiven Aspekten von Entscheidungen unter Unsicherheit.

Ein großer Teil deskriptiver Entscheidungstheorien befasst sich mit systematischen Verstößen einzelner Entscheidungsträger gegen das Bernoulli-Prinzip bei Entscheidungen (Wahlakten) unter Risiko. In der Literatur sind eine Vielzahl solcher Verstöße wie Besitztumseffekte und systematisch verfälschte Wahrscheinlichkeitsschätzungen bis hin zu intransitiven Präferenzen dokumentiert. Bis zu einem gewissen Grad sind deskriptive Verstöße gegen präskriptive Theorien unproblematisch. Von einer Entscheidungstheorie, die auch eine präskriptive Gültigkeit für sich beansprucht, wird man sogar fordern müssen, dass sie gewisse Präferenzen und Handlungen nicht zulässt, obwohl diese empirisch beobachtet werden.

Eine zentrale Position in der Literatur zu systematischen, empirisch belegten Verstößen gegen das Bernoulli-Prinzip nehmen die beiden Paradoxien von *Ellsberg* (1961) und *Allais* (1953) ein. In *Ellsbergs* bekannten Zwei- und Dreifarbenproblemen vergleicht ein Entscheidungsträger eine Situation mit nahe liegenden Wahrscheinlichkeiten mit einer, in der er sich subjektiv nur unter Schwierigkeiten in der Lage sieht, Wahrscheinlichkeiten zuzuordnen. In dieser Situation verstoßen Entscheider systematisch gegen das Unabhängigkeitsaxiom des Bernoulli-Prinzips, und sie zeigen eine systematische Aversion gegenüber weniger nahe liegenden Wahrscheinlichkeitsurteilen. Bei *Allais* Paradox ordnet der Entscheidungsträger den Zuständen subjektive Wahrscheinlichkeiten zu, nutzt diese jedoch nicht durchgängig als Entscheidungsgewichte.

Interessanterweise verstoßen beide Paradoxien wie auch der größte Teil der restlichen deskriptiven Verfälschungen gegen das gleiche Axiom des Bernoulli-Prinzips, das Unabhängigkeitsaxiom. Als Reaktion hierauf sind eine Reihe präskriptiv vernünftiger Weiterentwicklungen des Bernoulli-Prinzips und der subjektiven Erwartungsnutzentheorie entstanden, die das Unabhängigkeitsaxiom abmildern. Eines der allgemeinsten, aber auch kompliziertesten Kalküle ist der *Choquet-Erwartungsnutzen*, der sich nichtadditiver Kapazitäten anstelle von Wahrscheinlichkeiten bedient. Präskriptive und deskriptive Aspekte von Entscheidungen unter Unsicherheit jenseits des Bernoulli-Prinzips diskutieren *Eisenführ* und *Weber* (2003) sowie *Lindstädt* (2006).

Im Gegensatz zu entschlussorientierten Entscheidungstheorien umfassen prozessorientierte auch vor- und nachgelagerte Phasen sowie zusätzliche Aspekte von Entscheidungen.

Prozessorientierte Entscheidungstheorien: Wird über den Entschluss beziehungsweise Wahlakt hinaus der gesamte Entscheidungsprozess in einem umfänglicheren Sinne betrachtet, so wird die Menge der interessierenden Fragen im gleichen Maße vielfältiger wie unübersichtlicher, und es überwiegen deskriptive Ansätze. Auf der Ebene individueller Entscheidungsträger werden Suchprozesse nach Informationen jeder Art und Mechanismen der Aufmerksamkeitsallokation thematisiert. Neben der Untersuchung von Entscheidungskonsequenzen, die etwa in der Diskussion zur (substanziellen) Rationalität deutlich wird, tritt die Untersuchung des Ablaufs von Entscheidungsprozessen in Phasentheoremen und hinsichtlich ihrer prozeduralen Rationalität.

Auf der Ebene mehrerer Entscheidungsträger tritt die Frage nach Konflikten und Komplementaritäten zwischen den Beteiligten neben den Prozessverlauf. Solchen Aspekten und ihren Konsequenzen für organisationale Entscheidungen widmet sich *March* (1994). Entscheidungsprozesse sind durch geschlossene Modelle und Rationalitätsüberlegungen sehr viel schwieriger zu fassen als die klarer abgegrenzten Wahlaktes. Diese Schwierigkeit liegt auch darin begründet, dass sich das Konstrukt der prozeduralen Rationalität schwertut, ohne Rückgriff auf die Entscheidungsergebnisse auszukommen, wodurch im Vergleich zur unmittelbaren Analyse des Wahlaktes zumindest aus formaler Sicht nach *Lindstädt* (2006) nur wenig gewonnen wäre.

Literatur: *Allais, M.*: Le Comportement de l'Homme Rationnel devant le Risque, in: Econometrica, 21. Jg. (1953), H. 4, S. 503–546. *Eisenführ, F.; Weber, M.*: Rationales Entscheiden, 4. Aufl., Berlin 2003. *Ellsberg, D.*: Risk, Ambiguity, and the Savage Axioms, in: Quarterly Journal of Economics, 75. Jg. (1961), H. 4, S. 643–669. *Laux, H.*: Entscheidungstheorie, 6. Aufl., Berlin 2005. *Lindstädt, H.*: Entscheidungskalküle jenseits des subjektiven Erwartungsnutzens, in: Zeitschrift für betriebswirtschaftliche Forschung 56. Jg (2004), H. 6, S. 495–519. *Lindstädt, H.*: Beschränkte Rationalität, München 2006. *March, J.G.*: A Primer on Decision Making, New York 1994. *Savage, L.J.*: The Foundations of Statistics,

New York 1954. *von Neumann, J.; Morgenstern, O.*: The Theory of Games and Economics Behavior, Princeton 1994.

Hagen Lindstädt

Entscheidungsunterstützende Systeme (EUS)

Ausgestaltungsvariante →personalwirtschaftlicher Anwendungssoftware, die personalverantwortliche Akteure in schwierigen oder unstrukturierten Entscheidungssituationen, insbesondere bei Planungs- und Steuerungsfragen, unterstützen soll (engl.: Decision Support Systems).

Die Art der Unterstützung zielt dabei weniger auf die Bereitstellung optimaler Entscheidungen oder die automatisierte Übernahme von Entscheidungen als vielmehr auf die Unterstützung bei Informationssammlung und -auswertung sowie Alternativensuche und -bewertung.

Neben der reinen Bereitstellung von entscheidungsrelevanten →Informationen bieten *Decision Support Systeme* daher weitere Funktionalitäten: Etwa besteht die Möglichkeit, gewisse Toleranzgrenzen für spezifische personalwirtschaftliche Entwicklungen festzulegen und Warnungen bei Über- oder Unterschreitung dieser Grenzen auszugeben. Ebenso bieten Drill-Down-Techniken die Möglichkeit eines gezielten Abrufs von detaillierten Informationen auf verschiedenen (Dis-)Aggregationsstufen. „What-if"-Funktionen ermöglichen es, die Folgen möglicher personalwirtschaftlicher Maßnahmen durchzuspielen, während „How-to-achieve"-Funktionen Maßnahmen zur Erreichung bestimmter Ziele vorhalten.

Generell existiert inzwischen ein relativ großer Bestand an personalwirtschaftlichen Systemen mit EUS-Charakter, wie beispielsweise in *Beckers* und *Bsat* (2002) zu sehen ist. (siehe auch →Personalbedarfsplanungssysteme, →Personaleinsatzplanungssysteme, →Personalkostenplanungssysteme).

Literatur: *Beckers, A.M.; Bsat, M.Z.*: A DSS Classification Model for Research in Human Resource Information Systems, in: Information Systems Management, 19. Jg. (2002), H. 3, S. 41–51.

Stefan Strohmeier

Entscheidungsunterstützungssystem
→Führungsinformationssystem (FIS)

Entsendevertrag

Regelung der Konditionen, die für die Entsendung eines Stammhausmitarbeiters in eine ausländische Tochtergesellschaft gelten sollen.

Einen gesetzlichen Rahmen für den Entsendevertrag bildet das →Nachweisgesetz (NachwG). Danach sind

– die Dauer des Auslandseinsatzes,

– verschiedene Aspekte des Arbeitsentgelts,

– verschiedene Aspekte von Sachleistungen sowie

– Bedingungen der Rückkehr

zu regeln. Der Entsendevertrag sollte nach *Weber et al.* (2001) darüber hinaus verschiedene andere Vereinbarungen enthalten, wie beispielsweise über die Fortführung der Sozialversicherung, Zusatzversicherungen und Besteuerung (→Internationale Entlohnung), Konditionen des Umzugs, →Ausbildung der Kinder oder die →Arbeitszeit.

Literatur: *Weber, W. et al.*: Internationales Personalmanagement, Wiesbaden 2001.

Rüdiger Kabst

Entwicklungsplanung

Planung und Entwicklung des internen →Arbeitsmarktes.

Die Entwicklungsplanung ist auf bestimmte *Entwicklungsadressaten* ausgerichtet. Hierbei handelt es sich um Objekte beziehungsweise Zielgruppen von Bildungs- und/oder Förderprogrammen (→Personalentwicklung).

In der Literatur finden sich unterschiedliche Kriterien für die Segmentierung des Adressatenkreises von →Personalentwicklung. Personalentwicklungsmaßnahmen können auf die gesamte Belegschaft, unabhängig von deren Leistungsvermögen und Potenzial (Prinzip der Chancengleichheit), auf bestimmte Mitarbeitergruppen („Privilegierung"), auf Mitarbeiter mit hohem Entwicklungspotenzial (→Begabtenförderung) oder aber auf Beschäftigte, deren Wissens- und Fähigkeitslücken zum größten zu erwartenden Schaden für das Unternehmen führen wird („Engpassregel") ausgerichtet sein. In der Praxis wird sich die Personalentwicklung zunächst an den letztgenannten Adressatenkreis richten.

Eine weitere Unterteilungsmöglichkeit des Adressatenkreises besteht in der Fokussierung der Maßnahmen auf die Entwicklung von Individuen im Unternehmen (→Personenentwicklung), auf die Entwicklung von Teams (→Teamentwicklung) oder auf die Entwicklung einer ganzen Organisation(seinheit) (→Organisationsentwicklung).

Förder- beziehungsweise Bildungsprogramme werden dann notwendig, wenn eine Unterdeckung der Qualifikationsanforderungen an einen Stelleninhaber auftritt (syn.: Personalentwicklungsbedarf).

Der *Entwicklungsbedarf* wird ermittelt anhand des Vergleichs der gegenwärtigen und zukünftigen Arbeitsplatzanforderungen (→Anforderungen) und der zur Verfügung stehenden Qualifikationen der Beschäftigten. Liegen die Anforderungen über den Qualifikationen entsteht ein Entwicklungsbedarf. Sollte die vorhandene Qualifikation höher sein als die zur Bewältigung der aktuellen und der absehbaren Anforderungen benötigte, besteht die Gefahr der →Demotivation.

Berücksichtigt man zusätzlich die Einschätzung des Qualifikationspotenzials, können Rückschlüsse für die →Personalplanung gezogen werden: Falls nicht genügend Potenzial für die notwendigen Entwicklungen gesehen wird, muss das Unternehmen sich vom externen →Personalmarkt bedienen.

Aus der Sicht der Belegschaft entsteht Entwicklungsbedarf bei Vorliegen individueller Qualifikationswünsche.

Die *Entwicklungsbildung* ist im engeren Sinne →Bildung, im erweiterten Sinne Bildung und Förderung und im weiten Sinne Bildung und Förderung ergänzt um Organisationsentwicklung (syn.: Personalentwicklungsinhalte).

Die *Bildung* beinhaltet unter anderem die Berufsausbildung, Fort- und Weiterbildung, Umschulung und Anlernung. Zur *Förderung* werden beispielsweise die Auswahl von Mitarbeitern, die Einarbeitung, ein Arbeitsplatzwechsel (→Job Rotation), Auslandseinsätze (→Auslandsentsendung), die →Karriereplanung (→Betriebliche Karriereplanung oder →Individuelle Karriereplanung), das strukturierte →Mitarbeitergespräch sowie die →Leistungsbeurteilung, gerechnet. Inhalte der →*Organisationsentwicklung* können unter anderem Projektarbeit oder aber die sozio-technische Systemgestaltung sein. In der Literatur wird der Begriff „Entwicklungsinhalte" oftmals nicht trennscharf zu „Entwicklungsmethoden", „-maßnahmen" oder „-instrumenten" verwendet.

Verändert sich das Qualifikationsniveau im Zeitablauf, so wird von einer *Entwicklungskurve* gesprochen. Diesem Begriff liegt die Idee zugrunde, dass man in der Personalentwicklung das Qualifikationsniveau des Entwicklungsadressaten zu aufeinander folgenden Zeitpunkten in ein Koordinatensystem abtragen kann. Werden die unterschiedlichen Punkte miteinander verbunden, erhält man eine Kurve. Der Begriff wird in der Praxis jedoch eher im übertragenen Sinne verwendet: Es wird von einer *steilen* Entwicklungskurve gesprochen, wenn entweder sehr schnell beziehungsweise sehr viel an Qualifikation dazu gewonnen (steil steigend) beziehungsweise abgebaut (steil sinkend) wurde. Ein eher *flacher* Verlauf deutet auf eine geringe Veränderung hin.

Das *Entwicklungspotenzial* beschreibt die individuelle Möglichkeit zum Ausbau der Qualifikation. Die Beurteilung des *Entwicklungspotenzials* ist neben der Feststellung eines Entwicklungsbedarfs die Grundlage für die Entscheidung über den Einsatz von Entwicklungsmaßnahmen. Die Erfassung des Entwicklungspotenzials stellt ein schwieriges Problem dar. Die in der Praxis vorwiegend angewandte Methode hierfür ist die *Beurteilung durch die Führungskraft*. Um die Subjektivität dieser Einschätzung einzudämmen, werden Potenzialeinschätzungen in einer Reihe von Unternehmen nicht nur von der direkten Führungskraft, sondern auch von der nächsthöheren oder aber von Kollegen des direkten Chefs vorgenommen (bspw. LEAD-Verfahren bei *DaimlerChrysler*). Oftmals wird in die zusammenfassende Wertung des Potenzials zusätzlich die Perspektive der →Personalabteilung eingebunden. Eine weitere in der Praxis häufig angewandte Methode ist das Entwicklungs-Assessment Center (→Assessment Center).

In der Entwicklungsplanung kommt dem Umfang der Qualifizierungsbemühungen in Unternehmen eine große Bedeutung zu. Das *Entwicklungsvolumen* umfasst diejenigen Entwicklungsaktivitäten, die zur Schließung der Lücke zwischen aktuellen sowie zukünftigen Anforderungen auf der einen Seite und vorhandenen Qualifikationen unter Berücksichtigung des Entwicklungspotenzials auf der anderen Seite notwendig sind.

Folgt das Unternehmen dem potenzialorientierten Entwicklungsansatz, wird das Entwicklungsvolumen zusätzlich – auch über den betrieblichen Entwicklungsbedarf hinaus – durch den ungerichteten Ausbau von Qualifikation vergrößert.

Weiterhin können die individuellen Entwicklungswünsche den Umfang bestimmen.

Da in der Regel die Personalentwicklung als Unternehmensfunktion ökonomischen Prinzipien zu folgen hat, stellen die bereitgestellten Unternehmensressourcen einen wichtigen Faktor zur Bestimmung des Umfangs der Qualifizierungsmaßnahmen dar.

Es empfiehlt sich, das *Entwicklungsziel* vor dem Beginn einer Entwicklungsmaßnahme genau zu definieren und schriftlich festzuhalten. Dies geschieht oftmals im Rahmen eines →Mitarbeitergesprächs. In solchen Vereinbarungsgesprächen gilt es, soweit als möglich die Ziele von Mitarbeitern mit den Zielen der →Organisation in Einklang zu bringen. Die Definition eines Entwicklungsziels ist eine notwendige Voraussetzung für die Planung und das →Controlling der Entwicklungsmaßnahme.

Der Entwicklungsplanung liegt die Entwicklungsstrategie zugrunde. Hierbei handelt es sich um die Kombination von Qualifizierungsmaßnahmen zur Erreichung eines bestimmten Entwicklungsziels. Im Idealfall ist es ein systematischer auf Langfristigkeit angelegter Ansatz und sollte auf Grundlage der Unternehmensstrategie erfolgen. Die Auswahl der Maßnahmen kann demzufolge einerseits basierend auf einem bestimmten Unternehmensziel für die *gesamte* Belegschaft erfolgen (z. B. könnte es das Entwicklungsziel sein, die →Innovationsfähigkeit aller Mitarbeiterinnen und Mitarbeiter zu stärken, um die Wahrscheinlichkeit der Erreichung des Unternehmensziels „Steigerung der Innovationsquote in einem bestimmten Zeitraum um einen bestimmten Betrag" zu erhöhen), oder andererseits abgestimmt auf *einzelne* Mitarbeiter (→Personal Development Plan) beziehungsweise bestimmte *Mitarbeitergruppen*.

Laila Maja Hofmann

Equity Theory

Theorie mit sozialpsychologischer Provenienz, die zur →Gruppe der Gerechtigkeitstheorien gehört.

Die Equity Theory geht laut *Adams* (1965) von der Annahme aus, dass Personen erhaltene Belohnungen (Outcome) und erbrachte Kosten (Input) mit dem Input-Outcome-Verhältnis anderer Personen vergleichen (→Lohngerechtigkeitstheorie). Unter *Kosten* der Person werden Dinge wie Erfahrungen, Fähigkeiten und persönliches Engagement subsumiert. *Belohnungen* werden durch Aspekte wie Bezahlung, Zufriedenheit mit der Arbeit (→Arbeitszufriedenheit) oder Unterstützung durch die Führungskraft repräsentiert.

→*Gerechtigkeit* (equity) liegt vor, wenn in einer sozialen Beziehung das Input-Outcome-Verhältnis zwischen den Austauschpartnern übereinstimmt (*Homans* 1968). Gerechtigkeit lässt sich durch folgende Relation ausdrücken:

$$\frac{Belohnungen\, p_1}{Kosten\, p_1} = \frac{Belohnungen\, p_2}{Kosten\, p_2}$$

Die ursprüngliche Gleichung wurde später erweitert. Danach nehmen zwei Personen p_1 und p_2 ein Austauschverhältnis als gerecht wahr, wenn ihr Verhältnis aus der Differenz zwischen Belohnungen und Kosten und ihren Beiträgen gleich ist, das heißt, wenn gilt:

$$\frac{Belohnungen\, p_1 - Kosten\, p_1}{Beiträge\, p_1} = \frac{Belohnungen\, p_2 - Kosten\, p_2}{Beiträge\, p_2}$$

Zur Wahrnehmung von *Ungerechtigkeit* kommt es dagegen, wenn die Austauschverhältnisse ungleich sind, das heißt, wenn gilt:

$$\frac{Belohnungen\, p_1 - Kosten\, p_1}{Beiträge\, p_1} \neq \frac{Belohnungen\, p_2 - Kosten\, p_2}{Beiträge\, p_2}$$

Nach dieser Theorie wird die Ungerechtigkeit sowohl bei Benachteiligung als auch bei Begünstigung im Rahmen eines Austauschverhältnisses empfunden wird. Hier zeigt sich ein wesentlicher Unterschied zum Nutzenmaximierungsprinzip der Mikroökonomie: Individuen streben gemäß der Equity Theory in Austauschbeziehungen nicht nach Maximierung des eigenen Nutzens, sondern nach Fairness. Im Falle von Benachteiligung reagiert ein Individuum mit Ärger, im Fall von Begünstigung mit Schuldgefühlen. Die Schwellen des Auftretens dieser Emotionen sind allerdings unterschiedlich. Individuen reagieren bei negativer Ungerechtigkeit schneller mit Ärger als bei positiver Ungerechtigkeit mit Schuldgefühlen.

Eine weitere Annahme der Equity Theory nach *Austin* und *Walster* (1975) lautet, dass Personen, die sich in einer ungerechten Austauschbeziehung befinden, ein Unwohlsein empfinden, was sie zur Wiederherstellung von Gerechtigkeit motiviert. Im Falle von Ungerechtigkeit kann Gerechtigkeit insbesondere durch folgende Reaktionen eines Individuums wiederhergestellt werden:

- *Veränderung des eigenen Inputs*: Die Veränderung kann durch Rücknahme oder Steigerung der eigenen Aufwendungen bewirkt werden. Sie hängt davon ab, ob die Ungerechtigkeit in Form von Benachteiligung oder Begünstigung empfunden wird.
- *Beeinflussung des Austauschpartners*: Sie kann zum einen dadurch erfolgen, dass dem Austauschpartner die Beendigung der Austauschbeziehung nahe gelegt wird. Zum anderen kann sich das Ausgleichsstreben auch in dem Einfordern eines höheren Outcomes beim Austauschpartner ausdrücken.
- *Veränderung der Einstellung*: In diesem Fall erfolgt eine Veränderung der gedanklichen Elemente beziehungsweise Wissensstrukturen bezüglich des Inputs beziehungsweise des Outcomes. Die gedanklichen Elemente werden dabei entsprechend der wahrgenommenen Ungerechtigkeit im Sinne von Benachteiligung oder Begünstigung verändert. Es handelt sich also im Wesentlichen um eine Wahrnehmungsveränderung im Hinblick auf die Ungerechtigkeit.
- *Abbruch der Beziehung*: Der Abbruch kann auf unterschiedliche Weise vorgenommen werden, beispielsweise durch →Kündigung der Tätigkeit oder →Absentismus.

Die Equity Theory ist in verschiedener Hinsicht weiterentwickelt worden (*Stock* 2003). Im Kern sind folgende fünf Forschungslinien im Hinblick auf Weiterentwicklungen der Equity Theory zu unterscheiden:

1. Vergleichsbezogene Erweiterungen der Equity Theory beziehen sich auf die Vergleichsbasis, die dem individuellen Urteil von (In-)Equity zugrunde liegt. Diesbezüglich werden in der Literatur die intrapersonalen Vergleiche (d.h. Vergleiche mit eigenen relevanten Erfahrungen), Vergleiche mit Referenzpersonen und Vergleiche mit allgemeinen Normen (d.h. erlernte Erwartungen an gerechtes Verhalten) diskutiert.
2. Algebraische Erweiterungen der Equity Theory konzentrieren sich auf die formale Weiterentwicklung der von *Adams* (1963, 1965) entwickelten Equitygleichung.
3. Im Rahmen der persönlichkeitspsychologischen Erweiterungen werden insbesondere persönlichkeitsbedingte, individuell unterschiedliche Wahrnehmungen von (In-) Equity untersucht.
4. Allgemeinpsychologischen Erweiterungen der Equity Theory liegt die Annahme zugrunde, dass neben dem Equityprinzip noch weitere Prinzipien im Rahmen von Austauschbeziehungen zum Tragen kommen können. In diesem Kontext werden neben dem Equityprinzip insbesondere das Beitrags- und das Bedürfnisprinzip diskutiert.
5. Den Ausgangspunkt der motivationstheoretischen Erweiterungen der Equity Theory bildet die Annahme, dass Individuen im Rahmen von Austauschbeziehungen häufig mehr als ein Ziel verfolgen. Mit den Wechselwirkungen der equitybezogenen Verhaltensweisen mit anderen Motiven im Rahmen einer Austauschbeziehung befassen sich die Forschungsarbeiten dieser Richtung.

Eine weitere wichtige Erweiterung der Equity Theory bezieht sich auf das ursprüngliche Gerechtigkeitskonzept. Konkret wird ein mehrdimensionales Gerechtigkeitskonzept vorgeschlagen, in dem zwischen distributiver, prozeduraler und interaktionsbezogener Gerechtigkeit unterschieden wird:

- *Distributive Gerechtigkeit*: Bezieht sich auf das wahrgenommene materielle Ergebnis im Rahmen einer Austauschbeziehung.
- *Prozedurale Gerechtigkeit*: Bezieht sich auf die Vorgehensweisen und Prozesse des Austauschpartners.
- *Interaktionsbezogene Gerechtigkeit*: Bezieht sich auf die zwischenmenschlichen Verhaltensweisen des Austauschpartners.

Die Equity Theory wird verschiedentlich in der Literatur kritisiert. Zwei zentrale Kritikpunkte werden differenziert:

1. Mangelnde Präzisierung des Inputs und des Outcomes. Durch die Möglichkeit einer offenen Auslegung dieser Theorie ergibt sich ein gewisser Interpretationsspielraum

im Sinne der gewünschten Ergebnisse seitens des Forschers (*Deutsch* 1985).

2. Der Theorie liegt eine ökonomische Betrachtungsperspektive menschlicher Austauschbeziehungen zugrunde. Daher ist die Anwendbarkeit der Equity Theory primär auf ökonomische Austauschbeziehungen begrenzt (*Taylor* und *Moghaddam* 1994).

Die Equity Theory hat inzwischen eine bedeutende Rolle zur Erklärung von Austauschbeziehungen in Organisationen erlangt. Darüber hinaus wird diese Theorie zunehmend in der Management-Literatur (*Stock* 2003) zur Erklärung von Austauschbeziehungen zwischen Organisationen herangezogen. Im Rahmen des →Personalmanagements geht es vielfach um Verteilungsgerechtigkeit, so dass die Equity Theory in verschiedenen Bereichen einen Erklärungsbeitrag liefert, zum Beispiel bei

– ausgleichender Gerechtigkeit in Verhandlungen zwischen Arbeitnehmern und Arbeitgebern,

– Vergütungsgerechtigkeit in Organisationen,

– Verteilungsgerechtigkeit in Bezug auf Aufgaben und Zuständigkeiten zwischen Mitgliedern von Organisationen oder

– Gerechtigkeit im Rahmen von Austauschbeziehungen zwischen Mitarbeitern und Führungskräften.

Literatur: *Adams, J.*: Toward an Understanding in Inequity, in: Journal of Abnormal Social Psychology, 67. Jg. (1963), S. 422–436. *Adams, J.*: Inequity in Social Exchange, in: *Verkowitz, L.* (Hrsg.): Advances in Experimental Social Psychology, New York 1965. *Austin, W.; Walster, E.*: Equity with the World: The Transrelational Effects of Equity and Inequity, in: Sociometry, 38. Jg. (1975), H. 4, S. 474–496. *Deutsch, M.*: Distributive Justice, New Haven 1985. *Homans, G.*: Elementarformen sozialen Handelns, Köln 1968. *Stock, R.*: Der Zusammenhang zwischen Mitarbeiter- und Kundenzufriedenheit, 2. Aufl., Wiesbaden 2003. *Taylor, D.; Moghaddam, F.*: Theories of Intergroup Relations: International Social Psychological Perspectives, 2. Aufl., Westport 1994.

Ruth Stock-Homburg

eRecruiting →Bewerbungsmanagementsysteme, →eHRM

Erfahrungskurve

Visualisierung des Erfahrungsgesetzes, wonach mit jeder Verdoppelung der im Zeitablauf kumulierten Produktionsmenge die realen Stückkosten um 20 % bis 30 % abnehmen. Dieses von *Henderson* (1984) entwickelte Gesetz gilt sowohl branchenweit als auch das einzelne Unternehmen betreffend. Das daraus ableitbare *Kostensenkungspotenzial* wird als Konsequenz folgender Einflussgrößen interpretiert:

- *Lernkurveneffekte*: Fertigungszeiten und Lohnkosten je Stück sinken in Abhängigkeit von der kumulierten Produktionsmenge.

- *Größendegression*: Stückkosten nehmen durch Fixkostendegression ab.

- *Technischer Fortschritt*: Modernere Produktionsverfahren bewirken in der Regel höhere Fixkosten und geringere variable Kosten und somit bei entsprechender Stückzahl sinkende Durchschnittskosten.

- *Rationalisierung*: Kostensenkung aufgrund von Rationalisierungsmaßnahmen.

Die Erfahrungskurve wird meist in Form eines doppelt-logarithmischen Diagramms dargestellt. Eine 70 %-Erfahrungskurve bedeutet, dass bei jeder Verdoppelung der kumulierten Stückzahl die Stückkosten um 30 % sinken (*Hieber* 1991). Im Rahmen der strategischen →Unternehmensführung können auf Basis des Erfahrungsgesetzes Empfehlungen für eine „angemessene" Kosten- und Preispolitik sowie eine entsprechende Wachstums- und Marktanteilspolitik abgeleitet werden.

Insbesondere in den produktionsnahen Bereichen werden auf Basis von Erfahrungskurven Outputvorgaben für die Mitarbeiter festgelegt. Da die theoretische Fundierung sowie die Operationalisierbarkeit des Erfahrungskurvenkonzepts jedoch umstritten sind, sind solche Vorgaben kritisch zu prüfen. Insbesondere persönliche Faktoren der Mitarbeiter, technische oder prozessuale Verbesserungen sowie Spezifikationsänderungen können erhebliche Auswirkungen auf den Verlauf der Erfahrungskurve haben. Auch für indirekte Bereiche (Personal, →Controlling, Beschaffung, etc.) werden solche Erfahrungskurveneffekte diskutiert. Allerdings ist die Ausprägung hier noch stärker von individuellen Faktoren abhängig, dass in der Regel von einer Anwendung Abstand genommen wird.

Literatur: *Henderson, B. D.*: Die Erfahrungskurve in der Unternehmensstrategie, 2. Aufl., Frankfurt a. M. 1984. *Hieber, L.*: Lern- und Erfahrungskurveneffekte und ihre Bestimmung in der flexibel automatisierten Produktion, München 1991.

Klaus Möller

Erfahrungskurvenmodell

betriebswirtschaftliches Modell, das den Zusammenhang zwischen Stückkosten und kumulierter Produktionsmenge darstellt.

Im Erfahrungskurvenmodell wird ein Kostensenkungspotential bezogen auf alle in der →Wertschöpfung des Produktes enthaltenen inflationsbereinigten Stückkosten von 20 % bis 30 % angenommen, wenn die im Zeitablauf kumulierte Produktionsmenge eines Produktes verdoppelt wird (*Bea* und *Haas* 2005, *Meffert, Burmann* und *Kirchgeorg* 2007). Dieser Effekt zielt darauf ab, Wettbewerbsvorteile zu erlangen, indem suggeriert wird, dass ein schneller Gewinn von Marktanteilen einen hohen Output und sinkende interne Kosten zur Folge hat.

Ursachen der Erfahrungskurve liegen in betriebsgrößenabhängigen Skalen- und Verbundeffekten, die zu einer Fixkostendegression führen, in technischem Fortschritt, in der Rationalisierung und Prozessoptimierung sowie in Lerneffekten zu finden.

Die Erfahrungskurve wurde erstmals in den 1930er Jahren im US-amerikanischen Flugzeugbau entdeckt und prägte den Begriff der Lernkurve. *Wright* (1936) entdeckte, dass die Zeit und die Anstrengung beim Bau eines Flugzeuges jedes Mal um 20 % nachlassen, wenn die Ausbringungsmenge verdoppelt wird. Weiterentwickelt wurde das Konzept in den 1970er Jahren von der Boston Consulting Group, die es als strategisches Marketinginstrument vermarktete.

Die *Anwendung* des Erfahrungskurvenmodells mit dem Ziel der Erfüllung des ökonomischen Prinzips der Leistungserstellung liegt nahe in vergleichsweise kapitalintensiven Industriezweigen, bei starkem Marktwachstum sowie in Märkten, in denen der Preis eine große Rolle spielt.

Schwierigkeiten bestehen bei der konkreten Operationalisierung der Stückkosten. Des Weiteren gestalten sich die Zuordnung der Kosten bei Mehrproduktunternehmen und der Erfahrungstransfer zwischen Produkten als schwierig.

Die Erhöhung der Ausbringungsmenge hat vielfältige Auswirkungen auf das →*Personalmanagement*. So ist die →Personalstrategie eng mit der Unternehmensstrategie verzahnt: Ist die Unternehmensstrategie expansiv, zieht das sich ausweitende Produktionsprogramm in der Regel personellen Mehrbedarf nach sich, der – gerade in Zeiten eines →War for Talents (*von der Oelsnitz, Stein* und *Hahmann* 2007) – erst einmal gedeckt werden muss. In der Personalführung (→Mitarbeiterführung) sind Anreize zu schaffen, um das Personal zu motivieren, seine Arbeitsleistung auf einem hohen Niveau zu halten oder sogar zu erhöhen. Das ist sowohl in der operativen Führung durch ein Motivations- und Anreizmanagement als auch in der strategischen Führung durch eine dazu stimmige Unternehmenskultur (→Organisationskultur) zu gewährleisten.

Literatur: *Bea, F. X.; Haas, J.*: Strategisches Management, 4. Aufl., Stuttgart 2005. *Meffert, H.; Burmann, C.; Kirchgeorg, M.*: Marketing, 10. Aufl., Wiesbaden 2007. *von der Oelsnitz, D.; Stein, V.; Hahmann, M.*: Der Talente-Krieg. Personalstrategie und Bildung im globalen Kampf um Hochqualifizierte, Bern etc. 2007; *Wright, T. P.*: Factors Affecting the Cost of Airplanes, in: Journal of the Aeronautical Sciences, 3. Jg. (1936), H. 4, S. 122–128.

Volker Stein

Erfassung von Persönlichkeitsmerkmalen

Bestimmung von zeitlich konstanten und transsituativ konsistenten Eigenschaften von Personen, die für personalwirtschaftliche Fragen bedeutsam sind und die in der arbeits- und organisationspsychologischen Diagnostik eine große Rolle spielen.

Dabei sollen mit Bezug auf Persönlichkeitsmerkmale Individuen valide und reliabel beschrieben, charakterisiert und unterschieden werden, sowie deren Verhaltensweisen vorhergesagt und erklärt werden. Ferner wird der Anspruch erhoben, Eignungsaussagen (→Eignung) mit unterschiedlicher Reichweite zu treffen.

Angesichts der Persönlichkeitsmerkmalen zugemessenen Bedeutung ist es nicht verwunderlich, dass sie als Konstrukte sowohl in theoretischer Hinsicht als auch in ihrer praktischen Verwendung (bspw. bei der Auswahl und Beurteilung von Mitarbeitern) stark umstritten sind und kontrovers diskutiert werden. Dies betrifft zum einen die grundsätzliche Frage der Stabilität von Persönlichkeitsmerkmalen und zum anderen ihre Erfassung und Operationalisierung sowie die Geeignetheit von Konstrukten als Prädiktoren für Verhalten, Eignung und Berufserfolg.

Die Beantwortung der Frage, welche Eigenschaften gute Konstrukte für Persönlichkeit sind, ist abhängig sowohl von der zugrunde liegenden Persönlichkeitstheorie als auch vom Verwendungszweck im Rahmen der Eignungsdiagnostik (→Eignungsdiagnostische Instrumente). Merkmale der Person, die häufig und ursächlich mit erfolgreicher Tätigkeit – vor allem von →Führungskräften – verbunden zu sein scheinen, sind eine hohe Leistungsmotivation (→Motivation), hohes Selbstbewusstsein, Belastbarkeit (Beharrlichkeit, Entschlossenheit, Ausdauer, Durchsetzungsfähigkeit), hohe →soziale Kompetenz, emotionale Stabilität und umfassende kognitive Fähigkeiten (Intelligenz).

In der Eignungsdiagnostik werden Persönlichkeitsmerkmale in der Regel mit psychologischen, nach psychometrischen Prinzipien konstruierten und standardisierten Persönlichkeitsinventaren (→Testverfahren) erfasst, deren Güte und Geeignetheit für verschiedene Einsatzbereiche differiert. Als wichtig wird der direkte Bezug der erfassten Konstrukte zu den jeweiligen Anforderungen erachtet, weshalb allgemeine →Persönlichkeitstests – beispielsweise der 16 PF (Persönlichkeits-Faktoren-Test mit 16 Primär- und fünf Globaldimensionen) – im Bereich der Vorhersage von Berufserfolg eine im Vergleich zu speziellen Tests für berufliche Eignung – beispielsweise dem CPI (California Personality Inventory) oder seiner deutschen Variante – geringere →Validität aufweisen. Die Erfüllung testtheoretischer →Gütekriterien (→Objektivität, →Reliabilität und Validität) wird generell als Bedingung der Übereinstimmung der ermittelten Persönlichkeitswerte mit den tatsächlichen Eigenschaften der getesteten Personen angesehen. Methodisch unzureichende Verfahren können deshalb zu folgenreichen Fehlurteilen und zur Benachteiligung von Personen führen.

Die größten Probleme aller entwickelten Verfahren liegen in der Konstruktion messbarer Konstrukte für Persönlichkeit sowie im Abgleich von Tätigkeits- und Personenmerkmalen. Hinzu kommen Probleme der Akzeptanz von Verfahren, da mit ihnen grundsätzliche ethische Fragen (Verletzung der Privatsphäre von Personen, Weitergabe vertraulicher Testergebnisse) aufgeworfen werden.

Trotz aller Schwierigkeiten bei der Erfassung und Beurteilung von Persönlichkeitsmerkmalen werden Eigenschaften der Person vor allem dann als unverzichtbare Kriterien der Eignungsdiagnostik angesehen, wenn Prognosen über die Bewährung von Personen in komplexen und sich wandelnden Tätigkeitsfeldern angestrebt werden.

Literatur: *Drenth, P.J.D.* (Hrsg.): Personnel Psychology, 2. Aufl., Hove, East Sussex 1998. *Matthews, G.*: Personality Traits, Cambridge etc. 2002. *Reis, H.T.* (Hrsg.): Handbook of Research Methods in Social and Personality Psychology, Cambridge etc. 2000. *Roberts, B.W.* (Hrsg.): Personality Psychology in the Workplace, Washington D.C. 2001.

Jürgen Grieger

Erfolgsbeteiligung

Vergütung, die in ihrer Höhe von der Erreichung eines Organisationsziels abhängt.

Der Begriff Erfolgsbeteiligung umfasst ein weites Spektrum an variablen Vergütungsbestandteilen. Gemeinsam ist ihnen, dass die Höhe der Vergütung nicht von persönlichen Voraussetzungen (z. B. →Qualifikation) oder der Anstrengung abhängt, sondern ausschließlich vom erreichten Ergebnis. Erfolgsbeteiligungsmodelle lassen sich durch fünf Kriterien beschreiben:

1. *Erfolgsebene*: In der Regel bezieht sich eine Erfolgsbeteiligung auf den Erfolg des gesamten Unternehmens oder strategisch selbstständiger Einheiten (z. B. →Profit-Center). Eine Kopplung an den Erfolg funktional gegliederter Einheiten ist weniger verbreitet und setzt das Vorliegen messbarer Erfolgskriterien voraus. Einen Ansatz dafür bieten Kennzahlensysteme wie die →Balanced Scorecard.

2. *Zielgruppe*: Der Kreis der Beschäftigten, die an einem Erfolgsbeteiligungssystem teilnehmen, schwankt beträchtlich, wobei sich die folgenden Grundtypen unterscheiden lassen: Bei Typ 1 ist das System auf die Mitglieder der Geschäftsführung beschränkt. Bei Typ 2 nehmen die oberen und mittleren →Führungskräfte des Unternehmens an dem System teil und bei Typ 3 erstreckt sich das System über die gesamte Belegschaft. Wie die *EU-Kommission* 1999 ermittelte, praktizieren in Deutschland knapp über 70 % der Unternehmen mit mehr als 200 Beschäftigten ein System der Erfolgsbeteiligung im weitesten Sinne. Nur in 25 % dieser Unternehmen nehmen mehr als die Hälfte der Beschäftigten am Erfolgsbeteiligungssystem teil. Im europäischen Durchschnitt praktizieren 45 % der Unternehmen ein sol-

ches System, wobei in 63 % der Fälle die Belegschaft mehrheitlich daran partizipiert.

3. *Erfolgskriterium*: Als mögliche Erfolgskriterien bieten sich neben einer Reihe von finanzwirtschaftlichen Kennzahlen (Unternehmensgewinn, Umsatz, Kapitalrentabilität, Aktienkursentwicklung) auch marktstrategische oder operative Größen an (wie Anzahl führender Marktpositionen, Marktanteil, Produktneueinführungen, Imagewerte, Auslastungskennzahlen, Personalfluktuation). Eine neuere Entwicklung ist die Erfolgsmessung über mehrdimensionale Kennzahlensysteme wie die Balanced Scorecard. In den meisten Fällen wird heute noch der ausgewiesene Unternehmensgewinn oder das operative Betriebsergebnis zugrunde gelegt. Wie die *Kienbaum* Vergütungsberatung für das Jahr 2002 ermittelte, erhalten 62 % der Geschäftsführer über alle Unternehmensgrößen hinweg eine solche variable Vergütung. In 8 % der Fälle wurde ein Umsatzziel gewählt und in weiteren 7 % sind es nicht näher spezifizierte qualitative Größen.

4. *Referenzzeitraum*: In der Regel erstreckt sich der Referenzzeitraum für die Bestimmung des Unternehmenserfolgs auf ein Geschäftsjahr. Soll die Erfolgsbeteiligung jedoch die nachhaltige Unternehmensentwicklung unterstützen, so empfiehlt sich die Wahl eines längeren Zeitraums. Das setzt allerdings voraus, dass auch das →Beschäftigungsverhältnis auf längere Zeit angelegt ist.

5. *Beteiligungsform*: Während in börsennotierten Unternehmen zunehmend die Form der →Aktienoption gewählt wird, steht in den übrigen Unternehmen die Form der direkten Gehaltszulage immer noch im Vordergrund. Darüber hinaus kann die Erfolgsbeteiligung aber auch als →Cafeteria-System angelegt werden, in dem die Person eine Wahlmöglichkeit über die Beteiligungsform erhält.

Mit der Erfolgsbeteiligung werden in der Praxis unterschiedliche Ziele verfolgt. Bei der Beteiligung der obersten Führungsebenen stehen die Leistungsförderung und die →Personalbindung im Vordergrund. Dagegen verfolgen Unternehmen, welche die Gesamtbelegschaft einbeziehen, häufig auch *unternehmenspolitische Ziele*, wie beispielsweise die Erhöhung des Firmenimages als Arbeitgeber (→Employer Branding), die Verbesserung der Zusammenarbeit zwischen Management und Belegschaft, die Verminderung des Interessenkonflikts zwischen →Arbeitgeber und →Arbeitnehmer oder die Förderung der Vermögensbildung.

Die Motivationswirkung (→Motivation) eines Erfolgsbeteiligungsmodells resultiert einerseits aus der Zufriedenheit über eine bereits erhaltene Erfolgsbeteiligung und andererseits aus der Erwartung, in absehbarer Zukunft wiederum eine Erfolgsbeteiligung zu erhalten. Daraus ergibt sich die Bedeutung der Transparenz über den zu erwartenden Unternehmenserfolg.

Markus Gmür

Erfolgsmotivation

Grundeinstellung, die durch eine Erwartung von persönlichem Erfolg geprägt ist.

McClelland (1961) konnte zeigen, dass sich Menschen darin unterscheiden, ob sie in ungewissen Situationen mit Chancen und Risiken eher persönlichen Erfolg erhoffen oder Misserfolg fürchten. Die erste Gruppe wird als *Erfolgssucher*, die andere Gruppe als *Misserfolgsvermeider* bezeichnet. Erfolgssucher sind durch eine stark ausgeprägte Leistungsmotivation (→Motivation) geprägt und zeichnen sich durch die folgenden Merkmale aus: Sie gehen überschaubare Risiken ein; sie bevorzugen mittelschwere Aufgaben, die interessante Anforderungen an die eigene Kreativität und Initiative stellen und die Möglichkeit eröffnen, selbstständig und eigenverantwortlich zu arbeiten; sie konzentrieren sich auf die Aufgabenstellung und stellen dabei die Beziehungen zu anderen Personen zurück; schließlich erwarten sie unmittelbares →Feedback für ihre Leistung, wobei die →intrinsische Motivation überwiegt und Geld nur als Indikator für die Leistung angesehen wird. Dagegen scheuen Misserfolgsvermeider grundsätzlich Risiken und streben nach leichten Aufgaben und laufender Unterstützung.

Literatur: *McClelland, D. C.*: The Achievement Motive, Princeton 1961.

Markus Gmür

Erfolgsorientierung

Ausrichtung einer Abteilung oder des Gesamtunternehmens an der Erzielung eines möglichst hohen Überschusses am Periodenende.

Ergebnis-Feedback

Mit *Erfolg* wird im betriebswirtschaftlichen Sprachgebrauch der finanzielle Überschuss am Ende einer Periode bezeichnet. Der Erfolg wird im Wesentlichen beeinflusst durch die Umsatzerzielung und das Kostenaufkommen.

Wird eine →Personalabteilung erfolgsorientiert geführt, so setzt dies voraus, dass die Leistungen, die von der Personalabteilung erbracht werden, an die „Kunden" verrechnet werden (→Profit-Center). Der Umsatzseite aus der Erbringung personalwirtschaftlicher Leistungen steht die Kostenseite gegenüber, die zu einem großen Teil von der Vergütung der Mitarbeiter der Personalabteilung abhängt. Durch Gegenüberstellung der beiden Seiten kann dann der „Erfolg" berechnet werden. Allerdings setzen Operationalisierungsprobleme bei der Berechnung des Werts und damit des Preises der Erfolgsorientierungsleistung der Personalabteilung Grenzen.

Erfolgsorientierung im weiteren Sinne ist als unternehmenskultureller Wert definierbar. Die Akzeptanz des Erfolgs des Unternehmens als eine primäre Orientierungsgröße impliziert leistungsbezogene Anreiz- und →Führungssysteme im Unternehmen.

Reinhard Meckl

Ergebnis-Feedback →Feedback

Ergebnisorientierung

Führungsansatz, in dem als Grundlage zur →Arbeitsbewertung nicht die Zeit zur Aufgabenerledigung, sondern eine termingerechte Abgabe der erwarteten Ergebnisse dient.

Systematische arbeitgeberseitige Kontrollen der Anwesenheiten durch →Zeiterfassung entfallen (→Vertrauensarbeitszeit) und werden ersetzt durch Zielvereinbarungen (→Management by Objectives) mit Qualitäts- und Ergebnisabsprachen. Dennoch sollen die zeitliche (Zeitaufwand) und inhaltliche (Bezug zum Oberziel) Effizienz nicht außer Acht gelassen werden. Ergebnisorientierung kann sowohl auf der individuellen Ebene durch individuelle Zielvereinbarungen als auch auf der Gruppenebene stattfinden (→Zeitautonome Arbeitsgruppe).

Sonia Hornberger

Ergonomie

Aufgabe oder Programm mit dem Anliegen, über gesicherte arbeitswissenschaftliche Methoden und Erkenntnisse (→Arbeitswissenschaft) eine optimale Anpassung von Arbeitsinhalten, -formen, -mitteln und -hilfen sowie -umgebung und -bedingungen an die geistigen, physischen und psychischen Eigenschaften des Menschen zu erreichen.

Der Begriff der Ergonomie wurde erstmals 1950 in Großbritannien auf einer Tagung von Arbeitswissenschaftlern eingeführt. Seine Wurzeln sind die griechischen Worte Ergon (Arbeit, Leistung) und Nomos (Gesetz, Regel).

Bezeichnet wird damit jedoch keine (wie oft fälschlich angenommen) arbeitswissenschaftliche Disziplin, sondern, wie oben angesprochen, die konkrete Aufgabe oder das konkrete Programm. Ziel ist somit die Erhaltung und Steigerung des menschlichen Wohlbefindens am Arbeitsplatz sowie eine damit verbundene Sicherheit und Verbesserung der →Arbeitsleistung, wie beispielsweise *Schmidtke* (1993) hervorhebt. Vor diesem Hintergrund sind, in Analogie zu beispielsweise Sicherheitsnormen, inzwischen zahlreiche DIN-Ergonomienormen entstanden.

Literatur: *Landan, K.; Luczak, H.:* Ergonomie und Organisation in der Montage, München 2001. *Schmidtke, H.:* Ergonomie, München 1993.

Thomas Bartscher

Ergonomische Arbeitsbedingungen

Anpassung des Arbeitsumfeldes und der verwendeten Werkzeuge an die dort arbeitenden Menschen.

Einer aktuellen Studie zufolge (DGB-Index Gute Arbeit 2008) sind lediglich 13 % der befragten abhängigen Beschäftigten mit ihren Arbeitsbedingungen zufrieden. 32 % beurteilen ihr Arbeitsumfeld als schlecht und 55 % als mittelmäßig.

Schlechte Arbeitsplatzbedingungen wie zum Beispiel unzureichende raumklimatische Bedingungen, Lärm- und Schadstoffbelastungen oder das Fehlen geeigneter beziehungsweise notwendiger Arbeits- und Betriebsmittel können nicht nur zu physisch-bedingten, sondern gleichermaßen zu psychisch-bedingten Problemen beziehungsweise →Fehlzeiten am Arbeitsplatz führen.

Physische Beanspruchungen wirken sich dabei in erster Linie auf Organsysteme wie

- Herz-Kreislauf-System, Lungenfunktion, Atmung,

- muskuläres System, Sehnen, Bänder,
- Skelettsystem, Wirbelsäule sowie
- Sinnesorgane, Nerven, Drüsen

aus. Als psychische Belastungsfaktoren sind vor allem

- kognitive (mental-informatorische),
- emotionale,
- motivationale und
- soziale

Beanspruchung (→Belastungs-Beanspruchungs-Modell) zu nennen.

Um Leistungseinbußen, krankheits- beziehungsweise motivationsbedingte Fehlzeiten oder schlimmsten Falls auch (innere) →Kündigungen zu vermeiden, sollten Unternehmen darauf bedacht sein, ihre Arbeitsplatzbedingungen, im Sinne des Ergonomieansatzes, möglichst menschengerecht zu gestalten.

Unternehmen, die diesen Ansatz bereits in ihrem unternehmerischen Denken und Handeln verankert haben, können nachweislich nicht nur geringere Krankenstände, sondern darüber hinaus auch ein deutlich besseres Betriebsklima und eine wesentlich zufriedenere und motiviertere Belegschaft aufweisen, was sich wiederum positiv auf das Leistungsverhalten der Mitarbeiter und schließlich auch auf die Leistungsfähigkeit des Gesamtunternehmens auswirkt.

Zusammenfassend können folgende Vorzüge einer ergonomisch orientierten Arbeitsplatzgestaltung aufgeführt werden:

- Niedrigere Arbeitsbelastung,
- geringere chronische gesundheitliche Beschwerden,
- verbessertes Betriebsklima,
- Steigerung der →Arbeitszufriedenheit,
- Vermeidung von Haltungsmonotonien,
- Aktivierung von Herz-Kreislauf- und vegetativem Nervensystem,
- Vorbeugung von Muskelinaktivitäten sowie
- Steigerung der geistigen Leistungsfähigkeit.

Prinzipiell kann unter *ergonomischen Arbeitsbedingungen* die Anpassung des Arbeitsumfeldes und der verwendeten Werkzeuge an die dort arbeitenden Menschen verstanden werden, wobei im Wesentlichen fünf Teilbereiche bei der Arbeitsplatzgestaltung voneinander unterschieden werden können:

1. *Anthropometrische Gestaltung*: Befasst sich mit der Anpassung des Arbeitsplatzes an die durchschnittlichen menschlichen Körpermaße und Bewegungsbereiche des Körpers. Dies geschieht entweder durch die Anpassung des Arbeitsplatzes oder durch die Anpassung der Arbeitsmittel (→Arbeitssystem).

2. *Physiologische Gestaltung*: Beschäftigt sich mit der Anpassung der Arbeitsmethoden und -bedingungen an den menschlichen Körper (z. B. Beleuchtung, Klima, Farben, Lärm; →Arbeitsumgebung).

3. *Psychologische Gestaltung*: Befasst sich damit, wie durch Farben, Pflanzen oder Musik eine angenehme Umgebung geschaffen werden kann.

4. *Informationstechnische Arbeitsplatzgestaltung*: Bildet die Grundlage für jeden zwischenmenschlichen Austausch (z. B. Computer- und Softwaresysteme).

5. *Beachtung des →Unfallschutzes und der →Arbeitssicherheit:* Bildet einen letzten und sehr entscheidenden Faktor.

Die Forderung nach ergonomischen Arbeitsbedingungen verfolgt also den Zweck, dass die Arbeitenden in produktiven und effizienten Arbeitsprozessen schädigungslose, ausführbare, erträgliche und beeinträchtigungsfreie Arbeitsbedingungen vorfinden sowie Standards sozialer Angemessenheit nach Arbeitsinhalt, Arbeitsaufgabe, Arbeitsumgebung erfüllt sehen. Übergeordnetes Ziel ist es ferner, das Leistungsverhalten von Mitarbeitern durch optimal ausgestaltete Arbeitsplätze positiv zu beeinflussen.

Literatur: *Bundesanstalt für Arbeitsschutz und Arbeitsmedizin* (Hrsg.): Lust auf Arbeit, Dortmund, Berlin 2003. *Deutsches Institut für Normierung* (Hrsg.): DIN EN ISO 9241, Köln, Berlin 2001. *Dorner, H.*: Ergonomie, in: *Wittkuhn, K.; Bartscher, T.* (Hrsg.): Improving Performance, Neuwied, Kriftel 2001. *Frieling, E.; Sonntag, K.*: Lehrbuch Arbeitspsychologie, Bern 1999. *Gros, E.* (Hrsg.): Anwendungsbezogene Arbeits-, Betriebs- und Organisationspsychologie, Göttingen 1994. *Ulich, E.*: Arbeitspsychologie, Stuttgart 2005.

Thomas Bartscher

ERG-Theorie

→Motivationstheorie, die 1972 von *Alderfer* auf der Basis der →Bedürfnishierarchie von *Maslow* entwickelt wurde, die aber auf die sukzessive Bearbeitung von Bedürfnissen (→Motiv) verzichtet.

Die ursprünglich fünf Bedürfniskategorien von *Maslow* werden auf drei reduziert, deren Initialen („ERG") den Namen der Theorie bilden.

1. *Existence*: Zu den existenziellen Bedürfnissen zählen die →physiologischen Bedürfnisse und das →Sicherheitsbedürfnis. *Alderfer* geht davon aus, dass die Existenzbedürfnisse befriedigt sein müssen, damit die beiden folgenden Bedürfnisse wirksam werden. Allerdings vermutet er auch, dass eine andauernde Nicht-Befriedigung auch dazu führen kann, dass Zugehörigkeits- oder Wachstumsbedürfnisse zur Ersatzbefriedigung werden. Anekdotisch wird dabei häufig auf den Typus des „bettelarmen aber unermüdlichen Künstlers" verwiesen. Eine Kompensation dieser Grundbedürfnisse ist aber nur vorübergehend möglich, weil sie die physische →Leistungsfähigkeit der Person gefährdet.

2. *Relatedness*: Das →Zugehörigkeitsbedürfnis wird wirksam, wenn die Existenzbedürfnisse erfüllt sind. Diese Befriedigung ist in der Regel die Voraussetzung dafür, dass das individualistische Wachstumsbedürfnis wirksam wird. Aber auch eine lang anhaltende →Frustration des Bedürfnisses nach Gruppenanschluss und Geselligkeit kann dazu führen, dass die Person verstärkt nach persönlicher Anerkennung (Abgrenzung über Status und Privilegien) oder individueller Selbstverwirklichung strebt.

3. *Growth*: Zu den Wachstumsbedürfnissen zählt *Alderfer* das →Anerkennungsbedürfnis und das →Selbstverwirklichungsbedürfnis. Er geht davon aus, dass diese Bedürfnisse auch nach der Erfüllung aktuell bleiben. Wenn die Person langfristig keine Gelegenheit hat, ihr Wachstumsbedürfnis zu befriedigen, sollen dafür Existenz- und Zugehörigkeitsbedürfnisse wieder wichtiger werden.

Die ERG-Theorie geht davon aus, dass bei einer Person jedes Bedürfnis so lange aktuell ist, bis es durch das private Umfeld oder durch →Anreize der →Organisation befriedigt wird. Danach werden die übrigen Bedürfnisse wichtiger. Außerdem kann ein Bedürfnis zur Ersatzbefriedigung werden, wenn ein anderes Bedürfnis anhaltend nicht befriedigt werden kann.

Im Einzelnen geht *Alderfer* von folgenden Zusammenhängen aus:

- *Frustrationshypothese*: Unbefriedigte Bedürfnisse werden wichtiger, wenn sie nicht befriedigt werden können.

- *Befriedigungs-Progressions-Hypothese*: Wird ein Bedürfnis befriedigt, so wird das nächsthöhere Bedürfnis aktuell.

- *Frustrations-Regressions-Hypothese*: Wird ein hochrangiges Bedürfnis nachhaltig nicht befriedigt, wird das vorangegangene Bedürfnis wieder aktuell.

- *Frustrations-Progressions-Hypothese*: Wenn ein nachrangiges Bedürfnis nachhaltig unbefriedigt bleibt, wird das nächsthöhere Bedürfnis als Ersatzbefriedigung aktuell.

Ähnlich wie die Bedürfnishierarchie von *Maslow* konnte auch die ERG-Theorie bisher nicht abschließend empirisch bestätigt werden.

Literatur: Alderfer, C.: Existence, Relatedness and Growth: Human Needs in Organizational Settings, New York, London 1972.

Markus Gmür

Erholung

durch erhöhte Belastung verursachte Beanspruchungserhöhung (→Belastungs-Beanspruchungs-Modell) wird rückgängig gemacht beziehungsweise die reduzierte Maximalleistungsfähigkeit (→Leistungsfähigkeit) wieder hergestellt.

Die →Kompensation kann durch Erholungspausen oder durch einen Wechsel der Belastungsart erfolgen (→Ermüdung). Der Erholungsbedarf variiert mit der Art der →Arbeit, der Belastungshöhe sowie -dauer.

Es gibt einige Empfehlungen zur Pausengestaltung. Bei der zeitlichen Lage der Erholungspausen ist die Variabilität physiologischer →Leistungsbereitschaft umso eher zu berücksichtigen, je höher der Anteil informatorisch-mentaler Arbeit an der →Arbeitsaufgabe ist. Die Erholungspausendauer muss bei energetisch-effektorischer Arbeit umso kürzer sein, je größer die Belastungshöhe. Sie muss bei energetisch-effektorischer Arbeit umso länger sein, je mehr Aufeinanderfolgen von Ablaufabschnitten mit gleicher lokaler Beanspruchung vorliegen. Je höher der Anteil kombinatorischer Arbeit, desto eher muss die Erholungspausendauer über die Kurzpausendauer (bis zu acht Minuten) hinausgehen. Bei einer Superposition von Belastungen aus schwerer dynamischer Muskelarbeit und Wärmeklima, muss die Erholungspausendauer länger sein, als bei isoliertem Auftreten einer dieser Belastungen. Bei Frauen müssen die Erholungspauseninvervalle bei energetisch-effektorischer Arbeit um 50 % kürzer sein als für Männer. Bei wesentlicher Belastung aus informatorisch-mentaler Arbeit sollte die aktive Pausengestaltung bevorzugt werden. Erholungspausen sollten direkt auf besonders ermüdende Ablaufabschnitte erfolgen. Die Addition der Erholungspausen am Ende der →Arbeitszeit durch früheres Arbeitsende ist zu unterbinden. Zu häufige →Pausen sind aufgrund von Übungs- und Anpassungsverlusten zu vermeiden. Die Erholungswirksamkeit von Belastungswechseln sollte ausgenutzt werden, um damit die effektiven Pausenzeiten zu verringern. Pausenräume sind in Arbeitsplatznähe anzuordnen. Dabei ist allerdings auf günstige Umgebungsbedingungen, wie zum Beispiel Lärm, Klimaeinflüsse oder Vibration, zu achten. Für die Pausenauslösung ist das Stillsetzen der Arbeitsmittel (→Arbeitssystem), Pausenempfehlungen, gegenseitiges Ablösen oder das Ablösen durch Springer umzusetzen.

Zur Ermittlung der Erholungszeit gibt es verschiedene Verfahren. In der Industrie werden häufig Erholungszeitpauschalen für ganze Abteilungen oder Betriebsbereiche ohne Bezug auf Belastungen vorgegeben. Dies ist umso kritischer zu sehen, je höher die Belastungen und je größer die Belastungsunterschiede sind. Am genauesten könnten Erholungszeiten durch →Beanspruchungsmessungen ermittelt werden. Dies ist jedoch sehr aufwendig und wird kaum umgesetzt. Ein anderer praktizierter Ansatz besteht in der Ermittlung von Erholungszuschlägen für Richtbeispiele repräsentativer Arbeitsplätze. Der Wert des zu bewertenden Arbeitsplatzes orientiert sich am Richtbeispiel-Arbeitsplatz. Die Zuschläge werden üblicherweise mit einem analytischen Verfahren ermittelt. Des Weiteren besteht die Möglichkeit tabellierte Erholungszeiten im Rahmen von standardisierten analytischen Verfahren zur Erholungszeit einzusetzen. Dabei werden Arbeitsabläufe in Abschnitte gegliedert, wobei ein Abschnitt durch Belastungen in gleicher Höhe gekennzeichnet ist. Einer Tabelle können für die einzelnen Belastungsarten Teilerholungszeiten und -zuschläge entnommen werden (*Bokranz* und *Landau* 1991, *Luczak* und *Volpert* 1997).

Literatur: *Bokranz, R.*; *Landau, K.*: Einführung in die Arbeitswissenschaft, Stuttgart 1991. *Luczak, H.*; *Volpert, W.*: Handbuch Arbeitswissenschaft, Stuttgart 1997.

Margit Weißert-Horn
Regina Brauchler

Erholzeit

gesetzlich vorgeschriebene →Pausen.

Nach *Ahlers* (2004) dient die Erholzeit unter anderem als Schichtpause dazu, dass sich der →Arbeitnehmer regeneriert. Sie bildet zusammen mit der →Grundzeit und der →Verteilzeit die Ausführungszeit(→Auftragszeit).

Literatur: *Ahlers, E.*: Aus Forschung und Praxis – Arbeitsbedingungen: Hohe Leistung braucht Erholzeit, in: WSI-Mitteilungen, 57. Jg. (2004), H. 8, S. 458–460.

Désirée H. Ladwig

Ermüdung

vorübergehende Beeinträchtigung der psychischen und körperlichen Funktionstüchtigkeit, die von Intensität, Dauer und Verlauf der vorangegangenen psychischen Beanspruchung (→Belastungs-Beanspruchungs-Modell) abhängt (DIN EN ISO 10075–1).

Die Ermüdung kann durch →Erholung wieder ausgeglichen werden.

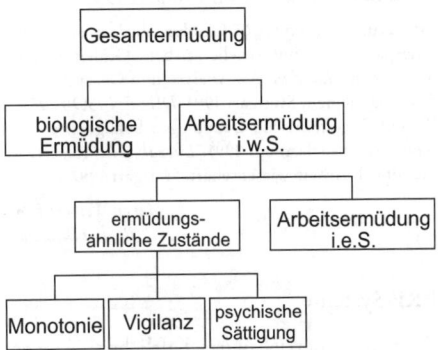

Abbildung 1. Gesamtermüdung und ihre wesentlichsten Ursachen (*Bokranz* 1982)

Die *Gesamtermüdung*, wie in Abbildung 1 visualisiert, setzt sich zusammen aus der biologischen Ermüdung und der Arbeitsermüdung im weiteren Sinne. Biologische Ermüdung stellt sich im Rahmen der circadianen Rhythmik unabhängig davon ein, ob ein Mensch arbeitet oder nicht arbeitet (→Leistungsbereitschaft). Die Arbeitsermüdung im weiteren Sinne, die sich durch Arbeitsprozesse ergibt, setzt sich aus der Arbeitsermüdung im engeren Sinne und ermüdungsähnlichen Zuständen zusammen. Arbeitsermüdung im engeren Sinne ist eine zeitabhängig eintretende Veränderung der Beanspruchung, die durch reversible Verschlechterung von Organ- beziehungsweise Organismuseigenschaften bedingt ist. Mit der Dauerbeanspruchungsgrenze, von Praktikern auch als Dauerleistungsgrenze bezeichnet, lässt sich die Ermüdung des Arbeitenden beschreiben.

Ermüdungsähnliche Zustände stellen die Monotonie, Vigilanz sowie die psychische Sättigung dar:

- *Monotonie*: Reaktion des Körpers auf reizarme Situationen oder auf Bedingungen mit geringer Veränderlichkeit der Reize. Dabei entsteht ein Zustand zentralnervöser Deaktivierung.

- *Vigilanz*: Zustand geminderter Aktiviertheit, der typischerweise bei langandauernden und Dauerwachsamkeit bedingten Beobachtungstätigkeiten (→Beobachtung) entsteht.

- *Psychische Sättigung*: Aversion der Arbeitsperson gegen immer wiederkehrende Störungen, Konflikte und Situationen. Die Arbeitsperson reagiert gereizt.

Meist werden diese Zustände von den Betroffenen als Synonyme verwendet (*Bokranz* und *Landau* 1991, *Luczak* und *Volpert* 1997).

Literatur: Bokranz, R.: Erholungsbedarf und Erholungspausen bei industrieller Arbeit, Gräfelfing 1982. Bokranz, R.; Landau, K.: Analyse und Gestaltung von Arbeitssystemen, Stuttgart 1991. DIN EN ISO 10075–1 (Hrsg.): Ergonomische Grundlagen bezüglich psychischer Arbeitsbelastung, 1991. Luczak, H.; Volpert, W.: Handbuch Arbeitswissenschaft, Stuttgart 1997.

Margit Weißert-Horn
Regina Brauchler

ERP-Systeme

Kategorie betriebswirtschaftlicher Anwendungssoftware, mit der Aufgabe, Funktionalitäten und →Daten zur integrierten Durchführung und Steuerung der gesamten Geschäftstätigkeit eines Unternehmens bereitzustellen.

Neben Produktion, Materialwirtschaft, Rechnungswesen (→Betriebliches Rechnungswesen), Finanzen, Vertrieb und andere sind in der Regel auch umfassende personalwirtschaftliche Module vorhanden. Der zentrale Vorteil gegenüber isolierter →personalwirtschaftlicher Anwendungssoftware liegt in der umfassenden Funktions- und Datenintegration (→Integration) der personalwirtschaftlichen Module in eine betriebswirtschaftliche Gesamtlösung. Insbesondere administrative personalwirtschaftliche Aufgaben können so in den Kontext des Unternehmens integriert werden. Etwa stehen Ergebnisse der Personalabrechnung unmittelbar für Applikationen des Rechnungswesens und des Controllings zur Verfügung. Allerdings geht mit der Integration und dem beträchtlichen Umfang von Enterprise Resource Planning-Systemen oft eine erhebliche →Komplexität bei Einführung und Anwendung solcher Systeme einher.

Durch Anbindung von Portal-Funktionalitäten öffnen sich ERP-Systeme zunehmend in Richtung eBusiness beziehungsweise →eHRM. International verbreitete ERP-Systeme mit personalwirtschaftlichen Funktionalitäten werden beispielsweise von Oracle (→Oracle HRMS), PeopleSoft (→PeopleSoft HRMS) oder SAP (→SAP R/3 HR) angeboten.

Stefan Strohmeier

Erstausbildung →Ausbildung

Erwachsenenbildung

geplante pädagogische Prozesse mit dem Ziel, mündige Menschen zu befähigen, ihre →Qualifikation auszubauen.

Das Berufsbildungsgesetz (BBiG) schreibt explizit im § 47 BBiG vor, dass Maßnahmen der beruflichen Umschulung nach Inhalt, Art, Ziel und Dauer den besonderen Erfordernissen der beruflichen Erwachsenenbildung entsprechen müssen, ohne diese jedoch genauer zu spezifizieren. In der Bildungspraxis sowie in der Theorie wird der Begriff „Erwachsenenbildung" oftmals synonym zum Begriff Weiterbildung verwendet. In der Wissenschaft findet sich häufig der Ausdruck „Andragogik", insbesondere wenn es um die Theoriebildung in der Wissenschaft der Erwachsenenbildung geht.

Der besondere Adressatenkreis ermöglicht es, zur Vermittlung von Kenntnissen und Fähigkeiten (→Qualifikation) den Erfahrungshintergrund der Teilnehmer sowie eigenverantwortliche Lernmethoden wie beispielsweise webbasierte oder computergestützte Materialen für den Fernunterricht (→CBT-Systeme), →eLearning oder →Selbstlernkonzepte in das didaktische Konzept einzubauen.

Laila Maja Hofmann

Erwartungs-Valenz-Theorie

1970 von *Vroom* entwickelte Motivationstheorie, die das Zustandekommen einer Leistungsmotivation (→Motivation) (engl.: Value-Expectancy-Instrumentality-Theory = VIE-Theory) erklärt.

Die Erwartungs-Valenz-Theorie zählt zu den Prozess- oder kognitiven Theorien der →Motivation und geht über die Inhaltstheorien der Motivation hinaus, weil sie neben der Motivationswirkung eines Anreizes noch das Erfolgskalkül mit einbezieht. Sie besagt, dass die Leistungsmotivation einer Person, der ein Anreiz geboten wird, von drei Faktoren abhängt, die sämtlich erfüllt sein müssen:

1. *Valenz (dem Wert) eines →Motives*: Die Person hat ein aktives Bedürfnis und strebt danach, es zu befriedigen. Ist die Valenz gering, fehlt der Antrieb, nach einem Ziel oder Ergebnis zu streben.
2. *Instrumentalität des Anreizes*: Entspricht dem Ausmaß, in dem ein angebotener Anreiz zum aktuellen Motiv passt. Die Person empfindet den angebotenen Anreiz als ein adäquates Mittel, um das aktuelle Bedürfnis zu erfüllen. Wenn die Instrumentalität gering ist, geht der angebotene Anreiz ins Leere und wird nicht motivationswirksam.
3. *Erwartung über die Erreichbarkeit des Anreizes*: Die eingeschätzte Wahrscheinlichkeit, mit der das Leistungsverhalten auch tatsächlich zur Bedürfnisbefriedigung führt. Die Person glaubt, dass sie eine reelle Chance besitzt, mit einer angemessenen Anstrengung den in Aussicht stehenden Anreiz zu gewinnen und damit das zu befriedigende Bedürfnis auch tatsächlich erfüllen zu können. Ist der Erwartungswert gering, wird der Anreiz zwar als interessant, das Engagement dafür aber als nicht lohnend wahrgenommen.

Diese Theorie macht insbesondere deutlich, dass attraktive Anreize nicht ausreichend für Motivation sind, wenn die Person nicht daran glaubt, erfolgreich sein zu können. Verwandt mit der Erwartungs-Valenz-Theorie ist die *Weg-Ziel-Theorie* von *House* (1971). Sie besagt ebenfalls, dass Motivation davon abhängt, dass sowohl ein attraktives Ziel als auch ein für die Person sicherer Weg erkennbar ist.

Literatur: House, R. J.: A Path Goal Theory of Leadership Effectiveness, in: Administrative Science Quarterly, 16. Jg. (1971), S. 321–338. Vroom, V.; Deci, L.: Management and Motivation, Harmondsworth 1970.

Markus Gmür

Erwerbsbevölkerung →Erwerbspersonen

Erwerbsbiographie

lebenszeitliches Verlaufsmuster der Erwerbstätigkeiten eines Individuums.

Erwerbsbiographien weisen individuelle Unterschiede auf, sind aber zugleich stark durch gesellschaftliche Institutionen geprägt. So trug das →Normalarbeitsverhältnis in Kombination mit standardisierten Ausbildungsgängen (→Ausbildung), meist lebenslanger Beschäftigung in einem →Beruf und – zumindest bei Großunternehmen – internen, aufstiegsorientierten →Karrieren zur Institutionalisierung so genannter Normalbiographien Erwerbstätiger (und auch z. B. nicht erwerbstätiger Ehefrauen) bei. Aktuelle Entwicklungen der Arbeitswelt, wie beispielsweise organisationsübergreifende Karrieren und prekäre →Beschäftigungsverhältnisse, führen zu einem Aufbrechen dieser Normalbiographien.

Neu entstehende biographische Muster werden als →Patchwork-Biographien, Bastelbiographien, Fragmentarisierung von Lebensläufen oder als das Ende zusammenhängender Lebenserzählungen (*Sennett* 1998) charakterisiert (→Individualisierung, →Flexibilisierung, →Entbettung von Arbeitsbeziehungen).

Literatur: Sennet, R.: Der flexible Mensch. Die Kultur des neuen Kapitalismus, Berlin 1998.

Axel Haunschild

Erwerbspersonen

Gesamtheit der Personen, die einer Volkswirtschaft während eines bestimmten Zeitraums als Arbeitskräfte für die Produktion von Gütern und Dienstleistungen zur Verfügung stehen (syn.: Erwerbsbevölkerung).

Zu den Erwerbspersonen zählen die Erwerbstätigen sowie die Erwerbslosen.

Volker Stein

Erwerbspersonenpotenzial

laut dem *Statistischen Bundesamt* (2004) Umfang der Bevölkerung multipliziert mit der →Erwerbsquote, also dem prozentualem Anteil der →Erwerbspersonen an der erwerbsfähigen Gesamtbevölkerung.

Unter *Erwerbspersonen* versteht man alle Personen, die einen ständigen Wohnsitz im Inland haben und als abhängige Beschäftigte, oder als Selbständige und mitarbeitende Familienangehörige eine auf den Einkommenserwerb ausgerichtete Tätigkeit ausüben oder suchen. In 2007 gab es in Deutschland circa 43,27 Millionen Erwerbspersonen. Hiervon waren 39,66 Millionen erwerbstätig und circa 3,6 Millionen erwerbslos.

Zur *erwerbsfähigen Bevölkerung* werden alle Personen gerechnet, die prinzipiell in der Lage sind zu arbeiten und hierzu berechtigt sind. Das Potenzial der erwerbsfähigen Bevölkerung ist wiederum abhängig von der Größe und der →Altersstruktur der Gesamtbevölkerung.

Literatur: Statistisches Bundesamt (Hrsg.): Statistisches Jahrbuch 2004, Wiesbaden 2004.

Florian Schramm

Erwerbsquote

prozentualer Anteil der →Erwerbspersonen an der erwerbsfähigen Gesamtbevölkerung.

Die Neigung, sich am Erwerbsleben zu beteiligen wird durch eine Reihe von Faktoren bestimmt. Hierzu zählen das Alter und Geschlecht, die Form des Zusammenlebens in Haushalt und Familie. Aber auch, wie *Holst* (2000) betont, Faktoren wie die Systeme der Bildungsvermittlung, die soziale Sicherung oder das Rollenverständnis von Mann und Frau. Die Erwerbsquote (15 bis 65 Jährige) in Deutschland lag 2006 bei circa 68 %. Hiervon entfielen circa 81 % auf die Männer und circa 68 % auf die Frauen. Zum Vergleich: die Erwerbsquoten der Schweiz, Norwegens und Dänemarks liegen bei circa 77 % und damit über der Erwerbsquote in Deutschland, die unter dem von der Organisation for Economic and Development (OECD) ermittelten Durchschnitt von circa 73 % liegt.

Literatur: Holst, E.: Die stille Reserve am Arbeitsmarkt, Berlin 2000.

Florian Schramm

Erziehungsurlaub

Möglichkeit, bei der in Deutschland Eltern nach der Geburt eines oder mehrerer Kinder und nach dem gesetzlichen Mutterschutzurlaub von derzeit 6 Wochen vor und 8 Wochen nach der Entbindung (bei Früh- und Mehrlingsgeburten 12 Monate) Erziehungsurlaub – auch Elternurlaub, Elternzeit oder (→Parental Leave genannt – von bis zu drei Jahren pro Kind nehmen können.

Übersicht 1: Staatliche Leistungen (*Bundesfinanzministerium*, 2006)

Welche Leistung?	Was wird gefördert?
Kindergeld	Eltern erhalten für jedes 1. bis 3. Kind 154 €, ab dem 4. Kind 179 € monatlich.
Erziehungsgeld	Eltern, die ihr Kind selbst betreuen und nicht mehr als 30 Stunden arbeiten, erhalten bis zu einer bestimmten Einkommensgrenze Erziehungsgeld (volles Erziehungsgeld 300 € monatlich bis zum Ende des 2. Lebensjahres oder bis zu 450 € bis zum Ende des 1. Lebensjahres des Kindes). Gilt für Neugeborene vor dem 01.01.2007.
Kinderbetreuung	Rückwirkend zum 01.01.2006 sollen Familien mehr Kinderbetreuungskosten steuerlich absetzen können: Doppelverdiener mit Kindern von 0–14 Jahren und Alleinverdiener mit Kindern von 3–6 Jahren zwei Drittel der Kosten bis maximal 4000 € pro Kind, Alleinverdiener mit Kindern von 0–3 und 6–14 Jahren pauschal bis 2400 €.
Ausbildungsfreibetrag	Eltern erhalten für ein volljähriges Kind in Ausbildung, das auswärts wohnt, einen Freibetrag von bis zu 924 € pro Jahr, wenn die Einkünfte des Kindes einen bestimmten Betrag nicht übersteigen.
Staatlich geförderte, private Altersvorsorge	Bei Abschluss der staatlich geförderten Altersvorsorge erhalten Eltern je Kind eine Zulage von 185 €.
Elterngeld	Gilt seit dem 01.01.2007 und wird abhängig vom Einkommen der Eltern gezahlt. Der Satz liegt bei 67% des Einkommens und wird auch an diejenigen gezahlt, die vor der Entbindung keiner Erwerbstätigkeit nachgingen. Hier gilt ein Mindestsatz von 300 €. Maximal erfolgt eine Zahlung von 1.800 € monatlich pro Einzelkind.

Das Arbeitsverhältnis (→Beschäftigungsverhältnis) ruht in dieser Zeit, das heißt es werden keine Bezüge gezahlt. →Der Arbeitnehmer ist aber weiter krankenversichert. Erziehungszeiten werden als Anwartschaften (maximal 3 Jahre pro Kind) auf die Rente angerechnet.

Eine Kombination von (→Teilzeitarbeit und Erziehungsurlaub ist auch möglich, wenn nicht mehr als 30 Stunden pro Woche gearbeitet wird. Nach dem Teilzeit- und Befristungsgesetz (*TzBfG* 2001) beträgt die Anmeldefrist beim →Arbeitgeber sieben Wochen vor Eintritt des Erziehungsurlaubes und muss verbindlich für einen Zeitraum von zwei Jahren gelten. Vater und Mutter können gleichermaßen den Erziehungsurlaub beanspruchen (einzeln oder geteilt oder auch im Wechsel). Nach dem Elternurlaub haben die Eltern das Recht, auf den gleichen oder einen qualitativ gleichwertigen Arbeitsplatz zurückzukehren. In der Praxis wird Müttern aber oft ein Vollzeitarbeitsplatz angeboten, den viele dann so nicht ausfüllen wollen und/oder können. Ein Anrecht auf einen Teilzeitarbeitsplatz haben Mitarbeiter nur in Unternehmen mit mehr als 15 Mitarbeitern.

In gerade einmal knapp 5 % der Paar-Haushalte, in denen die Elternzeit genutzt wird, ist auch der Mann „in Elternzeit". In 4,7 % der Haushalte gemeinsam mit der Frau, in lediglich 0,2 % ist der Mann nicht-berufstätiger Hauptverantwortlicher für die Kinderbetreuung. Männer würden zunehmend gerne zumindest einen Teil des Erziehungsurlaubs beanspruchen, befürchten häufig aber Karrierenachteile beziehungsweise stoßen auf Unverständnis und Ablehnung im Betrieb. In Schweden gibt es aus diesem Grunde die gesetzliche Regelung, dass mindestens 2 Monate der 16 Monate Elterngeld von den Vätern genommen werden müssen, ansonsten verfällt der Anspruch auf diese drei Monate. Schweden verzeichnet seit Eintritt dieser Regelung einen steigenden Anteil der Väter am Erziehungsurlaub auf derzeit 36,2 %.

Literatur: *Bundesministerium für Familie, Senioren, Frauen und Jugend* (Hrsg.): Erziehungsgeld, Elternzeit (Broschüre) 2006.

Désirée H. Ladwig

Ethik im Personalmanagement

Postulat, den arbeitsbezogenen Werten, Bedürfnissen (→Motiv) und Interessen der Mitarbeiter (z. B. sichere Arbeitsplätze, hohe Einkommen, sinnvolle Tätigkeiten, ausgewogene Work-Life-Balance) möglichst gerecht zu werden und so einen insgesamt hohen Grad an →*Arbeitszufriedenheit* zu fördern.

→*Personalmanagement* bezeichnet eine unternehmerische Aufgabe, die – wie alle unternehmerischen Funktionen – zuerst dem obersten Unternehmensziel (Gewinn) verpflichtet ist. Seinen spezifischen Beitrag zur Gewinnerzielung leistet das Personalmanagement durch die Optimierung der *Personalwirtschaftlichkeit*, das heißt durch eine Minimierung der personalen Kosten und eine Maximierung der personalen Leistung. Eine solche rein ökonomische Zielorientierung wird der Besonderheit – dem humanen Eigenwert – des *Produktionsfaktors* →*Arbeit* allerdings nicht gerecht. Nach ethisch-moralischer Maßgabe sollte der (arbeitende) Mensch nämlich keinesfalls ausschließlich als Mittel zum (Erfolgs-)Zweck, sondern vielmehr, wie schon *Kant* (1785, S. 439) kategorisch forderte, „jederzeit zugleich als Zweck, niemals bloß als Mittel" gebraucht und behandelt werden. In diesem Sinne anerkennt auch die aktuelle personalwirtschaftliche Theorie und Praxis nahezu einhellig, dass Personalmanagement nicht nur *ökonomisch effizient* (sachgerecht), sondern auch *sozial effizient* (menschengerecht) auszugestalten sei, wie beispielsweise *Marr* und *Stitzel* (1979), *Steinmann* und *Löhr* (1992) sowie *Wittmann* (1998) bestätigen.

Das Personalmanagement ist so gesehen zwei grundlegenden Zielen verpflichtet (*Zieldualismus*), was das Augenmerk auf die Frage richtet, wie eine geeignete *Vermittlung zwischen diesen Zielen* erfolgen kann. Analysiert man die einschlägigen Vorstellungen zu diesem Vermittlungsproblem, dann lassen sich die Grundperspektiven

– zieldependente, harmonistische Perspektive sowie

– zieldualistische, integrative Perspektive

unterscheiden. Die einfachste und auch verbreiteteste Vorstellung über eine geregelte Vermittlung zwischen ökonomischer und sozialer Effizienz kann als *sozialökonomisches Harmonieverständnis* bezeichnet werden. Zentral ist hierbei die Überzeugung, dass die personalwirtschaftlichen Ziele derart in einem *dependenten Verhältnis* zueinander stehen, dass ökonomische Effizienz (optimale →Arbeitsleistung) letztlich (strategisch) nur dann zu erreichen ist, wenn auch für soziale Effizienz (hohe Arbeitszufriedenheit) gesorgt wurde, wie in Abbildung 1 skizziert. Das Credo lautet mithin: Nur zufriedene Mitarbeiter sind gute

Ethik im Personalmanagement

Mitarbeiter! Diese Anschauung, die *Roth* (1987) auf die prägnante Formel „mehr Zufriedenheit – bessere Leistung – größerer Gewinn" brachte, teilen nach einer empirischen Untersuchung von *Ehrlich* und *Lange* (2006) derzeit gut drei Viertel (77 %) der Personalpraktiker und immerhin 50 % der Fachwissenschaftler. Sucht man nach den Ursachen für dieses Harmonieverständnis, so stößt man auf die Erklärung, dass Mitarbeiter deshalb menschengerecht behandelt werden *müssen*, weil sie andernfalls ihre Motivation und →Identifikation verlieren, das Unternehmen womöglich verlassen (→Fluktuation, Brain Drain) und – als wichtigste Ressource – den Unternehmenserfolg damit substanziell gefährden. Soziale Effizienz im Personalmanagement erscheint damit als ein ökonomischer Zwang, der auf der →*Macht der Mitarbeiter* beruht, den Gewinn von Unternehmen durch – je nachdem – außergewöhnliche Leistung oder nachhaltige Leistungszurückhaltung maßgeblich zu beeinflussen.

Abbildung 1: Zieldependente Perspektive des Personalmanagements

Personalmanagement
↓
soziale Effizienz
(Arbeitszufriedenheit)
↓
ökonomische Effizienz
(Arbeitsleistung)

Bezüglich einer solchermaßen begründeten „Ethik" im Personalmanagement ist zunächst festzustellen, dass es sich hierbei natürlich weniger um eine ethische, als vielmehr um eine (macht-)politische Betrachtungsweise handelt. Vor allem aber ist auch klar zu erkennen, dass diese Denkungsart immer dann wenig praktische Relevanz besitzt, wenn die (ökonomische Bedrohungs-)Macht der Mitarbeiter gering ist. Situativ ist dies der Fall, wenn der Faktor Arbeit einem hohen *Konkurrenz-* und/oder *Rationalisierungsdruck* (potenzieller Ersatz menschlicher durch maschinelle Arbeit; potenzielle Verlagerung menschlicher Arbeit auf andere Standorte) unterliegt und der einzelne →Arbeitnehmer mithin eine hohe *Substituierbarkeit* erfährt (individuelle Austauschbarkeit; andauernde Job Unsicherheit). Unter diesen Bedingungen erscheint die Vorstellung einer *fakultativen*, gleichsam vom persönlichen Zufriedenheitsgrad bestimmten *Leistungsveräußerung* wenig realistisch. Vielmehr ist davon auszugehen, dass Mitarbeiter auch und gerade dann besonders leistungsbereit – und anspruchslos – sind, wenn Arbeit zu haben ihnen wichtiger ist als zufrieden mit dieser zu sein.

Folgt man diesen Überlegungen, dann ist die Beziehung zwischen ökonomischer und sozialer Effizienz weniger durch Dependenz als vielmehr durch Kontingenz gekennzeichnet. Das heißt: Ein unternehmerisches Personalmanagement kann nicht nur dann erfolgreich sein, wenn es ethisch im Grund unproblematisch ist – sondern eben auch dann, wenn es von erheblichen ethischen Problemen begleitet ist. Ein Beispiel hierfür sind sicherlich jene speziellen Praktiken eines erfolgreichen Unternehmens, die von *Hamann* und *Giese* (2004) beschrieben wurden; Beleg hierfür sind vor allem aber auch jene verbreiteten Konzepte und Verfahren, die das Personalmanagement insgesamt immer wieder mit dem Vorwurf der Inhumanität belegen und die sich kurz gesprochen auf Stichworte wie *(Re-)Taylorisierung*, *Prekarisierung* sowie *Flexibilisierung der Arbeit* bringen lassen (→Humanisierung der Arbeit).

Insgesamt ist damit festzustellen: Eine Ethik im Personalmanagement ist weder prinzipiell noch pragmatisch mit der (volatilen) Macht der Mitarbeiter begründbar! Dies heißt – in Einklang mit *Ulrichs* (2001) Verständnis einer integrativen →Unternehmensethik – nichts anderes, als dass Ethik tatsächlich nur dann systematisch Eingang in das Personalmanagement finden kann, wenn die Personalverantwortlichen in den Unternehmen dies entscheiden wollen und sich entsprechend freiwillig dazu (selbst-)verpflichten, sehr bewusst, gezielt, umfassend und dauerhaft nach solchen Wegen zur Sicherung und Steigerung der Personalwirtschaftlichkeit zu suchen, die auch in ethischer Hinsicht zu überzeugen vermögen. Die Vermittlung von ökonomischer und sozialer Effizienz wird damit allerdings zu einer vergleichsweise anspruchsvolleren, weil *zieldualistischen* Aufgabe, wie Abbildung 2 erkennen lässt.

Abbildung 2: Zieldualistische, integrative Perspektive des Personalmanagement

Personalmanagement
↙   ↘
ökonomische Effizienz   soziale Effizienz
(Arbeitsleistung)   (Arbeitszufriedenheit)

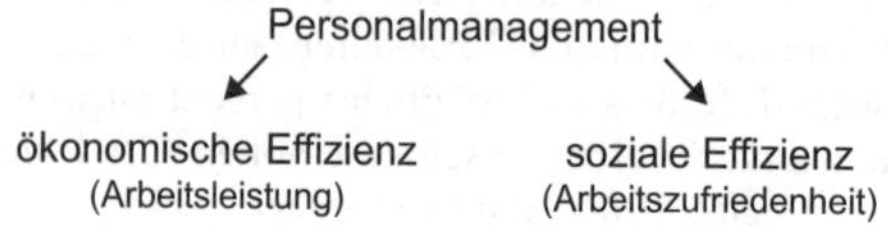

Zur Verdeutlichung der unterstellten Kontingenz zwischen ökonomischer und sozialer Effizienz, aber auch zur Eröffnung von Perspektiven für das ethisch geforderte zieldualistische Personalmanagement sollen abschließend einige bedeutsame Strategien beziehungsweise Konzepte des Personalmanagements benannt werden, die exemplarisch illustrieren, dass (leider) nicht alles, was ökonomisch effizient ist, auch sozial effizient ist – und dass im Übrigen auch nicht alles, was als ökonomisch (in-)effizient gilt, auch tatsächlich so sein muss! Vor dem Hintergrund des *sozial-ökonomischen Portfolios* in Abbildung 3, lassen sich diese Zusammenhänge konkretisieren als:

- *Strategien/Konzepte mit hoher ökonomischer und hoher sozialer Effizienz*: Beispielhaft kann hier das Konzept einer →Individualisierung der Arbeit genannt werden, das in Anbetracht zusehends unterschiedlicher Werte, Ziele und Bedürfnisse der Mitarbeiter darauf ausgerichtet ist, diesen eine möglichst individuell ausgestaltete Arbeit anzubieten, was zum Beispiel durch eine Individualisierung von →Arbeitszeit, Arbeitsentgelt, Arbeitsinhalt oder Arbeitsort erreicht werden kann. Im Gesamteffekt erscheint nach *Drumm* (1989) sowie *Wunderer* und *Kuhn* (1995) dieses Konzept geeignet, sowohl eine höhere Zufriedenheit als auch eine höhere Motivation und Leistung der Mitarbeiter zu erzeugen.

- *Strategien/Konzepte mit hoher ökonomischer und geringer sozialer Effizienz*: Zu nennen ist hier im Besonderen wohl die empirisch stark fortschreitende Prekarisierung der Arbeit, die nach *Volpert* (2002, S. 269) zu einer „extremen Intensivierung und Extensivierung von Arbeit" führt und Mitarbeiter damit gleichsam zu einer „Leistungsverausgabung veranlasst, die ganz unmöglich ohne negative Folgen für ihre physische und psychische Gesundheit und ihr Sozialleben bleiben kann". Fast noch einen Schritt weiter geht *Sennett* (1998), der diese Entwicklung als ursächlich für eine gesamtgesellschaftlich relevante „corrosion of character" erachtet.

- *Strategien/Konzepte mit geringer ökonomischer und hoher sozialer Effizienz*: Paradebeispiel hierfür ist sicherlich das Konzept der →Gruppenarbeit, das seit jeher als Prototyp humaner →Arbeitsgestaltung gilt, aber auch über Jahrzehnte – verglichen mit der tayloristischen Arbeitsgestaltung – als ökonomisch ineffizient eingestuft wurde – eine Einschätzung, die sich im Zuge der Lean Production-Bewegung wohl nur vorübergehend relativierte (→Humanisierung der Arbeit).

- *Strategien/Konzepte mit geringer ökonomischer und geringer sozialer Effizienz*: Thesenartig ist hier das derzeit überaus populäre Konzept der leistungsorientierten Vergütung (Pay for Performance) zu nennen, das nach *Deci* und *Ryan* (1985) auf Seiten der Mitarbeiter ein Gefühl der Fremdbestimmtheit hervorruft und menschlichen Bedürfnissen wie →Selbstbestimmung und Selbstachtung mithin entgegen steht, das nach *Frey* und *Osterloh* (2000) zudem aber auch dazu angetan ist, die →intrinsische Motivation der Mitarbeiter zu „verdrängen" und damit negativ auf das unternehmerische Leistungs-, Wissens- und Kreativitätspotenzial zu wirken.

Ethik im Personalmanagement ist somit kein Selbstläufer und keine Selbstverständlichkeit, sondern vielmehr eine originäre und kontinuierliche Aufgabe für Personalverantwortliche, denen die Arbeits- und Lebensqualität der ihnen anvertrauten Mitarbeiter von Bedeutung ist.

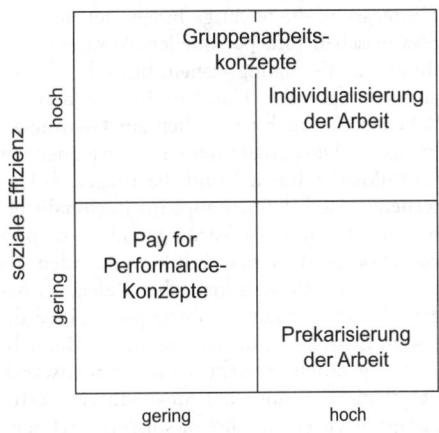

Abbildung 3: Portfolio sozial-ökonomischen Personalmanagements

Literatur: *Deci, E. L.*; *Ryan, R. M.*: Intrinsic Motivation and Self-Determination in Human Behavior, New York 1985. *Drumm, H. J.*: Individualisierung der Personalwirtschaft, Bern etc. 1989. *Ehrlich, C.*; *Lange, Y.*: Zu-

Ethikmaßnahmen

frieden statt motiviert, in: Personal, 58. Jg. (2006), H. 4, S. 24–28. *Frey. B.*; *Osterloh, M.*: Pay for Performance – immer empfehlenswert?, in: Zeitschrift Führung + Organisation, 69. Jg. (2000), H. 2, S. 64–69. *Hamann, A.*; *Giese, G.*: Schwarzbuch Lidl: Billig auf Kosten der Beschäftigten, Berlin 2004. *Kant, I.*: Grundlegung zur Metaphysik der Sitten, 1.Aufl., Riga 1785, in: Immanuel Kant – Sämtliche Werke, Bd. 2, o.O. 2000, S. 405–469. *Marr, R.*; *Stitzel, M.*: Personalwirtschaft, München 1979. *Roth, W.*: Mehr Zufriedenheit – bessere Leistung – größerer Gewinn, 2. Aufl., Landsberg/Lech 1987. *Sennett, R.*: The Corrosion of Character, New York 1998. *Steinmann, H.*; *Löhr, A.*: Ethik im Personalwesen, in: *Gaugler, E.*; *Weber,W.* (Hrsg.): Handwörterbuch des Personalwesens, 2. Aufl., Stuttgart 1992, Sp. 843–852. *Ulrich, P.*: Integrative Wirtschaftsethik, 3. Aufl., Bern etc. 2001. *Volpert, W.*: Psychologie der frei flottierenden Arbeitskraft, in: *Moldaschl, M.*; *Voß, G.G.* (Hrsg.): Subjektivierung von Arbeit, München etc. 2002, S. 261–279. *Wittmann, S.*: Ethik im Personalmanagement, Bern etc. 1998. *Wunderer, R.*; *Kuhn, T.* (Hrsg.): Innovatives Personalmanagement, Neuwied etc. 1995, S. 233–305.

Thomas Kuhn

Ethikmaßnahmen

Aktivitäten zur Verbesserung des ethischen Verhaltens in Unternehmen.

Unternehmensethische Reflexion bietet den Mitarbeitern eine Orientierung hinsichtlich der normativen Prinzipien, an denen sie ihre Handlungen ausrichten können und sollen, um mit konfliktären Norm- und Wertvorstellungen umzugehen (→Unternehmensethik). Für →Führungskräfte stellt sich vor diesem Hintergrund die wichtige Frage, welche organisatorischen und personellen Ansatzpunkte ihnen zur Verfügung stehen, um ethisch verantwortungsvolles Handeln in der betrieblichen Praxis auch tatsächlich zur Geltung zu bringen. Die strukturellen Konsequenzen („Ethikmaßnahmen") und die Frage, ob Unternehmensethik überhaupt institutionalisierbar ist, rücken in den Vordergrund. Es sei hervorgehoben, dass sich Ethik, verstanden als permanenter Prozess kritischer Reflexion begründbarer normativer Prinzipien, einer direkten Umsetzung durch operative „Maßnahmen" eigentlich entzieht. Unternehmensethik liefert nicht unmittelbar anwendbares Verfügungswissen (Know how), sondern vielmehr bringt sie argumentativ begründetes Orientierungswissen im Sinne von Grundsätzen und Leitideen hervor (Know What). Ethikmaßnahmen schaffen lediglich strukturelle und kulturelle Bedingungen, in denen sich ethische Reflexion entfalten kann (*Gilbert* 2003).

Vor der →Implementierung von Ethikmaßnahmen gilt es zunächst das Unternehmen für ethische Problemstellungen zu sensibilisieren und die →Organisation so auszugestalten, dass sich für unternehmensethische Reflexion notwendige →Dialoge prinzipiell entfalten können. Der Ruf nach Herstellung möglichst idealtypischer Dialogbedingungen darf allerdings nicht der Illusion verfallen, dass ein kompletter Neuanfang in Unternehmen möglich ist. Jede dialogisch ausgestaltete ethische Reflexion muss an die bestehenden Verhältnisse in der betrieblichen Praxis anknüpfen. Es gibt für Unternehmen eine Vielzahl von Möglichkeiten, dialogische Prozesse in Organisationen zu fördern (*Gilbert* 1998). Die grundlegenden *Anforderungskriterien* an *dialogfördernde* Organisationsstrukturen ergeben sich aus Übersicht 1.

Übersicht 1: Anforderungen an dialogfördernde Organisationsstrukturen (in Anlehnung an *Gilbert* 1998, S. 238)

Anforderungskriterien
- dialogorientierte Unternehmensverfassung
- Zurverfügungstellung von genügend Zeit und Ressourcen zur diskursiven Austragung von Konflikten
- Institutionalisierung regelmäßiger Dialoge mit betroffenen externen und internen Anspruchsgruppen
- Entschränkung der Organisationsstruktur durch Förderung und Pflege informeller Kommunikationsbeziehungen und den Abbau von Kommunikationsbarrieren
- Schaffung von symmetrischen Kommunikationsbeziehungen, die eine Delegation von Verantwortung, Aufgaben und Kompetenzen sowie eine Abflachung von Hierarchieebenen implizieren
- Schaffung von organisatorischen Freiräumen für argumentative Verständigung durch Dezentralisierung
- kontinuierliche Organisationsentwicklung durch dialogische Veränderung der Organisationsstruktur
- Aufbau einer Vertrauensorganisation anstelle permanenter Kontrolle
- Gewährleistung der Gruppen-Selbstorganisation und der Übernahme von Gruppenverantwortung durch die Etablierung teilautonomer Arbeitsgruppen
- Verwirklichung partizipativer Führung durch Beteiligung betroffener Mitarbeiter an argumentativen Willensbildungsprozessen
- Installierung eines Feedback-Systems zur Ermöglichung eines Abgleichs der individuellen Selbsteinschätzung und der Fremdeinschätzung im Dialogverhalten

Die Schaffung argumentationsfreundlicher Rahmenbedingungen in Organisationen repräsentiert den Ausgangspunkt für eine ethische

Sensibilisierung von Mitarbeitern in Unternehmen.

Neben der grundsätzlichen Ausrichtung des Unternehmens an der Leitidee ethischer Verantwortungsübernahme bieten sich in der Praxis außerdem *spezielle* Ethik-Maßnahmen an, die eine ethische Reflexion ermöglichen beziehungsweise fördern. Diese Maßnahmen zur Institutionalisierung von Ethik werden aus der herkömmlichen Organisationsstruktur (Primärorganisation) ausgegliedert und haben den Vorteil, dass sie die Gesamtorganisation von zeitraubenden Diskursen entlasten. Es kommt zu einer funktionalen Ausdifferenzierung von Unternehmenseinheiten im Sinne eigener Projektgruppen, Abteilungen oder Kommissionen, die sich primär mit der Regelung ethischer Konflikte beschäftigen. Die Organisationsmitglieder werden dadurch befähigt und ermutigt, immer dann, wenn ethische Gesichtspunkte missachtet werden, Einspruch zu erheben und aktiv ethische Verantwortung zu übernehmen (*Ulrich* 2002).

Aus der Vielzahl der *Instrumente*, die in der Unternehmenspraxis Anwendung finden, werden im Folgenden diejenigen dargestellt, welche empirisch die größte Bedeutung haben. Nach den vorliegenden empirischen Befunden sind solche Konzepte zur Institutionalisierung der Unternehmensethik in der Schweiz bereits stärker zum Tragen gekommen als in deutschen Unternehmen. Die stärkste Verbreitung haben sie allerdings bislang in den USA gefunden (Übersicht 2).

- *Ethik-Trainings*: Eine wesentliche Voraussetzung, um unternehmensethische Reflexion in der Praxis durchzuführen, sind individuelle →Kompetenzen der Mitarbeiter. Als Dialogpartner kommen nämlich eigentlich nur Personen in Frage, die ernsthaft argumentieren können und die Fähigkeit zu ethischer Reflexion besitzen. Die Befähigung zur ethischen Reflexion kann aber nicht von vornherein für alle Mitarbeiter als gegeben vorausgesetzt werden. Um die Moralentwicklung der Mitarbeiter zu fördern bieten sich Ethik-Trainings an. In solchen Trainings gilt es die kognitiven Fähigkeiten der Mitarbeiter zu stärken, indem zum Beispiel moralische Dilemmasituationen anhand von Fallstudien diskutiert werden. Entscheidend bei dieser Methode ist nicht das Ergebnis und die Generierung einer „richtigen Lösung" für den behandelten Fall, sondern die Wahrnehmung, Reflexion und Beurteilung der moralischen Dimension von Konflikten sowie die Schulung argumentativer Prozesse und die dadurch ausgelöste kognitive Transformation auf eine höhere Stufe der moralischen Entwicklung. In Ergänzung zu Fallstudien bietet sich die Vermittlung von ethischem →Wissen in Ethik-Trainings an, um die moralische Urteilskompetenz positiv zu beeinflussen. Inhalte solcher Schulungsmaßnahmen können unter anderem verschiedene Ansätze zur Unternehmensethik und die Bewusstmachung kultureller Unterschiede im Hinblick auf →Normen und Werte sein. Schulungen in diesem Bereich fördern das Verstehen ethisch problematischer Aspekte bei Entscheidungen und können sich positiv auf die ethische Reflexionskompetenz sowie die →Motivation, moralisch zu handeln, auswirken.

- *Ethik-Beauftragte (Ethik-Abteilung)*: Der Ethik-Beauftragte beziehungsweise die Ethik-Abteilung ist unter anderem zuständig für die Umsetzung der ethischen Leitlinien auf allen Hierarchieebenen (→Hierarchie), die Ethik-Trainings der Mitarbeiter, die Ethik-Hotline, das Überwachen von ethisch sensiblen Bereichen, den Aufbau eines ethischen →Frühwarnsystems und die entsprechende Unterrichtung der Öffentlichkeit (syn.: Ombudsmann; engl.: Ethics Officer).

- *Ethik-Hotlines*: Über einen solchen Telefonanschluss können Mitarbeiter →Beobachtungen, Anregungen und Wünsche hinsichtlich ethisch relevanter Sachverhalte jederzeit und unbürokratisch an den Ethik-Beauftragten weitergeben. Es geht dabei insbesondere um Fragen wie Umweltverschmutzung, →Arbeitszeit, Firmen- und Kundeneigentum, Geschenke und Zuwendungen, Preispolitik, Qualitätskontrolle und Produktsicherheit. In einem internationalen Vergleich zeigt sich insbesondere bei dieser Ethik-Maßnahme ein deutlicher Unterschied hinsichtlich der Akzeptanz durch die Mitarbeiter. In deutschen Unternehmen kommt dieses Instrument in wesentlich geringerem Maße zum Einsatz als in den USA.

- *Ethik-Leitlinien*: Sie geben die Wert- und Zielvorstellungen der Unternehmensmitglieder wieder (engl.: Codes of Ethics). Sie stellen eine schriftliche Niederlegung grenzziehender und orientierungsgebender Richtlinien eines Unternehmens dar, die gewünschte Verhaltensweisen beschreiben. Ethik-Leitlinien haben gleichzeitig eine Orientierungs-, Motivations- und vor allem Legitimationsfunktion. Sie werden idealerweise in kooperativer Zusammenarbeit im Unternehmen entworfen und zielen darauf ab, ein bestimmtes Verhalten gegenüber ethischen Angelegenheiten und bei ethischen Konflikten in der Unternehmenskultur zu verankern. Sie sollen sämtliche Unternehmensmitglieder in die Lage versetzen, regelmäßig wiederkehrende konfliktäre Situationen nach gleichen Grundsätzen zu bewältigen. Die Existenz firmenspezifischer ethischer Leitlinien verbessert so die Chancen für die konstruktive Handhabung ethischer Konflikte.

- *Ethik-Kommission*: Die Errichtung von Ethik-Kommissionen dient der Auseinandersetzung mit den unterschiedlichen Anspruchsgruppen und der Handhabung ethischer Konflikte. Eine Ethik-Kommission schafft ein praktisches Forum für die dialogische Verständigung mit allen (potenziell) Betroffenen. Ethik-Kommissionen tagen regelmäßig und beraten über aktuelle ethische Konflikte. Neben turnusmäßigen Zusammenkünften können jederzeit auch problembezogene Sitzungen stattfinden. Das Ziel der Kommissionsarbeit ist ein Meinungsaustausch zur Erarbeitung ethisch reflektierter Normen, die unternehmensweit Gültigkeit besitzen sollen. Zudem haben Ethik-Kommissionen die Aufgabe, die Implementierung und Überwachung der Einhaltung ethischer Leitlinien sicherzustellen. Als Teilnehmer von Ethik-Kommissionen kommen prinzipiell alle internen und externen Anspruchsgruppen auf internationaler Ebene in Frage. Die Teilnehmer von Ethik-Kommissionen konstituieren sich freiwillig und sind nicht endgültig bestimmt. Der Kreis der beteiligten Dialogpartner richtet sich nach deren Betroffenheit von einem zu verhandelnden ethischen →Konflikt. In der Praxis erscheint es ratsam, zumindest ein Kernteam permanent zu etablieren, welches konfliktspezifisch um betroffene Anspruchsgruppen erweitert wird.

- *Ethik-Audits*: Sie stellen eine neuere Entwicklung im Bereich der Ethikmaßnahmen dar, die insbesondere aus der Kritik an den oben genannten Ethik-Maßnahmen entstanden sind. Vorhandene Ethikmaßnahmen scheinen in der Praxis oftmals nicht zu der gewünschten Steigerung unternehmensethischer Sensibilität zu führen, da sie letztlich auf freiwilliger Basis erfolgen und oftmals keiner kritischen →Evaluation unterliegen. Unternehmensinterne →Audits der verschiedenen Ethik-Maßnahmen, bis hin zu einer externen Zertifizierung durch unabhängige Zertifizierungsgesellschaften sollen hier zu einer Verbesserung führen (→Social Audit). Die erfolgreiche Umsetzung von Ethikmaßnahmen wie zum Beispiel die Einhaltung bestimmter ethischer Leitlinien wird in diesem Fall nach anerkannten, allgemein bekannten und nachvollziehbaren Regeln auditiert, das heißt überwacht, bestätigt und an interessierte Stakeholder kommuniziert. Hierzu liegen bislang kaum empirische Ergebnisse vor, jedoch finden sie in der Praxis zunehmend Anerkennung (*Waxenberger* 2001).

Eine aktuelle Studie nach *Kreikebaum*, *Benham* und *Gilbert* (2001) vermittelt, welche Ethik-Maßnahmen in Unternehmen als sinnvoll erachtet werden:

Übersicht 2: Verbreitung von Ethik-Instrumenten

	Unternehmen in Deutschland	Unternehmen in den USA
Ethik-Trainings	92 %	75 %
Ethik-Beauftragte	12 %	60 %
Ethik-Hotlines	24 %	72 %
Ethik-Leitlinien	58 %	78 %
Ethik-Kommissionen	33 %	56 %

Der Versuch einer Institutionalisierung ethischer Reflexion mittels der genannten Ethikmaßnahmen hat eine höhere Aussicht auf Erfolg, wenn diese komplementär zum Einsatz kommen. Durch einen kombinierten Einsatz ergeben sich vielerorts im Unternehmen praktische Foren für eine dialogische Verständigung betroffener Anspruchsgruppen. Zudem gelingt es, die wesentlichen Aufgaben im Rahmen der Unternehmensethik, wie die diskursive Handhabung von Konflikten, die Überwachung der Einhaltung von Ethik-Leitlinien sowie die Übernahme advokatorischer Verantwortung für Anspruchsgruppen, die selber nicht an der Austragung eines ethischen Konflikts teilnehmen können, besser zu übernehmen.

Um jedoch langfristig ethische Reflexion über das Unternehmen hinaus zu entfalten, sind die diskutierten Ethikmaßnahmen durch ein umfassendes System von Anreizen und Sanktionsmechanismen auf der Ebene von Branchen (z. B. Branchenstandards) und der Rahmenordnung (z. B. OECD-Leitlinien) zu ergänzen. Dieses Erfordernis resultiert unter anderem daraus, dass die Implementierung von Ethikmaßnahmen zu gravierenden *Wettbewerbsnachteilen* für einzelne Unternehmen führen können (vgl. *Gilbert* 2003). Diese ergeben sich vor allem aus den Kosten bei der Implementierung von Ethikmaßnahmen, die nicht problemlos an die Nachfrager weitergegeben werden können. Es entsteht ein Dilemma aus der Einführung ethisch erwünschter Innovationen einerseits und der Ausnutzung dieser Situation durch Konkurrenten mit niedrigeren Standards (und Kosten) andererseits. Einheitliche Branchenstandards gelten hier als mögliches Konzept, um die unternehmensethischen Vorleistungen einzelner Wettbewerber – zumindest ansatzweise – zu schützen. Durch die diskursive Einigung auf einen Branchenstandard avancieren Geschäftspraktiken, die diese Standards unterlaufen, zu unmoralischem Free Rider Verhalten (→Gruppenmerkmale), welches sanktionierbar ist. Aus einheitlichen Branchenstandards folgt so zwar nicht die Elimination des brancheninternen Wettbewerbs, aber dessen →Qualität erhöht sich. Da unmoralische Trittbrettfahrer von Seiten eines Branchenverbandes aber lediglich durch Ausschluss aus dem Verband sanktioniert werden können, ist die Reichweite von Branchenstandards letztlich begrenzt.

Dieses Defizit lenkt die Aufmerksamkeit auf die nächsthöhere, die ordnungspolitische Ebene. Dort können sich Führungskräfte, die ihre Mitverantwortung für die ethische Qualität der Rahmenordnung ernst nehmen, aktiv für Änderungen der Spielregeln des Wettbewerbs einsetzen (→Wirtschaftsethik).

Literatur: *Gilbert, D.U.*: Konfliktmanagement in international tätigen Unternehmen, Sternenfels, Berlin 1998. *Gilbert, D.U.*: Die Institutionalisierung von Unternehmensethik in internationalen Unternehmen, in: Zeitschrift für Betriebswirtschaft, 73. Jg. (2003), H. 1, S. 25–48. *Kreikebaum, H.; Behnam, M.; Gilbert, D.U.*: Management ethischer Konflikte in international tätigen Unternehmen, Wiesbaden 2001. *Ulrich, P.*: Der entzauberte Markt, Freiburg 2002. *Waxenberger, B.*: Integritätsmanagement. Ein Gestaltungsmodell prinzipiengeleiteter Unternehmensführung, Bern, Stuttgart, Wien 2001.

Dirk Ulrich Gilbert

Ethnorelativismus

als Gegenteil von →Ethnozentrismus die Bereitschaft, die eigenen Normen und Auffassungen zu hinterfragen und zu relativieren und die Normen und Auffassungen *anderer* Gruppen oder Gesellschaften zu akzeptieren, zu verstehen und als ebenbürtig zu achten.

Der Ethnorelativismus als Haltung beziehungsweise Einstellung bildet die Basis für interkulturelle Lernprozesse und produktive interkulturelle Zusammenarbeit (→Interkulturelle Kompetenz).

Für das →Personalmanagement bedeutet Ethnorelativismus, dass zahlreiche Managementmethoden und -werkzeuge kulturgebunden sind, beispielsweise ihren Ursprung in den USA haben und ihre Aussagen und Wirkungen auf das Personalmanagement in anderen Ländern (→Kulturtransfer) relativiert werden müssen. Ein in US-amerikanischen Unternehmen bewährtes Instrument wie das →Feedback kann zum Beispiel in romanischen Ländern – wo *sachliche*, inhaltliche Kritik immer an die *persönliche* Kritik an einer Person gebunden ist – nicht zielführend umgesetzt werden. Eine ethnorelative Haltung des Personalmanagements wäre, Methoden und Werkzeuge während der Konzeption unter Einbeziehung von (Personal-)Vertretern anderer Kulturen dem jeweiligen Kontext anzupassen, anstatt ihnen eine Allgemeingültigkeit zu unterstellen (→Kulturdivergenz).

Literatur: *Bennett, M.*: Developing Intercultural Competence for Global Leadership, in: *Reineke, R.-D.; Fussiger, C.* (Hrsg): Interkulturelles Management, Wiesbaden 2001, S. 206–225.

Christoph I. Barmeyer

Ethnozentrismus

als Gegenteil von →Ethnorelativismus Haltung, die unreflektiert Normen und Auffassungen der eigenen →Gruppe oder Gesellschaft auf andere Gruppen oder Gesellschaften überträgt.

Auf organisationaler Ebene wurde der Begriff des Ethnozentrismus von *Perlmutter* (1965) eingeführt, um eine Art internationaler Unternehmensstrategie zu bezeichnen, bei der die Vorgaben der Muttergesellschaft im Sinne einer Vereinheitlichung auf die ausländischen Tochtergesellschaften übertragen werden (im Gegensatz zu polyzentrisch und geozentrisch). Auch viele Aspekte des →internationalen Personalmanagements sind von der ethnozentrischen →Strategie betroffen, wie Einstellungs-, Entsendungs-, Vergütungs- oder Personalentwicklungspraktiken (*Scholz* 2000). Diese Vereinheitlichung kann im Sinne einer bewussten Handlungsstrategie vorteilhaft für das Personalmanagement der Muttergesellschaft sein, da →Komplexität reduziert wird und eine gewisse Harmonisierung erreicht werden kann.

Auf individueller Ebene hat sich *Bennett* (2001) in seinem Modell zur interkulturellen →Kompetenz mit Ethnozentrismus befasst (→Interkulturelle Kompetenz); er wertet diese Haltung jedoch als problematisch.

Das eigenkulturelle Referenzsystem wird als Maßstab gesehen. Dies führt häufig zur Überhöhung der eigenen →Kultur und zur Herabsetzung der anderen →Kultur, was die internationale Zusammenarbeit erschwert. Für interkulturelle Lernprozesse ist es von Bedeutung, die Interagierenden aus einer Haltung des Ethnozentrismus in eine Haltung des Ethnorelativismus zu führen.

Literatur: *Bennett, M.*: Developing Intercultural Competence for Global Leadership, in: *Reineke, R.-D.*; *Fussiger, C.* (Hrsg): Interkulturelles Management: Konzeption, Beratung, Training. Wiesbaden 2001, S. 206–225. *Perlmutter, H.V.*: L'entreprise internationale: trois conceptions, in: Revue Economique et Sociale, Lausanne 1965, 2, S. 1–14

Christoph I. Barmeyer

Etic-Ansatz

aus der Sozialanthropologie stammende Unterscheidung der von den Akteuren selbst verwendeten Konzepten (→Emic) und den vom Beobachter herangetragenen Analysebegriffen (Etic).

Nach *Holzmüller* (1995) handelt es sich bei dem Etic-Ansatz um einen methodischen kulturübergreifenden Strukturierungsansatz (national-)vergleichender Management-Forschung, bei dem der Forscher einen Standpunkt außerhalb des Systems einnimmt. Etic bezeichnet nach *Headland*, *Pike* und *Harris* (1990) einen als Gegenteil von Emic ursprünglich aus der Ethnolinguistik – ausgehend von der Beschreibung der Lautstruktur – von „phonetic" (universell) stammenden Ansatz, bei dem die verglichenen Kategorien und Ordnungsgesichtspunkte universell, also kulturunabhängig sind.

Der Etic-Ansatz setzt eine →Objektivität des Vergleichsmaßstabs voraus. Die →Kultur wird aus der *Perspektive des Forschers* aus einer Außenperspektive heraus, analysiert: Dafür wendet er für die Erhebung Methoden und Messinstrumente an, die ihm selbst angemessen und sinnvoll erscheinen (z. B. standardisierter →Fragebogen). Aufgrund der Annahme der Existenz kulturfreier Messinstrumente scheint ein Vergleich mehrerer Gesellschaften möglich (Quantitative Forschung). Allerdings besteht die Gefahr, dass ein Messen und Vergleichen von Kategorien, die vom Forscher vorgegeben sind, in bestimmten Kulturen als unangemessen oder sinnlos erscheint, und dass somit kulturelle Besonderheiten vernachlässigt werden.

Für die kulturvergleichende und interkulturelle Forschung empfiehlt sich eine *Kombination* von Emic- und Etic-Ansatz, die innerhalb des Forschungsprozesses als komplementär angesehen werden kann, denn schließlich können die Vergleichsobjekte zugleich viele Gemeinsamkeiten (Etic) als auch Partikularitäten (Emic) aufweisen.

Literatur: *Headland, T.N.*; *Pike, K.L.*; *Harris, M.* (Hrsg.): Emic and Etic. The Insider/Outsider-Debate, London 1990. *Holzmüller, H.H.*: Konzeptionelle und methodische Probleme in der interkulturellen Management- und Marketingforschung, Stuttgart 1995.

Christoph I. Barmeyer

Euklidische Distanz

kürzeste Distanz zwischen zwei Messobjekten in einem n-dimensionalen Raum.

Voraussetzung für die Berechnung ist das Vorliegen mindestens intervallskalierter →Daten (→Intervallskala). Die euklidische Distanz wird nach der Formel

$$d_{jk} = \sqrt{\sum_{a=1}^{n}(x_{ja}-x_{ka})^2}$$

berechnet mit:

j, k = Bezeichnung der Objekte
n = Anzahl der Dimensionen.

Für n = 2 entspricht die Distanz d_{jk} dem Abstand zweier Punkte in der Ebene. Distanzen werden bei einigen multivariaten statistischen Verfahren (z. B. →Clusteranalyse, →Multidimensionale Skalierung oder →Diskriminanzanalyse) als Ausgangsmaterial benötigt.

In der →Personalentwicklung erfolgt auf Basis automatisierter Varianten des Matching die Zuordnung von Mitarbeitern und Stellen und somit Karriere- und Nachfolgepläne. Die Bestimmung der →Eignung kann über die Berechnung von Eignungswerten erfolgen, die teilweise als Abstandsmaß berechnet werden. Das bedeutet, dass aus einer Aggregation der Abstände zwischen →Qualifikation und →Anforderungen, das Abstandsmaß ermittelt wird. Eine spezielle Form des Abstandsmaßes ist die euklidische Distanz.

Benedikt Hell

EURES

europäische →Arbeitsvermittlung und -beratung (Abkürzung von engl.: European Employment Services).

EURES ist eine Initiative der Europäischen Kommission mit dem Ziel, die Mobilität von →Arbeitnehmern in der Europäischen Union sowie im Europäischen Wirtschaftsraum zu fördern. Hierzu unterstützt sie sowohl Arbeitsuchende als auch →Arbeitgeber, die im Ausland Personal anwerben möchten. Das EURES-Kooperationsnetzwerk besteht aus europaweit etwa 700 (Stand 2007) spezialisierten Beratern, die europaweit eingesetzt sind und von denen etwa 112 in Deutschland auf Arbeitsämter und die Zentralstelle für Arbeitsvermittlung verteilt sind. Sie arbeiten eng mit nationalen und internationalen Partnern zusammen. EURES-Berater können auf die Stellen- und Bewerberpools der Arbeitsämter zurückgreifen, zusätzlich auf europaweite Datenbanken mit offenen Stellen und Informationen über Arbeits- und Lebensbedingungen.

Eine besondere Initiative ist die Einrichtung von EURES-Grenzregionen, in der sich die Arbeitsverwaltungen, →Arbeitgeberverbände, →Gewerkschaften und Gebietskörperschaften mit der Europäischen Kommission zu regionalen Netzwerken zusammengeschlossen haben. Diese Netzwerke informieren über die Arbeits- und Lebensbedingungen in einem grenzüberschreitenden Großraum und engagieren sich dort in der grenzüberschreitenden Arbeitsvermittlung.

Volker Stein

EUROCADRES

Kurzbezeichnung für den Europäischen Rat der Fach- und →Führungskräfte.

Als von der Europäischen Kommission anerkannter Sozialpartner nimmt EUROCADRES die Interessen der Fach- und Führungskräfte auf europäischer Ebene wahr und am →sozialen Dialog teil.

Christian Fischer

Europäische Menschenrechtskonvention (EMRK)

völkerrechtliche Vereinbarung, die auch arbeitsrechtlich bedeutsame Regelungen enthält.

Die Europäische Konvention zum Schutz der Menschenrechte und Grundfreiheiten – kurz: Europäische Menschenrechtskonvention (EMRK) – wurde 1950 von den Mitgliedern des Europarats geschlossen. Die EMRK ist der erste völkerrechtliche Vertrag, in dem Einzelpersonen, die der Hoheitsgewalt der Vertragsstaaten unterstehen, in einem *Menschenrechtskatalog* bezeichnete Rechte und Freiheiten mit rechtlich bindender Wirkung zugesichert wurden. Die Konvention ist im Laufe der Zeit durch Zusatzprotokolle geändert und ergänzt worden.

Die verfahrensrechtliche Sicherung der Menschenrechte wurde 1994 mit Wirkung zum 01.11.1998 grundlegend neu geregelt. Seitdem existiert ein ständiger *Europäischer Gerichtshof für Menschenrechte* mit Sitz in Straßburg, der von jeder natürlichen Person, nichtstaatlichen →Organisation oder Personengruppe angerufen werden kann, die behauptet, durch einen Vertragsstaat in einem in der Konvention oder in den Protokollen anerkannten Recht verletzt zu sein (Individualbeschwerde). Außerdem kann jeder Vertragsstaat den Gerichtshof wegen einer behaupteten Verletzung der Konvention durch einen anderen Vertragsstaat anrufen (Staatenbeschwerde). Der Gerichtshof darf sich erst dann mit einer Beschwerde befassen, wenn alle innerstaatlichen Rechtsbehelfe erschöpft sind. Endgültige Urteile des Gerichtshofs sind von den Vertragsparteien zu befolgen. In Deutschland kann die Rüge eines unzureichenden Vollzugs des Urteils mit der Verfassungsbeschwerde geltend gemacht werden.

Europäische Sozialcharta (ESC)

Die EMRK enthält neben dem Verbot von Sklaverei und Zwangsarbeit unter anderem auch das Menschenrecht, sich frei mit anderen zusammenzuschließen, wobei die Rechte der Gewerkschaftsgründung und des Gewerkschaftsbeitritts ausdrücklich genannt werden (Art. 11). Diese *Garantie des Koalitionsrechts* geht aber gegenständlich nicht über die Gewährleistungen des Art. 9 Abs. 3 GG hinaus. Art. 6 EMRK schreibt auch für das Gebiet des Arbeits- und Sozialrechts den Anspruch auf ein „faires Gerichtsverfahren innerhalb angemessener Zeit" fest.

Die EMRK stellt nach deutscher Rechtsprechung *unmittelbar geltendes Recht* dar, das nach herrschender Betrachtungsweise jedenfalls einen Rang unterhalb der nationalen Verfassung hat. Sofern innerstaatliche arbeitsrechtliche Bestimmungen Auslegungsprobleme aufwerfen, soll diejenige Lösung zu wählen sein, die den Vorschriften der EMRK am ehesten gerecht wird.

Literatur: *Grabenwarter, C.*: Europäische Menschenrechtskonvention, 3. Aufl., München 2008. *Meyer-Ladewig, J.*: Europäische Menschenrechtskonvention, 2. Aufl., Baden-Baden 2006.

Christian Fischer

Europäische Sozialcharta (ESC)

völkerrechtlicher Vertrag, den die Mitglieder des Europarats 1961 geschlossen haben und dem in der Folgezeit weitere Länder beigetreten sind.

Die Europäische Sozialcharta (ESC) ergänzt die →*Europäische Menschenrechtskonvention* und verpflichtet die Vertragsparteien, wichtige sozialpolitische Grundsätze anzuerkennen. Die ESC zählt

- in *Teil 1* soziale Rechte und Grundsätze auf, welche die Vertragsstaaten als Ziele anstreben und

- in *Teil 2* legt sie fest, welche Maßnahmen die Vertragsstaaten zur Verwirklichung dieser Ziele zu treffen haben.

Teil 2 enthält mehrere Regelungen zum individuellen und kollektiven →Arbeitsrecht. So sind die Vertragsstaaten unter anderem angehalten, die wirksame Ausübung des Rechts auf →Arbeit und auf berufliche →Bildung zu gewährleisten. Sie haben auf gerechte, sichere und gesunde Arbeitsbedingungen sowie auf ein gerechtes Arbeitsentgelt hinzuwirken. Ihnen obliegt der Schutz von Kindern, Jugendlichen, Frauen, Behinderten und Wanderarbeitnehmern. Im kollektiven Arbeitsrecht sind die Vereinigungsfreiheit und das Recht auf Kollektivvereinbarungen zu gewährleisten. Auch das Streikrecht ist genannt.

Ob die ESC in Deutschland *innerstaatliches Recht* oder nur eine *völkerrechtliche Verpflichtung* des Staates darstellt, ist umstritten. Überwiegend wird der ESC der Gesetzesrang abgesprochen. Dennoch soll diejenige Auslegungslösung zu wählen sein, die den Vorschriften der ESC am ehesten gerecht wird, wenn innerstaatliche arbeitsrechtliche Bestimmungen Auslegungsprobleme aufwerfen.

Literatur: *Richardi, R.*; *Wlotzke, O.* (Hrsg.): Münchener Handbuch zum Arbeitsrecht, Bd. 1, Individualarbeitsrecht I, 2. Aufl., München 2000, § 17 Rn. 92 ff.

Christian Fischer

Europäische Sozialpartner →Sozialer Dialog

Europäischer Betriebsrat

Interessenvertretung von →Arbeitnehmern zum Zweck ihrer →Partizipation in europaweit agierenden Unternehmen oder Konzernen.

Der *Europäische Rat der Arbeits- und Sozialminister* hat 1994 eine EU-Richtlinie „Europäische Betriebsräte" erlassen, die 1996 mit dem Gesetz über Europäische Betriebsräte in deutsches Recht umgesetzt wurde. Die Arbeitnehmer sollen grenzüberschreitend unterrichtet und angehört werden in Unternehmen und Konzernen mit mindestens 1.000 Arbeitnehmern in der EU und je mindestens 150 Arbeitnehmer in zumindest zwei Mitgliedsländern.

Dazu wird von einem besonderen Verhandlungsgremium mit der zentralen Unternehmens- oder Konzernleitung ausgehandelt, ob ein oder mehrere Europäische Betriebsräte geschaffen oder dezentrale Unterrichtungs- und Anhörungsverfahren angewandt werden sollen und wie diese jeweils auszugestalten sind. Scheitern die Verhandlungen, dann wird ein Europäischer Betriebsrat kraft Gesetzes geschaffen, der bestimmte Unterrichtungs- und Anhörungsrechte besitzt, die damit eine Art Mindeststandard darstellen. Dieser liegt erheblich unter den Rechten eines deutschen →Betriebsrats, den es natürlich zusätzlich in jedem inländischen Betrieb entsprechender Unternehmen und Konzerne gibt.

Literatur: *Höland, A.*: Mitbestimmung und Europa: Expertise für das Projekt „Mitbestimmung und neue Unternehmenskulturen" der Bertelsmann Stiftung und der Hans-Böckler-Stiftung, Gütersloh 1998. *von Beckerath, A.*: Europäischer Betriebsrat Kraft Gesetzes und Informationsrechte der nationalen Arbeitnehmervertretungen nach dem BetrVG, Göttingen 2002.

Alexander Dilger

Europäischer Gerichtshof (EuGH)

Rechtsprechungsorgan der drei Europäischen Gemeinschaften mit Sitz in Luxemburg.

Der Europäische Gerichtshof (EuGH) besteht gegenwärtig aus 27 Richtern, die von acht unabhängigen Generalanwälten unterstützt werden. Die Aufgabe des EuGH wird in den Gründungsverträgen folgendermaßen definiert: „Der Gerichtshof sichert die Wahrung des Rechts bei der Auslegung und Anwendung dieses Vertrags". Die praktische Bedeutung der Rechtsprechung des EuGH für die Entwicklung einer europäischen Rechtsordnung ging und geht weit über diese Aufgabenzuweisung hinaus. Der EuGH wird sogar als „Motor" des europäischen Integrationsprozesses bezeichnet, der diesen auch in Phasen, in denen Bürger und Politik „europamüde" seien, vorantreibe. So qualifizierte der EuGH frühzeitig Freiheitsgewährungen und staatsgerichtete Gleichstellungsverpflichtungen (→Gleichstellung) des EG-Vertrages als unmittelbar geltendes Recht und schränkte Abweichungsmöglichkeiten auf nationaler Ebene stark ein. Er hat allgemeine Grundsätze des Gemeinschaftsrechts geschaffen, die als Teil des Primärrechts unmittelbar gelten sollen. Nicht rechtzeitig umgesetzte Richtlinien, die dem Einzelnen Rechte einräumen, sprach der EuGH rechtsfortbildend unmittelbare Geltung in und gegenüber den Mitgliedstaaten zu („vertikale Drittwirkung"). Ferner sollen die nationalen Gerichte allgemein zu einer richtlinienkonformen Auslegung verpflichtet sein.

Der EuGH bildet seit jeher die Quellen des Europarechts fort, trennt aber im Gegensatz zur jüngeren deutschen und entsprechend der französischen Doktrin nicht zwischen *Auslegung* und *Rechtsfortbildung*, die im Luxemburger Sprachgebrauch in dem Begriff „interprétation" verschwimmen. Der EuGH misst einer teleologischen, an den Zielen der Gemeinschaften ausgerichteten Rechtsfindungsmethode ausschlaggebende Bedeutung zu und blendet bei seinen dynamischen Interpretationen („effet utile") den ursprünglichen Willen der Gründerstaaten aus. Auch die Auslegung von solchen Rechtsgrundsätzen und Rechtsbegriffen, die aus den Mitgliedstaaten in das Gemeinschaftsrecht eingegangen sind (z. B. der Begriff →Arbeitnehmer), bestimmt der EuGH durch „wertende Rechtsvergleichung" orientiert an den – vom EuGH ermittelten – aktuellen Zielen der Gemeinschaften.

Der *Begründungsstil* des EuGH ist vergleichsweise knapp und apodiktisch. Eine sorgfältige Abwägung der im Einzelfall widerstreitenden Argumente sucht man in seinen Judikaten vergeblich. Zudem zitiert der EuGH vornehmlich sich selbst. Für das Verständnis seiner Entscheidungen sind die ausführlicheren Gutachten und Urteilsvorschläge („Schlussanträge") der Generalanwälte von großer Bedeutung. In der amtlichen Sammlung werden die Entscheidungen des Gerichtshofs und die Schlussanträge der Generalanwälte in allen Amtssprachen der Gemeinschaften veröffentlicht.

Die beiden wichtigsten Verfahrensarten sind das *Vorabentscheidungsverfahren* und das *Vertragsverletzungsverfahren*, welches auf Antrag der Europäischen Kommission gegen einen Mitgliedstaat eingeleitet wird. Im *Vorabentscheidungsverfahren* bestimmt der EuGH auf Vorlage nationaler Gerichte über die Auslegung des Gemeinschaftsrechts und die Gültigkeit und Auslegung von Handlungen der Gemeinschaftsorgane. Alle nationalen Gerichte sind zur Vorlage berechtigt. Letztinstanzlich entscheidende Gerichte müssen alle Entscheidungen vorlegen, bei denen die Auslegung des Gemeinschaftsrechts von Bedeutung sein kann.

Seit 1989 wird der EuGH durch das *Gericht erster Instanz* entlastet, das heute grundsätzlich über alle direkten Klagen von Bürgern und Mitgliedstaaten gegen Maßnahmen der Gemeinschaftsorgane entscheidet, sofern diese nicht dem *EuGH* vorbehalten oder den so genannten gerichtlichen Kammern wie dem *Gericht für den öffentlichen Dienst*, welches das Fachgericht für die den öffentlichen Dienst der EU betreffenden Streitsachen ist, zugewiesen sind.

Im Arbeitsleben hat der EuGH wichtige Impulse für die Gleichberechtigung von Frau und Mann sowie für die Freizügigkeit der Arbeitnehmer („Bosman") gesetzt. Seine Rechtsfortbildungen greifen indes gelegentlich tief in lang existierende Strukturen und sogenannte Grundprinzipien des nationalen →Arbeitsrechts ein („Paletta", „Christel Schmidt", „Mangold"). Auch in solchen „Sensationsentscheidungen" gibt der EuGH – entsprechend seinem allgemeinen Stil – keine eingehenden sachlichen Begründungen. Die deutsche Arbeitsrechtswissenschaft reagiert teilweise mit harscher Kritik („schwarze Serie des EuGH"). Im Übrigen bemängeln deutsche Arbeitsrechtler eine allgemein ausufernde Rechtsprechung des EuGH, die seine →Kompetenzen überschreite.

Literatur: *Brox, H.; Rüthers, B.; Henssler, M.*: Arbeitsrecht, 17. Aufl., Stuttgart 2007, Rn. 103 ff.. *Dederichs, M.*: Die Methodik des EuGH, Baden-Baden 2004. *Hakenberg, W.; Stix-Hackl, C.*: Handbuch zum Verfahren vor dem Europäischen Gerichtshof, 2. Aufl., Wien 2000. *Klinke, U.*: Der Gerichtshof der Europäischen Gemeinschaften, Baden-Baden 1989.

Christian Fischer

Europäischer Gerichtshof für Menschenrechte →Europäische Menschenrechtskonvention

Europäischer Gewerkschaftsbund (EGB)

1973 in Brüssel gegründet, vertritt derzeit 77 nationale Gewerkschaftsbünde aus 35 Ländern und 11 europäische Branchenverbände, die zusammen eine Mitgliederzahl von rund 60 Millionen Mitgliedern aufweisen.

Die im Europäischen Gewerkschaftsbund (EGB) vereinigten →Gewerkschaften haben es sich zum Ziel gemacht, die sozialen, wirtschaftlichen und kulturellen Interessen der →Arbeitnehmer auf der Ebene Europas im Allgemeinen und bei allen europäischen Institutionen zu vertreten und im Sinne der eigenen sozialpolitischen Ziele zu fördern. Der EGB ist für die Gesetzgebung auf europäischer Ebene von Bedeutung, da er seit Unterzeichnung des Maastrichter Sozialprotokolls zusammen mit den europäischen →Arbeitgeberverbänden gemeinsame Vereinbarungen treffen kann. Durch Beschluss des Rats und des Europäischen Parlaments erlangen die Vereinbarungen verbindlichen Rechtsstatus und müssen von den Mitgliedsstaaten der Europäischen Union umgesetzt werden.

Michael Fuhlrott

Europaservice der Bundesagentur für Arbeit (ES-BA)

Bündelung aller europabezogenen Dienstleistungen der Bundesagentur für Arbeit, um spezielle Informationsangebote im Hinblick auf einen Ausbildungs- oder Arbeitsaufenthalt in einem anderen Land der Europäischen Union bereitzustellen.

Seit 2005 integriert diese Struktur in 15 regionalen Zentren die Service-Einheiten von →EURES, der *Europäischen Berufsberatungszentren* (EBZ) sowie der Standorte für Mobilitätsberatung. Sie bietet ihren Service Arbeitgebern, Arbeitnehmern und Studierenden an. Zum Serviceangebot gehören neben umfangreichen Informationen zu Ausbildungs- und Arbeitssystemen von 31 europäischen Arbeits- und Bildungsmärkten auch die individuelle Beratung und Unterstützung bei Vermittlungswünschen. Ergänzt wird dieses Angebot durch eine telefonische Europa-Hotline der *Bundesagentur für Arbeit* und ein Internetportal der Zentralen Auslands- und Fachvermittlung der Bundesagentur für Arbeit.

Volker Stein

European Industrial Relations of Observatory (EIRO)

auf Initiative der *Europäischen Kommission* 1997 von der *Europäischen Stiftung* zur Verbesserung der Lebens- und Arbeitsbedingungen mit Sitz in Dublin eingerichtetes und von ihr geleitetes Netzwerk zur Beobachtung der Beziehungen zwischen →Arbeitgebern und →Arbeitnehmern.

Der European Industrial Relations of Observatory (EIRO) sammelt und analysiert einschlägige Informationen und stellt diese EU-Institutionen, nationalen Regierungen und Dachverbände der Sozialpartner zur Verfügung. EIRO basiert auf einem Netzwerk führender wirtschafts- und sozialwissenschaftlicher Forschungsinstitute in den EU-Staaten, in Kandidatenländern und Norwegen. Aus Deutschland sind Forschungsinstitute der nationalen Sozialpartner beteiligt, und zwar das *Institut der Deutschen Wirtschaft* in Köln, sowie das *Wirtschafts- und Sozialwissenschaftliche Institut* in der *Hans-Böckler-Stiftung* in Düsseldorf.

Christian Fischer

European Quality Award (EQA) →EFQM Excellence Award

Eurosklerose

Stagnation und Krise in der politischen und wirtschaftlichen Entwicklung der Europäischen Gemeinschaft.

Der Begriff der Eurosklerose, der vor allem in den 1980er Jahren sehr häufig zu hören war, wird auf zwei unterschiedlichen Ebenen verwendet:

1. Auf einer *allgemein politischen Ebene* bezeichnet man mit Eurosklerose die „Europamüdigkeit" der europäischen Staaten und ihrer Bürger, die von Mitte der 1970er Jahre, insbesondere nach der ersten Europawahl (1979), bis Mitte der 1980er Jahre zu beobachten war. Die Staaten kehrten sich verstärkt von den bereits geschaffenen Gemeinsamkeiten ab; keiner der Nationalstaaten war bereit, weitere Kompetenzen an die EG abzutreten. Insbesondere wurden in dieser Zeit keine Fortschritte im freien Warenverkehr in der Gemeinschaft erzielt, sondern dieser wurde durch zahlreiche, im Grunde protektionistisch orientierte Maßnahmen eingeengt, die nun stärker von tarifären auf nicht-tarifäre Handelshemmnisse verlagert wurden. Diese Krise des europäischen Einigungsprozesses wurde durch die *Einheitliche Europäische Akte*, die 1986 beschlossen wurde, überwunden. Die bis dahin umfassendste Änderung der Gründungsverträge der Europäischen Gemeinschaften (EGKS, EWG und EURATOM) sah die endgültige Vollendung des gemeinsamen Binnenmarktes bis Ende 1992 vor.

2. Häufig wird der Begriff Eurosklerose auch für ein *Arbeitsmarkt-Phänomen* verwendet. Seit den späten 1970er Jahren war zu beobachten, dass die →Arbeitsmärkte der Staaten der EG sich weitaus schlechter entwickelten als die anderer OECD-Länder, insbesondere der USA. Dies drückte sich sowohl in höheren Arbeitslosenquoten als auch in einer weitaus niedrigeren Zunahme der Beschäftigungsquoten aus. In den europäischen Staaten stieg die Sockelarbeitslosigkeit (→Arbeitslosigkeit) nach jeder Rezession auf ein höheres Niveau. Dieser Effekt ist bis in die jüngere Zeit zu beobachten (*Drechsler* 2005). So hat sich in den USA die Beschäftigung von 1970 bis 2000 um 75 % erhöht, in Deutschland dagegen (bereinigt um den Vereinigungseffekt) lediglich um 3 % (*Schettkat* 2004).

Insbesondere lag die *Beschäftigungsschwelle*, also der Wert des Wirtschaftswachstums, der auch zu einem Beschäftigungswachstum führt, in Europa weitaus höher als in den USA. Während in den USA Wirtschaftswachstum sehr schnell zu einem Beschäftigungswachstum führte, musste in Europa eine Schwelle von circa 2 % erreicht werden, bevor sich dies positiv auf den Arbeitsmarkt auswirkte. Europäische Ökonomen, so zum Beispiel *Giersch* (1985) und *Siebert* (1997), argumentierten, dass diese Ineffizienz der europäischen Arbeitsmärkte auf eine Überregulierung und daraus resultierende Rigidität zurückzuführen ist, welche markträumende Anpassungen, also Vollbeschäftigung, verhindert. Etwa seit Mitte der 1990er Jahre haben sich aber die Verhältnisse umgekehrt. In den USA hat sich die Beschäftigungsschwelle deutlich erhöht, während sie in vielen europäischen Staaten gesunken ist.

Literatur: Drechsler, D.: Unemployment in Germany and the Eurosclerosis Debate, Diskussionsbeitrag H. 48, Potsdam 2005. Giersch, H.: Eurosclerosis, Diskussionspapier Nr. 112, Kiel 1985. Schettkat, R.: Why Economies Slow – U.S. Sclerosis?, in: Challenge, 47. Jg. (2004), H. 2, S. 39–52. Siebert, H.: Labor Market Rigidities – At the Root of Unemployment in Europe, in: Journal of Economic Perspectives, 11. Jg. (1997), H. 3, S. 37–54.

Dirk Morschett

Evaluation

systematische und methodisch abgesicherte Überprüfung von Sachverhalten hinsichtlich ihrer Effektivität und Effizienz.

Auf betrieblicher Ebene werden vor allem Aus- und Weiterbildungsmaßnahmen evaluiert, was den primären Bezug zu dem Bereich der →Personalentwicklung erklärt (*Günther* 2001). Erweitert man den Fokus auf die betriebliche Personalarbeit (→Personalmanagement), so erstreckt sich Evaluation auf alle Maßnahmen, die betriebliche Personalarbeit einer Bewertung hinsichtlich spezifizierter Zielsetzungen unterziehen. In der Praxis dominieren Überlegungen zur Effizienz und Effektivität, so dass Evaluationen üblicherweise nicht zuletzt ökonomisch motiviert sind.

Die *Funktion* einer Evaluation besteht in der Beantwortung der Frage, inwieweit die eingesetzten personalwirtschaftlichen Instrumente, darauf gerichtete Strukturen sowie interaktionelle Führungstätigkeiten von →Führungskräften →Mitarbeiterführung) den verfolgten Zielsetzungen entsprechen. Dies führt idealerweise zu Aussagen darüber, ob die betriebliche Personalarbeit →Qualifikation und →Motivation der Mitarbeiter erhalten, anpassen und steigern kann oder welche Ansatzpunkte sich hierzu bieten. Enge Anknüpfungspunkte dazu besitzen auch Fragen der Zertifizierung betrieblicher Personalarbeit (→Zertifizierter Personalmanager; →Zertifizierung der Personalarbeit).

Die *Ziele und Inhalte* einer Evaluation lassen sich anhand von zwei Perspektiven verdeutlichen (*Bronner* und *Schröder* 1992):

1. Die *funktionale Perspektive* macht deutlich, dass Evaluationen sowohl eine kritische als auch eine kausale Perspektive umfassen. So führen Evaluationen idealerweise zu Aussagen über Erfolg oder Misserfolg einzelner betrieblicher Gegebenheiten oder personalwirtschaftlicher Entscheidungen, beispielsweise Maßnahmen. Voraussetzung dafür ist, dass tragfähige →Hypothesen und Modelle über mögliche Ursache/Wirkungs-Beziehungen entwickelt wurden. Die funktionale Perspektive gibt damit einen ersten Einblick in die prinzipielle →Komplexität von Evaluationen.

2. Die *prozessuale Perspektive* zeigt, dass Evaluationen letztlich eine Ergebnisbewertung zum Gegenstand haben und sich notwendigerweise auch auf die vorgelagerte Ergebnisermittlung erstrecken. Im Falle einer Evaluation der gesamten betrieblichen Personalarbeit verdeutlicht dies die unweigerlich bestehenden Schwierigkeiten der Datenbeschaffung und -auswertung. Eng verbunden mit der Evaluation betrieblicher Personalarbeit sind Überlegungen zur →*Standardisierung*. Evaluationen und vor allem die Nutzung von generierten Kenntnissen über Ursache/Wirkungs-Beziehungen und die Einsetzbarkeit bestimmter Maßnahmen in dem gegebenen betrieblichen Kontext sind insbesondere dann möglich, wenn die betriebliche Personalarbeit deutliche Standardisierungen aufweist. Gleichwohl entziehen sich die individualisierten Bereiche der betrieblichen Personalarbeit nicht zwangsläufig einer Evaluation.

Eine enge Verbindung besteht zwischen Evaluationen und dem seit einigen Jahren intensiv diskutierten →*Personalcontrolling*. Dies zeigt sich in dessen Definition: Personalcontrolling betrifft das planungs- und kontrollgestützte integrative Evaluationsdenken und -rechnen zur Abschätzung von Entscheidungen zum →Personalmanagement, insbesondere zu deren ökonomischen und sozialen Folgen (*Wunderer* und *Jaritz* 2002). Der Unterschied besteht im Wesentlichen darin, dass die →Evaluationsforschung wegen ihrer in der Bildungsforschung liegenden Wurzeln weniger stark auf betriebswirtschaftliche Kennzahlen reduziert ist. Dennoch befassen sich Evaluationen der betrieblichen Personalarbeit und des Personalcontrollings in weiten Bereichen mit den gleichen Analysegegenständen. Vor allem das Personalcontrolling betont das Machbare, die operative Umsetzung von erhobenen Analyseergebnissen sowie die systematische Abstimmung unterschiedlicher Ansatzpunkte der betrieblichen Personalarbeit. Ein wichtiger organisatorisch-struktureller Ansatzpunkt wird in der Literatur – aber vor allem auch in der Praxis – in der Führung der →Personalabteilung als Profit Center gesehen. Dies kann zur Folge haben, dass die Legitimierung der betrieblichen Personalarbeit und deren Mittelzuweisung fortlaufend von den Verantwortlichen selbst vorgenommen werden muss (*Fleer* 2001).

Die *Evaluationsobjekte* betrieblicher Personalarbeit lassen sich in drei Bereiche einteilen (*Berthel* und *Becker* 2003):

1. Es geht um die *Personalarbeit in ihrer Gesamtheit* sowie um ausgewählte Teilbereiche. Evaluiert werden beispielsweise die Möglichkeiten, einzelne Bereiche der →Personalauswahl auszulagern, der Erfolg des gesamten Systems der Personalentwicklung oder die Effektivität der Personalarbeit insgesamt.

2. Außerdem können bestimmte *Instrumente der betrieblichen Personalarbeit* zum Evaluationsobjekt gemacht werden. Einer Evaluation zugänglich sind beispielsweise der Einsatz vorzeitiger Pensionierungen, Personalauswahlverfahren (→Auswahlverfahren) oder eingesetzte Leistungsbeurteilungsverfahren (→Beurteilungsverfahren, →Personalbeurteilung). Relevanz besitzen insbesondere mögliche Wechselwirkungen mit anderen personalwirtschaftlichen Instrumenten.

3. Ferner zählt die *Analyse betrieblicher Gegebenheiten* zu den Evaluationsobjekten. Es geht dann um die Feststellung, inwieweit die gegenwärtige betriebliche Situation

oder antizipierbare Unternehmensentwicklungen personalwirtschaftliche Maßnahmen erfordern. In diesem Zusammenhang erstreckt sich die Evaluation auch auf die Frage, inwieweit Entscheidungen aus anderen Funktionsbereichen, beispielsweise Investitionsentscheidungen, die Einführung eines Total Quality Managementsystems oder der →Balanced Scorecard personalwirtschaftliche Maßnahmen induzieren.

Für die Durchführung einer Evaluation lassen sich drei Ansatzpunkte der *Evaluationsmethodik* unterscheiden:

1. Aus primär ökonomischer Zielsetzung setzt nach dem erfolgten Einsatz personalwirtschaftlicher Maßnahmen eine *Input/Output-Analyse* an. Der kausale Zusammenhang zwischen betrieblicher Personalarbeit und messbaren Veränderungen wird nicht näher hinterfragt, sondern es muss weitgehend sichergestellt werden können, dass grundsätzlich ein positiver Zusammenhang besteht und erreichte Ergebnisse nicht durch andere Effekte bewirkt wurden.

2. *Verhaltensanalysen* abstrahieren ebenfalls von kausalen Beziehungen. Sie sollen durch betriebliche Personalarbeit verändertes Mitarbeiterverhalten verdeutlichen und in diesem Sinne die Voraussetzung für eine positive Input/Output-Relation feststellen.

3. Auf kausale Beziehungen gerichtet ist die *Prozessanalyse*, die als am umfassendsten bezeichnet werden kann. Hierbei geht es um die Erhebung und Einschätzung einzelner Gegebenheiten, Entscheidungen oder Maßnahmen, ihrer Stellung zueinander sowie ihrer Wirkungsweise. Eine solche Prozessanalyse bietet nicht nur die Möglichkeit einer ex post Durchführung, sondern kann auch im Sinne einer begleitenden Evaluation zeitnahe Anpassungen auslösen. Zudem wird nur durch ein solches Evaluationsverständnis der Blick auf den Zusammenhang zwischen einzelnen personalwirtschaftlichen Maßnahmen, der betrieblichen Personalarbeit insgesamt und dem jeweils relevanten betrieblichen Kontext deutlich. Wird eine solche Evaluation durchgeführt, so ist das gleichzusetzen mit dem Beginn des Lernens nicht nur über einzelne Maßnahmen, sondern auch über deren spezifische Wirkung in dem relevanten unternehmenskulturellen Umfeld.

Der Kanon von *Instrumenten*, der für eine Evaluation eingesetzt werden kann, ist weit gefächert und reicht von Kosten/Nutzen-Analysen sowie Nutzwertanalysen über Organisationsanalysen bis hin zu Humanvermögensrechnungen und Sozialbilanzen.

Die bereits mehrfach angesprochene Komplexität von Evaluationen führt unweigerlich zu einer Reihe deutlich ausgeprägter *Evaluationsprobleme*. So besteht die zentrale Schwierigkeit, dass mit Evaluationen einerseits eine Professionalisierung betrieblicher Personalarbeit angestrebt wird, andererseits aber gleichzeitig ein Instrument des Misstrauens vorliegt. So ist es möglich, dass sich Professionalisierung und Evaluation gegenseitig behindern. Hinzu kommen Zeit-, Kosten- und Qualifikationsprobleme, da die Erhebung valider und reliabler → Daten vielfältigen Restriktionen unterworfen ist. Zusätzlich besteht die Notwendigkeit und bisweilen die Schwierigkeit einer Formulierung kausaler Zusammenhänge. Diese sind in personalwirtschaftlichen Zusammenhängen bei weitem nicht so offensichtlich wie beispielsweise im Marketing oder bei der Bestimmung von Maßnahmen, die eine Kaufbereitschaft auslösen.

Die damit sehr offensichtlich besondere Struktur des Aufgabenfelds betrieblicher Personalarbeit lässt erkennen, dass der Erfolg von Evaluationen im Wesentlichen von den → Kompetenzen der beteiligten Personen sowie einem dafür offenen betrieblichen Kontext bestimmt wird, und weniger stark als bei anderen betriebswirtschaftlichen Fragestellungen von einer elaborierten Methodik abhängt.

Evaluation betrieblicher Personalarbeit besitzt des Weiteren einen engen Bezug zur Frage der Zertifizierung (→Zertifizierung der Personalarbeit). So kann die Qualifizierung von Personalverantwortlichen vorgenommen werden (→Zertifizierter Personalmanager). Es handelt sich dabei um den Versuch, bestimmte Curricula und erreichte Abschlüsse als tragfähig zu bezeichnen und ihnen eine besondere Qualifizierung und Professionalisierung zukommen zu lassen.

Relevanz besitzt die vorgestellte Evaluierung möglicherweise für den anderen Bereich der Zertifizierung, der sich auf bestimmte Gegebenheiten und Maßnahmen betrieblicher Personalarbeit richtet. Eine Evaluation durch eine unabhängige Instanz könnte hier Impulse für die Entwicklung betrieblicher Personalarbeit geben oder auch inner- und außerbetrieblich als Instrument des Personalmarketings fungieren.

Literatur: *Berthel, J.; Becker, F. G.*: Personal-Management, 7. Aufl., Stuttgart 2003, S. 197. *Bronner, R.; Schröder, W.*: Evaluation der betrieblichen Bildungsarbeit, in: *Gaugler, E.; Weber, W.* (Hrsg.): Handwörterbuch des Personalwesens, Stuttgart 1992, Sp. 853–863. *Fleer, A.*: Der Leistungsbeitrag der Personalabteilung, Lohmar, Köln 2001. *Günther, S.*: Evaluation von Personalentwicklung on-the-job, Lohmar, Köln 2001. *Wunderer, R.; Jaritz, A.*: Unternehmerisches Personalcontrolling, 2. Aufl., Neuwied, Kriftel 2002.

Michael J. Fallgatter

Evaluation des Personalmanagements
→ Personalcontrolling

Evaluation von Weiterbildungsmaßnahmen

umfasst die Schätzung oder Wertbestimmung von Weiterbildungsmaßnahmen bezüglich Effektivität (*Ziel-Ergebnis-Relation*) und Effizienz (*Kosten-Nutzen-Relation*).

Informationen werden gesammelt und aufbereitet, um die Wirkung von Weiterbildungsmaßnahmen zu bewerten, gegebenenfalls Misserfolgsfaktoren beziehungsweise Verbesserungsansätze zu identifizieren, entsprechende →Trainings auswählen zu können und letztendlich häufig auch Weiterbildung zu legitimieren. Eine systematische Qualitätskontrolle kann Weiterbildung gezielt optimieren, →Qualität sichern, an den Zielen und Bedürfnissen des Unternehmens ausrichten (→Bildungsbedarf) und Kosten, die durch mangelhafte Auswahl und Durchführung von Weiterbildung entstehen können, einsparen (→Bildungscontrolling).

Darüber hinaus kann durch →Evaluation eine Veränderung von Einstellungen und Verhaltensweisen aller am Bildungsgeschehen Beteiligten, im Sinne einer Verantwortungsübernahme hervorgerufen werden. Evaluation ist nicht nur ein Kontrollverfahren, welches im Nachhinein den Nutzen bestimmter Maßnahmen feststellt. Evaluation geht darüber hinaus. Sie beginnt bereits vor der Maßnahme (→Bildungsbedarfsanalyse und anschließende Lernzielvereinbarung), setzt sich während der Maßnahme fort (z. B. Forcierung der →Arbeit an konkreten Projekten) und mündet schließlich in der ex-post Transfer-Evaluation und Messung des wirtschaftlichen Erfolgsbeitrags.

Weil Erfolgskriterien von Weiterbildung vor allem in Verhaltensänderungen (Messkriterium/ Effektgröße) liegen und →Lernen ein komplexes Konstrukt und durch viele Determinanten bestimmt ist, bedarf es einer breiten Betrachtung möglichst vieler Einflussgrößen, um eine Erfolgseinschätzung überhaupt vornehmen zu können. Es existieren in der aktuellen Literatur viele Ansätze und Evaluationsmodelle (*Häring* 2003). Betont wird über die Modelle hinweg, dass jede Phase des Weiterbildungsprozesses evaluiert werden sollte. Die Evaluation wird als iterativer Prozess verstanden, in welchem mit unterschiedlichen Instrumenten und unter Einbindung aller am Weiterbildungsprozess Beteiligten (Teilnehmer, Führungskraft, Dozent) der Weiterbildungserfolg beleuchtet wird.

Ein in der Literatur und in der Praxis häufig aufgegriffenes Evaluationsmodell ist das von *Kirkpatrick* (1994) vorgestellte Modell zur Messung des Weiterbildungserfolgs. Die immer noch vorhandene Aktualität verdankt es seiner Einfachheit, Strukturiertheit und Anwenderfreundlichkeit. Im Modell werden vier Ebenen der Evaluation unterschieden:

1. *Zufriedenheit des Teilnehmers*: Wie zufrieden war der Teilnehmer mit der Maßnahme?
2. *Lernerfolg*: Was konnte der Teilnehmer lernen?
3. *Transfererfolg*: Was hat der Teilnehmer konkret umgesetzt?
4. *Unternehmenserfolg*: Was hat es für das Unternehmen gebracht? Hat sich der Aufwand gelohnt?

Die Zufriedenheitsmessung (Stufe 1) ist in der Praxis die am häufigsten durchgeführte Evaluationsform. Sie wird in den allermeisten Fällen anhand standardisierter Seminarbeurteilungsbögen (Happiness Sheets) oder Feedback-Runden in der Endphase einer Weiterbildung ermittelt. Im Zentrum stehen Aspekte wie Zufriedenheit mit den Maßnahmeninhalten, den Lehr- und Lernmethoden, den zeitlichen Bedingungen, dem Trainer und den Rahmenbedingungen. Kritiker bezeichnen diese Ebene als *Happiness-Index* und kritisieren an einer alleinigen Zufriedenheitsmessung, dass hier Einschätzungen wiedergegeben werden, die nur stark stimmungsabhängige Momentaufnahmen darstellen. *Kirkpatrick* (1994) wiederum betont, dass die Messung der Zufriedenheit des Teilnehmers die erste notwendige →Information darüber ist, ob der Teilnehmer die Maßnahme überhaupt akzeptiert hat. Je positiver die Akzeptanz, desto höher ist die Wahrscheinlichkeit eines Lern- und Transfererfolgs. Die Zufriedenheitsmessung kann damit einen wichtiger Teil eines → Frühwarnsystems bilden.

Die Lernerfolgsermittlung (Stufe 2) beinhaltet die Überprüfung, inwieweit Inhalte der Weiterbildung verstanden und behalten wurden. Orientierungsgröße sind die vorab definierten Lernziele, die auf der Basis einer entsprechenden Bildungsbedarfsanalyse formuliert sind. Die verwendete Überprüfungsmethode hängt stark vom Lerninhalt ab. Instrumente wie Offizielle Prüfungen, Tests, Präsentationen, Planspiele oder Fallstudien können während beziehungsweise am Ende der Maßnahme eingesetzt werden: Wenn es um Veränderungen auf Verhaltensebene geht, werden in der Praxis häufig Rollenspiele (→Kommunikations- und Rollenspiele) oder Videoanalysen eingesetzt.

Aus Unternehmenssicht ist der Transfer die zentrale Erfolgsgröße (Stufe 3). Es geht um die Feststellung, ob erlernte Fähigkeiten in die Praxis übertragen werden konnten und der Teilnehmer das Gelernte (verändertes Verhalten oder Fachwissen) am Arbeitsplatz nutzt.

Proaktiv kann bereits während der Weiterbildungsmaßnahme der Transfer vorbereitet werden. Begünstigend wirkt das bewusste Einbeziehen von Alltagssituationen der Teilnehmer, die Reflexion über Transferbarrieren, die Erarbeitung konkreter Aktionspläne oder die Installation von Lernpartnerschaften beziehungsweise Peer-Coachings. Ein großer Teil der Transferverantwortung liegt beim Teilnehmer selbst. Deshalb ist es wichtig, dass Teilnehmer aufgefordert werden, selbst festzuhalten welche Erkenntnisse gewonnen und welche Dinge wie und bis wann am Arbeitsplatz umgesetzt werden sollen (Lerntagebuch, Vereinbarungen mit sich selbst, Erkenntniskarte).

Nicht jeder Lernerfolg führt automatisch zu einer erfolgreichen Nutzung im Alltag. Der Transferumfang ist nicht nur von der Person selbst oder der Weiterbildung an sich abhängig, sondern auch von den betrieblichen Gegebenheiten und von anderen Personenkreisen.

Ein fehlender Transfererfolg ist also nicht gleichzusetzen mit einer schlechten Weiterbildung, sondern könnte auch durch entsprechende nicht förderliche Rahmenbedingung am Arbeitsplatz bedingt sein. Für eine nachhaltige Umsetzung ist deshalb die Planung, Kontrolle und Unterstützung des Transfers an den Arbeitsplatz nach der Weiterbildung notwendig (*Reischmann* 2003).

Zu den möglichen Transferbarrieren werden
– mangelnde Selbsterkenntnis der eigenen Schwäche(n) und damit verbunden, mangelnder Veränderungswunsch,
– fehlende Anwendungsmöglichkeiten,
– mangelnde Akzeptanz und fehlendes Interesse bei Kollegen und Führungskräften,
– Ausstattung des Arbeitsplatzes,
– Termindruck (z. B. erschwertes Austesten von neuen Techniken) sowie
– Umfeldfaktoren (z. B. ungeeignete organisatorische Prozesse)

gezählt. Um den Transfererfolg festzustellen und zu analysieren, gibt es verschiedene Vorgehensmöglichkeiten. Das *Standardisierte Rückkehrgespräch* (Nachbereitungsgespräch) mit der Führungskraft kann wie folgt ablaufen:

• Direkt nach der Maßnahme, um den Transfer in den Arbeitsalltag mit notwendigen Rahmenbedingungen und Unterstützungen zu vereinbaren. Kernfragen hierbei sind: Was war das Weiterbildungsziel? Was hat der Mitarbeiter gelernt? Wie kann die Umsetzung im Arbeitsalltag unterstützt werden? Welche Hindernisse stehen einem Transfer in die Praxis momentan im Weg?

• Gespräch nach einer gewissen Zeitspanne, um Transfererfolg gemeinsam zu überprüfen und gegebenenfalls Änderungen in den Rahmenbedingungen und vereinbarten Unterstützungen vorzunehmen. Kernfragen sind: Konnten vereinbarte Maßnahmen umgesetzt werden? Wie kann der Erfolg erhalten bleiben? Welche Transferbarrieren sind noch aufgekommen?

• Wenn keine Transferprobleme aufgekommen sind, ist die Überprüfung des Transfererfolgs auch im Rahmen des nächsten Mitarbeitergesprächs denkbar.

Die kurzfristige *Standardisierte* →*Befragung* (schriftlich oder mündlich) durch interne oder externe Dienstleister erfolgt durch

- die *Warmabfrage*, zeitlich nah am Seminar oder
- die *Kaltabfrage*, nach einer längeren Zeitspanne.

Die Kaltabfrage ist vor allem deswegen sinnvoll, da Trainingserfolge oft erst deutlich verzögert einsetzen, weil zum Beispiel entsprechende Anlässe und Gelegenheiten im Arbeitsalltag vorliegen müssen. Die beiden Befragungen orientieren sich inhaltlich an den Rückkehrgesprächen der Führungskraft. Die Befragung selbst kann sich allein auf den Teilnehmer und/oder die Führungskraft, Kollegen sowie Kunden fokussieren. Zu unterscheiden ist darüber hinaus zwischen

- Selbsteinschätzung des Teilnehmers und
- Fremdeinschätzung relevanter Personenkreise (i.d.R. Führungskraft, ggf. Kunden oder Kollegen).

Die →Beobachtung (abhängig vom Lerninhalt), erfolgt in angemessenem zeitlichen Abstand

- am bisherigen Arbeitsplatz oder
- innerhalb von Sonderaufgaben sowie Projekten.

Eine wissenschaftliche Beobachtung basiert auf einem vorab definierten Beobachtungsbogen, das heißt Beobachtungsfokus und Interpretationen sind exakt definiert. Die Alltagsbeobachtung findet hingegen nach individuellen Vorstellungen statt. Beide Erhebungsformen haben allerdings die Einschränkung, dass subjektives Erleben und Befinden nicht erfasst werden kann und weite Interpretationsspielräume vorhanden sind.

Die am schwierigsten belegbare Messgröße beinhaltet die Frage, inwiefern der Wissenszuwachs beziehungsweise die Verhaltensänderung zu einem positiven Beitrag für die Unternehmensziele beziehungsweise das wirtschaftliche Ergebnis des Unternehmens geführt hat (Stufe 4). Unmittelbar am Arbeitsplatz kann zum Beispiel die Führungskraft feststellen, ob die Arbeitseffizienz des Mitarbeiters höher geworden ist. Darüber hinaus sind Umsatz, Kosten, Fluktuationsrate, →Fehlzeiten, Fehlerquote und Ausbringungsmenge mögliche quantitative Messkriterien. Effizienz am Arbeitsplatz, Mitarbeiterzufriedenheit (→Arbeitszufriedenheit), →Motivation oder Prozessoptimierung wären denkbare qualitative Messkriterien. Allerdings ist die Einschätzung des Nutzens in nur wenigen Fällen eindeutig einer bestimmten Weiterbildungsmaßnahme zurechenbar und damit aus einer entsprechenden Kenngröße ablesbar.

Das Ziel, Weiterbildungserfolg in Geldeinheiten darstellen zu können, läuft in vielen Fällen Gefahr eine Wunschvorstellung zu bleiben, da der Nachweis der Kausalität problematisch ist. Beim Hinzuziehen von Kennzahlen ist deshalb entscheidend, dass sie auch tatsächlich das wiedergeben, was als Lernziel beziehungsweise Nutzen vorab definiert wurde und ihre Aussagekraft entsprechend relativiert wird und durch qualitative Beschreibung der Veränderung ergänzt werden (→Bildungcontrolling). Entsprechende Kennzahlen zu finden ist vor allem bei weichen Weiterbildungsthemen, wie zum Beispiel Teamentwicklungsbedarfe schwierig. Häufig sind quantitativ nur indirekte Wirkungsmessungen möglich (bspw. Klimaanalyse). Ein weiteres Problem konkreter Nutzenzuschreibung in Bezug auf Verhaltenstrainings ist, dass das oftmals Training für eine Veränderung des Verhaltens nicht ausreicht. Verhalten ist kontextabhängig, das heißt beispielsweise müssten unter Umständen parallel organisatorische Prozesse, Kompetenzen und interne Kommunikationsregeln verändert werden, um im Arbeitsalltag eine erfolgreiche und wahrnehmbare Verhaltensänderung zu ermöglichen.

In der Praxis dominiert in vielen Fällen eine pragmatische Vorgehensweise bei subjektiver Zuschreibung quantitativer Erfolge oder qualitativer Beschreibungen von Veränderungen. Die Berechnung von Korrelationen ist eher untypisch. Weitere Einflussgrößen, zum Beispiel Konjunkturentwicklung werden oft nicht eliminiert. Die in der Literatur beschriebene Errechnung eines konkreten Return on Investment (RoI) (*Fitz-enz* 2000) wird zwar auch in der Praxis gewünscht aber häufig als nicht praktikabel erachtet. Für eine Berechnung des RoI ist es notwendig, soweit wie möglich auch weiche →Daten in Geldwerte umzurechnen. Wenn weiche Faktoren nicht in Geldwerten umgerechnet werden können, ohne an Glaubwürdigkeit zu verlieren, so können die Daten mit entsprechenden Erklärungen als Nutzen aufgelistet werden.

Abgesehen von der Notwendigkeit, zu unterschiedlichen Messzeitpunkten eine genauere Betrachtung der Weiterbildung vorzunehmen, gibt es unterschiedliche Modellparameter, die

evaluiert werden können. Beispielsweise wird unterschieden zwischen
- *Teil- versus Gesamtevaluation* (repräsentative Stichprobe oder Gesamterhebung),
- *Input- versus Outputevaluation* (Input: Teilnehmer, Trainer, Trainingsmethoden (→Training), Medien, Umfeld; Output: Lernzielerreichung),
- *Selbst- versus. Fremdevaluation* (Selbst- vs. Fremdeinschätzung),
- *interne versus externe Evaluation* und
- *vergleichende versus nicht-vergleichende Evaluation* (mit und ohne Kontrollgruppe).

Welche Methoden für welche Weiterbildungsmaßnahme geeignet sind, hängt von den Maßnahmeninhalten selbst, deren →Komplexität, und der Bedeutung ab, die diese Maßnahme für das Unternehmen hat. Der Aufwand der verschiedenen Evaluationsmethoden ist sehr unterschiedlich und muss unter dem Aspekt der Durchführbarkeit und Effizienz ausgewählt werden. Beispielsweise eignet sich eine Teilevaluation vor allem dann, wenn es darum geht, die Wirksamkeit einer Maßnahme zu messen. Geht es hingegen um die Überprüfung individueller Lernprozesse, so muss gesamthaft jeder Einzelfall genau betrachtet und dementsprechende Evaluationskosten akzeptiert werden.

Literatur: *DGFP* (Hrsg.): Verfahren der Evaluation, in: Personalführung, 4. Jg. (2004), H 3. *Fitz-enz, J.*: The ROI of Human Capital, New York 2000. *Häring, K.*: Evaluation der Weiterbildung von Führungskräften, Wiesbaden 2003. *Holla, B.*: Qualitätsentwicklung in der Weiterbildung durch praxisorientierte Evaluation, Frankfurt a. M. 2002. *Kirkpatrick, D. L.*: Evaluation Training Programs, San Fransisco 1994. *Reischmann, J.*: Weiterbildungs-Evaluation, Neuwied 2003.

Ulrike Horender
Klaus Möller

Evaluationsforschung

systematische Anwendung empirischer →Forschungsmethoden zur Bewertung eines Konzeptes, eines Untersuchungsplans, der Interventionen und der Wirksamkeit sozialer Interventionsprogramme.

Zur Evaluationsforschung zählen auch Evaluationsobjekte wie Personen (Hochschullehrer werden durch Studenten evaluiert), Umweltfaktoren (z. B. Wirkungen von Lärm), Produkte, Methoden, Zielvorgaben, Projekte oder Forschungsprogramme. Bei der Evaluationsforschung geht es immer um die Bewertung des Erfolgs von gezielt eingesetzten Maßnahmen beziehungsweise um die Auswirkungen eines Wandels, wie *Bortz* und *Döring* (2002) bemerken. Sie bedient sich den methodischen Standards der empirischen Sozialforschung.

In der Regel ist Evaluationsforschung Auftragsforschung oder Begleitforschung, die zur Bewertung einer durchgeführten Maßnahme durchgeführt wird. Für die Person des Evaluators gilt, dass er über soziale und fachliche →Kompetenz verfügen sollte. Zu den Rahmenbedingungen einer →Evaluation gehören die Einhaltung wissenschaftlicher und formaler sowie ethischer Kriterien. Zur Planung einer Evaluationsstudie gehören nach *Wottawa* und *Thierau* (1998) das Studium einschlägiger Literatur, die Wahl der Untersuchungsart (summative oder formative Evaluation, Fallstudien), Operationalisierung von Maßnahmewirkungen, Auswahl der zu evaluierenden Stichprobe, Arbeitsplan sowie Durchführung, Auswertung und Berichterstattung.

Literatur: *Bortz, J.; Döring, N.*: Forschungsmethoden und Evaluation, Berlin 2002. *Wottawa, H.; Thierau, H.*: Lehrbuch Evaluation, 2. Aufl., Göttingen 1998.

Erika Spieß

Executive Search

alle Maßnahmen eines Unternehmens, um obere und oberste →Führungskräfte, die noch nicht im Unternehmen angestellt sind, im Wege der gezielten, persönlichen Direktansprache zu einer →Bewerbung bei dem Unternehmen zu veranlassen.

Das Unternehmen kann die systematische Suche nach geeigneten Führungskräften und ihre Direktansprache selbst vornehmen oder eine Personalberatung (Headhunter) als darauf spezialisierten Dienstleistungsanbieter mit der Suche beauftragen.

Wolfgang Burr

Existenzbedürfnis →ERG-Theorie

Exit Costs

Kosten, die durch das Ausscheiden von Mitarbeitern aus dem Unternehmen entstehen.

Exit Costs können in drei Kategorien eingeteilt werden:

1. Kosten, die aufgrund von *Leistungs- und Effizienzverlusten* entstehen, bevor sich ein Unternehmen von einem Mitarbeiter trennt.
2. Kosten aus der *Vakanz*, die entstehen, wenn eine →Stelle während der Suche nach einem neuen geeigneten →Arbeitnehmer unbesetzt ist.
3. *Abfindungskosten* nach der Mitarbeiterentlassung.

In einem weiteren Verständnis können die Suchkosten nach einem neuen Mitarbeiter hinzugerechnet werden.

Silvia Föhr

Expatriate

ein von der Muttergesellschaft befristet in ein Gastland entsandter Mitarbeiter (früher auch Stammhausdelegierter).

Besitzt der Mitarbeiter die Staatsangehörigkeit des Stammlandes der Muttergesellschaft so wird er auch als *Parent Country National* (PCN) bezeichnet. Stammt der Mitarbeiter weder aus dem Stammland noch dem Gastland, so wird er *Third Country National* (TCN) genannt (→Beschäftigte in internationalen Unternehmen).

Nach *Scherm* (1995) verfolgen Unternehmen mit der Entsendung von Mitarbeitern mindestens eines der folgenden Ziele:

– Transfer von Know how,
– →Koordination und Kontrolle der Unternehmenseinheiten oder
– Führungskräfteentwicklung (→Managemententwicklung).

Aus Mitarbeitersicht sind laut *Kühlmann* (2004) wichtige Beweggründe für einen Auslandseinsatz beispielsweise ein größerer Verantwortungsbereich, Erweiterung der Qualifikation durch internationale Erfahrung, Verbesserung der Aufstiegs- und Karrierechancen und die Möglichkeiten der persönlichen Weiterentwicklung.

Dem entgegen stehen häufig familiäre Gegebenheiten wie schulpflichtige Kinder oder die beruflichen Ambitionen des Ehepartners (→Dual-Career-Problem), aber auch Befürchtungen bezüglich finanzieller Nachteile oder Probleme bei der Rückkehr ins Stammhaus (z. B. Fehlen einer adäquaten Position, →Repatriierung). Zentral ist hier die Gestaltung eines →Entsendevertrags, der materielle und karrierebezogene Aspekte der Entsendung regelt.

Entgegen der früheren Annahme von grundsätzlich belastenden und konfliktären Anpassungsprozessen geht man heute von stark individuell und situational geprägten Verläufen der Anpassung an die Gegebenheiten des Gastlandes aus, wie *Kühlmann* (2004) bemerkt. Der individuelle wie auch der organisationale Erfolg einer →Auslandsentsendung lässt sich dabei durch vorbereitende interkulturelle Trainingsprogramme positiv beeinflussen (Trainingsmethoden für Auslandseinsatz). Während des Auslandsaufenthaltes hat sich die Benennung eines →Stammhauspaten als hilfreich erwiesen. Spezifische Repatriierungsmaßnahmen wie Rückkehrer-Seminare unterstützen schließlich die erfolgreiche Wiedereingliederung in das Stammhaus beziehungsweise das Stammland (→Repatriierung).

Literatur: *Kühlmann, T.*: Auslandseinsatz von Mitarbeitern, Göttingen 2004. *Scherm, E.*: Internationales Personalmanagement, München 1995.

Rüdiger Kabst
Angelo Giardini

Experiential Learning

Theorie des erfahrungsorientierten →Lernens, die besagt, dass →Wissen nicht nur kognitiv, sondern auch affektiv und verhaltensmäßig (etwa durch interkulturelle Alltagserfahrungen) erworben wird.

Die Theorie des Experiential Learning wurde von *Kolb* (1984) formuliert, basierend auf den Arbeiten von *Dewey* (1938), *Lewin* (1951) und *Piaget* (1970). In ihr ist sowohl auf intellektuelle als auch auf emotionale Weise erworbenes Wissen immer Wissen aus Erfahrung. Lernen ist nach dieser Theorie ein holistischer Prozess, der sich auf die persönlich gemachten Erfahrungen des Individuums bezieht. Für die Entwicklung →interkultureller Kompetenz ist die Theorie des Experiential Learnings hilfreich. Anhand des →Learning Style Inventory (LSI) kann der persönliche →Lernstil ermittelt werden.

Literatur: *Barmeyer, C.*: Interkulturelles Management und Lernstile, Frankfurt a. M., New York 2000. *Dewey, J.*: Experience and Education, New York 1938. *Kolb, D.*: Experiential Learning, New York 1984. *Lewin, K.*: Field Theory in Social Sciences, New York 1951. *Piaget, J.*: The Place of the Sciences of Man in the System of Science, New York 1970.

Christoph I. Barmeyer

Expertensysteme

Ausgestaltungsvariante →personalwirtschaftlicher Anwendungssoftware, die der so genannten künstlichen Intelligenz zugerechnet wird und zur Unterstützung eines Entscheidungsfindungsprozesses dient.

In Abweichung von konventionellen Softwaresystemen gründen Expertensysteme, für die synonym auch der Begriff wissensbasierte Systeme verwendet wird, auf einer aus personalwirtschaftlichen Regeln und Fakten bestehenden Wissensbasis, aus der mittels Inferenzmechanismen eigene Schlüsse zur Lösung personalwirtschaftlicher Probleme gezogen werden. *Heinecke* (1992) versucht, Gedankengänge und Erfahrungen von personalwirtschaftlichen Experten durch formalisierte, maschinenverarbeitbare Operationen abzubilden und den Anwendern der Systeme Expertenwissen zur Lösung personalwirtschaftlicher Probleme zur Verfügung zu stellen. Ziel ist es, in eng abgegrenzten, aber unstrukturierten oder gering strukturierten personalwirtschaftlichen Aufgabenbereichen die Fähigkeit eines Experten zur Verfügung zu stellen.

Die großen Hoffnungen, die man in personalwirtschaftliche Expertensysteme, oft auch mit XPS abgekürzt, gesetzt hat, konnten bislang nicht erfüllt werden. Nur sehr wenige personalwirtschaftliche Systeme weisen für eng begrenzte Aspekte Expertensystemcharakter auf.

Literatur: Heinecke, A.: Die Applikationsmöglichkeiten von Expertensystemen in den funktionalen Bereichen der Personalwirtschaft, Aachen 1992.

Stefan Strohmeier

External Labour Market →Arbeitsmarkt

Externe Personalberichte/-bilanzen

beinhalten sämtliche personenbezogenen Informationen, die ein Unternehmen an externe Stakeholder berichtet. Damit wird das Informationsinteresse befriedigt und Gestaltungsmöglichkeiten zur Darstellung der eigenen Personalsituation genutzt.

Trotz der Relevanz für die Imagebildung eines Unternehmens auf dem Käufer-, Kapital- und insbesondere →Arbeitsmarkt, gibt es für die Personalberichterstattung nur wenige Vorgaben wie der Ausweis der →Personalkosten für bestimmte Gesellschaftsformen.

Gegenüber dem internen Reporting (→*Internes Personalreporting*) steht im Rahmen der externen Berichterstattung die Informationsfunktion im Mittelpunkt. Zwar hofft man auch hier auf mittelbare Konsequenzen, zum Beispiel Erhöhung des Images und höhere Bewerbungszahlen, direkte Maßnahmen leiten sich regelmäßig jedoch nicht ab. Die Fragen, die bezüglich der externen Informationsversorgung zu stellen sind, sind dieselben wie beim unternehmensinternen Reporting: Wozu, wann und was soll an wen (von wem) und wie berichtet werden?

Regelmäßige Informationen zum Personal und →Personalmanagement eines Unternehmens finden sich in Abhängigkeit von Rechtsform und Informationspolitik als Teil des Geschäftsberichts oder in separaten Personalberichten. Werden letztere hinsichtlich Kosten und Nutzen gegliedert, werden sie auch Personalbilanzen genannt. Umfassende separate Personalberichte gibt es allerdings nach Untersuchungen von *Gazdar* und *Bornmüller* (2002) wenige und mit der Nutzung des →Internets ist ihre Verbreitung eher noch abnehmend. Im Mittelpunkt der externen Personalberichterstattung stehen heute die Recruitingpages der Unternehmen.

Dabei werden nach *Staufenbiel* und *Giesen* (2003) folgende Punkte als wesentliche *Erfolgsfaktoren* benannt. Anhand dieser Punkte haben sich auch vergleichende Beurteilungen der Recruitingpages von Unternehmen etabliert:

- *Navigation*: Link auf der Start-up Seite des Unternehmens, Navigations-Frames, Sitemap, Suchfunktion für den Internetauftritt sowie eventuell Suchfunktion für den Stellenmarkt.

- *Benutzerfreundlichkeit*: Erreichbarkeit, kurze Ladezeiten, Vermeidung von Dead Links sowie bei Datenaustausch SSL-Verbindungen (Secure Socket Layer).

- *Darstellung*: Zielgruppenorientierte Darstellung sowie unternehmenseinheitlicher Auftritt.

- *Inhalte*: Unternehmenspräsentation, Einstiegs- und Karrieremöglichkeiten für die (verschiedenen) Zielgruppen, zum Beispiel über die Vorstellung von Mitarbeiterkarrieren und Karriere-FAQs, detaillierte und aktuelle Angaben zu offenen Stellen, Ausbildungs- und Praktikumsplätzen.

- →*Interaktion*: Kontaktdaten der jeweils Verantwortlichen im Unternehmen, Angebot der elektronischen →Bewerbung und (teilweise) Virtualisierung von Bewerberauswahlverfahren (→Auswahlverfahren).

Eine etwas andere Vorgehensweise der Beurteilung von Recruitingpages bietet die CUBE-Formel der Universität Saarbrücken. In diesem werden gewollt subjektiv die Aspekte *Content*, *Usability*, *Branding* und *Emotion* betrachtet.

Recruitingpages fokussieren auf potenzielle Mitarbeiter als Empfänger. Sie dienen zuvorderst dem Aufbau des Arbeitgeberimages (Employer Branding, siehe auch →Personalimage) und der direkten →Rekrutierung von Mitarbeitern. Darüber hinaus gibt es eine Reihe weiterer Interessenten, die sich dieser Informationsquelle bedienen. Neben Investoren und Gläubigern sind dies Kunden und Lieferanten sowie Unternehmen der (Arbeitsmarkt-) Konkurrenz.

Dies gilt ebenso für Personalthemen im Rahmen des Geschäftsberichtes beziehungsweise der eigenständigen Personal- und Sozialberichte. Die Darstellung von Personalthemen gehört in Geschäftsberichten überwiegend zu den freiwilligen Informationen und nicht zum eigentlichen Pflichtteil. Weitergehende Informationen in Personalberichten und -bilanzen oder im Internet, sind hinsichtlich der gebotenen Inhalte und der Form daher unternehmensindividuell. Punkte, die man in fast jedem Geschäftsbericht findet, sind Angaben über die Anzahl der beschäftigten Mitarbeiter und deren Veränderung in der Betrachtungsperiode, Informationen über das →betriebliche Vorschlagswesen und Patentanmeldungen sowie Aus- und Weiterbildung im Unternehmen. Fallweise finden sich weitere Themen, zum Beispiel die Vergütungspolitik, Sozialleistungen, Beteiligung der Mitarbeiter am Unternehmenskapital und Interpretationshilfen, zum Beispiel Vergleich zur Branche oder bezüglich der Zielerreichung. Die Vertreter des Unternehmens können mit Umfang, Inhalten und Art der Darstellung von Personalthemen sehr stark das Arbeitgeberimage (→Personalimage) und damit das Bild des Unternehmens in der Öffentlichkeit beeinflussen.

Darüber hinaus gibt es nach extern auch verpflichtende Informationsversorgungsaufgaben sowie Ausnahme- und Sonderberichte des Personalmanagements. Empfänger sind hier vor allem die Agenturen für Arbeit, Träger der Sozialversicherungen, statistische Ämter sowie Sozialpartner. Zu nennen sind hier beispielsweise die Meldung von offenen Stellen oder die Anzeige von Massenentlassungen an die Agenturen für Arbeit, gemäß §§ 17, 18 Kündigungsschutzgesetz (KSchG). Umfang, Inhalte und Form der →Information sind hier jedoch regelmäßig von den Partnern bestimmt.

Literatur: *Gazdar, K.*; *Bornmüller, A.*: Personalbilanzen fehlt der Glanz, in: Personalwirtschaft, Magazin für Human Resources, 29. Jg. (2002), H. 3, S. 62–66. *Staufenbiel, J. E.*; *Giesen, B.*: Electronic Recruiting – Personalmarketing auf der Homepage, Köln 2003.

Daniela Eisele

Externes Coaching →Coaching

Extranet

privates Netzwerk, das auf dem standardisierten Internet-Protokoll (TCP/IP) basiert.

Das Extranet nutzt damit den gleichen technischen Standard wie das →Internet. Ein Extranet dient in der Regel dazu, Geschäftsdaten beispielsweise mit Kooperationspartnern, Abnehmern oder Zulieferbetrieben auszutauschen oder zu teilen. Somit lässt sich das Extranet logisch zwischen dem →Internet und dem →Intranet verorten. Häufig handelt es sich bei dem Extranet um das Intranet des Unternehmens, das teilweise zur Nutzung durch außenstehende Personen erweitert wird. Aufgrund der Vertraulichkeit der ausgetauschten Daten benötigt das Extranet hohe Sicherheitsstandards, wie etwa eine eigene Firewall. Zudem müssen alle Nutzer durch digitale Zertifikate oder ähnliches identifizierbar sein.

Im →Personalmanagement kann das Extranet beispielsweise für unternehmensübergreifende Personalentwicklungsmaßnahmen oder Arbeitskräftestrategien, wie zum Beispiel Job Allianzen zwischen mehreren Unternehmen, genutzt werden.

Stephan Kaiser

Extra-Rollen-Verhalten →Freiwilliges Arbeitsengagement

Extrinsische Motivation

liegt vor, wenn die →Motivation für eine Aufgabe nicht aus der Aufgabe selbst, sondern aus einer daran geknüpften Belohnung (→ Belohnung und Bestrafung) resultiert.

Extrinsische Motivation kann sowohl aus der Hoffnung auf Belohnung als auch der Furcht vor Bestrafung resultieren. In der betrieblichen Praxis zählen zu den meistverbreiteten Belohnungen, die extrinsische Motivation auslösen sollen, finanzielle Erfolgsprämien, die Eröffnung von Aufstiegs- und Entwicklungschancen oder der Gewinn von →Macht und Status. Die Vermeidung von Bestrafung kann extrinsisch motivieren, wenn die Person damit beispielsweise verhindern kann, dass sie die →Loyalität ihres Vorgesetzten oder eine eben erworbene Position verliert.

Markus Gmür

Extrinsisches Feedback → Feedback

F

Fachaufgaben

sachliche Probleme, die mit den Stellenaufgaben verbunden sind.

Voraussetzung zur befriedigenden Bewältigung von Fachaufgaben durch eine →Stelle oder Instanz (→Aufbauorganisation) ist eine den Stellenanforderungen entsprechende →Fachkompetenz. In der →Personalverwaltung ist beispielsweise eine typische Fachaufgabe die Berechnung der Vergütung für einzelne Mitarbeiter.

Neben die Fachaufgaben treten bei übergeordneten Stellen Führungsaufgaben. Diese betreffen die Weisungsbefugnis gegenüber anderen Stellen und die Koordination. Voraussetzung für die erfolgreiche Bewältigung dieser Aufgaben ist vor allem Sozialkompetenz. Fach- und →soziale Kompetenz werden als die zwei grundlegenden →Qualifikationen für die Besetzung von Managementpositionen angesehen.

Reinhard Meckl

Fachkompetenz

Fähigkeit, sachbezogene Aufgaben und Probleme erfolgreich und effektiv zu lösen.

Die Leistungserstellung in Unternehmen, zum Beispiel im personalwirtschaftlichen Bereich, setzt die Erfüllung von sachbezogenen Aufgaben und die Lösung von Problemen im Zusammenhang mit der Leistungserstellung voraus. Um die Aufgaben erfüllen und die Probleme lösen zu können, muss der jeweilige Mitarbeiter beziehungsweise die →Führungskraft über fachliche Kenntnisse (→Qualifikation) verfügen. So muss ein Mitarbeiter im personalwirtschaftlichen Bereich, der mit der Erstellung von Personaleinsatzplänen betraut ist, die gängigen Instrumente beherrschen, diese adäquat einsetzen und deren Aussagefähigkeit einschätzen können.

Fachkompetenz wird generell in fachspezifischen Ausbildungsgängen (→Ausbildung) außerhalb des Unternehmens oder innerhalb im Rahmen von Personalentwicklungsmaßnahmen (→Personalentwicklung) erworben.

Das Pendant zur Fachkompetenz stellt im betrieblichen Bereich die Sozialkompetenz (→Soziale Kompetenz) dar, die im Wesentlichen die Fähigkeiten des Mitarbeiters beziehungsweise der Führungskraft in der Personalführung (→Mitarbeiterführung) und der Teamarbeit abdeckt.

Reinhard Meckl

Fachlaufbahn →Laufbahnmodelle

Fachpromotor

im *Witte-Hauschildt*-Modell des →Innovationsmanagements die Rolle desjenigen, der Veränderungsprozesse aufgrund seiner →Fachkompetenz fördert (→Change Maker).

Factor Ranking Method →Arbeitsbewertung

Fähigkeit →Qualifikation

Fähigkeitsprofil →Qualifikationsprofil

Fähigkeitstest

standardisiertes, routinemäßig anwendbares Verfahren zur Messung der Güte der Kombination von →Wissen und Know how in der Wissensanwendung.

In der wissenschaftlich kontrollierten →Eignungsdiagnostik finden psychologische →Testverfahren am häufigsten Verwendung. Fähigkeitstests dienen im →Personalmanagement der Ermittlung eines Teils der →Qualifikation und bilden somit eine Entscheidungsgrundlage für die Auswahl von Mitarbeitern für bestimmte Positionen oder aber für Personalentwicklungsmaßnahmen.

Laila Maja Hofmann

Fair Reasons for Dismissal

in Großbritannien zulässige Begründungen für eine ordentliche, fristgemäße →Kündigung von →Arbeitnehmern.

Eine ordentliche, fristgemäße →Kündigung von Arbeitnehmern, die länger als sechs Monate für einen →Arbeitgeber arbeiten, der mehr als zehn Beschäftigte hat, ist in Deutschland gemäß § 1 des Kündigungsschutzgesetzes nur dann wirksam,

- wenn sie sich an einer etwaigen betrieblichen Richtlinie orientiert (→ Sozialauswahl),
- wenn der Arbeitnehmer an keinem anderen Arbeitsplatz weiterbeschäftigt werden kann,
- wenn zudem betriebs-, personen- oder verhaltensbedingte Gründe vorliegen und
- wenn der besondere →Kündigungsschutz bestimmter Personengruppen beachtet wird.

Damit sind die gerichtlich überprüfbaren (→Kündigungsschutzprozess), rechtlich zulässigen →Kündigungsgründe umschrieben, die den in Großbritannien akzeptierten Fair Reasons for Dismissal in etwa entsprechen.

Darüber hinaus sind in Deutschland →außerordentliche Kündigungen ohne Einhaltung einer →Kündigungsfrist zulässig, wenn Tatsachen vorliegen, aufgrund derer die Fortsetzung des Arbeitsverhältnisses unzumutbar ist. Da man in Großbritannien kürzere Kündigungsfristen kennt, sind außerordentliche Kündigungen dort regelmäßig illegitim (→Wrongful Dismissal).

Reiner Bröckermann

Faktisches Arbeitsverhältnis

Fallgestaltung, in der ein Arbeitsverhältnis (→Beschäftigungsverhältnis) zwischen →Arbeitgeber und →Arbeitnehmer einvernehmlich vollzogen wird, ohne dass hierfür eine Rechtsgrundlage vorhanden ist.

Ein faktisches oder fehlerhaftes Arbeitsverhältnis liegt immer dann vor, wenn die Parteien in der vermeintlichen Annahme entsprechender Verpflichtungen arbeitsrechtliche Leistungen erbringen. Das kann sich beispielsweise aus der Nichtigkeit eines zwischen Arbeitgeber und Arbeitnehmer geschlossenen →Arbeitsvertrags ergeben, wobei sich die Nichtigkeit jedoch auf den gesamten Arbeitsvertrag beziehen muss, nicht lediglich auf einzelne Bestimmungen. Die Vereinbarung eines sittenwidrigen Lohns berührt die Wirksamkeit des Arbeitsvertrags im Übrigen nicht; der Arbeitgeber muss nach § 612 Abs. 2 Bürgerliches Gesetzbuch (BGB) den üblichen Lohn zahlen. Weiter liegt ein fehlerhaftes Arbeitsverhältnis bei wirksamer →Anfechtung des Arbeitsvertrags vor. Ebenso, wenn ein Betriebs- oder Betriebsteilerwerber Arbeitnehmer aufgrund der irrtümlichen Annahme, diese gehörten zum übernommenen Betrieb oder Betriebsteil, nach § 613 a Abs. 1 Satz 1 BGB weiterbeschäftigt oder weil der Arbeitnehmer dem Übergang seines Arbeitsverhältnisses erst nach dem →Betriebsübergang gemäß § 613 a Abs. 6 BGB widerspricht. Darüber hinaus kommt ein fehlerhaftes Arbeitsverhältnis bei der Fortführung des Betriebs eines Erblassers durch einen Scheinerben zustande. Nicht als fehlerhaftes Arbeitsverhältnis zu qualifizieren sind hingegen so genannte zweckverfehlte →Arbeitsleistungen (Arbeitsleistungen aufgrund familiärer oder freundschaftlicher Beziehungen, die in der nicht erfüllten Erwartung beziehungsweise aufgrund rechtsunwirksamer Zusage einer Erbeinsetzung, einer Hof- oder Geschäftsübertragung oder einer Eingehung der Ehe erbracht worden sind).

Für die *Rechtswirkungen* eines fehlerhaften Arbeitsverhältnisses ist entscheidend, ob das Arbeitsverhältnis bereits in Vollzug gesetzt worden ist oder nicht. Hat der Arbeitnehmer seine →Arbeit noch nicht aufgenommen, wurde das Arbeitsverhältnis noch nicht in Vollzug gesetzt und Nichtigkeit und Anfechtung wirken zurück. Dementsprechend besteht keine Verpflichtung des Arbeitnehmers zur Arbeitsleistung und keine Verpflichtung des Arbeitgebers zur Vergütungszahlung. Somit können auch keine Schadensersatzansprüche wegen Nichtleistung beziehungsweise Verzug geltend gemacht werden. Bereits ausgetauschte Leistungen sind nach Bereicherungsrecht (§§ 812 ff. BGB) rückabzuwickeln. Wurde das Arbeitsverhältnis hingegen bereits in Vollzug gesetzt, so ist es grundsätzlich für die Vergangenheit als fehlerfrei (also wirksam) zu behandeln und kann nur für die Zukunft aufgelöst werden (streitig). Für diesen Zeitraum bestehen sämtliche arbeitsrechtlichen Rechte und Pflichten. Ausnahmsweise ist auch das in Vollzug gesetzte Arbeitsverhältnis für die Vergangenheit als nicht wirksam begründet zu behandeln, wenn es entweder an einem so schweren Mangel leidet, dass die Anerkennung vertraglicher Beziehungen zwingenden gesetzlichen Bestimmungen widersprechen würde, oder der Arbeitnehmer keinen Schutz verdient.

Das fehlerhafte Arbeitsverhältnis kann jederzeit durch entsprechende Erklärung beendet werden. Etwaige Kündigungsschutzvorschriften sind grundsätzlich nicht zu beachten. Mit Wirksamwerden der Beendigungserklärung wird das fehlerhafte Arbeitsverhältnis für die Zukunft aufgelöst. Wurde das Arbeitsverhältnis zwischenzeitlich außer Funktion gesetzt, zum Beispiel infolge einer Erkrankung des Arbeitnehmers, und danach nicht wieder aufgenommen, wirkt die Beendigungserklärung ausnahmsweise auf den Zeitpunkt der Außerfunktionssetzung zurück.

Literatur: *Boemke, B.*: Studienbuch Arbeitsrecht, 2. Aufl., München 2004, § 3 Rn. 75 ff. *Boemke, B.*: AR-Blattei, SD 220.5 Rn. 1 ff.

Burkhard Boemke

Faktorenanalyse

Merkmale reduzierendes und →Hypothesen generierendes Verfahren.

Neben dem Ansatz der →mehrdimensionalen Skalierung kann bei Vorliegen einer ausschließlich quantitativen Datenmatrix auch die Faktorenanalyse zur Repräsentation einer Objektmenge eingesetzt werden. Dabei sollen die Objekte in einem möglichst niedrig dimensionierten Raum so angeordnet werden, dass die relative Lage der sich ergebenden Punkte die Ähnlichkeit der Objekte angemessen zum Ausdruck bringt.

Daneben erlaubt es die Faktorenanalyse auch, aus den zwischen den Merkmalen vorliegenden Korrelationen hypothetische Größen (=*Faktoren*) zu extrahieren, welche die in der Korrelationsmatrix enthaltenen Zusammenhänge beschreiben und erklären. Dies bedeutet, dass korrelierende Variablen zu Merkmalskomplexen zusammengefasst werden und damit eine *Faktorenextraktion* erfolgt. Diese Faktorenextraktion führt zu einer Reduktion der Ausgangsdaten, so dass die in einer →Datenanalyse vorliegenden Merkmale in eine im Allgemeinen deutlich kleinere Anzahl von Faktoren überführt werden, wobei der Anteil der verloren gegangenen →Information möglichst gering sein soll. Die resultierenden Faktoren sind dann meist leichter interpretierbar als die Fülle der Ausgangsdaten und können als unkorrelierte Variablen in anderen Analyseverfahren herangezogen werden. Einen Eindruck hierzu geben zum Beispiel *Backhaus et al.* (2003).

Ein gebräuchlicher Ansatz der Faktorenanalyse ist laut *Fahrmeir* und *Hamerle* (1996) die *Hauptkomponentenanalyse*. Sie unterstellt eine lineare Beziehung zwischen den ursprünglich erhobenen Merkmalen und den neu zu bestimmenden Faktoren. Zur Interpretation der resultierenden Faktoren werden meist die Kommunalitäten berechnet, die den Anteil der in den Faktoren jeweils enthaltenen Ausgangsinformationen der Merkmale angeben.

Im →Personalmarketing lässt sich die Faktorenanalyse vor allem zur →Identifikation von Zielgruppen heranziehen. Es ist wichtig ausschließlich den gewünschten Personenkreis und die geplanten Effekte im gewünschten Ausmaß zu erreichen. Dies tritt dann ein, wenn die Zielgruppe intern so homogen und extern so heterogen wie möglich ist. Die Faktorenanalyse fasst mehrere Segmentierungskriterien anhand von Korrelationsbetrachtungen zu Faktoren zusammen.

Literatur: *Backhaus, K. et al.*: Multivariate Analysemethoden, 10. Aufl., Berlin 2003, S. 260–332. *Fahrmeir, L.*; *Hamerle, A.*: Multivariate statistische Verfahren, 2. Aufl., Berlin 1996, S. 661–677. *Weber, E.*: Einführung in die Faktorenanalyse, Stuttgart 1974.

Udo Bankhofer

Fallstudienmethode

Weg zur Vermittlung betriebswirtschaftlichen →Wissens anhand einer realen oder fiktiven Problemstellung aus Unternehmen (syn.: Business Case (→Fallstudienmethode)).

In der Regel besteht die Aufgabenstellung darin, einzeln oder in →Gruppen einen Projektauftrag oder einen herausfordernden Entscheidungstatbestand aus der Unternehmenspraxis zu analysieren, zu beurteilen und zudem einen Gestaltungsvorschlag zu entwerfen. Dies geschieht auf der Basis von theoretischem →Wissen nach einem weitgehend standardisierten Lösungsschema.

Der systematische *Einsatz* von Fallstudien in Hochschulen geht auf amerikanische Business Schools zurück, deren standardisierte Bearbeitungsschemata schon lange konsequent in der Lehre eingesetzt werden (*Barnes, Christensen* und *Abby* 1994). Fallstudien werden aber auch von Unternehmen zur betrieblichen Weiterbildung unter anderem im →Personalmanagement eingesetzt. Ihre Ziele bestehen in der Vermittlung von Analyse-, Beurteilungs-, Gestaltungs- und Präsentationsfähigkeiten und darüber hinaus im Rahmen der →Gruppenarbeit in der Vermittlung von Sozialkompetenz.

Familienservice

Typische *Fallbearbeitungsschemata* beginnen mit einer Situations- und Problemanalyse auf Basis der gegebenen Informationen. Es folgen die Konkretisierung der Zielsetzung des Handelns sowie der Verhaltensannahmen an die Handelnden, anschließend die Entwicklung und Bewertung von Handlungsoptionen zur Zielerreichung. Das betriebswirtschaftliche Primat liegt hierbei üblicherweise auf den Investitionskosten und den erwarteten finanziellen Rückflüssen, es wird aber ergänzt durch eine Reihe weiterer nicht-finanzieller Zielgrößen wie beispielsweise Unternehmenskulturwirkungen. Die günstigste Alternative wird dann zur Entscheidung empfohlen. Für diese Entscheidung werden abschließend in einem konkreten, in sich möglichst stimmigen Handlungsplan Anweisungen zur →Implementierung entwickelt.

Neben den oben genannten Zielsetzungen liegt der *Nutzen* der Fallstudienmethode in der Motivationssteigerung durch einen hohen Praxisbezug; zudem besteht die Möglichkeit einer unmittelbaren Lernkontrolle.

Beschränkt wird die Anwendung durch die Notwendigkeit eines theoretischen Vorwissens bei den Bearbeitern, durch die teilweise weit gehende Vereinfachung der Realität, durch die Konzentration auf besondere Probleme zu Lasten von Routineproblemen, durch die Nichtgeneralisierbarkeit von Einzelfallergebnissen und durch die fehlenden Handlungskonsequenzen von Entscheidungen in der Praxis. Hinzu kommen gruppenarbeitstypische Probleme wie beispielsweise die Tendenz zu raschen Entscheidungen und die Gefahr der Verantwortungsdiffusion sowie ein vergleichsweise hoher Vorbereitungsaufwand für Dozenten und Bearbeiter.

Literatur: *Barnes, L. B.*; *Christensen, C. R.*; *Abby, J. H.*: Teaching and the Case Method, 3. Aufl., Boston 1994.

Volker Stein

Familienservice →Individualisierung

Family-Friendly Policies

Möglichkeit familiäre Aufgaben, wie die Erziehung von Kindern und die Betreuung pflegebedürftiger Angehöriger, mit beruflichen Zielen abstimmen zu können.

→Arbeit und Familie üben konkurrierende →Anforderungen aus, so dass die Erfüllung der einen mit hoher Wahrscheinlichkeit zu Lasten der anderen geht, was sich laut *Spector* et al. (2004) in einem höheren Level an Belastungen und Beanspruchungen (→Belastungs-Beanspruchungs-Modell) sowie Konflikten bemerkbar macht, die zu Lasten der – beruflichen wie auch familiären – Leistungsfähigkeit gehen.

Zielgruppe sind neben weiblichen Beschäftigten ebenso Männer, in deren Lebensplanung die Familie eine immer stärker werdende Berücksichtigung findet und die ebenso familienfreundliche Arbeitsverhältnisse fordern. Familienorientierte →Personalpolitik ist damit nicht mit Frauenförderung gleichzusetzen.

Der *Handlungsbedarf* ergibt sich insbesondere daraus, dass Deutschland eine der niedrigsten Geburtenraten Europas und den höchsten Anteil kinderloser Frauen und Männer weltweit aufweist. Diese demographische Lage wird als langfristig problematisch eingeschätzt infolge des damit im Zusammenhang stehenden fehlenden Fachkräftenachwuchses sowie der geringeren Zahl von Unternehmensneugründungen und Innovationen (→Technologischer Wandel).

Eine familienbewusste Personalpolitik in Unternehmen dient der Realisierung zweier, auf den ersten Blick konfligierender *Formalziele* und der Herstellung einer Win-Win-Situation für Organisationen und deren Mitglieder:

1. Sie zielt auf die Erreichung einer *sozialen Effizienz* ab. Hier geht es um die Erfüllung der Erwartungen, Bedürfnisse (→Motiv) und Interessen der Mitarbeiter in Bezug auf die Vereinbarkeit des →Berufs mit den familiären Bedürfnissen. Auch ist die Familienorientierung eine Reaktion auf einen steigenden gesellschaftlichen und politischen Druck, um hierüber das ökonomische Handeln zu legitimieren.

2. Der Erreichung einer *ökonomischen/wirtschaftlichen Effizienz* wird mittels der Umsetzung familienbewusster Maßnahmen eine große Bedeutung beigemessen.

Ökonomische Vorteile resultieren unter anderem aus der *Bindung qualifizierter Mitarbeiter* und *Senkung der* →*Fluktuation*: Einer Studie von *Grover* und *Crooker* (1995) zufolge fördern familienfreundliche Maßnahmen die Bindung von Beschäftigten an das Unternehmen und bieten die Chance, deren Qualifikationspotenzial dauerhaft zu nutzen. Laut einer *Prognos-Studie* (2004) liegen die Rückkehrquoten nach der Elternzeit (→Erziehungsurlaub) in Unternehmen mit familienorientierter Personalpolitik deutlich höher als im Bundesdurchschnitt und die durchschnittliche Verbleibdauer in Elternzeit ist niedriger.

Das Interesse der Bindung (→Personalbindung) qualifizierter →Angestellter begründet sich zum einen in dem sich verschärfenden Fachkräftemangel ausgelöst durch den Geburtenrückgang in Deutschland. Infolge dieses sich verengenden Arbeitsmarktes konkurrieren Unternehmen verstärkt um die besten Arbeitskräfte und die Gefahr von Abwerbungen steigt. Zum anderen besteht ein weiteres Argument darin, dass sich die getätigten Investitionen in die Aus- und Weiterbildung dieser Beschäftigten amortisieren müssen. Die Einführung familienfreundlicher Maßnahmen kann helfen, die Kosten für die familienbedingte Fluktuation von Mitarbeitern und für die Wiedereingliederung von Rückkehrern aus der Elternzeit, welche mit der Dauer der Betriebsabwesenheit steigen, ebenso wie die Wiederbeschaffungskosten von Ersatzkräften mit gleichem Qualifikationsniveau zu senken. Weitere Vorteile sind:

- *Erleichterung bei der* →*Personalbeschaffung*: Familienfreundliche Maßnahmen leisten laut einer Studie von *Nielsen, Simonsen* und *Verner* (2004) einen Beitrag dazu, dass umworbene Bewerber entsprechende Unternehmen als →Arbeitgeber bevorzugen. Dadurch können bei der Personalgewinnung Einspareffekte erzielt werden.
- *Verbesserung der Attraktivität des Arbeitsplatzes und des Firmenimages*: Die Umsetzung und →Kommunikation praktizierter Maßnahmen haben neben einem positiven Einfluss auf das →Personalmarketing auch eine imagefördernde Wirkung auf externe Akteure haben, was sich wiederum im Absatz der Produkte beziehungsweise Dienstleistungen oder dem Aktienkurs (*Arthur* und *Cook* 2004) widerspiegelt.
- *Reduzierung von Stress/Konflikten*: Familienfreundliche Maßnahmen sind dazu geeignet, →Stress und Konflikte, die sich aus der Organisation von Beruf und Familie ergeben, zu reduzieren. Dadurch ist es den Beschäftigten möglich, sich voll auf das berufliche Aufgabenfeld zu konzentrieren und bessere Leistungen zu erbringen.
- *Erhöhung der* →*Motivation*: →Arbeitnehmer, die ein Interesse an ihrer Person und ihren individuellen Bedürfnissen wahrnehmen, weisen qualitativ höhere Arbeitsergebnisse auf und sind leistungsfähiger, wovon wiederum die Unternehmen profitieren.

Letztendlich tragen familienfreundliche Maßnahmen zur Stärkung der *Wettbewerbsfähigkeit* von Unternehmen sowie der *Unternehmensleistung* bei und rechnen sich damit nicht nur sozial, sondern auch wirtschaftlich.

Die Einführung familienfreundlicher Maßnahmen ist immer mit Kosten verbunden. Infolge des zum Teil qualitativen Charakters der Maßnahmen, ist die Abwägung von *ökonomischen Kosten und dem erzielten Nutzen* schwierig. Die *Prognos-Studie* (2004) zeigt, dass sich eine familienfreundliche Personalpolitik für Unternehmen „rechnet", da der betriebswirtschaftliche Nutzen der familienfreundlichen Maßnahmen die Investitionen – auch kurzfristig – übersteigt; der durchschnittliche Return on Investment liegt bei +25 %. Gesamtwirtschaftlich wird von einem positiven Einfluss familienorientierter Praktiken über die bessere Ausschöpfung des →Erwerbspersonenpotenzials auf das Wirtschaftswachstum ausgegangen (*Barth* 2002).

Die *Aktivitätsbereiche* einer familienfreundlichen Personalpolitik in Unternehmen umfassen

- →Arbeitszeit,
- Arbeitsinhalte und -abläufe,
- Führung,
- →Personalentwicklung,
- Entgeltbestandteile,
- flankierende, familienorientierte Angebote sowie
- Informations- und Kommunikationspolitik.

Nachfolgend sind einige Beispiele zu möglichen *Maßnahmen* in den verschiedenen Aktivitätsbereichen angeführt:

- *Maßnahmen im Bereich Arbeitszeit* umfassen die →Flexibilisierung der täglichen, wöchentlichen, monatlichen, jährlichen oder Lebens-Arbeitszeit, ein flexibler Umgang mit dem Auf- und Abbau von Überstunden zum Beispiel mithilfe eines Arbeitszeitkontos oder kurz- bis langfristige Freistellungsregelungen. Eine Führung durch Zielvereinbarungen führt zu einem Umdenken weg von der Anwesenheit hin zur erbrachten Leistung.

- *Familiäre und berufliche Anforderungen* können häufig besser mithilfe einer Optimierung der Arbeitsinhalte und -abläufe in Einklang gebracht werden. So können über eine Reorganisation der Arbeitsprozesse Arbeitsinhalte neu zu Stellen zusammengefasst und angepasst sowie Abläufe flexibler gestaltet werden. Über eine →Delegation von (Zeit-)Verantwortung und Entscheidungsbefugnissen wird ein eigenverantwortliches Arbeiten beispielsweise in teilautonomen Arbeitsgruppen oder an dezentralen Arbeitsplätzen ermöglicht. Mittels eines geeigneten Wissensmanagementsystems kann eine zentrale Voraussetzung für gegenseitige Vertretungen geschaffen werden.

- Im *Bereich der Führung* ist es von Bedeutung, dass die →Führungskräfte die Maßnahmen aktiv anwenden und die familiäre Mitarbeitersituation in personalwirtschaftliche Entscheidungen wie Qualifizierungsmaßnahmen oder Karriere- und Versetzungsplanungen einbinden. Mögliche Instrumente sind das Mitarbeitergespräch zwecks Treffen von Vereinbarungen, die Bereitstellung von →Coaches oder Mentoren oder die Aufnahme des Aspekts „Förderung der Vereinbarkeit von Familie und Beruf der Mitarbeiter" in die Zielvereinbarungen der Führungskräfte.

- Damit die *Personalentwicklung* der kontinuierlichen Aktualisierung und Erweiterung der →Kompetenzen der Mitarbeiter gerecht wird, bedarf es beispielsweise der Anpassung der Entwicklungs- und Karriereplanung (→Individuelle Karriereplanung) von Beschäftigten mit Familienverpflichtungen, Qualifizierungsmaßnahmen auch während der Erziehungsphase oder der familienfreundlichen Organisation von Weiterbildungsmaßnahmen hinsichtlich Zeit und Ort.

- *Entgeltbestandteile* umfassen Zuschüsse für die Kinder- oder Angehörigenbetreuung, Haushaltshilfen, Einkaufsdienst oder Hausaufgabenbetreuung, die betriebliche Förderung pro Kind, zinsfreie beziehungsweise zinsgünstige Darlehen, die Sperrfristbeendigung für Betriebsaktien und anderes mehr.

- *Flankierende, familienorientierte Angebote* betreffen die Unterstützung bei der Betreuung beispielsweise über die Schaffung oder Hilfe bei der Suche von Betreuungsplätzen, die Einrichtung eines Betriebskindergartens, die Bereitstellung von Eltern-Kind-Arbeitsplätzen, die Gewährung von Sabbaticals oder zusätzlichen Erziehungsjahren.

- Die *Informations- und Kommunikationspolitik* nach innen und außen dient der Förderung der Akzeptanz familienbewusster Maßnahmen sowie der Imagepflege. Instrumente für die interne Kommunikation umfassen zum Beispiel das Mitarbeitergespräch, die →Mitarbeiterzeitschrift und spezielle Broschüren, Seminare oder Workshops.

Kritisch weisen *Clark* (2000) sowie *Guest* und *Conway* (1998, 2000) darauf hin, dass eine familienfreundliche Personalpolitik nicht im erwarteten Maße zur Verbesserung einer Work-Life-Balance beiträgt. Ein Erfolgsfaktor hierfür ist, dass statt isolierter Praktiken ein Maßnahmenpaket implementiert wird, welches in die →Organisationskultur eingebettet ist. Arbeiten von *Hochschild* (1997) weisen zudem darauf hin, dass ein Risiko in der Nutzung progressiver Personalpraktiken zum Zwecke der Vereinbarkeit von Familie und Beruf darin liegt, dass die Arbeit eine zu hohe Anziehungskraft hat und eine Balance dadurch nicht erreicht wird.

Literatur: *Arthur, M.M.; Cook. A.*: Taking Stock of Work-Family Initiatives: How Announcements of „Family-Friendly" Human Resource Decisions affect Shareholder Value, in: Industrial and Labor Relations Review, 57. Jg. (2004), H. 4, S. 99–613. *Barth, H.J.*: Die deutsche Familienpolitik aus volkswirtschaftlicher Sicht, in: BMFSFJ (Hrsg.): Familienfreundliche Arbeitswelt – was können wir von unseren Nachbarn lernen, Berlin 2002. *Clark, S.C.*: Work/Family Border Theory: A New Theory of Work/Life Balance, in: Human Relations, 3. Jg. (2000), S. 47–770. *Grover, S.L.; Crooker, K.J.*: Who Appreciates Family-Responsive Human Resource Policies: The Impact of Family-Friendly Policies on the Organizational Attachment of Parents and Non-Parents, in: Personnel Psychology, 8. Jg. (1995), S. 71–288. *Guest, D.E.; Conway, N.*: Fairness at Work and the Psychological Contract, London 1998. *Guest, D.E.; Conway, N.*: The Psychological Contract in the Public Sector, London 2000. *Hochschild, A.R.*: The Time Bind: When Work Becomes Home and Home Becomes Work, New York 1997. *Nielsen, H.S.; Simonsen, M.; Verner, M.*: Does the Gap in Family-Friendly Policies Drive the Family Gap?, in: Scandinavian Journal of Economics, 6. Jg. (2004), H. 4, S. 21–744. *Prognos* (Hrsg.): Betriebswirtschaftliche Effekte familienfreundlicher Maßnahmen, Köln 2004. *Spector, P.E. et al.*: A Cross-National Comparative Study of Work-Family Stressors, Working Hours, and Well-Being, in: Personnel Psychology, 57. Jg. (2004), S. 119–142.

Maike Andresen

Feedback

Rückmeldung von →Arbeitsleistungen durch →Führungskräfte mit dem Ziel, die →Motivation und die Leistung der Mitarbeiter zu steigern.

Das Feedback ist ein Instrument zur Personalführung (→Mitarbeiterführung), Personalsteuerung und →Personalentwicklung. Der Begriff stammt aus der Kybernetik und steht nach *Semmer* und *Pfäfflin* (1978) für Informationen über den Abstand zwischen Ist- und Sollzustand eines Regelkreises. In den Verhaltenswissenschaften bezeichnet Feedback alle Ereignisse der Umwelt, die „rückmeldend" als Reaktion auf eine menschliche Handlung erfolgen. Es wird hier als ein fester Bestandteil eines jeden Handlungsprozesses gesehen. Dieser beginnt mit der Setzung eines Ziels. Darauf folgen Planung und Ausführung einer zielführenden Handlung. Letztere löst schließlich ein Feedback aus der Umwelt aus, welches im Idealfall entweder zu einer Anpassung des ursprünglichen Ziels an den realen Ist-Zustand beziehungsweise zu einer Modifikation des Handlungsplans oder bei Erreichen des Ziels zum Abbruch der Handlung führt. *Carver* und *Scheier* (1999) bezeichnen diesen geschlossenen Kreislauf auch als *Feedbackschleife* („feedbackloop").

Feedback ist entsprechend dieser Definition auch ein fester Bestandteil einer jeden *betrieblichen* Handlung: Im Arbeitskontext bezeichnet der Begriff zunächst im weiteren Sinne alle Reaktionen des „Arbeitsumfelds", die sich auf eine erfolgte Aufgabenausführung beziehen und einen Mitarbeiter darüber informieren, wie weit er von der Erreichung seines Ziels entfernt ist. Solche Informationen – die in diesem weit gefassten Begriffsverständnis unbedingt durch eine andere Person vermittelt werden müssen – sind für die Verfolgung von Arbeitszielen sowie für das Erlernen, Ausführen und Optimieren von →Arbeitsaufgaben unverzichtbar.

Konkret kann ein solches Feedback aus dem „Arbeitsumfeld" unterschiedlich aussehen:

- *Aufgabenbezogenes Feedback*: Erfolgt im engeren Sinne in Form einer persönlichen, mündlichen Rückmeldung durch die Führungskraft oder einen Kollegen, die gezielt zur Information über die eigene Leistung gegeben wird (Feedbackintervention; extrinsisches Feedback). Feedback ist danach ein Kommunikationsinstrument, das vom Management beziehungsweise einer Führungskraft (also von anderen Personen) eingesetzt wird, um Mitarbeitern Rückmeldungen zu Arbeitsergebnissen, ihrem Arbeitsstil oder ihrem interpersonellen Verhalten zu geben, sie über Fähigkeiten (→Qualifikation) und →Kompetenzen zu informieren, ihre Motivation zu steigern und ihre Leistung zu optimieren. Somit handelt es sich um ein *Führungsinstrument* zur Steuerung von Mitarbeiterverhalten und zur Unterstützung der *Personalentwicklung*. Eine Rückmeldung in diesem Sinne kann neben einer mündlichen Übermittlung auch nonverbal (durch Gestik und Mimik) oder schriftlich (per Notiz oder eMail) erfolgen. Sie ist entweder „inoffiziell" in die täglichen Interaktionen am Arbeitsplatz integriert (wird quasi „im Vorbeigehen" ausgesprochen) oder wird im Rahmen festinstallierter, organisational vorgeschriebener *Feedbackgespräche* vermittelt, das heißt als Bestandteil organisationaler →*Feedbacksysteme*.

- *Technisches Feedback*: Feedback kann auch durch Maschinen beziehungsweise Computer vermittelt werden. So übermittelt die Warnlampe eines technischen Geräts sowie die Fehlermeldung eines Computers dem Mitarbeiter aufgabenbezogene Feedbackinformationen.

- *Intrinsisches Feedback*: Ebenfalls werden körpereigene oder externe Signale, die sich aus der Handlungsausführung von selbst ergeben, als Feedback bezeichnet; zum Beispiel signalisiert ein Stressgefühl eine zu hohe Arbeitsbelastung (→Belastungs-Beanspruchungs-Modell). Ebenso ist allein das sichtbare Ergebnis eines Arbeitsschritts bereits Feedback für den Handelnden, ohne dass eine externe Person oder „Maschine" darauf hinweisen muss. Dieses ist sogar die häufigste Form des Feedbacks, denn nahezu jede Handlung führt zu irgendeiner sichtbaren Veränderung in der Umwelt.

Feedback erfüllt wichtige *Funktionen* für die Steuerung menschlichen Verhaltens im Allgemeinen und für das Arbeitshandeln im Besonderen:

- *Informationsfunktion*: Nach erfolgter Aufgabenausführung informiert Feedback über den Grad der Zielerreichung (Ergebnisfeedback oder „knowledge of results"). Entsprechend wird positives von negativem Feedback unterschieden: Ersteres signalisiert, dass das angestrebte Arbeitsziel erreicht wurde, letzteres dagegen das (noch) Nichterreichen des Ziels.

- *Lernfunktion*: Negatives Feedback ist besonders informationshaltig, denn es vermittelt „→Wissen", welches dem Mitarbeiter helfen kann, eine Modifizierung von Handlungsziel und -ausführung vorzunehmen und damit neue Handlungsweisen und Fertigkeiten zu erlernen. Dies ist umso mehr der Fall, wenn es neben der reinen Ergebnisrückmeldung auch weiterführende Erklärungen und Verbesserungsvorschläge enthält (Prozessfeedback).
- *Motivationsfunktion*: Positives Feedback (z. B. ein Lob der Führungskraft) erhöht die Wahrscheinlichkeit, mit der ein erwünschtes Verhalten erneut gezeigt wird.
- *Veränderung des Selbstbildes*: Feedback von Führungskräften, Kollegen oder Untergebenen kann zu einer Angleichung zwischen Selbst- und Fremdbild des Feedbackempfängers führen. Es hat zudem das Potenzial, den Selbstwert eines Mitarbeiters zu stärken oder zu schwächen.

Wie *Kluger* und *DeNisi* (1996) metaanalytisch gezeigt haben, hat Feedback zwar im Durchschnitt einen (gemäßigt) positiven Effekt auf die Arbeitsmotivation (→Motivation) beziehungsweise auf die Leistung der Mitarbeiter. In zwei Dritteln der einbezogenen Untersuchungen zeigten sich allerdings negative Auswirkungen – Feedback wirkt also nicht automatisch leistungssteigernd. Damit Feedback akzeptiert wird und leistungs- sowie motivationsförderlich wirken kann, müssen nach *Kluger* und *DeNisi* (1996) verschiedene Bedingungen erfüllt sein:

- *Art und Weise der Feedbackvermittlung*: Bei einer mündlichen Feedbackübermittlung durch Führungskräfte oder Kollegen ist nicht nur entscheidend, *was* jemand sagt, sondern auch *wie* er es sagt. Denn die äußere Form, in die das Feedback „verpackt" ist, hat einen starken Einfluss darauf, ob und welche Emotionen beim Mitarbeiter ausgelöst werden und womit er sich gedanklich beschäftigt. Beides hat einen Einfluss auf seine →Leistungsfähigkeit. Eine destruktive Form des Feedback (z. B. Anschreien oder Zynismus), ein Vergleich mit besseren Kollegen oder Feedback in der Öffentlichkeit und vieles mehr lösen beim betroffenen Mitarbeiter *negative* Gefühle aus und stellen für ihn eine Bedrohung seines Selbstwertgefühls dar. Dies lenkt seine Aufmerksamkeit vom Feedbackinhalt auf das eigene Selbst, auf Möglichkeiten einer Bedrohungsabwehr und auf die Bewältigung seiner unangenehmen Gefühle. Eine Umsetzung des Feedbackinhalts und eine Leistungsverbesserung sind dann nicht mehr möglich und seine Leistungsmotivation (→Motivation) sinkt. Ebenso kann aber auch positives Feedback, das zu stark auf die Person fokussiert ist und *positive* Gefühle evoziert (z. B. bei einem starken Lob der Person des Mitarbeiters anstatt einer sachbezogenen Äußerung), von der eigentlichen Aufgabe ablenken. Beim Feedbackgeben ist grundsätzlich zu beachten, dass Menschen an ihrem Arbeitsplatz selbst für kleine Nuancen in der Vermittlung der Feedbackbotschaft sensibel sind und emotional darauf reagieren. In Bezug auf den Lerneffekt von Feedback ist von Bedeutung, ob es zusätzlich zur reinen Ergebnisrückmeldung ergänzende Lernhinweise enthält oder nicht, wobei die Sachlage hier zwiespältig ist: Konkrete Verbesserungsvorschläge (Prozessfeedback) führen zwar zu einer schnellen, dafür aber nur kurzfristigen Handlungsverbesserung. Langfristige positive Effekte entstehen dagegen eher dann, wenn Lernhinweise sparsam gegeben werden und der Mitarbeiter beim Erlernen einer neuen Aufgabe die Gelegenheit hat, explorativ vorzugehen und aus eigenen Fehlern zu lernen.
- →*Kontextfaktoren*: Damit Feedback zu einer Leistungsverbesserung führen kann, muss nicht nur das Feedback selbst, sondern bereits die →*Arbeitsaufgabe* beziehungsweise das Arbeitsziel klar definiert sein. Andernfalls kann Feedback nicht verstanden und eingeordnet werden. Weiterhin beeinflusst zum Beispiel die Glaubwürdigkeit der Feedbackquelle die Reaktion auf eine Rückmeldung (*Steelman* und *Rutkowski* 2004)
- *Persönlichkeitseinfluss*: Personen mit niedrigem *Selbstwertgefühl* haben das grundsätzliche Ziel, negative Informationen über sich selbst zu vermeiden. Bei einem Mitarbeiter mit niedrigem Selbstbewusstsein stößt negatives Feedback deshalb schneller als bei anderen selbstwertrelevanten Überlegun-

gen an, die von der Aufgabe ablenken und einen Motivationsverlust bewirken.

Aus dem Vorgenannten sind praxisbezogene *Feedbackregeln* ableitbar: Feedback sollte aufgaben- und verhaltensnah vermittelt werden; auf eine zuvor kommunizierte Zielsetzung ausgerichtet sein, die mit einer klaren Aufgabenbeschreibung einhergeht; durch Lernhinweise zur richtigen Aufgabenbearbeitung ergänzt werden aber auch exploratives Verhalten fördern; keine Bewertung der Persönlichkeit des Empfängers enthalten; die Persönlichkeit des Empfängers berücksichtigen; in organisationale Strukturen integriert sein und regelmäßig angewendet werden.

Neben individuellem Feedback „von oben", der persönlichen mündlichen Rückmeldung der Führungskraft an den Mitarbeiter, kann Feedback auch „von unten" erteilt werden, zum Beispiel bei einer Rückmeldung der Mitarbeiter zum →*Führungsstil* ihrer Führungskräfte im Rahmen des →*360-Grad-Feedback*. Weiterhin kann sich Feedback an ganze Arbeitsgruppen richten (wie Team- oder Gruppenfeedback). Dies kann durch eine verbale Rückmeldung des Teamleiters geschehen, die auf dessen subjektiver Einschätzung beruht, oder durch ein formalisiertes System zur systematischen Leistungsmessung (→*Partizipatives Produktivitätsmanagement*). Auf organisationaler Ebene werden viele systematische und formalisierte Instrumente eingesetzt, um Informationen und Feedback aus allen Richtungen zu Arbeitsprozessen, zur →*Arbeitszufriedenheit*, zum *Führungsstil* oder zur Kundenzufriedenheit zu gewinnen. Im Idealfall sind individuelle Feedbackprozesse und organisationsweite Feedbacksysteme so in den alltäglichen betrieblichen Abläufen verankert, dass man von der Existenz einer →*Feedbackkultur* sprechen kann.

Literatur: *Carver, C. S.; Scheier, M. F.:* Themes and Issues in the Self-Regulation of Behaviour, in: *Wyer, R. S.* (Hrsg.): Perspectives on Behavioral Self-Regulation: Advances in Social Cognition, New York 1999. *Kluger, A. N.; DeNisi, A.:* The Effects of Feedback Interventions on Performance: A Historical Review, a Meta Analysis and a Preliminary Feedback Intervention Theory, in: Psychological Bulletin, 119.Jg. (1996), H. 2, S. 254–286. *Semmer, N.; Pfäfflin, M.:* Interaktionstraining, Weinheim 1978. *Steelman, L. A.; Rutkowski, K. A.:* Moderators of Employee Reactions to Negative Feedback, in: Journal of Managerial Psychology, 19.Jg. (2004), H. 1, S. 6–18.

Sabine Remdisch

Feedbackgespräch

Gespräch zwischen →Führungskraft und Mitarbeiter, in dem die Führungskraft →Feedback zur Leistung beziehungsweise zum Verhalten (→Behaviorismus) des Mitarbeiters in einem zurückliegenden Zeitraum gibt.

Die vorangehende →*Leistungsbeurteilung* beruht dabei auf objektiven (z. B. Verkaufszahlen) beziehungsweise subjektiven, durch →Beobachtung erfassten Indikatoren. Feedbackgespräche finden entweder „inoffiziell" in unregelmäßigem Abstand statt, das heißt begleitend zur täglichen →Arbeit und spontan bei einem beobachteten Fehler oder einer guten Leistung. Oder aber sie sind Bestandteil eines „offiziellen" organisationalen →Feedbacksystems: Sie sind dann vom Management vorgeschrieben und müssen turnusmäßig zu festgelegten Zeitpunkten (bspw. in halbjährigem Rhythmus, zum Ende eines Projekts) durchgeführt werden. In der Regel sind sie mit der Setzung neuer beziehungsweise der Modifikation bestehender Arbeitsziele verknüpft.

Damit Feedbackgespräche erfolgreich verlaufen und das Feedback von den Mitarbeitern akzeptiert und als fair empfunden werden kann, sind folgende Regeln zu beachten:

- Feedback wird regelmäßig und unmittelbar gegeben.
- Manager werden in der Anwendung des Instruments Feedback trainiert und lernen, aktiv zuzuhören.
- Mitarbeiter werden „geschult", Feedback anzunehmen.
- Führungskräfte bewerten zuerst die eigene Leistung, bereiten sich fundiert auf ein Feedbackgespräch vor und halten ihre Mitarbeiter an, sich ebenfalls darauf vorzubereiten, indem sie eine →*Selbstbeurteilung* der eigenen Leistung vornehmen.
- Mitarbeitern wird →*Partizipation* ermöglicht, das heißt eine aktive Beteiligung am Gespräch sowie die Möglichkeit, Gefühle (→*Emotionalität*) und Meinungen zu äußern.
- →*Kritik* wird konstruktiv vorgetragen.
- Feedbackgespräche sind mit Zielvereinbarungen und Verbesserungsvorschlägen verknüpft.

Feedbackinstrumente

Insgesamt stellt sich der Prozess des Feedbackgebens und -empfangens als äußerst komplex und sensibel dar und verlangt viel Fingerspitzengefühl von demjenigen, der Feedback austeilt und damit etwas Bestimmtes erreichen möchte.

Sabine Remdisch

Feedbackinstrumente → Feedback

Feedbackkultur

auf → Feedback und dessen Anwendung bezogene Annahmen und Überzeugungen in einer Organisation, die von allen Mitgliedern geteilt werden.

Die Begriffsbezeichnung Feedbackkultur basiert auf der von *Schein* (1985) vorgenommenen Definition von →*Organisationskultur*: Muster grundlegender Annahmen und Überzeugungen, die ausmachen, wie die Organisation sich selbst und ihre Umwelt sieht.

Ein Unternehmen besitzt eine Feedbackkultur, wenn das Instrument *Feedback* allgemein einen hohen Stellenwert in den alltäglichen organisationalen Abläufen und Arbeitsbeziehungen besitzt.

Zum einen wird *individuelles*, persönliches Feedback reglmäßig erteilt und akzeptiert. Dabei beachten die Feedbackgeber (→ Führungskräfte, Kollegen oder Mitarbeiter) die grundlegenden *Feedbackregeln*. Diese werden insbesondere vom Management eingehalten und vorgelebt. Unter allen Mitarbeitern einer Organisation existiert das geteilte Bewusstsein, dass Feedback wichtig ist sowie regelmäßig und in alle Richtungen (nach unten, nach oben, auf gleicher Ebene) gegeben werden muss. Auch müssen die Feedbackinhalte beherzigt und umgesetzt werden.

Zum anderen existieren *unternehmensweite* →*Feedbacksysteme*, das heißt Feedbackstrukturen und -formen, die in organisationale Zusammenhänge eingebettet sind. Personal- und strategische Entscheidungen sind in einer Feedbackkultur an regelmäßige → *Feedbackgespräche*, → *360-Grad-Feedback*, → *Mitarbeiterbefragungen* sowie Kundenbefragungen geknüpft.

Literatur: *Schein, E.H.*: Organizational Culture and Leadership, San Francisco 1985.

Sabine Remdisch

Feedbackprozess → Feedback

Feedbackregel → Feedback

Feedbackschleife → Feedback

Feedbacksysteme

organisationale Strukturen zur systematischen Informationssuche und Vermittlung von → Feedback an Individuen, Abteilungen oder die gesamte → Organisation.

Feedbacksysteme sind, im Gegensatz zum spontanen → Feedback in Einzelgesprächen, fest installierte und formalisierte Mechanismen der Ergebnisrückmeldungen. Sie haben zumeist eine der folgenden Zielrichtungen:

- Systeme, die eine regelmäßige Leistungsrückmeldung von → Führungskräften an deren Mitarbeiter etablieren, wie zum Beispiel halbjährlich vorgeschriebene → Feedbackgespräche.

- Systeme zur Beurteilung von Führungskräften durch Untergebene, Kollegen, Kunden, Klienten, wie zum Beispiel → 360-Grad-Feedback, → Survey-Feedback, → Mitarbeiterbefragungen.

- Systeme zur akkuraten Erfassung der Produktivität (→ Arbeitsproduktivität) von Arbeitsgruppen beziehungsweise Organisationen, zum Beispiel → partizipatives Produktivitätsmanagement (PPM).

Mithilfe von systematischen Feedback- und Evaluationsinstrumenten werden Informationen über die Effizienz von Prozessen auf organisationaler Ebene erhoben.

Sabine Remdisch

Fehlzeiten

alle Abwesenheitszeiten der Beschäftigten von einem vereinbarten Arbeitsort.

Bezugspunkt sind dabei die Anwesenheitsverpflichtungen, die durch Einzelarbeitsvertrag (→ Arbeitsvertrag), tarifliche Regelungen und Betriebs- beziehungsweise Dienstvereinbarungen begründet werden.

Der Begriff Fehlzeiten wird allerdings weder in der wissenschaftlichen Forschung noch in der betrieblichen Praxis einheitlich definiert. In einem *weiten Begriffsverständnis* werden unter Fehlzeiten auch Abwesenheitszeiten gefasst, in denen sich die Beschäftigten im Erholungsurlaub (→ Erholung), auf einem Weiterbildungsseminar oder Ähnlichem befinden. In einem *engen Begriffsverständnis* wird dagegen „Fehlzeiten" als Oberbegriff für →krankheitsbedingte Fehlzeiten und →Absentismus verwendet. Weitere Arten von Fehlzeiten lassen sich zum Beispiel mittels folgender Kriterien voneinander abgrenzen: freiwillig – unfreiwillig; entschuldigt – unentschuldigt; planbar – nicht planbar; bezahlt – unbezahlt; in der →Organisation begründet – in der Person begründet.

Fehlzeiten bedeuten für die Organisationsleitung häufig einen finanziellen und organisatorischen Mehraufwand, etwa dann, wenn Ersatz-Arbeitskräfte gesucht, eingewiesen und vergütet werden müssen, um den Produktions- oder Dienstleistungsbetrieb aufrecht zu erhalten. Daher wird – der weiten Begriffsfassung folgend – häufig die Befürchtung geäußert, dass durch die Vielzahl an gesetzlichen Feier-, Urlaubs- und ähnlichen arbeitsfreien Tagen den in Deutschland ansässigen Unternehmen Nachteile im internationalen Wettbewerb entstehen. Zum anderen wird – insbesondere in Hinblick auf krankheitsbedingte Fehlzeiten – mitunter mangelnde Arbeitsmoral beklagt.

Dabei gilt es allerdings auch stets die Kehrseite mitzudenken: Weitaus bedeutsamer für die Effizienz einer Organisation als die (pure) Anwesenheit von Beschäftigten ist deren produktive Leistung. Des Weiteren gilt es, den Fehlzeiten all jene Zeiten gegenüberzustellen, in denen die Beschäftigten über ihre vertraglich vereinbarte →Arbeitszeit hinaus unentgeltlich Leistungen für die Organisation erbringen.

Literatur: *Neuberger, O.*: Personalwesen 1, Stuttgart 1997. *Nieder, P.*: Zur Reduzierung von Fehlzeiten, in: Zeitschrift für Arbeitswissenschaft, 32. Jg. (1978), S. 186–190. *Ortlieb, R.*: Betrieblicher Krankenstand als personalpolitische Arena, Wiesbaden 2003.

Renate Ortlieb

Fehlzeitenmaßnahmen

Maßnahmen zur Kontrolle der →Fehlzeiten im Unternehmen sowie →Motivation der krankheitsbedingt fehlenden Mitarbeiter.

Der *Fehlzeitenbrief* wird als Mittel eingesetzt, um einen krankheitsbedingt fehlenden Mitarbeiter zu einer möglichst frühzeitigen Rückkehr an den Arbeitsplatz zu motivieren (→Krankheitsbedingte Fehlzeiten). Stil und Inhalt dieses Briefes, der einige Tage nach Krankmeldung des Mitarbeiters versandt wird, sind freundlich und beinhalten gute Wünsche zur baldigen Genesung.

Kehrt der Mitarbeiter nach →Krankheit zurück ins Unternehmen, so wird von der direkten →Führungskraft oder der Personalabteilung ein *Fehlzeitengespräch* geführt. *Zielsetzung* ist es herauszufinden, ob es neben einer Erkrankung eventuell andere betriebsbedingte Gründe für die Fehlzeit gegeben hat (z. B. ein schlechtes Arbeitsklima, →Mobbing am Arbeitsplatz oder Probleme im privaten Bereich). Gut geführte Fehlzeitengespräche können nachweislich die zukünftigen Fehlzeiten gerade im Produktionsbereich reduzieren. Mithilfe von Fehlzeitenbriefen und Fehlzeitengesprächen sowie anderen Maßnahmen der →Personalpolitik wird versucht, die betrieblichen Fehlzeiten zu reduzieren, um entsprechend die Kosten zu senken. Hierzu können gehören: Verbesserung der Arbeitsbedingungen, der Arbeitssicherheit, des Gesundheitsschutz oder des →Führungsstils.

Zur Kontrolle der Fehlzeiten im Unternehmen ist es wichtig, eine *Fehlzeitenstatistik* zu führen. Hierbei handelt es sich um einen differenzierten Ausweis der Fehlzeiten nach zum Beispiel Alter, Geschlecht, Familienstand, Nationalität oder Dauer der Betriebszugehörigkeit. Erhoben werden ebenso die Dauer der Fehlzeit und die zeitlichen Schwerpunkte (z. B. immer an Montagen oder immer im Sommer).

Aufschlüsselung der gesamten Fehlzeit nach Ursachen (z. B. Krankheit, Unfall oder Kur) erfolgt in der *Fehlzeitenstruktur*. Sie gibt den Anteil der oben genannten Fehlzeitenarten an der Summe aller Fehlzeiten an.

Literatur: *Bauschke, H.-J.*: Fehlzeiten – Führungsprobleme und aktuelle Rechtsfragen, in: Das Recht im Amt, Bd. 53 2006, S. 97–105. o.V.: Fehlzeitengespräche mit Arbeitnehmern, in: Der Betrieb, Bd. 48 1995, S. 1192.

Désirée H. Ladwig

Fehlzeitenquote →Krankenstand

Fehlzeitenrate →Krankenstand

Fehlzeitenstatistik →Fehlzeitenmaßnahmen

Fehlzeitenstruktur →Fehlzeitenmaßnahmen

Feiertage

vom →Arbeitgeber zu bezahlende (zusätzliche) freie Tage.

Übersicht 1: Feiertage und Urlaub im europäischen Vergleich (*Vereinigung der Bayerischen Wirtschaft e.V.* 2005, S. 3)

	Jahresurlaub plus zusätzliche Freizeit (DK, I, FIN, NL)	Durch Gesetzliche Feiertage ausgefallene Arbeitstage	Urlaubs- und Feiertage insgesamt
Italien	35,0	11,0	46,0
Finnland	37,5	8,0	45,5
Deutschland	30,0	9,0	39,0
Luxem-burg	28,0	10,0	38,0
Malta	24,0	14,0	38,0
Dänemark	30,0	7,0	37,0
Ungarn	26,0	11,0	37,0
Spanien	23,0	14,0	37,0
Niederlande	29,5	7,1	36,6
Österreich	26,5	9,5	36,0
Schweden	25,0	9,0	34,0
Slowakei	24,0	10,0	34,0
Schweiz	24,4	9,0	33,4
Tschechien	25,0	8,0	33,0
Großbritannien	24,4	8,0	32,4
Frankreich	25,0	7,0	32,0
Norwegen	25,0	7,0	32,0
Portugal	22,0	10,0	32,0
Zypern	20,0	12,0	32,0
Polen	20,0	12,0	32,0
Griechenland	22,0	9,0	31,0
Belgien	20,0	11,0	31,0
Irland	20,0	9,0	29,0
Estland	20,0	8,75	28,75
Lettland	20,0	8,0	28,0
Litauen	20,0	6,0	26,0
Slowenien	20,0	5,0	25,0

Je nach Bundesland gibt es in Deutschland zwischen acht (z.B. Schleswig-Holstein) und zwölf Feiertage in Bayern. Übersicht 1 zeigt, dass Deutschland damit im internationalen Vergleich mit an der Spitze der bezahlten Feiertage liegt, was sich auf die Produktionskosten und damit auf die internationale Wettbewerbsfähigkeit auswirkt.

Addiert man Feiertage und Urlaubstage, ist Deutschland eines der Spitzenreiter in Bezug auf bezahlte arbeitsfreie Tage (durchschnittlich 39,6 Tage, Italien: 40 Tage).

Literatur: *Vereinigung der Bayerischen Wirtschaft e.V.* (Hrsg.): Arbeitszeiten und arbeitsfreie Tage im europäischen Vergleich, in: Argumente, H. 2 (2005).

Désirée H. Ladwig

Feiertagsrecht

konkretisiert den Schutz der →Feiertage und regelt die sich daraus ergebenden Besonderheiten.

Nach Art. 140 Grundgesetz (GG) in Verbindung mit Art. 139 Weimarer Reichsverfassung (WRV) sind die staatlich anerkannten Feiertage neben den Sonntagen als Tage der Arbeitsruhe und der seelischen Erhebung gesetzlich geschützt. Feiertag ist ein jährlich wiederkehrender kirchlicher oder weltlicher Gedenktag, an dem grundsätzlich nicht gearbeitet werden muss und darf (vgl. § 9 →Arbeitszeitgesetz, ArbZG). Welche Feiertage zu den gesetzlich geschützten Feiertagen gehören, regeln die entsprechenden Feiertagsgesetze des Bundes und der Länder. Nach § 9 Abs. 1 ArbZG dürfen →Arbeitnehmer an Sonn- und gesetzlichen Feiertagen von 0 bis 24 Uhr nicht beschäftigt werden. Kann die →Arbeit nicht (erst) an Werktagen vorgenommen werden (Bsp.: Rettungsdienste, Gaststätten, Verkehrsbetriebe, Versorgungsbetriebe), so sehen die §§ 10 ff. ArbZG Sonderregelungen vor. Ebenso können Tarifverträge abweichende Regelungen vorsehen. Darüber hinaus normiert § 2 Entgeltfortzahlungsgesetz (EntgFG) die Entgeltzahlung an Feiertagen. Danach hat der →Arbeitgeber dem Arbeitnehmer für die →Arbeitszeit, die infolge eines gesetzlichen Feiertags ausfällt, das Arbeitsentgelt zu zahlen, das dieser ohne den Arbeitsausfall erhalten hätte. Der Feiertag muss jedoch die alleinige Ursache des Arbeitsausfalles darstellen. Hätte der Arbeitnehmer ohne den gesetzlichen Feiertag bereits aus anderen Gründen nicht gearbeitet, entfällt der Feiertagslohnanspruch. Entsprechendes gilt nach § 2

Abs. 3 EntgFG, wenn der Arbeitnehmer am letzten Arbeitstag vor oder am ersten Arbeitstag nach einem Feiertag unentschuldigt der Arbeit fernbleibt.

Burkhard Boemke

Feldtheorie

auf *Lewin* zurückgehende Theorie über Verhalten (→Behaviorismus) und Verhaltensänderungen einer Person, die als Funktion aus Person und Umwelt beschrieben wird.

Nach *Lewin* (1942) wird eine Person durch Bedürfnisse, →Motive, Ziele und ähnliche Grunddispositionen charakterisiert. Die Umwelt wird von *Lewin* als Lebensraum, oder – angelehnt an das physikalische Gravitationsfeld (*Lewin* hat Mathematik und Physik studiert und in Psychologie promoviert) – auch als „Feld" bezeichnet. In diesem Feld wirken Kräfte unterschiedlicher Stärke und Richtung auf Individuen ein. Um individuelles Verhalten zu erklären, ist dabei nach *Lewin* nicht die physikalische Umwelt maßgeblich, sondern die psychologische Umwelt, die sich aus der Wahrnehmung und kognitiven Verarbeitung der objektiven Umwelt vor dem Hintergrund individueller Ziele und Motive ergibt. Damit kann ein Einflussfaktor aus der Lebenswelt des Individuums je nach individueller Bedürfnislage in seiner Reizwirkung völlig unterschiedlich übersetzt werden. Dies ist der erste Punkt, in dem *Lewin* sich vom →Behaviorismus abgrenzt. Eine weitere Abgrenzung besteht darin, dass er →Lernen nicht als Ergebnis vorausgegangener Konditionierungen versteht, sondern davon ausgeht, dass Individuen durch Einsicht lernen. Sie erproben neue Handlungsstrategien, auch dann, wenn sich eine Reaktion auf einen Einflussfaktor als erfolgreich erwiesen hat und entsprechend belohnt wurde.

Die Feldtheorie gibt Aufschluss über individuelles Verhalten und trägt dazu bei, Veränderungsbereitschaften und Widerstände in organisationalen Veränderungsprozessen zu verstehen sowie Ansatzpunkte für die Unterstützung individueller Lernprozesse zu erkennen.

Literatur: Lewin, K.: Feldtheorie des Lernens (1942), in: Baumgart, F. (Hrsg.): Entwicklungs- und Lerntheorien, 2. Aufl., Bad Heilbrunn 2001, S. 176–191.

Uta Wilkens

Femininität

→Kulturdimension nach *Hofstede* (1998), die als Gegenteil von →Maskulinität eine Gesellschaft kennzeichnet, in der sich die Rollen der Geschlechter überschneiden.

Femininität erwartet, dass sowohl Frauen als auch Männer bescheiden und feinfühlig sind und Wert auf gute zwischenmenschliche Beziehungen legen. Feminine Wertorientierungen betreffen weiche, gefühlsbezogene Verhaltensmuster, die das Zwischenmenschliche, die →Kooperation und die Fürsorge betonen. Diese Geschlechterrollen werden im Sozialisationsprozess in der frühesten Kindheit erlernt. Jungen und Mädchen haben sich nach bestimmten Mustern zu verhalten (Mädchen „dürfen" weinen, Jungen nicht...).

Nach *Hofstede* (1998) weisen etwa skandinavische Gesellschaften eine feminine Wertorientierung (→Normen und Werte) auf. In Gesellschaften mit einer femininen Wertorientierung liegt die Betonung im Arbeitsleben auf Gleichheit, Solidarität und Qualität der zwischenmenschlichen Beziehungen mit Kollegen und Vorgesetzten. Konflikte werden tendenziell durch Diskussionen und Kompromisse beigelegt, Wettbewerb und →Stress zur Zielerreichung dagegen abgelehnt.

Für das →Personalmanagement bedeutet dies, dass in →Organisationen mit einer femininen Wertorientierung Entscheidungen bei Verhandlungen zwischen →Arbeitgebern und →Arbeitnehmern tendenziell durch Konsens und Kompromiss herbeigeführt werden. Die →Personalentwicklung setzt eher auf die Entwicklung von sozialen →Kompetenzen wie der Kommunikations- und Kooperationsfähigkeit, die ab der Mitte des 20. Jahrhunderts durch die Human Relations-Bewegung an Bedeutung gewann. Das Ausmaß der →Humanisierung der Arbeit ist in Organisationen femininer Wertorientierung hoch: die skandinavischen Automobilhersteller Saab und Volvo führten in den 1970er Jahren erfolgreich die autonomen Arbeitsgruppen bei der Fertigung von PKWs und LKWs ein, die die klassische tayloristische arbeitsteilige Fließbandarbeit ablösten. Ein hohes Maß an sozialen Kontakten und gegenseitige Hilfe stehen demnach im Vordergrund; gemeinschaftliche Erfolge der →Gruppe werden höher geschätzt, als die individuellen Erfolge des Einzelnen. Volvo war der erste Automobilhersteller der Welt, der einen PKW ausschließlich von weiblichen Ingenieuren entwickeln ließ. In Organisationen mit einer femininen Wertorientierung finden sich mehr Frauen im mittleren

Management und Top-Management als in Gesellschaften mit einer hohen Maskulinität.

Um keine monokausalen oder stereotypen Rückschlüsse auf bestimmte Gesellschaften oder deren Angehörige zu ziehen, darf eine kulturelle Dimension nicht isoliert betrachtet werden, sondern immer in Verbindung mit weiteren.

Literatur: *Hofstede, G.* (Hrsg.): Masculinity and Femininity. The Taboo Dimension of National Cultures, London 1998.

Christoph I. Barmeyer

Fertigkeit → Qualifikation

Final Salary Pension Scheme

Variante des betrieblichen Altersversorgungssystems, bei dem Pensionsbezüge an die jeweiligen →Arbeitnehmer ab dem üblichen Rentenalter ausgezahlt werden.

Die Höhe der Pensionszahlungen stellen beim Final Salary Pension Scheme in der Regel einen bestimmten Anteil des letzten Gehalts dar, und damit dient das letzte ausgezahlte Einkommen als Bemessungsgrundlage. Finanziert wird dieses System durch den →Arbeitgeber und den Arbeitnehmer in Form von Rückstellungen oder Beitragszahlungen zu →Pensionsfonds.

Silvia Föhr

Finanzielle Flexibilität → Flexibilisierung

Fingiertes Arbeitsverhältnis

Anstellung, die nicht durch entsprechende Erklärungen der Parteien →Arbeitgeber und →Arbeitnehmer zustande kommt, sondern vielmehr kraft Gesetzes begründet wird.

Ein *Arbeitsverhältnis* (→Beschäftigungsverhältnis) kommt *kraft Gesetzes* zustande, wenn die Rechtsordnung – unabhängig von entsprechenden Erklärungen der Parteien – an das Vorliegen bestimmter Tatbestandsmerkmale das Zustandekommen dieses Rechtsverhältnisses anknüpft. Dies ist etwa bei der verbotenen →Arbeitnehmerüberlassung der Fall. Ist der Verleiher nicht im Besitz der nach § 1 Abs. 1 Arbeitnehmerüberlassungsgesetz (AÜG) erforderlichen Erlaubnis, so sind die zwischen Verleiher und Entleiher sowie Verleiher und Leiharbeitnehmer geschlossenen Verträge nichtig (§ 9 Nr. 1 AÜG). Allerdings wird durch die tatsächliche Leiharbeitnehmerüberlassung gemäß § 10 Abs. 1 AÜG zwischen Entleiher und Leiharbeitnehmer kraft Gesetzes ein Arbeitsverhältnis begründet. Einen weiteren Fall eines gesetzlich begründeten Arbeitsverhältnisses nennt § 613 a Abs. 1 Satz 1 Bürgerliches Gesetzbuch, BGB, wonach der Betriebsübernehmer im Fall eines Betriebs- oder Betriebsteilübergangs in die Rechte und Pflichten aus den im Zeitpunkt des Übergangs mit dem bisherigen Inhaber bestehenden Arbeitsverhältnissen eintritt. Es findet ein vom Willen der Beteiligten unabhängiger, vom Gesetz angeordneter Arbeitgeberwechsel statt.

Kein fingiertes Arbeitsverhältnis begründen Einstellungspflichten. Besteht eine Einstellungspflicht, kommt das Arbeitsverhältnis nicht kraft Gesetzes zustande, sondern es bedarf einer entsprechenden Einigung zwischen Arbeitgeber und Arbeitnehmer.

Burkhard Boemke

Firmenwertmethode →Human Resource Accounting (HRA)

Fit-Modelle

Postulat, welches besagt, dass Unternehmen, die ihre personalwirtschaftlichen Aktivitäten mit bestimmten internen und externen Rahmenbedingungen möglichst optimal abstimmen, erfolgreicher sind als Unternehmen, in denen ein solches Vorgehen keine hohe Priorität besitzt.

Damit stehen die Fit-Modelle im Gegensatz zu den →Best Practice Ansätzen des →Personalmanagements, die eine universelle Überlegenheit bestimmter Personalpraktiken postulieren. Strategische Personalmanagementmodelle, die dem Grundgedanken des „Best Fit" folgen, unterscheiden zwischen internem und externem Fit:

- *Interner Fit* betrifft eine möglichst gute Abstimmung der personalwirtschaftlichen Aktivitäten untereinander. Ziel ist es, suboptimale Ressourcenallokationen zu vermeiden und kontraproduktive Effekte zu verhindern, indem alle Maßnahmen auf ein gemeinsames Ziel hinwirken. Die Forderung nach der Abstimmung personalwirtschaftlicher Maßnahmen untereinander findet sich auch in den so genannten Konfigurationsansätzen wieder. Hier werden auf der Basis theoretischer Überlegungen konsistente Muster personalwirtschaftlicher Maßnahmen entwickelt. Konfigurationsansätze gehen von Äquifinalität aus, das heißt es gibt nicht eine überlegene HR-Konfiguration, sondern je nach den vorliegenden Rahmenbedingungen kann die eine oder andere HR-Konfiguration effektiver sein.

- Der *externe Fit* bezieht sich auf die Abstimmung der personalwirtschaftlichen Aktivitäten mit organisationsspezifischen und/oder umweltspezifischen →Kontextfaktoren. Die wichtigste organisationsspezifische Einflussvariable ist im Zusammenhang mit dem externen Fit die Wettbewerbsstrategie. Insbesondere im internationalen strategischen Personalmanagement werden eine Reihe weiterer Umweltfaktoren wie beispielsweise die Landeskultur (→Kultur), der Internationalisierungsverlauf (→Internationalisierung) oder die Organisationskultur diskutiert (strategisches →internationales Personalmanagement).

In der frühen Phase der strategischen Personalmanagementforschung erfolgte bei der Diskussion des externen Fits häufig eine Anlehnung an die von *Porter* (1992) identifizierten →Wettbewerbsstrategien. →Personalstrategien sollten dann die Umsetzung von Kostenführerschafts-, Differenzierungs- oder Nischenstrategien durch die Steuerung der →Qualifikation und des Mitarbeiterverhaltens im Sinne der gewählten →Strategie sicherstellen. Ein anderes populäres Konzept ist in diesem Zusammenhang das von *Miles* und *Snow* (1978), die als Grundpositionen Verteidiger, Prospektoren, Analysierer und Reagierer identifizieren. Als weitere wichtige organisationsspezifische Einflussvariable wurde die jeweilige Entwicklungsstufe des Unternehmens postuliert, die sich an Produkt- oder Organisationslebenszykluskonzepten orientiert.

Sowohl die Auswahl und Messung der relevanten Kontextfaktoren als auch die Art der Abstimmung mit den personalwirtschaftlichen Maßnahmen stellen nicht eindeutig gelöste Probleme dar. Die theoretische Fundierung dieser Forschungsrichtung ist teilweise vage und greift zu kurz. So wird zwar die Abstimmung mit der Unternehmensstrategie postuliert, die in diesem Prozess ebenfalls relevanten Arbeitnehmerinteressen und -bedürfnisse (→Motiv) finden jedoch in den meisten Konzepten keine Berücksichtigung. Zudem ist auch häufig die zugrunde liegende Unternehmensstrategiekonzeption nicht differenziert genug. Dem Fit-Modell wird ferner eine zu statische Ausrichtung vorgeworfen, die der Dynamik des Wettbewerbs nur bedingt gerecht werden kann. Teilweise wird versucht dieses Argument zu entkräften, indem von einem „Dynamischen Fit" gesprochen wird. Dies interpretiert nach *Boxall* und *Purcell* (2003) die Entwicklung von →Kernkompetenzen als organisationalen Anpassungsprozess an veränderte Rahmenbedingungen.

Bisher konnte der Erfolg von Fit-Modellen nicht konsistent empirisch nachgewiesen werden. Gründe hierfür können neben den oben skizzierten Argumenten sein, dass die angenommenen Beziehungen im strategischen Personalmanagement keine Gültigkeit besitzen oder dass es einer Verbesserung des Forschungsdesigns für Fit-orientierte Arbeiten bedarf. Forschungsdesignbezogene Probleme stellen insbesondere unterschiedliche Interpretationen von Fit sowie die Operationalisierungen der zentralen Variablen Strategie und Personalmanagement dar. Hinzu kommen teilweise methodische Probleme im weiteren Verlaufe des Forschungsprozesses, die weitgehend denjenigen entsprechen, die auch im Kontext des situativen Ansatzes der Organisationstheorie diskutiert werden. Manche Arbeiten wie beispielsweise *Boxall* und *Purcell* (2003), die auf den erfolgreichen Einsatz von Fit-Modellen hinweisen, messen nicht die Kernvariablen „Unternehmensstrategie" und „Personalmanagement", sondern stellen einen Bezug zwischen einzelnen Personalmanagementaktivitäten oder Personalmanagementsystemen und Unternehmenserfolg her.

Literatur: *Boxall, P.; Purcell, J.*: Strategy and Human Resource Management, New York 2003. *Miles, R. H.; Snow, C. C.*: Organizational Strategy, Structure and Process, New York etc. 1978. *Porter, M. E.*: Wettbewerbsstrategie, 7. Aufl., Frankfurt a. M. 1992. *Wright, P. M. et al.* (Hrsg.): Strategic Human Resource Management in the Twenty-First Century, Supplement 4, Greenwich 1999.

Marion Festing

Flexibilisierung

Realisierung von Maßnahmen zur Aktivierung beziehungsweise Erhöhung der →Flexibilität.

In der betrieblichen Praxis der Flexibilisierung stehen die Interessen von Erwerbsorganisationen an einer anpassungsfähigen und effizienteren Nutzung ihrer Kapazitäten im Vordergrund. Der betriebliche Flexibilisierungsbedarf ist vor allem der Dynamisierung der Märkte, der →Internationalisierung des Wettbewerbs sowie der Beschleunigung von Abläufen und Entscheidungsprozessen durch fortschreitende technische Entwicklung zuzuschreiben. Von einzelnen Unternehmen wird ein deutlich höheres Maß an Innovations- und Reaktionsvermögen gefordert, um sich schnell und angemessen an aktuelle Veränderungen anzupassen und innovative Produkte auf den Markt zu bringen, ohne dabei wertvolle Ressourcen wie Mitarbeiter- oder Zeitkapazitäten zu verschwenden.

Es existieren verschiedene Kategorien betrieblicher Flexibilisierung:

- *Numerische Flexibilisierung*: Soll dem Unternehmen ermöglichen, die Zahl der Beschäftigten dem Bedarf anzupassen, vor allem durch Zeitverträge, freiberufliche Arbeitsbeziehungen oder saisonale Beschäftigungen (→Flexibles Arbeitsverhältnis, →Saisonarbeit).

- *Funktionale Flexibilisierung*: Ermöglicht dem Unternehmen eine effektivere interne Allokation der Arbeitskraft zum Beispiel durch eine bessere Organisation des Einsatzes der Arbeitskraft oder durch Erweiterung der →Qualifikation der Beschäftigten. Ein bestimmtes Redundanzniveau an Fähigkeiten und →Kompetenzen ist eine notwendige Voraussetzung für funktionale Flexibilität.

- *Zeitliche Flexibilisierung*: Bezieht sich auf ein breites Spektrum von Regelungen zur →flexiblen Arbeitszeit, um eine bessere Anpassung des zur Verfügung stehenden Arbeitsvolumens an das aktuell vorhandene Arbeitsvolumen zu erreichen. Das Spektrum reicht von eher konservativen Lösungen wie →Mehrarbeit bis hin zu innovativeren Lösungen wie Jahresarbeitszeitmodelle (→Jahresarbeitszeit) oder Wahlarbeitszeit.

- *Örtliche Flexibilisierung*: Bedeutet Einsatz der Mitarbeiter außerhalb ihrer Arbeitsplätze in der Betriebsstätte, beispielsweise durch mobile Arbeitsplätze (→Mobiles Büro), Satellitenbüros, →Telearbeit und weitere Formen eines →flexiblen Arbeitsortes.

- *Finanzielle Flexibilisierung*: Soll dem Unternehmen ermöglichen, Gehälter, Löhne und Kosten für freiwillige →Sozialleistungen an die wirtschaftliche Situation des Unternehmens anzupassen, zum Beispiel durch gewinn- beziehungsweise ertragsabhängige Entlohnungsanteile. Leistungsabhängige Entlohnung erfüllt diese Funktion dann, wenn die Gesamtleistung des Unternehmens schwächer wird.

Die aufgeführten Arten der betrieblichen Flexibilisierung schließen sich keineswegs aus. Sie können sowohl in einem komplementären als auch substitutiven Verhältnis zueinander stehen.

Viele arbeitsorganisatorische Gestaltungslösungen weisen sowohl Flexibilisierungs- als auch Individualisierungscharakteristika auf, was häufig dazu führt, dass die Begriffe Flexibilisierung und →Individualisierung fälschlicherweise synonym verwendet werden. Sie sind im Grundsatz jedoch diametral unterschiedlich. Eine brauchbare und mittlerweile verbreitete Unterscheidung zwischen den Begriffen erfolgt anhand der im Vordergrund stehenden Interessen: Bei der *Flexibilisierung* geht es vorrangig oder ausschließlich um *Erhöhung betrieblicher Flexibilität*, im Sinne der Steigerung ökonomischer Effizienz, während die *Individualisierung* vorrangig oder ausschließlich auf eine Steigerung der sozialen Effizienz durch *erhöhte Flexibilität der Beschäftigten* abzielt (siehe Abbildung 1).

Abbildung 1: Abgrenzung und Schnittmenge der Individualisierungs- und Flexibilisierungsansätze (*Hornberger* 2002, S. 552)

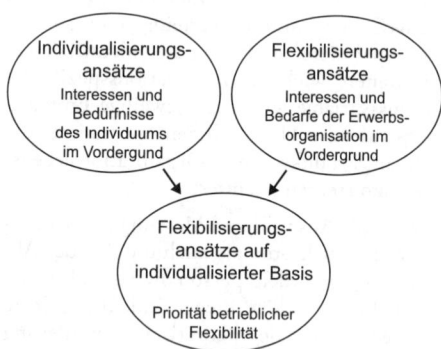

Die Möglichkeit, die vorrangigen unternehmerischen Belange an betrieblicher Flexibilität mit den persönlichen Flexibilitätsbedürfnissen und Interessen der Beschäftigten in einer Gestaltungslösung zu verbinden, ist zwar gegeben, aber nicht selbstverständlich. Ob die Erhöhung betrieblicher Flexibilität gleichzeitig auch Flexibilitätsmöglichkeiten für die Beschäftigten mit sich bringt, ist Sache des

Aushandlungs- und Gestaltungsprozesses. Als Beispiele für Gestaltungsmaßnahmen, die alleinig die ökonomische Effizienz durch Erhöhung der betrieblichen Flexibilität steigern, können →KAPOVAZ-Modelle für die zeitliche Flexibilität oder der Einsatz von Saisonbeschäftigten, bezogen auf die numerische Flexibilität, genannt werden.

Es existiert aber auch eine vergleichsweise große Menge von Lösungen, in denen die betriebliche Flexibilität zwar im Vordergrund steht, die jedoch durch →Destandardisierung von Lösungen sowie →Delegation von Entscheidung und →Verantwortung, also durch Aspekte der Individualisierung, erreicht werden soll. Diese Lösungen bezeichnet zum Beispiel *Hornberger* (2002) als Flexibilisierungsansätze auf individualisierter Basis. Damit werden den Beschäftigten mehr oder weniger breite Gestaltungs- und Entscheidungsspielräume eingeräumt, wenn auch unter der Prämisse des absoluten Vorrangs betrieblicher Belange. Hier können als Beispiel mittlerweile zahlreiche Modelle der flexiblen Arbeitszeit mit einem arbeitsanfallgesteuerten Personaleinsatz genannt werden, in denen Mitarbeiter ihre Anwesenheit und/oder die Zeitentnahme von ihren Zeitkonten selbst- beziehungsweise mitbestimmen können. Zwar gewähren solche Lösungen somit gewisse →Zeitsouveränität im Sinne der →Selbstbestimmung beziehungsweise →Mitbestimmung, jedoch nicht die Zeitautonomie (→Autonomie) im Sinne der Unabhängigkeit, wie dies bei den reinen Individualisierungsansätzen der Fall wäre.

Literatur: *Hornberger, S.*: Die neuzeitliche Perspektive der Individualisierung und die Herausforderungen für die Personalforschung, in: Zeitschrift für Personalforschung, 16. Jg. (2002), H. 4, S. 545–562.

Sonia Hornberger

Flexibilität

Fähigkeit und Bereitschaft von →Arbeitssystemen und Systemelementen zur sowohl reaktiven als auch präventiven Anpassung an veränderte beziehungsweise sich ändernde inner- und außerbetriebliche Bedingungen.

Flexibilität kann sowohl die *betriebliche* als auch die *individuelle* Ebene betreffen. Auf der betrieblichen Ebene wird die Anpassungsfähigkeit an dynamische Bedingungen des Wirtschaftens und an die Forderungen des Marktes angesprochen. Auf der individuellen Ebene ergibt sich ein zweiseitiges Bild. Auf der einen Seite soll ein Großteil der betrieblichen Flexibilität durch die individuelle Anpassungsfähigkeit erreicht werden (→Flexibilisierung), Mitarbeiter sollen also flexibel auf betriebliche Bedarfe reagieren. Auf der anderen Seite haben aber auch die Beschäftigten selbst Bedarf an flexibler Gestaltbarkeit ihrer Arbeitsbedingungen entsprechend der sich kurz- oder mittelfristig ändernden individuellen Lebenssituationen (→Individualisierung).

Soll bei einer flexiblen Gestaltung von Arbeitsbedingungen den Interessen beider Parteien Rechnung getragen werden, so wird diese zu einer Gratwanderung zwischen Flexibilisierung und Individualisierung.

Sonia Hornberger

Flexibilität der Personalplanungsmodelle

Modelle für Planungssituationen mit zeitlich-vertikalen →Interdependenzen, in denen zu Beginn des Planungszeitraums die Konsequenzen der künftig zu treffenden Entscheidungen zwar nicht mit Sicherheit bekannt sind aber Auswirkungen auf die Optimalität der Aktionenfolge entfalten.

Die →Differenzierung in *starre* und *flexible* Personalplanungsmodelle bezieht sich nicht auf die →Flexibilität des jeweils erzielten Planungsergebnisses, sondern auf die Flexibilität der Entscheidungsprozedur; es handelt sich um Planungsmethoden (*Inderfurth* 1982). Das Ziel der *flexiblen Planung* liegt somit in der Bestimmung eines optimalen Gesamtplans für sequenzielle Entscheidungsprobleme.

Bei *starrer Planung* wird die gesamte Entscheidungssequenz bereits zu Beginn des Planungszeitraums eindeutig festgelegt, so dass man bereits sehr frühzeitig Entscheidungen trifft, die eigentlich erst später anstehen und die auch erst später getroffen werden sollten, nämlich dann, wenn man den eingetretenen Umweltzustand kennt. Bei flexibler Planung hingegen wird nur die in der ersten Periode zu realisierende Aktion eindeutig festgelegt, für die Folgeperioden generiert man Eventualpläne und kommt somit zu einem Planungsergebnis, das nicht schlechter sein kann (in der Regel ist es besser) als das Ergebnis einer starren Planung. Flexible Planungsprobleme können auch mithilfe des *Roll-back-Verfahrens* auf der Basis von Entscheidungsbäumen, auf der Grundlage von Entscheidungsmatrizen oder durch Formulierung gemischt-ganzzahliger mathematischer Optimierungsprogramme gelöst werden (*Laux* 1971).

Typische Anwendungssituationen für flexible Personalplanungsansätze sind zum Beispiel die Fälle, in denen die für die einzelnen Teilperioden des Planungszeitraums erwartete Nachfrage nicht als Datum bekannt, sondern risikobehaftet ist und somit die optimale (zukünftige) →Personalbereitstellung und -verwendung sowie das optimale (zukünftige) Produktionsprogramm nicht über alle Teilperioden zu Beginn des Planungszeitraums festgelegt werden sollten, da man die tatsächliche Nachfrage erst in den jeweiligen Entscheidungszeitpunkten erfährt (*Spengler* 1999).

Literatur: *Inderfurth, K.*: Starre und flexible Investitionsplanung, Wiesbaden 1982. *Laux, H.*: Flexible Investitionsplanung, Opladen 1971. *Spengler, T.*: Grundlagen und Ansätze der strategischen Personalplanung, München, Mering 1999.

Thomas Spengler

Flexible Arbeitszeit

generell eine von der Normalarbeitszeit abweichende, variable →Arbeitszeit.

Dabei wird unter der *Normalarbeitszeit* eine der Vollzeitbeschäftigung entsprechende Arbeitszeit zwischen 35 und 40 Stunden verstanden, die sich auf fünf Wochentage in der Regel von montags bis freitags verteilt, tagsüber ausgeübt wird und in der Lage nicht variiert.

Bei flexiblen →Arbeitszeitmodellen steht die betriebliche →Flexibilität im Vordergrund. Sie ermöglichen, das Arbeitszeitvolumen der zur Verfügung stehenden Beschäftigten an das vorhandene, und häufig schwankende Arbeitsvolumen anzupassen. Das Arbeitsvolumen kann variieren, beispielsweise aufgrund der schwankenden Auftragslage, der variablen Frequenz der zu betreuenden Kunden oder der schwankenden Personalstärke (etwa in der Haupturlaubszeit). Welche konkreten Gestaltungslösungen zur Verfügung stehen, hängt maßgeblich von der Vorhersehbarkeit dieser Schwankungen ab.

Flexible Arbeitszeit kann in mehreren, jedoch mindestens in einer der folgenden Gestaltungsdimensionen von der Normalarbeitszeit abweichen:

- *Dauer der Arbeitszeit*: Das Arbeitszeitvolumen wird meist bezogen auf einzelne Wochen, oder auf ein Jahr, selten auf einzelne Tage, Monate, oder über einen längeren Bezugsrahmen vertraglich festgelegt. Im Zusammenhang mit flexiblen →Arbeitszeitformen wird damit die im Durchschnitt über eine Zeitperiode zu erreichende Arbeitszeit gemeint.

- →*Lage der Arbeitszeit*: Das vertraglich festgelegte durchschnittliche Arbeitszeitvolumen wird entsprechend dem Arbeitsanfall beziehungsweise den persönlichen Bedürfnissen (→Motiv) über die Zeit, das heißt im Tagesverlauf, über eine Woche hinweg, einen Monat, ein Jahr bis über einzelne Erwerbslebensabschnitte verteilt.

- *Beginn und Ende der Arbeitszeit*: Die Gestaltung von Anfangs- und Endzeiten kann fix, gestaffelt, gleitend oder variabel sein. Fixe Zeiten werden für alle betroffenen Beschäftigten einheitlich für bestimmte Zeitperioden festgelegt (z. B. bei saisonalen Schwankungen). Bei gestaffelten Anfangs- und Endzeiten werden ebenso feste Zeitpunkte jedoch gruppenweise (seltener individuell) zueinander zeitlich verschoben festgelegt. Bei gleitenden sowie bei variablen Anfangs- und Endzeiten werden dagegen diese Zeitparameter individuell flexibel, häufig nach Absprache, gehandhabt. Während bei gleitenden Anfangs- und Endzeiten die entsprechende Zeitspanne begrenzt ist, findet bei variablen Anfangs- und Endzeiten keine Begrenzung statt.

- *Art von Flexibilität*: Entweder werden keine Anpassungen vorgesehen, oder es wird ein mittel- oder langfristig geplanter Wechsel zwischen verschiedenen Arbeitszeitmodellen vereinbart, oder aber es sind kurzfristige Anpassungen der Arbeitszeiten an betriebliche und/oder individuelle Bedarfe möglich.

- *Verfügungsrecht über das Flexibilitätspotenzial eines Arbeitszeitmodells*: Das Verfügungsrecht ist beim →Arbeitgeber, wenn es sich um Ansätze der →Flexibilisierung von Arbeitszeit handelt, bei den Beschäftigten im Falle von Ansätzen der →Individualisierung, oder es ist sowohl beim Arbeitgeber als auch bei den Beschäftigten, wenn Ansätze zur Flexibilisierung auf individualisierter Basis vorliegen.

Hornberger (2006) weißt auf mögliche ambivalente gesundheitliche und soziale Folgen flexibler Arbeitszeitgestaltung für die betroffenen Beschäftigten hin. Zusammen mit *Knauth*

(2000) fasst sie die bestehenden arbeitswissenschaftlichen Empfehlungen (→Arbeitswissenschaft) zur Gestaltung der einzelnen Dimensionen flexibler Arbeitszeiten zusammen.

Literatur: *Hornberger, S.*: Individualisierung in der Arbeitswelt aus arbeitswissenschaftlicher Sicht, Frankfurt a. M. 2006. *Hornberger, S.*; *Knauth, P.*: Innovative Flexibilisierung der Arbeitszeit, in: *Knauth, P*; *Zülch, G.* (Hrsg.): Innovatives Arbeitszeitmanagement, Aachen 2000, S. 23–49.

Sonia Hornberger

Flexible Firm → Beschäftigungsstrategien

Flexible Schichtarbeit

Realisierung →flexibler Arbeitszeit im Schichtbetrieb.

→Schichtarbeit per se stellt noch keine flexible Arbeitszeitlösung dar, wenn man sich die Definition von →Flexibilisierung vor Augen hält. Erst wenn die Möglichkeit einer flexiblen Anpassung an sich ändernde Rahmenbedingungen wie die schwankende Nachfrage oder Personalstärke in das Schichtsystem eingebaut wird, kann von einer flexiblen Schichtarbeit gesprochen werden.

Der Gestaltungsspielraum für flexible Arbeitszeitgestaltung in Schichtbetrieben ist deutlich geringer als in Tagbetrieben, dennoch grundsätzlich ausreichend, um eine passende Lösung zu finden. Beispielhaft können aus der betrieblichen Praxis Lösungsansätze genannt werden wie der Wechsel zwischen Schichtplänen mit unterschiedlichen Längen von →Betriebszeiten für den Fall von vorhersehbaren Auftragsschwankungen oder wie der Wechsel zwischen Schichtplänen mit unterschiedlicher Anzahl der Belegschaftsgruppen als Lösung schwankender Personalstärke in den Haupturlaubszeiten. Nicht selten sind aber auch Lösungen wie gleitende Schichtübergabe mit Zeitkontenführung zu finden. Konkrete Modelle sind zum Beispiel in *Hornberger* und *Knauth* (2000) zu finden.

Schichtarbeit und insbesondere →Nachtarbeit stellen einen Risikofaktor für die Gesundheit der Betroffenen dar. Um durch ihre Kombination mit flexiblen Zeitoptionen dieses Risiko nicht unnötigerweise zu erhöhen, sollen bei der flexiblen Handhabung eines Schichtsystems auf jeden Fall arbeitswissenschaftliche Empfehlungen (→Arbeitswissenschaft) zur Gestaltung von Schichtplänen berücksichtigt werden.

Literatur: *Hornberger, S.*; *Knauth, P.*: Innovative Flexibilisierung der Arbeitszeit, in: Knauth, P; Zülch, G. (Hrsg.): Innovatives Arbeitszeitmanagement, Aachen 2000, S. 23–49.

Sonia Hornberger

Flexible Sozialleistungen →Flexibilisierung

Flexibler Arbeitsort

zeitweise oder permanente räumliche →Entkopplung des Arbeitsplatzes von der Stätte des →Arbeitgebers mit dem vordergründigen Ziel der Steigerung ökonomischer Effizienz durch Zunahme an örtlicher und gegebenenfalls zeitlicher oder funktionaler betrieblicher Flexibilität (→Flexibilisierung).

Im Zusammenhang mit dieser Arbeitsorganisationsform (→Arbeitsorganisation), unterstützt durch Informations- und Kommunikationstechnik, wird von einem standortverteilten Arbeiten oder einer außerbetrieblichen Arbeitsstätte gesprochen, die unter dem Oberbegriff →Telearbeit diskutiert wird. Die zu erwartenden betrieblichen Effekte sind zum Beispiel bessere Kundenorientierung, höhere Produktivität (→Arbeitsproduktivität), oder auch Einsparung von Bürofläche (→Desk Sharing).

Sonia Hornberger

Flexibles Arbeitsverhältnis

Beschäftigungsform, die von dem →Normalarbeitsverhältnis abweicht.

Im Zusammenhang mit dem aktuellen →Wandel in der Arbeitswelt in Richtung →Flexibilisierung wird die Auflösung (Erosion) des Normalarbeitsverhältnisses als eines in der Regel unbefristeten, arbeits- und sozialrechtlich abgesicherten Vollzeitbeschäftigungsverhältnisses (→Beschäftigungsverhältnis) und die Entstehung flexibler, →atypischer, →prekärer Beschäftigungsverhältnisse diskutiert. Diese liegen zwischen abhängiger Erwerbsarbeit und Unternehmertum, zwischen Voll- und Teilzeit, zwischen unbefristeter Anstellung und kurzfristiger projektbezogener Beschäftigung. Das Arbeitsverhältnis wird auf diese Weise in den Dimensionen →Arbeitszeit (→Flexible Arbeitszeit, →Vertrauensarbeitszeit), Vergütung (→Ergebnisorientierung) sowie Status (→Zeitarbeit, Leiharbeit, Freiberufstätigkeit, unechte Selbstständigkeit) flexibilisiert.

Als wesentliche Einflussfaktoren auf die Flexibilisierung der Arbeitsverhältnisse werden die →Deregulierung des →Arbeitsmarktes durch den Gesetzgeber, der wirtschaftliche Strukturwandel (Dienstleistungsgesellschaft), eine veränderte →Beschäftigungsstrategie der Unternehmen (Lean Employment) sowie der gesellschaftliche Strukturwandel (→Individualisierung) genannt.

In den Datenquellen, beispielsweise in den Berichten des Deutschen Bundestages, herrscht eine grundsätzliche Übereinstimmung bezüglich des Trends einer Abnahme des Normalarbeitsverhältnisses zugunsten flexibler →Beschäftigungsformen. Lag in den 1970er Jahren das Verhältnis von Nicht-Normbeschäftigten zu Normbeschäftigten bei eins zu fünf, so sank es Mitte der 1990er Jahre auf eins zu zwei. Es werden jedoch unterschiedliche Annahmen bezüglich zukünftiger Entwicklungen abgeleitet. Während zum Beispiel *Hoffmann* und *Walwei* (1998) davor warnen, deterministische Schlussfolgerungen über diese Entwicklung zu ziehen, prognostizierte die Kommission für Zukunftsfragen der Freistaaten Bayern und Sachsen bereits 1996 die Anhaltung dieses Trends und schätzen beispielsweise das Risiko für die jüngsten Jahrgänge, in einem befristeten Beschäftigungsverhältnis zu arbeiten, etwa sechs Mal so hoch ein wie bei Erwerbstätigen der rentennahen Jahrgänge.

Obwohl zum Beispiel der Soziologe *Beck* (1986) meint, dass, je mehr Arbeitsbeziehungen dereguliert und flexibilisiert werden, desto schneller sich die →Arbeitsgesellschaft in eine Risikogesellschaft verwandelt, müssen flexible beziehungsweise atypische Arbeitsverhältnisse nicht mit prekären, sozial unsicheren Arbeitsverhältnissen deckungsgleich sein. Um die Prekarität zu vermeiden, werden Konzepte entwickelt, die auf Komplementarität von →Flexibilität und sozialer Sicherheit aufbauen (→Flexicurity).

Literatur: *Beck, U.*: Risikogesellschaft. Auf dem Weg in eine andere Moderne, Frankfurt a. M. 1986. *Hoffmann, E.*; *Walwei, U.*: Normalarbeitsverhältnis: ein Auslaufmodell?, in: Mitteilungen aus der Arbeitsmarkt- und Berufsforschung, 31. Jg. (1998), H. 3, S. 409–425. *Kommission für Zukunftsfragen der Freistaaten Bayern und Sachsen* (Hrsg.): Erwerbstätigkeit und Arbeitslosigkeit in Deutschland, Bonn, 1996/1997.

Sonia Hornberger

Flexicurity

Verknüpfung von →Flexibilität und sozialer Sicherheit im Rahmen →flexibler Arbeitsverhältnisse.

Der Begriff Flexicurity geht auf das niederländische, 1999 in Kraft getretene „Flexibility and Security Act" zurück, durch das die Position von atypisch Beschäftigten (→Atypische Beschäftigung) gestärkt werden sollte. Inzwischen wurde der Begriff Flexicurity generell zur Bezeichnung entsprechender Konzepte von der OECD und der EU übernommen.

Nach *Keller* und *Seifert* (2000) sind folgende Bausteine die Grundlage des Flexicurity-Konzeptes:

- *Übergangsmärkte* sollen als Brücken zwischen Erwerbsarbeit und anderen produktiven Tätigkeiten institutionalisiert und durch →Tarifverträge, →Betriebsvereinbarungen und Gesetze abgesichert werden. Zu Beschäftigungsbrücken sollen Übergänge zwischen Voll- und Teilzeitbeschäftigung, →Bildung und Beschäftigung, abhängiger und selbstständiger Beschäftigung, privater Haushalt- und Erwerbstätigkeit sowie zwischen allen ihren Kombinationen ausgebaut werden (→Patchwork-Biographie).

- Die *Beschäftigungssichernde* →*Arbeitszeitpolitik* kombiniert betriebliche Flexibilität (→Flexibilisierung) mit temporärer Beschäftigungssicherung, indem die Anpassung an Nachfrageschwankungen nicht durch numerische, sondern durch zeitliche Flexibilität erreicht werden soll.

- *Lebenslanges* →*Lernen* sichert die individuelle Anpassungsfähigkeit der Beschäftigten an sich ändernde Anforderungen des →Arbeitsmarktes (→Employability).

- Eine *Grundsicherung* soll das für eine eigenständige Existenzsicherung notwendige Niveau der Sozialsicherung regeln. Zum einen sollen dadurch individuelle →Anreize, den Arbeitsmarkt temporär zu verlassen und so Beschäftigungsmöglichkeit für Erwerbslose zu schaffen, verstärkt werden, und zum anderen soll die Grundsicherung die soziale Sicherung der Nacherwerbsphase ergänzen.

Bis jetzt ist die Frage der Um- und Durchsetzbarkeit von Flexicurity-Konzepten nicht vollständig geklärt, wenn auch Beispiele und Erfolge einiger westeuropäischer Länder auf ihre Realitätsnähe und Wirksamkeit hindeuten.

Literatur: *Keller, B.*; *Seifert, H.*: Flexicurity. Das Konzept für mehr soziale Sicherheit flexibler Beschäftigung, in: WSI-Mitteilungen, 53. Jg. (2000), H. 5, S. 291–300.

Sonia Hornberger

Flexisten

Personen, die sich für ein in jeder Hinsicht flexibles Leben entschieden haben, das heißt zeitlich, räumlich, inhaltlich und beziehungsmäßig.

Nach *Miketta* (2000) akzeptieren *Flexisten* die Herausforderungen des steten Wandels und haben den Zwang zum Wechsel mit ihrer Neigung zur Abwechslung in Übereinstimmung gebracht. Manager, Berater, Freelancer (→ Freie Mitarbeiter) sind Berufsgruppen mit hohem Flexistenanteil. Flexisten haben den Umgang mit der Diskontinuität trainiert, wie Sprinter den 50 m-Lauf. Sie zeigen eine hohe →Identifikation mit der eigenen →Arbeit und ein starkes →Commitment zur Leistung. Arbeit dient dem Einzelnen zur wesentlichen Sinnstiftung. Im Gegensatz dazu stehen →Zeitpioniere, die eine →Work-Life Balance versuchen.

Literatur: *Kutscher, J.*: Praxishandbuch flexible Arbeitszeit, Düsseldorf 2000. *Miketta, E.*: Neue Einstellung zur Zeit – gute Zeiten für Zeitpioniere, in: congena Texte, o. Jg. (2000), H. 1/2, S. 3–7.

Désirée H. Ladwig

Flow-Erlebnis

psychischer Zustand extremen aktuellen Wohlbefindens und der vollständigen Hingabe an eine Tätigkeit (z. B. bei passionierten Bergsteigern, Schachspielern oder Künstlern).

Flow ist ein Zustand der Selbstvergessenheit (man vergisst seine Sorgen, Raum und Zeit), in dem das Bewusstsein anstrengungslos funktioniert. Aufmerksamkeit, Wahrnehmung und Gedächtnis arbeiten mit geringstem Widerstand. Die Tätigkeit entsteht aus sich heraus und der Akteur reflektiert nicht über sich selbst. Physiologisches Korrelat des Flow-Erlebens scheint eine Abnahme des kortikalen Erregungsniveaus zu sein. Daneben wird von einer Zunahme der Pulsfrequenz und der Atmungstiefe berichtet.

Der Begriff Flow (engl. fließen, schweben) wurde vom Psychologen *Csikszentmihalyi*, der sich Mitte der 1970er Jahre im Rahmen der Motivationsforschung mit positivem Erleben beschäftigt hat, geprägt. Zentrale Variablen im Flow-Modell sind die *wahrgenommenen Herausforderungen beziehungsweise Anforderungen* und die *wahrgenommenen Fähigkeiten und Fertigkeiten* (→ Qualifikation). Wenn die Anforderungen die Fähigkeiten überschreiten, entsteht ein Zustand der Beunruhigung. Langeweile entsteht, wenn die Anforderungen die Fähigkeiten unterschreiten. Fällt die Diskrepanz zwischen Anforderungen und Fähigkeiten drastisch aus, dann gehen sowohl Langeweile als auch Beunruhigung in einen Zustand der ernsthaften Besorgnis oder Angst über. Eine optimale Passung von Anforderung und Fähigkeit ist die Bedingung dafür, dass ein Flow-Zustand erlebt werden kann. Flow-Erleben ist aber nicht automatisch indiziert, wenn eine Passung zwischen Fähigkeit und Anforderung vorliegt. Im erweiterten Flow-Modell von *Massimi* und *Carli* (1986) stellen sich Flow-Zustände erst dann ein, wenn kongruente Anforderungen und Fähigkeiten ein bestimmtes Niveau überschritten haben. Ist dies nicht der Fall, entsteht der Zustand der Teilnahmslosigkeit oder Gleichgültigkeit.

Als weitere Bedingungsfaktoren für das Erleben von Flow werden Charakteristika der Tätigkeiten (klar strukturiert, eindeutige Kriterien der Durchführung, konkretes →Feedback über die Erreichung der Kriterien), Merkmale der Persönlichkeit (autotelischen Persönlichkeiten fällt es leichter, sich unabhängig von einer externen Belohnung (→ Belohnung und Bestrafung), intensiv mit etwas zu beschäftigen), sozioökonomische Variablen (z. B. Mittelschichtzugehörige berichteten mehr Flow-Erlebnisse als Unterschichtzugehörige im Arbeitskontext) und Umgebungsvariablen (angenehme soziale Atmosphäre, keine Ablenkungen und kein Zeitdruck) angenommen.

Literatur: *Csikszentmihalyi, M.*: Beyond Boredom and Anxiety, San Francisco 1975. *Massimi, F.*; *Carli, M.*: L'esperienza quotidiana: teovia e metodo d'analisi, Mailand 1986.

Andreas Bergknapp

Flow-Konzept → Emergente Personalführung

Fluch des Gewinners → Winner's Curse

Fluktuation

allgemein Personalschwankungen oder treffender Personalbewegungen (von lateinisch fluctuare: schwanken, wogen; fluere: fließen).

Fluktuation

Im weiteren Sinne beziehen sich solche Schwankungen und Bewegungen auf sämtliche Arbeitsplatz- beziehungsweise Arbeitgeberwechsel auf dem →Arbeitsmarkt, und zwar sowohl auf dem organisationsinternen wie auch auf dem organisationsexternen Arbeitsmarkt. *Im engeren Sinne* – und dies ist insbesondere für die →Personalpolitik relevant – bezieht sich Fluktuation lediglich auf dauerhafte Austritte von Beschäftigten aus der →Organisation, die von ihnen selbst initiiert sind. Gleichbedeutend wird auch von „freiwilligen Kündigungen" (engl.: Voluntary Turnover) durch die Beschäftigten gesprochen. Dabei sind zwei begriffsinhaltliche Probleme offenkundig: Zum einen die Bestimmung der Organisationsgrenzen, zum Beispiel bei Arbeitsplatzwechsel zwischen zwei Unternehmen, die zu demselben Konzern gehören. Zum anderen gestaltet sich häufig die Bestimmung der Initiierung eines Austritts aus der Organisation schwierig, zum Beispiel bei einer →Kündigung durch Beschäftigte, denen dies von der Organisation nahe gelegt worden ist. Austritte aufgrund von Tod, Ruhestand (→Pensionierung) und ähnlichen Gründen werden auch unter dem Ausdruck „natürliche Fluktuation" subsummiert.

Als gängige *Kennzahl* zur Beschreibung des Fluktuationsausmaßes hat sich die Fluktuationsrate oder Fluktuationsquote etabliert. Diese wird berechnet als das prozentuale Verhältnis zwischen der Anzahl der Beschäftigten, die in einem bestimmten Zeitraum auf eigene Initiative aus einer Organisation ausgetreten sind, und der Anzahl der Personen, die in demselben Zeitraum in der Organisation durchschnittlich beschäftigt waren (so genannte Durchschnittsformel).

Die jährliche Fluktuationsrate betrug in deutschen Unternehmen in der jüngeren Vergangenheit durchschnittlich nur etwa 5 % in einzelnen Fällen erreichte sie aber auch bis zu 50 % oder sogar 80 %. Dabei ist der Anteil derjenigen Personen, die bereits in den ersten sechs Monaten der Organisationszugehörigkeit kündigen, besonders hoch. Variationen der Fluktuationsrate lassen sich dabei auf verschiedene Faktoren zurückführen.

Welche *empirischen Zusammenhänge* als gesichert gelten, ist in Übersicht 1 dargestellt. Als nicht gesichert gilt dagegen der Zusammenhang zwischen Fluktuation einerseits und Entgeltform und Entgelthöhe sowie →krankheitsbedingten Fehlzeiten andererseits.

Übersicht 1: Korrelate von Fluktuation (*Griffeth et al.* 2000, *Baillod* 1992)

Die Fluktuation ist höher
- in bestimmten Branchen, wie zum Beispiel Baugewerbe und Dienstleistungen (gegenüber zum Beispiel dem öffentlichen Dienst, Versicherungen, Handel und Kreditwirtschaft)
- bei großer Arbeitsplatzsicherheit und günstiger Konjunkturlage
- in großen Unternehmen und großen Arbeitsgruppen
- bei schlechtem Betriebsklima
- bei geringer →Arbeitszufriedenheit
- bei geringen Weiterbildungs- und Aufstiegsmöglichkeiten
- bei physisch, psychisch oder sozial belastenden Arbeitsbedingungen
- bei wenig herausfordernden Arbeitsinhalten
- bei kurzer individueller Betriebszugehörigkeitsdauer
- bei niedrigem individuellem Lebensalter
- bei Arbeitern (gegenüber Angestellten)

Die in Übersicht 1 aufgelisteten Erkenntnisse über empirische Zusammenhänge sind auch in *theoretische Ansätze* zur Erklärung des Fluktuationsverhaltens eingegangen:

- Die Mehrheit der *psychologischen Ansätze* basiert dabei auf dem Grundmodell zu Eintritts- und Verbleibsentscheidungen in Organisationen von *March* und *Simon* aus dem Jahre 1958 (→Anreiz-Beitrags-Theorie). Zumeist werden individuelle Fluktuations-Entscheidungsprozesse beschrieben, bei denen die subjektiv bewertete Arbeitssituation einen zentralen Einflussfaktor darstellt. Des Weiteren spielen (enttäuschte) Erwartungen an die Organisation sowie wahrgenommene Beschäftigungsalternativen eine zentrale Rolle. Der Fluktuationsprozess selbst wird hier in Phasen wie die Bildung fluktuationsbezogener Einstellungen, die Entstehung konkreter Fluktuationsabsichten sowie das tatsächliche Fluktuationsverhalten unterteilt. Während der Ablauf des Entscheidungsprozesses mittlerweile als theoretisch gut erfasst gilt, besteht über die konkreten Inhalte der Entscheidungsgrundlagen noch Unklarheit. Empirische Befunde deuten darauf hin, dass die Bedeutung von Motiven für einen Arbeitsplatzwechsel – wie zum Beispiel Verbesserungen in Bezug auf das Einkommen, die Arbeitsinhalte, die →Arbeitsumgebung oder die Vereinbarkeit von →Beruf und Familie – in Abhängigkeit von sozio-demographischen Merkmalen wie auch im individuellen Lebensverlauf variiert.

- *Ökonomische Ansätze* richten – ausgehend von einem weiteren, gesamtwirtschaftlichen Begriffsverständnis von Fluktuation – den Fokus darüber hinaus auf Wege zur wohlfahrtsmaximierenden Allokation von Arbeitskräften. Dabei wird auch das Verhalten der →Arbeitgeber explizit abgebildet, und als zentrales →Motiv für Arbeitsplatzwechsel beziehungsweise als zentraler Steuerungsmechanismus werden die Entgeltform und -höhe gesetzt.

Fluktuation hat positive und negative *Konsequenzen*:

- Auf der *Individualebene* sehen Personen, die ihren Arbeitsplatz wechseln, als positive Konsequenzen zum Beispiel eine Verbesserung der Arbeitssituation (etwa höheres Einkommen, interessantere Arbeitsinhalte, bessere Entwicklungsmöglichkeiten, bessere Vereinbarkeit von Familie und Beruf), als negative Konsequenzen zum Beispiel die Entwertung von betriebsspezifischem →Humankapital, den Verlust des vertrauten institutionellen und sozialen Kontextes und – falls noch kein neuer Arbeitsplatz gefunden ist – Einkommenseinbußen sowie andere mit →Arbeitslosigkeit einhergehende Belastungen. Kollegen, die in der Organisation verbleiben, kann das Freiwerden eines Arbeitsplatzes positive Entwicklungschancen eröffnen, auf der anderen Seite kann sich (zumindest kurzfristig) ihre Arbeitsbelastung erhöhen, und sie verlieren möglicherweise die soziale Beziehung zu der austretenden Person.

- Für *Organisationen* hat Fluktuation immer dann positive Konsequenzen, wenn ohnehin Personal abgebaut werden soll, wenn die →Arbeitsleistung der kündigenden Person als eher gering eingeschätzt wird oder wenn der mit einem Personalwechsel einhergehende „frische Wind", neues →Wissen und neue Ideen willkommen sind. Zu den negativen Konsequenzen zählen insbesondere der Verlust von Humankapital, die Kosten für die →Trennung sowie die Kosten für die Beschaffung und die Einführung neuer Arbeitskräfte. Außerdem ist mit negativen Signalwirkungen zu rechnen, nämlich mit der Botschaft an die in der Organisation verbleibenden Beschäftigten sowie an die Öffentlichkeit, dass der verlassene Arbeitsplatz beziehungsweise die Organisation mit einigen Makeln behaftet ist.

- Auf der *gesellschaftlichen Ebene* ermöglichen Arbeitsplatzwechsel eine bessere Allokation von Arbeitskräften sowie Wirtschaftswachstum. Dies gilt insbesondere dann, wenn Arbeitsplatzwechsel in Richtung zukunftsweisender Wirtschaftszweige stattfinden. Diesen positiven Konsequenzen stehen mögliche Imageeinbußen von bestimmten Standorten gegenüber.

Geeignete betriebliche Maßnahmen zum Umgang mit unerwünschter Fluktuation setzen an sämtlichen personalpolitischen Handlungsfeldern an. Zunächst ist eine systematische Analyse des Ausmaßes der Fluktuation, der damit verbundenen Kosten und weiteren Konsequenzen sowie den Gründen für die Fluktuation notwendig. Es empfiehlt sich, eine solche Analyse differenziert nach verschiedenen organisationalen und personalen Merkmalen durchzuführen, zum Beispiel nach Standorten, Abteilungen, Arten der Tätigkeiten, nach der Betriebszugehörigkeitsdauer (→Beschäftigungsstabilität) oder dem individuellen Lebensalter. Die Gründe für Fluktuation können im Rahmen von Austrittsinterviews mit den kündigenden Personen eruiert werden. Weitere geeignete Maßnahmen zum Umgang mit Fluktuation sind beispielsweise: eine realistische Tätigkeitsvorschau im Rahmen der →Personalauswahl („Realistic Job Preview"), um überhöhten Erwartungen an die Organisation (und deren nahezu zwangsläufigen Enttäuschung) vorzubeugen, sowie regelmäßige Mitarbeitergespräche. In den Mitarbeitergesprächen können gegenseitige Erwartungen abgeglichen und Entwicklungspotenziale (→Entwicklungsplanung) eruiert werden. Darauf aufbauend können dann entsprechende Schritte der →Personalentwicklung – zum Beispiel in Bezug auf Weiterbildung oder →Beförderung, aber auch in Bezug auf die →Arbeitsgestaltung – eingeleitet werden. Außerdem können Veränderungen im Entgeltbereich geprüft werden. Darüber hinaus kann Fluktuation durch entsprechende Maßnahmen der →Personalbindung sowie des →Personalmarketings gesenkt werden, und insbesondere negative Konsequenzen im arbeitsorganisatorischen Bereich können durch eine entsprechende →Personalplanung abgefedert werden.

Literatur: *Baillod, J.*: Fluktuation bei Computerfachleuten. Eine Längsschnittuntersuchung über die Beziehungen zwischen Arbeitssituation und Berufsverläufen, Bern etc. 1992. *Griffeth, R.W.; Hom, P.W.*: Retaining Valued Employees, Thousand Oaks etc. 2001. *Griffeth, R.W.; Hom, P.W.; Gaertner, S.*: A Meta-Analysis of Antecedents and Correlates of Employee Turnover: Update, Moderator Tests, and Research Implications for the next Millenium, in: Journal of Management, 26. Jg. (2000), S. 463–488. *Grund, C.*: Der zwischenbetriebliche Arbeitsplatzwechsel, München, Mering 2001. *March, J.G.; Simon, H.A.*: Organizations, New York 1958. *Ortlieb, R.; Schlese, M.; Schramm, F.*: Zur Bewertung freiwilliger Arbeitsplatzwechsel. Eine Längsschnittanalyse, in: *Struck, O.; Köhler, C.* (Hrsg.): Beschäftigungsstabilität im Wandel? Empirische Befunde und theoretische Erklärungen für West- und Ostdeutschland, München, Mering 2004, S. 87–103.

Renate Ortlieb

Fordismus

entstand als Begriff in den 1920er und 1930er Jahren und bezeichnet eine gesellschaftliche Produktions- und Verteilungsweise, die auf *Henry Ford* (1863–1947) zurückgeht, der die Rationalisierung des industriellen Fertigungsprozesses bei Massenproduktionen vorangetrieben und den theoretischen Ansatz des →*Scientific Management* von *Taylor* konsequent in die Praxis umgesetzt hat.

Der Fordismus ist Ausdruck einer auf der Fließbandproduktion beruhenden Produktionsweise, die neben der arbeitsorganisatorisch optimalen Anordnung von Mensch und Maschine entlang eines Fließbandes auch eine drastische Lohnerhöhung, eine →Arbeitszeitverkürzung sowie eine erhebliche Senkung des Verkaufspreises aufgrund gestiegener Produktivität (→Arbeitsproduktivität) zur Steigerung der Absatzmengen umfasst. Damit kann unter *Fordismus* eine nachfrageorientierte Produktions- und Verteilungsweise (Akkumulationsregime) verstanden werden, in dem industrielle Massenproduktion durch Massenabsatz und Massenkaufkraft ermöglicht werden soll. Die →Gewerkschaften spielen in diesem System eine wichtige und anerkannte Rolle, da sie übergreifende Differenzen zwischen →Arbeit und Kapital mithilfe von Verhandlungen beseitigen helfen sollen.

Aufgrund verschiedener Entwicklungen ist der *Fordismus* in eine Krise geraten. Die wachsende →Arbeitsteilung innerhalb der Unternehmen hat sich zunehmend als kontraproduktiv erwiesen und die gestiegene →Kapitalintensität konnte teilweise nicht mehr durch eine wachsende Produktivität kompensiert werden.

Die ständig ausgeweitete und globalisierte Produktion intensivierte den Wettbewerb und erschwerte das Management von Unternehmen. Auch verschoben sich die Konsummuster in Richtung einer differenzierten Nachfrage. Aufgrund dieser Entwicklungen kam es zum Aufkommen des *Post-* beziehungsweise *Neo-Fordismus*. Der *Post-Fordismus* ist durch eine verstärkte →Partizipation der →Arbeitnehmer am Produktionsprozess und eine Aufwertung komplexer Qualifikationen und flexibler Spezialfertigung gekennzeichnet. Der *Neo-Fordismus* zeichnet sich durch flexibilisierte Arbeitsverhältnisse sowie eine zunehmende vertikale Aufspaltung des Produktionsprozesses und eine Verlagerung in Billiglohnländer aus.

Dodo zu Knyphausen-Aufseß
Lars Schweizer

Formalisierung

eines der technokratischen Koordinationsinstrumente, das sich durch eine a priori Festlegung von Regelungen und Sachverhalten auszeichnet.

Individuen und Organisationseinheiten in einem Unternehmen müssen im Hinblick auf die Erreichung von Zielen wie zum Beispiel die Erstellung eines Produkts koordiniert werden. Unter dem Überbegriff der *Formalisierung* stehen für diese Koordination *Krüger* (1993) und *Meckl* (2000) zufolge drei Gruppen von Instrumenten zur Verfügung, die alle durch unpersönliche, institutionell verselbstständigte Regelungen gekennzeichnet sind:

1. →*Standardisierung*: Es werden Regelungen für Prozesse und Vorgänge, die im Unternehmen wiederholt auftreten, geschaffen. Die Spezifizierung und Generalisierung dieser Vorschriften erlaubt die Aufgabenerfüllung nur in einer festgelegten Art und Weise, auf die die anderen Prozesse dann abgestimmt werden können.

2. *Programmierung*: Hier werden konkrete Handlungen nach Art und Inhalt auf Dauer verbindlich festgelegt. Verfahrensrichtlinien und Verhaltensvorschriften sind das Resultat von programmierender Koordination.

3. →*Verrechnungspreise*: Eine koordinative Wirkung wird dadurch erreicht, dass sich über festgelegte Preise für den Leistungsaustausch zwischen internen Einheiten eine optimale, marktgesteuerte Allokation der Ressourcen einstellt. Das zu lösende Pro-

blem liegt hier in der Bestimmung der Austauschpreise.

Alle drei Gruppen von Instrumenten legen a priori fest, wie die Koordination zu erfolgen hat.

Die wesentlichen *Vorteile* der Formalisierung liegen in der Planbarkeit und Berechenbarkeit. Durch die a priori Festlegung werden Handlungs- und Verhaltensunsicherheiten für die Stelleninhaber weitgehend ausgeschlossen. Die Teilaufgaben der Leistungserstellung werden in einen logischen Zusammenhang gebracht und durch die Instrumente koordiniert.

Die *Nachteile* der Formalisierung liegen eindeutig in ihrer Inflexibilität. Änderungen im Umfeld oder in der Technologie oder auch beim Stelleninhaber können zu Konstellationen führen, die die vorgefertigten Regelungen ineffizient erscheinen lassen. Die bürokratischen formalen Regeln lassen sich nicht auf den Einzelfall abstimmen und nur schwer verändern.

Literatur: *Meckl, R.*: Controlling im internationalen Unternehmen. Erfolgsorientiertes Management internationaler Organisationsstrukturen, München 2000, S. 39–42. *Krüger, W.*: Organisation der Unternehmung, 2. Aufl., Stuttgart 1993.

Reinhard Meckl

Forschungsmethode

dient in der vergleichenden und interkulturellen Managementforschung der Konzeption und dem Einsatz von Messinstrumenten sowie der Erhebung von →Daten (*Asante* und *Gudykunst* 1989).

Die *quantitative Methode* stellt →Hypothesen auf, überprüft ihre Allgemeingültigkeit und schafft damit „Wenn-Dann-Zusammenhänge". Die deduktiv orientierte quantitative Forschung, die auf dem naturwissenschaftlichen Forschungsideal objektiv nachprüfbarer Ergebnisse beruht, macht universell gültige Aussagen anhand von Momentaufnahmen. Aufgrund „harter" Messtechniken werden quantitative Daten erhoben.

Bei der *qualitativen Methode* stehen einzelne Situationen, die anhand von Gesprächen, teilnehmender Beobachtung und Berücksichtigung des Kontexts erarbeitet werden, im Mittelpunkt der Untersuchung und dienen als zentrale Untersuchungs- und Interpretationsobjekte. Ergänzend werden weitere Materialien wie Texte und Literatur herangezogen (z. B. Stellenanzeigen, Protokolle, Geschäftsberichte). Persönliche Erfahrungen des Forschers mit der anderen →Kultur sind ebenfalls eine wichtige Voraussetzung für die →Validität der Ergebnisse. Mit dieser weichen Vorgehensweise werden ausgehend von einzelnen kulturspezifischen Situationen subtile Bedeutungsunterschiede erfasst und durch Kombinationen mit anderen Einzelfällen Rückschlüsse auf die Gesamtheit einer Kultur gezogen, ohne zufallsgesteuert vorgehen zu müssen. Eine Alternative ist die quantitative Forschungsmethode.

Eine umfassende Zusammenstellung von Merkmalen der qualitativen sowie quantitativen Forschungsmethode liefert Übersicht 1 auf der folgenden Seite.

Der Streit um die Überlegenheit quantitativer und qualitativer Methoden dauert nach *Asante et al.* (1989) an. Beide Verfahren haben ihre Vor- und Nachteile. Vereinfacht gesagt wird dem qualitativen Verfahren Willkürlichkeit vorgeworfen, dem quantitativen hingegen Oberflächlichkeit. Während quantitative Forschung in erster Linie misst, versucht qualitative Forschung zu verstehen. *Holzmüller* (1995) schlägt vor, im interkulturellen Kontext eine qualitative Methodik zu wählen, da vergleichende Fallstudien, explorative Deskriptionen, und reichhaltige und einfühlsame Deskriptionen einen höher zu bewertenden Beitrag zum Erkenntnisstand bieten als eng angelegte Forschungsbemühungen, die der komplexen konzeptionellen und methodischen Problemlage in der interkulturellen Forschung nicht gerecht werden.

Literatur: *Asante, M. K.*; *Gudykunst, W. B.* (Hrsg.): Handbook of International and Intercultural Communication, London 1989. *Holzmüller, H. H.*: Konzeptionelle und methodische Probleme in der interkulturellen Management- und Marketingforschung, Stuttgart 1995. *von Keller, E.*: Management in fremden Kulturen, Bern, Stuttgart 1982.

Christoph I. Barmeyer

Fort- und Weiterbildung

Vertiefung und Modernisierung von →Wissen und Können nach abgeschlossener →Ausbildung auf der gleichen beruflichen Ebene sowie Veränderung und Neuorientierung des bisherigen Berufsfeldes.

Die gesetzliche Grundlage für die berufliche Fortbildung bildet das Berufsbildungsgesetz

Übersicht 1: Kulturvergleichende empirische Managementuntersuchungen rein-quantitativer Art (*von Keller* 1982, S. 504–506).

Unterscheidungskriterien	Rein-quantitative Untersuchungen	Qualitativ-beschreibende Untersuchungen
Forschungsstrategie und Ziele	Suche nach allgemeingültigen Gesetzmäßigkeiten	Verständnis der inneren Struktur und Funktionsweise im Einzelfall
Anzahl der Forschungsobjekte	Untersuchung vieler Fälle - repräsentative Auswahl - Mehr-Länder-Studien	Analyse eines einzelnen Falls - exemplarische Auswahl - Einzelländerstudien
Art und Ebene des Vergleichs	explizit vergleichend Vergleich anhand einzelner kultureller Merkmale und Dimensionen	implizit vergleichend Vergleich des Ganzen auf einer komplexen und gesamtsichtigen Ebene
wissenschaftstheoretische Grundposition und Methodenideal	„Messen" - Positivismus - naturwissenschaftliches Forschungsideal	„Verstehen" - Historismus - geisteswissenschaftliches Forschungsideal
verwendete Methoden und Daten	Massenerhebung - Suche nach „harten", quantitativen Daten - harte Erhebungs- und Analysemethoden: schriftliche Befragung, vorstrukturierte Interviews, standardisierte Tests und Experimente - Ablehnung von anekdotischen Informationen - standardisierte, bekannte Forschungsinstrumente - Messung anhand von universellen messbaren Dimensionen	Einzelfallstudie - Suche nach „weichen", nichtquantitativen Informationen - weiche Forschungsmethoden: unstrukturierte Interviews, teilnehmende Beobachtung, Literaturinterpretation, Sprach- und historische Analysen, persönliche Erfahrungen - Einbezug von anekdotischem Material - eigens entwickelte Forschungsinstrumente - Verstehen anhand der eigenen kulturellen Kategorien
Ziel der Datenanalyse	Interesse an Durchschnittswerten und generellen Zusammenhängen - subtile Bedeutungsunterschiede werden nicht erfasst oder gehen verloren (Gefahr der Überinterpretation von Gemeinsamkeiten) - Jagd nach abhängigen Variablen und statistisch signifikanten Interdependenzen	Interesse auch an inneren Widersprüchen, Ausnahmen und Extremfällen - subtile Bedeutungsunterschiede und innere Widersprüche werden erfasst (Gefahr der Überinterpretation von Unterschieden) - Verständnis der inneren Zusammenhänge, Entwicklung eines Gesamtbildes
Vorwissen und theoretische Position der Autoren	- häufig fehlen detaillierte Vorkenntnisse über die betreffende Kultur - Forderung nach persönlicher Distanz des Forschers zum Untersuchungsgegenstand, Ablehnung persönlicher Erfahrungen	- langjährige Erfahrung in der untersuchten kulturellen Umwelt, kulturelle Sensibilität durch fremde kulturelle Erfahrungen - persönliche Erfahrungen werden miteinbezogen

(BBiG). Demzufolge soll die berufliche Fortbildung dazu dienen, „die beruflichen Kenntnisse und Fertigkeiten zu erhalten, zu erweitern, der technischen Entwicklung anzupassen oder beruflich aufzusteigen" (BBiG §1 Abs. 3). Fortbildung ist somit, im Gegensatz zur Weiterbildung, die berufsverändernd ist, berufsbegleitend.

Die Inhalte der Fort- und Weiterbildung orientieren sich an dem Konzept „Lebenslanges →Lernen" und der Vorstellung, dass ein Unternehmen immer wieder neues Problemlösungspotenzial generieren muss, um den dynamischen Umweltanforderungen gerecht zu werden. Weiterbildung dient vorrangig der Flexibilisierungserhöhung bei organisatorischen Innovationen im Sinne von Veränderungen im Arbeitsablauf und dessen Management.

Die →Arbeitnehmer versprechen sich durch Weiterbildung unter anderem eine Erhöhung der individuellen Arbeitsmarktmobilität, mehr Arbeitsplatzsicherheit, bessere Entlohnungs- und Aufstiegschancen sowie eine Eignungsverbesserung (→ Eignung), höhere Allgemeinbildung und eine → Persönlichkeitsentwicklung. Für Unternehmen besteht vor allem ein Interesse an relativ zeitnaher ökonomischer Verwertung einer Weiterbildung. Die Zielsetzung ist dann eher in der Schließung möglicher Qualifikationslücken, im Qualifikationserhalt, in der Leistungssteigerung und in einem flexiblen Einsatz der Mitarbeiter zu sehen. Anpassungslernprozesse stehen demnach im Vordergrund, obwohl nur die gezielte Förderung des Erwerbs und der Übertragung von Erfahrungswissen zu einem Aufbau und der Entwicklung von organisationalem Handlungs- und Lernpotenzial beiträgt.

Daher lassen sich zwei Konzepte der Weiterbildung unterscheiden:

1. *Strategieabgeleitete Weiterbildung*: Planungsgrundlage entsprechend einer strategieabgeleiteten Weiterbildung ist dann die Diskrepanz zwischen Ist und Soll, also dem gegenwärtigen Stand des Wissens und Könnens des Mitarbeiters und den prognostizierten, zukünftigen → Anforderungen des Arbeitsplatzes. Die Basis der Qualifikationsanforderungen liegt in der Unternehmensstrategie, so dass die Notwendigkeit der Weiterbildung und ihre inhaltliche Präzisierung auch immer strategieunterstützende Wirkung besitzt. In diesem Zusammenhang ist die Weiterentwicklung der Mitarbeiter und der ganzen → Organisation auf die Vermittlung von neuem Sachwissen, die Erweiterung vorhandener Fähigkeiten (analytischer, sozialer und technischer Art (→ Qualifikation) und die Entwicklung von neuen Einstellungen gerichtet. Bei diesem Verständnis von Weiterbildung handelt es sich in vielen Fällen lediglich um eine Reaktion auf Markt- und Kundenwünsche und einem faktischen „Hinterherlaufen" bei Veränderungen.

2. *Strategiegestaltende Weiterbildung*: In diesem Konzept werden tätigkeitsunabhängige Mitarbeiterpotenziale und Entwicklungsreserven im Sinne des Managements von Wissen betrachtet. So sollen von dem entwickelten Wissen im Unternehmen Effekte auf die Unternehmensstrategie und Unternehmensplanung ausgehen. Das Mitarbeiterpotenzial wird als strategische Ressource und Wettbewerbsfaktor erkannt und eingesetzt. Weiterbildung äußert sich nunmehr auch in Form von Projekt- und Ideeninitiativen sowie in der Gestaltung von Prozess- und Strukturveränderungen, vor allem unter der Maßgabe der Verbesserung des Wissenstransfers in Unternehmen. Im Mittelpunkt steht die Steuerung komplexer Kommunikations-, Kooperations- und Interaktionsprozesse, die dazu führen sollen, strategisches Wissen zu managen, zu entfalten, zu steuern und nutzbar zu machen. Einerseits können verborgene Informations- und Problemlösungspotenziale, ungenutzte Fähigkeiten und Kenntnisse eines Unternehmens erschlossen und sinnvoll verwendet werden. Andererseits können Qualifizierungsengpässe schon in der Entwicklung von Strategien berücksichtigt werden und so nicht mehr in dem Maße als Umsetzungsbarrieren wirken.

Die → betriebliche Weiterbildung leistet dann eine Kompetenzentwicklung (→ Kompetenzmanagement), die weniger berufsbezogen erfolgt, sondern sich entlang spezifischer Unternehmensprozesse orientiert. Weiterbildung ist Kompetenzentwicklung integriert in Personal- und Organisationsentwicklungsstrategien und damit auch gleichzeitig stärker in ökonomische und organisationale Prozesse eines Unternehmens eingebunden.

Prinzipiell können *interne und externe Fort- und Weiterbildung* voneinander unterschieden werden. Je nach Inhalt und Lehr-/Lernsituation sind die geeigneten Lernorte auszuwählen. Bei einer internen Weiterbildung ist der Einfluss auf das Lernziel direkt gegeben, der → Trainer kommt aus dem Unternehmen und kann die Inhalte unternehmensspezifisch erörtern. Eine Unternehmenskommunikation über Abteilungsgrenzen wird so ermöglicht und die Inhalte können gegebenenfalls später noch einmal nachbearbeitet werden. Der Trainer verbleibt im Unternehmen und ist damit ansprechbar. Unter Kostengesichtspunkten ist eine interne Weiterbildung sicherlich sinnvoll, wenn relativ vielen Mitarbeitern diese Bildungsinhalte vermittelt werden müssen. Externe Weiterbildungen sind vor allem bei recht spezifischen Angeboten und einem kleineren (ausgesuchten) Teilnehmerkreis zu präferieren. Mit der Maßnahme sind ein überbetrieblicher Erfahrungsaustausch, ein freies Lernklima sowie die Aufnahme aktueller und neuer Problemlösungen verbunden. Etwa zwei Drittel der weiterbildenden Unternehmen entscheiden sich für eine interne, firmenspezifische, betriebliche →Bildung.

Neben Lehrgängen und Kursen haben sich weniger formelle Weiterbildungsmethoden (→Personalentwicklungsmethoden) im beruflichen Alltag etabliert. An die Stelle verschulter Qualifizierungsformen tritt immer häufiger die Qualifizierung direkt in der Arbeitstätigkeit. Sie besitzt einen hohen selbstorganisierten Charakter. Bei den meisten Unternehmen ist das Training On-the-Job (→Training) recht beliebt, da es sich schnell und ohne großen Aufwand umsetzen, sich mit den betrieblichen Arbeitsprozessen verknüpfen lässt und nicht allzu hohe Kosten verursacht. Insofern entfällt ein Großteil der Weiterbildung in Deutschland auf On-the-Job Maßnahmen. Lernen am Arbeitsplatz ermöglicht zudem den Erwerb anwendungsbezogenen Wissens wie auch die Entwicklung von Selbststeuerungs- und Kooperationsfähigkeiten bei den Mitarbeitern. Lernen kann dann auf unterschiedliche Weise in den Arbeitsalltag eingebunden werden. →Führungskräfte, Kollegen und Paten leiten im Unternehmen an und unterstützen beim Lernen am Expertenmodell oder auch in Kleingruppen. Selbstgesteuertes und kooperatives Lernen können so miteinander sinnvoll verbunden werden. Der organisationale Wissenstransfer wird über individuelle und gruppenorientierte Lernarrangements gewährleistet.

In den letzten Jahren haben neue Formen in der Kombination von Lernen und Arbeiten an Bedeutung gewonnen. Zu ihnen zählen: organisierte Fachbesuche in anderen Abteilungen, ein systematischer Wechsel des Arbeitsplatzes (→Job Rotation), Austauschprogramme mit anderen Firmen, Qualitäts- und Werkstattzirkel, Supervision (→Organisation der Führungskräfteentwicklung) am Arbeitsplatz oder →Coaching. Des Weiteren gehört das Lesen von berufsbezogenen Fach- und Sachbüchern oder berufsbezogenen Fach- und Spezialzeitschriften am Arbeitsplatz oder der Besuch von Fachtagungen und Messen verstärkt zum Repertoire der beruflichen Bildung. Elektronische Medien kommen bei CBT (Computer Based Training) und WBT (Web Based Training) zum Einsatz. Inhaltlich spielen fachübergreifende Themen eine größere Rolle.

Unter dem Stichwort *Weiterbildungscontrolling* wird die Evaluierung von Fort- und Weiterbildungsmaßnahmen gesehen. Die →Evaluation von Weiterbildungsmaßnahmen umfasst dabei die Analyse eines Programms mit dem Ziel, Entscheidungen herbeizuführen, die zur Verbesserung der Weiterbildung beitragen. Dieses Vorgehen beinhaltet die Beschreibung und Prüfung der gegebenen Bedingungen des Programms, seiner Ziele, der Beteiligten, der vorhandenen Lehr- und Lernsituation, der kurzfristig erzielten Ergebnisse und der langfristigen Wirkung der Maßnahmen. Die Erfolgskontrolle sollte dabei auf pädagogische und ökonomische Aspekte gerichtet sein. Pädagogische Erfolgsfaktoren beziehen sich auf die Zufriedenheit der Teilnehmer, das Ergebnis beziehungsweise die Qualität des Lernprozesses und den Transfer des Gelernten in den betrieblichen Alltag. Wirtschaftlichkeit und Kostenkontrolle sowie ein langfristiger strategischer Erfolg sind als ökonomische Erfolgsfaktoren für die Weiterbildung anzusehen. Diese mehrdimensionale Betrachtung erlaubt, dass der Nutzen von Weiterbildungsmaßnahmen nicht nur unter Kostengesichtspunkten eingeschätzt wird. Durch →Controlling wird die Weiterbildung mit den Unternehmensprozessen und Mitarbeiterzielen verbunden.

Literatur: *Berthel, J*; *Becker, F.G*: Personalmanagement, 7. Aufl., Stuttgart 2003. *Heidemann, W.*: Betriebliche Weiterbildung, Frankfurt a. M. 2005. *Hentze, J.*; *Kammel, A.*: Personalwirtschaftslehre 1, 7. Aufl., Stuttgart 2001. *Mudra, P.*: Personalentwicklung. Integrative Gestaltung betrieblicher Lern- und Veränderungsprozesse, München 2004. *Pawlowsky, P.*; *Bäumer, J.*: Betriebliche Weiterbildung, München 1996. *Peters, S.* (Hrsg.): Lernen und Weiterbildung, München 2003. *Tippelt, R.* (Hrsg.): Handbuch Erwachsenenbildung/Weiterbildung, 2. Aufl., Opladen 1999.

Peter Wengelowski

Fragebogen

weit verbreitetes Instrument der Personalforschung zur schriftlichen Erhebung von →Informationen über bestimmte Gegenstände oder Sachverhalte.

Fragebögen werden sowohl in (teil-)strukturierten →Interviews als auch im Rahmen großzahliger empirischer Untersuchungen verwendet. Zu unterscheiden sind →Befragungen von Einzelpersonen und →Gruppen sowie Befragungen durch einen Interviewer (mündliche Befragung) und Befragungen, bei denen der Befragte den Fragebogen selbst ausfüllt (schriftliche Befragung).

In Abhängigkeit vom Ziel der Untersuchung enthalten Fragebögen sowohl offen formulierte Fragen, bei denen der Befragte seine Antwort selbst formulieren muss oder kann, als auch geschlossen formulierte Fragen, bei denen der Befragte aus einer Reihe vorgegebener Antwortmöglichkeiten auszuwählen hat.

Die Auswertung der Fragebögen erfolgt in Abhängigkeit von der Erhebungsmethode mit quantitativen und/oder qualitativen Methoden der empirischen Sozialforschung.

Im Hinblick auf die →Qualität der zu erhebenden Information ist die Erstellung von Fragebögen an bestimmte Bedingungen gebunden, die den aus der →Testtheorie geläufigen methodischen Anforderungen nach →Objektivität, →Validität und →Reliabilität von Instrumenten der Informationserhebung entsprechen.

Jürgen Grieger

Freelancer → Freie Mitarbeiter

Freezing → Organisationsentwicklung

Freie Mitarbeiter

Arbeitskräfte, die nicht im Rahmen eines festen und dauernden →Beschäftigungsverhältnisses, sondern für einen Auftraggeber im Rahmen einzelner Aufträge tätig werden.

Meist handelt es sich bei freien Mitarbeitern aufgrund ihrer abhängigen Stellung um →arbeitnehmerähnliche Personen. Weit verbreitet ist freie Mitarbeit in Rundfunk und Fernsehen sowie in den Printmedien. Zusätzlich zu typischen Freiberuflern wie Ärzten, Rechtsanwälten, Künstlern, Architekten, Designern und Journalisten nimmt die freiberufliche Tätigkeit für verschiedene Auftraggeber auch in anderen Bereichen, wie zum Beispiel der Informations- und Kommunikationstechnologiebranche, zu.

Wie auch beim →Contracting ist der Zugriff der Personalarbeit (→Personalmanagement) wegen fehlender →Direktionsrechte bei freien Mitarbeitern begrenzt. Häufig liegt jedoch aufgrund von wirtschaftlicher Abhängigkeit eine Machtasymmetrie zugunsten des Auftragsgebers vor.

Axel Haunschild

Freiheitsgrade der Personalplanungsmodelle

→Differenzierung der Personalplanungen, die sich am Freiheitsgradkonzept orientiert.

Strategische →Personalplanungen belassen danach die meisten, taktische belassen mittelmäßige und operative die wenigsten Freiheitsgrade für anschließende Detailplanungen (*Scholz* 2000, *Zahn* 1989).

Unter →*Strategien* verstehen wir Bündel abstrakter Maßnahmen, die (wie bereits gesagt) Freiheitsgrade für in späteren Zeitpunkten zu konkretisierende Maßnahmen belassen, an globalen Orientierungsmustern ausgerichtet sind und wesentliche Relevanz für die Weiterentwicklung des Systems aufweisen, für das sie konzipiert werden. Das Ziel der strategischen →Personalplanung liegt *Spengler* (1999) zufolge damit in der Generierung, Bewertung und Auswahl von Personalstrategien, mithin in deren planerischer Bewältigung. Personalstrategien können sich zum Beispiel orientieren an

– den Belangen des Betriebes, wie etwa Personalbereitstellungs- und Hiring-Firing-Strategien, oder

– an den Belangen der Mitarbeiter (Stichwort: globale Orientierungsmuster), wie Personnel-Pooling-, Personalverwendungs- und -entwicklungsstrategien.

Darüber hinaus können Personalstrategien für den gesamten Betrieb oder für Subsysteme des Unternehmens formuliert werden.

Wir wollen noch ausdrücklich darauf hinweisen, dass strategische nicht (von vornherein) mit langfristiger Personalplanung gleichgesetzt werden darf, da strategische Planungen auf jeden Fall bezüglich ihrer Erfolgswirkungen langfristig sind, der Planungszeitraum selbst jedoch äußerst kurzfristig sein kann.

Aufbauend auf strategischen sind taktische Personalplanungen durchzuführen, zu denen *Scholz* (2000) zufolge beispielsweise die Optimierung von Teamstrukturen zählen. Zu den Planungen auf der untersten, nämlich der operativen, Ebene gehört unter anderem die (kurzfristige) →Personaleinsatzplanung, vor allem im Bereich der Dienst- und Schichtplanung (→Schichtarbeit).

Literatur: *Scholz, C.*: Personalmanagement, 5. Aufl., München 2000. *Spengler, T.*: Grundlagen und Ansätze der strategischen Personalplanung, München, Mering

1999. *Zahn, E.*: Mehrebenenansatz der Planung, in: *Szyperski, N.* (Hrsg.): Handwörterbuch der Planung, Stuttgart 1989, Sp. 1080–1090.

Thomas Spengler

Freischichten

Schichten, an denen nicht gearbeitet wird.

Durch Freischichten soll im Sinne eines →Freizeitausgleich für Differenzen zwischen individueller →Arbeitszeit und →Betriebszeit ausgeglichen werden. Die Schichten werden in einem *Freischichtenmodell* integriert. Hierbei handelt es sich um ein Schichtenmodell, in das neben der Einteilung in Arbeitsschichten auch Schichten ohne →Arbeit, so genannte Freischichten, in den Schichtplan integriert sind.

Désirée H. Ladwig

Freisetzung →Personalfreisetzung

Freisetzungsvolumen →Personalfreisetzungsplanung

Freistellungsanspruch

Anrecht auf (zeitlich begrenzte) Entbindung von der →Arbeitspflicht.

Der Anspruch des →Arbeitnehmers auf Freistellung kann sowohl auf vertraglicher (vgl. § 1 Bundesurlaubsgesetz, BUrlG, § 629 Bürgerliches Gesetzbuch, BGB) als auch gesetzlicher Grundlage (§275 BGB, § 37 Abs. 2 →Betriebsverfassungsgesetz, BetrVG, § 38 BetrVG, §§ 3 ff. Mutterschutzgesetz, MuSchG, § 1 Abs. 1 Arbeitsplatzschutzgesetz, ArbPl SchG) erfolgen. Der Unterschied zwischen der Arbeitsbefreiung (→Beurlaubung) kraft Gesetzes und der Freistellung durch den →Arbeitgeber besteht darin, dass bei der *Arbeitsbefreiung kraft Gesetzes* allein das Vorliegen der gesetzlichen Tatbestandsmerkmale den Arbeitnehmer von seiner Arbeitspflicht entbindet. Demgegenüber tritt die Arbeitsbefreiung beim *vertraglichen Freistellungsanspruch* erst ein, wenn der Arbeitgeber seiner schuldrechtlichen Verpflichtung zur Freistellung nachgekommen ist. Dies gilt insbesondere für den Anspruch des Arbeitnehmers auf (bezahlten) Erholungsurlaub (→Erholung). Auch wenn der Anspruch kraft Gesetzes (§§ 1, 3 BUrlG) besteht, steht dem Arbeitnehmer kein Recht auf Selbstbeurlaubung zu. Vielmehr muss der Anspruch vom Arbeitnehmer geltend gemacht und vom Arbeitgeber durch entsprechende Freistellungserklärung erfüllt werden. Nimmt der Arbeitnehmer seinen →Urlaub eigenmächtig, dann begeht er eine Pflichtverletzung, die den Arbeitgeber im Einzelfall sogar zu einer gegebenenfalls fristlosen →Kündigung berechtigen kann.

Mit dem Anspruch auf Freistellung ist nicht zugleich darüber entschieden, ob der Arbeitnehmer vom Arbeitgeber auch Entgeltfortzahlung verlangen kann. Die Lohnzahlungspflicht bleibt nur dann bestehen, wenn die Voraussetzungen einer Gegennorm erfüllt sind, die dem Arbeitgeber das so genannte Entgeltrisiko zuweist (§ 11 BUrlG, § 616 BGB). Hinsichtlich des Anspruchs auf Freistellung bestimmen sich die Rechtsfolgen von Leistungsstörungen mangels abweichender gesetzlicher oder vertraglicher Regelung nach allgemeinem Leistungsstörungsrecht (§§ 275 ff., 280 ff., 320 ff. BGB).

Literatur: *Hemming, T.*: AR-Blattei, SD 725 Rn. 1 ff.

Burkhard Boemke

Freiwilliges Arbeitsengagement

latente Ressource für Unternehmen welche die Bereitschaft ihrer Mitarbeiter, sich freiwillig über das festgeschriebene Maß hinaus zu engagieren, ausdrückt.

→Organisationen wären bei weitem weniger leistungsfähig, wenn die Mitarbeiter lediglich „Dienst nach Vorschrift" leisten würden. Effektive Organisationen erreichen ihre Leistung durch freiwillige Mehrleistung, auch als Extra-Rollen-Verhalten beschrieben. Dieses Verhalten ist deshalb wichtig, weil Organisationen nicht in der Lage sind, jedes organisationsdienliche Verhalten vorherzuplanen. Extra-Rollen-Verhalten beziehungsweise freiwilliges Arbeitsengagement ist (ex definitione) nicht vertraglich einzufordern, sondern basiert auf der Freiwilligkeit der einzelnen Mitarbeiter.

Ähnliche Konzepte des freiwilligen Arbeitsengagements sind das Organizational Citizenship Behavior, Prosocial Organizational Behavior und Contextual Performance:

Unter *Organizational Citizenship Behavior* (OCB) werden Verhaltensweisen verstanden, die weder in formalen Stellenbeschreibungen noch in vertraglich festgelegten Belohnungen festgeschrieben sind und sich positiv auf das gesamte Unternehmen auswirken. OCB gilt nach *Organ* (1988) als Verhalten, das diskret ist, formal nicht geachtet oder gewürdigt wird und trotzdem dazu beiträgt, dass Organisationen funktionieren. *Prosocial Organizational Behavior* ist Verhalten, das freiwillig ausgeführt wird, um einem Kollegen, einer Arbeitsgruppe oder einer Organisation zu helfen und zu unterstützen. *Contextual performance* beinhaltet interpersonale und freiwillige Verhaltensweisen, die den sozialen und motivationalen Kontext der →Arbeit in Organisationen unterstützen.

Das Konzept des Organizational Citizenship Behavior gilt als am besten empirisch abgesichert. Es ließen sich zwei zentrale Faktoren ermitteln – Hilfsbereitschaft und Gewissenhaftigkeit – die in zahlreichen Studien repliziert wurden. Ebenso gibt es einen engen Zusammenhang zur →Arbeitszufriedenheit.

Durch die Zunahme flexiblerer Organisationen mit flachen →Hierarchien hat sich die Notwendigkeit für diese Verhalten noch verstärkt, wie *Bierhoff* und *Müller* (2000) konstatieren.

Literatur: *Bierhoff, H.W.*; *Müller, G.F.* (Hrsg.): Freiwilliges Arbeitsengagement in Organisationen, in: Gruppendynamik und Organisationsberatung, 31. Jg., (2000), H. 2. *Organ, D.W.*: Organizational Citizenship Behavior. The Good Soldier Syndrome, Massachusetts 1988.

Erika Spieß

Freizeitanspruch →Beurlaubung, →Freistellungsanspruch

Freizeitausgleich

bezahlte Freistellung des →Arbeitnehmers von der →Arbeitspflicht zum Ausgleich der durch ihn geleisteten →Mehrarbeit.

Von dieser kann der Arbeitnehmer bei Vorliegen einer entsprechenden einzelvertraglichen, kollektivrechtlichen (→Kollektivarbeitsrecht) oder gesetzlichen Regelung Gebrauch machen. Abhängig vom Inhalt der jeweiligen Regelung kann sowohl der →Arbeitgeber als auch der Arbeitnehmer ein Wahlrecht zwischen Vergütung der Mehrarbeit und Freizeitausgleich haben. Verbreitet sind aber auch Regelungen, die anstatt der Mehrarbeitsvergütung ausschließlich Freizeitausgleich vorsehen.

Arbeitnehmern, die ihre Tätigkeit während der Nachtzeit, das heißt in der Zeit von 23.00 bis 6.00, in Bäckereien und Konditoreien zwischen 22.00 und 5.00 (§ 2 Abs. 3 →Arbeitszeitgesetz, ArbZG) erbringen, ist für die während der Nachtzeit geleisteten Arbeitsstunden eine angemessene Zahl bezahlter freier Arbeitstage oder ein angemessener Zuschlag auf das ihnen hierfür zustehende Bruttoarbeitsentgelt zu gewähren (§ 6 Abs. 5 ArbZG). Hierbei steht dem Arbeitgeber ein Wahlrecht zu; ein Vorrang des Freizeitausgleichs existiert nicht.

In der betrieblichen Praxis spielt auch der Freizeitausgleich für Betriebsratsmitglieder (→Betriebsrat) gemäß § 37 Abs. 3 →Betriebsverfassungsgesetz, BetrVG eine Rolle: Grundsätzlich sollen Betriebsratsmitglieder ihre Betriebsratstätigkeit während der →Arbeitszeit erbringen. Ist die Betriebsratstätigkeit aus betriebsbedingten Gründen außerhalb der Arbeitszeit durchzuführen, hat das Betriebsratsmitglied Anspruch auf entsprechende Arbeitsbefreiung (→Freistellungsanspruch, →Beurlaubung) unter Fortzahlung des →Arbeitsentgelts (§ 37 Abs. 3 Satz 1 BetrVG). Die Arbeitsbefreiung ist vor Ablauf eines Monats zu gewähren; ist dies aus betriebsbedingten Gründen nicht möglich, so ist die aufgewendete Arbeitszeit wie Mehrarbeit zu vergüten (§ 37 Abs. 3 Satz 1 BetrVG).

Burkhard Boemke

Fremdbestimmung →Selbstbestimmung

Fremdkapitalbeteiligung

Bestandteil der Vermögensbeteiligung, der einen Anteil am Fremdkapital des arbeitgebenden Unternehmens darstellt und aus dem allerdings keine Mitwirkungsrechte resultieren.

Die mit einer Fremdkapitalbeteiligung verbundene *Zielsetzung* besteht in der Risikoübernahme der →Arbeitnehmer, in der Interessenharmonisierung zwischen Unternehmen und den Mitarbeitern sowie in einer alternativen Verbreiterung der Fremdkapitalbasis.

Eine Variante ist das *Mitarbeiterdarlehen*, mit dem ein Darlehen durch den Arbeitnehmer an das Unternehmen gewährt wird. Es kann dafür zum Beispiel eine Gewinnbeteiligung in Darlehen umgewandelt werden. Andere Möglichkeiten sind der *Genussschein* oder die *Mitarbeiterschuldverschreibung* (Obligationen), welche allerdings auf Kapitalgesellschaften beschränkt ist. Bei diesen Obligationen liegt ein festverzinsliches Wertpapier vor, das vom Mitarbeiter zu einem bestimmten Kurswert erworben wird. Die Gestaltungsmöglichkeiten sind vielfältig (z. B. Emissionskurs, Zinstermin, Zinssatz, Laufzeit oder Rückzahlungsbedingungen). Varianten sind die Gewinn- oder Wandelschuldverschreibung, die sich in der Mindestverzinsung und Beteiligung am Gewinn des Unternehmens unterscheiden.

Literatur: *Scholz, C.*: Personalmanagement, 5. Aufl., München 2000, S. 757–758.

Silvia Föhr

Fremdpersonaleinsatz →Zeitarbeit

Fristlose Kündigung

Beendigung des Arbeitsverhältnisses (→Beschäftigungsverhältnis) ohne Einhaltung einer →Kündigungsfrist (→Außerordentliche Kündigung).

Frühaufklärung →Frühwarnsystem

Früherkennung →Frühwarnsystem

Frühpensionierung →Vorruhestand

Frühstarteffekt

im Rahmen der Karriereforschung behandelter Effekt, bei dem frühe erste →Beförderungen von Beschäftigten dazu führen, dass die Dauer bis zu weiteren Beförderungen geringer ausfällt als bei anderen →Arbeitnehmern, die länger auf ihre Beförderung warten müssen.

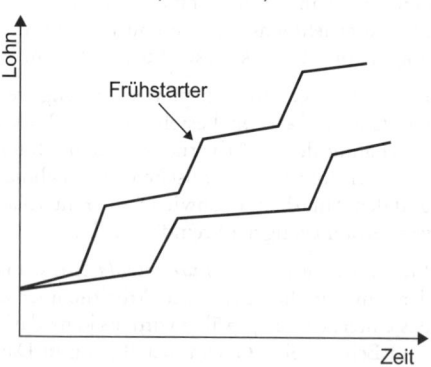

Abbildung 1: Lohnprofil von Frühstartern (*Grund* 2005)

Als Konsequenz führen Frühstarts dann zu höheren Karriereerfolgen. Schnelle Beförderungen wirken in diesem Zusammenhang als Signal für überdurchschnittlich hohe Fähigkeiten (→Qualifikation) der Frühstarter, was gerade deshalb bedeutsam ist, weil gewöhnlich zu Beginn der Erwerbskarriere eines Arbeitnehmers beim →Arbeitgeber sehr große Unsicherheit über dessen Fähigkeiten vorliegt. Da Beförderungen in der Regel mit erheblichen Lohnsteigerungen verbunden sind, führen Frühstarteffekte dazu, dass die Lohnprofile von Frühstartern und anderen Arbeitnehmern immer weiter auseinanderlaufen (Abbildung 1).

Die empirische Relevanz der Frühstarteffekte wird in verschiedenen Studien auf Unternehmensebene nachgewiesen. Allerdings kann es zusätzlich zu einem Spätstarteffekt kommen, wenn Fehler bei der ersten Beurteilung von Arbeitnehmern eingestanden werden und sie nach relativ späten ersten Beförderungen in der Folgezeit zu Karrieresprüngen kommen. Frühstarteffekte sind also nur dann das Ergebnis einer rationalen →Personalpolitik, wenn die sehr fähigen Arbeitnehmer längerfristig hohe Erfolge aufweisen. Arbeitgeber, die bei ihrer →Personalbeurteilung lediglich erste Karriereergebnisse berücksichtigen, unterliegen dagegen der Gefahr von Fehlentscheidungen, wodurch mitunter nicht die fähigsten Arbeitnehmer auf Führungspositionen gelangen.

Literatur: *Kräkel, M.*: Frühstarteffekte in betrieblichen Karrieren, in: Zeitschrift für Personalforschung, 8. Jg. (1994), H. 4, S. 419–445.

Christian Grund

Frühwarnsystem

basiert auf frühzeitiger Wahrnehmung, um antizipativ möglichst viele Handlungsalternativen nutzen zu können.

Im weiteren Sinne wird nach *Macharzina* (2002) von einem Früherkennungs- oder Frühaufklärungssystem gesprochen, wenn der Blick nicht nur auf Risiken und latente Bedrohungen, sondern auch auf Chancen gerichtet wird. Nach der Eingrenzung der Beobachtungsbereiche im und außerhalb des Unternehmens geht es darum, soweit möglich Frühwarnindikatoren festzulegen und zu präzisieren beziehungsweise zu operationalisieren.

Als erstes Suchraster eignen sich die *Ebenen der allgemeinen Umweltanalyse*: soziokulturelle, ökonomische, ökologische, technologische und politisch-rechtliche Ebenen. Laut *Horender* (2005) müssen die Faktoren herausgegriffen werden, die den interessierenden Sachverhalt (zukünftig) wesentlich beeinflussen. Dann sind deren (mögliche zukünftige) Entwicklungen zu beschreiben. Zweck dieses

Vorgehens ist es, darauf aufbauend Maßnahmen zu planen, wie das →Personalmanagement sich auf die prognostizierte Situation vorbereiten kann. Also Maßnahmenpläne zu erstellen, um sich bietende Chancen zu nutzen und drohende Risiken zu vermeiden beziehungsweise deren Auswirkungen zu vermindern. Beispielsweise ergibt sich aus dem Beobachtungsbereich der politischen und rechtlichen Umwelt der Bedarf, die Entwicklung der Mitbestimmungsrechte (→Mitbestimmung) zu verfolgen. Ein geeigneter Indikator wäre zum Beispiel die Arbeitswelt betreffende Richtlinien der Europäischen Gemeinschaft auf mögliche langfristige Auswirkungen auf die deutsche Rechtsprechung und deren Konsequenzen für die Unternehmen zu prüfen. Dasselbe Vorgehen gilt für das zweite Suchraster im Unternehmen, hier kann beispielsweise der →Organisationsstruktur gefolgt werden.

Die unstrukturierte Aufnahme von Signalen bezeichnet man auch als *Scanning*, die strukturierte als *Monitoring*. In der Fortschreibung der Entwicklung solcher Signale kann auf quantitative oder auf qualitative Verfahren zurückgegriffen werden. Im Rahmen der *quantitativen Verfahren* werden Trends (Zeitreihen) extrapoliert und darauf aufbauend Simulationen programmiert. Teilweise werden quantitative Elemente in das *qualitative Vorgehen* eingebunden. Hier werden schriftliche Materialien, Vortrags- und Konferenzinhalte ausgewertet, Experten und Wissensträger befragt. Dies gilt unternehmensintern wie außerhalb des Unternehmens. Aufbauend auf diesen Aussagen werden Szenarien aufgespannt, SWOT-Analysen aufgestellt und Portfolien erarbeitet (→Portfoliomethode). Neben dem Erfassen von Signalen ist also die geeignete Verarbeitung und Aufbereitung der →Informationen notwendige Voraussetzung um (antizipative) Maßnahmen zu planen und eventuell auch in Gang setzen zu können.

Dabei ist die Früherkennung nicht nur im Personalmanagement mit erheblichen konzeptionellen, messtheoretischen und anwendungsbezogenen Mängeln behaftet. Die Verbreitung von Systemen der Früherkennung im betrieblichen Personalmanagement ist daher nach wie vor gering (*Krystek* 2002).

Neue Impulse hat das Thema durch das KontraG (Gesetz zur Kontrolle und Transparenz im Unternehmensbereich) und Basel II (Eigenkapitalrichtlinien für die Kreditvergabe) erhalten. Gefordert sind Bewertungen und Frühwarnsysteme für die wichtigsten Risikofelder, unter anderem für das Personal:

- Als *Engpassrisiko* wird der (krankheitsbedingte) Ausfall von einzelnen Schlüsselpersonen oder vielen Mitarbeitern beschrieben.

- Mit dem *Austrittsrisiko* wird die ungewollte →Fluktuation von Mitarbeitern, insbesondere Schlüsselpersonen, bezeichnet.

- Das *Anpassungsrisiko* bezieht sich auf unpassende oder unzureichende →Qualifikation von Mitarbeitern, mit Blick auf aktuelle und zukünftige Herausforderungen.

- Im Rahmen des *Motivationsrisikos* werden Mitarbeiter, die eine →innere Kündigung vollzogen haben oder ausgebrannt sind (→Burnout) – und daher keine entsprechende Leistung mehr erbringen wollen/können oder sogar destruktives Verhalten zeigen – erfasst.

Diese Risiken können wiederum in einem *Risikoportfolio* dargestellt werden, das dann als Grundlage für konkrete Maßnahmen dienen kann. Erst wenn antizipative Maßnahmen (und darüber hinaus Maßnahmen für den Krisenfall) geplant und umgesetzt sind, ergibt sich der Erfolg der Früherkennung. Im Fall des Risikomanagements liegt der Erfolg in der Verhinderung von Risiken und Reduktion ihrer Konsequenzen. Ein aktuelles Beispiel ist die frühzeitige und intensive Beschäftigung mit dem →Bologna-Prozess. Mit der Hochschulreform ergeben sich neue Herausforderungen an die Personalgewinnung, -auswahl, die →Personalentwicklung sowie das Entgeltmanagement. Stellt sich das Personalmanagement nicht entsprechend um, können Imageverluste bis hin zu juristischen Auseinandersetzungen die Folge sein. Eine besondere Chance ergibt sich dagegen beispielsweise mit den erweiterten Möglichkeiten der Einbringung von Wirtschaftsinteressen im Rahmen der Qualitätssicherung und Akkreditierung.

Literatur: *Horender, U.*: Mit Szenariotechnik die Personalarbeit der Zukunft denken, in: *Deutsche Gesellschaft für Personalführung e.V.* (Hrsg.): Personalmanagement der Zukunft, Frankfurt am Main 2005. *Krystek, U.*: Personalbezogene strategische Früherkennung der Deutschen Bank, in: Personal, 54. Jg. (2002), H. 4, S. 30–33. *Macharzina, K.*: Unternehmensführung, 3. Aufl., Wiesbaden 2002.

Daniela Eisele
Klaus Möller

Frustration

Ausdruck der Enttäuschung darüber, dass ein angestrebtes Ziel nicht erreicht oder ein →Motiv nicht befriedigt werden kann, weil dem ein Hindernis entgegen steht, das außerhalb der eigenen Kontrolle liegt.

Beispiele für Gründe von Frustration sind organisatorische Regelungen, Entscheidungen von Vorgesetzten oder Kunden des Unternehmens oder fehlende Unterstützung durch Kollegen.

Frustration kann nach *Heckhausen* (1988) zu fünf verschiedenen Reaktionen führen:

1. *Aggression*: Die Person entwickelt Aggressionen gegen das Hindernis beziehungsweise die verursachenden Personen (Frustrations-Aggressions-Hypothese). Wenn dazu jedoch keine Möglichkeit besteht, kann sich das aggressive Verhalten auch gegen unbeteiligte Personen richten. Beispielsweise kann eine Führungskraft seinen Mitarbeiter frustrieren, indem er dessen →Beförderung verhindert; wenn der Mitarbeiter keine Möglichkeit hat, sich gegen das Blockadeverhalten des Vorgesetzten zu wehren, kann es dazu kommen, dass er seinen Zorn gegen einen Kollegen richtet, um die durch die Frustration aufgebaute Aggression abzubauen.

2. *Fixierung*: In diesem Fall versteift sich die frustrierte Person auf das angestrebte Ziel und verstärkt die bisherigen Anstrengungen, obwohl die Erfolgsaussichten von außen betrachtet immer geringer werden.

3. *Rückzug*: Vor allem dann, wenn eine Frustration wiederholt erlebt wird, wird es wahrscheinlich, dass die Person sich zurückzieht (Frustrations-Regressions-Hypothese). Symptome eines solchen Rückzugsverhaltens sind beispielsweise ein wachsendes Desinteresse an der Tätigkeit, krankheitsbedingte Abwesenheit und, damit verbunden, steigende →Fehlzeiten.

4. *Umdeutung*: Die Frustration wird hier aufgefangen, indem die Situation reinterpretiert wird. Im oben genannten Beispiel würde das bedeuten, dass die vergeblich auf eine Beförderung wartende Person eine Beförderung vor anderen Personen als unattraktiv darstellt.

5. *Kompensation*: An die Stelle des frustrierten Ziels tritt ein Ersatzziel, das ähnlich gut geeignet scheint, das aktuelle Bedürfnis (→Motiv) zu befriedigen. Beispielsweise könnte ein frustrierter Beförderungswunsch dazu führen, dass sich die betroffene Person gegenüber den Kollegen zukünftig distanzierter und „von oben herab" verhält und sich parallel dazu eine Expertenrolle aufzubauen versucht.

Frustration führt in der Regel zu einem Leistungsrückgang, weil die Person einen wachsenden Teil ihrer Energie zum Frustrationsaufbau aufwendet.

Literatur: *Heckhausen, H.*: Motivation und Handeln, 2. Auflage, Berlin 1988.

Markus Gmür

Führung →Mitarbeiterführung

Führung im öffentlichen Sektor

ergebnis- und wirkungsorientierte Steuerung von Mitarbeitern in Unternehmen des öffentlichen Sektors.

In Anlehnung an *Wunderer* (2003) handelt es sich bei der Führung im öffentlichen Sektor um eine zielorientierte soziale Einflussnahme zur Erfüllung gemeinsamer Aufgaben in beziehungsweise mit einer strukturierten Arbeitssituation im öffentlichen Dienst. Es wird unterschieden zwischen der *indirekten, systemischen Führung* mittels Führungskonzeptionen, -modellen und -techniken und der *direkten, interaktionellen Personalführung* (→Mitarbeiterführung) zur unmittelbaren Verhaltensbeeinflussung der öffentlich Beschäftigten durch Führungsverantwortliche.

Führungskonzeptionen als vereinfachte, pragmatische Darstellungen des Führungsgeschehens im Sinne der systemischen Führungsdimension werden im öffentlichen Sektor im Gegensatz zur interaktionellen Führung eher überbetont. Diese nach *Weber* (1976) idealtypisch mit dem Begriff der Bürokratie bezeichnete Führungskultur (Verwaltungskultur) bevorzugt generalisierte, standardisierte, formalisierte und sanktionsfähige Regelungen (Regelungsdichte, Überbürokratisierung). Führungskonzeptionen können unterschiedliche Funktionen wahrnehmen: Als systematischer Ordnungs- oder Bezugsrahmen lassen sich die verschiedenen komplexen Phänomene der Führung erfassen und als ein Ganzes im Sinne der *Beschreibungsfunktion* (deskriptiver Charakter) übersichtlich darstellen.

Als Grundlage der Führungsschulung nehmen die Modelle eine *Aus- und Weiterbildungsfunktion* wahr, welche Führungswissen vermittelt, aber auch abgestimmtes Führungshandeln in →Organisationen fördert. Führungsmodelle können auch eine zentrale *Kommunikationsfunktion* ausüben, indem sie der bewussten Verbreitung neuer Ideen und Denkansätze dienen oder im Sinne verbindlicher Richtlinien als Handlungsanweisungen für →Führungskräfte gelten. Damit kommen sie der vielleicht wichtigsten Funktion von Führungsmodellen, der *Gestaltungsfunktion* sehr nahe (präskriptiv-normativer Charakter). Solche Ansätze wie zum Beispiel das →Management by Objectives (MbO) oder das Harzburger Modell (→Management by Delegation) der partizipativen Führung stellen normative Denkmodelle dar, die aussagen, wie Führung vollzogen werden sollte. Insofern wird dem Führungspraktiker eine unmittelbar anwendbare Gestaltungshilfe gegeben.

Bezogen auf den *Inhalt von Führungskonzeptionen* öffentlicher Institutionen kann das Phänomen Führung hinsichtlich einzelner Aspekte (Partialmodelle) oder umfassend und ganzheitlich (Totalmodelle) unterschieden werden. Letztere enthalten meist folgende fünf grundlegenden Elemente:

Die *Rahmenbedingungen* der öffentlichen Institution charakterisieren ihr Verhältnis zu den Umsystemen.

Die *Zielsetzungen* umfassen die Dimensionen Effektivität (Leistungswirksamkeit bezüglich der Sachzielerreichung, z. B. Dienstleistungsangebot) und Effizienz (Leistungswirksamkeit bezüglich der Formalzielerreichung, z. B. Bearbeitungsdauer). Die Schwierigkeit der Zielfindung und -festlegung angesichts der komplexen, politischen Entscheidungsprozesse zwischen Parlament, Regierung und Verwaltung, des Rechtmäßigkeitserfordernisses des Verwaltungshandelns und der schwierig durchführbaren Erfolgskontrollen erhöhen die Anforderungen an Führungskonzeptionen im öffentlichen Sektor. Seit den New Public Management Reformen zeichnet sich eine Verlagerung der Modellziele von Inputgrößen zu Ergebnisgrößen (Output und Wirkungen) ab.

Die *Teilsysteme* von Führungskonzeptionen beschreiben auf der Ebene der Exekutive die einzelnen Verwaltungsfunktionen der Zielbildung, Planung, Organisation, →Budgetierung, Personal, →Controlling, →Evaluation und →Information.

Hier gewinnt der vermehrte Einsatz neuer →*Führungsinstrumente und -prinzipien* (z. B. →Delegation, →Qualitätsmanagement, Kontraktsteuerung, Globalhaushalte, kaufmännische Buchführung, →Personalbeurteilung) an Bedeutung. Wie in der Privatwirtschaft hat sich auch in der öffentlichen Verwaltung die Führung durch Zielvereinbarung (MbO) als eines der am weitesten verbreiteten Führungsinstrumente durchgesetzt. MbO verfolgt das Ziel, die einzelnen Elemente der Verwaltung auf die übergeordneten gemeinsamen Ziele hin zu koordinieren. Dies geschieht durch eine konsequente, an der Schnittstelle zur politischen Führung jedoch schwierig realisierbare Zieloperationalisierung. Dabei werden die obersten Ziele kaskadenartig in verschiedene Unterziele, Abteilungsziele, Gruppenziele bis hin zu den Mitarbeiterzielen unterteilt und verfeinert. Die Ergebnisse der Erfolgsbeurteilung ziehen sich über die Personalerhaltung bis in die →Personalentwicklung und -planung weiter.

Führungskonzeptionen sind *Concept driven*, sofern sie grundlegende Fragen der Führungspraxis in einem Ordnungsgerüst zu strukturieren versuchen. *Issue driven* sind Modelle, die stark durch Fragestellungen der Führungspraxis geprägt sind, womit diese relativ stark vom jeweils vorherrschenden Zeitgeist abhängen. Zu den Ersteren gehören etwa das St. Galler Managementmodell und mit besonderer Bedeutung für den öffentlichen Sektor *Webers* Idealtypus der Bürokratie. New Public Management (NPM) oder →Business Process Reengineering können demgegenüber als Issue driven bezeichnet werden.

Die *Personalführung* als direkte und situative Führungsinteraktion zwischen Führungskräften und Mitarbeitern verfolgt grundsätzlich die *Vermittlung von Zielen* und Aufgabeninhalten öffentlicher Institutionen, die *Motivierung und Förderung* der mit der Zielverwirklichung beauftragten Personen, die →*Koordination* von Einzelleistungen zu einem Gesamtergebnis, die Ermöglichung einer guten →*Kooperation* zwischen den Beteiligten sowie die *Kontrolle* des Bearbeitungsprozesses und Endergebnisses. Eine hierfür zentrale Unterstützungsfunktion kommt dem →Personalmanagement im öffentlichen Dienst zu. Die *Anforderungen* an die mit der Personalführung beauftragten Personen öffentlicher Institutionen haben sich gewandelt. Dominierte lange Zeit die →Fachkompetenz alle anderen Kompetenzbereiche (→Kompetenz), so wird heute der Aneignung von Führungs-, Sozial- und Persönlichkeitskompetenzen deutlich mehr Gewicht beigemessen. Dies äußert sich insbesondere im Erfordernis nach verstärkter Verhandlungsführung, Netzwerkbildung, Informations- und Kommunikationsfähigkeiten sowie vermehrter Motivierung von Mitarbeitern im Sinne transformationaler Führung beim →Wandel öffentlicher Institutionen.

Jede Führungskraft trifft in ihrem Führungshandeln Annahmen über Menschen, die als →*Menschenbilder* eine entscheidende Wirkung auf das Führungshandeln haben. Die weit verbreitete Darstellung von Menschenbildern nach *McGregor* (1960) bezeichnet Menschen entweder als träge, inaktive und hauptsächlich durch materielle Anreize motivierbare Wesen (Theorie X) oder als leistungsbereite, sich selbst steuernde und →Verantwortung suchende Wesen (Theorie Y). Ebenso anschaulich ist die Klassifikation von *Schein* (1965), wonach Menschen rational-ökonomische, sich selbst entwickelnde, soziale oder komplexe Wesen darstellen. Die Führungskräfte öffentlicher Verwaltungen nach *Webers* Idealtypus der Bürokratie folgen mehrheitlich den Menschenbildern der Theorie X oder des rational-ökonomischen Menschen. Gegenwärtige Tendenzen der Verwaltungsreformen lassen zum einen eine Abkehr von solchen Menschenbildern erkennen (z. B. Schaffung von →Handlungsspielraum, partizipative Führung, →Coaching), zeigen durch die Einführung neuer Führungsinstrumente (z. B. lohnrelevante Beurteilungssysteme, Arbeitszeiterfassung) aber auch, dass keine Reinform eines Menschenbilds im Verwaltungsalltag existiert.

Führungsstile von Führungskräften tragen zum →Führungserfolg bei, wenn die Führungskraft dadurch seiner Lokomotions- (Zielerreichung) wie auch Kohäsionsfunktion (Gruppenerhaltung) nachkommt. Aufgrund des von *Klages* (1998) beobachteten Wertewandels in der öffentlichen Verwaltung und einer großen unausgeschöpften →Leistungsbereitschaft verändern sich die Anforderungen an die Führungskräfte und ihre Führungsstile im öffentlichen Sektor. Nicht mehr der *autoritäre* und als besondere Ausprägungen davon autokratische oder bürokratische →Führungsstil mit der Forderung nach Regelkonformität, Weisungsbefugnis, Dienstwegprinzip und hierarchischer Unterordnung, sondern die *kooperative Führung* durch hohe Teamorientierung, zwischenmenschliches →Vertrauen und gemeinsame Problemlösungen wird gefordert. Dennoch sind die Führungskräfte der öffentlichen Verwaltung stark an der Schnittstelle zwischen Politik und Verwaltung tätig, wo ebenfalls der *charismatische Führungsstil* (→Charisma) von Politikern aufgrund ihrer Ausstrahlungskraft und einmaligen Persönlichkeit verbreitet ist und einen unter Umständen autoritären Einfluss ausübt. Letztlich resultiert *Führungserfolg* nicht aus einem Führungsstil, sondern zum einen aus der Fähigkeit jeder Führungskraft, in verschiedenen Führungssituationen (→Situationsansatz der Führung) das adäquate →Führungsverhalten zu praktizieren. Zum anderen hängt die Beziehung zwischen Führenden und Mitarbeitern auch vom Rollenverständnis der Geführten und vielfältigen Drittwirkungen ab.

Gegenwärtig gewinnt das zweite Standbein der Führung im öffentlichen Sektor, die direkte, interaktionelle Personalführung, an Bedeutung, was dem rasante Strategie-, Struktur- und Kulturwandel in der öffentlichen Verwaltung Chancen auf Erfolg verleiht.

Literatur: *Klages, H.*: Erfolgreich führen und motivieren!, in: *Wagner, D.* (Hrsg.): Personal und Personalmanagement in der modernen Verwaltung, Berlin 1998, S. 51–67. *McGregor, D.*: The Human Side of Enterprise, New York 1960. *Schein, E.*: Organizational Psychology, Englewood Cliffs 1965. *Thom, N.; Ritz, A.*: Public Management. Innovative Konzepte zur Führung im öffentlichen Sektor, 2. Aufl., Wiesbaden 2004. *von Rosenstiel, L.; Comelli, G.*: Führung zwischen Stabilität und Wandel, München 2003. *Weber, M.; Winckelmann, J.* (Hrsg.): Wirtschaft und Gesellschaft, 5. Aufl., Tübingen 1976. *Wunderer, R.*: Führung und Zusammenarbeit, 5. Aufl., München etc. 2003.

Adrian Ritz

Führungsanweisungen

wichtiges Führungsmittel in Organisationen, das als schriftliche Festlegung der →Führungsgrundsätze und Kodifizierung des →Führungsstils verstanden wird.

Die Führungsanweisung bietet →Führungskräften und Geführten Sicherheit und eine einheitliche Sprachregelung auf der Basis einer für alle verbindlichen Führungskonzeption (→Führungssystem). Verstöße gegen die

Führungsanweisung sind als Pflichtverletzungen aufzufassen, die zu den gleichen Folgen führen wie die Verletzung fachlicher Pflichten.

Ruth Stock-Homburg

Führungsaufgaben

Konzepte, die sich mehrheitlich auf klassische Führungssystematiken wie das POSDCoRB-Konzept von *Gulick* und *Urwick* (1937) zurückführen lassen.

Nach dem POSDCoRB-Konzept setzt sich Führung (→Mitarbeiterführung) aus den Aufgaben Planning, Organizing, Staffing, Directing, Coordination, Reporting und Budgeting (→Budgetierung) zusammen. Die genannten Aufgaben bilden in dieser Reihenfolge mit gewissen Einschränkungen einen Führungsprozess. Modernere Konzeptionen lassen die Kontrolle über den gesamten Prozess hinweg mitlaufen.

Literatur: *Gulick, L. H.; Urwick, L. F.*: Papers on the Science of Administration, New York 1937.

Jan Hendrik Fisch

Führungserfolg

theoretisches Konstrukt, mit dem je nach Sichtweise sehr verschiedene Vorstellungen verbunden sind.

Personen- und interessenneutral kann Führungserfolg als derjenige Anteil am Zielerreichungsgrad einer Arbeitsgruppe definiert werden, der auf die Führungsaktivität der Führungskraft zurückzuführen ist. Da hierbei häufig Messprobleme auftreten, wird Führungserfolg zuweilen mit *Führungseffizienz* gleichgesetzt, die sich beispielsweise in der Kostengünstigkeit der Führung (→Mitarbeiterführung) ausdrückt (*Staehle*, 1999).

Manche Studien operationalisieren Führungserfolg über den *Karriereerfolg* der betreffenden Führungskraft, was höchstens einer subjektiven Sichtweise gerecht wird. Die Führungskraft selbst kann ihren Erfolg unter Umständen an dem gewonnenen *Prestige* und der verspürten →*Macht* festmachen. Die Führungsforschung hat sich bei der Beurteilung des Führungserfolgs eher am Arbeitserfolg der →Gruppe zu orientieren.

Literatur: *Staehle, W. H.*: Management, 8. Aufl., München 1999.

Jan Hendrik Fisch

Führungsethik

spezieller Aspekt der Personalmanagementethik (→Ethik im Personalmanagement), der sich mit der Frage beschäftigt, welche ethische Problematik sich im Rahmen der Führung von Mitarbeitern (→Mitarbeiterführung) stellt und wie →Führungskräfte dieser Problematik praktisch begegnen können.

Systematischer Hintergrund ist hier die Unterscheidung, wonach das →Personalmanagement in →Organisationen sowohl auf strukturelle Weise durch zentrale Instanzen (z. B. Gestaltung der →Beschäftigungspolitik, Arbeitsstrukturen, Anreizsysteme) als auch auf dezentral interaktive Weise durch die Führungskräfte in der Linie (v. a. Gestaltung eines leistungsförderlichen →Führungsverhaltens) erfolgt.

Die *ethische Problematik der dezentralen* →*Mitarbeiterführung* kann dabei in notwendiger Kürze und mithilfe des in Abbildung 1 visualisierten Bezugsrahmens wie folgt begründet werden: Die Beziehung zwischen Führungskraft und Mitarbeiter ist grundsätzlich keine gleichberechtigte, sondern vielmehr eine asymmetrische. Das heißt, die Führungskraft verfügt regelmäßig über spezifische Führungsmacht (vor allem Weisungs- oder Sanktionsbefugnisse), die ihr formal von Seiten der Organisation eingeräumt wird und die mittels eines geeigneten Führungsverhaltens dazu genutzt werden soll, das Leistungsverhalten der Mitarbeiter im Sinne der organisationalen (Erfolgs-) Ziele zu beeinflussen. Jede Führungskraft trägt somit eine *Erfolgsverantwortung*, deren Wahrnehmung organisational kontrolliert und sanktioniert wird (Führungskräftebeurteilung und -belohnung).

Führungsverhalten beeinflusst nun allerdings nicht nur die personale →Arbeitsleistung, sondern in aller Regel auch die persönliche →Arbeitszufriedenheit beziehungsweise die individuelle (physische, psychische, soziale) Arbeits- und Lebensqualität der Mitarbeiter. Solche lebenspraktischen Führungsfolgen ergeben sich unmittelbar daraus, dass potenziell jedes Führungshandeln beziehungsweise jede Führungsentscheidung die spezifischen Werte, Ziele und Bedürfnisse (→Motiv) der Mitarbeiter betreffen und von diesen dabei als subjektiv mehr oder minder problematisch bewertet und erlebt werden kann. Beispielhaft können hier nach *Richter* und *Hacker* (1999) sowie *Neuber-*

Führungsethik

ger (1998) eine physisch und/oder psychisch überfordernde Aufgabenzuteilung (z. B. hoher Leistungsdruck und Arbeitsstress, andauernde oder zunehmende Überstunden, fortschreitende Work-Life-Imbalance, Erschöpfung und →Burnout), eine sozial als ungerecht erlebte Teamführung (→Gruppenorientierte Personalführung) mit systematischer Bevorzugung oder Benachteiligung von Mitarbeitern oder auch eine psychologisch belastende Führungsbeziehung (z. B. infolge andauernder Verunsicherung, Verängstigung, Schikane, Demütigung des Mitarbeiters) genannt werden. Führungskräfte tragen so gesehen – neben ihrer Erfolgsverantwortung – unweigerlich auch eine *Mitarbeiterverantwortung*, die sie dazu anhält, ihr (machtbegründetes) Führungsverhalten immer auch in Bezug auf die lebenspraktischen Folgewirkungen für ihre Mitarbeiter zu bedenken und zu gestalten.

Abbildung 1: Führungsethik – ein problemorientierter Bezugsrahmen (*Kuhn/Weibler* 2003, S. 377)

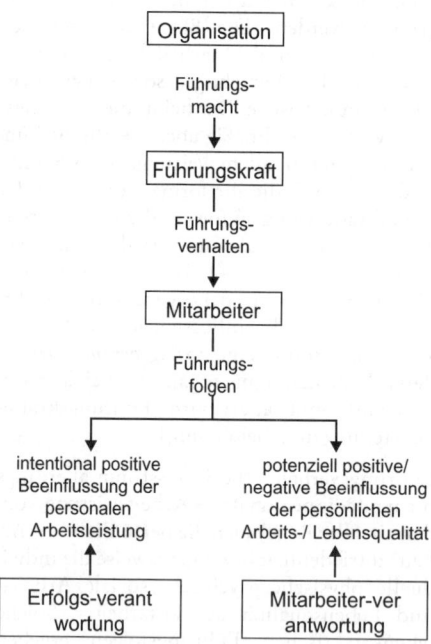

Führungsethik befasst sich vor diesem Hintergrund mit der Frage, wie Führungskräfte praktisch einen gerechten Ausgleich zwischen ihrer (institutionellen) Erfolgsverantwortung und ihrer (individuellen) Mitarbeiterverantwortung finden können. Die Vorstellungen über die Lösung dieses führungsethischen Grundproblems gehen weit auseinander, wobei mit *Kuhn* und *Weibler* (2003) allerdings festzustellen ist, dass sich alle führungsethischen Ansätze – implizit oder explizit – an einer bestimmten ethisch normativen Grundposition orientieren.

Diese ethischen Grundpositionen sowie die aus ihnen abgeleiteten führungsethischen Ansätze lassen sich wie folgt kurz zusammenfassen:

- *Traditionale Tugend-/Güterethik*: Diese ethische Position geht von einem in der Natur des Menschen angelegten höchstem Ziel beziehungsweise höchstem Gut aus, dem jeder Mensch zum Zwecke eines „guten Lebens" nachstreben sollte und das er im Besonderen durch tugendhaftes Handeln zu erreichen vermag. Tugendhaftes Handeln wird dabei mittels materialer, das heißt inhaltlich eindeutiger und dauerhaft gültiger Normen definiert. Beispielhaft hierfür nennt *Pieper* (1998) die Aristotelischen Kardinaltugenden Tapferkeit, →Gerechtigkeit, Klugheit und Maß. Dieses Ethikverständnis liegt den meisten vorliegenden Führungsethiken – wie beispielsweise jener von *Kiefer* (1985), *Wellershof* (1992) oder *Hinterhuber* (2002) – zugrunde, ist zudem aber auch für bestimmte Führungstheorien, insbesondere die der transformationalen Führung nach *Kanungo* und *Mendonca* (1996) sowie *Bass* und *Steidlmeier* (1999), von prägender Bedeutung. Die Kernaussage lautet dabei einfach gesprochen, dass Führung ethisch ist, wenn der Führende tugendhaft (tapfer, gerecht, klug, maßvoll) ist. Unter dieser Voraussetzung steht für *Wellershof* (1992, S. 155f.) fest, dass „die Minimierung der Belastung (→Belastungs-Beanspruchungs-Modell), die Maximierung des Wohlbefindens des Menschen und die Optimierung des Unternehmenserfolges" gleichermaßen herbeigeführt werden können. Die Aufforderung an die Führungsverantwortlichen lautet damit schlicht: „Seid – oder werdet – tugendhaft!"

- *Subjektive Gewissensethik*: Dieser moderne ethische Ansatz unterscheidet sich insofern fundamental von der traditionalen (Tugend-/Güter-) Ethik, als sie die Bestimmung des richtigen Handelns nicht (metaphysisch) einer natürlichen Vernunft entnimmt, sondern (metaphysikfrei) der praktischen Vernunft des Menschen überantwortet. Entsprechend werden auch keine materialen

Normen im Sinne von Tugendkatalogen aufgestellt, sondern es wird lediglich eine (einzige) prozedurale Norm vorgegeben – der *Kategorische Imperativ* von *Kant* (1785). Alle, die ethisch verantwortlich handeln wollen, sollen demzufolge die gegebenen Handlungsalternativen in einem inneren Diskurs bezüglich ihrer Verantwortbarkeit hinterfragen und sich schließlich für diejenige Handlungsalternative entscheiden, die sie vor ihrem Gewissen (subjektiv) rechtfertigen können. Im führungsethischen Kontext vertritt insbesondere *Enderle* (1986) diesen Ansatz, indem er Führungskräfte zu dem „Gedankenexperiment" auffordert, „sich in die Lage des Geführten hineinzuversetzen" und dabei die „Goldene Regel" („Was Du nicht willst, dass man Dir tut, das füg auch keinem andern zu!") anzuwenden. Führung ist gemäß diesem Verständnis ethisch, wenn der Führende sein Handeln vor seinem Gewissen zu verantworten vermag. Die Aufforderung an die Führungskräfte lautet entsprechend: „Befragt Euer Gewissen, ob Ihr das Richtige tut!"

- *Intersubjektive Dialogethik*: Diese ethische Position entspricht der *Kantschen* Gewissensethik insofern, als auch sie metaphysikfrei und prozedural angelegt ist. Allerdings kritisiert sie, dass der *Kategorische Imperativ* beziehungsweise die *Goldene Regel* lediglich einen inneren Diskurs und damit ein monologisches und sehr subjektives Verfahren einfordert. In Abgrenzung hierzu fordert die Dialogethik, das ethisch richtige Handeln in praktischen, idealiter herrschaftsfreien →Dialogen zu ermitteln. An diesen sind nach *Habermas* (1988) alle Handelnden und Handlungsbetroffenen zu beteiligen, so dass sich letztlich – jenseits aller →Macht und Überredung – diejenigen Handlungsnormen durchsetzen, für die tatsächlich die „besten Gründe" sprechen und die deshalb die Zustimmung aller Dialogteilnehmer finden können. Diesen Ansatz überträgt *Ulrich* (1998) auf die Führungsethik. Von den Führungskräften fordert er entsprechend eine „dialog- und konsensorientierte Beziehungsgestaltung", der gemäß sie ihren Mitarbeitern im ethischen Konfliktfall Rede und Antwort stehen müssen, also eigene Handlungsabsichten zu rechtfertigen und kritische Einwände – auch und gerade lebenspraktischer Provenienz – von Seiten der Mitarbeiter zu

prüfen und gegebenenfalls auch zu berücksichtigen haben. Führung ist in diesem Sinne ethisch, wenn der Führende sein Handeln gegenüber dem/den Geführten argumentativ zu rechtfertigen vermag. Die handlungspraktische Aufforderung lautet entsprechend: „Öffnet Euch für kritische Dialoge – und gute Argumente!"

Übersicht 1: Führungsethik – Grundverständnisse im Überblick (*Kuhn* und *Weibler* 2003, S. 283)

Grundverständnis	Annahme	Konsequenz
Führungsethik als traditionelle Tugendethik	„Führung ist ethisch, wenn der Führende tugendhaft (weise, tapfer, besonnen, gerecht usw.) ist!"	Aufforderung zur (Entwicklung von) Tugendhaftigkeit!
Führungsethik als subjektive Gewissensethik	„Führung ist ethisch, wenn der Führende sein Handeln vor seinem Gewissen verantworten kann!"	Aufforderung zur subjektiven Gewissensprüfung!
Führungsethik als intersubjektive Dialogethik	„Führung ist ethisch, wenn der Führende sein Handeln gegenüber dem/den Geführten rechtfertigen kann!"	Aufforderung zur kommunikativen Begründung!

Die in Übersicht 1 nochmals zusammengefassten Vorstellungen über die richtige Führungsethik sind so gesehen höchst unterschiedlich. Ohne an dieser Stelle eine differenzierte Diskussion und Bewertung der skizzierten Ansätze vornehmen zu können, seien nach *Kuhn* und *Weibler* (2003) abschließend zumindest folgende Anmerkungen gemacht:

- Mit Blick auf die *konkrete Handlungsorientierung*, die Führungskräfte den Führungsethiken entnehmen können, erscheinen die prozedural verfassten Ansätze der Gewissens- und Dialogethik den material verfassten Ansätzen der traditionalen Ethik deutlich überlegen – sind die Aufforderungen „Versetze dich in die Lage deiner Mitarbeiter!" beziehungsweise „Erkläre dich gegenüber deinen Mitarbeitern!" doch wesentlich lebensnaher und handhabbarer als die (allzu) vage Aufforderung „Sei tugendhaft!".

Führungsfähigkeit

- Mit Blick auf die zugrunde gelegte *Führer-Geführten-Beziehung* gilt es darüber hinaus festzustellen, dass die tugend- und auch die gewissensethisch verfassten Ansätze die Ermittlung des ethisch Richtigen ausschließlich den Führenden überantworten – und damit gleichsam einen paternalistisch-elitären Horizont aufzeigen. Der dialogethisch verfasste Ansatz erachtet die Bestimmung des ethisch gerechtfertigten Führungshandeln demgegenüber als Aufgabe sowohl der Führenden als auch der Geführten und beschreibt damit einen demokratischen Horizont, der unseren gesellschaftlichen Werten und Normen – wie beispielsweise der Emanzipation von Autoritäten (→Macht) oder der →Partizipation an Entscheidungen – viel eher entspricht.

Damit lässt sich insgesamt festhalten, dass vor allem der dialogethisch verfassten Führungsethik eine richtungsweisende Bedeutung zuzuschreiben ist. Dieses umso mehr, als dieser Ansatz die zweifellos unverzichtbaren Attribute Tugendhaftigkeit und Gewissenhaftigkeit in keiner Weise dispensiert oder gar diskreditiert, sondern vielmehr als unverzichtbare Grundlage praktisch-argumentativer Dialoge voraussetzt, sie dabei allerdings von allen Beteiligten (Führende und Geführte) einfordert und die tugend- wie gewissensethischen Vorstellungen damit gleichzeitig integriert und transformiert.

Literatur: *Bass, B. M.; Steidlmeier, P.:* Ethics, Character, and Authentical Transformational Leadership Behavior, in: Leadership Quarterly, 10. Jg. (1999), H. 2, S. 181–217. *Enderle, G.:* Problembereiche einer Führungsethik im Unternehmen, Beiträge und Berichte des Instituts für Wirtschaftsethik der Universität St. Gallen Nr. 15, St. Gallen 1986. *Habermas, J.:* Moralbewusstsein und kommunikatives Handeln, Frankfurt a. M. 1988. *Hinterhuber, H. H.:* Leadership als Dienst an der Gemeinschaft, in: Zeitschrift Führung und Organisation, 71. Jg. (2002), H. 1, S. 40–52. *Kant, I.:* Grundlegung zur Metaphysik der Sitten, 1. Aufl., Riga 1785, in: Immanuel Kant – Sämtliche Werke, Bd. 2, o. O. 2000, S. 405–469. *Kanungo, R. N.; Mendonca, M.:* Ethical Dimensions of Leadership, Thousand Oaks etc. 1996. *Kiefer, H. J.:* Grundwerteorientierte Unternehmenspolitik und ethisches Vorbild der Führungskräfte, in: *Bayer, H.* (Hrsg.): Unternehmensführung und Führungsethik, Heidelberg 1985, S. 59–73. *Kuhn, T.; Weibler, J.:* Führungsethik: Notwendigkeit, Ansätze und Vorbedingungen ethikbewusster Mitarbeiterführung, in: Die Unternehmung, 57. Jg. (2003), H. 5, S. 375–392. *Neuberger, O.:* Mobbing. Übel mitspielen in Organisationen, München etc. 1999. *Pieper, J.:* Das Viergespann, München 1998. *Richter, P.; Hacker, W.:* Belastung und Beanspruchung, Heidelberg 1999. *Ulrich, P.:* Führungsethik, Beiträge und Berichte des Instituts für Wirtschaftsethik der Universität St. Gallen, H. 68, St. Gallen 1998. *Wellershof, D.:* Führung zwischen Ethik und Effizienz, in: Zeitschrift für Betriebswirtschaft, 62. Jg. (1992), H. 1, S. 147–156.

Thomas Kuhn

Führungsfähigkeit →Eigenschaftstheorie der Führung

Führungsgrundsätze

in schriftlicher Form festgelegte Verhaltensrichtlinien, die eine →Führungskraft bei ihrer Führungstätigkeit zugrunde legen soll.

Als Teil der Unternehmensgrundsätze bringen *Führungsgrundsätze* die unternehmensweite Wertebasis auf dem Gebiet der Personalführung (→Mitarbeiterführung) zum Ausdruck und müssen situations- und stellenübergreifend und damit allgemeingültig gehalten sein. Weiterhin dürfen sie den Handlungsrahmen der Führungskräfte nicht zu weit einschränken. Aus der allgemeinen Formulierung von Führungsgrundsätzen folgt zwangsläufig auch eine gewisse Unverbindlichkeit. Oft beschränken sie sich auf die Forderung, einen partizipativen →Führungsstil zu pflegen.

Jan Hendrik Fisch

Führungsinformationssystem (FIS)

Anwendungssystem, auch als Executive Information System (EIS) bezeichnet, das im Hinblick auf die Fundierung von Entscheidungen verdichtete →Informationen zur Unterstützung des gesamten Führungsprozesses bereitstellt.

Der Fokus innerhalb eines Führungsinformationssystems (FIS) liegt auf der Abbildung des gesamten Unternehmens. Es soll →Führungskräften in Unternehmen Informationen zur Planung, Überwachung und Analyse der Unternehmensentwicklung bereitstellen. FIS sind deutlich von operativen Systemen, wie Entscheidungsunterstützende Systeme (EUS) oder Decision Support Systems (DSS), welche die operativen Tätigkeiten unterstützen sollen und in erster Linie auf die Unterstützung einzelner Entscheidungssituationen ausgerichtet sind, zu trennen (*Mayer* 1999).

Als *grundlegende Anforderungen* an ein FIS können die Erstellung von Standardberichten, die aggregierte Informationsbereitstellung für die Führungsverantwortlichen in Form von kennzahlengestützten Managementberichten (→Kennzahlen/Kennzahlensysteme) sowie Instrumente zur komfortablen Analyse der bereitgestellten Informationen genannt werden.

Bei der *Einführung* eines FIS in einem Unternehmen ist im Vorfeld der Informationsbedarf der Entscheidungsträger mittels einer Informationsbedarfsanalyse zu ermitteln. Dies betrifft vor allem die jeweiligen Geschäftsstrukturen, wie zum Beispiel Sortiment, Kundengruppen oder die zu analysierenden Kennzahlen. Dadurch soll gewährleistet werden, dass nur die entscheidungsrelevanten Informationen zur Verfügung stehen.

Bei der *Erstellung* eines FIS gilt es einige Grundprämissen zu beachten. In erster Linie soll die Oberfläche komfortabel gestaltet werden, damit eine hohe Benutzerakzeptanz erreicht wird. Die Aufbereitung der bereitgestellten Informationen sollte verdichtet in Form von anschaulichen Tabellen und Statistiken erfolgen. Zusätzlich muss das FIS umfangreiche und leistungsstarke Instrumente enthalten, die es dem Anwender ermöglichen, die Informationen tiefgreifend im Hinblick auf alle relevanten Sachverhalte zu analysieren. Über-/Unterschreitungen werden durch die Verwendung von Color Codings/Traffic Lightning sichtbar und sollten mithilfe einer Drill-Down-Funktion entsprechend der →Hierarchien der definierten Geschäftsstrukturen analysiert werden.

In systemtechnischer Hinsicht übernehmen die FIS die Zusammenführung der →Daten in den meisten Fällen nicht mehr selbst. So wird dem FIS häufig ein Data Warehouse vorgeschaltet, in dem ein integrierter Datenbestand für Analysezwecke aufgebaut wird (*Schinzer, Bange* und *Mertens* 1999). Die meisten Systeme basieren dabei auf der OLAP-Technologie (On-Line Analytical Processing), welche im Hinblick auf die analytischen Anforderungen von →Controlling und Management zur optimalen Unterstützung eines FIS beitragen.

Literatur: *Mayer, J. M.*: Führungsinformationssysteme für die internationale Management-Holding, Wiesbaden 1999. *Schinzer, H.; Bange, C.; Mertens, H.* (Hrsg.): Data Warehouse und Data Mining, 2. Aufl., München 1999.

Klaus Möller

Führungsinstrumente

unterstützen →Führungskräfte bei der Erfüllung ihrer Aufgaben und beinhalten Techniken der Planung, Entscheidungsfindung, Aufgabenverteilung, →Koordination sowie Kontrolle.

Im deutschen Sprachraum ist die Formulierung von *Führungsinstrumenten* als Management by-Konzepte sehr populär. Weiterhin zählen Techniken der →Kommunikation und →Interaktion sowie →Führungsstile dazu.

Jan Hendrik Fisch

Führungskonzeption →Führungssystem

Führungskraftbeurteilung →Führungserfolg

Führungskräfte

Mitarbeiter, welche Personalverantwortung und Führungsverantwortung durch Leitungsbefugnisse gegenüber unterstellten Mitarbeitern tragen und sich ranghierarchisch oberhalb der untersten (ausführenden) Hierarchieebene (→Hierarchie) befinden.›

Führungskräfteentwicklung →Managementenwicklung

Führungskräfteweiterbildung

Teil der →Managementenwicklung, der dem Ausbau der →Qualifikation von →Führungskräften und Führungsnachwuchskräften mit dem Ziel der Übernahme anspruchsvollerer Führungsaufgaben dient.

Führungslaufbahn →Laufbahnmodelle

Führungsnachwuchs

(zumeist) jüngere Mitarbeiter im Unternehmen, die aufgrund ihrer →Qualifikation geeignet erscheinen, hierarchisch höherwertige Positionen zu übernehmen, die mehrheitlich mit der Aufgabe der →Mitarbeiterführung verbunden sind.

Unternehmen stellen insbesondere Hochschulabsolventen als Führungskräftenachwuchs ein, die oftmals im Rahmen von →Traineeprogrammen auf die Führungsaufgabe vorbereitet werden. In kleinen beziehungsweise mittleren Unternehmen wird der Führungsnachwuchs oftmals aus den eigenen Reihen entwickelt (→Managementenwicklung). Die Förderung des Führungsnachwuchses verdient besonderes Augenmerk, da Führungsfähigkeit (→Eigenschaftstheorie der Führung) nach allgemei-

Führungsrolle

ner Auffassung nur in begrenztem Umfang erlernt werden kann.

Laila Maija Hofmann

Führungsrolle →Rollentheorie

Führungssituation →Situationsansatz der Führung

Führungsspanne →Leitungsspanne

Führungsstil
langfristig relativ stabiles Verhaltensmuster der →Führungskraft.
Im Vordergrund der Führungsstilforschung steht die Frage nach dem effizienten →Führungsverhalten. Im Gegensatz hierzu formulieren Führungskonzepte in der Regel praktische Handlungsempfehlungen für Manager.
Das Verhalten von Führungskräften ist vom Beginn der verhaltensorientierten Führungsforschung bis in die jüngste Zeit auf unterschiedliche Weise klassifiziert worden. Eine zentrale Unterscheidung ist die zwischen *autoritär*, *demokratisch* und *laissez faire*, die im Rahmen der *Iowa- Studien* (→Führungsstilmodell der Iowa-Forschung) Ende der 1930er Jahre geprägt wurde. Dabei wurden die Auswirkungen der drei unterschiedlichen Führungsstile auf das individuelle Verhalten und das Gruppenverhalten von Kindern untersucht. Die Unterscheidung zwischen autoritären und demokratischen Ideal-Stilen konzentrierte sich in Folgestudien in der Regel auf vier Aspekte:

1. Beteiligung der Geführten an Entscheidungen.

2. Orientierung des Führenden vor allem an den Geführten.

3. Aufrechterhaltung sozialer Distanz.

4. Einsatz von Bestrafung und Zwang durch den Führenden.

Ende der 1950er Jahre konzipierten *Tannenbaum* und *Schmidt* (1958) das Kontinuum *autoritärer* versus *delegativer* Führung (→Mitarbeiterführung). Sie unterscheiden zwischen den Abstufungen partriarchalisch, beratend, konsultativ und partizipativ. Ein autoritär Führender gibt den Geführten Anweisungen ohne jede Erklärung; ein delegativ Führender lässt die →Gruppe entscheiden, während er selbst als Koordinator nach innen und nach außen fungiert.

Das Kontinuum *direktive* versus *partizipative* Führung ist in der Folge in unterschiedliche Führungsstile und -konzepte eingeflossen. Direktive Führung impliziert in der Regel, dass der Führende eine aktive →Rolle bei der Problemlösung und Entscheidungsfindung einnimmt. Demgegenüber geht partizipative Führung von einem unterschiedlich ausgeprägten Maß einer Beteiligung der Geführten aus, die sich von Beratung oder aktiver Mitwirkung an Entscheidungen bis zur Alleinentscheidung der Geführten erstrecken kann.

Im Rahmen der *Michigan Studies* wurden in den 1950er Jahren zwei Führungsstile identifiziert, die zwischen effektiven und ineffektiven Führenden unterscheiden: *aufgabenbezogenes* Verhalten (Production Orientation) und *beziehungsorientiertes* Verhalten (Employee Orientation). Diese werden dabei in der ursprünglichen Fassung des Konzepts als Endpunkte eines Kontinuums gesehen. In der Annahme, dass ein mitarbeiterorientierter →Führungsstil die Zufriedenheit und die Leistung der Geführten erhöht, empfehlen die Vertreter der Michigan-Schule ein beziehungsorientiertes Führungsverhalten. In einer späteren Version werden die beiden Dimensionen dagegen als unabhängig voneinander gesehen und sind damit kombinierbar.

Auf der Grundlage quantitativer Studien anhand des *Leader Behavior Description Questionnaire* (LBDQ) unterscheiden *Stogdill* und *Fleishman* in den Studien der *Ohio-Schule* in verschiedenen Kontexten faktorenanalytisch ebenfalls zwei Dimensionen des Führungsverhaltens: →*Mitarbeiterorientierung* (Consideration) umfasst allgemeine Wertschätzung und Achtung, Offenheit, Zugänglichkeit, Bereitschaft zur zweiseitigen →Kommunikation sowie Einsatz und Sorge für den Einzelnen. Unter *Aufgabenorientierun* (Initiating Structure) werden die folgenden Aspekte zusammengefasst: Strukturierung, Definition und Klärung des Ziels sowie der Wege zum Ziel, →Aktivierung und Leistungsmotivation (→Motivation) sowie Kontrolle und Beaufsichtigung. Beziehungsorientiert Führende zeigen Interesse an den Geführten, wertschätzen ihre Individualität und berücksichtigen ihre individuellen Wünsche. Aufgabenbezogenes Verhalten betont dagegen technische und produktionsbezogene Aspekte einer Aufgabe.

Dabei werden die beiden Führungsdimensionen hier als unabhängige Führungsstile betrachtet: Ein Führender kann damit sowohl aufgabenbezogen als auch mitarbeiterbezogen führen.

Die von der Ohio-Schule vorgenommene Einteilung der Führungsstile ist jedoch bislang in der Führungsforschung umstritten: Es stellt sich die Frage nach der theoretischen Begründung der beiden Dimensionen, die empirisch auf faktorenanalytischem Weg ermittelt wurden. In den so gewonnenen Konstrukten werden Verhaltensaspekte gebündelt, die möglicherweise unterschiedliche Wirkungen auf den →Führungserfolg haben. Fragt man nach der Erfolgsrelevanz der beiden Führungsdimensionen, so ist denkbar, dass für den jeweiligen Führungserfolg nicht die hier unterschiedenen Dimensionen, sondern durchaus auch spezifische Kombinationen aus *Consideration* und *Initiating Structure* relevant sein können. Genauso erscheint es ungünstig, den Führungserfolg zusammenfassend zu klassifizieren. In der Tat fallen die Zusammenhänge zwischen den Führungsdimensionen der Ohio-Schule und dem Führungserfolg in der Regel nur schwach aus und sind für die meisten Erfolgskriterien inkonsistent. Am konsistentesten ist eine positive Beziehung zwischen consideration und Mitarbeiterzufriedenheit (→Arbeitszufriedenheit) (*Yukl* 2002), was allerdings partiell auf einen Methodenartefakt zurückzuführen sein könnte. Schließlich wird in diesem Ansatz die jeweilige Situation nicht berücksichtigt (→Situationsansatz der Führung); eine situationsunabhängige Überlegenheit des einen oder anderen Stils kann jedoch nicht angenommen werden.

Die Ergebnisse der Ohio-Studien bildeten dennoch die Grundlage für eine Reihe von Führungskonzepten, unter anderem das 3-D-Modell von *Reddin* (1977), System 1 – System 4 von *Likert* (1967), Führung durch Zielvereinbarung (→Management by Objectives) nach *Odiorne* (1971), das normative →Entscheidungsmodell von *Vroom* und *Yetton* (1973) und das Leader-Match-Konzept von *Fiedler* (1967) (→Situationsansatz der Führung). Im Folgenden werden drei Führungskonzepte skizziert, die sich explizit auf die Ohio-Schule beziehen:

Grundlage des *Managerial Grid* (→*Verhaltensgitter*) beziehungsweise *Leadership Grid* von *Blake* und *Mouton* (1964) bildet ein zweidimensionales Raster mit den Achsen „Betonung des Menschen" (Concern for People) und „Betonung der Produktion" (Concern for Production), die fünf verschiedene Führungsstile definieren (Abbildung 1). Die Autoren empfehlen dabei den *9.9.-Stil*, der durch eine hohe Orientierung sowohl an den Belangen der Produktion als auch an den Belangen des Menschen gekennzeichnet ist (*High-High Leader*).

Abbildung 1: Managerial Grid (*Blake/Mouton* 1964)

Eine empirische Bestätigung dieser Empfehlung steht jedoch bislang noch aus. Sowohl ein aufgabenorientiertes als auch ein beziehungsorientiertes Führungsverhalten ist positiv mit der Leistung der Geführten korreliert; die Zusammenhänge sind jedoch in der Regel nur schwach ausgeprägt. Insgesamt findet die These, dass der empfohlene High-High Leader effektiver ist als andere, nur eingeschränkt empirische Unterstützung. Eine Begründung dafür könnte darin liegen, dass beide Strategien in ihren Extremen Vor- und Nachteile aufweisen und dass deshalb eine Balance zwischen beiden notwendig ist. Die Grid-Konzeption wird bisher überwiegend im Trainingsbereich eingesetzt. In einer jüngeren Version des Konzepts (1985) werden situative Relativierungen (z. B. nach der Art der Aufgabe) aufgenommen. Damit nähert sich das Grid-Konzept der situativen Schule (→Situationsansatz der Führung).

Reddin (1977) bündelt Führungsstil, Situation und Führungserfolg zu einem dreidimensionalen *3-D-Modell*. Die Grunddimensionen der Ohio-Schule – hier als Aufgabenorientierung und Beziehungsorientierung (→Führungsstilmodell der Ohio-State-Forschung) bezeichnet – werden dabei zu vier Grundstilen der Führung verdichtet: related, integrated, separated und dedicated. *Reddin* (1977) spricht dabei keine Empfehlung zugunsten eines Führungsstils aus; deutlicher als bei *Blake* und *Mouton* (1985) ist die Effektivität des Führungsverhaltens hier vielmehr ausdrücklich von dem Fit zwischen spezifischen situativen Randbedingungen (z. B. →Arbeitsanforderungen) und dem jeweils gewählten Führungsstil abhängig.

In Anlehnung an *Reddin* bauen *Hersey* und *Blanchard* in ihrer *situationalen Führungstheorie* (Situational Leadership Theory) von 1977 beziehungsweise 1993 ebenfalls auf den Dimensionen der Ohio-Schule auf, die in ihrer Kombination vier unterschiedliche Führungsstile ergeben (Abbildung 2): Telling, Selling,

Abbildung 2: Das situative Führungskonzept (*Hersey/Blanchard* 1977, 1993)

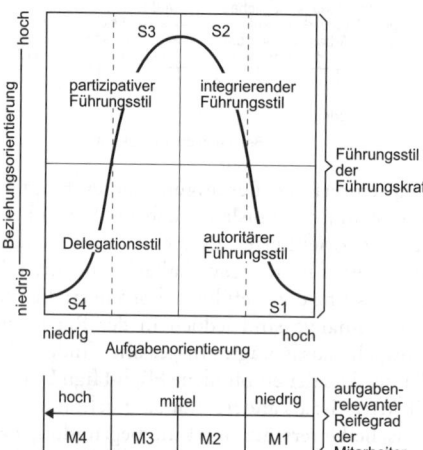

S1-S4: wirksame Führungsstile
M1-M4: Reifegrad der Mitarbeiter

Participation, →Delegation. Als Situationsvariable führen *Hersey* und *Blanchard* (1977) den *Reifegrad des Mitarbeiters* ein: Dieser bezeichnet die Fähigkeit, sich hohe, aber erreichbare Ziele zu setzen; die Fähigkeit und Bereitschaft, →Verantwortung zu übernehmen sowie die notwendige →Ausbildung und Erfahrung. Den in vier Grade (M1 bis M4) gestuften Reifegraden des Mitarbeiters wird mithilfe des LEAD (Leader Effectiveness and Adaptability Description) der jeweils effizienteste Führungsstil zugeordnet.

Sehr „unreife" Mitarbeiter sind am effizientesten über den Führungsstil *Telling* zu führen, das heißt durch eine hohe Aufgabenorientierung und eine geringe Personenorientierung. Für Mitarbeiter mit einem hohen Reifegrad (M4) wird dagegen eine Kombination aus geringer Aufgabenorientierung und geringer Personenorientierung empfohlen: *Delegating*. Dabei gehen die Autoren davon aus, dass sich der Führende nicht nur passiv an den (unveränderbaren) Reifegrad seiner jeweiligen Geführten anpasst; vielmehr soll er durch die Wahl des geeigneten Führungsstils auch zu einer systematischen Entwicklung der aufgabenbezogenen Reife der Geführten beitragen.

Kritisiert werden am Modell von *Hersey* und *Blanchard* (1977, 1993) unter anderem, dass außerdem – theoretisch unklaren – Konstrukt „Reifegrad" des Mitarbeiters keine weiteren Situationsvariablen aufgenommen werden und dass die der Einfluss der Geführten auf den Führenden nur unzureichend berücksichtigt wird.

Die empirischen Befunde zur Wirksamkeit unterschiedlicher Führungsstile sind bislang uneinheitlich. Insbesondere lässt sich die These nicht halten, dass demokratische, partizipative und beziehungsorientierte Führungsstile generell den autoritären, direktiven oder aufgabenorientierten Stilen überlegen sind. So ist beispielsweise die kooperative Führungsform der direktiven zwar tendenziell überlegen, dies gilt aber stärker für die Bewältigung kreativer beziehungsweise innovativer Aufgaben als für die Bewältigung von Routineaufgaben.

Grenzen des situativen Ansatzes offenbaren sich, wenn man zu präzisieren versucht, wie sich die Kategorie Führungsverhalten in Führungserfolg vermittelt: Weder das Führungsverhalten noch der Erfolg lassen sich sinnvoll pauschal klassifizieren; vielmehr sprechen empirische Befunde dafür, dass unterschiedliche Aspekte des Führungsverhaltens auf unterschiedliche Aspekte des Führungserfolgs wirken (*Gebert* 2002). Schließlich ist das Geführtenverhalten nicht völlig zu vernachlässigen: Insofern stellt die Weg-Ziel-Theorie von *Evans* (1970) und *House* (1971) (→Transaktionale Führung) eine theoretische Weiterentwicklung der klassischen Führungsstilansätze dar, weil hier der Zusammenhang zwischen Geführtenverhalten und Führungsverhalten motivationstheoretisch erklärt wird.

Literatur: *Bass, B. M.:* Handbook of Leadership, 3. Aufl., New York 1990. *Blake, R. R.; Mouton, J. S.:* The Managerial Grid, Houston 1964. *Blake, R. R.; Mouton, J. S.:* The Managerial Grid III, 3. Aufl., Houston 1985. *Boerner, S.:* Führungsstile und -konzepte, in: *Schreyögg, G.; von Werder, A.* (Hrsg.): Handwörterbuch Unternehmensführung und Organisation, 4. Aufl., Stuttgart 2004. *Fiedler, F. E.:* A Theory of Leader Effectiveness, New York etc. 1967. *Evans, M. G.:* The Effects of Supervisory Behavior on the Path-Goal Relationship, in: Organizational Behavior and Human Performance, 5. Jg. (1970), S. 277–298. *Gebert, D.:* Führung und Innovation, Stuttgart 2002. *Hersey, P.; Blanchard, K. H.:* Management of Organizational Behavior, Upper Saddle River 1977. *Hersey, P.; Blanchard, K.:* Management of Organizational Behavior, Englewood Cliffs 1993. *House, R. J.:* A Path Goal Theory of Leadership Effectiveness, in: Administrative Science Quarterly, 16. Jg. (1971), S. 321–338. *Likert, R.:* The Human Organization, New York etc. 1967. *Odiorne, G. S.:* Management mit Zielvorgabe, München 1971. *Reddin, W. J.:* Das 3-D-Programm zur Leistungssteigerung des Managements, München 1977. *Tannenbaum, R.; Schmidt, W. H.:* How to Choose a Leadership Pattern, in: Harvard Business Review, 36. Jg. (1958), H. 2, S. 95–101. *Vroom, V. H.; Yetton, P. W.:* Leadership and Decision-Making, Pittsburgh 1973.

Sabine Boerner

Führungsstilflexibilität → Reifegradmodell

Führungsstilmodell der Iowa-Forschung

eindimensional ausgelegtes Modell, das als Variable des →Führungsstils ausschließlich die Entscheidungspartizipation, die eine →Führungskraft ihren Mitarbeitern einräumt, betrachtet.

In *autoritär* geführten →Gruppen erfolgt die Zielvorgabe allein durch den Führer. Die folgenden Arbeitsschritte bleiben für die Mitarbeiter bis auf weiteres unklar. *Demokratisch* geführte Gruppen legen das Ziel und den Weg zur Zielerreichung unter Leitung der Führungskraft in einer Gruppenentscheidung fest. Im *Laissez-Faire-Stil* geführte Arbeitsgruppen sind bei Entscheidungen vollständig auf sich selbst gestellt, der Führer hat lediglich eine unterstützende Funktion. *Lewin*, *Lippitt* und *White* (1939) führte die Iowa-Studie zwar mit Grundschülern in Laborexperimenten durch, die Ergebnisse werden jedoch mit Einschränkungen auch in das Arbeitsumfeld übertragen. Im Ergebnis führten sowohl autoritäre als auch demokratische Führung (→Mitarbeiterführung) zu hoher →Arbeitsleistung, wobei die demokratische der autoritären hinsichtlich der →Gruppenkohäsion und →Arbeitszufriedenheit überlegen war. Laissez-Faire-Führung lieferte in keiner Hinsicht befriedigende Resultate.

Literatur: *Lewin, K.; Lipitt, R.; White, R .K.:* Patterns of Aggressive Behaviour in Experimentally Created „Social Climates", in: Journal of Social Psychology, 10. Jg. (1939), S. 271–299.

Jan Hendrik Fisch

Führungsstilmodell der Ohio-State-Forschung

aus empirischen Studien hervorgebrachtes Modell, das die Annahme eines Kontinuums zwischen verschiedenen →Führungsstilen aufgibt und zwei Dimensionen des Führungsstils als unabhängig voneinander betrachtet (*Halpin* und *Wiener* 1957).

Mit *Beziehungsorientierung* (Menschenorientierung) zeigen →Führungskräfte gegenüber ihren Mitarbeitern ein vertrauensvolles und warmherziges Verhalten. Durch *Aufgabenorientierung* (Sachorientierung) schaffen sie eine klare Struktur von →Kommunikation und Aufgabenerfüllung. Häufig werden die beiden Dimensionen in einer 2x2-Matrix angeordnet, so dass sich aus der Kombination die *Ohio-State-Leadership-Quadranten* ergeben.

Die Ohio-Schule favorisiert einen Führungsstil mit sowohl hoher Beziehungs- als auch Aufgabenorientierung. Folgeuntersuchungen weisen jedoch darauf hin, dass Aussagen über den Erfolg einzelner Führungsstile an der Situation relativiert werden müssen (→Situationsansatz der Führung).

Literatur: *Halpin, A. W.; Winer, B. J.:* A Factorial Study of the Leader Behavior Descriptions, in: *Stogdill, R. M.; Coons, A. E.* (Hrsg.): Leader Behaviour, Columbus 1957.

Jan Hendrik Fisch

Führungssystem

Strukturierung und Vereinfachung der Beziehungen zwischen →Unternehmensführung und Mitarbeitern (syn.: Führungskonzeption).

Führungssysteme werden in der Regel aus einem bestimmten →Menschenbild abgeleitet und durch den Einsatz verschiedener →Führungsinstrumente umgesetzt. Zentrale Bestandteile eines Führungssystems sind →Führungsgrundsätze sowie verschiedene Führungsteilsysteme innerhalb eines Unternehmens (Planungssystem, →Informationssystem, Organisationssystem und Personalsystem, das heißt →Personalmanagement). Führungsteilsysteme dienen der Strukturierung und Umsetzung des übergeordneten Führungssystems.

Ruth Stock-Homburg

Führungsverhalten

nach außen erkennbare Versuche einer →Führungskraft Mitarbeiter in Richtung eines bestimmten Ziels zu beeinflussen.

Das Führungsverhalten muss keiner Systematik gehorchen und kann zu jeder Zeit eine andere Ausprägung annehmen. Der →*Führungsstil* ist demgegenüber ein konsistentes und zeitüberdauerndes Verhaltensmuster, das von der Führungskraft aufgrund persönlicher Einstellungen oder Einsichten zur Führung (→Mitarbeiterführung) der Mitarbeiter eingesetzt wird. Er ist ein spezieller Fall des Führungsverhaltens. Der Führungsstil kann in verschiedenen Situationen entsprechend angepasst werden, erscheint in vergleichbaren Situationen aber immer in derselben Form.

Jan Hendrik Fisch

Full-Time Equivalent (FTE)

standardisierte personalwirtschaftliche Vergleichsgröße, die die →Arbeitsleistung in einem Zeitwert ausdrückt, den ein vollzeitbeschäftigter Mitarbeiter (mit 100 % der regulären →Arbeitszeit) in einem bestimmten Zeitraum erbringt.

Als Referenzzeitraum für das Vollzeitäquivalent können zum Beispiel acht Arbeitsstunden pro Tag, 40 Stunden pro Woche oder 220 Tage pro Jahr herangezogen werden. Synonym werden gelegentlich die Begriffe Vollzeitkraft, Mann- und Personentag (-woche, -monat, -jahr) benutzt.

Die Verwendung der arbeitszeitumfangsbezogenen Vollzeitkräftekennzahl ersetzt zunehmend die Kenngröße „Mitarbeiter", die als absolute Kopfzahl in Anbetracht des Zuwachses an Teilzeitbeschäftigungs- und Leiharbeitsverhältnissen an Aussagekraft einbüßt. Wenn also beispielsweise zehn Mitarbeiter in Vollzeit arbeiten und zehn weitere Mitarbeiter halbtags, so erhält man einen FTE-Wert in Höhe von 15 (bei einer absoluten Zahl von →Arbeitnehmer von 20). Diese auf der Grundlage der arbeitszeitlichen Verfügbarkeit am prozentualen Beschäftigungsgrad ausgerichtete Vollzeitbeschäftigungsgröße stellt eine qualitativ aussagekräftigere Kennziffer für die tatsächliche Arbeitsleistung der Belegschaft dar. Dabei ist intuitiv ersichtlich und plausibel, dass die FTE-Kennzahl normalerweise stets einen kleineren oder maximal gleich hohen Wert wie die absolute Mitarbeiterzahl annimmt.

Zu beachten ist, dass die exakte Definition des FTE-Konstruktes von Unternehmen zu Unternehmen leicht variieren kann – etwa hinsichtlich der Berücksichtigung von Zeitarbeits-, Ausbildungs- und sonstigen Beschäftigungsverhältnissen in der FTE-Kennzahl. Diese Unterschiede schlagen sich auch in den Geschäftsberichten von Unternehmen nieder: Kapitalgesellschaften und gleichgestellte Personengesellschaften sind gemäß § 285 Nr. 7 HGB zum Ausweis der durchschnittlichen Zahl der während des Geschäftsjahres beschäftigten Arbeitnehmer im Anhang ihres Jahresabschlusses verpflichtet. Gleiches gilt nach § 314 Abs. 1 Nr. 4 HGB für den Konzernabschluss. Sofern dabei entsprechende Umrechnungen von absoluten Mitarbeiterzahlen in die Vollzeitbeschäftigungsgröße zugrunde gelegt werden, wird dies – meist – durch die Hinweise „teilzeitbereinigt", „auf Vollzeitbasis" oder „auf der Basis von Mitarbeiteräquivalenten" kenntlich gemacht; allerdings wird in der Regel darauf verzichtet, die definitorisch-konzeptionelle Abgrenzung des spezifischen FTE-Konstruktes offen zu legen, so dass im Einzelfall unklar bleibt, ob beispielsweise Auszubildende in die FTE-Kennzahl mit eingerechnet wurden oder nicht.

Roman Bechtel

Funktionale Flexibilität →Flexibilisierung

Funktionale Organisationsform

Ergebnis einer Bildung von →Stellen, Abteilungen und Unternehmensbereichen durch Zusammenfassung gleichartiger Aufgaben und Tätigkeiten.

Die *Vorteile* der funktionalen Struktur liegen auf Ebene der Stelle in der Spezialisierung der Stelleninhaber auf nur eine Tätigkeit, da dies Lern- und Erfahrungseffekte ermöglicht, die zu einer Produktivitätssteigerung führen. Die *Gefahr der Monotonie* der Tätigkeit setzt dem allerdings Grenzen. Die Bildung von funktionalen Abteilungen erlaubt in der Regel den effizienten Einsatz der Sachmittel. So muss eine Maschine für eine Tätigkeit, zum Beispiel zum fräsen, nur einmal angeschafft werden und kann in der „Fräsabteilung" optimal ausgelastet werden.

Werden Unternehmensbereiche nach dem funktionalen Prinzip gebildet, also zum Beispiel die Bereiche Einkauf, Produktion oder Vertrieb, so ergeben sich wiederum Kosten- und Spezialisierungsvorteile, da nur einmal im Unternehmen die notwendige Infrastruktur und das Know how aufgebaut werden müssen. Problematisch wirkt sich aber die erhebliche Koordinationstätigkeit zwischen den funktionalen Abteilungen im Hinblick auf die Produkte aus. Eine erfolgsorientierte Steuerung der Unternehmensbereiche ist aufgrund von Zurechnungs- und Operationalisierungsproblemen kaum möglich.

Die Bildung einer →Personalabteilung folgt der Grundidee der funktionalen Organisationsform. Die genannten Stärken der funktionalen Organisationsform, insbesondere die Spezialisierungs- und Professionalisierungsvorteile, kommen im Personalbereich stark zum Tragen, weswegen die Abteilungsbildung und damit die funktionale Struktur im Personalbereich immer noch vorherrscht.

Reinhard Meckl

Funktionendiagramm

verdeutlicht die →Arbeitsteilung in einer →Gruppe oder →Organisation.

In einem Funktionendiagramm werden →Stellen (Stelleninhaber) den Arbeitsaufgaben in einer Matrix gegenübergestellt. Im Falle der Zuordnung von Aufgabe zu Stelle werden die Kreuzungspunkte markiert. Häufig wird die Zuordnung mit einer Erläuterung versehen, die die Art der Zuständigkeit (Regel- vs. Ausnahmefall) oder die Entscheidungskompetenz (Entscheidungsbefugnis, Mitentscheidungsrecht, Vorschlagsrecht) angibt. Das Funktionendiagramm ist ein bewährtes Organisationsinstrument bei zeitlich konstanten Aufgaben. Zur Planung von neuartigen oder wechselnden Aufgaben sind Balkendiagramme oder Netzpläne besser geeignet.

Jan Hendrik Fisch

Fusionsmanagement

zielorientierte Gestaltung und Steuerung des Zusammenschlusses zweier oder mehrerer Unternehmen.

Fusionen kennzeichnen, dass ein Unternehmen das Vermögen anderer Unternehmen ganz oder teilweise erwirbt beziehungsweise Unternehmen sich zusammenschließen oder eine sonstige ähnlich gelagerte Verbindung eingehen. Es handelt sich immer um die Vereinigung oder Verschmelzung zweier oder mehrerer Einheiten. Im konkreten Fall sind jedoch die genauen Umstände hinsichtlich Art, Umfang und rechtlicher Konstruktion der Fusion genau zu berücksichtigen, bevor ein gezieltes Fusionsmanagement greifen kann.

Während der Begriff der Fusion neutral ist, das heißt keinerlei Aussage hinsichtlich der Stellung der beteiligten Unternehmen beim Zusammenschluss zulässt, ist das anders, wenn von einer Übernahme oder einem Unternehmenskauf gesprochen wird. Hier kommt zum Ausdruck, dass eine Einheit in den Einfluss- und Entscheidungsbereich einer anderen wechselt und damit zumindest einen Teil ihrer →Autonomie an diese verliert. Hier liegt der große Unterschied zu *Kooperationen*, in denen Unternehmen – häufig projektgebunden oder zeitlich befristet – zusammenarbeiten, um gemeinsam Ziele zu verfolgen. Dabei behalten die Unternehmen allerdings weitgehend ihre Eigenständigkeit und →Flexibilität. In Verbindung mit Unternehmenszusammenschlüssen, denen ganz unterschiedliche Motive zugrunde liegen können, findet das Kürzel „M&A" (→Mergers & Acquisitions) immer häufiger Verwendung.

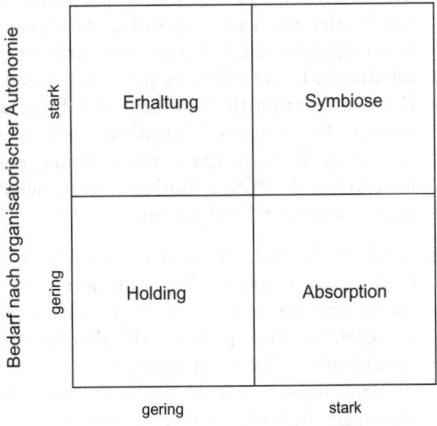

Abbildung 1: Organisatorische Integrationsmodelle in Abhängigkeit von dem Bedarf nach organisatorischer Autonomie und strategischer Interdependenz (*Jaeger* 2001, S. 18)

In mancherlei Hinsicht wichtiger als die legale Begriffsbestimmung ist die Wahrnehmung, die Mitarbeiter von einem Zusammenschluss und seinen Folgen haben. Ungeachtet der rechtlichen Sachlage, die Gestaltungsspielräume hinsichtlich des Zusammengehens von Unternehmen zulässt, achten die Beschäftigten genau darauf, wie die Auswirkungen bei der →Arbeit konkret aussehen, um den Charakter des Zusammenschlusses einzuschätzen.

Abhängig von dem Bedarf nach organisatorischer Autonomie und strategischer Interdependenz lassen sich, wie in Abbildung 1 dargestellt, vier *Formen von Unternehmenszusammenschlüssen* unterscheiden:

1. *Erhaltung*: Sollen die betroffenen Einheiten ihre unternehmerische Selbstständigkeit behalten, so beschränkt sich die organisatorische →Integration auf das Minimum, das erforderlich ist, um die Steuerung innerhalb eines Unternehmens- oder Konzernverbunds sicherzustellen. Die Nutzung von Synergien steht nicht im Mittelpunkt der strategischen Überlegungen. Werden hierdurch vielleicht doch einige Chancen vergeben, so werden Fusionsrisiken, wie Widerstände der Mitarbeiter oder Reorganisationskosten, gering gehalten. Für den Fall, dass sich das Zusammengehen als Fehler erweisen sollte, ist zudem eine Desinvestition vergleichsweise einfach möglich.

2. *Absorption*: Strebt die vollständige Verschmelzung von Unternehmen an. Eine organisatorische Autonomie der verschiedenen Einheiten mit eigenständigen Strukturen ist hier nicht mehr gewollt. Stattdessen sollen neue, auf die Bedürfnisse des frisch geschaffenen Unternehmens spezifisch ausgerichtete Organisationsstrukturen aufgebaut werden. Der massive Eingriff in die in den einzelnen Firmen gewachsene Unternehmenskultur (→Organisationskultur) wird damit indirekt in Kauf genommen.

3. *Symbiose*: Stellt den Versuch dar, ein Höchstmaß an organisatorischer Autonomie mit einem starken gegenseitigen Austausch in strategischen Belangen zu verbinden. Dieser ambitionierte Integrationsansatz stellt besonders hohe →Anforderungen an das Management. Es ist gefordert, die Vorteile gewachsener, eigenständiger Organisationseinheiten mit denen einer konsequenten Ausnutzung der potenziellen Synergien zu verbinden. Überlegenswert ist beispielsweise, die Verzahnung zweier fusionierter Organisationen nach und nach dadurch zu erreichen, dass anstehende Projekte oder Aufträge gemeinsam angegangen werden. So ist eine sukzessive Annäherung möglich, ohne dass alte Besitzstände oder Verhaltensweisen unmittelbar fusionsbedingt aufgegeben werden müssten. Zusammen sucht man nach einem neuen „best way".

4. Sind Unternehmen in einer *Holding* zusammengefasst, so verfügen sie über weitreichende organisatorische Freiräume und werden zudem strategisch mehr oder weniger unabhängig voneinander gesteuert. Eigentlich kann hier nicht von einer richtigen Integration die Rede sein. Eine gemeinsame Steuerung findet aber beispielsweise hinsichtlich finanzieller Belange oder des Einsatzes qualifizierter →Führungskräfte statt.

Wie *Schwaab* (2003) aufgezeigt hat, sieht sich das →Personalmanagement bei Fusionen in allen seinen zentralen Handlungsfeldern gefordert. Sowohl die Mitarbeiterbetreuung und Personalwirtschaft (→Personalmanagement) als auch die Personal- und →Organisationsentwicklung müssen den Veränderungsprozess aktiv begleiten. Besonders bei der Führung (→Mitarbeiterführung) und Zusammenarbeit der Mitarbeiter sollten die Personalmanager unterstützen. Patentrezepte gibt es in diesen Bereichen jedoch nicht. Fusionen sind für die Personalverantwortlichen Phasen, in denen sie sich in einem bewegten Umfeld bewähren müssen, aber auch die Gelegenheit haben, sich zu profilieren.

Für die Personalverantwortlichen gilt, rechtzeitig die Weichen zu stellen. Die Voraussetzung dafür, dass sie im Fusionsprozess ihre →Kompetenz richtig einbringen können, müssen sie lange vorher schaffen. Ihnen muss es gelingen, bei den unternehmerischen Entscheidungen mit am Tisch zu sitzen oder zumindest im Vorfeld dazu befragt zu werden. Nur mit einem konsequenten →*Human Resource Management* können sie sich frühzeitig einbringen und die Perspektive des Personalmanagements adäquat einfließen lassen. Hat ihre Meinung Gewicht, dann können sie – wie von *Clemente* und *Greenspan* (2000) gefordert – unter anderem dafür sorgen, dass schon in der Phase der →Due Diligence auf die Gesichtspunkte geachtet wird, die mit den Mitarbeitern und dem Personalmanagement der beteiligten Organisationen zu tun haben. Nicht

Abbildung 2: Mitarbeiterreaktionen bei Fusionen und die damit verknüpften Anforderungen an das Personalmanagement (*Jansen/Pohlmann* 2000, S. 33)

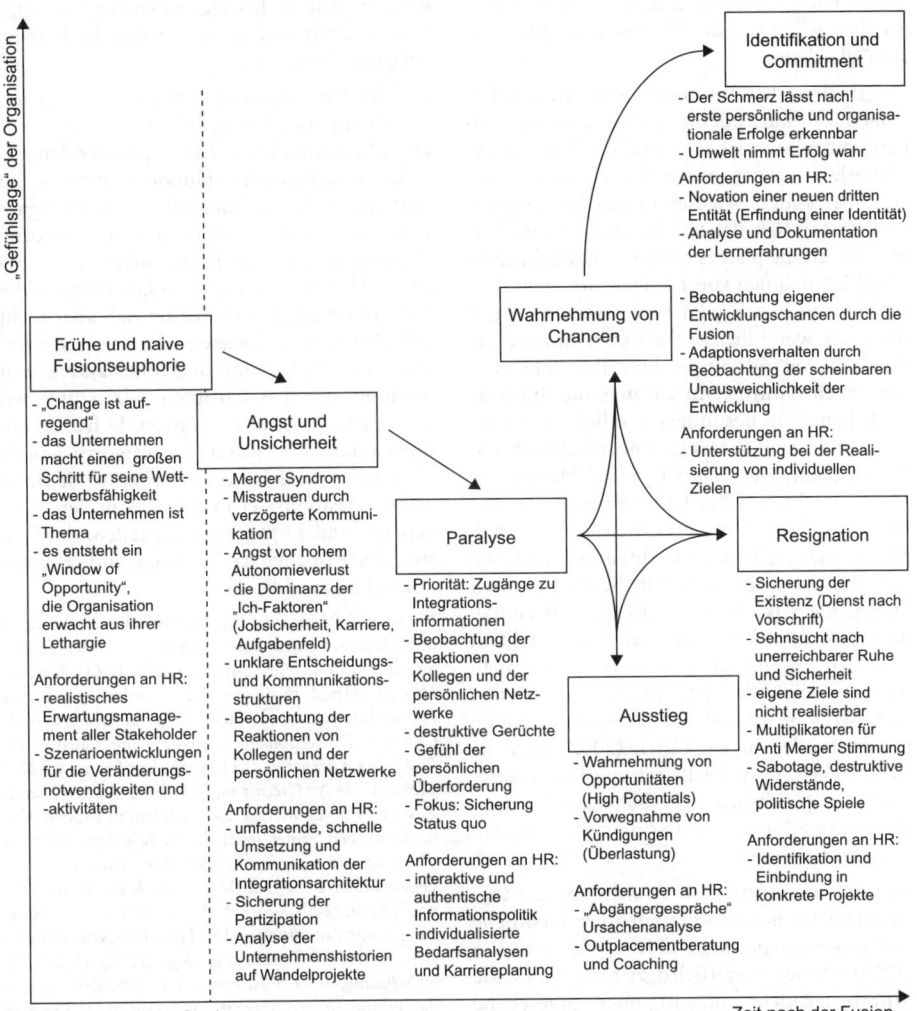

nur *Bergmann* und *Bernatzeder* (2003) haben in diesem Zusammenhang auf die Bedeutung einer sorgfältigen Prüfung der Vereinbarkeit der bestehenden Unternehmenskulturen hingewiesen.

Eine Fusion können die Personalbereiche nur dann erfolgreich mitsteuern, wenn sie über die notwendige *Rückendeckung* seitens der Unternehmensleitung verfügen. Um sich auf das Fusionsmanagement konzentrieren zu können, müssen die Personalmanager ferner angstfrei agieren können. Nur wenn sie sich nicht mit ihrem eigenen Schicksal beschäftigen müssen, können sie sich voll und ganz der gezielten Steuerung des Wandels widmen. Die Suche nach →Synergien in den Personalbereichen sollte aus diesem Grund zunächst hinten angestellt werden. Es macht keinen Sinn, die Funktionsbereiche, die beim Zusammenführen von Unternehmen am meisten gefordert werden, auf den Prüfstand zu stellen, wenn er zeitgleich Höchstleistungen bringen muss.

In den verschiedenen *Phasen einer Fusion* müssen die Personalverantwortlichen mannigfachen Anforderungen gerecht werden. Allein die zu erwartenden Reaktionen der Beschäf-

Fürsorgepflicht

tigten, die mithilfe der Abbildung 2 nachvollzogen werden können, verlangen eine gehörige Portion Flexibilität, denn nicht alle Mitarbeiter gehen mit der Herausforderung „Fusion" gleich um.

Die strukturellen Veränderungen, die mit Fusionen über kurz oder lang verknüpft sind, haben immer Auswirkungen auf die Mitarbeiter. Diese können von neuen Stellenbezeichnungen über anders zugeschnittene Kompetenz- und Zuständigkeitsbereiche bis hin zum Verlust des Arbeitsplatzes reichen. Häufig heißt es Abschied nehmen von Liebgewonnenem. Die → Motivation kann darunter leiden. Dies gilt nicht nur, wenn die Beschäftigten unmittelbar durch die Veränderungen betroffen sind, sondern auch dann, wenn sie dies nur indirekt mitbekommen. Besonders deutlich wird dies, wenn man sich die *Survivorproblematik* vor Augen führt. Die „überlebenden" Mitarbeiter werden nicht nur ihre früheren Kollegen vermissen und deren weiteren Werdegang verfolgen, sondern genau beobachten, wie man seitens des Unternehmens mit diesen Personen umgegangen ist. Konsequenz: Das Personalmanagement sollte nicht nur darauf achten, dass sich die in dem fusionierten Unternehmen verbleibenden Mitarbeiter mit diesem identifizieren. Es sollte in Übereinstimmung mit der Forderung von *Cascio* (2002) ebenfalls sicherstellen, dass die als erforderlich angesehenen organisatorischen Neuausrichtungen *sozialverantwortlich* und so fair wie möglich umgesetzt werden.

Für eine besondere Herausforderung des Personalmanagements sorgen vor allem rechtliche *Sanktionsmechanismen*, die – wie *Schwaab* (2003) aufzeigt – letztlich dazu führen, dass die Mitarbeiter nicht frühzeitig über vorgesehene Veränderungen informiert werden. Eine ganze Reihe von Regelungen haben zwar zum Ziel, die Mitarbeiter vor negativen Auswirkungen von Fusionen zu schützen, indem diese verhindert oder erschwert werden. Letztlich wirken sich diese Normen aber genau entgegengesetzt aus. Die auf den ersten Blick wahrgenommenen Arbeitnehmerinteressen kommen – schaut man einmal genauer hin – oft zu kurz. Einer der Grundsätze einer Erfolg versprechenden Organisationsentwicklung wird dadurch nämlich weitgehend verhindert: Die Betroffenen können nicht frühzeitig in den Veränderungsprozess eingebunden und so zu aktiv Beteiligten gemacht werden.

Auf die Personalmanager wartet ein schwieriger Balanceakt. Ihr rechtlicher Sachverstand sagt „fusionsbedingte Konsequenzen leugnen – keine schlafenden Hunde wecken – auf Nummer sicher gehen", während der Organisationsentwickler in ihnen sie mit den Worten „Betroffene zu Beteiligten machen – eine breite Akzeptanz schaffen – keine Zeit verlieren" ermuntert. Je sicherer sie sich aber rechtlich fühlen wollen, desto mehr Zeit und damit Chancen, die Veränderung unter aktiver Einbindung der Beschäftigten voranzutreiben, müssen sie verstreichen lassen. Je früher und umfassender die Personalverantwortlichen die Mitarbeiter in den Fusionsprozess mit einbeziehen, desto größer mag vielleicht deren Akzeptanz und Engagement ausfallen, doch desto größer ist auch das Risiko, rechtlich ausgekontert zu werden.

Literatur: *Bergmann, G.*; *Bernatzeder, P.*: Fusionen und Unternehmenskultur: Diversität – Integration – Social Due Diligence, in: *Schwaab, M.-O.*; *Frey, D.*; *Hesse, J.* (Hrsg.): Fusionen. Herausforderungen für das Personalmanagement, Heidelberg 2003, S. 139–153. *Cascio, W. F.*: Responsible Restructuring. Creative and Profitable Alternatives to Layoffs, San Francisco 2002. *Clemente, M. N.*; *Greenspan, D. S.*: Empowering Human Resources in the Merger and Acquisition Process. Guidance for HR Professionals in the Key Areas of M&A Planning and Integration, Glen Rock 2000. *Jaeger, M.*: Personalmanagement bei Mergers & Acquisitions, Neuwied, Kriftel 2001. *Jansen, S. A.*; *Pohlmann, N.*: Anforderungen und Zumutungen: Das HR Management bei Fusionen, in: Personalführung, 33. Jg. (2000), H. 2, S. 30–39. *Schwaab, M.-O.*: Fusionen – Herausforderungen für das Personalmanagement?!, in: *Schwaab, M.-O.*; *Frey, D.*; *Hesse, J.* (Hrsg.): Fusionen. Herausforderungen für das Personalmanagement, Heidelberg 2003, S. 17–44.

Markus-Oliver Schwaab

Fürsorgepflicht → Nebenpflichten

Fußstützen → Körperunterstützungen

Fuzzy Inferenz → Dienstplanung bei Unschärfe

G

Gefühl → Emotionalität

Gefühlsarbeit → Emotionsarbeit

Gegenstromprinzip/-verfahren

Vorgehensweise bei der Unternehmensplanung, die mittels gemeinsam ablaufenden Top down- (retrograde) und Bottom up-Verfahren (progressive) eine Planungsoptimierung anstrebt.

Top down-Prozesse, oder auch Planung von oben nach unten genannt, sind durch eine Entscheidungszentralisierung bei der Unternehmensleitung gekennzeichnet, die den Rahmen für weitere Planungsaktivitäten absteckt. Im anschließenden *Bottom up-Verfahren* (Planung von unten nach oben) wird der Planungsrahmen durch die Erkenntnisse und Ziele der für die Planungsumsetzung verantwortlichen Mitarbeiter mitbestimmt und gegebenenfalls modifiziert.

Zu den *Vorteilen* des Gegenstromverfahrens zählt die verbesserte Informationsbasis, da nicht nur zentral verfügbare, sondern auch dezentral vorhandene →Informationen in die Planung einfließen. Außerdem geht vom höheren Partizipationsgrad eine Motivationswirkung für die Mitarbeiter aus, die spätere Ausführungen der Planung verantworten müssen und sich mit der Planungsbeteiligung in eine beeinflussende Position bringen können.

Nachteilig sind zum einen die größeren zeitlichen Erfordernisse zur Planung und zum anderen der höhere Informationsverarbeitungsaufwand. Der potenziellen Entscheidungsverbesserung stehen entsprechende Kosten, wie zum Beispiel Opportunitätskosten der Zeit, gegenüber, die im Einzelfall gegeneinander abzuwägen sind.

Literatur: *Scholz, C.*: Personalmanagement, 5. Aufl., München 2000, S. 729–730.

Silvia Föhr

Gegnerfreiheit

Anforderung an eine →Koalition, strukturell vom sozialen Gegenspieler unabhängig zu sein.

Unter Gegnerfreiheit fällt sowohl das Verbot einer finanziellen Abhängigkeit, wie auch aufgrund organisatorischer Verflechtungen. Mischverbände mit →Arbeitnehmern und →Arbeitgebern als Mitglieder stellen daher keine Koalitionen dar, weil diese dem in Art. 9 Abs. 3 GG angelegten Erfordernis der Förderung der Arbeits- und Wirtschaftsbedingungen für ihre Mitglieder nicht effektiv nachkommen könnten.

Michael Fuhlrott

Gehaltsbandbreiten

Entgeltkorridore, die anstelle von konkreten, tariflich orientierten Lohnhöhen Spielräume in der Entlohnung (→Personalentlohnung) einzelner Stellen ermöglichen.

Neben der arbeitswertorientierten Beurteilung (→Arbeitsbewertung) einer Aufgabe auf Basis einzelner Anforderungsarten wird die konkrete Arbeitsqualität der Mitarbeiter in die Vergütungsbemessung einbezogen. Gehaltsbandbreiten vereinen somit Arbeitswertigkeit und individuelle Leistung der →Arbeitnehmer. Sowohl der Arbeitseinsatz als auch Arbeitsqualität, →Kreativität oder wirtschaftliche Ergebnisse gehen in die Vergütung ein. In erweiterten Modellen finden sich über die →Arbeitszeit hinausgehende Arbeitseinsätze, zum Beispiel durch die Mitwirkung in Ausschüssen und Gremien, in der Konzeption von Gehaltsbandbreiten. Dies führt dazu, dass Mitarbeiter mit nahezu identischen Aufgaben unterschiedliches Entgelt erhalten können. Ein →Konflikt mit dem Kriterium der →Entgeltgerechtigkeit kann nur durch hohe Transparenz der Entgeltentstehung vermieden werden. Die Ermittlung von Gehaltsbandbreiten erfolgt vor allem durch →Beurteilungsverfahren.

Literatur: *Gonschorrek, U.*: Ganzheitliches Management, Berlin 2006, S. 182. *Wunderer, R.*: Führung und Zusammenarbeit, 6. Aufl., München 2006, S. 406.

Silvia Föhr

Geheimhaltungspflicht des Arbeitnehmers

Umstände, die nur einem begrenzten Personenkreis bekannt sind und nach dem Willen

Gelernte Hilflosigkeit

des →Arbeitgebers aus wirtschaftlichen Gründen geheim gehalten werden sollen. Beispiele für Geschäfts- und Betriebsgeheimnisse sind Bilanzen, soweit diese nicht veröffentlicht werden müssen (§ 325 ff. HGB), interne →Kalkulationen, technische →Daten und Abläufe, Kunden- und Lieferantenkarteien, Absatzmärkte, Investitionspläne, Produktionsverfahren, Konstruktionspläne und andere betriebliche Interna. Auch die persönlichen und wirtschaftlichen Verhältnisse des Arbeitgebers unterliegen der Geheimhaltungspflicht. Diese Geheimhaltungspflicht ergibt sich aus dem Arbeitsverhältnis (→Beschäftigungsverhältnis). Sie ist eine vertragliche Nebenpflicht und hat ihre Grundlage in der Treuepflicht →des Arbeitnehmers (§ 242 BGB). Die Geheimhaltungspflicht besteht also auch dann, wenn sie nicht explizit vereinbart worden ist.

Axel Benning

Gelernte Hilflosigkeit

Vermeidungsstrategie als Folge von Ereignissen oder Sachverhalten, deren wiederholtes Eintreten als nicht kontrollierbar oder abwendbar erlebt wurde (syn.: Learned Helplessness).

Das Phänomen der gelernten Hilflosigkeit wurde ursprünglich mehr zufällig in Experimenten mit Hunden entdeckt. Wurden Hunde unvermeidbaren Elektroschocks ausgesetzt, hatten sie in späteren Situationen große Mühe, trotz Fluchtmöglichkeiten zu entkommen. Hunde einer Vergleichsgruppe, welche die anfänglichen Schocks selbsttätig beenden konnten, lernten das Fluchtverhalten hingegen ohne Mühe. Gemäß der Theorie der gelernten Hilflosigkeit von *Seligman* (1975) erwirbt ein Individuum, das sich unkontrollierbaren Situationen ausgesetzt sieht, die Erwartung, dass zwischen seinen Verhaltensweisen und externen Geschehnissen kein Zusammenhang besteht. Diese Erwartung führt zu Defiziten auf mehreren Ebenen:

- *Motivationales Defizit*: Die Bereitschaft zur aktiven Kontrolle der Ereignisse in späteren Situationen ist reduziert.
- *Kognitives Defizit*: In anderen Situationen werden Zusammenhänge zwischen Verhalten und Ereignissen weniger gut erkannt.
- *Emotionales Defizit*: Es zeigt sich in einem erhöhten Gefühl von →Stress oder depressiver Verstimmung.

Obwohl sich die meisten Studien zur gelernten Hilflosigkeit auf gesellschaftliche Randgruppen (z. B. Patienten psychiatrischer Kliniken, Altenheimbewohner, Obdachlose) beziehen, ist diese Theorie auch für Organisationsmitglieder und damit für das →Personalmanagement von Relevanz, da organisationale Bedingungen das permanente Erleben von Kontrollverlust fördern können. So zeigt beispielsweise die Meta-Analyse von *Miller* und *Monge* (1986), dass die Vergrößerung von Handlungs- und Entscheidungsspielräumen bei Arbeitern zu erheblichen Leistungssteigerungen führen kann.

Literatur: *Seligman, M. E. P.*: Helplessness, San Francisco 1975. *Miller, K. I.; Monge, P. R.*: Participation, Satisfaction, and Productivity: A Meta-Analytic Review, in: Academy of Management Journal, 29. Jg. (1986), S. 727–753.

Andreas Bergknapp

Gemeinkosten

Kosten, die aufgrund der fehlenden Verursachung durch das Objekt diesem nicht direkt zugerechnet werden können.

So können die *Kostenstellengemeinkosten* nicht direkt einer Kostenstelle zugerechnet werden, was entsprechend auch für die *Kostenträgergemeinkosten* gilt, bei denen eine fehlende Zurechenbarkeit auf einen Kostenträger, zum Beispiel ein Produkt, vorliegt. Typischerweise sind Verwaltungskosten als Gemeinkosten einzuordnen.

Um jedoch Gemeinkosten auf organisatorische Einheiten oder Leistungseinheiten verteilen zu können, sind Verrechnungen durch Verteilungsschlüssel notwendig. Hierfür stehen eine Vielzahl von Varianten zur Verfügung, zum Beispiel Wertschlüssel, die sich nach monetären Differenzen der Objekte richten. In der Praxis sind auch Mengenschlüssel, die sich an Zeitgrößen oder auch physikalischen Werten orientieren, üblich. Alle Schlüssel haben die Eigenschaft, dass sie die Gemeinkosten proportional nach der jeweiligen Bemessungsgrundlage auf die Objekte, also Kostenträger oder -stellen, verteilen. Die Grundproblematik der fehlenden Zurechenbarkeit führt in Theorie und Praxis immer wieder zur Diskussion über den „richtigen" Verteilungsschlüssel.

→Personalkosten werden zum größten Teil als Gemeinkosten eingestuft.

Literatur: *Wöhe, G.*: Einführung in die ABWL, 22. Aufl., München 2005, S. 1022.

Silvia Föhr

Gemeinkostenwertanalyse

ein von der Unternehmensberatungsfirma *McKinsey* entwickeltes Verfahren, das auf ein systematisches Gemeinkostenmanagement abzielt.

Mit der Gemeinkostenwertanalyse (GWA) sollen Gemeinkostenbereiche im Hinblick auf Nutzen beziehungsweise Leistungen beurteilt und auf dieser Basis effizient gestaltet werden. Damit können Einsparmöglichkeiten für →Gemeinkosten identifiziert und angestrebt werden. Da →Personalkosten zu großen Teilen zu den Gemeinkosten zählen, setzen Einsparungen insbesondere hier an.

Die Gemeinkostenwertanalyse wird in drei Phasen geteilt:

1. *Vorbereitungsphase*: Legt die zu untersuchenden Einheiten (i.d.R. alle Gemeinkostenbereiche des Unternehmens), die Mitglieder des GWA-Teams und die Ablauffolgen fest und informiert alle betroffenen Mitarbeiter darüber.

2. *Durchführungsphase*: Umfasst verschiedene Schritte. Zunächst werden Leistungen und Kosten ermittelt und strukturiert. Danach erfolgt die Identifizierung der Einsparpotenziale. Nachdem die Maßnahmen hinsichtlich ihrer Operationalisierbarkeit bewertet wurden werden die Ergebnisse dokumentiert sowie ausgewählte Maßnahmen beantragt.

3. *Realisierungsphase*: Setzt nach der Entscheidung eines Lenkungsausschusses die Maßnahmen um.

Dem strukturierten Vorgehen der GWA stehen vor allem Nachteile der Implementation und der rigiden Umsetzung der Maßnahmen gegenüber.

Literatur: *Hentze, J.; Graf, A.*: Personalwirtschaftslehre 2, 7. Aufl., Stuttgart 2005, S. 428–430. *Scholz, C.*: Personalmanagement, 5. Aufl., München 2000, S. 725–727.

Silvia Föhr

Gemeinschaftscharta der sozialen Grundrechte der Arbeitnehmer

breit angelegte und feierlich sozialpolitische Grundsatzerklärung des Europäischen Rates aus dem Jahre 1989, die den →Arbeitnehmern keine einklagbaren subjektiven Rechte einräumt.

Rechtsverbindliche →Grundrechte normiert die Charta also trotz ihres Titels gerade nicht.

Christian Fischer

Gender

Geschlechterunterschied, welcher als soziale und kulturelle Konstruktion veränderbar ist.

„Gender ist eine menschliche Erfindung", so lautet eine Kernaussage der US-amerikanischen Soziologin *Lorber* (2003, S. 43). Demnach handelt es sich bei den unterschiedlichen Vorstellungen von dem, was Frausein und Mannsein, Weiblichkeit und Männlichkeit heißt, keineswegs um eine „natürliche", unveränderbare Gegebenheit, sondern vielmehr um das Ergebnis eines gesellschaftlich und kulturell geprägten Prozesses. Diese Erkenntnis hat ihren Ursprung in der angloamerikanischen Geschlechterforschung, in der schon früh zwischen *Sex (biologisches Geschlecht)* und *Gender (soziales Geschlecht)* unterschieden wurde.

Grundsätzlich neu ist der Gedanke, Gender als ein *soziales Konstrukt* zu verstehen, allerdings nicht. Bereits *de Beauvoir* (1986) behauptete, dass man nicht als Frau zur Welt kommt, sondern dazu gemacht wird. Sie betont in diesem Zusammenhang besonders die Aspekte der männlichen →Macht und Herrschaft, die das Geschlechterverhältnis nachhaltig zu Ungunsten von Frauen prägen. Dies ist auch das zentrale Thema der deutschen Frauenforschung in den 1960er und 1970er Jahren, die sich mit dem zu diesem Zeitpunkt auch in den Sozialwissenschaften vorherrschenden *Biologismus* und *Androzentrismus* kritisch auseinandersetzt. Wird nämlich davon ausgegangen, dass die Geschlechterdifferenz auf die Biologie zurückzuführen ist, und werden hieraus spezifische Unterschiede zwischen Männern und Frauen abgeleitet, die dann in männlichen und weiblichen Geschlechtsrollen zum Ausdruck kommen, ist es nicht mehr weit bis zur Rechtfertigung von geschlechtsspezifischen Arbeits- und Familienrollen. Da diese in der Erwerbsgesellschaft unterschiedlich bewertet werden – gesellschaftlich wertvoll ist, was Geld einbringt – entspringt hieraus eine *geschlechtshierarchische* →Arbeitsteilung, die wiederum zur Stabilisierung einer *asymmetrischen Geschlechterordnung* beiträgt. Nimmt man also an, dass die Arbeitsteilung zwischen Männern und Frauen naturgegeben ist, muss zwangsläufig auch jeder Versuch scheitern, hieran etwas verändern zu wollen.

In den 1970er und 1980er Jahren stand zunächst die Analyse der sozialen Funktion beziehungsweise gesellschaftlichen Relevanz,

Gender

die der Geschlechterdifferenz in westlichen Industriegesellschaften zukommt, im Zentrum der Frauen- und Geschlechterforschung. Ausgangspunkt feministischer Erklärungskonzepte bildete die Trennung zwischen der Produktions- und Reproduktionssphäre im Übergang von der Feudal- zur Industriegesellschaft und die damit einhergehende gesellschaftliche Zuweisung von Zuständigkeiten an das weibliche beziehungsweise männliche Geschlecht, also die Verknüpfung zwischen Moderne und Patriarchat (Männerherrschaft). Eine prominente Stellung kommt in diesem Zusammenhang dem *Konzept der doppelten Vergesellschaftung* von *Becker-Schmidt* (1987) zu, demzufolge Frauen im Unterschied zu Männern „doppelt orientiert" sind, zum einen am →Beruf und zum anderen an der Familie, was eine Ausbalancierung widersprüchlicher →Anforderungen zur Folge hat. Erwerbsarbeit gilt demnach in erster Linie als eine Angelegenheit der männlichen Bevölkerung, während Frauen so sozialisiert werden, dass sie es als selbstverständlich ansehen, die Aufgaben der sozialen Reproduktion zu übernehmen und – unentgeltlich – Haus- und Erziehungsarbeit zu verrichten. Es entsteht das →Leitbild des *männlichen Familienernährers* sowie das *Hausfrauenmodell*, das – besonders in Westdeutschland – lange Zeit sehr wirkungsmächtig war.

In Anbetracht der zunehmenden →Erwerbsquote verheirateter Frauen wie auch der hohen Erwerbsorientierung der jüngeren und größtenteils gut ausgebildeten Frauengeneration geraten die überkommenen Vorstellungen von der männlichen Alleinversorgerehe unter Druck. So lässt sich selbst Westdeutschland – wie *Pfau-Effinger* (2000) in ihren Studien nachweist – ein, wenn auch noch zögerlicher →Wandel in Richtung einer *modernisierten Versorgerehe* ausmachen. Hierzu hat nicht zuletzt die Förderung der →Gleichstellung beigetragen, die eine Legitimierung des Ausschlusses von Frauen aus dem Berufsleben und einer Vielzahl von Tätigkeitsfeldern sowie höheren Positionen immer schwieriger macht. Trotz dieser größeren Sensibilisierung für Fragen der gesellschaftlichen Benachteiligung von Frauen sowie Angleichungsprozessen zwischen Männern und Frauen (insbesondere im Bildungsbereich) ist nicht zu übersehen, dass die unbezahlte Betreuungsarbeit primär von Müttern geleistet wird und es noch immer eine Reihe von *Gender-Gaps* auf dem →Arbeitsmarkt gibt, wie zum Beispiel ungleiche Einkommen trotz gleicher Qualifikationen.

Während gesellschaftstheoretische Ansätze sich in erster Linie mit der Entstehung und Reproduktion sozialer Ungleichheit zwischen den Geschlechtern befassen (Geschlechterordnung einer Gesellschaft), interessiert sich die mikrosoziologische Forschung dafür, wie Geschlechterdifferenzierungen zustande kommen, also Frauen sich als Frauen beziehungsweise Männer sich als Männer wahrnehmen. Den Ausgangspunkt bildet die in den 1980er Jahren beginnende Rezeption ethnomethodologischer Studien von *Garfinkel* (1967) sowie *Kessler* und *McKenna* (1978). Ihr Forschungsprogramm zielte darauf ab, in Erfahrung zu bringen, wie sich die Klassifikation von zwei Geschlechtern (Zweigeschlechtlichkeit) in der Alltagspraxis herausbildet und wie sie aufrechterhalten wird. Analysiert werden das Alltagshandeln und die hier stattfindenden Prozesse der Herstellung von Geschlechtszugehörigkeit, Geschlechtsidentität sowie der Geschlechterbeziehungen. In diesem Zusammenhang wurde der Begriff des *Doing-Gender* geprägt, den die deutschsprachige Forschung übernahm.

Wurden Gendering-Prozesse anfangs vor allem am Beispiel der Transsexualität untersucht, werden Prozesse der Vergeschlechtlichung heute auch zunehmend in der Arbeitswelt erforscht. Ein Beispiel hierfür stellt die Studie von *Hall* (1993) über Kellner dar, die zu dem Ergebnis gelangt, dass selbst in Restaurants, in denen Männer und Frauen dieselbe Position innehaben, Geschlechterdifferenzierungen auszumachen sind und Arbeitsrollen, Arbeitsaufgaben und Servierstile gendered sind. Aus der Perspektive dieser Studien steht die soziale Kontingenz der Geschlechtsklassifikation zwar außer Frage, aber gleichwohl herrscht die Auffassung vor, dass Prozesse des Doing-Gender am Ende immer auf die Herstellung der dichotomen Geschlechtsklassifikation von Mann/Frau hinauslaufen (Omnipräsenz der Geschlechtsklassifikation). Folglich lautet die Antwort auf die von *West* und *Zimmerman* (1987) gestellte Frage „Can we ever avoid doing gender?" auch eindeutig „Nein". Die Zweigeschlechtlichkeit stellt demnach einen binären Erkennungscode dar, dem man nicht entkommen kann und der als ausgesprochen folgenreich für die soziale Platzierung von Individuen angesehen wird. Diese spiegelt sich in der Verknüpfung zwischen Geschlechterdifferenz und →Hierarchie besonders deutlich wider, derzufolge Geschlechterhierarchie und soziale Ungleichheit zusammenfallen. Diese Position ist jedoch nicht unwidersprochen geblieben, selbst im Lager der Konstruktivisten finden sich Kritiker, die eine Dekonstruktion, eine Hinterfragung der binären Konstruktion, und mithin einen Prozess des De-Genderings wie einen Abbau der Geschlechterhierarchie nicht ausschließen. Damit weisen sie bereits eine deutliche Nähe zu der Position des (De-)Konstruktivismus auf.

Aus einer *dekonstruktivistischen* beziehungsweise *postmodernen Sicht* wird die Unterscheidung von Sex und Gender verworfen. *Butler* (1991) zufolge ist Sex immer schon Gender, also das Ergebnis einer kulturellen beziehungsweise symbolisch-diskursiv erzeugten Konstruktion. Folglich stellt selbst die Wahrnehmung der Geschlechtlichkeit von Körpern als „männlich" oder „weiblich" bereits einen Akt der diskursiven Produktion des Denkens und Sprechens dar.

Folgt man *Butler* (1991), so trägt die Annahme einer natürlichen, biologischen Zweigeschlechtlichkeit zur Verschleierung der Macht des Geschlechterdualismus bei. Hierbei handelt es sich um einen normativen Zwang, dem sich alle unterzuordnen haben. Im Zentrum ihrer Kritik stehen somit die vorherrschenden Gendernormen wie insbesondere die *heterosexuelle Matrix* der Zweigeschlechtlichkeit, die zu einer Ausgrenzung all jener Menschen führt, die nicht in das Raster des Normalen fallen. Im Kern geht es ihr um die „Dekonstruktion" von Geschlechterontologien wie insbesondere um die Offenlegung der Wirkungsweise vorherrschender Vorstellungen von „normaler" Männlichkeit und Weiblichkeit. Aufgedeckt werden soll, dass es sich hier um das Ergebnis einer kulturellen, sprachlich-diskursiven Reproduktion des binären „Zwangsrahmens" von Geschlecht handelt. *Butler* (1991, 2003) schlägt vor, die Geschlechtsidentität unabhängig vom anatomischen Geschlecht zu denken und mithin den Zwang zur körperlichen Zweigeschlechtlichkeit zu unterlaufen (Dekonstruktion von Essentialismen), so dass eine Neuinterpretation des menschlichen Lebens entsteht, die sich nicht an binären Kategorien orientiert („postsouveränes Subjekt").

Folgt man den Kritikern des Ansatzes von *Butler* (1991), so wird hier vollkommen ausgeblendet, dass es sich beim Geschlecht wie der Geschlechterdifferenz eben nicht nur um ein kulturelles, psychisches Bewusstseinsphänomen handelt, sondern immer auch um das Ergebnis eines langwierigen gesellschaftlichen Prozesses, das folglich auch materiell und mithin körperlich existiert. Erst beide Aspekte zusammengenommen geben, wie *Maihofer* (1995) in ihrer Abhandlung herausarbeitet, Aufschluss über den Genderbegriff. Dementsprechend definiert sie Geschlecht als eine historisch bestimmte *gesellschaftlich-kulturelle Existenzweise*.

Untersucht werden in der Gender-Forschung gesellschaftliche Institutionen wie der Arbeitsmarkt und Berufe sowie neuerdings auch die Organisationsebene: So ist es nicht der Arbeitsmarkt schlechthin, der für die horizontale und vertikale Geschlechtersegregation sorgt, vielmehr sind es Organisationen, die Personal rekrutieren und über Beförderungskriterien (→Beförderung) sowie Karriereverläufe entscheiden.

Literatur: *Becker-Schmidt, R.*: Die doppelte Vergesellschaftung – die doppelte Unterdrückung: Besonderheiten der Frauenforschung in den Sozialwissenschaften, in: *Unterkirchner, L.; Wagner, I.* (Hrsg.): Die andere Hälfte der Gesellschaft, Wien 1987, S. 10–25. *Butler, J.*: Das Unbehagen der Geschlechter, Frankfurt a. M. 1991. *Butler, J.*: Kritik der ethischen Gewalt, Frankfurt a. M. 2003. *de Beauvoir, S.*: Das andere Geschlecht. Sitte und Sexus der Frau, Reinbek 1986. *Garfinkel, H.*: Studies in Ethnomethodology, Englewood Cliffs 1967. *Hall, E.*: Waitering/Waitressing: Engendering the Work of Table Service, in: Gender & Society, 7. Jg. (1993), H. 3, S. 329–346. *Kessler, S.J.; McKenna, W.*: Gender: An Ethnomethodological Approach, New York 1978. *Lorber, J.*: Gender-Paradoxien, Opladen 2003. *Maihofer, A.*: Geschlecht als Existenzweise, Frankfurt a. M. 1995. *Pfau-Effinger, B.*: Kultur, Wohlfahrtsstaat und Frauenerwerbstätigkeit im europäischen Vergleich, Opladen 2000. *West, C.; Zimmerman, D.*: Doing Gender, in: Gender & Society, 1. Jg. (1987), H. 1, S. 125–151.

Maria Funder

Gender in Organisationen

befasst sich mit der Herstellung und Wahrnehmung von Geschlechterdifferenzierungen in →Organisationen und setzt sich dort mit den Ursachen, dem →Wandel sowie der Persistenz horizontaler und vertikaler Geschlechtersegregation auseinander.

Das Geschlechterverhältnis wurde lange Zeit weder von der Personal- noch von der Organisationsforschung schwerpunktmäßig thematisiert. Ein Grund hierfür ist darin zu sehen, dass Organisationen in der Mainstream-Organisationsforschung im Prinzip bis heute als geschlechtsneutral betrachtet werden.

In der *feministischen Organisationsforschung* dagegen wurden Organisationen von Beginn an als vergeschlechtlicht (gendered) wahrgenommen. Wie in der Mainstream-Organisationsforschung, so lassen sich auch in der feministischen Organisationsanalyse unterschiedliche theoretische Sichtweisen voneinander unterscheiden. Es handelt sich hierbei zum einen um *strukturorientierte Ansätze* und zum anderen um *handlungs- sowie akteurtheoretische Konzepte*.

Kennzeichnend für *strukturtheoretische Ansätze* ist, dass sie formale →Organisationsstrukturen als gegeben betrachten. Sie stecken die Rahmenbedingungen des Handelns ihrer Mitglieder ab und tragen mithin zur Geschlechterungleichheit bei. Zu den Vorreitern einer strukturanalytischen Sichtweise auf Organisationen zählt *Kanter* (1977), die sich mit den →Rollen von Managern in Unternehmen, der Entwicklung einer männlichen Ethik im Management sowie mit der Feminisierung von Büro- und Schreibarbeiten befasst hat. Die Wurzeln des geschlechtsspezifischen Verhaltens in Organisationen liegen ihr zufolge somit nicht in einem weiblichen Arbeitsverhalten, vielmehr sind sie auf ihre geringere Ausstattung mit Gelegenheiten und →Macht sowie ihre Unterrepräsentanz zurückzuführen. Am Beispiel des Managements in „corporate bureaucracies" zeigt sie, dass die Unterschiede zwischen Männern und Frauen abhängig sind von den Stellen und Positionen, die sie einnehmen: „the job makes the person". Diese Form der Benachteiligung einzelner Gruppenmitglieder aufgrund von Durchschnittserwartungen im Hinblick auf die ganze →Gruppe wird auch als *statistische Diskriminierung* bezeichnet. Frauen müssen sich folglich nicht nur viel stärker darum bemühen, dass ihre individuellen Leistungen anerkannt werden und sie nicht von der dominierenden Gruppe weiter marginalisiert werden, vielmehr müssen sie auch ein höheres Leistungsniveau als Männer aufweisen, um befördert zu werden (→Glass Ceiling).

Eine Zunahme der →Formalisierung einer Organisation, also etwa die →Rekrutierung von Personal über öffentliche Ausschreibungen trägt zu einem Abbau geschlechtsspezifischer Beschäftigung bei, da sie die Monopolstellung von Männern schwächt (vgl. *Tomaskovic-Devey* und *Skaggs* 2001). Dies ändert allerdings nur wenig an der zentralen These von *Bielby* und *Baron* (1986), dass große bürokratische Organisationen eher *geschlechtsspezifische Segregationseffekte* verstärken als sie zu minimieren, ja dass Bürokratisierung sogar zur Legitimation der geschlechtsspezifischen →Arbeitsteilung beiträgt.

Kennzeichnend für *handlungs- und akteurtheoretische Ansätze* ist, dass die durch das Handeln erzeugten institutionellen Praktiken und Strukturen von Organisationen dazu beitragen, dass sich die Geschlechterdifferenz reproduziert und Geschlechterhierarchien stabilisieren. Eine solche dezidert interaktionistische Sichtweise wird etwa von *Ridgeway* (2001) vertreten, die davon ausgeht, dass die Geschlechterasymmetrie in der Arbeitswelt durch Interaktionen (fortlaufend) aufrechterhalten wird.

Die Hartnäckigkeit der Geschlechterungleichheit in der Arbeitswelt wird somit in erster Linie durch die Wirkungsmächtigkeit von *Geschlechterstereotypen* verursacht, die wiederum zu einer geschlechtlichen Etikettierung von Berufs- und Tätigkeitsfeldern führt. Von großer Relevanz sind in diesem Zusammenhang *Gender Status Beliefs*, also spezifische Erwartungshaltungen im Hinblick auf das Geschlecht, hierzu gehört etwa die Vorstellung, dass Männer über Durchsetzungsvermögen verfügen, kompetenter sind und höhere Gehalts- und Aufstiegserwartungen haben als Frauen. So profitieren in erster Linie Männer von der Existenz von Gender Status Beliefs, was sich vor allem im Hinblick auf die berufliche Positionierung von Frauen und Männern sowie in den zwischen ihnen nach wie vor bestehenden Einkommensunterschieden zeigt.

Eine stärker auf die Analyse der Substrukturen von Organisationen abzielende theoretische Sichtweise stellt die *Theory of Gendered Organization* dar. *Acker* (1990) legt dar, dass die geschlechtsspezifischen Unterschiede in Organisationen keineswegs nur ein Effekt gesellschaftlicher Strukturen darstellen, sondern tief in ihnen verwurzelt sind. Ihr zufolge finden diese *Prozesse des Genderings* auf vier Ebenen einer Organisation statt, nämlich auf der Ebene der →Arbeitsorganisation, der symbolischen Ebene (→Organisationskultur), der

Ebene des Arbeitsalltags sowie auf der Subjektebene (Konstruktion von Geschlecht). Geschlechtsneutrale Organisation gibt es folglich nicht. In ihren Studien über schwedische Banken weist sie beispielsweise nach, dass Männer aktiv von männlichen Vorgesetzten bei ihrer →Karriere gefördert und unterstützt werden, während Frauen der Zugang zu Weiterbildungsmaßnahmen schwer gemacht wird und sie selbst dafür Sorge tragen müssen, dass man auf sie aufmerksam wird. Mit ihrer Annahme von der grundsätzlichen Bevorzugung der männlichen Arbeitskraft vergibt *Acker* (1990) allerdings die Chance, Prozesse des Genderings genauer in den Blick zu bekommen und damit auch gegenläufige Tendenzen erfassen zu können, die einen Abbau der Geschlechterasymmetrie in Organisationen bewirken könnten. Kritisch gegen die Position von *Acker* (1990) ist zudem einzuwenden, dass sie Geschlecht quasi als eine externe Komponente in ihren Ansatz einführt, die irgendwie mit der Organisation verbunden ist. Diese Unschärfe versuchen *Halford, Savage* und *Witz* (1997) zu vermeiden. Ihrem Ansatz entsprechend ist das Geschlecht in Organisationen aber nicht nur *embedded*, sondern auch *embodied*. Geschlecht ist demnach keineswegs als neutral anzusehen und auch nicht nur ein weiteres prägendes Merkmal von Organisationen. Da Organisationen durch Personen konstituiert werden und diese wiederum nicht von ihren Körpern zu trennen sind, ist es auch Organisationen nicht möglich, von Körpern abzusehen.

Demnach werden spezifische Verknüpfungen zwischen weiblichen Körpern und weiblichen Organisationsmitgliedern sowie männlichen Körpern und männlichen Organisationsmitgliedern hergestellt, die wiederum in Zusammenhang gebracht werden mit den →Anforderungen von Organisationen. So gelten weibliche Körper und folglich auch weibliche Organisationsmitglieder als eher emotional und unberechenbar und werden daher als weniger geeignete Arbeitskräfte für bestimmte Positionen in Organisationen angesehen. Demgegenüber wird dem männlichen Organisationsmitglied zugeschrieben, kontrolliert, sachlich und berechenbar zu sein.

In jüngster Zeit hat sich eine neue Sichtweise auf Organisationen und die Wirkungsmacht des Faktors Gender herausgeschält, die sich vor allem dadurch auszeichnet, dass die Geschlechterdifferenz in Organisationen als kontingent betrachtet wird; man könnte daher auch von *kontingenzorientierten Ansätzen* sprechen. Die Vorstellung, Organisationen sind monolithische Einheiten, in der Männer herrschen und Frauen immer Opfer von Macht und →Hierarchie werden, wird durch eine flexiblere Betrachtungsweise abgelöst. Demnach stellt die Geschlechterdifferenz, also die „Sortierung in Männer und Frauen", wie *Heintz* und *Nadai* (1998) es formulieren, zunächst einmal nur ein Angebot dar, das zwar von Organisationen zur weiteren →Differenzierung genutzt werden kann, es besteht aber auch die Möglichkeit, dieses nicht zu nutzen. Hierdurch geraten auch *Prozesse* des *Undoing-Gender* ins Blickfeld der Forschung.

Im Kern lassen sich zwei *Spielarten kontingenzorientierter Ansätze* ausmachen:

1. Ansätze, die in der Tradition von *Ackers* (1990) *Gendered Organization Theory* stehen und nach wie vor von der Existenz vergeschlechtlichter Organisationsstrukturen ausgehen, Geschlecht jedoch nicht immer und überall für gleich relevant erachten und einen Wandel nicht per se ausschließen.

2. *Modernisierungstheoretische Ansätze*, die zunächst einmal auf die Geschlechtsneutralität von Organisationen rekurrieren. Allerdings gehen sie nicht soweit zu behaupten, dass sich in Organisationen nicht auch geschlechterasymmetrische Strukturen herausbilden können, halten diese aber für grundsätzlich überwindbar. Organisationen stehen schließlich im Prinzip Männern wie Frauen gleichermaßen offen und es gibt keinen zwingenden Grund, warum in ihnen eine geschlechtliche Arbeitsteilung vorherrschen und die Geschlechterdifferenz zu Geschlechtshierarchien führen muss (*Weinbach* und *Stichweh* 2001).

Die Geschlechterdifferenz wird somit nicht mehr, wie *Wilz* (2002) es in ihrer Studie auf den Punkt bringt, als „omnipräsent und omnirelevant" erachtet, also als ein alle Ebenen der Organisation durchdringendes und strukturierendes Merkmal.

Modernisierungstheoretischen Ansätzen liegt ein systemtheoretisches Verständnis von Organisationen zugrunde (*Pasero* 1995). Es besagt, dass Organisationen im Kern aus →Kommunikationen bestehen, die in Form von Entscheidungen zu beobachten sind. Aus dieser Theorieperspektive geht es, etwa bei Entscheidungen über die Personalrekrutierung (→Personalauswahl), darum, Personen auszuwählen, die in der Lage sind, spezifische Mitgliedschaftsrollen zu erfüllen. Um nun (Entscheidungs-)→Komplexität zu reduzieren und das immer schwerer zu bewältigende Problem der Unsicherheitsabsorption in den Griff zu bekommen, tendieren Organisationen dazu, sich bei ihren Entscheidungen für die Auswahl von Organisationsmitgliedern an vermuteten persönlichen Merkmalen und Eigenschaften von Personen, etwa hinsichtlich ihrer Arbeitsbereitschaft und -fähigkeit sowie ihrer Karriereambitionen, zu orientieren. In diesem Zusammenhang kann dann auch die Geschlechterdifferenz ins Spiel kommen. Aus der Perspektive der Entscheider bietet sie die Möglichkeit, die Erwartungssicherheit zu erhöhen, indem an vorherrschende Formen geschlechtlicher Arbeitsteilung und geschlechtsspezifische Rollenstereotype angeknüpft wird. Diese geschlechtshierarchische Ausdifferenzierung von Mitgliedschaftsrollen wird allerdings – und hierin unterschieden sich diese Ansätze von den bereits skizzierten – nicht als eine, die Organisationsstruktur prägende, unveränderbare Gegebenheit angesehen. Indizien für einen Wandel werden in dem Vordringen qualifizierter Frauen in Organisationen gesehen („gender trouble" durch Konkurrenz um Positionen).

Ob das als Top down-Strategie angelegte →Gender Mainstreaming, das auf eine nachhaltige Förderung der Chancengleichheit (→Gleichstellung) von Frauen und Männern abzielt und folglich eine Aufhebung der Ungleichwertigkeit von als männlich und weiblich konnotierten und bewerteten Berufen, Tätigkeiten, Kompetenzen wie auch Lebensmustern bewirken soll, tatsächlich einen gewichtigen Beitrag zur Neugestaltung der Geschlechterverhältnisse, und insbesondere zum Abbau geschlechtshierarchischer (Arbeits-)Verhältnisse in Organisationen, leisten wird, ist eine noch weitgehend offene Frage.

Faktisch sieht es hinsichtlich der →Gleichstellung von Frauen und Männern in Organisationen wie auch auf dem →Arbeitsmarkt bislang noch anders aus, was auf eine hohe Beharrungskraft der asymmetrischen Geschlechterordnung schließen lässt, wenngleich Wandlungsprozesse nicht übersehen werden dürfen. Das Geschlecht stellt heute somit nicht mehr eine unveränderbare Strukturkategorie dar, die Ungleichheit erzeugt, vielmehr handelt es sich mehr und mehr, wie *Gottschall* (2000) betont, um eine „Prozesskategorie", die wirkungsmächtig sein kann, aber nicht sein muss.

Literatur: *Acker, J.*: Hierarchies, Jobs, and Bodies: A Theory of Gendered Organizations, in: Gender & Society, 4. Jg. (1990), H. 1, S. 58–139. *Bielby, W. T.; Baron, J. N.*: Men and Women at Work: Sex Segregation and Statistical Discrimination, in: America Sociological Review, 91. Jg. (1986), H. 55, S. 155–175. *Gottschall, K.*: Soziale Ungleichheit und Geschlecht, Opladen 2000. *Halford, S.; Savage, M.; Witz, A.*: Gender, Careers, and Organizations. Current Developments in Banking, Nursing and Local Government, London 1997. *Heintz, B.; Nadai, E.*: Geschlecht und Kontext. De-Institutionalisierungsprozesse und geschlechtliche Differenzierung, in: Zeitschrift für Soziologie, 27. Jg. (1998), H. 27 S. 75–93. *Kanter, R. M.*: Men and Women of the Corporation, New York 1977. *Pasero, U.*: Dethematisierung von Geschlecht, in: *Pasero, U.; Braun, F.* (Hrsg.): Konstruktion von Geschlecht, Pfaffenweiler 1995, S. 50–66. *Ridgeway, C. L.*: Interaktion und die Hartnäckigkeit der Geschlechter-Ungleichheit in der Arbeitswelt, in: *Heintz, B.* (Hrsg.): Geschlechtersoziologie, Sonderheft 41 der Kölner Zeitschrift für Soziologie und Sozialpsychologie, Wiesbaden 2001, S. 250–275. *Tomaskovic-Devey, D.; Skaggs, S.*: Führt Bürokratisierung zu geschlechtsspezifischer Segregation?, in: *Heintz, B.* (Hrsg.): Geschlechtersoziologie, Sonderheft 41 der Kölner Zeitschrift für Soziologie und Sozialpsychologie, Wiesbaden 2001, S. 308–331. *Weinbach, C.; Stichweh, R.*: Die Geschlechterdifferenz in der funktional differenzierten Gesellschaft, in: *Heintz, B.* (Hrsg.): Geschlechtersoziologie, Sonderheft 41 der Kölner Zeitschrift für Soziologie und Sozialpsychologie, Wiesbaden 2001, S. 30–52. *Wilz, S. M.*: Organisation und Geschlecht. Strukturelle Bindungen und kontingente Kopplungen, Opladen 2002.

Maria Funder

Gender Mainstreaming

(Re-)Organisation, Verbesserung, Entwicklung und →Evaluation von Entscheidungsprozessen mit dem Ziel, dass die an politischer Gestaltung beteiligten Akteure den Blickwinkel der →Gleichstellung zwischen Frauen und Männern in allen Bereichen und auf allen Ebenen einnehmen.

Diese Definition von Gender Mainstreaming wurde 1998 durch den *Europarat* festgelegt. Gender Mainstreaming hat damit in den letzten Jahren zunehmend Eingang in die Praxis der Europäischen Union gefunden. Rechtliche Grundlagen sind Artikel 2 und 3 des EG-Vertrags und Artikel 23 Abs. 1 Charta der Grundrechte der Europäischen Union.

In einem dualen Ansatz sind sowohl spezifische Maßnahmen und Politiken zur Förderung der Gleichstellung der Geschlechter Bestandteil des Gender Mainstreamings als auch die →Integration der Forderung nach Chancengleichheit (→Gleichstellung) in allen Politikbereichen, Projekten und Aktivitäten. Insofern löst Gender Mainstreaming die Frauenförderung beziehungsweise Gleichstellungspolitik nicht ab, sondern ergänzt sie durch den Gedanken des „Mainstreamings". Die Herstellung von Chancengleichheit wird hier zur *Querschnittsaufgabe*.

Adressaten dieses Konzepts sind sowohl Frauen als auch Männer. Ziel ist es, die Entfaltung der Persönlichkeit in Gang zu setzen und eine dauerhafte Weiterentwicklung von Elternrollen, Familienstrukturen von neuen Formen der →Arbeitsorganisation und Zeiteinteilung zu ermöglichen, um dadurch eine fortschrittliche Entwicklung der Gesellschaft zu erreichen.

Es geht hierbei nicht nur um statistische Repräsentanz, obwohl auch dies Gegenstand des Gender Mainstreamings ist, sondern um den gleichberechtigten Zugang beider Geschlechter zu finanziellen und anderen Ressourcen und um eine Ressourcenallokation, die auch indirekte Effekte auf die Situation der Geschlechter berücksichtigt (z. B. Aufbrechen von mittelbaren, strukturellen Diskriminierungsmechanismen). Insofern sind die im Gender Mainstreaming geforderten Statistiken lediglich eine Grundlage zur Entwicklung und Bewertung von Maßnahmen und Programmen. Neben einer *Sensibilisierung* von Akteuren (wie z. B. über Trainings) arbeitet das Gender Mainstreaming mit klaren Zielvorgaben und einem System der Evaluation beziehungsweise des →Controllings, welches auch ein Gender Impact Assessment beinhaltet. Mit dessen Hilfe werden Programme und Projekte auf ihre Förderungswürdigkeit unter Gleichstellungs-Aspekten bewertet.

Diese neue Herangehensweise an Frauenförderung wurde erstmals im Zusammenhang mit der dritten Weltfrauenkonferenz in Nairobi im Jahre 1985 angedacht und auf der vierten Weltfrauenkonferenz in Peking (1995) weiter entwickelt und konkretisiert.

Literatur: *Krell, G.*; *Mückenberger, U.*; *Tandorf, K.*: Gender Mainstreaming. Chancengleichheit (nicht nur) für Politik und Verwaltung, in: *Krell, G.* (Hrsg.): Chancengleichheit durch Personalpolitik, 4. Aufl., Wiesbaden 2004. *Rees, T.*: Gender Mainstreaming: Women in Science, in: *Roloff, C.*; *Selenet, P.* (Hrsg.): Hochschulreform und Gender Mainstreaming, Bielefeld 2003.

Katrin Hansen

Generalisierung

Einordnung von Individuen in ein Schema, dem das Konzept von Gesellschaften oder →Gruppen zugrunde liegt, die universelle Probleme zu lösen haben (→Kultur).

Generalisierungen sind zentraler Bestandteil interkultureller und kulturvergleichender Managementforschung, verbunden mit →Stereotypen und Vorurteilen sowie Kulturkontrasten. Gruppen beziehungsweise Gesellschaften verfügen über viele Alternativen zur Problemlösung, jedoch werden bestimmte Wertorientierungen sowie Denk- und Verhaltensweisen präferiert und sind in einer →Kultur häufiger anzutreffen als in einer anderen (→Kulturdimensionen). Hierbei handelt es sich um *kulturspezifische Handlungen*.

Gruppenzugehörige weisen aufgrund ihrer ähnlichen Prägung bevorzugte Denk- und Verhaltensmuster auf, die in der vorkommenden Häufigkeit und Ausprägung in anderen Gesellschaften oder Gruppen nicht auftreten. So lässt sich beispielsweise in Frankreich durchschnittlich eine höhere Frauenberufstätigkeit feststellen als in Deutschland und in den USA eine höhere Vergütung von Top-Managern als in Kanada. Zur statistischen Illustration von Häufigkeiten eignet sich die *Normalverteilung*, die sowohl Extrem- als auch Mittelwerte darstellt. Die Normalverteilung ist durch zwei Parameter gekennzeichnet, den Mittelwert und die →Standardabweichung von Merkmalen. Sie eignet sich zur →Differenzierung, ob es sich um Stereotypen handelt oder nachweisbare Generalisierungen, die tatsächlich für die Beschreibung des Kollektivs relevant sind.

Ein in einer empirischen Untersuchung erhobenes Persönlichkeitsmerkmal wie Pünktlichkeit lässt sich grafisch darstellen. Abbildung 1 zeigt beispielhaft das Erscheinen von Managern zweier Gesellschaften A und B zu einer um 14:00 angesetzten Sitzung. Die Mehrzahl der Manager aus Gesellschaft A erscheint typischerweise pünktlich, die Mehrzahl aus Gesellschaft B dagegen verspätet um 14:30 (Mittelwerte). Trotzdem gibt es in beiden Gesellschaften abweichendes Erscheinen (Extremwerte), die Ausnahmen darstellen. Insgesamt ergeben sich annähernd Normalverteilungen. Die beiden Normalverteilungen zeigen einen Niveauunterschied der Mittelwerte.

Abbildung 1: Normalverteilte Häufigkeiten am Beispiel Pünktlichkeit (*Barmeyer* 2000, S. 123, in Anlehnung an *Hofstede* 1980, S. 31)

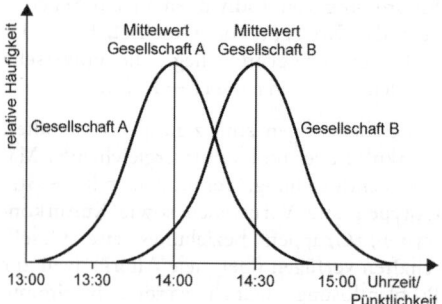

Die dargestellten Differenzen führen in konkreten interkulturellen Situationen zu Problemen, zum Beispiel wenn der pünktliche Durchschnittsmanager aus Gesellschaft A das Zuspätkommen des unpünktlichen Kollegen aus Gesellschaft B als Desinteresse und mangelndes Engagement interpretiert (→Critical Incidents, Interkulturalität). Die Erfassung und Darstellung von bestimmten Merkmalen wie der Pünktlichkeit eignet sich paradigmatisch, um Kulturunterschiede zu verdeutlichen, die das Kollektiv betreffen.

Literatur: *Holzmüller, H.H.*: Konzeptionelle und methodische Probleme in der interkulturellen Management- und Marketingforschung, Stuttgart 1995. *Barmeyer, C.*: Interkulturelles Management und Lernstile, Frankfurt a. M., New York 2000. *Hofstede, G.*: Culture's Consequences. International Differences in Work-Related Values, London 1980.

Christoph I. Barmeyer

Genfer Schema →Arbeitsbewertung

Geplante Strategie

Teil einer Denkhaltung, wonach →Strategien geplant und später implementiert werden; besitzt eine relativ lange Tradition und reicht zurück zu Ansätzen rationalen Entscheidungsverhaltens (engl.: Intended Strategy).

Allgemein beinhaltet Planung eine bestimmte Art des Handelns beziehungsweise seiner Vorstrukturierung. Planung (im funktionalen Sinne) wird dabei verstanden als ein *antizipativer* und *systematischer Entscheidungsprozess*, der in einem *abstrahierten Problemlösungsraum* stattfindet. Spezifische Merkmale von Planungsprozessen bilden dabei insbesondere die folgenden (*Bamberger* und *Wrona* 2003):

- *Spezifischer Entscheidungsprozess*: Bezieht sich auf die Lösung von Problemen durch die Bestimmung von Zielen, Maßnahmen oder auch Grundsätzen bezieht.

- *Antizipativer Entscheidungsprozess*: Bezieht sich auf die Vorstrukturierung der Lösung zukünftiger Probleme bezieht.

- *Planung als Abstraktionsmethode*: Bei der Beschäftigung mit zukünftigen Entscheidungssituationen beschränkt sich der Planer auf die als wesentlich erachteten Problemkomponenten und abstrahiert von zunächst unwichtigen Details.

- *Methodischer/systematischer Entscheidungsprozess*: Kann von improvisiertem Handeln abgegrenzt werden. Damit ist Planung mit einer *Rationalitätsannahme* verbunden und bildet ein wichtiges Merkmal einer *Professionalisierung* der →Unternehmensführung (→Strategisches Management).

Ergebnis der Planung und Output von Planungsprozessen sind Pläne, das heißt präskriptive Modelle zukünftiger Zustände oder Prozesse. Pläne können *kognitiv* (also allein in den Köpfen der Mitarbeiter) oder *öffentlich* (z. B. schriftlich dokumentiert) sein.

Abbildung 1: Das Kernstück des „Design School"-Modells der Strategiebildung (*Mintzberg* 1990, S. 112)

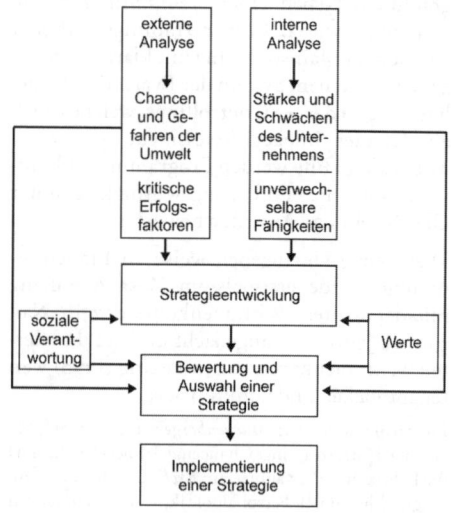

Synoptische Ansätze der strategischen Planung beschreiben die Strategieentwicklung als einen formalisierten und in verschiedene Einzelaktivitäten zerlegten Prozess. Beispielhaft für die Vielzahl vorgeschlagener Modelle strategischer Planungsprozesse zeigt Abbildung 1 das so genannte *Harvard Business Policy Model*. Dabei wird in Bezug auf die einzelnen Phasen *keine lineare Abfolge* unterstellt. Vielmehr ist von Überlappungen, Auslassungen und Iterationen auszugehen. Dieses von *Mintzberg* (1990) auch als „Design School" bezeichnete Modell hat in der Vergangenheit in starkem Maße die Vorstellungen vom Ablauf strategischer Planung beeinflusst.

In der Planungsperspektive wird die Strategiebildung als ein systematischer und zielorientierter Prozess intentionalen Handelns beschrieben. Es wird davon ausgegangen, dass Strategien explizit formuliert werden und damit öffentlich gemacht beziehungsweise autorisiert werden. *Deskriptive Ansätze* der Strategieprozessforschung markieren hierzu eine Gegenposition: Eine Fülle empirischer Untersuchungen über Strategiebildungsprozesse weist darauf hin, dass sich Strategien häufig auch *ungeplant* ergeben (*Mintzberg* 1978, *Burgelman* 1994, *Bamberger* und *Wrona* 2004).

Literatur: *Bamberger, I.; Wrona, T.*: Planung in internationalen Unternehmen, in: *Breuer, W.; Gürtler, M.* (Hrsg.): Internationales Management, Wiesbaden 2003, S. 57–109. *Bamberger, I.; Wrona, T.*: Strategische Unternehmensführung, München 2004. *Burgelman, R. A.*: Fading Memories: A Process Theory of Strategic Business Exit in Dynamic Environments, in: Administrative Science Quarterly, 39. Jg. (1994), S. 24–56. *Mintzberg, H.*: Patterns in Strategy Formation, in: Management Science, 24. Jg. (1978), S. 934–948. *Mintzberg, H.*: Strategy Formation: Schools of Thought, in: *Fredrickson, J.W.* (Hrsg.): Perspectives on Strategic Management, New York 1990, S. 105–235.

Thomas Wrona

Gerechtigkeit

bezeichnet und repräsentiert einen grundlegenden Maßstab für geordnetes Zusammenleben in der Gemeinschaft.

Die Beschäftigung mit dem Begriff Gerechtigkeit hat eine lange Tradition in der Philosophie, Religion, Politik und Rechtswissenschaft. Gerechtigkeit versteht sich als normative Idee des Handelns.

Zumeist wird ein Mensch als „gerecht" bezeichnet, der sich gemäß dem allgemeinen Rechts- und Moralempfinden verhält. Von einer politisch-rechtlichen Perspektive aus beinhaltet Gerechtigkeit die →Gleichbehandlung aller Gemeinschaftsmitglieder vor dem Gesetz. Die Begründung und Umsetzung der Gerechtigkeit zählt zu den zentralen Aufgaben eines jeden Staates. In der Praxis wird sie typischerweise durch materielle Normen in Rechtsprechung, Gesetzgebung und Verwaltung sichergestellt (→Normen und Werte). Das Prinzip der Gleichheit von Rechtssetzung und Rechtsanwendung verbietet insbesondere die Diskriminierung von einzelnen Personen oder →Gruppen.

In der neueren betriebswirtschaftlichen Forschung werden die beiden verwandten Begriffe Gerechtigkeit und Fairness in der Regel synonym verwendet. Diese begriffliche Gleichsetzung von Fairness und Gerechtigkeit fußt auf der Interpretation der „Gerechtigkeit als Fairness" von *Rawls* (1991). Er entwickelt ein vertragstheoretisches Modell einer „wohlgeordneten Gesellschaft", in der die faire →Kooperation zwischen freien und gleichen Personen die Grundlage gesellschaftlichen Zusammenlebens repräsentiert. Nach *Rawls* gilt eine Gesellschaft dann als „wohlgeordnet", wenn sie nicht nur auf das Wohl ihrer Mitglieder zugeschnitten ist, sondern auch von einer gemeinsamen Gerechtigkeitsvorstellung wirksam gesteuert wird. Bürger werden eine bestimmte Gesellschaftsstruktur nur dann als gerecht ansehen, wenn die Freiheitsrechte zwischen ihnen auch gleich verteilt sind (*Rawls* 1991). Daraus folgt für *Rawls* letztlich die Notwendigkeit, dass jede Ungleichverteilung sozialer Güter gegenüber sozial Schlechtergestellten rechtfertigungsbedürftig ist. Es geht mithin um Fragen der Verteilungsgerechtigkeit, für deren Regelung entsprechende Verteilungsgrundsätze notwendig sind. Grundsätzlich gilt der Maßstab der Fairness für *Rawls* sowohl für das Handeln der Einzelnen als auch das Verhalten einer Institution. Notwendiges →Vertrauen und Zuversicht in Institutionen wachsen, wenn der Erfolg einer auf Fairness beruhenden Kooperation über eine längere Zeit anhält.

Eine wichtige Präzisierung des Gerechtigkeitsbegriffs bezeichnet die Unterscheidung zwischen der „iustitia commutativa" (ausgleichende Gerechtigkeit der Einzelnen gegeneinander) und der „iustitia distributiva" (die Rechte und Pflichten der Gemeinschaft fest-

Gerechtigkeit

legende Gerechtigkeit bei der Austeilung von Ämtern und Gütern). Diese →Differenzierung geht zurück auf *Thomas von Aquin*, der sich bei *Aristoteles* anlehnt. Überträgt man diese Unterscheidung auf die moderne Betriebswirtschaftslehre und Fairnessforschung, so spricht man heute im ersten Fall von *prozeduraler* und im zweiten Fall von *distributiver* Gerechtigkeit (beziehungsweise Fairness).

Beide normativen Ausprägungen der Gerechtigkeit stehen in enger Beziehung zueinander, unterscheiden sich jedoch hinsichtlich ihrer Bezugspunkte. Während sich die prozedurale Gerechtigkeit am Prozess der Entscheidungsfindung über einen bestimmten Zeitraum orientiert, bezieht sich die distributive Gerechtigkeit auf die Ergebnisse einer Zusammenarbeit und deren Verteilung auf die beteiligten Akteure. Das grundlegende Verständnis für Bedeutung, Gemeinsamkeiten und Unterschiede beider Ausprägungen von Gerechtigkeit hat eine weitreichende Bedeutung für die Führung von Unternehmen und Personal (→Mitarbeiterführung).

Betrachtet man zunächst die *prozedurale Gerechtigkeit*, dann versteht man darunter die von einzelnen Mitarbeitern wahrgenommene Gerechtigkeit im Hinblick auf die Gestaltung und den Ablauf der Entscheidungsbildungsprozesse innerhalb eines Unternehmens.

Wenn Mitarbeiter vergangene und gegenwärtige Prozesse als gerecht (oder ungerecht) beurteilen, dann gilt es für sie als wahrscheinlich, dass diese auch in Zukunft gerecht (oder ungerecht) verlaufen werden. Mit anderen Worten: Mitarbeiter sind mit einem für sie unvorteilhaftem Ergebnis der Zusammenarbeit weniger unzufrieden, wenn sie zu der Überzeugung gelangen, dass der Prozess der Entstehung dieses Ergebnisses fair verlaufen ist. Wenn die wahrgenommene prozedurale Gerechtigkeit im Unternehmen hoch ist, steigt auch die Sicherheit bei den Mitarbeitern, die ihnen zustehenden Anteile am Unternehmenserfolg auf lange Sicht zu erhalten. Die prozedurale Gerechtigkeit dient den Akteuren dabei als Heuristik, um zu beurteilen, ob und in welchem Ausmaß sie einander vertrauen können. Empirische Studien bestätigen diese Schlussfolgerung und kommen zu dem Ergebnis, dass die Möglichkeit zur aktiven →Partizipation an Entscheidungsprozessen zu einer erhöhten Wahrnehmung der Gerechtigkeit innerhalb von Unternehmen führt (*Kumar* 1996). Diese Wirkung entfaltet sich jedoch nur, wenn das Management die Inputs von Mitarbeitern tatsächlich bei Entscheidungen berücksichtigt und diesen gleichberechtigte Chancen einräumt, an Entscheidungsprozessen und der Leistungserstellung zu partizipieren (*Gilbert* 2003).

Um prozedurale Gerechtigkeit zu gewährleisten, hat das Management den Mitarbeitern zudem konsistente Begründungen für Entscheidungen zu liefern. Auch wenn sich →Führungskräfte aufgrund ihrer überlegenen Machtposition zumeist nicht dazu verpflichtet fühlen, Entscheidungen transparent zu machen, werden diese mit größerer Wahrscheinlichkeit von Mitarbeitern akzeptiert, wenn sie die dahinter stehende Logik erkennen. Durch die Bereitschaft, Gründe für Entscheidungen offenzulegen, steigt das Vertrauen von Mitarbeitern in das Management. Dieses demonstriert dadurch nicht nur notwendige →Kompetenzen im jeweiligen Entscheidungszusammenhang, sondern es gibt zugleich Hinweise auf nicht beobachtbare Handlungsmotive, sich auch in Zukunft fair zu verhalten, die für die Entstehung einer vertrauensvollen Zusammenarbeit in Unternehmen von unerlässlicher Bedeutung sind.

Die Förderung prozeduraler Gerechtigkeit bietet sich für Unternehmen vor allem deshalb an, da sie zu einer deutlichen Verbesserung der Zusammenarbeit führen kann. Empirische Ergebnisse stützen die These, dass das Ausnutzen von →Macht durch das Management oftmals zwar kurzfristige ökonomische Vorteile erbringt. Langfristig scheint ein solches Vorgehen jedoch eindeutig negative Konsequenzen zu entfalten. Kommt es zu einer systematischen Ausnutzung des Machtvorsprungs in Entscheidungsprozessen (z. B. durch die Aneignung von Ressourcen), mehren sich bei Mitarbeitern regelmäßig Widerstand und Opportunismus (→Darwiportunismus), da diese ein solches Vorgehen als ungerecht empfinden. Mitarbeiter eines Unternehmens sehen eine nicht gerechtfertigte Behandlung einzelner Gruppenangehöriger sogar dann als unfair an, wenn sie selbst davon nicht betroffen sind. Als Reaktion auf das unfaire Verhalten reduzieren Mitarbeiter beispielsweise die →Qualität ihrer →Arbeitsleistung, ihre →Motivation sinkt oder sie suchen sich einen neuen →Arbeitgeber. Gelingt es dem Management jedoch, Entscheidungsprozesse zu implementieren, die von Mitarbeitern als fair empfunden werden, erscheint es möglich, dysfunktionale Konflikte im Unternehmen zu reduzieren (*Gilbert* 2003).

Neben der prozeduralen Gerechtigkeit spielt im Rahmen der →Unternehmensführung auch die *distributive Gerechtigkeit* eine wichtige Rolle. Diese behandelt die Frage, wie und an wen die Erträge eines Projekts beziehungsweise des Unternehmens aufgeteilt werden und ob Mitarbeiter und Führungskräfte sich im Hinblick auf diese Verteilung gerecht behandelt fühlen oder nicht. Distributive Gerechtigkeit geht nicht einher mit der Forderung, dass die Erträge in einem Unternehmen zu gleichen Teilen aufgeteilt werden müssen. Da die Leistungsbeiträge der einzelnen Akteure zum einen unterschiedlich und zum anderen nicht immer exakt quantifizierbar sind, müssen vielmehr gemeinsam als fair und gerecht empfundene Verteilungsschlüssel entwickelt werden, damit alle Beteiligten Outputs proportional zu ihren Ressourceninputs erhalten.

Empirische Ergebnisse weisen darauf hin, dass distributive und prozedurale Gerechtigkeit im Hinblick auf die Entstehung von vertrauensvollen und produktiven Beziehungen in Unternehmen in einem wechselseitigen, nicht immer eindeutig prognostizierbaren Verhältnis stehen (*Brockner* 2002). Insbesondere der zeitliche Rahmen und die Höhe des Erfolgs spielen hier eine wesentliche Rolle und sind vom Management im Rahmen der Unternehmensführung zu berücksichtigen:

- Betrachtet man zunächst den *zeitlichen Rahmen* der erwarteten Zusammenarbeit, rückt die distributive Gerechtigkeit umso stärker in den Vordergrund, je kurzfristiger eine Zusammenarbeit und/oder Kooperation angelegt ist. Besteht ein nur niedriges Niveau an prozeduraler Gerechtigkeit im Unternehmen, kann es dem Management gelingen, diesen Zustand kurzfristig durch eine (unerwartet) hohe Zuteilung von Anteilen des Gewinns zu kompensieren. Im Rahmen einer langfristigen Zusammenarbeit besteht dagegen eine erhöhte Bereitschaft, zumindest kurzfristig auf hohe Gewinnzuteilungen zu verzichten, wenn die prozedurale Gerechtigkeit den Akteuren hoch erscheint. Die Akteure erhoffen sich in diesen Fällen eine langfristig als fair empfundene →Kompensation ihrer Inputs.

- Auch die *Höhe des Unternehmenserfolgs* wirkt auf das Verhältnis zwischen distributiver und prozeduraler Gerechtigkeit ein. Je geringer die prozedurale Gerechtigkeit den Mitarbeitern erscheint, umso mehr machen diese das Management für schlechte Ergebnisse des Unternehmens verantwortlich. Umgekehrt ergibt sich aus einer hohen prozeduralen Gerechtigkeit eine größere Unterstützung für das Management, selbst wenn die Ergebnisse der Zusammenarbeit nicht den Erwartungen der Mitarbeiter entsprechen. Die Mitarbeiter sind in diesem Fall tendenziell eher dazu bereit, sich auch weiterhin vertrauensvoll zu verhalten, da sie dem Management gute Absichten für die Zukunft unterstellen und ihr Glaube an dessen kaum beobachtbare Handlungsmotive nicht unmittelbar zerstört wird (*Gilbert* 2003).

Betrachtet man die Frage der Gerechtigkeit aus einer stärker *personalwirtschaftlichen Perspektive*, dann rücken neben den Überlegungen zur Formulierung verallgemeinerbarer →Führungsgrundsätze konkrete Voraussetzungen, Instrumente und Maßnahmen personalpolitischer Natur in den Vordergrund. Es gilt zu untersuchen, wie Gerechtigkeit im praktischen →Personalmanagement zur Geltung kommen kann. Es besteht weitgehend Konsens darüber, dass das Prinzip der „Personengerechtigkeit" als anthropologische Voraussetzung betrachtet werden kann. Personengerechtigkeit umfasst typischerweise die faire Ausgestaltung personaler Pflichten gegenüber anderen Mitarbeitern und gegen sich selbst. Das universale Postulat der Zuerkennung gleicher Rechte und Pflichten sowie die Gleichbehandlung von Mitarbeitern lässt sich beispielsweise durch arbeitsrechtliche Regelungen, transparente →Beurteilungsverfahren, faire Tarifverträge und gerechte Bonusvereinbarungen institutionell absichern (→Ethikmaßnahmen). Als weitere Instrumente bietet es sich unter anderem an, dezentrale Unternehmensstrukturen zu implementieren, Teammodelle und kooperative Führungskonzepte zu fördern sowie die Mitarbeiter über ihre Interessensvertretung im →Betriebsrat hinaus an personalpolitischen Entscheidungen und Maßnahmen direkt zu beteiligen. Es gilt deren Einflussnahme zu erhöhen durch Instrumente wie eine partizipative →Personalauswahl sowie eine →Personalentwicklungs-

Gerechtigkeitstheorie

planung, bei welcher der Ausbildungsbedarf (→Ausbildung), dessen Erfolgskontrolle und die Karriereplanung (→Individuelle Karriereplanung) unter Beteiligung der betroffenen Mitarbeiter festgelegt beziehungsweise durchgeführt werden.

Literatur: *Brockner, J.*: Making Sense of Procedural Fairness: How High Procedural Fairness Can Reduce or Heighten the Influence of Outcome Favorability, in: Academy of Management Review, 27.Jg. (2002), H. 1, S. 58–76. *Gilbert, D. U.*: Vertrauen in strategischen Unternehmensnetzwerken, Wiesbaden 2003. *Kumar, B. N.*: The Power of Trust in Manufacturer-Retailer Relationships, in: Harvard Business Review, 74.Jg. (1996), H. 6, S. 92–106. *Rawls, J.*: Eine Theorie der Gerechtigkeit, Frankfurt a. M. 1991.

Dirk Ulrich Gilbert

Gerechtigkeitstheorie →EquityTheory

Geringfügige Beschäftigung

→Beschäftigungsverhältnis, dessen Unregelmäßigkeit und/oder dessen geringfügige Entlohnung gegenüber →Normalarbeitsverhältnissen eine geringere soziale Absicherung für →Arbeitnehmer und geringere Sozialabgaben für Arbeitnehmer und →Arbeitgeber bedeuten.

Geringfügige Beschäftigung kann als *Alleinbeschäftigung* ausgeübt werden oder als →*Nebentätigkeit* zusätzlich zu einer sozialversicherungspflichtigen Haupttätigkeit. Gemäß den am 01.04.2003 in Kraft getretenen Neuregelungen im vierten Sozialgesetzbuch (SGB IV) liegt eine geringfügig entlohnte Beschäftigung (vorher: geringfügige Beschäftigung) vor, wenn das Arbeitsentgelt aus dieser Beschäftigung regelmäßig im Monat 400 € nicht übersteigt; eine Begrenzung der →Wochenarbeitszeit gibt es nicht mehr („40-Euro-Jobs").

Im Unterschied zur vorher gültigen Regelung, in deren Folge es zu einem Rückgang von →Nebenbeschäftigung mit sozialversicherungspflichtigem Haupterwerb gekommen war, bleibt bei der Zusammenrechnung einer geringfügigen Beschäftigung mit einer versicherungspflichtigen Hauptbeschäftigung die erste geringfügig entlohnte Beschäftigung versicherungsfrei. Jede weitere geringfügig entlohnte Beschäftigung wird dann durch die Zusammenrechnung mit der versicherungspflichtigen Hauptbeschäftigung versicherungspflichtig. Bei den geringfügig entlohnten Beschäftigungen hat der Arbeitgeber derzeit für nicht in Privathaushalten Beschäftigte Pauschalbeträge in Höhe von insgesamt 25 % alleine zu tragen.

Eine *kurzfristige Beschäftigung* liegt vor, wenn sie für eine Zeitdauer ausgeübt wird, die im Laufe eines Kalenderjahrs (vorher: im Laufe eines Zeitjahrs) seit ihrem Beginn auf nicht mehr als zwei Monate oder insgesamt 50 Arbeitstage im Voraus vertraglich begrenzt ist oder aber aufgrund ihrer Eigenart begrenzt zu sein pflegt.

Eine kurzfristige Beschäftigung liegt dann nicht mehr vor, wenn sie berufsmäßig ausgeübt wird und das erzielte Arbeitsentgelt 400 € übersteigt. Für kurzfristige Beschäftigungsverhältnisse müssen keine Arbeitgeberpauschalbeträge zur Sozialversicherung gezahlt werden. Ein Novum stellen die *geringfügigen selbstständigen Tätigkeiten* dar, bei denen die Grundsätze zu geringfügig entlohnten beziehungsweise kurzfristigen Beschäftigungen entsprechend gelten, soweit das Arbeitseinkommen des selbstständig Tätigen unter 400 € liegt.

Mit den genannten Neuregelungen wurden Vorschläge der →Hartz-Kommission aufgegriffen, die in ihren Vorschlägen zu →Ich-AGs und Mini-Jobs eine Anhebung der Geringfügigkeitsgrenze für Beschäftigungen in privaten Haushalten gefordert hatte.

Dies zeigt, dass mit dieser Beschäftigungsform ganz unterschiedliche Zielsetzungen verfolgt werden. Der 1977 im SGB IV kodifizierte Ausnahmetatbestand, der Zuverdienste vormals nicht berufstätiger Ehefrauen ermöglichte, fand zunehmende Verbreitung und wurde von Arbeitgebern und Arbeitnehmern gegen den Sinn der gesetzlichen Regelungen benutzt, um Arbeitnehmerschutzrechte und das soziale Sicherungssystem zu umgehen (*Becker* und *Jörges-Süß* 2002, *Magvas* 2001). Während die Intention der Neuregelung von 1999 im Wesentlichen darin zu sehen war, sowohl die missbräuchliche Verwendung als auch die Verbreitung geringfügiger Beschäftigung zu begrenzen, zielen die 400-Euro-Jobs kaum in Richtung einer Eindämmung geringfügiger Beschäftigung. Vielmehr scheint in der gegenwärtigen politischen Diskussion nach *Achtenhagen* (2000) eher die (vermuteten) beschäftigungspolitischen Vorteile flexibler, zumindest partiell deregulierter →Beschäftigungsformen zu überwiegen.

Literatur: *Achtenhagen, C.:* Die Auswirkungen der Neuregelung zur geringfügigen Beschäftigung auf die Arbeitsmarktlage in Deutschland, in: *Alewell, D.* (Hrsg.): Zwischen Arbeitslosigkeit und Überstunden, Frankfurt a. M. etc. 2000, S. 85–111. *Becker, C.; Jörges-Süß, K.:* Geringfügige Beschäftigung. Eine Analyse aus personalwirtschaftlicher Perspektive, in: *Martin, A.; Nienhüser, W.* (Hrsg.): Neue Formen der Beschäftigung – neue Personalpolitik?, München, Mering 2002, S. 121–151. *Magvas, E.:* Geringfügige Beschäftigung aus betrieblicher Perspektive, in: IAB Kurzbericht, H. 18, Nürnberg 2001.

Axel Haunschild

Geringfügigkeitsgrenze bei Teilzeitarbeit

abweichend zu früheren Regelungen wird jetzt nach § 8 Abs. 1 Nr. 1 des Vierten Buches des Sozialgesetzbuches untergliedert in „Minijobs" (Geringfügige Beschäftigung) und in „kurzfristig Beschäftigte".

Bei den *Minijobs* gilt, dass bei einer monatlichen Entlohnung von bis zu 400 € ein Pauschalbetrag von 22 % an die Bundesknappschaft (→ Deutsche Rentenversicherung Knappschaft-Bahn-See) abgeführt wird. Er enthält 20 % Beiträge zur Sozialversicherung und 2 % Steuern. Diese Minijobs müssen nicht in der persönlichen Einkommensteuer angegeben werden. Man erwirbt mit dieser Minijobregelung keine Rentenansprüche, es handelt sich vielmehr um eine Solidarleistung zur Sozialversicherung. Der Beschäftigte kann aber Rentenansprüche über die Gesamtsumme erwerben, wenn er selber einen eigenen Rentenbeitrag dazuzahlt. Es besteht keine Krankenversicherung und keine → Arbeitslosenversicherung. Im Gegensatz zu früheren Regelungen (z. B. früher maximal 15 Stunden pro Woche) gibt es jetzt keine Stundenbegrenzungen mehr. Es müssen bei der Angabe dieser Minijobs weder Auskünfte über die Anzahl der Stunden noch über die Höhe des Stundenlohns gemacht werden.

Bei Jobs mit einer monatlichen Entlohnung von 401 € bis 800 € gibt es eine Gleitzone des Beitrags zur Sozialversicherung beziehungsweise Steuer. Der Beitrag steigt prozentual kontinuierlich an, bis er bei 800 € die Beitragssätze einer normalen Beschäftigung erreicht hat.

Im Gegensatz zu dieser geringfügigen Beschäftigung steht die *kurzfristige Beschäftigung.* Hier handelt es sich um eine Beschäftigung, die maximal zwei Monate im Jahr und maximal 50 Arbeitstage pro Jahr ausgeübt werden darf. Es fallen 25 % pauschale Lohnsteuer an. Diese Beschäftigung ist sozialversicherungsfrei. Beide → Beschäftigungsformen sind laut *Gehring* (2006) nicht kombinierbar.

Literatur: *Gehring, S.:* Das Recht auf Teilzeitarbeit, Baden-Baden 2006.

Désirée H. Ladwig

Gesamtversorgung

Verpflichtung des →Arbeitgebers in Fällen der Erwerbsunfähigkeit oder des Ruhestands (→Pensionierung) nicht nur eine feste →Betriebsrente in Abhängigkeit von der Betriebszugehörigkeit zu gewähren, sondern zum Beispiel Kürzungsentwicklungen in der staatlichen Versorgung auszugleichen.

Bei der Gesamtversorgung ergibt sich für die Mitarbeiter eine beamtenähnliche Versorgungszusage, die vom ruhegeldfähigen Diensteinkommen abhängt, und somit eine Art Vollversicherung ist, da die Mehrleistungen des Arbeitgebers eventuelle Kürzungen staatlicher Leistungen ausgleichen. Der Arbeitgeber bürgt sozusagen für Ausfälle der gesetzlichen Rente, signalisiert aber damit den Arbeitnehmern hohe Verlässlichkeit und Verantwortungsbewusstsein über das Arbeitsleben hinaus.

Nachteilig ist die mangelnde Leistungsgerechtigkeit. Mit höherer Betriebszugehörigkeit und höherem ruhegeldfähigen Einkommen erhält ein Mitarbeiter unter Umständen eine niedrigere Betriebsrente als jemand, der geringere Werte darin aufweist.

Literatur: *Fink, W.:* Betriebliche Altersvorsorge als Vergütungsbestandteil, Wiesbaden 1998, S. 46.

Silvia Föhr

Geschäftsfähigkeit

Fähigkeit, Rechtsgeschäfte wirksam vornehmen zu können.

Geschäftsunfähig ist, wer das siebte Lebensjahr nicht vollendet hat oder sich in einem Zustand krankhafter Störung der Geistestätigkeit befindet, der seiner Natur nach nicht nur vorübergehend ist (§ 104 BGB). Nach § 105 Abs. 1 BGB sind Willenserklärungen einer nicht geschäftsfähigen Person unwirksam, ebenso Willenserklärungen, wenn sie im Zustand vorübergehender Störung der Geistestätigkeit abgegeben werden (§ 105 Abs. 2 BGB).

Geschäftsfähig sind dagegen volljährige Personen (§ 2 BGB: Vollendung des 18. Lebensjahres), die unter keiner der vorgenannten Einschränkungen leiden.

Beschränkt geschäftsfähig sind die 7 bis 17jährigen (§ 106 BGB). Gemäß § 107 BGB bedürfen sie für eine Willenserklärung der Zustimmung ihrer gesetzlichen Vertreter, in der Regel also der Eltern, wenn die Willenserklärung für sie nicht lediglich mit einem rechtlichen Vorteil verbunden ist. Da der Abschluss eines →Arbeitsvertrags für den Minderjährigen auch rechtliche Pflichten mit sich bringt, ist er – sofern nicht die Eltern eingewilligt haben – schwebend unwirksam. Die Eltern können in diesem Fall den Vertragsschluss gemäß § 108 BGB genehmigen. Zu beachten ist insbesondere § 113 BGB. Ermächtigt danach der gesetzliche Vertreter den Minderjährigen, einen Arbeitsvertrag abzuschließen, wozu als Unterfall des Arbeitsvertrags auch der Vertrag über eine Berufsausbildung (→Ausbildung) gehört, ist der Minderjährige berechtigt, ohne jeweilige erneute Zustimmung alle Rechtsgeschäfte wirksam vorzunehmen, welche die Eingehung oder Aufhebung des Arbeitsverhältnisses oder die Erfüllung der sich aus dem Arbeitsvertrag ergebenden Verpflichtungen betreffen. Der Minderjährige darf also den Arbeitsvertrag aufheben, kündigen oder inhaltlich ändern. Ebenso darf er Verträge über Verkehrsmittel schließen, um die Arbeitsstätte zu erreichen, eine Wohnung mieten, sofern das erforderlich ist oder Arbeitskleidung und sonstige Arbeitsmittel (→Arbeitssystem) erwerben, wenn diese nicht vom →Arbeitgeber gestellt werden. Von der Ermächtigung des § 113 BGB gedeckt ist nach heute herrschender Meinung auch der Beitritt zu einer Gewerkschaft (*Gilles* und *Westphal* 1981). Von der Ermächtigung nicht erfasst ist etwa eine Vergütungsklage gegen den Arbeitgeber. Für eine solche Prozessführung bedarf es der gesonderten Zustimmung der gesetzlichen Vertreter.

Literatur: *Gilles, P.; Westphal, T.*: Bürgerliches Recht: Ein problematischer Gewerkschaftsbeitritt, in: Juristische Schulung, 1981, S. 899–905. *Kallwass, W.*: Privatrecht, 17. Aufl., München 2004. *Palandt, O.; Heinrichs, H.*: Bürgerliches Gesetzbuch (BGB), 62. Aufl., München 2003.

Friedrich Meyer

Geschichte der Informationstechnikunterstützung

landesspezifische Verlaufsmuster für den EDV-Einsatz.

Die Geschichte der Informationstechnikunterstützung beginnt nach *Walker* (1990) in den 1930er Jahren, als in den USA erstmals frühe elektromechanische Anwendungen zur Durchführung der Personalabrechnung (→Personalabrechnungssysteme) eingesetzt werden. In Deutschland lassen sich frühe Anwendungen ab den 1950er Jahren nachweisen.

Technisch ist die Anfangsphase durch die Transistoren- und Lochkartentechnik mit extrem beschränkter Speicher- und Verarbeitungskapazität geprägt. →Informationstechnik wird vorwiegend von Großunternehmen, überwiegend zur Durchführung der Personalabrechnung mit ihrem periodisch wiederkehrenden Bedarf an Massendatenverarbeitung, daneben auch zur Personalstatistik eingesetzt. Damit ist die Personalarbeit (→Personalmanagement) ohne Frage ein betriebswirtschaftlicher Pionierbereich der Informationstechnikunterstützung.

Im weiteren Verlauf kommen zunächst Groß-, später auch Minirechneranwendungen mit ausschließlich Individualsoftware zum Einsatz. Mit „PICS" wird 1966 in den USA die erste personalwirtschaftliche Standardsoftware entwickelt und eingesetzt. In der Bundesrepublik Deutschland folgt 1972 das System „PAISY". Nach wie vor werden vorwiegend administrative Aufgaben unterstützt. In die Folgezeit fällt auch die inzwischen nahezu abgeklungene, seinerzeit aber zwischen Arbeitgebern und Arbeitnehmervertretern oft hart und polemisch geführte Auseinandersetzung um den Einsatz von →Personalinformationssystemen.

Mit der Entwicklung des Mikrorechners („PC") beginnt ab Mitte der 1980er Jahre die Durchbruchsphase der Informationstechnikunterstützung in der Personalarbeit. Benutzerfreundlichkeit und kontinuierlich steigende Leistungsfähigkeit bei sinkenden Preisen führen zu einem zunehmenden Angebot an geeigneter Anwendungssoftware. Nach und nach erschließen standardisierte Softwaresysteme immer mehr personalwirtschaftliche Funktionen und verdrängen Individualsoftware. Einzelplatzanwendungen werden dabei zunehmend von PC-Netzwerken, später auch durch Client-Server-Anwendungen ersetzt. Die damit entstehenden →Mehrplatzsysteme ergeben neben Änderungen bei der →Arbeitsorganisation von Einzelarbeitsplätzen auch neue Möglichkeiten der →Integration räumlich getrennter Aufgabenträger.

Mit Beginn der 1990er Jahre wird die Informationstechnikunterstützung der Personalarbeit zunehmend zur Selbstverständlichkeit. Am Markt existiert ein immer differenzierteres Angebot an →personalwirtschaftlicher Anwendungssoftware. Die rapide Entwicklung des →Internets und die damit einhergehenden Techniken beeinflussen ab Mitte der 1990er Jahre auch die Art der Informationstechnikunterstützung der Personalarbeit nachhaltig. Durch Anbindung an →Selfservice Systeme oder →HR-Portale wird →personalwirtschaftliche Anwendungssoftware zunehmend internetfähig. Auch finden sich vielfältige neue internetbasierte Dienstleistungen (HR-Portale, →Internet-Jobbörsen, →Internet-Jobmessen, →Application Service Providing) für die Personalarbeit. Die Gesamtheit dieser Anwendungen und die damit einhergehenden Veränderungen werden als →eHRM bezeichnet.

Literatur: *Walker, A.J.*: A Brief History of the Computer in Personnel, in: Personnel Journal, 6.Jg. (1990), H. 16, S. 33–36.

Stefan Strohmeier

Gesetz zur Teilzeitarbeit

Regelung, durch die alle →Arbeitnehmer (auch →Führungskräfte) nach § 8 Abs. 7 TzBfG einen Anspruch auf Teilzeit in Betrieben mit mehr als 20 Beschäftigten (ohne →Auszubildende) haben.

Das Gesetz über →Teilzeitarbeit und befristete →Arbeitsverträge (→Befristete Beschäftigungsverhältnisse) und zur Änderung und Aufhebung arbeitsrechtlicher Bestimmungen (Teilzeit- und Befristungsgesetz – TzBfG), das am 01.01.2001 in Kraft trat, hat das Ziel, Teilzeitarbeit zu fördern, die Voraussetzungen für die Zulässigkeit befristeter Arbeitsverträge festzulegen und die Diskriminierung von teilzeitbeschäftigten und befristet beschäftigten Arbeitnehmern zu verhindern.

Désirée H. Ladwig

Gestaffelte Arbeitszeit

bedeutet bezogen auf die →Tagesarbeitszeit, dass die Mitarbeiter einer Einheit (→Gruppe, Abteilung, Bereich, Betrieb) mit ihrer →Arbeit zu unterschiedlichen Zeitpunkten beginnen und aufhören (siehe Abbildung 1).

Durch gestaffelte →Arbeitszeit lassen sich Besetzungslücken (z.B. durch Mittagessen oder →Pausen) vermeiden, wie Abbildung 1 veranschaulicht.

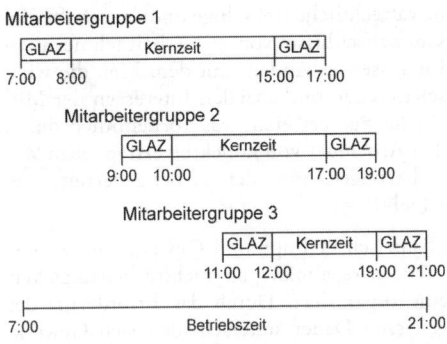

Abbildung 1: Gestaffelte Arbeitszeit

GLAZ: gleitende Arbeitszeit

Wenn ein Betrieb die →Kurzarbeitswoche eingeführt hat, kann diese auch gestaffelt organisiert werden. Hierbei spricht man von der *gestaffelten Kurzarbeitswoche*. Eine solche Regelung würde bedeuten, dass zum Beispiel in der Gruppe A der Mitarbeiter montags, dienstags, mittwochs, donnerstags, in der Gruppe B dienstags, mittwochs, donnerstags, freitags und schließlich in der Gruppe C mittwochs, donnerstags, freitags und samstags arbeitet.

Désiré H. Ladwig

Gestaffelte Pausen

liegen dann vor, wenn die Mitarbeiter ihre →Arbeitszeit so versetzt gestalten, dass nicht alle gleichzeitig →Pause haben, wie beispielsweise Abbildung 1 visualisiert.

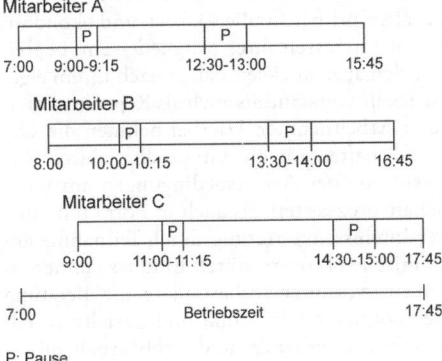

Abbildung 1: Gestaffelte Pausen

P: Pause

Gestaffelte Pausen werden im Betrieb organisiert, um Besetzungslücken zu vermeiden.

Désirée H. Ladwig

Gewerkschaften

Gewerkschaften

privatrechtliche freiwillige und dauerhafte Zusammenschlüsse von →Arbeitnehmern zu Interessenverbänden, mit dem Ziel, die wirtschaftlichen und sozialen Interessen der Mitglieder zu vertreten, was vornehmlich durch den Abschluss von kollektivvertraglichen Vereinbarungen mit der Arbeitgeberseite geschieht.

Historisch bedingt sind Gewerkschaften wie Parteien regelmäßig als nichtrechtsfähige Vereine organisiert. Durch das Erfordernis der gewissen Dauer unterscheiden sich Gewerkschaften von spontanen Zusammenschlüssen (so genannten Ad-hoc-Koalitionen) zu lediglich vorübergehenden Zwecken. Gewerkschaften genießen den verfassungsrechtlich durch Art. 9 Abs. 3 GG garantierten Schutz ihres Bestandes und ihrer Betätigung (Koalitionsfreiheit, →Koalition). Hierunter fällt auch die Durchführung von Schlichtungsverfahren und Arbeitskampfmaßnahmen (→Arbeitskampf).

Gewerkschaften sind als freie Vereinigungen unabhängig vom Staat und staatlicher Einflussnahme. Daher ist es dem Staat verwehrt, Einfluss auf die Tarifpolitik der Gewerkschaften zu nehmen, gleichfalls wie bestehende Gewerkschaften aufzulösen, Zwangszusammenschlüsse anzuordnen oder die Gründung neuer Gewerkschaften zu unterbinden. Ebenso gewährleistet der Schutz des Grundgesetzes das Werben der Gewerkschaften um Mitglieder, selbst wenn dies im Betrieb und entgegen dem Willen des →Arbeitgebers erfolgt.

Nach ihrer Aufgabensetzung treten Gewerkschaften primär für die sozialen und ökonomischen Interessen ihrer Mitglieder ein, begreifen sich aber in vielen Fällen nach ihrem eigenen Selbstverständnis auch als Repräsentanten aller Arbeitnehmer. Hierbei nehmen die Gewerkschaften sowohl unmittelbar durch Verbesserung der Arbeitsbedingungen am Wirtschaftsprozess teil, als auch in Form mittelbarer Interessenvertretung durch Teilnahme am politischen Prozess mittels Einflussnahme von außen, worunter insbesondere die Beratung der politischen Führung und gezielte gesellschaftliche Verbands- und Lobbyarbeit subsumiert werden. Das Bemühen, die →Bildung der öffentlichen Meinung im Sinne gewerkschaftlicher Ziele zu beeinflussen, wird als Interessenvertretung in der Öffentlichkeit verstanden.

In Form gewerkschaftlicher Rechtssekretärsdienste beraten Gewerkschaften zudem ihre Mitglieder in allen arbeits- und sozialversicherungsrechtlichen Fragen bis hin zur Übernahme der Vertretung bei Arbeits- und Sozialgerichtsprozessen, was für den einzelnen Arbeitnehmer vor allem im Falle eines Kündigungsschutzprozesses Bedeutung erlangt.

Voraussetzung zur Anerkennung einer Vereinigung als Gewerkschaft ist, dass der Zusammenschluss auf überbetrieblicher Grundlage organisiert und vom Wechsel der Mitglieder unabhängig ist. Weiterhin soll der Zusammenschluss getreu der Maxime der →Gegnerfreiheit keine Arbeitgeber als Mitglieder aufweisen und ferner über eine gewisse Mächtigkeit verfügen. Das ehemals geforderte zusätzliche Kriterium der Arbeitskampfbereitschaft ist nach der Rechtsprechung des Bundesverfassungsgerichtes nicht mehr zwingend erforderlich (BVerfG vom 06. 05. 1964, Entscheidungssammlung 18). Zumindest dann nicht, wenn den Dienstnehmern kraft Gesetzes ein Streikrecht nicht zusteht oder in Fällen, in denen den Arbeitnehmern aus ethischen Grundsätzen ihres →Berufes ein Streikrecht nicht zugestanden wird. Gewerkschaften unterscheiden sich damit von den an eine Koalition zu stellenden Anforderungen dergestalt, dass eine faktische Durchsetzungsfähigkeit in Form der sozialen Mächtigkeit verlangt wird. Bestehende Zweifel an einen dieser für die Bejahung der Eigenschaft als Gewerkschaft wesentlichen Voraussetzungen können vor der →Arbeitsgerichtsbarkeit im Wege eines Beschlussverfahrens überprüft werden.

Bei Betrachtung ihrer →Organisationsstruktur lassen sich nach *Gamillscheg* (1997) Gewerkschaften nach dem Industrieverbands- oder dem Betriebsverbandsprinzip ordnen:

- Beim *Industrieverbandsprinzip* sind die Arbeitnehmer bestimmter Wirtschaftszweige ohne Rücksicht auf die Art der ausgeübten Tätigkeit gemeinsam in einer Gewerkschaft organisiert.

- Bei dem *Berufsverbandsprinzip* hingegen erfolgt eine Zuordnung ausschließlich nach den Berufsgruppen der Mitglieder.

Ideologisch ist zwischen so genannten Richtungs- und Einheitsgewerkschaften zu unterscheiden, wobei letztere ihrer Satzung politisch und weltanschaulich neutral sind, während erstere bestimmte satzungsmäßig festgelegte Ziele verfolgen. Vereinigungen, die die aufgestellten Kriterien der Überbetrieblichkeit oder Gegnerfreiheit nicht erfüllen, stellen nur Gewerkschaften im weitesten Sinne dar und werden laut *Gamillscheg* (1997) als gelbe Gewerkschaften bezeichnet.

Die Gewerkschaften entstanden Mitte des 19. Jahrhunderts als Folge der fortschreitenden Industrialisierung und Landflucht, zunächst als reine Arbeiter-Kartelle zur Verbesserung der jeweiligen sozialen und ökonomischen Lage ihrer Mitglieder. Nach Auflösung der Gewerkschaften im Mai 1933 durch das nationalsozialistische Regime und Zwangsvereinigung der Arbeitnehmer in der Deutschen Arbeitsfront, wurden die Gewerkschaften nach dem Zweiten Weltkrieg unter maßgeblichen Einfluss der Besatzungsmächte neugegründet. In der Bundesrepublik wuchsen die nach dem Einheits- und Industrieverbandsprinzip organisierten Gewerkschaften (insbesondere der Zusammenschluss zum Deutschen Gewerkschaftsbund, die Deutsche Angestellten Gewerkschaft und der Beamtenbund) nach *Armingeon* (1988) zu großen Organisationen heran, während sich in der späteren DDR zunächst ebenfalls ein parteiübergreifender nach dem Einheitsgewerkschaftsprinzip aufgebauter Freier →Deutscher Gewerkschaftsbund bildete. Nach der Gründung der SED 1947 verlor dieser durch staatliche Eingriffe alsbald seine faktische Bedeutung und verkam nach dem gescheiterten Aufstand am 17. 6. 1953 endgültig zu einer parteigesteuerten DDR-Massenorganisation ohne innere Demokratie.

Nach der deutschen Wiedervereinigung entschieden sich die DGB-Gewerkschaften für eine Ausdehnung der westdeutschen Gewerkschaften durch den Aufbau neuer regionaler DGB- und Gewerkschaftsstrukturen auf Ostdeutschland, was den Gewerkschaften mehrere Millionen neuer Mitglieder bescherte. Durch den Zusammenbruch großer Teile der ostdeutschen Industrie und weitere Austrittswellen verzeichneten die Gewerkschaften seit Mitte der 1990er Jahre einen erheblichen Mitgliederverlust, wie *Niedenhoff* und *Pege* (1997) betonen. Dem Mitgliederschwund und den durch die fortschreitende →Globalisierung bedingten Anforderungen versuchen die Gewerkschaften durch Zusammenschlüsse und verstärkte internationale Kooperationen gerecht zu werden. So ist beispielsweise durch den Zusammenschluss von vier DGB-Gewerkschaften und der DAG zur →Vereinigten Dienstleistungsgewerkschaft (Ver.di) im Jahr 2001 mit rund 2,5 Millionen Mitgliedern die größte Einzelgewerkschaft der Welt entstanden. Derzeit liegt der gewerkschaftliche Organisationsgrad bei schätzungsweise 33 %, wobei die Organisationsquoten je nach Branche stark variieren.

Literatur: *Armingeon, K.*: Die Entwicklung der Westdeutschen Gewerkschaften 1950–1985, Frankfurt a. M. 1988, S. 30. *BVerfG* vom 06.05.1964, Entscheidungssammlung 18, S. 18. *Gamillscheg, F.*: Kollektives Arbeitsrecht, Bd. 1, München 1997. *Niedenhoff, H.-U*; *Pege W.*: Gewerkschaftshandbuch, 3. Aufl., Köln 1997. *Schroeder, W.*; *Wessels, B.*: Die Gewerkschaften in Politik und Gesellschaft der Bundesrepublik Deutschland, Wiesbaden 2003.

Michael Fuhlrott

Gewerkschaftliche Vertrauensleute

Gewerkschaftsmitglieder, die entsprechend der Zielsetzung und nach Weisung ihrer Gewerkschaft die Wahrung und Vertretung der Interessen der →Gewerkschaft und ihrer Mitglieder auf betrieblicher Ebene vollziehen.

Hierunter fällt insbesondere die Vermittlung von →Tarifverträgen und Tarifpolitik für die →Arbeitnehmer sowie die Information der Gewerkschaft über die Wünsche aus der Arbeitnehmerschaft. Zwar ist das Institut der Gewerkschaftlichen Vertrauensleute verfassungsrechtlich von der positiven Koalitionsfreiheit (→Koalition) umfasst, ein Anspruch der Gewerkschaften auf Durchführung der Wahl von Vertrauensleuten im Betrieb besteht jedoch nicht. Abzugrenzen sind die Gewerkschaftlichen Vertrauensleute von den Mitgliedern des →Betriebsrates. Im Gegensatz zu diesen kommt den Gewerkschaftlichen Vertrauensleuten weder eine betriebsverfassungsrechtliche Sonderstellung zu, noch genießen diese besonderen gesetzlichen →Kündigungsschutz. Hingegen werden tarifvertraglich vereinbarte Formen besonderen Kündigungsschutzes für zulässig erachtet.

Michael Fuhlrott

Gigatrend

Genereller systemischer Transformationsprozess auf übergeordneter Ebene.

Allgemein wird unter einem *Trend* die Grundrichtung eines Verlaufs, meist desjenigen einer

Zeitreihe, verstanden. Trends stellen beispielsweise das durchschnittliche Mitarbeiterwachstum oder die Einkommensentwicklung dar. Aus der Zusammenfassung beziehungsweise Clusterung von Trends lassen sich zunächst Megatrends ableiten. Einen *Megatrend* stellt beispielsweise die aus verschiedenen Trends der →Organisationsdynamik (z. B. Kernkompetenzfokussierung und →Outsourcing) hervorgehende Substitution von hierarchischen Strukturen durch Netzwerke dar. Beim *Gigatrend* handelt es sich nach *Laszlo, Laszlo* und rarr;*von Lichtenstein* (1992) um die Steigerungsform des Megatrends. Anders als Megatrends stehen Gigatrends nicht mehr für konkrete Entwicklungspakete sondern vielmehr für generelle systemische Transformationsprozesse. Diese sind dabei in ihrer Wirkung dauerhafter und entscheidender als Megatrends. Um Gigatrends handelt es sich laut *Scholz* (2000) insbesondere beim ständigen Wissenszuwachs der Gesellschaft (→Innovationsmanagement), bei der Tendenz zu →Komplexität und Komplexitätsbeherrschung, bei der weltweiten →Integration sowie bei der Organisationsdynamik.

Literatur: *Laszlo, E.; Laszlo, C.; von Lichtenstein, A.*: Evolutionäres Management, Fulda 1992. *Scholz, C.*: Personalmanagement, 5. Aufl., München 2000.

Tobias Bernecker

Glass Ceiling

dauerhafte Diskriminierung vor allem von Frauen, aber auch von ethnischen Minderheiten oder bekennenden Homosexuellen am Arbeitsplatz in Form von unsichtbaren, unüberwindlichen Schranken, die die Betroffenen unabhängig von ihrer →Qualifikation daran hindern, in Führungspositionen aufzusteigen (dt.: „gläserne Decke").

Der Begriff Glass Ceiling wurde hauptsächlich durch einen Artikel der Kolumne „The Corporate Woman" im *Wall Street Journal* vom 24.03.1986 mit dem Titel „The Glass Ceiling: Why Women Can't Seem to Break The Invisible Barrier That Blocks Them From the Top Jobs" geprägt. Das dem Glass Ceiling zugrunde liegende Phänomen besteht nach *Kephart* und *Schumacher* (2005) darin, dass in den westlichen Industrieländern Frauen gegenüber Männern in Führungspositionen weit unterrepräsentiert sind und dass auch die Verweildauer von Frauen in Aufstiegspositionen gegenüber denen der Männer länger ist.

Erklärungsfaktoren für die Unterrepräsentanz von Frauen in Führungspositionen sind gemäß *Festing* und *Okech* (2007) das ausbaufähige Ausmaß gesetzlicher Regelungen zur →Gleichstellung und ein Mangel angemessener Kinderbetreuungsangebote, die sich auf die zeitliche →Flexibilität von Frauen auswirken, aber auch das Bestehen von betrieblichen Legitimationsfassaden – also nach außen kommunizierter formaler Gleichstellungsregelungen bei gleichzeitig beobachtbarer Geschlechterdifferenzierung beispielsweise in der →Personalentwicklung, was teilweise auf die nur schleppende →Habitualisierung von Gleichstellungsregelungen zurückzuführen ist. Hinzu kommt, dass Männer Erfolge von Frauen nicht in der gleichen Weise wertschätzen wie Erfolge von Männern, was zudem durch Wesensmerkmale wie beispielsweise Emotionalität und Selbstunterschätzung, die Frauen eher zugeschrieben werden, noch verstärkt wird (*Asplund* 1988,*Wirth* 2001). Auch werden Frauen weit weniger als Männer in berufliche Netzwerke eingebunden.

Einer dauernden Unterrepräsentanz von Frauen kann auf gesellschaftlicher Ebene mit Veränderungen durch Gleichstellungsgesetze und Kinderbetreuungsangebote und auf Unternehmensebene durch veränderte →Personalauswahl, Personalentwicklungsstrategien sowie betriebliche Familienbetreuungsangebote begegnet werden. Gerade vor dem Hintergrund des →*War for Talents* kommt dem Durchbrechen der Glass Ceiling eine immer wichtigere Bedeutung für Unternehmen zu, da hoch qualifizierte Frauen den betrieblichen Fachkräftemangel reduzieren können.

Vorreiter bei der Bekämpfung des Glass Ceiling-Phänomens sind Schweden und Norwegen: In Schweden werden bereits seit 1980 umfangreiche Gleichstellungsgesetze etabliert, und die norwegische Regierung will trotz heftigen Widerstands aus der Wirtschaft per Gesetz bis Ende 2008 einen Anteil von 40 % an weiblichen →Führungskräften in privaten Aktiengesellschaften durchsetzen. Unternehmen, die sich nicht daran halten, müssen dann mit Sanktionen rechnen, die bis zur behördlichen Auflösung des Unternehmens führen können.

Literatur: *Asplund, G.*: Women Managers. Changing Organizational Cultures, New York 1988. *Festing, M.; Okech, J.*: Vertikale Arbeitsmarktsegmentation nach dem Geschlecht – ein neoinstitutionalistischer Erklärungsversuch am Beispiel Deutschlands und Schwedens, in: Zeitschrift für Personalforschung, 21. Jg. (2007), H. 1, S. 42–59. *Kephart, P.; Schumacher, L.*: Has the 'Glass Ceiling' Cracked? An Exploration of Women Entrepreneurship, in: Journal of Leadership & Organizational Studies, 12. Jg. (2005), H. 1, S. 2–15. *Wirth, L.*: Breaking Through the Glass Ceiling, Genf 2001.

Volker Stein

Gleichbehandlung aus personalwirtschaftlicher Sicht

arbeitsrechtlicher Grundsatz, der sich auf das Verhalten des →Arbeitgebers gegenüber dem →Arbeitnehmer bezieht und grundsätzlich die Vermeidung jeglicher Diskriminierung aufgrund des Geschlechts, Alters, sexueller Orientierung, Religion oder ethnischer Zugehörigkeit regelt.

In §§ 611a, 611b und 612 Abs. 3 BGB wird im Hinblick auf einen →Dienstvertrag jegliche Ungleichbehandlung durch den Arbeitgeber aufgrund des Geschlechts verboten. Ausdrücklich erwähnt sind die Arbeitsplatzausschreibung, die Begründung des Arbeitsverhältnisses (→Beschäftigungsverhältnis), beruflicher Aufstieg, Weisung, →Kündigung und Vergütung.

Als Ausnahme ist eine unterschiedliche Behandlung zulässig, wenn ein bestimmtes Geschlecht unverzichtbare Voraussetzung für die vereinbarte Tätigkeit darstellt. Artikel 141 EG-Vertrag enthält den Grundsatz des gleichen Entgelts für Männer und Frauen bei gleicher oder gleichwertiger →Arbeit.

Es sind sowohl *unmittelbare* Diskriminierung (ausdrückliche Schlechterstellung aufgrund des Geschlechts) als auch *mittelbare* Diskriminierung verboten. Letzteres bedeutet, dass Männer und Frauen von bestimmten Regelungen ungleich betroffen sind und eine →Gruppe dadurch in der Folge schlechter gestellt wird. So wäre der Ausschluss von Teilzeitbeschäftigten von betrieblichen Leistungen ein solcher Tatbestand, da →Teilzeitarbeit in Deutschland zurzeit überwiegend von Frauen ausgeübt wird. § 4 TzBfG verbietet generell eine Diskriminierung teilzeitbeschäftigter und befristet beschäftigter Arbeitnehmer.

Verstößt der Arbeitgeber gegen den Grundsatz der Gleichbehandlung bei Begründung eines Arbeitsverhältnisses, so kann der benachteiligte Bewerber eine angemessene Entschädigung in Geld verlangen. Ein Anspruch auf Einstellung besteht aber nicht. Entsprechend sind Ungleichbehandlungen beim Aufstieg geregelt. Die Beweislast liegt beim Arbeitgeber.

In § 75 BVG wird die Ungleichbehandlung aufgrund von Abstammung, Religion, Nationalität, Herkunft, politischer oder gewerkschaftlicher Betätigung oder Einstellung, wegen des Geschlechts oder der sexuellen Identität untersagt. Ebenso wird eine Benachteiligung aufgrund des Überschreitens von Altersgrenzen verboten. Arbeitgeber und →Betriebsrat haben über die Einhaltung des Grundsatzes der Gleichbehandlung gemeinsam zu wachen.

Literatur: *Richardi, R.*: Arbeitsgesetze, 63. Aufl., München 2003, S. 9–48.

Katrin Hansen

Gleichbehandlung aus (arbeits)rechtlicher Sicht

rechtliche Norm zur Vermeidung bestimmter Ungleichbehandlungen sowie – soweit nicht abweichend normiert – Gleichbehandlung von Gleichem.

Der allgemeine Gleichheitssatz des Art. 3 Abs. 1 GG besagt, dass jeder Mensch vor dem Gesetz gleich ist. Art. 3 Abs. 2 GG konkretisiert diesen Gleichheitssatz dergestalt, dass Männer und Frauen gleichberechtigt sind. Art. 3 Abs. 3 GG bestimmt, dass Geschlecht, Abstammung, Rasse, Sprache, Heimat und Herkunft, Glauben sowie religiöse oder politische Anschauungen kein Anknüpfungspunkt für eine Ungleichbehandlung sein dürfen.

Als Grundrecht richtet sich Art. 3 GG zunächst an den Staat, der niemanden aufgrund der vorgenannten Kriterien ungleich behandeln darf. Das Bundesverfassungsgericht hat jedoch klargestellt, dass Art. 3 GG über die so genannte Generalklauseln der Privatrechtsordnung § 138 BGB (Verbot der Sittenwidrigkeit) und § 242 BGB (Gebot von Treu und Glauben) Eingang auch in die Zivilrechtsordnung findet.

Im →*Arbeitsrecht* gilt der Gleichbehandlungsgrundsatz einmal über diese so genannte Drittwirkung der →Grundrechte, darüber hinaus jedoch aufgrund mehrerer inzwischen erlassener ausdrücklicher europarechtlicher und nationaler Gesetze. Zu nennen sind hier insbesondere §§ 611a, 611b BGB (Gleichbehandlung von Mann und Frau), § 612a BGB (Maßregelungsverbot), § 4 Abs. 1 TzBfG (Teilzeitbeschäftigte →Arbeitnehmer), § 4 Abs. 2 TzBfG (Befristet beschäftigte →Arbeitnehmer) oder § 75 Abs. 1 BetrVG (Überwachungspflicht für Arbeitgeber und →Betriebsrat betreffend die Gleichbehandlung).

Der Gleichbehandlungsgrundsatz schützt den Arbeitnehmer vor einer *willkürlichen Schlechterstellung* durch den Arbeitgeber (*Schaub* 2000, § 112 Rn. 5; Urteil des 5. Senats vom 31. 08. 2005, A3 5ABR 517/04). Soweit der Arbeitgeber Arbeitnehmer ungleich behandelt, darf er das, muss dafür indes einen *sachlichen Grund* nennen können. Durch die ausdrückliche Anordnung in Art. 3 Abs. 3 GG sowie der arbeitsrechtlichen Gleichbehandlungsvorschriften können zum Beispiel eben das Geschlecht oder die Rasse keinen sachlichen Grund bilden.

Beim *Arbeitsentgelt* oder sonstigen Leistungen ist es dem Arbeitgeber grundsätzlich nicht verwehrt, unterschiedliche Vergütungen für Arbeitnehmer zu zahlen, sofern das durch unterschiedliche Leistungen oder sonstige sachliche Gründe gerechtfertigt ist (*Schaub* 2000, § 112 Rn. 33). Ein solcher sachlicher Grund kann es etwa sein, bestimmte Arbeitnehmer an das Unternehmen zu binden, weil sie schwerer ersetzbar oder das Personalangebot in diesem Bereich beschränkt ist. Gegen den Gleichbehandlungsgrundsatz verstößt der Arbeitgeber jedoch dann, wenn er eine bestimmte *Vergütungsordnung* aufstellt und hiervon sachfremde Ausnahmen macht. Macht der Arbeitgeber bei Sonderzahlungen die Gewährung von der persönlichen Leistung des Arbeitnehmers abhängig, muss er die Kriterien für seine persönliche →Leistungsbeurteilung vorher rechtzeitig offen legen.

Das Verbot der *geschlechtsbezogenen Diskriminierung* findet in §§ 611a und 611b BGB seinen Niederschlag. Gemäß § 611a BGB darf der Arbeitgeber einen Arbeitnehmer bei der Einstellung, dem beruflichen Aufstieg oder sonstigen Maßnahmen nicht wegen seines Geschlechts benachteiligen. Das gilt nur in den (wenigen) Ausnahmefällen nicht, in denen das Geschlecht *unverzichtbare Voraussetzung* für die Tätigkeit ist (z. B. weibliche Hauptrolle in einem Film/Bühnenstück, nicht dagegen bei der Position eines Frauenbeauftragten, die nach der Rechtsprechung auch ein Mann bekleiden kann (BAG, NZA 1999).

Insgesamt ist festzustellen, dass in der Praxis der Anwendungsbereich dieser Ausnahmevorschrift überschätzt wird. Verstößt der Arbeitgeber bei einer Einstellung(→Personalbeschaffung) oder →Beförderung gegen das →Diskriminierungsverbot, so hat der benachteiligte Bewerber allerdings keinen Anspruch auf tatsächliche Einstellung oder Beförderung. Der im Schadensersatzrecht geltende Grundsatz der Naturalrestitution gilt nicht. § 611a BGB sieht als *Rechtsfolge* vielmehr einen Schadensersatzanspruch „nur" in Geld vor. Dieser beschränkt sich auf drei Monatsverdienste, wenn der Arbeitgeber darlegen und beweisen kann, dass der wegen des Geschlechts benachteiligte Bewerber auch ohne die geschlechtsbezogene Diskriminierung nicht eingestellt worden wäre (*Annuß*, NZA 1999). Wäre der wegen seines Geschlechts benachteiligte Bewerber aufgrund besserer →Eignung/→Qualifikation an sich eingestellt worden, wurde er also allein wegen seines Geschlechts benachteiligt, greift die Begrenzung des Schadensersatzes auf drei Monatsverdienste nicht. Der Schadensersatz muss in diesem Fall „angemessen" sein (§ 611a Abs. 2 BGB). Das Gesetz konkretisiert diesen unbestimmten Rechtsbegriff der Angemessenheit nicht, so dass die Rechtsprechung die Höhe des Schadensersatzes von der Schwere des Verstoßes, den Beweggründen und dem Zuschnitt der zu besetzenden →Stelle abhängig macht.

Wichtig für die Praxis ist, wer eine geschlechtsbezogene Diskriminierung in derartigen Schadensersatzfällen zu beweisen hat. Das ist grundsätzlich der Bewerber, der den Schadensersatzanspruch geltend macht. Dabei kommt ihm allerdings eine nicht selten eingreifende Beweiserleichterung zu Gute. Kann der Arbeitnehmer nämlich Tatsachen glaubhaft machen, die eine Benachteiligung aufgrund des Geschlechts *vermuten lassen*, ist nunmehr der Arbeitgeber darlegungs- und beweisbelastet dafür, dass *keine* geschlechtsbezogene Diskriminierung, sondern ein sachlicher Grund für die Auswahl vorgelegen hat. Ein solches Indiz für eine geschlechtsbezogene Diskriminierung ist beispielhaft ein Verstoß gegen § 611b BGB (Pflicht zur geschlechtsneutralen Stellenausschreibung). Wer nicht geschlechtsneutral ausschreibt, begründet eine Vermutung dafür, dass er beabsichtigt, ein bestimmtes Geschlecht zur Einstellungsvoraussetzung zu machen.

§ 4 Abs. 2 TzBfG verbietet die sachgrundlose Schlechterstellung eines befristet beschäftigten Arbeitnehmers im Vergleich zu einem unbefristet beschäftigten Arbeitnehmer.

Literatur: *Annuß, G.*: Grundfragen der Entschädigung bei unzulässiger Geschlechtsdiskriminierung, in: NZA 1999, S. 738–744. *Schaub, G.*: Arbeitsrecht Handbuch, 9. Aufl., München 2000.

Friedrich Meyer

Gleichberechtigung

→Gleichbehandlung aus (arbeits-)rechtlicher Sicht, →Gleichbehandlung aus personalwirtschaftlicher Sicht, →Gleichstellung

Gleichgestelltenbeurteilung

Form der →Personalbeurteilung, bei der Mitarbeiter von hierarchisch gleichgestellten Beurteilern, Kollegen der Arbeitsgruppe oder derselben Organisationseinheit beurteilt werden (syn.: Kollegenbeurteilung, Peer Assessment).

Leitender Gedanke ist, dass Gleichgestellte aufgrund des unmittelbaren Arbeitszusammenhangs über gute und im Vergleich zu Führungskräften und Untergebenen andere beziehungsweise ergänzende Möglichkeiten der →Beobachtung leistungsrelevanten Verhaltens besitzen. Folglich verfügen sie über Kenntnisse, die zur Einschätzung der Leistung oder →Qualifikation von Mitarbeitern genutzt werden können.

Folgende Formen von Gleichgestelltenurteilen können unterschieden werden:

- Beim *Peer Ranking* werden die Beurteiler aufgefordert, eine Reihung ihrer Kollegen hinsichtlich bestimmter leistungsrelevanter Merkmale vorzunehmen.
- *Peer Rating* erfordert von den Beurteilern die Einstufung von Leistungsmerkmalen jedes Kollegen auf einer Beurteilungsskala.
- *Peer Nomination* meint, dass die Beurteiler die jeweils besten Kollegen in Bezug auf bestimmte Leistungsmerkmale benennen.

Alle Formen lassen sich auch unter der Prämisse praktizieren, dass der Beurteiler sich selbst mit zu berücksichtigen hat, was die zusätzliche Abgabe einer →Selbstbeurteilung impliziert.

Sofern die Gleichgestelltenbeurteilung in der Praxis überhaupt zum Einsatz gelangt, erfolgt sie in der Regel durch gleichzeitige und formalisierte Beurteilung aller Kollegen durch die jeweils anderen Kollegen. Dabei ist zu beachten, dass die Beurteilung Gleichgestellter häufig auf Widerstände bei den Betroffenen stößt, weil sie als unkollegial verstanden wird und Ängste vor einem umfassenden Kontrollklima weckt. Dies ist ein Grund für die nicht selten geäußerte Annahme, dass Kollegenurteile regelmäßig von Gefühlshaltungen und gruppendynamischen Einflüssen verzerrt oder gar verfälscht werden. Deshalb wird als zu erfüllende Mindestbedingung gefordert, dass die Beurteiler über Verständnis für sowie über einen hinreichenden Einblick in die Tätigkeiten und Aufgaben der Beurteilten verfügen.

Entgegen dieser Vorbehalte haben Untersuchungen der testtheoretischen →Qualität gezeigt, dass der Gleichgestelltenbeurteilung, relativ betrachtet, →Validität und →Reliabilität nicht abgesprochen werden können, insbesondere dann nicht, wenn weder Konkurrenz noch Selektion, sondern Aspekte der →Personalentwicklung und →Mitarbeiterförderung im Vordergrund der Beurteilungszwecke stehen. Beurteilungen von Kollegen werden zudem dann häufiger sowohl von Betroffenen als auch von Vorgesetzten akzeptiert, wenn ein kooperativer →Führungsstil und eine vertrauensvolle Zusammenarbeit existieren. Dies ist daher als zu erfüllende Mindestbedingung für Gleichgestelltenbeurteilung zu fordern.

Literatur: *Gerpott, T. J.*: Gleichgestelltenbeurteilung: Eine Erweiterung traditioneller Personalbeurteilungsansätze im Unternehmen, in: *Selbach, R.; Pullig, K. K.* (Hrsg.): Handbuch Mitarbeiterbeurteilung, Wiesbaden 1992, S. 211–254. *Jochum, E.*: Gleichgestelltenbeurteilung. Führungsinstrument in der industriellen Forschung und Entwicklung, Stuttgart 1987. *McEvoy, G. M.; Buller, P. F.*: User Acceptance of Peer Appraisals in an Industrial Setting, in: Personnel Psychology, 40. Jg. (1987), H. 4, S. 785–797.

Jürgen Grieger

Gleichstellung

geht über →Gleichbehandlung hinaus, indem sie Aktionen und Maßnahmen der Frauen- sowie Minderheitenförderung wie bessere Vereinbarkeit von →Beruf und Familie einschließt, mit dem Ziel, die Entfaltung der persönlichen Fähigkeiten aller Menschen zu ermöglichen, ohne diese durch geschlechtsspezifische oder sonstige diskriminierende Rollenzuweisungen einzuschränken.

Gleichstellung wird sowohl im Zusammenhang mit behinderten Menschen als auch für die Gleichstellung von Frauen und Männern im öffentlichen Dienst verwendet.

Gleichstellung

Die *Gleichstellung behinderter Menschen* wird im Neunten Buch des Sozialgesetzbuchs geregelt. Ziel des Gesetzes ist es, die Benachteiligung von behinderten Menschen zu beseitigen und zu verhindern und somit deren gleichberechtigte Teilhabe am Leben in der Gesellschaft und eine selbstbestimmte Lebensführung zu ermöglichen. Menschen gelten als behindert, wenn ihre körperliche Funktion, geistige Fähigkeit oder seelische Gesundheit mit hoher Wahrscheinlichkeit länger als sechs Monate von dem für das Lebensalter typischen Zustand abweichen und daher ihre Teilhabe am Leben in der Gesellschaft beeinträchtigt ist. Schwerbehindert ist, wenn ein Behinderungsgrad von wenigstens 50 % vorliegt. Behinderte Menschen können Schwerbehinderten auf Antrag gleichgestellt werden (§ 68 SGB IX).

Private und öffentliche →Arbeitgeber mit mindestens 20 Arbeitsplätzen haben auf wenigstens 5 % der Arbeitsplätze schwerbehinderte Menschen zu beschäftigen. Dabei sind schwerbehinderte Frauen besonders zu berücksichtigen. Erfolgt diese Beschäftigung nicht, ist eine Ausgleichsabgabe zu entrichten. Arbeitgeber führen Verzeichnisse über die bei ihnen eingestellten anrechnungsfähigen Personen und legen diese auf Verlangen dem Arbeitsamt oder dem →Integrationsamt vor. Die Unternehmen prüfen, welche Arbeitsplätze mit schwerbehinderten Menschen zu besetzen sind und arbeiten mit dem Arbeitsamt und der Schwerbehindertenvertretung eng zusammen. Jegliche Benachteiligung aufgrund von Behinderung ist untersagt. Eine unterschiedliche Behandlung ist allerdings zulässig, wenn für die Art der von dem schwerbehinderten Beschäftigten auszuübenden Tätigkeit eine bestimmte körperliche Funktion, geistige Fähigkeit oder seelische Gesundheit eine wesentliche und entscheidende berufliche Anforderung darstellt.

Schwerbehinderte Menschen haben einen Anspruch auf Beschäftigung mit Entwicklungsperspektiven, auf bevorzugte Berücksichtigung bei innerbetrieblichen Maßnahmen zur beruflichen →Bildung, auf Erleichterung zur Teilnahme an außerbetrieblicher beruflicher Bildung, behinderungsgerechter Arbeitsplatz- und Umfeldausstattung (inklusive benötigter technischer Arbeitshilfen) sowie auf Sonderregelungen von →Arbeitsorganisation und →Arbeitszeit.

§ 83 SGB IX regelt Integrationsvereinbarungen, die insbesondere Maßnahmen der →Personalplanung, der Gestaltung des Arbeitsplatzes und des Arbeitsumfelds betreffen sowie Arbeitsorganisation und Arbeitszeit.

Die *Gleichstellung von Frauen und Männern* dient der Durchsetzung der tatsächlichen Gleichberechtigung von Frauen und Männern. Durchgängiges Prinzip ist es, alle Beschäftigten, insbesondere aber die →Führungskräfte, zur Förderung der Gleichstellung zu verpflichten. Nach dem Artikel 3 GG ist dies die Aufgabe des Staates. Gleichstellung geht über den ihr oft unterstellten Versuch, statistische Parität zu erreichen, deutlich hinaus. Ziel ist es, wie es die Kommission zur Einbindung der Chancengleichheit in sämtliche politische Konzepte und Maßnahmen der Europäischen Gemeinschaft formuliert, eine dauerhafte Weiterentwicklung der Elternrollen, der Familienstrukturen, der institutionellen Praxis, der Formen der Arbeitsorganisation und der Zeiteinteilung zu fördern. Gleichstellung betrifft nicht nur die Chancengleichheit der Frauen, sondern auch die der Männer sowie die Entwicklung hin zu einer Gesellschaft, in der eine Entfaltung der Persönlichkeit beider Geschlechter und deren Selbstständigkeit möglich werden soll (→Gender Mainstreaming).

Für den öffentlichen Dienst ist die Gleichstellung im Gesetz zur Gleichstellung von Frauen und Männern in der Bundesverwaltung und in den Gerichten des Bundes sowie in der Gesetzgebung der Länder geregelt. Nach Maßgabe dieser Gesetze werden Frauen gefördert, um bestehende Benachteiligungen abzubauen. Hierbei werden sowohl Rekrutierungsmaßnahmen (Ausschreibung, Bewerbungsgespräche, Auswahlentscheidungen) geregelt wie auch →Qualifikation und Fortbildung. Frauen und Männern sollen Rahmenbedingungen geboten werden, die beiden Geschlechtern eine Vereinbarkeit von Familie und →Beruf erleichtern.

Es wird ein Benachteiligungsverbot bei Teilzeitbeschäftigung (→Teilzeitarbeit), →Telearbeit und familienbedingter →Beurlaubung ausgesprochen, was das berufliche Fortkommen und die dienstliche Beurteilung angeht.

Im Bundesgesetz wird der *Gleichstellungsplan* als wesentliches Instrument der Personalplanung und der →Personalentwicklung gekennzeichnet. Dort ist es vorgeschrieben, für Dienststellen mit mindestens 100 Beschäftigten nach Wahl durch die weiblichen Beschäftigten eine weibliche Gleichstellungsbeauftragte zu bestellen, die auch für kleine, nachgelagerte Einheiten zuständig ist, in denen außerdem eine Vertrauensfrau bestellt ist. Die Gleichstellungsbeauftragte hat den Auftrag, den Vollzug des Gesetzes zu fördern und zu überwachen. Sie darf bei der Erfüllung ihrer Pflichten nicht behindert werden und ist frühzeitig bei Personalangelegenheiten, organisatorischen und sozialen Angelegenheiten, bei der Abfassung von Beurteilungsrichtlinien und Besprechungen zu deren Anwendung sowie bei Maßnahmen zum Schutz vor sexueller Belästigung zu berücksichtigen. Bei Verstößen gegen den Gleichstellungsplan oder gesetzliche sowie andere Vorschriften über die Gleichstellung hat die Gleichstellungsbeauftragte Einspruchsrecht. Aus der Hochschullandschaft werden eine Reihe von Projekten berichtet, die Hochschulreformen und Gleichstellung verbinden, wie beispielsweise bei *Roloff* und *Selenet* (2003) ersichtlich ist.

Literatur: *Roloff, C.; Selenet, P.* (Hrsg.): Hochschulreform und Gender Mainstreaming, Bielefeld 2003.

Katrin Hansen

Gleitende Pensionierung → Altersteilzeit

Gleitender Ruhestand → Pensionierung

Gleitschichtmodell

Kombination der →Arbeitszeitmodelle →Schichtarbeit und →Gleitzeit.

Die Beschäftigten können den Beginn ihrer →Arbeit in der Frühschicht, nach Absprache zwischen 5:00 und 6:00 wählen, wie in Abbildung 1 dargestellt. Die gilt entsprechend für das Ende ihrer Schichtarbeit.

Abbildung 1: Gleitzeit im 3-Schicht-Betrieb

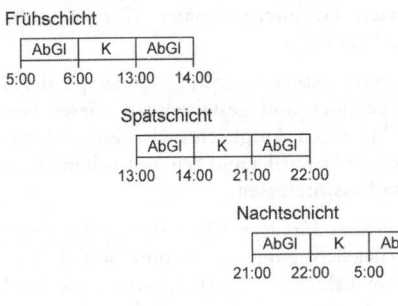

AbGl: Absprachegleitzeit
K: Kernzeit

Allerdings bedingt diese höhere →Flexibilität in der Wahl der →Arbeitszeit auch einen erheblich höheren Koordinationsaufwand, da für alle Zeitfenster gewährleistet werden muss, dass auch genügend Mitarbeiter anwesend sind.

Literatur: *Reißer, M.; Schmelzer, S. F.; Kuhn, M.*: Gleitzeitmodell ohne Kernzeit im Schichtbetrieb, in: Personalführung, 29. Jg. (1996), H. 10, S. 892–895.

Désirée H. Ladwig

Gleitzeit

Arbeitszeitalternative, die in den 1970er Jahren entwickelt wurde und heute noch in einer Vielzahl von Firmen Anwendung findet.

Die Gleitzeit gliedert sich in →*Kernzeiten* mit Anwesenheitspflicht und *Gleitspannen*, innerhalb derer die →Arbeitnehmer autonom ihre →Arbeit beginnen und enden können, mit und ohne Übertragbarkeiten. Die Zeitspannem in deren Bandbreite die Mitarbeiter frei ihre →Arbeitszeit wählen können ist die *Gleitzeitspanne*.

Kernzeiten, in der alle Mitarbeiter anwesend sein müssen, sind zum Beispiel Montag-Donnerstag 9:00 bis 15:00, Freitag 9:00 bis 13:00. Der Gleitzeitkorridor liegt dann zum Beispiel von Montag-Freitag 6:00 bis 19:00. Es wird zwischen zwei Arten von Gleitzeit unterschieden:

- Bei der *einfachen Gleitzeit* kann der einzelne Mitarbeiter Beginn und Ende der täglichen Arbeitszeit innerhalb bestimmter Grenzen frei wählen. Die Dauer der täglichen Arbeitszeit liegt aber fest.

- Bei der *qualifizierten Gleitzeit* hat der Mitarbeiter die Möglichkeit, sowohl über die →Lage als auch über die Dauer der täglichen Arbeitszeit zu entscheiden.

Kombiniert wird die Gleitzeit häufig mit →*Bereitschaftszeit* innerhalb einer →Gruppe oder Abteilung, das heißt zum Beispiel, dass in der Auftragsannahme die telefonische Erreichbarkeit von 8:00 bis 18:00 sicherzustellen ist. Dies wird von der Gruppe oder Abteilung eigenverantwortlich organisiert. Somit kann den individuellen Präferenzen der Mitarbeiter (Frühaufsteher, Nachtarbeiter oder Kinderbetreuung) und den betrieblichen Erfordernissen gleichermaßen entsprochen werden.

Die Differenz aus Gleitzeitschulden und Gleitzeitguthaben nennt sich *Gleitzeitsaldo*. Dies wird in den nächsten Abrechnungszeitraum (z. B. Monat) übernommen.

Désirée H. Ladwig

Global Sourcing

strategisch motivierte Ausweitung der →Personalbeschaffung auf den weltweiten Markt, wobei die Einstellung von Arbeitskräften aus dem Stammland nicht ausgeschlossen wird, diese haben sich allerdings einem weltweiten Wettbewerb zu stellen.

Das Global Sourcing, teilweise auch *Global Procurement* genannt, bezeichnet gemäß *Harris* (2006) einen allgemeinen Trend des Beschaffungsmanagements. Global Sourcing stellt nicht nur eine Option zum Bezug von Produkten und Dienstleistungen, sondern auch für das →Personalmanagement dar.

Über die Beherrschung der Standardinstrumente der Personalbeschaffung hinausgehend fordern globale Personalrekrutierungsstrategien spezielle Fähigkeiten bei den zuständigen Personalverantwortlichen. Gefordert werden nach *Trent* und *Monczka* (2005) insbesondere →Wissen über nationale Rechtssysteme, über lokal verschiedene Verhandlungsgrundsätze und -prinzipien sowie über national divergierende Auffassungen zu →Qualität und Zuverlässigkeit von Leistungen.

Literatur: *Harris, G. L.:* The Essence of Global Sourcing, in: Contract Management, 46. Jg. (2006), H. 3, S. 16–21. *Trent R. J.; Monczka, R.:* Achieving Excellence in Global Sourcing, in: MIT Sloan Management Review, 47 Jg. (2005), H. 1, S. 24–32.

Tobias Bernecker

Globalisierung

weltweite Streuung der Geschäftstätigkeit eines Unternehmens.

Anders als die Globalisierung von Unternehmen steht die volkswirtschaftliche Globalisierung für das Zusammenwachsen von Volkswirtschaften zu einer Weltwirtschaft. Die Globalisierung des Unternehmens wird, beispielsweise bei *Macharzina* (2003), auch als *weltweite* →*Integration* von Programm, Ressourcen und →Organisationsstruktur bezeichnet. Sie wird aber auch, wie zum Beispiel bei *Kieser* und *Walgenbach* (2003), als *weltweite Verteilung* von →Arbeitsangebot, Standortinvestitionen und Handelsplätzen verstanden. Von der →*Internationalisierung* grenzt sich die Globalisierung bei *Macharzina* (2002) dergestalt ab, dass die Internationalisierung nur auf eine grenzüberschreitende, nicht aber zwingend weltweite Positionierung hinweist. Von der *Multinationalisierung* unterscheidet sie sich dahingehend, dass sich die Multinationalisierung schwerpunktmäßig auf die Nutzung von Lokalisierungsvorteilen durch die Schaffung von →Flexibilität konzentriert, aber nicht auf die weltweite Standardisierung beziehungsweise Integration. *Transnationale Unternehmen* kombinieren schließlich, in Erweiterung der Globalisierung, →Standardisierung und Lokalisierung in einem Hybridmodell miteinander.

Bei den *Ursachen* der Globalisierung ist zwischen zwei Arten zu unterscheiden:

1. *Exogene Globalisierung*: Sieht die Globalisierung als Reaktion auf externen (Wettbewerbs-)Druck durch das Zusammenwachsen von Volkswirtschaften, insbesondere in Bezug auf Lohnkosten und Lohnnebenkosten.

2. *Endogene Globalisierung*: Begreift Globalisierung als proaktive Realisierung neuer Chancen, die sich aus der weltweiten Tätigkeit ergeben und insbesondere in der (kulturellen) Durchmischung von Mitarbeitern („Culture Diversity") beziehungsweise in multinationalen Führungsstrukturen bestehen.

Für das →*Personalmanagement* ergeben sich aus der Globalisierung spezifische Herausforderungen. Hierzu zählen die Beherrschung von komplexer werdenden Umwelt- und Umfeldbedingungen (globale Strukturen) sowie die Berücksichtigung einer neuartigen Aufgabenkomplexität (globale Abhängigkeiten). Daher sind nach *Scholz* (2000) drei Manager-Typen für globale Unternehmen gefordert:

1. *Global Manager*: Stellen ausgewiesene Experten im internationalen (Personal-)Management dar.

2. *Country-Manager*: Sind länderspezifisch ausgebildet und gestalten aus dieser Perspektive den Ausgleich zwischen landestypischen Spezifika und den weltweiten Organisationsinteressen.

3. *Company-Manager*: Operieren gezielt unter Berücksichtigung der (Stammhaus) Unternehmenskultur (→Organisationskultur) beziehungsweise der →Kultur des Herkunftslands des Unternehmens.

Nach *Welge* und *Holtbrügge* (2003) wird dem globalen Management von →Human Resources dabei in Zukunft eine weiter steigende Bedeutung zukommen.

Literatur: *Macharzina, K.*: Handbuch internationales Management, 2. Aufl., Wiesbaden 2002. *Macharzina, K.*: Unternehmensführung, 4. Aufl., Wiesbaden 2003. *Scholz, C.*: Personalmanagement, 5. Aufl., München 2000. *Welge, M.; Holtbrügge, D.*: Internationales Management. Theorien, Funktionen, Fallstudien, 3. Aufl., Stuttgart 2003. *Kieser, A.; Walgenbach P.*: Organisation, 4. Aufl., Stuttgart 2003.

Tobias Bernecker

Goal-Setting Theory →Zieltheorie

Goldener Fallschirm

provokative Bezeichnung, mit der man den lukrativen →Aufhebungsvertrag eines hochrangigen Managers bezeichnet.

Aufhebungsverträge beinhalten in einem Drittel der Fälle →Abfindungen, davon betragen laut der Internetplattform Statista 9 % mehr als 50.000 €. Mit diesen Beiträgen wird die vorzeitige Beendigung des Vertragsverhältnisses abgegolten.

Reiner Bröckermann

Gratifikation

besondere Zuwendungen, die der →Arbeitgeber aus bestimmten Anlässen oder in einem bestimmten Turnus zusätzlich zum regelmäßig, meist monatlich ausgezahlten, Arbeitsentgelt leistet.

Anspruchsgrundlage für solche Sonderzuwendungen können →Arbeitsvertrag, →Betriebsvereinbarung, →Tarifvertrag, Gleichbehandlungsgrundsatz (→Gleichbehandlung aus (arbeits-)rechtlicher Sicht) oder aber insbesondere eine betriebliche Übung sein (vgl. Schaub 2000, § 78 Rn. 10ff).

Eine *betriebliche Übung* wird von der Rechtsprechung bejaht, wenn der Arbeitgeber in drei aufeinander folgenden Zeiträumen eine bestimmte Leistung vorbehaltlos erbringt (Urteil vom 19.05.2005, A3 3ABR 660/03). In diesem Fall entsteht das schützenswerte →Vertrauen der →Arbeitnehmer, auch in den folgenden Zeiträumen diese Sonderzuwendung zu erhalten. Eine betriebliche Übung entsteht nicht, wenn der Arbeitgeber bei Gewährung der Sonderzuwendungen deutlich macht, dass es sich um freiwillige Leistungen handelt. Eine solche Erklärung, die einen Bindungswillen ausschließt, kann bereits im Arbeitsvertrag enthalten sein, so dass der Arbeitgeber in diesem Fall bei etwaigen Leistungen, die über den Arbeitsvertrag hinausgehen, nicht erneut auf die Freiwilligkeit hinweisen muss. In diesem Fall reicht jedoch die Formulierung, dass es sich um eine freiwillige Leistung handelt, nicht aus. Der Arbeitsvertrag muss vielmehr ausdrücklich klar stellen, dass auch im Falle wiederholter Zahlung ein Rechtsanspruch nicht entstehen soll. Erbringt der Arbeitgeber Gratifikationen an Arbeitnehmer in unterschiedlicher Höhe, entsteht eine betriebliche Übung ebenfalls nicht, weil auch dadurch der Arbeitgeber seinen fehlenden Bindungswillen deutlich macht. Die Rechtsprechung erkennt nunmehr auch die „Rolle rückwärts" an. Erbringt der Arbeitgeber nach Entstehen einer betrieblichen Übung in drei aufeinander folgenden Zeiträumen die Gratifikation *nicht* mehr, erlischt die betriebliche Übung, wenn der Arbeitnehmer nicht widerspricht, die Leistung also nicht einfordert.

Gratifikationen werden vielfach als Belohnung (→Belohnung und Bestrafung) für die bisherige Betriebstreue und →Anreiz zur weiteren Betriebstreue gewährt. In diesem Zusammenhang stellt sich die Frage, inwieweit →*Rückzahlungsklauseln* zulässig sind. Dabei ist das Interesse des Arbeitgebers, einen Anreiz für die weitere Betriebstreue zu geben, abzuwägen gegen das Interesse des Arbeitnehmers an seiner Berufsfreiheit. Denn diese wird faktisch eingeschränkt, wenn für ihn mit einer Eigenkündigung des Arbeitsverhältnisses die Pflicht zur Rückzahlung einer Gratifikation verbunden ist. Die Rechtsprechung unterscheidet insoweit nach der Höhe der Gratifikation (*Hromadka* und *Maschmann* § 7 Rn. 51).

Bei Sonderzuwendungen bis zu einem Betrag in Höhe von 100 € darf eine Rückzahlungsklausel gar nicht vereinbart werden. Bei Beträgen über 100 €, die jedoch unterhalb einer Monatsvergütung liegen, darf eine Bindungsfrist bis zum 31.03. des Folgejahres vereinbart werden, wenn es sich um eine Weihnachtsgratifikation handelt, die üblicherweise mit der Novembervergütung Anfang Dezember ausgezahlt wird. Beträgt die Weihnachtsgratifikation eine Monatsvergütung oder mehr, ist eine Rückzahlungsklausel für den Fall zulässig, dass der Arbeitnehmer bis zum 30.06. des Folgejahres ausscheidet. Dabei werden die Rückzahlungspflichten in der Praxis überwiegend auf den Fall beschränkt, dass das Arbeitsverhältnis arbeitnehmerseitig veranlasst bis zu den genannten Zeitpunkten endet.

Literatur: *Hromadka, W.*; *Maschmann, F.*: Arbeitsrecht, Bd. 1, 2. Aufl., Berlin etc. 2002. *Schaub, G.*: Arbeitsrecht Handbuch, 9. Aufl., München 2000.

Friedrich Meyer

Grenzenerosion →Grenzenlosigkeit, →Hierarchie, →Innovationsfähigkeit

Grenzenlosigkeit

Bedingung und Voraussetzung für die Aufrechterhaltung der →Innovationsfähigkeit von →Organisationen im Hyperwettbewerb.

Die Grenzenlosigkeit und damit einhergehend die Grenzerosion ist, beispielsweise im Modell der „grenzenlosen Unternehmung" nach *Picot, Reichwald* und *Wigand* (2003), geprägt durch den Wegfall von Hierarchieebenen (→Hierarchie), durch den Einsatz von Netzwerken der Informations- und Kommunikationstechnologie und durch die Netzwerkorganisation, die an die Stelle von Märkten und integrierten Unternehmen tritt. Das Phänomen der Grenzenlosigkeit erweitert daher das Gestaltungsinteresse der internen Unternehmens- und Personalführung (→Mitarbeiterführung) um Beziehungsaufbau und -pflege an den Unternehmensgrenzen.

Obwohl von „grenzenlosen" Strukturen die Rede ist, nehmen nach *Duschek* und *Malone* (2001) gerade Bestimmung und Management von Grenzen eine wichtige Rolle ein. Hierfür werden, insbesondere gestützt auf die Argumente der Neuen Institutionellen Ökonomie, meist Vertragsstrukturen herangezogen, beispielsweise gesellschaftsrechtliche Verflechtungen oder existierende Kontrollrechte, wie *Homann* und *Suchanek* (2005) betonen. Darüber hinaus bieten sich unter anderem die Existenz kooperativer Beziehungen, gemeinsame Ziele, die Komplementarität von Ressourcen oder die Einheitlichkeit der Rechnungslegung als Kriterien für die Grenzziehung an. Zur Analyse von grenzenlosen Strukturen sind in Anlehnung an das virtuelle Unternehmen bei *Davidow* und *Malone* (1993) Unternehmens- beziehungsweise Systemgrenzen also sowohl in Bezug auf ihren institutionellen Charakter (Grenzen der Struktur im Rechtssinne), ihre räumliche Lage (nationalstaatliche Grenzen und Entfernungen zwischen Standorten) und die Zeit (Geschwindigkeit des Informations- und Gütertransfers) zu betrachten.

Für das →*Personalmanagement* generiert die Grenzenlosigkeit neue Herausforderungen. Sie forciert die Bedeutung flexibler Formen der →Personalbeschaffung (z. B. Personalleasing) und stellt das Personalmanagement auf eine internationale Basis. Nach *Macharzina* (2003) besteht beispielsweise für das Vergütungsmanagement in grenzüberschreitenden Strukturen die Wahl, die Vergütung anhand des Lohnniveaus im Herkunftsland des Arbeitnehmers, im Herkunftsland des Unternehmens, im aktuellen Gastland oder anhand des Marktdurchschnitts zu bemessen. Geht die Grenzenlosigkeit einher mit der →Globalisierung des Unternehmens, macht sie auch spezielle Maßnahmen der →Personalentwicklung erforderlich. Hier bieten sich beispielsweise international angelegte Traineeprogramme zur temporären Entsendung von Berufsanfängern in Auslandsgesellschaften, der Aufbau multinationaler Teams oder internationale Job Rotation-Konzepte für Mitarbeiter mit Berufserfahrung an.

Literatur: *Davidow, W. H.*; *Malone, M. S.*: The Virtual Corporation: Structuring and Revitalizing the Corporation for the 21st Century, New York 1993. *Duschek, S.*; *Ortmann, G.*; *Sydow, J.*: Grenzmanagement in Unternehmungsnetzwerken: Theoretische Zugänge und der Fall eines strategischen Dienstleistungsnetzwerks, in: *Ortmann, G.*; *Sydow, J.* (Hrsg.): Strategie und Strukturation, Wiesbaden 2001, S. 191–233. *Homann, K.*; *Suchanek, A.*: Ökonomik, 2. Aufl., Tübingen 2005. *Macharzina, K.*: Unternehmensführung, 4. Aufl., Wiesbaden 2003. *Picot, A.*; *Reichwald, R.*; *Wigand, R. T.*: Die grenzenlose Unternehmung, 5. Aufl., Wiesbaden 2003.

Tobias Bernecker

Grenzgänger

→Arbeitnehmer, die in einem Staat arbeiten, in einem anderen wohnen und mindestens einmal wöchentlich nach Hause fahren.

Als Bürger eines EU-Mitgliedstaates hat man das Recht, in allen EU-Ländern nach einer →Stelle zu suchen sowie als Arbeitnehmer oder Selbstständiger zu arbeiten. Man muss dabei wie ein Inländer behandelt werden. Dies gilt grundsätzlich für den Zugang zur Beschäftigung, für die Anerkennung von Ausbildungsabschlüssen, für die Arbeitsbedingungen, für die Sozialversicherung und die →Sozialleistungen sowie für die Besteuerung.

Grenzgänger unterliegen dabei teilweise Sonderregelungen, so beispielsweise hinsichtlich der Krankenversicherung und dem Arbeitslosengeld. Auch hinsichtlich der Besteuerung, die in der Regel in dem Staat erfolgt, in dem man arbeitet, gelten zwischen den EU-Mitgliedstaaten besondere Regeln für Grenzgänger. So wird häufig in bilateralen Doppelbesteuerungsabkommen vorgesehen, dass Grenzgänger in ihrem Wohnsitzstaat besteuert werden.

Die grenzüberschreitende →Arbeitsvermittlung wird insbesondere von EURES-Beratern (→EURES) unterstützt.

Volker Stein

Grid-Methode →Verhaltensgitter

Großraumbüro

im Gegensatz zum Einzelbüro die Zusammenfassung mehrerer Arbeitsplätze in einem Raum.

Das Großraumbüro ist meistens vollklimatisiert, so dass die Fenster ständig geschlossen bleiben. Die Arbeitsplätze werden im Allgemeinen künstlich beleuchtet. Die Decken sind mit schallschluckenden Elementen verkleidet, die Fußböden mit dämpfenden Teppichen ausgelegt. Durch Stellwände können die Arbeitsplätze voneinander abgeschirmt werden. Großraumbüros wurden zuerst in den USA eingeführt; ihre Effektivität ist in Fachkreisen, zu nennen sind beispielsweise *Evans* und *Johnson* (2000) ebenso umstritten wie ihre Wirkung auf das Wohlbefinden der darin Beschäftigten.

Literatur: *Evans, G. W.*: Environmental stress and health, in: *Baum, A.*; *Revenson, T.*; *Singer, J. E.* (Hrsg.): Handbook of Health Psychology, New York 2001. *Evans, G. W.*; *Johnson, D.*: Stress and Open-Office Noise, in: Journal of Applied Psychology, 85. Jg. (2000), H. 5, S. 779–783.

Thomas Bartscher

Groupthink →Gruppendenken

Grundannahmen

vorbewusste und daher kaum hinterfragte und schwer ermittelbare Vorstellungen über die Realität sowie die darin enthaltenen Ursache-Wirkungs-Zusammenhänge, die im Rahmen der →Organisationskultur für Konstanz und Kontinuität sorgen (syn.: Basisprämissen, Grundüberzeugungen).

Grundannahmen sind *Schein* (1995) zufolge tief in der psychischen Struktur eines Menschen verankert und prägen auf fundamentale Weise dessen individuelle Wahrnehmung sowie Denken, Handeln und Fühlen.

Verschiedene theoretische Ansätze der Organisationskulturforschung sehen das über kollektive Erfahrungen gewonnene beziehungsweise über Sozialisationsprozesse weitervermittelte Muster der von den Organisationsmitgliedern *gemeinsam* vertretenen Grundannahmen als den eigentlichen *Kulturkern*. Üblicherweise werden hier zwei Ebenen von Grundannahmen unterschieden: Basisprämissen *ersten Grades* beziehen sich auf elementare Aspekte wie das „Wesen des Menschen", das „Wesen menschlicher Beziehungen", das „Wesen der Zeit". Aus diesen abstrakten Grundannahmen entwickeln sich im Laufe der Zeit und Zusammenarbeit weitere, unmittelbar auf das organisationale Geschehen bezogene Vorstellungen bezüglich der internen Prozesse und Strukturen sowie des Umgangs mit dem externen Umfeld. Diese Basisprämissen *zweiten Grades* kanalisieren das Organisationsverhalten innerhalb bestimmter kulturverträglicher Bahnen und verdinglichen sich beispielsweise in spezifischen Entscheidungs-, Anreiz- und Machtstrukturen.

Literatur: *Schein, E. H.*: Unternehmenskultur, Frankfurt a. M., New York 1995.

Thomas Behrends

Grundheuer →Heuer

Grundmodell der reinen Personalbereitstellungsplanung →Personalbereitstellung

Grundmodell der reinen Personaleinsatzplanung →Einsatzplanung

Grundrechte

Rechtspositionen, die in der Verfassung normiert und als Abwehr-, Schutz- oder Teilhaberechte gegen den Staat ausgestaltet sind.

Im Wesentlichen sind Grundrechte in Art. 1–19 Grundgesetz (GG) normiert. Im →*Arbeitsrecht* finden Grundrechte durch die Lehre von der so genannten *Drittwirkung* Anwendung. Danach sind bei der Auslegung von unbestimmten Rechtsbegriffen des Zivilrechts die grundrechtlichen Wertungen zu berücksichtigen (*Maunz* und *Nawiasky* 1956). Im Arbeitsrecht können sowohl grundrechtlich geschützte Positionen des →Arbeitnehmers als auch solche des →Arbeitgebers zum Tragen kommen. Diese Interessen sind – soweit das möglich ist – miteinander in Einklang zu bringen oder – soweit das (was häufiger der Fall ist) nicht möglich ist – gegeneinander abzuwägen. Im Arbeitsrecht besonders bedeutsame Grundrechte sind die Menschenwürde (Art. 1, 2 GG), der Gleichheitssatz (Art. 3 GG, →Gleichbehandlung aus (arbeits-)rechtlicher Sicht), die Glaubensfreiheit (Art. 4 GG), das Recht der freien Meinungsäußerung (Art. 5 GG), die Berufsfreiheit (Art. 12 GG) sowie das Eigentumsrecht (Art. 14 GG).

Aus dem Grundrecht der *Menschenwürde* etwa hat die Rechtsprechung einen Anspruch des Arbeitnehmers, nicht nur die vereinbarte Vergütung zu erhalten, sondern tatsächlich beschäftigt zu werden, abgeleitet (BAG, Urteile vom 10. 11. 1955, 13. 09. 1967, 26. 05. 1977, AP Nr. 2–5 zu § 611 BGB).

Art. 3 GG ist Leitgedanke für teilweise ausdrücklich normierte *Gleichbehandlungspflichten* und – soweit diese nicht normiert sind – für eine →Gleichbehandlung von Gleichem.

Die *Glaubensfreiheit* des Art. 4 GG kann maßgeblichen Einfluss auf arbeitsrechtliche Wertungen, zum Beispiel bei Beantwortung der Frage, inwieweit das arbeitgeberseitige →Direktionsrecht durch die Glaubensfreiheit eingeschränkt wird. So hat das Bundesarbeitsgericht entschieden, dass die →Kündigung einer muslimischen Verkäuferin in einem Warenhaus unwirksam ist, wenn sie damit begründet wird, die Arbeitnehmerin habe die arbeitgeberseitige Weisung, während der →Arbeit kein Kopftuch zu tragen, missachtet.

Die in Art. 5 GG geschützte *Meinungsfreiheit* gilt auch für den Arbeitnehmer. Die Meinungsfreiheit und ihre Grenzen sind etwa bei politischer Agitation im Betrieb zu berücksichtigen.

Die *Berufsfreiheit* des Arbeitnehmers gewinnt ebenfalls bei zahlreichen Fallgestaltungen an Bedeutung, beispielhaft bei der Frage, inwieweit der Arbeitgeber →Rückzahlungsklauseln für Sonderzuwendungen oder Fortbildungskosten vereinbaren darf, die bei einer anschließenden Beendigung des Arbeitsverhältnisses greifen sollen.

Art. 14 GG schließlich schützt das *Eigentum*. Diese Norm darf in Verbindung mit der allgemeinen Handlungsfreiheit gemäß Art. 2 GG nicht vollends vernachlässigt werden, wenn die Frage zu beantworten ist, ob ein bestimmtes Verhalten des Arbeitgebers gegenüber dem Arbeitnehmer als unternehmerische Betätigungsfreiheit anzusehen ist.

Literatur: *Maunz, T.; Nawiasky, H.* (Hrsg.): Vom Bonner Grundgesetz zur gesamtdeutschen Verfassung. Festschrift zum 75. Geburtstag von Hans Nawiasky, S. 157–159, München 1956.

Friedrich Meyer

Grundüberzeugungen →Grundannahmen

Grundzeit

Teilmenge der Ausführungszeit.

Grundzeit plus →Erholzeit plus →Verteilzeit ergeben die Zeit, die je produzierte Einheit benötigt wird. Die Grundzeit setzt sich zusammen aus Tätigkeitszeit und Wartezeit (→Auftragszeit).

Désirée H. Ladwig

Gruppe

Mehrzahl von Personen, die über längere Zeit miteinander in direktem Kontakt stehen.

Merkmale von Gruppen sind darüber hinaus ein Gefühl der Zusammengehörigkeit (→Gruppenkohäsion), gegenseitige Beeinflussung, gemeinsame Werte und →Gruppennormen sowie unter Umständen eine →Differenzierung von →Rollen (→Rollentheorie). Was den unteren Rand einer →*Gruppengröße* betrifft, so stellt das Paar einen Grenzfall dar. Die obere Grenze der →Gruppengröße kann nicht generell bestimmt werden. Sie ist erreicht, wenn unmittelbarer Kontakt nicht mehr regelmäßig stattfindet oder sich Untergruppen bilden. Arbeitsgruppen, die bewusst gebildet werden und gemeinsame Ziele verfolgen, werden häufig auch als *Teams* bezeichnet.

Literatur: *Staehle, W. H.*: Management, 8. Aufl., München 1999.

Jan Hendrik Fisch

Gruppenabstimmung

wichtiges Element des Entscheidungsprozesses innerhalb von →Gruppen.

Es lassen sich im Wesentlichen drei Formen der Gruppenabstimmung unterscheiden:

1. *Gruppenabstimmung durch Beratung* (Consultative Approach): Ein Mitglied besitzt die Autorität (→Macht), die Entscheidungen in einer Gruppe zu fällen, bezieht je-

doch die Empfehlungen anderer Teammitglieder mit ein. Die →Verantwortung für die Entscheidung obliegt allein dem Mitglied mit Entscheidungsautorität. Problem dieses Ansatzes: Zwischen den Teammitgliedern kann eine Konkurrenzsituation entstehen, in der jeder versucht, den Entscheidungsverantwortlichen zu beeinflussen.

2. *Gruppenabstimmung durch Demokratie* (Democratic Approach): Die Mitglieder haben den gleichen Einfluss auf die Entscheidung und tragen gemeinsam die Verantwortung für die Entscheidung. Entscheidungen werden durch Mehrheitsbildung getroffen. Problem dieses Ansatzes: Mitglieder, die überstimmt werden, engagieren sich nur begrenzt für die Umsetzung der Gruppenentscheidung.

3. *Gruppenabstimmung durch Konsens* (Consensus Approach): Entscheidungsfindungsprozess zielt auf die Übereinstimmung zwischen allen Mitgliedern der Gruppe ab. Die getroffene Entscheidung ist in der Regel nicht die optimale, sondern die (ggf. unter Hinnahme von Kompromissen) für alle Mitglieder akzeptable Variante. Problem mit diesem Ansatz: Finden des Konsens nimmt viel Zeit in Anspruch.

Die Gruppenabstimmung bildet ein wesentliches Element für die reibungslose Gestaltung der Prozesse innerhalb von Gruppen.

Ruth Stock-Homburg

Gruppenarbeit

mögliche soziale Beziehung am Arbeitsplatz, die gegeben ist, wenn die →Gruppe so wenige Mitarbeiter hat, dass personelle Beziehungen zwischen den Mitarbeitern entstehen können und die Gruppenmitglieder die →Verantwortung für das Arbeitsergebnis tragen.

Üblicherweise zeigen sich mit der Gruppenarbeit fünf Vorteile:

1. Die →Gruppenkohäsion kann zu einer stärkeren →Identifikation mit der →Arbeit führen. Dies setzt voraus, dass die Gruppenbesetzung konstant ist und die Mitgliederzahl zwischen drei und zwölf liegt.
2. Mit Arbeitsgruppen lassen sich organisatorische Mängel leichter überbrücken.
3. Interpersonelles →Lernen wird eher gefördert als an Einzelarbeitsplätzen.
4. Bei ausreichender Gruppenautonomie (→Autonomie) kann eine geringere Hierarchietiefe (→Hierarchie) des Betriebs entstehen.
5. Aufgabenbereicherungen (→Job Enrichment) und Aufgabenwechsel können leichter umgesetzt werden als bei Einzelarbeitsplätzen.

Es sollte jedoch immer im Einzelfall geprüft werden, ob für den Arbeitsplatz Gruppenarbeit empfehlenswert ist.

In den letzten Jahren wurden verstärkt autonome Arbeitsgruppen diskutiert. Bei der Autonomie lassen sich verschiedene Dimensionen unterscheiden, wie zum Beispiel Führung (→Mitarbeiterführung), Zielsetzung, Arbeitsplatz, →Arbeitszeit, Fertigungsplanung, Fertigungssteuerung, Aufgabeninhalt-, -aufteilung, -verteilung sowie Mitgliedschaft und ökonomische Fragen.

Margit Weißert-Horn
Regina Brauchler

Gruppenbildung

Entwicklung von →Gruppen durch gegenseitige Annäherung der Teammitglieder auf der fachlichen und zwischenmenschlichen Ebene.

Das *Ziel* der Gruppenbildung ist die Erlangung der Gruppenreife. Der Gruppenbildungsprozess lässt sich durch das Lebenszykluskonzept von Gruppen erklären. Grundlegende Annahme dieses Konzepts ist, dass neu gebildete Gruppen nicht sofort in hohem Maße leistungsfähig sind (*Jewell* und *Reitz* 1981, *Tuckman* 1965). Vielmehr durchlaufen laut *von Rosenstiel* (2000) Gruppen verschiedene Phasen mit unterschiedlichen Niveaus der →Leistungsfähigkeit:

- *Forming*: In dieser Phase treffen die künftigen Mitglieder erstmals aufeinander.
- *Storming*: Der Prozess der Rollenzuweisung beginnt. Rivalität und →Macht sowie damit in Verbindung stehende →Konflikte sind kennzeichnend für Gruppen, die sich in dieser Phase befinden.
- *Norming*: In der Gruppe bilden sich Erwartungen an die Verhaltensweisen der Teammitglieder, das heißt Normen (→Normen und Werte), heraus.
- *Performing*: Erst in dieser Phase kommen gruppenbezogene Vorteile zum Tragen. Die Gruppe erreicht ihre volle Leistungsfähigkeit.

In Verbindung mit den Entwicklungsphasen von Gruppen wird davon ausgegangen, dass Gruppen in der Phase des Forming relativ viel Zeit für die persönliche →Interaktion benötigen, um sich gegenseitig einschätzen zu können. Dies führt zunächst zu einer Verringerung der aufgabenbezogenen Aktivitäten und somit zu einem begrenzten Teamerfolg (→Gruppenerfolg). Je weiter eine Gruppe in diesen Entwicklungsphasen fortgeschritten ist, desto stärker rücken wieder aufgabenbezogene Aspekte in den Vordergrund der Interaktion. Der funktionale Verlauf des Zusammenhangs zwischen dem Entwicklungsstadium einer Gruppe und deren Leistung ist in Abbildung 1 veranschaulicht.

Abbildung 1: Zusammenhang zwischen den Entwicklungsphasen und dem Erfolg von Teams (*Stock* 2003, S. 46)

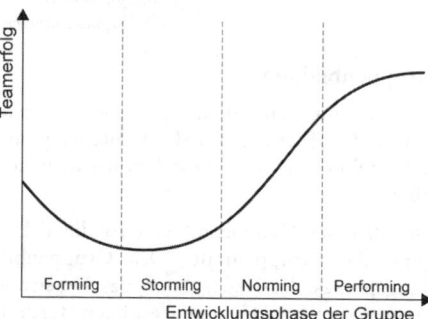

Die Anwendung dieses Konzepts erfolgte in erster Linie im Kontext von Unternehmen. Dabei stand die Erklärung der Entwicklung von Arbeitsteams im Zeitverlauf im Vordergrund des Interesses.

Literatur: *Jewell, L.*; *Reitz, H.*: Group Effectiveness in Organizations, Clenview 1981. *Stock, R.*: Teams an der Schnittstelle zwischen Anbieter- und Kundenunternehmen, Wiesbaden 2003. *Tuckman, B.*: Development Sequence Small Companies, in: Group and Organizational Studies, 2.Jg. (1965), S. 419–427. *von Rosenstiel, L.*: Grundlagen der Organisationspsychologie, 4. Aufl., Stuttgart 2000.

Ruth Stock-Homburg

Gruppen-Coaching

→Coaching mehrerer Personen gleichzeitig mit dem Ziel, sie im Ausbau ihrer →Kompetenzen zu unterstützen und/oder als Team (→Gruppe) zu entwickeln.

Laut *Rückle* (2000) zielt das Gruppen-Coaching sowohl auf das Erkennen von Stärken und Schwächen der Gruppenmitglieder als auch auf eine Steigerung ihrer Leistung ab. Im Gegensatz zum →*Einzel-Coaching* steht dabei aber mehr die soziodynamische Beziehung zwischen zwei oder mehreren Personen im Vordergrund als das individuelle Erleben und Verhalten (→Behaviorismus) eines Einzelnen. Eine individuelle Krisenintervention ist aufgrund der Gruppensituation und damit einer gewissen Öffentlichkeit nur in Ausnahmefällen möglich, da ein wesentliches Merkmal des Einzel-Coaching, die Intimität und Neutralität zwischen →*Coach* und →*Coachee*, fehlt und das Setting keinen so vertraulichen, individuell gestaltbaren Ort darstellt (*Schreyögg* 1998). Ein Gruppen-Coaching wird deshalb im Rahmen der →*Personalentwicklung* eher als eine sinnvolle Ergänzung zu einem Einzel-Coaching betrachtet.

Schreyögg (1998) beschreibt, dass es sich bei einem Gruppen-Coaching als besonders vorteilhaft erweist, wenn die Teilnehmenden ihre unterschiedlichen Kenntnisse (→Qualifikation) und beruflichen Erfahrungen einbringen Dies kann, wie zum Beispiel in Gruppendiskussionen oder Rollenspielsituationen, Synergieeffekte nach sich ziehen und entsprechend horizonterweiternd sein. Durch nachfolgendes →*Feedback* von Coach und Teilnehmern lassen sich die Lerneffekte noch verbessern. Hier kann jeder Klient von Stärken und Schwächen der anderen partizipieren und damit potenziell die eigenen Managementkompetenzen entwickeln. Nicht nur Themen, die für alle von gleichem Interesse sind, werden behandelt, sondern auch exemplarische Lösungen zu konkreten Vorgängen eines einzelnen Gruppenmitglieds mit der ganzen →Gruppe können erarbeitet werden.

Förderlich für eine intensive →Gruppenarbeit ist eine kleine Teilnehmerzahl, welche zwischen drei bis maximal zehn Personen liegt. Dies gewährt jedem Einzelnen ausreichend Übungsmöglichkeiten und eine umfangreiche Rückmeldung gezeigten Verhaltens. Bei größeren Gruppen empfiehlt sich eine Aufteilung der Gruppe oder der Einsatz eines weiteren Coachs.

Literatur: *Rückle, H.*: Coaching. So spornen Manager sich und andere zu Spitzenleistungen an, Landsberg/Lech 2000. *Schreyögg, A.*: Coaching, Frankfurt a. M., New York 1998.

Sabine Remdisch

Gruppendenken

Phänomen, bei dem das Streben nach Konsens den Entscheidungsprozess von →Gruppen derart dominiert, dass ihre Wahrnehmung der Realität beeinträchtigt wird (engl.: Group Think).

Janis (1972) konnte zeigen, dass es in hochkohärenten und schon länger zusammenarbeitenden Teams in Politik und Wirtschaft zu einer verhängnisvollen Einengung der diskutierten Alternativen kommt (z. B. Pearl Harbor, Koreakrieg, Eskalation des Vietnamkriegs).

Durch folgende *Bedingungen* werden Prozesse des Gruppendenkens gefördert: gleich gesinnte Gruppenmitglieder, hohe →Gruppenkohäsion, die Gruppe ist von anderen Informationsquellen isoliert und der Leiter favorisiert eindeutig eine Lösung.

Symptome des Gruppendenkens sind:

- In der Gruppe herrscht die Illusion der Unverwundbarkeit und der Einigkeit (z. B. wird Schweigen als Zustimmung interpretiert).
- Inkonsistente →Informationen, die den Annahmen und Überzeugungen der Gruppe widersprechen, werden sowohl auf individueller (Selbstzensur) als auch auf interindividueller Ebene (Konformitätsdruck) ignoriert und/oder abgewertet.
- Selbsternannte „Wächter" schützen die Gruppe vor widersprechenden →Daten.
- Konkurrenten werden grundsätzlich abgewertet.

Mögliche *Gegenmaßnahmen* sind:

- Der Leiter fordert zur öffentlichen Äußerung von Zweifeln auf und akzeptiert →Kritik an seiner Meinung.
- Mitglieder mit höherem Status äußern ihre Meinung zum Schluss.
- Die Gruppe über das Phänomen Gruppendenken aufklären und externe, unabhängige Experten einladen.
- Ein oder mehrere Mitglieder nehmen die →Rolle des Advocatus Diaboli ein.
- Die Gruppe zeitweise in Subgruppen teilen oder mehrere Gruppen parallel an derselben Fragestellung arbeiten lassen.
- Szenarien über mögliche Aktionen und Reaktionen von Konkurrenten entwickeln.

Das →Wissen um das Phänomen Gruppendenken und die Gegenmaßnahmen sind für Teamentwicklungsmaßnahmen (→Personalentwicklung) und die Leitung von Teambesprechungen (→Mitarbeiterführung) von hoher Relevanz. Die Gefahr der Entstehung von Gruppendenken ist auch bei Personalauswahl- und -einsatzentscheidungen zu berücksichtigen (heterogene Zusammensetzung der Teams, systematische →Job Rotation, Dialog- und Streitkultur). Zudem sensibilisiert das Phänomen Gruppendenken für die andere Seite der positiv besetzten Begriffe wie →Identifikation, Kohäsion und →Commitment.

Literatur: *Janis, I. L.*: Victims of Groupthink, Boston 1972.

Andreas Bergknapp

Gruppendynamik

Kräfte, die Veränderungen innerhalb von sozialen →Gruppen auslösen.

Der Begriff Gruppendynamik geht auf *Lewin*, den Begründer der →Feldtheorie zurück (1951). Forschungen zur Gruppendynamik versuchen zu verstehen, wie zwischenmenschliche und aufgabenbezogene Prozesse innerhalb von Teams ablaufen. Die grundlegende Annahme der Forschungen auf diesem Gebiet lautet, dass innerhalb von Gruppen Prozesse (→Teamprozess) ablaufen, die im Rahmen der Aufgabenerfüllung durch einzelne Personen nicht stattfinden. Bedeutende Facetten gruppendynamischer Prozesse stellen die Gruppenreife (→Gruppenbildung), die →Gruppenkohäsion sowie das Groupthink Phänomen (→Gruppendenken) dar.

Literatur: *Lewin, K.*: Field Theory in Social Science, New York 1951.

Ruth Stock-Homburg

Gruppeneffektivität

Kriterium zur Erfassung des →Gruppenerfolgs, das den Grad der Erreichung der Gruppenziele ausdrückt.

Die am weitesten verbreitete Konzeptualisierung der Gruppeneffektivität stammt von *Hackman* und *Morris* (1975). Gemäß dieser Konzeptualisierung umfasst nach *Hackmann* (1987) die Effektivität einer →Gruppe drei Facetten:

1. Den Grad, in dem das Ergebnis einer Gruppe die →Anforderungen in Bezug auf Quantität, →Qualität und Zeitvorgaben erfüllt.

2. Die individuelle Zufriedenheit der Mitglieder (→Arbeitszufriedenheit) bedingt durch die Gruppensituation.

3. Die Fähigkeit) einer Gruppe, zukünftig als Gruppe zusammenzuarbeiten, das heißt die Überlebensfähigkeit der Gruppe.

Während die Gruppeneffektivität in der Praxis insbesondere zur Bestimmung gruppenbezogener Entgelte zum Einsatz kommt, dient sie im Kontext der betriebswirtschaftlichen und organisationspsychologischen Forschung als Erfolgsmaß, beispielsweise zur Analyse von Teamführung oder →Gruppenzusammensetzung.

Literatur: *Hackman, J.*: The Design of Work Teams, in: *Lorsch, J.* (Hrsg.): Handbook of Organizational Behavior, Englewood Cliffs 1987, S. 315–342. *Hackmann, J.*; *Morris, C.*: Group Tasks, Group Interaction Process, and Group Perfomance Effectiveness: A Review and Proposal Integration, in: *Berkowitz, L.* (Hrsg.): Advances in Experimental Social Psychology, 9. Aufl., New York 1975, S. 45–99.

Ruth Stock-Homburg

Gruppenentscheidungsprozess

in der →Gruppe und nicht von einem Individuum durchgeführter Prozess an dessen Ende ein Beschluss steht.

In Gruppen nehmen Entscheidungsprozesse nicht immer einen rationalen oder begrenztrationalen Verlauf. Häufig spielen bei der Entscheidungsfindung auch die Reihenfolge, das Ansehen und die rhetorischen Fähigkeiten der Redner sowie die Verteilung der →Macht auf einzelne Gruppenmitglieder oder →Koalitionen zwischen ihnen (→Mikropolitik) eine wichtige Rolle. Entscheidungen finden dann in interessengeleiteten Verhandlungsprozessen zwischen den beteiligten Parteien statt. Eine Teilnahme an der Entscheidung lohnt sich in großen Gruppen und Organisationen allerdings nur für diejenigen Personen, die nach den Kosten ihrer Beteiligung noch einen Profit aus der Entscheidung zu erwarten haben.

Im *Mülleimer-Modell* von *Cohen*, *March* und *Olsen* (1972) wird bei Entscheidungen gar von einer völligen →Entkopplung von Problemen, Lösungen, Teilnehmern und Gelegenheiten der Entscheidung ausgegangen. Demnach können Entscheidungen in Gruppen noch relativ leicht getroffen werden, solange die durch sie zu lösenden Probleme oder die sie als dringlich empfindenden Entscheidungsteilnehmer noch nicht in Erscheinung getreten sind. Umgekehrt kommen Entscheidungen leichter zustande, wenn die zu lösenden Probleme nach zahlreichen erfolglosen Versuchen zu einer anderen Entscheidungsgelegenheit abgewandert sind. Nur in günstigen Fällen, wenn alle Elemente des Entscheidungsprozesses zusammentreffen, kann es zu einer sachgerechten Problemlösung kommen.

Literatur: *Cohen, M.D.*; *March, J.G.*; *Olson, J.P.*: A Garbage Can Model of Organizational Choice, in: Administrative Science Quarterly, 17. Jg. (1972), S. 1–25.

Jan Hendrik Fisch

Gruppenerfolg

kann durch psychosoziale sowie ergebnisbezogene Erfolgsgrößen beschrieben werden.

Im Hinblick auf den Erfolg von →Gruppen ist in der Teamforschung eine Reihe von Größen untersucht worden (Abbildung 1). An dieser Stelle ist darauf hinzuweisen, dass die innerhalb der unterschiedlichen Kategorien aufgeführten Erfolgsgrößen nicht überschneidungsfrei sind. Vielmehr handelt es sich hierbei um eine Auflistung, welche die Fülle der in der Literatur untersuchten Erfolgsgrößen von Gruppen verdeutlichen soll.

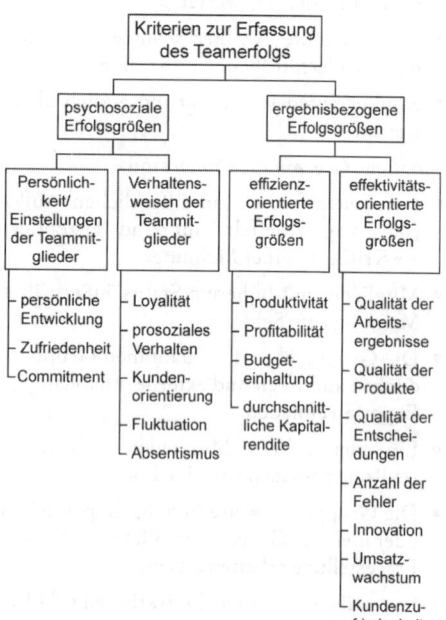

Abbildung 1: Kategorisierung der Kriterien zur Erfassung des Teamerfolgs (*Stock* 2003, S. 163)

Die Kriterien zur Erfassung des Gruppenerfolgs lassen sich in die Rubriken psychosoziale Erfolgsgröße und ergebnisbezogene Erfolgsgröße unterteilen.

- Die *psychosozialen Erfolgsgrößen* manifestieren sich insbesondere in der Persönlichkeit beziehungsweise den Einstellungen sowie in den Verhaltensweisen der Gruppenmitglieder, welche in Verbindung mit der Gruppensituation auftreten. Mit Abstand am häufigsten wurden aus dieser Rubrik die Zufriedenheit (→Arbeitszufriedenheit), das Organisationale →Commitment und die →Fluktuation von Gruppenmitgliedern untersucht.
- In Verbindung mit den *ergebnisbezogenen Erfolgsgrößen* lässt sich zwischen effizienzorientierten und effektivitätsorientierten Erfolgsgrößen differenzieren. Die *Effizienz* bezieht sich auf das Verhältnis zwischen dem Output des Teams und dem hierfür aufgewendeten Input. Weitaus intensiver als die effizienzbezogenen Größen wurde in der Teamforschung die →Effektivität als Erfolgsgröße untersucht.

Die in Abbildung 1 (auf der vorangehenden Seite) aufgeführten Kriterien lassen die Fülle der unterschiedlichen in der Literatur untersuchten Erfolgsgrößen erkennen. Diese Vielfalt ergibt sich insbesondere daraus, dass in Abhängigkeit von der Aufgabe einer Gruppe unterschiedliche Schwerpunkte in Bezug auf deren Erfolgsgrößen gesetzt werden. Während beispielsweise in Verbindung mit Kundenbetreuungsteams (Selling Teams) primär Größen wie Umsatzwachstum, Kundenorientierung und →Kundenzufriedenheit untersucht werden, stehen bei Neuproduktentwicklungs-Teams Erfolgsgrößen wie Innovation (→Technologischer Wandel), technische Qualität und Qualität von Entscheidungen im Vordergrund des Interesses.

Literatur: *Stock, R.*: Teams an der Schnittstelle zwischen Anbieter- und Kunden-Unternehmen, Wiesbaden 2003.

Ruth Stock-Homburg

Gruppenfeedback →Feedback

Gruppenführung   →Gruppenorientierte Personalführung

Gruppengröße

Anzahl der Mitglieder innerhalb einer →Gruppe.

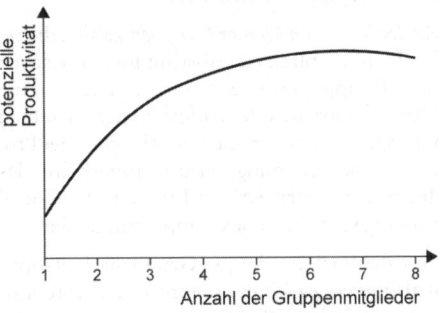

Abbildung 1: Funktionale Zusammenhänge zwischen Gruppengröße und Teamerfolg (*Stock* 2003, S. 100)

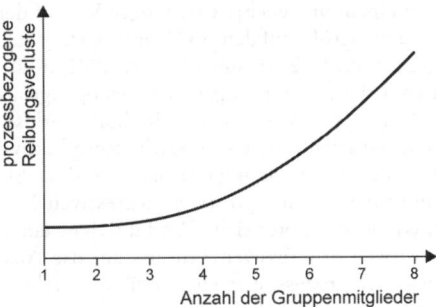

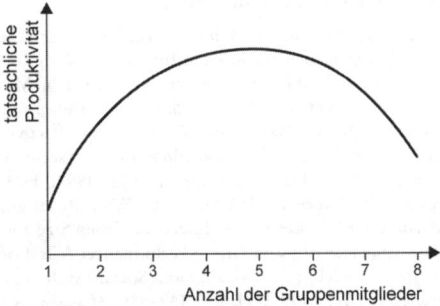

Die Frage nach der optimalen Gruppengröße wurde in der Teamforschung häufig untersucht (im Überblick *Cohen* und *Bailey* 1997). Aus den Ergebnissen lässt sich schließen, dass es keine allgemeingültig optimale Gruppengröße gibt, sondern dass die Gruppengröße in hohem Maße von der Aufgabe abhängt. In der Literatur (*Amason* und *Sabienza* 1997, *Littlepage* 1991, *Magjuka* und *Baldwin* 1991, *McNamara*, *Luce* und *Thompson* 2002) werden Vorteile sowohl von kleinen als auch von großen Gruppen diskutiert:

Vorteile großer Gruppen sind beispielsweise die leichtere Bewältigung der →Anforderun-

Gruppenkohäsion

gen aufgrund erhöhter Arbeitskraft zahlreicher Mitglieder oder die erhöhte persönliche →Interaktion zwischen den Teammitgliedern durch geringeren Zeitdruck.

Zu den Vorteilen kleiner Gruppen zählen die relativ unkomplizierte Abstimmung zwischen den Gruppenmitgliedern, die relativ gute Überschaubarkeit der Aufgaben der einzelnen Gruppenmitglieder, der relativ geringe Prozess- und Reibungsverlust innerhalb des Teams sowie der geringe Freiraum für Social Loafing Verhalten der Gruppenmitglieder.

Um die Vorteile der →Gruppenarbeit optimal nutzen zu können, wird in der Literatur wie zum Beispiel bei *Cohen* und *Bailey* (1997) von einem umgekehrt U-förmigen Verlauf der Gruppengröße auf den →Gruppenerfolg ausgegangen. *Hackman* und *Oldham* (1980) diskutieren die Auswirkungen der Gruppengröße auf die prozessbezogenen Reibungsverluste und die Produktivität (→Arbeitsproduktivität), die in Abbildung 1 visualisiert sind. Sie unterstellen einen positiven degressiven Einfluss auf die potenzielle Produktivität, einen positiven progressiven Einfluss auf das Ausmaß der prozessbezogenen Reibungsverluste und einen umgekehrt U-förmigen Einfluss auf die tatsächliche Produktivität.

Literatur: *Amason, A.; Sapienza, H.*: The Effects of Top Management Team Size and Interaction Norms on Cognitive and Affective Conflict, in: Journal of Management, 23.Jg. (1997), H. 4, S. 495–516. *Cohen, S.; Bailey, D.*: What Makes Teams Work: Group Effectiveness Research from the Shop Floor to the Executive Suite, in: Journal of Management, 23.Jg. (1997), H. 3, S. 239–290. *Hackman, J.; Oldham, G.*: Work Redesign, Reading 1980. *Littlepage, G.*: Effects of Group Size and Task Characteristics on Group Performance: A Test of Steiner's Model, in: Personality and Social Psychology Bulletin, 17.Jg. (1991), H. 4, S. 449–456. *Magjuka, R.; Baldwin, T.*: Team-Based Employee Involvement Programs: Effects of Design and Administration, in: Personnel Psychology, 44.Jg. (1991), S. 793–812. *McNamara, G.; Luce, R.; Thompson, G.*: Examining the Effect of Complexity in Strategic Group Knowledge Structures on Firm Performance, in: Strategic Management Journal, 23.Jg. (2002), S. 153–170.

Ruth Stock-Homburg

Gruppenkohäsion

innerhalb einer →Gruppe bestehendes Gemeinschaftsgefühl.

Empirischen Befunden zufolge (*Seashore*, 1954) weisen kleine Gruppen eine stärkere Kohäsion auf als große, erfolgreiche eine stärkere als erfolglose und homogene eine stärkere als inhomogen zusammengesetzte. Wettbewerb mit anderen Gruppen stärkt die Kohäsion. Wettbewerb innerhalb derselben Gruppe schwächt sie jedoch.

Der betriebswirtschaftlich relevante Zusammenhang von Kohäsion und *Gruppenleistung* scheint komplizierter zu sein als von der Human Relations Bewegung angenommen:

Gruppenkohäsion steigert zunächst einmal nur die Einheitlichkeit des Leistungsniveaus. Ob die Höhe der Leistung durch Kohäsion steigt oder, sinkt hängt davon ab, inwieweit sich die →Gruppennormen mit den Zielen der →Organisation decken. Wenn eine Führungskraft bei schlechter Gruppenleistung keine Zielharmonie herstellen kann, bleibt ihr kurzfristig die Möglichkeit, die Kohäsion beispielsweise durch gruppeninternen Wettbewerb zu reduzieren.

Literatur: *Seashore, S. E.*: Group Cohesiveness in the Industrial Work Group, Ann Arbor 1954.

Jan Hendrik Fisch

Gruppenkompetenz →Kompetenz

Gruppenmerkmale

Attribute wie Kohäsion (→Gruppenkohäsion), Rollenverteilung, Diversität (→Diversity), soziales Bummeln oder →Gruppendenken, mit denen →Gruppen beschrieben werden können.

Der Zusammenhalt innerhalb einer Gruppe wird als Kohäsion bezeichnet. →*Gruppenkohäsion* beruht auf Faktoren, welche die Bindung an die Gruppe erhöhen. Zum Beispiel wird Gruppenkohäsion begünstigt, wenn eine äußere Bedrohung besteht, wenn die Gruppe klein und exklusiv ist, wenn die Gruppe Erfolge hat, wenn eine für alle zufriedenstellende Rollenverteilung herrscht, wenn viel Zeit gemeinsam verbracht wird und wenn es schwierig ist, Mitglied der Gruppe zu werden. Positive Konsequenzen der Gruppenkohäsion in Unternehmen sind zum Beispiel geringe →Fehlzeiten; eine hohe Kohäsion kann bei hoher Arbeitsbelastung (→Belastungs-Beanspruchungs-Modell) eine Pufferfunktion haben.

Ein Bewusstsein über eine gemeinsame Aufgabe sowie eine gemeinsame Aufgabenorientierung (→Führungsstilmodell der Ohio-

State-Forschung) entscheiden über Intensität und Dauer der Gruppenkohäsion: Gruppen mit einer gemeinsamen Aufgabenorientierung sind stabiler als Gruppen, bei denen die Kohäsion auf sozioemotionalen Beziehungen beruht. Die Produktivität (→Arbeitsproduktivität) aufgabenorientierter Gruppen ist dann besonders hoch, wenn sich ihre Mitglieder nach gemeinsam geteilten Verhaltensnormen und Regeln richten, wenn sie über Erfahrungen im Umgang miteinander verfügen oder wenn sie sich an einem gemeinsamen Vorbild orientieren können. Mit der Gruppenkohäsion verband sich eine besonders von der Human Relations-Bewegung getragene Hoffnung, dass eine Änderung der Kohäsion auch die Gruppenleistung beeinflusst. So setzen nach der klassischen Human Relations-These die Pflege der zwischenmenschlichen Beziehungen bereits leistungssteigernde Effekte frei. In der Empirie hat sich lediglich bestätigt, dass mit zunehmender Kohäsion die Konformität des Verhaltens der Gruppenmitglieder steigt.

Die *negativen Folgen* von Gruppenkohäsion verweisen auf Prozesse der Konformität. Konformität im Gruppenprozess (→Teamprozess) bedeutet, dass Gruppenmitglieder in Richtung auf Gruppenregeln oder -normen beeinflusst werden. Ein gewisses Maß an Konformitätsdruck ist in Gruppen notwendig, da man sich zum Beispiel auf bestimmte Regeln einigen muss; wie *Sader* (1991) bemerkt.

Das sozialpsychologische Experiment von *Asch* (1951) steht für die Erkenntnis, dass einzelne Personen durch die Meinungen einer Majorität in ihrem Urteil beeinflusst werden können, wobei mit steigender →Gruppengröße dieser Einfluss zunimmt. In diesem Experiment wurden Studenten gebeten, an einem Versuch zur visuellen Unterscheidung teilzunehmen. Die Versuchspersonen sollten 18mal entscheiden, ob eine von drei Vergleichslinien ebenso lang ist wie eine Referenzlinie. In einem ersten Durchgang wurden kaum Fehler gemacht. In der Experimentalbedingung wurden die Versuchspersonen gebeten, ihre Urteile laut bekannt zu geben. Der Trick: Es gab nur eine „echte" Versuchsperson, alle anderen waren Gehilfen des Versuchsleiters, die in sechs neutralen Durchgängen richtige Antworten, in 12 weiteren Durchgängen aber falsche Antworten gaben. Die Ergebnisse zeigen den großen Einfluss einer falschen, aber einstimmigen Majorität auf die Urteile der Versuchspersonen: Die Versuchspersonen machten zu 37 % Fehler, denn diese passten ihre Urteile den falschen Aussagen der Majorität an.

Bei hochkohäsiven Gruppen, die unter einem großen Druck stehen, kann auch das *Gruppendenken* auftreten, also eine bei massivem Uniformitätsdruck eintretende Pseudogewissheit, bei der dissonante Informationen abgewehrt werden. Dieses Phänomen tritt besonders bei Entscheidungen unter →Stress, bei ungeklärten Gruppenstrukturen und schlecht organisierten Entscheidungsregeln auf. Relevante Informationen werden verzerrt wahrgenommen. Die Folge können schwerwiegende Fehlurteile sein.

Das Phänomen des *Sozialen Bummelns* (Social Loafing) ist eine unbewusste Neigung, in der Leistung nachzulassen, wenn man in der Gruppe arbeitet, und zwar unabhängig davon, ob die Aufgabe interessant und bedeutungsvoll ist. Die negative Auswirkung des sozialen Bummelns besteht darin, dass nicht nur weniger gearbeitet, sondern dass auch weniger →Verantwortung übernommen wird. Es spielt beispielsweise eine Rolle, ob der einzelne innerhalb der Gruppe identifizierbar ist oder nicht. So wurde das soziale Bummeln eliminiert, wenn die Einzelpersonen ihre individuelle Leistung zurückgemeldet bekamen.

Das Phänomen wird bei *Bierhoff* (1998) so erklärt: Die einzelne Person nimmt an, dass die anderen Gruppenmitglieder so viel Anstrengung unternehmen, dass die eigene Anstrengung überflüssig erscheint. Die Menschen reduzieren ihre Beiträge für die Gruppe, weil sie erstens glauben, sie können in den Genuss des Gruppenerfolgs kommen, ohne dazu beigetragen zu haben („Free Rider-Effekt"). Zweitens kann die Kräftezurückhaltung in Leistungsgruppen auch damit zusammenhängen, dass man befürchtet, ausgenutzt zu werden und dass soziales Bummeln somit nur die Absicht beinhaltet, im Sinne der Dissonanztheorie Gleichheit wiederherzustellen („Sucker-Effekt").

Unter *Diversität* werden Unterschiede in den Werten und Einstellungen zwischen Menschen innerhalb einer Gruppe, aber auch entsprechende Unterschiede zwischen Gruppen verstanden. Weitere Unterscheidungsmerkmale sind Geschlecht, Nationalität, ethnische

Zugehörigkeit, →Kultur und →Beruf. Die empirischen Befunde zu Diversität in Gruppen gehen zumeist auf Laboruntersuchungen zurück. In diesen wurden positive Leistungseffekte ermittelt, die ihre Ursache vor allem in der unterschiedlichen Art und Weise haben, wie die einzelnen Gruppenmitglieder Probleme lösen. Dies stellt auch eine zentrale Determinante von →Kreativität dar. Die wenigen Studien über Diversität von Gruppen in Organisationen, wie zum Beispiel *Podsiadlowski* (2002), weisen positive und negative Effekte auf. Negative Reibungseffekte treten vor allem auf, wenn die Gruppe noch nicht lange zusammenarbeitet.

Literatur: *Asch, E. S.*: Effects of Group Pressure Upon the Modification and Distortion of Judgements, in: *Guetzkow, H.* (Hrsg.): Group, Leadership and Men, Pittsburgh 1951, S. 177–1990. *Bierhoff, H.W.*: Sozialpsychologie, 4. Aufl., Stuttgart 1998. *Podsiadlowski, A.*: Multikulturelle Arbeitsgruppen in Unternehmen, Münster 2002. *Sader, M.*: Psychologie der Gruppe, Weinheim 1991.

Erika Spieß

Gruppennormen

Verhaltensstandards, die das Miteinander in der →Gruppe regeln.

Diese Verhaltensregeln können implizit sein. Sie sind dann selbstverständlich für das Verhalten und werden erst wahrgenommen, wenn sie durchbrochen werden. Verhaltensregeln werden aber auch formal als gültige Regeln festgeschrieben. Normen entsprechen häufig den durchschnittlichen ursprünglichen Präferenzen der Gruppenmitglieder. In der Sozialpsychologie ist dieses „Konvergenz- beziehungsweise Trichtermuster" der Normenbildung schon lange bekannt.

Es gibt vier Funktionen der Gruppennormen:

1. *Gruppenlokomotion*: Normen helfen, die Gruppenziele zu erreichen.
2. *Aufrechterhaltung der Gruppe*: Normen tragen mit dazu bei, die Gruppe zusammenzuhalten, zum Beispiel durch regelmäßige Treffen.
3. *Soziale Wirklichkeit*: Normen schaffen für die Gruppe einen gemeinsam geteilten Bezugsrahmen.
4. *Definition der Beziehungen zur Umwelt*: Normen helfen, die Beziehungen der Gruppe nach außen zu definieren und zusammenzuhalten.

Gruppennormen sind gegenüber Veränderungen relativ resistent.

Erika Spieß

Gruppenoptimierung

Aktivitäten zur Verbesserung der →Arbeit innerhalb von →Gruppen.

Eine wichtige Rolle spielt bei der Gruppenoptimierung auch das →Gruppen-Coaching. Bei der Bildung neuer Gruppen zielt die Gruppenoptimierung darauf ab, die Mitglieder schneller und besser auf die Gruppensituation einzustellen. Im Rahmen der Gruppenoptimierung soll der Prozess der →Gruppenbildung beschleunigt werden.

Bei bereits bestehenden Gruppen konzentrieren sich die Aktivitäten der Gruppenoptimierung an den Einflussgrößen des →Gruppenerfolgs, das heißt der Gruppenstruktur und den Gruppenprozessen. Bei der *Gruppenstruktur* geht es primär um die Fähigkeiten der Mitglieder der Gruppe sowie darum, wie gut die Gruppe aufgrund ihrer Zusammensetzung zusammen passt. Bei den *Gruppenprozessen* (→Teamprozess) geht es um Dinge wie →Kooperation, →Kommunikation und →Qualität der Entscheidungsfindung.

Ruth Stock-Homburg

Gruppenorientierte Personalführung

Ausrichtung der Instrumente des →Personalmanagements sowie des individuellen →Führungsverhaltens auf die Schaffung beziehungsweise Förderung von Teamstrukturen innerhalb eines Unternehmens.

Eine zentrale Frage im Zusammenhang mit der gruppenorientierten Personalführung (→Mitarbeiterführung) bezieht sich darauf, inwieweit Führung auf die Gruppenprozesse (→Teamprozess) förderlich oder beeinträchtigend wirkt. Insbesondere hinsichtlich der Auswirkungen der Gruppenführung auf die Verhaltensweisen von Gruppenmitgliedern beziehungsweise den →Gruppenerfolg werden sowohl positive als auch negative Effekte diskutiert (*Stock* 2005). Positive Verhaltensauswirkungen der gruppenorientierten Führung werden durch den strukturierenden Einfluss der Führungskraft sowie ihrer positiven Beeinflussung der Einstellungen beziehungsweise Verhaltensweisen der Gruppenmitglieder begründet. Eine Beeinträchtigung der

→Gruppe durch zu intensive Führung kann durch eine Überregulierung der Gruppenaktivitäten erfolgen.

In einer jüngeren Untersuchung weist *Stock* (2005) einen nicht-monotonen Zusammenhang zwischen der Intensität der Gruppenführung und dem Ausmaß der →Kooperation sowie der Prozessqualität der Entscheidungsfindung nach. Ein negativer Effekt der Intensität der Gruppenführung wird im Hinblick auf das Ausmaß persönlicher Konflikte festgestellt, wie Abbildung 1 darstellt.

Abbildung 1: Verlaufsformen des Zusammenhangs zwischen Teamführung und Teamprozessen (*Stock* 2005, S. 41, 46)

a)
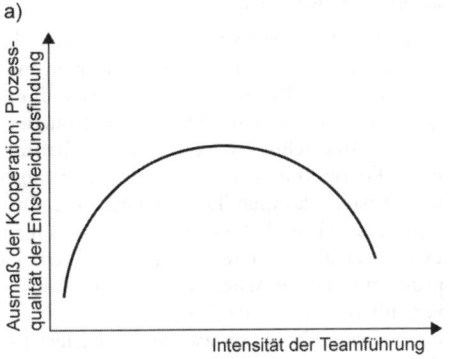

b)
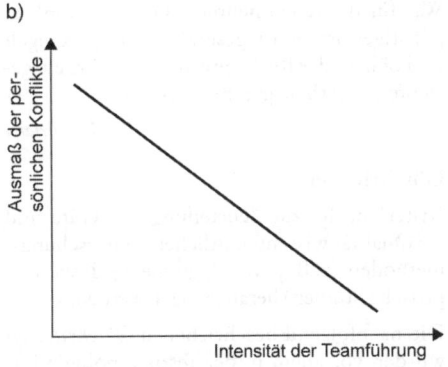

In Abhängigkeit von dem Reifegrad von Gruppen erarbeiten *Hersey* und *Blanchard* (1993) unterschiedliche →Führungsstile innerhalb von Gruppen (→Reifegradmodell). Jeder dieser Führungsstile ergibt sich, wie Abbildung 2 zeigt, aus den beiden Dimensionen Aufgabenorientierung und Beziehungsorientierung (→Führungsstilmodell der Ohio-State-Forschung).

Abbildung 2: Gruppenorientierte Personalführung gemäß der Theorie des situativen Führens (*Hersey/Blanchard* 1993, S. 95)

	Beziehungsorientierung	
	niedrig	hoch
Aufgabenorientierung hoch	Teamführung durch Anweisung	Teamführung durch Coaching
Aufgabenorientierung niedrig	Teamführung durch Delegation	Teamführung durch Unterstützung

Hersey und *Blanchard* unterscheiden vier Führungsstile:

1. *Führung durch Anweisung*: Aufgabeninhalte, Zuständigkeiten sowie Vorgehensweisen der Aufgabenbearbeitung werden durch den Gruppenleiter vorgegeben.

2. *Führung durch* →*Coaching*: Der Gruppenleiter schafft Rahmenbedingungen und unterstützt die Gruppe bei der Strukturierung der Aufgabe mit dem Ziel eine weitgehende Selbstständigkeit und Unabhängigkeit der Gruppenmitglieder von der →Führungskraft zu erlangen.

3. *Unterstützende Führung*: Die aufgabenbezogenen Aspekte werden innerhalb des Teams weitgehend autonom geregelt. Der Teamleiter konzentriert sich in erster Linie auf zwischenmenschliche Angelegenheiten (bspw. →Integration neuer Mitglieder, Management von Konflikten innerhalb des Teams oder →Persönlichkeitsentwicklung einzelner Mitglieder).

4. *Führung durch* →*Delegation*: Das Team regelt aufgabenbezogene und zwischenmenschliche Aspekte weitgehend autonom.

Hierbei ist zu beachten, dass es nicht *den* optimalen Führungsstil gibt, sondern vielmehr die Effizienz des Führungsstils von der Situation, in der geführt wird, abhängt, weshalb der Ansatz von *Hersey* und *Blanchard* den situativen Führungsstilmodellen zuzuordnen ist.

Gruppenprozess

Literatur: *Hersey, P.; Blanchard, K.:* Management of Organizational Behavior: Utilizing Human Resources, Englewood Cliffs 1993. *Stock, R.:* Kann Teamführung zu intensiv sein? Theoretische Überlegungen und empirische Untersuchung nicht-linearer Wirkungsbeziehungen, in: Zeitschrift für betriebswirtschaftliche Forschung, 57. Jg. (2005), S. 33–57.

Ruth Stock-Homburg

Gruppenprozess →Teamprozess

Gruppenstruktur →Gruppenoptimierung

Gruppenverhalten →Gruppennormen, →Risikoschub

Gruppenvorteil

bezieht sich auf den Nutzen, den ein Unternehmen beziehungsweise ein Individuum durch die →Implementierung von →Gruppen (im Vergleich zur individuellen Aufgabenbearbeitung) erlangt.

→Gruppenarbeit kann ergebnisbezogene und psycho-soziale Vorteile bewirken. Ergebnisbezogene Vorteile sind erhöhte →Gruppeneffektivität, verbesserte Qualität und erhöhte →Flexibilität. In sozialer Hinsicht fördert Gruppenarbeit soziale Kontakte, →Kooperation und steigert das Interesse der Mitarbeiter an ihrer Aufgabe (→Leistungsvorteile der Gruppe). Psychosoziale Gruppenvorteile sind die →Arbeitszufriedenheit, organisationales →Commitment, erhöhte Qualität des Arbeitslebens sowie geringere →Fluktuation.

Ruth Stock-Homburg

Gruppenzusammensetzung

ergibt sich aus der Kombination von Personen mit unterschiedlichen persönlichen und fachlichen Merkmalen mit dem Ziel, gemeinsam eine Aufgabe zu erfüllen.

An die Zusammensetzung von →Gruppen werden insbesondere drei →Anforderungen gestellt:

1. Die Gruppe muss aus Personen zusammengesetzt sein, die über entsprechende Kenntnisse und Fähigkeiten (→Qualifikation) verfügen, die Aufgabe der Gruppe zu erfüllen.
2. Der Gruppe müssen Personen angehören, die ausreichenden Einfluss haben, die Entscheidungen beziehungsweise Vorschläge der Gruppe umzusetzen.
3. Die Mitglieder der Gruppe müssen über hinreichende gruppenbezogene Fähigkeiten verfügen, um zur Erreichung der Gruppenziele beizutragen.

Diese Auflistung macht deutlich, dass die Art der Gruppenziele und -aufgaben die optimale Zusammensetzung einer Gruppe bestimmt.

Ruth Stock-Homburg

Günstigkeitsprinzip

im Tarifvertragsgesetz geregelter Grundsatz, wonach tarifvertragliche Vorschriften Mindeststandards sind, von denen nach oben hin abgewichen werden kann.

Grundlegende Arbeitsbedingungen und Löhne werden durch die Tarifvertragsparteien ausgehandelt. Die Ergebnisse dieser Verhandlungen finden in →Tarifverträgen ihren Niederschlag. Abweichungen von den Vorschriften eines Tarifvertrages sind in zwei Fällen möglich. Erstens können Tarifverträge eine Öffnungsklausel enthalten, die Abweichungen explizit zulässt. Zweitens kann der →Arbeitgeber mit den →Arbeitnehmern Regelungen vereinbaren, wenn der Arbeitnehmer sich dabei besser stellt. Dieser zweite Fall basiert auf dem so genannten Günstigkeitsprinzip.

Was für die Arbeitnehmer allerdings konkret günstiger ist, wird gesetzlich nicht geregelt und obliegt der Rechtsprechung der Arbeitsgerichte (→Arbeitsgerichtsbarkeit).

Uwe Jirjahn

Gütekriterien

Kriterien, die zur Beurteilung von Güte und →Qualität wissenschaftlicher →Forschungsmethoden (z. B. psychologische →Tests, empirische Studien) herangezogen werden.

Die nachfolgend beschriebenen *Gütekriterien* wurden vor allem in der Testpsychologie formuliert, können jedoch auch auf andere Forschungsdaten angewendet werden.

→*Objektivität* bezeichnet den Grad, in dem die Ergebnisse eines Messverfahrens unabhängig von den Einflüssen derjenigen Person sind, die den Test durchführt. Darüber hinaus bezeichnet sie den Grad der Unabhängigkeit der Messergebnisse von der Untersuchungssituation. Objektivität ist gegeben, wenn ein Test unabhängig vom Testleiter und unabhängig von den äußeren Bedingungen identische Ergebnisse für eine Testperson liefert. Objektivität kann mithilfe statistischer Kennwerte quantifiziert werden, die beispielsweise das Ausmaß der interpersonellen Übereinstimmung über die Interpretation eines zu untersuchenden Sachverhalts abbilden. Einflüsse des Testleiters oder der Situation können bei der Durchführung, Auswertung und der Interpretation des Tests entstehen. Die *Durchführungsobjektivität* bezeichnet daher das Ausmaß, in dem die Testwerte unabhängig von den Verhaltensvariationen des Versuchs- oder Testleiters oder von den von ihm hergestellten Durchführungsbedingungen zustande kommen. Standardisierungen der Testsituationen (z. B. durch schriftliche Instruktionen) erhöhen die Durchführungsobjektivität. *Auswertungsobjektivität* bezeichnet das Ausmaß, in dem das gleiche Verhalten einer Testperson auf die gleiche Weise numerisch oder kategorial ausgewertet wird. Um dies sicherzustellen, können verbindliche Regeln für die Testauswertung aufgestellt werden. Ein Test kann zu diesem Zweck beispielsweise auch maschinell ausgewertet werden. *Interpretationsobjektivität* bezeichnet das Ausmaß, in dem der gleiche Testwert auf die gleiche Weise interpretiert wird.

→*Reliabilität* bezeichnet den Grad der Genauigkeit, das heißt der Messfehlerfreiheit beziehungsweise Messfehlerbehaftetheit, mit dem ein Messverfahren eine Merkmalsdimension erfasst. Dieses Kriterium gibt Auskunft über die Zuverlässigkeit der Messung. Somit ist dieses Kriterium auch ein Maß für die Replizierbarkeit beziehungsweise Reproduzierbarkeit eines Befundes. Reliabilität ist gegeben, wenn ein Test das, was er misst, genau misst – unabhängig davon, was er misst. *Amelang* und *Zielinski* beschreiben 2002 mehrere Verfahren, mit denen die Reliabilität durch verschiedene Reliabilitätskoeffizienten quantifiziert werden kann. Zur Ermittlung solcher Reliabilitätskoeffizienten kann zum Beispiel die Testwiederholungsmethode eingesetzt werden. Der Test wird dann nach einem oder mehreren Zeitintervallen an derselben Stichprobe wiederholt. Die Korrelation zwischen den Tests liefert den Retest-Reliabilitätskoeffizienten. Damit bezeichnet die Retest-Reliabilität (auch Stabilität) den Grad der Konstanz der Messwerte, der sich bei Wiederholung der Messung der zu messenden Eigenschaft ergibt, wenn die Eigenschaft als konstant vorausgesetzt wird. Gedächtniseffekte, Gewöhnung, Sättigung oder andere Wiederholungseffekte verzerren den beschriebenen Kennwert. Auch die faktische Labilität eines Merkmals führt zur Unterschätzung der auf diese Weise ermittelten Reliabilität. Zur Ermittlung der Reliabilität können auch zwei inhaltsgleiche (parallele) Tests an derselben Stichprobe erhoben und miteinander korreliert werden. Daraus ergibt sich der Paralleltest-Reliabilitätskoeffizient. *Paralleltest-Reliabilität* gibt somit den Grad an, in welchem ein vergleichbares Messverfahren identische Ergebnisse liefert. Die *Split-Half-Methode* und die *Odd-Even-Methode* stellen Verfahren zur Aufteilung eines Tests in parallele Formen dar. Die interne Konsistenz stellt eine weitere Methode dar, mit der auf der Basis aller Item-Interkorrelationen eines Tests ein Reliabilitätsmaß ermittelt wird.

→*Validität* bezeichnet den Grad, in dem ein Messverfahren tatsächlich dasjenige Persönlichkeitsmerkmal oder diejenige Verhaltensweise erfasst, die es messen soll beziehungsweise zu messen vorgibt. Dieses Kriterium gibt somit Auskunft über die Gültigkeit eines →Testverfahrens. Validität ist gegeben, wenn ein Test das, was er zu messen vorgibt, auch tatsächlich misst und auch nichts anderes misst. Die *Inhaltsvalidität* gibt dabei den Grad an, in dem ein Testverfahren die verschiedenen Facetten des zugrunde liegenden theoretischen Konstrukts erfasst und abdeckt. Ein Test ist dann inhaltsvalide, wenn die mit ihm erfasste Verhaltensstichprobe repräsentativ für den interessierenden Verhaltensbereich ist. *Konstruktvalidität* bezeichnet den Grad der Aussagekraft, der aus einem Test über ein bestimmtes nicht direkt beobachtbares Konstrukt gemacht werden kann. Relevant ist hier die Möglichkeit der Einbettung des mit einem Test erfassten Konstrukts in das nomologische Netzwerk anderer, inhaltlich ähnlicher oder aber auch artfremder Konstrukte. Eine Konstruktvalidierung erfolgt zumeist über korrelative Verfahren, die die Übereinstimmung der Testergebnisse mit anderen empirischen Indikatoren desselben Konstrukts prüfen. Aber auch die Unabhängigkeit von Variablen, die mit dem Konstrukt einer Theorie nicht zusammenhängen dürfen, kann geprüft werden. *Konvergente Konstruktvalidität* bezeichnet somit den Zusammenhang der Ergebnisse eines Messverfahrens mit den Ergebnissen eines bereits existierenden konstruktvaliden Tests. *Diskrimi-*

Gütekriterien

nante Konstruktvalidität bezeichnet hingegen den Zusammenhang der Ergebnisse eines Messverfahrens mit den Ergebnissen eines herkömmlichen Tests, der ein anderes, artfremdes Konstrukt misst. Die *Kriteriumsvalidität* bezeichnet den Grad des Zusammenhangs zwischen den Resultaten des Messinstruments und den Resultaten eines testunabhängigen (externen) Kriteriums (zumeist das interessierende Zielmerkmal). Werden die Messung mithilfe des Tests und die Messung des testunabhängigen Außenkriteriums zeitgleich vorgenommen, wird von kongruenter Kriteriumsvalidität gesprochen. Geht die Messung mithilfe des Tests der Messung des Außenkriteriums voraus, so dass dieses Außenkriterium durch den Test vorhergesagt werden kann, wird von prädiktiver Kriteriumsvalidität oder auch von prognostischer Validität des Tests gesprochen. Letztlich sei noch die *Zuwachsvalidität* (inkrementelle Validität) erwähnt, die Auskunft über das Ausmaß der Erhöhung der Validität einer Testbatterie durch die Aufnahme eines Zusatztests gibt.

Die genannten Kriterien (Objektivität, Reliabilität, Validität) sind hierarchisch organisiert: Ohne ein Mindestmaß an Objektivität ist keine Reliabilität denkbar und ohne befriedigende Reliabilität ist keine hinlängliche Validität erreichbar.

Campbell und *Stanley* beschrieben schon 1957 mehrere Validitätsmodi, die speziell für Experimente und quasi-Experimente gelten:

- *Statistische Validität*: Gibt an, ob eine statistische Beziehung zwischen den in einer Studie untersuchten Variablen vorliegt, das heißt beispielsweise, ob Messwerte, die in einer Experimentalgruppe und in einer Kontrollgruppe erhoben wurden, bedeutsam voneinander differieren. Die statistische Validität kann durch eine Vielzahl von Faktoren herabgesetzt sein – beispielsweise durch eine geringe Teststärke der verwendeten Signifikanztests.

- *Interne Validität*: Gibt an, ob eine festgestellte statistische Assoziation zwischen den Variablen einer Untersuchung als kausale Beziehung betrachtet werden kann, das heißt beispielsweise, ob Messwertunterschiede (in der abhängigen Variablen) zwischen verschiedenen Versuchsbedingungen (z. B. einer Experimentalgruppe und einer Kontrollgruppe) eindeutig auf Unterschiede in der unabhängigen Variablen (im Treatment dieser Gruppen) zurückführbar sind. Die interne Validität sinkt mit wachsender Anzahl möglicher Alternativerklärungen für das Ergebnis. Sie sinkt, wenn die unabhängige Variable mit weiteren Variablen konfundiert ist (z. B. durch räumliche, zeitliche oder personenbezogene präexperimentelle Unterschiede zwischen den Versuchsbedingungen, durch Hawthorne-Effekte und Rosenthal-Effekte).

- *Variablenvalidität*: Bezieht sich auf die Frage, ob sich die kausal assoziierten Variablen einer Untersuchung tatsächlich auf die zugrunde liegenden theoretischen Konstrukte beziehen – dies betrifft beispielsweise die Angemessenheit der gewählten Operationalisierungen. Theoretische Konstrukte beziehen sich zumeist auf einen weitaus größeren Phänomenbereich (und beinhalten daher auch weitaus mehr Fälle) als die konkrete Operationalisierung eines theoretischen Konstrukts dies abbilden und repräsentieren könnte. Darüber hinaus repräsentiert eine konkrete Operationalisierung zumeist auch eine Vielzahl von theoretischen Konstrukten, die nicht Gegenstand der jeweiligen Untersuchung sein sollen. Solche Konfundierungen können zu einer bedeutenden Reduktion der Variablenvalidität führen.

- *Externe Validität*: Ist induktiv erschließbar und gibt an, ob sich eine aufgefundene kausale Beziehung zwischen den untersuchten Konstrukten auch auf andere nicht konkret untersuchte Personen, Situationen und Zeitpunkte generalisieren lässt. *Amelang* und *Bartussek* (2001) beschreiben dies auf folgende Weise: Von den untersuchten Personen (Stichprobe) soll auf die intendierte Personenpopulation geschlossen werden, von den in der Untersuchung realisierten Stufen der unabhängigen Variable soll auf die interessierenden Bedingungen in der Realität geschlossen werden und von den verwendeten Messinstrumenten für die abhängige Variable soll auf das entsprechende zugrunde liegende Konstrukt geschlossen werden können. Die externe Validität sinkt mit zunehmender Unnatürlichkeit der Testsituation (dies ist oft in Laborexperimenten der Fall) und abnehmender Repräsentativität der Stichproben (z. B. Studentenstichproben).

Bortz macht 2004 darauf aufmerksam, dass die beschriebenen Validitätsarten häufig miteinander konfligieren. So gehen Versuche der Erhöhung der internen Validität oft zulasten der externen Validität.

Weitere Kriterien, die in Abgrenzung zu den bereits erwähnten Hauptgütekriterien als *Nebengütekriterien* bezeichnet werden, sind zum Beispiel die Akzeptanz eines psychologischen Tests, dessen Vergleichbarkeit und dessen Bewährung. Folgende Nebengütekriterien gewinnen an Bedeutung:

- *Utilität*: Nutzen eines Verfahrens hinsichtlich der Beantwortung einer vorliegenden Fragestellung.
- *Fairness*: →Gleichbehandlung verschiedener →Gruppen (z. B. Altersgruppen, Geschlechtsgruppen) und deren Chancengleichheit auf ein bestimmtes Testergebnis.
- *Ökonomie*: Verhältnis zwischen dem Aufwand der Verfahrensanwendung beziehungsweise -beschaffung und dem Nutzen der Ergebnisse des Verfahrens (z. B. Informationswert des Testergebnisses für eine zu treffende diagnostische Entscheidung).

Zwar kann grundsätzlich die Möglichkeit bestritten werden, verbindliche Kriterien dafür zu bestimmen, was „gut" ist. Zudem ist die Aussagekraft einzelner der oben genannten statistischen Kennwerte durchaus nicht unumstritten. Die hier beschriebenen Gütekriterien stellen jedoch von der Scientific Community allgemein akzeptierte Standards für die Qualität beziehungsweise Wissenschaftlichkeit von Testverfahren und Forschungsmethoden dar.

Literatur: *Amelang, M.*; *Zielinski, W.*: Psychologische Diagnostik und Intervention, Berlin 2002. *Amelang, M.*; *Bartussek, D.*: Differentielle Psychologie und Persönlichkeitsforschung, Stuttgart 2001. *Bortz, J.*: Statistik für Sozialwissenschaftler, Berlin 2004. *Campbell, D. T.*; *Stanley, J. C.*: Factors Relevant to the Validity of Experiments in Social Settings, in: Psychological Bulletin, 54. Jg. (1957), H. 4, S. 297–312.

Martin Sauerland

Güteverhandlung

zwingender Gütetermin vor dem Vorsitzenden im Urteilsverfahren erster Instanz bei den Arbeitsgerichten (§ 54 ArbGG) (→Arbeitsgerichtsbarkeit).

Ein streitiges Urteil kann in der Güteverhandlung nicht ergehen, wohl aber ein *Versäumnisurteil* (das anschließend mit dem Einspruch angegriffen werden kann), wenn eine Partei zur Güteverhandlung nicht erscheint (*Klar* 2003).

Der Vorsitzende hat in der Güteverhandlung das gesamte Streitverhältnis mit den Parteien unter Würdigung aller Umstände zu erörtern. Dabei hat der Vorsitzende – wie in jedem Stadium des Verfahrens – auf eine gütliche Einigung der Parteien hinzuwirken (*Hromadka* und *Maschmann* 2002, § 21 Rn. 68f.). Ein beträchtlicher Teil der Güteverhandlungen endet einvernehmlich durch Vergleich, der das Verfahren abschließt. In →Kündigungsschutzprozessen geschieht das häufig dadurch, dass die →Kündigung gegen Zahlung einer →Abfindung akzeptiert wird.

Bleibt die Güteverhandlung erfolglos, wird das Verfahren fortgesetzt, in der Regel also ein Kammertermin für eine streitige Entscheidung durch Urteil anberaumt.

Literatur: *Hromadka, W.*; *Maschmann, F.*: Arbeitsrecht, Bd. 1, 2. Aufl., Berlin etc. 2002. *Klar, W.*: Strategie und Taktik im Arbeitsrecht, München 2003.

Friedrich Meyer

H

Habitualisierung

bezeichnet vereinfachte und verfestigte gewohnheitsmäßige Verhaltensmuster mit dem Ziel der kognitiven Entlastung bei Entscheidungen.

Bei einer *vollständigen Habitualisierung* laufen die Entscheidungen nahezu automatisch als Reaktion auf zentrale Schlüsselinformationen ab, bei *teilweiser Habitualisierung* laufen gelernte Skripts ab, die bewährte Handlungsmuster beschreiben.

Anders als bei der →Habituation nimmt die Reaktion jedoch nicht durch nicht-assoziatives →Lernen ab; die Entscheidungsvereinfachung kann vielmehr nach *Kroeber-Riel* und *Weinberg* (2003) auf drei verschiedenen Prozessen beruhen:

1. *Habitualisierung als Persönlichkeitsmerkmal*: Hier sind zeitlich stabile Dispositionen des Individuums verantwortlich für die Stärke des Bedürfnisses (→Motiv) nach kognitiver Entlastung.

2. *Habitualisierung durch eigene Gebrauchserfahrungen*: Gewohnheiten entstehen zumeist durch Lernprozesse; positive Handlungskonsequenzen werden gemäß dem Verstärkungsprinzip gefördert.

3. *Habitualisierung durch Übernahme von Gebrauchserfahrungen*: Die Anwendung von kognitiv entlastenden Entscheidungsmustern kann auch durch Lernen am Modell übernommen werden, zum Beispiel durch Empfehlungen oder durch →Beobachtung von Personen, die als Vorbild (Role Model) dienen.

Als Resultat von Habitualisierung kann Treue entstehen (z. B. zu einer →Brand). Die Entstehung von Treue kann jedoch auch durch andere Faktoren beeinflusst werden, wie zum Beispiel durch das wahrgenommene Risiko bei einer Abkehr vom gewohnten Verhaltensmuster.

Literatur: *Kroeber-Riel, W.; Weinberg, P.*: Konsumentenverhalten, 8. Aufl., München 2003.

Claas Christian Germelmann

Habituation

adaptiver →Lernprozess, der das Phänomen einer kontinuierlich abgeschwächten Reaktion auf einen Stimulus bei dessen wiederholter Darbietung beschreibt.

Je kürzer hintereinander die Stimuli dargeboten werden, desto stärker wirkt der Effekt. Bei einem Wechsel der Stimulation (z. B. Präsentation nach einer längeren Pause oder bei Darbietung eines überraschenden Stimulus) wird die Reaktion wieder in ihrer ursprünglichen Stärke hervorgerufen (Dishabituation). Das Gegenteil der Habituation ist die Sensitisierung (oder Sensitivierung), bei der ein wiederholter Kontakt mit dem Stimulus eine verstärkte Reaktion hervorruft. Zumeist geht der Habituation eine Phase der Sensitivierung voraus. Die Reaktion zum Beispiel auf einen wiederholt angebotenen Leistungsanreiz (→Anreiz) wird nach dieser Theorie folglich zunächst zunehmen und dann wieder abnehmen. Erkenntnisse der Neurologie deuten darauf hin, dass längere Zeiten der Inaktivität der Verbindungen zwischen sensorischen und motorischen Neuronen die Zahl der Verbindungsendpunkte für jedes Neuron irreversibel reduziert. Auf das →Personalmanagement angewandt könnte dies im Extremfall bedeuten, dass Mitarbeiter, bei denen langfristige Habituation eingetreten ist, auch durch noch so starke →Anreize nicht wieder sensitisiert werden können.

Literatur: *Wathieu, L.*: Consumer Habituation, in: Management Science, 50. Jg. (2004), H. 5, S. 587–596.

Claas Christian Germelmann

Haftung

Verpflichtung des →Arbeitnehmers gegenüber dem →Arbeitgeber oder gegenüber Dritten, für entstandenen Schaden einzustehen, wobei als Anspruchsgrundlagen in erster Linie § 280 Abs. 1 BGB und § 823 BGB in Betracht kommen.

Prüft man diese Anspruchsgrundlagen anhand ihrer tatbestandlichen Voraussetzungen, so folgt daraus, dass der Arbeitnehmer auch dann in vollem Umfang haftet, wenn er bei leichtester

Fahrlässigkeit einen unter Umständen beträchtlichen Schaden verursacht. Die Rechtsprechung hat deshalb eine *Haftungsprivilegierung* entwickelt. Der Arbeitnehmer soll unter bestimmten Voraussetzungen nicht oder zumindest nur beschränkt haften. Dabei hat die Rechtsprechung zunächst gefordert, dass eine Haftungsbeschränkung nur bei so genannter *gefahrgeneigter* →*Arbeit* in Betracht kommt (BAG GS, Beschluss vom 25.09.1957, AP Nr. 4 zu §§ 898, 899 RVO; *Lipperheide* BB 1993, S. 720). Darunter war eine Tätigkeit zu verstehen, bei der zwar an sich Fehler vermeidbar sind, bei der jedoch zugleich aufgrund der menschlichen Unzulänglichkeit selbst bei sorgfältigen Arbeitnehmern auf Dauer mit gelegentlichen Fehlern gerechnet werden muss. Da insoweit die Abgrenzung zwischen gefahrgeneigter und nicht gefahrgeneigter Tätigkeit mitunter schwierig war, wendet die Rechtsprechung die Grundsätze der Haftungsbeschränkung heute bei jeder *betrieblichen Tätigkeit* an.

Ob und inwieweit eine Haftungsbeschränkung nach einem Schadensfall tatsächlich eingreift, ist allerdings nach wie vor nicht exakt prognostizierbar, weil die Rechtsprechung nach dem Verschuldensgrad differenziert (BAG, Urteil vom 18.04.2002 – Az.: 8 AZR 348/01; BAG GS, Beschluss vom 27.09.1994, NZA 1994, S. 1084). Bei *leichtester Fahrlässigkeit* (ein Fehler liegt vor, der einmal passieren kann) haftet der Arbeitnehmer gar nicht. Bei *Vorsatz* haftet er voll. Bei *grober Fahrlässigkeit* (kein Vorsatz, aber Leichtfertigkeit in dem Sinne, dass ein solcher Fehler einfach nicht passieren darf) soll der Arbeitnehmer nach der jetzigen Rechtsprechung des Bundesarbeitsgerichts „in aller Regel" voll haften. Bei *mittlerer Fahrlässigkeit* dagegen wählt die Rechtsprechung einen Zwischenweg. In diesem Fall soll der Schaden zwischen Arbeitgeber und Arbeitnehmer gequotelt werden. In „besonderen Fällen" kann es allerdings auch sein, dass der Arbeitnehmer bei grober Fahrlässigkeit nur quotal haftet und bei mittlerer Fahrlässigkeit gar nicht.

Kommt es zu einer Quotelung des Schadens, wird hierbei auf Gefahrgeneigtheit der Arbeit, Versicherbarkeit des Risikos, die Stellung des Arbeitnehmers im Betrieb, das Einkommen des Arbeitnehmers, die Vermögensverhältnisse von Arbeitgeber und Arbeitnehmer sowie sonstige Umstände des Einzelfalls abgestellt. Entsteht der durch einen Fehler des Arbeitnehmers entstandene Schaden bei einem betriebsfremden Dritten, haftet der Arbeitnehmer im Verhältnis zu diesem Dritten stets uneingeschränkt (*Hromadka* und *Maschmann* 2002, § 9 Rn. 41f.). Er hat allerdings einen →Freistellungsanspruch im Innenverhältnis zum Arbeitgeber entsprechend der oben dargestellten →Differenzierung nach dem Grad des Verschuldens.

Literatur: *Hromadka, W.; Maschmann, F.*: Arbeitsrecht, Bd. 1, 2. Aufl., Berlin etc. 2002.

Friedrich Meyer

Halbwertzeit

in der Kernphysik die Zeitspanne, nach der von einer ursprünglichen Anzahl radioaktiver Atome nur noch die Hälfte übrig ist.

Eine weitere Halbwertzeitspanne führt dann zur erneuten Minderung um die Hälfte, also einem Rückgang auf nur noch 25 % der Ausgangszahl. In Übertragung dieses Phänomens einer prozentual konstanten Abnahme werden zunehmend auch andere Lebensbereiche und Vorgänge mit dem Begriff der Halbwertzeit in Verbindung gebracht; zum Beispiel in der Biologie und Chemie im Hinblick auf die Abbaugeschwindigkeiten von Pflanzenschutz- und Schädlingsbekämpfungsmitteln oder bei der Untersuchung von Publikationen hinsichtlich der Lese- und Zitationshäufigkeit von Literatur oder zur im Zeitverlauf abnehmenden Nutzungshäufigkeit von Hyperlinks im Internet.

Im personalwirtschaftlichen Kontext beschreibt die *Halbwertzeit des* →*Wissens* den Zeitraum, in dem die Hälfte der zu einem bestimmten früheren Zeitpunkt vorhandenen Wissensinhalte obsolet geworden sind (*Bühner* 2000, *Scholz, Stein* und *Bechtel* 2006). Die Quantifizierung dieser wissensbezogenen Halbwertzeit basiert auf einer vielfach zitierten „IBM-Studie", auf die sich beispielsweise auch *Giarini* und *Liedtke* (1998) in ihrem Bericht an den Club of Rome stützen (Allerdings ist die Studie trotz intensiver Recherche und Nachfragen bei IBM selbst nicht auffindbar und dort nicht bekannt.). Nach dieser Studie liegt die gegenwärtige Halbwertzeit spezifischen Fachwissens für die meisten Berufe bei etwa fünf Jahren, in technischen Berufen bei etwa drei Jahren und in der IT-Branche sogar bei nur einem Jahr, was Abbildung 1 verdeutlicht.

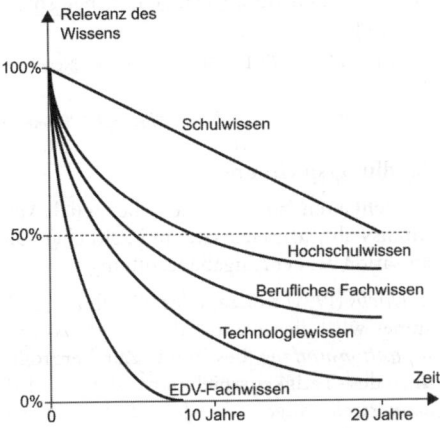

Abbildung 1: Halbwertzeit des Wissens (Güldenberg/Mayerhofer/Steyrer 1999, S. 594)

Als Querverbindung zum →Wissensmanagement stellt die Halbwertzeit des Wissens damit nicht primär auf die „Wissenserosion" ab, wonach vormals vorhandenes Wissen allmählich vergessen wird und somit im Zeitverlauf allmählich verloren geht; vielmehr beschreibt das Halbwertzeit-Konstrukt eine Situation, in der der Wissensbestand an sich zwar nahezu unverändert bleiben mag, die gegebene Wissensausstattung aber im Zeitverlauf zunehmend an Relevanz verliert. Dieser Verlust an Leistungserstellungs- und Wertschöpfungsrelevanz des Wissens, der bei Scholz, Stein und Bechtel (2006) im Zusammenhang mit der →Humankapitalberechnung zur Quantifizierung der „Wissensrelevanzzeit" geführt hat, hat unmittelbare Konsequenzen für die Arbeits- und Berufswelt: Die Dynamik der →Wissensgesellschaft bedingt rasch sinkende Halbwertzeiten des in der schulischen und beruflichen →Ausbildung erworbenen (Fach-)Wissens, also immer kürzere Zeitspannen, über die Wissen zur Erzielung von →Wertschöpfung im Unternehmen relevant ist. Das resultierende Erfordernis nach stetiger Wissensauffrischung durch →Personalentwicklung findet Ausdruck in der verbreiteten Forderung nach einem „lebenslangen →Lernen".

Von zentraler Erklärungskraft hinsichtlich dieser Annahme einer zeitlich beschränkten Nutzungsdauer von Wissen infolge von Wissensveraltung und Relevanzverlust ist die technologische Entwicklung als Kontextfaktor: So ist zum Beispiel ein Softwareprogrammierer, der im Jahr 1990 auf dem aktuellsten Wissensstand war, sich seitdem aber keinerlei neues Wissen angeeignet hat, heute kaum noch wertschöpfend einsetzbar, da er es versäumt hat, sein Wissen im Hinblick auf die technologischen Entwicklungen der letzten Jahre kontinuierlich zu aktualisieren. Trotz des allmählichen Aufbaus an Erfahrungswissen in der veraltenden Technologie ist hier aus Sicht des Unternehmens ein sukzessiver Wissenssubstanzverlust zu konstatieren, da das Fachwissen an Aktualität verliert, was negativ auf die Wertschöpfungsfähigkeit und damit die mitarbeiterseitigen Beiträge zum Erfolg des Unternehmens durchschlägt. Dieser Effekt wird dabei etwa in der IT-Branche deutlicher zum Ausdruck kommen als in weniger technologiebasierten Bereichen.

Literatur: *Bühner, R.*: Mitarbeiter mit Kennzahlen führen. Der Quantensprung zu mehr Leistung, 4. Aufl., Landsberg/Lech 2000. *Giarini, O.; Liedtke, P. M.*: Wie wir arbeiten werden. Der neue Bericht an den Club of Rome, München 1998. *Güldenberg, S.; Mayerhofer, H.; Steyrer, J.*: Zur Bedeutung von Wissen, in: *von Eckardstein, D.; Kasper, H.; Mayrhofer, W.* (Hrsg.): Management, Stuttgart 1999, S. 589–598. *Scholz, C.; Stein V.; Bechtel, R.*: Human Capital Management. Wege aus der Unverbindlichkeit 2. Aufl., München/Unterschleißheim 2006.

Roman Bechtel

Halo-Effekt →Beurteilungsfehler

Handlungsfähigkeit

Ausdruck individueller oder kollektiver →Kompetenz und Ergebnisziel von Maßnahmen des →Kompetenzmanagements.

Handlungsfähigkeit lässt sich weitergehend als eine Komponente des →Wissens verstehen. Es geht um das allgemeine Vermögen von Individuen oder Gemeinschaften, die Potenziale und Ressourcen unabhängig von der konkreten Anforderung wirksam einsetzen, um sich auf neue Situationen einstellen zu können. Der Begriff der Handlungsfähigkeit beschreibt damit ein Erfolgskriterium, welches Konzepte wie →Eignung, Erfüllungsgrad und ähnliches tendenziell ablöst. Die Akteure und Subjekte werden hier unabhängig von fremddefinierten Strukturen betrachtet. Die Handlungsfähigkeit von Individuen stellt eine wichtige personalwirtschaftliche Zielgröße dar, weil die innerbetrieblichen Möglichkeiten des Personaleinsatzes, die erreichbaren Leistungsbeiträge sowie die auch überbetrieblich zu gestaltende Beschäfti-

Handlungskette

gungsfähigkeit (→Employability) dadurch beeinflusst werden.

Uta Wilkens

Handlungskette

chronologisch angeordnete Vorgänge, die nach einem bestimmten Schema (Skript) ablaufen und bei denen eine oder mehrere Personen auf ein bestimmtes Ziel hinarbeiten (syn.: Aktionskette; engl.: Action Chain).

Zum Erreichen des Ziels müssen bestimmte Schritte oder Phasen prozessual nacheinander ablaufen. Jede Handlungskette hat einen Beginn, einen Höhepunkt sowie ein Ende und kann verschiedene Komplexitätsgrade aufweisen. Beispiele für Handlungsketten sind nach *Hall* (1981) der Ablauf eines Einstellungsgesprächs, einer Sitzung, einer Verhandlung oder eines Projekts.

Für das *interkulturelle* →*Personalmanagement* ist bedeutend, dass bestimmte Phasen je nach Gesellschaft unterschiedlich ablaufen oder divergierende Prioritäten aufweisen können, denn der Ablauf und die Zeitdauer einer Handlungskette werden durch →Sozialisation – besonders durch die →Ausbildung – erlernt und sind deshalb kulturtypisch (→Enkulturation). Wenn nun Manager unterschiedlicher Gesellschaften wie im Falle von internationalen Projektgruppen zusammenarbeiten, kann es aufgrund unterschiedlichen Zeitverhaltens zu einer mangelnden *Synchronisation* der unterschiedlich ablaufenden Handlungskette – zum Beispiel durch Wegfall, Hinzukommen, Verkürzung oder Verlängerung einzelner Phasen – zu Irritationen und Missverständnissen kommen (→Monochronie, →Polychronie).

Extremformen sind Brüche von Handlungsketten. Sie können durch zu viele parallel laufende Vorgänge, zu viele Aufgaben, zu viele Unterbrechungen oder zu viele involvierte Mitarbeiter zustande kommen. Der Bruch von Handlungsketten kann bei Personen *monochroner* Gesellschaften, die erzogen wurden, Handlungsketten zu Ende zu führen, als störend empfunden werden, weil die eigentliche →Arbeit nicht beendet werden kann. Sie reagieren besonders empfindlich, wenn sie durch das Verhalten von Menschen mit anderem Zeitumgang abgelenkt werden. Personen *polychroner* Gesellschaften dagegen unterbrechen Handlungsketten häufiger: Wenn sie ein neues interessantes Projekt übernehmen, kann es vorkommen, dass sie sich nicht mehr verpflichtet fühlen, die angefangene Arbeit sofort zu beenden.

Literatur: *Hall, E. T.*: The Silent Language, New York 1981.

Christoph I. Barmeyer

Handlungsspielraum

Möglichkeiten zum Handeln bezüglich Verfahrenswahl, Mitteleinsatz und zeitlicher Organisation bei der Aufgabenerfüllung.

Bei *Ulichs* (1991) Konzept des Handlungsspielraumes wird dieser durch den *Tätigkeits-* und *Dispositionsumfang* bestimmt. Zur Vergrößerung des Tätigkeitsspielraums dienen *Aufgabenerweiterungen* (→Job Enlargement), zur Vergrößerung des Dispositionsspielraums sind *Aufgabenbereicherungen* (→Job Enrichment) einzusetzen. Während eine Vergrößerung des Dispositionsspielraumes zu einer Erweiterung des Tätigkeitsspielraums führt, trifft dies umgekehrt nicht zu. Der Aufgabenumfang sollte so gestaltet sein, dass sich der Mitarbeiter für einen bedeutsamen Teil der →Arbeit verantwortlich fühlt, dass der Mitarbeiter die Arbeitsergebnisse auf seinen Arbeitseinsatz zurückführen kann, und dass der Mitarbeiter Auswirkungen auf Erfolg und Misserfolg direkt erkennen kann. Die Arbeitsergebnisse sollten für den Mitarbeiter als wertschöpfend sichtbar werden und es sollte ein Großteil seiner Fähigkeiten (→Qualifikation) zum Einsatz kommen. Der Aufgabenbereicherung können beispielsweise Mitwirkungen bei der Gestaltung des eigenen Arbeitsplatzes, Übernahme der Beseitigung kleiner Störungen und Qualitätsprüfungen der eigenen Arbeit dienen.

Literatur: *Ulich, E.*: Arbeitspsychologie, Zürich 1991.

Margit Weißert-Horn
Regina Brauchler

Hardware

bezeichnet die Gesamtheit der elektronischen und mechanischen Geräte der →Informationstechnik.

Die Hardware bildet neben der →Systemsoftware die technische Basis für den Einsatz →personalwirtschaftlicher Anwendungssoftware. Neben den typischen Rechnerkategorien Groß-, Mini- und Mikrorechner und den typischen Ein- und Ausgabegeräten wie Scanner oder Drucker kommen in der Personalarbeit (→Personalmanagement) auch zunehmend mobile Endgeräte wie so genannte *handhelds* (z. B. zur Datenerfassung bei →Arbeitszeit- und Zeitstudien) oder Mobiltelefone (z. B. zur Arbeitszeiterfassung, →Voice Response Systeme) zum Einsatz. Personalarbeitsspezifische Hardware bilden beispielsweise feste oder mobile Erfassungsterminals der →Zeiterfassung oder mobile Erfassungsgeräte beim Arbeits- und →Zeitstudium.

Stefan Strohmeier

Hartz-Kommission

Kurzbezeichnung für die zwischen Februar und August 2002 im Auftrag der Bundesregierung und unter der Leitung des damaligen Personalvorstands der Volkswagen AG, *Peter Hartz*, tätigen Kommission „Moderne Dienstleistungen am →Arbeitsmarkt".

Aufgabe der Hartz-Kommission war es, vor dem Hintergrund einer angespannten Arbeitsmarktlage weitreichende und schnell umsetzbare Reformvorschläge zu entwickeln. Die in 13 Innovationsmodulen zusammengefassten Vorschläge umfassen unter anderem die Konzepte

- Job-Center (Verbesserung des Services der Arbeitsämter),
- Neue Zumutbarkeit und Freiwilligkeit (höhere Flexibilitätserwartungen an Arbeitslose),
- Zusammenführung von Arbeitslosenhilfe und Sozialhilfe,
- Personal-Service-Agenturen (→Zeitarbeit als Modell zur (→Integration schwer vermittelbarer Arbeitsloser) sowie
- (→Ich-AG und Mini-Jobs.

Mit Hartz I und II werden die 2003 begonnenen Reformansätze Ich-AG, Bildungsgutscheine, Personal-Service-Agenturen und Mini-Jobs zusammengefasst. Hartz III bezeichnet die als 2004 umgesetzte Umstrukturierung der Arbeitsverwaltung (Bundesagentur für Arbeit). Die Umsetzung von Hartz IV (Reformen des Arbeitslosenentgeldes, Zusammenlegung der Arbeitslosen- und Sozialhilfe zum Arbeitslosengeld II, Zusammenarbeit von Arbeitsagenturen und Sozialämtern) hat bisher die heftigsten öffentlichen Debatten und größten Proteste ausgelöst.

Die Hartz-Reformen haben insbesondere bei der Bundesagentur für Arbeit große Veränderungen in Gang gesetzt, die Umsetzung der gesamten Innovationsmodule fragmentarisch.

Aus Sicht der betrieblichen Personalarbeit verändern die Hartz-Reformen vor allem die arbeitsmarktlichen Rahmenbedingungen (Beschäftigungspräferenzen, Konsequenzen von (→Arbeitslosigkeit) und sie führen zu neuen Beschäftigungsoptionen (Mini-Jobs).

Axel Haunschild

Harvard-Konzept

Methode des „sachbezogenen Verhandelns", die sich in →Organisationen jeglicher Art, also auch in Unternehmen, anwenden lässt.

Das Harvard-Konzept wurde 1981 von dem amerikanischen Rechtswissenschaftler *Fisher* und dem Schriftsteller und Berater *Ury* an der Harvard Law School im Rahmen des „Harvard Negotiation Projects" erstellt und umfasst die Prinzipien

- →Trennung von Menschen (Beziehungsebene) und Problemen (Sachebene),
- Konzentration auf Interessen anstatt auf Positionen,
- Entwicklung möglichst vieler Entscheidungsmöglichkeiten zum beiderseitigen Vorteil sowie
- Entscheidung anhand möglichst neutraler, objektiver Beurteilungskriterien.

Damit strebt das Harvard-Konzept sachliche Ergebnisse auch bei schwierigen Verhandlungen an. Auf dem Weg dorthin soll der Verhandlungsprozess in einem entspannten Klima (→Arbeitsumgebung) stattfinden, aufgrund aktiven Zuhörens und intelligenten Fragens fair und kommunikationsintensiv sein und zur Aufrechterhaltung persönlicher Beziehungen sowie dem →Interessenausgleich zwischen Konfliktparteien führen. Durch gegenseitiges Verstehen, das nicht notwendigerweise Einverständnis bedeutet, soll insgesamt möglichst eine „win-win-Situation" für die Beteiligten hergestellt werden.

Literatur: Fisher, R.; Ury, W.: Getting to Yes. Negotiating Agreement without Giving in, Boston 1981.

Volker Stein

Harzburger Modell →Management by Delegation (MbD)

Hausfrauenschicht

klassische halbe Vormittags-Schicht (z. B. von 6:00 bis 10:00) von Montag bis Freitag.

Es gibt auch die verkürzte zweite Schicht von vier bis fünf Stunden, die in den frühen Abendstunden liegt. Oft werden diese Hausfrauenschichten nicht mit Stammschichtpersonal besetzt, sondern bei einem entsprechenden Arbeitsanfall mit zusätzlichen Schichtarbeitern (in der Regel Hausfrauen). Eingesetzt wird dieses Schichtmodell zum Beispiel bei Celesio (Pharmahandel) für die Konfektionierung und Auslieferung der Medikamente an die Apotheken.

Désirée H. Ladwig

Hawthorne Effekt

besagt, dass die →Arbeitsleistung nicht nur eine Funktion „objektiver" physikalischer Arbeitsbedingungen ist, sondern davon abhängt, wie Arbeitsinhalte, Kollegen und →Führungskräfte wahrgenommen werden.

Der Hawthorne Effekt entstand bei den empirischen Untersuchungsreihen in den Hawthorne Werken der Western Electric Company (1924–1932) als Auslöser für die Entdeckung der Bedeutung „menschlicher Beziehungen" in der →Arbeit und damit der Human Relations-Bewegung (Human Relations).

Gegenstand der Studien war zunächst die Untersuchung des Einflusses von Arbeitsbedingungen wie beispielsweise der Pausenregelung, der Gestaltung von Arbeitsräumen, der Licht- und Luftverhältnisse sowie der Farbgestaltung auf die Arbeitsleistung von Arbeitern. Da sich jedoch kein Zusammenhang zwischen den genannten Arbeitsbedingungen und der Arbeitsleistung zeigte, vermuteten die Forscher um *Mayo*, *Roethlisberger* und *Dickson*, dass möglicherweise psychische Faktoren einen starken Einfluss auf die Arbeitsleistung haben könnten, so dass bei anschließenden Versuchsreihen psychische Störgrößen systematisch kontrolliert wurden.

Für das angestrebte Ausschalten psychischer Faktoren beziehungsweise Störungen hielten es die Forscher für erforderlich, zwischen den Versuchsleitern und den Arbeitnehmern eine Beziehung gegenseitigen →Vertrauens zu schaffen. Hierzu sollten mit den Arbeitnehmern in einem ersten Schritt die Veränderungen der Versuchsbedingungen abgesprochen werden und gegebenenfalls in einem zweiten Schritt möglicherweise aufkommendem Misstrauen mit einem kooperativen →Führungsstil begegnet werden. Nach zwei Jahren war der Output der Versuchsgruppe um etwa 30 % gestiegen. Den Forschern bereitete die Interpretation der Ergebnisse insofern Probleme, als unterschiedliche Bedingungen verändert wurden, wie Erholungspausen (→Erholung), Reduzierung der →Arbeitszeit, Entlohnungssystem und Führungsstil, ohne dass sich der Output geändert hatte.

Die entscheidenden Erkenntnisse der Studien brachte der letzte Versuch der Forschungsreihe, das so genannte „Bank Wiring Observation Room-Experiment", bei dem untersucht werden sollte, welche Einflüsse der Arbeitsgruppe das Arbeitsverhalten der anderen Mitglieder prägen. Folgende Ergebnisse konnten von *Roethlisberger* und *Dickson* (1939) aufgezeigt werden:

- *Leistungsnormen*: Gruppen manifestieren Vorgaben für eine angemessene Tagesleistung, die die Teammitglieder davon abhalten, vorliegende →Kompetenzen und bestehendes Potenzial voll auszuschöpfen.

- *Datenmanipulation*: Mitglieder der Arbeitsgruppen vermeiden es, besonders gute und besonders schlechte Leistungen zu dokumentieren, da diese die Aufmerksamkeit der Führungskraft erregen.

- *Beurteilungsbeeinflussung durch persönliche Beziehungen*: In den Qualitätsprüfungsresultaten spiegeln sich die persönlichen Beziehungen der Inspektoren zu einzelnen Arbeitnehmerinnen wider.

Mit den →Hawthorne-Studien wird die Aufmerksamkeit erstmals auf soziale Phänomene gelenkt, wie informelle Gruppen und deren Auswirkung auf die Arbeitsmotivation (→Motivation). Es wird nach *Kieser* (2002) postuliert, dass eine effiziente →Organisation und Führung (→Mitarbeiterführung) nicht ohne Beachtung der sozialen Dimension zu erzielen ist.

Die Hawthorne-Studien und daran anknüpfende Sozialtechnologien sind jedoch nicht ohne Kritik geblieben, da die Untersuchungen aus wissenschaftstheoretischer und methodischer Perspektive Mängel aufweisen. Trotz aller Kritik an den Experimenten ist jedoch unbestritten, dass die Ergebnisse die verhaltenswissenschaftliche Forschung nachhaltig beeinflusst und zur Weiterentwicklung der Organisationspsychologie beigetragen haben.

Literatur: *Kieser, A.*: Human Relations-Bewegung und Organisationspsychologie, in: *Kieser, A.* (Hrsg.): Organisationstheorien, 5. Aufl., Stuttgart 2002, S. 101–131. *Roethlisberger, F.J.; Dickson, W.J.*: Management and the Worker, Cambridge 1939.

Yvonne Groening

Hawthorne-Studien

Auslöser für die „Human Relations-Bewegung", der die Entdeckung der sozialen →Motivation des Menschen in →Organisationen beschreibt.

Die *Human Relations-Bewegung* (→Human Relations-Theorie) gilt als Überwindung der im Rahmen des →Scientific Management von *Taylor* (1911) verbreiteten Auffassung, die den Menschen, den so genannten homo oeconomicus als nur am ökonomischen Nutzen interessiert und ohne soziale Bezüge ansah. Der Human Relations-Bewegung zufolge sind für Unternehmen das Betriebsklima und die zwischenmenschlichen Beziehungen von entscheidender Bedeutung.

Die Hawthorne-Studien wurden von *Mayo* und seinen Mitarbeitern von 1927 bis 1933 in der „Western Electric Company" in Hawthorne bei Chicago durchgeführt und von *Mayo* (1947) publiziert. Ausgangsthese der Forscher war, dass die →Arbeitsleistung von der Beleuchtungsstärke (→Arbeitsumgebung) abhängt. In einer experimentellen Variation der Beleuchtungsstärke führte diese zwar hypothesengemäß zu einer Leistungsverbesserung, allerdings trat diese Verbesserung auch in der Kontrollgruppe auf und sogar in der →Gruppe, in der die Lichtverhältnisse verschlechtert worden waren. Die Forscher nahmen von daher die sozialen Beziehungen am Arbeitsplatz stärker unter die Lupe, wobei sie verschiedene Methoden verwandten wie →Interviews oder die teilnehmende →Beobachtung. Hierbei wurde auch die Bedeutung von informellen Normen in Arbeitsgruppen entdeckt.

Obwohl es Kritik an diesen Studien gab, gelten sie als Standardwerk der Organisationspsychologie und -soziologie. Man folgte dem →Menschenbild des „social man" und widmete den sozialen Beziehungen am Arbeitsplatz erhöhte Aufmerksamkeit.

Literatur: *Mayo, E.*: Political Problems of an Industrial Civilisation, New York 1947. *Taylor, F.W.*: The Principles of Scientific Management, London 1911. *von Rosenstiel, L.; Roethlisberge, F.; Dickson, W.J.*: Management and the Worker, in: *Flick, U.*: Handbuch Qualitative Sozialforschung, München 1991, S. 126–130.

Erika Spieß

Hay-Stellenwert-Profil-Methode

→Rangreihenverfahren zur analytischen Bewertung von Stellen, welches zugrunde legt, dass jede →Stelle innerhalb eines Unternehmens eine bestimmte →Wertschöpfung zu erreichen versucht und dafür ein bestimmtes →Wissen notwendig ist.

Die Dimensionen *Wissen, Denkleistung* und →*Verantwortung* stellen die groben Anforderungskriterien dar. Diese Kategorien werden in einzelne Bewertungskriterien zerlegt, die wiederum in maximal acht Stufen unterteilt sind. Jede Stufe wird mit Punktwerten versehen, aus der sich die Gesamtsumme der bewerteten Stelle berechnen lässt. Diese erlaubt eine Einordnung in eine Lohn- und Gehaltsstruktur, die auch tarifvertraglich vorgegeben sein kann.

Literatur: *Gonschorrek, U.*: Ganzheitliches Management, Berlin 2006, S. 266.

Silvia Föhr

Healthy Worker Effect

Ergebnis von Selektionsprozessen, durch die gesündere Mitarbeiter in Arbeitsbereichen mit hohen →Anforderungen verbleiben und folglich die Krankheits- und Sterberaten in diesen Arbeitsbereichen im Vergleich zur allgemeinen Krankheits- und Sterberate niedriger werden.

Der Healthy Worker Effect wurde von 1974 erstmals in der Literatur als solcher benannt (*McMichael, Spirtas* und *Kupper* 1974), allerdings nachdem sich die arbeitswissenschaftliche und arbeitsmedizinische Forschung bereits lange mit diesem Themenfeld befasst hatte. Schon im Jahr 1885 beschrieb *Ogle* die Auswirkung der Mitarbeiterauswahl auf die Sterblichkeitsstatistik.

Es lassen sich zwei *Arten* der Selektion unterscheiden, die zum Healthy Worker Effect beitragen (*Weed* 1986):

1. Die *erste (primäre) Selektion* findet während des Personalbeschaffungsprozesses statt, in der sich aufgrund der anspruchsvollen Arbeitscharakteristika „passende" Mitarbeiter angezogen fühlen, „unpassende" jedoch abgeschreckt werden und sich gar nicht erst bewerben.

2. Die *zweite (sekundäre) Selektion* findet im Verlauf des Beschäftigungsverhältnisses statt, wo Mitarbeiter, deren gesundheitliche Vitalität und Kraft unter ein für die Aufgabenerfüllung notwendiges Mindestmaß sinken, gezwungen sind, diese Beschäftigung aufzugeben.

Im Ergebnis beider Selektionsprozesse verbleiben die gesünderen Mitarbeiter in den Arbeitsbereichen mit hohen Anforderungen.

Der Healthy Worker Effect wird häufig im Zusammenhang mit →Nachtarbeit nachgewiesen. Die Selektionsprozesse bewirken, dass Mitarbeiter, die nachtarbeitsbedingt gesundheitliche Beeinträchtigungen erwarten oder aufweisen, die Nachtschichten tendenziell meiden. Dadurch füllt sich der Mitarbeiterbestand der Nachtschicht zunehmend mit „gesunden" Mitarbeitern, während die „kranken" Beschäftigten in die Tagesschichten wechseln. Somit ergibt sich eine Gesundheitsstatistik mit mehr Krankheitsfällen in den Tagesschichten als in der Nachtschicht.

Literatur: *McMichael, A.J.*; *Spirtas, R.*; *Kupper, L.L.*: An Epidemiologic Study of Mortality Within a Cohort of Rubber Workers, 1964–72, in: Journal of Occupational Medicine, 16.Jg. (1974), H. 7, S. 458–464. *Ogle, W.*: Supplement to the Forty-Fifth Annual Report of the Registrar General of Births, Deaths, and Marriages in England, London 1885. *Weed, D.L.*: Historical Roots of the Healthy Worker Effect, in: Journal of Occupational Medicine, 28.Jg. (1986), H. 5, S. 343–347.

Volker Stein

Heimarbeit

Gewerbsmäßige →Arbeit in selbstgewählter Arbeitsstätte allein oder mit Familienangehörigen im Auftrag von Gewerbetreibenden oder Zwischenmeistern, bei der jedoch die Verwertung der Arbeitsergebnisse dem unmittelbar oder mittelbar auftraggebenden Gewerbetreibenden überlassen wird.

Die im Heimarbeitsgesetz (HAG) dargelegten Schutzrechte (z. B. in den Bereichen Arbeitsverteilung, Gesundheitsschutz, Entgeltregelungen, →Kündigungsschutz) von Heimarbeitern gelten auch für Hausgewerbetreibende, die mit nicht mehr als zwei Hilfskräften oder Heimarbeitern im Auftrag eines Gewerbetreibenden oder Zwischenmeisters Waren herstellen, bearbeiten oder verpacken und hierbei wesentlich am Stück mitarbeiten. Heimarbeiter und Hausgewerbetreibende werden zusammen als in Heimarbeit Beschäftigte bezeichnet. Die Besonderheit der →Beschäftigungsform Heimarbeit ergibt sich daraus, dass zwar kein →Arbeitsvertrag vorliegt, der einen Arbeitnehmerstatus des in Heimarbeit Beschäftigten konstituiert, aber ein Abhängigkeitsverhältnis, das den Gesetzgeber zur Kodifizierung von Schutzrechten veranlasst hat.

Heimarbeit ist nicht nach *Boemke* und *Föhr* (1999) gleichzusetzen mit →Telearbeit, die zwar als Heimarbeit ausgeführt werden kann, häufiger aber im Rahmen eines Arbeitsvertrags oder einer selbstständigen Tätigkeit ausgeübt wird. Während die Besonderheit der Telearbeit in einer technologisch ermöglichten →Entkopplung der Arbeitstätigkeit vom für diese Tätigkeit typischen betrieblichen Ort zu sehen ist, stellt Heimarbeit eine vor- beziehungsweise frühindustrielle Beschäftigungsform dar. Die heutige Besonderheit der Heimarbeit liegt darin begründet, dass im Zuge der Industrialisierung eine weit reichende, unsere heutige Vorstellung von Arbeit prägende Trennung von Wohn- und Arbeitsort erfolgte.

Literatur: *Boemke, B.*; *Föhr, S.*: Arbeitsformen der Zukunft: Arbeitsflexibilisierung aus arbeitsrechtlicher und personalökonomischer Perspektive, Heidelberg 1999.

Axel Haunschild

Herzbergs Zweifaktorentheorie →Zweifaktorentheorie

Heteronomie →Autonomie

Heuer

die Vergütung von Seeleuten einschließlich des Anteils an Fracht, Gewinn oder Erlös.

Der Begriff der Heuer ist in § 30 des deutschen Seemannsgesetzes (SeemG) definiert: In ihrer Legaldefinition umfasst die Heuer alle aufgrund des Heuerverhältnisses gewährten Vergütungen. Dabei ist die Grundheuer das dem Besatzungsmitglied zustehende feste Entgelt, das auf Monatsbasis (ein Monat sind konventionsgemäß 30 Tage) berechnet wird. Variable Vergütungsbestandteile und Zulagen fallen nicht unter die Grundheuer.

Der Anspruch auf Heuer entsteht mit dem Dienstantritt oder aber, wenn das Besatzungsmitglied bereits vorher zur Musterung oder zu anderen Diensten zur Verfügung des Reeders stehen muss. Für die erforderliche Anreisezeit besteht bereits neben dem Anspruch auf Anreisekosten der Anspruch auf Grundheuer. Fällig wird die Grundheuer mit Ablauf jeden Kalendermonats und bei Beendigung des Heuerverhältnisses; auch die Anteile an Fracht, Gewinn oder Erlös sind zu demselben Zeitpunkt – zumindest als ungefähre Abschlagszahlung – fällig. Das Besatzungsmitglied hat nur im Hafen oder auf der Reede Anspruch auf Barauszahlung der Heuer, deren Auszahlung jedoch nicht in einer Gast- oder Schankwirtschaft vorgenommen werden darf. Es darf aber vom Reeder verlangen, am fünfzehnten und am letzten Tage eines jeden Monats Abschlagszahlungen bis zu insgesamt 75 % seiner Nettobezüge an die von diesem bezeichneten Familienangehörigen oder eine andere von ihm bezeichnete Person zu leisten; der Reeder muss dem Besatzungsmitglied hierüber auf Verlangen einen Verpflichtungsschein („Ziehschein") erteilen. In der in der Regel monatlichen schriftlichen Abrechnung muss der Reeder vollständige Angaben über die Zusammensetzung der Heuer, die vorgenommenen Abzüge und die Abschlagszahlungen einschließlich der auf Ziehschein geleisteten Beträge machen.

Literatur: *Schelp, G.; Feetback, R.*: Seemannsgesetz, 2. Aufl. Köln etc. 1961.

Volker Stein

Hidden Action

in der → Principal-Agent-Theorie untersuchte Situation, in der zwei oder mehr Parteien einen Vertrag abschließen, wobei mindestens eine Vertragspartei nach dem Vertragsabschluss von den anderen Parteien nicht beobachtbare („verborgene") Handlungen ausübt.

Typischerweise sind bei Hidden Action die Vertragsparteien zum Zeitpunkt des Vertragsabschlusses noch symmetrisch informiert. In der → Personalökonomie kommen Hidden Action-Modelle insbesondere bei der Analyse der Gestaltung von betrieblichen Anreizsystemen zum Einsatz. In zahlreichen Modellen wird untersucht, wie ein → Arbeitgeber (Prinzipal) einen oder mehrere Mitarbeiter (Agenten) durch entsprechende Vertragsgestaltung dazu bewegen kann, möglichst im Sinne des Unternehmenszieles zu handeln.

In der einfachsten denkbaren Situation kann ein Agent nach Vertragsabschluss eine verborgene Aktion wählen, die den Ertrag des Prinzipals sowie die Wahrscheinlichkeitsverteilung eines verifizierbaren (das heißt von einem Gericht überprüfbaren und somit im Vertrag nutzbaren) Leistungsmaßes beeinflusst. Typischerweise liegt ein Interessenkonflikt vor, da Handlungen, die zu höheren erwarteten Erträgen des Prinzipals führen, auch höhere Kosten für den Agenten verursachen.

Die optimale Vertragsgestaltung wird neben der Informationsverteilung auch von der Risikoneigung der beteiligten Akteure sowie deren Kapitalausstattung beeinflusst. Zumeist wird unterstellt, dass der Prinzipal als → Unternehmer risikoneutral ist, da er in der Lage ist sein Risiko am Kapitalmarkt zu diversifizieren. Für den Agenten wird jedoch Risikoaversion angenommen, da → Arbeitnehmern weniger Diversifikationsmöglichkeiten zur Verfügung stehen.

Um → Anreize zu setzen, wird der optimale Vertrag so gestaltet sein, dass die Entlohnung des Agenten von der Realisation des stochastischen Leistungssignals abhängig ist. Dies hat jedoch zur Folge, dass der Agent kein fixes, sondern ein risikobehaftetes Einkommen erhält. Aufgrund seiner Risikoaversion müssen dann aber entsprechende Risikoprämien an den Agenten gezahlt werden, damit er in den Vertrag einwilligt.

Als Referenzfall wird diejenige Aktion betrachtet, die bei symmetrischer Informationsverteilung gewählt würde, wenn auch die Handlung selbst vertraglich vereinbar wäre (die so genannte *First-Best-Lösung*). Aufgrund der Risikokosten, die durch Anreizsetzung entstehen, wird bei Risikoaversion des Agenten im Second-Best-Vertrag diese First-Best-Lösung verfehlt. Selbst wenn der Agent risikoneutral ist, jedoch eine nur beschränkte Kapitalausstattung besitzt, wird diese nicht erreicht. Nur bei Risikoneutralität und unbeschränkter Kapitalausstattung des Agenten kann der optimale Vertrag die First-Best-Lösung implementieren.

Literatur: *Mas-Colell, A.; Whinston, M.D.; Green, J.R.*: Microeconomic Theory, Kap. 14, Oxford 1995. *Schweizer, U.*: Vertragstheorie, Tübingen 1999.

Dirk Sliwka

Hidden Information

in der → Principal-Agent-Theorie untersuchte Situation, in der zwei oder mehr Parteien einen Vertrag abschließen, wobei mindestens eine der Vertragsparteien nach dem Vertragsabschluss („verborgene") private →Information über bestimmte Umweltparameter erwirbt, die die anderen Vertragsparteien nicht beobachten können.

Typischerweise sind die Vertragsparteien zum Zeitpunkt des Vertragsabschlusses noch symmetrisch informiert. Teilweise wird in der Literatur der Begriff Hidden Information auch für Situationen verwendet, in denen der Agent schon vor Vertragsabschluss private Information besitzt (→Adverse Selektion).

Dirk Sliwka

Hierarchie

wertneutrale Beschreibung eines Ordnungsmusters zur Reduzierung von →Komplexität in sozialen Systemen wie zum Beispiel Unternehmen.

Der Begriff Hierarchie ist im allgemeinen Sprachgebrauch negativ besetzt, da er häufig mit Unterdrückung oder bürokratischen Abläufen in Verbindung gebracht wird. Durch hierarchische Strukturen werden die *Leitungsebenen* (→Leitungsspanne, Leitungstiefe) und *Leitungsbeziehungen* in einer →Organisation definiert, so dass weitgehende Klarheit über die Verteilung von Aufgaben, →Kompetenzen und →Verantwortung herrscht.

Hierarchie ist in der Regel ein effizienteres Koordinationsinstrument als die Selbstabstimmung in vernetzten Strukturen, da sie einen geringeren Kommunikationsaufwand verursacht und eine →Differenzierung zwischen ausführenden und leitenden, den Überblick bewahrenden →Stellen vornimmt. Nur innerhalb von kleineren Einheiten, in denen die Vorteile der →Flexibilität die Nachteile des Abstimmungsaufwandes überkompensieren, kann es sinnvoll sein, auf hierarchische Strukturen zu verzichten.

Literatur: *Kruger, W.; Reissner, S.*: Inhaltsmuster der Hierarchie – Eine Exploration anhand der ZfO-Führungsprofile, in: Zeitschrift für Organisation, 59. Jg. (1990), H. 6, S. 80–88.

Jan Hendrik Fisch

High Performance Work Systems (HPWS)

von *Huselid* und *Becker* (1997) eingeführtes Konstrukt, wonach jedes Element des personalwirtschaftlichen Aktivitätenspektrums – →Strategien, Prozesse, Programme, Instrumente – derart gestaltet ist, dass es die maximale →Wertschöpfung der Mitarbeiter innerhalb ihres spezifischen organisationalen Leistungserstellungsumfeldes erlaubt und aktiv unterstützt.

Noch stärker als in *Pfeffers* (1998) ähnlichem Konzept der *High Performance Management Practices* steht bei *Huselid* und *Becker* der Systemgedanke im Vordergrund; dieser verweist auf die Interdependenz aller zu berücksichtigenden personalwirtschaftlichen Komponenten (*Becker, Huselid* und *Ulrich* 2001). Ein solches personalwirtschaftliches High Performance System „as a means to develop and sustain core competencies" (*Huselid* und *Becker* 1997, S. 144) steht damit in unmittelbarem Zusammenhang mit dem resultierenden Unternehmenserfolg.

Insofern High Performance Work Systems (HPWS) die systemischen Bedingungen der Mitarbeiterleistung konstituieren, erstreckt sich die Gestaltung des Leistungserstellungskontextes über die gesamte personalwirtschaftliche Wertschöpfungskette: Folglich erschließen sich unter anderem Entgeltsysteme, Karriereplanungs- und →Laufbahnmodelle, Schulungsmaßnahmen und betriebliche Weiterbildungsprogramme ebenso wie →Arbeitsorganisation, Personalführung (→Mitarbeiterführung) und Unternehmenskultur (→Organisationskultur) als Komponenten von HPWS. Entsprechende Einflussnahmen können dann über eine Vielzahl möglicher Kennzahlen wie zum Beispiel

– Anzahl der jährlichen Weiterbildungsstunden neuer Mitarbeiter,

– Anteil der regelmäßig einer Performance-Bewertung unterzogenen Mitarbeiter,

– Anteil der variablen Vergütung,

– Anteil der Nachwuchsführungskräfte,

– Höhe der Weiterbildungsausgaben pro Mitarbeiter oder

– Anzahl der Verbesserungsvorschläge

näher bestimmt werden. Die Bedeutung des HPWS-Konstruktes besteht damit insbesondere darin, die Erfolgsrelevanz personalwirtschaftlicher Basiselemente herauszuarbeiten, durch die gleichzeitige Betonung des komplexen Zusammenspiels der unterschiedlichen Komponenten den Blick für die Vielschichtigkeit der Personalarbeit (→Personalmanagement) weiter zu schärfen und diese empirischen Messverfahren letztlich noch besser zugänglich zu machen.

Literatur: *Becker, B. E.*; *Huselid, M. A.*; *Ulrich, D.*: The HR Scorecard: Linking People, Strategy, and Performance, Boston 2001. *Huselid, M. A.*; *Becker, B. E.*: The Impact of High Performance Work Systems, Implementation Effectiveness, and Alignment with Strategy on Shareholder Wealth, in: *Dosier, L. N.*; *Keys, J. B.* (Hrsg.): Academy of Management. Best Paper Proceedings. Theme: "Call to Action". Fifty-seventh Annual Meeting of the Academy of Management, Boston, 8.-13. August 1997, Georgia Southern University, Statesboro 1997, S. 144–148. *Pfeffer, J.*: The Human Equation, Boston 1998.

Roman Bechtel

High Potentials

Mitarbeiter, welche durch besonderes Engagement und überdurchschnittliche Leistungen auffallen, durch →Ausbildung im Unternehmen oder durch einen guten bis sehr guten Studienabschluss hervorragend qualifiziert sind und ein weiteres Entwicklungspotenzial (→Entwicklungsplanung) aufweisen.

Die Bezeichnung High-Potentials wird mehrheitlich für junge Talente unter den Hochschulabsolventen und auf schon einige Jahre im Berufsleben stehenden Fach- und →Führungsnachwuchs mit erkennbarem Entwicklungspotenzial angewendet.

Literatur: *Thom, N.*; *Friedli, V.*: Hochschulabsolventen gewinnen, fördern und erhalten, Bern etc. 2003.

Vera Friedli

Hochschulmarketing

Komponente des →Personalmarketings mit dem Ziel, den zukünftigen Führungskräftenachwuchs (→Führungsnachwuchs) bereits während des Studiums für das Unternehmen zu interessieren und als potenzielle Bewerber zu gewinnen.

Hochschulmarketing basiert auf der Vermutung, dass karriereorientierte →High Potentials Arbeitsplatz- und Berufsentscheidungen in den letzten Studiensemestern vornehmen, was Informations- und Akquisitionsaktivitäten in dieser Zeit besonders effektiv macht.

Vor dem Hintergrund, dass die Entscheidung potenzieller Bewerber, Kontakt mit einem Unternehmen aufzunehmen, auf der Grundlage unvollständiger Informationen getroffen wird und deshalb nur begrenzt rational ist, spielt das →*Personalimage* eines Unternehmens eine bedeutende Rolle. Imagebildende Maßnahmen stellen deshalb ein wichtiges Instrument im Hochschulmarketing dar. Wesentliche Hilfsmittel sind hier Imageanzeigen in zielgruppenspezifischen Medien, Imagebroschüren, die Teilnahme an Messen und Absolventenkongressen, auf denen Unternehmensvertreter im direkten Gespräch über Praktika, Einstiegs- und Entwicklungsmöglichkeiten im Unternehmen und Ähnliches informieren (*Flüshöh* 1999). Einen Beitrag zur Imageverbesserung leisten Vorträge von Mitarbeitern des Unternehmens an Hochschulen. Professoren nutzen gern die Erfahrung von Praktikern zur Unterstützung von Seminaren und Vorlesungen und bieten so den Unternehmen gleichzeitig ein Podium, sich selbst und die Einstiegsmöglichkeiten in das Unternehmen vorzustellen. Inhouse-Veranstaltungen wie zum Beispiel Betriebsbesichtigungen oder die Durchführungen von Seminaren in →Kooperation mit Lehrstühlen im Unternehmen bieten die Möglichkeit, das Unternehmen vorzustellen und insbesondere dessen fachliche →Kompetenz zu demonstrieren (*Bock* und *Mackeprang* 1999).

Bei den *Akquisitionsmaßnahmen* steht das →Praktikum nach wie vor an erster Stelle. Praktika eröffnen sowohl den Studenten die Möglichkeit, das Unternehmen kennenzulernen, vermitteln aber insbesondere dem Unternehmen wichtige Informationen über die fachlichen und sozialen Kompetenzen potenzieller Bewerber (*Bock* und *Mackeprang* 1999). Eine vergleichbare Wirkung erzielt die Vergabe praxisnaher Diplomarbeiten. Ein weiterer wichtiger Baustein im Rahmen des Hochschulmarketings ist die Kooperation mit Studenteninitiativen und ausgewählten Lehrstühlen, beispielsweise in Form von Bewerbertrainings oder Projektarbeiten. Daraus entstehen Netzwerke aus Unternehmensmitarbeitern, Studenteninitiativen und Lehrstühlen, die vor allem auch für gezielte Imagekampagnen genutzt werden können.

Literatur: *Bock, J.*; *Mackeprang, C.*: Personalmarketing an Hochschulen als integriertes Konzept beim Otto-Versand, in: *Thiele, A.*; *Eggers, B.* (Hrsg.): Innovatives Personalmanagement für High-Potentials, Göttingen 1999, S. 49–58. *Flüshöh, U.*: Imageforschung und -positionierung: Strategien und Methoden am Beispiel Hochschulmarketing der Allianz-Versicherungs-Aktiengesellschaft, in: *Thiele, A.*; *Eggers, B.* (Hrsg.): Innovatives Personalmanagement für High-Potentials, Göttingen 1999, S. 59–73.

Antje Koch

Höchstarbeitszeit

sich aus dem →Arbeitszeitgesetz (ArbZG) ergebende Obergrenze, wonach nicht mehr als 14 Stunden pro Tag und nicht mehr als 48 Stunden pro Woche gearbeitet werden darf.

Holdingmodell → Strategie-Center

Hold-up

Situation, bei der infolge unvollständiger Verträge in Verbindung mit (transaktions-)spezifischen Investitionen die investierende Vertragspartei von der anderen Partei erpresst werden kann.

Viele reale Verträge, insbesondere auch die meisten →Arbeitsverträge, sind *unvollständig*, das heißt, sie weisen Lücken auf. Dies kann verschiedene Ursachen haben:

- Akteure sind nur begrenzt rational und können daher nicht sämtliche Eventualitäten antizipieren.
- Die vollständige vertragliche Regelung aller Details ist üblicherweise mit prohibitiv hohen Kosten (unter anderem Opportunitätskosten der Zeit) verbunden, so dass bewusst Vertragslücken in Kauf genommen werden.
- Manche Regelungen können vor Gericht nicht explizit nachgeprüft werden, so dass schriftliche Regelungen hierzu im Vertrag wirkungslos bleiben.

Neben einer gewissen Unvollständigkeit zeichnen sich reale Verträge häufig auch durch *(transaktions-)spezifische Investitionen* aus. Hierunter sind Investitionen zu verstehen, die für eine gegebene →Transaktion beziehungsweise Vertragsbeziehung von hohem Wert sind, außerhalb des Vertrages jedoch kaum Wert besitzen. In Arbeitsbeziehungen zum Beispiel existieren vielfach betriebsspezifische Investitionen in das →Wissen oder →Humankapital von Arbeitnehmern, welche in anderen Betrieben weitgehend wertlos sind. Als Maß für die Höhe des Spezifitätsgrads (→Transaktionskostentheorie) wird üblicherweise die Quasi-Rente verwendet, die den Wert der Investition in der gegebenen Vertragsbeziehung misst abzüglich deren Alternativwert in der nächstbesten Verwendung. Je höher die Quasi-Rente ausfällt, desto höher ist der Spezifitätsgrad und desto abhängiger ist der jeweilige Investor von der gegebenen Vertragsbeziehung.

Treten unvollständige Verträge zusammen mit (transaktions-)spezifischen Investitionen auf, so ergibt sich nach *Klein, Crawford* und *Alchian* (1978) sowie *Williamson* (1990) ein *Hold-up-Problem*: Der Investor ist von der anderen Vertragspartei in Höhe der Quasi-Rente ausbeutbar, das heißt die andere Partei kann die Vertragslücken dazu nutzen, um die investierende Vertragspartei zu weiteren Zugeständnissen zu veranlassen (wie freiwillige Überstunden in Arbeitsverhältnissen, zusätzliche Serviceleistungen im Zuliefer- und Dienstleistungsbereich, bis der Wert der Quasi-Rente vollständig appropriiert ist. Erst bei noch weitergehenden Forderungen wäre ein Aufkündigen der bestehenden Vertragsbeziehung durch den Investor für diesen rational.

Da Investoren das Hold-up-Problem jedoch antizipieren können, kommt es oftmals zum bekannten Unterinvestitionsproblem, das heißt die investierende Vertragspartei kennt die bevorstehende Abhängigkeit und verzichtet daher auf einen Teil der Investitionen oder lehnt die Investition vollständig ab. Solch ein Unterinvestitionsproblem lässt sich vermeiden, wenn sich die andere Vertragspartei an den Investitionsausgaben beteiligt. Derartige Beteiligungslösungen findet man auch bei spezifischem Humankapital – der Arbeitnehmer trägt (z. B. durch teilweisen Verzicht auf höhere Löhne) einen Kostenanteil, während die verbleibenden Kosten vom Arbeitgeber (z. B. durch die Bereitstellung erfahrener Arbeitskräfte als →Trainer) getragen werden.

Literatur: *Klein, B.; Crawford, R. G.; Alchian, A. A.*: Vertical Integration, Appropriable Rents, and the Competitive Contracting Process, in: Journal of Law and Economics, 21. Jg. (1978), S. 297–326. *Williamson, O. E.*: Die ökonomischen Institutionen des Kapitalismus, Tübingen 1990.

Matthias Kräkel

Hospitation → Personalentwicklungsmethoden

HR Due Diligence

mit der „gebotenen Sorgfalt" durchgeführte Kaufprüfung im Vorfeld einer geplanten Übernahme oder Fusion von Unternehmen oder Unternehmensbeteiligungen mit dem Fokus auf die personalwirtschaftlichen Gegebenheiten des Zielobjektes.

Gegenstand von *Due Diligence-Prüfungen* sind allgemein die Bilanzen, Ressourcen, Produkt-

und Kundenportfolios von Unternehmen sowie strategische, rechtliche, steuerliche und finanzielle Aspekte. Wenngleich in diesem Rahmen auch personalwirtschaftliche und organisatorische Themen zum Prüfungsstandard gehören, wird diesen in der Praxis dennoch häufig nur eine untergeordnete Bedeutung beigemessen. Vor diesem Hintergrund repräsentiert die HR Due Diligence (*Schmeisser* und *Clermont* 1999, *Peterhoff* 2005, *Faller* 2006) den – mehr oder weniger umfänglichen – HR-bezogenen Teil einer ganzheitlichen Kaufprüfung. Die Analyse von HR umfasst dabei regelmäßig die folgenden personalwirtschaftlichen Facetten des potenziellen Zielunternehmens:

– die Personalressource selbst (die Mitarbeiter),

– die strukturellen (die →Organisation) und

– die manageriellen Rahmenbedingungen (das →Personalmanagement, Prozesse und Systeme)

des Unternehmens. →Due Diligences unter aktiver Mitwirkung des zu prüfenden Unternehmens beruhen in der Regel auf einem Vorvertrag, der unter anderem den Zeitraum für die Prüfung (einige Wochen oder sogar Monate) sowie Fragen der Zugriffsberechtigung auf die benötigten Informationen regelt. Die Durchführung der Due Diligence obliegt üblicherweise Anwälten, Wirtschaftsprüfern und Fachexperten, die systematische Stärken-/Schwächen-Analysen des potenziellen Kaufobjektes vornehmen und dabei insbesondere mit dem Kauf verbundene Risiken identifizieren und bewerten. Es geht damit also um die Erhebung, Auswertung und zweckgerichtete Interpretation von →Daten und Informationen, die – abschließend dokumentiert in einem Prüfbericht – der Entscheidungsunterstützung dienen: Ist ein Kauf letztlich gewollt, gegebenenfalls zu welchem Preis, unter Beachtung welcher Rahmenbedingungen und in Erwartung welcher Folgewirkungen?

Die HR-spezifischen Prüfungskataloge basieren häufig auf Checklisten und Messgrößen: Dabei geht es mit Blick auf die Mitarbeiter beispielsweise um die →Qualifikation des Managements, Trainings- und Weiterbildungsfragen, Mitarbeiterzufriedenheit (→Arbeitszufriedenheit), Fluktuations- und Krankheitsraten, die →Altersstruktur und andere personalstatistische Informationen. Im Hinblick auf die Organisation werden unter anderem die Strukturen des Personalbereichs und die spezifische Rolle der →Personalabteilung im Gesamtunternehmen analysiert. Bei der Untersuchung des Personalmanagements und personalwirtschaftlicher Prozesse und Systeme geht es etwa um die Gestaltung der Arbeitsverträge, arbeitsrechtliche Fragen, Lohn- und Gehaltsstrukturen, Altersversorgungszusagen und →Sozialleistungen, tarifvertragliche und mitbestimmungsrechtliche Regelungen, bestehende →Betriebsvereinbarungen, Arbeitszeitregelungen und die Personalkostensituation, aber auch um unternehmenskulturelle Aspekte.

Die Ergebnisse der Prüfung sollen schließlich erkennen lassen, ob eine *Stimmigkeit* der personalwirtschaftlichen Bedingungen von Käufer- und Zielunternehmen zu erwarten ist, was sich – je nach verfolgter strategischer Absicht – entweder durch die Zusammenführung gleichartiger oder aber durch die Vereinigung sehr verschiedener, einander ergänzender Konstellationen erzielen lassen mag.

Literatur: *Faller, M.*: Ansatzpunkte einer strategieorientierten HR Due Diligence, in: Personalführung, 39. Jg. (2006), H. 7, S. 58–65. *Peterhoff, D.*: Human Resource Due Diligence. A Concept for Evaluating Employee Competences in Mergers & Acquisitions, Wiesbaden 2005. *Schmeisser, W.; Clermont, A.*: Due Diligence-Prüfung als Sonderaufgabe des Personalcontrollings, in: *Schmeisser, W.; Clermont, A.; Protz, A.* (Hrsg.): Personalinformationssysteme & Personalcontrolling. Auf dem Weg zum Personalkosten-Management, Neuwied, Kriftel 1999, S. 307–314.

Roman Bechtel

HR Risk Assessment

personalbezogene Risikobewertung, die – meist eingebunden in ein umfassendes Unternehmens-Risikomanagementsystem – insgesamt die Prozessphasen Risikoidentifikation, -beurteilung, -steuerung und -überwachung umfasst.

Dabei bezeichnet *Risiko* das Eintreten eines negativen Ereignisses, negativer Entwicklungen beziehungsweise Handlungen oder Versäumnisse, die die Erreichung geschäftlicher Strategien oder Ziele gefährden. Der häufig verwendete Gegenbegriff zu Risiko ist „Chance", verstanden als die Möglichkeit der positiven Zukunftsgestaltung. Unter Risikomanagement (→Chance Management) wird dann allgemein der systematische Umgang mit potenziellen Unternehmensrisiken verstanden. Dabei geht es in der Regel nicht um eine vollständige Risikovermeidung, sondern vielmehr im Sinne von Transparenzerhöhung darum, das Bewusstsein für den möglichen Eintritt von Risiken zu schärfen und dadurch frühzeitig die Konzeption risikobegrenzender Präventivmaßnahmen zu initiieren.

Die Gründe für ein Risikomanagement von Unternehmen im Allgemeinen und HR Risk Assessments im Besonderen sind sowohl rechtlicher als auch wirtschaftlicher Natur:

- *Gesetzliche Erfordernisse* resultieren insbesondere aus dem deutschen Gesetz zur Kontrolle und Transparenz im Unternehmensbereich (KonTraG), das seit 1998 insbesondere börsennotierte Unternehmen verpflichtet, für ein geeignetes Risikomanagement zu sorgen; dieses hat als internes Überwachungssystem der Früherkennung (→Frühwarnsystem) von den Fortbestand der Gesellschaft gefährdenden Entwicklungen zu dienen. Auch ist in der Lageberichterstattung auf Risiken der künftigen Unternehmensentwicklung einschließlich personalbezogener Risiken einzugehen (*Führing* 2004).Versäumnisse gegen diese Organisationspflicht können eine Schadensersatzpflicht begründen.

- Unter *wirtschaftlichen Gesichtspunkten* geht es um Kostenreduzierungen durch die Früherkennung von Risiken und rechtzeitig eingeleitete Maßnahmen zur Gegensteuerung, die Konzentration auf die wesentlichen Risiken sowie die Identifikation möglicher systematischer Interdependenzen; ferner resultieren aus Risikomanagementsystemen vielfach Impulse zur kontinuierlichen Verbesserung von Prozessen. Diese Aspekte gewinnen verstärkt an Bedeutung infolge schnellen technologischen Wandels, erhöhter Wettbewerbsintensität und zunehmend globaler Beschaffungs- und Absatzmärkte, die erhöhte geschäftliche →Komplexität, verringerte Möglichkeiten der Kontrolle und Einflussnahme entlang der Wertschöpfungskette sowie kürzere Reaktionszeiten bedingen.

Die Risikomanagementsysteme von Unternehmen erstrecken sich über verschiedene Geschäftsbereiche und betriebliche Funktionen und umfassen damit unter anderem rechtliche, finanzielle und personelle Risiken. Da die unternehmensseitige Verfügungsgewalt über Mitarbeiter nur begrenzt ist und damit die Einflussnahme auf den menschlichen Produktionsfaktor vergleichsweise starken Restriktionen unterliegt, bedeuten personelle Risiken stets eine potenzielle Bestandsgefährdung für Unternehmen, was die Notwendigkeit zum sensiblen Umgang mit Personalrisiken verdeutlicht.

In seinem Vorschlag zur Kategorisierung von Risiken unterscheidet *Kobi* (2002) folgende Arten von Personalrisiken:

- *Engpassrisiko*: Antizipiert Kapazitäts- und daraus resultierende Produktivitätsengpässe aufgrund *fehlender Leistungsträger* beziehungsweise fehlenden Know hows, beispielsweise infolge eines dauerhaft hohen →Krankenstandes oder von Rekrutierungsschwierigkeiten am →*Arbeitsmarkt*.

- *Austrittsrisiko*: Berücksichtigt *gefährdete Leistungsträger* im Sinne drohender arbeitnehmerseitiger →Kündigungen (insbesondere von Mitarbeitern in Schlüsselpositionen) sowie den mit der Fluktuation einhergehenden Wissensverlust.

- *Anpassungsrisiko*: Spricht das Risikopotenzial *falsch qualifizierter Mitarbeiter* beziehungsweise die fehlende Fähigkeit oder Bereitschaft der Beschäftigten zu Veränderungen an.

- *Motivationsrisiko*: Zielt ab auf die *zurückgehaltene Leistung von Mitarbeitern*, in deren Folge sich unmittelbar qualitative und/oder quantitative Produktivitätseinschränkungen einstellen.

In Ergänzung zu diesen vier Grundtypen können unter dem Begriff *(HR-)Systemrisiken* ferner alle jene Risikopotenziale subsumiert werden, die in unmittelbarem Zusammenhang mit personalwirtschaftlichen Systemen stehen, etwa aus der Neugestaltung eines betrieblichen Vergütungssystems oder der Einführung von Schichtmodellen resultierende Risiken.

An diesen Beispielen wird zugleich die häufige Interdependenz der verschiedenen Personalrisikoarten deutlich: So könnte etwa die geplante Modifizierung der betrieblichen Entgeltstruktur zunächst als drohendes *Systemrisiko* identifiziert werden, da weder die Stabilität noch die arbeitnehmerseitige Akzeptanz des neuen Systems als sicher gelten können; verursacht die Einführung der neuen Entgeltsystematik dann im Zuge der Umsetzung tatsächlich die befürchtete Unzufriedenheit bei den Mitarbeitern, so mag dies im schlimmsten

Fall in →Demotivation und Leistungszurückhaltung münden; dieses *Motivationsrisiko* schlägt möglicherweise um in ein *Austrittsrisiko*, dem wiederum ein *Engpassrisiko* folgen kann, sofern die Gewinnung neuer qualifizierter Mitarbeiter nicht in dem erforderlichen Umfang gelingt.

Über die hier genannten unmittelbaren personalwirtschaftlichen Risiken hinaus sind weiterhin *operative Risiken* zu erwähnen, die generell betrieblichen Abläufen innewohnen und damit indirekt immer auch auf das Personal rückführbar sind, beispielsweise menschliches Versagen. *Loyalitätsrisiken* zielen schließlich ab auf die Verletzung der arbeitsvertraglichen Treuepflicht und münden im Extremfall in ein *Straffälligkeitsrisiko*, das kriminelle Handlungen, wie Wirtschaftsspionage, den Diebstahl von Firmeneigentum, Verrat von Betriebsgeheimnissen, Bestechlichkeit, Betrug, Datenschutzverletzungen, Datenmanipulationen und Sabotage, umfasst.

In ihrer Betrachtung *personeller Wissensrisiken* weisen *Diederichs* und *Rose* (2001) mit Blick auf das Individuum als Wissensträger zusätzlich auf die Risiken der fehlenden Bereitschaft zur Wissensentwicklung sowie – etwa in der Situation von Teamarbeit – der fehlenden Bereitschaft zu Wissensoffenlegung, -weitergabe, -teilung und -austausch hin.

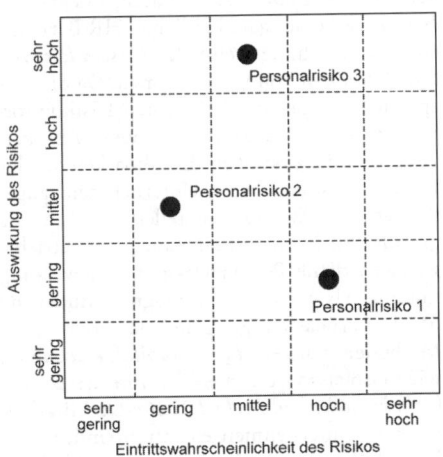

Abbildung 1: HR Risk Assessment Matrix

Der Risikomanagement-Prozess umfasst üblicherweise folgende vier Phasen:

1. *Risikoidentifikation*: Die Identifikation und Erfassung der für das Unternehmen relevanten Risiken beinhaltet eine strukturierte, systematische, detaillierte und möglichst vollständige Katalogisierung aller wesentlichen Risiken. Ansetzend an den originären Risikoursachen als Quelle der Risikoentstehung kann dabei beispielsweise auf Checklisten, Planungs- und Controllingunterlagen oder Befragungen zurückgegriffen werden. In dieser Prozessphase werden üblicherweise auch die Risikoeigner festgestellt, denen die →Verantwortung für ein entsprechendes Risiko zugeordnet werden kann. Im personalwirtschaftlichen Kontext kann die HR-Risikoidentifikation beispielsweise unter anderem auf der Auswertung personalstatistischer Daten (z. B. zu Fluktuation, Rekrutierungsgeschwindigkeit oder Vakanzen), auf Mitarbeiterumfragen oder der Auswertung von Benchmarking-Studien (etwa zur Arbeitgeberattraktivität oder Gehaltsvergleichsstudien) basieren.

2. *Risikobeurteilung* (auch: Risikobewertung oder -messung): Die →Evaluation von Risikopotenzialen basiert zunächst auf einer genauen Beschreibung des Risikos, einem klar definierten Berichtszeitraum sowie einer festgelegten Wesentlichkeitsgrenze. Das eigentliche *Risk Assessment* beinhaltet dann zum einen die Beurteilung, mit welcher Wahrscheinlichkeit das identifizierte Risiko eintreten wird und zum anderen, welche Auswirkung das Eintreten des Risikos haben wird. Für beide Beurteilungsdimensionen existiert üblicherweise ein unternehmenseinheitlicher Risikobewertungsansatz. So wird die Eintrittswahrscheinlichkeit häufig als Prozentwert festgelegt; die Abschätzung der Auswirkungen (im Sinne von Ausmaß oder Schwere des Risikos) erfolgt idealerweise in monetären Größen. Da jedoch eine solche quantitativ-monetäre Beurteilung gerade im personalwirtschaftlichen Zusammenhang häufig schwierig ist, insofern sich beispielsweise der Verlust bestimmter Wissensträger nicht ohne weiteres in Geldeinheiten beziffern beziehungsweise in aussagekräftigen Kenngrößen abbilden lässt, wird stattdessen, wie in Abbildung 1 visualisiert, häufig auch auf qualitative Darstellungen zurückgegriffen. Eine derartige Analyse und Beurteilung der HR-Risikopotenziale beruht dabei häufig auf der Auswertung zugrundeliegender →Personaldaten und anderer Informationsquellen, die be-

reits zur Identifikation der Risiken herangezogen wurden: So wird beispielsweise das Austrittsrisiko auf Basis entsprechender Fluktuationskennzahlen abgeschätzt, während etwa Motivationsrisiken im Rahmen von →Mitarbeiterbefragungen transparent werden können. Diese objektiven Informationen sind dann gegebenenfalls noch einer subjektiven Interpretation der Verantwortlichen zuzuführen und können dabei auch einer Priorisierung gemäß ihrer strategischen Bedeutung unterzogen werden.

3. *Risikosteuerung*: Die Steuerung beinhaltet das eigentliche Managen der identifizierten und bewerteten Risiken, insofern diese Prozessphase mit Blick auf das gesamte Risikoportfolio die Durchführung von Maßnahmen und Aktionen zum adäquaten Umgang mit den Risiken beinhaltet. Auf Basis einer Risikostrategie sind hier unter Abschätzung des Aufwandes und des Nutzens gezielter Beeinflussungen *steuerbare Risiken* entweder zu vermeiden, zu reduzieren oder zu überwälzen (Risikotransfer, etwa durch Versicherungen oder Verträge mit Drittparteien). *Nicht steuerbare* (oder weniger bedrohliche) *Risiken* hingegen müssen (können) in Kauf genommen werden und sind im Hinblick auf mögliche Folgewirkungen weiter zu beobachten. Eine HR-Risikosteuerung stellt dann konkret ab auf die ganze Bandbreite personalwirtschaftlicher Handlungsfelder, beispielsweise Personalentwicklungsmaßnahmen zur Bekämpfung drohender Wissensrisiken und Nachfolgeplanungsaktivitäten oder die Intensivierung von Rekrutierungs- und Marketingkampagnen zur Verhinderung von Engpassrisiken.

4. *Risikoüberwachung* (auch: Risikomonitoring beziehungsweise -controlling und -reporting): Die Überwachung beinhaltet die permanente und kontinuierliche Kontrolle und Überprüfung der relevanten Risiken, deren zukünftige Entwicklungen sowie die Eignung der ergriffenen Steuerungsmaßnahmen. Hierzu gehört insbesondere die regelmäßige, häufig quartalsweise sowie ad hoc (bei der kurzfristigen Feststellung besonders gravierender Risiken) erfolgende Berichterstattung an die jeweiligen Entscheidungsträger (beziehungsweise an unternehmensexterne Adressaten im Lagebericht). Neben der Dokumentation der evaluierten Risiken dienen solche Risikoberichte zum Aufzeigen von Abweichungen gegenüber vorgegebenen risikopolitischen Zielen sowie zur laufenden Überprüfung der Risikohandhabung einschließlich eventuell erforderlicher Anpassungen an veränderte Bedingungen. Die im Zuge der personalwirtschaftlichen Risikoüberwachung erfolgende Beschreibung zu ergreifender Maßnamen wird häufig um eine Beurteilung von deren Implementierungsstatus beziehungsweise Effizienz ergänzt. Dabei wird eine höhere Maßnahmeneffizienz im Regelfall eine verringerte Eintrittswahrscheinlichkeit des Risikos nach sich ziehen.

Ein ganzheitliches Risikomanagementsystem zeichnet sich damit im wesentlichen aus durch die kontinuierliche und vollständige Erfassung aller wesentlichen Risiken, eine systematische Risikokategorisierung und -bewertung, zielgerichtete Risikosteuerungsaktivitäten, die Integration in bestehende Planungs- und Controllingprozesse sowie regelmäßige Berichterstattungen an die verantwortlichen Manager und die Unternehmensleitung. Zur Überwachung, Beurteilung und Verbesserung der Funktionsfähigkeit dieses Systems wird üblicherweise auf systemimmanente Kontrollen, Self-Assessments sowie auf Audits durch die Interne Revision und Wirtschaftsprüfer zurückgegriffen.

Das HR Risk Assessment mit seinen →*Key Performance Indicators* ist häufig integrierter Bestandteil eines ganzheitlichen HR-Berichtswesens beziehungsweise der *Personalcontrollingaktivitäten* von Unternehmen. Da die entsprechenden personalbezogenen Risikoinformationen eine zukunftsgerichtete Abschätzung über die zukünftige Erhaltbarkeit des der Personalressource von Unternehmen zugeschriebenen Wertes darstellen, fließen sie grundsätzlich auch in eine adäquate betriebswirtschaftliche Personalressourcenbewertung mit ein. Als wichtige Einflussgröße finden sie damit Berücksichtigung bei entsprechenden Methoden zur →*Humankapitalberechnung*, wie beispielsweise der →*Saarbrücker Formel* (*Scholz*, *Stein* und *Bechtel* 2006): Da Mitarbeiter kein Unternehmenseigentum sind, unterliegt das →Humankapital grundsätzlich einem höheren Wertrisiko und stärkeren, oft schwer prognostizierbaren Wertschwankungen als etwa materielle, planmäßig abschreibbare Vermögenswerte, insofern der Weggang von Mitarbeitern die Wertbasis des Humankapitals unmittelbar mindert. Ein zusätzlicher Wertverlust ist auf die im Zeitverlauf eintretende Obsoleszenz von Mitarbeiterwissen zurückzuführen, falls kompensatorische Auffrischungen des Wissens in Form von Weiterbildungsmaßnahmen nicht im notwendigen Umfang erfolgen. Schließlich sind auch in Motivationsdefiziten begründete Wertverluste des Humankapitals zu berücksichtigen. Allerdings ist darauf hinzuweisen, dass viele gängige Verfahren zur Humankapitalberechnung das Risiko kontinuierlicher oder plötzlicher Minderungen des Humankapitals ignorieren und so die dauerhafte Stabilität dieses Vermögenswertes suggerieren. In diesen Fällen kommt es zur tendenziellen Überbewertung des Humankapitals, da personalrisikobedingte Wertabschläge nicht vorgenommen werden.

Literatur: Diederichs, M.; Rose, C.: Wissen – eine Ressource von zunehmender Bedeutung. Risikomanagement und Wissensmanagement, in: bilanz & buchhaltung, 47.Jg. (2001), S. 295–303. *Führing, M.*: Risikoberichterstattung über Humanressourcen – Eine empirische Analyse der DAX 30, in: Zeitschrift für Personalforschung, 18.Jg. (2004), H. 2, S. 183–206. *Kobi, J.-M.*: Personalrisikomanagement. Strategien zur Steigerung des People Value, 2. Aufl., Wiesbaden 2002. *Scholz, C.; Stein V.; Bechtel, R.*: Human Capital Management. Wege aus der Unverbindlichkeit 2. Aufl., München/Unterschleißheim 2006.

Roman Bechtel

HR Scorecard

von *Becker, Huselid* und *Ulrich* (2001) basierend auf der von *Kaplan* und *Norton* (1992, 1996, 2001) konzipierten →Balanced Scorecard→ entwickeltes, speziell nach personalwirtschaftlichen Gesichtspunkten ausgestaltetes →Performance Measurement System.

Mit dem Anspruch, die häufig ausschließlich auf die Erhebung von Finanzkennzahlen verkürzte Performance-Evaluation von Unternehmen um weitere relevante Facetten zu ergänzen, berücksichtigt die Balanced Scorecard vier Perspektiven: die Finanz-, die Kunden- und die Prozessperspektive sowie die Lern- und Wachstumsperspektive. Letztere wird in der Literatur verschiedentlich auch als Entwicklungs-, Erneuerungs-, Mitarbeiter- oder Potenzialperspektive bezeichnet.

Eine HR Scorecard (*Kunz* 2001, *Beatty, Huselid* und *Schneier* 2003) kann grundsätzlich in zwei unterschiedlichen Formen zum Einsatz kommen:

1. Wird sie zur Operationalisierung der „Lern- und Wachstumsperspektive" einer gesamtunternehmensbezogenen Balanced Scorecard verwendet, so wird zur Abbildung dieser einen Unternehmensperspektive auf relevante personalwirtschaftliche Aspekte zurückgegriffen.

2. Wird sie als personalabteilungsspezifische Scorecard eingesetzt, so beinhaltet sie ihrerseits alle vier erfolgsrelevanten Perspektiven, dann allerdings ausschließlich bezogen auf die Personalarbeit (→Personalmanagement) selber (die „Kundenperspektive" fokussiert dann auf die „Kunden der Personalabteilung" usw.).

Insgesamt geht es jedoch bei beiden HR Scorecard-Varianten darum, den personalwirtschaftlichen Beitrag zum Unternehmenserfolg nachweisbar zu machen. In diesem Zusammenhang sprechen *Becker, Huselid* und *Ulrich* (2001) auch vom Wertschöpfungsbeitrag der „HR-Architektur", wobei HR-Architektur verstanden wird als die Gesamtheit von HR-Funktion, HR-System (einschließlich →Personalpolitik und -praktiken) und Mitarbeiterverhalten (samt Kompetenzen und →Motivation der Mitarbeiter).

Zur Entwicklung eines solchen „ausgewogenen" (Balanced) „(HR-) Kennzahlensystems" (Scorecard) sind für jede der Perspektiven aus der übergeordneten langfristigen Unternehmensvision und -strategie zunächst strategische Ziele abzuleiten, die sodann in einem nächsten Schritt in konkrete operative Aktivitäten und Maßnahmen zur Zielerreichung herunterzubrechen sind; diese sind dann wiederum in Kennzahlen zu übersetzen, die als Messgrößen den Umsetzungsbeitrag einzelner Maßnahmen zum übergeordneten Unternehmensziel transparent und nachprüfbar machen. Die Verwendung einer Scorecard als integriertes Managementsystem beruht damit zentral auf dieser Verknüpfung des (mit Zielwerten hinterlegten) Messgrößenkatalogs mit der Unternehmensstrategie. Entgegen einem weit verbreiteten Irrglauben handelt es sich bei einer Scorecard folglich nicht um eine bloße Sammlung mehr oder weniger relevanter (personalwirtschaftlicher) Kennzahlen.

Voraussetzung für diese kaskadierende Ableitung spezifischer Maßnahmen und Messgrößen aus der Unternehmensstrategie ist die (korrekte) Konstruktion zugrundeliegender

Ursache-Wirkungs-Zusammenhänge, die fortwährend auf ihre Richtigkeit hin geprüft werden müssen. Dies bedingt zugleich einen permanenten unternehmensspezifischen →Lernprozess. Eine solchermaßen identifizierte Kausalkette könnte im personalwirtschaftlichen Kontext beispielsweise folgendermaßen aussehen: Gut geschulte Mitarbeiter garantieren eine bessere Servicequalität; diese resultiert in höherer Kundenzufriedenheit und folglich besserer Kundenbindung, was sich letztlich in größerem finanziellem Erfolg niederschlägt. Eine durch personalwirtschaftliche Maßnahmen bewirkte Verbesserung der Zielerreichung ist dann durch Weiterbildungsmaßnahmen mittelbar zu erreichen. Der entsprechend zur Erfolgsmessung definierte und in die Scorecard aufgenommene →Key Performance Indicator (KPI) könnte dann etwa die „Anzahl der Seminartage pro Mitarbeiter und Jahr" sein.

Analog zu diesem Beispiel sind beliebige andere strategische Zielsetzungen denkbar, die entsprechende personalwirtschaftliche Maßnahmen bedingen und in Kennzahlen abgebildet werden können. So werden als nützliche Kennzahlen – und damit zugleich als Stellschrauben zur Zielerreichung – beispielsweise häufig vorgeschlagen: der „Umsatz pro Vertriebsmitarbeiter", die „Krankenstandsquote", die „Weiterbildungskosten pro Mitarbeiter" beziehungsweise „pro Fortbildungstag", die „Anzahl eingereichter Verbesserungsvorschläge", der „Anteil der Nachwuchsführungskräfte", die „→Fluktuation" und andere mehr. Um jedoch ihren komplexitätsreduzierenden Charakter zu bewahren und eine sinnvolle Handhabbarkeit der Scorecard zu gewährleisten, wird üblicherweise eine Beschränkung auf maximal 20 bis 25 Kennzahlen empfohlen. Damit ermöglicht eine sinnvolle Auswahl der in einer HR Scorecard zusammengeführten Kenngrößen die Messbarkeit der Umsetzung personalwirtschaftlich-strategischer Unternehmensziele.

Die HR Scorecard teilt als personalspezifische Variante der klassischen Balanced Scorecard im Wesentlichen deren Stärken und Schwächen: Als wichtigste Vorteile gelten die klare Strategie- und Zielorientierung der Scorecard sowie die unmittelbare Offenlegung konkreter Optimierungspotenziale durch Soll-/Ist-Vergleiche der hinterlegten Kennzahlen. Die Messaktivitäten der HR Scorecard sind also darauf ausgelegt, die strategische Ausrichtung des →Personalmanagements zu gewährleisten und so zugleich den →Wertschöpfungsbeitrag des Personalmanagements zu dokumentieren.

Diese Potenziale der HR Scorecard bergen im Kern allerdings gerade auch ihre wesentlichen Schwachpunkte: Die skizzierten Vorteile kommen nämlich überhaupt nur dann zum Tragen, wenn die Ableitung und Anwendung relevanter Maßnahmen und Messgrößen aus der übergeordneten →Strategie auf der Basis korrekter Ursache-Wirkungs-Annahmen erfolgt; sonst kommt es leicht zu Fehlsteuerungen infolge falscher unterstellter Kausalitäten. Diesbezügliche Hinweise zum konkreten Vorgehen in der Praxis beschränken sich jedoch häufig auf vorschlagsartige Kennzahlensammlungen. Weiterhin wird gelegentlich davor gewarnt, der Illusion einer deterministisch-kausalanalytischen Perfektion zu erliegen: weder ist von einfacher, geradezu „mechanistischer" Steuerbarkeit auszugehen, noch scheint die einseitige Beschränkung auf – einige wenige – Kennzahlen ratsam. Schließlich wird vor gezielter Kennzahlenmanipulation gewarnt, gerade wenn eine HR Scorecard beispielsweise mit variablen Vergütungskomponenten gekoppelt wird. Trotz dieser Schwierigkeiten belegt die sehr weite Verbreitung von Balanced und HR Scorecards in der Praxis die große Akzeptanz dieses Mess- und Managementsystems, die in seiner intuitiven Plausibilität und seinem großen praktischen Nutzen begründet sein dürfte.

Literatur: *Beatty, R.W.; Huselid, M.A.; Schneier, C.E.*: New HR Metrics: Scoring on the Business Scorecard, in: Organizational Dynamics, 32.Jg. (2003), H.2, S.107–121. *Becker, B.E.; Huselid, M.A.; Ulrich, D.*: The HR Scorecard: Linking People, Strategy and Performance, Boston 2001.

Roman Bechtel

HRMism

im anglo-amerikanischen Sprachraum herauskristallisierter generischer Ausdruck für alle Bedeutungen, Praktiken und Vorgehensweisen, die unter dem Begriff HRM (→Human Resource Management) subsumiert werden können.

In diesem Zusammenhang wird Human Resource Management als ein fließendes, multifacettenreiches und vieldeutiges Phänomen interpretiert, das sich mit dem Management aller im weitesten Sinne personalrelevanten

Sachverhalte beschäftigt und diesem eine alles andere überragende Bedeutung zuschreibt.

Dodo zu Knyphausen-Aufseß
Lars Schweizer

HR-Portale

internetbasierte Anwendungssoftware für die →Kommunikation zwischen personalwirtschaftlich relevanten Akteuren.

HR-Portale bezeichnen zwei grundlegend voneinander zu unterscheidende Anwendungen:

Zum einen wird unter HR-Portalen die Ausgestaltungsvariante internetbasierter →personalwirtschaftlicher Anwendungssoftware verstanden, die eine →Interaktion von →Personalabteilung und personalwirtschaftlich relevanten Akteuren, speziell Führungskräften, Mitarbeitern sowie Bewerbern ermöglicht (→eHRM). Die für diese Gruppen relevanten Informationen, Anwendungssoftware und interne und externe Dienstleistungen werden nach *Schäffer-Külz* (2005) meist in Form von →Selfservice Systemen auf einer einheitlichen browserbasierten Oberfläche zur Verfügung gestellt.

Für personalverantwortliche *Führungskräfte* bieten HR-Portale direkten Zugriff auf Informationen über unterstellte Mitarbeiter. Ebenso kann Führungskräften Anwendungssoftware für die dezentrale Übernahme von Aufgaben wie →Leistungsbeurteilung, Kostenplanung oder Weiterbildung zu Verfügung gestellt werden.

In gleicher Weise erhalten auch *Mitarbeiter* →Informationen, Anwendungen und Dienstleistungen. Über das Portal können personalwirtschaftliche Routineaufgaben wie Personaldatenerfassung, Urlaubsverwaltung, →Zeiterfassung, oder die Buchung von Weiterbildungsveranstaltungen an die Mitarbeiter als neue Aufgabenträger der Personalarbeit (→Personalmanagement) delegiert werden.

Ebenso werden im Rahmen der →Personalentwicklung elektronische Lehrmedien zunehmend über HR-Portale zur Verfügung gestellt (→CBT-Systeme). Durch die Anreicherung mit Funktionalitäten wie Chat, News Groups, Diskussionsforen und Inhalten wie Gesundheit, Freizeit oder Sport wird inzwischen auch versucht, mittels HR-Portalen *virtuelle Mitarbeiter-Gemeinschaften* zu bilden (→eHRM).

Desgleichen werden externe und interne *Bewerber* mit Informationen und Funktionalitäten zur selbstständigen Durchführung einer →Bewerbung versehen. Das HR-Portal fungiert in diesem Sinne als umfassendes „Tor" zur gesamten Personalarbeit des Unternehmens.

Portale sind in der Regel rollenbasiert und personalisiert, das heißt in Funktionalität, Aussehen und Umfang individuell auf die Arbeitsrolle und die Person des Benutzers zugeschnitten. HR-Portale sind oft Bestandteile umfassenderer Unternehmens-Portale, die Führungskräften und Mitarbeitern zusätzlich zu personalwirtschaftlichen Aspekten umfassenden Zugriff auf Informationen, Anwendungen und Dienste zur Erfüllung ihrer →Arbeitsaufgabe bieten. Neuere personalwirtschaftliche Anwendungssoftware und →ERP- Systeme weisen immer häufiger Portalfunktionalitäten auf.

Zum anderen werden HR-Portale auch als Internetauftritte solcher Content- und Service-Provider bezeichnet, die den Personalabteilungen der Unternehmen internetbasierte personalwirtschaftliche Inhalte und Dienstleistungen anbieten. Je nach Umfang der angebotenen Dienstleistungen können generelle und spezialisierte HR-Portale unterschieden werden:

- *Generelle HR-Portale*: Bemühen sich um ein umfassendes Angebot an Inhalten und Diensten in mehreren beziehungsweise möglichst vielen personalwirtschaftlichen Funktionen. Teilweise handelt es sich hierbei auch um Intermediäre, die das Angebot anderer personalwirtschaftlicher Internet-Dienstleister bündeln.

- *Spezialisierte HR-Portale*: Beschränken sich auf eine personalwirtschaftliche Funktion wie etwa die →Personalbeschaffung (→Internet-Jobbörsen, →Internet-Jobmessen) oder die Bereitstellung von Anwendungssoftware (→Application Service Providing). Je nach zugrunde liegendem Geschäftsmodell sind die angebotenen Inhalte und Dienstleistungen kostenlos oder kostenpflichtig. Inzwischen existiert eine heterogene Vielfalt solcher HR-Portale.

Beide Portal-Varianten stellen damit Kernanwendungen des eHRM dar.

Literatur: *Fandray, D.:* Web-based Portals Put Employees in Charge, in: Workforce, (2000), H. 9, S. 54–61. *Schäffer-Külz, U.:* Mitarbeiterportale und Self-Service-Systeme, Köln 2005.

Stefan Strohmeier

HR-XML

Akronym für Extensible Markup Language im Bereich →Human Resources.

Um die Idee der HR-XML zu verstehen, ist es zunächst notwendig, die Idee der XML zu kennen. XML ist eine so genannte Dokumentenbeschreibungssprache, die als Weiterentwicklung von HTML (für Hypertext Markup Language) angesehen werden kann und im Jahre 1998 erstmals veröffentlicht wurde. Sie dient dazu, die Weiterverarbeitung von Dokumenten und deren Inhalten ohne Medienbrüche zu ermöglichen, indem nicht nur auf die Inhalte eines Dokumentes abgestellt wird, sondern vor allem auf dessen Struktur und Bedeutung. XML ist allerdings keine Sprache im eigentlichen Sinne. Vielmehr gibt XML einen Standard für Dokumentenbeschreibungssprachen vor. Hierfür ist es notwendig, das Layout und den Inhalt eines Dokumentes zu trennen. Nur dadurch lassen sich Dokumente entwickeln, die zunächst medienneutral sind. Erst wenn sie auf einem Endgerät, zum Beispiel Bildschirm oder Drucker, wiedergegeben werden, erhalten sie ein spezifisches Layout.

HR-XML kann man nun als einen von vielen spezifischen Dialekten der XML bezeichnen. Dieser Dialekt will einen Standard dafür vorgeben, wie bestimmte Inhalte im Personalbereich zu strukturieren sind, um eine digitale Personaldatenverarbeitung ohne Schnittstellenproblematik zu schaffen. Voran getrieben wird die HR-XML bereits seit 1999 von einem gleichnamigen Konsortium. Mitglieder dieses Konsortiums sind über 100 Firmen aus verschiedensten Bereichen. Mittlerweile wurden im Rahmen des Konsortiums über 75 unabhängige XML-Schemata erarbeitet, die den Mitgliedern besonders relevant erscheinen. In diesen Schemata sind die Datenelemente definiert, die für bestimmte personalwirtschaftliche Transaktionen notwendig sind. Diese können nach einer Registrierung über die oben genannte Webseite bezogen werden. Beispielsweise existiert ein so genanntes „Competencies"-Schema, um standardisiert →Informationen über →Kompetenzen zu erfassen, oder ein History-Schema bezüglich →Ausbildung und bisheriger beruflicher →Laufbahn, mit dessen Hilfe entsprechende Daten strukturiert festgehalten werden können. Weitere Beispiele finden sich unter anderen in den Bereichen Vergütung, Personaleinsatz und →Zeiterfassung. Für die deutsche Personalwirtschaft (→Personalmanagement), aber auch für andere, ergibt sich momentan trotz aller Standardisierung noch das Problem einer weitgehenden US-amerikanischen Ausrichtung des HR-XML. Denn dadurch sind einige der bisher entwickelten HR-XML-Schemata außerhalb der USA nur bedingt nutzbar. Mit der Gründung einer europäischen HR-XML-Division durch das HR-XML-Konsortium soll nun sichergestellt werden, dass die entwickelten HR-Schemata den Bedürfnissen (→Motiv) europäischer Unternehmen entsprechen.

Literatur: *Scholz, C.*: Datenaustausch in webbasierter Personalarbeit über XML, in: *Scholz, C.; Guttmann, J.* (Hrsg.): Webbasierte Personalwertschöpfung, Wiesbaden 2003, S. 207–222. *Scholz, C.*: HR-XML: Neue Türen aufstoßen, in: CoPers, 11. Jg. (2003), H. 8, S. 46–47.

Stephan Kaiser

Human Capital Advantage

im →Resource Based View des strategischen Managements verortete Konzeption, wonach das →Humankapital – als Wert der Personalressource eines Unternehmens – das Zustandekommen eines Vorteils gegenüber den Wettbewerbern begründen kann.

In diesem Kontext wird das Personal als strategische →Unternehmensressource verstanden (*Boxall* 1996, *Bechtel* 2007). Damit erschließt sich die als →Humankapitalberechnung bezeichnete Wertbestimmung des Personals als zentrale personalwirtschaftliche Herausforderung, wenn die tatsächliche Wettbewerbsvorteilsfähigkeit der Personalressource einer objektivierten Überprüfung unterzogen werden soll.

An die Konzeption des Human Capital Advantage anknüpfend geht es dann bei der strategischen Ausgestaltung eines humankapitalbezogenen Ressourcenmanagements darum, im Sinne eines *Human Process Advantage* das Humankapital durch managerielle Einflussnahme organisatorisch zu erschließen. Während die Berechnung des Humankapitals also dem grundsätzlichen Nachweis des Personalressourcenwertes dient, tragen konkrete personalwirtschaftliche Maßnahmen schließlich dazu bei, den angestrebten Wettbewerbsvorteil tatsächlich zu realisieren; das heißt, die Personalressource als Quelle eines „potenziellen" Vorteils durch Nutzung – verstanden als Prozess der Erlangung des Vorteils – erfolgswirksam auszuschöpfen.

Dies entspricht der in der jüngeren Literatur überwiegend vertretenen Auffassung, wonach es letztlich die – von *Boxall* (1996) als *Human Resource Advantage* bezeichnete – erfolgreiche Kombination von Personalressource und personalwirtschaftlichem Ressourcenmanagement ist, die Unternehmen einen strategischen Wettbewerbsvorteil verschafft.

Die hier beschriebene Komplementarität spiegelt sich auch in der zunehmenden →Ökonomisierung der Personalarbeit (→Personalmanagement) wider: So wird angestrebt, den im →„Human Capital Management" manifestierten Fokus auf das Personal mit dem im „Wertorientierten →Personalmanagement" zum Ausdruck kommenden Fokus auf Personalmanagementaktivitäten zur Erzielung nachhaltig vorteilhafter Wettbewerbspositionen in Einklang zu bringen (*Kamoche* 1996, *Snell, Youndt* und *Wright* 1996, *Bechtel* 2006).

Literatur: *Bechtel, R.*: Humankapitalberechnung zwischen Markt- und Ressourcenorientierung, München etc. 2006. *Bechtel, R.*: Calculating Human Capital: The Market Based Valuation of the Human Resource, in: Zeitschrift für Personalforschung, 21. Jg. (2007), S. 206–231. *Boxall, P.*: The Strategic HRM Debate and the Resource-Based View of the Firm, in: Human Resource Management Journal, 6. Jg. (1996), H. 3, S. 59–75. *Kamoche, K.*: Strategic Human Resource Management within a Resource-Capability View of the Firm, in: Journal of Management Studies, 33. Jg. (1996), S. 213–233. *Snell, S. A.; Youndt, M. A.; Wright, P. M.*: Establishing a Framework for Research in Strategic Human Resource Management: Merging Resource Theory and Organizational Learning, in: Research in Personnel and Human Resources Management, 14. Jg. (1996), S. 61–90.

Roman Bechtel

Human Capital Management (HCM)

betrachtet die Mitarbeiter von Unternehmen als Quelle potenzieller Wettbewerbsvorteile und fokussiert vor diesem Hintergrund auf den ökonomischen Wert der Belegschaft als dem betrieblichen →Humankapital.

Das ganzheitliche Management des Personalwertes umfasst dann die Bewertung (→Humankapitalberechnung) und die Optimierung (→Human Capital Optimierung) als konstitutive Elemente.

Das übergeordnete Ziel jeglicher Human Capital Management-Aktivitäten ist dabei die Erzielung eines personalbasierten →Human Capital Advantage gegenüber den Wettbewerbern am Markt. Insofern hierbei personalwirtschaftliche Handlungsfelder durch den Rückgriff auf Kennzahlen einer quantitativ-numerischen, häufig sogar monetären Betrachtung unterzogen werden, ist dies zugleich Ausdruck einer fortschreitenden →Ökonomisierung und Wertschöpfungsorientierung der Personalarbeit (→Personalmanagement).

Die Beschäftigung mit Humankapital findet ihren historischen Ursprung in der insbesondere durch die Arbeiten von *Schultz* (1962), *Becker* (1962) und *Mincer* (1958) geprägten volkswirtschaftlichen →Humankapitaltheorie. Im Menschen verkörpert, repräsentiert das Humankapital den Produktionsfaktor →Arbeit. Investitionen in das Humankapital, beispielsweise in Form von Erziehung, →Bildung, Ernährung und Gesundheitsvorsorge, sind dann als Beitrag zur Steigerung der →Leistungsfähigkeit der Erwerbsperson Inputerhöhungen dieses Faktors. Die hierbei anfallenden Kosten bedingen daher einen Verzicht auf Konsummöglichkeiten in der Gegenwart zugunsten von zukünftigen Einkommenssteigerungen. Diese Grundlogik der volkswirtschaftlichen Humankapitaltheorie lässt sich wie in Abbildung 1 darstellen.

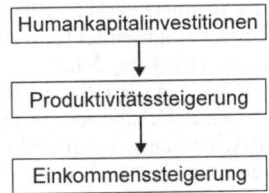

Abbildung 1: Grundlogik der volkswirtschaftlichen Humankapitaltheorie

Mit den ersten Versuchen, durch Einführung eines →Human Resource Accounting (HRA) humankapitaltheoretische Überlegungen auf betriebliche Anwendungsbereiche in Unternehmen zu übertragen, wurde das *Humankapital* in den 1960er Jahren erstmals auch zum Gegenstand für die Betriebswirtschaft. Wenngleich sich keine der verschiedenen Varianten des Human Resource Accounting dauerhaft in der Praxis etablieren konnte, da sich letztlich keine Methode zur monetären Bewertung von Mitarbeitern durchsetzen konnte, zeugt der bis heute in Fachzeitschriften, Lehrbüchern und betriebswirtschaftlichen Standardwerken fortgeführte Diskurs zum Thema dennoch von der nachhaltigen Bedeutung dieser frühen Versuche.

Human Capital Management (HCM)

Eine Renaissance der betriebswirtschaftlichen Beschäftigung mit Humankapital bewirkte die seit Anfang der 1990er Jahre stark zunehmende Aufmerksamkeit für →Wissen. Während diese Entwicklung in dem Schlagwort der →Wissensgesellschaft ihren allgemeinen Ausdruck findet, rückten dabei im ökonomischen Kontext die zahlreichen Facetten eines umfassenden betrieblichen →Wissensmanagements in den Mittelpunkt des Interesses, mit der Zielsetzung, personenbezogenes, in den Individuen und in der Belegschaft als Kollektiv verkörpertes →Wissen gezielt nutzbar zu machen. Dies inspirierte erneut die im Humankapitalkonzept angelegte *ökonomisierte* Betrachtung des Personals als Wissensträger. Zugleich unterstrich der vorübergehend große Erfolg von Unternehmen, der so genannten New Economy, die ökonomische Bedeutung des betrieblichen *Intellectual Capitals*, also der immateriellen Vermögenswerte (→Intangible Assets). Nicht zuletzt angeregt durch populäre Intellectual Capital-Initiativen einzelner Unternehmen (z. B. *Skandia* 1995, 1998), spiegelt sich diese neue Aufmerksamkeit seit etwa 1997 beispielsweise in den Büchern von *Edvinsson* und *Malone* (1997), *Stewart* (1997) und *Sveiby* (1998) wider. Die gesamthafte Betrachtung der Vielzahl solcher immaterieller Erfolgsfaktoren – etwa Patente, Marken, Lieferantenbeziehungen, Kundennetzwerke, Mitarbeiterpotenziale – beschäftigt seither (und ungeachtet des zwischenzeitlichen Niederganges der New Economy) unter dem Sammelbegriff *Intellectual Capital Management* verschiedene betriebswirtschaftliche Teildisziplinen, wie beispielsweise internes Rechnungswesen und →Controlling, externe Rechnungslegung, Bilanzierung und Wirtschaftsprüfung, Marketing, Wissens- und →Personalmanagement.

Dabei repräsentiert das Humankapital – neben Organisationalem und Beziehungskapital – einen herausragenden, wenn nicht gar den bedeutendsten Teil des Intellektuellen Kapitals, da die Mitarbeiter mit ihrem Wissen und ihren Fähigkeiten das Wertpotenzial der betrieblichen Personalressource verkörpern. Der hieraus abgeleitete Fokus auf die Wettbewerbsrelevanz des Personals begründet daher – in der Forschungstradition der Humankapitaltheorie stehend, unter Berücksichtigung der weiterführenden Erkenntnisse des Human Resource Accounting und angereichert um relevante Aspekte des Wissensmanagements – ein eigenständiges Human Capital Management (*Scholz*, *Stein* und *Bechtel* 2004, *Deutsche Gesellschaft für Personalführung e.V.* 2006, *Schmeisser* und *Lukowsky* 2006, *Stein* 2007).

Die Eckpunkte dieses personalwirtschaftlichen Forschungs- und Handlungsfeldes wurden von *Scholz*, *Stein* und *Bechtel* (2003) in einigen zentralen Thesen skizziert, die in der Fachdiskussion heute im wesentlichen als allgemein anerkannt gelten können: Danach muss ein Human Capital Management „mehr", das heißt auch: „etwas anderes", sein als eine bloße (irreführende) Umbenennung von *Personalmanagement*. Auf diese Weise wird es zu einem eindeutig abgrenzbaren, unverzichtbaren Teilbereich in einem professionellen Personalmanagement, der auf eine quantitative sowie qualitative Bewertung der Belegschaft abzielt, um – ausgehend hiervon – konkrete Ansatzpunkte zur Wertsteigerung aufzuzeigen. Vor allem bekennt sich ein Human Capital Management – im Gegensatz zum negativ belegten Begriff des Personalkostenfaktors – zum Mitarbeiter als elementarem Vermögenswert des Unternehmens. Es ist damit zugleich notwendigerweise Kernaufgabe von Personalexperten, und nicht beispielsweise des Controllings oder anderer Unternehmensfunktionen. Die doppelte Konnotation von Humankapital als individuumsbezogener und zugleich betrieblicher Wert kombiniert individuelle Chancenvielfalt mit betrieblich-kollektiven Wettbewerbsmerkmalen und ist daher stets durch das spezifische (Arbeits-)Marktumfeld geprägt. Schließlich sind mit *Bewertung* (→Humankapitalberechnung) und *Optimierung* (→Human Capital Optimierung) zwei konstitutive Aktionsphasen des HCMs zu unterscheiden, die iterativ immer wieder aufs Neue zu durchlaufen sind (*Scholz*, *Stein* und *Bechtel* 2004, *Scholz* und *Bechtel* 2005):

1. Bei der *Bewertung* geht es im Sinne einer Bestandsaufnahme darum, die quantitative Beschaffenheit der betrieblichen →Personalausstattung – idealerweise in Form monetärer Kennzahlen – zu erfassen. Mit dem Blick auf das intellektuelle Potenzial der Mitarbeiter (und nicht länger bloß ausschließlich auf deren für die klassische Industriegesellschaft noch vergleichsweise relevantere physische Fähigkeiten), wird dabei das verfügbare Wissen zur elementaren Basisgröße des Humankapitals. Vor diesem Hintergrund steht das zur Erzielung von

→Wertschöpfung einsetzbare aktuelle Wissen (einschließlich der darauf basierenden Fähigkeiten) der Mitarbeiter häufig im Mittelpunkt der Quantifizierung des Humankapitals. Insofern die betriebliche Leistungserstellung regelmäßig durch die →Interaktion einer Vielzahl von Personen zustande kommt, wird darüber hinaus zumeist auch die soziale Kooperationsfähigkeit berücksichtigt (→Sozialkapital). Zur Ermittlung solcher humankapitalbezogenen Statusinformationen zum „Wert des Personals" existiert eine Vielzahl konzeptionell verschiedener Methoden, Modelle und Formeln, die die fähigkeits- und wissensbasierten Wertbeiträge der Mitarbeiter einer →Organisation abbilden, messen, bewerten oder in irgendeiner Form berechnen. So können momentan insgesamt etwa 40 bis 50 konzeptionell eigenständige betriebswirtschaftliche Ansätze unterschieden werden (*Bontis* 2001, *Scholz, Stein* und *Bechtel* 2004); zugleich beginnen sich konzeptionelle Standards für eine marktbasierte Bewertung der Personalressource zu etablieren (*Bechtel* 2006). Quantitative Verfahren, die den Wert der Belegschaft transparent machen, sind damit als erforderlicher Steuerungsimpuls zugleich Voraussetzung für eine erfolgreiche managerielle Einflussnahme auf den Personalwert zur zielgerichteten Humankapitalsteigerung, ebenso wie für eine humankapitalbezogene Berichterstattung (→Human Capital Statement).

2. Die *Optimierung* des Humankapitals basiert auf den aus der vorgelagerten Bewertung abzuleitenden Handlungsimplikationen, insofern diese konkrete Ansatzpunkte aufzeigen. Diese gestaltende Aktivität dient der *Mehrung* beziehungsweise der verbesserten *Nutzung* des vorhandenen Humankapitals durch spezifische Personalmanagementmaßnahmen, zum Beispiel →Personalentwicklung zur Auffrischung des Mitarbeiterwissens oder →Job Rotation zur Optimierung der personellen Ressourcenallokation. Im konkreten Anwendungsfall sinnvolle Einzelmaßnahmen leiten sich dabei aus den Steuerungsinformationen der als Ergebnis der Humankapitalberechnung ausgewiesenen Kennzahlen ab. Von zentraler Bedeutung für den Optimierungserfolg ist dabei die strategische Stimmigkeit der eingeleiteten Maßnahmenpakte, da personalwirtschaftliche Aktivitäten im Ergebnis gegebenenfalls gegenläufige Folgewirkungen auf die Höhe des Humankapitals haben können. So ist beispielsweise eine Situation vorstellbar, in der unternehmenseitig gezielt eine hohe Fluktuationsquote herbeigeführt wird, um den Zufluss neuen Mitarbeiterwissens (bei konstantem Personalbestand und geringen Investitionen in Personalentwicklung) zu sichern; allerdings wird der hierdurch vordergründig bewirkte Aufbau beziehungsweise Erhalt von Humankapital möglicherweise einhergehen mit einer massiven Verunsicherung der im Unternehmen verbleibenden Belegschaftsmitglieder, was sich in Form von →Demotivation und Loyalitätsverlust wiederum unmittelbar humankapitalmindernd auswirken dürfte. Vor diesem Hintergrund gelingt eine zielgerichtete Optimierung des Humankapitals umso besser, je exaktere Detailkennzahlen die zugrunde liegende Bewertungsmethodik generiert

Die →Implementierung eines konsequenten Human Capital Managements, das mit den beschriebenen Aktionsphasen der Bewertung und anschließenden Optimierung des Humankapitals insgesamt auf die numerisch-quantitative Dimension des personellen Ressourcenwertes fokussiert, hat vielfältige Konsequenzen für Unternehmen, Personalabteilungen und Mitarbeiter (*Scholz, Stein* und *Bechtel* 2004): So können Humankapitalkennzahlen zum Gradmesser für die →Unternehmensführung ebenso wie für eine erfolgreiche Risikosteuerung werden; HCM determiniert dann nicht nur strategische Überlegungen etwa bezüglich möglicher Outsourcing-Aktivitäten, sondern auch die Kommunikation mit den verschiedenen Stakeholdern, wie beispielsweise Anteilseignern, dem →Betriebsrat, den Mitarbeitern oder potenziellen Bewerbern; schließlich sieht sich auch die ganze Bandbreite individuumsbezogener Maßnahmen im operativen personalwirtschaftlichen Tagesgeschäft unter HCM-Gesichtspunkten mit veränderten Entscheidungsparametern konfrontiert. Ein konsequent betriebenes ganzheitliches Human Capital Management wird daher die gesamte Geschäftspraxis von Unternehmen tiefgreifend prägen und nachhaltig beeinflussen.

Literatur: *Bechtel, R.*: Humankapitalberechnung zwischen Markt- und Ressourcenorientierung, München etc. 2006. *Becker, G. S.*: Investment in Human Capital: A Theoretical Analysis, in: Journal of Political Econ-

Human Capital Optimierung

omy, 70. Jg. (1962), H. 5, S. 9–49. *Bontis, N.*: Assessing Knowledge Assets: A Review of the Models Used to Measure Intellectual Capital, in: International Journal of Management Reviews, 3. Jg. (2001), H. 4, S. 41–60. *Deutsche Gesellschaft für Personalführung e.V.* (Hrsg.): Humankapital messen, Bielefeld 2006. *Edvinsson, L.; Malone, M. S.*: Intellectual Capital, New York 1997. *Mincer, J.*: Investment in Human Capital and Personal Income Distribution, in: Journal of Political Economy, 66. Jg. (1958), S. 281–302. *Schmeisser, W.; Lukowsky, M.*: Human Capital Management. A Critical Consideration of the Evaluation and Reporting of Human Capital, München etc. 2006. *Scholz, C.; Bechtel, R.*: Werkstattbericht aus Saarbrücken: „Human Capital Management", in: Das Personalvermögen, 2. Jg. (2005), H. 1, S. 10–13. *Scholz, C.; Stein, V.; Bechtel, R.*: Zehn Postulate für das Human-Capital-Management, in: Personalwirtschaft, 30. Jg. (2003), H. 5, S. 50–54. *Scholz, C.; Stein, V.; Bechtel, R.*: Human Capital Management. Wege aus der Unverbindlichkeit, München/Unterschleißheim 2004. *Schultz, T. W.*: Reflections on Investment in Human Capital, in: Journal of Political Economy, 70. Jg. (1962), S. 1–8. *Skandia* (Hrsg.): Visualizing Intellectual Capital in Skandia. Supplement to Skandia's 1994 Annual Report, Sweden 1995. *Skandia* (Hrsg.): Human Capital in Transformation. Intellectual Capital Prototype Report, Skandia 1998, Sweden 1998. *Stein, V.*: Human Capital Management: The German Way, in: Zeitschrift für Personalforschung, 21. Jg. (2007), H. 3, S. 295–321. *Stewart, T. A.*: Intellectual Capital, London 1997. *Sveiby, K.-E.*: Wissenskapital – das unentdeckte Vermögen. Immaterielle Unternehmenswerte aufspüren, messen und steigern, Landsberg/Lech 1998.

Roman Bechtel

Human Capital Optimierung

Oberbegriff für personalwirtschaftliche Maßnahmen, durch die der Wert der betrieblichen Personalressource, das →Humankapital, gesteigert und/oder die Nutzungseffizienz der Personalressource unter Marktgesichtspunkten verbessert werden kann.

Als wesentlicher Bestandteil eines ganzheitlichen Humankapital Managements setzt die Optimierung üblicherweise auf der Berechnung des Humankapitals (→Humankapitalberechnung) auf, indem geeignete personalwirtschaftliche Aktivitäten auf die numerische Kennzahl *Humankapital* hin ausgerichtet werden. Die Optimierung des Humankapitals von Unternehmen richtet sich dann auf den zielgerichteten Aufbau beziehungsweise Erwerb, die Weiterentwicklung sowie den Einsatz der Personalressource. Vor diesem Hintergrund können grundsätzlich zwei strategische Handlungs- und Gestaltungsbereiche der Human Capital Optimierung unterschieden werden (Abbildung 1):

1. Die *Wertoptimierung* der Personalressource zielt ab auf eine Mehrung des vorhandenen Humankapitals. Hierzu erschließen sich unterschiedliche Ansatzpunkte: als *direkte* Möglichkeit der Humankapitalsteigerung eine unmittelbare Einflussnahme auf die Personalressource selbst; als *indirekte* Möglichkeit der Humankapitalsteigerung eine Veränderung der unternehmensspezifischen Rahmenbedingungen.

2. Die *Einsatzoptimierung* hingegen konkretisiert die Umsetzungsbedingungen humankapitalbasierter Wettbewerbsvorteile durch die Verbesserung der personalbezogenen Ressourcenallokation.

Abbildung 1: Gestaltungsfelder der Human Capital Optimierung

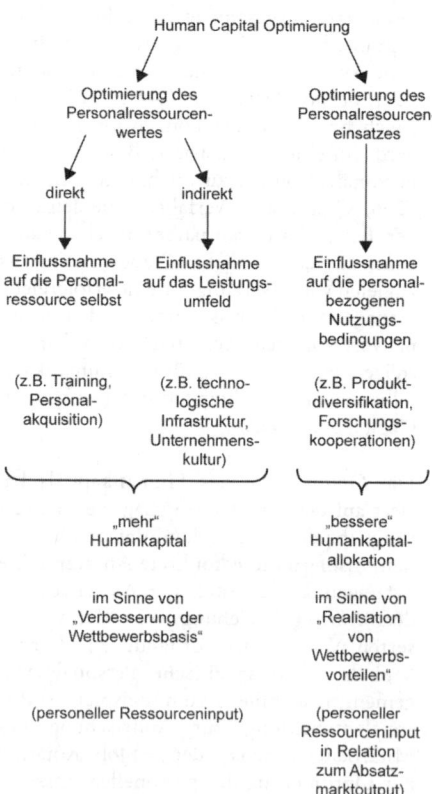

Die *direkte* Einflussnahme auf die Personalressource zwecks Wertsteigerung kann durch quantitative und/oder durch qualitative Maßnahmen erfolgen, das heißt durch die Rekrutierung zusätzlicher Mitarbeiter und/oder durch die Weiterqualifizierung der vorhandenen Mitarbeiter. Folglich ist – im Sinne einer

„Make-or-Buy"-Entscheidung – zu prüfen, ob der angestrebte Aufbau von Humankapital durch unternehmensinterne Investitionen in Personalentwicklung, Trainings und Lernprozesse (Selbsterstellung) oder aber durch die Beschaffung neuer Mitarbeiter am externen Arbeitsmarkt (Fremdbezug) zu realisieren ist. Wenngleich beispielsweise *Cappelli* (2000) vorschlägt, stets neue Mitarbeiter einzustellen anstatt die bereits vorhandenen Mitarbeiter zu halten und zu entwickeln, sofern der Arbeitsmarkt die entsprechenden Möglichkeiten bietet, werden sich in der Praxis üblicherweise beide Formen zur Human Capital Optimierung ergänzen. Während die humankapitalsteigernde Wirkung einer Aufstockung des vorhandenen Personalbestandes sowie einer durch Personalentwicklungsaktivitäten herbeigeführten Verbesserung der Mitarbeiterpotenziale intuitiv ersichtlich ist, können in einem weiteren Blickwinkel alle Personalveränderungsmaßnahmen als humankapitalrelevant interpretiert werden: So kann sich etwa die Neugestaltung mitarbeiterspezifischer Aufgaben- und Verantwortungsbereiche als Retentionsaktivität humankapitalerhaltend auswirken, wenn sie dem drohenden Verlust wertvoller Wissensträger entgegenwirkt. Und auch der Abbau von Personal in Form gezielter Freisetzungen kann fallweise zur Steigerung des betrieblichen Humankapitals beitragen, sofern etwa eine bestimmte Fluktuationsquote zur Grundlage kontinuierlicher Wissensauffrischung gemacht wird.

Basierend auf der Prämisse, dass das Humankapital Einflüssen des spezifischen Arbeitskontextes unterliegt, fokussiert die *indirekte* Optimierung des Personalressourcenwertes auf die Gestaltung des Leistungserstellungsumfeldes. Während dieses im Hinblick auf die materiellen Rahmenbedingungen, etwa die Ausstattung von Arbeitsplätzen, Unfallschutz- und Arbeitssicherheitsvorkehrungen oder die Verfügbarkeit moderner Kommunikationstechnologien, vergleichsweise leicht zu beeinflussen ist, sind die Spielräume zur systematischen managerieIlen Prägung der sozio-strukturellen Dimension des Arbeitskontextes deutlich eingeschränkt. Da Unternehmen komplexe soziale Systeme darstellen, ist Management als Gestaltungshandlung vor diesem Hintergrund im Sinne von *Kirsch, Esser* und *Gabele* (1979) nur als *gemäßigt-voluntaristische* Aktivität möglich. Auch werden personalwirtschaftliche Maßnahmen zur humankapitaloptimierenden Beeinflussung des sozialen Kontextes tendenziell erst in der längeren Frist wirksam. Nichtsdestotrotz erschließen sich auch hier unterschiedlichste Ansatzpunkte zur leistungsförderlichen Einflussnahme auf das organisationale Umfeld: So kann etwa das Hinwirken auf die allmähliche Etablierung bestimmter unternehmenskultureller Werte, die zur Schaffung sozialer Identität und zur Stärkung mitarbeiterseitiger →Loyalität beitragen sollen, die Gefahr ungewollter Kündigungen wichtiger Humankapitalträger mindern, und Maßnahmen zur Verbesserung des Betriebsklimas können die Effizienz der Zusammenarbeit steigern. Ähnlich können beispielsweise Entgeltsysteme, Karriereplanungs- und →Laufbahnmodelle zur personalpolitischen Gestaltung des Leistungserstellungsumfeldes beitragen, was bei *Huselid* und *Becker* (1997) in ihrer Konzeption der High Performance Work Systems (HPWS) im Sinne einer ganzheitlichen Ausgestaltung von Arbeitssystemen zum Ausdruck kommt. Die hier grundsätzlich unterstellte Komplementarität zwischen der Personalressource und der materiellen und immateriellen Infrastruktur von Unternehmen findet ihren Niederschlag in den – inhaltlich eng verwandten – Begriffen *Internes Strukturkapital* (*Edvinsson* und *Malone* 1997), *Institutionales Kapital* (*Oliver* 1997) oder →*Organisationskapital* (*Sadowski* 1991), die das Humankapitalkonstrukt konzeptionell ergänzen.

Insgesamt geht es bei den skizzierten Aktivitäten zur Optimierung des Humankapitals stets darum, Humankapitalverluste mindestens zu kompensieren oder das Humankapital zu steigern. Dies bedeutet stets eine gezielte direkte oder indirekte Einflussnahme auf das mitarbeiterseitige →Wissen und Können (→Leistungsfähigkeit) beziehungsweise auf Wollen und →Motivation (→Leistungsbereitschaft). Die Optimierung des Personalressourceneinsatzes hingegen fokussiert auf die strategisch adäquate Nutzbarmachung des verfügbaren Mitarbeiterpotenzials, um so letztlich humankapitalbasierte Wettbewerbsvorteile (→Human Capital Advantage) an den Absatzmärkten zu generieren. Damit geht es um die Nutzungseffizienz der personellen Ressource im Zuge der Einbindung in die unternehmensspezifischen Produkt-Markt-Strategien. Diese Fähigkeit zur wertschöpfenden, das heißt erfolgswirksamen (Aus-)Nutzung des vorhandenen Humankapitals kommt in dem Konzept der Dynamic Capabilities (*Teece, Pisano* und *Shuen* 1997) zum Ausdruck, die als Unternehmensroutinen zur situationsadäquaten Kombination und →Koordination von Organisationsressourcen dienen. Da sich die absatzmarktliche Erfolgswirkung der vorhandenen Humankapitalausstattung eines Unternehmens durch den Vergleich mit resultierenden Wertschöpfungskennzahlen messen lässt, können unterschiedliche humankapitalbasierte Strategien bewertet werden. Folglich können beispielsweise strategische Pläne zur Diversifizierung oder zu möglichen Kooperationen unter Humankapitalgesichtspunkten optimiert werden, indem *personalbezogene Wertkennziffern* (Humankapital als Input) und *absatzmarktliche Ergebnisgrößen* (→Wertschöpfung als Output) zueinander in Relation gesetzt werden. Die strategische Entscheidung über den geeigneten Ressourceneinsatz zwecks Optimierung der Input-/Output-Relation – und damit zur Erzielung von Wettbewerbsvorteilen – ist daher zugleich Ausdruck einer Optimierung des Humankapitals im Sinne der Effizienz der (Human-)Kapitalnutzung. Eine solche Verzahnung dokumentiert, inwieweit ein Unternehmen letztendlich wirklich in der Lage ist, seine „wertvolle" Personalressource so einzusetzen, dass ein personalbasierter Wettbewerbsvorteil tatsächlich realisiert wird.

Das Zusammenwirken einer personalbezogenen Ressourcenwert- und Ressourceneinsatzoptimierung als Facetten einer umfassenden Human Capital Optimierung wird bereits von *Miles* und *Snow* (1995) in ihrer →Human Investment Philosophy zum Ausdruck gebracht, wenn sie betonen, dass kontinuierliche humankapitalbezogene Investitionstätigkeiten dazu dienen, „to upgrade both the firm's human assets and its ability to use them effectively" (*Miles* und *Snow* 1995, S. 15). Damit können folgende *Axiome* der Human Capital Optimierung formuliert werden (*Bechtel* 2006): Die *Personalressourcenoptimierung*

– umfasst die Ressourcen- und die Kontextveränderung zur Steigerung des Ressourcenwertes und
– zielt durch die absatzmarktbezogene Gestaltung des Ressourceneinsatzes auf die strategisch adäquate Nutzung der Personalressource ab.

Geht es bei der Human Capital Optimierung folglich um all diejenigen Aktivitäten, die eine numerische Steigerung des Humankapitals herbeizuführen imstande sind und/oder zu einer wertschöpfungsoptimalen Nutzung der Personalressource beitragen, so werden sich die im Einzelfall konkret relevanten Aktivitätsbereiche stets aus der zugrunde gelegten Humankapitalberechnungsmethode ableiten lassen. Aus dieser Überlegung resultiert die Erkenntnis, dass nicht von einer völligen Deckungsgleichheit humankapitalbezogener und personalwirtschaftlicher Maßnahmen oder von Human Capital Management und →Personalmanagement auszugehen ist. Folglich kann die Optimierung des Humankapitals zwar grundsätzlich in allen zentralen Personalmanagementfeldern stattfinden, im Anwendungsfall wird es jedoch sinnvoller sein, eine Fokussierung auf einige wenige zentrale Felder vorzunehmen, um personalwirtschaftlichen Aktionismus mit beliebigen Maßnahmenbündeln zu vermeiden (*Scholz, Stein* und *Bechtel* 2006).

Insofern ist es hilfreich, wenn die zur Berechnung des Humankapitals zugrunde gelegte Methode für unterschiedliche personalwirtschaftliche Handlungsfelder separate humankapitalbezogene Detailkennzahlen ausweist, die die quantitative Wirksamkeit konkreter Maßnahmen, also deren Geldwert, über Szenarioberechnungen transparent machen, da so unmittelbare Handlungsimplikationen für konkrete personalwirtschaftliche Aktivitätsfelder offengelegt werden (*Scholz* 2005).

Dabei ist zu beachten, dass ein Drehen an personalwirtschaftlichen Stellschrauben durchaus gegenläufige Auswirkungen zur Folge haben kann. So könnte beispielsweise eine im Interesse permanenter Wissensauffrischung durch Freisetzungen und gleichzeitige Neueinstellungen bewusst herbeigeführte →Fluktuation zugleich demotivierende Effekte auf die im Unternehmen verbleibenden Mitarbeiter haben, so dass hier mit Blick auf die quantitative Ausprägung des Humankapitals gegenläufige Tendenzen resultieren dürften. Vor diesem Hintergrund erschwert die Interdependenz der verschiedenen Handlungsfelder regelmäßig eine „einfache" Optimierung des Humankapitals.

Literatur: *Bechtel, R.*: Humankapitalberechnung zwischen Markt- und Ressourcenorientierung, München etc. 2006. *Cappelli, P.*: A Market-Driven Approach to Retaining Talent, in: Harvard Business Review, 78. Jg. (2000), H. 1, S. 103–111. *Edvinsson, L.; Malone, M. S.*: Intellectual Capital. Realizing Your Company's True Value by Finding its Hidden Brainpower, New York 1997. *Huselid, M. A.*; *Becker, B. E.*: The Impact of High Performance Work Systems, Implementation Effectiveness, and Alignment with Strategy on Shareholder Wealth, in: *Dosier, L. N.*; *Keys, J. B.* (Hrsg.): Academy of Management. Best Paper Proceedings. Theme: "Call to Action". Fifty-seventh Annual Meeting of the Academy of Management, Boston, 8.-13. August 1997, Georgia Southern University, Statesboro 1997, S. 144–148. *Kirsch, W.*; *Esser, W.-M.*; *Gabele, E.*: Das Management des geplanten Wandels von Organisationen, Stuttgart 1979. *Miles, R. E.*; *Snow, C. C.*: The New Network Firm: A Spherical Structure Built on a Human Investment Philosophy, in: Organizational Dynamics, 23. Jg. (1995), H. 4, S. 5–18. *Oliver, C.*: Sustainable Competitive Advantage: Combining Institutional and Resource-Based Views, in: Strategic Management Journal, 18. Jg. (1997), H. 9, S. 697–713. *Sadowski, D.*: Humankapital und Organisationskapital – Zwei Grundkategorien einer ökonomischen Theorie der Personalpolitik in Unternehmen, in: *Ordelheide, D.*; *Rudolph, B.*; *Büsselmann, E.* (Hrsg.): Betriebswirtschaftslehre und Ökonomische Theorie, Stuttgart 1991, S. 127–141. *Scholz, C.*: Die Saarbrücker Formel. Was Ihre Belegschaft wert ist, in: Personalmanager, 3. Jg. (2005), H. 2, S. 16–19. *Scholz, C.*; *Stein, V.*; *Bechtel, R.*: Human Capital Management. Wege aus der Unverbindlichkeit, 2. Aufl., München/Unterschleißheim 2006. *Teece, D. J.*; *Pisano, G.*; *Shuen, A.*: Dynamic Capabilities and Strategic Management, in: Strategic Management Journal, 18. Jg. (1997), H. 7, S. 509–533.

Roman Bechtel

Human Capital Statement

als Sonderform des →Personalberichtes ein Instrument der freiwilligen Unternehmensberichterstattung, das speziell auf die Wertdimension der betrieblichen Personalressource (→Humankapital) abstellt.

Im Human Capital Statement, auch „Human Capital Report", fließen in Ergänzung zur Darstellung des (monetär) quantifizierten Personalwertes zusätzlich qualitative →Informationen in die Berichterstattung mit ein, beispielsweise zu Werttreibern, →Strategien und Implikationen. Grundlage und Voraussetzung für die Erstellung eines solchen Berichtes ist die Anwendung einer Methode zur Berechnung des betrieblichen →Humankapitals (→Humankapitalberechnung) als wesentlicher Bestandteil eines ganzheitlichen →Human Capital Managements. Übergeordnetes Ziel von Human Capital Statements ist die Rechenschaftslegung über die Bedeutung des Humankapitals in seiner Eigenschaft als zentraler immaterieller Vermögenswert von Unternehmen und seines Beitrags zum Unternehmenserfolg.

Hinsichtlich der Kommunikation humankapitalbezogener Kennzahlen ist grundsätzlich zwischen *interner* und *externer Berichterstattung* zu unterscheiden. Mithin kommen als Adressaten der Humankapitalberichterstattung unternehmensinterne Stellen – wie →Personalabteilung, Unternehmensleitung, →Führungskräfte und Mitarbeiter – und externe Stellen – wie Investoren, Kunden, Lieferanten, Banken – in Frage. Während ein internes Human Capital Statement der strategischen Entscheidungsunterstützung und Steuerung dient, zielen extern orientierte Statements als Kommunikationsinstrumente bewusst auf Öffentlichkeitswirksamkeit.

Allerdings sehen weder das deutsche HGB noch das US-amerikanische Rechnungslegungssystem US-GAAP noch die International Accounting Standards/International Financial Reporting Standards (IAS/IFRS) eine unmittelbare bilanzielle Berücksichtigung des Humankapitals vor (*Pellens* und *Fülbier* 2000). Folglich ist die Personalressource mit ihrem spezifischen Wert nicht als eigenständiger immaterieller Vermögensgegenstand bilanzierbar, sondern kann allenfalls als Teil des derivativen Geschäfts- oder Firmenwertes (Goodwill) aktiviert werden. Damit kann nach *Ortner* und *Thielmann-Holzmayer* (2002) streng genommen nicht der handelsrechtlichen Forderung nach Darstellung der tatsächlichen Verhältnisse der Vermögenslage gefolgt werden, so dass die externe Rechnungslegung von Unternehmen in ihrer derzeitigen Form nur noch bedingt ihre gesetzlichen Erfordernisse erfüllt. Wenngleich das Aktivierungsverbot für nicht entgeltlich erworbene immaterielle Vermögensgüter nach Auffassung des Arbeitskreises *Immaterielle Werte im Rechnungswesen* (2001) nicht länger haltbar scheint, bleibt nach derzeitiger Rechtslage *Moxters* (1979) Einschätzung der immateriellen Güter als „ewige Sorgenkinder des Bilanzrechts" damit auch heute noch unvermindert gültig. Allerdings könnte die vereinzelt bereits vorgenommene Einbeziehung von Informationen zur Bewertung immaterieller Vermögenswerte in das Testat von Wirtschaftsprüfern durchaus zur allmählichen Anerkennung von Humankapitalkennzahlen als Bestandteil der externen Berichtspraxis beitragen.

Da mangels rechtsverbindlicher Regelungen folglich gegenwärtig noch keine allgemeingültigen humankapitalbezogenen Berichtsstandards existieren, sind Human Capital Statements üblicherweise im Sinne einer freiwilligen Ergänzung des traditionellen Financial Accounting Bestandteil des so genannten Supplemental Reportings. Dieser, über die Pflichtpublizität hinausgehende Beitrag zu einem umfassenden Business Reporting, mündet unmittelbar in die Frage der Offenlegungspolitik sensibler Insider-Informationen. Dabei herrscht eine paradoxe Situation: Einerseits wird vielfach die Auffassung vertreten, dass eine humankapitalbezogene Berichterstattung nutzlos und überflüssig, da strategisch irrelevant sei. Andererseits besteht demgegenüber in vielen Unternehmen die Angst, durch die freiwillige externe Kommunikation von Humankapitalkennzahlen Wettbewerbern die schnelle Imitation bestehender Humankapitalvorteile zu ermöglichen und auf diese Weise den Verlust komparativer Vorteile zu riskieren; darüber hinaus wird die Gefahr gesehen, durch die Publikation nur bedingt objektivierbarer Humankapitaldaten juristischen Klagen und Fehlinterpretationen durch Finanzanalysten Vorschub zu leisten (*Gates* 2002).

In diesem Zusammenhang stellt *Mouritsen* (2003) fest, dass der Kapitalmarkt zwar Informationen zum Intellektuellen Kapital und zum Humankapital von Unternehmen nachfrage, aber entsprechenden Statements gegenüber sehr skeptisch sei beziehungsweise sich kaum dafür interessiere. Ähnlich beobachtet *Johanson* (2003) kapitalmarktseitige Vorbehalte hinsichtlich unternehmensseitig bereitgestellter Humankapitalinformationen.

Eine Abwägung der Argumente für und gegen eine humankapitalbezogene Publizität wird unter Berücksichtigung der Untersuchungen von *Sadowski* und *Schröder* (1994) zur freiwilligen personalwirtschaftlichen Publizität tendenziell zu einer Ablehnung führen: Danach ist davon auszugehen, dass eine umfassende Informationspolitik im Personalbereich generell – abgesehen vom Grundproblem der fraglichen Glaubwürdigkeit derartiger Selbstdarstellungen – zu hohe Kosten, etwa der Transparenz, der Selbstverpflichtung, der Nachahmungsgefahr und der Beschränkung bestehender Handlungsspielräume, mit sich bringt. Vor diesem Hintergrund überrascht auch nicht die von *Ruhwedel* und *Schultze* (2002) nachgewiesene, gegenwärtig noch geringe „Auskunftsfreude" der DAX 100-Unternehmen im Hinblick auf ihr →Intellektuelles Kapital.

Trotz der beschriebenen Vorbehalte hinsichtlich einer externen Berichterstattung über das Humankapital und obwohl eine Standardsetzung noch aussteht, gibt es für die externe Kommunikation von Humankapitalinformationen in der Praxis bereits vielfältige Beispiele: Weltweiter Vorreiter war hier das schwedische Versicherungs- und Finanzdienstleistungsunternehmen *Skandia* (1995). Wenngleich *Skandia* zwischenzeitlich die Berichterstattung über sein Intellektuelles Kapital eingestellt hat, was als Indikator dafür angesehen werden könnte, dass es sich hierbei lediglich um eine geschickte Selbstinszenierung und Marketingaktivität gehandelt habe, ist die grundsätzliche Bereitschaft zur humankapitalbezogenen Publikation seither ungebrochen: So betreiben insbesondere skandinavische Unternehmen ein Intellectual Capital Reporting und veröffentlichen hierzu Intellectual Capital Statements beziehungsweise Intangible Assets Statements. Diese beziehen sich auf die Gesamtheit der immateriellen Vermögenswerte, berücksichtigen also neben dem Humankapital zusätzlich auch das (interne) Organisations- und das (externe) Beziehungskapital von Unternehmen (*Scholz*, *Stein* und *Bechtel* 2006). Eine spezielle Berichtsvariante wiederum, die insbesondere auf Wissensaspekte abstellt, ist die →Wissensbilanz. Besonders bemerkenswert ist in diesem Zusammenhang auch das in manchen Ländern vorhandene regierungsseitige Engagement: So forcieren etwa in Dänemark Regierungsbehörden schon seit einigen Jahren aktiv die Erarbeitung von Intellectual Capital Statements (*Danish Agency* 2000, *Danish Ministry* 2003).

Insgesamt firmiert unter den Bezeichnungen Human beziehungsweise Intellectual Capital Statement (und ähnlichen) damit gegenwärtig eine Vielzahl an sowohl konzeptionell als auch inhaltlich teilweise recht unterschiedlichen Berichtsformaten. Vor diesem Hintergrund bleiben die weiteren Entwicklungen im Hinblick auf die Nutzung von Human Capital Statements als – insbesondere externes – Berichterstattungsinstrument durchaus mit Spannung abzuwarten; dabei ist davon auszugehen, dass die Bereitschaft zur humankapitalbezogenen Berichterstattung unmittelbar an die Akzeptanz und Etablierung von Methoden zur →Humankapitalberechnung geknüpft sein wird.

Literatur: Arbeitskreis „Immaterielle Werte im Rechnungswesen" der Schmalenbach-Gesellschaft für Betriebswirtschaft e.V. (Hrsg.): Kategorisierung und bilanzielle Erfassung immaterieller Werte, in: Der Betrieb, 54. Jg. (2001), H. 19, S. 989–995. *Danish Agency for Trade and Industry*: A Guideline for Intellectual Capital Statements, Copenhagen 2000. *Danish Ministry of Science, Technology and Innovation*: Intellectual Capital Statements, Copenhagen 2003. *Gates, S.*: Value at Work. The Risks and Opportunities of Human Capital Measurement and Reporting, Research Report, The Conference Board, New York, 2002. *Johanson, U.*: Why Are Capital Market Actors Ambivalent to Information about Certain Indicators on Intellectual Capital?, in: Accounting, Auditing & Accountability Journal, 16. Jg. (2003), H. 1, S. 31–38. *Mouritsen, J.*: Overview. Intellectual Capital and the Capital Market: The Circularity of Intellectual Capital, in: Accounting, Auditing & Accountability Journal, 16. Jg. (2003), H. 1, S. 18–30. *Moxter, A.*: Immaterielle Anlagewerte im neuen Bilanzrecht, in: Betriebs-Berater, 34. Jg. (1979), H. 22, S. 1102–1109. *Ortner, G. E.*; *Thielmann-Holzmayer, C.*: Was ist (uns) unser Personal wert? Die Bewertung des betrieblichen Personalvermögens und die Aktivierung der Personalvermögensbildung in der Bilanz, in: *Klinkhammer, H.* (Hrsg.): Personalstrategie – Personalmanagement als Business Partner, Neuwied etc. 2002, S. 220–244. *Pellens, B.*; *Fülbier, R. U.*: Immaterielle Vermögensgegenstände in der internen und externen Unternehmensrechnung, in: *Küting, K.*; *Weber, C.-P.* (Hrsg.): Wertorientierte Konzernführung. Kapitalmarktorientierte Rechnungslegung und integrierte Unternehmenssteuerung, Stuttgart 2000, S. 119–155. *Ruhwedel, F.*; *Schultze, W.*: Value Reporting: Theoretische Konzeption und Umsetzung bei den DAX 100-Unternehmen, in: Zeitschrift für betriebswirtschaftliche Forschung, 54. Jg. (2002), S. 602–632. *Sadowski, D.*; *Schröder, M.*: Freiwillige Publizität und personalpolitische Reputation, in: Zeitschrift für betriebswirtschaftliche Forschung, 46. Jg. (1994), S. 127–144. *Scholz, C.*; *Stein, V.*; *Bechtel, R.*: Human Capital Management. Wege aus der Unverbindlichkeit, 2. Aufl., München/Unterschleißheim 2006. *Skandia* (Hrsg.): Visualizing Intellectual Capital in Skandia. Supplement to Skandia's 1994 Annual Report, Sweden 1995.

Roman Bechtel

Humankapitaltheorie

ergibt sich aus der Annahme, dass menschliche Produktionspotenziale als „Asset" betrachtet werden können.

Ebenso wie eine maschinelle Produktionsanlage oder ein Stück Ackerland unter dem Aspekt der sich daraus ergebenden Wertschöpfungsmöglichkeiten betrachtet und bewertet werden kann, kann dies analog auch mit →Humankapital geschehen.

Pioniere der →Humankapitaltheorie sind vor allem *Schultz* (1971) und *Becker* (1975), die für ihre Arbeiten 1979 beziehungsweise 1992 jeweils mit einem Nobelpreis ausgezeichnet wurden.

Der Wert von Humankapital ergibt sich aus den zu erwartenden künftigen Einkommensströmen abzüglich der Kosten für notwendige Investitionen. Die Berechnungsverfahren gleichen denen der betriebswirtschaftlichen →Investitionsrechnung. Beispielsweise zeigen *Backes-Gellner*, *Lazear* und *Wolff* (2001), wie eine Entscheidung zwischen dem Abgang von der Schule nach der mittleren Reife oder dem Durchhalten bis zum Abitur unter Berücksichtigung der sich daraus jeweils ergebenden unterschiedlichen Einkommensperspektiven einerseits und der entsprechenden Kosten und Mühen andererseits rational kalkuliert werden kann. Derartige Investitionskalküle können sowohl aus individueller als auch aus betrieblicher oder volkswirtschaftlicher Perspektive durchgeführt werden. Bei der individuellen Entscheidung geht es beispielsweise um das oben genannte Beispiel der Bestimmung der individuell optimalen Ausbildungslaufbahn (→Ausbildung). Auf der betrieblichen Entscheidungsebene kann es beispielsweise um Fortbildungsentscheidungen für bestimmte Mitarbeiter oder Mitarbeitergruppen gehen. Auf der volkswirtschaftlichen Ebene könnten Entscheidungen zwischen alternativen Schul- und Berufsausbildungsformen oder die Zuordnung von Kosten auf unterschiedliche gesellschaftliche Gruppen auf diese Weise rational untermauert werden – wobei allerdings eine verlässliche empirische Datenbasis unerlässlich wäre (*Mincer* 1974, *Davenport* 1999, *Sadowski* 2002).

Vertreter der Humankapitaltheorie beanspruchen nicht, menschliche Arbeitskraft per se in allen Facetten abzubilden; Ziel der Humankapitaltheorie ist vielmehr, die spezifischen Wertschöpfungspotenziale, die sich aus verschiedenen Arten menschlichen Wissens und menschlicher Fähigkeiten ergeben, unter bestimmten Umfeldbedingungen zu analysieren (deskriptive Analyse). In einem zweiten Schritt können Empfehlungen zum Aufbau und zur Nutzung von Humankapital unter dem Aspekt der größtmöglichen Effizienz entwickelt werden (normative Analyse). Erkenntnisziel der Humankapitaltheorie ist vor allem die Beantwortung der Frage: Unter welchen Bedingungen sind Investitionen in Humankapital rentabel? Diese Art, sich Fragen der Personalwirtschaft (→Personalmanagement) anzunähern wird mitunter als „nicht menschengerecht" kritisiert. Diese Kritik läuft jedoch methodisch ins Leere, da es um Allokationsentscheidungen, nicht um Distributionsentscheidungen geht. Eine rational begründbare →Personalpolitik bietet eine Basis für den nachhaltig erfolgreichen und insofern letztlich wohlfahrtsmaximierenden Aufbau und Einsatz von menschlichen Fähigkeiten (vergleiche zum Beispiel *Scholz*, *Stein* und *Bechtel* 2004). „Soziale" Politik umfasst durchaus weitere Facetten, um die es aber in der Humankapitaltheorie zunächst nicht geht (→Sozialbilanz). Ebenso zeigt eine Straßenkarte von Deutschland zwar relativ zuverlässig den Weg von Berlin nach München – ohne zu beanspruchen, das ganze Land in all seinen Facetten abzubilden. Die Humankapitaltheorie hat ihr spezifisches Erkenntnisziel, ebenso wie die Straßenkarte.

Eine Leitunterscheidung unterschiedlicher Typen von Humankapital erfolgt anhand der Frage, wer Nutzen aus den entsprechenden Skills ziehen kann. Man unterscheidet zwischen allgemeinem und spezifischem Humankapital. Allgemeines Humankapital umfasst beispielsweise grundlegende Fähigkeiten wie Lesen, Schreiben oder das Verstehen von Verkehrzeichen. Derartige Skills sind im Kontext moderner Gesellschaften ganz grundsätzlich wertvoll, auch außerhalb beruflicher Aktivitäten. Aus ihrem Vorhandensein ergeben sich positive externe Effekte. Anders ist das bei spezifischem Humankapital. Mit spezifisch ist in der Regel firmenspezifisch gemeint, das heißt Skills, die in einem bestimmten Unternehmen besonders wertvoll sind, beispielsweise die Kenntnis firmeninterner Produktionsverfahren oder Zuständigkeiten, die andernorts nicht von Interesse wären. Die Unterscheidung von Humankapitaltypen nach der Frage, wer davon profitiert, ist wichtig, um Prognosen über die zu erwartende Zahlungsbereitschaft von Akteuren für Investitionen in Humankapital treffen zu können. Denn eine Faustregel ist, dass nur wer eine Nutzenerwartung bezüglich einer Investition hat, die die zu erwartenden Kosten übersteigt, die betrachtete Investition tätigen wird. Dabei muss die zu erwartende Rendite nicht nur positiv, sondern auch noch mindestens ebenso hoch wie die aus einer Investition in Alternativen sein. Die deskriptive Analyse kann aufgrund dieser Faustregel Prognosen über das Zustandekommen bestimmter Investitionen treffen. Die normative Analyse kann Gestaltungsvorschläge entwickeln, beispielsweise zu effizienten Sperrklauseln nach Fortbildungsmaßnahmen, die das Unternehmen bezahlt hat, die aber nicht firmenspezifisch sind. Auch zum effizienten Niveau von Kostenbeteiligungen der →Arbeitnehmer an Fortbildungsmaßnahmen können Aussagen getroffen werden. Oder es kann begründet werden, warum unter bestimmten Bedingungen bei positiven externen Effekten Bildungs- und Ausbildungskosten auch aus Steuermitteln subventioniert werden können.

Die aktuelle Diskussion um die Knappheit betrieblicher Ausbildungsplätze im dualen System stellt sich aus humankapitaltheoretischer Sicht vereinfacht folgendermaßen dar: Betriebliche Ausbildungsplätze werden von den Unternehmen grundsätzlich genau in der Menge angeboten, die maximale betriebswirtschaftliche Returns aus den entsprechenden Humankapitalinvestitionen erwarten lässt. Wird damit der →Arbeitsmarkt für (potenzielle) Azubis nicht geräumt, so sind entweder die Kosten der Humankapitalinvestitionen zu hoch oder die zu erwartenden Erträge aus den Investitionen zu niedrig. Ein ökonomisch fundierter Lösungsansatz für die gesellschaftlich höchst unerwünschte Ausbildungsplatzknappheit würde deshalb stets auf Kostensenkungen beziehungsweise Ertragsverbesserungen abzielen. Ein reines Abwälzen weiterer Kosten auf die Unternehmen ohne entsprechend attraktive Gewinnaussichten – beispielsweise über regulatorische Eingriffe – würde die Ausbildungssituation nur weiter verschlechtern, weil dadurch die Gewinnaussichten der Unternehmen noch weiter sänken. Die aktuell implementierte politische Lösung des „Ausbildungspaktes" trägt dieser Logik insofern Rechnung, als dass über die Möglichkeit einjähriger Praktika zu (subventionierten) Entgelten deutlich unterhalb des Azubi-Tarifs die von den Unternehmen zu tragenden Kosten der Ausbildung zumindest für schlecht qualifizierte Jugendliche faktisch sinken. Eine plausiblere Lösung bestünde aus ökonomischer Sicht in einer produktivitätsorientierten Neu-Tarierung der Azubi-Gehälter, durch die die Kosten der Ausbildung gegebenenfalls von den Firmen stärker auf die profitierenden Individuen (Entgeltsenkung) oder die Allgemeinheit (Entgeltsubventionierung) verlagert würden.

Literatur: *Backes-Gellner, U.*; *Lazear, E. P.*; *Wolff, B.*: Personalökonomik, Stuttgart 2001. *Becker, G. S.*: Human Capital: A Theoretical and Empirical Analysis, with Special Reference to Education, 2. Aufl., New York 1975. *Davenport, T.O.*: Human Capital: What it Is and Why People Invest in it, San Francisco 1999. *Mincer, J.*: Schooling, Experience, and Earnings, New York 1974. *Sadowski, D.*: Personalökonomie und Arbeitspolitik, Stuttgart 2002. *Scholz, C.*; *Stein, V.*; *Bechtel, R.*: Human Capital Management. Wege aus der Unverbindlichkeit, München 2004. *Schultz, T.W.*: Investment in Human Capital. The Role of Education and Research, New York 1971.

Birgitta Wolff

Human Investment Philosophy

von *Miles* und *Snow* (1995) konzipierte „Managementphilosophie", die den Besonderheiten und spezifischen →Anforderungen dynamischer Netzwerkorganisationen gerecht werden soll.

Dabei wird insbesondere auf die *sphärische* →*Organisationsstruktur* abgestellt, die sich durch eine weitgehende Auflösung der Organisationsgrenzen auszeichnet. Im Hinblick auf derart innovative und flexible Organisationsformen wird grundsätzlich davon ausgegangen, dass organisatorische Struktur- und Prozessveränderungen nur dann erfolgreich sein werden, wenn sich zugleich die Einstellungen und das Verhalten der Mitarbeiter verändern und an die neuen Gegebenheiten anpassen.

Vor diesem Hintergrund basiert die auch als „Human Investment Model" bezeichnete Philosophie auf der manageriellen Investitionstätigkeit in →Kompetenzen und →Vertrauen. Ziel dieser Investitionen ist die Etablierung autonom operierender Einheiten und selbststeuernder Teams sowie die Ermöglichung unternehmerischen Verhaltens der Mitarbeiter durch den Abbau administrativer Barrieren.

Miles und *Snow* (1995) differenzieren im Human Investment Model nach →Grundannahmen bezüglich des herrschenden Menschenbildes, Implikationen im Sinne von Handlungsanweisungen für das Management und Erwartungen bezüglich der resultierenden Zukunftsfähigkeit des Unternehmens:

- *Grundannahmen*: Die meisten Leute wollen und können zum Erfolg des Unternehmens beitragen und sich eigenverantwortlich und selbstständig weiterentwickeln. Dabei sind die meisten Leute im Netzwerk – auch außerhalb des eigenen Unternehmens – vertrauenswürdig und selbst vertrauensvoll.

- *Implikationen*: Manager müssen als „interne Venture Capitalists" in die Fähigkeiten der Mitarbeiter investieren. Sie müssen als Partner der Mitarbeiter und selbststeuernden Teams die Freiräume zum Ausprobieren und Anwenden neuer Fähigkeiten und neuen →Wissens schaffen. Schließlich müssen sie bereit sein, dieses investive Verhalten auch in andere Netzwerkunternehmen hineinzutragen.

- *Erwartungen*: Diese Investitionstätigkeit führt über den sukzessiven Aufbau von Fähigkeiten und Wissensbeständen zur lernenden →Organisation. Je kompetenter das eigene Unternehmen ist, desto effektiver funktionieren die Netzwerkverbindungen zu anderen.

Die Investitionen der Manager in ihre Mitarbeiter zielen somit als notwendige Voraussetzung für die Zukunftsfähigkeit von Unternehmen primär auf die Unterstützung der Lernfähigkeit und der Entwicklungsmöglichkeiten der Mitarbeiter. Durch die ihnen in ihren netzwerkartigen Arbeitsstrukturen eingeräumte Eigenverantwortlichkeit tragen die Mitarbeiter damit zur →Ausbildung von Kompetenzen bei, die für die Netzwerkorganisation erfolgsnotwendig sind.

Literatur: *Miles, R. E.*; *Snow, C. C.*: The New Network Firm: A Spherical Structure Built on a Human Investment Philosophy, in: Organizational Dynamics, 23. Jg. (1995), H. 4, S. 5–18.

Roman Bechtel

Human Relations-Theorie

bezeichnet einen speziellen Ansatz in der amerikanischen Betriebssoziologie und -psychologie zur Erforschung sowie Gestaltung informaler beziehungsweise zwischenmenschlicher Beziehungen im Betrieb.

Ihr Ursprung liegt in den so genannten Hawthorne-Experimenten, welche in den Hawthorne-Werken der Western Electric Company in den USA von 1927–1932 durchgeführt wurden. Die oft als Gegenbewegung zum →*Scientific Management* bezeichnete *Human Relations-Bewegung*, die auf die beiden Harvard-Psychologie-Professoren *Elton Mayo* (1880–1949) und *Fritz J. Roethlisberger* (1898–1974) zurückzuführen ist, ging in Wirklichkeit aus dem Scientific Management hervor. Zunächst wurde – in guter tayloristischer Tradition – der Zusammenhang zwischen den äußeren Arbeitsbedingungen und der Arbeitsleistung untersucht, indem man die Beleuchtungsstärke

(→Arbeitsumgebung) am Arbeitsplatz variierte. Erwartet wurde, dass die Arbeitsleistung bei verbesserter Beleuchtung steigen würde; das Ergebnis war jedoch anders. Sowohl in der Testgruppe mit variierender Beleuchtung als auch in der Kontrollgruppe mit konstanter Beleuchtung stieg die Produktivität (→Arbeitsproduktivität) in gleichem Maße an. Die Ergebnisse dieser Studien zeigten, dass nicht allein nur die physikalisch messbaren Arbeitsbedingungen das Verhalten (→Behaviorismus) und die Leistung der Mitarbeiter bestimmen, sondern die Beachtung und Aufmerksamkeit von Seiten der Forscher hat in einer Veränderung der sozialen Situation beziehungsweise des Status resultiert, die sich positiv auf die Arbeiter ausgewirkt und so zu einer steigenden Produktivität geführt haben. Dieser – nicht beabsichtigte – Sachverhalt wird seitdem als Hawthorne-Effekt bezeichnet.

Als →Menschenbild liegt der Human Relations-Theorie der soziale Mensch zu Grunde, der in erster Linie durch soziale Bedürfnisse (→Motiv) motiviert ist und nach Anerkennung, Zugehörigkeitsgefühl und Identität strebt. Daher kommt es zum Aufbau sowie zur Förderung von →Gruppen: Gruppenanreizsysteme treten aber an die Stelle individueller →Anreize.

Literatur: *Kieser, A.*: Human Relations-Bewegung und Organisationspsychologie, in: *Kieser, A.* (Hrsg.): Organisationstheorien, 3. Aufl., Stuttgart 1999, S. 101–131. *Mayo, E.*: The Social Problems of Industrial Civilization, Boston 1945.

Dodo zu Knyphausen-Aufseß
Lars Schweizer

Human Resource Accounting (HRA)

Oberbegriff für eine Vielzahl seit den 1960er Jahren zunächst insbesondere im nordamerikanischen Raum entstandener Ansätze zur Bewertung des Personals mit dem Ziel, die mitarbeiterseitigen Leistungsbeiträge zu quantifizieren und letztlich die Mitarbeiter als „wichtigstes Kapital" des Unternehmens bilanziell abzubilden.

Unter dem Begriff des *Human Resource* beziehungsweise *Human Asset Accountings*, das im deutschen Sprachbereich bisweilen auch als Humanvermögensrechnung, Humankapitalrechnung, Humanpotenzialrechnung, Personalvermögensrechnung oder personalbezogenes Rechnungswesen (→Betriebliches Rechnungswesen) diskutiert wird, lassen sich damit die ältesten Methoden eines betriebswirtschaftlichen →Human Capital Managements subsumieren (*Hermanson* 1964, *Brummet, Flamholtz* und *Pyle* 1969, *Committee on Human Resource Accounting* 1973, *Flamholtz* 1974, *Conrads* 1975, *Aschoff* 1978, *Rumpf* 1978).

Ausgehend von einer kurzen Darstellung des Entstehungszusammenhangs des HRAs sowie einer Beschreibung seiner Zielsetzung gehen die nachfolgenden Ausführungen zunächst auf die unterschiedlichen Adressaten des HRAs ein. Sodann werden sechs input- und drei outputorientierte Methoden des HRAs skizziert und ein typischer Implementierungsprozess erläutert. In der abschließenden kritischen Würdigung werden wesentliche Verdienste und Schwächen referiert.

Nach einschlägigen Vorarbeiten auf dem Gebiet der volkswirtschaftlichen →Humankapitaltheorie durch *Mincer* (1958), *Becker* (1962) und *Schultz* (1962) kam es zum Transfer dort gewonnener Erkenntnisse auf betriebswirtschaftliche Anwendungsbereiche. Als Auslöser für die Entstehung erster HRA-Rechenwerke, die die →Leistungsfähigkeit der Mitarbeiter quantifizieren und zur Grundlage unternehmensinterner Entscheidungen machen, gelten insbesondere *Likerts* (1967) organisationspsychologische Studien zur Effizienz von →Führungsstilen.

Die Zielsetzung des HRAs ist es, eine Wertgröße für das Personal als eine der wichtigsten erfolgswirksamen Ressourcen eines Unternehmens zu ermitteln und dadurch eine grundlegende Informations- und Controllingfunktion im Rahmen der Personalbestandsanalyse zu erfüllen. Diesem Ziel unterliegt der Grundgedanke, dass Personalaufwendungen eindeutigen Investitionscharakter haben, wobei im Unterschied zu Investitionen in Sachanlagen der durch sie geschaffene Wert aber nicht im Rechnungswesen erfasst und ihr Nutzen in späteren Perioden auch nicht verursachungsgemäß zugerechnet wird. Das HRA strebt daher an, Personalaufwendungen genau wie andere Investitionstätigkeiten in Rechnungslegung und Bilanzierung zu berücksichtigen, indem Investitionskalküle auf den Personalbereich übertragen werden.

Als mögliche Adressaten der so gewonnenen →Informationen werden organisationsexterne (externe Humanvermögensrechnung) und organisationsinterne Interessenten (interne Humanvermögensrechnung) unterschieden. Mit diesen beiden Formen des HRAs sind wiederum spezifische Ziele verbunden:

- Als *externe* Interessenten gelten alle Stakeholder des Unternehmens, insbesondere Kapitalgeber und Anteilseigner. Die externe Humanvermögensrechnung ist eine Möglichkeit für die Unternehmensleitung, gegenüber der Öffentlichkeit Rechenschaft über ihre Tätigkeit – vor allem im Personalbereich – abzulegen. Eine solche gesellschaftsbezogene Rechnungslegung erfolgt insbesondere in Verbindung mit den gesetzlich vorgeschriebenen Unternehmensberichten als Jahresabschlussrechnung über das betriebliche Personalvermögen: Dabei wird grundsätzlich entweder die Erweiterung der traditionellen Rechnungslegung durch Einbeziehung des Humanvermögens in die Bilanz und GuV-Rechnung oder deren Ergänzung durch die Darstellung des Humanvermögens im Geschäftsbericht in Form einer →Sozialbilanz vorgeschlagen. Auch die Ergänzung in Form eines eigenen Humanvermögensberichtes im Anhang wird diskutiert.
- Die *interne* Humanvermögensrechnung geht über den Rahmen der gesetzlichen Vorschriften hinaus. Sie dient zur Entscheidungsfindung, zum Beispiel beim Abwägen von Investitionsvorhaben in Form einer →Investitionsrechnung, sowie zur Information über die Personalressource einer →Organisation als Grundlage für ein effektives Management; außerdem kann sie auch Argumentationshilfe sein, um angesichts knapper Budgets beispielsweise kostenträchtige Personalentwicklungsmaßnahmen zu rechtfertigen und durchzusetzen.

Im Rahmen der Operationalisierung des HRAs gibt es verschiedene Verfahren, das Humanvermögen rechnerisch zu erfassen; es werden input- und outputorientierte Modelle unterschieden:

- Die *inputorientierten Ansätze* des HRAs (Personalaufwandsrechnungen beziehungsweise Human Cost Accounting) greifen auf Kosten beziehungsweise Aufwendungen des Betriebes zurück.
- Die *outputorientierten Ansätze* (Personalertragsrechnungen beziehungsweise Human Value Accounting) legen effektive Leistungsbeiträge der Mitarbeiter, Erträge oder Saldierungen zwischen Aufwand und Ertrag zugrunde.

Die unterschiedlichen Rechenmodelle des HRAs stellen sich im einzelnen folgendermaßen dar (*Fischer-Winkelmann* und *Hohl* 1982, *Scholz*, *Stein* und *Bechtel* 2006):

Nach dem Kostenprinzip verfahrende inputorientierte Modelle:

- Bei der Bewertung mit historischen Kosten (*Kostenwertmethode*) entspricht der Wert des Humanvermögens den in der Vergangenheit für dessen Beschaffung, Entwicklung und so weiter angefallenen (Anschaffungs-)Kosten. Diese investiven Aufwendungen werden aktiviert, auf eigens dafür eingerichteten →Personalinvestitionskonten verbucht und gemäß ihrer geschätzten Nutzungsdauer (prognostizierte Betriebszugehörigkeit) abgeschrieben.
- Die Bewertung zu Wiederbeschaffungskosten (*Wiederbeschaffungskostenverfahren*) berechnet den Humanvermögenswert durch Ermittlung der Kosten, die bei Wiederbesetzung einer frei gewordenen →Stelle anfallen würden (Akquisition, Einarbeitung und so weiter).
- Im Rahmen der Bewertung mit Opportunitätskosten (*Opportunitätskostenmethode*) wird ein Marktmechanismus unterstellt, aufgrund dessen die maximalen Angebotspreise anderer Abteilungen des Unternehmens für Mitarbeiter (sofern sie als knappe Ressource gelten) den Wert des Humanvermögens repräsentieren.
- Bei der Bewertung mittels ranggewichteter →Personalkosten (*Multiplikatorenverfahren*) werden die nach Hierarchiestufen gegliederten jährlichen Personalkosten mit rangspezifischen Faktoren multipliziert.
- Die *effizienzgewichtete Personalkostenmethode* nimmt eine Bewertung mithilfe zukünftiger Kosten vor, indem die geschätzten und auf ihren Gegenwartswert diskontierten Personal- beziehungsweise Lohnkosten für die nächsten fünf Jahre mit einer Effizienzrate (betriebseigene Rentabilität in Relation zur Durchschnittsrentabilität der Branche) gewichtet werden.
- Die *Humanvermögensbewertung auf Basis zukünftiger Einkünfte* der Mitarbeiter verwendet ebenfalls die zukünftigen Personalkosten, indem statistisch ermittelte Ein-

Human Resource Accounting (HRA)

kommensprofile von Mitarbeitergruppen mit einem Wahrscheinlichkeitsfaktor (voraussichtliche Unternehmenszugehörigkeit) multipliziert und auf ihren Gegenwartswert abgezinst werden.

Auf dem Wertprinzip basierende outputorientierte Modelle:

- Die *Firmenwertmethode* nimmt eine Bewertung des Humanvermögens auf der Basis der bisherigen Leistung vor, wobei die Differenz zwischen bilanziellem und tatsächlichem Vermögen (Firmenwert) als Humanvermögen interpretiert wird.

- Bei der *Methode mithilfe der Leistungsbeiträge* erfolgt die Bewertung auf der Basis der zukünftigen Leistung, wonach sich das Humanvermögen als Summe der individuellen Beiträge der Mitarbeiter eines Unternehmens zu dessen Gesamtleistung errechnet; dazu sind drei Einflussfaktoren – Stellung in der Betriebshierarchie, Leistungsniveau und Restdauer der Tätigkeit – zu ermitteln.

- Auch die *Methode der Verhaltensvariablen* führt eine Bewertung des Humanvermögens auf Basis der zukünftigen Leistung durch, indem hier allerdings differenzierter auf einzelne Variablen (kausale, intervenierende und Endergebnisvariablen) eingegangen wird, die psychologische beziehungsweise soziologische Zusammenhänge abbilden und mit der ökonomischen Dimension verknüpfen.

Im Hinblick auf den Implementierungsprozess des HRAs in einer Organisation können fünf Phasen unterschieden werden:

1. Identifikation der HRA-Zielsetzungen sowie des konkreten Informationsbedarfes.
2. Entwicklung der HRA-Maße einschließlich der Überprüfung von →Reliabilität und →Validität.
3. Entwicklung der benötigten Datenbasis sowie Änderung der Rechnungslegung und des Management-Informations-Systems.
4. Testdurchlauf des HRA-Systems (in ausgewählten Unternehmensbereichen), Analyse der Ergebnisse, Modifizierung und Überarbeitung des Systems.
5. Endgültige Einführung des HRA-Systems (unter Einbeziehung der betroffenen Mitarbeiter).

Das HRA stellt einen Schritt in Richtung auf ein informationsorientiertes →Personalcontrolling dar, indem Angaben über Kosten und Wert der Mitarbeiter bereitgestellt werden. Als ältestes betriebswirtschaftliches Konzept zur Ermittlung des Humankapitals ist es der Verdienst des HRAs, einen Bewusstseinswandel bezüglich des Managements von Menschen eingeleitet zu haben, da es den Potenzialcharakter der Mitarbeiter verdeutlicht und mehr Transparenz in das personalwirtschaftliche Tagesgeschäft bringen kann. In diesem Sinne eignet sich das HRA für zeitpunktbezogene Analysen des aktuellen Mitarbeiterstandes. Dabei ist nicht zuletzt die bewusste, schon im Namen zum Ausdruck kommende Anlehnung des Human Resource Accounting an die bewährten Methoden und Vorschriften der Rechnungslegung und Bilanzierung positiv zu beurteilen.

Gleichwohl setzt an dieser Stelle auch die grundlegende Kritik an: Diese verweist auf die Gefahr, dass sich das →Personalmanagement zu sehr in Abhängigkeit des traditionellen Rechnungswesens begibt, wenn sich das Rechnungswesen als dominante Basis für personalwirtschaftliche Entscheidungen etabliert. Hierbei wird die Gefahr einer Scheingenauigkeit in einem Bereich gesehen, in dem in Anbetracht der natürlichen →Komplexität des Gegenstandes – die Belegschaft – eine perfekte Präzision nicht zu erreichen ist (gerade wenn soziale Indikatoren mit zu berücksichtigen sind). In diesem Sinne wird vor der Gefahr einer Instrumentalisierung des Personalmanagements durch das Rechnungswesen gewarnt. Auch wird darauf hingewiesen, dass im Gegensatz zu einer Investition in das Anlagevermögen Investitionen in das Personal nicht zu dauerhaften Verfügungsrechten seitens der Unternehmen führen.

Erstaunlich ist die geringe Weiterentwicklung sowie die geringe Verbreitung des HRAs in der Praxis. So war offenbar keine der in Unternehmen erfolgten Implementierungen von HRA dauerhaft erfolgreich. Dennoch gibt es Bestrebungen, die Ideen des HRAs erneut aufzugreifen und weiterzuentwickeln: Von diesem erneuten Bedeutungszuwachs der Thematik im betriebswirtschaftlichen Kontext zeugen neben dem fortgeführten Diskurs in deutschen und internationalen Fachzeitschriften, in Sammelbänden sowie in eigenständigen Monographien auch die Berücksichtigung des Themas in wichtigen betriebswirtschaftlichen Handwörterbüchern, personalwirtschaftlichen Lehrbüchern sowie in Standard- und Nachschlagewerken. Die entsprechenden Diskussionen in Theorie und Praxis lassen sich seit einigen Jahren unter dem Oberbegriff *Human Capital Management* subsumieren.

Literatur: Literatur: *Aschoff, C.*: Betriebliches Humanvermögen, Wiesbaden 1978. *Becker, G. S.*: Investment in Human Capital: A Theoretical Analysis, in: Journal of Political Economy, 70. Jg. (1962), H. 5, S. 9–49. *Brummet, L. R.; Flamholtz, E. G.; Pyle, W. C.* (Hrsg.): Human Resource Accounting, Ann Arbor 1969. *Committee on Human Resource Accounting* (Hrsg.): Report of the Committee on Human Resource Accounting, in: The Accounting Review, 48. Jg. (1973), S. 169–185. *Conrads, M.*: Human Resource Accounting als Abbildung des Humanvermögens in Unternehmensrechnungssystemen für die Lösung interner und externer Aufgaben eines Unternehmens unter besonderer Berücksichtigung der aktienrechtlichen Jahresabschlußrechnung, Diss., Universität Köln 1975. *Fischer-Winkelmann, W. F.; Hohl, E. K.*: Konzepte und Probleme der Humanvermögensrechnung, in: Der Betrieb, 35. Jg. (1982), H. 51/52, S. 2636–2644. *Flamholtz, E.*: Human Resource Accounting, Encino etc. 1974. *Hermanson, R. H.*: Accounting for Human Assets, Occasional Paper H. 14, Michigan State University, East Lansing 1964. *Likert, R.*: The Human Organization, New York etc. 1967. *Mincer, J.*: Investment in Human Capital and Personal Income Distribution, in: Journal of Political Economy, 66. Jg. (1958), S. 281–302. *Rumpf, H.*: Betriebliche Humanvermögensrechnungen, in: Zeitschrift für betriebswirtschaftliche Forschung, 30. Jg. (1978), S. 453–463. *Scholz, C.; Stein, V.; Bechtel, R.*: Human Capital Management. Wege aus der Unverbindlichkeit, 2. Aufl., München/Unterschleißheim 2006. *Schultz, T. W.*: Reflections on Investment in Human Capital, in: Journal of Political Economy, 70. Jg. (1962), S. 1–8.

Roman Bechtel

Human Resource Information System (HRIS) →Personalinformationssysteme (PIS)

Human Resource Management

fokussiert die Einbettung des Personals in den Managementprozess des Unternehmens.

Ansätze des Human Resource Managements verstehen das Personal als Humanvermögen mit einer langfristigen Perspektive und stellen den Mitarbeiter als einen wichtigen strategischen Erfolgsfaktor des Unternehmens in den Mittelpunkt ihrer Überlegungen. Hierbei wird der Versuch unternommen, die Leistungspotenziale aller Organisationsmitglieder durch ein komplexes Geflecht aufeinander abgestimmter Personalmanagementinstrumente zu aktivieren. Den Konzepten zufolge sollen Maßnahmen der →*Personalauswahl*, des Personaleinsatzes, der →Personalentwicklung, der *Anreizgestaltung*, insbesondere der Lohn- und Gehaltsfindung, sowie der →Arbeitsorganisation und der Gewährung von Partizipationsmöglichkeiten aufeinander abgestimmt sein und zudem die individuellen Bedürfnisse (→Motiv) mit den Zielen der →Organisation bestmöglich in Einklang gebracht werden.

Im Folgenden werden zwei Ansätze des Human Resource Management dargestellt, die beide in den 1980er Jahren entwickelt wurden und die Diskussion zum Human Resource Management wesentlich geprägt haben: das Konzept des strategischen Human Resource Managements der University of Michigan (*Tichy, Fombrun* und *Devanna* 1982) und der Ansatz der Harvard Graduate School of Business (*Beer et al.* 1985). Für eine überblickartige Darstellung weiterer Ansätze des Human Resource Management wie zum Beispiel den Insead-Ansatz oder den Strategic Choice-Ansatz siehe die Ausführungen bei *Liebel* und *Oechsler* (1994).

Der *Michigan-Ansatz* fokussiert die integrative Verknüpfung von Unternehmensstrategie, →Organisationsstruktur und Human Resource Management und identifiziert die Gestaltung und Abstimmung dieser drei Komponenten als wichtige Parameter eines erfolgreichen Unternehmens.

1. *Mission und* →*Strategie*: Die Organisation benötigt einen Grund für ihre Existenz und ist idealerweise durch bestimmte Handlungsmuster gekennzeichnet, auf deren Basis die Mitarbeiter ein entsprechendes Unternehmensbild nach außen vertreten. Diese Grundideen spiegeln sich in der Mission und Strategie wider.

2. *Formale Struktur*: Die unternehmerischen Aufgaben und die ihnen zugeordneten Mitarbeiter sind so in einer formalen Organisationsstruktur zu organisieren, dass sie die →Implementierung der Strategie unterstützen.

3. *Human Resource Management*: Die Mitarbeiter sind so auszuwählen, zu qualifizieren und zu motivieren, dass sie im Rahmen der vorgegebenen formalen Struktur ihre arbeitsteilig definierten Aufgaben im Sinne der Unternehmensstrategie produktiv ausüben können.

Wird den Ausführungen von *Tichy, Fombrun* und *Devanna* (1982) gefolgt, ist es das Ziel, die drei *Erfolgskomponenten* unter Berücksichtigung wirtschaftlicher, politischer und kultureller Umwelteinflüsse im Sinne eines „Best Fit" optimal miteinander abzustimmen (siehe Abbildung 1).

Abbildung 1: Erfolgskomponenten des HRM nach dem Michigan-Ansatz (*Tichy/Fombrun/Devanna* 1982, S. 48)

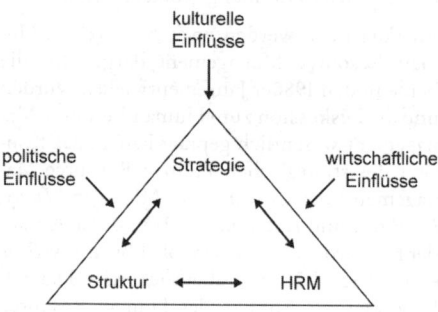

Die Entscheidungen über die personalwirtschaftlichen Aktivitäten werden dem Michigan-Ansatz zufolge auf der

– *strategischen Ebene* durch die Festlegung beziehungsweise Bestimmung unternehmensweiter Ziele,
– *Managementebene* durch die Umsetzung der strategischen Ziele und die Entscheidung über Ressourcenbindung sowie
– *operativen Ebene* mittels der Durchführung der täglichen Personalarbeit (→Personalmanagement)

getroffen. Priorität wird im Michigan-Ansatz der strategischen Ebene eingeräumt.

Abbildung 2: Human Resource Cycle nach dem Michigan-Ansatz (*Tichy/Fombrun/Devanna* 1982, S. 50)

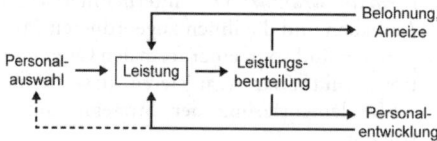

Das Human Resource Management wird in dem in Abbildung 2 verdeutlichten *Human Resource Cycle* durch insgesamt vier Teilfunktionen charakterisiert, die auf das vorgegebene Ziel der individuellen und – damit verbunden – der Unternehmensleistung als abhängige Variable des Kreislaufs auszurichten sind:

1. Die *strategische Personalauswahl* fokussiert die strategiegerechte Planung des Personalbedarfs und die Steuerung der internen Personalbewegung. Dies erfolgt durch die Gestaltung eines Personalauswahlsystems unter Berücksichtigung der Unternehmensstrategie und der Organisationsstruktur.

2. Da die Erfüllung der übrigen Teilfunktionen wesentlich vom Beurteilungsprozess abhängig ist, kommt der *strategischen →Personalbeurteilung* eine Schlüsselrolle zu. So können leistungsbezogene Entgeltbestandteile nur beim Einsatz geeigneter Beurteilungssysteme gewährt werden und eine erfolgreiche Personalentwicklung ist nur auf Basis einer kontinuierlichen Bestandsaufnahme der →Qualifikationen und Fähigkeiten möglich. Die festzulegenden Beurteilungskriterien orientieren sich dabei an strategischen Prioritäten.

3. Die *strategischen Entlohnungs- und Anreizsysteme* sind auf die →Motivation und Belohnung (→Belohnung und Bestrafung) der Mitarbeiter ausgelegt, damit diese nach der Erreichung individuell vereinbarter Ziele streben und somit einen Beitrag zur Realisierung der langfristigen strategischen Unternehmensziele leisten. Im Vordergrund steht die Festlegung verhaltenswirksamer materieller und immaterieller Anreize sowie die Bestimmung geeigneter Ziel- und Maßgrößen für die zu belohnende Individual- und Unternehmensleistung.

4. Die *strategische Personalentwicklung* fokussiert zukunftsweisende Fort- und Weiterbildungsprogramme sowie strategieorientierte Karriereplanung (→Individuelle Karriereplanung). Diese soll den Mitarbeitern all jene Fähigkeiten und Kenntnisse vermitteln, die sie für eine adäquate Erfüllung ihrer Aufgaben im Sinne der Unternehmensstrategie benötigen.

Tichy, Fombrun und *Devanna* (1982) betonen, dass eine erfolgreiche Implementierung strategischer Unternehmensziele in hohem Maße von der strategiegerechten Ausgestaltung der oben genannten Teilfunktionen und der systematischen Organisation des Human Resource-Kreislaufs abhängig ist.

Der *Harvard-Ansatz* umfasst alle funktionellen, institutionellen und instrumentellen Aspekte der →Unternehmensführung, die sich mit dem Humanpotenzial auseinandersetzen, und sieht die Mitarbeiter ebenfalls als strategische Erfolgs- und Wettbewerbsfaktoren des Unternehmens. Ähnlich wie beim Michigan-Ansatz besteht die Zielsetzung darin, das Leistungsvermögen aller Beschäftigten durch ein Gefüge aufeinander abgestimmter personalwirtschaftlicher Maßnahmen zu aktivieren und zu nutzen. Typisches Kennzeichen des Ansatzes ist die Abstimmung der Politikfelder untereinander und die →Integration der Personalfunktion in das strategische Management des Unternehmens.

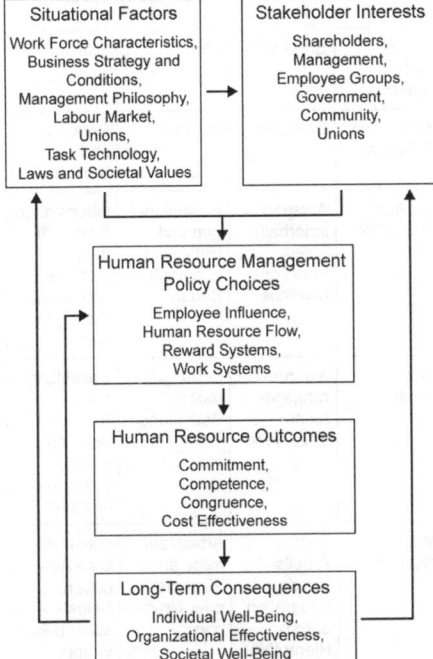

Abbildung 3: Human Resource Management nach dem *Harvard-Ansatz (Beer et al.* 1985, S. 17)

Nach *Beer et al.* (1985) besteht die Hauptaufgabe des Personalmanagements in der Ausgestaltung, Abstimmung und Implementierung der nachfolgend beschriebenen und in Abbildung 3 visualisierten vier Politikfelder, die von situativen Faktoren und denjenigen Interessengruppen, die in einer engen Beziehung zur Organisation stehen, determiniert werden:

1. Unter Berücksichtigung gesetzlicher Rahmenbedingungen, der Rechtsform und des spezifischen Einflusses von →Gewerkschaften werden im Politikfeld *Employee Influence* grundlegende Entscheidungen über die Verteilung von Beteiligungsrechten ge-

troffen. Neben den gesetzlich vorgegebenen oder durch die Gewerkschaften vereinbarten Mitwirkungsrechten werden weitere Instrumente genannt, wie zum Beispiel teilautonome Arbeitsgruppen (→*Selbststeuerung*) und Projektarbeit, Gruppenentscheidungen auf Managementebene oder Teilnahme an →Qualitätszirkeln. Die Ausgestaltung der Einflussmöglichkeiten ist deshalb von großer Bedeutung, weil sie richtungweisend für die Formulierung der anderen Politikfelder ist.

2. Das Politikfeld *Human Resource Flow* beinhaltet die originären Funktionen des Personalmanagements wie →Personalbeschaffung, →Personaleinsatzplanung, →Leistungsbeurteilung, Bereitstellung von Mitarbeitern mit erforderlichen Qualifikationen und Erfahrungen, Freisetzung (→Personalfreisetzung) sowie die in diesem Kontext bestehende Personalverantwortung der →Führungskräfte.

3. Die Ausgestaltung eines *Reward Systems* wird durch die Forderung nach einer Abstimmung mit der Unternehmensstrategie, der Managementphilosophie, den Mitarbeiterbedürfnissen sowie mit den anderen Politikfeldern beeinflusst. Entscheidungen über die Art materieller beziehungsweise immaterieller Anreize und die Belohnungsbasis von Individualleistung beziehungsweise des Gruppenergebnisses wirken auf das Erreichen wichtiger Unternehmensziele, vermitteln zudem die Unternehmenswerte und stärken die →Identifikation mit dem Unternehmen.

4. Die unternehmensspezifische Arbeitsorganisation wird im Politikfeld *Work System* festgelegt. Hierzu gehört der Mitarbeitereinsatz, die →Stellenbeschreibung und Definition der Aufgabe, die Gestaltung des Informationsflusses sowie die Bereitstellung der technologischen Infrastruktur. Die Kombination dieser Faktoren beeinflusst die Qualität der Unternehmensentscheidungen, die →Koordination zwischen Funktionen und Aufgaben sowie die optimale Nutzung der Humanpotenziale und hat eine zentrale Bedeutung für das →Commitment der Mitarbeiter.

Nur wenn die Formulierung der Personalpolitiken als elementare Managementaufgabe interpretiert wird, kann nach *Beer et al.* (1985)

die Befriedigung individueller und gesellschaftlicher Bedürfnisse bei gleichzeitiger Verwirklichung der Unternehmensinteressen erreicht werden.

Der *Harvard-Ansatz* postuliert, dass die geeignete Abstimmung der HRM-Politikfelder untereinander, die Harmonisierung mit den Interessengruppen sowie die Berücksichtigung situativer Rahmenbedingungen zu den Ergebnissen Commitment, Competence, Congruence und Cost Effectiveness führen:

- *Commitment* bezeichnet die Verbundenheit des Mitarbeiters mit dem Unternehmen. Bestehendes beziehungsweise zunehmendes Commitment hat nicht nur eine erhöhte →Loyalität und bessere Leistung in der Organisation zur Folge, sondern steigert auch das Selbstwertgefühl, das Ansehen und die individuelle Identität der Beschäftigten.
- Das Resultat *Competence* fokussiert die Bereitstellung von qualifizierten Mitarbeitern mit unternehmensrelevantem →Wissen respektive Fähigkeiten. Hierbei spielt die Attraktivität des Unternehmens für derartig qualifizierte →Arbeitnehmer des internen und externen Arbeitsmarkts eine große Rolle: Gelingt es die benötigten Fähigkeiten und Kenntnisse zum richtigen Zeitpunkt zur Verfügung zu stellen, profitiert das Unternehmen, und die Beschäftigten erfahren ein erhöhtes Selbstwertgefühl und ökonomische Vorteile.
- *Congruence* bezeichnet ein hohes Ausmaß der Übereinstimmung zwischen Mitarbeiter- und Unternehmenszielen. Von den Unternehmenszielen abweichende Ziele der Organisationsteilnehmer wirken sich für die Unternehmensführung negativ aus: Sie können mit einer Verschwendung zeitlicher und monetärer Ressourcen, einer Gefährdung des Vertrauens in die Organisation oder einem Verlust gemeinsamer Ziele verbunden sein.
- Die Variable *Cost Effectiveness* beinhaltet die durch die Ausgestaltung der Politikfelder für das Unternehmen entstehenden Kosten, wie zum Beispiel direkte Kosten, die durch Gehälter verursacht werden, sowie indirekte Kosten durch →Absentismus oder Streiks.

Neben diesen unmittelbaren Resultaten können adäquate personalpolitische Entscheidungen zu langfristigen, positiven Konsequenzen für das einzelne Individuum, zur Effektivitätssteigerung des Unternehmens und zur Zunahme der gesellschaftlichen Wohlfahrt führen. Die dargestellten Rückkopplungen weisen auf entsprechende Feedback-Prozesse (→Feedback) hin. So kann zum Beispiel eine schwerwiegende Vernachlässigung der Arbeitnehmerinteressen bei der Gestaltung des Human Resource Management zu einer Korrektur gesetzlicher Rahmenbedingungen führen, oder aber eine Verschlechterung der Ertragslage die Anteilseigner veranlassen, ihren Einfluss auf die →Personalpolitik auszubauen.

Übersicht 1: Matrix der Human Resource Management-Politiken (*Beer et al.* 1985, S. 669)

HRM-Politikfelder	Bürokratie	Markt	Clan
Employee Influence	Dienstweg	Verträge	Beratung und Konsens
Human Resource Flow	Aufstieg innerhalb eines Funktionsbereichs	Einstellungen und Entlassungen nach Bedarf	lebenslange Beschäftigung, vertikale und laterale Bewegungen
Reward System	anforderungsgerechte Bezahlung	leistungsgerechte Bezahlung	Bezahlung nach Seniorität und Fähigkeiten, Erfolgsbeteiligung
Work System	hohe Arbeitsteilung, Integration durch Hierarchie	Arbeitsaufträge an Einzelne oder Gruppen	ganzheitliche Aufgaben, Selbstabstimmung in Gruppen

Im *Harvard-Ansatz* wird eine integrative Abstimmung der Politikfelder sowohl untereinander – zur Erhaltung und Förderung der richtigen Zusammensetzung der Beschäftigten – als auch mit der Unternehmensstrategie gefordert. Als grundlegende *Integrationsansätze* greifen *Beer et al.* (1985) die Typologie von *Ouchi* (1980) auf, in der zwischen Bürokratie-, Markt- und Clan-Organisationen unterschieden wird. Die drei Integrationsansätze unterscheiden sich dadurch, dass die jeweiligen →Beschäftigungsverhältnisse im Rahmen *interner Arbeitsmärkte* verschiedenartig ausgestaltet werden. Übersicht 1 gibt Aufschluss über eine mögliche Ausgestaltung der einzelnen Politikfelder in den genannten Integrationstypen.

Der *Harvard-Ansatz* von *Beer et al.* (1985) beinhaltet eine umfangreiche Aufzählung von Determinanten des Human Resource Management und skizziert mögliche Wirkungen beziehungsweise Konsequenzen der Personalpolitik.

Abschließend werden die Aussagen der skizzierten Ansätze zusammengefasst und einer kritischen Würdigung unterzogen. Beide Ansätze stellen die individuelle Leistung von Mitarbeitern in den Mittelpunkt, die zur Produktivität des Unternehmens beiträgt. Das Human Resource Management wird als Erfolgsfaktor organisationaler Effektivität interpretiert. Grundlegend hierfür ist die Annahme, dass die Qualität strategischer Unternehmensentscheidungen mit der Qualität und den Fähigkeiten derjenigen verbunden ist, die am Entscheidungsprozess partizipieren. Damit hängt die erfolgreiche Implementierung strategischer Ziele vorrangig von der systematischen Ausgestaltung der Human Resource-Instrumente beziehungsweise der optimalen Abstimmung der Human Resource-Politikfelder ab. Ein großer Verdienst dieser Konzepte besteht also darin, die Bedeutung von Human Ressourcen im strategischen Kontext hervorzuheben und die Aufmerksamkeit auf die →Interdependenzen und damit auf den Abstimmungsbedarf der personalwirtschaftlichen Instrumente untereinander sowie mit relevanten →Kontextfaktoren zu lenken.

Die skizzierten strategischen HRM-Konzepte US-amerikanischen Ursprungs müssen jedoch im Hinblick auf die Übertragbarkeit auf den europäischen Kontext kritisch hinterfragt werden. Institutionelle Rahmenbedingungen wie beispielsweise die Ausgestaltung der industriellen Beziehungen können sich landesspezifisch erheblich unterscheiden. Ferner dominiert eine Harmonisierungsideologie einträchtigen Nebeneinanders verschiedener Interessengruppen, die Interessenkonflikte zwischen Anteilseignern und Arbeitnehmern ausblendet. Die Ansätze werden zudem von einer verkürzten technisch-funktionalen Sicht von Strategie dominiert, denn die Strategieentwicklung erfolgt nur aus der Sicht des Managements beziehungsweise der Unternehmensführung, deren Informationsstand und -verarbeitungskapazität zudem in der Realität begrenzt sind.

Literatur: *Beer, M. et al.*: Human Resource Management, New York 1985. *Liebel, H.J.*; *Oechsler, W.A.*: Handbuch Human Resource Management, Wiesbaden 1994. *Ouchi, W.G.*: Markets, Bureaucracies and Clans, in: Administrative Science Quarterly, 25.Jg. (1980), H. 2, S. 129–141. *Tichy, N.M.*; *Fombrun, C.J.*; *Devanna, M.A.*: Strategic Human Resource Management, in: Sloan Management Review, (1982), H. 2, S. 47–61.

Yvonne Groening

Human Resource Portfolio → Portfoliomethode

Human Resources (HR)

bezeichnet die Gesamtheit der Mitarbeiter eines Unternehmens, das heißt die Belegschaft beziehungsweise das Personal.

In Nachfolge zu dem primär auf die administrativen Aufgaben der Personalarbeit (→Personalmanagement) fokussierenden Begriff *Personnel Management* – im Deutschen: *Personalwirtschaft* – hat sich heute weitgehend die Bezeichnung *Human Resource(s) Management* – im Deutschen: →*Personalmanagement* – etabliert (*Berthel* und *Becker* 2007, *Drumm* 2005, *Oechsler* 2006, *Scholz* 2000).

In der Literatur finden sich dabei widersprüchliche Auffassungen, insbesondere aber sprachliche Unschärfen im Hinblick auf die Frage, ob sich das *HR Management* tatsächlich auf die Humanressource (im Singular) oder auf die Humanressourcen (im Plural) bezieht; das heißt, ob dem Personal in seiner Gesamtheit der Status einer Ressource zukommt oder ob jeder einzelne Mitarbeiter als eine →Unternehmensressource aufzufassen ist.

Klärung bringt hier ein Rückgriff auf die theoretischen Grundlagen des →*Resource Based View* des strategischen Managements, der die Notwendigkeit einer adäquaten Ausstattung mit einzigartigen Ressourcen zwecks Aufbau und Sicherung vorteilhafter Wettbewerbspositionen von Unternehmen herausarbeitet. Zunächst ist die menschliche Einzigartigkeit bereits durch die selbstevidente Nicht-Imitierbarkeit des Menschlichen – als der Substanz der Humanressource – unstrittig; auch sind Ungleichheiten in der Qualifikations- und →Motivationsstruktur der einzelnen Mitarbeiter naturgegeben. Die Aggregation solcherart einzigartiger Individuen zur Gesamtbelegschaft induziert dann auch die Spezifität der resultierenden Gesamtmitarbeiterkonstellation mit ihren vieldimensionalen Fähigkeits- und Wissensmerkmalen. Dies erlaubte sowohl den einzelnen Mitarbeiter als auch die Gesamtbelegschaft als Unternehmensressource zu betrachten.

Allerdings ist der einzelne Mitarbeiter – im Gegensatz zur Gesamtbelegschaft – mobil. Er kann „seinem" Unternehmen jederzeit leicht sein Potenzial durch Arbeitsplatzwechsel (→Job Rotation) entziehen. Dies läuft der Basisprämisse des Resource Based View – Ressourcenimmobilität – zuwider, da Mobilität im Extremfall die sofortige Erosion eines bestehenden Wettbewerbsvorteils bedeutet, so dass ein temporärer Vorteilszustand nicht länger aufrechtzuerhalten ist. Der personelle Ressourcenstatus resultiert folglich erst aus der – Mobilität hemmenden – komplexen sozialinteraktionalen Verwobenheit der Mitarbeiter beispielsweise in ihren Team- und Abteilungsstrukturen (Social Embeddedness) sowie aus der im Zeitverlauf gewachsenen Einbindung in einen unternehmensspezifisch-idiosynkratischen, historisch determinierten Unternehmenskontext.

Da das Zusammenwirken dieser vielfältigen Verflechtungen kaum noch im Detail zu analysieren ist und deshalb kaum einer bewussten Steuerung zugänglich gemacht werden kann, spricht man hier von kausaler Ambiguität; diese bietet im Hinblick auf das Zusammenwirken von (Human-)Ressource und darauf basierendem Vorteil keine Anhaltspunkte zur Nachahmung für Wettbewerber und bedingt so den Status der Gesamtbelegschaft – nicht des einzelnen Mitarbeiters – als strategisch relevante Unternehmensressource. Vor diesem Hintergrund scheint es angemessen, als Humanressource stets die Gesamtheit der Mitarbeiter eines Unternehmens, also dessen Belegschaft als Kollektiv zu bezeichnen (*Bechtel* 2006). Diese Interpretation entspricht der Betrachtung der Gesamtbelegschaft als dem (einen) menschlichen Produktionsfaktor.

Literatur: *Bechtel, R.*: Humankapitalberechnung zwischen Markt- und Ressourcenorientierung, München etc. 2006. *Berthel, J.; Becker, F. G.*: Personal-Management, 8. Aufl., Stuttgart 2007. *Drumm, H. J.*: Personalwirtschaft, 5. Aufl., Berlin etc. 2005. *Oechsler,W. A.*: Personal und Arbeit, 8. Aufl., München 2006. *Scholz, C.*: Personalmanagement, 5. Aufl., München 2000.

Roman Bechtel

Humanisierung der Arbeit

ethisch normatives Ziel, das seine Begründung und Bedeutung wesentlich aus einer konstitutiven Spannung zum betriebswirtschaftlichen Ziel der Rationalisierung der →Arbeit ableitet und das entsprechend dann besondere Bedeutung erlangt, wenn die praktischen Verfahren der Arbeitsrationalisierung bestimmte und erhebliche Inhumanitäten der Arbeit mit sich bringen.

Abbildung 1: Tayloristische Arbeitsrationalisierung und „klassische" Inhumanität der Arbeit
(*Kuhn* 2002, S. 345)

```
post-tayloristische Arbeitsrationalisierung/
ökonomische Dezentralisierung
              ↓
  organisatorische Entgestaltung
  (Selbstorganisation, Selbststeuerung,
        Selbstverantwortung)
              ↓
    ökonomische Entsicherung
 (leistungsabhängige Vergütung und
         Beschäftigung)
              ↓
  leistungsbezogene Entgrenzung
    (Wettbewerb, „Better Job")
              ↓
    „moderne" Inhumanität der Arbeit
     physische Überforderung
     psychische Überforderung
      soziale Überforderung
```

Betrachtet man unsere arbeitsweltliche Entwicklung und Situation vor diesem Hintergrund, dann lässt sich das Problem einer Humanisierung der Arbeit wie folgt näher bestimmen: Das Aufkommen und die Verbreitung der Forderung nach einer menschengerechten Arbeit korrespondiert historisch gesehen vor allem mit dem Siegeszug des Prinzips der *Arbeitsrationalisierung durch* →Arbeitsteilung. Dieses Prinzip, das seine radikalste Ausformulierung im Taylorismus (→Scientific Management) und nach *Kieser* (1999) seine konsequenteste Umsetzung im →Fordismus fand, war von paradigmatischer Bedeutung für die →Arbeitsgestaltung im 20. Jahrhundert, wie *Womack, Jones* und *Ross* (1992) bemerken. Es gründet im Wesentlichen auf zwei Verfahren:

1. *Vertikale Arbeitsteilung*: Strikte Trennung zwischen dispositiv-innovativer, regelmäßig dem Management überantworteter (Kopf-)Arbeit und rein ausführender, regelmäßig den Arbeitnehmern überantworteter (Hand-)Arbeit.

2. *Horizontale Arbeitsteilung*: Sind gemäß aller ausführenden (Hand-)Arbeiten weitestmög-

lich aufzuteilen, wodurch sie zu einfachsten Routine- beziehungsweise, wie es *Kern* und *Schumann* (1985) treffend formulieren, „Jedermanns-Arbeiten" werden.

Die zunehmende Anwendung dieses Verfahrens in der Praxis führte schnell zu der Erkenntnis und zum Vorwurf, dass tayloristisch gestaltete Arbeit mit Blick auf die ausführenden Tätigkeiten inhuman sei, da sie regelmäßig zu körperlicher Überbeanspruchung (z. B. Verschleißerscheinungen und -erkrankungen), geistiger Unterforderung (z. B. Monotonie, Dequalifikation, →Entfremdung) sowie sozialer Isolation führe. Als konzeptionelle Möglichkeiten zur Bekämpfung dieser *klassischen Inhumanität der Arbeit* wurden und werden insbesondere folgende *Humanisierungsmaßnahmen* eingefordert: →Job Enlargement und →Job Rotation zur Begrenzung der horizontalen Arbeitsteilung (quantitative Arbeitsfeldvergrößerung) sowie →Job Enrichment und – gewissermaßen als höchste Stufe (re-)humanisierter Arbeit – teilautonome Arbeitsgruppen zur Begrenzung beziehungsweise Überwindung der vertikalen Arbeitsteilung (qualitative Arbeitsfeldvergrößerung). Dieser, in den Arbeiten von *Kreikebaum* und *Herbert* (1988) sowie *Gaugler* (1991) ausführlich dargelegte Problembereich ist in Abbildung 1 übersichtsartig visualisiert.

Da die Unternehmen(-sleitungen) die tayloristische Arbeitsteilung jedoch bis hinein in die 80er Jahre des 20. Jahrhunderts als die ökonomisch eindeutig effizienteste Form der Arbeitsrationalisierung betrachteten, blieben die Bemühungen um eine Humanisierung der (tayloristisch gestalteten) Arbeit weitestgehend erfolglos. Selbst die breite Humanisierungsbewegung der 1970er, die von weiten Teilen der →Gewerkschaften, der politischen Parteien, der (Arbeits-)Wissenschaften sowie auch von verschiedenen Unternehmen getragen wurde, vermochte an der ökonomisch begründeten Vorherrschaft des Taylorismus wenig zu ändern, wie *Schumann* (1993) beschreibend darlegt. Ein Ende dieser Vorherrschaft ist erst in der Diskussion, seit moderne Managementkonzepte wie Lean Production nach *Womack*, *Jones* und *Roos* (1992) oder Business Reengineering nach *Hammer* und *Champy* (1994) den Taylorismus auch aus effizienzorientierter Sicht kritisieren und *post-tayloristische Konzepte* der Arbeitsgestaltung – etwa Team-/Gruppenarbeitskonzepte, operative →Dezentralisierung, →Selbstorganisation, →Empowerment – als betriebswirtschaftlich vorzugswürdig deklarieren.

Die damit gleichsam proklamierte *Rationalisierung durch Humanisierung* (*Schumann* 1993) gibt vielfach Anlass zu der Hoffnung, dass die klassische Inhumanität der (tayloristischen) Arbeit an Bedeutung verlieren und das Ziel einer insgesamt deutlich humaneren Arbeitswelt näher rücken könnte. Tatsächlich dürfte diese Hoffnung allerdings trügerisch sein: Denn zum einen sprechen aktuelle Entwicklungen eher für eine zunehmende Rückkehr zum Taylorismus denn für dessen endgültiges Ende, wie beispielsweise *Springer* (1999) und *Voswinkel* (2000) hervorheben. Zum anderen sind aber auch Anzeichen für die Entstehung einer qualitativ völlig neuartigen, gleichsam „modernen" Inhumanität der Arbeit immer unübersehbarer.

Die sich abzeichnende *moderne Inhumanität der Arbeit* korrespondiert wesentlich mit dem Verfahren einer post-tayloristischer Arbeitsrationalisierung, welches allerdings mit marktlichen Sanktionsinstrumenten verbunden wird und sich nach *Moldaschl* und *Sauer* (2000) damit als ökonomische Dezentralisierung bezeichnen lässt.

Abbildung 2: Post-Tayloristische Arbeitsrationalisierung und „moderne" Inhumanität der Arbeit

```
┌─────────────────────────────────────┐
│ tayloristische Arbeitsrationalisierung │
└─────────────────────────────────────┘
        vertikale Arbeitsteilung
        horizontale Arbeitsteilung
                    ↓
           Gestaltung einfachster
          Routine- beziehungsweise
            „Jedermanns-Arbeiten"
                    ↓
         Standardisierung der Leistung
           (Pensum, „Good Job")
┌─────────────────────────────────────┐
│   „klassische" Inhumanität der Arbeit │
└─────────────────────────────────────┘
         physische Überforderung
        psychische Unterforderung
              soziale Isolation
                    ↑
┌ ─ ─ ─ ─ ─ ─ ─ ─ ─ ─ ─ ─ ─ ─ ─ ─ ─ ┐
  „klassische" Humanisierungsmaßnahmen
└ ─ ─ ─ ─ ─ ─ ─ ─ ─ ─ ─ ─ ─ ─ ─ ─ ─ ┘
         Job Rotation/Enlargement
     Job Enrichment/teilautonome Gruppen
```

Das zentrale Anliegen dieses neuartigen, in Abbildung 2 visualisierten Verfahrens zur

Arbeitsrationalisierung ist eine – verglichen mit dem Taylorismus – erheblich verbesserte Nutzung der subjektiven Potenziale des Menschen, insbesondere seiner →Kreativität, →Flexibilität und →Emotionalität. Zur systematischen Erschließung dieser heute zunehmend erfolgsrelevanten (Human-)Potenziale bedarf es zunächst eines konsequenten Rückbaus der tayloristischen Arbeitsgestaltung, was über eine weitreichende *Entgestaltung der* →*Organisation* erreicht werden kann. Das allgemeine Motto dieser Restrukturierungsperspektive lautet mit *Pongratz* und *Voss* (2001, S. 44) gesprochen: „Wie Sie die Arbeit machen ist uns egal – Hauptsache das Ergebnis stimmt!" Praktische Umsetzung erfährt die organisatorische Entgestaltung dabei durch Konzepte wie Selbstorganisation, →Vertrauensarbeitszeit und Führung durch Zielvereinbarung. Da diese jedoch mit zum Teil erheblichen Einbußen an direkter (organisationaler) Steuerung verbunden sind, bedarf es effektiver Steuerungsalternativen. Als hierzu am besten geeignet gelten derzeit in Theorie und Praxis *flexible, leistungsabhängige Anreizsysteme*, die auf zwei zentralen Säulen ruhen:

1. *Flexibilisierung des Einkommens* durch leistungsabhängige Vergütungssysteme (Pay-For-Performance).
2. *Flexibilisierung der Beschäftigung* durch leistungsabhängige →Beschäftigungsverhältnisse (z. B. befristete Projekt-/Werkverträge) beziehungsweise Beschäftigungspolitiken (z. B. Desinvestment, Downsizing, →Outsourcing).

Diese Flexibilisierungen entsprechen aus Sicht des Einzelnen einer *ökonomischen Entsicherung*, erzeugen sie doch eine andauernde Unsicherheit bezüglich der zukünftigen Einkommenshöhe sowie bezüglich des zukünftigen Einkommenserwerbs überhaupt. Mit *Maslow* (1954) gesprochen verleihen sie damit – zumal in Zeiten hoher →Arbeitslosigkeit und unsicherer sozialer Sicherungssysteme – einem der elementarsten menschlichen Bedürfnisse (→Motiv), dem →Sicherheitsbedürfnis, verbreitete Dominanz. Ökonomische Entsicherung bewirkt so ein starkes individualisiertes Streben nach (Wiederherstellung von) einer Sicherheit, die von Unternehmensseite – anders als im Taylorismus – nicht an eine absolute Leistungserwartung im Sinne eines Pensums („good job"), sondern vielmehr an eine relative Leistungserwartung im Sinne des Wettbewerbs („better job") geknüpft wird. Pointiert gesprochen heißt dies: „Wer sicher sein will, der muss immer besser sein!"

Dieser strukturelle Zwang zum „Immer-besser-sein" verweist letztlich auf eine – hinsichtlich ihrer Intensität und Extensität – fortschreitende Leistungsentgrenzung (→Entgrenzung) der Mitarbeiter, die viele Menschen physisch (z. B. durch Überstunden), psychisch (z. B. durch Leistungsdruck, Hektik und →Stress) sowie auch sozial (z. B. durch Konkurrenzdruck und Konkurrenzverhalten) belasten und auf Dauer überfordern dürfte. Dass dem tatsächlich bereits vielfach so ist, belegt die stete Zunahme beruflich bedingter Stressreaktionen (z. B. Nervosität, Schlafstörungen, Alkoholmissbrauch) und Stresserkrankungen (z. B. Depressionen, Tinnitus, →Burnout, Herzinfarkt). Diese Probleme, die bis dato noch eher als ein typisches *Manager-Syndrom* erscheinen, könnten sich in einer neuen, durch ökonomische Entsicherung und intensivierten Leistungswettbewerb geprägten Arbeitswelt zu einer *modernen Inhumanität der Arbeit* auswachsen.

Humanisierung der Arbeit ist demzufolge kein Thema, dass angesichts der zunehmenden Diskussion über qualitativ bessere (post-tayloristische) Arbeitskonzepte oder auch aufgrund der derzeitigen Fokussierung auf die rein quantitative Sicherung und Schaffung von Arbeitsplätzen obsolet geworden wäre. Vielmehr ist Humanisierung der Arbeit ein Thema, dem mit Blick auf die *klassische* Inhumanität der Arbeit eine weiterhin hohe Relevanz zu bescheinigen ist und dem mit Blick auf die Entstehung einer *modernen* Inhumanität der Arbeit eine zukünftig vermutlich noch deutlich gesteigerte Bedeutung zukommen dürfte.

Literatur: *Gaugler, E.*: Humanisierung der Arbeit, Köln 1991. *Hammer, M.; Champy, J.*: Business Reengineering, Frankfurt a. M. etc. 1994. *Kern, H.; Schumann, M.*: Das Ende der Arbeitsteilung?, 2. Aufl., München 1985. *Kieser, A.*: Managementlehre und Taylorismus, in: *Kieser, A.* (Hrsg.): Organisationstheorien, 3. Aufl., Stuttgart etc. 1999, S. 65–99. *Kreikebaum, H.; Herbert, K.-J.*: Humanisierung der Arbeit, Wiesbaden 1988. *Kuhn, T.*: Humanisierung der Arbeit: Ein Projekt vor dem erfolgreichen Abschluss oder vor neuartigen Herausforderungen, in: Zeitschrift für Personalforschung, 16. Jg. (2002), H. 3, S. 342–258. *Maslow, A. H.*: Motivation and Personality, New York 1954. *Moldaschl, M.; Sauer, D.*: Internalisierung des Marktes, in: *Minssen, H.* (Hrsg.): Begrenzte Entgrenzungen, Berlin 2000, S. 205–224.

Pongratz, H.J.; Voss, G.G.: Erwerbstätige als „Arbeitskraftunternehmer", in: Sowi – Sozialwissenschaftliche Informationen, o. Jg. (2001), H. 4, S. 42–52. *Schumann, M.*: Gruppenarbeit und neue Produktionskonzepte, in: *Binkelmann, P. et al.* (Hrsg.): Entwicklung der Gruppenarbeit in Deutschland, Frankfurt a. M. etc. 1993, S. 186–203. *Springer, R.*: Rückkehr zum Taylorismus? Frankfurt a. M. etc. 1999.*Voswinkel, S.*: Das McDonaldistische Produktionsmodell, in: *Minssen, H.* (Hrsg.): Begrenzte Entgrenzungen, Berlin 2000, S. 177–201. *Womack, J.P.; Jones, D.T.; Roos, D.*: Die zweite Revolution in der Autoindustrie, Frankfurt a. M. etc. 1992.

Thomas Kuhn

Humankapital

repräsentiert im betriebswirtschaftlichen Verwendungszusammenhang – häufig in Form monetärer Kennzahlen – den Wert der Personalressource eines Unternehmens.

Dabei sind in *qualitativer* Hinsicht alle intellektuellen, physischen und sozialen Mitarbeitereigenschaften, unter *quantitativen* Gesichtspunkten alle arbeitsvertraglich an das Unternehmen gebundenen Mitarbeiter bewertungsrelevant.

Die im angelsächsischen Sprachraum für die menschliche Ressource eines Unternehmens häufig synonym verwendeten Begriffe „Human Capital", „Human Assets" und „Human Resources" werden im Deutschen entweder direkt übernommen oder mit „Humankapital" beziehungsweise „Humanvermögen" oder „Personalressource" übersetzt; daneben finden auch die Begriffe Personalvermögen, Wissenskapital (→ Wissensmessung), Geistkapital, Arbeitsvermögen, Personalkapital, Humanpotenzial und Sozialpotenzial Verwendung (*Mroß* 2001). Diese Begriffsvielfalt illustriert die in der Literatur vorherrschenden definitorischen und konzeptionellen Unterschiede: So werden gleiche Inhalte mit unterschiedlichen Begriffen belegt und umgekehrt identische Begriffe für unterschiedliche Inhalte verwendet. Übersicht 1 gibt einen exemplarischen Überblick über die Vielfalt der Interpretationen des Humankapitalbegriffs.

Eine Verwendung des Humankapitalbegriffs in bewusster Abgrenzung zu den Begriffen „Human-" oder „Personalressource" betont die immaterielle Vermögenswerteigenschaft der Belegschaft sowie deren Beitrag zum Unternehmenserfolg. Aus Sicht des Unternehmens ist das Humankapital folglich Teil seiner Kapitalressourcen, was in Abbildung 1 deutlich

Übersicht 1: Variationen des Humankapitalkonstruktes

Conrads 1975, S. 22 (eigene Hervorhebung):

„Das **Humanvermögen** als Untersuchungsobjekt ist lokalisiert in dem Mitarbeiterstamm (bzw. Belegschaft), zu dem alle vertraglich gebundenen Mitarbeiter eines Unternehmens gehören. Die Belegschaft eines Unternehmens ist – wie alle Objekte – definiert durch die Summe aller ihr zugehörigen Merkmalsausprägungen. Beispiele solcher Merkmalsausprägungen sind Zahl der Belegschaftsmitglieder, Körpermaße, Eignungen, Ausbildungsstand, Intelligenzquotienten, körperliche und seelische Verfassung und Kooperationsbereitschaft."

Brooking 2000, S. 21:

„**Human centred assets** comprise the collective expertise, creative and problem solving capability, leadership, entrepreneurial and managerial skills embodied by the employees of the organization. They also include psychometric data and indicators on how individuals may perform in given situations, such as in a team or under stress."

Fitz-enz 2000, S. 91 (eigene Hervorhebung):

„**(H)uman capital** is the intellectual asset that goes home every night with the employees."

Lengnick-Hall/Lengnick-Hall 2003, S. 52 (eigene Hervorhebung):

„**(H)uman capital** is the collective knowledge, skills, abilities, and other characteristics (that is, all of the capabilities combined) of an organization's employees and managers that create a capacity (potential that can be realized) for competitive advantage."

Bechtel 2006, S. 144 (eigene Hervorhebung):

„Vor diesem Hintergrund steht der Begriff des **Humankapitals** – durch den Wortbestandteil „-kapital" bereits implizit den Bezug zur finanziell-monetären Dimension herstellend – für den quantitativ eruierten Wert der Personalressource. Folglich wird „Humankapital" nicht als Synonym für die „Humanressource" oder das „Personal" verwendet, sondern kennzeichnet vielmehr die Wertigkeit dieser als Vermögenswert wahrgenommenen strategischen Unternehmensressource. **In diesem Sinne wird unter „Humankapital" der Wert der Belegschaft eines Unternehmens, das heißt die wertmäßig quantifizierte Abbildung der Personalressource verstanden.** Ist daher eine Überprüfung der Werteigenschaft der Personalressource erforderlich, so stellt sich diese als Berechnung des Humankapitals dar. Folglich repräsentieren, das heißt verkörpern die Mitarbeiter das Humankapital, insofern dieses deren Wert abbildet."

---

wird. Diese bestehen grundsätzlich aus dem finanziellen Kapital, dem physischen Kapital und dem immateriellen beziehungsweise intel-

Humankapital

Abbildung 1: Humankapital als Bestandteil des Unternehmenswertes (Scholz/Stein/Bechtel 2006, S. 24)

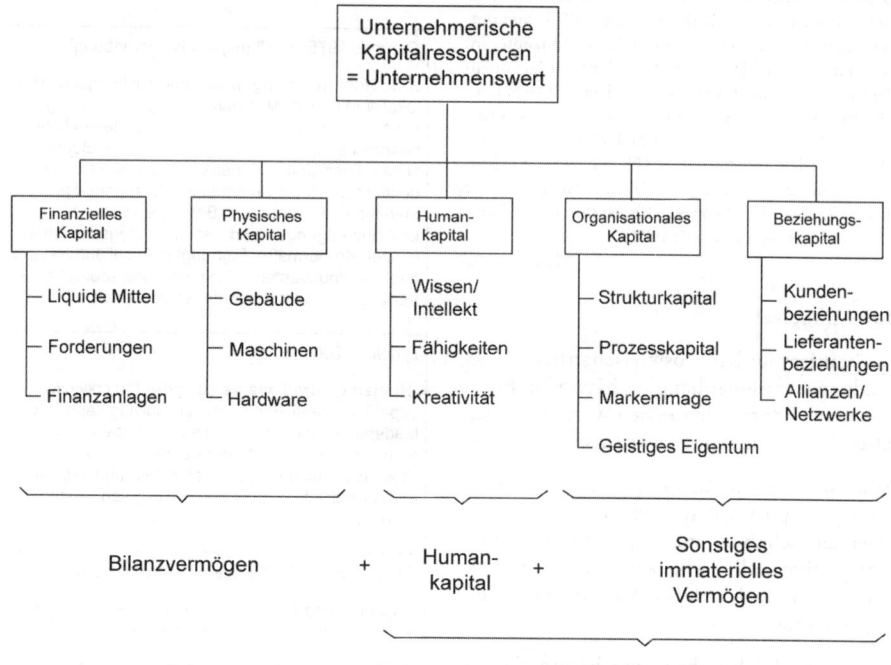

lektuellen Kapital (*Scholz*, *Stein* und *Bechtel* 2006). Dabei werden im Rückgriff auf die geistigen Pioniere des „Intellectual Capital Managements" – *Edvinsson* und *Malone* (1997), *Stewart* (1997) und *Sveiby* (1998) – drei Bestandteile des intellektuellen Kapitals von Unternehmen unterschieden:

1. *Humankapital*: Repräsentiert den Wert der Humanressource eines Unternehmens und berücksichtigt insbesondere Fähigkeiten, →Wissen und Erfahrung der Mitarbeiter.
2. *Organisationales Kapital* (auch: internes Strukturkapital): Umfasst unternehmensinterne Vermögenswerte wie beispielsweise Datenbanken, die Unternehmenskultur und rechtlich geschütztes geistiges Eigentum.
3. *Beziehungskapital* (auch: externes Strukturkapital): Repräsentiert die wertvollen Beziehungsstrukturen des Unternehmens, etwa zu Kunden, Lieferanten und Investoren.

Durch diese konzeptionelle Einbettung erweist sich die vereinzelt geführte Diskussion darüber, ob der Begriff *Humanvermögen* betriebswirtschaftlich angemessener ist als der des *Humankapitals*, als zweitrangig: In Rückbesinnung auf den historischen Ausgangspunkt der Thematik, die volkswirtschaftliche →Humankapitaltheorie, und der Grundkonzeption des Intellectual Capital Managements Rechnung tragend, wonach sich die Werteigenschaft des Personals nicht zuletzt auch in der Verwendung des Kapitalbegriffs manifestiert, scheint es auch im Deutschen angemessen, die Bezeichnung Humankapital zu verwenden. Insofern es sich dabei um einen personalwirtschaftlichen Fachbegriff handelt, zeugt der gelegentlich vorurteilsbeladene öffentliche Diskurs hierüber – etwa bei der Wahl zum „Unwort des Jahres 2004" – von Unwissenheit und zeitgeistbedingter Voreingenommenheit.

Unterscheidet man mit *Ortner* (2000) zwischen individuellem und betrieblich-institutionellem Humankapital, so kommt hierbei die Dualität des Humankapitalkonstruktes zum Ausdruck. Während die vorangegangen Ausführungen die Perspektive des über seine Personalressource verfügenden Unternehmens einnehmen und damit auf das betriebliche Humankapital abzielen, ist außerdem auch eine persönlich-individuelle Betrachtungsweise möglich, die die Perspektive des einzelnen menschlichen Humankapitalträgers einnimmt.

Anknüpfungspunkt der Überlegungen zum individuellen Humankapital ist der Erwerbsfähige als unabhängiger Anbieter seiner eigenen Potenziale – etwa in Form des Arbeitskraftunternehmers (*Voß* und *Pongratz* 1998) oder des Wissensarbeiters (*Drucker* 1999). Als eigenverantwortlicher Selbstvermarkter seiner Arbeitskraft obliegt ihm die freiwillige Entscheidung darüber, wo er seine Fähigkeiten wertschöpfend zum Einsatz bringt. Sein persönliches Humankapital kommt dann in Form des am →Arbeitsmarkt aktuell erzielbaren Verdienstes als individueller Marktwert zum Ausdruck. Diese Grundkonzeption spiegelt sich beispielsweise in der Bezeichnung „Selbst-GmbH" wider. In dieser Betrachtungsweise ist das Humankapital die persönliche Ressource des individuellen Wissensträgers, nicht die des Unternehmens, dessen Mitarbeiter er gerade ist. Die konzeptionelle Unterschiedlichkeit der individuumsbezogenen und der unternehmensbezogenen Humankapitalkonzeption wird bei der Betrachtung des Humankapitals im Falle des Unternehmensaustritts deutlich: Während dies für das Unternehmen eine Minderung seines Humankapitals bedeutet, verliert die das Unternehmen verlassende Person hierdurch nicht zugleich ihr persönliches Humankapital.

Diese Überlegungen verweisen auf die Ursprünge der sich seit den 1950er Jahren etablierenden, von *Mincer* (1958), *Becker* (1962) und *Schultz* (1962) geprägten volkswirtschaftlichen Humankapitaltheorie, wonach die Untrennbarkeit des Menschen von seiner Arbeitskraft und „seinem Humankapital" charakteristisch für den Produktionsfaktor „Arbeit" ist. Das humankapitalbezogene Investitionskalkül basiert dabei auf folgender Logik: Durch Investitionen in das Humankapital – etwa in Form von Personalentwicklungsmaßnahmen – wird durch die hierdurch anfallenden Kosten in der Gegenwart zugunsten von erwarteten zukünftigen Produktivitäts- und resultierenden Einkommenssteigerungen auf Konsummöglichkeiten verzichtet.

Dabei wird nach *Becker* (1975) zwischen generellem und spezifischem Humankapital unterschieden:

- *Generelles Humankapital*: Bezieht sich auf die Qualifikationen eines Mitarbeiters, die nicht nur für einen spezifischen →Arbeitgeber, sondern für jedes Unternehmen von Nutzen sind (etwa EDV- und Sprachkenntnisse).

- *Spezifisches Humankapital*: Umfasst solche Mitarbeiterqualifikationen, die ausschließlich in einer bestimmten Branche oder sogar nur für ein spezifisches Unternehmen nützlich sind (beispielsweise das Wissen um firmeninterne Abläufe und Fähigkeiten im Umgang mit speziellen Maschinen eines Unternehmens).

Diese →Differenzierung hat unmittelbare Implikationen für die Beantwortung der personalökonomischen Frage, wer die Kosten von Humankapitalinvestitionen tragen sollte: So sollten Investitionen in generelles Humankapital von der Arbeitnehmerseite finanziert werden, da ihr auch die Erträge in voller Höhe zugehen; hingegen sollten die Kosten bei Investitionen in unternehmensspezifisches Humankapital zwischen →Arbeitnehmer und Arbeitgeber geteilt werden, da beiden als Nutznießer der Investition die zukünftig resultierenden Erträge zufließen werden. Allerdings relativiert *Lazear* (2003) diese Erkenntnisse in seinem „Skill-Weights Approach", wonach wirklich relevantes unternehmensspezifisches Humankapital kaum plausibel nachweisbar ist; vielmehr ist von unternehmensspezifischen Mischungsverhältnissen verschiedener – per se genereller – Qualifikationen auszugehen.

Die quantitative Ermittlung des Humankapitals in Form einer →Humankapitalberechnung ist als Gegenstand eines ganzheitlichen Human Capital Managements Voraussetzung für managerielle Einflussnahmen auf den Personalwert (→Human Capital Optimierung) sowie für eine humankapitalbezogene Berichterstattung (→Human Capital Statement). Insofern sich die Betrachtung der betrieblichen Personalressource stets auch auf Aspekte der sozialen Kooperationsfähigkeit erstreckt, wird hierbei zugleich auch auf das verwandte Konzept des →Sozialkapitals Bezug genommen.

Literatur: Bechtel, R.: Humankapitalberechnung zwischen Markt- und Ressourcenorientierung, München etc. 2006. *Becker, G. S.*: Investment in Human Capital: A Theoretical Analysis, in: Journal of Political Economy, 70. Jg. (1962), H. 5, S. 9–49. *Becker, G. S.*: Human Capital. A Theoretical and Empirical Analysis, with Special Reference to Education, 2. Aufl., New York etc. 1975. *Brooking, A.*: Corporate Memory, London, etc. 2000. *Conrads, M.*: Human Resource Accounting als Abbildung des Humanvermögens in Unternehmensrechnungssystemen für die Lösung interner und externer Aufgaben eines Unternehmens unter besonderer Berücksichtigung der aktienrechtlichen Jahresabschlußrechnung, Diss., Universität Köln, 1975. *Drucker, P. F.*: Knowledge-Worker Productivity: The Biggest Challenge, in: California Management Review, 41. Jg. (1999), H. 2, S. 79–94. *Edvinsson, L.*; *Malone, M. S.*: Intellectual Capital. Realizing Your Company's True Value by Finding its Hidden Brainpower, New York 1997. *Fitzenz, J.*: The ROI of Human Capital. Measuring the Economic Value of Employee Performance, New York etc. 2000. *Lazear, E. P.*: Firm-Specific Human Capital: A Skill-Weights Approach, Hoover Institution and Graduate School of Business, Stanford University 2002/03. *Lengnick-Hall, M. L.*; *Lengnick-Hall, C. A.*: Human Resource Management in the Knowledge Economy, San Francisco 2003. *Mincer, J.*: Investment in Human Capital and Personal Income Distribution, in: Journal of Political Economy, 66. Jg. (1958), S. 281–302. *Mroß, M. D.*: Risiken bei Investition in das Personalvermögen und Strategien zu deren Absicherung, München etc. 2001. *Ortner, G. E.*: Die Zukunft der Unternehmen: Humankapital und Personalvermögen. Rede des Symposiums an der Technischen Akademie Schwäbisch Gmünd am 25. April 1997, Hagener Universitätsreden Nr. 27, Hagen 2000. *Scholz, C.*; *Stein, V.*; *Bechtel, R.*: Human Capital Management. Wege aus der Unverbindlichkeit, 2. Aufl., München/Unterschleißheim 2006. *Schultz, T. W.*: Reflections on Investment in Human Capital, in: Journal of Political Economy, 70. Jg. (1962), S. 1–8. *Stewart, T. A.*: Intellectual Capital, London 1997. *Sveiby, K.-E.*: Wissenskapital – das unentdeckte Vermögen. Immaterielle Unternehmenswerte aufspüren, messen und steigern, Landsberg/Lech 1998. *Voß, G. G.*; *Pongratz, H. J.*: Der Arbeitskraftunternehmer. Eine neue Grundform der Ware Arbeitskraft?, in: Kölner Zeitschrift für Soziologie und Sozialpsychologie, 50. Jg. (1998), H. 1, S. 131–158.

Roman Bechtel

Humankapitalaxiomatik

skizziert als in sich widerspruchsfreies System von Gesetzmäßigkeiten die grundlegenden →Anforderungen an eine theoretisch fundierte →Humankapitalberechnung.

Die auf dem Gebiet des →Human Capital Managements existierenden Methoden zur Berechnung des →Humankapitals (*Bontis* 2001, *Upton Jr.* 2001, *Scholz*, *Stein*, und *Bechtel* 2006, *Sveiby* 2007) fokussieren auf den Wert der betrieblichen Personalressource.

Die theoretische Fundierung der personellen Werteigenschaft konkretisiert sich an der Schnittstelle der beiden Basisparadigmen des strategischen Managements, →Market Based View und →Resource Based View, die – gemäß ihrer konzeptionellen Grunddisposition – unterschiedliche und teilweise widersprüchliche Bewertungsimplikationen nahe legen. Vor diesem Hintergrund besteht der empirische Gehalt der von *Bechtel* (2006) deduzierten Axiome darin, dass sie eine Konvention zur Humankapitalberechnung vorschlagen, die unterschiedliche Bewertungskriterien integrativ zusammenführt und so alternative Geschehnisabläufe zugleich explizit ausschließt. *Bechtel* (2006) formuliert hierzu insgesamt neun Axiome als allgemein gültige Berechnungsgesetze.

Die zunächst hergeleiteten *Ressourcenaxiome* spezifizieren den Begriff der Personalressource:

Das *erste Axiom* zielt hierzu ab auf das für die Humankapitalberechnung konstitutive personale Ressourcenkonstrukt (Personal) und grenzt dieses durch eine qualitative Spezifizierung der bewertungsrelevanten Mitarbeitereigenschaften von alternativen personalwirtschaftlichen Ressourcenkonzepten ab, die auf institutionale (→Personalabteilung) oder funktionale (Personalarbeit) Erfolgsfaktoren rekurrieren: „1. Axiom: Die Personalressource wird qualitativ durch Mitarbeitereigenschaften in intellektueller, physischer und sozialer Hinsicht charakterisiert, die alle bewertungsrelevant sind."

Das *zweite Axiom* konkretisiert unter quantitativen Gesichtspunkten den Personalbegriff, indem es festschreibt, wer unter Berücksichtigung arbeitsvertraglicher Gesichtspunkte der personellen →Unternehmensressource (nicht) zuzurechnen ist: „2. Axiom: Die Personalressource wird quantitativ durch die Summe aller arbeitsvertraglich gebundenen Mitarbeiter charakterisiert, die – als Vollzeitäquivalente ausweisbar – alle bewertungsrelevant sind."

Das *dritte Axiom* verdeutlicht mit Blick auf die relevante Bezugsbasis der Bewertung, dass die Berechnung des →Humankapitals stets auf das institutionell-betriebliche Humankapital ausgerichtet ist: „3. Axiom: Die Personalressource wird unabhängig von der gewählten bewertungsrelevanten Aggregationsebene immer durch das Kollektiv der Belegschaft repräsentiert."

Ausgehend von diesen drei Ressourcenaxiomen wird anschließend das Humankapital als personeller Ressourcenwert im *Wertaxiom* konkretisiert:

Dieses *vierte Axiom* beschreibt hierzu die zentralen Charakteristika des personellen Wertkonstruktes: „4. Axiom: Der Personalressourcenwert bildet als anlassunabhängiger und intersubjektiv nachprüfbarer Konventionalwert des Personals eines Unternehmens dessen Humankapital durch wertmäßig-monetär konkretisierte Zahlen ab."

Auf dieser Grundlage wird die Durchführung der eigentlichen Humankapitalberechnung, also der Personalressourcenbewertung, in den *Bewertungsaxiomen* konkretisiert:

Dies führt – im *fünften Axiom* – zur Verschmelzung von Market- und Resource-Based View: „5. Axiom: Die Personalressourcenbewertung beruht auf der integrativen Einbindung marktlicher Bewertungsmechanismen des Market Based View in die gemäß Resource-Based View intendierte Wertfindung der Personalressource."

Mit Blick auf das für die Humankapitalberechnung relevante Marktkonstrukt bieten sich sodann grundsätzlich zwei diametral entgegengesetzte Ausrichtungen an: Absatz- versus Beschaffungsmarktorientierung. Da sich die Wertbestimmung von Ressourcen über deren absatzmarktlich realisierte →Wertschöpfung jedoch weder als sinnvoll noch als überhaupt möglich erweist (*Bechtel* 2007), muss der Wert der Personalressource folglich unabhängig von ihrem Absatzmarkterfolg ermittelt werden (können). Diese Schlussfolgerung, die in eklatantem Widerspruch zu der in der Literatur vorherrschenden Forderung nach einer Ausrichtung der Ressourcenbewertung an Outputabsatzmärkten steht, mündet in das *sechste Axiom*: „6. Axiom: Die Personalressourcenbewertung bezieht sich auf den →Arbeitsmarkt als Beschaffungsmarkt für Mitarbeiter."

Das *siebte Axiom* spezifiziert die notwendigen Bestandteile einer vollständigen Humankapitalberechnung: „7. Axiom: Die Personalressourcenbewertung ermittelt über Löhne und Gehälter Marktpreise für mitarbeiterbezogene Fähigkeiten und →Wissen als Wertbasis, die durch unternehmensspezifische ressourcenwertprägende Einflüsse – insbesondere Motivations-, Interaktions- und Wissensrelevanzaspekte – in ihrem Wert modifiziert wird."

Abschließend münden die sich erschließenden Optionen zur Humankapitalgestaltung in die *Optimierungsaxiome*:

Das *achte Axiom* skizziert, welche humankapitalbezogenen Gestaltungsmöglichkeiten es gibt, um den Wert der Personalressource zu optimieren: „8. Axiom: Die Personalressourcenoptimierung umfasst die Ressourcen- und die Kontextveränderung zur Steigerung des Ressourcenwertes."

Das *neunte Axiom* schließlich fokussiert auf die absatzmarktlichen Erfolgswirkungen zur Erzielung personalbasierter Wettbewerbsvorteile: „9. Axiom: Die Personalressourcenoptimierung zielt durch die absatzmarktbezogene Gestaltung des Ressourceneinsatzes auf die strategisch adäquate Nutzung der Personalressource ab."

Diese Axiomatik zur betriebswirtschaftlichen Humankapitalberechnung markiert als in sich konsistenter Katalog grundlegender Gesetzesaussagen die Eckpfeiler einer theoriekonformen Humankapitalberechnung. Da die Axiome den theoretischen Zulässigkeitsraum für Humankapitalberechnungsverfahren begrenzen, können sie zugleich zur Konkretisierung „erlaubter" Umsetzungsspielräume der Humankapitalberechnung herangezogen werden. Dies verweist auf die praktische Relevanz der Axiomatik: Die →Komplexität und Bedeutung der Axiomatik entsteht nämlich daraus,

– dass die aufgestellten Axiome nicht beliebig, sondern logisch-deduktiv aus den theoretischen Grundkonzepten der strategischen Managementforschung hergeleitet sind,

– die Axiome explizit den Bereich des Unzulässigen abstecken und

– alle neun Axiome gleichzeitig gelten.

Das heißt: Dann – und nur dann – kann ein Berechnungsverfahren als zulässig gelten, wenn es alle neun Axiome der Humankapitalberechnung erfüllt. Die Anwendung der Axiomatik erlaubt dann die Überprüfung der Sinnhaftigkeit und theoretischen Zulässigkeit konkreter Humankapitalberechnungsverfahren. Dies unterstützt letztlich den übergeordneten Anspruch der Humankapitalberechnung, Entscheidungsrationalität zu erhöhen und subjektive Willkür zu reduzieren.

Literatur: *Bechtel, R.*: Humankapitalberechnung zwischen Markt- und Ressourcenorientierung, München etc. 2006. *Bechtel, R.*: Calculating Human Capital: The Market Based Valuation of the Human Resource, in: Zeitschrift für Personalforschung, 21. Jg. (2007), H. 3, S. 206–231. *Bontis, N.*: Assessing Knowledge Assets: A Review of the Models Used to Measure Intellectual Capital, in: International Journal of Management Reviews, 3. Jg. (2001), H. 1, S. 41–60. *Scholz, C.; Stein, V.; Bechtel, R.*: Human Capital Management. Wege aus der Unverbindlichkeit, 2. Aufl., München, Unterschleißheim 2006. *Sveiby, K.-E.*: Methods for Measuring Intangible Assets, in: http://www.sveiby.com/Portals/0/articles/IntangibleMethods.htm, abgerufen am 30.10.2007. *Upton Jr., W. S.*: Business and Financial Reporting, Norwalk, 2001.

Roman Bechtel

Humankapitalberechnung

quantitativ-numerische, häufig monetäre Bewertung der Personalressource von Unternehmen im Rahmen eines ganzheitlichen →Human Capital Managements.

Die ökonomische Bewertung aus der Sicht des über das Personal verfügenden Unternehmens bildet das in den Mitarbeitern verkörperte Wirkpotenzial der Belegschaft als stichtagsbezogenen Bestandswert ab.

In der Forschungstradition der volkswirtschaftlichen →Humankapitaltheorie stehend und angereichert um relevante Erkenntnisse aus dem →Wissensmanagement und aus der Bewertung von →Intangible Assets können gegenwärtig etwa 40 bis 50 konzeptionell eigenständige Ansätze zur Humankapitalberechnung unterschieden werden. Umfassende synoptische Überblicke über diese Vielzahl existierender Methoden finden sich beispielsweise bei *Bontis* (2001), *Upton Jr.* (2001), *Bodrow* und *Bergmann* (2003), *Barthel*, *Gierig* und *Kühn* (2004), *Scholz*, *Stein* und *Bechtel* (2006) und *Sveiby* (2007).

Scholz, Stein und *Bechtel* (2006) unterscheiden in ihrem Klassifizierungsvorschlag fünf zugrunde liegende Denkrichtungen, denen sich die verschiedenen Ansätze zur Humankapitalberechnung zuordnen lassen:

1. *Value Added-Ansätze*: Berechnen und interpretieren das →Humankapital als Differenz zwischen spezifischen Output- und Inputgrößen (z. B. „Economic Value Added", „Workonomics" und „Knowledge Capital").
2. *Ertragsorientierte Ansätze*: Ermitteln das Humankapital eines Unternehmens, indem Rückflüsse über einen bestimmten Zeitraum erfasst und abdiskontiert werden (z. B. „Calculated Intangible Value", „Human Capital Pricing Model" und „RoI of Human Capital").
3. *Marktwertorientierte Ansätze*: Rekurrieren insbesondere auf die an den Börsen ermittelten aktuellen Marktwerte von Unternehmen (z. B. „Markt-/Buchwert-Relation", „Human Capital Market Value" und „Tobin's q").
4. *Accounting-orientierte Ansätze*: Zeichnen sich durch eine methodische Nähe zur Rechnungslegung und Bilanzierung aus (z. B. „Accounting For The Future", →„Human Resource Accounting" und „Lernzeitbasierte →Wissensbilanz").
5. *Indikatorenbasierte Ansätze*: Stützen sich auf eine Anzahl zu erhebender Indikatoren, die insgesamt Rückschlüsse auf die Beschaffenheit des Humankapitals zulassen (z. B. „Intangible Assets Monitor", „Skandia Navigator" und →„HR Scorecard").

Insofern das Personal als zentraler Erfolgsfaktor von Unternehmen und damit als Quelle nachhaltiger Wettbewerbsvorteile gilt (→Human Capital Advantage), erschließt sich der Wert des Personals unmittelbar als Gradmesser der tatsächlichen Wettbewerbsvorteilsfähigkeit der Personalressource. Um jedoch Willkür bei der Auswahl sowie Manipulation bei der Anwendung und Interpretation entsprechender Humankapitalberechnungsmethoden zu verhindern, ist die intersubjektive Nachprüfbarkeit der personalbezogenen Wertbestimmung erforderlich. Die Praxistauglichkeit von Berechnungsverfahren setzt daher die Transparenz und Nachvollziehbarkeit des Bewertungsprozesses voraus. Grundlage hierfür ist die von *Bechtel* (2006) entwickelte →Humankapitalaxiomatik, die die →Anforderungen an eine theoretisch fundierte Humankapitalberechnung skizziert.

Literatur: Barthel, E.; Gierig, R.; Kühn, I.-W.: Human Capital in Unternehmen: Unterschiedliche Ansätze zur Messung des Humankapitals. Arbeitsbericht H. 55 der Hochschule für Bankwirtschaft/HfB, Frankfurt a. M. 2004. *Bechtel, R.*: Humankapitalberechnung zwischen Markt- und Ressourcenorientierung, München etc. 2006. *Bodrow, W.; Bergmann, P.*: Wissensbewertung in Unternehmen. Bilanzieren in intellektuellem Kapital, Berlin 2003. *Bontis, N.*: Assessing Knowledge Assets: A Review of the Models Used to Measure Intellectual Capital, in: International Journal of Management Reviews, 3. Jg. (2001), H. 1, S. 41–60. *Scholz, C.; Stein, V.; Bechtel, R.*: Human Capital Management. Wege aus der Unverbindlichkeit, 2. Aufl., München, Unterschleißheim 2006. *Sveiby, K.-E.*: Methods for Measuring Intangible Assets, in: http://www.sveiby.com/Portals/0/articles/IntangibleMethods.htm, abgerufen am 30.10.2007. *Upton Jr., W. S.*: Business and Financial Reporting, Norwalk, 2001.

Roman Bechtel

Humanvermögensrechnung →Human Resource Accounting (HRA)

Hygiene-Faktor

spezielle Ursachen für Unzufriedenheit, die aus den Untersuchungen von *Herzberg* (1968) zur →Arbeitszufriedenheit (→Motivation) stammen.

Besonderes Merkmal der Hygiene-Faktoren ist, dass sie unbemerkt bleiben, solange sich ihre Ausprägungen im Bereich der allgemeinen Erwartungen bewegen. Sobald die Erwartungen nicht mehr erfüllt werden, werden sie zum Anlass für Unzufriedenheit. Hygiene-Faktoren lassen sich danach einteilen, in welchem Zusammenhang sie relevant werden:

- *Arbeitstätigkeit*: Hygiene-Faktoren sind beispielsweise Verfügbarkeit und Funktionalität der Arbeitsmittel (→Arbeitssystem) oder Möglichkeiten zur zeitlichen und räumlichen Gestaltung der übernommenen Aufgaben.
- →*Arbeitsumgebung*: Zu den Hygiene-Faktoren zählen hier ausreichender Raum, um sich ungestört bewegen zu können, Umgebungseinflüsse wie Geräusche, Gerüche oder optische Störungen und insbesondere auch die Sauberkeit am Arbeitsplatz und an den darüber hinaus benutzten Räumlichkeiten.
- *Beziehung zum Unternehmen*: Relevante Faktoren sind hier beispielsweise Zuverlässigkeit und Berechenbarkeit der Gehaltszahlungen, die Wahrnehmung von →Gerechtigkeit und Fairness in der Personal- und Unternehmenspolitik, Mitsprachemöglichkeiten, das Einverständnis mit der öffentlichen Präsentation des Unternehmens und seiner Organe.
- *Beziehung zu Vorgesetzten, Kollegen oder Mitarbeitern*: Hygiene-Faktoren in den Arbeitsbeziehungen sind etwa Freundlichkeit und Rücksichtnahme im Umgang, Pünktlichkeit oder Zuverlässigkeit in der Einhaltung von Vereinbarungen.

Hygiene-Faktoren werden vor allem dann bedeutsam, wenn die →intrinsische Motivation generell nur gering ist oder frustriert (→Frustration) wurde.

Literatur: Herzberg, F.: Work and the Nature of Man, New York 1968.

Markus Gmür

Hypermediasystem

System, das aus elektronischen Dokumenten beziehungsweise →Informationen besteht, die wiederum Verbindungen (Hyperlinks) zu anderen Dokumenten enthalten.

Ein Hypermediasystem umfasst Dokumente und Informationen, die aus Text, Grafiken, Bilder, Ton und Musik bestehen können und über Kanten und Knoten verknüpft sind. Der Nutzer bewegt sich im Hypermediasystem, indem er spezifische Navigationsinstrumente, wie zum Beispiel Browser, benutzt. Im Bereich der Personalwirtschaft (→Personalmanagement) spielen Hypermediasysteme insbesondere beim multimedialen →Lernen eine Rolle. Der Lernende kann über die Verknüpfungen des Hypermediasystems selbstständig und individuell-flexibel von einem Lernbaustein zum nächstenverwandten Thema gelangen.

Stephan Kaiser

Hypothese

Erfahrungen, Vermutungen oder theoretische Überlegungen, die anschließend empirisch zu überprüfen sind.

Im einfachsten Fall besteht eine Hypothese aus einer Behauptung über die Parameter oder die Verteilung einer Grundgesamtheit, die einer Überprüfung anhand von Stichprobenergebnissen standhalten muss. Eine zu untersuchende Hypothese, die auch *Nullhypothese* genannt wird, wird verworfen beziehungsweise abgelehnt, wenn das Stichprobenergebnis in signifikantem Widerspruch zu ihr steht. In diesem Fall kann die gewählte *Gegenhypothese* oder *Alternativhypothese* zum festgelegten Signifikanzniveau bestätigt werden. Die Nullhypothese selbst kann nicht bestätigt oder verifiziert werden, selbst wenn das Beobachtungsmaterial keinen signifikanten Widerspruch aufzeigt. In diesem Fall kann lediglich gefolgert werden, dass die Beobachtungsdaten nicht für eine Ablehnung ausreichen. Aus diesem Grund wird in die Forschungspraxis die interessierende *Forschungshypothese* als Alternativhypothese formuliert.

Udo Bankhofer

Hypothesentest →Signifikanztest

Hysterese

Anhalten der Wirkung von bereits weggefallenen Ursachen auf dem →Arbeitsmarkt (von griech. hysteros: hinterher).

Hysterese

Zwei Formen dieser als Hysterese bezeichneten Wirkungsträgheit lassen sich unterscheiden (*Blanchard* und *Summers* 1987, *Pissarides* 1992, *Gustavsson* und *Österholm* 2007):

1. Eine *Rezession* führt zu einer gestiegenen →Arbeitslosigkeit, die auch nach Ende der Rezession nicht gleich wieder sinkt. Zu begründen ist dies zum einen mit Qualifikationsdefiziten der Arbeitslosen, die diese nicht durch berufliche Weiterqualifikation vermindern konnten und somit gegenüber den durchgehend Beschäftigten Nachteile hinsichtlich ihrer →Employability aufweisen. Zum anderen kommt es häufig in Tarifverhandlungen nach Rezessionen zu hohen Lohnabschlüssen, die zwar den bereits Beschäftigten zugute kommen, jedoch nicht zu Neueinstellungen von Arbeitslosen führen.

2. Ein *konjunktureller Aufschwung* führt zu einer gesunkenen Arbeitslosigkeit, die auch nach Ende des Aufschwungs nicht gleich wieder ansteigt. Zu begründen ist dies mit Qualifikationsgewinnen der Neueingestellten, auf die der →Arbeitgeber zunächst auch dann nicht verzichten kann und will, wenn sich das wirtschaftliche Klima eintrübt. Hinzu kommen Wirkungen von Kündigungsschutzregelungen.

Die Erhöhung der →Qualifikation von Arbeitslosen und auch von Beschäftigten ist demnach ein zentrales Instrument zur Beeinflussung des Arbeitslosigkeitsniveaus.

Literatur: *Blanchard, O. J.; Summers, L. H.*: Hysteresis in Unemployment, in: European Economic Review, 31. Jg. (1987), H. 1/2, S. 288–296. *Gustavsson, M.; Österholm, P.*: Does Unemployment Hysteresis Equal Employment Hysteresis?, in: Economic Record, 83. Jg. (2007), H. 261, S. 159–173. *Pissarides, C.*: Loss of Skill During Unemployment and the Persistence of Employment Shocks, in: Quarterly Journal of Economics, 107. Jg. (1992), H. 4, S. 1371–1391.

Volker Stein

I

Ich-AG

Vorstufe zur Selbstständigkeit.

Arbeitslose sollen durch Zuschüsse ermutigt werden, ihre Arbeitskraft am Markt anzubieten (→Arbeitskraftunternehmer, →Self-Employment). Als durch die →Hartz-Kommission in die öffentliche Diskussion eingebrachter (in seiner Analogie zu Aktiengesellschaften unsauberer) Begriff spiegelt die Ich-AG die Ideologie einer →Individualisierung und Ökonomisierung arbeitsmarktlicher beziehungsweise gesellschaftlicher Probleme wieder (→Flexibilisierung). Der Ich-AG kommt damit – ob beabsichtigt oder nicht – ein Leitbildcharakter für die Gestaltung zukünftiger →Beschäftigungsformen zu.

Axel Haunschild

Ich-Aktie →Arbeitskraftunternehmer

Identifikation

zeichnet sich durch Einstellungen, Verhaltensmerkmale und Prozesse aus, mit denen ein Individuum Eigenschaften fremder (Identifikations-)Objekte assimiliert und zum Gegenstand seines eigenen Selbstverständnisses macht.

Nach *Wunderer* und *Mittmann* (1995) zeigt Identifikation an, wie sich Organisationsmitglieder in ein Unternehmen eingebunden fühlen und inwieweit sie sich mit dessen Zielen identifizieren. Im Zuge des Identifikationsprozesses werden eigene Werte mit denen der Arbeitswelt (bezogen auf Personen oder Objekte) in Verbindung gesetzt. So kann eine berufliche Bezugsperson als Vorbild dienen. Aus solchen Orientierungen resultiert eine jeweils spezifische Einbindung in die soziale Institution, die verhaltensrelevant wirkt. Diese Verankerung kann erfolgen durch eine vorwiegend gefühlsmäßige Einbindung (→Involvement), einer ganzheitlichen Identitätsbildung oder einer normativ-ethischen Verpflichtung (→Commitment, →Loyalität).

Während sich die Identifikation auf mehrere Objekte, Personen oder Aspekte beziehen kann, meint der Begriff →Commitment (Verbundenheit) im Allgemeinen eine bestimmte Einstellung eines Mitarbeiters gegenüber einem Unternehmen und dessen Zielsetzungen, die sich nach *Wunderer* (1997) am besten durch „→Loyalität zu" und „Identifikation" umschreiben lässt. Commitment ist in der Wissenschaft weitaus häufiger untersucht worden, wie *Weller* (2003) feststellt. Im Unterschied zu Identifikation, die eher kognitiv geprägt ist, umfasst Commitment das gesamte psychologische Band zwischen Unternehmen und Mitarbeiter.

Literatur: *Weller, I.*: Commitment, in: *Martin, A.* (Hrsg.): Organizational Behavior, Stuttgart 2003, S. 77–94. *Wunderer, R.; Mittmann, J.*: Identifikationspolitik. Einbindung der Mitarbeiter in den unternehmerischen Wertschöpfungsprozess, Stuttgart 1995. *Wunderer, R.*: Führung und Zusammenarbeit, Stuttgart 1997.

Erika Spieß

Idiosynkratisches Wissen

in der →Transaktionskostentheorie wichtiges betriebsspezifisches →Humankapital, welches über die Erfahrung in einem bestimmten Arbeitskontext aufgebaut wird.

Anders als beim →organisationalen Wissen wird dabei angenommen, dass lediglich einzelne Individuen Träger dieses betriebsspezifischen →Wissens sind (Wissen einer Arbeitskraft), das Wissen also nicht in organisationalen Routinen oder Interaktions- und Verständigungsgemeinschaften verankert ist. Durch idiosynkratisches Wissen, welches sich nicht frei auf dem →Arbeitsmarkt beschaffen lässt, gelangen Organisationen in eine ungünstige Verhandlungsposition gegenüber Trägern dieses Wissens. Sie werden anfällig für Opportunismus (→Darwiportunismus) seitens der Individuen, die sich in eine monopolartige Verhandlungsposition gegenüber Organisationen bringen können.

Die Überlegungen der ökonomischen Theorie zum idiosynkratischen Wissen erscheinen aus der Perspektive anderer Denkschulen tendenziell mechanistisch, weil die Kontextbindung und Kontextloslösung des Wissens miteinander vermengt und Interaktionsbeziehungen nicht konsequent beleuchtet werden.

Literatur: *Pirker, R.*: Die Unternehmung als soziale Institution. Eine Kritik der Transaktionskostenerklärung der Firma, in: *Ortmann, K.*; *Sydow, J.*; *Türk, K.* (Hrsg.): Theorien der Organisation, Wiesbaden 1997, S. 67–80.

Uta Wilkens

Illegale Beschäftigung → Schwarzarbeit

Implementierung

zentrale Aufgabe des →*Change Managements*, die die wechselseitige Abstimmung, Harmonisierung und Synchronisierung von Veränderungskontext (→Organisation) und Veränderungskonzept (Vorhaben) beinhaltet.

Aufgabe der Implementierung ist nach *Doppler* und *Lauterburg* (2002) die Abstimmung von Personal, Strukturen, Prozessen, Technologien und →Kultur. Alternativ zum Begriff der Implementierung finden sich hierfür unter anderem die Termini Einführung, Durchführung, Promotion, Realisierung, Umsetzung oder Anwendung. Bei der Implementierung handelt es sich nach *Koontz* und *O'Donnell* (1955) sowohl um eine Phase im Managementprozess als auch um eine konkrete Tätigkeit. Im Managementprozess ist die *Phase* der Implementierung der Planung nachgelagert und erster Teil der nachfolgenden Organisationsphase. Verstanden als *Tätigkeit* steht der Begriff der Implementierung für das Ergreifen der zur Umsetzung einer Veränderung erforderlichen Maßnahmen.

Kritische Erfolgsgrößen der Implementierung sind sowohl Effizienz- als auch Effektivitätsparameter. Zur *Effizienz* zählen vor allem die anfallenden Kosten, der zeitliche Verlauf der Implementierung sowie die →Flexibilität des Implementierungsprozesses. Zur *Effektivität* zählen die Akzeptanz beim betroffenen Personenkreis sowie Innovativität und Ganzheitlichkeit des Vorhabens. *Adressaten* der Implementierung sind zumeist die Mitarbeiter eines Unternehmens. Gerade in unternehmensübergreifenden Strukturen (→Grenzenlosigkeit) bezieht das Implementierungsmanagement aber auch Kunden, Lieferanten und Komplementoren in die Betrachtung mit ein.

Der typische *Verlaufspfad* (→Organisationsdynamik) eines Implementierungsvorhabens ist durch Sprünge und Brüche geprägt. Sowohl die wahrgenommene Veränderungskompetenz der Betroffenen als auch Kosten und Nutzen der Implementierung sind nämlich über die Zeit starken Schwankungen unterworfen. Dabei ist nach *von Rosenstiel* (2000) eine wellenförmige Entwicklung charakteristisch. Sie wird geleitet durch den Schock des Erkennens, die Ablehnung der Veränderung, die Einsicht in deren Notwendigkeit, die Akzeptanz der ergriffenen Maßnahmen, das Ausprobieren und Durchdringen des neuen Konzepts und schließlich die wechselseitige Konzept- und Kontextabstimmung.

Insbesondere die *Kontextanpassung* stellt dabei die zentrale Aufgabe des →Personalmanagements im →Wandel dar. Sie erfordert spezielle Implementierungsinstrumente und Werkzeuge. Diese müssen nach *Spalink* (1999) und *Krüger* (2000) in der Lage sein, die Veränderungskompetenz, das heißt die Änderungsfähigkeit („Kennen" und „Können") und die Änderungsbereitschaft („Wollen") der Mitarbeiter zu beeinflussen. Die Implementierungsarbeit wird nach *Bruhn* (1999) daher auch als Teilbereich des internen Marketings gesehen. Hierfür stehen dem Implementierungsmanagement in Anlehnung an die Marketinginstrumente der Produkt-, Konditionen-, Kommunikations- und Diffusionspolitik nach *Reiß* (1997) insgesamt vier Klassen von Instrumenten zur Verfügung:

1. *Kommunikationsinstrumente*: Fördern den gegenseitigen Wissens- und Erfahrungsaustausch und die Datenrückkoppelung. Dabei umfasst →Kommunikation sowohl die unidirektionale Informationsvermittlung (z. B. über Mitteilungen) als auch den bidirektionalen →Dialog (z. B. in →Workshops und Communities). Zur Kommunikation kann die vorhandene Infrastruktur herangezogen werden; es können aber auch im Rahmen eines Veränderungsprojekts neue Kommunikationskanäle aufgebaut werden.

2. *Qualifikationsinstrumente*: Dienen der Vermittlung erforderlicher Fach-, Methoden- und Sozialkompetenz im Wandel. Regelmäßig im Implementierungsmanagement zum Einsatz kommende Qualifikationskonzepte sind die Schulung der Mitarbeiter am Arbeitsplatz („On-the-Job"), arbeitsplatznah im Unternehmen („Near-the-Job") sowie über externe Weiterbildung („Off-the-Job").

3. *Motivationsinstrumente*: Stellen das zentrale Werkzeug zur Schaffung von Akzeptanz beziehungsweise zur Vermeidung der Ablehnung einer Veränderung dar. Die Motiva-

tionsförderung bedient sich extrinsischer (etwa Entgelte oder →Erfolgsbeteiligungen) und intrinsischer →Anreize (etwa neue Tätigkeitsfelder oder neue Partizipationsmöglichkeiten). Dabei geht es darum, die Betroffenen einzubeziehen und sie so zu Beteiligten zu machen.

4. *Organisationsinstrumente*: Steuern und begleiten die Implementierung. Organisationsinstrumente im Wandel stellen insbesondere die →Projektorganisation sowie den Rückgriff auf interne und externe Implementierungsmanager dar. Nach dem Promotorenmodell *Hauschildts* (2004) agieren die Implementierungsmanager dabei als →Macht-, →Fach- oder →Prozesspromotor der Veränderung.

Anders als bei der Kontextanpassung richten sich die Implementierungsmaßnahmen bei der *Konzeptanpassung* nicht auf die Anpassung der Unternehmensstruktur (und hier insbesondere auf die Veränderungskompetenz), sondern auf eine →Flexibilisierung des Veränderungsvorhabens. Hierfür kommen beispielsweise Ansätze wie das Customizing (→Personalwirtschaftliche Anwendungssoftware), das heißt die zielgruppengerechte Anpassung des Veränderungsprojekts zum Einsatz.

Bei der Implementierung handelt es sich um eine *risikobehaftete Aufgabe*. Ursachen für das Scheitern von Implementierungsvorhaben können einerseits die fehlerhafte Diagnose des Implementierungsbedarfs, andererseits das Ergreifen der falschen Implementierungsmaßnahmen sein. Beide Fehlertypen führen zu charakteristischen *Fallen*, die den Implementierungserfolg gefährden. Zu diesen Fallen zählen nach *Reiß* (2001) unter anderem der Aktionismus (Überdosierung im Einsatz von Implementierungsinstrumenten), zu frühe (Pseudo-)Erfolge, Unsicherheit durch Provisorien, Panik aufgrund anfänglicher Schwierigkeiten oder das Verzögern erforderlicher, aber unangenehmer Maßnahmen, beispielsweise des Personalabbaus.

Literatur: *Bruhn, M.*: Internes Marketing, 2. Aufl., Wiesbaden 1999. *Doppler, K.; Lauterburg, C.*: Change Management, 10. Aufl., Frankfurt a. M. 2002. *Hauschildt, J.*: Innovationsmanagement, 3. Aufl., München 2004. *Koontz, H.; O'Donnell, C.*: Principles of Management: An Analysis of Managerial Functions, New York 1955. *Krüger, W.*: Excellence in Change – Wege zur strategischen Erneuerung, 3. Aufl., Wiesbaden 2000. *Reiß, M.*: Instrumente der Implementierung, in: *Reiß, M.; von Rosenstiel, L.; Lanz, A.* (Hrsg.): Change Management, Stuttgart 1997, S. 91–108. *Reiß, M.*: Fallen im Change Management, in: *Siegwart, H.; Mahari, J.* (Hrsg.): Management Consulting, Bd. 8, München 2001, S. 393–405. *von Rosenstiel, L.*: Organisationspsychologie, 4. Aufl., Stuttgart 2000. *Spalink, H.*: Werkzeuge für das Change Management, 2. Aufl., Frankfurt a. M. 1999.

Tobias Bernecker

Incentive →Anreiz

Inclusion

Ausmaß der bewussten Einbindung von vorhandenen Unterschieden und Gemeinsamkeiten der Mitarbeiter der verschiedenen Bereiche und Ebenen, welches von einer Ablehnung über das Bewusstsein und Verstehen von Unterschieden bis zur gewinnbringenden Einbringung und Nutzung der →Diversity reicht.

Im Rahmen der Forschung zum →Diversity Management erfolgt eine Unterscheidung in die Begriffe Diversity und Inclusion, wobei letzterer erst in der jüngeren Diversity Management Diskussion Eingang gefunden hat.

Das Konzept der Inclusion baut auf den Diversity Begriff auf, dem zunächst ausschließlich eine beschreibende Komponente zukommt. Es wird keine Aussage darüber getroffen, inwieweit und auf welche Weise Nutzen aus einer gegebenen Vielfalt in Organisationen gezogen wird beziehungsweise werden kann. Durch den Begriff der „Inclusion" wird dies präzisiert.

Andresen (2005) erläutert den Effekt der Inclusion auf organisationale Lernprozesse mit Bezug auf eine Aussage von *Watzlawik*: „Was ich nicht sehe, kann ich nicht sehen." Diversity kommt unter anderem in einer größeren Bandbreite von Perspektiven zum Ausdruck. Je höher der Grad der Inclusion, desto stärker wird die Wissensvielfalt wahrgenommen und genutzt. Erst dadurch erhöht sich die Wahrscheinlichkeit kreativer und innovativer Problemlösungen. Infolge der →Differenzierung der Wissensbasis können Organisationen und ihre Mitglieder mehr „sehen" und entsprechend darauf in ihren Handlungen eingehen.

Der Diversity Grad bringt primär den quantitativen Aspekt zum Ausdruck, wohingegen sich Inclusion auf qualitative Faktoren bezieht. Dies bedeutet, dass die Tatsache des Gegebenseins von Diversity nicht zwangsläufig deren

Nutzung impliziert. Ein zentraler Grund dafür, dass die Diversity Politik und/oder Initiativen in Unternehmen nicht immer die erwünschten Ergebnisse erbringen, ist darauf zurückführbar, dass keine Inclusion erreicht wird.

Die drei Paradigmen des Diversity Managements von *Thomas* und *Ely* (1996) sowie deren Ergänzung durch *Dass* und *Parker* (1999) um den Resistenzansatz als erster Stufe sind mit einem steigenden Reifegrad gleichzusetzen. Je höher der Reifegrad, desto höher das Ausmaß der Inclusion und desto eher wird ein →organisationales Lernen realisiert.

Im *Resistenzansatz* wird Diversity ignoriert oder bewusst vermieden. Aus Diversity resultierende unterschiedliche Perspektiven der Organisationsmitglieder werden somit – soweit vorhanden – nicht einbezogen, wodurch ein organisationales Lernen aus Diversity unterbleibt. Der Aufbau und die Pflege homogenen Wissens stehen im Vordergrund. Inclusion ist folglich kein Thema.

Im *Diskriminierungs- und Fairnessansatz* wird →Assimilation idealisiert. Vorhandene Unterschiede werden zwar angenommen, aber nicht einbezogen, sondern über Gleichmachung zu reduzieren versucht, indem sich die durch Diversity gekennzeichneten Organisationsmitglieder an die vordefinierte und dominante Unternehmenskultur (→Organisationskultur) zu assimilieren haben. Ein Lernen der Organisation an der vorhandenen Diversity im →Wissen und der Erfahrung, das heißt eine Inclusion, wird folglich nicht angestrebt.

Im *(Markt-)Zutritts- und Legitimitäts-Ansatz* erfolgt eine selektive Nutzung von Verschiedenheiten. Das Ziel ist die Erreichung einer Situation, in der die Merkmale der Mitarbeiter mit denjenigen wichtiger Auftraggeber und Kunden übereinstimmen, um darüber einen Zugang zu verschiedenen Märkten zu gewinnen und somit einen Wettbewerbsvorteil zu generieren. Infolge des akkommodativen Ansatzes weisen die Organisationen einen höheren Level an Heterogenität und Inclusion auf als diejenigen mit einer defensiven →Strategie. Diversity wird zwar aktiv angestrebt, eine unternehmensweite Vernetzung der Unterschiede im Wissen und in den Perspektiven unterbleibt hingegen. Folge der damit verbundenen Segregation ist das Nichtlernen der Gesamtorganisation. Die latent positiven Effekte von Diversity können infolge des eher niedrigen Grads der Inclusion nur eingeschränkt realisiert werden.

Bei der Realisierung des Diversity Managementparadigmas *Lern- und Effektivitäts-Ansatz* in Unternehmen wird ein hohes Maß an Inclusion angestrebt: Unterschiede werden wahrgenommen, wertgeschätzt und versucht, erfolgsbringend und aktiv einzubringen sowie aufrecht zu erhalten. Es werden Bedingungen geschaffen, die es den betroffenen Mitarbeitern ermöglichen, zu ihrer höchsten →Leistungsfähigkeit zu gelangen, um auf diese Weise latente Diversity Potenziale zu aktivieren. Unterschiedliche Hintergründe, Perspektiven und Denkweisen werden in Entscheidungsprozesse integriert. Den vielfältigen Organisationsmitgliedern wird eine aktive Rolle bei der Prägung der →Organisationskultur zugewiesen.

Eine durch Inclusion gekennzeichnete Diversity →Kultur, wie sie insbesondere im Lern- und Effektivitäts-Ansatz erreicht werden kann, muss zusammenfassend nach *Pless* und *Maak* (2004) folgende Grundsätze erfüllen:

- Das grundlegende Prinzip ist dasjenige der *Anerkennung* von Unterschieden bei gleichzeitiger Suche nach Gemeinsamkeiten. Die Pluralität von Subkulturen innerhalb des Unternehmens wird geachtet und in die Gestaltung der Organisationskultur einbezogen.
- Weiterhin ist ein *gegenseitiges Verständnis* erforderlich. Bislang marginalisierte Stimmen werden nicht nur toleriert, sondern aktiv eingeladen, unterstützt und ermächtigt, ihre Standpunkte, Ideen und Meinungen einzubringen.
- Eine Kultur der Inclusion verlangt zudem die Offenheit gegenüber der *Pluralität von Standpunkten*. Dies erfordert, dass nicht Machtaspekte Entscheidungen leiten, sondern diese in einem egalitären diskursiven Umfeld getroffen werden.
- Gegenseitiges →*Vertrauen* ist Voraussetzung, damit durch Diversity gekennzeichnete Personen bereit sind zu kooperieren sowie ihr Wissen, ihre Erfahrungen und Gesichtspunkte zu teilen.
- Ebenso essentiell wie Vertrauen ist die moralischer Vertrauenswürdigkeit und der Zusammenhalt, das heißt die *Integrität* der Per-

sonen und Prozesse in einer Organisation. Integrität ist gegeben, wenn eine Person bestimmte Prinzipien und Verpflichtungen annimmt und diese auch im Falle schwieriger Situationen aufrecht erhält.

- Schließlich ist für eine Kultur der Inclusion ein *interkultureller moralischer Standpunkt* von Bedeutung.

Die Realisierung dieser Grundsätze ist Voraussetzung dafür, dass unterschiedliche und multiple Perspektiven in den organisationalen Diskurs eingebunden werden. Cox (1991) weist darauf hin, dass vor diesem Hintergrund von einigen Kritikern die in vielen Unternehmen von →Minoritäten gegründeten beruflichen Vereinigungen zum Zwecke des Informationsaustauschs und der sozialen Unterstützung negativ beurteilt werden. Dem liegt das Argument zugrunde, dass diese der →Integration schaden, indem eine offensichtliche Abgrenzung erfolgt und der →Anreiz von Minoritäten nach „Inclusion" in informellen Aktivitäten der Angehörigen der Mehrheitengruppe zu streben reduziert wird. Diese Argumentation ist jedoch stark umstritten.

Literatur: *Andresen, M.*: Corporate Universities – Chance für Diversity & Inclusion, Working Paper Helmut-Schmidt-Universität Hamburg 2005. *Cox, T.*: The Multicultural Organization, in: Academy of Management Executive, 5. Jg. (1991), H. 2, S. 34–47. *Dass, P.; Parker, B.*: Strategies for Managing Human Resource Diversity: From Resistance to Learning, in: Academy of Management Executive, 13. Jg. (1999), H. 2, S. 68–80. *Pless, N. M.; Maak, T.*: Building an Inclusive Diversity Culture: Principles, Processes and Practice, in: Journal of Business Ethics, 54. Jg. (2004), S. 129–147. *Thomas, R. R.*: A Diversity Framework, in: Chemers, M.; Oskamp, S.; Costanzo, M. (Hrsg.): Diversity in Organizations, Thousand Oaks 1995, S. 245–263. *Thomas, R. R.*: Redefining Diversity, New York 1996. *Thomas, D. A.; Ely, J. E.*: Making Differences Matter: A New Paradigm for Managing Diversity, in: Harvard Business Review, 74 Jg. (1996), H. 9/10, S. 79–90.

Maike Andresen

Individualarbeitsrecht

Rechtsbeziehungen zwischen dem →Arbeitgeber und einem einzelnen →Arbeitnehmer und Gegenbegriff des →Kollektivarbeitsrechts.

Individualführung

Beeinflussung der Einstellungen und Verhaltensweisen der geführten Mitarbeiter durch die →Führungskraft. Die *Individualführung* ist geprägt durch bestimmte Eigenschaften der Führungskraft (→Eigenschaftstheorie der Führung), situative Rahmenbedingungen (→Kontingenzansatz) und →Führungsstile der Führungskraft.

Ruth Stock-Homburg

Individualisierte Arbeitszeit →Individualisierung

Individualisierte Biographie →Patchwork-Biographie

Individualisierung

im Kontext der Personalwirtschaft (→Personalmanagement) individuumsbezogene, dynamische und weitestgehend selbstbestimmte Gestaltung von Arbeitsbedingungen entsprechend der spezifischen Situationen des Individuums.

Der Gestaltungsprozess individualisierter Arbeitsbedingungen beinhaltet zwei Aspekte: den arbeitsorganisatorischen Aspekt der →Destandardisierung und den Führungsaspekt der →Delegation. Personalwirtschaftliche und organisatorische Gestaltungsfelder stellen den Bereich der Operationalisierung der Individualisierung dar.

Die Realisierungsgrade der Destandardisierung und der Delegation können jeweils unterschiedlich ausgeprägt sein. Je nachdem, inwieweit neben dem Destandardisierungs- auch der Delegationsaspekt bei der Individualisierung verfolgt wird, lassen sich individualisierte Arbeitsbedingungen im weiteren oder im engeren Sinne unterscheiden:

- Bei der *Individualisierung im weiteren Sinne* werden zwar die Gestaltungsmaßnahmen destandardisiert, das heißt auf das Individuum bezogen, es findet aber keine nennenswerte Delegation der entsprechenden Entscheidungs- und Gestaltungsspielräume statt. Als Beispiele können individualisierte Führung (→Mitarbeiterführung) oder individualisierte Entlohnung genannt werden.

- Erst wenn auch die Delegation der Handlungs- und Entscheidungsspielräume realisiert wird, also Individuen zu Subjekten im Sinne von Gestaltern werden, kann von einer *Individualisierung im engeren Sinne* gesprochen werden. Handlungsfelder der Individualisierung im engeren Sinne stellen

Individualisierung

die →Arbeitszeit, der Arbeitsort, die Arbeitsinhalte und -abläufe, die →Sozialleistungen sowie die →Personalentwicklung dar.

Übersicht 1: Klassische und neuzeitliche betriebliche Individualisierung (*Hornberger* 2005, S. 53)

Merkmale	Klassische Individualisierung	Neuzeitliche Individualisierung
Primäres Ziel des Unternehmens	Steigerung sozialer Effizienz	Steigerung ökonomischer Effizienz
Primärer Zweck des Unternehmens	Erhöhung der Motivation und Leistungsbereitschaft der Beschäftigten	Erhöhung unternehmerischer Flexibilität
Prinzip	Anpassung des Anreizsystems an individuelle Bedürfnisstrukturen unter der Prämisse der Nicht-Verletzung ökonomischer Effizienz des Unternehmens	Selbstorganisation der Beschäftigten – eigene Bedürfnisse sind dem unternehmerischen Flexibilitätsbedarf unterzuordnen
Umsetzung als	Angebot	Rationalisierungsmaßnahme
Teilnahme/Inanspruchnahme der Beschäftigten	freiwillig/ selbstbestimmt	verordnet/ fremdbestimmt
Umsetzungsbreite	bedürfnisabhängig	meist breitflächig

Betriebliche Motive, die zu einer Umsetzung individualisierter Arbeitsbedingungen führen, haben sich mit der Zeit, wie in Übersicht 1 dargestellt, deutlich gewandelt. Bereits Anfang der 1970er Jahre wurden Forderungen an Individualisierung geäußert. Die Ansätze und Konzepte sind zum Beispiel von *Drumm* (1989) dargestellt worden. Individualisierung wird als Leitprinzip bedürfnisorientierter Organisationsgestaltung verstanden und verfolgt. Es soll eine Anpassung der Arbeitsbedingungen und des Anreizsystems an individuelle Bedürfnisstrukturen erfolgen, womit eine höhere →Motivation, Zufriedenheit (→Arbeitszufriedenheit) und damit auch Qualität der Leistung erhofft und betriebliche Vorteile zum Beispiel im Bereich des →Personalmarketings ermöglicht werden. Eine Zunahme an betrieblicher →Flexibilität steht nicht im Vordergrund. Sie wird wenn dann nur geringfügig verzeichnet, da die Nutzung solcher Gestaltungsalternativen individuell und freiwillig erfolgt. Diese Ansätze können als klassische Individualisierung bezeichnet werden.

Seit Anfang der 1990er Jahre kann eine stärkere Umsetzung von Individualisierungsansätzen in der betrieblichen Praxis beobachtet werden. Verglichen mit dem Individualisierungskonzept der 1970er Jahre zeichnen sich jedoch wesentliche Unterschiede ab. Durch die steigende →Komplexität und Dynamik des Unternehmens steigt der Flexibilitätsdruck auf die Unternehmen (→Flexibilisierung). Es wurde erkannt, dass die Umsetzung individualisierter personalwirtschaftlicher Lösungen mit der Steigerung der unternehmerischen Leistungs- und Zeitflexibilität einhergehen und diese gleichzeitig zu einer Reduktion der Komplexität führen kann. Individualisierte Lösungen ermöglichen den Unternehmen, möglichst viele Handlungsoptionen offenzuhalten. Mitarbeiter werden aufgefordert, sich selbst zu organisieren und →Verantwortung zu übernehmen. Durch →Deregulierung von Arbeitsbedingungen und →Selbstorganisation der Organisationsmitglieder sollen neue Leistungspotenziale eröffnet werden. Die Flexibilität des Unternehmens wird zunehmend zum primären Zweck der Individualisierung. Individualisierte Lösungen werden nicht mehr auf freiwilliger Basis, sondern für weit größere Beschäftigtengruppen umgesetzt. Dies führt zu einem neuzeitlichen Phänomen, das zum Beispiel *Hornberger* (2006) als Flexibilisierung auf individualisierter Basis bezeichnet.

Der betriebliche Individualisierungsprozess ist in einem breiteren *gesellschaftlichen Kontext* eingebettet. Individualisierung fand ursprünglich und findet weiterhin vor allem im gesellschaftlichen Leben statt. Der Soziologe *Beck* charakterisierte sie 1986 als Herauslösung aus historisch vorgegebenen Sozialformen und -bindungen, Verlust von traditionalen Sicherheiten im Hinblick auf Handlungswissen, Glauben und leitende Normen, sowie ihre Ablösung durch neue Arten der sozialen →Reintegration, die viel subjektiver passiert. Das Individuum wird zum Gestalter seiner sozialen Realität. Die Ausgestaltung der Gesellschaft und der Formen des Zusammenlebens werden immer mehr Ausdruck der eigenständigen Wahlentscheidungen der Handelnden. Lebensformen werden pluralisiert, Lebensverläufe flexibilisiert (→Postmoderne, →Patchwork-Biographie). *Beck* (1986) betont ferner, dass die durch aufgeweichte Traditionen entstehenden Unsicherheiten nicht durch neue Sicherheiten ersetzt und auf diese Weise aufgefangen werden, sondern dass die individualisierte Gesellschaft eine durch bestehende Unsicherheiten charakterisierte „Risikogesellschaft" darstellt.

Individualisierung spiegelt sich heute in vielen Lebensbereichen der Gesellschaft – in der Familie, in der Politik, in der Religion – und nicht zuletzt auch in der Arbeitswelt wider.

Mit der Individualisierung gehen verschiedene Maßnahmen im Unternehmen einher:

Bei der *individualisierten Arbeitszeit* können die Beschäftigten ihre Arbeitszeit unabhängig von betrieblichen Gegebenheiten bestimmen, das Verfügungsrecht wird voll auf sie übertragen. Hierzu gehören zum Beispiel Teilzeit, Wahlarbeitszeit oder Gleitzeitmodelle (→Gleitzeit).

Es kann sich sowohl um lang- oder mittelfristige individuelle Anpassung der Arbeitszeit als auch um kurzfristige bis tägliche Anpassung handeln. Bei langfristigen Anpassungen zum Beispiel stehen den Beschäftigten Arbeitszeitoptionen zur Verfügung, aus denen sie in regelmäßigen Abständen (z. B. jährlich) wählen können (optionale Arbeitszeit oder Wahlarbeitszeit, Teilzeit, →Sabbatical). In diesem Zusammenhang wird auch von einer lebensphasenorientierten Arbeitszeit gesprochen. Zu den →Arbeitszeitmodellen mit einer mittelfristigen individuellen Flexibilität gehören zum Beispiel Modelle, in denen sich die Mitarbeiter monatlich an der Diensteinteilung und damit an der Verteilung von Arbeitstagen und arbeitsfreien Tagen beteiligen. Bei kurzfristigen Anpassungen bestimmen Mitarbeiter die einzelnen Dimensionen ihrer Arbeitszeit (Dauer, Lage usw.) situationsabhängig selbst (selbstbestimmte Arbeitszeit, z. B. Gleitzeit oder Arbeitszeit ohne →Zeiterfassung)

Eine Zunahme an betrieblicher Flexibilität steht nicht im Vordergrund. Sie wird, wenn überhaupt, nur geringfügig verzeichnet, da die Nutzung solcher Gestaltungsalternativen individuell und freiwillig erfolgt.

Die *individualisierte Entlohnung*, bei der eine individuumsabhängige anstatt gruppenabhängige Vergütung erfolgt, legt individuelle Kriterien zur Festlegung der Vergütung zugrunde.

Bei der individualisierten Entlohnung werden zum Beispiel variable Lohnanteile häufig von der erbrachten individuellen Leistung beziehungsweise den Leistungspotenzialen (Potenziallohn) des Einzelnen abhängig gemacht. Individualisierte Entlohnung stellt ein Handlungsfeld der →Individualisierung im weiteren Sinne dar, da der Individualisierungsaspekt der →Delegation von Entscheidungs- und Gestaltungsspielräumen vernachlässigt wird. Bestimmte Lohnkomponenten können dennoch im Rahmen der →Cafeteria-Systeme im engeren Sinne individualisiert geregelt werden.

Zusätzlich zum Arbeitsentgelt gibt es →betriebliche Sozialleistungen, die den Beschäftigten und deren Familienangehörigen arbeitsleistungsunabhängig (→Arbeitsleistung) gewährt werden und die auf das Individuum zugeschnitten sind.

Individualisierte Sozialleistungen können durch die Beschäftigten gemäß der eigenen Bedürfnisse (→Motiv) und Präferenzen nach bestimmten Regeln gewählt werden. Zu den Grundformen individualisierter Sozialleistungen zählen zum einen das Cafeteria-System, zum anderen aber auch ganz neue Formen von Dienstleistungen, die entweder durch firmeninterne oder extern beauftragte Dienstleister erbracht werden. Als zwei Beispiele können der *Relocation Service*, der die mit der Organisation des Transfers und des Aufenthalts von Beschäftigten im In- und Ausland verbundenen Aufgaben übernimmt, sowie der *Familienservice*, der individuelle, bedarfsgerechte Information, Beratung und Vermittlung von Dienstleistungen (meist Kinderbetreuung) zu einer besseren Vereinbarung von beruflicher und familiärer Situation unterstützt, genannt werden.

Das Unternehmen, das seinen Mitarbeitern solche Dienstleistungen als Sozialleistung anbietet, übernimmt in der Regel die Kosten für die Informations-, Beratungs- und Vermittlungstätigkeit der Dienstleister. Die laufenden Kosten der so ermittelten Dienstleistung werden von den Mitarbeitern selber getragen.

Die Individualisierung der Mitarbeiter wirkt sich auch auf die →Mitarbeiterführung aus. Es wird eine an individuellen Merkmalen und Werthaltungen der Mitarbeiter orientierte und situativ operierende Führung benötigt, bei der differenziertes →Führungsverhalten und differenzierter Einsatz von →Führungsinstrumenten zutage treten. Eines der bekanntesten Instrumente der *individualisierten Führung* ist Führung durch Zielvereinbarungen mit den einzelnen Beschäftigten (→Management by Objectives). Individualisierte Führung stellt ein Handlungsfeld der Individualisierung im weiteren Sinne dar, da der Aspekt der Delegation von Entscheidungs- und Gestaltungsspielräumen vernachlässigt wird. Die Individualisierung wird hier fremdbestimmt.

Auch in der Personalentwicklung gibt es auf Mitarbeiter individuell ausgerichtete Fort- und Weiterbildungskonzepte. Bei der *individualisierten Personalentwicklung* werden Bedarfe, Maßnahmen und Erfolgskontrollen der beruflichen Laufbahnen und der beruflichen Entwicklungen nicht nur gemäß den zu erwartenden Veränderungen von →Anforderungen im entsprechenden Tätigkeitsfeld, sondern auch in Hinblick auf individuelle Bedürfnisse, Fähigkeiten und Lebensbedingungen ausgearbeitet. Ein Beispiel sind die Karriereplanungen für →Dual-Career-Couples.

Das Pendant zum auf die betrieblichen Interessen ausgerichteten →flexiblen Arbeitsort ist der *individualisierte Arbeitsort*, allerdings stehen hier die Interessen und Belange der Beschäftigten bei der örtlichen und gegebenenfalls auch zeitlichen →Entkopplung von der zentralen Betriebsstätte im Vordergrund. Als Motive für Aufnahme von →Telearbeit auf Seiten der Beschäftigten erscheinen neben generell mehr persönlichen Freiräumen auch Vermeidung zu langer Fahrtzeiten, und nicht zuletzt eine bessere Vereinbarung beruflicher und außerberuflicher Lebenswelt (→Work-Life Balance). Als Risiken werden häufig zum Beispiel soziale Isolierung sowie Selbstausbeutung genannt.

Der *individualisierte Arbeitsprozess* ist das gleichzeitige Angebot verschiedener (auch zu erweiternder) Arbeitsinhalte beziehungsweise -abläufe, aus denen Beschäftigte wählen. Es handelt sich um eine besondere Art der →Ergebnisorientierung, indem nicht der Weg der Aufgabenerledigung, sondern nur das Ergebnis ausschlaggebend sind, jedoch unabhängig davon, ob die Arbeitszeiten seitens des Arbeitgebers kontrolliert werden oder nicht. Als Beispiel kann ein →Arbeitssystem genannt werden, in dem die Wahl des zu bearbeitenden Auftrags der individuellen Entscheidung jedes Beschäftigten überlassen wird. Beschäftigte tragen gemeinsam Verantwortung für eine termingerechte Erfüllung aller Aufträge (→Delegation).

Literatur: *Beck, U.*: Risikogesellschaft. Auf dem Weg in eine andere Moderne, Frankfurt a. M. 1986. *Drumm, H.J.* (Hrsg.): Individualisierung der Personalwirtschaft, Bern etc. 1989. *Hornberger, S.*: Individualisierung in der Arbeitswelt aus arbeitswissenschaftlicher Sicht, Frankfurt a. M. 2006. *Scholz, C.* (Hrsg.): Individualisierung als Paradigma, Stuttgart, Berlin, Köln 1997.

Sonia Hornberger

Individualismus

als Gegenpol zum →Kollektivismus beschreibt er das Ausmaß, in dem Individuen in Beziehungsgeflechte eingebunden sind.

Ausgeprägt individualistische →Kulturen sind nach *Hofstede* (2001) durch eine emotionale Unabhängigkeit des Individuums von einer →Organisation gekennzeichnet. Selbstachtung wird ebenso betont wie die Selbstversorgung der eigenen Person und der Familie. Hingegen haben in kollektivistisch orientierten Kulturen inner- und außerorganisatorische Beziehungen eine hohe Bedeutung. Das harmonische Miteinander sowie die Gesichtswahrung stehen im Vordergrund. Während in individualistischen Ländern eine Präferenz für Individualentscheidungen gegeben ist, wird in kollektivistischen Kulturen die Wertschätzung von Gruppenentscheidungen erwartet. Der Individualismus ist hoch in angelsächsischen Ländern, Italien, Belgien und Frankreich und niedriger in Spanien, Griechenland, Portugal, Lateinamerika und Japan.

Auf das →*Personalmanagement* bezogen bedeutet Individualismus, dass die Beziehung zwischen →Arbeitgeber und →Arbeitnehmer durch einen Vertrag klar geregelt ist, der sich auf gegenseitigen Nutzen gründen soll, dass im Arbeitsprozess die Aufgabe Vorrang vor Beziehung hat, und dass die Mitarbeiter gesetzte Ziele eigenverantwortlich erreichen. Teamprämien haben bei Mitarbeitern mit individualistischer Wertorientierung (→Normen und Werte) wenig Sinn. Diese erwarten eher eine personenbezogene Entlohnung für die individuell erbrachte Leistung.

Um keine monokausalen oder stereotypen Rückschlüsse auf bestimmte Gesellschaften oder deren Angehörige zu ziehen, darf eine kulturelle Dimension nicht isoliert betrachtet werden, sondern immer in Verbindung mit weiteren.

Literatur: *Hofstede, G.*: Culture's Consequences. Comparing Values, Behaviors, Institutions and Organizations across Nations, 2. Aufl., Thousand Oaks 2001. *Triandis, H. C.*: Individualism and Collectivism, Boulder 1995.

Maike Andresen

Individuelle Karriereplanung

im Gegensatz zur betrieblichen wird bei der individuellen Karriereplanung die Sicht des Individuums eingenommen und der erfolgreiche berufliche Werdegang eines Menschen beziehungsweise erfolgreiche Karrierestrategien und -tipps für Berufstätige beschrieben und erforscht.

Individuelle Kompetenz →Kompetenz

Individuelles Arbeitsrecht

Teil des →Arbeitsrechts, in dem die Rechtsbeziehungen des einzelnen →Arbeitnehmers zu seinem →Arbeitgeber, zu seinen Kollegen und zu Dritten geregelt werden.

Das Individualarbeitsrecht umfasst Regelungen zur Begründung, zum Übergang, zur Änderung und zur Beendigung von Arbeitsverhältnissen (→Beschäftigungsverhältnis) sowie zu den Erfüllungs-, Aufwendungs- und Schadensersatzansprüchen.

Ein Arbeitsverhältnis wird grundsätzlich durch den Abschluss eines →Arbeitsvertrags zwischen zwei Personen begründet, soweit im Einzelfall gesetzliche Bestimmungen nicht Abweichendes regeln. Der Arbeitsvertrag, der durch zwei korrespondierende Willenserklärungen (Angebot und Annahme) zustande kommt, ist ein schuldrechtlicher und gegenseitiger Vertrag, durch den sich der Arbeitnehmer zur Erbringung der vereinbarten →Arbeitsleistung und der Arbeitgeber zur Gewährung des vereinbarten Arbeitsentgelts verpflichtet.

Von einem fehlerhaften Arbeitsverhältnis (→Faktisches Arbeitsverhältnis) spricht man, wenn Arbeitgeber und Arbeitnehmer ohne Rechtsgrundlage vertragstypische Leistungen ausgetauscht haben. Ein →fingiertes Arbeitsverhältnis liegt vor, wenn das Arbeitsverhältnis zwischen Arbeitgeber und Arbeitnehmer nicht durch entsprechende Erklärungen der Parteien zustande kommt, sondern vielmehr kraft Gesetzes begründet wird.

Ein Arbeitsverhältnis kann durch Vertragsübernahme oder im Rahmen eines →Betriebsübergangs (§ 613a Abs. 1 Satz 1 BGB) übergeleitet werden. Eine *Vertragsübernahme* liegt vor, wenn das Arbeitsverhältnis im Ganzen unter Wahrung seiner Identität von dem alten auf den neuen Arbeitgeber übergeht, indem der neue Arbeitgeber durch einen dreiseitigen Vertrag zwischen dem alten und dem neuen Arbeitgeber sowie dem Arbeitnehmer anstelle des alten Arbeitgebers in dessen Rechte und Pflichten eintritt. Ein →*Betriebsübergang* ist gegeben, wenn ein Betrieb oder Betriebsteil unter Wahrung seiner Identität durch Rechtsgeschäft von dem bisherigen Betriebsinhaber auf den Erwerber übergeht. Der neue Arbeitgeber (sog. Betriebserwerber) tritt kraft Gesetzes gemäß § 613a Abs. 1 Satz 1 BGB anstelle des alten Arbeitgebers (sog. Betriebsveräußerer) in dessen Rechte und Pflichten gegenüber den im Betrieb beziehungsweise Betriebsteil beschäftigten Arbeitnehmern ein.

Eine *Änderung der Arbeitsbedingungen* ist durch Ausübung des →Direktionsrechts durch Ausübung eines Widerrufsvorbehalts, mittels einer Änderungskündigung (→*Kündigung*), einer einvernehmlichen Vereinbarung (Änderungsvertrag) sowie nach dem Grundsatz der →Betriebsübung möglich.

Von einem *Widerrufsvorbehalt* spricht man, wenn sich eine Vertragspartei (zumeist der Arbeitgeber) den einseitigen Widerruf einer Leistung vorbehalten hat. Die Vertragsklausel in einem Formulararbeitsvertrag, nach der der Arbeitgeber berechtigt ist, übertarifliche Lohnbestandteile jederzeit unbeschränkt zu widerrufen, ist nach der Rechtsprechung des Bundesarbeitsgerichts (BAG) gemäß § 308 Nr. 4 BGB unwirksam. Erforderlich ist vielmehr die Angabe von Widerrufsgründen, aus denen der Arbeitnehmer nachvollziehen kann, unter welchen Voraussetzungen der Widerruf einer Leistung (z. B. Urlaubs- oder Weihnachtsgeld) in Betracht kommt. Eine Änderung der Arbeitsbedingungen kann zudem von beiden Arbeitsvertragsparteien einvernehmlich durch Abschluss eines Änderungsvertrages bewirkt werden. Hierfür sind gemäß dem oben gesagten zwei korrespondierende Willenserklärungen, Angebot und Annahme, notwendig.

Ein Arbeitsverhältnis kann durch →Anfechtung, →Aufhebungsvertrag, →Kündigung, sowie Zeitablauf (§ 620 Abs. 1 BGB), Befristung (§ 15 Abs. 2 Teilzeit- und Befristungsgesetz, TzBfG) sowie Eintritt einer auflösenden Bedingung (§§ 21, 15 Abs. 2 TzBfG) enden.

Individuelles Wissen

Der Aufhebungsvertrag bedarf der Schriftform (§ 623 BGB). Ein Verstoß der Parteien gegen den Formzwang führt gemäß § 125 Satz 1 BGB zur Nichtigkeit des Aufhebungsvertrages. Die Befristung bedarf ebenfalls der Schriftform (§ 14 Abs. 4 TzBfG). Ist die Befristung rechtsunwirksam, so gilt der befristete Arbeitsvertrag gemäß § 16 TzBfG als auf unbestimmte Zeit geschlossen; er kann vom Arbeitgeber frühestens zum vereinbarten Ende ordentlich gekündigt werden.

Die Hauptpflicht des Arbeitnehmers besteht in der Erbringung der arbeitsvertraglichen Tätigkeit; im Gegenzug ist der Arbeitgeber zur Zahlung des Arbeitsentgelts verpflichtet (§ 611 Abs. 1 BGB). Nebenansprüche gegen den Arbeitgeber können sich unter anderem beziehen auf Erstattung von Aus- und Fortbildungskosten, Verringerung der →Arbeitszeit, Urlaubsgewährung und →Urlaubsabgeltung, Durchführung von lebens- und gesundheitsschützenden Maßnahmen und Erteilung eines →Arbeitszeugnisses. Der Arbeitgeber kann gegen den Arbeitnehmer zum Beispiel einen Anspruch auf Unterlassung von Konkurrenztätigkeiten als Nebenanspruch haben.

Literatur: *Boemke, B.*: Studienbuch Arbeitsrecht, 2. Aufl., München 2004, §§ 2–15. *Boemke, B.*: Schuldvertrag und Arbeitsverhältnis, München 1999. *Dütz, W.*: Arbeitsrecht, 9. Aufl., München 2004, §§ 3–6. *Gitter, W.*; *Michalski, L.*: Arbeitsrecht, 5. Aufl., Heidelberg 2002, S. 44–206. *Hanau, P.*; *Adomeit, K.*: 13. Aufl., München 2005, S. 152–305. *Hromadka, W.*; *Maschmann, F.*: Arbeitsrecht, Bd. 1, Individualarbeitsrecht, 2. Aufl., Berlin 2002, S. 79–483. *Preis, U.*: Arbeitsrecht. Praxislehrbuch zum Kollektivarbeitsrecht, 2. Aufl., Köln 2003, S. 191–918. *Schaub, G.*: Arbeitsrechts-Handbuch, 11. Aufl., München 2005, §§ 24–58. *Söllner, A.*; *Waltermann, R.*: Grundriss des Arbeitsrechts, 13. Aufl., München 2003, S. 263–377.

Burkhard Boemke

Individuelles Wissen →Wissen

Individuelles Wissensmanagement →Persönliches Wissensmanagement

Industrie- und Handelskammer (IHK)

Körperschaft des öffentlichen Rechts, die das Gesamtinteresse der ihnen zugehörigen Gewerbetreibenden ihres Bezirks vertritt und für die Förderung der gewerblichen Wirtschaft wirkt.

Basis der Industrie- und Handelskammer (IHK) ist die Zwangsmitgliedschaft aller Personen, Handelsgesellschaften und juristischen Personen des jeweiligen Bezirks, die Gewerbesteuer zahlen müssen (*Niopek* 1990). Ausgenommen sind Handwerksbetriebe, Freie Berufe und landwirtschaftliche Betriebe.

Die Aufgaben der IHK sind im § 1 IHKG (Gesetz zur vorläufigen Regelung des Rechts der Industrie- und Handelskammern) geregelt und beinhalten unter anderem die Ausbildungsaufsicht bei der Berufsausbildung (→Ausbildung), die Durchführung von Abschlussprüfungen und die Schiedsgerichtsbarkeit. Daneben erbringen IHKs für ihre Mitglieder eine Reihe von Serviceaufgaben wie Existenzgründungsberatung, Erteilung von Rechtsauskünften und Unterstützung beim Knüpfen ausländischer Geschäftskontakte. Nicht zu den Aufgaben der Industrie- und Handelskammern gehört die Wahrnehmung sozialpolitischer und arbeitsrechtlicher Interessen. Nach § 3 IHKG werden die Kosten der Einrichtung und Tätigkeit der IHK gemäß einer Beitragsordnung von den Kammerzugehörigen aufgebracht, wobei sich die Pflichtbeiträge an der wirtschaftlichen →Leistungsfähigkeit orientieren.

2008 gibt es in Deutschland 80 regionale Industrie- und Handelskammern. Vertreten werden sie jeweils durch einen Präsidenten und einen Hauptgeschäftsführer, die von der durch ihre Mitglieder gewählte Vollversammlung bestellt werden. Die Industrie- und Handelskammern auf der Kreisebene sind auf der Ebene der Bundesländer in Arbeitsgemeinschaften oder Kammervereinigungen zusammengeschlossen, auf der Bundesebene dann im *Deutschen Industrie- und Handelskammertag* (DIHK). Dieser ist als Spitzenorganisation eine wichtige wirtschaftspolitische Interessensgruppe auf bundes- und europapolitischer Ebene.

Literatur: Gesetz zur vorläufigen Regelung des Rechts der Industrie- und Handelskammern (IHKG). *Niopek, W.*: Aufgabe, Organisation und Finanzierung von Industrie- und Handelskammern, in: Zeitschrift für öffentliche und gemeinwirtschaftliche Unternehmen, 13. Jg. (1990), H. 4, S. 444–450.

Volker Stein

Industrieschock →Entry Shock

Influence Activities

Anstrengungen, die ein Mitarbeiter unternimmt, um die Beurteilungen durch die →Führungskraft positiv zu beeinflussen, da von ihr häufig Gehalt und Karriereaussichten abhängen (dt.: kontraproduktive Beeinflussungsaktivitäten).

Unter Influence Activities sind nach *Kräkel* (2004) die unterschiedlichsten Aktivitäten zu verstehen:

- Mitarbeiter könnten dazu neigen, sich nur bei denjenigen *Teiltätigkeiten* zu engagieren – und das ineffizient stark –, welche besonders gut von der Führungskraft beobachtbar sind, während die übrigen Teiltätigkeiten weitestgehend vernachlässigt werden.

- *Bestechung* der Führungskraft in unterschiedlichster Form mit dem Ziel, eine gute Beurteilung zu erhalten, zählt ebenfalls zu Influence Activities.

- Eine weitere Ausprägung der Influence Activities verbirgt sich hinter dem *Ja-Sager-Problem* („Yes men"): Zum Teil erhalten Mitarbeiter von ihrer Führungskraft den Auftrag, Informationen zu einem bestimmten Projekt einzuholen. Hat die Führungskraft allerdings gewisse Vorurteile über den möglichen Ausprägungsbereich der Informationen, so kann es sich für Mitarbeiter eher lohnen, die Vorurteile der Führungskraft in Erfahrung zu bringen, um diese dann zu bestätigen, als ernsthaft Informationen zu sammeln. Dies verhindert, dass die Aussagen des Mitarbeiters vom Vorgesetzten als unrealistisch eingestuft werden, auch wenn dies zu Lasten des Erfolgs des gesamten Unternehmens geht.

Das *Folgeproblem* von Influence Activities sind die so genannten *Influence Costs*. Generell sind hierunter die Opportunitätskosten der Zeit zu verstehen, die der Mitarbeiter für die kontraproduktiven Aktivitäten verursacht, anstatt produktiv tätig zu sein. Situationsbezogen können unter Influence Costs jedoch noch weitere Kostenarten fallen. Im zuerst genannten Beispiel fallen Zusatzkosten durch die Fehlallokation der →Arbeitszeit auf die verschiedenen Teiltätigkeiten an. Im zweiten Beispiel entstehen Kosten durch den Verlust von →Anreizen, wenn Kollegen erfahren, dass sich nicht tatsächliche Leistung auszahlt, sondern nur Influence Activities. Zudem können Effizienzverluste auftreten, wenn nicht der geeignetste Mitarbeiter auf eine verantwortungsvolle Position befördert wird. Im dritten Beispiel entstehen dadurch Kosten, dass wichtige Projektinformationen nicht eingeholt oder sogar unterdrückt werden. Noch gravierendere Konsequenzen ergeben sich bei einer unfähigen Führungskraft, die durch ihre Mitarbeiter lediglich in ihren falschen Vorurteilen bestätigt wird.

Literatur: *Kräkel, M.*: Organisation und Management, 2. Aufl., Tübingen 2004, Kap. III.6. *Milgrom, P. R.*; *Roberts, J.*: An Economic Approach to Influence Activities in Organizations, in: American Journal of Sociology, Supplement, 94. Jg. (1988), S. 154–179.

Matthias Kräkel

Information

setzt sich aus Zeichen und →Daten zusammen, die mit einer Syntax verbunden werden.

Information im Sinne geordneter und strukturierter Daten bildet die Voraussetzung, um →Wissen durch die interpretative Auseinandersetzung mit diesen Daten zu generieren. Oftmals werden Informationen auch als neues Wissen bezeichnet. In diesem Fall spricht man von kodiertem Wissen. Informationen werden innerhalb eines Lernprozesses (→Lernen) zu trägerspezifischem Wissen verarbeitet, indem sie in einen spezifischen Sinnzusammenhang gebracht werden.

Die Vermittlung von Informationen erfolgt durch Sprache. Mithin ist die Informationsvermittlung kein objektiver Übertragungsprozess, sondern unterliegt den Barrieren und Wahrnehmungsverzerrungen, die in Kommunikationssituationen auftreten (→Kommunikation). In der Konsequenz wird die Generierung neuen Wissens oftmals bereits durch den Informationsvermittlungsprozess erschwert. Dies ist eine Herausforderung für das →Wissensmanagement.

Literatur: *Blackler, F.*: Knowledge, Knowledge Work and Organizations: An Overview and Interpretation, in: Organization Studies 16. Jg. (1995), H. 6, S. 1021–1046.

Uta Wilkens

Informationspflichten

teilweise gesetzlich normierte Verpflichtung des →Arbeitnehmers, den →Arbeitgeber zu informieren.

Ist eine gesetzliche Normierung nicht gegeben, können sich gleichwohl bestimmte Informationspflichten aus der so genannten Treuepflicht des Arbeitnehmers ergeben (*Söllner* 1998, § 29 II, *Zöllne* und *Loritz* 1998, § 13 III), die im Verhältnis zur Hauptpflicht (Erbrin-

Informationsspiele

gung der →Arbeitsleistung) eine Nebenpflicht darstellt.

Gesetzlich geregelt ist beispielhaft die Pflicht des Arbeitnehmers, dem Arbeitgeber eine Arbeitsunfähigkeit und deren voraussichtliche Dauer unverzüglich, also ohne schuldhaftes Zögern, anzuzeigen (§ 5 Abs. 1 Satz 1 EFZG). Diese Anzeigepflicht besteht losgelöst von der Nachweispflicht (Arbeitsunfähigkeitsbescheinigung), die spätestens am dritten Tag der Arbeitsunfähigkeit zu erfüllen ist. Ausdrücklich normiert ist ferner die Verpflichtung des Arbeitnehmers, dem Arbeitgeber im Rahmen der Sozialversicherung die notwendigen Angaben zur Durchführung des Meldeverfahrens zu machen und hierfür die erforderlichen Unterlagen beizubringen (§ 280 SGB IV).

Als Ausprägung der Treuepflicht muss der Arbeitnehmer den Arbeitgeber zum Beispiel darüber informieren, wenn er eintretende oder drohende Schäden im Betrieb erkennt. Eine Verpflichtung zur Anzeige von Kollegen beim Arbeitgeber besteht grundsätzlich nicht, es sei denn, der Arbeitnehmer nimmt ausdrücklich eine Überwachungsaufgabe oder Führungskraftfunktion wahr (*Richardi* 2000, § 54 Rn. 8 f., *Hueck* und *Nipperdey* 1963). Ist das nicht der Fall, muss der Arbeitnehmer den Arbeitgeber nur informieren, wenn Wiederholungsfälle zu befürchten sind und der Arbeitgeber erheblich geschädigt wird. Darum besteht keine allgemeine Verpflichtung von Arbeitnehmern, einen einmaligen geringfügigen Diebstahl eines Kollegen zu melden.

Literatur: *Richardi, R.* (Hrsg.): Münchener Handbuch zum Arbeitsrecht, 2. Aufl., München 2000. *Hueck, A.*; *Nipperdey, H. C.*: Lehrbuch des Arbeitsrechts, Bd. 1, 7. Aufl., Berlin etc. 1963, S. 243. *Söllner A.*: Arbeitsrecht, 12. Aufl., München 1998. *Zöllner, W.*; *Loritz, K. G.*: Arbeitsrecht, 5. Aufl., München 1998.

Friedrich Meyer

Informationsspiele →Lern- und Informationsspiele

Informationssystem

zielgerichtetes, sozio-technisches System, das der Verarbeitung oder dem Austausch von →Informationen dient.

Das Informationssystem ist als *sozio-technisch* zu bezeichnen, da sowohl Menschen als auch Technik an der Verarbeitung und dem Austausch von Informationen beteiligt sind. Informationssysteme, deren Ausführung vollständig technisch in automatisierter Form erfolgt, werden als →*Anwendungssysteme* bezeichnet (*vom Brocke* 2007). Informationssysteme im unternehmerischen Kontext sind zielgerichtet, da sie der Aufgabenerfüllung dienen.

Die Differenzierung von Informationssystemen ist das Ergebnis eines Konstruktionsprozesses (*vom Brocke* 2003). Sie erfolgt zweckorientiert und kann subjektiv unterschiedlich vollzogen werden. Entsprechend dem Systemdenken können Sub- und Supersysteme gebildet werden. Häufig verwendete Differenzierungen unterscheiden nach

– dem Inhalt der Information (z. B. →Personalinformationssysteme),

– der Art der zu unterstützenden Aufgabe (z. B. Produktionsplanungs- und -steuerungssysteme) oder

– der Art der Adressaten (z. B. Managementinformationssysteme).

In der betrieblichen Anwendung werden integrierte Informationssysteme benötigt. Unter dem Begriff der →Integration wird allgemein die „(Wieder-)Herstellung eines Ganzen" (*Dredowki* 1989) verstanden. Bei Informationssystemen wird nach dem Gegenstand der Integration zwischen Daten-, Prozessstruktur und Prozessstrukturintegration unterschieden (*Becker* und *Schütte* 2004). Grundlegend ist die Datenintegration. Sie besteht darin, dass →Daten zu einem Sachverhalt, wie der Personalname, im Informationssystem nur an einer Stelle vorgehalten werden, obwohl sie an mehreren Stellen verwendet werden (z. B. Personal- und Buchhaltungsinformationssystem).

Zur Qualitätssicherung erfolgt die Entwicklung von Informationssystemen methodengestützt. Eine Methode zur Informationssystementwicklung liefert Problemlösungs- und Darstellungstechniken, die zur Erreichung eines typischen Entwicklungsziels eingesetzt werden können (*vom Brocke* 2003). Während die Problemlösungstechniken Regeln angeben, die die zeitliche und sachlogische Abfolge von Entwicklungsphasen betreffen, spezifiziert die Darstellungstechnik, wie Entwicklungsergebnisse zu dokumentieren sind. Nach Maßgabe von Prüfungen der Entwicklungsergebnisse ist über den weiteren Verlauf des Entwicklungsprozesses zu entscheiden.

Die verwendete Methode bei der Informationssystementwicklung hat einen Einfluss auf

die Struktur des Entwicklungsprozesses (Alpar et al. 2002). Zu unterscheiden sind wasserfallartige und iterative Prozesse:
- In *wasserfallartigen* Prozessen werden funktional gebildete Entwicklungsphasen linear durchlaufen. Typische Phasen sind die →Anforderungsanalyse, der Entwurf, die →Implementierung, der →Test und die Einführung.
- In *iterativen* Prozessen (auch: Prototyping) werden die Phasen zyklisch durchlaufen. Die Phasen werden hier nach dem Muster eines PDCA-Kreislaufs (Plan, Do, Check, Action) gebildet.

Die Entwicklungsergebnisse in den einzelnen Phasen stellen *Informationsmodelle* dar. Unter einem Informationsmodell wird ein spezielles expliziertes Modell verstanden, das zur Entwicklung von Informationssystemen konstruiert wird (*vom Brocke* 2003). Entlang der Entwicklungsphasen werden mehrere Informationsmodelle erzeugt. Sie haben jeweils einen spezifischen Gegenstand des Informationssystems hinsichtlich eines relevanten Inhalts in einer adäquaten Darstellung zu beschreiben.

Zur Steigerung der Wirtschaftlichkeit von Entwicklungsprozessen werden *Referenzinformationsmodelle* (kurz: Referenzmodelle) genutzt. Diese sind spezielle Informationsmodelle, deren Inhalte in anderen Modellen wieder zu verwenden sind (*vom Brocke* 2003). Durch besondere Konstruktionstechniken können Inhalte des Referenzmodells in das zu konstruierende Modell übernommen und dort angepasst werden. Die durch die Wiederverwendung zu realisierende Aufwandsreduktion steigert die Effizienz der Entwicklungsprozesse. Indem in Referenzmodellen bewährte Konstruktionslösungen genutzt werden können, wird zudem ein Beitrag zur Qualitätssicherung in der Informationssystementwicklung geleistet.

Beispiele für Referenzmodelle sind das *Y-CIM-Modell* und das *Handels-H-Modell* (siehe Abb. 1). Sie werden ausgehend von Ordnungsrahmen strukturiert.

Ein *Ordnungsrahmen* beschreibt die Architektur eines Informationssystems (*vom Brocke* 2003). Allgemein handelt es sich um ein spezielles Informationsmodell, das Verzeichnisbereiche liefert (Darstellung), die zur Systematisierung anderer Modelle (Inhalt) des jeweiligen Informationssystems (Gegenstand) dient. Ordnungsrahmen dienen sowohl zur Komplexitätsreduktion der Entwicklung als auch zur Navigation im Zuge der Nutzung der Modelle. Ordnungsrahmen unterliegen zumeist keinen Konventionen einer Darstellungstechnik. Typisch ist eine zweidimensionale Strukturierung in der sowohl eine Disaggregation des Gegenstands als auch des Inhalts vorgenommen wird.

Abbildung 1: Handels-H-Modell als Ordnungsrahmen von Referenzmodellen für Informationssysteme (*Becker/Schütte* 2004, S. 42)

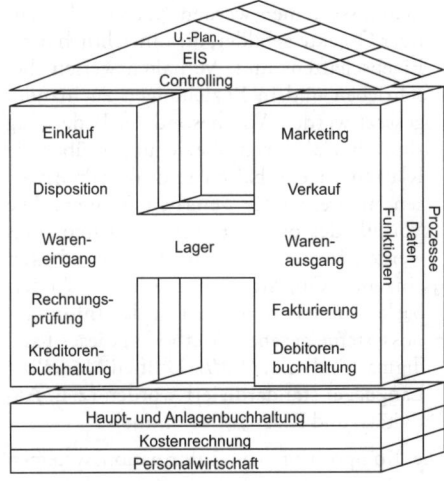

Die Ausgestaltung der Strukturierung eines Informationssystems richtet sich nach dem zugrunde gelegten Entwicklungsparadigma. Unter einem *Paradigma* der Informationssystementwicklung wird ein Muster verstanden, durch das die mögliche Regelmenge von Methoden nach spezifischen Prinzipien eingegrenzt wird (*vom Brocke* 2003). Mit diesen Prinzipien wird angestrebt, die Wirtschaftlichkeit der Systementwicklung zu fördern. Während in der herkömmlichen Informationssystementwicklung einem sichtenorientierten Paradigma gefolgt wird, kommt dem objektorientierten Paradigma eine wachsende Bedeutung zu (*Alpar et al.* 2002):

- Nach dem *sichtenorientierten Paradigma* wird das Informationssystem in separaten Modellen hinsichtlich einzelner inhaltlicher Aspekte beschrieben – den Sichten –, die in spezifischen Modellen für die Sichtenintegration zusammengeführt werden. Der Vorteil dieses Vorgehens wird in der Komplexitätsreduktion des Entwicklungsprozesses nach dem Teile-und-Herrsche-

Prinzip gesehen („divide and conquer"). Beispiele für Methoden nach diesem Paradigma sind *ARIS* (Architektur integrierter Informationssysteme) und *CIMOSA* (Computer Integrated Manufacturing Open System Architecture).

- Im *objektorientierten Paradigma* wird das Informationssystem in Teilsysteme dekomponiert, die einen Systemzweck eigenständig erfüllen – die Objekte – und die zur Integration miteinander in Nachrichtenaustausch treten. Zur Entwicklung von Informationssystemen werden Klassen gleichartiger Objekte gebildet, die hinsichtlich ihrer Eigenschaften und Verhaltensweisen beschrieben und in Beziehungen zueinander gesetzt werden. Von besonderer Bedeutung sind Spezialisierungsbeziehungen über die Klassen Eigenschaften und Verhaltensweisen untereinander vererben können. Die Vorteile des objektorientierten Paradigmas werden in der durch die Eigenständigkeit einzelner Objekte gegebene leichte Änderbarkeit und Erweiterbarkeit der Informationssysteme gesehen. Methoden dieses Paradigmas sind in der *UML* (Unified Modelling Language) standardisiert worden (z. B. Aktivitäts- und Klassendiagramme).

Die Komposition von Informationssystemen aus eigenständigen Teilsystemen stellt heute eine zukunftsweisende Entwicklungstendenz dar. Durch Methoden der komponentenorientierten Systementwicklung (Component Based Software Engineering) werden hoch spezialisierte Teilsysteme entwickelt, die in unterschiedlichen Informationssystemen einzusetzen sind. Der weltweite Austausch dieser Komponenten trägt wesentlich zur Erhöhung der Entwicklungsflexibilität von Informationssystemen bei. Unter dem Begriff der *hybriden Informationssysteme* werden in aktuellen Forschungsprojekten Lösungen erarbeitet, in denen die Eigenständigkeit von Teilsystemen auch zur Steigerung der Laufzeitflexibilität von Informationssystemen genutzt wird (*vom Brocke* 2007). Derartige Systeme sollen durch die bedarfsgerechte Kombination heterogener Teilsysteme auch zur Laufzeit auf unterschiedliche Anforderungen im betrieblichen Kontext reagieren können. Die technischen Voraussetzungen schaffen jüngere Entwicklungen auf dem Gebiet serviceorientierter Architekturen.

Neue Organisationsformen der Informationssystementwicklung werden durch die *Open-Source-Initiative* (OSI) geschaffen (*Grob*, *Reepmeyer* und *Bensberg* 2004). Die Initiative sieht die Offenlegung des Quelltextes von Softwareprodukten vor. Lizenzmodelle regeln, unter welchen Bedingungen der Quelltext eingesehen, genutzt und modifiziert werden kann. Ein Beispiel liefert die weit verbreitete *GPL* (General Public License), nach der geänderte Quelltexte wieder in die Community einzubringen sind. Zur Koordination existieren OpenSource-Intermediäre, die auch Internetplattformen für die Organisation der verteilten Programmentwicklung bereitstellen (SourceForge.net). Das Potenzial der Open-Source-Initiative zeigen nicht nur die Beispiele Linux, Sendmail, Apache und MySQL. Mittlerweile sind zu den meisten unternehmerischen Aufgabenbereichen Informationssysteme als OpenSource-Produkte verfügbar.

Literatur: Alpar, P. et al.: Anwendungsorientierte Wirtschaftsinformatik, 3. Aufl., Wiesbaden 2002. Becker, J.; Schütte, R.: Handelsinformationssysteme, 2. Aufl., Frankfurt a. M. 2004. Drodowki, G. (Hrsg.): Duden, Etymologie, Bd. 7, 2. Aufl., Mannheim et al. 1989. Grob, H.; Reepmeyer, J.-A.; Bensberg, F.: Einführung in die Wirtschaftsinformatik, 5. Aufl., München 2004. Scheer, A.-W.: Wirtschaftsinformatik: Referenzmodelle für industrielle Geschäftsprozesse, 7. Aufl., Berlin et al. 1997. vom Brocke, J.: Referenzmodellierung. Gestaltung und Verteilung von Konstruktionsprozessen, Berlin 2003. vom Brocke, J.: Serviceorientierte Architekturen, Management und Controlling von Geschäftsprozessen, München 2007.

Jan vom Brocke

Informationstechnik

bezeichnet die Gesamtheit der →Artefakte digitaler Mikroelektronik.

Aufgrund der inzwischen weit fortgeschrittenen Konvergenz von Informations-, Kommunikations- und Medientechnik wird der Begriff zunehmend als breiter Sammelbegriff verwendet, der Kommunikationstechnik (z. B. eMail-Systeme) und Medientechnik (z. B. WebCasting-Systeme) einbezieht. Zentrale Komponenten der Informationstechnik sind die →Hardware, die →Systemsoftware und die →personalwirtschaftliche Anwendungssoftware.

Stefan Strohmeier

Informationstechnikfolgen

Veränderungen in der Personalarbeit (→Personalmanagement), die mit der →Informationstechnikverwendung einhergehen.

Ein weit verbreitetes Missverständnis besteht nach *Ropohl* (1999) darin, Folgen als kausale Wirkungen der →Informationstechnik zu begreifen. Nach dieser Auffassung determiniert ausschließlich die Informationstechnik direkt die Art und den Umfang der in der Personalwirtschaft auftretenden Veränderungen, was sich theoretisch und empirisch widerlegen lässt: Zwar „prägt" insbesondere →personalwirtschaftliche Anwendungssoftware tatsächlich die Verwendungshandlungen und die personalwirtschaftlichen Ergebnisse, allerdings wird beides nicht kausal determiniert, da Verwendungsspielräume verbleiben und Anwendungssoftware auch unterlaufen werden kann.

Was Informationstechnik bezogen auf Veränderungen der Personalarbeit charakterisiert, ist nach *Kubicek* (1992) das *Potenzial*, verschiedenartige Verwendungen und Veränderungen herbeizuführen. Potenziale fallen je nach Anwendungssoftware unterschiedlich breit aus. Enge Potenziale lassen nur eingeschränkte Verwendungen und Veränderungen zu. Breite Potenziale implizieren dagegen umfassende Veränderungsspektren, die in ihren Extrema auch klare Gegensätze darstellen können. Daher ist es kein Widerspruch, wenn mit dem gleichen System durch unterschiedliche Verwendung auch unterschiedliche Veränderungen einhergehen. So können mit derselben Anwendungssoftware in verschiedenen Unternehmen selbst klar gegensätzliche Folgen, wie etwa Kostensenkung und Kostensteigerung, einhergehen.

Der Potenzialcharakter der Informationstechnik wird mit *Strohmeier* (2000) auch durch die uneinheitlichen Ergebnisse der spärlichen empirischen Folgenforschung belegt. Solche uneinheitlichen Folgen der Informationstechnik resultieren aus heterogenen, sich im Zeitablauf durchaus ändernden Potenzialen sehr unterschiedlicher Informationstechnikanwendungen und deren ebenfalls heterogenen, im Zeitablauf eventuell ebenfalls variierenden Verwendung. Die Darstellung konkreter Potenziale und Veränderungen ist daher nur am Beispiel des konkreten Einzelfalls eines Systems und seiner Verwendung sinnvoll. Möglich ist allerdings, *generelle Veränderungsphänomene* zu beschreiben.

Erstens führt die Informationstechnikunterstützung zur *Präfiguration* der Personalarbeit: Mit der Entscheidung für eine personalwirtschaftliche Anwendungssoftware entscheidet man sich – implizit oder explizit – immer auch für ein Konzept, beziehungsweise eine oder mehrere Methode(n), eine →Arbeitsorganisation oder den generell möglichen Ergebnisraum der zu unterstützenden personalwirtschaftlichen Funktion zu gestalten. Allerdings bleiben dabei stets Verwendungsspielräume. Speziell die Präfiguration der (Arbeits-)Organisation hat durch zunehmende Anpassungsmöglichkeiten einiges ihrer früheren Rigidität („structure follows software") verloren.

Präfiguration bedeutet nicht Prädetermination. Mit der Präfiguration geht ein Verlust an Gestaltungskompetenz bei Personalspezialisten beziehungsweise deren Übertragung an systementwickelnde Personen einher. Allerdings wird Anwendungssoftware umgekehrt auch gerade deswegen verwendet, weil sie Funktionen konzeptualisiert und konkretisiert. Fehlen klare Vorstellungen einer Funktion und will oder kann man diese nicht erarbeiten, dann erübrigt sich die Anschaffung einer Anwendungssoftware zur Erfüllung dieser Aufgabe. Soweit standardisierte Systeme eine größere Verbreitung aufweisen, dürfte die Präfiguration auch zur →Assimilation der Personalarbeit in denjenigen Unternehmen führen, die die gleichen Systeme verwenden.

Zweitens hat die Informationstechnik zur *funktionalen Modifikation und Expansion* der Personalarbeit geführt. Wie bislang kaum beachtet wird, hat die Informationstechnikunterstützung durchaus zu wesentlichen Methodeninnovationen beigetragen. Auch scheint sich die bisher sehr eingeschränkte Akzeptanz quantitativer Methoden aufgrund der Substitution der Methodenanwendung erheblich verbessert zu haben. Substitution und Komplementation haben durch die Möglichkeit der Abkehr von simplen Lösungen auch die Funktionen selbst verändert und ausgeweitet. Es ist daher falsch, informationstechnikunterstützte Personalarbeit lediglich als „elektronische", ansonsten aber identische Variante bisheriger Personalarbeit zu verstehen. Vielmehr liegen sowohl quantitative als auch qualitative Veränderungen der Funktionen sowie der Art ihrer Bearbeitung vor.

Drittens betreffen Veränderungen die *(De-)Professionalisierung* der Personalarbeit. So werden sich in Zukunft die personalwirtschaftlich erforderlichen →Qualifikationen wandeln, weil vielfältige neue, sich dynamisch verändernde Qualifikationen zur Auswahl, Implementation und Anwendung notwendig werden. Inzwischen dürfte Personalarbeit überwiegend zu den so genannten Informationstechnik-Mischberufen zu zählen sein. Umgekehrt scheint ein Verlernen beziehungsweise grundsätzliches Nicht-Erlernen von Qualifikationen, die von der Anwendungssoftware substituiert werden, wahrscheinlich. Durch Substitution und Komplementation kann auch die Qualität der Personalarbeit positiv beeinflusst werden. Allerdings besteht auch qualitätsbezogen kein deterministischer Zusammenhang: Gute Personalarbeit ist mit schlechter Software möglich und umgekehrt. Die ohnehin zweifelhafte professionelle Abgrenzung personalwirtschaftlicher Berufsbilder erfährt durch die Informationstechnik tendenziell eine weitere Aufweichung, weil die Durchführung von Aufgaben zunehmend von der persönlichen Qualifikation entkoppelt wird.

Viertens gilt für die insbesondere unter dem Begriff des „Produktivitätsparadoxons" diskutierten *ökonomischen Folgen*, dass Informationstechnik hier keine kausalen Wirkungen hat. Informationstechnik kann Produktivitätspotenziale aufweisen, die im Rahmen der Verwendung aufgegriffen werden können. Eine streng produktivitätsorientierte Verwendung liegt dabei allerdings nicht so selbstverständlich im Verwenderinteresse, wie man vermuten mag. Etwa dürfte es im Verwenderinteresse liegen, die individuelle →Arbeitsproduktivität durch Informationstechnik zu Lasten der generellen Kapital- und damit Gesamtproduktivität zu optimieren. Eine ökonomisch produktive Gestaltung der Informationstechnikunterstützung bedarf daher erheblicher kontinuierlicher Anstrengungen.

Fünftens muss auf die zunehmende *Abhängigkeit* der Personalarbeit von der Informationstechnik hingewiesen werden. Weite Teile administrativer wie dispositiver Personalarbeit wurden aufgrund der Möglichkeiten der Informationstechnik so ausgestaltet, dass sie ohne Informationstechnik nicht mehr oder nicht mehr ökonomisch sinnvoll durchführbar sind. Entsprechend ist die Personalarbeit inzwischen zumindest mittelfristig zwingend auf Informationstechnikunterstützung angewiesen.

Literatur: *Kubicek, H.*: Informationstechnologie und Organisationsstruktur, in: *Frese, E.* (Hrsg.): Handwörterbuch der Organisation, 3. Aufl., Stuttgart 1992, Sp. 937–958. *Ropohl, G.*: Allgemeine Technologie, 2. Aufl., München, Wien 1999. *Strohmeier, S.*: Informatisierung der Personalwirtschaft. Eine kritische Bestandsaufnahme gegenwärtiger Forschung, in: Wirtschaftsinformatik, 42. Jg. (2000), Sonderheft IT & Personal, S. 90–96.

Stefan Strohmeier

Informationstechnikverwendung

bezeichnet Einsatz und Verwendung von →Informationstechnik in personalwirtschaftlicher Absicht.

Nach *Ropohl* (1999) dient die Verwendung von Informationstechnik der Erreichung personalwirtschaftlicher Zwecke im Sinne erwünschter Folgen. Generelle *Verwendungsvorteile* liegen in der Substitution und der Komplementation der Informationstechnik:

- Im Fall der *Substitution* ersetzt die Informationstechnik Tätigkeiten, die auch von Menschen durchgeführt werden können. Speziell bei aufwändigen oder monotonen Aufgaben werden Menschen so entlastet.

- Im Fall der *Komplementation* ermöglicht die Informationstechnik die Bearbeitung von Aufgabeninhalten und -mengen sowie die Anwendung von Methoden, die ohne Informationstechnik unmöglich wären. Hier werden die Handlungsspielräume durch die Verwendung der Informationstechnik erweitert.

Eine strikte Trennung zwischen Substitution und Komplementation der Personalarbeit (→Personalmanagement) ist meist nicht möglich. Vielmehr verwischen die Grenzen, wenn eine Aufgabe wie zum Beispiel die Personalabrechnung nicht einfach ersetzt wird, sondern gleichzeitig auch die quantitative →Leistungsfähigkeit erheblich gesteigert wird. Art und Umfang von Substitution und Komplementation fallen dabei je nach Teilfunktion, →personalwirtschaftlicher Anwendungssoftware und Art der Verwendung ausgesprochen heterogen aus. Sie sind daher nur am Einzelfall konkretisierbar. Neben der Substitution und der Komplementation personalwirtschaftlicher Handlungen verbleiben mit der *Reservation* auch Bereiche, die nicht von Informationstechnik unterstützt werden können, wie etwa Kritikgespräche.

Dabei wird Informationstechnik keineswegs in mechanischer Weise ausschließlich so verwendet, wie vom Hersteller vorgegeben. Vielmehr kommt es je nach Funktion, System und

Anwender zu *Kombinationen aus Anwendung und Unterlaufung* (Modifikation, Ergänzung, Nichtbeachtung) der Systeme. Dies resultiert nach *Zemanek* (1989) aus der Unmöglichkeit, in formalen Systemen eine informal-komplexe Welt vollständig zu berücksichtigen. Bei der Verwendung ist daher ein chronisches Überbrücken verbleibender Lücken zwischen den funktionalen Möglichkeiten des Systems und den vielfältigen, immer wieder neu entstehenden funktionalen Anforderungen konkreter Verwendungssituationen nötig.

Auch sind mit *zweck- versus mitteldominanter Verwendung* zwei zentrale Varianten der Informationstechnik zu unterscheiden, wie beispielsweise *Strohmeier* (2004) vermerkt. Konventionell wird die Auffassung vertreten, Informationstechnik solle in rationalistischer Weise exklusiv für vorab feststehende, legitime personalwirtschaftliche Zwecke verwendet werden. Damit wird ausschließlich die zweckdominante Verwendung akzeptiert. Vorgänge, bei denen potenzielle personalwirtschaftliche Zwecke auch erst durch die Möglichkeiten der Informationstechnik entdeckt und – mitteldominant – bearbeitet werden, werden dagegen abgelehnt. Diese generelle Ablehnung einer mitteldominanten Verwendung verkennt, dass auch diese Variante immer dann zulässig ist, wenn die unterstützte Aufgabe funktional sinnvoll ist.

Veränderungen, die mit der Informationstechnikverwendung einhergehen, werden als →Informationstechnikfolgen bezeichnet.

Literatur: *Ropohl, G.*: Allgemeine Technologie, 2. Aufl., München, Wien 1999. *Strohmeier, D.*: Informationstechnische Unterstützung der Personalwirtschaft, in: *Gaugler, E.; Oechsler, W.A.; Weber, W.* (Hrsg.): Handwörterbuch des Personalwesens, 3. Aufl., Stuttgart 2004, S. 905–918. *Zemanek, H.*: Formal Structures and Informal World, in: *Ritter, G.X.* (Hrsg.): Information Processing, Amsterdam 1989, S. 1101–1105.

Stefan Strohmeier

Informelle Organisation

wird durch persönliche Beziehungen und Verhaltensregeln zwischen den Organisationsmitgliedern repräsentiert.

Informelle →Organisationen existieren parallel zur formalen →Aufbauorganisation und →Ablauforganisation. Die Bedeutung der informellen Organisation wurde erstmals in den →Hawthorne-Studien erkannt.

Bestandteile der informellen Organisation sind

– informelle Normen (→Normen und Werte) der Zusammenarbeit,
– informelle →Gruppen sowie
– informelle Führer.

Durch informelle Organisation können positive Auswirkungen wie eine verbesserte →Kommunikation oder verbesserte →Koordination erzielt werden. Problematisch wird es dann, wenn die mit ihr verbundenen Überzeugungen und Normen der Zielerreichung des Unternehmens entgegen wirken.

Ruth Stock-Homburg

Initiativaktivität

gezielte vorausschauende Gestaltung einzelner ausgewählter strategisch relevanter Tatbestände im Sinne einer Vorbereitung auf die Zukunft.

Bei der Initiativaktivität wird über die Realisation der meistpräferierten →Strategie versucht, die Zukunft in eine für die Organisation günstige beziehungsweise gewünschte Richtung zu lenken (*Scholz* 1987). Dies setzt jedoch voraus, dass Grundentwicklungen der Zukunft bekannt sind. Letztlich geht es um die frühzeitige autonome Gestaltung der Zukunft durch Vergrößerung der Eintrittswahrscheinlichkeit der höchst präferierten Zukunftsentwicklung. Ein solches Vorgehen beinhaltet die Festlegung der angestrebten strategischen Ziele sowie die Bestimmung von Strategien und daraus resultierenden Aktionen, um die Organisation und/oder die Umwelt in den gewünschten Zustand zu transformieren, die sodann unter Einsatz der zur Verfügung stehenden Ressourcen unmittelbar eingeleitet werden. Im Gegensatz zur →Kontingenzstrategie (passiv-vorbereitend und risikominimierend) liegt bei initiativ-aktivem Verhalten eine aktiv-gestaltende und risikosuchende Grundhaltung vor.

Eine initiativaktive Verhaltensweise ist beispielsweise im Rahmen des →Personalmarketings sinnvoll. Hier kann das Unternehmen aktiv und frühzeitig die Außenwahrnehmung und damit das Arbeitgeberimage (→Personalimage) beeinflussen. Im Hinblick auf die Akquisitionsfunktion zielt eine entsprechend eingesetzte, zielgruppenspezifische Kommunikation auf das Generieren von Alleinstellungsmerkmalen, die zum Herausbilden eines „Employer Brands" beitragen sollen (*Eisenbeis*

2003). Im Ergebnis macht ein initiativaktives Personalmarketing das Unternehmen insgesamt wettbewerbsfähiger. Einerseits kann über das Employer Branding das Unternehmen und dessen Personalarbeit (→Personalmanagement) als attraktive Marke (→Brand) herausgestellt werden, andererseits können die dazu passenden, potenziellen Mitarbeiter effizient akquiriert werden, was im Kampf um die besten Mitarbeiter einen entscheidenden Wettbewerbsvorteil darstellt.

Literatur: *Eisenbeis, U.*: Wertschöpfung durch Kulturprägung, in: Scholz, C.; Gutmann, J. (Hrsg.): Webbasierte Personalwertschöpfung, Wiesbaden 2003, S. 145–157. *Scholz, C.*: Strategisches Management, Berlin etc. 1987, S. 41–42.

Uwe Eisenbeis

Initiativbewerbung →Bewerbung

Innerbetriebliche Meinungsumfrage
→Mitarbeiterbefragung

Innerbetriebliche Stellenausschreibung
→Personalbeschaffung

Innere Kündigung

bezeichnet die Einstellung eines →Arbeitnehmers zu seiner Arbeit, bei der er eine →Kündigung nicht offen ausgesprochen, aber innerlich vollzogen hat.

Oppermann-Weber (2001) verweist auf eine Statistik der Fachhochschule Rheinland-Pfalz aus den Jahren 1999 und 2000, wonach jeder vierte Mitarbeiter innerlich gekündigt hat.

Jeder Mitarbeiter bewertet seine Arbeitssituation. Ausschlaggebend sind seine subjektiven Erwartungen, Erfahrungen und Standards. Wenn er zufrieden ist, engagiert er sich für die Ziele seiner →Arbeit und ist motiviert.

Das Gegenteil eines motivierten Mitarbeiters ist jener, der die innere Kündigung eingeleitet hat. Seine Bewertung der Arbeitssituation ist *negativ* ausgefallen. Er unterzieht sie umgehend einer zweiten, gleichfalls subjektiven Bewertung, indem er prüft, ob und welche Beeinflussungsmöglichkeiten er zur Veränderung hat. Als Ergebnis dieses zweiten Prüfprozesses kann sich ergeben, dass er *resignativ* keine Chancen sieht. Wenn er die Situation hingegen *konstruktiv* für veränderbar hält, trägt er seine Erwartungen und Bedürfnisse (→Motiv) der direkten →Führungskraft vor. Spätestens nach zwei oder drei vergeblichen Versuchen muss er erkennen, dass er die aus seiner Sicht unbefriedigende Arbeitssituation doch nicht beeinflussen kann. Seine konstruktive Unzufriedenheit schlägt in *resignative Unzufriedenheit* um. Er ergreift die Flucht. Mit einer *physischen Flucht* kann er sich objektiv der Arbeitssituation entziehen. Er wird sich beispielsweise zeitweilig krank melden, in Besprechungen, Gremien und auf Dienstreisen zurückziehen. Dieser zeitweilige Rückzug hat Grenzen. Die endgültige physische Flucht ist die Kündigung (→Arbeitnehmerkündigung). Will oder kann jemand den endgültigen Schritt nicht tun, bietet sich die *psychische Flucht* durch resignative Anpassung an. Der Mitarbeiter senkt sein Anspruchsniveau und unterzieht die für ihn unausweichliche Arbeitssituation einer erneuten Bewertung. Im Ergebnis kommt er so zu der Einsicht, dass die Arbeitssituation positive Aspekte hat, er sich aber nicht über Gebühr einsetzen sollte. Damit hat er die *innere Kündigung* ausgesprochen (*Comelli* und *von Rosenstiel* 2003).

Bei einer inneren Kündigung ist die direkte Führungskraft gefragt. Sie muss zunächst auf die grundlegende *Bewertung der Arbeitssituation* eingehen. Der Mitarbeiter mag mit seiner negativen Bewertung völlig im Recht sein. Dann ist es notwendig, die Arbeitssituation zu ändern. Wenn der Mitarbeiter seine subjektive Bewertung jedoch auf falsche Erwartungen oder unrealistische Ansprüche gründet, ist die Kommunikationsfähigkeit der Führungskraft gefordert. Durch umfassende und korrekte Informationen kann sie dafür sorgen, dass der Mitarbeiter ein realistischeres Bild gewinnt.

Ferner ist es Aufgabe der Führungskraft, auf die *Bewertung der Beeinflussungsmöglichkeiten* einzugehen. Hier mag der Mitarbeiter mit seiner negativen Bewertung ebenfalls wieder völlig im Recht sein. Die Führungskraft ist in diesem Fall aufgefordert, ein Klima (→Arbeitsumgebung) der Veränderung aufzubauen. Wenn sich der Mitarbeiter irrt, wenn er nur glaubt, er könne nichts verändern, muss die Führungskraft ihm das verdeutlichen. Sie sollte auf erfolgte Veränderungen hinweisen und den Mitarbeiter auffordern, Veränderungswünsche weiterhin zu artikulieren.

Literatur: *Comelli, G.; von Rosenstiel, L.*: Führung durch Motivation, 3. Aufl., München 2003, S. 124–129. *Oppermann-Weber, U.*: Handbuch Führungspraxis, Berlin 2001, S. 166.

Reiner Bröckermann

Innovations-Center

Organisationsform einer betrieblichen Einheit, die neue Konzepte und Ideen für externe Produkte bereitstellt, aber auch interne Leistungen und Projekte zu verbessern.

Die F&E-Abteilungen sind die klassischen Innovationsträger in einem Unternehmen und per definitionem Innovations-Center. Allerdings kommt gerade auch auf die unterstützenden Abteilungen wie zum Beispiel die →Personalabteilung durch die erhöhte Dynamik des unternehmerischen Umfelds immer mehr die Herausforderung zu, neue Ideen für eine Qualitätsverbesserung und Effizienzsteigerung der Personalarbeit (→Personalmanagement) zu generieren. Neue Instrumente im Bereich der →Personalplanung oder -akquisition, neue Technologien zur kostengünstigeren Erfüllung der Personalverwaltungsaufgaben oder auch neuartige Methoden der →Personalentwicklung zählen zu den Innovationen im Personalbereich. Die Entwicklung von Innovationen sollte dabei nicht auf eine zentrale Personalabteilung beschränkt sein, sondern ist Aufgabe aller Träger personalwirtschaftlicher Aufgaben.

Reinhard Meckl

Innovationsfähigkeit

Fähigkeit zur Sicherstellung der rechtzeitigen Entwicklung und Herstellung der Marktreife neuer Technologien, Produkte und Leistungen.

Die Innovationsfähigkeit stellt einen wesentlichen Erfolgsfaktor der →Unternehmensführung in einem globalen und hyperwettbewerblich geprägten Umfeld dar. Sie fordert entsprechende →Kompetenzen, das heißt insbesondere den Willen, Neues entwickeln zu wollen und Lernfähigkeit. Gleichzeitig gilt sie nach *Warschat et al.* (2006) als Voraussetzung für Unternehmenswachstum. Dem →Personalmanagement kommt eine zentrale Bedeutung bei der Förderung dieser Eigenschaften zu. Dabei wird das Attribut der Innovationsfähigkeit in der Literatur nicht nur der Person, sondern vielmehr auch der →Organisation zugesprochen, wie *Hasse* (2003) betont. So gelten beispielsweise sich selbst organisierende und koordinierende Teams, Entwicklungsabteilungen oder der Mittelstand als besonders innovativ. Manchmal, beispielsweise in Bezug auf die Biotechnologie oder die Nanotechnik, findet das Attribut der Innovationsfähigkeit auch in Bezug auf ganze Branchen Verwendung.

Tobias Bernecker

Innovationsmanagement

der proaktiven sowie begleitenden Gestaltung von Veränderungs- und Erneuerungsprozessen in →Organisationen gewidmet.

Innovationsmanagement umfasst zwei Aspekte:

1. Ein Aspekt besteht in einer *spezifischen Funktion des Managements* als dispositiver Faktor. Unternehmerische Veränderungen müssen administrativ begleitet werden, das heißt es müssen die für innovative Veränderungen wesentlichen Ressourcen (insbesondere in der erforderlichen Weise qualifiziertes Personal) zur richtigen Zeit am organisational richtigen Platz vorhanden sein. Insofern handelt es sich um eine spezifische Funktion des Managements, die je nach Größe und Dynamik der Organisation selbst innovativen Charakter aufweisen kann oder auch in metaprozessualer Sicht eine reine Routineaufgabe sein kann.

2. Ein weiterer Aspekt unterteilt sich in die *Herstellung eines günstigen Innovationsklimas* im Hinblick auf das kreative Entstehen von Inventionen (→Technologischer Wandel) einerseits sowie auf die *Durchsetzung der Veränderungen*, die zur Umsetzung der Inventionen erforderlich werden, andererseits. Der Nationalökonom *Schumpeter* (1912) hat darauf hingewiesen, dass zwischen der Invention und der Innovation begrifflich dringend zu unterscheiden sei. Während die *Invention* den kreativen Akt des neuen Gedankens betreffe und insofern für eine Innovation notwendige Voraussetzung sei, erlange die Invention erst durch die Innovation in hinreichender Weise ökonomische Bedeutung.

Ein wesentliches Moment im Innovationsmanagement liegt in der Tatsache begründet, dass Veränderungen in aller Regel Widerstände bei den Betroffenen hervorrufen. Daher liegt eine besondere Aufgabe des Innovationsmanagements in der Durchsetzung der Innovation. Ein besonders elaboriertes Modell liegt mit dem *Witte-Hauschildt*-Modell des Innovationsmanagements vor (*Witte* 1973, *Hauschildt* 2004). Aus systemtheoretischer Sicht lässt sich das Innovationsmodell als ein intrasystemisches Koalitionsproblem darstellen, in dem sich Befürworter und Gegner einer Innovation rivalisierend gegenüberstehen.

Basis der Argumentation ist die Existenz von Personen, die eine Invention getätigt haben, zumindest aber davon in Kenntnis sind, und diese als innovative Idee in einen Innovationsprozess einbringen und deren Vergesellschaftung durchsetzen wollen. Die Widerstände, die sie bei der Durchsetzung ihres Anliegens zu überwinden haben, werfen Probleme auf, nämlich

– inhaltliche,

– führungspolitische und

– rein organisatorische Probleme,

welche es unter Beachtung ihres wechselwirkenden Zusammenhangs jeweils zu lösen gilt.

Während das *inhaltliche Problem* darin besteht, die innovative Idee immer mehr Personen nahezubringen und sie gleichzeitig von ihrer Nützlichkeit und Durchsetzbarkeit zu überzeugen, lässt sich das *führungspolitische Problem* auf die Verkürzung des Faktors „Zeit" in der Durchsetzung der Innovation zurückführen. Dem Machtaspekt folgend finden sich solche Personen in den oberen Rängen der Unternehmenshierarchie, teils jedoch auch informell bei charismatischen Meinungsführern (→Charisma).

Aus dem unübersichtlichen Verhältnis der inhaltlichen und führungspolitischen Probleme ist das dritte, das *organisatorische Problem* des Innovators abzuleiten. Die Formulierung und Verbreitung der inhaltlich bestimmten Idee muss mit ihrer machtvollen Durchsetzung abgestimmt werden. Anzumerken ist, dass die Modellierung eine im Wesentlichen statische Perspektive auf die Organisationsumwelt wählt.

Aus der hier vorgenommenen Problemanalyse lassen sich funktional aus den verschiedenen Managementaufgaben Rollen definieren, die abweichend von der antiken Dialektik von Proponent und Opponent als die Rolle des →Fachpromotors, des →Machtpromotors und des →Prozesspromotors bezeichnet werden. Im Gegensatz zum *Role-Taking* im Entwurf des Modells der sozialen Rolle bei *Mead* (1934) bleibt eine relative, personale Statik zu konstatieren. In der Weiterentwicklung des Innovationsmodells durch *Hauschildt* und *Chakrabarti* (1988) sind die Begriffe deutlicher auf das Rollenkonzept hin akzentuiert und finden weitgehend Entsprechung in der angelsächsischen Literatur (→Change Maker). *Folkerts* (2001) hat den Rahmen des Modells in Richtung einer stärkeren Dynamik ausgeweitet.

Diese Rollen sind vermutlich für die analytische Erfassung eines jeden Durchsetzungsprozesses von Innovationen bezüglich eines gegebenen sozialen Systems universal gültig, da sie sich funktional herleiten. Gleichzeitig können die Rollen situativ auf eine einzelne Person konzentriert wie auch auf eine größere →Gruppe von Personen verteilt sein. Anders als bei *Hauschildt* (2004) vorgesehen kann die Rollenverteilung dynamisch umstrukturiert werden, obzwar aus der übrigen sozialen Rollenstruktur bestimmte Vorbedingungen einzuhalten sind: Ein Außenseiter in der Gruppe kann die Rolle des Machtpromotors ebenso wenig übernehmen, wie etwa ein Rechnungswesenexperte eine ingenieurwissenschaftliche Lösung inhaltlich voranzubringen vermöchte.

Da die Durchsetzung einer Innovation genau dann trivial gelöst ist, wenn sich ihr niemand entgegenstellt, ist die hier für die Seite der Promotoren erfolgte Analyse niemals ohne die Opponentenrolle zu denken. Deswegen ist die Rollenstruktur auf die Gegenseite zu spiegeln. Gleichzeitig gilt dies im Übrigen für die Opponentenrolle: Dort, wo niemand den Versuch einer Innovation unternimmt, gibt es auch nichts, dem man sich entgegenzustellen hätte. Damit müssen Promotor und Opponent sich als gegenseitig bedingend betrachten. (Transitive) →Macht erzeugt nach *Luhmann* (1975) regelmäßig Gegenmacht. Die fachlichen Argumente für eine Veränderung stehen gegen die konservativen Fachargumente, und eine gut organisierte Opposition bedarf entsprechend der Gegenseite homolog eines Prozessagenten. Hinsichtlich der Zuordnung der Rollen gilt hier prinzipiell das Gleiche wie für die Promotorenrollen.

In Abbildung 1 wird deutlich, dass Ideen, Macht und →Strategien gegeneinander gesetzt werden, um die „Frontlinie" im sozialen Bezugssystem zu beeinflussen. Das Ergebnis des Prozesses einer Innovationsdurchsetzung bestimmt sich dabei als ein Machtausgleich, der von der jeweiligen Kraft der Argumente, der Führungspersönlichkeit oder der Organisationsstärke der einen oder anderen Partei beeinflusst wird. Machtausgleich bedeutet allerdings keineswegs, dass von vornherein ausgeschlossen wäre, dass sich die eine oder andere Partei in der Oberflächenstruktur des Ergebnisses vollkommen auf Kosten der Gegner durchsetzt. Zwischen einer Absorption der eingebrachten Initiative durch machtvolle Innovationsgegner und einer restlosen und zügigen, vielleicht diktatorischen Durchsetzung der Innovationsidee gegen eine schwächliche Opposition sind alle Konstellationen denkbar. Unter der gewöhnlichen Situation des politischen Kompromisses jedoch, die auf allen Ebenen sozialer Systeme vorkommt, ist die Möglichkeit der vollkommenen Durchsetzung auf Kosten anderer ohne Auswirkungen auf die Lösung späterer Konfliktlagen nicht möglich. So kann man diese Ergebnisbestimmung auch als Ausgleich der Grenzkosten aller Handlungsbeteiligten (Befürworter, Gegner und potenzielle Koalitionäre) interpretieren. Dieser Ausgleich geschieht unter Nutzung aller möglichen Transaktionsmedien wie Geld oder Vertrauen.

Abbildung 1: Ein Promotoren-Opponenten-Modell der Innovationsdurchsetzung (*Bank* 1999, S. 23)

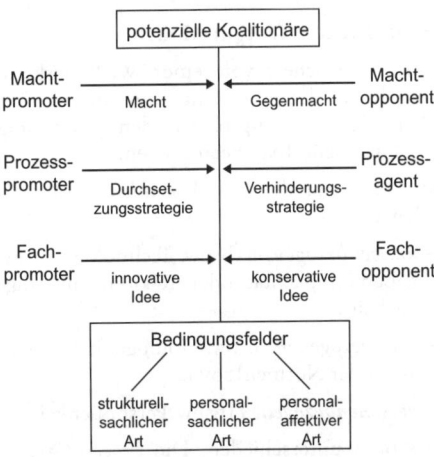

Die Kosten des Ausgleichs werden in drei verschiedenen Bedingungsfeldern mitbestimmt:

1. *Bedingungen strukturell-sachlicher Art*: Erstrecken sich auf die Leistungsfähigkeit des Systems im Allgemeinen und auf die Anschlussfähigkeit der Innovation im Besonderen, wie zum Beispiel Ressourcenverfügbarkeit.
2. *Bedingungen personal-sachlicher Art*: Hierbei handelt es sich beispielsweise um Wissen über die angestrebte Innovation
3. *Bedingungen personal-affektiver Art*: Emotionale Position gegenüber der angestrebten Innovation.

Geht man davon aus, dass die allgemeine Leistungsfähigkeit in der kurzen Frist als gegeben vorauszusetzen ist, dann wird deutlich, dass die besondere Aufgabe des Innovationsmanagers in erster Linie eine didaktische ist: Auf einer kognitiven Lernzielebene muss informiert, auf einer affektiven Lernzielebene müssen Ängste abgebaut werden.

Der rollenorientierte Zugriff des Innovationsmanagements muss zwingend als Idealmodell verstanden werden, das niemals in Reinform in der Praxis so zu finden sein wird. Die Konstante ist die Rolle, nicht deren personale Besetzung und somit auch nicht deren organisationale Spezialisation. Dahingehende Kritik, etwa von *Noss* (2002), verfehlt also ihr Ziel. Andere, an gleicher Stelle vorgebrachte Argumente hingegen gehen tiefer. So ist darauf hinzuweisen, dass ein Innovationsmanagement seine Existenzberechtigung keineswegs allein aus der Annahme einer generellen Innovationsaversion erhält. Vor allem jedoch wird mit der Bestimmung der Innovation als Managementfunktion die Abgrenzbarkeit etwa in Form eines Projekts unterstellt; zugleich wird diese Managementfunktion als auf den „außergewöhnlichen Fall" bezogen bestimmt. Emergenz (→ Emergente Personalführung) dagegen, als Ausdruck des Wandels von sozialen Systemen (wie Unternehmen) auf einer Ebene oberhalb der Mitglieder, kommt nicht vor und ist so eher dem Begriff des → Change Managements zugeordnet.

Literatur: *Bank, V.*: Zum Verhältnis von Wissenschaft und wissenschaftlicher Weiterbildung aus der Sicht eines sozioökonomischen Innovationsmodells, in: *Graeßner, G.*; *Brödel, R.* (Hrsg.): Wissenschaftliche Weiterbildung im Netz der Wissenschaften, Hamburg 1999, S. 19–36. *Folkerts, L.*: Promotoren in Innovationsprozessen, Wiesbaden 2001. *Hauschildt, J.*: Innovationsmanagement, 3. Aufl., München 2004. *Hauschildt, J*; *Chakrabat, A. K.*: Arbeitsteilung und Innovationsmanagement. Forschungsergebnisse, Kriterien und Modelle, in: Zeitschrift Führung und Organisation, 57. Jg., (1988), H. 6, S. 378–388. *Luhmann, N.*: Macht, 2. Aufl., Stuttgart 1975. *Mead, G. H.*: Mind, Self, and Society from the Standpoint of a Social Behaviorist, Chicago 1934. *Noss, Ch.*: Innovationsmanagement – Quo vadis?, in: *Schreyögg, G.*; *Conrad, P.* (Hrsg.): Theorien des Managements, Wiesbaden 2002, S. 35–48. *Schumpeter, J. A.*: Theorie der wirtschaftlichen Entwicklung, Leipzig 1912. *Witte, E.*: Organisation für Innovationsentscheidungen. Das Promotoren-Modell, Göttingen 1973.

Volker Bank

Innovationsorientierung

Ausmaß, in dem die Führungsteilsysteme die Entwicklung und Umsetzung von Innovationen (→Technologischer Wandel) unterstützen.

Die *innovationsorientierte Führung* steht verschiedenen Barrieren im Unternehmen gegenüber:

- *Bewusstseinsbarrieren*: Die Notwendigkeit von Innovationen wird durch die geführten Mitarbeiter nicht erkannt.
- *Motivationsbarrieren*: Mit Innovationen wird ein erhöhter persönlicher Arbeitsaufwand befürchtet. Geringe Bereitschaft der Geführten, Mehraufwand zu leisten (siehe auch →Motivation).
- *Kompetenzbarrieren*: Den geführten Mitarbeitern fehlen zum Zeitpunkt der Einführung der Innovation die erforderlichen Kenntnisse und Fähigkeiten, mit der Innovation umzugehen (siehe auch →Kompetenz).

Diese Barrieren können durch einen systematischen Innovationsprozess überwunden werden, der die Phasen

- Markt- und Umweltbeobachtung,
- Problemidentifikation,
- Bewertung,
- Innovationsentwicklung,
- Herstellung des neuen Produktes/der neuen Technologie und Markttest,
- Produktion sowie
- Markteinführung

umfasst (*Haunschildt* 2004). Darüber hinaus stellt ein an diesen Phasen ausgerichteter Innovationsprozess sicher, dass die Innovationen sich an den Bedürfnissen (→Motiv) der Kunden und Märkte orientieren – eine zentrale Voraussetzung für den Markterfolg einer Innovation.

Literatur: *Hauschildt, J.*: Innovationsmanagement, 3. Aufl., München 2004.

Ruth Stock-Homburg

Innovationsstrategie

Konzentration der strategischen Ausrichtung auf Bereiche hoher Innovativität.

Innovationsstrategien können sich dabei auf neue Produkte und Dienstleistungen, das heißt auf das *Leistungsprogramm* (→Bedarfsdeterminanten), aber auch auf →*Organisationsstrukturen* und Prozesse beziehen.

Verstanden als *Wettbewerbsstrategie* zählen zu den Innovationsstrategien nach *Porter* (1980) zum einen die auf Prozess- und Strukturinnovationen aufbauende Kostenführerschaft, zum anderen die →Differenzierung, bei der Produktinnovationen im Mittelpunkt stehen.

Aufgefasst als *Technologiestrategie* erfasst nach *Utterbach* (1994) die Innovationsstrategie die Art der Innovation (Schrittmacher-, Schlüssel- oder Basistechnologie), die von einem Unternehmen strategisch genutzt wird. Die gewählte Innovationsstrategie determiniert neben Prozess-, Kooperations-, Schnittstellen- und Ideenmanagement maßgeblich auch die Anforderungen an die →Innovationsfähigkeit der Mitarbeiter.

Literatur: *Porter, M. E.*: Competitive Strategy. Techniques for Analysing Industries and Competitors, New York 1980. *Utterbach, J. S.*: Mastering the Dynamics of Innovation, Boston 1994.

Tobias Bernecker

Input-Process-Output-Modell

Modell, welches, von einer Wirkungskette ausgeht, in der eine Reihe von Inputgrößen über die →Teamprozesse den Teamerfolg (→Gruppenerfolg) beeinflussen.

In Bezug auf die *Input-Variablen* wird zwischen den

- umweltbezogenen (bspw. Technologie, Aufgabenkomplexität oder Ressourcenverfügbarkeit),
- teambezogenen (bspw. Homogenität, Kohäsion oder Normen) sowie
- personenbezogenen (bspw. Persönlichkeit)

Faktoren unterschieden. Die *Process-Größen* werden von den Input-Größen beeinflusst und wirken sich unmittelbar auf den Teamerfolg aus. Dieser Kategorie werden insbesondere die →Kommunikation, die →Kooperation sowie die Konflikte innerhalb eines Teams zugeordnet. Der *Output* repräsentiert die abhängige Variable innerhalb des Input-Process-Output-Modells. Diesbezüglich werden in der Literatur zumeist wirtschaftliche und psycho-soziale Erfolgsgrößen betrachtet. Abbildung 1 veranschaulicht die grundlegende Struktur eines Input-Process-Output-Modells.

Input-Process-Output-Modell

Abbildung 1: Grundlegende Struktur des Input-Process-Output-Modells (*Stock* 2003, S. 91)

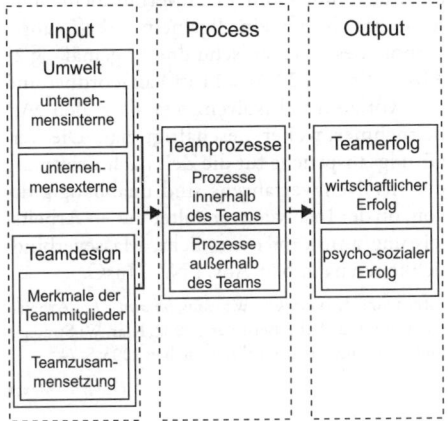

Die größte Bedeutung hat in der Literatur das Input-Process-Output-Modell von *McGrath* (1964) erlangt. Es lieferte erstmals eine Systematisierung der Einflussgrößen des Teamerfolgs. Kritisch ist zu diesem Modell allerdings anzumerken, dass es ausschließlich indirekte Wirkungsmechanismen unterstellt: Alle Einflüsse der Input-Variablen auf den Teamerfolg werden durch die Teamprozesse mediiert. Auch moderierende Effekte werden in dem Modell nicht thematisiert. Schließlich ist zu konstatieren, dass bestimmte Größen sowohl als unabhängige als auch als abhängige Variablen auftreten (z. B. Kohäsion), dass also die Abgrenzung zwischen den Kategorien von Variablen nicht trennscharf ist.

Ein zweites grundlegendes Modell der Teamforschung ist das normative Modell der →Gruppeneffektivität von *Hackman* (1988). Die Bezeichnung „normativ" bezieht sich auf die Zielsetzung, neben einer Erklärung des Teamerfolgs auch konkrete Ansatzpunkte zur Steigerung des Erfolgs von Teams zu identifizieren.

Ein wesentlicher Unterschied zwischen den beiden hier dargestellten Modellen liegt darin, dass im Modell von *Hackman* (1988) moderierende Variablen berücksichtigt werden. Beispielsweise wird davon ausgegangen, dass die Effekte des organisationalen Kontexts (→Kontextfaktoren) beziehungsweise des Gruppendesigns auf die Merkmale der Teamprozesse durch Gruppensynergien verstärkt werden. Diese Synergien resultieren aus der Art und Weise, wie die Mitglieder einer →Gruppe sich im Rahmen der Aufgabenerfüllung austauschen und ergänzen.

Im Hinblick auf die Beeinflussung des Teamerfolgs geht *Hackman* (1988) davon aus, dass ein Team (→Gruppe) seinen Erfolg umso stärker selbst beeinflussen kann, je höher der Grad seiner →Autonomie ist. Dieser Sachverhalt wird systematisiert durch die Unterscheidung von Teams mit unterschiedlichem Autonomiegrad (geführt, selbstgeführt und selbstgestaltend) und die Unterscheidung von unterschiedlichen Strategien zur Beeinflussung des Teamerfolgs (Ausführung von Arbeitsaufgaben, Überwachung und Steuerung des Leistungsprozesses des Teams, Gestaltung des Teams als Leistungseinheit, Gestaltung der organisationalen Rahmenbedingungen). Je autonomer ein Team, desto breiter ist das Spektrum der →Strategien, auf das es zur Steigerung seines Erfolgs zurückgreifen kann.

Bei geringer Autonomie des Teams liegt die Möglichkeit der Nutzung der meisten Strategien dagegen außerhalb des Teams (bei der Unternehmensleitung). Dieser Sachverhalt ist in Abbildung 2 veranschaulicht.

Abbildung 2: Handlungsspielraum eines Teams in Abhängigkeit vom Grad der Autonomie (*Stock* 2003, S. 99)

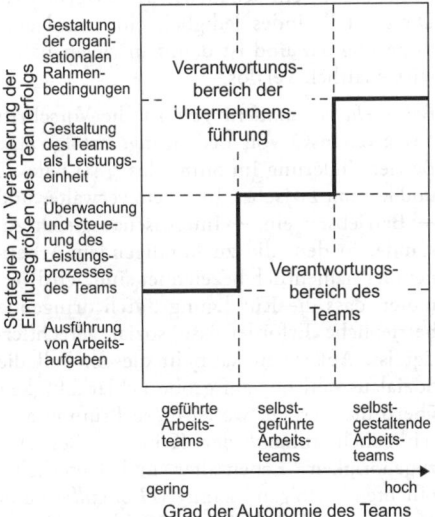

Literatur: *Hackman, J.*: The Design of Work Teams, in: *Lorsch, J.* (Hrsg.): Handbook of Organizational Behavior, Englewood Cliffs 1988, S. 315–342. *McGrath, J.*: Social Psychology, New York 1964. *Stock, R.*: Teams an der Schnittstelle zwischen Anbieter- und Kundenunternehmen, Wiesbaden 2003.

Ruth Stock-Homburg

Insider-Outsider-Theorie →Arbeitsmarkttheorien

Insolvenz

Zahlungsunfähigkeit eines Unternehmens.

Kann ein Unternehmen seine Zahlungsunfähigkeit auf Dauer nicht vermeiden, kommt es zur Eröffnung eines gerichtlich angeordneten Insolvenzverfahrens. Durch die Eröffnung des Insolvenzverfahrens wird das *Arbeitsverhältnis* (→Beschäftigungsverhältnis) nicht beendet. Es besteht gemäß § 108 Insolvenzordnung (InsO) mit Wirkung für die Insolvenzmasse fort.

Die Rechtslage bei einer vom Insolvenzverwalter ausgesprochenen →Kündigung unterscheidet sich allerdings von der Rechtslage außerhalb der Insolvenz, weil die gesetzlichen Regelungen zur Kündigung in den §§ 113, 122–128 InsO modifiziert werden. So beträgt die Kündigungsfrist für den Insolvenzverwalter und den Arbeitnehmer höchstens drei Monate, auch wenn an sich kraft Gesetzes, kraft →Arbeits- oder →Tarifvertrags eine längere Kündigungsfrist gelten würde. Macht der Insolvenzverwalter von dieser verkürzten Kündigungsfrist Gebrauch, steht dem Arbeitnehmer zwar ein Schadensersatzanspruch zu. Dieser stellt indes lediglich eine Insolvenzforderung dar und ist damit in vielen Fällen wirtschaftlich wertlos.

Bei →*Betriebsänderungen* ist die Vorschrift des § 125 InsO von Bedeutung. Erfolgt eine Betriebsänderung im Sinne des § 111 BetrVG und kommt zwischen Insolvenzverwalter und →Betriebsrat ein →Interessenausgleich zustande, in dem die zu kündigenden Arbeitnehmer namentlich bezeichnet sind, wird vermutet, dass die Kündigung durch dringende betriebliche Erfordernisse sozial gerechtfertigt ist. Außerdem kann in diesem Fall die Sozialauswahl nur auf grobe Fehlerhaftigkeit überprüft werden, wobei diese Prüfung ausschließlich anhand der Kriterien Betriebszugehörigkeit, Lebensalter und Unterhaltspflichten erfolgen kann (*Hromadka* und *Maschmann* 2002, § 10 Rn. 225, *Klar* 2003).

Die Forderungen auf rückständiges Arbeitsentgelt aus der Zeit vor Eröffnung des Insolvenzverfahrens sind nach § 108 Abs. 2 InsO einfache Insolvenzforderungen und als solche zur Insolvenztabelle anzumelden. Wird ein vorläufiger Insolvenzverwalter bestellt, so sind ab diesem Zeitpunkt bis zur Eröffnung des Insolvenzverfahrens entstehende Vergütungsansprüche nur dann Masseverbindlichkeiten, wenn das Gericht ein allgemeines Verfügungsverbot des Gemeinschuldners gemäß § 21 Abs. 2 Nr. 2, § 22 Abs. 1 InsO angeordnet und der vorläufige Insolvenzverwalter den Arbeitnehmer weiter beschäftigt hat. Die Vergütungsansprüche für die Zeit nach Eröffnung des Insolvenzverfahrens sind unabhängig davon, ob der Insolvenzverwalter die →Arbeitsleistung annimmt oder nicht, Masseverbindlichkeiten nach § 55 Abs. 1 Nr. 2 InsO.

Literatur: *Hromadka, W.; Maschmann, F.*: Arbeitsrecht, Bd. 1, 2. Aufl., Berlin etc. 2002. Klar, W.: Strategie und Taktik im Arbeitsrecht, München 2003, S. 74.

Friedrich Meyer

Insourcing

Selbsterstellung von Leistungen im Unternehmen, die bisher von externen Dritten bezogen wurden.

Als *Gründe* für das Insourcing als Pendant zum →Outsourcing kommen in Frage:

- *Fehlende geeignete Anbieter*: Die vom Unternehmen benötigte Leistung kann eine hohe Spezifität aufweisen, was bedeutet, dass die Leistung nur für das eine Unternehmen relevant ist. Fehlende spezifische Kenntnisse auf Seiten der Anbieter kann zu Qualitätseinbußen oder hohen Angebotspreisen führen. Dies kann vermieden werden, wenn das Unternehmen die Leistungen selbst erstellt.

- *Strategische Relevanz einer Leistung*: Durch Änderungen in der strategischen Ausrichtung eines Unternehmens kann eine bestimmte Leistung eine hohe Relevanz für die Wettbewerbsposition erhalten. Grundsätzlich empfiehlt es sich, solche Leistungen selbst zu beherrschen und sich hier nicht in die Abhängigkeit von Dritten zu begeben.

- *Freie Kapazitäten*: Im Zuge von Reorganisationen kann es vorkommen, dass Personalkapazitäten im Unternehmen freigesetzt werden. Falls eine →Kündigung des Personals zum Beispiel kündigungsrechtlich nicht möglich ist, können bisher bezogene Leistungen unter Einsatz dieser freien Kapazitäten selbst erstellt werden.

In der Unternehmenspraxis zeigte sich jedoch in den letzten Jahren, dass im Zuge einer Konzentration auf →Kernkompetenzen viele Unternehmen eher Leistungen nach außen vergaben, als Leistungen vermehrt selbst zu erstellen. Dies gilt vor allem für die Personalarbeit (→ Personalmanagement).

Reinhard Meckl

Instanz → Aufbauorganisation

Instinktpsychologie → Lerntheorien

Institutionenökonomische Ansätze des Personalmanagements

umfassen vor allem die Ansätze → Transaktionskostentheorie, → Principal-Agent-Theorie, → Humankapitaltheorie und die weiteren Lohntheorien.

Wie anhand der Lehrbücher von *Backes-Gellner, Lazear* und *Wolff* (2001) sowie *Sadowski* (2002) deutlich wird, schließen sich diese Ansätze nicht gegenseitig aus, sondern ergänzen sich.

Die *Transaktionskostentheorie* bildet die Basis der → Neuen Institutionenökonomik und damit auch für eine institutionenökonomische Ausrichtung des → Personalmanagements: In einer Welt ohne Transaktionskosten (→ Transaktionskostentheorie) gäbe es keine Informations- und Vertragsprobleme, so dass sämtliche Tauschbeziehungen über perfekte Märkte und vollständige Verträge geregelt werden könnten. In diesem Fall reduzierte sich eine ökonomische Analyse des Personalmanagements auf eine reine neoklassische Betrachtung, was einen betriebswirtschaftlichen Zugang quasi ausschließt.

Einen weiteren zentralen Ansatz innerhalb der Institutionenökonomik stellt die *Principal-Agent-Theorie* (auch Informationsökonomie oder vertragsökonomischer Ansatz) dar. Hierbei werden vor allem ungleiche Informationsstände (asymmetrische Informationsverteilung) zwischen → Arbeitgeber, → Arbeitnehmer und anderen Akteuren (z. B. Arbeitsgericht, → Betriebsrat) problematisiert. Derartige Informationsprobleme können sowohl beeinflussbare Handlungen der Beteiligten (z. B. Arbeitseinsatz des Arbeitnehmers) als auch exogene Größen (z. B. extrafunktionale Fähigkeiten von Arbeitnehmern) betreffen. Hierbei stellt sich dann die Frage, wie über die Wahl optimaler Verträge Folgeprobleme von Informationsasymmetrien (z. B. Leistungszurückhaltung (→ Leistungsstörung), falsche Selbstdarstellung) möglichst verhindert werden können.

Einen dritten Ansatz bildet die →*Humankapitaltheorie*. Hier wird analog zu Sachinvestitionen die Investition in das → Humankapital beziehungsweise Wissen von Arbeitnehmern betrachtet. Allerdings wird auch auf die zentralen Unterschiede aufmerksam gemacht: Humankapital ist untrennbar mit seinem Träger verbunden und kann nicht wie bei Sachinvestitionen im Falle von Zahlungsunfähigkeit verpfändet werden. Wichtig ist nach *Becker* (1962) die Unterscheidung in (betriebs-)spezifisches und allgemeines Humankapital. Während Ersteres nur im Ausbildungsbetrieb (→ Ausbildung) produktiv einsetzbar ist, erhöht Letzteres die Produktivität (→ Arbeitsproduktivität) des betreffenden Arbeitnehmers in jedem Betrieb.

Neben der Humankapitaltheorie lassen sich in einem vierten Block letztlich noch die weiteren *Lohntheorien* zusammenfassen, die einer ökonomischen Analyse des Personalmanagements dienen können. Hierzu zählen insbesondere die → Effizienzlohntheorie, → Leistungsturniere und das → Lohnpfandmodell. Gemeinsam ist allen Theorien, dass sie von den idealtypischen Annahmen der Neoklassik abstrahieren und von Informations- beziehungsweise Vertragsproblemen bei der Gestaltung von Arbeitsbeziehungen ausgehen.

Literatur: Backes-Gellner, U.; Lazear, E. P.; Wolff, B.: Personalökonomik, Stuttgart 2001. Sadowski, D.: Personalökonomie und Arbeitspolitik, Stuttgart 2002. Becker, G. S.: Investment in Human Capital: A Theoretical Analysis, in: Journal of Political Economy, Supplement, 70. Jg. (1962), H. 5, S. 9–49.

Matthias Kräkel

Intangible Assets

nicht materielle Anlagegüter und Ressourcen, die Auswirkungen auf den zukünftigen wirtschaftlichen Erfolg eines Unternehmens haben.

Beispiele für nicht-monetäre Werte sind Know how, Kreativität, Lernfähigkeit, → Innovationsfähigkeit, Software, Marken/Markennamen, Warenzeichen, Kundentreue, Patente, Lizenzen, Verträge, Netzwerke, Unternehmenskultur (→ Organisationskultur), F&E, Copyrights/Schutzrechte, Beziehungen zu Kunden, Lieferanten oder Mitarbeitern, interne Prozesse oder Organisationsstruktur.

Inzwischen hat sich eine Differenzierung der Intangibles in sieben Kategorien etabliert: Innovationskapital, → Humankapital, Kundenkapital (ind. Markenkapital), Lieferantenbeziehungen, Investor- und Kapitalmarktbeziehungen, Organisations- und Verfahrensvorteile sowie Standortfaktor (*Horváth* und *Möller* 2004).

Der zunehmende strukturelle Wandel zur Informations- und Wissensgesellschaft in den letzten Jahren führte zu einem enormen Bedeutungszuwachs der Intangible Assets, einhergehend mit einer erheblichen Begriffsvielfalt: Intangibles/Intangible Assets, Knowledge Assets, Hidden Assets, Intellectual Capital, Wissenskapital (→Wissensmessung), immaterielles Vermögen. Hohe Differenzen der Marktwert-Buchwert-Relation von Unternehmen zeigen, dass immaterielle Werte, die nicht in der Bilanz erfasst werden, ein wesentlicher Bestimmungsfaktor des Unternehmenswerts sein können (*Edvinsson* und *Malone* 1997).

Ihre fehlende physische Substanz und →Komplexität führt dazu, dass Intangible Assets besonders unsichere wirtschaftliche Werte darstellen, da sie schwer abgrenzbar und traditionellen Bewertungsmethoden (→Beurteilungsmethoden) nicht zugänglich sind. Nur vereinzelt ist eine Monetarisierung möglich. Um dennoch die Steuerung dieser Werte zu ermöglichen wurden deskriptive Indikatormodelle zur quantitativen Bewertung entwickelt. Zu unterscheiden sind Modelle, die ausschließlich auf die Beschreibung und Bewertung der immateriellen Werte fokussiert sind (z. B. Intellectual Asset Navigator, Intangible Asset Monitor) und Modelle, die in ihre Betrachtung auch Finanzgrößen miteinbeziehen (z. B. →Balanced Scorecard, Skandia Navigator) (*Lev* 2001).

Daneben haben sich in den letzten Jahren zunehmend →Wissensbilanzen als Berichts- und Steuerungsinstrument für immaterielles Kapital – insbesondere Humankapital – etabliert (*Sveiby* 1998). So sind österreichische Universitäten seit 2006 zur Abfassung einer Wissensbilanz verpflichtet. Auch international ist eine deutliche Zunahme von Wissensbilanzen für Bereiche von Unternehmen und ganzen Regionen zu konstatieren.

Literatur: *Edvinsson, L.*; *Malone, M.*: Intellectual Capital: Realizing Your Company's True Value by Finding its Hidden Brainpower, New York 1997. *Horváth, P.*; *Möller, K.* (Hrsg.): Intangibles in der Unternehmenssteuerung, München 2004. *Lev, B.*: Intangibles, Washington 2001. *Sveiby, K. E.*: Wissenskapital – das unentdeckte Vermögen. Immaterielle Unternehmenswerte aufspüren, messen und steigern, Landsberg/Lech 1998.

Klaus Möller

Integration

Maßnahmen der ganzheitlichen horizontalen und vertikalen Abstimmung von Systemen (insbesondere →Organisationen) und Systemelementen (insbesondere der Mitarbeiter) durch Koordination und Synchronisation.

In der Terminologie des →Komplexitätsmanagements erfasst Integration die Konfiguration von Vielzahl und Vielfalt eines Systems, insbesondere über die Bestimmung der Zahl der zwischen den Systemelementen bestehenden Verbindungen unter Berücksichtigung der Unterschiedlichkeit von Elementen und Relationen.

Als *Ziel* stellt die Integration den Gegenbegriff zur →Flexibilität dar. Integration dient zum einen zur Verbesserung der Positionierung des Einzelnen (z. B. indem sie diesem Partizipationsmöglichkeiten eröffnet), zum anderen der Erreichung kollektiver Ziele von Teams, Abteilungen und Unternehmen (z. B. indem sie die Realisierung und Abschöpfung von Synergien ermöglicht). Als *Tätigkeit* beziehungsweise Aufgabe bildet Integration den Gegenbegriff zur →Differenzierung und steht beispielsweise bei *von Rosenstiel* (2000) für die Phase der Übernahme erfolgreicher Verfahrens- und Verhaltensweisen am Ende des Organisationsgestaltungs- oder Veränderungsprozesses (→Wandel), bei *Lawrence* und *Lorsch* (1967) für eine Abstimmung von System und Umwelt.

Die wichtigsten *Integrationsobjekte* stellen nach *Staehle* (1999) sowie *Macharzina* (2003) Personen, Strukturen und Strategien dar. Dabei nimmt die Intensität der Verflechtung in der genannten Reihenfolge zu. Personelle Integration liegt vor, sobald Verbindungen zwischen Personen oder Einheiten aufgebaut werden. Dies kann beispielsweise in Form der Förderung horizontaler Kommunikationsbeziehungen zur Entlastung der →Hierarchie („Fayolsche Brücken") oder in Form der Mitgliedschaft ausgewählter Personen („Linking Pins") in mehreren Teams der Fall sein. Die *strukturelle* beziehungsweise *institutionelle* Integration hat die Konsensfindung zum Ziel, beispielsweise in Form der gemeinsamen Zielvereinbarung von Vorgesetzten und Mitarbeitern (→Management by Objectives) oder in Form einer partnerschaftlichen Unternehmensführung, die gemeinsame Entscheidungen mehrerer →Führungskräfte vorsieht

("Consensus Management"). Die *strategische* beziehungsweise *funktionelle* Integration betont das Synergiepotenzial der Integration, das beispielsweise aus dem mit der Zahl der Nutzer für den Einzelnen zunehmenden Nutzen einer Technologie („Netzeffekt") resultiert.

Bevor Integrationsmaßnahmen ergriffen werden können, ist deren *Zeithorizont* zu präzisieren. Dabei wird zumeist in Anlehnung an den unterschiedlichen Zeithorizont von strategischem und operativem Management eine Abgrenzung mittel- und langfristig angelegter Integrationsmaßnahmen (z. B. über → Betriebsvereinbarungen) von kurzfristig orientierten Integrationsmaßnahmen (beispielsweise über eine einzelne Arbeitsanweisung) vorgenommen.

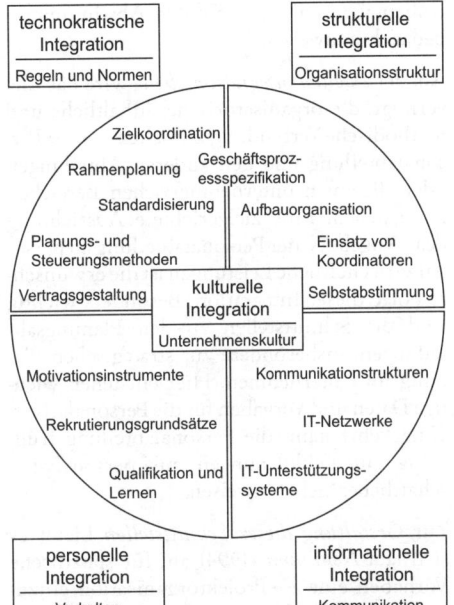

Abbildung 1: Integrations-Infrastruktur (*Corsten/Reiß* 1992, S. 40)

Die Umsetzung der Integration erfolgt über so genannte *Integrationsinstrumente*. Zur Systematisierung dieser Instrumente wird in der Literatur zur Organisationstheorie regelmäßig auf *Khandwalla* (1977) Bezug genommen, der eine Unterscheidung in strukturelle und institutionelle (technokratische) Mechanismen einerseits und persönliche Mechanismen andererseits vorsieht. Auch *Kieser* und *Walgenbach* (2003) identifizieren als wesentliches Differenzierungsmerkmal die Zuordenbarkeit der Maßnahmen zu einer bestimmten Person und unterscheiden so zwischen der unmittelbaren persönlichen Integration (z. B. durch Weisungen) und verselbstständigten Integrationsmedien (z. B. interne Märkte). Im strategischen Management hingegen ist zur Systematisierung von Integrationsmechanismen die Anlehnung an das Erfolgsfaktorenmodell von *Peters* und *Waterman* (1982) weit verbreitet, das harte Integrationsarenen (z. B. das →Führungssystem) von weichen Integrationsarenen (z. B. dem persönlichen →Führungsstil) abgrenzt. Eine Verknüpfung des organisationstheoretischen und des managementfokussierten Zugangs findet sich beispielsweise bei *Corsten* und *Reiß* (1992). Neben Regeln und Normen (technokratische Integration) werden dort, wie in Abbildung 1 visualisiert, die Organisationsstruktur (strukturelle Integration), Informations- und Kommunikationssysteme (informationelle Integration), das Verhalten der Akteure (personelle Integration) sowie die Unternehmenskultur (→Organisationskultur) (kulturelle Integration) berücksichtigt:

- *Technokratische Integration*: Umfasst Regeln und Normen, nach denen Leistungen erbracht, getauscht, kombiniert und vermarktet werden. Dem Integrationsmanagement stehen hierfür beispielsweise Verträge, Pläne sowie die Ausgestaltung von formellen und informellen Regelwerken sowie Betriebsvereinbarungen zur Verfügung.

- *Strukturelle Integration*: Erfasst Abstimmungsmaßnahmen über die Organisationsstruktur. Instrumente der Integration sind beispielsweise das abteilungsübergreifende Projektmanagement, die Unterstützung der Hierarchie durch sekundärorganisatorische Gremien oder der Einsatz von Drittparteien.

- *Informationelle Integration*: Steht für den Beitrag der →Kommunikation zur Integration. Zur Abstimmung kommen hier insbesondere IuK-Strukturen (z. B. →ERP-Systeme oder →Intranet- und Extranet-Lösungen) sowie die persönliche →Interaktion zum Einsatz.

- *Personelle Integration*: Erfasst den Integrationsbeitrag der Verhaltenssteuerung. Zum Einsatz gelangen Instrumente der →extrinsischen Motivation (z. B. Prämien für integrationsgerechtes Verhalten), Qualifizie-

rung und Weiterbildung der Mitarbeiter oder die →Personalkompetenzintegration.
- *Kulturelle Integration*: Erfasst die Rolle der (Unternehmens-)Kultur. Dabei werden gleichermaßen Oberflächenkomponenten (Symbole, Vorbilder), Verhaltensstandards (Ideologien) und Tiefenkomponenten (Basiswerte wie Menschenbilder) für die Abstimmung genutzt.

Trotz der Namensgleichheit bleiben die Verknüpfungen von → *Personalmanagement* und Integration nicht auf den personellen Sektor beschränkt. Das Personalmanagement bedient sich vielmehr effektivitäts- und effizienzförderlicher Instrumente aus allen fünf Sektoren. Die Integrationseffektivität wird beispielsweise gefördert, wenn der strukturelle Wandel zur →Selbstorganisation durch eine hierfür geeignete Personalkonfiguration forciert wird. Zur Effizienzsteigerung trägt das Personalmanagement beispielsweise bei, wenn über Personalentwicklungsmaßnahmen Zeitbedarf und Kosten des Arbeitsprozesses gesenkt werden. Über ihren Beitrag zur Performancesteigerung hinaus nimmt die Integration auch eine wichtige Rolle bei der Herstellung von *Mitarbeiterzufriedenheit* (→Arbeitszufriedenheit) ein. Wichtige Resultate einer guten Integrationsarbeit sind nämlich die Vermeidung der Isolation einzelner Personen, die Moderation von Konflikten zwischen Personen und Einheiten sowie die Optimierung der partnerschaftlichen Zusammenarbeit.

Literatur: *Corsten, H.*; *Reiß, M.*: Integrationsbedarfe im Produktentstehungsprozess, in: Zeitschrift für betriebswirtschaftliche Forschung, 44. Jg. (1992), H. 30, S. 31–59. *Khandwalla, P. N.*: The Design of Organizations, New York 1977. *Kieser, A.*; *Walgenbach, P.*: Organisation, 4. Aufl., Stuttgart 2003. *Lawrence, P. R.*; *Lorsch, J. W.*: Organization and Environment. Managing Differentiation and Integration, Cambridge 1967. *Macharzina, K.*: Unternehmensführung, 4. Aufl., Wiesbaden 2003. *Peters, T.*; *Waterman, R.*: In Search of Excellence, New York, London 1982. *Staehle, W. H.*: Management, 8. Aufl., Wiesbaden 1999. *Von Rosenstiel, L.*: Grundlagen der Organisationspsychologie, 4. Aufl., Stuttgart 2000.

Tobias Bernecker

Integration der Personalarbeit

zum einen das Zusammenspiel der einzelnen Komponenten der Personalarbeit (→Personalmanagement), zum anderen die Abstimmung der Personalarbeit als unternehmerische Teilfunktion mit den anderen Funktionsfeldern im Unternehmen.

Im *ersten Integrationsfall* ist es das Ziel, durch eine Abstimmung der Inhalte und auch Konzepte der einzelnen personalwirtschaftlichen Leistungsbereiche eine in sich konsistente Personalarbeit zu erreichen. Die Maßnahmen in den personalwirtschaftlichen Feldern sollen sich dabei nicht nur nicht widersprechen sondern sich gegenseitig möglichst auch fördern und unterstützen. So ist es zum Beispiel sinnvoll eine →Integration von →Personaleinsatzplanung und Personalentwicklungsplanung vorzunehmen, um eine bessere Ausrichtung der Inhalte der Entwicklungsmaßnahmen auf die in Zukunft benötigten →Qualifikationen zu ermöglichen. Träger dieser internen Integration der Personalmaßnahmen sollte das →strategische Personalmanagement sein. Hier besteht die Möglichkeit, die →Interdependenzen zwischen den personalwirtschaftlichen Feldern bereits frühzeitig zu erkennen und Abstimmungen vorzunehmen oder die betroffenen Abteilungen auf den Abstimmungsbedarf hinzuweisen.

Auf der *zweiten Integrationsebene* wird das Ziel verfolgt, die organisatorische, inhaltliche und methodische Verbindung zwischen der →Personalabteilung und den anderen Abteilungen oder allgemein unternehmerischen Bereichen herzustellen. Eine zielgerichtete Ausrichtung des „Angebots" der Personalabteilung an personalwirtschaftliche Leistungen ist die erwünschte Folge dieser Integration. Besonders wichtig sind die Schnittstellen zu den Planungsabteilungen, insbesondere zur strategischen Planung im Unternehmen. Hier entstehen wichtige Daten und Vorgaben für die Personalarbeit. Umgekehrt kann die Personalabteilung frühzeitig auf Fehlplanungen aus personalwirtschaftlicher Sicht hinweisen.

Zur *Gestaltung dieser Schnittstellen* bietet es sich laut *Neumann* (1994) an, für spezifische Vorhaben eine →Projektorganisation einzurichten, die für die Dauer des Vorhabens eine regelmäßige →Kommunikation und Abstimmung zwischen der Personalabteilung und den anderen relevanten Unternehmensbereichen sicherstellt. Die Integration zu den dezentralen Einheiten muss ebenfalls durch die Einrichtung entsprechender Schnittstellen gewährleistet sein. Dies kann bereits in der Grundstruktur der Personalorganisation (→Organisation der Personalarbeit) berücksichtigt werden. So bietet zum Beispiel das Referentensystem (→Referentenmodell) gute

Ansatzpunkte für eine Integration der personalwirtschaftlichen Überlegungen und der Maßnahmen des Linienmanagements.

Literatur: *Neumann, T.:* Integrierte Personalarbeit durch Projektmanagement, in: *Ackermann, K.-F.* (Hrsg.): Reorganisation der Personalabteilung, Stuttgart 1994, S. 71–89.

Reinhard Meckl

Integrationsamt

hat gemäß § 102 Sozialgesetzbuch IX (SGB) folgende Aufgaben: Erhebung und Verwendung der Ausgleichsabgabe, →Kündigungsschutz, begleitende Hilfe im Arbeitsleben; sowie die zeitweilige Entziehung der besonderen Hilfen für schwerbehinderte Menschen (§ 117 SGB IX).

Von zentraler Bedeutung ist die Aufgabe des Integrationsamtes (zuvor Hauptfürsorgestelle) im Rahmen des Kündigungsschutzes. Die →Kündigung eines schwerbehinderten Menschen, der länger als sechs Monate beschäftigt ist, bedarf der *vorherigen Zustimmung* des Integrationsamts. Die Zustimmung ist vom Arbeitgeber schriftlich zu beantragen. Unterlässt er das und liegt im Zeitpunkt des Ausspruchs der Kündigung eine Zustimmung nicht vor, kann dieser Mangel nicht durch anschließende Einschaltung des Integrationsamts geheilt werden. Das Integrationsamt holt eine Stellungnahme des Arbeitsamts, des →Betriebsrats sowie der Schwerbehindertenvertretung ein und hört den →Arbeitnehmer an (*Hromadka* und *Maschmann* 2002, § 10 Rn. 255). Seine Entscheidung trifft es sodann grundsätzlich nach billigem Ermessen. Dabei hat das Integrationsamt zu prüfen, ob die vom Arbeitgeber im Zustimmungsantrag genannten Gründe die Kündigung des Arbeitnehmers auch unter Berücksichtigung seiner Schwerbehinderung rechtfertigen. Bei der außerordentlichen Kündigung schränkt § 91 Abs. 4 SGB IX die Ermessensentscheidung in der Weise ein, dass das Integrationsamt die Zustimmung zur Kündigung erteilen soll, wenn der Grund, auf den die →außerordentliche Kündigung gestützt wird, nicht in Zusammenhang mit der Behinderung steht.

Die Kündigung ohne Zustimmung des Integrationsamts ist auch dann wirksam, wenn der Arbeitgeber bei Ausspruch der Kündigung nicht wusste, dass eine Schwerbehinderung vorlag (*Neumann* und *Pahlen* 1999, § 15 SchwbG Rn. 35 ff.). Allerdings muss der Arbeitnehmer in diesem Fall innerhalb einer Regelfrist von einem Monat den Arbeitgeber über seine entweder bereits festgestellte oder beantragte Schwerbehinderteneigenschaft informieren. Erfolgt diese Information nicht, kann der Schwerbehinderte sich bei Überprüfung der Rechtmäßigkeit der Kündigung nicht auf die fehlende Zustimmung des Integrationsamts berufen. Endet das Arbeitsverhältnis (→Beschäftigungsverhältnis) des schwer behinderten Menschen durch →Aufhebungsvertrag, Eigenkündigung des Schwerbehinderten oder Zeitablauf nach Befristung, ist die Einschaltung des Integrationsamts nicht erforderlich.

Literatur: *Hromadka, W.; Maschmann, F.:* Arbeitsrecht, Bd. 1, 2. Aufl., Berlin etc. 2002. *Neumann, D.; Pahlen, R.:* Schwerbehindertengesetz, 9. Aufl., München 1999.

Friedrich Meyer

Integrierte Informationssysteme →Informationssystem

Intellektuelles Kapital

immaterielle Vermögenswerte von →Organisationen, zu denen insbesondere das Humankapital, das Strukturkapital und das Kundenkapital gerechnet werden.

Die Verwendung des Kapitalbegriffs soll dazu sensibilisieren, immaterielle Werte als wichtige Determinanten der betrieblichen →Wertschöpfung zu begründen. Je nach Autor wird dabei der Begriff inhaltlich etwas unterschiedlich unterlegt. Generell subsumiert man aber das *Humankapital*, das die allgemeinen und insbesondere betriebsspezifischen →Qualifikationen umfasst, das →*Organisationskapital*, das formale und informelle Strukturen sowie Verfügungsrechte beinhaltet und das *Kundenkapital*, welches das Beziehungssystem und die vertraglichen Bindungen zu Kunden beschreibt, darunter.

Besondere Aufmerksamkeit wurde dem Begriff zuteil als es in der zweiten Hälfte der 1990er Jahre darum ging, die Differenzen zwischen Börsen- und Buchwerten von Aktiengesellschaften zu erklären. In der aktuellen Diskussion steht das Interesse am Intellektuellen Kapital eines Unternehmens im Zusammenhang mit einer erweiterten Bonitätsprüfung von Unternehmen im Zuge der Eigenkapitalbewertungsvorschriften von Basel II.

Entsprechend des Kapitalgedankens orientieren sich Ansätze zur Ermittlung des Intellektuellen Kapitals recht stark an strukturellen Merkmalen beziehungsweise Kennziffern. Aus der Perspektive des ressourcenorientierten Ansatzes (→Resource Based View) kann dies die Kernaspekte nachhaltiger Wettbewerbsfähigkeit dabei allerdings verfehlen. Aus der Perspektive der Finanzwelt sind Bewertungsansätze hingegen noch zu wenig auf Indikatoren gerichtet, die einen Ausweis des intellektuellen Kapitals in Geldeinheiten erlauben.

Literatur: *Sveiby, K. E.*: Wissenkapital, Landsberg/Lech 1997. *Scholz, C.; Stein, V.; Bechtel, R.*: Human Capital Management, 2. Aufl., Neuwied 2006.

Uta Wilkens

Intelligenztest

→Testverfahren zur Messung der Intelligenz, die als „kognitive Fähigkeiten" die Gesamtheit aller kognitiven oder geistigen Fähigkeiten umfasst.

Kernpunkt aller Intelligenzkonzepte ist die Qualität und Geschwindigkeit bei der Lösung neuartiger Aufgaben. In der Theorie, beispielsweise bei *Schuler* und *Höft* (2001) ist es umstritten wie viele und welche Intelligenzfaktoren unterschieden werden sollen und ob es einen Generalfaktor der allgemeinen Intelligenz gibt. Es gibt

- *globale Intelligenzmodelle,*

- *Zweifaktorenmodelle* (genereller homogener Fähigkeitsfaktor und spezifische Intelligenzfaktoren),

- *Mehrfaktorenmodelle* (Wahrnehmungs- und Auffassungsgeschwindigkeit, Rechenfähigkeit, Wortflüssigkeit, verbales Verständnis, räumliches Vorstellungsvermögen, Merkfähigkeit und schlussfolgerndes Denken) und

- *hierarchische Intelligenzmodelle.*

Das Berliner Intelligenzstrukturmodell (BIS) nach *Jäger, Süß* und *Beauducel* (1997) strebt eine Synthese vorhergehender Ansätze zur Intelligenzerfassung an. Intelligenzleistungen werden im Modell als Operationen und Inhalte klassifiziert und an jeder Intelligenzleistung sind mit jeweils spezifischer Gewichtung alle intellektuellen Fähigkeiten beteiligt. Jede Intelligenzleistung wird als Indikator für die drei Fähigkeitsfelder der operativen, inhaltsgebundenen und der allgemeinen Intelligenz verstanden.

Im deutschen Sprachraum sind nach *Weinert* (2004) folgende Intelligenztests gebräuchlich: Hamburg-Wechsler-Intelligenztest (für Erwachsene HAWIE, für Kinder HAWIK), Intelligenzstrukturtest (IST), die Progressiven Matrizen von *Raven* (sprachfreier Test).

Literatur: *Jäger, A.; Süß, H. M.; Beauducel, A.*: Berliner Intelligenzstruktur Test, Göttingen 1997. *Schuler, H.; Höft, S.*: Konstruktorientierte Verfahren der Personalauswahl, in: *Schuler, H.* (Hrsg.): Personalpsychologie, Göttingen 2001, S. 93–134. *Weinert, A.*: Organisations- und Personalpsychologie, Weinheim 2004.

Erika Spieß

Intendierte Strategie →Geplante Strategie

Interactive Voice Response →Voice Response Systeme

Interaktion

wechselseitiges aufeinander Einwirken von Akteuren oder Systemen, bei dem eine →Kommunikation erfolgreich zustande gekommen ist.

Interaktionen werden ausgehend von den Arbeiten *Homans* (1958) als Austauschprozesse zwischen Personen interpretiert, die den Abbau von psychischen Spannungen zum Ziel haben. Als *Analyseinstrumente* für Interaktionen stehen unter anderem das Johari-Fenster, die Transaktionsanalyse und die Soziometrie zur Verfügung:

- Im *Johari-Fenster* werden Botschaften zwischen den offenen, verborgenen, unbewussten und unbekannten Teilen der Interaktionspartner untersucht (*Luft* 1961).

- Die *Transaktionsanalyse* legt eine andere Unterteilung der Persönlichkeit in „Eltern-Ich", „Erwachsenen-Ich" und „Kind-Ich" zugrunde und betrachtet die parallelen oder gekreuzten Transaktionen zwischen den Interaktionspartnern auf unterschiedlichen Ebenen. Als erstrebenswert werden Interaktionen zwischen den beiden Erwachsenen-Ichs der Partner angesehen (*Berne* 1961).

- Die *Soziometrie* bildet Muster von Interaktionen innerhalb von →Gruppen mithilfe der Graphentechnik (Knoten und Kanten) ab (*Moreno* 1934). Aus den Graphen lassen sich die Zentralität oder der Zurückweisungsstatus einzelner Personen ablesen oder Kenngrößen für die Gruppenintegration berechnen. Aufschlussreich ist die Soziometrie insbesondere bei der Untersuchung informeller Gruppenbeziehungen. Bei Abweichungen von der formellen Struktur können sich diese störend auf den Organisationsablauf auswirken.

In Abgrenzung zur Kommunikation wird die Interaktion als spezielle Art der Kommunikation (erfolgreich zustande gekommene verbale und nicht verbale Kommunikation) verstanden und geht über den materiellen Aspekt der Informations- und Nachrichtenübermittlung hinaus (*Staehle* 1999).

Literatur: *Berne, E.*: Transactional Analysis in Psychotherapy, New York 1961. *Homans, G. L.*: Social Behaviour as Exchange, in: American Journal of Sociology, 63. Jg. (1958), S. 597–606. *Luft, J.*: The Johari Window, in: Human Relations Training News, 5. Jg. (1961), S. 6–7. *Moreno, J. L.*: Who Shall Survive?, Washington 1934. *Staehle, W. H.*: Management, 8. Aufl., München 1999.

Jan Hendrik Fisch

Interaktive Sensitivitätsanalyse

Methode zur Überprüfung, welche Auswirkungen eine Veränderung der Modellvoraussetzungen auf die Zielgröße hat.

Eine hohe Prämissen-Sensitivität heißt, dass geringe Veränderungen der Voraussetzungen große Abweichungen in der Zielgröße bewirken – und umgekehrt. Im Bereich des Personalwesens kann mithilfe der interaktiven Sensitivitätsanalyse als eine Art Szenario-Technik abgeschätzt werden, wie sich die Ist- und Planwerte bei Veränderung der Personalaufwendungen entwickeln.

Literatur: *Scholz, C.*: Personalmanagement, 5. Aufl., München 2000, S. 702.

Silvia Föhr

Interdependenzen

arbeitsbezogene Abhängigkeiten zwischen den auf Teilaktivitäten spezialisierten Organisationsmitgliedern.

Interdependenzen entstehen *Frese* (2000) zufolge, wenn es entweder Überschneidungen zwischen den Entscheidungsfeldern oder Verknüpfungen zwischen den Aufgabenbestandteilen gibt. Durch organisatorische →Koordination soll sichergestellt werden, dass interne →Mehrarbeit und dysfunktionale Spezialisierungen vermieden sowie zeitliche Abläufe sinnvoll strukturiert werden.

Die bekannteste Theoriekonzeption zur Untersuchung von Interdependenzbeziehungen stammt von *Thompson* (1967). Er argumentiert, dass sich aus der Art der Interdependenzen zwischen Teilaufgaben des Unternehmens die Anforderungen an die Koordination ergeben. Verschiedene Interdependenzen charakterisieren unterschiedliche Informationsverarbeitungskapazitäten von Strukturen. Damit will er einen Beitrag zur Erklärung verschiedener Organisationsstrukturausprägungen leisten. Der Verdienst von *Thompson* (1967) besteht darin, Interdependenzen als „intervenierende" Variable der Koordinationskomponente eingeführt zu haben. Eine aktuellere und detailreichere Interdependenzklassifikation stammt von *Grandori* (2001). Sie differenziert zwischen dem Austausch von Ressourcen und Leistungen sowie der gemeinsamen Nutzung beziehungsweise Beitragung von Ressourcen. *Grandori* (2001) unterscheidet zwei Interdependenztypen, die wiederum jeweils zwei Interdependenzformen beinhalten. Sie sind exemplarisch in der Abbildung 1 dargestellt.

Abbildung 1: Interdependenztypen und Interdependenzformen (*Grandori* 2001, S. 243)

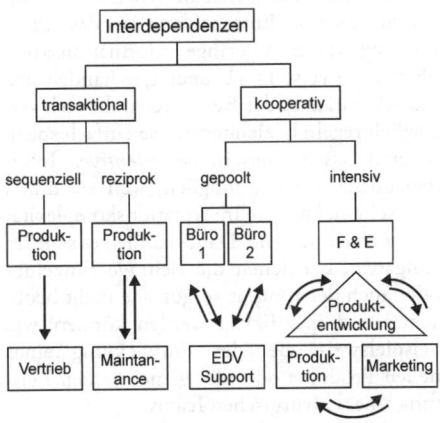

Transaktionale Interdependenztypen fokussieren auf die Austauschbeziehungen, das heißt Transaktionen zwischen organisatorischen Bereichen wie es beispielsweise von *Williamson* (1985) im Sinne eines Tausches durch technisch separierbare Schnittstellen formuliert worden ist. Sie werden in *sequentielle* und *reziproke* Interdependenzen differenziert. Bei beiden besteht eine interne Leistungsverflechtung. Entscheidungen beziehungsweise Aktivitäten eines Bereichs verändern die Situation eines anderen Bereichs. Sie will den Unter-

Interessenausgleich

schied zwischen den beiden Formen jedoch nicht auf die einseitige Verknüpfung beziehungsweise die Bidirektionalität, das heißt die wechselseitige Abhängigkeit von Leistungsverflechtungen reduzieren. Entscheidend ist, dass die Beziehung organisatorischer Einheiten bei reziproken Interdependenzen durch eine höhere Informationskomplexität und -spezifität gekennzeichnet ist.

Im Unterschied dazu steht bei den *kooperativen Interdependenztypen* der Transformationsaspekt im Vordergrund. Diese Interdependenzen beruhen auf gemeinsam geteilten oder genutzten Ressourcen, die durch überschneidende Entscheidungsfelder gekennzeichnet sind. Bei den kooperativen Interdependenztypen wird zwischen gepoolten und intensiven Interdependenzformen differenziert. Bei *gepoolten* Interdependenzen handelt es sich um eine Aggregation beziehungsweise um einen „Pool" von Aktivitäten oder Ressourcen, beispielsweise die gemeinsame Nutzung des EDV Supports oder eine zentrale Vertriebsunterstützung. Die Abstimmung der dazu notwendigen Aktivitäten erfolgt vor allem um Skaleneffekte und Spezialisierungsvorteile ausnutzen zu können. Entscheidend ist, dass diese Poolung nur eine geringe Informationskomplexität aufweist. Das bedeutet, es handelt sich um Aktivitäten oder Ressourcen, die sich vertraglich regeln beziehungsweise einfach spezifizieren lassen. Dies ist bei *intensiven* Interdependenzen nicht möglich, weil sie durch eine sehr viel höhere Informationskomplexität gekennzeichnet sind. Dabei handelt es sich um Aufgaben, bei denen die Beiträge Einzelner oder auch der Output so gut wie nicht beobachtet und spezifiziert werden können, wie beispielsweise bei der Entwicklung eines neuen Produkts oder der gemeinsamen Leistung eines chirurgischen Teams.

Je intensiver die Interdependenzbeziehungen zwischen Aktivitäten, Aufgabenbestandteilen und Entscheidungsfeldern sind, desto größer ist der Abstimmungs- und Steuerungsbedarf durch das →Personalmanagement.

Literatur: *Frese, E.*: Grundlagen der Organisation, Wiesbaden 2000. *Grandori, A.*: Organization and Economic Behavior, London 2001. *Thompson, J.D.*: Organizations in Action. Social Science Bases of Administrative Theory, New York 1967. *Williamson, O.E.*: The Economic Institutions of Capitalism, Firms, Markets, Relational Contracting, New York 1985.

Jetta Frost

Interessenausgleich

ist in Unternehmen mit mehr als zwanzig →Arbeitnehmern zwischen Unternehmer und →Betriebsrat hinsichtlich geplanter →Betriebsänderungen anzustreben, wenn diese Änderungen zu wesentlichen Nachteilen für die gesamte oder wesentliche Teile der Belegschaft führen können.

Zu diesen Betriebsänderungen gehören zum Beispiel Betriebsstilllegungen, Verlegungen des Betriebs, Fusionen oder Spaltungen, grundlegende Änderungen der Organisation oder der Arbeitsmethoden. Die gesetzliche Grundlage sind die §§ 112 ff. des →Betriebsverfassungsgesetzes.

Der Interessenausgleich soll die negativen Auswirkungen solcher Betriebsänderungen für die Beschäftigten möglichst gering halten. Für den Ausgleich verbleibender wirtschaftlicher Nachteile ist ein →Sozialplan aufzustellen. Bei Nichteinigung über einen Interessenausgleich kann der Präsident des Landesarbeitsamts zur Vermittlung angerufen werden, außerdem die →Einigungsstelle. Diese kann allerdings keinen Interessenausgleich erzwingen, letztlich bleibt der Unternehmer in seinen unternehmerischen Entscheidungen in Bezug auf Betriebsänderungen frei. Er kann sogar ohne zwingenden Grund von einem ausgehandelten Interessenausgleich abweichen. Bei →Entlassungen werden dann jedoch gegebenenfalls Abfindungszahlungen (→Abfindung) fällig. Für andere wirtschaftliche Nachteile der Arbeitnehmer ist ein →Nachteilsausgleich zu zahlen. In der Praxis kommt Sozialplänen jedoch eine weitaus größere Bedeutung zu.

Alexander Dilger

Interessensfragebögen

beschäftigen sich zumeist mit der Erfassung von Interessen im beruflichem Kontext.

Interessen besitzen in der →Personalpsychologie insofern eine große Bedeutung, als dass sie sich auf die berufliche Tätigkeit auswirken können: Sie können sich einerseits *negativ* auswirken, also die berufliche Tätigkeit beeinträchtigen. Andererseits können sie sich natürlich auch *positiv* auswirken: Hierbei lässt sich

- eine *direkte Förderung* beruflicher Tätigkeit und

- eine *indirekte Förderung*, zum Beispiel durch eine ausgleichende Wirkung, unterscheiden. Differenziert werden können berufliche Interessen und außerberufliche Interessen, wobei außerberufliche Interessen im Folgenden nicht weiter behandelt werden sollen.

Interessen werden dem Persönlichkeitsbereich zugeordnet. Dabei herrscht noch eine gewisse Uneinheitlichkeit in der Interessensforschung, wie Interessen verstanden werden. So gibt es einerseits die Sichtweise, Interesse als zeit- und situationsabhängigen Zustand (State) zu definieren, wobei Kontextvariablen (→Kontextfaktoren) einen starken Einfluss auf das Entstehen von Interessen besitzen. Andererseits definieren *Bergmann* und *Eder* (1992, S. 7) als Vertreter der zweiten Sichtweise, Interessen als Disposition (Trait) zu verstehen, Interessen dementsprechend als „relativ stabile, kognitiv, emotional und werthaft in der Persönlichkeit verankerte Handlungstendenzen, die sich nach Art, Richtung, Generalisiertheit und Intensität unterscheiden."

Letztere Auffassung wird von den meisten Autoren verschiedener Interessensfragebögen geteilt.

Moser und *Schmook* (2006) verweisen auf die Forschungen zur Entwicklung von Interessen und betonen, dass die Kenntnisse darüber für die Berufsberatung wesentlich sind. So werden Interessen bis zum Alter von 15 Jahren immer konkreter und differenzierter, wobei etwa ab diesem Alter auch neue Interessen bewusst werden.

Die gängigen Interessensfragebögen berücksichtigen die Entwicklung von Interessen dadurch, dass der Einsatzbereich der Verfahren zumeist ab 14 Jahren mit angegeben wird.

Interessensfragebögen sind für den Bereich der ausbildungs- und berufsbezogenen →Eignungsdiagnostik wertvoll. Hierunter fallen Schullaufbahnberatung, Studienwahlberatung, Berufsorientierung und -beratung sowie →Personalentwicklung.

Im Kontext der Selektionsdiagnostik scheinen Interessensfragebögen jedoch nur bedingt einsetzbar: Nach *Schuler* und *Funke* (1995) weisen diese bezogen auf Erfolgskriterien nur eine sehr geringe Validität von r = 0.1 auf. Hinsichtlich anderer Kriterien zum Beispiel Berufszufriedenheit oder →Fluktuation fehlen noch genaue wissenschaftliche Erkenntnisse, ein Zusammenhang mit Interesse scheint aber plausibel. Innerhalb der Selektionsdiagnostik geben *Schuler* und *Höft* (2001) jedoch die Selbstselektion mittels Interessen als einen wesentlichen Bereich an. So scheint es durchaus denkbar, dass eine Testperson sich im Sinne einer Selbstexploration einer Interessensdiagnostik unterzieht und sich daraus eine Selbstselektion für bestimmte →Berufe ergibt.

Die Kongruenztheorie von *Holland* (1985) stellt innerhalb der Berufsinteressensforschung wohl den bekanntesten Ansatz dar. Dementsprechend bildet diese Theorie auch die Grundlage für einen gängigen Interessensfragebogen, dem AIST (Allgemeiner Interessens-Struktur-Test nach *Bergmann* und *Eder* 1992. Es mag daher überraschen, dass einige Interessensfragebögen explizit ohne Theorie konzipiert wurden.

Das Modell von *Holland* (1985) postuliert sechs Interessensarten, die Ausdruck von sechs Persönlichkeitsorientierungen gegenüber der Umwelt sind:

1. *Realistic (R)*: Praktisch-technische Interessen.
2. *Investigative (I)*: Intellektuell-forschende Interessen.
3. *Artistic (A)*: Künstlerisch-sprachliche Interessen.
4. *Social (S)*: Soziale Interessen.
5. *Enterprising (E)*: Unternehmerische Interessen.
6. *Conventional (C)*: Konventionelle Interessen.

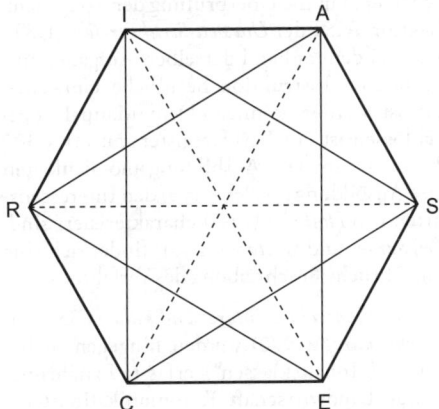

Abbildung 1: Hexagonales Modell (*Holland* 1985, S. 29)

Der Theorie nach sind diese sechs Interessen in einem hexagonalen Modell angeordnet, das in Abbildung 1 dargestellt ist.

Interessensfragebögen

Je näher zwei Interessensorientierungen sich in diesem Modell stehen, umso „näher" verbunden sind diese. Einander gegenüberliegende Interessensbereiche sind am weitesten voneinander entfernt.

Das Kongruenzmodell von *Holland* (1985) besagt, dass es den Interessensarten analoge (Berufs-)Umwelten gibt, und dass Personen jene Umwelten suchen, die ihre Fähigkeiten bestmöglich einsetzbar und Werthaltungen realisierbar machen. Je höher die *Kongruenz* zwischen den Interessen der Person und der Umwelt ist, umso besser gelingt dies. *Bergmann* und *Eder* (1992, S. 11) geben beispielhaft Erklärungen für die Abstufungen der Kongruenz:

„Wenn zum Beispiel eine praktisch-technisch orientierte Person (R) einen praktisch-technischen Beruf (R) ergreift, dann liegt maximale Person-Umwelt-Kongruenz vor; ergreift dieselbe Person (R) einen intellektuell-forschenden (I) oder konventionellen Beruf (C), dann ergibt sich eine mittlere und bei einem künstlerisch-sprachlichen (A) oder unternehmerischen (E) Beruf niedrige Kongruenz. Ergreift ein R-Typ einen sozialen Beruf (S), so handelt es sich um eine inkongruente Wahl."

Im schon zuvor genannten AIST entsprechen die Interessensbereiche jenen von *Holland* (1985). Dabei sollen die Testpersonen mittels fünfkategoriellem Antwortformat (von „Das interessiert mich sehr; Das tue ich sehr gern" bis „Das interessiert mich gar nicht; Das tue ich nicht gerne") berufliche Aktivitäten einschätzen. Für die Überprüfung der Kongruenz liegt im AIST der *Umwelt-Struktur-Test* (UST) vor, bei dem anhand derselben Aufgaben mit geänderter Instruktion berufliche Umwelten erfasst werden können. Dem Manual angeschlossen ist ein Berufsregister mit etwa 300 Berufen sowie Ausbildungsmöglichkeiten (→Ausbildung), welche nach den Interessensarten von *Holland* (1985) charakterisiert sind. Bei *Sarges* und *Wottawa* (2001) findet sich eine ausführliche Beschreibung des Verfahrens.

In der *Generellen Interessen-Skala* (GIS) von *Brickenkamp* (1990) werden hingegen 16 Bereiche („Inhaltsklassen") erfasst: Ernährung, Natur/Landwirtschaft, Kommunikationstechnik, Naturwissenschaft, Biologie, Architektur, Mode, Kunst, Literatur, Musik, Medizin, Erziehung, Politik, Handel, Unterhaltung, Sport. Des Weiteren werden Verhaltensklassen definiert. Diese sollen einen Einblick in die innere Struktur von Interessen eröffnen und entsprechen den Ebenen Rezeptivität (erhöhte Aufnahmebereitschaft für Reize und Informationen aus bestimmten Interessensgebieten), Reproduktivität (Wunsch, Tätigkeitsmuster nachzuahmen und selbst tätig zu werden) und →Kreativität (Umgestaltung und schöpferische Tätigkeit).

Wie bei allen Fragebögen kann auch bei Interessensfragebögen Verfälschung nicht ausgeschlossen werden. Darüber hinaus wurden schon Validitätsuntersuchungen mit geringer prognostischer Güte von Interessensfragebögen hinsichtlich Erfolgs- beziehungsweise Leistungskriterien erwähnt. Nach *Bergmann* (2003) kann allen Interessensfragebögen jedoch inhaltliche Validität zugestanden werden. Für den AIST konnte auch kriterienbezogene Validität hinsichtlich der Persönlichkeitstheorie von *Holland* (1985) vielfach abgesichert werden. So führe die den Interessen entsprechende Laufbahnentscheidung zu einer verminderten Problembelastung im Beruf und höherer Stabilität in der →Laufbahn.

Durch die Entstehung neuer Berufe und durch das Verschwinden alter Berufe sind Interessensfragebögen mit dem Problem konfrontiert, dass sie Gefahr laufen, schnell hinsichtlich ihrer Aufgaben veraltet zu sein. Bei der Auswahl eines Interessenstests sollte dies dementsprechend beachtet werden.

Einen weiteren Problembereich stellt der Umstand dar, dass die Tests nicht berücksichtigen, dass Interessen sich auch erst im direkten Umgang mit Beschäftigung entwickeln können. Gleichzeitig kann der Grad der Informiertheit über bestimmte Tätigkeiten einen Störfaktor bei der Beantwortung der Aufgaben darstellen. So wird von der Testperson erwartet, dass sie weiß, was eine berufliche Tätigkeit tatsächlich beinhaltet und bedeutet. Dies scheint jedoch vor allem bei jüngeren Testpersonen eine überzogene Erwartung darzustellen. In diesem Zusammenhang ist auch der Begriff der *Berufswahlreife* zu nennen.

Abschließend stellt sich im Zusammenhang mit der →Normierung von Interessensfragebögen die Frage, inwieweit ein normorientiertes Vorgehen im Rahmen einer Individualdiagnostik sinnvoll ist. Ist der Vergleich mit den Interessen anderer Personen im Rahmen der Interessensdiagnostik eine wesentliche Information oder geht es lediglich um die individuellen Interessensausprägungen?

Interessensfragebögen sollten nicht alleine vorgegeben werden. Innerhalb einer Interessensdiagnostik im Zusammenhang mit Berufswahlberatungen ist vor allem die Berufswahlreife ein wesentliches Kriterium. Innerhalb der Selektionsdiagnostik scheint die Vorgabe von Interessenstests als Prädiktor für Leistungs- beziehungsweise Erfolgsvariablen nicht geeignet. Im Zuge der Personalentwicklung und der Vorhersage von Passung der Arbeitsumwelt mit den jeweiligen Interessen und der sich daraus ergebenden Zufriedenheit können Interessensfragbögen durchaus ihren Beitrag leisten.

Literatur: *Bergmann, C.*: Interessensfragebogen, in: *Kubinger, K. D.; Jäger, R. S.* (Hrsg.): Schlüsselbegriffe der Psychologischen Diagnostik, Weinheim 2003, S. 225–229. *Bergmann, C.; Eder, F.*: Allgemeiner Interessens-Struktur-Test (AIST), Umwelt-Struktur-Test (UST). Testmanual, Göttingen 1992. *Brickenkamp, R.*: Die Generelle Interessen-Skala (GIS), Göttingen 1990. *Holland, J. L.*: Making Vocational Choices. A Theory of Vocational Personalities and Work Environments, New Jersey 1985. *Moser, K.; Schmook, R.*: Berufliche und organisationale Sozialisation, in: *Schuler, H.* (Hrsg.): Lehrbuch der Personalpsychologie, 2. Aufl., Göttingen 2006, S. 232–254. *Sarges, W.; Wottawa, H.* (Hrsg.): Handbuch wirtschaftspsychologischer Testverfahren, Lengerich 2001. *Schuler, H.; Höft, H.*: Konstruktorientierte Verfahren der Personalauswahl, in: *Schuler, H.* (Hrsg.): Lehrbuch der Personalpsychologie, 2. Aufl., Göttingen 2006, S. 101–144. *Schuler, H.; Funke, U.*: Diagnose beruflicher Eignung und Leistung, in: *Schuler, H.* (Hrsg.): Organisationspsychologie, Bern 1995, S. 235–283.

Ingrid Preusche

Interessentests →Interessensfragebögen

Intergruppenverhalten

bezieht sich auf das Verhalten zwischen → Gruppen.

Ist die personale →Identität einer Person durch ihre eigene Entwicklungsgeschichte und ihre persönliche Biographie bestimmt, so ist die Mitgliedschaft in einer Gruppe, beziehungsweise das Zugehörigkeitsgefühl zu ihr, Teil der sozialen Identität dieser Person. Mitglieder einer Gruppe versuchen sich häufig gegenüber einer Außengruppe abzugrenzen, um ein positives Selbstbild zu bewahren. Dabei werden Vergleiche zwischen der eigenen und der fremden Gruppe angestellt. Allerdings vergleichen sich die Gruppenmitglieder nur mit Gruppen, die für sie eine persönliche Bedeutung haben beziehungsweise ihnen als gleichwertig erscheinen.

Das Verhalten zwischen Gruppen kann sehr uniform werden – die Mitglieder der Außengruppe werden dann nicht mehr als individuelle Personen wahrgenommen, sondern ihnen werden einheitliche, stereotype Merkmale zugeschrieben. Dies geht bis hin zu der Tendenz, Mitglieder der Fremdgruppe zu diskriminieren, um das eigene Selbstwertgefühl zu stärken.

Verhalten gegenüber Mitgliedern von Fremdgruppen kann insbesondere unter Wettbewerbsbedingungen feindselige Züge annehmen. Besonders Gruppen, die einen „Gewinner-Verlierer-Standpunkt" einnehmen, neigen nach *Brown* (2002) zu Aggressionen gegenüber Fremdgruppen. Gemeinsame Ziele können helfen, diese Differenzen zu überwinden.

Literatur: *Brown, R.*: Beziehungen zwischen Gruppen, in: *Stroebe, W.; Jonas, K.; Hewstone, M.*: Sozialpsychologie, Berlin 2002, S. 537–575.

Erika Spieß

Interkultur

neue, bewusst oder unbewusst gebildete, dynamische dritte →Kultur, die aus den kommunikativen Handlungen verschiedenkultureller Interaktionspartner entsteht, also durch Kulturkontakt konstruiert wird.

Abbildung 1: Entstehung von Interkultur (*Casnir* 1999, S. 98)

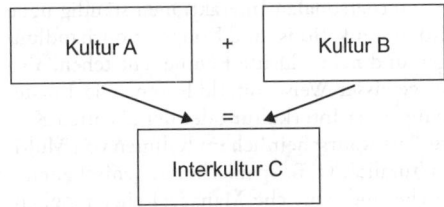

Die Interaktionspartner handeln *neue* Regeln und Verhaltensweisen aus, die von allen Beteiligten akzeptiert und gelebt werden. Dabei verhalten sich die Interaktionspartner im Rahmen dieser Interkultur anders, als sie es im nationalen Kontext tun würden, und gestalten aus der Kombination und Dynamik verschiedener kultureller Elemente einen neuen gemeinsamen Kommunikations- und Kooperationsraum, einen „Dritten Raum" eine „Zwischenwelt" (Abbildung 1). Idealerweise kann aufgrund sich ergänzender Sichtweisen und

→Kompetenzen ein Mehrwert (→Interkulturelle Synergie) entstehen, etwa im →Projektmanagement oder bei der Neubesetzung einer Abteilung.

Kritisch zu hinterfragen ist, ob die neu entstandene Interkultur nur ein theoretisches Konstrukt ist, da in der Praxis die Interaktionspartner nur in bestimmtem Maße zu gegenseitigen Anpassungen und Kompromissen bereit oder fähig sind. Hierzu gehören sowohl das Bewusstsein der Interaktionspartner über eigenkulturelle Verhaltensweisen als auch die Bereitschaft, Vorstellungen, Ziele und Arbeitsverhalten anzupassen oder zu revidieren.

Begrenzungen beim Entstehen einer Interkultur haben häufig strategische, machtpolitische, aber auch persönliche Gründe: Gewisse Individuen weisen aufgrund ihrer Persönlichkeit eine hohe Anpassungsfähigkeit auf, andere dagegen eine geringe. Es stellt sich generell die Frage, was ausgehandelt und vereinbart werden kann. Am wahrscheinlichsten ist es, dass aufbauend auf einem gemeinsamen Ziel neue gemeinsame Arbeitsweisen gefunden werden können. Schwieriger ist es, neue gemeinsame Vorstellungen und Interpretationen der Wirklichkeit oder gar neue gemeinsame Wissensvorräte und Werte zu entwickeln, da diese tief in der Eigenkultur verankert sind und sich über einen langen sozialisatorischen Prozess verfestigt haben (→Enkulturation, →Kultur). Ebenso ist kritisch anzumerken, dass generell bei allen – auch intrakulturellen – interpersonalen Interaktionen ständig neue Kommunikations- und Kooperationshandlungen und neue „Dritte Räume" entstehen, also in gewisser Weise Interkulturen. Die Entstehung einer Interkultur oder der „Dritten Kultur" ist wahrscheinlich im Rahmen von Multikulturalität (z. B. spanische, italienische, englische und deutsche Manager) eher möglich, als bei Bikulturalität (z. B. englische und deutsche Manager). Bei bikulturellen Konstellationen führen konkurrierende Ziel-, Macht- und Interessenvorstellungen häufig zu Schwierigkeiten, da jede Kultur die Führerschaft übernehmen will.

Literatur: *Bolten, J.*: Grenzen der Internationalisierungsfähigkeit. Interkulturelles Handeln aus interaktionstheoretischer Perspektive, in: *Bolten, J.* (Hrsg.): Cross Culture – Interkulturelles Handeln in der Wirtschaft, Sternenfels, Berlin 1995, S. 24–42. *Casnir, F.*: Foundations for the Study of Intercultural Communication Based on a Third-Culture Building Model, in: International Journal of Intercultural Relations, 23. Jg., (1999), H. 1, S. 91–116.

Christoph I. Barmeyer

Interkulturelle Auslandsvorbereitung

Vorbereitung der →Auslandsentsendungen von Fach- und →Führungskräften (engl. Expatriates) hinsichtlich der Kultur des Gastlandes und der stattfindenden interkulturellen Interaktionsprozesse.

Die Interkulturelle Auslandsvorbereitung erfolgt im Auftrag durch die →Personalabteilung zur Steigerung des Integrationserfolgs im Gastland und zur Risikominimierung einer vorzeitigen Rückkehr ins Heimatland, die nach *Black et al.* (1999) und *Stahl* (1998) eine erhebliche persönliche, organisationale und finanzielle Belastung für den Auslandsentsandten, dessen Familie und das Unternehmen darstellt.

Die Vorbereitung bietet nicht nur Informationen über das Gastland, sondern es werden in der Regel auch →interkulturelle Trainings für die Ausreisenden angeboten, zunehmend auch für Ehepartner und Kinder, da die familiäre Situation maßgeblich zum Erfolg oder Misserfolg der Auslandsentsendung beiträgt. Innovativ und hilfreich sind in diesem Zusammenhang, wie *van Swol-Ulbrich* und *Kaltenhäuser* (2003) bemerken, – noch seltene – für Kinder geschriebene Publikationen, welche die Verarbeitung von familiären und geografischen Veränderungen, sowie interkulturellen Erfahrungen speziell für diese Zielgruppe unterstützen.

Im →Personalmanagement gewinnt seit den 1990er Jahren die interkulturelle Auslandsvorbereitung für zu entsendende Mitarbeiter und →Führungskräfte ständig an Bedeutung. Jedoch ist die Auslandsvorbereitung häufig auf Großunternehmen beschränkt, die eine entsprechende Personalabteilung, die sich auch um internationale Belange kümmert, verfügen. Die interkulturelle Auslandsvorbereitung berücksichtigt nicht nur die fachlichen und strategischen →Kompetenzen des Ausreisenden, sondern auch seine soziale und →interkulturelle Kompetenz. Dies ist besonders im Hinblick auf die Zielkultur, in der der Ausreisende seine berufliche Tätigkeit ausüben wird, von Bedeutung. Mittels →Interviews oder eines →interkulturellen Assessment Centers können Kompetenzen abgeprüft werden.

Klassische Maßnahmen der Auslandsvorbereitung sind interkulturelle Trainings, an denen verschiedene Ausreisende teilnehmen oder auch Einzelvorbereitungen, an denen ein Ausreisender auf seine Tätigkeit in eine Zielkultur vorbereitet wird. Ein häufiger Anlass für die Entsendung von Führungskräften kann die Besetzung einer Stelle als Geschäftsführer der Niederlassung im Ausland sein. Inhalte einer Einzelvorbereitung behandeln in der Regel →Kulturdimensionen (Wie gehen Menschen der Zielkultur z. B. mit →Macht, Unsicherheit, Rollenverteilung Frau/Mann um?), Kommunikationsstile (Wie wird in der Zielkultur üblicherweise unternehmensintern und -extern kommuniziert?), Zeitverhalten und Organisation (Welche „Zeitsprache" ist in der Zielkultur üblich und wie ist sie zu verstehen?) und →interkulturelle Führung (Welche Erwartungen haben die Mitarbeiter der Zielkultur an Führungssituationen?). Im →Dialog mit einem interkulturellen →Trainer und Berater, der auf die Zielkultur spezialisiert ist oder gar aus ihr stammt, wird ein Verständnis für kulturelle Unterschiedlichkeit und der Umgang mit ihr erlernt, damit der Ausreisende eine höhere Handlungssicherheit erhält.

Die Trainings, die in der Regel von externen Trainern mit Unterstützung von internen – eventuell schon ausgereisten Mitarbeitern – durchgeführt werden, sollten zeitlich vor, während und nach dem Auslandsaufenthalt stattfinden. Ein hiermit verbundener Tätigkeitsbereich interkulturellen Personalmanagements ist die Konzeption und Durchführung von Entsendungsprogrammen, die Begleitung der Auslandsentsandten sowie ihre →Reintegration nach dem Auslandsaufenthalt. Zunehmende Bedeutung erlangen im →Internet angebotene Informations- und Kommunikationssysteme wie etwa Expatriates Communities, an die Unternehmen oder Einzelpersonen angeschlossen sind.

Literatur: *Black, J. S. et al.*: Globalizing People Through International Assignments, New York 1999. *Stahl, G.*: Internationaler Einsatz von Führungskräften, München 1998. *van Swol-Ulbrich, H.; Kaltenhäuser, B.*: Andere Länder, andere Kinder. Dein Auslandsumzug mit Ori, Hofheim 2003.

Christoph I. Barmeyer

Interkulturelle Führung

unmittelbare und absichtliche Einflussnahme der →Führungskraft auf Mitarbeiter mittels →Führungsinstrumenten und →Kommunikation zur Erreichung der Unternehmensziele.

Bei der interkulturellen Führung stammen die Interaktionspartner aus unterschiedlichen →Kulturen und weisen verschiedenartige Erwartungen, Wahrnehmungen und Wertvorstellungen gegenüber →Führungsverhalten auf.

In →Organisationen finden sich hierarchisch klar verteilte →Rollen, Beziehungen, Zuständigkeiten und Verantwortungen. Dabei stehen Führungskraft und Mitarbeiter im Hinblick auf die zu verrichtende Aufgabe in einer Führungssituation (→Situationsansatz der Führung) in Beziehung. Es existiert eine Akzeptanz über Rollen und Funktionen, über Unter- und Überordnung und über Abhängigkeiten. Die Führungskraft delegiert zur Zielerreichung Arbeitsaufgaben an die Mitarbeiter innerhalb bestimmter Kontextbedingungen. Durch →Auslandsentsendungen von Mitarbeitern und die Bildung internationaler Teams wird jedoch die *monokulturelle Führung* zunehmend durch *interkulturelle Führung* abgelöst, was eine Herausforderung für den internationalen Unternehmensalltag und das interkulturelle →Personalmanagement darstellt.

Personalführung (→Mitarbeiterführung) ist bereits im nationalen Rahmen ein komplexes Feld und hat zahlreiche Führungstheorien hervorgebracht. Immer wieder stellt sich die Frage: Was bedeutet eigentlich richtige Führung? Eine Antwort auf diese Frage kann es nicht geben, da allen Globalisierungs- und Vereinheitlichungstendenzen zum Trotz eine große Vielfalt von nationalen und situativen Handlungskonstellationen sowie Persönlichkeiten existiert.

Bereits Anfang der 1980er Jahre untersuchte *Laurent* (1983) die Vorstellungen von Organisationsstrukturen und Personalführung europäischer und nordamerikanischer Führungskräfte und stellte bedeutende Unterschiede fest: Vor allem die nationale Herkunft bestimmt, welche Verhaltensweisen von Führungskräften gewünscht und wie Organisationen als autoritäres, formales Rollen- und Beziehungssystem wahrgenommen werden. So sehen etwa Mitarbeiter aus romanischen Ländern – im Gegensatz zu ihren anglophonen und germanophonen Kollegen – Organisationen als pyramidale Organisationen mit klar definierten und auf höheren Ebenen an-

Interkulturelle Führung

gesiedelten Machtzentren. Mitarbeiter eines Landes haben eine selbstverständliche Auffassung, was als „normal" und „richtig" in Zusammenarbeit und Führung gilt. Personalführung ist somit stets eingebettet in landes- und unternehmenskulturelle Kontexte, und somit divergieren zwischen Managern unterschiedlicher Länder die Erwartungen stärker als zwischen Managern eines Landes.

Der →Führungserfolg – etwa die Effektivität der Aufgabenbewältigung, die Erreichung der Organisationsziele oder die Zufriedenheit der Mitarbeiter – ist in erheblichem Maße davon abhängig, wie der Mitarbeiter auf das Verhalten (→Behaviorismus) der Führungskraft reagiert. Dabei beeinflusst Kultur durch selektive Wahrnehmung und spezifische Interpretation den Führungserfolg: Sinn und Bedeutung des Führungsverhaltens werden durch den Rückgriff auf das kulturelle Orientierungssystem erschlossen. Um interkulturell effektiv zu führen und interkulturelle Führungsprobleme zu vermeiden, ist es ratsam, die unterschiedlichen Erwartungen zu kennen: Was verstehen Führungskraft und Mitarbeiter eigentlich unter Führung? Welche Erwartungen, Wünsche oder Hoffnungen existieren gegenüber der Führungskraft, beziehungsweise dem Mitarbeiter bezüglich Zielvorgaben, Autorität (→Macht), →Partizipation und Handlungsfreiheit (Abbildung 1).

Abbildung 1: Probleme in interkulturellen Führungssituationen (*Stüdlein* 1997, S. 114)

Zahlreiche kulturelle Unterschiede bezogen auf Führungstheorien, -modelle, -instrumente, und -stile lassen sich unterscheiden, die je nach Landes- oder Unternehmenskultur (→Organisationskultur) einen anderen Stellenwert, eine andere Ausprägung und eine andere Effektivität aufweisen (→Machtdistanz).

Dichotome Unterscheidungen von Führungsstilpräferenzen sind zum Beispiel aufgabenorientierte Führung versus personenorientierte beziehungsweise beziehungsorientierte Führung:

- *Aufgabenorientierte Führung*: Betrifft die ausgeprägte Strukturierung von Aufgaben und Prozessen.
- *Personenorientierte Führung*: Nimmt auf die verschiedenen Belange des Mitarbeiters Rücksicht.

Anglophone und germanophone Gesellschaften weisen tendenziell eine höhere Sachorientierung auf, romanische und ostasiatische tendenziell eine höhere Personenorientierung (→Führungsstilmodell der Ohio-State-Forschung) (*Brunstein* 1995). In einer dialogischen Führungssituation, bei der zum Beispiel die Führungskraft aus den USA stammt und der Mitarbeiter aus Italien, ist folgende interkulturelle Irritation möglich, die auf unterschiedlichen Erwartungen und Wahrnehmungen basiert: Aus der Perspektive der amerikanischen Führungskraft wird der personenorientierte Mitarbeiter zu viel Zeit mit „persönlichen Nebensächlichkeiten" verbringen, die nicht zur Aufgabenerfüllung beitragen, wogegen aus der Perspektive des italienischen Mitarbeiters der aufgabenorientierte amerikanische Chef als „kalt" und „unpersönlich" wahrgenommen wird.

Insbesondere im Rahmen von Mitarbeiterevaluationen und →Feedback kann die aufgabenorientierte Führung bei personenorientierten Mitarbeitern zu Schwierigkeiten führen. Aus einer aufgabenorientierten Perspektive beziehen sich die Mitarbeiterevaluation und das Feedback auf die Art und Qualität eines professionellen Verhaltens im Rahmen des beruflichen Kontexts. Die →Evaluation als sachliche, aufgabenbezogene →Kritik soll die persönliche Einschätzung und die Verbesserung des Arbeitsverhaltens ermöglichen. Aus einer personenorientierten Perspektive jedoch kann eine sachliche Kritik, die sich auf ein Verhalten bezieht, nicht von der persönlichen Kritik getrennt werden, da ein Verhalten immer mit der Person verbunden ist: Eine Kritik am Verhalten ist immer eine Kritik an der Person; somit wird die sachliche, „konstruktive" Kritik als eine persönliche, „destruktive" empfunden.

Weiterhin ist die Unterscheidung in partizipative versus direktive Führung gebräuchlich:

Partizipative Führung, die sich tendenziell in anglophonen und germanophonen Gesellschaften findet, lässt dem Mitarbeiter viel Freiheit bei Problemlösungs- und Entscheidungsprozessen; Aufgaben und Verantwortung werden delegiert. Bei *direktiver Führung*, die tendenziell in romanischen und asiatischen Gesellschaften anzutreffen ist, werden Entscheidungen von der Führungskraft alleine getroffen und verantwortet und nur die Aufgaben an die Mitarbeiter delegiert.

Diese divergierenden Führungserwartungen und -stile haben nicht nur konkrete Auswirkungen auf Zielvereinbarung (→Management by Objectives), Entscheidung, Problemlösung und Motivation; interkulturell interessant sind ebenso die Effekte bei ihrem Zusammentreffen im Rahmen eines internationalen Personalmanagements:

- Eine *partizipative Führung* erzeugt bei Mitarbeitern, die eine direktive Führung gewöhnt sind, den Eindruck von Schwäche. Die Führungskraft ist nicht präsent, nicht engagiert und somit nicht kompetent.

- Dagegen wirkt eine *direktive Führung* auf Mitarbeiter, die eine partizipative Führung gewöhnt sind, als unnötig kontrollierend, einengend und somit demotivierend.

Die Ausführungen machen deutlich, warum zahlreiche Missverständnisse (→Critical Incidents) in interkulturellen Führungssituationen auftreten können und warum angeblich universelle Führungsmodelle und -instrumente, wie zum Beispiel →Management by Objectives (MbO) oder →Empowerment – die auf partizipativer Führung beruhen – je nach Kultur unterschiedliche Akzeptanzen und Auswirkungen hervorrufen.

Nach wie vor bleibt die Frage nach dem „Woher" dieser divergierenden Werte und Verhaltensweisen. Wie, wann und wo haben sich diese Eigenarten, diese „selbstverständlichen" Standpunkte und Auffassungen mit ihren Auswirkungen auf Führungsstile, entwickelt? Jede Gesellschaft weist bestimmte Vorstellungen von Autorität und Macht und von „richtigem" Verhalten in Arbeits- und Führungssituationen auf. Diese Vorstellungen, Werte und →Grundannahmen und ihre Akzeptanz sind durch Prozesse nationaler, familiärer und schulisch-institutioneller →Sozialisation geprägt, gefestigt und tradiert (→Enkuration, →Kultur). Menschen lernen im Privat- und Alltagsleben durch Vorbilder, Sanktionen oder Belohnung (→Belohnung und Bestrafung), wie sie mit Freiheit, Unterordnung, Autorität und Druck umzugehen haben. Aus dem kulturellen Orientierungssystem entwickeln sich verbindliche oder selbstverständliche Grundannahmen und Erwartungen bezogen auf das Führungsverhalten.

Trotz zahlreicher Publikationen von Führungstheorien, -modellen und -instrumenten – meist nordamerikanischen Ursprungs – zeigt sich, dass keine ideale und universell umsetzbare Führung existiert, wie *von Keller* (1995) hervorhebt. Ebenso finden sich nur wenige Forschungsarbeiten zu interkultureller Führung. Hieraus ergeben sich folgende Implikationen: Die Personalarbeit (→Personalmanagement) sollte die Führungsleitlinien und -instrumente kulturell anpassen; Führungskräfte und Mitarbeiter sollten sich über Führungsstilerwartungen austauschen und versuchen, eine gegenseitige Annäherung zu erreichen.

Ein Bewusstsein für Kulturgebundenheit und -unterschiedlichkeit von Führung, die weitestgehend den spezifischen landes- und unternehmenskulturellen Kontext (→Kulturdimension), die Merkmale der beteiligten Interaktionspartner sowie die Führungssituation berücksichtigt, kann Managern und Personalverantwortlichen helfen, internationale Führungsprobleme zu verringern und zielführender und produktiver zusammenzuarbeiten (→Interkulturelle Kompetenz). Hier sind eine entsprechende →Personalauswahl, →interkulturelle Assessment Center und →interkulturelle Personalentwicklung durch →interkulturelles Coaching gefordert.

Literatur: *Brunstein, I.*: Kulturabhängigkeit der Führung, in: *Kieser, A.*; *Reber, G.*; *Wunderer, R.* (Hrsg.): Handwörterbuch der Führung, Stuttgart 1995, S. 466–480. *Laurent, A.*: The Cultural Diversity of Western Conceptions of Management, in: International Studies of Management and Organization, 13. Jg. (1983), H. 1/2, S. 75–96. *Stüdlein, Y.*: Management von Kulturunterschieden, Wiesbaden 1997. *von Keller, E.*: Kulturabhängigkeit der Führung, in: *Kieser, A.*; *Reber, G.*; *Wunderer, R.* (Hrsg.): Handwörterbuch der Führung, Stuttgart 1995, S. 1398–1406.

Christoph I. Barmeyer

Interkulturelle Integration

kulturelle Eingliederung eines Individuums in eine →Gruppe, →Organisation oder Gemeinschaft.

Interkulturelle Integration bezeichnet einen andauernden, dynamischen und komplexen Prozess der Annäherung und des Zusammenfügens. Der Integrationsprozess besteht aus der gegenseitigen Auseinandersetzung mit verschiedenen kulturellen Werten und Praktiken (→Kultur), die zur Entdeckung Übernahme oder Schaffung von Gemeinsamkeit beitragen und somit eine Exklusion und Separation aufheben können. Dabei setzt →Integration zwar gegenseitigen Respekt für soziale und kulturelle Verschiedenheit voraus. Zentrale Herausforderung ist jedoch das Aushandeln von Grenzen dieser kulturellen Verschiedenheit: Wo beginnt die Pflicht zur Unterordnung unter das Gemeinsame?

Im Bezug auf das interkulturelle →Personalmanagement beschreibt die interkulturelle Integration die Eingliederung von neuen beziehungsweise anderskulturellen Mitarbeitern aus Sicht der aufnehmenden Organisation. Im Mittelpunkt stehen Integrationsmaßnahmen damit das berufliche, soziale und kulturelle Einleben der zu integrierenden Mitarbeiter reibungslos verläuft.

Ziel ist es, dass Mitarbeiter in kurzer Zeit organisationale Strukturen, Prozesse und Regeln kennenlernen, um selbstständig und eigenverantwortlich zu arbeiten und um mit den vorhandenen Kompetenzen zum Wertschöpfungsprozess beizutragen. Dies kann die Mitarbeiter der Muttergesellschaft betreffen, die zur Tochtergesellschaft ins Ausland entsandt werden und sich dort an die unternehmens- und landeskulturellen Besonderheiten anpassen müssen, oder anderskulturelle Mitarbeiter der Tochtergesellschaften, die zum Beispiel im Rahmen eines Personalaustauschs in der Muttergesellschaft arbeiten und sich dort in Abteilungen oder Projektgruppen zu integrieren haben. Auch die Einstellung verschiedenkultureller Mitarbeiter innerhalb eines Unternehmens (→Cultural Diversity) verlangt vom Personalmanagement die Ausarbeitung strategischer und operativer Integrationsmaßnahmen.

Die Integration kann durch geführte Maßnahmen erleichtert werden. Hierzu gehört zum Beispiel die Wahl eines formellen Verantwortlichen aus der Personalabteilung und eines informellen Verantwortlichen, etwa eines Arbeitskollegen, der vorübergehend als Ratgeber fungiert; auch Begrüßungssitzungen und Broschüren können die Integration beschleunigen.

Wichtig sind fremdsprachliche und interkulturelle Aspekte der Integration. Bisher wird dem interkulturell ausgerichteten Integrationsprozess aufgrund mangelnden Bewusstseins, fehlender Maßnahmen und Zeitgründen seitens der Personalabteilung wenig Aufmerksamkeit geschenkt. Zunehmende Bedeutung gewinnt auch die Wiedereingliederung von Auslandsentsandten (→Reintegration).

Literatur: *Stahl, G.*: Internationaler Einsatz von Führungskräften, München 1998.

Christoph I. Barmeyer

Interkulturelle Kommunikation

Prozess der interpersonalen Interaktion, bei dem sich Personen aus unterschiedlichen →Kulturen versuchen über Zeichen (z. B. Gestik und Mimik) Ideen, Gefühle und Bedeutungen auszutauschen.

Abbildung 1: Grundprobleme interkulturelle Kommunikation: ein Ablaufmodell (*von Helmolt/Müller* 1993)

Person(en) aus Kultur C1		Person(en) aus Kultur C2	
Einstellungen Werte Geschichte	Sprache: Lexikon Sprechhandlungen Kommunikationsstile nonverbales und paraverbales Verhalten	Einstellungen Werte Geschichte	Sprache: Lexikon Sprechhandlungen Kommunikationsstile nonverbales und paraverbales Verhalten

interkulturelle Kommunikationssituation
eigenkulturelle Verhaltensschemata als Modell der Interpretation für fremdkulturelle Kommunikationshandlungen
Missverständnisse, Kommunikationsziele nicht erreicht
Frustration, Stress
falsche Attribuierungen (Kategorisierungen des Problems)
Stereotypen
mangelnde Objektivität bei der Perzeption künftiger interkultureller Kommunikationssituationen
Direktkontakte mit Vertretern anderer Kulturen werden vermieden

Durch die Unterschiedlichkeit von Annahmen, Wissensbeständen, Werten, Gefühlen (→Emotionalität) und Denk- und Verhaltensweisen der Interaktionspartner – und die damit verbundene Unkenntnis bestimmter symbolischer Handlungen – kommt es nach *Thomas* (2003) zu divergierenden Bedeutungszuschreibungen und Interpretationen, die den interkulturellen Kommunikationsprozess komplizierter verlaufen lassen als den intrakulturellen. Das Kommunikationsgeschehen wird hinsichtlich Ablauf und Resultaten, wie in Abbildung 1 gezeigt, vielfach beeinflusst. Häufig entstehen aufgrund von Fehlinterpretationen des anderskulturellen Verhaltens Störungen oder Missverständnisse (→Critical Incidents).

Oft existiert bei den – westlichen – Interaktionspartnern das Bedürfnis, diese Störungen durch Metakommunikation („Wie meinen Sie das?" – „Was ist in der Situation vorgefallen?" – „Warum haben wir uns nicht verstanden?") zu thematisieren. Problematisch ist, dass in vielen Gesellschaften (z. B. ostasiatischen) Kommunikationsprobleme nicht durch metakommunikative Weise angesprochen werden können, weil dies bestimmten sozialen Normen und der Etikette widerspricht und unter Umständen den anderskulturellen Partner in Verlegenheit bringt.

Wie auch in intrakulturellen Kommunikationssituationen gilt es, Kommunikationsmittel (verbal/nonverbal), Kommunikationskanäle (akustische, optische, taktile, interpersonal oder mediale), Kommunikationsbeziehungen (symmetrisch, asymmetrisch) und Kommunikationsfunktionen (Mitteilungs-, Einfluss- oder Beziehungsfunktion) zu beachten, allerdings unter ihren kulturspezifischen Bedeutungen, wie *Müller* (1993) betont.

Voraussetzung für effektive interkulturelle Kommunikation ist ein hohes Maß an fremdsprachlicher und →interkultureller Kompetenz (wie Aufgeschlossenheit, →Empathie oder Sensibilität für Nuancen). Dem Einsatz der Fremdsprache kommt eine besondere Bedeutung zu, da der Grad ihrer Beherrschung maßgeblich zur adäquaten Interpretation und Verständigung beiträgt. Allerdings sollte die fremdsprachliche Kompetenz nicht überschätzt werden, da interkulturelle Kommunikation häufig in einer Drittsprache (meist Englisch) stattfindet, wenn zum Beispiel französische und deutsche Manager zusammenarbeiten. Ausgesprochen wichtig ist zum Verstehen ein hohes Kontextwissen über die Zielkultur (wie Bedeutung von Pünktlichkeit und →Hierarchie), deren nonverbale Kommunikationsregeln (wie Sprechpausen, Unterbrechungen) und Verhaltensweisen (wie Handschlag, Umarmung).

Interkulturelle Kommunikation bezeichnet insbesondere Face-to-Face-Beziehungen, betrifft aber auch Formen der mediatisierten Kommunikation, zum Beispiel Informationstransfer, Bilder, Verhaltenscodes und Werte (→Kulturtransfer). Interessant ist, dass die beteiligten Kommunikationspartner sich in der Regel anders verhalten, als sie es in einem monokulturellen Kontext tun würden; insofern weisen interkulturelle Kommunikationssituationen eine eigene interaktive Dynamik auf, die in Kommunikations- und Verhaltensregeln durch Anpassung oder Durchsetzung situationsspezifisch ausgehandelt wird (→Interkultur).

Literatur: *Müller, B.-D.* (Hrsg.): Interkulturelle Wirtschaftskommunikation, München 1993. *Thomas, A.*: Interkulturelle Wahrnehmung, Kommunikation und Kooperation, in: *Thomas, A. et al.* (Hrsg.): Handbuch Interkulturelle Kommunikation und Kooperation, Bd. 1, Göttingen 2003, S. 94–116. *von Helmolt, K.; Müller, B.-D.*: Zur Vermittlung interkultureller Kompetenzen, in: *Müller, B.-D.* (Hrsg.): Interkulturelle Wirtschaftskommunikation, München 1993, S. 509–548.

Christoph I. Barmeyer

Interkulturelle Kompetenz

analytisch-strategische Fähigkeit Werte, Denkweisen, Kommunikationsregeln und Verhaltensmuster einer anderen →Kultur zu verstehen, um in interkulturellen Interaktionssituationen eigene Standpunkte transparent zu kommunizieren und somit kultursensibel, konstruktiv und wirkungsvoll zu handeln.

Im Idealfall kann eine Nutzung von →interkulturellen Synergien stattfinden. Zu unterscheiden sind die allgemein-kulturelle und die kulturspezifische interkulturelle Kompetenz:

- Bei der *allgemein-kulturellen* →Kompetenz geht es um die Verbesserung der →Kommunikation mit Angehörigen beliebiger Kulturen.
- Bei der *kulturspezifischen Kompetenz* geht es um die Kommunikations- und Handlungskompetenz einer Zielkultur (wie Frankreich oder Japan), die auch Wissen über das jeweilige kulturelle Werte- und Regelsystem beinhaltet.

Hervorzuheben ist, dass interkulturelle Kompetenz das Fehlen von Fachwissen oder fremdsprachlichen Kompetenzen nicht ersetzen

Interkulturelle Kompetenz

kann. Andererseits können Personen, die ein ausgeprägtes Fachwissen oder hervorragende Sprachkompetenzen aufweisen, in interkulturellen Situationen scheitern, wenn keine oder eine nur rudimentäre interkulturelle Kompetenz vorhanden ist.

Um diese Handlungssicherheit und individuelle Anpassungs- und Integrationsprozesse bei Mitarbeitern durch die *Personalarbeit* (→ Personalmanagement) zu entwickeln, sind Prädiktoren und Eigenschaften interkultureller Handlungskompetenz zu definieren. Eine eingängige und allgemein akzeptierte Strukturierung dieser Eigenschaften stammt aus der amerikanischen sozialpsychologischen Forschung. Interkulturelle Kompetenz setzt sich demnach aus drei Bestandteilen zusammen, nämlich der emotionalen Einstellung beziehungsweise kulturellen Sensibilität, dem Wissen sowie dem Verhalten (*Barmeyer* 2000, *Bolten* 2001, *Landis* und *Bhagat* 1996, *Stüdlein* 1997):

1. *Affektiv*: Betrifft die Einstellung. Interkulturelle Kompetenz wird in der Forschung häufig mit sozialer Kompetenz assoziiert; insofern handelt es sich um Persönlichkeitseigenschaften und Einstellungen. Das bedeutet, dass viele dieser Eigenschaften ebenso in monokulturellen Kontexten von Bedeutung sind. Einen großen Bereich nimmt die affektive, emotionale Einstellung gegenüber der Eigen- und Fremdkultur ein, die allgemein als Self-Awareness und → Culture Awareness bezeichnet wird.

2. *Kognitiv*: Betrifft die Kenntnisse (→ Qualifikation). Auf der kognitiven Ebene findet sich kulturspezifisches Wissen. → Kulturdimensionen (z. B. Raum- und Zeitverhalten, → Hierarchie oder → Vertrauen) bilden einen Orientierungsrahmen für das eigen- und anderskulturelle Wertesystem und Verhalten. Kenntnisse über Landeskunde und kulturelle Dimensionen sollten jedoch durch Kenntnisse über das kulturelle System der Zielkultur, wie zum Beispiel Kommunikationsstile oder kulturelle Praktiken, ergänzt werden. Diese Kenntnisse ermöglichen zutreffende Interpretationen und Attributionen (→ Attributionstheorie der Führung) anderskultureller Verhaltens.

3. *Verhaltensbezogen*: Um wirksam zu sein, bedürfen die erwähnten affektiven Persönlichkeitsmerkmale sozialer Kompetenz sowie die kulturellen und landeskundlichen Kenntnisse einer Umsetzung in interkulturellen Situationen. Das heißt, eine Person kann nur dann interkulturell kompetent sein, wenn es ihr gelingt, diese Kenntnisse umzusetzen und sich in einer anderskulturellen Situation anzupassen. Im Verhalten zeigt sich dann die Kombinationsfähigkeit kognitiver und affektiver Kompetenzen.

Die Abbildung 1 verdeutlicht die Überschneidung von Persönlichkeitseigenschaften, wie soziale Kompetenz, kulturelle und landeskundliche Kenntnisse sowie interaktive und kommunikative Fähigkeiten. Sie sind untereinander komplementär und interdependent.

Abbildung 1: Phasen und Merkmale interkultureller Kompetenz (*Barmeyer* 2000, S. 273)

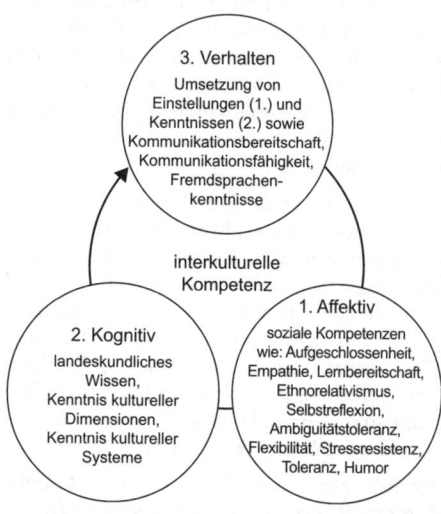

Die eher als „weich" einzuordnenden Eigenschaften und Merkmale mit einer femininen Wertorientierung (→ Normen und Werte, → Femininität), die interkulturelle Kompetenz konstituieren, sind jedoch kein Garant für wirkungsvolles Arbeiten in internationalen Kontexten. Gerade in konkurrenziellen Arbeits- oder Verhandlungssituationen können Persönlichkeitseigenschaften wie starke Anpassungsfähigkeit, → Flexibilität, Geduld und → Empathie zu nachteiligeren Positionen führen. Individuelle Anpassungsprozesse an Situationen und Personen in fremdkulturellen Kontexten sind deshalb nur in begrenztem Maße sinnvoll. Dagegen können eher maskuline Wertorientierungen (→ Maskulinität) wie Zielstrebigkeit, Aufgabenorientierung

(→Führungsstilmodell der Ohio-State-Forschung) und Durchsetzungsfähigkeit zielführend sein. Diese Eigenschaften und Merkmale sind somit differenziert zu verstehen, da Persönlichkeitskriterien nicht isoliert betrachtet und als „gut" bewertet werden können, ohne sie mit *spezifischen* Situationen, Zielkulturen sowie bisherigen interkulturellen Erfahrungen in Verbindung zu setzen.

Nach Ansicht der Forschung wie bei *Dinges* und *Baldwin* (1996) und der →Personalentwicklung kann interkulturelle Kompetenz bis zu einem gewissen Grad erlernt und weiterentwickelt werden. Hierbei gilt es aber zu differenzieren: Während persönliche Charaktereigenschaften inhärent mit dem Individuum verbunden und wenig veränderbar sind, können Kenntnisse, Fertigkeiten und Einstellungen erworben und entwickelt werden. Wichtig ist, dass der Lernprozess interkultureller Kompetenz bewusst vollzogen werden sollte, und hierzu bedarf es – gerade bei vielbeschäftigten Managern – geführter Lernprozesse wie →interkulturellem Training und →interkulturellem Coaching.

Einen Orientierungsrahmen für geführtes interkulturelles →Lernen bietet das konstruktivistische Entwicklungsmodell von *Bennett* (2001), der davon ausgeht, dass kulturelle Sensibilität nicht nur angeboren, sondern auch im Laufe der →Sozialisation oder in später einsetzenden Lernprozessen entwickelt werden kann. Dieser dynamische, in Abbildung 2 dargestellte Ansatz interkulturellen Lernens besagt demnach, dass interkulturelle Kompetenz ausgebildet und dass eine Verhaltensänderung erreicht werden kann. Grundlage von *Bennetts* Modell ist die subjektive Erfahrung des Einzelnen und seine Art, die Wirklichkeit zu konstruieren und zu deuten. Das Modell versucht, die subjektive emotionale Einstellung einer Person zu einer anderen Kultur und deren Unterschiede darzustellen. Es setzt sich aus sechs Hauptstadien zusammen, die als Kontinuum gedacht sind. Die betroffene Person soll mit zunehmender Sensibilisierung eine Entwicklung vollziehen, die sie von einer sehr auf die eigene Kultur bezogenen Grundhaltung, dem →Ethnozentrismus, zu einer toleranten, respektvollen Offenheit für fremde Kulturen, dem →Ethnorelativismus, führt. Diese Entwicklung kann von der Personalarbeit begleitet werden (→Interkulturelle Personalentwicklung).

Abbildung 2: Entwicklung interkultureller Sensibilität (*Bennett* 2001, S. 219)

Experience of Difference →					
Denial	Defense	Minimization	Acceptance	Adaptation	Integration
Ethnocentric Stages			Ethnorelative Stages		

Die ersten drei Hauptstadien des Ethnozentrismus drücken ein stark auf die eigene Kultur bezogenes Verhalten aus. Die betroffene Person hat dabei bestimmte vorgefasste, absolute Meinungen:

1. *Denial* (Leugnen): Ist die offensichtlichste Form des Ethnozentrismus. Die Existenz kultureller Unterschiede wird verneint. In diesem Stadium befinden sich meist Personen, die keinen oder nur sehr eingeschränkten Kontakt zu fremden Gesellschaften haben, also auch wenig Vorstellung und Erfahrung darüber besitzen, dass Menschen aus anderen Gesellschaften andere Werte, Denk- und Arbeitsweisen aufweisen.

2. *Defense* (Abwehr): Zeichnet sich durch offene Ablehnung der kulturellen Unterschiede aus, die als bedrohlich eingestuft werden. Die offene Abwehr findet sich in negativen Stereotypen, die zum Beispiel gegenüber religiösen, ethnischen oder nationalen Gruppen geäußert werden, da kulturelle Unterschiede zwar erkannt, aber als bedrohlich für die eigene Kultur angesehen werden.

3. *Minimization* (Bagatellisierung): Bedeutet, dass Unterschiede ebenfalls erkannt werden, aber weder geleugnet noch abgewehrt, sondern als unbedeutend betrachtet werden; es wird auf die Gemeinsamkeiten hingewiesen. Auf diese Weise braucht die eigene Weltsicht nicht in Frage gestellt zu werden.

Die Interaktionsfähigkeit und interkulturelle Handlungskompetenz ist in den drei Stadien des Ethnozentrismus begrenzt. Die Einstellung des Ethnozentrismus muss erst durch eine Haltung größerer Offenheit und Toleranz ersetzt werden, damit die drei Stadien des Ethnorelativismus folgen können:

1. *Acceptance* (Anerkennung): Leitet zum Ethnorelativismus über. Nicht mehr die Beurteilung in negativ oder positiv steht im Vordergrund, sondern vielmehr die wertfreie Anerkennung kultureller Unterschiede im Verhalten, also in der Kommunikation und Handlung von Individuen.

2. *Adaptation* (Anpassung): Betrifft die vorsichtige Änderung der eigenen Kommunikations- und Verhaltensweisen. Dabei besteht die eigene Identität fort.

3. →*Integration* (Eingliederung): Erlaubt dem Einzelnen einen kritischen, vorurteilsfreien und konstruktiven Umgang mit kulturellen Unterschieden. Dabei werden verschiedene Aspekte von unterschiedlichen Gesellschaften in die eigene Persönlichkeitsbildung integriert.

Bennetts Modell, dessen wissenschaftliche Fundierung inzwischen anhand zahlreicher empirischer Studien unterschiedlichster Zielgruppen geprüft wurde, wie beispielsweise von *Paige et al.* (2003), bietet eine erste Orientierung, um herauszufinden, inwieweit interkulturelle Sensibilität bei den jeweiligen Zielpersonen (z. B. →Führungskräfte, die multikulturelle Teams führen) entwickelt ist. Jedoch sind die Abfolge der Stadien und die „Kulturfreiheit" bezogen auf Zielgesellschaften und Handlungssituationen diskussionswürdig.

Literatur: *Barmeyer, C. I.*: Interkulturelles Management und Lernstile, Frankfurt a. M., New York 2000. *Bennett, M.*: Developing Intercultural Competence for Global Leadership, in: *Reineke, R.-D.*; *Fussiger, C.* (Hrsg.): Interkulturelles Management, Wiesbaden 2001, S. 206-225. *Bolten, J.*: Interkulturelle Kompetenz, Thüringen 2001. *Dinges, N.*; *Baldwin, K. D.*: Intercultural Competence. A Research Perspective, in: *Landis, D.*; *Bhagat, R. S.* (Hrsg.): Handbook of Intercultural Training, London 1996, S. 106-123. *Landis, D.*; *Bhagat, R. S.* (Hrsg.): Handbook of Intercultural Training, London 1996. *Otten, M.*; *Scheitza, A.*; *Cnyrim, A.* (Hrsg.): Interkulturelle Kompetenz im Wandel. Band 1&2, Frankfurt 2007. *Paige, R. M. et al.*: Assessing Intercultural Sensitivity. An Empricial Analysis of the Hammer and Bennett Intercultural Development Inventory, in: International Journal of Intercultural Relations, 27. Jg. (2003), H. 4, S. 467-486. *Straub, J.*; *Weidemann, A.*; *Weidemann, D.* (Hrsg.): Handbuch Interkulturelle Kommunikation und Kompetenz. Stuttgart 2007. *Stüdlein, Y.*: Management von Kulturunterschieden, Wiesbaden 1997.

Christoph I. Barmeyer

Interkulturelle Mediation

Form der außergerichtlichen und vertraulichen Vermittlung in interkulturellen →Konflikten.

Die Konfliktparteien versuchen mithilfe eines neutralen Dritten, des Mediators, eine gemeinsame und tragfähige Lösung des Konflikts zu erarbeiten. Bedeutende Merkmale der →Mediation sind nach *Breuer* und *Barmeyer* (1998) freiwillige Teilnahme aller Beteiligten, die Übernahme von Eigenverantwortung und →Selbstbestimmung und das Eingehen auf Perspektiven, Bedürfnisse (→Motiv) und Interessen der Konfliktparteien.

Im Mittelpunkt der interkulturellen Mediation steht die Verdeutlichung durch den Mediator, dass nicht unbedingt Interessen-, Beziehungs- oder Machtkonflikte, sondern kulturell begründete Missverständnisse Ursache für Konflikte und Streitigkeiten sind (→Critical Incidents). Der Mediator hat somit eine Aufklärungsfunktion. Interkulturelle Mediation hat durch die Zunahme internationaler Kooperationen und Fusionen an Bedeutung gewonnen, da weder der herkömmliche – unternehmensinterne – Umgang noch der gerichtliche Eingriff (Gerichtsverfahren und Schiedsgerichtsbarkeit) mit kulturell divergierenden Sichtweisen und potenziellen Konfliktsituationen den unternehmerischen Erfordernissen gerecht wird. Die Wirtschaftsmediation ist fester Bestandteil US-amerikanischer Kooperationspraxis und führt nach *Herlyn* (2001) zu erheblicher Kosten- und Zeiteinsparung bei Streitigkeiten.

Die interkulturelle Mediation setzt nicht wie das →interkulturelle Coaching antizipativ ein, sondern dann, wenn bereits entstandene kulturell bedingte Meinungsverschiedenheiten und Konflikte perspektivisch aufzuarbeiten und zu klären sind. Der Mediator kann jedoch auch begleitend in Verhandlungs- oder Arbeits- und Teamsituationen eingreifen, um interkulturelle Konflikte zu vermeiden oder beizulegen. Schwierigkeiten der interkulturellen Mediation liegen im mangelnden →Vertrauen der Konfliktparteien, in der Auswahl des Mediators, der vorzugsweise aufgrund der geforderten Neutralität aus einer „Dritten Kultur" stammen sollte, und in den selten gemeinsam anzutreffenden fachlichen, fremdsprachlichen und interkulturellen Kompetenzen des Mediators selbst.

Literatur: *Breuer, J.*; *Barmeyer, C. I.*: Von der interkulturellen Kompetenz zur Kooperationskompetenz. Beratung und Mediation im deutsch-französischen Management, in: *Barmeyer, C. I.*; *Bolten, J.* (Hrsg.): Interkulturelle Personalorganisation, Sternenfels, Berlin 1998, S. 179–201. *Herlyn, M.-A.*: Interkulturelle Aspekte von Mediation und Dialog in der internationalen Unternmenszusammenarbeit, in: *Reineke, R.-D.*; *Fussiger, C.* (Hrsg): Interkulturelles Management, Wiesbaden 2001, S. 51–72.

Christoph I. Barmeyer

Interkulturelle Personalberatung

auf Unternehmen ausgerichtete Dienstleistung mit dem Ziel interkulturell kompetente Fach- und →Führungskräfte auszusuchen, ihre interkulturellen →Qualifikationen zu fördern und sie bei ihrer internationalen Tätigkeit fachlich zu begleiten.

Auf diese Weise wird ein wirkungsvolles, zielführendes und kulturadäquates Handeln in internationalen Arbeits- und Führungssituationen (→Situationsansatz der Führung) unterstützt, das sich wiederum auf die Zufriedenheit und den Erfolg der Fach- und Führungskräfte auswirkt. Kulturunterschiede sollen nicht nur als Ursache von Missverständnissen und Schwierigkeiten angesehen werden (→Critical Incidents), sondern als Chance für effektive, komplementäre und persönlich bereichernde Zusammenarbeit (→Interkulturelle Synergie).

Welche Tätigkeitsbereiche, Instrumente und Methoden stehen der interkulturellen Personalberatung zur Verfügung, um dieses Ziel zu erreichen? Zu nennen sind:

- →*Strategisches Personalmanagement*: →Interkulturelles Audit und →Due Diligence.
- →*Personalauswahl*: →Interkulturelles Assessment Center.
- →*Personalentwicklung*: →Interkulturelles Training und →Coaching.
- *Personalbegleitung*: →Interkulturelles Coaching und Mediation.
- *Personalentsendung*: →Interkulturelle Auslandsvorbereitung und →Reintegration.

Anforderungen und →Kompetenzen an das relativ junge Berufsbild (→Ausbildungsberufsbild) des interkulturellen Personalberaters lassen sich noch nicht klar definieren; zentral sind jedoch drei Kompetenzbereiche:

1. *Fachliche Kompetenzen* in einem oder mehreren Bereichen des Personalmanagements, wie der Strategie, der Auswahl und Rekrutierung, der Personalentwicklung oder →Auslandsentsendung sind von großer Bedeutung.
2. *Interkulturelle* und *internationale Kompetenzen*, zu denen auch die Kenntnis und Beherrschung von Fremdsprachen gehört.
3. *Lebens-* und *Managementerfahrungen*, zu denen Auslandserfahrung im Arbeits- und Unternehmenskontext gehört, das heißt Interkulturalität auch in der Praxis in Führungssituationen oder in und mit multikulturellen Teams erlebt zu haben.

Die Perspektiven dieses Tätigkeitsbereiches sind schwer einzuschätzen, weil eine positive Prognose nicht von der unvermeintlich fortschreitenden →Internationalisierung der Unternehmen abhängt, sondern von dem Maße, in dem von Entscheidungsträgern der Interkulturalität im Personalmanagement eine strategische und tragende Bedeutung zugewiesen wird.

Literatur: *Barmeyer, C. I.*: Interkulturelle Personalberatung, in: *Raff, R.*; *Brauner, D.* (Hrsg.): Berufsziel Unternehmensberater, Berlin 2003, S. 123–131.

Christoph I. Barmeyer

Interkulturelle Personalentwicklung

Aufbau, Erhalt oder Wiederherstellung eines leistungsfähigen Personals durch interkulturell ausgerichtete Aus-, Fort- und Weiterbildungsmaßnahmen.

Die interkulturelle Personalentwicklung gewinnt durch Unternehmensinternationalisierung (→Internationalisierung), →Auslandsentsendungen, Bildung multinationaler Teams, Kooperationen und Fusionen stetig an Bedeutung und orientiert sich an Personalbedarf und →Stellenbeschreibungen. *Ziel* ist die Deckung des Personalbedarfs durch Qualifikation und Angleichung der →Anforderungs- und Kompetenzprofile (→Kompetenz). Im Vordergrund interkultureller Personalentwicklung und -qualifikation steht die Entwicklung →interkultureller Kompetenz, die den international oder mit anderskulturellen Partnern arbeitenden Mitarbeitern die Erreichung der Management- und Unternehmensziele erleichtern soll. Zu den Maßnahmen, Methoden und Instrumenten interkultureller Personalentwicklung gehören nach *Bolten* (2001) →interkulturelles Assessment Center, →interkulturelles Training und →interkulturelles Coaching.

Obwohl zahlreiche Studien darauf hinweisen, dass zwischen 40 % bis 70 % aller internationalen Projekte scheitern, und vermutet wird, dass eine zentrale Ursache mangelnde interkulturelle Kompetenz der Fach- und →Führungskräfte ist, liegen keine Zahlen vor, in wie vielen Unternehmen eine systematische und professionelle interkulturelle Personalentwicklung betrieben wird. Ebenso existiert bisher keine einheitliche und genaue Einigung darüber, was genau interkulturelle Personalentwicklung ist. Dieser Zustand hat zum einen mit der Breite von Personalmanagementaufgaben und Dienstleistungen zu tun, zum anderen mit der unscharfen Abgrenzung zwischen internationalem und interkulturellem Personalmanagements (→Interkulturelles Management). Beide Gründe führen dazu, dass interkulturelle Personalentwicklung von der →Unternehmensführung häufig noch immer als strategisch nicht bedeutend eingestuft wird.

Die *Perspektiven* dieses Tätigkeitsfelds des →Personalmanagements sind schwer einzuschätzen. Eine positive Prognose hängt nicht von der unvermeidlich fortschreitenden Internationalisierung der Unternehmen ab, sondern davon, ob die Entscheidungsträger in →Organisationen der Interkulturalität eine strategische und tragende Bedeutung zuweisen. Je mehr Personalverantwortliche, Berater, Trainer oder Hochschullehrer und vor allem betroffene Manager die Wichtigkeit interkulturellen Managements erkennen, desto mehr wird die interkulturelle Personalentwicklung an Bedeutung gewinnen. Dazu können auch die abenteuerlichen und kostenintensiven Erfahrungen der Internationalisierung großer Unternehmen – wie etwa *BMW-Rover* oder *DaimlerChrysler* – beitragen.

Literatur: *Bolten, J.*: Interkulturelles Coaching, Mediation, Training und Consulting als Aufgabe des Personalmanagements internationaler Unternehmen, in: *Clermont A.* et al. (Hrsg.): Strategisches Personalmanagement in Globalen Unternehmen, München 2001, S. 909–926.

Christoph I. Barmeyer

Interkulturelle Personalführung →Interkulturelle Führung

Interkulturelle Prozesse

Austausch- und Interaktionsprozesse zwischen Personen oder →Gruppen mit unterschiedlichem kulturellen Hintergrund (→Interkulturelle Kommunikation, →Kultur).

Bei diesen Prozessen findet nicht nur eine gegenseitige Beeinflussung der Akteure statt, sondern es kann auch aufgrund unterschiedlicher Erwartungen zu Fehlinterpretationen kommen, die die →Kommunikation erschweren können. Durch den häufigen Gebrauch „interkulturell" als Schlagwort in unterschiedlichsten Kontexten in Forschung und Praxis verliert der Begriff an Kontur.

Christoph I. Barmeyer

Interkulturelle Synergie

Zusammenwirken verschiedenkultureller Elemente (z. B. Personen) mit unterschiedlichen Einstellungen, Werten, Denk- und Verhaltensweisen innerhalb eines Systems, die durch gegenseitige Verstärkung bewirken, dass die hervorgebrachten Leistungen von höherer Qualität sind als die der Summe der Einzelelemente.

Interkulturelle Synergie ist die ersehnte positive Seite von kultureller Vielfalt (→Cultural Diversity) und →Kulturdivergenz: Eine synergetische Lösung versucht nach *Moran* und *Harris* (1983), Probleme zu bewältigen, indem sie kulturelle Vielfalt als Vorteil für die →Organisation nutzt. Wie in allen komplexen Systemen kommt jedoch der →Selbstorganisation der Elemente eine große Bedeutung zu, was eine begrenzte Prognostizierbarkeit über Prozessverläufe und Erfolge oder Misserfolge impliziert.

→Synergie war im Rahmen von Fusionen der 1990er Jahre ein von →Führungskräften und Beratern inflatorisch mit großer Faszination gebrauchtes Modewort, das jedoch aufgrund meist ausbleibender Synergien seine Bedeutung verloren hat. Dabei ist das aus den Naturwissenschaften stammende empirisch belegte Konzept von Synergie in komplexen Systemen einleuchtend: Die Gesamtleistung ist größer als die Summe ihrer Teile, was populär in der Formel „2+2=5" ausgedrückt wird. Problematisch scheint eher die Übertragung auf komplexe soziale Systeme, aber auch der Mangel an systemischen und interkulturellen Kenntnissen und Methoden.

Adler (2002) schlägt bezüglich der Förderung interkultureller Synergien die Schritte

– Situationsbeschreibung,
– kulturelle Interpretation der Situation und
– Schaffung kultureller →Kreativität vor.

Außerdem stellt sie fünf grundlegende Verhaltensstrategien in interkulturellen Situationen vor, die mit unterschiedlichen Graden →interkultureller Kompetenz verbunden sind (Abbildung 1).

Bedeutend für das *Personalmanagement* ist interkulturelle Synergie insofern, als dass kulturelle Eigenarten und Unterschiede nicht nur als problematisch und als Ursache für Missverständnisse und →Konflikte (→Critical Incidents) aufgefasst werden, sondern auch als Chancen. Eine Aufgabe des Personalmanagements ist es deshalb, durch →interkulturelle Personalentwicklung kulturelle Unterschiede ins Bewusstsein zu rücken und durch die komplementäre Kombination der jeweiligen kulturimmanenten Stärken und Schwächen von Mitarbeitern wirkungsvoll und effizient zu erschließen. Es geht um die *Synchronisation* divergierender Kommunikationsformen und Denk- und Arbeitsstile, die Einfluss auf Managementprozesse haben. Unabhängig vom nötigen Know how bezüglich der Gestaltung von →Strategien, Strukturen und Prozessen, hängt die Realisierung von interkulturellen Synergien entscheidend von Kompetenzen und →Motivation der interagierenden Individuen und dem Zusammenspiel ihrer →Kulturen ab.

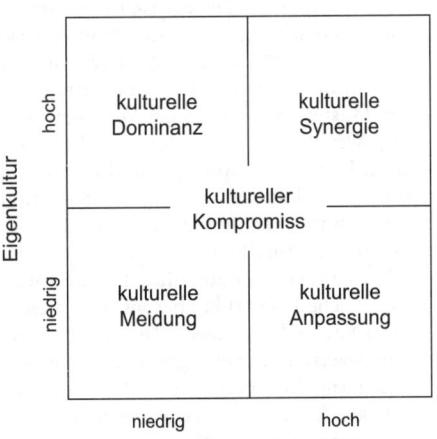

Abbildung 1: Strategien interkulturellen Handelns (*Adler* 2002, S. 125)

Literatur: *Adler, N.*: International Dimensions of Organizational Behavior, 4. Aufl., Cincinnati 2002. *Moran, R.; Harris, P.*: Managing Cultural Synergy, Houston 1983.

Christoph I. Barmeyer

Interkulturelle Teamentwicklung

systematische Maßnahmen der →interkulturellen Personalentwicklung, welche die →interkulturelle Kompetenz, →Leistungsfähigkeit und Zufriedenheit der beteiligten Mitglieder eines Teams fördern, um die Effizienz und Qualität der Teamarbeit zu optimieren.

Interkulturelle Teamentwicklung kann vorbereitend als Teambuilding stattfinden, um einen guten Gruppenstart zu fördern, oder begleitend, um bei laufenden, neu auftretenden interkulturellen Schwierigkeiten Hilfestellungen zu geben.

Da „mehr Zeit" und gesunder „Menschenverstand" nur in seltenen Fällen im Teamentwicklungsprozess eine Hilfe sind, sind gezielte Personalmanagementmaßnahmen sinnvoll, insbesondere bei kulturellen gemischten Teams.

Generell ist es, wie auch bei der monokulturellen →Teamentwicklung, sinnvoll wenn die Teammitglieder sich über ihre jeweiligen Erwartungen bezüglich der Teamarbeit austauschen. Hierzu gehört auch ein Bewusstsein über individuelle Rollen (Experte, Kommunikator, Entscheider, Ausgleicher usw.), gemeinsam akzeptierte Regeln und die klassischen Teamentwicklungsphasen *Forming, Storming, Norming, Performing* von *Tuckman* und *Jensen* (1977).

Maznevski und *DiStefano* (2000) haben herausgefunden, dass bei diversen multikulturellen Teams aufeinander aufbauende Teamaktivitäten Erfolg versprechend sind. Drei Prozess-Elemente der Teamentwicklung sind:

1. *Mapping:* In der Anfangsphase des „Teamlebenslaufs" ermitteln die verschiedenkulturellen Teammitglieder bestehende Gemeinsamkeiten und Unterschiede, die den →Teamprozess – und damit den Teamerfolg – beeinflussen können. Dieser Bewusstseinsprozess kann mithilfe kultureller Dimensionen (→Kulturdimension) wie zum Beispiel →Individualismus und →Kollektivismus oder →Machtdistanz strukturiert werden. Auf diese Weise werden Unterschiede und Gemeinsamkeiten transparent gemacht und anerkannt; nationalen →Stereotypen kann entgegengewirkt werden.

2. *Bridging:* Ist in der ersten Phase des Mappings ein Bewusstsein für Unterschiede geweckt worden, so ist es nun in der zweiten Phase wichtig, dass die Teammitglieder versuchen, diese Unterschiede durch eine gelingende →Kommunikation zu überbrücken. Dies setzt allgemein eine Kenntnis über →interkultureller Kommunikation (Wortbedeutungen, Kommunikationsstile) und die Beherrschung von Fremdsprachen, in denen das Team (→Gruppe) kommuniziert, voraus.

3. *Integrating:* Die letzte Phase hat zum Ziel, die unterschiedlichen Sichtweisen und Präferenzen, Wertorientierungen und Praktiken der Teammitglieder derart zu integrieren, dass sich neue, der →Gruppe angepasste Handlungsweisen zur Zielerreichung entwickeln. Dabei geht es nicht um die Nivellierung der Unterschiede, sondern ihre integrierende Akzeptanz.

Diese Phasen werden in Teams nicht automatisch durchlaufen, da die Teammitglieder in der Regel stark auf ihre Aufgaben und das Projektziel konzentriert sind, zwischenmenschliche interkulturelle Prozesse dagegen bleiben im Hintergrund verborgen. Aus diesem Grund sollten die drei Phasen nach *Stumpf* (2005) bewusst durch das Personalmanagement (Trainer, →Coach, Prozessberater) eingeführt werden, etwa durch Nutzung eines begleitenden Moderators oder Trainers in der Anfangsphase, oder bei Projektmitte. Neben formellen Teambildungsmaßnahmen *On-the-Job* haben informelle, organisierte Freizeitaktivitäten *Off-the-Job* einen hohen Stellenwert. Außerhalb des Arbeitskontexts kann durch sportliche oder spielerische Freizeitaktivitäten ein positives Zusammengehörigkeitsgefühl geschaffen werden.

Literatur: *Maznevski, M. L.*; *DiStefano, J.J.*: Global Leaders are Team Players: Developing Global Leaders Through Membership on Global Teams, in: Human Resource Management, (2000), 39, S. 195–208. *Stumpf, S.*: Synergie in multikulturellen Arbeitsruppen in: *Stahl, G.; Mayrhofer, W.; Kühlmann, T.* (Hrsg.): Internationales Personalmanagement, München, Mering 2005, S. 115–144. *Tuckman, B.; Jensen M.*: Stages of Small Group Development Revisited, in: Group and Organization Studies, (1977), 2, S. 419–427.

Christoph I. Barmeyer

Interkulturelle Validität

Gültigkeit und Äquivalenz der Messung von Konstrukten in unterschiedlichen Kulturräumen.

Allgemein stellt die →*Validität* ein →Gütekriterium einer Messung dar und bezieht sich auf die Frage, ob man mit einem bestimmten Messinstrument tatsächlich das Konstrukt misst, das man erfassen will. Validität liegt vor, wenn Messwerte das theoretisch definierte Merkmal tatsächlich repräsentieren oder abbilden. Interkulturelle Validität beziehungsweise *Interkulturelle Datenäquivalenz* liegt vor, wenn die Messinstrumente in verschiedenen kulturellen Kontexten äquivalente Messungen der gleichen Konstrukte darstellen. Ist dies nicht sichergestellt, können interkulturelle Unterschiede zwischen den Messwerten entweder tatsächliche Differenzen zwischen den Ländern in Bezug auf das erfasste Konstrukt darstellen oder aber eine systematische Verzerrung (Bias), die auf einem unterschiedlichen Antwortverhalten in Bezug auf die Skalenitems bei Respondenten aus verschiedenen Kulturgebieten basiert.

Damit die entsprechenden Vergleiche also bedeutsam sind, müssen die →Skalen, die eingesetzt werden um theoretische Konstrukte zu erfassen, interkulturell valide sein.

In Bezug auf die interkulturelle Validität werden heute meist in Anlehnung an *Craig* und *Douglas* (2005) mindestens zwei Ebenen unterschieden:

1. *Konstruktäquivalenz* bezieht sich auf die kulturspezifische beziehungsweise kulturübergreifende Bedeutung psychologischer Konstrukte. Hier bewegt sich die interkulturelle Forschung in einem Spannungsfeld. Zu einem bestimmten Ausmaß ist jede →Kultur zum Beispiel durch ein einzigartiges Muster soziokultureller Verhaltensmuster, Werte und Einstellungen charakterisiert. Bestimmte Konzepte und Konstrukte sind also kulturspezifisch. Andere Konzepte sind eher kulturübergreifend. Folgt die interkulturelle Forschung einem *emischen* Ansatz, bedeutet dies, dass sie kulturspezifische Konstrukte betont. Der wesentliche Nachteil liegt darin, dass länder- beziehungsweise kulturübergreifende Vergleiche schwierig sind. Folgt die Forschung einem *etischen* Ansatz, wird angestrebt, universale Konzepte und Konstrukte zu identifizieren und zu erfassen. Die daraus resultierende Vereinfachung der kulturvergleichenden Forschung geht allerdings zu Lasten der Präzision der Beschreibung der Phänomene in den einzelnen Kulturkreisen.

2. Besteht Konstruktäquivalenz, ist im nächsten Schritt über *Messäquivalenz* zu befinden. Diese bezieht sich darauf, ob die operationale Messung zu Ergebnissen führt, die äquivalent in den verschiedenen kulturellen Kontexten sind. Zunächst können bei Untersuchungen in unterschiedlichen Sprachräumen Verzerrungen durch Übersetzungen des →Fragebogens auftreten. Verfahren der

unabhängigen Übersetzung und Rückübersetzung der Skalen, mit anschließendem Vergleich der beiden Varianten zur Vermeidung dieses Problems, sind heute in der interkulturellen Forschung Standard. Darüber hinaus sind unterschiedliche Facetten der Messäquivalenz zu überprüfen. Die *konfigurale Invarianz* beruht darauf, dass die Struktur eines Messinstruments durch die Ladung unterschiedlicher Variablen auf diesem Messinstrument gegeben ist. Zur Überprüfung der konfiguralen Invarianz wird die interkulturelle Ähnlichkeit der Ladungsmuster überprüft. Die *metrische Invarianz* bezieht sich auf die interkulturelle Vergleichbarkeit von Differenzen zwischen intervallskalierten Daten, während erst die noch strengere *skalare Invarianz* konkrete Mittelwertvergleiche zwischen den Kulturen erlaubt. Skalare Invarianz impliziert, dass interkulturelle Unterschiede in den Mittelwerten der beobachteten Variablen tatsächlich auf die entsprechenden Unterschiede in den zugrunde liegenden Konstrukten zurückzuführen sind (*Bensaou, Coyne* und *Venkatraman* 1999).

Die erwähnten und weitere Formen der Messäquivalenz können mithilfe der konfirmatorischen →Faktorenanalyse im Rahmen von Multigruppen-Kausalanalysen überprüft werden. *Steenkamp* und *Baumgartner*; (1998) haben hierfür ein mittlerweile zum Standard gewordenes Vorgehen empfohlen.

Literatur: *Bensaou, M.*; *Coyne, M.*; *Venkatraman, N.*: Testing Metric Equivalence in Cross-National Strategy Research: An Empirical Test Across the United States and Japan, in: Strategic Management Journal, 20. Jg. (1999), H. 7, S. 671–689. *Craig, C. S.*; *Douglas, S. P.*: International Marketing Research, 3. Aufl., West Sussex 2005. *Steenkamp, J.-B.*; *Baumgartner, H.*: Assessing Measurement Invariance in Cross-National Consumer Research, in: Journal of Consumer Research, 25. Jg. (1998), H. 1, S. 78–90.

Dirk Morschett

Interkulturelles Assessment Center (IAC)

dient der Auswahl und Entwicklung von Fach- und →Führungskräften, die internationale Tätigkeiten übernehmen sollen.

Die hohe Abbrecherquote von Auslandseinsätzen lässt zum einen darauf schließen, dass bei Auswahlentscheidungen in erster Linie nur die fachliche →Kompetenz des Mitarbeiters berücksichtigt wird, dagegen weniger die Einstellungen und Fertigkeiten, die für den Umgang mit fremden Lebens- und Arbeitsbedingungen wichtig sind. Letztere werden oft mit dem Stichwort →interkulturelle Kompetenz umschrieben. Zum anderen lassen Instrumente zur Erfassung der Auslandseignung (→Eignung) wie →Fragebögen und (un-)standardisierte →Interviews nur wenig valide und objektive Aussagen über die Auslandseignung des zu entsendenden Mitarbeiters zu. Somit rückt nach *Deller* (2000) sowie *Kühlmann* und *Stahl* (1998) das interkulturelle Assessment Center in den Interessenmittelpunkt international arbeitender Personalabteilungen und -berater, da es aufgrund des ganzheitlichen Konzepts eines interaktionistischen Ansatzes eine höhere Prognosequalität aufweist als ein „klassisches" Auswahlgespräch.

Im Falle des *Auswahl-IAC* wird geprüft, inwieweit die für den internationalen Auslandseinsatz nötige interkulturelle Kompetenz vorhanden ist, im Falle des *Entwicklungs-IAC* soll interkulturelle Kompetenz geprüft und anhand von Übungen gefördert und weiterentwickelt werden.

Die Struktur, also Aufbau, Durchführung und →Evaluation des interkulturellen Assessment Centers, orientiert sich an klassischen, monokulturellen →Assessment Centern: Die Assessoren beobachten und bewerten mithilfe von →Skalen das Verhalten (→Behaviorismus) der Kandidaten über einen längeren Zeitraum anhand von definierten Anforderungsmerkmalen, etwa in Selbstvorstellungen, Rollenspielen oder Gruppendiskussionen. Allerdings kommen zu den psychologischen und personalwirtschaftlichen Elementen interkulturelle hinzu, was die →Komplexität des interkulturellen Assessment Centers und die Anforderungen an die Assessoren erhöht. Um ein gemeinsames Urteil zu finden, werden im Anschluss an das interkulturelle Assessment Center die →Beobachtungen und Bewertungen der einzelnen Assessoren verglichen und diskutiert.

Bezogen auf Interkulturalität stellt sich die kritische Frage, inwieweit die am Markt angebotenen interkulturellen Assessment Center tatsächlich interkulturell ausgerichtet sind. Zu unterscheiden sind Inhalt und Durchführung:

- Beim *Inhalt* geht es um die Konzeption und Erstellung von Übungen, die Aussagen über interkulturelle Handlungskompetenz (wie etwa →Ambiguitätstoleranz, →Empathie, →Ethnorelativismus) machen sollen. Sie müssen also inhaltlich anders gestaltet sein als monokulturelle Übungen. In der Praxis werden häufig bereits vorhandene Übungen →interkultureller Trainings genutzt und modifiziert, wie Culture Assimilator (→Kultur-Assimilator), →Critical Incidents und Interaktionsübungen.

- Bei der *Durchführung* können zum einen die eigen- und anderskulturellen Teilnehmer durch ihr kulturspezifisches Verhalten untereinander zur Interkulturalität beitragen, zum anderen auch die Assessoren – falls sie aus unterschiedlichen Ländern stammen – durch ihre Perspektive, spezifische Wahrnehmung, Interpretation und Beurteilung der Kandidaten.

Bei welcher Konstellation sich ein interkulturelles Assessment Center interkulturell nennen darf, ist nicht präzisiert. Sollen valide Ergebnisse erreicht werden, sollten beide Ebenen, Inhalt und Durchführung, interkulturell ausgerichtet sein, insbesondere die Assessoren sollten aus unterschiedlichen, die Zielkulturen betreffenden Ländern stammen und selbst hervorragende Fremdsprachen- und Kulturkenntnisse aufweisen.

Trotz der großen Nachfrage gibt es auf dem Markt nur wenige Anbieter, da es sich um ein komplexes, aufwendig zu organisierendes, kosten- und personalintensives Verfahren handelt. Die Durchführung erfolgt häufig auf heterogene Weise (i.d.R. eine Aneinanderreihung von Übungen), und nur wenige wissenschaftliche Untersuchungen beschäftigen sich bisher mit dem interkulturellen Assessment Center. Die Güte eines interkulturellen Assessment Centers (Qualität der Konzeption der Übungen, Kompetenzen der Assessoren) hängt entscheidend davon ab, wie viel Bedeutung das betroffene Unternehmen interkultureller Kompetenz beimisst und wie viel es dementsprechend zu investieren bereit ist. Innovativ und preisgünstig sind internetgestützte interkulturelle Assessment Center, die allerdings andere Formen der →Interaktion und neue Schwierigkeiten der Evaluation hervorbringen.

Literatur: *Deller, J.*: Interkulturelle Eignungsdiagnostik. Zur Verwendbarkeit von Persönlichkeitsskalen, Waldsteinberg 2000. *Kühlmann, T. M.; Stahl, G. K.*: Diagnose interkultureller Kompetenz: Entwicklung und Evaluierung eines Assessment Centers, in: *Barmeyer, C. I.; Bolten, J.* (Hrsg.): Interkulturelle Personalorganisation, Sternenfels, Berlin 1998, S. 213–224.

Christoph I. Barmeyer

Interkulturelles Audit

Begutachtung und Prüfung eines Unternehmens in Bezug auf seine (national- und organisations-)kulturellen Managementmerkmale und Eigenschaften.

Im Rahmen der Internationalisierungsprozesse (→Internationalisierung) von Unternehmen, wie etwa durch Kooperationen, Joint Ventures oder Fusionen, besteht die Notwendigkeit, eine klare und ganzheitliche →Personalstrategie zu definieren, die im Einklang mit der, beziehungsweise den →Organisationskultur(en) und den notwendigen Veränderungsprozessen steht. Bei der hierzu notwendigen kritischen Bestimmung der Ausgangslage und dem Definieren von Strategien und Zielen ist es wichtig, nicht nur die fachlichen, sondern auch die interkulturellen und fremdsprachlichen →Kompetenzen der Mitarbeiter zu analysieren, evaluieren (→Kultureller Fit) und gezielt zu fördern (→Interkulturelle Personalentwicklung) oder neue Mitarbeiter einzustellen, die diese Kompetenzen bereits mitbringen (→Interkulturelles Assessment Center). Theorie und Praxis von interkulturellem Audit und →Due Diligence befinden sich noch am Anfang, obwohl Bedarf besteht, wie es die Vernachlässigung kultureller Faktoren und der einhergehende Misserfolg internationaler Kooperationen und Fusionen immer wieder aufs Neue bestätigen. Die Operationalisierung weicher kultureller Faktoren ist nach wie vor schwierig (→Etic-Ansatz).

Das →Personalmanagement spielt beim interkulturellen Audit eine zentrale Rolle, da es erst um die Erfassung, Analyse und dann um eine eventuelle →Integration von unterschiedlichen Unternehmenskulturen und Managementpraktiken geht. *Evans, Pucik* und *Barsoux* (2002) schlagen zur Erfassung und Analyse divergierender internationaler Personalmanagementpraktiken die Elemente

– Kommunikationsstile (formell vs. informell),

– hierarchische Orientierung (starr vs. flexibel),

– Kontrollmechanismen (stark vs. lose).

– Art der Konfliktlösung (explizit vs. implizit),

- Gehaltsorientierung (Marktwert vs. interner Wert),
- Performance Management (offen vs. versteckt) sowie
- Karriere-Entwicklung (Geschlecht, kulturelle Herkunft, Religion, Alter, →Qualifikation)

vor, die helfen, den →kulturellen Fit zwischen →Organisationen oder Abteilungen zu beurteilen). Bei der Analyse dieser Personalmanagementpraktiken geht es weniger darum, aufgrund einer großen Schnittmenge den „perfekten Partner" zu finden, als vielmehr potenzielle Divergenzen, die entweder überwunden werden können, oder aber ein zu großes Hindernis für eine eventuelle Fusion darstellen und auf der Basis des organisationskulturellen und landeskulturellen Kontexts zu verstehen.

Literatur: *Evans, P.; Pucik, V.; Barsoux, J.-L.:* The Global Challenge. Frameworks for International Human Resource Management, New York 2002. *Goffee, R.; Jones, G.:* The Character of Corporations. How your Company's Culture Can Make or Break Your Business, New York 1998. *Strähle, J.* (Hrsg.): Interkulturelle Mergers & Acquisitions, Sternenfel, Berlin 2003.

Christoph I. Barmeyer

Interkulturelles Coaching

individualisierte und prozesshafte Personalentwicklungsmaßnahme mit dem Ziel, eine Person für landeskulturelle Unterschiede zu sensibilisieren und ihr Kenntnisse (→Qualifikation) über Zielkulturen zu vermitteln.

Durch ein interkulturelles Coaching sollen Kulturunterschiede nicht nur als Ursache von Missverständnissen und Schwierigkeiten (→Critical Incidents), sondern als Chance für effektive und komplementäre Zusammenarbeit (→Interkulturelle Synergie) gesehen werden. Interkulturelles Coaching kann nach *Barmeyer* (2002) und *Rosinski* (2003) vorbereitend, begleitend – etwa in Krisensituationen als problem- und emotionsorientierte Beratung – oder nachbereitend erfolgen. Dabei stehen nach *Kinast* (2003) die Verarbeitung von Erfahrungen und die dialogische, interaktive Erarbeitung von sinnvollen Handlungsstrategien im Vordergrund.

Die zunehmende Bedeutung von →Coaching als Form beratender Intervention in internationalen Kontexten begründet sich durch die Nachfrage international arbeitender →Führungskräfte, in diskreter Weise mit neutralen, jedoch fachkundigen Menschen an neutralen Orten über nicht verarbeitete und oft unverständliche Erfahrungen sprechen zu können. Dies hilft, auftretende →Konflikte zu überdenken, potenzielle Schwierigkeiten leichter zu lösen und zukünftige Entscheidungen schneller zu treffen. Dabei ist es häufig der Leidensdruck, das Unausgesprochene, Unverstandene, das die internationale Führungskraft veranlasst, einen Berater oder →Coach zu kontaktieren. Häufige Anlässe zum interkulturell ausgerichteten Coaching können →Stress, akute Krisen oder Unzufriedenheit im →Beruf sein, ausgelöst durch Sprachprobleme oder divergierende Denk- und Arbeitsstile der anderskulturellen Mitarbeiter und Kollegen.

Coaching erfolgt organisationsintern oder -extern, als begleitende und innovative →Persönlichkeitsentwicklung oder als Mitarbeiter-Coaching. Beim →Einzel-Coaching sind zwei Personen beteiligt, es existieren jedoch auch Formen des →Gruppen-Coachings. Der Coach ist vorzugsweise ein externer Berater, der dem Klienten (→Coachee) hilft, beruflich Bedeutsames zu erörtern, zu klären oder zu lernen. Der Coach soll beim Verständnisprozess strukturierend und beratend helfen, nicht aber konkrete Handlungsempfehlungen geben, denn diese hat der Coachee – entsprechend seiner Persönlichkeit und den Situationskontexten – selbst zu finden. Anders als in Form von „How-to-do"-Ratschlägen, die Sichtweisen und die Vielfalt interkultureller Handlungssituationen einschränken, Vorurteile bestätigen und damit die Zusammenarbeit erschweren, kann der Coach mögliche Wege zeigen, die weit besser der Persönlichkeitsstruktur des Coachees entsprechen und damit effektiver, da authentischer sind.

Generell ist das Anforderungsprofil (→Anforderungsanalyse) des interkulturell ausgerichteten Coachs ähnlich gelagert wie das eines intrakulturell arbeitenden Coachs. Jedoch wird zusätzlich eine profunde Kenntnis kultureller Systeme, ihrer Interaktionen sowie landeskundliches Wissen über die entsprechenden (Ziel-) Gesellschaften verlangt (→Interkulturelle Kompetenz).

Nachteilig ist, dass interkulturelles Coaching mehr Zeit und Geld beansprucht als →interkulturelles Training. Es weist jedoch gegenüber interkulturellen Trainingsmaßnahmen folgende Vorteile auf: Es fördert verstärkt die arbeitsbezogene Selbstreflexion, es kann durch seine dialogische Form auf die spezifischen Bedürfnisse und Fragen des Coachees eingehen und ist somit persönlicher, zeitsparender und effizienter; es kann punktuell und begleitend erfolgen sowie diskret, zum Beispiel außerhalb des Unternehmens, stattfinden. Außerdem hat der Coach als neutraler Dritter eine objektivere Sicht der Dinge und kann Denkanstöße und Lösungsansätze geben.

Literatur: *Barmeyer, C. I.*: Interkulturelles Coaching, in: *Rauen, C.* (Hrsg.): Handbuch Coaching, Göttingen 2002, S. 199–231. *Kinast, E.-U.*: Interkulturelles Coaching, in: *Thomas, A. et al.* (Hrsg.): Handbuch Interkulturelle Kommunikation und Kooperation, Bd. 1, Göttingen 2003, S. 217–226. *Rosinski, P.*: Coaching Across Cultures, London, 2003.

Christoph I. Barmeyer

Interkulturelles Handeln

Untersuchungsbereich der Sozialpsychologie, der die →Interaktion zwischen Beteiligten aus unterschiedlichen →Kulturen behandelt.

Bei *interkulturellen Begegnungen* kommt es zu einer „Überschneidungssituation", da sich die Person zu gleicher Zeit sowohl in der eigenen als auch in der anderen Kultur befindet: Von der einen Kultur ist sie geprägt, die andere erlebt sie. In einer kulturellen Überschneidungssituation entsteht ein Paradox: Es wird eine Anpassungsleistung in einer Situation erforderlich, in der man sich zugleich auch der eigenen Gruppenzugehörigkeit besonders bewusst wird.

Eine Person kann sowohl die eigene kulturelle Geprägtheit kritisch reflektieren als auch versuchen, sich in die Lage der Angehörigen einer fremden Kultur hineinzuversetzen. Dieses erhöhte Verständnis für die andere Kultur wird von der interkulturell kompetenten Person in ein dieser Kultur angemessenes Denken, Fühlen und Handeln umgesetzt.

Um interkulturelle Begegnungen und ihre besonderen Schwierigkeiten zu verstehen, wurde der Begriff des →*Kulturstandards* geprägt. Unter Kulturstandards werden die zentralen Merkmale des je kulturspezifischen Orientierungssystems verstanden. Dies bezieht sich auf die Wahrnehmung, das Denken und Handeln. Kulturstandards werden von den meisten Mitgliedern einer bestimmten Kultur für sich persönlich und andere als normal und verbindlich angesehen. Kulturstandards werden nach erfolgreicher →Sozialisation nicht mehr bewusst erfahren, sondern vor allem erst im Kontakt mit Personen, die in einer anderen Kultur aufgewachsen sind, wie *Thomas* (1996) bemerkt.

Durch die Konfrontation mit einer anderen Kultur werden nach *Kühlmann* und *Stahl* (2001) auch die Besonderheiten der eigenen kulturellen Orientierungsmuster und Werte wieder in das Bewusstsein gerückt. Für Unternehmensmitarbeiter, die zum Beispiel im Rahmen einer →Auslandsentsendung in einer Tochtergesellschaft tätig sind, kommt das Problem hinzu, dass sie im Rahmen einer fremden Kultur und gegenüber kulturfremden Mitarbeitern die Ziele ihrer Unternehmen vertreten und ihre →Arbeitsaufgabe wahrnehmen müssen.

Bei interkulturellen Begegnungen sind Missverständnisse und Irritationen dann die Folge, wenn das eigene kulturspezifische innere Abbild der Umwelt nicht mit dem Modell des Interaktionspartners übereinstimmt. Die vertrauten psychologischen Mechanismen werden durch fremde und unverständliche ersetzt, und es kann ein →Kulturschock ausgelöst werden. Unter Kulturschock wird ganz allgemein verstanden, dass es zu Anpassungsschwierigkeiten kommen kann. Die Ursachen können sowohl in Merkmalen der Person als auch in der Situation liegen.

Ethnozentrische Denk- und Handlungsweisen führen zu einer negativen Bewertung typischer Denk- und Handlungsweisen von Mitgliedern der Gastkultur, da die aus der (eigenen) Heimatkultur bekannten Orientierungsmuster als einzig richtig angenommen werden. Das sich hieraus ergebende Streben nach Dominanz verhindert eine echte →Kooperation. Erfolgt aufgrund von Unsicherheit oder zu wenig Informationen ein zu starker Rückgriff auf →Stereotype, das heißt vereinfachte Urteilsbildungen, können in kritischen Situationen individuelle Unterschiede zwischen Personen nicht mehr wahrgenommen werden. Dies verhindert flexibles situations- oder personenbezogenes Verhalten. Eine nicht vorhandene Metakommunikation führt dann, wie *Bolten* (1999) zu Bedenken gibt, bei fehlendem Bewusstsein über kulturelle Ursachen zu Missverständnissen.

Im Falle interkultureller Zusammenarbeit können kulturelle Divergenzen als Handlungsbarrieren wirken und die gegenseitige Verständigung erschweren, sie können aber auch als leistungsförderliches Potenzial erkannt werden und synergetische Effekte bewirken. Für eine effiziente Auslandsentsendung bedarf es motivierter und interkulturell kompetenter Fach- und →Führungskräfte, die sich ihrer kulturellen Gebundenheit bewusst sind und die es verstehen, mit den Ambivalenzen zwischen heimischen Unternehmenszielen und fremdkulturellen Anforderungen effizient umzugehen. Dabei ist es auch wichtig, dass eine Auslandsentsendung ebenso wie die Betreuung ausländischer Mitarbeiter in ein stimmiges Personal- und Organisationsentwicklungsprogramm des Unternehmens eingebettet ist.

Problembereiche interkultureller Begegnungen im Arbeitsleben sind Unterschiede in der Führung von Mitarbeitern (→Mitarbeiterführung), der Arbeitsmotivation (→Motivation), bei Verhandlungsstilen, Zeitkonzepten und Raumverhalten in unterschiedlichen kulturellen Kontexten.

Literatur: *Bolten, J.*: Interkultureller Trainingsbedarf aus der Perspektive der Problemerfahrungen entsandter Führungskräfte, in: *Götz, K.* (Hrsg.): Interkulturelles Lernen/Interkulturelles Training, München, Mering 1999, S. 61–80. *Kühlmann, T. M.*; *Stahl G. K.*: Problemfelder des internationalen Personaleinsatzes, in: *Schuler, H.* (Hrsg.): Lehrbuch der Personalpsychologie, Göttingen 2001, S. 533–558. *Thomas, A.*: Psychologie interkulturellen Handelns, Göttingen 1996.

Erika Spieß

Interkulturelles Interface

interkultureller Mediator, Mittler oder Schnittstelle.

Das Interface ist Teil eines oder mehrerer Systeme und ermöglicht →Kommunikation und Austausch. Es vermittelt bewusst oder unbewusst zwischen Personen und →Organisationen, die aus mindestens zwei unterschiedlichen kulturellen Systemen stammen; dies setzt Bekanntheit und Vertrautheit mit mehreren Systemen, ihren inhärenten Bedeutungen, Regeln und Logiken voraus. Typische Interface-Aufgaben führen zum Beispiel Übersetzer, Sekretärinnen, Assistenten oder Auslandsentsandte (vor allem Geschäftsführer oder Leiter, die in den Tochtergesellschaften arbeiten) aus. Diese Personen nehmen verschiedene Perspektiven ein und „vermitteln" ständig zwischen Standpunkten und Meinungen und „übersetzen" →Informationen so, dass sie beim Empfänger des anderen Systems verstanden werden. Das Interface kann eine beratende und vermittelnde Funktion einnehmen, um →Konflikte und Missverständnisse (→Critical Incidents), die sich aus unterschiedlichen Denk-, Kommunikations- und Arbeitsweisen ergeben, zu vermindern oder zu verhindern, um zu einer wirkungsvollen und zielführenden interkulturellen Zusammenarbeit beizutragen.

Literatur: *Barmeyer, C. I.*: Interkulturelle Qualifikationen im deutsch-französischen Management kleiner und mittelständischer Unternehmen, St. Ingbert, 1996.

Christoph I. Barmeyer

Interkulturelles Lernen

Erfahrungslernen durch Leben in ausländischen →Kulturen, bei Personen, die ins Ausland gingen und dort selbstständiger und selbstbewusster wurden.

Der interkulturelle →Lernprozess kann auch als phänomenologisches Stufenmodell verstanden werden, das allerdings noch nicht empirisch fundiert ist. Demnach erfolgt nach *Bennett* (1998) die Entwicklung zu einer interkulturellen Sensitivität über sechs Entwicklungsstufen:

1. Die kulturellen Unterschiede werden verleugnet.
2. Es erfolgt eine Abwehr dieser Unterschiede.
3. Die Unterschiede werden zwar wahrgenommen, jedoch eher minimiert. Hier befinden sich die Menschen noch im ethnozentrischen Stadium, nach dem die eigene Kultur der einzige Maßstab für die Beurteilung menschlichen Verhaltens ist.
4. Mit Beginn des ethnorelativen Stadiums kommt es zur Akzeptanz der kulturellen Unterschiede.
5. Die Unterschiede werden auf Stufe fünf adaptiert.
6. Es erfolgt die →Integration der Unterschiede. Dies bedeutet, es herrscht also Verständnis, Akzeptanz und Wertschätzung für fremde Kulturen vor.

Mit Stufe sechs findet man sich in unterschiedlichen Kulturen zurecht und kann problemlos mit kulturfremden Interaktionspartnern kooperieren.

Literatur: *Bennett, M. J.*: Intercultural Communication: A Current Perspective, in: *Bennett, M.* (Hrsg.): Basic Concepts of Intercultural Communication: Selected Readings, Yarmouth, Maine 1998, S. 1–34.

Erika Spieß

Interkulturelles Management

Forschungs- und Praxisfeld, das die Unterschiede und Gemeinsamkeiten von Mitarbeitern verschiedener kultureller Zugehörigkeit im Rahmen unternehmerischer und interpersonaler →Interaktionen behandelt.

Diese Unterschiede und Gemeinsamkeiten werden im Rahmen von Managementaktivitäten anhand von Wahrnehmungs- und Gefühlsmustern, →Grundannahmen, Denkhaltungen und Arbeitsweisen deutlich, wie *Holden* (2002) und *Kumar* (1995) bemerken. Es ist von Bedeutung, dass aufgrund unterschiedlicher kultureller Prägungen dieselben Situationen von den Handelnden anders *wahrgenommen*, *erlebt* und *interpretiert* werden und zu divergierenden Positionen und Verhaltensweisen führen.

Ist der Einfluss der kulturellen Divergenz *positiv*, so können →interkulturelle Synergien erreicht werden, ist er *negativ* und kommt es zu kulturell bedingten Missverständnissen, handelt es sich um →Critical Incidents. Dabei stellt sich die Frage, ob die eigenen Lösungsmuster im Rahmen der interkulturellen Interaktion gültig sind oder angepasst werden müssen, um die angestrebten Ziele zu erreichen (→Interkulturelle Integration). In diesem Sinne stehen menschliche Kommunikations- und Interaktionsprozesse und ihre Wirkung beim Gegenüber im Mittelpunkt.

Die interkulturelle Managementforschung hat sich aus der kulturvergleichenden Managementforschung entwickelt (Cross Cultural Research). Dabei muss nach *Holzmüller* (1995) folgendes unterschieden werden:

- Die *kulturvergleichende Managementforschung* beschäftigt sich besonders mit der Führung von Unternehmen unter Einfluss der Variable Kultur und der Übertragung von Managementmethoden und -techniken, welche die Organisation, die →Mitarbeiterführung und -motivation (→Motivation) betreffen. Es wird unter anderem untersucht, worin sich diese Managementmethoden unterscheiden, also inwieweit Gemeinsamkeiten und Unterschiede bestehen, und inwieweit eine Übertragung auf andere kulturelle Bedingungen und Institutionen (→Kulturtransfer) effizient verlaufen kann.
- Im Gegensatz hierzu untersucht die *interkulturelle Managementforschung* explizit interaktionistische Aspekte von Managern unterschiedlicher Gesellschaften in und zwischen Unternehmen.

Häufig wird der Begriff „interkulturell" verwendet, obwohl eigentlich „kulturvergleichend" gemeint ist. Kulturvergleichende Forschung, solange sie kulturelle Merkmale von Untersuchungseinheiten unterschiedlicher Gesellschaften betrachtet, nicht aber ihre Interaktion oder Interkommunikation untersucht, ist laut Definition nicht interkulturell, sondern vergleichend. Übersicht 1 verdeutlicht diese grundlegenden Unterschiede der beiden Gegenstandsbereiche.

Übersicht 1: Kulturvergleichendes und Interkulturelles Management (*Barmeyer* 2000, S. 117)

Kulturvergleichendes Management	Interkulturelles Management
kontrastive Gegenüberstellung von Unternehmens- und Managementmerkmalen mehrerer Gesellschaften oder Gruppen	zwischenmenschliche Interaktion von Managern unterschiedlicher kultureller Systeme
Suche und Analyse von Gemeinsamkeiten und Unterschieden	Suche und Analyse von Problemen und Synergiepotenzialen der Interaktion
Spezifika kultureller Systeme	Prozess der Interaktion

Literatur: *Barmeyer, C. I.*: Interkulturelles Management und Lernstile, Frankfurt a. M., New York 2000. *Holden, N.*: Cross-Cultural Management. A Knowledge Management Perspective, Harlow 2002. *Holzmüller, H. H.*: Konzeptionelle und methodische Probleme in der interkulturellen Management- und Marketingforschung, Stuttgart 1995. *Kumar, B. N.*: Interkulturelles Management, in: *Corsten, H.*; *Reiß, M.* (Hrsg.): Handbuch Unternehmensführung, Wiesbaden 1995, S. 684–692.

Christoph I. Barmeyer

Interkulturelles Training

Aus- und Weiterbildungsmaßnahme der →interkulturellen Personalentwicklung mit dem Ziel, bei Fach- und →Führungskräften ein Bewusstsein für kulturelle Unterschiede zu wecken.

Interkulturelles Training soll nach *Bolten* (1995) gleichzeitig Fertigkeiten zur konstruktiven Anpassung und zum wirkungsvollen Handeln unter anderskulturellen Bedingungen und internationalen Veränderungsprozessen fördern. Hauptziel ist – basierend darauf, dass →interkulturelle Kompetenz erlernt werden kann – auf der Mitarbeiterebene die Entwicklung interkultureller (Handlungs-)Kompetenz und auf Unternehmensebene die Minimierung oder Vermeidung von Kosten gescheiterter →Auslandsentsendungen oder multikultureller Teamarbeit.

Die ersten interkulturellen Trainings entstanden in den USA, wie *Landis* und *Bhagat* (1996) konstatieren. Sie werden zunehmend in veränderter und angepasster Form in Europa eingesetzt (Cross Cultural Research). In Forschung und Praxis wächst das Interesse an interkulturellem Training. So haben viele deutsche Unternehmen durch die →Internationalisierung deren Bedeutung erkannt, etwa im Rahmen der Auslandsvorbereitung (→Interkulturelle Auslandsvorbereitung) von Fach- und Führungskräften oder der Bildung und Begleitung von →multikulturellen Teams.

Interkulturelle Trainings können *kulturallgemein* sein, also zum Ziel haben, ein generelles Bewusstsein für kulturelle Unterschiede zu wecken. Des Weitern können →Trainings *kulturspezifisch* sein, das heißt, besondere Merkmale einer →Kultur, zum Beispiel USA oder Italien, darstellen. Konzeptionell und inhaltlich sind interkulturelle Trainings nach *von Helmolt* und *Müller* (1993) Kombinationen aus den Erkenntnissen der allgemeinen Trainingsforschung und der interkulturellen Forschung.

Trainingsinhalte sind Kulturbewusstsein über Denken und Handeln, Interkulturalität, →kulturelle Stereotypen, Wertorientierungen, →interkulturelle Kommunikation und →Critical Incidents, Umgang mit Raum (→Proxemik) und Zeit (→Monochronie, →Polychronie), Managementstile sowie Führung (→Mitarbeiterführung). Es empfiehlt sich, die Trainingsinhalte zielgruppenspezifisch (Fachkräfte, Führungskräfte) oder funktions-/aufgabenspezifisch (Vertrieb, Personal, Strategie) anzupassen.

Trainingsmethoden (→Training) können eher wissensorientiert sein und zielen durch den Einsatz von Vorträgen, Texten und Filmen auf eine Vermittlung von →Wissen über das anderskulturelle System ab. Erlebnisorientierte Trainingsmethoden dagegen basieren auf der Annahme, dass die Trainingsteilnehmer auch emotionale Erfahrungen in laborähnlichen Handlungssituationen machen sollten, um ein anderes kulturelles System zu verstehen. Hierbei kommen Rollenspiele (→Kommunikations- und Rollenspiele), Simulationen, →Unternehmensplanspiele, Selbsterfahrungsübungen und Diskussionen zum Einsatz. In der Regel kombinieren interkulturelle Trainings wissens- und erlebnisorientierte Methoden. Es existieren unterschiedlichste Trainingsmethoden, die aufgrund zunehmender Multimedia-Entwicklungen noch vielfältiger und differenzierter werden, wie →Culture Awareness, →Kultur-Assimilator, →Kulturstandards oder interkulturelle Plan- und Verhandlungsspiele wie zum Beispiel Albatross, Bafa Bafa, Barnga, Diversophy, Ecotonos, Interact – Interkulturelles Verhandlungstraining. In der Regel wird ein Methoden-Mix hinsichtlich der Bedürfnisse (→Motiv), Kenntnisse (→Qualifikation), Erfahrungen und Lernstile der Teilnehmer vorgenommen.

Die *Trainingsdauer* beträgt einen oder mehrere Tage, wobei davon auszugehen ist, dass die Dauer des Trainings einen Einfluss auf dessen Wirksamkeit hat. Ein einzelner Tag – wie er aus Zeitgründen häufig von den Fach- und Führungskräften gewünscht wird – ist in der Regel zu kurz, wenn wenig Vorwissen und Vorerfahrung über die Zielkultur vorhanden sind.

Die Teilnehmer stammen entweder aus einem (monokulturell), zwei (bikulturell) oder mehreren Ländern (multikulturell). Auch der oder die →Trainer können entweder aus dem eigenen Land, dem Zielland oder einem Drittland stammen. Für ein plausibles und authentisches Verstehen und Erleben kultureller Unterschiedlichkeit sind für interkulturelle Lernprozesse sowohl bi- oder multikulturell zusammengesetzte Teilnehmergruppen als auch Trainer-Tandems optimal.

Unternehmen bekunden zunehmend ein tiefergehendes Interesse für Interkulturalität und interkulturelle Personalentwicklung. Jedoch existieren für Forschung und Praxis des →Personalmanagements mehrere Herausforderungen:

- *Akzeptanzbarriere*: Interkulturelle Trainings treffen häufig – wie die Kulturthematik allgemein – bei Managern auf Akzeptanzbarrieren, da sie eventuell aufdecken, dass sich die betroffenen Personen in interkulturellen Situationen nicht adäquat verhalten haben. Dieses Fehlverhalten kann in vielen Organisationen als Kompetenzschwäche beurteilt werden. Hier eignen sich andere Formen der Personalentwicklung wie →interkulturelles Coaching.

- *Stereotypisierung*: Ebenso führt die Darstellung und Analyse bestimmter Kulturmerkmale fast zwangsläufig zu normativen Aussagen, die Über- und Unterlegenheitsgefühle bei den Teilnehmern und damit stark emotionale Reaktionen auslösen können oder gar kulturelle Stereotypen verstärken.

- *Trainerqualifizierung*: Wie in allen Bereichen des Personalmanagements gibt es starke Qualitätsunterschiede, was Inhalte, Vermittlung und →Qualifikation der Trainer anbelangt. Auf dem Markt sind Trainer mit unterschiedlichsten Ausbildungen vertreten, die selten den hohen und umfassenden →Anforderungen gerecht werden können: profunde Kenntnisse der Kultur, der Gesellschaft, der Sprache, des Unternehmenskontextes, des Managements, der Personalführung (→Mitarbeiterführung) sowie idealerweise Arbeitserfahrungen im betroffenen Land. Bestrebungen, Qualitätsstandards auf dem unüberschaubaren Markt interkultureller Trainings zu erarbeiten und durchzusetzen, wie es zum Beispiel die weltweit erste und größte Vereinigung Interkultureller Kommunikation (→SIETAR), der Wissenschaftler und Trainer angehören, versucht hat, blieben bisher erfolglos. Eine einheitliche berufliche →Ausbildung zum interkulturellen Trainer gibt es nicht, auch wenn immer mehr Studiengänge in Deutschland interkulturelles Training in ihre Lehrinhalte aufgenommen haben.

- *Evaluation*: Forschung und Praxis des Personalmanagements und auch die Betroffenen selbst sind daran interessiert, zu erfahren, ob interkulturelles Training effektiv ist, also dazu beiträgt, durch interkulturelle Kompetenz Missverständnissen und →Konflikten, welche die →Kooperation blockieren, vorzubeugen.

Über die Akzeptanz und die Erfolge solcher Trainings jedoch sind die Meinungen geteilt. Bekanntlich ist nämlich die Effektivität aller Schulungen, die an „weichen" Faktoren arbeiten, schwer zu evaluieren, da zahlreiche Einflussgrößen persönlichkeits- und umweltbezogener Art über Erfolg oder Misserfolg entscheiden.

Literatur: *Bolten, J.*: Interkultureller Trainingsbedarf aus der Perspektive der Problemerfahrungen entsandter Führungskräfte, in: *Götz, K.* (Hrsg.): Interkulturelles Lernen/Interkulturelles Training, München 1999, S. 61–80. *Landis, D.*; *Bhagat, R. S.* (Hrsg.): Handbook of Intercultural Training, London 1996. *von Helmolt, K.*; *Müller, B.-D.*: Zur Vermittlung interkultureller Kompetenzen, in: *Müller, B.-D.* (Hrsg.): Interkulturelle Wirtschaftskommunikation, München 1993, S. 509–548.

Christoph I. Barmeyer

International Financial Reporting Standards (IFRS)

Verpflichtung im Sinne der EU-Verordnung 1606/2002 wonach kapitalmarktorientierte Konzerne dazu verpflichtet werden, ab 2005 EU-weit ihre Konzernrechnungslegung anhand der International Financial Reporting Standards (IFRS) zu erstellen.

Bis 2001 wurden diese Rechnungslegungsstandards als International Accounting Standards (IAS) bezeichnet. Nicht IFRS-konzernberichterstattungspflichtig sind Mutterunternehmen, deren Sitzland außerhalb der EU liegt.

Die IFRS zielen auf eine Harmonisierung zwischen internem und externem Rechnungswesen (→Betriebliches Rechnungswesen). Zusätzlich fokussiert sie, wie die →US-Generally Accepted Accounting Principles, eine Orientierung am Unternehmenswert im Sinne des Shareholder-Values.

Zunehmend werden Führungskräfte persönlich in die Pflicht (und zum Teil Haftung) genommen, dass die IFRS-Regelungen in ihrem Verantwortungsbereich regelkonform umgesetzt sind. Dies gilt besonders für Risikomanagement (→Chance Management), →interne Revision und Reporting. Für Führungskräfte und Personalverantwortliche steigt damit die Anforderung an IFRS-Kenntnisse – auch wenn das IFRS das Humankapital noch nicht berücksichtigt und somit die Personalressource nicht als eingeständiger immaterieller Vermögensgegenstand bilanzierbar ist.

Klaus Möller

International komparatives Personalmanagement

beschäftigt sich mit der Frage, ob Unterschiede in der Anwendung personalwirtschaftlicher Praktiken zwischen Ländern bestehen und, falls vorhanden, wie diese erklärt werden können.

Ein Fokus beim international komparativen Personalmanagement ist die *Konvergenz-Divergenz-Debatte*, die insbesondere in den 1990er Jahren ihren Höhepunkt fand. Verfechter der Konvergenz-These wie *Kidger* (1991) argumentieren, dass sich erfolgreiche personalwirtschaftliche Praktiken unabhängig vom kulturellen Umfeld universal akzeptiert werden. Befürworter der Divergenz-These wie beispielsweise *Adler* und *Jelinek* (1986) führen an, dass nationale, kulturelle und institutionelle Unterschiede in Rahmenbedingungen die universelle Anwendung von Personalpraktiken unmöglich machen. Bei der theoretischen Fundierung des international komparativen Personalmanagements dominieren nach *Kabst* und *Brewster* (2004) institutionelle Theorien, welche die Anwendung von Personalpraktiken und -politiken in den Kontext nationaler politischer, rechtlicher oder kultureller Institutionen stellen. Ein führendes Forschungsprojekt zum international komparativen Personalmanagement stellt laut *Brewster, Mayrhofer* und *Morley* (2004) das →Cranfield-Projekt dar.

Literatur: *Adler, N.; Jelinek, M.*: Is 'Organisation Culture' Culture Bound?, in: Human Resource Management, 25. Jg. (1986), H. 1, S. 73–90. *Brewster, C.; Mayrhofer, W.; Morley, M.* (Hrsg.): Human Resource Management in Europe: Evidence or Convergence?, Oxford etc. 2004. *Kabst, R.; Brewster, C.*: International komparatives Personalmanagement, in: *Gaugler, E.; Oechsler, W. A.; Weber, W.* (Hrsg.): Handwörterbuch des Personalwesens, 3. Aufl., Stuttgart 2004, S. 937–944. *Kidger, P.*: The Emergence of International Human Resource Management, in: International Journal of Human Resource Management, 2. Jg. (1991), H. 2, S. 149–163. *Larsen, H. H.; Mayrhofer, W.* (Hrsg.): European Human Resource Management, Routledge 2005.

Rüdiger Kabst
Angelo Giardini

Internationale Arbeitsorganisation (IAO)

selbstständige Sonderorganisation der *Vereinten Nationen* mit Sitz in Genf, die 1919 im Rahmen des Völkerbundes gegründet wurde.

Ausweislich der Präambel ihrer Verfassung verfolgt die Internationale Arbeitsorganisation (IAO) – auch *ILO (International Labour Organisation)* genannt – das Ziel, Mindeststandards für die Arbeitsbedingungen aller →Arbeitnehmer zu sichern. Hierzu arbeitet die IAO internationale Übereinkommen aus. Bei diesen handelt es sich um völkerrechtliche Vereinbarungen, die in das nationale Recht übertragen werden müssen, um für die Mitgliedstaaten verbindlich zu sein. In den traditionellen Industrieländern sind die in den IAO-Übereinkommen enthaltenen Mindeststandards häufig bereits verwirklicht.

Die Bundesrepublik Deutschland hat von zurzeit 187 Übereinkommen der IAO knapp 81 ratifiziert, von denen 72 in Kraft sind. Ob einzelne Arbeitnehmer, →Gewerkschaften oder →Arbeitgeber aus ratifizierten Übereinkommen der IAO unmittelbar subjektive Rechte herleiten können, ist in Deutschland umstritten. Angesichts des hohen nationalen deutschen Arbeitsrechtsniveaus (→Arbeitsrecht) ist diese Frage von geringer praktischer Bedeutung.

Literatur: *Brox, H.; Rüthers, B.; Henssler, M.*: Arbeitsrecht, 17. Aufl., Stuttgart 2007, Rn. 94 ff.. *Boockmann, B.*: Internationale Arbeitsorganisation, in: *Gaugler, E.; Oechsler, W.; Weber, W.* (Hrsg.), Handwörterbuch des Personalwesens, Stuttgart 2004, Sp. 955 ff.

Christian Fischer

Internationale Entlohnung

Bereitstellung materieller →Anreize für Arbeitskräfte im internationalen Kontext.

Die Entlohnung von Mitarbeitern auf internationaler Ebene muss sich sehr komplexen Anforderungen stellen. Wie auf nationaler Ebene muss eine erfolgreiche Entgeltpolitik (→Lohnpolitik) zunächst die →Motivation von Mitarbeitern fördern. Im internationalen Kontext bedeutet dies insbesondere, Anreize zu schaffen, um Aufgaben im Ausland wahrzunehmen.

Darüber hinaus ist das internationale Entgeltsystem sehr hohen Anforderungen ausgesetzt, was Transparenz und →Gerechtigkeit anbelangt. Auf der einen Seite muss gewährleistet werden, dass →Expatriates durch die Entsendung keine gravierenden materiellen Einbußen erleiden (→Kaufkraftausgleich). Auf der anderen Seite sollen aber auch die Inhaber gleicher Positionen unabhängig von ihrer Herkunft auch vergleichbar bezahlt werden. Dadurch, dass in internationalen Unternehmen oft Mitarbeitergruppen unterschiedlicher Herkunft und unterschiedlicher Beziehung zur Muttergesellschaft zusammenarbeiten, können sich deutliche Entlohnungsunterschiede ergeben, die einen möglichen Konfliktherd darstellen.

Als dritte Anforderung soll die Entlohnung von Expatriates auch gewissen Effizienzkriterien genügen, da →Auslandsentsendung mit wesentlich höheren Kosten verbunden ist als Inlandsanstellungen.

In der Literatur, wie zum Beispiel bei *Weber et al.* (2001), werden drei grundlegende Modelle der internationalen Entlohnungspolitik differenziert:

1. Der *stammlandorientierte Ansatz* ist dadurch gekennzeichnet, dass die Entlohnungspolitik von Expatriates, insbesondere die Zusammensetzung der Entlohnungspakete, durch das Stammhaus bestimmt wird. Dem Vorteil der Einheitlichkeit der Richtlinien stehen die Nachteile fehlender Berücksichtigung nationaler Eigenheiten und oft großer Entlohnungsunterschiede gegenüber einheimischen Mitarbeitern gegenüber.

2. Beim *entsendungslandorientierten Ansatz* sind die Vergütungsmodalitäten des Gastlandes maßgeblich. Dies hat den Vorteil, dass innerhalb der Tochtergesellschaft die Gehälter vergleichbar sind. Allerdings kann es zu großen Entlohnungsunterschieden zwischen Tochter- und Muttergesellschaft kommen, insbesondere dann, wenn die Tochtergesellschaft in einem Niedriglohnland liegt. Dies wiederum kann zu einer geringen Entsendemotivation von Mitarbeitern der Muttergesellschaft führen.

3. Der *geozentrierte Ansatz* verfolgt eine einheitliche →Strategie der Entlohnung, die sich aus Elementen sowohl des Mutterlandes wie auch des Entsendelandes zusammensetzt. Dadurch wird das Gehalt für bestimmte Positionen weltweit relativ vergleichbar. Nachteilig ist der große Entwicklungs- und Abstimmungsaufwand, der für ein solches Entgeltsystem betrieben werden muss.

Bei der praktischen Gestaltung von Entlohnungspaketen bei Auslandsentsendungen kann das Hilfsmittel der →Nettovergleichsrechnung herangezogen werden. Dabei wird das bisherige Nettogehalt um einen Kaufkraftausgleich, eine Auslandszulage und eventuell weitere Zuschüsse erweitert, um materielle und immaterielle Mehrbelastungen durch die Entsendung auszugleichen. Eine besonders komplexe Materie stellen Aspekte der Besteuerung und der Sozialversicherung dar. Theoretisch könnte der Fall auftreten, dass deutsche Expatriates sowohl im Inland als auch im Entsendeland Steuern zahlen müssen. Für diesen Fall hat die Bundesrepublik Deutschland mit einer Vielzahl von Ländern *Doppelsteuerabkommen* geschlossen, die regeln, unter welchen Umständen der Mitarbeiter in Deutschland oder im Entsendeland Steuern entrichten muss.

Bezüglich der Sozialversicherung muss das Unternehmen klären, in welchem Land der Expatriate sozialversichert werden soll. Dies hängt unter anderem von der Dauer des Auslandsaufenthaltes ab. Grundsätzlich ist es insbesondere für die Rentenversicherung ratsam, auf freiwilliger Basis weiterhin Beiträge einzubezahlen, damit nach einer endgültigen Rückkehr keine Beitragslücken bestehen. Zusammenfassend kann festgehalten werden, dass bei der Gestaltung eines erfolgreichen Entlohnungssystems eine Vielzahl unterschiedlichster wirtschaftlicher, psychologischer, kultureller und rechtlicher Aspekte zu beachten sind.

Literatur: *Weber, W. et al.*: Internationales Personalmanagement. Wiesbaden 2001.

Rüdiger Kabst
Angelo Giardini

Internationale Kompensation

Individuelle Anreiz- und Belohnungssysteme (→Belohnung und Bestrafung), die aufgrund von Einsätzen von Mitarbeitern im internationalen Bereich erforderlich sind.

Kompensationskomponenten (→Kompensation) in international tätigen Unternehmen umfassen Grundgehalt, Anpassung des Gehalts für den Schutz vor Währungsverlusten, Besteuerungsausgleich, Versicherungsleistungen im Heimat- und Gastland sowie Pauschalen zum Beispiel für die Lebenshaltung, den Umzug oder den Heimaturlaub. Zusätzlich werden Anreize gesetzt, welche die Bereitschaft der Mitarbeiter, außerhalb des Heimatlands zu arbeiten, erhöhen und Motivationswirkungen entfalten sollen. Allerdings besteht die Gefahr, die konsistente Entlohnung aller Beschäftigten nicht zu erreichen und Budgetgrenzen zu überschreiten (*Weber, Mayrhofer* und *Nienhüser* 1993)

Literatur: *Scherm, E.*: Internationales Management, München 2001. *Weber, M.*; *Mayrhofer, W.*; *Nienhüser, W.*: Grundbegriffe der Personalwirtschaft, Stuttgart 1993.

Silvia Föhr

Internationale Leistungsbeurteilung

standardisierter Prozess der Bewertung von international tätigen Organisationsmitgliedern hinsichtlich festgelegter Leistungskriterien.

Bei der Beurteilung von international tätigen Mitarbeitern sind einige Besonderheiten zu beachten, wobei die Literatur, wie beispielsweise *Harvey* (1997) oder *Pawlik* (2000) im Wesentlichen auf die Problematik der →Leistungsbeurteilung von →Expatriates fokussiert. Die Spezifika solcher Leistungsbeurteilungen beschreibt das Modell von *Harvey* (1997).

Als erster Aspekt ist die Position der zu bewertenden Person zu betrachten. Die Leistung, die eine Person auf einer solchen Position in der Lage ist zu erbringen, hängt zum einen von „internen →Kontextfaktoren" (z. B. →Organisationskultur oder -strategie der Tochtergesellschaft) ab. Zum anderen spielen „externe Kontextfaktoren" (z. B. die wirtschaftliche Entwicklung des Gastlandes) eine Rolle. Generell gilt, dass mit zunehmenden Unterschieden in internen und externen Kontextfaktoren zwischen Stammhaus und Tochtergesellschaft auch die →Komplexität eines Leistungsbeurteilungssystems steigt, weil die Grundvoraussetzungen für eine Vergleichbarkeit von Bewertungen nicht gegeben sind.

Der zweite kritische Aspekt der internationalen Leistungsbeurteilung betrifft die Formulierung der Leistungskriterien. Zunächst muss entschieden werden, ob die Bewertungsstandards vom Stammhaus vorgegeben werden (*ethnozentrischer Ansatz*) oder auf lokaler Ebene festgelegt werden (*polyzentrischer Ansatz*). Die Verwendung quantitativer Leistungskriterien ist aufgrund der genannten Kontextfaktoren eingeschränkt. Bei qualitativen Leistungskriterien ist besondere Vorsicht geboten, wenn Mitarbeiter und Beurteiler aus unterschiedlichen →Kulturen kommen. Teilweise haben die gleichen Kriterien in verschiedenen Kulturen eine unterschiedliche Bedeutung oder Valenz. Des Weiteren können auch Bewertungsskalen kulturabhängig unterschiedlich verwendet werden (z. B. Vermeidung von Extremurteilen).

Ein dritter Aspekt, der bei der Gestaltung eines internationalen Leistungsbeurteilungssystems beachtet werden muss, ist der Beurteilungsprozess selbst. Damit ist zunächst die Frage verbunden, wer wann wen beurteilt. Unter Umständen ist ein hoher logistischer und finanzieller Aufwand zu betreiben, wenn Expatriates nicht durch lokale →Führungskräfte beurteilt werden sollen. Kulturelle Unterschiede zwischen Beurteiler und Beurteiltem können eine große Rolle spielen bei der Frage, wie die Leistungsrückmeldung gegeben werden sollte beziehungsweise wie sie aufgenommen wird. Während in manchen Kulturen →Kritik ohne weiteres direkt geäußert werden kann, ist dieses Vorgehen in anderen Kulturen hochgradig problematisch.

Insgesamt ist also nach *Festing*, *Kabst* und *Weber* (2003) bei der Gestaltung und Durchführung von Leistungsbeurteilungen im internationalen Kontext ein Höchstmaß an kultureller Sensitivität geboten.

Literatur: *Harvey, M. G.*: Focusing the International Personnel Performance Appraisal Process, in: Human Resource Development Quarterly, 8. Jg. (1997), H. 1, S. 41–62. *Festing, M.*; *Kabst, R.*; *Weber, W.*: Internationales Personalmanagement, in: *Breuer, W.*; *Gürtler, M.* (Hrsg.): Internationales Management: Betriebswirtschaftslehre der internationalen Unternehmung, Wiesbaden 2003, S. 163-204. *Pawlik, T.*: Personalmanagement und Auslandseinsatz, Wiesbaden 2000.

Rüdiger Kabst
Angelo Giardini

Internationale Personalbeschaffung

Such- und Auswahlprozess geeigneter Kandidaten für eine Auslandstätigkeit beziehungsweise eine Tätigkeit in einem international agierenden Unternehmen.

Allgemein können nach *Heenan* und *Perlmutter* (1979) vier grundlegende Ansätze internationaler Stellenbesetzungspolitik unterschieden werden:

1. *Ethnozentrische Stellenbesetzungspolitik*: Nahezu alle Schlüsselpositionen im Ausland werden durch Mitarbeiter besetzt, welche die Nationalität des Stammlandes besitzen.

2. *Polyzentrische Stellenbesetzungspolitik*: Schlüsselpositionen im Ausland werden durch Einheimische besetzt.

3. *Regiozentristische Stellenbesetzungspolitik*: Schlüsselpositionen im Ausland werden durch Mitarbeiter aus der jeweiligen geographischen Region (z. B. Nordamerika) besetzt.

4. *Geozentrische Stellenbesetzungspolitik*: Die Schlüsselpositionen werden unabhängig von der Nationalität, rein auf Basis der →Kompetenz besetzt.

Welcher dieser Ansätze bevorzugt wird, hängt zum einen von der Unternehmenskultur (→Organisationskultur) beziehungsweise von Präferenzen der Entscheider ab. Daneben spielt auch der Grad der →Internationalisierung des Unternehmens eine Rolle. In einem frühen Stadium der Internationalisierung herrscht eher eine ethnozentrische Stellenbesetzungspolitik vor, wenngleich nach *Weber et al.* (2001) dieser Ansatz insgesamt an Bedeutung zu verlieren scheint.

Die →Personalbeschaffung ist eng verknüpft mit den Zielen, die ein Unternehmen mit der Entsendung von Mitarbeitern verbindet. Nach *Scherm* (1995) können die Zielkategorien

- Transfer von Know how,
- Koordination und Kontrolle der Unternehmenseinheiten und
- Führungskräfteentwicklung (→Managemententwicklung)

unterschieden werden. Entsprechend unterschiedlich können die Stellenanforderungen (→Anforderungs-) definiert sein. Während Kriterien wie →Fachkompetenz und allgemeine kommunikative Kompetenzen ähnlich wie bei nationalen Stellenbesetzungen eine große Rolle spielen, wird bei der Besetzung einer Position im Ausland zusätzlich ein verstärktes Augenmerk auf die →*interkulturelle Kompetenz* gelegt. Dieser Überbegriff umfasst beispielsweise Sensibilität und Wertschätzung für kulturbedingte Besonderheiten oder die Fähigkeit, sich an kulturelle Spezifika anzupassen. Dazu kommen nach *Ronen* (1989) Aspekte, welche die sprachliche Kompetenz und die →Motivation zur Entsendung umfassen.

Ein entscheidendes Anforderungskriterium, das in der Praxis oft vernachlässigt wird, ist die Bereitschaft und die Anpassungsfähigkeit der Familie des zu Entsendenden. Dies gilt umso mehr, als familiäre Probleme einer der Hauptgründe für den Abbruch einer Auslandstätigkeit sind.

Die Gewichtung der einzelnen Anforderungen in einem allgemeinen →Anforderungsprofil (→Anforderungsanalyse) muss jeweils in Abhängigkeit von der zu besetzenden Position und der Konstellation Stammland/Gastland vorgenommen werden. *Horsch* (1995) zeigte, dass aus Sicht von deutschen Unternehmen Fachwissen, gefolgt von Sprachkenntnissen und kultureller Anpassungsfähigkeit als die drei wichtigsten Anforderungen gesehen werden. Die Mitarbeiter selbst sehen neben Fachwissen und Anpassungsfähigkeit Kenntnisse (→Qualifikation) der Unternehmensspezifika als wichtigste Anforderungen an. In der Mehrheit der Fälle werden Positionen für Auslandseinsätze intern besetzt. Bezüglich der →Auswahlverfahren für internationale Positionen gibt es in der einschlägigen Literatur keinen Konsens darüber, welche Methoden verwendet werden sollten. Stattdessen herrschen relativ starke Unterschiede je nach Stammland des Unternehmens vor. Während in englischsprachigen Ländern tendenziell →Interview und →Assessment Center als taugliche Instrumente favorisiert werden, bevorzugen laut *Horsch* (1995) deutsche multinationale Unternehmen die Verwendung von Interviews und Personalbeurteilungen.

Literatur: *Heenan, D. A.; Perlmutter, H.V.*: Multinational Organizational Development, Reading 1979. *Horsch, J.*: Auslandseinsatz von Stammhaus-Mitarbeitern. Eine Analyse ausgewählter personalwirtschaftlicher Problemfelder multinationaler Unternehmen mit Sitz in der Bundesrepublik Deutschland, Frankfurt a. M. 1995. *Ronen, S.*: Training the International Assignee, in: *Goldstein, I.* (Hrsg.): Training and Career Development, San Francisco 1989. *Scherm, E.*: Internationales Personalmanagement, München 1995. *Weber, W. et al.*: Internationales Personalmanagement, Wiesbaden 2001.

Rüdiger Kabst
Angelo Giardini

Internationale Personalentwicklung

Maßnahmen der →Personalentwicklung im internationalen Vergleich sowie Personalentwicklungsmaßnahmen, die im Rahmen der →Auslandsentsendung von Mitarbeitern beziehungsweise für international tätige Mitarbeiter notwendig sind.

Form und Umfang der internationalen Personalentwicklungsmaßnahmen hängen ganz wesentlich vom Grad der →Internationalisierung eines Unternehmens ab. Bei *begrenzten Beziehungen zu ausländischen Märkten* sind die Personalentwicklungsmaßnahmen weitgehend auf eigene Mitarbeiter beschränkt. Auf der Stufe der Einrichtung von Tochtergesellschaften betreffen die Maßnahmen ins Ausland zu entsendende Mitarbeiter sowie das Management im Gastland. Bei *regionaler oder globaler Tätigkeit* des Unternehmens schließlich werden gemäß *Weber et al.* (2001) entsprechend breit angelegte Personalentwicklungsprogramme aufgelegt, um den Bedarf an gut ausgebildeten und global denkenden →Führungskräften zu sichern.

Insgesamt gesehen nehmen Maßnahmen für →Expatriates laut *Festing, Kabst* und *Weber* (2003) eine zentrale Stellung in der internationalen Personalentwicklung ein. →Trainings für Auslandseinsätze umfassen beispielsweise interkulturelle Maßnahmen, welche die Entwicklung interkultureller →Kompetenz fördern und damit den kulturellen Anpassungsprozess im Gastland erleichtern sollen. Diese Trainings, die zumeist vor dem eigentlichen Auslandsaufenthalt stattfinden, können *kulturallgemeine Elemente*, wie zum Beispiel die Schaffung genereller Sensibilität gegenüber anderen Kulturen, oder *kulturspezifische Elemente*, wie beispielsweise spezifische Benimmregeln, enthalten (→Trainingstechniken für Auslandseinsätze). Des Weiteren spielen Maßnahmen zur →Repatriierung von Expatriates eine immer wichtigere Rolle im Umfeld der internationalen Personalentwicklung. Als weitere Aspekte können Praktiken der internationalen →Leistungsbeurteilung oder auch die Bildung globaler Managementteams genannt werden.

Literatur: Weber, W. et al.: Internationales Personalmanagement, Wiesbaden 2001. *Festing, M.; Kabst, R.; Weber, W.*: Internationales Personalmanagement, in: *Breuer, W.; Gürtler, M.* (Hrsg.): Internationales Management, Wiesbaden 2003, S. 163–204.

Rüdiger Kabst
Angelo Giardini

Internationale Stellenbesetzungsstrategie

grundsätzliche organisationale Überlegungen bezüglich Quellen und Wege der →Rekrutierung von Mitarbeitern im internationalen Kontext.

Allgemein können nach *Heenan* und *Perlmutter* (1979) vier idealtypische Ansätze der internationalen Stellenbesetzungsstrategie unterschieden werden:

1. *Ethnozentristische Stellenbesetzungspolitik*: Nahezu alle Schlüsselpositionen im Ausland werden durch Mitarbeiter besetzt, welche die Nationalität des Stammlandes besitzen.
2. *Polyzentrische Stellenbesetzungspolitik*: Schlüsselpositionen im Ausland werden durch Einheimische besetzt.
3. *Regiozentrische Stellenbesetzungspolitik*: Schlüsselpositionen im Ausland werden durch Mitarbeiter aus der jeweiligen geographischen Region (z. B. Mitteleuropa) besetzt.
4. *Geozentrische Stellenbesetzungspolitik*: Die Schlüsselpositionen werden unabhängig von der Nationalität besetzt.

Welcher dieser Ansätze bevorzugt wird, hängt zum einen von der Unternehmenskultur (→Organisationskultur), zum anderen von den Präferenzen der Entscheider ab. Daneben spielt auch der Grad der →Internationalisierung des Unternehmens eine Rolle. In einem *frühen Stadium* der Internationalisierung sollte laut *Weber* et al. (2001) eher eine ethnozentristische Stellenbesetzungspolitik vorherrschen, wenngleich der ethnozentristische Ansatz insgesamt an Bedeutung zu verlieren scheint.

Literatur: *Heenan, D.; Perlmutter, H.*: Multinational Organization Development, Reading 1979. *Weber, W. et al.*: Internationales Personalmanagement, Wiesbaden 2001.

Rüdiger Kabst
Angelo Giardini

Internationales Arbeitsrecht

beinhaltet Vereinbarungen im Völkerrecht sowie das Arbeitskollisionsrecht.

Internationales Arbeitsrecht ist ein Begriff mit mehreren Bedeutungen. Er benennt zunächst jenen Teil des Völkerrechts, der die zwischenstaatlichen Vereinbarungen von sozialen Schutznormen für →Arbeitnehmer zum Gegenstand hat, also insbesondere die zahlreichen Übereinkommen, welche die →*Internationale Arbeitsorganisation* geschlossen hat. Dieses über die Grenzen eines Staates hinaus geltende Teilrechtsgebiet wird auch als *supranationales* →*Arbeitsrecht* bezeichnet.

Demgegenüber steht der Unterbegriff *Arbeitskollisionsrecht* für denjenigen Bereich des deutschen internationalen Privatrechts, der die Frage behandelt, welches nationale Arbeitsrecht auf Arbeitsverhältnisse (→Beschäftigungsverhältnis) mit Auslandsberührung anzuwenden ist. Gelegentlich wird auch das *europäische Arbeitsrecht* als internationales Arbeitsrecht bezeichnet. Im Fachsprachgebrauch wird jedoch meist strikt zwischen dem internationalen Arbeitsrecht und dem europäischen Arbeitsrecht unterschieden.

Christian Fischer

Internationales Personalmanagement

umfasst grundsätzlich die gleichen Funktionen und Aufgaben wie das national ausgerichtete Personalmanagement, weist aber eine höhere →Komplexität auf.

Die wesentlich höhere Komplexität des internationalen Personalmanagements ergibt sich daraus, dass internationale Unternehmen in

Internationales Personalmanagement

unterschiedlichen Ländern mit unterschiedlichen Rahmenbedingungen operieren und Mitarbeiter unterschiedlicher Nationalitäten beschäftigen (→ Beschäftigte in internationalen Unternehmen). Internationales Personalmanagement kann nach *Morgan* (1986) somit als Zusammenspiel der Dimensionen

- Funktionen des Personalmanagements,
- Mitarbeiternationalität und
- Land der unternehmerischen Tätigkeit

definiert werden. *Dowling* (1988) stellt mehrere Besonderheiten des internationalen gegenüber dem nationalen Personalmanagement heraus:

- *Größeres Ausmaß der Aktivität*: Dies gilt speziell bezüglich Aspekten, die sich aus der → Auslandsentsendung von Mitarbeitern ergeben (z. B. Vorbereitung von Mitarbeitern auf den Auslandseinsatz, Regelung der Besteuerung von Auslandseinkommen, administrative Unterstützung von → Expatriates).
- *Globale Perspektive der → Personalpolitik*: Durch die Zusammenarbeit von Personen aus unterschiedlichen Nationen ergeben sich vielschichtige Herausforderungen für das Personalmanagement, wobei sich insbesondere die auf die Entlohnung bezogene → Gleichbehandlung von Mitarbeitern als komplexe Frage erweist (→ Internationale Entlohnung).
- *Partielle Eingriffe in die Privatsphäre von Mitarbeitern*: Durch die Auslandsentsendung sind soziale Aspekte betroffen, die teilweise von → Personalabteilungen bearbeitet werden müssen, wie zum Beispiel die Beschaffung von Wohnraum oder Heimaturlaube.
- *Veränderung der Gewichtung von Aktivitäten über die Zeit*: Während in der Anfangsphase der → Internationalisierung ein Schwerpunkt des Personalmanagements auf der Betreuung von Stammhausgesandten liegt, verschiebt sich dieser im weiteren Verlauf auf die Auswahl und Förderung von Mitarbeitern mit entsprechenden Funktionen im Gastland.
- *Größere Risikobehaftung*: Auslandsentsendungen sind großen, vor allem finanziellen Risiken ausgesetzt. Durch den vorzeitigen Abbruch eines Entsendungsprojektes entstehen direkte Verluste wie zum Beispiel Ausbildungskosten (→ Ausbildung) sowie indirekte Kosten (z. B. verschlechterte Kundenbeziehungen). Zusätzlich bedeutet für den Mitarbeiter die vorzeitige Rückkehr oft eine psychologische Belastung (→ Belastungs-Beanspruchungs-Modell) oder auch einen Karriereknick. In den letzten Jahren hat das Risiko durch Terrorismus, gegen das zum Teil kostenintensive Maßnahmen getroffen werden müssen, zugenommen.
- *Umgang mit unterschiedlichen Wirtschaftssystemen*: Kulturelle, rechtliche und ökonomische Rahmenbedingungen stellen beispielsweise bezüglich Arbeitsbedingungen oder Arbeitssicherheit an das Personalmanagement länderspezifische Anforderungen.
- *Umgang mit unterschiedlichen kulturellen Wertvorstellungen*: Funktionen des Personalmanagements, wie zum Beispiel → Rekrutierung, → Leistungsbeurteilung oder → Kompensation, sind im Lichte unterschiedlicher kulturabhängiger Wertesysteme von Mitarbeitern zu betrachten. Diese Aspekte sind nicht unabhängig vom Wirtschaftssektor. Internationale Unternehmen in Sektoren, in denen der Wettbewerb in jedem einzelnen Land weitgehend unabhängig vom Wettbewerb in anderen Ländern ist („Multidomestic Industry", z. B. Versicherungsbranche), benötigen eine andere Ausrichtung des Personalmanagements als Unternehmen in Sektoren, bei denen sich die jeweiligen Wettbewerbspositionen beeinflussen („Global Industry", z. B. Fluggesellschaften). In Global Industries muss das Personalmanagement wesentlich komplexere Herausforderungen bewältigen, da durch das Aufeinandertreffen einer Vielzahl nationaler und kultureller Einflüsse ein größerer Aufwand an → Koordination und Aushandlung zu leisten ist.

Die höhere Komplexität des international ausgerichteten Personalmanagements spiegelt sich darin wider, dass beispielsweise Fragen der Entgeltfindung oder der → internationalen Personalentwicklung wesentlich vielschichtiger sind als beim nationalen Personalmanagement.

Literatur: *Dowling, P.J.*: International and Domestic Personnel/Human Resource Management – Similarities and Differences, in: *Schuler, R. S.*; *Youngblood, S. A.*; *Huber, V. L.* (Hrsg.): Readings in Personnel and Human Resource Management, St. Paul 1988, S. 456–462. *Morgan, P.V.*: International Human Resource Management

– Fact or Fiction, in: Personnel Administrator, 31. Jg. (1986), H. 9, S. 43–47.*Weber, W. et al.*: Internationales Personalmanagement. Wiesbaden 2001. *Festing, M.*; *Kabst, R.*; *Weber, W.*: Internationales Personalmanagement, in: *Breuer, W.*; *Gürtler, M.* (Hrsg.): Internationales Management: Betriebswirtschaftslehre der internationalen Unternehmung, Wiesbaden 2003, S. 163-204.

Rüdiger Kabst
Angelo Giardini

Internationales Personalmarketing

alle Aktivitäten des →Personalmarketings mit internationalem und/oder landeskulturübergreifendem Bezug.

Internationales Personalmarketing ist für alle Unternehmen relevant, die Personal nicht nur vom inländischen →Arbeitsmarkt, sondern auch von ausländischen Arbeitsmärkten rekrutieren. In den meisten Fällen werden dies multinationale Unternehmen mit Produktions- und Vertriebsaktivitäten in mehreren Ländern sein. Internationales Personalmarketing betreibt aber auch ein ausschließlich im Inland mit Produktion und Vertrieb tätiges Unternehmen, wenn es seine Personalrekrutierung auch auf ausländischen Arbeitsmärkten (z. B. Green Card für Informatiker aus Indien) vornimmt.

Analog zur →Internationalisierung der gesamten Unternehmenstätigkeit kann auch beim Personalmarketing zwischen internationalem, multinationalem, globalem und transnationalem Personalmarketing unterschieden werden:

- *Internationales Personalmarketing* ist im Kern stark stammlandzentriert, der überwiegende Teil der Personalmarketingaktivitäten ist auf den Heimatmarkt gerichtet. Personalmarketingkonzepte, die auf dem inländischen Arbeitsmarkt erfolgreich waren, werden nach Möglichkeit auch auf ausländische Arbeitsmärkte angewandt.
- Beim *multinationalen Personalmarketing* versucht hingegen das Unternehmen, sich auf die Besonderheiten des jeweiligen nationalen Arbeitsmarktes mit einem für das jeweilige Land maßgeschneiderten Personalmarketingkonzept einzustellen.
- Beim *globalen Personalmarketing* wird hingegen auf solche länderspezifischen Differenzierungen verzichtet und in jedem Land ein weitgehend einheitliches Personalmarketing praktiziert. Das Unternehmen rekrutiert in diesem Fall sein Personal von einem abstrakt und einheitlich gedachten Weltarbeitsmarkt. Ein solcher Weltarbeitsmarkt existiert heute ansatzweise allenfalls für Spitzenführungskräfte (→Führungskräfte) und technische Spezialisten, zum Beispiel im IT-Sektor.
- Beim *transnationalen Personalmarketing* sucht das Unternehmen nach Möglichkeiten, die wesentlichen Inhaltselemente seines Personalmarketingkonzepts durch Unternehmensrichtlinien so weit wie möglich zu standardisieren und global zu vereinheitlichen und dennoch – wo durch die Besonderheiten des jeweiligen Arbeitsmarktes geboten – so viel länderspezifische Differenzierungen wie nötig vorzunehmen.

Als *Kernprobleme* des internationalen Personalmarketings sind nach *Scherm* (1995) nationale Unterschiede in den institutionellen Strukturen des Arbeitsmarktes sowie das Ausmaß der länderspezifischen Nutzung von verschiedenen Wegen der Ansprache und →Rekrutierung von Personal (unterschiedliche Rekrutierungspraxis) zu sehen.

Nach *Scherm* (1995) befindet sich das internationale Personalmarketing in den meisten Unternehmen noch im Anfangsstadium, da dort oftmals noch zu wenig →Informationen über die Bildungssysteme und die Arbeitsmarktverhältnisse in einzelnen Ländern vorliegen.

Literatur: *Scherm, E.*: Internationales Personalmanagement, München, Wien 1995, S. 159–161.

Wolfgang Burr

Internationalisierung

evolutionärer Prozess in mehreren Stufen, wobei die Anzahl der Schritte und die Entwicklungsgeschwindigkeit von Unternehmen zu Unternehmen variieren können.

Personalmanagementstrategie und -praktiken eines Unternehmens sind zumeist abhängig von der generellen Unternehmensstrategie und der →Organisationsstruktur. Bei international tätigen Unternehmen hängen nach *Weber et al.* (2001) →Strategie und Struktur, und damit auch das →Personalmanagement, ganz wesentlich vom Grad der Internationalisierung ab.

Ein idealtypisches Modell von *Kabst* (2004) der Internationalisierung enthält fünf Stufen:

1. Das Anfangsstadium ist vom *Export* gekennzeichnet. Es gibt hier keine größeren

organisatorischen Veränderungen. Bei größeren Exportvolumen wird ein Exportmanager eingesetzt, wobei Auswahl- und Entgeltaspekte von der →Personalabteilung abgedeckt werden.

2. Bei zunehmender Bedeutung des Exports werden in der zweiten Stufe *Verkaufstochtergesellschaften oder Niederlassungen* gegründet. Dazu werden meistens Mitarbeiter des Stammhauses in das Gastland entsandt (→Expatriate). Diese Stellenbesetzungsstrategie wird auch ethnozentristischer Ansatz genannt. Damit beschränkt sich auch hier die Aufgabe der Personalabteilung im Wesentlichen auf Mitarbeiterauswahl (→Personalauswahl) und →Kompensation.

3. Der nächste Schritt der Internationalisierung umfasst die *Einrichtung eigener Produktionsstätten* im Gastland. Strukturell wird dazu im Stammhaus eine internationale Abteilung gegründet, welche die internationalen Aktivitäten koordiniert und kontrolliert. Europäische Unternehmen tendieren dazu, diese Stufe zu überspringen.

4. In der Stufe der *globalen produktbezogenen oder geographischen Divisionalisierung* (→Divisionale Organisationsform) ändern sich die Aufgaben des Personalmanagements grundlegend. Während das Management von Expatriates nach wie vor in den Händen des Stammhauses liegt, übernimmt die Personalabteilung je nach Grad der →Zentralisierung zusätzliche unterstützende, koordinative und kontrollierende Aufgaben für die Tochtergesellschaft. Dazu kommt, dass die Anforderungen an das Recruiting steigen, da nun →Führungskräfte gesucht werden, die sich in globalen Märkten bewegen müssen.

5. Dies gilt umso mehr in der letzten Stufe der Internationalisierung, der Stufe der *globalen Organisationsstruktur*. Diese globale Struktur muss den Notwendigkeiten der globalen →Integration wie auch der lokalen Anpassung Rechnung tragen. Matrixstrukturen, heterarchische Strukturen, Netzwerkstrukturen oder gemischte Strukturen stellen Möglichkeiten der Ausformung dieser Stufe dar. Je nach Struktur werden unterschiedliche Anforderungen an das Personalmanagement gestellt. Die Stellenbesetzungsstrategie ist von einer Vielzahl von Faktoren abhängig. Ein gemeinsamer Nenner besteht aber in der Forderung an das Personalmanagement, Personal zur Verfügung zu stellen, das auf mehreren Ebenen hochqualifiziert ist.

In der neueren Literatur wie bei *Dowling* und *Welch* (2004) wird vermehrt die wichtige Rolle des Personalmanagements bereits bei der Formulierung der Strategie von internationalen Unternehmen betont. Dies reflektiert letztlich die skizzierte herausragende Bedeutung des →Humankapitals bei der Internationalisierung von Unternehmen.

Literatur: *Dowling, P.J.; Welch, D.*: International Human Resource Management, London 2004. *Weber, W. et al.*: Internationales Personalmanagement. Wiesbaden 2001. *Kabst, R.*: Internationalisierung mittelständischer Unternehmen, München, Mering 2004.

Rüdiger Kabst
Angelo Giardini

Interne Revision

führt als Bestandteil des internen Überwachungssystems Überprüfungen innerhalb eines Unternehmens durch und liefert über die geprüften Strukturen und Aktivitäten umfassende Analysen, Bewertungen, Empfehlungen und →Informationen.

Der Arbeitsumfang der internen Revision umfasst einerseits die Prüfung und Beurteilung der Effizienz und der Effektivität des internen Kontrollsystems sowie andererseits die Prüfung und Beurteilung der Qualität, mit der die jeweiligen Aufgaben innerhalb des Unternehmens beachtet und erfüllt werden.

Folgende Aufgaben können bereits traditionell zum Aufgabenspektrum der internen Revision gezählt werden:

- *Financial Auditing*: Revisionen im Bereich des Finanz- und Rechnungswesens.
- *Operational Auditing*: Revisionen im organisatorischen Bereich.
- *Management-Auditing*: Revisionen der Managementleistungen.
- *Internal Consulting*: Beratung und Begutachtung sowie Entwicklung von Verbesserungsvorschlägen.

Vor dem Hintergrund der aktuellen nationalen und internationalen Entwicklung und als Folge der Abgrenzungsproblematik der traditionellen Einteilung der Revisionsteilbereiche lassen sich die Aufgaben der internen Revision nach den Kriterien

- Risiken,
- Ordnungsmäßigkeit,
- Sicherheit,
- Wirtschaftlichkeit,
- Zukunftssicherung und
- Zweckmäßigkeit

systematisieren. Bei ihrer Tätigkeit müssen von Seiten der internen Revision in der Regel mehrere der Kriterien zur gleichen Zeit beachtet werden. Die Dokumentation der Überwachungsmaßnahmen der internen Revision erfolgt in laufenden →Arbeitspapieren. Dabei sind zur Sicherstellung einer ordnungsgemäßen Planung und Durchführung der Revisionstätigkeit die Revisionskriterien

- Ordnungsmäßigkeit,
- Zuverlässigkeit,
- Sicherheit und
- Wirtschaftlichkeit

wesentlich. Es gab in der jüngsten Vergangenheit eine schwerpunktmäßige Verlagerung der Tätigkeiten der Internen Revision (*Lück* 2000): Dabei werden sich die Tätigkeiten in Zukunft immer mehr von vergangenheitsbezogenen Revisionen hin zu gegenwarts- und zukunftsbezogene Revisionen entwickeln. Des Weiteren ist eine stetige Verstärkung der Professionalisierung der internen Revisoren zu beobachten, da diese Institution mit einem zunehmenden Bedarf an Beratungsleistungen konfrontiert wird. Dabei werden eigenständige Beiträge der internen Revision zur Zukunftssicherung des Unternehmens weiter an Bedeutung gewinnen. Zudem muss die Zusammenarbeit mit den Aufsichtsorganen (Aufsichtsrat (→Unternehmensmitbestimmung), Verwaltungsrat, Beirat) des Unternehmens, mit dem Abschlussprüfer sowie mit dem →Controlling verstärkt werden.

Die organisatorische Eingliederung der internen Revision ist von der Unternehmensgröße, der Branchenzugehörigkeit, der Rechtsform und der Organisationsstruktur abhängig. Damit die Interne Revision ihre Aufgaben wirkungsvoll erfüllen kann, müssen die Revisionsträger unabhängig vom Prozess der betrieblichen Leistungserstellung und -verwertung sein, freien Zugang zu allen revisionsrelevanten Informationsquellen erhalten sowie die Freizügigkeit der Kritik und der →Objektivität in der Revisionstätigkeit und der Berichterstattung genießen.

Die interne Revision wird in der Regel einer bestehenden Instanz (→Aufbauorganisation) als Stabstelle zugeordnet, da sie selbst keine Anweisungs- beziehungsweise Weisungsaufgaben gegenüber anderen Stellen wahrzunehmen hat. In der Regel ist die interne Revision der Unternehmensleitung unmittelbar unterstellt, damit die Voraussetzungen für die →Leistungsfähigkeit erfüllt sind. Zwischen interner Revision und →Personalabteilung bestehen enge Anknüpfungspunkte, insbesondere bei der Aufdeckung von Straftaten von Mitarbeitern durch die interne Revision. Für derartige Fälle sollten Maßnahmenpläne (z. B. Suspendierung) und Standardprozesse vordefiniert werden, um eine strukturierte Vorgehensweise sicherzustellen. Auch die Kompetenzregelung stellt hier ein wichtiges Merkmal dar.

Literatur: *Lück, W.*: Die Zukunft der Internen Revision, Berlin 2000.

Klaus Möller

Interner Arbeitsmarkt

nur einem begrenzten, innerbetrieblichen Personenkreis zugänglicher →Arbeitsmarkt.

Im Falle von betrieblichen oder betriebsinternen Arbeitsmärkten bleibt der Arbeitsmarkt für Betriebsmitglieder beschränkt. Interne Arbeitsmärkte lassen sich nach *Sesselmeier* und *Blauermel* (1997) über folgende vier Merkmale charakterisieren:

1. Es existiert ein arbeitsvertraglich bedingtes (→Arbeitsvertrag), *langfristiges* →*Beschäftigungsverhältnis* der Arbeitsanbieter.

2. Es existieren *Zugangsbeschränkungen* auf bestimmte Eintrittspositionen. Hierdurch wird die Voraussetzung für einen stabilen, vertrauenswürdigen internen Arbeitsmarkt geschaffen.

3. Mit dem internen Arbeitsmarkt ist die Existenz von *Aufstiegsleitern* verbunden. Diese vertikalen Mobilitätsprozesse stehen in engem Zusammenhang mit den spezifischen Eintrittspositionen.

4. Ein Nebeneinander von *preislicher* und *nicht-preislicher Allokation* ist festzustellen. Innerhalb der internen Arbeitsmärkte existieren eine Vielzahl von Anreiz- und Sanktionsmechanismen die der Allokation von Arbeitskräften dienen.

Der Zugang zum internen Arbeitsmarkt ist oftmals weitgehend verschlossen und beschränkt sich auf die Eintrittspositionen auf den untersten Sprossen von *Karriereleitern*. Die Besetzung höherwertiger Stellen erfolgt dann aus dem Reservoir der bereits im Betrieb beschäftigten Arbeitskräfte auf internem Wege. Ausgeprägte interne Arbeitsmärkte unterscheiden sich hinsichtlich ihrer Prozesse deutlich von dem externen, herkömmlichen Arbeitsmarkt: Der Zugang zu Positionen ist stark beschränkt. Die →Beschäftigungsstabilität ist vergleichsweise hoch. Das Einkommen ist dementsprechend vergleichsweise sicher und orientiert sich in seiner Höhe nicht nur an der gegenwärtigen Leistung. Stattdessen stellt ein mit dem Alter und/oder der Betriebszugehörigkeit steigendes Einkommen einen →Anreiz dar, sich langfristig und produktiv an ein Unternehmen zu binden. Die Zugehörigkeit zum internen Arbeitsmarkt kann für die Beschäftigten vergleichsweise attraktiv sein, so dass sie sich im Vergleich zu den Erwerbslosen besser gestellt sehen. Dadurch kann eine Konfliktlinie zwischen Arbeitsplatzbesitzern und Arbeitslosen (Insider-Outsider) bestehen. Aus der Perspektive der →Arbeitsnachfrage wird nach *Alewell* (1993) zwar die tendenziell kostensenkende Lohnkonkurrenz der Arbeitskräfte teilweise vermindert, jedoch sind mit betriebsinternen Arbeitsmärkten hohe →Loyalität und Investitionen in betriebsspezifisches →Humankapital verbunden.

Literatur: *Alewell, D.*: Interne Arbeitsmärkte, Hamburg 1993. *Sesselmeier, W.*; *Blauermel, G.*: Arbeitsmarkttheorien, 2. Aufl., Heidelberg 1997.

Florian Schramm

Interner Kunde

Ausdruck, für den bis zum heutigen Tag in vielen Unternehmen vergleichsweise gering ausgeprägten Gedanken der internen Dienstleistungserbringung.

Besonders augenfällig wird dieses Defizit vor dem Hintergrund, dass derjenige Bereich der deutschen Wirtschaft, der unter dem Begriff „Dienstleistung" firmiert, nach Angaben des Statistischen Bundesamts von 33 % Anteil am BSP in 1950 auf 64 % in 2002 stetig gewachsen ist. Zudem wird die Zahl der im Dienstleistungsbereich Beschäftigten von 61 % in 1998 auf 73 % im Jahre 2020 wachsen, was auch in entsprechenden Customer-Relationship-Modellen wie *B2B* und *B2C* Berücksichtigung gefunden hat beziehungsweise zukünftig noch finden wird. In der Literatur ist die Gestaltung einer Beziehung zum internen Kunden hingegen bislang weitgehend unberücksichtigt geblieben. Zu den wenigen hiervon ausgenommenen Publikationen zählen zum Beispiel der praxisorientierte Beitrag von *Gutmann* (1997) sowie der eher theoretisch angelegte Beitrag von *DeHaas* und *Kleingeld* (1999).

Unter einer internen Dienstleistung wird eine Leistung verstanden, die ein Unternehmensteil gegenüber einem anderen Unternehmensteil, dem „internen Kunden", ohne direkte Beteiligung eines zahlenden Endkunden erbringt. Es kann sich dabei zum Beispiel um die Bereitstellung von Informationen oder Waren, die Reparatur oder Wartung eines Gerätes/Gebäudes oder die Abwicklung von Verwaltungstätigkeiten handeln. In einzelnen Wirtschaftsbereichen werden diese internen Dienstleistungen bereits gezielt gebündelt und sogar als mehr oder weniger eigenständige →Profit-Center betrieben (z. B. Facility Management, IT-Dienstleistungen), die dann die Grenze zu extenen Dienstleistungen verschwimmen lassen. Dies gilt umso mehr, als solche Leistungen teilweise auch anderen Kunden (externen Kunden) angeboten werden. In jüngerer Zeit ist jedoch auch der genau gegenläufige Trend hierzu zu beobachten. So findet sich beispielsweise im Kontext von Instandhaltungen nach ersten Outsourcing-Versuchen wieder verstärkt die Tendenz, zu einer eigenen, integrierten Instandhaltung zurückzukommen. Um gerade dieser Tendenz Rechnung zu tragen, sind Rahmenbedingungen zu setzen, die die Zusammenarbeit zwischen verschiedenen Arbeitseinheiten ein und desselben Unternehmens regeln. Es bedarf also einer Klärung des Verhältnisses interner Kunden eines Unternehmens zueinander.

Zur →Integration aller betrieblichen Einheiten in einen optimierten Produktionsprozess ist es nach *Hoschke* (2001) notwendig, nicht nur deren Ziele aufeinander abzustimmen, sondern auch die Zusammenarbeit durch verknüpfte Messinstrumente zu verbessern. Statt möglicherweise konkurrierender Ziele sollten die →Gruppen demnach gemeinsame Ziele verfolgen, die gegenseitige Abhängigkeiten und übergreifende Prozesse transparent machen. Von psychologischer Warte aus betrachtet sind dabei Befürchtungen der betroffenen Mitarbeiter zu überwinden. Hilfreich ist es, wenn es gelingt, allen Beteiligten deutlich zu machen, wie sich dieser angestrebte →Wandel hin zu gegenseitiger Dienstleistung positiv auf die Wirtschaftlichkeit des Unternehmens auswirkt. Förderlich in diesem Sinne ist es, allen Gruppen die gemeinsamen Ziele des Unternehmens zu verdeutlichen und dabei den eigenen, von der Gruppe beeinflussbaren, Anteil herauszustellen. Dazu kann es notwendig sein, den gesamten Produktionsprozess mit allen einzelnen Abläufen detailliert darzustellen, um so den Einfluss einzelner Gruppen erkennbar werden zu lassen. Darüber hinaus müssen auch die Beiträge benachbarter Einheiten sichtbar gemacht werden, um die sich zwischen Gruppen ergebenden Abhängigkeiten und Wechselwirkungen herauszustellen. Sobald der Anteil der eigenen Gruppe an diesem Gesamtprozess und die möglichen Auswirkungen auf beteiligte Gruppen verdeutlicht werden kann, sind nach *Hoschkes* Ausführungen die Voraussetzungen für einen Bewusstseinswandel geschaffen, der dem Gedanken der internen Dienstleistungserbringung gerecht wird.

Hoschke (2001) empfiehlt nachdrücklich die Einrichtung gruppenbezogener Leistungsmess- und Rückmeldesysteme als essenzielle Grundlage für die Gestaltung einer internen Kundenbeziehung. Nach seinen Angaben müssen solche partizipativ zu erstellenden Messsysteme verschiedenen Kriterien genügen. Ein wesentliches Kriterium ist die Beeinflussbarkeit der gemessenen Leistungen durch die Gruppenmitglieder. Das heißt, es darf keine Leistungsmaße geben, die sich der Kontrolle der Mitarbeiter entziehen. Weiterhin muss das gesamte Leistungs- und Aufgabenspektrum einer Gruppe vollständig abgedeckt sein. Dieser Forderung liegt die Überzeugung zugrunde, dass das, was nicht gemessen wird, auch keinerlei Aufmerksamkeit erfährt.

Ein solches Messsystem muss nach *Hoschke* von den Mitarbeitern auch als gültig und fair anerkannt werden, damit sie es nutzen und die Ergebnisse akzeptieren. Wäre das Messsystem ungenau, die in ihm enthaltenen Ziele und Werte nicht akzeptabel oder die von ihm gelieferten Ergebnisse von den Mitarbeiter nicht mit den eigenen Handlungen in Beziehung setzbar, dann würden die Mitarbeiter seine Ergebnisse entweder ignorieren oder sogar alles daran setzen es zu unterlaufen, da sie keine echte Möglichkeit zur Beeinflussung der Ergebnisse sehen würden. Zudem muss eine zeitnahe und systematische Rückmeldung der Ergebnisse erfolgen, da die Messwerte nur so erfolgreich zur Optimierung von Arbeitsabläufen eingesetzt werden können. Wird der Abstand zwischen den Arbeitsverrichtungen und der Rückmeldung zu groß, fällt die Zuordnung schwer, was die Verwendung erfolgreicher Arbeitsstrategien unnötig erschweren würde.

Schließlich sind die auf diese Weise erarbeiteten Messsysteme verschiedener Arbeitsgruppen, deren Binnenbeziehung sich am besten durch die Metapher des „internen Kunden" charakterisieren lässt, zueinander in Beziehung zu setzen. In einer Arbeit von 2003 zeigen *Sodenkamp et al.* auf, wie eine solchermaßen angestrebte Beziehung interner Kunden zueinander gestaltet werden kann.

Die →Kundenorientierung stellt gerade für die →Personalabteilung einen wichtigen Aspekt dar. Personaler sollten sich als Dienstleister verstehen und die Kundenwünsche in den Mittelpunkt ihres Handelns stellen. Dabei müssen vor allem folgende Kundengruppen berücksichtigt werden (*Scholz* 2000):

– Potenzielle Mitarbeiter,

– Linienmanager,

– vor- und nachgelagerte Planungsinstanzen,

– gegenwärtige Mitarbeiter sowie

– Unternehmensleitung.

Die Personalabteilung muss als Ansprechpartner fungieren und ihre Leistungen flexibel an die Wünsche der Kunden angepassen.

Literatur: *DeHaas, M.; Kleingeld, A.*: A Multilevel Design of Performance Measurement Systems: Enhancing Strategic Dialogue throughout the Organization, in: Management Accounting Research, 10. Jg. (1999), H. 3, S. 233–261. *Gutmann, R.*: Intergruppen-Training: Verbesserung der Arbeitsbeziehungen zwischen Gruppen, in: *Obermann, C.; Schiel, F.* (Hrsg.): Trainingspraxis, Köln 1997, S. 286–310. *Hoschke, A.*: PPM – das Managementsystem für eine zeitgemäße Arbeitsorganisation in Produktion, Dienstleistung und Verwaltung, in: *Kleinbeck, U.; Schmidt, K.-H.; Werner, W.* (Hrsg.): Produktivitätsverbesserung durch zielorientierte Gruppenarbeit, Göttingen 2001, S. 71–83. *Scholz, C.*: Personalmanagement, 5. Aufl., München 2000. *Sodenkamp, D. et al.*: Management technischer Dienstleistungen durch den Einsatz von PPM, in: *Luczak, H.* (Hrsg.): Kooperation und Arbeit in vernetzten Welten, Aachen 2003, S. 145–152.

Daniel Sodenkamp

Internes Coaching →Coaching

Internes Personalmarketing

Teil des →Personalmarketings, mit dem Ziel, bestehende Mitarbeiter an das Unternehmen zu binden und im Hinblick auf die zu erreichenden Unternehmensziele zu motivieren.

Die dabei zugrunde liegende Leitidee betrachtet den Mitarbeiter als *internen Kunden* und zielt darauf ab, Personalarbeit (→Personalmanagement) und Personalführung (→Mitarbeiterführung) bezüglich der Interessen der Mitarbeiter zu überprüfen, beziehungsweise diese daran auszurichten.

Mitarbeiterbindung (→Personalbindung) und *Mitarbeitermotivation* (→Motivation) sind die zentralen Aufgabenbereiche des internen Personalmarketings. Die Notwendigkeit, Mitarbeiter für ein Engagement im Sinne der Unternehmensziele motivieren zu müssen ergibt sich daraus, dass Individuen ihnen vorgegebene Aufgaben, Erwartungen oder Rollen nur dann bereitwillig umsetzten, wenn durch die Erfüllung der gestellten Aufgabe zugleich eigene Interessen erfüllt werden (individuelle Nutzenmaximierung). Zusätzlich bergen Abhängigkeiten, unvollständig definierte Property Rights und Informationsasymmetrien die Gefahr der eigennützigen Interessenverfolgung, wobei die Schädigung anderer bewusst in Kauf genommen wird (Opportunismus). Unternehmen müssen also Mittel und Wege finden, ihre Mitarbeiter zum Spielen ihrer Rolle zu motivieren.

Neben diesem grundsätzlichen Motivationsproblem stehen Unternehmen gemäß der →Motivationstheorien heute vor der Aufgabe, dass monetäre Faktoren (z. B. Lohn, Gehalt, Prämien) als alleinige Motivatoren nicht mehr ausreichen, sondern um emotionale und immaterielle Aspekte ergänzt werden müssen. Hier geht es beispielsweise um die Arbeitsplatzgestaltung (→Ergonomische Arbeitsplatzbedingungen), die Regelung der →Arbeitszeit, die Aufgabengestaltung und betriebliche Sozialleistungen, aber auch um Lob und Anerkennung von Vorgesetzten. Solche Faktoren wirken sich zunächst positiv auf die Mitarbeiterzufriedenheit (→Arbeitszufriedenheit) aus und führen darüber zu einer höheren →Leistungsbereitschaft sowie zu →Commitment des Mitarbeiters gegenüber dem Unternehmen und seinen Zielen. Aus zufriedenen und motivierten Mitarbeitern sollen so Mitarbeiter werden, die eine positive Einstellung gegenüber „ihrem" Unternehmen entwickeln und an das Unternehmen gebunden werden können (Mitarbeiterbindung).

Antje Koch

Internes Personalreporting

dient der Bereitstellung der →Personaldaten und Auswertungen sowie deren Interpretation.

Die Informationsversorgung über ein Reporting (Berichtswesen bzw. Berichterstattung) ist eine Kernfunktion des →Personalcontrollings und gleichzeitig Grundlage für weitere zentrale Funktionen wie Planung, Steuerung und Kontrolle.

Die Aufgabe der Informationsversorgung umfasst nach *Horváth* (2003) die

– Bedarfsermittlung und -analyse,
– Informationsbeschaffung,
– Informationsaufbereitung,
– Informationsspeicherung sowie
– Informationsabgabe und -übermittlung.

Zunächst ist daher mit Vertretern der Unternehmensleitung, des →Personalmanagements und →Führungskräften der Fachbereiche eine Bedarfsprüfung durchzuführen. Auch die Arbeitnehmervertreter sind eine wichtige Zielgruppe des internen Personalreportings. Zentrale Fragestellungen sind dabei:

- Wozu soll berichtet werden?
- Was soll berichtet werden?
- Wer soll berichten?
- Wer soll unterrichtet werden?
- Wie soll unterrichtet werden?
- Wann beziehungsweise in welchen Zeitabständen soll berichtet werden?

Neben den Inhalten sind also Empfängerkreis und Zeitpunkte beziehungsweise -intervalle des Reportings festzulegen. Geplante Berichte, so genannte Standardreports, werden immer wieder ad hoc um zusätzliche Auswertungen und Berichte (dann bezeichnet als Bedarfs- oder auch Abweichungsberichte) ergänzt. Diese kurzfristigen Auswertungen nehmen in Ausnahmesituationen wie einer Fusion oder bei Überschreitung bestimmter Standards zu. Allerdings sollte die Häufigkeit der unregelmäßigen Berichterstattung und Analyse mit zunehmender Güte des geplanten Reportings abnehmen.

Basis des Reportings sind Kennzahlen (→Personalkennzahlen). Während Berichtskennzahlen Selbstzweck sind, sind für Steuerungskennzahlen Soll-Werte festzulegen. Abzuleiten sind diese aus den Anforderungen der Kunden, aus der Unternehmenszielsetzung, von Best-Practices, also →Benchmarks, oder auch im Zeitvergleich (*Wickel-Kirsch* 2002).

Es bietet sich die Erstellung und Pflege eines Personal-Handbuchs an, dessen Grundstruktur wie folgt aufgebaut werden kann (*Kobi* 1997):

- *Personalstruktur*: Durchschnittliche Betriebszugehörigkeit, Altersaufbau in der Belegschaft oder Qualifikationen.
- →*Personalplanung*: Personalbewegungen, →Fluktuation, offene Positionen, →Fehlzeiten oder Überstunden.
- →*Personalkosten*: Tarifliche Löhne- und Gehälter, AT-Gehälter oder Tantiemen.
- *Personalgewinnung*: Maßnahmen, Kooperationspartner, Anzeigenkonzeption, Kennzahlen zur →Personalbeschaffung oder →Bewerbungen pro Stelle.
- →*Personalentwicklung*: Instrumente der Potenzialanalyse (→Potenzialbeurteilung) und Nachfolgeplanung, →Informationen zur Aus- und Weiterbildung oder Kennzahlen zur Aus- und Weiterbildung, wie Ausbildungsquote und Weiterbildungstage/Mitarbeiter.

Neben textlicher Dokumentation, Personalstatistiken und Kennzahlen des Personal-Kennzahlensystems sind anschauliche Diagramme und zentrale, schlussfolgernde Aussagen zur Information, Kontrolle und Steuerung der Personalarbeit aufzunehmen.

Über die Informationsfunktion hinaus geht beispielsweise das *Personal-Cockpit*, welches in Übersicht 1 dargestellt ist. Hier werden nicht nur die Kennzahlen benannt und der aktuelle Wert dieser referiert, sondern die historische Entwicklung sowie der Zielzustand der jeweiligen Kennzahl in übersichtlicher Form angeführt. Sofort ersichtlich sind so eventuelle Fehlentwicklungen und Zieldifferenzen:

Vervollständigt werden kann das Personal-Cockpit durch erste Hinweise hinsichtlich der Ursachenforschung und Maßnahmenplanung bei Fehlentwicklungen sowie Gaps. Eine Differenz ergibt sich beispielsweise bei den Verbesserungsvorschlägen.

Übersicht 1: Personal-Cockpit
(*Kobi* 1997, S. 372)

Personal-Cockpit						
Kriterien	Historisch in %	Ist in %	Soll in %	Δ	Ursachen	Maßnahmenplan
Fluktuation	7	6	5	gelb	Abschlussgespräch	in Abhängigkeit von Befragungsergebnissen
Stellenbeschreibung	50	80	100	grün	fehlende Verantwortlichkeit	Ziel der Führungskräfte
BVW-Vorschläge/ 1000 MA	–	1	5	rot	BVW nicht bekannt	Werbekampagne

Zur optischen Hervorhebung dieses Sachverhaltes eignet sich insbesondere die Ampelfunktion: Grün steht für Zielerreichung oder Zielübererfüllung, gelb für Abweichungen, die es zu beobachten gilt, und rot für Verfehlungen, die sofortige Aktivitäten erfordern.

Im beispielhaften Personal-Cockpit erfordert das betriebliche Vorschlagswesen das Augenmerk. Zur Verbesserung der Vorschlagsrate müssen zunächst die Ursachen analysiert werden. Über weitere Informationen, wie der Bekanntheitsgrad des →Betrieblichen Vorschlagswesens (BVW), die Bearbeitungszeit pro Verbesserungsvorschlag, die Annahmequote, die Realisierungsquote sowie die durchschnittliche materielle Anerkennung der Verbesserungsvorschläge sollte es möglich sein, sich den Ursachen und damit auch den Lösungsansätzen zu nähern.

Zur übersichtlichen Zusammenfassung aller Aussagen – Ist, Soll und Konsequenzen – kann zudem ein Personal-Kennzahlenblatt dienen. Grundlage bilden auch hier Personalkennzahlen. Enthalten sind die Bezeichnung der Kennzahl, die Vorgehensweise zu deren Ermittlung und die entsprechenden Basisdaten. Zudem sind Kennzahlenzweck und Ziel sowie darüber hinaus mögliche Maßnahmen bei Abweichungen von den Soll-Vorstellungen festzuschreiben.

Der Aufbau eines Kennzahlenblattes am Beispiel der Personalbedarfs- und Qualifikationsstruktur erfolgt laut *Schulte* (2002) nach folgendem sechsteiligen Schema:

Internet

1. *Ermittlung*: Anzahl der Mitarbeiter bestimmter Qualifikationen durch die Gesamtzahl der Mitarbeiter mal 100 [%].
2. *Gliederung*: Beispielsweise nach verschiedenen Abteilungen oder Standorten.
3. *Erhebungszeitpunkt*: Jährliche Erhebung.
4. *Erhebungszweck*: Planung und Kontrolle der Qualifikationsstruktur der Belegschaft.
5. *Ziel*: Erhöhung des Anteils von Qualifikationsträgern.
6. *Interpretation und Maßnahmen*: Wichtig ist, ob mit den Mitarbeitern der vorhandenen Qualifikationsstruktur auch mittel- bis langfristig den Anforderungen neuer Technologien und neuer Organisationsstrukturen entsprochen werden kann. Ansatzpunkte zur Veränderung der Qualifikationsstruktur liefern etwa eine erhöhte Ausbildungstätigkeit oder eine vermehrte Einstellung von Akademikern.

Wesentliche Voraussetzung für ein erfolgreiches Personalreporting ist neben einer stabilen Datenbasis die Ziel- und Empfängerorientierte Aufbereitung. „Hier ist weniger manchmal mehr" (*Wiener* 2002).

Literatur: *Horvath, P.*: Controlling, 9. Aufl., München 2003. *Kobi, J.-M.*: Praxistaugliche Instrumente des Personalcontrolling, in: Personal, 49. Jg. (1997), H. 7, S. 370–373. *Schulte, C.*: Personal-Controlling mit Kennzahlen, 2. Aufl., München 2002. *Wickel-Kirsch, S.*: Personalauswahl mit der Unterstützung von Personalkennziffern, in: Personal, 54. Jg. (2002), H. 7, S. 50–53. *Wiener, C.*: HR-Controlling – Trends, Konzepte und Umsetzung, in: Personal, 54. Jg. (2002), H. 4, S. 50–55.

Daniela Eisele
Klaus Möller

Internet

weltweites, öffentliches und loses Netzwerk aus Computern (in 2007 mit 1,23 Milliarden Nutzern), die miteinander kommunizieren können.

Dabei ist das Internet so strukturiert, dass auch beim Ausfall einiger Rechner oder Netzwerkverbindungen, die →Kommunikation weiterhin möglich bleibt. Informationstechnisch betrachtet, erfolgt diese Kommunikation über ein standardisiertes Protokoll, dem so genannten TCP/IP-Protokoll. Landläufig wird das WWW (→World Wide Web) meist mit dem Internet gleichgesetzt. Dies ist jedoch nicht ganz korrekt. Denn das gesamte Internet besteht aus mehreren, unterscheidbaren Diensten: Zu nennen sind neben dem WWW etwa Electronic Mail, FTP (File Transfer Protocol), Newsgroups, Internet-Chat und Telnet (vor allem für Unix-Rechner).

Der Geburtsstunde des Internets liegt mittlerweile – je nach Interpretation – mindestens 40 Jahre zurück. Ende der 1960er Jahre wurden die Großrechner der so genannten Advanced Research Projects Agency (ARPA) vernetzt. Die US-amerikanische ARPA war zu diesem Zeitpunkt eine wissenschaftliche Einrichtung, deren Erkenntnisse insbesondere militärisch genutzt wurden. Aus diesem Grund wird heute der Ursprung des Internets im Militär gesehen. Der erste entscheidende Durchbruch des Internets war dann die verstärkte wissenschaftliche Nutzung des ARPA-Netzes durch Wissenschaftler an Universitäten. Da die Universitäts-Rechner unterschiedlichste technische Voraussetzungen hatten, entwickelte sich in diesem Zusammenhang das standardisiere Datenübertragungsprotokoll (TCP/IP). Den zweiten entscheidenden Durchbruch fand das Internet dann durch die Idee der kommerziellen Nutzung. Nachdem das Internet Anfang der 1990'er Jahre zur allgemeinen Nutzung freigegeben war, wuchs die Anzahl der Nutzer rasant.

Die Bedeutung und Nutzung des Internets im →Personalmanagement ist mittlerweile nicht mehr zu übersehen. Eine zentrale Anwendung des Internets im Personalmanagement ist etwa das Electronic Recruiting (eRecruiting) über Online-Jobbörsen (→Internet-Jobbörse) von Drittanbietern oder über die unternehmenseigene Webseite. Zunehmende Bedeutung erlangte in den letzten Jahren die Internet-Technologie im Bereich des Electronic Learning (→eLearning) und hier besonders im so genannten →Web-Based-Training. Relevant ist das Internet für das Personalmanagement aber auch dadurch, dass für das Internet typische Elemente und Prozesse im Unternehmen wieder zu finden sind. Hierzu zählen zum Beispiel →HR-Portale, Employee-Self-Services (ESS) und virtuelle Mitarbeiter-Communities. Zudem ist das Personalmanagement auch gefordert, das internetspezifisch veränderte Kommunikationsverhaltens, etwa bei der Entwicklung von →Führungsgrundsätzen, zu berücksichtigen.

Literatur: *Briggs, A.; Burke, P.*: A Social History of the Media: From Gutenberg to the Internet, Cambridge 2002. *Winston, B.*: Media Technology and Society. A

History: From the Telegraph to the Internet, London, New York 1998.

Stephan Kaiser

Internet-Jobbörsen

stellen eine personalbeschaffungsbezogene Dienstleistung eines Internet Service-Providers dar.

Regelmäßig werden Stellendatenbanken, auf die Bewerber über Internetbrowser zugreifen und nach Stellenangeboten suchen können, angeboten. Umgekehrt finden sich häufig auch Bewerberdatenbanken, in denen Unternehmen nach geeigneten Mitarbeitern suchen können. Regelmäßig bieten Jobbörsen auch die Möglichkeit einer elektronischen →Bewerbung beziehungsweise Kontaktaufnahme von Unternehmen und Bewerbern.

Inzwischen existiert international eine große Vielfalt an Internet-Jobbörsen. Derzeit dürften circa 500 deutschsprachige Jobbörsen existieren. Neben generellen Jobbörsen finden sich zunehmend auch auf gewisse Regionen oder Branchen spezialisierte Anbieter. Viele Jobbörsen reichern ihr Angebot um weitere Dienstleistungen wie Bewerbungshilfen, Selbst-Assessment oder Gehaltsinformationen an, so dass umfassendere Jobportale entstehen (→HR-Portal). Vereinzelt lassen sich mit so genannten Bewerberauktionen auch innovative Formen der Kontrahierung und Entgeltfestsetzung nachweisen. Ein spezielles Jobportal mit verschiedenen Jobbörsen und Diensten wird von der Bundesagentur für Arbeit angeboten.

Stefan Strohmeier

Internet-Jobmessen

stellen eine personalbeschaffungsbezogene Dienstleistung eines Internet Service-Providers dar, bei der es sich grundsätzlich um die virtuelle Variante konventioneller Bewerbermessen handelt.

Veranstalter ist ein Internet Service-Provider, der für interessierte Unternehmen und Bewerber zunächst virtuell eine beziehungsweise mehrere virtuelle Messehallen zur Verfügung stellt. Hier haben Unternehmen die Möglichkeit, virtuelle Messestände zu entwerfen, die mit Logos sowie Informationen zu Unternehmen und Stellen versehen werden können. Bewerber haben dann mittels so genannter Avatare (interaktive Repräsentanten eines Menschen in einer virtuellen Umgebung) die Möglichkeit, sich in den Messehallen zu bewegen, sich an Messeständen Informationsmaterial zu besorgen, durch Chat mit den Unternehmensvertretern zu kommunizieren und sich online zu bewerben. Da während der Messe Unternehmensvertreter wie Bewerber gleichzeitig online sein müssen, werden Jobmessen in der Regel nicht permanent abgehalten, sondern wie reale Messen zu vorher festgelegten Zeiten.

Stefan Strohmeier

Internetkonferenz

Abhaltung einer herkömmlichen Konferenz, die von professionellen Kamerateams am Ort der Konferenz aufgenommen wird und zusätzlich ins →Internet übertragen wird.

Nutzer können diese Konferenz dann vor dem Computer verfolgen und gleichzeitig auf zusätzlich verfügbare Informationen zum Beispiel über Downloads zurückgreifen. Ein diskursiver Eingriff in die Konferenz kann optional über eMail erfolgen. Derartige Formen der Internetkonferenz finden beispielsweise bei der Abhaltung von Hauptversammlungen Verwendung. Andererseits versteht man unter einer Internetkonferenz eine Konferenz von räumlich getrennten Teilnehmern, die sich via Internettechnologie zusammenschalten. Bilder, Ton und Dokumente werden durch den eigenen Computer etwa über Webkamera und PC-Mikrofon erfasst und über eine geeignete Software (z. B. Microsoft Windows NetMeeting) an die anderen Konferenzteilnehmer übertragen. Ein örtliches Zusammentreffen einzelner Konferenzteilnehmer ist dabei nicht vorgesehen. In der Praxis sind Internetkonferenzen denkbar, die beide Begriffsverständnisse integrieren.

Im →Personalmanagement können Internetkonferenzen insbesondere als Instrument genutzt werden, um die →Kommunikation und den Informationsaustausch zwischen räumlich getrennten Mitarbeitern zu erleichtern. Standortübergreifend, kurzfristig und kostengünstig sind so zum Beispiel →Workshops und Weiterbildungsmaßnahmen an unterschiedlichen Konzernstandorten weltweit möglich oder Arbeitssitzungen von virtuellen Teams.

Literatur: Quint, B.: A Lean, Mean Conference Machine: The Information Industry Should Get Involved in Virtual Conferencing, in: Information Today, 18. Jg.(2001), H. 7, S. 8–12.

Stephan Kaiser

Internetnutzung am Arbeitsplatz

Entscheidung des →Arbeitgebers darüber, ob →Arbeitnehmer befugt sein sollen, das →Internet vom Arbeitsplatz aus privat nutzen zu dürfen.

Empfehlenswert ist eine klare Regelung, deren Inhalt ein uneingeschränktes Verbot, eine uneingeschränkte Erlaubnis oder eine Nutzungsbefugnis in bestimmtem Umfang sein kann. Dabei sollte mit einer Regelung, nach der die Privatnutzung des Internets vom Arbeitsplatz aus gestattet ist, zugleich geregelt werden, ob die Nutzung während oder nur außerhalb der →Arbeitszeit erfolgen darf und wer die Kosten für die private Nutzung trägt.

Der →Betriebsrat kann vom Arbeitgeber nicht verlangen, dass das Internet privat genutzt werden darf. Will der Arbeitgeber jedoch eine Regelung treffen, nach der unter Einhaltung bestimmter Rahmenbedingungen die Privatnutzung gestattet sein soll, betrifft diese Regelung das Ordnungsverhalten der Arbeitnehmer im Betrieb und ist deshalb gemäß § 87 Abs. 1 Nr. 1 BetrVG mitbestimmungspflichtig.

Ein Arbeitnehmer, der gegen die Regelung zur Nutzung des Internets verstößt, begeht damit eine arbeitsvertragliche Pflichtverletzung, die – in der Regel nach entsprechenden →Abmahnungen – zur sozialen Rechtfertigung einer →Kündigung als verhaltensbedingte Kündigung führen kann (vgl. Arbeitsgericht Wesel, Urteil vom 21.03.2001, 5 Ca 4021/00).

Friedrich Meyer

Interorganisationale Teams

grenzen sich von rein intraorganisationalen Teams dadurch ab, dass sie aus Mitgliedern mehrerer →Organisationen bestehen.

Die Konzeptualisierung solcher Teams (→Gruppe) wurde erstmals von *Stock* (2003) vorgelegt. Die theoretische Basis für das Konzept der interorganisationalen Teams bildet die Theorie der Dynamik von →Gruppen von *Berné* (1963). Danach setzen sich interorganisationale Teams aus den Kategorien

- Mitarbeiter eines Anbieter-Unternehmens und
- Mitarbeiter eines Kunden-Unternehmens

zusammen. Die Struktur interorganisationaler Teams umfasst somit (im Vergleich zu intraorganisationalen Teams) eine (ggf. zusätzliche) interne Grenze, nämlich die zwischen den Mitgliedern des Anbieter-Unternehmens und den Mitarbeitern des Kunden-Unternehmens.

Hinsichtlich dieser Grenze wird ein destabilisierender Effekt in Bezug auf die Wirkungsbeziehungen innerhalb des Teams unterstellt. Dieser Effekt der durch die Interorganisationalität eines Teams bedingten internen Grenze ist nach der Theorie der Dynamik von Gruppen besonders hoch, wenn die Mitglieder zweier Kategorien innerhalb eines Teams gleich stark repräsentiert sind. Zur Bewertung der Repräsentanz der Mitglieder des Anbieter- beziehungsweise des Kunden-Unternehmens werden die zahlenmäßige Zusammensetzung des Teams sowie die Verteilung der →Macht zwischen den Mitgliedern des Anbieter- beziehungsweise des Kunden-Unternehmens zugrunde gelegt.

Die *Zusammensetzung des Teams* bezieht sich auf die anzahlmäßige Präsenz der Mitglieder des Anbieter- und des Kunden-Unternehmens innerhalb des Teams. Der Grad der Interorganisationalität ist im Sinne dieses Kriteriums am höchsten, wenn das Team gleich viele Mitglieder aus beiden Unternehmen enthält. Der Grad der Interorganisationalität ist umso geringer, je stärker die Mitglieder eines Unternehmens die Mitglieder des anderen Unternehmens anzahlmäßig dominieren.

Die zweite Facette der Interorganisationalität greift auf das Konstrukt der *Macht* zurück. Macht repräsentiert die Fähigkeit eines Subjekts beziehungsweise einer Gruppe von Subjekten, das Verhalten eines anderen Subjekts beziehungsweise einer anderen Gruppe von Subjekten zu beeinflussen. Der Grad der Interorganisationalität ist im Sinne dieses Kriteriums am höchsten, wenn die Macht im Team zwischen den beiden Teilgruppen genau gleich verteilt ist. Der Grad der Interorganisationalität ist umso geringer, je stärker die Macht bei den Mitgliedern eines Unternehmens konzentriert ist.

Hinsichtlich der Kombination der beiden Facetten – Zusammensetzung und Machtverteilung – sind prinzipiell drei Konstellationen denkbar, die in Abbildung 1 visualisiert werden.

Der Grad der Interorganisationalität ist danach am höchsten, wenn die Mitglieder des

Abbildung 1: Ausprägungsformen des Grads
der Interorganisationalität
(*Stock* 2003, S. 170)

a) Hoher Grad der Interorganisationalität

b) Mittlerer Grad der Interorganisationalität

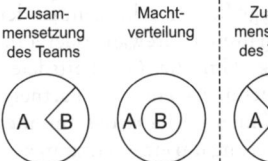
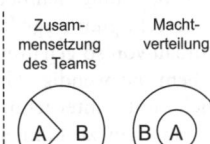

c) Geringer Grad der Interorganisationalität

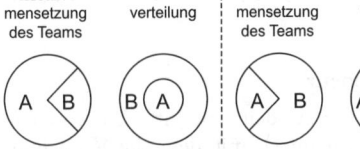

Erläuterung: Bei der Visualisierung der Machtverteilung kennzeichnet die Position im Inneren des Kreises eine höhere Machtposition als die im äußeren Bereich der Kreisfläche.

Anbieter-Unternehmens (A) und des Kunden-Unternehmens (B) gleich stark im Hinblick auf die anzahlmäßige Präsenz und die Macht innerhalb des Teams vertreten sind. Der Grad der Interorganisationalität ist dagegen am geringsten, wenn die Mitglieder des Anbieter-Unternehmens oder des Kunden-Unternehmens im Hinblick auf die Anzahl und die Machtverteilung deutlich überrepräsentiert sind.

Ein mittlerer Grad der Interorganisationalität liegt beispielsweise vor, wenn die Mitglieder eines Unternehmens die Mitglieder des anderen Unternehmens im Hinblick auf die Macht im Team dominieren, im Hinblick auf die anzahlmäßige Präsenz jedoch unterrepräsentiert sind.

Literatur: *Berné, E.*: The Structure and Dynamics of Organizations and Groups, New York 1963. *Stock, R.*: Teams an der Schnittstelle zwischen Anbieter- und Kunden-Unternehmen, Wiesbaden 2003.

Ruth Stock-Homburg

Intervallskala

Ausprägung des →Skalenniveaus.

Im Unterschied zur →Nominalskala und zur →Ordinalskala bestehen bei der Intervallskala gleiche Abstände zwischen den Skaleneinheiten in Bezug auf das gemessene Merkmal. Der Nullpunkt einer Intervallskala wird willkürlich festgelegt. Als Beispiel kann die Temperaturskala in Grad Celsius genannt werden.

Benedikt Hell

Interview

Form der zielgerichteten mündlichen →Kommunikation zwischen Kommunikationspartnern, bei der die Rolle der Fragenden und die Rolle der Antwortenden im Vorfeld eindeutig zugewiesen sind.

Interviews zwischen einer oder mehrerer fragender Personen und einer oder mehreren befragten Personen zielen auf die Erhebung von →Informationen über die befragte Person beziehungsweise die befragten Personen ab. Sie sind das am häufigsten verwendete Instrument zur Sammlung personenbezogener Informationen im Rahmen der →Personalauswahl und der →Personalbeurteilung. Interviews sind in der Regel ökonomisch und universell einsetzbar sowie in ihrer Handhabung sehr flexibel. Unter anderem deshalb liegen Interviews in vielen verschiedenen Formen und Varianten vor, verfolgen unterschiedliche Funktionen und lassen sich bei der Erhebung höchst verschiedenartiger Informationen verwenden, wobei ihre Stärken im Zugang zu den subjektiven Wirklichkeiten von Personen liegen. Interviews dienen im Kontext der →Eignungsdiagnostik (→Eignungsdiagnostische Instrumente) insbesondere der Klärung der Frage nach der →Eignung von Kandidaten in Bezug auf bestimmte →Anforderungen. Darüber hinaus werden mit ihnen – meist in Ergänzung vorliegender Unterlagen – auch Fakten, häufig biographischer Art, erhoben. Wichtige Hinweise liefern Interviews auch für die Einschätzung von Könnens- und Wollenskomponenten, das heißt von →Qualifikationen und motivationalen Dispositionen. Schließlich lassen sich mit Interviews gezielt Stärken und Schwächen von Personen erkennen.

In der betrieblichen Anwendung gelangen überwiegend Interviews zum Einsatz, die sich entlang von drei Dimensionen unterscheiden lassen:

1. Hinsichtlich der *beteiligten Personen* ist die klassische und am meisten verbreitete Form des Interviews die der Dyade, bei der eine Person genau eine andere interviewt. Deutlich seltener wird eine Person von mehreren Fragenden interviewt.
2. Hinsichtlich des *Grades der Strukturiertheit* von Interviews werden das unstrukturierte, das teilstrukturierte und das vollstrukturierte (standardisierte) Interview unterschieden. Am häufigsten wird das halbstandardisierte Interview mit Interviewleitfaden angewendet.
3. Hinsichtlich der *Methode der Gesprächsführung* lassen sich das kooperative und das konfrontative Interview unterscheiden. Die Zwecke der betrieblichen Informationsgewinnung werden regelmäßig besser mit einer kooperativen Gesprächsführung erreicht als mit einem – auch aus ethischen Gründen bedenklichen – Stressinterview.

Die prognostische →Validität von Interviews wird je nach den mit ihnen verfolgten Zwecken unterschiedlich bewertet, wobei gilt, dass die Erhebung von Fakten in der Regel wenig Probleme aufwirft. Hingegen ist die Validität des Interviews in Bezug auf die Erhebung von Informationen über die Qualifikation und →Motivation von Personen im Hinblick auf bestimmte Anforderungen umstritten.

Literatur: *Schuler, H.* (Hrsg.): Eignungsdiagnostik in Forschung und Praxis: Psychologische Information für Auswahl, Beratung und Förderung von Mitarbeitern, Stuttgart 1991. *Weinert, A. B.*: Organisationspsychologie, 4. Aufl., Weinheim 1998. *Wittkowski, J.*: Das Interview in der Psychologie, Opladen 1994.

Jürgen Grieger

Into-the-Job Maßnahmen →Training

Intranet

unternehmens- oder organisationsinternes Netz aus Computern, die zum Zweck des Austauschs von →Daten und →Informationen miteinander kommunizieren können.

Dafür werden typischer Weise die Technologien des →Internets, und hier insbesondere die standardisierten TCP/IP-Protokolls, genutzt. Nahe liegendes Ziel des Aufbaus eines Intranets ist die effiziente Nutzung aller unternehmens- oder organisationsweit vorhandenen Informationen und Daten. Diese können allen Mitarbeitern oder unterschiedlichen Mitarbeitergruppen zugänglich gemacht werden, als interaktive Kommunikationsplattform kann das Intranet Abstimmungsprozesse und →Wissensmanagement effizienter gestalten. So können personalwirtschaftliche Aufgaben nicht ausschließlich in spezialisierten Fachabteilungen wahrgenommen werden, sondern nach dem Subsidiaritätsprinzip auch partiell auf Mitarbeiter und Manager verlagert werden (→HR-Portal, →Selfservice Systeme).

Um das unternehmenseigene Intranet vor unberechtigten Zugriffen zu schützen, ist der Aufbau von so genannten Firewalls oder ähnlichem notwendig. Um die Geschäftsdaten auch mit unternehmensexternen Partnern austauschen zu können, erfährt das Intranet häufig eine Erweiterung um ein →Extranet.

Stephan Kaiser

Intranet Learning →Web-Based-Training **(WBT)**

Intrapreneur

Wortspiel mit dem Begriff Entrepreneur (→Unternehmer), mit dem die Vorstellung verbunden wird, dass sich ein Mitarbeiter wie ein interner Unternehmer verhält, das heißt Entscheidungen stets im Sinne des Unternehmens und der Wirtschaftlichkeit trifft.

Der augenscheinliche Widerspruch in den Verhaltensannahmen zwischen Mitarbeiter und Intrapreneur lässt sich durch das Übertragen von *Zielerreichungsverantwortung* und die Einführung eines entsprechenden *Anreizsystems* teilweise auflösen. Bei der Förderung von Intrapreneuren ist allerdings zu bedenken, dass diese bei gesteigertem Selbstbewusstsein ein schwer zu kontrollierendes Eigenleben entwickeln können.

Literatur: *Scholz, C.*: Personalmanagement, 5. Aufl., München 2000.

Jan Hendrik Fisch

Intrinsische Motivation

liegt vor, wenn die →Motivation, eine Aufgabe zu erfüllen, in dieser Aufgabe selbst liegt und die Belohnung (→Belohnung und Bestrafung) durch kognitive und affektive Prozesse erfolgt.

Eine Aufgabe kann intrinsisch motivieren, wenn sie ein aktuelles →Motiv abdeckt. Beispiele hierfür nennen *Frey* und *Osterloh* (2002) Wenn eine Person beispielsweise ein starkes →Sicherheitsbedürfnis hat, wird sie durch eine Routinetätigkeit intrinsisch motiviert. Teamarbeit wirkt auf Personen mit stark ausgeprägtem Zugehörigkeitsmotiv intrinsisch motivierend. Eine Person mit einem starken →Anerkennungsbedürfnis wird dagegen eher durch eine Aufgabe motiviert, die andere Personen als wichtig und wertvoll beurteilen. Schließlich wirken Freiräume in der Gestaltung intrinsisch auf Personen mit einem aktuellen →Selbstverwirklichungs- oder Machtbedürfnis.

Je höher die intrinsische Motivation ist, umso geringer ist das Bedürfnis einer Person nach zusätzlichen, extrinsischen →Anreizen. Umgekehrt können extrinsische Anreize dazu führen, dass intrinsische Motivation zerstört wird.

Viele Unternehmen haben versucht, die Anzahl von Verbesserungsvorschlägen zu steigern, indem sie anstelle gelegentlicher Anerkennungszahlungen einen festgelegten Prämienkatalog einführen. Während es gewöhnlich kurzfristig zu einer deutlichen Steigerung der eingereichten Vorschläge kommt, fällt diese mittelfristig wieder auf ein Niveau knapp über der ursprünglichen Anzahl. Allerdings ist es dabei zu einer Verlagerung von intrinsischer zu →extrinsischer Motivation gekommen. Der Anreiz für einen Verbesserungsvorschlag besteht nun wesentlich darin, eine Prämie (→Prämienlohn) zu bekommen, während er zuvor eher darin bestand, eine eigene Idee realisiert zu sehen. Würde das Unternehmen nun die Prämie wieder streichen, führte dies zu Unzufriedenheit und einem starken Rückgang der Verbesserungsvorschläge. Ein ähnlicher Verdrängungseffekt zulasten intrinsischer Motivation kann eintreten, wenn eine Arbeitsgruppe, die mit einem hohen Qualitätsethos arbeitet, ihre Leistungsqualität nach einem vorgegebenen Kriterienkatalog beurteilen lassen muss.

Intrinsische Motivation kann auch aus der Vermeidung negativer Erfahrungen resultieren. Beispielsweise kann eine Person dadurch motiviert sein, dass sie verhindern möchte, sich einzugestehen, dass sie eine Aufgabe aufgrund persönlicher Defizite nicht bewältigen kann.

Die Entstehung intrinsischer Motivation ist mit der persönlichen Kontrollerfahrung verknüpft. Je eher eine Aufgabe als persönlich kontrollierbar erlebt wird, umso größer ist auch die Wahrscheinlichkeit, dass dabei intrinsische Motivation entsteht.

Literatur: *Frey, B.; Osterloh, M.:* Managing Motivation. Wie Sie die neue Motivationsforschung für Ihr Unternehmen nutzen können, Wiesbaden 2002.

Markus Gmür

Intrinsisches Feedback → Feedback

Intuition → Organisationales Lernen

Inversion

erfolgreiche und kurzfristige Möglichkeit der Anpassung der biologischen Rhythmik, zum Beispiel an die Veränderung der →Arbeitszeit.

Wichtig ist eine Inversion für die Spät- und besonders für die →Nachtschichtarbeit. Die medizinisch nachgewiesene fehlende beziehungsweise mangelhafte Inversion bei Nachtschichtarbeit führt zu erheblichen Belastungen (→Belastung-Beanspruchungs-Modell) und gilt als ein gesundheitlicher Risikofaktor. Der Mensch arbeitet phasenverschoben zur 24-Stunden-Rhythmik seiner Organe. Die nächtliche niedrigere Körpertemperatur, die geringere Sauerstoffaufnahme und die geringere Herztätigkeit beeinflussen entsprechend die →Leistungsfähigkeit der Nachtarbeiter. Selbst bei Nachtschwestern und bei Nachtwächtern sowie Schiffsbesatzungen war nach jahrelanger →Nachtarbeit keine Inversion erkennbar, wie *Plett et al.* (1988) betont.

Literatur: *Plett, R. et al.:* Work at Sea: a Study of Sleep and of Circadian Rhythms, in: International Archives of Occupational and Environmental Health, (1988), S. 395–403. *Fischer, F. M. et al.:* Do Weekly and Fast-Vetating Shiftwork Schedules Differentially Affect Duration and Quality of Sleep?, in: International Archives of Occupational and Environmental Health, (1997), S. 354–360.

Désirée H. Ladwig

Investitionsrechnung

Verfahren, welches beurteilt, ob sich eine Auszahlung für ein länger nutzbares Objekt lohnt.

Bei der Investitionsrechnung wird zum einen geprüft, ob die zukünftig zu erwartenden Vorteile die zum Anschaffungszeitpunkt getätigte Auszahlung mindestens kompensieren. Zum anderen wird das Verfahren herangezogen um einen Alternativenvergleich über mehrere Objekte vornehmen zu können (*Götze* und *Bloech* 2004).

Als *Heuristiken* dienen statische Verfahren, die sich auf die Beurteilung beziehungsweise den Vergleich einfacher Kennzahlen beschränken, wie zum Beispiel Kosten- oder Gewinnvergleiche sowie einfache Amortisationsrechnungen. In *dynamischen* Investitionsrechnungsverfahren werden Gegenwarts- beziehungsweise Zukunftspräferenzen des Entscheidungsträgers abgebildet. Alle Ein- und Auszahlungen werden auf den Entscheidungszeitpunkt bezogen und deshalb mit einem Zinssatz abdiskontiert (*Götze* und *Bloech* 2004). Ein einfaches Verfahren ist zum Beispiel die Kapitalwertmethode. Sie findet aus personalwirtschaftlicher Sicht Eingang in die Beurteilung der Vorteilhaftigkeit von Aus- und Weiterbildungsaktivitäten.

Grundgedanke der →*Humankapitaltheorie* ist, dass bei der Investition in →Humankapital – Wissen, Fähigkeiten (→Qualifikation) und Fertigkeiten der Mitarbeiter – während der Ausbildungsphase für die →Ausbildung besondere Auszahlungen entstehen, die durch zukünftig zu erwartende Einzahlungen kompensiert werden. Die Einzahlungen ergeben sich aus der höheren →Wertgrenzproduktivität eines Mitarbeiters, da dieser komplexere Aufgaben ausführen kann, die eine höhere →Wertschöpfung ermöglichen.

Ob sich eine Ausbildung lohnt, wird wie bei der Kapitalwertmethode mithilfe eines *Barwertkalküls* ermittelt, das heißt den Auszahlungen – Ausbildungskosten, Lohnzahlungen während und nach der Ausbildung – werden die Einzahlungen – Wertgrenzproduktivitäten während und nach der Ausbildung – gegenübergestellt, und alle Zahlungsströme werden auf den Entscheidungszeitpunkt mit einem marktüblichen Zinssatz abdiskontiert.

In der strengen Variante der Humankapitaltheorie, die auf der allgemeinen *Gleichgewichtstheorie* aufbaut, wird ausgebildet, wenn die abdiskontierten Einzahlungen die Auszahlungen kompensieren. Es gibt allerdings einen Unterschied in der Frage, welches Wirtschaftssubjekt in die Ausbildung investiert: der beziehungsweise die →Auszubildende oder der Ausbildungsbetrieb. Grundsätzlich gilt, dass der Aufbau von allgemeinem Humankapital, also solchem, das eine Marktwertsteigerung des Auszubildenden bewirkt, von den Auszubildenden selbst getragen wird. Die Investition in spezifisches Humankapital, also solches, das den Wert der Auszubildenden ausschließlich im Ausbildungsbetrieb erhöht, erfolgt durch den Ausbildungsbetrieb. Die Begründung ist in der jeweiligen Anreizkompatibilität der Lösung zu finden (*Kräkel* 2004).

In der Praxis geht man davon aus, dass Aus- und Weiterbildung sowohl allgemeine als auch spezifische Komponenten aufweist und der Aufbau von Humanressourcen von beiden Vertragsseiten finanziert wird. In Deutschland tritt zusätzlich der Staat als Träger der Ausbildung im Dualen Berufsausbildungssystem, zum Beispiel durch die Einrichtung von Berufsschulen, auf.

Literatur: *Götze, U.*; *Bloech, J.*: Investitionsrechnung, 4. Aufl., Berlin etc. 2004. *Kräkel, M.*: Organisation und Management, 2. Aufl., Tübingen 2004. *Kruschwitz, L.*: Investitionsrechnung, 9. Aufl., München 2002.

Silvia Föhr

Investivlohn

Bestandteil der →materiellen Mitarbeiterbeteiligung, welcher der Vermögensumverteilung der Mitarbeiter dient.

Der Investivlohn beinhaltet einen bestimmten Prozentsatz vom Lohn, den der →Arbeitnehmer seinem →Arbeitgeber zur Investition in das Produktivvermögen überlässt. Der Investivlohn vom Mitarbeiter wird vom Unternehmen vermögenswirksam gutgeschrieben und typischerweise für eine gewisse Zeit (meist fünf Jahre) gesperrt. Meist dienen Lohnzuwächse, die nicht komplett unmittelbar ausgezahlt werden, als Basis des Investivlohnanspruchs.

Lohnzuwächse werden in einen direkt ausgezahlten und einen investiven Teil aufgeteilt: Der *investive Lohnteil* wird ersatzweise zum baren Entgelt oder als zusätzlicher Lohnaufschlag gewährt. Der *gutzuschreibende Anteil* hängt nicht vom Unternehmensgewinn ab. Mitarbeiterdarlehen, Genussscheinkapital und →Belegschaftsaktien sind die typischen Anlagevarianten, die von Sparförderung und investiver Gewinnbeteiligung abgegrenzt werden (*Michaelis* und *Spermann* 1993).

Literatur: *Michaelis, J.*; *Spermann, A.*: Der Investivlohn, in: Wirtschaftswissenschaftliches Studium, 22. Jg. (1993), H. 5, S. 223.

Silvia Föhr

Involuntary Part-Time Work

aktuelle Problematik einer fehlenden Vollzeitproblematik (dt.: unfreiwillige →Teilzeitarbeit).

Bei der unfreiwilligen Teilzeitarbeit werden drei Kategorien unterschieden:

1. Mitarbeiter arbeiten Teilzeit, weil sie keinen Vollzeitjob finden.
2. Mitarbeiter sind grundsätzlich Vollzeit beschäftigt, arbeiten aber aus betrieblichen Gründen temporär nur noch Teilzeit.
3. Mitarbeiter arbeiten aus anderen als den oben genannten Gründen weniger als ihre Teilzeitarbeit.

Im Folgenden werden ausschließlich die Kategorien betrachtet, bei der die Mitarbeiter aus betrieblichen Gründen (Auftragsrückgang) nur noch Teilzeit beschäftigt und vergütet werden. Bekanntestes Modell ist das VW-Modell. 1993 reduzierte VW die →Arbeitszeit aller Mitarbeiter von 36 auf 28,8 Stunden pro Woche ohne Lohnausgleich. Bei Bedarf konnte aber bis zu 38,8 Stunden pro Woche gearbeitet werden. Dieses Modell war dem Solidaritätsgedanken geschuldet, da hierdurch →Entlassungen vermieden wurden. Es war aber für eine Vielzahl der Mitarbeiter nicht freiwillig gewählt.

Problembereiche der unfreiwilligen Teilzeitarbeit sind

– nicht adäquate Bezahlung,
– zu geringes Einkommen,
– zu geringe Nutzung von Fähigkeiten und Qualifikationen,
– unsichere Arbeitssituation sowie
– Jobwechsel oder zusätzlicher Job.

Von den rund acht Millionen Frauen und Männern, die in Deutschland Teilzeit arbeiten, suchen 14,2 % eigentlich eine Vollzeitstelle. Im EU Durchschnitt liegt dieser Anteil an Involuntary Part Time Work bei 15,9 %. Die wenigsten unfreiwilligen Teilzeitkräfte haben die Niederlande, wie in Übersicht 1 ersichtlich wird.

Eine hohe unfreiwillige Teilzeitarbeit tritt insbesondere in den Ländern auf, in denen geringer Arbeitsschutz mit nicht ausreichender Beschäftigung zusammentrifft. Das Auslastungsrisiko des Betriebs wird dann auf die Mitarbeiter abgewälzt.

Übersicht 1: Prozentanteil unfreiwillig Teilzeitbeschäftigter an allen Teilzeitbeschäftigten

Land	In %
Niederlande	3,1
Österreich	7,6
Vereinigtes Königreich	8,0
Luxemburg	8,9
Slowenien	9,2
Slowakische Republik	11,3
Irland	13,5
Tschechische Republik	13,6
Deutschland	14,2
Dänemark	14,3
EU-Durchschnitt	15,9
Malta	16,5
Belgien	17,5
Portugal	18,2
Spanien	18,5
Estland	20,3
Schweden	20,4
Zypern	20,5
Ungarn	23,9
Frankreich	28,5
Polen	29,5
Finnland	29,9
Italien	30,1
Lettland	35,8
Griechenland	39,6
Litauen	51,0

Literatur: *Statistisches Bundesamt* (Hrsg.): Pressemitteilung vom 13.09.2004, Wiesbaden 2004. *OECD* (Hrsg.): Involuntary Part-Time Work as a Component of Underemployment, in: *OECD* (Hrsg.): Previous Issues of the OECD Employment Outlook, 1983–2003, Employment Outlook 1990, Kapitel 7, S. 179–193.

Désirée H. Ladwig

Involvement

Engagement, mit dem sich jemand einem Objekt oder einer Tätigkeit zuwendet.

Im →Personalmanagement bezeichnet Involvement die →Identifikation mit der →Arbeit, die nach *Franke* und *Winterstein* (1996)

unabhängig von eher affektiven Aspekten (→Arbeitszufriedenheit) bestehen kann. Dabei ist zwischen *Job Involvement* (bezogen auf die gegenwärtige Arbeitstätigkeit) und *Work Involvement* (bezogen auf Arbeit allgemein) zu unterscheiden. Die englischen Begriffe „work" und „job" verdeutlichen dabei besser als die deutsche Übersetzung den gemeinten Bezug. Die gegenwärtige Einstellung zur Arbeitstätigkeit ist dabei nach *Kanungo* (1982) weniger stabil und stärker von variablen Merkmalen sowie von der Arbeitsumwelt beeinflusst, als die eher situationsübergreifende allgemeine Einstellung zur Arbeit an sich.

Literatur: *Franke, J.*; *Winterstein, H.*: Arbeitsbezogenes Transparenzerleben als zentrales Element der Organisationsdiagnose, München, Mering 1996. *Kanungo, R. N.*: Measurement of Job and Work Involvement, in: Journal of Applied Psychology, 67. Jg. (1982), H. 3, S. 341–349.

Erika Spieß

Iowa-Forschung →Führungsstilmodell der Iowa-Forschung

ISCO-88 →Klassifizierung der Berufe

J

Jahresarbeitszeit
jährlich vom →Arbeitnehmer zu leistende →Arbeitszeit.

Die Jahresarbeitszeit unterscheidet sich weltweit (siehe Übersicht 1). Sie errechnet sich für den tariflichen Bereich in Deutschland wie folgt: 365 Kalendertage abzüglich 104 Wochenendtage abzüglich 30 Urlaubstage, abzüglich zehn →Feiertage ergibt eine Jahresarbeitszeit von ungefähr 220 Tagen, was bei einer durchschnittlichen Stundenzahl von 8 Stunden 1.760 Stunden pro Jahr ergibt.

Im internationalen Vergleich, dargestellt in Übersicht 1, arbeiten die Mitarbeiter in der Slowakei, Ungarn am meisten und in Frankreich am wenigsten. Die Differenz zwischen der Slowakei und Frankreich zum Beispiel liegt im Jahr bei mehr als 280 Stunden.

Die absolute Höhe der Jahresarbeitszeit wird auch als Wettbewerbsfaktor gesehen. Japan und die USA liegen mit über 2.000 Stunden weit über dem europäischen Durchschnitt.

Bei *Jahresarbeitszeitkonten* wird der starre Wochen- oder Monatsbezug durch einen Jahresbezug ersetzt. Das Arbeitszeitsaldo muss im Jahresdurchschnitt mit der vertraglich vereinbarten Arbeitszeit übereinstimmen und das Arbeitzeitkonto idealerweise einmal in zwölf Monaten die Nulllinie durchlaufen (Arbeitszeitsaldo = 0).

Bei *Schmidt* (2000) findet sich ein Beispiel für ein Jahresarbeitszeitkonto in einem Fertigungsbetrieb: So beläuft sich dort die rechnerische Jahresarbeitszeit einschließlich →Urlaub auf 1.957,5 Stunden. Der Monatslohn wird unabhängig von der Dauer der tatsächlich geleisteten →Arbeit gezahlt. Jeder hat ein Zeitkonto, in dem Zeitguthaben oder -schulden vermerkt werden, die durch Abweichungen vom Normalbetrieb zustande kommen. Zeitguthaben oder Zeitschulden bis zu 80 Stunden gleichen die Mitarbeiter im Rahmen der →Gruppenarbeit selber aus. Innerhalb eines Jahres soll das Zeitkonto ausgeglichen sein. Gelingt dies wider erwarten nicht, so werden Plusstunden ausbezahlt. Minusstunden gehen zu Lasten der Firma. Bei dauerhaftem Anstieg der Plusstunden stellt das Unternehmen neue zusätzliche Mitarbeiter ein. Bei dauerhaftem Minus von 80 Stunden und mehr verhandelt das Unternehmen über Kurzarbeit und Personalanpassung.

Die im Jahr zu leistende Arbeitszeit als Gesamtsumme statt einer Kalkulation der Arbeitszeit auf monatlicher Basis steht im *Jahresarbeitsvertrag*. Insbesondere in Bereichen mit saisonalen Arbeitsschwankungen oder aufgrund von konjunkturellen Schwankungen bietet ein Jahresarbeitszeitvertrag einen flexibleren Spielraum für die →Personaleinsatzplanung.

Übersicht 1: Durchschnittliche allgemein anerkannte normale jährliche Arbeitszeit 2002 in Europa

Land	Jährliche Stunden
Slowakei	1881,4
Ungarn	1824,0
Griechenland	1808,0
Irland	1801,8
Belgien	1794,0
Finnland	1752,8
Schweden	1738,2
Portugal	1735,5
Spanien	1732,5
Luxemburg	1731,6
Österreich	1709,4
Norwegen	1687,5
Großbritannien	1685,2
Italien	1672,0
Deutschland	1661,8
Dänemark	1639,1
Niederlande	1633,2
Frankreich	1599,4
Durchschnitt	1728,6

Der *Jahresarbeitszeitvertrag* legt die vom Arbeitnehmer zu leistende jährliche Arbeitszeit in Abgrenzung zum traditionellen →Arbeitsvertrag, der auf eine vertragliche →Wochenarbeitszeit Bezug nimmt, fest. Die Jahresarbeitszeit kann kontinuierlich auf die zwölf Monate oder diskontinuierlich (z. B. Hochsaison im Sommer mehr Arbeitsstunden pro Monat, Nebensaison weniger Arbeitsstunden pro Monat) verteilt werden. Einkommensschwankungen werden vermieden, indem das Arbeitsentgelt in gleichen Monatsraten gezahlt wird.

Der →Betriebsrat kann ein Mitbestimmungsrecht nach § 87 Abs. 1 Nr. 2 BetrVG zur Ausgestaltung des Jahresarbeitszeitvertrages haben, wenn nicht einzelne, individuelle Jahresarbeitszeitverträge geschlossen werden, sondern eine Vielzahl von Verträgen mit einem kollektiven Bezug.

Literatur: *Schmidt, M.*: Flexible Jahresarbeitszeit bei einem Automobilzulieferer, in: *Kutscher, J.* (Hrsg.): Praxishandbuch Flexible Arbeitszeit; Personaleinsatz-, Produktivitäts- und Kundenorientierung, Düsseldorf 2000.

Désirée H. Ladwig

Jahresgespräch →Mitarbeitergespräch

Jahresgleitzeit

Möglichkeit, innerhalb eines Jahres Dauer und Lage eines Teiles der →Arbeitszeit vom Mitarbeiter – nach Absprache und in einer bestimmten Bandbreite – frei zu wählen.

Abbildung 1: Jahresgleitzeit

J F M A M J J A S O N D
☐ Gleitzeit
☐ Kernzeit

Der Rest der Arbeitszeit gilt, wie auch Abbildung 1 darstellt, als →Kernzeit mit Anwesenheitspflicht.

Désirée H. Ladwig

Jahresrhythmus

Schwankungen der geistigen und seelischen Verfassung des Menschen über das Jahr (Biorhythmus) in Abhängigkeit von im Jahresablauf wechselnden Stand der Sonnenhöhe, der aufgenommenen Lichtmenge, der Temperatur oder der Ernährungsmöglichkeiten.

Deshalb schwankt auch die Arbeitsdisposition des Menschen. Im Januar und Februar verzeichnet man zum Beispiel das Maximum →krankheitsbedingter Fehlzeiten. Von April bis September ist die Unfallhäufigkeit überdurchschnittlich hoch. Von Mai bis Juni liegt das Maximum der Selbstmordrate und der Aufnahme in psychiatrische Kliniken.

Désirée H. Ladwig

Job Characteristics Model (JCM)

Modell, welches Aussagen über die Arbeitsinhaltsgestaltung aus dem Blickwinkel der Leistungsmotivation (→Motivation) trifft.

Ausgangspunkt bei dem von *Hackman* und *Oldham* (1980) entwickelten Job Characteristics Model (JCM) ist die →Identifikation von folgenden Kerndimensionen der →Arbeit, die im Falle deren befriedigender Gestaltung dazu führen, dass die durch sie charakterisierte Arbeit ein intrinsisches Motivationspotenzial aufweist:

- Aufgabenvielfältigkeit (*AV*)
- Aufgabenganzhaftigkeit (*AG*)
- Aufgabensinnhaftigkeit (*AS*)
- →Autonomie bei der Aufgabenerfüllung (*A*)
- Rückkopplung (*RK*)

Demgemäß enthält eine Aufgabe in hohem Maße ein intrinsisches Motivationspotenzial, wenn sie

– den Ausführenden in einer Vielzahl seiner Fähigkeiten (→Qualifikation) anspricht (*AV*),

– dem Ausführenden eine Einordnung in einen Gesamtzusammenhang erlaubt (*AG*),

– bezüglich ihres Inhalts nicht dem Wertesystem des Ausführenden widerspricht (*AS*),

– Freiräume bei der Aufgabenausführung belässt (*A*) und

– eine informationelle Rückkopplung über den Erfolg der Aufgabenausführung (*RK*)

enthält. Zur Beurteilung des Ausprägungsgrads der jeweiligen Kerndimensionen bei einer konkreten Aufgabe schlagen *Hackman* und *Oldham* (1980) einen Fragenkatalog vor, der die Einordnung der Tätigkeit auf einer Punkteskala für jede der Dimensionen zulässt. Darauf aufbauend wird das intrinsische Motivationspotenzial einer Aufgabe (*MPS*, „Motivational Potential Score") bei Vorliegen des Ausprägungsgrads der einzelnen Kerndimensionen anhand folgender Formel bestimmt:

$$MPS = \frac{1}{3} \cdot (AV + AG + AS) \cdot A \cdot RK$$

Diese Formulierung verdeutlicht, dass der Autonomie (*A*) und der Rückkopplung (*RK*) von *Hackman* und *Oldham* (1980) eine besondere Bedeutung zugeschrieben wird: Sind die Autonomie oder die Rückkopplung bei einer Aufgabe nicht gegeben (bei $A=0$ und/oder $RK=0$), dann verfügt die Aufgabe ungeachtet der Ausprägungen der anderen Kerndimensionen über keinerlei intrinsisches Motivationspotenzial. Dagegen kann eine Aufgabe, die ein oder zwei der Merkmale der *AV, AG* und *AS* vermissen lässt, durchaus noch Motivationspotenzial aufweisen.

Die Ausprägungen der Kerndimensionen stellen aus Sicht einer Arbeitskraft einen Stimulus dar, der unter der Prämisse des Vorliegens von Wachstumsbedürfnissen (→Motiv) und ausreichender Befähigung (Qualifikation) im Organismus zu kritischen psychologischen Zuständen führt: So bewirkt eine befriedigende Gestaltung von *AV, AG, AS* das Erleben einer Bedeutsamkeit der Arbeit. Das Vorhandensein der Autonomie führt zu einem Erleben von Verantwortlichkeit für die Aufgabe. Die Rückkopplung gewährleistet ein →Wissen um die Ergebnisse der Arbeit. Dies führt – wiederum unter der Prämisse des Vorliegens von Wachstumsbedürfnissen und entsprechender Befähigung – zu einer Response in Form von hoher intrinsischer Arbeitsmotivation (→Motivation) und →Arbeitszufriedenheit, hoher →Qualität der Arbeit sowie zu geringen →Fehlzeiten und geringer →Fluktuation.

Der Umsetzung einer aus Arbeitnehmersicht motivierenden Arbeitsinhaltsgestaltung beziehungsweise einer entsprechenden Gestaltung der Kerndimensionen dienen die so genannten „Neuen Formen der →Arbeitsorganisation". Diese umfassen den geordneten Aufgabenwechsel (→Job Rotation), die horizontale Aufgabenerweiterung (→Job Enlargement), die vertikale Aufgabenerweiterung (→Job Enrichment) sowie die Etablierung teilautonomer Arbeitsgruppen. Durch diese Maßnahmen sollen die Kerndimensionen der Arbeit angesprochen werden.

Zusammenfassend lässt sich konstatieren, dass das JCM eine Erhöhung der →Arbeitsproduktivität durch intrinsische Motivation betrachtet und somit als Gegenthese zu den traditionellen Grundsätzen der Arbeitsinhaltsgestaltung nach *Taylor* (1917) verstanden werden kann, bei denen eine Arbeitsinhaltsgestaltung angestrebt wird, die durch ein hohes Maß an →Standardisierung und Routinisierung eine Erhöhung der Produktivität zu erreichen versucht.

Literatur: *Hackman, J. R.; Oldham, G. R.*: Work Redesign, Reading etc. 1980. *Taylor, F.W.*: Die Grundsätze wissenschaftlicher Betriebsführung, München, Berlin 1917.

Thomas Bürkle

Job Description

Aufgabenbeschreibung, die den Aufgabenkomplex definiert, der auf einer →Stelle zu bewältigen ist.

Die Job Description liegt in der Regel in Schriftform vor und enthält außerdem Aussagen über die Einordnung der betrachteten Stelle in den Gesamtkontext der betrieblichen Leistungserstellung. Dies umfasst auch die hierarchische Einordnung der Stelle, die sich in einer Beschreibung von einzuhaltenden Instanzenwegen manifestiert.

Thomas Bürkle

Job Diagnostic Survey (JDS)

Instrument zur Analyse und Gestaltung von Arbeitsplätzen, das von *Hackman* und *Oldham* (1974) entwickelt wurde.

Der Job Diagnostic Survey (JDS) hat seinen primären Einsatz im Rahmen der →Arbeitsplatzanalyse. Die Erfassung von Aufgabenmerkmalen der Organisationsmitglieder erfolgt durch standardisierte Fragen. Berücksichtigte Aufgabenmerkmale sind →Aufgabenstruktur, -bedeutung, -vielfalt, Ganzheitlichkeit der Aufgabe und Rückmeldung. Hinsichtlich der Aufgabenmerkmale wird von einer positiven Beeinflussung der psychologischen Befindlichkeit der Organisationsmitglieder (insbesondere Arbeitsmotivation und →Arbeitszufriedenheit) ausgegangen. Durch den JDS soll das individuelle Motivationspotenzial erfasst werden.

Literatur: *Hackman, J.; Oldham, G.*: The Job Diagnostic Survey: An Instrument for the Diagnosis of Job and the Evaluation of Job Redesign Projects, in: Catalog of Selected Documents in Psychology, 4. Jg. (1974), S. 148–149.

Ruth Stock-Homburg

Job Enlargement

Bündelung unterschiedlicher aber inhaltlich zusammengehörender Teilaufgaben zu einem Aufgabenkomplex an einem Arbeitsplatz (dt.: Aufgaben-, Arbeits-, Tätigkeitserweiterung).

Beim Job Enlargement wird, anders als beim →Job Enrichment, der Arbeitsinhalt einer →Stelle durch die Hinzunahme *qualitativ gleichwertiger* Tätigkeiten vergrößert. Dies sollte nicht zu einer Überlastung des Stelleninhabers führen, sondern wird normalerweise zur →Motivation (Abbau von Eintönigkeit) und/oder zum Ausbau der →Qualifikation vorgenommen. Durch die Ausweitung der Aufgabe auf vor- oder nachgelagerte Arbeitsschritte und die Bewältigung der damit gestiegenen →Anforderungen sind in der Regel Qualifikationseffekte und die Steigerung des Selbstwertgefühls verbunden, was oftmals zu einer Verbesserung der →Arbeitsleistung führt.

Laila Maja Hofmann

Job Enrichment

Ausweitung des Dispositionsraums im Sinne einer Vergrößerung der Entscheidungsbefugnisse oder →Verantwortung einer Person (dt.: Aufgaben-, Arbeits-, Tätigkeitsbereicherung).

Beim Job Enrichment wird, anders als beim →Job Enlargement, der Arbeitsinhalt *qualitativ angereichert*. Beispielsweise kommen zu ausführenden Aufgaben dispositive Funktionen (Planungs- und Kontrollaufgaben) hinzu. Dies sollte nicht zu einer Überlastung des Stelleninhabers führen, sondern wird normalerweise zur →Motivation (Abbau von Eintönigkeit, Ausweitung des Gestaltungsspielraums) und/oder zum Ausbau der →Qualifikation vorgenommen. Durch die Anreicherung der Aufgabe und die Bewältigung der damit gestiegenen →Anforderungen sind in der Regel Qualifikationseffekte verbunden. Außerdem steigt die Möglichkeit zur Selbstverwirklichung, was oftmals zu einer Verbesserung der →Arbeitsleistung führt.

Laila Maja Hofmann

Job Evaluation →Arbeitsbewertung

Job Rotation

Variante der →Arbeitsstrukturierung, bei der die Mitglieder einer Arbeitsgruppe ihre (qualitativ gleichwertigen) →Arbeitsaufgaben planmäßig untereinander austauschen. (dt.: Arbeitsplatzwechsel).

Job Rotation führt zum einen zu einer höheren →Flexibilität im Arbeitsprozess, zum anderen vermeidet man damit Monotonie und die einseitige →psychische wie →physische Belastung.

Weiterhin kann sie als Personalentwicklungsmaßnahme On-the-Job (→Training) verwendet werden, die systematisch für die Karriereentwicklung eingesetzt werden kann. Hierfür baut der Mitarbeiter seinen Kenntnisstand und Erfahrungshintergrund durch die →Versetzung in bestimmte Positionen aus und wird somit auf eine neue, im Karriereplan vorgesehene Aufgabe gezielt vorbereitet. Der Aufgabenwechsel geschieht dabei funktionsgebunden oder -übergreifend, auf gleicher oder aber höherer hierarchischer Ebene, national oder international.

Bei Rotationen werden im Unterschied zu *Hospitationen* Mitarbeiter dauerhaft auf eine neue Stelle versetzt (→Personalentwicklungsmethoden).

Laila Maja Hofmann

Job Sharing

Form der →Teilzeitarbeit, bei der ein oder mehrere Arbeitsplätze auf eine Zahl von →Arbeitnehmern verteilt wird, die größer als die Zahl der Arbeitsplätze ist.

Die Aufteilung kann hierbei zeitlich und/oder anhand der Arbeitsinhalte erfolgen. In der Regel werden mit jedem an der Arbeitsplatzteilung Beteiligten getrennte →Arbeitsverträge geschlossen (*Job Splitting*); abweichend hiervon kann mit einer „Eigengruppe" ein Arbeitsvertrag geschlossen werden (*Job Pairing*).

Axel Haunschild

Jobnomaden

Sammelbezeichnung für Erwerbstätige, die auf der Suche nach Jobs oder zur Nutzung von Karrieremöglichkeiten freiwillig oder unfreiwillig ein hohes Maß an örtlicher und eventuell beruflicher Mobilitätsbereitschaft aufweisen.

Jobnomadentum beinhaltet nach *Englisch* (2001) einen mit der beruflichen Mobilität

(→ Beschäftigungsstabilität) verbundenen flexiblen Lebensstil und hat starke Auswirkungen auf den Verlauf von → Erwerbsbiographien. Typische *Landstriche* für Jobnomaden sind

- auf interorganisationale Mobilität basierende Industrien, wie zum Beispiel die Film- oder Fernsehindustrie,
- Wirtschaftsbereiche, die durch extremes Wachstum und/oder ebenso extremes Schrumpfen gekennzeichnet sind, wie zum Beispiel die New Economy,
- Branchen, die durch Akquisitionen und Fusionen geprägt sind, wie beispielsweise die Finanzdienstleistungsbranche, und
- auf Projektbasis in Netzwerkorganisationen oder virtuellen → Organisationen arbeitende Freelancer (→ Freie Mitarbeiter).

Dafür, dass die Mobilität auf dem deutschen → Arbeitsmarkt generell zunimmt, gibt es aber bisher keine eindeutigen empirischen Belege.

Literatur: *Englisch, G.:* Jobnomaden. Wie wir arbeiten, leben und lieben, Frankfurt a. M. 2001.

Axel Haunschild

Jugend- und Auszubildendenvertretung

wird gemäß → Betriebsverfassungsgesetz analog zum → Betriebsrat gebildet, wenn es in einem Betrieb mindestens fünf → Arbeitnehmer gibt, die entweder unter 18 Jahre alt sind oder zu ihrer Berufsausbildung (→ Ausbildung) beschäftigt werden und nicht älter als 25 Jahre sind.

Die entsprechenden Personen wählen aus ihrer Mitte die Vertretung mit einer regulären Amtszeit von zwei Jahren. Sie kann Betriebsratsbeschlüsse, die die Interessen der Jugendlichen und Auszubildenden erheblich beeinträchtigen, für eine Woche aussetzen lassen, um mit dem Betriebsrat eine Verständigung zu erreichen.

Die Jugend- und Auszubildendenvertretung kann zu allen Betriebsratssitzungen einen Teilnehmer entsenden. Ist überwiegend ihre Klientel betroffen, haben sogar alle Jugend- und Auszubildendenvertreter Stimmrecht im Betriebsrat. Sie sind in entsprechenden Fällen auch zu Besprechungen zwischen → Arbeitgeber und Betriebsrat hinzuzuziehen. Die Jugend- und Auszubildendenvertretung überwacht die Einhaltung der Gesetze, Tarifverträge, → Betriebsvereinbarungen und sonstigen Vorschriften zu Gunsten der Jugendlichen und Auszubildenden, greift deren Anregungen auf und beantragt für diese vorteilhafte Maßnahmen, insbesondere hinsichtlich der Berufsbildung. Sie kann betriebliche Jugend- und Auszubildendenversammlungen einberufen. In einem Unternehmen mit mehreren Jugend- und Auszubildendenvertretungen ist aus deren Repräsentanten eine Gesamt-Jugend- und Auszubildendenvertretung zu bilden.

Alexander Dilger

Jugendarbeitsschutz

Gesetze, die Kinder und Jugendliche vor Gefahren am Arbeitsplatz und insbesondere vor gesundheitlicher Überforderung schützen sollen.

Rechtsgrundlage für den Jugend- und Kinderarbeitsschutz sind das Jugendarbeitsschutzgesetz (JArbSchG) und die Verordnung über den Kinderarbeitsschutz.

Die Beschäftigung von Kindern unter 15 Jahren und Jugendlichen (15–17 Jahre), die der Vollzeitschulpflicht unterliegen und rechtlich deshalb Kindern gleichgestellt werden, ist grundsätzlich verboten. Von diesem Grundsatz gibt es nur wenige Ausnahmen, wie zum Beispiel die Beschäftigung von Kindern über 13 Jahren mit Einwilligung des Personensorgeberechtigten, wenn die Beschäftigung leicht und für Kinder geeignet, nicht länger als zwei Stunden täglich (in landwirtschaftlichen Betrieben drei Stunden) ausgeübt wird und weitere in § 5 Abs. 3 JArbSchG genannte Voraussetzungen erfüllt. Bei vollzeitschulpflichtigen Jugendlichen gibt es unter bestimmten, in § 5 Abs. 4 JArbSchG genannten, Voraussetzungen eine Ausnahme während der Schulferien.

Bei Jugendlichen, die nicht der Vollzeitschulpflicht unterliegen und deshalb Kindern nicht gleichgestellt werden, ist eine Beschäftigung nach Maßgabe der §§ 8 bis 46 JArbSchG zulässig. Danach ist die → Arbeitszeit auf grundsätzlich acht Stunden täglich und 40 Stunden wöchentlich begrenzt. Für bestimmte Branchen, die auf → Schichtarbeit angewiesen sind, gelten gemäß § 12 JArbSchG Sonderregeln. Besondere Schutzbestimmungen, die von dem für Erwachsene geltenden → Arbeitsrecht abweichen, bestehen außerdem für Mindestpausen, Freizeit, Samstags- und Sonntagsarbeit sowie → Urlaub. Berufsschultage, Prüfungen und Zeiten außerbetrieblicher Ausbildungsmaßnahmen (→Ausbildung) werden auf die Arbeitszeit angerechnet.

Die Aufsicht über die Einhaltung der vorstehenden Bestimmungen des JArbSchG obliegt der durch Landesrecht bestimmten Behörde. Das ist das jeweilige Gewerbeamt oder Amt für Arbeitsschutz sowie für den Bergbau das Bergamt. Verstöße des Arbeitgebers werden als Ordnungswidrigkeit und im Falle des Verstoßes als Straftaten verfolgt.

Friedrich Meyer

Junior (Executive) Board

Methode, die speziell für die Schulung von Führungs(nachwuchs)kräften entwickelt wurde (→Managemententwicklung).

→Führungskräfte aus den unteren beziehungsweise mittleren Managementebenen arbeiten parallel zum amtierenden Vorstand (Senior Board) an aktuellen, vom Senior Board beauftragten Führungsfragestellungen. Das Junior Board erhält hierfür alle zur Verfügung stehenden Informationen. Das Senior Board trägt jedoch die →Verantwortung, da es über die Vorschläge des Junior Board entscheidet.

Laila Maja Hofmann

Junior-Firmen

Methode, die insbesondere in der →Ausbildung Anwendung findet und bei der →Auszubildende eines Unternehmens mit Unterstützung des Lehrbetriebs eine Firma gründen und managen.

Beispielsweise verwenden die *Adam Opel AG*, die *Deutsche Bahn AG* sowie die Firma *Schott Glas* diesen Ansatz in der Ausbildung ihres Nachwuchses. Auch in Schulen werden Junior Firmen gegründet, die „echte" Waren oder Dienstleistungen anbieten. Die Ziele der Ausbildung in Junior-Firmen sind vielfältig: Strategisch geht es beispielsweise um die Ausprägung von →Kundenorientierung, die Stärkung des Unternehmensimages oder die Wahrnehmung unternehmerischer →Verantwortung. Die Jugendlichen lernen aber auch Selbstvertrauen und Teamarbeit.

Laila Maja Hofmann

Junior-Vorstand →Junior (Executive) Board

Just-in-Time

Erstellung und logistische Bereitstellung von Vorprodukten beziehungsweise Leistungen unmittelbar zum Zeitpunkt des Bedarfs im Leistungserstellungsprozess des Unternehmens.

Im Rahmen des Supply-Chain-Managements wird durch eine schnelle →Kommunikation über neue Medien mit den Zulieferern die Art und die Menge der benötigten Vorprodukte übermittelt. Die bestellten Güter und Dienstleistungen werden vom Zulieferer dann direkt „ans Band" geliefert.

Die *Vorteile* liegen vor allem im Bereich der Kostenersparnis durch Verringerung des Umlaufvermögens und der Verringerung einer hohen Kapitalbindung und einer extensiven Lagerhaltung. Das Unternehmen erreicht damit eine Verlagerung dieser Kosten auf die Zulieferer.

Diese Kostenersparnis erkauft man sich mit einem erhöhten Koordinationsaufwand, der insbesondere in einer intensiven ex ante-Abstimmung mit den Zulieferern besteht. Typen und →Qualität der Leistungen müssen exakt festgelegt werden, um Verzögerungen durch Rückfragen oder falsche Lieferung zu vermeiden. Hinzu kommt, dass die eigene Lagerhaltung auch ein Sicherheitspolster zur Aufrechterhaltung der Produktion bei Lieferschwierigkeiten darstellt, auf das bei Just-in-Time-Konzepten verzichtet wird.

Übertragen auf die Personalarbeit (→Personalmanagement) impliziert ein Just-in-Time-Modell zum Beispiel die Bereitstellung von Mitarbeiterressourcen zum benötigten Zeitpunkt und der Abbau der Ressourcen, wenn sie nicht benötigt werden. Der Aufschwung der Zeitarbeitsbranche ist ein Indiz für die zunehmende Realisierung dieses Just-in-Time-Konzeptes auch in Teilbereichen der Personalarbeit.

Reinhard Meckl

K

Kaizen

japanischer Begriff („Veränderung zum Besseren") für das Streben nach kontinuierlicher Verbesserung.

Kaizen ist weniger eine Methode als eine Einstellung, die das gesamte Handeln und Denken im Unternehmen bestimmen soll. Kaizen hat unter anderem die Verbesserung von Methoden, Arbeitsmitteln (→Arbeitssystem) und der →Arbeitsumgebung zum Ziel. Die Verbesserung soll dabei in kleinen Prozessschritten erreicht werden. Der Kaizen-Ansatz beinhaltet *Elemente* wie →Kundenorientierung, Prozessorientierung, Umgang mit Standards, Problemverständnis oder Problemlösungsmethoden, zu denen beispielsweise →Qualitätszirkel gehören. Grundlegende *Gestaltungsprinzipien* des Kaizen sind zum einen die →Wertschöpfungsorientierung (welchen Beitrag zur Wertschöpfung leistet die jeweilige Tätigkeit) und zum anderen die Kostenoptimierung (Leistungen, die keinen Nutzen für den Kunden stiften, sind zu identifizieren und einzustellen).

Um die →Personalentwicklung auch in das Feld der →Organisationsentwicklung zu integrieren, kann man das Prinzip des Kaizen übertragen. Das bedeutet, dass jeder Akteur bei jedem Schritt automatisch überprüft, an welcher Stelle Verbesserungen möglich sind. Somit kann verhindert werden, dass Personalentwicklung ein starres Gebilde wird.

Literatur: *Masaaki, I.*: Kaizen, München 2001.

Thomas Bartscher

Kalkulation

stückbezogene Ermittlung der Kosten eines Kostenträgers (Kostenträgerstückrechnung), die →Personal- und Material- beziehungsweise Sachkosten beinhalten.

Der Kalkulationsbegriff wird in seltenen Fällen weiter gefasst und auf die Kostenträgerzeitrechnung ausgedehnt. Durch das Einbeziehen der Erlöse kann der stückbezogene Erfolg ermittelt werden.

Im Hinblick auf den Zeitpunkt der Durchführung einer Kalkulation sind die Vor- beziehungsweise Plankalkulation sowie die Zwischen- und Nachkalkulation zu unterscheiden:

- *Vor-/Plankalkulationen*: Erstellung erfolgt vor dem Beginn einer Produktion und basiert auf zukünftig zu erwartenden Kosten. Während Vorkalkulationen insbesondere für einzelne Aufträge beziehungsweise bei Einzel- und Sonderfertigung erstellt werden, legen Plankalkulationen Kalkulationssätze für einen längeren Zeitraum im Vorhinein fest.

- *Nachkalkulationen*: Anwendung erfolgt nach einer Leistungserstellung insbesondere für einzelne Aufträge. Sie basieren auf realisierten →Daten und sind die Grundlage der Kosten- und Erfolgskontrolle.

- *Zwischenkalkulationen*: Ihre Anwendung erfolgt vor allem bei Aufträgen mit längerer Produktionsdauer wie beispielsweise beim Großanlagenbau. Soll-Ist-Abweichungen können identifiziert werden und führen gegebenenfalls zu einer Modifikation der ursprünglichen Vorkalkulation.

Hinsichtlich der anzuwendenden Kalkulationstechnik lassen sich nach *Schweitzer* und *Küpper* (2003) die Divisionskalkulation und die damit eng verwandte Äquivalenzziffernrechnung von der Zuschlagskalkulation und gewissen Sonderformen der Kalkulation unterscheiden:

- *Divisionskalkulation*: Kalkulationstechnik, die vor allem bei Einproduktunternehmen beziehungsweise in Kostenstellen mit einheitlicher Massenfertigung angewandt wird. Wenn in einem Unternehmen mehrere voneinander isolierbare Produktionslinien bestehen, spricht man von einer mehrfachen Divisionskalkulation, wenn diese getrennt für jede Produktionslinie durchgeführt wird. Bei der einfachen Divisionskalkulation werden die Kosten, die auf eine Leistungseinheit verrechnet werden durch die Leistungsmenge dividiert. Bei Bestandsveränderungen in innerbetrieblichen Lagern findet die zwei- bis mehrstufige Divisionskalkulation Anwendung. Die Voraussetzung für

die mehrstufige Divisionskalkulation ist die Bildung von Kostenstellen, die eine Zurechnung der zu kalkulierenden Kosten erlauben.
- *Äquivalenzziffernkalkulation*: Anwendung erfolgt bei Sortenfertigung, wenn die Kostenstruktur der einzelnen Sorten in einer festen Kostenrelation zueinander steht, die mit Äquivalenzziffern ausgedrückt werden kann.
- *Zuschlagskalkulation*: Konzipierung erfolgte für Mehrproduktunternehmen mit heterogenem Produktionsprogramm. Die Kosten, die auf die Kostenträger verteilt werden sollen, werden zunächst in Einzel- und →Gemeinkosten differenziert. Während die Einzelkosten den Erzeugnissen direkt zugerechnet werden, erfolgt die Verteilung der Gemeinkosten möglichst verursachungsgerecht über Zuschlagssätze. Auch hier kann zwischen einstufiger und mehrstufiger Zuschlagskalkulation unterschieden werden.

Je nach Umfang der Kosten, die auf die Kostenträger verrechnet werden, ist die Vollkosten- von der Teilkostenkalkulation abzugrenzen:
- Bei der *Kalkulation auf Vollkostenbasis* werden alle Kosten auf die Kostenträger verrechnet.
- Bei *Teilkostenrechnungssystemen* werden in der Regel nur bestimmte Kosten auf die Kostenträger bezogen. Dies können beispielsweise die variablen Einzel- und Gemeinkosten sein.

Personalkosten werden in der Kalkulation in Abhängigkeit von Branche und herzustellendem Produkt beziehungsweise herzustellender Dienstleistung in unterschiedlichem Umfang an verschiedenen Stellen berücksichtigt. Meist umfassen sie einen größeren Anteil und werden daher differenziert in verschiedenen (Personal-)Kostenarten berücksichtigt.

Literatur: *Schweitzer, M.; Küpper, H.-U.*: Systeme der Kosten und Erlösrechnung, 8. Aufl., München 2003.

Klaus Möller

Kalkulatives Commitment →Commitment

Kapazitätsanpassung

Veränderung der Personalkapazität in Abhängigkeit von Nachfrage beziehungsweise betrieblicher Auslastung.

Als Konsequenz der Unterauslastung bei rückläufiger Nachfrage auf den →Absatzmärkten stellt der *Kapazitätsabbau* in der Regel ein zentrales Aufgabenfeld des →Personalmanagements in der Rezession dar. Er konzentriert sich dabei auf Maßnahmen zur Reduzierung des Personalbestands und/oder seiner Auslastung.

Die Gestaltung der Personalkapazität kann nach *Hentze* (1995) grundsätzlich sowohl über eine Änderung bestehender Arbeitsverhältnisse (→Beschäftigungsverhältnis) ohne Veränderung des Personalbestands als auch über eine Beendigung der Arbeitsverhältnisse erfolgen.

Kapazitätsanpassung *ohne Bestandsreduzierung* umfasst

- die individuelle und kollektive Anpassung der →Arbeitszeit,
- die Verlagerung von extern vergebenen Arbeiten/Kapazitäten auf die vorhandenen Mitarbeiter und
- den Überstundenabbau.

Das Anpassungspotenzial der Arbeitszeitgestaltung liegt in erster Linie in der Variation der zeitlichen Dauer (*chronometrische* →*Flexibilisierung*) durch Variation zeitlicher Eckwerte wie zum Beispiel der →Wochenarbeitszeit. Auf kollektiver Ebene handelt es sich insbesondere um →Kurzarbeit und um auf betrieblicher oder tariflicher Ebene vereinbarte kollektive →Arbeitszeitverkürzungen. *Kurzarbeit* kennzeichnet die vorübergehende, in der Regel nicht länger als sechs Monate andauernde Herabsetzung der betrieblichen Arbeitszeit. Sie unterscheidet sich insofern von den anderen Maßnahmen zur Kapazitätsreduzierung, als der Einkommensausfall der Mitarbeiter teilweise durch Ausgleichszahlungen von der Bundesagentur für Arbeit aufgefangen wird. Sie kann daher auch nicht einseitig durch die Betriebe angeordnet werden, sondern bedarf der Zulässigkeitsprüfung durch das zuständige Arbeitsamt. Die davon zu unterscheidende *allgemeine* →*Arbeitszeitverkürzung* für bestimmte Mitarbeitergruppen oder für alle Mitarbeiter ohne entsprechende Ausgleichszahlungen führt in der Regel zu Konflikten zwischen den Interessenvertretern beider Seiten, wenn sie nicht bereits vorher in →Tarif- oder Haustarifverträgen eindeutig geregelt worden ist.

Auf individueller Ebene nennt *Marr* (1984) die →*Teilzeitarbeit* bezogen auf alle Varianten, die auf einer geringeren als der regelmäßigen tariflichen oder vertraglich vereinbarten Arbeitszeit basieren. Hinzu treten grundsätzlich auch Modelle zum gleitenden Eintritt in den Ruhestand (→Pensionierung), deren Gestaltung und Einsparpotenzial jedoch in hohem Maße abhängig von jeweils aktuellen gesetzlichen und staatlichen Rahmenbedingungen und Fördermaßnahmen ist.

Die Variation der zeitlichen →Lage der Arbeitszeit innerhalb eines Bezugsraums (*chronologische Flexibilisierung*) führt dann zu Kapazitätsanpassungseffekten, wenn bei nachlassender Nachfrage die Lage der Arbeitszeiten an den tatsächlichen Bedarf angepasst wird und damit zu einer Effizienzsteigerung führt.

Während die kollektiven Arbeitszeitverkürzungen in ihrer kostenmindernden Wirkung weitgehend einheitlich als wirksam beurteilt werden, ist das Meinungsbild bei den individuellen Maßnahmen nicht zuletzt auch aufgrund mangelnder eindeutiger Nachweise ihrer Wirkungsweise unterschiedlich. So werden individuelle flexible Arbeitszeitverkürzungen bisher eher als ein Entgegenkommen gegenüber den Mitarbeitern gesehen, die individuelle Arbeitszeitverkürzungen wünschten, und weniger als ein Instrument zur unternehmensseitig gewünschten Flexibilisierung mit dem Ziel der Effizienzsteigerung und Kostenreduzierung. Zu berücksichtigen ist bei diesen Überlegungen allerdings, dass Teilzeitarbeitende eine gegenüber Vollzeitarbeitenden höhere Produktivität (→Arbeitsproduktivität) in der tatsächlichen Arbeitszeit aufweisen. Das Kostenoptimierungspotenzial liegt damit sowohl in der reduzierten Arbeitszeit als auch in der erhöhten Produktivität.

Reichen die Anpassungsmaßnahmen ohne Bestandsreduzierung nicht aus, müssen Maßnahmen der →*Personalfreisetzung* mit umfangreicherem Anpassungspotenzial in Betracht gezogen werden. Bestandsreduzierungen werden in erster Linie erzielt durch Nutzung der natürlichen →Fluktuation, →Einstellungsstopps, →Aufhebungsverträge, vorzeitige →Pensionierungen, →Kündigungen und Ausgliederung von Betriebsbereichen.

Die Nutzung der *natürlichen Fluktuation* führt zur Personalabbau (→Personalfreisetzung), wenn gleichzeitig die dadurch frei werdenden Kapazitäten nicht mehr nachbesetzt werden. Die Wirksamkeit des Instruments ist insofern für Unternehmen nur bedingt steuerbar, da es von der Höhe der nicht genau vorhersehbaren Fluktuation abhängig ist. Diese ist in rezessiven Phasen tendenziell geringer. Ferner muss berücksichtigt werden, dass eher die gut qualifizierten und leistungsorientierten Mitarbeiter mit Blick auf bessere Arbeitsplätze das Unternehmen verlassen werden und damit diejenigen, welche das Unternehmen eher binden als freisetzen möchte. Hier müssen also mit einem gezielten *Fluktuationsmanagement* →Anreize zum selbstinitiierten Verlassen des Unternehmens für die Mitarbeiter geschaffen werden, deren Arbeitsplätze dann auch wirklich wegfallen.

Eng verbunden mit der Fluktuation ist das Instrument des meist befristeten *Einstellungsstopps*, das in der Praxis häufig Anwendung findet, da es sich kurzfristig und vergleichsweise unproblematisch umsetzen lässt. Grundsätzlich werden neben dem generellen der relative, der qualifizierte, der modifizierte und der befristete Einstellungsstopp differenziert. Entweder werden nur die frei werdenden →Stellen nachbesetzt und keine neuen Stellen mehr geschaffen (*relativ*), oder es werden dennoch zusätzlich einzelne ausgewählte Ersatzbeschaffungen für strategisch wichtige Positionen neu besetzt (*qualifiziert*). Ein modifizierter Einstellungsstopp erweitert die Auswahl von Ersatzbeschaffungen um intensiv zu prüfende, aber aus Unternehmenssicht sinnvoll und notwendige Neueinstellungen (→Personalbeschaffung). Die Problematik von Einstellungsstopps, insbesondere des generellen, ist trotz ihrer kurzfristigen Entlastungen insbesondere in ihren langfristigen Auswirkungen auf die →Altersstruktur des Unternehmens und die damit verbundenen Folgen für →Nachfolgeplanungen und →internen Arbeitsmarkt zu sehen. Diese Auswirkungen sollten immer in die Entscheidungsfindung eingebunden werden.

Vorzeitige Pensionierungen kennzeichnen den formalisierten, endgültigen altersbedingten, Austritt aus dem Erwerbsleben vor dem gesetzlich vorgesehenen Zeitpunkt. Der Gesetzgeber hat in der Vergangenheit mit dem Ziel der Arbeitsmarktentlastung und -belebung eine Reihe von Möglichkeiten geschaffen, die es den Unternehmen ermöglichen, Kapazitäten auf diesem Wege zu reduzieren. Vielfach wurden die Instrumente jedoch mehr oder weniger zweckentfremdet zur Alters- und Qualifikationsstrukturbereinigung genutzt und haben nicht zu den angestrebten Arbeitsmarkteffekten geführt, sondern vielmehr die Solidargemeinschaft zusätzlich belastet. Der Gesetzgeber hat hierauf durch eine Fülle von Neuregelungen, welche die vorhandenen Möglichkeiten erheblich einschränken, reagiert, beispielsweise durch die Einführung der →Altersteilzeit.

Weitaus flexibler sind daher die *altersungebundenen Aufhebungsverträge*, welche die im Rahmen der →Vertragsfreiheit jederzeit mögliche, einvernehmliche beiderseitige Vereinbarung über die Aufhebung des Arbeitsverhältnisses kennzeichnen. Sie ermöglichen einen differenzierten und bedarfsgerechten Personalabbau und zeichnen sich insbesondere durch eine gute Planbarkeit aus. Die notwendige Bereitschaft der Mitarbeiter wird in der Regel durch Abfindungszahlungen (→Abfindung) oder aber auch qualifizierte Begleitung bei der Stellensuche und →Bewerbung bis hin zur Vermittlung eines neuen Arbeitsplatzes gefördert, so dass bei Einsatz dieses Instruments neben der Kapazitäts- und Kostenentlastung immer auch die entstehenden →Aktionskosten gegenzurechnen sind.

Lassen sich freiwillige Vereinbarungen nicht erzielen, ist die Beendigung bestehender Arbeitsverhältnisse durch *arbeitgeberseitige Kündigung* unvermeidlich. →Außerordentliche Kündigungen führen zu einer fristlosen →Entlassung und können nur aus wichtigem Grund ausgesprochen werden. Sie sind für den Kapazitätsabbau grundsätzlich ungeeignet. Ordentliche Kündigungen können erfolgen aus Gründen die

– in der Person des Arbeitnehmers,

– in seinem Verhalten (→Behaviorismus) oder

– in dringenden betrieblichen Erfordernisse (→Betriebsbedingte Kündigung)

liegen. Dies ist dann gegeben, wenn das Aufgabenvolumen entweder aufgrund innerbetrieblicher Rationalisierung oder außerbetrieblicher Ursachen – Auftragsmangel, Umsatzrückgang – derart reduziert wird, dass Kündigungen unvermeidbar sind. Aufgrund der offenkundigen sozialen Folgen sind umfangreiche gesetzliche Regelungen zu berücksichtigen, die insbesondere bei den im Zusammenhang mit § 111 BetrVG stehenden →Betriebsänderungen eine mit dem →Betriebsrat abgestimmte

Vorgehensweise fordern und ihren Niederschlag in einem →Interessenausgleich und gegebenenfalls im einem →Sozialplan finden.

Entlastungen können nicht zuletzt auch über die *Verlagerung ganzer Betriebsbereiche* in Tochtergesellschaften oder Joint Ventures mit anderen Unternehmen für die abgebende Gesellschaft realisiert werden. Auch sie unterliegen insbesondere im Fall des →Betriebsübergangs (§ 613a BGB) eines ganzen Betriebs oder von Betriebsteilen auf einen neuen Eigentümer rechtlichen Bestimmungen und sind insofern nicht frei gestaltbar.

Literatur: *Hentze, J.:* Personalwirtschaftlehre 2, 6. Aufl., Bern, Stuttgart 1995, S. 272. *Marr, R.:* Arbeitsplatzerhaltung durch Arbeitszeitflexibilisierung, in: *Pack, L; Börner, D* (Hrsg.): Betriebswirtschaftliche Entscheidungen bei Stagnation, Wiesbaden 1984, S. 101ff.

Annette Nagel

Kapazitätsanpassungskriterien

neben ökonomischen Kriterien auch solche der sozialen Verträglichkeit und der langfristig zu erwartenden Folgewirkungen zur situativen Auswahl personeller Kapazitätsanpassungsmaßnahmen.

Rezessionsbedingte Anpassungsmaßnahmen weisen aufgrund unterschiedlicher Voraussetzungen und Wirkungsweisen eine sehr unterschiedliche situative →Eignung auf. Daher ist es sinnvoll, die Auswahl an folgenden Kriterien von *Limbach* (1987) auszurichten:

- *Quantitative Anpassungswirkung*: Die quantitative Wirkung einer Maßnahme oder eines Maßnahmenbündels bezeichnet die Größenordnung der möglichen Anpassungsmaßnahme. Bestandsveränderungen haben das größte kapazitätslässige Anpassungspotenzial, unterliegen jedoch beträchtlichen rechtlichen und unternehmensinternen Restriktionen und weisen in der Regel erhebliche langfristige Folgewirkungen auf. Grundsätzlich sind daher neben den Kapazitätseffekten auch →Aktionskosten wie zum Beispiel Abfindungszahlungen (→Abfindung) und darüber hinaus →Reaktionskosten durch verminderte Produktivität (→Arbeitsproduktivität), Widerstände bei der Umsetzung bis hin zu Streikmaßnahmen einzuplanen. Einige der Maßnahmen sind ferner nur für bestimmte Mitarbeitergruppen anwendbar, so dass ihr Anpassungspotenzial erheblich von der vorhandenen Mitarbeiterstruktur tangiert wird.

- *Qualitative Anpassungswirkung*: Die qualitativen Wirkungen bezeichnen die durch Anpassungsmaßnahmen möglichen Veränderungen der Qualifikationsstruktur des Unternehmens. Hier ist darauf zu achten, dass durch andere formale Auswahlkriterien nicht diejenigen Mitarbeiter betroffen sind, die das Unternehmen als Leistungsträger identifiziert hat und/oder über wichtiges Erfahrungswissen oder beispielsweise besondere Kundenbindungen, die das Unternehmen eigentlich halten möchte, verfügen.

- *Fristigkeit* und *Dauer*: Hiermit wird auf die Schnelligkeit der Wirkungsentfaltung und die →Nachhaltigkeit der Wirkung Bezug genommen. Der Überstundenabbau lässt sich in der Regel kurzfristig anordnen. Die →Kapazitätsanpassung über individuelle Teilzeitvereinbarungen und kollektive →Arbeitszeitverkürzungen bedarf dagegen meist auch einer Neuorganisation von Arbeitsstrukturen und einer verlängerten Umstellungsphase der Mitarbeiter. Hinsichtlich der Dauer der Wirkung ist insbesondere die Nachhaltigkeit von Kostensenkungsprogrammen kritisch zu beleuchten, wenn langfristig mit externen Imageverlusten und daraus folgenden Absatzeinbußen und internen Produktivitätsverlusten durch verminderte →Motivation und unerwünschte →Fluktuation von Leistungsträgern die Folge sind.

- *Steuerbarkeit*: Sie bezeichnet die →Autonomie des Unternehmens bei der Entscheidung und Umsetzung der Maßnahmen. Sie kann eingeschränkt werden durch rechtliche Rahmenbedingungen, Interessenvertretungen der Betroffenen oder Dritte. Die Intensität der Autonomieeinschränkung korrespondiert dabei in der Regel mit der Höhe des Konfliktgehalts der Maßnahmen.

- *Reversibilität*: Die Möglichkeit des Rückgängigmachens einer Maßnahme ist insbesondere dann relevant, wenn man die Zeit nach der Rezession berücksichtigt. Insbesondere eine Reduzierung der Personalkapazität sollte immer auch einen Wiederanstieg der Nachfrage in Betracht ziehen, der eine erneute Aufstockung der Kapazitäten notwendig machen kann. In wissens- und erfahrungsintensiven Bereichen kann es fatale Folgen haben, wenn vorher zentrale Know how-Träger abgebaut worden sind und auch zu einem späteren Zeitpunkt nicht mehr für das Unternehmen zur Verfügung stehen oder für das Unternehmen gewonnen werden können. Tendenziell weisen Anpassungsmaßnahmen ohne Veränderungen des Bestands eine höhere Reversibilität auf als Maßnahmen mit Veränderung des Personalbestands.

- *Kosten*: Bei den Kosten sind solche der Maßnahmen selbst (→*Aktionskosten*), wie zum Beispiel →Abfindungen, Sozialplankosten, Kosten der Planung und Umsetzung, und solche, die in Folge der Maßnahmen entstehen (→*Reaktionskosten*), zu unterscheiden. Beide sind jedoch von den erwarteten Kostenentlastungen in Abzug zu bringen. Während erstere in der Regel leicht zu quantifizieren sind, können letztere nur über Indikatoren gemessen und geschätzt werden. So sind ungewollte Fluktuationen durchschnittlich mit einem Jahresgehalt zu berücksichtigen, erhöhte →Fehlzeiten können über die ausgefallenen Arbeitstage errechnet werden. Andere dagegen lassen sich nur grob in Anrechnung bringen. Generell gilt jedoch, dass Reaktionskosten, auch wenn sie schwer zu quantifizieren sind, als Folge der Beeinträchtigung der Mitarbeiterinteressen entstehen und mit steigendem Konfliktgehalt auch ansteigen werden.

- →*Sozialverträglichkeit*: Die Sozialverträglichkeit im Sinne der Berücksichtigung evidenter Mitarbeiterinteressen ist nicht nur unter sozialen Gesichtspunkten relevant, sondern zusätzlich auch unter dem Aspekt der ökonomischen Folgen in Form von Reaktionskosten.

Literatur: *Limbach, M.*: Planung der Personalanpassung, Köln 1987. *Scholz, C.*: Personalmanagement, 5. Aufl., München 2000. *Hentze, J.*: Personalwirtschaftslehre, 6. Aufl., Bd. 2, Bern, Stuttgart, Wien 1995.

Annette Nagel

Kapazitätsauslastung

Erreichen der maximal bewältigbaren Menge an Aufgaben, die eine Organisationseinheit durch den Einsatz von Ressourcen in Form von Mitarbeitern beziehungsweise Sachmitteln erbringen kann.

Eine →Stelle oder eine Abteilung bis hin zu einem Unternehmensbereich verfügt über Ressourcen in Form von Mitarbeitern und

Kapitalbeteiligung

Sachmitteln zur Erbringung der Leistung, die dieser organisatorischen Einheit im Rahmen der Gesamtaufgabenerfüllung zugewiesen wurde. →Qualität und Quantität der Ressourcen bestimmen die Menge der von der organisatorischen Einheit bewältigbaren Aufgabenmenge. Die zu einem bestimmten Zeitpunkt von der Einheit erbrachte Leistungsmenge wird dementsprechend als Kapazitätsauslastung bezeichnet und normalerweise in Prozent angegeben.

Typisch ist eine solche Angabe für den Produktionsbereich eines Unternehmens, da hier die Kapazitätsauslastung ein wichtiger Gradmesser für die aktuelle Auftragslage darstellt. Grundsätzlich kann die Kapazitätsauslastung aber auch für die →Personalabteilung errechnet werden. Sie gibt über einen längeren Zeitraum betrachtet wichtige Hinweise über mögliche Einsparpotenziale oder Engpassstellen im Unternehmen. Bei länger andauernder niedriger Kapazitätsauslastung einer Abteilung ist über eine Rücknahme, im gegenteiligen Fall über eine zusätzliche Zuweisung von Ressourcen nachzudenken.

Reinhard Meckl

Kapitalbeteiligung

Form der finanziellen Beteiligung der Beschäftigten eines Unternehmens am Kapital der Gesellschaft.

Mit der Kapitalbeteiligung sind je nach Anlass und Ausgestaltung vor allem zwei Motive verbunden: Zum einen bietet sich die Kapitalbeteiligung als Selbstfinanzierungsquelle an, indem ein Teil der →Wertschöpfung über die Gehaltszahlung in Form der Kapitalbeteiligung wieder in den Kapitalstock einfließt. Zum anderen ist mit der Kapitalbeteiligung der Beschäftigten die Erwartung verbunden, dass diese zu Mitunternehmern werden, was deren →Motivation und →Commitment zum Unternehmen steigern soll.

Je nach Rechtsform der Gesellschaft und Kapitaltyp (Eigen- oder Fremdkapital) unterscheiden *Eyer* (2002) sowie *Schneider* und *Zander* (2001) fünf Beteiligungsformen:

1. →*Belegschaftsaktie*: Mit dieser Beteiligungsform erwerben die Beschäftigten Anteile am Grundkapital der arbeitgebenden Aktiengesellschaft. Nach § 71 AktG dürfen Aktiengesellschaften bis zu 10 % ihres Kapitals erwerben, um sie ihren Beschäftigten zum Kauf anzubieten. Über den Aktienbesitz sind die Beschäftigten unmittelbar am Gewinn und Verlust des Unternehmens beteiligt und erwerben auch die damit verbundenen Stimmrechte. Sofern das Unternehmen börsennotiert ist, stellt die Bewertung der übertragenen Anteile keine besonderen Probleme dar.

2. *GmbH-Anteil/Kommanditanteil*: Der GmbH-Anteil entspricht bezüglich der Vermögens- und Stimmrechte weitgehend der Belegschaftsaktie. Die Übertragung von Anteilen ist jedoch an besondere Formvorschriften des GmbH-Gesetzes geknüpft und verursacht in der Regel erhebliche Bewertungsprobleme. Aus diesen Gründen ist diese Form der Kapitalbeteiligung wie auch die Kommanditbeteiligung kaum verbreitet.

3. *Genussrecht*: Hiermit können Beschäftigte am Gewinn und Verlust einer Gesellschaft beteiligt werden, ohne damit ein Stimmrecht zu erwerben. Steuerlich werden Genussrechte als Fremdkapital behandelt, obwohl sie für die Besitzer einen eigenkapitalähnlichen Charakter haben. Die Bedingungen für die Übertragung und Ertragsbeteiligung können durch die Gesellschaft relativ frei ausgestaltet werden.

4. *Stille Beteiligung*: Bietet sich als Beteiligungsform bei Personengesellschaften an. Hier leistet der Mitarbeiter eine Einlage, die in das Vermögen des Unternehmers übergeht. Die rechtliche Gestaltung erfolgt entweder über Einzelvertrag oder über eine →Betriebsvereinbarung. Wie bei Anteilen an Kapitalgesellschaften ist der stille Gesellschafter angemessen am Gewinn zu beteiligen. In welchem Umfang er am Verlust beteiligt wird, kann hingegen frei ausgehandelt werden.

5. *Darlehen*: Im Gegensatz zu den übrigen Beteiligungsformen wird ein Mitarbeiterdarlehen in der Regel fest verzinst. Der Grundgedanke der Kapitalbeteiligung, den Beschäftigten zum Mitunternehmer zu machen, ist hier demzufolge am schwächsten ausgeprägt.

Die *Bedeutung* von Kapitalbeteiligungsmodellen verändert sich mit der Entwicklungsphase eines Unternehmens:

- *Gründung und frühes Wachstum*: In dieser Phase hat die Kapitalbeteiligung vor allem die Funktion, einen engeren Kreis der

Wachstums- und Leistungsträger zu bilden und zusammenzuschweißen. Es wird erwartet, dass diese Mitarbeiter sich längerfristig auf das Unternehmen verpflichten (→Commitment).

- *Reife*: Befindet sich das Unternehmen in einer Reifephase mit stabilen Gewinnaussichten, hat die Kapitalbeteiligung vor allem einen Belohnungscharakter: Die Unternehmensleitung dokumentiert damit, dass sie die bisherige Leistung der Beschäftigten als wesentliche Ursache für den erreichten Erfolg ansieht.
- *Krise und Niedergang*: Schließlich kann die Kapitalbeteiligung auch dazu geschaffen werden, das Unternehmen vor dem Untergang zu bewahren und auf diesem Weg mit neuem Kapital und einer verstärkten Einbindung der Beschäftigten zu stabilisieren.

Die Motivationswirkung von Kapitalbeteiligungen hängt in allen Phasen stark davon ab, ob sie mit positiven Zukunftserwartungen für das Unternehmen verknüpft sind: Je positiver die Zukunftserwartungen sind und je stärker der Mitarbeiter überzeugt ist, diese auch aktiv beeinflussen zu können, umso größer ist auch der zu erwartende Effekt für die Leistungsmotivation (→Motivation).

Literatur: *Eyer, E.* (Hrsg.): Erfolgs- und Kapitalbeteiligung im Unternehmen, Düsseldorf 2002. *Schneider, H.; Zander, E.*: Erfolgs- und Kapitalbeteiligung der Mitarbeiter, Stuttgart 2001.

Markus Gmür

Kapitalintensität

Verhältnis von Kapitalstock (Anlagevermögen) zur Anzahl der Erwerbstätigen, also Kapitaleinsatz je Erwerbstätigen.

Die Kapitalintensität hängt vom Verhältnis der Produktionsfaktoren →Arbeit und Kapital ab. Steigende Lohnkosten führen zur Verteuerung des Faktors Arbeit, und die Kapitalintensität wird steigen. Eine hohe Kapitalintensität wirkt auch als eine Markteintrittsbarriere und bietet daher einen strategischen Wettbewerbsvorteil.

Silvia Föhr

KAPOVAZ

Abkürzung für kapazitätsorientierte variable →Arbeitszeit; auf Basis ihrer Rechtsgrundlage in § 12 Teilzeit- und Befristungsgesetz (TzBfG) können →Arbeitgeber und →Arbeitnehmer vereinbaren, dass der Arbeitnehmer seine Leistung nach dem Arbeitsanfall zu erbringen hat (syn.: Abrufarbeit).

Vereinbart werden muss jedoch eine bestimmte wöchentliche oder tägliche Arbeitszeit (vgl. BAG, Urteil vom 12.12.1984, AP Nr. 6 zu § 2 KSchG 1969), was in der Praxis bei den so genannten Aushilfskräften oftmals übersehen wird. Enthält der →Arbeitsvertrag nämlich keine Regelung, gilt eine Arbeitszeit von zehn Stunden wöchentlich als vereinbart. Der Arbeitgeber, der in Unkenntnis dieser Regelung keine Arbeitszeit vereinbart und dann weniger als zehn Stunden wöchentlich abruft, gerät insoweit hinsichtlich der nicht in Anspruch genommenen Differenz in →Annahmeverzug. Es ist allerdings zulässig, die Dauer der Arbeitszeit nicht auf eine Woche zu beziehen, sondern auf einen Monat oder sogar längere Zeiträume (z. B. 350 Stunden im Jahr). Der Arbeitgeber ist berechtigt, entsprechend seinem Arbeitsanfall die Leistung in Anspruch zu nehmen, muss jedoch die →Lage der Arbeitszeit mindestens vier Tage vorher dem Arbeitnehmer mitteilen. Ist eine tägliche Arbeitszeit nicht vereinbart, hat der Arbeitnehmer zudem die Arbeitszeit jeweils für mindestens drei aufeinander folgende Stunden in Anspruch zu nehmen.

Zu Ungunsten des Arbeitnehmers kann von den vorstehenden Regelungen nur durch einen →Tarifvertrag abgewichen werden, der Regelungen über die tägliche und wöchentliche Arbeitszeit und die Vorankündigungsfrist enthält. Der Gesetzgeber geht in § 12 Abs. 3 Satz 2 TzBfG davon aus, dass eine solche tarifliche Regelung ein Mindestmaß an sozialer Ausgewogenheit beinhaltet und daher in ihrem Geltungsbereich auch nicht tarifgebundene Arbeitgeber und Arbeitnehmer auf die tarifliche Regelung zur KAPOVAZ verweisen dürfen.

Friedrich Meyer

Karenzentschädigung

Zahlungszusage des →Arbeitgebers gegenüber dem →Arbeitnehmer, die diesem in Zusammenhang mit der Vereinbarung eines nachvertraglichen →Wettbewerbsverbots gemacht wird (vgl. BAG NJW 1996).

Ein solches nachvertragliches Wettbewerbsverbot gilt nicht kraft Gesetzes, sondern nur dann, wenn es zwischen den Arbeitsvertragsparteien vereinbart wird. Die Wirksamkeit des nachvertraglichen Wettbewerbsverbots hängt davon ab, ob eine Karenzentschädigung überhaupt vereinbart wird. Wird eine zu niedrige Karenzentschädigung vereinbart, ist das Wettbewerbsverbot unverbindlich (BAG, Urteile vom 18. 11. 1967, 02. 08. 1971, 19. 01. 1978, 05. 10. 1982, AP Nr. 21, 27, 36, 42 zu § 74 HGB).

Bei Zahlung der Karenzentschädigung ist § 74 c HGB zu beachten. Der Arbeitnehmer muss sich danach auf die Karenzentschädigung anrechnen lassen, was er während des Zeitraums, für den die Entschädigung gezahlt wird, durch anderweitige Verwertung seiner Arbeitskraft erwirbt oder zu erwerben böswillig unterlässt, soweit die Entschädigung unter Hinzurechnung dieses Betrags den Betrag der zuletzt von ihm bezogenen vertragsmäßigen Leistungen um mehr als ein Zehntel übersteigen würde. Ist der Arbeitnehmer durch das Wettbewerbsverbot gezwungen, seinen Wohnsitz zu verlegen, tritt anstelle eines Zehntels des Betrags ein Viertel. Der Arbeitnehmer ist insoweit verpflichtet, dem Arbeitgeber über die Höhe seiner anderweitigen Einkünfte Auskunft zu erteilen.

Friedrich Meyer

Karoshi-Syndrom

stammt aus dem Japanischen und bedeutet Tod durch Überarbeitung; von besonderer Bedeutung ist in diesem Zusammenhang eine extreme Arbeitsüberlastung in Verbindung mit (meist unbezahlten) →Überstunden.

Bisher gilt das Karoshi-Syndrom vornehmlich als ein japanisches Phänomen. In Japan lag die jährliche →Arbeitszeit im Jahr 2000 bei 1.970 Stunden. Unbezahlte Überstunden erscheinen jedoch in keiner japanischen Statistik, so dass von einer erheblich höheren tatsächlichen Arbeitszeit auszugehen ist. In Deutschland bewegte sich im Vergleichsjahr die Arbeitszeit bei etwa 1.460 Stunden, also 510 Stunden weniger als in Japan.

Nach *Heide* (2000) sind schon 10.000 Menschen in Japan an Tod durch Überarbeitung gestorben (Karoshi-Syndrom) oder Selbstmord aufgrund von Überarbeitung (Karojisatsu) gestorben – die Zahl der Gefährdeten werde auf das Zehnfache geschätzt. Im Jahr 2002 wurden in 160 Fällen Entschädigungen gezahlt, weil →Arbeitnehmer – durch das Amt für Arbeitsschutz anerkannt – an durch Überarbeitung hervorgerufenen Hirn- oder Herzkrankheiten starben. Das sind deutlich mehr als ein Jahr zuvor (58 Tote). Weitere 43 Menschen begingen nachweislich Selbstmord aufgrund permanenter Überarbeitung.

In Deutschland ist das Karoshi-Syndrom bisher noch wenig erforscht. Von Medizinern wird es im Kontext von Herz-Kreislauferkrankungen diskutiert. Auch bei der Diagnostik arbeitsbedingter Erkrankungen findet das Karoshi-Syndrom bereits Erwähnung (*Buchter et al.* 2003).

Literatur: *Bohmeyer, A.*: Arbeitssucht als soziale Pathologie der Erwerbsgesellschaft, Frankfurt a. M. 2000. *Buchter, A. et al.*: Diagnostik arbeitsbedingter Erkrankungen und arbeitsmedizinisch-diagnostischen Tabellen, in: http://scidok.sulb.uni-saarland.de/voll-texte/2007/970/pdf/Diagnostische.Tabellen.pdf, Homburg 2003. *Heide, H.*: Arbeitssucht – individuelle und sozialökonomische Dimensionen, in: http://www.labournet.de/diskussion/arbeit/asucht.html, 2000. *Kumazawa, M.*: Portraits of the Japanese Workplace, Boulder 1996.

Kerstin Wüstner

Karriere

impliziert in positiver Konnotation Begriffe wie „→Verantwortung", „Entscheidungsfreiheit" und „Gestaltungsmöglichkeiten", in negativer Konnotation Einschränkung und Verzicht in anderen Lebensbereichen als deren Konsequenz.

Im Gegensatz zum englischen Begriff „Career", der bewertungsneutral die Berufslaufbahn beschreibt, ist der deutsche Begriff durchaus ambivalent. Karriere verbindet sich auch mit beruflichem Aufstieg. Beruflicher Aufstieg wird als Folge von Aufwärtsbewegungen in →Organisationen verstanden, die sich mit der Übernahme von Führungsverantwortung verbindet. Auf der Seite der Person sind dies kognitive und soziale →Kompetenzen sowie die →Motivation. Die Aufstiegsmotivation wird über die Erwartung und den Wunsch aufzusteigen erklärt. Die subjektive Wahrnehmung der eigenen Fähigkeiten (→Qualifikation) und die Einschätzung der Gegebenheiten der Situation erklären die individuelle Aufstiegserwartung, die aber auch noch durch die →Sozialisation geprägt ist. Hier zeigt sich bereits eine komplexe Wechselwirkung zwischen Person und Situation. Dem Streben nach beruflichem Erfolg liegen oftmals mehrere Motive zugrunde: Ein Bedürfnis (→Motiv) nach →Macht, Leistungsmotivation oder auch Geltungsstreben.

Die Entscheidung für Karriere ist verbunden mit dem zusätzlichen Erwerb von Kompetenzen, Risikobereitschaft, →Stress und wachsender Mobilität (→Beschäftigungsstabilität). Der Aufstieg im Unternehmen erfolgt nach *Nerdinger* und *Zwarg* (1948) zumeist aufgrund einer Empfehlung durch →Führungskräfte.

Angesichts gesellschaftlicher Wandlungsprozesse erscheint auch die Einteilung in →Karrierephasen der Berufszielfindung, Berufseinstieg, Leistungs- und Spezialisierungsphase, Führungsphase sowie des aktiven Ruhestands inzwischen fast überholt. Zunehmend werden aufgrund gesellschaftlicher →Entwicklungen und Veränderungen in den Unternehmen die klassischen, kontinuierlichen →Erwerbsbiographien brüchiger. So werden Karrieren „an der Spitze" abgebrochen (→Outplacement) oder aber es kommt erst gar nicht zum Karriereeinstieg. Jugend- beziehungsweise Akademikerarbeitslosigkeit (→Arbeitslosigkeit) sind die Folge.

Literatur: *Nerdinger, F.W.; Zwarg, I.*: Aufstiegserwartung in den neuen Bundesländern: Realistische Bewertung der Aufstiegsbedingungen oder sozialisationsbedingte Altlast? in: *von Rosenstiel, L.; Nerdinger, F.W.; Spieß, E.* (Hrsg.): Von der Hochschule in den Beruf, Göttingen 1998, S. 169–184.

Erika Spieß

Karriereanker

Bündel von persönlichen Interessen und Werten, welche karriereorientierte Entscheidungen maßgeblich beeinflussen.

Schein (1994) unterscheidet verschiedene Grundtypen von Karriereanker beziehungsweise -orientierungen, welche sich um folgende Leitthemen ausbilden:

- *Führungskompetenz*: Mitarbeiter wollen führen.
- *Technisch-funktionelle* →*Kompetenz*: Mitarbeiter bevorzugen geregelte Verfahren mit Zielbezug.
- *Sicherheit*: Mitarbeiter wollen ihre →Karriere stabilisieren.
- →*Kreativität*: Mitarbeiter lieben kreative Neuentwicklungen von Problemlösungen.
- →*Autonomie und Unabhängigkeit*: Mitarbeiter legen Wert auf selbstständige Aufgabenerfüllung.

So wird beispielsweise ein Mitarbeiter mit dem Karriereanker →Fachkompetenz keine Führungskarriere mit der damit verbundenen Anhäufung zeitintensiver personaladministrativer Aufgaben eingehen, sondern ganz im Gegenteil bei einem allfälligen Zwang dazu, kündigen.

Literatur: *Schein, E.*: Karriereanker. Die verborgenen Muster in ihrer beruflichen Entwicklung, Darmstadt 1994.

Vera Friedli

Karrieremodelle

Bewegungsprofile der Mitarbeiter, welche sich durch bewusste Gestaltungsentscheidungen zu charakteristischen Stellenfolgen im Unternehmen verfestigt haben.

Karrieremodelle unterscheiden sich voneinander durch ihre Tiefe (Anzahl der erreichbaren Positionen), die Aufeinanderfolge der Positionen und deren mögliche Steighöhen (die höchste erreichbare hierarchische Position). Karrieremodelle können Bewegungen in vertikaler, das heißt aufwärts wie auch abwärts, und horizontaler Richtung umfassen sowie standardisiert oder individuell gestaltet sein.

Vera Friedli

Karrierephasen

typische Abschnitte einer individuellen →Karriere, welche meist eng mit dem gesamten Lebenszyklus eines Mitarbeitenden zusammenhängen.

Berthel und *Koch* (1985) unterscheiden dabei die typischen Karrierenphasen

- *frühe Phase* (Berufseinstieg, Familiengründung – zwischen 15 bis 30 Jahre alt),
- *mittlere Phase* (Beförderungszeit (→Beförderung), Mid-Life-Crisis, Kinder verlassen das Elternhaus – zwischen 35 bis 50 Jahre alt) und
- *späte Phase* (letzte Beförderungschancen, Ruhestandskrise, Tod von Freunden – zwischen 50 bis 60 Jahre alt).

Die Übergänge zwischen den einzelnen Phasen sind fließend.

Literatur: *Berthel, J.; Koch, E.*: Karriereplanung und Mitarbeiterförderung, Sindelfingen, Stuttgart 1985.

Vera Friedli

Karriereplanung

Abfolge von bildungs- und stellenbezogenen Personalentwicklungsmaßnahmen (→Personalentwicklungsmethoden), welche die konti-

Karriereplanung

nuierliche und logische Förderung eines Mitarbeiters sicherstellt.

Die Verbindung der betrieblichen Karriereplanung (→Individuelle Karriereplanung) zur personalwirtschaftlichen Funktion der →Personalentwicklung ist die augenfälligste und meist zitierteste.

Die Personalentwicklung (PE) stützt sich dabei auf →Informationen über Personen (z. B. Leistung, Potenzial), Organisationseinheiten (z. B. →Anforderungsprofile) und relevante Märkte (z. B. Bildungsmarkt). Zur Erlangung der karriererelevanten Fähigkeiten ergeben sich im Unternehmen zwei Gruppen der Personalentwicklungsmaßnahmen – bildungsbezogene und stellenbezogene. Vor Initiierung einzelner Maßnahmen gilt es, für den betroffenen Mitarbeiter einen Abgleich zwischen dem Anforderungsprofil der Zielstelle und dem momentanen Fähigkeitsprofil (→Qualifikationsprofil) zu erstellen. Dem so ermittelten Defizit soll mithilfe von bildungs- und stellenbezogenen PE-Maßnahmen, wie in Abbildung 1 dargestellt, begegnet werden.

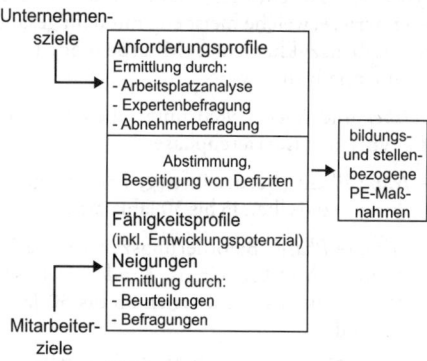

Abbildung 1: Abstimmung der Unternehmens- und Mitarbeiterziele (*Thom* 1992, Sp. 1677)

Die *bildungsbezogenen Maßnahmen* beinhalten eine explizite Qualifizierungsabsicht und können unterteilt werden in →Ausbildung (z. B. Lehre), Weiterbildung (z. B. PC-Kurse) und Umschulung. Im Rahmen der betrieblichen Karriereplanung kommt vor allem der Weiterbildung eine wichtige Rolle zu.

Thom (1992) unterscheidet Weiterbildungsmaßnahmen in *Anpassungs-* und *Weiterbildungsaktivitäten*. Währenddem Anpassungsmaßnahmen der Auffrischung von bereits Erlerntem dienen, werden in Weiterbildungskursen zusätzliche →Qualifikationen erworben. Die Weiterbildungsmaßnahmen im Dienste der betrieblichen Karriereplanung sind nun darauf auszurichten, dass der betroffene Mitarbeiter befähigt wird, innerhalb einer bestimmten Frist eine neue →Stelle im Unternehmen einzunehmen, welche gegenüber der jetzigen Stelle zusätzliche „vertikale" beziehungsweise „horizontale" →Anforderungen aufweist.

Zu den klassischen Weiterbildungsmaßnahmen zählen primär Schulungen und Kurse. Dabei kann es sich um betriebseigene oder externe Schulungsanbieter handeln. Denkbar sind Schulungen für Aspiranten der Führungskarriere in Sozialkompetenz (z. B. Kommunikationskurse, Konfliktbewältigungskurse), in Führungskompetenz (z. B. →Führungsverhalten, →Führungsstile, Menschenbilder), aber auch Fachkurse (z. B. Sprachkurse vor Auslandaufenthalten, Computerkurse). Ebenso sind speziell für →Führungskräfte MBA-Studien oder mehrwöchige Executive Programs mit Diplomabschlüssen üblich. Für Teilnehmer der Fachkarriere bieten sich insbesondere Spezialistenkurse an. Daneben gewinnen auch für Fachexperten Themen der Sozialkompetenz zunehmend an Gewicht. Für Projektverantwortliche und -mitarbeiter sollten obgenannte Schulungen mit Kursen in Projektführung ergänzt werden, welche zum Beispiel Themen wie Meilensteinplanung oder Budgetverantwortung zum Inhalt haben.

Stellenbezogene PE-Maßnahmen weisen eine *implizite* Qualifizierungsabsicht auf und sind immer On-the-Job. Dazu gehören nach *Thom* (1992) die Verwendungsplanung und -steuerung (*horizontale Stellenwechsel*), die Aufstiegsplanung und -steuerung (*vertikale Stellenwechsel*) und die Stellvertretungsregelungen. Als klassische Instrumente gelten dabei das →Job Rotation, →Job Enlargement (Arbeitserweiterung), →Job Enrichment (Arbeitsbereicherung), die teilautonome Arbeitsgruppe oder temporäre Projekteinsätze.

Sieht man die Entwicklung und Förderung eines Mitarbeiters als Kreislauf beziehungsweise sich wiederholenden Prozess, so lösen sich im Laufe der Jahre beziehungsweise ihrer →Karriere verschiedene Instrumente ab. Abbildung 2 zeigt einen möglichen Kreislauf der Förderung. Nach der →Personalbeurteilung respektive →Leistungsbeurteilung erfolgt die Eröffnung der Ergebnisse im →Mitarbeitergespräch. Zusammen mit dem Mitarbeitenden werden Maßnahmen zur Förderung besprochen und initiiert. Je nach Ergebnis der Leistungen ist es möglich, dass dieser Mitarbeitende für Förderungs-Assesment Center (→Assessment Center) empfohlen wird. Dieses AC soll Aufschluss über die →Eignung des Kandidaten bezüglich bestimmter Stellen geben. Ebenso resultieren hieraus Entwicklungsvorschläge auch bezüglich ins Auge gefasster weiterführender Positionen. Die Angaben sowohl aus Mitarbeiterbeurteilung (→Personalbeurteilung) und -gespräch als auch aus einem allfälligen AC werden in der Regel in Förderkarteien gesammelt, damit bei entsprechenden Vakanzen im Unternehmen geeignete interne Kandidaten angesprochen werden können (→Nachfolgeplanung). Hier besteht die Schnittstelle zur Stellenplanung. Der Kreislauf schließt sich mit der Leistungsbeurteilung im folgenden Jahr, in der auch eine erste Kontrolle bereits erkennbarer Fortschritte der eingeleiteten Maßnahmen beziehungsweise der Versetzungsentscheidungen erfolgen kann.

Abbildung 2: Der Entwicklungs- und Förderungskreislauf (*Friedli* 2002, S. 116)

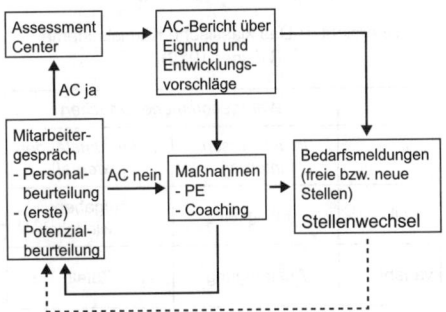

Betriebliche Aus- und Weiterbildung im Allgemeinen und der Fach- und Führungskräfte im Besonderen sind immer auch Ausdruck der Unternehmenskultur (→Organisationskultur). Unternehmen, welche das →Lernen der Schlüsselmitarbeiter als einen strategischen Erfolgsfaktor postulieren, werden darauf bedacht sein, dass lebenslanges Lernen und häufige interfunktionelle Wechsel als Normalität empfunden werden und eine Karrierekultur aufbauen, welche lern- und erfolgsorientiert ist.

Literatur: *Thom, N.*: Personalentwicklung und Personalentwicklungsplanung, in: *Gaugler, E.; Weber, W.* (Hrsg.): Handwörterbuch des Personalwesens, 2. Aufl., Stuttgart 1992, Sp. 1676–1690. *Friedli, V.*: Die betriebliche Karriereplanung. Konzeptionelle Grundlagen und empirische Studien aus der Unternehmensperspektive, Bern etc. 2002.

Vera Friedli

Karriereplateau

Punkt in einer →Karriere, an welchem die Wahrscheinlichkeit einer weiteren hierarchischen →Beförderung gering ist.

Mit Einbezug der Positionsstehzeit sowie der strukturellen und inhaltlichen Karriereplateaus entstanden in der wissenschaftlichen Diskussion auch detailliertere Definitionen.

Literatur: *Elsik, W.; Nachbagauer, A.*: Dimensionen und Wirkungen von Karriereplateaus, in: Die Betriebswirtschaft (DBW), 57. Jg. (1997), H. 2, S. 218–233. *Graf, A.*: Lebenszyklusorientierte Personalentwicklung. Ein Ansatz für die Erhaltung und Förderung von Leistungsfähigkeit und -bereitschaft während des gesamten betrieblichen Lebenszyklus, Bern etc. 2002.

Vera Friedli

Katalogverfahren →Arbeitsbewertung

Kaufkraftausgleich

spiegelt die Unterschiede in den Lebenshaltungskosten zwischen Stammland und Entsendeland wider.

Der Kaufkraftausgleich stellt einen wichtigen Posten bei der Berechnung des Auslandseinkommens eines →Expatriates dar (→Internationale Entlohnung). Hierzu kann auf verschiedene Länderindizes der relativen Lebenshaltungskosten zurückgegriffen werden (z. B. Statistisches Bundesamt). Problematisch sind die Indizes von Ländern, die eine hohe Inflation aufweisen. Bei der Berechnung des Kaufkraftausgleichs wird das Nettoinlandseinkommen und der Indexwert für das Entsendeland herangezogen (→Nettovergleichsrechnung). Sind die Lebenshaltungskosten im Stammland höher als im Entsendeland, wird in der Regel auf einen entsprechenden Abzug verzichtet.

Rüdiger Kabst
Angelo Giardini

Kausalanalyse

Verfahren zur Untersuchung kausaler Abhängigkeiten zwischen bestimmten Merkmalen.

Im Rahmen einer Kausalanalyse ist es von besonderer Bedeutung, dass vor der Anwendung entsprechender Verfahren der →Datenanalyse intensive sachlogische Überlegungen über die Beziehungen zwischen den Variablen vorgenommen werden. Die theoretisch aufgestellten Beziehungen (→Hypothese) werden dann mithilfe empirischer →Daten überprüft, so dass die Kausalanalyse grundsätzlich zu den *konfirmatorischen* Ansätzen gezählt werden kann.

Eine Besonderheit von Strukturgleichungsmodellen im Rahmen von Kausalanalysen ist, wie *Fahrmeir* und *Hamerle* (1996) betonen, die Tatsache, dass explizit zwischen beobachtbaren Variablen (= *Indikatoren*) und nicht direkt beobachtbaren (*latenten*) Variablen unterschieden wird. Somit können hypothetische Konstrukte in die Analyse einbezogen werden. Daraus resultiert die Notwendigkeit, verschiedene Modelle in ein Gesamtmodell zu integrieren. Dabei werden mit den *Messmodellen* die Beziehungen zwischen den latenten Variablen und den jeweiligen Indikatoren abgebildet, während das *Strukturmodell* die Zusammenhänge zwischen den latenten endogenen und exogenen Variablen berücksichtigt. Werden zwischen den einzelnen Variablen jeweils lineare Beziehungen unterstellt, kann die Schätzung der Messmodelle mithilfe der Hauptkomponentenanalyse (→Faktorenanalyse) und die Schätzung des Strukturmodells mithilfe der linearen multiplen Regression (→Regressionsanalyse) erfolgen. Häufig wird das gesamte Kausalmodell in Form eines so genannten *Pfaddiagramms* graphisch visualisiert.

Im →Personalmanagement könnte mit der Kausalanalyse beispielsweise überprüft werden, ob die Mitarbeiterzufriedenheit (→Arbeitszufriedenheit) den Unternehmenserfolg beeinflusst oder ob ein umgekehrtes Beeinflussungsverhältnis besteht.

Literatur: *Fahrmeir, L.*; *Hamerle, A.*: Multivariate statistische Verfahren, 2. Aufl., Berlin 1996. *Heise, D. R.*: Causal Analysis, New York 1975. *Homburg, C.*: Die Kausalanalyse, in: Wirtschaftswissenschaftliches Studium, 21. Jg. (1992), H. 10, S. 499–508.

Udo Bankhofer

Kausalattribution

entstammt der kognitiv orientierten Attributionstheorie (→Attributionstheorie der Führung) und geht davon aus, dass Menschen Verhalten (→Behaviorismus) beobachten und versuchen, dafür Ursachen zu finden.

Die Forschungen zum Attributionsprozess zeigen, dass Menschen in ihrer Verhaltensbeurteilung konsistent sind: Es gibt, wie in Übersicht 1 dargestellt, ein *Vierfelderschema* mit den Dimensionen Zeit (stabil/variabel) und Ort beziehungsweise Lokalisierung (internal/external) der wahrgenommenen Ursachen. Es wird angenommen, dass die Person entweder aus innerem Antrieb gehandelt hat (internale Attribution) oder ihr Handeln durch die Umstände verursacht (externale Attribution) ist. Ebenso kann das Verhalten stabil oder instabil sein. Somit ergeben sich nach Weiner (1972) vier Varianten der Attribution eines Verhaltens:

1. Wird das Verhalten *internal und stabil* attribuiert, wird die Fähigkeit (→Qualifikation) einer Person als Ursache gesehen.
2. Wird das Verhalten hingegen als *internal und instabil* attribuiert, liegen die wahrgenommenen Ursachen bei der Anstrengung.
3. Wird das Verhalten *external und stabil* attribuiert, werden die Ursachen in der Schwierigkeit einer Aufgabe gesehen.
4. Wird das Verhalten *external und instabil* attribuiert, ist es vom Zufall abhängig.

Bei dieser Kausalattribution geht es ausschließlich um subjektive Zuschreibungen.

Übersicht 1: Das klassische Kausalschema (*Weiner* 1972)

Zeit	Wahrgenommene Ursachen	
	in der Person (internal)	in den Umständen (external)
stabil	Fähigkeit	Aufgabenschwierigkeit
variabel	Anstrengung	Zufall

In neueren Forschungen wie bei *Fincham* und *Hewstone* (2002) wurde dieses Schema noch um eine dritte Dimension erweitert, nämlich ob ein Verhalten absichtlich oder unabsichtlich ausgeführt wird (Kontrollierbarkeit). Die psychologische Forschung hat etliche Formen der Attributionsverzerrungen festgestellt. So gibt es eine allgemeine Vorliebe, wahrgenommene Ursachen auf die Person zu attribuieren. Personale und dispositionale Faktoren werden überschätzt, die Rolle der Situation hingegen wird unterschätzt (fundamentaler Attributionsfehler). Ebenso gibt es einen Attributionsunterschied zwischen Handelndem und Beobachter: Wer handelt, sieht die Ursachen für Fehlverhalten eher in der Situation, während Beobachter von Handelnden die Ursachen in stabilen Persönlichkeitsmerkmalen vermuten.

Literatur: Fincham, F.; Hewstone, M.: Attributionstheorie und -forschung. Von den Grundlagen zur Anwendung, in: Stroebe, W.; Jonas, K.; Hewstone, M. (Hrsg.): Sozialpsychologie, Heidelberg 2002, S. 215–262. Weiner, B.: Theories of Motivation, Chicago 1972.

Erika Spieß

Kennenlernspiele → Begrüßungs- und Kennenlernspiele

Kenntnisse → Qualifikation

Kennzahlen/Kennzahlensysteme geben quantitativ erfassbare Sachverhalte numerisch in konzentrierter Form wieder.

Die wichtigsten Elemente einer Kennzahl sind:

- *Informationscharakter*: Zeigt sich dadurch, dass Kennzahlen die Bildung von Urteilen über wichtige Sachverhalte und Zusammenhänge ermöglichen sollen.
- *Quantifizierbarkeit*: Bezieht sich auf die Möglichkeit, einen Sachverhalt auf einem metrischen → Skalenniveau zu messen.
- *Spezifische Form der → Information*: Die Möglichkeit der Darstellung von komplizierten Strukturen und Prozessen um insbesondere Führungsinstanzen (→ Aufbauorganisation) einen schnellen und umfassenden Überblick über einen wichtigen Sachverhalt zu verschaffen.

Kennzahlen werden innerhalb der Unternehmen sowohl für interne wie auch für externe Zwecke benutzt.

Der Aussagewert von einzelnen Kennzahlen ist begrenzt. Daraus ergibt sich die Notwendigkeit der integrativen Erfassung von Kennzahlen in Kennzahlensystemen, womit die systematische Zusammenstellung von Kennzahlen bezeichnet wird, die in einer sachlich sinnvollen Beziehung zueinander stehen, einander ergänzen oder erklären und insgesamt auf ein gemeinsames, übergeordnetes Ziel ausgerichtet sind. Es werden hinsichtlich der Beziehungen der einzelnen Kennzahlen zueinander empirische, mathematische und systematische Kennzahlensysteme unterschieden:

- *Empirische Kennzahlensysteme*: Schaffen die Grundlage für die Bildung von wichtigen, entscheidungsbezogenen Informationen aufgrund empirisch bestimmter Überlegungen, welche in Form von vereinfachten Zusammenhängen in einem Modell zusammengefasst werden.

- *Mathematisch verknüpfte Kennzahlensystemen*: Hierzu gehören zum Beispiel das DuPont- und das ZVEI-Kennzahlensystem. In Kritik der lediglich auf ein Unternehmensziel ausgerichteten Kennzahlensysteme (z. B. Spitzenkennzahl RoI) berücksichtigen diese Ansätze neben den Erfolgszielen auch die Liquiditätssicherung. Diese Art von Kennzahlensystemen beinhaltet oft eine große Menge an Kennzahlen, die nur der mathematischen Verknüpfung dienen.

- *Systematische Kennzahlensysteme*: Das System von Kennzahlen wird auf ein Oberziel ausgerichtet, welches die wesentlichen Entscheidungsbereiche des Unternehmens umfasst und Schlüsse auf die wechselseitigen Abhängigkeiten zulässt. Das Oberziel in Form einer Spitzenkennzahl wird dabei stufenweise in Subziele aufgelöst. Dadurch entsteht eine Zielhierarchie (→ Hierarchie). Das betriebliche Realsystem ist komplett durch ein solches Ziel-, Planungs- und Kontrollsystem abbildbar. Die einzelnen Kennzahlen sind in der Regel nicht mathematisch verknüpft. Zu diesen Ansätzen zählt beispielsweise das RL-Kennzahlensystem (Rentabilitäts-Liquiditäts-Kennzahlensystem).

Zusätzlich lassen sich die Kennzahlensysteme hinsichtlich der Zeitbezogenheit in *retrospektive* und *prospektive* Anwendungen unterscheiden. Je nach der zugrunde liegenden zeitlichen Struktur werden die Kennzahlenwerte demnach *zeitpunkt*- oder *zeitraumbezogen* erfasst.

Kennzahlensysteme haben vor allem die Aufgabe, einzelne Entscheidungsträger durch Informationsverdichtung und Zusammenfassung hinsichtlich unterschiedlicher Entscheidungsebenen mit hinreichender Genauigkeit und Aktualität zu versorgen. Daneben erfüllen sie nicht nur eine Informationsfunktion, sondern dienen auch der Erklärung betriebswirtschaftlicher Sachverhalte und ermöglichen es, die Realität in Modellen abzubilden. Kennzahlensysteme, welche sich auf die wesentlichen, das Erfolgsziel beeinflussenden Größen beschränken, erfüllen nicht nur eine Informationsfunktion. Sie dienen auch der →Koordination zwischen den einzelnen Unternehmensbereichen, da sie frühzeitig auf Abweichungen der Ist-Entwicklung von der geplanten Entwicklung in den einzelnen Bereichen aufmerksam machen und die möglichen negativen Wechselwirkungen mit anderen Bereichen sichtbar machen.

Literatur: *Reichmann, T.*: Controlling mit Kennzahlen und Managementberichten, 6. Aufl., München 2001.

Klaus Möller

Kernbelegschaft

diejenigen Mitarbeiter, deren Bedeutung für die →Organisation als zentral eingeschätzt wird.

Da eine Gleichsetzung der Kernbelegschaft mit allen permanent Beschäftigten (→Stammbelegschaft) nicht sinnvoll ist, muss die Begriffsbestimmung derart allgemein bleiben. Abgrenzungskriterien für die Zugehörigkeit zur Kernbelegschaft können in der Verantwortlichkeit für oder der Ausübung von strategisch relevanten (und zu definierenden) Kernaktivitäten, in der →Qualifikation, dem zugeschriebenen Status oder den organisationalen Karrierechancen gesehen werden. Ein eindeutiger Zusammenhang zwischen Zugehörigkeit zur Kernbelegschaft und Beschäftigungsform besteht daher nicht.

Entscheidungen über die Segmentierung von Belegschaften in Kern- und Randbelegschaften durch die Wahl eines Mix aus unterschiedlichen →Beschäftigungsformen und darauf abgestimmten Personalpolitiken sind Gegenstand von →Beschäftigungsstrategien.

Axel Haunschild

Kernkompetenz

Ressourcenbündel von →Organisationen, die dem Kunden langfristig einen überdurchschnittlichen Nutzen stiften und damit für Organisationen einen nachhaltigen Wettbewerbsvorteil sichern.

Der Begriff der Kernkompetenz ist im ressourcenorientierten (→Resource Based View) Ansatz beheimatet. Dieser hebt die wettbewerbsvorteilssichernde Bedeutung von organisationsspezifischen Ressourcenkombinationen hervor, die gegeben ist, wenn die Ressourcen heterogen und immobil, knapp, schwer imitierbar sowie nicht substituierbar sind und in der Wahrnehmung des Kunden einen überdurchschnittlichen Nutzen stiften. Zur Verbreitung dieser Überlegung in der Managementpraxis haben *Prahalad* und *Hamel* (1990) mit dem Kernkompetenzansatz beigetragen, der die wettbewerbsvorteilssichernde Bedeutung immaterieller Ressourcen verdeutlicht. In Erweiterung dieser Überlegungen macht der Dynamic Capability Approach darauf aufmerksam, dass es zur Sicherung dauerhafter Wettbewerbsvorteile dynamischer Fähigkeiten bedarf. Vor dem Hintergrund sich rasch wandelnder Umfeldanforderungen kann organisationale →Handlungsfähigkeit dauerhaft nur über die Fähigkeit (→Qualifikation) zur Erneuerung gesichert werden. Vor diesem Hintergrund rückt das betriebliche →Wissensmanagement ins Zentrum des Interesses. Heute werden die vorgestellten Überlegungen zur Definition von Kernkompetenzen synthetisiert und sowohl die organisationsinternen Prozesse der Bündelung von Ressourcen als auch die Erneuerungsprozesse der Ressourcenkombinationen darunter zusammengefasst.

Literatur: *Barney, J.*: Firm Resources and Sustained Competitive Advantage, in: Journal of Management 17. Jg. (1991), H. 1, S. 99–120. *Prahalad, C. K.*; *Hamel, G.*: The Core Competence of the Corporation, in: Harvard Business Review, 68. Jg. (1990), H. 3, S. 79–91.

Uta Wilkens

Kernzeit

Zeitkorridor, in dem alle Mitarbeiter anwesend sein müssen (z. B. Montag–Freitag 9:00 bis 15:00) und Bestandteil der →Gleitzeit.

Kettenarbeitsverhältnis

Abfolge mehrerer befristeter →Arbeitsverträge zwischen einem →Arbeitgeber und demselben →Arbeitnehmer.

Da hiermit Kündigungsschutzbestimmungen umgangen werden können, ist die rechtliche Zulässigkeit solcher Arbeitsverhältnisse an das Vorliegen eines sachlichen Grundes geknüpft. Nach dem seit dem 01. 01. 2001 geltenden Teilzeit- und Befristungsgesetz (TzBfG) kann ein befristetes →Beschäftigungsverhältnis auch ohne Vorliegen eines sachlichen Grundes eine Gesamtdauer von bis zu zwei Jahren maximal dreimalig verlängert werden.

Axel Haunschild

Key Performance Indicators (KPIs)

Schlüsselkennzahlen zur Abbildung der Erreichung strategischer Zielsetzungen eines Unternehmens beziehungsweise ausgewählter Organisationseinheiten oder Aktivitätsbereiche.

Dazu werden aus der übergeordneten Unternehmensvision (→Vision) abgeleitete zentrale Unternehmensziele über identifizierte Ursache-Wirkungs-Zusammenhänge in abstrakt-numerische Maßgrößen überführt. Dies erlaubt – die Festlegung entsprechender Zielwerte vorausgesetzt – die Überwachung realisierter Zielerreichungsgrade ebenso wie vergleichende Betrachtungen im Zeitverlauf beziehungsweise zwischen verschiedenen Einheiten. Ist beispielsweise ein kontinuierliches „Wachstum" Bestandteil der Unternehmensvision, so könnte sich dies über die resultierende →Personalstrategie in der Zielsetzung „Aufstockung der Belegschaft um 1.000 neue Mitarbeiter im laufenden Geschäftsjahr" niederschlagen. Wird damit der Personalbestand zum Gegenstand der strategischen Unternehmenszielsetzung, so könnte dies beispielsweise zur Festlegung eines KPI „Anzahl neuer Mitarbeiter (im Geschäftsjahr)" führen. Im Zuge des monatlichen *Headcount Reportings* sind dann regelmäßige Auffrischungen der Zahlen möglich, die beispielsweise absolute und relative Veränderungen des KPIs und gegebenenfalls auch Detailanalysen der *Headcount-Situation* verschiedener Geschäftsbereiche zulassen. Damit dienen KPIs – Beispiele hierfür in Übersicht 1 – der Fortschrittsmessung im Hinblick auf die Erreichung strategischer Ziele.

Ein immanentes Paradoxon bei der Verwendung von KPIs besteht darin, dass sie die Aufmerksamkeit des Managements auf ganz dezidierte Teilbereiche des Unternehmens richten und durch diese KPI-basierte Komplexitätsreduktion zwar den Fokus auf identifizierte Schlüsselaspekte ermöglichen, zugleich aber dazu verleiten, andere (gleichfalls wichtige) Aspekte, die nicht durch KPIs abgebildet werden, aus der Wahrnehmung und damit letztlich aus der Steuerung auszublenden. So könnte im obigen Beispiel ein *Headcount-Aufbau* ohne Rücksicht auf die →Qualifikation und →Eignung neu einzustellender Personen relativ leicht möglich sein, dabei aber zugleich ein neues „Qualitätsproblem" für das Unternehmen nach sich ziehen. Dieses Problem wird verschärft, wenn im Rahmen von Zielvereinbarungen und damit gekoppelten variablen Vergütungsmodellen die Ausprägung von KPIs zur Grundlage der →Leistungsbeurteilung gemacht wird.

Übersicht 1: Beispiele für KPIs (in Anlehnung an *Wucknitz* 2002)

KPI	Messung
Anzahl Mitarbeiter in Vollzeitäquivalenten	Umrechnung von Teilzeit- in Vollzeitbeschäftigte + Anzahl Vollbeschäftigte
Mitarbeiterfluktuation	Mitarbeiterabgänge / durchschnittliche Mitarbeiterzahl
Anteil neuer Mitarbeiter	Anzahl neuer Mitarbeiter im Berichtszeitraum / Anzahl der Mitarbeiter
Durchschnittsalter der Mitarbeiter	Summe des Alters der Mitarbeiter / Anzahl der Mitarbeiter
Motivation der Mitarbeiter	Mitarbeiterbefragung
Quote variabler Vergütungsbestandteile	Anteil der Mitarbeiter mit variablen Vergütungsbestandteilen / Anzahl aller Mitarbeiter
Qualifikationsstruktur	Anzahl der Facharbeiter, Anzahl der Akademiker usw.
Trainingsumfang	Anzahl Trainingsstunden / Anzahl trainierter Mitarbeiter
Weiterbildungskosten pro Mitarbeiter	Kosten für Schulungen und Seminare / Anzahl der Mitarbeiter
Leistungsspanne	Anzahl unterstellter Mitarbeiter / Führungskraft
Personalbetreuungsquote	Anzahl Mitarbeiter / Anzahl HR-Mitarbeiter

Eine grundsätzliche Schwierigkeit im Umgang mit KPIs resultiert aus der Erfordernis, mitunter auch sehr komplexe strategische Ziele mithilfe entsprechender Kennzahlen abbilden zu wollen. Dies erfordert zunächst die kausale Verkettung unterstellter Ursache-Wirkungs-Zusammenhänge, auf deren Basis sodann eine klare Spezifizierung des Messvorhabens erfolgen kann. So kann etwa die strategische Zielsetzung „Steigerung der Arbeitgeberattraktivität" in Zahlen messbar gemacht werden, indem man eine erhöhte Bindungsbereitschaft der Belegschaft als Indikator für hohe Arbeitgeberattraktivität ansieht. In diesem Fall sind beispielsweise Kennzahlen zur Mitarbeiterfluktuation (→Fluktation) abzuleiten, etwa die „Anzahl der freiwilligen (das heißt arbeitnehmerseitigen) →Kündigungen in Relation zur Anzahl aller Mitarbeiter zu Beginn der Betrachtungsperiode". Solche Beschreibungen erlauben dann weitere Konkretisierungen durch die Formulierung zahlenmäßig exakter Zielwerte (z. B. „geringer als 5 %").

Ein verbreitetes Problem besteht darin, dass Unternehmen geneigt sein können, gerade solche Kennzahlen zu erheben, die relativ mühelos zusammengetragen werden können – jedoch tatsächlicher strategischer Aussagekraft entbehren; zum Beispiel →Informationen bezüglich der prozentualen Geschlechterverteilung im Unternehmen, ohne dass zuvor eine strategische Zielsetzung beispielsweise hinsichtlich der Frauenquote im Top-Management getroffen worden wäre. In diesem Fall würden zufällig verfügbare Kennzahlen in den Status von „Schlüsselkennzahlen" erhoben, ohne tatsächlich von strategischem Interesse für das Unternehmen zu sein.

Eine weitere Herausforderung bei der Verwendung von KPIs besteht in der eindeutigen und verbindlichen Vorgabe exakter Definitionen, die auch im Zeitverlauf stabil bleiben. Wird etwa das strategische HR-Ziel „Intensivierung der Trainingsaktivitäten" gemessen, indem man den KPI „Anzahl der absolvierten →Trainings" erhebt und zu steigern versucht, so ist zur Sicherstellung der Vergleichbarkeit der KPI-Werte etwa verschiedener Unternehmensstandorte schon im Vorfeld der Messung sicherzustellen, dass nicht in einer Niederlassung ausschließlich Schulungsaktivitäten externer →Trainer dokumentiert werden, während an einem anderen Standort auch unternehmenseigene Weiterbildungen eingerechnet werden. Damit muss die definitorische Exaktheit und Kontinuität der Messverfahren sowie des Messgegenstandes stets gewahrt sein.

Trotz dieser Schwierigkeiten ist festzustellen, dass die kontinuierliche Messung und Auswertung einmal identifizierter Größen eher ein „handwerkliches" Problem ist, das überdies durch einfache Excel-Lösungen aber auch durch umfangreiche Management-Informations-Systeme in Form so genannter „HR Cockpits" oder „HR Dashboards" informations-

technologisch unterstützt werden kann. Die eigentlich strategische Aufgabe besteht daher in der adäquaten Überführung strategischer Zielsetzungen in KPIs. Hierbei wird in aller Regel auf eine Mehrzahl von KPIs zurückgegriffen werden, die als Kennzahlengerüst zur strategischen Steuerung herangezogen werden. Aus diesem Grund werden KPIs bisweilen auch als *Critical (oder Key) Success Factors* bezeichnet, die insgesamt beispielsweise in einer →*HR Scorecard* zusammengefasst werden.

Damit wird deutlich, dass KPIs notwendigerweise stets unternehmensspezifisch, da abhängig von der individuellen strategischen Ausrichtung, sind. So wird etwa ein auf internationale Vernetzung seiner Belegschaft fokussiertes Unternehmen die „Anzahl der Auslandsentsendungen" für sich als relevanten KPI definieren, während ein im Umbruch begriffenes Unternehmen die „Quote der definierten Nachfolgeregelungen in den oberen Führungsebenen" messen wird. Denkbar sind aber auch Mitarbeiterzufriedenheitsquoten aus entsprechenden →Befragungen, Pro-Kopf-Umsätze, die Anzahl realisierter Verbesserungsvorschläge, Absentismusquoten, die Anzahl der Weiterbildungsstunden pro Mitarbeiter und Jahr oder Ausgaben für →Personalentwicklung. Den strategischen Erfordernissen des Unternehmens gemäß sind bei der Festlegung geeigneter KPIs grundsätzlich keine Grenzen gesetzt.

Literatur: *Wucknitz, U.D.*: Handbuch Personalbewertung, Stuttgart 2002.

Roman Bechtel

Key-Time-Working

Teilzeitarbeitnehmer (→Teilzeitarbeit) unterstützen die Vollzeitkräfte bei zum Beispiel täglichen Arbeitsspitzen zwischen 12:00 und 14:00 in der Auftragsannahme.

Die Stunden werden vorab nicht festgelegt, sondern variieren nach den betrieblichen Erfordernissen (→Abrufvertrag).

Désirée H. Ladwig

Kiosk-Systeme → Selfservice Systeme

Klassifizierung der Berufe

Segmentierung, die dazu dient, Struktur und Verteilung beruflicher Tätigkeiten beschreiben zu können.

Übersicht 1: Gliederungseinheiten der Klassifizierung der Berufe nach KldB (*Statistisches Bundesamt*, 1992)

Anzahl	Gliederungseinheiten
6	Berufsbereiche
33	Berufsabschnitte
88	Berufsgruppen
369	Berufsordnungen
2287	Berufsklassen

In Deutschland existieren nach *Macht* (1992) parallel zwei Klassifikationssysteme, die Betätigungsfelder thematisieren: Zum einen ist dies die nationale Klassifizierung der Berufe des Statistischen Bundesamtes (KldB), welche, wie in Übersicht 1 dargestellt, fünf Gliederungseinheiten unterscheidet:

1. Auf der ersten Ebene der Klassifizierung befinden sich sechs Berufsbereiche (→Berufe in der Landwirtschaft, Bergleute und Mineralgewinner, Fertigungsberufe, Technische Berufe, Dienstleistungsberufe, Sonstige Arbeitskräfte). Ihre Gliederung erfolgt nach dem *Statistischen Bundesamt* (1992) entlang der traditionellen Unterscheidung in *Urproduktions-, Fertigungs- und Dienstleistungsberufe*.
2. Die zweite Ebene wird durch 33 Berufsabschnitte charakterisiert. Sie umfassen jeweils Berufe, die sich im Wesen der Berufsaufgabe, in der Berufstätigkeit, in der Art des verarbeiteten Materials oder in anderer Hinsicht ähneln. Beispiele für Berufsabschnitte sind Keramik-Glasberufe (IIIb) oder Berufe in der Holz- und Kunststoffverarbeitung (IIIp).
3. Die dritte Ebene, die eine Unterteilung in 88 Berufsgruppen vornimmt, fasst die näher zueinander gehörenden Berufe zusammen. Nach diesem Schema kommen beispielsweise Berufsgruppen wie Berufsgruppe 39 (Back-, Konditor- und Süßwarenherstellung), oder Fleischer (Berufsgruppe 40) zustande.
4. Die auf der vierten Ebene unter der Berufsordnung zusammengefassten Berufe sind nach dem Wesen ihrer Tätigkeit und Berufsaufgabe gleichartig. Für die Berufsgruppe 39 wird in diesem Sinne eine Unterscheidung zwischen Bäckern (Berufsordnung 391), Konditoren (Berufsordnung 392) und Zucker-, Süßwaren und Speiseeisherstellern (Berufsordnung 393) vorgenommen.
5. Die auf der fünften Ebene dargestellten 2.287 Berufsklassen sind die einzelnen Berufe oder Berufsarten. Sie sind in den jeweiligen Berufsordnungen zusammengefasst. Für die Berufsordnung (391) der Bäcker ergibt sich aus dieser Logik der Beruf Brotbäcker (3912), oder Ofenführer (3915).

Zum anderen existiert die internationale Standardklassifikation der Berufe *International Standard Classification of Occupations* (→ISCO-88) aus dem Jahre 1988. Während das KldB ein Instrument zur nationalen Beschreibung der Struktur der Berufe ist, kann über das ISCO-88 ein internationaler Vergleich der Berufsdaten vollzogen werden. Darüber hinaus kann das ISCO-88 zur Entwicklung nationaler Klassifikationssysteme dienen.

Zur Gliederung und Zusammenfassung ähnlicher Berufe dienen im ISCO-88 die zwei Kriterien Skill Level und Skill Specialisation:

1. Der *Skill Level* bildet die →Komplexität der Aufgabe ab und wird als berufs- und arbeitsplatzbezogenes Charakteristikum verstanden. Er ist somit nicht personenbezogen.
2. Die *Skill Specialisation* beschreibt das Gebiet, innerhalb dessen auf der durch den Skill Level bestimmten Qualifikationsebene Kenntnisse (→Qualifikation) erforderlich sind, damit die jeweiligen Aufgaben kompetent ausgeführt werden können.

Übersicht 2: Gliederungseinheiten der ISCO-88 (*Hartmann* und *Schütz*, 2001, S. 9)

Anzahl	Gliederungseinheiten
10	Berufshauptgruppen
28	Berufsgruppen
116	Berufsuntergruppen
390	Berufsgattungen

Hierdurch wird nach dem *Statistischen Bundesamt* (1992) die Art der ausgeübten Tätigkeit näher bestimmt, indem zum Beispiel die Art der produzierten Güter und Dienstleistungen berücksichtigt wird. Der ISCO-88 enthält vier Gliederungseinheiten, die in Übersicht 2 dargestellt sind:

1. Auf der ersten Ebene werden zehn Berufshauptgruppen unterschieden. So werden zum Beispiel Wissenschaftler mit dem ISCO Skill Level „4" und Bürokräfte, kauf-

Kleinbetrieb

männische →Angestellte mit dem ISCO Skill Level „2" eingestuft.
2. Auf der zweiten Ebene wird eine Untergliederung in 28 Berufsgruppen vorgenommen. Hier wird zum Beispiel für Büroangestellte aus der Berufshauptgruppe „Bürokräfte kaufmännische Angestellte" eine weitere →Differenzierung in Angestellte mit und ohne Kundenkontakt vorgenommen.
3. Eine Unterteilung in 116 Berufsuntergruppen findet auf der dritten Ebene statt. Hier werden zum Beispiel Büroangestellte ohne Kundenkontakt nochmals in Sekretärinnen, Maschinenschreibkräfte und verwandte Berufe (411) oder Angestellte in Rechnungs- Statistik- und Finanzwesen (412) untergliedert.
4. Auf der vierten Ebene werden 390 Berufsgattungen unterschieden. In der Berufsuntergruppe der Materialverwaltungs- und Transportangestellten werden zum Beispiel nochmals Differenzierungen in Berufgattungen wie Lagerverwalter (4131) oder Speditionsangestellte (4133) vorgenommen

Literatur: *Hartmann, J.*; *Schütz, G.*: Die Klassifizierung der Berufe und der Wirtschaftszweige im Sozioökonomischen Panel: Neuvercodung der Daten 1984–2001, München 2001. *Macht, A.*: Klassifizierung der Berufe 1992, in: Wirtschaft und Statistik, (2004), H. 12. *Statistisches Bundesamt* (Hrsg.): Klassifizierung der Berufe. Systematisches und alphabetisches Verzeichnis der Berufsbenennungen, Stuttgart 1992.

Florian Schramm

Kleinbetrieb

Unternehmen mit durchschnittlich bis zu neun Mitarbeitern und bis zu 500.000 € Jahresumsatz, wobei allerdings eine einheitliche Definition nicht besteht.

Die Arbeitsrechtsordnung (→Arbeitsrecht) knüpft an verschiedenen Stellen an die Größe des Betriebs an und differenziert danach, wie viele →Arbeitnehmer in einem Betrieb beschäftigt sind. Dabei werden zum Teil Kleinbetriebe, die eine bestimmte Mindestzahl von Arbeitnehmern nicht überschreiten, privilegiert.

Am bekanntesten dürfte die Kleinbetriebsklausel in kündigungsschutzrechtlichem Sinn sein. § 23 Abs. 1 Kündigungsschutzgesetz (KSchG) besagt, dass in Betrieben, in denen regelmäßig nicht mehr als fünf Arbeitnehmer ausschließlich der Auszubildenden beschäftigt werden, die arbeitgeberseitige →Kündigung einer sozialen Rechtfertigung für diejenigen Arbeitnehmer nicht bedarf. Es muss also kein personen-, verhaltens- oder betriebsbedingter Grund vorliegen, um die Kündigung zu rechtfertigen. Wird aufgrund von betrieblichen Erfordernissen gekündigt, muss auch eine →Sozialauswahl nicht erfolgen. Die Kündigung kann allerdings aus anderen Gründen unwirksam sein.

Das Bundesarbeitsgericht hat inzwischen klargestellt, dass trotz des Wortlauts der Vorschrift, nach der es auf die Anzahl der Arbeitnehmer im Betrieb ankommt, tatsächlich die Anzahl der Arbeitnehmer im Unternehmen entscheidend ist (BAG, Urteil vom 23.04.1998, DB 1998; BVerfG, Beschluss vom 27.01.1998, NZA 1998). Dadurch wird sichergestellt, dass Arbeitnehmer in größeren Unternehmen, die viele kleine Niederlassungen in Form eigener Betriebe haben (z. B. Filialisten), in den Schutzbereich des Kündigungsschutzgesetzes einbezogen werden.

Bei der Ermittlung, ob regelmäßig nicht mehr als fünf Arbeitnehmer beschäftigt sind, zählen teilzeitbeschäftigte Arbeitnehmer mit einer regelmäßigen wöchentlichen →Arbeitszeit von nicht mehr als 20 Stunden mit 0,5 % und von nicht mehr als 30 Stunden mit 0,75 %. Erst bei einer regelmäßigen Arbeitszeit von mehr als 30 Stunden zählen die Arbeitnehmer voll nach Köpfen. In Betrieben, in denen in der Regel zehn oder weniger Arbeitnehmer beschäftigt werden, bedarf die Kündigung gegenüber Arbeitnehmern keiner sozialen Rechtfertigung bei Arbeitnehmern, deren Arbeitsverhältnisse (→Beschäftigungsverhältnis) nach dem 31.12.2003 begründet werden. Diese Arbeitnehmer sind bei der Zahl der beschäftigten Arbeitnehmer bis zur Beschäftigung von zehn Arbeitnehmern nicht zu berücksichtigen.

Im Betriebsverfassungsrecht wird ebenfalls – sogar mehrfach – an die Betriebsgröße angeknüpft. Voraussetzung dafür, dass überhaupt ein →Betriebsrat gewählt werden kann, ist nämlich, dass in dem Betrieb in der Regel mindestens fünf wahlberechtigte Arbeitnehmer, von denen drei wählbar sind, beschäftigt werden. Zudem setzt erst bei Unternehmen mit in der Regel mehr als 20 wahlberechtigten Arbeitnehmern die →Mitbestimmung des Betriebsrats bei personellen Einzelmaßnahmen gemäß § 99 BetrVG ein. Gleiches gilt für Mitbestimmung bei →Betriebsänderung und die damit verbundene Sozialplanpflicht gemäß §§ 111 ff. BetrVG. Bei allen vorgenannten Betriebsgrößen in betriebsverfassungsrechtlichem Sinne zählen die Arbeitnehmer nach Köpfen unabhängig davon, ob es sich um voll- oder teilzeitbeschäftigte Arbeitnehmer handelt (*Hromadka* und *Maschmann* 2002, § 16 Rn. 30).

Das Teilzeit- und Befristungsgesetz enthält ebenfalls eine Kleinbetriebsklausel. Diese gilt indes nicht für Befristungen. Die Bestimmungen der §§ 14 ff. TzBfG, in denen Möglichkeiten und Grenzen der Befristung geregelt sind, gelten also auch im →Kleinbetrieb, obwohl der →Kündigungsschutz durch die Befristung wegen der Regelung in § 23 KSchG nicht umgangen werden kann. Das TzBfG beschränkt allerdings die Regelungen zur →Teilzeitarbeit in einem zentralen Punkt für Kleinbetriebe ein. Der in § 8 TzBfG normierte Anspruch des Arbeitnehmers gegen den →Arbeitgeber auf Verringerung der Arbeitszeit besteht nämlich nicht in Betrieben, in denen ausschließlich der Auszubildenden in der Regel höchstens 15 Arbeitnehmer beschäftigt sind. Der Schlüssel für Teilzeitbeschäftigte aus § 23 KSchG findet auch hier keine Anwendung, sondern es ist – wie im Betriebsverfassungsrecht – auf die Anzahl der Köpfe abzustellen.

Literatur: *Hromadka, W.*; *Maschmann, F.*: Arbeitsrecht, Bd. 1, 2. Aufl., Berlin etc. 2002.

Friedrich Meyer

Klima →Arbeitsumgebung

Knowledge Based Companies

ausgehend vom →Resource Based View Unternehmen, deren Leistungsprozesse auf beachtliche Weise von →Wissen, Erfahrung und Expertise abhängig sind.

Bei Knowledge Based Companies stehen weder die Kapital- noch die Arbeitsintensität des Produktionsprozesses an sich, sondern hauptsächlich der Einsatz von Wissen im Fokus der Unternehmenssteuerung. Werden nun verschiedene Formen des Wissens in Knowledge Based Companies auf Personen bezogen, ist der Begriff der Expertenorganisation angesprochen. Wissen spielt dort vorwiegend die Rolle eines Produktionsfaktors. Da Wissen grundsätzlich in jedem Unternehmen notwendig ist, wird für Knowledge Based Companies zusätzlich gefordert, dass die Wissensressourcen einen wesentlichen Einfluss auf die Leistung, beziehungsweise das Ergebnis des Unternehmens haben. In der Praxis werden vor allem F&E-intensive Produktionsunternehmen sowie wissensbasierte Dienstleistungsunternehmen wie Softwareproduzenten, Finanzdienstleister, Unternehmensberater oder Krankenhäuser unter den Begriff der Knowledge Based Companies subsummiert.

Eng verwandt mit dem Begriff der Knowledge Based Companies ist das →*Wissensmanagement*. Letzteres bezieht sich primär auf die Handhabung und Steuerung von Wissen, so auch in Knowledge Based Companies. Vereinfachend lassen sich im Bezug auf das Verständnis von Wissen zwei Hauptrichtungen der Forschung unterscheiden:

1. *Positivistisch-naturwissenschaftliche Ansätze* des Wissens(-Managements), die Wissen als objektivierbares und ohne weiteres übertragbares Gut behandeln.

2. *Konstruktivistisches Verständnis* von Wissen, das (subjektive) Werturteile, Intuition (→Organisationales Lernen), Emotionen (→Aktionstheorie der Motivation), Unsicherheit und Ambiguitäten in die Theorie einbeziehen und Wissen als kontextbedingten und mehrdeutig-interpretierbaren dynamischen Vorgang bezeichnet.

Für Knowledge Based Companies manifestieren sich die beiden Richtungen des Wissensverständnisses in der Fragestellung, wie Expertenwissen längerfristig an das Unternehmen gebunden werden kann:

Einerseits können Komponenten des Wissens, Erfahrungen oder Ideen in Dokumenten/Datenbanken schriftlich festgehalten werden. *Hansen*, *Nohria* und *Tierney* bezeichnen dies als *Kodifikationsstrategie*. Wissen wird dabei vorwiegend als Objekt von Steuerungsprozessen und als Element von Datenbanken modelliert. Diesbezüglich soll Wissensmanagement die Generierung, Speicherung und Wiederauffindung von Wissen, das in Form von Notizen, Skizzen, Berichten, Plänen, →Kalkulationen oder anderen Unterlagen vorliegt, erleichtern. Es wird davon ausgegangen, dass eine Problemlösung mit geringen Modifikationen auf mehrere Fälle anwendbar ist.

Im Gegensatz dazu steht die *Personifikationsstrategie*, die die Mitarbeiter motiviert Wissen zu erwerben, weiterzuentwickeln und in Form von Erfahrung wieder verfügbar zu machen. Insofern fungieren die Mitarbeiter in diesem

Knowledge Management

Modell als dynamische Wissensknotenpunkte, aus denen für jeden Anwendungsfall neues Wissen (re-)konstruiert werden kann. Wissen wird dabei „ver-wendet". Wenden heißt, dass es zumindest je nach Situation gedreht und an die neue Situation angepasst werden muss. In Datenbanken kann vorwiegend explizites Wissen gespeichert werden, während menschliches Denken zusätzlich auch →Tacit Knowledge erfassen kann.

Eine ausgeprägte Wissensintensität führt in Knowledge Based Companies zu einer Abhängigkeit von Personen. Qualifizierte Experten suchen sich die Arbeitsbedingungen, unter denen sie ihr Wissen am besten verwerten können und die beste Entlohnung dafür erhalten. Sie sind für Unternehmen nicht mehr einfach austauschbar wie ein Zulieferer für Standardkomponenten oder ein Erntearbeiter. Dies hat folgende Gründe:

- Die Produktionsprozesse differenzieren sich immer weiter aus, wodurch der Grad an Spezifität für das dazu notwendige Wissen immer weiter steigt.
- Vor allem Experten arbeiten nicht in einem Vakuum, sondern in einem dichten Geflecht aus Beziehungen zu anderen Spezialisten in- und außerhalb des Unternehmens.

Wird ein Mitarbeiter neu eingestellt, müssen diese Kontakte erst wieder gefunden und aufgebaut werden, damit sich die Expertise entfalten kann. Ergo führt der Verlust von qualifizierten Wissensarbeitern vor allem für Knowledge Based Companies zu Einbußen in Leistung und/oder →Qualität. Vielfach kann kurzfristig auch kein adäquater Ersatz für die verlorenen Mitarbeiter gefunden werden. Deshalb ist es nötig, durch eine entsprechende Anreizpolitik in finanzieller und nicht-finanzieller Hinsicht experten-adäquate Arbeitsbedingungen zu schaffen.

Expertenwissen ist Teil des *intellektuellen Kapitals* einer →Organisation. Sein ganzes Potenzial kann durch das Zusammenspiel aller Komponenten des →intellektuellen Kapitals erschlossen werden. Insbesondere fungiert das Strukturkapital (wie bspw. →Aufbau- und →Ablauforganisation, Führungsprozesse, EDV-Unterstützung oder Anreizsysteme) als Leveragefaktor für Knowledge Based Companies. Aber auch *Encoded* und *Encultured Knowledge* spielen für das Selbstverständnis und die Anwendung von Wissen in der Knowledge Based Company eine große Rolle. Da Wissen durch den reflektierten Gebrauch wertvoller/reflektierter wird, sind adäquate Kommunikationsstrukturen und entsprechende Gesprächspartner für die Experten Mussfaktoren in Knowledge Based Companies.

Das Zusammenspiel verschiedener Komponenten des intellektuellen Kapitals ergibt eine eigene →Organisationskultur, aus der sich entsprechende Routinen der Wissensbearbeitung sowie spezifische Expertise entwickeln können. Sie werden zum Beispiel durch ein gemeinsames Welt- und Marktverständnis und gemeinsame mentale Modelle, die in Koevolution mit der Umwelt stehen, unterstützt.

Die größten Managementherausforderungen für Knowledge Based Companies sind

- die →Motivation,
- die Gestaltung der Karrierepfade für Experten,
- der Aufbau eines Vertrauensverhältnisses in der Organisation,
- die Realisierung eines hohen Maßes an persönlicher Freiheit für die Mitarbeiter und
- ein angenehmes Miteinander von Managern und Wissensarbeitern.

Vor allem die Serviceleistungen für die kreativen Bereiche müssen gut ausgebaut sein, damit Organisations-, Planungs- und Kontrollroutinen die Umsetzung der Expertise nicht beeinträchtigen.

Andere Erfolgsfaktoren in Knowledge Based Companies sind →Personalauswahl und Personalentwicklung sowie die Aussicht eines möglichst ungezwungenen Wissenstransfers sowohl innerhalb der Organisation (Management by Coffee Break) als auch zu wichtigen externen Stakeholdern. Dabei sind eine angemessene Unternehmenskultur (→Organisationskultur) und eine Vertrauensbasis zwischen Management und Mitarbeitern hilfreich.

Literatur: Hansen, M.T.; Nohria, N.; Tierney, T.: What's Your Strategy for Managing Knowledge, in: Harvard Business Review, 77. Jg. (1999), H. 2, S. 106–116. Penrose, E. D.: The Theory of the Growth of the Firm, Oxford 1959.

Martin Piber

Knowledge Management

die Gesamtheit der organisationalen →Strategien zur Schaffung einer intelligenten →Organisation.

Laut *Willke* (1998) handelt es sich dabei um Prozesse, bei denen →Wissen geschaffen, festgehalten und genutzt wird, um die Leistung der Organisation beziehungsweise des Unternehmens zu fördern.

Um den Begriff Knowledge Management zu definieren ist zunächst zu klären, was unter „Wissen" zu verstehen ist. Je nach Fachdisziplin kommen unterschiedliche Ansätze und Ausprägungen für die Begriffsfindung zustande. *Willke* (1998) definiert seinen Wissensbegriff über ein einfaches Schichtenmodell, welches in vielen anderen Werken in ähnlicher Form zu finden ist. Beispielsweise verwenden *Biethahn et al.* (2004) im Rahmen des Informationsmanagements eine „Wissenstreppe" – dargestellt in Abbildung 1 – als Definitionsgrundlage. Die unterste Stufe dieser Treppe bilden *Zeichen*. Werden diese mit einer Syntax versehen, entstehen →*Daten*. Das Zuführen einer Bedeutung aus der Sicht eines beobachtenden Systems wandelt Daten in →*Informationen*, wobei entsprechende Kriterien die Relevanz der Daten bestimmen. *Wissen* stellt auf der folgenden Stufe sowohl die Vernetzung von Informationen als auch ihre Einbindung in vorhandene Erfahrungsmuster dar, wobei auf der folgenden Stufe der Anwendungsbezug des Wissens als *Können* bezeichnet wird. *Handeln* beschreibt auf der nächsten Stufe die Bereitschaft, das Können in einem Kontext anzuwenden, wobei eine Stufe weiter korrektes Handeln als →*Kompetenz* definiert ist. Hat diese Kompetenz einzigartige Eigenschaften, steigert dies die Wettbewerbsfähigkeit (höchste Stufe).

Bedeutend für das Knowledge Management ist die Unterscheidung von implizitem und explizitem Wissen. *Krcmar* (2003) beschreibt das implizite Wissen als Wissen aus Erfahrungen und →Beobachtungen von Handlungen anderer. Aber auch mentale Modelle (Vorstellungen, Überzeugungen und Perspektiven) gehören hierzu. Zusätzlich ist implizites Wissen nach *Nonaka* und *Takeuchi* (1997) nicht zwangsläufig präsent oder artikulierbar. Der Übergang von implizitem Wissen zum expliziten Wissen erfolgt durch beispielsweise die Auseinandersetzung, Darlegung, Erläuterung oder Deutung. Explizites Wissen ist also dem Wissenden präsent, so dass dieser darüber sprechen kann beziehungsweise es formulieren oder dokumentieren kann. *Nonaka* und *Takeuchi* (1997) sehen implizites und explizites Wissen als Komplementäre, die sich in einem dynamischen sozialen Umwandlungsprozess gegenseitig in quantitativer und in qualitativer Hinsicht erweitern.

Abbildung 1: Wissenstreppe

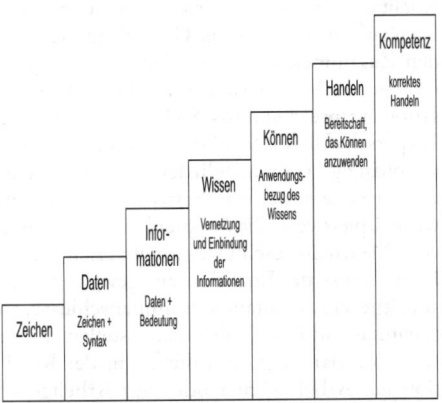

Krcmar (2003) definiert die Verbesserung der →Handlungsfähigkeit der Mitarbeiter und somit die Erhöhung der Konkurrenzfähigkeit eines Unternehmens als ein wichtiges Ziel des Knowledge Managements, um unter anderem die auftretenden Bedarfe aufgrund wachsender Wissensintensität, sinkender Zykluszeiten, geografischer Verteilung und Veränderung der Human Resources im Unternehmen zu decken.

Probst et al. (1999) haben typische in Unternehmen vorgefundene Problemstellungen, die bei der Nutzung von Wissen aufgetreten sind, zusammengefasst. Sie klassifizieren zentrale Bereiche des Knowledge Managements in Unternehmen: Wissenserwerb, Wissensentwicklung, Wissensverteilung, Wissensbewahrung, Wissensnutzung, Wissensbewertung, Wissensziele und Wissenstransparenz. Alle Bereiche stehen interdependent zueinander.

Literatur: *Biethahn, J. et al.*: Ganzheitliches Informationsmanagement, Bd. 1, 6. Aufl., München 2004. *Krcmar, H.*: Informationsmanagement, 3. Auflage, Berlin 2003. *Nonaka, I.; Takeuchi, H.*: Die Organisation des Wissens, Frankfurt a. M. 1997. *Probst, G. et al.*: Wissen managen. Wie Unternehmen ihre wertvollste Ressource optimal nutzen, 3. Aufl., Wiesbaden 1999. *Willke, H.*: Systemisches Wissensmanagement, Stuttgart 1998.

Oliver Kamin

Koalition

Vereinigungen von →Arbeitnehmern oder →Arbeitgebern zur Bündelung der eigenen

Koalitionsfreiheit

Interessen bei der Durchsetzung von Arbeits- und Wirtschaftsbedingungen.

Die Koalition der Arbeitnehmer ist die →Gewerkschaft, die Koalition der Arbeitgeber der →Arbeitgeberverband. Begrifflich setzt eine Koalition voraus, dass es sich um einen freiwilligen auf privatrechtlicher Grundlage basierenden Zusammenschluss handelt, der gewissen inneren →Anforderungen an die →Organisation entsprechen muss. So ist zum einen eine körperschaftliche Struktur erforderlich, die unabhängig von Mitgliederwechsel besteht und gewisse innerdemokratische Strukturen, wie beispielsweise die Möglichkeit der Fassung von Mehrheitsbeschlüssen, aufweisen muss. Ferner muss die Koalition auf gewisse Dauer angelegt sein, spontane Zusammenschlüsse, so genannte Ad-hoc-Koalitionen, stellen keine Koalition dar. Weiterhin dürfen in der Koalition nur Arbeitnehmer oder nur Arbeitgeber organisiert sein, die Koalition muss frei von Gegnern sein (→Gegnerfreiheit). Eine Koalition muss sich ferner den Zweck gesetzt haben, die Arbeits- und Wirtschaftsbedingungen ihrer Mitglieder zu verbessern, was primär die Förderung der sozialpolitischen Interessen bedeutet. Das Vorliegen weiterer, bisweilen von der Literatur vorgebrachter Anforderungen (wie bspw. der Durchsetzungsfähigkeit oder sozialen Mächtigkeit, der Tarifwilligkeit, der Arbeitskampfbereitschaft (→Arbeitskampf) sowie der Überbetrieblichkeit der Koalition) sind im Einzelnen noch strittig.

Verfassungsrechtlichen Schutz erfährt die Koalition durch Art. 9 Abs. 3 GG, wonach der Schutzbereich in Form der individuellen Koalitionsfreiheit zum einen dem Einzelnen als positive Seite die Gründung, den Beitritt und die Betätigung in der Koalition gewährleistet, zum anderen in Form der negativen Seite der Koalitionsfreiheit auch das Recht einräumt, einer Koalition fernzubleiben oder aus ihr auszutreten und hierdurch keine Nachteile erleiden zu müssen. Das Grundrecht der Koalitionsfreiheit schützt überdies auch als kollektives Grundrecht die Koalition als solche, was den Bestand und die Betätigung der Koalition vor staatlichen Eingriffen oder Beschränkungen sichert. Eingriffe sind nach der von der Rechtsprechung entwickelten Abwägungsformel nur dann im Wege so genannter praktischer Konkordanz erlaubt, wenn die drohende Beeinträchtigung anderer Gemeinwohlbelange oder Verfassungsgüter dies gebietet. Das Grundgesetz enthält damit neben der Absicherung des Tätigkeitsbereiches eine generelle Einrichtungsgarantie zugunsten eines Tarifvertragssystems, dessen Rahmen zwar der Gesetzgeber ausgestaltet, die nähere Ausgestaltung aber der Koalition überlassen wird. Der Betätigungsgarantie unterfallen die „spezifisch koalitionsmäßigen Betätigungen" (*Junker* 2006) worunter der Abschluss von Tarifverträgen als ureigenste Aufgabe zu subsumieren ist. Verfassungsrechtlich geschützt sind damit auch die Handlungsinstrumente der Koalition zur Erreichung dieser Ziele, womit auch Arbeitskampfmaßnahmen wie Streik und →Aussperrungen vom Grundrecht gedeckt werden.

Literatur: *Junker*, A.: Arbeitsrecht, 5. Aufl., München 2006, Rn. 479

Michael Fuhlrott

Koalitionsfreiheit →Koalition

Kognition →Kognitivismus, →Wissen

Kognitive Dissonanz

von *Festinger* (1957) eingeführter Begriff für einen unangenehmen Zustand, den jemand erlebt, nachdem er eine Entscheidung getroffen, eine Handlung begangen hat oder einer →Information ausgesetzt ist, die zu vorherigen Meinungen, Gefühlen oder Werten im Widerspruch steht (engl.: Cognitive Dissonance).

Die Annahme ist, dass Personen konsonante Beziehungen zwischen einzelnen Kognitionen anstreben. Unter *Kognitionen* versteht *Festinger* (1957) Meinungen, Werthaltungen und Wissenseinheiten, das heißt alle möglichen Gedanken einer Person über sich und ihre Umwelt. Dissonante Kognitionen (z. B. „Ich rauche" versus „Rauchen verursacht Krebs") erzeugen die →Motivation, konsonante Beziehungen herzustellen, und führen zur Einleitung von Schritten zur Reduzierung der Dissonanz beziehungsweise der erlebten Spannungen: Suche nach neuen Informationen, Einstellungsänderungen, Veränderung der Situationsbewertungen oder Handlungstendenzen. Wie in zahlreichen Experimenten nachgewiesen wurde, ist die Tendenz zu kognitiver Dissonanz bei Entscheidungen zwischen zwei gleichwertigen Alternativen, einander direkt widersprechenden Erfahrungen (z. B. statt eines erwarteten Ereignisses tritt ein ganz anderes Ereignis ein), bei sozialem Druck und bei Zeitdruck am stärksten ausgeprägt.

Bezüglich der Dissonanz nach Entscheidungen hat *Brehm* 1956 den Spreading-Apart-Effekt nachgewiesen: Die Attraktivität der gewählten Alternative wird erhöht, während die Attraktivität der nicht gewählten Alternative verringert wird. Dieser Effekt wurde seither vielfach repliziert. Ob und unter welchen Bedingungen es nach Entscheidungen zu gegenläufigen Tendenzen (Regret-Effekte: Attraktivitätsverringerung der gewählten Alternative und Attraktivitätserhöhung der nicht gewählten Alternative) kommen kann, ist bislang noch nicht geklärt. Implikationen für das →Personalmanagement ergeben sich insbesondere nach Personalentscheidungen. Beispielsweise ist bei Auswahlentscheidungen (Einstellung, →Beförderung) mit Mechanismen der kognitiven Dissonanzreduktion zu rechnen. Nach der Entscheidung werden ausgewählte Personen positiver bewertet, während nicht ausgewählte Personen negativer bewertet werden. Mögliches Resultat: Im Sinne der sich selbst erfüllenden Prophezeiung wird die eigene Entscheidung bestätigt.

Literatur: *Brehm, J.W.*: Post-Decision Changes in the Desirability of Alternatives, in: Journal of Abnormal and Social Psychology, 52. Jg. (1956), S. 384–389. *Festinger, L.*: A Theory of Cognitive Dissonance, Stanford 1957.

Andreas Bergknapp

Kognitivismus

sämtliche Vorgänge und Strukturen der menschlichen Informationsverarbeitung, die Prozesse der Wahrnehmung, Erinnerung und Vorstellung beinhalten.

Im Gegensatz zum →Behaviorismus werden in kognitivistischen Lernprozessen →Informationen zu kognitiven Landkarten im menschlichen Gehirn verarbeitet. Nach *Baumgartner* und *Payr* (1994) ist →Wissen demnach das Resultat eines adäquaten internen Verarbeitungsprozesses.

Baumgartner und *Payr* (1994) formulieren als grundlegendes Paradigma des Kognitivismus die Problemlösung, wobei die Auswahl und Anwendung der richtigen Methoden zur Antwortfindung eine entscheidende Rolle spielt. Die hier zugrunde gelegte Wissensvermittlung systematisiert unter anderem *Yass* (2000) mithilfe von fünf Lernstufen, die sich nach ihrem Umfang der Wissensanwendung klassifizieren lassen:

1. *Wissen*: In der einfachsten Lernstufe wird Faktenwissen vermittelt. Dies sind häufig verbale Informationen über Objekte, Konzepte, Abläufe oder Ereignisse, die in sprachlicher Form abgerufen werden können.

2. *Analyse und Verstehen*: In der etwas komplexeren Stufe wird das Augenmerk auf die Zerlegung und Strukturierung von Wissen gelegt. Hierbei wird das Ziel verfolgt, dass der Lernende am Ende eines Lernabschnitts sein Wissen frei wiedergeben kann.

3. *Anwenden*: Hier kann der Lernende aus seinem gelernten Wissen auf allgemeine Sachverhalte schließen und seine Fähigkeiten umsetzen.

4. *Synthese*: Diese Lernstufe nimmt weiter an →Komplexität zu. Der Bereich beschreibt das Wissen als Anwendungsgrundlage, um aus den erlernten Informationsteilen neue zusammenhängende Strukturen bilden zu können.

5. *Beurteilen*: Hier wird die höchste Komplexität erreicht. Der Lernende kann hier aufgrund seiner Wissensbasis in einem gewissen Kontext Informationen bewerten und dessen Relevanz für die bezogene Situation abschätzen.

Das →Lernen findet durch Einsicht statt und wird durch ein lernförderndes Umfeld erleichtert. Die Wissensvermittlung erfolgt nicht einfach nur durch die Informationsweitergabe von einer Person zur anderen, sondern durch einen Prozess des entdeckenden Lernens, der vom Lernenden selbst erzeugt wird. *Baumgartner* und *Payr* (1994) sehen in diesem Zusammenhang die Lehrperson in der →Rolle eines Tutors, welche dem Lernenden beobachtend und helfend zur Seite steht und ihm (aus Sicht des Lernenden) extern modelliertes →Feedback zukommen lässt.

Bei kognitiven Ansätzen werden Lerninhalte klassifiziert und analysiert. Hierbei kann zunächst nach *Anderson et al.* (2001) zwischen deklarativen und kontextuellem Wissen unterschieden werden. Das *deklarative Wissen* bezieht sich in diesem Zusammenhang auf Fakten, Konzepte und netzwerkartige Strukturen von Fakten und Konzepten. Die Fähigkeit (→Qualifikation) der Anwendung von Fakten, Konzepten beziehungsweise Netzwerkstrukturen wird als *prozedurales Wissen* bezeichnet. Bei kognitivistischen Ansätzen steht häufig das Lösen von Problemen (entdeckendes Ler-

Kohäsion

nen, Lernen durch Einsicht) im Mittelpunkt. Hierfür ist das Vorhandensein von *strategischem Wissen* zwingend erforderlich, welches nach *Weidemann* und *Krapp* (1994) integraler Bestandteil ist und die Fähigkeit beschreibt, Vorgehensweisen und Techniken für die Problemlösung zu entwickeln. Das *entdeckende* beziehungsweise *problemlösende Lernen* schafft nach *Achtenhagen et al.* (1992) die Voraussetzung beziehungsweise Fähigkeit des Lernenden zur metakognitiven Steuerung und Kontrolle der eigenen Denk- und Lernprozesse, um unter anderem Wissenselemente zueinander in Beziehung zu setzten, neue Information zu integrieren und Wissen zu bewerten.

Literatur: *Achtenhagen, F. et al.*: Mehrdimensionale Lehr-Lern-Arrangements: Innovationen in der kaufmännischen Aus- und Weiterbildung, Wiesbaden 1992. *Anderson, L. et al.*: A Taxonomy of Learning, Teaching and Assessing. A Revision of Bloom's Taxonomy of Educational Objectives, New York 2001. *Baumgartner, P.; Payr, S.*: Lernen mit Software, Innsbruck 1994. *Yass, M.*: Entwicklung multimedialer Anwendungen, Heidelberg 2000. *Weidemann, B.; Krapp, A.*: Pädagogische Psychologie, Weinheim 1994.

Oliver Kamin

Kohäsion →Gruppenkohäsion, →Teamgeist

Kollegenbeurteilung →Gleichgestelltenbeurteilung

Kollektivarbeitsrecht

Rechtsbeziehungen zwischen einem oder mehreren →Arbeitgebern und den →Arbeitnehmern insgesamt, deren Repräsentationsorganen oder Verbänden.

Zum Kollektivarbeitsrecht zählen insbesondere das Betriebsverfassungs- und das →Tarifrecht. Gegenbegriff ist das →Individualarbeitsrecht.

Friedrich Meyer

Kollektivismus

→Kulturdimension nach *Hofstede* (2001), welche die Gesellschaften, in denen das Interesse der →Gruppe dem des Individuums übergeordnet ist, beschreibt.

Kollektivismus repräsentiert das Gegenteil von →Individualismus. Der einzelne Mensch ist von Geburt an in starke, geschlossene Wir-Gruppen integriert, die ihn ein Leben lang schützen und dafür bedingungslose Loyalität verlangen. Gesellschaften mit kollektivistischer Wertorientierung (→Normen und Werte) finden sich nach *Hofstede* (2001) vor allem in Asien und Südamerika.

Auf das →*Personalmanagement* bezogen bedeutet die kollektivistische Wertorientierung, dass die Beziehung zwischen →Arbeitgeber und →Arbeitnehmer vor allem an moralischen Maßstäben gemessen wird, ähnlich einer familiären Bindung. Im Arbeitsprozess hat die Beziehung Vorrang vor der Aufgabe. Es herrscht eine hohe Loyalität gegenüber der Gruppe, der Abteilung und dem Unternehmen. Teamprämien dominieren gegenüber personenbezogenen individuellen Entlohnungssystemen.

Um keine monokausalen oder stereotypen Rückschlüsse auf bestimmte Gesellschaften oder deren Angehörige zu ziehen, darf eine kulturelle Dimension nicht isoliert betrachtet werden, sondern immer in Verbindung mit weiteren.

Literatur: *Hofstede, G.*: Culture's Consequences. Comparing Values, Behaviors, Institutions and Organizations across Nations, 2. Aufl., Thousand Oaks etc. 2001. *Triandis, H.C.*: Individualism and Collectivism, Boulder, 1995.

Christoph I. Barmeyer

Komitee(-prinzip)

vorübergehende organisatorische Einheit von Personen verschiedener Unternehmensbereiche, die als Handlungsträger oder auch Projektgruppe für die Übernahme von Sonderaufgaben (z. B. Beratung, Entscheidung, →Information) zuständig sind.

Die Komiteemitglieder verbringen nur einen Teil ihrer →Arbeitszeit mit dieser Aufgabe. In Abhängigkeit von der jeweiligen Aufgabe werden dem Komitee zur Aufgabenerfüllung verschiedene →Kompetenzen übertragen. Komitees dienen dem Informationsaustausch und erleichtern somit die →Koordination von Teilaufgaben, indem sie die Spezialkenntnisse der Mitglieder nutzen. Die Ausgestaltung richtet sich nach der Zeitdauer (befristete, unbefristete Komitees) und nach den jeweiligen Kompetenzen beziehungsweise Aufgaben (Informations-, Beratungs-, Entscheidungskomitee).

Literatur: *Scholz, C.*: Personalmanagement, 5. Aufl., München 2000, S. 729.

Silvia Föhr

Kommunikation

Austausch von →Informationen zwischen Mitgliedern eines Beziehungssystems.

Gegenüber der *technischen Kommunikation*, mit der die Nachrichtenübermittlung von einem Sender über einen Kanal zu einem Empfänger gemeint ist, besteht die *soziale Kommunikation* im Austausch von Mitteilungen, Gedanken und Gefühlen (→Emotionalität) zwischen Menschen. Zudem kommunizieren Menschen im Gegensatz zu Maschinen nicht nur, um etwas auszutauschen, sondern auch um Schweigen zu vermeiden. Der Unterschied zwischen technischer und sozialer Kommunikation lässt sich am *Vierseitenmodell* der Kommunikation von *Schulz von Thun* (1981) verdeutlichen (Abbildung 1). Neben der „Sachebene" (Worüber soll informiert werden?), die auch Gegenstand der technischen Kommunikation ist, umfasst die soziale Kommunikation in den meisten Fällen auch eine Ebene der „Selbstoffenbarung" (Was gibt der Sender von sich preis?), eine der „Beziehung" (In welchem Verhältnis stehen Sender und Empfänger zueinander?) und eine des „Appells" (Welche Absicht verfolgt der Sender?). Sprache ist das vorherrschende Medium sozialer Kommunikation. Dabei ist jedoch nicht zu übersehen, dass über Zeit (jemanden warten lassen), Raum (Sitzen auf der anderen Seite des Tischs), Gegenstände (Kleidung) und den Körper (Gestik, Mimik) stets auch nonverbal kommuniziert wird.

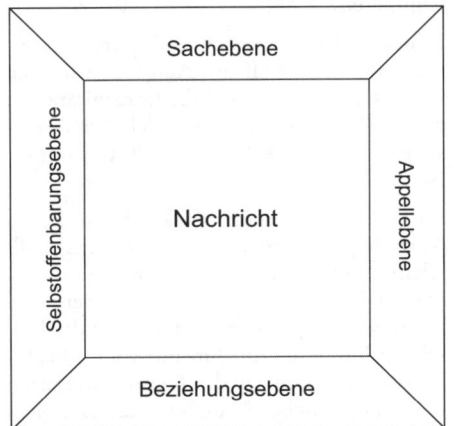

Abbildung 1: 4 Seiten Modell
(Schultz von Thun/Ruppel/Stratmann 2006)

Selbst wenn das technische Modell der Kommunikation von *Shannon* und *Weaver* (1949) nur einen Teil der zwischenmenschlichen Kommunikation erfasst, lassen sich mit seiner Hilfe häufig auftretende *Kommunikationsprobleme* analysieren. Wenn der Sender sich über den wahren Inhalt seiner Botschaft nicht im klaren ist oder den Empfänger darüber im unklaren lassen möchte, ist die →Information von Anfang an unpräzise und schwer einzuordnen. Bei der Codierung der Nachricht in Sprache und Symbole verwendet der Sender unter Umständen ein anderes, auch kulturell beeinflusstes Bezugssystem als der Empfänger, so dass Teile der Nachricht nicht verstanden und andere Teile hinzuinterpretiert werden. Widersprüchliche Informationen auf unterschiedlichen Kanälen (z. B. flammende Rede, gehalten mit hängenden Schultern) sorgen beim Empfänger für weitere Unsicherheit bei der Decodierung. Auf dem Übertragungskanal zwischen Sender und Empfänger können schließlich starke Störungen dazu führen, dass die Nachricht für den Empfänger unverständlich wird. Um solche Kommunikationsprobleme zu lösen oder zu lindern, ist direktes →Feedback ein probates Mittel. Mit Feedback kann zum einen der Kommunikationsinhalt bestätigt und zum anderen die Kommunikation an den entscheidenden Stellen verbessert werden.

In →Gruppen treten verschiedene Arten von Kommunikationsstrukturen auf. Für die Formen *Stern* (zentraler Kommunikator in der Mitte) und *Vollstruktur* (jeder kommuniziert mit jedem) konnte *Baumgarten* (1976) nach Laborexperimenten erste Effizienzaussagen in Bezug auf den →Führungsstil treffen. Ein aufgabenbezogener, kontrollorientierter Führungsstil ist bei Routineaufgaben in Verbindung mit der Sternstruktur mit hoher Gruppenleistung verbunden, während ein mitwirkungsorientierter Führungsstil bei komplexen Aufgaben und kommunikativer Vollstruktur die höchste Leistung ermöglicht.

Literatur: *Baumgarten, R.*: Führungsstile und Führungstechniken, Berlin 1976. *Schulz von Thun, F.; Ruppel, J.; Stratmann, R.*: Miteinander reden, Bd. 3, 5. Aufl., Reinbek 2006. *Shannon, C. E.; Weaver, W.*: The Mathematical Theory of Communication, Urbana 1949. *Staehle, W. H.*: Management, 8. Aufl., München 1999.

Jan Hendrik Fisch

Kommunikations- und Rollenspiele

dienen in Unternehmen im Rahmen von Gruppentrainings (→Spielen im Arbeitskontext) dazu, den Teilnehmenden →Kompetenzen in der Rollenanalyse (→Rolle), im rollenadäquaten Verhalten (→Behaviorismus) und in der zwischenmenschlichen →Kommunikation zu vermitteln.

Kommunikations- und Rollenspiele umfassen gemäß *Frör* (1987) fünf Bereiche:

1. *Metakommunikation*: Der vom sonstigen Arbeitsgeschehen getrennte Spielprozess eignet sich dazu, im Zuge einer Spielauswertung Gegenstand des Gruppengesprächs über die eigene Gruppenkommunikation und das Gruppenverhalten (→Risikoschub) zu werden.
2. *Mitteilungsebenen*: Zum Austausch von Sach- und Beziehungsinhalten werden nicht nur Worte, sondern auch nonverbale Kommunikationsmittel wie etwa die Körpersprache eingesetzt, deren bewusste Wahrnehmung und gezielter Einsatz durch Spiele geübt werden können.
3. *Regeln*: Bewusste und unbewusste Kommunikationsregeln, die ein gemeinsames Arbeiten erleichtern oder erschweren können, lassen sich in Spielen in ihrer Variationsbreite identifizieren, erweitern und optimieren.
4. *Taktik*: In der Arbeit von →Gruppen bedienen sich die Gruppenmitglieder jeweils der in der Gruppe vorhandenen Kompetenzen, Rollencharakteristika und Restriktionen, um ihre Ziele zu erreichen; in Kommunikations- und Rollenspielen findet eine Ausrichtung dieser Individualtaktiken auf den Gesamtnutzen der Gruppe statt.
5. *Verständigung*: In Kommunikations- und Rollenspielen können Phänomene aus dem Arbeitskontext thematisiert werden, die von Gruppen in ihren Zusammenhängen und →Interdependenzen verstanden werden sollen.

Beabsichtigt ist in Kommunikations- und Rollenspielen eine Verhaltensänderung der Teilnehmenden, die sich auf intellektuelle und emotionale Aspekte bezieht und die letztlich in der Stärkung individueller „social skills" resultiert, von denen man erwartet, dass sie sich auch in der Verbesserung von Teamarbeitssituationen niederschlagen. Durch die modellhafte Verfremdung des Arbeitskontextes im Rahmen des Kommunikations- und Rollenspiels wird es möglich, dass die Teilnehmenden mit einer gewissen Distanz einige Aspekte ihres Verhaltens im Unternehmenskontext deutlicher wahrnehmen, die sie sonst übersehen hätten.

Literatur: *Frör, H.*: Spiel und Wechselspiel. Kommunikationsspiele für Gruppen, 5. Aufl., München 1987.

Volker Stein

Kompensation

Gegenleistung für den erbrachten Arbeitseinsatz eines Mitarbeiters zur Erfüllung der betrieblichen Gesamtaufgabe.

Kompensation kann als Leistungsausgleich zwischen →Organisation und Mitarbeiter gesehen werden und schließt die Gestaltung von Lohnsystemen ebenso wie die daraus resultierenden Reaktionsweisen des →Arbeitnehmers, seiner Leistung und seines Engagements ein. Für eine anreizkompatible Kompensation sind Fairnesskriterien zu beachten, die sich sowohl auf die *intrapersonelle* wie auch auf die *interpersonelle* Dimension beziehen. Erstere hat zum Ziel, einen Mitarbeiter so zu entlohnen, dass er sich für die geleistete →Arbeit entsprechend entgolten fühlt. In der zweiten Sicht, der intrapersonellen Fairness, geht es darum, dass für gleichwertige Arbeit eine gleiche Entlohnung gilt und Leistungsunterschiede angemessen durch Entgeltunterschiede abgebildet werden (→Entgeltgerechtigkeit).

Literatur: *Weber, W.; Mayrhofer, W.; Nienhüser, W.*: Grundbegriffe der Personalwirtschaft, Stuttgart 1993, S. 148.

Silvia Föhr

Kompetenz

Fähigkeit, in ungewissen und komplexen Situationen und bei offenen Aufgabenstellungen in prozessorientierten Arbeitsorganisationen durch selbstorganisiertes Handeln Problemlösungen zu entwickeln sowie selbstorganisiert Neues hervorzubringen.

Mit der Veränderung in den betrieblichen Wertschöpfungsprozessen (→Wissensgesellschaft, →Wissensintensive Organisationen) hin zu kundenzentrierten innovativen Problemlösungsangeboten verlagert sich das Forschungsinteresse zunehmend vom Qualifikationskonzept hin zu den selbstorganisierten und schöpferischen Handlungsdispositionen, die in der Kompetenzdiskussion im Zentrum der Betrachtung stehen. Im Gegensatz zu →Qualifikationen impliziert der Kompetenzbegriff die situationsübergreifende Handlungs- und Problemlösungsfähigkeit, die für unterschiedliche Betrachtungsebenen ausdifferenziert werden kann.

Abbildung 1: Kompetenz – Ein Mehrebenenphänomen (*Pawlowsky/Menzel/Wilkens* 2005, S. 343)

Analyseebene	Grundverständnis	Erfolgskriterien	Disziplin/Ansatz
Netzwerk	4. Netzwerkkompetenz a) kooperationsspezifische Fähigkeiten der Wertgenerierung b) Netzwerkbildung c) Netzwerkmanagement und -qualifikation	Handlungs- und Wettbewerbsfähigkeit, Innovationsfähigkeit, Mitgliedschaft, Koevolution	Wettbewerbstheorie, beziehungsorientierter Ansatz
Organisation	3. Organisationskompetenz a) spezifische Ressourcenbündel, dynamische Fähigkeiten zur Sicherung von Wettbewerbsvorteilen b) immaterielle Ressourcen, insbesondere Wissenskapital	Handlungs- und Wettbewerbsfähigkeit, ökonomische Rente, Wertschöpfungsbeiträge, Prozessoptimierung	Wettbewerbstheorie, ressourcenorientierter Ansatz
Gruppe	2. Gruppenkompetenz a) interaktionsgebundene Handlungsfähigkeit b) Fach-, Methoden-, Sozial- und Selbstkompetenz von Gruppen c) vom Individuum wahrgenommene Handlungsfähigkeit der Gruppe	Handlungs- und Selbststeuerungsfähigkeit von Gruppen, Lern- und Entwicklungsprozess der Gruppe	Sozialpsychologie, Gruppensoziologie
Individuum	1. Individuelle Kompetenz a) situationsunabhängige Handlungsfähigkeit, Selbstwirksamkeit b) Fach-, Methoden-, Sozial- und Selbstkompetenz c) Qualifikation	Selbstwirksamkeitswahrnehmung, Handlungsfähigkeit, individueller Berufserfolg, Eignungsgrad und zukünftige Anforderungsbewältigung	Pädagogik, Individualpsychologie

In der Kompetenzforschung (*Erpenbeck* und *von Rosenstiel* 2003, *Schreyögg* und *Conrad* 2006) trifft man auf eine Vielzahl von Begriffsdefinitionen, die sich wiederum auf unterschiedliche →Kompetenzebenen – Individuum, →Gruppe, →Organisation, Netzwerk – beziehen. Diese Unterschiede resultieren nicht zuletzt daraus, dass sich unterschiedliche Wissenschaftsdisziplinen mit den einzelnen Kompetenzebenen auseinandersetzen. Es gilt nunmehr, in Ergänzung zur vorangestellten allgemeinen Begriffsdefinition das Verständnis von Kompetenz für die einzelnen Analyseebenen unter Bezug auf die jeweiligen Wissenschaftsdisziplinen weiter zu differenzieren und die dabei angenommenen Erfolgswirkungen von Kompetenz zu spezifizieren. Die Mehrebenenbetrachtung von Kompetenz wird in Abbildung 1 zusammengefasst.

Ihre Wurzeln hat die Kompetenzforschung in der Individualpsychologie und Pädagogik. Damit hat sie sich zunächst auf die *Individuumsebene* konzentriert und ist für diese Analyseeinheit am weitesten ausdifferenziert. Hier stellt der Kompetenzbegriff auf die Handlungs- und Problemlösungsfähigkeit des Individuums ab, wobei folgende unterschiedliche Lesarten erkennbar sind.

Der ersten Lesart folgend, lässt sich Kompetenz mit *Baitsch* (1996a) als das System der innerpsychischen Voraussetzung, das sich in der →Qualität der sichtbaren Handlung niederschlägt und diese reguliert, definieren. Kompetenz verleiht dem Individuum dispositive Fähigkeiten. Ähnlich wird Kompetenz in der →sozial-kognitiven Theorie von *Bandura* (1986) als die subjektive Überzeugung eines Individuums, eine bestimmte Handlung ausüben zu können, verstanden (auch: Selbstwirksamkeit, Self-Efficacy genannt). Hinter dieser Überzeugung steht die Bereitschaft zum →Lernen und zur →Selbstentwicklung. Sie setzt Offenheit und Selbstreflexionsbereitschaft sowie Belastbarkeit und →Flexibilität voraus. Diese Überzeugung beeinflusst unabhängig von der konkreten Handlungssituation den Handlungserfolg. Kompetenz wird als ein Merkmal der Persönlichkeit betrachtet. *Baitsch* (1996a) schlussfolgert daraus, dass sich Kompetenz einem interpersonellen Vergleich entzieht und sich ausschließlich individuell bestimmen lässt (→Kompetenzmessung).

Bei einer zweiten Herangehensweise an den Kompetenzbegriff – zur Übersicht sei beispielsweise auf *Erpenbeck* und *Heyse* (1996) verwiesen – trifft man auf ein Kategorisierungsschema nach →Fach-, Methoden-, Sozial- und Selbstkompetenz. Dabei richtet sich die *Fachkompetenz* nach dem jeweiligen Arbeitsfeld. Unter *Methodenkompetenz* versteht man analytisches, strukturiertes Denken, das Erkennen von Zusammenhängen sowie →Kreativität und →Innovationsfähigkeit. Zur *Sozialkompetenz* zählt man Interaktionsfähigkeiten wie Team-, Kooperations- und Kommunikationsfähigkeit, Konfliktlösungs- und Verständigungsbereitschaft. Die in diesem Klassifikationsschema zu findende *Selbstkompetenz* wird auch als Persönlichkeitskompetenz bezeichnet. Sie entspricht weitestgehend den Handlungs- und Dispositionsfähigkeiten der erstgenannten Begriffsfassung. Gleichwohl ist an dieser Begriffsbestimmung eine Einengung gegenüber der ersten Begriffsvariante zu sehen, da tendenziell eine Abkehr von Persönlichkeitsdispositionen und eine Hinwendung zu externen Anforderungskriterien damit einhergehen.

Besonders ausgeprägt ist diese Tendenz in der dritten Leseart von Kompetenz, welche sich nur noch bedingt in eine Kompetenzanalyse integrieren lässt. Hier wird Kompetenz in engem Zusammenhang mit der Qualifikation, zumindest aber externen Strukturkomponenten von Organisationen gesehen, die aus dem ersten Definitionsansatz bewusst ausgenommen wurden. Die →Anforderungen des Arbeitsplatzes bilden den Ausgangspunkt, in dessen Abhängigkeit das individuelle Vermögen der Aufgabenbewältigung bestimmt wird (Qualifikation). Qualifikation lässt sich mit dem Erfüllungsgrad hinsichtlich zuvor definierter Anforderungen konkretisieren. Der Erfolg zeigt sich in der Schließung der Deckungslücke zwischen →Arbeitsanforderungen und Arbeitsvermögen. Nur ergänzend kommen übergreifende Regulationsfähigkeiten unter der Perspektive der Schlüsselqualifikation hinzu. Diesem Ansatz ist insofern Aufmerksamkeit zu schenken, als dass in der betrieblichen Praxis Kompetenz häufig mit →Eignung gleichgesetzt wird, wie sich insbesondere an dort eingesetzten Kompetenzmessinstrumenten zeigt.

Kompetenz auf der *Gruppenebene* wird vor allem im Rahmen der Sozialpsychologie und der Gruppensoziologie behandelt. So gibt es seit den 1950er Jahren im Rahmen der sozialpsychologischen Gruppenforschung Versuche, Gruppenkompetenzen im Sinne von Interaktionen zu erfassen. Maßgeblich sind hierfür die Arbeiten von *Bales* (1999).

Nach *Baitsch* (1996b) werden Kompetenzen von Gruppen aus Handlungen erschlossen, die einzelne Personen nicht hervorbringen könnten, weil sie an die unmittelbare →Interaktion gebunden sind. Gruppenkompetenz kann mithin nicht über die Summe individueller Kompetenzen bestimmt werden, sondern es geht um die Qualität der sozialen Handlung als Ganzes. Kompetenz von Gruppen entspricht, so *Baitsch* (1996b), der Qualität des Verlaufs der Steuerung von Gruppenprozessen. Diese Qualität kann sich beispielsweise in der Selbstorganisationsfähigkeit von Gruppen, dem Lernen auf höherem Niveau oder der individuellen Kompetenzentwicklung (→Kompetenzmanagement) durch Ausweitung des Lernfeldes zeigen.

In anderen Ausführungen zur Gruppenkompetenz fällt die Konzentration auf die Gruppenebene weniger eindeutig aus, da der Begriff in einen engen Zusammenhang zur individuellen Kompetenz gestellt wird. *Bandura* (2000) beschreibt das Konstrukt der kollektiven Kompetenz durch die Wahrnehmung des Individuums, in der Gruppe wirksam werden zu können und durch die Wahrnehmung des Individuums hinsichtlich der Wirksamkeit der Gruppe als Ganzes. Die kollektive Konstruktion der Gruppe hinsichtlich ihrer Wirksamkeit wird dabei nicht unabhängig vom Individuum erfasst. Ähnliches zeigt sich auch in Ansätzen, in denen in unmittelbarer Analogie zur Individuumsebene die Fach-, Methoden-, Sozial- und Selbstkompetenz von Gruppenmitgliedern hervorgehoben und nicht unabhängig vom individuellen Handlungsvermögen erfasst werden.

Es gibt damit Begriffsfassungen zur Gruppenkompetenz, die die rein interaktionsgebundene Kompetenz adressieren und sich vom Individuum weniger lösende Begriffsfassungen in Operationalisierungsansätzen, die für die Praxis derzeit die größere Rolle spielen. In den angenommenen Erfolgskriterien unterscheiden sich die Zugänge indes nicht.

Die auf der *Organisationsebene* angesiedelte Kompetenzforschung ist in der Organisations-, insbesondere der Wettbewerbstheorie beheimatet. Organisationale Kompetenz beschreibt die Handlungsfähigkeit des Unternehmens, sich nachhaltige Wettbewerbsvorteile zu sichern. Es geht um die Frage, ob und inwieweit ein Unternehmen imstande ist, Handlungspotenzial aufgrund von Ressourcen zu aktivieren und wirkungsvoll zu nutzen. Diese Frage ergibt sich aus dem ressourcenorientierten Ansatz (→Resource Based View), der zum Kernkompetenzansatz (→Kernkompetenz) weiterentwickelt wurde. Darin wird die wettbewerbsvorteilssichernde Bedeutung von organisationsspezifischen Ressourcenkombinationen besonders deutlich. Kernkompetenzen sind spezifische Ressourcenbündel, die in der Wahrnehmung des Kunden einen überdurchschnittlichen Nutzen stiften. In Erweiterung dieser Überlegungen macht der Dynamic Capability Approach darauf aufmerksam, dass es bei der Sicherung der organisationalen Handlungsfähigkeit mehr noch um die organisationale Erneuerungsfähigkeit vor dem Hintergrund sich rasch wandelnder Umfeldanforderungen geht. Als Zusammenführung dieser Überlegungen versteht man heute unter Kernkompetenzen sowohl die organisationsinternen Prozesse der Bündelung von Ressourcen als auch die Erneuerungsprozesse der Ressourcenkombinationen.

Neben der wettbewerbstheoretisch fundierten Definition von Organisationskompetenz trifft man auch auf weniger streng theoretisch hergeleitete Begriffsfassungen, die allerdings eine Verwandtschaft zur genannten Basistheorie für Organisationskompetenz erkennen lassen. So wird unter Organisationskompetenz ganz allgemein ein Teil der immateriellen Ressourcen eines Unternehmens verstanden (→ Organisationskapital).

Aufgrund von Zuschreibungsproblemen bei der Betrachtung allgemeiner ökonomischer Renten, hat man sich mittlerweile darauf verständigt, dass sich der Erfolg von Organisationskompetenz in der Qualität und Effektivität von Organisationsprozessen, die unmittelbar dadurch berührt werden, zeigt.

Netzwerke sind eine Repräsentationsform von Organisationen (→ Netzwerkhandeln). Folglich bedarf es keiner Betrachtung der *Netzwerkebene* in Abgrenzung zur Organisationsebene. Eine gesonderte Auseinandersetzung mit dem Begriff der Netzwerkkompetenz wird vielmehr dadurch gerechtfertigt, dass es sich bei Netzwerken um einen sehr bedeutsamen Spezialfall von Organisation handelt.

Der Begriff der Netzwerkkompetenz ist theoretisch im beziehungsorientierten Ansatz, einem Derivat des ressourcenorientierten Ansatzes, verankert. Der beziehungsorientierte Ansatz verweist auf die wettbewerbsvorteilssichernde Bedeutung netzwerkspezifischer Aktivitäten und Eigenschaften, wie zum Beispiel Wissensteilung, Ressourcenkomplementarität oder → Vertrauen zwischen den Netzwerkpartnern. Dabei wird auf netzwerkspezifische Imitationsbarrieren hingewiesen, die sich aus der Knappheit der Partner für die spezifische Interaktion, sowie der sozialen → Komplexität und kausalen Ambiguität ergeben, die sich hinter der Entstehung spezifischer Synergien zwischen Netzwerkpartnern verbergen. Aus dem Interaktionsgeschehen zwischen den Netzwerkpartnern ergibt sich eine Handlungsfähigkeit, die unmittelbar an den Interaktionsprozess, insbesondere die Verständigung und gemeinsame Zielwahrnehmung der Akteure, geknüpft ist. Netzwerkkompetenz sieht man als Basis, um über interorganisationale Beziehungen zur Wertschaffung und Wertaneignung zu gelangen. Das Beziehungssystem sichert die Kombination von Wissensbeständen oder erlaubt die Nutzung komplementärer Ressourcen.

Die Netzwerkkompetenz liegt verwandten Definitionen zufolge im sozialen Kapital begründet, welches sich sowohl als Medium verstehen lässt, über das Handlungsspielräume erweitert werden, als auch als Beziehungssystem, welches für sich genommen bereits einen spezifischen Nutzen stiftet.

Die Erfolgswirkung von Netzwerkkompetenz zeigt sich neben der Innovationsfähigkeit, die durch das Beziehungssystem begründet wird, auch in der Mitgliedschaft an sich und in der gemeinsamen und wechselseitigen Entwicklung der Netzwerkpartner.

Ähnlich wie man auf den vorgenannten Analyseebenen immer auch Definitionen angetroffen hat, die weniger konsequent die Spezifika der untersuchten Ebene im Visier hatten, trifft man auch auf der Netzwerkebene auf allgemeine Begriffsfassungen. So werden unter Netzwerkkompetenz auch die organisationalen Fähigkeiten und Voraussetzungen verstanden, in einem Netzwerk als Partner zu agieren. Dies ließe sich dann analog für Individuen und Gruppen definieren, die ebenfalls in Netzwerken eingebunden sind.

Neuere Bestrebungen gehen dahin, Kompetenzdimensionen zu identifizieren, die unabhängig von der Betrachtungsebene Gültigkeit beanspruchen können. Nach *Wilkens, Keller* und *Schmette* (2006) sind dies die Dimensionen Komplexitätsbewältigung, → Selbstreflexion, Kombination und → Kooperation.

Literatur: *Baitsch, C.*: Lernen im Prozess der Arbeit – Ein psychologischer Blick auf den Kompetenzbegriff, in: QUEM-BULLETIN, o. Jg. (1996a), H. 1, S. 6–8.

Baitsch, C.: Kompetenz von Individuen, Gruppen und Organisationen – Psychologische Überlegungen zu einem Analyse- und Bewertungskonzept, in: *Denisow, K.; Fricke, W.; Stieler-Lorenz, B.* (Hrsg.): Partizipation und Produktivität – Zukunft der Arbeit 5, Bonn 1996b. *Bales, R. F.*: Social Interaction Systems, New Brunswick 1999. *Bandura, A.*: Social Foundations of Thought and Action, Englewood Cliffs 1986. *Bandura, A.*: Exercise of Human Agency Through Collective Efficacy, in: Current Directions in Psychological Science, 9. Jg. (2000), H. 3, S. 75–78. *Erpenbeck, J.; Heyse, V.*: Berufliche Weiterbildung und berufliche Kompetenzentwicklung, in: QUEM (Hrsg.): Kompetenzentwicklung 1996 – Strukturwandel und Trends in der betrieblichen Weiterbildung, Münster 1996, S. 15–152. *Erpenbeck, J.; von Rosenstiel, L.*: Handbuch Kompetenzmessung – Erkennen, verstehen und bewerten von Kompetenzen in der betrieblichen, pädagogischen und psychologischen Praxis, Stuttgart 2003. *Pawlowsky, P.; Menzel, D.; Wilkens, U.*: Wissens- und Kompetenzerfassung in Organisationen, in: *Sonntag, K.-H. et al.*: Kompetenzmessung in Unternehmen, Münster 2005, S. 343–453. *Schreyögg, G.; Conrad, P.* (Hrsg.): Management von Kompetenz, Managementforschung, Bd. 16, Wiesbaden 2006. *Wilkens, U.; Keller, H.; Schmette, M.*: Wirkungsbeziehungen zwischen Strukturebenen der Kompetenz. Theoriezugänge und Modellbildung, in: *Schreyögg, G.; Conrad, P.* (Hrsg.): Management von Kompetenz, Managementforschung, Bd. 16, Wiesbaden 2006, S. 121–161.

Uta Wilkens

Kompetenz-Controlling

auf der Basis des ermittelten Ist-Zustandes durchgeführte Maßnahmen mit der Zielsetzung die vorhandenen →Qualifikationen der Mitarbeiter durch das Aufzeigen von Verbesserungspotenzialen bedarfsgerecht zu gestalten beziehungsweise zu einem vordefinierten Soll-Zustand zu erweitern.

Neben Kenntnissen, Fertigkeiten und Fähigkeiten umfassen Kompetenzen auch die Bereitschaft zum Handeln in korrekter Art und Weise. Zusätzlich können hierunter im betrieblichen Kontext auch Zuständigkeiten und Persönlichkeitseigenschaften gefasst werden, um die →Handlungsfähigkeit eines Mitarbeiters für einen bestimmten Bereich im Unternehmen zu beschreiben. Das Kompetenz- beziehungsweise Skill-Management soll nach *North* (2003) die vorhandenen Mitarbeiterkompetenzen beschreiben mit dem Ziel, sie aussagekräftig zu quantifizieren und bewerten zu können. Dies ist erforderlich, um gegebenenfalls Maßnahmen zur Kompetenzweiterentwicklung anzustoßen. Darüber hinaus kann Kompetenz-Controlling etabliert werden.

Das →Kompetenzmanagement hat zusätzlich dafür zu sorgen, dass die Nutzung und Entwicklung der Kompetenzen des Mitarbeiters nicht nur an den Unternehmenszielen ausgerichtet ist, sondern auch die persönlichen Interessen des Mitarbeiters berücksichtigt. Demnach geht das Kompetenzmanagement über das traditionelle Verständnis der betrieblichen Aus- und Weiterbildung hinaus. Zusätzlich werden hier →Lernen, →Selbstorganisation sowie Nutzung und Vermarktung der Kompetenzen integriert.

Personalplaner und →Führungskräfte im Unternehmen müssen ständig einen Überblick über die Kompetenzen ihrer Mitarbeiter haben, um anfallende Aufgaben beziehungsweise zu besetzende Stellen mit Personal optimal zu bestücken. Hierfür werden →Daten zur Entscheidungsfindung benötigt, die zuvor im Rahmen des Kompetenz-Controllings gesammelt und ausgewertet wurden. Beim Kompetenz-Controlling werden im Idealfall sämtliche Fähigkeiten des (potenziellen) Mitarbeiters, die für die Erbringung der gewünschten →Qualität bei der Lösung beziehungsweise Verrichtung bestimmter Aufgaben erforderlich sind, überwacht und untersucht. Bei der Überwachung steht das Beobachten des (korrekten) Handelns des Mitarbeiters während der Erledigung der Aufgabenstellung im Vordergrund. Gleichzeitig wird nach *Kailer* (2006) eruiert, inwiefern beziehungsweise in welchem Umfang gegebenenfalls zuvor durch (betriebliche) Aus-, Fort- und Weiterbildungsmaßnahmen erworbene Kompetenzen dazu beigetragen haben.

Literatur: *Kailer, N.*: Management und Entwicklung der Kompetenzressourcen im Unternehmen: Problemfelder und Entwicklungsperspektiven, in: WING-business, 39. Jg., (2006), H. 1, S. 4–8. *North, K.*: Das Kompetenzrad, in: *Erpenbeck, J.; von Rosenstiel, L.* (Hrsg.): Handbuch Kompetenzmessung – Erkennen, verstehen und bewerten von Kompetenzen in der betrieblichen, pädagogischen und psychologischen Praxis, Stuttgart 2003, S. 200–211.

Oliver Kamin

Kompetenzdiagnostik

→Identifikation von →Kompetenzen unter Zugrundelegung von Ansätzen der →Kompetenzmessung, zumeist im Bezug auf eine kollektive Analyseebene.

In dem Begriff der Diagnostik kommt stärker als in dem Begriff des Messens zum Ausdruck, dass die Operationalisierung dieser Kompetenzen schwierig ist. So verweist der ressourcenorientierte Ansatz (→Resource Based View) auf die soziale →Komplexität und kausale Ambiguität der Entstehung von Kernkompetenzen mit hohem Imitationsschutz. Dementsprechend stellt sich die Frage, ob durch eine gute Diagnose Prozesse der Entstehung von →Kernkompetenzen in der Weise aufgedeckt werden, dass der Imitationsschutz und damit die →Nachhaltigkeit bei der Sicherung von Wettbewerbsvorteilen verloren gehen. Vor diesem Hintergrund ist vor allem auf die Konzepte der Kompetenzmessung von *Boisot* (1995) sowie *Pawlowsky, Menzel* und *Wilkens* (2005) hinzuweisen, die sich auf mentale Modelle beziehungsweise subjektive Schemata von Kernkompetenzen konzentrieren. Dadurch wird eine Identifikation möglich ohne den Imitationsschutz dieser Kompetenzen zu zerstören. Andere Verfahren konzentrieren sich auf eine expertenbasierte Benennung von Kernkompetenzen – ein Zugang, der außerhalb der Basisannahmen des ressourcenorientierten Ansatzes liegt.

Mit Blick auf die Individuumsebene spricht man eher von Potenzial- als von Kompetenzdiagnostik. Potenzial beschreibt die Entwicklungsfähigkeit eines Subjektes, weitere Handlungsoptionen hervor zu bringen. Ein darauf gerichteter Messansatz wurde von *Erpenbeck* und *Heyse* (1999) mit der Kompetenzbiographie entwickelt, die unter dem Stichwort Kompetenzmessung skizziert wird. Dort werden auch auf die Gruppenebene gerichtete Ansätze vorgestellt.

In der betrieblichen Praxis finden Verfahren der Organisationsdiagnostik bislang kaum Anwendung. Einfache Expertenbefragungen werden Belegschaftsbefragungen vorgezogen, auch wenn letztere theoretisch besser abgesichert werden können. Für Individuen und →Gruppen sind Diagnostiken verbreiteter.

Literatur: *Boisot, M. H.*: Information Space: A Framework for Learning Organizations, Institutions and Culture, London 1995. *Erpenbeck, J.*; *Heyse, V.*: Die Kompetenzbiographie-Strategien der Kompetenzentwicklung durch selbstorganisiertes Lernen und multimediale Kommunikation, Münster 1999. *Pawlowsky, P.*; *Menzel, D.*; *Wilkens, U.*: Wissens- und Kompetenzerfassung in Organisationen, in: *Sonntag, K. H. et al.* (Hrsg.): Kompetenzmessung in Unternehmen, Münster 2005.

Uta Wilkens

Kompetenzebenen

Strukturelle Einheit der Kompetenzbetrachtung.

Der Kompetenzbegriff lässt sich für die Individuums-, die Gruppen-, die Organisations- und die Netzwerkebene spezifizieren (zur ausführlichen Darstellung →Kompetenz). Die Ansätze und Zugänge zur jeweiligen Analyseebene differieren, was auf die unterschiedlichen Wissenschaftsdisziplinen zurückzuführen sein dürfte, die sich der jeweiligen Ebene mit unterschiedlichem Gewicht zuwenden. In der Folge fehlt es insbesondere an ebenenübergreifenden Messkonzepten (→Kompetenzmessung), durch die sich beispielsweise der Erfolg von Maßnahmen des →Kompetenzmanagements überprüfen ließe.

Uta Wilkens

Kompetenzmanagement

Maßnahmen, die auf die Nutzung und Entwicklung von →Kompetenzen gerichtet sind.

Wesentliche Ansatzpunkte der Kompetenzentwicklung auf den Ebenen des Individuums und der →Gruppe sind die →Personalentwicklung und die →betriebliche Weiterbildung; auf der Organisationsebene dient ein betriebliches →Wissensmanagement der Kompetenzentwicklung. Insgesamt geht sie aber über diese Maßnahmen hinaus, da es bei →Kompetenz nicht nur um die anforderungs- und kontextbezogene, sondern gerade auch um die kontextübergreifende →Handlungsfähigkeit geht. Vor diesem Hintergrund lassen sich die im Zusammenhang mit der →sozial-kognitiven Theorie von *Bandura* (1997) aufgezeigten Ansatzpunkte zur Entwicklung individueller und kollektiver Kompetenzen als wichtige Erweiterung zu den genannten Gestaltungsfeldern verstehen. Zur Kompetenzentwicklung gehört demzufolge auch der Aufbau von Bewältigungserfahrung durch Zielsysteme (→Management by Objectives), sowie →Feedback und Experimentierflächen zur Erprobung neuer Handlungsalternativen. Ebenso sind die Erfahrungsaustausch und Mentoring-Konzepte (→Mentoring) in diesem Zusammenhang zu nennen. Selbstorganisationsdispositionen können überdies durch →Zeitmanagement und Instrumente der Konfliktbewältigung gestärkt werden.

Eine weitere Herangehensweise an die Kompetenzentwicklung kann darin gesehen werden, dass die Kompetenzfelder, die einen besonders starken Zusammenhang zu Erfolgsgrößen erkennen lassen, entsprechend gestärkt werden. *Frieling et al.* (2000) stellen daher bei der Entwicklung von Gruppenkompetenz auf die Stärkung von →Fachkompetenz ab, da diese ihren Untersuchungsergebnissen zufolge die stärksten Zusammenhänge zur Problemlösungsfähigkeit von Gruppen und →Flexibilität von →Organisationen aufweist. In der Konsequenz ist der Beitrag der betrieblichen Weiterbildung zur Kompetenzentwicklung zu unterstreichen.

Die Nutzung von Kompetenz stellt die zweite Komponente des Kompetenzmanagements dar. Sie kann auch als Kompetenzportfolio-Management bezeichnet werden. Im weitesten Sinne ist sie mit der →Personaleinsatzplanung verwandt. Allerdings erfolgt sie unter einer veränderten Grundlogik. So werden nicht mehr Arbeitskräfte nach einer bestimmten Passform Stellen zugeordnet, sondern ausgehend von den Potenzialen und Kompetenzausprägungen der Arbeitskräfte ergeben sich Handlungsfelder von Gruppen und Organisationen.

Idealerweise ermittelt man das Kompetenzprofil von Arbeitseinheiten und lotet vor diesem Hintergrund neue Handlungsalternativen aus. Ebenso reichert man Arbeitseinheiten durch neue Kompetenzfacetten und -ausprägungen an, so dass ein weiterer Handlungsradius entsteht. Der personalpolitische Zugang fängt beim Handlungsvermögen der Akteure an und nicht bei fremddefinierten Strukturen und →Stellenbeschreibungen.

Literatur: *Bandura, A.*: Self-Efficacy: The Excercise of Control, New York 1997. *Frieling, E. et al.*: Flexibilität und Kompetenz – Schaffen flexible Unternehmen kompetente und flexible Mitarbeiter?, Münster 2000.

Uta Wilkens

Kompetenzmessung

Erfassung von →Kompetenz auf den unterschiedlichen →Kompetenzebenen.

Ähnlich wie die Definitionen von Kompetenz für die einzelnen Ebenen untereinander differieren, variiert auch der Gegenstand der Kompetenzmessung. Abbildung 1 zeigt eine Übersicht bekannter Instrumente zur Kernkompetenzmessung.

Auf der *Ebene der Individuen* misst die *Kompetenzbiographie* von *Erpenbeck* und *Heyse* (1999) die Selbstorganisationsdispositionen von Individuen auf der Grundlage →biographischer Fragebögen und selbstzentrierter biografischer Tiefeninterviews. Diese Selbstbewertungen von Persönlichkeitsstärken werden durch Fremdbewertungen ergänzt, die einen Zusammenhang zum Berufserfolg und zur weiteren Karriereentwicklung herstellen. Damit trägt dieser Ansatz maßgeblich zur Potenzialorientierung in der Personalwirtschaft (→Personalmanagement) bei und geht über eignungsdiagnostische Verfahren (→Eignungsdiagnostische Instrumente), die Individuen in Abhängigkeit von definierten →Anforderungen betrachten, hinaus.

Abbildung 1: Übersicht über Kompetenzmesskonzepte (*Pawlowsky/Menzel/Wilkens* 2005, S. 352)

Analyseebene	Grundverständnis	Vorgestellte Messinstrumente
Netzwerk	4. Netzwerkkompetenz a) kooperationsspezifische Fähigkeiten der Wertgenerierung b) Netzwerkbildung c) Netzwerkmanagement und	zu c) Koevolutionsmodell nach *Hoffmann*
Organisation	3. Organisationskompetenz a) spezifische Ressourcenbündel, dynamische Fähigkeiten zur Sicherung von Wettbewerbsvorteilen b) immaterielle Ressourcen, insbesondere Wissenskapital	zu a) Strategic Learning Assessment Map nach *Bontis*, Knowledge Assets nach *Boisot*, Wissens- und Kompetenzdiagnostik nach *Pawlowsky* u.a. zu b) Skandia Navigator nach *Edvisson/Malone*, Intangible Assets Monitor nach *Sveiby*
Gruppe	2. Gruppenkompetenz a) interaktionsgebundene Handlungsfähigkeit b) Fach-, Methoden-, Sozial- und Selbstkompetenz von Gruppen c) vom Individuum wahrgenommene Handlungsfähigkeit der Gruppe	zu b) Kasseler Kompetenz-Raster nach *Frieling* u.a.
Individuum	1. Individuelle Kompetenz a) situationsunabhängige Handlungsfähigkeit, Selbstwirksamkeit b) Fach-, Methoden-, Sozial- und Selbstkompetenz c) Qualifikation	zu a) und b) Kompetenzbiographie nach *Erpenbeck/Heyse*

Auf der *Gruppenebene* gilt das *Kasseler-Kompetenz-Raster* von *Frieling et al.* (2000) als positives Beispiel für die Erfassung von Gruppenkompetenz. Dieses Instrument misst im Rahmen einer standardisierten Fremdbeobachtung, die der Interaktions-Prozess-Analyse nach *Bales* (1999) angelehnt ist, die →Fach-, Methoden-, Sozial- und Selbstkompetenz von →Gruppen und stellt dabei Zusammenhänge zur Problemlösungsgüte der Gruppen sowie zu unterschiedlichen Kriterien der Unternehmensflexibilität her.

Auf der *Organisationsebene* ist zwischen Bestands- und Prozessmodellen zu unterscheiden. In Bestandsmodellen werden letztlich immaterielle Ressourcen anhand von Strukturdaten über die →Organisation und ihre Kundenbeziehungen erfasst. Gegenstand der Messung ist das →intellektuelle oder auch Wissenskapital (→Wissensmessung) der Organisation. Von hoher Bekanntheit sind dabei der *Scandia Navigator* von *Edvinsson* und *Malone* (1997) sowie der *Intangible Asset Monitor* nach *Sveiby* (1997).

Die Prozessmodelle zur Erfassung von Organisationskompetenz sind stärker theoriefundiert. So fußt die *Strategic Learning Assessment Map* nach *Bontis* (1999) auf dem „4i-Modell organisationalen Lernens" von *Crossan et al.* (1999) (→Organisationales Lernen). Es bewertet die Wissens-Prozesse in Organisationen unter Berücksichtigung individuellen und gruppenbezogenen Lernens auf der Basis einer standardisierten schriftlichen →Befragung von →Führungskräften. Ähnlich werden auch im *Knowledge Assets-Konzept* von *Boisot* (1998) die Wissensprozesse in einem Phasenmodell des Wissensmanagements, dem I-Space-Konzept von *Boisot* (→Wissensmanagement), auf der Grundlage einer schriftlichen Befragung und anschließenden gemeinsamen Interpretation unter Führungskräften bewertet. Schließlich wird in der *Wissens- und* →*Kompetenzdiagnostik* nach *Pawlowsky, Menzel* und *Wilkens* (2005) eine standardisierte schriftliche →Mitarbeiterbefragung durchgeführt, um die erfolgskritischen Wissensprozesse, die als →Kernkompetenzen angesehen werden können, herauszufiltern. Kennzeichnend ist für dieses Modell, dass es das organisationale Gedächtnis beziehungsweise die kollektive Landkarte der Belegschaft als Grundlage verwendet, um Kernkompetenzen zu identifizieren. Es wird damit in besonderer Weise den Beschreibungsmerkmalen von Kernkompetenzen entsprechend des ressourcenorientierten Ansatzes gerecht.

Auf der *Netzwerkebene* stehen überzeugende Messkonzepte noch aus. Das in der Grundkonzeption den vorgestellten Prozessmodellen zur Erfassung von Organisationskompetenz vergleichbare *Koevolutionsmodell* von *Hoffmann* (2003) bewertet letztlich die Netzwerkfähigkeit von Organisationen und ist in diesem Sinne durchaus beachtenswert, als Ansatz zur Messung von Netzwerkkompetenz als solcher jedoch nicht weiterführend.

Das Kernproblem der Kompetenzmessung besteht darin, Handlungs- und Selbstorganisationsdispositionen zu erfassen und damit Größen, die nur indirekt erschließbar sind. Ansätze der Kompetenzmessung lösen dieses Ziel oftmals nur zum Teil ein. Grundsätzlich lassen sie sich danach unterscheiden, ob sie eher Bestandsgrößen (z. B. Patente, dokumentiertes →Wissen, zertifizierte →Qualifikationen) oder eher Prozesse (z. B. Interaktionen, Austauschprozesse) zum Gegenstand der Messung machen und damit als Ausdruck von Handlungs- und Selbstorganisationsdispositionen verstehen. Die Methoden der Messung unterscheiden sich danach, ob es sich um zeitpunktbezogene Aufnahmen von Kompetenz (im Sinne von Beständen oder Prozessen) oder um Verlaufsanalysen handelt. Ebenso variieren Ansätze nach der Beurteilerperspektive, das heißt ob eine Selbst- oder Fremdbewertung von Kompetenz erfolgt.

Am wenigsten entwickelt sind bislang Instrumente, die eine ebenenübergreifende Messung von Kompetenz und damit prozessbasierte Aussagen, wie sich beispielsweise individuelle Kompetenz im Zeitverlauf auf die anderen Kompetenzebenen auswirkt, ermöglichen. Hinweise auf eine Prozessanalyse (→Evaluation) geben *Wilkens, Keller* und *Schmette* (2006).

Eine ausführliche Beschreibung der vorgestellten Instrumente zur Kernkompetenzmessung sowie weiterer Instrumente ist bei *Pawlowsky, Menzel* und *Wilkens* (2005) zu finden. Wichtige Sammelbände zur Kompetenzmessung haben *Erpenbeck* und *von Rosenstiel* (2003) sowie *Erpenbeck* (2004) herausgegeben.

Literatur: *Bales, R. F.*: Social Interaction Systems, New Brunswick 1999. *Boisot, M. H.*: Knowledge Assets – Securing Competitive Advantage in the Information

Economy, Oxfort 1998. *Bontis, N.*: Managing Organizational Knowledge by Diagnosing Intellectual Capital – Framing and Advancing the State of the Field, in: International Journal of Technology Management 18. Jg. (1999), S. 433–475. *Crossan, M. M.*; *Lane H. W.*; *White, R. E.*: An Organizational Learning Framework – From Intuition to Institution, in: Academy of Management Review 24. Jg. (1999), S. 522–537. *Edvinsson, L.*; *Malone, M. S.*: Intellectual Capital, New York 1997. *Erpenbeck, J.*; *Heyse, V.*: Die Kompetenzbiographie-Strategien der Kompetenzentwicklung durch selbstorganisiertes Lernen und multimediale Kommunikation, Münster 1999. *Erpenbeck, J.*; *von Rosenstiel, L.* (Hrsg.): Handbuch Kompetenzmessung – Erkennen, verstehen und bewerten von Kompetenzen in der betrieblichen, pädagogischen und psychologischen Praxis, Stuttgart 2003. *Erpenbeck, J.*: Kompetenzmessung im Unternehmen. Lernkultur- und Kompetenzanalyse im betrieblichen Umfeld, Stuttgart 2004. *Frieling, E. et al.*: Flexibilität und Kompetenz – Schaffen flexible Unternehmen kompetente und flexible Mitarbeiter?, Münster 2000. *Hoffmann, W. H.*: Allianzmanagement – Kompetenz-Entwicklung und Institutionalisierung einer strategischen Ressource, in: *Schreyögg, G.*; *Sydow, J.* (Hrsg.): Strategische Prozesse und Pfade, Managementforschung, Bd. 13, Wiesbaden 2003, S. 93–150. *Pawlowsky, P.*; *Menzel, D.*; *Wilkens, U.*: Wissens- und Kompetenzerfassung in Organisationen, in: *Sonntag, K. H. et al.* (Hrsg.): Kompetenzmessung in Unternehmen, Münster 2005, S. 341–451. *Sveiby, K. E.*: Wissenskapital – das unentdeckte Vermögen, Landsberg/Lech 1997. *Wilkens, U.*; *Keller, H.*; *Schmette, M.*: Wirkungsbeziehungen zwischen Strukturebenen der Kompetenz. Theoriezugänge und Modellbildung, in: *Schreyögg, G.*; *Conrad, P.* (Hrsg.): Management von Kompetenz, Managementforschung, Bd. 16, S. 121–161, Wiesbaden 2006.

Uta Wilkens

Komplexität

Varietät der Verhaltensmöglichkeiten eines sozialen Systems in Abhängigkeit von dessen Elementen (Organisationseinheiten oder Personen) und den zwischen diesen Elementen bestehenden Relationen (Interaktionen und →Interdependenzen).

Die Beschäftigung mit der Komplexität beziehungsweise mit komplexen Problemstellungen greift auf grundlegende systemtheoretische und kybernetische Überlegungen in der Mitte des 20. Jahrhunderts zurück, insbesondere durch *Wiener* (1948), *von Bertalanffy* (1949), *Weaver* (1948), *Ashby* (1956) und *von Foerster* (1960). Der Begriff der Komplexität findet heute zum einen in der allgemeinen Theorie komplexer Systeme Berücksichtigung, zum anderen in speziellen Anwendungsfeldern, insbesondere in Soziologie, Psychologie und dem →*Komplexitätsmanagement*. Zur Analyse komplexer Organisationsstrukturen bietet sich nach *Ulrich* und *Probst* (1995) die Aufgliederung in strukturelle und funktionelle Komplexität an.

Die *strukturelle Systemkomplexität* beziehungsweise Strukturkomplexität von →Organisationen resultiert nach *Luhmann* (1996) aus der Zahl der Organisationsmitglieder sowie aus Zahl und Verschiedenartigkeit der möglichen Relationen (Abhängigkeiten). Dem Auftreten von Strukturkomplexität begegnet das →Personalmanagement zum Beispiel mit der Gestaltung von Kommunikationsstrukturen und -grundsätzen in Abhängigkeit von der Mitarbeiterzahl.

Die *funktionale* beziehungsweise *prozessuale Systemkomplexität* oder auch Veränderungskomplexität resultiert aus der Veränderungsfähigkeit der Organisation in Abhängigkeit vom Verhalten (→Behaviorismus) der Organisationsmitglieder. Wichtigste Aufgabe des Personalmanagements ist dabei die Kontextanpassung im Rahmen der →Implementierung. Die resultierende *Gesamtkomplexität* ergibt sich aus dem Zusammenspiel von struktureller und funktionaler Komplexität, wobei für die Kombination komplexe Verbundwirkungen (z. B. Kommunikationsstrukturen im →Wandel) charakteristisch sind, die hohe →Anforderungen an das Personalmanagement stellen.

Literatur: *Ashby, W. R.*: An Introduction into Cybernetics, London 1956. *Luhmann, N.*: Soziale Systeme, 6. Aufl., Frankfurt a. M. 1996. *Ulrich, H.*; *Probst, G. J. B.*: Anleitung zum ganzheitlichen Denken und Handeln, 4. Aufl., Bern, Stuttgart 1995. *von Bertalanffy, L.*: Zu einer allgemeinen Systemlehre, in: Biologia Generalis, 19. Jg. (1949), S. 114–129. *von Foerster, H.*: On Self Organizing Systems and Their Environments, in: *Yovits, M.*; *Cameron, S.* (Hrsg.): Self Organizing Systems, New York 1960, S. 31–50. *Weaver, W.*: Science and Complexity, in: American Scientist, 36. Jg. (1948), H. 3, S. 536–544. *Wiener, N.*: Cybernetics or Control and Communication in the Animal and the Machine, Cambridge 1948.

Tobias Bernecker

Komplexitätsmanagement

ein auf die →Komplexität von Systemen fokussierter ganzheitlicher Ansatz der →Unternehmensführung.

Seinen Ursprung hat das Komplexitätsmanagement, bei dem es sich um eine offene Gestaltungsheuristik handelt, dabei im Komplexitätsverständnis des systemischen Ansatzes und der Kybernetik. Insbesondere sind dabei zwei Konzeptionen von Bedeutung:

1. *Ashbys Gesetz der erforderlichen Varietät* (1958) fordert zur Kontrolle und Steuerung eines (komplexen) Systems ein immer mindestens ebenso komplexes Steuerungssystem. Das Komplexitätsmanagement hat demnach die Aufgabe, die interne Strukturkomplexität (Steuerungskomplexität) immer so hoch zu halten, dass die Adaptionsfähigkeit der Struktur an ihre Umwelt sichergestellt ist.

2. *Luhmanns Postulat eines Komplexitätsgefälles zwischen System und Umwelt* (1996) fordert von den systeminternen Akteuren, sich bei der Auswahl der zu berücksichtigenden Umweltzustände zu beschränken. Nur so kann an den sich selbst konstituierenden Systemgrenzen ein Ausgleich zwischen der Systemkomplexität und der grundsätzlich höheren Umweltkomplexität hergestellt werden.

Aus diesen beiden Konzepten werden in der Literatur zwei *Basisstrategien* des Komplexitätsmanagements abgeleitet:

1. *Selektivierung*: Sieht eine Reduzierung des Komplexitätsgefälles durch die zweckorientierte Ausdehnung des Einflussbereichs einer Struktur in ihre Umwelt vor.

2. *Strukturierung*: Stellt die erforderliche Varietät durch Veränderung innerhalb der bestehenden Systemgrenzen sicher.

Wichtigstes Bezugsobjekt des *organisatorischen Komplexitätsmanagements* ist das Unternehmen. Als komplexe Systeme modelliert und gestaltet werden in der Betriebswirtschaftslehre aber auch →Gruppen, Teams, Organisationseinheiten und Individuen sowie organisatorische Netzwerke, virtuelle Strukturen und Wirtschaftssysteme, wie *Adam* (1998) betont. Dabei erstreckt sich das organisatorische Komplexitätsmanagement über verschiedene *Gestaltungsarenen*. In der Literatur werden insbesondere Ziel-, Kunden-, Varianten- und Koordinationskomplexität diskutiert, aber auch die personelle Komplexität, die aus Kognitionen (→Wissen) und der →Motivation des Einzelnen heraus erwächst.

Erfolgreiches Komplexitätsmanagement wird teilweise gleichgesetzt mit der *Komplexitätsreduktion*, das heißt mit dem Abbau von Komplexität. Insbesondere wird aber die methodisch anspruchsvollere und variantenreichere *Komplexitätsbeherrschung* diskutiert, das heißt die gezielte Nutzung von Komplexitätsaufbau und -abbau über Integrations- oder Flexibilisierungsmaßnahmen (→Flexibilisierung). Für das Spektrum und insbesondere die Gliederung der zugehörigen *Gestaltungsinstrumente* existiert in der Literatur allerdings kein Standard. Umfassend ist eine aus der Zusammenfassung der Argumentation bei *Probst* (1992), *Reiß* (1993), *Ulrich* und *Probst* (1995), *Malik* (2000) und *Bleicher* (2004) resultierende Systematik, die eine Fokussierung der Gestaltungsmaßnahmen auf die Dimensionen der Vielzahl, Vielfalt, Vieldeutigkeit und Veränderlichkeit von Elementen und Relationen vorsieht. In Übersicht 1 wird diese in Anlehnung an *Reiß* (1993) überblickartig dargestellt.

- Das Management der strukturellen *Vielzahl* ist auf die *Menge* von Systemelementen (Organisationseinheiten) und Beziehungen (Interaktionen) hin ausgerichtet. Dabei wird die →Organisation als Geflecht multilateraler Beziehungen mit einer dementsprechend hohen Schnittstellendichte interpretiert. Zur Steuerung kommen dabei insbesondere die Veränderung von Zahl und Größe der Strukturelemente (Organisationseinheiten) und die Variation der Strukturdichte, das heißt der tatsächlich genutzten Verbindungen, zum Einsatz.

- Die Beherrschung der Verschiedenartigkeit, das heißt der *Vielfalt* von Systemen nimmt auf die *Varianz* von Elementen und Relationen Bezug. Komplexitätsmanagement bedeutet dabei, unterschiedliche Elemente so zu kombinieren, dass einerseits Kreativitäts- und Flexibilitätsförderung gelingen, andererseits aber dennoch →Integration stattfindet. Hierfür bieten sich unter anderem die organisatorische Segmentierung sowie die Ausgestaltung und Ausbalancierung von Machtverhältnissen über wechselseitige Verflechtungen an.

- Ambiguitäten und Unschärfen, das heißt die *Vieldeutigkeit* im Charakter von Elementen und Relationen, erfassen die *Spezifität* als zu gestaltende Komplexitätsdimension. Hier ermöglicht beispielsweise die Projektarbeit eine individuelle und auftragsbezogene Steuerung der Organisation. Über die →Formalisierung und Präzisierung von Wirkungszusammenhängen gelingt die Reduzierung von Unschärfen im Charakter von Beziehungen.

Komplexitätsmanagement

Übersicht 1: Handlungsrahmen für das Komplexitätsmanagement (Reiß 1993, S. 134)

		Vielzahl	Vielfalt	Vieldeutigkeit	Veränderlichkeit
Elemente	Fokus	Quantität	Diversität	Ambiguität	Dynamik
	Gestaltungsmaßnahmen (Beispiele)	– Variation der Zahl der Akteure – Variation der Akteursgröße	– Portfoliogestaltung – Variantenmanagement	– Auf-/Abbau von Reserven – Clusterung	– Gestaltung von Veränderungen – Pfadkreation und Pfadbrechung
	Zielgröße	Menge	Varianz	Spezialität	Entwicklung
Relationen	Fokus	Dichte	Divergenz	Unschärfe	Fluktuation
	Gestaltungsmaßnahmen (Beispiele)	– Auf-/Abbau von Verbindungen – Änderung der Kommunikationsintensität	– Gestaltung der Reziprozität von Beziehungen – Gegenstromplanung	– Formalisierung von Beziehungen – Identifizierung von Zusammenhängen	– Identifizierung von Mustern – Aufstellung von Interaktionsregeln

- Das Management der *Veränderlichkeit* von Strukturen und Elementen integriert die *Entwicklung* (→Organisationsdynamik) als Gestaltungsdimension in das Komplexitätsmanagement. Dabei werden alle im Zeitverlauf nicht konstanten Parameter einbezogen, etwa die →Fluktuation von Partnern oder strukturelle Veränderungen. Um das Flexibilitätspotenzial komplex-dynamischer Strukturen nutzen zu können, ist eine Lenkung der Veränderlichkeit erforderlich, wofür Regeln, Vorgehensmodelle und weitere Werkzeuge zur Gestaltung des →Wandels (→Implementierung) zum Einsatz gelangen.

In der Unternehmenspraxis nimmt die komplexitätsfokussierte Gestaltung zumeist nicht explizit auf die Begriffe der Vielzahl, Vielfalt, Vieldeutigkeit und Veränderlichkeit Bezug. Allerdings beziehen sich viele Management- und Organisationskonzepte inhaltlich auf diese vier Komplexitätsdimensionen. Die Idee eines komplexitätsorientierten Managements kommt nach *Probst* (1992) beispielsweise in nachfolgenden elementaren Management- beziehungsweise Organisationsprinzipien zum Ausdruck:

- *Duale Führung* (→Mitarbeiterführung): Schafft über das zugrunde liegende Zweiliniensystem einen Rahmen für die Gestaltung der Vielfalt von Beziehungen und von vieldeutigen →Organisationsstrukturen (z. B. in der →Matrixorganisation).

- →*Dezentralisierung von Entscheidungsbefugnis*: Ordnet die Vieldeutigkeit über eine Clusterung der Organisationsstruktur nach Ähnlichkeit (z. B. über eine Center-Struktur).

- *Formalisierung* von Abläufen in Raum und Zeit steuert die Veränderlichkeit durch den Aufbau von Reserven, die Identifizierung von Mustern und die Möglichkeit zu raschen Änderungen in der Kommunikationsintensität (z. B. über die Prozessorganisation).

- *Segmentierung von Gesamtproblemen*: Erlaubt eine Beherrschung der Vielzahl durch die Berücksichtigung kritischer Strukturgrößen, durch die Aufstellung klarer Regeln und durch die Definition von Verantwortungsbereichen (z. B. in Teilprojekte).

- →*Autonomie und Autarkie*: Fördert die Vielfalt in der Entwicklung der Mitarbeiter und entlastet so die Organisationsstruktur, insbesondere durch Selbstregulierung der Vielzahl an erforderlichen Verbindungen (z. B. durch →Selbstorganisation).

Ein komplexitätsorientiertes Managementverständnis generiert spezielle Herausforderungen für das →*Personalmanagement*. Dieses hat die Aufgabe, die Unternehmensführung über alle Komplexitätsdimensionen hinweg gleichermaßen zu unterstützen. Dabei stehen der komplexitätsgerechten Ausrichtung der Personalarbeit mehrere Konzepte zur Verfügung, nach *Stacey*, *Griffin* und *Shaw* (2000) insbesondere aber die Entwicklung zur lernenden Organisation und das →Wissensmanagement. Im Mittelpunkt des Lernens steht die Frage, welche personalen Fähigkeiten (→Qualifikation) erforderlich sind, um in komplexen Strukturen arbeiten zu können und um Komplexität steuern zu können. Die →Personalentwicklung übernimmt dabei die Aufgaben der →Rekrutierung geeigneter Mitarbeiter, der Vermittlung der erforderlichen Fähigkeiten und der Gestaltung geeigneter Anreizsysteme. Eine zu berücksichtigende Besonderheit des komplexitätsorientierten Ansatzes besteht darin, dass nach dem Gesetz der erforderlichen Varietät bereits die Einführung komplexitätsgerechten Handelns eine komplexe Aufgabe darstellt, die entsprechender Aufmerksamkeit bedarf. Komplexes Denken in Entscheidungsprozessen hat daher eine eigenständige Strömung innerhalb der Organisationstheorie begründet: die maßgeblich auf *Barnard* (1938), *March* und *Simon* (1958) sowie *Cyert* und *March* (1963) zurückgehende verhaltenswissenschaftliche Entscheidungstheorie.

Literatur: *Adam, D.*: Komplexitätsmanagement, Wiesbaden 1998. *Ashby, W. R.*: Requisite Variety and Its Implications for the Control of Complex Systems, in: Cybernetica, 1. Jg. (1958), S. 83–99. *Barnard, C. W.*: The Functions of the Executive, Cambridge 1938. *Bleicher, K.*: Das Konzept integriertes Management, 7. Aufl., Frankfurt a. M. 2004. *Cyert, R. M.; March, J. G.*: A Behavioral Theory of the Firm, Englewood Cliffs 1963. *Luhmann, N.*: Soziale Systeme, 6. Aufl., Frankfurt a. M. 1996. *Malik, F.*: Strategien des Managements komplexer Systeme, 6. Aufl., Bern 2000. *March, J. G.; Simon, H. A.*: Organizations, New York 1958. *Probst, G. J. B.*: Organisation, Landsberg/Lech 1992. *Reiß, M.*: Komplexitätsmanagement I und II, in: Das Wirtschaftsstudium, 22. Jg. (1993), H. 1, S. 54–60 und H. 2, S. 132–137. *Stacey, R. D.; Griffin, D.; Shaw, P.*: Complexity and Management, London 2000. *Ulrich, H.; Probst, G. J. B.*: Anleitung zum ganzheitlichen Denken und Handeln, 4. Aufl., Bern, Stuttgart 1995.

Tobias Bernecker

Komprimierte Wochenarbeitszeit

besondere Form der →Kurzarbeit, bei der die tarifliche →Arbeitszeit an weniger als fünf Tagen pro Woche abgeleistet wird.

Für die Komprimierung gibt es verschiedene Varianten, die besonders sinnvoll erscheinen:

- *4-10-Modell*: Vier Tage pro Woche mit zehn Stunden →Arbeit täglich.
- *3-12-Modell*: Drei Tage pro Woche mit zwölf Stunden Arbeit täglich.
- *4,5-9/4-Modell*: Vier ganze Tage und ein halber Tag (meist Freitag) mit neun beziehungsweise vier Stunden Arbeit.
- *5/4-9-Modell*: Im wöchentlichen Wechsel fünf Tage mit 9 Stunden Arbeit und vier Tage mit ebenfalls 9 Stunden Arbeit (45 bzw. 36 Wochenstunden).

Bei der komprimierten →Wochenarbeitszeit ist →Gleitzeit in der Regel nicht möglich, das heißt die Länge der Arbeitszeit bleibt festgelegt. Die vorgestellten Modelle werden seit Jahren in den USA realisiert, in Deutschland ist eine Einführung oft aufgrund von tariflichen oder betrieblichen Bestimmungen erschwert.

Désirée H. Ladwig

Konceptas

Tiefenstruktur der →Organisationskultur, bestehend aus Normen, Werten, Kognitionen und Grundannahmen.

Konceptas und →*Perceptas* sind jene Bezeichnungen, die *Osgood* (1951) für die beiden unterschiedlichen Ebenen von →Kultur eingeführt hat. Perceptas bezeichnen dabei die direkt beobachtbaren Elemente, also zum einen kommunikative Verhaltensweisen (→Rituale, Geschichten, Witze, Zeremonien) und zum anderen →Artefakte, also konkrete Verhaltensergebnisse wie Kleidung oder Architektur. Aus den Perceptas können, so die Annahme, auf die in der Tiefenstruktur liegenden Konceptas geschlossen werden: also Normen, Kognitionen (→Wissen), Werthaltungen und Grundannahmen. Zur Illustration dieses Zwei-Ebenen-Modells von Kultur werden oft Metaphern wie „Eisberg" oder „Seerose" verwendet. Konceptas umfassen jedenfalls kollektiv geteilte Normen, Werte und Einstellungen. Diese Elemente der kulturellen Tiefenstruktur sind einer direkten →Beobachtung unzugänglich.

Literatur: *Osgood, C. E.*: Culture: Its Empirical and Non-Empirical Evidence, in: Southwestern Journal of Anthropology, 7. Jg. (1951), S. 202–214.

Michael Meyer

Kondratiew-Zyklus

zyklische Wirtschaftsentwicklung, die auf den russischen Wirtschaftswissenschaftler *Kondratjew* (1892–1938; alternative Umschrift: *Kondratieff*) zurückgeht (syn.: Theorie der langen Wellen).

Kondratjew schrieb 1926 einen Aufsatz über die Regelmäßigkeit von Konjunkturzyklen. In seinen empirischen Untersuchungen fand er für mehrere Länder wiederkehrende Entwicklungsverläufe verschiedener ökonomischer Indikatoren wie Preise, Zinsen, Produktion und Handelsströme. Die Makrostruktur dieser Entwicklungsverläufe besteht aus langen, 40 bis 60 Jahre andauernden Wellen aus einer längeren Aufwärtsbewegung und einer etwas kürzeren Abwärtsbewegung. Nach durchschnittlich 52 Jahren werden Talsohlen der Entwicklung durchschritten. Zweieinhalb solcher langen Wellen konnte *Kondratjew* (1926) in seinen empirischen Untersuchungen feststellen. Als Ursache sieht er Gesetzmäßigkeiten des Kapitalismus an, nach denen sich kapitalistisch verfasste Wirtschaftssysteme in Krisen dank der Marktkräfte aus sich selbst heraus erneuern können. Diese systemimmanente Erneuerungsdynamik resultiert aus makroökonomischen Suchprozessen nach neuen Produktionsmethoden und neuen Wachstumspotenzialen. Dass diese Erkenntnis damit gleichzeitig die kommunistische →Hypothese des vermeintlich zwingend bevorstehenden Zusammenbruchs des Kapitalismus falsifizierte, weil selbst in Krisen ein Weg zu weiterer wirtschaftlicher Entwicklung vorgezeichnet wurde, wurde rasch erkannt – und mündete tragischerweise in der Hinrichtung *Kondratjews* in der stalinistischen Sowjetunion als „Konterrevolutionär" (*Händeler* 2005).

Übersicht 1: Basisinnovationen und deren gesellschaftlichen Hauptnutzen (*Nefiodow* 2001)

Zyklus, Jahr	Innovation	Hauptnutzen
K1 1780 - 1849	Dampfmaschine, Textilindustrie	Bekleidung
K2 1849 - 1890	Stahl, Eisen-Bahn	Transport der Menschen
K3 1890 - 1940	Elektrotechnik, Chemie	Massenkonsum
K4 1840 - 1980	Automobil, Petrochemie, Kernenergie, Transistor	Individuelle Mobilität, Automatisierung
K5 ab 1980	Informationstechnik, Computer	Information und Kommunikation, Globalisierung

Der Begriff Kondratiew-Zyklus wurde 1939 von *Schumpeter* geprägt, der zudem konkretisierte, dass technische Innovationen die Basis für die langen Wellen seien. Diese Basisinnovationen können so stark sein, dass sie einen fundamentalen Strukturwandel einleiten und umsetzen können. Die bisherigen, alle 30 bis 50 Jahre vorkommenden Basisinnovationen ergaben die Einteilung in fünf Zyklen, die jeweils mit einem gesellschaftlichen Hauptnutzen in Verbindung stehen (Übersicht 1).

Der sechste Kondratiew-Zyklus, dessen erster Höhepunkt im Jahr 2010 erwartet wird, wird nach *Nefiodow* (2001) seinen Schwerpunkt im Bedürfnis nach psychosozialer Gesundheit im ganzheitlichen Sinne haben, also verbunden mit der Basisinnovation der Biotechnologie die seelische, körperliche und soziale Gesundheit sowie „Wellness" in ihren Mittelpunkt stellen.

Auch die Unterzyklen dieser konjunkturellen Entwicklungsverläufe sind nach ihren Erforschern benannt: Es gibt *Kusnets-Zyklen* (15 bis 20 Jahre), *Juglar-Zyklen* (7 bis 12 Jahre) sowie *Kitchin-Zyklen* (3 bis 5 Jahre).

Kritik an den Kondratiew-Zyklen ergab sich vor allem daraus, dass ein langfristiger Wachstumstrend nicht eindeutig von einem Zyklus im Sinne einer vom Trend abweichenden Entwicklung unterschieden werden kann. Demnach lassen sich fast beliebige Wellen erzeugen, je nachdem, welche Trendkomponente gewählt wird. Auch eine Messvorschrift für die Stärke der jeweiligen Basisinnovation fehlt bislang.

Dennoch kann sich auch das →Personalmanagement auf die Kondratiew-Zyklen einrichten: Diese beeinflussen die gesellschaftlich vorherrschenden Wertvorstellungen und daher sowohl die Unternehmenskultur (→Organisationskultur) auf der kollektiven Ebene als auch die impliziten Kontrakte zwischen Unternehmen und Mitarbeiter, wie sie etwa der →Darwiportunismus beschreibt.

Literatur: *Händeler, E.*: Kondratieffs Welt. Wohlstand nach der Industriegesellschaft, Moers 2005. *Kondratiew, N. D.*: Die langen Wellen der Konjunktur, in: Archiv für Sozialwissenschaft und Sozialpolitik, Bd. 56 1926, S. 573–609. *Nefiodow, L. A.*: Der sechste Kondratieff, Sankt Augustin 2001. *Schumpeter, J. A.*: Konjunkturzyklen – Eine theoretische, historische und statistische Analyse des kapitalistischen Prozesses, Göttingen 1961.

Volker Stein

Konfidenzintervall

Vertrauensbereich für die tatsächliche Lage eines Messwertes, der mithilfe eines psychologischen →Tests oder →Fragebogens ermittelt wurde.

Das Konfidenzintervall ergibt sich aus dem Standardmessfehler und einer gewählten Irrtumswahrscheinlichkeit (statistisch gebräuchlich meist 95 %, d.i. a. = 0.05).

Der Standardmessfehler berechnet sich innerhalb der klassischen →Testtheorie aus der →*Reliabilität (Messgenauigkeit)* eines Tests und der Varianz der auf Grundlage des Tests erhaltenen Testwerte. Bei Tests, welche nach dem Rasch-Modell konstruiert wurden (*Probabilistische der moderne Testtheorie*) ist gesondert für jeden Testwert in Abhängigkeit der vorgegebenen Aufgaben und der Antworten ein Standardschätzfehler zu ermitteln. Das Konfidenzintervall ergibt sich auch hier unter Berücksichtigung der Irrtumswahrscheinlichkeit. Die Berechnung von Konfidenzintervallen ist dann essentiell, wenn beispielsweise die Frage von signifikanten Veränderungen beziehungsweise Unterschieden zwischen Testwerten zu beantworten ist. Im Falle eines signifikanten Unterschiedes dürfen sich die Konfidenzintervalle der Testwerte nicht überlappen.

Tuulia Ortner

Konflikt

Spannungszustand, der durch zwei Elemente hervorgerufen wird.

Laut *Berkel* (2005) müssen diese beiden Elemente gleichzeitig gegensätzlich oder unvereinbar sind. Beim *psychischen (inneren) Konflikt* sind es Kognitionen und Emotionen, beim *sozialen Konflikt* Personen, →Gruppen oder →Organisationen.

Ein *sozialer Konflikt* weist nach *Staehle* (1999) folgende Merkmale auf:

- Es sind mindestens 2 Parteien beteiligt.
- Die Parteien stehen zueinander in (zumeist wechselseitiger) Abhängigkeit.
- Die Handlungsabsichten (Pläne, Ziele, Interessen) der Parteien sind zumindest partiell unvereinbar.
- Knappe Ressourcen verhindern die Realisierung beider beziehungsweise aller Ziele.
- Die Parteien versuchen einander im Sinne ihrer Interessen zu beeinflussen und sind sich ihrer Gegnerschaft bewusst.

Soziale Konflikte können nach verschiedenen Kriterien wie Streitobjekt, Erscheinungsform oder Eigenschaften der Konfliktparteien klassifiziert werden. Für die Unterscheidung von Konfliktarten in Organisationen ist laut *Kreyenberg* (2005) folgende Einteilung üblich:

- *Zielkonflikte* (Bewertungskonflikte): Die Parteien bewerten die Prioritäten der Zielalternativen unterschiedlich.
- *Mittelkonflikte* (Beurteilungskonflikte): Die Parteien sind sich zwar bei den Zielen einig, beurteilen jedoch die →Eignung der verschiedenen Mittel und Wege zur Zielrealisierung unterschiedlich.
- *Verteilungskonflikte*: Es besteht Uneinigkeit über die Verwendung von knappen Ressourcen.
- *Beziehungskonflikte*: Die Beziehungsebene zwischen den Akteuren ist gestört, beispielsweise aufgrund mangelnder Wertschätzung oder verletzenden Verhaltens.
- *Rollenkonflikte*: Es werden von außen unvereinbare Erwartungen an eine Person als Rollenträger herangetragen, oder die Person hat gleichzeitig unvereinbare →Rollen zu erfüllen oder die Rolle steht in Gegensatz zu den Werten und Einstellung der Person.

Konflikte zeigen sich nach *Kreyenberg* (2005) an der Oberfläche anhand verschiedener *Symptome*. Das Vorliegen solcher Symptome kann ein Hinweis darauf sein, dass latente, kalte Konflikte vorliegen, die manifest und unter Umständen auch heiß werden können. Konflikte können, wie in Übersicht 1 dargestellt, verbal oder nonverbal, offen und aktiv sowie verdeckt und passiv ausgetragen werden.

Übersicht 1: Austragungsformen von Konflikten

	verbal	nonverbal
offen und aktiv	Kritik äußern, Vorwürfe erheben, streiten	Abbruch von Beziehungen, abwertende Mimik, Streik
verdeckt und passiv	Sarkasmus, subtile Anspielungen, ins Lächerliche ziehen, distanzierte Höflichkeit	Formalismus, innere Kündigungen, Absenzen

Die Kombination solcher Symptome führt zu verschiedenen *Erscheinungsformen* von Konflikten in Organisationen. *Manifeste* Konflikte sind offenkundig und für alle erkennbar, sie äußern sich wahrnehmbar im Konfliktverhalten der beteiligten Parteien. Demgegenüber sind *latente* Konflikte unter der sinnlich wahrnehmbaren Oberfläche (noch) verborgen, sie können, müssen aber nicht zu manifesten Konflikten werden.

Eine ähnliche, aber nicht identische Unterscheidung sind gemäß *Glasl* (2002) *kalte* gegenüber *heißen* Konflikten, die sich auf den dominierenden Verhaltensstil der Parteien bezieht. Erstere sind durch ein geringes Aktivitätsniveau gekennzeichnet. Die Konfliktparteien weichen einander aus und reduzieren die →Kommunikation auf ein Minimum. Falls Angriffe durchgeführt werden, sind sie oft nicht gleich wahrnehmbar, sie entfalten ihre schädigende Wirkung schleichend. Die Parteien eines kalten Konfliktes sind tief enttäuscht. Frühere Begeisterungen sind gewichen und werden nun als Illusion interpretiert. Mit der Desillusionierung kommen der Gruppe auch die verbindenden Ideale und Werte abhanden. Zynismus und Sarkasmus sind die Folgen. Kalte Konflikte weisen eine geringe Dynamik auf, alles läuft schwer und stockend. Es entsteht ein Führungsvakuum, denn niemand repräsentiert die Ziele oder Ideen der Gruppe. An die Stelle inhaltlicher Orientierung tritt der Rückzug auf formale Regeln und Abläufe. Das Selbstbild der Parteien ist durch starke Selbstzweifel geprägt. Negativer als sich selbst sehen sie nur noch die Gegenseite.

Demgegenüber sind heiße Konflikte durch ein Übermaß an hitziger →Motivation und Aktivität gekennzeichnet. Die Begeisterung für die eigenen Ziele und Ideen ist groß. Die Gegenseite wird damit direkt konfrontiert und soll überzeugt werden. Nachdem die Richtigkeit der eigenen Ideen als selbstverständlich genommen wird, sollen die anderen bekehrt und somit neue Anhänger angeworben werden. Es geht nicht um den Sieg über die Gegenseite, sondern um die Durchsetzung der eigenen, unhinterfragten Vorstellungen. Es herrscht eine hohe →Gruppenkohäsion. Die Mitglieder der Parteien neigen zur Selbstüberschätzung, was sich in Arroganz und Ignoranz äußern kann, denn die Gegenseite wird nicht ernst genommen.

Konflikte in Organisationen können laut *Staehle* (1999) unterschiedliche Wirkungen nach sich ziehen. Als *negative Konfliktfolgen* werden genannt: Störungen von Arbeitsabläufen und Kommunikation, Vergeudung von Ressourcen, Unzufriedenheit der Akteure, Leistungsrückgang, Emotionalisierung. Dem stellen Proponenten von Konflikten unter anderem folgende *positive Konfliktfolgen* gegenüber: Schärfung des Problembewusstseins, Unterstützung von Veränderungen, Verbesserung von zwischenmenschlichen Beziehungen, von →Kooperation und Förderung der →Persönlichkeitsentwicklung.

Im Personalmanagement sind Konflikte sowohl auf struktureller (Arbeit vs. Kapital), als auch auf interaktioneller (beispielsweise Führungskraft vs. Mitarbeiter) Ebene unvermeidlich und bedürfen der laufenden Handhabung.

Literatur: *Berkel, K.*: Konflikttraining, 8. Aufl., Heidelberg 2005. *Glasl, F.*: Konfliktmanagement, 8. Aufl., Bern etc. 2002. *Kreyenberg, J.*: Konflikt-Management, 2. Aufl., Berlin 2005, S. 16. *Staehle, W. H.*: Management, 8. Aufl., München 1999.

Wolfgang Elsik

Konflikt-Coaching

Form des →Coaching, bei der inhaltlich die Unterstützung bei der Konfliktbearbeitung im Vordergrund steht.

Meist handelt es sich beim Konflikt-Coaching um soziale →Konflikte im beruflichen Umfeld. Zwei zentrale Zielrichtungen sind die Konfliktprophylaxe und die Konfliktbewältigung.

Sabine Remdisch

Konfliktepisode

in Phasen ablaufender Prozess eines →Konflikts.

Eine Konfliktepisode vollzieht sich nach *Pondy* (1967) in folgenden Phasen:

- *Latenter Konflikt*: Als Folge von früheren Konflikt-Episoden und/oder durch das Auftauchen neuer →Konfliktursachen entsteht ein Konflikt, der zunächst nicht offen ausgetragen wird und dessen sich die Parteien auch noch gar nicht bewusst sein müssen, der aber schon unterschwellig das Verhalten der Parteien prägt, indem sie beispielsweise ihren →Handlungsspielraum absichern oder verstärkt um Ressourcen kämpfen.

- *Wahrgenommener Konflikt*: Die Gegensätze und Spannungen rücken in die Aufmerksamkeit der Konfliktparteien. Da es hier um Wahrnehmung geht, kann es auch sein, dass nur eine Partei einen Konflikt „sieht", der sich beispielsweise als Missverständnis entpuppen kann.

- *Erlebter Konflikt*: Die Differenzen werden nicht nur gedanklich (kognitiv) erfasst, sondern auch gefühlsmäßig erlebt und bewertet.
- *Manifester Konflikt*: Die wahrgenommenen und gefühlsmäßig erlebten Spannungen schlagen sich nun in Handlungen nieder, um mit dem Konflikt umzugehen. Das Spektrum der Folgen des Konfliktverhaltens reicht von konsensualer Problemlösung bis gewaltsamen Schädigung der Gegenpartei.
- *Nachwirkungen des Konflikts*: Die Art der →Konflikthandhabung wirkt auf jene Faktoren, die ursprünglich zum latenten Konflikt geführt haben, indem sie zum Beispiel beseitigt, verschoben oder unterdrückt wurden. Damit kann das Ergebnis der abgeschlossenen Konflikt-Episode unter Umständen die Bedingungen schaffen, die latent konfliktär sind und eine neue Konflikt-Episode eröffnen.

Nicht jeder Konflikt muss alle fünf Phasen durchlaufen. Nicht jeder latente Konflikt wird wahrgenommen, nicht jeder wahrgenommene Konflikt führt zu feindseligen Handlungen.

Literatur: *Pondy, L. R.*: Organizational Conflict: Concepts and Models, in: Administrative Science Quarterly, 12. Jg. (1967), H. 2, S. 296–320.

Wolfgang Elsik

Konflikteskalation

Prozess der Intensitätszunahme eines →Konflikts.

Die Gefahr der Eskalation besteht vor allem, wenn ein Konflikt längere Zeit andauert, unter Umständen auch ohne dass das von den Konfliktparteien angestrebt wird. Dieser Prozess verläuft in aller Regel nicht gleichförmig, sondern in bis zu neun Stufen der Eskalation ab, wie *Glasl* (2002) betont. Bei den ersten drei Stufen (*Verhärtung*, *Debatte* und *Taten statt Worte*) befinden sich die Parteien noch in einer Win-Win Situation, in der die →Kooperation die Konkurrenz überwiegt. Stufen vier bis sechs (*Images* und →*Koalitionen*, *Gesichtsverlust*, *Drohstrategien*) kennzeichnen eine Win-Lose Situation, in der Kooperation und Konkurrenz gleichgewichtig sind. Ab Stufe sieben (*begrenzte Vernichtungsschläge*, *Zersplitterung*, *Gemeinsam in den Abgrund*) dominiert die Konkurrenz und der Konflikt stellt eine Loose-Loose Situation für die Beteiligten dar:

1. *Verhärtung*: Die Standpunkte verhärten sich zeitweilig und prallen aufeinander. Das Bewusstsein von der bestehenden Spannung erzeugt aber auch Ausrutscher und Verkrampfungen. Jedoch besteht bei allen die Überzeugung, dass sich die Spannungen noch durch Gespräche lösen lassen. Noch existieren keine starren Parteien oder Lager.

2. *Debatte und Polemik*: Es kommt zu einer Polarisation im Denken, Fühlen und Wollen, zu einem Schwarz-Weiß-Denken. Verbale Konfrontationen nehmen zu, wobei zumindest oberflächlich rationale Argumente im Vordergrund stehen. Die Parteien versuchen im Stil der Debatte mit dem Einsatz rhetorischer bis polemischer Mittel Überlegenheit zu erreichen und den Gegner abzuwerten. Dabei wird versucht, durch „Reden zur Tribüne" Punkte beim Publikum anzusammeln. Das Verhältnis der Parteien zueinander verändert sich. Sie begegnen einander mit Vorbehalten, um sich nicht durch zu große Unbefangenheit Nachteile einzuhandeln. Das aufkommende Misstrauen bei den Parteien geht einher mit einem gesteigerten, leicht arroganten Selbstwertgefühl.

3. *Taten statt Worte*: Die Parteien gewinnen zunehmend den Eindruck, dass sie verbal nichts erreichen können und gehen daher dazu über, Handlungen zu setzen und damit Tatsachen zu schaffen, die den Gegner in Zugzwang bringen. Die Erhöhung der internen Kohäsion (→Gruppenkohäsion) und der damit verbundene Konformitätsdruck schlagen sich in der Verwendung eines spezifischen Jargons nieder, der die eigene Stärke demonstrieren und die andere Partei einschüchtern soll. Dabei treten aber Diskrepanzen zum nonverbalen Verhalten auf, was die Gefahr von Fehlinterpretationen erhöht. Die Typisierung der Gegenseite wird verstärkt.

4. *Sorge um Image und Koalition*: Die soziale Arena wird sprunghaft ausgeweitet. Die Parteien sorgen sich in erster Linie um ihre →Reputation und ihr Image und versuchen, Koalitionen mit Dritten gegen die andere Partei zu schließen. Die Einstellungen der Parteien werden in jeder Hinsicht noch rigoroser, starrer und aggressiver. Die Selbst- und Fremdbeschreibung erfolgt zu-

nehmend nach dem Freund-Feind-Schema. Der Glorifizierung des eigenen Lagers steht die stereotype Bewertung des gegnerischen Lagers gegenüber. Die Schwächen und verwundbaren Stellen der Gegenpartei werden karikierend übertrieben. Durch „dementierbares Strafverhalten" soll die Gegenseite provoziert und zermürbt werden, das heißt die Gegenseite wird so behandelt, wie sie stereotypisch gesehen wird, wobei aber genau darauf geachtet wird, keine Normen zu übertreten. Dadurch wird es der Gegenseite unmöglich, den aggressiven Akt, der „zwischen den Zeilen" liegt, anzusprechen beziehungsweise anzuprangern.

5. *Gesichtsverlust*: Die Konfliktparteien provozieren einen öffentlichen Gesichtsverlust der Gegenseite. Die Einbeziehung der Öffentlichkeit soll dazu dienen, die Gegenseite in ihrem Umfeld zu demaskieren und zu diskriminieren. Die Demaskierung führt letztlich zu einer *Verteufelung* des Gegners und zu einem *Point of No Return*, der eine weitere Beschleunigung der Konfliktereignisse nach sich zieht. Der Gegenpartei werden negative Moral- und Wertorientierungen unterstellt, die der eigenen natürlich weit unterlegen sind. Die Einbeziehung des Publikums führt allerdings oft auch dazu, dass dieses sich angewidert von den Inszenierungen der Konfliktparteien abwendet. Die Konfliktparteien sind vornehmlich mit sich selbst beschäftigt, ein →Dialog scheint nun kaum mehr möglich.

6. *Drohstrategien*: Diese Phase ist durch zunehmendes Gewaltdenken, Drohstrategien und Gewalthandeln gekennzeichnet, wodurch sich sehr rasch das Gewaltpotenzial erhöht. Die Konfliktparteien sind nun kaum mehr zu Konzessionen an die Gegenseite bereit. Sie versuchen, einander mit der Androhung von Vernichtungsmaßnahmen einzuschüchtern und so die Situation unter ihre Kontrolle zu bringen. Schwarz-Weiß-Denken dominiert, Zwischentöne oder Kompromisse werden bei den Forderungen oft dezidiert ausgeschlossen. Drohungen provozieren in der Regel Gegendrohungen, so dass der Stresspegel auf beiden Seiten deutlich ansteigt.

7. *Begrenzte Vernichtungsschläge*: Durch die gezielte Verwirklichung von Drohungen wird das Sicherheitsgefühl der Parteien erschüttert. Sie nehmen einander nur noch als Behinderung auf dem Weg zu einer Problemlösung wahr und trauen einander mittlerweile alles zu. Dies rechtfertigt in den Augen der Parteien die gezielte Schädigung zentraler gegnerischer Ressourcen. Damit wird es aber auch wichtig, die eigene Existenzsicherung im Auge zu behalten. Eine Lösung des Konflikts mit der Gegenseite wird praktisch nicht mehr für möglich gehalten. Gleichzeitig setzt sich auch die Erkenntnis durch, dass es in der Sache nichts zu gewinnen gibt, so dass es nur mehr darum geht, einen „Sieg" des Gegners durch dessen Entmachtung zu verhindern. Schläge und Gegenschläge wechseln in rascher Abfolge einander ab, die Eskalation wird beschleunigt.

8. *Zersplitterung*: Waren die Vernichtungsschläge bislang noch gezielt und dosiert, so geht es nun um die Zerstörung der Macht- und Existenzgrundlage des Gegners. Ziel ist die Auflösung (Zersplitterung) des gegnerischen Lagers. Die dadurch zum Ausdruck kommende Destruktionslust ist jedoch noch nicht ungerichtet, denn das eigene Überleben soll gesichert werden.

9. *Gemeinsam in den Abgrund*: Nun ist der Krieg jeder gegen jeden ausgebrochen. Es wird nicht mehr zwischen Gegnern und neutralen Dritten unterschieden. Eine Umkehr erscheint unmöglich, die Brücken sind ein für alle mal abgebrochen. Alle verfügbaren Ressourcen werden in die Schlacht geworfen, die Parteien befinden sich auf totalem Kollisionskurs. Zwar wissen alle, dass sie auf den Abgrund zutreiben, trösten sich jedoch damit, dass sie dabei den Gegner mitreißen und so seinen Sieg verhindern können.

Mit jeder Stufe wird das verfügbare Handlungsrepertoire der Beteiligten immer weiter eingeengt und die Eigendynamik des Geschehens verstärkt.

Literatur: *Glasl, F.*: Konfliktmanagement, 8. Aufl., Bern etc. 2002.

Wolfgang Elsik

Konflikthandhabung

→Strategien zum Umgang mit →Konflikten.

Da Konflikte in →Organisationen nicht endgültig gelöst werden können, ist Konflikthandhabung zutreffender als Konfliktlösung. Konflikthandhabung ist Teil des Konfliktmanagements, das als zielorientierte und bewusste Steuerung von Konflikten auch die Konfliktprophylaxe und die Nutzung von Konfliktfolgen umfasst.

Die in der Praxis vielfältigen Formen der Konflikthandhabung lassen sich nach *Schwarz* (2003) auf sechs Grundmuster zurückführen, die auf jeweils höheren Entwicklungsstufen stehen:

Die entwicklungsgeschichtlich früheste Form des Umgangs mit Konflikten ist die *Flucht*. Hier wird der Konflikt durch Rückzug vermieden, weil die Gegenseite übermächtig oder der Konfliktgegenstand unwichtig ist. Ist Flucht nicht möglich, so stellt *Kampf (Konkurrenz)* und *Vernichtung* die nächsthöhere Form dar. Am Ende gibt es Gewinner und Verlierer. Diese Strategie ist dann ratsam, wenn der Zeit- und Leidensdruck groß ist und die →Qualität der Beziehung zur anderen Partei keine Rolle spielt oder im Vergleich mit dem Konfliktgegenstand als sekundär betrachtet wird. Die Vernichtung der Gegenseite ist ziemlich kostspielig, da damit auch wertvolle Ressourcen verloren gehen. Deswegen hat sich als nächste Konfliktstrategie die *Unterwerfung (Unterordnung)* etabliert. Der Verlierer rettet sein Leben (als Sklave) und der Gewinner kann ihn für seine Zwecke nutzen. In modernen Organisationen stellt die →Hierarchie das institutionalisierte Muster der (vorsorglichen) Konflikthandhabung durch Unterwerfung dar.

Durch Hierarchie wurde ein weiteres Muster gefördert, die →*Delegation*. Die Konfliktparteien delegieren den Konflikt an eine am Konflikt nicht beteiligte Autorität (→Macht) und akzeptieren deren Richtspruch. Die Vorteile liegen darin, dass der Dritte vermittelt und möglicherweise so eine Lösung findet, dass die →Kooperation und →Kommunikation zwischen den Konfliktparteien aufrechterhalten bleibt, und dass durch den Perspektivenwechsel unter Umständen Lösungsmöglichkeiten sichtbar werden, die auf der niedrigeren Ebene der Konfliktparteien nicht zugänglich waren. Der Nachteil liegt darin, dass sich die Konfliktparteien in eine Abhängigkeitsposition begeben und keine Konfliktlösungskompetenz entwickeln.

Beim *Kompromiss (Teileinigung)* stellt dagegen eine selbstbestimmte Form Konflikthandhabung dar. Die Qualität des Kompromisses (*guter* vs. *fauler* Kompromiss) bemisst sich daran, inwieweit wichtige und große Teile des Konfliktes berücksichtigt sind. Die höchste Form der Konflikthandhabung stellt der *Konsens* dar. Im Unterschied zum Kompromiss geht es dabei nicht um eine Teileinigung, bei der beide Seiten Abstriche machen müssen, sondern um das zeitaufwendige Finden einer neuen, gemeinsamen Lösung, in der die Interessen beider Seiten zum Tragen kommen. Dazu ist es nötig, dass alle Beteiligten den Konsens wollen und bereit sind, durch Verlassen der bisherigen Wege die Chance zu erhöhen, zu neuen, integrativen Lösungen zu kommen.

Die Wahl der Umgangsform hängt nicht nur vom eigenen Repertoire, sondern auch dem der anderen Beteiligten ab. Zum Kämpfen, Unterwerfen, Delegieren und (Teil-)Einigen gehören (mindestens) zwei.

Literatur: *Schwarz, G.*: Konfliktmanagement, Wiesbaden 2003.

Wolfgang Elsik

Konfliktlösungsgespräch

besonders in den frühen Phasen eines →Konfliktverlaufs mögliches Gespräch zwischen den Konfliktparteien (und gegebenenfalls unter Mitwirkung eines neutralen Ditten), das nach *Berkel* (2005) darauf abzielt, den →Konflikt zu lösen beziehungsweise eine weitere Eskalation zu verhindern.

Zweck des Konfliktlösungsgespräches ist es, dass die Parteien den Konflikt soweit unter Kontrolle bekommen, dass eine weitere Zusammenarbeit zwischen ihnen möglich wird. Das Gespräch läuft in den drei Hauptphasen Vorbereitung, Durchführung und Nachbereitung ab, wie *Kreyenberg* (2005) näher beschreibt:

1. Als *Vorbereitung* auf das Gespräch sollten die Parteien zunächst ihre Emotionen (→Aktionstheorie der Motivation) in den Griff bekommen, da ansonst eine konstruktive Auseinandersetzung kaum möglich ist. Des Weiteren sind im Vorfeld zu klären, welche Ziele sie jeweils im Gespräch und im Konflikt erreichen wollen, welche Gesprächsstrategien sie einsetzen wollen, wie auf verschiedene Gesprächsstrategien der Gegenseite reagiert werden soll und wo die eigene Schmerzgrenze im Bezug auf Konzessionen liegt.

2. Bei der *Durchführung* des Gespräches ist auf den passenden Rahmen zu achten (geeigneter Ort, störungsfrei, kein Zeitdruck). Nach der Begrüßungs- und Anwärmphase sollten alle Beteiligten die Gelegenheit er-

halten, ihre Sicht des Konfliktes darzulegen (bspw. Ursachen oder bisheriger Verlauf), bevor die Diskussion beginnt. Hilfreich für eine Beruhigung ist es, wenn Gemeinsamkeiten erkannt und Fehler eingestanden werden. Danach kann die gemeinsame Suche nach einer sachlichen Lösung beginnen. In aller Regel sind dabei sowohl der aktuelle Vorfall zu lösen, als auch strukturelle Vorkehrungen zu treffen, um das Entstehen eines gleichen oder ähnlichen Konfliktes für die Zukunft weniger wahrscheinlich zu machen. Im positiven Fall kommen die Parteien zu einer Vereinbarung, die ihren jeweiligen zentralen Interessen nicht widerspricht, die klar, eindeutig und widerspruchsfrei ist, die konkrete Umsetzungsmaßnahmen sowie Sanktionen bei Nichtbefolgung enthält.

3. In der *Nachbereitung* des Konfliktlösungsgesprächs müssen die Beteiligten die gefundene Lösung zunächst persönlich verarbeiten, denn der Konflikt ist mit der Vereinbarung einer Sachlösung nicht automatisch emotional beendet. Außerdem gilt es, die Umsetzung der Lösung durchzuführen und ihre Einhaltung zu überwachen, um im Abweichungsfall frühzeitig intervenieren zu können.

Das Konfliktlösungsgespräch steht als Instrument verschiedenen Akteuren des →Personalmanagements zur Verfügung. Führungskräfte können es als Führungsinstrument nutzen, um Konflikte zwischen den Geführten, aber auch zwischen den Geführten und ihnen selbst zu thematisieren und gegebenenfalls zu schlichten. Im zweiten Fall kann es ratsam sein, dass an dem Gespräch auch jemand aus der →Personalabteilung als Konfliktberater oder Mediator teilnimmt.

Literatur: *Berkel, K.*: Konflikttraining, 8. Aufl., Heidelberg 2005. *Kreyenberg, J.*: Konflikt-Management, 2. Aufl., Berlin 2005.

Wolfgang Elsik

Konfliktlösungssystem

aus einer Reihe von institutionalisierten Praktiken und →Strategien bestehende Methode zum Umgang mit →Konflikten, sei es innerhalb einer →Organisation oder zwischen mehreren Organisationen

Das *Ziel* von Konfliktlösungssystemen ist die Umwandlung der Konflikte in Lösungen. Einen Einblick geben *Ury, Brett* und *Goldberg* (1991).

Die Qualität dieser Konfliktlösungen des Systems können anhand von vier Kriterien beurteilt werden:

1. *Transaktionskosten* (→Transaktionskostentheorie): Wie viel Zeit und Geld erfordert diese Lösung?
2. *Zufriedenheit mit dem Ergebnis*: In welchem Ausmaß werden die Interessen der Konfliktparteien erfüllt? Wird der Ablauf der →Konflikthandhabung als gerecht angesehen?
3. *Auswirkungen auf die Beziehung*: Wie wirkt die Lösung langfristig auf die →Kooperationsbereitschaft der Parteien?
4. *Neuaufflammen der Konflikte*: Wie dauerhaft ist die Konfliktlösung?

Diese vier Kriterien sind miteinander verbunden und bilden insgesamt die Kosten des Konflikts. Welche Strategie zum Einsatz kommt, hängt von den vier Einflussfaktoren der verfügbaren Strategien, der Motivation der Parteien, der Fähigkeiten der Parteien und der verfügbaren Mitteln ab.

Um ein Konfliktlösungssystem zu entwerfen (oder ein bestehendes zu verbessern), das im Konfliktfall zu kostengünstigen, zufrieden stellenden und dauerhaften Lösungen führt, haben sich folgende sechs Grundregeln als nützlich erwiesen:

1. *Beachtung der Interessen der Parteien*: Maßnahmen zur Förderung eines →Interessenausgleichs setzen bei den vier oben genannten Einflussfaktoren an. Erstens sind Verfahren zu entwickeln, die die jeweiligen Interessen herausstellen. Ein Beispiel dafür ist die Einführung einer Verhandlungsstrategie, durch die im Vorhinein festgelegt wird, wann Verhandlungen stattfinden, wer daran teilnimmt und was im Falle einer Nichteinigung passiert. Ein anderes Beispiel sind mehrstufige Verhandlungen, bei denen Konflikte, die auf einer unteren Ebene nicht beigelegt werden können, auf der jeweils nächsthöheren Ebene mit anderen Akteuren weiterverhandelt werden. Zweitens sind Maßnahmen zu treffen, um die Motivation der Parteien zu fördern und in interessenorientierte Verhandlungen zu treten. Dazu zählen die Schaffung vieler Anlaufstellen, die Ausstattung der Unterhänd-

ler mit Vollmachten (es ist frustrierend, mit jemandem zu verhandeln, der keine Entscheidungsbefugnisse hat), das Unterbinden von Vergeltungsmaßnahmen und das Initiieren von direkten Begegnungen der Parteien (die möglicherweise nur deswegen nicht in Verhandlungen gehen, weil sie befürchten, das könnte ihnen als Zeichen der Schwäche ausgelegt werden). Nachdem Wollen alleine nicht ausreicht, sind – drittens – die Fähigkeiten und Fertigkeiten der Parteien zur konstruktiven Konflikthandhabung durch entsprechende Qualifizierungsmaßnahmen zu fördern. Viertens benötigen die Parteien auch über entsprechende Hilfsmittel im Sinne der Bereitstellung von Unterstützern wie Ombudsleute oder Mediatoren.

2. *Einrichtung von Loop Backs, durch die die Parteien immer wieder an den Verhandlungstisch geführt werden*: Im Falle einer juristischen Auseinandersetzung werden hier laufend →Informationen über Verlauf und Ergebnis ähnlich gelagerter Fälle eingespielt, so dass die Parteien den wahrscheinlichen →Konfliktverlauf besser abschätzen und vor diesem Hintergrund eine kostengünstige Lösung anstreben können. Im Falle einer Auseinandersetzung um Machtpositionen sollen geplante Abkühlungsphasen, Krisenverhandlungen oder Intervention durch Dritte die Parteien von einem Machtkampf abhalten und zur Aufnahme beziehungsweise Weiterführung von Verhandlungen ermutigen.

3. *Bereitstellung von kostengünstigen Verfahren zur Bestimmung der Rechts- beziehungsweise Machtpositionen*: Bei Rechtsstreitigkeiten handelt es sich um verschiedene Schlichtungs- oder Schiedsverfahren als Alternative zu kostspieligen Gerichtsverfahren. Im Unterschied dazu können Machtpositionen Kosten sparend durch Wahl von Delegierten mit Verhandlungsmandat, durch begrenzte Streiks wie Warnstreiks oder Demonstrationen und durch Abkommen über zulässige Mittel der Konfliktaustragung (bspw. kein atomarer Erstschlag) bestimmt werden.

4. *Beratung und →Feedback als vorbeugende Maßnahmen*: Die Ankündigung von geplanten Maßnahmen und deren Beratung mit der anderen Partei kann Missverständnisse oder Interessengegensätze klären und so verhandelbar machen. Nach erfolgreicher Konfliktbewältigung soll durch Analyse von Konfliktverlauf und -ergebnis gelernt und somit eine Wiederholung vermieden werden. Eine Möglichkeit dafür ist die Einrichtung von Foren, bei denen die Parteien regelmäßig den bisherigen Prozess analysieren und weiteres Vorgehen beraten.

5. *Anordnen der Strategien im Sinne einer Konfliktlösungsleiter*: Am kostengünstigsten sind Verfahren zur Vermeidung von Konflikten wie etwa Ankündigung und Beratung, Analyse und Feedback oder Foren. Führt dies nicht zum Erfolg, so sollten interessenorientierte Verfahren eingesetzt werden, beispielsweise mehrstufige Verhandlungen oder Schlichtungsverfahren. Danach sind Verfahren zu empfehlen, die an den Verhandlungstisch führen (*Loop Backs*). An der Spitze der Leiter stehen kostengünstige Verfahren zur Ermittlung von Rechts- und Machtpositionen.

6. *Förderung von Motivation, →Qualifikation und Ressourcen*: Die bloße Existenz von Strategien zur Konflikthandhabung reicht nicht aus, die Parteien müssen auch motiviert und fähig sein, sie anzuwenden.

Die Methode stellt eine Weiterentwicklung des so genannten →Harvard-Konzeptes zum Konfliktmanagement dar (vgl. *Fisher, Ury* und *Patton* 2004) und hat sich als nützlich für diverse betriebliche und überbetriebliche Konflikte erwiesen.

Literatur: *Fisher, R.*; *Ury, W. L.*; *Patton, B.*: Das Harvard-Konzept. Der Klassiker der Verhandlungstechnik, 22. Aufl., 2004. *Ury, W. L.*; *Brett, J. M.*; *Goldberg, S.B.*: Konfliktmanagement. Wirksame Strategien für den sachgerechten Interessenausgleich, Frankfurt a. M. 1991.

Wolfgang Elsik

Konfliktorientierter Ansatz

liegt vor, wenn strukturelle Interessensgegensätze zwischen Unternehmensmanagement und Mitarbeitern herrschen.

Nach *Marr* und *Stitzel* (1979) betrachtet dieser Ansatz die gesamte Personalwirtschaft (→Personalmanagement) aus der Konfliktperspektive und geht von einem grundlegenden und letztlich nicht auflösbaren Interessengegensatz zwischen den beiden Produktionsfaktoren Kapital und →Arbeit aus.

Damit stellen →Konflikte ein konstitutives, unausweichliches Merkmal von →Organisationen dar, von denen sowohl funktionale als

Konfliktstile

auch dysfunktionale Wirkungen ausgehen können. Dem Personalmanagement kommt dann die Aufgabe zu, diese Konflikte im Sinne eines →Interessenausgleichs zwischen ökonomischen (Kapital-)Zielen und sozialen (Mitarbeiter-) Zielen zu handhaben. Im konfliktorientierten Ansatz werden verschiedene Gestaltungsfelder unterschieden, auf denen jeweils divergierende Interessen und Zielsetzungen zu managen sind:

- Stellenbesetzung,
- →Arbeitsstrukturierung,
- Wertschöpfungsverteilung,
- soziale Beziehungen zwischen den Mitarbeitern untereinander und zwischen →Führungskräften und Mitarbeitern sowie
- →Koordination personalwirtschaftlicher Einzelmaßnahmen.

Der Ansatz greift mit Konflikt ein Basismerkmal von Organisationen auf und führt zu einer systematischen Analyse von sonst oft zusammenhanglos nebeneinander behandelten Handlungsfeldern. Das darf jedoch nicht darüber hinwegtäuschen, dass auch ein konfliktbewusstes Personalmanagement die bestehenden Konflikte nicht (vollständig) aufzulösen vermag.

Literatur: *Marr, R.*; *Stitzel, M.*: Personalwirtschaft, München 1979.

Wolfgang Elsik

Konfliktstile

konsistentes und zeitlich überdauerndes Verhaltensmuster im Umgang mit →Konflikten.

Die Konfliktparteien können unterschiedliche Handlungen setzen, um mit dem Konflikt umzugehen. Dabei können nach *Blake*, *Shepard* und *Mouton* (1964) grundsätzlich drei Situationen unterschieden werden:

1. Ist der Konflikt *unumgehbar und ein →Interessenausgleich unmöglich*, so werden die Akteure in *Gewinn-Verlust-Machtkämpfe* treten, wenn für sie viel auf dem Spiel steht. Bei geringerem Einsatz akzeptieren sie ein *Drittparteienurteil* (Schlichtung) oder sogar ein *Zufallsurteil*.

2. Ist der Konflikt *umgehbar und ein Interessenausgleich nicht möglich*, so werden sich die Parteien bei hohen Einsätzen zurückziehen per Austritt, →Versetzung oder →Pensionierung, um einen Konfliktausbruch zu verhindern. Wenn für sie nicht so viel auf dem Spiel steht, gehen sie in die *Isolation*, was bedeutet, dass sie die Kommunikationsbeziehungen zur anderen Partei vermindern, oder dass sie den Konflikt bewusst (*Indifferenz*) oder unbewusst (*Ignoranz*) verneinen.

3. Ist der Konflikt *unumgehbar und ein Interessenausgleich möglich*, so suchen die Parteien bei wichtigen Themen nach einer Problemlösung, das heißt einer abschließenden Lösung des Konfliktes auf dem Verhandlungsweg, beispielsweise durch Kollektivvertragsverhandlungen. Bei weniger wichtigen Inhalten können sie sich mit einer *Teilung des Streitwertes* zufrieden geben, oder gar auf die Realisierung ihrer Interessen zugunsten einer intakten Beziehungsebene verzichten (*friedliche Koexistenz*).

In Analogie zu →Führungsstilen können diese Handhabungsformen zu Konfliktstilen gruppiert werden. Hintergrund gemäß *Thomas* (1976) sind die beiden Dimensionen (A) „Wunsch nach Befriedigung eigener Interessen" und (B) „Wunsch nach Befriedigung gemeinsamer Interessen":

- Ist A und B hoch, so wird eine *kooperative Konfliktlösung* gesucht. Ist A gering und B hoch, führt das zum *Nachgeben* und *Anpassung* an die Gegenseite.

- Im umgekehrten Fall (A hoch und B niedrig) wird die Partei *kämpfen* und der Gegenseite die eigenen Interessen *aufzuzwingen* versuchen.

- Ist weder A noch B stark ausgeprägt, so erfolgt *Rückzug* und *Verzicht* auf die Realisierung eigener Interessen.

- Ist A und B mittelmäßig ausgeprägt, werden die Konfliktparteien nach einem für beide Seiten tragbaren *Kompromiss* suchen.

Die Wahl eines Konfliktstiles hängt neben der Umgehbarkeit des Konfliktes, der Möglichkeit zum Interessenausgleich und dem Wunsch, eigene oder fremde Interessen zu befriedigen auch von persönlichen und emotionalen Merkmalen der Konfliktparteien (Risikoaversion, Konfrontationsneigung) ab.

Literatur: *Blake, R.R.*; *Shepard, H.A.*; *Mouton, J.S.*: Managing Intergroup Conflict in Industry, Houston 1964. *Thomas, K.W.*: Conflict and Conflict Management, in: *Dunette, M.D.* (Hrsg.): Handbook of Industrial and Organizational Psychology, Chicago 1976, S. 889–935.

Wolfgang Elsik

Konfliktursachen

Faktoren, welche die Auftretenswahrscheinlichkeit von →Konflikten erhöhen.

Bei einer →Befragung deutscher →Arbeitnehmer wurden nach *Regnet* (1992) – nach Häufigkeit gereiht – folgende Ursachen
- gegenseitige Abhängigkeit,
- unzureichende →Kommunikation,
- Gefühl (→Emotionalität), ungerecht behandelt zu werden,
- unklare Verantwortlichkeiten,
- wenig Gebrauch von konstruktiver Kritik,
- Misstrauen,
- unvereinbare Persönlichkeiten und Einstellungen,
- Kämpfe um →Macht und Einfluss,
- Groll,
- Ärger,
- Empfindlichkeit,
- Mitgliedschaft in unterschiedlichen Organisationseinheiten,
- Auseinandersetzungen über Zuständigkeiten,
- Belohnungssysteme,
- Gesichtsverlust sowie
- Wettbewerb um knappe Ressourcen

für Konflikte in →Organisationen genannt. Bei Betrachtung dieser Liste wird deutlich, dass beinahe alles einen sozialen Konflikt auslösen kann. Daher ist eine erschöpfende Auflistung von Konfliktursachen nicht möglich. Außerdem kann ein und derselbe Faktor in einem Fall zum Konflikt führen, im anderen nicht, weswegen es sinnvoller ist, vom *Konfliktpotenzial* zu sprechen. Um dennoch etwas Systematik in die Darstellung jener Faktoren zu bringen, die das Auftreten von Konflikten wahrscheinlicher machen, wird im Folgenden zwischen den objektiven Bedingungen der Organisation einerseits und den subjektiven Merkmalen der Akteure andererseits unterschieden.

Zu den *objektiven* Einflussfaktoren des Konfliktpotenzials zählen folgende Faktoren:

- *Werte,* →*Visionen, Ziele*: Sie können als klar oder unklar, widerspruchsfrei oder umstritten, Konsens oder Diktat, verbindlich oder Lippenbekenntnis definiert werden.
- →*Organisationsstruktur*: Hierzu zählen Kommunikationsmöglichkeiten, Abgrenzung von →Kompetenzen und Verantwortungsbereichen, Macht- und Statusunterschiede, Qualifikationsunterschiede sowie Aufstiegs- und Entwicklungsmöglichkeiten.
- *Normen und Regeln als Entscheidungsrichtlinien*: Hierunter fallen der Bekanntheitsgrad, flexible oder rigide Handhabung sowie Folgen der Abweichung.
- *Mittel und Ressourcen*: Dazu zählen Knappheit der finanziellen, materiellen und personellen Ressourcen.
- *Aufgaben und Arbeitsabläufe*: Faktoren sind Strukturiertheit, Motivationspotenzial und Entwicklungspotenzial (→Entwicklungsplanung) der Aufgaben sowie verfügbare Handlungsspielräume.

Die *subjektiven* Determinanten des Konfliktpotenzials umfassen:

- *Persönliche Merkmale der Akteure*: Hierzu zählen beispielsweise →Flexibilität, Kommunikationsfähigkeit, →Ambiguitätstoleranz oder Aggressivität.
- *Einstellungen und Motive*: Die Faktoren →Kooperation oder Konflikt, →Vertrauen oder Misstrauen, →Loyalität, →Leistungsbereitschaft und →Identifikation werden hierzu gezählt.
- *Wahrnehmungen und Kenntnisse*: Fähigkeiten zur Diagnose der (Konflikt-)Situation und der Konfliktparteien.
- *Verhaltensweisen*: Hierunter fallen die Breite und Flexibilität von verbalen und nonverbalen Verhaltensweisen (Arbeits- und →Führungsverhalten, Kommunikation).
- *Beziehungen*: Unter anderem Interdependenz oder (A-)Symmetrie.

Diese Faktoren können als Ansatzpunkte sowohl für Konfliktvorbeugung, als auch für Konfliktinterventionen dienen.

Literatur: *Berkel, K.*: Konflikte in und zwischen Gruppen, in: *von Rosenstiel, L.; Regnet, E.; Domsch, M.* (Hrsg.): Führung von Mitarbeitern, 2. Aufl., Stuttgart 1993, S. 331–343. *Regnet, E.*: Konflikte in Organisationen, Göttingen 1992.

Wolfgang Elsik

Konfliktverlauf

zeitliche Abfolge von einzelnen Phasen in der Konfliktentwicklung.

Nach *Thomann* und *Stegemann* (2004) erfolgt der Verlauf eines →Konflikts häufig in folgenden Phasen:

- *Anbahnung*: Der Konflikt schwelt latent, die Konfliktparteien nehmen ihn zunächst nur als Missstimmung oder Unwohlsein wahr.

- *Rationalisierung*: Der Konflikt ist an der Grenze von verdeckt und offen. Die Parteien bemühen sich, auf der Sachebene zu bleiben und vernünftige Argumente auszutauschen. Dieser Prozess ist aber recht zäh und zeigt wenige Fortschritte. Hinter den Kulissen bahnt sich entweder die Emotionalisierung an, oder beginnende negative Gefühle (→Emotionalität) werden bagatellisiert, um den offenen Ausbruch des Konfliktes zu verhindern.

- *Emotionalisierung*: Der unterdrückte Frust und Ärger erhöhen den Druck, der sich gelegentlich auch in einzelnen Ausbrüchen manifestiert. Der Konflikt tritt in seine heiße Phase.

- *Offener Kampf* oder *Rückzug/Verhärtung*: Der manifeste Konflikt kann nun entweder zur offenen Konfrontation mit unterschiedlichen Ergebnissen führen, oder die Parteien ziehen sich zurück, die Fronten verhärten sich und führen den Konflikt kalt weiter.

Dieses Phasenmodell ist idealtypisch. Im Einzelfall kann es auch zum Überspringen von Phasen oder zum Rückfall in eine frühere Phase kommen.

Literatur: Thomann, C.; Stegemann, W.: Klärungshilfe 2. Konflikte im Beruf, Reinbeck 2004.

Wolfgang Elsik

Konjunkturabhängiges Personalmanagement

Personalarbeit (→Personalmanagement), die konjunkturelle Auf- und Abschwünge sowie die damit verbundenen gesamtwirtschaftlichen Auf- und Abschwünge der Nachfrage berücksichtigt.

Wesentlich für ein konjunkturabhängiges Personalmanagement ist die Regelmäßigkeit des Auftretens konjunktureller Schwächephasen. Der wiederkehrende Charakter ermöglicht eine frühzeitige →Integration in langfristige und strategisch ausgerichtete Unternehmensführungsentscheidungen.

Ein konjunkturabhängiges Personalmanagement berücksichtigt die Kenntnis von Auf- und Abschwüngen und umfasst nach *Scholz* (1984) die folgenden Aktionsfelder:

- *Antizipatives →Personalmanagement*: Antizipative Maßnahmen basieren auf der Erkenntnis, dass Rezessionen begrenzt vorhersehbar sind. Daraus folgt, dass bereits in Zeiten des Aufschwungs Kapazitäten so flexibel aufgebaut werden, dass sie im Abschwung problemlos wieder reduzierbar sind. Voraussetzungen sind in erster Linie flexible →Arbeitszeitmodelle, die Nutzung von Fremdanbietern, befristete →Arbeitsverträge und ein konsequentes, strategisch ausgerichtetes →Personalcontrolling. Ferner müssen Mitarbeiter hinsichtlich ihrer Fähigkeiten (→Qualifikation), ihrer Arbeitsmotivation (→Motivation) und Interessen flexibel einsetzbar sein. Dies gilt es, beispielsweise schon in der Einstellungsphase mit den Mitarbeitern zu klären.

- *Transitives Personalmanagement*: Transitive Maßnahmen richten sich auf die Zeiten des Aufschwungs nach der Rezession. In der Rezession bedeutet dies vor allem, die vorher identifizierten Leistungsträger zu motivieren und zu binden und mit den notwendigerweise ausscheidenden Mitarbeitern fair umzugehen, um imageschädigende Wirkungen auf dem →Arbeitsmarkt zu vermeiden. Wer in Abbauprozessen das Image eines unfairen Umgangs mit Mitarbeitern erwirbt, wird im Aufschwung Probleme bei der Gewinnung von →High Potentials und Leistungsträgern am externen Arbeitsmarkt haben. Ist nicht genügend Geld für Personalentwicklungsmaßnahmen vorhanden, so kann doch mit Mitarbeitern an Konzepten der eigeninitiierten Weiterqualifizierung gearbeitet werden, die dann zum Beispiel teilweise oder ganz während der →Arbeitszeit wahrgenommen werden kann.

- *Reaktives Personalmanagement*: Reaktive Maßnahmen betreffen die Zeit des konkreten Abschwungs, nach Möglichkeit aber vor Eintritt der Rezession selbst. Bei entsprechend vorbereitenden Maßnahmen im antizipativen Management werden die aufgebauten Kapazitätspuffer plangerecht abgebaut und nur im Notfall noch auf darüber hinausgehenden Stellenabbau zurückgegriffen. Bei entsprechender Vorbereitung ist der Zeitdruck weniger akut und es kann dann ein entsprechend breiteres Spektrum von Maßnahmen zum Einsatz kommen mit wiederum besserer →Sozialverträglichkeit.

Erfolgreiches →Personalmanagement in der Rezession setzt daher eine professionelle Gestaltung der Personalarbeit sowohl vor als auch nach dem konjunkturellen Abschwung voraus.

Literatur: *Scholz, C.*: Strategisches Rezessionsmanagement, in: Harvard Manager, 6. Jg. (1984), H. 1, S. 16–28.

Annette Nagel

Konstruktivismus

lerntheoretischer Ansatz, der darauf basiert, dass der Mensch eine Wahrnehmung der (Um-) Welt über die aktive Verarbeitung gewinnt.

Kerres (2001) nimmt grundsätzlich an, dass die Wirklichkeit von Menschen individuell erfahren wird, wobei sich jeder einzelne seine individuelle Wissensstruktur aufbaut. *Mandl* (2006) sieht konstruktivistisches →Lernen unter anderem als einen aktiven Prozess an, in dem neues →Wissen in Beziehung zu früheren Erfahrungen in realen und subjektiv empfundenen Lebenssituationen konstruiert wird. Im Ansatz des gemäßigten Konstruktivismus finden sich die vorgenannten Überlegungen wieder. Gekennzeichnet ist dieser zusätzlich dadurch, dass traditionelle Elemente der Wissensvermittlung mit Konstruktionsleistungen der Lernenden verbunden werden. Lernen im gemäßigten Konstruktivismus wird nach *Dubs* (1995) als ein aktiver, selbstgesteuerter, sozialer und situativer Prozess verstanden, für den gleichwohl Anleitung, Unterstützung und auch Instruktion unerlässlich sind.

→Informationen werden in konstruktivistisch geprägten Lernumgebungen nicht einfach an den Lernenden zwecks Vereinnahmung weitergereicht. *Bransford et al.* (2000) führen in der Studie „How People Learn" aus, dass im Verarbeitungsprozess des Lernenden das Vorwissen mit dem Handlungsrahmen der aktuellen Situation strukturiert zu koppeln ist. Handlung wird als bewusstes Einsetzen von Maßnahmen, Informationen und Objekten verstanden, um einen Zielzustand beziehungsweise ein Ergebnis zu erreichen. Die angestrebte Erweiterung des Wissens kann mithilfe des *situierten Ansatzes* geschehen. In einer solchen Lernsituation, die durch authentische Aktivitäten der Lernenden und der Präsentation multipler Perspektiven beziehungsweise Probleme gekennzeichnet ist, wird ein komplexer sozialer Realitätsausschnitt geschaffen. Der Lernende wird dann nach *Bremer* (2002) bei der Wissensvermittlung primär befähigt, selbstständig und flexibel Problemlösungen herbeizuführen, indem er sich die notwendigen Informationen (teilweise) selbst beschafft und erarbeitet. Voraussetzung auf Seiten des Lernenden ist es jedoch, dass eine gewisse Basis an Vorwissen vorhanden ist, um solche Lernprozesse erfolgreich durchlaufen zu können.

Werden individuelle Lernprozesse zentral betrachtet, rückt der Lernende in den Mittelpunkt und es dominiert nicht, wie in den anderen →Lerntheorien, die objektive Wissensvermittlung. Die Lehrperson nimmt in konstruktivistischen Lernarrangements nicht die Funktion des Wissensvermittlers ein. *Baumgartner* und *Payr* (1994) definieren die →Rolle des Lehrenden als →Coach oder →Trainer, welcher insbesondere motivierende und unterstützende Aufgaben im →Lernprozess wahrnehmen soll.

Der Konstruktivismus wird auch als das Lernen durch Erleben und Interpretation bezeichnet. Um diesen Anspruch zu genügen, müssen Lernumgebungen wesentlich komplexer gestaltet werden als bei behavioristischen oder kognitivistischen Ansätzen. Lernmaterialien und -szenarien, die den wesentlichen →Anforderungen des Konstruktivismus entsprechen, bezeichneten bereits *Achtenhagen et al.* (1992) als mehrdimensionale Lehr- oder Lernarrangements, die im weiteren Verlauf von vielen Stellen zu komplexen *Lehr- und Lernarrangements* (KLLA) weiterentwickelt wurden. KLLA beinhalten neben einer netzwerkartigen Struktur von Zielen und Inhalten längere Lernsequenzen und umfangreiche Methoden zur Wissensvermittlung (Erscheinungsformen bzw. Elemente sind Planspiele, Fallstudien, Leittexte oder arbeitsanaloge Lernaufgaben). Die enthaltenen Lernsituationen sollten nach *Mandl et al.* (2002) in einer Form gestaltet werden, dass sie späteren realen Anwendungssituationen möglichst ähnlich sind. Weiterhin berücksichtigen sie Probleme des Lehrens und Lernens, die beim Anwenden des Arrangements auftreten. Um soziale →Kompetenz zu fördern, wird der Einsatz verschiedener Kommunikationsmechanismen

Konstruktivismus

propagiert, um die Arbeit in →Gruppen zur Förderung der Sozialkompetenz und →Persönlichkeitsentwicklung zu ermöglichen.

Eine beispielhafte Konzeptionsmöglichkeit für eine Umsetzung eines KLLA nach konstruktivistischen Leitideen ist der *Anchored Instruction-Ansatz*. In diesem von der *Vanderbilt Gruppe* (1990) entwickelten Ansatz gilt es, einen Anker beziehungsweise Auslöser zu schaffen, der die Aufmerksamkeit beim Lernen steuert und motivierend auf die Lernaktivitäten wirkt. Dies kann beispielsweise durch eine Geschichte erreicht werden, die mit einer oder mehreren Problemsituationen endet, welche die Schüler mithilfe der im Verlauf der Geschichte positionierten Informationen lösen müssen.

Bei der didaktischen Modellierung eines KLLA nach dem Anchored Instruction-Ansatz sind unterschiedliche →Wissensarten zu berücksichtigen. Diese sind bereits im Rahmen des Kognitivismus hergeleitet worden und werden an dieser Stelle durch das strategische Wissen erweitert. Ist beispielsweise dem Lernenden bewusst, zu welchem Zeitpunkt bestimmte Handlungen vorzunehmen sind, verfügt er über entsprechendes strategisches Wissen. Dieses Wissen wird durch mentale Modelle repräsentiert, mit denen reale Probleme aufgenommen und verarbeitet werden. Entsprechende deklarative und prozedurale Wissensbestände integriert *Achtenhagen* (2003) in einer Form, um in einer spezifischen Situation zielgerichtete Anwendungen stattfinden zu lassen, die Prozesse des vertiefenden Verständnisses ermöglichen.

Ein weiterer Ansatz für die konstruktivistische Gestaltung von Lehr- und Lernkonzepten ist das von *Collins, Brown* und *Newman* (1989) entwickelte *Cognitive Apprenticeship-Modell*. In diesem Modell wird versucht, charakteristische Elemente der traditionellen Handwerkslehre für den Umgang mit kognitiven Problemstellungen anzuwenden. Hierbei werden Instruktionsprinzipien der traditionellen Handwerkslehre, die vorwiegend auf die Schulung manueller Fertigkeiten abzielen, mit den Erkenntnissen der Kognitionspsychologie, aus der Expertenforschung und aus dem kognitivistischen Lernansatz in einer Form kombiniert, so dass Sie auch in anderen Bildungskontexten (bspw. Schule) eingesetzt werden können.

Im Cognitive Apprenticeship-Ansatz werden vier Entscheidungsfelder definiert, um entsprechende Lernumgebungen zu gestalten:

1. *Inhalt beziehungsweise Lerngegenstand beschreiben*: Relevantes bereichs- beziehungsweise fachspezifisches Wissen, entsprechende Heuristiken des Experten, Handlungsstrategien sowie Lernstrategien werden ausgewählt.

2. *Methodik festlegen*: Lernprozess wird in vier Phasen gegliedert. Der Lehrende führt am Anfang den Lernenden die einzelnen Arbeitsschritte an einem Modell vor (*Modelling*). Danach sollen die Lernenden die einzelnen Arbeitsschritte selbstständig mit Hilfestellung des Lehrenden durchführen (*Scaffolding*). Mit steigender Kompetenz des Lernenden nimmt die Unterstützung durch den Lehrenden zunehmend ab (*Fading*). Der Lehrende muss dabei den Lernprozess des Lernenden beobachten, um adäquate Hilfestellungen geben zu können (→Coaching).

3. *Sequenzierung der Lernaufgaben*: →Komplexität und →Differenzierung der Aufgaben nimmt zu, so dass zuvor global vermittelte beziehungsweise vorhandene Fähigkeiten spezialisiert werden.

4. *Sozialer Kontext des Lernens*: Bezieht sich auf situiertes, kooperatives und wettbewerbsorientiertes Lernen, Expertenkultur sowie die →intrinsische Motivation des Lernenden.

Achtenhagen (1998) definiert eine Reihe von Kriterien zur Konstruktion von handlungsorientiertem Unterricht, die ebenfalls für die Gestaltung von KLLA herangezogen werden können.

Zunächst sollte sich die aus komplexen Fakten und Problemstellungen bestehende Basis eines KLLA stimmig auf die Realität beziehen und arbeitsanaloge Lernaufgabenstellungen aufweisen. In diesem Zusammenhang ist es empfehlenswert, die Kasuistik und Systematik der Lehr- sowie Lernmaterialien im Rahmen der System- und Handlungsperspektive auszubalancieren. Weiterhin sollte das jeweilige Vorwissen des Lernenden entsprechend berücksichtigt werden.

Die Konzeption des Lehr- und Lernarrangements sollte darüber hinaus über eine komplexe Ziel- und Inhaltsstruktur verfügen. Hierdurch kann dem Lernenden die Funktionalität eines fachbezogenen und fachübergreifenden Advance Organizer angeboten werden. Unter dem Aspekt der Handlungsorientierung sind die Ziele und Inhalte anschaulich beziehungsweise verständnisfördernd aufzubereiten, um dem Lernenden die Möglichkeit zu geben, angemessene mentale Modelle aufbauen zu können.

Durch handlungsorientierte Lehr- sowie Lernprozesse können Wissensstrukturen entwickelt werden, die es den Lernenden ermöglichen, die vermittelten Begriffsinhalte auf andere als die im Lehr- und Lernarrangement beschriebenen Einsatzfelder und Problemstellungen anzuwenden (Dekontextualisierung des Wissens). Voraussetzung ist es jedoch, dass der Wissenserwerb anhand von sinnvollen und sinnstiftenden Problemstellungen erfolgt. In wieweit diese erworbenen kognitiven Strategien zur beispielsweise selbstständigen →Organisation eines Lernprozesses auf Seiten des Lernenden tatsächlich auf beliebige Problemstellungen oder Lernsituationen übertragbar sind, kann empirisch nicht allgemeingültig erwiesen werden. Jedoch helfen diese Strategien zumindest, um mit einer unzureichenden Vorwissensbasis konstruktivistisch geprägte Lernaufgaben erfolgreich zu lösen.

Die zu behandelnden Problemstellungen sollten darüber hinaus einen „schlecht definierten" Charakter aufweisen. Durch die beispielsweise lückenhafte oder unstrukturierte Zusammenstellung von Informationsmaterialien wird der Lernende angehalten, einen entsprechenden Gedankenaustausch mit anderen Personen vorzunehmen, um die Informationsbestände für die Lösung des Problems entsprechend zu vervollständigen beziehungsweise zu strukturieren. Er kann hierdurch die Bedeutung und →Leistungsfähigkeit von integrativen Aufgabenlösungen und verteilten Kognitionen (→Wissen) erfahren. Durch diesen Ansatz wird die Umsetzung von theoretischen Kenntnissen, das Zusammenführen bereits gelernter Fakten beziehungsweise Prozeduren bei gleichzeitigem Erlernen neuer Wissensbestände beziehungsweise Fähigkeiten in den Mittelpunkt des Lernprozesses gestellt.

Bei der Integration des hier beschriebenen Lernen im Modell mit dem Lernen am Modell (→Beobachtung und Imitation) müssen die Anforderungen und Restriktionen der Modellierung eines Lehr- und Lernarrangements diskutiert und formuliert werden, um sicherzustellen, dass Misskonfiguration ausgeschlossen wird.

Literatur: *Achtenhagen, F. et al.*: Mehrdimensionale Lehr-Lern-Arrangements: Innovationen in der kaufmännischen Aus- und Weiterbildung, Wiesbaden 1992. *Achtenhagen, F.*: Kriterien zur Konstruktion eines „handlungsorientierten Unterrichts", in: *Bundesverband der Lehrer an Wirtschaftsschulen e.V.* (Hrsg.): Wirtschaft und Erziehung H. 1 Wolfenbüttel 1998, S. 3–4. *Achtenhagen, F.*: Konstruktionsbedingungen für komplexe Lehr-Lern-Arrangements und deren Stellenwert für eine zeitgemäße Wirtschaftsdidaktik, in: *Kaiser, F.; Kaminsiki, H.* (Hrsg.): Wirtschaftsdidaktik, Rieden 2003, S. 77–97. *Baumgartner, P.; Payr, S.*: Lernen mit Software, Innsbruck 1994. *Bransford, J. et al.*: How People Learn: Brain, Mind, Experience, and School Committee on Developments in the Science of Learning, Washington 2000. *Bremer, C.*: Online lehren leicht gemacht, Leitfaden für die Planung und Gestaltung von virtuellen Hochschulveranstaltungen, in: *Berendt, B., et al.* (Hrsg.): Neues Handbuch Hochschullehre, Berlin 2002, Beitrag D3.1. *Cognition and Technology Group at Vanderbilt*, Anchored Instruction and it's Relationship to Situated Cognition, in: Educational Researcher, 19. Jg., (1990), H. 6, S. 2–10. *Collins, A.; Brown, J.; Newman, S.*: Cognitive Apprenticeship, Teaching the Crafts of Reading, Writing, and Mathematics, in: *Resnick L.* (Hrsg.): Knowing, Learning, and Instruction: Essays in Honor of Robert Glaser, Hillsdale 1989, S. 453–494. *Dubs, R.*: Konstruktivistische Überlegungen zur Unterrichtsgestaltung, in: Zeitschrift für Pädagogik, 41. Jg., (1995), H. 6, S. 889–903. *Kerres, M.*: Multimediale und telemediale Lernumgebungen, 2. Aufl., München 2001. *Mandl, H. et al.*: Situiertes Lernen in multimedialen Lernumgebungen, in: *Issing, L. et al.* (Hrsg.): Information und Lernen mit Multimedia und Internet, 3. Aufl., Weinheim 2002, S. 139–148. *Mandl, H.*: Wissensaufbau aktiv gestalten, in: Magazin Schüler. Wissen für Lehrer, 2006, S. 29.

Oliver Kamin

Konstruktvalidität →Gütekriterien

Kontextfaktoren

Faktoren der physikalischen, sozialen und einstellungsbezogenen Umwelt, die eine →Organisation umgeben.

Die Betrachtung von Kontextfaktoren steht in der Tradition des Situativen Ansatzes der Organisationstheorie, der postuliert, dass es nicht eine für alle Situationen optimale Organisationsform gibt. Vielmehr hängt – so die zentrale Aussage dieses Ansatzes – die →Eignung einer bestimmten Organisationsform von Kontextfaktoren ab. Im Wesentlichen las-

Kontingenzanalyse

sen sich drei Kategorien von Kontextfaktoren unterscheiden:

1. *Unternehmensbezogene Kontextfaktoren* wie zum Beispiel Unternehmensgröße, Ressourcenausstattung, vermarktete Leistung.
2. *Kundenbezogene Kontextfaktoren* beispielsweise →Macht, →Vertrauen, →Kooperationsbereitschaft.
3. *Umweltbezogene Kontextfaktoren* wie die Marktdynamik, Wettbewerbsintensität, Branche oder technologische Dynamik.

Voraussetzungen für den Erfolg einer Organisation ist folglich eine fundierte Analyse ihres Kontextes. Die Anpassung der Organisation an die Kontextfaktoren kann über die Art der →Arbeitsteilung und der Konfiguration sowie den Grad der Enscheidungszentralisation und der →Formalisierung erfolgen (*Kieser* und *Walgenbach* 2003).

Literatur: *Kieser, A.*; *Walgenbach, P.*: Organisation, 4. Aufl., Stuttgart 2003.

Ruth Stock-Homburg

Kontingenzanalyse

multivariates statistisches Verfahren, das die Existenz sowie gegebenenfalls die Stärke eines nicht-zufälligen, statistischen Zusammenhangs zwischen zwei oder mehreren nominal skalierten Merkmale untersucht.

Zur Analyse zweier nominal skalierter Merkmale kann eine zweidimensionale *Kontingenztabelle* erstellt werden, in der die gemeinsamen absoluten *Häufigkeiten* der Ausprägungspaare der beiden Merkmale zusammengefasst werden. Durch die Bestimmung der Zeilen- und Spaltensummen resultieren die so genannten *Randhäufigkeiten*.

Zur Überprüfung der *Unabhängigkeit* der beiden Merkmale kann der *Kontingenztest* (→Signifikanztest) herangezogen werden. Dieser basiert auf der als Chi-Quadrat bezeichneten Größe, die sich als Summe der relativen quadratischen Abweichungen zwischen den tatsächlichen und den auf Basis der Randhäufigkeiten erwarteten gemeinsamen Häufigkeiten der Ausprägungspaare ergibt. Die Chi-Quadrat-Größe stellt auch den Ausgangspunkt für die Berechnung des Kontingenzkoeffizienten dar (→Zusammenhangsmaße).

Als Beispiel wäre hier der Zusammenhang zwischen der Farbe des Autos und dem Berufswunsch zu nennen.

Literatur: *Agresti, A.*: An Introduction to Categorical Data Analysis, New York 1996. *Fahrmeir, L.*; *Hamerle, A.*: Multivariate statistische Verfahren, 2. Aufl., Berlin 1996.

Udo Bankhofer

Kontingenzansatz

theoretische Erklärungsansätze, denen ein *situatives Leitprinzip* gemein ist.

Allgemein bedeutet dies bezogen auf die Betriebswirtschaftslehre, dass es für die zu erklärenden Sachverhalte keine allgemein beste, einzig richtige Erklärung gibt. Die Konsequenz des Verzichts auf solche erklärungsbezogenen „Allsätze" liegt dann in einem situativen Denken. Eine Änderung der Situation beziehungsweise des Kontextes stellt somit jeweils die Adäquanz der bisherigen Ausprägung der zu erklärenden Größe in Frage, zumindest wenn man – wie es für Kontingenzansätze typisch ist – ein Effizienzkriterium berücksichtigt (*Venkatraman* 1989). Abbildung 1 verdeutlicht in sehr allgemeiner Weise die zugrunde liegende Struktur.

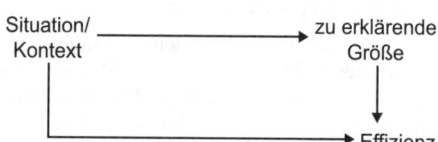

Abbildung 1: Allgemeine Struktur von Kontingenzansätzen

Kontingenzansätze sind keine „Organisationstheorien" im engeren Sinne. Vielmehr stellen sie ein allgemeines *Erklärungsgerüst* zur Verfügung, welches vor dem Hintergrund unterschiedlicher Theorien und zu untersuchender Gegenstandsbereiche „gefüllt" werden kann beziehungsweise muss: Einerseits finden sich Kontingenzansätze in nahezu allen Bereichen der →Unternehmensführung beziehungsweise lassen sich auf unterschiedlichste betriebswirtschaftliche Disziplinen anwenden (wie z. B. situative Ansätze der →Organisation, der Planung oder der Mitarbeiterführung). Der Platzhalter „zu erklärende Größe" in der obigen Abbildung kann somit verschieden konkretisiert werden und kann dabei sowohl inhaltliche als auch prozessuale Erklärungsgegenstände beinhalten (zu letzteren zählen etwa situative Ansätze strategischer Prozesse).

Andererseits ergeben sich die relevanten →Kontextfaktoren beziehungsweise die Situationsmerkmale aus verschiedenen *Theorien*. So können bestehende Organisationstheorien verwendet werden, um auch diesen „Platzhalter" zu füllen. Situationsmerkmale zur Erklärung von →Organisationsstrukturen können somit beispielsweise aus der →Transaktionskostentheorie (etwa die Variable „Spezifität"), aus der Industrieökonomie (Variablen mit Bezug auf „Markt- beziehungsweise Umweltmerkmale"), aus institutionalistischen Ansätzen (etwa die Variable „gesellschaftliche →Anforderungen") und aus vielen anderen mehr abgeleitet werden.

(Traditionelle) Kontingenzansätze werden in verschiedener Hinsicht der →*Kritik* unterzogen. So wird zum Beispiel eine deterministische Orientierung, eine fehlende Historizität, eine vorwiegend rationale Vorstellung über das Funktionieren von Organisationen, die Vernachlässigung von Interaktionsprozessen oder die unzureichende Berücksichtigung von Machtbeziehungen bemängelt (*Kieser* 2001). Eine solche Kritik trifft jedoch mit zunehmender „theoretischer Füllung" nur zum Teil, da – um nur ein Beispiel zu geben – der Einfluss von →Macht ein integriertes Situationsmerkmal aus politischen Ansätzen bilden kann.

Im Bereich des →Personalmanagements fand der Kontingenzansatz vor allem in der Personalführung (Mitarbeiterführung) Berücksichtigung. Hier wurde der Einsatz des Führungsinstrumentariums von der Führungssituation (→Situationsansatz der Führung) abhängig gemacht.

Literatur: *Kieser, A.*: Der situative Ansatz, in: *Kieser, A.* (Hrsg.): Organisationstheorien, Stuttgart etc. 2001, S. 169–198. *Venkatraman, N.*: The Concept of Fit in Strategic Research: Toward Verbal and Statistical Correspondence, in: Academy of Management Review, 14. Jg. (1989), H. 3, S. 423–444. *Wolf, J.*: Organisation, Management, Unternehmensführung, Wiesbaden 2003.

Thomas Wrona

Kontingenz der Personalplanungsmodelle

Modellansätze, die je nach Güte der vorliegenden →Daten und Relationen beziehungsweise deren Präzision unterschieden werden.

In der Literatur zur →Personalplanung werden überwiegend zwei Fälle behandelt:

1. *Deterministische Ansätze* setzen voraus, dass nicht nur die Ziele beziehungsweise die Zielfunktion(en), sondern auch der Alternativen- und der Ergebnisraum vom Entscheider exakt bestimmt werden können und der eintretende Umweltzustand mit Sicherheit bekannt ist.

2. *Stochastische Modelle* berücksichtigen Wahrscheinlichkeitsverteilungen über Erwartungsparameter.

Für den Fall präziser Wahrscheinlichkeit(sverteilung)en lassen sich die bekanntesten Ansätze zur Lösung stochastischer Optimierungsmodelle nach *Jarr* (1976) in vier Klassen einteilen:

1. Die *Fat solution-Methode* bestimmt die so genannte „fette", das heißt die bei jeder möglichen Realisation der Zufallsvariablen (im Restriktionenraum) zulässige Lösung. Für die Zielfunktion hingegen werden Erwartungswerte in Ansatz gebracht. Dieses Verfahren ist somit nur für diskrete Zufallsvariablen geeignet.

2. Ansätze des *Chance constrained-Programming* gehen in der Regel von nicht-stochastischen oder mit Erwartungswerten besetzten Zielfunktionen aus. Für die stochastischen Restriktionen hingegen wird gefordert, dass diese jeweils mit einer Mindestwahrscheinlichkeit eingehalten werden. Solche Modelle sind vielfach äußerst schwer zu lösen oder weisen gar eine leere Lösungsmenge auf.

3. *Zwei-Stufen-Kompensationsmodelle* verfolgen die Idee, dass man zunächst einmal auf einer ersten Stufe „zulässige" Lösungen generiert und diese dann, sofern sie sich später doch als unzulässig erweisen sollten, auf einer zweiten Stufe revidiert. Die auf der ersten Stufe getroffenen Entscheidungen sollen durch „Nachbesserungen" auf der zweiten Stufe kompensiert werden, wobei dann der Erwartungswert der Nachbesserungskosten oder ähnliches als Optimierungskriterium in Betracht kommt.

4. Die *Erwartungswertmodelle* stellen die einfachste Methode zur Lösung stochastischer Optimierungsprobleme dar. Da bei diesen lediglich die Erwartungswerte der Zufallsvariablen in Ansatz gebracht werden, erhält man ein quasi-deterministisches Modell, dessen Anwendung nur dann von Vorteil sein kann, wenn die Modelllösung entsprechend robust ist.

Kontingenz der Personalplanungsmodelle

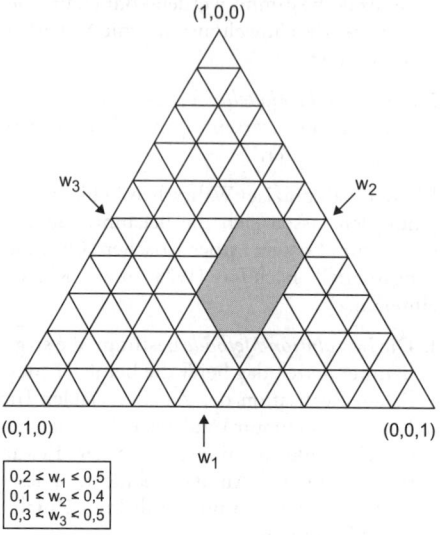

Abbildung 1: Wahrscheinlichkeitsverteilungen hinsichtlich des Rekrutierungspotenzials

$0{,}2 \leq w_1 \leq 0{,}5$
$0{,}1 \leq w_2 \leq 0{,}4$
$0{,}3 \leq w_3 \leq 0{,}5$

Diese vier Typen von Ansätzen gehen von der Annahme aus, die Grundannahmen der Wahrscheinlichkeitstheorie und damit die entsprechenden Präzisionsanforderungen an die Wahrscheinlichkeitsangaben seien erfüllt. Vielfach (z. B. bei langfristigen und/oder strategischen Personalplanungen) ist der Entscheider aber nicht in der Lage, die Wahrscheinlichkeiten eindeutig und punktgenau anzugeben, sondern den Eintritt künftiger Umweltzustände lediglich über die Formulierung von Intervallwahrscheinlichkeiten einzuschätzen. Stellen wir uns vor, das in zehn Jahren für einen Betrieb geltende Rekrutierungspotenzial an →High Potentials solle eingeschätzt werden und die Experten rechneten damit, dass dieses mit einer Wahrscheinlichkeit zwischen 0,2 und 0,5 gering sei, mit einer Wahrscheinlichkeit zwischen 0,1 und 0,4 sei es mittelmäßig und mit einer Wahrscheinlichkeit zwischen 0,3 und 0,5 sei es hoch. Wir kommen dann zu dem in Abbildung 1 schraffiert eingezeichneten Gebiet von Wahrscheinlichkeitsverteilungen.

Die Kunst liegt dann darin, mit dieser Menge unendlich vieler potenzieller Wahrscheinlichkeitsverteilungen rational umzugehen. Die *Theorie Linearer Partieller Information* (LPI-Theorie) hält eine ganze Palette von Entscheidungsverfahren bereit, mit denen (Personalplanungs-)Probleme des soeben skizzierten Typs gelöst werden können, wie *Kofler* und *Menges* (1976) sowie *Spengler* (1998) betonen.

Eine (neben der Unsicherheit) weitere Spielart der Unbestimmtheit ist die *Unschärfe*, die sich nicht auf das Eintreten von Ereignissen, sondern auf die Ereignisse selbst bezieht. Vielfach sind die Entscheider in der Personalplanungspraxis nicht in der Lage, die benötigten Daten und Relationen eindeutig, präzise oder scharf, sondern lediglich größenordnungsmäßig, vage oder unscharf anzugeben. Dies ist beispielsweise dann der Fall, wenn der Personalbedarf als „gering" oder wenn Mitarbeiter A „viel motivierter" als Mitarbeiter B eingeschätzt wird oder wenn Schichten „möglichst fair" zugeteilt werden sollen.

Die *Theorie unscharfer Mengen* (Fuzzy Set-Theorie) bietet einen weiten Spielraum für den rationalen, mathematisch präzisen Umgang mit solchen Phänomenen des Vagen. Grundgedanke dieser Theorie ist das Aufweichen der klassischen *0-1-Logik*, nach der ein Element eindeutig zu einer Menge gehört (Zugehörigkeitswert 1) oder eben nicht dazu gehört (Zugehörigkeitswert 0). Bezeichnet man den Zugehörigkeitswert eines Elementes x einer klassischen Menge X zu einer unscharfen Menge $\tilde{A}$ mit $\mu_{\tilde{A}}(x)$, dann ist diese nach *Rommelfanger* (1994) definiert als die folgende Menge geordneter Zweitupel:

$$\tilde{A} := \left(x, \mu_{\tilde{A}}(x) \mid x \in X\right) \text{ mit } \mu_{\tilde{A}} : X \to [0,1]$$

Sei beispielsweise X eine Menge von Personalbedarfsausprägungen (z. B. von 0 bis 200) und $\tilde{A}$ die (unscharfe) Menge der geringen Personalbedarfe, dann mag der Personalplaner zum Beispiel alle Personalbedarfe, die nicht größer als 20 sind, auf jeden Fall zur Menge der kleinen Personalbedarfe zählen (Zugehörigkeitswert 1), für alle, die größer als 50 sind, festlegen, dass diese auf keinen Fall dazu zählen (Zugehörigkeitswert 0) und für alle dazwischen liegenden Personalbedarfe Zugehörigkeitswerte zwischen 0 und 1 vergeben. Durch Anwendung der Fuzzy Set-Theorie gelingt es dann, mit solchen vagen Daten (und Relationen) präzise zu rechnen, beispielsweise den unscharfen Personalbedarf einer Abteilung A und denjenigen der Abteilung B zu addieren oder Optimierungsmodelle zu formulieren.

Obwohl die Notwendigkeit der Verarbeitung ungenauer Größen für die Personalplanung weithin gefordert wird, bekannt und akzeptiert ist (z. B. *Krimmphore*, *Klemm-Box* 1999), kann der Theorie unscharfer Mengen bis dato (leider) noch kein allzu hoher Verbreitungsgrad in diesem Feld bescheinigt werden.

Literatur: *Jarr, K.*: Stochastische Personalplanung, Diss., Hamburg 1976. *Kofler, E.; Menges, G.*: Entscheidungen bei unvollständiger Information, Berlin etc. 1976. *Krimmphore, D.; Klemm-Box, S.*: Der Einsatz von Fuzzy-Logik im Personalmanagement, in: *Schmeisser, W.; Clermont, A.; Protz, A.* (Hrsg.): Personalinformationssysteme und Personalcontrolling, Neuwied, Kriftel 1999, S. 144–159. *Rommelfanger, H.*: Fuzzy Decison Support-Systeme, 2. Aufl., Berlin etc. 1994, S. 8. *Spengler, T.*: Flexible Personalplanung mit additiven und nicht-additiven Wahrscheinlichkeiten, in: *Kossbiel, H.* (Hrsg.): Modellgestützte Personalentscheidungen, 2. Aufl., München und Mering 1998, S. 147–172.

Thomas Spengler

Kontingenzmodell

geht davon aus, dass die →Führungskraft eher in der Lage ist, die Führungssituation (→Situationsansatz der Führung) an ihren →Führungsstil anzupassen als umgekehrt.

Um den eigenen, als zeitlich konstant angenommenen *Führungsstil* zu diagnostizieren, bewertet die Führungskraft entlang mehrerer Kriterien den von ihr am wenigsten geschätzten Mitarbeiter (Least Preferred Co-Worker). Aus der durchschnittlichen Bewertung ergibt sich der *LPC-Wert*. Ist dieser hoch, wird der Führungsstil als *beziehungsorientiert*, sonst als *aufgabenorientiert* klassifiziert. Anders als im →Führungsstilmodell der Ohio-State-Forschung schließen sich die beiden, mit denselben Begriffen bezeichneten Führungsstile bei *Fiedler* (1979) gegenseitig aus.

Um die Situation zu erfassen, werden die Führer-Mitarbeiter-Beziehungen, die →Aufgabenstruktur sowie die Positionsmacht der Führungskraft beurteilt und über eine Gewichtung in einem gemeinsamen Indexwert der situativen Günstigkeit zusammengefasst. *Fiedler* (1979) hat in seinen Studien sowohl in günstigen als auch in ungünstigen Situationen eine geringe Korrelation zwischen LPC-Wert und Gruppenleistung festgestellt, während in Situationen mittlerer Günstigkeit ein hoher LPC-Wert mit hoher Gruppenleistung einhergeht. Dieses Ergebnis legt Führungskräfte nahe

- bei *hohem LPC-Wert* Führungssituationen mittlerer Günstigkeit herbeizuführen und
- bei *geringem LPC-Wert* auf Situationen mit hoher (oder geringer) Günstigkeit hinzuwirken.

Eine Verbesserung/Verschlechterung der Situation kann die Führungskraft durch Einflussnahme auf die drei genannten Situationsbereiche erreichen, indem er beispielsweise mehr/weniger Zeit mit den Mitarbeitern verbringt, un-/klarere Ziele vorgibt oder mehr/weniger Informationen exklusiv für sich behält.

Neben der bemerkenswerten Empfehlung, die Führungssituation für ein Zusammenpassen von Situation und →Führungsverhalten bewusst zu verschlechtern, und dem Umstand, dass es bisher im wesentlichen nur *Fiedler* (1979) und seinen Mitarbeitern gelang, das Modell empirisch zu bestätigen, ist vor allem die Konzeption und Messung des Führungsstils kritisch zu hinterfragen. Einerseits verwirrt vor dem Hintergrund anders lautender Befunde die Annahme *Fiedlers*, dass beziehungs- und aufgabenorientierte Führung sich gegenseitig ausschlössen. Andererseits ist unklar, ob der LPC-Wert tatsächlich das Führungsverhalten oder eine ihm vorgelagerte Einstellung misst. Wenn es so wäre, könnte der LPC-Wert höchstens Auskunft über die Beziehungsorientierung im Führungsverhalten geben. Ein Zusammenhang zwischen der Aufgabenorientierung (→Führungsstilmodell der Ohio-State-Forschung) einer Führungskraft und der Sympathie gegenüber seinem ungeliebtesten Mitarbeiter ist zumindest nicht offensichtlich. Die Erfassung der Führungssituation über lediglich drei, dichotome Variablen und die unbegründete Gewichtung zwischen ihnen geben Anlass zu weiterer Kritik. Durch seine klare Struktur und grundsätzliche Plausibilität hat das Kontingenzmodell von *Fiedler* (1979) im Schrifttum dennoch starke Resonanz erfahren.

Literatur: *Fiedler, F.E.; Chemers, M.M.; Mahar, L.*: Der Weg zum Führungserfolg – Ein Selbsthilfeprogramm für Führungskräfte, Stuttgart 1979.

Jan Hendrik Fisch

Kontingenzstrategie

frühzeitige und differenzierte Vorbereitung auf die Zukunft und somit Weg zur Zielerreichung, der mindestens zwei unterschiedliche Umweltkonstellationen berücksichtigt.

Bei der Kontingenzstrategie, deren Ausgangsbasis in den kontingenztheoretischen Ansätzen liegt (*Steiner* 1979), sind folgende unterschiedliche Varianten möglich (*Scholz* 1987):

Zum einen kann es sich um eine situativ undifferenzierte, robuste Lösung handeln, die gleichzeitig mehreren Umweltzuständen gerecht wird. Dieses Zulassen von Freiheitsraum in der Planung schafft Flexibilitätspotenzial im Hinblick auf Alternativszenarien. Zum anderen kann es sich um einen Lösungsweg handeln, der in unterschiedlicher Form mindestens zwei alternative Umweltzustände explizit berücksichtigt. In diesem Fall werden mehrere Alternativpläne erstellt. Die Entscheidung für eine der beiden Varianten liegt in der Abwägung zwischen optimaler Passgenauigkeit der Lösung und erforderlichem Ressourcenaufwand zur Vorbereitung. Grundsätzlich wird entsprechend der Kontingenztheorie eine Bewältigung der Umweltkomplexität durch mehr oder weniger starke Komplexitätsreduktion angestrebt. Dabei sollen →Organisationsstruktur beziehungsweise -verhalten so ausgerichtet werden, dass die Organisationsziele vor dem Hintergrund der erwarteten →Kontextfaktoren möglichst effizient erreicht werden. Im Gegensatz zur →Initiativaktivität (aktiv-gestaltend und risikosuchend) ist die Grundhaltung hinter einer Kontingenzstrategie passiv-vorbereitend und risikominimierend.

Im Rahmen des →Personalmanagements stellt insbesondere die Personalbedarfsanalyse mit ihren abzuleitenden Entscheidungen und Handlungen auf ein kontingenzaktives (und damit proaktives) Verhalten ab. Hier werden in einem ersten Schritt die möglichen Alternativszenarien identifiziert. In einem zweiten Schritt erfolgt die Vorbereitung auf diese alternativen Szenarien.

Literatur: *Scholz, C.:* Strategisches Management, Berlin etc. 1987, S. 38–41. *Steiner, G. A.:* Contingency Theories of Strategy and Strategic Management, in: *Schendel, D. E.; Hofer, C. W.* (Hrsg.): Strategic Management: A New View of Business Policy and Planning, Boston 1979, S. 205–416.

Uwe Eisenbeis

Kontinuierliche Schichtarbeit

→Drei- oder Mehrschichtbetrieb inklusive Wochenendarbeit (→Wochenarbeitszeit).

In den Bereichen, in denen Rüst- und Anlaufzeiten zu hohen zusätzlichen Produktionskosten führen, wird eine kontinuierliche Schichtarbeit eingesetzt, das heißt die Produktionsanlagen sind rund um die Uhr im Einsatz (Montag – Sonntag, 168 Stunden pro Woche). Insbesondere in den Industriebereichen Zement- und Kalk-, Eisen- und Stahl-, Papiererzeugung, Glasherstellung, der Porzellanindustrie und in vielen Bereichen der chemischen Industrie ist eine kontinuierliche Schichtarbeit anzutreffen, bei der im Drei- oder Mehrschichtbetrieb inklusive Wochenendarbeit gearbeitet wird. Zunehmend stellen aber auch Dienstleistungsbetriebe auf eine kontinuierliche Schichtarbeit um (z. B. weltweiter Hotline Service in der Softwarebranche). Im Gegensatz dazu sind bei den →diskontinuierlichen Schichtarbeit die Wochenenden ausgenommen.

Désirée H. Ladwig

Kontischicht

kontinuierliche →Wechselschicht, also ein 24-Stunden Schichtsystem inklusive Wochenenden (maximal 168-Stunden-Betrieb pro Woche).

Kontrakttheorie →Arbeitsmarkttheorien

Kontrolle und ihre Wirkung

lösen funktionale und dysfunktionale Wirkungen beim Kontrollierten aus, die sich mittelbar auf das Ergebnis auswirken (*Pfohl* und *Stolzle* 1997).

Solange nicht auf anderem Wege sichergestellt ist, dass ein Mitarbeiter bei seiner →Arbeit ausschließlich die Aufgabenziele verfolgt, ist Fremdkontrolle zur Zielerreichung unabdingbar. Neben ihrer Eigenschaft, über Komplexitätsreduktion und Abgabe von →Verantwortung das Gefühl von *Sicherheit* zu vermitteln, löst Fremdkontrolle unter bestimmten Umständen →*Motivation* aus.

Wird die Aufgabenerfüllung kontrolliert, scheint sie für die Umwelt eine gewisse Bedeutung zu haben. Das beeinflusst die eigene Bewertung der Aufgabe, was sich wiederum positiv auf die →*intrinsische Motivation* auswirkt. Meist sind an Kontrollen in irgendeiner Weise Belohnungen oder Bestrafungen geknüpft, so dass von der Kontrolle insofern auch eine →*extrinsische Motivation* ausgeht. Da →Feedback über die eigene Leistung die Bildung des Anspruchsniveaus beeinflusst, hat weiterhin die Übermittlung von Kontrollinformation eine motivatorische Bedeutung.

Was die Häufigkeit von Kontrollinformationen angeht, wird sie im Falle eines positiven

Ergebnisses bei wenig selbstbewussten Mitarbeitern eine größere Leistungssteigerung bewirken als bei selbstbewussten. Weiterhin reagieren entscheidungsfreudige Personen auf häufige Kontrollinformationen positiver als weniger entscheidungsfreudige. Eine Verzögerung bei der Übermittlung von Kontrollinformationen wirkt sich in der Regel negativ auf die Leistung aus, da sie die Anstrengung von der Rückmeldung entkoppelt und so die Anreizwirkung verringert.

Für die Motivationswirkung von Kontrollinformationen spielt zudem deren *Akzeptanz* beim Kontrollierten eine zentrale Rolle. Sind Kontrollinformationen glaubhaft und liegen sie in der Nähe des erwarteten Niveaus, finden sie mit höherer Wahrscheinlichkeit Akzeptanz als extrem gute oder schlechte →Informationen. Rückkopplungen über extrem gute Leistungsergebnisse untergraben die Anstrengungsbereitschaft des Kontrollierten oder die Glaubwürdigkeit der Kontrolle, solche über extrem schlechte Ergebnisse können →Frustration auslösen. In beiden Fällen wird das Gegenteil der angestrebten Wirkung erzielt, so dass bei der Formulierung von Feedback große Sorgfalt geboten ist.

Fremdkontrolle kann vom Kontrollierten nicht nur als Ansporn, sondern auch als Misstrauen in seine →Leistungsfähigkeit verstanden werden und somit *demotivierend* wirken. In Verbindung mit der Ansicht, dass Kontrolle einen Akt der Herrschaftsausübung darstelle, wird sie von manchen Kontrollierten gar als unterdrückend empfunden.

Eine mögliche *Folge* beim Kontrollierten ist die psychologische Reaktanz: Er entwickelt ein starkes Bestreben, gerade das durch die Kontrolle bedrohte oder unmöglich gemachte Verhalten (→Behaviorismus) auszuüben und bei Unterlaufen der Kontrolle die beschränkte Freiheit wiederherzustellen. Dieser Drang steigt mit zunehmender Einschränkung und kann zu für die →Führungskraft unerwarteten Verhaltensweisen führen. Um das zu vermeiden, bietet sich der Einsatz abschließender Ergebniskontrollen statt ständiger Verhaltenskontrollen an. Die Aufgabe, einen Weg zur Zielerreichung zu finden, wird hierbei der →Selbstkontrolle des Mitarbeiters übertragen. Eine weitere Chance zum Abbau von Fremdkontrolle durch die Führungskraft bietet das Vorhandensein von sozialer Kontrolle in der Arbeitsgruppe.

Literatur: *Pfohl, H.-C.*; *Stölzle, W.*: Planung und Kontrolle, 2. Aufl., München 1997.

Jan Hendrik Fisch

Kontrollspanne

Anzahl der direkt einer Instanz (→Aufbauorganisation) untergeordneten →Stellen (syn.: →Leitungsspanne).

Das zentrale Problem aus personalwirtschaftlicher Sicht liegt in der Bestimmung der *optimalen Kontrollspanne*. Bei einer zu großen Zahl von zugeordneten Stellen können die Kontrollaufgaben durch die Instanz wegen Überlastung nicht mehr erfüllt werden. Bei einer zu geringen Kontrollspanne entstehen höhere Kosten durch zu viele Instanzen. Ein allgemein gültiger Wert für die optimale Kontrollspanne kann nicht angegeben werden, da dieser von mehreren situativen Faktoren abhängt. Auf Seiten der Instanz spielt die Führungserfahrung eine wichtige Rolle. Auf Seiten der Stellen sind fachliche →Kompetenz und Selbstorganisationsfähigkeit (→Selbstorganisation) von Bedeutung. Generell gilt, je komplexer die zu erfüllenden Aufgaben der Stellen, desto geringer die optimale Kontrollspanne.

Modelle zur Bestimmung der optimalen Kontrollspanne finden sich beispielsweise bei *Hanssmann* (1970). Ein Überblick ist bei *Drumm* (2005) zu finden.

Literatur: *Drumm, H. J.*: Personalwirtschaftslehre, 5. Aufl., Berlin 2005. *Hanssmann, F.*: Optimierung der Organisationsstruktur – ein erster Versuch am Beispiel einer Vertriebsorganisation, in: Zeitschrift für Betriebswirtschaftlehre, 40. Jg. (1970), S. 16–30.

Reinhard Meckl

Konvergenzthese →Kulturkonvergenz

Konzernarbeitsrecht

Gesamtheit der arbeitsrechtlichen Vorschriften speziell für Konzerne.

Das →Betriebsverfassungsgesetz sieht in § 54 Abs. 1 BetrVG vor, dass mehrere Gesamtbetriebsräte für einen Konzern einen Konzernbetriebsrat (→Betriebsrat) wählen können. Dabei verweist das Gesetz hinsichtlich der Definition des Konzerns auf § 18 Abs. 1 Aktiengesetz (AktG). Ein Konzern liegt danach vor, wenn ein herrschendes und ein oder mehrere abhängige Unternehmen unter der einheitlichen Leitung des herrschenden Unternehmens zusammengefasst sind (BAG,

Kooperation

Beschluss vom 22.11.1995, AP Nr. 7 zu § 54 BetrVG 1972). Auf die Rechtsform kommt es dabei nicht an. Das Merkmal der Abhängigkeit wird allein dadurch definiert, dass das herrschende Unternehmen auf ein anderes rechtlich selbstständiges Unternehmen unmittelbar oder mittelbar beherrschenden Einfluss ausüben kann (§ 17 Abs. 1 AktG).

Ist ein Konzernbetriebsrat gebildet, so ergibt sich seine Zuständigkeit aus § 58 BetrVG: Er ist zuständig für die Behandlung von Angelegenheiten, die den Konzern oder mehrere Konzernunternehmen betreffen und nicht durch die Gesamtbetriebsräte innerhalb ihrer Unternehmen geregelt werden können (vgl. BAG, Beschluss vom 12.11.1997 – Az.: 7 ABR 78/96). Außerdem kann nach § 58 Abs. 2 BetrVG ein Gesamtbetriebsrat mit der Mehrheit seiner Stimmen beschließen, dass der Konzernbetriebsrat eine Angelegenheit für ihn behandeln soll.

Individualarbeitsrechtlich (→ Individualarbeitsrecht) kann eine Konzernbildung ebenfalls von Bedeutung sein. Zwar besteht das Arbeitsverhältnis (→ Beschäftigungsverhältnis) zunächst nur mit dem konzernangehörigen Unternehmen, das im → Arbeitsvertrag als Arbeitgeber angegeben ist. Daher ist auch nur dieses Unternehmen kündigungsberechtigt. Kündigt ein anderes konzernzugehöriges Unternehmen, was in der Praxis zuweilen vorkommt, muss durch Auslegung der → Kündigungserklärung ermittelt werden, ob es sich um eine → Kündigung des richtigen Arbeitgebers handeln soll, der durch das kündigende Unternehmen vertreten wird. Ist das nicht der Fall, kann die Kündigung für das Arbeitsverhältnis keine Wirkung entfalten.

Von Bedeutung ist die Konzerneigenschaft bei so genannten *Konzernversetzungsklauseln*. Damit ist eine Regelung im Arbeitsvertrag gemeint, nach der der → Arbeitnehmer verpflichtet sein soll, auch für ein anderes zum Konzern gehörendes Unternehmen zu arbeiten. Beinhaltet die Regelung lediglich, dass das Arbeitsverhältnis zum Arbeitgeber weiter bestehen soll und der Arbeitnehmer lediglich die → Arbeitsleistung für ein anderes Unternehmen erbringt, handelt es sich um einen Fall der → Arbeitnehmerüberlassung. Auf diesen finden die Vorschriften des Arbeitnehmerüberlassungsgesetzes gemäß § 1 Abs. 3 Nr. 2 AÜG nur eingeschränkt Anwendung, wenn die Überlassung vorübergehend ist. Soll dagegen durch die Konzernversetzungsklausel der Arbeitnehmer erklären, damit einverstanden zu sein, dass innerhalb des Konzerns sein Arbeitgeber wechselt, also ein anderes Unternehmen als Arbeitgeber in den Vertrag eintritt, ist nach § 309 Nr. 10 BGB in vorformulierten Arbeitsverträgen eine solche Klausel nicht zulässig. Eine Ausnahme besteht für den Fall, dass die Unternehmen, die in den Vertrag eintreten dürfen, namentlich genannt werden. Das dürfte freilich bei größeren Konzernen aufgrund der immer wieder stattfindenden Veränderung durch Zu- und Verkäufe, Re- oder Umstrukturierungen auf Dauer nicht mit der erforderlichen Vollständigkeit gelingen.

Bei → betriebsbedingten Kündigungen bieten sich im Konzern oftmals gewisse Spielräume für unternehmerische Entscheidungen, die als dringende betriebliche Erfordernisse eine Kündigung sozial rechtfertigen können. Die Rechtsprechung kann solchen unternehmerischen Entscheidungen nur mit dem Einwand begegnen, sie seien offenbar unsachlich beziehungsweise willkürlich. Die Hürden hierfür sind jedoch hoch.

Friedrich Meyer

Kooperation

Form der gesellschaftlichen Zusammenarbeit zwischen Personen, → Gruppen oder Institutionen.

Kooperation zeichnet sich durch bewusstes und planvolles Herangehen bei der Zusammenarbeit sowie durch Prozesse der gegenseitigen Abstimmung über bestimmte Zielvorstellungen aus. Von den Partnern der Kooperation werden die öffentlich anerkannten Regeln und Verfahren akzeptiert. Kooperation setzt zudem faire Bedingungen der Zusammenarbeit voraus. Dies beinhaltet den Grundgedanken von Gegenseitigkeit beziehungsweise der Reziprozität. Kooperation gilt somit auch als eine sozialethische Norm, als Strukturprinzip von Gruppen und → Organisationen sowie als Verhalten (→ Behaviorismus) beziehungsweise Interaktionsform.

Für das Gelingen von Kooperation bedarf es Möglichkeiten der Zielabstimmung und des Informationsaustausches, gegenseitiger Unterstützung und wechselseitiger → Kommunikationen, konstruktiver Problemdiskussionen und einer längeren Zeitperspektive, in der die Form der Kooperation erprobt wird und sich das →Vertrauen in den jeweiligen Kooperationspartner entwickeln kann. Eine kooperative Situation setzt zudem ein gewisses Maß an Entscheidungs- und Handlungsfreiheit der beteiligten Partner voraus.

Es lassen sich zwei verschiedene Auswirkungen von Kooperationen auf Leistungen und Erleben festhalten:
1. *Sozial kollektive Wirkungen*: Existieren im Rahmen einer Gruppe (z. B. wechselseitige Hilfsmöglichkeiten).
2. *Individuell kognitiv* und *motivationale Wirkungen*: Hierunter fallen zum Beispiel gestiegene →Anforderungen oder höhere Freiheitsgrade.

Eine wesentliche Funktion von Kooperation besteht in der Erzeugung emotional positiver Effekte. Erfolgreiche Kooperation führt zu positiver Stimmung und wechselseitiger Anziehung zwischen denjenigen, die miteinander kooperieren. Bei kooperativer Zielinterdependenz schätzen sich die Gruppenmitglieder wechselseitig, ermutigen sich gegenseitig und gewähren sich Hilfe.

Kooperation wird bei *van Lange* und *de Dreu* (2002) im Hinblick auf das Individuum als die Tendenz beschrieben, positive Handlungsergebnisse für sich und andere zu erreichen, während wettbewerbsorientiertes Verhalten den eigenen Handlungsergebnissen ein positives und denen der anderen ein negatives Gewicht zuschreibt. Die Sorge um künftige Konsequenzen im Sinne eines nachhaltigen Denkens ist ebenso Teilbestand kooperativen Handelns.

In den zahlreichen sozialpsychologischen Studien zu kooperativem und kompetitivem Verhalten werden fünf zentrale Einstellungen untersucht:
1. Die *individualistische Einstellung*, die beispielsweise bei Gewinnaufteilungsaufgaben vor allem den eigenen Vorteil maximiert.
2. Die *Wettbewerbsorientierung*, die den anderen übertreffen möchte.
3. Die *kooperative Orientierung*, die auch an den Gewinnen des Partners orientiert ist.
4. Die *altruistische Orientierung*, die das eigene Handeln vor allem am Wohlergehen des Partners ausrichtet.
5. Das *Streben nach Gleichheit* der Belohnungen.

Für diese Einstellungen gibt es Mischtypen. So koexistieren häufig eine individualistische und eine Wettbewerbsorientierung. In Zweiergruppen dominieren im Verlauf einer experimentell erzeugten →Interaktion mit kooperativen Personen die wettbewerbsorientierten Personen, das heißt kooperative Personen schwenken auf Wettbewerbswahlen um, um sich vor Verlusten zu schützen. Kooperative Personen zeigen nach *Bierhoff* und *Müller* (1993) somit eine höhere Verhaltensflexibilität, denn sie sind in der Lage, sowohl kooperativ als auch wettbewerbsorientiert zu handeln, während wettbewerbsorientierte Personen aufgrund der reziproken Reaktion ihrer Partner den Schluss ziehen, dass alle Menschen wettbewerbsorientiert sind.

Wenn es um die Maximierung des subjektiven Nutzens geht, wird der Mensch als rational kalkulierendes Wesen gesehen und entspricht dem →Menschenbild des homo oeconomicus. Dies kann als strategische Kooperation bezeichnet werden, welche die Zusammenarbeit bewusst gestaltet, plant und kontrolliert, um eigene Interessen voranzubringen. Die Fähigkeit, sich in den Anderen hineinzuversetzen (→Empathie) fehlt bei diesem strategisch-kooperativen Handeln. Empathie gilt als eine Basiskompetenz für die Kommunikationsfähigkeit, sie ist ein zentrales Persönlichkeitsmerkmal. Wichtig für empathisches Kooperieren ist die gemeinsame Verständigung über die Art und Weise, Ziele zu erreichen. Der Andere wird nicht lediglich in das eigene Zielvorhaben eingespannt, die anzustrebenden Ziele werden diskutiert, wie *Spieß* (1998) hervorhebt. Die empirische Studie von *Spieß* (2000) zeigt, dass der Wert Kollegialität mit der empathischen Kooperation korreliert ist, ebenso gibt es einen positiven Zusammenhang mit →Arbeitszufriedenheit.

Wichtig für eine Kooperationsbeziehung ist Vertrauen. Um erfolgreich ein bestimmtes Ziel gemeinsam erreichen zu können, ist man zeitweilig auf die →Arbeitsleistung anderer angewiesen. Vertrauen ist zudem nicht nur eine Erwartung in vorhersagbares Verhalten, sondern auch Zuversicht angesichts von möglichem Risiko, es beinhaltet somit die Bereitschaft verletzbar zu sein. Vertrauen ist jedoch nicht nur eine Persönlichkeitsvariable, sondern sie kann auch in strukturellen Maßnahmen einen Ausdruck finden: So können bestimmte strukturelle Komponenten, wie ein stark ausgebauter

Kooperation

Kontrollapparat, Misstrauen in die Eigenverantwortung der Mitarbeiter signalisieren.

Kooperation lässt sich aber auch aus dem Blickwinkel des Umfelds betrachten – wenngleich beide Seiten, also Personen und Umfeld, miteinander in Interaktion stehen. Dieses *Umfeld* besteht aus gesellschaftlichen und kulturellen Gegebenheiten. Strukturelle Bedingungen für Kooperation in Organisationen sind zum Beispiel die vorherrschende Unternehmenskultur (→Organisationskultur), die Formen der Führung (→Mitarbeiterführung) oder die →Arbeitsgestaltung. Bedingungen für kooperatives Verhalten auf Seiten der Personen sind beispielsweise Werthaltungen und Einstellungen, Persönlichkeitsmerkmale, →Sozialisation, Erwartungen und Vertrauen.

Auch das kulturelle Umfeld spielt für Kooperation und Konkurrenz eine entscheidende Rolle. Kulturelle Werte beeinflussen das kooperative Verhalten entweder direkt oder über die Beziehungen zwischen den Zielen. Je nach kultureller Prägung gibt es nach *Spieß* (2005) Unterschiede in Hinblick auf das kooperative Verhalten: In individualistischen Kulturen konkurrieren eher Individuen miteinander und versuchen sich gegenseitig zu übertreffen, in kollektivistischen →Kulturen findet die Konkurrenz zwischen Gruppen statt, während der einzelne sich stärker der Gruppe (in-group) unterordnet.

Kooperation in Organisationen besteht in dem Versuch der gemeinsamen Zielerreichung. Hierbei ist Kooperation durch vertragliche Verpflichtungen und formale Kontrollstrukturen, →Hierarchien und Regeln strukturiert. Die Kooperation enthält einen sachlichen Aspekt über die →Arbeitsaufgabe und einen persönlichen, der sich in der →Qualität der Beziehungen ausdrückt.

Die Form der Kooperation wird wesentlich mitbestimmt über die Unternehmenskultur und über festgehaltene →Führungsgrundsätze. Zwar überwiegt in den meisten Führungsgrundsätzen die Betonung des kooperativen Miteinanders, doch ist häufig nicht klar, wie dies im Führungsalltag umgesetzt wird. Für die optimale Organisationsform von kooperativer →Arbeit in den Unternehmen sind Freiheitsgrade für die →Selbstorganisation bedeutsam, doch ebenso wichtig sind die Entlohnungsformen. Der individuelle Beitrag wird als Beitrag zum gemeinsamen Ziel gewertet. Eine sehr bedeutsame Konsequenz von gelungener Kooperation ist eine effektive →Koordination, die in besserer Leistung mündet und ein gutes Betriebsklima.

Kooperation kann auch *negative Wirkungen* haben, die zum Beispiel durch Arbeitsstrukturen bedingt sind und →Stress auslösen können. Durch die →Arbeitsteilung verursacht, erledigen einzelne Personen lediglich partialisierte und unvollständige Tätigkeiten. Wenn diese Personen nun zum Beispiel im Rahmen der Einführung von →Gruppenarbeit verstärkt miteinander kooperieren sollen, entstehen zusätzliche Anforderungen, um sich wechselseitig abzustimmen. Kooperation ist somit nicht nur ein positives Element der Arbeitssituation, sondern sie kann Druck erzeugen, indem Regelungen und Abstimmungen getroffen werden müssen. Auf der anderen Seite können aber so auch neue →Kompetenzen entwickelt werden.

Ebenfalls negativ einzustufen ist die Pseudokooperation. Dabei wird von einer Gemeinsamkeit ausgegangen, die nicht oder nicht mehr vorhanden ist. Es findet kein wechselseitiger Austausch mehr statt, die →Kommunikation erfolgt an der Oberfläche oder zum Schein beziehungsweise auf der formalen Ebene. Wechselseitiges Vertrauen fehlt.

Um die Kooperation in Organisationen zu verbessern, lassen sich die Maßnahmen

- Bilden übergeordneter Ziele,
- Schaffen von Gruppenidentität und Vertrauen,
- Berechenbarkeit,
- Kommunikation sowie
- Herstellung von entsprechenden Belohnungsstrukturen und Anreizen

ergreifen. Wichtig ist die Berücksichtigung von Humankriterien im wechselseitigen Umgang miteinander wie die Wertschätzung des Anderen, Respektieren von →Autonomie, sich an vereinbarte Regeln halten und das Sich-hineinversetzen in den Anderen.

Kooperation wird angesichts der Tendenz zum Hierarchieabbau und der →Internationalisierung immer wichtiger. Sie stellt hohe Anforderungen an die Akteure.

Literatur: *Bierhoff, H.W.; Müller, G. F:* Kooperation in Organisationen, in: Zeitschrift für Arbeits- und Organisationspsychologie, 37. Jg., (1993), H. 37, S. 42–51. *Spieß, E.*: Formen der Kooperation, Göttingen 1998. *Spieß, E.*: Berufliche Werte, Formen der Kooperation und Arbeitszufriedenheit, in: Zeitschrift für Gruppendynamik und Organisationsberatung, 31. Jg., (2000), H. 2, S. 85–196. *Spieß, E.*: Kooperation und Konkurrenz, in: *Frey, D.*; *von Rosenstiel, L.*; *Graf Hoyos, K.* (Hrsg.): Wirtschaftspsychologie II, Weinheim 2005. *van Lange, P. A. M.*; *de Dreu, C. K. W.*: Soziale Interaktion: Kooperation und Wettbewerb, in: *Stroebe, W.*; *Jonas, K.*; *Hewstone, M.* (Hrsg.): Sozialpsychologie, 4. Aufl., Berlin 2002, S. 381–414.

Erika Spieß

Kooperation bei Unternehmenszusammenschlüssen

zielgerichtete Zusammenarbeit beim Zusammenführen von Unternehmen.

Schließen sich zwei oder mehr Unternehmen zusammen, streben sie regelmäßig an, sich gemeinsam im Markt besser zu positionieren als sie es jeweils alleine könnten. Um diese Optimierung zu erreichen, muss zunächst ausgelotet werden, in welchen Bereichen eine Kooperation Vorteile erbringt (→ Synergien). Aufgabe des → Personalmanagements ist es dazu beizutragen, dass die zuvor selbstständigen Organisationen die Kooperationsformen finden, die die größte Effizienz versprechen. Zudem gilt es dafür zu sorgen, dass die betroffenen Mitarbeiter in einer Erfolg versprechenden Weise aufeinander zugehen und zusammenarbeiten (→ Fusionsmanagement). Denn nur mit der Unterstützung der Beschäftigten lassen sich die Ziele erreichen, die mit dem → Unternehmenszusammenschluss verbunden werden.

Markus-Oliver Schwaab

Kooperationsbereitschaft

fester Bestandteil der Persönlichkeit eines Menschen, die von ihm auch bewusst verändert und entsprechend eingesetzt werden kann und die Bereitschaft zur Zusammenarbeit beschreibt.

Aus *spieltheoretischer Sicht* ist es rational, das Verhältnis zu einer anderen Person bei einer unbekannten Anzahl weiterer → Interaktionen kooperativ zu beginnen und die Kooperationsbereitschaft aufrechtzuerhalten, da über die Norm der Gegenseitigkeit von dieser dasselbe Verhalten erwartet werden kann (tit for tat). Kommt das Ende der Austauschbeziehung in Sicht, sinkt unmittelbar der → Anreiz zu kooperativem Verhalten. Beide Parteien schützen sich vor Enttäuschung und kooperieren nicht mehr. Diese generelle Überlegung lässt sich beispielsweise am Umgang mit Mitarbeitern nachvollziehen, die ihrem → Arbeitgeber gekündigt haben und daraufhin bis zu ihrem Ausscheiden auf eine → Stelle mit unkritischem Aufgabeninhalt versetzt werden (Nash 1951).

Literatur: *Nash, J. F., Jr.*: Non-Cooperative Games, in: Annals of Mathematics, 54. Jg. (1951), S. 286–295.

Jan Hendrik Fisch

Kooperationsmuster

Art und Struktur von Verhandlungen zwischen zwei Vertragsparteien.

In der betrieblichen → Lohnpolitik lassen sich drei Kooperationsmuster zwischen → Betriebsrat und Management zur Konzeption von Entlohnungsmodellen unterscheiden:

1. *Co-Management*: Im Zentrum stehen das gegenseitige Verständnis sowie eine weitgehende Einigkeit über die Zielvorstellungen, deren Erreichen mittels unternehmerischer Effizienz zu sichern ist.

2. *Expertenmodell*: Hier werden unter Berücksichtigung tariflicher Bestimmungen die Entlohnungsmodelle durch spezialisierte Fachleute entwickelt.

3. *Zwei-Parteien-Modell*: Legt Rolle des → Arbeitgebers als Initiator fest, die von der Rolle des Betriebsrats als Begutachter von Entlohnungssystemen getrennt ist.

Welche Variante ausgeführt wird, hängt zum einen von der Unternehmenskultur (→ Organisationskultur), und zum anderen von der gesellschaftspolitischen Tradition des Umgangs verschiedener Unternehmensgruppen miteinander ab.

Literatur: *Scholz, C.*: Personalmanagement, 5. Aufl., München 2000, S. 711–713.

Silvia Föhr

Kooperative Organisationsform

Abteilungen im Unternehmen arbeiten zusammen und stimmen die Inhalte ihrer Tätigkeit aufeinander ab.

Aus Sicht der → Personalabteilung ist hier insbesondere die Zusammenarbeit mit den Fachabteilungen und anderen zentralen Einheiten im Unternehmen relevant.

Koordination

Um die Abstimmung zwischen den Abteilungen zu institutionalisieren, können spezifische organisatorische Strukturen eingerichtet werden, die Bestandteil der kooperativen Organisationsform sind. Im Wesentlichen handelt es sich dabei um das Management der Schnittstellen zwischen den kooperierenden Einheiten. Regelmäßige Treffen von Mitgliedern der Abteilungen zur Abstimmung der Tätigkeiten schaffen eine Möglichkeit, aktuelle Probleme oder Ideen zu besprechen. Die gruppenorientierte →Kooperation kann bei Bedarf zu einer →Projektorganisation ausgeweitet werden. Dieser Organisationstyp bietet sich dann an, wenn eine spezielle Aufgabe wie zum Beispiel die Einführung eines neuen Anreizsystems bei einer Tochtergesellschaft im Unternehmen für eine überschaubare Zeitdauer eine intensive →Kommunikation zwischen den kooperierenden Abteilungen impliziert.

Eine permanente kooperative Strukturform bietet das Linking-Pin-Modell, welches in Abbildung 1 dargestellt wird und von *Likert* (1961) entwickelt wurde.

Abbildung 1: Das Linking-Pin-Modell
(*Likert* 1961, S. 35–36)

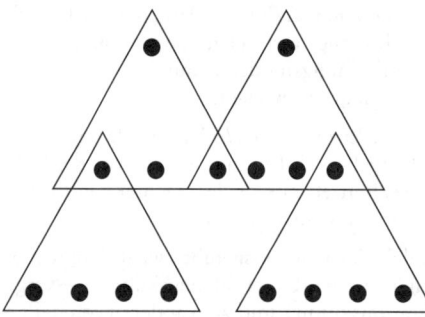

Der Linking-Pin, der in beiden zu koordinierenden →Gruppen vertreten ist, übernimmt die Aufgabe, den Informationsfluss zwischen den Gruppen sicherzustellen und die Entscheidungen inhaltlich aufeinander abzustimmen. Wichtig ist gemäß *Meckl* (2000) die Annahme, dass die Beeinflussung gegenseitig, also auch bei vertikalen Linking-Pins in beide Richtungen erfolgt.

Dieses einfach gehaltene Basismodell kann, wie Abbildung 2 verdeutlicht, zu einer funktions- oder einheitsübergreifenden Kooperation erweitert werden.

Die Querschnittsgruppen sind verantwortlich für die horizontale Abstimmung der Funktionen und sichern des Weiteren die Einbindung der übergeordneten Instanzen (→Aufbauorganisation).

Abbildung 2: Cross-Function-Work-Groups
(*Schreyögg* 1996, S. 258–259)

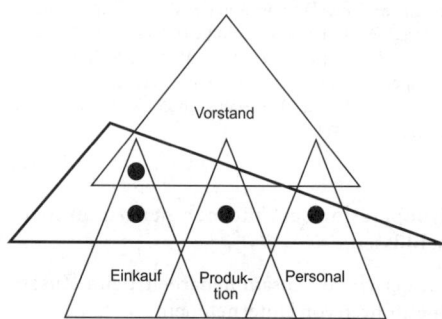

Diese kooperativen Organisationsformen sind nach *Reiß* (1994) von besonderer Relevanz für die Personalabteilung, da in allen Unternehmensbereichen personalwirtschaftliche Fragen eine Rolle spielen und die Kooperation mit diesen Bereichen eine konsistente →Personalpolitik sichert und das Wissen von der Personalabteilung auf diese Bereiche übertragen werden kann. Gleichzeitig wird gewährleistet, dass Entscheidungen in den Unternehmensbereichen mit der personalpolitischen Grundlinie des Unternehmens übereinstimmen.

Literatur: *Likert, R.*: New Patterns of Management, New York 1961. *Meckl, R.*: Controlling in internationalen Unternehmen. Erfolgsorientiertes Management internationaler Organisationsstrukturen, München 2000, S. 42–44. *Reiß, M.*: Die Kooperation zwischen Personalabteilung und Fachabteilungen aus organisatorischer Sicht, in: *Ackermann, K.-F.* (Hrsg.): Reorganisation der Personalabteilung, Stuttgart 1994, S. 33–57. *Schreyögg, G.*: Organisation, Wiesbaden 1996.

Reinhard Meckl

Koordination

Abstimmung und zielgerichtete Beeinflussung der Handlungen einzelner Personen.

Der Bedarf zur Koordination rührt zum einen von der Ziel- und Interessendivergenz zwischen Mitarbeitern und Unternehmen her und wird zum anderen durch die →Differenzierung eines Unternehmens in spezialisierte Einheiten herbeigeführt. Zur Herstellung von Koordination stehen persönliche (→Mitarbeiterführung), bürokratische unterstützt durch technische (→Organisation und Führung) und kulturelle (→kulturelle Steuerung) Instrumente zur Verfügung.

Literatur: *Staehle, W. H.*: Management, 8. Aufl., München 1999.

Jan Hendrik Fisch

Koordinations-Center

Organisationsform einer betrieblichen Einheit mit der Aufgabe, die inhaltliche und institutionelle Abstimmung von Teileinheiten eines Unternehmens mit der Absicht durchzuführen, ein vorgegebenes Sach- oder Formalziel zu erreichen.

Schreibt man einer →Personalabteilung die Rolle des Koordinations-Centers zu, so steht hier im Mittelpunkt, für eine →Koordination der personalpolitischen Grundsätze im Unternehmen zu sorgen. Damit soll gewährleistet werden, dass eine →Gleichbehandlung der Mitarbeiter stattfindet. Wichtig ist ebenfalls die Sicherstellung des Wissenstransfers in Bezug auf personalwirtschaftliche Maßnahmen. Die Abstimmung und Herstellung von Kontakten zwischen den Unternehmenseinheiten, die erfolgreich eine bestimmte personalwirtschaftliche Maßnahme durchgeführt haben, und solchen, die davon lernen können, lässt positive Effekte der Koordination erwarten. Ein Beispiel für eine sehr konkrete Koordinationsaufgabe ist die Abstimmung, Vermittlung und eventuelle Konfliktlösung zwischen Management und →Arbeitnehmern beziehungsweise deren Vertretern.

Reinhard Meckl

Körperunterstützungen

dienen der Entlastung einzelner Körperteile.

Zu den Körperunterstützungen zählen Arbeitssitze, Stehhilfen, Fußstützen, Arm- und Handstützen sowie Arbeitsflächen:

- *Arbeitssitze* sollten ein dynamisches Sitzen, das heißt einen Wechsel zwischen nach vorn gebeugtem Oberkörper, senkrecht aufrechtem Oberkörper und nach hinten angelehntem Oberkörper ermöglichen. Bei entspannter, leicht nach vorn gebeugter Rumpfstellung wird die Rückenmuskulatur am geringsten belastet und der Bandscheibeninnendruck erhöht. Bei aufrechtem Oberkörper wird die Rückenmuskulatur höher belastet, dafür wird jedoch der Bandscheibeninnendruck reduziert. An die Arbeitssitze ergeben sich dadurch Anforderungen an die konstruktive Auslegung, die sich auf die Sitzfläche, die Rückenlehne, die Armauflagen, die Polsterung und das Bezugsmaterial, die Stellteile (→Anzeigen und Stellteile) und das Untergestell beziehen. Neben den üblichen Arbeitssitzen sind beispielsweise auch Kniesitze oder Stehhilfen als Alternativen zu berücksichtigen.

- *Stehhilfen* dienen der Entlastung der Bein- und Rückenmuskulatur und stellen eine Verbesserung des reinen Steharbeitsplatzes dar. Sie haben zwei Kennzeichen. Das Gesäß wird auf einer in der Regel nach vorn geneigten Abstützfläche platziert und der Körper wird dadurch abgestützt. Die Beine werden schräg nach vorn gestreckt, um einem Abrutschen von der Abstützfläche entgegen zu wirken. Die Abstützfläche kann klappbar, drehbar mit dem Untergestell verbunden und höhen- sowie neigungsverstellbar sein. Das Untergestell kann starr auf dem Boden stehen, mit diesem fest verbunden sein oder an einem Betriebsmittel schwenkbar befestigt oder pendelnd gelagert sein.

- *Fußstützen* dienen dem Ausgleich von Sitzfläche und Fußbodenebene. Bei gegebener Arbeitsflächenhöhe können die Füße von kleineren Arbeitspersonen abgestützt werden. Zudem kann bei kleineren Personen eine minimale Flächenpressung des Gesäßes bei gleichzeitig nach vorn ausgestreckten Unterschenkeln erzielt werden.

- *Arm-* und *Handstützen* dienen der Entlastung der Schulter- und Oberarmmuskulatur bei statischer Haltungsarbeit. Gleichzeitig sollte die Bewegungsfreiheit von Armen und Händen nicht beeinträchtigt werden und keine bedeutende Flächenpressung der Unterarme erfolgen.

- *Arbeitsflächen* sind zum Beispiel Tische, Pulte oder Werkbänke, an denen in sitzender, stehender oder angelehnter Körperhaltung Arbeitsgegenstände manipuliert werden. Arbeitsgegenstände können ebenfalls Arbeitsflächen bieten. Für die Arbeitsflächenhöhe ist die Einwirkungsstelle des Menschen am Arbeitsgegenstand ausschlaggebend. Bei der Gestaltung der Arbeitsflächen sind die Körperhaltung, der maximale und funktionale Greifraum, die Höhe der Vorrichtungen und darin fixierten Arbeitsgegenstände über der Arbeitsfläche, der

Bein- und Fußfreiraum sowie die Oberflächeneigenschaften der Fläche zu berücksichtigen.

Zwischen den Maßen der Sitzfläche, der Arbeitsfläche, der Fußstütze und der Arm- und Handstützen bestehen Abhängigkeiten. Sie bilden ein *Stützflächensystem* und dienen der räumlichen Auslegung von →Arbeitssystemen. Die Detailmaße des Stützflächensystems werden von den Körpermaßen, der einzunehmenden Körperstellung und den Arbeitsplatzmaßen abgeleitet (*Bokranz* und *Landau* 1991, Luczak und *Volpert* 1997).

Literatur: *Bokranz, R.; Landau, K.:* Einführung in die Arbeitswissenschaft, Stuttgart 1991. *Luczak, H.; Volpert, W.:* Handbuch Arbeitswissenschaft, Stuttgart 1997.

Margit Weißert-Horn
Regina Brauchler

Korrelationsanalyse

statistisches Verfahren zur Untersuchung von Zusammenhängen und Abhängigkeiten zwischen jeweils zwei Merkmalen.

Als deskriptives Maß für die Interdependenz zweier Merkmale X und Y wird der *Korrelationskoeffizient* (→Zusammenhangsmaße) herangezogen, der Stärke und Richtung eines linearen Zusammenhangs angibt.

Abhängig vom →Skalenniveau der Merkmale können der *Bravais-Pearson-Korrelationskoeffizient*, der *Rangkorrelationskoeffizient* von *Spearman* sowie der *Kontingenzkoeffizient* zur Anwendung kommen. Neben der reinen Berechnung von Zusammenhangsmaßen werden im Rahmen einer Korrelationsanalyse aber auch Tests auf Signifikanz des Zusammenhangs (→Signifikanztest) und Vergleiche von Korrelationen durchgeführt. Bei der Berechnung von Korrelationen muss darauf geachtet werden, dass die betrachteten Merkmale in einem sachlogischen Zusammenhang stehen. Häufig wird eine Korrelation zwischen zwei Merkmalen dadurch vorgetäuscht, dass weitere, unberücksichtigte Merkmale einen Einfluss ausüben. In diesem Fall spricht man von *Scheinkorrelationen*. Mithilfe *partieller* Korrelationskoeffizienten können derartige Einflüsse allerdings weitgehend beseitigt werden.

Ein Beispiel für die Anwendung der Korrelationsanalyse im →Personalmanagement findet sich bei der Kontingenztheorie von *Fiedler*. Bei seiner Erhebung korrelierte er die Faktoren →Führungsstil und Leistung in bestimmten Situationen.

Literatur: *Fahrmeir, L. et al.:* Statistik, 5. Aufl., Berlin 2004. *Jobson, J. D.:* Applied Multivariate Data Analysis, Bd. 1, Berlin 1992.

Udo Bankhofer

Kostencontrolling →Personalcontrolling

Kostenmanagement

aktive und zielorientierte Gestaltung und Beeinflussung von Kostenstruktur, -niveau und -verlauf, die durch die kostenverursachenden Leistungspotenziale im Unternehmen determiniert werden, welche auch als Kostenbestimmungsfaktoren bezeichnet werden (*Brokemper* 1998).

Kostenbestimmungsfaktoren sind variabel und damit als Gestaltungsparameter des Kostenmanagements beeinflussbar hinsichtlich zum Beispiel Menge, Qualität, Preis, Programm oder Beschäftigungsgrad. Eine Veränderung wirkt sich direkt auf die Kostensituation als primäres Gestaltungsobjekt aus. Damit sind Entscheidungen über ihren Einsatz immer zukunftsorientiert (z. B. Entscheidungen zu Diversifikationsgrad, Produktdifferenzierung, Fertigungstiefe, Produktionsverfahren, Logistik) im Gegensatz zu der reaktiv und primär dokumentarisch ausgerichteten →Kostenrechnung (*Franz* und *Kajüter* 2002). Das Kostenmanagement wird dazu notwendigerweise in frühen Phasen der Produktentwicklung gestaltend tätig, um den zeitlichen Auseinanderfall zwischen Kostendeterminierung und Kostenverursachung zielorientiert zu steuern. →Informationen über Kostenkonsequenzen müssen daher vorverlagert werden. Wesentliches Element des Kostenmanagements ist daher seine Funktion als Impulsgeber, um Unwirtschaftlichkeiten und Gestaltungsspielräume zu einem frühen Zeitpunkt und in den richtigen Bereichen antizipativ aufzuzeigen (*Kajüter* 2000).

Damit geht das Kostenmanagement über die traditionelle Kostenrechnung mit ihrer eher vergangenheitsorientierten Dokumentations-, Abbildungs- und Verrechnungsfunktion hinaus. Insbesondere die *Entscheidungsunterstützung* für wirtschaftliches Handeln stellt ein wesentliches Differenzierungsmerkmal dar und beinhaltet einen →Wandel von einer ex post ausgerichteten „Kontrollrechnung" zu einem sowohl retrospektiv wie auch prospektiv orientierten Instrumentarium. Wesentlich unterstützt wurde diese Entwicklung zu entscheidungs- und maßnahmenbezogenen Ansätzen durch das anglo-amerikanische Verständnis des Management Accounting. Die traditionelle Kostenrechnung und das Kostenmanagement sind allerdings nicht isoliert voneinander zu betrachten: Das Kostenmanagement greift auf die rechnerische Abbildung der Ausgangsgrößen zurück und kann nur mit den entsprechenden Kosteninformationen Gestaltungsvorschläge erbringen. In einer Rückkopplungsschleife fließen Impulse dann wieder in die Gestaltung der Kostenrechnung ein.

Die Auswahl der Maßnahmen und Instrumente des Kostenmanagements findet in Abhängigkeit von Entscheidungsobjekt und zugehörigem Funktionalbereich statt. Eine →Differenzierung erfolgt hinsichtlich des Gestaltungsobjektes in Ressourcen-, Prozess-, Programm- und Produktkostenmanagement. Das Kostenmanagement ist Aufgabe der →Unternehmensführung und daher als permanenter Prozess zu betrachten, der sämtliche Aktivitäten eines Unternehmens umfasst. Für die beteiligten Mitarbeiter stellt der Übergang von der reaktiv orientierten Kostenrechnung zum proaktiven Kostenmanagement einen grundlegenden Anforderungswandel dar, der insbesondere →Führungskräfte betrifft. Sind bei der Kostenrechnung Genauigkeit und Effizienz die zentralen Parameter, steht beim Kostenmanagement die Effektivität eindeutig im Mittelpunkt. Die Manager müssen selbstständig entscheiden, welche Methoden in welcher Situation angemessen sind. Mithin steigen die →Anforderungen an Methoden-, Anwendungs- und Entscheidungskompetenz deutlich an. Im gleichen Zug erhöht sich auch die Entscheidungsunsicherheit. Führungskräfte müssen mit angemessenen Schulungsmaßnahmen auf diesen Anforderungswandel vorbereitet werden.

Die dominierenden Kostentreiber in Unternehmen sind die Material- und →Personalkosten – zumindest wird dies von den Unternehmen so wahrgenommen. Dies ist nicht der einzige Grund, warum eine starke Beziehung zwischen den Personalkosten und dem Kostenmanagement gesehen wird. Vor allem die →Personalkostenplanung ist ein nicht zu vernachlässigender Aspekt, der für das Unternehmen überlebensnotwendig ist.

Literatur: *Brokemper*, A.: Strategieorientiertes Kostenmanagement, München 1998. *Franz, K.-P.; Kajüter*, P. (Hrsg.): Kostenmanagement. Wertsteigerung durch systematische Kostensteuerung, Stuttgart 2002. *Kajüter*, P.: Proaktives Kostenmanagement, Wiesbaden 2000.

Klaus Möller

Kosten-Nutzen-Analyse

Verfahren zur Beurteilung und Bewertung von Investitionsalternativen (engl.: Cost-Benefit-Analysis).

Bei der Kosten-Nutzen-Analyse werden die zukünftigen, auf den Entscheidungszeitpunkt abdiskontierten Kosten und Nutzen eines Projekts ermittelt und quantitativ mit alternativen Investitionsobjekten verglichen. Sie berücksichtigt dabei zusätzlich Faktoren, die nicht für den Markt bestimmt sind beziehungsweise nicht über den Markt bezogen wurden und damit keine unmittelbaren Zahlungen auslösen, wie zum Beispiel Weiterbildungsprogramme, Maßnahmen zur Senkung des Lärmpegels an Maschinen, und die mithilfe von Marktsimulationen oder Nutzenvergleichen in quantitative Größen umgerechnet werden. Damit erlaubt sie eine Einbindung in den Entscheidungs- und Bewertungsprozess. Die Handlungsalternative, welche die größte Differenz zwischen Nutzen (Erträge) und Kosten aufweist, wird ausgewählt. Problematisch dabei ist allerdings die Ermittlung der einzelnen Kosten- und Nutzendeterminanten.

Silvia Föhr

Kostenrechnung

Hauptteil des internen Rechnungswesens, der die Kostenerfassung, Speicherung und Zuordnung zu verschiedenen Verursachungsfaktoren umfasst.

Die Auswertung umfasst die zielorientierte Auswahl, Verknüpfung und Verdichtung der Daten. Die Kostenrechnung liefert →Informationen für die internen Entscheidungsträger und nur in besonderen Ausnahmefällen für unternehmensexterne Institutionen. Während die Kostenrechnung ursprünglich für eine Wirtschaftlichkeitskontrolle entwickelt wurde, ist sie nach modernem Verständnis eher ein Instrument zur Entscheidungsvorbereitung sowie zur Steuerung und Kontrolle von organisatorischen Einheiten und somit auch von Mitarbeitern (*Coenenberg* 1999). Da ein Teil der Kosten die →Personalkosten darstellen, gehört zu den Aufgaben des →Personalmanagements zur Steuerung dieser beizutragen.

Eine Unterteilung in die Kostenarten-, Kostenträger- und Kostenstellenrechnung ist üblich. Die *Kostenstellenrechnung* ist dasTeilgebiet der Kostenrechnung, das die Aufgabe hat, die Kostenarten- und Kostenträgerrechnung derart miteinander zu verbinden, dass die den Kostenträgern nicht direkt zurechenbaren →Gemeinkosten den Kostenträgern zugeschlüsselt werden können. Kostenstellenrechnung beantwortet die Frage, wo Kosten entstanden sind oder entstehen sollten (*Coenenberg* 1999).

Kostenstellen sind organisatorische Einheiten im Leistungserstellungsprozess, in denen für die Leistungserstellung direkt den Objekten zurechenbare Einzelkosten, aber auch eben die bereits genannten Gemeinkosten entstehen. Die Kostenstellenrechnung erfasst und verrechnet Kosten, bietet aber auch relevante Informationen für Planungs-, Steuerungs- und Kontrollzwecke und ist damit eine wesentliche Entscheidungsgrundlage zur Verbesserung der Wirtschaftlichkeit organisatorischer Einheiten (*Coenenberg* 1999).

Die *Kostenträgerrechnung* ist derTeil der Kostenrechnung, in der einzelne Kosten, die in der Kostenartenrechnung erfasst und aus der Kostenstellenrechnung übernommen wurden, den jeweiligen Kostenträgern zugeordnet werden, die den Werteverzehr verursachen. Die Kostenträgerrechnung wird durch die Kostenträgerstück- und -zeitrechnung dargestellt. Bei der Stückrechnung wird die Kostenausweisung pro Einheit eines Kostenträgers ermittelt, während bei der Kostenträgerzeitrechnung die gesamten, nach Trägerarten aufgeteilten Kosten für die ganze Abrechnungsperiode ausgewiesen werden (*Coenenberg* 1999).

Das Prinzip der Kostenrechnung zur Verteilung der Gemeinkosten auf Kostenstellen ist die Kostenverursachung. Deren Analyse setzt die *Kostenstrukturierung* voraus. Diese zielt auf die Zuweisung von Kostenarten bezogen auf die Kostenabhängigkeit und schafft Grundlagen für die Planung von Veränderungen der Kostenverursachung. Eine *homogene Kostenverursachung* liegt vor, wenn das Kostenverhalten durch eine einzige Bezugsgröße verursachungsgerecht zu erfassen ist beziehungsweise wenn die Kosten von einem einzigen Kostenfaktor beeinflusst werden. Die variablen Kosten sind dann proportional zur Bezugsgröße zu sehen, durch die eine konkrete Ausprägung des Kostenfaktors gemessen wird. Homogene Kostenverursachungsfaktoren sind Stellen, bei denen bei konstantem Produktionsvollzug einheitliche Leistungen beziehungsweise mehrere Leistungen (nur wenn sich diese auf eine Bezugsgröße zurückführen lassen) erstellt werden (*Ewert* und *Wagenhofer* 2003).

Falls bei der Leistungserstellung einer Kostenstelle mehrere Kosteneinflussgrößen kausal wirken, liegt die *heterogene Kostenverursachung* vor. Dazu werden Bezugsgrößen dann nebeneinander verwendet. Ursachen dafür können einerseits in den Eigenschaften der Produkte (produktbedingte Heterogenität), andererseits im Produktionsvollzug, der die Wahl mehrerer Bezugsgrößen erforderlich macht (verfahrensbedingte Heterogenität), gesehen werden (*Ewert* und *Wagenhofer* 2003).

Literatur: *Coenenberg, A. G.*: Kostenrechnung und Kostenanalyse, 4. Aufl., Landsberg/Lech 1999. *Ewert, R.; Wagenhofer, A.*: Interne Unternehmensrechnung, 5. Aufl., Berlin etc. 2003.

Silvia Föhr

Kostenwirksamkeitsanalyse

Methode zum Vergleich von Maßnahmen, mit welcher das Ziel, mit den eingesetzten Mitteln eine maximale Verbesserung des Projektziels zu erreichen, zu geringsten Kosten erlangt werden kann.

Bei der Kostenwirksamkeitsanalyse, die auf der →Nutzwertanalyse aufbaut und monetäre sowie nicht-monetäre Faktoren getrennt berücksichtigt, werden die direkt ermittelbaren Kosten erfasst. Die Nutzenerfassung erfolgt analog zur Nutzwertanalyse. Die nicht direkt ermittelbaren Kostenanteile, werden aufgrund ihrer negativen Auswirkung auf den Kostenwert der Handlungsalternativen bezogen. Anschließend wird ein Kosten-Nutzen-Quotient ermittelt, der eine Rangfolgebildung ermöglicht (*Scholz* 2000).

Literatur: *Scholz, C.*: Personalmanagement, 5. Aufl., München 2000, S. 543.

Silvia Föhr

Krankenrückkehrgespräche

spezielle Form von →Mitarbeitergesprächen. Krankenrückkehrgespräche sind ein →Führungsinstrument zur Reduzierung von →krankheitsbedingten Fehlzeiten. Die Gespräche werden üblicherweise unmittelbar nach einer krankheitsbedingten Abwesenheit des oder der Untergebenen geführt, das heißt am ersten Tag nach der Rückkehr an den Arbeitsplatz. Beteiligte können außer der →Führungskraft und dem Mitarbeiter auch nächsthöhere Führungskräfte sowie Mitglieder der →Personalabteilung und des →Betriebsrats beziehungsweise Personalrats sein.

Zu den *Inhalten* von Krankenrückkehrgesprächen zählen typischerweise Themen wie gesundheitsbeeinträchtigende beziehungsweise gesundheitsförderliche Arbeitsbedingungen und Arbeitsweisen, weitere Gründe für die Abwesenheit, in Zukunft zu erwartende Fehlzeiten sowie deren Konsequenzen für die →Organisation und die fehlende Person.

Krankenrückkehrgespräche sind durch eine hohe →Standardisierung und →Formalisierung gekennzeichnet. Das heißt, zum einen sind Zielgruppen, Zeitpunkte und Häufigkeit der Gespräche im Voraus festgelegt. Zum anderen werden detaillierte Leitfäden für die Gesprächsführung sowie Formulare für deren Dokumentation eingesetzt. In einigen Unternehmen werden Stufen-Systeme, die aus mehreren aufeinander aufbauenden Gesprächstypen bestehen, praktiziert. Die unterschiedlichen Gesprächstypen werden in Abhängigkeit von der Zeit, die seit der letzten Abwesenheitsperiode verstrichen ist, gewählt und sehen verschiedene weitere teilnehmende Personen, Inhalte und Konsequenzen vor (bis hin zur →krankheitsbedingten Kündigung).

Krankenrückkehrgespräche können einerseits als Instrument zur Verhältnis- und Verhaltensprävention eingesetzt werden. Sie haben damit einen fürsorglichen, gesundheitsfördernden Charakter. Andererseits haben sie durch die Thematisierung von Problemen, die durch Fehlzeiten für die Organisation entstehen, sowie von weiteren Sanktionen auch einen disziplinierenden Charakter.

Literatur: *Ortlieb, R.*: Betrieblicher Krankenstand als personalpolitische Arena, Wiesbaden 2003. *Piorr, R.*: Rückkehrgespräche – Chance für geringe Fehlzeiten bei gleichbleibender Arbeitsleistung?, München 2001.

Renate Ortlieb

Krankenstand

Kennzahl, die das Ausmaß von →krankheitsbedingten Fehlzeiten beschreibt (syn.: Fehlzeitenquote, Fehlzeitenrate).

Der Krankenstand wird grundsätzlich berechnet als das in Prozent ausgedrückte Verhältnis der krankheitsbedingten Fehltage einer Person oder mehrerer Personen zu deren gsamten geplanten Arbeitstagen innerhalb eines bestimmten Zeitraumes oder zu einem bestimmten Zeitpunkt. Nur noch selten wird Krankentand heute gebraucht als Bezeichnung des (vorübergehenden) Zustandes einer Person, die wegen einer →krankheitsbedingten Arbeitsunfähigkeit von ihrem vereinbarten Arbeitsort abwesend ist (z. B.: „Herr Müller befindet sich diese Woche im Krankenstand").

Renate Ortlieb

Krankheit

regelwidriger Zustand körperlicher oder geistiger Art, der einer Heilbehandlung bedarf (BAG, Urteile vom 01.06.1983, 07.08.1991, AP Nr. 52, 94 zu § 1 LohnFG).

Der →Arbeitgeber darf bei Begründung des Arbeitsverhältnisses (→Beschäftigungsverhältnis) etwa im Einstellungsgespräch oder →Personalfragebogen nur nach solchen Erkrankungen fragen, die für die in Aussicht genommene Tätigkeit von Bedeutung sein können (BAG Urteil vom 07.06.1984 AP Nr. 26 zu § 123 BGB). Sind sie das nicht, darf der →Arbeitnehmer die Frage nach Erkrankungen unzutreffend beantworten, ohne dass dem Arbeitgeber anschließend ein Recht zur →Anfechtung des →Arbeitsvertrags wegen arglistiger Täuschung zusteht. Freilich darf der Arbeitgeber vor der Einstellung (→Personalbeschaffung) eine Einstellungsuntersuchung durchführen, so dass sich bezüglich mancher Erkrankungen eine ausdrückliche Frage erübrigt.

Die *Anzeige- und Nachweispflichten* bei Krankheit sind in § 5 Abs. 1 EFZG geregelt. Der Arbeitnehmer ist verpflichtet, dem Arbeitgeber die Arbeitsunfähigkeit und deren voraussichtliche Dauer unverzüglich (ohne schuldhaftes Zögern) mitzuteilen. Dieser Anzeigepflicht wird der Arbeitnehmer in der Regel vor oder spätestens bei Arbeitsbeginn gegebenenfalls telefonisch nachkommen können (*Schaub* 2000, § 98 Rn. 120, *Vossen/KassArbR* 2000, Rn. 170). Eine unverzügliche Anzeige liegt nicht mehr vor, wenn der Arbeitnehmer sich darauf beruft, er habe zunächst den Besuch beim Arzt abwarten wollen, um sodann die Dauer seiner Arbeitsunfähigkeit angeben zu können. Der Arbeitgeber soll sich durch die unverzügliche

Krankheit

Mitteilung der Arbeitsunfähigkeit auf das Fehlen des Arbeitnehmers einrichten und entsprechende Dispositionen treffen können. Den Nachweis der Arbeitsunfähigkeit hat der Arbeitnehmer spätestens am dritten Tag zu erbringen. Das geschieht in der Regel durch Beibringung der Arbeitsunfähigkeitsbescheinigung. Bei einer Fortdauer der Arbeitsunfähigkeit über den in der Arbeitsunfähigkeitsbescheinigung angegebenen Zeitraum hinaus muss der Arbeitnehmer den Arbeitgeber ebenfalls unverzüglich informieren (BAG, Urteile vom 07.02.1998, 16.08.1991, EzA § 1 KSchG →Verhaltensbedingte Kündigung Nr. 26, 41). Für den Nachweis regelt das Gesetz keine Frist. Die Rechtsprechung geht deshalb davon aus, dass die Frist von drei Tagen für die Erstbescheinigung auch im Falle der Fortdauer der Erkrankung für die Folgebescheinigung gilt und am letzten in der Erstbescheinigung angegebenen Tag zu laufen beginnt.

Krankheiten können kündigungsrelevant sein. Es handelt sich bei der →*krankheitsbedingten Kündigung* um den maßgeblichen Anwendungsfall einer →personenbedingten Kündigung gemäß § 1 Abs. 2 KSchG. Rechtsprechung und Literatur differenzieren zwischen folgenden Arten einer krankheitsbedingten Kündigung:

Die *dauernde Arbeitsunfähigkeit* rechtfertigt regelmäßig eine ordentliche →Kündigung. Steht fest, dass der Arbeitnehmer auf Dauer seine →Arbeitsleistung nicht erbringen kann, besteht das Arbeitsverhältnis formal als leere Hülse fort, was dem Arbeitgeber in der Regel nicht zugemutet werden kann.

Bei der *krankheitsbedingten Leistungsminderung* ist der Arbeitnehmer zwar in der Lage, seine Arbeitsleistung zumindest teilweise noch zu erbringen, jedoch nur mit bestimmten krankheitsbedingten Einschränkungen. Diese können beispielhaft darin bestehen, dass er nicht längere Zeit stehen kann, einzelne für die →Arbeit erforderliche Bewegungen nicht verrichten kann oder aber nicht in der Lage ist, bestimmte Gewichte zu heben. Voraussetzung für die soziale Rechtfertigung einer Kündigung ist in diesen Fällen zunächst, dass die krankheitsbedingte Leistungsminderung auf Dauer anhält. Ist sie dagegen nach medizinischer Prognose alsbald überwunden, kommt eine Kündigung nicht in Betracht. Voraussetzung ist weiter, dass eine erhebliche Leistungsminderung mit der Krankheit verbunden ist. Geringfügige Minderleistungen können eine Kündigung nicht rechtfertigen. Zu prüfen ist sodann, ob der Arbeitnehmer nicht auf einem so genannten leidensgerechten Arbeitsplatz anderweitig beschäftigt werden kann, also einem Arbeitsplatz, auf dem sich die krankheitsbedingten Einschränkungen aufgrund der Art der Tätigkeit nicht bemerkbar machen (vgl. BAG NZA 1997, S. 709; 1999). Gibt es solche Arbeitsplätze, ist der Arbeitgeber gegebenenfalls verpflichtet, durch Ausübung seines →Direktionsrechts einen Ringtausch vorzunehmen und dafür – wenn ein →Betriebsrat besteht – dessen Zustimmung zur →Versetzung einzuholen. Verweigert der Betriebsrat seine Zustimmung, muss der Arbeitgeber jedoch das Zustimmungsersetzungsverfahren vor dem Arbeitsgericht (→Arbeitsgerichtsbarkeit) nicht durchführen, sondern kann sich darauf zurückziehen, ein Ringtausch habe mangels Zustimmung des Betriebsrats nicht stattfinden können. Schließlich ist als letzter Prüfungsschritt eine Interessenabwägung vorzunehmen. Dabei ist das Interesse des Arbeitgebers an der Beendigung des Arbeitsverhältnisses abzuwägen gegen das Interesse des Arbeitnehmers am Fortbestand des Arbeitsverhältnisses. Im Rahmen dieser Interessenabwägung sind alle Umstände des Einzelfalls zu berücksichtigen (*Etzel* 1998, § 1 KSchG Rn. 300 f.; *von Hoyningen-Huene*, *Hueck* und *Linck* 1997, § 1 KSchG Rn. 183), insbesondere wie schwerwiegend die Leistungsbeeinträchtigung tatsächlich ist, ob die Erkrankung betriebliche Ursachen hat, wie lange das Arbeitsverhältnis zuvor ungestört bestanden hat, welche Unterhaltspflichten der Arbeitnehmer hat (streitig) oder wie die Situation auf dem →Arbeitsmarkt aussieht (ebenfalls streitig). Dabei ist zu beachten, dass die Rechtsprechung sich bewusst nicht auf eine bestimmte Gewichtung der einzelnen Umstände oder einzelne K.O.-Kriterien festlegt. Aus diesem Grund ist wie bei den weiteren beiden Fällen der krankheitsbedingten Kündigung bei der krankheitsbedingten Leistungsminderung die Prognose, ob eine Kündigung sozial gerechtfertigt ist oder nicht, mitunter schwierig.

Bei der *lang andauernden Krankheit* ist zunächst zu prüfen, ob eine negative Zukunftsprognose des Inhalts besteht, dass im Zeitpunkt des Zugangs der Kündigung die Arbeitsunfähigkeit des Arbeitnehmers für zumindest längere oder gar nicht absehbare Zeit fortbesteht. Eine bestimmte Dauer, die der Arbeitnehmer bereits arbeitsunfähig erkrankt ist, muss nicht erreicht werden. Die Kündigung aufgrund lang andauernder Krankheit ist – wie jede Kündigung – keine Sanktion für →Fehlzeiten der Vergangenheit. Sie ist vielmehr ausschließlich zukunftsbezogen und muss sich deshalb – weil die Zukunft nicht vorhersehbar ist – am Prognoseprinzip orientieren. Ist ein Ende der Erkrankung absehbar, kann eine Kündigung nicht ausgesprochen werden. Ist der Arbeitnehmer bereits längere Zeit erkrankt, und kann innerhalb von 24 Monaten mit einer anderen Prognose nicht gerechnet werden, stellt das Bundesarbeitsgericht die lang andauernde Krankheit der dauernden Arbeitsunfähigkeit gleich, so dass ohne weitere Interessenabwägung die Kündigung sozial gerechtfertigt ist (BAG, Urteil vom 29.04.1999 AP Nr. 36 zu § 1 KSchG 1969 Krankheit). Ansonsten muss unter Zuhilfenahme ärztlicher Sachverständigengutachten ermittelt werden, wie die gesundheitliche Zukunftsprognose aussieht. Es ist weiter zu klären, ob und welche Überbrückungsmaßnahmen dem Arbeitgeber zumutbar sind, um eine Beeinträchtigung betrieblicher Interessen ganz oder weitestgehend zu vermeiden. Im dritten Prüfungsschritt schließlich muss auch bei der lang andauernden Krankheit ebenso wie bei der krankheitsbedingten Leistungsminderung eine Interessenabwägung erfolgen (zu den einzelnen Kriterien siehe oben).

Bei der Kündigung aufgrund *häufiger Kurzerkrankungen* ist im ersten Schritt zu prüfen, ob gesundheitlich eine negative Zukunftsprognose vorliegt. Dabei ist als Referenzzeitraum auf die letzten zwei bis drei Jahre abzustellen. Liegen erhebliche Fehlzeiten in der Vergangenheit vor, so bilden diese zunächst ein Indiz dafür, dass es zu erheblichen Fehlzeiten auch in der Zukunft kommen wird. Der Arbeitgeber darf sich deshalb im ersten Schritt darauf beschränken, die Fehlzeiten der Vergangenheit nach Zahl, Dauer und zeitlicher Abfolge im Einzelnen darzulegen. Die Rechtsprechung legt sich insoweit allerdings nicht fest, wie hoch die Fehlzeiten der Vergangenheit sein müssen, um eine ausreichende Indizwirkung zu entfalten. Vielfach wird von etwa 15 % der Arbeitstage ausgegangen, an denen durch Arbeitsunfähigkeit die Arbeitsleistung nicht erbracht wurde. Je nach Position des Arbeitnehmers kann aber auch ein niedrigerer oder höherer Prozentsatz zugrunde zu legen sein. Der Arbeitnehmer kann die Indizwirkung, dass aus den Fehlzeiten der Vergangenheit Fehlzeiten für die Zukunft folgen, erschüttern. Dazu muss er die Art der Erkrankungen im Einzelnen darlegen. Ergibt sich daraus, dass ausgeheilte Leiden vorliegen oder solche, die durch einmalige Ereignisse bedingt wurden (z. B. Unfälle), besteht eine Wiederkehrwahrscheinlichkeit nicht, so dass bereits deshalb eine soziale Rechtfertigung ausscheidet. Liegt dagegen eine Wiederkehrwahrscheinlichkeit vor, was bei chronischen Beschwerden regelmäßig der Fall ist, kommt es im nächsten Prüfungsschritt darauf an, inwieweit dadurch eine Beeinträchtigung betrieblicher Interessen entsteht. Insoweit gibt es zwei Möglichkeiten: Die Fehlzeiten können zu Betriebsablaufstörungen führen oder aber zu unzumutbaren wirtschaftlichen Belastungen (→Belastung-Beanspruchungs-Modell). Betriebsablaufstörungen (Auslieferungsfahrer erkrankt, so dass eine bestimmte Tour nicht gefahren werden kann) sind in der Praxis eher selten, zumindest jedoch schwierig darzulegen, weil der Arbeitgeber in der Regel bemüht ist, durch Vertretungsregelungen oder kurzfristige Umorganisation solche Störungen zu vermeiden. Der Arbeitgeber wird im Normalfall solche Störungen nicht deshalb entstehen lassen, um seine Chancen bei einer krankheitsbedingten Kündigung zu erhöhen. Häufiger ist deshalb der zweite Fall, dass die Fehlzeiten zu einer nicht mehr hinnehmbaren wirtschaftlichen Belastung des Arbeitgebers führen. Um diese zu ermitteln, muss geprüft werden, wie viele Tage der Arbeitsunfähigkeit entgeltfortzahlungspflichtig waren. Bei häufigen Kurzerkrankungen mit zum Teil wechselnden Erkrankungen ist es ohne weiteres möglich, dass der Arbeitgeber im Jahr insgesamt mehr als sechs Wochen Entgeltfortzahlung zu leisten hat. Ist damit auch in der Zukunft zu rechnen, liegt eine Beeinträchtigung betrieblicher Interessen vor. Im dritten Prüfungsschritt ist auch bei häufigen Kurzerkrankungen eine Interessenabwägung vorzunehmen, die anhand der dargestellten Kriterien zu erfolgen hat. Bei dieser Fallgruppe ist insbesondere einzustellen, ob die Entgeltfortzahlung deutlich oder nur knapp oberhalb von sechs Wochen im Jahr liegt.

Zusammengefasst lässt sich zur krankheitsbedingten Kündigung sagen, dass diese in der Praxis nicht selten als Instrument zum Personalabbau (→Personalfreisetzung) genutzt wird, wenn sich ein betriebsbedingter Grund nicht ausreichend substantiiert vortragen lässt oder aber die bei betriebsbedingter Kündigung vorzunehmende →Sozialauswahl aus Sicht des Arbeitgebers zu unerwünschten Ergebnissen führen würde. Insoweit kann der Ausspruch einer krankheitsbedingten Kündigung den Arbeitgeber möglicherweise in die Lage versetzen, zumindest eine gewisse Vergleichsposition für den Gütertermin aufzubauen.

Literatur: *Etzel, G.*: Gemeinschaftskommentar zum Kündigungsschutzgesetz und zu sonstigen kündigungsrechtlichen Vorschriften, 5. Aufl., Neuwied etc. 1998. *Schaub, G.*: Arbeitsrecht Handbuch, 9. Aufl., München 2000. *von Hoyningen-Huene, G.; Hueck, A.; Linck, R.*: Kündigungsschutzgesetz, 12. Aufl., München 1997. *Vossen, R.*, in: *Leinemann, W.* (Hrsg.): Kasseler Handbuch zum Arbeitsrecht, Bd. 2, 2. Aufl., Kassel 2000.

Friedrich Meyer

Krankheitsbedingte Arbeitsunfähigkeit

juristischer Begriff, nach der Rechtsprechung des →Bundesarbeitsgerichtes, der wie folgt definiert ist: „Arbeitsunfähig infolge →Krankheit ist der →Arbeitnehmer dann, wenn ein Krankheitsgeschehen ihn außer Stand setzt, die ihm nach dem →Arbeitsvertrag obliegende →Arbeit zu verrichten, oder wenn er die Arbeit nur unter der Gefahr fortsetzen könnte, in absehbarer naher Zeit seinen Zustand zu verschlimmern."

Das Vorliegen einer krankheitsbedingten Arbeitsunfähigkeit kann eine Abweichung vom Grundsatz „Entgelt gegen Leistung" begründen: Nach § 3 Entgeltfortzahlungsgesetz (EntgFZG) hat der Arbeitnehmer Anspruch auf Entgelt in voller Höhe für die Dauer von sechs Wochen, wenn ihn kein Verschulden an der Arbeitsunfähigkeit trifft und das Arbeitsverhältnis (→Beschäftigungsverhältnis) bereits seit vier Wochen ununterbrochen besteht. Dabei ist nach § 5 EntgFZG der Arbeitnehmer dazu verpflichtet, dem →Arbeitgeber unverzüglich die Arbeitsunfähigkeit und deren voraussichtliche Dauer mitzuteilen. Außerdem hat er spätestens am vierten Tag der Arbeitsunfähigkeit eine ärztliche Arbeitsunfähigkeitsbescheinigung vorzulegen, aus der sich das Bestehen sowie die voraussichtliche Dauer – nicht aber die Diagnose – der Arbeitsunfähigkeit ergibt (→Absentismus; →Krankheitsbedingte Fehlzeiten).

Literatur: *Reinecke, G.*: Krankheit und Arbeitsunfähigkeit – die zentralen Begriffe des Rechts der Entgeltfortzahlung, in: Der Betrieb, 51. Jg. (1998), S. 130–133.

Renate Ortlieb

Krankheitsbedingte Fehlzeiten

Abwesenheitszeiten der Beschäftigten von einem vereinbarten Arbeitsort (→Fehlzeiten), die von den fehlenden Personen mit einer →krankheitsbedingten Arbeitsunfähigkeit begründet werden.

Auch Abwesenheitszeiten aufgrund von →Arbeitsunfällen sowie von Kuren werden häufig dazu gerechnet. Krankheitsbedingte Fehlzeiten zählen seit Langem zu den „Dauerbrenner-Themen" in der wissenschaftlichen Forschung, der betrieblichen Praxis und in der – oftmals stark emotional aufgeladenen – öffentlichen Diskussion. Abzugrenzen von den krankheitsbedingten Fehlzeiten sind die motivationsbedingten Fehlzeiten (→Absentismus): Damit werden ebenfalls Abwesenheitszeiten bezeichnet, die von den fehlenden Personen mit einer krankheitsbedingten Arbeitsunfähigkeit begründet werden. Tatsächlicher Grund für die Abwesenheit ist allerdings (vermeintlich) mangelnde Arbeitsmotivation (→Motivation). Der Umstand, dass sowohl der Gesundheitszustand einer Person als auch deren Arbeitsfähigkeit in vielen Fällen nicht exakt eingeschätzt werden kann, eröffnet Ermessens- und Verhaltensspielräume, die zu vielfältigen Spekulationen über mangelnde Arbeitsmotivation und -moral anregen.

Problematisch an der Unterscheidung zwischen krankheitsbedingten und motivationsbedingten Fehlzeiten ist jedoch, dass diese sich zwar auf einer analytischen Ebene, nicht aber auf der empirischen Ebene treffen lässt: Geläufige *Indikatoren* für motivationsbedingte Fehlzeiten wie zum Beispiel häufige kurzfristige Fehlzeiten oder häufiges Fehlen an Montagen und Freitagen erweisen sich regelmäßig als wenig valide. Die Ermessens- und Verhaltensspielräume führen dazu, dass krankheitsbedingte Fehlzeiten gleichzeitig Medium wie auch Resultat von Aushandlungsprozessen auf Individual-, Gruppen-, Organisations- und gesellschaftlicher Ebene sind. Erörterungen über das Ausmaß und die Ursachen krankheitsbedingter Fehlzeiten, über Maßnahmen zu deren Reduzierung wie auch das Praktizieren bestimmter Maßnahmen und die dabei verwendete Rhetorik reflektieren Interessengegensätze, Mehrdeutigkeiten und Interpretationsspielräume. Dies sind typische Merkmale einer politischen Arena.

Gängige *Kennziffern* zur Beschreibung des Ausmaßes krankheitsbedingter Fehlzeiten werden „Fehlzeitenquote", „Fehlzeitenrate" oder auch „→Krankenstand" genannt. Berechnet wird üblicherweise das prozentuale Verhältnis zwischen den krankheitsbedingten Fehltagen einer Person oder mehrerer Personen zu deren gesamten geplanten Arbeitstagen innerhalb eines bestimmten Zeitraumes oder zu einem bestimmten Zeitpunkt. So erheben etwa die gesetzlichen Krankenkassen den Krankenstand stichtagsbezogen zum Monatsersten, indem ärztliche Arbeitsunfähigkeitsbescheinigungen von allen Pflichtmitgliedern ausgezählt werden. Der so ermittelte Krankenstand beträgt seit den 1950er Jahren zwischen etwa 4 % und 6 %. Aufgrund der spezifischen Stichprobe liegt er regelmäßig einige Prozentpunkte unterhalb des Krankenstandes in Unternehmen und öffentlichen Verwaltungen. Seit Beginn der 1990er Jahre befindet sich der Krankenstand im Vergleich zu früheren Jahrzehnten allerdings kontinuierlich auf einem sehr niedrigen Niveau. Im internationalen Vergleich liegt Deutschland im Mittelfeld. Zu beachten ist, dass Krankenstandsvergleiche sowohl zwischen verschiedenen →Organisationen als auch zwischen verschiedenen Nationen sehr schwierig sind, da in die Statistiken unterschiedliche Größen eingehen. Gleiches gilt für die *Kosten* krankheitsbedingter Fehlzeiten: unternehmens-, branchen- oder nationen-bezogene Angaben lassen sich nur selten vollständig nachvollziehen. Sie sind daher wenig aussagekräftig.

Theoretische Ansätze zur Erklärung krankheitsbedingter Fehlzeiten wurden in mehreren wissenschaftlichen Disziplinen entwickelt. Sie beleuchten jeweils ganz bestimmte Aspekte und blenden andere aus. Neben solchen (arbeits-) medizinischer Provenienz sind insbesondere folgende zu nennen:

Ökonomische Ansätze betrachten krankheitsbedingtes Fehlen als das Resultat eines individuellen, nutzenmaximierenden Kalküls. Hierzu zählen zum Beispiel das neoklassische Modell des →Arbeitsangebotes (ein hoher Krankenstand lässt sich insbesondere auf zu hohe Entgeltfortzahlung im Krankheitsfall und auf eine zu inflexible Gestaltbarkeit von Arbeitsverträgen zurückführen), effizienzlohntheoretische Ansätze (ein hoher Krankenstand lässt sich darauf zurückführen, dass die Organisation zu geringes Entgelt gewährt oder aber die Bedrohung durch eine →Entlassung verhältnismäßig gering ist) sowie agenturtheoretische und auf Informationsasymmetrien fokussierende Ansätze (ein hoher Krankenstand lässt sich darauf zurückführen, dass die Organisationsleitung Agenturprobleme wie →Hidden Information und →Hidden Action nicht effektiv löst).

Psychologische Ansätze thematisieren insbesondere den Zusammenhang zwischen individuellen Einstellungen zu verschiedenen Aspekten der Arbeitssituation und krankheitsbedingten Fehlzeiten. In sozialpsychologischen und kulturorientierten Ansätzen wird neben dem Individuum insbesondere dessen sozialer Kontext betrachtet. So postulieren zum Beispiel *Hill* und *Trist* (1953), dass Personen krankheitsbedingtes Fehlen (auch) an sozialen Normen ausrichten, die sie mit zunehmender Zugehörigkeit zu einer Organisation internalisieren. In stress- und belastungsorientierten Ansätzen wird krankheitsbedingtes Fehlen insbesondere als Resultat einer mangelnden Übereinstimmung zwischen den →Anforderungen der Arbeitssituation an die beschäftigte Person einerseits und deren individuellen Fähigkeiten andererseits betrachtet.

Soziologische Ansätze berücksichtigen insbesondere, dass krankheitsbedingtes Fehlen sowohl in einen sozialen als auch in einen institutionellen Rahmen eingebettet ist. Deutliche Parallelen bestehen zu den bereits erwähnten sozialpsychologischen und kulturorientierten Ansätzen. Darüber hinaus sind hier der betriebssoziologische Ansatz von *Dahrendorf* (1959) zu nennen, der krankheitsbedingtes Fehlen als Ausdrucksform umgeleiteter Konflikte in Unternehmen interpretiert, sowie medizinsoziologische Ansätze, die sich insbesondere auf die gesellschaftliche Ebene beziehen.

In *integrierenden Ansätzen* werden Elemente aus verschiedenen Disziplinen miteinander kombiniert, zum Beispiel auf einer tauschtheoretischen Basis.

Empirische Zusammenhänge zwischen krankheitsbedingten Fehlzeiten einerseits und zahlreichen weiteren Variablen andererseits ließen sich in den vergangenen Jahrzehnten in einer Vielzahl von Untersuchungen und Überblicksreferaten identifizieren. In Übersicht 1 sind empirische Zusammenhänge dargestellt, die als gesichert gelten.

Übersicht 1: Empirische Korrelate krankheitsbedingter Fehlzeiten (in Anlehnung an Neuberger 1997, S. 353)

Der Krankenstand ist höher:
- in bestimmten Branchen, wie zum Beispiel Gummiverarbeitung, Hüttenindustrie, Baugewerbe, öffentlicher Dienst (gegenüber zum Beispiel Versicherungen, Handel und Kreditwirtschaft)
- bei großer Arbeitsplatzsicherheit, günstiger Konjunkturlage, sehr hohem Auslastungsgrad der Produktion
- in den Monaten Februar/März und Oktober/November
- in städtischen Populationen (gegenüber ländlichen Gebieten)
- in großen Unternehmen und großen Arbeitsgruppen
- bei Arbeitsinhalten, die durch Monotonie, Anforderungsarmut, niedrige Verantwortung und Zerstückelung gekennzeichnet sind
- bei physisch, psychisch oder sozial belastenden Arbeitsbedingungen
- bei schlechtem Betriebsklima
- bei geringer Kohäsion in der Arbeitsgruppe
- bei häufigen Versetzungen
- bei Verlängerung der Wochenarbeitszeit und bei häufigen Überstunden
- bei Schichtarbeit und Nachtarbeit
- bei Vollarbeitszeit (im Gegensatz zu Teilzeitarbeit)
- bei langen Arbeitswegen
- bei Personen ohne sozialem Netzwerk
- bei Arbeitern (gegenüber Angestellten und Führungskräften)
- bei Personen mit niedrigem (Aus-)Bildungsstand bzw. niedriger formaler Qualifikation

Sehr widersprüchlich sind die Ergebnisse zum Zusammenhang zwischen krankheitsbedingten Fehlzeiten einerseits und der →Arbeitszufriedenheit, der Entgelthöhe und dem Geschlecht andererseits.

Bei der Interpretation der in Übersicht 1 dargestellten empirischen Zusammenhänge ist Folgendes zu beachten:

- Sie erlauben keine Aussagen über die Kausalität oder die Wirkungsrichtung der Zusammenhänge.
- Einige der genannten Variablen sind „nur" beziehungsweise auch Moderatoren von anderen Zusammenhängen.
- Manche Variablen interagieren miteinander.
- Bestimmte Variablenkombinationen sind Surrogate für bestimmte andere, komplexere Verhältnisse wie zum Beispiel für die individuellen Arbeits- und Lebensbedingungen.

Daher greifen monokausale Interpretationsansätze stets zu kurz. Vielmehr handelt es sich bei krankheitsbedingten Fehlzeiten um ein Phänomen, bei dem viele verschiedene Faktoren auf eine komplexe Weise zusammenwirken.

Betriebliche Maßnahmen zur Reduzierung krankheitsbedingter Fehlzeiten setzen zunächst eine exakte Bestandsaufnahme voraus: Der Krankenstand sollte möglichst tagesgenau und gegebenenfalls nach verschiedenen Kriterien wie zum Beispiel verschiedenen Niederlassungen, Statusgruppen, Tätigkeitsbereichen oder Altersgruppen differenziert erfasst werden. Darauf aufbauend können geeignete Instrumente ausgewählt werden. In der betrieblichen Praxis hat sich ein breites Spektrum solcher Instrumente etabliert. Dieses reicht von gesundheitsfördernden Maßnahmen der Verhaltensprävention wie zum Beispiel Aufklärungs- und Trainingsprogrammen oder Gesundheitszirkeln über gesundheitsfördernde Maßnahmen der Verhältnisprävention wie zum Beispiel arbeitsorganisatorischen Maßnahmen, Führungskräftetrainings oder einer Anpassung des Entgeltsystems bis hin zu disziplinierenden Maßnahmen wie zum Beispiel Anwesenheitsprämien, →Krankenrückkehrgesprächen oder der Einbeziehung des Medizinischen Dienstes der Krankenversicherung. Zu beachten ist, dass für die Effektivität der Maßnahmen stets nicht nur die konkrete Ausgestaltung, sondern auch die verwendete Rhetorik eine wichtige Rolle spielt.

Literatur: *Dahrendorf, R.:* Sozialstruktur des Betriebes, Wiesbaden 1959. *Hill, J. M. M.; Trist, E. L.:* A Consideration of Industrial Accidents as a Means of withdrawal from the Work Situation, in: Human Relations, 6. Jg. (1953), S. 357–380. *Neuberger, O.:* Personalwesen 1, Stuttgart 1997. *Ortlieb, R.:* Betrieblicher Krankenstand als personalpolitische Arena, Wiesbaden 2003.

Renate Ortlieb

Krankheitsbedingte Kündigung

Arbeitgeberseitige →Kündigung mit Verweis auf →Krankheit, die von Arbeitsgerichten (→Arbeitsgerichtsbarkeit) als Grund für eine →personenbedingte Kündigung akzeptiert wird.

Allerdings gilt dies nur unter folgenden (restriktiven) drei additiv zu bewertenden Voraussetzungen:

1. Die →krankheitsbedingten Fehlzeiten der letzten zwei bis vier Jahre machen mehr als ein *Sechstel* der Jahresarbeitszeit aus. Für die

Zukunft besteht keine Hoffnung auf völlige oder weitgehende Genesung.

2. Die krankheitsbedingten Fehlzeiten haben auf die Dauer *unzumutbare* betriebliche Auswirkungen. Vor allem sind die Entgeltfortzahlungskosten in der aufgetretenen Höhe nicht mehr tragbar.

3. Ein betriebliches Eingliederungsmanagement in Form von Rückkehrgesprächen mit dem Erkrankten und Erörterungen mit dem →Betriebs- oder Personalrat sowie gegebenenfalls der Schwerbehindertenvertretung, dem →Integrationsamt und dem Betriebsarzt, wie und mit welchen Leistungen oder Hilfen die Arbeitsfähigkeit wieder hergestellt und eine erneute Arbeitsunfähigkeit verhindert werden kann, führt zu dem Ergebnis, dass keine Beschäftigungsmöglichkeiten auf einem anderen oder veränderten Arbeitsplatz bestehen, an dem mit weniger hohen Fehlzeiten gerechnet werden könnte. Die Abwägung zwischen dem Interesse des Betroffenen an der Erhaltung des Arbeitsplatzes und dem Interesse des →Arbeitgebers an der Beendigung des Arbeitsverhältnisses (→Beschäftigungsverhältnis) erbringt die Notwendigkeit der Kündigung.

Diese Voraussetzungen verdeutlichen, dass krankheitsbedingte Kündigungen nur in extremen Ausnahmefällen infrage kommen.

Reiner Bröckermann

Kreativität

Fähigkeit, sinnvolle aber unübliche Kombinationen zu finden und somit neue Ideen zu entwickeln.

Soll die Ideenentwicklung bewusst in Gang gesetzt werden, ist es hilfreich, den zugehörigen Prozess in drei Phasen zu gliedern:

1. *Logische Phase*: Das zu lösende Problem wird präzisiert und abgegrenzt.

2. *Inkubationsphase*: Das Problem dringt ins Unterbewusstsein ein und „sucht" dort nach Lösungen. Hierzu kann eine Ablenkung vom Problem auf der bewussten Ebene hilfreich sein.

3. *Verifikationsphase*: Die gefundenen Lösungen werden wiederum bewusst bewertet und ausgewählt.

Wegen der großen Bedeutung von Innovationen (→Technologischer Wandel) für den Unternehmenserfolg wurden zur Steigerung der Kreativität zahlreiche *Techniken* entwickelt, die mehrheitlich den Prozess der individuellen Ideenfindung nachahmen. Die bekanntesten und am häufigsten angewandten Kreativitätstechniken sind das Brainstorming/Brainwriting, die Methode 6–3–5, die Synektik und der Morphologische Kasten.

Literatur: *Macharzina, K.*; *Wolf, J.*: Unternehmensführung, 5. Aufl., Wiesbaden 2005.

Jan Hendrik Fisch

Kritik

negatives →Feedback, also Rückmeldung über das Nichterreichen eines Ziels oder Teilziels.

Kultur

erlerntes Orientierungs- und Referenzsystem von Werten und Praktiken, das von Angehörigen einer bestimmten →Gruppe oder Gesellschaft kollektiv gelebt und tradiert wird.

Die Kultur einer Gruppe oder Gesellschaft grenzt diese von Angehörigen anderer Gruppen und Gesellschaften ab. Dabei gibt jede Kultur ihren Mitgliedern bestimmte Möglichkeiten, gemeinsames und individuelles Handeln zu gestalten. Es lassen sich drei komplementäre Kulturbegriffe, die sich nicht nur auf Gesellschaften, sondern auch auf Teil- und Subkulturen, wie →Organisationskulturen, beziehen definieren:

1. *Kultur als Interpretationssystem*: Kultur besteht aus gemeinsamen und als selbstverständlich und natürlich erachteten →Grundannahmen, Erwartungen, Vorstellungen und Bedeutungen, die innerhalb einer Gruppe Eindeutigkeit, Sinnstiftung, geteiltes →Wissen, zielführende →Kommunikation und →Kooperation ermöglichen. Sie stellt nach *Geertz* (1973) ein „semantisches Inventar" zur adäquaten Interpretation kommunikativen Handelns mittels Symbolen und Bedeutungsinhalten dar.

2. *Kultur als durch* →*Sozialisation erworbenes Wertesystem*: Analog zur Computerwelt bezeichnet *Hofstede* (2001) Kultur als „mentale Software". Durch Sozialisation innerhalb eines bestimmten Erfahrungsraums erwirbt das Individuum in Familie, Kindergarten, Schule, Universität, am Arbeitsplatz, im Freundeskreis und in der Partnerschaft bestimmte Muster des Denkens, Fühlens und

Handelns, die ein emotionales und kognitives System konstituieren und für seine Gesellschaft spezifisch sind. Sie werden unbewusst gespeichert, festigen sich als Haltungen, Lebensregeln und Werte.

3. *Kultur als System zur Zielerreichung und Problembewältigung*: Alle Menschen haben ähnliche, grundsätzliche Herausforderungen und Probleme zu lösen. Auch wenn eine Vielzahl von Lösungsmöglichkeiten existiert, werden aufgrund von Werten, Erfahrungen und Ansprüchen bestimmte bewährte Lösungen zur optimalen Regulierung zwischenmenschlichen Handelns vorgezogen, so *Schein* (1986). Aufgrund relativ ähnlicher Wertorientierungen entwickelt jede Gruppe oder Gesellschaft bestimmte Lösungsmuster mit besonderer Häufigkeit und Ausprägung.

Abbildung 1: Manifestationen von Kultur (*Hofstede/ Hofstede* 2005, S. 7)

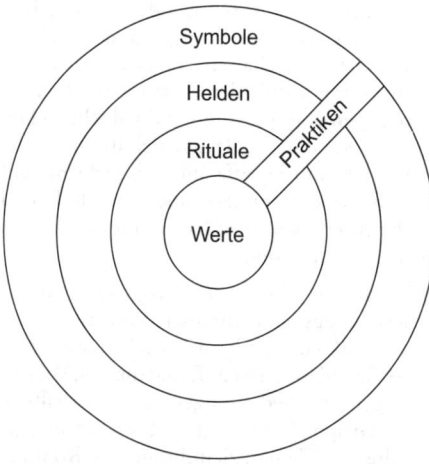

Kultur hat als erklärende Variable im Management unter anderem deshalb einen schweren Stand, weil ihre Erfassung große Probleme bereitet. Um Kultur wenigstens begrenzt zu erfassen und bewusst zu machen, eignen sich Darstellungsformen für sichtbare, explizite und unsichtbare, implizite Kulturelemente, zum Beispiel von *Schein* (1986) oder von *Hofstede* (2001). Abbildung 1 zeigt, dass Symbole – am äußeren Rand des Modells – vor Helden und Ritualen die auffallendsten Kulturelemente sind, während Werte den Kern bilden. Die verschiedenen Kulturelemente des Zwiebeldiagramms (Symbole, Helden, →Rituale und Werte) sind interdependent, das heißt sie beeinflussen sich gegenseitig und bilden das kulturelle System.

Das Konzept einer nationalen Kultur oder der Landeskultur, das häufig die Ausgangsbasis für kulturvergleichende und interkulturelle Forschungen bildet, ist ein synthetisches Konzept politischer monolithischer Einheiten, das helfen soll, verschiedene Gruppen beziehungsweise Gesellschaften voneinander abzugrenzen. Es versucht zugleich, die →Komplexität einer heterogenen Gesellschaft zu reduzieren, was aber häufig zu einer vereinfachenden und nicht immer zutreffenden →Generalisierung führen kann. Gesellschaften sind nie hermetisch isoliert und stellen dynamische und meist polykulturelle Systeme dar. Auch sind *subkulturelle Merkmale* wie regionale und ethnische Besonderheiten, Sprache, Religion, Geschlecht, Generation, soziale Klasse oder Bildungsniveau zu beachten, die wiederum aufgrund gemeinsamer Kategorien Gruppierungen bilden. Im Konzept einer nationalen Kultur ist also ein kultureller Pluralismus enthalten, den es zu beachten gilt.

Literatur: *Geertz, C.*: The Interpretation of Cultures, London 1973. *Hofstede, G.*: Culture's Consequences. Comparing Values, Behaviors, Institutions and Organizations across Nations, 2. Aufl., Thousand Oaks etc. 2001. *Hofstede, G.; Hofstede G. J.*: Cultures and Organizations. Software of the Mind, New York 2005. *Schein, E. H.*: Organizational Culture and Leadership, 4. Aufl., San Francisco 1986.

Christoph I. Barmeyer

Kultur Center

Organisationsform einer betrieblichen Einheit mit den Aufgaben Stabilisierung der bestehenden Unternehmenskultur (→Organisationskultur), Induzierung von Kulturimpulsen und bewusstes Gestalten der Unternehmenskultur.

Die hohe Erfolgsrelevanz von Unternehmenskultur legt nahe, dass sie explizit geplant, gestaltet und überwacht werden sollte, wie etwa *Dierckes* (2003) betont. Die *Ziele* eines Kultur Centers Personal umfassen gemäß *Scholz* und *Hofbauer* (1990) deshalb zum Beispiel die Förderung einer unternehmenszielkonformen Unternehmenskultur. Dazu ist es nötig, die „Soll-Kultur" zu bestimmen, einen Soll-Ist-Vergleich durchzuführen und dann gezielte Maßnahmen zur Kulturveränderung umzusetzen. Ein weiteres wichtiges Ziel ist die proaktive oder reaktive Bewältigung von →Konflikten. Dazu kann bei der Gestaltung der →Kultur offene und transparente Konfliktbewältigung als grundlegender Wert festgelegt werden. Für die reaktive Konfliktlösung sollte das Kultur Center Instrumente wie Beratung der Konfliktparteien, →Mediation oder einfach Moderation übernehmen. Generell sollte das Kultur Center eine Plattform für die Austragung von Streitigkeiten und die Artikulation von Beschwerden sein. Des Weiteren verfolgt es das Ziel, eine Vermittlerrolle zwischen Management und Mitarbeitern einzunehmen. Die Erläuterung komplexer Strategien bis hin zur Erklärung operativer Managemententscheidungen fallen hierunter. Auch der Aufbau konstruktiver Beziehungen zur Arbeitnehmervertretung zählt dazu. Besonders wichtig ist die Arbeit des Kultur Centers in Krisenphasen oder Wandlungsphasen des Unternehmens.

Die *Mittel*, die einer solchermaßen ausgerichteten →Personalabteilung zur Verfügung stehen, beziehen sich zunächst auf die →Personalauswahl. Es sollten nur Mitarbeiter eingestellt werden, die zur Soll-Unternehmenskultur passen oder relativ leicht dahingehend beeinflusst werden können. Außerdem werden Instrumente zur Kulturveränderung eingesetzt. Im Rahmen einer inhaltlich auf die Kulturveränderung ausgerichteten →Personalentwicklung können die Werte und Einstellungen der Mitarbeiter geprüft und eventuell verändert werden. Hinzu kommen Diskussionsforen, die auch durch die neuen Medien wie →Intranet institutionalisiert werden können.

Die *Probleme* eines Kultur Centers Personal sind zweierlei Natur. Zunächst sind die Bestimmbarkeit und damit auch gezielte Veränderung der Unternehmenskultur nur schwer zu bewältigen. Messprobleme oder die grundlegende Frage, ob Mitarbeiter in ihren Werten und Einstellungen überhaupt manipuliert werden dürfen, zeigen hier die Grenzen auf. Im internationalen Umfeld, wo heterogene Sozio-Kulturen vorliegen, wird das Problem noch komplexer. Hinzu kommt der Vorwurf, dass bei dieser Art der Personalarbeit (→Personalmanagement) die betriebswirtschaftlichen Überlegungen Gefahr laufen, zu wenig beachtet zu werden.

Literatur: *Dierckes, M.*: Theorie und praktischer Nutzen von Unternehmenskultur, in: *Bullinger, H.J.*; *Warnecker, H.J.*; *Westkämper, E.* (Hrsg.): Neue Organisationsformen im Unternehmen, 2. Aufl., Berlin 2003, S. 313–333. *Scholz, C.*; *Hofbauer, W.*: Organisationskultur, Wiesbaden 1990.

Reinhard Meckl

Kultur-Assimilator

in den USA in den 1960er Jahren entwickelte Methode →interkulturellen Trainings (syn.: Culture Assimilator, Intercultural Sensitizer).

Es handelt sich um eine besondere, weit verbreitete Trainingsmethode, die in abgewandelter Form von der Kulturstandard-Forschung benutzt wird. In der Regel ist der Kultur-Assimilator nach *Brislin* (1993) ein kulturbezogenes Simulations-Trainingsprogramm, das Personen auf besondere Situationen mit Interaktionspartnern eines bestimmten Landes vorbereitet.

Der Kultur-Assimilator arbeitet mit →Critical Incidents, indem er als Fallstudie eine Kernsituation präsentiert und analysiert, in der Individuen zusammentreffen und aufgrund unterschiedlicher kultureller Hintergründe Missverständnisse und Konflikte erleben, die das Erreichen des gemeinsamen Ziels erschweren oder vereiteln. In der Regel löst eine falsche Interpretation der Handlungsweise durch Unkenntnis des zugrunde liegenden spezifischen Wertesystems des interkulturellen Interaktionspartners die Missverständnisse aus. Nach dieser Auffassung beruhen diese in interkulturellen Kontaktsituationen weniger auf unterschiedlichen Verhaltensweisen als vielmehr auf der *kulturspezifischen* – nicht zutreffenden – Interpretation dieser Verhaltensweisen (*Cushner* und *Landis* 1996).

In Form von schriftlichem Material lernen die Teilnehmer Werte oder →Kulturstandards der Zielkultur kennen. Dem Lernenden wird je eine problembehaftete Situation mit mehreren Lösungsalternativen gezeigt, von denen er die bestmögliche auszuwählen hat. Im Anschluss erfolgt eine Rückmeldung, ob die Antwort richtig oder falsch gewesen ist.

Ein *Vorteil* dieses weit verbreiteten Trainingskonzepts ist seine flexible Anwendbarkeit, die sowohl ein Selbststudium als auch Gruppendiskussionen ermöglicht. Der →Trainer muss zudem nicht unbedingt über Erfahrung verfügen, da die Fallstudie die Grundlage bildet. Bei einer Vielzahl der Episoden kann ein breiter Wissenszuwachs erfolgen. *Nachteilig* ist, dass die Episoden sehr knapp dargestellt sind und dass aufgrund einer kulturalistisch-orientierten Sichtweise die Suggestion von monokausaler Erklärbarkeit vermittelt wird. Die zumeist vorgegebenen Antworten suggerieren zudem, dass es ein „richtiges" oder „falsches" Verhalten (→Behaviorismus) geben kann, und negieren damit die Vielfalt individueller Handlungsmöglichkeiten.

Literatur: *Brislin, R.W.*: A Culture-General Assimilator: Preparation for Various Types of Sejourns, in: *Paige, R. M.* (Hrsg.): Education for the Intercultural Experience, Yarmouth 1993, S. 281–299. *Cushner, K.*; *Landis, D.*: The Intercultural Sensitizer, in: *Landis, D.*; *Bhagat, R. S.* (Hrsg.): Handbook of Intercultural Training, London 1996, S. 185–198.

Christoph I. Barmeyer

Kulturdimension

Variable beziehungsweise Kategorie, die in bestimmter Kombination auftretende gesellschaftliche und organisationale Phänomene beschreibt und analysiert.

Kulturdimensionen eignen sich zur vergleichenden Darstellung und Charakterisierung national- und organisationskultureller Systeme (→Interkulturelles Management). Somit dienen sie der Einordnung kultureller Besonderheiten und dem Verständnis anderer kultureller Systeme, die das eigenkulturelle Wahrnehmen, Denken, Fühlen und Verhalten (→Behaviorismus) der in ihnen lebenden Individuen prägen. Eine Dimension vereinigt eine Reihe von gesellschaftlichen Phänomenen, die in bestimmten Kombinationen auftreten. Häufig handelt es sich dabei um Wertorientierungen. Besondere Ausprägungen werden jeweils herausgearbeitet und kontrastiv gegenübergestellt.

Bekannte Kulturdimensionen des interkulturellen (Personal-)Managements betreffen den Umgang mit Raum (→Proxemik), Zeit (→Polychronie, →Monochronie), Information (→Context) oder Wertorientierungen (wie →Femininität, →Maskulinität, →Individualismus, →Kollektivismus oder →Machtdistanz und →Partikularismus). Bedeutende Vertreter dieses Ansatzes und Pioniere des kulturvergleichenden und →interkulturellen Managements sind *Hall* (1990), *Hofstede* (2001) und *Trompenaars* und *Hampden-Turner* (1993).

Kulturdimensionen bilden die Basis für interkulturelle Managementtrainings. Grundsätzlich wird unterschieden zwischen allgemeinen, *universellen Dimensionen*, die alle Gesellschaften in unterschiedlicher Ausprägung betreffen (Zeit, Raum oder →Hierarchie), und *partikularen Dimensionen*, die nur in bestimmten Gesellschaften besonders ausgeprägt und spezifisch sind, wie Ehrgefühl oder →Leistungsorientierung (→Kulturstandards).

Sowohl die wissenschaftlich-methodischen Ansätze als auch inhaltlicher Realitätsgehalt und Aussagekraft dieser oft dichotomen kontrastiven Darstellungen, die ein Produkt westlicher Logik und Wissenschaftlichkeit sind, lassen sich kritisch hinterfragen:

- Die einzelnen kulturellen Dimensionen weisen je nach subkulturellen Merkmalen wie Region, soziale Klasse, →Beruf oder Geschlecht andere *Ausprägungen* auf oder sind mehr oder weniger ausgeprägt. Dies gilt auch für die individuellen Persönlichkeitsmerkmale und Problemlösungsstrategien, die von den „typischen" der Landeskultur abweichen (→Kultur).

- Um keine monokausalen oder stereotypen Rückschlüsse auf bestimmte Gesellschaften oder deren Angehörige zu ziehen, darf eine kulturelle Dimension *nicht isoliert* als Erklärungsmuster betrachtet werden, sondern immer in Verbindung mit weiteren Dimensionen. So ist es zum Beispiel wenig sinnvoll, die Besonderheiten der Personalvergütungssysteme japanischer Unternehmen nur mit der Dimension „Machtdistanz" zu erklären, ohne auf die Dimension „Kollektivismus" einzugehen.

- Eine kulturelle Dimension stellt nichts Absolutes oder Universelles dar. Sie ist zum einen in einen Handlungskontext eingebunden, zum anderen sind Dimensionsausprägungen *lediglich relativ*, denn sie zeigen Besonderheiten im Verhältnis, im Kontrast zu anderen Kulturen: Französische Unternehmens- und Personalführung (→Mitarbeiterführung) wird von einem Skandinavier tendenziell als direktiv und hierarchisch empfunden, nicht aber von einem Spanier.

- Kulturelle Dimensionen stellen lediglich eine *Momentaufnahme* dar und können – werden sie statisch verstanden – einer Kulturentwicklung und -veränderung wenig Rechnung tragen.

- Problematisch bei der Arbeit mit kulturellen Dimensionen ist ihre *unreflektierte, vorei-*

lige Anwendung auf Gesellschaften ohne zusätzliche Hintergrundinformationen. Interkulturell und kulturvergleichend arbeitende Forscher warnen deshalb vor einer kulturellen Kategorisierung in „die" Japaner oder „die" Amerikaner, die zu einer nicht zulässigen Abgrenzung und →Generalisierung führen kann (→Kulturelle Stereotypen).

Zusammenfassend kann trotz aller Kritik festgehalten werden, dass in der Praxis interkultureller Managementsituationen, in denen verschiedene Bedeutungssysteme und Handlungsmuster aufeinandertreffen, die Kenntnis von Kulturdimensionen für Manager als Orientierungsrahmen und Erklärungsansatz hilfreich ist.

Literatur: *Hall, E.T.*: Understanding Cultural Differences, Yarmouth 1990. *Hofstede, G.*: Culture's Consequences. Comparing Values, Behaviors, Institutions and Organizations across Nations, 2. Aufl., Thousand Oaks etc. 2001. *Trompenaars, F.*: Riding the Waves of Culture, London 1993.

Christoph I. Barmeyer

Kulturdivergenz

These, die besagt, dass kulturelle Eigenarten und Unterschiede zunehmen oder zumindest fortbestehen werden.

Die Konsequenz der Kulturdivergenz sind nach *Scholz* (2000) Heterogenität und Pluralität von Werten, Denk- und Verhaltensweisen. Das Gegenteil wird als →Kulturkonvergenz bezeichnet.

Für das →*internationale Personalmanagement* bedeutet Kulturdivergenz, dass Managementkonzepte und -methoden stark vom kulturellen Umfeld geprägt sind, in dem sie entworfen wurden, und den jeweiligen anderskulturellen Kontexten angepasst werden müssen (z. B. die Übertragung von unternehmenskulturellen Werten der Muttergesellschaft auf die Tochtergesellschaften oder Bewertungssysteme wie das →360-Grad-Feedback). In jüngster Zeit gewinnt gerade im Bereich des internationalen Personalmanagements kultursensibles Management an Bedeutung. Gefahr der Kulturdivergenz ist jedoch die Überbewertung des Einflussfaktors →Kultur, was zu monokausalen, nachträglich vorgeschobenen Erklärungen führen kann.

Literatur: *Scholz C.*: Personalmanagement, 5. Aufl., München 2000.

Christoph I. Barmeyer

Kulturelle Stereotypen

kognitive Schemata und Fremdbilder, die auf einem Minimum persönlicher Erfahrung basieren und die reduzierte und starre Annahmen über Eigenschaften oder Verhaltensweisen von Personen anderskultureller sozialer →Gruppen machen.

Das Erzeugen von →Stereotypen hängt von der eigenen Wahrnehmung und der jeweiligen Situation ab. Die andere →Kultur wird zwangsläufig immer als Fremdwahrnehmung aus der Ich-Perspektive betrachtet und fremde Verhaltensweisen werden mit den eigenen verglichen.

Stereotypen entstehen durch *Kategorisierung*, welche die Erfahrung organisiert und das Verhalten (→Behaviorismus) lenkt. Sie beinhalten vereinfachende und schematisierende Aussagen und dienen somit der Einordnung und Abgrenzung. Sie beschreiben jedoch nicht das Verhalten eines Individuums; sie beschreiben lediglich das erwartete Verhalten, das man allen Mitgliedern einer Gruppe zuschreibt. Stereotypen sind selektiv, erlernt, kulturell determiniert, konstant und unpräzise.

Als Beispiel für die Relativität und Subjektivität von stereotypen Zuschreibungen von Eigenschaften kann eine Erhebung von *Gruère* und *Morell* (1991) dienen, in der Stereotypen über Franzosen gesammelt wurden (Übersicht 1). Auffallend ist, dass je nach Kultur bestimmte Eigenschaften relativiert werden. Insofern sagen Stereotypen eigentlich mehr aus über die Haltung und Perspektive der *bewertenden* Kultur, als über die *bewertete*.

Übersicht 1: Auf Franzosen bezogene Stereotypen (*Gruère/Morell* 1991, S. 51)

Franzosen aus Sicht der	Stereotypen, die Franzosen betreffen
Deutschen	modisch, Lebensart, selbstgefällig, freizügig, oberflächlich
Briten	chauvinistisch, zentralistisch, vom Staat ernährt, höflich, aber verschlossen, ohne Humor
Spanier	Früh-zu-Bett-Geher, kalt und distanziert, unehrlich, unhöflich, arbeitsam
Niederländer	kultiviert, Lebensart, wenig seriös, geschwätzig, unruhig, Überlegenheitsgefühl
Schweden	Überlegenheitsgefühl, geringschätzig, geschwätzig, unmoralisch, neokolonialistisch, unorganisiert, kultiviert, stark hierarchisch

Kulturelle Steuerung

Stereotypen müssen von →Generalisierungen und →Vorurteilen abgegrenzt werden. Vorurteile sind vorgefertigte oder negative Wertungen, die ohne die Kenntnis von Fakten gebildet wurden. Dabei neigen Menschen dazu, fremden Personen und Gruppen negative Eigenschaften zuzuschreiben, um die eigene Identität positiv zu empfinden. Allerdings können Stereotypen, wenn kein Bewusstsein über ihre Undifferenziertheit und Starrheit herrscht, durch einseitige oder negative Bewertungen zu Vorurteilen werden.

Im Gegensatz zu Vorurteilen sind Stereotypen nicht grundsätzlich verwerflich. Sie erfüllen nach *Adler* (2002) auch eine Ordnungsfunktion: Sie geben Orientierung, um sich in einer fremden Kultur besser zurechtzufinden und um handlungsfähig zu bleiben, insbesondere wenn sie

- bewusst und differenziert verwendet werden – das Verhalten eines einzelnen Individuums darf nicht als das Verhalten einer ganzen Gesellschaft interpretiert werden,

- zur Beschreibung und nicht zur Interpretation dienen, das heißt wertfrei sind und

- durch neu gemachte Erfahrungen modifiziert werden.

Literatur: *Adler, N.*: International Dimensions of Organizational Behavior, 4. Aufl., Cincinnati 2002. *GruÉre, J.-P.*; *Morell, P.*: Cadres français et communications interculturelles, Paris 1991.

Christoph I. Barmeyer

Kulturelle Steuerung

findet statt, wenn die Unternehmenskultur (→Organisationskultur) bewusst und zielgerichtet zur Beeinflussung des Verhaltens eingesetzt wird.

In einem Sozialisationsprozess verinnerlichen die Mitarbeiter mit der Zeit kollektiv geteilte →Normen und Werte, die von ihnen selbst weitgehend unbemerkt, ihr Verhalten (→Behaviorismus) lenken. Kulturelle Steuerung ist anderen Formen der →Koordination in vielerlei Hinsicht überlegen, beispielsweise senkt sie den Kontrollaufwand und wird von den Mitarbeitern als weniger repressiv empfunden. *Problematisch* an der kulturellen Steuerung ist die Schwierigkeit, in die Unternehmenskultur mit dem gewünschten Ergebnis korrigierend einzugreifen. Weiterhin erweisen sich manche Mitarbeiter als kulturresistent und werden von diesem subtilen Steuerungsinstrument nicht erreicht.

Jan Hendrik Fisch

Kulturelle Unterschiede

Verschiedenartigkeit der Werte, kognitiven Schemata, Verhaltensstrukturen sowie Sprachbarrieren aufgrund der Zusammensetzung einer Arbeitsgruppe (→Gruppe) aus Mitgliedern unterschiedlicher Nationalitäten oder Kulturkreise.

Kulturelle Unterschiede überlagern oft die bekannten Besonderheiten der →Gruppenarbeit (→Leistungsvorteil der Gruppe). Kulturelle Heterogenität kann der →Kreativität von Arbeitsgruppen zwar zuträglich sein, die Zusammenarbeit aber auch erschweren.

Viele Missverständnisse lassen sich durch das Bemühen um Achtung, Toleranz und Rücksichtnahme auf beiden Seiten vermeiden, doch insbesondere die →Kommunikation und →Interaktion bleibt stets durch die Zugehörigkeit zu unterschiedlichen Kulturkreisen beeinträchtigt. Empirische Studien (*Hofstede* 1980, *Trompenaars* und *Hampden-Turner* 1997) geben Hinweise auf das Ausmaß der kulturellen Unterschiede zwischen verschiedenen Ländern und Regionen. →Trainings sollen auf den Umgang mit fremden Kulturen vorbereiten. Wenn solche Erkenntnisse für die Betroffenen kurzfristig nicht verfügbar sind, sind sie darauf angewiesen, das gegenseitige Verständnis durch ausführliche Erläuterungen und häufiges →Feedback sicherzustellen.

Jago und seine Mitarbeiter (1995) konnten zeigen, dass kulturelle Unterschiede nicht nur die Arbeitsgruppe selbst, sondern auch das →Führungsverhalten von Führungskräften beeinflussen. Abhängig vom „Machtgefälle" (Ausmaß bis zu welchem die Gesellschaft akzeptiert, dass →Macht in Institutionen gleichmäßig verteilt ist) tendiert die Führungskraft zu autokratischem oder partizipativem Verhalten (→Behaviorismus). Führungskräfte aus Deutschland, Österreich und der Schweiz gelten in ihrem Führungsverhalten als überdurchschnittlich partizipativ, während Führungskräfte aus Polen und Tschechien autokratischer führen.

Literatur: *Hofstede, G.*: Culture's Consequences. International Differences in Work-Related Values, Newbury Park 1980. *Jago, A. et al.*: Interkulturelle Unterschiede im Führungsverhalten, in: *Kieser, A.*; *Reber, G.*; *Wunderer, R.* (Hrsg.): Handwörterbuch der Führung, Stuttgart 1995, S. 1126–1238. *Scholz, C.*: Personalmanagement,

5. Aufl., München 2000. *Trompenaars, A.; Hampden-Turner, C.*: Riding the Waves of Culture: Understanding Diversity in Global Business, 2. Aufl., McGraw Hill 1997.

Jan Hendrik Fisch

Kultureller Fit

Stimmigkeit („Fit") oder das Zusammenpassen von Landes- und Unternehmenskultur (→Organisationskultur) anderskultureller →Organisationen oder Individuen, die wesentliche Erkenntnisse für die Partnerwahl bei Kooperationen oder Fusionen (→Unternehmenszusammenschluss) liefern kann.

Insbesondere bei Fusionen stellt sich die Frage: Welche Unternehmen sind miteinander kompatibel? Inwieweit sind die Mitarbeiter, die in großem Maße die jeweilige Landes- und Unternehmenskultur in Arbeitssituationen „leben", in der Lage, gemeinsam und dauerhaft effektiv zu arbeiten? Im Vorfeld von Fusionsprozessen kann deshalb bezüglich der Stimmigkeit von fusionierenden Unternehmen nicht nur eine Strategie- und Finanzanalyse, sondern auch eine Kulturanalyse (Cultural Due Diligence) durchgeführt werden.

Stüdlein (1997) unterscheidet beim kulturellen Fit vier Möglichkeiten:

1. *Ähnlichkeit der →Kulturen*: Die Unternehmen zeichnen sich durch geringe landes- und unternehmenskulturelle Unterschiede aus.

2. *Kompatibilität der Kulturen*: Die →Organisationskulturen und Landeskulturen der betroffenen Unternehmen weisen bedeutende Unterschiede auf, sind jedoch miteinander vereinbar.

3. *Komplementarität der Kulturen*: Die landes- und unternehmenskulturellen Unterschiede ergänzen sich sinnvoll, stellen einen Mehrwert dar und können so zur Erreichung von Synergieeffekten beitragen.

4. *Misfit der Kulturen*: Landes- und Unternehmenskulturen sind weder ähnlich noch vereinbar, noch ergänzen sie sich.

Im Rahmen von Integrationsprozessen wird wenig über die Kombinations- und Integrationsmöglichkeit sowie -fähigkeit von Kulturelementen, die insbesondere durch die verschiedenkulturellen Mitarbeiter repräsentiert werden, nachgedacht. Bisher besteht eine künstliche und relativ starke Trennung zwischen „harter" faktenorientierter →Due Diligence im klassischen Sinne und einer „weichen" beziehungsorientierten Cultural Due Diligence. Wie in vielen Lebens- und Arbeitsbereichen, stellt sich nach *Schwaab et al.* (2003) jedoch für das →*Personalmanagement* die Frage, welche Menschen und Prozesse unter welchen Voraussetzungen erfolgreich zusammenwirken können oder nicht. Um einen Misfit der Kulturen zu vermeiden, sollten Personalverantwortliche im Rahmen von Personalrekrutierung, -entwicklung und Stellenbesetzung dafür Sorge tragen, dass die Mitarbeiter mit ihren persönlichen und fachlichen →Kompetenzen in kultureller Stimmigkeit zu ihrem Umfeld eingesetzt werden. Diese Stimmigkeit und Kompatibilität kann, wie *Bolten* (2002) vorschlägt – je nach Wichtigkeit und Stelle – in Verfahren wie →Assessment Centern überprüft werden. Ebenso sollten bei internationalen Fusionen Überlegungen zur Kompatibilität von Unternehmenskulturen und Mitarbeitern anhand →kultureller Profile angestellt werden, wie *Scholz* (2000) zu bedenken gibt. Dabei sind jedoch Klassifizierungen und Typisierungen „weicher" Kulturfaktoren und -elemente mit großer Vorsicht zu behandeln: Sie sind unvollständige Konstrukte einer komplexen und stark prozessualen Wirklichkeit, die allenfalls eine Orientierung geben können.

Literatur: *Bolten, J.*: Das Kommunikationsparadigma im internationalen M&A Prozess, in: http://www.interculture-online.info/info.dlz/Bolten.02.02.pdf, abgerufen am 31.7.2008. *Scholz, C.*: Personalmanagement, 5. Aufl., München 2000. *Schwaab, M.-O.; Frey, D.; Hesse, J.* (Hrsg.): Fusionen. Herausforderungen für das Personalmanagement, Heidelberg 2003. *Stüdlein, Y.*: Management von Kulturunterschieden, Wiesbaden 1997.

Christoph I. Barmeyer

Kultureller Misfit

Gegenteil von →kulturellem Fit

Kultureller Wandel

Prozess in sozialen Systemen (→Gruppen, Unternehmen, Nationen), bei dem Werte, Einstellungen, Interessen oder →Artefakte, die gemeinschaftlich geteilt werden, ebenso gemeinschaftlich auf der jeweiligen Ebene des Systems einer Neubewertung oder Neuordnung unterzogen werden.

Der Aspekt der Unternehmenskultur (→Organisationskultur) und dessen →Wandel gehört zu den überbordenden Modethemen der amerikanischen Managementliteratur seit den

Kulturelles Profil

frühen 1980er Jahren. Einen frühen Überblick hierzu liefern *Ouchi* und *Wilkins* (1985). Insgesamt sind die Ergebnisse der Debatte jedoch wenig kohärent und von geringem systematischen Anspruch. In einem deutschen Überblicksbeitrag von *Birkigt* und *Stadler* (2002) wird zwar keine quelleninvariant konsistente Begrifflichkeit vorgestellt, doch bietet die →Differenzierung nach *Corporate Culture*, *Corporate Philosophy*, →*Corporate Identity*, *Corporate Design*, *Corporate Attitude* und *Corporate Communications* Anschlussmöglichkeiten für weitere Untersuchungen.

Soziale Systeme wie Unternehmen sind in das Obersystem der Gesellschaft eingebettet. Die →Kultur der Gesellschaft, die sich in bestimmten Artefakten (Hervorbringungen), Usancen (Gebräuchen, Verhaltensnormen) und Werthaltungen manifestiert, ist damit zugleich maßgeblich für die Kultur des Unternehmens. Allerdings bilden soziale Subsysteme, bestehen sie nur hinreichend lange, spezifische Subkulturen heraus. Ein wichtiger Effekt kultureller Gemeinsamkeit besteht unter anderem in der Ökonomisierung der →Kommunikation (Senkung von intersystemischen Transaktionskosten (→Transaktionskostentheorie), *Coase* 1937).

Der kulturelle Wandel in einem Unternehmen hat dementsprechend zwei Hauptquellen:

1. Kultureller Wandel ereignet sich im gesellschaftlichen Umsystem. Dieser kulturelle Wandel ist aus der Sicht des jeweiligen Unternehmens ein Widerfahrnis – es gibt keine, allenfalls marginale Möglichkeiten, auf gesamtkulturelle Veränderungen Einfluss zu nehmen.
2. Subkultureller Wandel ereignet sich im Unternehmen selbst. Auch dieses geht als autonome Veränderung vonstatten, die einfach der Tatsache geschuldet ist, dass die in sozialen Systemen eingebundenen Menschen gelegentlich spontane Veränderungen im Verhalten und in ihren produktiven Leistungen generieren.

Eine so gegründete Veränderung der Unternehmenskultur ist evolutionären Charakters. Autoren wie beispielsweise *Hinterhuber* und *Winter* (1991) gehen mittlerweile davon aus, dass eine Unternehmenskultur (*Corporate Culture*) prinzipiell auch gestaltungsfähig ist.

In dieser Sicht wird aus der *Corporate Culture* eine empirische Beschreibungsgröße, die gegen den deontologisch gegründeten Sollzusammenhang der *Corporate Philosophy* zu verstehen ist. Zu diesen beiden Hauptkategorien könnte man dann die *Corporate Identity* (Unternehmensidentität) als ein Drittes verstehen, die die Unternehmensphilosophie durch übergreifende Gestaltung des *Corporate Design* (Unternehmensdesign: Logos, Briefbögen, Leuchtreklamen), der *Corporate Communication* (Unternehmenskommunikation: Telefonmeldungen, Mitarbeiterumgang) und der *Corporate Attitude* (Unternehmenswerthaltungen: Handlungsmaximen wie „König Kunde") operabel macht. Insgesamt ist der Anspruch einer gestalteten Unternehmenskultur Bestandteil eines umfassenden →Change Managements.

Literatur: *Birkigt, K.*; *Stadler, M. M.*: Corporate Identity – Grundlagen, in: *Birkigt, K.*; *Stadler, M. M.*; *Funck, H. J.* (Hrsg.): Corporate Identity, 11. Aufl., Landsberg/Lech 2002. *Coase, R. H.*: The Nature of the Firm, in: Economia N. S., 4. Jg. (1937), H. 4, S. 386–405. *Hinterhuber, H. H.*; *Winter, L. G.*: Unternehmenskultur und Corporate Identity, in: *Dülfer, E.* (Hrsg.): Organisationskultur, 2. Aufl., Stuttgart 1991, S. 189–200. *Ouchi, W. G.*; *Wilkins, A. L.*: Organizational Culture, in: Annual Review of Sociology, 11. Jg. (1985), S. 457–483.

Volker Bank

Kulturelles Profil

kulturbezogene Merkmals- und Eigenschaftskombination, die sowohl Individuen, als auch →Organisationen und Länder betreffen können.

Als Profilmerkmale können zum Beispiel →Kulturdimensionen wie →Maskulinität herangezogen werden. Je ähnlicher die Profile der Interagierenden sind, desto reibungsloser kann die Zusammenarbeit gelingen. Je unterschiedlicher die Profile sind, desto komplizierter, aber auch kreativer und komplementärer kann die Zusammenarbeit verlaufen, da jeder Interagierende andere Merkmale, Sichtweisen und →Kompetenzen einbringt (→Interkulturelle Synergie).

Zur Vorbereitung von Unternehmenskooperationen oder -fusionen kann in einer Pre-Phase zum Beispiel ein kulturelles Profil der →Organisationskultur anhand einer Cultural →Due Diligence erstellt und mithilfe eines Radarcharts, wie in Abbildung 1 dargestellt, visualisiert werden. Ein solches Unternehmenskulturprofil, zum Beispiel eines deutschen Automobilzulieferers, lässt sich nun mit einem zweiten, zum Beispiel eines italienischen Automobilzulieferers, vergleichen. Die Stimmigkeit zwischen Organisationskulturen und in einem weiteren Schritt zwischen Landeskulturen lässt sich so verdeutlichen (→Kultureller Fit). Es ist jedoch hervorzuheben, dass ein Kulturprofil nur eine Orientierung geben kann über bestimmte Merkmalsausprägungen und ihre Beziehungen zueinander, keineswegs jedoch die Wirklichkeit abbildet, die aufgrund ihrer →Komplexität und Prozesshaftigkeit nicht objektiv „gemessen" werden kann.

Auf individueller Ebene werden im internationalen →Personalmanagement zunehmend kulturelle Profile genutzt, um die persönlichen – interkulturellen – Kompetenzen eines Mitarbeiters oder einer →Führungskraft abzubilden und diese in Beziehung zu setzen mit dem Kulturellen Profil der Zielkultur. Die betroffenen Personen haben einen Selbsteinschätzungs-Fragenkatalog zu beantworten; nach dessen Auswertung findet ein vertrauliches Gespräch über die Ergebnisse und die darauf basierenden Konsequenzen für internationales Arbeiten mit einem Personalentwickler und/oder Consultant statt. Bekannte Instrumente sind hier das *Intercultural Development Inventory* oder der *International Profiler*.

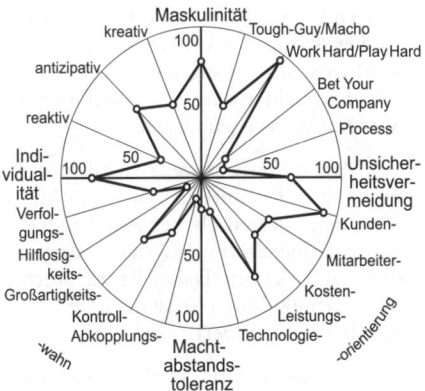

Abbildung 1: Kulturprofil im Kulturradarchart (*Scholz* 2000, S. 840)

Literatur: *Scholz, C.*: Personalmanagement, 5. Aufl., München 2000.

Christoph I. Barmeyer

Kulturkonvergenz

These, die besagt, dass sich aufgrund technischer und wirtschaftlicher Sachzwänge eine Angleichung der verschiedenen Wirtschaftsordnungen vollzieht und damit eine zunehmende Homogenisierung von Verhaltensweisen und Werten zu erwarten ist.

Gemäß der Kulturkonvergenz-These, die ursprünglich aus der Volkswirtschaftslehre stammt (*Adler* 2002), nehmen kulturelle Eigenarten und Unterschiede in und außerhalb von Unternehmen folglich ab und werden nivelliert. Ihr Gegenteil bezeichnet man als →Kulturdivergenz.

Für das →*internationale Personalmanagement* besagt die Kulturkonvergenz-These, dass unabhängig vom kulturellen Umfeld Managementkonzepte und -methoden kulturübergreifend eingesetzt werden können. Es wird unterstellt, dass das Management eines internationalen Konzerns auf *universell* akzeptierten Werten basiert, also dass die Unternehmensorganisation unabhängig vom nationalen Umfeld nach einem „One Best Way" erfolgreich agieren kann. Unternehmen streben durch die Schaffung einer weltweiten Unternehmenskultur (→Organisationskultur) eine vermeintliche Harmonisierung der jeweiligen Landesgesellschaften an, unter anderem, um →Komplexität und Kosten zu reduzieren. In der Regel bedeutet jedoch in diesem Falle Kulturkonvergenz weniger eine gleichberechtigte Vermischung von kulturellen Elementen (z. B. aus Frankreich, Japan, Deutschland, USA), als vielmehr die Übernahme und Anpassung dominanter – in der Regel US-amerikanischer – Praktiken und Werte.

Gefahr der Kulturkonvergenz ist die Unterschätzung oder Negierung des Einflussfaktors →Kultur und eine angenommene Ähnlichkeit zwischen Gesellschaften oder →Organisationen, was zu interkulturellen Missverständnissen und Problemen führen kann (→Critical Incidents). Je intensiver die Zusammenarbeit zwischen Personen unterschiedlicher Kulturen ist, desto größer kann das Bewusstsein der Unterschiedlichkeit werden.

Als offenes System ist Kultur dynamisch und kreativ und zeichnet sich durch ständige Veränderungen und Entwicklungen aus, die auch auf der Übertragung kultureller Verhaltensweisen beruhen. Dazu gehören Diffusions- und Transferprozesse (→Kulturtransfer), die zu Konvergenzen zwischen verschiedenen Organisationen und Gesellschaften führen können, etwa aufgrund von Harmonisierungsbestrebungen bei Gesetzgebungen, →Organisationskulturen und der internationalen Angleichung von Informations- und Personalsystemen.

Da in der Forschung umstritten ist, ob Entwicklungen des internationalen Personalmanagements mehr zu Konvergenz oder Divergenz tendieren, scheint es sinnvoller zu unterscheiden, welche Elemente der Kulturkonvergenz oder -divergenz unterworfen sind. Eine zunehmende Konvergenz und kulturelle Homogenität lässt sich bei den kulturellen Praktiken und →Artefakten feststellen, eine Divergenz und kulturelle Heterogenität dagegen bei Werten (→Kulturkorridor).

Literatur: *Adler, N.*: International Dimensions of Organizational Behavior, 4. Aufl., Cincinnati 2002. *Scholz, C.*: Personalmanagement, 5. Aufl., München 2000.

Christoph I. Barmeyer

Kulturkorridor

Konzept von *Scholz* (2000), um die gegensätzlichen Positionen der →Kulturdivergenz und →Kulturkonvergenz im Rahmen von Unternehmensinternationalisierungen teilweise zu vereinen.

Der Kulturkorridor basiert auf dem Kulturkonzept des US-amerikanischen Organisationspsychologen *Schein* (1986) und unterscheidet zwischen drei Ebenen, den →Artefakten, Werten und →Grundannahmen, die in verschiedenen Gesellschaften einen unterschiedlich großen Basiskonsens haben. Der Kulturkorridor stellt einen durchaus realistischen Kompromiss zwischen den beiden Extrempositionen Divergenz und Konvergenz dar und erlaubt deren Verbindung.

Die Kulturkonvergenzen liegen im Inneren des Kulturkorridors, umgeben wird er von den Kulturdivergenzen, in denen die Unterschiede zwischen den Gesellschaften dominieren. Je größer der Basiskonsens und je breiter der Korridor der jeweiligen Ebene, desto ähnlicher sind sich Gesellschaften, je schmaler der Korridor, desto größer sind die landeskulturellen Unterschiede.

Der in Abbildung 1 beispielhaft gezeigte Kulturkorridor besagt also, dass Divergenz zwischen den hier verglichenen Gesellschaften am größten im Bereich der Grundannahmen ist, die Konvergenz am größten im Bereich der Artefakte.

Die Identifizierung eines Kulturkorridors ermöglicht einen Rahmen internationalen Kulturverständnisses abzustecken, in dessen Grenzen die Grundannahmen, Werte und Artefakte konvergieren.

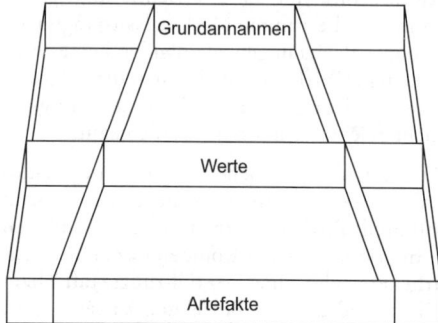

Abbildung 1: Beispielhafter Kulturkorridor (*Scholz* 2000, S. 828)

Hinsichtlich des →Personalmanagements lässt sich sagen, dass ein Unternehmen, das international agiert, je nach Standort der Aktivitäten verschiedene Kulturkorridore berücksichtigen muss. Eine Harmonie kann nur zustande kommen, wenn eine Mindestanpassung bezüglich des Minimalkorridors erfolgt.

Scholz (2000) unterscheidet bei der Anpassung an die höhere Aggregation des Kulturkorridors zwei Formen:

1. Die *Kulturdifferenzierung* bezeichnet das Abwenden von der Forderung nach einer Einheitskultur des Unternehmens. Hierbei wird entweder die eigene →Kultur als dominant erachtet oder die Gleichwertigkeit aller Kulturen zugrundegelegt.

2. Bei der *Kulturkoexistenz* wird der Einheitskultur des Unternehmens ein höherer Wert beigemessen als der Ausrichtung der Unternehmenskultur an der entsprechenden Landeskultur. Dabei ist zu beachten, dass Fremdkulturen zwar nicht zu adaptieren aber zu akzeptieren sind.

Harmonisches internationales Arbeiten erfordert eine Beachtung der landeskulturellen Eigenarten: Der Kulturkorridor kann Anhaltspunkte geben, um zumindest auf den beeinflussbaren Ebenen je nach Land die Unternehmens- oder →Personalstrategie kulturbewusst und interkulturell auszurichten.

Literatur: *Schein, E. H.*: Organizational Culture and Leadership, San Francisco 1986. *Scholz C.*: Personalmanagement, 5. Aufl., München 2000.

Christoph I. Barmeyer

Kulturrelativismus

Bereitschaft, Werte, Einstellungen und Verhaltensweisen anderskultureller Personen, →Gruppen oder Gesellschaften als genauso vernünftig zu erachten wie die eigenen.

Kulturrelativismus ist eine Form des – auf individueller Ebene angesiedelten – →Ethnorelativismus und betrifft zum Beispiel die wissenschaftliche Erforschung kultureller Unterschiede mit der Bemühung um eine wertfreie und vorurteilsfreie Haltung.

Christoph I. Barmeyer

Kulturschock

Zustand von Unsicherheit, Unwohlsein, Hilflosigkeit, Angst bis Krankheit, der eintritt, wenn ein Individuum sich in einem ihm unbekannten kulturellen System nicht zurechtfindet, etwa im Rahmen von →Auslandsentsendungen.

Es ist häufig eine psychische und/oder physische Reaktion auf das Fehlen vertrauter Signale und eine Bestürzung über die Konfrontation mit andersartigen, unbekannten Verhaltensweisen und Werten (→Kultur). Symptome können sein: Schlafstörungen, Appetitverlust, Heimweh, Trauer oder Leistungsdefizite. In manchen Fällen kommt es zu einem Abbruch des Auslandsaufenthalts. Der Kulturschock tritt ebenso bei mitreisenden Partnern auf. Der Begriff Schock ist irreführend, wie *Furnham* und *Bochner* (1986) betonen, da bereits leichte Formen der Irritation und Konfusion durch das Erleben von Fremdartigkeit zu einer Ablehnung der betroffenen →Kultur führen können.

Es existieren verschiedene Phasenmodelle des Kulturschocks. Ein bekanntes (ideal-)typisches Modell der Anpassungsphasen an eine fremde Kultur stammt von *Oberg* (1960), der vier Phasen unterscheidet:

1. *Honeymoon*: Beinhaltet die Neugierde, Faszination und Begeisterung für die neue Kultur.
2. *Crisis*: Umfasst die aufkommenden Gefühle der Hilflosigkeit, Angst und Feindseligkeit.
3. *Recovery*: Positive Einstellung gegenüber der Gastkultur, →Lernen, unter den neuen Bedingungen zu leben.
4. *Adjustement*: Mittelfristiges Akzeptieren von Werten, Anpassung an Verhaltensweisen auf relativ stabilem Niveau, im Idealfall hohe →Integration.

Die Zeitachse der Phasen ist individuell verschieden. Die Dauer des Kulturschocks kann Tage bis Monate betragen. Umstritten ist, ob die Phasen jeweils wie dargestellt ablaufen, auch wie sich ihre Intensität je nach Persönlichkeit und Kontext verhält. Wie *Stahl* (1998) betont, kann der theoretische und praktische Wert der Verlaufsmodelle aufgrund schwacher empirischer Bestätigung als gering eingestuft werden.

Die →interkulturelle Personalentwicklung versucht, durch →interkulturelles Training und →interkulturelles Coaching die Integration von Auslandentsandten und Mitreisenden in eine andere Kultur zu erleichtern und somit das Ausmaß des Kulturschocks zu verringern. Bei der Rückkehr ins Heimatland kann es bei →Führungskräften und deren Partnern, denen der kulturelle Anpassungsprozess in der Fremdkultur gelungen ist, bei der Anpassung in der kulturellen Heimat (→Reintegration) erneut zu einem Kulturschock kommen.

Literatur: *Furnham, A.; Bochner, S.*: Culture Shock: Psychological Reactions to Unfamiliar Environments, London 1986. *Oberg, K.*: Culture Shock. Adjustement to New Cultural Environments, in: Practical Anthropology, 7. Jg., (1960), S. 177–182. *Stahl, G.*: Internationaler Einsatz von Führungskräften, München 1998.

Christoph I. Barmeyer

Kulturstandards

Konzept der Beschreibung kultureller Systeme und der Analyse interkultureller Begegnungsprozesse in Unternehmen nach *Thomas et al.* (2003), das auch in →Training und Beratung Einsatz findet (→Kultur-Assimilator).

Kulturstandards sind für →Gruppen, →Organisationen und Nationen typische Orientierungsmaßstäbe des Wahrnehmens, Denkens und Handelns und stellen somit Selbstverständlichkeiten und Leitlinien sozialen Handelns dar. So wie ein Standard definiert ist, wie Gegenstände beschaffen sind oder Prozesse ablaufen sollten, so legt ein Kulturstandard den Maßstab dafür fest, wie Mitglieder einer bestimmten →Kultur sich zu verhalten haben, wie man Objekte, Personen und Ereignisabläufe zu sehen, zu bewerten und zu behandeln hat. Dabei muss jedoch immer eine relative Differenz zwischen dem Kulturstandard und individuellen Verhaltensweisen bedacht werden, um einem Determinismus entgegenzuwirken.

Nach dem zugrunde liegenden Kulturkonzept erwerben die Mitglieder einer Gemeinschaft im Rahmen des Sozialisationsprozesses durch →Enkulturation gemeinsame oder zumindest ähnliche Verhaltensbereitschaften und Dispositionen. Diese dienen als handlungsleitende Orientierungsmuster des jeweiligen kulturellen Regelsystems. Die einem System inhärenten Kulturstandards sind in der eigenen Gesellschaft angemessen, normal, akzeptabel, funktional und zielführend. Sie beeinflussen ebenso, welches Verhalten als abnormal, außergewöhnlich, fremd oder inakzeptabel abgelehnt wird. Nur bei bestimmten Personen, Gruppen und Subgruppen (z. B. bei Stars, Künstlern, Jugendlichen) werden Standardabweichungen zugestanden und eventuell sogar von ihnen erwartet, dies kann auch anderskulturelle Manager und Mitarbeiter betreffen.

Die *Ermittlung* von Kulturstandards erfolgt auf der Basis von historischen, soziologischen und psychologischen Erhebungen, letztere in interkulturellen Interaktionen durch Kontrast der Eigen- und Fremdkultur. Durch die kontrastive Darstellung werden Unterschiede bewusst gemacht und dann deskriptiv und analytisch erarbeitet. Die Inventarisierung bestimmter Verhaltensweisen in Situationen, wie zum Beispiel gegenüber sozialen Ereignissen (Treffen, Feste), bei sozialen Rollen (Frau/Mann, Führungskraft) oder sozialen Situationen (Kommunikationsstile, Entscheidungsfindung, Konfliktlösung) macht deutlich, dass bestimmte Standards in einer Gesellschaft ähnlich wiederkehrend vorkommen. Diese verhaltensregulierenden Standards werden als zentrale Kulturstandards betrachtet. Zentrale deutsche Kulturstandards, die als Ausprägungen partikularer kultureller Dimensionen verstanden werden können, sind zum Beispiel nach *Thomas* und *Schenk* (2001) Sachorientierung, Regelorientierung, Direktheit/Wahrhaftigkeit und internalisierte Kontrolle; in China Gesichtwahren, soziale Harmonie, List und Taktik sowie Etikette.

Kulturstandards haben als Orientierungshilfe in interkultureller →Interaktion eine pragmatische Funktion: In interkulturellen Arbeitssituationen treffen unterschiedliche Kulturstandards der jeweiligen Interaktionspartner aufeinander, und es kann zu Fehlinterpretationen, Missverständnissen und Konflikten kommen (→Critical Incident). Kennt der Handelnde die eigenen handlungswirksamen Kulturstandards und die der anderen Kultur, so hat er ebenfalls einen besseren Zugang zu dem anderen kulturellen Regelsystem, was ihm ein besseres Verständnis des Gegenübers ermöglicht. Kulturstandards sind jedoch kein starrer Regelkanon mit Verhaltenrezepten zum erfolgreichen Umgang mit anderen Kulturen. Sie sind Beschreibungsparameter und Orientierungshilfen und sollten durch individuelle Erfahrungen angepasst oder modifiziert werden. Die Schwierigkeit der Kulturstandards liegt in ihrer Identifizierung, da sie, ähnlich wie Werte, weitestgehend internalisiert – also unsichtbar – sind.

Literatur: *Thomas, A.; Schenk, E.*: Beruflich in China. Trainingsprogramm für Manager, fach- und Führungskräfte, Göttingen 2001. *Thomas, A. et al.* (Hrsg.): Handbuch Interkulturelle Kommunikation und Kooperation, Bd. 1, Göttingen 2003.

Christoph I. Barmeyer

Kulturtransfer

Prozess der Übertragung, Vermittlung und Anpassung kultureller →Artefakte und Praktiken eines kulturellen Systems (z. B. →Organisationskultur, Landeskultur) auf ein anderes System.

Das Konzept des Kulturtransfers berücksichtigt und analysiert nach *Lüsebrink* (2001) nicht nur die direkten prozesshaften Interaktionsbeziehungen, sondern auch ihre Gegenständlichkeit. Dem Kulturtransfer liegt zugrunde, dass kulturelle Systeme nicht hermetisch geschlossen sind, sondern durch Dynamik ständig Prozesse der Konstruktion-Dekonstruktion durchlaufen.

Transferprozesse bilden häufig einen Untersuchungsgegenstand der Personalwirtschaft (→Personalmanagement), etwa bei der Übertragung von →Organisationskulturen oder bewährten Managementmethoden von einem Unternehmen auf ein anderes (z. B. Entlohnungs- oder Bewertungssysteme) oder von einer Gesellschaft auf eine andere (z. B. das japanische Kanban oder das US-amerikanische →Management by Objectives). Häufig handelt es sich um einen asymmetrischen Transfer, der in der Regel von den USA ausgeht (→Kulturkonvergenz).

Nur wenige Managementkonzepte lassen sich problemlos transferieren und in neue Kontexte implementieren. Häufig sind bestimmte, teils bedeutende, Anpassungen nötig, weil sie nicht stimmig sind mit der jeweiligen Organisationskultur oder auf die Resistenz der betroffenen Mitarbeiter treffen (→Kultureller Fit).

Internationale Studien zeigen, dass sich zum Beispiel US-amerikanische Managementkonzepte leichter in anglophonen und germanophonen Organisationen implementieren lassen als in romanischen oder ostasiatischen (*Barmeyer* und *Davoine* 2006).

Literatur: *Barmeyer, C. I.* ; *Davoine, E.*: International Corporate Cultures? From Helpless Global Convergence to Constructive European Divergence. The Managerial Reception in Germany and France of American and Canadian Companies' Codes of Conduct, in: *Scholz, C.*; *Zentes, J.* (Hrsg.): Strategic Management – New Rules for Old Europe, Mannheim 2006. *Lüsebrink, H.-J.*: Kulturtransfer – Methodisches Modell und Anwendungsperspektiven, in: *Ingeborg Tömmel* (Hrsg.): Europäische Integration als Prozess von Angleichung und Differenzierung, Opladen 2001, S. 213–226.

Christoph I. Barmeyer

Kulturvergleichendes Management → Interkulturelles Management

Kundenorientiertes Führungsverhalten

Abbildung 1: Typische Profile des kundenorientierten Führungsverhaltens (*Homburg/Stock* 2000, S. 108)

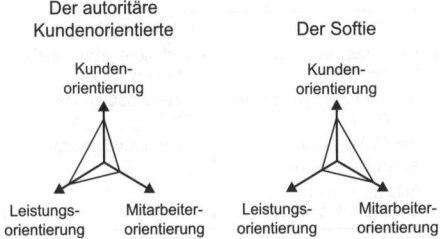

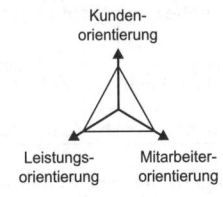

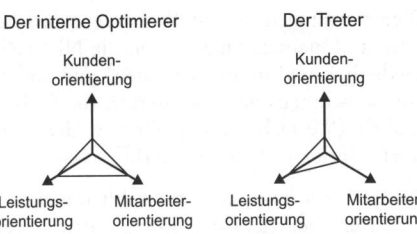

Zusammenspiel aus Leistungs-, Mitarbeiter- und →Kundenorientierung, das Einstellungen und Verhaltensweisen von Mitarbeitern mit Kundenkontakt beeinflusst.

Die drei Dimensionen des kundenorientierten →Führungsverhaltens sind →Leistungsorientierung, →Mitarbeiterorientierung und Kundenorientierung (*Homburg* und *Stock* 2002). In Abhängigkeit von der Ausprägung dieser drei Dimensionen ergeben sich, wie in Abbildung 1 dargestellt, unterschiedliche Profilstrukturen.

Die Dimensionen ergeben daher fünf verschiedene Profile des kundenorientierten Führungsverhaltens:

1. *Autoritärer Kundenorientierter*: Gleichzeitig hohe Leistungs- und Kundenorientierung in Verbindung mit geringer Mitarbeiterorientierung. Für die Mitarbeiter dieses autoritären Kundenorientierten ist das Verinnerlichen von Kundenorientierung in der Einstellung nur bedingt möglich. Dies liegt insbesondere daran, dass sie sich nicht in den ihnen vorgegebenen Zielen und →Arbeitsaufgaben wiederfinden.

2. *Softi*: Hohe Kunden- und Mitarbeiterorientierung gepaart mit geringer Leistungsorientierung. Die →Führungskraft schafft durch ihr Verhalten zwar gewisse Voraussetzungen, um Kundenorientierung in der Einstellung der Mitarbeiter zu verankern, sie gibt ihnen jedoch wenige Hilfestellungen (z. B. durch Zielvereinbarungen oder Maßnahmenvorschläge), wie sie durch Kundenorientierung Leistungserfolge erzielen können.

3. *Interner Optimierer*: Bei dieser Führungskraft sind die Leistungs- und Mitarbeiterorientierung hoch, die Kundenorientierung dagegen gering ausgeprägt. Die Führungskraft bewirkt durch ihr insgesamt kooperatives Verhalten eine relativ hohe →Motivation ihrer Mitarbeiter. Die Kundenorientierung wird jedoch weder durch die Führungskraft vorgelebt noch explizit in ihrem Verantwortungsbereich gefördert. Der Fokus liegt hier demzufolge auf der Optimierung der internen Prozesse, wohingegen Kundenorientierung weitgehend vernachlässigt wird.

4. *Treter*: Starke Fokussierung von quantitativ messbaren Leistungen. Weiche Faktoren wie Mitarbeiter- und Kundenorientierung spielen eine eher untergeordnete Rolle.

Kundenorientierung

5. *Kundenorientierter Manager*: Alle drei Dimensionen der Kundenorientierung sind hoch ausgeprägt. Neben dem Einnehmen einer gewissen Vorbildfunktion durch eigene Kundenorientierung vereinbart die Führungskraft regelmäßig Ziele im Zusammenhang mit Kundenorientierung mit ihren Mitarbeitern. Diese Ziele haben motivierenden Charakter, da die Mitarbeiter ihre eigenen Interessen darin wieder finden.

Die Beeinflussung der kundenorientierten Einstellungen und Verhaltensweisen von Mitarbeitern visualisiert Abbildung 2. Kundenorientierte Einstellungen beziehen sich auf die innere Denkhaltung der Mitarbeiter gegenüber Kunden. Kundenorientierte Verhaltensweisen repräsentieren von außen beobachtbare Handlungen der Mitarbeiter, die auf die Steigerung der Kundenzufriedenheit abzielen.

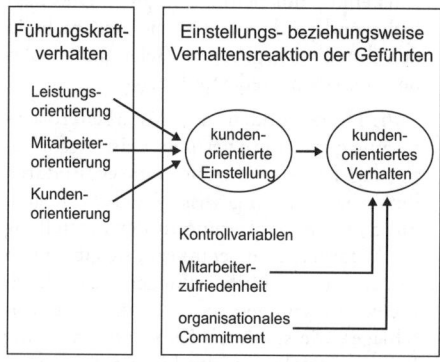

Abbildung 2: Modell des kundenorientierten Führungsverhaltens (*Stock/Hoyer* 2002)

Literatur: Homburg, C.; Stock, R.: Der kundenorientierte Mitarbeiter, Wiesbaden 2000. Homburg, C.; Stock, R.: Führungsverhalten als Einflussgröße der Kundenorientierung von Mitarbeitern: Ein dreidimensionales Konzept, in: Marketing – Zeitschrift für Forschung und Praxis, 24. Jg. (2002), H. 2, S. 123–137. Stock, R.; Hoyer, W.: Leadership Style as Driver of Salespeople's Customer Orientation, in: Journal of Market-Focused Management, 5. Jg. (2002), H. 4, S. 353–374.

Ruth Stock-Homburg

Kundenorientierung

Orientierung eines Unternehmens hin auf die Erfüllung von Erwartungen und Wünschen seiner Kunden zum Zweck der Erzielung langfristigen Erfolgs.

Über die Zufriedenheit der Kunden sind Kundenbindung und Kundenloyalität erreichbar.

Zur Schaffung von Kundenzufriedenheit genügt es längst nicht mehr, die →Qualität eines Produktes lediglich über dessen Gebrauchseigenschaften zu definieren. Beispielsweise erwartet der Kunde beim Autokauf zunächst, dass ihm ein mängelfreier Pkw angeboten wird. Er erwartet aber auch ansprechende Verkaufsräumlichkeiten, Serviceangebote wie das unentgeltliche Abholen und Bringen des Fahrzeugs nach einem Kundendienst – so genannte Zusatzangebote. Nicht zuletzt erwartet er auch eine freundliche, fachkundige Betreuung durch die Mitarbeiter des Autohauses.

Gerade bei Dienstleistungen kommt es ganz besonders auf die →Kompetenz der Mitarbeiter an, die in direktem Kontakt zum Kunden stehen. Schäden beim Kunden, die ein Mitarbeiter etwa durch falsche oder unzureichende Beratung verursacht, oder unangemessenes Verhalten dem Kunden gegenüber werden automatisch auf das gesamte Dienstleistungsunternehmen übertragen.

Abbildung 1: Wirkung der Leistungskomponenten auf die Zufriedenheit der Kunden (*Bartscher/Schulze* 2000)

In Anlehnung an die →Zweifaktorentheorie *Herzbergs* kann auch bei der Bewertung von Dienstleistungen unterstellt werden, dass bestimmte Qualitätsdimensionen die Nicht-Zufriedenheit (Minimumqualitäten) und andere Qualitätsdimensionen wiederum die Zufriedenheit (Werterhöhungsqualitäten) der Kunden beeinflussen (Abbildung 1).

Zu den *Minimumqualitäten* zählt die eigentliche Kerndienstleistung. So wird etwa bei einem Friseurbesuch erwartet, dass der Friseursalon in einem sauberen Zustand ist. Findet der Kunde die Minimumqualitäten nicht vor, ist er unzufrieden mit der Dienstleistung. Unternehmerischer Erfolg stellt sich jedoch erst dann ein, wenn zusätzlich auch *Werterhöhungsqualitäten* angeboten werden. Dies könnten beim Friseurbesuch beispielsweise besonders haarschonende Pflegemittel sein oder der angereichte Espresso.

Kundenorientierung im →*Personalmanagement* bedeutet, die Mitarbeiter mit dem nötigen Wissen und den notwendigen Ressourcen zu versorgen, die sie für einen guten Arbeitsablauf benötigen. Um Kundenzufriedenheit zu erreichen, genügt es jedoch nicht nur, die Mitarbeiter ausreichend zu schulen. Vielmehr sind der Mitarbeiter und die Umwelt, die Einfluss auf sein Leistungsverhalten nimmt, als Ganzes zu betrachten (→Mitarbeiter-Kompetenz-System). Voraussetzung hierfür wiederum ist, dass die unterschiedlichen Kundengruppen des Personalmanagements (unternehmensintern, -extern) benannt sind und, dass festgelegt ist, welche Dienstleistungspakete (Kernleistung mit/ohne Zusatzleistung) diesen jeweils angeboten werden (sollen).

Literatur: *Bartscher, T.; Schulze, H.*: Beziehungsorientiertes Dienstleistungsmanagement, in: Personal, 52. Jg. (2000), H. 4, S. 200–206. *Bieger, T.*: Dienstleistungs-Management, 3. Aufl., Bern 2002. *Meffert, H.; Bruhn, M.*: Dienstleistungsmarketing, 3. Aufl., Wiesbaden 2003.

Thomas Bartscher

Kundenorientierung der Führungskraft

Ausmaß, in dem eine →Führungskraft die →Kundenorientierung der Mitarbeiter fördert; situative Führungsverhaltensdimension mit besonderer Bedeutung für die Führung (→Mitarbeiterführung) von Kundenkontakt-Mitarbeitern.

Hohe Kundenorientierung der Führungskraft zeichnet sich insbesondere dadurch aus, dass sie Kundenorientierung durch ihr eigenes Verhalten (→Behaviorismus) vorlebt. Eine kundenorientierte Führungskraft macht den Mitarbeitern die Bedeutung der Kunden für sie persönlich sowie für das Unternehmen regelmäßig bewusst. Darüber hinaus legt die Führungskraft Wert auf die ständige Verbesserung der kundenbezogenen Prozesse. Kundenorientierung ist ebenfalls in den Zielen der Mitarbeiter fest verankert und somit ständig präsent.

Führungskräfte mit hoher Kundenorientierung

– erkennen kundenorientierte Verhaltensweisen von Mitarbeitern an,

– kritisieren Verhaltensweisen ihrer Mitarbeiter, die nicht kundenorientiert sind,

– fördern kundenorientierte Mitarbeiter in besonderem Maße,

– sprechen mit ihren Mitarbeitern häufig über die Bedeutung der Kunden für die Mitarbeiter und das Unternehmen und

– arbeiten an der Verbesserung der kundenbezogenen Prozesse in ihrem Verantwortungsbereich.

Empirische Studien belegen den signifikant hohen Einfluss der Kundenorientierung der Führungskraft auf die kundenorientierte Einstellung der Mitarbeiter und damit deren Relevanz für die Kundenzufriedenheit und den Markterfolg eines Unternehmens (*Homburg* und *Stock* 2002).

Literatur: *Homburg, C.; Stock, R.*: Führungsverhalten als Einflussgröße der Kundenorientierung von Mitarbeitern: Ein dreidimensionales Konzept, in: Marketing – Zeitschrift für Forschung und Praxis, 24. Jg. (2002), H. 2, S. 123–137.

Ruth Stock-Homburg

Kündigung

schriftliche Beendigung eines Arbeitsverhältnisses (→Beschäftigungsverhältnis) durch einen der beiden Arbeitsvertragspartner (→Arbeitnehmerkündigung, →Entlassung).

Bereits im *Vorfeld von Kündigungen* sollte der →Arbeitgeber bedenken, dass für einige Arbeitnehmergruppen ein *besonderer* →*Kündigungsschutz* gilt (Übersicht 1).

Davon abgesehen ist die Kündigung von →Arbeitnehmern gemäß §1 des Kündigungsschutzgesetzes generell unwirksam,

– wenn sie gegen eine etwaige betriebliche Richtlinie über die personelle Auswahl bei Kündigungen verstößt (→Sozialauswahl),

– wenn der Arbeitnehmer an einem anderen Arbeitsplatz in demselben oder einem anderen Betrieb des Arbeitgebers weiterbeschäftigt werden kann,

– wenn keine betriebsbedingten Gründe (→Betriebsbedingte Kündigung), wie beispielsweise Auftragsmangel, vorliegen,

– wenn keine Gründe in der Person des Arbeitnehmers (→Personenbedingte Kündi-

Kündigung

gung) vorliegen, etwa der Verlust der Fluglizenz bei einem Piloten, oder

- wenn keine Gründe in seinem Verhalten (→Verhaltensbedingte Kündigung), wie eine Arbeitsverweigerung vorliegen.

Übersicht 1: Besonderer Kündigungsschutz (*Bröckermann* 2007, S. 482)

Rechtsquelle	Geschützter Personenkreis
Kündigungsschutzgesetz (KSchG)	Mitglieder von Betriebsverfassungsorganen
Betriebsverfassungsgesetz (BetrVG)	Mitglieder von Betriebsverfassungsorganen
Personalvertretungsgesetze	Mitglieder von Personalvertretungen
Sozialgesetzbuch (SBG)	schwerbehinderte Menschen und ihre Vertrauensleute
Mutterschutzgesetz (MuSchG)	Schwangere und Wöchnerinnen
Bundeserziehungsgeldgesetz (BErzGG)	Beschäftigte bei Inanspruchnahme der Elternzeit
Heimkehrergesetz (HkG)	Heimkehrer
Arbeitsplatzschutzgesetz, (ArbPlSchG) Zivildienstgesetz (ZDG)	zum Wehrdienst Einberufene und Zivildienstleistende
Eignungsübungsgesetz (EÜG)	zu einer Übung für freiwillige Soldaten Einberufene
Gesetz über den Zivilschutz/Katastrophenschutz (ZSG)	entsprechend Dienstverpflichtete
Berufsbildungsgesetz (BBiG)	Auszubildende
Abgeordnetengesetz und Ländergesetze (AbgG)	Parlamentarier
Bergmannsversorgungsscheingesetze	im Bergbau Geschädigte
Ländergesetze zum Schutz politisch Verfolgter	politisch Verfolgte und Opfer des Nationalsozialismus

Sind die Voraussetzungen hingegen erfüllt, so ist die Kündigung sozial gerechtfertigt und damit wirksam. Dieser *allgemeine Kündigungsschutz* gilt grundsätzlich für alle Arbeitnehmer, mit Einschränkungen auch für →leitende Angestellte, aber nur für Arbeitsverhältnisse, die länger als sechs Monate bestanden haben, und nur in Betrieben mit mehr als 20 Arbeitnehmern.

Die Arbeitsgerichte (→Arbeitsgerichtsbarkeit) verlangen für die Zulässigkeit einer ordentlichen Kündigung mindestens zwei bis drei →*Abmahnungen*, die gleichartige Pflichtverletzungen rügen. Überdies muss der Arbeitgeber hinreichend Zeit und Gelegenheit geben, die missbilligten Verhaltensweisen zu verbessern oder abzustellen. In einigen Fällen kann eine künftige Besserung die Störung oder Zerrüttung des Arbeitsverhältnisses, wie zum Beispiel bei einer eigenmächtigen Urlaubsüberschreitung, nicht mehr beseitigen. Hier kann die Kündigung ohne weiteres angegangen werden.

Übersicht 2: Gesetzliche Mindestkündigungsfristen (*Bröckermann* 2007, S. 490)

Dauer des Arbeitsverhältnisses	Kündigungsfrist	Unter der Voraussetzung eines Lebensalters von
Aushilfsarbeitsverhältnisse bis zu 3 Monaten Dauer	keine	
Dauerarbeitsverhältnisse während einer maximal 6-monatigen Probezeit	2 Wochen	
Dauerarbeitsverhältnis bis zu 2 Jahren	4 Wochen zum 15. oder Ende eines Kalendermonats	
Dauerarbeitsverhältnis ab 2 Jahren	ein Monat zum Ende eines Kalendermonats	27 Jahren
Dauerarbeitsverhältnis ab 5 Jahren	2 Monate zum Ende eines Kalendermonats	30 Jahren
Dauerarbeitsverhältnis ab 8 Jahren	3 Monate zum Ende eines Kalendermonats	33 Jahren
Dauerarbeitsverhältnis ab 10 Jahren	4 Monate zum Ende eines Kalendermonats	35 Jahren
Dauerarbeitsverhältnis ab 12 Jahren	5 Monate zum Ende eines Kalendermonats	37 Jahren
Dauerarbeitsverhältnis ab 15 Jahren	6 Monate zum Ende eines Kalendermonats	40 Jahren
Dauerarbeitsverhältnis ab 20 Jahren	7 Monate zum Ende eines Kalendermonats	45 Jahren

Bei ordentlichen Kündigungen muss man die gesetzlichen Mindestkündigungsfristen nach § 622 des Bürgerlichen Gesetzbuchs (BGB) oder die möglicherweise längeren vertraglichen →*Kündigungsfristen* beachten (Übersicht 2).

Im Insolvenzverfahren (→Insolvenz), für spezielle Beschäftigtengruppen und Arbeitgeber mit nicht mehr als 20 Beschäftigten gelten abweichende gesetzliche Regelungen. Zudem können im Arbeitsvertrag längere als die gesetzlichen Kündigungsfristen vereinbart werden. Im Ergebnis darf die Kündigungsfrist für die Arbeitnehmer jedoch nicht länger sein als die für den Arbeitgeber.

→*Außerordentliche Kündigungen* ohne Einhaltung einer Kündigungsfrist sind laut § 626 BGB zulässig, wenn derart gewichtige Tatsachen vorliegen, dass die Fortsetzung des Arbeitsverhältnisses bis zum Ablauf der Kündigungsfrist unzumutbar ist, etwa bei aggressiven Tätlichkeiten, im Ausnahmefall sogar bei einem schwerwiegenden Verdacht (→ Verdachtskündigung).

Die Berechnung des *Kündigungstermins* richtet sich mit wenigen Ausnahmen nach den §§ 186–193 BGB. Der Beginn einer Kündigungsfrist ist nicht der Tag des Zugangs, sondern der nachfolgende Tag, selbst wenn es sich dabei um einen arbeitsfreien Samstag, Sonn- oder Feiertag handelt. Soll beispielsweise mit Monatsfrist zum 31. August gekündigt werden, muss die Kündigung spätestens am 31. Juli zugehen. Ferner spielt die Erklärungsfrist eine Rolle. Nach § 626 BGB kann eine außerordentliche Kündigung nur innerhalb von zwei Wochen erklärt werden, beginnend mit dem Zeitpunkt, zu dem man von den maßgeblichen Tatsachen Kenntnis erlangt. Bei ordentlichen Kündigungen hält man sich nach *Böckermann* (2007) ebenfalls daran, obwohl hier keine gesetzliche Frist existiert.

Für den Kündigungstermin ist außerdem die *Anhörungsfrist* wichtig, also die Zeit, welche die Belegschaftsvertretung für ihre Abwägung benötigen darf. Kündigungen sind nur wirksam, wenn die zuständige Belegschaftsvertretung zuvor über die Gründe informiert wurde. Hat der Betriebs- oder Personalrat gegen eine Kündigung Bedenken, oder will er gegen die ordentliche Kündigung Widerspruch einlegen, muss er dies dem Arbeitgeber mitteilen, und zwar schriftlich unter Angabe der Gründe und innerhalb einer Woche. Bei außerordentlichen Kündigungen sind nur Bedenken zulässig, und zwar innerhalb von drei Tagen. Äußert sich der →Betriebs- oder Personalrat nicht, so gilt seine Zustimmung als erteilt. Der →Sprecherausschuss der leitenden Angestellten kann nur Bedenken geltend machen. Bei der Formulierung etwaiger Bedenken macht der Gesetzgeber keine Einschränkungen. Die möglichen Widerspruchsgründe sind hingegen in § 102 des →Betriebsverfassungsgesetzes abschließend aufgezählt. Sie entsprechen in etwa den eingangs aufgezählten Konditionen des allgemeinen Kündigungsschutzes. Der Arbeitgeber kann trotz etwaiger Bedenken oder eines Widerspruchs rechtswirksam kündigen (*Scholz* 2000).

Erst nach der Reaktion der Belegschaftsvertretung beziehungsweise nach Ablauf der Anhörungsfrist kann die so genannte →*Kündigungserklärung*, abgegeben werden, aber nur vom Arbeitgeber persönlich oder von einem bevollmächtigten Vertreter. Laut § 623 BGB muss die Kündigung schriftlich und die Unterschrift in jedem Fall handschriftlich erfolgen. Eine Angabe der Gründe ist bei ordentlichen Kündigungen weder vorgeschrieben noch üblich (→Written Reasons for Dismissal). Bei außerordentlichen Kündigungen müssen die Gründe lediglich für Auszubildende im Kündigungsschreiben, ansonsten nur auf Verlangen nachträglich schriftlich mitgeteilt werden (*Bröckermann* 2007).

Ist eine persönliche Übergabe der schriftlichen Kündigung nicht möglich, muss der *Zugang* durch den Einwurf in den Briefkasten sichergestellt werden. Durchaus möglich ist die Verwendung eines Einwurf-Einschreibens, bei dem der Postzusteller den Einwurf dokumentiert, wie *Bröckermann* (2007) bemerkt. Der sicherste und schnellste Weg ist die Zustellung durch einen Beschäftigten des Unternehmens, der das Kündigungsschreiben als Bote in den Briefkasten des Empfängers einwirft. Zum Beweis sollte der Bote eine Erklärung unterzeichnen, die Zeit und Ort der Zustellung belegt. Wenn der Aufenthaltsort unbekannt ist oder im Ausland liegt, erfolgt auf Antrag die öffentliche Zustellung durch Anheften des Kündigungsschreibens an die Gerichtstafel.

Grundsätzlich sollte die direkten Führungskraft oder ein Mitarbeiter des Personalwesens die schriftliche Kündigung in einem →*Trennungsgespräch* aushändigen. Im Rahmen der Festlegung der Abwicklungsmodalitäten gilt es, eine etwaige →Suspendierung, eine Freistellung bei Fortzahlung des Arbeitsentgelts, zu regeln. Ferner müssen die →Arbeitspapiere erstellt werden, beispielsweise eine Urlaubsbescheinigung, und, nach der letzten Entgeltabrechnung, die Abrechnungsunterlagen sowie die Lohnsteuerbescheinigung und Sozialversicherungsnachweise. Sodann hat der Mitarbeiter einen Anspruch auf eine →Arbeitsbescheinigung oder auf Wunsch ein qualifiziertes →Arbeitszeugnis (*Mitterer* 2005).

Bevor der Arbeitgeber diese Unterlagen aus der Hand geben kann, muss sichergestellt sein, dass etwaiges Firmeneigentum ordnungsgemäß zurückgegeben wurde. Dazu wird üblicherweise ein Laufzettel benutzt. Auf ihm bestätigen alle Stellen des Unternehmens, die Firmeneigentum ausgehändigt haben könnten, durch Unterschrift, dass keine Forderungen mehr gegen die Betroffenen bestehen. Dies geschieht nach Möglichkeit am letzten Arbeitstag.

Literatur: *Bröckermann, R.*: Personalwirtschaft, 4. Aufl., Stuttgart 2007, S. 481–500. *Etzel, G.; Griebeling, J.; Liebscher, B.*: Arbeitsrecht, 8. Aufl., Herne, Berlin 2002, S. 162–167. *Scholz, C.*: Personalmanagement, 5. Aufl., München 2000, S. 557. *Mitterer, B.*: Die Sicht administrativer Abwicklung, in: Bröckermann, R.; Pepels, W (Hrsg.).: Die Personalfreisetzung, Renningen 2005, S. 59–68.

Reiner Bröckermann

Kündigung aus (arbeits-)rechtlicher Sicht

einseitiges Rechtsgeschäft (Willenserklärung), durch die das Arbeitsverhältnis (→Beschäftigungsverhältnis) nach dem Willen des Kündigenden entweder nach Ablauf einer bestimmten Frist oder sofort seine Beendigung finden soll.

Es handelt sich bei der Kündigung um ein Gestaltungsrecht, das die gewünschte Rechtsfolge (Beendigung des Arbeitsverhältnisses) unabhängig von der Zustimmung des Kündigungsempfängers auslöst. Die Beendigungswirkung tritt freilich nur ein, wenn die Kündigung wirksam ist. Die Beendigung des Arbeitsverhältnisses durch Kündigung ist abzugrenzen von anderen Beendigungstatbeständen. Als solche kommen der →Aufhebungsvertrag oder der Zeitablauf in Betracht. Bei ersterem handelt es sich um ein zweiseitiges Rechtsgeschäft, das nach den allgemeinen Regeln des Vertragsschlusses (Antrag und Annahme), zustande kommt. Der Zeitablauf führt nach § 620 Abs. 1 BGB automatisch zum Erlöschen des Arbeitsverhältnisses, ohne dass es gesonderter Willenserklärungen einer der Vertragsparteien bedarf. Als einseitiges Gestaltungsrecht kann eine Kündigung nicht zurück genommen werden. Geschieht dies dennoch, handelt es sich der Sache nach um einen Antrag auf Fortsetzung des Arbeitsverhältnisses, den der andere Teil ausdrücklich oder schlüssig annehmen kann.

Es kann unterschieden werden zwischen unterschiedlichen Kündigungsarten. Die außerordentlichen Kündigung, bei der das Arbeitsverhältnis entweder mit einer kürzeren als der eigentlich geltenden Frist (*Fischermeier* 1998, § 626 BGB Rn. 29, *Stahlhacke*, *Preis* und *Vossen* 1999, Rn. 429) oder aber fristlos (was bei der außerordentlichen Kündigung die Regel ist) beendet wird (*Griebeling* 2004, § 626 BGB Rn. 35f.) und ferner die Beendigungs- und Änderungskündigung. Letztere ist zunächst eine Erklärung, die auf die Beendigung des bisherigen Arbeitsverhältnisses gerichtet ist, zugleich jedoch den Antrag auf Fortsetzung des Arbeitsverhältnisses zu geänderten Bedingungen enthält.

Die Kündigung kann aus mehreren Gründen *unwirksam* sein. Das ist einmal der Fall, wenn der →Betriebsrat nicht oder nicht ordnungsgemäß angehört wurde (§ 102 Abs. 1 Satz 3 BetrVG).

Die Kündigung kann außerdem gemäß § 138 BGB *sittenwidrig* sein oder gegen § 242 BGB (Treu und Glauben) verstoßen. Diese Nichtigkeitsgründe sind insbesondere dann von Bedeutung, wenn das Kündigungsschutzgesetz mangels Erreichen der Wartezeit von sechs Monaten oder aufgrund der Kleinbetriebsklausel (§ 23 KSchG: regelmäßig nicht mehr als fünf Arbeitnehmer) keine Anwendung findet. In diesen Fällen kann die Prüfung der §§ 138, 242 BGB eine Art „Kündigungsschutz zweiter Klasse" bilden. So kann etwa in einem →Kleinbetrieb, wenn bestimmte sachliche Gründe nicht vorliegen, die Kündigung eines älteren Arbeitnehmers mit sehr langer Betriebszugehörigkeit unwirksam sein, wenn ein vergleichbarer Arbeitnehmer vorhanden ist, der ein deutlich niedrigeres Lebensalter und eine deutlich kürzere Betriebszugehörigkeit aufweist (vgl. BAG, Urteil vom 21.02.2001 Az.: 2 AZR 15/00). In diesem Fall soll der ältere Arbeitnehmer sich einen Vertrauensschutz hinsichtlich des Erhalts seines Arbeitsplatzes verdient haben, der schutzwürdig sein kann.

Ein Urwirksamkeitsgrund kann sich auch aus einem Verstoß gegen den Gleichbehandlungsgrundsatz ergeben. Begehen mehrere Arbeitnehmer gleichartige Pflichtverletzungen, und greift der Arbeitgeber einen der Arbeitnehmer zur Kündigung heraus, so ist diese Kündigung unwirksam, wenn der Arbeitgeber nicht darlegen kann, warum die Interessenabwägung gerade in diesem Fall, in den anderen Fällen jedoch nicht zu einer Kündigung geführt hat.

Schließlich kann die Kündigung unwirksam sein, weil ihr Kündigungsverbote entgegenstehen (vgl. LAG Brandenburg, Urteil vom 29.10.1998 – Az.: 3 Sa 229/98). Diese können sich – abgesehen von dem gesetzlichen →Sonderkündigungsschutz – aus dem →Arbeitsvertrag, aus einer →Betriebsvereinbarung oder einem →Tarifvertrag ergeben.

Die →*außerordentliche Kündigung*, deren tatbestandliche Voraussetzung darin besteht, dass ein wichtiger Grund vorliegt, der die Fortsetzung des Arbeitsverhältnisses unzumutbar macht, kann nicht ausgeschlossen werden. Ausgeschlossen werden kann lediglich die *ordentliche Kündigung* mit der Folge, dass das Arbeitsverhältnis nur noch außerordentlich gekündigt werden kann. Die bloße Zusage einer Dauer- oder Lebensstellung reicht allerdings nicht aus, um annehmen zu können, dass eine ordentliche Kündigung ausgeschlossen sein soll. Es muss vielmehr eindeutig geregelt werden, dass, beziehungsweise unter welchen Voraussetzungen, die ordentliche Kündigung ausgeschlossen sein soll (→Kündigungsschutz). Bei befristeten Verträgen bedarf es eines solchen Ausschlusses nicht. Diese enden ohnehin durch Zeitablauf und können ordentlich nur gekündigt werden, wenn diese Möglichkeit im befristeten Vertrag vorbehalten bleibt. Ansonsten bedarf es bei unbefristeten Verträgen des Ausschlusses der ordentlichen Kündigung, der individualvertraglich eher selten vereinbart wird.

In Betriebsvereinbarungen finden sich zum Teil Regelungen, dass bestimmte Arten der ordentlichen Kündigung für bestimmte Zeiträume ausgeschlossen sind, zum Beispiel →betriebsbedingte Kündigungen, wenn dafür die Arbeitnehmer in anderen Bereichen (z. B. →Arbeitszeit, Vergütung) Verschlechterungen hinnehmen (betriebliche „Bündnisse für Arbeit", die indes nach jetziger Rechtsprechung (noch) dort unwirksam sind, wo sie bei Tarifbindung gegen Tarifverträge verstoßen,

§ 4 Abs. 3 TVG). In Tarifverträgen findet sich häufig der Ausschluss jedweder ordentlicher Kündigung, der in der Regel an eine bestimmte Betriebszugehörigkeit und das Erreichen eines bestimmten Lebensalters geknüpft wird, so genannte Alterssicherung (vgl. BAG, Urteil vom 06.11.1997 – Az.: 2 AZR 253/97). Diese Arbeitnehmer sind deshalb bei einem Personalabbau (→Personalfreisetzung) durch Ausspruch betriebsbedingter Kündigung von vornherein in die →Sozialauswahl nicht einzubeziehen.

Die außerordentliche Kündigung ist in § 626 BGB geregelt. Sie bedarf zu ihrer Wirksamkeit eines wichtigen Grundes, der unter Berücksichtigung der Interessen beider Vertragsteile die Fortsetzung des Arbeitsverhältnisses bis zum Ablauf der →Kündigungsfrist unzumutbar macht. Dabei ist in einer ersten Stufe zu untersuchen, ob ein bestimmter Sachverhalt *an sich* geeignet ist, die außerordentliche Kündigung zu rechtfertigen.

Für eine vom Arbeitnehmer ausgesprochene Kündigung können das erhebliche Gehaltsrückstände sein, Verstöße des Arbeitgebers gegen Arbeitsschutzvorschriften, schwerwiegende Diskriminierungen, nicht jedoch ein Arbeitsplatzwechsel (→Job Rotation), bei dem der Arbeitnehmer auf dem neuen gewünschten Arbeitsplatz nur vor Ablauf der Kündigungsfrist des alten Vertrags beginnen kann.

Bei einer außerordentlichen Kündigung des Arbeitsverhältnisses durch den Arbeitgeber kommen als Kündigungsgründe Arbeitsverweigerung, schwerwiegende Beleidigungen gegenüber dem Arbeitgeber oder Kollegen, →sexuelle Belästigung, eigenmächtiger Urlaubsantritt, Tätlichkeiten im Betrieb oder Vermögensstraftaten (Diebstahl, Betrug, Unterschlagung) in Betracht. Bei Vermögensstraftaten, die in der Praxis einen nicht unwesentlichen Teil der außerordentlichen Kündigungen ausmachen, kommt es in der Regel nicht auf den Wert der Gegenstände an, auf welche die Straftat sich bezieht (vgl. BAG, Urteil vom 17.05.1984, AP Nr. 14 zu § 626: Verzehr eines Stück Bienenstichs von Konditoreiverkäuferin). Zwar kann der Wert bei der Interessenabwägung auf der zweiten Prüfungsstufe eine Rolle spielen. Gleichwohl können auch Diebstähle ganz geringwertiger Sachen im Ergebnis zu einer wirksamen außerordentlichen Kündigung führen.

In der Regel kommt als →Kündigungsgrund gemäß § 626 BGB eine Betriebsschließung, bei der Überhänge in den Kündigungsfristen hinzunehmen sind, nicht in Betracht. Ebenso wird grundsätzlich außerdienstliches Verhalten, das keinen Bezug zur geschuldeten →Arbeitsleistung aufweist, nicht zu einer außerordentlichen Kündigung führen. Die zweite Stufe der Prüfung beinhaltet eine Interessenabwägung, ob der an sich zur Kündigung in Betracht kommende Grund auch im *konkreten Fall* einer *Interessenabwägung* Stand hält. So kann die Pflichtverletzung eines Arbeitnehmers, der acht Monate im Unternehmen beschäftigt ist, anders zu bewerten sein als die gleiche Pflichtverletzung eines Arbeitnehmers, der 15 Jahre beschäftigt ist und dessen Arbeitsverhältnis die gesamte Zeit zuvor störungsfrei bestanden hat. In die Interessenabwägung einzustellen sind Art und Schwere des Verstoßes, ferner ein etwaiger Rechtsirrtum des Arbeitnehmers, sein Lebensalter, die Unterhaltspflichten (umstritten), die wirtschaftliche Lage des Unternehmens, ein Verschulden des Arbeitnehmers und etwaige weitere Umstände des Einzelfalls (*von Staudinger* 1993, § 626 BGB Rn. 82ff.). Auch bei dieser Interessenabwägung distanziert die Rechtsprechung sich (zu Recht) von der festen Gewichtung einzelner Kriterien. Man kann also nicht etwa eine Regel des Inhalts aufstellen, dass die Beleidigung des Arbeitgebers durch den Arbeitnehmer ab einer Beschäftigungszeit von zehn Jahren nicht mehr zur außerordentlichen Kündigung führt.

Bei der außerordentlichen Kündigung ist schließlich § 626 Abs. 2 BGB zu beachten. Voraussetzung für die Wirksamkeit der Kündigung ist nämlich weiter, dass die Kündigung innerhalb von zwei Wochen dem Arbeitnehmer zugeht, nachdem der Kündigungsberechtigte von dem wichtigen Grund Kenntnis erlangt hat. Der Gesetzgeber geht davon aus, dass ein bestimmter Sachverhalt offenbar so schwerwiegend nicht sein kann, wenn der Kündigungsberechtigte länger als zwei Wochen nach Kenntnis hiervon wartet. Die Frist von zwei Wochen beginnt bei einer arbeitgeberseitigen Kündigung zu laufen, wenn derjenige, der zum Ausspruch von Kündigungen berechtigt ist, Kenntnis erlangt (BAG, NJW 1972). Die Kenntnis eines Kollegen davon, dass ein Arbeitnehmer den Arbeitgeber zum Beispiel bestohlen hat, reicht hierfür grundsätzlich nicht aus. Es sei denn, es handelt sich um eine Führungskraft, die zwar selbst nicht kündigungsberechtigt ist, bei der jedoch hinsichtlich seiner Stellung im Unternehmen erwartet werden kann, dass sie den Sachverhalt dem Arbeitgeber mitteilt. Dessen Kenntnis muss der Arbeitgeber sich also auch dann zurechnen lassen, wenn diese Führungskraft den Arbeitgeber nicht über den an sich zur Kündigung berechtigenden Sachverhalt informiert.

Bei der Zweiwochenfrist zu beachten ist schließlich, dass bei Bestehen eines Betriebsrats dieser gemäß § 102 Abs. 2 BetrVG eine Überlegungsfrist von drei Tagen zur Stellungnahme hat. Hört also der Arbeitgeber den Betriebsrat zwölf Tage nach Kenntnis von dem Kündigungsgrund an, und nutzt der Betriebsrat seine Frist zur Stellungnahme aus, so kann der Arbeitgeber die Kündigung nicht mehr wirksam aussprechen. Eine vorherige →Abmahnung als milderes Mittel kann nach dem Verhältnismäßigkeitsgrundsatz Voraussetzung für den Ausspruch einer außerordentlichen Kündigung sein.

Ein Abmahnungserfordernis besteht dagegen im Vertrauensbereich oder bei ganz gravierenden sonstigen Pflichtverletzungen grundsätzlich nicht. In der Praxis geht es seltener um die Abgrenzung der außerordentlichen Kündigung mit oder ohne Abmahnung, sondern statt dessen um die Abgrenzung zwischen Abmahnung mit späterer ordentlicher verhaltensbedingter Kündigung („leichtere" Pflichtverstöße) zur außerordentlichen Kündigung ohne Abmahnung („schwere" Pflichtverstöße).

Literatur: *Fischermeier, E.*: Gemeinschaftskommentar zum KSchG und 34 sonstigen kündigungsschutzrechtlichen Vorschriften (KR), 5. Aufl, München 1998. *Griebeling, J.*: Handkommentar Kündigungsschutz, 2. Aufl., Baden-Baden 2004. *Stahlhacke, E.*; *Preis, U.*; *Vossen, R.*: Kündigung und Kündigungsschutz im Arbeitsverhältnis, 7. Aufl., München 1999. *von Staudinger, J.* (Hrsg.): Kommentar zum Bürgerlichen Gesetzbuch mit Einführungsgesetz und Nebengesetzen, 12./13. Aufl., Berlin 1993.

Friedrich Meyer

Kündigung von Schwerbehinderten →Integrationsamt, →Sonderkündigungsschutz

Kündigungserklärung

stellt die Willenserklärung dar, mit der die →Kündigung ausgesprochen wird.

Sie bedarf zu ihrer Wirksamkeit der Schriftform gemäß § 623 BGB. Ist diese Form nicht eingehalten, ist die Kündigung nach § 125 BGB unwirksam, ohne dass es auf sonstige Unwirksamkeitsgründe ankommt. Die Schriftform will den →Arbeitnehmer vor unüberlegten mündlichen Erklärungen sowohl des →Arbeitgebers als auch etwaiger unüberlegter Eigenkündigungen schützen. Die Anforderungen an die Schriftform sind in § 126 BGB geregelt. Danach muss die Kündigungserklärung vom Aussteller eigenhändig unterzeichnet sein. Eine Erklärung per Telefax oder eMail reicht deshalb nicht aus. Ebenso wenig reicht eine Erklärung aus, die zwar schriftlich den Erklärenden erkennen lässt, aber nicht dessen eigenhändige Unterschrift enthält.

Inhaltlich braucht die Kündigungserklärung nicht den Terminus „Kündigung" zu enthalten. Es reicht vielmehr aus, dass sich der Urkunde entnehmen lässt, dass der Erklärende das Arbeitsverhältnis (→Beschäftigungsverhältnis) beenden will (BAG, Urteil vom 19.01.1956 AP Nr. 1 zu § 620 BGB Kündigungserklärung).

Die Kündigung kann durch einen Stellvertreter ausgesprochen werden. Dabei kommt einmal die gesetzliche Vertretung in Betracht, wenn ein Geschäftsführer für die GmbH oder der Vorstand für die AG die Kündigung unterzeichnet. Die Vertretungsmacht kann darüber hinaus auf einer Vollmacht beruhen. Das ist einmal der Fall bei einer in ihrem Umfang gesetzlich definierten Vollmacht wie der Prokura, die zum Ausspruch von Kündigungen berechtigt. Der Kündigende kann jedoch auch eine Vollmacht für alle personellen Angelegenheiten oder sogar ausschließlich für den Ausspruch von Kündigungen erteilen. Wird die Kündigung von einer Person ausgesprochen, die dazu nicht bevollmächtigt ist, kommt eine Genehmigung des Kündigenden gemäß §§ 180, 177 BGB nur in Betracht, wenn der Empfänger entweder damit einverstanden war, dass ein vollmachtloser Vertreter die Erklärung abgegeben hat oder aber die fehlende Vertretungsmacht nicht unverzüglich gerügt hat. Gemäß § 174 BGB kann eine Kündigung vom Empfänger zurückgewiesen werden, wenn zwar eine Vollmacht bestand, der Erklärende jedoch die Originalvollmacht nicht beigefügt hat. Auch diese Zurückweisung muss unverzüglich erfolgen und die ausdrückliche Erklärung enthalten, dass die Beifügung der Vollmacht gefehlt habe. Die Zurückweisung kommt nicht in Betracht, wenn der Kündigende den Erklärungsempfänger zuvor von der Bevollmächtigung in Kenntnis gesetzt hatte. Gleiches gilt, wenn die Kündigung von einer Person ausgesprochen wird, bei der ohne weiteres davon ausgegangen werden darf, dass sie bevollmächtigt ist, wie zum Beispiel der Personalleiter eines Unternehmens (BAG, Urteile vom 30. 05. 1978, 29. 06. 1998 AP Nr. 2, 7 zu § 174 BGB).

Wird die Kündigung gegenüber dem anwesenden Adressaten ausgesprochen, ist sie sofort wirksam. Die Kündigung unter Abwesenden wird wirksam, wenn die Kündigungserklärung als empfangsbedürftige dem Empfänger zugeht, § 130 Abs. 1 BGB. Das ist der Fall, wenn die Erklärung so in den Machtbereich des Adressaten gelangt, dass er unter normalen Umständen davon Kenntnis nehmen kann. Bei einem Brief, der in den Briefkasten eingeworfen wird, ist das der Zeitpunkt, in dem unter normalen Umständen der Briefkasten geleert wird. Eine abends um 22:00 in den Briefkasten geworfene Erklärung geht deshalb erst am nächsten Tag zu. Insoweit ist allerdings weiter zu berücksichtigen, dass der Arbeitgeber darlegungs- und beweisbelastet dafür ist, dass und wann die Kündigungserklärung zugegangen ist. Der bloße Umstand, dass eine Erklärung per Post abgesandt wurde, ist nicht der Beweis dafür, dass sie auch angekommen ist (BAG Urteil vom 14. 07. 1960, EzA § 130 BGB Nr. 1). Anders ist es beim Einschreiben, bei dem der Beweis des Zugangs einfacher ist. Gewarnt werden muss allerdings vor der Wahl des so genannten Übergabeeinschreibens als vermeintlich sichere Zugangsform. Trifft der Postbote den Empfänger nämlich nicht an, hinterlässt er lediglich einen Benachrichtigungsschein, aus dem weder Inhalt noch Absender des Schreibens hervorgehen. Eine Obliegenheit, dem Benachrichtigungsschein Folge zu leisten und das Poststück abzuholen, besteht nicht. Die Rechtsprechung geht deshalb davon aus, dass die Erklärung nicht zugeht, wenn der Benachrichtigungsschein eingeworfen wird, sondern erst mit tatsächlicher Abholung des Schreibens. Anders ist es beim Einwurfeinschreiben, bei dem der Zusteller Datum und Uhrzeit des Einwurfs vermerkt und für die Richtigkeit unterzeichnet (vgl. AG Paderborn, NJW 2000, S. 3722, *Prechtel* 2003, S. 317). Allein diese Zustellungsform kann deshalb als Alternative zur persönlichen Übergabe oder Übermittlung per Boten empfohlen werden. Dabei ist der Zugangszeitpunkt in vie-

Kündigungsfrist

len Fällen deshalb wichtig, weil die Kündigungserklärungen fristgebunden sein können. Bei der außerordentlichen Kündigung etwa muss die Kündigungserklärung innerhalb von zwei Wochen nach Kenntnis des Kündigungsgrunds zugehen. Eine spätere Kündigung wäre schon mit dieser Begründung unwirksam, selbst wenn ein wichtiger Grund für die Kündigung vorliegt. Bei einer ordentlichen Kündigung, die zum Beispiel mit einer vereinbarten Frist von zwei Monaten zum Quartalsende ausgesprochen werden kann, endet das Arbeitsverhältnis am 30.09., wenn die Kündigung am 31.07. zugeht, jedoch volle drei Monate später am 31.12., wenn die Kündigung nur einen Tag später am 01.08. zugeht. Bei einem ab dem 01.01. beschäftigten Arbeitnehmer endet am 30.06. die Wartezeit gemäß § 1 Abs. 1 KSchG, so dass ohne soziale Rechtfertigung nur gekündigt werden kann, wenn noch am 30.06. die Kündigungserklärung zugeht. Geht sie am 01.07. zu, ist die Wartezeit abgelaufen, so dass der Arbeitnehmer nunmehr →Kündigungsschutz genießt. Diese Beispiele machen deutlich, dass auf den Zugang der Kündigungserklärung und dessen Beweisbarkeit Augenmerk gelegt werden sollte.

Eine Kündigung bereits vor Dienstantritt – also zwischen Abschluss des →Arbeitsvertrags und beabsichtigtem Beginn der Beschäftigung – wird von dem Bundesarbeitsgericht als zulässig angesehen (BAGE 16, S. 204). Dabei soll eine Auslegung des Arbeitsvertrags ergeben, ob die →Kündigungsfrist schon mit Zugang der Kündigungserklärung zu laufen beginnt, so dass es gegebenenfalls zum Dienstantritt gar nicht kommt, oder ob die Frist erst mit tatsächlichem Beschäftigungsbeginn zu laufen beginnt, so als ob die Kündigung am ersten Tag der Arbeitsaufnahme ausgesprochen würde.

Bei einer unwirksamen Kündigungserklärung kommt eine Umdeutung gemäß § 140 BGB in Betracht (BAG, Urteil vom 15.11.2001 – Az.: 2 AZR 310/00). Das kann der Fall sein bei einer unwirksamen außerordentlichen Kündigung, die – sofern die Voraussetzungen vorliegen – in eine wirksame ordentliche Kündigung umgedeutet werden kann. Es entspricht regelmäßig dem Interesse des Kündigenden, das Arbeitsverhältnis wenn schon nicht außerordentlich, dann jedenfalls ordentlich zu kündigen. Handelt es sich um eine arbeitgeberseitige Kündigung und besteht ein →Betriebsrat, scheitert allerdings die ordentliche Kündigung an der Betriebsratsanhörung, wenn der Betriebsrat nur zur außerordentlichen Kündigung angehört wurde. Eine unwirksame außerordentliche Kündigung kann auch in den Antrag auf Abschluss eines →Aufhebungsvertrags umgedeutet werden. Es bedarf dann allerdings der Annahmeerklärung des Kündigungsempfängers, die nicht bereits in seinem Schweigen liegt und die überdies gemeinsam mit der Erklärung des Kündigenden die Schriftform des § 623 BGB, die nicht nur für Kündigungen, sondern auch für Aufhebungsverträge gilt, wahren muss.

Literatur: *Prechtel, G.*: Erfolgreiche Taktik im Zivilprozess, 2. Aufl., München, Unterschleißheim 2003.

Friedrich Meyer

Kündigungsfrist

Frist, mit der ein Arbeitsverhältnis (→Beschäftigungsverhältnis) wirksam gekündigt wird.

Die *gesetzlichen Kündigungsfristen* für die ordentliche →Kündigung eines Arbeitsverhältnisses sind in § 622 BGB geregelt. Danach ist sowohl durch den →Arbeitgeber als auch durch den →Arbeitnehmer das Arbeitsverhältnis unter Einhaltung einer Frist von vier Wochen zum 15. oder Ende eines Monats kündbar. Bei einer Kündigung durch den Arbeitgeber verlängert sich diese Kündigungsfrist erstmals nach einer Beschäftigungszeit von zwei Jahren auf einen Monat zum Monatsende und nach Vollendung des 5., 8., 10., 12., 15. und 20. Beschäftigungsjahrs um je einen weiteren Monat, so dass bei 20jährigem Bestehen des Arbeitsverhältnisses die Kündigungsfrist sieben Monate zum Monatsende beträgt. Bei Berechnung dieser Beschäftigungszeit werden allerdings nur Zeiten ab Vollendung des 25. Lebensjahrs des Arbeitnehmers berücksichtigt.

Vereinbaren die Arbeitsvertragsparteien eine →*Probezeit*, was bis zu längstens sechs Monaten zulässig ist, gilt eine Kündigungsfrist von zwei Wochen. Die Probezeit hat insoweit entgegen weit verbreiteter Auffassung keine Bedeutung für die Erlangung des →Kündigungsschutzes, der nach § 1 Abs. 1 KSchG ohnehin erst nach Absolvierung einer Wartezeit von sechs Monaten eintritt, selbst wenn eine Probezeit nicht vereinbart ist. Die Vereinbarung einer Probezeit führt lediglich dazu, dass die Grundkündigungsfrist des § 622 Abs. 1 verkürzt wird. Ansonsten kann im →Arbeitsvertrag eine kürzere Kündigungsfrist grundsätzlich nicht vereinbart werden, es sei denn, der Arbeitnehmer ist zur vorübergehenden Aushilfe eingestellt (gilt nicht, wenn das Arbeitsverhältnis über die Zeit von drei Monaten hinaus fortgesetzt wird) oder aber der Arbeitgeber beschäftigt ohne →Auszubildende in der Regel nicht mehr als 20 Arbeitnehmer und hält eine Untergrenze von vier Wochen ein (§ 622 Abs. 5 BGB). Dabei zählen Teilzeitkräfte bis zu 20 Stunden mit 0,5 % und bis zu 30 Stunden mit 0,75 %. Kürzere als die gesetzlichen Kündigungsfristen können ansonsten lediglich in Tarifverträgen vereinbart werden. In zahlreichen →Tarifverträgen finden sich in der Praxis solche kürzeren Kündigungsfristen, insbesondere für einzelne in Tarifverträgen geregelte Probezeiten, in denen mitunter Kündigungsfristen von zwei oder drei Tagen vereinbart sind.

Der Gesetzgeber traut den Tarifvertragsparteien eine so ausgewogene Regelung zu, dass im Geltungsbereich eines Tarifvertrags auch nichttarifgebundene Arbeitgeber und -nehmer entweder auf den Tarifvertrag insgesamt oder nur hinsichtlich der Kündigungsfristen verweisen dürfen mit der Folge, dass in beiden Fällen die tariflichen Kündigungsfristen auch in diesen Arbeitsverhältnissen wirksam sind. Eine Verlängerung der Kündigungsfristen darf dagegen auch einzelvertraglich vereinbart werden. Zu beachten ist allerdings bei jeglicher Abweichung von den gesetzlichen Fristen, dass gemäß § 622 Abs. 6 BGB die Kündigungsfrist für den Arbeitnehmer nicht länger sein darf als für den Arbeitgeber.

Friedrich Meyer

Kündigungsgrund

liegt bei der →betriebsbedingten Kündigung in betrieblichen Gegebenheiten, bei der →personenbedingten Kündigung, der →krankheitsbedingten Kündigung, der →verhaltensbedingten Kündigung sowie der →außerordentlichen Kündigung in mitarbeiterbezogenen Gegebenheiten oder bei einem entsprechenden Verdacht (→Verdachtskündigung) vor.

Kündigungsschutz

Vorschriften, die den →Arbeitnehmer vor einer →Kündigung durch den →Arbeitgeber schützen sollen.

Dies kann etwa dadurch geschehen, dass das Gesetz eine ordentliche Kündigung ganz ausschließt, die Wirksamkeit einer ordentlichen Kündigung vom Vorliegen bestimmter Gründe oder zum Beispiel von der vorherigen Einholung einer behördlichen Zustimmung abhängig macht. Es wird unterschieden zwischen dem *allgemeinen Kündigungsschutz*, der im Kündigungsschutzgesetz (KSchG) geregelt ist, und dem →*Sonderkündigungsschutz* für bestimmte Personengruppen, wie zum Beispiel Schwangere, Betriebsratsmitglieder (→Betriebsrat), Schwerbehinderte. Dieser Sonderkündigungsschutz ist in unterschiedlichen die jeweilige Personengruppe betreffenden Gesetzen geregelt.

Voraussetzung für den *allgemeinen Kündigungsschutz* nach dem KSchG ist zunächst, dass das Arbeitsverhältnis (→Beschäftigungsverhältnis) gemäß § 1 Abs. 1 KSchG sechs Monate bestanden hat. Diese so genannte *Wartezeit* gilt unabhängig von der Vereinbarung einer →Probezeit. Letztere hat gemäß § 622 Abs. 3 BGB allein Bedeutung für die Länge der →Kündigungsfrist, nicht jedoch für die Frage, ob das Kündigungsschutzgesetz eingreift oder nicht. Die Wartezeit bedeutet dagegen, dass in den ersten sechs Monaten des Arbeitsverhältnisses der Arbeitgeber ordentlich kündigen kann, ohne dass eine soziale Rechtfertigung in Form eines personen-, verhaltens- oder betriebsbedingten Grundes vorliegen muss. Für die Berechnung der Sechsmonatsfrist ist der rechtliche Bestand des Arbeitsverhältnisses entscheidend (BAG, Urteil vom 16. 03. 1989, NZA 1989, S. 884).

Ein Berufsausbildungsverhältnis (→Ausbildung) ist insoweit einem Arbeitsverhältnis gleich zu stellen, als dass im Falle der Übernahme eines →Auszubildenden nach Ablegung der Prüfung der Kündigungsschutz sofort eingreifen kann. Beginnt der Arbeitnehmer seine Tätigkeit früher als im ursprünglichen →Arbeitsvertrag angegeben, was gelegentlich vorkommt, so beginnt das Arbeitsverhältnis ab der Aufnahme der tatsächlichen Beschäftigung, so dass auf das im Arbeitsvertrag genannte Datum nicht mehr abgestellt werden darf. Wird das Arbeitsverhältnis innerhalb der ersten sechs Monate unterbrochen, das heißt beendet bei anschließender Neubegründung eines Arbeitsverhältnisses, zählt die Dauer der Unterbrechung nicht mit. Ob dagegen nach Beendigung der Unterbrechung die Wartezeit neu zu laufen beginnt oder aber die vorherige Beschäftigung hinzu zu addieren ist, hängt davon ab, ob

Kündigungsschutz

die beiden Arbeitsverhältnisse in einem engen sachlichen Zusammenhang zueinander stehen. Bei nur kurzfristiger Unterbrechung von mehreren Tagen wird man davon regelmäßig ausgehen können. Dauert die Unterbrechung mehrere Wochen, ist auf den Anlass der Unterbrechung abzustellen (BAG, Urteil vom 20.08.1998, NZA 1999, S. 314).

Eine bloß tatsächliche Unterbrechung dergestalt, dass in einem rechtlich weiterhin bestehenden Arbeitsverhältnis die →Arbeitsleistung nicht erbracht wird (z.B. wegen →Krankheit), ist dagegen für den Ablauf der Wartezeit unschädlich. Die Wartezeit läuft selbst dann ab, wenn der Arbeitnehmer beträchtliche Zeiträume krankheitsbedingt seine Arbeitsleistung nicht erbracht hat. Lediglich wenn der Arbeitnehmer von Beginn bis zum Ablauf der Wartezeit seine Arbeitsleistung durchgehend nicht erbracht hat, das Arbeitsverhältnis also insoweit gar nicht in Vollzug gesetzt wurde, sieht die Rechtsprechung es als missbräuchlich an, wenn der Arbeitnehmer sich auf den Ablauf der Wartezeit und dadurch erlangten Kündigungsschutz beruft.

Bei § 1 Abs. 1 KSchG handelt es sich um einseitig zwingendes Recht. Die Wartezeit kann deshalb weder im Arbeitsvertrag noch durch →Betriebsvereinbarung oder →Tarifvertrag verlängert werden. Eine Verkürzung oder Abbedingung in der Weise, dass der Arbeitnehmer früher oder sogar von Beginn des Arbeitsverhältnisses an Kündigungsschutz genießt, ist dagegen zulässig. Weitere Voraussetzung für den Anwendungsbereich des KSchG ist, dass es sich um einen →Kleinbetrieb handelt, in dem in der Regel mehr als fünf Arbeitnehmer beschäftigt sind (§ 23 Abs. 1 KSchG). Liegen die beiden vorgenannten Voraussetzungen vor, ist nach § 1 Abs. 2 KSchG die Kündigung nur wirksam, wenn sie *sozial gerechtfertigt* ist. Die soziale Rechtfertigung kann auf drei Gründen basieren:

1. Bei der →*personenbedingten Kündigung* muss ein aus der Sphäre des Arbeitnehmers stammender Grund in seiner Person vorliegen, der darin besteht, dass der Arbeitnehmer nach seiner Fähigkeit (→Qualifikation) oder seiner →Eignung nicht in der Lage ist, die arbeitsvertraglich geschuldete Leistung ganz oder teilweise zu erbringen. Damit ist nicht der Fall gemeint, dass der Arbeitgeber subjektiv den Arbeitnehmer nicht für befähigt hält, eine bestimmte Position auszufüllen. Gewinnt der Arbeitnehmer diesen Eindruck, muss er innerhalb der sechsmonatigen Wartezeit des § 1 Abs. 1 KSchG kündigen, innerhalb derer es für die Kündigung einer sozialen Rechtfertigung nicht bedarf. Als personenbedingte Gründe kommen dagegen etwa behördliche Erlaubnisse oder Befähigungen in Betracht, die für die Ausübung der geschuldeten Leistung objektiv unumgänglich sind, zum Beispiel die →Arbeitserlaubnis oder bei einem Fahrer die Fahrerlaubnis (*Kittner, Däubler* und *Zwanziger* 1999, § 1 KSchG Rn. 134). Der in der Praxis häufigste Fall einer personenbedingten Kündigung ist die →krankheitsbedingte Kündigung mit ihren Unterfallgruppen dauernde Arbeitsunfähigkeit, krankheitsbedingte Leistungsminderung, lang andauernde Krankheit und häufige Kurzerkrankungen.

2. Der →*verhaltensbedingten Kündigung* liegen Pflichtverletzungen des Klägers in seinem Verhaltensbereich zugrunde, die in der Regel schuldhaft (vorsätzlich oder fahrlässig) erfolgen. Als Pflichtverletzung in Betracht kommen etwa Nichteinhaltung der →Arbeitszeiten, Verstoß gegen bestimmte arbeitgeberseitige Weisungen, Verletzung der Anzeige- und Nachweispflichten im Krankheitsfall, Verstoß gegen vertraglich vereinbarte Anzeigepflicht einer →Nebentätigkeit, Verstöße gegen den Betriebsfrieden durch Beleidigung, Tätlichkeiten oder unzulässige politische Agitation, Verstoß gegen Alkohol- oder Rauchverbote am Arbeitsplatz, Nichteinhaltung von Sicherheitsvorschriften und Ähnliches. Nach dem Verhältnismäßigkeitsgrundsatz muss der verhaltensbedingten Kündigung grundsätzlich mindestens eine, möglicherweise sogar mehrere →Abmahnungen vorhergehen. Die teilweise verbreitete Auffassung, dass vor einer Kündigung drei Mal abgemahnt werden müsse, ist in dieser Allgemeinheit nicht zutreffend. Wie viele Abmahnungen erforderlich sind, hängt von der Art und Schwere der Pflichtverletzung ab sowie von den weiteren Umständen des Einzelfalls, insbesondere der Dauer des Arbeitsverhältnisses. Wichtig ist, dass eine verhaltensbedingte Kündigung nur im *Wiederholungsfall* ausgesprochen werden kann. Dies bedeutet, dass eine *gleichartige* Pflichtverletzung erneut vorliegen muss. Handelt es sich dage-

gen bei dem Abmahnungssachverhalt und dem Kündigungsanlass um ganz unterschiedliche Arten von Vertragsverletzung, kommt eine verhaltensbedingte Kündigung nicht in Betracht. Begeht der Arbeitnehmer allerdings nach Ablauf eines Zeitraums von etwa 1,5 bis zwei Jahren, in der in der Regel die Abmahnung wirklos wird, erneut eine gleichartige Pflichtverletzung, darf der Arbeitgeber keine Kündigung, sondern muss vielmehr wiederum eine Abmahnung aussprechen. Ist die Abmahnung unberechtigt erfolgt, steht dem Arbeitnehmer ein Anspruch auf Entfernung der Abmahnung aus der →Personalakte zu. Ob es sinnvoll ist, diesen Anspruch gerichtlich geltend zu machen, darf bezweifelt werden. In der Regel wird es sich aus Sicht des Arbeitnehmers in der Praxis empfehlen, der Abmahnung zwar außergerichtlich zu widersprechen, nicht jedoch die Wirksamkeit gerichtlich klären zu lassen. Denn in einem späteren →Kündigungsschutzprozess kann der Arbeitnehmer immer noch bestreiten, dass der Kündigung eine Pflichtverletzung von ihm zugrunde lag (BAG, Urteile vom 13.03.1987, 13.11.1991, EzA § 611 BGB Abmahnung Nr. 2, 4). In diesem späteren Zeitpunkt wird es für den insoweit darlegungs- und beweisbelasteten Arbeitgeber deutlich schwieriger sein, nicht nur zu beweisen, dass ein →Kündigungsgrund vorliegt, sondern darüber hinaus auch die seinerzeit ausgesprochene Abmahnung rechtmäßig war.

3. Die →*betriebsbedingte Kündigung* als dritte Möglichkeit der sozialen Rechtfertigung setzt voraus, dass dringende betriebliche Bedürfnisse (→Motiv) einer Beschäftigung des Arbeitnehmers entgegenstehen und der Arbeitgeber zudem bei der Auswahl des zu kündigenden Arbeitnehmers soziale Gesichtspunkte ausreichend berücksichtigt hat.

Im ersten Prüfungsschritt ist zu klären, ob ein oder mehrere Arbeitsplätze weggefallen sind. Das kann aufgrund außerbetrieblicher Ursachen der Fall sein, zum Beispiel Auftragsrückgang. Ein bloßer Umsatzrückgang stellt kein dringendes betriebliches Bedürfnis für eine Kündigung dar, denn der Umsatz lässt in vielen Fällen keinen zuverlässigen Rückschluss auf die vorhandene Arbeitsmenge zu. Anzuknüpfen ist vielmehr allein das Arbeitsvolumen. Zu prüfen ist, ob dieses sich so verringert hat, dass der Beschäftigungsbedarf in bestimmtem Umfang zurückgegangen ist. Neben oder an Stelle von außerbetrieblichen Gründen können innerbetriebliche Gründe den Beschäftigungsbedarf entfallen lassen. Dazu gehören etwa Rationalisierungen, Umstrukturierungen, Verlagerung von Aufgaben nach außen (→Outsourcing), Änderungen des Geschäftsgegenstands oder Ähnliches. Insoweit ist der Arbeitgeber berechtigt, eine *unternehmerische Maßnahme* zu treffen, die sich auf den Umfang des Beschäftigungsbedarfs auswirkt.

Eine unternehmerische Entscheidung, die sich auf den Beschäftigungsbedarf auswirkt, liegt dagegen nicht vor, wenn der Arbeitgeber lediglich beschließt, eine bestimmte Position durch einen anderen von ihm einzustellenden Arbeitnehmer wahrnehmen zu lassen, so genannte Austauschkündigung (BAG Urteil vom 26.09.1996, AZ.: 2 AZR 200/96, NZA 1997, S. 202). In der unternehmerischen Entscheidung ist der Arbeitgeber ansonsten grundsätzlich frei. Sie kann vom Arbeitnehmer nicht mit der Begründung angegriffen werden, sie sei nicht sinnvoll. Auch das Arbeitsgericht (→Arbeitsgerichtsbarkeit) darf dementsprechend nicht prüfen, ob vielleicht eine andere Entscheidung wirtschaftlich vernünftiger gewesen wäre. Entschließt sich ein Arbeitgeber, einen bestimmten Betriebszweig vollständig stillzulegen, so können weder der Arbeitnehmer noch das Arbeitsgericht die Kündigung mit der Begründung angreifen beziehungsweise für unwirksam erklären, dass es sich um einen profitablen Betriebszweig handele, der eine positive Zukunftsprognose gestatte. Es ist Sache des Arbeitgebers, sein Unternehmen zu organisieren. Nur wenn eine unternehmerische Entscheidung *offensichtlich willkürlich* und *unvernünftig* ist, kann der Arbeitgeber damit eine betriebsbedingte Kündigung nicht rechtfertigen (BAG, Urteil vom 21.09.2000, NZA 2001, S. 255). Die Anforderungen für diese Schranke sind indes so hoch, dass sie in der arbeitsgerichtlichen Praxis nahezu keine Bedeutung gewinnt. Das Arbeitsgericht prüft indes genau nach, ob durch den außerbetrieblichen Grund oder die innerbetriebliche unternehmerische Entscheidung tatsächlich das Arbeitsvolumen verringert wird und in welchem Umfang das exakt der Fall ist.

Im zweiten Prüfungsschritt ist zu klären, ob im Unternehmen des Arbeitgebers (also ggf.

Kündigungsschutz

auch in anderen Betrieben des Unternehmens) ein anderweitiger freier Arbeitsplatz besteht, auf dem der Arbeitnehmer, dessen Arbeitsplatz wegfällt, beschäftigt werden kann. Ist das der Fall, muss der Arbeitgeber dem betroffenen Arbeitnehmer diesen Arbeitsplatz anbieten und darf ihn nicht anderweitig durch Neueinstellung besetzen.

Besteht eine Weiterbeschäftigungsmöglichkeit auf einem anderen freien Arbeitsplatz nicht, kann die Rechtmäßigkeit der Kündigung im dritten Prüfungsschritt schließlich an einer fehlerhaften →Sozialauswahl scheitern. Denn nach § 1 Abs. 3 KSchG ist eine betriebsbedingte Kündigung auch dann sozial ungerechtfertigt, wenn der Arbeitgeber bei der Auswahl des zu kündigenden Arbeitnehmers soziale Gesichtspunkte nicht ausreichend berücksichtigt hat. Es steht deshalb nicht automatisch derjenige Arbeitnehmer zur Kündigung an, dessen Arbeitsplatz weggefallen ist, sondern das Gesetz verlangt, dass unter mehreren in Betracht kommenden Arbeitnehmern demjenigen zu kündigen ist, der die geringste soziale Schutzbedürftigkeit aufweist. Dabei ist im ersten Schritt zu prüfen, welche Arbeitnehmer für eine Kündigung in Betracht kommen (Festlegung des auswahlrelevanten Personenkreises). Im zweiten Schritt ist sodann die soziale Schutzbedürftigkeit der insoweit in Betracht kommenden Arbeitnehmer zu ermitteln. Bei der Ermittlung des *auswahlrelevanten Personenkreises* kommt es auf die Vergleichbarkeit der Arbeitnehmer an (BAG, Urteile vom 15.06.1989, 05.05.1994, AP Nr. 18, 23 zu § 1 KSchG 1969 Soziale Auswahl). Anders als bei der Frage, ob ein anderweitiger freier Arbeitsplatz im Unternehmen besteht, auf dem eine Beschäftigung erfolgen könnte, ist bei der Sozialauswahl nicht auf das Unternehmen, sondern lediglich auf den Betrieb abzustellen (BAG, Urteil vom 15.12.1994 AP Nr. 76 zu § 1 KSchG 1969 Betriebsbedingte Kündigung). Unter arbeitsplatzbezogenen Merkmalen ist zu ermitteln, ob der Arbeitnehmer, dessen Arbeitsplatz wegfällt, auf einem anderen Arbeitsplatz beschäftigt werden könnte und dafür dem Arbeitnehmer gekündigt werden muss, der diesen anderen und weiter bestehenden Arbeitsplatz bisher ausgefüllt hat. Das arbeitgeberseitige →Direktionsrecht spielt dabei eine maßgebliche Rolle. Es sind nämlich nur diejenigen Arbeitnehmer in die Sozialauswahl einzubeziehen, auf deren Arbeitsplätze der Arbeitnehmer, dessen Arbeitsplatz wegfällt, ohne Änderungskündigung allein aufgrund Direktionsrechts versetzt werden könnte. Dadurch hängt der Kreis der in die Sozialauswahl einzubeziehenden Personen wesentlich von der arbeitsvertraglichen Gestaltung ab (vgl. BAG, Urteil vom 17.02.2000, NZA 2000, S.823). Dem Arbeitgeber muss bei Abschluss der Arbeitsverträge klar sein, dass ein möglichst weites Direktionsrecht im laufenden Arbeitsverhältnis zwar Vorteile hat, weil entsprechende Versetzungsmöglichkeiten bestehen. Bei betriebsbedingten Kündigungen führt ein solches Versetzungsrecht indes dazu, dass der Kreis der auswahlrelevanten Personen weiter zu ziehen ist.

Die Auswahl der einzubeziehenden Arbeitnehmer hat horizontal auf einer Ebene zu erfolgen. Der Abteilungsleiter, dessen Position wegfällt, kann sich weder darauf berufen, er sei auch in der Lage, die Position des sozial weniger schutzbedürftigen Betriebsleiters wahrzunehmen, noch darauf, der Hausmeister sei sozial weniger schutzbedürftig und er könne dessen Aufgabenbereich übernehmen. Soweit der kündigungsbedrohte Arbeitnehmer sich auf horizontal vergleichbare Arbeitnehmer beruft, deren Arbeitsplätze ein anderes →Anforderungsprofil (→Anforderungsanalyse) haben, scheitert die Einbeziehung dieser Arbeitnehmer nicht bereits daran, dass der kündigungsbedrohte Arbeitnehmer nicht vom ersten Tag an in der Lage wäre, diese Arbeitsplätze auszufüllen. Es sind vielmehr auch Arbeitnehmer einzubeziehen, auf deren Positionen der unmittelbar kündigungsbedrohte Arbeitnehmer sich erst einarbeiten müsste. Dabei wird allerdings keine sonderlich lange Einarbeitungszeit zugebilligt. Das Bundesarbeitsgericht hat eine Einarbeitungszeit von drei Monaten als zu lang bezeichnet und im Hinblick darauf eine Austauschbarkeit und damit Vergleichbarkeit der Arbeitnehmer abgelehnt. Es dürfte von einer Einarbeitungszeit von ein bis zwei Monaten auszugehen sein, um eine Vergleichbarkeit noch annehmen zu können.

Steht der auswahlrelevante Personenkreis fest, ist die *soziale Schutzbedürftigkeit* zu ermitteln. Dass Gesetz spricht in § 1 Abs. 3 KSchG in der jetzigen Fassung lediglich von „sozialen Gesichtspunkten", während in der Gesetzesfassung, die vom 01.10.1996 bis 31.12.1999 galt, konkret die Kriterien Betriebszugehörigkeit, Lebensalter und Unterhaltspflichten genannt wurden. In dem Reformpaket Agenda 2010 befindet sich nunmehr erneut exakt diese Konkretisierung, so dass nach Umsetzung der geplanten Gesetzesänderung diese drei Kriterien allein ausschlaggebend sein werden. Nach der jetzigen Gesetzesfassung können zusätzlich noch weitere soziale Gesichtspunkte in die Bewertung einfließen, etwa die Schwerbehinderung eines Arbeitnehmers, Einkommen des Ehepartners (streitig) oder Vermögenslage des Arbeitnehmers (streitig). In der Bewertung der einzelnen Sozialkriterien geht das Bundesarbeitsgericht davon aus, dass nicht schematisch beurteilt wird, ob die Betriebszugehörigkeit stärkeres Gewicht vor dem Lebensalter oder den Unterhaltspflichten habe. Das Gesetz beinhalte insoweit keine Aussage zur Gewichtung. In der Praxis haben sich insoweit verschiedene Punktetabellen durchgesetzt (*Hromadka* und *Maschmann* 2002, § 10 Rn. 219). So können beispielhaft jedes Jahr der Betriebszugehörigkeit mit einem Punkt, jedes Jahr des Lebensalters mit einem Punkt und Unterhaltspflichten mit acht Punkten für den Ehegatten und jeweils fünf Punkte für jedes unterhaltsberechtigte Kind angesetzt werden. An die Ermittlung der Punktzahl hat sich jedoch stets eine individuelle Abschlussbewertung anzuschließen, ob das durch die Punktetabelle gefundene Zwischenergebnis tatsächlich sozial ausgewogen ist. Aus dieser Bewertung ergibt sich der Arbeitnehmer mit der geringsten Punktzahl, der folglich sozial am wenigsten schutzbedürftig ist und deshalb zur Kündigung ansteht. Insoweit ist allerdings eine punktgenaue Auswahl nicht erforderlich, da das Gesetz lediglich eine „ausreichende" Sozialauswahl verlangt. Der Spielraum für den Arbeitgeber ist allerdings gering, will man zusätzliche Risiken für den Kündigungsschutzprozess vermeiden. Nur wenn zwei Arbeitnehmer nach der Punktzahl sehr eng beieinander liegen, steht dem Arbeitgeber ein Ermessen zu, gegebenenfalls auch denjenigen Arbeitnehmer zu kündigen, der über einen oder zwei Punkte mehr verfügt.

§ 1 Abs. 3 Satz 2 KSchG regelt schließlich, dass bestimmte Arbeitnehmer aus der Sozialauswahl herausgenommen werden dürfen mit der Folge, dass ihnen an Stelle des unmittelbar kündigungsbedrohten Arbeitnehmers selbst dann nicht gekündigt werden braucht, wenn sie sozial weniger schutzbedürftig sind. Voraussetzung dafür ist jedoch, dass ihrer Einbeziehung in die Sozialauswahl betriebstechnische, wirtschaftliche oder sonstige berechtigte betriebliche Bedürfnisse entgegenstehen. Insoweit gibt es für den Arbeitgeber etwa die Möglichkeit, einen Arbeitnehmer, der objektiv nachweisbar besondere Leistungen für das Unternehmen erbringt, aus der Sozialauswahl herauszunehmen. Man muss jedoch in aller Deutlichkeit sagen, dass diese Möglichkeiten äußerst überschaubar sind, weil das Gesetz nun einmal von einer Sozialauswahl und nicht einer Leistungsauswahl ausgeht. § 1 Abs. 3 Satz 2 KSchG hat deshalb in der Praxis keine nennenswerte Bedeutung. Jedem Arbeitgeber, der sich auf diese Vorschrift berufen will, muss klar sein, dadurch ein erhebliches Risiko für den Kündigungsschutzprozess zu setzen, das sich durch ein Unterliegen im Prozess oder aber bei Abfindungsverhandlungen (→ Abfindung) auswirken kann. Anders ist es, wenn es nicht um besondere Leistungen als solche geht, sondern bereits um besondere Qualifikation, die ein bestimmter Arbeitnehmer hat und die für die Ausfüllung der von ihm bekleideten Position erforderlich ist (Amtliche Begründung, BT-Drs 14/45, S. 23f.). Kann nämlich diese Qualifikation nicht innerhalb des oben genannten (relativ kurzen) Einarbeitungszeitraums nicht erworben werden, so fällt dieser Arbeitnehmer bereits deshalb nicht in den auswahlrelevanten Personenkreis, weil eine Austauschbarkeit nicht vorliegt. Eines Rückgriffs auf § 1 Abs. 3 Satz 2 KSchG bedarf es in diesem Fall also gar nicht.

Unabhängig vom Kündigungsschutz nach dem KSchG unterliegen bestimmte Personengruppen wie Schwerbehinderte, Schwangere/Mütter, Arbeitnehmer während der Elternzeit (→ Erziehungsurlaub) und Betriebsratsmitglieder einem Sonderkündigungsschutz.

Literatur: *Hromadka, W.*; *Maschmann, F.*: Arbeitsrecht, Bd. 1, 2. Aufl., Berlin etc. 2002. *Kittner, M.*; *Däubler, W.*; *Zwanziger, B.*: Kündigungsschutzrecht, 4. Aufl., Köln etc. 1999.

Friedrich Meyer

Kündigungsschutzklage

Klage eines → Arbeitnehmers, um sich gegen eine → Kündigung des → Arbeitgebers zur Wehr zu setzen.

Die Kündigungsschutzklage richtet sich darauf, festzustellen, dass das Arbeitsverhältnis (→ Beschäftigungsverhältnis) durch die Kündigung nicht beendet wurde beziehungsweise

Kündigungsschutzklage

beendet werden wird. Im Rahmen dieses Prozesses prüft das Arbeitsgericht (→Arbeitsgerichtsbarkeit), ob die Kündigung rechtmäßig oder rechtswidrig ist. Im ersten Fall endet das Arbeitsverhältnis (ohne Zahlung einer →Abfindung), im zweiten besteht es fort. Mit Ausnahme der §§ 9, 10 Kündigungsschutzgesetz (KSchG) kennt das Gesetz keinen Abfindungsanspruch, sondern allein das System, dass das Arbeitsverhältnis ohne Zahlung einer Abfindung endet oder fortbesteht.

Abfindungszahlungen kommen in der Praxis gleichwohl sehr häufig vor, allerdings aufgrund von Vergleichen. Die Kündigungsschutzklage wird aus zwei Gründen häufig verglichen:

1. Die Risiken und Chancen des Verfahrens sind in vielen Fällen schwer prognostizierbar (*Prechtel* 2003). Jede Seite muss damit rechnen, unter Umständen den Prozess zu verlieren. Der Arbeitgeber müsste im Unterliegensfall den Arbeitnehmer weiter beschäftigen, der Arbeitnehmer verlöre im Unterliegensfall den Arbeitsplatz, ohne eine Abfindung zu erhalten. Diese schlechte Abschätzbarkeit der Risiken veranlasst häufig beide Seiten, durch den Vergleich teilweise nachzugeben.

2. Die Vergleichsbereitschaft ist in vielen Fällen deshalb recht hoch, weil der Arbeitnehmer selbst dann, wenn die Chancen, im Prozess zu obsiegen, sehr gut sind, ein nur begrenztes Interesse an der Rückkehr auf den Arbeitsplatz hat. Ungeachtet guter juristischer Chancen liegt das Obsiegen im Prozess und damit die Rückkehr an den Arbeitsplatz häufig nicht im Interesse des Arbeitnehmers, nachdem ihm einmal gekündigt wurde. Viele Arbeitnehmer befürchten auch − berechtigt oder unberechtigt − etwaige Repressalien durch den Arbeitgeber, wenn sie nach gewonnenem →Kündigungsschutzprozess erzwungener Maßen an den Arbeitsplatz zurückkehren. Ausgangspunkt für Vergleichsverhandlungen ist in der Regel eine Abfindung in Höhe von einem halben Bruttomonatsgehalt je Beschäftigungsjahr. Je nach Chancen und Risiken im Verfahren und Interessenlage der Parteien kommen freilich Einigungen über eine höhere oder niedrigere Abfindung in Betracht.

Bei der ordentlichen Kündigung muss die Klage gemäß § 4 KSchG innerhalb von drei Wochen eingereicht sein, wenn der Arbeitnehmer geltend machen will, die Kündigung sei sozial ungerechtfertigt. Nach § 13 Abs. 1 Satz 2 KSchG gilt das auch für die →außerordentliche Kündigung, wenn geltend gemacht werden soll, dass ein wichtiger Grund gemäß § 626 Abs. 1 Bürgerliches Gesetzbuch (BGB) nicht vorgelegen habe oder die Zweiwochenfrist des § 626 Abs. 2 BGB überschritten sei. Wird bei der ordentlichen oder außerordentlichen Kündigung diese Frist von drei Wochen nicht eingehalten, wird gemäß § 7 KSchG die soziale Rechtfertigung beziehungsweise die Einhaltung der Voraussetzungen des § 626 BGB fingiert, so dass insoweit die Kündigung als rechtmäßig gilt. Andere Unwirksamkeitsgründe (z. B. fehlerhafte Betriebsratsanhörung (→Betriebsrat), Verstoß gegen →Sonderkündigungsschutz) können nach der jetzigen Gesetzesfassung auch nach Ablauf der Dreiwochenfrist noch geltend gemacht werden (vgl. BAG, Urteile vom 28.04.1983, 26.06.1986, AP Nr. 4, 14 zu § 5 KSchG 1969). Insoweit greift lediglich die Grenze der →Verwirkung ein, die bei etwa sechs Monaten liegen dürfte.

Besonderheiten gelten bei einer *Kündigung durch den Insolvenzverwalter* (→Insolvenz) gemäß § 113 Abs. 2 Insolvenzordnung (InsO). Bei einer vom Insolvenzverwalter ausgesprochenen Kündigung können nach Ablauf der Frist von drei Wochen gar keine Unwirksamkeitsgründe mehr geltend gemacht werden. § 5 KSchG gestattet nach Überschreitung der Dreiwochenfrist eine nachträgliche Klagezulassung, wenn ein Arbeitnehmer nach erfolgter Kündigung trotz aller ihm nach Lage der Umstände zuzumutenden Sorgfalt daran gehindert war, die Klage innerhalb von drei Wochen zu erheben. Das kann etwa der Fall sein, wenn der Arbeitnehmer im Zeitpunkt des Zugangs der Kündigung bei ihm zu Hause im →Urlaub war und erst nach Ablauf der Dreiwochenfrist nach Hause zurückkehrt und dann die Kündigung vorfindet. Die bloße Unkenntnis von der Frist rechtfertigt eine nachträgliche Klagezulassung nicht. Ob ein Verschulden des Rechtsanwalts, der die Klage zu spät einreicht, dem Arbeitnehmer zugerechnet werden kann, ist umstritten (vgl. BAG, Urteile vom 30.11.1962, 15.03.1965, 09.10.1972, 27.11.1974, AP Nr. 37, 42, 62, 68 zu § 233 ZPO). Die Einreichung der Kündigungsschutzklage führt dazu, dass der Arbeitgeber hinsichtlich der vom Arbeitnehmer zu erbringenden Dienste in →Annahmeverzug gesetzt wird. Das gilt rückwirkend auch für den Zeitraum vor Klageerhebung, wenn (etwa bei der außerordentlichen Kündigung oder einer ordentlichen Kündigung mit Freistellung) der Arbeitgeber die Leistung nach Ausspruch der Kündigung nicht mehr angenommen hat. Bei →Verfallfristen wahrt die Kündigungsschutzklage einstufige Verfallfristen, nicht jedoch zweistufige Fristen, bei denen die Entgeltansprüche gesondert gerichtlich geltend gemacht werden müssen. Das kann durch Klageerweiterung der Kündigungsschutzklage um entsprechende Zahlungsanträge geschehen.

Wie ausgeführt, besteht ein gesetzlicher Abfindungsanspruch für den gekündigten Arbeitnehmer grundsätzlich nicht. § 9 KSchG macht hiervon eine Ausnahme, wenn die Kündigung sozial nicht gerechtfertigt ist und damit an sich das Arbeitsverhältnis fortbestehen würde. Ist jedoch für den Arbeitnehmer die Fortsetzung des Arbeitsverhältnisses nicht zuzumuten, kann er einen Antrag auf Auflösung des Arbeitsverhältnisses durch das Arbeitsgericht gegen Zahlung einer Abfindung stellen. Der Arbeitgeber kann den Antrag, das Arbeitsverhältnis gegen Zahlung einer Abfindung zu beenden, stellen, wenn eine den Betriebszwecken dienliche weitere Zusammenarbeit nicht zu erwarten ist. In beiden Fällen sind die Anforderungen an einen Auflösungsantrag relativ hoch. Insbesondere kommt es nicht darauf an, ob subjektiv aus Sicht von Arbeitnehmer oder Arbeitgeber diese Voraussetzungen vorliegen. Es muss sich vielmehr aus Umständen, die im Zusammenhang mit der Kündigung oder dem Kündigungsschutzprozess stehen (nicht aus den Kündigungsgründen selbst), ergeben, dass die Voraussetzungen für einen Auflösungsantrag vorliegen. Das kann etwa bei beleidigenden Äußerungen in der arbeitsgerichtlichen Auseinandersetzung der Fall sein.

Die vom Arbeitsgericht wegen der strengen Voraussetzung relativ selten zugesprochene Abfindung bewegt sich bei den meisten Gerichten im Bereich eines halben Bruttomonatsgehalts je Beschäftigungsjahr, kann aber je nach Auflösungsverschulden hiervon nach unten oder oben abweichen. Bei der außerordentlichen Kündigung, die daran scheitert, dass ein wichtiger Grund nicht vorliegt, kommt unter den ansonsten gleichen Voraussetzungen wie bei der ordentlichen Kündigung ebenfalls ein Auflösungsantrag in Betracht, allerdings ausschließlich durch den Arbeitnehmer. Der Arbeitgeber kann bei der außerordentlichen Kündigung die Auflösung des Arbeitsverhältnisses nicht beantragen.

Im *Kündigungsschutzprozess* können die Parteien sich gemäß § 11 Arbeitsgerichtsgesetz (ArbGG) in der ersten Instanz selbst vertreten oder durch einen Rechtsanwalt beziehungsweise Verbandsvertreter (Gewerkschaft bzw. Arbeitgeberverband) vertreten lassen. In der Berufung vor dem Landesarbeitsgericht und der Revision beim Bundesarbeitsgericht kommt nur eine Vertretung durch Rechtsanwälte oder Verbandsvertreter in Betracht. Zu beachten ist, dass im Kündigungsschutzverfahren als Urteilsverfahren in der ersten Instanz gemäß § 12 a ArbGG eine Kostenerstattung der unterliegenden Partei an die obsiegende Partei nicht stattfindet. Jede Seite hat vielmehr, wenn sie sich vertreten lässt, die hierbei entstehenden Kosten selbst zu tragen.

Literatur: *Prechtel, G.*: Erfolgreiche Taktik im Zivilprozess, 2. Aufl., München, Unterschleißheim 2003.

Friedrich Meyer

Kündigungsschutzprozess

Arbeitsgerichtsverfahren aufgrund einer innerhalb von drei Wochen nach Zugang der →Kündigung eingereichten Klage des →Arbeitnehmers gegen übertretene Kündigungsverbote oder Mankos bei der sozialen Rechtfertigung gemäß § 4 des Kündigungsschutzgesetzes.

Versäumt er die Dreiwochenfrist, so wird auch eine sozial ungerechtfertigte beziehungsweise unwirksame Kündigung wirksam.

Die *Hans Böckler Stiftung* berichtet, dass durchschnittlich 16 % der Entlassenen klagen. Üblich sind schnelle Verfahren. Knapp die Hälfte ist in drei Monaten erledigt. Zwei Drittel enden mit einem Vergleich.

Nach § 102 des →Betriebsverfassungsgesetzes und § 79 des Bundespersonalvertretungsgesetzes muss der Betroffene für die Dauer des Verfahrens bei unveränderten Arbeitsbedingungen weiterbeschäftigt werden, falls die Belegschaftsvertretung gegen die ordentliche Kündigung frist- und ordnungsgemäß widersprochen hat. Das Arbeitsgericht (→Arbeitsgerichtsbarkeit) kann den →Arbeitgeber von der Weiterbeschäftigungspflicht (→Beschäftigungspflicht) auf Antrag entbinden, wenn

Kurzarbeit

- die Klage des Arbeitnehmers keine hinreichende Aussicht auf Erfolg bietet,
- die Weiterbeschäftigung zu einer unzumutbaren wirtschaftlichen Belastung (→Belastungs-Beanspruchungs-Modell) führt oder
- der Widerspruch der Belegschaftsvertretung offensichtlich unbegründet ist.

Das erstinstanzliche Verfahren vor dem Arbeitsgericht sieht laut § 54 des Arbeitsgerichtsgesetzes zwingend eine →Güteverhandlung vor. Nach einer fruchtlosen Güteverhandlung und einem Urteil durch das Arbeitsgericht können folgende Konstellationen entstehen:

- Die Klage wird abgewiesen, weil die Kündigung gerechtfertigt ist.
- Das Arbeitsverhältnis (→Beschäftigungsverhältnis) wird laut § 11 des Kündigungsschutzgesetzes bei Nachzahlung des entgangenen Arbeitsentgelts fortgesetzt, weil die Kündigung nicht gerechtfertigt ist. Wenn der Arbeitnehmer mittlerweile ein neues Arbeitsverhältnis aufgenommen hat, kann er dies jedoch fortführen und das entgangene Arbeitsentgelt gemäß § 12 des Kündigungsschutzgesetzes verlangen.
- Die Kündigung ist zwar nicht gerechtfertigt, aber ein konstruktives Arbeitsverhältnis ist nicht zu erwarten. In diesem Fall kann das Arbeitsgericht das Arbeitsverhältnis nach § 9 des Kündigungsschutzgesetzes auf Antrag auflösen und gegebenenfalls gemäß § 10 des Gesetzes eine →Abfindung ansetzen.

Für die Klage gegen eine →außerordentliche Kündigung gilt hinsichtlich der Fristen und des Ablaufs gemäß § 13 des Kündigungsschutzgesetzes das Gleiche. Diese Klage lautet darauf, dass die außerordentliche Kündigung unberechtigt ist. Die genannte Vorschrift beinhaltet weitere Detailregelungen (*Bröckermann* 2007).

Literatur: *Bröckermann, R.*: Personalwirtschaft, 4. Aufl., Stuttgart 2007, S. 501–502.

Reiner Bröckermann

Kurzarbeit

Verkürzung der betriebsüblichen, regelmäßigen →Arbeitszeit für den ganzen Betrieb, für einzelne Betriebsabteilungen oder für bestimmte Arbeitnehmergruppen.

Für die Einführung der Kurzarbeit fordert der Gesetzgeber unter anderem, dass zunächst eine Prüfung der wirtschaftlichen und rechtlichen *Voraussetzungen* erfolgt. Kurzarbeit ist möglich, wenn ein unvermeidbarer Ausfall von mindestens 10 % der Arbeitszeit vorliegt, der nicht auf betriebsorganisatorischen, sondern auf wirtschaftlichen Ursachen beruht, etwa auf einem Auftragsmangel oder einem unabwendbaren Ereignis. Der Arbeitsausfall genügt den Vorschriften nur, wenn er in einem zusammenhängenden Zeitraum von mindestens vier Wochen für mindestens ein Drittel der im Betrieb tatsächlich Beschäftigten eintritt. Eine *Information* der →Führungskräfte und des →Wirtschaftsausschusses über die Absicht der Einführung ist unverzichtbar.

Der →Arbeitgeber muss mit der Arbeitsverwaltung vorab klären, ob die Zahlung eines *Kurzarbeitergelds* zu erwarten ist. Die kurzarbeitenden →Arbeitnehmer erhalten unter den genannten Voraussetzungen von der Bundesagentur für Arbeit ein Kurzarbeitergeld, das je nach Familienstand 60 % bis 67 % des um die gesetzlichen Abzüge verminderten Bruttoarbeitsentgelts beträgt. Die Einführung der Kurzarbeit bedarf nach § 87 des →Betriebsverfassungsgesetzes der Zustimmung des →Betriebsrats, bevor sie bei der zuständigen Arbeitsverwaltung beantragt werden kann. Zweckmäßig ist der Abschluss einer →Betriebsvereinbarung. Dabei wird der Betriebsrat sicherlich darauf drängen, das Kurzarbeitergeld bis zum Nettoentgelt aufzustocken.

Sind diese Voraussetzungen gegeben, kann die Anzeige der Kurzarbeit bei der Agentur für Arbeit erfolgen. Sie muss die dem Betriebsrat mitgeteilten Fakten und seine Stellungnahme enthalten. Die Agentur für Arbeit nimmt eine Prüfung der Voraussetzungen vor und erteilt gegebenenfalls einen positiven Bescheid. An dieser Stelle kann dann nach *Bröckermann* (2007) die Einführung der Kurzarbeit bekannt gegeben werden.

2003 praktizierten gut 2 % aller Unternehmen in Deutschland Kurzarbeit. Betroffen waren 1,6 % der Beschäftigten.

Literatur: *Bröckermann, R.*: Personalwirtschaft, 4. Aufl., Stuttgart 2007, S. 515–516.

Reiner Bröckermann

Kurzarbeit aus (arbeits)rechtlicher Sicht

vorübergehende Verkürzung der →Arbeitszeit bei gleichzeitiger Minderung des Entgelts.

Der →Arbeitgeber kann ohne besondere Rechtsgrundlage nicht einseitig durch →Direktionsrecht Kurzarbeit anordnen (vgl. BAG, Urteil vom 12.10.1994, AP Nr.63 zu § 87 →Betriebsverfassungsgesetz (BetrVG) 1972). Ebenso ist eine tarifliche Regelung nicht wirksam, wenn diese vorsieht, dass der Arbeitgeber einseitig Kurzarbeit anordnen kann, und dabei die Voraussetzungen, den Umfang und die Höchstdauer nicht angibt. Enthält der →Tarifvertrag dagegen entsprechende Ausgestaltungen, ist die Regelung wirksam. Sofern sie sogar eine abschließende Regelung enthält, kann wegen § 87 Eingangssatz BetrVG eine →Betriebsvereinbarung nicht mehr geschlossen werden. Ist die Regelung dagegen nicht abschließend, bleibt das Mitbestimmungsrecht des →Betriebsrats aus § 87 Abs. 1 Nr. 3 BetrVG bestehen.

Auch einzelvertraglich kann, wenn eine genaue Formulierung des Tatbestands vorliegt, ein einseitiges Anordnungsrecht des Arbeitgebers vereinbart werden. Davon bleibt das Mitbestimmungsrecht des Betriebsrats aus § 87 Abs. 1 Nr. 3 BetrVG unberührt. Besteht weder ein Tarifvertrag noch ein Betriebsrat, und ist auch einzelvertraglich die Einführung von Kurzarbeit nicht vorbehalten, muss der Arbeitgeber eine Änderungskündigung (→Kündigung) aussprechen, die natürlich sozial gerechtfertigt sein muss, wenn das Kündigungsschutzgesetz eingreift (*Hromadka* und *Maschmann* 2002, § 6 Rn. 75).

Ein Anspruch auf *Kurzarbeitergeld* kann nach Maßgabe der §§ 169 ff. SGB III bestehen. Dafür müssen ein erheblicher Arbeitsausfall mit Entgeltausfall vorliegen, die betrieblichen Voraussetzungen erfüllt sein, die persönlichen Voraussetzungen vorliegen und der Arbeitsausfall dem Arbeitsamt angezeigt worden sein. Zum *erheblichen Arbeitsausfall* gehört gemäß § 170 SGB III, dass er auf wirtschaftlichen Gründen oder einem unabwendbaren Ereignis beruht. Diese Gründe dürfen nicht im Verantwortungsbereich des Arbeitgebers liegen. Wirtschaftliche Gründe liegen allerdings nach § 170 Abs. 2 SGB III vor, wenn der Arbeitsausfall durch eine Veränderung der betrieblichen Strukturen verursacht wird, die durch die allgemeine wirtschaftliche Entwicklung bedingt ist. Der Arbeitsausfall muss vorübergehend sein, was dann der Fall ist, wenn davon ausgegangen werden kann, dass in absehbarer Zeit zur alten Arbeitszeit zurückgekehrt werden kann. Zudem muss der Arbeitsausfall unvermeidlich sein. Diese Voraussetzung ist nach § 170 Abs. 4 SGB III erfüllt, wenn der Betrieb alle zumutbaren Vorkehrungen getroffen hat, um den Eintritt des Arbeitsausfalls zu vermeiden.

Zur Erheblichkeit des Arbeitsausfalls gehört schließlich, dass im Bezugszeitraum mindestens ein Drittel der in dem Betrieb beschäftigten →Arbeitnehmer eine Entgelteinbuße von mindestens 10 % erleiden. →Auszubildende zählen dabei nicht mit. Zu den betrieblichen Voraussetzungen gehört nach § 171 SGB III, dass in dem Betrieb regelmäßig mindestens ein Arbeitnehmer beschäftigt ist. Die in § 172 SGB III geregelten persönlichen Voraussetzungen sind erfüllt, wenn der Arbeitnehmer nach Beginn des Arbeitsausfalls eine versicherungspflichtige Beschäftigung fortsetzt, aus zwingenden Gründen oder im Anschluss an die Beendigung eines Berufsausbildungsverhältnisses (→Ausbildung) aufnimmt, das Arbeitsverhältnis (→Beschäftigungsverhältnis) nicht gekündigt oder durch →Aufhebungsvertrag aufgelöst ist und der Arbeitnehmer nicht vom Kurzarbeitergeldbezug ausgeschlossen ist.

§ 172 Abs. 1a – 3 SGB III bestimmt weitere Fälle, wann die persönlichen Voraussetzungen erfüllt sind, beziehungsweise ein Arbeitnehmer vom Bezug des Kurzarbeitergelds ausgeschlossen ist. Die Höhe des Kurzarbeitergelds wird auf der Grundlage der Nettoentgeltdifferenz berechnet. Diese besteht in dem Unterschiedsbetrag, der sich für den Arbeitnehmer aus dem Vergleich zwischen früherem und jetzigem Nettoentgelt nach Einführung der Kurzarbeit errechnet, wobei die Nettobeträge nicht individuell, sondern als pauschalisierte Leistungen berechnet werden. Das Arbeitsamt zahlt auf diese Nettoentgeltdifferenz Kurzarbeitergeld in Höhe des auf diesen Betrag entfallenden Arbeitslosengelds aus.

Literatur: *Hromadka, W.*; *Maschmann, F.*: Arbeitsrecht, Bd. 1, 2. Aufl., Berlin etc. 2002.

Friedrich Meyer

Kurzarbeitswoche

verkürzte wöchentliche →Arbeitszeit.

Das System kann als Vier- oder Drei-Tage-Woche organisiert sein oder als 12-Stunden-Schichten (z. B. der Chemischen Industrie in Deutschland).

Désirée H. Ladwig

Kurzfristorientierung →Langzeitorientierung

Kurzpausen

bezahlte Erholungszeiten (→Erholung), die keine echten Ruhepausen (→Pausen) darstellen und insofern zur →Arbeitszeit gerechnet werden.

Ein Beispiel definiert die *Steinkühlerpause* im Mercedes Stammhaus. Pro Stunde können hier die Mitarbeiter am Montageband 8 Minuten Pause machen. Die Steinkühlerpause war hart umkämpft und wird in immer mehr Betrieben seit neuestem nicht mehr bezahlt. Die Kurzpausen gibt es nur bei nicht unterbrechbaren Arbeiten im →Dreischichtbetrieb.

Désirée H. Ladwig

L

Lage der Arbeitszeit

bezieht sich auf die Frage, wann die →Arbeitszeit liegt und wie lange gearbeitet werden muss (§ 2 ArbfG Rn 19).

Zur Lage der Arbeitszeit können die Uhrzeiten für Beginn und Ende der täglichen Arbeitszeit, die Verteilung der Arbeitszeit auf die Woche oder längere Zeiträume bis hin zur →Lebensarbeitszeit gehören. Erfasst werden auch Regelungen zu →Pausen, Dienstplänen, Schichteinteilungen oder die Einführung von →Gleitzeit. Ist im →Arbeitsvertrag konkret die Lage der Arbeitszeit angegeben, ohne dass der →Arbeitgeber sich ein einseitiges Recht zur Veränderung vorbehält, ist die Regelung für beide Seiten bindend. Will der Arbeitgeber in diesem Fall die Lage der Arbeitszeit ändern, ist das nur durch eine einvernehmliche Änderung des Arbeitsvertrags oder durch Ausspruch einer Änderungskündigung (→Kündigung) möglich, die bei Anwendbarkeit des Kündigungsschutzgesetzes einer sozialen Rechtfertigung bedarf (→Kündigungsschutz).

Enthält dagegen der Arbeitsvertrag zur Lage der Arbeitszeit keine Regelung oder aber eine Regelung, deren einseitige Veränderung der Arbeitgeber sich vorbehält, ist es Sache des Arbeitgebers durch Ausübung seines →Direktionsrechts die Lage der Arbeitszeit zu bestimmen (*Blomeyer* 1992, § 48 Rn. 69). Diese Bestimmung hat gemäß § 106 Gewerbeordnung (GewO) nach billigem Ermessen zu erfolgen. Dabei sind die betrieblichen Interessen zu berücksichtigen. Das Direktionsrecht darf dagegen nicht willkürlich oder gar schikanös ausgeübt werden.

Besteht ein →Betriebsrat, hat dieser nach § 87 Abs. 1 Nr. 2 BetrVG ein Mitbestimmungsrecht über Beginn und Ende der täglichen Arbeitszeit einschließlich der Pausen sowie die Verteilung der Arbeitszeit auf die einzelnen Wochentage, soweit eine tarifliche Regelung nicht besteht.

Literatur: *Blomeyer, W.:* Münchener Handbuch Arbeitsrecht, München 1992.

Friedrich Meyer

LAMBDA-Modell

von *Scholz* (1989, 1992) vorgestelltes Modell, das im Rahmen des →Personalmarketings eine substanzielle, differenzierte Auseinandersetzung mit Unternehmenskultur (→Organisationskultur), Erscheinungsbild und →Unternehmensimage sowie Aussagen zu deren gegenseitiger Abstimmung erlaubt.

Das LAMBDA-Modell basiert auf der klaren Differenzierung zwischen der primär intern ausgerichteten Unternehmenskultur (*Innenwirkung*) und dem extern ausgerichteten →Unternehmensimage (*Außenwirkung*). Ebenso wird zwischen *sichtbarer* und *unsichtbarer* Ebene differenziert. Im LAMBDA-Modell, das in seiner grafischen Form dem griechischen Buchstaben Lambda entspricht, werden entsprechend dieser Differenzierungen drei Hauptbereiche unterschieden.

1. *LAMBDA 1*: Unsichtbarer unternehmensinterner Bereich mit der Organisationskultur (*Corporate Culture*). Hier entwickelt sich im Laufe der Zeit eine eigene Persönlichkeit des Unternehmens, die es von der Konkurrenz abhebt. Hilfsmittel um die unternehmenskulturelle Basis zu ermitteln sind beispielsweise →Mitarbeiterbefragungen, Führungskraftbeurteilungen, Klimastudien oder komplexe Unternehmenskulturanalysen.

2. *LAMBDA 2*: Sichtbarer Bereich, der als Unternehmenserscheinung beobachtbare Verhaltensweisen und Objekte umfasst, mit denen sich das Unternehmen nach außen und/oder innen präsentiert (*Corporate Appearance*) und als Indikator der →Kultur angesehen werden kann – nicht jedoch als die Kultur selbst. Eine Analyse der Unternehmenserscheinung erfolgt durch die Evaluation der sichtbaren Verhaltensweisen und Objekte.

3. *LAMBDA 3*: Unsichtbarer externer Bereich, das Unternehmensimage (*Corporate Image*), das durch die subjektive Wahrnehmung von Kultur, Leistung und Erfolg als Bild der Unternehmenskultur für Außenstehende entsteht, jedoch nicht der tatsächlichen Unternehmenskultur entsprechen muss. Informa-

tionen über das Unternehmensimage und damit das Bild des Unternehmens können durch →Fragebogen, →Interviews und Gruppendiskussionen gewonnen werden. Je nach Zielsetzung der Analyse sind diese Instrumente an Mitarbeitern und/oder →Führungskräften und/oder an Kunden, potenzielle Mitarbeiter beziehungsweise Absolventen gerichtet.

Innerhalb von LAMBDA 2 lassen sich weiter das Unternehmensverhalten (*Corporate Behavior*), als Menge aller Verhaltensweisen, sowie die Unternehmensarchitektur (*Corporate Design*), die als Menge aller physikalischen Objekte definiert ist, unterscheiden. Beide präsentieren das Unternehmen nach innen und außen. Nur in dem Bereich von LAMBDA 2 lassen sich im Rahmen der →Organisationsentwicklung aktiv gestalterische Maßnahmen und Änderungen vornehmen, die sich dann aber auch auf LAMBDA 1 und LAMBDA 3 auswirken.

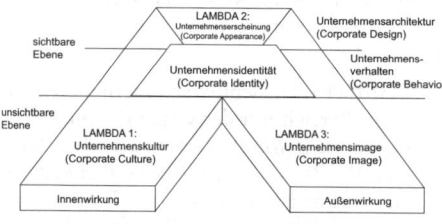

Abbildung 1: Lambda-Modell

Die Unternehmensidentität (*Corporate Identity*) ergibt sich als in sich stimmiger Teilbereich von LAMBDA 2. Nach *Scholz* (2000, S. 423) ist die Unternehmensidentität „die Summe aller konsistenten Objekte und Verhaltensweisen, mit denen sich das Unternehmen nach innen und außen präsentiert, und die sich zugleich auch in Unternehmenskultur und Unternehmensimage wieder finden."

Literatur: *Scholz, C.*: Kultur und CI deckungsgleich? Das Lambda-Modell zeigt, wo Ihr Unternehmen steht, in: Absatzwirtschaft, Sondernummer Oktober (1989), S. 212–223. *Scholz, C.*: Personalmarketing: Wenn Mitarbeiter heftig umworben werden, in: Harvard Manager 14. Jg. (1992), H. 1, S. 94–105. *Scholz, C.*: Personalmanagement, 5. Aufl. München 2000, S. 423.

Uwe Eisenbeis

Landeskultur →Kultur

Langfristorientierung

→Kulturdimension nach *Hofstede* (2001), die einen Zeit- und Planungshorizont einer Kulturgemeinschaft darstellt, der kurz-, mittel- oder langfristig ausgelegt sein kann (syn.: →Langzeitorientierung).

Langzeitkonto

dient dem langfristigen Ansparen von Arbeitszeitguthaben.

Arbeitsstunden, die über die normale Regelarbeitszeit hinaus geleistet worden sind, werden auf einem separaten Arbeitszeitkonto angespart. Dieses Arbeitszeitguthaben kann mit unterschiedlichen Zielsetzungen genutzt werden: für längerfristige Weiterbildung, für →Sabbatical oder, wie beim Lebensarbeitszeitkonto, für den vorzeitigen Ruhestand (→Pensionierung, →Lebensarbeitzeitmodelle). Derzeit stehen noch viele tarifvertragliche Regelungen gegen eine Einführung von Langzeitkonten. In Zukunft werden Langzeitkonten aber erheblich an Bedeutung gewinnen.

Désirée H. Ladwig

Langzeitorientierung

Einstellung zur Zeit, die eine eher kurzfristig versus langfristige Grundorientierung von Menschen sowie die Tendenz zur Beschäftigung mit der Vergangenheit versus Zukunft unterscheidet.

Die →Kulturdimension „Langzeitorientierung" wird von *Hofstede* (2001) auch als „konfuzianische Dynamik" bezeichnet. Die langfristige Orientierung (z. B. in Ost-Asien, Niederlande, Brasilien) ist gekennzeichnet durch Ausdauer beziehungsweise Beharrlichkeit in der Verfolgung von Zielen, an Status ausgerichteten Rangordnungen, Sparsamkeit und Schamgefühl. Eine kurzfristige Orientierung, die beispielsweise in Großbritannien, Kanada oder Nigeria vorherrscht, kommt in persönlicher Standhaftigkeit und Stabilität, Vermeiden von Gesichtsverlusten, Respekt gegenüber Traditionen sowie der Erwiderung von Grüßen, Gefälligkeiten und Geschenken zum Ausdruck.

Die Werte der langfristigen Orientierung werden als eher zukunftsorientiert und diejenigen der kurzfristigen Orientierung als stärker gegenwarts- oder vergangenheitsorientiert gesehen. In zukunftsorientierten →Kulturen werden Pläne anhand der abgeschätzten zukünftigen Gewinne beurteilt, wohingegen vergangenheitsorientierte Kulturen ihr Urteil vor dem Hintergrund von Gewohnheiten, Traditionen und aus der Vergangenheit stammender Erfahrungen fällen.

Literatur: *Hofstede, G.*: Culture's Consequences. Comparing Values, Behaviors, Institutions and Organizations across Nations, 2. Aufl., Thousand Oaks 2001.

Maike Andresen

Langzeiturlaub

→ Urlaub, der über die normalen sechs Wochen Jahres-/Erholungsurlaub (→ Erholung) hinausgeht (→ Sabbatical).

Er kann aus auf einem → Langzeitkonto angesparten Zeitguthaben (→ Zeiterfassung) gespeist werden. Das Arbeitsverhältnis (→ Beschäftigungsverhältnis) bleibt bestehen, womit eine Arbeitsplatzgarantie einhergeht und die Bezüge fortbezahlt werden.

Désirée H. Ladwig

Laufbahn

Werdegang im öffentlichen Dienst (z. B. eines Beamten, Botschafters oder Berufssoldaten).

Der Begriff Laufbahn steht für eine starre, vorab definierte Abfolge von bestimmten Positionen respektive aufsteigenden Dienstgraden. In der Literatur wird die Laufbahn oftmals auch synonym mit dem Begriff der → Karriere verwendet.

Literatur: *von Eckardstein, D.*: Die Laufbahnplanung für Führungskräfte durch die Unternehmen, München 1969.

Vera Friedli

Laufbahnmodelle

Abfolge von → Stellen, deren erfolgreiche Absolvierung eine kontinuierliche und logische Aufstiegsentwicklung sicherstellen soll.

Das bekannteste Laufbahnmodell ist die *Führungslaufbahn*: Ein Mitarbeiter qualifiziert sich durch die erfolgreiche Wahrnehmung von Führungsverantwortung (i. d. R. disziplinarische Weisungsbefugnis) für Stellen auf der nächsten hierarchischen Ebene.

Insbesondere aufgrund des zunehmenden Hierarchieabbaus (→ Hierarchie) in Unternehmen wurden alternative Laufbahnmodelle notwendig, wie sowohl *Becker* (2002) als auch *Domsch* (2003) betonen. Dies führte unter anderem zu so genannten *Fachlaufbahnen*. Auch hier findet ein Aufstieg in zunehmend verantwortlichere Positionen statt, wobei es vor allem um weitreichendere Fachverantwortung und weniger um → Verantwortung für Mitarbeiter geht. Synonym für die Bezeichnung „Fachlaufbahn" werden auch die Begriffe *Parallellaufbahn* oder *Spezialistenlaufbahn* verwendet.

Ziel der Einrichtung von Fachlaufbahnen ist in der Regel jedoch nicht nur die Eröffnung alternativer Karrierewege: Viele um ein Unternehmen verdiente Spezialisten haben wenig bis gar kein Interesse an → Kompetenz zur Führung von Mitarbeitern (→ Mitarbeiterführung). Die → Beförderung solcher Mitarbeiter innerhalb einer alternativen → Laufbahn ermöglicht die Würdigung ihrer Leistung für das Unternehmen, ohne ihnen umfangreiche Verantwortung für Mitarbeiter übertragen zu müssen. Dadurch soll laut *Weidemann* (2001) die Gefahr der → Demotivation von Spezialisten verringert werden. Außerdem können die Aufstiegsmöglichkeiten für qualifizierte Nachwuchskräfte verbessert werden.

Geeignet für die Einführung von Fachlaufbahnen sind insbesondere die Unternehmensbereiche, in denen eine große Anzahl an Fachspezialisten tätig ist, wie beispielsweise die Einheiten „Forschung und Entwicklung". In der Praxis werden immer wieder Schwierigkeiten bei der Einrichtung und der Umsetzung der Fachlaufbahnen berichtet. Die Gründe hierfür liegen *Domsch* (2003) zufolge zumeist im mangelnden → Vertrauen der Mitarbeiter in die Gleichwertigkeit dieser Laufbahn zur Führungslaufbahn. Um dies zu vermeiden, empfiehlt sich ein umfassendes Kommunikationskonzept als Begleitmaßnahme für die Einführung sowie hohe Transparenz des Fachlaufbahndesigns und der notwendigen Voraussetzungen zur Erreichung der nächsten Laufbahnstufe. Darüber hinaus sollten die materielle sowie die immaterielle Ausstattung einer Position innerhalb der Fachlaufbahn gleichwertig mit der vergleichbaren Stelle in der „herkömmlichen" Führungslaufbahn sein.

Für Unternehmen mit projektorientierter → Organisationsstruktur eignet sich neben oder anstelle der Fachlaufbahn die *Projektlaufbahn* als Alternative zur traditionellen Führungshierarchie. Die Ziele für die Einrichtung einer solchen Laufbahn sind die gleichen wie für die Fachlaufbahn. Eine hierarchisch höhere Position innerhalb der Projektlaufbahn geht zumeist einher mit der Verantwortung für wichtigere Projekte. Die Wichtigkeit kann dabei begründet sein im Projektumfang (z. B.

Leader-Match-Konzept

Projektbudget oder Anzahl der Projektmitarbeiter) sowie in der strategischen Bedeutung oder →Komplexität des Projekts.

Literatur: *Becker, M.*: Personalentwicklung, 3. Aufl., Stuttgart 2002. *Domsch, M.*: Personalplanung und Personalentwicklung für Fach- und Führungskräfte, in: *von Rosenstiel, L.*; *Regnet, E.*; *Domsch, M.*: Führung von Mitarbeitern, 5. Aufl., Stuttgart 2003, S. 475–488. *Weidemann, A.*; *Paschen, M.*: Personalentwicklung, Freiburg 2001.

Laila Maja Hofmann

Leader-Match-Konzept →Situationsansatz der Führung

Leapfrogging

Überspringen beziehungsweise Auslassen einer Stufe im Rahmen eines vorgegebenen Prozessablaufs („to leapfrog": bockspringen).

In Konsumprozessen ist nachfrageseitiges Leapfrogging die bewusste Entscheidung eines Käufers gegenwärtig am Markt verfügbare innovative Produkte nicht zu kaufen, sondern die Kaufentscheidung auf eine zukünftige Generation von Produkten zu verschieben. Unter Umständen wird sogar ein Anbieter die Konsumenten zum Leapfrogging bewegen, wenn eine neue Produktgeneration in Entwicklung ist, derzeit aber kein marktreifes Angebot besteht.

Die Entscheidung eines Anbieters hingegen, eine Produktgeneration auszulassen und Entwicklungsaufwendungen in künftige Innovationen (→Technologischer Wandel) zu investieren, bezeichnet man als anbieterseitiges Leapfrogging. Gegebenenfalls ist es dem Anbieter so möglich schneller zu reifen Produkten zu gelangen als die Konkurrenz und dadurch eine echte Innovation auf den Markt zu bringen.

Silvia Föhr

Learned Helplessness →Gelernte Hilflosigkeit

Learning Climate

nähere Bezeichnung für das Umfeld, in dem gelernt werden soll (dt.: Lernatmosphäre).

Wichtige Einflussfaktoren für das Learning Climate können unter anderem der →Lernort, die Lerngruppe, der →Trainer oder die Lernmittel sein.

Laila Maja Hofmann

Learning Management Systeme

komplexe Software- beziehungsweise →Anwendungssysteme, die Aus-, Fort- und Weiterbildungskonzepte beziehungsweise komplette Bildungsmaßnahmen unterstützen.

Learning Management Systeme (LMS) verfügen nach *Schulmeister* (2003) über eine *Benutzerverwaltungskomponente*, eine *Kursverwaltungskomponente* (Kurse, Inhalte, Dateien), *Rollen- und Rechtemodelle* sowie *Kommunikationsmethoden* (synchron und asynchron). Hiermit können beziehungsweise werden besonders im Hochschulbereich nach *Breiter et al.* (2005) auch Aufgaben wahrgenommen, die in der integrierten Administration von →eLearning beziehungsweise Bildungsmaßnahmen wie beispielsweise der Veranstaltungsdaten-, Ressourcen- und Prüfungsverwaltung liegen. Für den Einsatz in Unternehmen stellen LMS unter anderem vorbereitende Werkzeuge für die Personalentwicklungsplanung und des direkten Content-Managements zur Kursvorbereitung bereit. Häufig werden LMS, die Werkzeuge des Content-Managements beinhalten auch als *Learning-Content-Management-Systeme* (LCMS) bezeichnet. Des Weiteren werden LMS vermehrt im After Sales-Bereich von Bildungsanbietern eingesetzt, um beispielsweise eine Alumniverwaltung zur Communitybildung aufzubauen. Durch das Vorhalten entsprechender Schnittstellen zu Betriebs- beziehungsweise Enterprise Resource Planing-Systemen (insbesondere Personalorganisationssystemen) können nach *Maier-Häfele et al.* (2005) Datenabgleiche zwischen LMS und ERP Systemen erfolgen, um Bildungsbiographien und Qualifikationsprofile der Mitarbeiter zu erstellen. Diese dienen als Grundlage für die innerbetriebliche Aus-, Fort- und Weiterbildungsplanung. LMS liefern im Rahmen des →Kompetenzmanagements (bspw. in Form einer Skill-Gap-Analyse, Bildung eines Kompetenzprofils oder Erstellen einer Wissenslandkarte) mögliche Bedarfe von Anschlussqualifikationen und anderen Personalentwicklungsmaßnahmen.

Des Weiteren stellen LMS für den Durchlauf des Lehrbetriebes als Kernfunktion einer jeden →Lernplattform die Kursinhalte, Lernobjekte und Medien unter der Anwendung von in der Regel Internettechnologien über entsprechende Darstellungsprogramme dar. Sie dienen nach Auffassung der Autorengruppe *E-Writing* (2002) als technische Plattform, um eLearning-Maßnahmen (u. a. Online-Kurse) zu realisieren und zu betreiben. Beispielhafte Unterstützungsfunktionen sind das Erstellen, Freigeben und Veröffentlichen von datenbankgestützten Online-Kursen, die mit verschiedenen Lehr-, Lernmitteln und -szenarien realisiert werden können (bspw. Eingangstests, Online-Seminare, Präsenzveranstaltungen, →Web-Based-Trainings oder Abschlusstests), wobei nach *Maier-Häfele et al.* (2005) die Aktivitäten des Lernenden in Form des User-Trackings verfolgt und protokolliert werden können.

Literatur: *Autorengruppe E-Writing.de* (Hrsg.): E-Learning und E-Kooperation in der Praxis, Neuwied 2002. *Maier-Häfele, K. et al.*: Open-Source-Werkzeuge für e-Tr@inings, Bonn 2005. *Schulmeister, R.*: Lernplattformen für das virtuelle Lernen, München 2003. *Breiter, A. et al.*: E-Learning braucht E-Administration, in: Das Hochschulwesen, 53. Jg., (2005), H. 5, S. 175–180.

Oliver Kamin

Learning on Demand

Ansatz, dass →Wissen und →Kompetenzen nicht vorab auf Vorrat vermittelt werden, sondern erst zum Zeitpunkt der Notwendigkeit.

Diese bedarfsorientierte Variante des →eLearnings überträgt das Wirtschaftlichkeitskonzept auf die →Bildung. Es ist besonders für die betriebliche →Fort- und Weiterbildung interessant, in denen es besonders um unternehmensspezifisches Know how geht. Für Unternehmen kann es besonders zeit- und kostenintensiv sein, ihre Mitarbeiter unter Umständen in komplexen Maßnahmen Wissen auf Vorrat zu vermitteln. Moderne Learning on Demand-Systeme sind nach *Sampson* und *Schenone* (2002) sehr flexibel. Sie können gezielt und in individueller Weise zu spezifischen Anlässen und beliebigen Zeitpunkten konkret auftretende Wissenslücken bei den Mitarbeitern schließen, indem auf entsprechende Lexika, Hilfesysteme oder Lerneinheiten zurückgegriffen wird. Mit dieser Lösung sieht das *Bundesministerium für Wirtschaft und Arbeit* (2004) eine gute Möglichkeit, dass die Mitarbeiter direkt im Anschluss durch das Anwenden des kurz zuvor erworbenen Wissens anfallende Aufgaben im betrieblichen Ablauf effizienter erledigen.

Neben der bereits angesprochenen Zeitnähe erfolgt das Learning on Demand, welches auch als →Lernen auf Abruf bezeichnet wird, beziehungsweise Just-in-Time-Training meist arbeitsplatznah. Die Lernprozesse beziehungsweise der Wissenserwerb der Mitarbeiter finden direkt am Arbeitsplatz statt. Da die Lernprozesse in den eigenen Arbeitsalltag und bei kollektiven Lernaktivitäten in die Arbeitsplanung der Kollegen zu integrieren sind, müssen entsprechende Zeitkontingente durch die betroffenen Mitarbeiter und/oder vorgesetzten Stellen eingeplant werden. Das Lernen direkt am Arbeitsplatz kann problematisch werden, wenn die Lernaktivitäten zu Gunsten anderer (Arbeits-)Aufgaben oder durch störende Unterbrechungen in den Hintergrund treten. Auch der durch diesen Lernansatz entstehende Zeitdruck (Terminnähe zur zukünftigen Anwendung des neuen Wissens), ist nicht zu unterschätzen. Diese Einflussfaktoren sind häufig mit der Folge verbunden, dass Wissensbestände lückenhaft erworben werden und es an einer ausreichenden Vertiefung mangelt. Jedoch resultiert aus der zeitnahen Anwendung des Wissens der Vorteil, dass das soeben erworbene Wissen sofort zur Anwendung im Arbeitsablauf kommt und nicht so leicht vergessen werden kann. Durch die hiermit verbundene Verfestigung der Lerninhalte sorgt der Learning on Demand-Ansatz tendenziell für einen effektiveren und effizienteren Transfer der erworbenen Kompetenzen.

Literatur: *Bundesministerium für Wirtschaft und Arbeit* (Hrsg.): E-Learning für Mittelstand und öffentliche Verwaltungen – Ein Leitfaden zur erfolgreichen Nutzung von Produkten moderner E-Learning-Angebote, Dokumentation Nr. 540, Bonn 2004. *Sampson, D.; Schenone, A.*: Knowledge-on-Demand in e-Learning and e-Working Settings, in: IEEE Journal of Educational Technology & Society, 5. Jg., (2002), H. 2, S. 107–111.

Oliver Kamin

Learning Style Inventory (LSI)

auf der Theorie des →Experiential Learnings (Erfahrungslernen) basierender, vom Organisationspsychologen *Kolb* (1984) entwickelter Selbstlerntest zur Analyse des persönlichen Lernstils.

Das Learning Style Inventory (LSI) zeigt, wie eine Person lernt, wie sie →Konflikte und Probleme löst und wie sie mit Alltagssituationen umgeht. Das LSI eignet sich zur Erfassung von Stärken und Schwächen im individuellen Lern- und Arbeitsverhalten. *Kolb* stellte in vielen empirischen Untersuchungen unterschiedliche Lern- und Verhaltensweisen fest, die er auf vier verschiedene Dimensionen redu-

Learning Style Inventory (LSI)

zierte. Da entsprechend der holistischen Konzeption, die dem Modell zugrunde liegt, →Lernen als Prozess und nicht als Ergebnis verstanden wird, ist Lernen aus Erfahrung als vierphasiger Zyklus gedacht. Die vier Phasen oder Stadien, die vom Individuum durchlaufen werden und in Abbildung 1 visualiert werden, sind Fühlen, Beobachten, Denken und Handeln. Das heißt, das Individuum ist einer neuen Erfahrung direkt ausgesetzt (Konkrete Erfahrung), diese Erfahrung wird reflektiert und aus mehreren Perspektiven betrachtet (Reflektierende Betrachtung), Konzepte werden entworfen, um die Betrachtung in logische Theorien zu integrieren (Abstrakte Konzeptualisierung). Schließlich soll das Individuum in der Lage sein, diese Theorien für Entscheidungen und Problemlösungen in der Praxis konkret zu nutzen (Aktives Experimentieren). Der Zyklus beschreibt also, wie Erfahrung aufgenommen und verarbeitet wird und in Konzepte einfließt, die weitere Handlungen beeinflussen.

Abbildung 1: Stadien des Erfahrungslernens (*Kolb* 1984, S. 42)

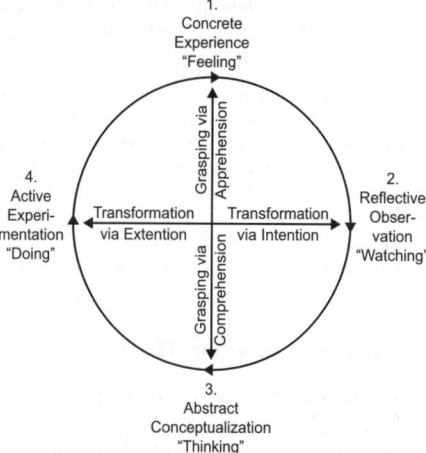

Jedes Individuum durchläuft den Zyklus unterschiedlich schnell, setzt in unterschiedlichen Stadien ein und verweilt in den jeweiligen Stadien unterschiedlich lange. Bestimmte Stadien sind daher ausgeprägter, was zur Herausbildung individuell verschiedener →Lernstile führt. So gibt es Personen, die alle vier Lernstile in relativ ausgeglichener Form anwenden, und Personen, bei denen ein bestimmter Lernstil ausgeprägt ist. Als Beispiel kann eine *Lernsituation* im Rahmen eines Führungskräftetrainings herangezogen werden: Der →Trainer teilt eine Fallstudie mit einer Aufgabenstellung aus. Einige Teilnehmer werden zuerst den Text betrachten, ihn lesen und versuchen, die Hauptgedanken in eine gegliederte Struktur zu bringen, um anschließend die Aufgabenstellung zu beantworten (Watching-Feeling). Für andere Teilnehmer ist aber nicht die individuelle, stille Textarbeit das geeignete Mittel zum Verständnis, sondern sie bevorzugen einen Austausch in der →Gruppe (Feeling-Doing).

Übersicht 1: Merkmale der vier LSI-Dimensionen (*Barmeyer* 2000, S. 173, in Anlehnung an *Kolb* 1984)

Konkrete Erfahrung (Concrete Experience)	- Lernen aus konkreten Erfahrungen - ausgeprägte Personenbezogenheit - sensibel für Gefühle und Menschen
Reflektierende Betrachtung (Reflective Observation)	- vorsichtiges Beobachten und Hinhören, bevor Urteile gefällt werden - Dinge werden aus verschiedenen Perspektiven betrachtet - Dinge werden auf ihren Sinn hin untersucht
Abstrakte Konzeptualisierung (Abstract Conceptualization)	- logische Analyse von Ideen - systematische Planung - Handeln aufgrund intellektuellen Verstehens einer Situation
Aktives Experimentieren (Abstract Experimentation)	- Fähigkeit, Dinge zu erledigen - Risikobereitschaft - Menschen und Vorgänge in Bewegung bringen

Mithilfe des Learning Style Inventory ist eine Selbstanalyse des persönlichen Lernstils möglich, indem die vier LSI-Dimensionen in eine bestimmte Anordnung gebracht werden.

Das LSI wird vor allem in den USA im akademischen und personalwirtschaftlichen Bereich eingesetzt, etwa in der →Personalentwicklung oder bei der Zusammensetzung von Teams und Abteilungen. Das LSI eignet sich auch zur Darstellung landeskultureller und organisationaler Profile und zur Ermittlung des →kulturellen Fits zwischen Persönlichkeit, Organisation und Landeskultur (→Kultur).

Literatur: *Barmeyer, C. I.*: Interkulturelles Management und Lernstile, Frankfurt a. M., New York 2000.

Barmeyer, C. I.: Learning Styles and Their Impact on Cross-Cultural Training. An International Comparison in France, Germany and Quebec, in: International Journal of Intercultural Relations, 28. Jg. (2004), H. 6, S 577–594. *Kolb, D.*: Experiential Learning, New York 1984.

Christoph I. Barmeyer

Lebensarbeitszeit

Brutto-Arbeitszeit oder nominale →Arbeitszeit, die mit dem Eintritt in das Erwerbsleben beginnt und mit dem Ausscheiden aus dem Erwerbsleben endet.

Früher wurde die Lebenszeit in die Phasen →Lernen, Arbeiten und Ruhen eingeteilt. Die Lebensarbeitszeit war also ein Block in der mittleren Phase. Heutzutage ermöglicht die individuelle Lebensplanung einen Lebenszyklus mit möglicherweise abwechselnden Lern-, Arbeits- und Ruhephasen, wie Abbildung 1 visualisiert.

Modelle wie der gleitende Übergang in den Ruhestand (→Pensionierung), gleitender Einstieg ins Berufsleben, Wiedereinstieg nach der Familienphase oder Lebensarbeitszeitkonten werden in diesem Zusammenhang diskutiert und zunehmend selbstbestimmt von den Mitarbeitern realisiert.

Abbildung 1: Traditionelles und entwickeltes Lebensarbeitszeitmodell

Traditionelles Lebensarbeitszeitmodell (Segregation)

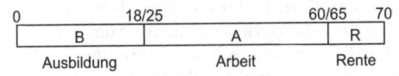

Entwickeltes Lebensarbeitszeitmodell (Overlapping)

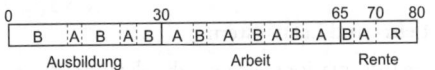

A: Arbeit
B: Ausbildung
R: Rente

Eine Verlängerung der Lebensarbeitszeit wird nach *Boulin* und *Hoffmann* (2001) aktuell vor dem Hintergrund der demographischen Entwicklung (immer weniger Rentenbeitragszahler, immer mehr Rentenbezieher) und der damit verbundenen Finanzierungsengpässe der Rentenkassen diskutiert. Langzeitstudenten steigen häufig nicht vor dem dreißigsten Lebensjahr in das Beitragssystem ein. Durch den in den Jahren 1994 bis 1998 propagierten vorzeitigen Ruhestand (→Vorruhestand) steigt der durchschnittliche →Arbeitnehmer bereits mit 58 Jahren aus dem System aus. Mit – in diesem Extremfall – nur etwa 28 Beitragsjahren ist einerseits die individuelle Rente nicht gesichert und anderseits kann das Gesamtsystem damit nicht finanziert werden. Verkürzung der Ausbildungs- und Studienzeiten (→Ausbildung) sowie eine Verlängerung der gesetzlich vorgeschriebenen Lebensarbeitszeit auf 70 Jahre (statt heute 65) soll diesem Defizit Rechnung tragen.

Literatur: *Boulin, J.-Y.*; *Hoffmann, R.* (Hrsg.): Neue Wege in der Arbeitszeitpolitik: Lebensarbeitszeit und neue Arbeitsorganisation, Münster 2001.

Désirée H. Ladwig

Lebensarbeitszeitmodell

bezieht die →Arbeitszeit eines Mitarbeiters auf den Zeitraum „Leben" (→Lebensarbeitszeit).

Das →Sabbatical ist eines der ältesten Lebensarbeitszeitmodelle und erlaubt eine Freistellung für ein ganzes Jahr. Bei der Konstruktion von flexiblen Lebensarbeitszeitmodellen müssen neben den auch für andere →Arbeitszeitmodelle geltenden Dimensionen der chronometrischen und chronologischen Arbeitszeit insbesondere auch Aspekte wie

– die Höhe der Ansparleistungen beziehungsweise maximale Höhe der Zeitdefizite,

– langfristige Verwendung von Arbeitszeitguthaben aus Arbeitnehmer und Arbeitgeberperspektive,

– der Umfang und die Verwaltung von Zeitguthaben (→Zeiterfassung),

– die Verzinsung von Zeitguthaben,

– die Veräußerung von Zeitguthaben (Fungibilität),

– die Absicherung des Risikos bei vorzeitiger Beendigung des Arbeitsverhältnisses (→Beschäftigungsverhältnis) und

– die Absicherung des Risikos bei →Insolvenz des →Arbeitgebers

Berücksichtigung finden. Ein besonderes Modell hat die VW AG entwickelt (freiwillige Teilnahme): Mitarbeiter können Zeit-Wertpapiere erwerben und diese auch wieder veräußern. Sie stellen den Wert von Zeitguthaben (z. B. →Mehrarbeit oder Sonderurlaubstage), aber auch von Bonuszahlungen oder Teile des Bruttogehalts dar. Mit diesen Anteilen werden insolvenzgeschützte Fondsanteile erworben, die auch im Falle der vorzeitigen Beendigung des Arbeitsverhältnisses den →Arbeitnehmern oder deren Erben ausgezahlt werden. Steuern und Sozialversicherungsbeiträge werden erst zum Zeitpunkt der Auszahlung fällig. Die Zeit-Wertpapiere können nach *Hartz* (2001) aber auch zur →Altersteilzeit oder zur Verkürzung der Lebensarbeitszeit verwendet werden.

Die Implementation von Lebensarbeitszeitmodellen bedeutet für die →Personalplanung in Bezug auf die Verwaltung der Arbeitszeitguthaben oder im VW Beispiel der Zeit-Wertpapiere einen teilweise erheblichen zusätzlichen Aufwand. Positiv wirken sich attraktive Lebensarbeitszeitmodelle natürlich auf die Mitarbeiterbindung und -motivation aus (→Personalbindung, →Motivation), solange solche Modelle nicht von allen →Arbeitgebern angeboten werden.

Literatur: *Hartz, P.*: Job Revolution. Wie wir neue Arbeitsplätze schaffen, Frankfurt a. M., 2001.

Désirée H. Ladwig

Lebenszykluskonzept von Gruppen
→Gruppenbildung

Lebenszykluskostenrechnung (LZR)

Instrument des strategischen →Kostenmanagements, das der ergebniszielorientierten Fundierung produktorientierter Entscheidungen im Hinblick auf das Produktionsprogramm sowie die Faktorausstattung dient.

Die Lebenszykluskostenrechnung (LZR) bezieht sich in den meisten Fällen auf Produkte und/oder Dienstleistungen beziehungsweise technische Systeme oder große Projekte. Sie kann aus der Sicht des Anbieters, eines Produktes oder für einen potenziellen Abnehmer aufgestellt werden. Im letzteren Fall spricht man häufig von einer Total Cost Analysis oder einem Total Cost of Ownership. Dieser Ansatz wurde wesentlich im Bereich des IT-Controllings entwickelt und versucht, alle für eine Investitionsentscheidung im Lebenszyklus relevanten Kosten zu erfassen und zu bewerten.

Im Mittelpunkt der Lebenszykluskostenrechnung steht die periodenübergreifende Planung, Steuerung und Kontrolle aller Kosten, die ein Objekt beziehungsweise Kostenträger im Hinblick auf den gesamten Lebenszyklus verursacht (*Back-Hock* 1988, *Riezler* 1996). Dabei ist eine den kompletten Produktlebenszyklus umfassende Überwachung des mengen- und wertmäßigen Verlaufs des Objekts zu institutionalisieren, um auf Soll-Ist-Abweichungen reagieren zu können. Dabei gilt es, statische und dynamische Effekte, welche auf der →Erfahrungskurve beruhen, in die Rechnung zu integrieren.

Die 80/20-Regel zeigt, dass ein Großteil der Kosten im Lebenszyklus eines Produktes bereits frühzeitig determiniert wird. Deswegen gilt es, diese Beziehungen durch eine frühzeitige Zuordnung der Kosten zu einzelnen Phasen, in denen sie entstehen, transparent und gestaltbar zu machen, um die zukünftige Erlös-Kosten-Relation des Produktes zu verbessern (*Pfohl* 2002). Allerdings ist dies nicht unproblematisch, da sich der Informationsstand und die Möglichkeit der Kostenbeeinflussung invers verhalten. Am Anfang der Produktentwicklung ist der Informationsstand gering, allerdings ist ein Großteil der Produktkosten frei gestaltbar. Mit fortschreitender Produktkonkretisierung nimmt dann jedoch die Kostendeterminierung zu. Dieser Problematik kann dadurch begegnet werden, dass die Genauigkeit der Lebenszykluskostenrechnung und der Anteil quantitativer Informationen an den mit der Entwicklung eines Produkts in der Regel wachsenden Informationsstand angepasst werden müssen.

Literatur: *Back-Hock, A.*: Lebenszyklusorientiertes Produktcontrolling, Berlin etc. 1988. *Pfohl, M.*: Prototypgestützte Lebenszyklusrechnung, München 2002. *Riezler, S.*: Lebenszyklusrechnung: Instrument des Controlling strategischer Projekte, Wiesbaden 1996.

Klaus Möller

Lehr- und Lernsysteme

→Informationssysteme, die dazu dienen sollen, die Effektivität und Effizienz von →Lernprozessen zu fördern.

Ein Lernprozess ist ein spezieller Prozess, dessen Zielsetzung im Aufbau von →Kompetenzen besteht. Der Kompetenzaufbau erfolgt subjektiv (individuelles →Lernen) und kann intersubjektiv abgestimmt werden (kollektives Lernen). Ein Beitrag zur Effektivität von Lernprozessen ist gegeben, wenn eine Steigerung des Zielerreichungsgrads des Prozesses erreicht wird. Dieses kann beispielsweise der Fall sein, wenn ein theoretisch vermitteltes Konzept in einem Berechnungsexperiment praktisch angewendet werden kann, so dass der

Wissenstransfer in die Praxis besser gelingt. Ein Beitrag zur Effizienz wird geleistet, wenn ein spezifisches Lernziel mit geringerem Aufwand erreicht werden kann. Ein Beispiel für diese Wirkung ist die Schaffung zeitlich asynchroner und ortsungebundener Lernmöglichkeiten (*Seufert*, *Back* und *Häusler* 2001).

Das Spektrum an Lehr- und Lernsystemen kann anhand des in Abbildung 1 dargestellten Ordnungsrahmens veranschaulicht werden.

Abbildung 1: Funktionsspektrum von Lehr- und Lernsystemen (*Grob/vom Brocke* 2004, S. 306)

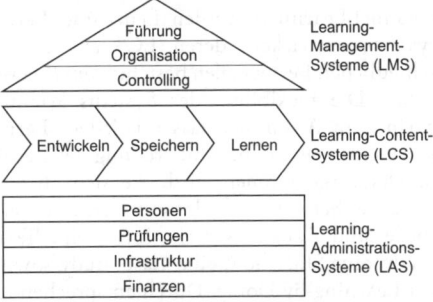

Vor dem Hintergrund systemtechnischer Grundlagen werden in dem Ordnungsrahmen drei Systemtypen differenziert:

1. *Learning-Content-Systeme* (LCS): Diese Systeme zielen unmittelbar auf die Unterstützung des Kompetenzaufbaus beim Lernenden. Prozessobjekt dieser Systeme ist der Lerninhalt, der aufzubereiten, zu speichern und zu vermitteln ist. Zu den Systemen zählen Autorentools und Onlinearchive, aber auch Trainingsprogramme, wie sie unter der Bezeichnung des →Computer Based Trainings (CBT) bekannt sind.

2. *Learning-Administrations-Systeme* (LAS): Zur Abwicklung des Kompetenzaufbaus sind administrative Prozesse relevant. Sie werden von Learning-Administrations-Systeme (LAS) unterstützt. Zu den Funktionalitäten zählen die Verwaltung von Veranstaltungen, Klausuren, Studenten und Dozenten.

3. *Learning-Management-Systeme* (LMS): Um Lehr- und Lernprozesse wirtschaftlich zu gestalten, werden Learning-Management-Systeme benötigt, die relevante Prozesse der Willensbildung und -durchsetzung unterstützen. Zu unterscheiden sind Systemdienste zur Planung von Lehr- und Lernzielen, zur Organisation der Lehr- und Lerninfrastruktur sowie des →Controllings zur Rationalitätssicherung der zu treffenden Entscheidungen.

Da es sich bei der Unterscheidung um Systemtypen handelt, ist in einer betrieblichen Anwendung nicht zwingend ein System je Typ auszuwählen. Denkbar sind sowohl Gesamtsysteme, die mehrere Typen realisieren als auch ein Systemmix, in dem je Typ mehrere Teilsysteme eingesetzt werden. Bei der Zusammenstellung der Systeme sind die Anforderungen der spezifischen Lernsituation zu berücksichtigen. Das in Abbildung 2 dargestellte Modell zeigt relevante Gestaltungsfelder und deren Beziehungen zueinander.

Abbildung 2: Gestaltungsfelder von Lehr- und Lernsystemen (*vom Brocke* 2006, S. 119)

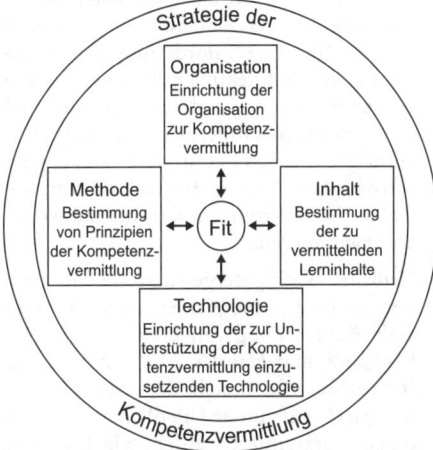

Der Ordnungsrahmen zeigt, dass bei der Gestaltung von Lehr- und Lernsystemen technologische, methodische, inhaltliche und organisatorische Gestaltungsfelder relevant sind, die gegenüber den Umfeldbedingungen des Prozesses abzustimmen sind. Für spezifische Lernsituationen sind hierzu Strategien der Kompetenzvermittlung zu entwickeln, in denen situativ variierende Zielsetzungen und Restriktionen berücksichtigt werden. Die Gestaltung ist derart vorzunehmen, dass ein *Fit of Design* entsteht, in dem sämtliche Aspekte optimal auf die →Implementierung einer →Strategie der Kompetenzvermittlung ausgerichtet sind. Die einzelnen Gestaltungsfelder sind im Folgenden kurz vorzustellen:

- *Organisation*: Sie umfasst Regeln, nach denen die Abstimmung der an den Prozessen beteiligten Akteure erfolgt. Die Organi-

Lehr- und Lernsysteme

sation schließt auch die zeitlich-räumliche Organisation von Lernprozessen mit ein. So werden heute in vielen betrieblichen Prozessen Formen eines „ad hoc" Lernens angestrebt, in denen einzelne Lerner ausgehend von konkreten praktischen Fragestellungen am Arbeitsplatz bedarfsgerecht Inhalte erschließen (*Hohenstein* und *Wilbers* 2002). Derartige Lernformen werden auch unter den Begriffen *Just-in-Time-eLearning* (→eLearning) und *Learning-on-Demand* thematisiert.

- *Inhalt*: Der Inhalt eines Lehr- und Lernsystems stellt die zur Kompetenzentwicklung (→Kompetenzmanagement) aufbereiteten Informationen dar (*Grob* und *vom Brocke* 2004). Sie richten sich an den sachlichen Lernzielen aus, die sich im betrieblichen Einsatzfeld insbesondere von Anforderungsprofilen (→Anforderungsanalyse) ableiten. Um die Effektivität der Lernprozesse zu gewährleisten, ist darüber hinaus auch der persönliche Hintergrund der Lerner zu berücksichtigen. Hierzu sind Nutzergruppen zu identifizieren, für die adressatengerechte Aufbereitungen der Inhalte vorgenommen werden.
- *Methode*: Computergestützte Lehr- und Lernsysteme ermöglichen eine multimediale Aufbereitung von Lerninhalten (*Seufert*, *Back* und *Häusler* 2001, *Breitner* und *Hoppe* 2005). Sie besteht darin, dass Inhalte integriert auf unterschiedlichen Medientypen repräsentiert werden, wie Text, Ton, Video. Auf dem Gebiet der →Mediendidaktik wird untersucht, welche Medientypen geeignet sind, in spezifischen Lernsituationen einen Mehrwert zu leisten. Ergänzend ist die Wirtschaftlichkeit der Lehr- und Lernsystementwicklung relevant, die durch Ansätze der wiederverwendungsorientieren Entwicklung von Informationssystemen gefördert werden kann.
- *Technologie*: Die Grundlage von Lehr- und Lernsystemen bilden Soft- und Hardwareplattformen, die auch die Verbindung von Arbeitsplatzrechnern in Rechnernetzen ermöglichen (*Adelsberger*, *Collis und Pawlowski* 2002). Über die Vernetzung innerhalb einer →Organisation hinaus, wie durch ein Local Area Network (LAN), eröffnet die weltweite Vernetzung von Lernern über das →Internet viel versprechende Potenziale, die unter Begriffen, wie *Onlinelearning*,

Hyperlearning oder →*Distance Learning*, thematisiert werden. Ausschlaggebend ist hier, dass die Möglichkeiten der ort- und zeitungebundenen →Kommunikation geboten werden, die zur Entwicklung von Lerngemeinschaften beitragen.

Die Vielzahl der Anforderungen führt dazu, dass die →Flexibilität des Systems wesentlich über dessen →Qualität entscheidet. Ein besonderes Potenzial wird hier hybriden Systemen zugesprochen, die auch zur Laufzeit unterschiedlichen Anforderungen zugleich gerecht werden. Unter dem Begriff des Multi-Channel-Learnings werden Lehr- und Lernsysteme entwickelt, deren LCS aus unterschiedlichen Lernkanälen besteht (*vom Brocke* 2006). Die Flexibilität des Systems kommt darin zum Ausdruck, dass mit jedem Lernkanal eine spezifische Aufbereitung des Lerninhalts vorgenommen wird, die sich an ein typisches Set von Anforderungen richtet. Beispiele sind Kanäle, wie ein Intro, eine Text Study, eine Slideshow, eine Case Study sowie ein Learning-by-Doing. Durch entsprechende Auswahlmöglichkeiten zwischen den Lernkanälen können Lerner – aber auch Lehrer und Autoren – jederzeit die von ihnen bevorzugten Lehrkanäle wählen. Eine Universität, die eine solche Mehrkanalstrategie verfolgt, wird auch als *Alma Mater Multimedialis* bezeichnet (*Grob* und *vom Brocke* 2004). Darin kommt zum Ausdruck, dass nicht etwa konventionelle Unterrichtsformen verdrängt werden, sondern diese gezielt beibehalten und um den Einsatz computergestützter Lernkanäle bereichert werden sollen.

Für die Implementierung von Lehr- und Lernsystemen existieren neben kommerziellen Lösungen auch mehrere Open Source-Plattformen. Zugang zu diesen Plattformen geben Open Source-Intermediäre ebenso wie Open Source-Initiativen. Beispiele für Lernplattformen, die das Konzept des Multi-Channel-Learnings umsetzen, sind Freestyle Learning, OpenUSS (Open University Support System) und HERBIE (Hybrid Education and Research Base for Information Exchange).

Literatur: *Adelsberger, H. H.*; *Collis, B.*; *Pawlowski, J. M.*: Handbook on Information Technologies for Education & Training, Berlin etc. 2002. *Breitner, M. H.*; *Hoppe, G.*: E-Learning, Heidelberg 2005. *Grob, H. L.*; *vom Brocke, J.*: Referenzmodelle für E-Learning-Systeme. Konzeption und Anwendung für die Produktionswirtschaft, in: *Corsten, H.*; *Brassler, A.* (Hrsg.): Entwicklungen im Produktionsmanagement, München 2004, S. 43–62. *Grob, H. L.*; *vom Brocke, J.*: Konzeption eines Wissensnetzwerkes zum Controlling, in: *Grob, H. L*; *vom Brocke, J.*; *Lahme, N.*; *Wahn, M.*: Controlling. Lerneinheiten zum Wissensnetzwerk Controlling, München 2004, S. 1–58. *Hohenstein, A.*; *Wilbers, K.*: Handbuch E-Learning, Köln 2002. *Seufert, S.*; *Back, A.*; *Häusler, M.*: E-Learning, Kilchberg 2001. *vom Brocke, J.*: Multi-Channel-Learning. Gestaltung von Lernprozessen nach Mehrkanalstrategien, in: HMD, Praxis der Wirtschaftsinformatik, 42. Jg. (2006), H. 250, S. 119–131.

Jan vom Brocke

Lehrling

Person, die im Rahmen eines Lehr- beziehungsweise Ausbildungsverhältnisses zum Abschluss einer formalen Berufsausbildung (→Ausbildung) geleitet wird.

Der Begriff Lehrling wird noch in der Handwerksordnung (HwO) verwendet, im Berufsbildungsgesetz (BBiG) wird er durch →Auszubildender ersetzt.

Laila Maja Hofmann

Lehrwerkstatt

→Lernort, der im Rahmen einer Berufsausbildung (→Ausbildung) insbesondere zur Vermittlung von praktischen Kenntnissen und Fähigkeiten (→Qualifikation) benutzt wird.

Oftmals wird der Begriff Lehrwerkstatt synonym zum Begriff *Ausbildungswerkstatt* verwendet. Lehrwerkstätten finden sich in – meist größeren – Betrieben, werden von mehreren eher kleineren Unternehmen gemeinsam überbetrieblich betrieben oder aber als schulische Lehrwerkstatt (Schulwerkstatt) geführt.

Laila Maja Hofmann

Leiharbeit →Zeitarbeit

Leistungsanreiz →Anreiz

Leistungsbedingungen

alle objektiven, vom Arbeitenden beeinflussbaren und nicht beeinflussbaren Umgebungs- oder Rahmenbedingungen der →Arbeit einschließlich solcher Einflüsse, die aus der Einbindung in und Verknüpfung mit arbeitsteiligen Prozessen der Leistungserstellung für den einzelnen Arbeitsplatz resultieren.

Dadurch wird zum Ausdruck gebracht, dass die individuelle →Arbeitsleistung auch von den Bedingungen abhängt, unter denen sie im jeweiligen Einzelfall erbracht wird. Der Begriff der Leistungsbedingungen wird vor allem im thematischen Zusammenhang der →Personalbeurteilung alternativ zum Begriff der Arbeitsbedingungen verwendet.

Obwohl die Leistungsbedingungen sowohl die Leistungsergebnisse als auch das Leistungsverhalten determinieren, besteht häufig nur im →Personalgespräch Raum zur Erörterung ihrer Folgen für die individuelle Arbeitsleistung. Im Rahmen traditioneller →Leistungsbeurteilungen werden sie nur selten explizit erwähnt beziehungsweise als Einflussfaktoren thematisiert, wenngleich dadurch sowohl die Vergleichbarkeit von Leistungsbeurteilungen als auch die →Gleichbehandlung der zu Beurteilenden beeinträchtigt wird.

Insofern die individuellen Möglichkeiten der Erbringung hoher Leistung erheblich von den jeweiligen Leistungsbedingungen abhängen, müssten sowohl personal- und führungspolitische Maßnahmen als Folgen von Leistungsbeurteilung als auch die →Beurteilungsverfahren die Einwirkung der Leistungsbedingungen hinreichend berücksichtigen.

Jürgen Grieger

Leistungsbereitschaft

Ausmaß an biologischer Aktivität im Sinne der physischen Leistungsbereitschaft (aktuelle Disposition).

Die *psychische Leistungsbereitschaft* äußert sich in der aufgabengerichteten Leistungsmotivation (→Motivation), das heißt dem Willen zu handeln. Die Disposition wird vor allem durch tages-, wochen- und jahreszeitliche Schwankungen, das Wetter, die physikalisch-chemische →Arbeitsumgebung und hormonale Schwankungen bestimmt. Auf die Leistungsmotivation nehmen vor allem die generelle Einstellung zur →Arbeit, die Stimmungslage, die Arbeitsumgebung, das Betriebsklima sowie das Streben nach Verdienst und Anerkennung Einfluss. Zusammen mit der →Leistungsfähigkeit ergibt die Leistungsbereitschaft das Leistungsangebot des Menschen.

Die *physische Leistungsbereitschaft* wird an der Vitalspannung, am Spannungszustand der Muskeln, am Erregungsniveau der Sinnesorgane und des zentralen Nervensystems sowie der Bewegungen sichtbar. Sie lässt sich über den 24-Stunden-Tag mittels der circadianen Rhythmik (biologische Tagesrhythmik) abbilden. Die höchste Leistungsbereitschaft besteht

Leistungsbeurteilung

etwa gegen 9:00 und 19:00 Uhr. Die geringste Leistungsbereitschaft ergibt sich etwa gegen 14:00 Uhr und gegen zwei Uhr. Inter- beziehungsweise intraindividuelle Schwankungen sind möglich. Dabei ist zu beachten, dass die psychologische Leistungsbereitschaft asynchron verläuft.

Für die Aufgabenverteilung im Tagesablauf gibt es zwei Empfehlungen. Aufgaben, die hohe →Anforderungen an die Wahrnehmung, Aufmerksamkeit und Sensumotorik stellen, führen am Tage zu besseren Arbeitsergebnissen. Dagegen konnte bei komplexen Aufgaben mit kurzfristigem Behalten von →Informationen bessere Ergebnisse in der Nacht erzielt werden. Allerdings kann es keine Pauschalempfehlungen geben, weil immer die Aufgabenanforderungen und individuellen Eigenschaften dominieren.

Wochenzeitliche Schwankungen lassen sich nur durch die psychische Leistungsbereitschaft begründen. Insbesondere konnten mangelhafte Arbeitsergebnisse montags und freitags festgestellt werden.

Abbildungen zum Verlauf der Leistungsbereitschaft über die Jahreszeit zeigen, dass die höchste physische Leistungsbereitschaft im Frühjahr und Sommer gegeben ist. Bei der psychischen Leistungsbereitschaft bestehen Tiefpunkte vor allem im Frühjahr und Sommer. Während der Wintermonate verlaufen die physische und psychische Leistungsbereitschaft auf etwa der gleichen Höhe.

Zusammenhänge zwischen der Wettersituation und Leistungsbereitschaft sind bekannt. Das Wetter kann das Allgemeinbefinden, die Müdigkeit, die Aggressivität sowie die Konzentration beeinflussen.

Bei der psychischen Leistungsbereitschaft werden bei allen →Hypothesen zwei Erklärungsvariablen eingesetzt. Das ist zum einen die Aktivierungsvariable, die eine Verhaltensbereitschaft weckt. Dazu muss der Mensch Anreize oder Stimuli wahrnehmen. Diese können von der →Arbeitsaufgabe selbst oder von ihren Folgen beziehungsweise Begleitumständen ausgehen. Das ist zum anderen die Steuerungsvariable, die bei aktivierten Menschen die Richtung der Aktivität beeinflusst. Dies erfordert eine zukunftsbezogene Ausrichtung, indem künftige Entwicklungen vorausgeschätzt werden und die erfolgversprechendste Verhaltensalternative realisiert wird (*Bokranz* und *Landau* 1991, *Luczak* und *Volpert* 1997).

Literatur: *Bokranz, R.; Landau, K.*: Einführung in die Arbeitswissenschaft, Stuttgart 1991. *Luczak, H.; Volpert, W.*: Handbuch Arbeitswissenschaft, Stuttgart 1997.

Margit Weißert-Horn
Regina Brauchler

Leistungsbeurteilung

spezifische Form der vergangenheitsorientierten →Personalbeurteilung, mit der, in der Regel in einem planmäßigen, formalisierten und institutionalisierten Prozess, →Informationen über die in einer bestimmten Periode erbrachten Leistungen eines Mitarbeiters durch beauftragte Personen – meist die direkten Vorgesetzten des zu Beurteilenden – erhoben und im Anschluss daran verarbeitet und ausgewertet werden.

Das Prinzip der Leistungsbeurteilung besteht im Vergleich eines beobachtbaren (Ist-)Leistungsergebnisses mit einem erwarteten (Soll-)Leistungsergebnis, wobei der Grad der Abweichung oder Übereinstimmung von Soll und Ist als Indikator für die erbrachte Leistung – den individuellen Beitrag des Mitarbeiters zur Erreichung des Organisationszwecks – dient. Für den Fall, dass Leistungsergebnisse nicht bestimmbar oder eine erwartbare Leistung nicht angebbar sind, setzt Leistungsbeurteilung am Leistungsverhalten an. Dem liegt die Annahme zugrunde, dass Leistungsverhalten ursächlich für Leistungsergebnisse ist, beobachtet und beschrieben werden kann und dass zum Zweck des Vergleichs und der Bestimmung eines Indikators für die erbrachte Leistung ein erwartetes (Soll-)Leistungsverhalten angebbar ist. Darüber hinaus wird auch die Angabe und Berücksichtigung der tatsächlichen oder erwartbaren →Leistungsbedingungen gefordert.

Die Leistungsbeurteilung gliedert sich in folgendes idealtypisches *Ablaufschema*: Zunächst sind die zu erfüllenden *Funktionen zu bestimmen*. Hierauf baut die *Auswahl* des oder der geeigneten →*Beurteilungsverfahren* auf, in deren Rahmen die Objekte der Beurteilung (Eigenschaften der zu beurteilenden Person, Leistungsergebnisse, Leistungsverhalten), ergänzt um Angaben zu Leistungsbedingungen und -zielen, spezifiziert werden. Deren Repräsentation, beispielsweise durch Leistungsstufen auf entsprechend verbal verankerten →Beurteilungsskalen, erfolgt durch die *Festlegung* der geeigneten →*Beurteilungsmethoden*. Hieran schließen sich →*Beobachtung und Be-*

urteilung der Leistung an: In einem ersten Schritt werden Leistungsergebnisse oder Leistungsverhalten beobachtet und durch das Ausfüllen des Beurteilungsformulars (→Personalbeurteilungsbogen) dokumentiert. Im zweiten Schritt erfolgt dann mit der Analyse der dokumentierten Informationen die eigentliche Beurteilung durch Festlegung des Urteils. Dieses wird dem Beurteilten, in der Regel im Rahmen eines Beurteilungsgesprächs (→Mitarbeitergespräch, →Personalgespräch), mitgeteilt, in dessen Verlauf auch bestimmte Konsequenzen aus der Beurteilung gezogen werden. Dabei handelt es sich um individuelle Maßnahmen zur Steigerung der Leistung in der sich anschließenden Beurteilungsperiode. Dies verdeutlicht, dass Leistungsbeurteilung ein Instrument der Verbesserung von Leistung (→Arbeitsleistung) ist.

Die *allgemeine* personalwirtschaftliche *Funktion* zielt damit auf die Verwirklichung des →Leistungsprinzips auf betrieblicher Ebene als Voraussetzung der Gewährleistung möglichst hoher Leistung. Hinter dieser Grundfunktion verbirgt sich eine Reihe wichtiger *Einzelfunktionen*, die in ihrer Summe auf den betrieblichen Leistungserstellungs- und Verwertungsprozess bezogen sind.

Mit Leistungsbeurteilung werden eine Fülle einzelner *Ziele* angestrebt. Die der Zielerreichung dienenden Funktionen von Leistungsbeurteilung lassen sich – entsprechend einer (idealtypischen) Unterscheidung zwischen „bewusst, beabsichtigt und artikuliert" und „unbewusst, unbeabsichtigt und nicht artikuliert" – in latente und manifeste Funktionen differenzieren:

Latente Funktionen von Leistungsbeurteilung zielen auf die Erzeugung oder Stabilisierung von Leistung. Sie werden jedoch nicht offen kommuniziert und sind den Betroffenen in ihrer Wirkung nicht bewusst beziehungsweise sollen es nicht sein. Ihnen werden bestimmte Wirkungen zugeschrieben beispielsweise die Stabilisierung von Herrschaftsbeziehungen durch den Ersatz beständiger Kontrollen sowie durch die Beeinflussung von Ansprüchen und Erwartungen des Personals. Dahinter steht die Vermutung manipulativer Fremdsteuerung von Individuen sowie die Erzeugung von Akzeptanz für Maßnahmen, die nur bei Geheimhaltung der durch die latenten Funktionen verfolgten Ziele erreicht werden kann.

Manifeste Funktionen von Leistungsbeurteilung beziehen sich auf personalwirtschaftliche Aufgaben. Ihre Erfüllung dient der Gewinnung der für unterschiedliche Entscheidungen und Maßnahmen notwendigen, spezifischen Informationen über das Personal. Leistungsbeurteilung kann daher verstanden werden als allgemeine, aber unabdingbare Voraussetzung zur Erfüllung personalwirtschaftlicher Aufgaben, insbesondere wenn akzeptiert wird, dass auf formalem Wege zustande kommende Urteile informalen Urteilen über Personen und deren Handlungen, die unvermeidbar sind und daher immer – zum Teil unbewusst – in Entscheidungen über Personen einfließen, vorzuziehen sind. Formale Systeme der Leistungsbeurteilung schaffen eine Kommunikationsbasis (→Kommunikation) und damit die Möglichkeit, die für die Beurteilten regelmäßig folgenreiche Urteile offen und transparent zu machen und stehen damit gegen Willkür und →Vorurteile der Urteilenden und für Überprüfbarkeit der Urteile durch die Beurteilten.

Betrachtet man die manifesten Funktionen von Leistungsbeurteilung unter der Fragestellung, welches die zugeschriebenen oder erwarteten Ergebnisse sind, so gelangt – neben der Durchsetzung des Leistungsprinzips als Bedingung rationaler Leistungserstellung – die →Differenzierung des Personals auf Leistungsbasis beziehungsweise die begründbare Selektion von Personal (→Personalauswahl) für unterschiedliche Aufgaben in den Blick. Grundsätzlich kann – wenn auch nicht immer trennscharf – zwischen drei personalpolitischen (1. bis 3.) und zwei führungspolitischen (4. und 5.) Funktionen unterschieden werden:

1. *Entgeltdifferenzierung*: Leistungsbeurteilung erzeugt Informationen über die in einer vergangenen Periode gezeigte Leistung oder das Leistungsverhalten und bildet die Basis für eine Differenzierung des leistungsgerechten Entgelts (Zulagen, Prämien, Leistungslohnanteil) entsprechend der individuellen Leistungsunterschiede. Das personenspezifische Entgelt weist der Leistung eines Mitarbeiters einen Wert zu, der häufig auch seiner Stellung im Rahmen der hierarchischen Ordnung entspricht. Damit verbunden ist die Legitimation von Ungleichheit hinsichtlich Status und →Kompetenz von Mitarbeitern.

2. *Personalzuweisung*: Leistungsbeurteilung erzeugt Informationen über die einzelnen Mit-

Leistungsbeurteilung

arbeiter und dient im Rahmen der →Personalplanung der Grundlegung personeller Zuweisungsentscheidungen in den Bereichen Personaleinsatz, →Personalbeschaffung, →Personalfreisetzung, →Personalentwicklungsplanung und →Karriere und meint das Herstellen begründeter Differenzierungen im Rahmen der individuellen Platzierung von Mitarbeitern im Wertschöpfungsprozess.

3. *Evaluation und Kontrolle*: Leistungsbeurteilung erzeugt →Informationen, mit deren Hilfe die unterschiedlichsten personalwirtschaftlichen Instrumente und Maßnahmen (beispielsweise Personalbeschaffung, -einsatz, -entwicklung und →Arbeitsorganisation) evaluiert werden können. Derartige Informationen ermöglichen eine Vorher-Nachher-Analyse durch Soll-Ist-Vergleich und können auf Änderungsoptionen aufmerksam machen. Dies basiert auf der Annahme, dass als relevant erachtete Informationen für Entscheidungen über den Einsatz von Instrumenten auf Leistungsdaten (beziehungsweise Leistungsdifferenzen) aufgebaut werden können.

4. *Förderung der Mitarbeiterqualifikation*: Leistungsbeurteilung erzeugt Informationen, mit deren Hilfe Qualifikationsdefizite erkannt werden können und liefert somit eine Begründung und Basis für →Personalentwicklung. Die Funktion der Förderung, Beratung, Orientierung und Entwicklung der Mitarbeiter wird im engeren Sinne durch eine anforderungsgesteuerte Bestimmung des individuellen Entwicklungsbedarfs als Differenz von Soll- und Ist-Qualifikation erfüllt.

5. *Führung und* →*Motivation*: Leistungsbeurteilung erzeugt Informationen, mit denen sich für Leistungssteigerung argumentieren lässt, wenn verdeutlicht wird, dass die Leistung in der Vergangenheit unzureichend war. Grundsätzlich erzeugen Informationen über den Leistungsstand beim Beurteilten ein →Wissen darüber, wie seine Leistung eingeschätzt wird. Dies dient einerseits der Anerkennung und Bestätigung von Leistungen des Mitarbeiters. In diesem Zusammenhang eröffnen Beurteilungsgespräche die Möglichkeit einer Steuerung des Leistungsverhaltens, indem Beurteilung und Beratung des Mitarbeiters die Vorgabe eines Solls beinhalten. Die Kommunikation oder gemeinsame Festlegung von Erwartungen und Leistungszielen hat andererseits motivationale Wirkung, stimuliert Mehrleistung und befördert auf diese Weise die Lösung des personalwirtschaftlichen Transformationsproblems von Arbeitsvermögen in Arbeitsleistung. Die Erfüllung dieser Funktion hängt aber, so die verbreitete Einschätzung, von der Qualität der Beziehung zwischen der Führungskraft und ihren Mitarbeitern ab, das heißt, von den an die Beziehung geknüpften Erwartungen und von der jeweiligen Führungsleistung.

Die zum Ausdruck kommende Multifunktionalität von Leistungsbeurteilung wird verbreitet mit dem Argument kritisiert, dass unterschiedliche Zielsetzungen verschiedene und zum Teil widersprüchliche Anforderungen an ein Beurteilungssystem stellen, die nicht oder nur unzureichend erfüllt werden können. Deshalb wird verbreitet für eine strikte Trennung von personalpolitischen und führungspolitischen Funktionen argumentiert, die nicht im Zusammenhang einer einzelnen Beurteilung verfolgt werden sollen. Inkompatibilitäten können aber bereits im Zusammenhang einer Funktion von Leistungsbeurteilung auftreten, wie sich am Beispiel der Förderung von Mitarbeiterqualifikationen zeigen lässt: Einerseits zielt Leistungsbeurteilung auf die Beratung und Unterstützung individueller Entwicklung und andererseits auf →Identifikation und Auswahl von zu entwickelnden und zu befördernden Mitarbeitern.

Systematische Untersuchungen von Leistungsbeurteilungen machen auf eine Vielzahl ungelöster Probleme (beispielsweise Auswahl der Beurteilungskriterien, →Objektivität von Urteilen, kognitive Probleme der Erfassung und Interpretation beurteilungsrelevanter Informationen, mikropolitische Verzerrungen von Urteilen) aufmerksam, die die Erfüllung von Funktionen insgesamt infrage stellen. Hinzu kommt, dass auch die zum Einsatz gelangenden Beurteilungsverfahren in ihrer Gesamtheit als unter methodischen Gesichtspunkten unzureichend eingeschätzt werden. So wird verschiedentlich dafür plädiert, den Einsatz von Leistungsbeurteilungen in der Praxis auf den Bereich der führungspolitischen Funktionen zu begrenzen, da vor allem in der interpersonellen Auseinandersetzung über Urteile ein Ansatz zur Überwindung der genannten Mängel besteht. Insofern beinhaltet in erster

Linie die Kommunikation zwischen Beurteiltem und Beurteilendem, das heißt die gemeinsame und kontroverse Interpretation von Leistungsverhalten, -ergebnissen und -bedingungen die Möglichkeit einer Verbesserung von Leistung.

Literatur: *Becker, F. G.*: Grundlagen betrieblicher Leistungsbeurteilungen, 4. Aufl., Stuttgart 2003. *Fersch, J. M.*: Leistungsbeurteilung und Zielvereinbarungen in Unternehmen. Praxiserprobte Instrumente zur systemorientierten Mitarbeiterführung, Wiesbaden 2002. *Grunow, D.*: Personalbeurteilung. Empirische Untersuchung von Personalbeurteilungssystemen in Wirtschaft und Verwaltung, Stuttgart 1976. *Lueger, G.*: Die Bedeutung der Wahrnehmung bei der Personalbeurteilung. Zur psychischen Konstruktion von Urteilen über Mitarbeiter, 2. Aufl., München, Mering 1993. *Murphy, K. R.; Cleveland, J. N.*: Understanding Performance Appraisal. Social, Organizational and Goal-Based Perspectives, Thousand Oaks etc. 1995.

Jürgen Grieger

Leistungsbeurteilungsverfahren →Beurteilungsverfahren

Leistungsdefizit

kann ein Grund für eine →verhaltensbedingte Kündigung sein, wenn Leistung zurückgehalten wird, seltener auch Grund für eine →personenbedingte Kündigung, wenn es an notwendiger Konstitution, Kenntnissen oder Fertigkeiten (→Qualifikation) mangelt.

Leistungsdeterminanten

Faktoren, die die Einsatzbereitschaft von Mitarbeitern, deren Leistungsverhalten und das Leistungsergebnis beeinflussen.

Die *Einsatzbereitschaft* eines Mitarbeiters resultiert zum einen aus dessen Persönlichkeitsstruktur, zum anderen aus seinem Umfeld oder Arbeitssituation. Das *Leistungsverhalten* des Mitarbeiters ist sowohl durch dessen →Leistungsfähigkeit beziehungsweise →Leistungspotenzial, das heißt durch die physisch-psychische Verfassung geprägt, als auch durch die →Leistungsbereitschaft, das heißt den Willen und die Möglichkeit zum Abrufen des vorhandenen Leistungspotenzials. Das *Leistungsergebnis* (Arbeitsergebnis) wird durch Einsatzbereitschaft und Leistungsverhalten, aber auch durch →Anforderungen und →Leistungsbedingungen wie die Art der zu erledigenden Aufgaben, die Arbeitsumwelt sowie die fixierten Arbeitsabläufe beziehungsweise -prozesse determiniert.

Bei den Leistungsdeterminanten handelt es sich um die wesentlichen Ansatzpunkte für das Ergreifen von Maßnahmen der →Personalentwicklung, nach *Scholz* (2000) aber auch um eine Herausforderung für Personalführung (→Mitarbeiterführung) und →Personaleinsatzplanung.

Literatur: *Scholz, C.*: Personalmanagement, 5. Aufl., München 2000.

Tobias Bernecker

Leistungsfähigkeit

setzt sich aus Anlagen und geschlechtsspezifischen Unterschieden sowie Eigenschaften, Grundfähigkeiten und erworbenen Fertigkeiten und Kenntnissen (→Qualifikation) zusammen.

Einflüsse auf die Leistungsfähigkeit können durch Gesundheit, Training, Alter, →Ausbildung, Erfahrung und Übung erzielt werden. Es kann zwischen einer *physischen* und einer *psychischen Dimension* unterschieden werden. Zusammen mit der →Leistungsbereitschaft führt die Leistungsfähigkeit zum Leistungsangebot des Menschen. Inwieweit die Leistungsfähigkeit eines Menschen ausgeschöpft wird, hängt von der Leistungsbereitschaft des Menschen ab.

In der →Arbeitswissenschaft ist vor allem die Dauerleistungsfähigkeit (→Ermüdung) von Bedeutung. Hier liegt ein Belastungsgrenzwert vor, der noch nicht zu einem stetigen Beanspruchungsanstieg (→Belastungs-Beanspruchungsmodell) führt. Die Dauerleistungsfähigkeit beträgt etwa 15 % bis 25 % der Maximalleistungsfähigkeit. Wird die Dauerleistungsfähigkeit nicht ausgeschöpft, dann erfolgen Rückbildungen und die normale Belastung kann zur Überforderung werden.

Die Leistungsfähigkeit ist nicht konstant, sondern ist abhängig von den oben genannten inneren und äußeren Bedingungen, die miteinander in Wechselwirkung stehen. Zwischen der Leistungsfähigkeit und dem Geschlecht, dem Alter und der Ernährung bestehen Zusammenhänge.

Beim Arbeitseinsatz von Frauen sollte berücksichtigt werden, dass Frauen kleinere Muskelkräfte, kleinere Stellungskräfte, ungünstigere Kraftübersetzungsverhältnisse, höhere Belastung durch Eigengewichte, eine beschränkte Stehdauer und eine niedrigere Dauerleistungsgrenze aufweisen. Biologisch begründete Nachteile lassen sich durch Training jedoch ausgleichen. Bei der Geschicklichkeit zeigt sich, dass Frauen im Mittel 6 % bis 10 % geschickter sind als Männer.

Bezüglich des Alters ist im Hinblick auf die Leistungsfähigkeit zu beachten, dass die Muskelmasse und die Versorgung der Muskeln mit Mineralien mit dem Alter abnehmen. Dagegen nimmt der Anteil der Trockensubstanz in den Muskeln zu. Die Fähigkeit zu Maximalleistungen nimmt mit zunehmendem Alter ab, jedoch nicht die energetische Dauerleistungsfähigkeit, die ihren Höchstwert bei Frauen ab etwa 15 Jahren und bei Männern ab etwa 20 Jahren erreicht. Dieser Höchstwert bleibt in der Regel bis zur →Pensionierung bestehen. Sensumotorische und sensorische Fähigkeiten nehmen mit zunehmendem Alter ab. Mit zunehmendem Alter nehmen ebenfalls die Fähigkeit der Sinnesorgane, des Kurzzeitgedächtnisses, der Abstraktionsfähigkeit, der Wahrnehmungsgeschwindigkeit sowie des Reaktionsvermögens ab. Allerdings sollte berücksichtigt werden, dass mit zunehmendem Alter vor allem die Arbeits- und Berufserfahrung, die Gesprächs- und Urteilsfähigkeit, die Ausgeglichenheit und Kontinuität sowie die Fähigkeit mit Menschen umzugehen, zunehmen.

Die Leistungsfähigkeit kann durch die Ernährung auf verschiedene Weise beeinflusst werden. Einflussmöglichkeiten bestehen vor allem durch die Energiezufuhr, die Zusammensetzung der Nährstoffe, die Zufuhr von Mineralstoffen und Spurenelementen sowie die zeitliche Verteilung der Mahlzeiten. Insbesondere wird empfohlen die Ernährung an die Tagesleistungskurve anzupassen, um damit die Leistungsfähigkeit zu unterstützen.

Um eine optimale Leistungsfähigkeit zu erzielen, ist auf die entsprechende körperliche Konstitution, die richtige Ernährung, ein anforderungs- und belastungsadäquates Training und beanspruchungsentsprechende →Erholung zu achten (*Bokranz* und *Landau* 1991, *Luczak* und *Volpert* 1997).

Literatur: *Bokranz, R.; Landau, K.*: Einführung in die Arbeitswissenschaft, Stuttgart 1991. *Luczak, H.; Volpert, W.*: Handbuch Arbeitswissenschaft, Stuttgart 1997.

Margit Weißert-Horn
Regina Brauchler

Leistungsgehalt

variable Vergütung, die zusätzlich zu einem Fixgehalt gezahlt wird und deren Höhe von der erbrachten Leistung abhängt.

Bei der Gestaltung einer leistungsabhängigen Vergütung sind folgende Parameter relevant, von denen jeder spezifische Motivationseffekte hat (→Motivation).

Leistungsgehaltsanteil: Der Anteil der variablen Leistungsvergütung am Gesamtgehalt kann von wenigen Prozentpunkten bis nahezu 100 % variieren. In der Regel kann davon ausgegangen werden, dass der Prozentsatz umso geringer ausfällt, je formalisierter die zugrunde liegende Regelung ist. Tarifvertragliche Vereinbarungen (→Tarifvertrag) über leistungsbezogene Vergütungen führen kaum zu variablen Leistungsgehaltsanteilen von über 10 %. Den anderen Extremfall bilden die Gehaltsregelungen von Geschäftsführern in Krisensituationen (ein berühmtes Beispiel ist das symbolische Gehalt von *Iacocca* über 1 US-$ als CEO bei *Chrysler* 1979). Aktuelle Vergütungsstudien der letzten Jahre für Deutschland deuten darauf hin, dass die Anteile leistungsbezogener Vergütung bei leitenden Angestellten im Branchenvergleich überwiegend 10 % bis 15 % und auf der obersten Leitungsebene 20 % bis 25 % der Gesamtbezüge betragen.

Es besteht ein Zusammenhang zwischen dem Leistungsgehaltsanteil und der →Motivationsstruktur. Je stärker das →Sicherheitsbedürfnis ist, umso geringer ist die Motivationswirkung eines hohen variablen Vergütungsanteils. Dementsprechend wird ein hoher variabler Anteil Personen mit einer ausgeprägten →Erfolgsmotivation stärker motivieren als Personen, die durch Misserfolgsvermeidung angetrieben werden.

Leistungskriterium: Hierbei ist zwischen verhaltens- und ergebnisbezogenen Kriterien zu unterscheiden:

- *Verhaltensbezogene Leistungskriterien* stellen die Anstrengungen, welche die Person zur Erreichung bestimmter Ziele unternimmt, in den Mittelpunkt. Beispiele sind eine Leistungszulage für einen Vertriebsmitarbeiter, die von der Anzahl der Kundenbesuche abhängt, oder eine Zulage für einen Hochschullehrer, die sich an der Anzahl der Diplomarbeiten und mündlichen Prüfungen orientiert. Verhaltensbezogene Kriterien sind vor allem dann geeignet, wenn der Mitarbeiter in der Erreichung der Leistung im Wesentlichen von Entscheidungen anderer Personen abhängig ist, die er selbst nur wenig beeinflussen kann. Ein ergebnisbezogenes Kriterium würde in diesem Fall aufgrund der fehlenden Kontrollüberzeugung tendenziell demotivierend wirken (→Demotivation). Ein zweiter Grund für ein verhaltensbezogenes Kriterium ist eine unzureichende Messbarkeit des Ergebnisses.

- *Ergebnisbezogene Kriterien* berücksichtigen nur die erzielten Erfolge in quantitativer oder qualitativer Hinsicht, unabhängig von dem dafür notwendigen Aufwand. Beispiele sind eine Leistungszulage im Vertrieb, die sich am Gesamtvolumen der Verkaufsabschlüsse orientiert, oder eine Zulage für einen Forscher, welche die eingeworbenen Forschungsgelder und die Zitationshäufigkeit seiner Veröffentlichungen zugrunde legt. Ergebnisbezogene Leistungskriterien wirken vor allem für erfolgsmotivierte Mitarbeiter attraktiv, während Misserfolgsvermeider dadurch eher abgeschreckt werden. Geeignet sind sie da, wo die Ergebnisse leicht messbar sind und der Erfolg vor allem von den Fähigkeiten (→Qualifikation) und dem Engagement des Mitarbeiters abhängen.

Leistungsperiode: Die Leistungsperiode ist der Zeitraum, der für die Bewertung der Leistung zugrunde gelegt wird. Sie kann von einem Monat bis zu mehreren Jahren reichen, was vor allem von der Art der Tätigkeit und der Hierarchieebene (→Hierarchie) abhängt. Je größer die Bedeutung einer Tätigkeit für den Gesamterfolg eines Unternehmens ist, umso länger wird die Leistungsperiode dauern. Der wesentliche Grund liegt darin, dass kurze Leistungsperioden zu entsprechend kurzfristig orientierten Anstrengungen der Leistungsmaximierung führen, während mittel- und langfristige Nebeneffekte außer Acht gelassen werden. Beispielsweise wird die monatliche Ergebnisbewertung eines Verkäufers diesen jeweils zum Monatsende dazu verleiten, risikoreiche Abschlüsse zu tätigen, um kurzfristig ein gutes Ergebnis zu erzielen. Längere Perioden führen dagegen eher zu einer soliden Risikoabwägung und zur Berücksichtigung möglicher Langzeiteffekte. Auf der anderen Seite ermöglichen kürzere Perioden ein zeitnahes →Feedback für erbrachte Leistungen und damit eine direkte Motivationswirkung der Leistungszulagen als extrinsisch wirkende Anreize (→Extrinsische Motivation). Je komplexer demnach die Aufgaben einer Person sind und je höher ihre →intrinsische Motivation ist, umso eher empfiehlt sich eine längere Leistungsperiode.

Leistungsrisiko: Das Leistungsrisiko ist die Ungewissheit für die Person, die angestrebte Leistung auch tatsächlich realisieren zu können. Dieses Risiko hängt zwar wesentlich von der Aufgabe ab, wird aber durch die Kriterienwahl moderiert. Für die Motivation entscheidend ist, wie das Risiko durch die Person selbst eingeschätzt wird (→Erwartungs-Valenz-Theorie). In der Regel ist der subjektive Risikograd bei verhaltensbezogenen Leistungskriterien niedriger als bei ergebnisbezogenen Kriterien, weil die Anstrengung durch die Person weitgehend kontrollierbar ist, während die Erreichung der Ziele bei vielen Tätigkeiten auch von anderen Personen beeinflusst wird. Darüber hinaus kann auch die Ausgestaltung als Einzel- oder →Teamprämie das Risiko für die Person beeinflussen, je nachdem wie das durchschnittliche Leistungsniveau der Teammitglieder eingeschätzt wird.

Leistungsentgeltkurve: Obwohl in der Regel ein linearer Zusammenhang zwischen der Leistung und dem Leistungsentgelt hergestellt wird, sind auch progressive oder degressive Kurvenverläufe möglich. Ein linearer Verlauf bedeutet, dass eine Leistungssteigerung um einen bestimmten Prozentsatz mit einer entsprechenden Erhöhung der Leistungszulage entgolten wird. Ein progressiver Verlauf hat mit steigender Leistung zunehmende Grenzerträge zur Folge. Das bedeutet, dass eine geringe Leistung nur mit geringen Zulagen, eine höhere Leistung dagegen überproportional entgolten wird. Ein solcher Verlauf bietet sich an, wenn das Unternehmen das Ziel verfolgt, herausragende Leistungen besonders zu belohnen. Der Nachteil besteht darin, dass der Leistungsanreiz (→Anreiz) für diejenigen Mitarbeiter gering ist, die keine außergewöhnlichen Leistungen anstreben beziehungsweise für realisierbar halten. Ein degressiver Verlauf hat abnehmende Grenzerträge zur Folge. Mit steigender Leistung wird das zusätzlich erreichte Leistungsentgelt immer geringer. Mit einem solchen Kurvenverlauf werden herausragende Leistungen gekappt. Für ein Unternehmen ist ein degressiver Kurvenverlauf günstig, wenn es beispielsweise im Produktionsprozess verhindern will, dass besonders hohe Mengenleistungen die →Qualität des Outputs gefährden.

Leistungsmerkmale

Leistungsbeurteilungsinstanz: Nicht immer lässt sich das Leistungsergebnis mithilfe objektiver Zahlen bestimmen. Alternativ bietet sich an, eine Beurteilung durch andere Personen zugrunde zu legen. Häufig wird ein jährliches Beurteilungsgespräch (→Mitarbeitergespräch, →Personalgespräch) mit dem direkten Vorgesetzten als Grundlage für die Leistungsbewertung herangezogen. Alternativ dazu können aber auch →Befragungen von Kollegen oder Kunden durchgeführt werden (→360-Grad-Beurteilung). Unter dem Gesichtspunkt der Motivationswirkung ist dabei wieder bedeutsam, ob die Wahl der Beurteilungsinstanz die subjektive Kontrollüberzeugung tangiert.

Leistungsträger: Das Leistungsentgelt kann entweder an die Leistung einer einzelnen Person oder an die Leistung einer ganzen →Gruppe oder Organisationseinheit gekoppelt werden. Ob die Motivationswirkung einer Gruppenleistungszulage höher als ein individuelles Leistungsentgelt ist, hängt sowohl von der Motivationsstruktur der Teammitglieder als auch von Merkmalen der Gruppe und der →Arbeitsaufgabe ab. Je wichtiger die →Sicherheits- und →Zugehörigkeitsbedürfnisse der Teammitglieder sind, je homogener die Gruppe in ihren Fähigkeiten, Beiträgen und Interessen ist, je länger die Gruppe bereits besteht und je klarer die Gruppenleistung gegenüber den Einzelleistungen sichtbar ist, umso höher ist die zu erwartende Akzeptanz eines Gruppenleistungsentgelts (→Teamanreiz).

Leistungsbezug: Obwohl sich in der Regel die Beurteilung der Leistung nur am Verhalten oder den Ergebnissen der betreffenden Person orientiert (*absoluter Leistungsbezug*), besteht auch die Möglichkeit, die Leistung relativ zu den Leistungen anderer Personen zu bewerten (*relativer Leistungsbezug*). In diesem Fall wird eine direkte Konkurrenzsituation geschaffen. Beispielsweise kann das Leistungsgehalt so zwischen den Mitgliedern eines Vertriebsteams aufgeteilt werden, dass diejenige Person die gesamte Zulage oder zumindest den größten Anteil erhält, welche im Vergleich zu den anderen das beste Ergebnis erreicht hat. Eine positive Motivationswirkung ergibt sich für einen relativen Leistungsbezug nur bei geringwertigen Leistungszulagen oder im Fall einer hohen Konkurrenzorientierung unter den Teammitgliedern.

Leistungsentgelt: Der letzte Gestaltungsparameter eines Leistungsgehalts ist seine Form. Alternativ zu einer direkten Gehaltszahlung kann die Leistungszulage auch in Form von →Kapitalbeteiligungen, →Aktienoptionen oder anderen Vermögenswerten erfolgen (→Cafeteria-System). Für die Motivationswirkung sind die freie Verfügbarkeit über das Leistungsgehalt aber auch die Bindungswirkung (→Commitment) entscheidend.

Die leistungsabhängige Vergütungsgestaltung hat in den angelsächsischen Ländern eine lange Tradition. Im deutschsprachigen Raum gewinnt sie im Zuge der allgemeinen →Deregulierung und →Flexibilisierung der →Arbeitsmärkte zunehmend an Bedeutung.

Literatur: *Klimecki, R.*; *Gmür, M.*: Personalmanagement, 3. Aufl., Stuttgart 2005.

Markus Gmür

Leistungsmerkmale

im Vorfeld der Beurteilung festgelegte Kriterien, anhand derer die Leistung eines Mitarbeiters beurteilt werden soll.

Leistungsmerkmale stellen die Bezugspunkte für die analytische →Leistungsbeurteilung dar. Praktizierte Systeme der Leistungsbeurteilung basieren auf unterschiedlich vielen Leistungsmerkmalen, die je nach Differenziertheit des Beurteilungssystems in *Merkmalsgruppen* zusammengefasst werden. Zu ihnen gehören beispielsweise die fachliche Leistung, die Arbeitsweise, die Arbeitsgeräte, der Arbeitserfolg, das Entscheidungsverhalten, die →Erfolgsorientierung, die Kundenorientierung, der persönliche Einsatz und das →Führungsverhalten.

Bei der Auswahl der Leistungsmerkmale ist zu beachten, dass sie in unmittelbarem Zusammenhang mit der Leistungserstellung beziehungsweise dem Leistungsergebnis stehen (→Arbeitsleistung). Zu fordern ist daher die hinreichende Repräsentation des Arbeitsverhaltens beziehungsweise des Arbeitsergebnisses durch diese Merkmale sowie deren Eindeutigkeit, Operationalisierbarkeit und Abgrenzbarkeit voneinander, so dass sie von den Beurteilern erkannt, verstanden und beim jeweiligen Objekt der Beurteilung beobachtet werden können.

Die einzelnen Leistungsmerkmale beziehungsweise Merkmalsgruppen besitzen eine unterschiedliche Bedeutung für die Leistungserstellung beziehungsweise das Leistungsergebnis. Im Rahmen der Leistungsbeurteilung müssen daher sowohl die einzelnen Merkmalsausprägungen als auch die Merkmale beziehungsweise Merkmalsgruppen untereinander gewichtet werden, was in der Regel zu methodischen Problemen führt, da ihre relative Bedeutung nicht eindeutig bestimmbar ist.

Jürgen Grieger

Leistungsmotiv

Bestreben, selbst gesetzte Ziele und Ergebnisse zu erreichen.

Der Begriff des Leistungsmotivs wurde in den 1950er Jahren von *McClelland* geprägt, der es als eines von vier Grundmotiven des Menschen (→Motiv) neben dem Zugehörigkeitsmotiv, dem →Machtmotiv und dem Vermeidungsmotiv ansieht. Nach *McClellands* Ansicht wird das Leistungsmotiv in der Kindheit geprägt und ist das Ergebnis persönlicher Erfahrungen mit den eigenen Leistungen und der Reaktion wichtiger Bezugspersonen darauf (z. B. Eltern, Lehrer oder Gleichaltrige).

Literatur: *McClelland, D.*: The Achievement Motive, Princeton 1961.

Markus Gmür

Leistungsmotivation →Motivation

Leistungsorientierung

Ausmaß, in dem eine →Führungskraft auf aufgaben- und ergebnisbezogene Aspekte im Rahmen der Mitarbeiterinteraktion Wert legt (syn.: Aufgabenorientierung).

Hohe Leistungsorientierung der Führungskraft ist insbesondere dadurch gekennzeichnet, dass die Unternehmensziele aktiv und regelmäßig an die Mitarbeiter kommuniziert und deren Leistungsziele danach ausgerichtet werden. Charakteristisch für diese Führungskraft ist auch die hohe Ausprägung leistungsorientierter →Motivation (z. B. Übertragen von attraktiven Aufgaben und Kompetenzbereichen (→Kompetenz) an leistungsstarke Mitarbeiter) sowie das Bemessen der Anerkennung für die Mitarbeiter anhand der erbrachten Leistung (*Hersey* und *Blanchard* 1993).

Ziel eines leistungsorientierten →Führungsverhaltens ist die erfolgreiche Aufgabenerfüllung durch die Mitarbeiter. Die Auswirkungen der Leistungsorientierung einer Führungskraft auf den →Führungserfolg waren Gegenstand zahlreicher empirischer Untersuchungen. So konnte beispielsweise ein positiver Zusammenhang zwischen der Leistungsorientierung einer Führungskraft und der →Arbeitszufriedenheit von Mitarbeitern nachgewiesen werden (*Stock* und *Hoyer* 2002).

Literatur: *Hersey, P.; Blanchard, K.*: Management of Organizational Behavior, 3. Aufl., Englewood Cliffs 1993. *Stock, R.; Hoyer, W.*: Leadership Style as Driver of Salespeople's Customer Orientation, in: Journal of Market-Focused Management, 5. Jg. (2002), H. 4, S. 353–374.

Ruth Stock-Homburg

Leistungspotenzial

generelle Befähigung einer Person zur Abgabe von Leistung (→Arbeitsleistung) oder ihr prinzipielles oder maximales Leistungsvermögen.

Als Indikatoren des Leistungspotenzials gelten – neben der physischen und psychischen Konstitution – insbesondere die →Qualifikationen (Kenntnisse, Fähigkeiten und Fertigkeiten) einer Person. Sie werden als grundlegende Voraussetzungen zum Erbringen von Leistungen angesehen. In diesem Sinne wird die individuelle →Arbeitsleistung als Resultat des in einer Situation aktivierten Leistungspotenzials verstanden.

Da die inhaltliche Bestimmung von Leistung im Rahmen mehr oder weniger vorbestimmter beziehungsweise bestimmbarer Tätigkeiten und mit Bezug auf aus ihnen abgeleiteten →Anforderungen erfolgt, steht das Leistungspotenzial einer Person in engem Zusammenhang mit ihrer →Eignung zur Erfüllung aufgabenspezifischer Anforderungen, die im Rahmen von Aus- und Weiterbildung verbessert werden kann. Die Möglichkeit individueller Mehrleistung auf der Basis höherer Qualifikation geht daher sowohl mit einer Verbesserung der Eignung als auch des Leistungspotenzials einher.

Können künftige Anforderungen nicht hinreichend genau prognostiziert werden, so wird ersatzweise auf Lernbereitschaft und Lernfähigkeit – als Indikatoren für Qualifizierungspotenzial (→Potenzialbeurteilung) – abgestellt. Die Fähigkeit, sich flexibel an sich ändernde Anforderungen anzupassen, kann somit zugleich als Kennzeichen für ein hohes Leistungspotenzial erachtet werden.

Jürgen Grieger

Leistungsprinzip

formales, aber konstitutives Grundprinzip der Ordnung und Gestaltung moderner, industrieller Leistungsgesellschaften, in denen der soziale Status einer Person aufgrund ihrer Fähigkeiten (→Qualifikation) und Erfolge im Sinne der gesellschaftlichen Gesamtproduktivität, nicht aber aufgrund beispielsweise ihrer sozialen Herkunft bestimmt beziehungsweise verliehen wird.

Leistungsgesellschaften erheben den Anspruch auf Durchsetzung des Leistungsprinzips als *regulierenden Mechanismus* für die Verteilung von Status und Einkommen, für die Allokation von Positionen sowie für die Eröffnung von Zugangschancen zu gesellschaftlichen Einrichtungen. Gilt das Leistungsprinzip, so steht die individuelle Lern- und →Arbeitsleistung im Vordergrund sozialisatorischer Bemühungen an den Gesellschaftsmitgliedern, nicht aber die Förderung ihrer Individualität. Soziales Handeln in einer Gesellschaft wird dementsprechend vorrangig durch Leistungsmotivation (→Motivation) bestimmt. Die wichtigste Voraussetzung, zugleich aber auch der zentrale Inhalt des Leistungsprinzips ist die Chancengleichheit (→Gleichstellung) der Betroffenen im Sinne der Eröffnung gleicher Möglichkeiten zur Leistung. Kritiker des Leistungsprinzips verweisen unter anderem darauf, dass wirtschaftliche Leistungen und Erfolge im Verhältnis zu anderen gesellschaftlich bedeutsamen Leistungen zu stark überbewertet werden.

Wirtschaftsorganisationen sind dadurch gekennzeichnet, dass sie Leistungen erstellen und verwerten. In ihnen gilt – zumindest dem Anspruch nach – das Leistungsprinzip als Grundlage effizienten, das heißt wirtschaftlich rationalen Handelns. Es erlangt unter anderem dadurch Gültigkeit, dass der Status und die →Macht einer Person – ihre Positionierung im Rahmen der →Hierarchie – sowie die gewährten Entschädigungen von ihrer →Arbeitsleistung und/oder ihrem →Leistungspotenzial abhängig gemacht werden. Die Gültigkeit des formalen Leistungsprinzips bedeutet aber zunächst nur, dass seine praktische Wirksamkeit (die Herstellung personaler →Differenzierung auf Grundlage der Arbeitsleistung) nicht in Frage gestellt wird. Die faktische Anwendung des Leistungsprinzips impliziert hingegen das Erfordernis, individuell erbrachte Leistung derart zu bestimmen, dass möglichst objektive Vergleiche unterschiedlicher Leistungen vorgenommen werden können. Die Bestimmung und der Vergleich von Leistungen in →Organisationen erfolgen deshalb durch →Leistungsbeurteilung. Insofern liegt das Leistungsprinzip der Beurteilung und Differenzierung des Personals in Organisationen zugrunde.

Die Wirksamkeit des Leistungsprinzips erodiert, wenn betriebliche und gesellschaftliche Verteilungen nach anderen Kriterien – beispielsweise dem Senioritätsprinzip (→Seniorität), persönlichen Beziehungen zu Entscheidungsträgern oder sozialen Gesichtspunkten – vorgenommen werden.

Literatur: *Bolte, K. M.*: Leistung und Leistungsprinzip. Zur Konzeption, Wirklichkeit und Möglichkeit eines gesellschaftlichen Gestaltungsprinzips, Opladen 1979. *Hartfiel, G.* (Hrsg.): Das Leistungsprinzip, Opladen 1977. *Offe, C.*: Leistungsprinzip und industrielle Arbeit: Mechanismen der Statusverteilung in Arbeitsorganisationen der industriellen Leistungsgesellschaft, Frankfurt a. M. 1970.

Jürgen Grieger

Leistungsprogramm →Bedarfsdeterminanten

Leistungsstörung

aus arbeitswissenschaftlicher Perspektive (→Arbeitswissenschaft) alle Ursachen, die zu einem vorübergehenden oder andauernden Rückgang der →Leistungsbereitschaft einer Person (→Motivation) führen.

Leistungsstörungen zeigen sich vor allem darin, dass sich die erbrachte Leistung qualitativ oder quantitativ verschlechtert. Sie können sich aber auch in einem Verhalten niederschlagen, das gezielt gegen die Unternehmensziele gerichtet ist. Leistungsstörungen können auf verschiedene Ursachen zurückgehen, wie *Gmür* und *Thommen* (2005) aufzeigen:

- *Ergonomische Beeinträchtigungen*: Dazu zählen Mängel in der Gestaltung und Ausstattung des Arbeitsplatzes (→Ergonomische Arbeitsbedingungen) oder äußere Störeinflüsse (wie andauernde Lärmbelästigung oder häufige Unterbrechungen des Arbeitsflusses). Dabei ist durchaus möglich, dass die betroffene Person diese Störungen gar nicht bewusst wahrnimmt, jedoch unterbewusst mit →Stress und Leistungsrückgang reagiert. Eine Beseitigung dieser Ursache für die Leistungsstörung ist in der Regel durch einen äußeren Eingriff leicht möglich.

- *Qualifikationsdefizite*: Änderungen in den Aufgabenstellungen stellen häufig neuartige →Anforderungen an die individuelle →Qualifikation. Wenn die Person nicht in der Lage ist, die neuen Kenntnisse und Fertigkeiten (→Qualifikation) zu erwerben, wird damit die Leistung beeinträchtigt. Ähnlich wie bei den ergonomischen Ursachen müssen diese Defizite der betroffenen Person nicht bewusst sein. Gerade die →Personalentwicklung trägt zur Beseitigung der Störungsursachen bei.

- *Motivationale Störungen*: Fehlende oder enttäuschte →Motive der Person (→Demotivation, →Frustration) können ebenfalls zu Leistungsstörungen führen. In diesem Fall sind der betreffenden Person die Ursachen bewusst, jedoch ist sie unter Umständen nicht bereit, sich mit deren Beseitigung aktiv auseinanderzusetzen. Diese Ursachen lassen sich nur durch aktive Einbindung der betreffenden Person beseitigen.

- *Soziale →Konflikte*: Leistungsstörungen können schließlich auch auf Konflikte mit Führungskräften oder Kollegen zurückzuführen sein. Wenn eine Person mit ihrer Leistung gegen soziale Normen und Rollenerwartungen verstößt (wie Arbeitsnormen bei →Akkordlohn oder die Erwartung, sich Führungskräften und älteren Kollegen unterzuordnen), wird sie mit Widerstand und Ablehnung konfrontiert, die ihre Leistung beeinträchtigen. Eine Beseitigung der Ursachen für die Leistungsstörungen erfordert einen systemischen Beratungsansatz, der alle beteiligten Personen mit einbezieht.

Leistungsstörungen stellen personalpolitisch eine große Herausforderung dar, da ihre Ursachen stark subjektiv wahrgenommen werden und deshalb von außen oft nur schwer erkennbar sind. Eine intakte Kommunikationsbeziehung zwischen der Unternehmensleitung oder der Führungskraft und den betreffenden Mitarbeitern ist deshalb die wichtigste Voraussetzung zur Beseitigung von Leistungsstörungen.

Literatur: *Gmür, M.*; *Thommen, J.-P.*: Human Resource Management, Zürich 2005.

Markus Gmür

Leistungstest

standardisiertes Erhebungsverfahren, das der Messung des aktuellen Leistungsniveaus, das heißt der Beanspruchbarkeit der gegenwärtigen →Leistungsfähigkeit von Personen (häufig Bewerbern) in unterschiedlichen, jeweils definierten Fähigkeitsbereichen dient.

Leistungstests werden oftmals in Kombination mit Konzentrationstests, aber auch mit →Persönlichkeits- und →Intelligenztests durchgeführt und sollen sowohl Aufschluss über die →Eignung von Kandidaten für bestimmte Tätigkeiten geben als auch der *Prognose* der Bewältigung von Anforderungen (häufig im Rahmen der Berufsausbildung) zugrunde gelegt werden (→Testverfahren).

Charakteristisch für Leistungstests ist der durch die Vorgabe einer stark limitierten Bearbeitungszeit für den →Test oder für einzelne Aufgaben bei den Testteilnehmern systematisch erzeugte →Stress. Leistungstests liegen in einer unüberschaubaren Vielzahl von Varianten vor, deren Seriosität stark variiert. Ihre methodische →Qualität wird aber grundsätzlich als nur gering eingeschätzt. In der personalwirtschaftlichen Praxis gelangen häufig Konzentrations-Leistungs-Tests und Aufmerksamkeits-Belastungs-Tests in den Bereichen →Personalauswahl, Personaleinsatz und →Personalentwicklung zum Einsatz.

Die weite Verbreitung und der relativ unkritische Einsatz von Leistungstests lässt sich zum einen durch ihre einfache Handhabung und Auswertung sowie zum anderen durch den mit ihnen verbundenen geringen Aufwand bei der Auswahl von Kandidaten aus einer großen Anzahl von Bewerbern erklären. Der ihrer Konstruktion entsprechende, stark restriktive Charakter der personellen Diskriminierung erlaubt allerdings keine differenzierten Prognosen von Berufserfolg, da der Anforderungs- und Situationsbezug der in den Tests zu bearbeitenden Aufgaben nur selten gegeben ist.

Jürgen Grieger

Leistungsturniere

gezielt vom →Arbeitgeber als Wettbewerb gestaltete und mit der Vergabe von Gewinner- und Verliererprämien gekoppelte relative Leistungsbewertungen von →Arbeitnehmern, die aufgrund ähnlicher Aufgaben in einem direkten Leistungsvergleich stehen.

Die Theorie solcher Leistungsturniere geht auf die Arbeit von *Lazear* und *Rosen* (1981) zurück, zusammenfassende Überblicke finden sich in *Kräkel* (1999, 2004). In der Praxis existieren zahlreiche Beispiele für Leistungsturniere: Außendienstmitarbeiter konkurrieren um Zusatzprämien, Verkäufer um die Auszeichnung „Mitarbeiter des Monats" und Arbeitnehmer in Beförderungsturnieren (→Beförderung) um den Aufstieg auf einen höheren hierarchischen Rang. Ein weiteres Beispiel stellt das so genannte Forced-Distribution- oder Forced-Ranking-System dar.

Wichtiges Kennzeichen von Leistungsturnieren ist die verbindliche Festlegung von Gewinner- und Verliererpreisen vor Beginn des Turniers (bspw. der Gehaltszuwachs bei Beförderung), wodurch bei den beteiligten Arbeitnehmern gezielt →Anreize induziert werden. Zudem können Turniere auch als Selektionsinstrument vom Arbeitgeber eingesetzt werden (vor allem Beförderungsturniere).

Leistungsturniere weisen diverse Vor- und Nachteile auf. Zu den *Vorteilen* zählen niedrige Messkosten, da die Arbeitnehmerleistungen nur auf einem ordinalen und nicht auf einem kardinalen Niveau gemessen werden. Zudem werden durch den relativen Leistungsvergleich gemeinsame exogene Erfolgsrisiken bei den Arbeitnehmern herausgefiltert (wie konjunkturelle Einflüsse beim Erfolg im Verkaufsbereich), wodurch Risikokosten in Form der →Risikoprämie eingespart werden. Durch die Vorabfestlegung von Gewinner- und Verliererpreisen kann der Arbeitgeber zudem Anreize gestalten, ohne exorbitant hohe Lohnkosten ex post befürchten zu müssen, was vor allem für den Eintritt in neue Marktsegmente relevant ist. Schließlich erlauben Leistungsturniere auch dann noch eine anreizkompatible Entlohnung, wenn individuelle Prämiensysteme aufgrund von Nicht-Kontrahierbarkeiten versagen.

Zu den wichtigsten *Nachteilen* zählen Sabotage- und Mobbinggefahren (→Mobbing). Da in Leistungsturnieren nur entscheidend ist, besser als die Konkurrenten zu sein, kann dies einerseits über eine hohe konstruktive Anstrengung erreicht werden, andererseits aber auch durch die destruktive Schädigung der Konkurrenten (unter anderem auch durch subtile Maßnahmen wie das Vorenthalten wichtiger →Informationen). Ein weiteres Problem kann in Form horizontaler Kollusionen bestehen. Solche Absprachen sind aus Sicht der beteiligten Turnierteilnehmer kollektiv rational, da diese hierdurch gemeinsam ihre Anstrengungen reduzieren können, ohne etwas am gegebenen Ranking zu verändern. Allerdings ist fraglich, wie stabil derartige Absprachen sind. Ein letztes gravierendes Problem kann in der Inkompatibilität mit Teamarbeit gesehen werden, da einer →Kooperation in Teams genau entgegengewirkt wird. Mögliche Lösungen könnten hier über modifizierte Leistungskriterien bestehen, die unter anderem auch die →Kooperationsbereitschaft mitbewerten, oder aber über die Gestaltung von Turnieren zwischen Teams.

Literatur: *Kräkel, M.*: Organisation und Management, 2. Aufl., Tübingen 2004, Kap. III und IV. *Kräkel, M.*: Ökonomische Analyse der betrieblichen Karrierepolitik, 2. Aufl., München, Mering 1999, Abschnitt IV 2.5.2. *Lazear, E. P.; Rosen, S.*: Rank-Order Tournaments as Optimum Labor Contracts, in: Journal of Political Economy, 89. Jg. (1981), S. 841–864.

Matthias Kräkel

Leistungsvorteile von Gruppen

→Gruppenvorteile gegenüber einzelnen Personen bei Aufgaben des Tragens und Hebens, Suchens und Findens sowie Bestimmens und Normierens.

Seit dem umfassenden Einsatz von Maschinen für schwere Arbeiten ist die Bedeutung körperlicher →Arbeit stark zurückgegangen, so dass es heute in erster Linie auf den Leistungsvorteil bei *geistiger Arbeit* ankommt (*Hofstätter* 1965). Dieser lässt sich allerdings nicht mehr durch Kräfteaddition berechnen. Vielmehr scheint bei steigender →Gruppengröße ein ertragsgesetzlicher Verlauf mit sinkender Grenzproduktivität vorzuliegen. Neben der Größe hat auch die Zusammensetzung der →Gruppe (→Gruppenzusammensetzung) einen Einfluss auf die Leistung: Unstrukturierte Aufgaben lassen sich offenbar besser in Gruppen mit heterogener Zusammensetzung lösen als bei konformen Persönlichkeitsmerkmalen.

Die Leistungssteigerung ist allerdings nicht das einzige Motiv bei der →Gruppenbildung. Mit →Gruppenarbeit wird auch eine Steigerung der →Arbeitszufriedenheit angestrebt.

Literatur: *Hofstätter, P. R.*: Gruppendynamik, Reinbek 1965.

Jan Hendrik Fisch

Leitbild

Zusammenfassung der allgemeingültigen Grundsätze und Vorstellungen des Unternehmens auf abstrakter Ebene, an denen sich Entscheidungen und Verhaltensweisen im Unternehmen orientieren sollen.

In den meisten Fällen wird ein Leitbild von der Unternehmensleitung schriftlich fixiert und für verbindlich erklärt. Nach *Herbst* (2006) empfiehlt es sich aber bei der Leitbilderstellung, auch die Mitarbeiter mit einzubeziehen, da dadurch gewährleistet ist, dass das Leitbild eine breite Basis im Unternehmen findet.

Die *Inhalte* des Leitbilds sind unternehmensspezifisch und hängen auch von der Führungsauffassung des Managements ab. Ein Leitbild wäre laut *Bleicher* (1991) aber unvollständig, wenn es nicht Aussagen über →Führungsgrundsätze oder allgemeiner noch die Beziehung zwischen Unternehmen und Mitarbeitern enthalten würde. Hier kommt der →Personalabteilung die Aufgabe zu, diese Grundsätze zu definieren und in das Leitbild einzubringen. Eine erfolgreiche Umsetzung gerade im Personalbereich bedingt, dass die personalpolitischen Entscheidungen an den Inhalten des Leitbilds ausgerichtet werden. Aus diesem Grund ist es wichtig, dass das Leitbild durch möglichst exakte Festlegungen auch erlaubt, schwierige Entscheidungen zu treffen. Um eine breite Verankerung des Leitbilds bei den Mitarbeitern zu erreichen, sollte es Bestandteil der →Personalentwicklung sein.

Eine wichtige *Aufgabe* und damit der *Vorteil* des Leitbilds ist die implizite →Koordination der Entscheidungen und Aktivitäten im Unternehmen. Durch die Vorgabe allgemeiner Richtlinien durch das Leitbild wird den Entscheidungsträgern eine zumindest grobe Orientierungshilfe gegeben, was die Koordination durch geeignete Mechanismen erleichtert. Ein weiteres wichtiges Ziel der Leitbilddefinition ist die Schaffung einer →Corporate Identity, also eines verbindenden Elements, das den Mitarbeitern das Bewusstsein der Zugehörigkeit zum Unternehmen vermittelt und dem Unternehmen ein charakteristisches Profil verleiht. Auch die Signalwirkung an unternehmensexterne →Gruppen wie zum Beispiel Kunden oder Lieferanten stellt eine wichtige Aufgabe dar.

Die *Nachteile* des Leitbilds ergeben sich vor allem aus der Gefahr, dass es zu allgemein formuliert und damit unverbindlich wird. Wird das Leitbild andererseits zu eng definiert, kann es zur →Formalisierung und zum Verlust an →Flexibilität beitragen. Auch können die Normen und Werte einzelner Mitarbeiter mit dem Leitbild nicht übereinstimmen, was vor allem bei international tätigen Unternehmen aufgrund soziokultureller Unterschiede in den einzelnen Ländern der Fall sein kann. Generell sollte schon bei der Festlegung der Inhalte darauf geachtet werden, dass das Leitbild auch in schwierigen Zeiten für das Unternehmen eine geeignete Orientierungshilfe darstellt und nicht zur „Schönwetterveranstaltung" wird. Häufige Änderungen des Leitbilds führen zur Verwirrung bei den internen und externen Zielgruppen, weswegen dies eher vermieden werden sollte.

Literatur: *Bleicher, K.*: Organisation, 2. Aufl., Wiesbaden 1991, S. 82–102. *Herbst, D.*: Corporate Identity: Aufbau einer einzigartigen Unternehmensidentität, Leitbild und Unternehmenskultur, Berlin 2006.

Reinhard Meckl

Leitende Angestellte

in unterschiedlichen Bereichen des →Arbeitsrechts unterschiedlich geregelter Begriff einer Mitarbeitergruppe in Unternehmen.

Der Begriff des leitenden Angestellten kann nicht einheitlich für das gesamte Arbeitsrecht definiert werden. Er wird vielmehr in unterschiedlichen Bereichen des Arbeitsrechts unterschiedlich geregelt. In der Praxis ist festzustellen, dass der Begriff häufig untechnisch verwendet wird, oftmals jedoch auch der Anwendungsbereich der gesetzlichen Bestimmungen deutlich weiter gesehen wird, als er tatsächlich ist. Viele →Arbeitnehmer, von denen sowohl der →Arbeitgeber als auch sie glauben, leitende Angestellte zu sein, sind es tatsächlich nicht. Dabei ist zu bedenken, dass die einzelnen Vorschriften, durch die leitende Angestellte definiert werden, zwingend sind, also nicht zur Disposition der Arbeitsvertragsparteien stehen. Leitender Angestellter ist nur derjenige, der die entsprechenden Tatbestandsmerkmale der gesetzlichen Regelungen erfüllt, und nicht bereits derjenige, der im →Arbeitsvertrag als lediglich leitender Angestellter bezeichnet wird.

Für das Betriebsverfassungsrecht enthält § 5 Abs. 3, 4 BetrVG die Definition des leitenden Angestellten, für den das →Betriebsverfassungsgesetz, soweit nicht ausdrücklich etwas anderes bestimmt ist, keine Anwendung findet. Für leitende Angestellte in betriebsver-

Leitende Angestellte

fassungsrechtlichem Sinne gilt stattdessen das *Sprecherausschussgesetz*. Leitende Angestellte werden also vom →Betriebsrat nicht repräsentiert und sind bei Betriebsratswahlen weder wahlberechtigt noch wählbar. Nach dem Sprecherausschussgesetz können sie als Interessenvertretung einen Sprecherausschuss wählen, was jedoch in mittelständischen Unternehmen eher selten geschieht.

Nach § 5 Abs. 3 Nr. 1 BetrVG ist leitender Angestellter, wer nach Arbeitsvertrag und Stellung im Unternehmen oder im Betrieb zur selbstständigen Einstellung und →Entlassung von im Betrieb oder in der Betriebsabteilung beschäftigten Arbeitnehmern berechtigt ist. Die Befugnis muss sich auf Einstellung und Entlassung beziehen. Einstellungs- und Entlassungsbefugnis bedeutet, dass der Angestellte selbstständig, also ohne Unterzeichnung anderer Personen, sowohl Arbeitsverträge abschließen als auch Kündigungen aussprechen darf. Die in der Praxis häufige Mitentscheidungsbefugnis bei der Auswahl der einzustellenden oder zu entlassenden Mitarbeiter, ohne das anschließende Rechtsgeschäft selbst vorzunehmen, reicht deshalb nicht aus. Ebenso wenig reicht es aus, wenn zwar der Angestellte im Außenverhältnis befugt ist, Einstellungen (→Personalbeschaffung) und Entlassungen vorzunehmen, dabei jedoch im Innenverhältnis Weisungen des Arbeitgebers zu beachten hat.

§ 5 Abs. 3 Nr. 2 BetrVG erklärt denjenigen zum leitenden Angestellten, der Generalvollmacht oder Prokura hat und die Prokura auch im Verhältnis zum Arbeitgeber nicht unbedeutend ist. Im Außenverhältnis kann die Prokura mit Ausnahme der Gemeinschaftsprokura und Niederlassungsprokura nicht wirksam eingeschränkt werden. Im Innenverhältnis sind dagegen Einschränkungen wirksam. Gehen diese Einschränkungen so weit, dass der Prokurist von seiner Prokura gar keinen Gebrauch machen darf (so genannte Titularprokura), reicht das nicht aus, um die Definition des § 5 Abs. 3 Nr. 2 BetrVG zu erfüllen, weil die Titularprokura im Verhältnis zum Arbeitgeber unbedeutend ist. Liegt im Innenverhältnis eine teilweise Einschränkung des gesetzlich definierten Umfangs der Vertretungsmacht vor, kommt es für die Eigenschaft als leitender Angestellter darauf an, dass trotz Einschränkung im Innenverhältnis ein bedeutender Spielraum für den Prokuristen verbleibt.

Den eigentlichen Grundtatbestand für die Abgrenzung der leitenden Angestellten bildet § 5 Abs. 3 Nr. 3 BetrVG. Danach ist leitender Angestellter, wer nach Stellung im Betrieb oder Unternehmen regelmäßig sonstige Aufgaben wahrnimmt, die für den Bestand und die Entwicklung des Unternehmens oder eines Betriebs von Bedeutung sind und deren Erfüllung besondere Erfahrung oder Kenntnisse (→Qualifikation) voraussetzt, wenn er dabei entweder die Entscheidungen im Wesentlichen frei von Weisungen trifft oder sie maßgeblich beeinflusst (*Berg* und *Däubler* 2000, § 5 BetrVG Rn. 183, 191, *Hromadka* 1990, S. 58); dies kann auch bei Vorgaben insbesondere von Rechtsvorschriften, Plänen oder Richtlinien sowie bei Zusammenarbeit mit anderen leitenden Angestellten gegeben sein. Das Bundesarbeitsgericht lässt dafür unter bestimmten Voraussetzungen auch eine Stabsfunktion ausreichen. Der Angestellte muss nicht die maßgeblichen Entscheidungen selbst treffen oder eine unmittelbare Führungskraftstellung im personellen Bereich haben. Er muss jedoch kraft seiner Schlüsselposition die Voraussetzungen für unternehmerische Entscheidungen schaffen, an denen – so das BAG wörtlich – „die eigentliche →Unternehmensführung nicht vorbei gehen kann" (BAG, Urteil vom 27.04.1988, AP Nr. 37 zu § 5 BetrVG 1972, BAGE 58, S. 210f.).

Verbleiben nach Prüfung des § 5 Abs. 3 Nr. 3 BetrVG Zweifel daran, ob jemand leitender Angestellter ist, enthält § 5 Abs. 4 BetrVG weitere Abgrenzungsmerkmale. Diese greifen jedoch nicht als erweiterte Definition ein, wenn nach § 5 Abs. 3 Nr. 3 BetrVG fest steht, dass der betreffende Arbeitnehmer nicht leitender Angestellter ist. Nur wenn gar keine Einordnung durch § 5 Abs. 3 Nr. 3 BetrVG möglich ist, darf § 5 Abs. 4 BetrVG geprüft werden. Im Zweifel ist danach leitender Angestellter, wer aus Anlass der letzten Wahl des Betriebsrats, des Sprecherausschusses oder von Aufsichtsratsmitgliedern (→Unternehmensmitbestimmung) der Arbeitnehmer oder durch rechtskräftige gerichtliche Entscheidung den leitenden Angestellten zugeordnet worden ist (§ 5 Abs. 4 Nr. 1 BetrVG) oder einer Leitungsebene angehört, auf der in dem Unternehmen überwiegend leitende Angestellte vertreten sind (§ 5 Abs. 4 Nr. 2 BetrVG) oder ein regelmäßiges Jahresarbeitsentgelt bezieht, das für leitende Angestellte in dem Unternehmen üblich ist (§ 5 Abs. 4 Nr. 3 BetrVG) oder – falls bei § 5 Abs. 4 Nr. 3 BetrVG noch Zweifel bleiben – ein regelmäßiges Jahresarbeitsentgelt bezieht, das das Dreifache der Bezugsgröße nach § 18 des SGB IV überschreitet.

Der Begriff des leitenden Angestellten in kündigungsschutzrechtlichem Sinn ist in § 14 Abs. 2 KSchG definiert. Danach finden auf Geschäftsführer, Betriebsleiter und ähnliche leitende Angestellte, soweit diese zu selbstständigen Einstellung oder Entlassung von Arbeitnehmern berechtigt sind, die kündigungsschutzrechtlichen Vorschriften grundsätzlich Anwendung. Ein wichtiger Unterschied besteht allerdings darin, dass der Auflösungsantrag des Arbeitgebers im Rahmen des § 9 KSchG keiner Begründung bedarf (→ Kündigungsschutzklage). Dadurch wird der Bestandsschutz für Arbeitsverhältnisse von leitenden Angestellten im Sinne des § 14 Abs. 2 KSchG wesentlich eingeschränkt. Auch wenn die → Kündigung sozial nicht gerechtfertigt ist, kann der Arbeitgeber ohne weitere Begründung die Auflösung des Arbeitsverhältnisses gegen Zahlung einer → Abfindung erreichen.

Nach dem Wortlaut des § 14 Abs. 2 KSchG ist nicht eindeutig, ob die Einstellungs- oder Entlassungsbefugnis sich nur auf „ähnliche leitende Angestellte" oder auch „auf die zuvor genannten Geschäftsführer und Betriebsleiter bezieht. Das Bundesarbeitsgericht hat diesen Meinungsstreit inzwischen so entschieden, dass diese Befugnis Voraussetzung für alle drei Personengruppen ist (BAG, Urteil vom 18. 10. 2000, AZ.: 2 AZR 465/99). Eindeutig ist der Wortlaut allerdings, wenn er es ausreichen lässt, dass Einstellungs- oder Entlassungsbefugnis ausreicht und dadurch die tatbestandlichen → Anforderungen an den leitenden Angestellten insoweit geringer sind als bei § 5 Abs. 3 Nr. 1 BetrVG, bei dem diese beiden Befugnisse kumulativ vorliegen müssen. Allerdings muss im Rahmen des § 14 Abs. 2 KSchG die Einstellungs- oder Entlassungsbefugnis der Tätigkeit ein gewisses Gepräge geben und darf nicht nur unerheblich sein.

Der Begriff des Geschäftsführers in § 14 Abs. 2 KSchG ist nicht im GmbH-rechtlichen Sinne gemeint, sondern soll Personen erfassen, die allein oder gemeinsam mit anderen die Führung des Unternehmens innehaben. Der GmbH-Geschäftsführer als Organ der Gesellschaft fällt unter § 14 Abs. 1 Nr. 1 KSchG, so dass das Kündigungsschutzgesetz auf ihn überhaupt keine Anwendung findet.

In anderen Bereichen des Arbeitsrechts gewinnt der Begriff des leitenden Angestellten ebenfalls Bedeutung, so etwa in § 18 Abs. 1 Nr. 1 → Arbeitszeitgesetz (ArbZG), ausweislich dessen das ArbZG für leitende Angestellte keine Anwendung findet und hinsichtlich des Begriffs des leitenden Angestellten auf § 5 Abs. 3 BetrVG verwiesen wird.

Literatur: *Berg, P.; Däubler, W.* (Hrsg.): Betriebsverfassungsgesetz, 7. Aufl., Frankfurt a. M. 2000. *Hromadka, W.:* Der Begriff des leitenden Angestellten, in: der Betriebsberater, Stuttgart 1990, S 57–64.

Friedrich Meyer

Leitungsspanne

Anzahl der → Stellen, die einer Leitungsstelle direkt untergeordnet sind.

Für die Bemessung der optimalen Leitungsspanne gibt es keine allgemeingültige Regel. Sie bestimmt sich nach der Menge von → Informationen, die von der Leitungsstelle verarbeitet werden müssen, welche wiederum von mehreren Faktoren abhängt. Sind die Arbeitsaufgaben neuartig und komplex, kann die → Führungskraft weniger Mitarbeiter betreuen als bei Routineaufgaben. Mangelnde → Qualifikation der Mitarbeiter erfordert ebenfalls eine intensivere Betreuung durch die Führungskraft. Besitzt die Führungskraft keine Unterstützung durch → Informationssysteme, nimmt die Übersichtlichkeit des unterstellten Bereichs ab. Muss die Führungskraft schließlich auf die koordinative Unterstützung einer starken, kollektivistisch ausgerichteten Unternehmenskultur (→ Organisationskultur) verzichten, legt auch dies eine Verkleinerung der Leitungsspanne nahe.

Umgekehrt proportional zur Leitungsspanne verhält sich, bei konstanter Stellenanzahl, die Leitungstiefe. Diese gibt die Anzahl der Hierarchieebenen (→ Hierarchie) in einer → Organisation wieder.

Literatur: *Krüger, W.:* Organisation der Unternehmung, 4. Aufl., Stuttgart 2004.

Jan Hendrik Fisch

Lern- und Informationsspiele

dienen in Unternehmen dazu, spezifische Lerninhalte spielerisch zu vermitteln (→ Spielen im Arbeitskontext) und die Teilnehmenden zu informieren (syn.: didaktische Spiele).

Lernatmosphäre

Lern- und Informationsspiele beziehen sich vor allem auf problembehaftete Situationen, die Erwachsene nicht nur formalisiert, sondern zunehmend erfahrungsbezogen und wirklichkeitsnah erlernen möchten (*Kauke* 1992). In Lern- und Informationsspielen werden die Spieler in Ausgangssituationen versetzt, in denen sie allein, in →Interaktion mit dem computerbasierten Lernsystem oder in Interaktion mit anderen Mitspielern „richtige Lösungen" erlernen. Häufig ist hiermit ein Sanktionssystem gekoppelt, das richtige Antworten belohnt oder falsche Antworten bestraft, etwa über Punkte oder Spielstufen mit unterschiedlichen Schwierigkeitsgraden.

Von der didaktischen Konzeption der Lern- und Informationsspiele her stehen mehrere Alternativen der Wissensvermittlung zur Verfügung: Das Spiel

- gibt dezidierte Hinweise,
- veranlasst den Teilnehmenden zum Wiederholen und Üben des Gelernten,
- ermöglicht das Entdecken von inhaltlichen Zusammenhängen,
- bedient sich eines Tutorsystems mit weniger oder mehr Steuerungsmöglichkeiten für den Spielenden,
- vermittelt →Wissen beiläufig über unterhaltsam verfremdete Inhalte oder
- initiiert ein „Learning by doing", bei dem konkrete Aufgaben ausgeführt werden müssen.

Lern- und Interaktionsspiele kommen vor allem innerhalb von Trainings Off-the-Job zum Einsatz.

Literatur: *Kauke, M.*: Spielintelligenz. Spielend lernen – Spielen lernen?, Heidelberg etc. 1992.

Volker Stein

Lernatmosphäre →Learning Climate

Lernen

Erweiterung von Kognitionen und Fertigkeiten beziehungsweise Veränderung von →Motivation, Gefühlen und Einstellungen, in deren Folge Individuen zu neuen Verhaltensmustern und Handlungsstrategien gelangen.

Nach *Trautner* (1992, S. 21) ist Lernen „der Sammelbegriff für verschiedene Prozesse der *Erfahrung*, *Übung* und →*Beobachtung*, durch die es zu mehr oder weniger überdauernden Verhaltensänderungen kommt. Lernprozesse können sowohl zur *Aneignung* neuer Verhaltensmuster als auch zur *Veränderung* bereits vorhandener Verhaltensmerkmale führen." Die Fähigkei eines Individuums zu lernen, beschreibt also seine Fähigkeit zur Verhaltensänderung.

Nach *Lewin* (1942) gilt es mindestens vier Arten von Verhaltensänderung zu unterscheiden:

1. *Lernen als Veränderung der kognitiven Struktur* (→Wissen im engeren Sinn).

2. *Lernen als Veränderung der Motivation* (Bedürfnisse, Vorlieben, Anspruchsniveaus).

3. *Lernen als Veränderung der Gruppenzugehörigkeit oder Ideologie* (z. B. Hineinwachsen in eine →Kultur oder organisationale Gemeinschaft, interaktionsbasiertes Lernen).

4. *Lernen in der Bedeutung der Willkürbeherrschung der Körpermuskulatur* (z. B. motorische Fähigkeiten des Laufens, Sprechens oder der Selbstbeherrschung).

Der Begriff des Lernens richtet sich also nicht ausschließlich auf kognitive Prozesse, sondern beinhaltet ebenso interaktionale und motivationale Aspekte. Die dahinter stehenden Lernprozesse sind den Lernenden unterschiedlich stark bewusst und in der Praxis unterschiedlich stark institutionalisiert.

Lernen als *Erfahrung* wird auch als →*Sozialisation* in einer Gemeinschaft, die Handlungsweisen auf neue Mitglieder überträgt, bezeichnet. Die Erweiterung der Handlungsoptionen findet über das Mit-Erleben statt. Beispielgebend ist dafür die Übertragung von Verhaltensweisen und Gewohnheiten zwischen Generationen. Verhaltensweisen der Elterngeneration werden oftmals nicht hinterfragt und von den Kindern internalisiert ohne dass es ihrer Explikation bedarf. Diese Form des Lernens spielt auch am Arbeitsplatz durch *berufliche Sozialisation* eine wichtige und angesichts der wachsenden Bedeutung informeller Weiterbildung immer wichtigere Rolle. Erfahrungslernen ist eine Quelle, um Kenntnis über die Variationsbreite möglicher Probleme zu erlangen und geeignete Lösungsstrategien zu identifizieren. In vielen Tätigkeitsfeldern, wie zum Beispiel Handwerk, Medizin oder →Mitarbeiterführung ist Erfahrung konstitutives Element der Expertise.

Geht es um die bewusste Gestaltung von Lernprozessen (→Wissensmanagement), dann stellt gerade das Erfahrungslernen eine Herausforderung dar, weil es an die Verfügbarkeit von Zeit gebunden ist, wohingegen andere Lernprozesse intensiviert und mithin auch beschleunigt werden können. Gleichzeitig lässt Erfahrungslernen sich nicht unterbinden und beherbergt ungewollte Beharrungskräfte, die eine Pfadabhängigkeit induzieren, wodurch sprunghafte Veränderungen und das Aufspüren innovativer Lösungen erschwert werden.

Unter der Leseart des →Action Learning wird erfahrungsbasiertes Lernen zu einem stärker bewussten und bewusst gestaltbaren Prozess. Diese Ansätze betonen, dass Lernen erst durch die Reflexion über die Erfahrung stattfindet, in dem eine Beziehung zu früheren Erfahrungen hergestellt wird.

Der Prozess der Übung ist eine Wiederholungsleistung, durch die Verhalten (→Behaviorismus) vorbereitet und erprobt wird. Gelernt wird bei dieser stark institutionalisierten Form des Lernens durch Anwendung beziehungsweise eigenes Handeln. Übung dient gleichermaßen der Entwicklung kognitiver Fähigkeiten, motorischer Fertigkeiten und interaktionsbasierter Verhaltensweisen. Sie ist für den →Lernprozess zentral, weil sie den Raum für Probehandeln schafft, womit die Wahrscheinlichkeit erhöht wird, eine dauerhafte Verhaltensänderung zu erzielen. Übung kann mögliche Transferprobleme zwischen Lernfeld und Funktionsfeld reduzieren.

Beim Beobachtungsprozess findet Lernen modellhaft über das Verhalten anderer statt. Hierauf hat vor allem Bandura (1986) im Rahmen der →sozial-kognitiven Theorie (auch →Neuere Lerntheorien) aufmerksam gemacht. In Abgrenzung zu frühen Lerntheorien des →Behaviorismus, die Belohnungs- und Bestrafungsaspekte zur Verstärkung oder Abschwächung von Verhalten in den Vordergrund gestellt haben, zeigt Bandura, dass auch über die Beobachtung des Verhaltens anderer sowie die beobachteten Handlungsfolgen, die sich aus dem Verhalten anderer ergeben, individuelles Verhalten verändert werden kann. Im Gegensatz zur Sozialisation und Übung steht beim Modelllernen (→Sozial-kognitive Theorie) der kognitive Lernprozess im Vordergrund. Voraussetzung für den Transfer des Beobachteten auf das eigene Verhalten ist, dass die Beobachtung für den Lernenden anschlussfähig ist. Sie muss sozial vermittelt werden, indem sie an die Lebens- und Erfahrungswelt des Lernenden anknüpft.

Zieht man konstruktivistische Überlegungen (→Konstruktivismus) zur Beschreibung des Lernprozesses hinzu, so sind auch die Interpretation und Reflexion wichtige Facetten des Lernprozesses. Damit werden wichtige Ergänzungen zu den bereits beschriebenen Prozessen vorgenommen, bei denen individuelle Deutungen und subjektive Konstruktionen von Lerninhalten zwar nicht ausgeschlossen werden, aber letztlich nicht im Fokus stehen. Lernen ist damit eher die Verknüpfung eines Lerninhaltes mit dem individuellen kognitiven Schema beziehungsweise die subjektive Auswertung gesammelter Erfahrungen. Lernen wird hier eher auf der Meta-Ebene über die eigene Handlung und weniger im Handlungsvollzug beziehungsweise der Verhaltensausübung gesehen.

Legt man eine konstruktivistische Perspektive zu Grunde, so lässt sich ein Lernerfolg nicht einfach an objektiven fremddefinierten Kriterien messen, sondern wird individuell in Form eines wahrgenommenen Lernzuwachses bewertet. Daher spielen subjektive Einschätzungen im Rahmen von Lernevaluationen eine zunehmend wichtigere Rolle. Andere Ansätze zielen darauf ab, Lernerfolg über neue Verhaltensweisen beziehungsweise erkennbare Verhaltensänderungen sowie die problembezogene Anwendung des Wissens in →Testverfahren zu erschließen. Der Lernprozess selbst gilt in pädagogischen Ansätzen als nicht beobachtbar. Wie sich beispielsweise Verknüpfungen in der kognitiven Struktur als Voraussetzung einer Verhaltensänderung bilden oder rekonfigurieren, ist Gegenstand der neurobiologischen und neuropsychologischen Forschung.

Die neuere neuropsychologische Forschung macht den Lernprozess selbst zum Erkenntnisgegenstand, indem sie versucht ihn über die Messung von Gehirnströmen und aktivierten Gehirnzentren zu erfassen. Ob sich darüber im Ergebnis verhaltenswirksame Unterschiede zwischen Individuen erklären lassen, zum Beispiel wieso Individuen sich unterschiedlichen Ideologien zugehörig fühlen, steht noch aus. Während sich die psychologisch-pädagogische Lernforschung für die Managementlehre als äußerst fruchtbar erwiesen hat (→Organisationales Lernen), haben die neueren Ergebnisse der neuropsychologischen Forschung bislang lediglich für den Bereich des Marketings einen erkennbaren Nutzen gestiftet.

Literatur: *Bandura, A.*: Social Foundations of Thought and Action, Englewood Cliffs 1986. *Lewin, K.*: Feldtheorie des Lernens, in: *Baumgart, F.* (Hrsg.): Entwicklungs- und Lerntheorien, Bad Heilbrunn 2001, S. 176–192. *Trautner, H. M.*: Merkmale des Entwicklungsgeschehens, in: *Baumgart, F.* (Hrsg.): Entwicklungs- und Lerntheorien, Bad Heilbrunn 2001, S. 20–21.

Uta Wilkens

Lernevaluation → Betriebliche Weiterbildung

Lernort

im weiteren Sinne jeder Ort, an dem sich Lernprozesse vollziehen.

Bei Training-Off-the-Job kann dies der Schulungsort, an dem das Seminar (→Personalentwicklungsmethoden) stattfindet, bei Training On-the-Job (→Training) der Arbeitsplatz des Mitarbeiters sein, an dem gezielt an der Qualifikationsverbesserung gearbeitet wird. Der Lernort hat in der Regel einen hohen Einfluss auf das →Learning Climate und damit auf den Erfolg einer Qualifizierungsmaßnahme. Deshalb sollte bei der Auswahl des Lernorts große Sorgfalt verwandt werden. Während *außerbetriebliche* Lernorte den Vorteil haben, dass die Lernenden sich weitgehend ungestört vom betrieblichen Tagesgeschäft voll auf das Lernziel konzentrieren können, bieten *betriebliche* Lernorte normalerweise eine höhere Anwendungsnähe.

Man unterscheidet zwischen *primären* und *sekundären* Lernorten. Bei Ersterem handelt es sich um eigens zum →Lernen eingerichtete Räume (bspw. →Lehrwerkstätten). Im Vergleich dazu dienen sekundäre Lernorte vorrangig anderen Aufgaben, zumeist der Erbringung der →Arbeitsleistung (z. B. der Arbeitsplatz an sich).

Laila Maja Hofmann

Lernplattform

Online-Werkzeug, welches mittels Bereitstellung einer einheitlichen Benutzungsoberfläche dem Lernenden und den Lehrenden verschiedene eLearning-Werkzeuge bereitstellt.

Primäres Ziel von Lernplattformen ist es, Lern- und Wissensaneignungsprozesse zu unterstützen. Häufig wird der Begriff Lernplattform synonym mit dem Begriff →Learning Management System verwendet. Ein Differenzierungsansatz zwischen beiden Begriffen ist, nach dem Umfang der zu unterstützenden (Geschäfts-) Prozesse beziehungsweise bereitgestellten Funktionen zu unterscheiden. Eine Lernplattform unterstützt nur die Teilprozesse, die im direkten Zusammenhang mit der Abwicklung des Online-Kurses beziehungsweise der Bildungsmaßnahme stehen. Nach *Kerres* und *Nattland* (2004) fungieren sie im Hochschulbereich lediglich als Add-On zum konventionellen Veranstaltungsbetrieb. *Winkler* und *Mandl* (2002) führen aus, dass ein solch ausgestaltetes virtuelles Bildungszentrum im Unternehmen entsprechende eLearning-Angebote, Lernmedien und Anwenderdaten verwaltet. In diesem Zusammenhang bieten viele Plattformen für die Lernenden eine Menge weiterer Funktionen beziehungsweise Möglichkeiten an, wie unter anderem Mediatheken, virtuelle Kommunikationswerkzeuge, Suchfunktionen oder separate Arbeitsbereiche.

Insbesondere moderne Learning-Management-Systeme decken darüber hinaus (Geschäfts-)Prozesse ab, die einer Bildungs- beziehungsweise eLearning-Maßnahme vor- oder nachgelagert sind oder lediglich in einem indirekten Zusammenhang stehen.

Literatur: *Kerres, M.*; *Nattland, A.*: Online-Campus: Eine hybride Lernplattform für Online-Studienprogramme, in: *Adelsberger, H. et al.* (Hrsg.): Multikonferenz Wirtschaftsinformatik (MKWI 2004), Bd. 1: E-Learning, Berlin 2004, S. 84–94. *Maier-Häfele, K. et al.*: Open-Source-Werkzeuge für e-Tr@inings, Bonn 2005. *Winkler, K.*; *Mandl, H.*: Knowledge Master: Wissensmanagement-Weiterbildung mit WBT, in: *Dittler, U.* (Hrsg.): E-Learning – Erfolgsfaktoren und Einsatzkonzepte mit interaktiven Medien, München 2002, S. 205–219.

Oliver Kamin

Lernprozess

Konstruktionsprozess, in dem in der Regel von elementaren zu komplexen (Wissens-) Strukturen vorangeschritten wird.

Unter elementaren Strukturen werden laut *Achtenhagen et al.* (1992) zum einen Einzelteile verstanden, die im Zuge des Lernprozesses miteinander verknüpft werden, und zum anderen elementare Strukturen, die von einem wenig differenzierten Ganzen nach und nach weiter ausdifferenziert werden. Es werden die Teilfunktionen problemlösendes Aufbauen,

Durcharbeiten, Üben beziehungsweise Wiederholen und Anwenden unterschieden.

In Lernprozessen wirken affektive, kognitive und soziale Komponenten zusammen, wobei *Dubs* (1995) insbesondere auf das Hervortreten von kooperativen und kommunikativen Prozessen hinweist, um den individuellen Wissensaufbau initiieren, fördern und kontrollieren zu können. Der Erfolg hängt nicht nur von den Inhalten und Voraussetzungen ab, sondern auch von der Lernmotivation, dem Aufbau des Lernprozesses und von der Methodenauswahl. Bei der Gestaltung von Lernprozessen sollte auf die Lernparadigmen des →Behaviorismus, →Kognitivismus und →Konstruktivismus zurückgegriffen werden, wobei die Definition und Beschreibung von Lernprozessen mit etablierten Modellen zur didaktischen Planung erfolgen sollte.

Lernprozesse können durch den Lehrenden fremd- oder selbstorganisiert durch den Lernenden ablaufen. *Fremdorganisiertes →Lernen* findet statt, wenn vorab geplante und durch die Lehrperson exakt vorstrukturierte Prozessschritte von dem Lernenden durchlaufen werden, so wie es beim lehrerzentrierten Unterricht der Fall ist. Durch fremdorganisiertes Lernen wird die Eigeninitiative, →Kreativität und Innovationsbereitschaft des Lernenden eingeschränkt. Nach *Sembill* (2000) werden unter *selbstorganisiertem Lernen* alle Lernformen verstanden, die den Lernenden gegenüber traditionellen Unterrichtsverfahren ein erhöhtes Maß an →Selbstbestimmung einräumen. Die Idee *Sembills* umfasst, dass die selbständige Planung und Durchführung des Lernprozesses beziehungsweise Unterrichts durch den Lernenden als komplexer Problemlöseprozess verstanden wird. In selbstorganisierten Lernprozessen wird eine große Bandbreite von Unterrichtsmethoden, wie unter anderem Leittexte, Lernstätten oder →Qualitätszirkel eingesetzt. Durch die aktive Informationsverarbeitung kann der Lernende den Lernprozess und die bereitgestellten Materialien nach seinen Bedürfnissen (→Motiv) und Lernerfahrungen umgestalten beziehungsweise weiterentwickeln.

Im Zuge des selbstgesteuerten Lernens kombiniert der Lernende selbstorganisiertes und fremdorganisiertes Lernen und steuert den hieraus resultierenden Lernprozess in Eigenregie. *Wilbers* (2001) fasst hierunter sämtliche Lernaktivitäten zusammen, die im Prozessablauf auftreten und keiner externen Steuerung (bspw. durch den Lehrenden) unterliegen. Das selbstgesteuerte Lernen sieht *Wendt* (2003) darüber hinaus als einen zielgerichteten Prozess an, in dem bewusstes und individuelles Lernen stattfindet, welches sowohl selbstorganisiert als auch in institutionellen Zusammenhängen stattfinden kann. Bedingung ist, dass der Lernende durch Selbstbeobachtung erfährt, inwiefern sich seine Lernfähigkeiten weiterentwickelt haben. Selbstgesteuertes Lernen erfolgt unter Verwendung unterschiedlicher Lernformen. Im selbstgesteuerten Lernprozess werden im Wesentlichen die Ziele und Inhalte des Lernprozesses, die Lernmedien, der Lernweg, die Lernregulierung und das Überprüfen des Lernerfolgs vom Lernenden selbst definiert, realisiert und evaluiert. Bei der Auswahl des Lernwegs wird durch den Lernenden geklärt, auf welcher Weise, mit welchen Hilfsmitteln und mit welchen Beteiligten (Mitlernenden) dieser Prozess durchlaufen wird. Durch die eigene Lernregulierung wird der →Lernort, der Zeitpunkt und Zeitraum des Lernvorhabens bestimmt.

Um einen selbstgesteuerten Lernprozess erfolgreich zu gestalten, sind der persönliche Lernbedarf sowie die individuelle Zielentwicklung zu erfassen. Im Anschluss wird der Lernprozess durch den Lehrenden (vorab) entworfen und vorbereitet. Es werden Entscheidungen getroffen, welche Dinge in Eigenregie erledigt werden und in welchen Bereichen es sinnvoll erscheint, Lernangebote von Außen anzunehmen. Es müssen von dem Lehrenden systematische und gezielte Anleitungen zum selbstgesteuerten Lernen für den Lernenden entwickelt und verbreitet werden. Weiterhin sind die zur Initiierung und zum Durchlauf notwendigen infrastrukturellen Maßnahmen aus personeller, inhaltlicher und technischer Sicht durch den Bildungsträger beziehungsweise -anbieter zu realisieren.

Beim Durchlauf des Lernprozesses bedarf es hoher Selbstdisziplin zum konsequenten Aufrechterhalten von →Motivation und Konzentration. Nur auf diese Art und Weise kann der Lernprozess erfolgreich ablaufen. Der Erfolg des selbstgesteuerten Lernens hängt besonders von der kognitiven Entwicklung und dem entsprechend zusammenhängenden Aufbau metakognitiver →Kompetenzen des Lernenden ab. Selbstgesteuertes Lernen ist nicht mit Autodidaktik zu verwechseln, bei der der Ler-

Lernstil

nende alle Variablen selbst wählt, und nicht wie beim selbstgesteuerten Lernen nur einen Teil bestimmen kann.

Literatur: *Achtenhagen, F. et al.*: Lernhandeln in komplexen Situationen, Wiesbaden 1992. *Dubs, R.*: Lehrerverhalten – Ein Beitrag zur Interaktion von Lehrenden und Lernenden im Unterricht, Zürich 1995. *Sembill, D.*: Selbstorganisiertes Lernen und Lebenslanges Lernen, in: *Achtenhagen, F.*; *Lempert, W.* (Hrsg.): Lebenslanges Lernen im Beruf – Seine Grundlegung im Kindes- und Jugendalter, Bd. 4, Opladen 2000, S. 60–90. *Wendt, M.*: Praxisbuch CBT und WBT, München 2003. *Wilbers, K.*: E-Learning didaktisch gestalten, in: *Hohenstein, A.*; *Wilbers, K.* (Hrsg.): Handbuch E-Learning, Beitrag 4.0, Köln 2001.

Oliver Kamin

Lernstil

bevorzugte und natürliche individuelle Art und Weise einer Person, →Informationen und Gefühle zu verarbeiten und sie in →Wissen und Handeln umzusetzen.

Der *persönliche Lernstil* einer Person hat sich durch →Sozialisation in vorschulischen, schulischen sowie familiären und freundschaftlichen Kontexten herausgebildet. Wichtig ist folglich, dass Lernsituationen nicht nur im Rahmen von Bildungsinstitutionen existieren, sondern in allen gesellschaftlichen Lebensbereichen, in denen das Individuum durch Erfahrung lernt. Dieses →Lernen ist zugleich ein lebenslanges Lernen und folglich nicht nur auf frühe Sozialisationsphasen der Kindheit und der Adoleszenz beschränkt.

In der Forschung werden verschiedene Lernstile unterschieden, die untereinander in Beziehung stehen: die kognitive, verstandesmäßig gesteuerte Form, die realisierende, vom Lernenden selbst organisierte Form, die affektiv-emotionale Form, zusammengesetzt aus Meinungen und Werten, die soziale, mitmenschliche Form, die konstitutionell (physiologisch) bedingte, auf Wahrnehmungen beruhende Form und schließlich die verhaltensbedingte Vorliebe, Lernsituationen mit der eigenen Lerntendenz in Einklang zu bringen. Demzufolge existiert eine Vielzahl von Lernstil-Modellen.

Der individuelle Lernstil beeinflusst auch Management- und Führungsaktivitäten wie Entscheidungsfindung und Problemlösung sowie die Entwicklung →interkultureller Kompetenz. Ein Instrument zur Erhebung des individuellen Lernstils ist das →Learning Style Inventory (LSI).

Lernstile haben allgemein in der →Personalentwicklung und besonders im (→interkulturellen) Training und →Coaching eine große Bedeutung: Die Kenntnis der individuellen Lernstile der Teilnehmer ermöglicht es dem Trainer, Methoden der Wissensvermittlung besser auf die Teilnehmer anzupassen und somit einen höheren Lernerfolg zu erreichen.

Dies kann einleitend erfolgen durch Fragen zu Erfahrungen und Selbsteinschätzungen der Teilnehmer. Da jedoch selten bei den Teilnehmern ein ausreichendes Bewusstsein über das eigene Lernverhalten existiert, erweist sich eine strukturierte Erhebung von Lernstilen mithilfe einer Lernstilanalyse (→Learning Style Inventory) zu Beginn eines Trainings als sinnvoll: Zum einem erhält der Trainer einen besseren Überblick über das Lernverhalten der →Gruppe und sollte diesbezüglich seinen Lehrstil anpassen beziehungsweise variieren; zum anderen werden sich auch die Teilnehmer ihres individuellen Lernstils bewusst. Je nach Möglichkeit kann der Trainer die Gewichtung kognitiver Verhaltenselemente danach ausrichten. Natürlich kann der Trainer nicht auf alle Lernstile der Teilnehmer eingehen – etwa im Falle sehr divergierender Lernstile innerhalb einer Gruppe.

Der Einsatz von Lernstilanalysen ist eine Form, um der →Komplexität interkulturellen Lernens zu begegnen; jedoch ist hervorzuheben, dass die rein kognitive Lernstilerhebung per →Fragebogen durch interkulturelle Situationsbeobachtung (→Beobachtung) des Trainers und →Feedback durch die Beteiligten ergänzt werden müsste.

Literatur: *Barmeyer, C.*: Interkulturelles Management und Lernstile, Frankfurt a. M., New York 2000. *Barmeyer, C.*: Lernen mit Erfolg, in: *Reineke, R.-D.*; *Fussinger, C.* (Hrsg.): Interkulturelles Management in Training und Beratung, Wiesbaden 2001, S. 243–261. *Jonassen, D. H.*; *Grabowski, B. L.*: Handbook of Individual Differences, Learning and Instruction New Jersey 1993. *Kolb, D.*: Experiential Learning, New York 1984. *Sternberg, R. J.*: Thinking Styles, Cambridge 1997.

Christoph I. Barmeyer

Lerntheorien

Gattungsbegriff, unter den alle Ansätze subsumiert werden, die die Veränderung von Verhalten (→Behaviorismus) erklären.

Die hier im Schwerpunkt dargestellten klassischen und neueren Lerntheorien konzentrieren sich auf individuelle Verhaltensänderungen. Darüber hinaus existieren Ansätze, die kollektive Lernprozesse beleuchten (→Teamlernen, →Organisationales Lernen).

Zu den *klassischen Lerntheorien* werden *psychoanalytische*, insbesondere aber *behavioristische* und *kognitivistische* Ansätze gerechnet.

In der Psychoanalyse von *Freud* (1920) wird menschliches Verhalten als Triebschicksal verstanden. Triebe sind genetisch bedingte Komponenten der Psyche, die einen Zustand der Erregung oder Spannung hervorrufen, wodurch menschliches Verhalten zur Beseitigung der Spannung aktiviert wird. Es kann dabei insofern von einer Lerntheorie gesprochen werden, als dass Triebe zwar genetisch bedingt, aber durch Erfahrung (begrenzt) veränderbar sind. Zur Erklärung von Verhaltensänderung ist der Ansatz unter dem heutigen Stand der Kenntnis allerdings ungeeignet.

Die behavioristische Schule, zu deren Hauptvertreter *Pawlow* (1927, 1972), *Skinner* (1938) und *Watson* (1930) zählen, wurde zu Beginn des 20. Jahrhunderts begründet. Sie versteht Lernen als Aufbau von Reiz-Reaktions-Verbindungen. Man konzentriert sich in Abgrenzung zur Trieb- und Instinktpsychologie ausschließlich auf das beobachtbare Verhalten, welches als Reaktion auf zuvor gesetzte Reize gemessen wird. Das Ziel der behavioristischen Schule besteht darin zu erklären, durch welche Stimuli (Reize) der Umwelt welche Reaktionen hervorgerufen werden und aufzuzeigen, wie sich Reaktionsmuster modifizieren lassen. Dabei sind zwei Forschungsansätze zu unterscheiden. Beim *klassischen Konditionieren* (Vertreter: *Pawlow* und *Watson*) wird gelernt, auf soziale Reize der Umwelt nach einem gleichen Reiz-Reaktions-Schema zu reagieren wie auf natürliche, angeborene Reiz-Reaktions-Verbindungen. Die Erkenntnisse können zum Beispiel für die Überwindung von Phobien genutzt werden. In der zweiten behavioristischen Forschungsrichtung, beim *operanten Konditionieren* (Vertreter: *Skinner*), werden mittels Belohnungen und Bestrafungen gewünschte beziehungsweise unerwünschte Reaktionen auf einen sozialen Reiz der Umwelt verstärkt beziehungsweise abgeschwächt. Die Alltagspraxis der Früh-, Klein- und Schulkindpädagogik stützt sich auf diesen Ansatz, um zu Verhaltensweisen zu gelangen, die von der Umwelt als wünschenswert angesehen werden.

Unter dem Einfluss der kognitivistischen Schule hat es eine Weiterentwicklung des Behaviorismus hin zum Neobihaviorismus gegeben, der auch nicht beobachtbare Verhaltensmuster, wie zum Beispiel Denken, Fühlen, Vorstellen, in die Erklärung einbezieht, vorausgesetzt, es werden dadurch beobachtbare Verhaltensänderungen hervorgerufen. Die →sozial-kognitive Theorie nach *Bandura*, die unterschiedlichen Schulen zugeordnet wird, lässt sich auf dieser integrativen Stufe verorten.

Der →Kognitivismus (Vertreter: *Tolman 1948*, *Wertheimer 1945*, frühe Arbeiten von *Piaget 1936*), die dritte klassische Lerntheorie, entstand in ihren Kernaussagen kurz nach dem Behaviorismus und erhielt durch die ‚kognitive Wende' in den 1960er Jahren Aufwind. In dieser Schule wird Verhalten weder als Ergebnis von Umweltbedingungen noch von Trieben und Instinkten verstanden. Vielmehr werden Verhaltensänderungen auf kognitive Prozesse von Individuen, das heißt auf informationsverarbeitende Prozesse, die durch Wahrnehmung, Denken, Verstehen, Erinnern gekennzeichnet sind, zurückgeführt. Im Zentrum der Analyse steht damit der Informationsverarbeitungsprozess, der psychische Vorgang des Denkens, Wünschens und Fühlens. Der Kognitivismus geht von aktiven und konstruktiven Verarbeitungsprozessen, von Verstehen und Einsichten im Menschen und eben nicht von bloßen Reaktionen aus. Dabei spielen individuelle Erwartungen und kognitive Verarbeitungsprozesse – auch im Sinne der Speicherung von →Wissen für zukünftiges Verhalten – eine wichtige Rolle, um Verhaltensänderungen von Individuen zu erklären.

In Abgrenzung dazu betonen Ansätze des →Action Learning, die den *neueren Lerntheorien* zuzurechnen sind, dass durch die rein kognitive Verarbeitung vo Wissen noch kein Verständnis erzeugt wird. Sie argumentieren stattdessen, das Verständnis durch das Sammeln von Erfahrung bei handlungsbasiertem Lernen und die *Reflexion* über diese Erfahrung erzeugt wird, indem eine Beziehung zu früheren Erfahrungen im Reflexionsprozess hergestellt und damit das Handlungsrepertoire erweitert wird. Letztlich ist dies eine Erweiterung der klassischen Ansätze.

Insgesamt spielen in *neueren Lerntheorien* – zur Übersicht siehe *Baumgart* (2001) – Wahrnehmungsphänomene und wechselseitige Be-

Lerntransfer

einflussungen zwischen Person und Umwelt eine wichtige Rolle. Dies zeigt sich insbesondere bei Vertretern des →Konstruktivismus, die eine Weiterentwicklung des Kognitivismus vorgenommen haben. Sie verstehen Verhalten ebenfalls als Ergebnis von kognitiven Prozessen der Informationsverarbeitung, gehen dabei allerdings nicht von einer objektiven, sondern einer subjektiven Realität aus, die auf individuellen Konstruktionen und Interpretationen basiert. Im Zentrum stehen damit die subjektive Wahrnehmung und Verarbeitung von Problemsituationen. Verhalten steht im Zusammenhang mit der Interpretationsleistung der Subjekte, die Rahmenbedingungen konstruieren, und durch ihr Verhalten auf diese Bedingungen wiederum selbst verändert werden. Erste Überlegungen dazu sind bereits in der →Feldtheorie von *Lewin* (1942) zu finden. Zur Ausdifferenzierung konstruktivistischer Lerntheorien hat insbesondere *Piaget* (1972) beigetragen. Er verdeutlicht, wie sich mit der Entwicklung von Menschen auch ihre Wahrnehmung verändert, indem sie beispielsweise lernen, ihre Perspektive auf den Betrachtungsgegenstand zu reflektieren.

In der neueren Lernforschung werden auch Prozesse kollektiven Lernens beleuchtet. In Ansätzen, die sich auf die Gruppenebene beziehen, geht es um Prozesse und Rahmenbedingungen des Teamlernens. Die Kommunikations-, Interaktions- und Reflexionsprozesse in der →Gruppe werden als konstitutive Elemente des Lernens des Gesamtsystems (kollektive Lernfunktion des Teams) und des Einzelnen (Transferfunktion des Teams) gesehen und als Nährboden von →Gruppenvorteil und Gruppenleistung betrachtet. Ebenso lassen sich Gruppenentwicklungsprozesse als Lernprozesse der Gruppe deuten.

Der Interaktions- und Interpretationsprozess in Handlungsgemeinschaften als Voraussetzung spezifischer Leistungserbringung steht auch in Modellen →organisationalen Lernens im Zentrum der Betrachtung. In Ansätzen organisationalen Lernens sind Überlegungen des konstruktivistischen und sozialen Lernens sowie Erkenntnisse des selbstorganisierten Lernens eingeflossen (→Selbstorganisation). Sie lösen tendenziell die Entwicklungs- und Lebenszyklusmodelle des organisationalen Wandels wie auch die Ansätze der bewussten Veränderung von Organisationen (→Organisationsentwicklung) ab.

Literatur: *Baumgart, F.* (Hrsg.): Entwicklungs- und Lerntheorien, 2. Aufl. Bad Heilbrunn 2001. *Lewin, K.*: Feldtheorie des Lernens, in: *Baumgart, F.* (Hrsg.): Entwicklungs- und Lerntheorien, 2. Aufl., Bad Heilbrunn 2001, S. 176–191. *Piaget, J.*: La naissance de l'intelligence chez l'enfant, Geneva 1936. *Piaget, J.*: Die Bedeutung der Entwicklungspsychologie für Erziehung und Schule, in: *Baumgart, F.* (Hrsg.): Entwicklungs- und Lerntheorien, 2. Aufl., Bad Heilbrunn 2001, S. 244-253. *Freud, S.*: Jenseits des Lustprinzips, Bd. 13, 7. Aufl., London 1972. *Pawlow, J. P.*: Die bedingten Reflexe, München 1972. *Tolman, E.C.*: Cognitive Maps in Rats and Men, In: Psychological Review, (1948), H. 55, 189-208. *Skinner, B. F.*: The Behaviour of Organisms, New York 1938. *Watson, J. B.*: Behaviourism, Chicago 1930. *Wertheimer, M.*: ProductiveThinking. New York, 1945.

Uta Wilkens

Lerntransfer →Betriebliche Weiterbildung

Linienmanager →Einliniensystem

Linienorganisation

Hierarchiemuster (→Hierarchie), bei dem jeder Mitarbeiter in einer →Organisation nur eine →Führungskraft hat (Einlinienorganisation); später erweitert zur Mehrfachunterstellung (→Mehrliniensystem).

Im Rahmen der →Aufbauorganisation werden →Stellen und Instanzen zu Abteilungen zusammengefasst und in eine hierarchische Ordnung zueinander gebracht. Wie in Abbildung 1 dargestellt, ergibt sich nur eine Linie zwischen einer Stelle und einer festgelegten übergeordneten Instanz.

Abbildung 1: Die Einlinienorganisation (*Kieser/Walgenbach* 2003, S. 141)

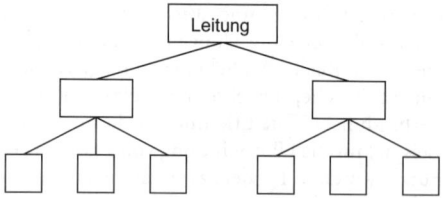

›Das *Grundprinzip der Linienorganisation* wird vorwiegend in Behörden und öffentlichen Verwaltungen eingesetzt. Jeder Mitarbeiter erhält nur von seiner direkten Führungskraft Weisungen. Jede Instanz hat sich strikt auf ihren Kompetenzbereich (→Kompetenz) zu beschränken. →Koordination und →Kommunikation mit anderen Abteilungen und Instanzen müssen über die vorgesetzten Stellen erfolgen. Die Einhaltung dieses

"Dienstweges" soll zugleich zu einer Verdichtung der →Information für die an der Spitze stehenden Instanzen führen und eine Entscheidungsfindung erleichtern.

Die *Vorteile* der Linienorganisation liegen in der Klarheit der Struktur und der eindeutigen Zuweisung von Aufgaben und Kompetenzen. →Aufgabenanalyse und -synthese und die Planung der Prozesse sind leicht möglich. Gerade aus personalwirtschaftlicher Sicht weist diese Organisationsform aber auch einige *Nachteile* auf. Die fehlende Teambildung verhindert, dass fachliche Fähigkeiten der Mitarbeiter gezielt zur Lösung von auftretenden Problemen gebündelt werden können. Die Führungskräfte sind schnell überlastet, da sie nicht nur für die Problemlösung, sondern für jegliche Kommunikation mit horizontalen oder vertikalen Stellen zuständig sind. Es kann leicht ein Entscheidungsstau an der Spitze der Pyramide entstehen. Der enge Kompetenzspielraum und die eindimensionale Ausrichtung der Kommunikation dürfte viele Mitarbeiter demotivieren. Das streng hierarchische Organisationsprinzip kann die Entstehung neuer Ideen zum Beispiel zur Prozessverbesserung verhindern.

Die Erweiterung dieser klassischen Linienorganisation zum →Mehrliniensystem impliziert die Durchbrechung des eindeutigen Unterstellungsverhältnisses (Abbildung 2).

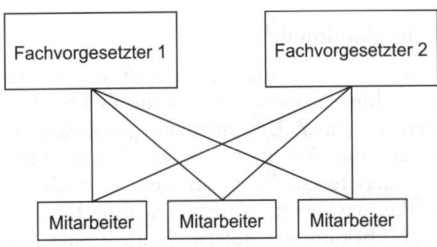

Abbildung 2: Die Mehrlinienorganisation (*Krüger* 1993, S. 65)

Je nach Problemstellung ist eine andere Fachführungskraft für den Mitarbeiter zuständig. Der Vorteil dieser Struktur liegt in der Spezialisierung der Mitarbeiter und der Führungskräfte. Ein hoher Koordinationsaufwand und vor allem eine Verunsicherung der Mitarbeiter und auch der Führungskräfte bezüglich der Weisungsbefugnisse können allerdings auch eine negative Folge dieses Prinzips sein.

Literatur: *Kieser, A.; Walgenbach, P.:* Organisation, 4. Aufl., Stuttgart 2003. *Krüger, W.:* Organisation der Unternehmung, 2. Aufl., Stuttgart 1993.

Reinhard Meckl

Lohn- und Gehaltsdaten

werden mittels entsprechender Software zum Zwecke der weiteren Verarbeitung elektronisch erfasst.

Bei Lohn- und Gehaltsdaten handelt es sich um →personenbezogene Daten. Deren Erhebung, Verarbeitung und Nutzung unterliegt den besonderen Vorschriften des →Bundesdatenschutzgesetzes (BDSG). Folglich ist sicherzustellen, dass nur der für die Verarbeitung der Lohn- und Gehaltsdaten relevante Personenkreis Zugang zu diesen →Daten erhält. Deshalb bietet sich für diese Daten eine zentrale Organisationsform an. Dennoch können Daten auch dezentral erfasst werden, wie etwa die →Zeiterfassung. Zulässig ist, wie *Scholz* (2000) beschreibt, auch die Abwicklung der Lohn- und Gehaltsabrechnung durch ein externes Dienstleistungsunternehmen. Es handelt sich dabei um eine →Auftragsdatenverarbeitung im Sinne des § 11 BDSG. Hierbei ist der Auftraggeber, also das Unternehmen, welche die Dienstleistung fremd vergibt, für die Einhaltung der Vorschriften über den →Datenschutz verantwortlich.

Schichtpläne, die den Personaleinsatz vor Ort betreffen, sind dezentral zu halten und auch von dort zu gestalten. Es handelt sich dabei um Dispositionsdaten. Daten, die dagegen zum Beispiel die Laufbahnplanung betreffen (weiterreichende Dispositionsdaten), sind laut *Scholz* (2000) eher zentral zu verwalten.

Auf Daten, die die Fähigkeit (→Qualifikation) der Mitarbeiter betreffen, darf dagegen nur die jeweilige →Personalabteilung zugreifen (*Scholz* 2000).

Literatur: *Scholz, C.:* Personalmanagement, 5. Aufl., München 2000.

Axel Benning

Lohnarbeit

soziales Konstrukt, das die Fremdnutzung menschlicher →Arbeit gegen Bezahlung ermöglicht.

Lohnarbeit ist nur eine, allerdings seit vielen Jahrzehnten und auch heute noch die wichtigste und bei weitem verbreiteste Form von Erwerbsarbeit. Lohnarbeitsverträge für *un-*

selbstständige →*Arbeitnehmer* waren bereits zeitgleich mit Sklavenarbeit im antiken Rom anzutreffen. Während des Absolutismus im 17. Jahrhundert führte Lohnarbeit zur Zurückdrängung selbstständiger Handwerker. Aber erst mit der Verbreitung industrieller Produktionsweisen ab Mitte des 18. Jahrhunderts in England (und 50 Jahre später auf dem europäischen Kontinent) kann nach *Mikl-Horke* (2000) von einer größeren Verbreitung *abhängiger Lohnarbeit* gesprochen werden. Wie *Polanyi* (1944) aufgezeigt hat, führte die (nach seiner Auffassung zwangsläufig) mit der Industrialisierung entstehende Möglichkeit der Beschaffung von Arbeit gegen Lohn auf freien Märkten zu umwälzenden gesellschaftlichen Transformationsprozessen (→Entbettung von Arbeitsbeziehungen).

Auch wenn Lohnarbeit für viele Erwerbstätige nicht mehr der dominante Einflussfaktor für die Identitätsbildung ist, stellt sie doch eine zentrale Determinante der Personalarbeit (→Personalmanagement) dar. So ist bei Lohnarbeit grundsätzlich die Frage nach der angemessenen, „gerechten" beziehungsweise für beide Tauschpartner akzeptablen Entlohnung zu beantworten.

Literatur: *Mikl-Horke, G.:* Industrie- und Arbeitssoziologie, 5. Aufl., München, Wien 2000. *Polanyi, K.:* The Great Transformation. The Political and Economic Origins of Our Time, Boston 1944.

Axel Haunschild

Lohndrift →Wage Drift

Lohngerechtigkeitstheorie

von *Adams* (1965), erklärt →Motivation durch ein Anreiz-Beitrags-Gleichgewicht (→Anreiz-Beitrags-Theorie) bezüglich Leistung und Entlohnung.

Es wird angenommen, dass das Individuum nach Ausgleich und Harmonie strebt. Deshalb ist es ständig bemüht, wahrgenommene Spannungen und Diskrepanzen abzubauen. Für die Motivation ist bedeutsam, ob die Person den Eindruck hat, für ihre Leistungen angemessen entgolten zu werden. Dabei werden permanent Vergleiche mit eigenen vergangenen Erfahrungen, aber auch mit Kollegen in ähnlichen Positionen (sowohl im eigenen als auch in anderen Unternehmen) angestellt.

Werden Lohn und Gehalt als Über- oder Unterbezahlung wahrgenommen, versucht die betreffende Person, ihre Leistung so anzupassen, dass das Gleichgewicht wieder hergestellt ist. In mehreren Experimenten konnten drei der daraus abgeleiteten Vermutungen bestätigt werden:

1. Wenn eine Person nach →Zeitlohn arbeitet und sich überbezahlt fühlt, versucht sie, sowohl ihre quantitative als auch qualitative Leistung zu erhöhen.
2. Wenn eine Person nach Stücklohn arbeitet und sich überbezahlt fühlt, versucht sie, ihre qualitative Leistung zu erhöhen, während der quantitative Output gleich bleibt.
3. Wenn eine Person nach Stücklohn arbeitet und sich unterbezahlt fühlt, erhöht sie nach Möglichkeit ihre quantitative Leistung, während sich die →Qualität verschlechtert.

Die Vermutung, dass eine Person, die sich bei Zeitlohn unterbezahlt fühlt, ihre Leistung reduziert, konnte aber nicht ausreichend bestätigt werden.

Insgesamt ist zu berücksichtigen, dass diese Effekte in der betrieblichen Praxis durch weitere Faktoren, wie beispielsweise die Team- und Unternehmenskultur (→Organisationskultur) oder die technisch-organisatorisch bedingten Möglichkeiten zur Leistungsanpassung, überformt sind.

Literatur: *Adams, J.:* Inequity in Social Change, in: Advances in Experimental Social Psychology, H. 2, New York 1965, S. 267–299.

Markus Gmür

Lohnpfandmodell

will die →Leistungsbereitschaft von →Arbeitnehmern über ihre gesamte Erwerbskarriere in einem Unternehmen gewährleisten, indem die Arbeitnehmer zu Beginn ihrer →Karriere ein Pfand an das Unternehmen zahlen, das sie verzinst am Ende ihrer Karriere zurückbekommen, sofern sie nicht aufgrund einer aufgedeckten Leistungszurückhaltung entlassen werden.

Da die finanziellen Mittel der Arbeitnehmer zu Beginn ihrer Erwerbskarriere häufig sehr begrenzt sind, wird die Zahlung eines Pfands vor Beschäftigungsantritt (*Up-Front Bond*) als problematisch angesehen, obwohl diese Möglichkeit aus anreiztheoretischen Gesichtspunkten nahe läge. Ein Pfand kann aber auch im Verlauf einer ersten Phase der Erwerbskarriere in einem Unternehmen aufgebaut werden (Abbildung 1), indem die Arbeitnehmer vom Eintritt in das Unternehmen im Zeitpunkt t_0 zunächst einen geringeren Lohn w erhalten, als ihnen gemäß ihrer Produktivität (→Arbeitsproduktivität) beziehungsweise ihrem *Wertgrenzprodukt* (WGP) zustünde. Bis zum Zeitpunkt t^* wird ein Lohnpfand aufgebaut, dessen Höhe durch die Fläche zwischen dem Lohnprofil w(t) und dem Produktivitätsprofil WGP(t) charakterisiert ist. Das Lohnprofil steigt steiler an als das Produktivitätsprofil, so dass das aufgebaute Lohnpfand ab dem Zeitpunkt t^* sukzessive zurückgezahlt wird, bis die Arbeitnehmer im Zeitpunkt T in den Ruhestand (→Pensionierung) gehen.

Abbildung 1: Lohnpfand im Zeitverlauf (in Anlehnung an *Lazear* 1998, S. 288)

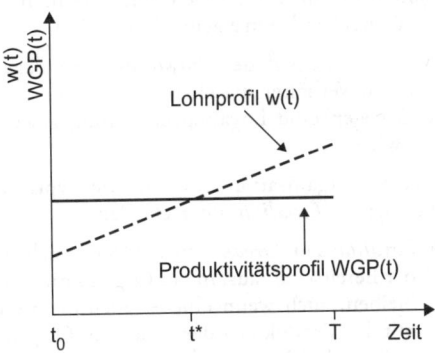

Durch das Lohnpfandmodell können demnach steigende Alters-Einkommensprofile erklärt werden, ohne dass es zu Produktivitätssteigerungen der Arbeitnehmer kommen muss. Als mögliche Probleme derartiger Lohnpfandmodelle werden opportunistisches Verhalten auf Arbeitgeberseite (→Arbeitgeber) in Form von unberechtigten →Entlassungen im Zeitpunkt t^* und die Gefahr des Verlustes der Lohnpfänder im Konkursfall diskutiert. Es finden sich insbesondere für den japanischen →Arbeitsmarkt Hinweise für eine hohe empirische Relevanz von Lohnpfändern.

Literatur: *Lazear, E. P.*: Personnel Economics for Managers, New York etc. 1998, S. 281–301.

Christian Grund

Lohnpolitik

auf der höchsten Aggregationsebene alle Maßnahmen des Staates und der an der Lohnfindung und -bildung beteiligten Tarifparteien sowie unternehmensbezogene Entscheidungen bei der Gestaltung von Entgeltsystemen.

Entsprechend den Trägern der Lohnpolitik werden staatliche, tarifliche und betriebliche Lohnpolitik voneinander unterschieden (*Scholz* 2000):

- *Staatliche Lohnpolitik*: Umfasst im Wesentlichen die Gewährleistung der →Tarifautonomie (→Autonomie), unverbindliche einkommenspolitische Empfehlungen und bestimmte Zwangsmaßnahmen (z. B. Lohnkontrollen, Lohnstopps), welche die lohnpolitischen Prozesse so beeinflussen, dass verteilungsrelevante Konsequenzen die gesamtwirtschaftlichen Ziele stabilisieren.

- *Tarifliche Lohnpolitik*: Beinhaltet vor allem die Aktivität der →Gewerkschaften, durch ihre Tariflohnforderungen die Situation ihrer Mitglieder zu verbessern beziehungsweise zu halten.

- *Betriebliche Lohnpolitik*: Ergänzt die tarifliche und staatliche Lohnpolitik durch unternehmensinterne, lohnstrukturelle Maßnahmen.

Der →Handlungsspielraum im Unternehmen wird allerdings durch die staatliche sowie die tarifliche Lohnpolitik und durch die Mitbestimmungsrechte des →Betriebsrats beschränkt. Zwischen Betriebsrat und Management gibt es unterschiedliche →Kooperationsmuster.

Literatur: *Scholz, C.*: Personalmanagement, 5. Aufl., München 2000.

Silvia Föhr

Look-and-See-Trip

Entsendung (→Auslandsentsendung) des Mitarbeiters und seiner Familie zu einem Kurzbesuch in das Gastland.

Look-and-See-Trips als interkulturelle Vorbereitung dauern in der Regel fünf bis sieben Tage und eröffnen die Möglichkeit, die →Eignung und das Interesse an dem Auslandsaufenthalt einzuschätzen sowie organisatorische Rahmenbedingungen, wie Immobiliensuche oder schulische Möglichkeiten für die Kinder, kennen zu lernen. In der Praxisumsetzung ist zu beachten, dass Look-and-See-Trips nicht erst dann durchgeführt werden, wenn die Entscheidung für den Auslandseinsatz bereits getroffen ist.

Rüdiger Kabst

Lösungsgüte der Personalplanungsmodelle

Lösungsgüte der Personalplanungsmodelle lassen sich unterscheiden in heuristische Modellansätze, die zur näherungsweisen Lösung komplexer Entscheidungs- und Optimierungsproblemen herangezogen werden, sowie optimierende Modellansätze, welche zum Globaloptimum führen.

Die Modellansätze werden nach Maßgaben der Möglichkeiten, die Optimalität einer Lösung einschätzen zu können unterschieden. Die Entscheidbarkeit von Personalplanungsproblemen hängt maßgeblich von den einsetzbaren beziehungsweise eingesetzten Lösungsprozeduren ab, wie *Adam* (1996) betont. Damit verbunden ist die Frage, auf welchem Niveau das Problem gelöst werden soll. Grundsätzlich wird man bestrebt sein, die optimale Lösung zu finden. Es existieren jedoch auch Personalplanungsprobleme, für die aufgrund ihrer →Komplexität und Kompliziertheit keine beste Lösung im Sinne des ökonomischen Minimal- oder Maximalprinzips abgeleitet werden kann, weil entweder noch keine geeigneten Verfahren vorliegen oder ein unvertretbarer Aufwand zu betreiben wäre. In solchen Fällen ist es durchaus sinnvoll, lediglich suboptimale Lösungen zu entwickeln, die zwischen dem Globaloptimum und einer zulässigen Ausgangslösung angesiedelt sind, oder sich gar nur mit letzterer begnügen.

Lösungsprozeduren, die zum Globaloptimum führen, werden als *(streng) optimierende Verfahren* bezeichnet. Demgegenüber gelangt man durch die Verwendung heuristischer Verfahren allenfalls zufällig zum Globaloptimum, ohne jedoch Kenntnis von der Optimalität der Lösung zu erhalten (*Neumann* und *Marlock* 1993). In der Regel wird man durch den Einsatz von Heuristiken jedoch suboptimale Lösungen im Sinne eines Lokaloptimums, Partialoptimums oder eines verfahrensinduzierten Suboptimums erreichen. Sie basieren vielfach auf relativ einfach gehaltenen Regeln, wie zum Beispiel der First-in-First-up-Regel bei →Beförderungen, dem Last-in-First-out-Prinzip bei Entlassungen oder der Maxime „An jeden Platz die beste Arbeitskraft" bei Personalzuordnungsproblemen.

Literatur: *Adam, D.*: Planung und Entscheidung, Wiesbaden 1996, S. 493–505. *Neumann, K.; Marlock, M.*: Operations Research, München, Wien 1993, S. 402.

Thomas Spengler

Low Pay

Umgehen tarifvertraglicher Lohnzahlungen durch Verlagerung der Produktion in Billiglohnländer oder durch den (legalen) Einsatz von →Arbeitnehmern aus Ländern, in denen geringe Durchschnittslöhne gezahlt werden.

Low Pay, welches auch als Niedrig-, Billiglohn oder Low Wage bezeichnet wird, ist auf Tätigkeiten mit einem niedrigen Anforderungsniveau begrenzt.

Literatur: *König, R.*: Mindestlohn: Die Möglichkeiten und Folgen einer gesetzlichen Einführung in Deutschland, München 2008.

Silvia Föhr

Loyalität

Bereitschaft, die eigenen Ziele und Interessen zu Gunsten einer anderen Person oder →Organisation zurückzustellen, auch wenn dies vorübergehend zum eigenen Nachteil ist.

Mit dem Begriff der *Illoyalität* wird dagegen ein Verhalten beschrieben, das als Verstoß gegen eine Loyalitätserwartung gewertet wird.

In einer Organisation lassen sich vier typische Formen der *Loyalität* unterscheiden:

- *Loyalität zur Organisation*: Drückt sich in der Bereitschaft aus, in der Organisation zu bleiben, auch wenn eine →Identifikation mit den Produkten oder Zielen der Organisation fehlt. Loyalität kann Personen auch dazu führen, die Ziele und Grundsätze der Organisation nach außen zu vertreten, obwohl diese nicht mit den persönlichen Interessen und Wertvorstellungen übereinstimmen.

- *Loyalität zu den Mitarbeitern*: Ist eine Kernaufgabe der →Mitarbeiterführung. Sie zeigt sich vor allem darin, wie eine →Führungskraft bei ihrem Mitarbeiter eine Leistungsschwäche oder einen begangenen Fehler beurteilt. Loyalität bedeutet hier, Person und Verhalten zu trennen, das heißt ein Verhalten oder eine Leistung zu kritisieren, ohne dabei die Person und ihre Fähigkeiten (→Qualifikation) oder →Motive in Frage zu stellen. Für den Mitarbeiter zeigt sich die Loyalität seiner →Führungskraft darin, dass sie den Mitarbeiter auch bei Fehlverhalten oder Fehlleistungen stützt.

- *Loyalität zur Führungskraft*: Ist eine wesentliche Voraussetzung für die Stabilität von

Führungsbeziehungen. Loyalität drückt sich hier insbesondere darin aus, die Führungskraft als Person zu unterstützen, selbst wenn deren Verhalten nicht gebilligt wird. Dazu gehört auch, dass der Mitarbeiter bereit ist, übertragene Aufgaben auszuführen, auch wenn er sie inhaltlich ablehnt.

- *Loyalität zur Arbeitsgruppe*: Loyalität bedeutet hier die Bereitschaft, die eigenen Ziele dem Erfolg oder dem Zusammenhalt einer →Gruppe unterzuordnen. Sie zeigt sich unter anderem darin, wie individuelle Leistungen der Gruppe zur Verfügung gestellt werden, ohne den Anspruch zu erheben, dafür eine besondere Belohnung (→Belohnung und Bestrafung) zu erhalten.

Loyalität ist mit →Commitment verknüpft, da Commitment eine wesentliche Quelle der Loyalität ist. Sie beruht insbesondere auf normativem Commitment. Daneben hängt Loyalität aber auch von der generellen Bereitschaft ab, sich gegenüber vorgegebenen Regeln oder Autoritätspersonen (→Macht) unterzuordnen.

Markus Gmür

LPC-Score →Kontingenzmodell

M

Machiavellismus

geht auf den florentinischen Staatssekretär sowie politischen Denker *Niccolo Machiavelli* (1469–1525) zurück und stellt in das Zentrum der Maxime seines politischen Handelns, das er in seiner Schrift *Il Principe (Der Fürst)* propagierte, den unbedingten und von keiner Ethik geschwächten Wille zur →Macht.

Ein Mensch, der bedingungslos gut sein wolle geht in einer Welt, in der er umgeben ist von Menschen, die nicht gut sind, zugrunde. Aus diesem Grunde muss ein Fürst, der sich durchsetzen will, die Fähigkeit erlernen, nicht gut zu sein, und diese je nach gebotener Notwendigkeit auch einsetzen. Politik beschäftigt sich demnach mit dem vorrangigen Ziel der Machterhaltung und setzt sich dabei rücksichtslos über Gesetz und Moral hinweg. Machterhalt und Staatsraison werden dabei zum Selbstzweck.

Übertragen auf das →*Personalmanagement*, bedeutet die Anwendung dieses Konzepts, dass die Bedürfnisse (→Motiv) der Mitarbeiter keinerlei Rolle spielen und die Mitarbeiter einzig als Instrument zur Durchsetzung der Unternehmensinteressen dienen – ohne Rücksicht auf Moral und Gesetz.

Literatur: *Bosetzky, H.*: Machiavellismus, Machtkumulation und Mikropolitik, in: Zeitschrift für Organisation, 46. Jg. (1977), S. 121–125. *Fisher, R.; Kopelman, E.; Kupfer, A.*: Jenseits von Machiavelli. Kleines Handbuch der Konfliktlösung, Frankfurt a.M 1995.

Dodo zu Knyphausen-Aufseß
Lars Schweizer

Macht

Form des Einflusses auf andere Personen, durch die eine Verhaltensänderung auch gegen deren Willen durchgesetzt werden kann.

Wird die Macht durch die Beeinflussten akzeptiert, spricht man von *Autorität*. Institutionelle Machtbasen aus der hierarchischen Stellung verleihen dem Inhaber *Belohnungs-* und *Bestrafungsmacht* (→Belohnung und Bestrafung). Positionelle Machtbasen statten ihn durch die Kontrolle über Ressourcen darüber hinaus mit *Informationsmacht* aus. Personelle Machtbasen versetzen ihn in die Lage, neben Informationsmacht durch besondere Kenntnisse und Fähigkeiten (→Qualifikation) *Expertenmacht* und durch herausragende Willenskraft und Überzeugungsstärke (→Charisma) *Persönlichkeitsmacht* auszuüben.

Jan Hendrik Fisch

Machtdistanz

→Kulturdimension nach *Hofstede* (2001), welche das erwartete und von den weniger mächtigen Mitgliedern von Institutionen beziehungsweise →Organisationen eines Landes akzeptierte Ausmaß ungleicher Machtverteilung beschreibt.

Die Machtdistanz gibt damit an, wie Gesellschaften mit Ungleichheit umgehen und wie sich die Beziehungen der Mitglieder einer Gesellschaft gestalten.

→Macht kann sich in *physischen* oder *intellektuellen Fähigkeiten* ausdrücken, in *materiellen Wohlstand* oder *gesellschaftlichem Ansehen*. Der Umgang mit Machtverteilung ist jedoch von Gesellschaft zu Gesellschaft verschieden: In Gesellschaften, die ein hohes Maß an ungleicher Machtverteilung akzeptieren, herrscht eine „große Machtdistanz"; in Ländern, in denen eine ungleiche Machtverteilung nicht geduldet wird, findet sich eine „geringe Machtdistanz". Nach *Hofstede* (2001) weisen romanische, ostasiatische und afrikanische Länder eine große Machtdistanz auf, anglophone, germanophone und skandinavische dagegen eine geringe Machtdistanz.

Auf das →*Personalmanagement* bezogen ist in Ländern mit geringer Machtdistanz die Abhängigkeit des Mitarbeiters gegenüber seiner →Führungskraft weniger stark ausgeprägt, ein partizipativer →Führungsstil wird bevorzugt, und die Führungskraft ist Ansprechpartner für →Feedback und konstruktive →Kritik. In Ländern mit hoher Machtdistanz dagegen ist Macht auf wenige Personen der Organisation konzentriert und die Abhängigkeit des Mitarbeiters von der Führungskraft groß, ein direktiver Führungsstil wird bevorzugt. Kritik, Widerspruch oder sogar nur Feedback gegenüber der Führungskraft sind schwierig zu äußern (→Interkulturelle Führung). In Organisationen mit hoher Machtdistanz finden sich zentralistisch koordinierte und hierarchisch stark unterschiedliche Qualifikations-, Status- und Entlohnungssysteme.

Literatur: *Hofstede, G.*: Culture's Consequences. Comparing Values, Behaviors, Institutions and Organizations across Nations, 2. Aufl., Thousand Oaks ect. 2001.

Christoph I. Barmeyer

Machtmotiv

Bedürfnis, Einfluss über andere Personen und ihr Verhalten (→Behaviorismus) zu erlangen.

Das Machtmotiv wurde vor allem von *McClelland* (1978) untersucht (→Motiv). Das Streben nach →Macht ist eine wesentliche Voraussetzung zur Führung von Mitarbeitern (→Mitarbeiterführung). Ohne den Anspruch und die Bereitschaft der →Führungskräfte, die Führungsposition dazu zu nutzen, dass die zugeordneten Mitarbeiter zur Erreichung der Bereichs- und Unternehmensziele beitragen, ist eine →Organisation nicht in der Lage, ihre Ziele effizient und koordiniert zu erreichen.

Zu unterscheiden ist zwischen dem egoistischen Machtmotiv und dem altruistischen Machtmotiv:

- Das Machtmotiv ist *egoistisch*, wenn die Person ihre Macht allein zum persönlichen Vorteil und zur Erreichung der eigenen Ziele einsetzen will.

- *Altruistisch* ist das Machtmotiv, wenn die Person ihre Macht dazu einsetzt, die Ziele anderer Personen oder des Unternehmens zu erreichen, und demgegenüber die persönlichen Ziele zurückstellt.

Für ein Unternehmen ist es von großer Bedeutung, die altruistischen Machtbedürfnisse seiner Führungs- und Nachwuchskräfte zu fördern und Möglichkeiten ihrer Erfüllung zu bieten. Gleichzeitig muss das →Anreizsystem so gestaltet sein, dass sich egoistische Machtbedürfnisse nur so weit entfalten, wie sie nicht die Unternehmensziele gefährden.

Literatur: *McClelland, D.*: Macht als Motiv: Entwicklungswandel und Ausdrucksformen, Stuttgart 1978.

Markus Gmür

Machtpromotor

Schlüsselpersonen bei der Durchsetzung von Programmen und →Strategien, welche die zugehörigen Prozesse prägen und die →Implementierung vorantreiben.

Im Promotorenmodell nach *Witte* (1999) steht der Machtpromotor neben →Fach-, →Prozess- und Beziehungspromotoren. Er verfügt über Amtsmacht durch seine herausragende Stellung in der →Hierarchie und über umfangreiches strategisches →Wissen. Regelmäßig agiert daher die Geschäftsleitung in der Funktion des Machtpromotors. Entscheidend für die erfolgreiche Ausfüllung der →Rolle des Machtpromotors ist neben der Entscheidungskompetenz insbesondere seine Durchsetzungsfähigkeit, die auf persönlicher Überzeugungskraft, auf der Einnahme einer Vorbildfunktion, aber auch auf Autorität (→Macht) aufbaut.

Literatur: *Witte, E.*: Das Promotoren-Modell, in: *Hauschildt, J.; Gemünden, H.G.* (Hrsg.): Promotoren-Champions der Innovation, Wiesbaden 1999, S. 9–42.

Tobias Bernecker

Magnitude-Skalen

→Skalen, bei denen die Stärke einer subjektiven Empfindung durch die Größe (Magnitude) eines Reizes oder eines vorgegebenen Antwortkontinuums ausgedrückt wird.

Diese Skalen werden vor allem in →Attitude Surveys eingesetzt, wenn sich die subjektiven Einschätzungen schlecht verbal erfassen lassen oder es darauf ankommt, exakte Verhältnisse zwischen zwei Empfindungen oder Einstellungen zu ermitteln. Bei der Messung werden Probanden gebeten, die Ausprägung des zu skalierenden Merkmals beispielsweise durch Angabe einer beliebigen Ziffer (die Höhe der Ziffer drückt die Ausprägung aus) oder durch Zeichnen einer Linie (die Länge der Linie drückt die Ausprägung aus) anzugeben. Durch Bildung eines Quotienten zwischen den Werten für zwei Einstellungsobjekte lassen sich die Einstellungen zu zwei Objekten zueinander ins Verhältnis setzen.

Ein personalwirtschaftliches Beispiel: Das empfundene →Charisma eines Teammitglieds soll mittels Ziffern angegeben werden. Ein Urteiler kann dem Charisma von Teammitglied A eine 50 und von Mitglied B eine 150 zuordnen; das Charisma von Teammitglied B in Relation zu A ergibt sich als Quotient von 150/50 = 3. Würde derselbe Urteiler das empfundene Charisma danach in einer anderen Modalität (z. B. mit der Länge einer Linie) ausdrücken, müsste das Verhältnis der Längen idealerweise dem der Ziffern entsprechen. Ist das nicht der Fall, wird aus den beiden unterschiedlichen Quotienten der Mittelwert berechnet.

Beim Cross-Modality-Matching werden Intensitäten für Empfindungen eines Sinnesreizes durch eine andere Sinnesmodalität ausgedrückt. Dies ist vor allem sinnvoll, wenn die interessierende Empfindungsmodalität schwer zu skalieren ist (Bsp.: „Machen Sie mit diesem Dimmer das Licht so hell, wie Sie das →Mobbing an Ihrem Arbeitsplatz als verletzend empfinden").

Literatur: *Bortz, J.; Döring, N.:* Forschungsmethoden und Evaluation für Human- und Sozialwissenschaftler, 4. Aufl., Heidelberg 2006. *Wegener, B.:* Magnitude-Messung in Umfragen: Kontexteffekte und Methode, in: ZUMA-Nachrichten, 6. Jg. (1980), H. 3, S. 4–40.

Claas Christian Germelmann

Malcolm Baldrige National Quality Award (MBNQA)

amerikanischer Qualitätspreis, der 1988 zum ersten Mal verliehen und nach dem maßgeblich an der Gestaltung und politischen Umsetzung beteiligten amerikanischen Handelsminister *Malcolm Baldrige* benannt.

Der Preis wurde 1987 per Gesetz vom amerikanischen Kongress ins Leben gerufen, um der amerikanischen Wirtschaft nach den Schwierigkeiten der 1980er Jahre wieder zu einem neuen Qualitätsbewusstsein und damit gesteigerter internationaler Wettbewerbsfähigkeit zu verhelfen. Die Preisvergabe wird vom *National Institute of Standards and Technology* (NIST) im Rahmen des *Baldrige National Quality Program* organisiert. Die Verleihung des MBNQA erfolgt durch den Präsidenten der USA und dokumentiert die hohe Bedeutung dieser Auszeichnung.

Der MBNQA wird an jeweils zwei Bewerber in den *Kategorien*

- Produzierende Unternehmen,
- Dienstleistungsunternehmen,
- keine Unternehmen mit weniger als 500 Vollbeschäftigte,
- Bildungs-Einrichtungen sowie
- Einrichtungen des Gesundheitswesens

verliehen. Preiswürdige Unternehmen müssen zum einen den Mindestbewertungsstandards der Qualitätskriterien entsprechen (Qualification Standards) und sich andererseits gegen andere Bewerber durchsetzen (Competitive System).

Der Kriterienkatalog für den MBNQA umfasst sieben Kriterien, zu denen es weitere Unterkriterien gibt und für die maximal 1000 Punkte erreicht werden können (Abbildung 1). *Kamiske* und *Brauer* (2006) erläutern die Kriterien wie folgt: Die →Qualität der Leitung, das heißt der →*Unternehmensführung* (12 %), hat Auswirkungen auf das Organisationssystem, welches aus der *strategischen Planung* (8,5 %), der →*Mitarbeiterorientierung* (8,5 %), dem *Prozessmanagement* (8,5 %) und der *Informationsverarbeitung* und *Analyse* (9 %) besteht, sowie auf die Ziele *Kunden- und Marktorientierung* (8,5 %) und den messbaren Fortschritt hinsichtlich der *Geschäftsergebnisse* (45 %). Für Institutionen des Bildungs- und Gesundheitssektors gelten leicht andere Kriterien.

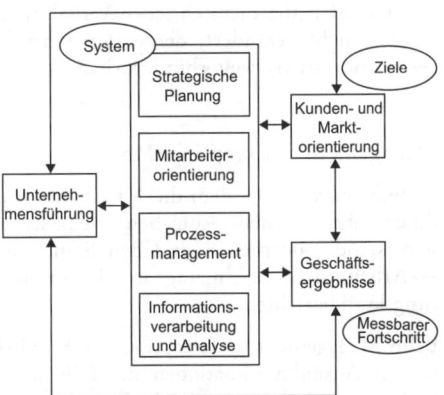

Abbildung 1: MBNQA-Kriterien
(*Kamiske/Brauer* 2006)

Im *Bewertungsprozess* werden für die sechs Kriterien zwei Dimensionen berücksichtigt:

1. *Methodik*: Verstanden als die Angemessenheit der benutzten Instrumenten und Techniken.

2. *Entfaltung*: Der Umfang, der Anwendung in Bezug auf alle Stakeholder-Schnittstellen sowie alle Produkte und Dienstleistungen, bewertet.

Schließlich wird für das siebte Kriterium der Geschäftsergebnisse das realisierte *Leistungsniveau*, auch im Vergleich zu Wettbewerbern, als Bewertungsdimension herangezogen. Die explizite Orientierung am Wettbewerb sowie die starke →Kundenorientierung charakterisieren den MBNQA gegenüber anderen Qualitätspreisen wie dem europäischen →EFQM Excellence Award.

Literatur: *Kamiske, G. F.; Brauer, J.-P.:* Qualitätsmanagement von A-Z, 5. Aufl., München 2006. *National Institute of Standards and Technology* (Hrsg.): Baldrige National Quality Program, Gaithersburg, 2007.

Matthias Tomenendal

Management by Delegation (MbD)

→Delegation eines gegenüber dem Prinzip von Befehl und Gehorsam gesteigerten Maßes an Handlungsverantwortung an die Mitarbeiter (syn.: Harzburger Modell).

Beim Management by Delegation (MbD) verbleibt die Führungsverantwortung bei der Führungskraft, so dass sie die Erfüllung aller delegierten Aufgaben kontrollieren muss. Durch die Übertragung von Handlungsverantwortung wird das Mitdenken der Mitarbeiter gefördert, eine Beteiligung an wesentlichen Entscheidungen findet allerdings nicht statt. Durch MbD werden die hierarchischen Verhältnisse folglich nicht verändert, der vorherrschende →Führungsstil ist weiterhin autoritär.

Jan Hendrik Fisch

Management by Exception (MbE)

→Führungsstil, bei dem die Mitarbeiter die ihnen übertragenen Aufgaben weitgehend selbstständig bearbeiten und den Stand der →Arbeit nicht regelmäßig an die →Führungskraft berichten.

Beim Management by Exception (MbE) wird nur in Ausnahmesituationen die Führungskraft eingeschaltet, damit sie Korrekturentscheidungen treffen kann. Es setzt eine Planung und vorherige Definition der Schwellwerte voraus, ab deren Überschreitung eine Situation als Ausnahme angesehen werden soll (exception indicators). Das MbE ist kaum als vollständiges Führungskonzept anzusehen, sondern eignet sich vielmehr zur Kombination mit anderen Führungsprinzipien.

Jan Hendrik Fisch

Management by Objectives (MbO)

Führungskonzeption (→Führungssystem), bei der →Führungskräfte und Mitarbeiter gemeinsame Ziele für die nächste Periode festlegen und die Mitarbeiter diese selbstständig versuchen zu erreichen.

Am Ende der Periode kontrollieren Führungskräfte und Mitarbeiter die Ergebnisse anhand der angestrebten Ziele und führen anhand der festgestellten Abweichungen ein Gespräch über die notwendigen Korrekturmaßnahmen für die nächste Periode.

Für den Einsatz von Management by Objectives (MbO) sprechen die leistungsmotivierende Wirkung insbesondere bei partizipativer Zielvereinbarung (nicht autoritärer Zielvorgabe) sowie die koordinierende Wirkung durch die Abstimmung der arbeitsteilig verfolgten Ziele.

Voraussetzung für die Anwendung ist, dass die jeweiligen Ziele abgegrenzt und messbar formuliert werden können und die verantwortlichen Mitarbeiter ausreichenden Einfluss auf deren Erreichung haben. Dies wird eher im mittleren Management als in den höchsten oder niedrigsten Hierarchieebenen (→Hierarchie) der Fall sein.

Jan Hendrik Fisch

Management Development →Managemententwicklung

Management Development im öffentlichen Dienst

systematische →Identifikation, →Evaluation und Förderung des Führungskräftenachwuchses (→Führungsnachwuchs) im öffentlichen Sektor unter besonderer Berücksichtigung gezielter →Auswahlverfahren sowie gleichzeitig stellen- und bildungsbezogener Maßnahmen.

Zur *Identifikation* des Führungskräftenachwuchses dienen in der Anfangsphase Auswahlinterviews, regelmäßige Zielvereinbarungen und →Mitarbeitergespräche. Die Identifikation der Nachwuchskräfte kann sowohl innerbetrieblich als auch außerbetrieblich erfolgen und fällt in die alltägliche Förderungsverantwortung der →Führungskräfte sowie in die Systemverantwortung der →Personalabteilungen. Gezielte Identifikationsmaßnahmen wie zum Beispiel eRecruiting (→eHRM) oder →Hochschulmarketing sind in öffentlichen Institutionen noch wenig verbreitet. Eine Studie von *Thom* und *Ritz* (2004) zeigte aber, dass insbesondere der →Personalauswahl nach den gegenwärtig stattfindenden Reformprozessen in der öffentlichen Verwaltung ein deutlich höheres Gewicht beigemessen werden sollte.

Die *Evaluation* des Führungskräftenachwuchses verfolgt innerhalb des Management Developments das zentrale Ziel, die langfristige →Vision, die Organisationsstrategie sowie die →Anforderungen an ausgewählte Schlüsselpositionen mit dem Führungspotenzial einer Nachwuchskraft unter Beizug von kompetenzbasierten →Interviews, Potenzialanalysen und Laufbahn-Assessments abzustimmen. Hierbei geht es neben der Beurteilung der Dimension des „Könnens" auch um die Evaluation des „Wollens" einer Nachwuchskraft, also der Bereitschaft, Führungsverantwortung zu übernehmen. Angesichts der Tatsache, dass in den kontinentaleuropäischen Verwaltungen zu einem großen Teil Juristen als Generalisten eingesetzt werden und aus Tradition einen erheblichen Anteil der Führungspositionen innehaben, kommt der Eignungsabklärung eine besonders wichtige Rolle zu.

Die *Förderung* des Führungsnachwuchses geschieht in einem umfassenden Management Development-System nicht mittels der vielerorts noch verbreiteten Beförderungsautomatismen (→Beförderung) aufgrund Dienstalter und Dienstzeit (Anciennitätsprinzip), sondern durch systematische Planung im Rahmen eines →*Laufbahn- oder Nachfolgemodells* vor dem Hintergrund spezifischer Kompetenzerfordernisse (Abbildung 1). Das Laufbahnmodell umfasst dabei mehrere Laufbahnpfade (Fach-, Projekt- und Führungslaufbahn), die bei entsprechender →Qualifikation sowohl vertikale als auch horizontale Laufbahnwechsel zulassen. Das Laufbahnmodell ist gekoppelt mit einem differenzierten →Anreizsystem, welches besonderen Wert auf immaterielle Anreize wie zum Beispiel auf die Gestaltung des Arbeitsinhalts oder des Tätigkeitsspielraums zur Förderung der →intrinsischen Motivation legt. Ein wesentlicher Bestandteil stellt ein speziell für die zu fördernden Nachwuchskräfte gebildeter (Management Development, →Managemententwicklung) Pool dar, welcher die →High Potentials in Kontakt mit erfahrenen Führungskräften und anderen Nachwuchskräften bringt.

Begleitend zum Laufbahnmodell gilt es, neben bildungsbezogenen Entwicklungsmaßnahmen (z. B. Executive Master of Public Administration Programme) stellenbezogene („On-the-Job") Maßnahmen zu etablieren. Hierzu zählen insbesondere Lernpartnerschaften wie →Coaching und →Mentoring zwischen einer erfahrenen Führungskraft und der weniger erfahrenen Nachwuchskraft durch persönliche Kontakte und Begleitung (*Thom* und *Habegger* 2004). Dadurch wird ein Hauptziel des Management Developments, der Wissenstransfer von den gegenwärtigen zu den zukünftigen Führungskräften im öffentlichen Sektor, ermöglicht. Solche umfassenden Management Development Systeme eignen sich nicht nur für einzelne, große öffentliche Verwaltungen, sondern können bei einer Abstimmung zwischen Kommunal-, Regional-, Länder- und Staatsverwaltungen – wie zum Beispiel in Frankreich – die oft fehlenden Laufbahnperspektiven für öffentlich Bedienstete erheblich erweitern.

Abbildung 1: Management Development-Modell

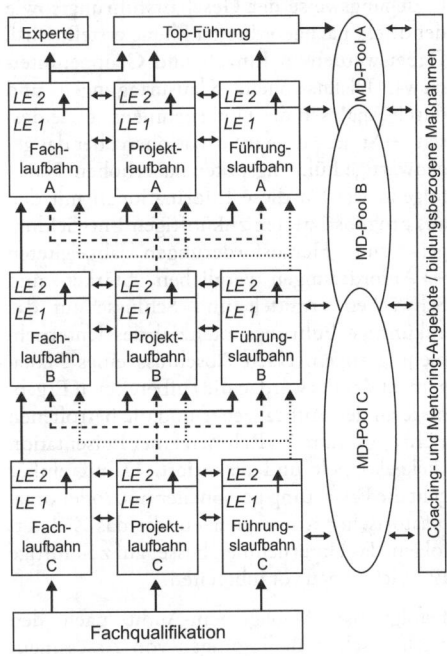

LE: Leistungsebenen 1 und 2
A,B,C: Qualifikationsstufen
MD: Management Development

Literatur: *Thom, N.; Habegger, A.*: Mentoring als Instrument der Personalführung, in: *Widmer, M.* (Hrsg.): Mentoring, Bern etc. 2004. *Thom, N.; Ritz, A.*: Public Management. Innovative Konzepte zur Führung im öffentlichen Sektor, 2. Aufl., Wiesbaden 2004. *Welge, M. K.; Häring, K.; Voss, A.* (Hrsg.): Management Development, Stuttgart 2000.

Adrian Ritz

Management-Audit

Verfahren, mit dem die Leistungen und das Potenzial der obersten →Führungskräfte in Unternehmen beurteilt werden.

Managemententwicklung

Die Durchführung des Management-Audits erfolgt in der Regel im Rahmen der Beauftragung von hierauf spezialisierten unabhängigen Beratern über einen längeren Zeitraum hinweg. Den Anlass bilden häufig Krisen oder die Wahrnehmung ungünstiger Entwicklungen (bspw. Umsatz- oder Gewinnrückgang), geplante Geschäftsfelderweiterungen sowie Reorganisationen.

Unter methodischen Gesichtspunkten handelt es sich beim Management-Audit um eine Kombination von →Leistungsbeurteilung und →Potenzialbeurteilung, bei der zunächst ein Leistungsprofil der Mitglieder des Vorstandes beziehungsweise der Geschäftsführung sowie der direkt nachgeordneten Ebene erstellt wird. Dabei werden in Einzel- und Gruppeninterviews, Diskussionen, Klausurtagungen und durch Analysen des Unternehmens sowie dessen →Strategie →Informationen über das gegenwärtige Führungspotenzial erhoben. Nachfolgend werden diese Informationen mit den aus prognostizierten zukünftigen Entwicklungen und Herausforderungen abgeleiteten →Anforderungen verglichen, Stärken und Schwächen ermittelt und Schlüsse auf das zukünftige Führungspotenzial des Unternehmens gezogen. Nach Abschluss eines Management-Audits werden die aufbereiteten Ergebnisse an den Auftraggeber und die betroffenen Führungskräfte im Rahmen einer Präsentation rückgekoppelt und diskutiert. Damit einher geht die Erwartung personeller und/oder organisatorischer Konsequenzen, die das Ziel verfolgen, das Unternehmen besser auf zukünftige Entwicklungen vorzubereiten.

Erfolgt das Management-Audit nach den methodischen Bedingungen von Assessment Center-Verfahren, spricht man auch von Management-Appraisal.

Jürgen Grieger

Managemententwicklung

Teilgebiet der →Personalentwicklung, das sich auf die Qualifizierung von Führungs-(nachwuchs-)kräften fokussiert (syn.: Führungskräfteentwicklung).

Als *Ziele* der Managemententwicklung werden unter anderem von *Becker* (2002) sowie von *Welge, Häring* und *Voss* (2000) vor allem

- die gezielte Vorbereitung auf Positionen im Rahmen einer Führungslaufbahn beziehungsweise auf weiterführende Aufgaben innerhalb einer Fach- oder Projektlaufbahn (→Laufbahnmodelle),
- die Sicherstellung der →Nachfolgeplanung,
- die Schaffung von Transparenz bezogen auf die Bedingungen für den innerbetrieblichen Aufstieg,
- die Steigerung, zumindest jedoch der Erhalt der →Motivation der Mitarbeiter und der Unternehmensattraktivität für potenzielle Mitarbeiter durch das Aufzeigen von Entwicklungsmöglichkeiten im Unternehmen sowie
- die Stärkung der →Corporate Identity durch bereichsübergreifende, in Konzernen zum Teil unternehmensübergreifende Ansätze der Managemententwicklung (oftmals im Rahmen von →Corporate Universities)

genannt. Das *Instrumentarium* der Managemententwicklung umfasst grundsätzlich alle →Personalentwicklungsmethoden. Besondere Bedeutung gewinnen hierbei jedoch Arbeitsplatzwechsel (→Job Rotation) innerhalb des Unternehmens, die gezielt den Erfahrungsausbau unterstützen sollen, um zukünftigen Führungskräften beziehungsweise Führungskräften mit erweiterter Führungsverantwortung den „Blick über den Tellerrand" der eigenen Fach- beziehungsweise Abteilungsaufgabe zu ermöglichen. Oftmals wird dies mit →Auslandsentsendungen verbunden, wie *Friedrichs* und *Althauser* (2000) betonen. Somit versucht man nicht nur ein Bewusstsein für die interkulturellen Unterschiede zwischen Abteilungen oder Aufgabengebieten zu schaffen, sondern auch die Fähigkeit (→Qualifikation) zum Umgang mit Mitarbeitern unterschiedlicher Nationalität auszubauen. Einige Unternehmen integrieren in ihre Managemententwicklung auch Einsätze ihrer Mitarbeiter außerhalb der Firma: Meist nebenberufliche und in der Regel ehrenamtliche Arbeiten (→Ehrenamt) bei sozialen Einrichtungen (z. B. Seelsorge, Altenbetreuung, Drogenberatung) sollen dabei helfen, den rein auf das Unternehmen ausgerichteten Fokus zu weiten, die Offenheit für Neues zu fördern, aber auch die Weiterentwicklung von →sozialer Kompetenz zu sichern. Fast nebenbei fördern solche Programme natürlich auch das Image des Unternehmens.

Am Anfang des *Prozesses* der Managemententwicklung sollte nach *Becker* (2002) die Entwicklung von →Anforderungsprofilen

(→Anforderungsanalyse) für Führungskräfte (bzw. bei alternativen Laufbahnmodellen für Spezialisten und/oder Projektleiter) stehen. Diese Anforderungsprofile sind idealerweise gültig für alle Führungspositionen im Haus. Zusätzliche fachliche Voraussetzungen sind bezogen auf die unterschiedlichen Stellen gesondert festzuhalten. Die Diskussion um die firmenspezifischen Führungsanforderungen sowie deren Fixierung und →Implementierung leisten einen wichtigen Beitrag zur Gestaltung der Unternehmenskultur (→Organisationskultur). Darüber hinaus bieten sie eine Orientierungsmöglichkeit

- als Basis zur Selbsteinschätzung für (potenzielle) Mitarbeiter, die an einem eigenen Aufstieg interessiert sind,
- als Grundlage für die Auswahl von Potenzialträgern,
- als Ausgangspunkt für die Diskussion von Veränderungsnotwendigkeiten bei bereits ernannten Führungskräften sowie
- als Rahmen für die konkreten Maßnahmen innerhalb der Managemententwicklung.

Zwei Beispiele für solche Anforderungsprofile international tätiger Unternehmen sind in Übersicht 1 und Übersicht 2 aufgeführt.

Übersicht 1: Anforderungsprofil für Führungskräfte eines Unternehmens aus der chemischen Industrie (firmeninterne Veröffentlichung, 2000)

Management Competencies eines Unternehmens der Chemischen Industrie		
Unternehmertum	soziale Kompetenz	Führung
-unternehmerisches Handeln -Veränderungsorientierung -analytisches Denkvermögen -strategisches Denkvermögen	-Kommunikation/ Einfühlungsvermögen -Verstehen und Nutzen von Organisationen -Einflussnahme und Wirkung -Konfliktfähigkeit -Kundenorientierung -interkulturelle Adaptionsfähigkeit	-Personal- und Teamführung -persönliches Commitment

Wie bereits erwähnt kann auf Grundlage dieser Profile ein →Auswahlverfahren für Anwärter auf (höherwertige) Führungspositionen festgelegt werden. Viele Unternehmen haben ein mehrstufiges Verfahren implementiert: Zumeist startet es mit einer kombinierten *Leistungs- und →Potenzialbeurteilung*, die in der Regel im Rahmen eines →Mitarbeitergespräches zwischen der Führungskraft und dem Mitarbeiter festgehalten wird. Falls Potenzial für weiterführende Aufgaben gesehen wird, und der Mitarbeiter Interesse an einer solchen Möglichkeit hat, besteht der nächste Schritt häufig in der Teilnahme an einem →*Assessment Center* (AC), einem so genannten Entwicklungs-AC. Bei erfolgreicher Absolvierung werden dann *individuelle Entwicklungspläne* ausgearbeitet, die zum einen auf die spezifischen Bedarfe des Mitarbeiters und zum anderen auf die Nachfolge des Unternehmens abgestimmt sind. Der Fortschritt bei der Entwicklung des Nachwuchses sollte systematisch überprüft und gegebenenfalls zusätzliche Maßnahmen eingeleitet werden.

Übersicht 2: Anforderungsprofil für Führungskräfte bei *DaimlerChrysler* (firmeninterne Veröffentlichung, 2001)

Die fünf DaimlerChrysler Leadership-Kriterien im Überblick
- denkt und handelt strategisch und gibt Orientierung - initiiert und treibt Veränderungen voran - fordert und ermöglicht Top-Performance - geht mit Wissen und Informationen professionell um - schafft Wertschöpfung und handelt im Sinne des Unternehmens

Aus den *Erfahrungen in der Praxis* lassen sich gemäß *Becker* (2002) und *Welge, Häring* und *Voss* (2000) einige typische Problemfelder im Zusammenhang mit der Managemententwicklung zusammenfassen:

- Die Glaubwürdigkeit des gesamten Verfahrens wird häufig dadurch riskiert, dass →Beförderungen nicht auf Grundlage der Anforderungsprofile vorgenommen werden.
- Die Absolventen eines Managemententwicklungsprogramms erwarten kurzfristig nach Abschluss eine Beförderung. Oftmals sind allerdings keine geeigneten Stellen direkt verfügbar. Dies kann zu →Demotivation führen. Auch der ausdrückliche Hinweis zu Beginn eines solchen Programms ändert an dieser Gefahr in der Regel wenig.
- Zum Teil liegt das daran, dass die Managemententwicklung zu wenig mit der →Personalplanung, und hier insbesondere mit der Nachfolgeplanung, verzahnt ist.

- Einige Führungskräfte neigen dazu, ihre Leistungs- und Potenzialträger eher nicht bekannt zu geben, um selbige nicht zu verlieren. Die Nachteile für das Unternehmen liegen auf der Hand. Aber auch dem Mitarbeiter werden so persönliche Entwicklungschancen genommen, was im schlechtesten Falle zu einer →Kündigung führen kann.

Die besondere Bedeutung der Managemententwicklung als Teilbereich der Personalentwicklung zeigt sich in vielen, insbesondere großen Unternehmen dadurch, dass die Managemententwicklung *organisatorisch* als separate Abteilung im Personalbereich außerhalb der Personalentwicklung oder aber als Organisationseinheit mit direkter Berichtslinie an den Vorstand geführt wird.

Literatur: Becker, M.: Personalentwicklung, 3. Aufl., Stuttgart 2002. *Friedrichs, P.; Althauser, U.*: Personalentwicklung in der Globalisierung, Neuwied 2000. *Welge, M.; Häring, K.; Voss, A.* (Hrsg.): Management Development, Stuttgart 2000.

Laila Maja Hofmann

Management-Training

Teilgebiet der →Managemententwicklung mit spezifischem methodischem Ansatz (→Training), der sich an die Zielgruppe (→Entwicklungsplanung) der Führungs(nachwuchs-)kräfte (→Führungsnachwuchs) richtet.

Managerial Grid →Verhaltensgitter

Managerverhalten

von purer Geschäftigkeit abgegrenztes, fokussiertes Agieren im Management.

Die meisten →Führungskräfte sind extrem beschäftigt und aktiv. Trotz ihrer hohen Geschäftigkeit mangelt es ihnen häufig an einer klaren Zielvorstellung, dem Engagement für die richtigen Dinge und der Konzentration auf das Wesentliche. Ein entscheidendes Problem von Unternehmen ist, dass Führungskräfte häufig busy oder beschäftigt sein mit zielorientiertem Handeln verwechseln. Wenn die Kapazitäten von Managern durch Routinetätigkeiten, eine Vielzahl an Verwaltungsaktivitäten oder unproduktive Geschäftigkeit absorbiert werden, hat dies nicht nur Auswirkungen auf ihre eigenen Beiträge zur strategischen Entwicklung des Unternehmens, sondern auch erhebliche Implikationen für ihre Fähigkeit (→Qualifikation) zu führen.

Die Auseinandersetzung mit dem zielorientierten Handeln von Managern betrifft also eine zentrale Basis der Führung. Zahlreiche Forscher betonen in jüngerer Zeit die bedeutende Rolle des Handelns für die Managementpraxis (*Bruch* und *Goshal* 2004, *Pfeffer* und *Sutton* 1999). Sie verweisen darauf, dass unzureichendes Managerhandeln ein ernsthaftes Problem für Unternehmen darstellt. Das Problem verschärft sich in Unternehmen, die sich in tiefgreifenden Changeprozessen befinden; entschlossenes und beharrliches Handeln von Führungskräften wird hier als besonders erfolgskritisch betrachtet, stellt aber gleichzeitig den entscheidenden Engpassfaktor von Transformationsprozessen dar.

Obwohl Konsens über die Bedeutung von Führungskräftehandeln besteht, wurde das Phänomen in der Managementforschung bisher wenig untersucht (*Bruch* 2003). *Weicks* (1979, S. 147) Aussage besitzt daher auch heute noch Gültigkeit: „One of the ironies in organizational analysis is that managers are described as all business, doers, people of action, yet no one seems to understand much about their acting."

Angesichts der dominierenden funktionalen Orientierung in der Managementforschung ist oft nicht ersichtlich, dass hinter jeder Aktivität von Unternehmen Handlungen einzelner Personen stehen.

In der Managementforschung werden zwei Ansätze in Bezug auf das Handeln von Managern unterschieden. Der erste wird als *Work Activity School* (*Mintzberg* 1973) bezeichnet und untersucht die Frage: „Was tun Manager wirklich?". Ein Ergebnis der Forschung ist, dass Manager sich signifikant bezüglich des Ausmaßes in dem sie aktiv Handeln oder Initiative ergreifen, unterscheiden, und sich dies nicht vollständig auf unterschiedliche Situationen zurückführen lässt. Allerdings hat die Work Activity School nicht den Versuch unternommen, das Konstrukt Managerhandeln zu definieren oder die Unterschiede im Managerhandeln zu erklären.

Der zweite Forschungsansatz bezieht sich auf *Innovations- und Veränderungsmanagement*. Obwohl dieser Forschungsstrang sich mit dem Verhalten von Top-Managern, →Change Agents, Innovations-Champions oder Sponsoren auseinandergesetzt hat, wurde jedoch auch hier weder eine Definition noch eine Theorie des Managerhandelns entwickelt.

Auf der Basis einer interdisziplinären Literaturanalyse und mehreren empirischen Untersuchungen lässt sich Managerhandeln als eine spezifische Form des Verhaltens definieren: als ein besonders energetisches und fokussiertes Verhalten in einem typischen Arbeitskontext von Managern (*Bruch* 2003, *Bruch* und *Ghoshal* 2005). Diese Definition richtet die Aufmerksamkeit auf drei Verhaltenscharakteristika:

1. *Energie*: Handeln ist ein besonders energetisches Verhalten. Dies beinhaltet ein erhöhtes Maß an →Involvement. Weiterhin ist Handeln ein Verhalten, das subjektiv bedeutungsvoll ist, das heißt, dass es dem Handelnden persönlich wichtig ist, was er tut. Handeln ist auch insofern energetisch, als es ein bestimmtes Maß an Anstrengung erfordert. Typischerweise ist diese Anstrengung nicht einfach eine Reaktion auf Druck von außen, sondern kommt von innen. Von Handeln spricht man dementsprechend nur, wenn das Verhalten proaktiv ist, Eigeninitiative beinhaltet und über die Rollenerwartungen der Person hinausgeht.

2. *Fokus*: Handeln stellt ein fokussiertes Verhalten dar. Fokus kennzeichnet ein Verhalten, bei dem sich eine Person auf ein Ziel „einschießt" und es bis zur Erreichung verfolgt. Handeln unterscheidet sich demnach von anderen Formen des Verhaltens dadurch, dass es bewusst auf bestimmte Ziele gerichtet ist. Die Zielorientierung beinhaltet unter anderem die Disziplin, Ablenkungen zu widerstehen, Barrieren zu überwinden und bei Rückschlägen beharrlich zu bleiben. Weiterhin ist Handeln intentional, also auf die Erreichung einer bestimmten Absicht gerichtet. Im Gegensatz zu impulsivem Verhalten entsteht Handeln nicht plötzlich, sondern ist langfristig orientiert; das Verhalten basiert auf bewusster Planung und Vorausschau.

3. *Managerkontext*: Drittens betont die Definition, im Gegensatz zu Handeln allgemein, die Besonderheiten von Managerhandeln, die sich aus der spezifischen Natur von Arbeitskontexten von Managern ableitet. Demnach ist Managerhandeln fokussiert energetisches Verhalten in einem Arbeitsumfeld, das durch starke Abhängigkeiten, starke Fragmentierung der Aufgaben, geringe Strukturiertheit, zahlreiche Unterbrechungen, ungeplante →Anforderungen und große Handlungsspielräume gekennzeichnet ist.

Obwohl Fokus und Energie jeweils positive Charakteristika sind, reicht es nicht aus, wenn Manager nur ein Verhaltensmerkmal aufweisen. Fokus ohne Energie führt zu begeisterungsloser Ausführung, die bis zum →Burnout reichen kann. Energie ohne Fokus bringt ziellosen Aktionismus mit sich.

Eine Kombination der beiden unabhängigen Dimensionen führt zu einem nützlichen Bezugsrahmen, der dabei hilft, die Ursachen für das verbreitete „Nicht-Handeln" im Management zu diagnostizieren und zielgerichtetes Handeln zu beschreiben (Abbildung 1).

Abbildung 1: Die vier Arten von Managerverhalten (*Bruch/Ghoshal* 2002)

Intensität	negativ	positiv
hoch	Korrosive Energie	Produktive Energie
niedrig	Resignative Trägheit	Angenehme Trägheit

Qualität

Die Matrix kennzeichnet vier unterschiedliche Arten von Managerverhalten:

1. *Zauderer – Niedrige Energie, niedriger Fokus*: Eine Untersuchung zum Handeln von Führungskräften in einem Dutzend internationalen Unternehmen zeigte, dass 30 % der Manager sich zaudernd verhalten (*Bruch* und *Ghoshal* 2004). Ihr Verhalten ist durch geringe Energie und geringe Fokussierung gekennzeichnet. Diese Manager erfüllen durchaus pflichtbewusst ihre Routineaufgaben; sie gehen jedoch nicht über die Alltagsaktivitäten hinaus, legen ein geringes Maß an Eigeninitiative an den Tag und bewirken keine wesentlichen Veränderungen. Einige von ihnen zögern so lange, bis die Gelegenheiten vorüber sind. Führungskräfte zaudern, wenn sie sich unsicher fühlen oder

Misserfolg fürchten. Einige geraten sogar dauerhaft in einen passiven Zustand, den der Psychologe *Martin Seligman* als →gelernte Hilflosigkeit bezeichnete (*Bruch* und *Ghoshal* 2002). Nachdem Individuen wiederholt erlebt haben, dass sie trotz ihrer Anstrengungen nichts Entscheidendes bewegen konnten, ziehen sie für sich den Schluss, dass sich Einsatz und Initiative nicht lohnen. Ihre Erfahrungen führen sie zu dem Glauben, dass sie selbst keinen Einfluss haben.

2. *Distanzierte – Hoher Fokus, niedrige Energie*: Etwa 20 % der Manager weisen ein distanziertes Verhalten auf: Sie zeigen einen ausgeprägten Fokus, aber nur ein geringes Ausmaß an Energie. Das Fehlen von Energie manifestiert sich auf unterschiedliche Weise in ihrem Verhalten: Einige legen eine Verweigerungshaltung an den Tag, die als „defensive Vermeidung" bezeichnet wird. Statt ein Problem zu akzeptieren und Maßnahmen zu ergreifen, um es zu lösen, reden sie sich ein, es gäbe kein Problem und keine Veranlassung zum Handeln. Andere praktizieren unengagiertes Verhalten. Sie erkennen die Notwendigkeit, zu handeln, distanzieren sich aber selber von dem Problem. In allen Fällen beruht distanziertes Verhalten auf mangelndem persönlichem →Commitment, das typischerweise mit einer fehlenden subjektiven Bedeutung der Aufgabe einhergeht. Paradoxerweise erschöpft distanziertes Verhalten in der Regel mehr als engagiertes Verhalten. Distanzierte Führungskräfte leiden häufig unter Gefühlen (→Emotionalität) der Sorge, Unsicherheit, →Frustration oder →Entfremdung. Sie versuchen, mit diesen Emotionen (→Aktionstheorie der Motivation) umzugehen, indem sie sich zurückziehen oder nur das absolut Nötigste tun. Allerdings verschlechtert sich damit zumeist ihre Situation noch mehr. Trotz ihres geringen Einsatzes leiden distanzierte Manager daher öfter unter Burnout als ihre Kollegen.

3. *Hyperaktive Manager – Hohe Energie, niedriger Fokus*: Der weitaus größte Teil der Manager – mehr als 40 % – zeigt hyperaktives Verhalten. Sie sind hoch motiviert und gehen mit hohem Engagement an ihre Arbeit; ihnen mangelt es jedoch an Fokussierung. Ihr andauerndes Bedürfnis, etwas – irgendetwas – zu tun, treibt sie zu blindem Aktionismus. Hyperaktive Manager nehmen sich nicht genügend Zeit zur Reflexion und haben daher meist Schwierigkeiten, ihr Verhalten zu planen und langfristig auszurichten. Dies ist besonders bei Druck und Auftreten neuer Probleme kritisch; Manager mit hoher Energie und geringer Fokussiertheit neigen hier dazu, weiterhin zu tun, was sie immer tun, und nur die Intensität zu erhöhen. Sie nehmen sich nicht die Zeit, grundlegend zu überlegen, welche Verhaltensstrategien für die Problemlösung erforderlich sind. Bei neuartigen Anforderungen werden sie so Opfer ihrer eigenen eingespielten Verhaltensmuster. Ein Teil der hyperaktiven Manager neigt zu impulsiven oder kurzsichtigen Aktivitäten gepaart mit übertriebener Energie. Dies zeigt sich daran, dass sie sich mit den besten Vorsätzen und hoher Begeisterung an einer Vielzahl verschiedener Projekte beteiligen. Probleme sind, dass ihr Einsatz üblicherweise im Projektverlauf zunehmend schwindet oder sie erhebliche Schwierigkeiten haben, die Vielzahl der Aktivitäten zu bewältigen, dass sie ständig dabei sind „Feuer zu löschen" oder Projekte wieder ganz aufgeben.

4. *Zielgerichtete Manager – Hohe Energie, hoher Fokus*: Der kleinste Anteil der Manager – etwa 10 % – arbeitet sowohl mit hoher Energie als auch fokussiert. Diese Führungskräfte strengen sich nicht nur deutlich stärker an als andere, sie verwirklichen auch weit häufiger entscheidende langfristige Ziele. Die charakteristische Klarheit bezüglich ihrer Vorhaben, gekoppelt mit großer Willenskraft und Disziplin, ermöglicht es ihnen, ihre Aktivitäten gut zu planen, zu priorisieren und auf die wesentlichen Dinge auszurichten. Entscheidend für die klare Fokussierung ihres Tuns ist, dass sie ihre Ziele und Vorhaben mit weit mehr Bedacht auswählen als andere Manager. Auffällig ist ferner ihr besonders ausgeprägtes Verantwortungsgefühl bezüglich ihrer Projekte. Sie fühlen sich innerlich verpflichtet, die Dinge, die sie angefangen haben, vollständig und erfolgreich umzusetzen. Zielgerichtetes Handeln ist daher insbesondere in Transformationsprozessen ein entscheidender Engpass in Unternehmen. Problematisch ist dies nicht nur angesichts der eingeschränkten Fähigkeit, selber wesentliche Dinge mit Nachdruck voran zu treiben. Kritisch ist vielmehr, dass Manager, die selbst wenig

klare Ziele verfolgen, nur begrenzt Anderen Orientierung geben, ihr Verhalten zielorientiert beeinflussen und für zentrale Aufgaben begeistern.

Typische Manageraufgaben weisen bestimmte Merkmale auf – einen hohen Interaktionsanteil, eine Vielzahl an Unterbrechungen und unvorhergesehene Anforderungen, ständig hohe Arbeitsbelastung (→Belastungs-Beanspruchungs-Modell) sowie Zeitdruck – die vor allem die Fokussiertheit des Managerhandelns gefährden. In seinem Pionierwerk zieht *Mintzberg* (1973) die Bilanz, dass die größte Gefahr für Manager Oberflächlichkeit ist. Während in „normalen" Situationen primär der Fokus von Manageraktivitäten gefährdet ist, kommen in Change Situationen Belastungen hinzu – vor allem ein erheblicher emotionaler Druck, potenzierte Arbeitsbelastung und erhöhte Unsicherheit –, die zusätzlich die Energie von Managern gefährden.

Allerdings zeigt die Forschung zu zielgerichtetem Handeln (*Bruch* 2003), dass Situationsfaktoren selten die entscheidende Ursache für einen Mangel an zielgerichtetem Handeln im Management sind. Denn trotz der handlungsbeeinträchtigenden Natur der Managerarbeit haben Führungskräfte grundsätzlich die erforderlichen Gestaltungs- und Entscheidungsspielräume zum Handeln. Allerdings erkennen und nutzen relativ wenige Manager ihre Handlungsspielräume bewusst und umfassend.

Literatur: *Bruch, H.*: Leader's Action, München 2003. *Bruch, H.; Ghoshal, S.*: Beware the Busy Manager, in: Harvard Business Review, 80. Jg (2002), H. 2, S. 62–69. *Bruch, H.; Ghoshal, S.*: A Bias for Action. How Managers Can Harness the Power of Their Will, Boston 2004. *Bruch, H.; Ghoshal, S.*: Managerial Action: Construct Definition, Model Development and Testing, in: Zeitschrift für Betriebswirtschaftslehre, 75. Jg. (2005), S. 105–134. *Mintzberg, H.*: The Nature of Managerial Work, New York etc. 1973. *Pfeffer, J.; Sutton, R. I.*: The Knowing-Doing Gap: How Smart Companies Turn Knowledge into Action, Boston 1999. *Weick, K.*: The Social Psychology of Organizing, Reading 1979.

Heike Bruch

Managing Diversity →Diversity Management

Marginalisierung

Ablehnung der Eigen- und Fremdkultur, die zu einer sozialen und lokalen Abgrenzung führt.

Prozesse der Marginalisierung können im Rahmen von →Auslandsentsendungen bei →Führungskräften, vor allem bei den Mitausreisenden, stattfinden und sind häufig begleitet von Vereinsamung und Identitätsverlust.

Literatur: *Bennett, M.*: Towards Ethnorelativism: A Developmental Model of Intercultural Sensitivity, in: *Paige, M.* (Hrsg.): Education for the Intercultural Experience, Yarmouth 1993, S. 21–71.

Christoph I. Barmeyer

Market Based View

richtet das Augenmerk auf das Produktportfolio und die Positionierung (→Profilierungsfunktion) des Unternehmens in seiner Branche (syn.: traditionelle Strategieforschung).

Zum Market Based View sind vor allem die Arbeiten von *Bain* (1956) und *Bain* (1968) sowie *Porter* (1980, 1985), *Scherer* und *Ross* (1990) und *Shepherd* (1990) zu zählen.

Ein Unternehmen ist nach *Porter* (1980) dann erfolgreich im Wettbewerb, wenn es sich gegen die fünf Wettbewerbskräfte seiner Branche erfolgreich abschotten und dadurch Marktmacht aufbauen kann. Die fünf Wettbewerbskräfte einer Branche sind die Verhandlungsmacht der Nachfrager, die Verhandlungsmacht der Zulieferer, die aktuellen und potenziellen Konkurrenten sowie die Konkurrenz durch Substitutionsprobleme. Abbildung 1 stellt das Beziehungsgeflecht in sowie zwischen diesen Kräften dar.

Abbildung 1: Fünf Wettbewerbskräfte (*Porter* 1999, S. 29)

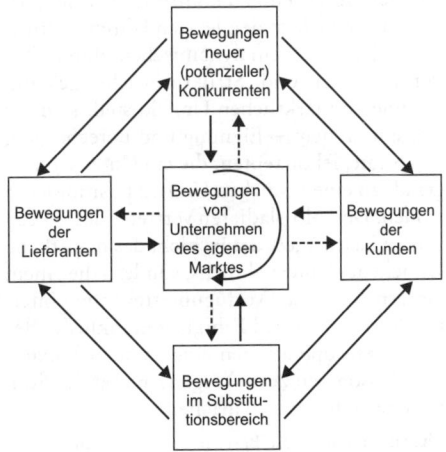

Die zusammengefasste Stärke der fünf Wettbewerbskräfte bestimmt die Wettbewerbsintensität und damit das in einer Branche realisierbare Gewinnpotenzial. Es gibt Branchen beziehungsweise Marktsegmente, in denen alle oder zumindest mehrere der Wettbewerbskräfte schwach ausgeprägt sind mit der Konsequenz, dass die Branchenunternehmen überdurchschnittliche Gewinne erzielen können (z. B. Edelstahlherstellung, Luxusgüter des obersten Preissegments aufgrund wenig aktueller und potenzieller Konkurrenz sowie geringer Verhandlungsmacht der Nachfrager). Demgegenüber gibt es andere Branchen, in denen alle oder zumindest mehrere der Wettbewerbskräfte sehr stark ausgeprägt sind mit der Konsequenz, dass die Branchenunternehmen nur sehr geringe Gewinne erzielen können (z. B. Herstellung von Personal Computern aufgrund der sehr intensiven Konkurrenz und der Verhandlungsmacht von Lieferanten von Mikroprozessoren und der niedrigen Markteintrittsbarrieren im Privatkundensegment).

Die primären Aufgaben des →strategischen Managements von Unternehmen sind aus Sicht von *Porter* die Entdeckung profitabler Industrien und von Produkt-Markt-Kombinationen innerhalb einzelner Industrien sowie die →Implementierung einer geeigneten Wettbewerbsstrategie (Kostenführerschaft, →Differenzierung, Nischenstrategie), mit der sich das Unternehmen gegenüber den in seiner Branche herrschenden Wettbewerbskräften isolieren kann (*Grant* 1991).

Die marktlichen Umfeldbedingungen, mit denen sich Unternehmen konfrontiert sehen, haben sich jedoch in den letzten Jahren deutlich gewandelt. In einem dynamischen, durch Diskontinuitäten und Strukturbrüche gekennzeichneten marktlichen Umfeld stellt sich die Frage nach der →Eignung und Berechtigung von Strategiekonzepten, die ein Unternehmen gerade in einem solchen Umfeld positionieren wollen. Deshalb plädieren Vertreter des →Resource Based View dafür, nicht das marktliche Umfeld des Unternehmens, sondern die einem Unternehmen zur Verfügung stehenden internen Ressourcen und Fähigkeiten inklusive der über →Kooperationen eingebundenen externen Ressourcen zum Ausgangspunkt der Strategieformulierung zu machen.

Literatur: *Bain, J. S.*: Barriers to New Competition, Cambridge 1956. *Bain, J. S.*: Industrial Organization, 2. Aufl., New York etc. 1968. *Grant, R. M.*: The Resource-Based Theory of Competitive Advantage: Implications for Strategy Formulation, in: California Management ReView, 33. Jg. (1991), H. 3, S. 114–135. *Porter, M. E.*: Competitive Strategy. Techniques for Analysing Industries and Competitors, New York 1980. *Porter, M. E.*: Competitive Advantage. Creating and Sustaining Superior Performance, New York 1985. *Porter, M. E.*: Wettbewerbsvorteile, 5. Aufl., Frankfurt a. M. 1999. *Prahalad, C. K.; Hamel, G.*: The Core Competence of the Corporation, in: Harvard Business ReView, 68. Jg. (1990), H. 3, S. 79–91. *Scherer, F. M.; Ross, D.*: Industrial Market Structure and Economic Performance, 3. Aufl., Boston 1990. *Shepherd, W. G.*: The Economics of Industrial Organization, 3. Aufl., Englewood Cliffs 1990.

Wolfgang Burr

Market Failure

verschiedene Tatbestände von Marktversagen.

Normatives Referenzkonzept, in Bezug auf das überhaupt erst von *Failure* oder *Versagen* gesprochen werde kann, ist die neoklassische Markttheorie. Nach dieser funktionieren Märkte fehlerfrei, wenn sie zu einem Gleichgewicht führen das pareto-optimale Wohlfahrtseigenschaften aufweist, das heißt, die Anbieter- und Nachfragerpläne übereinstimmen, wobei alle Anbieter bei gegebener Produktionstechnologie ihr Gewinn- und alle Nachfrager bei gegebener Budgetrestriktion (→Budget) ihr Nutzenmaximum realisieren. Dies ist jedoch an das Vorliegen einer Reihe restriktiver Bedingungen geknüpft. Wie *Arrow* (1969) gezeigt hat, sind mit Bezug auf Market Failure folgende Bedingungen von besonderer Bedeutung:

- *Konvexitätsbedingung*: Die Nutzenindifferenzkurven der Haushalte und die Ertragsisoquanten der Unternehmen verlaufen konvex zum Ursprung.

- *Universalitätsbedingung*: Für jedes Gut, das zwischen Akteuren gehandelt wird, existiert ein Markt mit positiven Preisen; alle Wirtschaftssubjekte sind außerdem vollständig über sämtliche Preise und Produkteigenschaften informiert.

Anhand dieser Bedingungen ist eine Kategorisierung von Marktversagenstatbeständen ex negativo möglich. Insbesondere können dabei folgende Market Failure unterschieden werden:

- *Größenvorteile* (Economies of Scale) verstoßen gegen die Konvexitätsbedingung. Technische Größenvorteile liegen vor, wenn eine Mengenerhöhung der Inputfaktoren zu einem überproportionalen Ertragswachstum führt. Ökonomische Größenvorteile bestehen in einer unterproportionalen Kostensteigerung mit zunehmender Ausbringungsmenge und entsprechend sinkenden Durchschnittkosten. Dies führt unmittelbar zu einem Konzentrationsanreiz auf der Anbieterseite, da ein Zusammenschluss mehrerer Unternehmen immer günstiger produzieren kann als jedes Unternehmen für sich. Die hierin liegende Monopolisierungstendenz kann zu einer Schwächung des Wettbewerbs und entsprechend zu Marktversagen führen.

- *Externalitäten* stellen einen Verstoß gegen die Universalitätsbedingung dar, da hierbei der Nutzen oder die Produktionsmöglichkeiten eines Wirtschaftssubjektes (Haushalt oder Unternehmen) durch die Aktivitäten eines anderen Wirtschaftssubjektes positiv oder negativ beeinflusst werden, ohne dass hierfür im Rahmen einer Tauschbeziehung ein Preis erhoben wird. Wie *Coase* (1960) in dem nach ihm benannten Theorem gezeigt hat, resultieren Externalitäten regelmäßig aus einer unzureichenden Spezifikation von Eigentumsrechten.

- Ebenfalls ein Verstoß gegen die Universalitätsbedingung besteht in der *unvollständigen Information* der Wirtschaftssubjekte. Diese verursacht zum einen Effizienz mindernde Transaktionskosten (→ Transaktionskostentheorie) (etwa Such- und Informationsbeschaffungskosten). Zum anderen kann eine asymmetrische Informationsverteilung zwischen einzelnen Marktteilnehmern auch zu einem vollständigen Versagen von Märkten führen. *Arrow* hat dies (1963) in der Form des nachvertraglichen Opportunismus (→ Darwiportunismus, → Moral Hazard) am Beispiel von Versicherungsmärkten beschrieben, wo das Unterlassen sowie mangelnde Validierungsmöglichkeiten von Vorsorgemaßnahmen nach Abschluss von Versicherungsverträgen deren Angebot unmöglich machen. Zum gleichen Ergebnis kann auch vorvertraglicher Opportunismus führen (→ Adverse Selektion), den *Akerlof* (1970) paradigmatisch anhand eines Gebrauchtwagenmarktes analysiert: Da Nachfrager die Qualität eines Gebrauchtwagens vor Vertragsabschluss nicht vollständig beurteilen können, orientieren sie ihr Preisangebot an der erwarteten Durchschnittsqualität der Fahrzeuge. Dies führt jedoch dazu, dass die Verkäufer von Fahrzeugen hoher Qualität ihr Angebot zurückziehen, womit die Durchschnittsqualität im Markt sinkt. Die damit einsetzende Abwärtsspirale führt zu einem (zumindest teilweisen) Zusammenbruch des Marktes.

Die Bedeutung von Market Failure liegt nicht nur in der großen empirischen Relevanz, da die idealen Bedingungen der neoklassischen Modellwelt offensichtlich kaum jemals in der wirtschaftlichen Realität erfüllt sind. Sie liegt vor allen Dingen auch darin, dass sie staatliche Eingriffe ins Wirtschaftsgeschehen rechtfertigt und die Existenz einer Vielzahl von Institutionen erklärt. Als eine besonders prominente Institution dieser Art kann das Unternehmen selbst gelten. Die meisten gegenwärtigen Unternehmenstheorien (Theory of the Firm) verstehen Unternehmen nämlich mehr oder minder explizit als Market Failure kompensierende (also etwa Transaktionskosten mindernde, Informationsprobleme umgehende, Externalitäten internalisierende) oder aber bewusst ausnutzende (insbesondere Größenvorteile) Institutionen. Somit liefern Märkte und Marktversagen entscheidende Existenz- und Funktionsbedingungen für Unternehmen und entsprechend stellt ihre Analyse einen wichtigen Ausgangspunkt für das Verständnis von Unternehmen dar. Dies gilt für jede spezielle Unternehmensfunktionen, wie etwa das Personalmanagement. Doch auch Marktfehler kompensierende Institutionen können Funktionsschwächen aufweisen. Effiziente Koordinationsformen wirtschaftlicher Aktivität sind dann nur in komparativer Analyse zu ermitteln. Im Kontext von Unternehmen beziehungsweise einzelner Unternehmensfunktion wie dem → Personalmanagement ergibt sich daraus ein breites Spektrum relevanter Fragestellungen zu Make-or-buy-Entscheidungen und dem optimalen Grad vertikaler → Integration.

Literatur: *Akerlof, G.*: The Market for 'Lemons': Uncertainty and the Market Mechanism, in: Quarterly Journal of Economics, 84 Jg. (1970), H. 3, S. 488–500. *Arrow, K.J.*: Uncertainty and the Welfare Economics of Medical Care, in: American Economic Review, 53. Jg. (1963), H. 5, S. 941–973. *Arrow, K.J.*: The Organization of Economic Activity: Issues Pertinent to the Choice of Market versus Nonmarket Allocation, in: *Joint Economic Committee* (Hrsg.): The Analysis and Evaluation of Public Expenditures: The PBB System, Bd. 1., Washington 1969, S. 47–64. *Coase, R. H.*: The Problem of Social Cost, in: Journal of Law and Economics. 3. Jg. (1960), H. 1, S. 1–44.

Achim Hecker

Marktliche Beschäftigungsverhältnisse

→Beschäftigungsverhältnisse, bei denen Marktmechanismen und/oder Marktfähigkeit im Mittelpunkt stehen.

Während →Arbeitsverträge eine auf Dauer angelegte Beziehung zwischen →Arbeitgeber und →Arbeitnehmer stiften und zu einer Einbindung des Arbeitnehmers in die →Arbeitsorganisation (→Hierarchie) des Arbeitgebers führen, stellen die meisten neuen oder atypischen Beschäftigungsformen (→atypische Beschäftigung) in je unterschiedlicher Weise eine Vermarktlichung der Beziehungen zwischen Beschäftigten und Beschäftigenden dar.

Diese Vermarktlichung äußert sich darin, dass

- das Recht einer nachvertraglichen Konkretisierung der Arbeitnehmerleistung mittels →Direktionsrechten (zumindest partiell) ersetzt wird durch vertraglich festgelegte Leistungsumfänge (→Werkvertrag),
- über die Arbeitskraft wie über ein beliebig austauschbares und gezielt einsetzbares Gut verfügt werden kann (→Zeitarbeit),
- Verträge von vornherein auf eine begrenzte Dauer ausgerichtet sind und damit bei einer über die Befristung hinausgehenden Fortsetzung des Beschäftigungsverhältnisses Neuverhandlungen von vornherein eingeplant sind und
- marktliche Risiken externalisiert werden und Arbeitskräfte trotz arbeitnehmerähnlicher Arbeitsbedingungen wie unabhängige Marktteilnehmer behandelt werden (→Scheinselbstständigkeit).

Begriffe beziehungsweise theoretische Konstrukte wie →Employability und →Arbeitskraftunternehmer greifen die Veränderungen auf, die sich daraus ergeben, dass Arbeitskräfte aufgrund häufigerer und allgegenwärtiger Markttransaktionen kontinuierlich ihre Marktfähigkeit erhalten müssen.

Axel Haunschild

Marktorientierte Personalführung

Ausmaß, in dem →Personalmanagement und Personalführung (→Mitarbeiterführung) eines Unternehmens auf die Marktorientierung seiner Mitarbeiter Wert legt und diese fördert.

Ziel einer marktorientierten Personalführung ist die Steigerung der Marktorientierung der →Organisation. Marktorientierung bezeichnet die mehr oder weniger bewusste Ausrichtung von Merkmalen, Entscheidungen und Aktivitäten eines Unternehmens und seiner Mitarbeiter an den Gegebenheiten des Absatzmarktes (*Homburg* und *Krohmer* 2003). Eine marktorientierte Personalführung leitet sich aus einer marktorientierten →Unternehmensführung ab und beinhaltet fünf Dimensionen:

1. *Marktorientierte Personalrekrutierung*: Berücksichtigung der persönlichen Marktorientierung bei der Einstellung von Mitarbeitern (→Personalbeschaffung), zum Beispiel durch →Simulation von Kundenkontakten, Einstellung von Bewerbern mit praktischem oder akademischem Marketingwissen.

2. *Marktorientierte Personalaus- und -weiterbildung*: Maßnahmen zur Verbesserung des Wissensstands der Mitarbeiter in Bezug auf Kunden, Wettbewerber und Rahmenbedingungen sowie Aus- und Weiterbildungsmaßnahmen, die auf eine Erhöhung der Marktorientierung abzielen.

3. *Marktorientierte →Personalbeurteilung*: Berücksichtigung von Kundenzufriedenheitsurteilen im Rahmen der Beurteilung von →Führungskräften (→Vorgesetztenbeurteilung) und Mitarbeitern (→Personalbeurteilung).

4. *Marktorientierte Personalbeförderung*: Berücksichtigung persönlicher →Kundenorientierung bei der →Beförderung von Mitarbeitern.

5. *Marktorientierte Vergütung/Incentives*: Berücksichtigung der Kundenzufriedenheit im Rahmen der Vergütung, zum Beispiel durch Aufnahme variabler Gehaltsbestandteile, welche durch die erreichte Kundenzufriedenheit beeinflusst werden, Auszeichnung von Mitarbeitern mit überdurchschnittlicher Kundenorientierung. Marktorientierte Vergütung gewinnt zunehmend an Bedeutung im Rahmen der Außendienstvergütung.

Literatur: Homburg, C.; Krohmer, H.: Marketingmanagement, Wiesbaden 2003. Homburg, C.; Pflesser, C.: A Multiple-Layer Model of Market-Oriented Organizational Culture: Measurement Issues and Performance Outcomes, in: Journal of Marketing Research, 37. Jg. (2000), H. 4, S. 449–462. Stock-Homburg, R.: Personalmanagement, Wiesbaden 2008.

Ruth Stock-Homburg

Marktorientierte Unternehmensführung

Ausrichtung der Gestaltung und Steuerung der Führungsteilsysteme des Unternehmens an den Kunden und Wettbewerbern sowie die diese beiden →Gruppen umgebenden Rahmenbedingungen.

Die Führungsteilsysteme umfassen die marktorientierte Planung, Kontrolle, →Organisation, →Information und Personalführung (→Mitarbeiterführung).

Die marktorientierte Planung läuft in drei Schritten ab:

1. *Zielfestlegung*: Klare (möglichst quantifizierte) Festlegung der marktbezogenen Ziele sowie des Zeithorizonts der Zielerreichung.
2. *Marktorientierte Umfeldanalyse*: Systematische Analyse der betrieblichen Umwelt durch regelmäßige Untersuchung von Markttrends, Prognose der Kundenpräferenzen und Kundengespräche.
3. *Marktorientierte Alternativenbenennung, -bewertung und -auswahl*: Einbindung der Mitarbeiter aus marktnahen Bereichen sowie Berücksichtigung des zukünftigen Absatzpotenzials bei Entscheidungen über das zukünftige Leistungsangebot.

Die marktorientierte Kontrolle umfasst zum einen einen marktorientierten Soll-Ist-Vergleich unter Berücksichtigung marktbezogener Kennzahlen (insb. Kundenzufriedenheits- und Kundenbindungsindizes sowie Marktanteilswerte). Zum anderen erfolgt im Rahmen der marktorientierten Kontrolle eine Untersuchung von Zielabweichungen im Hinblick auf absatzmarktbezogene Faktoren, die als marktorientierte →Abweichungsanalyse bezeichnet wird.

Die marktorientierte Organisation umfasst ebenfalls zwei Dimensionen:

1. *Marktorientierte Gestaltung der →Aufbauorganisation*: Beinhaltet die marktorientierte Gestaltung der →Hierarchie und der kundenbezogenen Schnittstellen. Voraussetzung ist, dass der Marketingverantwortliche der obersten Führungsebene angehört.
2. *Marktorientierte Gestaltung der →Ablauforganisation*: Regelung und Gestaltung der zur Aufgabenerfüllung des Unternehmens erforderlichen Arbeitsvorgänge und Arbeitsbeziehungen.

Die marktorientierte Information umfasst drei Teilprozesse:

1. *Marktorientierte Informationsaufnahme*: Regelmäßige und systematische Aufnahme von Informationen des Markts (insbesondere über Kunden, Wettbewerber und Rahmenbedingungen).
2. *Marktorientierte Informationsweiterleitung*: Neben formalen Wegen werden auch Möglichkeiten des informellen Austauschs von Marktinformationen genutzt.
3. *Marktorientierte Informationsspeicherung*: Sicherstellung einer systematischen, möglichst personenunabhängigen Speicherung von marktbezogenen Informationen.

Die marktorientierte Gestaltung der Führungsstilsysteme führt auf Ebene der Kunden zu einer höheren Zufriedenheit, →Loyalität und Preisbereitschaft und damit auf Unternehmensebene zu einer Steigerung von Markterfolg und wirtschaftlichem Erfolg.

Ruth Stock-Homburg

Marktorientierte Unternehmenskultur

beschreibt das Ausmaß, in dem Werte, Normen (→Normen und Werte), →Artefakte und typische Verhaltensweisen in einem Unternehmen dessen Marktorientierung fördern beziehungsweise behindern.

Eine marktorientierte Unternehmenskultur (→Organisationskultur) umfasst

– die Gesamtheit der unternehmensinternen, für die Marktorientierung förderlichen grundlegenden Werte,
– die unternehmensweit geltenden Normen für Marktorientierung,
– die Artefakte der Marktorientierung und
– die marktorientierten Verhaltensweisen.

Abbildung 1: Modell der marktorientierten Unternehmenskultur (*Pflesser* 1999, S. 68)

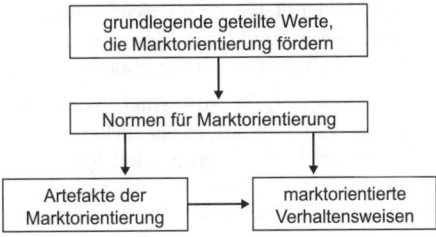

Das empirisch fundierte Modell der marktorientierten Unternehmenskultur nach *Pflesser* (1999) beinhaltet vier Komponenten (Abbildung 1). Basis sind die grundlegenden Werte, welche die Marktorientierung fördern. Hierzu zählen insbesondere

- Offenheit der internen →Kommunikation,
- →Qualität und →Kompetenz,
- Abteilungsübergreifende Zusammenarbeit sowie
- Wertschätzung der Mitarbeiter.

Diese Werte beeinflussen die in einem Unternehmen geltenden Normen für Marktorientierung, welche wiederum (primär indirekt über die Marktorientierung widerspiegelnde Artefakte) die marktorientierten Verhaltensweisen beeinflussen.

Literatur: *Pflesser, C.*: Marktorientierte Unternehmenskultur, Wiesbaden 1999.

Ruth Stock-Homburg

Marktsegmentierung →Arbeitsmarkt

Marxismus

Sammelbegriff für weltanschauliche, politische und erkenntnistheoretische Strömungen und Positionen, die auf der von *Karl Marx* (1818–1883) und *Friedrich Engels* (1820–1895) begründeten Gesellschaftstheorie beruhen.

Die Gesellschaft ist im Marxismus durch Gegensätze gekennzeichnet, die in der ungleichen Verteilung wirtschaftlicher Ressourcen liegen. Der Kapitalismus macht den Menschen zur Ware, die den anonymen Gesetzen des Marktes gehorcht, und die arbeitsteilige Spezialisierung beschränkt den Menschen, da sie ihm nicht erlaubt, sein Produkt als Ganzes zu konzipieren und zu verstehen. Daher ist der aus der Wirtschaftslehre von *Adam Smith* (1723–1790) begründete „homo oeconomicus", der danach strebt, seinen persönlichen Profit zu maximieren, für *Marx* nicht das Modell des Menschen, wie er ist, sondern die Beschreibung der Deformation, welche durch ein auf Privatbesitz und Tauschprinzip basierendes Wirtschaftssystem hervorgebracht wurde.

Der *Marxismus* geht von einer natürlichen Ordnung der Dinge aus, in der auch die Unternehmen und die in ihnen beschäftigten Menschen platziert sind, beide Parteien sich aber in einem antagonistischen Verhältnis zueinander befinden, der sich aus dem Gegensatz zwischen →*Proletariat* und der besitzenden Klasse ergibt. Im marxistischen Verständnis entscheidet sich der einzelne Unternehmer aufgrund seiner kapitalistischen Klassenzugehörigkeit und dem damit verbundenen Erfolgsstreben zur Reproduktion seiner Verhältnisse.

Daher kann aus marxistischer Sicht der Personalfunktion nur die Aufgabe zufallen, die Produktionsverhältnisse zu reproduzieren, und das unabhängig davon, ob es sich um kapitalistische oder sozialistische Bedingungen handelt. Aus diesem Grund besaß die Idee des *Taylorismus* (→Scientific Management) auch eine gewisse Attraktivität für *Lenin*.

Die marxistische Kritik an der →Arbeitsteilung des Kapitalismus wurde in den 1970er Jahren von *Braverman* und anderen wieder aufgegriffen, welche die marxistische Theorie des 19. Jahrhunderts auf die neue Form des Monopolkapitalismus im 20. Jahrhundert anwendeten, um so den systematischen Zusammenhang zwischen gesellschaftlicher Verfasstheit und betrieblicher Organisationsform herauszuarbeiten. Diese Anstrengungen mündeten in der als „Labour Process Debate" bekannt gewordenen Diskussion (*Hildebrandt* und *Seltz* 1987, *Smith* 1998). Ausgangspunkt ist hierbei die Unterscheidung zwischen allgemeinem Arbeitsvermögen und konkreter Arbeitsverausgabung, da die erworbene Ware Arbeitskraft zunächst nur als abstraktes Arbeitsvermögen vorliegt und zur Schaffung von Mehrwert erst noch in konkrete verausgabte →Arbeit transformiert werden muss. Diesen Zusammenhang bezeichnet man als Transformationsproblem, das die Basis für die Kontrolldebatte innerhalb der „Labour Process Debate" darstellt. Laut *Braverman* wird das Transformationsproblem mithilfe der tayloristischen →Arbeitsorganisation gelöst, die, aufgrund der Trennung von ausführender und konzeptioneller Arbeit, gleichzeitig auch die Kontrolle des Managements über den Produktionsprozess sicherstellt. Arbeitsteilung, Dequalifizierung und Technikeinsatz dienen damit sowohl der Etablierung als auch der Aufrechterhaltung von Kontroll- und Herrschaftsverhältnissen.

Literatur: *Braverman, H.*: Die Arbeit im modernen Produktionsprozess, 2. Aufl., Frankfurt a. M. 1985. *Hildebrandt, E.; Seltz, R.* (Hrsg.): Managementstrategien und Kontrolle. Eine Einführung in die Labour Process Debate, Berlin 1987. *Mandel, E.*: Einführung in den Marxismus, 6. Aufl., Köln 1998. *Smith, C.*: Re-Evaluating the Labour Process Debate, in: Economic and Industrial Democracy, 19. Jg. (1998), S. 551–557.

Dodo zu Knyphausen-Aufseß
Lars Schweizer

Maskulinität

→Kulturdimension nach *Hofstede* (1998), die eine Gesellschaft kennzeichnet, in der die

→Rollen der Geschlechter klar gegeneinander abgegrenzt sind.

Von Männern wird erwartet, hart, bestimmt, unabhängig, materiell und leistungsorientiert zu sein, Frauen dagegen sollen bescheiden, sensibel sein und zwischenmenschliche Beziehungen pflegen (→Femininität). Nach *Hofstede* (1998) weisen südamerikanische und mitteleuropäische Gesellschaften sowie Japan eine ausgeprägte maskuline Wertorientierung (→Normen und Werte) auf. In Gesellschaften mit einer maskulinen Wertorientierung liegt die Betonung im Arbeitsleben auf Herausforderung sowie auf Wettbewerb unter Kollegen und →Führungskräften. Anerkennung wird durch →Karriere und Gehalt symbolisiert. Konflikte werden beigelegt, indem man sie offen austrägt.

Um keine monokausalen oder stereotypen Rückschlüsse auf bestimmte Gesellschaften oder deren Angehörige zu ziehen, darf eine kulturelle Dimension nicht isoliert betrachtet werden, sondern immer in Verbindung mit weiteren.

Literatur: *Hofstede, G.* (Hrsg.): Masculinity and Femininity. The Taboo Dimension of National Cultures, London 1998.

Christoph I. Barmeyer

Maslow-Pyramide →Bedürfnishierarchie

Massenentlassung

Bündelungen von in der Regel ordentlichen →betriebsbedingten Kündigungen.

Gemäß § 17 des Kündigungsschutzgesetzes ist für die Tatsache, ob es sich um eine Massenentlassung handelt, nur die Zahl der innerhalb von 30 Kalendertagen beendigten Arbeitsverhältnisse (→Beschäftigungsverhältnis) entscheidend (Übersicht 1). Lediglich →außerordentliche Kündigungen zählen nicht dazu.

Übersicht 1: Vorliegen einer Massenentlassung (*Bröckermann* 2007, S. 521)

Anzahl der regelmäßig Beschäftigten	Anzahl der beendigten Arbeitsverhältnisse innerhalb von 30 Kalendertagen
21-59	mehr als 5
60-499	10 % oder aber mehr als 25
über 499	mindestens 30

Beabsichtigt der →Arbeitgeber, Massenentlassungen vorzunehmen, muss er Folgendes beachten: Man beginnt mit einer *Prüfung* der genannten Voraussetzungen. Unverzichtbar ist die *Information* der →Führungskräfte und des →Wirtschaftsausschusses. § 92 des →Betriebsverfassungsgesetzes fordert, dass der Arbeitgeber den →Betriebsrat über alle Aspekte der →Personalplanung und die sich daraus ergebenden Maßnahmen, insbesondere einer Massenentlassung, umfassend unterrichtet.

Gemäß § 17 des Kündigungsschutzgesetzes ist der Arbeitgeber im Vorfeld von Massenentlassungen gehalten, dem *Betriebsrat* alle zweckdienlichen Informationen zu geben, das heißt die Gründe für die geplanten →Kündigungen, die Zahl und Berufsgruppen sowohl der zu kündigenden als auch der regelmäßig beschäftigten →Arbeitnehmer, den geplanten Kündigungszeitraum, die Auswahlkriterien und die Kriterien für die Berechnung etwaiger →Abfindungen. Vorgeschrieben sind Beratungen über die Möglichkeiten, die Kündigungen zu vermeiden oder einzuschränken und ihre Folgen zu mildern. Der Betriebsrat soll eine Stellungnahme abgeben.

Die nachfolgende *Anzeige* an die Agentur für Arbeit soll gemäß § 17 des Kündigungsschutzgesetzes zwei Wochen nach der Mitteilung an den Betriebsrat erfolgen. Der Betriebsrat kann gegenüber der Agentur für Arbeit eine ergänzende Stellungnahme abgeben. Arbeitgeber und Betriebsrat werden nun nach § 20 des Kündigungsschutzgesetzes von der Geschäftsführung der Agentur für Arbeit, soweit bis zu 50 Beschäftigte betroffen sind, ansonsten vom Massenentlassungsausschuss der Agentur für Arbeit angehört. Die Geschäftsführung beziehungsweise der Ausschuss wägen die Interessen der Beteiligten und der Öffentlichkeit ab.

Die Massenentlassung kann prinzipiell erst nach der Zustimmung der Agentur für Arbeit eingeleitet werden, gemäß § 18 des Kündigungsschutzgesetzes jedoch auch schon vor Ablauf eines Monats nach Eingang der Anzeige, letzteres aber nur, wenn die Agentur dem ausdrücklich zustimmt. Die Agentur kann hingegen bestimmen, dass dies nicht vor Ablauf von längstens zwei Monaten nach Eingang der Anzeige möglich ist. Wenn Maßnahmen früher eingeleitet werden sollen, muss ein erneuter Antrag gestellt werden, was ebenfalls notwendig wird, wenn die Arbeitsverhältnisse der Betroffenen nicht innerhalb von 90 Tagen enden, nachdem sie nach den geschilderten

Regeln zulässig sind, etwa weil die →Kündigungsfristen der Betroffenen länger sind.

Soweit der Arbeitgeber nicht in der Lage ist, die Betroffenen in den genannten Sperrzeiten zu beschäftigen, kann die Bundesagentur für Arbeit gemäß § 19 des Kündigungsschutzgesetzes für die Zwischenzeit →Kurzarbeit genehmigen.

Literatur: *Bröckermann,* R.: Personalwirtschaft, 4. Aufl., Stuttgart 2007, S. 521–522.

Reiner Bröckermann

Massenentlassung aus (arbeits)rechtlicher Sicht

liegt vor, wenn der →Arbeitgeber in Betrieben mit in der Regel mehr als 20 und weniger als 60 →Arbeitnehmern mehr als fünf Arbeitnehmer innerhalb von 30 Kalendertagen entlässt.

Bei Betrieben mit in der Regel mindestens 60 und weniger als 500 Arbeitnehmern beträgt die Grenze zur Anzeigepflicht 10 % der beschäftigten Arbeitnehmer oder aber mehr als 25 Arbeitnehmer innerhalb von 30 Kalendertagen. Bei Betrieben mit in der Regel mindestens 500 Arbeitnehmern setzt die Anzeigepflicht bei der →Entlassung von 30 Arbeitnehmern ebenfalls innerhalb von 30 Kalendertagen ein.

Die beim Arbeitsamt anzeigepflichtige Massenentlassung ist in §§ 17 ff. Kündigungsschutzgesetz (KschG) geregelt. Der Arbeitgeber ist verpflichtet, dem Arbeitsamt Anzeige zu erstatten (*Pfeiffer* 2004, § 17 Rn 26).

Entlassungen stehen jeweils andere Beendigungen des Arbeitsverhältnisses (→Beschäftigungsverhältnis) gleich, die vom Arbeitgeber erfasst werden. Darunter fallen insbesondere →Aufhebungsverträge, die zur Vermeidung einer ansonsten auszusprechenden arbeitgeberseitigen →Kündigung abgeschlossen werden.

Unter Entlassung versteht man allerdings nicht die Kündigung oder den Aufhebungsvertrag selbst, sondern die tatsächliche Beendigung (BAG, Urteil vom 06. 12. 1973, AP Nr. 1 zu § 17 KSchG 1969; Urteil vom 24. 02. 2005, A3 2ABR 207/04). Für die Frage, wie viele Entlassungen innerhalb der genannten 30 Kalendertage erfolgen, muss deshalb auf das Ende der →Kündigungsfrist beziehungsweise das im Aufhebungsvertrag vereinbarte Beendigungsdatum abgestellt werden.

§ 17 KSchG will durch die Anzeigepflicht den Arbeitsämtern erleichtern, rechtzeitig entsprechende Maßnahmen zur Vermeidung einer →Arbeitslosigkeit und Vermittlung der betroffenen Arbeitnehmer zu ergreifen. Gemäß § 18 Abs. 1 KSchG werden Entlassungen, die nach § 17 KSchG anzuzeigen sind, vor Ablauf eines Monats nach Eingang der Anzeige beim Arbeitsamt nur mit dessen Zustimmung wirksam; die Zustimmung kann auch rückwirkend bis zum Tag der Antragstellung erteilt werden. Im Einzelfall kann das Arbeitsamt bestimmen, dass die Entlassungen nicht vor Ablauf von längstens zwei Monaten nach Eingang der Anzeige wirksam werden. Soweit die Entlassungen nicht innerhalb von 90 Tagen nach dem Zeitpunkt, zu dem sie nach den Absätzen 1 und 2 zulässig sind, durchgeführt werden, bedarf es unter den Voraussetzungen des § 17 KSchG einer erneuten Anzeige (§ 18 Abs. 3 KSchG). Bei nicht ordnungsgemäßer Anzeige sind die Kündigungen/Aufhebungsverträge an sich wirksam. Die Entlassungen können aber nicht durchgeführt werden, so dass der Arbeitnehmer sich auf den Fortbestand des Arbeitsverhältnisses berufen kann (BAG, Urteil vom 13. 4. 2000, NZA 2001, S. 144).

Literatur: *Pfeiffer,* G.: Handkommentar Kündigungsschutzgesetz, 2. Aufl., Baden-Baden 2004.

Friedrich Meyer

Materielle Mitarbeiterbeteiligung

direkte Beteiligung der Mitarbeiter am Erfolg oder Vermögen des Unternehmens.

Bei der →*Erfolgsbeteiligung* der materiellen Mitarbeiterbeteiligung werden Mitarbeiter an einer kollektiven Leistung, zum Beispiel Produktivität (→Arbeitsproduktivität) oder Kosteneinsparung, an Erträgen oder am Gewinn beteiligt. Die kollektive Einheit kann eine →Gruppe, eine übergeordnete organisatorische Einheit oder das Gesamtunternehmen sein (*Scholz* 2000). Die *Vermögensbeteiligung* von Mitarbeitern wird auch als →Kapitalbeteiligung bezeichnet und erstreckt sich auf die →Eigenkapitalbeteiligung oder die →Fremdkapitalbeteiligung.

Die *Zielsetzung* der materiellen Mitarbeiterbeteiligung besteht in der angestrebten Interessenharmonisierung zwischen Unternehmen und Mitarbeitern, der höheren →Identifikation mit dem Unternehmen beziehungsweise dessen Leistungen, einer Anreizwirkung und Risikoumverteilung sowie einer zusätzlichen Kapitalquelle für das Unternehmen (*Scholz* 2000).

Neben der materiellen existiert auch die immaterielle Mitarbeiterbeteiligung, bei der sich die Beteiligung auf Entscheidungsprozesse, in die →Arbeitnehmer einbezogen werden, bezieht. Sie erfolgt aufgrund von →Partizipation, hier: an Entscheidungen.

Literatur: *Scholz, C.*: Personalmanagement, 5. Aufl., München 2000.

Silvia Föhr

Matrixorganisation

mehrdimensionale →Organisationsstruktur, die durch die gleichzeitige Anwendung von mindestens zwei der Gliederungsprinzipien Verrichtung, Region, Produkt und Projekt charakterisiert wird.

Drei Personengruppen sind an der in Abbildung 1 veranschaulichten Matrixstruktur beteiligt. Die Matrixleitung übt die Führungsverantwortung für die Gesamtmatrix aus. Die Matrixmanager, auch Matrixstellen genannt, verfügen über Entscheidungs- und Weisungsbefugnisse in ihrem funktionalen, regionalen oder produktbezogenen Bereich. Die Matrixzellen wiederum sind als ausführende →Stellen der von den Managern getroffenen Entscheidungen zu sehen.

Abbildung 1: Beispiel einer Matrixorganisation

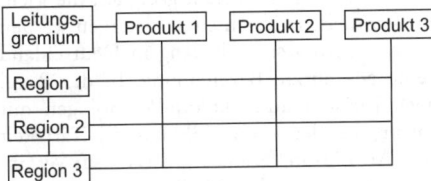

Wolf (2000) stellt in einer empirischen Untersuchung eine schon seit Jahrzehnten steigende Bedeutung der Matrixorganisation fest. Dies kann auf das grundsätzliche →Leistungspotenzial und die *Stärken* dieser Struktur zurückgeführt werden. Insbesondere bietet die Matrixorganisation die Möglichkeit, dass anstehende Probleme unter Beteiligung mehrerer Personen und damit Wissenspotenziale gelöst werden. In einer komplexen Umwelt ist dies ein wichtiger Vorteil gegenüber eindimensionalen Strukturen. Hinzu kommt, dass die Einbindung mehrerer Personengruppen bei der Entscheidungsfindung gute Voraussetzungen für eine Akzeptanz bei der Umsetzung der Entscheidung schafft. In der Beteiligung mehrerer Personen beziehungsweise →Gruppen liegen aber auch die potenziellen *Schwächen* dieser Struktur: Charakteristisch für Matrixstrukturen ist die Mehrfachunterstellung der Matrixzellen. Diese Mehrfachunterstellung bedingt einen hohen Koordinationsbedarf. Im idealtypischen Fall sind beide Matrixmanager, die einer Zelle übergeordnet sind, gleichberechtigt. Konfliktäre Meinungen können dann jedoch zu einem Machtkampf führen, der verhindert, dass die Matrixzellen genaue Anweisungen bekommen, was dazu führt, dass Entscheidungen hinausgezögert werden. Die notwendigen Kompromisse können zu einer Verwässerung der Klarheit der Entscheidungen führen. Hinzu kommt, dass der Bedarf an →Führungskräften deutlich ansteigt, da zwei oder mehr Dimensionen abgedeckt werden müssen. Die Notwendigkeit der intensiven internen →Kommunikation kann zu einer Fokussierung auf die internen Prozesse und zu einer Vernachlässigung der externen Beziehungen führen.

Aufgrund dieser organisatorischen Risiken sollte eine Matrixorganisation nur bei Vorliegen folgender *Voraussetzungen* eingesetzt werden, wie sie ähnlich bei *Scholz* (1992) genannt werden:

- Die in der Matrixorganisation repräsentierten Dimensionen sollten für das Unternehmen relevant sein.
- Die Geschäftstätigkeit des Unternehmens sollte eine intensive Kommunikation zwischen den internen Einheiten erfordern, was zum Beispiel dann gegeben ist, wenn die Produkte, Funktionen oder Regionen auf gemeinsame Ressourcen zurückgreifen.
- Es sollte geeignetes Personal vorhanden sein.

Die letztgenannte Voraussetzung impliziert, dass die beteiligten Personen einen kooperativen und partizipativen →Führungsstil praktizieren und kommunikationsfreudig sind. Wichtig ist, dass die Beteiligten eine hohe Konfliktlösungskompetenz haben und zu mehrdimensionaler und interdisziplinärer Denkweise fähig sind.

Entsprechend muss die Personalakquisition (→Personalbeschaffung) für die Besetzung von Matrixstellen durch geeignete Instrumente diejenigen Bewerber auswählen, die über diese →Kompetenzen verfügen. Eine gezielte Entwicklung der Matrixmitarbeiter kann ebenfalls zur Bereitstellung geeigneter

Personalressourcen für die Matrixorganisation führen.

Literatur: *Scholz, C.*: Matrixorganisation, in: *Frese, E.* (Hrsg.): Handwörterbuch der Organisation, 3. Aufl., Stuttgart 1992, Sp. 1302–1314. *Wolf, J.*: Strategie und Struktur, Wiesbaden 2000.

Reinhard Meckl

Maxiflex

flexibles Arbeitszeitmodell aus den USA, das den Mitarbeitern weitestgehend →Autonomie bei der Arbeitszeitgestaltung lässt.

Beim Modell Maxiflex können Zeitkredite aufgenommen werden und es gibt keine →Kernzeit. In Deutschland rangieren solche Modelle unter →Vertrauensarbeitszeit.

Literatur: *Kutscher, J.*: Praxishandbuch Flexible Arbeitszeit, Düsseldorf 2000. *Miketta, E.*: Neue Einstellung zur Zeit – gute Zeiten für Zeitpioniere, in: congenaTexte, o. Jg. (2000), H. 1/2, S. 3–7.

Désirée H. Ladwig

McJob

durch die amerikanische Fastfood-Industrie forcierte und auch in anderen Dienstleistungsbereichen (z. B. Call Center) vorzufindende Form der Arbeitsplatzgestaltung (→Ergonomische Arbeitsbedingungen).

McJobs zeichnen sich nach *Ritzer* (1998) durch eine Abfolge einfacher, routinisierter, zeitlich genau kalkulierter Tätigkeiten aus. Das Handeln der Mitarbeiter ist geplant und vorhersagbar; die Kontrolle der Arbeitskräfte erfolgt bei *Leidner* (1993) zu weiten Teilen durch Technologieeinsatz.

McJobs stellen somit eine extreme, weil auch Kommunikations- und →Emotionsarbeit betreffende Übertragung *tayloristischer Arbeitsprinzipien* auf den Dienstleistungsbereich dar (→Neotaylorismus). Häufig gehen sie einher mit atypischen beziehungsweise prekären →Beschäftigungsformen. Damit stellen McJobs eine Entwicklungsrichtung der Arbeitswelt dar, die von der Zunahme durch postindustrielle Arbeit (→Postindustrielle Arbeitswelt) geprägten →Wissensarbeiter zu unterscheiden ist und aufgrund ihrer Dehumanisierungs- und Dequalifizierungswirkungen kritisiert wird.

Bisweilen wird der Begriff McJob aber auch für eine Charakterisierung dieser widersprüchlichen beziehungsweise zweigeteilten Entwicklung hin zu einfachen Dienstleistungstätigkeiten (Modell: *McDonald's*) auf der einen und qualifizierten und kreativen Wissensarbeitern (Modell: *McKinsey*) auf der anderen Seite verwendet.

Literatur: *Leidner, R.*: Fast Food, Fast Talk. Service Work and the Routinization of Everyday Life, Berkeley 1993. *Ritzer, G.*: Die McDonaldisierung der Gesellschaft, Frankfurt a. M. 1998.

Axel Haunschild

Measured Daywork (MDW)

in der Praxis nicht mehr verwendeter Begriff für Akkordlohn.

Mechanische Schwingungen →Arbeitsumgebung

Mechanisierung →Technischer Wandel und seine personalwirtschaftlichen Implikationen

Mediation

Konfliktlösungsverfahren, das zur außergerichtlichen Streitlösung geeignet ist.

Die Anrufung staatlicher Gerichte oder die Durchführung von Schiedsgerichten kann mit der Mediation ersetzt werden, jedoch ist diese auch zur Beilegung und Lösung von →Konflikten oder Streitigkeiten geeignet, die nicht vor staatlichen Gerichten ausgetragen werden können. *Mediator* ist bislang in Deutschland keine geschützte Bezeichnung. In der Regel üben Juristen und Diplom-Psychologen mit entsprechender →Ausbildung die Tätigkeit aus. An die Stelle eines gesetzlichen Verfahrensrechts treten bei Mediationen zwei Verträge:

1. *Mediationsvereinbarung*: Wechselseitige Rechte und Pflichten der Parteien werden im Zusammenhang mit dem Mediationsverfahren geregelt.

2. *Mediatorvertrag*: Rechte und Pflichten werden zwischen dem Mediator und den Parteien vereinbart.

Das Mediationsverfahren ist freiwillig und durch die autonome Konfliktlösung der Parteien gekennzeichnet. Ein Mediator unterstützt die Konfliktparteien als neutrale und unparteiische Person. In Einzelfällen sind auch mehrere Mediatoren denkbar. Die →Rolle des Mediators besteht darin, das Verfahren zu moderieren, technische Verhandlungshilfen zu geben und Unterstützung bei der emotionalen Konfliktbearbeitung zu leisten. In der Regel wird eine gemeinsame Verhandlung durchgeführt, jedoch sind Einzelgespräche des Mediators mit den Parteien möglich. In die Mediation in ihrer heutigen Form sind hauptsächlich Ansätze der Konflikt- und Verhandlungstechnik sowie der systemischen Sichtweise mit eingeflossen. Mittels eines interessenorientierten Ansatzes, dem so genannten →*Harvard-Konzept*, besteht die Chance zu einer konstruktiven Konfliktlösung. Das Harvard-Konzept ist gekennzeichnet durch die Trennung zwischen Sach- und Beziehungsebene, der Schwerpunktlegung auf die Interessen und nicht auf die Positionen, der Entwicklung von möglichst vielen Einigungsoptionen durch die Parteien und der objektiven Bewertung dieser Einigungsoptionen. Wenn sich eine Einigung abzeichnet, muss geprüft werden, ob dieses Ergebnis mindestens so gut ist wie die beste Alternative. Die Anwendung des Harvard-Konzeptes ist zum Beispiel bei *Duve*, *Eidenmüller* und *Hacke* im Jahr 2003 beschrieben und hat sich praktisch bewährt.

Der *Mediationsprozess* selbst unterteilt sich in verschiedene Phasen: In der Phase der Eröffnung gibt der Mediator den Parteien Informationen über den Prozess. Anschließend steht die Informationsbeschaffung im Mittelpunkt. Das heißt, der Mediator holt sich Informationen von den Parteien und identifiziert die Schlüsselthemen. Mit der interaktiven Informationsbeschaffung versucht jede Partei zu verstehen, wie die andere Partei von der Situation betroffen ist. Ziel dieser Phase ist die Erforschung der jeweiligen Interessen. Anschließend sollen mithilfe des Mediators Lösungsoptionen entwickelt und ausgewählt werden. Diese werden dann in einer Vereinbarung festgehalten und das Ende des Prozesses somit eingeleitet.

In Unternehmen kann Mediation bei organisationsinternen Konflikten zum Beispiel zwischen →Arbeitnehmern oder Abteilungen oder dem →Arbeitgeber und dem →Betriebsrat genutzt werden, um Reibungsverluste zu reduzieren. Ebenso kann Mediation bei Konflikten mit Externen genutzt werden, wie beispielsweise bei Konflikten mit anderen Unternehmen oder der öffentlichen Verwaltung. Weitere Einsatzfelder bieten die Familien-, Schul- und Umweltmediation. Im Gegensatz zu den Kosten, die bei Gerichtsstreitbarkeiten entstehen, sind Mediationen in der Regel deutlich günstiger.

Literatur: *Duve, C.; Eidenmüller, H.; Hacke, A.*: Mediation in der Wirtschaft. Wege zum professionellen Konfliktmanagement, Köln 2003.

Silke Weisweiler

Mediendidaktik

Bereich der Didaktik, der sich mit der Theorie des Lehren und →Lernens beschäftigt.

Reimann-Rothmeier (2002) sieht die Aufgaben der Didaktik in der Beschreibung von Zielen, Inhalten, →Strategien und Methoden des Lehrens und Lernens. Diese können normativ vorgegeben werden, aber auch analysiert und erforscht werden, um sie für konkrete Bildungssituationen zu planen und zu evaluieren. Die Verbindung mediendidaktischer Überlegungen mit dem Ziel der Medienkompetenzförderung ist aus Sicht des Lehrens und Lernens ein sinnvoller Ansatzpunkt, um medienerzieherische und mediendidaktische Konzepte miteinander zu verbinden.

Im Verlauf der letzten Jahrzehnte durchlief die Mediendidaktik verschiedene Strömungen und Entwicklungsstufen. Zunächst hat sie sich auf Überlegungen und Empfehlungen konzentriert, um Medien für verschiedene Lehr- und Lernsituationen (bspw. Schule, Hochschule, Arbeitsplatz oder Freizeit) auszuwählen, zu kombinieren, einzusetzen und zu bewerten. Medien werden in dieser Phase als Werkzeuge beziehungsweise Hilfsmittel für den Lehrenden und den Lernenden gesehen, mit denen sich unter anderem komplette Bildungsmaßnahmen und die damit verbundenen Lernumgebungen und Lernprozesse didaktisch bereichern lassen. Der in dieser Phase formierte Gegenstand der Mediendidaktik umfasst also Fragestellungen, wie beispielsweise der Unterricht durch den Einsatz von Medien und Technik effektiver beziehungsweise effizienter gestaltet und durchgeführt werden kann. Zusätzlich wird nach dem Mehrwert des Einsatzes digitaler Medien in der Bildung in Bezug auf die Qualität des Lehrens und Lernens gefragt. *Kerres* (2001) ergänzt in einem neueren Ansatz der Mediendidaktik den Gegenstand um die Aufgabe der Herstellung und Gestaltung von Medien beziehungsweise Medienprodukten für Lehr- und Lernzwecke, die sich aufgrund der wachsenden Potenziale der Medien ergibt. Hierzu sind unterschiedliche Analysen (u. a. Zielgruppenanalysen, Absichtsanalysen oder →Kosten-Nutzen-Analysen) durchzuführen. Eine aus diesem Ansatz erwachsene Erkenntnis der Mediendidaktik besteht nun darin, dass Medien an sich keine didaktischen Qualitäten beziehungsweise Verbesserungen mit sich bringen, sondern nur dann, wenn die Medien gezielt auf die Lösung konkreter Bildungsprobleme ausgerichtet beziehungsweise gestaltet sind.

Literatur: *Kerres, M.*: Multimediale und telemediale Lernumgebungen, 2. Aufl., München 2001. *Reimann-Rothmeiner, G.*: Mediendidaktik und Wissensmanagement, in: *de Witt, C.; Kerres, M.* (Hrsg.): Theoriebildung ind Mediendidaktik und Wissensmanagement, Zürich 2002.

Oliver Kamin

Medienpersönlichkeiten

sind Personen, die den Rezipienten nicht direkt, sondern aus den Medien bekannt sind.

Zu solchen Medienpersönlichkeiten zählen:

- *Testimonials*: Sprechen in der Werbung als Verwender des beworbenen Produkts für dieses Produkt.
- *Spokespersons*: Sprechen in den Medien für andere (z. B. Pressesprecher).
- In den Medien in Erscheinung tretende Moderatoren, Journalisten, Schauspieler und Prominente.

Allen Medienpersönlichkeiten ist gemein, dass sie über ein solches Maß an Präsenz in den Medien verfügen müssen, das hoch genug ist, um sie bei den Rezipienten namentlich bekannt werden zu lassen. In diesem Fall werden sie als „persönliche Quelle" erlebt, und die von ihnen vermittelte Botschaft wirkt stärker als bei einer unbekannten Person (*Sargent* 1965).

Das VisCAP (Visibility, Credibility, Attractiveness, Power)-Modell von *Rossiter* und *Percy* (1980) fasst mögliche Wirkungen des Einsatzes bekannter Medienpersönlichkeiten zusammen und bietet eine Basis für die Wahl geeigneter Medienpersönlichkeiten zur Erreichung bestimmter Kommunikationsziele (→Kommunikation). Als Grundlage dienen vier zentrale *Eigenschaften* der Medienpersönlichkeiten:

1. *Sichtbarkeit* („visibility"): Gibt den Bekanntheitsgrad und das Ausmaß der öffentlichen Wahrnehmung der Person an.
2. *Glaubwürdigkeit* („credibility"): Besteht aus den Komponenten Expertise der Medienpersönlichkeit im relevanten Thema

und Objektivität, also die Ehrlichkeit beziehungsweise Vertrauenswürdigkeit der Medienpersönlichkeit.

Übersicht 1: VisCAP-Modell der wichtigsten Charakteristika von (Medien-)Persönlichkeiten für verschiedene Kommunikationsziele (*Percy/Rossiter/Elliot* 2001, S. 206)

Kommunikationsziel	Charakteristika der Medienpersönlichkeiten, die zur Erreichung der Kommunikationsziele beitragen	
Aufmerksamkeit (z. B. für eine Marke)	Sichtbarkeit (visibility)	Wiedererkennungswert durch Intensität des Auftretens z. B. in den Medien
Einstellungsänderung durch Überzeugen	Glaubwürdigkeit (credibility)	
- Bei niedrigem *und* hohem Involvement	Expertise	Wahrgenommenes Wissen der Medienpersönlichkeit über das Thema
- Bei hohem Involvement	Objektivität	Wahrgenommene Ernsthaftigkeit und Vertrauenswürdigkeit in Bezug auf das Thema
Einstellungsänderung zur Ansprache von Emotionen	Attraktivität (attractiveness)	
- Bei niedrigem Involvement	Beliebtheit	Die Medienpersönlichkeit wird als sympathisch erlebt
- Bei *hohem* Involvement	Ähnlichkeit	Die Medienpersönlichkeit wird von der Zielgruppe als ähnlich („einer von uns") wahrgenommen
Verhaltensabsicht	Macht (power)	Fähigkeit, die Umsetzung der Botschaft durchzusetzen (z. B. durch positive oder negative Verstärkung)

3. *Attraktivität* („attractiveness"): Hierzu tragen die Komponenten Beliebtheit („likeability") und Ähnlichkeit („similarity") mit der Zielgruppe bei.

4. →*Macht* „power": Schließlich beschreibt die wahrgenommene Fähigkeit (→Qualifikation) der Medienpersönlichkeit, die Befolgung der Botschaft durchzusetzen, zum Beispiel durch die glaubwürdige Androhung negativer Konsequenzen (Furchtappelle).

Für verschiedene Kommunikationsziele und unterschiedliches kognitives oder/und emotionales Engagement der Rezipienten mit dem Thema (→Involvement) sollte nach dem Vis-CAP-Modell auf verschiedene Eigenschaften der Medienpersönlichkeit gezielt geachtet werden (vgl. Übersicht 1).

Die *Wirkung* der Medienpersönlichkeiten wird auch davon abhängen, in wie weit die Konsumenten bereit sind, parasoziale Beziehungen zu ihnen aufzubauen, sich also von den Medienpersönlichkeiten beeinflussen zu lassen, ohne dass es – anders als in einer sozialen Beziehung – zu einer Rückkopplung kommen kann (*Russell*, *Norman* und *Heckler* 2004). →Vertrauen, das gegenüber einer Medienpersönlichkeit in einer fiktionalen →Rolle (z. B. als Arzt in einer Serie) aufgebaut wurde, strahlt dabei auch auf den Schauspieler selbst aus, wenn er als reale Person Werbung für ein Gesundheitsprodukt macht (*Spilski* und *Gröppel-Klein* 2007).

Bislang noch wenig erforscht ist die Rolle von Medienpersönlichkeiten, die *nicht* als empfehlendes Testimonial oder als Unternehmensvertreter erscheinen, sondern beispielsweise lediglich redaktionell über ein Unternehmen berichten: Auch wenn diese Medienpersönlichkeit ein Unternehmen nicht empfiehlt, könnte es zu einem *Glaubwürdigkeitstransfer* von der Person auf das Unternehmen kommen (z. B. von einer Moderatorin auf ein Unternehmen, über das sie eine Nachricht in ihrer Sendung vorliest) (*Gröppel-Klein* und *Germelmann* 2006).

Literatur: Gröppel-Klein, A.; Germelmann, C. C.: Vertrauen in Menschen, Medien, „Medienmenschen" – eine verhaltenswissenschaftliche Analyse, in: Bauer, H. H.; Neumann, M. M.; Schüle, A.: Konsumentenvertrauen: Konzepte und Anwendungen für ein nachhaltiges Kundenbindungsmanagement, München 2006, S. 119–133. Percy, L; Rossiter, J. R.; Elliot, R.: Strategic Advertising Management, New York 2001. Sargent, L. W.: Communicator Image and News Reception, in: Journalism Quarterly, 42. Jg. (1965), S. 35–42. Rossiter, J. R.; Percy, L.: Advertising Strategy, New York 1980. Spilski, A.; Gröppel-Klein, A.: When Celebrity Endorsers Act in Their Fictional Stage Characters: The Impact of Congruent and Non-Congruent Media Contexts on Advertising Effects, in: Borghini, S.; McGrath, M. A.; Otnes, C. (Hrsg.): European Advances in Consumer Research, 8. Jg. (2007), S. 115–117.

Claas Christian Germelmann

Megatrend →Gigatrend

Mehrarbeit

→Arbeitszeit, die über den vom →Arbeitszeitgesetz (ArbZG) vorgesehenen zeitlichen Rahmen der →Arbeit in ihrem Umfang hinausgeht.

Dieser liegt bei acht Stunden werktäglich beziehungsweise 48 Stunden wöchentlich. Vereinzelt wird unter Mehrarbeit auch solche Arbeit verstanden, die hinsichtlich der Art der Tätigkeit von der an sich geschuldeten Leistung abweicht.

Abzugrenzen ist die Mehrarbeit von →Überstunden (Überarbeit). Diese liegen vor, wenn die →Arbeitsleistung in einem zeitlichen Umfang erbracht wird, der die vertraglich geschuldete Arbeitszeit übersteigt. Wird Mehrarbeit geleistet, so fällt dafür – anders als nach dem bis zum 01.07.1994 geltenden § 15 Arbeitszeitordnung – ein gesetzlicher Anspruch auf Mehrarbeitsvergütung einschließlich Zuschlag nicht an.

In der Praxis finden sich freilich auch heute zahlreiche Vergütungsregelungen für Mehrarbeit und für Überstunden, nach denen entweder →Freizeitausgleich oder zusätzliche Vergütung geschuldet wird. Dabei sind Aufschläge von 25 % an Werktagen und 50 % an Sonn- und →Feiertagen üblich.

Friedrich Meyer

Mehrbenutzersystem →Mehrplatzsystem

Mehrfachbelastung

Situation, bei der einem Akteur (meist einer Person, aber auch Kollektiven) mehrere Aufgaben oder Tätigkeiten unter der Maßgabe übertragen werden, dass diese simultan abzuwickeln sind.

Mehrfachbelastungen resultieren beispielsweise aus der Verantwortung für mehrere Funktionsbereiche oder Divisionen, aus der Übernahme von Regel- und Sonderaufgaben, aus der Übertragung von Führungs- und Fachverantwortung oder aus der Tätigkeit für mehrere →Arbeitgeber. Nach *Reiß* (1999) deuten

Mehrfachqualifikation

bestimmte organisatorische Strukturkonfigurationen regelmäßig auf Mehrfachbelastungen hin, wie beispielsweise die Einbindung einer Stelle in *Primärorganisation* (Routineaufgaben) und *Sekundärorganisation* (Mitarbeit in Gremien und Zirkeln), die Positionierung als *Matrix*-Schnittstelle oder die Klassifizierung als *Kompetenzzentrum*, das gleichzeitig Expertenfunktion und Geschäftsverantwortung übernimmt.

Die *Folgen* einer Mehrfachbelastung reichen für die Betroffenen je nach →Leistungsbereitschaft und -fähigkeit von der Nutzung der Mehrfachbelastung zur →Mehrfachqualifikation und damit zu einer Verbesserung der eigenen Position bis hin zur Überforderung.

Literatur: *Reiß, M.*: Führung, in: *Corsten, H.*; *Reiß, M.* (Hrsg.): Betriebswirtschaftslehre, 3. Aufl., München, Wien 1999, S. 209–303.

Tobias Bernecker

Mehrfachqualifikation

Sammelbegriff für diejenigen Fälle, in denen das Profil eines Mitarbeiters eine →Eignung für mehr als eine Tätigkeit aufweist.

Bei einer Mehrfachqualifikation kann es sich nach *Scholz* (1997) um →Qualifikationen über mehrere Kompetenzsparten hinweg (z. B. Fach- und Methodenkompetenz), um unterschiedliche Qualifikationen innerhalb einer Kompetenzsparte (z. B. Linux- und Windows-Kenntnisse innerhalb der →Fachkompetenz), aber auch um Fähigkeiten auf unterschiedlichem Qualifizierungs- beziehungsweise Anspruchsniveau (z. B. Detail- und Überblickswissen) handeln. Für den →Arbeitgeber bleiben Mehrfachqualifikationen der →Arbeitnehmer oftmals teilweise unbekannt, insbesondere, wenn diese außerhalb der eigentlichen Tätigkeit aufgebaut werden, wie der Erwerb von Führungskompetenz im Rahmen eines →Ehrenamts.

Werden vorhandene Mehrfachqualifikationen nicht genutzt, besteht die Gefahr eines Verlusts durch „Entlernen", beziehungsweise dass im Bedarfsfall erst ein Kosten verursachender und Zeit in Anspruch nehmender Aufwand entsteht, um die Mehrfachqualifikation (wieder) zu aktivieren. Die Erfassung von Mehrfachqualifikationen stellt eine komplexe Aufgabe des →Personalmanagements dar, für die spezielle Instrumente, beispielsweise das Bedarfsdreieck nach *Kossbiel* (1987), zur Anwendung kommen.

Literatur: *Kossbiel, H.*: Betriebliche Weiterbildung und ihre Wirkung auf Personalstruktur und Personalflexibilität, in: *Gaugler, E.* (Hrsg.): Betriebliche Weiterbildung als Führungsaufgabe, Wiesbaden 1987, S. 85–117. *Scholz, C.*: Strategische Organisation, Landsberg/Lech 1997.

Tobias Bernecker

Mehrliniensystem

unterstellt, im Gegensatz zum →Einliniensystem, Mitarbeiter mehrere →Führungskräfte, die jeweils für abgegrenzte Bereiche der →Führungsaufgaben verantwortlich sind.

Mehrliniensysteme basieren auf dem *Funktionsmeisterprinzip* von *Taylor* (1911), der für die →Organisation der Fertigung getrennte Leitungsstellen für die Aufrechterhaltung der Disziplin, die Kontrolle der Arbeitsgeschwindigkeit und die fachlichen Weisungen vorsah. Die Anwendung von Mehrliniensystemen ist in solchen Situationen sinnvoll, in denen Führungskräfte sehr verschiedenartige Fachkenntnisse besitzen müssen oder →Konflikte zwischen verschiedenen Sichtweisen beabsichtigt sind, wie es beispielsweise bei der →Matrixorganisation der Fall ist. Für die Mitarbeiter stellt sich die Mehrlinienführung zuweilen problematisch dar, weil sie mehr als einem „Herren dienen" und gerecht werden müssen.

Literatur: *Taylor, F.W.*: The Principles of Scientific Management, New York 1911.

Jan Hendrik Fisch

Mehrplatzsystem

Ausgestaltungsvariante →personalwirtschaftlicher Anwendungssoftware, die im Gegensatz zum →Einzelplatzsystem eine simultane Nutzung der Anwendungssoftware durch mehrere Benutzer ermöglicht.

In →Interaktion mit zunehmend leistungsfähigen Benutzerverwaltungen unterstützen Mehrbenutzersysteme die Gestaltung der →Aufbauorganisation des Personalbereichs. So können für jeden Benutzer spezifische daten- und funktionsbezogene Aufgabenbereiche definiert werden. Speziell in funktional integrierter Anwendungssoftware mit leistungsfähigen Benutzerverwaltungen können alle gängigen Varianten der →Organisation der Personalarbeit (→Personalmanagement) abgebildet werden. Mehrplatzsysteme, für die auch die Begriffe Mehrbenutzer- oder Multi-User-System synonym verwendet werden, weisen daher eine besondere Bedeutung für die →Organisation arbeitsteiliger Personalarbeit auf. Hardwareseitig (→ Hardware) werden Mehrbenutzersysteme zunehmend durch Client-Server-Architekturen ermöglicht. Systemsoftwareseitig ist ein mehrplatzfähiges Betriebssystem notwendig (→ Systemsoftware).

Stefan Strohmeier

Meldepflichten

betreffen zunächst die Verfahren der automatisierten Datenverarbeitung.

Die Meldepflicht ergibt sich aus § 4d BDSG. Automatisierte Verarbeitung bedeutet die Erhebung, Verarbeitung oder Nutzung → personenbezogener Daten unter Einsatz von Datenverarbeitungsanlagen, (§ 3 Abs. 2 BDSG). Die Meldepflicht entfällt jedoch, wenn ein → Datenschutzbeauftragter bestellt ist (§ 4d Abs. 2 BDSG) oder die verantwortliche Stelle personenbezogene Daten für eigene Zwecke erhebt, verarbeitet oder nutzt, hierbei höchstens neun Personen damit beschäftigt und entweder die Einwilligung des Betroffenen vorliegt oder die Erhebung, Verarbeitung oder Nutzung der Zweckbestimmung des Vertragsverhältnisses mit dem Betroffenen dient (§ 4d Abs. 3 BDSG), was im Rahmen der → Personalverwaltung immer der Fall ist (§ 28 Abs. 1 Satz 1 Nr. 1 BDSG). Allerdings entfällt die Meldepflicht nicht, wenn es sich um automatisierte Verarbeitungen handelt, in denen geschäftsmäßig personenbezogene Daten von der jeweiligen Stelle zum Zweck der Übermittlung oder zum Zweck der anonymisierten Übermittlung gespeichert werden (§ 4d Abs. 4 BDSG).

Der Inhalt der Meldepflicht ergibt sich aus § 4e BDSG. Danach sind folgende Angaben zu machen:

– Name oder Firma der verantwortlichen Stelle,
– Inhaber, Vorstände, Geschäftsführer oder sonstige gesetzliche oder nach der Erfassung des Unternehmens berufene Leiter und die mit der Leitung der Datenverarbeitung beauftragten Personen,
– Anschrift der verantwortlichen Stelle,
– Zweckbestimmung der Datenerhebung, -verarbeitung oder -nutzung,
– eine Beschreibung der betroffenen Personengruppen und der diesbezüglichen → Daten oder Datenkategorien,
– Empfänger oder Kategorien von Empfängern, denen die Daten mitgeteilt werden können,
– Regelfristen für die Löschung der Daten,
– eine geplante Datenübermittlung in Drittstaaten sowie
– eine allgemeine Beschreibung, die es ermöglicht, vorläufig zu beurteilen, ob die Maßnahmen nach § 9 zur Gewährleistung der Sicherheit der Verarbeitung angemessen sind.

Sofern sich die vorgenannten Angaben ändern, unterliegen derartige Änderungen ebenfalls der Meldepflicht, wobei der Zeitpunkt der Aufnahme und der Beendigung der meldepflichtigen Tätigkeit anzugeben ist.

Weiterhin existiert eine Meldepflicht des → Arbeitgebers bezüglich des Gesamtsozialversicherungsbeitrags. Diese Meldepflicht ergibt sich aus § 28a SGB IV. Dort ist im Einzelnen aufgeführt, welche Daten meldepflichtig sind. Es handelt sich um sämtliche Umstände, die für die an die Sozialversicherungsträger zu zahlenden Beiträge relevant sind. Die Durchführung der Meldung ist in der → Datenerfassungs- und -übermittlungsverordnung (DEÜV) geregelt.

Axel Benning

Meldeverfahren zur Sozialversicherung

erhebt verschlüsselte Daten zur Tätigkeit der Beschäftigten.

Das Meldeverfahren ist für die Anmeldung zur Kranken- und Rentenversicherung sowie zur *Bundesagentur für Arbeit* vereinheitlicht und auf die elektronische Datenverarbeitung umgestellt worden.

Ursprünglich galten hierfür zwei unterschiedliche Verordnungen, die → Datenerfassungsverordnung (DEVO) und die → Datenübermittlungsverordnung (DÜVO). Beide Verordnungen wurden zum 01.01.1999 durch die → Datenerfassungs- und -übermittlungsverordnung (DEÜV) ersetzt und gelten deshalb nicht mehr. Maßgeblich ist heute allein die einheitliche DEÜV. Diese regelt nunmehr abschließend das gesamte Meldeverfahren. Durch diese DEÜV wird das Nebeneinander zweier Verordnungen betreffend Erfassung (DEVO) und Übermittlung (DÜVO) von Daten beseitigt.

Axel Benning

Menschenbild

Bündel von Annahmen über die Fähigkeiten (→ Qualifikation), Einstellungen und → Motive von Menschen im Allgemeinen.

Das Menschenbild als subjektive „Hinterkopftheorie" prägt unter anderem das Verhalten (→Behaviorismus) von →Führungskräften gegenüber ihren Mitarbeitern oder das Verhalten von Beratern gegenüber ihren Kunden.

Im Menschenbild drücken sich vor allem der persönliche Optimismus oder Pessimismus in den Erwartungen gegenüber anderen Menschen aus.

Menschenbilder kommen in historischen Grundlagenwerken zum Ausdruck: So ging der Florentiner Staatstheoretiker *Machiavelli* (1469–1527) in seinem Werk „Il principe" (1513) davon aus, dass der Mensch heuchlerisch, hinterhältig und unzuverlässig sei. Auf diesem Menschenbild baut ein grundlegendes Misstrauen im Umgang mit anderen Menschen auf. *Smith* (1723–1790) vertrat in seinem Werk „Reichtum der Nationen" (1776) wie nach ihm die meisten Ökonomen die Ansicht, der Mensch verfolge nur seinen persönlichen Nutzen. Aus diesem Menschenbild zog er allerdings einen anderen Schluss: Wenn jeder nur seinem eigenen Nutzen folge, würde dies den Wohlstand der gesamten Gesellschaft am besten fördern. Dieses Menschenbild des rationalen Entscheiders wird in der Ökonomie unter dem Begriff *Homo Oeconomicus* subsumiert.

McGregor (1973) unterscheidet zwischen zwei polarisierten Menschenbildern, der so genannten *Theorie X* und der *Theorie Y*. Führungskräfte, die das Menschenbild der Theorie X verinnerlicht haben, gehen davon aus, dass ihre Mitarbeiter grundsätzlich nicht bereit sind, ohne äußeren Zwang Leistung zu erbringen und Verantwortung zu übernehmen. Daraus folgt für die Führungskraft, dass sie nicht nur detaillierte Anweisungen geben, sondern die Mitarbeiter auch ständig kontrollieren muss. Dagegen gehen Führungskräfte mit dem Menschenbild der Theorie Y davon aus, dass Mitarbeiter von sich aus motiviert sind, wenn sie sich mit den Unternehmenszielen identifizieren können und die Möglichkeit zur Selbstverwirklichung erhalten.

Schein (1980) hat diese Typologie auf vier Menschenbilder erweitert: Die Theorie X entspricht hier dem Menschenbild des *rational/economic man* und damit der Annahme, der Andere verfolge immer nur seine persönlichen Ziele und müsse deshalb ständig angetrieben und kontrolliert werden. Das Menschenbild des *social man* geht davon aus, dass es vor allem die sozialen Motive sind, welchen den Menschen motivieren. Weil die eigene Tätigkeit als sinnentleert wahrgenommen wird, sucht der Mensch Ersatzbefriedigung in den sozialen Beziehungen. Von der →Führungskraft werden Anerkennung, →Loyalität und Verständnis erwartet. Führungskräfte mit dieser Hinterkopftheorie werden eher ein kooperatives oder patriarchalisches →Führungsverhalten zeigen. Für die Theorie Y setzt *Schein* das Menschenbild des *self-actualizing man*. Dieses Menschenbild führt dazu, dass sich die Führungskraft vor allem als Förderer und Katalysator für grundsätzlich hochgradig leistungsmotivierte Mitarbeiter versteht. Das Menschenbild des *complex man* steht für die Überzeugung, dass Menschen wandlungs- und lernfähig sind. Die Struktur der Motive ändert sich situativ, neue Motive tauchen auf, während andere verschwinden. Führungskräfte mit diesem Menschenbild versuchen, die aktuelle →Motivation einzuschätzen und flexibel zu führen, um die →Leistungsbereitschaft ihrer Mitarbeiter zu sichern. Eine Übersicht der Menschenbilder zeigt Abbildung 1.

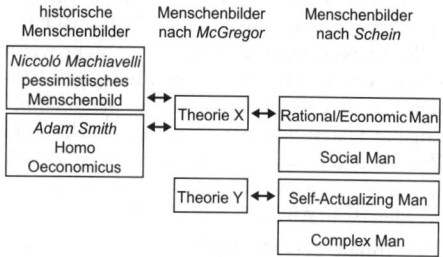

Abbildung 1: Menschenbilder der Führung

Welches Menschenbild eine Führungskraft oder einen Berater in sich trägt, ergibt sich zum einen aus einschlägigen beruflichen Erfahrungen in der Vergangenheit. Zum anderen wird es durch die eigene →Motivationsstruktur geprägt wie zum Beispiel der generellen Vertrauensbereitschaft oder dem eigenen →Sicherheits- und Kontrollbedürfnis.

Literatur: *Machiavelli, N.*: Der Fürst, Stuttgart 1961. *McGregor, D.*: Der Mensch im Unternehmen, Düsseldorf 1973. *Schein, E.*: Organisationspsychologie, Wiesbaden 1980. *Smith, A.*: Reichtum der Nationen, Paderborn 2004.

Markus Gmür

Mentoring

gezielter Aufbau einer Beratungs- und Unterstützungsbeziehung zwischen einer erfahrenen →Führungskraft („Mentor") und einer Nachwuchskraft („Mentee"), der Führungs- und Entwicklungspotenzial (→Entwicklungsplanung) zugeschrieben wird.

Die Funktion des Mentorings liegt in der Förderung von Nachwuchskräften (→Führungsnachwuchs) im eher informellen Bereich. Den Kern dieses Verständnisses bildet das Mentoring innerhalb einer →Organisation (internes Mentoring). Übertragbar ist dieser Gedanke aber auch auf eine organisationsübergreifende Beziehung: Mentor und Mentee sind nach *Hansen* und *von Papstein* (2005) in unterschiedlichen Organisationen tätig (externes Mentoring oder Cross Mentoring).

Mentoring dient der Entfaltung, Erhaltung und Bindung von Fach- und Führungspotenzial in einer Organisation, wobei die Führungs-Kompetenz (→Kompetenz) im Vordergrund steht. Die Mentoring-Beziehung findet außerhalb des Führungsprozesses statt und bildet einen geschützten Raum, in dem sich Fähigkeiten (→Qualifikation) und Kompetenzen entwickeln können. Im Mittelpunkt der Fragestellungen, die in der Mentoring-Beziehung bearbeitet werden, stehen die Entschlüsselung der Unternehmens- beziehungsweise Branchenkultur mit ihren „unsichtbaren Spielregeln", die Kenntnis und gegebenenfalls -Übernahme dominanter Werte und Normen sowie der Zugang zu informellen Netzwerken.

Mentoren werden in der Praxis häufig offiziell ernannt. Es kann sich aber auch um eine informelle Beziehung innerhalb oder außerhalb der Organisation handeln, die im Unternehmen nicht bekannt ist. Der Mentor nimmt unabhängig vom offiziellen Charakters des Mentorings in der Beziehung unterschiedliche →Rollen ein. Zu den wichtigsten Rollen zählen

- informelle Berater,
- Vermittler wichtiger →Informationen („Schleusenöffner" statt „Gate-keeper"),
- Vermittler von Erfahrungen und Kontakten,
- Rollenmodelle/Vorbilder,
- Erforscher von Erwartungshaltungen im Unternehmen,
- Feedback-Geber (→Feedback) an die Nachwuchskraft (→Führungsnachwuchs) sowie
- emotionaler Beistand.

Im Hinblick auf die →Anforderungen an Mentoren sollten diese persönliche Qualitäten vor allem im Bereich der →sozialen Kompetenz und weitreichende Erfahrungen im berufsrelevanten Bereich der Mentees mitbringen, sich auf die Mentoring-Beziehung und deren Dynamik einlassen und an dem Erfolg dieser Beziehung interessiert sein. Im internen Mentoring erscheint es sinnvoll, dass Mentoren über ein hohes Machtpotenzial in der Organisation verfügen, um die Mentees fördern zu können, wobei die Bedeutung des Machtfaktors unterschiedlich diskutiert wird, wie sich mit einem Blick auf *Brass et al.* (2004), *Thomas* (1999) und *Ragins* (1997) erkennen lässt. In jedem Fall ist es wichtig, dass sie über weitreichende, wertvolle Kontakte in der Organisation und darüber hinaus verfügen, die sie dem Mentee erschließen. Um ihre Funktion sinnvoll erfüllen zu können, sind Mentoren auf ihre Aufgabe gezielt vorzubereiten. Strukturierung und Begleitung des Prozesses können hilfreich sein.

Prinzipiell kommt jede Person, die Führungspotenzial besitzt und dieses entwickeln will und kann, wozu neben Lernfähigkeit und Eigeninitiative auch soziale Kompetenzen benötigt werden, als Mentee in Frage. Allerdings sind im Vorfeld das Bewusstsein der potenziellen Mentees über ihre Situation, die eigenen Stärken und Schwächen, Ziele und →Strategien zu schärfen. Erwartungen und Spielregeln des Mentorings sind zu diskutieren und mit denen der Mentoren abzugleichen. Die Frage der Erfolgswahrscheinlichkeit ist zu thematisieren. Die zur kommunikativen Herausstellung vorhandener Kompetenzen und zur effektiven und effizienten Gestaltung des Mentoring-Prozesses notwendigen Fähigkeiten sollten bereits vor dem Matchingprozess kritisch geprüft und gegebenenfalls verbessert werden. →Coaching, →Training und Beratung von potenziellen Mentees können hier wertvoll sein.

Mentoring wird als Instrument der →Personalentwicklung wie auch der →Organisationsentwicklung etwa seit den 1960er Jahren angewandt. Im US-amerikanischen Raum erfährt es seine stärkste Verbreitung. Dort wird Mentoring nach *Ragins* und *Scandura* (1994) seit langem praktiziert und als Instrument zur Karriereförderung und damit zur besseren Beteiligung von Frauen und ethnischen Minderheiten an der Verantwortung im Unternehmen positiv gewürdigt (→Diversity Management). Es wird bei *Noe* (1988) allerdings auch auf Gender-spezifische Hindernisse aufmerksam gemacht.

Insbesondere das externe, freiwillige unbezahlte („volunteer") Mentoring wird in letzter Zeit in den USA verstärkt kritisch diskutiert, da hiermit eine hohe Belastung (→Belastungs-Beanspruchungs-Modell) des Mentors verbunden ist, die nach Aussage einschlägiger Organisationen zu einem spürbaren Rückgang der Bereitschaft zur Teilnahme an derartigen Programmen bei Personen geführt hat, die sich voll im Berufsleben befinden. Als Alternativen werden bei *Dolff* und *Hansen* (2002) der Einsatz älterer, zeitlich weniger belasteter Mentoren, die Bezahlung des Einsatzes, die Auflösung der Mentorenbeziehung in mehrere Beratungs- und Coaching-Beziehungen sowie das Gruppen-Mentoring diskutiert. In der Literatur findet sich diese Diskussion erst in Ansätzen wieder, so beispielsweise bei *Hansen* und *von Papstein* (2005).

Mentoring wird als Instrument der Personalentwicklung und der Personalführung (→Mitarbeiterführung) in modernen Büchern des Personalmanagements des deutschsprachigen Raums, wie bei *Scholz* (2000), thematisiert. In der letzten Zeit findet Mentoring in Deutschland unter dem Aspekt der Chancengleichheit (→Gleichstellung) zunehmend Interesse, da mit diesem Instrument die Benachteiligung qualifizierter Frauen aufgrund einer im Vergleich zu männlichen Kollegen geringeren Förderung ihrer →Karriere durch Führungskräfte entschärft werden könnte. Allerdings ist hier zu beobachten, dass die Zugehörigkeit zu einer gesellschaftlich nicht-dominanten Gruppe (→Minorität) insbesondere die Karrierefunktionen des Mentoring beeinträchtigen kann, wie *Ragins* (1997) bemerkt, und es daher begleitender Maßnahmen bedarf, um Mentoring als Instrument der →Gleichstellung zu nutzen.

Literatur: *Dolff, M.; Hansen. K.*: Mentoring: Internationale Erfahrungen und aktuelle Ansätze in der Praxis, Düsseldorf 2002. *Hansen, K.; von Papstein, P.*: Mentoring über Grenzen hinweg: Entwicklungschancen für UnternehmerInnen, in: Zeitschrift für Frauenforschung und Geschlechterstudien, 23. Jg. (2005), H. 1/2, S. 99–113. *Klasen, N.; Clutterbuck, D.*: Implementing Mentoring Schemes, Oxford etc. 2002. *Noe, R. A.*: Woman and Mentoring: A Review and Research Agenda, in: Academy of Management Review, 13. Jg. (1988), H. 1, S. 65–78. *Ragins, R. B.*: Diversified Mentoring Relationships in Organizations: A Power Perspective, in: Academy of Management Review, 22. Jg. (1997), H. 2, S. 482–521. *Ragins, R. B.; Scandura, T. A.*: Gender Differences in Expected Outcomes of Mentoring Relationships, in: Academy of Management Review, 37. Jg. (1994), H. 4, S. 957–971. *Scholz, C.*: Personalmanagement, 5. Aufl., München 2000. *Thomas, D. A*: Beyond the Simple Demography-Power Hypothesis: How Blacks in Power Influence White-Mentor-Black-Protégé Developmental Relationships, in: *Murrell, A.; Crosby, F. J.; Ely, R. J* (Hrsg.).: Mentoring Dilemmas: Developmental Relationships within Multicultural Organizations, Mahwah, New York, 1999, S. 157–170.

Katrin Hansen

Mergers & Acquisitions (M&A)

im englischsprachigen Raum verbreiteter Begriff für →Unternehmenszusammenschlüsse und -zukäufe, den man mit Fusionen & Unternehmenserwerbe übersetzen kann.

Bei einem *Merger* werden zwei oder mehr unabhängige Unternehmen so zusammengeführt, dass einheitliche Eigentümerverhältnisse geschaffen werden. Auslöser sind laut *Schweiger* (2002) meist finanzielle oder strategische Überlegungen. Nicht zwingend ist, dass die beteiligten Organisationseinheiten anschließend einheitlich nach außen auftreten. Wenn sich die beteiligten Unternehmen gemeinsam auf das Zusammengehen verständigen, ist von einem „freundlichen →Takeover" die Rede. Bei einem „feindlichen Takeover" erreicht das eine Unternehmen den Zusammenschluss ohne die Unterstützung des beziehungsweise der anderen Beteiligten.

Einem Merger können ganz unterschiedliche *Motive* zugrunde liegen, die wiederum die Art und den Umfang der angestrebten →Integration – damit letztlich auch die von *Schwaab* (2003) skizzierte Aufgabe des →Personalmanagements – maßgeblich beeinflussen. Von einer vollständigen Verschmelzung bis hin zu einer eher losen Verbindung sind unterschiedliche Szenarien denkbar. Grundsätzlich lassen sich verschiedene Formen des Zusammengehens von Unternehmen unterscheiden:

- Sind die beteiligten →Organisationen in dem gleichen oder einem ähnlichen Produkt- oder Marktsegment tätig, so spricht man von einem *horizontalen Zusammenschluss*.

- Wenn sich die Unternehmen in einer vor- oder nachgelagerten Position in der Wertschöpfungskette befinden, dann liegt ein *vertikales Zusammengehen* vor.

- Je nachdem, wie die Kunden-Lieferanten-Beziehung vor dem Zusammenschluss aussieht, handelt es sich um eine *Vorwärts-* oder *Rückwärtsintegration*.

Für die Mitarbeiter sind M&A's häufig mit einem Arbeitgeberwechsel (→ Betriebsübergang) und *Veränderungen* der → Aufbau- und → Ablauforganisation verbunden. Zumindest in einer Übergangszeit ist mit einer steigenden → Komplexität zu rechnen. Bildet die neue Organisation rechtlich eine Einheit, gilt es besonders auf die gesetzliche → Mitbestimmung zu achten. Bei den nach einem Merger oft vorgenommenen Restrukturierungen sind regelmäßig ein → Interessenausgleich und ein → Sozialplan abzuschließen, wenn sich aus den Veränderungen negative Konsequenzen für das Personal ergeben.

Die Mitarbeiter reagieren auf M&A's meist mit *Verunsicherung* und *Zurückhaltung*, besonders wenn die beteiligten Organisationen sich überschneidende Tätigkeitsfelder aufweisen. Aufgabe des Personalmanagements ist es, den Veränderungsprozess aktiv zu begleiten und unter anderem die betroffenen Beschäftigten gezielt zu informieren, um die Voraussetzungen für Akzeptanz zu schaffen. Bei dem → Fusionsmanagement darf jedoch nicht außer Acht gelassen werden, dass es keine Patentrezepte gibt. Die konkreten Entscheidungen und Vorgehensweisen müssen immer fallspezifisch sein.

Literatur: *Schwaab, M.-O.*: Fusionen – Herausforderungen für das Personalmanagement?!, in: *Schwaab, M.-O.; Frey, D.; Hesse, J.* (Hrsg.): Fusionen. Herausforderungen für das Personalmanagement, Heidelberg 2003, S. 17–44. *Schweiger, D. M.*: M&A Integration, New York etc. 2002.

Markus-Oliver Schwaab

Messebeteiligung

unternehmensseitige Präsenz auf zeitlich begrenzten, im Allgemeinen regelmäßig wiederkehrenden Veranstaltungen, auf denen mehrere Aussteller eine Vielzahl von Messebesuchern über Produkte, Dienstleistungen und ihr Unternehmen informieren möchten, zum Zweck der Eigenpräsentation.

Von besonderer Relevanz für die unternehmerische Personalarbeit (→ Personalmanagement) sind Personalmessen oder Jobbörsen, auf denen Unternehmen sich selbst und ihre Jobangebote präsentieren können. Mit einer Teilnahme an einer Personalmesse verfolgen Unternehmen typischerweise

– die Akquisition von Bewerbern,
– die → Information über das Unternehmen, die Beschäftigungsmöglichkeiten und Beschäftigungsbedingungen im Unternehmen,
– die Erhöhung des Bekanntheitsgrades (→ Public Relations) und die Verbesserung des Personalimages bei den relevanten Zielgruppen sowie
– die Gewinnung eines Überblicks über die Bewerberlage und den jeweiligen → Personalmarkt und die Rekrutierungsaktivitäten von Konkurrenten im jeweiligen Personalmarkt.

Wesentliche Instrumente zur Ausgestaltung eines Messeauftritts sind die Wahl des Informationsmaterials, die Gestaltung des Messestandes, die Auswahl und der Einsatz des Standpersonals und die Begleitung des Messeauftritts mit anderen kommunikationspolitischen Maßnahmen (z. B. Prospektmaterial, Public Relations).

Wolfgang Burr

Methodenbankkomponente

neben der → Datenbankkomponente und der Ablaufsteuerung ein wesentlicher Bestandteil → personalwirtschaftlicher Anwendungssoftware.

Die Methodenbankkomponente enthält programmierte Varianten derjenigen personalwirtschaftlichen Methoden und Modelle, die zu einer adäquaten Verarbeitung von → Daten der Datenbankkomponente nötig sind. Versteht man unter einer Methode detaillierte und systematische Handlungsanweisungen, wie nach bestimmten Prinzipien ein vorgegebenes Handlungsziel erreicht werden kann, dann wird deutlich, dass gerade implementierte Methoden über die Funktionalität einer personalwirtschaftlichen Anwendungssoftware entscheiden. Neben den reinen Methoden sollten Methodenbanken auch Dokumentationen der Methoden sowie Methodenauswahl- und Ergebnisinterpretationshilfen enthalten.

Stefan Strohmeier

Methodenkompetenz → Kompetenz

Methods Time Measurement (MTM)

Verfahren zur Bestimmung der → Arbeitszeit, bei dem eine Tätigkeit in eine standardisierte Einzeltätigkeit zerlegt wird.

Das Methods Time Measurement-Verfahren (Methoden-Zeit-Messung) wurde von der REFA (*Maynard, Stegemerten* und *Schwab* 1998) 1948 entwickelt. Es unterscheidet zwei Blickfunktionen und die Grundbewegungen

- Augen richten (Eye Focus),
- Augen bewegen (Eye Travel),
- mitnehmen, bewegen, bringen (Move),
- drehen (Turn),
- Kurbelbewegung (Crank),
- greifen (Grasph),
- hinlangen, reichen (Reach),
- drücken (Apply Pressure),
- in Position bringen (Position),
- loslassen (Release),
- trennen, lösen (Disengage) sowie
- einige Körper-, Bein- und Fußbewegungen.

Der Zeitbedarf für zum Beispiel die Montage eines Autos wird durch das MTM-Verfahren durch die Aggregation der einzelnen Zeitbedarfe für die notwendigen Grundbewegungen ermittelt. Es handelt sich um ein sehr aufwendiges Verfahren, dass nur bei Massenfertigung sinnvoll ist eingesetzt zu werden.

Literatur: *Bokranz, R.; Landau, K.*: Produktivitätsmanagement von Arbeitssystemen, Stuttgart, 2006. *Czichos, H.; Saito, T.; Smith, L.*: Handbook of Materials Measurement Methods, Berlin, 2006.

Désirée H. Ladwig

Michigan-Ansatz →Human Resource Management

Microsklaven

Entlehnung aus *Couplands* (1996) gleichnamigem Roman (englisches Original unter dem Titel „Microserfs"), die von *Scholz* (1997, 2000) zur schlagwortartigen Etikettierung einer möglichen Entwicklungsrichtung der →Individualisierung der Mitarbeiter aufgegriffen wurde, um extrem anti-individualistische Mitarbeiter zu charakterisieren.

Individualisierung bedeutet im Kontext des mitarbeiterbezogenen Handelns von Unternehmen nach *Drumm* (2005) die verstärkte Berücksichtigung von Bedürfnissen (→Motiv) und Wertvorstellungen (→Normen und Werte) der einzelnen Mitarbeiter und damit ein Abrücken von kollektiven Regelungen. Nach *Scholz* (1997) unterscheidet sich Individualisierung als Variabilität im Interesse des Mitarbeiters – trotz weitgehender konzeptioneller Überschneidungen – von →Flexibilisierung, die demgegenüber eine Variabilität im Interesse des Unternehmens impliziert. Individualisierung manifestiert sich ihrerseits zum einen als *betriebliche* Aktivität, die unmittelbar in Aktionen des Unternehmens ihren Ausdruck findet, zum anderen als *persönliche* Individualisierung, die sich als selbstbezogene Aktivität der einzelnen Person auch beispielsweise auf deren außerberufliches Freizeit- oder Konsumentenverhalten beziehen kann.

Grundsätzlich eröffnen alle personalwirtschaftlichen Teilfunktionen betriebliche Individualisierungsmöglichkeiten, beispielsweise über individualisierte Entlohnungs-, Arbeitszeit- oder Entwicklungsaktivitäten (→Individualisierung), um den Mitarbeitern gemäß des personalwirtschaftlichen Individualisierungspostulats den nötigen Freiraum zur Erfüllung ihrer persönlichen Ziele zu gewähren. So gesehen handelt es sich bei dieser Gewährung von Individualisierungsfreiräumen letztlich auch um einen – freilich nicht ganz uneigennützigen – Beitrag zum sozial verantwortlichen Handeln von Unternehmen.

Individualisierungsüberlegungen finden eine extreme Ausprägungsform bei *Coupland* (1996), der, eingekleidet in eine fiktive Erzählung, die Uniformität, also die *Anti-Individualisierung* der Mitarbeiter des Softwareunternehmens Microsoft schildert. Sie machen dadurch →Karriere, dass sie jegliche Individualität aufgeben und vollständig zum (vermeintlichen) Idealtypus eines Microsoft-Mitarbeiters mutieren. So erscheinen im Roman alle Personen genau 31,2 Jahre alt, kleiden sich gleich und wohnen in gleichen Appartements mit gleichen Ausstattungen. Vorlieben, Wünsche, Träume, aber auch Neurosen aller Mitarbeiter sind gleich. Sie bilden damit eine homogene Masse von Experten, die ihre ursprüngliche intellektuelle Unabhängigkeit gezielt „geopfert" haben, um sich dem Ziel „Erfolg im Unternehmen" besser anzunähern. Der Microsklave ist insofern mit dem von *Maccoby* (1976) beschriebenen *Company Man* (→Menschenbild) vergleichbar, als auch dieser von existenzieller Bedeutung für das Funktionieren seines Unternehmens ist und seine eigenen Interessen mit den langfristigen Wachstums- und Erfolgszielen seines Arbeitgebers gleichschaltet. Damit geht es bei diesem Firmenmenschen wie beim Microsklaven um die bewusste und selbst herbeigeführte Beschneidung individueller Freiheiten und Individualitätsräume zugunsten übergeordneter kollektiver Unternehmensziele.

Diese Form der selbst gewählten, bewusst herbeigeführten Gleichschaltung in Denken, Handeln und Erscheinen aller Mitarbeiter ist Ausdruck der persönlichen Anti-Individualisierungstendenz des Microsklaven. Unter betriebswirtschaftlichen Steuerungsgesichtspunkten von besonderem Interesse ist dabei die Situation, in der Unternehmen – bewusst oder unbewusst – diesen Typus des Microsklaven als idealen Mitarbeiter ansehen. In diesem Fall wird die im *Mindset* der Mitarbeiter bereits angelegte Homogenisierungsbereitschaft beziehungsweise die von diesen bereits realisierte Homogenisierung von den Unternehmen gezielt aufgegriffen und instrumentalisiert. Im Sinne einer betrieblichen Anti-Individualisierung fokussieren die Unternehmen in radikaler Abwendung von den oben geschilderten Individualisierungsmaßnahmen bei ihren Aktivitäten dann auf eine weitest gehende →Standardisierung ihrer personalbezogenen Maßnahmenpakete. So wird in dieser Situation – etwa bei der →Personalbeschaffung – über formale Kriterien hinaus eine extreme Standardisierung unternehmensseitig erwünschter Persönlichkeitskriterien erfolgen, die zur Selektion rollenkonformer Typen führt. Als Beitrag zur Stabilisierung der inneren Ordnung ist es die Intention des Unternehmens, seine Mitarbeiter in die Rolle des Microsklaven einzuführen beziehungsweise sie in dieser zu bestätigen. Diese *Standardisierung* und *Uniformisierung* ist in der Umsetzung einfacher und kostengünstiger als eine *Individualisierung*; vor allem trägt sie letztlich dazu bei, das vorherrschende *Menschenbild* des Unternehmens weiter zu festigen.

Literatur: *Coupland, D.*: Microsklaven, Hamburg 1996. *Drumm, H.J.*: Personalwirtschaftslehre, 5. Aufl., Berlin etc. 2005. *Maccoby, M.*: The Gamesman. The New Corporate Leaders, New York 1976. *Scholz, C.*: Individualisierung in der Organisation der Zukunft – Reflexionen über ein Leben in der Cyberculture, in: *Scholz, C.* (Hrsg.): Individualisierung als Paradigma. Festschrift für Hans Jürgen Drumm, Stuttgart 1997, S. 263–281. *Scholz, C.*: Personalmanagement, 5. Aufl., München 2000.

Roman Bechtel

Migration →Bevölkerungsentwicklung

Mikropolitik

Anwendung von →Macht zur Durchsetzung von Interessen innerhalb von →Organisationen.

Zum Aufbau und Erhalt der meist positionellen Machtgrundlagen dienen vielfältige mikropolitische Taktiken. Dazu gehören zum Beispiel das Drohen, Bluffen, Einschüchtern und Vorspielen von Schwäche, das gezielte Streuen oder Zurückhalten von Informationen, das Ignorieren, Schneiden, Schmeicheln, anderen einen Gefallen tun, das Bilden von →Koalitionen sowie das Kokettieren. Neben den offensichtlichen Dysfunktionalitäten wie der Verzögerung oder Abkehr von rationalen Entscheidungen, der Verschwendung von Ressourcen für Machtkämpfe und der Vergiftung des Arbeitsklimas (→Organisationsklima) bietet die Mikropolitik manchmal die einzige Chance, verkrustete Strukturen aufzuweichen und Innovationen (→Technologischer Wandel) durchzusetzen. Solange Mikropolitik die offiziell legitimierten Steuerungsmechanismen nicht außer Kraft setzt, kann sie aus Sicht der Organisation also durchaus auch als funktional angesehen werden.

Literatur: *Neuberger, O.*: Führen und führen lassen, 6. Aufl., Stuttgart 2002.

Jan Hendrik Fisch

Mikrozensus →Bevölkerungsentwicklung

Mindestarbeitszeit

→Arbeitszeit, die mindestens am Tag, in der Woche oder im Monat abzuleisten ist.

Die Mindestarbeitszeit für eine sozialversicherungspflichtige Beschäftigung liegt bei 15 Stunden pro Woche oder 86 Stunden pro Monat.

Désirée H. Ladwig

Minimum Wage Job

länderspezifische Tätigkeiten, für die in dem jeweiligen Land die geringsten Löhne gezahlt werden.

Minimum-Löhne können gesetzlich verankert sein, wie zum Beispiel in Frankreich, oder sich auf bestimmte Tätigkeitsmerkmale beziehen. Dazu zählen üblicherweise Einstiegspositionen sowie Arbeitsplätze mit niedrigen Qualifikations- beziehungsweise Fähigkeitsanforderungen, aber auch Teilzeitarbeitsplätze. Längerfristig gelten Minimum-Löhne nur für →Arbeitnehmer, die unerfahren, unqualifiziert und angelernt sind.

Silvia Föhr

Minoritäten

von zwei Identitätsgruppen die weniger mächtige, unterrepräsentierte →Gruppe (*Gentile* 1998, *Ragins* 1997, *Thomas* 1999), deren Mitglieder sich hinsichtlich hervorstechender Merkmale herausheben.

Minoritäten werden in Abgrenzung zu gesellschaftlich dominanten Gruppen bestimmt, sind in sich selbst nach *Kirton* und *Green* (2000) aber auch wieder inhomogen. Sie lassen sich anhand von drei Merkmalen identifizieren:

1. *Geringer quantitativer Anteil* an den Belegschaftsmitgliedern, das heißt Minoritäten befinden sich bereits zahlenmäßig in der Minderheit, sind im Unternehmen unterrepräsentiert.

2. *Zugehörigkeit zu einer identifizierbaren sozialen Gruppe.* Von besonderer Bedeutung sind heute Geschlecht, Nationalität/Ethnizität, Religion, Alter, Behinderung, sexuelle Orientierung, Klassen- oder Schichtzugehörigkeit, →Bildung und →Ausbildung. Individuen können die Zugehörigkeit zu den genannten Gruppen nur schwer oder gar nicht aktiv verändern.

3. *Dauerhafte Benachteiligung aufgrund von Gruppenzugehörigkeit* in materieller (z. B. Entlohnung, Aufstiegsmöglichkeiten) und/oder sozialer Hinsicht (bspw. Ausschluss aus informellen Beziehungen und Prozessen).

Dabei werden

– die *unmittelbare Diskriminierung*, also die ausdrückliche Schlechterstellung aufgrund der Gruppenzugehörigkeit, sowie

– die *mittelbare Diskriminierung*, also wenn Minoritäten und Majoritäten von bestimmten Regelungen ungleich betroffen und Minoritäten dadurch schlechter gestellt werden,

unterschieden. Basis der Benachteiligung können Interessenkonflikte zwischen Gruppen oder →Stereotype sowie →Vorurteile sein. Unabhängig von der konkreten Position der Personen im Minoritätenstatus ist ein Machtgefälle zwischen Majoritäten- und Minoritätengruppe vorauszusetzen.

Wie *Kanter* bereits 1977 für weibliche →Führungskräfte beschrieben hat, kann der Minoritätenstatus für diese betrieblichen Akteure sehr belastend sein, da sie sich in der so genannten „Token-Position" befinden. Sie stehen als Symbol für ihre soziale Gruppe. Ihr Verhalten wird in besonderem Maße beobachtet und für Rückschlüsse auf die Gesamtgruppe verwendet. Diese besondere Sichtbarkeit kann in Verbindung mit Geschlechterstereotypen und Vorurteilen zu besonderem Leistungs- und Anpassungsdruck führen. Die Betroffenen versuchen, sich möglichst unauffällig zu verhalten, was wiederum eine positive Profilierung als Leistungsträger erschwert. Gleichzeitig kann damit eine gewissen Selbstentfremdung verbunden sein, wenn ein Teil der Minorität sich von der eigenen Gruppe entfernt und sich der Majorität anpasst oder sich anzupassen versucht.

Ansatzpunkte für den Umgang mit Minoritäten im Unternehmen bietet das Konzept des →Diversity Managements.

Literatur: *Gentile, M. C.:* Managerial Excellence Through Diversity, Prospect Heights, 1998. *Kanter, R. M.:* Men and Women of the Corporation, New York 1977. *Kirton, G.; Green, M. A.:* The Dynamics of Managing Diversity, Oxford 2000. *Ragins, R. B.:* Diversified Mentoring Relationships in Organizations: A Power Perspective, in: Academy of Management Review, 22. Jg. (1997), H. 2, S. 482–521. *Thomas, D. A:* Beyond The Simple Demography-Power Hypothesis: How Blacks in Power Influence White-Mentor-Black-Protégé Developmental Relationships, in: Murrell, A.; Crosby, F. J.; Ely, R. J.: Mentoring Dilemmas: Developmental Relationships within Multicultural Organizations, Mahwah, New York, 1999, S. 157–170.

Katrin Hansen

Minusstundenmodell

hat die Zielsetzung, dass die Mitarbeiter ein Minusstundenkonto (als Zeitguthaben für den Betrieb) aufbauen, um in Zeiten hoher Arbeitsbelastung (→Belastungs-Beanspruchungs-Modell) dieses Konto ohne Mehrarbeitszuschläge abbauen zu können.

Ein solches Modell kann in einer →Betriebsvereinbarung ausgehandelt werden. Die Mitarbeiter arbeiten dann zum Beispiel an bestimmten Tagen erst von 10:00 (statt 8:00) an bis 16:30 und bauen so täglich zwei Minusstunden auf. Es wirkt im Grunde wie ein Jahresarbeitzeitmodell, hat aber den psychologisch negativen Aspekt von Minussalden. Dieses Modell rangiert eher als „Exotenmodell", zunehmend mehr Verbreitung findet das Jahresarbeitszeitmodell (→Jahresarbeitszeit).

Désirée H. Ladwig

Misserfolgsmotivation

Einstellung einer Person, die in erster Linie danach strebt, Misserfolg zu vermeiden.

Zu den Misserfolgserfahrungen zählen das Scheitern an einer Aufgabe, das Nichterreichen eines Ziels oder die →Kritik durch andere Personen. Misserfolgsmotivierte Personen tendieren dazu, in ungewissen Situationen mögliche Risiken gegenüber Chancen überzubewerten. Aufgaben werden nur übernommen, wenn sie leicht erscheinen oder wenn die Unterstützung durch die Führungskraft zugesichert wird. Der Misserfolgsmotvation steht die →Erfolgsmotivation gegenüber.

Markus Gmür

Mitarbeiterbefragung

als organisationsweite, systematisch-strukturierte und umfassende →Befragung der Mitarbeiter wesentliches Instrument der partizipativen →Unternehmensführung.

Mit der Mitarbeiterbefragung werden im Auftrag der Geschäftsleitung und in Zusammenarbeit mit der Arbeitnehmervertretung →Arbeitszufriedenheit, Arbeitsklima (→Organisationsklima) und →Mitarbeiterführung, Zusammenarbeit im Team (→Gruppe), →Kommunikation und →Organisation sowie Arbeitsplatz- und Aufgabengestaltung analysiert und diagnostiziert (*Borg* 2000).

Bei einer Mitarbeiterbefragung geht es – anders als beispielsweise bei einem →Mitarbeitergespräch – nicht um den einzelnen Mitarbeiter, sondern um eine Gesamtsicht der Mitarbeiter. Im Rahmen der Auswertung und Analyse einer Umfrage werden meist Mitarbeitergruppen gebildet, um so Bereiche und Abteilungen gegenüberzustellen oder bestimmte Gruppen, zum Beispiel →Führungskräfte, separat zu betrachten. Die Cluster sind dabei so zu wählen, dass die Anonymität einzelner Mitarbeiter gewahrt bleibt. Damit wird die vorherige Definition von Mindestgrößen der zu betrachtenden Gruppen erforderlich. Gewöhnlich sollte ein Cluster nicht weniger als sechs auswertbare Datensätze umfassen. Weniger häufig wird die Befragung auch von Beginn an auf eine bestimmte Mitarbeitergruppe ausgerichtet, zum Beispiel auf Fachexperten, wenn diese eine zunehmende Fluktuationsquote aufweisen.

Wenn auch die Umfrage nicht zwingend in einer schriftlichen Form durchgeführt werden muss, ist dies die häufigste Variante. Zunehmend wird die schriftliche Befragung elektronisch und online abgebildet, da dies insbesondere prozedurale Vorteile für die Durchführung und Auswertung der Befragung mit sich bringt. Schon aus Gründen der Anonymität werden telefonische oder persönliche Interviews als Erhebungsmethode selten genutzt. Gearbeitet wird dann auch überwiegend mit geschlossenen Fragen und Antwortalternativen beziehungsweise Ratingskalen. Die Fragebogengestaltung muss den methodischen Anforderungen →Objektivität, →Reliabilität und →Validität genügen. Die Aufnahme mindestens einer offenen Frage empfiehlt sich dennoch. Neben weiteren Anregungen wird dem einzelnen Mitarbeiter auch in diesem Rahmen Individualität zuerkannt, was das →Commitment fördert.

Meist werden in Mitarbeiterbefragungen alle wesentlichen Aspekte der betrieblichen Arbeitswelt einbezogen. Dabei geht es zum einen um die Erfassung einer allgemeinen Arbeitszufriedenheit und um die Schwachstellenanalyse hinsichtlich zentraler Themen: Unternehmenskultur (→Organisationskultur), Führung, →Personalentwicklung, Arbeitszeitmanagement, Arbeitsbedingungen und →Lohnpolitik. Zum anderen können innerhalb einer umfassenden Mitarbeiterbefragung aktuelle Themen ergänzt werden, beispielsweise Fragestellungen zur Sicherung arbeitnehmergerechten Lösungen im Rahmen einer EDV-Einführung. Vom Auftraggeber sollte an dieser Stelle darauf geachtet werden, nur Themen anzusprechen, in denen ein aktueller Veränderungsbedarf gesehen wird und die Bereitschaft für Änderungen vorhanden ist. Zu unterscheiden sind themenspezifische Befragungen, mit denen auf ein bestimmtes Thema fokussiert wird, zum Beispiel auf eine neu eingeführte →Flexibilisierung der →Arbeitszeiten oder auf kulturelle Aspekte im Rahmen eines Change Prozesses.

Eine *konkrete Zielsetzung* und die darauf aufbauende *sorgfältige Planung* sind Grundlage für das Gelingen einer Mitarbeiterbefragung. Wesentlich sind →Commitment der Geschäftsleitung und Beteiligung der Arbeitnehmervertretung. Die Durchführung sollte kundenorientiert (Mitarbeiter = Kunde) gestaltet werden. Auswertungen sind besonders aussagekräftig im Vergleich zu selbst gesetzten Zielen, im Zeitvergleich und im Benchmark verschiedener Bereiche und Mitarbeitergruppen. Dies ist nur möglich, wenn über Zeit beziehungsweise über Unternehmen hinweg, zumindest Teile der Mitarbeiterbefragung, standardisiert konzeptioniert, durchgeführt und ausgewertet werden.

Auch wenn Mitarbeiterbefragungen selbst gestalterischer Bestandteil der Führungskultur sind, ist das Augenmerk auf die daraus resultierende Veränderungen zu legen. Nach der Auswertung der gewonnenen Informationen stehen daher Kommunikation sowie Planung, Durchführung und Erfolgskontrolle der sich anschließenden konkreten Veränderungsmaßnahmen im Fokus. Mitarbeiterbefragungen können allerdings auch vom Management missbraucht und von den Betroffenen missverstanden oder abgelehnt werden. Eine Mitarbeiterbefragung ist in der Durchführung, mit ihren Ergebnissen und Konsequenzen sehr ernst zu nehmen und keine Eintagsfliege, geheime Kommandosache oder Spielwiese warnt *Scholz* (2000).

Literatur: *Borg, I.*: Führungsinstrument Mitarbeiterbefragung, 2 Aufl., Göttingen 2000. *Scholz, C.*: Personalmanagement, 5. Aufl., München 2000.

Daniela Eisele

Mitarbeiterbeurteilung →Personalbeurteilung

Mitarbeiterbindung →Personalbindung

Mitarbeitereinführung →Personalbeschaffung

Mitarbeiterförderung

zumeist Bestandteil der →Personalentwicklung für „Nicht-Führungskräfte" als Pendant zur →Managemententwicklung.

Aufgrund des ständigen Wandels der Anforderungen gilt es, Mitarbeiter kontinuierlich weiter zu qualifizieren, um zum einen ihre →Leistungsfähigkeit (und damit auch indirekt ihre →Leistungsbereitschaft) für ihre aktuelle Aufgabe zu erhalten. Zum anderen geht es jedoch auch darum, Potenzialträger für höherwertige Stellen zu identifizieren, um die Nachfolge für Schlüsselpositionen im Unternehmen zu sichern (→Nachfolgeplanung, →Begabtenförderung). Ausgangspunkt für die Mitarbeiterförderung sollte eine →Personalbeurteilung sein, im Rahmen derer die aktuelle Leistung und das Entwicklungspotenzial (→Entwicklungsplanung) festgestellt werden. Auf dieser Grundlage können sodann konkrete Fördermaßnahmen für den einzelnen Mitarbeiter vereinbart werden.

Laila Maija Hofmann

Mitarbeiterführung

alle Einflussversuche, mit denen die →Führungskraft versucht, Mitarbeiter zu einem bestimmten Verhalten (i. d. R. Leistungserstellung) zu bewegen.

Die Feststellung *Stogdill* (1974, S. 259), „that there are almost as many definitions of leadership as there are persons who have attempted to define the concept", hat nichts von ihrer Aktualität verloren. Eine Begriffsbestimmung, die der Vielschichtigkeit des Phänomens Führung (→Mitarbeiterführung) Rechnung trägt, formuliert *Yukl* (2002, S. 7): „Leadership is the process of influencing others to understand and agree about what needs to be done and how it can be done effectively, and the process of facilitating individual and collective efforts to accomplish the shared objectives".

In der Literatur wird in der Regel zwischen „Führung im weiteren Sinne" (Management) und „Führung im engeren Sinne" (Leadership) unterschieden:

- *Management als Führung im weiteren Sinne* betrifft im Sinne von →Unternehmensführung die Steuerung der Gesamtorganisation zum Beispiel über die abteilungsübergreifende →Koordination, die Struktur oder →Strategie einer →Organisation. Darüber hinaus sind hiermit Aspekte der als strukturell bezeichneten Personalführung impliziert wie zum Beispiel die Gestaltung von Anreizsystemen. Die in diesem Zusammenhang eingesetzten Instrumente beziehungsweise Maßnahmen, die auch als Führungssubstitute bezeichnet werden, beinhalten eine indirekte Verhaltensbeeinflussung der Geführten.

- *Leadership als Führung im engeren Sinne* bezieht sich dagegen stärker auf die persönliche →Interaktion zwischen Führenden und Geführten – diese Facette soll im Folgenden unter dem Stichwort Mitarbeiterführung im Vordergrund stehen.

Die Unterscheidung zwischen der Führung im weiteren Sinne und der Führung im engeren Sinne ist jedoch nicht trennscharf (*Co-*

melli und *von Rosenstiel* 2001), weil in Organisationen Rückkopplungen zwischen diesen beiden Ebenen bestehen. Beispielsweise stellt die Gestaltung der →Organisationsstruktur im Rahmen des Managements die Rahmenbedingungen für den →Führungsstil im engeren Sinne dar. So können zum Beispiel die Mitarbeiter innerhalb eines organisationalen Subsystems nur maximal diejenigen Freiheitsgrade realisieren, die die Organisation dem jeweiligen Subsystem lässt. In stark zentralisierten Organisationen ist daher der Spielraum für eine nicht-direktive, Freiheiten gewährende Führung geringer als in stärker dezentralisierten Organisationen. Umgekehrt bietet jedoch eine dezentrale Organisationsstruktur keine Garantie für eine nicht-direktive Führung.

Mitarbeiterführung wird von den meisten Autoren als Beeinflussung des Verhaltens und der Einstellungen von Einzelpersonen zur Erreichung bestimmter Ziele der Organisation charakterisiert (*Neuberger* 2002). In der neueren Führungsliteratur wird dabei die wechselseitige Interaktion zwischen Führendem und Geführten betont, wodurch der dynamische Charakter von Führung deutlich wird: Durch Interaktionsprozesse verändert sich sowohl das →Führungsverhalten als auch das Geführtenverhalten. Dies geschieht über wechselseitige Lernprozesse beziehungsweise Erfahrungsprozesse zwischen Führendem und Geführtem.

Das *Führungsverhalten* ändert sich, weil Führung als rekursiver Prozess auch auf sich selbst reagiert: Der Führende lernt aus Erfahrungen, wenn er die Ergebnisse des Führungsprozesses analysiert. Vereinfacht ausgedrückt werden dabei Verhaltensweisen, die zu positiven Führungsresultaten führen, intensiviert und Verhaltensweisen, die negative Resultate erbringen, reduziert. Das *Geführtenverhalten* verändert sich ebenfalls durch Lernprozesse. Durch Erfahrungsprozesse verändern sich die Voraussetzungen für das Verhalten des Geführten. Unter anderem je nach Aufgabeninhalten, Arbeitsbedingungen, Erfolg steigen oder sinken zum Beispiel die →Qualifikation und die →Motivation der Mitarbeiter.

Vor diesem Hintergrund wird deutlich, dass die speziell im personalistischen Führungsansatz (→Eigenschaftstheorie der Führung) angelegte klassische Unterscheidung zwischen dem Führendem und den Geführten relativiert werden muss (*Gebert* 2002). Im Zuge der beschriebenen Interaktion findet immer auch eine *Führung von unten* statt, so dass alle Führenden in gewissem Umfang auch ihrerseits Geführte sind. Spiegelbildlich gilt, dass alle Geführten auch zugleich Führende sind. Dies gilt in besonderem Maße für solche Organisationen, die explizit Formen moderner →Selbstorganisation praktizieren. Im Rahmen dezentraler Selbstregulation in Arbeitsgruppen etwa werden klassische →Führungsaufgaben teilweise an die Geführten delegiert.

Abbildung 1: Führungseigenschaften, Führungsverhalten und Führungserfolg
(*Gebert/von Rosenstiel* 2002, S. 185)

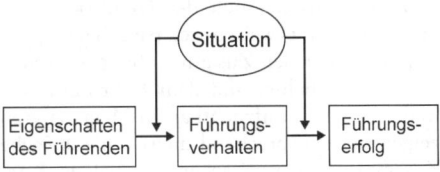

Das Phänomen Führung kann unter verschiedenen Gesichtspunkten betrachtet werden (Abbildung 1). Historisch entwickelte sich die Führungsforschung vom Eigenschaftsansatz ausgehend, der bestimmte Persönlichkeitseigenschaften des Führenden thematisiert. Die zentrale Fragestellung dieses Ansatzes lautet: Wie unterscheiden sich erfolgreiche von nicht erfolgreichen Führungskräften in ihren *Persönlichkeitseigenschaften*? Im Rahmen der Führungsstilforschung wurde im Anschluss das *Verhalten* des Führenden fokussiert, das durch eine Beeinflussung der Geführten den angestrebten →Führungserfolg fördert. Die kontingenztheoretische Führungsforschung rückte die jeweilige *Situation* in den Vordergrund, in der Führungshandeln stattfindet. Merkmale der Situation beeinflussen die Weise, wie sich Persönlichkeitseigenschaften des Führenden in Führungsverhalten vermitteln; ebenso wirken sie als Moderator für die Beziehung zwischen dem Verhalten des Führenden einerseits und dem Führungserfolg andererseits (→Situationsansatz der Führung). Besonderheiten der Führungssituation werden auch in neueren Ansätzen wie zum Beispiel der symbolischen Führung nach *Pfeffer* (1981), der →transaktionalen und →transformationalen Führung oder der →Attributionstheorie der Führung berücksichtigt.

Die Kategorie Führungserfolg erweist sich in der Führungsforschung als problematisch, weil hierunter substanziell Verschiedenes verstanden wird. Es lassen sich hier Merkmale der ökonomischen Effizienz (z. B. Gewinn, Umsatz), der Leistungsprozess-Effizienz (z. B. Ausschuss, Einhaltung von Zeit- und Kostenbudgets) und der personenbezogenen Effizienz (z. B. Zufriedenheit, →Organisationsklima, →Absentismus) unterscheiden. Führungskräfte werden also an unterschiedlichen Kriterien gemessen. Diese Erfolgskriterien sind jedoch in der Empirie untereinander nur schwach korreliert, weil sie unterschiedlich bedingt sind: Die Einhaltung von Kostenbudgets beispielsweise verlangt ein anderes Führungsverhalten als die Förderung der →Arbeitszufriedenheit der Geführten. Aus diesem Grund erweisen sich pauschale Aussagen etwa über den Zusammenhang zwischen Führungsverhalten und dem Führungserfolg in der Regel als unfruchtbar. In Metaanalysen zeigen sich entsprechend meist nur schwache Zusammenhänge zwischen den beiden Konstrukten. Vielmehr erscheint es notwendig, das jeweils zu erklärende Erfolgskriterium zunächst zu spezifizieren, wie im Rahmen der →zielorientierten Führung vorgeschlagen wird.

Literatur: *Comelli, G.; von Rosenstiel, L.*: Führung durch Motivation, 2. Aufl., München 2001. *Gebert, D.*: Führung und Innovation, Stuttgart 2002. *Gebert, D.; von Rosenstiel, L.*: Organisationspsychologie, 5. Aufl., Stuttgart 2002. *Neuberger, O.*: Führen und führen lassen, 6. Aufl., Stuttgart 2002. *Pfeffer, H.*: Power in Organizations, Marshfield, Pittman, 1981. *Stogdill, R. M.* (Hrsg.): Handbook of Leadership, New York etc. 1974, S. 259. *Yukl, G. A.*: Leadership in Organizations, 5. Aufl., Englewood Cliffs 2002, S. 7.

Sabine Boerner

Mitarbeitergespräch

strukturierter Austausch zwischen Mitarbeiter und →Führungskraft über die Leistungen und das Verhalten (→Behaviorismus) des Mitarbeiters, der regelmäßig – zumeist jährlich – stattfindet (syn.: Personalentwicklungsgespräch, Jahresgespräch, Beurteilungsgespräch)

Mitarbeitergespräche orientieren sich im Regelfall an einem *Gesprächsleitfaden*, der nach *Neuberger* (2004) in verschiedene Schritte unterteilt ist:

- *Jahresrückblick*: Was lief gut, was lief weniger gut im letzten Jahr im Verantwortungsbereich des Mitarbeiters? Wo lagen die Gründe?

- *Standortbestimmung*: Einschätzung des Mitarbeiters anhand von bestimmten, meist firmen- beziehungsweise aufgabenspezifisch definierten Kriterien (z. B. Grad der →Kundenorientierung).

- *Jahresausblick*: Welche Ziele, Ergebnisse soll der Mitarbeiter erreichen? Wie kann/muss er dabei gefördert werden (→Personalentwicklung)?

- →*Feedback* an die Führungskraft.

Im ersten Schritt werden also die Ergebnisse der →Arbeit in der vorangegangenen Planungsperiode festgehalten. Dies gelingt umso besser, je konkreter im Jahr vorher die Ziele und Erwartungen formuliert wurden. Für die Standortbestimmung analysieren *Nerdinger* (2001) zufolge Führungskraft und Mitarbeiter ausgehend vom Zielerreichungsgrad des Mitarbeiters zunächst die Gründe für Abweichungen. Hierbei wird unterschieden zwischen Gründen, die der Mitarbeiter zu vertreten hat und solchen, die er nicht beeinflussen konnte. Erstere geben Hinweise auf besondere Stärken und Schwächen des Mitarbeiters, an denen für die Zukunft im Rahmen von →Mitarbeiterförderung gearbeitet werden kann. Hieraus werden im dritten Abschnitt des Gesprächs Folgerungen für die weitere Zusammenarbeit und die Entwicklungsmaßnahmen für den Mitarbeiter gezogen. Zum Ausblick gehört außerdem die *Zielvereinbarung* (→Management by Objectives) für die kommende Planungsperiode (→Zielvereinbarungssysteme). Eine solche Vereinbarung verfolgt folgende Ziele:

- Zum einen geht es um eine klare Orientierung für den Mitarbeiter, was von ihm erwartet wird.

- Zum anderen hat die Zielvereinbarung Motivationsfunktion (→Motivation).

Dafür müssen Ziele präzise und messbar sein und sollten eine Herausforderung – jedoch keine Überforderung – für den Mitarbeiter darstellen. Abschließend gilt es zu klären, welche Förderung der Mitarbeiter braucht, um die Ziele zu erreichen. Hierfür kommen grundsätzlich alle →Personalentwicklungsmethoden in Frage.

In vielen Unternehmen wird das Mitarbeitergespräch auch als eine Entwicklungsmöglichkeit für die Führungskraft verwendet, in dem Sinne, dass die Führungskraft sich Rückmeldung vom Mitarbeiter zu seiner Person und der Zusammenarbeit einholt.

Als hilfreich für Mitarbeitergespräche hat es sich laut *Neumann* (2003) erwiesen, wenn der Mitarbeiter die Gelegenheit hat, im Vorfeld zu diesem Austausch eine Selbsteinschätzung zu Leistung und Verhalten vorzunehmen, die er dann auch als erstes im Gespräch darstellt.

Neben der Funktion, Klarheit über die zukünftig anstehenden Aufgaben zu erzielen, gibt es noch eine Reihe weiterer *Vorteile* von Mitarbeitergesprächen: So bieten sie die Grundlage für eine systematische →Personalentwicklungsplanung zwischen Mitarbeiter und Führungskraft und damit eine gute Basis für die Arbeit der Personalentwicklungsabteilung; es werden mit der Zeit Bewertungsstandards etabliert und das Unternehmen erhält Informationen über Potenzialträger.

Literatur: *Nerdinger, F.*: Formen der Beurteilung in Unternehmen, Weinheim 2001. *Neuberger, O.*: Das Mitarbeitergespräch, 5. Aufl., Goch 2004. *Neumann, P.*: Gespräche mit Mitarbeitern effizient führen, in: *von Rosenstiel, L.*; *Regnet, E.*; *Domsch, M.*: Führung von Mitarbeitern, 5. Aufl., Stuttgart 2003, S. 253–268.

Laila Maja Hofmann

Mitarbeiterkommunikation

alle Maßnahmen des Managements, um die im Unternehmen tätigen Mitarbeiter zu informieren und mit ihnen zu kommunizieren.

Wesentliche Medien der Mitarbeiterkommunikation sind das persönliche Face-to-Face-Gespräch (bilateral oder in →Gruppen) sowie die →Kommunikation mithilfe gedruckter Medien (→Mitarbeiterzeitschrift, Aushänge, Broschüren) und mittels elektronischer Medien (z. B. →Intranet, Business-TV).

Mitarbeiterkommunikation ist Voraussetzung jeglicher Führungs- und Managementtätigkeit im Unternehmen sowie Grundlage des internen →Personalmarketings. *Kernproblem* der Mitarbeiterinformation in vielen Unternehmen ist nach *Wiedemeyer* (1993) entweder zu viel Information (Informationsüberlastung) oder zu wenig beziehungsweise falsche Information (Informationsdefizite) für die Mitarbeiter, das heißt ein Auseinanderfallen von Informationsbedarf der Mitarbeiter und internem Informationsangebot des Unternehmens. Es ist daher aus ökonomischen Gründen erforderlich, dass Unternehmen im Rahmen ihrer Mitarbeiterkommunikation Zielgruppen von Mitarbeitern bilden und sie entsprechend ihren Aufgaben und speziellen Informationsbedürfnissen mit gezielten, maßgeschneiderten Informationen zusätzlich zur allgemeinen Mitarbeiterinformation versorgen.

Literatur: *Wiedemeyer, G. R.*: Mitarbeiterinformation, in: *Strutz, H.* (Hrsg.): Handbuch Personalmarketing, 2. Aufl., Wiesbaden 1993, S. 637–643.

Wolfgang Burr

Mitarbeiter-Kompetenz-System

System zur Erklärung des qualitätsorientierten Leistungsverhaltens der Mitarbeiter.

Das Mitarbeiter-Kompetenz-System basiert auf einer sowohl wissenschaftlichen als auch anwendungsorientierten Diskussion, in der seit über 40 Jahren Wissenschaftler, Berater und Unternehmen in aller Welt erörtern, wie das Leistungsvermögen von →Organisationen und der in ihnen arbeitenden Menschen weiterentwickelt werden kann. Kernfragen dabei sind:

- Wie kann die Leistung von Mitarbeitern im Spannungsfeld von Organisation, Arbeitsprozessen und arbeitsplatzbezogenen Aufgaben gemessen und gezielt langfristig verbessert werden?

- Mit welchen Verfahren, „Tools" und Techniken kann der komplexe Leistungszusammenhang in Unternehmen analysiert und Maßnahmen zur Verbesserung geplant und durchgeführt werden?

Wichtig dabei ist: das Modell bezieht sich nicht nur auf Leistungsverbesserungen, die bei Mitarbeitern zum Beispiel durch Weiterbildung erzielt werden können. Der Ansatz beinhaltet eine umfassende Systematik zur Verbesserung von Leistung, die an ganz unterschiedlichen Stellen im Unternehmen ansetzten kann. Dabei bietet der Ansatz einen gezielten Blick für diejenigen Stellen, an denen Verbesserungen das Unternehmen wirklich voranbringen. Die Qualifizierung der Mitarbeiter kann eine dieser Stellen sein, jedoch ist sie in vielen Fällen nicht immer die effektivste. Vielmehr wird die Aufgabenebene der Mitarbeiter immer in Verbindung gesehen mit den Prozessen im und der Organisation des gesamten Unternehmens (*Gilbert* 1996, *Wittkuhn* und *Bartscher* 2001).

Die Grundaussage des Kompetenz-Modells (Abbildung 1) lautet: Leistung entsteht, wenn

Mitarbeiter-Kompetenz-System

alle Elemente des Systems so aufeinander abgestimmt sind, dass sie das Erreichen der gewünschten Ziele unterstützen und sich dabei gegenseitig in ihrer Wirkung verstärken.

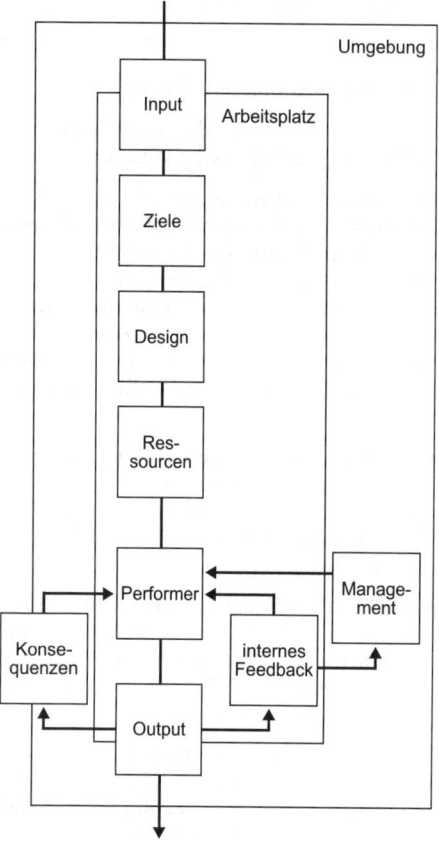

Abbildung 1: Mitarbeiter-Kompetenz-System

Der *Mensch* steht im Mittelpunkt des Leistungserstellungsprozesses. Er braucht einerseits bestimmte Fertigkeiten und Fähigkeiten (Fachwissen, →Ausbildung usw.), andererseits die notwendige körperliche und geistige →Leistungsfähigkeit und nicht zuletzt →Motivation. Wenn es um Fertigkeiten und Fähigkeiten geht, ist Qualifizierung die angemessene Lösung. Körperliche und geistige Voraussetzungen lassen sich nur begrenzt durch kurzfristige Schulungen verbessern. Motivation ist in diesem Modell eine Systemresultante, die sich beispielsweise durch Motivationstraining nicht direkt beeinflussen lässt. Ihr Ausmaß wird durch die anderen Elemente des Kompetenzsystems beeinflusst.

Damit Mitarbeiter leistungsfähig und leistungswillig sind, muss auch das Umfeld, in dem sie arbeiten, stimmen. Nachfolgend sind die zentralen *Umfeldfaktoren* beschrieben:

- *Input*: Mitarbeiter erhalten für ihre Leistung einen Input, den sie anpassen, umgestalten, verbessern oder veredeln und damit zu einem Output weiterverarbeiten. Eine wesentliche Voraussetzung zur Erbringung wertvoller Leistung ist, ob sie aus dem vorgelagerten Arbeitsprozess wirklich den Input erhalten, den sie benötigen. Dies können Materialien, Vorschläge, Zeichnungen oder →Informationen sein.

- *Klare Ziele und Standards*: Mitarbeiter brauchen klar formulierte Ziele, um selbstständig handeln zu können. Hierzu gehört das Definieren von Standards, an denen zu erkennen ist, in welchem Ausmaß die Ziele erreicht werden sollen (→DIN EN ISO 9000). Zielinhalt und Zielausmaß sind operational und verständlich zu formulieren und ständig auf ihre Aktualität hin zu überprüfen. Das ist im betrieblichen Alltag nicht immer selbstverständlich: Nur zu oft wachsen Mitarbeiter in einen Job hinein, finden beständig irgendwelche Vorgänge auf ihrem Schreibtisch, haben viel zu tun und glauben deshalb, produktiv zu sein und etwas zu leisten. Sinn und Ziel werden als automatisch vorhanden vorausgesetzt.

- *Design*: Hiermit sind zum einen die →Arbeitsorganisation, die Arbeitsabläufe vor Ort am Arbeitsplatz, die Arbeitsplatzumgebung sowie der arbeitsplatzbezogene Prozessausschnitt gemeint. Zum anderen geht es um die motivationsfördernde Gestaltung der Tätigkeitsbereiche der Mitarbeiter. Das Tätigkeitsdesign setzt sich unter anderem zusammen aus der Anforderungsvielfalt, dem Entscheidungsrahmen, der Bedeutsamkeit der Tätigkeit in der Prozesskette und der sozialen Kontaktmöglichkeiten.

- *Ressourcen*: Zu den Ressourcen, die Leistung ermöglichen, zählen Zeit ebenso wie Material, Infrastruktur, Information, aber auch angemessene Arbeitsabläufe.

- *Internes Feedback*: Die Leistungserbringer benötigen ein →Informationssystem, das sie bei der Zielerreichung unterstützt und ihnen sagt, wo sie im Hinblick auf das Erreichen dieses Zieles stehen. Dieses Informationssystem kann ganz unterschiedlich ausgestaltet sein. Mündliches Feedback von Kollegen, Führungskräften und Kunden zählt ebenso dazu wie eine regelmäßige Übersicht über Kennziffern oder Qualitätsstandards. Insbesondere das Management ist an dieser Stelle gefragt, denn es muss die Informationssysteme generieren, die eine →Selbststeuerung überhaupt erst ermöglichen.

- *Konsequenzen:* Mit Konsequenzen sind nicht nur Belohnungen gemeint. Wichtig ist, dass es auch negative Konsequenzen gibt, wenn sich Mitarbeiter nicht für die vereinbarten Ziele einsetzen.

Hinter den Erläuterungen zum Mitarbeiter-Kompetenz-System sind vier elementare Grundprinzipien zu erkennen, wie das Verhalten von Mitarbeitern beeinflusst werden kann:

1. *Feedback-Prinzip:* Hebel Nummer 1 für Leistungsverbesserungen sind klare Ziele in Verbindung mit aussagekräftigen, zeitnahen Informationen über den aktuellen Grad der Zielerreichung. In aller Regel wollen Menschen erfolgreich sein, und wenn sie wissen, worauf es ankommt und beständig sehen, wo sie stehen, leiten sie selbst die notwendigen Maßnahmen für Kurskorrekturen ein. Der weitaus größte Teil der Mitarbeiter lässt sich durch das Setzen von Zielen/Standards in Verbindung mit einer ausreichenden und rechtzeitigen Information zu Leistungsverbesserungen führen. Besser vielleicht: Diese Elemente ermöglichen den Mitarbeitern sich im Wesentlichen selbst zu führen.

2. *Reiz-Reaktions-Prinzip:* Unterstützt wird der Prozess der Selbststeuerung durch ein angemessenes Konsequenzensystem: Positive Konsequenzen für die Zielerreichung, negative Konsequenzen für das Nichterreichen der Ziele. Damit ist über die Art der Konsequenzen noch nichts ausgesagt. Ob es sich zum Beispiel um Lob oder Tadel oder mehr oder weniger Provisionen handelt, hängt vom konkreten Einzelfall ab. Wichtig ist jedoch, dass die Zielerreichung oder -nichterreichung unmittelbare Konsequenzen zeigt.

3. *Strukturiertes* →*Lernen:* Qualifizierung kann ein Hebel zur Leistungsverbesserung sein, sofern gesichert ist, dass es sich um ein Kompetenzproblem handelt, das nicht durch Arbeitshilfsmittel beseitigt werden kann und sofern die Qualifizierungsmaßnahmen in das oben skizzierte Gesamtsystem eingebettet sind. Denn Qualifizierung, der keine klaren Ziele vorausgehen und der keine Informationen über den Leistungsstand folgen, wird wenig bewegen.

4. *Support-Prinzip:* Der kleinste Hebel liegt häufig bei den Ressourcen. Zwar müssen sie auf Dauer vorhanden sein und deshalb in einem solchen System mitgedacht werden, aber fehlende Ressourcen werden in der Regel von begeisterten Mitarbeitern sehr zügig kompensiert. Das bedeutet nicht, dass Ressourcen unwichtig wären, sie müssen einfach vorhanden sein. Aber es bedeutet, dass sie nicht zu den zentralen Hebeln gehören. Dies wird deutlich, wenn bei mangelnden Leistungen in Arbeitsmittel (→Arbeitssystem) investiert wird – heutzutage gerne in Hard- und Software – die Leistungssteigerungen jedoch hinter den Erwartungen zurückbleiben.

Weiterhin ist festzuhalten: Will man in Unternehmen das Verhalten von Personen zielgerichtet beeinflussen, um die Prozesse zur Leistungserstellung zu optimieren, dann muss das Mitarbeiter-Kompetenz-System *als Ganzes* betrachtet werden. Die zentralen Faktoren sind so aufeinander abzustimmen, dass sie sich gegenseitig unterstützen und verstärken. Wenn es im Sinne einer Intervention gilt, Leistungsergebnisse von Mitarbeitern zu verbessern, ist es nicht sinnvoll, lediglich auf Maßnahmen zu setzen, die an der Person anknüpfen (direkte Verhaltenssteuerung). Aus der Psychologie weiß man, dass Verhalten eine Funktion aus Persönlichkeit und Umfeld ist. Es ist mit Blick auf die ganze Organisation zu analysieren, wie die *Prozesse* der Leistungserstellung laufen und wie sie verlaufen müssten, um den Anforderungen der Kunden zu entsprechen.

Die Analyse der Lücke zwischen Soll und Ist liefert die Ansatzpunkte zur Intervention. Erforderlich ist der gezielte Blick für diejenigen Interventionspunkte, an denen gezielte Impulse die Organisation wirklich voran bringen. Es gilt aber auch, dass auf Teilbereiche begrenzte Verbesserungen (Insellösungen) nicht ausreichen, den Leistungserstellungsprozess als Ganzes zu verbessern. Im Gegenteil: Erfahrungen zeigen, dass punktuelle Veränderungen Verschlechterungen in anderen Bereichen dieses „Mobiles" zur Folge haben können. Ein umfassender *Performance-Improvement-Prozess* ist so anzulegen, dass Leistungsprobleme

Mitarbeitermotivation

auf sämtlichen Ebenen eines Unternehmens analysiert werden, um dann die Interventionspunkte herauszuarbeiten, an denen Veränderungsmaßnahmen die größtmögliche positive Wirkung entfalten können.

Literatur: *Dean, P.J.*: Performance Engineering at Work, 2. Aufl., Washington 1999. *Gilbert, T. F.*: Human Competence: Engineering Worthy Performance, Washington 1996. *Rummler, G. A.; Brache, A. P.*: Improving Performance. How to Manage the White Space on the Organization, 2. Aufl., San Francisco 1995. *Wittkuhn, K.; Bartscher, T.*: Improving Performance. Leistungspotentiale in Organisationen enthalten, Neuwied 2001.

Thomas Bartscher

Mitarbeitermotivation →Motivation

Mitarbeiterorientierung

Ausmaß, in dem eine →Führungskraft im Rahmen der →Interaktion mit den Mitarbeitern auf zwischenmenschliche Aspekte Wert legt (syn.: Beziehungsorientierung).

Hohe Mitarbeiterorientierung zeichnet sich dadurch aus, dass die Führungskraft den Mitarbeitern persönliche Wertschätzung entgegenbringt und deren persönliche und berufliche Ziele nach Möglichkeit beachtet. Die Führungskraft bindet die Mitarbeiter in für sie relevante Entscheidungen ein und fördert aktiv deren Ideen. Sie macht es den Mitarbeitern insgesamt leicht, frei und unbefangen mit ihr zu sprechen.

Ruth Stock-Homburg

Mitarbeiterportal →HR-Portale

Mitarbeiterumfrage →Mitarbeiterbefragung

Mitarbeiterzeitschrift

periodisch erscheinende Publikation (in gedruckter oder elektronischer Form) einer →Organisation, die sich zumindest vorrangig an ihre Beschäftigten richtet.

Mitarbeiterzeitschriften erfüllen eine Informations- und eine Integrationsfunktion. Die verbreiteten →Informationen beziehen sich in den meisten Fällen auf Produkte und Dienstleistungen sowie personelle Veränderungen. Seltener wird eine Mitarbeiterzeitschrift auch als Plattform zur Stellungnahme oder Diskussion zu sozialen oder gesellschaftspolitischen Themen genutzt. Integrationsbeiträge entstehen dadurch, dass über das Medium Werte (→Normen und Werte) und Interpretationen vermittelt werden, mit denen die Organisation eigene Standpunkte verdeutlicht und als Orientierungsrahmen anbietet.

Markus Gmür

Mitarbeiterzufriedenheit →Arbeitszufriedenheit

Mitbestimmung

gesetzlich geregelte Partizipationsmöglichkeiten (→Partizipation) der Beschäftigten beziehungsweise ihrer Vertreter bei Entscheidungen der Geschäftsführung.

Die Mitbestimmung erfolgt in Form der betrieblichen Mitbestimmung (→Betriebsrat) sowie in Form der Mitbestimmung auf Unternehmensebene. Bei der betrieblichen Mitbestimmung werden Betriebsräte direkt in die Entscheidungen des Managements einbezogen. Bei der Mitbestimmung auf Unternehmensebene erhalten Arbeitnehmervertreter Sitze im Aufsichtsrat des Unternehmens und kontrollieren hierüber Entscheidungen des Managements.

Positive ökonomische Wirkungen von Mitbestimmung lassen sich durch zwei theoretische Ansätze begründen:

1. *Collective-Voice-Modell* (*Freeman* 1976): Das Management eines Betriebs oder eines Unternehmens kann daran interessiert sein, die Arbeitsbedingungen stärker an den Präferenzen der Beschäftigten auszurichten, um hierdurch die →Motivation zu steigern und die Personalfluktuation (→Fluktuation) zu senken. Voraussetzung für eine Verbesserung der Arbeitsbedingungen ist, dass das Management hinreichende →Informationen über die Präferenzen hat. Haben bessere Arbeitsbedingungen für die Belegschaft den Charakter öffentlicher Güter, dann hat der einzelne →Arbeitnehmer nur einen geringen →Anreiz, sich für eine Verbesserung der Arbeitsbedingungen einzusetzen und in entsprechende Verhandlungen und Gespräche mit dem Management einzutreten. Daher ist ein gemeinsames Sprachrohr der Beschäftigten erforderlich, das die Präferenzen der Arbeitnehmer aggregiert und entsprechende Informationen an das Management weiterleitet. Mitbestimmung kann eine solche Collective-Voice-Funktion übernehmen. Für die →Rolle als Sprachrohr der Belegschaft sind Informations- und Beratungs-

rechte erforderlich. Arbeitnehmer im Aufsichtsrat haben jedoch nicht nur Informations- und Beratungsrechte, sondern auch Mitentscheidungsrechte. Ähnliches gilt für die betriebliche Mitbestimmung. Betriebsräte verfügen in vielen Entscheidungsbereichen über Rechte, die über eine reine Collective-Voice-Funktion weit hinausgehen.

2. Mitbestimmung trägt dazu bei, das →Vertrauen zwischen Management und Belegschaft zu stärken (*Freeman* und *Lazear* 1995, *Kaufman* und *Levine* 2000, *Smith* 2006): Vertrauensprobleme zwischen Management und Belegschaft sind in vielerlei Hinsicht möglich. Ein Aspekt besteht in der strategischen Nutzung von Informationen. Arbeitnehmer können den Angaben des Managements über die wirtschaftliche Lage des Betriebs misstrauen, die Einschnitte bei der Entlohnung oder eine verstärkte Anstrengung der Belegschaft erforderlich machen. Umgekehrt werden die Arbeitnehmer Informationen über Möglichkeiten zur Steigerung der Produktivität (→Arbeitsproduktivität) nicht preisgeben, wenn sie fürchten, dass diese Informationen gegen ihre Interessen zum Beispiel für Rationalisierungsmaßnahmen eingesetzt werden. Die Konsequenz dieser Vertrauensprobleme besteht in einer verringerten Motivation und →Kooperationsbereitschaft seitens der Belegschaft. Eine Interessenvertretung der Arbeitnehmer, die in den entsprechenden Entscheidungsbereichen über Mitbestimmungsrechte verfügt und dafür Sorge trägt, dass die Belange der Belegschaft hinreichend Berücksichtigung finden, kann das Vertrauen der Arbeitnehmer und damit ihre Motivation stärken.

Die beiden Ansätze sprechen dafür, dass sich Mitbestimmung durchaus positiv auf die Höhe des zwischen Kapitalgebern und Arbeitnehmern zu verteilenden „Kuchens" auswirken kann und somit im beiderseitigen Interesse ist. Da Mitbestimmung aber zugleich eine gesteigerte Verhandlungsmacht der Arbeitnehmer beinhaltet, ist es nahe liegend, dass sie auch zu einer Umverteilung führen kann. Ohne Mitbestimmung kann das Management einseitig über die Umsetzung bestimmter Maßnahmen entscheiden. Gibt es demgegenüber eine Interessenvertretung der Arbeitnehmer, können diese Maßnahmen nur dann umgesetzt werden, wenn es zu einer Einigung zwischen Management und Arbeitnehmervertretern kommt. Darüber hinaus ist es möglich, dass Betriebsräte ihre gesetzlich vorgesehenen Mitbestimmungsmöglichkeiten informell nutzen, um in Entscheidungsbereichen Einfluss zu erlangen, in denen sie rechtlich keine Kompetenzen besitzen. Ein Beispiel könnte sein, dass ein Betriebsrat Überstunden der Belegschaft nur dann zustimmt, wenn das Management sich zur Zahlung übertariflicher Löhne bereit erklärt.

Ob die positiven oder negativen Folgen der Mitbestimmung dominieren lässt sich letztlich nur empirisch beantworten. Zu den Auswirkungen von Mitbestimmung auf Produktivität, Gewinne, Investitionen, Innovationen und →Flexibilität hat es in den letzten Jahren eine zunehmende Zahl an ökonometrischen Untersuchungen gegeben (*Jirjahn* 2006). Insbesondere was die betriebliche Mitbestimmung angeht, zeichnen diese Untersuchungen insgesamt doch ein neutrales bis positives Bild (*Addison*, *Schnabel* und *Wagner* 2004; *Frick* 2008). Die empirischen Ergebnisse zur Unternehmensmitbestimmung sind demgegenüber deutlich heterogener, wobei neuere Untersuchungen allerdings auch hier eher positive Ergebnisse erhalten (*Kraft* und *Ugarkovic* 2006; *Renaud* 2007). In der öffentlichen massenmedialen Wahrnehmung findet sich häufig ein stark negatives Bild der Mitbestimmung, das durch empirische Ergebnisse kaum gedeckt ist (*Kühne* und *Sadowski* 2008). Kritiker verweisen darauf, dass Mitbestimmung nicht effizient sein könne, weil sie von den Beteiligten nicht freiwillig eingeführt werden würde und es einer gesetzlichen Regulierung bedarf. Aus ökonomischer Sicht kann eine gesetzliche Regulierung jedoch dann sinnvoll sein, wenn bei der Allokation von Entscheidungsrechten und damit bei der Einführung von Mitbestimmung Marktfehler auftreten können (*Jirjahn* 2005).

Literatur: *Addison, J.T.; Schnabel, C.; Wagner, J.*: The Course of Research into the Economic Consequences of German Works Councils, in: British Journal of Industrial Relations, 42. Jg. (2004), S. 255–281. *Freeman, R. B.*: Individual Mobility and Union Voice in the Labor Market, in: American Economic Review, 66. Jg. (1976), S. 361–368. *Freeman, R. B.; Lazear, E. P.*: An Economic Analysis of Works Councils, in: *Rogers, J.; Streeck, W.* (Hrsg.): Works, Chicago 1995, S. 27–52. *Frick, B.*: Betriebliche Mitbestimmung unter Rechtfertigungsdruck. Die relative Bedeutung von Produktivitäts- und Umverteilungseffekte, in: Industrielle Beziehungen, 15. Jg.

Mittelstand

(2008), S. 164–177. *Jirjahn, U.*: Ökonomische Wirkungen des novellierten Betriebsverfassungsgesetzes – Was können wir vor dem Hintergrund zunehmender Globalisierung und veränderter arbeitsorganisatorischer Bedingungen erwarten?, in: Zeitschrift für Arbeitsmarktforschung, 38. Jg. (2005), S. 241–267. *Jirjahn, U.*: Ökonomische Wirkungen der Mitbestimmung in Deutschland: Überblick über den Stand der Forschung und Perspektiven für zukünftige Studien, in: Sozialer Fortschritt, 55. Jg. (2006), S. 215–226. *Kaufman, B. E.; Levine, D. I.*: An Economic Analysis of Employee Representation, in: *Kaufman, B. E.; Levine, D. I.* (Hrsg.): Nonunion Employee Representation, New York 2000, S. 149–175. *Kraft, K.; Ugarkovic, M.*: Gesetzliche Mitbestimmung und Kapitalrendite, in: Jahrbücher für Nationalökonomie und Statistik, Bd. 226 (2006), S. 588–604. *Kühne, K.; Sadowski, D.*: Empirische Mitbestimmungsforschung und Öffentlichkeit: Zur Differenz von sozialwissenschaftlichem und massenmedialem Diskurs über Arbeitsrecht, IAAEG Discussion Paper Nr. 1, Trier 2008. *Renaud, S.*: Dynamic Efficiency of Supervisory Board Codetermination in Germany, in: Labour, 21. Jg. (2007), S. 689–712. *Smith, S. C.*: Employee Participation Rights in Corporate Governance: Economic Rationale, a Test of a Leading Theory, and Some Modest Policy Proposals, in: Advances in the Economic Analysis of Participatory and Labor Managed Firms, 9. Jg. (2006), S. 105–146.

Uwe Jirjahn

Mittelstand

Bezeichnung für die →Gruppe kleiner und mittelgroßer Betriebe und Unternehmen.

Semantisch reicht der Begriff Mittelstand deutlich über eine statistisch klar umrissene Unternehmenspopulation hinaus und schließt je nach Verwendungszusammenhang auch historisch, soziologisch oder psychologisch fundierte Aspekte mit ein. Zur begrifflichen Abgrenzung können sowohl *quantitative* als auch *qualitative* Kriterien herangezogen werden: Die gebräuchlichsten quantitativen Definitionskriterien sind die Beschäftigtenzahl (je nach Land beziehungsweise Institution zwischen n≤100 und n≤500) sowie die Höhe des Umsatzes (in der Regel bis 50 Mio. €). Aus qualitativer Sicht wird insbesondere die personale Einheit von Eigentum und Unternehmensleitung als wesentliches Charakteristikum des Mittelstands angeführt.

Aus *verhaltenswissenschaftlicher Perspektive* sind insbesondere Einflüsse, die von der starken psychologischen Bindung der Eigentümerunternehmer an ihren Betrieb, der im Vergleich zu Großunternehmen tendenziell schlechteren Ressourcenausstattung sowie der leichteren Überschaubarkeit des organisationalen Geschehens ausgehen, von Interesse, da sie auf die Ausgestaltung zentraler Unternehmensmerkmale wie etwa die Beschaffenheit von →Organisations-, Führungs- und Entscheidungsstrukturen, die Arbeitgeber-Arbeitnehmer-Beziehungen (→Arbeitgeber, →Arbeitnehmer), die →Organisationskultur eine Wirkung haben.

Literatur: *Günterberg, B.; Wolter H.-J.*: Unternehmensgrößenstatistik 2001/02, Bonn 2002. *Mugler, J.*: Betriebswirtschaftslehre der Klein- und Mittelbetriebe, Bd. 1, 3. Aufl., Wien, New York 1998. *Schwiering, D.; Fischer, H.*: Mittelstand und Mittelstandsbezug in Wirtschaftswissenschaft und Wirtschaftspraxis, in: Internationales Gewerbearchiv, 47. Jg. (1999), H. 3, S. 182–199.

Thomas Behrends

MO5-Wertschöpfungskette

in Anlehnung an *Porters* (1985, 2000) Idee, wertschöpfende Aktivitäten exakt zu ermitteln und gegeneinander abzugrenzen, von *Scholz* (2003) zur Beschreibung der Wertschöpfung der Personalarbeit (→Personalmanagement) definierte Personalwertschöpfungskette.

Die MO5-Wertschöpfungskette beinhaltet fünf Wertschöpfungsziele:

1. *Alleinstellung* durch die Positionierung (→Profilierungsfunktion) des Personalmanagements als Marke (→Brand).

2. *Talentoptimierung* durch gezielten Ausbau und Vernetzung der →Kernkompetenzen.

3. →*Führungserfolg* durch effektive →Motivation und Beziehungsorientierung (→Führungsstilmodell der Ohio-State-Forschung) der Mitarbeiter.

4. *Schnelligkeit* durch die Beschleunigung und Optimierung von Prozessen.

5. *Varietätsbewältigung* durch den gezielten Umgang mit Umweltkomplexität.

Die Verknüpfung der definierten Ziele findet dabei nicht, wie bei *Porter*, zeitlich beziehungsweise funktional statt, sondern kompetenzbezogen, sodass eine Analyse, Ordnung und Darstellung wertschöpfungsbezogener Kompetenzen stattfindet.

Zur Institutionalisierung der Wertschöpfung in der Personalarbeit werden in das Modell als weitere Logik die beiden aus der Neuen Institutionenökonomie nach *Coase* (1937) und *Williamson* (1975, 1985, 1991, 1996) bekannten grundlegenden *Steuerungs- beziehungsweise Koordinationsmechanismen* als Gestaltungsprinzi-

Abbildung 1: Grundform der MO5–Wertschöpfungskette (*Scholz* 2003, S. 135)

pien integriert: Der *Markt*, in dem autonome Akteure in immer neu aushandelbaren Transaktionsbeziehungen aufeinander treffen, und die →*Organisation* als hierarchisches Strukturprinzip mit Lenkungs- und Ordnungsfunktion. Unternehmen realisieren ihre Leistungen entweder über die *Marktlösung* oder die *Organisationslösung*. Rational agierende Unternehmen entscheiden dabei produktions- und transaktionskostenorientiert. Entscheidet sich das Unternehmen für die →Implementierung der Wertschöpfungskette über die Marktlösung, regulieren Angebot und Nachfrage im Unternehmen die Wahl über die Vielfalt vorhandener Lösungsalternativen. Eine Realisierung der Wertschöpfungskette über die Organisationslösung bedeutet eine hierarchische Organisation, die die Personalarbeit vorschreibt.

Jedes der fünf Wertschöpfungsziele kann jeweils alternativ über die Marktlösung oder die Organisationslösung erfüllt werden. Durch dieses Vorgehen entstehen der Personalarbeit viele Ziel-Lösungskombinationen.

Beide Lösungen, die des Marktes und die der Organisation werden in Abhängigkeit der fünf genannten Wertschöpfungsziele konkretisiert und mittels des MO5-Modells, welches in Abbildung 1 dargestellt ist, visualisiert.

Für die Marktlösung identifiziert *Scholz* die Marktplätze

– Kernkompetenzmarktplatz,

– Potenzialmarktplatz,

– Motivationsmarktplatz,

– Innovationsmarktplatz sowie

– Informationsmarktplatz

im Unternehmen. Für die *Organisationslösung* sind folgende fünf Konkretisierungen in der MO5-Wertschöpfungskette vorgesehen:

1. Identifizieren und Einstellen der richtigen Mitarbeiter.

2. Festlegen der Entwicklungspfade.

3. Beziehungsorientiertes Lenken der Mitarbeiter.

Abbildung 2: Prozessfokussierte Erweiterung der MO5-Wertschöpfungskette (*Scholz* 2003, S. 134)

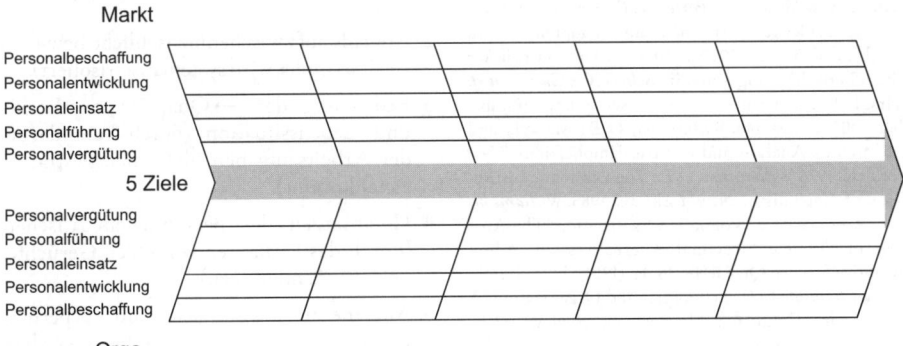

4. Aufgabenorientiertes Managen der Leistung sowie

5. Vergüten, Etablieren der Position, Planen der Nachfolge.

In das hier beschriebene Grundmodell der MO5-Wertschöpfungskette lassen sich auch die Grundfunktionen des Personalmanagements, →Personalbeschaffung, →Personalentwicklung, Personaleinsatz, Personalführung (→Mitarbeiterführung) und Personalvergütung integrieren. Somit entsteht die *prozessfokussierte Erweiterung* der MO5-Wertschöpfungskette, die in Abbildung 2 gezeigt wird.

Im Hinblick auf den zunehmenden Einsatz webbasierter Systeme und Anwendungen – als Oberbegriff für →Internet und →Intranet samt allen zugehörigen Funktionen und darauf basierenden Technologien – zur Unterstützung der Personalfunktionen, dient die MO5-Wertschöpfungskette als Gestaltungsgrundlage eHRM-Lösungen zu planen und zu implementieren. Webbasierung wird dabei als Mittel gesehen, personalwirtschaftliche Wertschöpfungsziele in ihrer Erreichung zu unterstützen. Jede der zehn Waben der MO5-Wertschöpfungskette kann durch spezifische Kategorien von Web- beziehungsweise Softwarelösungen (z. B. eRecruiting (→eHRM), →eLearning) unterstützt werden, die gemäß ihres Ausmaßes an hierarchischen Vorgaben sowie autonomen Gestaltungsmöglichkeiten dem Organisationsprinzip beziehungsweise dem Marktprinzip zugeordnet werden.

Literatur: *Coase, R. H.*: The Nature of the Firm, in: Economica, 16. Jg. (1937), H. 4, S. 386–405, erneut abgedruckt in: *Stigler, G. J.*; *Boulding, K. E.* (Hrsg.): Readings in Price Theory, Homewood 1952. *Coase, R. H.*: The Problem of Social Cost, in: Journal of Law and Economics, 36. Jg. (1960), H. 3, S. 1–44. *Porter M. E.*: Competitive Advantage. Creating and Sustaining Superior Performance, New York 1985. *Porter M. E.*: Wettbewerbsvorteile. Spitzenleistung erreichen und behaupten, 6. Aufl. Frankfurt a. M. etc. 2000. *Scholz, C.*: Die Saarbrücker MO5-Wertschöpfungskette, in: *Scholz, C.*; *Gutmann, J.* (Hrsg): Webbasierte Personalwertschöpfung, Wiesbaden 2003, S. 124–144. *Williamson, O. E.*: Markets and Hierarchies. Analysis and Antitrust Implications, New York etc. 1975. *Williamson, O. E.*: The Economic Institutions of Capitalism, New York etc. 1985. *Williamson, O. E.*: Comparative Economic Organization: The Analysis of Discrete Structural Alternatives, in: Administrative Science Quarterly, 36. Jg. (1991), H. 2, S. 269–296. *Williamson, O.E.*: Economics and Organization: A Primer, in: California Management Review, 38. Jg. (1996), H. 2, S. 131–146.

Uwe Eisenbeis

Mobbing aus psychologischer Sicht

systematische Angriffe auf eine Person über einen längeren Zeitraum hinweg (engl. to mob: anpöbeln, über jemanden herfallen).

Ursprünglich stammt der Ausdruck „Mobbing" aus der Verhaltensforschung und bezeichnet Angriffe, die →Gruppen von Tieren auf ein einzelnes Tier ausüben, um es zu vertreiben. In den USA und Skandinavien gibt es eine eigenständige Forschungstradition, die sich ausschließlich mit feindseligem Verhalten am Arbeitsplatz beschäftigt. Empirische Untersuchungen und theoretische Erklärungsansätze sind insbesondere im deutschen Sprachraum sind rar, verbreitet ist populärwissenschaftliche Literatur.

Unter Mobbing wird eine konfliktbelastete →Kommunikation am Arbeitsplatz unter Kollegen oder zwischen →Führungskräften und Untergebenen verstanden, bei der die angegriffene Person unterlegen ist und von einer oder einigen Personen systematisch, oft und während längerer Zeit mit dem Ziel und/oder dem Effekt des Ausstoßes aus dem Arbeitsverhältnis (→Beschäftigungsverhältnis) direkt oder indirekt angegriffen wird und dies als Diskriminierung empfindet.

Die qualitativen Untersuchungen des schwedischen Psychiaters *Leymann* (1995) über von Mobbing betroffene →Arbeitnehmer ergaben 45 Mobbinghandlungen. Dies sind beispielsweise ständige →Kritik an der →Arbeit und am Privatleben, mündliche und schriftliche Drohungen, →Versetzung, Verbreitung von Gerüchten, sexuelle Annäherungen, Androhung körperlicher Gewalt. Die Mobbinghandlungen gliedern sich in fünf Bereiche auf:

1. Behinderungen bei den Möglichkeiten, sich mitzuteilen (Kontakte werden unterbunden).

2. Angriffe auf zwischenmenschliche Beziehungen (das Opfer wird systematisch isoliert).

3. Bedrohung der →Qualität von Berufs- und Lebenssituation (durch Veränderung der Arbeitsaufgaben, die einer Bestrafung gleichkommt).

4. Herabsetzen des persönlichen Ansehens (durch das Verbreiten von üblen Gerüchten und Verdächtigungen).

5. Angriffe auf die seelische und körperliche Gesundheit (durch physische Gewaltanwendung).

Die Phasen eines Mobbingprozesses bestehen zunächst in vereinzelten →Konflikten und Vorfällen. Die frühe Mobbingphase ist durch eine gewisse Andauer in Bezug auf die Anwendung feindlicher und herabsetzender Handlungen gekennzeichnet: Ein bis zweimal eine von 45 Mobbinghandlungen pro Woche und dies mindestens über ein halbes Jahr hinweg. Dies führt dann zu einer →Stigmatisierung des Opfers: Es wird beruflich isoliert und dann will sich der →Arbeitgeber von dieser Person gesetzlich oder auch durch ungesetzliche Maßnahmen trennen. Dies kennzeichnet die späte Mobbingphase. Jetzt wird das Opfer häufig krank, wobei viele Ärzte als Ursache für die Erkrankung nicht die Arbeitssituation des Opfers erkennen. Letztendlich kommt es – oftmals nach Jahren des sozialen Abstiegs – zum Ausschluss des Mobbingopfers aus dem Arbeitsprozess durch Frührente, →Abfindung oder Ähnliches. *Leymann* (1995) beschreibt fünf typische Mobbingsituationen:

1. Es kommt zu Übergriffen durch die Kollegen.

2. Untergebene richten sich gegen ihre →Führungskraft.

3. Führungskräfte greifen ihre Untergebenen an.

4. Es kommt zu so genannten „Rechthabereien". Hier versuchen sich Mobbingopfer oft über Jahre gegen eine erlittene Ungerechtigkeit zu wehren. In Folge dieser Auseinandersetzung kommt es zu einer Art von Besessenheit, die psychiatrischen Stellenwert erreichen kann.

5. Übermäßig lange bürokratische Verfahren (beispielsweise wenn es um die Bearbeitung und Anerkennung einer Berufskrankheit geht), welche die Opfer wie Mobbing empfinden und die sie zermürben.

Nach *Leymann* (1995) nehmen viele Mobbingfälle folgenden Verlauf: Zunächst gibt es einzelne Unverschämt- und Gemeinheiten, dann erfolgt der Übergang zu Mobbing und Psychoterror. Es gibt Rechtsbrüche durch Über- und Fehlgriffe der →Personalverwaltung und zuletzt den Ausschluss aus der Arbeitswelt durch zum Beispiel: Abschieben und Kaltstellen, langfristige Krankschreibung, mehrere Versetzungen nacheinander, Frührente, Abfindung und Einlieferung in eine Nervenanstalt.

Viele Mobbingopfer erkranken an „PTSD" (posttraumatic stress disorder), der posttraumatischen Stressbelastung (→Belastung-Beanspruchungs-Modell). Ein solches psychisches Trauma entsteht, wenn das Erlebnis nicht mehr durch die alltäglichen psychischen Kräfte gemeistert werden kann. Menschen, die lebens- und existenzbedrohenden Erlebnissen ausgesetzt sind, wie es in Kriegen oder bei Katastrophen der Fall ist, zeigen gleichartige psychische und somatische Symptombilder. Demnach nimmt das erlebte psychische Trauma die mentalen Kräfte immer wieder in Anspruch, es kommt zum zwanghaften stetigen Durchspielen des Erlebnisses (Gedankenterror), die Versuche, davon loszukommen, sind vergeblich. All dies wird begleitet von psychosomatischen Stresssymptomen und besteht mindestens einen Monat lang.

Der Krankheitsverlauf eines typischen Mobbingopfers beginnt mit Stresssymptomen wie Schlafstörungen, Depressionen oder Magen-Darmproblemen. Spätestens nach etwa einem halben Jahr Mobbing wird von einer behandlungsbedürftigen posttraumatischen Belastungsstörung gesprochen. Nach ein bis zwei Jahren fortgesetzten psychosozialen Drucks kommt es zur Vertiefung der Symptome, nach zwei bis vier Jahren zu chronischen Verläufen.

Mobbing kann aus folgenden Gründen entstehen:

– Es gibt Defizite in der →Arbeitsorganisation,

– das Opfer befindet sich in einer sozial exponierten Situation,

– das moralische Niveau des Mobbers, der bereit ist zu unethischen Handlungen zu greifen,

– die mangelnde Handlungskompetenz der Führungskraft und

– letztlich kann Mobbing als ein „multikausales Geschehen" verstanden werden.

Mobbing lässt sich vor einem stresstheoretischen Hintergrund erklären als extreme Form sozialer →Stressoren. Es ist ein jahrelanger, zermürbender Prozess, der häufig kurz nach Antritt einer neuen Stelle beginnt. Zweidrittel der Mobbingopfer sind Frauen und häufig ist Mobbing ein Problem der →Angestellten, Beamten und Führungskräfte. Mobbingbetroffene haben wenig Einflussmöglichkeiten auf Dinge, die sie selbst betreffen, schlechteren Informationsfluss, wenig Diskussion über Aufgaben und Ziele, weniger Handlungsspielräume und eine stressreiche Arbeit.

Die Suche nach Ursachen in der Person hat gezeigt, dass Mobbingbetroffene eine höhere Gewissenhaftigkeit haben, zu Selbstunsicherheit, geringerer Selbstwirksamkeit (→ Kompetenz) und höheren Neurotizismuswerten neigen. Allerdings liegt das Problem darin, das Ursache und Wirkung hier oftmals nicht voneinander zu unterscheiden sind.

Die Analyse der Täter, wie beispielsweise bei *Knorz* und *Zapf* (1996) sowie *Zapf* (1999) zeigte, dass diese oftmals im Kontext von → Mikropolitik zu Mobbinghandlungen greifen, persönliche Gründe (Rache) vorliegen, zu Selbstunsicherheit neigen, einen zu hohen Selbstwert haben und zu Perfektionismus und Arroganz neigen, und sich manchmal dessen auch nicht bewusst sind. Es gibt ein erhöhtes Mobbingrisiko, wenn ein leistungsstarker Mitarbeiter auf eine nicht souveräne Führungskraft trifft.

Es gibt acht Bewältigungsfaktoren, einen Mobbingprozess zu überstehen: Eine gute physische und psychische Konstitution, Selbstvertrauen, Ansehen bei anderen, →soziale Unterstützung, stabile wirtschaftliche Verhältnisse, →Handlungsspielraum, die Fähigkeit, Probleme zu lösen und sich in der Gesellschaft zu orientieren.

Neuberger (1994) kritisiert an den Forschungen zu Mobbing, dass sie weitestgehend theorielos erfolgen. Theorien aus der Sozialisations-, der Lern- und der Stressforschung sowie der →Gruppendynamik, Attributions- und Konflikttheorien (→Attributionstheorie der Führung) können herangezogen werden. Mobbing ist im Gesamtzusammenhang des Beziehungsgeflechts im Unternehmen zu sehen.

Erfolgreiche Strategien, sich gegen Mobbing zur Wehr zu setzen, können darin bestehen, möglichst frühzeitig Grenzen zu ziehen, zu versuchen, sich persönlich zu stabilisieren und sich um eine einschneidende Veränderung der Arbeitssituation zu bemühen. Wichtig sind die Vermeidung der Eskalation und eine konstruktive Herangehensweise an den Konflikt. Das Thema Mobbing ist auch eine wichtige Führungsaufgabe.

Literatur: *Knorz, C.; Zapf, D.:* Mobbing – eine extreme Form sozialer Stressoren am Arbeitsplatz, in: Zeitschrift für Arbeits- und Organisationspsychologie, 40. Jg., (1996), H. 1, S. 12–21. *Leymann, H.:* Der neue Mobbing-Bericht, Reinbek 1995. *Neuberger, O.:* Mobbing – Übel mitspielen in Organisationen, 2. Aufl., München, Mering 1994. *Niedl, K.:* Mobbing/Bullying am Arbeitsplatz, München, Mering 1995. *Zapf, D.:* Mobbing, in: Zeitschrift für Arbeits- und Organisationspsychologie, 43. Jg., (1999), H. 1, S. 1–25.

Erika Spieß

Mobbing aus (arbeits-)rechtlicher Sicht

Maßnahmen des →Arbeitgebers oder anderer →Arbeitnehmer, die sich gegen einen einzelnen Mitarbeiter richten, in der Regel für sich genommen jedoch keine straf- oder zivilrechtliche Relevanz haben.

Eine einheitliche Begriffsdefinition für Mobbing hat sich bislang nicht durchgesetzt. Eine andere Definition beschreibt Mobbing als Sachverhalte, durch die einzelne Arbeitnehmer aus der Betriebsgemeinschaft ausgegrenzt, geringschätzig behandelt, von der →Kommunikation ausgeschlossen, beleidigt oder diskriminiert werden (*Fiebig* 2004, § 1, Rn 406, Fu 959).

Unterbegriffe des Mobbing sollen nach dieser Definition das *Bossing* sein, das heißt wenn der Arbeitgeber Täter ist, sowie *Staffing*, wenn ein Untergebener in der beschriebenen Weise gegen eine Führungskraft handelt.

Die eingangs geschilderte Definition erscheint wenig tragfähig, weil zum Mobbing sehr wohl zivil- oder strafrechtliche relevante Vorgänge gehören können, etwa eine Beleidigung, Verleumdung, Nötigung oder Urkundenfälschung. Kennzeichnend für das Mobbing ist eine gewisse Systematik im Vorgehen, das zielgerichtet gegen einzelne Arbeitnehmer entwickelt wird (vgl. LAG Rheinland Pfalz, Urteil vom 16. 08. 2001, Az.: 6 Sa 415/01). Dabei wird man die Zielrichtung des Mobbing weit umschreiben dürfen. Dazu kann die Zufügung eines jeglichen Nachteils gehören, der von Nachteilen abweicht, die durch eine Zusammenarbeit oder auch (erlaubtes) Wettbewerbsbedenken der Arbeitnehmer untereinander üblicherweise entstehen. Ziel des Mobbing kann also eine Isolierung, eine Schlechterfüllung der →Arbeitsleistung des Gemobbten sowie eine Verschlechterung seines Gesundheitszustands sein. Häufig dient Mobbing auch dazu, letztlich die Entfernung des Gemobbten aus dem Arbeitsverhältnis (→Beschäftigungsverhältnis) zu erreichen, sei es durch eine Eigenkündigung, einen →Aufhebungsvertrag oder sogar eine arbeitgeberseitig durch die Folgen des Mobbing erforderlich gewordene →Kündigung.

Der Arbeitgeber ist aufgrund seiner Fürsorgepflicht (→Nebenpflichten) gehalten, alle zumutbaren Maßnahmen zu ergreifen, um das Persönlichkeitsrecht eines jeden einzelnen Arbeitnehmers zu schützen (LAG Thüringen, Urteil vom 10. 04. 2001, Az.: 5 Sa 403/00). Erfährt er von Mobbing, hat er deshalb zu versuchen, dieses durch Einwirkung auf die handelnden Arbeitnehmer, Analyse der Ursachen oder zum Beispiel in Betracht kommende Versetzungen zu unterbinden. Die handelnden Arbeitnehmer können und müssen gegebenenfalls sogar abgemahnt oder verhaltensbedingt gekündigt werden. Dabei ist freilich zu beachten, dass nicht jedes möglicherweise ungewöhnliche Verhalten eine arbeitsvertragliche (→Arbeitsvertrag) Pflichtverletzung darstellt, die derart sanktioniert werden kann. Insbesondere ist grundsätzlich weder auf etwaige subjektive Befindlichkeiten des Gemobbten noch auf übermäßig rauhe Vorstellungen des mobbenden Kollegen und sein Verständnis über eine betriebliche Zusammenarbeit abzustellen.

In der Praxis hat eher die Psychologie als die Justiz mit Mobbingfällen zu tun. Grund dafür sind die überaus hohen Beweisschwierigkeiten, denen ein gemobbter Arbeitnehmer sich ausgesetzt sieht. Insbesondere ist das Mobbing durch den Betroffenen gar nicht angreifbar, wenn es sich für ihn nur unbewusst darstellt, zum Beispiel geringfügige äußerliche Veränderungen im Arbeitsumfeld, die nur unbewusst wahrgenommen werden. Gleiches gilt für Mobbingtatbestände, bei denen der Gemobbte nicht weiß, ob sie durch Einwirkung anderer oder eigenes Fehlverhalten entstanden sind (z. B. Manipulationen am PC des Gemobbten, Herausnahme einzelner Schriftstücke aus Vorgängen, die der Gemobbte zu bearbeiten hat).

Literatur: *Fiebig, S.*: Handkommentar Kündigungsschutzgesetz, 2. Aufl., Baden-Baden 2004.

Friedrich Meyer

Mobiles Büro

Abkehr von einer festen Zuordnung eines Mitarbeiters zu einem Büroarbeitsplatz.

Ebenso wie andere Ausgestaltungsmerkmale von →Beschäftigungsverhältnissen wird auch das Büro als ein für →Angestellte typischer Arbeitsort zunehmend flexibilisiert.

Neben der Trennung von Betriebsort und Arbeitsort durch →Telearbeit findet man in der Praxis Versuche zur Mehrfachbelegung eines Büroarbeitsplatzes (→*Desk Sharing* im engeren Sinn) sowie zu der bei Unternehmensberatungen bereits verbreiteten vollständigen Auflösung der Zuordnung einer Person zu einem Büroarbeitsplatz (auch *Non-territoriales Büro*, *Flexible Office*). Informations- und Kommunikationstechnologie (Notebooks, Computernetzwerk, Telefonanlage) erleichtert die Anpassung des Arbeitsplatzes an den jeweiligen Nutzer.

Die (häufig täglich, z. T. aber auch stundenweise neue) Zuordnung eines Mitarbeiters zu einem Büroarbeitsplatz kann durch eine Hoteling-Software erleichtert werden. Die persönliche Gestaltung des Büroarbeitsplatzes ist bei mobilen Büros nicht mehr möglich; die persönlichen Arbeitsunterlagen und privaten Gegenstände befinden sich meist in einem mobilen Rollcontainer.

Axel Haunschild

Mobilität →Beschäftigungsstabilität

Mobilzeit

soll Zeitflexibilität und Mobilität speziell für die Zielgruppe Fachspezialisten und →Führungskräfte ausdrücken und von dem – oft traditionell mit Hausfrauenarbeit verbundenen Begriff – →Teilzeitarbeit ablenken.

Der Begriff Mobilzeit wurde 1996 vom Ministerium für Familie, Senioren, Frauen und Jugend geprägt. Im Rahmen des Mobilzeitprojektes wurden bundesweit 100 Firmen aller Branchen und Größenordnungen über die Möglichkeiten flexibler →Arbeitszeitmodelle für Fachspezialisten und Führungskräfte informiert. Zielsetzung war es – nach *Domsch* und *Ladwig* (2001) – die bessere Vereinbarkeit von Familie und Beruf (→Work-Life Balance) gerade bei jungen →High Potentials eines Unternehmens zu fördern und ein →Burnout-Syndrom oder einen Karriereabbruch zu vermeiden.

In einem großen norddeutschen Versandhandel wurde im Rahmen des Mobilzeitprojektes zum Beispiel ein innovatives →Job Sharing Modell „Mobilzeit-Team" für die Einkäufer eingeführt. Problemstellung war auf betrieb-

Modell- und Methodenbank

licher Seite die Betreuung der Winter- und Sommerkollektion von der Zeichnung bis zum Versand aus einer Hand sowie die jährlich schwankenden →Arbeitszeiten und von Mitarbeiterseite der Bedarf an qualifizierter Teilzeit für die überwiegend weiblichen Einkäuferinnen in der Familienphase. Mit dem in der Abbildung 1 dargestellten Modell konnten beide Anforderungen gelöst werden.

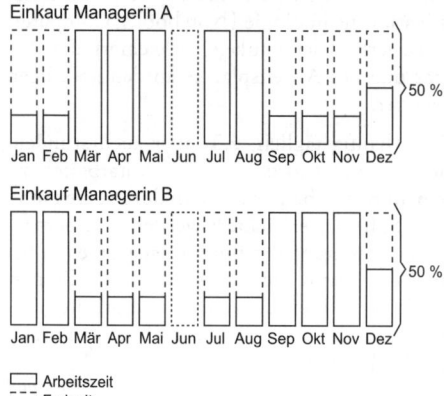

Abbildung 1: Mobilzeit-Team

Eine Einkäuferin (Managerin A) ist für die Winterkollektion zuständig und die andere Einkäuferin (Managerin B) für die Sommerkollektion.

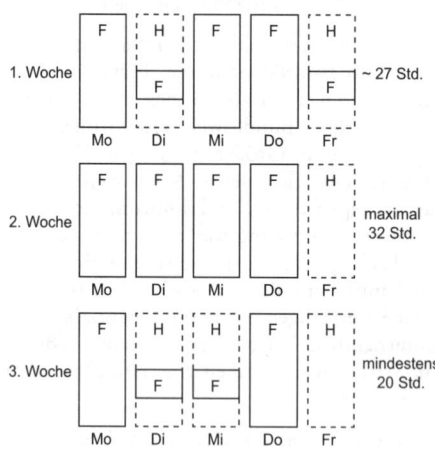

Abbildung 2: Mobilzeit Gruppenleitung EDV-Anwendungsentwicklung

Im Modellbeispiel „Mobilzeit Gruppenleitung EDV-Anwendungsentwicklung", dargestellt in Abbildung 2, wird eine hochqualifizierte Führungsposition in Teilzeit ausgeführt. Im Durchschnitt ist eine wöchentliche Arbeitszeit von 27 Std. vereinbart, die aber – je nach Projektlage – zwischen 32 und 20 Stunden schwanken kann. Die Führungskraft ist fast jeden Tag im Unternehmen und an den anderen Tagen über eMail zu Hause für die 15 Mitarbeiter (Programmierer) erreichbar.

Im Modell „Mobilzeit-Abteilungsleitung" der Abbildung 3 arbeitet ein Jurist drei Tage ganztags im Unternehmen und zwei Tage halbtags zu Hause. In Kombination mit dem Arbeitsmodell seiner Frau (zwei Tage ganztags und drei Tage halbtags) ist die Betreuung der beiden schulpflichtigen Kinder ab mittags gewährleistet und beide Partner können ihren qualifizierten Job ausführen. Für den Juristen ergibt sich ein weiterer persönlicher Vorteil. An zwei Tagen in der Woche spart er sich die je einstündige An- und Abfahrt zur Firma und hat netto nur Einkommenseinbußen von circa 10 % bis 15 %.

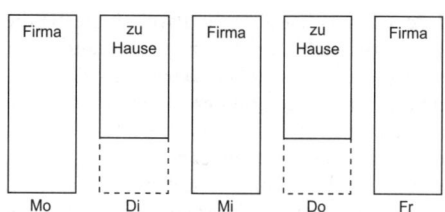

Abbildung 3: Mobilzeit Abteilungsleitung

Die dargestellten und in den Unternehmen erfolgreich realisierten Modelle zeigen, dass auch für Führungskräfte Arbeitszeitflexibilität möglich ist. Innovative Modelle scheitern oft nur an der Uneinsichtigkeit der Führungskräfte.

Literatur: Domsch, M. E.; Ladwig, D. H.: MobilZeit statt Halbtagsjob, in: UNI Magazin, 25. Jg. (2001), H. 1, S. 45–48.

Désirée H. Ladwig

Modell- und Methodenbank →Methodenbankkomponente

Modellansätze der Personalplanung

dienen zur Analyse und Lösung vielfältiger Personalplanungsprobleme.

Vor allem seit Beginn der 1960er Jahre – die erste deutschsprachige Monographie verfasste *Marx* (1963) – wurde eine bunte Palette an Modellansätzen entwickelt. Es ist so gut wie unmöglich, diese Ansätze vollständig zu kategorisieren und im Einzelnen aufzuführen. Wir werden uns deshalb auf eine Auswahl beschränken. Die hier thematisierten Ansätze lassen sich (unter anderem) nach den betrachteten Planungsbereichen, dem Zeit- und dem Zweckbezug sowie dem Zielraum, der jeweiligen Lösungsgüte und der →Flexibilität der Planung, den verbleibenden Freiheitsgraden sowie dem Ausmaß thematisierter Kontingenz differenzieren. In der Übersicht 1 sind diese Differenzierungskriterien einschließlich korrespondierender potenzieller Differenzierungen überblicksartig dargestellt:

Übersicht 1: Typen von Personalplanungsmodellen

Differenzierungs-kriterium	Differenzierung
Zeitbezug	kurzfristige, mittelfristige, langfristige Personalplanungen
Zweckbezug	Diagnosemodelle, Prognosemodelle, Dezisionsmodelle, Simulationsmodelle
Zielraum	Einzielmodelle, Mehrzielmodelle
Lösungsgüte	heuristische, optimierende Ansätze
Flexibilität	starre, flexible Planungsansätze
Freiheitsgrade	strategische, taktische, operative Planungen
Kontingenz	deterministische, stochastische, unscharfe Ansätze
Planungsbereiche	isolierte, integrierte, sukzessive, simultane Personalplanungen

Da die in Übersicht 1 genannte Differenzierung vielfache Kombinationsmöglichkeiten erlaubt, lässt sich damit ein breiter Fächer von Ansätzen der →Personalplanung aufspannen. So sind zum Beispiel Modelle der simultanen Personalplanung häufig langfristig und strategisch angelegt, sie können starr oder flexibel formuliert sein und auf deterministischen, stochastischen und/oder unscharfen →Daten basieren, heuristisch oder optimierend vorgehen und ein oder mehrere Ziele beinhalten.

Literatur: Marx, A.: Die Personalplanung in der modernen Wettbewerbswirtschaft, Baden-Baden 1963.

Thomas Spengler

Modelllernen → Sozial-kognitive Theorie

Modulare Organisationsform

→Aufbauorganisation, in der produktorientierte, autonome Einheiten gebildet werden um eine Entflechtung und somit eine transparente Gestaltung des Beziehungsgefüges im Unternehmen zu ermöglichen.

Durch ein produktorientiertes *Grundmuster* soll eine Zusammenfassung der Wertschöpfungsketten zu selbstständigen organisatorischen Einheiten erreicht werden. Eine starke Prozessorientierung und →Dezentralisierung sind deshalb wichtige Implikationen dieser Struktur. Modulare Einheiten sind geprägt von Merkmalen wie →Autonomie und Dehierarchisierung. Alle zur Erfüllung und eigenständigen Weiterentwicklung notwendigen Entscheidungskompetenzen und Ressourcen stehen der Leitung eines Moduls zur Verfügung. Solche Module können je nach Aufgabenstellung als „Center" geführt werden. So können laut *Wildemann* (1994) →Profit-Center, →Cost-Center, Service-Center, aber auch Kompetenz-Center nach modularen Prinzipien eingerichtet werden.

Den Kompetenz-Centern kommt die wichtige *Aufgabe* zu, eine koordinierende Rolle zwischen den Modulen zu übernehmen. Informationen, sachbezogene Abstimmungen und Festlegungen sowie generell modulübergreifende Aufgabenstellungen werden von einem Kompetenz-Center übernommen, um der immanenten Gefahr der Nichtausnutzung von Synergiepotenzialen zwischen Modulen entgegenzuwirken.

Das *Hauptanwendungsgebiet* der modularen →Organisation ist der Produktionsbereich. Ein zentrales Prinzip ist hier die →Integration von Markt- und Kundenanforderungen wie auch von Zulieferern in den Leistungserstellungsprozess. Das grundlegende Prinzip lässt sich aber auch auf die →Personalabteilung übertragen. Eine weitgehend entscheidungsautonome, zum Beispiel als Profit-Center geführte Personalabteilung mit Kontrolle über die Wertschöpfungsstufen der Erstellung der personalwirtschaftlichen Leistungen entspräche der modularen Grundidee.

Eine erfolgreiche modulare Struktur setzt spezifische personalwirtschaftliche *Rahmenbedingungen* voraus. Autonomie und Gruppenorganisation erfordern eine hohe fachliche und soziale →Qualifikation. Die Teams werden durch →Job Rotation und →Qualitätszirkel koordiniert. Ein motivationsgerechtes →Anreizsystem muss eigenständiges Handeln belohnen. Ein breiter Aufgabeninhalt, eine hohe Entscheidungsverantwortung und Mitwirkungsrechte stärken die Eigenverantwortung.

Literatur: *Wildemann, H.*: Die modulare Fabrik, 4. Aufl., St. Gallen 1994.

Reinhard Meckl

Modularisierung

Zerlegung des Wertschöpfungsprozesses im Unternehmen in kleine, relativ überschaubare Module.

Die einzelnen Module sind bezüglich Umfang und →Komplexität überschaubar und nehmen abgegrenzte Systemfunktionen wahr. Wie bei einem technischen oder elektronischen System soll ein System von durch Schnittstellen verbundenen Modulen geschaffen werden, in denen einzelne Module bearbeitet und verändert werden können, ohne dadurch das ganze System verändern zu müssen. Eine technische Modularisierung ist dadurch gekennzeichnet, dass zwischen den Modulen eindeutig definierte Schnittstellen bestehen, damit die Konstruktionsvorgaben der modularen Architektur sichtbar sind und nach Möglichkeit ihre Outputs nach bestimmten Normen standardisiert und verglichen werden können („offene" →Informationen). Innerhalb der Module kann es durchaus komplexe Konstruktionsanforderungen geben, in deren Bearbeitung viel implizites, nicht dokumentierbares →Wissen einfließt („verborgene" Informationen), aber das Resultat dieser Aktivitäten und das dazu benötigte Wissen sind in expliziten, konkreten Leistungen inkorporiert.

Ergebnis der Modularisierung sind Module mit hoher horizontaler und hoher vertikaler →Autonomie. *Horizontale Autonomie* entsteht durch die Segmentierung des Wertschöpfungsprozesses in möglichst überschaubare, abgeschlossene Aufgabenfelder. Je nach zugrunde gelegtem Segmentierungskriterium wird die Art der Aufgabenabgrenzung verfolgt. Der direkte Interaktionsbedarf ist also gering. *Vertikale Autonomie* entsteht durch eine Erhöhung der Eigenverantwortung der einzelnen Module. Damit sind die →Delegation von Entscheidungen sowie die Vergrößerung ihres Entscheidungsspielraums gemeint. Sie haben Ergebnisverantwortung für ihre Aktivitäten und besitzen die zu dieser Aufgabenerfüllung notwendigen Entscheidungskompetenzen.

Gelingt die Modularisierung der Unternehmensorganisation in Module mit hoher horizontaler und vertikaler Autonomie, so sind mit der modularen Systemarchitektur interner Märkte folgende positive Steuerungswirkungen verbunden:

Die reduzierte Anzahl der Beziehungen zwischen den Modulen verhindert eine Informationsüberlastung in den Modulen, weil sich die Organisationsmitglieder vollständig auf ihre Aufgabenstellung konzentrieren können. Autonome Module besitzen Adaptivitätsvorteile, weil sie nicht so stark der Gefahr unterliegen, durch organisatorische Sachzwänge „betriebsblind" zu werden. Stattdessen beschreiten sie mit ihren Suchaktivitäten eher ungewohnte Pfade. Geringerer bürokratischer Abstimmungsaufwand durch autonomere Strukturen kann Lernprozesse für innovative Aktivitäten fördern.

Durch dezentrale Entscheidungsfindung in den Modulen wird sichergestellt, dass lokales Wissen der Experten in die Entscheidungsfindung und Leistungserstellung einfließt.

Autonome Module fördern die →Flexibilität des Unternehmens, weil sie über einen hohen diskretionären →Handlungsspielraum verfügen und ihre Mitglieder die Maßnahmen zur Ergebniserreichung eigenständig festlegen können. Je weniger Restriktionen den Modulen bei der Wahrnehmung ihrer Aufgaben vorgegeben sind, desto größer ist der Grad an →Selbststeuerung.

Eine erhöhte Bereichsautonomie der Module kann die →intrinsische Motivation der Organisationsmitglieder fördern, weil sie für die Bearbeitung vollständiger Aufgabenstellungen zuständig sind und dafür auch die Verantwortung tragen. Dies erleichtert das informierende →Feedback über die →Arbeit und erhöht dadurch das Kompetenzerleben.

Jetta Frost

Monatsgleitzeit

Übertragungsmöglichkeit von Zeitunter- oder -überdeckungen auf andere Tage im Rahmen eines Monats, aber zum Beispiel nicht innerhalb eines Jahres (→Jahresarbeitszeit) oder innerhalb der →Lebensarbeitszeit.

Monatsrhythmus

monatliche zyklische Schwankung der geistigen und seelischen Verfassung des Menschen, ähnlich der eines →Jahresrhythmus oder Biorhythmus.

In Japan und in der Schweiz werden vereinzelt solche Monatsrhythmen beim Personaleinsatz berücksichtigt.

Literatur: *Schad, W.:* Die Zeitordnung im Menschen und ihre pädagogische Bedeutung, in: Erziehungskunst.

Désirée H. Ladwig

Monitoring →Frühwarnsystem

Monochronie

→Kulturdimension nach *Hall* (1981) zum individuums- und/oder kulturspezifischen Zeitverständnis (Gegenteil: →Polychronie).

Bei monochronem Zeitverständnis (= eins nach dem anderen) wird Zeit wie eine fortlaufende, auf die Zukunft ausgerichtete Strecke angesehen; sie führt von einem Punkt zu einem anderen. Zeit wird eingeteilt in kleine, oft unabhängige Einheiten. Es wird versucht, Risiko durch Planung, Organisation und →Formalisierung zu verringern oder gar auszuschalten. Der Arbeitsrhythmus ist gleichmäßig, Stress-Situationen (→Stress) sind nach *Davoine* (2002) dadurch selten. Eine eintreffende Ungewissheit aber ist störend, bringt den Ablauf durcheinander und kann leicht Orientierungslosigkeit bewirken (→Handlungskette).

Um keine monokausalen oder stereotypen Rückschlüsse (→Stereotype) auf bestimmte Gesellschaften oder deren Angehörige zu ziehen, darf eine kulturelle Dimension nicht isoliert betrachtet werden, sondern immer in Verbindung mit weiteren.

Literatur: *Davoine, E.:* Zeitmanagement deutscher und französischer Führungskräfte, Wiesbaden 2002. *Hall, E. T.:* The Silent Language, New York 1981.

Christoph I. Barmeyer

Montanmitbestimmungsgesetz →Unternehmensmitbestimmung

Moonlighting

gleichzeitiges Eingehen von zwei oder mehr →Beschäftigungsverhältnissen, deren →Arbeitszeit zusammengenommen die Arbeitszeit einer regulären Vollzeitbeschäftigung überschreitet.

Diese in den seltensten Fällen freiwillig eingegangene Situation folgt dem *Ziel* der Erlangung eines insgesamt den Bedürfnissen entsprechenden Familieneinkommens. →Arbeitnehmer mit mehreren Beschäftigungsverhältnissen werden auch als „multiple job holders" bezeichnet.

Axel Haunschild

Moral Hazard

in der →Principal-Agent-Theorie untersuchte Situation, in der zwei oder mehr Parteien, die zum Zeitpunkt des Vertragsabschlusses symmetrisch informiert sind, einen Vertrag abschließen, in der jedoch mindestens eine Vertragspartei nach dem Vertragsabschluss bestimmte Handlungen (→Hidden Action) wählen kann oder bestimmte private Information erwirbt (→Hidden Information), was die anderen Vertragsparteien nicht beobachten können.

Ursprünglich stammt der Begriff Moral Hazard aus der Versicherungstheorie und beschreibt das Risiko einer Versicherungsgesellschaft das aus der Unsicherheit über die Ehrlichkeit der Versicherten resultiert.

In der Literatur wird der Begriff nicht ganz einheitlich gebraucht: Von manchen Autoren wie *Mas-Colell, Whinston* und *Green* (1995), *Macho-Stadtler* und *Pérez-Castrillo* (2001) wird er auch direkt synonym zum Begriff der *Hidden Action* verwendet.

Literatur: *Macho-Stadler, I.; Pérez-Castrillo, J. D.:* An Introduction to the Economics of Information, Oxford 2001. *Mas-Colell, A.; Whinston, M. D.; Green, J. R.:* Microeconomic Theory, Oxford 1995, Kap. 14.

Dirk Sliwka

Motiv

innerer Beweggrund für ein Verhalten (→ Behaviorismus).

In der Literatur findet man anstelle des Motivbegriffs auch den deckungsgleichen Begriff Bedürfnis. Es gibt verschiedene Ansätze zur Einteilung von Motiven:

Maslows (1977) → Bedürfnishierarchie unterscheidet fünf Motivkategorien, die hierarchisch angeordnet sind. *Maslow* (1977) geht davon aus, dass diese Bedürfnisse universell sind. Allerdings ist davon auszugehen, dass sich die relative Bedeutung der einzelnen Motive nicht von Person zu Person, sondern auch im interkulturellen Vergleich unterscheidet.

Die →*Theorie der gelernten Bedürfnisse* von *McClelland* (1951) unterscheidet sich von der vorangegangenen vor allem in zwei Punkten: Sie unterscheidet vier Grundmotive, von denen das Leistungs- und das Zugehörigkeitsmotiv weitgehend mit den betreffenden Bedürfnissen bei *Maslow* übereinstimmen. Darüber hinaus führt sie aber noch das Macht- und das Vermeidungsmotiv ein.

In der Ökonomie steht seit *Smith* (1776) das Motiv der *Nutzenmaximierung* im Vordergrund. Jedes Verhalten wird dadurch erklärt, dass der Mensch versucht, unter den gegebenen Bedingungen einen möglichst großen persönlichen Nutzen zu erreichen und dabei Verluste oder Schaden zu vermeiden. Alle Alternativen, die ihm zur Auswahl stehen, werden danach beurteilt, und schließlich wird die bestmögliche gewählt. Für seinen Versuch, ein großes Spektrum sozialer Phänomene wie zum Beispiel Religionszugehörigkeit, Partnerwahl oder Korruption, mit individueller Nutzenmaximierung zu erklären, wurde *Becker* (1998) mit dem Wirtschaftsnobelpreis ausgezeichnet. Das Nutzenmaximierungsmotiv wurde durch *Simon* (1954), ebenfalls Nobelpreisträger für Wirtschaft, korrigiert. Er machte deutlich, dass der Mensch allenfalls nach einem befriedigenden Nutzen strebt, das heißt unter mehreren Alternativen diejenige auswählt, die als erste akzeptabel erscheint. Seither geht man in der Ökonomie überwiegend von diesem eingeschränkten Nutzenmotiv aus.

In einer empirischen Untersuchung Ende der 1990er Jahren konnten die amerikanischen Forscher *Butler* und *Waldroop* (1999) auf der Basis von 650 →Interviews zeigen, dass sich arbeitsbezogene Motive auf acht existentielle Interessen reduzieren lassen. In der Regel, so die Forscher, beruht die Arbeitsmotivation (→Motivation) einer Person darauf, dass sie eines bis drei dieser Motive in ihrer Tätigkeit realisieren kann: die Anwendung von Technologien, das Erstellen quantitativer Auswertungen, die Entwicklung und Anwendung von Konzepten, die Entwicklung kreativer Ideen, Beratung und →Mentoring anderer Personen, die Steuerung von Menschen und Beziehungen, die Kontrolle über Unternehmen oder Unternehmensbereiche und schließlich die Einflussnahme durch Sprache oder Ideen.

Die Entstehung und Bedeutung von Motiven ist Gegenstand der →Motivationstheorie.

Literatur: *Becker, G. S.; Becker, G. N.*: Die Ökonomik des Alltags, Tübingen 1998. *Butler, T.; Waldroop, J.*: Job Sculpting: The Art of Retaining Your Best People, in: Harvard Business Review, 87. Jg. (1999), H 5, S. 144–152. *Heckhausen, H.*: Motivation und Handeln, 2. Aufl., Berlin 1988. *Maslow, A.*: Motivation und Persönlichkeit, Olten 1977. *McClelland, D.*: Personality, New York 1951. *Simon, H. A.*: Verwaltungshandeln, Landsberg/Lech 1981. *Smith, A.*: Reichtum der Nationen, Paderborn 2004.

Markus Gmür

Motivation

emotionaler Zustand, in dem ein Verhalten (→Behaviorismus) oder ein Ziel angestrebt wird.

Motivation entsteht dadurch, dass ein Bedürfnis oder →Motiv aktuell ist und die Person eine Möglichkeit sieht, diese auch zu befriedigen.

Theorien zur Erklärung von Motivation lassen sich in Inhalts- und Prozesstheorien unterteilen. Die wichtigsten Inhaltstheorien sind die Bedürfnishierarchien von *Maslow* (1977) und *Alderfer* (1972), (→Bedürfnishierarchie, →ERG-Theorie) die →Theorie der gelernten Bedürfnisse von *McClelland* (1951) sowie die →Zweifaktorentheorie von *Herzberg* (1968). Zu den wichtigsten Prozess- oder kognitiven Theorien der Motivation sind die →Erwartungs-Valenz-Theorie von *Vroom* (1970), die →Lohngerechtigkeitstheorie von *Adams* (1965), die Attributionstheorie (→Attributionstheorie der Führung) von *Atkinson* (1964) und das Prozessmodell von *Porter* und *Lawler* (1968) zu zählen.

Übersicht 1 zeigt die unterschiedlichen Faktoren der Motivationstheorien.

Übersicht 1: Bedürfniskategorien
(in Anlehnung an Weinert 1998)

Maslow	Alderfer	Herzberg	Mc Clelland
Selbstverwirklichungsbedürfnisse	Wachstumsbedürfnisse	Motivatoren	Leistungsbedürfnisse
Anerkennungsbedürfnisse			Machtbedürfnisse
Zugehörigkeitsbedürfnisse	Zugehörigkeitsbedürfnisse	Hygiene-Faktoren	Zugehörigkeitsbedürfnisse
Sicherheitsbedürfnisse	Grundbedürfnisse		Vermeidungsbedürfnisse
physiologische Bedürfnisse			

Die *Attributionstheorie* nach *Atkinson* (1964) geht davon aus, dass das Leistungsverhalten einerseits von der Hoffnung auf Erfolg und andererseits von der Angst vor Versagen geprägt ist. Personen, bei denen die Hoffnung auf Erfolg dominiert, werden als Erfolgssucher, Personen, bei denen die Versagensangst stärker ist, als Misserfolgsvermeider bezeichnet:

- *Erfolgssucher* neigen dazu, anspruchsvolle und interessante Aufgaben als Chancen für persönlichen Erfolg zu sehen. Wenn sie tatsächlich Erfolge erzielen, schreiben sie diese ihren eigenen Fähigkeiten (→Qualifikation) und Anstrengungen zu. Dagegen bewältigen sie Misserfolge, indem sie die Ursache dafür der Situation oder anderen Personen zuschreiben. Bei Erfolgssuchern entsteht die Motivation zur Leistung demnach aus Aufgaben, die bei entsprechendem Engagement interessante Erfahrungen, signifikanten Erfolg und wertvolle Anerkennung versprechen.

- *Misserfolgsvermeider* bevorzugen leichte Aufgaben und Sicherheit vor Misserfolg, weil sie ihren eigenen Fähigkeiten nicht trauen. Sie gehen davon aus, dass Glück und Unterstützung durch andere Personen wichtige Voraussetzungen für Erfolg sind. Damit Misserfolgsvermeider zu Leistung motiviert

werden können, müssen die Anforderungen völlig transparent und bewältigbar erscheinen; zudem wird von Vorgesetzten und Kollegen die Bereitschaft zur Unterstützung erwartet.

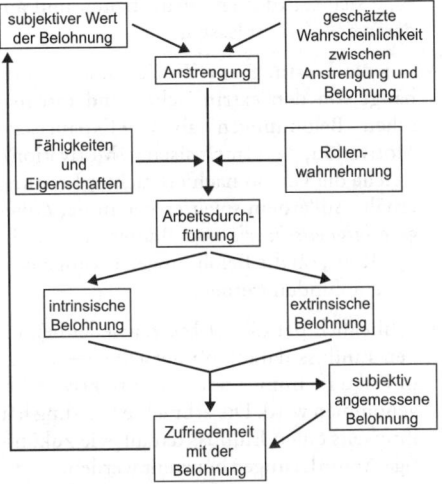

Abbildung 1: Motivationsprozess
(*Porter/Lawler* 1968)

Das *Prozessmodell der Motivation* von *Porter* und *Lawler* (1968), welches in Abbildung 1 gezeigt wird, fasst die Erkenntnisse der verschiedenen →Motivationstheorien in einem einzigen Modell zusammen. Sie beschreiben den Motivationsprozess als eine vierteilige Abfolge von Anstrengung, Leistung, Zufriedenheit und Rückkopplung:

1. Ähnlich wie *Vroom* in seinem Modell gehen *Porter* und *Lawler* davon aus, dass die Anstrengung zur Leistung davon abhängt, ob die in Aussicht gestellte Belohnung (→Belohnung und Bestrafung) attraktiv (Valenz) und erreichbar (Erfolgserwartung) erscheint.

2. Ob die Anstrengung tatsächlich zu einer Leistung führt, hängt nach der Theorie vor allem von den *Fähigkeiten* und *Grundeinstellungen* der Person sowie ihrer *Rollenwahrnehmung* ab: Zu den Grundeinstellungen gehört beispielsweise die →Erfolgsmotivation, das heißt die Tendenz einer Person zur Erfolgssuche oder Misserfolgsvermeidung. Eine positive Rollenwahrnehmung bedeutet, dass die Person glaubt, man erwarte eine Leistung von ihr und unterstütze sie gegebenenfalls darin; eine nega-

tive Rollenwahrnehmung liegt dagegen vor, wenn die Person den Eindruck hat, dass andere Personen ihr die Leistung nicht zutrauen oder nicht wollen, dass sie diese Leistung bringt. Eine solche Situation kann vorliegen, wenn sich eine junge Nachwuchskraft beispielsweise engagieren möchte, aber ihre Kollegen der Meinung sind, sie solle sich stattdessen zurückhalten und anderen den Vortritt lassen.

3. Ob die Leistung zur Zufriedenheit führt, hängt von den extrinsischen und intrinsischen Belohnungen ab (→Extrinsische Motivation, →Intrinsische Motivation), welche die Person nach erbrachter Leistung erhält. Außerdem spielt es wie in der *Lohngerechtigkeitstheorie* von *Adams* eine wichtige Rolle, ob die Belohnungen als angemessen empfunden werden.

4. Schließlich hat die erlebte Zufriedenheit einen Einfluss darauf, ob derselbe →Anreiz in Zukunft immer noch als attraktiv wahrgenommen wird. Die erbrachte Leistung hat ihrerseits einen Einfluss darauf, wie zukünftige Anforderungen beurteilt werden.

Durch die hohe Anzahl der Komponenten entsteht ein ebenso hoher Komplexitätsgrad. Dieser macht einmal mehr die vielfältigen →Interdependenzen menschlicher Motivation sichtbar.

Literatur: *Adams, J.*: Inequity in Social Change, in: Advances in Experimental Social Psychology, 2. Jg. (1965), S. 267–299. *Alderfer, C. P.*: Existence, Relatedness and Growth: Human Needs in Organizational Settings, New York, London 1972. *Atkinson, J. W.*: An Introduction to Motivation, Princeton 1964. *Heckhausen, H.*: Motivation und Handeln, 2. Aufl., Berlin 1988. *Herzberger, F.*: Work and the Nature of Man, New York 1968. *Maslow, A.*: Motivation und Persönlichkeit, Olten 1977. *McClelland, D.*: Personality, New York, 1951. *Porter, L.*; *Lawler, E. E.*: Managerial Attitudes and Performance, Homewood 1968. *Vroom, V.*; *Deci, L.*: Management and Motivation, Harmondsworth 1970. *Weinert, A.*: Organisationspsychologie, 4. Aufl., Weinheim 1998.

Markus Gmür

Motivationsbedingte Fehlzeiten →Absentismus, →Krankheitsbedingte Fehlzeiten

Motivationskonflikt →Anreizkonflikt

Motivationsprozess

Verlauf, in dem eine Person mit ihrer →Motivationsstruktur einen attraktiven →Anreiz und die äußeren Bedingungen wahrnimmt, sich anstrengt, das →Motiv zu befriedigen, und schließlich Zufriedenheit oder Unzufriedenheit über die erreichten Ergebnisse empfindet.

Der Motivationsprozess wird sowohl durch die aktuellen Motive einer Person und ihrer Situationseinschätzung als auch die äußeren Rahmenbedingungen (z. B. die Aufgabe, die →Organisationsstruktur oder das Verhalten (→Behaviorismus) von →Führungskräften und Arbeitskollegen) beeinflusst. Die Motivationsprozesse einer Person bilden eine fortlaufende Reihe: Ein einzelner Motivationsprozess wird von Prozessen in der Vergangenheit beeinflusst und wirkt seinerseits auf zukünftige Prozesse.

Markus Gmür

Motivationsstruktur

die im Vordergrund stehenden →Motive einer einzelnen Person oder einer ganzen →Gruppe.

Mit der Motivationsstruktur wird beschrieben, welche Motive zu einem bestimmten Zeitpunkt in erster Linie wirksam sind und somit die Einstellungen und das Verhalten (→Behaviorismus) prägen. Die Motivationsstruktur ist auch der Ausgangspunkt für den →Motivationsprozess, der am Ende zu einer veränderten Struktur führen kann. Umstritten ist, in welchem Maße die Motivationsstruktur eines Menschen bereits genetisch oder durch die frühkindliche →Sozialisation geprägt wird und ob sie sich auch noch in späteren Entwicklungsphasen verändern kann.

Markus Gmür

Motivationstheorien

beschreiben und erklären, was Menschen zum Handeln und zur Leistung antreibt.

Bei den Motivationstheorien wird im Allgemeinen zwischen Inhaltstheorien und Prozesstheorien der →Motivation unterschieden.

- *Inhaltstheorien* gehen der Frage nach, was den Menschen motiviert.

- *Prozesstheorien*, die auch als kognitive Theorien bezeichnet werden, untersuchen darauf aufbauend, wie der Prozess der Motivation verläuft und welche kognitiven Faktoren einwirken.

Aus Motivationstheorien lassen sich Schlussfolgerungen und Gestaltungsempfehlungen für sämtliche Bereiche des →Personalmanagements ziehen: zum Beispiel die Motivationseffekte fixer und variabler Vergütungsbestandteile, die Wirkung von Leistungsbeurteilungssystemen, die Konsequenzen eines Weiterbildungsangebots auf die individuelle Lern- und Entwicklungsbereitschaft oder die Voraussetzungen für einen flexiblen Personaleinsatz.

Markus Gmür

Motivierende Personalführung

→Führungsverhalten, das darauf abzielt, die Leistungsmotivation (→Motivation) der Geführten zu steigern oder zu sichern.

→*Reifegradmodell der Führung*: Dieses Modell, das von *Hersey* und *Blanchard* (1977) entwickelt wurde, zeigt, wie der →Führungsstil auf den aufgabenbezogenen Reifegrad des Mitarbeiters abgestimmt werden muss. Der Reifegrad setzt sich aus der Fähigkeit (→Qualifikation) und →Motivation zu einer selbstständigen Aufgabenerfüllung zusammen.

Um die Motivation und →Qualifikation zu sichern beziehungsweise weiterzuentwickeln, muss die →Führungskraft einen Führungsstil anwenden, welcher dem gegenwärtigen Reifegrad entspricht. Bei einem geringen Reifegrad, der durch hohe Verunsicherung, fehlende Leistungsmotivation und Defizite in der Qualifikation gekennzeichnet ist, wird demnach ein rein aufgabenorientierter Führungsstil („Telling") empfohlen. Damit absorbiert die Führungskraft die fehlende Motivation und fängt Qualifikationsdefizite auf. Wenn der Mitarbeiter mehr Sicherheit gewinnt, aber immer noch nicht fähig zur selbstständigen Aufgabenerfüllung ist, soll die Führungskraft einen Führungsstil anwenden, der gleichzeitig durch hohe Aufgaben- und →Mitarbeiterorientierung gekennzeichnet ist („Selling"). Sie gibt damit weiter Anstöße zur Zielerreichung, geht dabei aber verstärkt auf den Mitarbeiter ein und fördert die →Leistungsfähigkeit. Erreicht der Mitarbeiter ein Niveau, durch das er in der Lage ist, seine Aufgaben eigenständig und ohne Unterstützung der Führungskraft zu bearbeiten, kann es zu vorübergehender Verunsicherung und damit Motivationsstörung kommen, welche die Führungskraft mit einem betont mitarbeiterorientierten Führungsstil („Participating") auffangen soll. Wenn der Mitarbeiter schließlich einen hohen Reifegrad erreicht und sowohl fähig als auch motiviert und sicher in der Aufgabenerfüllung ist, empfehlen *Hersey* und *Blanchard* einen delegativen Führungsstil („Delegating"). Im Reifegradmodell ist also die Personalführung (→Mitarbeiterführung) motivierend, wenn sie dem aktuellen Reifegrad des Mitarbeiters im Umgang mit den eigenen Aufgaben entspricht.

Weg-Ziel-Theorie der Führung: Geht auf die Arbeiten von *Evans* (1970) und *House* (1971) zurück. Sie besagt, dass eine Führungskraft ihr Führungsverhalten so ausrichten muss, dass der Mitarbeiter ein attraktives Ziel vor Augen hat und überzeugt ist, dieses Ziel auf einem gangbaren Weg auch wirklich erreichen zu können. Die beiden Aspekte einer motivierenden →Mitarbeiterführung werden als *Ziel-Komponente* und *Weg-Komponente* bezeichnet. Eine Führungskraft muss also sowohl immer wieder motivierende Ziele setzen als auch realistische Bedingungen zu ihrer Erreichung schaffen. Dabei ist die Schwerpunktsetzung von der →Motivationsstruktur des betreffenden Mitarbeiters abhängig: Wenn der Mitarbeiter durch eine ausgeprägte →Erfolgsmotivation angetrieben wird, so ist für ihn die Attraktivität des Ziels entscheidend. Da die Erfolgserwartung (→Erwartungs-Valenz-Theorie) in diesem Fall generell hoch ist, muss die Führungskraft auch kaum Unterstützung für die Weg-Komponente anbieten; es besteht sogar eher die Gefahr, den Mitarbeiter durch eine zu starke Steuerung zu demotivieren (→Demotivation). Ist der Mitarbeiter hingegen vor allem dadurch motiviert, Misserfolg zu vermeiden, so ist die Attraktivität des Ziels gering, wenn die Führungskraft nicht die Weg-Komponente stärkt. Sie sichert in diesem Fall die Motivation des Mitarbeiters beispielsweise dadurch, dass sie den Weg der Zielerreichung mit dem Mitarbeiter klärt und ihm nötigenfalls Unterstützung anbietet.

→*Transformationale (charismatische) Führung*: Transformationale oder charismatische Führung (→Charisma) im Unternehmen beruht darauf, dass es der Führungskraft gelingt, die →Motive und Interessen der Geführten mit einer unternehmerischen →Vision zu verbinden. Nach *Bennis* und *Nanus* (1990) gelingt es Führungskräften, ihre Mitarbeiter über deren Grundmotivation hinaus zu außergewöhnlichen Leistungen zu motivieren, wenn sie über eine attraktive Zukunftsvision verfügen diese ihren Mitarbeitern einprägsam kommunizieren und die möglichen Beiträge des Einzelnen zur Realisierung der Vision verdeutlichen. Ähnlich kommen auch die Untersuchungen zu charismatischer Führung zum Ergebnis, dass eine solche Führungsbeziehung die Motivation der Geführten in mehrfacher Hinsicht stärkt: Charismatische Führungskräfte verknüpfen die Aufgaben und Tätigkeiten des Einzelnen mit einem höheren Sinn und Zweck, sie bieten sich als attraktive Identifikationspersonen an (→Identifikation), sie absorbieren Verunsicherung, indem sie einfache Erklärungen und Leitüberzeugungen anbieten, und sie stärken das individuelle und kollektive →Selbstbewusstsein der Geführten.

Literatur: *Bennis, W.; Nanus, B.*: Führungskräfte: Die vier Schlüsselstrategien erfolgreichen Führens, 4. Aufl., Frankfurt a. M., New York 1990. *Evans, M. G.*: The Effects of Supervisory Behavior on the Path-Goal Relationship, in: Organizational Behavior and Human Performance, 5. Jg. (1970), S. 277–298. *Hersey, P.; Blanchard, K. H.*: Management of Organizational Behavior, Upper Saddle River 1977. *House, R. J.*: A Path Goal Theory of Leadership Effectiveness, in: Administrative Science Quarterly, 16. Jg. (1971), S. 321–338. *Neuberger, O.*: Führen und führen lassen, 6. Aufl., Stuttgart 2002. *Weibler, J.*: Personalführung, München 2001.

Markus Gmür

Multidimensionale Skalierung

Verfahren zur Repräsentation einer *Objektmenge* $N = \{1, ..., n\}$, welches die Objekte in einem möglichst niedrig dimensionierten Raum so anordnet, dass die relative Lage der sich ergebenden Punkte die Ähnlichkeit der Objekte angemessen beschreibt.

Den Ausgangspunkt dazu stellt im Allgemeinen eine *Distanzmatrix* $D = (d_{ij})_{n,n}$ dar, wobei die Distanzindizes d_{ij} die Verschiedenheit von je zwei Objekten $i, j \in N$ zum Ausdruck bringen. D kann entweder aus einer beliebig skalierten Datenmatrix abgeleitet oder aber direkt erhoben werden. Im Prinzip reicht aber bereits eine vollständige Präordnung der Objektpaare als Datengrundlage aus. Gesucht wird dann eine Repräsentation $X = (x_{ik})_{n,q}$ mit $q = 2,3$, so dass

$$\hat{d}_{ij} = \left(\sum_{k=1}^{q} \left| x_{ik} - x_{jk} \right|^p \right)^{1/p} \text{ mit } p \in I\!N$$

die Distanz dij beziehungsweise die Präordnung bestmöglich wiedergibt. Die Idee des Verfahrens von Kruskal basiert auf der Überlegung, gegebenenfalls vorliegende Abweichungen von der Monotoniebedingung

$$\left. \begin{array}{ccc} d_{ij} & \leq & d_{rs} \\ (i,j) & \precsim & (r,s) \end{array} \right\} \Rightarrow \hat{d}_{ij} \leq \hat{d}_{rs}$$

mithilfe der so genannten *Stressfunktion* zu quantifizieren und anschließend die Repräsentation durch die Anwendung eines *Gradientenverfahrens* auf Basis der Stressfunktion zu verbessern. Ausgehend von einer Startkonfiguration wird diese also iterativ so lange verbessert, bis ein zufrieden stellender *Stresswert* erreicht ist. Das Ergebnis des Verfahrens hängt damit im Wesentlichen von der gewählten Startkonfiguration sowie der Dimension des Repräsentationsraums ab.

Die Multidimensionale Skalierung kann zur Erstellung von Imagestudien im →Personalmarketing herangezogen werden. Ziel ist es beispielsweise zu erfassen, welche Anforderungen potenzielle Mitarbeiter an ihren potenziellen →Arbeitgeber haben. Personalimage-Portfolios veranschaulichen die Ergebnisse der Multidimensionalen Skalierung in Form kognitiver Landkarten.

Literatur: *Backhaus, K. et al.*: Multivariate Analysemethoden, 10. Aufl., Berlin 2003. *Dichtl, E.; Schobert, R.*: Mehrdimensionale Skalierung, München 1979. *Green, P. E.; Carmone, F.; Smith, S. M.*: Applied Multidimensional Scaling, New York 1989.

Udo Bankhofer

Multifunktionales Team →Cross-Functional Team

Multikulturelles Team

→Gruppe aus Personen unterschiedlicher kultureller Zugehörigkeit und Erfahrung, die gemeinsam an einer Aufgabe arbeiten und zur Zielerreichung komplementäre Sichtweisen und →Kompetenzen einbringen.

Internationale Unternehmenskonzentrationen führen aufgrund temporär und räumlich heterogener Strukturen zunehmend zur Bildung multikultureller Teams, die zum Beispiel als Projektgruppen für bestimmte Zeit zusammenarbeiten, um ein bestimmtes Ziel zu erreichen. In der Forschung wurde allerdings aufgrund forschungspragmatischer Probleme, wie dem erschwerten Zugang, das Thema multikultureller Arbeitsgruppen noch nicht ausführlich genug behandelt, wie *Stumpf* (2005) bemerkt. Dabei muss zwischen bi- und multikulturellen Arbeitsgruppen unterschieden werden. Oft entsteht in bikulturellen Arbeitsgruppen (z. B. deutsch-französischen) – schon allein angesichts des finanziellen, rechtlichen oder personellen Gewichts einer →Kultur – eine Dominanz, die sich im Durchsetzen der Arbeitssprache, Regeln oder Arbeitsmethoden manifestiert. In multikulturellen Teams dagegen existiert aufgrund ihrer Zusammensetzung selten eine Kulturdominanz; sie sind in vielerlei Hinsicht flexibler und kompromissbereiter, was Sprache, Umgangsregeln und Arbeitsmethoden anbetrifft.

Neben pragmatischen Sachzwängen der →Internationalisierung verbirgt sich hinter der Bildung multikultureller Teams die Auffassung, dass gemischt-kulturell zusammengesetzte Gruppen in Folge verschiedener, stimulierend wirkender Sichtweisen und Arbeitsstile mannigfaltige Problemlösungen finden und damit *produktiver* arbeiten als monokulturelle Gruppen (→Interkulturelle Synergie). Allerdings ist in multikulturellen Gruppen auch der gemeinsame Wissensvorrat und Konsensbereich über Vorstellungen und Arbeitsweisen kleiner als in monokulturellen Gruppen, und kulturelle Unterschiede der Teammitglieder können zu Spannungen und Konflikten führen, die wiederum die Produktivität (→Arbeitsproduktivität) verringern (Abbildung 1).

Abbildung 1: Gruppenproduktivität
(*Adler* 2002, *Kovach* 1976, S. 148)

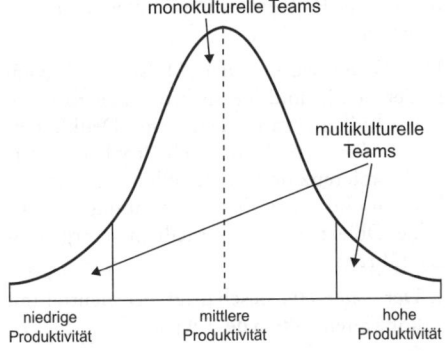

Zentrale Elemente multikultureller Teamarbeit, die *Störfaktoren* darstellen können, sind →Stereotypen, →interkulturelle Kommunikation und Fremdsprachen sowie divergierende →Grundannahmen, Wertorientierungen und Arbeitsstile:

- *Stereotypen* führen dazu, dass Vorschläge und fachliche →Kompetenzen einiger Gruppenmitglieder besonders beachtet werden, die anderer dagegen weniger. Dabei werden vor allem Gruppenmitglieder einer Kultur benachteiligt, gegenüber der negative Stereotypen bezüglich der →Arbeitsleistung bestehen. Gerade in Überforderungs- und Krisensituationen neigen Mitglieder multikultureller Arbeitsgruppen dazu, die Situationskomplexität durch vereinfachende Schemata zu reduzieren.

- *Interkulturelle Kommunikation und Fremdsprachen* bestimmen maßgeblich die Gesprächs- und →Arbeitsorganisation in Teams, da permanent →Informationen, Ideen und Einwände in der Gruppe kommunikativ ausgetauscht werden. Kommunikationsprobleme in multikulturellen Teams führen zu Fehlinterpretationen und Produktivitätsverlusten und können verschiedenste Ursachen haben, wie zum Beispiel eine fehlende Lingua Franca, fremdsprachliche Dominanz, fremdsprachliche Ungenauigkeiten, semantische Differentiale, divergierende Gesprächsstile und Sprecherwechsel sowie unterschiedliches nonverbales Verhalten (→Context).

- *Grundannahmen, Wertorientierungen und Arbeitsstile*, die kulturell geprägt sind, haben unter anderem Auswirkungen auf den Umgang mit Zeit, Führung (→Mitarbeiterführung), Eigenverantwortung, Problemlösestrategien, →Kritik und die →Rolle im Team.

Diese Elemente können zu dysfunktionalen Zuständen in internationalen Teams führen. Dies muss aber nicht immer der Fall sein, denn divergierende Arbeitsstile bilden auch ein erhebliches Chancenpotenzial: Multikulturelle Arbeitsgruppen können vielfältige und wirkungsvolle Problemlösungen hervorbringen. Dabei werden nach *Davison* und *Ward* (1999) sowie *Schneider* und *Barsoux* (1997) folgende zentrale *Erfolgsfaktoren* häufig genannt: Klar definierte Ziele, Rollenverteilung aufgrund fachlicher und →interkultureller Kompetenzen, gemeinsame (Spiel-)Regeln, symmetrische Weitergabe von Informationen, Anerkennung von Akzeptanz kultureller Unterschiedlichkeit.

Im Rahmen multikultureller →Gruppenarbeit kann sich innerhalb des interkulturellen Interaktionsprozesses eine „Dritte Kultur", eine so genannte →Interkultur entwickeln.

Multimoment-Verfahren

Diese fordert von den Interaktionspartnern eine gegenseitige Anpassung und Synchronisation divergierender Arbeitsstile: Aushandeln von Zielen und Interessen, um das Verstehen von Standpunkten und Überzeugungen und die Veränderung bestimmter Verhaltensweisen. Alle involvierten Personen sind gefordert, Adaptationsprozesse vorzunehmen. Gesetzte Ziele müssen eventuell verändert werden, eigene Verhaltensweisen angepasst und gewohnte Vorstellungen über Arbeitsabläufe in Frage gestellt und revidiert werden. Solche Adaptationsprozesse bergen jedoch die Gefahr in sich, durch eine zu große freiwillige Anpassung die eigenen Ziele nicht mehr verfolgen zu können. Eine idealtypische – und oft denkbare – Win-Win-Konstellation ist die, in der jedes Teammitglied mit seinen →Kernkompetenzen zur Zielerreichung beiträgt und persönliche Zufriedenheit aus der Zusammenarbeit zieht.

Eine tragende Rolle bezüglich der Produktivität multikultureller Arbeitsgruppen hat der Leiter. Die Leitung und →Koordination von Teams erfordert bereits im monokulturellen Kontext hohe Fach-, Führungs- und Methodenkompetenz (→Kompetenz). In multikulturellen Arbeitsgruppen müssen diese Kompetenzen noch durch kulturelles →Wissen und interkulturelle →Handlungsfähigkeit ergänzt werden (→Interkulturelle Kompetenz), um auf die Produktivität der Gruppe positiv Einfluss nehmen zu können. Personalmanager und Leiter multikultureller Teams sollten sich individuell- und kulturbedingter Stärken von Teammitgliedern bewusst sein, um diese effektivitätssteigernd ins →Projektmanagement einzubringen. Dies kann mithilfe von Instrumenten und Methoden →interkultureller Teamentwicklung beziehungsweise →interkultureller Personalentwicklung erreicht werden.

Literatur: *Adler, N.*: International Dimensions of Organizational Behavior, 4. Aufl., Cincinnati 2002. *Davison, S. C.*; *Ward, K.*: Leading International Teams, London 1999. *Kovach, C.*: Some Notes for Observing Group Process in Small Task Oriented Groups, Los Angeles 1976. *Schneider, S.*; *Barsoux, J.-L.*: Managing Across Borders, London 1997. *Stumpf, S.*: Synergie in multikulturellen Arbeitsgruppen, in: *Stahl, G.*; *Mayrhofer, W.*; *Kühlmann, T.* (Hrsg.): Internationales Personalmanagement, München, Mering 2005, S. 115–144.

Christoph I. Barmeyer

Multimoment-Verfahren

statistisches Verfahren, welches unter Berücksichtigung bestimmter Kriterien aus einer Vielzahl von →Beobachtungen (Multi-Moment) ein zutreffendes Abbild der Realität liefert (syn.: Stichprobenverfahren, engl.: Work Sampling, französisch: Observations Instantanées).

Das Multimoment-Verfahren wurde nach *Haller-Wedel* (1962) erstmals im Jahre 1952 erwähnt. Bei diesem Verfahren wird nicht die gesamte →Arbeitszeit analysiert, sondern es werden stichprobenartige Datenerhebungen durchgeführt. Daraus werden die Zeitlängen der Vorgänge und die prozentualen Häufigkeiten von Bewegungen abgeleitet.

Es gibt im Wesentlichen zwei Verfahren: das Multimoment-Zeitmessverfahren (MMZ) und das Multimoment-Häufigkeitszählverfahren (MMH). Beim MMZ werden Zeitpunkt und Zeitanteil nach einem Stichprobenverfahren erfasst. Das MMH ermittelt in erster Linie Zeitanteile von Tätigkeiten, weniger Zeitlängen. Zu unregelmäßigen, zufällig gewählten Zeitpunkten werden die zu diesem Zeitpunkt ausgeführten Tätigkeiten erfasst. Unter Berücksichtigung statistischer Gesetzmäßigkeiten ergibt sich dann eine entsprechende Häufigkeitsverteilung.

Literatur: *Haller-Wedel, E.*: Multimoment-Aufnahmen in Theorie und Praxis, München 1962.

Désirée H. Ladwig

Multiperspektivität

methodischer Managementansatz, der auf einer Integration verschiedener Betrachtungsperspektiven basiert mit dem Ziel, differenziert und dennoch ganzheitlich Problemanalysen und Problemlösungsempfehlungen zu realisieren.

Der *Grundgedanke* der Multiperspektivität findet sich in multiperspektivischen Kreativitätstechniken, etwa in den sechs „Denkhüten" von *de Bono* (1985), die sich Problemlöser je nach Präferenz und Fragestellung „aufsetzen" können und die in ihrer Anwendung auf dasselbe Objekt zu unterschiedlichen Ergebnissen führen:

1. Der *weiße Hut* beschäftigt sich neutral mit konkreten Fakten des Objekts.

2. Der *rote Hut* befasst sich mit Emotionen im Hinblick auf das Objekt.

3. Der *schwarze Hut* betrachtet die negativen Seiten des Objekts.

4. Der *gelbe Hut* drückt die positiven Erwartungen gegenüber dem Objekt aus.

5. Der *grüne Hut* fokussiert kreative, innovative Aspekte des Objekts.
6. Der *blaue Hut* realisiert den Gesamtüberblick.

Diese Hüte, die im Hinblick auf ihre Anwendung jeweils die gleiche Legitimation besitzen, werden im Verhaltenstraining eingesetzt, um Managern begrenzte Denkweisen aufzuzeigen, sie im parallelen und lateralen Denken zu schulen und eine sukzessive Erweiterung ihres Denkhorizonts zu erreichen.

In der Organisationslehre erlangt die Multiperspektivität durch *Morgan* (1986) Bekanntheit, der die →Organisation in ihrer →Komplexität, Vieldeutigkeit und Paradoxie erfassen will und daher in Form verschiedener Metaphern betrachtet – als Maschine, Organismus, Gehirn, →Kultur, politisches System, psychisches Gefängnis, Fluss und →Wandel sowie als Machtinstrument. Sie sind mit Managementtheorien verbunden und beeinflussen das Denken über Organisationen wie auch das Handeln in Unternehmen. Auf ihrer Basis entwickelt er eine Diagnostik, die aus differenzierter Situationserfassung und kritisch bewertender Interpretation besteht.

Auch *Scholz* (2000) fordert im Umgang von Unternehmen mit der Komplexität und der Dynamik ihrer Umwelt die bewusste, explizite, professionelle und simultane Berücksichtigung mehrerer organisatorischer Aspekte und damit die Multiperspektivität. Ein Gestalter muss danach das komplexe Unternehmen mit einem angemessen hohen eigenen Komplexitätsgrad bewältigen. Seine Perspektiven

– strategisch (Zielaspekte),

– mechanisch (Strukturaspekte),

– organisch (Entwicklungsaspekte),

– kulturell (Unternehmenskulturaspekte),

– intelligent (Wissensmanagementaspekte) und

– virtuell (Kooperationsaspekte)

dienen hierzu als Raster: einerseits zum Verstehen des Unternehmens, andererseits zum Gestalten der einzelnen Entscheidungsfelder. Jeweils bilden theoriebasierte Modelle und empirische Befunde einen Erklärungsrahmen, bewährte Methoden und Instrumente geben Hinweise für die Gestaltung. In jeder Perspektive finden sich mehrere Leitideen, die zusammen genommen eine Checkliste der multiperspektivischen Organisationsgestaltung ergeben. Mit dieser Multiperspektivität liegt eine spezifische Vorgehensweise zur systematischen Bewältigung des imposant breiten Aufgabenspektrums der →Unternehmensführung und -gestaltung vor, mit deren Hilfe man Zugang zu organisatorischen Problemen gewinnt. Es geht weder um die Bevorzugung noch um die →Marginalisierung einer bestimmten Perspektive: Unternehmen müssen sich jedoch zumindest vor Augen führen, dass jede der sechs Perspektiven wichtig zur Erfassung des Gesamtbildes ist und dass Veränderungen, die Aspekte einer einzigen Perspektive betreffen, regelmäßig Veränderungen in allen anderen Perspektiven mit sich bringen.

Der *Vorteil* der Multiperspektivität liegt in ihrer schrittweisen Anwendung: Zunächst werden unternehmensbezogene Sachverhalte ausschließlich jeweils unter den isolierten Perspektiven betrachtet, so dass hier unterschiedliche Probleme sichtbar werden. Diese werden dann aus der jeweiligen Perspektive hinsichtlich ihrer Lösung diskutiert. Dadurch entsteht ein breiter Alternativenraum. Erst in einem weiteren Schritt erfolgt ein Abgleich der Probleme und der Lösungsvorschläge im Gesamtzusammenhang. Zur Gestaltung eines solchen multiperspektivischen Prozesses lassen sich integrierende Strukturierungsmethoden wie die →Syntegrity-Methode (*Beer* 1994) einsetzen.

Kritisiert wird an der Multiperspektivität, dass die zu schematische Verwendung kraftvoller Metaphern blind machen kann für Sachverhalte, die sich nicht in der Metapher finden. Diese Kritik ist aber eher selten und richtet sich im Grunde viel stärker gegen die monoperspektivische Nutzung von Metaphern.

Die *Personalarbeit* (→Personalmanagement) ist ein unmittelbares Anwendungsfeld für die Multiperspektivität: Gerade die Mitarbeiter von →Personalabteilungen sind häufig in der Monoperspektivität gefangen, die bereits durch die Berufsbilder für Personaler impliziert wird. Hieraus resultieren viele Probleme im Hinblick auf Qualität und Professionalität der Personalarbeit. Die Anwendung der Multiperspektivität lässt hier eine qualitative Verbesserung erwarten. Unter Heranziehung der sechs Perspektiven von *Scholz* (2000) ergibt sich für die Personalarbeit eine Fülle von Ansatzpunkten:

Multiperspektivität

1. Die *strategische Perspektive* setzt an der →Personalstrategie an. Analysiert und optimiert werden hier deren konsequente Orientierung an den Unternehmenszielen und die stringente Ausrichtung an zentralen Aktionsfeldern. Zur Herstellung einer strategischen Effektivität werden Personalmanagementziele unter Berücksichtigung der Ansprüche relevanter Interessengruppen formuliert. Strategisches Verhalten soll sicherstellen, dass die Personalarbeit zur →Wertschöpfung des Unternehmens nachprüfbar beiträgt und zukünftige Entwicklungen antizipiert. Die Entwicklung strategischer Kräfte zur Personalstrategieumsetzung berücksichtigt die strategischen Potenziale des Unternehmens, analysiert strategische Bewegungen der Umwelt und identifiziert strategische Barrieren. →Strategische Stimmigkeit schließlich führt in der Personalsystemgestaltung zur konsistenten Ausrichtung der Personalarbeitskomponenten untereinander, im Verhältnis zum Gesamtunternehmen und zur Umwelt.

2. In der *mechanischen Perspektive* geht es um die →Organisation der Personalarbeit in ihren Strukturen und Prozessen, um ihr Funktionieren zu sichern. Dies umfasst den Aufbau der Personalabteilung sowie die Prozessoptimierung der Personalarbeit samt dem →Personalcontrolling und dient der Herstellung eines ausgewogenen Verhältnisses von Stabilität und →Flexibilität. Gefährlich wird es, wenn diese Mechanismen anfangen, das unternehmerische Handeln und Denken exklusiv zu bestimmen.

3. Aus der *organischen Perspektive* heraus wird →Personalmanagement als eigenständiger Organismus betrachtet, der komplexe Systemcharakteristika aufweist und Entwicklungsphasen durchläuft. Solche Dynamiken finden sich beispielsweise in den Steuerungslogiken der Personalarbeit und im Wachstum der →Personalabteilung.

4. Die *kulturelle Perspektive* thematisiert die mentalen Einstellungen der Mitarbeiter zur sowie in der Personalarbeit und die daraus hervorgehenden Handlungsweisen. Kultur ist letztlich „sozialer Klebstoff", der das Normen- und Wertesystem (→Normen und Werte) zusammenhält, aber auch Handeln erschweren kann. Für einen bewussten Umgang ist nicht nur von Interesse, ob sich in der Personalabteilung Subkulturen bilden, sondern auch, wie Landeskulturen das Personalmanagement beeinflussen. Im Hinblick auf die Kultur-Stimmigkeit ist zu beachten aber, dass auch die Personalmanagementkultur zur Personalstrategie, den Systemen und zur Umwelt stimmig sein sollte. Schließlich können sich auch in der Personalarbeit Eigenarten entwickeln, die sich im negativen Extremfall vom unangenehmen Spleen zur ausgewachsenen, krankhaften Pathologie entwickeln, denen frühzeitig zu begegnen ist.

5. Die *intelligente Perspektive* berücksichtigt zum einen die Wissensbasis, die sicherstellt, dass Personalmanagementwissen im Unternehmen personenunabhängig gespeichert und zugänglich ist, zum anderen die Lernprozesse auf individueller Ebene wie auch auf Gruppenebene, die letztlich zur →Professionalisierung der Personalarbeit beitragen.

6. Die *virtuelle Perspektive* stellt sich den Herausforderungen, die der Personalarbeit durch die Computerisierung und Dezentralisierung entgegengebracht werden. Einerseits halten virtuelle Realitäten Einzug in die unterschiedlichsten Felder des Personalmanagements, so etwa als →eLearning in der →Personalentwicklung und in Form der Nutzung moderner Informations- und Kommunikationstechnologien. Andererseits erfordert eine kooperative Erstellung der Personalarbeit, insbesondere in Form einer virtuellen Personalabteilung, die Fokussierung auf Kernkompetenzen, deren Integration in eine personalwirtschaftliche Wertschöpfungskette und deren Kommunikation unter Bildung eines „one-face-to-the-customer" gegenüber den internen und externen Kunden der Personalarbeit.

Die Zusammenführung der sich aus der multiperspektivischen Analyse ergebenden Partiallösungen unter dem Grundpostulat strategischer Stimmigkeit führt zu einer breit durchdachten, über die verschiedenen Perspektiven hinweg wechselseitig aufeinander bezogenen Personalarbeit.

Literatur: *Beer, S.*: Beyond Dispute. The Invention of Team Syntegrity, Chichester etc. 1994. *de Bono, E.*: Six Thinking Hats, Boston etc. 1985. *Morgan, G.*: Images of Organization, Beverly Hills etc. 1986. *Scholz, C.*: Strategische Organisation, 2. Aufl., Landsberg/Lech 2000.

Volker Stein

Mutterschutz

Gesamtheit der Reglungen im Mutterschutzgesetz (MuSchG).

Der Geltungsbereich des MuSchG erstreckt sich gemäß § 1 MuSchG auf Frauen, die in einem Arbeitsverhältnis stehen, sowie weibliche in →Heimarbeit Beschäftigte und ihnen Gleichgestellte, soweit sie am Stück mitarbeiten. § 2 MuSchG stellt an die Gestaltung des Arbeitsplatzes der werdenden oder stillenden Mutter besondere Anforderungen. Zu ihrem Schutz sind die erforderlichen Maßnahmen zugunsten des Lebens und der Gesundheit zu treffen. § 2 Abs. 2, 3 MuSchG enthält dafür konkretisierte Anforderung für weibliche →Arbeitnehmer, die bei Erbringung der →Arbeitsleistung ständig entweder sitzen, stehen oder gehen müssen. Insoweit hat der →Arbeitgeber entsprechende Gelegenheiten zu Unterbrechungen zu geben. § 2 Abs. 4 MuSchG enthält eine Ermächtigung zugunsten der Bundesregierung, eine Rechtsverordnung zu erlassen. Hiervon hat die Bundesregierung durch Mutterschutz-Richtlinienverordnung, die am 19.04.1997 in Kraft trat, Gebrauch gemacht.

§§ 3, 4 MuSchG enthalten Beschäftigungsverbote. Werdende Mütter dürfen nach § 3 Abs. 1 MuSchG nicht beschäftigt werden, soweit nach ärztlichem Zeugnis Leben oder Gesundheit von Mutter oder Kind gefährdet sind. Es muss sich um schwangerschaftstypische Beschwerden handeln, die durch die Tätigkeit ausgelöst würden. Abzugrenzen ist diese Gefährdung von der Arbeitsunfähigkeit, die auch ohne Schwangerschaft vorliegen kann. Diese Differenzierung ist deshalb wichtig, weil für den Fall, dass die Schwangere nicht arbeitsfähig ist, lediglich die Entgeltfortzahlung im Krankheitsfall eingreift, die – anders als die Vergütungsfortzahlung bei einem Beschäftigungsverbot – auf sechs Wochen begrenzt ist (BAG, Urteil vom 12.12.2001, Az.: 5 AZR 255/00; BAG, Urteil vom 22.03.1995, Az.: 5 AZR 874/93).

Nach § 3 Abs. 2 MuSchG darf die werdende Mutter während der letzten sechs Wochen vor dem mutmaßlichen Tag der Entbindung unabhängig von einer etwaigen Gefährdung nicht mehr beschäftigt werden. § 4 MuSchG ordnet weitere Beschäftigungsverbote für werdende Mütter für konkret genannte Tätigkeiten an, wobei diese Beschäftigungsverbote zum Teil an ein bestimmtes Stadium der Schwangerschaft anknüpfen. Verboten ist das regelmäßige Tragen von Lasten von mehr als fünf Kilogramm, häufiges erhebliches Strecken oder Bücken, Bedienung von Maschinen mit Fußantrieb, Arbeit auf Beförderungsmitteln (→Beförderung), Akkordarbeit oder Fließarbeit mit vorgeschriebenem Arbeitstempo.

Nach § 5 MuSchG sollen werdende Mütter dem Arbeitgeber ihre Schwangerschaft und den mutmaßlichen Tag der Entbindung mitteilen, sobald ihnen dieser Zustand bekannt ist. Auf Verlangen des Arbeitgebers sollen sie ein Zeugnis eines Arztes oder einer Hebamme vorlegen. Der Arbeitgeber hat unverzüglich die Aufsichtsbehörde zu benachrichtigen. Sonstigen Dritten gegenüber darf er nicht unbefugt die Schwangerschaft bekannt geben.

Ein generelles Beschäftigungsverbot für den Zeitraum von acht Wochen nach der Entbindung enthält § 6 MuSchG. Für stillende Mütter beinhaltet § 7 MuSchG besondere Ansprüche, etwa Gewährung von Freizeit zum Stillen ohne Verdienstminderung. Sonderregeln für Mehr-, Nacht- und Sonntagsarbeit normiert § 8 MuSchG.

Der →*Sonderkündigungsschutz* der Schwangeren und Mütter innerhalb der ersten vier Monate nach der Entbindung richtet sich nach § 9 MuSchG, der Sonderkündigungsschutz während der Elternzeit (→Erziehungsurlaub) nach § 18 BerzGG.

Die der Mutter zustehenden Leistungen auf Arbeitsentgelt und Zuschuss zum Mutterschaftsgeld richten sich nach den §§ 11 ff. MuSchG. Insoweit ist insbesondere anzumerken, dass die Mutter bei Beschäftigungsverboten Mutterschaftslohn erhält, der mindestens dem Durchschnittsverdienst der letzten 13 Wochen oder der letzten drei Monate vor Beginn des Monats, in dem die Schwangerschaft eingetreten ist, entspricht. § 13 MuSchG regelt das *Mutterschaftsgeld*, das hinsichtlich seiner Höhe davon abhängen kann, ob die Arbeitnehmerin gesetzlich krankenversichert ist oder nicht. § 14 MuSchG gewährt einen Anspruch gegen den Arbeitgeber auf Zuschuss zum Mutterschaftsgeld in Höhe der Differenz zum vorherigen Nettoarbeitsentgelt. Gemäß § 10 Lohnfortzahlungsgesetz (LFZG) wird dem Arbeitgeber, der ausschließlich der →Auszubildenden nicht mehr als 20 Arbeitnehmer beschäftigt, dieser Betrag ebenso erstattet wie die Entgeltzahlung bei Beschäftigungsverboten. Im letzteren Fall erhält der Arbeitgeber zudem die von ihm zu leistenden Anteile an der Sozialversicherung erstattet.

Friedrich Meyer

Mutual Gains

wechsel- beziehungsweise gegenseitige Zielsetzung von Arbeitsvertragsparteien, die auf dem Grundgedanken basieren, dass das Unternehmensmanagement und die Belegschaft durch eine gemeinsame Zielfestlegung als Partner Organisationserfolge erzielen.

Der Erfolg der Mutual Gains, der durch →Kooperation realisiert wurde, wird dementsprechend zwischen den Partnern verteilt, was bereits in der Planung zu positiven Anreizwirkungen führen kann.

Silvia Föhr

mySAP.com HR → SAP R/3 HR

N

Nachbarschaftsbüro →Telearbeit

Nachfolgeplanung

Sicherstellung der Kontinuität in der Führung (→Mitarbeiterführung), das heißt eine Führungskraft steht zum geplanten Zeitpunkt mit der passenden →Qualifikation am gewünschten Arbeitsort zur Verfügung.

Die Nachfolgeplanung stellt das Pendant zur *Aufstiegsplanung* oder →Laufbahnplanung (Entwicklung in eine höherwertige Position hinein) beziehungsweise zur *Verwendungsplanung* (Entwicklung auf der gleichen hierarchischen Ebene) dar. Aus Gründen der Praktikabilität konzentrieren sich die meisten Unternehmen mit der Nachfolgeplanung auf Schlüsselpositionen. Im Rahmen von Gesprächen in regelmäßigen Abständen (häufig jährlich, wie z. B. *Brose* oder *Daimler*) mit den lokalen Führungskräften wird festgehalten, welche Führungspositionen kurz-, mittel- und langfristig neu zu besetzen beziehungsweise zu schaffen sind.

Laila Maija Hofmann

Nachfragepolitik

Seite der →Arbeitsmarktpolitik, die sich nach *Engelen-Kefer* (1995) speziell an der Nachfrageseite des →Arbeitsmarktes orientiert und auf die Förderung der Entstehung neuer Arbeitsplätze abzielt.

Instrumente der Arbeitsmarktpolitik, die auf die Nachfrageseite des Arbeitsmarktes wirken, sind ebenso wie Instrumente, die auf die Angebotsseite wirken, der aktiven Arbeitsmarktpolitik zuzuordnen. Hierzu zählen einerseits Beratung, Vermittlung, Vermittlungshilfen, öffentliche Arbeitsbeschaffung, um auf dem direkten Weg Arbeitsplätze zu erzeugen. Dies kann insgesamt, für benachteiligte Personengruppen oder gesellschaftlich vorrangige Bereiche initiiert werden. Andererseits zählen Eingliederungshilfen für besonders benachteiligte Arbeitnehmergruppen, Lohnkostenzuschüsse sowie die Hilfe zur Gründung selbstständiger Existenzen zu den Instrumenten einer nachfrageorientierten Arbeitsmarktpolitik dazu.

Der Gedanke, →Arbeit statt →Arbeitslosigkeit zu finanzieren, erweist sich in der konkreten Umsetzung oftmals als recht kostspielig und problematisch: Die erforderlichen Beträge sind erheblich, Mitnahmeeffekte und Wettbewerbsverzerrungen drohen.

Literatur: *Engelen-Kefer, U. et al.*: Beschäftigungspolitik, 3. Aufl., Köln 1995.

Florian Schramm

Nachhaltigkeit

bewusster Umgang mit Ressourcen aller Art, so dass auch in Zukunft eine ausreichende Menge der jeweiligen Ressource zur Verfügung steht.

Der Begriff der Nachhaltigkeit findet sich erstmals 1713 bei *von Carlowitz* (*Grober* 2005) einem Oberberghauptmann im sächsischen Silberbergbau. Der Silberbergbau war um 1700 durch den drohenden Holzmangel in seiner Existenz gefährdet. Dies veranlasste *von Carlowitz* zur Erarbeitung eines Nachhaltigkeitskonzepts, dass die dauerhafte Bereitstellung ausreichender Holzmengen für den Silberbergbau sicherstellen sollte.

Anfang der 1970er Jahre wurde der Begriff der Nachhaltigkeit von der Politik in Bezug auf die Entwicklungs- und Umweltpolitik aufgegriffen. Die Notwendigkeit nachhaltigen Handelns in diesen beiden Politikbereichen wurde in der *Meadows-Studie* „Grenzen des Wirtschaftswachstums" aus dem Jahre 1972 aufgezeigt. Laut der Studie würde bei konstantem Wirtschaftswachstum und Ressourcenverbrauch der ökologische Kollaps in den nächsten 100 Jahren drohen.

Die klassische Definition von Nachhaltigkeit stammt jedoch aus dem Brundtland-Bericht, der im Jahre 1987 erstmals das →Leitbild einer dauerhaften/nachhaltigen Entwicklung („sustainable development") formulierte als „eine Entwicklung, die den Bedürfnissen der heutigen Generation entspricht, ohne die Möglichkeiten zukünftiger Generationen zu gefährden, ihre eigenen Bedürfnisse zu befriedigen und ihren Lebensstil zu wählen" (*Hauff* 1987, S. XV). Die Weltwirtschaft soll die Bedürfnisse und legitimen Wünsche der Menschen befriedigen, gleichzeitig aber auch die ökologischen Grenzen respektieren. Ziele sind beispielsweise die Grundbedürfnisse der Armen zu befriedigen und die Notwendigkeit, dass die Industrieländer ihren Verbrauch der natürlichen Ressourcen beschränken (*Hauff* 1987).

Das Konzept der nachhaltigen Entwicklung der *Brundtland*-Kommission ermöglichte erstmals die Grundlage einer weltweiten Politikstrategie, die ursprünglich getrennt betrachtete Problembereiche in einen direkten Wirkungszusammenhang stellte. Als Konsequenz forderte die Brundtland-Kommission „eine neue Ära wirtschaftlichen Wachstums" (*Hauff* 1987, S. 32), in der die Umweltressourcen geschont werden und die Menschen in den Industrieländern aufgefordert sind, ihre Lebensweise zu ändern.

Obwohl es keine universelle Definition von nachhaltiger Entwicklung gibt, wird damit immer das Streben bezeichnet, ökologisches Gleichgewicht, ökonomische Sicherheit und soziale →Gerechtigkeit miteinander zu vereinbaren und langfristig und weltweit stabilisieren zu können („Dreieck der Nachhaltigkeit").

1992 fand der *Umweltgipfel* in Rio de Janeiro statt, auf dem Nachhaltigkeit zu einem globalen Leitbild für die gemeinsame Entwicklung wurde. Die Teilnehmerstaaten vereinbarten als gemeinsame Ziele unter anderem die Erhaltung der Wälder, der biologischen Vielfalt und die Klimarahmenkonvention. Umgesetzt werden sollten diese Ziele im Aktionsprogramm „Agenda 21". 154 Staaten sowie die EU unterzeichneten die Klimarahmenkonvention, in der sich die Industrieländer zu einer langfristigen Senkung der Treibhausgasemissionen verpflichteten. In Rio wurden Rahmenverträge abgeschlossen, die durch ergänzende Protokolle mit konkreten Verpflichtungen realisiert werden sollten.

Die Vertragsstaaten der Klimakonvention kamen auf ihrer ersten Konferenz in Berlin 1995 überein, bis 1997 ein Protokoll zu entwickeln, das die Kohledioxidemission für Industrieländer festlegt. Dieses Protokoll wurde in Kyoto 1997 rechtlich verbindlich verabschiedet.

Literatur: *Brundtland, G. H.*: Our Common Future: World Comission on Environment and Development, Oxford, New York 1987. *Brundtland, G. H.*: Unsere gemeinsame Zukunft: Der Brundtland-Bericht, Weltkommission für Umwelt und Entwicklung, in: *Hauff, V.* (Hrsg.): Unsere gemeinsame Zukunft: Der Brundtland-Bericht, Weltkommission für Umwelt und Entwicklung, Greven 1987. *Grober, U.*: Hans Carl von Carlowitz – ein Blatt, ein Bild, ein Wort, in: *Altner, G. et al.*: Jahrbuch Ökologie, München 2005, S. 256–257.

Jetta Frost

Nächsthöhere Führungskraft

Person, die mittel- oder unmittelbar Einfluss auf die Mitarbeiter nimmt.

Bei der Betrachtung von Führungsbeziehungen konzentriert man sich meist auf die Zweierbeziehung zwischen →Führungskraft und Mitarbeiter und abstrahiert dabei von verketteten Führungsbeziehungen. Der Regelfall ist die *mittelbare Beeinflussung* durch die Vorgabe von kulturellen oder verfahrensbezogenen Richtlinien oder Weisungen an die direkte Führungskraft. Wenn die nächsthöhere Führungskraft in Ausnahmen *unmittelbaren Einfluss* auf die Mitarbeiter ausübt, kann das im Sinne der Aufgabenerfüllung, der nächsthöheren Führungskraft oder des Mitarbeiters sein. Die direkte Führungskraft wird jedoch versuchen darauf hinzuwirken, dass dies zumindest in Absprache mit ihm geschieht. Mittelbare Führungsbeziehungen beinhalten in dieser Hinsicht ein beträchtliches Konfliktpotenzial.

Jan Hendrik Fisch

Nachtarbeit

→Arbeit in einer Nachtschicht und auf spezifischen Nachtarbeitsplätzen wie zum Beispiel Wach- und Schließdienste.

Um den besonderen Belastungen (→Belastung-Beanspruchungs-Modell) der Nachtarbeit (→Inversion) Rechnung zu tragen, gibt es eine Reihe von Nachtarbeitsregelungen. Sowohl das →Arbeitszeitgesetz als auch tarifvertragliche Regelungen schränken die Nachtarbeit ein. Das früher bestehende Nachtarbeitsverbot für Frauen ist 1985 vom Bundesverfassungsgericht wegen des Verstoßes gegen den Gleichheitsgrundsatz für verfassungswidrig erklärt worden (BVerfG 85, S. 191).

Jugendliche bis zum vollendeten 16. Altersjahr dürfen nach Art. 14 Abs. 2 ArbSchG bis höchstens 20:00 und Jugendliche von mehr als 16 Jahren höchstens bis 22:00 beschäftigt werden. Ausnahmen – also Nachtarbeit – können insbesondere im Interesse der beruflichen → Ausbildung vorgesehen werden.

Schwangere und Stillende dürfen keine Nachtarbeit leisten. Ab der 8. Woche vor der Niederkunft darf die Schwangere nicht zwischen 20:00 und 6:00 beschäftigt werden. Vom Zeitpunkt der Kenntnis der Schwangerschaft bis zum Zeitpunkt der 9. und 16. Woche (bei Mehrlingsgeburten) nach der Niederkunft hat die Schwangere/Mutter das Recht auf eine Beschäftigung zwischen 6:00 und 20:00. Wo dies nicht möglich ist, besteht ein Anspruch auf 80 % des Lohnes.

Der *Nachtschichtarbeitnehmer* hat im Fall der gesundheitlichen Gefährdung, bei der Versorgung von schwer pflegebedürftigen Angehörigen oder bei Zusammenleben mit einem Kind von unter zwölf Jahren in einem Haushalt nach § 6 Abs. 4 ArbZG ein Anrecht, auf einen geeigneten Tagesarbeitsplatz umgesetzt zu werden.

Désirée H. Ladwig

Nachteilsausgleich

Regelung gemäß § 113 → Betriebsverfassungsgesetz (BetrVG), bei der für den Fall, dass der → Unternehmer von einem → *Interessenausgleich* über eine geplante → Betriebsänderung ohne zwingenden Grund abweicht, → Arbeitnehmer, die infolge dieser Abweichung entlassen werden, beim Arbeitsgericht (→ Arbeitsgerichtsbarkeit) Klage auf Zahlung einer → Abfindung erheben können.

Sofern infolge der Abweichung weitere wirtschaftliche Nachteile entstehen, hat der Unternehmer diese Nachteile gemäß § 113 Abs. 2 BetrVG bis zu einem Zeitraum von zwölf Monaten auszugleichen. Dazu können Fahrtkostenersatz, Ersatz von Umzugskosten, Trennungsentschädigungen oder Vergütungsausgleichszahlungen gehören (*Hromadka* und *Maschmann* 2002, § 16 Rn. 656).

Die beiden vorstehenden Regelungen gelten entsprechend, wenn der Unternehmer eine geplante Betriebsänderung durchführt, ohne einen Interessenausgleich mit dem → Betriebsrat versucht zu haben, und infolge der Maßnahmen Arbeitnehmer entlassen werden oder andere wirtschaftliche Nachteile erleiden (§ 113 Abs. 3 BetrVG). Es kommt bei § 113 Abs. 3 BetrVG nicht darauf an, ob die Arbeitnehmer diese Nachteile nicht gehabt hätten, wenn das Interessenausgleichsverfahren ordnungsgemäß durchgeführt worden wäre. § 113 BetrVG enthält damit eine Sanktion für den → Arbeitgeber, die ihn anhalten soll, das vorgeschriebene Verfahren zum Interessenausgleich einzuhalten sowie einen einmal geschlossenen Interessenausgleich tatsächlich vereinbarungsgemäß umzusetzen. Die Vorschrift ist unmittelbare Anspruchsgrundlage für die betroffenen Arbeitnehmer. Ob Nachteilsausgleichsansprüche auf Sozialplanleistungen ohne besondere Regelung anzurechnen sind, wird unterschiedlich beurteilt. Das Bundesarbeitsgericht bejaht diese Frage.

Literatur: *Hromadka, W.; Maschmann, F.:* Arbeitsrecht, Bd. 1, 2. Aufl., Berlin etc. 2002.

Friedrich Meyer

Nachtschichtarbeit

im klassischen Sinne die Schicht von 22:00 abends bis 6:00 morgens.

Laut → Arbeitszeitgesetz darf nach einer Nachtschicht nur eine weitere Nachtschicht folgen oder eine Freischicht (auf keinen Fall eine Früh- oder Spätschicht). Vereinzelte Nachtschichten (z. B. 2 bis 3 hintereinander) belasten den Organismus nicht so sehr. Medizinische Untersuchungen haben ergeben, dass eine erfolgreiche → Inversion nicht möglich ist, deshalb führen viele hintereinander folgende Nachtschichten zu einer erheblichen Belastung (→ Belastung-Beanspruchungs-Modell). Dies gilt insbesondere, wenn körperlich anstrengende Arbeiten auszuführen sind. Nachtschichtzuschläge sollten aus diesem Grunde nicht mehr durch Geldzulagen (bis zu 30 % des Grundlohns), sondern durch → Freizeitausgleich abgegolten werden.

Désirée H. Ladwig

Nachweisgesetz

Gesetz, das den Nachweis der für ein Arbeitsverhältnis (→ Beschäftigungsverhältnis) geltenden wesentlichen Bedingungen regelt.

Gemäß § 2 Nachweisgesetz (NachwG) hat der → Arbeitgeber spätestens einen Monat nach dem vereinbarten Beginn des Arbeitsverhältnisses die wesentlichen Vertragsbedingungen schriftlich niederzulegen, zu unterzeichnen und dem → Arbeitnehmer auszuhändigen. Dabei sind mindestens aufzunehmen Namen und Anschriften der Vertragsparteien, Zeitpunkt des Beginns des Arbeitsverhältnisses, bei befristeten Arbeitsverhältnissen (→Befristetes Beschäftigungsverhältnis) die vorhersehbare Dauer des Arbeitsverhältnisses, der Arbeitsort oder, falls der Arbeitnehmer nicht nur an einem bestimmten Ort tätig sein soll, ein Hinweis darauf, dass der Arbeitnehmer an verschiedenen Orten beschäftigt werden kann, eine kurze Charakterisierung oder Beschreibung der vom Arbeitnehmer zu leistenden Tätigkeit, die Zusammensetzung und Höhe des Arbeitsentgelts einschließlich der Zuschläge, der Zulagen, Prämien und Sonderzahlungen sowie anderer Bestandteile des Arbeitsentgelts und deren Fälligkeit, die vereinbarte →Arbeitszeit, die Dauer des jährlichen Erholungsurlaubs (→Urlaub), die Fristen für die →Kündigung des Arbeitsverhältnisses (→Kündigungsfrist), ein in allgemeiner Form gehaltener Hinweis auf die →Tarifverträge, Betriebs- und Dienstvereinbarungen, die auf das Arbeitsverhältnis anzuwenden sind.

§ 2 NachwG ist *keine* Formvorschrift, deren Verletzung nach § 125 BGB zur Nichtigkeit des →Arbeitsvertrags führen würde. Der Arbeitnehmer hat allerdings einen Anspruch auf Niederlegung, Unterzeichnung und Aushändigung. Macht er diesen Anspruch als Erfüllungsanspruch geltend, wird der Arbeitgeber zur Vornahme der Handlung verurteilt.

Der Arbeitnehmer hat hinsichtlich der Vollstreckung dieses Urteils die Wahlmöglichkeit: Er kann bereits im Erkenntnisverfahren gemäß § 61 Abs. 2 Satz 1 Arbeitsgerichtsgesetz (ArbGG) beantragen, den Arbeitgeber zugleich zu verurteilen, an ihn eine vom Arbeitsgericht (→Arbeitsgerichtsbarkeit) nach freiem Ermessen fest zu setzende Entschädigung zu zahlen. Alternativ dazu – jedoch nicht gleichzeitig (§ 61 Abs. 2 Satz 2 ArbGG) – kommt eine „normale" Vollstreckung als unvertretbare Handlung gemäß § 888 Zivilprozessordnung (ZPO) in Betracht. Neben diesem vorbeschriebenen Erfüllungsanspruch kommen Schadensersatzansprüche aus § 280 BGB in Betracht, wenn der Arbeitgeber dem Verlangen des Arbeitnehmers auf Erstellung eines Arbeitsvertrags nicht nachkommt (BAG, Urteil vom 17. 04. 2002, AZ.: 5 AZR 89/01).

Ein Schaden des Arbeitnehmers kann etwa darin bestehen, dass eine tarifliche *Verfallfrist* auf das Arbeitsverhältnis Anwendung findet, die zum Erlöschen des Anspruchs nach einer bestimmten (in der Regel relativ kurzen) Frist führt (vgl. BAG, Urteil vom 23. 01. 2002, Az.: 4 AZR 56/01). Hat der Arbeitnehmer in Unkenntnis davon, dass überhaupt ein Tarifvertrag Anwendung findet, die Einhaltung der Verfallfrist versäumt, ist sein ursprünglicher Erfüllungsanspruch, etwa auf Überstundenvergütung, verfallen. Im Rahmen des Schadensersatzanspruchs ist der Arbeitnehmer indes so zu stellen, wie er bei Einhaltung der Verfallfrist gestanden hätte. Ob und inwieweit eine Nichteinhaltung des Nachweisgesetzes für den Arbeitnehmer zu Beweiserleichterungen führen kann, ist noch nicht abschließend geklärt.

In der Praxis sind Erfüllungsklagen auf Ausfertigung eines Arbeitsvertrag nach Ablauf der in § 2 NachwG genannten Frist von einem Monat nach Beginn des Arbeitsverhältnisses eher selten, was angesichts des Umstands, dass der Arbeitnehmer in den ersten sechs Monaten noch keinen →Kündigungsschutz genießt, nicht verwunderlich ist. Es dürfte nicht ohne weiteres gelingen, eine während oder im Anschluss an einen solchen Prozess ausgesprochene Kündigung als Verstoß gegen das Maßregelungsverbot des § 612 a BGB einzuordnen, auch wenn in den meisten Fällen ein solcher Verstoß vorliegen dürfte.

Friedrich Meyer

Nachwirkung

Regelung nach § 4 Abs. 5 Tarifvertragsgesetz (TVG), nach der die Rechtsnormen des →Tarifvertrags weiter gelten, bis sie durch eine andere Abmachung ersetzt werden.

Nachwirken können Tarifverträge, Allgemeinverbindlicherklärungen zu Tarifverträgen sowie →Betriebsvereinbarungen. Die Nachwirkung kann allerdings von den Tarifvertragsparteien ausgeschlossen werden. Wird sie nicht ausgeschlossen, greift § 4 Abs. 5 TVG ein. Während dieser Nachwirkung gelten die tariflichen Regelungen zwar noch unmittelbar im Arbeitsverhältnis (→Beschäftigungsverhältnis), jedoch nicht mehr zwingend, wie es während der Laufzeit des Tarifvertrags gemäß § 4 Abs. 1, 3 TVG der Fall war. Die Rechtsnormen können deshalb im Zeitraum der Nachwirkung auch zum Nachteil des Arbeitnehmers geändert werden, wobei sowohl eine Änderung durch Betriebsvereinbarung als auch eine einzelvertragliche Änderung in Betracht kommt (*Löwisch* und *Rieble* 2004, § 4 TVG Rn. 228 f., *Wiedemann*, *Oetker* und *Wank* 1999, § 4 TVG Rn. 356 f.).

Die Nachwirkung der Allgemeinverbindlichkeit richtet sich nach dem Tarifvertrag. Wird die Allgemeinverbindlichkeit nach Beendigung der Laufzeit des Tarifvertrags aufgehoben, endet die Nachwirkung für die nicht organisierten →Arbeitgeber und →Arbeitnehmer. Bei Betriebsvereinbarung entsteht eine Nachwirkung auf der Grundlage des § 77 Abs. 6 BetrVG. Regelungen einer Betriebsvereinbarung in Angelegenheiten, in denen der Spruch der →Einigungsstelle die Einigung der Betriebspartner ersetzt, gelten nach Ablauf der Betriebsvereinbarung weiter, bis sie durch eine andere Abmachung ersetzt werden. Auch diese Regeln verlieren mit Beendigung der Betriebsvereinbarung die zuvor nach § 77 Abs. 4 BetrVG eingreifende unmittelbare und zwingende Geltung der Betriebsvereinbarung während ihrer Laufzeit.

Die Nachwirkung der Betriebsvereinbarung kann von Arbeitgeber und →Betriebsrat sowohl bei ihrem Abschluss als auch durch Änderung während der Laufzeit oder schließlich nach Beendigung ausgeschlossen werden.

Literatur: *Löwisch, M.; Rieble, V.*: Tarifvertragsgesetz, 2. Aufl., München 2004. *Wiedemann, H.; Oetker, H.; Wank, R.*: Tarifvertragsgesetz, 6. Aufl., München 1999.

Friedrich Meyer

Nachwuchsförderungsprogramm

Maßnahmenpaket zur langfristigen Sicherung einer qualifizierten Belegschaft für das Unternehmen (→Mitarbeiterförderung).

Adressaten dieser Programme sind zum einen Mitarbeiter mit erkennbarem Potenzial für höherwertige Aufgaben im Unternehmen (→Führungsnachwuchs, →Managemententwicklung), die darauf beispielsweise mittels →Traineeprogramme, Förderkreise, Projektarbeit oder →Job Rotation vorbereitet werden (→Personalentwicklungsmethoden).

Zum anderen sollte ein Nachwuchsförderungsprogramm jedoch schon bei der Gewinnung von zukünftigen Potenzialträgern ansetzen und mit Maßnahmen, wie beispielsweise Kontakten zu Schulen und Hochschulen, Mitarbeit von Unternehmensangehörigen bei Veranstaltungen an Hochschulen, dem Angebot von →Praktika, Diplomarbeiten und Dissertationsthemen das Interesse von jungen Menschen an dem Unternehmen sicherstellen.

Laila Maja Hofmann

Nash-Gleichgewicht →Darwiportunismus, →Entscheidungstheorien

National Minimum Wage

vom jeweiligen Staat gesetzlich eingeführte und allgemeingültige nationale Mindestlöhne. Eine derartige →Lohnpolitik ist nicht in allen Ländern üblich.

Silvia Föhr

Nationalkultur →Kultur

Nationalkulturelle Werte

historisch entstandene, kulturrelative, wünschenswerte Leitvorstellungen und verhaltenssteuernde Entscheidungsregeln einer Gesellschaft, die sich auf Objekte und Zustände wie →Arbeit oder Freizeit beziehen (→Normen und Werte).

Nationalkulturelle Werte sind unbewusst im Rahmen der →Sozialisation erlernt und beeinflussen und organisieren als Maßstäbe und Präferenzen das Denken, Fühlen und Verhalten in dem betrachteten Land. Werte sind nach *Hofstede* (2001) eher *emotional* als rational, eher *subjektiv* als objektiv geprägt und zeigen sich deshalb in nicht diskutierbaren Meinungen und Gefühlen (→Emotionalität), etwa was als schön oder hässlich, gut oder schlecht, anständig oder unanständig empfunden wird. Werte schreiben bestimmten Objekten oder Verhaltensweisen Bedeutung und Wertigkeit zu. Aus diesem Grund können Pünktlichkeit, Zuverlässigkeit oder Ehrlichkeit in manchen Gesellschaften relevante Werte sein, nach denen sich gerichtet wird, in anderen Gesellschaften wiederum nicht.

Wertekonformes Verhalten wird in einer Gesellschaft schon von Kindesbeinen an gefördert, nicht wertekonformes Verhalten dagegen sanktioniert. Wenn Zuverlässigkeit kein wichtiger Wert in einer Gesellschaft ist, braucht er folglich nicht gelebt zu werden. Auch gibt es kulturell unterschiedliche Wertehierarchien: Wenn zum Beispiel →Kreativität in Frankreich wichtiger ist als Zuverlässigkeit, wird tendenziell kreatives Handeln vorgezogen. Aus diesen nationalkulturellen Werteunterschieden ergeben sich zum Beispiel in internationalen Fusionen Schwierigkeiten und Konflikte (→Kultureller Fit). Im Rahmen der Diskussionen über →Corporate Governance und ethische →Unternehmensführung hat die Werte-Diskussion Anfang des 21. Jahrhunderts wieder an Bedeutung gewonnen. Die interkulturelle Managementforschung arbeitet zur Operationalisierung von Werten mit Wertorientierungen (→Kulturdimension).

Literatur: *Hofstede, G.*: Culture's Consequences. Comparing Values, Behaviors, Institutions and Organizations across Nations, 2. Aufl., Thousand Oaks etc. 2001.

Christoph I. Barmeyer

Near-the-Job Maßnahmen →Personalentwicklung, →Training

Nebenbeschäftigung

das von einem →Arbeitnehmer zusätzlich zu einem Hauptbeschäftigungsverhältnis eingegangene →Beschäftigungsverhältnis – häufig in der Form einer →geringfügigen Beschäftigung, aber auch als nebenberufliche Tätigkeit zum Beispiel von Handelsvertretern.

Nebenbeschäftigungen sind unter anderem dann genehmigungspflichtig, wenn durch ihre Ausübung die vertragliche →Arbeitspflicht des Hauptbeschäftigungsverhältnisses in unzulässiger Weise beeinträchtigt wird. Genehmigungskriterien können im →Arbeitsvertrag beziehungsweise in →Tarifverträgen oder →Betriebsvereinbarungen geregelt sein.

Axel Haunschild

Nebenleistungen

→Sozialleistungen des →Arbeitgebers beziehungsweise Aufwandsersatz für den →Arbeitnehmer bei Erfüllung der →Arbeitsaufgabe.

Eine exakte Trennlinie zwischen Haupt- und Nebenleistungen ist nicht immer möglich.

Silvia Föhr

Nebenpflichten

für die Vertragsparteien eines →Arbeitsvertrags durch die Rechtsprechung entwickelte Pflichten, die sich in den Oberbegriffen Fürsorgepflicht des →Arbeitgebers und Treuepflicht des →Arbeitnehmers zusammenfassen lassen (*Hromadka* und *Maschmann* 2002, § 6 Rn. 96/§ 7 Rn. 79).

Gesetzlich normiert ist die *Fürsorgepflicht* des Arbeitgebers zum Beispiel in § 618 BGB und § 62 HGB. Der Arbeitgeber hat nach diesen Vorschriften zur Vermeidung von Gefahren für Leib und Gesundheit der Arbeitnehmer dafür zu sorgen, dass die Arbeitsräume entsprechend beschaffen sind und von sämtlichen Betriebsmitteln keine mit zumutbarem Aufwand vermeidbaren Gefahren ausgehen. In der →Arbeitsstättenverordnung und dem →Arbeitsschutzgesetz einschließlich der dazu erlassenen Arbeitsschutzverordnungen sind diese Anforderungen konkretisiert worden.

Obhutspflichten kommen dem Arbeitgeber zu, sofern die Arbeitnehmer persönliche Sachen mit in den Betrieb bringen müssen, auf die sie während der →Arbeitszeit nicht achten können. Der Arbeitgeber hat weiter das Persönlichkeitsrecht des Arbeitnehmers nicht nur zu achten, sondern darüber hinaus dort zu schützen, wo eine Verletzung durch andere Betriebsangehörige (→Mobbing aus psychologischer Sicht, →Mobbing aus (arbeits-)rechtlicher Sicht) erfolgt oder droht. Zur Achtung des Persönlichkeitsrechts als Ausprägung der Fürsorgepflicht gehört auch die Problematik, inwieweit der Arbeitgeber – ungeachtet der Mitbestimmungsrechte (→Mitbestimmung) des →Betriebsrats – Überwachungsmaßnahmen ergreifen darf, zum Beispiel Torkontrollen, Überwachungskameras, Alkoholtests, Abhören von Telefonaten.

Die *Treuepflicht* des Arbeitnehmers ist eine allgemeine Interessenwahrnehmungs- und Unterlassungspflicht (→Informationspflichten). Der Arbeitnehmer ist zur Wahrung der betrieblichen Ordnung verpflichtet. Dazu gehört beispielhaft, dass sein äußeres Erscheinungsbild – insbesondere die Kleidung – den allgemeinen Erwartungen der Kunden oder der Geschäftspartner des Unternehmens entspricht, wenn der Arbeitnehmer das Unternehmen nach außen vertritt.

Zur betrieblichen Ordnung gehört ferner jedenfalls alles, was nach § 87 Abs. 1 Nr. 1 BetrVG mitbestimmungspflichtig ist. Auch wenn keine →Betriebsvereinbarung besteht, ist der Arbeitnehmer aufgrund seiner Treuepflicht gehalten, Alkoholgenuss oder Rauchen dort zu unterlassen, wo es sich auf betriebliche Abläufe oder betriebliches Eigentum auswirken kann. Er ist ferner gehalten, private Telefonate während der Arbeitszeit zu unterlassen oder Eigentum und Vermögen des Arbeitgebers anderweitig zu berühren, zum Beispiel durch private Nutzung des →Internets. Soweit es außerdienstliches Verhalten betrifft, kann die Treuepflicht den Arbeitnehmer nur in begrenzter Weise in seiner allgemeinen Handlungsfreiheit einschränken (§ 53 Rn. 120 ff., *Fiebig* 2004, § 1 Rn 373). Denn grundsätzlich gilt die Trennung von betrieblicher und privater Sphäre. Der Arbeitnehmer hat deshalb nicht sämtliche Verhaltensweisen im privaten Bereich zu unterlassen, die der Arbeitgeber subjektiv als nicht angemessen empfindet. Gleichwohl kann außerdienstliches Verhalten des Arbeitnehmers gegen die Treuepflicht verstoßen (und damit letztlich kündigungsrelevant werden), wenn die Interessen des Unternehmens konkret berührt werden, ohne dass insoweit ein berechtigtes Interesse des Arbeitnehmers ersichtlich wäre. So hat ein Arbeitnehmer sich auch im privaten Umfeld diskreditierender Äußerungen über das Unternehmen grundsätzlich zu enthalten.

Eine gewisse Identifizierung mit den Unternehmen darf von jedem Arbeitnehmer erwartet werden, nach der Rechtsprechung bei →leitenden Angestellten sogar in besonderem Maße, weil diese das Unternehmen verstärkt repräsentieren. Darüber hinaus gehört zur Treuepflicht die →Verschwiegenheitspflicht auch dann, wenn diese arbeitsvertraglich nicht ausdrücklich normiert ist. Das gilt jedenfalls für die Laufzeit des →Arbeitsvertrags. Für die Zeit nach Beendigung des Vertrags ist die Rechtslage umstritten, so dass aus Sicht des Arbeitgebers vorsorglich eine nachvertragliche Geheimhaltungsklausel in Arbeitsverträge aufgenommen werden sollte.

Literatur: *Fiebig, S.*: Handkommentar Kündigungsschutzgesetz, 2. Aufl., Baden-Baden 2004. *Hromadka, W.; Maschmann, F.*: Arbeitsrecht, Bd. 1, 2. Aufl., Berlin etc. 2002. *Richardi, R.* (Hrsg.): Münchener Handbuch zum Arbeitsrecht, 2. Aufl., München 2000.

Friedrich Meyer

Nebentätigkeit

nebenberufliche Tätigkeit, die zusätzlich zur Hauptbeschäftigung eines →Arbeitnehmers ausgeübt wird.

Nebentätigkeiten sind entgegen in der Praxis weit verbreiteter Auffassung nicht grundsätzlich verboten, sondern vielmehr grundsätzlich erlaubt. Während des Arbeitsverhältnisses (→Beschäftigungsverhältnis) gesetzlich verboten ist lediglich eine Konkurrenztätigkeit (→Wettbewerbsverbot). Auch durch arbeitsvertragliche Vereinbarung, die sich in nahezu allen →Arbeitsverträgen befinden, kann dem Arbeitnehmer eine Nebentätigkeit, die keine konkurriende Tätigkeit darstellt, nicht grundsätzlich verboten werden. Es verstößt gegen die in Art. 12 Grundgesetz (GG) verbürgte Berufsfreiheit, einem Arbeitnehmer für den privaten Bereich vorzuschreiben, Freizeit zu nehmen, statt anderweitig berufstätig zu sein.

Der Arbeitnehmer darf also grundsätzlich mehrere Arbeitsverhältnisse gleichzeitig innehaben. Die Grenze der erlaubten Nebentätigkeit liegt allerdings dort, wo die Hauptbeschäftigung durch die Nebentätigkeit berührt wird (BAG, Urteil vom 21.09.1999, NZA 2000, S. 273). Das ist bei einem von Montag bis Freitag arbeitenden gewerblichen Arbeitnehmer, der samstags in einem Getränkemarkt einige Stunden aushilft, der Fall. Bei einem LKW-Fahrer dagegen, der morgens um 6:00 eine Tour antreten muss, werden die betrieblichen Interessen beeinträchtigt, wenn er nachts zuvor in einem Lokal bis 3:00 kellnert.

Über solche konkreten und offensichtlichen Beeinträchtigungen hinaus erscheint es vertretbar, eine Nebentätigkeit immer dann nicht mehr als unschädlich anzusehen, wenn dadurch die vom →Arbeitszeitgesetz vorgesehenen Höchstgrenzen überschritten werden. Denn diesen Höchstgrenzen liegt die gesetzliche Einschätzung zugrunde, in welchem Umfang ein Arbeitnehmer →Arbeitszeit leisten kann, ohne physische oder psychische gesundheitliche Schäden zu erleiden.

Häufig finden sich in Arbeitsverträgen *Anzeige- oder Genehmigungspflichten* hinsichtlich etwaiger Nebentätigkeiten. Soweit der Arbeitnehmer verpflichtet wird, die Nebentätigkeit anzuzeigen, ist diese Anzeigepflicht nur wirksam, sofern es Nebentätigkeiten betrifft, die nach den vorstehenden Ausführungen nicht ausgeübt werden dürfen. Wird im Arbeitsvertrag die Nebentätigkeit von der vorherigen Zustimmung des →Arbeitgebers abhängig gemacht, hat der Arbeitnehmer einen Anspruch auf diese Zustimmung, wenn die Nebentätigkeit nach Vorstehendem zulässig ist. Geht der Arbeitnehmer einer Nebentätigkeit nach, welche die Hauptbeschäftigung beeinträchtigt, begeht er eine arbeitsvertragliche Pflichtverletzung, die – je nach Schweregrad – in der Regel mit einer →Abmahnung und späterer →Kündigung sanktioniert werden kann.

Friedrich Meyer

Negatives Feedback →Feedback, →Kritik

Neo-Fordismus → Fordismus

Neoklassisches Arbeitsmarktmodell → Arbeitsmarkttheorien

Neo-Liberalismus

Klasse von Denkschulen, die in unterschiedlicher Weise das freie Spiel von Marktprozessen zum Ausgangspunkt von Analysen und (wirtschafts-)politischen Empfehlungen machen.

Die Bezeichnung „neo-liberal" wird in der Regel allerdings nicht von den Vertretern dieser Denkrichtung, sondern von externen Beobachtern und Kritikern verwendet.

Man kann unterscheiden zwischen einen akademischen und einem politischen Neo-Liberalismus. Der *akademische Neo-Liberalismus* geht zurück auf ein internationales Symposium *Colloque Walter Lippmann* im Jahre 1938; dabei wurde von *Alexander Rüstow* auch der Begriff Neo-Liberalismus geprägt. Ziel der Konferenz, an der auch *Walter Eucken*, *Wilhelm Röpke* und *Friedrich August von Hayek* teilnahmen, war die Entwicklung eines Konzeptes, mit dem den Phänomenen des Totalitarismus und der Wirtschaftskrise begegnet werden könnte. Der Neo-Liberalismus sollte auf einer kritischen Analyse des klassischen Liberalismus aufbauen, indem die Marktform der unbehinderten Konkurrenz nach dem Laissez faire-Prinzip durch die dem Staat zugeschriebene Aufgabe, den institutionellen Rahmen des Wirtschaftsprozesses durch eine Wettbewerbsordnung zu regeln, eingeschränkt wird. Diese Grundidee ist in verschiedenen Varianten ausgebaut worden; man unterscheidet beispielsweise zwischen

– dem Ordoliberalismus der Freiburger Schule um *Walter Eucken*, *Franz Böhm* und *Hans Großmann-Doerth*,

– dem von *Alexander Rüstow*, *Wilhelm Röpke* und *Alfred Müller-Armack* vertretenen (und später von Vertretern des Kummunitarismus ausgebauten) soziologischen (Neo-)Liberalismus und

– dem evolutorischen (Neo-)Liberalismus um *Friedrich August von Hayek*.

Die Positionen unterscheiden sich vor allem danach, inwieweit der Staat auch Funktionen des sozialen Ausgleichs übernehmen soll und inwieweit Institutionen überhaupt als Ausdruck eines staatlichen „Ordnungswollen" und nicht als Ergebnis eines evolutorischen Prozesses verstanden werden sollten. Der *Ordoliberalismus* ist besonders einflussreich gewesen für das Konzept der sozialen Marktwirtschaft, das *Ludwig Erhard* als Wirtschaftsminister unter *Adenauer* propagiert hat.

Der *politische Neo-Liberalismus* ist jüngerer Natur; der Begriff wird vor allem von Vertretern gegnerischer Positionen verwendet, die um den Abbau des Sozialstaates fürchten und unterstellen, die Proponenten neo-liberaler Ideen würden wieder einer Laissez faire-Position das Wort reden (was dem akademischen Neo-Liberalismus ja gerade nicht entspricht). Der Begriff Neo-Liberalismus hat damit oft einen polemischen Unterton; er wird verknüpft mit einer angebotsorientierten Wirtschaftspolitik, einer Präferenz für privatwirtschaftliche Organisationsformen und einer optimistischen Betrachtung der →Globalisierung. Die Verfolgung solcher Konzepte in der politischen Auseinandersetzung hat zweifellos personalpolitische Implikationen; sie ist häufig verknüpft mit der Forderung einer →Deregulierung des →Arbeitsrechtes, der →Flexibilisierung der Löhne und einem Abbau von Lohnnebenkosten sowie einer Umstellung der Sozialversicherung von einem Kapitalumlage- auf ein Kapitaldeckungsverfahren. Ob das den Ideen des akademischen Neo-Liberalismus entspricht, muss dahingestellt bleiben. Immerhin ist aber festzustellen, dass auch ein so auf Marktprozesse vertrauender Ökonom wie *Milton Friedman* mit seinem Konzept der „negativen Einkommenssteuer" Vorschläge unterbreitet hat, wie ein Mindestmaß ein sozialer Sicherung aussehen kann.

Literatur: *Renner, A.*: Die zwei „Neoliberalismen", in: Fragen der Freiheit, (2000), H. 256, S. 2–17. *Willgerodt, H.*: Der Neoliberalismus – Entstehung, Kampfbegriff und Neuauflagenstreit, in: *Lenel, H.O.* (Hrsg.): Ordo. Jahrbuch für die Ordnung von Wirtschaft und Gesellschaft Bd. 57, Stuttgart 2006, S. 47–89. *Willke, G.*: Neoliberalismus, Frankfurt a. M. 2003.

Dodo zu Knyphausen-Aufseß
Lars Schweizer

Neotaylorismus

Umsetzung tayloristischer Prinzipen der →Arbeitsgestaltung in nicht von körperlicher →Arbeit geprägten Produktionsprozessen.

Zwar gibt es einfache Dienstleistungstätigkeiten (Wäscherei, Reinigungstätigkeiten) und tayloristisch organisierte Bürotätigkeiten (Schreibpools, Registratur) schon lange, erst aber die Industrialisierung von Dienstleistungen zum Beispiel in Fastfoodketten (→McJob) oder Call Centern markiert eine konsequente Wiederbelebung der auf *Taylor* (1911) zurückgehenden Ideen wie die →Arbeitsteilung in einfache Routinetätigkeiten oder die Trennung von „Handarbeit" und „Kopfarbeit".

Literatur: Taylor, F.W.: The Principles of Scientific Management, New York 1911.

Axel Haunschild

Nepotismus

abgeleitet vom lateinischen nepos für Enkel, Nachkomme, Neffe und bezeichnet seit der Antike bekannte Vergabe beziehungsweise Besetzung beruflicher Positionen und öffentlicher Ämter sowie die übermäßige Gewährung materieller und immaterieller Vorteile nach Maßgabe persönlicher Beziehungen (Verwandtschaft, Freunde) ohne Berücksichtigung der relevanten Kenntnisse und →Qualifikationen.

Im Zusammenhang mit Nepotismus kann nicht von einem wirklichen →Personalmanagement gesprochen werden, da die Personalentscheidung einzig auf der Basis persönlicher Verbundenheit getroffen wird. Der *Nepotismus* wird auch als Vettern- oder Günstlingswirtschaft bezeichnet.

Dodo zu Knyphausen-Aufseß
Lars Schweizer

Nettolohnvereinbarung

Übereinkunft zwischen den Arbeitsvertragsparteien, die besagt, dass der in der Regel vom →Arbeitnehmer zu tragende Teil der Lohn- und Kirchensteuer sowie der Sozialversicherungsbeiträge vom →Arbeitgeber übernommen wird.

Üblicherweise ist die von den Arbeitsvertragsparteien festgelegte Vergütung eine Bruttolohnvereinbarung, das heißt von diesem Lohn werden Steuern und Sozialabgaben vom Arbeitgeber selbstständig ans Finanzamt abgeführt, während der Rest (Nettolohn) an den Arbeitnehmer ausgezahlt wird.

Es ist allerdings im Rahmen der →Vertragsfreiheit auch möglich, die Vergütung gleich „netto" festzulegen. In diesem Fall wird die vereinbarte Vergütung zu einer entsprechend höheren Bruttolohnvereinbarung umgerechnet.

Dabei wird das Bruttogehalt so errechnet, dass nach Abführen der Steuern und Sozialabgaben der vereinbarte Nettolohn resultiert. Solche Verträge sind weniger üblich, werden aber durchaus bei Berufssportlern oder Künstlern (→Beschäftigungsverhältnisse von Künstlern) angewandt.

Literatur: *Daumke, M.*: Grundriß des deutschen Steuerrechts, 4. Aufl., Bielefeld 2000, S. 171.

Silvia Föhr

Nettovergleichsrechnung

Ansatz zur Berechnung des Gehaltes eines →Expatriates.

Ausgangspunkt der Nettovergleichsrechnung (auch *Balance-Sheet Approach* genannt) ist laut *Weber et al.* (2001) das Ziel, dass ins Ausland entsandte Mitarbeiter keine finanziellen Nachteile erleiden sollen. Dabei wird das bisherige (Inlands-)Gehalt in das zukünftige (Auslands-)Gehalt überführt, indem insbesondere die Lebensqualität und die Lebenshaltungskosten im Entsendeland berücksichtigt werden.

Vom Bruttojahresgehalt einer der Auslandsposition entsprechenden Inlandsposition werden Steuern, der Arbeitnehmeranteil der Sozialabgaben sowie Mietkosten abgezogen. Das resultierende Nettogehalt bildet die Grundlage für die Berechnung des →Kaufkraftausgleichs, ein Betrag, der sich aus dem Indexfaktor des Entsendelandes ergibt. Hinzu kommen eine Auslands- oder Erschwerniszulage entsprechend der Lebensqualität und den Umständen im Entsendeland und ein Mieteigenanteil. Zu diesem Auslandsnettoeinkommen werden dann noch erforderliche Steuern und Sozialabgaben addiert. Das Ergebnis stellt das Auslandsbruttojahreseinkommen dar.

Literatur: *Weber, W. et al.*: Internationales Personalmanagement, Wiesbaden 2001.

Rüdiger Kabst
Angelo Giardini

Netzwerkhandeln

kollektiv fokussiertes und energetisches Verhalten von sozialen Netzwerken, das unter anderem in Unternehmen zu beobachten ist.

Das Konstrukt Netzwerkhandeln schließt an die Forschung zu sozialen Netzwerken an. Soziale Netzwerke sind relationale Phänomene aus starken oder schwachen Beziehungen zwischen den Mitarbeitern. Sie sind zumeist informal, werden autonom durch →Füh-

Netzwerkhandeln

rungskräfte oder Mitarbeiter zusätzlich zur bestehenden formalen Struktur gebildet und bestehen aus hierarchisch horizontalen und vertikalen Beziehungen. Ein wesentliches Kennzeichen ist nach *Vogel* (2005), dass die informale, proaktive Initiative zur Netzwerkbildung auf einem gemeinsamen Ziel oder Anliegen der Netzwerkteilnehmer beruht. Die Umsetzung des gemeinsamen Anliegens soll produktiv die Verfolgung der Unternehmensziele unterstützen und damit zum Erfolg des Unternehmens beitragen.

Das zielorientierte, informal-proaktive Verhalten von Netzwerken und die damit verbundenen kollektiven Aktivitäten richten sich unter anderem auf die Initiierung von Veränderungsprozessen (*Nohria* 1992), die nicht in der formalen →Hierarchie und Planung vorgedacht wurden oder antizipiert werden konnten. Soziale Netzwerke können den Status Quo herausfordern, da sie in frühen Phasen von Veränderungsprozessen für die Netzwerkteilnehmer informell die Möglichkeit bieten, neue Ideen offen anzusprechen und erste Aktivitäten für innovative Konzepte zu initiieren. Durch ihre Reichweite in Unternehmen können sie umfassende Innovationen (→Technologischer Wandel) erzeugen, zum Beispiel schnittstellenübergreifende Prozesse oder strategische Neuausrichtungen auslösen beziehungsweise deren unternehmensweite Akzeptanz steigern.

Netzwerkhandeln kann in Anlehnung an Erkenntnisse aus verwandter Literatur anhand von zwei zentralen Dimensionen charakterisiert werden (*Vogel* 2003):

Die *energetische Dimension* verweist darauf, dass Netzwerkhandeln mit außergewöhnlich hohem, gemeinsamem Einsatz und intensiven Anstrengungen für die gemeinsamen Ziele verbunden ist (*von Cranach, Ochsenbein* und *Valach* 1986). Vier Aspekte können unterschieden werden:

1. Das kollektive Verhalten des Netzwerks hat eine starke gemeinsame Bedeutung für das Netzwerk. Die gemeinsamen Aktivitäten und Ziele heben sich kognitiv und emotional erheblich von Alltagssituationen ab.
2. Netzwerkhandeln kann als kollektiv selbstinitiatives und selbstgetriebenes Verhalten beschrieben werden, das nicht durch externe Stimuli aktiviert wird, sondern initiativ selbstgewählte Ziele verfolgt.
3. Netzwerkhandeln ist aufeinander bezugnehmendes, synergetisches Verhalten. Die Netzwerkmitglieder handeln im Sinne der gemeinsamen Netzwerkziele, knüpfen gegenseitig an Ideen und Aktivitäten an und erzeugen so synergetische Effekte.
4. Netzwerkhandeln ist durch außergewöhnliche, über das normale Engagement hinausgehende Anstrengungen gekennzeichnet. Zur Erreichung der gemeinsamen Ziele gehen handelnde Netzwerke an die Grenzen ihrer Belastbarkeit und Fähigkeiten.

Die *fokussierende Funktion* verweist auf die Gefahr, dass der hohe Einsatz und das starke Engagement in viele unterschiedliche Aktivitäten des Netzwerks fließen kann. Dadurch entsteht kein zielorientiertes kollektives Verhalten, sondern eher Aktivismus. Handeln von Netzwerken beinhaltet daher eine nachhaltige Kanalisierung der Anstrengungen, die sich durch vier Aspekte beschreiben lässt:

1. Netzwerkhandeln zeigt sich als gemeinsam vorausdenkende, langfristige Orientierung, welche die Antizipation zukünftiger Situationen und Handlungsalternativen einbezieht.
2. Kollektives Handeln umfasst die Verfolgung bewusst formulierter und gemeinsamer Ziele, die in Dringlichkeit und Umfang die Fähigkeiten und Einflussmöglichkeiten einzelner Mitarbeiter übersteigen.
3. Netzwerkhandeln zeichnet sich durch eine hohe gemeinsame Priorität für die Zielverfolgung aus. Netzwerkteilnehmer geben den Aktivitäten des Netzwerks Vorrang gegenüber anderen Handlungsmöglichkeiten.
4. Netzwerkhandeln zeigt sich in diszipliniertem und beharrlichem Verhalten. Handelnde Netzwerke konzentrieren sich – auch bei attraktiven Alternativzielen – entschlossen auf die Verfolgung der gemeinsamen Ziele oder begegnen Widerständen mit zusätzlichen Anstrengungen.

Das Konstrukt Netzwerkhandeln lässt sich daher zusammenfassend als kollektiv fokussiertes und energetisches Verhalten von sozialen Netzwerken kennzeichnen.

Neben der Beschreibung des Phänomens ist für Unternehmen entscheidend, durch welche Faktoren Netzwerkhandeln entsteht. *Empirische Ergebnisse* sowie Erkenntnisse aus der Netzwerkforschung verweisen auf das Zusammenspiel von drei unterschiedlichen Variablengruppen (Abbildung 1), die Netzwerkhandeln entstehen lassen.

Abbildung 1: Modell zur Entstehung von Netzwerkhandeln (*Vogel* 2003, S. 204)

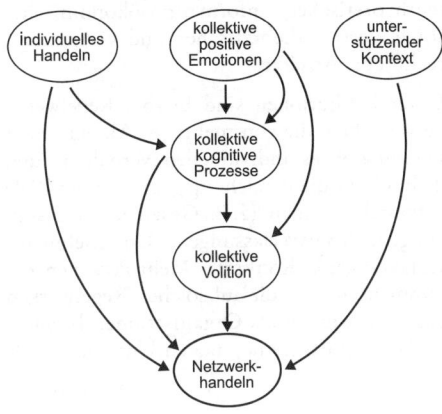

Faktoren mit einem *netzwerkinternen Referenzpunkt* bilden den Kern der Entstehung von Netzwerkhandeln. *Gemeinsame kognitive Prozesse des Netzwerks* umfassen Aspekte wie Kommunikations- und Koordinationsprozesse (→Kommunikation, →Kooperation) oder die übereinstimmende Interpretation von Ereignissen. Prägnante übereinstimmende Vorstellungen über Geschehnisse und Initiativen im Unternehmen im Sinne von gemeinsamen mentalen Modellen können die kollektiven Anstrengungen verstärken, da sie klare gemeinsame Bezugspunkte bilden. Zudem zeigen sich bei handelnden Netzwerken anspruchsvolle und verpflichtende, präzise Ziele, die aktivierend wirken und zugleich eine Voraussetzung für eine starke gemeinsame Willenskraft sind. Soziale Netzwerke zeichnen sich nicht nur durch rational-kognitive Prozesse aus. Vielmehr entstehen *kollektive Emotionen* (*Barsade* und *Gibson* 1998) (→Aktionstheorie der Motivation) durch übereinstimmende emotionale Bewertungen und Erfahrungen des Netzwerks sowie emotionale Ansteckungsprozesse („Contagion"). Kollektive positive Emotionen wie zum Beispiel emotionsbasiertes →Vertrauen, Enthusiasmus oder Spaß des Netzwerks können durch ihre aktivierende Wirkung den Einsatz und das Engagement des Netzwerks positiv beeinflussen. Das Erleben kollektiver positiver Emotionen wirkt sich förderlich auf kognitive Prozesse, zum Beispiel die anspruchsvolle Zielsetzung oder das →Commitment des Netzwerks

und damit dessen gemeinsame Willenskraft aus. Erste Erkenntnisse der auf kollektiver Ebene noch am Anfang stehenden Volitionsforschung zeigen, dass sich bei informalen Akteuren wie Netzwerken *kollektive →Volition* beziehungsweise eine gemeinsame Willenskraft herausbilden kann. Von kollektivem Willen kann gesprochen werden, wenn eine unbedingte, gegenseitige Verpflichtung zur Umsetzung der Netzwerkziele entsteht. Die Willenskraft ist dafür verantwortlich, dass gemeinsame Intentionen tatsächlich realisiert und Handlungen dauerhaft aufrecht erhalten werden (*Heckhausen* 1989). Die gemeinsame Willenskraft kanalisiert zudem die aus kognitiven Prozessen und Emotionen entstehende kollektive Einsatzbereitschaft. Die Willenskraft eines Netzwerks zeigt sich spezifisch in einem gemeinsamen Commitment zu den Netzwerkzielen und -aufgaben sowie dem gemeinsamen Beharrungsvermögen und zusätzlichen Anstrengungen, wenn Schwierigkeiten auftreten. Beide Aspekte sorgen insbesondere für eine Fokussierung von Netzwerkhandeln.

Neben den netzwerkinternen Variablen ist das *individuelle zielorientierte Handeln* der Netzwerkteilnehmer eine Voraussetzung für Netzwerkhandeln. Die einzelnen Netzwerkteilnehmer ordnen die eigenen Ziele dem gemeinsamen Anliegen unter, wenn dieses für sie eine außerordentliche Bedeutung hat. Entsprechend engagieren sich individuelle Führungskräfte und Mitarbeiter initiativ, zielbewusst und beharrlich für die kollektive Zielverfolgung des Netzwerks.

Die *positive Wahrnehmung der derzeitigen und zukünftigen Rahmenbedingungen* des Netzwerks bildet eine weitere Einflussgröße auf das Netzwerkhandeln. Das soziale Kapital eines Netzwerks spielt eine wesentliche Rolle, zum Beispiel für die Bestätigung von außen, auf dem richtigen Weg zu sein, für den Aufbau von Vertrauen im Unternehmen und für den Zugang zu zusätzlichen Ressourcen. Darüber hinaus ermöglichen förderliche Rahmenbedingungen wie die Unterstützung durch das Top Management beziehungsweise Führungskräfte oder der Grad an wahrgenommener Handlungsfreiheit, die Eigeninitiative. Dies unterstützt die Mobilisierung von außerordentlichen Anstrengungen sowie das Festhalten an der Zielumsetzung.

Eine zentrale *Herausforderung für Führungskräfte* ist darin begründet, dass durch den informalen Charakter sozialer Netzwerke und die Bedeutung der genannten netzwerkinternen Faktoren die direkte Beeinflussung oder Anordnung kollektiven Handelns sozialer Netzwerke in Unternehmen nur eingeschränkt möglich ist. Führungskräfte können über die Gestaltung förderlicher Situationen Einfluss nehmen. Netzwerkaktivierende *Rahmenbedingungen* beinhalten Anregungen und Voraussetzungen für kognitive, emotionale und volitionale Prozesse und damit das Handeln von Netzwerken.

Wesentliche Einflussmöglichkeiten für das Management sind die Formulierung ausdrücklich kollektiv zu erreichender, anspruchsvoller Ziele und Visionen für das Unternehmen sowie das Vorleben eines gemeinsamen diszipliniert Realisierungsstrebens. Ein weiterer Ansatzpunkt liegt in der Verbesserung der Beziehungsfähigkeit der Führungskräfte und Mitarbeiter durch die Erleichterung des Informationsflusses und die qualitative und quantitative Steigerung der Beziehungsmöglichkeiten, beispielsweise über das Zulassen von grenzüberschreitenden Kooperationen in Projekten oder unternehmensweiten Managemententwicklungsaktivitäten. Sichtbare Unterstützungsleistungen wie der Abbau von formalen, standortbezogenen Barrieren oder die Ressourcenbereitstellung für Veränderungsinitiativen, die aus Netzwerken entstanden sind, können entscheidende Impulse für zukünftiges fokussiert energetisches Handeln von Netzwerken sein.

Literatur: *Barsade, S. G.; Gibson, D. E.:* Group Emotion: A View from Top and Bottom, in: *Gruenfeld D.; Mannix, E.; Neale, M.* (Hrsg.): Research on Managing Groups and Teams, Stanford 1998, S. 81–102. *Heckhausen, H.:* Motivation und Handeln, 2. Aufl., Berlin etc. 1989. *Nohria, N.:* Is a Network Perspective a Useful Way of Studying Organizations?, in: *Nohria, N.; Eccles, R. G.* (Hrsg.): Networks and Organizations, Boston 1992, S. 1–22. *Vogel, B.:* Netzwerkhandeln in Veränderungsprozessen. Konstruktbildung, Modellentwicklung und empirische Überprüfung, Wiesbaden 2003. *Vogel, B.:* Linking for Change: Network Action as Collective, Focused and Energetic Behaviour, in: Long Range Planning, 38. Jg. (2005), H. 6, S. 531–53. *von Cranach, M.; Ochsenbein, G.; Valach, L.:* The Group as a Self-Active System: Outline of a Theory of Group Action, in: European Journal of Social Psychology, 16. Jg. (1986), H. 3, S. 193–229.

Bernd Vogel

Netzwerkkompetenz →Kompetenz

Neue Institutionenökonomik

beschäftigt sich mit der Erklärung der Entstehung und Persistenz von Institutionen und →Organisationen mithilfe transaktionskostentheoretischer, informationsökonomischer sowie vertragstheoretischer und verfügungsrechtlicher Ansätze.

Unter Institutionen sind hierbei Regelwerke zu verstehen, die von mehreren Akteuren zur Lenkung ihres individuellen Verhaltens und dadurch für die Erreichung gemeinsamer Ziele aufgestellt werden (z. B. Gesetze, Vereinssatzungen, Staatsverfassungen, Unternehmensverfassungen). Konkrete Mehr-Personen-Zusammenschlüsse, die auf solchen Regelwerken basieren, werden als Organisationen bezeichnet (z. B. Sportvereine, Staaten, Unternehmen).

Matthias Kräkel

Neuere Lerntheorien

Ansätze, die eine Abgrenzung und Weiterentwicklung gegenüber dem →Behaviorismus leisten, um Verhalten und Verhaltensänderung zu erklären.

Insbesondere zählen dazu der →Konstruktivismus, der →Kognitivismus und Ansätze sozialen →Lernens (→Teamlernen) sowie handlungsorientierte Ansätze (→Action Learning). In neueren →Lerntheorien werden Wahrnehmungsphänomene und Wirklichkeitsinterpretationen, Erwartungen, kognitive Landkarten, aber auch eigene Handlungen sowie Interaktionen in sozialen Gemeinschaften ins Zentrum der Betrachtung gestellt.

Literatur: *Baumgart, F.* (Hrsg.): Entwicklungs- und Lerntheorien, 2. Aufl. Bad Heilbrunn 2001.

Uta Wilkens

Neurolinguistisches Programmieren (NLP)

untersucht menschliche Kommunikationsprozesse und beschreibt verschiedene Methoden und Modelle, die es ermöglichen, →Kommunikation bewusst und gezielt einzusetzen.

Die Begründer des Neurolinguistischen Programmierens (NLP), der Mathematiker und Psychologe *Bandler* und der Sprachwissenschaftler *Grinder*, begannen um 1970, die Verhaltensmuster erfolgreicher Therapeuten (*Virginia Satir, Fritz Perls, Milton H. Erickson*) und deren Wirkung auf ihre Patienten zu analysieren und zu systematisieren. Sie interessierten sich für die von den Therapeuten verwendeten Sprachmuster und für die besondere Begabung der Therapeuten, Menschen durch Kommunikation zu verändern (*Maron* 1979). Die Grundannahme ihrer Interpretation war, dass der Mensch die Umwelt nicht nur mit seinen Sinnen, sondern mit seiner gesamten Neurologie, also mit der Einheit von Sinnen, Nerven und dem Gehirn, wahrnimmt, verarbeitet und sprachbasiert in „inneren Landkarten" abbildet. Gerade diese sprachlichen Muster und Strukturen (Linguistik) können kommuniziert, verändert und daher auch beeinflusst werden. Ziel von NLP ist es, diese Zusammenhänge zu nutzen, um sowohl die internen Verarbeitungsprozesse als auch das daraus resultierende gewohnheitsmäßige Verhalten in gewünschte Richtungen zu verändern. Auf Grundlage ihrer Untersuchungen stellten *Bandler* und *Grinder* (1975a, 1975b), *Grinder* und *Bandler* (1976) sowie *Grinder, DeLozier* und *Bandler* (1977) →Hypothesen darüber auf, wie sich der Veränderungsprozess im Menschen genau vollzieht und wie er durch bestimmte Methoden der nonverbalen und verbalen Kommunikation – also etwa den spezifischen Gebrauch der Sprache oder die Schulung der Entscheidungsfindung – gezielt herbeigeführt werden kann.

NLP wird laut *Ludwig* und *Menendez* (1985) auf fast alle Bereiche, in denen Kommunikation ein Schlüsselfaktor ist, angewendet: beispielsweise Erziehung, Psychotherapie, Verkauf, Management, Verwaltung und →Coaching. Inhalte von NLP-Seminaren sind unter anderem Konfliktanalyse und Konfliktlösungsstrategien, Umgang mit Blockaden, Moderationstechniken, Denkstrategien, Entscheidungsfindung, Typanalyse, Kommunikationstraining und NLP-basierte Techniken zur Verhaltensbeeinflussung. *Primäres Ziel* ist zunächst die individuelle Selbsterfahrung der Teilnehmer, insbesondere die Erkenntnis, wie man sich an andere Personen anpassen oder wie man ihnen gegenüber die Führung (→Mitarbeiterführung) übernehmen kann. Als Nutzen von NLP für Unternehmen werden die Verbesserung von innerbetrieblicher Kommunikation, Arbeitsmotivation (→Motivation), Lernerfolg und gemeinsamer Ausrichtung auf die Unternehmensvision (→Vision) sowie der Abbau von Ängsten vor Veränderung genannt. Für den Kontakt mit Kunden und Geschäftspartnern soll durch NLP ein sichereres Auftreten erzielt werden, indem Mitarbeiter lernen, nonverbale Signale der Geschäftspartner genau zu beobachten und zu interpretieren, so dass eine effektive und kreative Kommunikation möglich wird.

Kritisiert wird NLP vor allem von Seiten der Wissenschaft, da die Lehre zwar Elemente aus anerkannten Theorien enthält, aber insgesamt nicht besonders präzise erscheint, kein eindeutiges theoretisches Gerüst aufweist, heuristische Verfahren kombiniert und von einigen Anbietern auch mit esoterischen Lehren vermengt wird. Die Wirkung von NLP kann nicht ausgewiesen werden, da empirische Studien zu diesem Thema meist den Minimalanforderungen an einen Wirksamkeitsnachweis nicht genügen. NLP-Ausbildungen sind national und international unterschiedlich geregelt, so dass vor Scharlatanen gewarnt wird. NLP-Verbände haben daher Ethik-Richtlinien sowie Richtlinien zum Erwerb einzelner Titel festgelegt, die Transparenz über die →Qualifikation des →Trainers schaffen sollen.

Literatur: *Bandler, R.; Grinder, J.*: The Structure of Magic, Bd. 1, Palo Alto 1975a. *Bandler, R.; Grinder, J.*: Patterns of the Hypnotic Techniques of Milton H. Erickson, Bd. 1, Cupertino, 1975b. *Grinder, J.; Bandler, R.*: The Structure of Magic, Bd. 2, Palo Alto 1976. *Grinder, J.; DeLozier, J.; Bandler, R.*: Patterns of the Hypnotic Techniques of Milton H. Erickson, Bd. 2, Cupertino, 1977. *Maron, D.*: Neurolinguistic Programming: The Answer to Change?, in: Training and Development Journal, 33. Jg. (1979), H. 10, S. 68–71. *Ludwig, J.; Menendez, D.*: Effective Communication Through Neurolinguistics, in: Training and Development Journal, 39. Jg. (1985), H. 3, S. 44–48.

Volker Stein

New Pay

Vergütungssysteme, die von der üblichen Lohnstruktur mit Grund-, Leistungs- und Soziallohn abweichen.

Zu New Pay werden unter anderem qualifikationsabhängige Entgeltsysteme oder auch pensumorientierte Löhne gezählt. Gemeinsam ist diesen Entgeltvarianten eine höhere →Flexibilität bei der Entlohnung sowie ein genauerer Zuschnitt auf die mit einem Entlohnungssystem verbundenen Zielsetzungen.

Silvia Föhr

Nichtigkeit des Arbeitsvertrags

bedeutet, dass ein →Arbeitsvertrag nicht wirksam zustande gekommen ist.

Eine Nichtigkeit des Arbeitsvertrags kann sich aus unterschiedlichen Gründen ergeben (*Richardi* 2000, § 46 Rn. 2; *Zöllner* und *Loritz* (1998), § 11 II 1a). Nach § 142 BGB ist ein Rechtsgeschäft nichtig, wenn es wirksam angefochten wurde. Während § 142 BGB indes eine rückwirkende Nichtigkeit anordnet, würde diese im Arbeitsverhältnis als Dauerschuldverhältnis zu gravierenden Schwierigkeiten bei der Rückabwicklung der erbrachten Leistungen führen. Deshalb geht die Rechtsprechung von Nichtigkeit nur für die Zukunft aus. Für die Vergangenheit bis zum Zeitpunkt der →Anfechtung besteht ein so genanntes fehlerhaftes (→faktisches) Arbeitsverhältnis (→Beschäftigungsverhältnis). Das gilt nach einer neueren Entscheidung des Bundesarbeitsgerichts dann nicht, wenn das Arbeitsverhältnis – etwa wegen Erkrankung des →Arbeitnehmers – von Anfang an nicht in Kraft gesetzt wurde. Ist die Vereinbarung zur Vergütung wegen Lohnwuchers gemäß § 138 Abs. 2 BGB sittenwidrig, so folgt daraus nicht die Nichtigkeit des Arbeitsvertrags, sondern eine bloße Teilnichtigkeit. § 139 BGB, nach dem das restliche Geschäft ebenfalls von der Nichtigkeit erfasst wird, wenn anzunehmen ist, dass es ohne den nichtigen Teil nicht abgeschlossen worden wäre, findet keine Anwendung. Stattdessen bleibt der →Arbeitsvertrag wirksam, und lediglich die sittenwidrige Vergütungsregelung wird durch die gesetzliche Regelung des § 612 BGB ersetzt, nach dem mangels Vereinbarung der Vergütungshöhe die übliche Vergütung als geschuldet gilt. Nichtig ist auch ein Arbeitsvertrag, der gegen ein gesetzliches Verbot verstößt, zum Beispiel § 1 Abs. 2, 3 Schwarzarbeitbekämpfungsgesetz (SchwarzArbG).

Literatur: *Richardi, R.* (Hrsg.): Münchener Handbuch zum Arbeitsrecht, 2. Aufl., München 2000. *Zöllner, W.; Loritz, K.-G.*: Arbeitsrecht, 5. Aufl., München 1998.

Friedrich Meyer

Nichtkontinuierliche Schichtarbeit

→Schichtarbeit, die nicht kontinuierlich rund um die Uhr und am Wochenende geleistet wird (→Diskontinuierliche Schichtarbeit).

Es gibt das Dreischicht-Modell (→Dreischichtbetrieb) ohne Wochenende oder das noch häufiger verbreitete Zwei-Schicht-Modell. Mehr als 5 Millionen Beschäftigte arbeiten in Deutschland im Zwei-Schicht-Modell mit Früh- und Spätschicht.

Désirée H. Ladwig

Nominalskala

Ausprägung des →Skalenniveaus.

Nominalskalen, die synonym auch als Kategorialskalen bezeichnet werden, erlauben die Bestimmung von Gleichheit und Verschiedenheit und damit die Klassifikation von Merkmalsklassen. Die Bezeichnung der einzelnen Klassen ist willkürlich und die Reihenfolge gleichgültig. Eine Nominalskala liegt zum Beispiel bei der Kodierung des Merkmals Geschlecht in einer Datenbank mit den Ziffern 1 und 2, den KFZ-Kennzeichen sowie der Nummerierung von Trikots bei Fußballspielern vor. Für eine formale Definition siehe Skalenniveau.

Benedikt Hell

Normalarbeitsverhältnis

gesellschaftlich etablierte und dominierende Vorstellung darüber, welche Merkmale ein Arbeitsverhältnis (→Beschäftigungsverhältnis) aufweisen muss, damit es als „normal" angesehen werden kann.

Die Institution Normalarbeitsverhältnis hat sich in den letzten 100 Jahren herausgebildet und viele Jahrzehnte einen Großteil der →faktischen Arbeitsverhältnisse charakterisiert. Der Arbeitsrechtler *Däubler* sah 1988 das Normalarbeitsverhältnis durch folgende sieben Merkmale gekennzeichnet:

1. Es wird Vollzeit gearbeitet (1988: 37 bis 40 Stunden), was im Grundsatz die materielle Basis des Einzelnen und seiner Familie sichert.

2. Es gibt einen Normalarbeitstag von acht Stunden, er beginnt zwischen 6:00 und 8:30 Uhr, und es gilt die Fünftagewoche.

3. Es erfolgt eine monatliche Vergütung.

4. Die Tätigkeit erfolgt im Betrieb oder einer Dienststelle mit einer gewissen Mindestgröße (fünf bis sechs Personen).

5. Es herrscht ein gewisser Bestandsschutz (→Kündigungsschutz, →Abfindung).

6. Die Vergütung erfolgt vorwiegend in Abhängigkeit von →Qualifikation und Beschäftigungsdauer.

7. Löhne und Arbeitsbedingungen sind Gegenstand kollektiver Verhandlungen.

Diese 15 Jahre alte Charakterisierung zeigt, dass ein so verstandenes Normalarbeitsverhältnis heute nicht mehr die Mehrheit der →Beschäftigungsverhältnisse umfasst (→Beschäftigungsformen). Dennoch aber ist die Institution Normalarbeitsverhältnis nicht bedeutungslos geworden.

Neben der Vollbeschäftigung ist die *Unbefristetheit* ein zentrales Charakteristikum des Normalarbeitsverhältnisses. Die Unbefristetheit bedeutet allerdings nicht zwangsläufig eine lebenslange Beschäftigung; vielmehr ist entscheidend, dass beide Vertragsparteien zunächst einmal von einem Fortbestand des Beschäftigungsverhältnisses ausgehen und auch vertraglich das Ende des →Arbeitsvertrags offen gelassen wird.

Jenseits der vertraglichen Festlegung der Vertragsdauer eines Arbeitsverhältnisses war und ist Bestandteil des Normalarbeitsverhältnisses, dass beide Vertragsparteien sich zunächst einmal darauf verlassen können, dass der jeweils andere an einer längerfristigen vertraglichen Bindung interessiert ist. Dies lässt sich nach *Rousseau* (1995) als impliziter Vertragsbestandteil des psychologischen Vertrags bezeichnen.

Auch wenn gerade im Bereich der →Arbeitszeit Flexibilisierungstendenzen (→Flexibilisierung) die genannten Normalitätsvorstellungen zur Ausnahme haben werden lassen (→Zeitmanagement), ist heutzutage nach wie vor der Großteil der Beschäftigungsverhältnisse Vollzeit und unbefristet, es erfolgt die regelmäßige Zahlung einer existenzsichernden Vergütung, die Arbeitszeit ist abgegrenzt von einer Nicht-Arbeitszeit, und die →Arbeitsleistung wird an einem betrieblichen oder aber für die Ausübung der Tätigkeit typisch definierten Arbeitsort erbracht.

Aufgrund der Ausrichtung der Sozialversicherungssysteme an so gestalteten Arbeitsverhältnissen hat das Normalarbeitsverhältnis eine faktische Relevanz für alle Erwerbstätigen. Außerdem stellt das Normalarbeitsverhältnis nach *Bosch* (2001) nach wie vor den gedanklichen Referenzpunkt für die Einordnung und Bewertung von Beschäftigungsverhältnissen dar. Schließlich ist die durch das Normalarbeitsverhältnis transportierte Vorstellung von Erwerbsarbeit tief in der Gesellschaft verwurzelt. Dies betrifft beispielsweise die sich aufgrund arbeitsweltlicher Strukturen nur sehr langsam wandelnde Vorstellung über familiäre →Arbeitsteilung, die Ausrichtung der individuellen Lebensgestaltung am Erwerbsleben und die identitätsprägende Kraft von am Normalarbeitsverhältnis ausgerichteten →Erwerbsbiographien.

Die viel diskutierte Erosion des Normalarbeitsverhältnisses findet nach *Mückenberger* (1985) insofern statt, als sich einerseits die zu seiner Charakterisierung herangezogenen Merkmale lockern und die Verbreitung →atypischer Beschäftigungen langsam, aber kontinuierlich zunimmt. Andererseits ist die gesellschaftliche Verankerung dieser Institution tief (→Beschäftigungssysteme), so dass das Normalarbeitsverhältnis noch lange eine prägende Rolle in unserer Gesellschaft spielen wird.

Literatur: *Bosch, G.*: Konturen eines neuen Normalbeitsverhältnisses, in: WSI Mitteilungen, 54. Jg. (2001), S. 219–230. *Däubler, W.*: Perspektiven des Normalarbeitsverhältnisses, in: Arbeit und Recht, 36. Jg. (1988), S. 302–308. *Mückenberger, U.*: Die Krise des Normalarbeitsverhältnisses. Hat das Arbeitsrecht noch Zukunft?, in: Zeitschrift für Sozialreform, 31. Jg. (1985), H. 7, S. 415–434, und H. 8, S. 457–474. *Rousseau, D. M.*: Psychological Contracts in Organizations, Newbury 1995.

Axel Haunschild

Normalarbeitszeit →Flexible Arbeitszeit

Normalleistung

stammt aus dem Bereich der Arbeitsstudien und bezeichnet das Leistungsniveau, das bei einem voll eingearbeiteten Beschäftigten unter normalen Bedingungen und mittleren persönlichen Voraussetzungen über einen längeren Zeitraum hinweg im Durchschnitt erwartet werden kann (→REFA-Zeitschema).

Die Normalleistung wird als Referenzwert für die Festsetzung von leistungsabhängigen variablen Entgelten (→Zeitakkord, →Prämienlohnsysteme) genutzt. Es wird in der Regel davon ausgegangen, dass bei leistungsabhängiger Vergütung die Normalleistung unter der Durchschnittsleistung liegt.

Markus Gmür

Normatives Commitment →Commitment

Normen und Werte

bezeichnen grundlegende Richtlinien und Handlungsanleitungen von Individuen und/oder →Gruppen von Menschen (z. B. Land oder Unternehmen).

In Unternehmen sowie allen anderen gesellschaftlichen Institutionen sind Menschen ständig vor das Problem gestellt, Entscheidungen zu treffen. Bei ihren Entscheidungen orientieren sie sich dabei zum einen an der Gesamtheit faktisch herrschender Normen und Werte, die allgemein verbindlich Anerkennung finden und für die Mitglieder dieser Gemeinschaft handlungsanleitend wirken (Moral). Zum anderen orientieren sie sich bei Entscheidungen an ihren individuellen Normen- und Wertegefügen und der damit verbundenen Akzeptanz, sich entsprechend dieser verinnerlichten Werte und Normen zu verhalten (Ethos). Normen und Werte machen insofern den zentralen Inhalt beziehungsweise Betrachtungsgegenstand eines jeden unternehmerischen Entscheidungsprozesses aus, unterscheiden sich jedoch voneinander (Ulrich 2001).

Werte gehen Normen in der Regel voraus und liegen diesen zugrunde. Sie bilden die Grundlage menschlichen Moralempfindens und bezeichnen explizite oder implizite Auffassungen, Lebensinhalte, Handlungsziele und Sinndeutungen, die eine Gruppe oder ein Individuum von Wünschenswertem hegen und welche mittel- oder unmittelbaren Einfluss auf die Wahl möglicher Ziele, Verhaltensweisen und Handlungsalternativen ausüben. Werte sind nicht angeboren, sondern werden durch die formale Erziehung und die Vielzahl sozialer Kontakte in einer Gesellschaft erlernt.

Auch Unternehmen bauen letztlich auf Werten auf, die ihre grundlegenden Auffassungen und Handlungsausrichtungen beschreiben. Diese Werte werden von den Mitarbeitern im Laufe ihrer Unternehmenszugehörigkeit aufgenommen und kritisch reflektiert, um später geteilt oder zurückgewiesen zu werden. Oftmals werden die Grundwerte eines Unternehmens in eine kodifizierte Form überführt. Dieser Wertekanon wird in der Regel als →Vision bezeichnet und soll internen und externen Stakeholdern als Orientierung für künftige Handlungen des Unternehmens dienen. Die Vision beschreibt insofern die wertbehaftete Leitidee eines Unternehmens und richtet den Blick in die Zukunft (Berkel und Herzog 1997). Werte wie Erfolg, Authentizität, Menschlichkeit, Offenheit, Sympathie und Klarheit stellen praktische Beispiele für den in einer Vision kodifizierten Wertekanon eines deutschen Automobilherstellers dar.

Problematisch ist, dass Werte oftmals sehr allgemein und interpretationsbedürftig sind. Um wirklich handlungsanleitende Wirkung und praktische Geltung zu erlangen, müssen Werte deshalb normiert werden. Normen sind insofern rechtliche und moralische Grundsätze, welche alle oder nur einige Mitglieder eines Unternehmens situationsabhängig oder situationsunabhängig dazu auffordern, bestimmte Handlungen herbeizuführen oder zu unterlassen. Sie stellen die Richtschnur des Handelns dar und regeln auf Basis der Werte den Umgang in der kommunikativen Praxis von Unternehmen und bei der Behandlung von Personen und Dingen. Normen können expliziten oder impliziten Charakter haben. Die Einhaltung von Normen ist in der Regel verbindlich und wird belohnt oder sanktioniert.

Normen finden sich in allen Bereichen des gesellschaftlichen Lebens. Beispiele für explizite Normen sind gesetzliche Vorschriften (Grundgesetz, BGB), technische Normen (DIN-Normen, ISO-Normen), politische Normen (Demokratieprinzip, Mehrheitsprinzip), religiöse Normen (Zehn Gebote), ethische Richtlinien (kategorischer Imperativ) sowie ökonomische Normen (Rationalprinzip). In Unternehmen finden sich Normen beispielsweise in Form von Führungsleitlinien, Beschaffungsrichtlinien, Planungsvorgaben, Vergütungskriterien oder Verhaltenskodizes (Codes of Conduct). Neben diesen expliziten Normen spielen im Rahmen der Handlungskoordination in Unternehmen implizite Normen eine nicht zu unterschätzende Rolle (z. B. fairer Umgang miteinander).

Normen haben verschiedene *Funktionen* in Unternehmen. Zum einen dokumentieren Unternehmen mit Normen ihren Willen, bestimmte Werte praktisch zur Geltung zu bringen und Mitarbeitern eine klare Orientierung für ihre Handlungen zu geben (z. B. Korruptionsverbot oder Verbot der Kinderarbeit). Normen erleichtern insofern die Entscheidungen des einzelnen Mitarbeiters und ermöglichen eine geordnete Zusammenarbeit im Unternehmen. Normen bieten innerhalb und zwischen verschiedenen Abteilungen eine Integrations- und Koordinationsfunktion und stabilisieren die Erwartungen der Mitarbeiter. Durch die Anwendung von Normen werden Mitarbeiter zudem von einem dauernden Reflektieren über das „Richtig" oder „Falsch" ihrer Handlungen entlastet. Sie müssen nur in Konfliktsituationen bestimmte Normen kritisch hinterfragen. Gleichwohl schränken Normen stets die individuelle Freiheit von

Menschen ein und bei einer Übernormierung kann es zu einem Nachlassen der kritischen Reflexionsbereitschaft kommen.

Die Beschäftigung mit Normen und Werten erscheint unumgänglich für Unternehmen und ihre →Führungskräfte, denn letztlich fließen in jede Entscheidung individuell geprägte Wert- und Normvorstellungen als „moralische Vorprägungen" der Entscheidungsträger ein (*Kreikebaum* 1996). Sie bieten Ansatzpunkte für eine gezielte ethische Reflexion. Beim Entscheidungsprozess nehmen sie Einfluss auf die Informationssuche, -verarbeitung und -bewertung, die der konkreten Entscheidung vorausgehen. Einen „moralfreien Raum" gibt es demnach für unternehmerische Entscheidungen nicht. Diese Sichtweise eröffnet insbesondere für internationale Unternehmen eine große Herausforderung, denn auf interkultureller Ebene fehlt zumeist eine gemeinsame moralische Basis zwischen den Mitarbeitern aus verschiedenen Ländern. Es gilt dann zu untersuchen, welche Normen und Werte Entscheidungsträgern als Orientierungsrahmen für die Handhabung von →Konflikten dienen können und sollen. Insbesondere eine fundierte →Unternehmensethik bietet hier eine Orientierung hinsichtlich der normativen Prinzipien, an denen Entscheidungsträger ihre Handlungen ausrichten können, um mit diesen verschiedenen Norm- und Wertvorstellungen konstruktiv umzugehen.

Zusammenfassend lässt sich festhalten, dass die Abgrenzung zwischen Normen und Werten in der Unternehmenspraxis nicht immer eindeutig ist. Entscheidend ist, dass Normen konkrete Handlungsanleitungen darstellen, die sich aus den jeweiligen individuellen und/oder kollektiven Wertesystemen ableiten lassen. Im Laufe der Zeit können sich Normen und Werte wandeln. Es bezeichnet deshalb einen der wesentlichen Aufgaben von Führungskräften, Normen und Werte kritisch zu reflektieren und zu kommunizieren, damit sie tatsächlich Wirkung im Unternehmen entfalten können.

Literatur: *Berkel, K.; Herzog, R.*: Unternehmenskultur und Ethik, Heidelberg 1997. *Kreikebaum, H.*: Grundlagen der Unternehmensethik, Stuttgart 1996. *Ulrich, P.*: Integrative Wirtschaftsethik – Grundlagen einer lebensdienlichen Ökonomie, 3. Aufl., Bern, Stuttgart, Wien 2001.

Dirk Ulrich Gilbert

Normierung

→Gütekriterium zur Beurteilung von psychologisch-diagnostischen →Tests und Fragebögen.

Ergebnis einer Normierung sind so genannte *Normen* (→ Normen und Werte), auch bezeichnet als *Normwerttabellen* oder *Eichwerttabellen*, die üblicherweise als Bezugssystem zur Relativierung eines individuellen Testergebnisses herangezogen werden; auch *Eichung*.

Der Ablauf einer Normierung sieht nach der Erhebung einer *Normierungsstichprobe* eine Analyse der Testwerte hinsichtlich ihrer statistischen Verteilung vor. Anschließend ist festzusetzen, ob Normen für die Gesamtgruppe (Einfachnormen) oder aufgeschlüsselt für Teilstichproben (→Gruppennormen), etwa nach Geschlecht, Alter oder →Bildung berechnet werden sollen. Der nächste Schritt schließt die Auswahl eines Normmaßstabes ein und endet in der Darstellung der Normen (meist in Tabellenform). Je differenzierter Gruppennormen sind, desto umfangreicher muss eine Normierungsstichprobe erhoben werden, um eine ausreichend gute Abbildung der Referenzpopulation in den einzelnen Teilstichproben zu gewährleisten.

Das Gütekriterium der Normierung kann nach *Kubinger* (2006) dann als von einem Test erfüllt angesehen werden, wenn drei Kriterien erfüllt sind: Die Normen sind nicht veraltet, die Population, für die die Normen gelten, ist definiert und die für die Erstellung der Normen herangezogene Stichprobe ist repräsentativ. Die Repräsentativität ist hier allerdings nicht in Bezug auf eine Gesamtpopulation zu beziehen, sondern kann auch nur für die Population des intendierten Anwendungsbereiches eines diagnostischen Verfahrens gegeben sein. Die DIN 33430, welche vom *Deutschen Institut für Normung e.V.* im Jahr 2002 herausgegeben wurde, schreibt für Verfahren im Rahmen von berufsbezogenen Eignungsbeurteilungen (→Eignungsdiagnostik) eine Überprüfung der Angemessenheit von Normwerten nach spätestens acht Jahren vor.

Neben einer *Normorientierung*, welche den meisten Tests zugrunde liegt, ist prinzipiell auch eine *Kriteriumsorientierung* möglich. Hier wird vorab ein fachlich beziehungsweise theoretisch begründbares (Leistungs-)Kriterium festgesetzt. Ein Beispiel hierfür kann aus den gesetzlich festgeschriebenen Anforderungen zur Kraftfahrzeuglenkung illustriert werden: Als Mindestanforderung ist hier eine bestimmte Sehfähigkeit Vorraussetzung, die unabhängig von der Verteilung dieses Merkmals in der Population erfüllt werden muss.

Literatur: *Kubinger, K. D.*: Psychologische Diagnostik Theorie und Praxis psychologischen Diagnostizierens, Göttingen 2006. *DIN Deutsches Institut für Normung e.V.* (Hrsg.): Anforderungen an Verfahren und deren Einsatz bei berufsbezogenen Eignungsbeurteilungen, Berlin, 2002.

Tuulia Ortner

No-show-Quote

quantifizierter Ausdruck des Phänomens, dass trotz vorheriger Unterzeichnung eines →Arbeits- oder Ausbildungsvertrages die betreffenden Neuanfänger gar nicht erst bei ihrem neuen →Arbeitgeber erscheinen und ihre Stelle antreten (engl.: No-Show Rate).

Dieses *Phänomen* des Nicht-Erscheinens verstärkt sich in Zeiten eines →War for Talents, in denen die Verfügbarkeit qualifizierter Fachkräfte auf dem →Arbeitsmarkt abnimmt. Anfang 2008 wird in einzelnen Unternehmen von No-show-Quoten bis zu 25 % berichtet. Die Folgen für Unternehmen sind gravierend, wenn Ausschreibungen wiederholt, Ersatzpersonal beschafft oder gar Projekte abgesagt werden müssen.

Ursachen für das Nichterscheinen von neuen →Arbeitnehmern sind in sich kurzfristig ergebenden attraktiveren Beschäftigungsmöglichkeiten zu finden, aber auch in sich in der Zeit zwischen Vertragsunterzeichnung und geplantem Arbeitsantritt verstärkenden kognitiven Dissonanzen hinsichtlich der Frage, ob die getroffene Arbeitsvertragsentscheidung die Richtige war. Seltener ist die Ursache, dass ein Bewerber zwei Arbeitgeber hinsichtlich der Beschäftigungskonditionen offen gegeneinander ausspielt.

Rechtliche Gegenmaßnahmen stehen den betroffenen Unternehmen de facto kaum zur Verfügung. Den vertraglich vereinbarten Leistungsanspruch gegenüber dem nicht erschienenen Mitarbeiter durchzusetzen wäre kontraproduktiv, da dieser dann nicht produktiv arbeiten würde. Schadensersatzklagen von Arbeitgebern scheitern in der Regel daran, dass ein entstandener Schaden schwer nachzuweisen und zu quantifizieren ist. Kurzfristig beschaffte Leiharbeitnehmer begründen ebenfalls nur in Höhe der Differenz zu dem sowieso aufzuwendenden Gehalt für den Nichterschienenen einen Schaden. Nur in Ausnahmefällen lässt sich der Schaden für einen nachgewiesenermaßen durch das Nichterscheinen verursachten Auftragsentgang erfolgreich einklagen.

Einige Großunternehmen antizipieren daher eine No-show-Quote und schließen mehr Arbeits- oder Ausbildungsverträge ab, als dies ihrem eigentlichen Bedarf entspricht. Andere Unternehmen investieren in die Mitarbeiterbindung (→Personalbindung) bereits vor Beginn der Arbeitsvertragslaufzeit, indem sie beispielsweise persönliche Kontakte zwischen den Bewerbern und Mitarbeitern herstellen oder die Bewerber bereits in die unternehmensinternen Informationsstrukturen integrieren.

Volker Stein

Nullbasisplanung

Verfahren des →Kostenmanagements, das am Gemeinkostenblock (→Gemeinkosten) von Unternehmen ansetzt und davon ausgeht, dass alle Aktivitäten im Gemeinkostenbereich eines Unternehmens neu geplant werden können (engl.: Zero-Base-Planning).

Die Nullbasisplanung bietet damit eine Alternative zu anderen Planungstechniken, die zum Beispiel vorhandene →Budgets nicht mehr zur Disposition stellen.

Mehrere *Verfahrensschritte* sind für eine Nullbasisplanung notwendig: Zunächst ist eine Entscheidung der Unternehmensleitung über strategische und operative Ziele, über Mittel und über die einzelnen Planungsbereiche notwendig. In einem weiteren Schritt werden Instanzen (→Aufbauorganisation), zum Beispiel Abteilungsleiter, Teilziele bestimmen und die an sie delegierten Aufgaben auf Entscheidungseinheiten verteilen. Entscheidungseinheiten können inhaltlich zusammenhängende Gemeinkostenbereiche, wie Abteilungen, Kostenstellen oder →Gruppen von Mitarbeitern sein. Die jeweilige Instanz (→Aufbauorganisation) legt dann erwartete Leistungsniveaus der Entscheidungseinheiten fest. Danach werden mögliche Alternativverfahren bestimmt, die zur Erreichung der Leistungsniveaus geeignet sind, und deren Kosten geschätzt. Die Instanzen entscheiden über den Mitteleinsatz und erstellen eine

Rangordnung der Verfahren. Die nächsthöhere Hierarchieebene (→Hierarchie) bildet Entscheidungspakete und modifiziert gegebenenfalls die Rangordnung. Die Unternehmensleitung fasst alle Entscheidungspakete zusammen und entscheidet abschließend über Prioritäten, Leistungsniveaus und Mitteleinsatz. Dann leitet die Budgetabteilung aus den Vorgaben der Unternehmensleitung die Budgets für künftige Entscheidungen und Maßnahmen ab. Schließlich werden mit Controlling-Instrumenten (→Controlling) die Budgeteinhaltung überprüft und Abweichungen analysiert.

Literatur: *Männel, W.*: Handbuch Kostenrechnung, Wiesbaden 1992. *Scholz, C.*: Personalmanagement, 5. Aufl., München 2000.

Silvia Föhr

Numerische Flexibilität →Flexibilisierung

Nutzwertanalyse

heuristische Planungsmethode zur Wirtschaftlichkeitsanalyse, die die Zielerreichungsgrade hierarchisierter Ziele um deren spezifische Gewichtungen relativiert und die resultierenden Teilnutzen addiert.

Die Nutzwertanalyse dient zur systematischen Entscheidungsvorbereitung bei der Auswahl von Projekten und Maßnahmen sowie bei der Beurteilung alternativer Investitionsmöglichkeiten und Angebote, indem sie deren relative Nutzwerte als nicht-monetäre Kenngrößen ermittelt. Durch den Abgleich dieser relativen Nutzwerte können gegebene Alternativen auch bei Zielkonflikten vergleichend analysiert werden.

Nach *Zangemeister* (1976, S. 45), der entscheidend zur Verbreitung der Methode in Deutschland beigetragen hat, dient die Nutzwertanalyse einer Menge komplexer Handlungsalternativen dem Zweck, „die Elemente dieser Menge entsprechend den Präferenzen des Entscheidungsträgers bezüglich eines multidimensionalen Zielsystems zu ordnen". Damit sind die zur Abbildung dieser Ordnung dienenden Nutzwerte der Alternativen stets subjektive Werte, die die erwartete Tauglichkeit einer Alternative zur Bedürfnisbefriedigung reflektieren. Ziel der Nutzwertanalyse ist daher die Bestimmung der *Effektivität* gegebener Alternativen durch Bestimmung der respektiven Gesamtnutzen.

Der idealtypische Ablauf der Nutzwertanalyse umfasst üblicherweise folgende sechs Schritte:

1. *Festlegung der Ziele beziehungsweise Zielkriterien*: Beispielsweise werden für zwei alternative Projektvorhaben (Projekt A und B) drei relevante Ziele identifiziert (Ziel 1, 2 und 3).

2. *Hierarchisierung des Zielsystems durch Gewichtung der Zielkriterien*: Die Gewichte können sich auf 100 % addieren, müssen aber nicht (Gewichtung der Ziele 1, 2 und 3).

3. *Ermittlung der Zielerreichungs- oder Erfüllungsgrade*: Beispielsweise über Punktwerte von 1–10 oder Schulnoten von 1–6, die als dimensionslose Werte die subjektive Zielerreichung aus Sicht des Entscheiders ausdrücken.

4. *Bestimmung der Teilnutzen der einzelnen Zielkriterien*: Basiert auf der Multiplikation von Gewichtung und Zielerreichungsgrad.

5. *Ermittlung des (Gesamt-)Nutzwertes*: Erfolgt für die verschiedenen Alternativen durch Aufsummieren der zielspezifischen Teilnutzen.

6. *Entscheidung für die beste Alternative*: Wahl der Alternative mit dem zahlenmäßig höchsten Nutzwert.

In einem einfachen Beispiel lässt sich die Grundlogik der Nutzwertanalyse verdeutlichen: Bei der Durchführung zweier kostengleicher Schulungsaktivitäten stehen zwei verschiedene Varianten als Alternativen zur Auswahl. Übersicht 1 verdeutlicht die Entscheidungsfindung auf Basis einer Nutzwertanalyse.

Im Beispiel wird die Entscheidung für die Schulungsvariante B ausfallen, da die Summe über die drei Teilnutzen, also die drei gewichteten Zielerreichungsgrade, dort relativ höher ist als bei Variante A. Obwohl Variante B sowohl bei Ziel 1 als auch bei Ziel 2 deutlich schlechter abschneidet als Variante A, ist B der Vorzug vor A zu geben, da durch die vorgenommene Gewichtung das in der Zielhierarchie als deutlich höherwertig eingestufte Ziel 3 einen klar besseren Zielerreichungsgrad aufweist und dementsprechend stark in den Gesamtnutzwert eingeht. Das heißt, es wird die Alternative mit dem höchsten relativen Gesamtnutzwert umgesetzt. Existiert

Nutzwertanalyse

Übersicht 1: Rechenbeispiel einer Nutzwertanalyse

	Gewichtung	Alternativen				
		Schulung Variante A		Schulung Variante B		
		Zielerreichungsgrad (= Erfüllungsgrad zwischen 1 bis 10)	Teilnutzen (1 bis 3)	Zielerreichungsgrad (= Erfüllungsgrad zwischen 1 und 10)	Teilnutzen (1 bis 3)
Ziel 1: enthält ausführliche Schulungsmaterialien	0,2	7	0,2 * 7 = 1,4	2	0,2 * 2 = 0,4
Ziel 2: in mehreren Sprachen durchführbar	0,3	8	0,3 * 8 = 2,4	6	0,3 * 6 = 1,8
Ziel 3: von kurzer Gesamtdauer	0,5	5	0,5 * 5 = 2,5	9	0,5 * 9 = 4,5
	(Summe = 1,0)		Nutzwert (= Gesamtnutzen von Teilnutzen 1 bis 3) = 6,3		Nutzwert (= Gesamtnutzen von Teilnutzen 1 bis 3) = 6,7

eine Vielzahl von Alternativen, so kann gemäß der relativen Gesamtnutzwerte analog zu diesem Vorgehen eine Rangfolge erstellt werden, die beispielsweise bei begrenzten Ressourcen die Prioritäten bei der sukzessiven Realisation gegebener Handlungsalternativen vorgibt.

Als Vorteil der Nutzwertanalyse gilt zunächst ihre große Flexibilität im Hinblick auf die spezifische Ausgestaltung des Zielsystems, also bei der Auswahl geeigneter Zielkriterien und deren Gewichtung. Durch die hieraus resultierende Anpassbarkeit an die situativen Erfordernisse erweist sie sich als eine nützliche konzeptionelle Ergänzung zu der ausschließlich auf monetären Zielgrößen basierenden →*Kosten-Nutzen-Analyse*. Gegebene Alternativen sind direkt vergleichbar und realisierte Entscheidungen sind aufgrund der Transparenz von Nutzwertanalysen leicht nachvollziehbar. Als zentraler Nachteil der Nutzwertanalyse gelten insbesondere deren Subjektivität und der hohe Zeitaufwand der Methode.

Literatur: *Zangemeister, C.*: Nutzwertanalyse in der Systemtechnik. Eine Methodik zur multidimensionalen Bewertung und Auswahl von Projektalternativen, 4. Aufl., München 1976.

Roman Bechtel

O

Objektive Persönlichkeitstests

psychologische →Tests, die aus bestimmten Verhaltensmerkmalen bei (Leistungs-)Aufgaben auf Merkmale der Persönlichkeit schließen.

Mit dem Begriff →*Objektivität* wird im Zusammenhang mit Psychologischen Tests zum Teil Bezug genommen auf das →*Gütekriterium* der Objektivität, welches nach *Kubinger* (1996) ein →Test dann erfüllt, wenn Testleiterunabhängigkeit, Verrechnungssicherheit und Interpretationseindeutigkeit gegeben sind.

Eine aus dieser Definition resultierende Unterscheidung zwischen *Objektiven* und *Subjektiven* →Persönlichkeitstests wird gelegentlich vorgenommen: Gewöhnliche Persönlichkeitsfragebögen werden dann als „objektive Persönlichkeitstests" bezeichnet, wenn diesen im Vergleich zu den (*Subjektiven*) →projektiven Verfahren eindeutige Auswertungs- und Verrechnungsregeln zugrunde liegen.

Mit *Objektiven Persönlichkeitstests* im engeren Sinne wird heute ein eigenes *Testgenre* angesprochen, welches auf die Persönlichkeitstheorie von *Raymond B. Cattell* (1972) zurückgeht. *Cattell* hat drei Informationsquellen zur Erfassung von Persönlichkeit in psychologischen Untersuchungen unterschieden: L-Daten (*Liferecord*-Daten), Q-Daten (*Questionnaire*-Daten) und T-Daten (*Test*-Daten). Während L-Daten Informationen bezeichnen, die (meist aus Fremdratings) aus dem Verhalten (→Behaviorismus) erschlossen werden können, werden Q-Daten aus Persönlichkeitsfragebögen ermittelt und sind demzufolge Selbstbeschreibungen. T-Daten (*Test*-Daten) beinhalten nach *Cattell* schließlich Leistungsprüfungen sowie Aufgaben, welche als Leistungsprüfung vorgegeben, aber im Hinblick auf Persönlichkeitsmerkmale ausgewertet werden.

Messmethodisch wird heute in den neueren Entwicklungen das Prinzip verfolgt, bei (Leistungs-)Anforderungen aus dem direkt beobachtbaren Verhalten persönliche Stilmerkmale einer Person zu erschließen. Dass also explizit das Verhalten einer Person erfasst werden soll, hebt auch die von *Cronbach* 1970 eingeführte Bezeichnung, *performance-tests of personality*, hervor. In anderen Ansätzen werden Designs aus der experimentellen Psychologie integriert, daher wird neuerdings zum Beispiel von *Kubinger* (2006) auch die Bezeichnung *experimentalpsychologische Verhaltensdiagnostik* verwendet. Im Gegensatz zu Persönlichkeitsfragebögen wird mit Objektiven Persönlichkeitstests nicht eine Form der Selbstbeschreibung erfasst, sondern auf Persönlichkeitseigenschaften aus individuellen Verhaltensmerkmalen geschlossen. Da eine Testperson ihre Persönlichkeit in Objektiven Persönlichkeitstests also nicht selbst beurteilt, treten die bei der Erhebung von Fragebogeninformation regelmäßig resultierenden Verzerrungen (wie etwa die Überbewertung bestimmter Merkmale oder Konsistenzstreben) nicht auf. Der besondere Vorteil Objektiver Persönlichkeitstests liegt allerdings in ihrer grundsätzlichen Unverfälschbarkeit, was ihre Nützlichkeit insbesondere für Eignungsbeurteilungen (→Eignungsdiagnostik) begründet. Eine Person hat bei Objektiven Persönlichkeitstests aufgrund der Undurchschaubarkeit des Messprinzips beziehungsweise der Verrechnung keine Kontrolle darüber, welche Informationen sie preisgibt, da auf diese aus ihrem (Leistungs-)Verhalten geschlossen wird.

Der Untertest *Flächengrößen Vergleichen* aus der Testbatterie Arbeitshaltungen von *Kubinger* und *Ebenhöh* (1996) erfasst das persönliche Stilmerkmal Reflexivität versus Impulsivität. Die Anforderung an eine Testperson besteht dabei darin, für einen gewissen Zeitraum von je zwei Bildern mit unregelmäßig gestalteten Flächen zu entscheiden, welche die größere ist. Eine dritte Antwortmöglichkeit besteht darin, „keine Entscheidung" zu treffen. Die Flächen sind dabei so gewählt, dass eine rasche und eindeutige Entscheidung nicht beziehungsweise nur schwer möglich ist. Erfasst werden soll damit, ob Personen dazu tendieren, in Problemsituationen langsam und fehlerarm (*reflexiv*) oder schnell und fehlerreich (*impulsiv*) vorzugehen.

In BAO-D, einer Testbatterie zur Erfassung der *Belastbarkeit* von *Ortner et al.* (2006) wird in sieben berufsbezogenen, belastungsrelevanten Bereichen die Beeinflussbarkeit des Leistungsverhaltens beziehungsweise die Effizienz des Arbeitsstils unter belastenden Bedingungen erfasst. Im Untertest „Zeitdruck" wird beispielsweise dann auf Belastbarkeit einer Person geschlossen, wenn eine einfache Kodieraufgabe unter Zeitdruck nicht schlechter gelöst wird als dieselbe Aufgabe ohne Zeitdruck. Einen völlig neuen Ansatz legte *Wagner-Menghin* (2002) vor, als sie mit dem Begriff des „multifunktionalen Testens" eine Methode einführte, bei der in einem einzigen Test gleichzeitig die →Leistungsfähigkeit und eine Persönlichkeitskomponente im Sinne eines Objektiven Persönlichkeitstests erfasst werden kann: Der *Lexikon-Wissen-Test* erfasst sowohl allgemeines →*Wissen* als auch das *Selbstvertrauen* einer Person.

In den letzten Jahren wurden neue Methoden entwickelt, die sich der unverfälschbaren und testbezogenen Erfassung von Merkmalen widmen. Diese so genannten *Implicit Association Tests* (IAT), dienen der Erfassung unterschiedlicher Persönlichkeitsmerkmale (z. B. Ängstlichkeit, Selbstwert). Anhand eines IAT, welcher auf der Erfassung von Reaktionszeiten bei Assoziationen basiert, ist es möglich, implizite Einstellungen und Persönlichkeitsmerkmale einer Person indirekt zu erfassen.

Literatur: *Cattell, R. B.*: Die wissenschaftliche Erforschung der Persönlichkeit, Weinheim 1972. *Cronbach, L. J.*: Essentials of Psychological Testing, New York 1970. *Kubinger, K. D.*: Psychologische Diagnostik, Göttingen 2006. *Kubinger, K. D.; Ebenhöh, J.*: Arbeitshaltungen – Kurze Testbatterie: Anspruchsniveau, Frustrationstoleranz, Leistungsmotivation, Impulsivität/Reflexivität, Frankfurt a. M., 1996. *Ortner, T. M. et al.*: Belastbarkeits-Assessment: computerisierte Objektive Persönlichkeits-Testbatterie, Frankfurt a. M. 2006. *Wagner-Menghin, M. M.*: Lexikon-Wissen-Test (LEWITE) als Prototyp moderner Testkonzepte, in: Psychologie in Österreich, 22. Jg. (2002), S. 68–72.

Tuulia Ortner

Objektivität

eignungsdiagnostisches Verfahren (→Eignungsdiagnostik), welches besagt, dass die Messwerte unabhängig von der Person des Testanwenders sind (→Gütekriterien).

Occupational Community

organisationsübergreifender, formeller oder informeller Zusammenschluss von Angehörigen eines →Berufs oder einer Berufsgruppe, der durch gemeinsam geteilte →Qualifikationen beziehungsweise gemeinsames Wissen und tendenziell homogene Berufsinteressen getragen wird.

Occupational Communities stellen nach *Tolbert* (1996) *arbeitsmarktliche Institutionen* dar, die organisationsübergreifende →Karrieren erleichtern können (Netzwerke), Kriterien für die Bewertung beruflicher →Reputation herausbilden (Preise, Referenzen) und in der Regel die →Standardisierung von Qualifikationen forcieren (Zertifikate, Prüfungen).

Beispiele für Occupational Communities sind berufsständische Vereinigungen von Ärzten, Rechtsanwälten und Handwerksberufen sowie im Wesentlichen von sozialen Netzwerken getragene Berufsgruppen wie Schauspieler, Tänzer, Informations- und Kommunikationstechnologie-Experten im Silicon Valley oder Wissenschaftler. Sollte die Verbreitung von →Self-Employment, →Arbeitskraftunternehmern und freier Mitarbeit (→Freie Mitarbeiter) zunehmen, dürften auch Occupational Communities an Bedeutung gewinnen.

Literatur: *Tolbert, P. S.*: Occupations, Organizations, and Boundaryless Careers, in: *Arthur, M. B.; Rousseau, D. M.* (Hrsg.): The Boundaryless Career, New York, Oxford 1996, S. 331–349.

Axel Haunschild

Offene und geschlossene Probleme

Verhältnis zwischen hoch strukturierten und wenig variablen sowie wenig strukturierten und hoch variablen Aufgabenstellungen.

In der *Problemlösungspsychologie* werden von *Dörner* (1979) offene und geschlossene Probleme differenziert. Sie beschreiben das Verhältnis zwischen hoch strukturierten, wenig variablen sowie wenig strukturierten und hoch variablen Aufgabenstellungen.

Geschlossene Probleme sind solche, bei denen klar definiert ist, wann das Problem als gelöst gilt. Die zu erreichenden Ziele sind bekannt. Dadurch können die Probleme in der Regel quantifiziert werden, weil Suchraum und Umfang der Alternativenmenge bekannt sind. Eine eindeutige Lösung kann ermittelt werden. Dies gilt zum Beispiel für das Schachspiel. Die Spieler wissen von vornherein, *wann* das Spiel gewonnen ist (jedoch noch nicht *wie*). Dabei handelt es sich um ein Interpolationsproblem. Es steht ein Operatoreninventar aus bewährten Lösungselementen zur Verfügung, das nach *Dörner* (1979, S. 14) wie folgt kombiniert werden muss: „Wenn man in einer Problemsituation weiß, was man will und auch die Mittel kennt, mit denen der angestrebte Zielzustand erreichbar ist, dann liegt das Problem in der richtigen Kombination der Mittel. Man hat eine *Interpolationsbarriere* vor sich. {...} und weiß man gar nicht, was man eigentlich genau will, so hat man eine *dialektische Barriere*."

Besteht eine dialektische Barriere, so ist von *offenen Problemen* die Rede. Dabei handelt es sich um schlecht strukturierte und schwierige Probleme, die erst systematisch erschlossen werden müssen. Es existieren nicht von vornherein Kriterien, wann das Problem als gelöst gilt. Diese müssen im Laufe des Problemlösungsprozesses erst generiert werden, weil Suchraum und Umfang der Alternativenmenge unbekannt sind. Es gibt keinen eindeutigen Lösungsweg. Doch auch bei offenen Problemen beziehungsweise Aufgabenstellungen geht es letztlich darum, Ziele zu realisieren, weil ansonsten die lapidare Feststellung von *Krüger* (1983, S. 66) gelten müsste: „Wer keine Ziele hat, hat auch keine Probleme". Ein Beispiel für ein offenes Problem ist die Entwicklung von Kriterien für das Problem „Entwicklung eines nachhaltigen Wettbewerbsvorteils" (→Strategischer Wettbewerbsvorteil) oder „Generierung wettbewerbskritischer →Kernkompetenzen".

Besonders anspruchsvoll ist die Lösung offener Problemstellungen, die nicht nur durch eine geringe Strukturiertheit, sondern zugleich auch noch durch eine hohe Variabilität gekennzeichnet sind. Die *Strukturiertheit* einer Problemstellung bemisst sich danach, inwieweit sich Prozesse der Problembewältigung beziehungsweise Aufgabenerledigung sachlich und zeitlich planen, beobachten und beurteilen lassen. Die *Variabilität* einer Problemstellung bedeutet, wie häufig sich die →Anforderungen zur Bearbeitung ändern. Sie bemisst sich nach der Anzahl der Ausnahmefälle, für die andere Lösungsprozeduren oder unterschiedliche Methoden eingesetzt werden müssen. Die anspruchsvollsten Problemstellungen sind demzufolge im unteren rechten Quadranten der Vier-Felder-Matrix der Übersicht 1 angesiedelt. Die einfachsten, am wenig komplexesten Aufgaben sind die im oberen linken Quadranten.

Für Gestaltungsoptionen im →Personalmanagement folgt aus der Unterscheidung zwischen offenen und geschlossenen Problemen: Neben dem effizienten Aufgabenvollzug muss auch der Einsatz von Humanressourcen zur inhaltlichen Öffnung bei der Generierung neuer Problemlösungen organisiert werden. Dies ist Voraussetzung, um absorptive Kapazität als eine Form von organisatorischem Wissen aufbauen zu können. Typischerweise sind dies Problemstellungen, bei denen die →Inte-

Übersicht 1: Arten organisatorischer Problem- und Aufgabenstellungen (*Frost* 2005, S. 299)

Variabilität	Strukturiertheit	
	hoch	niedrig
niedrig	-gut strukturierte Aufgaben („geschlossene" Problemstellung) in Situationen, die entweder stabil sind oder durch Aufnahme „objektiver" Daten und Informationen eindeutig gemacht werden können -routinemäßige Datenverarbeitung: programmierte Entscheidung -Beispiele: automatisierte Fertigungsprozesse; Buchhaltungsaufgaben	-unstrukturierte Aufgaben („offene" Problemstellung) in Situationen, die entweder stabil sind oder durch Aufnahme „objektiver" Daten und Informationen eindeutig gemacht werden können -Problem durch effiziente Informationsverarbeitung lösbar (Interpolations- oder Syntheseproblem) -Beispiel: Aufgaben im Bildungsbetrieb
hoch	-gut strukturierte Aufgaben in mehrdeutigen Situationen -Stellen vieler Fragen; Suche nach expliziten Antworten durch gemeinsamen Kontext/ Sprache: Prognoseproblem -Beispiele: Softwareprogrammierung; Pflegeaufgaben im medizinischen Bereich	-unstrukturierte Aufgaben in mehrdeutigen Situationen -Definieren von Fragen, Suche nach Antworten durch Austausch von Meinungen: dialektisches Problem -Beispiele: Grundlagenforschung, strategische Planung wie die Entwicklung von Kernkompetenzen

gration komplementärer Wissensbestände entscheidend ist. Aufgabe des →Personalmanagements ist es, diesen Komplementaritätsaspekt beim →Human Resource Management zu berücksichtigen.

Literatur: *Dörner, D.*: Problemlösen, Stuttgart 1979. *Frost, J.*: Märkte in Unternehmen, Wiesbaden 2005. *Krüger, W.*: Grundlagen der Organisationsplanung, Gießen 1983. *Nickerson, J. A.; Zenger, T. R.*: A Knowledge-Based Theory of Governance Choice, St. Louis 2001.

Jetta Frost

Offenheitsgebot

Gebot, die Betroffenen regelmäßig und verlässlich zu informieren, um Akzeptanz zu schaffen.

Durch regelmäßige, verlässliche →Informationen kann man den Irritationen und der Kritik begegnen, die bei der →Personalfreisetzung auftreten.

Reiner Bröckermann

Off-the-Job Maßnahmen →Personalentwicklung, →Training

Ohio-State-Forschung →Führungsstilmodell der Ohio-State-Forschung

Ökonomische Theorien

gehen von der Nutzenmaximierungs- beziehungsweise Rationalitätshypothese aus und besagen, dass Mitarbeiter ihre Leistungsbeiträge in Knappheitssituationen im Hinblick auf Kosten und Nutzen bewerten und entsprechend dieser Bewertung ihren Beitrag leisten.

Ein *Schlüsselbegriff* ist die „Anreizkompatibilität"; →Anreize sollen so gesetzt werden, dass Mitarbeiter ihren Nutzen erhöhen und gleichzeitig ein Beitrag zur Verbesserung der Unternehmenseffizienz und -effektivität geleistet werden kann. Darüber hinaus liegt den *ökonomischen Theorien* die Idee des Gleichgewichtszustandes auf Märkten sowie die Annahme, dass Individuen feststehende Präferenzen besitzen, zugrunde. *Mag* nennt als zentrale Bestandteile eines ökonomischen Denkens das Denken in Alternativen, das Denken in Restriktionen, das Denken in Input-Output-Relationen und das Denken in Änderungen. Die drei zentralen Ansätze der *ökonomischen Theorien* sind die →Theorie der Verfügungsrechte, die →Transaktionskostentheorie und die →Principal-Agent-Theorie.

Die *ökonomischen Theorien* haben in den letzten Jahren im Rahmen des Versuches die theoretische Fundierung des Personalmanagements voranzutreiben, erheblich an Bedeutung gewonnen. Auch deutschsprachig sind mehrere Lehrbücher zur „Personalökonomik" entstanden.

Literatur: *Backes-Gellner, U.; Lazear, E.; Wolff, B.*: Personalökonomik, Stuttgart 2001. *Picot, A.; Dietl, H.; Franck, E.*: Organisation, 4. Aufl., Stuttgart 2005. *Wolff, B.; Lazear, E.*: Einführung in die Personalökonomik, Stuttgart 2001.

Dodo zu Knyphausen-Aufseß
Lars Schweizer

Ökonomischer Ansatz →Ökonomisierung

Ökonomisches Prinzip →Wirtschaftlichkeitsprinzip

Ökonomisierung

im personalwirtschaftlichen Kontext zunehmende Ausrichtung von Aktivitäten, Prozessen und resultierenden Ergebnissen des →Personalmanagements an quantifizierbaren Messgrößen, die die ökonomische Relevanz und den Nutzen der Personalarbeit in numerischen, häufig auch monetären Kennzahlen erfassen.

Damit wird der sich seit Mitte der 1980er Jahre – zunächst im US-amerikanischen Raum – etablierenden Grundidee gefolgt, wonach sich die Personalarbeit nicht (länger?) dem wirtschaftlich notwendigen Nachweis des eigenen Wert(-schöpfungs)beitrages entziehen kann. Dieser Nachweis ist zugleich Voraussetzung für die vielfach angestrebte Positionierung (→Profilierungsfunktion) des Personalmanagements als gleichberechtigter (strategischer Business) Partner der Geschäftsleitung, der nicht nur dienstleistend und administrativ tätig ist, sondern eine eigeninitiativ und aktiv gestalterische Rolle im Unternehmen beansprucht. Damit geht es letztlich um die Dokumentation der eigenen →Wertschöpfung sowie des personalwirtschaftlichen Beitrages zum Unternehmenserfolg.

Diese ökonomische Durchdringung der Personalarbeit entlang der gesamten *Personalwertschöpfungskette* mündet bei *Scholz* (2000, S. 65) in das ausdrückliche Postulat der *Erfolgsorientierung*: „Richte die personalwirtschaftlichen Aktivitäten explizit auf ökonomische Zielgrößen aus!". Da Personalarbeit kein

Selbstzweck ist, sollten Personalmanagementaktivitäten der Steigerung des Unternehmenserfolges dienen. Hierbei wird unterschieden zwischen *unmittelbaren* und *mittelbaren Erfolgswirkungen*:

- *Unmittelbare Erfolgswirkungen*: Entstehen beispielsweise durch die Sicherstellung von Produktivität (→Arbeitsproduktivität) und →Qualifikation der Mitarbeiter oder durch erfolgreiche Akquisitionsprozesse.

- *Mittelbare Erfolgswirkungen*: Sind das Resultat der Verbesserung der spezifischen Rahmenbedingungen, die ein unternehmensinternes Umfeld für Erfolg herstellen, etwa hinsichtlich Unternehmensvision (→Vision), Management- oder →Organisationsentwicklung.

Im Rückgriff auf die Theorie des →*Resource-Based View* lassen sich grundsätzlich zwei verschiedene personalwirtschaftliche Ressourcenkonzepte unterscheiden, die beide der zunehmenden Ökonomisierung der Personalarbeit Rechnung tragen, das Management des Personals (einschließlich hierbei verwendeter Instrumente der Personalarbeit) sowie das Personal selbst. Beide lassen sich als (intangible) strategische Unternehmensressourcen interpretieren, die zur Erzielung nachhaltiger Wettbewerbsvorteile beitragen können (*Bechtel* 2006).

Soweit im *Personalmanagement* ein möglicher Erfolgsfaktor zur Erzielung von Wettbewerbsvorteilen gesehen werden kann, mündet dies häufig in das Bemühen um einen Effizienz-, Produktivitäts- oder Wertschöpfungsnachweis der →Personalabteilung, der Personalarbeit oder ausgewählter Personalmanagementpraktiken. Dabei finden etwa das *Wertschöpfungscenter-Konzept*, *Personal-Prozesskostenrechnungen*, *Indikatoren-Modelle* oder *großzahlige empirische Studien* Anwendung. Dieses institutionale, funktionale oder aktivitätsbezogene Ressourcenkonzept fokussiert damit auf das Management als Aktivität („managen"), also allgemein managerielle Verhaltensweisen, personalwirtschaftliche Gestaltungsmaßnahmen und Personalprozesse, die durch ihren unmittelbaren Einfluss auf die wirtschaftliche Leistung von Unternehmen Wettbewerbsvorteile und damit ökonomischen Mehrwert bedingen können. Hierfür wird in der Literatur die Bezeichnung *Wertorientiertes Personalmanagement (WoP)* (*Deutsche Gesellschaft für Personalführung e.V.* 2004) verwendet. Neben konzeptionellen Arbeiten existiert hierzu eine große Zahl empirischer Studien, die auf den Zusammenhang zwischen Personalmanagement und Unternehmenserfolg fokussieren. Resümierend kommt *Fleer* (2001, S. 146) zu dem Schluss, „daß der Stand der empirischen Forschung eine Vielzahl von *Hinweisen* darauf liefert, daß das Personalmanagement einen nicht unwesentlichen Einfluß auf den Unternehmenserfolg besitzt." Grundlegende →Informationen, umfassende Übersichtsdarstellungen sowie weiterführende Verweise zu der großen Zahl bereits existierender Studien, Methoden und Konzepte finden sich unter anderem in den Publikationen von *Kiehn* (1996), *Fleer* (2001), *Scholz* und *Gutmann* (2003) und der *Deutschen Gesellschaft für Personalführung e.V.* (2004).

Wird hingegen auf die Mitarbeiter von Unternehmen als Quelle potenzieller Wettbewerbsvorteile abgestellt, so geht es um den Nachweis des ökonomischen Wertes der Belegschaft als →*Humankapital* von Unternehmen. Ein solches →*Human Capital Management (HCM)* (*Bechtel* 2006, *Scholz*, *Stein* und *Bechtel* 2006) zielt – im Unterschied zum Wertorientierten Personalmanagement – durch das Zusammenspiel von →*Humankapitalberechnung* und *Humankapitalsteigerung* auf das ganzheitliche Management des Personalwertes ab.

Eine vollständige ökonomische Durchdringung der Personalarbeit verlangt letztlich eine integrative Verbindung beider personalwirtschaftlichen Ressourcenkonzepte (*Bechtel* 2008), indem der Fokus auf das Personal (*people-oriented*, z. B. *Wright*, *McMahan* und *McWilliams* 1994) mit dem Fokus auf Personalmanagementaktivitäten, -praktiken und -instrumente (*practice-oriented*, z. B. *Lado* und *Wilson* 1994) zwecks Herstellung nachhaltiger Wettbewerbsvorteile erfolgreich in Einklang gebracht wird (*Snell*, *Youndt* und *Wright* 1996). Eine solche Verknüpfung von Human Capital Management und Wertorientiertem Personalmanagement wird sich dann letztlich in integrierten Personalcontrolling- und Kennzahlensystemen niederschlagen.

Literatur: *Bechtel, R.*: Humankapitalberechnung zwischen Markt- und Ressourcenorientierung, München etc. 2006. *Bechtel, R.*: Qualität (in) der Personalarbeit, in: Personal, 60. Jg. (2008), H. 3, S. 46–48. *Deutsche Gesellschaft für Personalführung e.V.* (Hrsg.): Wertorientiertes Personalmanagement, Bielefeld 2004. *Fleer, A.*: Der Leistungsbeitrag der Personalabteilung, Lohmar etc. 2001. *Kiehn, A.*: Möglichkeiten und Grenzen der ökonomischen Analyse der Wertschöpfung des Personalmanagements, Bamberg 1996. *Lado, A. A.; Wilson, M. C.:* Human Resource Systems and Sustained Competitive Advantage: A Competency-Based Perspective, in: Academy of Management Review, 19. Jg. (1994), H. 4, S. 699–727. *Scholz, C.:* Personalmanagement, 5. Aufl., München/Unterschleißheim 2000. *Scholz, C.; Gutmann, J.* (Hrsg.): Webbasierte Personalwertschöpfung, Wiesbaden 2003. *Scholz, C.; Stein, V.; Bechtel, R.:* Human Capital Management. Wege aus der Unverbindlichekeit, 2. Aufl., München 2006. *Snell, S. A.; Youndt, M. A.; Wright, P. M.:* Establishing a Framework for Research in Strategic Human Resource Management: Merging Resource Theory and Organizational Learning, in: Research in Personnel and Human Resources Management, 14. Jg. (1996), S. 61–90. *Wright, P. M.; McMahan, G. C.; McWilliams, A.:* Human Resources and Sustained Competitive Advantage: A Resource-Based Perspective, in: International Journal of Human Resource Management, 5. Jg. (1994), S. 301–326.

Roman Bechtel

Ökonomisierung von Arbeitsbeziehungen

Reduzierung menschlicher Arbeitsbeziehungen auf ökonomische Tauschverhältnisse.

→Arbeitsverträge basieren auf einem ökonomischen Tausch von Arbeitskraft beziehungsweise Arbeitsbereitstellung gegen eine Vergütung. Nach der Frühphase der Industrialisierung wurde der ökonomische Kern dieses Tauschs zunehmend durch die Herausbildung langfristiger organisationsinterner Arbeitsbeziehungen, kollektiver Vereinbarungen über Arbeitsbedingungen sowie gesetzlicher Schutzrechte verdeckt (oder – in kritischer Perspektive – verschleiert). Der Einsatz des Produktionsfaktors →Arbeit unterlag zwar immer einem ökonomischen Kalkül, einige aktuelle Entwicklungen aber machen den ökonomischen Tauschcharakter von →Beschäftigungsverhältnissen, das heißt den Warencharakter von Arbeit, (wieder) sichtbarer und offensichtlicher, so dass von einer Ökonomisierung von Arbeitsbeziehungen gesprochen werden kann:

- Arbeitsverträge werden durch →marktliche Beschäftigungsverhältnisse ersetzt, das heißt kurzfristige und stärker fixierte Leistungskontrakte ersetzen auf Dauer angelegte Rahmenverträge.
- Arbeitsplätze werden nicht nur in der industriellen Produktion (z. B. Call Center) nach tayloristischen Prinzipien gestaltet, das heißt menschliche Arbeitspotenziale werden produktionsprozessbezogen und bewusst selektiv verwertet (→Neotaylorismus, →McJob).
- Organisationsinterne Arbeitsbeziehungen werden zum Beispiel durch interne Kunden-Lieferanten-Beziehungen und leistungsabhängige Entlohnungsformen vermarktlicht.
- Vormals internalisierte Funktionen werden durch →Outsourcing und Fremdpersonaleinsatz (→Zeitarbeit) externalisiert und damit vermarktlicht.

Der Begriff Ökonomisierung wird in der Regel kritisch in dem Sinne verwendet, dass mit ihm eine zu weit gehende Beschränkung personalwirtschaftlich relevanter Aktivitäten auf reine ökonomische Tauschvorgänge verbunden ist.

Einige Autoren weisen zudem darauf hin, dass die genannten Ökonomisierungstendenzen auch zu einer Veränderung der Arbeitssubjekte führen. So sprechen zum Beispiel *Moldaschl* und *Sauer* (2000) von einer Verinnerlichung des Marktes und *Voß* und *Pongratz* (1998) betonen in ihrem Konzept des „Arbeitsunternehmers" eine zunehmende Selbstökonomisierung und Verbetrieblichung des Selbst, das heißt die dauerhafte Vermarktung der eigenen Arbeitskraft und die Verwischung der Grenzen zwischen Lebens- und Arbeitswelt.

Literatur: Moldaschl, M.; Sauer, D.: Internalisierung des Marktes, in: *Minssen, H.* (Hrsg.): Begrenzte Entgrenzungen. Wandlungen von Organisation und Arbeit, Berlin 2000, S. 205–224. *Voß, G. G.; Pongratz, H. J.:* Der Arbeitskraftunternehmer. Eine neue Grundform der Ware Arbeitskraft?, in: Kölner Zeitschrift für Soziologie und Sozialpsychologie, 50. Jg. (1998), S. 131–158.

Axel Haunschild

Online-Coaching

Coaching-Variante (→Coaching), bei der die Beratung und Betreuung durch den →Coach über Distanz via →Internet realisiert wird.

Fragen des →Coachee werden beim Online-Coaching schriftlich per eMail oder in einem Chat beantwortet. In einer fundierten Coaching-Beziehung kann jedoch nicht grundsätzlich auf den persönlichen Kontakt zwischen Coach und Coachee verzichtet werden (→Tele-Coaching).

Sabine Remdisch

Online-Learning

Teilmenge des →eLearning, bei dem moderne Technologien des →Internets in die Bildungsmaßnahme beziehungsweise in die hieraus resultierenden Lernprozesse integriert und deren Kurse häufig rein virtuell oder im →Blended Learning-Verfahren abgewickelt werden.

Beim Online-Learning greifen nach *Winkler* und *Mandl* (2002) die Lernenden und Tutoren im Kursbetrieb auf einen Server zu, auf dem die relevanten Daten und Lerninhalte liegen und mittels eines Learning-Management-Systems verwaltet werden. Hierdurch kann eine kurs- beziehungsweise zielgruppenspezifische Kombination von Medien, Inhalten, Methoden und Werkzeugen erfolgen. *Reimann* (2006) fasst Lernumgebungen beziehungsweise Bildungsmaßnahmen, die offline beziehungsweise ohne Nutzung des Internets digitale Medien zur Unterstützung des ihr zugrunde liegenden Lernprozesses einsetzen, zu einer weiteren Teilmenge des eLearnings zusammen.

Besonderes Merkmal des Online-Learnings ist zum einen, dass das zu erwerbende Wissen nicht über den klassischen Präsenzunterricht sondern weitestgehend über das Internet präsentiert wird. Dies kann beispielsweise durch interaktive Unterrichtseinheiten in Form einer Videokonferenz, durch Online-Präsentationen oder durch das Bereitstellen geeigneter Lernmaterialien zum Selbststudium über das Internet erfolgen. Zum anderen wickeln die Lernenden und Tutoren im Zuge des Online-Learnings ihre synchrone oder asynchrone →Kommunikation mithilfe der zur Verfügung stehenden Werkzeuge ab. Die Lernenden können sich mit Beiträgen und Fragen beteiligen beziehungsweise zusammenarbeiten und die Tutoren können auf diesem Wege ihr Feedback abgeben oder Lernerfolgskontrollen durchführen.

Literatur: *Reimann, G.*: Ist E-Learning eine pädagogische Innovation? Anregungen für eine Förderung von Lernkultur und Emotionen in unseren Bildungsinstitutionen, in: *Arnold, R.*; *Lermen, M.* (Hrsg.): eLearning-Didaktik, Baltmannsweiler 2006. *Winkler, K.*; *Mandl, H.*: Knowledge Master: Wissensmanagement-Weiterbildung mit WBT, in: *Dittler, U.* (Hrsg.): E-Learning – Erfolgsfaktoren und Einsatzkonzepte mit interaktiven Medien, München 2002.

Oliver Kamin

On-the-Job Maßnahmen
→Personalentwicklung, →Training

Operating Time

Zeit, die ein Betrieb oder ein Unternehmen geöffnet hat (→Betriebszeit).

Opportunismus →Darwiportunismus

Opportunitätskostenansatz

Erfassung der Kosten, die durch den Wertverzehr von Ressourcen entstehen, sowie entgangener Nutzen der nächstbesten, nicht gewählten Alternative.

Beispiele für den entgangenen Nutzen sind nicht genutzte →Arbeitszeit, entgangener Gewinn oder entgangene Zinsen. Die Opportunitätskosten sind für die Beurteilung des erzielten beziehungsweise erzielbaren Erfolgs bedeutsam, wenn ein Engpass vorliegt oder wenn mehrere Alternativen zum Vergleich anstehen.

Im Bereich der Personalwirtschaft (→Personalmanagement) können viele Funktionen anhand des Opportunitätskostenansatzes bewertet werden. So misst der Opportunitätskostenansatz zum Beispiel die Effizienz einer Bildungsmaßnahme an dem Nicht-Eintreten von Nachteilen, die ohne Durchführen der Bildungsmaßnahme entstanden wären. Wird dieser Nachteil höher bewertet als die Kosten der →Bildung, so wäre die Maßnahme sinnvoll. Zu diesen Nachteilen zählen beispielsweise hohe Fehlerquoten oder eine erhöhte Fluktuationsrate (→Fluktation). Beim Vergleich von Bildungsalternativen, zum Beispiel externe versus interne Weiterbildungsmaßnahmen, werden neben den pagatorischen Kosten der Maßnahmen, wie zum Beispiel Seminargebühren oder Trainer-Honorare, auch die Opportunitätskosten der Bildungsmaßnahme, beispielsweise nicht für den Leistungserstellungsprozess genutzte Arbeitszeit der Teilnehmer, einbezogen.

Literatur: *Scholz, C.*: Personalmanagemnt, 5. Aufl., München 2000.

Silvia Föhr

Oracle HRMS

personalwirtschaftliche Module des internetbasierten →ERP-Systems der *Oracle Corp* (syn.: Oracle eBusiness Suite HR).

Die umfangreichen personalwirtschaftlichen Funktionalitäten umfassen die Administration, →Personalbeschaffung, →Personalentwicklung und →Training, Personalabrechung, Vergütungsmanagement sowie →Informationssysteme. Neben den HR-Modulen existieren vielfältige weitere Module in den Bereichen Vertrieb, Produktion und Finanzen. Der Zugriff zur Anwendung erfolgt über ein personalisiertes und rollenbasiertes →HR-Portal, das Mitarbeitern neben Anwendungen zur Unterstützung ihrer Aufgaben auch personalwirtschaftliche →Selfservice Systeme enthält.

Oracle Human Resource Management System (HRMS) ist als →Workflowsystem ausgelegt. Durch zahlreiche Sprach- und Länderversionen ist das System international einsetzbar, allerdings sind nicht alle Module für Deutschland verfügbar. Zusätzlich werden verschiedene Branchenversionen angeboten. Auch wegen der Akquisition von PeopleSoft (→PeopleSoft HRMS) stellt das Oracle HRMS heute eines der weltweit bedeutenden personalwirtschaftlichen Softwaresysteme dar.

Stefan Strohmeier

Ordentliche Kündigung →Kündigung

Ordinalskala

Ausprägung des →Skalenniveaus.

Bei einer Ordinalskala wird eine Abstufung im Sinne eines „Mehr" oder „Weniger", „Größer" oder „Kleiner" getroffen. Im Gegensatz zur →Nominalskala können ordinal skalierte Daten der Größe nach sortiert werden. Das Intervall zwischen den Abstufungen ist unerheblich und wird erst bei der →Intervallskala und der →Ratioskala relevant. Beispiele für eine Ordinalskala, die auch als Rangskala bezeichnet werden kann, sind unter anderem Schulnoten oder Urteile in einem →Assessment Center. Aus der Rangreihe ist zu ersehen, welche Stellung die einzelnen Individuen in der Rangreihe einnehmen. Der Abstand zwischen den einzelnen Personen ist nicht zu erkennen. Für eine formale Definition siehe Skalenniveau.

Benedikt Hell

Ordnungswidrigkeiten nach BDSG

rechtswidrige, vorwerfbare Handlungen, ergeben sich aus § 43 BDSG, die gegen einen gesetzlich normierten Tatbestand verstoßen, denen der Gesetzgeber aber keinen solchen kriminellen Unwertgehalt beigemessen hat, dass er sie mit Strafe bedroht und somit den Straftaten gleichgestellt hat.

Ordnungswidrig handelt nach dem BDSG derjenige, der die Vorschriften des BDSG missachtet. Dies betrifft zum einen die Datenverarbeitung selbst. Das unbefugte Erheben, Nutzen oder Verarbeiten, aber auch die unzulässige Übermittlung sowie das unberechtigte Abrufen stellen jeweils Ordnungswidrigkeiten dar. Diese Ordnungswidrigkeiten können mit einer Geldbuße von bis zu 250.000 € geahndet werden (§ 43 Abs. 3 BDSG). Darüber hinaus sind auch die Nichtbeachtung von →Meldepflichten beziehungsweise das nicht rechtzeitige Unterrichten des Betroffenen Ordnungswidrigkeiten, die mit einer Geldbuße von bis zu 25.000 € geahndet werden kann. Wegen der einzelnen Tatbestände vergleiche § 43 BDSG.

Axel Benning

Organigramm →Aufbauorganisation

Organisation

zielgerichtetes soziales System, das bestimmten Regeln unterworfen ist (institutioneller Organisationsbegriff) sowie Inbegriff aller Regelungen, die zum Zweck der Zielerreichung eines Unternehmens für die Aufgabenteilung und →Koordination eingesetzt werden (instrumenteller Organisationsbegriff in der ergebnisbezogenen Version).

Eine weniger übliche Variante sieht, wie etwa *Picot* (1984), den Begriff Organisation als eine Bezeichnung für die Summe der Prozesse, welche die Schaffung der oben genannten Regelungen zum Ziel haben (im Sinne des Organisierens; instrumenteller Organisationsbegriff in der tätigkeitsbezogenen Version).

In den Sozialwissenschaften ist besonders die Verwendung des institutionellen Organisationsbegriffs verbreitet. Die Betriebswirtschaftslehre bedient sich hingegen traditionell stärker der instrumentellen Organisationsbegriffe in beiden Versionen. Dem nicht unproblematisch zu definierenden Strukturbegriff kommt der instrumentelle Organisationsbegriff in seiner ergebnisbezogenen Version am nächsten. In der tätigkeitsbezogenen Version des Organisierens umfasst der instrumentelle Organisationsbegriff das Vorbereiten, Bewerten, Treffen und Umsetzen von Entscheidungen der organisatorischen Gestaltung (Organisationsentscheidungen im Hinblick auf das System der Regelungen im Unterschied zu Objektentscheidungen im Hinblick auf den primären Zweck).

Ziele von Unternehmen unterscheiden sich zunächst einmal abhängig von der Perspektive des Zielträgers und können prinzipiell ausgesprochen heterogen sein. Aus der Perspektive des Unternehmenseigners ist in der Regel der (ökonomische) Wert des Unternehmens (*Shareholder Value*) von besonderem Interesse, im Unterschied zum Wert aus Sicht anderer Interessengruppen wie von Mitarbeitern oder Kunden (*Stakeholder Value*). Allerdings muss beachtet werden, dass die Festlegung auf einen bestimmten Wertansatz stets auch eine normative Festlegung bedeutet, die nicht immer deskriptiv valide sein muss. So mag mancher Unternehmenseigner eher das Überleben seines Unternehmens als die Maximierung seines ökonomischen Werts zum Ziel haben.

Auch wenn als Unternehmensziel der (ökonomische) Wert gewählt wird, sind Konkretisierungen dieses übergeordneten Ziels erforderlich, um – wie praktisch in der gesamten Betriebswirtschaftslehre – auf Basis von Ersatzkriterien Sinnhaftigkeit und Tauglichkeit von Instrumenten und Maßnahmen des Organisationsmanagements (im Sinne der Gestaltung, Regulierung und Entwicklung einer Organisation) bewerten und beurteilen zu können.

Als organisationale Subziele des (ökonomischen) Wertes können die organisationale Effektivität und Effizienz unterschieden werden:

- *Effektivität*: Hier stehen Ergebni, grundsätzliche Wirksamkeit und Funktionstüchtigkeit von Maßnahmen zur Zielerreichung im Kern der Überlegung.
- *Effizienz*: Hier handelt es sich um den sparsamen Einsatz von Faktoren und Ressourcen für ein gegebenes Ziel.

Bei der Effektivität werden also Ziel und Finalität selbst thematisiert, während Effizienz Mitteleinsatz und Zielerreichung zueinander in Beziehung setzt. Eingängiger geht es bei der Effektivität darum, „die richtigen Dinge zu tun", bei der Effizienz hingegen, „die Dinge richtig zu tun", wie es *Drucker* bereits 1963 (S. 54) formuliert hat.

Als Beurteilungskriterien für die organisationale Effizienz bieten sich darum, wie stets für solche Effizienzziele, Optimalitätskriterien im Sinne von Input-Output Überlegungen (Verhältnis von Mitteleinsatz und Zielerreichung) an. Auf der Mikroebene ist dies erstens die Anreizkompatibilität als Maß für die Übereinstimmung von Zielen und →Motivation der Organisationsmitglieder (Wollen) mit den Zielen der Organisation und ihrem sich hieraus ergebenden Instruiertsein (dem Sollen). Zweitens ist – ebenfalls auf der Mikroebene – die Anforderungskompatibilität ein wesentliches Effizienzmaß. Sie beschreibt das Ausmaß der Übereinstimmung von →Qualifikation (Kenntnisse), Fähigkeit und Fertigkeit und Präparation (Ressourcenausstattung und Rahmenbedingungen) der Organisationsmitglieder mit den Anforderungen, die sich aus der Organisationsaufgabe ergeben. Auf der Ebene organisationaler Regelungen (*Mesoebene*) ergibt sich als drittes Effizienzkriterium die Koordinationseffizienz. Sie thematisiert, inwieweit organisationale Regelungen hinsichtlich eines sparsamen Faktoreinsatzes geeignet sind, um die aus Organisationssicht erforderlichen, vielfältigen Koordinationsaufgaben zu bewältigen.

Effektivitätsziele hingegen lassen sich, da sie Ziel und Zweck einer konkreten Maßnahme selbst thematisieren, geeigneter anhand von Kriterien beurteilen, welche die Stimmigkeit beziehungsweise den Fit von Sachverhalten und Regelungen beleuchten, die nicht in einer Ziel-Mittel-Beziehung zueinander stehen. Ein solcher Fit ist nach *Mintzberg* (1979) sowohl die Stimmigkeit der Organisationsumwelt mit organisationsinternen Aspekten und Regelungen (Kongruenz), als auch diejenige der Gestaltungsparameter innerhalb von Unternehmen und Organisation (Konsistenz).

Instrumente und Maßnahmen des Organisationsmanagements werden zunächst danach unterschieden, ob sie auf der Mesoebene der Strukturen und Regelungen des organisationalen Systems und seiner Subsysteme ansetzen oder auf der Mikroebene einzelner Organisationsmitglieder.

Auf der Mikroebene können prinzipiell alle individuellen Verhaltensdeterminanten beeinflusst werden. *Kossbiel* (1994) unterscheidet die Veränderung vier grundsätzlicher Determinanten:

1. *Instruierung* als Vorgabe (impliziter und expliziter) Verhaltensnormen („Sollen").
2. *Motivierung* als Vermittlung von Kontroll- und Anreizperspektiven („Wollen").
3. *Qualifizierung* als Beeinflussung von Kenntnissen, Fähigkeiten und Fertigkeiten („Können erster Art").
4. *Präparierung* als Ausstattung mit Ressourcen und Veränderung von Rahmenbedingungen („Können zweiter Art" und „Dürfen").

Organisation

Instrumente und Maßnahmen auf der Mesoebene erörtern (in anderer Gliederung) etwa *Kieser* und *Walgenbach* (2003) ausführlich. Diese Instrumente haben die Form der Bildung und Abstimmung eines Systems von Subsystemen der Organisation (Formierung von Strukturen) und der Beeinflussung von Aktivitäten innerhalb der Subsysteme (Regulierung von Prozessen). Sie dienen *Lindstädt* (2006) zufolge entweder der Verrichtung der primären Aufgabe einer Organisation einschließlich der hierfür erforderlichen Führungs- und Weisungsaufgaben, oder sie haben das organisationale Informationsverarbeitungs- und Entscheidungssystem selbst zum Objekt.

Die Formierung und Regulierung des organisationalen Informationsverarbeitungs- und Entscheidungssystems (Management des Entscheidungssystems) ist ein wichtiger und eigenständiger Bereich von Instrumenten und Maßnahmen auf der Mesoebene (→ Entscheidungsorganisation).

Hinsichtlich der Verrichtung der primären Organisationsaufgabe ist eine Unterscheidung in zwei fundamental verschiedene Arten von Instrumenten und Maßnahmen wesentlich, die voneinander jedoch nicht unabhängig sind, sondern sich im Gegenteil nach Art, Ausgestaltung und Menge ihres Einsatzes gegenseitig bedingen und beeinflussen: Instrumente der →*Differenzierung*, welche die Aufteilung der Subsysteme selbst zum Inhalt haben, und Instrumente der →*Integration*, welche der Koordination (Abstimmung von Abhängigkeiten) der Subsysteme durch Beeinflussung der Relationen zwischen den Subsystemen und ihrer Aktivitäten dienen. Dabei gehen Differenzierung und →Integration in dem Sinne Hand in Hand, dass der Koordinationsbedarf für die zunehmend erforderliche Integration mit zunehmendem Ausmaß der Differenzierung steigt. Eine wichtige Maßnahme zur Rückführung des Koordinationsaufwands ist demzufolge die Rückführung dysfunktionaler (Über)Differenzierung.

Ein entscheidendes *Differenzierungsinstrument* ist die Abteilungsgliederung, die (auf jeder hierarchischen Ebene) funktional nach dem *Verrichtungsprinzip* (→ Funktionale Organisationsform) oder divisional (→ Divisionale Organisationsform) nach dem *Objektgliederungsprinzip* (Sparten) vorgenommen werden kann. In der Regel existieren auch bei der divisionalen Organisation zudem zentrale Abteilungen, die keiner Sparte exklusiv zugeordnet sind. Das zweite wesentliche Differenzierungsinstrument ist die →Arbeitsteilung (wichtiger Spezialfall: Spezialisierung) nach Art und Umfang.

Koordination kann sich grundsätzlich persönlicher Mechanismen (persönliche Weisung und gegenseitige Abstimmung) und unpersönlicher Mechanismen (Normierung von Prozessen, Ergebnissen, Qualifikationen sowie → Grundannahmen und Selbstverständnis) bedienen. Dementsprechend finden sich *Integrationsinstrumente* zur Regelung der persönlichen und der unpersönlichen Koordination:

- *Persönliche Koordination*: Wird durch das Kommunikations- und Weisungssystem einer Organisation geregelt – die Weisung ist dabei ein wesentlicher Spezialfall der Kommunikation. Idealtypen des Weisungssystems sind das → Einliniensystem (eindeutige Zugehörigkeit von Organisationsmitgliedern zu Subsystemen und eindeutige Weisungsbeziehungen von „unten nach oben"), das → Mehrliniensystem (ebenfalls eindeutige Subsystemzugehörigkeit, aber mehrdeutige Weisungsbeziehungen von „unten nach oben"; wichtiger Spezialfall ist die → Matrixorganisation mit maximal zweifachen Weisungsbeziehungen) und das interne Netz (mehrdeutige Zugehörigkeit von Organisationsmitgliedern zu Subsystemen; wichtigstes Beispiel: → Projektorganisation).

- *Unpersönliche Koordination*: Wird durch Art und Umfang von Normierungen organisationaler Tatbestände bestimmt, der so genannten → Formalisierung. Hier ergibt sich insofern eine Überschneidung mit der persönlichen Koordination, als auch Kommunikation und Weisung in unterschiedlichem Grad formalisiert sind.

Die Aussagen der Organisationstheorie sind (etwa im Vergleich zu anderen betriebswirtschaftlichen Disziplinen) oftmals durch eine relative Unschärfe gekennzeichnet. Diese Tatsache ist bedingt durch den Charakter der organisatorischen Gestaltungsprobleme: Diese sind nämlich ganz entscheidend dadurch gekennzeichnet, dass (oftmals zeitlich stabile) Aussagen und Regelungen zu Sachverhalten formuliert werden müssen, die nicht bis ins Detail bekannt und so zwangsläufig bis zu einem gewissen Grade unscharf sind. Unter der

Fiktion unbegrenzter und kostenloser Informationsübermittlung und -verarbeitung würde sich ein großer Teil organisatorischer Probleme gar nicht stellen. Die grundlegenden organisatorischen Probleme resultieren im Gegenteil gerade aus der Tatsache, dass diese idealisierenden Voraussetzungen nicht erfüllt sind. Folgerichtig verlieren organisatorische Maßnahmen ihren Sinn, wenn ihre theoretische Optimalität für die einzelne Situation exakt überprüft wird. Die →Komplexität würde sich dann von der (generell zu regelnden) Zukunft beziehungsweise dem grundsätzlichen Fall lediglich auf die Bestimmung der konkreten Maßnahme verlagern, und es wäre nichts gewonnen. *Laux* und *Liermann* (2005) bezeichnen diesen Umstand treffend als „Dilemma der Organisationstheorie".

Nun erzielt der Einsatz von Instrumenten des Organisationsmanagements nicht stets die erhofften und antizipierten Wirkungen. Im Gegenteil kommt es neben den intendierten Wirkungen beim Gebrauch des Instrumentariums regelmäßig zu nicht intendierten Wirkungen dysfunktionaler, afunktionaler und (im besten Fall) auch funktionaler Art, und antizipierte Wirkungen treten tatsächlich nicht ein. Wie beim Management eines komplexen Systems üblich, erweist sich das System als nicht beliebig und vollständig steuerbar.

Ein idealisiertes Gestaltungsverständnis im Hinblick auf ein beliebig vorgegebenes Ziel in diesem Sinne entpuppt sich (neben der Tatsache, dass die Ziele partiell konkurrierenden Charakter haben) als naiv. Die bisweilen geäußerte Gegenposition, nach der sich das System Organisation nahezu jeder Art intendierter Regulierung widersetzt, ist jedoch ebenfalls zu extrem. Ein realistischeres Bild ergibt demgegenüber die Auffassung einer (partiellen) Beeinflussbarkeit über Zeit im Sinne adaptiv regulierender Eingriffe.

Literatur: *Drucker, P.*: Managing for Business Effectiveness, in: Harvard Business Review, 41. Jg. (1963), H. 3, S. 53–60. *Kieser, A.*; *Walgenbach, P.*: Organisation, 4. Aufl., Stuttgart 2003. *Kossbiel, H.*: Überlegungen zur Effizienz betrieblicher Anreizsysteme, in: Die Betriebswirtschaft, 54. Jg. (1994), H. 1, S. 75–93. *Laux, H*; *Liermann, F.*: Grundlagen der Organisation, 6. Aufl., Berlin 2005. *Lindstädt, H.*: Beschränkte Rationalität, München 2006. *Mintzberg, H.*: The Structuring of Organizations, Englewood Cliffs 1979. *Picot, A.*: Organisation, in: *Baetge, J.* (Hrsg.): Vahlens Kompendium der Betriebswirtschaftslehre, Bd. 2, München 1984, S. 95–158.

Hagen Lindstädt

Organisation der Arbeitnehmervertretung

durch die im →Betriebsverfassungsgesetz festgelegten Organe realisierte →Arbeitsteilung bei der betrieblichen →Mitbestimmung.

Die betriebliche Mitbestimmung involviert auf Seiten der Arbeitnehmervertretung laut *Bühner* (2005) folgende *Akteure*:

- →*Betriebsrat*: In geheimer und unmittelbarer Wahl wählen die →Arbeitnehmer für vier Jahre einen Betriebsrat, der die Interessen der Arbeitnehmer vertritt. Die Zahl der Mitglieder in diesem Gremium richtet sich nach der Betriebsgröße.

- *Betriebsausschuss*: Bei mehr als neun Mitgliedern wählt der Betriebsrat aus seinen Reihen einen Betriebsausschuss, der die Geschäfte des Organs führt.

- →*Betriebsversammlung*: Mindestens einmal jährlich findet eine Betriebsversammlung statt, in der der →Arbeitgeber über die aktuelle Lage des Unternehmens berichtet.

- *Gesamtbetriebsrat*: Bestehen mehrere Betriebsräte in einem Unternehmen, so wird ein Gesamtbetriebsrat gebildet, der übergeordnete Aufgaben auf Gesamtunternehmensebene übernimmt.

- *Sprecherausschuss*: Analog zu den Betriebsräten können →leitende Angestellte Sprecherausschüsse bilden, die ihre Interessen gegenüber der Unternehmensleitung vertreten.

- *Gesamtsprecherausschuss*: Bestehen mehrere Sprecherausschüsse im Unternehmen wird ein übergeordneter Gesamtsprecherausschuss gewählt.

Probleme ergeben sich bei der Organisation der Arbeitnehmervertretung insbesondere durch die gesetzliche Orientierung bei der Bestimmung der Vertretungsorgane an dem Begriff des *Betriebs*. Dahinter steht die Vorstellung eines funktional gegliederten Unternehmens mit sachlich und räumlich genau abgrenzbaren Betrieben. Moderne Organisationskonzepte verfolgen aber andere Strukturmuster, bis hin zur Auflösung exakt und jederzeit bestimmbarer Abteilungs-/Betriebsgrenzen. Eine mögliche Ausweichlösung besteht in der Definition zum Beispiel von →Profit-Centern als Bezugsgröße für die Organe der Arbeitnehmervertretung. Allerdings sind in einem Unternehmen normalerweise nicht alle Bereiche als Profit-Center organisiert, so dass man wohl auf Mischsysteme zurückgreifen muss.

Organisation der betrieblichen Bildungsarbeit

Literatur: *Bühner, R.*: Personalmanagement, 3. Aufl., Landsberg/Lech 2005.

Reinhard Meckl

Organisation der betrieblichen Bildungsarbeit

Trennung der →betrieblichen Bildung, die sich formal in Aus- und Weiterbildung unterteilen lässt, in →Aufbauorganisation als die Art und Weise der Einordnung der betrieblichen Bildung in das organisatorische Gesamtgefüge des Unternehmens sowie in →Ablauforganisation als die zweckmäßige Gestaltung von Arbeitsabläufen und Informationen für die betriebliche Bildung.

Die *rechtliche Grundlage* bildet hierfür das Berufsbildungsgesetz (BBiG), das sowohl die →Ausbildung (§1 Abs. 2 BBiG) als auch die Fortbildung (§1 Abs. 3 BBiG) definiert. Das BBiG reglementiert im Gegensatz zur Fortbildung die Ausbildung durch detaillierte Vorschriften. Betriebliche Bildungsarbeit konstituiert sich im Lernort „Betrieb" (§1 Abs. 5 BBiG). Insofern lassen sich unter dem Begriff alle Bildungsaktivitäten, die in einem Unternehmen stattfinden, zusammenfassen. Somit gehören zu der betrieblichen Bildung aber auch Maßnahmen, die sich auf die Gestaltung des Arbeitsplatzes und des Unternehmens beziehen, da sie auf das individuelle und organisationale →Wissensmanagement einwirken.

Die Organisation der betrieblichen Bildung ist stark von der spezifischen Unternehmenssituation abhängig. Historische Entwicklungen, strategische Überlegungen, technologieintensive Märkte oder auch eine lernorientierte Unternehmensphilosophie können ebenfalls erheblichen Einfluss auf die Organisation der betrieblichen Bildung haben. Zumal auch die formalen Kriterien wie Unternehmensgröße, Rechtsform und die Anzahl der Leistungsstufen für die Organisation der betrieblichen Bildung ausschlaggebend sind.

Aufgrund des hohen Professionalisierungsgrads vor allem in der Weiterbildung der Unternehmen haben sich institutionelle Stellen für die betriebliche Bildung konstituiert. Dabei werden zentrale und dezentrale Organisationsstrukturen voneinander unterschieden. In der Aufbauorganisation ist die hierarchische Einbindung der betrieblichen Bildung fixiert. Der Status beziehungsweise Stellenwert drückt sich dann in der Entfernung zur Geschäftsführung/Vorstand aus. Insofern ist die betriebliche Bildung in vielen Unternehmen dem Leiter des Personalwesens zugeordnet und somit recht vorstandsnah angesiedelt.

In einer *funktionalen Organisation* (→Funktionale Organisationsform) werden Aufgaben und Verantwortung, die bezogen auf die Verrichtung gleichartig sind, zusammengefasst. So gehören alle mit der Ausbildung beschäftigten Mitarbeiter organisatorisch zur Ausbildungsabteilung, alle im Weiterbildungsbereich tätigen Mitarbeiter zur Weiterbildungsabteilung.

Im Mittelpunkt steht die zentrale Bildungsabteilung, die sich dann in differenzierte Bildungsfunktionen unterteilt. So entstehen vor allem zentrale Einheiten für die Aus- und Weiterbildung, aber auch zum Beispiel für die →Organisationsentwicklung. Eine funktionale Gliederung des betrieblichen Bildungswesens orientiert sich im Sinne einer Spezialisierung an der Optimierung der Aufgabenerledigung. Spezielle, aktuelle Entwicklungen in der beruflichen Bildung können gezielt und an die jeweiligen Unternehmensanforderungen angepasst werden. Diese Organisation der betrieblichen Bildung ermöglicht die Versorgung anderer Abteilungen im Unternehmen mit einem zentral abgestimmten Bildungsprogramm. Eine Vereinheitlichung der Inhalte kann damit gewährleistet werden. Durch die zentrale Planung und Umsetzung der spezifischen Bildungsinhalte wird eine personelle Bündelung und damit eine relativ stabile und hohe Auslastung vor allem für standardisierte Aus- und Weiterbildungsangebote möglich. Insofern sind auch bessere Konditionen, wenn die Trainings „eingekauft" werden müssen, zu erzielen. Vorteile bieten sich auch dadurch, dass in den jeweiligen Abteilungen die eigenen Abläufe gut standardisiert und Zuständigkeiten abgegrenzt werden können. Der Einsatz und die Bereitstellung von Personal wird erleichtert, weil in den einzelnen Bereichen Funktionsspezialisten herangebildet werden.

Diesen Vorteilen durch die Aufgabenzentralisierung stehen aber auch einige Nachteile gegenüber. So können Redundanzen und Abstimmungsprobleme zwischen den Spezialisten (z.B. →Ausbildern und Personalentwicklern) auftreten, da sie relativ unabhängig voneinander agieren und eine direkte Zusammenarbeit organisatorisch nicht verfolgt wird. Zudem erweist sich die fehlende Nähe zu den Kunden, den Produkten und Dienstleistungen aufgrund der starken Spezialisierung als recht problematisch. Prozessspezifische Probleme können so nur eine geringe Berücksichtigung bei der Bildungsarbeit finden. Eine zielgruppenorientierte Bedürfnisbefriedigung (→Motiv) bezogen auf die berufliche Bildung ist hiermit erschwert. Des Weiteren stellt sich für die anderen Unternehmenseinheiten das Problem dar, den geeigneten Ansprechpartner für ihre Bildungsbedürfnisse im Unternehmen zu finden.

Die *divisionale Organisation* (→Divisionale Organisationsform) realisiert das Prinzip der dezentralen Strukturierung. Die Gliederung erfolgt nach dem Objekt. Für die jeweilige Sparte beziehungsweise Division (Geschäftsbereich oder Werk) übernehmen ein oder mehrere Referenten die Bildungsarbeit im Unternehmen. Sie sind dann für die Planung, Durchführung und Kontrolle der betrieblichen Maßnahmen in der Sparte zuständig. Hier ist die gesamte Bandbreite beziehungsweise Palette der betrieblichen Bildung divisionsspezifisch abzubilden, was eine erhebliche Qualifikationsbreite bei den Referenten nach sich zieht. Die betriebliche Bildung ist damit sehr kundennah organisiert und bietet eine klare Orientierung hin zum Produkt beziehungsweise zu der Dienstleistung. In den meisten Fällen ist dann die gesamte Unternehmensstruktur (Organisationsstruktur) aufgrund des hohen Diversifikationsgrads des Unternehmens divisional organisiert.

Die Kundennähe gilt als der große Vorteil dieser dezentralen Organisation. Demgegenüber stehen aber der erhebliche Aufwand der Referenten für ihre spezifische Bildungsarbeit und die Schwierigkeit, in einem Unternehmen noch einheitliche Bildungsstandards zu verfolgen. Zumal die starke Praxisorientierung und enge →Kooperation mit den Beteiligten recht kostenintensiv ist und keine Spezialisierungsvorteile, wie die funktionale Organisation generiert. Andererseits ermöglicht die divisionale Organisation der betrieblichen Bildung die Verknüpfung von fachlichem Know how mit anderen →Kompetenzen und bewirkt so eine hohe →Identifikation der Kunden mit den eingeleiteten Bildungsmaßnahmen.

In den letzten Jahren wird die betriebliche Bildung immer stärker in eine Center-Organisation gegliedert. Im Rahmen der Diskussion um die Effizienz der einzelnen Unternehmenseinheiten wird auch die betriebliche Bildung unter marktwirtschaftlichen Kriterien gesteuert. Die betriebliche Bildung wird dabei als selbstständiges →Profit-Center geführt, das im Unternehmen seine Angebote zu Marktpreisen anbietet und gleichzeitig für andere Kunden außerhalb des Unternehmens offen steht. So agiert die betriebliche Bildung als selbständiger Bereich, der eine eigene Ergebnis- und Gewinnverantwortung trägt. Die Bildungsangebote müssen sich daher stark an der Nachfrage der Kunden orientieren, wobei diese wiederum dann auch einen entsprechenden Preis dafür bezahlen müssen. Die Steuerung der betrieblichen Bildung nach marktorientierten Kriterien führt dazu, dass nur noch Maßnahmen realisiert werden, die vom Nutzer nachgefragt werden beziehungsweise wofür der Kunde bereit ist, den angebotenen Preis zu zahlen. Die jeweiligen Unternehmenseinheiten oder -funktionen besitzen einen eigenen Bildungsetat, den sie dann nach ihrer eigenen Relevanz ausschöpfen und einsetzen können. →Flexibilität und Kundenorientierung sind hiermit gewährleistet. In Zeiten eines erheblichen Kostendrucks in den Unternehmen kann dieses aber dazu führen, dass notwendige betriebliche Bildungsmaßnahmen eingespart werden und so die Zukunftsfähigkeit des Unternehmens gefährdet wird. Ressortegoismen und unternehmensautonomes Handeln verhindern die Realisierung von Synergieeffekten und die Einhaltung von einheitlichen Bildungsstandards im Unternehmen.

Die *Ablauforganisation* regelt den Prozessverlauf der betrieblichen Bildung. Dabei werden folgende Prozessphasen unterschieden: Ermittlung und Deckung des Bildungsbedarfs, Transfer von Bildung und Erfolgsermittlung der betrieblichen Bildung.

Im Rahmen der Bedarfsanalyse wird das vorhandene Qualifikationspotenzial den künftigen →Qualifikationen in Quantität und Qualität gegenübergestellt. Auf dieser Basis wird durch eine Angebotsplanung und eine Durchführung für die beruflichen Bildungsinhalte abgeleitet. Die Angebotsplanung umfasst die Fixierung der Inhalte sowie die Einflussgrößen der Lehr- beziehungsweise Lernsituationen und die Beantwortung der Frage, inwieweit die eigenen Abteilungen den Qualifikationsaufbau realisieren können. Der Transfer von Bildung bezieht sich sowohl auf das Lernfeld als auch auf das Funktionsfeld. Hier steht die Frage der Transferförderung im Mittelpunkt. Die Erfolgsermittlung beziehungsweise Evaluierung beruflicher Bildung ermöglicht die Kontrolle und Steuerung der Bildungsanstrengungen im Unternehmen. Die systematische Evaluierung wird notwendig, um zum einen die Bildungsinvestitionen zu rechtfertigen und zum anderen einen auch zielgerechten Einsatz zu ermöglichen.

Literatur: *Becker, M.*: Aufgaben und Organisation betrieblichen Weiterbildung, 2. Aufl., München 1999. *Dehnbostel, P.*; *Erbe, H.-H.*; *Novak, H.* (Hrsg.): Berufliche Bildung im lernenden Unternehmen, Berlin 1998. *Drumm, H.J*: Personalwirtschaft, 5. Aufl. Berlin 2004. *Meyer-Dohm, P.*: Organisation der betrieblichen Bildungsarbeit, in: *Gaugler, E.*; *Weber, W.*: Handwörter Buch des Personalwesens, Sp. 1443–1455, Stuttgart 1992. *Oechsler, W. A.*: Personal und Arbeit, 7. Aufl., München 2000.

Peter Wengelowski

Organisation der Führungskräfteentwicklung

Strukturierung der →Personalentwicklung, die auf →Führungskräfte zugeschnitten ist.

Führungskräfte und Mitarbeiter bilden die Grundlage für die Leistungsfähigkeit eines Unternehmens. Die Verantwortung der Führungskräfte liegt sowohl in der Steuerung der Anpassungs- und Veränderungsprozesse eines Unternehmens als auch in der Führung (→Mitarbeiterführung) ihres Personals. Hier gilt es →Kompetenzen zu entwickeln und zu fördern. Führungskräfte sehen sich immer mehr wandelnden Wettbewerbssituationen, veränderten Strategieprozessen, flexiblen Unternehmensstrukturen (→Organisationsstruktur) und höheren Anforderungen an sie durch die Stakeholder ausgesetzt. So gesehen ist die Aus- und Fortbildung von Führungskräften auch immer eng mit der Organisationsentwicklung eines Unternehmens verknüpft. Der Aus- und Fortbildung kommt im Speziellen die Aufgabe zu, angesichts der Breite neuer und veränderter Anforderungen an die Führungskräfte, diese mit den notwendigen Kompetenzen auszustatten. Schlagworte, wie zum Beispiel lebenslanges →Lernen, selbstgesteuertes Lernen und →Wissensmanagement beeinflussen hier die Diskussion der →betrieblichen Bildung.

Die Aus- und Fortbildung von Führungskräften ist somit Teil einer zukunftsorientierten Personalentwicklung und erschließt Potenziale, mit denen sich Menschen und →Organisationen eigenständig entwickeln können. In einem hohen Maße werden kommunikative Fähigkeiten und Teamfähigkeit im Sinne einer Lern- und Dialogorientierung (→Dialog) notwendig. Zumal die vermehrte internationale Ausrichtung der Unternehmen dieses dann auch bezogen auf →interkulturelle Kompetenzen bedingt. Insofern werden Fach- und Methodenkompetenz (→Kompetenz) (technisches →Wissen, Sprachen usw.) ebenso fort- und weitergebildet wie auch die Führungskompetenzen (soziale und Selbst-Kompetenz).

Aufgrund der Vorbildrolle von Führungskräften bei der Entwicklung von Unternehmen (Wandelprozesse) zielt ihre Bildung auch auf die Reflexion ihrer impliziten Muster (→Normen und Werte, →Kultur und Prägung) ab, die die Grundlage für ihre Lern- und Veränderungsbereitschaft ausmachen.

Diese Führungskräfteförderung erfordert die Begleitung und Beratung in der täglichen Praxis. Hierfür dienen die strategischen Vorgaben der Unternehmensleitung, der sich daraus ableitende aktuelle und künftige Qualifizierungs- und Sensibilisierungsbedarf der Unternehmensbereiche und die individuellen Ziele der Führungskräfte als Orientierung.

Dabei unterscheidet man *individuelle* und *institutionelle* Ziele der Aus- und Weiterbildung von Führungskräften. Die individuellen Ziele richten sich nach der Notwendigkeit, Wissen und Fähigkeiten für die Bewältigung aktueller und zukünftiger Aufgaben zu erwerben, die Sicherung und Fortführung der persönlichen →Karriere zu unterstützen, die →Persönlichkeitsentwicklung und den Aufbau von Kompetenznetzwerken über die betriebliche Bildung hinaus, voranzutreiben. Die institutionellen Ziele umfassen den Ausbau des vorhandenen Führungspotenzials, um auf die komplexen Unternehmensprozesse besser einwirken zu können sowie die Etablierung einer lernorientierten Unternehmenskultur (→Organisationskultur). Zudem wird auch ein möglicher Imagegewinn gegenüber potenziellen Nachwuchskräften am →Arbeitsmarkt (→Personalmarketing) angestrebt.

Die Aus- und Fortbildung der Führungskräfte wird durch Unternehmen, Weiterbildungseinrichtungen der Verbände und kommerzielle Bildungsinstitute getragen. Neben der akademischen →Ausbildung der Führungskräfte an Hochschulen erhält deren Fortbildung im Rahmen einer wissenschaftlichen Weiterbildung einen immer größeren Stellenwert. Gerade unter dem Gesichtspunkt des Wissensmanagements ist hier eine engere Verzahnung von Theorie und Praxis wünschenswert.

Der →*Bildungsbedarf* kann durch den Vergleich von Soll-Ist-Qualifikationsprofilen, bezogen auf vorhandene oder potenzielle Führungskräfte, erreicht werden. Der Vorteil liegt unter anderem darin, einen Großteil der Qualifizierungslücken zu schließen und – meist in Form von Seminaren – viele Personen gleichzeitig zu schulen. Allerdings werden erfahrungsgemäß Teile der im Seminar (→Personalentwicklungsmethoden) vermittelten Inhalte nicht oder nur unzulänglich im Arbeitsalltag umgesetzt. Diese Art der Bildung besitzt einen stark reaktiven Charakter und lässt Faktoren wie die situative Abhängigkeit des individuellen Entwicklungsbedarfs sowie die motivationalen Effekte der Entwicklung von Führungskräften außer Acht.

In Bezug auf die geschilderten Anforderungen an Unternehmen und Personal wird aber immer mehr eine selbstbestimmte Qualifizierung im Sinne einer Selbstentwicklung von Führungskräften relevant, die eben nicht mehr von einer dauerhaften Plan- und Steuerbarkeit der →Bildung ausgeht, sondern selbstgesteuertes und innovatives Lernen forciert. So gehört die institutionelle Gestaltung, das Unternehmen als Kommunikations- und Lernraum zu verstehen, ebenso zu den Aufgaben der Bildungsarbeit, wie auch bereichsübergreifendes Wissensmanagement.

Die Fortbildung erfolgt idealerweise in Abstimmung mit den Führungskräften und wenn vorhanden mit der jeweiligen →Personalabteilung. Dabei kann die Initiative zum einen von der Person, die in ihrer eigenen professionellen Verantwortung von sich aus einen konkreten Beratungsbedarf äußert und in diesem Sinne selbstbestimmt handelt, initiiert werden. Zum anderen kann aber auch die Führungskraft die Bildungsmaßnahme empfehlen und einleiten. Führung wird somit auch im Kontext von Push und Pull oder Selbst- und Fremdorganisation gesehen.

Die *Bildungsinhalte* können demnach aus dem jeweiligen Anforderungsprofil (→Anforderungsanalyse) der Führungskraft abgeleitet sein oder sich aufgrund von technischen und rechtlichen Veränderungen ergeben. Aber auch Mode-Trends beeinflussen die Aktualität und Präferenzbildung in der Aus- und Fortbildung. So werden seit Jahren die Eigenschaften Teamfähigkeit, →Flexibilität und Lernfähigkeit als Anforderungen an Führungskräfte in Expertenprognosen besonders herausgestellt. Mit dem Aufbau eines betrieblichen Wissensmanagements müssen sich vor allem die Lerninhalte verändern. Die Befähigung zum Austausch von Erfahrungswissen wird damit immer mehr in den Mittelpunkt der Aus- und Fortbildung rücken.

Im Laufe der Zeit haben sich aufgrund unterschiedlichster Rahmenbedingungen vielfältige *Methoden* und *Instrumente* der Aus- und Fortbildung von Führungskräften entwickelt. Ihre Anwendung ist zum Beispiel von den zur Verfügung stehenden Ressourcen (Personal, Finanzen usw.), der Stellung der Personalentwicklung als solches, aber auch der Struktur des Alltagsgeschäfts abhängig.

Durch die Kombination von On-the-Job und Off-the-Job Maßnahmen (→Personalentwicklung) ist es möglich, sowohl Basisqualifikationen und -erfahrungen zu erlangen, als auch diese in der praktischen Umsetzung zu erproben. Der Transfer und die Reflexion der eigenen Fähigkeiten kann so unterstützt werden.

Methodisch gilt das →Traineeprogramm als etablierte Form der Ausbildung des Führungskräftenachwuchses (→Führungsnachwuchs). Immer häufiger werden aber auch →Corporate Universities aufgebaut, die für die eigene (unternehmensgebundene) Aus- und Weiterbildung zuständig sind. Diese Bildungsinstitute vermitteln den Mitarbeitern neben notwendigem Fachwissen auch die Unternehmenskultur und -philosophie. Eine weitere Beschäftigung auf Assistenz- und Stabstellen ermöglicht die Stärkung der methodischen, sozialen und persönlichen Kompetenzen von Führungskräften. Auch ein regelmäßiger Arbeitsplatzwechsel (→Job Rotation) vor allem ins Ausland und die Mitarbeit an oder die Übertragung von Projekten mit herausgehobener Bedeutung sollen die Nachwuchsführungskräfte weiterentwickeln. Mentorenprogramme unterstützen individuell den Karriereweg und ermöglichen den Austausch von unterschiedlichen Erfahrungen im Berufsleben. Die Umsetzung der Aus- und Weiterbildung von Führungskräften bezieht sich auf bereichs- und organisationsübergreifende Lernformen mit direkter Übertragbarkeit des Gelernten auf das Arbeitsfeld. Netzwerker fördern die Kooperationsfähigkeit, durch den Aufbau arbeitsplatzbezogener Lernmöglichkeiten wird die Lernfähigkeit gesteigert und durch systematische Job Rotation die Flexibilität und Veränderungsbereitschaft erhöht.

Die Fortbildung umfasst neben den klassischen Varianten wie Führungsseminare oder internationale Trainingsaufenthalte (Executive-Entwicklungsprogramme) vermehrt beratende Maßnahmen wie →Coaching und Supervision. Diese On-the-Job Fortbildung ermöglicht Potenziale zu steuern und Defizite auszugleichen sowie Potenziale zu erschließen, um die individuellen Ressourcen einer Person zu verstärken. Beim Coaching-Prozess stehen im Wesentlichen individuelle Entwicklungen im Vordergrund. Veränderungsbereiche werden zwischen →Coach und Führungskraft gemeinsam und gezielt definiert, der Coaching-Prozess wird vom Betroffenen selbst bestimmt und vorgegeben. Im Gegensatz zu der traditionellen in Seminaren organisierten Form der Weiterbildung ist Coaching ein individuelles Beratungsinstrument. Die Aneignung und Veränderung von Verhaltensweisen erfolgt unmittelbar. Inhalte der Beratung sind konkret und spezifisch am aktuellen Bedarf der zu beratenden Person ausgerichtet und das personelle und strukturelle Umfeld wird als Teil des Beratungskontextes in seiner Funktion mit einbezogen.

Die Supervision ist ein Konzept zur Praxiskontrolle – zumeist in Therapeutengruppen, das den Praktiker in seinem Arbeitsfeld zur systematischen Vorgehensweise anhält und den Prozess intersubjektiver Erfahrungsbildung unterstützt. Wohingegen Konzepte der Supervision in erster Linie die Ebene professionellen Handelns reflektieren.

Als Instrumentarien kommen vermehrt Planspiele und Simulationen zum Einsatz. Der elektronische Zugriff via CD-ROM, →Intranet und →Internet auf Seminarmaterialien oder Tagungsdokumentationen gehören dabei mittlerweile zum Weiterbildungs-Standard.

Im Sinne einer Entwicklung hin zu einem wissensorientierten Unternehmen sollte die Aus- und Fortbildung von Führungskräften durch eine enge Kopplung von Lern- und Arbeitsfeld (Projekte, Trainings, Vertretungsfunktionen) geprägt sein, Angebote an Instrumenten für die Führungsarbeit (→Kommunikation, aktives Zuhören, →Delegation, Moderation) realisiert und individuelle und organisationale Entwicklungsprojekte abwechselnd durchgeführt werden. Ein institutioneller Informations- und Erfahrungsaustausch über die Abteilungs- und Organisationsgrenzen hinaus, hilft unter der Maßgabe von Freiräumen für Phantasie und Kreativität Lernen und Entwicklung zu fördern.

Literatur: *Hernez-Broome, G.*; *Hughes, R.*: Leadership Development: Past, Present and Future, in: Human Resource Planning, 27. Jg. (2004), H. 1, S. 24–32. *Hofmann, L. M.*: Führungskräfte in Europa: Empirische Analyse zukünftiger Anforderungen, Wiesbaden 2000. *Jetter, F. et al.* (Hrsg.): Managementkompetenz für Führungskräfte, Hamburg 2000. *Rieckmann, H.*: Führungs-Kraft und Management Development, München 2000. *Scholz, C.*: Personalmanagement, 5. Aufl., München 2000. *Welge, M. K.* (Hrsg.): Management Development, Stuttgart 2000.

Peter Wengelowski

Organisation der Personalarbeit

formale und strukturelle Regelungen, die Einheiten oder einzelne →Stellen betreffen, die mit der Erfüllung personalwirtschaftlicher Aufgaben betraut sind.

Analog zur Organisation anderer Teilbereiche des Unternehmens muss im Rahmen der Personalorganisation eine Analyse und anschließende stellenorientierte Synthese der personalwirtschaftlichen Aufgaben vorgenommen werden. Die Besetzung der so gebildeten Stellen und die Regelung der Art und Weise ihrer Zusammenarbeit führt zur aufbau- und ablauforganisatorischen Struktur (→Ablauf-, →Aufbauorganisation) des Personalbereichs.

Die *Aufgabe der Personalorganisation* besteht darin, die strukturellen Grundlagen für ein effizientes Erreichen vielfältiger personalwirtschaftlicher Ziele zu schaffen. Aus dieser Aufgabenstellung ergeben sich nach *Bühner* (2005) folgende *Anforderungen* an eine Personalorganisation:

- *Prozessoptimierung*: Auch die Personalorganisation muss ihre Prozesse nach dem Effizienzprinzip (→Organisatorische Effizienz) strukturieren.

- →*Flexibilität*: Eine hohe Anpassungsfähigkeit an die Änderungen der Kundenbedürfnisse (→Motiv) stellt eine wichtige Qualitätskomponente personalwirtschaftlicher Leistungen dar.

- →*Kundenorientierung*: Mitarbeiter und →Führungskräfte des Unternehmens sind als Kunden zu sehen, die eine Dienstleistung von der →Personalabteilung beziehen. Die Orientierung an den Problemen und Bedürfnissen dieser Kunden und die Nähe zu ihnen muss durch geeignete Strukturen gefördert werden.

- →*Integration und Vernetzung*: Der interne Austausch in der →Personalabteilung wie auch mit den Kunden führt zu Lerneffekten. Organisatorische Strukturen (→Organisationsstruktur) müssen dies gewährleisten.

- *Konfliktlösungs-/Vermittlungsfähigkeit*: Gerade der Personalorganisation obliegt es, als integratives Element im Unternehmen Interessenkonflikte auf horizontaler und vertikaler Ebene zu lösen. Die Strukturen der Personalorganisation müssen dies fördern.

Übersicht 1: Organisationsprinzipien der Personalarbeit (*Scholz* 2000, S. 196)

Organisation der Personalabteilung	Verteilung der Personalmanagement-Kompetenz	
	universalistisch	partizipativ
zentral	dominante, zentrale Personalabteilung mit Universalkompetenz	(auch) Fachführungskräfte als wichtige Personalmanager, zentrale Personalabteilung zur übergreifenden Koordination
dezentral	Dominanz der Personalbereiche, aber verteilt im Unternehmen	(auch) Fachführungskräfte als wichtige Personalmanager mit Hilfestellung durch die dezentralen Personalabteilungen

Ausgehend von diesen Anforderungen gibt es in der Unternehmenspraxis eine Fülle von Ausgestaltungen der Personalorganisation. Übersicht 1 zeigt, dass diese Formen entlang folgender Dimensionen geordnet werden können:

- Die *(De-)Zentralisation* spiegelt die Aufgabenverteilung bezüglich der Personalabteilung wider.

- Die *universalistisch-partizipative Dimension* bildet die Einbindung der Linienmanager (→Einliniensystem) ab.

Vor dem Hintergrund dieses Ordnungsschemas lassen sich mehrere *Formen* der Personalorganisation unterscheiden (Abbildung 1).

Abbildung 1: Formen der Personalorganisation (*Drumm* 2000, S. 63)

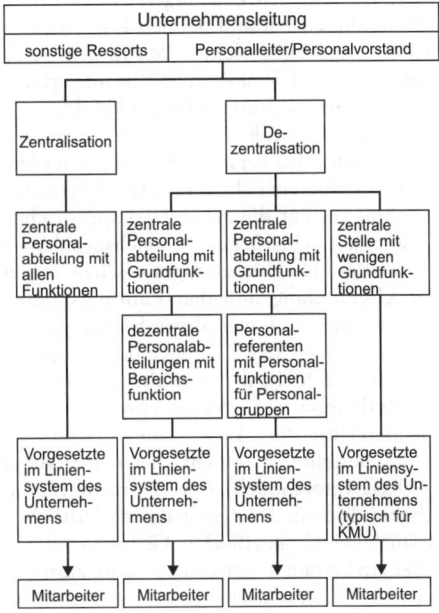

Bei der *zentralen Variante* ist eine bei der Unternehmensleitung aufgehängte Personalabteilung grundsätzlich für alle personalwirtschaftlichen Aufgaben zuständig. Diese Aufgaben werden auch für alle Personalkategorien übernommen. Die Partizipation der Linienmanager besteht im Wesentlichen in der Ausübung der Führungstätigkeit gegenüber den Mitarbeitern und der →Personalbeurteilung. Vorteilhaft bei dieser Variante ist die mögliche Spezialisierung von Experten in der zentralen Personalabteilung. Dies steigert die Professionalität der Aufgabenerfüllung. Außerdem ist eine unternehmensweit einheitliche Anwendung und Ausführung personalpolitischer Grundsätze und Methoden gesichert, was bei einigen personalwirtschaftlichen Feldern wie zum Beispiel der →Leistungsbeurteilung und der Vergütung von großer Bedeutung ist. Des Weiteren schafft eine zentrale Personalorganisation gute Voraussetzungen für den Umgang mit der betrieblichen →Mitbestimmung. Die Nachteile liegen insbesondere in der Problemferne, fehlender Kundennähe und Flexibilität, womit einige der oben beschriebenen Anforderungen der zentralen Variante nur schwer erfüllt werden können. Dieses Problem wird umso gravierender, je größer das Unternehmen ist.

Bei *dezentralen Formen* (→ Dezentrale Organisationsformen) wird die Mehrzahl der personalwirtschaftlichen Leistungen in den Unternehmensbereichen und bei den Linieninstanzen oder spezialisierten Stellen in den Bereichen erbracht. Die dezentrale Variante erlaubt mehrere Ausgestaltungsformen (Abbildung 1). Eine erste Möglichkeit besteht darin, dass neben der zentralen Personalabteilung jeder Unternehmensbereich über eine eigene Personalabteilung verfügt, die sich mit den spezifischen personalwirtschaftlichen Bereichsproblemen beschäftigt. Die Beziehung zwischen dieser Bereichsabteilung und den Führungskräften kann wiederum universalistisch oder partizipativ ausgeprägt sein. Die oben beschriebenen Vor- und Nachteile der zentralen Variante gelten für diese Variante in abgeschwächter Form auf Bereichsebene. Eine weitere dezentrale Form besteht in einem *Referentensystem* (→ Referentenmodell). Ein oder mehrere Mitarbeiter sind mit den personalwirtschaftlichen Belangen einer spezifischen Gruppe von Mitarbeitern betraut. Diese Gruppe kann zum Beispiel nach hierarchischen oder regionalen Gesichtspunkten zusammengefasst werden. Eine große Kundennähe und Flexibilität und daraus resultierend eine gute Konfliktlösungsfähigkeit sind die Kennzeichen dieser organisatorischen Variante.

Eine starke Form der → Dezentralisierung liegt dann vor, wenn abgesehen von wenigen Grundfunktionen die *Linienmanager für die personalwirtschaftlichen Leistungen* zuständig sind. Nur die strategische Ausrichtung und eine Koordination der dezentralen personalwirtschaftlichen Konzepte wird von einer zentralen Personalabteilung übernommen. Die Problemnähe und Kundenorientierung sowie die Flexibilität sind in nahezu idealtypischer Form gegeben. Allerdings kann die Konfliktlösung und vor allem die Vernetzung zwischen den Teileinheiten schwierig sein. Hinzu kommt, dass nicht alle Führungskräfte über eine hohe Professionalität bei der Erledigung der personalwirtschaftlichen Aufgaben verfügen.

Eine weitere Variante der dezentralen Organisationsmuster für Personalorganisationen ist in der virtuellen Personalabteilung (→ Virtuelle Organisationsform) zu sehen. Entlang der drei Virtualisierungsdimensionen „Entwicklung von → Kernkompetenzen", „Integration der Personalfunktionen" und „informationstechnologische Begleitung" werden alle „Kernkompetenzträger Personal" im Unternehmen in einem Netzwerk zusammengefasst, in dem personalwirtschaftliche Aufgaben abgearbeitet werden (*Scholz* 2000). Einer hohen Flexibilität und bei Einschalten der jeweiligen Experten hohen Professionalität steht bei der virtuellen Personalarbeit die Gefahr einer suboptimalen Prozessführung durch unklare Ansprechpartner gegenüber.

Im Einklang mit der gewählten Grundstruktur der Personalorganisation muss bei im Ausland tätigen Unternehmen die *internationale* Organisation der Personalarbeit gewählt werden. Dementsprechend ist bei einer zentralen Form die Personalabteilung der Auslandsgesellschaft an die zentrale Abteilung anzubinden, während bei dezentralen Varianten der Personalleiter dem Vorstand der Auslandsgesellschaft zugeordnet ist. Aufgrund der arbeitsrechtlichen und auch kulturellen Unterschiede in anderen Ländern ist eine rein zentrale Variante mit Konzepten, die auf das Heimatland ausgerichtet sind, nicht durchsetzbar.

Neben der „stehenden" Personalorganisation spielen zeitlich befristete Strukturen zur Lösung einer bestimmten Aufgabe in der Personalarbeit eine wichtige Rolle. Diese *Projektstrukturen* werden bevorzugt dann eingesetzt, wenn ein klar abgrenzbares Problem die Integration von Expertenwissen aus mehreren Bereichen notwendig macht (→ Projektorganisation).

Vor dem Hintergrund der beschriebenen Grundformen der organisatorischen Verankerung der Personalarbeit im Unternehmen müssen die Rolle und die → Kompetenzen der Personalabteilung durch organisatorische Regelungen definiert werden. Verschiedene *Center-Konzepte* spiegeln die jeweilige Rolle wider:

- →*Cost-Center*: Da viele Personalfunktionen einen nur schwer bewertbaren Nutzen aufweisen, fehlt eine interne Vermarktungsfähigkeit, so dass analog zu anderen Stellen in der → Kostenrechnung die Personalabteilung über eine Spezifikation der Kosten geführt wird.

- →*Profit-Center*: Ist es möglich, einen unternehmensinternen Markt mit Nachfrage und Angebot von personalwirtschaftlichen Leistungen zu schaffen, kann die Personalabteilung an dem von ihr erwirtschafteten Ergebnis gemessen werden.

- →*Wertschöpfungs-Center*: Als Kombination der beiden vorher genannten Center-Konzepte versucht das Wertschöpfungs-Center, neben der Gewinnerzielung auch eine nachweisbare Nutzenschaffung bei den Kunden zu erreichen.
- *Strategie-Center*: Die Personalabteilung beschränkt sich auf die Entwicklung der unternehmensweit geltenden Personalstrategien.
- *Service-Center* (→ Dienstleistungs-Center): Die Personalabteilung erbringt eine klar definierte Dienstleistung.
- *Kultur Center*: Die Personalabteilung konzentriert sich auf die Stabilisierung und bewusste Gestaltung der Unternehmenskultur (→Organisationskultur).

Die vielfältigen Gestaltungsmöglichkeiten und Einflussfaktoren auf die Personalarbeit machen deutlich, dass es eine ideale allgemeingültige Form der Personalarbeit nicht gibt. Vielmehr muss unternehmensspezifisch nach der effizienten Form unter Berücksichtigung der beschriebenen Kriterien gesucht werden.

Literatur: *Bühner, R.*: Personalmanagement, 3. Aufl., Landsberg/Lech 2005. *Drumm, H.-J.*: Personalwirtschaft, 4. Aufl., Berlin etc. 2000, S. 61–79. *Scholz, C.*: Personalmanagement, 5. Aufl., München 2000, S. 191–217.

Reinhard Meckl

Organisation und Führung

Leitungsfunktionen durch welche individuelle Handlungen koordiniert und auf gemeinsame Ziele ausgerichtet werden.

Der Unterschied zwischen Organisation und Führung besteht in der Art und Weise, wie die Koordination erreicht wird. Organisieren ist das Formalisieren von Verhaltenserwartungen durch Regeln, die personenunabhängig und für einen längeren Geltungszeitraum bewusst gestaltet werden. Führung (→ Mitarbeiterführung) ist demgegenüber die unmittelbare persönliche Beeinflussung durch Weisung in bestimmten Situationen.

Jan Hendrik Fisch

Organisationale Energie

Kraft, mit der Unternehmen zielgerichtete Dinge bewegen.

Die organisationale Energie beschreibt das Ausmaß, in dem ein Unternehmen sein emotionales, mentales und verhaltensbezogenes Potenzial für die Verfolgung seiner Ziele mobilisiert hat.

Unternehmen unterscheiden sich stark bezüglich ihrer Energie. Einige Unternehmen bewältigen Veränderungsprozesse schnell oder bringen zahlreiche Innovationen (→Technologischer Wandel) hervor. Demgegenüber sind andere Unternehmen eher statisch und träge. Diesen bereitet es Probleme, Innovations- und Veränderungsprozesse zu initiieren und umzusetzen. Selbst bei extern induziertem Veränderungsdruck bleiben sie vergleichsweise passiv und verharren im bewährten Erfolgskonzept.

Organisationale Energie beeinflusst die Produktivität (→Arbeitsproduktivität) in Unternehmen maßgeblich und hängt daher, wie *Bruch* und *Vogel* (2005) betonen, eng mit dem Erfolg von Unternehmen zusammen. Dynamischen Unternehmen gelingt es, die Energie der Organisation zu mobilisieren und durch Fokussierung auf Veränderungs- und Innovationsprozesse produktiv zu nutzen (*Tushman* und *O'Reilly* 1996). Dauerhaft erfolgreiche Unternehmen schaffen es darüber hinaus, die Energie des Unternehmens langfristig zu erhalten.

Organisationale Energie stellt ein bisher nur in Grundzügen erforschtes Konstrukt dar (*Bruch* und *Vogel* 2005). Es beschreibt das Ausmaß, in dem ein Unternehmen sein emotionales, mentales und verhaltensbezogenes Potenzial für die Verfolgung seiner Ziele mobilisiert hat (*Bruch* und *Ghoshal* 2003). Die Stärke der organisationalen Energie kommt in dem Ausmaß an Temperament, Intensität, Geschwindigkeit und Durchhaltevermögen seiner Arbeits-, Veränderungs- und Innovationsprozesse zum Ausdruck. Im Zentrum steht hier daher die *tatsächlich aktivierte und fokussierte* organisationale Energie – also analog dem physikalischen Begriff der kinetischen Energie beziehungsweise „Bewegungsenergie" (potenzielle Energie oder physikalisch „Lageenergie" beschreibt dagegen das Ausmaß an theoretisch verfügbarer und somit *potenziell aktivierbarer* Energie).

Bei organisationaler Energie handelt es sich im Gegensatz zu individuumsbezogenen Energiebegriffen um ein kollektives Konstrukt, das die synergetischen Wirkungen individueller Potenziale berücksichtigt (*Etzioni* 1975). Syner-

Organisationale Energie

gien ergeben sich aus Interaktionen oder emotionalen, mentalen und aktivitätsbezogenen Ansteckungsprozessen in Unternehmen. Organisationale Energie ist demnach von individueller Energie der →Führungskräfte und Mitarbeiter zu unterscheiden. Es handelt sich um ein eigenständiges Konstrukt, das mit individueller Energie in einer wechselseitigen Einflussbeziehung steht.

Organisationale Energie kann verschiedene Zustände aufweisen. Die empirische Forschung zeigt, dass Energiezustände mithilfe von zwei unabhängigen Dimensionen beschrieben werden können – Intensität und Qualität organisationaler Energie (*Bruch* und *Ghoshal* 2003):

1. Die *Intensität der organisationalen Energie* spiegelt das Ausmaß der Aktivierung der vorhandenen Potenziale wider und zeigt sich unter anderem im Aktivitätsniveau, in der Interaktions- und Kommunikationsintensität sowie in dem Ausmaß an Wachsamkeit und emotionaler Spannung, die in einem Unternehmen vorherrschen.

2. Die *Qualität organisationaler Energie* beschreibt hauptsächlich, inwieweit emotionale, mentale und aktionale Potenziale auf gemeinsame zentrale Unternehmensziele – konstruktiv – ausgerichtet sind. Positive organisationale Energie ist durch Begeisterung, Spaß oder Zufriedenheit mit den zentralen Aktivitäten des Unternehmens charakterisiert. Negative organisationale Energie zeigt sich in fehlender gemeinsamer Ausrichtung emotionaler, mentaler und verhaltensbezogener Kräfte auf die Unternehmensziele. Dies kann bis zu destruktiver Orientierung gehen. Eine negative Qualität der Energie liegt vor, wenn Emotionen (→Aktionstheorie der Motivation) wie Angst, →Frustration oder Ärger vorherrschen und sowohl die mentalen Potenziale – Wachsamkeit oder →Kreativität – als auch die Aktivitäten eher auf die Maximierung von Partikularinteressen, die Verteidigung eigener Besitzstände oder die Schwächung anderer Unternehmenseinheiten gerichtet sind als auf die Verfolgung der Unternehmensziele.

Eine Kombination der beiden Dimensionen Intensität und Qualität zeigt vier Energiezustände, die typische Ausprägungen der Energie von Unternehmen widerspiegeln (Abbildung 1):

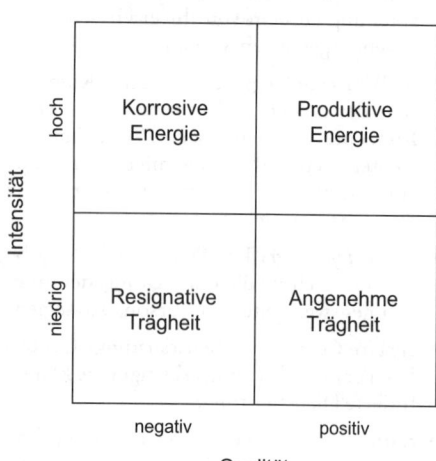

Abbildung 1: Zustände organisationaler Energie (*Bruch/Vogel* 2005, S. 42)

1. *Angenehme Trägheit*: Unternehmen im Zustand angenehmer Trägheit sind durch niedrige, positive Energie gekennzeichnet. Das wesentliche Charakteristikum ist das Vorherrschen von Zufriedenheit mit dem Status Quo. Dies geht mit einer eher geringen Handlungsintensität, niedrigen Wachsamkeit und einer schwachen emotionalen Spannung einher. Angenehme Trägheit ist häufig die Folge von länger anhaltendem Erfolg und führt in der Regel zu einer deutlich reduzierten Change Fähigkeit von →Organisationen. Durch anhaltende Bestätigung aus dem Markt stellen sich Sicherheitsempfinden, Trägheit und Beharrungstendenzen ein. In der Folge wird auch bei sich ändernden Bedingungen nur schwer die Notwendigkeit gesehen, Veränderungen im Managementsystem zu initiieren und das bewährte Erfolgsmuster zu verlassen (*Tushma* und *O'Reilly* 1996). Die Aufmerksamkeit richtet sich auf die Bestätigung des bisherigen Verhaltens anstatt auf die zügige Einstellung auf neue Marktgegebenheiten. Unternehmen, die durch angenehme Trägheit gekennzeichnet sind, gelingt es oft nicht, die Veränderungsdynamik oder Kraft für die Initiierung zukünftig erfolgreicher Innovationen aufzubauen.

2. *Resignative Trägheit*: Unternehmen mit resignativer Trägheit sind von negativen Emotionen wie Enttäuschung, Frustration oder Indifferenz gekennzeichnet. Diese treten zusammen mit einem niedrigen Aktivitäts-

niveau, einer reduzierten Interaktions- und Kommunikationsintensität sowie niedrigem Interesse an Unternehmenszielen auf. Die häufigste Ursache resignativer Trägheit sind anhaltende, wenig erfolgreiche Veränderungsprozesse. Langfristig führen dauerhafte Changeprozesse oder scheinbar nicht endende Ketten von Veränderungen zu Erschöpfung und Changemüdigkeit bis hin zu organisationalem →Burnout. Durch resignative Trägheit wird das Veränderungs- und Innovationsvermögen von Unternehmen stark geschwächt.

3. *Korrosive Energie*: Bei Vorherrschen von Zersetzungsenergie weisen Unternehmen im Gegensatz zu den vorherigen Zuständen zwar ein hohes Maß an Aktivität, Wachheit und emotionaler Involviertheit auf. Kennzeichnend ist jedoch, dass diese intensive Energie negativ ausgerichtet ist. Dies bringt es mit sich, dass die Kräfte des Unternehmens nicht produktiv genutzt werden, sondern nach innen gerichtet, destruktiv wirken. Bei Unternehmen mit hoher negativer Energie ist ein Großteil der Anstrengung nicht in gemeinsamen produktiven Arbeits- und Veränderungsprozessen, sondern in internen Kämpfen, Spekulationen oder mikropolitischer Aktivität (→Mikropolitik) gebunden. Zersetzungsenergie führt dazu, dass sich Unternehmensbereiche gegenseitig schwächen und gemeinsame Initiativen oder Innovationen beeinträchtigt oder verhindert werden. Unternehmen, die den Zustand der Zersetzungsenergie nicht schnell überwinden, laufen Gefahr, in sich selbst verstärkende, negative Spiralen zu geraten.

4. *Produktive Energie*: Unternehmen mit hoher positiver Energie gelingt es, Emotionen, Aufmerksamkeit und Anstrengungen auf die Erreichung gemeinsamer Ziele zu kanalisieren, so dass erfolgskritische Aktivitäten mit großer Kraft vorangetrieben werden. Firmen mit produktiver Energie zeigen ein hohes Maß an Anstrengung und Engagement, das mit starken positiven Emotionen einhergeht. Es herrscht eine erhöhte Wachsamkeit für relevante Informationen und eine hohe Interaktionsintensität; die Geschwindigkeit von Kommunikationsprozessen ist deutlich erhöht. Im Mittelpunkt steht die Suche nach gemeinsamen Problemlösungen für erfolgskritische Initiativen. Im Zustand produktiver Energie arbeiten Unternehmen mit hoher Geschwindigkeit, bewältigen Herausforderungen zügig und sind außergewöhnlich effektiv.

Eine erste Herausforderung für das Management ist die *Mobilisierung und Fokussierung von Energie* (*Tushman* und *O'Reilly* 1996). Beide Aufgaben – die Aktivierung der emotionalen, kognitiven und handlungsbezogenen Potenziale und die Ausrichtung auf zentrale Schwerpunkte – sind vor allem Aufgabe des Top-Managements. Dieses kann sich dabei zwei Managementstrategien zu nutze machen, die bei *Bruch* und *Vogel* (2005) als „Bedrohung bewältigen" oder „Zukunftschance ergreifen" gekennzeichnet werden. Zentrale Herausforderungen liegen in der Identifizierung und Interpretation zentraler Handlungsfelder des Unternehmens, der Etablierung eines geteilten Gefühls der Dringlichkeit, was ein wirksames Emotions- und Aufmerksamkeitsmanagement erfordert, sowie in der Schaffung von kollektivem →Commitment und Disziplin der Zielverfolgung.

Ein zweites Aufgabenbündel umfasst nach *Bruch* und *Vogel* (2005) das *Haushalten mit Energie* des Unternehmens. Permanent höherer Einsatz, stetig steigende Geschwindigkeit und dauerhaft hohe Intensität der Aktivitäten garantieren nicht automatisch gesteigerten Erfolg. Vielmehr können Unternehmen dadurch in die Beschleunigungsfalle geraten (*Zaugg* und *Thom* 2003). Oft treiben Manager ihre Unternehmen dauerhaft an die Grenzen der Belastbarkeit und reagieren auf Ermüdungserscheinungen (→Ermüdung) mit verstärktem Druck, zusätzlicher Beschleunigung oder weiter erhöhten Anforderungen. Die anhaltend hohe Kraftanstrengung führt zu Energiemangel von Unternehmen und manifestiert sich in Phänomenen wie Changemüdigkeit, Zynismus oder organisationalem Burnout.

Herausforderungen für das Management bestehen darin, Phasen intensivierter Anstrengung und Produktivität mit den Potenzialen und Energiereserven des Unternehmens in Einklang zu bringen. Ein Ansatzpunkt besteht darin, gezielt zwischen Hochenergiephasen und Ruheinseln oder Regenerierungsphasen zu variieren (*Zaugg* und *Thom* 2003). Erfolgreichen Unternehmen gelingt dies durch eine klare Strukturierung der Unternehmensstrategie, das heißt die deutliche Abgrenzung von Etappen, befristeten strategischen Initiativen und markanten Meilensteinen. In Verbindung mit einer starken Konzentration, einer verbindlichen Priorisierung von Vorhaben, Aufmerksamkeitssteuerung und der Kommunikation von Erfolgen steigert dies die Wahrscheinlichkeit besonders produktiver Hochanstrengungsphasen, ohne unrealistische dauerhafte Höchstleitung zu fordern.

Literatur: *Bruch, H.; Ghoshal, S.*: Unleashing Organizational Energy, in: Sloan Management Review, 45. Jg. (2003), H. 1, S. 45–51. *Bruch, H.; Vogel, B.*: Organisationale Energie: Wie Sie das Potenial Ihres Unternehmens ausschöpfen, Wiesbaden 2005. *Etzioni, A.*: The Active Society, New York 1975. *Tushman, M. L.; O'Reilly III, C. A.*: Ambidextrous Organization: Managing Evolutionary and Revolutionary Change, in: California Management Review, 38. Jg. (1996), H. 4, S. 8–30. *Zaugg, R. J.; Thom, N.*: Excellence Through Implicit Competencies: Human Resource Management – Organizational Development – Knowledge Creation, in: Journal of Change Management, 3. Jg. (2003), H. 3, S. 1–21.

Heike Bruch
Bernd Vogel

Organisationales Lernen

in Analogie zum allgemeinen Lernprozess (→Lernen) die Veränderung der organisationalen Wissensbasis (→Organisationales Wissen).

Nach *Schreyögg* und *Noss* (1995) zeigt sich im organisationalen Lernen eine Weiterentwicklung sowohl von Ansätzen der →Organisationsentwicklung, die →Wandel eher als Sonderfall und separates Problem begreifen, welches durch die Einbeziehung externer Berater in direkter Steuerung beseitigt werden kann, als auch gegenüber Lebenszyklusmodellen organisationalen Wandels, denen zufolge Wandel den vorübergehenden Unruhezustand zwischen zwei Gleichgewichten beschreibt. Demgegenüber ist Wandel aus der Perspektive organisationalen Lernens der Normalfall, der sich endogen aus dem System heraus ergibt (→Selbstorganisation), allenfalls indirekt gesteuert werden kann (→Wissensmanagement) und eine generelle →Kompetenz der →Organisation begründet. Dynamische Fähigkeiten von Organisationen lassen sich als →Kernkompetenzen verstehen.

Organisationales Lernen ist das Ergebnis der Interaktion zwischen Organisation und Umwelt und unter Zusammenwirken der betrieblichen Wissenssysteme auf unterschiedlichen Repräsentationsebenen, zu denen das Individuum, die Gruppe, die Organisation und das Organisationsnetzwerk zählen. Ähnlich wie die Definition organisationalen Wissens im Spektrum von expliziten betrieblichen Entscheidungsregeln über formelle und informelle Routinen bis hin zu kollektiven Schemata und Wirklichkeitsinterpretationen variiert, wird auch der Prozess des organisationalen Lernens je nach Grundverständnis unterschiedlich dargelegt.

Ansätze des organisationalen Lernens sind neben den individualpsychologischen →Lerntheorien in mehreren Theorieclustern der Organisationsforschung verankert (*Pawlowsky* 2001). Dazu zählt die Entscheidungsforschung im Zusammenhang mit der Organisations-Umwelt-Beziehung. Charakteristisch ist hierfür der Entwicklungsprozess, der in den Arbeiten von *March* (1963, 1975) zum Ausdruck kommt, wonach Wandel zunächst recht mechanistisch als Stimulus-Response-Verknüpfung auf Umweltreize ausgedeutet, später jedoch als Lernzirkel aus subjektiven Wirklichkeitsinterpretationen über die Umwelt und daraus resultierender Handlung verstanden wurde. Entsprechend reicht das Grundverständnis von Wissen von der individuellen Kognition (→Wissen) bis zur kollektiven Interpretation bei der Generierung von Wissen und ihrer Umsetzung in Handlung. Dieser Gedanke ist in der Kulturperspektive organisationalen Lernens (→Organisationskultur) noch expliziter verhaftet. Hieraus lässt sich insbesondere die Bedeutung kulturellen Wandels, die Veränderung des gemeinsam geteilten Wertesystems ableiten. Schließlich stellt die Perspektive des →Action Learnings auf die Bedeutung des handlungs- und erfahrungsbasierten Lernens ab. In der Summe ergeben sich daraus die *Lernformen* des kognitiven, kulturell-affektiven und handlungsbezogenen Lernens.

Aus systemischen Ansätzen (→Systemtheorie), darunter auch evolutionstheoretische Überlegungen, lassen sich überdies Aussagen zur ebenenübergreifenden Dynamik zwischen wissensbezogenen Aktivitäten und der Rückkoppelungsschleifen zwischen adaptiven Handlungen ableiten. Darin kommen unterschiedliche *Lerntypen* des Single-Loop, Double-Loop und Deutero Lernens zum Ausdruck. Ebenso wird das Zusammenwirken unterschiedlicher Subsysteme, die sich als *Lernebenen* vom Individuum über die Gruppe und Organisation bis zum Netzwerk kennzeichnen lassen, erkennbar (*Pawlowsky* 2001).

Die Differenzierung von *Lerntypen* lässt sich bei einer Vielzahl von Autoren finden, ist jedoch insbesondere mit den Namen *Argyris* und *Schön* (1978) verbunden. Single-Loop-Learning beschreibt dabei eine einfache Verhaltensanpassung aufgrund von Soll-Ist-Abweichungen. Beim Double-Loop-Learning steht auch das Zielsystem der Organisation zur Disposition und beim Deutero-Learning wird schließlich das Deutungssystem, über das der Lernprozess erfolgt, verändert. Die Fähigkeit (→Qualifikation) zu lernen, das dem Lernprozess zugrunde liegende Interpretationsschema ist selbst Gegenstand des Lernprozesses.

Durch die Verknüpfung der systemtheoretischen Aussagen mit der Lernzirkelidee von *March* und *Olson* (1975) lässt sich ein Wissensverarbeitungs- und -generierungsprozess entlang der nicht notwendigerweise sequentiellen *Lernphasen*

– Identifikation und Generierung neuen Wissens,
– Diffusion von Wissen,
– Speicherung und Modifikation von Wissen sowie
– Umsetzung von Wissen in Handlung

beschreiben. Auch hier spielen interpretative Leistungen in Abgrenzung zu einem eher mechanistischen Informationstransfer eine wichtige Rolle.

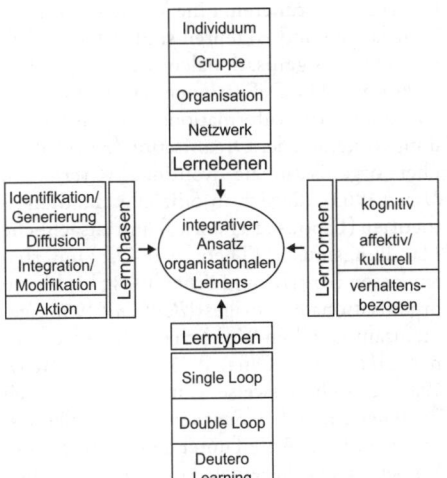

Abbildung 1: Integratives Theoriemodell organisationalen Lernens (*Pawlowsky* 2001, S. 79)

Pawlowsky (2001) führt die Überlegungen zu Lernformen, Lerntypen, Lernebenen und Lernphasen in einem integrativen Ansatz zusammen (Abbildung 1)

Demgegenüber konzentrieren sich andere Modelle organisationalen Lernens eher auf einen der genannten Bausteine beziehungsweise stellen diesen als dominant heraus. So richtet sich das Hauptaugenmerk der eher gestaltungsorientierten Lernforschung auf die Lernphasen, die die Grundlage für ein betriebliches Wissensmanagement bilden und unter dem genannten Stichwort weiter erläutert werden. Die Auseinandersetzung mit Lerntypen und Lernformen setzt bei den →Change Management-Ansätzen an, indem sie auf eine erweiterte Ausdeutung des Wandlungsprozesses hinarbeiten.

Übersicht 1: 4-i-Modell organisationalen Lernens (*Crossan/Lane/White* 1999, S. 525)

Lernebene	Lernprozess	Inputs	Outputs
Individuum	Intuition	individuelle Erfahrungen, Images	persönliche Einsicht
	Interpretation	Sprache, Metaphern	Dialog, gemeinsame Verständigung
Gruppe	Integration	Gruppennormen und Austauschregeln, interaktive Systeme	kognitive Landkarten
Organisation	Institutionalisierung	Routinen, Regeln und Verfahren	Wissenssysteme

Die Forschung, die sich mit dem Transfer von Wissen über die unterschiedlichen Lernebenen, der in der Regel vom Individuum über die Gruppe in die Organisation, gegebenenfalls auch in die interorganisationalen Beziehungssysteme verläuft, beschäftigt, kann auch als die Perspektive organisationalen Lernens im engeren Sinne gekennzeichnet werden. Hierzu zählt beispielsweise das international viel beachtete Konzept organisationalen Lernens von *Crossan*, *Lane* und *White* (1999). Das Modell beschreibt anhand der vier Sequenzen *Intuition*, *Integration* und *Institutionalisierung* den Übergang vom individuellen zum organisationalen Wissen. Dabei erfolgt eine Zuordnung von Lernprozessen (4-i) zu den einzelnen Lernebenen unter Spezifikation der damit korrespondierenden Inputs und Outputs, wie Übersicht 1 darstellt.

Intuition beschreibt dabei die vorbewusste Wahrnehmung von Wissen aufgrund individueller Vorerfahrungen. Bei der Interpretation wird neues Wissen mit den vorhandenen Deutungsschemata kombiniert und kommuniziert. Bei der Integration werden gemeinsam geteilte Wirklichkeitsinterpretationen in der Gruppe, aus denen sich eine kollektive kognitive Landkarte ergibt, erarbeitet. Bei der Institutionalisierung werden dann Routinen, Regeln und Verfahren auf der Organisationsebene etabliert.

Es wird deutlich, dass beim organisationalen Lernen die gemeinsam geteilten Wirklichkeitsinterpretationen von Organisationsmitgliedern und ihre Fähigkeit zur Entwicklung neuer Deutungsmuster im Zentrum stehen, womit Wandel als emergenter Prozess von Organisationen erkennbar wird.

Es gibt keine dezidiert kritische Auseinandersetzung mit Überlegungen organisationalen Lernens, zumal sich das in Lerntheorien verankerte Verständnis von Wandel für die Organisationsebene als sinnvoll erwiesen hat. Jüngst mehren sich jedoch die Stimmen, die vor einer zu positiven Besetzung des Lernbegriffs warnen und auf die Vorteile des Nicht-Lernens angesichts einer notwendigen Komplexitätsreduktion bei Informationsüberflutung hinweisen. Diesem Kritikpunkt ist entgegenzuhalten, dass er Wissen auf →Information und Lernen auf Informationsverarbeitung reduziert. In die elaborierten Ansätze organisationalen Lernens sind jedoch vorwiegend konstruktivistische Überlegungen eingeflossen (→Konstruktivismus), die von dem genannten Kritikpunkt unberührt bleiben. Überdies sind die Ansätze deskriptiv und nicht präskriptiv. Wenn es auf Gefahren im Zusammenhang mit organisationalem Lernen im Sinne kollektiver Wirklichkeitsinterpretationen aufmerksam zu machen gilt, dann sind es eher Schließungsprozesse gegenüber alternativen Deutungen, wie sie beispielsweise aus der gruppendynamischen Forschung, insbesondere dem dort behandelten Phänomen des *Group Thinking* bekannt sind.

Literatur: *Argyris, C.; Schön, D. A.*: Organizational Learning: A Theory of Action Perspective, Reading, 1978. *Crossan, M. M.; Lane, H. W.; White, R. E.*: An Organizational Learning Framework – From Intuition to Institution, in: Academy of Management Review, 24. Jg. (1999), S. 522–537. *Cyert, R. M.; March, J. G.*: A Behavioural Theory of the Firm, Englewood Cliffs 1963. *Dierkes, M. et al.* (Hrsg.): Handbook of Organizational Learning and Knowledge, Oxford 2001. *March, J. G.; Olson, J. P.*: The Incertainty of the Past: Organisational Learning under Ambiguity, in: European Journal of Political Research, 3. Jg. (1975), S. 147–171. *Pawlowsky, P.*: The Treatment of Organizational Learning in Management Science, in: *Dierkes, M. et al.* (Hrsg.): Handbook of Organizational Learning and Knowledge, Oxford 2001, S. 61–88. *Schreyögg, G.; Noss, C.*: Organisatorischer Wandel: Von der Organisationsentwicklung zur Lernenden Organisation, in: DBW, 55. Jg. (1995), H. 2, S. 169–185.

Uta Wilkens

Organisationales Wissen

weist in Abgrenzung zur Definition des individuellen →Wissens einen kollektiven Bezug auf, sei es, dass das Wissen strukturell in der →Organisation, zum Beispiel in Routinen und Verfahren, verankert und damit individuumsunabhängig zugänglich ist, sei es, dass das Wissen über kollektive Deutungen und Interaktionssysteme erzeugt und in Handlung umgesetzt wird.

Pawlowsky (1994) gibt einen umfassenden Überblick über unterschiedliche Definitionen organisationalen Wissens. Dabei spricht er vom organisationalen Wissenssystem, weil den Ansätzen gemeinsam ist, dass sie kognitive Strukturen auf einer kollektiven Ebene – dazu zählen Gruppen, Abteilungen, informelle Gemeinschaften oder die Organisation als Ganzes – postulieren. Eine Mehrzahl von Verknüpfungen und Akteuren sind also konstitutiv, um von organisationalem Wissen sprechen zu können. Die Definitionen reichen dabei im einzelnen von Informations- und Entscheidungssystemen der Organisation (*Kirsch* 1971) über organisationale Routinen (*Cyert* und *March* 1963), die sich in offizielle Handlungstheorien (Espoused Theories) und tatsächliche Handlungsmuster (Theories-in-Use) unterteilen lassen (*Argyris* und *Schön* 1978), bis hin zu organisationalen Images (*Boulding* 1956), gemeinsam geteilten Wirklichkeitsinterpretationen (*March* und *Olsen* 1975, *Daft* und *Weick* 1984) beziehungsweise gemeinsam geteilten mentalen Modellen (*Senge* 1990). Auffallend ist dabei der hohe Anteil unter den Vertretern der Wissenschaft, die einen konstruktivistischen Zugang (→Konstruktivismus) zum organisationalen Wissen wählen. Eine Verknüpfung der unterschiedlichen Herangehensweisen an den

Wissensbegriff findet sich im Konzept der organisatorischen Wissensbasis nach *Pautzke* (1989). Dieses Modell verknüpft zwei Schichten, eine horizontale und eine vertikale Schicht organisationalen Wissens. Die horizontale Wissensbasis umfasst das

- von allen geteilte Wissen,
- der Organisation zugängliche individuelle Wissen,
- der Organisation nicht zugängliche individuelle Wissen – dieser Punkt ist nicht unstrittig –,
- Wissen der Umwelt, über das in der Organisation ein Meta-Wissen existiert sowie
- sonstiges kosmisches Wissen.

Diese Wissenselemente werden über das vertikale Konzept organisationalen Wissens, zu dem nach *Pautzke* (1989) Paradigmen, Weltbilder und Sinnmodelle der Organisation zählen, zu einer Architektur (→Informationssystem) verknüpft. Durch diesen kulturellen Einbindungsrahmen wird abgesteckt, was an neuem Wissen, neuen Ideen oder Handlungstheorien in die Organisation integriert werden kann. Im Sinne eines Deutero-Learnings kann auch das Sinnmodell selbst Gegenstand des →Lernens sein (→Organisationales Lernen). Hieran zeigt sich, dass die unter dem Begriff des Wissens aufgeführten psychologischen Konstrukte der Kognition (→Wissen), Motivation oder Werte beim organisationalen Wissen auf einer kollektiven Austauschbasis ineinandergreifen.

Die Trennung zwischen organisationalem und individuellem Wissen wird kontrovers diskutiert. Dabei kann man als Tendenz festhalten, dass die vom individuellen Wissensträger vollkommen unabhängigen organisationalen Regeln und Routinen nur einen, den vollständig kontextualisierten Teil des organisationalen Wissens, darstellen. Im Kern spielen betriebliche Akteure durch die Interaktions- und kollektiven Verständigungsprozesse eine wichtige Rolle für die Herausbildung organisationalen Wissens. Eine Trägerunabhängigkeit des Wissens kann nicht angenommen werden. Organisationales Wissen wird vielmehr durch die Organisationsmitglieder in einer Erfahrungsgemeinschaft konstruiert. Dieser Konstruktionsprozess wird sowohl durch die Unternehmensgeschichte beeinflusst, die quasi die gewonnenen kollektiven Erfahrungen repräsentiert, als auch durch die individuellen Interaktionserfahrungen der Organisationsmitglieder mit der Umwelt. Dabei ist die Umwelt nichts objektiv Gegebenes beziehungsweise die Organisationsmitglieder leisten keine objektive Übersetzung externer Anforderungen. Vielmehr kommt es zu unterschiedlichen Interpretationen der Wirklichkeit, für die Handlungsalternativen entwickelt werden.

Aus der vorgestellten Begriffsdefinition organisationalen Wissens ergibt sich eine Kluft zu jenen Teilbereichen des →Wissensmanagements, die ein reines Informationsmanagement (→Information) der Beschaffung und Systematisierung von Daten betreiben. Noch größer wird die Kluft, wenn man sich mit Ansätzen der →Wissensmessung in Organisationen befasst, bei denen nicht selten betriebliche Strukturdaten als Ausdruck organisationalen Wissens definiert werden. Die Begriffe Wissenskapital (→Wissensmessung) und →Organisationskapital erweisen sich für diese Fälle als zutreffender.

Literatur: *Argyris, C.; Schön, D. A.*: Organizational Learning: A Theory of Action Perspective, Reading, 1978. *Boulding, K. E.*: The Image. Knowledge in Life and Society, Ann Arbor 1956. *Cyert, R. M.; March, J. G.*: A Behavioural Theory of the Firm, Englewood Cliffs 1963. *Daft, R. L.; Weick, K. E.*: Toward a Model of Organizations as Interpretation Systems, in: Academy of Management Review, 9. Jg. (1984), H. 2, S. 284–295. *Kirsch, W.*: Entscheidungsprozesse, Wiesbaden 1971. *March, J. G.; Olson, J. P.*: The Uncertainty of the Past: Organisational Learning under Ambiguity, in: European Journal of Political Research, 3. Jg. (1975), H. 2, S. 147–171. *Pautzke, G.*: Die Evolution der organisierten Wissensbasis, Herrsching 1989. *Pawlowsky, P.*: Wissensmanagement in der lernenden Organisation, Paderborn, 1994. *Senge, P.*: The Fifth Discipline. The Art and Practice of the Learning Organisation, New York 1990.

Uta Wilkens

Organisationsaufstellung

experimentelles Instrument der →Organisations- und →Personalentwicklung, das auf dem familientherapeutischen Aufstellungsansatz des Theologen *Bert Hellinger* basiert (syn.: systemische Aufstellung).

Obwohl der Therapieansatz *Hellingers* (2006) vielfache Kritik auf sich gezogen hat und aus methodischen bis hin zu ethischen Gründen umstritten ist (*Haas* 2004), hat seine Vorgehensweise doch Eingang in die systemische Unternehmensberatung gefunden. Die Organisationsaufstellung findet im →Gruppen-Coaching Verwendung: Ein betriebliches Beziehungssystem wird anhand von frei im Raum positionierbaren Stellvertretern nachgestellt. Dabei lässt der Aufstellende relativ spontan Repräsentanten für Teamkollegen, →Führungskräfte, Stakeholder, Kunden oder auch abstrakte Einflussfaktoren so anordnen, dass das sich ergebende Bild die Ausgangssituation eines organisatorischen oder persönlichen unternehmensbezogenen Anliegens widerspiegelt. Bestimmte Charakteristika, zum Beispiel die Abstände zwischen aufgestellten Personen oder ihre Blickrichtungen, sollen Interpretationen des beschriebenen organisationalen Systems zulassen, etwa auf bestehende →Konflikte oder mangelnde Teamintegration hin. Das Verfahren dient damit der Visualisierung unbewusster Beziehungszusammenhänge in Gruppen mit dem Ziel, zum Beispiel durch eine Veränderung von Kommunikationsmustern die Arbeitsfähigkeit von Teams zu verbessern.

Wissenschaftlich nicht gesichert ist, ob und inwieweit durch eine Neupositionierung der Repräsentanten in Richtung „angenehmerer" Plätze durch den Aufstellungsleiter eine stimmigere Gesamtsituation für das Beziehungssystem abgebildet wird und wie diese dann in der Realität erreichbar ist. Empfohlen wird bei einer Verwendung dieses Instruments allgemein, es in breitere Personalentwicklungskonzepte einzubinden sowie mit Aufstellungsleitern zusammen zu arbeiten, die einen betriebswirtschaftlichen Fachhintergrund aufweisen.

Literatur: *Haas, W.*: Familienstellen – Therapie oder Okkultismus? Das Familienstellen nach Hellinger kritisch beleuchtet, Kröning 2004. *Hellinger, B.*: Ordnungen des Helfens, Heidelberg 2006.

Volker Stein

Organisationsdramatik

im Rahmen der Analyse der →Organisationskultur ein Ansatz zum Verstehen der Rollen der einzelnen Organisationsmitglieder und ihrer Interaktionsbeziehungen.

Die →Organisation wird hierbei als Theater interpretiert (*Mangham* und *Overington* 1987): In ihm spielen die Mitglieder das Stück, sitzen im Zuschauerraum und schreiben das Drehbuch. Analog einer Theateraufführung identifiziert der Kulturanalytiker Mitarbeiter, Kunden oder andere Geschäftspartner, die situationsbezogen bestimmte „→Rollen" spielen oder „Zuschauer" sind. Er beobachtet und interpretiert die Handlungen und die Kommunikation zwischen den „Schauspielern" und den „Zuschauern": das überzeugende Auftreten, den Grad der erzeugten Aufmerksamkeit sowie die jeweilige Selbstinszenierung durch die Gestaltung von Situationen („Settings", „Bühnenbild") und dem Erscheinen („Kostüm"). Zudem wird analysiert, inwieweit die Arbeit im Unternehmen („Aufführung") der Organisationsphilosophie und -strategie („Drehbuch") folgt und wo sie Freiraum für die individuelle Entfaltung lässt, in dem die „Schauspieler" ihre zugewiesenen Rollen mit individuellen Nuancen versehen und „improvisieren".

Die Organisationsdramatik wird den interpretativen Ansätzen der Organisationsforschung zugeordnet. Als qualitative Methoden zur Deutung der beobachteten Interaktionen zwischen Organisationsmitgliedern kommen Einzelfall-, Verlaufs- und Konversationsanalysen zum Einsatz, die vor allem kritisch hinterfragen, „was denn hier gespielt wird". Die Theater-Metapher ermöglicht es – unter Berücksichtigung der Eigenperspektive der Organisationsmitglieder, in die man sich teilweise hineinversetzt – insbesondere, Rollenkonflikte und Handlungsbegrenzungen aufzudecken und Freiheitsgrade zur Improvisation zu erkennen. Die Beobachtungen können dann in der Organisation kommuniziert und besprochen werden. Dies dient als Basis zur Schaffung eines Konsenses darüber, was „wirklich" ist, und gegebenenfalls zur Veränderung dieser gemeinsamen Realität.

Eine Erweiterung der Organisationsdramatik besteht darin, Szenen aus dem Unternehmensalltag tatsächlich als →Organisationstheater nachzuspielen und dann zu reflektieren.

Literatur: *Mangham, I. L.*; *Overington, M. A.*: Organizations as Theatre: A Social Psychology of Dramatic Appearances, Chichester etc. 1987.

Volker Stein

Organisationsdynamik

über Geschwindigkeit, Muster und Pfade zum Ausdruck kommendes Wechselspiel zwischen Stabilität und Veränderung der →Organisation.

Die Organisationsdynamik bildet einerseits die unternehmensweite Perspektive des →organisatorischen Wandels. Andererseits geht der Ansatz der Organisationsdynamik aber über das Konzept des →Wandels hinaus, da nicht nur die Veränderung bestehender Strukturen erfasst wird, sondern auch die (originäre) Entstehung neuer Strukturen, vor allem die Unternehmensgründung. Aus der Perspektive des →Komplexitätsmanagements stellt nach *Perich* (1993) die Organisationsdynamik den natürlichen Ordnungsprozess des komplexen Systems „Organisation" dar, der über Anpassungs- und Ausgleichsmaßnahmen an der Organisations-Umwelt-Schnittstelle abläuft. Die Organisationsdynamik wird daher entscheidend durch die →*Grenzenlosigkeit* des Unternehmens forciert. Typische Konzepte der Organisationsdynamik stellen nach *Scholz* (2000) beispielsweise das Business (Process)-Reengineering, das Lean Management sowie Downsizing und →Rightsizing dar.

Objekte der Organisationsdynamik sind gleichermaßen Programmgrößen (z. B. die Absatzentwicklung), Ressourcengrößen (z. B. die Mitarbeiterzahl) und Organisationsgrößen (z. B. die Zahl der Abteilungen), aber beispielsweise auch die Strategieentwicklung. Dabei berücksichtigt die Organisationsdynamik unterschiedliche Ebenen sozialer Systeme, nach *Staehle* (1999) insbesondere Organisationen, Gruppen und Individuen. Gleichzeitig werden unterschiedliche Schichten erfasst, vor allem die permanente Primärorganisation, die temporäre Sekundärorganisation und die als Unterbau dienenden sozialen Netzwerke.

Abbildung 1: Strukturlebenszyklus (*Greiner* 1972, S. 41)

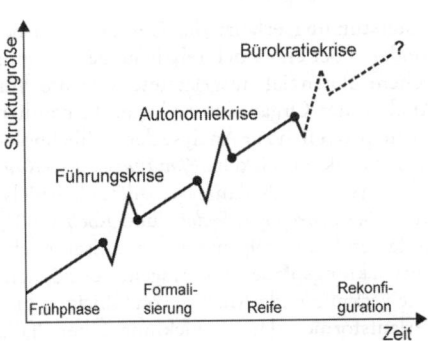

Bekanntestes *Instrument* zur Modellierung und Steuerung der Organisationsdynamik ist die Lebenszyklusanalyse. Lebenszyklen untergliedern die Organisationsdynamik in Abhängigkeit vom Reifegrad des Bezugsobjekts in verschiedene Phasen des Aufstiegs und Niedergangs. Diese Phasen stellen beispielsweise im Modell des Strukturlebenszyklus nach *Greiner* (1972), welches in Abbildung 1 dargestellt wird, die Frühphase, die Kollektivierung von Ressourcen, die →Formalisierung, die Reife und die Rekonfiguration dar. Zur Steuerung der Organisationsdynamik wird das Lebenszyklusmodell insbesondere in der Kostenanalyse (Lebenszykluskostenrechnung), im Portfoliomanagement, in der Gründungsforschung (Identifizierung von erfolgskritischen Phasen der Gründung) und im Technologie- und →Innovationsmanagement eingesetzt.

Nicht nur die Beschäftigung mit konkreten Darstellungs- und Gestaltungsinstrumenten, sondern auch organisationstheoretische *Ansätze* befassen sich mit Erklärung und Gestaltung der Organisationsdynamik. Dabei wird die Organisationsdynamik aus unterschiedlichen *Perspektiven* und unter Nutzung verschiedener *Begrifflichkeiten* konkretisiert:

- *Evolutionstheoretischer Organisationsansatz*: Versteht unter Organisationsdynamik den natürlichen Entwicklungsprozess von Organisationen. Als ursächlich für die Veränderung gelten dabei nach *Miles* und *Snow* (1978) einerseits die Handlungen der Organisationsmitglieder, andererseits der Adaptionsprozess des Unternehmens. Er stellt dar, wie die Einführung neuer Produkte, die Änderung der zugehörigen Produktionsverfahren und neue Strukturen zyklisch aufeinander folgen.

- *Konzept der Population Ecology*: Hier wird, beispielsweise bei *Hannan* und *Freeman* (1977) sowie *Nelson* und *Winter* (1982), das Wesen der Organisationsdynamik in einem sich wiederholenden Entwicklungsprozess gesehen. Dabei strebt die Organisation in den Phasen Variation (Veränderungsabsicht), Selektion (Auswahl) und Retention (Bewahrung und Weitergabe) von einem einfachen zu einem komplexeren Zustand.

Das Konzept der *Veränderlichkeit* versteht unter Organisationsdynamik, beispielsweise nach *Dooley* und *van de Ven* (1999), Muster und Pfade der Entwicklung. Die Organisationsdynamik ist die Folge von externen Effekten (z. B. mit der Nutzerzahl steigender Nutzen), von Zeitverzögerungen (z. B. bei der Entscheidungsdurchsetzung) sowie von Informationsasymmetrien (z. B. durch die Vorenthaltung von →Informationen).

Die →*Organisationsentwicklung* als Teilkonzept des organisatorischen Wandels steht nach *Probst* (1992) für die unter Synchronisation

Organisationsdynamik

von Unternehmens- und Mitarbeiterzielen ablaufende Veränderung der Organisation hin zu einem Zustand, der gegenüber dem Status quo als Verbesserung empfunden wird. Die fortlaufende Entwicklung ist dabei erforderlich, um zunehmend komplexere Aufgaben sowie die strukturelle →Komplexität erfolgreich beherrschen zu können.

Das von *Bierfelder* (1991) eingeführte Konzept der *Entwicklungsdynamik* versteht unter der Organisationsdynamik einen allgemeinen organisatorischen Entwicklungspfad, der gleichermaßen in prozessorientierten →Organisationsstrukturen und im Wandel zum Ausdruck kommt.

Differenzieren lassen sich die Ansätze der Organisationsdynamik insbesondere anhand des *Verlaufs* der Entwicklung. Nach *Levy* und *Merry* (1986) werden die an der Kontinuität orientierte *Organisationsentwicklung*, beispielsweise in der „lernenden Organisation" nach *Argyris* und *Schön* (1978), und die radikale Änderung der herrschenden Paradigmen, das heißt die *Transformation* von Organisationen (beispielsweise im Process Reengineering nach *Hammer* und *Champy* im Jahre 1993) voneinander abgegrenzt. Dieser Gegensatz prägt auch die Verfahren für die quantitative Analyse. Einerseits kommt die auf Differentialgleichungen und kontinuierlichen Prozessen aufbauende *Veränderungsanalyse* zum Einsatz, andererseits die über diskontinuierliche Verläufe, das heißt über Differenzen, argumentierende komparativ-statische *Periodenanalyse* (z. B. zum Vergleich der Organisationsgröße vor und nach einer Veränderung). Die Verlaufsmuster der Organisationsdynamik lassen sich, beispielsweise nach *Greenwood* und *Hinings* (1993), über die Unterscheidung von Evolution und Transformation hinausgehend wie folgt weiter differenzieren:

- *Logarithmische*, in ihrer Dynamik abnehmende und *exponentielle*, in ihrer Dynamik zunehmende Verläufe werden beispielsweise zur Abbildung zunehmenden Widerstands bei den Betroffenen einer Veränderung oder zur Illustration von (positiven) Netzeffekten bei zunehmender Kommunikationsdichte eingesetzt.

- *Oszillierende*, zwischen zwei stabilen Konfigurationen stochastisch verlaufende und *tektonische*, auf stabile Zustände verzichtende Verläufe der Entwicklung dienen insbesondere zur Modellierung von Unsicherheiten bei der Entwicklung. Sie erfassen beispielsweise die Erfolgskennlinie des „Lernens durch Testen" im Rahmen der →Reorganisation.

- *Unvollendete*, das heißt die Anfangskonfiguration verlassende, aber eine angestrebte Endkonfiguration nicht erreichende und *abgebrochene*, zur Anfangskonfiguration zurückkehrende Verläufe, erlauben die Abbildung von Provisorien oder eine Illustration des Scheiterns von Veränderungsinitiativen.

Die zur *Gestaltung* der Organisationsdynamik eingesetzten →Strategien überführen Evolution und Transformation nach *Mintzberg* (1978) in emergente Prozesse der Organisationsentwicklung und intendierte Gestaltungsmaßnahmen zur radikalen Rekonfiguration der Organisation. Neuere empirische Erkenntnisse der Organisationsforschung zeigen allerdings, dass nicht die Auswahl zwischen diesen beiden Alternativen, sondern vielmehr die von *Lovas* und *Ghoshal* (2000) konzipierte Kombination im Konzept der geführten Evolution eine wirklichkeitsnahe Gestaltung der Organisationsdynamik ermöglicht. Bei der geführten Evolution handelt es sich um ein Modell, das ganzheitlich sowohl erforderliche Transformationen als auch die Einflussnahme auf die emergente Entwicklung der Organisation erfasst.

Unterstützung erfährt die Gestaltung insbesondere über eine noch relativ junge, aber mit hohem Potenzial ausgestattete Variante zur Analyse der Organisationsdynamik, nämlich die ursprünglich zur Analyse der →Technologiedynamik entwickelte *Pfadanalyse* (→*Kausalanalyse*). Die Pfadanalyse, zuletzt beispielsweise bei *Schreyögg*, *Sydow* und *Koch* (2003) umfassend auf allgemeine organisatorische Entwicklungspfade übertragen, ermöglicht eine verknüpfende Analyse von Objekten und Verlaufsformen der Entwicklung. Über Pfade lassen sich emergente *Entstehung* sowie intendierte *Kreation* von Entwicklungspfaden hin zu organisatorischen Konfigurationen abbilden. Dabei finden die Entscheidungsselektivität (Konfigurationsalternativen, z. B. der Einsatz freier oder fest angestellter Mitarbeiter), wichtige Einflussfaktoren (kritische Ereignisse, z. B. Gesetzesänderungen), determinierende Momente (Lock In, z. B. in Form einer Akquisitionsentscheidung), mögliche

Pfadverläufe (z. B. die radikale Transformation), das Ausmaß der Zielerreichung (z. B. der Abbruch einer Entwicklung) und schließlich auch die Option eines *Aufbrechens* von Pfaden (Delocking, z. B. die erneute Transformation) zur Wiederherstellung der Entscheidungsselektivität Berücksichtigung.

Literatur: *Argyris, C.*; *Schön, D.*: Organizational Learning: A Theory of Action Perspective, Reading 1978. *Bierfelder, W.*: Entwicklungsdynamik von Unternehmen, Wiesbaden 1991. *Dooley, K. J.*; *van de Ven, A. H.*: Explaining Complex Organizational Dynamics, in: Organization Science, 10. Jg. (1999), H. 3, S. 358–372. *Greenwood, R.*; *Hinings, C. R.*: Organizational Design Types, Tracks and the Dynamics of Strategic Change, in: Organization Studies, 9. Jg. (1993), H. 3, S. 293–316. *Greiner, L E.*: Evolution and Revolution as Organizations Grow, in: Harvard Business Review, 50. Jg. (1972), H. 4, S. 37–46. *Hammer, M.*; *Champy, J.*: Reengineering the Corporation, New York 1993. *Hannan, M. T.*; *Freeman, J. H.*: The Population Ecology of Organizations, in: American Journal of Sociology, 82. Jg. (1977), H. 5, S. 929–964. *Levy, A.*; *Merry, U.*: Organizational Transformation, New York 1986. *Lovas, B.*; *Ghoshal, S.*: Strategy as Guided Evolution, in: Strategic Management Journal, 21. Jg. (2000), H. 9, S. 875–896. *Miles, R. E.*; *Snow, C. C.*: Organizational Strategy, Structure and Process, New York 1978. *Mintzberg, H.*: Patterns in Strategy Formation, in: Management Science, 24. Jg. (1978), H. 9, S. 934–948. *Nelson, R. R.*; *Winter, S. G.*: An Evolutionary Theory of Economic Change, Cambridge 1982. *Perich, R.*: Unternehmungsdynamik: Zur Entwicklungsfähigkeit von Organisationen aus zeitlich-dynamischer Sicht, 2. Aufl., Bern etc. 1993. *Probst, G. J. B.*: Organisation, Landsberg/Lech 1992. *Schreyögg, G.*; *Sydow, J.*; *Koch, J.*: Organisatorische Pfade – Von der Pfadabhängigkeit zur Pfadkreation, in: *Schreyögg, G.*; *Sydow, J.* (Hrsg.): Strategische Prozesse und Pfade, Wiesbaden 2003, S. 257–294. *Scholz, C.*: Personalmanagement, 5. Aufl., München 2000. *Staehle, W. H.*: Management, 8. Aufl., Wiesbaden 1999.

Tobias Bernecker

Organisationsentwicklung

beschäftigt sich mit längerfristig angelegten, geplanten sowie die ganze →Organisation und die in ihr tätigen Menschen betreffenden Veränderungsprozessen.

Gemäß der institutionalen Begriffsauffassung ist eine Organisation als ein zielgerichtetes soziales System zu verstehen. Ein wesentliches *Merkmal* der Organisationsentwicklung besteht nach *Becker* (2002) darin, dass der →Wandel geplant und zielgerichtet ist. Er wird bewusst initiiert und von Experten gesteuert, die auch auf sozialwissenschaftliche Theorien zurückgreifen. Ein ganzheitlicher Ansatz soll sicherstellen, dass sowohl das Verhalten als auch die Struktur der gesamten Organisation (→Organisationsstruktur) an die vorgegebenen Ziele angepasst werden.

Die *Ziele* der Organisationsentwicklung liegen zum einen in einer Steigerung der →Leistungsfähigkeit der Organisation durch eine Erhöhung der →Flexibilität und der →Innovationsfähigkeit. Zum anderen wird aber auch im Sinne einer →Humanisierung der Arbeit das Ziel der verbesserten Persönlichkeitsentfaltung und Selbstverwirklichung verfolgt. Voraussetzung für die Erreichung dieser Ziele und damit Grundannahme der Organisationsentwicklung sind die Fähigkeit und das Potenzial der Organisationsmitglieder, sich weiterentwickeln zu können. Des Weiteren wird die Zusammenarbeit in einer Organisation dem Wettbewerb als überlegen angesehen. Die Organisation ist ein offenes System und die Ziele der Individuen als auch der Organisation sind kompatibel zueinander.

Es können drei Ansätze der Organisationsentwicklung unterschieden werden. Der *strukturale Ansatz* sieht die →Organisationsstrukturen als wichtigste effizienzbeeinflussende Größe und setzt dementsprechend an der Veränderung der Struktur an. Der *personale Ansatz* sieht die Einstellungen und die →Motivation der Personen als ausschlaggebend an und versucht, vor allem durch →Personalentwicklung Verhaltensänderungen zu erreichen. Der *integrative Ansatz* verbindet beide Dimensionen durch ein abgestimmtes Vorgehen.

Bei der *Umsetzung* schlägt *Lewin* (1958) ein 3-Phasen-Schema vor:

1. *Unfreezing*: Bei diesem „Auftauen" werden Strukturen als auch Verhaltensweisen von Individuen in Frage gestellt. Dies soll die Bereitschaft für Veränderungen schaffen.

2. *Change*: Ein neuer struktureller Rahmen wird geschaffen; die Werte, Einstellungen und Verhaltensweisen der Individuen werden verändert.

3. *Refreezing*: Das „Einfrieren" soll die Stabilität der neuen Strukturen und Verhaltensweisen sicherstellen.

Die *Methoden* der Organisationsentwicklung, von *Deppe* (1992) auch als Interventionstechniken bezeichnet, umfassen vor allem gruppendynamische Trainings, Teamentwicklungsstrategien, →Qualitätszirkel und Prozessberatung. Diese Interventionstechniken verweisen auch auf die enge Verbindung der Organisationsentwicklung zur Personalentwicklung. Der Berater fungiert als →Change Agent, der im Idealfall nicht in die inhaltliche Diskussion eingreift, sondern lediglich eine moderierende Rolle hat.

Hauptkritikpunkt an der Organisationsentwicklung ist die Gefahr, dass die Organisationsentwicklung als theoretisches Konzept die Betroffenen, also die Menschen im Unternehmen, nicht erreicht und dementsprechend Umsetzungsdefizite aufweist.

Des Weiteren besteht die Gefahr, dass bei einem sehr dynamischen Umfeld die Organisationsentwicklung nicht schnell genug reagieren kann. Hinzu kommt im Einzelfall eine fehlende Exaktheit der oben beschriebenen Methoden der Organisationsentwicklung.

Literatur: *Becker, M.*: Personalentwicklung, 3. Aufl., Stuttgart 2002, S. 411–464. *Deppe, J.*: Organisationsentwicklung, in: *Wagner, D.; Zander E.; Hauke, C.* (Hrsg.): Handbuch der Personalleitung, München 1992, S. 839–875. *Lewin, K.*: Group Decision and Social Change, in: *Maccoby, E. et al.* (Hrsg.): Readings in Social Psychology, 3. Aufl., New York 1958, S. 197–211.

Reinhard Meckl

Organisationskapital

Teil des →Wissenskapitals, der sich auf Infrastruktur, aufbauorganisatorische und verfügungsrechtliche Aspekte sowie Prozesse und →Organisationskultur bezieht.

Letztlich handelt es sich hierbei um allgemeine Beschreibungsmerkmale von →Organisation. Durch die Verwendung des Kapitalbegriffs soll dafür sensibilisiert werden, dass es sich dabei um wichtige immaterielle Vermögenswerte für die betriebliche →Wertschöpfung handelt. Unter den Komponenten des Wissenskapitals gilt das Organisationskapital als am besten messbar.

Literatur: *Sveiby, K. E.*: Wissenskapital – das unentdeckte Vermögen. Immaterielle Unternehmenswerte aufspüren, messen und steigern, Landsberg/Lech 1997.

Uta Wilkens

Organisationsklima

Wahrnehmung und Empfindung von bestimmten Variablen, die der →Organisation durch ihre Organisationsmitglieder zugeschrieben werden.

Dabei kann es sich um Merkmale der *formalen* oder der *informalen* Struktur sowie um Prozesse handeln. Im Unterschied zum Konzept der →Organisationskultur bezieht sich Organisationsklima nicht explizit auf latente Konstrukte wie beispielsweise Normen, Werte (→Normen und Werte) und Grundannahmen, die im Hintergrund der beobachtbaren Variablen stehen und diese bedingen. Dennoch können solche latenten Variablen die Ausprägung des Organisationsklimas stark beeinflussen.

In Abhängigkeit von den Variablen, die bei der Organisationsklimaanalyse im Vordergrund stehen, lassen sich nach *Schramm* (2003) organisationsbezogene, personenbezogene Eigenschaftsansätze sowie interaktionistische Ansätze unterscheiden:

- Der frühere *organisationsbezogene* Ansatz betrachtet Klimavariablen als Eigenschaften der Organisation.

- Der *personenbezogene* Ansatz betrachtet Klimavariablen als Kognitionen (→Wissen) und Emotionen (→Aktionstheorie der Motivation) der Organisationsmitglieder (psychologisches Klima), welches der Einstellung zur Organisation und der →Arbeitszufriedenheit ähnelt.

- Der *Interaktionsansatz,* betont die Bedeutung personaler →Interaktion für die Herausbildung gemeinsamer Klima-Wahrnehmungen.

Die Messung des Organisationsklimas erfolgt meistens über Fragebögen wie beispielsweise Betriebsklima-Index-Erhebungen. Wenn diese Erhebung personenbezogen und als mehrdimensionale Einstellungsmessung erfolgt, stellt sich nach *Conrad* und *Sydow* (1984) die Frage nach der Abgrenzung zur Arbeitszufriedenheit, bei der Personen ihren Arbeitsplatz bewerten. Im Unterschied dazu sollten beim Organisationsklima eigentlich soziale Entitäten die Organisation beschreiben, geht es doch um die Identifizierung eines sozial geteilten Bildes.

Empirische Befunde verweisen üblicherweise auf sehr positive Äußerungen zum Organisationsklima. Diese Einschätzungen sind weitgehend unabhängig von persönlichen Merkmalen wie Alter, Geschlecht und hierarchischem Status. Die Ergebnisse zu jenen Faktoren, die das Organisationsklima beeinflussen, sind sehr uneinheitlich. Hinsichtlich des Einflusses von Organisationsgröße, -struktur und →Führungsverhalten gibt es zwar positive Befunde, diese sind aber zu uneinheitlich und die

Studien sind zu heterogen, wie etwa hinsichtlich der Messung komplexer Konstrukte wie Führungsverhalten, als dass sich eindeutige Aussagen treffen ließen. Einen Einfluss auf die Wahrnehmung des Organisationsklimas haben manche Persönlichkeitsmerkmale und die Dauer der Organisationszugehörigkeit: Je länger die Zugehörigkeit zur Organisation, desto besser wird das Klima (→Arbeitsumgebung) wahrgenommen.

Ein gutes Organisationsklima wirkt sich insgesamt positiv auf Leistung und Produktivität (→Arbeitsproduktivität) aus – darauf deuten experimentelle Befunde hin. Darüber hinaus hat es einen positiven Einfluss auf →Motivation, Zufriedenheit, →Commitment, niedrige →Fluktuation und →Absentismus. Die Qualität des Organisationsklimas beeinflusst laut *Lindell* und *Brandt* (2000) also sowohl individuelle wie auch organisationale Ergebnisvariablen, obgleich die heterogene Befundlage, die vor allem eher schwache Zusammenhänge zeigt, nur vorsichtige Aussagen zulässt.

Einfluss auf das Organisationsklima hat auch die gesamtwirtschaftliche Lage und die wirtschaftliche Situation des Unternehmens: So verschlechtert sich das Beziehungsklima, wenn eine Organisation in wirtschaftliche Schwierigkeiten gerät. →Arbeitsplatzunsicherheit hat eine ähnliche Wirkung auf das Klima.

Literatur: *Ashkanasy, N.; Wilderom, C.; Peterson, M.* (Hrsg.): Handbook of Organizational Culture and Climate, Thousand Oaks 2000. *Conrad, P.; Sydow, J.*: Organisationsklima, Berlin 1984. *Lindell, M. K.; Brandt, C. J.*: Climate Quality and Climate Consensus as Mediators of the Relationsship Between Organizational Antecedents and Outcomes, in: Journal of Applied Psychology, 85. Jg. (2000), H. 3, S. 331–348. *Schramm, F.*: Betriebsklima, in: *Martin, A.* (Hrsg.): Organizational Behaviour, Stuttgart 2003, S. 227–239.

Michael Meyer

Organisationskompetenz →Kompetenz

Organisationskultur

Gesamtheit und spezifisches Muster organisationsweit gültiger →Grundannahmen, Wertvorstellungen und Normen (→Normen und Werte).

Den *Ausgangspunkt* der Organisationskultur-Forschung bildet die Überlegung, Organisationen als soziale Systeme beziehungsweise „Mini-Gesellschaften" aufzufassen, in denen sich – ähnlich wie etwa in Regionen, Ländern oder Kulturräumen – im Laufe der Zeit und auf der Grundlage gemeinsamer Erfahrungen *kollektive Wahrnehmungs-, Interpretations- und Verhaltensmuster* herausbilden, die laut *Martin* (2002) das organisationale Geschehen auf vielfältige und grundlegende Weise prägen. Diese Muster sind zum einen fest in der *individuellen* psychischen Struktur der Akteure verankert. Zum anderen manifestieren sie sich aber auch in einer spezifischen Ausgestaltung *organisationaler* Institutionen, Regeln und Rollen und generieren so gewissermaßen den charakteristischen „Stil des Unternehmens" beziehungsweise den „way, things are done here".

Wenngleich sich die Ursprünge einer kulturtheoretisch inspirierten Organisationsforschung *Gamst* und *Helmers* (1991) zufolge bis in die 1930er Jahre zurückverfolgen lassen, so hat das Organisationskultur-Konzept doch insbesondere seit dem so genannten *Corporate Culture-Boom* Anfang bis Mitte der 1980er Jahre einen erheblichen Aufschwung genommen. Angesichts der wachsenden Unzufriedenheit mit dem bis dahin dominanten kontingenztheoretischen Paradigma und begünstigt durch den Erfolg einiger populärwissenschaftlicher Veröffentlichungen (allen voran der Bestseller „In Search of Excellence" von *Peters* und *Waterman* aus dem Jahre 1982) begann sich die Aufmerksamkeit der betrieblichen Praxis nun in deutlich stärkerem Maße auf die so genannten „weichen Faktoren" des Managements zu richten. Nicht zuletzt die beeindruckenden wirtschaftlichen Erfolge japanischer Unternehmen mit ihren von westlichen Standards deutlich abweichenden Managementprinzipien förderten die Einsicht, dass neben einer vergleichsweise rationalistisch begründeten Gestaltung formaler Strukturen und Prozesse auch dem weitgehend informal verankerten Werte- und Normensystem eine maßgebliche Bedeutung für die organisationale Funktions- und Leistungsfähigkeit beizumessen ist.

Die bislang vorliegenden Versuche, den schillernden Organisationskultur-Begriff weiter zu präzisieren und so das Kulturkonzept einer systematischen wissenschaftlichen Analyse zugänglich zu machen, lassen sich im Wesentlichen in zwei grundlegende Forschungsperspektiven einordnen. Die Vertreter des Variablen-Ansatzes betrachten die Organisationskultur primär als eine weitere wichtige

Organisationskultur

Determinante des Unternehmenserfolgs (neben der →Organisationsstruktur und den Kernprozessen), die durch ein bewusstes Kulturmanagement auf die strategischen Zielsetzungen eines Unternehmens hin ausgerichtet werden muss (Organisationen *haben* eine →Kultur). In erster Linie sollen hier über ein *Symbolic Management*, also die gezielte Ausgestaltung beziehungsweise Inszenierung kultureller →Artefakte, weiche Managementfaktoren wie →Motivation oder Zufriedenheit gesteigert und die →Identifikation der Mitarbeiter mit „ihrem" Unternehmen gefestigt werden. Das übergeordnete Ziel dieser populärwissenschaftlich begründeten Kulturperspektive besteht in der Unterwerfung der Organisationskultur unter den einheitlichen Gestaltungswillen des Managements, um eine bestmögliche „kulturelle Unterstützung" der organisationalen Leistungserstellung zu gewährleisten. Dementsprechend finden sich in der Literatur zahlreiche Entwürfe so genannter Idealkulturen, denen im Hinblick auf die Erreichung der Unternehmensziele eine überdurchschnittlich erfolgsfördernde Wirkung unterstellt wird. Allerdings verzichtet das instrumentalistische Kulturverständnis des Variablen-Ansatzes weitgehend auf eine tragfähige kulturtheoretische Fundierung und erinnert über weite Strecken an einschlägige Konzeptionen und Handlungsempfehlungen aus dem Bereich der →Corporate Identity (Abbildung 1).

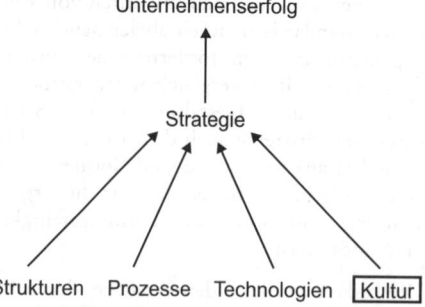

Abbildung 1: Die Argumentationslogik des Variablen-Ansatzes von Organisationskultur (*Behrends* 2003, S. 243)

Der zweite bedeutsame Strang der Organisationskultur-Forschung, den etwa *Behrends* (2001) oder *Neuberger* und *Kompa* (1987) vertreten ist der *Root Metaphor-Ansatz*, welcher deutlich stärker sozialwissenschaftlich beziehungsweise organisationssoziologisch fundiert ist und sich weitgehend von der Annahme einer gezielten Gestaltbarkeit organisationskultureller Gegebenheiten löst. Der Kulturbegriff dient hier vor allem als erkenntnisleitende *Kernmetapher* für die systematische Analyse und Erklärung des Organisationsverhaltens (Organisationen *sind* Kulturen). Während die an der organisationalen Oberfläche beobachtbaren Artefakte im *Variablen-Ansatz* als mehrdeutige Manifestationen der Kultur angesehen werden, lokalisieren die Vertreter der *Root Metaphor-Perspektive* den eigentlichen Kern einer jeden Organisationskultur in den (mentalen) *Tiefenstrukturen* des Systems. Die dort verankerten, als selbstverständlich erachteten und daher kaum noch hinterfragbaren Überzeugungen, Wertvorstellungen und Prinzipien der Organisationsmitglieder kanalisieren auf grundlegende Weise sowohl das individuelle Handeln als auch das Handeln des Gesamtsystems innerhalb bestimmter – kulturspezifischer – Bahnen.

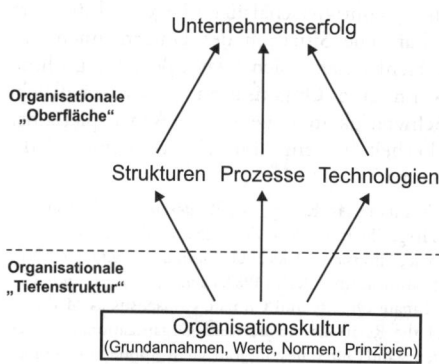

Abbildung 2: Die Argumentationslogik des Root Metaphor-Ansatzes von Organisationskultur (*Behrends* 2003, S. 244)

Der wie in Abbildung 2 dargestellte Root Metaphor-Ansatz betrachtet somit die Kultur als den eigentlichen „Ursprung" des organisationalen Geschehens und betont deutlich die *generative Kraft* kultureller Muster. Die Strategien und Prozesse eines Unternehmens entwickeln sich demnach nicht *unabhängig* von der jeweiligen Organisationskultur, sie sind vielmehr spezifischer Ausdruck der ihrer Erzeugung letztendlich zugrunde liegenden kulturellen Prinzipien und Regeln. Ein zentrales Anliegen dieser Forschungsperspektive besteht in der systematischen Entschlüsselung dieser organisationalen Tiefenstrukturen, um so schrittweise zu einem angemesseneren Verständnis des Verhaltens von Organisationen und ihrer Mitglieder zu gelangen, wohingegen das im stärker anwendungsorientierten *Variablen-Ansatz* propagierte Ziel einer „strategieadäquaten Anpassung" der Organisationskultur vor dem Hintergrund des hier beschriebenen *fundamentalen Charakters* kultureller Elemente nur bedingt sinnvoll erscheint.

Im Hinblick auf die Beschreibung der als zentral erachteten Konzepte lassen sich die in der *Root Metaphor-Perspektive* diskutierten Theorieansätze noch weiter differenzieren: Die bekanntesten Konzeptionen, hierzu zählen in erster Linie das *Drei-Ebenen-Modell* des amerikanischen Organisationsforschers *Schein* (1995) sowie dessen Modifikation beziehungsweise Weiterentwicklung durch *Sackmann* (2002), sind im Kern *individualpsychologisch* fundiert und erachten die gemeinsam vertretenen Grundannahmen und Wertvorstellungen in den Köpfen der Organisationsmitglieder als Fundament der Organisationskultur.

Nach wie vor hohe Relevanz hat das in Abbildung 3 veranschaulichte Kulturschema von *Schein* (1984).

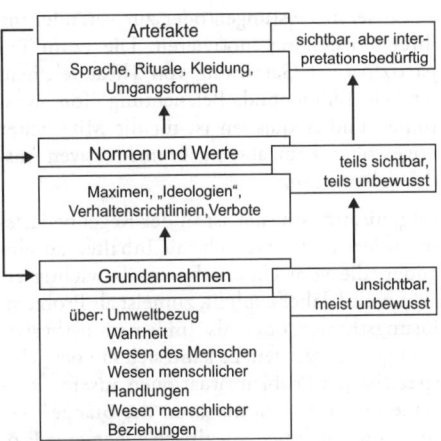

Abbildung 3: Kulturebenen
(*Schein* 1984)

Anhand der Systematik von *Schein* wird das Grundproblem der exakten Erfassung und Beschreibung von Unternehmenskultur deutlich. Die oberste Ebene, die Artefakte, sind beobachtbar, allerdings interpretationsbedürftig. Diese Ebene zeigt sich durch Sprache, besondere →Rituale und Umgangsformen. Die →Normen und Werte der zweiten Ebene sind aber schon größtenteils unbewusst und nur teilweise beobachtbar. Unbewusst und un-

sichtbar, und damit schwieriger zu identifizieren sind die Grundannahmen.

Eine praxisorientierte Möglichkeit der Beschreibung und Messung von Unternehmenskultur oder generell einer Organisationskultur bietet das *Culture Web* in Abbildung 4.

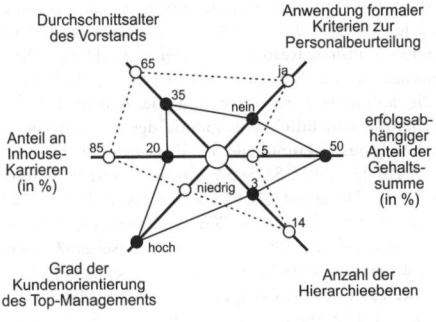

Abbildung 4: Das Culture Web
(*Clarke* 1987, S. 18)

Die Grundidee des Culture Web besteht darin, Sekundärkriterien zu finden, die einen Hinweis auf die Ausgestaltung der Grundannahmen und Normen in der Organisation geben. Diese Sekundärkriterien wie zum Beispiel das Alter des Vorstands werden, so weit möglich, kardinal gemessen. Die sich ergebende Fläche dient als graphische, allerdings interpretationsbedürftige Beschreibung des Ist-Zustands der Organisationskultur. Auf Basis dieser Ergebnisse kann die Kultur dann einem Typus zugeordnet werden, wie sie zum Beispiel 1982 von *Deal* und *Kennedy* (Work Hard-, Tough Guy-, Process- oder Bet-your-Company-Kultur) entwickelt wurden. Da die Organisationskultur einen Wettbewerbsfaktor darstellt, muss sie auch zielgerichtet verändert werden. In diesem Zusammenhang kann unter Zuhilfenahme des Culture Web ein Soll-Ist-Vergleich vorgenommen werden (Abbildung 4). Die überlappende Fläche zeigt, inwieweit die aktuelle Kultur bereits mit der gewünschten übereinstimmt. Allerdings sind der gezielten Beeinflussung durch die oben beschriebenen Messprobleme auch Grenzen gesetzt.

Demgegenüber argumentieren insbesondere einige neuere Ansätze der Organisationskultur-Forschung aus einer eher *struktur-funktionalistischen* Perspektive heraus und rücken damit stärker den *systemischen* beziehungsweise *sozial-konstruktivistischen* Entstehungshintergrund kultureller Regeln und Prinzipien in den Mittelpunkt ihrer Argumentation.

Literatur: *Behrends, T.*: Organisationskultur und Innovativität. Eine kulturtheoretische Analyse des Zusammenhangs zwischen sozialer Handlungsgrammatik und innovativem Organisationsverhalten, München, Mering 2001. *Behrends, T.*: Organisationskultur, in: *Martin, A.* (Hrsg.): Organizational Behavior, Stuttgart 2003, S. 241–261. *Clarke, C.J.*: Acquisitions-Techniques for Measuring Strategic Fit, in: Long Range Planning, 20. Jg. (1987), H. 3, S. 12–18. *Deal, T.; Kennedy, A.*: Corporate Cultures, Reading 1982. *Dülfer, E.* (Hrsg.): Organisationskultur, Stuttgart 1988. *Gamst, F.; Helmers, S.*: Die kulturelle Perspektive und die Arbeit: Ein forschungsgeschichtliches Panorama der nordamerikanischen Industrieethnologie, in: Zeitschrift für Ethnologie, 116. Jg. (1991), S. 25–37. *Martin, J.*: Organizational Culture, Thousand Oaks, London, New Delhi 2002. *Neuberger, O.; Kompa, A.*: Wir, die Firma. Der Kult um die Unternehmenskultur, Weinheim, Basel 1987. *Peters, T.; Waterman, R.*: In Search of Excellence: Lessons from America's best-run Companies, New York 1982. *Sackmann, S.*: Unternehmenskultur, Neuwied, Kriftel 2002. *Schein, E. H.*: Unternehmenskultur, Frankfurt a. M., New York 1995. *Schein, E.*: Coming to a New Awareness of Organizational Culture, in: Sloan Management Review, 26. Jg. (1984), S. 3–16. *Scholz, C.; Hofbauer, W.*: Organisationskultur, Wiesbaden 1990.

Thomas Behrends
Reinhard Meckl

Organisationsstruktur

im Rahmen der →Aufbau- und →Ablauforganisation festgelegte Regeln des Zusammenwirkens der →Stellen und Einheiten im Unternehmen.

Während die *Aufbauorganisation* die Zuordnung von Sachmitteln und Personen zu Aufgaben vornimmt und die Über- und Unterordnungsverhältnisse bestimmt, wird im Rahmen der *Ablauforganisation* die logische Abfolge der Bearbeitung von Einzelaufgaben determiniert. Bei der Organisationsstruktur von betriebswirtschaftlichen Funktionsfeldern wie zum Beispiel der Personalwirtschaft (→Personalmanagement) betrifft eine wichtige Gestaltungsentscheidung den Zentralisationsgrad der gewählten Struktur. Eine zentral ausgerichtete Organisationsstruktur allokiert die Entscheidungskompetenzen im Extremfall bei einer Instanz, während die dezentrale Struktur für eine breite Verteilung der Entscheidungskompetenzen sorgt (→Organisation der Personalarbeit).

Reinhard Meckl

Organisationstheater

dient als „Theater für Unternehmen" im Rahmen der Beeinflussung der →Organisationskultur oder im Rahmen der →Personalentwicklung dazu, den Mitarbeitern ihr Handeln vor Augen zu führen.

Beim Organisationstheater sollen die Mitarbeiter das Geschehen innerhalb des eigenen Unternehmens, das einem verborgenen Drehbuch folgt (→Organisationsdramatik), verstehen lernen. Dazu wird durch Schauspieler oder durch die Mitarbeiter selbst – mit oder ohne Unterstützung durch einen professionellen Regisseur – ein Theaterstück über das Unternehmen aufgeführt, in dem bestimmte Situationen aus dem Arbeitsalltag nachgestellt werden (*Schreyögg* und *Dabitz* 1999).

Organisationstheaterinszenierungen machen Alltagsprobleme auf ungewohnte, aber unterhaltsame Weise erlebbar und verbinden sie mit emotionalem Erleben. Auf diese Weise gewinnen die Organisationsmitglieder einen gewissen Abstand zum realen Alltag: Sie können ihr Handeln abstrahieren und kritisch beobachten. Das Organisationstheater führt den Mitarbeitern die bisherige Arbeitsweise vor Augen und gibt ihnen dadurch Denkanstöße, die sie zu besseren Leistungen oder zur Veränderung ihrer Einstellung motivieren. Die (zum Teil partizipative) Gestaltung von Theaterelementen wie Bühnenbild, Beleuchtung, Ton, Kostümen und Requisiten ist für die Mitarbeiter ungewohnt, kann aber zu ihrem kreativen Ausdruck beitragen.

Organisationstheater ist in der Regel bedarfsorientiert und setzt sich mit Inhalten auseinander, die vom Unternehmen als wichtig erachtet und daher explizit, zumeist als Problemlösungstheater oder als Informationstheater, nachgefragt werden. Es kann sich mit betriebsspezifischen Problemsituationen auseinandersetzen oder als Theater „von der Stange" weniger unternehmensspezifisch allgemeine Probleme thematisieren. Dabei greift es auf die grundlegenden Realisationsformen des Theaters zurück, wobei die Mitarbeiter es selber inszenieren, mitspielen, durch Interaktionen beteiligt werden oder nur zuschauen. Auf diese Weise entstehen folgende Differenzierungsvarianten für Organisationstheater:

- Nach der *Theaterart* unterscheidet man das *inszenierte Theater*, das auf einer vorgegebenen Textvorlage basiert, die nach den Anweisungen eines Regisseurs nachgespielt wird, und das *Improvisations-Theater*, das auf spontaner Interaktion und Kommunikation sowie Kontakt zwischen Schauspielern und Zuschauern basiert.

- Hinsichtlich der *Gestaltung des Aufführungsinhaltes* kann man das Theater beispielsweise authentisch, realistisch, parodistisch, humorvoll, verfremdend, theatralisch, überzogen oder sarkastisch inszenieren und mit einem Happy End, einem offenen Ende oder einem dramatischen Ende versehen.

- Als *Aufführungsformen* stehen die sprachliche Kommunikation (Sprechtheater: zum Beispiel Tragödie, Komödie, Psychodrama, Satire, Sketch), die musikalisch-tänzerische Kommunikation (z. B. Musical, Kabarett, Tanztheater) sowie die Körpersprache (Bewegungstheater: zum Beispiel Pantomime, Gestik, Mimik) zur Verfügung.

Einzubinden ist das Organisationstheater in einen bewussten Prozess, bei dem das Unternehmen seine kulturellen Schwachpunkte oder seine Personal- und Organisationsentwicklungsbedarfe kennt. Diese arbeitet es in eine Organisationstheater-Konzeption ein, die explizit zur Vermittlung gezielter Botschaften und zum Abbau bestehender Entwicklungsbedarfe beiträgt. Wichtig ist für diese Konzeption insbesondere der Transfer des Aufgeführten in den Arbeitsalltag. Die Kosten variieren abhängig davon, ob und mit welchen professionellen Partnern das Unternehmen die Inszenierung durchführt und wie aufwendig das Setting und die Vor- und Nachbearbeitung sind. Grundsätzlich ist nicht jeder Anbieter qualifiziert, ein effektives Organisationstheater anzubieten: Man braucht →Kompetenz in Wirtschaft und in Theater.

Unklar ist bislang, welche Art von Organisationstheater für welchen Veränderungsbedarf optimal ist. Darüber hinaus kann aufgrund seiner inhärenten Dynamik nicht sichergestellt werden, ob die intendierte Wirkung bei den Zuschauern eintritt. Daher sollte das Unternehmen offen sein gegenüber unvorhergesehenen Entwicklungen und die Mitarbeiter bereit, sich auf die Erfahrungen des Organisationstheaters einzulassen. Schließlich besteht die Möglichkeit einer Manipulation der Zuschauer, wenn die Ziele des Unternehmens nicht unternehmensethischen Ansprüchen genügen.

Literatur: *Schreyögg, G.*; *Dabitz, R.* (Hrsg.): Unternehmenstheater, Wiesbaden 1999.

Volker Stein

Organisationstheoretische Grundlagen der Personalorganisation

theoriegeleitete Aussagen mit Bezug zu organisatorischen Regelungen, die die Personalarbeit (→Personalmanagement) in einem Unternehmen maßgeblich beeinflussen.

Aufgrund der vielfältigen →Interdependenzen besitzen Organisationstheorien eine hohe Relevanz auch für personalwirtschaftliche Fragen. Aus der Vielzahl von Organisationstheorien haben folgende Ansätze besonders wichtige Implikationen für die Personalarbeit:

- →*Human Relations-Theorie*: Beschäftigt sich laut *Kieser* (1999) explizit mit Verständnis und Gestaltung von organisatorischen Strukturen unter Berücksichtigung der psychischen und motivationalen Aspekte der Menschen, die in den →Organisationen arbeiten. Anwendungsfelder dieses Ansatzes sind zum Beispiel Führungsmodelle, die versuchen, eine Stimmigkeit zwischen den Entscheidungsstrukturen, die von den →Organisationsstrukturen vorgegeben sind, und den →Führungsstilen mit den dahinter stehenden →Menschenbildern herzustellen.

- *Situativer Ansatz*: Setzt sich das Ziel, organisatorische Handlungsempfehlungen in Abhängigkeit einer spezifischen Konstellation von Einflussvariablen zu geben, wie etwa *Ebers* (1992) konstatiert. Einige dieser Einflussvariablen sind regelmäßig personalwirtschaftliche Gegebenheiten. Durch empirische Feldstudien wird versucht, die Effizienzzusammenhänge herauszufiltern. Die Grenzen dieses Modells liegen in der Messbarkeit der Einflussvariablen und der festgestellten, meist nur schwachen Korrelation zwischen Situation und Organisationsstruktur.

- →*Transaktionskostentheorie*: Sieht gemäß *Ebers* und *Gotsch* (1995) die Kosten des Austauschs von Leistungen auch innerhalb von Organisationen in Form von Anbahnungs-, Informations-, Vertragsabschluss- und Kontrollkosten als entscheidend für die Wahl der Organisationsalternative an. Diese Kosten hängen wesentlich von dem zugrunde liegenden Menschenbild ab. Opportunistisch handelnde Mitarbeiter verursachen hohe

Transaktionskosten, was entsprechend bei der →Personalauswahl und der Konstruktion von Anreizsystemen berücksichtigt werden sollte.

Das Konstrukt der →Organisationskultur als theoretischer Ansatz hat Implikationen insbesondere für den Führungsstil und auch für den generellen Umgang mit und zwischen den Mitarbeitern. Die Gestaltung von Anreizsystemen und die Anforderungen, zum Beispiel was →Flexibilität beim Personaleinsatz betrifft, können zumindest indirekt aus der festgestellten Ist-Kultur oder der gewünschten Soll-Kultur eruiert werden.

Literatur: *Ebers, M.*: Organisationstheorie, in: *Frese, E.* (Hrsg.): Handwörterbuch der Organsiation, 3. Aufl., Stuttgart 1992, Sp. 1817–1837. *Ebers, M.; Gotsch, W.*: InstitutionenökonomischeTheorien der Organisation, in: *Kieser, A.* (Hrsg.): Organisationstheorien, 2. Aufl., Stuttgart 1995, S. 185–236. *Kieser, A.*: Human-Relation-Bewegung und Organisationspsychologie, in: *Kieser, A.* (Hrsg.): Organisationstheorien, 3. Aufl., Stuttgart 1999, S. 101–131.

Reinhard Meckl

Organisatorische Anpassungsprozesse
→Organisatorischer Wandel

Organisatorische Effizienz

Grad der Verwirklichung der angestrebten Ziele in Bezug zu dem eingesetzten Aufwand.

Aus *ökonomischer* Sicht ist Effizienz gemäß *Scholz* (1992) eine maßgebliche Größe, da sie Ausdruck eines Output/Input-Verhältnisses ist und den für die Zielerreichung notwendigen Aufwand berücksichtigt. Die organisatorische Effizienz ist vor allem für die Organisationsplanung wichtig, da durch sie antizipativ verschiedene Alternativen der organisatorischen Gestaltung bewertet und die erfolgversprechendste ausgewählt werden kann.

Aus didaktischen Gründen empfiehlt es sich, „Zähler" und „Nenner" zu trennen. Der „Zähler", also der Zielbeitrag einer organisatorischen Maßnahme, wird auch als Effektivität bezeichnet (Abbildung 1).

Zunächst ist der Zielvektor für den organisatorischen Bereich, in dem hier gewählten Beispiel für die Organisation der (→Personalabteilung, festzulegen. Die Ziele sollten kompatibel, zumindest jedoch nicht konfliktär sein. Als nächstes sind die Eigenschaften der beabsichtigten organisatorischen Maßnahme, in diesem Fall die →Reorganisation der Personalabteilung hin zu einem Holding-Modell, im Hinblick auf die angestrebten Ziele zu prüfen, wie etwa *Meckl* und *Scherm* (1994) vorschlagen. Dieser organisationsplanerische Schritt sollte auch für andere denkbare Reorganisationsmaßnahmen der Personalabteilung durchgeführt werden. Der Grad der Zielerreichung, differenziert nach den Einzelzielen des Zielvektors, ist dann ex ante abzuschätzen, womit die organisatorische Effektivität zumindest in einer Bandbreite festgelegt werden kann. Die Effektivität kann auch für ein bestehendes Organisationsmodell überprüft werden, indem die bestehenden Wirkungen des Modells mit den gewünschten Effekten, die dann die Ziele repräsentieren, verglichen werden.

Abbildung 1: Organisatorische Effektivität

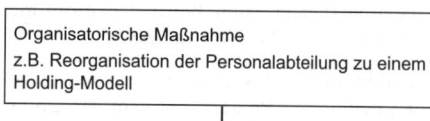

Zur Bestimmung des „Nenners" der organisatorischen Effizienz muss der mit einer organisatorischen Maßnahme verbundene Aufwand abgeschätzt werden. Es ist sinnvoll, zwischen Produktions- und Transaktionskosten (→Transaktionskostentheorie) zu unterscheiden. Unter Produktionskosten fallen die Kosten der Implementation der Strukturen wie zum Beispiel Zeit- und Finanzaufwand bei der Etablierung der organisatorischen Mechanismen und der Kommunikationsinfrastruktur. Die Transaktionskosten umfassen die Anbahnungs-, Vereinbarungs-, Kontroll- und Anpassungskosten, die bei einer organisatorischen Struktur zur Abwicklung von Transaktionen anfallen.

Das Konstrukt der organisatorischen Effizienz ist ein wichtiges Hilfsmittel zur Planung wie auch zum →Controlling von Strukturen.

Das zentrale Problem sowohl für die Effektivitäts- als auch die Aufwandskomponente liegt *Scholz* (1992) zufolge in der Messung und quantitativen Bestimmung der relevanten Größen. So verzerren Kausalitätsprobleme bei der Effektivitätsmessung das Ergebnis. Die Transaktionskosten können aufgrund von Quantifizierungsproblemen nur grob abgeschätzt werden.

Literatur: *Meckl, R.*; *Scherm, E.*: Personalarbeit in der „schlanken" Unternehmung. Ein Modell zur Beurteilung organisatorischer Gestaltungsalternativen, in: *Scholz, C.*; *Oberschulte, H.* (Hrsg.): Personalmanagement in Abhängigkeit von der Konjunktur, München 1994. *Scholz, C.*: Organisatorische Effektivität und Effizienz, in: *Frese, E.* (Hrsg.): Handwörterbuch der Organisation, 3. Aufl., Stuttgart 1992, Sp. 533–552.

Reinhard Meckl

Organisatorische Regelungen

Maßnahmen zur Verhaltenssteuerung und →Koordinationen der arbeitsteiligen Prozesse in →Organisationen.

Die Mehrheit von Unternehmen ist arbeitsteilig orientiert, das heißt die Bestandteile der unternehmerischen Wertschöpfungskette sind verschiedenen Organisationseinheiten beziehungsweise -mitarbeitern zugeordnet. Dadurch stehen →Führungskräfte vor dem Problem organisatorische Einheiten mit verschiedenen Autonomiegraden (→Autonomie) zu führen beziehungsweise zu koordinieren. Beispiele für solche Führungsmaßnahmen sind die Übertragung einer Prokura an einen Mitarbeiter oder aber die Definition durchzuführender Aufgaben eines Produktionsprozesses sowie die Festlegungen von Zuständigkeiten für die verschiedenen Prozesselemente.

Gemeinsam haben die beiden Beispiele, dass es sich um organisatorische Regelungen handelt. Diese werden teilweise auch als Verhaltensnormen bezeichnet und sind ein wesentliches Steuerungs- und Führungselement in Organisationen. Allerdings zeigen schon die beiden Beispiele, wie unterschiedlich organisatorische Regeln sein können. Zu ihrer Systematik können sie nach *Laux* (1997) entsprechend ihrer *Präzision* und ihrer *Geltungsdauer* unterschieden werden.

Hinsichtlich der Präzision (einer organisatorischen Regel) kann zwischen *expliziten* und *impliziten* Regeln beziehungsweise Verhaltensnormen unterschieden werden. Differenzierendes Merkmal ist dabei der Entscheidungsspielraum, der einem Organisationsmitglied verbleibt, um die ihm durch die organisatorische Regel übertragenen Aufgaben zu erfüllen. Bestimmt die Regel beispielsweise, wie das Organisationsmitglied bestimmte Handgriffe im Rahmen eines Produktionsprozesses durchzuführen hat, so ist der →Handlungsspielraum gering. In diesem Fall spricht man von einer expliziten Verhaltensnorm. Bekommt das Organisationsmitglied aber mit der Übertragung der →Verantwortung für den Produktionsprozess nur das Ziel dieses Prozesses genannt, so kann das Mitglied selbst darüber entscheiden, welche Maßnahmen zur Zielerreichung ergriffen werden. Es handelt sich um eine implizite Regel, da dem Organisationsmitglied noch ein Entscheidungsspielraum verbleibt.

Eine organisatorische Regel kann für nur eine bestimmte Situation gelten, wie beispielsweise eine Arbeitsanweisung für ein konkretes Ereignis, oder aber für einen längeren Zeitraum, wie die weiter oben bereits erwähnte Aussprache der Prokura. Im ersten Fall spricht man von einer *fallweisen*, im zweiten von *generellen* Regeln.

Die Auswahl einer geeigneten organisatorischen Regel ist nicht nur ein komplexes, sondern auch ein grundlegendes Entscheidungsproblem für Organisationsmitglieder der verschiedenen Hierarchieebenen (→Hierarchie), das heißt es besitzt eine herausragende Bedeutung für Führungskräfte. Die Bedeutung dieser Aufgabe wird auch von *Schreyögg* (1999) hervorgehoben, indem er die Definition von organisatorischen Regeln als das „Organisieren" bezeichnet.

In der Realität wird jede Kombination von organisatorischen Regeln in jeder Organisation beobachtbar sein. Die Häufigkeit der verschiedenen Varianten wird davon abhängen, welche Aufgaben innerhalb einer Organisation zu bewältigen sind und in welcher externen Umwelt die Organisation aktiv ist. So werden im Fall von Produktionsunternehmen mit standardisierten Prozessen und einer stabilen Umwelt explizite und fallweise Regeln zu finden sein, während bei High-Tech-Unternehmen mit komplexen Aufgaben in einer dynamischen Umwelt tendenziell mehr implizite und generelle Regeln zu finden sein werden.

Unabhängig davon, ob es sich um explizite oder implizite beziehungsweise generelle oder fallweise organisatorische Regeln beziehungsweise Verhaltensnormen handelt, können sie alle, wie auch die beschriebenen Beispiele, unter den Begriff der formalen organisatorischen Regeln subsumiert werden, das heißt es sind offizielle, meistens schriftlich fixierte organisatorische Maßnahmen. Allerdings existieren in fast allen Organisationen neben diesen formalen Regeln noch informelle Regeln. Eng verbunden mit dieser Art von Regeln ist die Unternehmenskultur (→Organisationskultur) und ihre Bestandteile. Ist beispielsweise eine Organisation durch eine sehr hierarchische, dienende →Kultur geprägt, so spiegelt sich dies oftmals in der informellen Regel wider, Entscheidungen von hierarchisch übergeordneten Organisationsmitgliedern nicht in Frage zu stellen, auch wenn sie unter Umständen falsch sind und besser korrigiert werden sollten. Eine solche ungeschriebene Regel wirkt dann letztlich wie eine offizielle Arbeitsanweisung.

Literatur: *Schreyögg, G.*: Organisation, 3. Aufl., Wiesbaden 1999. *Laux, H.; Liermann, F.*: Grundlagen der Organisation, 4. Aufl., Berlin etc. 1997.

Michael Wolff

Organisatorischer Wandel

Veränderung von aufbau- und ablauforganisatorischen Strukturen (→Aufbauorganisation, →Ablauforganisation) im Unternehmen.

Die Veränderung dieser Strukturen hat weitreichende Folgen für die betroffenen Mitarbeiter und, je nach Ausmaß der Änderung, für die Aktivitäten im Unternehmen als Ganzes. Aufgrund dieser vielfältigen Implikationen stellt ein Wandelprozess eine komplexe und vielschichtige Führungsaufgabe im Unternehmen dar, die einer konkreten Planung bedarf.

Die *Gründe* für die Einleitung eines organisatorischen Wandelprozesses können in einer ökonomischen Krisensituation des Unternehmens, in einer proaktiven Änderung der strategischen Position des Unternehmens oder auch in einem Eigentümerwechsel durch Akquisition des Unternehmens und anschließende →Integration in das Unternehmen des Käufers liegen. Diese Gründe führen zu einer als radikaler Wandel bezeichenbaren Veränderung. Kennzeichen dieses *radikalen Wandels* ist eine Diskontinuität der Aktivitäten, verbunden mit einem Paradigmawechsel im Extremfall für das ganze Unternehmen. Er umfasst viele, manchmal auch alle Ebenen des Unternehmens.

Durch Wettbewerb auf den Märkten sind Unternehmen gezwungen, eine ständige Verbesserung ihrer Prozesse und Strukturen zu erreichen. Diese Art der Veränderung kann als *reproduktiver oder inkrementaler Wandel* bezeichnet werden. Bei solchen Prozessen werden einzelne Funktionen oder Teilbereiche optimiert. Allerdings geschieht dies ohne Änderung der strategischen Grundausrichtung und des Geschäftsmodells des Unternehmens. Für den inkrementalen Wandel liegen eine Vielzahl von Optimierungs- und Strukturierungsvorschlägen vor, die speziell auf das zu verändernde Funktionsfeld ausgerichtet sind. Zwar sind auch hier mehrdimensionale Veränderungen, also Änderungen der Strukturen, Prozesse und des Verhaltens der Mitarbeiter, nötig. Allerdings ist aufgrund der Beschränktheit des Änderungsobjekts die →Komplexität geringer als bei radikalen Wandelprozessen. Abbildung 1 zeigt Objekte, die zumindest beim radikalen Wandel verändert werden müssen.

Abbildung 1: Objekte und dazugehörige Formen von Wandelprozessen (*Krüger* 1993, S. 359)

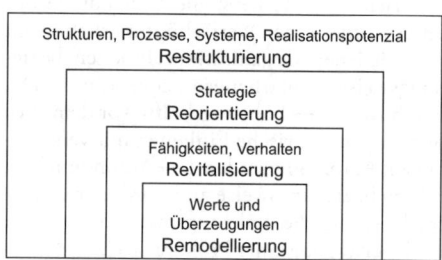

Die Vielzahl der zu ändernden Parameter impliziert, dass die Aufgaben des →Change Managements mehrere Dimensionen in den verschiedenen Stufen des Wandelprozesses umfassen. Übersicht 1 stellt die Dimensionen und die Aufgabenbereiche dar.

Die Betrachtung aller drei Dimensionen ist nötig, da sich aufgrund der oben beschriebenen entstehenden Unsicherheit bei Veränderungen schnell Widerstände organisieren und die Veränderung verzögern oder diese gänzlich vereiteln können. Wesentliche *Barrieren* gegen unternehmerischen organisatorischen Wandel sind im Einzelnen:

- *Strukturelle Trägheit*: Eine bestehende, ausgeprägte Regelungsdichte mit verfestigten formellen und informellen Beziehungen zwischen den Organisationsmitgliedern lässt Änderungsinitiativen durch Informationsfilterung und Bürokratisierung versanden. Die Reaktionsfähigkeit des Unternehmens nimmt durch fest definierte Schnittstellen und eine Vielzahl etablierter Entscheidungsgremien ab.

- *Defensive Unternehmensstrategie* (→Strategie) und *Verhaltensbarrieren bei Entscheidungsträgern*: Eine Basisstrategie eines Unternehmens, die im Wesentlichen geprägt ist durch die Nachahmung von Wettbewerberverhalten, hat Probleme bei der strategischen Fundierung und Ableitung eines Wandelprozesses. Dies kann auch verankert sein in der Entscheidungsfindung der relevanten Mitglieder des Top Managements. Ist man dort Innovationen (→Technologischer Wandel) und generell neuen Strukturen aufgrund von Prägung in den alten Strukturen abgeneigt, wird es kaum zu selbstinitiierten Wandelprozessen kommen.

- *Mikropolitisches Gleichgewicht*: Es besteht in einer →Organisation ein Machtgleichgewicht zwischen verschiedenen Gruppen. Eine Veränderung würde dieses Gleichgewicht stören, was zu erheblichen Verteilungskämpfen, initiiert durch die „Verlierergruppe", führen kann. Um in diesen Verteilungskämpfen nicht selbst Gefahr zu laufen, →Macht zu verlieren, wird auf eine Veränderung des Status quo verzichtet.

- *Mangelnde Akzeptanz bei den Betroffenen*: Eine risikoaverse Einstellung und der Verdacht, zu den Verlierern der Veränderung zu gehören, führen zu organisiertem Widerstand von Mitarbeitern. Mitbestimmungsmöglichkeiten eröffnen zumindest die Möglichkeit, die Veränderung zu verzögern oder nur teilweise zuzulassen.

- *Externe Barrieren*: Das Vertragswerk mit externen Gruppen wie Staat, Zulieferern oder Kunden und die informellen Beziehungen zu Konkurrenten lässt ein Bündel von Interessen entstehen, die bei Veränderungen gefährdet sein können, was wiederum hemmend für einen Wandel wirkt.

Angesichts der gezeigten Komplexität und der hohen Barrieren bei der Umsetzung gilt es, die inzwischen bekannten Erfolgsfaktoren für Wandelprozesse zu beachten. So verspricht bei der Durchsetzung von Wandelprozessen das von *Witte* (1973) beschriebene *Macht-Fach-Promotorengespann* hohe Erfolgsaussichten bei der Überwindung von Widerständen. Hierbei ist der →Fachpromotor verantwortlich für die Zielrichtung und die Inhalte der Veränderungen. Er verfügt über die Managementfähigkeiten der Umsetzung eines solchen Projekts. Allerdings fehlt ihm die hierarchische Position, um die oben beschriebenen Barrieren zu beseitigen. Er sollte deshalb eine →Koalition mit einem hierarchisch hoch positionierten Manager eingehen, dessen Aufgabe es dann ist, das Veränderungsprojekt in den höchsten Entscheidungsgremien des Unternehmens zu vertreten und Verhinderungstaktiken bereits in den Anfängen zu bekämpfen.

Übersicht 1: Dimensionen und Aufgaben bei Wandelprozessen (*Krüger* 1993, S. 365)

	sach-rationale Dimension	politisch-verhaltens-orientierte Dimension	wertmäßig-kulturelle Dimension
Scanning	-schwache Signale erkennen -Frühwarnsysteme aufbauen	informelle Netzwerke nutzen	Problembewusstsein erzeugen
Envisioning	-Vision entwerfen -Leitbild entwickeln	interne und externe Vorbilder nutzen	-Orientierung bieten -Sinn stiften
Reframing	-Probleme analysieren -Lösungen konzipieren -Prioritäten setzen	-Überzeugungsarbeit leisten -Änderungsmotivation erzeugen	-Einstellungen ändern -Lernprozesse auslösen
Energizing	Willens- und Fähigkeitsbarrieren identifizieren	-Promotoren finden/aufbauen -Opponenten einbinden/überwinden	-Festigen neuer Einstellungen -Entschlossenheit erzeugen
Timing	-Handlungszeitpunkte und -zeiträume bestimmen	Kräftekonstellation zeitlich optimieren	Bewusstsein für Zeitproblematik erzeugen

Ein weiterer wichtiger Erfolgsfaktor ist die *Kommunikationspolitik*. Allgemeingültige Empfehlungen können aufgrund der spezifischen Situationen nicht gegeben werden. Grundsätzlich ist zu überlegen, welche →Informationen wann, an wen und über welche Kanäle gegeben werden. Eine frühe Einbindung der Betroffenen kann zur Vermeidung von Unsicherheit und damit größerer Akzeptanz führen. Allerdings birgt sie auch die Gefahr, dass sich Widerstand schon sehr frühzeitig organisieren kann. Ein wichtiger Aspekt bei der →Kommunikation betrifft auch die Meldungen über erste Erfolge der Veränderung. Kurzfristige Meldungen über erste Erfolge motivieren die wandlungsbereiten Mitarbeiter und entkräften die Vorbehalte der Gegner. Über die reine Kommunikation hinaus können die Betroffenen auch in die Konzeption des Wandlungsprozesses eingebunden werden. Bei reproduktivem Wandel ist dies in den meisten Fällen zu empfehlen. Bei radikalem Wandel kann das Konzept allerdings verwässert und verzögert werden.

Frühzeitig sollte über ein →Anreizsystem nachgedacht werden, das eine aktive Beteiligung am Wandel belohnt. Monetäre oder nichtmonetäre, positive und negative Sanktionen können als verhaltenssteuernde Maßnahmen zur Etablierung der neuen Strukturen eingesetzt werden. Darüber hinaus sollte vor allem bei sehr komplexen Veränderungsprojekten über die Einschaltung eines *externen Beraters*, der über entsprechende Kenntnisse (→Qualifikation) verfügt, nachgedacht werden.

Das erhebliche Ausmaß, in dem organisatorischer Wandel die einzelnen Mitarbeiter und ihre Position im Unternehmen betrifft, impliziert eine wichtige *Rolle der →Personalabteilung in Wandlungsprozessen*. Im Einzelnen kommen der Personalabteilung die Aufgaben zu:

- *Bereitschaft zur Veränderung schaffen*: Durch langfristige Kommunikation und Information der Personalgruppen soll dazu beigetragen werden, dass die Dringlichkeit des Wandels erkannt und damit die Bereitschaft zur aktiven Gestaltung der Veränderungen erreicht wird.

- *Strukturveränderungen begleiten*: Für die geänderte →Aufbau- als auch →Ablauforganisation wird eine neue →Personalbedarfs-, →-einsatz- und →-entwicklungsplanung benötigt. Gegebenenfalls müssen Änderungskündigungen und →Personalfreisetzungen (→Kündigung) vollzogen werden. Eine Abstimmung und Koordination mit dem →Betriebsrat kann ebenfalls von der Personalabteilung moderiert werden.

- *Personalwirtschaftliche Systeme auf die neuen Strukturen ausrichten*: Anreizsysteme, →Leistungsbeurteilung, Vergütung und auch →Führungsstile müssen an die neuen Strukturen angepasst und im Rahmen von gezielten Personalentwicklungsmaßnahmen eingeübt und umgesetzt werden.

Die Notwendigkeit der Veränderung kann aber auch die Personalabteilung beziehungsweise die Personalorganisation (→Organisation der Personalarbeit) selbst betreffen. In diesem Fall ist die Personalabteilung nicht unterstützend tätig, sondern laut *Kienbaum* (1997) selbst Objekt der Veränderung. Grundsätzlich gelten die oben gemachten Aussagen auch für diesen Fall des Wandlungsprozesses.

Literatur: *Kienbaum, J.* (Hrsg.): Benchmarking Personal – Von den Besten lernen, Stuttgart 1997. *Krüger, W.*: Organisation der Unternehmung, 2. Aufl., Stuttgart 1993, Kap. XVII. *Witte, E.*: Organisation für Innovationsentscheidungen. Das Promotoren-Modell, Göttingen 1973.

Reinhard Meckl

Organizational Citizenship Behavior (OCB) →Freiwilliges Arbeitsengagement

Organizational Commitment

psychische Bindung eines Individuums an eine →Organisation.

Die *Commitment-Forschung* blickt auf viele empirische Befunde und eine lange Tradition zurück, was aber auch den Überblick und die Systematisierung unterschiedlicher Zugänge erschwert. Nach *Weller* (2003) lassen sich im Wesentlichen drei unterschiedliche Konzepte unterscheiden:

1. Der *handlungs- oder verhaltensbezogene Ansatz* geht von der Bindung des Akteurs an seine Handlungen und Verhaltensweisen aus. Zuerst handelt er, dann ist er daran gebunden. Die Bindungswirkung von Handlungen ist umso höher, je nachvollziehbarer und klarer interpretierbar sie für Dritte sind, je irreversibler sie sind, je freiwilliger und häufiger sie durchgeführt werden, als je bedeutsamer sie wahrgenommen werden und je besser sie in einen übergeordneten sozialen Kontext eingebunden sind. In den meisten Fällen werden diese Kriterien der Nachvollziehbarkeit, erschwerten Umkehrbarkeit, Freiwilligkeit, Frequenz, Bedeutung und Kontextgebundenheit auch für den Beitritt zu und die →Arbeit in einer Organisation gelten. Insofern wird organisationales Commitment entstehen, je stärker die Kriterien ausgeprägt sind, desto höher. Das

Konzept folgt damit der dissonanztheoretischen Grundannahme, dass nicht Einstellungen zu bestimmten Verhaltensweisen, sondern umgekehrt konkrete Verhaltensweisen zur Bildung von Einstellungen beitragen. Die Kausalität dreht sich um. Sind etwa arbeitsspezifische irreversible Kosten, wie beispielsweise durch eine lange Ausbildungszeit (→Ausbildung) entstanden und werden darüber hinaus auch noch so genannte *Side Bets* abgeschlossen (z. B. Verlegung des Wohnsitzes, um dem Arbeitsplatz näher zu sein), so erhöht dies nach *Meyer* und *Allen* (1997) das Organizational Commitment. Auch *eskalierendes Commitment* lässt sich aus dieser Perspektive gut erklären: Akteure bleiben bei ihrer Entscheidung, beispielsweise in einer Organisation zu arbeiten, weil nur so andernfalls unwiderruflich verlorene Investitionen wieder eingebracht werden könnten. Paradoxerweise erhöhen sich aber gerade durch diese Entscheidung ebendiese →Sunk Costs laufend, was wiederum das Commitment stärkt, und die Akteure noch stärker zur Teilnahmeentscheidung stehen und entsprechend handeln lässt.

2. Der *einstellungsbezogene Ansatz* analysiert Commitment als Einstellung mit kognitiven, affektiven und intentionalen Komponenten. Er umfasst beispielsweise einen starken Glauben an die Ziele und Werte der →Organisation (→Normen und Werte), eine hohe →Leistungsbereitschaft zum Wohle der Organisation und die Absicht, die Mitgliedschaft in der Organisation aufrechtzuerhalten.

3. Der *selbstkonzeptbezogene Ansatz* bezieht sich auf jenen Beitrag, den die Mitgliedschaft in einer Organisation zum Selbstkonzept eines Individuums leistet. Dies geschieht weniger über die Organisation als abstrakte Einheit als über die sozialen Interaktionen innerhalb des Organisationskontextes. Die Kongruenz zwischen persönlichen und organisationalen Zielen, →Normen und Werten kann mit →Identifikation oder Internalisierung erklärt werden.

Organizational Commitment muss als mehrdimensionales Konstrukt aufgefasst werden. Nach *Meyer* und *Allen* (1997) umfasst Commitment eine affektive, eine abwägend-rationale und eine normative Komponente: →affektives Commitment steht für die emotionale Bindung von Mitarbeitern an ihr Unternehmen, abwägendes Commitment für die subjektive Kalkulation der Kosten, die mit dem Verlassen der Organisation verbunden wären, und normatives Commitment für die empfundene Verpflichtung gegenüber der Organisation. Darüber hinaus gibt es ganz unterschiedliche Bindungsobjekte: die Organisation, deren Management, die Abteilung, die Arbeitsgruppe, Kollegen und Kolleginnen, →Führungskräfte, eine bestimmte Tätigkeit oder Aufgabe, ein Projekt.

Commitment hängt negativ mit Fluktuationsneigung, →Fluktuation und →Absentismus und positiv mit Leistungsbereitschaft und Leistungsverhalten zusammen. Aus motivationstheoretischer Sicht kann affektives und normatives Commitment zu hoher Leistung, abwägendes Commitment in bestimmten Fällen aber auch zu niedriger →Arbeitsleistung führen. Ähnlich wie bei der →Arbeitszufriedenheit sind nach *Meyer et al.* (2002) aber die empirisch belegten Zusammenhänge zum Leistungsverhalten relativ schwach.

Literatur: *Literatur*: *Meyer, J. P.*; *Allen, N. J.*: Commitment in the Workplace, Thousand Oaks 1997. *Meyer, J. P. et al.*: Affective, Continuance, and Normative Commitment to the Organization: A Meta-Analysis of Antecedents, Correlates and Consequences, in: Journal of Vocational Behavior, 61. Jg. (2002), H. 1, S. 20–52. *Moser, K.*: Commitment in Organisationen, Bern 1986. *Weller, I.*: Commitment, in: *Martin, A.* (Hrsg.): Organizational Behaviour, Stuttgart 2003, S. 77–94.

Michael Meyer

Organizational Slack →Slack

Örtliche Flexibilität →Flexibilisierung

Outdoor-Training

handlungsorientierte Lehrmethode im Rahmen der →Personalentwicklung, die den Teilnehmern das Erlebnis der Entfaltung ihrer Potenziale ermöglichen will.

Diese Personalentwicklung geschieht in der Regel dadurch, dass die Teilnehmer – vor allem →Führungskräfte und Arbeitsteams – außerhalb des Unternehmens in eine für sie neuartige, unkomfortable Situation gebracht werden, die sie mit Neugier und →Kreativität bewältigen müssen, und dadurch ihr Verhaltensrepertoire anreichern. Ziel des Outdoor-Trainings ist es, einen Transfer des Lernerlebnisses für das betriebliche Arbeits- und Entscheidungsverhalten zu bewirken (*Müller* 2002, *Lakemann* 2005). Dies kann in Form von konkreten Ziel- und Handlungsvereinbarungen niedergelegt werden.

Ein Outdoor-Training unterscheidet sich von einem Outdoor-Event oder einem Outdoor-Incentive (der Erlebnis-, Spaß- und Belohnungscharakter steht hier im Vordergrund) idealerweise durch eine didaktische Methodik mit Bezug zu vorher definierten Lernzielen. Es findet sowohl als Hauptveranstaltung als auch als Ergänzung traditioneller Lehr- und Seminarveranstaltungen statt, dauert in der Regel ein bis zwei Tage und wird durch Nachbereitungstreffen ergänzt.

Voraussetzung für ein effektives Outdoor-Training ist eine professionelle Vorbereitung, die insbesondere den tatsächlichen Personalentwicklungsbedarf (→Entwicklungsplanung) analysiert und die beabsichtigte Zielsetzung der Outdoor-Methoden sowie ihre Einbindung in die übrigen Maßnahmen der Personalentwicklung klärt. Zudem werden in der Vorbereitung bereits die Lerntransfermechanismen während und nach der Maßnahme festgelegt und die Nachbearbeitung über Instrumente wie Analysen, Auswertungsworkshops oder →Coachings geplant. Das Anforderungsprofil an Outdoor-Trainer sollte neben Kenntnissen in Pädagogik, Psychologie, Wirtschaftswissenschaft und Outdoor-Methodiken eine stabile Persönlichkeit umfassen.

Zu den klassischen Outdoor-*Trainingsaktivitäten* zählen Überlebenstrainings und Natursportarten wie Rafting, Canyoning, Eisklettern, Kanutouren und Mountainbiking. In jüngerer Zeit werden vor allem Aktivitäten verwendet, die in ihrem Anspruch und ihrer Ernsthaftigkeit eine größere Nähe zu realen Arbeitssituationen aufweisen: Das Ropes-Training findet auf künstlich angelegten Parcours aus über zehn Meter hohen Pfählen mit Seil-, Balken- und Bretterkonstruktionen statt. Auf verschiedenen räumlichen Ebenen sollen allein und in →Gruppen Übungselemente erklettert und überwunden werden. Durch Grenzerfahrungen sollen insbesondere Vertrauensbildung, Teamidentität, Kreativität und die Überwindung von Ängsten gelernt werden. Komplexe Projektaufgaben in der Natur (wie Expeditionen) oder in der Gesellschaft (wie Zirkusse oder Camps für Kinder) sind aufgrund ihrer Interdependenzstrukturen so ausgestaltet, dass sie von einem Team nur arbeitsteilig zu lösen sind. Dabei lassen sich die Spielregeln so modifizieren, dass auch die in realen Arbeitssituationen vorhandenen Restriktionen und Konflikte simuliert werden können. Gelernt werden soll der Umgang mit Unwägbarkeiten und die Erfahrung der wechselseitigen Abhängigkeit der Teammitglieder.

Literatur: *Lakemann, U.*: Wirkungsimpulse von Erlebnispädagogik und Outdoor-Training, Hergensweiler 2005. *Müller, W.*: Outdoor Training für Fach- und Führungskräfte. Event oder Personalentwicklung?, Saarbrücken 2002.

Volker Stein

Out-of-the-Job Maßnahmen →Personalentwicklung, →Training

Outplacement

Unterstützungs- und Beratungsprozess für Beschäftigte, die ihr Arbeitsverhältnis (→Beschäftigungsverhältnis) aufgeben müssen.

Im Outplacement werden auch Hilfen für die →Führungskräfte, Kollegen und Mitarbeiter der Betroffenen und sogar für die Familien angeboten. So sollen negative Effekte sowohl für den →Arbeitgeber als auch für die Betroffenen reduziert werden (Abbildung 1).

Abbildung 1: Fünf Stufen des Outplacements (*Bröckermann* 2007, S. 503)

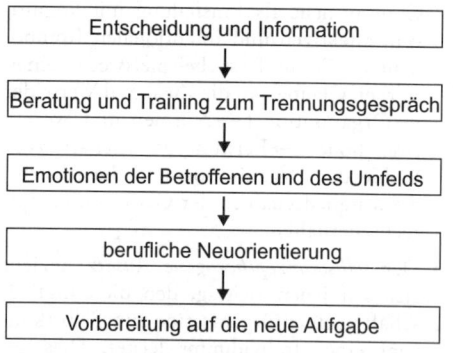

Im Idealfall sollte Outplacement damit beginnen, dass die – in der Regel externen – Outplacement-Spezialisten ihr Know how in die vorgelagerten *Entscheidungsprozesse* einbringen, damit eine angemessene →Trennung oder eine anforderungs- und eignungsgerechte Personalfreisetzung (→Personalfreisetzungsplanung) erfolgt.

Es folgen eine Beratung und ein →Training zum →*Trennungsgespräch*, auf das viele Führungskräfte schlecht vorbereitet sind. Im Rahmen des Outplacements soll dieses Gespräch mit dem Hinweis auf das Unterstützungs- und Beratungsangebot beendet werden.

Soweit der Betroffene überhaupt auf das Hilfsangebot eingeht, lernt er nun die Outplacement-Spezialisten kennen. Die erste Aufgabe besteht darin, mit den negativen *Emotionen* (→Aktionstheorie der Motivation) umzugehen und →Strategien zu entwickeln, wie man dem Ehepartner die schlechte Nachricht vermittelt. Vielfach werden Maßnahmen notwendig, um die Moral der verbleibenden Beschäftigten wiederzubeleben, denn sie durchlaufen einen emotionalen Prozess von Leugnung, Angst, Trauer, Schuld, Auseinandersetzung und schließlich Akzeptanz der neuen Situation (→Survivor Envy).

Danach kommt ein systematisches Programm zur beruflichen *Neuorientierung* in Gang. Es beginnt mit einer Bestandsaufnahme der Stärken und Schwächen, gestützt auf →Testverfahren und Gespräche. Ein Feedbackgespräch (→Feedback) vermittelt einen klaren Eindruck von den Interessen und Neigungen. Die Betroffenen können nun Karriereziele formulieren, die zu den jeweiligen Stärken passen. Anschließend werden Strategien ausgearbeitet, wie die Stärken zukünftigen Arbeitgebern nahe gebracht werden können. Die Bemühungen werden durch emotionalen Beistand und großzügige Büroausstattungen mit Arbeitsplätzen, Telefon und Postdiensten unterstützt. Hinzu kommen Nachschlagewerke und Verzeichnisse, aktuelle Presse und Börsenberichte, Informationsdienstleistungen und computerunterstützte →Informationssysteme.

Nach einer erfolgreichen beruflichen Neuorientierung endet das Outplacement mit der Vorbereitung auf die neue Aufgabe und der *Betreuung* während der →Probezeit.

Circa 30 % bis 40 % der deutschen Großunternehmen vergeben nach *Böck* (2005) Outplacementaufträge, mit steigender Tendenz. Die Kosten belaufen sich auf etwa 15 % bis 25 % des Bruttojahresentgeltes zuzüglich der Entgelte bis zum Einsatz in einem anderen Unternehmen. Die Erfolgsquote beträgt 80 % bis 95 %, die Dauer durchschnittliche 6,5 Monate.

Literatur: *Böck, R.*: Die Sicht der Personalvermittler, in: *Bröckermann, R.; Pepels, W.*(Hrsg.): Die Personalfreisetzung, Renningen 2005, S. 106. *Bröckermann, R.*: Personalwirtschaft, 4. Aufl., Stuttgart 2007, S. 502–504.

Reiner Bröckermann

Outsourcing

Auslagerung oder Fremdvergabe von bisher im Unternehmen erbrachter Leistungen an Unternehmensexterne.

Hinter der Entscheidung zum Outsourcing steht die Frage nach der optimalen Wertschöpfungstiefe eines Unternehmens. Mögliche Vorteile eines Outsourcing sind:

- *Kostenersparnis*: Ein Outsourcing ist unter diesem Gesichtspunkt dann sinnvoll, wenn der Fremdbezug kostengünstiger als die Eigenerstellung ist. Bei gleicher Qualität muss der Angebotspreis eines externen Anbieters niedriger sein als die variablen Kosten, falls die Fixkosten im Unternehmen bestehen bleiben. Er muss niedriger sein als die Herstellkosten, falls die Fixkosten abgebaut werden können.

- *Erhöhung der* →*Flexibilität*: Durch den Abbau von Fixkosten und die Erhöhung des Anteils der variablen Kosten ist es dem Unternehmen möglich, relativ schnell auf Marktveränderungen zu reagieren.

- *Zugriff auf Technologie und Know how*: Verfügt der externe Lieferant über ein besseres technologisches oder auch Prozess-Know how, kann durch die Vergabe nach außen die Wettbewerbsposition des Unternehmens gestärkt werden.

Durch die in vielen Branchen in den letzten Jahren deutlich erhöhte Wettbewerbsintensität hat das Outsourcing als eine Möglichkeit der Verbesserung der →Leistungsfähigkeit des Unternehmens deutlich an Bedeutung gewonnen. Dies gilt gerade auch für den Personalbereich, wie *Meckl* und *Eigler* (1998) in einer empirischen Studie zeigen konnten. Dabei spielt das Ausmaß der Auslagerung von personalwirtschaftlichen Leistungen eine wichtige Rolle (Abbildung 1).

Abbildung 1: Formen des Outsourcings im Personalbereich

zunehmender Umfang der Auslagerung →			
personalwirtschaftliche Einzelaufgabe	Einzelprozess der personalwirtschaftlichen Leistungserstellung	personalwirtschaftliche Teilfunktion	gesamte Personalarbeit

Während die Auslagerung einer Einzelaktivität wie das Erstellen einer Stellenanzeige (→Personalbeschaffung) unproblematisch ist, stellt

Outsourcing

sich spätestens bei einem „Total Outsourcing" die Frage nach den Gefahren der Auslagerung: Durch die Vergabe einer bisher selbst erstellten Leistung verliert das Unternehmen zumindest mittel- bis langfristig auch das Know how der qualitativ hochwertigen Bereitstellung dieser Leistung. Hinzu kommt die Gefahr einer Abhängigkeit vom externen Anbieter, wenn ein Wechsel des Anbieters mit hohen Kosten verbunden wäre. Dies ist regelmäßig der Fall, wenn die bezogene Leistung eine hohe unternehmensindividuelle Spezifität aufweist.

Hinter diesen beiden strategischen Argumenten steht die Frage nach den →Kernkompetenzen eines Unternehmens. Demnach sollte vermieden werden, dass Fähigkeiten, die die Wettbewerbsposition eines Unternehmens stark beeinflussen, nach außen vergeben werden. Es stellt sich also die Frage, ob und wenn ja, welche personalwirtschaftlichen Leistungen Kernkompetenzrelevanz aufweisen. Die in Abbildung 2 skizzierte Matrix gibt unter Berücksichtigung der genannten zwei Kriterien eine Hilfestellung zur Entscheidungsfindung für Outsourcing im personalwirtschaftlichen Bereich.

Abbildung 2: Entscheidungsmatrix für das Outsourcing personalwirtschaftlicher Leistungen (*Meckl* 1993, S. 392)

Einfluss der personalwirtschaftlichen Leistungen auf die Kernkompetenzen			
hoch	Lernen/Insourcing: branchenspezifisches Methodenwissen, z.B. bei der Personalplanung	Weiterentwicklung des Know how: strategisches Personalmanagement, internationale Personaleinsatzmodelle
niedrig	Outsourcing: Lohnabrechnung, arbeitsrechtliche Fragen, Standardpersonalentwicklung	selektives Outsourcing: Anreiz- und Vergütungssysteme, Arbeitszeitmodelle
	niedrig	hoch
	Spezifität der personalwirtschaftlichen Leistung	

Eine eindeutige Empfehlung ergibt sich für das Feld links unten: Lässt sich eine personalwirtschaftliche Leistung bezüglich der Matrixdimensionen so charakterisieren, dass der Einfluss auf die Kernkompetenzen als gering anzusehen ist und gleichzeitig spezifische Anforderungen für das auslagernde Unternehmen fehlen, so steht einer Auslagerung aus strategischer Sicht nichts im Wege. Allerdings muss geprüft werden, ob die oben genannten eher operativen Kriterien einer Outsourcingentscheidung eine Auslagerung nahe legen oder nicht. So kann zum Beispiel über Kostenvergleichsmethoden bestimmt werden, ob der Fremdbezug oder die Eigenerstellung Kostenvorteile bringt. Aufgrund der fehlenden Spezifität ist zu erwarten, dass es genügend Anbieter dieser Standarddienstleistungen gibt.

Ebenfalls eindeutig ist das Feld rechts oben. Die strategische Relevanz verbietet eine Auslagerung von personalwirtschaftlichen Aufgaben, die in dieses Feld fallen. Außerdem ist die Spezifität so hoch, dass zum einen die Abhängigkeit von einem Zulieferer sehr schnell gegeben wäre und zum anderen überhaupt erst ein Anbieter einer so hochspezifischen Leistung gefunden werden müsste. In diesem Feld liegen personalwirtschaftliche Kernaufgaben, die grundsätzlich nicht auslagerungsfähig sind, wie zum Beispiel die Personalführung (→Mitarbeiterführung) oder die →Leistungsbeurteilung. Ziel muss hier der Aufbau und die Ausweitung der eigenen →Kompetenz sein, da dies konstitutiv für die Entwicklung eigener Wettbewerbsvorteile ist.

Anders sieht es aus, wenn die strategische Bedeutung einer zur Disposition stehenden personalwirtschaftlichen Aufgabe gegeben, die Spezifität allerdings niedrig ist (Feld links oben). Es kann sich hier um branchenspezifisches Know how handeln. Diese Konstellation impliziert, dass bei der Outsourcingentscheidung auch langfristige Entscheidungswirkungen berücksichtigt werden müssen und deshalb auf das Outsourcing verzichtet werden sollte. Diese Überlegungen befreien das Unternehmen allerdings nicht von der Notwendigkeit, diese intern erstellten Leistungen effizient zu produzieren, da es bei einer standardisierbaren Leistung primär darauf ankommt, sie möglichst kostengünstig zu erstellen. Hier würde es sich zum Beispiel anbieten, über Kooperationen mit anderen Unternehmen eine Verteilung der Fixkosten auf mehrere Schultern zu erreichen und damit implizit Volumeneffekte zu generieren.

Bleibt als letztes die Kombination einer niedrigen strategischen Bedeutung aber hohen Spezifität (Feld rechts unten). Dominierend ist hier das Kostensenkungsziel, allerdings ist ein „normales" Outsourcing aufgrund der hohen

Spezifität wahrscheinlich schwierig. Die in der Matrix eingetragenen Beispiele sind nicht als allgemeingültig anzusehen, da die Kernkompetenzrelevanz unternehmensspezifisch festgestellt werden muss.

Ist die Entscheidung gefallen, so sollte das Outsourcing in einem geplanten Prozess durchgeführt werden. Als einzelne Prozessschritte sollten laut *Meckl* (2001) durchlaufen werden:

- *Einrichtung einer Projektgruppe*: Das Projektteam sollte Mitglieder mit unterschiedlichen Kompetenzen umfassen. So sollten operative Manager aus den betroffenen Bereichen als auch Mitglieder der Personalabteilung im Team (→Gruppe) vertreten sein.
- *Definition und Abgrenzung der auszulagernden Leistung*: Neben der inhaltlichen Festlegung des Outsourcingobjekts ist aus personalwirtschaftlicher Sicht vor allem eine →Identifikation des betroffenen Personenkreises vorzunehmen.
- *Abschätzung arbeitsrechtlicher Folgen eines Outsourcings*: Regelungen, die das Outsourcing erschweren oder gar unmöglich machen, müssen identifiziert und wenn möglich antizipativ überwunden werden.
- *Information über die Outsourcingabsicht*: Insbesondere die Betroffenen sollten früh informiert werden, um Gerüchten und demotivierenden Mutmaßungen vorzubeugen.
- *Einholung und Auswertung von Angeboten*: Am Schluss dieses Prozessschritts steht die Entscheidung für ein bestimmtes Angebot.
- *Vertragsverhandlungen und Abschluss der Verträge*.
- *Abbau der internen Leistungserstellung*: Ein fließender Übergang zum Fremdbezug muss erreicht werden, um eine Versorgung des Unternehmens mit der ausgelagerten Leistung sicherzustellen.

Um sowohl eine effektive Anwendung des Entscheidungsverfahrens als auch des Outsourcingprozesses zu erreichen, sollte ein Verantwortlicher für das gesamte Outsourcingverfahren benannt werden. Für eine solche Person oder Abteilung ergeben sich darüber hinaus aber noch weitere wichtige Aufgaben. Die Auslagerung einer Leistung bedeutet nicht, dass man sich im Unternehmen nicht mehr darum „kümmern" muss. Gerade wenn mehrere Leistungen an Dritte vergeben werden, muss sichergestellt sein, dass

- die externen Partner vor allem in der Anfangsphase alle nötigen Informationen bekommen, die für die Erbringung einer qualitativ hochstehenden Leistung nötig sind,
- die externen Partner koordiniert werden, und zwar untereinander als auch mit den Kunden in der Linie des auslagernden Unternehmens,
- die externen Partner überwacht werden und gegebenenfalls Defizite in der Qualität ihrer Leistung von kompetenter Seite aufgezeigt werden und
- neue, innovative Projekte angestoßen und inhaltlich und konzeptionell betreut werden.

Diese Aufgaben können sinnvollerweise nicht von den Linienmanagern als Kunden der externen Partner wahrgenommen werden. Deshalb sollte eine eigene Stelle geschaffen werden, die die Rolle des Schnittstellenmanagers übernimmt, wie in Abbildung 3 dargestellt, der Outsourcing-Controller. Beim Outsourcing von personalwirtschaftlichen Leistungen ist dieser Outsourcing-Controller ein Mitglied der Personalabteilung.

Abbildung 3: Funktionen eines Outsourcing-Controllers im Personalbereich (*Meckl* 2001, S. 309)

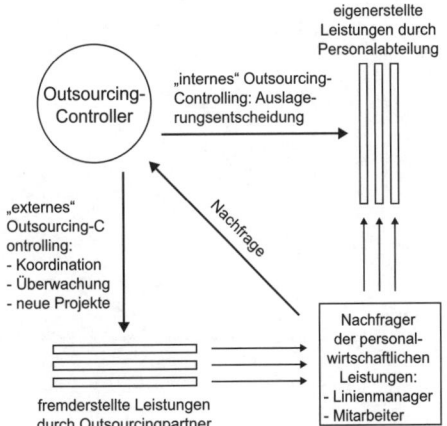

Die Aufgaben dieses Funktionsträgers weisen die typischen Merkmale des →Controllings auf. Im Rahmen eines *externen* Outsourcing-Controllings bildet der Outsourcing-Manager die kompetente Schnittstelle mit Koordinations- und Überwachungsaufgaben zu den externen Partnern. Neue Projekte und Themen werden ebenfalls von ihm initiiert.

Im Rahmen des *internen* Outsourcing-Controllings muss ständig geprüft werden, ob die ausgelagerten Leistungen nicht wieder Kernkompetenzrelevanz erlangen und deshalb die Fähigkeit zu deren Eigenerstellung wieder erreicht werden muss. Wichtig ist aber auch die Prüfung, ob die bisher eigenerstellten Leistungen nicht ausgelagert werden sollten. Dazu ist das in den vorigen Abschnitten aufgezeigte strategische →Entscheidungsmodell in regelmäßigen Abständen anzuwenden. Es erweist sich damit als wichtiges Steuerungsinstrument für das Outsourcing.

Literatur: *Bühner, R.; Tuschke, A.*: Outsourcing, in: Die Betriebswirtschaft, 57. Jg. (1997), S. 20–30. *Meckl, R.*: Outsourcing von Personalleistungen aus strategischer Sicht, in: Personal, 49. Jg. (1997), H. 8, S. 388–395. *Meckl, R.*: Outsourcing von Personaldienstleistungen, in: *Clermont, A. et al.* (Hrsg.): Strategisches Personalmanagement in Globalen Unternehmen, München 2001, S. 291–312. *Meckl, R.; Eigler, J.*: Gefahren des Outsourcing personalwirtschaftlicher Leistungen – Eine empirisch gestützte Analyse, in: Journal für Betriebswirtschaft, 48. Jg. (1998), H. 3, S. 101–112.

Reinhard Meckl

Overtime

Zeit, die ein Mitarbeiter über die normale individuell oder tariflich vereinbarte →Arbeitszeit hinaus leistet (→Überstunden).

Verweigern →Arbeitnehmer Überstundenarbeit, so wird von einem *Overtime Ban* gesprochen.

Désirée H. Ladwig

P

Pacemaker

in innovativen Veränderungsprozessen die Person, die Koordinationsaufgaben des Veränderungsmanagements übernimmt (→Change Maker).

Paradigmenwechsel

radikale Änderung der Perspektive auf einen wissenschaftlichen Gegenstand.

Häufig ist mit einem Paradigmenwechsel auch die Revision früherer Theorien und Überzeugungen zu dem wissenschaftlichen Gegenstand verbunden. Kuhn bezeichnet in seinen im Jahr 1977 publizierten Studien zur Wissenschaftsgeschichte das teils implizite, teils explizite Vorverständnis von einem wissenschaftlichen Forschungsgegenstand als Paradigma. Ein *Paradigma* ist dabei mehr als bloß eine Theorie über den jeweiligen wissenschaftlichen Gegenstand. Der Begriff Paradigma beinhaltet vielmehr einen Bestand an →Forschungsmethoden, mathematischen Hilfsmitteln sowie bestimmte Regeln und Normen, die für die wissenschaftliche Praxis gelten. Ein Paradigma umfasst sogar die psychologische Bindung der *Scientific Community* an bestimmte →Grundannahmen des jeweiligen Forschungsfelds, die bis hin zu geteilten metaphysischen Überzeugungen reichen können. Es handelt sich somit um einen Kanon an allgemein akzeptierten Ansichten, Haltungen, Arbeitsweisen, Gütekriterien, Symbolen, Werten (→Normen und Werte) und mustergültigen Studien eines Forschungskollektivs. Die *Newtonsche* Mechanik und die *Maxwellsche* Elektrodynamik stellen klassische Beispiele für solche Paradigmen dar. Auch Werke wie die Physik des *Aristoteles*, der Almagest des *Ptolemäus*, die Electricity *Franklins*, *Lavoisiers* Chemie und *Lyells* Geology bestimmten für eine Vielzahl von Wissenschaftlern über Generationen hinweg die anerkannten Probleme und Forschungsmethoden der jeweiligen Forschungsgebiete.

Ein Paradigma bleibt zumeist unangetastet und unreflektiert, bis so genannte Anomalien auftreten. Als *Anomalien* werden unlösbare wissenschaftliche Probleme und Widersprüche bezeichnet, die nicht durch ein geltendes Paradigma assimiliert oder eliminiert werden können. Es handelt sich um Phänomene, auf die Forscher durch das Paradigma nicht vorbereitet wurden, weil die durch das Paradigma erzeugten Erwartungen nicht erfüllt werden. Erst solche Anomalien können zum Wechsel von Paradigmen führen. Dabei wird vorausgesetzt, dass eine Alternative zu dem bereits existierenden Paradigma vorliegt. Diese Alternative muss mit den Anomalien des alten Paradigmas erfolgreich umgehen können, das heißt, das neue Paradigma muss sowohl Erfolge wie auch Misserfolge des alten Paradigmas erklären können. Solange dies nicht der Fall ist, bleiben wissenschaftliche Theorien weitgehend immun gegen vereinzelte empirische Widerlegung. Widersprüche zwischen Theorie und Empirie sind somit zwar eine notwendige, aber keine hinreichende Bedingung für die Verwerfung eines wissenschaftlichen Paradigmas. Mit diesen Vorstellungen stellen sich *Lakatos* (1974) und *Kuhn* (1977) gegen ein enges Verständnis des Falsifikationismus.

Nach *Kuhn* (1977) entwickeln sich wissenschaftliche Disziplinen nach folgendem Schema: Am Anfang steht die vorwissenschaftliche Periode, in der es noch keinen verbindlichen Forschungsrahmen gibt. Darauf folgt die normalwissenschaftliche Periode, in der zunächst die Vielfalt der Methoden der vorwissenschaftlichen Periode zugunsten eines Methodenmonopols abgelöst wird. Die normalwissenschaftliche Periode lässt sich als doktrinär charakterisieren. In dieser Phase wird versucht, die Natur in starre Denk-Schubladen hineinzuzwängen. Diese Phase ist charakterisiert durch Ignoranz der nicht assimilierbaren, falsifizierenden Befunde. Dies ist eine Phase, die von Intoleranz, mangelnder Selbstkritik und Sichtverengung geprägt ist. Mangelnder Erfolg in der Forschungstätigkeit wird der fehlenden Tüchtigkeit des Forschers zugeschrieben, nicht der Unzulänglichkeit der zugrunde liegenden Annahmen des Paradigmas. Diese Periode ist allerdings auch mit zahlreichen Vorteilen verbunden: So erlaubt die Sichtver-

Paradigmenwechsel

engung auf einen spezifischen Problemkreis und auf ein spezifisches Methodenrepertoire ein Höchstmaß an Genauigkeit in der Auseinandersetzung mit dem spezifischen Problem, das ohne die strenge Bindung an das Paradigma nur schwer erreichbar wäre. Auf diese Periode folgt die Krise. Krisen zeichnen sich durch die Anhäufungen von Anomalien aus. Die Krise kann in eine wissenschaftliche Revolution und damit zu einem Paradigmenwechsel führen. Dies hat erneut eine normalwissenschaftliche Periode zur Folge et cetera.

Lauth und *Sareiter* benennen 2002 klassische Beispiele für solche Paradigmenwechsel aus zahlreichen verschiedenen wissenschaftlichen Disziplinen. Die Kopernikanische Wende in der Erkenntnistheorie durch *Kant* gilt als Paradigmenwechsel in der Philosophie. Die Ablösung des geozentrischen vom heliozentrischen Weltbild, der →Wandel des Verständnisses von Raum und Zeit durch die allgemeine und spezielle Relativitätstheorie oder auch die quantentheoretisch veränderte Sicht auf Elementarteilchen stellen Beispiele für Paradigmenwechsel in der Physik dar. In der Psychologie gilt die den →Behaviorismus ablösende kognitive Wende als Paradigmenwechsel. Der Wechsel vom Keynesianismus zum Neoliberalismus kann als wirtschaftswissenschaftlicher Paradigmenwechsel verstanden werden. Beispiele für Paradigmenwechsel speziell im Bereich des Personalmanagements sind durch die neuen Möglichkeiten der IT-Unterstützung gegeben. Auch die →Globalisierung der Märkte bringt auf zahlreichen Ebenen des →Personalmanagements einen umfassenden und tiefgreifenden Wandel mit sich. In abgeschwächter Lesart können auch der Wechsel zur →Kundenorientierung, zur →Dezentralisierung, zur Wissensbasierung und der Wechsel zur Problemorientierung als Paradigmenwechsel gesehen werden. Nicht selten werden jedoch auch beliebige neue Geschäftsideen als Paradigmenwechsel propagiert. Dies ist jedoch nicht mit dem *Kuhnschen* Konzept des Paradigmenwechsels vereinbar.

Kuhns wissenschaftshistorische Analysen aus dem Jahr 1983 demonstrieren, dass der Wechsel von Paradigmen keineswegs einen rationalen, begründungsorientierten Prozess darstellen muss. Der wissenschaftliche Fortschritt ist nicht unbedingt kontinuierlich, kumulativ oder linear, sondern er stellt eher einen irrationalen Vorgang dar, der den Charakter eines Glaubenskampfes annimmt. Der Paradigmenbegriff stellt somit auch ein Gegenkonzept zu den Vorstellungen eines regelhaften Vorgehens einer kumulativen, systematischen Wissenschaftshistoriographie dar. Ein Paradigmenwechsel ist eher das Resultat eines Machtkampfes zwischen Anhängern des alten und des neuen Paradigmas. Aufgrund der verschiedenen Gültigkeits- und Beweisführungskriterien sind die Paradigmen häufig inkommensurabel; das heißt, neue Theorien beinhalten zumeist auch neue Begriffe, für die es in dem alten Paradigma kein eindeutiges Äquivalent gibt. Zum Teil werden auch Begriffe des alten Paradigmas in nuanciert neuer Bedeutung gebraucht, so dass ein rationaler Meinungsaustausch zwischen Anhängern des alten und des neuen Paradigmas zumeist ausgeschlossen ist. Somit kann der →Konflikt zwischen konkurrierenden Paradigmen auch niemals durch Logik und Experiment allein eindeutig entschieden werden. Entscheidender für den Vollzug eines Paradigmenwechsels sind Faktoren wie Opportunismus (→Darwiportunismus) und Gruppenrepression. Die Theorien des neuen Paradigmas stellen nach *Kuhn* somit auch lediglich bessere Problemlöseinstrumente dar als die Theorien des alten Paradigmas. Durch einen Paradigmenwechsel findet jedoch nicht zwangsläufig eine sukzessive Annäherung an die Wahrheit statt.

Diese Konzeption des Paradigmenwechsels brachte *Kuhn* (1977; 1983) den Vorwurf einer Irrationalisierung des Wissenschaftsfortschritts ein, der letztlich in einen Relativismus einmünde und somit pseudowissenschaftlichen Disziplinen ein Alibi verschaffe. Es wurde kritisiert, dass die Begriffe des Paradigmas und Paradigmenwechsels metaphysischen Charakter besäßen und von einer derartigen Vagheit seien, dass sie eine beliebige historische Bestätigung zuließen. Darüber hinaus wurde eingewandt, dass die Frage offen bliebe, wie Anhänger eines neuen Paradigmas Urteile und Erklärungsleistungen über alte Paradigmen abgeben können, wenn die jeweiligen Paradigmen tatsächlich inkommensurabel sind. Zudem wurde die Annahme bestritten, dass Forschung, die in der normalwissenschaftlichen Phase stattfindet, tatsächlich unkritisch und doktrinär ist. Ungeklärt bliebe in *Kuhns* System des Weiteren, welche Menge an Anomalien notwendig ist, damit es zu einem Paradigmenwechsel kommt. Zahlreiche weitere kritische Aspekte wurden vorgebracht. Ungeachtet solcher – zum Teil auch anfechtbarer – Einwände hat Kuhns Begriff des Paradigmenwechsels die Wissenschaftstheorie nachhaltig beeinflusst.

Literatur: *Kuhn, T. S.:* Die Entstehung des Neuen: Studien zur Struktur der Wissenschaftsgeschichte, Frankfurt a. M. 1977. *Kuhn, T. S.:* Commensurability, comparability, communicability, in: *Asquith, P. D.; Nickles T.; Lensing, E.* (Hrsg.): Proceedings of the 1982 Biennial Meeting of the Philosophy of Science Association, Chicago 1983, S. 669–688. *Lakatos, I.:* Falsifikation und die Methodologie wissenschaftlicher Forschungsprogramme, in: *Lakatos, I.; Musgrave, A.* (Hrsg.): Kritik und Erkenntnisfortschritt, Braunschweig 1974, S. 89–190. *Lauth, B.; Sareiter, J.:* Wissenschaftliche Erkenntnis, Paderborn 2002.

Martin Sauerland

Parental Leave

Elternurlaub für berufstätige Eltern (→ Erziehungsurlaub).

Die *Parental Leave Directive* von 1996 gibt Eltern überall in der Europäischen Union das Recht auf Elternurlaub. Parental Leave wird in den europäischen Ländern dennoch sehr unterschiedlich geregelt. In England zum Beispiel können seit 1999 Eltern 13 Wochen unbezahlten → Erziehungsurlaub pro Kind (unter 5 Jahren) nehmen.

Literatur: *Nairns, J.:* Employment Law for Business Students, 2. Aufl., 2004.

Désirée H. Ladwig

Partikularismus

→ Kulturdimension nach *Parsons* und *Shils* (1951) sowie *Trompenaars* (1993), die besagt, dass partikulare Verpflichtungen gegenüber einzelnen Mitgliedern wichtiger sind als das Befolgen allgemeinverbindlicher Normen (→ Normen und Werte) und Regeln (Gegenteil: → Universalismus).

Die partikularistische Orientierung bezieht sich auf die besonderen Umstände bestimmter Situationen und auf Menschen, die man unterstützt oder ablehnt. Folglich werden Beziehungen mehr Wert beigemessen als Regeln. Da die Auffassung herrscht, dass Regeln und Vorschriften nicht unumstößlich und für alle gleich gelten, können sie vom Individuum interpretiert und umgangen werden. Ausnahmen werden folglich toleriert und sind Ausdruck persönlicher Freiheit, wie es im → Personalmanagement anhand ungleicher → Beförderungen, Privilegien und Entlohnungssysteme deutlich wird. Verletzung von Regeln oder unausgeglichene, „ungerechte" Entlohnungssysteme führen jedoch zu keiner Destabilisierung des Systems. Partikularismus ist häufig in Gesellschaften mit kollektivistischer Wertorientierung (→ Normen und Werte, → Kollektivismus) anzutreffen.

Um keine monokausalen oder stereotypen Rückschlüsse auf bestimmte Gesellschaften oder deren Angehörige zu ziehen, darf eine kulturelle Dimension nicht isoliert betrachtet werden, sondern immer in Verbindung mit weiteren.

Literatur: *Parsons, T.; Shils, E.:* Towards a General Theory of Action, Cambridge 1951. *Trompenaars, F.:* Handbuch globales Managen, München 1993.

Christoph I. Barmeyer

Partizipation

Teilhabe von → Arbeitnehmern an Entscheidungen der → Führungskräfte und des Managements.

Die vielfältigen in der Praxis vorzufindenden *Partizipationsformen* lassen sich anhand unterschiedlicher Dimensionen systematisieren.

- *Repräsentative versus direkte Partizipation*: Erfolgt Partizipation der Arbeitnehmer über gewählte Vertreter, dann handelt es sich um repräsentative Partizipation. Im Fall direkter Partizipation erhalten die Arbeitnehmer selbst größere Entscheidungsspielräume. Zu den wichtigsten Formen direkter Partizipation zählen → Qualitätszirkel und teilautonome Arbeitsgruppen. Bei Qualitätszirkeln handelt es sich um Gruppenkonzepte, die zusätzlich zur bestehenden → Arbeitsorganisation eingeführt werden. Die Teilnehmer treffen sich, um arbeitsbezogene Probleme zu erörtern. Bei teilautonomen Arbeitsgruppen wird die Arbeitsorganisation selbst verändert, indem die → Gruppen erhöhte Entscheidungsspielräume erhalten.

- *Intensität der Partizipation*: Die Intensität der Partizipation kann von Informations- und Beratungsrechten über substanzielle Mitentscheidungsrechte bis hin zu Möglichkeiten der Selbstentscheidung reichen.

- *Gegenstand der Partizipation*: Zu den Gegenständen der Partizipation können unter anderem Fragen der Arbeitsplatzgestaltung (→ Ergonomische Arbeitsplatzbedingungen), Lohn- und Personalfragen sowie Investitions- und Rationalisierungsentscheidungen zählen.

- *Ebene der Einflussnahme*: Partizipation kann direkt am Arbeitsplatz, auf betrieblicher Ebene (→Betriebsrat) oder auf Unternehmensebene (→Unternehmensmitbestimmung) erfolgen.

Seit längerer Zeit besteht ein großes Interesse an direkten Partizipationsformen als Bestandteil einer flexiblen Arbeitsorganisation, wie *Bellmann* und *Kölling* (2002) als auch *Gollan, Poutsma* und *Veersma* (2006) betonen. Ein entscheidender Vorteil erhöhter Entscheidungskompetenzen und Verantwortlichkeiten von Mitarbeitern wird in der besseren Nutzung von Informationen gesehen. Treffen Mitarbeiter etwa in Form von →Gruppenarbeit eigenverantwortlich Entscheidungen, dann können sie flexibel Informationen berücksichtigen, über die nur sie vor Ort verfügen. Kommunizieren Management und Belegschaft darüber hinaus in Form von Qualitätszirkeln miteinander, dann verfügt das Management bei übergreifenden Unternehmensentscheidungen über mehr Informationen und die Arbeitnehmer können bei ihren Entscheidungen am Arbeitsplatz Informationen berücksichtigen, die Zusammenhänge im ganzen Unternehmen betreffen.

Allerdings kann nicht davon ausgegangen werden, dass direkte Mitarbeiterpartizipation für alle Unternehmen gleichermaßen geeignet ist. Unternehmen experimentieren oft mit einzelnen Partizipationsformen, ohne diese dauerhaft zu implementieren. Der Erfolg der Maßnahmen stellt sich möglicherweise erst mit einer zeitlichen Verzögerung ein. Zudem ist der Einsatz weiterer personalpolitischer Instrumente (z.B. Weiterbildung) erforderlich, um ein in sich konsistentes Human Resource Management-System zu implementieren.

Literatur: *Bellmann, L.; Kölling, A.* (Hrsg.): Betrieblicher Wandel und Fachkräftebedarf, Nürnberg 2002. *Gollan, P.J.; Poutsma, E.; Veersma, U.*: New Roads in Organizational Participation, in: Industrial Relations: A Journey of Economy and Society, 45.Jg. (2006) H. 4, S. 499–512.

Uwe Jirjahn

Partizipative Organisationsformen

→Aufbauorganisation, in der zentrales Merkmal die Beteiligung von Linienmanagern (→Einliniensystem) an der Erfüllung der Aufgaben einer Funktionalabteilung ist.

Die Grundidee der partizipativen Organisationsform besteht im →Personalmanagement in einer starken Involvierung der Linienmanager (→Einliniensystem) bei der Erledigung von Personalaufgaben, die über die reinen Personalführungsaufgaben hinausgehen. Die Rolle der →Personalabteilung ist in einer beratenden Unterstützung der Linienmanager zu sehen. Des Weiteren sollte die Personalabteilung die unternehmensweite Koordination der →Personalpolitik übernehmen, die zum Beispiel zum Ziel hat, eine →Gleichbehandlung der Mitarbeiter zu erreichen.

Ein *Risiko* dieser Organisationsform liegt insbesondere im Fehlen einer breiten Professionalität im Personalmanagement bei den →Führungskräften im Unternehmen. Eine entsprechende Personalentwicklung für Führungskräfte ist deswegen eine wichtige Erfolgsvoraussetzung für dieses Modell.

Reinhard Meckl

Partizipatives Produktivitätsmanagement (PPM)

Methode, die anhand konkreter Indikatoren die Produktivität (→Arbeitsproduktivität) einer Arbeitsgruppe oder Organisationseinheit misst und diese Messergebnisse kontinuierlich rückmeldet.

Ziel dieses von *Pritchard et al.* (1989) entwickelten Feedback-Verfahrens ist es, insbesondere die produktivitätsrelevanten Aspekte des *Mitarbeiterverhaltens* systematisch und akkurat zu erfassen und die Mitarbeiter zu motivieren und zu befähigen, über ihr Verhalten (→Behaviorismus) die Produktivität zu steigern. Schlüsselelemente von PPM sind die Faktoren →*Partizipation*, →Feedback und Zielsetzung. Die Mitarbeiter sind aktiv in die Entwicklung eines →Feedbacksystems und der zugehörigen Erfolgskriterien involviert, was die Akzeptanz des Systems und die →Motivation der Mitarbeiter positiv beeinflusst. Die Mitarbeiter nutzen das resultierende Feedback, um neue Ziele zu formulieren und Pläne zur Zielerreichung zu entwickeln.

Die Durchführung des PPM-Systems erfolgt laut *Pritchard et al.* (1989) in sechs Schritten:

1. Bildung eines Design-Teams zur Entwicklung des Mess- und Feedbacksystems.

2. Bestimmung von Gesamtzielen der Organisationseinheit.

3. Identifikation von Indikatoren zur Messung der Zielerreichung.
4. Festlegung von Wichtigkeit der Indikatoren und der erwarteten Ergebnismengen.
5. Entwicklung des Feedbacksystems für Mitarbeiter und Manager.
6. Veröffentlichung von Feedbackberichten und deren Nutzung zur Identifikation von Verbesserungsmöglichkeiten.

Die *Vorteile* dieses Feedbacksystems liegen in seiner Genauigkeit und Vollständigkeit der →Informationen, in seiner Flexibilität, der ermöglichten Vergleichbarkeit unterschiedlicher Organisationseinheiten durch Ermittlung vergleichbarer Produktivitätsindizes sowie der Akzeptanz des Systems aufgrund der hohen Mitarbeiterpartizipation.

Literatur: *Pritchard, R. D. et al.*: The Evaluation of an Integrated Approach to Measuring Organizational Productivity, in: Personnel Psychology, 42. Jg. (1989), H. 1, S. 69–115.

Sabine Remdisch

Part-Time Workers Directive

beinhaltet Rahmenbedingungen für →Teilzeitarbeit, die von den europäischen Sozialpartnern ausgehandelt wurden und 1997 von der Europäischen Union ratifiziert wurde.

Mit dieser Direktive soll zum einen die Diskriminierung von Teilzeitarbeitern reduziert und zum anderen Teilzeitarbeit auf freiwilliger Basis ausgeweitet werden. In Deutschland trat das Teilzeitarbeitsgesetz zum 01.01.2001 in Kraft (→Gesetz zur Teilzeitarbeit).

Désirée H. Ladwig

Patchwork-Biographie

→Flexibilisierung und →Individualisierung von Berufs- und Lebensverläufen (syn.: individualisierte Biographie).

Die klassische Dreiteilung des Erwerbslebenslaufs (→Ausbildung, Erwerbsarbeit, Nacherwerbsphase) und die lineare Abfolge der Abschnitte wird in der postindustriellen Gesellschaft destandardisiert (→Destandardisierung) und durch Überlagerung der Sequenzen von Bildung, →Arbeit und erwerbsfreien Abschnitten abgelöst. Berufsbiographien sind durch Brüche, Wechsel, Umwege und Suchprozesse gekennzeichnet. Es entsteht ein „Flickwerk" (engl.: Patchwork) aus Tätigkeiten in wechselnden →Berufen und Funktionen, aus Zeiten der Selbstständigkeit und der Arbeit im Angestelltenverhältnis (→Angestellte), aus Phasen der Erwerbslosigkeit und Umschulungen. Die Sicherung eigener Arbeitsmarktfähigkeit (→Employability) wird dabei zur Schlüsselaufgabe des Individuums.

Ein solcher „Flickenteppich" wird durch gesellschaftliche und wirtschaftliche Entwicklung ermöglicht und gleichzeitig bedingt und erzwungen. Die Pluralisierung der Lebensformen führt auf der einen Seite zu einem steigenden Bedarf an Optionen für eine individuelle Gestaltung der Berufsverläufe und für ihre Anpassung an die einzelnen Lebensphasen. Patchwork-Biographien sind in diesem Zusammenhang ein individuelles langfristiges Ziel sowie ein erwünschtes Ergebnis solcher Anpassungs- beziehungsweise Vereinbarungsvorgänge (→Work-Life Balance).

Auf der anderen Seite wird jedoch immer häufiger von den Zwängen zu dieser „Flickarbeit" gesprochen. Die Soziologen *Voß* und *Pongratz* (1998) sprechen von einer Fragmentierung der →Erwerbsbiographie: Die Erwerbsverläufe werden aufgrund des schnellen Wandels der Arbeitswelt brüchig, neue Erwerbsstrategien müssen immer wieder gesucht und eigene →Leistungsfähigkeit immer wieder bewiesen werden. Die Flexibilitäts- und Mobilitätsanforderungen, nicht nur in Form eines Berufswechsels oder eines häufigen Wohnortswechsels, greifen tief in die beruflichen Karrierewege, die Lebensläufe und Formen des partnerschaftlichen Zusammenlebens ein. So bedingen Patchwork-Erwerbsbiographien auch die Pluralisierung von Lebensformen (→Individualisierung).

Literatur: *Voß, G. G.; Pongratz, H. J.*: Der Arbeitskraftunternehmer. Eine neue Grundform der Ware Arbeitskraft?, in: Kölner Zeitschrift für Soziologie und Sozialpsychologie, 50. Jg. (1998), H. 2, S. 131–158.

Sonia Hornberger

Patenschaft →Personalentwicklungsmethoden

Patriarchalische Führung

„väterlicher" →Führungsstil, bei dem sich die →Führungskraft gegenüber seinen Mitarbeitern wie ein Familienvater (Patriarch) zu seinen Kindern verhält.

Die patriarchalische Führungskraft ist seinen Mitarbeitern zu Treue und Fürsorge verpflichtet und erwartet von ihnen dafür im Gegenzug Dankbarkeit, →Loyalität und Gehorsam. Entscheidungen werden von der Führungskraft allein getroffen, das heißt sie räumt ihren Mitarbeitern weder die Möglichkeit zur Partizipation bei der Entscheidungsfindung ein, noch delegiert sie Entscheidungen an sie.

Der Leistungsmaßstab zur Beurteilung der Mitarbeiter ist eher von persönlichen Erwartungen und Enttäuschungen geprägt als von objektiven Zielgrößen. Patriarchalische Führung ist vornehmlich in kleinen und mittelständischen Unternehmen anzutreffen. Ihr ohnehin fragwürdiger Erfolg hängt entscheidend davon ab, ob sich die Mitarbeiter in der kindlichen Rolle wieder finden können und diese Art der Führung (→Mitarbeiterführung) akzeptieren.

Literatur: *Staehle, W. H.*: Management, 8. Aufl., München 1999.

Jan Hendrik Fisch

Pauschalvergütung

bei →Mehrarbeit anstelle einer für über die Regelarbeitszeit hinaus geleisteten Arbeitsstunden gewährte Grundvergütung zuzüglich Mehrarbeitszuschlägen.

Bei der Pauschalvergütung wird der üblicherweise bestehende Anfall von Mehrarbeitsleistung (→Arbeitsleistung) geschätzt und in eine pauschale Mehrarbeitsvergütung überführt. Die Zulässigkeit einer Pauschalvergütung hängt von den tariflichen Gegebenheiten ab. Üblicherweise erhält ein →Arbeitnehmer für die Regelarbeitszeit eine Grundvergütung und für darüber hinaus geleistete Arbeitsstunden entsprechende Mehrarbeitszuschläge, die auf der Basis der Grundvergütung in bestimmten Prozentsätzen errechnet werden. Alternativ dazu ist eine pauschale Mehrarbeitsvergütung möglich, aber von den tariflichen Gegebenheiten abhängig. Die Vertragsparteien akzeptieren bei der Notwendigkeit der Mehrarbeit gewisse Schwankungen, und die Risiken können entweder zu Lasten des →Arbeitgebers (bei Unterschreiten der geschätzten Mehrarbeitsleistung) oder zu Lasten des Arbeitnehmers (bei Überschreiten der geschätzten Mehrarbeit) gehen.

Vorteile bestehen in den geringeren Anforderungen an die Messgenauigkeit der tatsächlich erbrachten Mehrarbeit sowie in der Vereinfachung durch Pauschalen anstatt der genauen Berechnung der Überstundenvergütung.

Silvia Föhr

Pausen

bezahlte oder unbezahlte Unterbrechungen der →Arbeitszeit, die zur →Erholung des →Arbeitnehmers dienen sollen, zum Beispiel Frühstückspause und Mittagspause (→Arbeitspausen).

Peer Assessment →Gleichgestelltenbeurteilung

Pensionierung

Eintritt in den beruflichen Ruhestand.

Sind die einschlägigen Voraussetzungen des Sechsten Buchs des Sozialgesetzbuchs erfüllt, beziehen →Arbeitnehmer im Ruhestand eine Rente. Deshalb müsste man in diesem Fall – zumindest in Deutschland – eigentlich von Verrentung sprechen. Die Beamtengesetze sehen, ebenfalls unter genauer spezifizierten Voraussetzungen, eine Pension vor. Folglich können im Wortsinn nur Beamte pensioniert werden. Trotzdem versteht man unter Pensionierung üblicherweise jegliche Form des Eintritts in den Ruhestand.

Unter *gleitender Pensionierung* versteht man dabei das sukzessive Ausscheiden aus dem Erwerbsleben, das im Altersteilzeitgesetz (→Altersteilzeit) geregelt ist. Die *flexible Pensionierung* ist eine →Flexibilisierung der Altersgrenze, die man üblicherweise als →Vorruhestand bezeichnet.

Reiner Bröckermann

Pensionsfonds

Versorgungseinrichtung im Rahmen der →betrieblichen Altersversorgung, die dem →Arbeitnehmer beziehungsweise dessen Hinterbliebenen einen Rechtsanspruch auf eine Versorgungsleistung gewährt.

Der Pensionsfonds unterscheidet sich von der →*Pensionskasse* durch abweichende Anlagevorschriften und Sicherungsvorkehrungen. So besteht die Möglichkeit, Anlagevarianten am Kapitalmarkt in breiter Form als Risikokapital zu nutzen. Das damit verbundene höhere Anlagerisiko wird durch die Beaufsichtigung der Bundesanstalt für Finanzdienstleistungen kontrolliert. Zusätzlich wird diese Variante durch die Mitgliedschaft des Unternehmens im Pensionssicherungsverein auf Gegenseitigkeit (PSVaG) abgesichert (*Hentze* und *Graf* 2005).

Literatur: *Hentze, J.; Graf, A.*: Personalwirtschaftslehre 2, Göttingen 2005.

Silvia Föhr

Pensionskasse

institutionelle Ausgestaltung einer →Betriebsrente im Rahmen der →betrieblichen Altersversorgung, für die zahlreiche Varianten, wie zum Beispiel Ruhegelddirektzusage, Betriebsunterstützungskasse, Pensionskasse, Lebensversicherung oder →Pensionsfonds existieren.

Die Pensionskasse ist eine rechtlich selbständige Institution, die ihren Mitgliedern einen rechtlichen Anspruch auf Leistungen der betrieblichen Altersversorgung gewährt. Die Institution kann als Einzelkasse durch ein Einzelunternehmen oder als Gruppen- oder Konzernkasse von mehreren wirtschaftlich verbundenen oder nicht verbundenen Unternehmen wirken. Zu den Mitgliedern zählen derzeitige oder auch frühere Mitarbeiter des Trägerunternehmens beziehungsweise deren Angehörige.

Grundsätzlich geht es um eine Art Versicherungsgeschäft im Sinne des Versicherungsaufsichtsgesetzes, damit unterliegt es der Versicherungsaufsicht. Die Vorteilhaftigkeit der Pensionskasse im Vergleich zu anderen Durchführungsformen ist im Hinblick auf steuerliche und finanzwirtschaftliche Kriterien aus Arbeitnehmer- und Arbeitgeberperspektive zu prüfen.

Literatur: *Hentze, J.; Graf, A.*: Personalwirtschaftslehre 2, Göttingen 2005, S. 225.

Silvia Föhr

Pensionsrückstellung

für die →betriebliche Altersversorgung traditionell gebildete Rückstellungen, welche die an die ausscheidenden Mitarbeiter voraussichtlich zu zahlenden →Betriebsrenten gewährleisten sollen.

Die Höhe der Pensionsrückstellungen wird mithilfe von versicherungsmathematischen Verfahren berechnet und jährlich an die demographische und wirtschaftliche Entwicklung angepasst. Neben den Pensionsrückstellungen haben sich inzwischen alternative Durchführungsformen der betrieblichen Altersversorgung herauskristallisiert, die eine größere Sicherheit für die beteiligten →Arbeitnehmer vor allem im Hinblick auf das Insolvenzrisiko (→Insolvenz) der Unternehmen bieten, wie zum Beispiel →Pensionsfonds.

Literatur: *Wöhe, G.*: Einführung in die ABWL, 22. Aufl., München 2005, S. 716.

Silvia Föhr

Pensions-Sicherungs-Verein (PSV)

Selbsthilfeeinrichtung der deutschen Wirtschaft, die als Versicherungsverein auf Gegenseitigkeit organisiert ist, zum Zweck der Insolvenzsicherung (→Insolvenz) der →betrieblichen Altersversorgung.

Geschützte Durchführungswege der betrieblichen Altersversorgung sind insoweit der →Pensionsfonds, die Unterstützungskasse und die Direktzusage (unmittelbare Versorgungszusage).

Bei der Direktversicherung besteht Insolvenzschutz, wenn das Bezugsrecht widerruflich ist. Bei einer Direktversicherung mit unwiderruflichem Bezugsrecht besteht Insolvenzschutz, soweit der →Arbeitgeber diese betriebliche Altersversorgung vor Eintritt des Versicherungsfalls durch Abtretung, Beleihung, Verpfändung oder in sonstiger Weise beeinträchtigt hat. Ansonsten bedarf es bei der Direktversicherung mit unwiderruflichem Bezugsrecht einer Insolvenzsicherung nicht. Ebenso wenig bedarf es einer Insolvenzsicherung bei der →Pensionskasse oder öffentlich-rechtlichen Versorgungsträgern, die nicht insolvenzfähig sind, so dass auch insoweit Insolvenzschutz nicht besteht.

Eintrittspflichtig ist der PSV einerseits für laufende Leistungen, die der Arbeitgeber insolvenzbedingt nicht mehr erbringen kann, und weiterhin für unverfallbare Versorgungsanwartschaften. Für eine unverfallbare Versorgungsanwartschaft müssen die Voraussetzungen des § 1b des Gesetzes zur Verbesserung der betrieblichen Altersversorgung (BetrAVG) erfüllt sein (nach jetzigem seit 01.01.2001 geltenden Inhalt: Vollendung des 30. Lebensjahres und Bestehen der Versorgungszusage für mindestens fünf Jahre). Eine zwischen Arbeitgeber und →Arbeitnehmer geschlossene Vereinbarung, nach der ohne die Voraussetzungen des § 1b BetrAVG die Anwartschaft unverfallbar sein soll, löst den Insolvenzschutz nicht aus.

In den neuen Bundesländern greift nach dem Einigungsvertrag der Insolvenzschutz für Zusagen, die nach dem 31.12.1991 erteilt wurden, ansonsten nur, wenn der Arbeitgeber nach diesem Zeitpunkt ausdrücklich eine neue Zusage erteilt.

Friedrich Meyer

People-Centered Management

People-Centered Management stellt den Mitarbeiter als zentralen Faktor für die Wettbewerbsfähigkeit und damit für den Erfolg des Unternehmens in den Mittelpunkt der Führungsmaßnahmen im Unternehmen.

Ziel im People-Centered Management ist es, durch geeignete Rahmenbedingungen und Anreizsysteme die →Motivation und die →Qualifikation der Mitarbeiter ständig weiterzuentwickeln und in neue Produkte und Leistungen umzusetzen. Die wichtigsten *Maßnahmen* im People-Centered Management betreffen die →Personalentwicklung, die Vergütung, aber auch die Schaffung einer →Corporate Identity, um Abwanderung von wichtigen Mitarbeitern zu verhindern. Generell gilt, dass bei diesem Managementansatz eine möglichst individuelle Betreuung der Mitarbeiter stattfindet. Karriere- und Weiterentwicklungspläne bis hin zu einer Betreuung gehören dazu.

Reinhard Meckl

PeopleSoft HRMS

bezeichnet die personalwirtschaftlichen Module des internetbasierten →ERP-Systems der PeopleSoft Inc. (syn.: PeopleSoft Human Capital Management).

Die umfangreichen personalwirtschaftlichen Funktionalitäten beziehen sich auf die Bereiche der →Personalplanung, der Vergütung, der →Personalentwicklung und Weiterbildung (→Fort- und Weiterbildung), der Administration, der Personalabrechnung und der Personalforschung- und -information. Neben den HR-Modulen existieren vielfältige weitere Module in den Bereichen Kundenbeziehungen, Lieferantenbeziehungen oder Finanzmanagement.

PeopleSoft Human Resource Management System (HRMS) ist als →Workflowsystem ausgelegt. Der Zugriff auf die Anwendung erfolgt über ein personalisiertes und rollenbasiertes →HR-Portal, das für Mitarbeiter neben Anwendungen zur Unterstützung ihrer Aufgaben auch personalwirtschaftliche →Selfservice Systeme enthält. Durch zahlreiche Sprach- und Länderversionen ist das System international einsetzbar. Das System wird in über zehn verschiedenen Branchenversionen angeboten. PeopleSoft HRMS bildet heute eines der weltweit bedeutendsten betriebswirtschaftlichen Softwaresysteme.

Nach der Akquisition durch Oracle werden die Funktionalitäten sukzessive in das →Oracle HRMS integriert.

Stefan Strohmeier

Perceptas →Konceptas

Performance Improvement (PI)

→Mitarbeiter-Kompetenz-System

Performance Management-Systeme

Anwendungen zur systematischen Steuerung der individuellen →Arbeitsleistung von Mitarbeitern.

Individuelle Performance Management-Systeme sind zunächst von Corporate Performance Management-Systemen abzugrenzen, die auf ein Management des gesamten Unternehmenserfolgs ausgerichtet sind. Üblicherweise orientieren sich Performance Management-Systeme an der Konzeption des →Management by Objectives; und immer häufiger auch an der →Balanced Scorecard. Im Sinne eines Management by Objectives werden für alle Mitarbeiter Ziele vereinbart, die nach Ablauf eines gewissen Zeitraums zur Basis einer →Leistungsbeurteilung gemacht werden. Zur internen Strukturierung und zur Ausrichtung individueller Ziele an strategischen Vorgaben wird dabei häufig ein an der Balanced Scorecard ausgerichtetes Vorgehen gewählt. Dazu werden zunächst auf Unternehmensebene (strategische) Ziele definiert, die aus mehreren Perspektiven, konventionellerweise die Finanz-, die Kunden-, die Prozess- und die Mitarbeiterperspektive zu betrachten sind. Diese generellen Ziele werden dann – gegebenenfalls in mehreren Zwischenschritten – auf die individuelle Ebene des Mitarbeiters kaskadiert. Die Beurteilung der Zielerreichung findet dann häufig in Form von Einstufungsverfahren statt. Durch die zunehmende Webbasierung von Performance Management-Systemen können auch mehrere räumlich getrennte Beurteiler im Sinne einer →360-Grad-Feedback an der Beurteilung teilnehmen – eine Selbstbeurteilung der betreffenden Person eingeschlossen. Beurteilungsergebnisse können dann in unterschiedlicher Weise ausgegeben werden. Werden mehrere Beurteiler zugelassen, bietet die Beurteilungskomponente teils auch eine Konsolidierungen der erzielten Ergebnisse an. Weiter existiert beispielsweise die

Möglichkeit der Ausgabe von „Zielkarten", die mittels einer Ampelfunktion einen einfachen Überblick über die Zielerreichung von Mitarbeitern oder Organisationseinheiten geben. Ebenso ist es auf Basis der Beurteilungsergebnisse teilweise möglich, automatisiert Beurteilungstexte generieren zu lassen. Umfangreiche Administrationsfunktionen und Workflowunterstützung ermöglichen die Verwaltung und Steuerung des gesamten Beurteilungsprozesses. Beispielsweise kann mittels „Tracking"-Funktionen die tatsächliche Durchführung der Beurteilungen in den Fachabteilungen kontrolliert werden.

Literatur: *Strohmeier, S.*: Informationssysteme im Personalmanagement, 1. Aufl., Wiesbaden 2008.

Stefan Strohmeier

Performance Measurement

Aufbau und Einsatz von Kennzahlen verschiedener Dimensionen, wie Kosten, Zeit, →Qualität, →Innovationsfähigkeit oder Kundenzufriedenheit, zur Beurteilung der Effektivität und Effizienz der Leistung und Leistungspotenziale unterschiedlicher Objekte im Unternehmen (*Gleich* 2001).

Beim Performance Measurement werden zwei Dimensionen unterschieden:

1. *Effizienz*: Bezieht sich auf die Relation zwischen wertmäßigem Output und wertmäßigem Input und dient demnach der Erfassung von Input-Output-Relationen (Kennzahlenbotschaft: „doing the things right").

2. *Effektivität*: Orientiert sich an einer konkreten Zielsetzung und dem jeweiligen Output und kennzeichnet die Erreichung langfristiger Ziele einer →Organisation (Kennzahlenbotschaft: „doing the right things").

Die durch die Definition von Leistungskennzahlen angestrebte Leistungstransparenz im Performance Measurement soll zur Leistungsverbesserung auf allen Leistungsebenen mittels effektiverer Planungs- und Steuerungsabläufe, beitragen. Zusätzlich sollen mit einem Performance Measurement mehr leistungsebenenbezogene und -übergreifende Kommunikationsprozesse (→Kommunikation) und eine erhöhte Mitarbeitermotivation (→Motivation) angeregt sowie zusätzliche Lerneffekte erzeugt werden (*Klingebiel* 1999).

Performance Measurement stellt demnach eine Erweiterung der vorwiegend bereichsbezogenen Sach- und Formalzielplanung dar. Es unterstützt eine anspruchsgruppen- und leistungsebenengerechte Zielformulierung sowie eine bessere Strategieoperationalisierung und -quantifizierung.

Die Vielzahl der seit Anfang der 1990er Jahre entwickelten und angewandten Performance Measurement-Konzepte ist ein Indiz für die Wichtigkeit und Notwendigkeit der grundsätzlichen Neugestaltung der Unternehmenssteuerungskonzepte. Unternehmensspezifische Entwicklungen sind in Deutschland von Unternehmen in unterschiedlichsten Branchen bekannt. Ferner existieren von vielen Unternehmen übernommene Basiskonzepte, wie die →Balanced Scorecard, die Performance Pyramid, das Quantum Performance Measurement-Modell oder die Data-Envelopment-Analysis.

Performance Measurement-Systemen kommt eine wichtige Rolle bei der Entwicklung strategischer Pläne, der Bewertung der organisationsbezogenen Zielerreichungen sowie der Managerentlohnung zu (*Ittner* und *Larcker* 1998).

Literatur: *Gleich, R.*: Das System des Performance Measurement, München 2001. *Ittner, C. D.*; *Larcker, D. F.*: Innovations in Performance Measurement: Trends and Research Implications, in: Journal of Management Accounting Research, 10. Jg. (1998), S. 205–238. *Klingebiel, N.*: Performance Measurement, Wiesbaden 1999.

Klaus Möller

Personal Development Plan

konkrete Abfolge von Qualifizierungsmaßnahmen für einen einzelnen Mitarbeiter, gezielt ausgerichtet auf den spezifischen Entwicklungsbedarf (→Entwicklungsplanung) des Betroffenen (dt.: individueller Entwicklungsplan).

Zum Personal Development Plan zählen beispielsweise Einarbeitungspläne für neue Mitarbeiter (→Personenentwicklung). Die Summe der Personal Development Plans aller Mitarbeiter bilden die Grundlage für die →Personalentwicklungsplanung im Unternehmen.

Laila Maja Hofmann

Personalabbau →Personalfreisetzung

Personalabbauplanung

von der Unternehmensleitung angestrebte Verringerung der Zahl der Mitarbeiter einer →Organisation.

Personalabrechnungssysteme

Abnehmender Personalbedarf und damit die Notwendigkeit des Personalabbaus ist aus organisatorischen Gründen insbesondere dann zu erwarten, wenn durch den Zusammenschluss von Unternehmen (→Mergers & Acquisitions) Synergieeffekte (→Synergie) realisiert werden, wenn Führungsebenen im Rahmen der Enthierarchisierung von →Organisationsstrukturen wegfallen oder reduziert werden, oder wenn durch Maßnahmen der →Reorganisation eine Kostenreduktion zum Beispiel im Verwaltungsbereich angestrebt wird. Ferner gibt es externe Gründe als Auslöser für einen Abbau des Personals, beispielsweise die gesamtwirtschaftliche Entwicklung.

Die Personalabbauplanung hat nach dem *Rationalisierungs-Kuratorium der Deutschen Wirtschaft* (1996) zunächst zum Ziel nach internen Umsetzungsmöglichkeiten für das betroffene Personal zu suchen und →Entlassungen durch Alternativen auf dem Gebiet der betrieblichen Arbeits- und Arbeitszeitgestaltungen und der Qualifikationsplanung entgegen zu wirken. Ist eine Freisetzung (→Personalfreisetzung) unumgänglich, werden in der Regel sozialverträgliche Wege gesucht. Eine Möglichkeit ist zum Beispiel den notwendigen Personalabbau mit →Outplacement zu begleiten, das heißt materielle Absicherung der Betroffenen, Unterstützung bei der Bewältigung psycho-sozialer Konsequenzen des Arbeitsplatzverlusts, Neuorientierung der individuellen Karriere und Unterstützung bei der Suche eines neuen →Arbeitgebers.

Literatur: *Rationalisierungs-Kuratorium der Deutschen Wirtschaft* (Hrsg.): RKW-Handbuch Personalplanung, 3. Aufl., Neuwied 1996.

Yvonne Groening

Personalabrechnungssysteme

Kategorie →personalwirtschaftlicher Anwendungssoftware, die Anwender bei der Lohn- und Gehaltsabrechnung unterstützt.

Die zentrale Aufgabe von Personalabrechnungssystemen besteht in der Ermittlung von Brutto- und Nettoentgelten. Über die reine Abrechnung des Arbeitsentgelts hinaus werden systemspezifisch oft vielfältige weitere, entgeltbeziehungsweise auszahlungsrelevante Sachverhalte einbezogen. Entsprechend können je nach System zusätzlich Entschädigungen, →Abfindungen, Kantinenmahlzeiten, Werkseinkauf, Werkstankstellen, vermögenswirksame Leistungen, Erfindervergütungen, Prämien des betrieblichen Vorschlagswesens, Versorgungsbezüge, Mitarbeiterdarlehen, Pfändungen, Kammerbeiträge, Sonderzahlungen wie etwa Urlaubs- und Weihnachtsgeld, Vorruhestandsregelung (→Vorruhestand), →Altersteilzeit oder Reisekosten abgerechnet werden. Regelmäßig sind alle gängigen Entgeltsysteme wie zeit-, prämien-, akkord- oder provisionsbezogene Entgelte abrechenbar. Die hohe tarifvertragliche Regelungsdichte in Deutschland bedingt die Existenz vielfältiger tarifvertragsspezifischer Personalabrechnungssysteme, die vom Baugewerbe über den öffentlichen Dienst bis hin zur Berechnung der Heuer für Reedereien reichen.

Die Art der Abrechnungsaufgabe erlaubt eine weitgehend automatisierte Durchführung vom Ausdruck von Überweisungsträgern oder der Erstellung von Datenträgern bis hin zum Austausch mit entsprechenden Kreditinstituten. Zur Sicherstellung exakter Abrechnungen sind vor der eigentlichen Abrechnung oft Test- oder Simulationsläufe möglich. Nach erfolgter Abrechnung bestehen häufig Korrektur- und Rückrechnungsmöglichkeiten.

Stefan Strohmeier

Personalabteilung

organisatorische Einheit im Unternehmen, die zentralisierbare personalwirtschaftliche Leistungen erbringt.

Bei den Aufgaben der Personalabteilung lassen sich drei Bereiche unterscheiden:

1. Das →*Personalmanagement* als erster Aufgabenbereich umfasst die gesamte personalwirtschaftliche Planung und damit zusammenhängend die strategischen Personalaufgaben. Die Personalabteilung muss sicherstellen, dass quantitativ und qualitativ die richtigen Humanressourcen (→Human Resources) für die weitere Unternehmensentwicklung bereitstehen. Grundlegende Richtlinien und Maßnahmen müssen von der Personalabteilung vorgegeben werden. Dazu sind die strategischen Personalziele zu formulieren, →Informationen zu beschaffen, personalwirtschaftliche Alternativen zu entwickeln, zu bewerten und auszuwählen. Die gewählte →Personalstrategie ist dann umzusetzen. Dies gilt für alle personalwirtschaftlichen Felder wie zum Beispiel →Personalbeschaffung, →Personalentwicklung oder auch →Personalfreiset-

zung. Gerade im Bereich der strategischen Personalentwicklung besteht die Aufgabe der Personalabteilung darin, die →Leistungsfähigkeit des Personalbestands des Unternehmens zu sichern beziehungsweise weiterzuentwickeln. Neben den strategischen fallen aber auch eine Vielzahl operativer Aufgaben im Sinne von Verwaltungstätigkeiten an. Lohnabrechnung, Urlaubsregelungen, Altersvorsorgepläne bis hin zu →Sozialleistungen müssen verwaltungstechnisch umgesetzt werden, was in vielen Fällen von der Personalabteilung erledigt wird.

2. Die Personalabteilung nimmt *Beratungsaufgaben* wahr, die sich vor allem auf strategische Personalfragen beziehen. Art und Gestaltung von Vergütungssystemen oder die Besetzungsstrategie von Führungspositionen im Ausland sind typische Beratungsthemen. Eine beratende Unterstützung von Linienmanagern (→Einliniensystem) in Fragen der Personalführung (→Mitarbeiterführung) ermöglicht die Umsetzung einer unternehmensweit einheitlichen Personalführungspolitik. Die Beratung bei der →Leistungsbeurteilung oder bei der Ermittlung eines variablen Lohnbestandteils entlastet die Linienmanager und sichert zugleich die Kompatibilität der getroffenen Vereinbarungen mit rechtlichen Vorschriften. Hier spiegelt sich die Aufgabe der Personalabteilung wider, die Beachtung arbeitsrechtlicher Vorschriften im Unternehmen zu gewährleisten. Die Beratung der Mitarbeiter, die keine Leitungsfunktion besetzen, kann zum Beispiel die Weiterentwicklung ihrer Kenntnisse und Fähigkeiten (→Qualifikation), also Maßnahmen der →Personalentwicklung, betreffen bis hin zum privaten Umfeld bei finanziellen oder anderen Problemen. Generell hat die Personalabteilung sicherzustellen, dass ihre „Kunden" im Unternehmen mit Informationen über aktuelle Entwicklungen, die sie betreffen, informiert werden.

3. Des Weiteren kommen *Koordinationsaufgaben* der Personalabteilung hinzu. Die unternehmensweite Abstimmung von personalwirtschaftlichen Maßnahmen zählt hierzu. Die Gespräche zwischen Unternehmensleitung und Mitarbeitervertretung müssen moderiert werden. Auf unterster Ebene zählt die Konfliktlösung auf horizontaler oder vertikaler Ebene ebenfalls zu diesem Aufgabenbereich.

Zur Bewältigung dieser Aufgaben können *Gerpott* (1995) zufolge unterschiedliche organisatorische Strukturierungen gewählt werden. Grundsätzlich ist bei der aufbauorganisatorischen Struktur der Personalabteilung der Grad der →Zentralisierung zu beachten. Einzelne, vielleicht auch wesentliche Teile der Personalabteilung können dezentral bei den betreuten Mitarbeitern sein oder alle Mitarbeiter der Personalabteilung sind zentral an einer Stelle zusammengefasst. Abbildung 1 zeigt die funktionale Abteilungsstruktur als eine mögliche Variante.

Abbildung 1: Funktionale Struktur einer Personalabteilung (*Bühner* 2005, S. 378)

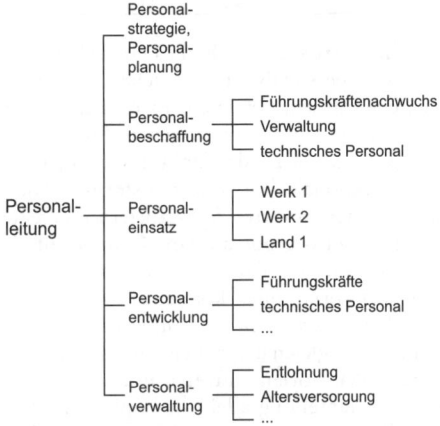

Bei dieser Variante werden für die personalwirtschaftlichen Funktionsfelder eigene Subabteilungen gebildet, die sich wiederum nach unterschiedlichen Kriterien unterteilen. Die Mitarbeiter der Personalabteilung spezialisieren sich dementsprechend auf die jeweilige Funktion und erwerben hier Spezialistenwissen. Eine qualitativ hochwertige und professionelle Erfüllung der einzelnen Aufgaben ist die Folge. Positive Kosteneffekte ergeben sich durch die Zusammenfassung der gleichartigen Arbeiten in einer Abteilung. Die Aufteilung der Aufgaben führt allerdings dazu, dass es für die Mitarbeiter und die anderen Einheiten im Unternehmen keinen Ansprechpartner gibt, der sie in der Breite der personalwirtschaftlichen Themen betreut und ihre Probleme deshalb kennt, sondern dass sie je nach personalwirtschaftlicher Leistung mehrere Ansprechpartner haben. Außerdem besteht die Gefahr, dass bei der in sich geschlossenen Personalabteilung die Optimierung der Methoden und

Personalabteilung

weniger die Beachtung der Kundenwünsche im Zentrum steht. Bürokratisierung und Problemferne können die Folge sein.

Alternativ zu den Funktionen können auch, wie Abbildung 2 zeigt, die verschiedenen Personalgruppen als Gliederungskriterium für die Personalabteilung gewählt werden.

Abbildung 2: Personalgruppenorientierte Struktur einer Personalabteilung (*Hauke* 1992, S. 33)

Für diese Struktur spricht die Unterschiedlichkeit der personalwirtschaftlichen Aufgaben zwischen diesen Gruppen. Es entstehen hier zwar keine aufgabenbezogenen Spezialisierungseffekte wie bei der funktionalen Struktur (→Funktionale Organisationsform). Allerdings treten positive Spezialisierungseffekte bei der Fokussierung auf eine Gruppe auf, da hier bestimmte Teilaufgaben sehr häufig oder nur dort vorkommen können. Problematisch sind Doppelarbeiten, die immer dann entstehen, wenn gleichartige Leistungen bei allen Personalkategorien auftreten und diese in jeder Unterabteilung allein konzipiert werden. Abhilfe kann für diese Bereiche, wie zum Beispiel der Personalentwicklung, durch eine weitere Subabteilung oder auch eine Stabsstelle geschaffen werden, wie in Abbildung 2 durch die gestrichelte Linie angedeutet.

Eine eher dezentral angelegte Struktur findet man bei der Unterteilung der Personalabteilung nach Unternehmensbereichen in Abbildung 3.

Abbildung 3: Bereichsorientierte Struktur einer Personalabteilung (*Bühner* 2005, S. 387)

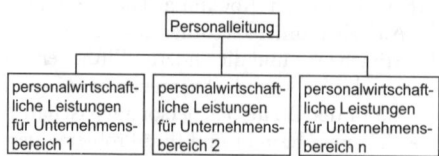

Ist das Unternehmen von seiner Grundstruktur her zum Beispiel divisional gegliedert, so kann sich die Personalabteilung in ihrer Struktur dem anpassen und Subabteilungen für jeden Produktbereich einrichten. Denkbar ist ebenfalls, dass das Unternehmen nach Funktionsfeldern, also zum Beispiel Einkauf, Produktion und Vertrieb, gegliedert ist, was eine nach diesem Kriterium gegliederte Personalabteilung zur Folge hat. Sinnvollerweise sind die Mitarbeiter der Personalabteilung, die für einen bestimmten Unternehmensbereich verantwortlich sind, auch direkt bei diesem Bereich platziert. Das so entstehende Referentensystem sichert eine enge →Kommunikation zwischen den Mitarbeitern und der Personalabteilung, was noch dadurch gefördert wird, dass es hier möglich ist, einen Ansprechpartner für eine Vielzahl von personalwirtschaftlichen Problemen zu benennen. Ähnlich der personalgruppenorientierten Struktur ergibt sich allerdings wieder das Problem der Doppelarbeiten. Hinzu kommt die Gefahr, dass durch die fehlende Spezialisierung die Qualität der Personalarbeit leidet.

Mischformen zwischen den oben beschriebenen Strukturen sind ebenfalls möglich. So können bei entsprechender Größe die Personalabteilungen in einzelnen Unternehmensbereichen bestehen, trotzdem aber zentral Abteilungen zum Beispiel für Personalentwicklung oder Führungskräftevergütung existieren.

Von Bedeutung ist auch das Thema der *Stellung und Anbindung* der Personalabteilung im Unternehmen. In Großunternehmen ist zu beobachten, dass regelmäßig ein Personalvorstand existiert, der zugleich Leiter der Personalabteilung ist. Hier wird die große Bedeutung des Personalthemas deutlich. In kleineren Unternehmen ist die Personalabteilung, die dann häufig auch als Personalbüro bezeichnet wird, meist ein Teilbereich der kaufmännischen Abteilung, da sich rein schon von der Mitarbeiterzahl her eine eigene Abteilung nicht begründen ließe.

Nach der Festlegung der aufbauorganisatorischen Grundstruktur stellt sich die Frage nach der *Größe* der Personalabteilung. Betrachtet man verschiedene empirische Studien, wie zum Beispiel *Hauke* (1992) oder *Krulis-Randa* (1994), so ergibt sich ein Durchschnitt von etwa zehn Mitarbeitern der Personalabteilung auf 1.000 Mitarbeiter im Gesamtunternehmen. Allerdings schwankt die Zahl sehr stark abhängig von der Branche und der Unternehmensgröße. Generell ist aber zu beobachten, dass diese Kennzahl in den letzten Jahren gefallen ist, was erstens auf den generellen Kostendruck in den Unternehmen zurückzuführen ist und zweitens auf verstärkte Outsourcingaktivitäten (→Outsourcing) auch im Personalbereich.

Als generelle Tendenz ist zu beobachten, dass die zentrale, traditionelle Personalabteilung immer mehr an Bedeutung verliert. Mit dem Ziel einer erhöhten →Flexibilität und einer größeren Nähe zu den Mitarbeitern werden Personalabteilungen stärker dezentralisiert. Dies geht bis hin zur *virtuellen* Personalabteilung, bei der im eigentlichen Sinne keine Personalabteilung als abgrenzbare organisatorische Einheit existiert, sondern vielmehr je nach Problemstellung die jeweiligen Experten im Unternehmen aktiviert werden (→Virtuelle Organisationsform). Vermehrt werden personalwirtschaftliche Aufgaben auch an die Linienmanager abgegeben, was zu einem weiteren Bedeutungsverlust der traditionellen Personalabteilung führt.

Literatur: *Bühner, R.*: Personalmanagement, 3. Aufl., München 2005. *Gerpott, T.*: Organisation der betrieblichen Personalarbeit, in: *Berthel, J.*; *Groenewald, H.* (Hrsg.): Handbuch Personalmanagement, Landsberg/Lech 1995. *Hauke, C.*: Personalorganisation, in: *Wagner, D.*; *Zander, E.*; *Hauke, C.* (Hrsg.): Handbuch der Personalleitung, München 1992, S. 29–43. *Krulis-Randa, J.*: Personalbedarf und Personalausstattung der Personalabteilung, in: *Ackermann, K.-F.* (Hrsg.): Reorganisation der Personalabteilung, Stuttgart 1994, S. 187–200.

Reinhard Meckl

Personaladministration →Personalverwaltung

Personalakquisition →Personalbeschaffung

Personalakte

Sammlung von Urkunden, Schriftstücken oder sonstigen Vorgängen, die in Beziehung zu dem Arbeitsverhältnis (→Beschäftigungsverhältnis) stehen und sich insbesondere auf Begründung, Inhalt sowie Fortgang des Arbeitsverhältnisses sowie Leistungen und Führung des →Arbeitnehmers (→Mitarbeiterführung) beziehen.

Der →Arbeitgeber ist nicht verpflichtet, Personalakten zu führen. Die Personalakte ist zum Schutz des Persönlichkeitsrechts des Arbeitnehmers vor dem unbefugten Zugriff Dritter zu schützen. Der Arbeitnehmer hat nach § 83 Abs. 1 →Betriebsverfassungsgesetz (BetrVG), der auch für betriebsratslose Betriebe (→Betriebsrat) gilt, das Recht, ohne besonderen Anlass in die Personalakte Einsicht zu nehmen. Er hat allerdings keinen Anspruch auf Aushändigung etwa in der Weise, dass er sie aus dem Betrieb entfernen darf. Abschriften darf er indes fertigen.

Gemäß § 83 Abs. 2 BetrVG, der ebenfalls nicht das Bestehen eines Betriebsrats voraussetzt, sind Erklärungen des Arbeitnehmers auf sein Verlangen zur Personalakte zu nehmen, zum Beispiel Gegendarstellungen. Wird eine →Abmahnung zu Unrecht ausgesprochen und zur Personalakte genommen, besteht ein Anspruch des Arbeitnehmers gegen den Arbeitgeber auf Entfernung der Abmahnung aus der Personalakte (BAGE 50). Insoweit ist es in der Praxis aus Sicht des Arbeitnehmers jedoch sinnvoller, an Stelle der gerichtlichen Durchsetzung dieses Anspruchs lediglich eine Gegendarstellung abzugeben und die Abmahnung zu einem späteren Zeitpunkt im Rahmen einer →Kündigungsschutzklage gegen eine →verhaltensbedingte Kündigung inzident anzugreifen.

Ansonsten ist hervorzuheben, dass das →Bundesdatenschutzgesetz auch auf das Arbeitsverhältnis Anwendung findet. Eine gesetzliche Aufbewahrungsfrist für die Personalakte nach Beendigung des Arbeitsverhältnisses besteht nicht.

Friedrich Meyer

Personalarbeit →Personalmanagement

Personalarbeit und soziale Umwelt

Querbeziehungen, die sowohl die sozialen Beziehungen zwischen den Mitarbeitern als auch den Bereich der betrieblichen Sozialbeziehungen betreffen.

Die sozialen Beziehungen der Mitarbeiter untereinander werden geprägt von der →sozialen Kompetenz, die auf Seiten der →Führungskräfte, aber auch bei jedem einzelnen Mitarbeiter vorhanden ist. Soziale Kompetenz kann beschrieben werden als die Fähigkeit (→Qualifikation) eines Menschen, mit anderen effizient zu kommunizieren, sich mit anderen in Teams zu koordinieren und →Konflikte produktiv zu lösen. Da die soziale Kompetenz wichtige Auswirkungen auf die Qualität und Effizienz der →Arbeit in den immer stärker vernetzten Abteilungen im Unternehmen hat, ist die Förderung dieser →Qualifikation eine zentrale Aufgabe des →Personalmanagements. So sollte bereits im Rahmen der →Personalauswahl auf diesen Faktor geachtet wer-

Personalaufwand

den. Durch gezielte →Personalentwicklung, die vor allem eine starke teamorientierte Komponente enthält, kann die soziale Kompetenz ebenfalls verbessert werden. →Anreizsysteme, die das gewünschte Sozialverhalten belohnen beziehungsweise fehlende →Kompetenz in diesem Bereich negativ sanktionieren, tragen ebenfalls zu einer Verbesserung dieses Erfolgsfaktors bei.

Der zweite zu betrachtende Bereich, die →*betriebliche Sozialpolitik*, umfasst alle Entscheidungen im Unternehmen, die die Art und die Inhalte der angebotenen →Sozialleistungen betreffen (vgl. für Beispiele und Struktur von Sozialleistungen *Heinze*, 1992). Die Gestaltungsfreiräume in diesem Bereich betreffen im Wesentlichen die nicht gesetzlich geregelten sozialen Leistungsfelder. Als Ziele ergeben sich vor allem Personalakquisitions- und -bindungsüberlegungen. Durch das Angebot zusätzlicher Leistungen aus dem Sozialbereich soll generell die Attraktivität des Unternehmens als →Arbeitgeber gesteigert werden. Historisch gesehen kommen die Sozialleistungen aus Fürsorgeüberlegungen der Unternehmen für ihre Mitarbeiter. Dabei gibt es von der inhaltlichen Gestaltung her vielfältige Möglichkeiten, die von der betrieblichen Altersversorgung, einer →Eigenkapitalbeteiligung am Unternehmen bis hin zu einem Gesundheitsdienst oder einer kostengünstigen Belegschaftsverpflegung reichen. Zu unterscheiden ist dabei zwischen Sozialleistungen, die grundsätzlich allen Mitarbeitern zur Verfügung stehen, und solchen, die nur Einzelnen gewährt werden. In der Unternehmenspraxis häufig zu finden sind →Cafeteria-Systeme. Bei einem gegebenen Gesamtvolumen für Sozialleistungen kann sich der Mitarbeiter aus einer Reihe von Leistungen diejenigen auswählen, die seinen individuellen Bedürfnissen (→Motiv) am ehesten entsprechen.

Literatur: *Heinze, M.*: Betriebliche Sozialeinrichtungen und betriebliche Sozialmaßnahmen, in: *Wagner, D.*; *Zander, E.*; *Hauke, C.* (Hrsg.): Handbuch der Personalleitung, München 1992, S. 309–345.

Reinhard Meckl

Personalaufwand

Teil des Aufwands eines Unternehmens innerhalb der Gewinn- und Verlustrechnung, der für die →Human Resources erbracht wird.

Es gilt der übliche betriebswirtschaftliche Aufwandsbegriff, der den sachzielbezogenen bewerteten Güterverzehr in einer Periode bezeichnet. Nach deutschem Recht ist im HGB eine Vorgabe für die Erfassung des Personalaufwands enthalten:

- Löhne und Gehälter, die alle Vergütungen und Vergütungsbestandteile einschließlich aller Neben- und Sachbezüge umfassen.

- Soziale Abgaben und Aufwendungen für Altersversorgung und für Unterstützung, zu denen laut § 275 Abs. 2 HGB die gesetzlichen Arbeitgeberanteile zur Renten-, Kranken-, Pflege- und Arbeitslosenversicherung sowie gegebenenfalls Beiträge an die →Berufsgenossenschaften zählen.

In der personalwirtschaftlichen Praxis wird neben dieser rechtlichen Definition zwischen Personalbasisaufwand und Personalzusatzaufwand unterschieden (*Hemmer* 1992):

- *Personalbasisaufwand*: Besteht aus Lohnzahlungen, denen eine entsprechende →Arbeitsleistung der →Arbeitnehmer gegenübersteht.

- *Personalzusatzaufwand*: Umfasst den darüber hinausgehenden Aufwand, der aufgrund gesetzlicher, tariflicher oder kollektiv- beziehungsweise individualvertraglicher Verpflichtungen beziehungsweise Vereinbarungen geleistet wird (→Betriebliche Sozialleistungen).

In der Literatur werden Personalaufwand und →Personalkosten aufgrund der Probleme in der Abgrenzbarkeit oft synonym verwendet.

Literatur: *Hemmer, E.*: Personalaufwand, in: *Gaugler, E.*; *Weber, W.*: Handwörterbuch des Personalwesens, 2. Aufl., Stuttgart 1992, S. 1573–1582.

Silvia Föhr

Personalausstattung

Art und Anzahl der einem Betrieb in einem Bezugszeitraum beziehungsweise zu einem -zeitpunkt zur Verfügung stehenden Arbeitskräfte, mit denen das Unternehmen in einer direkten arbeitsvertraglichen Beziehung (→Arbeitsvertrag) steht.

Somit gehören die von einem Betrieb ausgeliehenen Zeitarbeitnehmer, die →Angestellte des Zeitarbeitsunternehmens sind, definitionsgemäß nicht zur Personalausstattung des Betriebs beziehungsweise Unternehmens sondern zu der des Zeitarbeitsunternehmens.

Nach *Kossbiel* (1988) wird zwischen *Niveau* und *Struktur* einer Personalausstattung unterschieden. Bezüglich der Struktur der Personalausstattung kommen exemplarisch (nicht zwingend disjunkte) Differenzierungskriterien wie →Qualifikation, organisatorische Einheiten (wie Abteilungen oder hierarchische Ebenen), Zugehörigkeit zu →Stamm- und →Randbelegschaft, Arbeitszeitmuster (z. B. Teilzeit- bzw. Vollzeitkräfte), Alter oder Geschlecht in Frage. Die Art der Strukturierung sollte dabei immer hinsichtlich des mit den →Daten verbundenen Zwecks erfolgen. So ist zum Beispiel eine Strukturierung nach Altersgruppen nur sinnvoll, wenn der →Altersstruktur in der fallspezifischen →Personalplanung eine Bedeutung zukommt.

Die Personalausstattung unterliegt Eingriffen sowie Einflüssen. Erstere sind bewusste betriebliche Gestaltungsmaßnahmen wie Einstellung (→Personalbeschaffung), Freisetzung (→Personalfreisetzung), Schulung, Versetzung, →Beförderung, Degradierung. Als Einflüsse werden hingegen Veränderungen der Personalausstattung bezeichnet, die sich einer bewussten Gestaltung durch das Unternehmen entziehen. Exemplarisch sind hier arbeitnehmerinitiierte Lernprozesse, →Absentismus, →Fluktuation sowie sonstige Einflüsse wie Pensionierung oder Tod zu nennen. Sowohl Eingriffe als auch Einflüsse wirken sich auf Niveau und/oder Struktur einer Personalausstattung aus.

Eine Personalausstattung lässt sich, wie Abbildung 1 zeigt, – je nach dem betrachteten Kontext – anhand von grundlegenden Eigenschaften beurteilen beziehungsweise charakterisieren.

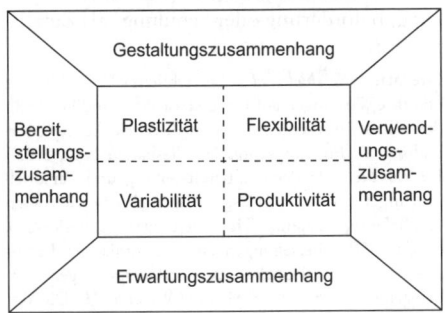

Abbildung 1: Eigenschaften von Personalausstattungen (*Kossbiel* 1997, S. 7)

Die *Plastizität* thematisiert die aktive Formbarkeit einer Personalausstattung durch betriebliche Dispositionen. Sie ist nach *Kossbiel* (1997, S. 5) „ein Merkmalssyndrom dafür, wie leicht und wie schnell Veränderungen einer Personalausstattung durch betriebliche Maßnahmen wie Freisetzung, Versetzung, Beförderung, Degradierung, Wechsel des Beschäftigtenstatus oder Schulung herbeigeführt werden können.". Man kann zwischen einer Niveau- und einer Strukturplastizität unterscheiden:

- Die *Niveauplastizität* ist hoch, wenn der Betrieb in hohem Maße über die Möglichkeit verfügt, die Personalausstattung vom Umfang her zu reduzieren (z. B. durch Freisetzung). Niveauplastizität und Beschäftigungssicherheit sind negativ miteinander korreliert: Ein hohes Maß an Beschäftigungssicherheit für die Arbeitskräfte geht mit einer niedrigen Niveauplastizität für das Unternehmen einher und vice versa.

- Die *Strukturplastizität* bezieht sich auf die Möglichkeit, Veränderungen der Personalstruktur vorzunehmen (z. B. durch Schulung oder Versetzung).

Die *Variabilität* bezieht sich auf die einer Personalausstattung inhärente Veränderungstendenz. Hier stehen keine aktiven Eingriffe seitens des Unternehmens im Blickpunkt sondern Einflüsse zum Beispiel aufgrund von selbständigen Weiterbildungsaktivitäten des Personals (Strukturvariabilität) oder Absentismus und Fluktuation (Niveauvariabilität).

Neben den zuvor genannten Merkmalen, die den Entstehungszusammenhang betreffen, sind bezüglich des Verwendungszusammenhangs die →Flexibilität und die Produktivität (→Arbeitsproduktivität) zu erwähnen:

- Die *Flexibilität* betrifft laut *Kossbiel* (1986) die funktionale, lokale und temporale Anpassbarkeit einer Personalausstattung an Veränderungen der Umsysteme. Sie macht somit Angaben über potenziell mit einer gegebenen Personalausstattung zu deckende Kombinationen von Personalbedarfen.

- Die *Produktivität* thematisiert die Ergiebigkeit des Personaleinsatzes, die zum Beispiel durch Anreizsysteme gesteigert werden kann.

Die Personalausstattung einer Periode (PA_t) ermittelt sich im Rahmen einer Personalausstattungsberechnung über die Personalfortschreibungsgleichung (auch Personalskontration), welche die Personalausstattung der Vor-

Personalausstattung

periode (PA_{t-1}) sowie die zwischenzeitlichen Zugänge (Z_t) und Abgänge (A_t) enthält:

$$PA_t = PA_{t-1} + Z_t - A_t$$

Dabei sind gemäß den oben skizzierten strukturellen Differenzierungskriterien – je nach den hinter der Personalausstattungsermittlung stehenden Zielen – entsprechende Differenzierungen möglich. So kann zum Beispiel die Personalausstattung an Diplom-Kaufleuten im mittleren Management des Produktionsbereichs zu ermitteln sein. Dabei können die erwähnten Eingriffe in Form von Schulung, Versetzung, Beförderung und Degradierung je nach Perspektive sowohl einen Zu- als auch einen Abgang darstellen. Die Schulung beispielsweise ist durch eine Änderung der Qualifikation gekennzeichnet. Sie stellt nach ihrer erfolgreichen Beendigung aus Sicht der abgebenden (ursprünglichen) Qualifikation einen Abgang, hinsichtlich der aufnehmenden Qualifikation jedoch einen Zugang dar. Analog lässt sich auch im Falle der Versetzung oder der Beförderung und Degradierung argumentieren. Hierbei ist nach *Kossbiel* (1986) zwischen abgebender Abteilung beziehungsweise hierarchischer Ebene und aufnehmender Abteilung beziehungsweise hierarchischer Ebene zu unterscheiden.

Neben der Berechnung existieren *Schätzmodelle* zur Bestimmung der Entwicklung einer Personalausstattung. Als prominenter Vertreter solcher Schätzmodelle sind gemäß *Wächter* (1974) die *Markoff-Ketten* zur Personalausstattungsprognose zu nennen. Diese basieren laut *Kossbiel* (1988) allgemein auf folgenden Annahmen:

- Die Zustände lassen sich in einer Folge von Zeitpunkten betrachten (*diskreter Zufallsprozess*).
- Die Zahl der Zustände ist endlich (*endlicher Zufallsprozess*).
- Der Zustand in dem sich ein Element zu Beginn der Periode t befindet, ist ausschließlich abhängig von dem Zustand, in dem sich das Element zu Beginn der Vorperiode ($t-1$) befunden hat (*Markoffscher Prozess*).

Bezüglich der Anwendung der Markoff-Ketten auf die Personalausstattungsprognose wird davon ausgegangen, dass das Unternehmen über Aufzeichnungen der Personalbewegungen der Vergangenheit verfügt. Diese →Informationen werden in der Matrix der Übergangswahrscheinlichkeiten ($[P]$) dargestellt, die Informationen über die Wahrscheinlichkeiten (p_{ij}) enthält, mit der Arbeitskräfte jeweils von der Gruppe (i) (definiert z. B. über Abteilungen oder Qualifikation) am Ende einer Periode zur Gruppe (j) wechseln. $[P]$ ist wie folgt definiert:

$$[P] = \begin{bmatrix} p_{11} & \cdots & p_{1j} & \cdots & p_{1J} \\ \vdots & & \vdots & & \vdots \\ p_{i1} & \cdots & p_{ij} & \cdots & p_{iJ} \\ \vdots & & \vdots & & \vdots \\ p_{I1} & \cdots & p_{Ij} & \cdots & p_{IJ} \end{bmatrix}$$

für i=j gibt die Verbleibenswahrscheinlichkeit einer Arbeitskraft auf der Position i an.

$$1 - \sum_{j=1}^{J} p_{ij}$$

ist die Wahrscheinlichkeit des Ausscheidens eines Mitarbeiters auf Position i im Laufe einer Periode.

Die Personalausstattung der Periode t (als Vektor $\overline{PA_t}$) ergibt sich unter Einwirkung des Markoffschen Prozess gemäß:

$$\overline{PA_t} = \overline{PA_{t-1}} \cdot [P]$$

Diese einfache Grundformel kann auf vielfache Weise erweitert und umgeformt werden (Einbeziehung von Rekrutierungsvektor oder Ermittlung einer Gleichgewichtsausstattung). Die Kritik an der Verwendung von Markoff-Ketten bei der Personalausstattungsschätzung richtet sich unter anderem gegen die Betrachtung von unternehmensseitig induzierten Zustandsänderungen (wie z. B. Versetzung, Beförderung oder Schulung) als Zufallsprozess.

Literatur: *Kossbiel, H.*: Betriebliche Weiterbildung und ihre Wirkungen auf Personalstruktur und Personalflexibilität, in: *Gaugler, E.* (Hrsg.): Betriebliche Weiterbildung als Führungsaufgabe, Wiesbaden 1986, S. 85–119. *Kossbiel, H.*: Personalbereitstellung und Personalführung, in: *Jacob, H.* (Hrsg.): Allgemeine Betriebswirtschaftslehre, 5. Aufl., Wiesbaden 1988, S. 1045–1253. *Kossbiel, H.*: Überlegungen zur ökonomischen Legitimierbarkeit betrieblicher Personalausstattungen, Arbeitspapier, Frankfurt a. M. 1997. *Wächter, H.*: Die Verwendung von Markov-Ketten in der Personalplanung, in: Zeitschrift für Betriebswirtschaft, 44. Jg. (1974), H. 4, S. 243–254.

Thomas Bürkle

Personalauswahl

Selektion des „richtigen" Bewerbers zur externen oder internen Besetzung einer offenen →Stelle in der Situation der →Personalbeschaffung beziehungsweise – etwa bei der Zusammenstellung einer Projektgruppe – Identifikation der für eine bestimmte Tätigkeit oder Verwendung geeigneten Person in der Situation der →Personaleinsatzplanung.

Personalauswahl kann sich also grundsätzlich sowohl auf potenzielle als auch auf aktuelle Mitarbeiter eines Unternehmens beziehen.

Im sachlogischen und zeitlichen Ablauf sind der Personalauswahl damit

- zunächst die Ermittlung des Personalbedarfs (→Personalbedarfsbestimmungsmethode),
- sodann die Klärung der adäquaten Personalbeschaffungsmethode (→Personalbeschaffungsplanung)

vorgeschaltet. Um die geeignete Person aus einem unternehmensexternen oder -internen Bewerberkreis zu identifizieren, ist der Auswahlprozess hinsichtlich der relevanten Auswahlkriterien und der →Auswahlverfahren zu konkretisieren.

- *Auswahlkriterien*: Beschreiben die spezifischen Einstellungsvoraussetzungen des Unternehmens unter fachlichen, persönlichen und sozialen Gesichtspunkten. Die fachlichen Kriterien werden üblicherweise aus den jeweiligen Stellenanforderungen abgeleitet, wobei etwa Stellenbeschreibungen als Grundlage zur qualifikationsbezogenen Formulierung von Anforderungsprofilen dienen.
- *Auswahlverfahren*: Dienen der Eignungsprüfung eines Kandidaten (→Eignung). Die Verfahren reichen von der Prüfung und Auswertung der Bewerbungsunterlagen, Telefoninterviews und persönlichen (freien, teil- oder vollstrukturierten) →Vorstellungsgesprächen sowie Arbeitsproben bis hin zu psychologischen Eignungstests, die verstärkt auch tätigkeitsübergreifende Aspekte, persönliche Interessen und Werthaltungen berücksichtigen (*Schuler* 2000); bei innerbetrieblichen Stellenbesetzungen kommen häufig noch Personalbeurteilungen hinzu. Eine – allerdings nicht unproblematische – Standardisierung der Bewerbervorselektion kann unter Zuhilfenahme multimedialer Systeme erfolgen, indem beispielsweise internetbasierte Online-Formulare zum Einsatz kommen, die durch entsprechende „k.o."-Kriterien hinterlegt sind und im Extremfall zu sofortigen Absagen oder Einladungen zum Einstellungsgespräch führen (*Scholz* 2000). Um kostspielige Fehlbesetzungen zu vermeiden, werden gerade bei der Besetzung von Führungspositionen häufig mehrtägige und umfassende Auswahlverfahren – →*Assessment Centers* – durchgeführt.

Der Abgleich des Fähigkeitsprofils eines Kandidaten mit dem →Anforderungsprofil einer Stelle ergibt dann ein *spezifisches* →*Eignungsprofil*, das eine Personalauswahlentscheidung erlaubt. Diese erfolgt üblicherweise unter Einbindung der betroffenen Fachabteilung, der →Personalabteilung und des Betriebsrats. Gerade bei der externen Stellenbesetzung wird vielfach außerdem auch auf die Dienstleistungen von *Personalberatungen* zurückgegriffen.

Eine besondere Herausforderung für die Personalauswahlaktivitäten von Unternehmen resultiert aus dem im Sommer 2006 in Deutschland neu in Kraft getretenen *Allgemeinen Gleichbehandlungsgesetz* (AGG). Um Diskriminierungen in der Arbeitswelt zu verhindern, verbietet das AGG eine Benachteiligung von Bewerbern „aus Gründen der Rasse oder wegen der ethnischen Herkunft, des Geschlechts, der Religion oder Weltanschauung, einer Behinderung, des Alters oder der sexuellen Identität" (§ 1 AGG). Damit dürfen Bewerber wegen dieser Diskriminierungskriterien nicht benachteiligt werden.

Hieraus resultiert für Unternehmen ein erheblicher bürokratischer Mehraufwand, um sich vor möglichen Schadenersatzforderungen wegen Benachteiligungen im Sinne des AGG bei der Personalauswahl zu schützen. Liegen Indizien vor, die eine Benachteiligung aufgrund eines der im Gesetz genannten Diskriminierungsmerkmale belegen, kommt es zur Umkehrung der Beweislast – und das Unternehmen muss belegen, dass die konkrete Ungleichbehandlung zulässig war. Die Erhöhung der Rechtssicherheit bei der Personalauswahl, die Vorbeugung von Rechtsstreitigkeiten sowie die Verbesserung der eigenen Position in möglichen Gerichtsverfahren erfordern damit eine benachteiligungsfreie, rechtssicher dokumentierte und objektive Personalauswahl.

Dies formal sicherzustellen, bedeutet ein erhebliches Maß an Mehraufwand und -kosten für die Unternehmen.

Literatur: *Scholz, C.*: Personalmanagement, 5. Aufl., München 2000. *Schuler, H.*: Psychologische Personalauswahl, 3. Aufl., Göttingen 2000.

Roman Bechtel

Personalauswahlcontrolling →Controlling der Personalauswahl

Personalbedarfsbestimmungsmethode

Berechnungs- und Schätzverfahren zur Bestimmung des Personalbedarfs.

Die Berechnungsverfahren basieren auf dem Prinzip, dass die von den Arbeitskräften zur Verfügung gestellte Zeit der zur Erfüllung der betrieblichen Prozesse benötigten Zeit entsprechen soll. Im Rahmen der Grundgleichung zur Bestimmung des Personalbedarfs (PB) werden laut *Kossbiel* (2002) die →Bedarfsdeterminanten wie folgt zueinander in Beziehung gesetzt:

$$PB = \frac{\left[\frac{AE}{P}\right] \cdot \left[\frac{AZ}{AE}\right]}{\left[\frac{AZ}{AK \cdot P}\right]}$$

mit

$\frac{AE}{P}$ = Aufgabeneinheiten (AE) pro Periode (P) (Leistungsprogramm)

$\frac{AZ}{AE}$ = Arbeitszeit (AZ) pro Aufgabeneinheit (AE) (Arbeitskoeffizient)

$\frac{AZ}{AK \cdot P}$ = Arbeitszeit (AZ) pro Arbeitskraft (AK) und Periode (P)

Verwendet man die Produktivität (→Arbeitsproduktivität) (AE/AZ) anstelle des Arbeitskoeffizienten, dann ergibt sich folgende Modifikation der obigen Grundgleichung:

$$PB = \frac{\left[\frac{AE}{P}\right]}{\left[\frac{AE}{AZ}\right] \cdot \left[\frac{AZ}{AK \cdot P}\right]}$$

In der Literatur existiert eine Fülle von Gleichungen zur Berechnung des Personalbedarfs, die sich jedoch alle auf die Grundgleichung zurückführen lassen. Exemplarisch ist hierbei auf die Formel zur Bestimmung des kurzfristigen Personalbedarfs von *Rosenkranz* (1968) (→Rosenkranz-Formel) und die Formel zur Bestimmung des langfristigen Personalbedarfs von *Doeringer et al.* (1972) zu verweisen.

Bei der Berechnung des Personalbedarfs lassen sich laut *Franke* (1977) ein aufgaben- und ein stellenbezogener Personalbedarf unterscheiden:

Der *aufgabenbezogene Personalbedarf* gibt die benötigten Arbeitskräfte an, die zur Erledigung des Aufgabenumfangs einer Aufgabenart erforderlich sind (z. B. Zahl der benötigten Arbeitskräfte für das Schreiben von Briefen). Bei der Ermittlung *stellenbezogener Personalbedarfe* ist zu berücksichtigen, dass →Stellen Aufgabenkomplexe darstellen. Der stellenbezogene Personalbedarf wird damit wesentlich über den Anteil des Gesamtumfangs der jeweiligen Aufgaben, die der betrachteten Stellenart zugewiesen werden, bestimmt. Bezeichnet man den Anteil des Gesamtumfangs (A) einer Aufgabe (k), der einer Stellenart (i) zugewiesen wird mit y_{ki}, so ergibt sich der stellenspezifische Personalbedarf (PB_i) wie folgt:

$$PB_i = \sum_{k \in K_i} \frac{A_k \cdot t_{ki}}{T} \cdot y_{ki}$$

mit

A_k = Leistungsprogramm

t_{ki} = stellen- und aufgabenbezogener Arbeitskoeffizient

T = Arbeitszeit pro Arbeitskraft und Periode

K_i = Menge der Aufgabenarten k, die auf der betrachteten Stelle der Art i prinzipiell bearbeitet werden können.

Bei der Verteilung der Aufgaben auf Stellenarten ist im Rahmen der simultanen Personal- und Organisationsplanung zu gewährleisten, dass die Aufgaben insgesamt in vollem Umfang den Stellenarten zugewiesen werden, also

$$\sum_{i \in I_k} y_{ki} = 1 \cdot \forall \cdot k$$

gilt. Dabei gibt I_k die Menge der Stellenarten an, auf denen eine Aufgabe der Art k prinzipiell bearbeitet werden kann.

Neben den Berechnungsverfahren gibt es auch Schätzverfahren zur Bestimmung des Personalbedarfs. Diesbezüglich lassen sich exemplarisch folgende Verfahren anführen:

- *Trendextrapolation*: Die Personalbedarfsentwicklung, die in der Vergangenheit beobachtet wurde, wird in die Zukunft fortgeschrieben. Methodisch kommt hierbei die statistische Regressionsrechnung zum Tragen.
- *Indirekte Trendextrapolation*: Der Unterschied zur oben angeführten Trendextrapolation liegt darin, dass der Personalbedarf nicht in seiner Entwicklung über die Zeit betrachtet, sondern mit der Umsatzentwicklung korreliert wird. Es erfolgt somit eine Schätzung über den Umsatz.
- *Analogieschluss*: Sind sich zwei Objekte (z. B. Supermarktfilialen) bezüglich n Merkmalen einander ähnlich (z. B. Lage, Größe), dann wird unterstellt, dass sich die Objekte auch hinsichtlich des $n+1$-ten Merkmals (Personalbedarf) einander gleichen.
- *Indikatormethode*: Versuch, von einer Leitgröße (Indikator) auf den Personalbedarf zu schließen. Dabei wird in Abgrenzung zur indirekten Trendextrapolation eine Größe verwendet, die zur Personalbedarfsentwicklung einen zeitlichen Vorlauf hat (z. B. der Auftragsbestand).

Literatur: *Doeringer, P.B.; Piore, M.J.; Scoville, J.G.*: Corporate Manpower Forecasting, in: *Burack, E.H.; Walker, J.W.* (Hrsg.): Manpower Planning and Programming, Boston 1972, S. 111–120. *Franke, G.*: Stellen- und Personalbedarfsplanung, Opladen 1977. *Kossbiel, H.*: Personalwirtschaft, in: *Bea, F.X.; Dichtl, E.; Schweitzer, M.* (Hrsg.): Allgemeine Betriebswirtschaftslehre, Bd. 3, 8. Aufl., Stuttgart 2002, S. 467–553. *von Rosenkranz, R.*: Personalbedarfsrechnung in Bürobetrieben, in: Das rationelle Büro, 19. Jg. (1968), H. 12, S. 16–22.

Thomas Bürkle

Personalbedarfsdeckung →Personalbereitstellung

Personalbedarfsplanung

Festlegung abgeleiteter quantitativer, qualitativer, örtlicher und zeitlicher Bedarfe.

Die Personalbedarfsplanung ist ausschlaggebend für die anderen Teilplanungen, die der Deckung der ermittelten Personalbedarfe dienen.

Unabhängig von den zur Bedarfsplanung eingesetzten Methoden und/oder Instrumenten,

von dem zugrunde gelegten kurz-, mittel- oder langfristigen Planungshorizont sowie von dem Bezug auf das Gesamtunternehmen oder auf Teilbereiche lässt sich die Personalbedarfsplanung nach dem *Rationalisierungs-Kuratorium der Deutschen Wirtschaft* (1996) grundsätzlich in die Schritte

– Festlegung des Brutto-Personalbedarfs,

– Ermittlung des zukünftigen Personalbestands und

– Bestimmung des Netto-Personalbedarfs

einteilen. In einem ersten Schritt wird die gesamte künftige →Arbeitszeit ermittelt, die erforderlich ist, um die geplanten Absatzmengen oder Dienstleistungen zu erbringen. Anschließend wird die Entwicklung des Personalbestands abgeschätzt, indem die zu erwartenden Abgänge (aus →Kündigung, Altersruhestand, Wehrdienst oder →Mutterschutz) und die zu erwartenden Zugänge (zum Planungszeitpunkt bereits feststehende Neueinstellungen (→Personalbeschaffung) oder zurückkehrende Mitarbeiter aus →Beurlaubungen bspw. durch →Erziehungsurlaub berücksichtigt werden. Aus dem sich anschließenden Abgleich des Brutto-Personalbedarfs mit dem künftigen Personalbestand (Schritt 3) ergibt sich ein positiver oder negativer Netto-Personalbedarf, der wiederum der Ausgangspunkt für die →Personalbeschaffungsplanung oder die →Personalabbauplanung ist.

Literatur: *Rationalisierungs-Kuratorium der Deutschen Wirtschaft* (Hrsg.): RKW-Handbuch Personalplanung, 3. Aufl., Neuwied 1996.

Yvonne Groening

Personalbedarfsplanungssysteme

Kategorie →personalwirtschaftlicher Anwendungssoftware, die Anwender bei der Festlegung künftiger qualitativer, quantitativer, zeitlicher und örtlicher Personalbedarfe unterstützt.

Die →Methodenbankkomponenten dieser Systeme weisen heterogene Ausgestaltungen auf. So findet etwa die Stellenplanmethode durch verschiedene statistische Verfahren wie die Trendextrapolation und die Kennzahlenmethode Verwendung. Für den produzierenden Bereich finden sich auch Systeme mit arbeitswissenschaftlichen Methoden. Oft wird Bedarf auch durch den Import von Plandaten beziehungsweise planungsrelevanten Daten aus anderen administrativen oder dispositiven Systemen geplant, teilweise unter Anwendung innovativer Methoden wie zum Beispiel der Mustererkennung. Meist werden Planungs- und Abfrageergebnisse grafisch aufbereitet.

Planungshorizonte und Planungszeiteinheiten reichen von der minutengenauen bis hin zur mehrjährigen →Personalbedarfsplanung. Häufig weist eine Personalbedarfsplanungssoftware den Charakter eines →entscheidungsunterstützenden Systems auf. Durch Kontroll- und Informationsfunktionen öffnet sich diese Kategorie prinzipiell auch in Richtung Personalbedarfscontrolling.

Stefan Strohmeier

Personalbedarfsschätzung →Personalbedarfsbestimmungsmethode

Personalbereitstellung

Maßnahmenkomplex, der auf die Lösung personalwirtschaftlicher Verfügbarkeitsprobleme ausgerichtet ist (syn.: Personalpotenzialdisposition).

Ziel gemäß *Schoenfeld* (1970) ist es, sicherzustellen, dass Personal in ausreichender Menge, mit der erforderlichen →Qualifikation, zur richtigen Zeit am richtigen Ort verfügbar ist. Diesbezüglich umfasst gemäß *Kossbiel* (1988) die Personalbereitstellung Maßnahmen, die auf die →Personalausstattung und den Personaleinsatz (→Personaleinsatzplanung) gerichtet sind. Elementare Einzelmaßnahmen zur Beeinflussung von Umfang und Struktur der Personalausstattung sind die

– →Personalbeschaffung und →Personalfreisetzung,

– Personalschulung,

– Personalversetzung sowie

– Degradierung und →Beförderung.

Der Personaleinsatz erfüllt im Rahmen der Personalbereitstellung eine Bindegliedfunktion zwischen Personalbedarf und -ausstattung, da das verfügbare Personal durch den Personaleinsatz konkreten Aufgaben oder →Stellen (von denen der Personalbedarf ausgeht) zugewiesen wird.

Zentraler Inhalt der Personalbereitstellung ist die optimale Abstimmung der drei Problembereiche *Personalbedarf*, *Personaleinsatz* und *Personalausstattung* unter Berücksichtigung der für den Personalbereich geltenden Restriktionen und der bestehenden →Interdependenzen zu anderen organisationalen Funktionsbereichen.

Eine →Personalplanung erfolgt laut *Mag* (1986) häufig unter simultaner Betrachtung der Organisations-, der Produktionsprogramm- und der Investitionsplanung. Die Personalbereitstellung ist diesbezüglich auf die Generierung eines optimalen Personaleinsatzplans ausgerichtet. Grundvoraussetzung dafür ist jedoch ein zulässiger Personaleinsatzplan. Diese Forderung wird nach *Kossbiel* (2002) im Rahmen des Modellkerns der Personalplanung erhoben: Ein Personaleinsatzplan ist dann zulässig, wenn alle Personalbedarfe durch den entsprechenden Einsatz ausreichend qualifizierter Arbeitskräfte gedeckt werden (Abstimmung zwischen Personalbedarf und -einsatz) und zugleich sichergestellt ist, dass nicht mehr Arbeitskräfte eingesetzt werden, als dem Unternehmen zur Verfügung stehen (Abstimmung zwischen Personaleinsatz und -ausstattung). Die →Personaleinsatzplanung, die dem Betrieb zur Verfügung stehenden Arbeitskräfte Stellen oder Aufgaben zuordnet, muss dabei neben dem Einsatz im Leistungsprozess noch alternative Einsatzformen berücksichtigen. So können Arbeitskräfte auch an andere Unternehmen verliehen werden (dies kommt z. B. in der Werftindustrie vor) oder in Schulungen (Off-the-Job) geschickt werden. Die Sicherstellung eines zulässigen Einsatzplans lässt sich in Modellen der Personalplanung im Restriktionenraum formal gemäß *Kossbiel* (1988) durch den expliziten oder den impliziten Ansatz der Personalplanung sicherstellen. Im Rahmen des expliziten Ansatzes ist zu fordern, dass folgende Restriktionenklassen erfüllt sind:

– Abstimmung zwischen Personalbedarf und Personaleinsatz:

$$PB_q = \sum_{r \in R_q} PE_{rq} \qquad \forall\, q$$

– Abstimmung zwischen Personaleinsatz und Personalausstattung:

$$PA_r \geq \sum_{q \in Q_r} PE_{rq} \qquad \forall\, r$$

mit

PB_q = Personalbedarf für die Tätigkeit q

PA_r = Personalausstattung an Arbeitskräften der Qualifikation r

PE_{rq} = Personaleinsatz von Arbeitskräften der Qualifikation r für die Tätigkeit q

R_q = Bereitstellungsspektrum (Menge der Qualifikationen r, die zur Erledigung einer Tätigkeit der Art q herangezogen werden können).

Q_r = Verwendungsspektrum (Menge der Tätigkeiten q zu denen eine Arbeitskraft der Qualifikation r herangezogen werden kann).

Alternativ zu dem obigen so genannten expliziten Ansatz im Rahmen des personalwirtschaftlichen Modellkerns lässt sich *Kossbiel* (1988) gemäß die Generierung eines zulässigen Einsatzplans auch durch den impliziten Ansatz der Personalplanung fordern, der auf eine explizite Ausweisung des Personaleinsatzes verzichtet:

$$\sum_{q \in \tilde{Q}} PB_q \leq \sum_{r \in \bigcup_{q \in \tilde{Q}} R_q} PA_r \quad \forall \tilde{Q} \in \{\varrho(\overline{Q})/\{-\}\}$$

mit

$\varrho(Q)$ = Potenzmenge der Menge der Qualifikationen

Eine Einhaltung der Restriktionen im Rahmen des impliziten Ansatzes bedeutet zugleich, dass es mindestens eine zulässige Belegung der Personaleinsatzvariablen gibt, die alle Restriktionen des expliziten Ansatzes erfüllen. Vielfach existieren mehrere zulässige Personaleinsatzpläne. In diesem Falle ist jener Personaleinsatzplan zu realisieren, der die ökonomischen Zielsetzungen, die in der Zielfunktion zum Ausdruck kommen, auf bestmöglichem Niveau realisiert (z. B. Minimierung der Lohnkosten). Dies ist der optimale Personaleinsatzplan.

Eine grundlegende Differenzierung von Entscheidungsmodellen im Bereich der Personalpotenzialdisposition von *Kossbiel* (1988) orientiert sich am Personalbedarf (*PB*) sowie an den Bereitstellungsgrößen Personalausstattung (*PA*) und Personaleinsatz (*PE*). Dabei werden Entscheidungsmodelle, wie in Übersicht 1 gezeigt, anhand der jeweils als gegeben (dunkle Felder) beziehungsweise als gesucht (helle Felder) zu betrachtenden Größe (*n*) differenziert:

Übersicht 1: Personalausstattung (*Kossbiel* 2002, S. 507)

Modelltyp	Bereich		
	PB	PE	PA
reine Personaleinsatzplanung		X	X
reine Personalbereitstellungsplanung	X		
reine Personalverwendungsplanung			X
simultane Personalplanung			

Die (reine) Personaleinsatzplanung geht von einer gegebenen Personalausstattung und einem gegebenen Personalbedarf aus. Gesucht ist bei dieser Modellklasse die optimale Zuordnung von Arbeitskräften auf Stellen beziehungsweise zu Aufgaben. Bei der reinen Personalbereitstellungsplanung ist der Personalbedarf gegeben und der Betrieb hat über die optimale Personalausstattung und den optimalen Personaleinsatz zu befinden. Bei der Personalverwendungsplanung wird von einer gegebenen Personalausstattung ausgegangen. Es werden in diesem Fall Überlegungen hinsichtlich einer optimalen Verwendung angestellt. Die optimale Verwendung umfasst zum Beispiel Fragen hinsichtlich Art und Umfang des zu erstellenden Leistungsprogramms. Bei der simultanen Personalplanung, die vor allem im Falle einer Betriebs- oder Unternehmensneugründung relevant ist, werden alle drei Größen simultan geplant. Beispiele hierfür sind die simultane Personal- und Produktionsprogrammplanung und die simultane Personal- und Organisationsplanung.

Literatur: *Kossbiel, H.*: Personalbereitstellung und Personalführung, in: *Jacob, H.* (Hrsg.): Allgemeine Betriebswirtschaftslehre, 5. Aufl., Wiesbaden 1988, S. 1045–1253. *Kossbiel, H.*: Personalwirtschaft, in: *Bea, F. X.; Dichtl, E.; Schweitzer, M.* (Hrsg.): Allgemeine Betriebswirtschaftslehre, Bd. 3, 8. Aufl., Stuttgart 2002, S. 467–553. *Mag, W.*: Einführung in die betriebliche Personalplanung, Darmstadt 1986. *Schoenfeld, H. M.*: Personalplanung, in: *Fuchs, J.; Schwantag, K.* (Hrsg.): AG-PLAN-Handbuch zur Unternehmensplanung, Berlin 1970.

Thomas Bürkle

Personalbericht

dient insbesondere Großunternehmen, aber auch mittelständischen Betrieben (→ Mittelstand) und Kommunalverwaltungen zur frei-

Personalbericht

willigen, häufig externen Berichterstattung über ihr Personal und ihr →Personalmanagement.

Der übergeordnete *Zweck* eines Personalberichtes, bisweilen auch als Personalbilanz oder Personal- und Sozialbericht bezeichnet, ist die Darstellung der personellen und personalwirtschaftlichen Leistungsfähigkeit einer →Organisation. Als Kommunikationsinstrument konzipiert, spricht ein solcher Bericht unterschiedliche Zielgruppen an: neben Mitarbeitern, Management und →Betriebsräten als internen →Gruppen richtet sich die bereitgestellte Information an diverse externe Stakeholder, beispielsweise potenzielle Bewerber, Kunden, Anteilseigner, die Medien und die „interessierte Öffentlichkeit".

Weil Personalberichte nicht gesetzlich vorgeschrieben sind, existiert auch kein standardisiertes Berichtsformat. Folglich sind unterschiedliche *Veröffentlichungsformen* möglich:

- So kann im Rahmen des nach § 264 Abs. 1 HGB für große und mittelgroße Kapitalgesellschaften gesetzlich vorgeschriebenen Lageberichtes ein *Sozialbericht* erstellt werden, der unter anderem Angaben zur Arbeitnehmerschaft (→Arbeitnehmer), zur Struktur des →Personalaufwandes, zu betrieblichen →Sozialleistungen, zur Aus- und Weiterbildung sowie zu Gesundheits- und Arbeitsschutz enthält; Pflichtinhalt eines Lageberichtes sind jedoch lediglich die – auch personalwirtschaftlichen – Risiken der künftigen Entwicklung.

- Neben einer Integration in den Lagebericht ist grundsätzlich auch eine Einbindung in den freien Teil des *Geschäftsberichts* möglich.

- In Anerkenntnis ihrer gesellschaftlichen Verantwortung publizieren viele Unternehmen – gleichfalls auf freiwilliger Basis – seit einigen Jahren auch so genannte *Stakeholder-, Tripple-Bottom-Line-, Corporate (Social-) Responsibility-* oder *Nachhaltigkeitsberichte* (*Hauth* und *Raupach* 2001), die unter anderem Personalthemen als unverzichtbaren Teil integrieren. Eine derartige externe, gesellschaftsbezogene Rechenschaftslegung wurde bereits in den 1970er Jahren unter dem Namen „Sozialbilanz" diskutiert (*Dierkes* 1974, *Pieroth* 1978).

- Ein besonderer Stellenwert im Rahmen der freiwilligen Unternehmensberichterstattung kommt dem Personalbericht schließlich dann zu, wenn er als völlig *eigenständiger Bericht* veröffentlicht wird.

Wenngleich in der inhaltlichen Schwerpunktsetzung frei gestaltbar, enthalten Personalberichte in der Regel stets Informationen sowohl zum „Personal" selbst als auch zum „Management des Personals":

- Analysen der Personalstruktur basieren auf einer Auswahl unterschiedlicher HR-Kennzahlen, zum Beispiel zur Alters- oder Ausbildungsstruktur der Belegschaft, zu Betriebszugehörigkeitszeiten und →Fluktuation, zu Arbeitsunfällen und →Fehlzeiten, zur Mitarbeitermotivation (→Motivation), zum betrieblichen Vorschlagswesen, zu Frauenförderung oder zur Arbeitszeitflexibilisierung.

- Einblicke in das Personalmanagement vermittelt die Beschreibung der →Personalstrategie sowie wichtiger personalwirtschaftlicher Programme und Aktivitäten; hier sind beispielsweise Ausführungen zu →betrieblichen Altersvorsorge, zu Ausbildungsprogrammen oder Organisationsentwicklungsthemen (→Organisationsentwicklung) üblich.

Nach Studien von *Koch* und *Martina* (2003) sowie *Martina* und *Trautmann* (2004) über die HR-Berichterstattung der DAX 30-Unternehmen sind hier sowohl hinsichtlich des Umfangs als auch hinsichtlich des Inhalts sehr starke Variationen festzustellen. Dennoch sind Personalberichte ein wesentliches Element der (externen) Unternehmenskommunikation. Vor diesem Hintergrund sind sie nicht nur auf die Befriedigung identifizierter Informationsbedürfnisse diverser Interessengruppen ausgelegt, sondern bedienen sich häufig gezielt auch einer emotionalen Sprache und kreativ-spielerischer Elemente, um im Sinne eines →Personalmarketings einen PR-Beitrag zur positiven Gestaltung des Unternehmens- beziehungsweise des Arbeitgeberimages zu leisten (→Emploment Branding). Trotz dieser Funktion als Marketinginstrument, die die Aussagequalität der präsentierten Inhalte vor dem Hintergrund einer möglicherweise manipulativen Informationsaufbereitung teilweise relativiert, ist die durch Personalberichte geschaffene Transparenz personalwirtschaftlicher Aspekte aus Sicht externer Stakeholder positiv zu beurteilen. Immerhin scheint diese Offenlegung trotz freier inhaltlicher Gestaltbarkeit doch so weitreichend zu sein, dass viele Unternehmen nicht zuletzt aus wettbewerbsstrategischen Gründen auf eine solche Kommunikationsform verzichten.

Als Kritikpunkt bleibt zu erwähnen, dass es Personalberichten über die Aufbereitung mehr oder weniger relevanter personalwirtschaftlicher Indikatoren und Informationen hinaus in der Regel nicht gelingt, das →Humankapital als fundamentalen immateriellen Vermögenswert zu quantifizieren, in seiner Bedeutung für den Unternehmenserfolg herauszuarbeiten und seinen (monetären) Beitrag zum Unternehmenswert widerzuspiegeln. Mit diesem Anspruch etabliert sich daher gegenwärtig ein dem Personalbericht konzeptionell verwandtes Berichterstattungsformat unter der Bezeichnung →Human Capital Statement. Dieses fokussiert auf die Wertdimension der betrieblichen Personalressource (das Humankapital) mit ihren spezifischen Werttreibern und resultierenden strategischen Implikationen. Eine neben dem Personal darüber hinaus auch auf sonstige wissensrelevante beziehungsweise immaterielle Vermögenswerte abstellende Berichtsvariante wird schließlich unter dem Namen →Wissensbilanz diskutiert.

Literatur: *Dierkes, M.*: Die Sozialbilanz. Ein gesellschaftsbezogenes Informations- und Rechnungssystem, Frankfurt a. M. etc. 1974. *Hauth, P.; Raupach, M.*: Nachhaltigkeitsberichte schaffen Vertrauen, in: Harvard Business Manager, 23. Jg. (2001), H. 5, S. 24–33. *Koch, S.; Martina, D.*: Die HR-Berichterstattung der DAX 30-Unternehmen, in: Personalführung, 36. Jg. (2003), H. 11, S. 66–70. *Martina, D.; Trautmann, M.*: Unternehmen berichten immer mehr aus dem HR-Bereich, in: Personalwirtschaft, 31. Jg. (2004), H. 12, S. 29–31. *Pieroth, E.* (Hrsg.): Sozialbilanzen in der Bundesrepublik Deutschland, Düsseldorf etc. 1978.

Roman Bechtel

Personalberichterstattung →Externe Personalberichte/-bilanzen

Personalbeschaffung

personalwirtschaftliche Maßnahme, die auf die Bereitstellung einer →Personalausstattung abzielt.

Die Personalbeschaffung ist zeitlich der →Personalplanung nachgeschaltet. In einer weiten Auslegung des Begriffs (*Personalbeschaffung im weiteren Sinne*) umfasst die Personalbeschaffung alle Maßnahmen, die sich auf das Niveau einer Personalausstattung erhöhend auswirken. Nach *Rastetter* (1996) beinhaltet sie damit sowohl Maßnahmen der internen als auch der externen Personalbeschaffung. Die *Personalausstattung im engeren Sinne* umfasst lediglich Maßnahmen der externen Personalbeschaffung.

Im Rahmen der *internen Personalbeschaffung* wird auf den betriebsinternen Beschaffungspool zurückgegriffen. Diesbezüglich kommen alle Maßnahmen, die auf das innerbetriebliche Zielobjekt, für welches Personal beschafft werden soll (z. B. Abteilung, Ebene, →Qualifikation) ausgerichtet sind und das Niveau der Personalausstattung erhöhen sollen in Betracht. Konkret ist hierbei die Schulung (Schulung von einer Ausgangsqualifikation in die betrachtete Qualifikation), die →Versetzung (Versetzung aus einer Abteilung in die betrachtete Abteilung) und die →Beförderung beziehungsweise Degradierung (Beförderung/Degradierung aus der Ausgangsebene auf die betrachtete Ebene) zu nennen.

Der internen Stellenausschreibung, welche die Belegschaft des Unternehmens über Vakanzen informiert, kommt eine große Bedeutung zu. Sie ermöglicht den Arbeitskräften des Unternehmens individuelle Veränderungswünsche durch eine →Bewerbung auf die vakante Position zu artikulieren. Zugleich ist das Unternehmen in der Lage im Falle mehrerer Interessenten durch die interne Stellenausschreibung ein Wettbewerbselement in die Organisation zu integrieren.

Die interne Personalbeschaffung kann auch ausschließlich aufgrund entsprechender Dispositionen des Unternehmens erfolgen. Dies ist zum Beispiel im Falle der Anordnung der Versetzung eines →Arbeitnehmers durch das Unternehmen gegeben. Diese Versetzung muss nicht zwangsläufig den Vorstellungen und Wünschen des Arbeitnehmers entsprechen.

Ein wesentlicher Vorteil der internen Personalbeschaffung ist die Tatsache, dass auf Personen zurückgegriffen wird, die aufgrund ihrer bisherigen Betriebszugehörigkeit bereits über betriebsspezifische Kenntnisse verfügen. Zudem bestehen seitens des Unternehmens bereits →Informationen über Fähigkeiten, Fertigkeiten, Arbeitseinstellung und Absichten des Arbeitnehmers. Dies führt zu einer Entschärfung der Probleme, die aus asymmetrischer Informationsverteilung zu Lasten des Unternehmens über die genannten Charakteristika des Arbeitnehmers entstehen und macht teure →Auswahlverfahren obsolet.

Die *externe Personalbeschaffung* (Personalbeschaffung im engeren Sinne) ist auf den be-

Personalbeschaffung

triebsexternen →Arbeitsmarkt ausgerichtet. Sie gliedert sich laut *Kossbiel* (2002) in die zeitlich aufeinanderfolgenden Phasen

- der Anwerbung,
- der Auswahl,
- der Einstellung und
- der Eingliederung.

Die Anwerbung (auch Personalakquisition) erzeugt bei den auf dem betriebsexternen Arbeitsmarkt zur Verfügung stehenden Arbeitskräften die Bereitschaft, sich bei dem suchenden Unternehmen zu bewerben (→Bewerbung). Nach *Kossbiel* (2002) erfüllt sie über die Stellenausschreibung eine *Informationsfunktion*, da Informationen über das Unternehmen im Allgemeinen sowie Informationen über Arbeitsfeld und →Arbeitsumfeld einer zu besetzenden →Stelle und über bestehende →Anreizsysteme übermittelt werden. Dadurch wird die Anreiz-Beitrags-Struktur der Organisation, deren Bewertung für die Teilnahmeentscheidung (→Eintrittsentscheidung) des Bewerbers elementar ist, offengelegt. Zu der Informationsfunktion kommt laut *Kossbiel* (2002) eine *Initiativfunktion*, die darauf ausgerichtet ist, das erzeugte Interesse bei der Zielgruppe in eine prinzipielle Bereitschaft zur Bewerbung zu transformieren.

Besondere Bedeutung kommt der Zielgruppensegmentierung zu: Der Kreis der Interessenten an der zu besetzenden Stelle ist hierbei bereits einzuschränken um so die mit der nachfolgenden Phase der Auswahl verbundenen Kosten zu reduzieren. In der Anwerbungsphase kommen laut *Bürkle* (1999) Self-Selection-Strategien (→Self-Selection) in Betracht, die auf eine Abschreckung von eindeutig nicht in Frage kommenden Bewerbern abzielen. Als Kriterien der Zielgruppensegmentation sind zum Beispiel Qualifikationen, demographische Merkmale (wie das Alter) oder die Region zu nennen. So ist beispielsweise durch eine qualifikatorische Zielgruppensegmentation zu erreichen, dass Arbeitskräfte, die aufgrund einer nicht anforderungsadäquaten →Ausbildung per se nicht für die zu besetzende Stelle geeignet sind, nicht in die durch das Segment definierte Grundgesamtheit aufgenommen werden. Die Zielgruppensegmentation beeinflusst die Größe des Beschaffungspotenzials. Hierbei lässt sich ein *latentes* Beschaffungspotenzial, das sich aus Arbeitskräften, die eine Stelle suchen (sowohl On-the-Job als auch Off-the-Job) konstituiert, sowie ein *aktivierbares* Beschaffungspotenzial unterscheiden. Letzteres besteht aus Arbeitskräften, die in einem anderen Unternehmen oder einer anderen Organisation bereits beschäftigt sind und keine Stellensuche betreiben. Auch diese Arbeitskräfte sind prinzipiell ansprechbar (z. B. „Headhunting") und somit bei Bedarf auch in das Beschaffungspotenzial einzubeziehen.

Man unterscheidet zwischen direkten und indirekten Formen der Anwerbung. Gemäß *Drumm* (2005) entfaltet bei einer *direkten Anwerbung* das Unternehmen selbst Suchaktivitäten (z. B. Stellenanzeigen in Printmedien, Suche über internetbasierte Jobbörsen (→Internet-Jobbörsen), Präsenz auf Recruiting-Messen oder Reaktion auf ein →Stellengesuch). Bei der indirekten Anwerbung wird ein Mittler zwischengeschaltet. Dies kann zum Beispiel das Arbeitsamt, eine private Personalvermittlung oder ein Mitarbeiter des Unternehmens sein, der in seinem Bekanntenkreis „Werbung" für die zu besetzende Stelle macht. Zudem besteht die Möglichkeit der Anwerbung über →Recruitment Consultants. Die Maßnahmen der Anwerbung lassen sich unter dem Begriff des externen Personalmarketings zusammenfassen.

Die Aufgabe der →Personalverwaltung in der Phase der Anwerbung umfasst die Eingangsbestätigung der Bewerbung sowie eine erste Prüfung, ob der Bewerber formal definierte Standards (wie ein Universitätsdiplom) erfüllt. Die im Rahmen des Prozesses der Anwerbung anfallenden Transaktionskosten (→Transaktionskostentheorie) fallen unter die Kategorie der Suchkosten.

Die auf die Anwerbung folgende Phase der *Auswahl* zielt laut *Kompa* (1984) auf die Generierung einer hohen Trefferquote ab. Die Trefferquote gibt den Anteil der Geeigneten in der Menge der Ausgewählten an. Im Rahmen der →Personalauswahl werden *Backes-Gellner, Lazear* und *Wolff* (2001) gemäß Selektionsstrategien eingesetzt um die bestehende Qualitätsunsicherheit seitens des Unternehmens abzubauen. Diese stellen institutionelle Regelungen dar, die auf die Gewinnung von Bewerberinformationen ausgerichtet sind. Bezüglich der Fähigkeiten und der Absichten des Bewerbers liegt vor der Einstellung eine asymmetrische Informationsverteilung („Hidden Characteristics" und „Hidden Intentions") zu

Lasten des Unternehmens vor, die vom Bewerber opportunistisch ausgenutzt werden kann. Um in den Genuss der mit einer Einstellung verbundenen Vorteile zu gelangen, wird der Bewerber versuchen, sich dem vom Unternehmen gewünschten Profil anzupassen und mögliche Fähigkeitsdefizite sowie den Unternehmenszielen widersprechende Absichten zu verschleiern. Der diesbezüglich bestehende diskretionäre Verhaltensspielraum des Bewerbers ermöglicht diesem also transaktionsrelevante Informationen selektiv oder verfälscht zu übermitteln, wie *Bürkle* (1999) betont.

Die Phase der Auswahl gliedert sich im Regelfall in eine *(Personal-)Vorauswahl* und eine *Endauswahl*. In beiden Phasen kommen laut *Bürkle* (1999) Self-Selection- und Screening-Strategien in Betracht. Die Vorauswahl dient der weiteren Einschränkung der in Frage kommenden Bewerberzahl. Im Rahmen der Vorauswahl erfolgt im Regelfall zunächst eine Sichtung der eingegangenen Bewerbungen mit dem Ziel, den Kreis der Bewerber, die in die Endauswahl kommen, weiter einzuschränken. In dieser Phase ist es zum Beispiel denkbar, dass bei einer großen Zahl eingegangener Bewerber nur jene mit guten und sehr guten Examensnoten weiter berücksichtigt werden. In der Endauswahl kommen häufig Eignungstests (→ Eignungsdiagnostik) oder Testbatterien in Form von → Assessment Center zum Einsatz. Weit verbreitet ist in dieser Phase auch das Einstellungsinterview (→ Interview). Bei der Verwendung einer Selektionsstrategie ist die diagnostische Exaktheit und die ökonomische Legitimität des Verfahrens zu beachten.

Die mit der Auswahlphase assoziierten Transaktionskosten sind die Kosten des Ressourcenverzehrs, der mit dem Selektionsprozess verbunden ist. Sie sind den Suchkosten zu subsumieren. Die Auswahl kann dabei vom Unternehmen selbst durchgeführt werden oder im Rahmen eines → Outsourcings an Recruitment Consultants vergeben werden.

Wenn sich im Rahmen der Auswahlphase kein Bewerber als geeignet herausstellt, dann schließt sich ein erneuter Anwerbungsprozess an, der die Erfahrungen der vorangehenden Anwerbungs- und Auswahlphase berücksichtigt. Kommt es im Rahmen der Auswahlphase zu einer Entscheidung für einen oder mehrere Bewerber, so schließt sich die Einstellungsphase an. Die abgelehnten Bewerber erhalten ein → Absageschreiben.

In der Phase der *Einstellung* werden die Vertragsverhandlungen geführt und verwaltungstechnische Formalitäten (z. B. Abgabe der Lohnsteuerkarte) erledigt. Der Abschluss des → Arbeitsvertrags schließt die Einstellungsphase ab. Die mit der Einstellung assoziierten Transaktionskosten sind Vereinbarungskosten. Der Arbeitsvertrag konstituiert die für das Arbeitsverhältnis charakteristische (Partial-) Inclusion des Individuums in die Organisation. Er ist rechtlich ein Dauerschuldverhältnis, das in eine unbestimmte Zukunft hineinreicht. Der Bewerber geht ab dem Zeitpunkt der Einstellung in die Sozialkategorie „Personal" über.

Die *Eingliederung* (auch Mitarbeitereinführung) ist der Einstellungsphase nachgeschaltet. Dabei handelt es sich laut *Kossbiel* (2002) um die formale, fachliche und soziale Einbeziehung des Individuums in die Organisation.

Die *formale Eingliederung* umfasst den Vollzug der Zuweisung des Arbeitnehmers zu einer organisatorischen Einheit (z. B. Stelle, Abteilung oder hierarchische Ebene).

Die *fachliche Eingliederung* beinhaltet alle Maßnahmen, welche die fachlichen Fähigkeiten und Kenntnisse des Bewerbers an die zur Erzielung einer Normleistung im konkreten Arbeitskontext notwendigen Kenntnisse anpassen. Hierbei kommt der Vermittlung betriebsspezifischer Fähigkeiten durch formale oder informale Personalentwicklungsmaßnahmen eine große Bedeutung zu.

Die *soziale Eingliederung* bezieht sich auf die sozialen Aspekte der Einbeziehung eines neuen Arbeitnehmers in eine bestehende → Gruppe. Hierbei ist zu betonen, dass der Begriff der „Gruppe" sowohl formelle Gruppen (wie Arbeitsgruppen, Abteilung) als auch informelle Gruppen umfasst. Letztere bilden sich aufgrund persönlicher Beziehungen zwischen einzelnen Organisationsmitgliedern heraus. Sie sind zumeist nicht mit den formellen Gruppen kongruent. Sie können sowohl einen funktionalen als auch einen dysfunktionalen Einfluss auf die Erreichung der Organisationsziele ausüben. Die Phasen der sozialen Eingliederung sind:

- *Forming*: Die Veränderung der sozialen Gruppe durch die Einbeziehung eines neuen Mitglieds.

- *Storming*: Hierbei kann es zu Konflikten kommen, die ihre Ursache in einer Diskrepanz der Einstellungen und Werte des neuen Mitarbeiters und der Einstellungen und Werte der Gruppe (die sich in →Gruppennormen manifestieren) haben.
- *Norming*: Ist gekennzeichnet durch eine Annäherung der Einstellungen des neuen Mitarbeiters und der Gruppe.
- *Performing*: Nach Vollendung des Normings erreicht die Gruppe insgesamt eine im Vergleich zu den vorangehenden Phasen der sozialen Eingliederung höhere Produktivität (→Arbeitsproduktivität).

Der Eingliederungsprozess wird häufig von Einführungsprogrammen für die neuen Mitarbeiter begleitet um Einstiegs- beziehungsweise Eingliederungsprobleme im Aufgabenbereich und im sozialen Bereich zu verringern.

Literatur: *Backes-Gellner, U.; Lazear, E. P.; Wolff, B.:* Personalökonomik, Stuttgart 2001. *Bürkle, T.:* Qualitätsunsicherheit am Arbeitsmarkt. Die Etablierung separierender Gleichgewichte in Modellen der simultanen Personal- und Organisationsplanung zur Überwindung der Qualitätsunsicherheit, Mering 1999. *Drumm, H. J.:* Personalwirtschaft, 5. Aufl., Berlin etc. 2005. *Kompa, A.:* Personalbeschaffung und Personalauswahl, Stuttgart 1984. *Kossbiel, H.:* Personalwirtschaft, in: *Bea, F. X.; Dichtl, E.; Schweitzer, M.* (Hrsg.): Allgemeine Betriebswirtschaftslehre, Bd. 3, 8. Aufl., Stuttgart 2002, S. 467–553. *Rastetter, D.:* Personalmarketing. Bewerberauswahl und Arbeitsplatzsuche, Stuttgart 1996.

Thomas Bürkle

Personalbeschaffungscontrolling →Controlling der Personalgewinnung

Personalbeschaffungsplanung

aus einem positiven Personalbedarf resultierende Aufgabe, die notwendigen unternehmensinternen und -externen Beschaffungsmaßnahmen zu planen.

Hierbei beeinflusst das im Unternehmen und auf dem →Arbeitsmarkt vorhandene →Humankapital mit seinen qualitativen und quantitativen Merkmalen sowie mit seiner zeitlichen Verfügbarkeit die gedankliche Vorwegnahme der Bereitstellungsaktivitäten. Alternative Möglichkeiten sind auf der einen Seite die *interne* →*Personalbeschaffung* durch Umsetzung innerhalb des Unternehmens oder durch die Nachwuchsplanung mittels Aus-, →Fort- und Weiterbildung sowie auf der anderen Seite die *externe Beschaffung* über den Arbeitsmarkt. Fällt die Entscheidung beispielsweise für die Neueinstellung aus, dann umfassen hieran anschließende Planungsschritte das Definieren des Beschaffungswegs (bspw. Stellenanzeige in Print- oder digitalen Medien), das Bestimmen der Auswahlmethoden und -instrumente (z. B. Bewerbungsunterlagen, →Tests, →Interviews, →Assessment Center) sowie das Festlegen der Einführungsstrategie zur anfänglichen Betreuung des neuen Mitarbeiters. Hingegen schließen sich Aktivitäten der →Personalentwicklungsplanung an, wenn die Bereitstellung notwendigen Personals durch bereits im Unternehmen verfügbare Mitarbeiter erfolgen soll.

Yvonne Groening

Personalbeurteilung

geplante, standardisierte, formalisierte, kriteriengesteuerte und explizite Beurteilung von Mitarbeitern in Profit- und Nonprofit-Organisationen (syn.: Mitarbeiterbeurteilung).

In der Literatur wird Personalbeurteilung vielfach als Oberbegriff verstanden. Er bezeichnet einerseits eine Reihe unterschiedlicher Instrumente, Methoden und Verfahren, mit denen systematisch Information über Eigenschaften beispielsweise →Qualifikationen das Leistungsverhalten und die Leistungsergebnisse von Mitarbeitern erhoben und nach angebbaren, vorab festgelegten Kriterien beurteilt werden. Andererseits ist mit der Erhebung und der Beurteilung von Mitarbeiterinformation eine zentrale Funktion des →Personalmanagements bezeichnet, die auf die kriterienbezogene Unterscheidung des Personals zielt. Auf diese Weise erzeugte Informationen über die Mitarbeiter sind eine unabdingbare Grundlage für Personalentscheidungen, unter anderem in den Bereichen →Personalplanung, Entgeltfindung, →Personalentwicklung sowie Karriere- und →Nachfolgeplanung. Insofern berührt die Personalbeurteilung zentrale Felder der →Personalpolitik und besitzt weitreichende Konsequenzen sowohl für die Organisation als auch für die einzelnen Mitarbeiter.

Mit der Personalbeurteilung werden vielfältige und verschiedenartige *Zielsetzungen* verfolgt. Zu den personalpolitischen Zielen zählen die informatorische Fundierung von Personalentscheidungen sowie die →Evaluation (Erfolgskontrolle) personalwirtschaftlicher Maßnahmen. In führungspolitischer Zielsetzung fokussiert Personalbeurteilung auf die Leistungssteigerung des Personals durch die Rückkopplung von Beurteilungsinformationen an die Beurteilten und darauf aufsetzende Fördermaßnahmen, die (gemeinsame) Festlegung von Leistungszielen (→ Personalgespräch) sowie die Verbesserung der Zusammenarbeit zwischen den Beurteilten und den Beurteilern (in der Regel die direkten → Führungskräfte). Diese Zwecke sind untereinander zum Teil inkompatibel und rufen bei den Betroffenen unterschiedliche Reaktionen hervor. In personalpolitischer Verwendung zielen Mitarbeiterbeurteilungen auf die Differenzierung des Personals (bspw. die Festsetzung leistungsabhängiger Entgelte), während in führungspolitischer Verwendung die Verbesserung der Beziehung zwischen den Mitarbeitern und den → Führungskräften im Vordergrund steht. Insbesondere aus Gründen der Akzeptanz wird verbreitet für eine Teilung des Beurteilungssystems entsprechend der verfolgten Ziele argumentiert.

Unter dem Gesichtspunkt der *Informationsgewinnung* lässt sich Personalbeurteilung entlang des Zeitbezugs der zu erhebenden Information unterscheiden: Während die → Leistungsbeurteilung auf die Ermittlung der in der Vergangenheit erzielten Leistung von Mitarbeitern gerichtet ist, wird mit der → Potenzialbeurteilung eine Prognose zukünftig erwartbarer Leistung von Mitarbeitern angestrebt. Beurteilungen von Leistung und Potenzial unterscheiden sich vor allem hinsichtlich der jeweils geeigneten → Beurteilungsverfahren.

Literatur: *Brandstätter, H.*: Die Beurteilung von Mitarbeitern, in: *Mayer, A.*; *Herwig, B.* (Hrsg.): Betriebspsychologie, 2. Aufl., Göttingen 1970, S. 668–734. *Carroll, S. J.*; *Schneier, C. E.*: Performance Appraisals and Review Systems: The Identification, Measurement, and Development of Performance in Organizations, Glenview, etc. 1982. *Selbach, R.*; *Pullig, K. K.* (Hrsg.): Handbuch Mitarbeiterbeurteilung, Wiesbaden 1992.

Jürgen Grieger

Personalbeurteilungsbogen

Formulare, die das jeweils zum Einsatz gelangende → Beurteilungsverfahren dadurch konkretisieren, dass sie sowohl die *Beurteilungsgegenstände* (bspw. Eigenschaften, Verhalten oder Arbeitsergebnisse von zu beurteilenden Personen) als auch die jeweiligen *Erhebungsmethoden* vorgeben und für die Durchführung der Beurteilung operationalisieren.

Auf diese Weise leiten Personalbeurteilungsbögen den Beurteiler bei seiner → Beobachtung und Beurteilung an und stellen sicher, dass eine dem Verfahren und den methodischen Anforderungen entsprechende standardisierte Beurteilung erfolgen kann.

Jürgen Grieger

Personalbeurteilungsfehler → Beurteilungsfehler

Personalbeurteilungsmethoden → Beurteilungsmethoden

Personalbilanzen → Externe Personalberichte/-bilanzen

Personalbindung

umfasst alle personalpolitischen Maßnahmen, mit denen das → Commitment der Beschäftigten erhalten und damit ihre → Qualifikationen und ihr Engagement für das Unternehmen gesichert werden.

Personalbindung kann sich aber auch allein auf die Sicherung der strategisch wichtigen Wissensressourcen durch die Speicherung in so genannten Wissenssystemen beziehen.

Für Unternehmen ergibt sich ein hoher Personalbindungsbedarf, wenn sie in ihrem Markterfolg vom persönlichen → Wissen und Engagement ihrer Beschäftigten besonders stark abhängig sind und die Einarbeitung neuer Mitarbeiter mit hohem Aufwand verbunden ist. *Symptome für einen hohen Bindungsbedarf* sind außerdem Gefährdungen durch ausgeschiedene Mitarbeiter, die als Konkurrenten im Markt auftreten, oder markante Ergebniseinbrüche nach dem Weggang einzelner Mitarbeiter.

Symptome einer mangelnden Personalbindung der Beschäftigten können sich sowohl im Verhalten als auch den Leistungen äußern:

- Überdurchschnittliche oder wachsende → Fehlzeiten und → Fluktuationsraten im Branchenvergleich.

- Hohe Konfliktneigung und Arbeitsniederlegungen verbunden mit aktiver → Demotivation anderer Beschäftigter oder gezielter Schädigung des Unternehmens.

- Hohe Fehlerraten in der Leistungserstellung und fehlende Initiative bei der Identifizierung und Beseitigung der Fehlerursachen.

Personalbindung

- Geringe Anzahl von Verbesserungsvorschlägen und eine generelle Neigung zu Änderungswiderständen.
- Unerlaubte Nebenbeschäftigungen während oder außerhalb der vereinbarten →Arbeitszeit.
- Geringe →Loyalität der Beschäftigten gegenüber dem Unternehmen im Kontakt zu Kooperationspartnern und Kunden.
- Geringes Interesse insbesondere an betriebsspezifischen Weiterbildungsangeboten des Unternehmens.

Maßnahmen der Personalbindung lassen sich danach unterscheiden, wie sie auf die →Motivation der Beschäftigten, im Unternehmen zu verbleiben, wirken. Dabei unterscheiden *Klimecki* und *Gmür* (2005) vier *Bindungsmuster*:

1. *Bindung durch Zwang*: Sie besteht dann, wenn die Person überzeugt ist, keine Alternative zum bestehenden →Beschäftigungsverhältnis zu haben, weil ein Ausscheiden mit untragbaren Konsequenzen verbunden wäre. Eine solche Situation liegt beispielsweise vor, wenn arbeitsvertraglich (→Arbeitsvertrag) ein weitreichendes Konkurrenzverbot (→Wettbewerbsverbot) für den Fall des Ausscheidens vereinbart wurde. Der Bindungseffekt ist für das Unternehmen zweischneidig: Ein Weggang des Mitarbeiters wird zwar nahezu ausgeschlossen; das Bewusstsein darüber kann aber zu Demotivation führen, wodurch sich der Nutzen des Mitarbeiters und seiner Fähigkeiten (→Qualifikation) für das Unternehmen unweigerlich vermindert.

2. *Bindung durch affektives Commitment*: Die Bindung beruht hier auf Affekten und Emotionen (→Aktionstheorie der Motivation), wie zum Beispiel Freude, Stolz, Zuneigung oder Dankbarkeit. Sie kann darauf beruhen, dass der Mitarbeiter die Produkte des Unternehmens attraktiv findet und sich damit identifiziert. Auch freundschaftliche Beziehungen zu Vorgesetzten oder Kollegen können affektives Commitment begründen, wenn diese Beziehungen in engem Zusammenhang zur Berufstätigkeit stehen.

3. *Bindung durch normatives Commitment*: In diesem Fall fühlt sich der Mitarbeiter dem Unternehmen, seinen Werten und Zielen oder den übrigen Beschäftigten gegenüber moralisch verpflichtet. Die normative Bindung nimmt eine mittlere Position zwischen der Bindung durch Zwang und der Bindung durch Affekte ein: Die Person fühlt sich zum Verbleib gedrängt und sie ist emotional verpflichtet, aber diese Verpflichtung ist an einen höheren Wert gekoppelt. Beispiele dafür können verwandtschaftliche Beziehungen oder familiäre Traditionen sein, auf denen das Angestelltenverhältnis aufbaut. Eine normative Bindung besteht jedoch auch, wenn sich eine →Führungskraft während einer Krisensituation ihren Mitarbeitern gegenüber verpflichtet fühlt.

4. *Bindung durch kalkulatives Commitment*: Die Bindung des Mitarbeiters an das Unternehmen ist das Ergebnis einer Abwägung von Vor- und Nachteilen der aktuellen Beschäftigung im Vergleich zu alternativen Stellenangeboten. Kalkulative Bindung beruht auf der Überzeugung, bei einem Weggang Nachteile in Kauf nehmen zu müssen, welche durch die in Aussicht stehenden Vorteile nicht aufgewogen werden. In diese Überlegungen fließen nicht nur finanzielle Gewinne oder Verluste ein, sondern auch Überlegungen bezüglich Sicherheit, Zugehörigkeit, Anerkennung oder Selbstverwirklichung (→Bedürfnishierarchie). Eine solche Bindung kann sich auf ein überdurchschnittliches Gehalt, die Mitgliedschaft in einer Karriereseilschaft oder außergewöhnliche Freiräume in der Ausübung der eigenen Tätigkeit beziehen. Im Vergleich zu den drei anderen Bindungsmustern lässt sich eine kalkulative Bindung durch das Unternehmen am leichtesten steuern. Sie ist aber mit dem Nachteil verbunden, dass sie finanziell aufwändig ist.

Bindungsmaßnahmen können, unabhängig vom Bindungsmuster, auf fünf verschiedenen Ebenen ansetzen, die von der Gesamtorganisation bis zur individuellen Aufgabe reichen (Übersicht 1):

1. *Bindung an das Unternehmen*: Sie bezieht sich insbesondere auf die Produkte des Unternehmens und sein Image in der Öffentlichkeit, kann aber auch mit der Unternehmerpersönlichkeit und den von ihr vertretenen Werten (→Normen und Werte) verbunden sein.

2. *Bindung an den Unternehmensbereich und seine Position innerhalb des Unternehmens*: Diese Bindung kann aus einer hohen

Übersicht 1: Ansätze der Personalbindung (*Klimecki/Gmür* 2005)

	Zwangsbindung	Normative Bindung	Affektive Bindung	Kalkulative Bindung
Unternehmen und seine Produkte	ein arbeitsvertragliches Wettbewerbsverbot im Falle eines Ausscheidens	Betriebszugehörigkeit aufgrund familiärer Tradition	die Identifikation mit attraktiven Produkten des Unternehmens	Entgeltbestandteile, die nach der Dauer der Betriebszugehörigkeit berechnet werden
Abteilung und ihre Stellung	eine Tätigkeit im Entwicklungsbereich mit weitreichendem Geheimhaltungsgebot	innere Verpflichtung gegenüber einem Unternehmensbereich in einer Krisenphase	Stolz auf den Erfolg einer Abteilung, in der man selbst eine führende Rolle spielt	persönlicher Status, der auf der Zugehörigkeit zu einer erfolgreichen Abteilung beruht
Team und Arbeitsklima	Mitarbeit in einem zeitlich festgelegten Projekt und Sanktionen bei vorzeitigem Austritt	Führung eines Teams in einer laufenden Restrukturierung	starke Einbindung in ein erfolgreiches Team	Mitgliedschaft in einer karrierefördernden Seilschaft
persönliche Beziehungen	Mitarbeit aufgrund streng sanktionierter verwandtschaftlicher Verpflichtungen	Bestehen einer Mentorenbeziehung, die sich in einer kritischen Phase befindet	enge freundschaftliche Beziehungen zu Arbeitskollegen	ein enger Kontakt zu einer Führungskraft, von der intensive Förderung zu erwarten ist
eigene Arbeitsaufgabe	eine hoch spezialisierte Tätigkeit, die nur in diesem Unternehmen möglich ist	die Überzeugung, im Unternehmen persönlich unersetzbar zu sein	hohe Zufriedenheit mit den Freiräumen, welche die gegenwärtige Position erlaubt	eine Tätigkeit, die wesentlich auf betriebsspezifischen Qualifikationen aufbaut

→Identifikation mit der Funktion des Bereichs und seinem Ansehen innerhalb des Unternehmens resultieren.

3. *Bindung an die Arbeitsgruppe*: Hiermit ist die Bindung an den Kreis der Kollegen, mit denen die betreffende Person persönlich zusammenarbeitet, gemeint. Die Bindung ist hier der Ausdruck einer starken →Integration im Team.

4. *Bindung an einzelne Bezugspersonen, die auf einer engen Zusammenarbeit oder persönlicher Freundschaft beruhen kann*: Wichtige Bezugspersonen können neben der unmittelbaren Führungskraft auch ein Mentor (→Mentoring) oder ein Kooperationspartner sein. Die Bindung kann sich beispielsweise aus einer besonders vertrauensvollen Beziehung, einer persönlichen Verpflichtung oder aus dem Kalkül heraus ergeben, mithilfe dieser Bezugsperson über außergewöhnliche Karrierechancen zu verfügen.

5. *Bindung an die Aufgabe*: Das heißt die Arbeitsinhalte sowie die Verantwortung oder das Prestige, die damit verbunden sind. Eine Bindung über die Aufgabe kann für eine Person auch in einem hochspezialisierten Qualifikationsprofil begründet sein. Das ist der Fall, wenn die Person über spezifische Qualifikationen verfügt, die für die jetzige Aufgabe wichtig sind aber in einer anderen Position nutzlos wären.

Wie *Butler* und *Waldroop* in einer 1999 veröffentlichten Studie gezeigt haben, werden Menschen von insgesamt acht *Grundinteressen* angetrieben, von denen jeweils eines oder zwei bei einer Person im Vordergrund stehen:

1. Anwendung von Technologien.
2. Quantitative Auswertungen.
3. Entwicklung und Anwendung von Konzepten.
4. Kreative Entwicklung.
5. Beratung und Mentoring.
6. Steuern von Menschen und Beziehungen.
7. Kontrolle über Unternehmen oder Unternehmensbereiche.
8. Einflussnahme durch Sprache und Ideen.

Die Bindung an ein Unternehmen beruht dementsprechend darauf, dass die Person die Möglichkeit hat, in ihrer Tätigkeit ihre vorrangigen Interessen realisieren zu können.

Personalbudget

Unter den Personalfunktionen sind vor allem die Gestaltung der Personaleinsatzpolitik, die →Fort- und Weiterbildung, sowie die →Anreizsysteme des Unternehmens für eine erfolgreiche Personalbindung von Bedeutung:

- *Personaleinsatz und →Arbeitsorganisation*: Aus der Perspektive des Bindungsziels sind Personaleinsatz und Arbeitsorganisation bedeutsam, weil damit auf Führungs- und Kooperationsbeziehungen Einfluss genommen wird. Mit einer Teamorganisation werden Voraussetzungen für enge Beziehungen geschaffen, die aber umso mehr Bestand haben, je länger ihre Dauer ist. Projektgruppen mit eher informellem Charakter und geringer Verbindlichkeit fördern dagegen die Tendenz zur →Individualisierung und einer geringen inneren Verpflichtung des Einzelnen gegenüber dem Unternehmen oder dem Arbeitsbereich. Erfolge schreiben sich die Beteiligten dann ebenfalls individuell zu, während sie eventuellen Misserfolg auf die Rahmenbedingungen schieben, zu denen kein Bezug besteht. Gelingt die Einbindung des Einzelnen, wird der Erfolg eher dem Team attribuiert und Misserfolg als Anstoß zur Auseinandersetzung mit dem Problem aufgefasst.

- *Fort- und Weiterbildung*: Maßnahmen zur →Personalentwicklung wirken sich nicht nur auf die Einsetzbarkeit des Einzelnen im Unternehmen, sondern auch auf seinen Arbeitsmarktwert aus. Je spezifischer die vermittelten Qualifikationen auf die Anforderungen im Unternehmen ausgerichtet sind, umso geringer ist in aller Regel die Wirkung auf den individuellen Arbeitsmarktwert und damit die Wahrscheinlichkeit, dass der Mitarbeiter bei einem anderen Unternehmen attraktivere Arbeitsbedingungen findet. Eine solche Gefahr besteht im Falle einer Verlagerung von engen Fachkenntnissen auf generalisierbare Basis- und Metaqualifikationen, weil damit die Mobilität (→Beschäftigungsstabilität) erhöht wird. Diese Problematik lässt sich aber begrenzen, wenn beispielsweise die Maßnahme nicht individuell, sondern im Team durchlaufen wird.

- *Anreizsystem*: Mit der Ausgestaltung des Anreizsystems können je nach Ausrichtung ganz unterschiedliche Ziele verfolgt werden: Leistungs- oder Anforderungsgerechtigkeit, soziale Ziele oder die Balance von Arbeitsmarktungleichgewichten. Eine personalbindende Wirkung wird dadurch erreicht, dass neben einem rein vergangenheitsbezogenen Leistungsentgelt zukunftsbezogene Optionen angeboten werden. Eine wenig differenzierte Variante ist das Senioritätsprinzip (→Seniorität) der Entgeltgestaltung, wie es im öffentlichen Dienstrecht immer noch weit verbreitet ist. Innerhalb eines flexibilitätsorientierten personalpolitischen Rahmens lässt sich dieses Prinzip aber auch individualisiert anwenden. Die Bindungswirkung ist umso stärker, je höher die zu erwartenden Entgeltbestandteile im Vergleich zum aktuellen Gehalt sind und je stärker jene an einen Eigenbeitrag des Mitarbeiters gekoppelt sind. Außerdem haben gebundene Entgeltleistungen (z. B. in Form einer →Kapitalbeteiligung) eine stärker bindende Wirkung als Geldzahlungen.

Die Bedeutung der Personalbindung als personalwirtschaftliche Kernfunktion gewinnt im Zuge der →Deregulierung und →Flexibilisierung auf den →Arbeitsmärkten und der dadurch rückgängigen psychologischen Verbindlichkeit der Arbeitsbeziehungen zunehmende Bedeutung.

Literatur: *Butler, T; Waldroop, J.*: Job Sculpting: The Art of Retaining Your Best People, in: Harvard Business Review, 87. Jg. (1999), H. 5, S. 144–152. *Klimecki, R.; Gmür, M.*: Personalmanagement, 3. Aufl., Stuttgart 2005.

Markus Gmür

Personalbudget

aus vergangenen Planungsperioden oder aus völliger Neu-Planung (→Nullbasisplanung) resultierende, monetäre Größe, die als Vorgabewert den finanziellen Spielraum einer organisatorischen Einheit für den Einsatz von →Human Resources beschränkt.

Mit der →Budgetierung kann ein auf konkrete Leistungsziele abgestellter Plan verbunden sein, der die Obergrenze des →Personalaufwands einer organisatorischen Einheit für den Zeitraum einer Rechnungsperiode festlegt. Das →Budget dient als Vorgabe-, Steuer- und Kontrollgröße. Eine typische Variante ist ein starres, also nicht leistungsbezogenes, flexibles Budget, das auch als Steuerungsgröße Vorgaben über den bewerteten Plan-Personalbestand gibt und außerdem der übergeordneten Instanz (→Aufbauorganisation) über den

Budgetauslastungsgrad Kontrollinformationen liefert. An diesen Budgetauslastungsgrad lassen sich zudem Anreizinstrumente knüpfen, zum Beispiel die Gewährung einer Prämie, die sich an der Unterschreitung des Budgets orientiert.

Literatur: *Scholz, C.:* Personalmanagement, 5. Aufl., München 2000, S. 718.

Silvia Föhr

Personal-Cockpit →Internes Personalreporting

Personalcontrolling

planungs- und kontrollgestützter, integrativer Evaluationsansatz (→Evaluation) zur Abschätzung von Entscheidungen des →Personalmanagements, insbesondere deren ökonomischer und sozialer Folgen.

Beim Personalcontrolling erfolgt eine Übertragung der Konzepte des →Controllings auf den Bereich des betrieblichen Personalmanagements. Die Notwendigkeit für diese Übertragung und das wachsende Interesse am Personalcontrolling lässt sich aus der Entwicklung des Personalmanagements und den stetig wachsenden Herausforderungen an dieses erklären (*Scholz* 2000). Seit den 1980er Jahren wird eine stärkere Berücksichtigung betriebswirtschaftlicher Ziele im Personalmanagement gefordert und nach der Zielorientierung und Wirksamkeit personalwirtschaftlicher Maßnahmen gefragt. Neue Ansätze zur Planung, Steuerung und Kontrolle der →Human Resources und deren Management wurden notwendig, mit denen auch wirtschaftliche Kriterien integriert werden können. In den letzten Jahrzehnten hat daher die Verbreitung des Personalcontrollings stark zugenommen. Eine →Befragung der DGFP im Jahre 1998 ergab, dass die Hälfte der befragten Unternehmen bereits ein Personalcontrolling eingeführt hatte und die andere Hälfte eine Einführung plant (*DGFP* 2001).

Der Begriff des Personalcontrollings wird unterschiedlich verwendet, ein einheitlicher Ansatz hat sich nicht durchgesetzt. Generell sollen einzelne Personalmaßnahmen und das gesamte Personalmanagement hinsichtlich ihres Beitrags zum Unternehmenserfolg transparent gemacht werden. Die Abbildung 1 zeigt wesentliche Ansätze des Personalcontrollings in chronologischer Reihenfolge.

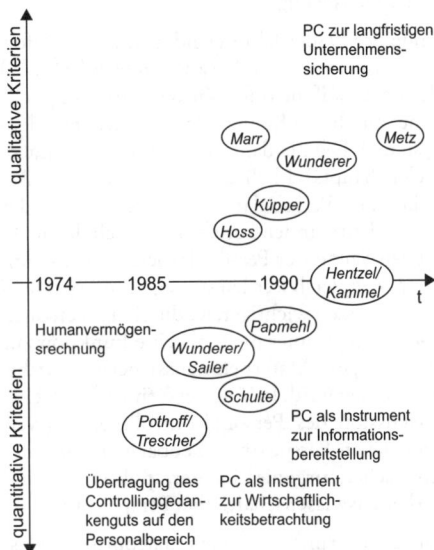

Abbildung 1: Überblick über Ansätze des Personalcontrollings (*Metz* 1995, S. 10)

Die Ursprünge des Personalcontrollings liegen in der amerikanischen Humanvermögensrechnung (→Human Resource Accounting), bekannte Vertreter sind in Amerika *Flamholtz* (1974) und in Deutschland *Schmidt* (1982), sowie *Bartscher* und *Steinmann* (1990). In diesem Rahmen wurden Bewertungsansätze entwickelt, um den Wert des Humanvermögens in einem Unternehmen zu berechnen und auszuweisen. Bei *Potthoff* und *Trescher* (1986) findet eine erste Übertragung des Controllinggedankenguts auf den Personalbereich statt. Die Schwerpunkte liegen auf der Planung, Kontrolle und Steuerung personalwirtschaftlicher Sachverhalte sowohl im strategischen als auch operativen Sinne, dabei werden nicht nur die Kosten, sondern gleichrangig die Leistung mit den auf sie einwirkenden Faktoren betrachtet. Bei *Wunderer* und *Sailer* (1987) steht gleichfalls die ökonomische Orientierung im Vordergrund. Ihre Einteilung des Personalcontrollings in drei Ebenen prägte die Personalcontrolling-Literatur und Praxis:

1. *Kostencontrolling*: Bezieht sich auf die periodische Planung der →Budgets der →Personalabteilung und der →Personalkosten.

2. *Effizienzcontrolling*: Umfasst die Produktivität (→Arbeitsproduktivität) der Personalarbeit und den effizienten Ressourceneinsatz im Personalmanagement.

Personalcontrolling

3. *Effektivitätscontrolling*: Betrachtet den Erfolgsbeitrag der Personalarbeit zum Unternehmenserfolg.

Ende der 1980er Jahre wandert mit dem informationsorientierten Ansatz von *Schulte* (2002) der Fokus auf die Informationsversorgungsaufgabe durch →Kennzahlen (→Kennzahlensysteme). Die bis dahin entstandenen Ansätze zielen hauptsächlich auf quantifizierbare Aspekte der Personalarbeit ab. Seit Ende der 1980er Jahre finden zunehmend auch die qualitativen Seiten der Personalarbeit Berücksichtigung. Zeitgleich werden strategische Aspekte in den Ansätzen wichtiger, wodurch das Personalcontrolling immer mehr als eine Funktion zur langfristigen Unternehmenssicherung wahrgenommen wird. In jüngster Zeit lässt sich eine Diskussion des Personalcontrollings aus verschiedenen Perspektiven beobachten, aus ökonomischer, organisationaler, politischer und verhaltenswissenschaftlicher Perspektive.

Die Einführung eines Personalcontrollings ist kein Selbstzweck, sondern dient zur Erreichung gesetzter Ziele. Als allgemeine Zielsetzung kann die Unterstützungsfunktion für das Personalmanagement zur Erreichung der Personal- und Unternehmensziele hervorgehoben werden. In der Literatur werden Ziel- und Funktionskataloge mit unterschiedlichen Schwerpunkten und Detaillierungsgraden beschrieben: Integrations-/Koordinationsfunktion, Transparenz- und Frühwarnfunktion, Strategische Funktion, Dienstleistungs-/Informationsfunktion und Beratungsfunktion.

Die Festlegung der einzelnen Zielsetzungen erfolgt unternehmensspezifisch und orientiert sich an den Unternehmens- und Personalzielsetzungen des jeweiligen Unternehmens.

Es lassen sich verschiedene Ausprägungen des Personalcontrollings erkennen: Strategisches und Operatives Personalcontrolling unterscheidet zwei Leistungsebenen, von denen ein zeitlicher Horizont mit den damit verbundenen typischen Aufgaben abgeleitet werden kann. Qualitativ orientiertes und quantitativ orientiertes Personalcontrolling, die eng mit den Leistungsebenen verknüpft sind, sowie faktororientiertes und prozessorientiertes Personalcontrolling. Diese sollen im Folgenden näher charakterisiert werden (*Tonnesen* 2002, *Wunderer* und *Schlagenhaufer* 1994):

- *Strategisches Personalcontrolling*: Unterstützung des Personalmanagements im Rahmen seiner strategischen Aufgaben, eher langfristig orientiert und bezogen auf Erfolgspotenziale zur Sicherung der Erreichung der Unternehmensziele. Konkrete Aufgaben sind beispielsweise die Erfassung von Mitarbeiterpotenzialen und die Prüfung von Grundprämissen der →Personalstrategie.

- *Operatives Personalcontrolling*: Unterstützt im Rahmen der operativen Aufgaben das Personalmanagement, ist kurzfristig am Tagesgeschäft ausgerichtet, hierbei stehen insbesondere Kosten- und Wirtschaftlichkeitsanalysen im Vordergrund, zum Beispiel Kosten-Nutzen-Vergleiche von Bildungsmaßnahmen.

- *Quantitativ orientiertes Personalcontrolling*: Tendenziell operativ und insbesondere materiell orientiert, zum Einsatz kommen vor allem quantitative direkt messbare →Daten, wie Kostenstrukturen und Personalbestandsdaten.

- *Qualitativ orientiertes Personalcontrolling*: Tendenziell strategisch, zum Einsatz kommen vor allem qualitative Daten, die unter anderem durch Indikatoren abgebildet werden, zum Beispiel Daten zur Mitarbeiterzufriedenheit (→Arbeitszufriedenheit), zur →Qualifikation oder zum →Führungsverhalten.

- *Faktororientiertes Personalcontrolling*: Bezieht sich auf das Controlling des „Produktionsfaktors" Personal.

- *Prozessorientiertes Personalcontrolling*: Das Controlling der Personalarbeit selbst.

Die Inhalte des Personalcontrollings umfassen sämtliche Aufgabenfelder und Ebenen des Personalmanagements. Hierbei lassen sich beispielsweise das Personalkostencontrolling im Rahmen des Personalkostenmanagements, das →Bildungscontrolling für die →Personalentwicklung, das Controlling der Personalgewinnung und →Personalauswahl innerhalb der →Personalbeschaffung sowie das Anforderungs- und Bedarfscontrolling für die Personalbedarfsbestimmung (→Personalbedarfsplanung) hervorheben.

Die zur Verfügung stehenden Methoden und Instrumente zur Erfüllung der Ziele und Aufgaben des Personalcontrollings sind sehr vielfältig und können laut *Papmehl* (1999) unterschiedlich systematisiert werden. Häufige Einteilungen folgen zum Beispiel den Aufgaben des Personalcontrollings, den Phasen des Informationsverarbeitungsprozesses oder auch der Herkunft der Instrumente. Keine der angeführten Systematisierungen ist überschneidungsfrei und kann die Vielfältigkeit vollständig abbilden. Nach der Herkunft der Instrumente lassen sich grundsätzlich drei Bereiche unterscheiden:

1. *Instrumente, die bereits aus der klassischen Personalarbeit bekannt sind* und bei Bedarf mehr oder weniger angepasst werden müssen (z. B. →Leistungsbeurteilung, →Mitarbeiterbefragung).

2. *Instrumente, die aus dem Bereich der strategischen Analyseinstrumente stammen* und personalspezifisch angepasst werden müssen (z. B. GAP-Analyse, Soll-Ist-Vergleiche, Prognoseinstrumente, Frühwarnsysteme).

3. *Instrumente, die aus dem Bereich des Rechnungswesens und des Unternehmenscontrollings stammen* und gleichfalls personalspezifisch angepasst werden müssen (z. B. Kostenstrukturanalysen, Kennzahlen, →Budgetierung, →Kostenmanagement).

Die Auswahl und Anwendung der Instrumente in der Praxis ist unmittelbar von den unternehmensspezifischen Aufgaben abhängig und sollte nach dem Nutzen der zu beschaffenden →Informationen und den dadurch entstehenden Kosten bewertet werden.

Eine wichtige Voraussetzung für ein funktionierendes Personalcontrolling ist die Konzeption und →Implementierung von →*Personalinformationssystemen*, die eine durchgängige Informationsversorgung sicherstellen. Damit steht dem Personalcontrolling die notwendige Datenbasis zur gezielten Informationsversorgung und -steuerung zur Verfügung, die bedürfnisorientiert weiterentwickelt werden sollte.

Ein *Erfolgsfaktor* für das Personalcontrolling stellt dessen Institutionalisierung und die organisatorische Eingliederung in Unternehmen dar (*Wunderer* und *Jarritz* 1999). Grundsätzlich kann es als Stabsstelle der Unternehmensleitung, dem allgemeinen Controlling, der Personalleitung als Stabsstelle oder als weitere Teilfunktion des Personalbereichs zugeordnet werden. Notwendig ist ein enger Kontakt zum allgemeinen betriebswirtschaftlichen Controlling. Die direkte Nähe zum Personalbereich ist aber aufgrund der Besonderheiten des Personalmanagements und der höheren Akzeptanz im Personalbereich zu befürworten. In Studien wurde deutlich, dass in der Praxis das Personalcontrolling überwiegend in den Personalbereich integriert ist, es überwiegt dabei die Einordnung als Stabsstelle gegenüber der Linienfunktion. Nur selten findet sich eine Zuordnung zur Unternehmensleitung oder zum Controlling.

Als *zukünftige Entwicklungen* des Personalcontrollings lassen sich eine stärkere →Internationalisierung, der Trend zu mehr Selbstcontrolling, wie auch der innovative Einsatz von Management-Instrumenten, wie das →Benchmarking oder auch die →Balanced Scorecard erkennen. Dieser Wandel trägt zur weiteren Professionalisierung des Personalmanagements durch Anwendung eines modernen Personalcontrollings bei.

Literatur: *Bartsch, T.; Steinmann, O.*: Der Human-Ressource-Accounting-Ansatz innerhalb der Personalcontrolling-Diskussion, in: Zeitschrift für Personalführung, 4. Jg. (1990), H. 4, S. 387–403. Deutsche Gesellschaft für Personalführung e.V. (Hrsg.): Personalcontrolling in der Praxis, Stuttgart 2001. *Metz, F.*: Konzeptionelle Grundlagen, empirische Erhebungen und Ansätze zur Umsetzung des Personal-Controlling in die Praxis, Frankfurt a. M. 1995. *Papmehl, A.*: Personal-Controlling, 2. Aufl., Heidelberg 1999. *Potthoff, E.; Trescher, K.*: Controlling in der Personalwirtschaft, Berlin, New York 1986. *Scholz, C.*: Personalmanagement, 5. Aufl., München 2000. *Tonnesen, C.*: Die Balanced Scorecard als Konzept für das ganzheitliche Personalcontrolling, Wiesbaden 2002. *Wunderer, R.; Sailer, M.*: Instrumente und Verfahren des Personal-Controlling, in: Controller Magazin, 12. Jg. (1987) H. 6, S. 287–292. *Wunderer, R.; Schlagenhaufer, P.*: Personal-Controlling, Stuttgart 1994. *Schulte, C.*: Personal-Controlling mit Kennzahlen, 2. Aufl., München 2002. *Wunderer, R.; Jarritz, A.*: Unternehmerisches Personalcontrolling, Neuwied 1999.

Sonja Festerling
Klaus Möller

Personaldaten

bilden neben den →Arbeitsplatzdaten eine wesentliche Kategorie personalwirtschaftlicher →Daten.

Der Inhalt von Personaldaten variiert je nach Anwendungsbereich erheblich. Neben obligatorischen Grunddaten wie Name oder Anschrift einer Person zählen beispielsweise auch Daten zu →Qualifikation, Abrechnung, Sozialversicherung, An- und Abwesenheit, Weiterbildung, Bezugspersonen, Reisen, Bankverbindungen oder eingereichten Verbesserungsvorschlägen als Personaldaten.

Umfassende →personalwirtschaftliche Anwendungssoftware weist inzwischen nicht selten einen Bestand von mehreren hundert Einzeldatenfeldern je Personaldatensatz auf, was den erheblichen Umfang vorgehaltener Personaldaten ebenso wie den damit einhergehenden Pflegeaufwand belegt. Je nach Art der Daten lassen sich dabei Stammdaten (d. h. identifizierende oder klassifizierende Mitarbeitermerkmale wie etwa Geschlecht oder Namen), Bewegungsdaten (d. h. abwicklungsorientierte, immer wieder neu entstehende Daten wie etwa geleistete Arbeitsstunden) und Ergebnisdaten (d. h. Ergebnisse der Datenverarbeitung wie etwa vom System errechnetes Nettoentgelt) unterscheiden. Da es sich bei Personaldaten um personenbezogene Daten handelt, unterliegen sie dem →Bundesdatenschutzgesetz.

Stefan Strohmeier

Personaleinsatzplanung

Planung, die der →Organisation ermöglicht, zur Verfügung stehende Mitarbeiter entsprechend ihren Fähigkeiten (→Qualifikation) an der jeweils richtigen →Stelle im betrieblichen Ablauf einzusetzen.

Ziel eines optimalen Personaleinsatzes ist es, die →Human Resources bestmöglich in den Leistungsprozess einzugliedern, so dass ein möglichst hoher Deckungsgrad zwischen betrieblichen Anforderungen auf der einen Seite und mitarbeiterspezifischem →Eignungsprofil, das heißt Fähigkeiten und Fertigkeiten sowie Neigungen, auf der anderen Seite erlangt wird. Im Vordergrund der Planung steht hierbei oftmals eine relativ zeitlich kurzfristige und kapazitätsbezogene Zuordnung, die durch quantitative Methoden und entsprechende Planungsalgorithmen unterstützt wird. Insbesondere Unternehmen mit schwankender Produktions- und Dienstleistungsnachfrage greifen zunehmend auf das Instrument der geplanten personellen Einsatz- und Abbaureserve zurück. Dies setzt voraus, dass im Unternehmen Arbeitsplätze bestehen, die nicht auf Dauer eingerichtet sind und einen überdurchschnittlich flexiblen Einsatz der Arbeitskräfte erlauben. In der unternehmerischen Praxis wird die →Einsatzplanung im Sinne eines geordneten, informationsverarbeitenden Prozesses mit der Intention der Erreichung vorgegebener Ziele meist nur in Verbindung mit reorganisatorischen Maßnahmen oder technischen Umstellungen durchgeführt.

Yvonne Groening

Personaleinsatzplanungssysteme

Kategorie →personalwirtschaftlicher Anwendungssoftware, welche die antizipative Zuordnung des zur Verfügung stehenden Personals zu organisatorischen Einheiten wie →Stellen oder Aufgaben (→Aufbauorganisation) unterstützt.

Einfachere Systeme bieten „elektronische Plantafeln" zur manuellen Einplanung von Personal, wobei das System die →Einsatzplanung durch Auswertungen und Hinweise etwa auf Über- oder Unterdeckungen oder auf Fehler wie unerlaubte Schichtfolgen unterstützt.

Eine weitgehende automatisierte Einsatzplanung bieten komplexere Systeme, die mit mathematischen Methoden zur Lösung von Zuordnungsproblemen bei der Einsatzplanung arbeiten. Inzwischen können bei der Planung vielfältige Anforderungen wie Minimierung der →Personalkosten, Vermeidung von Überschreitungen der Maximal- und Vermeidung von Unterschreitung der Minimalarbeitszeit, Deckung des Bedarfs an Mitarbeitern, Minimierung der Vertretungen je Stelle oder von Tätigkeitswechseln von Mitarbeitern, unzulässige Schichtfolgen, Berücksichtigung von Mitarbeiterwünschen bezüglich der →Arbeitszeit, Fahrgemeinschaften und viele andere berücksichtigt werden. Gerade komplexere Systeme zur →Personaleinsatzplanung weisen daher meist den Charakter eines →entscheidungsunterstützenden Systems auf.

Wegen ausgeprägter branchenspezifischer Unterschiede des Einsatzproblems besteht bei den vorfindbaren Systemen meist ein enger Branchenbezug. Aufgrund inhaltlicher Überschneidungen sind Systeme zur Personaleinsatzplanung oft mit →Zeitwirtschaftssystemen kombiniert. Durch Kontroll- und Informationsfunktionen öffnet sich diese Kategorie prinzipiell auch in Richtung Personaleinsatzcontrolling.

Stefan Strohmeier

Personalentlohnung

Bestandteil des →Personalaufwands, der sich aus unterschiedlichen Entgeltkomponenten zusammensetzt.

Zur Personalentlohnung zählen die Entlohnung, der eine vom →Arbeitnehmer erbrachte Leistung gegenübersteht (Grund- und Leistungslohn), sowie der Soziallohn, der unter anderem Versorgungsleistungen beinhaltet, die gesetzlich oder tariflich vorgegeben sind beziehungsweise freiwillig vom Unternehmen gewährt werden (→Personalzusatzkosten).

Silvia Föhr

Personalentwicklung

planvolle zukunftsorientierte Gestaltung des Leistungsvermögens der Belegschaft im Hinblick auf Organisations- und Individualziele.

Im *Idealfall* werden sowohl die Ziele der →Organisation wie auch die Ziele der Mitarbeiter verfolgt. Da es sich um eine betriebliche Aufgabe handelt, kann davon ausgegangen werden, dass bei konfliktären Zielen die Organisationsziele ausschlaggebend sind. Zu bedenken gilt es hierbei jedoch, dass →Personalentwicklungsmaßnahmen entgegen dem Willen der Mitarbeiter die Wahrscheinlichkeit des Erfolgs der Maßnahme und demzufolge der damit verbundenen Investition (Return-On-Investment) schmälern. Neben dem Hauptziel der Personalentwicklung, der Optimierung des Wertschöpfungsbeitrags des Humankapitals, verfolgen Unternehmen nach *Riekhof* (2002) und *Scholz* (2000) normalerweise eine Reihe von Subzielen: Zu nennen sind hier beispielsweise die allgemeine Erhöhung der innerbetrieblichen →Flexibilität, wobei man sich – je nach Arbeitsmarktsituation – über die steigende Gefahr der externen →Fluktuation bei gestiegenem Qualifikationsniveau klar sein sollte; sowie die Steigerung des →Unternehmensimages und damit der Attraktivität als →Arbeitgeber (Employer of Choice) sowohl für aktuelle wie auch für potenzielle zukünftige Mitarbeiter. Dies wird unter anderem darüber erreicht, dass durch professionelle Personalentwicklungssysteme die Transparenz bei Besetzungsentscheidungen erhöht wird. Darüber hinaus tragen Unternehmen einen Teil der Verantwortung dafür, dass ihre Belegschaft ihren Wert auch auf dem externen →Arbeitsmarkt behält (→Employability). Die in den letzten Jahren rasante Zunahme von →Unternehmenszusammenschlüssen, Unternehmens-(teil)verkäufen sowie Unternehmensschließungen haben die Bedeutung dieses Teilziels der Personalentwicklung deutlicher hervortreten lassen.

Das Wort *planvoll* in der oben aufgeführten Begriffsdefinition unterstreicht den Managementaspekt einer professionellen Personalentwicklung. Es gilt einen Prozess zu implementieren, der abgeleitet von den Unternehmenszielen eine Planung (→Personalentwicklungsplanung) zur Grundlage hat, auf Basis derer die Entscheidungen über die einzelnen Implementierungsschritte (→Implementierung) getroffen werden können und die schließlich den Bezugspunkt für das →Controlling der Personalentwicklung (→Personalcontrolling) bildet. Dies wiederum ermöglicht eine ständige Verbesserung, zum einen des Planungsprozesses, zum anderen der operativen Umsetzung. Berücksichtigt werden sollte dabei auch die →Selbstentwicklung des Leistungsvermögens, die nicht zwangsläufig mit der betrieblichen Intention der Personalentwicklung übereinstimmen muss.

Professionelle Personalentwicklung ist langfristig ausgerichtet und der oben genannten Begriffsdefinition entsprechend, an *zukünftigen* Entwicklungen, innerhalb und außerhalb des Unternehmens orientiert. Dies bedeutet jedoch nicht, dass die Personalentwicklung aktuelle Anforderungen an die Mitarbeiter außer Acht lässt; allerdings darf sich professionelle Personalentwicklungsarbeit darauf nicht beschränken.

Abbildung 1: Rahmenbedingungen der Personalentwicklung (*Hofmann* 2000, S. 25)

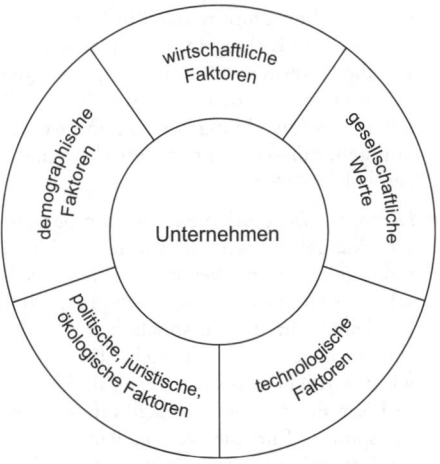

Im Folgenden sind beispielhaft Konsequenzen für die Personalentwicklung dargestellt, die sich aus Veränderungen der in Abbildung 1

Personalentwicklung

aufgeführten Umfeldsegmente ergeben können:

- *Wirtschaftliche Faktoren*: Abhängig von der Wettbewerbssituation auf dem Arbeitsmarkt werden Unternehmen ihre Personalentwicklungsaktivitäten entweder verstärken oder aber reduzieren. So scheint es beispielsweise angeraten, bei einem Nachfrageüberhang nach Arbeitskräften Personalentwicklungsaktivitäten zu verstärken, um den Bedarf an qualifiziertem Personal sicherstellen zu können.
- *Gesellschaftliche Werte*: *von Rosenstiel* und *Stengel* haben in den 1980er Jahren auf Grundlage von Untersuchungen eine Unterteilung der Mitarbeiter nach ihren Wertvorstellungen (→Normen und Werte) vorgenommen in Freizeitorientierte, alternativ Engagierte und Karriereorientierte. Der gesellschaftliche Wertewandel hat Auswirkungen auf die jeweiligen Anteile auch im Unternehmen. Die Bedeutung der Personalentwicklung wird mit dem Anteil an Karriereorientierten in der Belegschaft wohl eher steigen.
- *Technologische Faktoren*: Steigende Qualität und sinkende Kosten von Informations- und Kommunikationstechnologie eröffnen der Personalentwicklung beispielsweise neue Lernwege (→Blended Learning, →eLearning).
- *Politische, juristische und ökologische Faktoren*: Die Entwicklungen in der Bildungspolitik haben unmittelbar Einfluss auf die Personalentwicklung in den Unternehmen. Für die Unternehmen notwendige →Qualifikationen, die nicht während der schulischen →Ausbildung erworben werden konnten, müssen von den Betrieben „nachgeschult" werden.
- *Demographische Faktoren*: Der demographische Wandel in Form veränderter →Altersstrukturen hin zur Veralterung der Gesellschaft bringt die Notwendigkeit zum Umdenken in der Personalarbeit (→Personalmanagement) mit sich. Die ersten wirtschaftlichen Auswirkungen sind bereits in Form des steigenden Fachkräftemangels zu spüren. Für die Personalentwicklung wird es zukünftig verstärkt darum gehen, Lernformen zu entwickeln beziehungsweise Lernsituationen zu gestalten, die vor allem an den Bedürfnissen (→Motiv) älterer Mitarbeiter ausgerichtet sind (→Lernen).

Die Möglichkeiten zur *Gestaltung* der Personalentwicklung sind vielfältig. Einen Einblick geben beispielsweise *Becker* (2002), *Scholz* (2000) und *Stiefel* (2004). Zunächst müssen als Ergebnis der →Personalentwicklungsplanung (abgeleitet aus den Unternehmensplänen) →Anforderungsprofile (→Anforderungsanalyse) für alle Positionen im Unternehmen erarbeitet werden. Dem gegenüber gestellt werden die derzeit verfügbaren Qualifikationen der Mitarbeiter. Informationen hierüber werden in einer Vielzahl an Unternehmen mittels →Personalbeurteilungen gesammelt. Diese Personalbeurteilungen, die meist jährlich nach einem einheitlichen Schema durchgeführt werden, beinhalten normalerweise die Bewertung der Leistung des Mitarbeiters auf der aktuellen →Stelle in der vergangenen Periode und eine Abschätzung des Potenzials der beurteilten Person für weiterführende Aufgaben. Aus dem Vergleich der zukünftig notwendigen Qualifikation mit der im Unternehmen verfügbaren Qualifikation ergibt sich der Qualifikationsbedarf. Dieser kann nun entweder extern – zum Beispiel durch →Personalbeschaffung vom Arbeitsmarkt – gedeckt werden oder intern durch entsprechende Entwicklungsmaßnahmen für das vorhandene Personal. Bei diesen Maßnahmen kann es sich um

- berufliche Ausbildung (Vermittlung einer breiten Grundbildung kombiniert mit den für den angestrebten Beruf notwendigen fachlichen Kenntnissen und Fähigkeiten),
- Umschulung oder
- berufliche →Fort- und Weiterbildung (nach *Becker* (2002) zur Erhaltung oder Erweiterung der beruflich notwendigen Kenntnisse und Fähigkeiten)

handeln. Methodisch kann grundsätzlich zwischen On-the-Job und Off-the-Job Maßnahmen unterschieden werden:

- *On-the-Job* sind alle Maßnahmen, die das Erlernen notwendiger Qualifikationen während der Erfüllung der Tagesaufgaben ermöglichen; zum Teil findet Lernen durch die Tätigkeit selbst statt (z.B. Projektaufträge, Stellvertretungen).
- *Off-the-Job* sind alle anderen Entwicklungsmaßnahmen. Sie werden also „neben" dem

Tagesgeschäft absolviert, wie zum Beispiel der Besuch von Seminaren.

In einigen Veröffentlichungen, wie zum Beispiel in *Becker* (2002), findet sich eine zusätzliche Untergliederung in Into-the-Job (bspw. Einführungsveranstaltungen für neue Mitarbeiter), Near-the-Job (beispielsweise Outdoor-Seminare, mittels derer die →Teamentwicklung in einer „realen" Gruppe, jedoch nicht am Arbeitsplatz, vorangetrieben werden soll) und Out-of-the-Job Maßnahmen (z. B. Vorbereitung auf den Ruhestand (→Pensionierung, Outplacement-Seminare).

Der Begriff *Leistungsvermögen* in der zu Beginn formulierten Begriffsdefinition macht deutlich, dass es bei der Personalentwicklung in erster Linie nicht um die tatsächlich gezeigte Leistung, sondern, wie *Neuberger* (1994) betont, zunächst um die grundsätzliche Befähigung zur Leistungserstellung (Qualifikation) geht. Ob die gewünschte →Arbeitsleistung gezeigt wird, hängt darüber hinaus, wie in Abbildung 2 verdeutlicht, in hohem Maße von der →Leistungsbereitschaft (→Motivation) ab, sowie von strukturellen Rahmendaten und der situativen Ermöglichung. Dabei ist zu beachten, dass sich diese Elemente auch gegenseitig beeinflussen: So wird ein Mitarbeiter zur Leistungserstellung wahrscheinlich höher motiviert sein, je höher er seine Fähigkeiten und Erfolgschancen einschätzt (→Motivationstheorien).

Abbildung 2: Einflussfaktoren auf die Leistung der Belegschaft (*von Rosenstiel* 2003, S. 79)

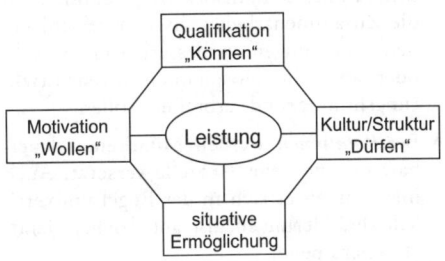

Der Adressat der Personalentwicklung ist die *Belegschaft*. Hierbei kann im Rahmen der Personalentwicklung unterschieden werden zwischen Einzelpersonen, also dem Training von Individuen (→Persönlichkeitsentwicklung, →Selbstentwicklung), Teams (das heißt Arbeiten an interpersonalen Beziehungen →Teamentwicklung) sowie ganzen Organisationseinheiten (der Bearbeitung von objektivierten Strukturen und Bedingungen der Arbeitstätigkeit →Organisationsentwicklung).

Abbildung 3: Bestandteile der Personalentwicklung (*Neuberger* 1994, S. 13)

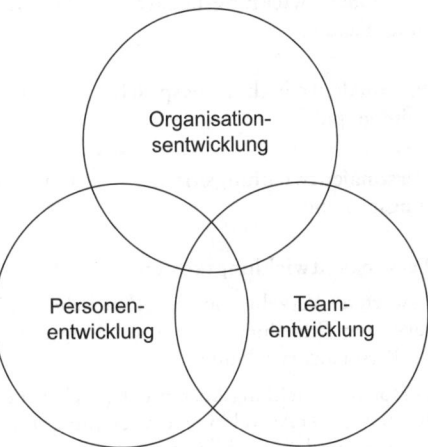

Zu den wichtigen *Erfolgsfaktoren* für die Implementierung von Personalentwicklungssystemen zählen zum einen die adressatenorientierte →Kommunikation des Wertschöpfungsbeitrags der Personalentwicklung:

- Die Unternehmensleitung und gegebenenfalls die Anteilseigner müssen davon überzeugt werden, dass die Wettbewerbsfähigkeit des Unternehmens durch die Personalentwicklung steigt. Dies kann signifikant durch →Kosten-Nutzen-Analysen unterstützt werden.

- Arbeitnehmern sowie deren Vertretung, aber auch potenziellen zukünftigen Mitarbeitern werden klare Perspektiven geboten, wenn das System transparent aufgebaut ist.

Zum anderen sollten die Betroffenen bei der Entwicklung des Systems einbezogen werden, ohne sie – insbesondere zeitlich – zu überfordern.

Literatur: Becker, M.: Personalentwicklung, 3. Aufl., Stuttgart 2002. *Hofmann, L.*: Führungskräfte in Europa. Ein Vergleich der Anforderungen an Führungskräfte in Deutschland, Frankreich und Finnland, Wiesbaden 2000. *Neuberger, O.*: Personalentwicklung, Stuttgart 1994. *Riekhof, H.C.*: Strategien der Personalentwicklung, Wiesbaden 2002. *von Rosenstiel, L.*; *Stengel, M.*: Identifikationskrise? Zum Engagement in betrieblichen Führungspositionen, Bern 1987. *Scholz, C.*: Personalmanagement, 5. Aufl., München 2000. *Stiefel, R.*: Personalentwicklung KMU, 4. Aufl., Leonberg 2004. *von Rosenstiel, L.*: Entwicklung und Training von Führungskräf-

Personalentwicklungsbedarf

ten, in: *von Rosenstiel, L.; Regnet, E.; Domsch, M.* (Hrsg.): Führung von Mitarbeitern, 5. Aufl., Stuttgart 2003, S. 67–83.

Laila Maja Hofmann

Personalentwicklungsbedarf →Entwicklungsplanung

Personalentwicklungsgespräch →Mitarbeitergespräch

Personalentwicklungsinhalt →Entwicklungsplanung

Personalentwicklungskosten

bewerteter Verzehr von wirtschaftlichen Gütern zur Erstellung und zum Absatz von →Personalentwicklung.

Personalentwicklungskosten entsprechen den Kosten für →Ausbildung, Umschulung sowie →Fort- und Weiterbildung oder – generell gesprochen – für →Mitarbeiterförderung. Hierbei wird zwischen *fixen* Kosten (z. B. Kosten für die Personalentwicklungsabteilung) und *variablen* Kosten (z. B. Honorare für externe Trainer) unterschieden. Die Personalentwicklungskosten zählen neben den Personalbeschaffungs- und den →Personalfreisetzungskosten zur →Personalkostengruppe *Aktionskosten*.

Laila Maja Hofmann

Personalentwicklungsmethoden

Instrumente, mithilfe derer Wissenstransfer durchgeführt wird (syn.: Weiterbildungs- oder Bildungsmethoden).

Abbildung 1: Methoden der Personalentwicklung (*Hofmann/Regnet* 2003)

Grundsätzlich kann, wie in Abbildung 1 dargestellt, unterschieden werden zwischen *On-the-Job Maßnahmen*, das heißt Methoden, die das →Lernen während der Leistungserstellung und *Off-the-Job Maßnahmen*, Methoden, die das Lernen außerhalb der Arbeitssituation fördern. Einen Überblick hierzu geben *Hofmann* und *Regnet* (2003) in Abbildung 1.

Zu den bekanntesten Off-the-Job Maßnahmen in der →Personalentwicklung gehören →Trainings und Seminare. Diese beiden Begriffe werden nach *Weidemann* und *Paschen* (2001) oftmals synonym gebraucht. Bei Trainings steht jedoch das *Üben* von Verhaltensweisen im Vordergrund, bei Seminaren die *Wissensvermittlung*. Trainings beziehungsweise Seminare empfehlen sich laut *Weidemann* und *Paschen* (2001) insbesondere, wenn dadurch eine Grundlagenqualifizierung für neue Aufgabenfelder erfolgen soll, unmittelbar für die Praxis relevante Kompetenzfelder (→Kompetenz) vermittelt oder aber →Kernkompetenzen aufgefrischt werden sollen.

In der Personalentwicklung weit verbreitete On-the-Job Maßnahmen sind Hospitationen, Rotationen (→Job Rotation), Projektarbeit, →Mentoring sowie Patenschaften:

- Im Rahmen von *Hospitationen* werden Mitarbeiter zeitweise in anderen Abteilungen eingesetzt; in der Regel erfolgt dies auf hierarchisch gleicher Ebene (→Hierarchie). Häufige Anwendung finden sie in →Traineeprogrammen. Aber auch für langjährige Mitarbeiter können Hospitationen von großem Nutzen sein; insbesondere dann, wenn die Zusammenarbeit zwischen verschiedenen Abteilungen verbessert werden soll, oder aber die Hospitanten ihren Erfahrungshintergrund verbreitern sollen.

- Bei *Rotationen* werden Mitarbeiter dauerhaft in eine neue →Stelle versetzt. Auch hier handelt es sich in der Regel um vertikale Veränderungen, also auf gleicher hierarchischer Ebene.

- Die Einbindung in ein *Projekt* stellt eine im höchsten Maße anwendungsrelevante Personalentwicklungsmethode dar. Probleme bei der Übertragung des Gelernten auf das Tagesgeschäft gibt es hier praktisch keine, da es sich bei den Projektaufgaben immer auch um das Tagesgeschäft handelt. Zu unterscheiden sind Projekte, die speziell für Personalentwicklungsanlässe definiert wurden und solchen, die unmittelbar von hoher Bedeutung für die Erreichung der Unternehmensziele sind, jedoch für Nachwuchskräfte Teilaufgaben bieten, in denen sie sich bewähren und ihren Erfahrungshintergrund ausbauen können.

- *Mentoring* und *Patenschaften* sind häufig synonym verwendete Begriffe. Adressaten von Mentoring sind jedoch in erster Linie neue Mitarbeiter, die von ihrem Mentor in die fachlichen und überfachlichen Aspekte ihrer Aufgabe eingeführt werden sollen. Hierzu gehört durchaus auch das „Vertraut-Machen" mit informellen Strukturen, die für die neue Aufgabe von Bedeutung sind. Bei Patenschaften hingegen geht es – auf Basis einer Vereinbarung – um die zeitlich begrenzte Einführung in ein Kompetenzfeld. Adressaten hierfür sind sowohl neue Mitarbeiter wie auch bereits erfahrene, die sich eine für sie neue →Kompetenz aneignen.

Als weitere Methoden, die sowohl On-the-Job als auch Off-the-Job angewendet werden können, gewinnen die interne Wissensmultiplikation (→Wissensmanagement) oder auch das →eLearning immer mehr an Bedeutung.

In einer Reihe von Veröffentlichungen, beispielsweise in *Hofmann* und *Regnet* (2003) sowie *Weidemann* und *Paschen* (2001), findet man zusätzlich die Begriffe Into-the-Job Maßnahmen, Near-to-the-Job Maßnahmen und Out-of-the-Job Maßnahmen.

Literatur: *Hofmann, L.; Regnet, E.*: Innovative Weiterbildungskonzepte, 3. Aufl., Göttingen 2003. *Weidemann, A.; Paschen, M.*: Personalentwicklung, Freiburg 2001.

Laila Maja Hofmann

Personalentwicklungsplanung

basiert auf einem Vergleich des zukünftigen Bedarfs an →Qualifikationen mit dem derzeitigen Qualifikationsstand der Belegschaft und deren geschätzten Potenzial.

Die Personalentwicklungsplanung stellt die Grundlage für Entscheidungen über Maßnahmen der →Personalentwicklung (PE) sowie den Bezugspunkt für das Personalentwicklungscontrolling (→Personalcontrolling) dar. Für Letzteres werden – wie grundsätzlich für alle Controlling-Prozesse – die Plandaten nach Ablauf der Planungsperiode mit den tatsächlichen Ergebnissen verglichen. Die dabei festgestellten Abweichungen werden nach *Scholz* (2000) auf ihre Ursachen hin analysiert. Daraus werden Rückschlüsse für die Verbesserung der Personalentwicklungsplanung gezogen, die sich *Wunderer* und *Jaritz* (2002) zufolge sowohl auf den Prozess der Personalentwicklung (Planung, Durchführung, Kontrolle) wie auch auf die Inhalte der Personalentwicklung (unter anderem verwendete Methoden, interne und externe Partner, Nachfolgeentscheidungen) beziehen. Die Personalentwicklungsplanung ist Bestandteil der →Personalplanung, die im idealen Fall einen Teilbereich der Unternehmensplanung darstellt.

Als Quellen, die für die Feststellung des Bedarfs an Personalentwicklungsmaßnahmen genutzt werden sollten, sind zu nennen:

- *Unternehmensziele*: Welche →Anforderungen werden auf die Belegschaft auf Grundlage der kurz-, mittel- und langfristigen Unternehmensplanung zukommen?

- →*Führungskräfte*: Welche Stärken und Schwächen stellen die verantwortlichen Führungskräfte bei ihren Mitarbeitern basierend auf den →Beobachtungen im Tagesgeschäft fest? Auf welchen Positionen können die →Qualifikationen und Potenziale der Mitarbeiter unter welchen Bedingungen kurz-, mittel- oder langfristig zur Erreichung der Unternehmensziele am besten genutzt werden (Verwendungsplanung, →Nachfolgeplanung)? In vielen Unternehmen wurden für eine systematische Erhebung dieser Informationen Personalentwicklungsgespräche in Form von beispielsweise Jahresgesprächen oder Beurteilungsgesprächen (→Mitarbeitergespräch, →Personalgespräch) eingeführt.

- *Mitarbeiter*: Wo sehen die Betroffenen für sich selber Entwicklungsbedarf? Welche Vorstellungen haben sie von ihrem zukünftigen Werdegang (→Potenzialbeurteilung)? Oftmals werden Mitarbeiter auch systematisch als Informationsquelle zur Aufdeckung von Entwicklungsbedarf (→Entwicklungsplanung) bei ihren Führungskräften genutzt (Bottom up Beurteilung, →Vorgesetztenbeurteilung).

- *Umfeldentwicklungen*: Falls sich die Personalentwicklungsplanung nicht nur als nachgeordneter Bestandteil der Unternehmensplanung versteht, sondern als strategischer Wettbewerbsfaktor, müssen auch neue Impulse durch die Personalentwicklung einfließen. Dies kann beispielsweise dadurch geschehen, dass Trends, die sich im Umfeld abzeichnen, jedoch nicht (auf den ersten Blick) direkt etwas mit dem Unternehmensgegenstand zu tun haben, Eingang finden in Führungskräftetrainings. Hier können dann beispielsweise in Form von →Workshops Ideen von der Führungsmannschaft entwickelt werden, wie dieser Trend zum Erfolg des Unternehmens beitragen könnte.

Literatur: *Scholz, C.*: Personalmanagement, 5. Aufl., München 2000. *Wunderer, R.*; *Jaritz, A.*: Unternehmerisches Personalcontrolling, Neuwied 2002.

Laila Maja Hofmann

Personalentwicklungsplanungssysteme

Kategorie →personalwirtschaftlicher Anwendungssoftware, die Anwender bei der Festlegung künftiger Entwicklungsmaßnahmen unterstützt.

Mit Systemen zur Weiterbildungsplanung, zur Seminarplanung, zur →Karriere- und →Nachfolgeplanung und zur Ausbildungsplanung lassen sich vier Subkategorien unterscheiden:

1. Softwaresysteme zur *Weiterbildungsplanung* verwenden meist den Profilabgleich zwischen →Anforderungen einer aktuellen oder künftig einzunehmenden →Stelle und der →Qualifikation einer Person, um den Weiterbildungsbedarf festzustellen. Meist wird die Erstellung der zum Profilabgleich notwendigen Eignungs- und Anforderungsdaten (→Eignung) durch diese Systeme nicht unterstützt. Berücksichtigt werden vorher festgelegte maximale Weiterbildungsansprüche und Weiterbildungswünsche der Mitarbeiter.

2. Softwaresysteme zur *Seminarplanung* widmen sich der operativen und kurz- bis mittelfristigen Disposition von Weiterbildungsveranstaltungen. Die zentrale Planungsaufgabe besteht in der antizipativen, oft komplizierten Zuordnung von Seminaren beziehungsweise inhaltlich aufeinander aufbauenden Seminarreihen, -teilnehmern, Dozenten, Seminarräumen oder -orten, Hotels und Unterkünften, Seminarterminen, Lehrmitteln und oft auch Budgets. Dabei werden die Ergebnisse von kompatiblen Systemen zur Weiterbildungsplanung zum Anlass einer Seminarteilnahme gemacht. Sehr häufig übernehmen solche Systeme auch die Administration des so geplanten Seminargeschehens (→Seminaradministrationssysteme).

3. Systeme zur *Karriere-/Nachfolgeplanung* planen aus Mitarteiterperspektive einzelne Karriereschritte, während sie aus Positionsperspektive die Nachfolge im Sinne einer lückenlosen Besetzung von Positionen sicherstellen sollen. Neben vertikalen sind oft auch zentripetale und horizontale →Karrieren planbar. Im Ergebnis finden sich Dominolisten oder Nachfolgecharts in Organigrammform, die künftige Besetzungen visualisieren können. Die Planungshorizonte sind hier mittel- bis längerfristiger Natur.

4. Systeme zur *Ausbildungsplanung* unterstützen die Planung der beruflichen Erstausbildung von →Auszubildenden. Ausgehend von Ausbildungsanforderungen wie Blockschulunterricht, innerbetrieblichem Unterricht, überbetrieblicher →Ausbildung, Lehrgängen und Seminaren sowie Restriktionen wie →Urlaub von Betrieben, Abteilungen, →Ausbildern oder Auszubildenden, Kapazitäten von Ausbildern, Ausbildungsabteilungen oder →Lehrwerkstätten muss die Planung in der antizipativen Abstimmung von Anforderungen und Einschränkungen erfolgen. Teilweise wird das Problem der Ausbildungsplanung quantitativ modelliert und im Sinne optimaler oder zulässiger Lösungen berechnet. Planungsergebnisse können dabei ausgewertet, aggregiert und visualisiert werden. Häufig weist eine Ausbildungsplanungssoftware den Charakter eines →entscheidungsunterstützenden Systems auf.

Literatur: *Strohmeier, S.*: Informationssysteme im Personalmanagement, Wiesbaden 2008, Seite 121ff.

Stefan Strohmeier

Personalfragebogen

Erhebungstechnik bei der Durchführung einer →Mitarbeiterbefragung.

Der Personalfragebogen wird in der Konzeptionierungsphase der Mitarbeiterbefragung erstellt und dient als Basis für die schriftliche →Befragung im Gegensatz zur mündlichen Befragung, die im Wesentlichen mittels →Interviews durchgeführt wird.

Die schriftliche Befragung hat den *Vorteil*, dass durch den →Fragebogen eine Standardisierung der abgefragten Inhalte vorgenommen werden kann, was die Auswertung erleichtert. Außerdem kann dadurch sichergestellt werden, dass alle interessierenden Themenbereiche angesprochen werden. Eine Anonymisierung ist grundsätzlich möglich, was positive Effekte für den Wahrheitsgehalt der Aussagen haben kann. Damit zusammen hängt auch die Notwendigkeit der Freiwilligkeit des Ausfüllens des Bogens.

Die *Inhalte des Fragebogens* hängen von den strategischen Zielen ab, die mit der Mitarbeiterbefragung verfolgt werden. Allerdings lassen sich einige Standardinhalte erkennen, die regelmäßig auftauchen (Übersicht 1).

Übersicht 1: Beispiele für Inhalte eines Personalfragebogens (*Scholz* und *Scholz* 1995, S. 734)

Eigenbild (Unternehmensimage und Unternehmenskultur)	Ansichten über den Ruf des Unternehmens in der Öffentlichkeit, Betriebsklima bezogen auf Gesamtunternehmen und Abteilung, Verbundenheit der Mitarbeiter mit dem Unternehmen, Kulturmerkmale
Direkte Führungskraft	gewünschtes und tatsächliches Führungsverhalten, Hilfestellung bei Problemen
Motivation	gewünschte und tatsächliche Ausprägung der verschiedenen Motivatoren im Unternehmen, Arbeitsplatzgestaltung, Einsatz des Mitarbeiters „nach Neigung und Fähigkeit"
Information und Kommunikation	Informationsstand, Informationsbedürfnisse, Informationsmedien
Personalentwicklung	Aufstiegsmöglichkeiten, Bildungsmöglichkeiten
Entlohnung und freiwillige Leistungen des Unternehmens	Bedeutung und Nutzen
Biographische Gruppenzugehörigkeit	Alter, Betriebszugehörigkeit, Geschlecht, Hierarchiestufe

Wichtig ist eine unternehmensspezifische Anpassung der Inhalte, um die unternehmensindividuellen Belange ausreichend würdigen zu können. Des Weiteren muss der Fragebogen *Qualitätskriterien* genügen. Die →Objektivität stellt sicher, dass die Ergebnisse auch durch Dritte nachvollzogen werden können. Die →Reliabilität bildet die Zuverlässigkeit der Messung ab, während die →Validität die Gültigkeit abdeckt. Nicht übersehen werden dürfen die hier gegebenen Messprobleme.

Des Weiteren ist die *Layoutgestaltung* von großer Bedeutung. Die Anzahl der Fragen und die Reihenfolge sind der Befragungssituation anzupassen. In der Mehrzahl der Fälle werden offene Antworten der „Multiple Choice"-Variante vorzuziehen sein.

Literatur: *Scholz, C.; Scholz, M.:* Mitarbeiterbefragungen: Mehr als nur einfach Meinungsumfragen, in: Personalführung, 28. Jg. (1995), H. 9, S. 728–740.

Reinhard Meckl

Personalfragebogen aus (arbeits-)rechtlicher Sicht

Generierung bestimmter →Informationen über den Bewerber auf eine →Stelle, die für den →Arbeitgeber im Rahmen der Entscheidung über die Einstellung (→Personalbeschaffung) beziehungsweise Auswahl (→Personalauswahl) der Bewerber von Bedeutung sein können (syn.: Einstellungsfragebogen).

Der Personalfragebogen kann vor oder nach dem Einstellungsgespräch (→Vorstellungsgespräch) ausgefüllt werden, wobei sich vorheriges Ausfüllen empfiehlt, damit einzelne Inhalte gegebenenfalls im Einstellungsgespräch aufgegriffen werden können. Besteht ein →Betriebsrat, hat dieser ein Mitbestimmungsrecht (→Mitbestimmung) aus § 94 BetrVG. Wird das Mitbestimmungsrecht verletzt, folgt daraus kein Recht des Bewerbers, den →Fragebogen unzutreffend auszufüllen (BAG, Urteil vom 02.12.1999, Az.: 2 AZR 724/98). Für die Zulässigkeit von Fragen gilt das gleiche wie im Einstellungsgespräch, da es nicht darauf ankommen kann, ob die Frage mündlich oder schriftlich an den Bewerber gerichtet wird.

Abgelehnte Bewerber haben einen Anspruch auf Vernichtung des Personalfragebogens aus datenschutzrechtlichen Gründen. Der Fragebogen des eingestellten →Arbeitnehmers sollte in der →Personalakte aufbewahrt werden, da er Bedeutung für eine etwaige spätere Sozialauswahl bei →betriebsbedingten Kündigungen, für eine Anfechtbarkeit des →Arbeitsvertrags oder dort haben kann, wo es für die Rechtmäßigkeit bestimmter Rechtsgeschäfte auf die Kenntnis beziehungsweise Unkenntnis des →Arbeitgebers von bestimmten Umständen ankommen kann, zum Beispiel bei der →Kündigung eines Schwerbehinderten oder einer Schwangeren (→Sonderkündigungsschutz).

Friedrich Meyer

Personalfreisetzung

Personalfreisetzung
im Gegensatz zur →Trennung eine absichtsvolle, planmäßig koordinierte Beendigung von →Beschäftigungsverhältnissen oder deren inhaltliche Umgestaltung, die auf einer →Personalfreisetzungsplanung basiert (engl.: Compulsory Redundancy).

Trennung meint die Beendigung von Beschäftigungsverhältnissen im täglichen Betriebsablauf und ist kein Instrument der Strukturveränderung und der Krisenbewältigung. Zu einem solchen kann sie nur werden, wenn ein →Einstellungsstopp hinzutritt. Eine Trennung kann man zudem nur unter Beachtung sehr enger rechtlicher und zeitlicher Restriktionen vorausschauend arrangieren, also planen.

Die *Anlässe* für Personalfreisetzungen sind vielgestaltig. Angesichts periodischer beziehungsweise saisonbedingter Schwankungen des Personalbedarfs will man weniger Personal über Dauerarbeitsverhältnisse binden und vermehrt auf Personalleasing (→Zeitarbeit) und →Outsourcing ausweichen. Technische Innovationen ermöglichen eine arbeitssparende Rationalisierung, Mechanisierung und Automatisierung (→Technischer Wandel und seine personalwirtschaftlichen Implikationen). Die starke Konkurrenz der Anbieter von Produkten und Dienstleistungen auf den Absatzmärkten, aber auch die ebenso starke Konkurrenz der Arbeitskräfte auf den internationalen Arbeitsmärkten führt zu Konzentrationsvorgängen sowie zu Stilllegungen von Betrieben oder Betriebsteilen im Inland. Rezessionsphasen konfrontieren Unternehmen mit Absatzproblemen, die häufig zu einem Preiswettbewerb oder gar zum Preisverfall führen. Im Ergebnis muss ein verminderter Umsatz auch die Kosten der nicht mehr auszulastenden Kapazitäten decken. Dadurch entsteht ein Kostendruck auf das Personal. Aus tariflichen und rechtlichen Gründen fallen die Arbeitsentgelte nämlich weitgehend unabhängig vom Auslastungsgrad an. Zudem ist in der Rezession ein Rückgang der →Fluktuation zu verzeichnen, was die Situation noch verschärft.

Mit der Personalfreisetzung will man die Weichen für die Zukunft des Unternehmens stellen. Deshalb muss man abwägen, welche *Konsequenzen* die einzelnen Maßnahmen haben und ob die →Stammbelegschaft erhalten werden kann. Dabei sind folgende Überlegungen maßgeblich: Grundsätzlich sollen den Beschäftigten Tätigkeitsbereiche und →Arbeitszeiten so zugewiesen werden, dass eine optimale Relation von →Personalkosten und Leistungsergebnis erreicht wird. Eine Personalfreisetzung kann indes mit sehr hohen Kosten (→Personalfreisetzungskosten) verbunden sein. Das Leistungsergebnis soll über einen längeren Zeitraum relativ verlässlich und stabil sein. Die Personalfreisetzung bedeutet für das Unternehmen aber immer einen nicht zu unterschätzenden Verlust von Know how. Hinzu kommen persönliche Probleme der Betroffenen, aber auch des im Unternehmen verbleibenden Personals (→Survivor Envy). Durch ehrliche →Informationen, das heißt eine umfassende und faire Aufklärung, kann den Irritationen und der Kritik begegnet werden, die bei der Personalfreisetzung auftreten. Gerade gegenüber dem →Betriebs- oder Personalrat sind regelmäßige, verlässliche Informationen unverzichtbar, um Akzeptanz zu schaffen. Und eine Reihe von Maßnahmen ist mit negativen Folgen für das Renommee des Unternehmens, und zwar nicht nur auf dem →Arbeitsmarkt, sondern auch in der Öffentlichkeit verbunden. Deswegen gibt es zu offenen Informationen keine Alternative.

Übersicht 1: Verfahren der Personalfreisetzung (*Bröckermann* 2007, S. 505, in Anlehnung an *Scholz* 2000)

Vorbeugung	Erhalt des Personalstamms	Abbau des Personalstamms
-besonnene Personalbeschaffung -Personal als Wettbewerbsfaktor -berufliche Neuorientierung	-Abbau von Mehrarbeit -Versetzung -Personalentwicklung -Einstellungsstopp -Insourcing -Vertragsauslauf -Wartungsarbeiten -Lagerhaltung -Arbeitsintensität -Urlaubsveränderung -Arbeitszeit/Kurzarbeit	-initiierte Kündigung -Aufhebungs-/Abwicklungsvertrag -betriebsbedingte Kündigung -Massenentlassung -Betriebsänderung -Vorruhestand

Personalfreisetzung bezieht sich, wie Übersicht 1 zeigt, auf Vorbeugung, auf Erhalt des

Personalstamms und wenn nötig auf dessen Reduzierung.

Angesichts der etwaigen negativen Folgen sucht man nach Möglichkeiten der *Vorbeugung*. Durch eine *besonnene Personalbeschaffung* lässt sich einiges an späterer Personalfreisetzung vermeiden. Eine 35 %-Klausel besagt etwa, dass der Zuwachs des Personalbestands maximal 35 % der geplanten Umsatzsteigerung betragen soll. Durch die →*Flexibilisierung* des Personalbestands und der Arbeitszeiten wird es möglich, konjunkturelle und technische Probleme abzufangen. Eine gezielte, verlässliche Personalbeschaffung sorgt dafür, dass man über Personal verfügt, dass seinerseits als Wettbewerbsfaktor fungiert. Die Beschäftigten tragen entscheidend dazu bei, die Leistungsfähigkeit des Unternehmens ständig zu verbessern. Eine starke Wettbewerbsposition schafft die besten Voraussetzungen dafür, dass ein Unternehmen von Krisen nicht so hart getroffen wird wie seine Konkurrenten.

Ist eine Personalfreisetzung trotzdem unausweichlich, sollte man abwägen, ob ein *Erhalt des Personalstamms* möglich ist. Dazu kann man in einzelnen Abteilungen oder im gesamten Unternehmen →*Überstunden* und Sonderschichten zurückfahren, muss aber bei diesem *Abbau von* →*Mehrarbeit* den Betriebs- oder Personalrat einbinden. Die Beschäftigten müssen mit einem geringeren Arbeitsentgelt auskommen. Das führt zu einiger Unruhe und einer erhöhten Fluktuation. *Versetzungen* innerhalb des Unternehmens und das Personalleasing innerhalb eines Personalpools mehrerer Unternehmen ermöglichen gegebenenfalls einen Beschäftigungsausgleich zwischen unterschiedlich ausgelasteten Einheiten. Sie machen eine Personalbeschaffung entbehrlich und senken so den Personalbestand. Die →*Personalentwicklung* verhilft den Beschäftigten zu einer aktuelleren und eventuell auch höheren oder ganz anderen →*Qualifikation*. Das wiederum führt dazu, dass ihre Vermittlungschancen am Arbeitsmarkt steigen. Einige →Arbeitgeber forcieren dies durch eine gezielte →*Personalentwicklungsplanung*. Ein *Einstellungsstopp* dient ebenfalls dem Erhalt des Personalbestands und liegt vor, wenn Personalabgänge kaum oder gar nicht ersetzt werden. Das →*Insourcing* ist die Kehrseite des Outsourcings. Wenn Leistungen, die bisher von Dritten durchgeführt wurden, im eigenen Betrieb durch eigene Mitarbeiter erbracht werden, lastet man Personal aus. Die Grenzen liegen in den Kosten, den technischen Möglichkeiten und den Auswirkungen auf den Zulieferbetrieb, der unter Umständen in Zukunft nicht mehr zur Verfügung steht.

Eine weitere Maßnahme der Personalfreisetzung ist der *Vertragsauslauf*. Man sieht keine Verlängerung befristeter oder zweckgebundener Verträge vor. Das Vorziehen von Reparatur-, Erneuerungs- und *Wartungsarbeiten* bringt nur in Ausnahmefällen einen größeren Effekt. Das betriebswirtschaftliche Risiko wird um Einiges gesteigert. Bei einer Erweiterung der *Lagerhaltung* ist neben dem erhöhten Finanzierungsbedarf und den Lagerkosten die Entwertung durch die Lagerung zu beachten. Zudem ist diese Maßnahme nur bei lagerfähigen Produkten denkbar. Eine Verringerung der *Arbeitsintensität* wird zwar vereinzelt vorgeschlagen, aber kaum ernsthaft diskutiert. Diese Lösung ist weder wirtschaftlich realisierbar noch kann sie als vernünftig beurteilt werden.

Bei Auslastungsproblemen kann es sinnvoll sein, *Urlaubsansprüche* zeitlich zu verschieben und so zu disponieren, dass sie in auslastungsarmen Zeiten abgewickelt werden. Diese Maßnahme ist kostenneutral, aber für die Betroffenen und ihre Familien nicht motivierend. Zudem hat der →*Betriebs- oder Personalrat* ein erzwingbares Mitbestimmungsrecht (→Mitbestimmung). Man kann das *Arbeitszeitvolumen* reduzieren, was nur dann Sinn macht, wenn für die ausgefallene Arbeitszeit kein Entgelt gezahlt wird. Das ist zum Beispiel durch die Einführung von →*Freischichten* möglich. Praktikabel ist auch die Einführung von Teilzeitmodellen. Die Verhandlungen mit der Belegschaftsvertretung gestalten sich häufig schwierig, weil sie einer Verschlechterung des Besitzstands nur ungern zustimmen. →*Kurzarbeit* bietet sich an, wenn die Dauer der Unterbeschäftigung absehbar ist. Dadurch, dass die Stammbelegschaft erhalten bleibt, kann das Unternehmen bei einer Besserung der wirtschaftlichen Lage wieder durchstarten. Freilich wird das Renommee durch Kurzarbeit stark in Mitleidenschaft gezogen.

Wenn die Situation brisant ist, bleibt dem Arbeitgeber nur der Weg, die Stammbelegschaft zu reduzieren. Der *Abbau des Personalstamms* hat zweifellos negative Folgen für die Betroffenen, das betriebliche Know how und die →*Arbeitszufriedenheit*. Die *berufliche Neuorientierung* ist als Phase des →Outplace-

Personalfreisetzungscontrolling

ments seit langem bekannt. Hier wird sie so ausgestaltet, dass man die Arbeitsmarktorientierung der Beschäftigten in einem Job Center fördert, Beratung zur Verfügung stellt, Schulungs- und Trainingsmaßnahmen ansetzt, Auffang- oder Transfergesellschaften bildet, die Personal übernehmen können und sogar die Existenzgründung fördert. Der Arbeitgeber kann einzelnen →Arbeitnehmern nahe legen, sich um einen neuen Arbeitsplatz zu bemühen. Kündigen die Betroffenen (→Arbeitnehmerkündigung), weil ihre Bemühungen erfolgreich waren, nennt man dies eine *initiierte* →*Kündigung*. Spätestens vor dem Arbeitsgericht (→Arbeitsgerichtsbarkeit) wird geklärt, ob der Arbeitgeber unzulässigen Druck ausgeübt hat, was zu einem Wiedereinstellungs- und Schadensersatzansprüchen führt.

→Aufhebungs- und →Abwicklungsverträge bieten sich an, wenn man die negativen Folgen von Kündigungen mildern will. Sie werden zumeist mit einer →Abfindung versehen, da die Betroffenen ansonsten wohl kaum bereit sind, auf ihre Arbeitsplätze zu verzichten. →Betriebsbedingte Kündigungen sind unumgänglich, wenn alle anderen Maßnahmen nicht infrage kommen und dringende betriebliche Erfordernisse dauerhaft eine Weiterbeschäftigung der per →Sozialauswahl ermittelten Beschäftigten ausschließen. Anzeigepflichtige →Massenentlassungen sind zumeist Bündelungen von ordentlichen betriebsbedingten Kündigungen. Eine Personalfreisetzung, von der mindestens 5 % der Belegschaft betroffen sind, gilt als →Betriebsänderung. Der Gesetzgeber fordert hier einen Interessen- und gegebenenfalls →Nachteilsausgleich. Der Betriebsrat kann einen →Sozialplan erzwingen. Letzten Endes kann man ältere Arbeitnehmer auffordern, ihr Arbeitsverhältnis vor Erreichen der Altersgrenze aufzugeben, das heißt in den →Vorruhestand zu gehen.

Personalfreisetzung ist immer von Übel. Bei der Wahl zwischen schlechten Alternativen kann es nach *Pepels* (2005) sicherlich nur darum gehen, die etwas weniger schlechte zu identifizieren.

Literatur: *Bröckermann, R.*: Personalwirtschaft, 4. Aufl., Stuttgart 2007, S. 504–525. *Scholz, C.*: Personalmanagement, 5. Aufl., München 2000, S. 546–559. *Pepels, W.*: Bestimmung des „Mitarbeiterwerts" als Entscheidungskriterium zur Personalfreisetzung – ein Diskussionsbeitrag, in: Bröckermann, R.; Pepels, W. (Hrsg.): Die Personalfreisetzung, Renningen 2005, S. 218.

Reiner Bröckermann

Personalfreisetzungscontrolling

bezweckt die Steuerung jener Strukturen und Prozesse, die der →Personalfreisetzung dienen.

Zum Personalfreisetzungscontrolling verwendet man die in Abbildung 1 aufgezeigten Instrumente.

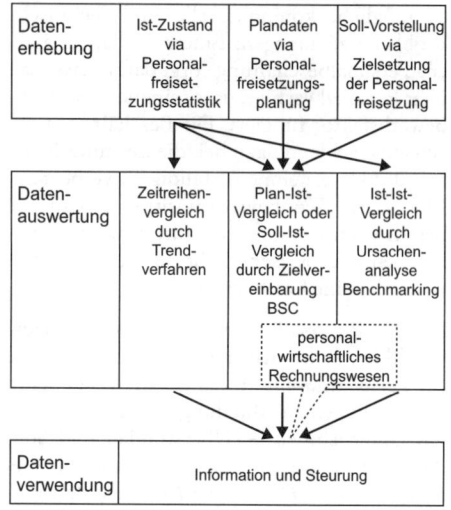

Abbildung 1: Instrumente des Personalfreisetzungscontrollings (*Bröckermann* 2007, S. 529, *DGFP* 2001, S. 30)

BSC: Balanced Scorecard

Zunächst muss man die notwendigen →*Daten erheben*. Den Ist-Zustand bildet eine Personalfreisetzungsstatistik ab. Hier findet sich unter anderem die Anzahl der von unterschiedlichen Personalfreisetzungsmaßnahmen betroffenen Beschäftigten. Plandaten gewinnt man aus der →Personalfreisetzungsplanung. Eine Soll-Vorstellung wird anhand der personalpolitischen Ziele des Unternehmens beschrieben, die für die Personalfreisetzung konkretisiert werden. Ein solches Ziel könnte der Erhalt des Personalstamms sein.

Im Rahmen der *Datenauswertung* werden Abhängigkeiten und Entwicklungen durch einen Vergleich von Datensätzen verdeutlicht und analysiert. Trendverfahren gewährleisten einen Zeitreihenvergleich, etwa die Produktivität (→Arbeitsproduktivität) pro →Stelle im Anschluss an eine Personalfreisetzung. Zielvereinbarungen mit Personalverantwortlichen beziehungsweise →Führungskräften sind oft die Basis für eine Personalfreisetzung. Sie ermöglichen einen Plan-Ist-Vergleich. Die →Balanced Scorecard kann helfen, die Personalfreisetzung mithilfe eines Soll-Ist-Vergleichs zu optimieren. Man reduziert das Datenvolumen auf wenige aussagekräftige Kennzahlen, zum Beispiel das Durchschnittsentgelt pro Mitarbeiter nach erfolgter Personalfreisetzung. Mathematische Ansätze erlauben es, im Vergleich von personalstatistischen Daten, wie der abteilungsbezogenen →Fluktuation, →Informationen über Ursache-Wirkungs-Beziehungen zu gewinnen. Eine hohe Fluktuation in einer Abteilung fordert zwar eine weitere Analyse. Sie ist aber bei einem →Einstellungsstopp erwünscht. Ziel eines →Benchmarking der Personalfreisetzung ist es, auf der Basis von Vergleichswerten anderer Unternehmen oder Organisationseinheiten Ziele zu identifizieren, die man erreichen sollte, beispielsweise eine bestimmte Beschäftigtenzahl. Die Auswertungsrechnung, ein Bestandteil des personalwirtschaftlichen Rechnungswesens, dient der Ermittlung der direkten →Personalfreisetzungskosten.

Die Daten werden schließlich dafür verwendet, die Verantwortlichen durch gezielte Informationen bei der Personalfreisetzung zu unterstützen. Nach *Scholz* (2000) stellen Berichtsinformationen bereits erfolgte Personalfreisetzungsmaßnahmen in möglichst vielen Aspekten kritisch dar. Steuerungsinformationen helfen bei der Analyse von Veränderungen im Zeitablauf und bei der Lokalisation von Schwachstellen der Personalfreisetzung.

Literatur: *Bröckermann, R.:* Personalwirtschaft, 4. Aufl., Stuttgart 2007, S. 504–534. *Deutsche Gesellschaft für Personalführung (DGFP):* Personalcontrolling in der Praxis, 2. Aufl., Stuttgart 2001, S. 30. *Scholz, C.:* Personalmanagement, 5. Aufl., München 2000, S. 555.

Reiner Bröckermann

Personalfreisetzungskosten

alle direkten und indirekten Kosten, die mit dem Ausscheiden des Mitarbeiters aus einem Arbeitsverhältnis (→Beschäftigungsverhältnis) verbunden sind.

Direkte Personalfreisetzungskosten entstehen beispielsweise nach *Scholz* (2000) und *Stührenberg* (2004) durch

- den →Vorruhestand, der für Beschäftigte meist nur bei einem teilweisen Ausgleich der Einkommensnachteile akzeptabel wird, die beispielsweise durch ein reduziertes Nettoentgelt, eine reduzierte vorgezogene Rente oder das Arbeitslosengeld entstehen,
- das →Outplacement, nämlich die Beratungskosten und die Kosten für Trainingsveranstaltungen,
- →Abfindungen, die oft Bestandteil von →Aufhebungsverträgen sind, sowie
- etwaige Personalbeschaffungs- und Einarbeitungsaktivitäten infolge ungeplanter und unbeabsichtigter Personalabgänge, die sich zuweilen bei einer umfangreichen →Personalfreisetzung einstellen.

Die *indirekten Personalfreisetzungskosten* sind kaum eindeutig zu ermitteln, da sie in der Regel nicht durch das Rechnungswesen (→Betriebliches Rechnungswesen) abgebildet werden. Sie entstehen beispielsweise durch

- Produktivitätsverluste infolge der anfänglich geringeren Leistung jener neuen Beschäftigten, die mittels der genannten Aktivitäten gewonnen werden mussten,
- den Verlust von Kunden oder geschädigte Geschäftsbeziehungen, ausgelöst durch die Unterbrechung oder Beendigung der meist auf persönlicher Ebene aufgebauten Kundenbeziehungen,
- zusätzliche Marketinganstrengungen, um Kunden zurückzugewinnen,
- den Verlust an wertvollem →Wissen über das Unternehmen, Kunden und Projekte, oft verbunden mit einem Transfer an Wettbewerber,
- nicht wiederkehrende Gelegenheiten, etwa bei der Entwicklung neuer Technologien und Produkte,
- den Verlust der in Beschäftigte, zum Beispiel in Form von →Personalentwicklung, getätigten Investitionen,
- eine verringerte Moral (→Survivor Envy) und einen erhöhten Druck für die im Unternehmen verbleibenden Beschäftigten, die häufig die entstandene Lücke durch Überstunden schließen müssen,
- negative Effekte hinsichtlich des Renommees des Unternehmens sowie
- erhöhte Aufwendungen für die Bereitstellung benötigten Kapitals, ausgelöst durch ein erhöhtes Personalrisiko, das sich bei den Banken negativ auf das Rating auswirkt.

Unter Berufung auf diverse Erhebungen in den USA schätzt *Stührenberg* (2004) die Personalfreisetzungskosten pro Arbeitsplatz in Summe auf 30 bis 100 % des Jahresentgelts, das für den Stelleninhaber gezahlt werden müsste.

Personalfreisetzungsplanung

Literatur: *Scholz, C.*: Personalmanagement, 5. Aufl., München 2000, S. 703. *Stührenberg, L.*: Ökonomische Bedeutung des Personalbindungsmanagements für Unternehmen, in: *Bröckermann, R.*; *Pepels, W.* (Hrsg.): Personalbindungsmanagement, Berlin (2004), S. 33–50.

Reiner Bröckermann

Personalfreisetzungsplanung

ermittelt im Hinblick auf die →Personalfreisetzung den quantitativen →Personalminderbedarf, also das Freisetzungsvolumen, die qualitativen Erfordernisse und die zeitlichen Aspekte der notwenigen Maßnahmen.

Während des gesamten Planungsprozesses, wie ihn etwa *Drumm* (2005) beschreibt, ist ein rechtzeitiger und umfassender Informationsfluss zwischen dem →Arbeitgeber, dem Wirtschaftsausschuss und den Arbeitnehmervertretungen, also dem →Betriebs- beziehungsweise Personalrat sowie dem →Sprecherausschuss der →leitenden Angestellten, gesetzlich vorgeschrieben und unabdingbar (→Offenheitsgebot). Die Arbeitnehmervertretungen können ihrerseits Vorschläge unterbreiten und Beratungen initiieren.

Abbildung 1: Ablauf der Personalfreisetzungsplanung (*Bröckermann* 2007, S. 508)

Personalbestandsanalyse
aktueller Personalbestand
zukünftiger Personalbestand

↓

quantitative Personalfreisetzungsplanung
Einsatzbedarf
+ Reservebedarf
= Bruttopersonalbedarf
- Personalbestand
= quantitativer Personalminderbedarf

↓

qualitative Personalfreisetzungsplanung
Anforderungsprofil
Eignungsprofil
Erkundung der Motivation
Profilabgleich

↓

zeitliche Personalfreisetzungsplanung
Selbstbestimmung
Arbeitszeitmanagement

↓

Maßnahmenplanung der Personalfreisetzung

Bei der *Analyse des aktuellen Personalbestands* richtet sich das Augenmerk auf den Stellenbesetzungsplan. Er führt die bislang benötigten und genehmigten →Stellen auf, gegliedert nach Unternehmensbereichen, Abteilungen und ähnlichen Kriterien, und darüber hinaus für jede Stelle den Namen des derzeitigen Stelleninhabers.

Da die Personalfreisetzung immer einen zeitlichen Vorlauf benötigt, ist ein *zukünftiger Personalbestand* von Interesse, den man, wie beispielsweise *Bröckermann* (2007) vorschlägt, berechnet, indem man die absehbaren Personalzugänge und -abgänge einkalkuliert. Besonders kritisch sind die Personalzugänge durch →Mergers and Acquisitions (M&A), also Unternehmenszusammenschlüsse. Da der neue Inhaber in die Rechte und Pflichten bestehender Arbeitsverhältnisse (→Beschäftigungsverhältnis) eintritt, ergibt sich zusammen mit den bereits beim kaufenden Unternehmen bestehenden Arbeitsverhältnissen nicht selten ein zu hoher Personalbestand.

Im Rahmen der *quantitativen Personalfreisetzungsplanung* geht es im ersten Schritt um den *Einsatzbedarf*, für dessen Erfassung folgende Verfahren zur Verfügung stehen:

- Bei der Stellenplan- oder Stellenmethode fragt man in den Abteilungen die absehbaren Veränderungen im Stellengefüge ab und zeichnet sie stichtagsbezogen in Tabellenform auf.

- Schätzverfahren und Expertenbefragungen (→Befragung) beruhen auf subjektiven Urteilen von →Führungskräften und anderen Fachleuten, die gesammelt, den Befragten anonym zurückgemeldet, von ihnen erneut überprüft, zusammengefasst und berichtigt werden.

- Für arbeitswissenschaftliche Methoden (→Arbeitswissenschaften) wendet man häufig das →REFA-Zeitschema an, das auf der Zerlegung von Arbeitsabläufen in Arbeitsverrichtungen fußt. Es folgt die Bestimmung der für jede Verrichtung notwendigen Zeit. Der Einsatzbedarf ergibt sich aus der Summe der errechneten Zeiten.

- Soweit man den Einsatzbedarf für die Fertigung exakt ermitteln kann, dient er im Rahmen der Kapazitätsbedarfsrechnung als Basis für eine Hochrechnung auf andere Abteilungen oder das gesamte Unternehmen.

- Kennzahltechniken unterstellen eine stabile Beziehung zwischen dem Personalbedarf und seinen Einflussgrößen, etwa den produzierten oder abgesetzten Mengen. Aus der Veränderung der Determinanten kann man dann den Einsatzbedarf bestimmen.

- Für Trendverfahren werden Variablen ermittelt, die Einflüsse auf den Einsatzbedarf dokumentieren. Man verfolgt die Entwicklung der Größen von der Vergangenheit in die Gegenwart. Diesen Trend schreibt man schließlich mit mathematischen Verfahren für die Zukunft fort.
- Mit multivariablen Methoden werden neben der Zeit weitere Einflussgrößen berücksichtigt. So analysiert und prognostiziert man den Einsatzbedarf etwa als mathematisch-statistische Funktion des Umsatzes oder der Verkaufsfläche.
- →Expertensysteme sind komplexe computergestützte Verfahren, die Wissensbausteine von kompetenten Experten über den Einsatzbedarf und seine Einflussgrößen verwenden. Das Wissen wird gesammelt, mathematisch-statistisch strukturiert, gespeichert und ausgewertet.
- Ganz andere Wege gehen die monetären Methoden. Hier bestimmt man den Personalbedarf auf Basis der zur Verfügung stehenden finanziellen Mittel eines Unternehmens.

Arbeitskräfte erkranken, sie gehen in →Urlaub oder sind aus anderen Gründen nicht anwesend. Man muss also einen *Reservebedarf* einplanen, wie *Horsch* (2000) anmerkt. Er wird ebenfalls durch die genannten Verfahren ermittelt und in einen stichtagsbezogenen Stellenbesetzungsplan eingearbeitet.

Der *Bruttopersonalbedarf* errechnet sich aus der Addition des Einsatz- und Reservebedarfs eines Stichtags. Zieht man nun, bezogen auf den Stichtag, den Personalbestand vom Bruttopersonalbedarf ab, ergibt sich der exakt bezifferte *quantitative Personalminderbedarf*.

In aller Regel ist jedoch die →Qualifikation dafür ausschlaggebend, wer welche Position ausfüllen kann und muss. Deshalb ist eine *qualitative Planung* vonnöten, die nicht ohne →*Anforderungsprofile* auskommt. Mit einer →Anforderungsanalyse ergründet man, welche Faktoren und Verhaltensweisen bei der Aufgabenerfüllung erfolgswirksam sind. Dafür werden so genannte Anforderungskriterien oder -arten definiert. Die benötigten →Informationen werden durch →Beobachtungen oder Befragungen der ehemaligen oder derzeitigen Stelleninhaber, des Kollegenkreises und der Führungskräfte, gegebenenfalls auch der Kunden und Lieferanten ermittelt. Jedes Anforderungskriterium wird durch drei bis sechs Merkmale charakterisiert. Diese Merkmale gewichtet man entsprechend ihrer Bedeutung. Die Ausprägung eines Merkmals sollte mit den Erfahrungswerten des Unternehmens abgeglichen werden.

Das →*Eignungsprofil* entspricht im Aufbau dem Anforderungsprofil. Es ist zunächst das Ergebnis der →Personalbeschaffung, wird aber im Laufe der Betriebszugehörigkeit ergänzt und aktualisiert, denn die Beschäftigten sammeln Erfahrungen, sie bilden sich fort, sie werden beurteilt, und eventuell ändert sich ihr Gesundheitszustand. Für die Ermittlung von Eignungsprofilen bietet sich die Recherche in vorhandenen personalwirtschaftlichen Datenbeständen an. Ferner empfehlen sich Personalbeurteilungen sowie Gespräche, Befragungen, →Testverfahren und situative Verfahren, aber auch →Assessment Center, die auf den letztgenannten Verfahren basieren. Schließlich kommen ärztliche Eignungsuntersuchungen in Betracht.

Es ist nicht sinnvoll, an demotivierten Beschäftigten festzuhalten und sich von motivierten zu trennen. Deshalb wird im Eignungsprofil auch die →*Motivation* vermerkt. Sie sollte der unmittelbaren Führungskraft bekannt sein. Überdies kann man, mit wenigen Ausnahmen, alle Instrumente verwenden, die zur Ermittlung der Eignung eingesetzt werden.

Der in Abbildung 2 dargestellte *Profilabgleich* gilt im Rahmen der Personalfreisetzungsplanung der Feststellung, inwieweit sich das Anforderungsprofil einer Stelle mit den Eignungsprofilen der verfügbaren Arbeitskräfte deckt. Gefordert ist demnach eine präzise Gegenüberstellung der Anforderungskriterien und -merkmale des Arbeitsplatzes mit den unterschiedlichen Qualitäten der Betreffenden.

Aus dem Profilvergleich gewinnen die Entscheidungsträger zunächst undiskutierte Einzelurteile. Aus diesen Einzelurteilen muss dann ein Gesamturteil entwickelt werden. Dieser Prozess ist sehr komplex, da mit einiger Sicherheit kein →Arbeitnehmer alle →Anforderungen voll erfüllen wird. Außerdem lässt der Gesetzgeber eine Auswahl nach die-

Personalführung

sem Maßstab bei einigen Maßnahmen der Personalfreisetzung nicht alleine gelten. Er fordert, etwa bei einer →betriebsbedingten Kündigung und einer →Betriebsänderung, die Berücksichtigung des Lebensalters, der Dauer der Betriebszugehörigkeit und der Unterhaltspflichten der Betroffenen.

Abbildung 2: Profilabgleich: Anforderungen – Eignung (*Bröckermann* 2007, S. 154)

Stelle:	Personalentwicklungsreferent						
Mitarbeiter:		Susi Schmitz					
Kriterium	Merkmal	Ausprägungsgrad					
Schul- und Berufsbildung	wirtschafts-/ sozialwissenschaftliches Studium	o.k.: Dipl.-Kauffrau					
berufliche Fortbildung	Ausbildereignung	o.k.: vorhanden					
Berufserfahrung	möglichst einige Zeit in ähnlicher Position	o.k.: seit 2002					
Motivation	Spaß am Kontakt zu anderen, an der Recherche und an konzeptioneller, kreativer Arbeit	o.k.: bewiesen durch mehrfach hochgelobte Personalentwicklungsprojekte					
		– –	–	+ -	+	++	
Fachwissen	Planung und Organisation						
	Personalführung						
	Arbeitspsychologie						
	Betriebssoziologie						
	Arbeitsrecht						
geistige Faktoren	analytisches Denkvermögen						
	Urteilsfähigkeit						
	Kreativität						
	sprachlicher Ausdruck						
Verhaltensmerkmale	Problembewusstsein						
	Entscheidungsvermögen						
	Selbstständigkeit						
	Kontaktvermögen						
	Kooperationsbereitschaft						
	Durchsetzungsvermögen						

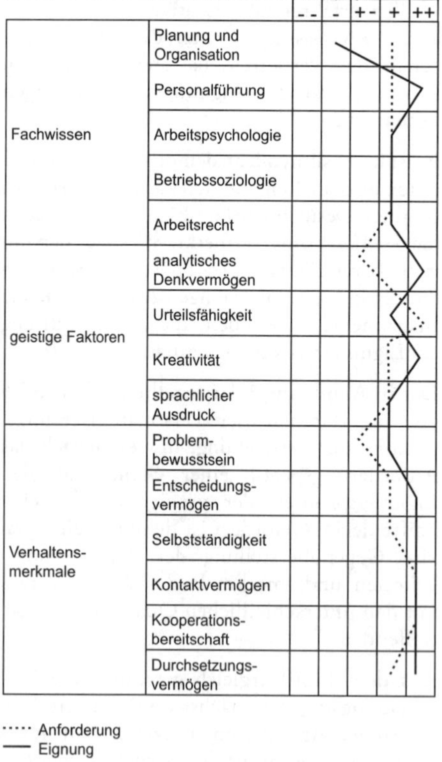

····· Anforderung
——— Eignung

Die *zeitliche Personalfreisetzungsplanung* setzt mit der Frage ein, für welches konkrete Datum man den quantitativen Personalminderbedarf bestimmt. Überdies muss man kalkulieren, zu welchem Termin →Beschäftigungsverhältnisse disponibel werden. Das gestaltet sich einfach, wenn man lediglich den Termin des Ablaufs einer Vertragsbefristung identifizieren muss. Relativ unproblematisch ist die *Stichtagsbestimmung* im Zusammenhang mit →Aufhebungsverträgen. Schwierig bis aussichtslos wird es, wenn man die Wirksamkeit eines →Einstellungsstopps abschätzen will.

Das Ziel des *Arbeitszeitmanagements* ist es, die →Flexibilität des Arbeitszeitvolumens einzuschätzen und Ansätze aufzuzeigen, wie man eine derartige Flexibilität verwirklichen kann. Man taxiert, inwiefern und welche Stellen komplett oder in einem gewissen zeitlichen Umfang – saisonal beziehungsweise in Umfang von mehreren Wochenstunden – zur Disposition stehen.

Häufig ergibt sich aus diesen Planungsdaten ein mannigfaltiger Handlungsbedarf. Die einzelnen Maßnahmen der Personalfreisetzung müssen in der Folge noch individuell geplant werden.

Literatur: *Bröckermann, R.*: Personalwirtschaft, 4. Aufl., Stuttgart 2007, S. 486–487 und S. 507–509. *Drumm, H. J.*: Personalwirtschaftslehre, 5. Aufl., Berlin etc. 2005, S. 295–297. *Horsch, J.*: Personalplanung, Herne, Berlin 2000, S. 34–35.

Reiner Bröckermann

Personalführung →Mitarbeiterführung

Personalgespräch

Instrument der betrieblichen Personalforschung im Rahmen der Führungsbeziehung zwischen →Führungskraft und Mitarbeiter.

Das Personalgespräch dient der Verbesserung der horizontalen →Kommunikation und →Motivation sowie der Erhebung mitarbeiterbezogener →Informationen (syn.: Mitarbeitergespräch). Es sollte ein institutionalisiertes, sorgfältig vorbereitetes und in Inhalt und Form festgelegtes Gespräch sein, das die vertrauensvolle Zusammenarbeit stärkt. In Abhängigkeit von den jeweils verfolgten Zielsetzungen lassen sich die fünf wichtigsten Formen von Personalgesprächen unterscheiden:

1. *Führungsgespräche* dienen als Element der →Mitarbeiterführung der Diskussion und Bewertung der Zusammenarbeit zwischen Führungskraft und Mitarbeiter. In ihnen sol-

len sowohl Anerkennung aus- als auch →Kritik angesprochen und Verbesserungsmöglichkeiten erörtert werden. Hauptanliegen ist das →Feedback als wichtiger Faktor der Mitarbeitermotivation und -leistung.

2. *Beratungs- und Fördergespräche* kommen entweder auf Initiative des Mitarbeiters zustande oder werden in regelmäßigen Abständen oder aus gegebenem Anlass (bspw. der →Leistungsbeurteilung) durch die Führungskraft initiiert. Im Vordergrund steht – neben den aus Beurteilungen zu ziehenden Konsequenzen – meistens die Erörterung der beruflichen Weiterentwicklung des Mitarbeiters, seltener auch dessen Beratung bei Problemen oder in speziellen Angelegenheiten.

3. *Beurteilungsgespräche* sind wichtiger Bestandteil der →Personalbeurteilung. Je nach Vorgehensweise wird dem Mitarbeiter entweder das Ergebnis der Beurteilung mitgeteilt und erläutert oder das Gespräch dient der Zusammenführung von Fremd- und →Selbstbeurteilung und deren Diskussion sowie der gemeinsamen Festlegung des Ergebnisses und der Erörterung von Konsequenzen. Zu diesem Zweck ist eine sorgfältige Vorbereitung der Gesprächspartner erforderlich. Verbreitet wird die Forderung erhoben, auch Aspekte der Bewältigung zukünftiger Aufgaben zu thematisieren, um proaktiv auf eine Verbesserung der →Arbeitsleistung hinwirken zu können.

4. *Zielsetzungsgespräche* sind integraler Bestandteil des Führungskonzeptes →Management by Objectives. In solchen Gesprächen werden die Ziele des Mitarbeiters für eine Periode verbindlich vorgegeben beziehungsweise vereinbart und die Erreichung der vereinbarten Ziele während der vergangenen Periode sowie Ursachen von Abweichungen und Maßnahmen zur Verbesserung der Zielerreichung erörtert. Dabei kann der Übergang zu Beratungs- und Fördergesprächen fließend sein.

5. *Entgeltgespräche* dienen der Mitteilung und Begründung von Festsetzungen individueller Entgeltbestandteile, die sich beispielsweise als Konsequenz aus der Leistungsbeurteilung ergeben. Entgeltgespräche können aber auch Teil des Entscheidungsprozesses sein, der zu einer Entgeltveränderung führt.

Für alle Formen von Personalgesprächen gilt, dass die →Führungskraft in ihrer Gesprächsführung sachliche und persönliche Gesprächsebenen trennen muss sowie auf die Vermeidung von Kränkungen, insbesondere bei der Erörterung kritischer Aspekte, zu achten hat (Stressinterview). Dies erfordert – neben hoher →sozialer Kompetenz – in der Regel eine eingehende professionelle Schulung, unter anderem in Techniken erfolgreicher und überzeugender Gesprächsführung.

Literatur: *Breisig, T.*: Personalbeurteilung – Mitarbeitergespräch – Zielvereinbarungen. Grundlagen, Gestaltungsmöglichkeiten und Umsetzung in Betriebs- und Dienstvereinbarungen, 2. Aufl., Frankfurt a. M. 2001. *Maier, N. R. F.*: The Appraisal Interview, La Jolla 1976. *Meixner, H. E.*: Mitarbeitergespräch: Mitarbeiter-Vorgesetzten-Gespräch. Neue Wege der Personalentwicklung und -förderung in der öffentlichen Verwaltung, 3. Aufl., Kronach etc. 2001.

Jürgen Grieger

Personalgewinnungscontrolling

→Controlling der Personalgewinnung

Personalhandbuch

in Unternehmen verwendete Dokumentationen zur operativen oder strategischen Personalarbeit (→Personalmanagement) im Bereich verschiedener Personalmanagementfelder.

Für die *Personaladministration* (→Personalverwaltung) ist ein Personalhandbuch eine Zusammenstellung von Daten wie Name, Abteilung, Telefonnummer und E-Mail-Adresse der im Unternehmen beschäftigten Personen, gegebenenfalls versehen mit Fotos und weiteren Zusatzinformationen. Alle Mitarbeiter des Unternehmens als Adressaten sollen bei bestehendem Kommunikationsbedarf passende Ansprechpartner unter ihren Kollegen finden und diese sukzessive kennen lernen. Hier ist insbesondere darauf zu achten, dass ein solches Personalhandbuch nicht in die Hände externer Headhunter gerät, für die diese Informationen extrem wertvoll sind.

Für den *Personaleinsatz* werden die grundlegenden schriftlichen Ausführungen darüber, wie man sich als Mitarbeiter im Unternehmen zu verhalten hat, als Personalhandbuch bezeichnet. Die Mitarbeiter als Adressaten erfahren aus ihm zum Beispiel Arbeitszeit- und Urlaubsregelungen, Vorschriften des betrieblichen Datenschutzes, die Ausgestaltung von Maßnahmen im Bereich →Work-Life Balance

Personal-Ideologien

oder vorhandene Weiterbildungsmöglichkeiten.

Für die *Personalführung* ist ein Personalhandbuch die Zusammenstellung der Grundzüge der unternehmensinternen →Mitarbeiterführung. Den →Führungskräften als Adressaten wird darin erläutert, welche Art der Führung als angemessen und zur Unternehmenskultur (→Organisationskultur) passend wahrgenommen und daher von der Unternehmensleitung erwartet wird. Zudem finden sich hier gemäß *Prollius* (1987) Anleitungen zum Umgang mit weiteren unternehmensinternen Partnern der Führung sowie zur führungsbezogenen Berücksichtigung von gesetzlichen Regelungen, internen Richtlinien und Betriebsvereinbarungen.

Für die *Personalberichterstattung* (→Externe Personalberichte/-bilanzen) ist ein Personalhandbuch eine Form des Personalberichts, also eine mit Statistiken zur Belegschaft versehene Übersicht über das Personal. Adressaten sind hier Externe wie Investoren, Kooperationspartner oder Kunden, die sich einen Eindruck über die Belegschaft und die damit verbundenen Risikopositionen verschaffen wollen. Die Grundstruktur eines solchen Personalhandbuchs umfasst laut *Kobi* (1997) die

- Personalstruktur (durchschnittliche Betriebszugehörigkeit, →Altersstruktur, Qualifikationsstruktur),
- Personalplanung (→Fluktuation, Vakanzen, →Fehlzeiten, →Überstunden),
- →Personalkosten (Lohn- und Gehaltsstruktur, Boni und Tantiemen),
- →Personalbeschaffung (durchgeführte Maßnahmen, Kooperationspartner, konzipierte Anzeigen, Kennzahlen zur Personalbeschaffung wie die Bewerbungen pro →Stelle)
- →Personalentwicklung (verwendete Instrumente der Potenzialanalyse und Nachfolgeplanung, Weiterbildungsaufwendungen, Ausbildungsquote, Weiterbildungstage pro Mitarbeiter),
- Personalführung (Ergebnisse aus →Mitarbeiterbefragungen) sowie neuerding
- Humankapitalbewertung (Grunddaten zur Ermittlung des monetären Werts der Belegschaft).

Für die *unternehmensspezifische Personalarbeit als Ganzes* ist ein Personalhandbuch eine Zusammenstellung standardisierter Arbeitsanweisungen. Die →Personalabteilung als Adressat erfährt hier, welche Prozessschritte zur Erledigung einzelner personalwirtschaftlicher Aufgaben zu durchlaufen sind.

Für das →*Personalmanagement als allgemeine Unternehmensfunktion* ist ein Personalhandbuch ein Nachschlagewerk über zeitgemäße Instrumente und Methoden des Personalmanagements. Adressaten sind hier alle an Personalarbeit Interessierte. In der Regel von Wissenschaftlern (z. B. *Scholz* 2000) verfasst, decken solche Personalhandbücher die Felder des Personalmanagements und der Mitarbeiterführung üblicherweise breit ab, teilweise aber auch mit dem speziellen Schwerpunkt auf →Arbeitsrecht (*Straub* 2007, *Beck'sches Personalhandbuch* o.J.).

Literatur: *Beck'sches Personalhandbuch*: Loseblattausgabe in zwei Bänden, München o.J. *Kobi, J.-M.*: Praxistaugliche Instrumente des Personalcontrolling, in: Personal, 49. Jg. (1997), H. 7, S. 370–373. *Prollius, G.*: Das Personalhandbuch als Führungsinstrument, Heidelberg 1987. *Scholz, C.*: Personalmanagement, 5. Aufl., München 2000. *Straub, D.* (Hrsg.): Arbeits-Handbuch Personal, 6. Aufl., Berlin 2007.

Volker Stein

Personal-Ideologien

Weltanschauungen oder Ideensysteme mit Bezug auf personalwirtschaftlich relevante Fragestellungen.

Der Begriff der *Ideologie* wurde Ende des 18. Jahrhundert von *Antoine Destutt de Tracy* (1754–1836) eingeführt. Ideologie war für ihn eine philosophische Grunddisziplin, die Ursprung und Ausbildung von Ideen naturwissenschaftlich exakt beobachten und beschreiben sollte. Er führte die Ideen auf die sie konstituierenden Empfindungen und Sinneswahrnehmungen zurück. Mithilfe der Reduktion der Ideen auf ihren sinnlichen Ursprung sollten jene Ideen gefunden werden, die einer auf Vernunft und Natur des Menschen gegründeten gesellschaftlichen Ordnung entsprechen sollten. Nach *Destutt de Tracy* konnte das theoretische →Wissen um Entstehung und Ausbildung dieser „wahren" Ideen in die konkrete politische Praxis umgesetzt werden, um auf diese Weise die Leitsätze zu vermitteln, nach denen der Aufbau von Staat und Gesellschaft erfolgen sollte.

Spätestens seit Mitte des 19. Jahrhunderts – seit Veröffentlichung der *Deutschen Ideologie* von

Marx und *Engels* – hat der Ideologiebegriff eine starke Bedeutungsveränderung erfahren. Demnach gilt Ideologie als ein relativ geschlossenes Dogmensystem von Wert- und Ordnungsvorstellungen, das bestehende Machtverhältnisse und Interessenkonstellationen rechtfertigt oder verhüllt und dem entsprechend nur schwer – durch dezidierte *Ideologiekritik* – beizukommen ist. Von Kritikern wird der Ideologiebegriff entsprechend gleichzeitig auch als Begriff der Diffamierung der Gegenposition verwendet, während die eigene Position als die einzig „wahre" Position erscheint.

Diese Überlegungen lassen sich auch auf den Personalbereich anwenden, zum Beispiel wenn von marxistischen Kritikern die Idee eines →Human Resource Managements nur als neue Variante einer kapitalistischen Herrschaftsverfestigung und insofern als „Ideologie" gebrandmarkt wird.

Ansätze zu Personal-Ideologien lassen sich aber auch dort feststellen, wo theoretischen Aussagen verschiedene →Menschenbilder als vereinfachte und standardisierte Muster menschlicher Verhaltensweisen zugrunde gelegt werden, die letztlich durch nichts wirklich gerechtfertigt sind und keinem sauberen empirischen →Test zugeführt werden können. Dabei stehen sich ein pessimistisches Menschenbild, wie es zum Beispiel *Machiavelli* oder *Taylor* zugeschrieben werden kann, und ein optimistisches Menschenbild, wie es zum Beispiel *Maslow* und *McGregor* vertreten, gegenüber.

Die Verbreitung einer eher pessimistischen Sichtweise spiegelt sich in den →ökonomischen Theorien, wie zum Beispiel der →Principal-Agent-Theorie, wider. Das Grundargument dieser Theorie besagt, dass Agenten beziehungsweise Mitarbeiter des Unternehmens dazu neigen werden, diskretionäre Verhaltensspielräume auszunutzen, um damit die eigene Wohlfahrt, nicht aber die des Principals beziehungsweise der Anteilseigner des Unternehmens zu steigern. Aus diesem Grund sind die Prinzipale gut damit beraten, Monitoring- und Controllingsysteme sowie anreizkompatible Entlohnungsstrukturen einzuführen, um den eigenen Wohlfahrtsverlust in möglichst engen Grenzen zu halten.

Dieser pessimistischen Perspektive steht aber eben eine optimistische Sichtweise gegenüber, wie etwa die der „Stewardship Theory of Management", die von einem sich-selbst-verwirklichenden, intrinsisch motivierten Mitarbeiter ausgeht und versucht, eine entsprechende Unternehmenskultur (→Organisationskultur) zu fördern, welche den Mitarbeiter aktiv einbezieht und seine Bedürfnisse (→Motiv) berücksichtigt. Es ergeben sich damit völlig andere Gestaltungsempfehlungen, als sie Vertreter eines ökonomischen Theorieansatzes typischerweise geben.

Dodo zu Knyphausen-Aufseß
Lars Schweizer

Personalimage

Gesamtbild, das sich eine Person von einem Unternehmen als →Arbeitgeber macht (syn.: Arbeitgeberimage).

Nach *Scherm* (1995) ist Personalimage ein Teilaspekt des gesamten Unternehmensimages. Zu ihm tragen daneben auch das Produktimage, das Markenimage und das Branchenimage bei, bei international tätigen Unternehmen darüber hinaus auch das Image des Stammlands.

Ausgewählte *Determinanten* des Personalimages sind nach *Scherm* (1995)

– die Branchenzugehörigkeit,

– der allgemeine Bekanntheitsgrad und

– das Umweltverhalten des Unternehmens.

Weiter zu nennen sind aber auch

– die vom Unternehmen angebotenen Aufstiegsmöglichkeiten,

– das unternehmensspezifische Gehaltsniveau,

– die →Sozialleistungen und

– der im Unternehmen praktizierte →Führungsstil.

Schließlich kommen nach *Drumm* (2000) und *Möllhoff* (2001)

– ein unternehmenseinheitlicher Auftritt nach außen (→Corporate Identity bzw. Corporate Design) bei personalmarktbezogenen Aktivitäten sowie

– bewusste →Public Relations-Aktivitäten des Unternehmens mit Bezug zu personalmarktbezogenen Aktivitäten

hinzu.

Als Besonderheit internationaler Unternehmen ist nach *Scherm* (1995) festzuhalten, dass ihr Personal- beziehungsweise Arbeitgeberimage in den verschiedenen Ländern, in denen das Unternehmen tätig ist, jeweils unterschiedlich ausgeprägt sein kann. Denkbar ist aber auch ein international weitgehend einheitliches internationales Personalimage des Unternehmens. Große Bedeutung hat das internationale Personalimage eines Unternehmens vor allem bei der Rekrutierung von →Führungskräften und →Führungsnachwuchs am globalen →Personalmarkt.

Beim Personalimage muss in Anlehnung an *Kropp* (1997) differenziert werden zwischen dem Selbstbild der dem Unternehmen bereits angehörigen →Arbeitnehmer und dem Fremdbild der unternehmensexternen Stakeholder, insbesondere der potenziellen Arbeitnehmer, die an dem Unternehmen Interesse haben.

Unternehmen bemühen sich nach *Pullig* (1993) mittel- bis langfristig durch Instrumente wie Betriebsbesichtigungen, Kontaktseminare oder Werbebroschüren, ein positives Personalimage aufzubauen, um das allgemeine akquisitorische Potenzial des Unternehmens am Personalmarkt zu steigern. Sie bezwecken dabei nach *Kropp* (1997) nicht die Deckung eines konkreten Personalbedarfs oder die Veranlassung konkreter →Bewerbungen. Ein gutes Personalimage stellt für ein Unternehmen Wettbewerbs- und Kostenvorteile gegenüber anderen Unternehmen, die eine Nachfrage am selben →Arbeitsmarkt entfalten, aber entweder gar kein spezifisches oder ein negatives Personalimage haben, dar. Dies gilt vor allem bei der Gewinnung von Führungsnachwuchs. Ein positives Personalimage soll auch dazu beitragen, dass sich im Wege der Selbstselektion nur für das Unternehmen geeignete Personen für eine →Bewerbung bei dem jeweiligen Unternehmen entscheiden und dass nach *Möllhoff* (2001) und bei bereits vorhandenen Mitarbeitern die →Motivation sowie die →Identifikation mit dem Unternehmen gesteigert und die Mitarbeiterfluktuation (→Fluktuation) reduziert werden.

Literatur: *Drumm, H.J.*: Personalwirtschaft, 4. Aufl., Berlin etc. 2000, S. 330. *Kropp, W.*: Systemische Personalwirtschaft. Wege zu vernetzt-kooperativen Problemlösungen, München etc. 1997, S. 244. *Möllhoff, D.*: Praxishandbuch Personalmanagement, Frankfurt a. M. 2001, S. 58. *Pullig, K.-K.*: Gewinnung und Entwicklung von Mitarbeitern, in: Hanser, C. et al. (Hrsg.): Personalmanagement, München etc. 1993, S. 148. *Scherm, E.*: Internationales Personalmanagement, München etc. 1995, S. 159.

Wolfgang Burr

Personalimageanalyse

Teilbereich bei der Analyse eines Unternehmensimages, der die Abschätzung und Beurteilung des →Personalimages eines Unternehmens bei den relevanten Zielgruppen des Unternehmens am →Arbeitsmarkt beziehungsweise im relevanten →Personalmarkt bezweckt.

Ebenfalls werden im Rahmen einer Personalimageanalyse die Faktoren (z. B. Karrieremöglichkeiten, Corporate Design), die das Personalimage eines Unternehmens maßgeblich beeinflussen, abgeschätzt und beurteilt. *Ergebnis* einer Personalimageanalyse ist das Personalimageprofil für das Unternehmen. Es soll Hinweise auf Stärken und Schwächen des Unternehmens hinsichtlich seiner Akzeptanz bei der jeweiligen Zielgruppe im Personalmarkt geben.

Eine Personalimageanalyse erfordert *Verfahren* zur Ermittlung und Messung von Vorstellungen, Einstellungen und Meinungsbildern bei der befragten Zielgruppe. Je nachdem, ob Gegenstand der Personalimageanalyse das Selbstbild oder das Fremdbild des Unternehmens ist, werden im Unternehmen bereits tätige Arbeitnehmer oder potenzielle Arbeitnehmer befragt. Bei den Verfahren der Imagemessung werden die verbale und die nonverbale Imagemessung unterschieden. Bei ersterer erfolgt die Imageanalyse mithilfe des semantischen Differenzials, letztere basiert auf Zuordnungstests, in deren Verlauf die Probanden vorgelegte Bilder dem Untersuchungsobjekt (d. h. dem Unternehmen und seinem Personalimage) zuordnen.

Wolfgang Burr

Personalinformationssysteme (PIS)

Kategorie →personalwirtschaftlicher Anwendungssoftware, die eine geordnete Erfassung, Speicherung und Auswertung von →Personaldaten (einseitiges PIS) oder zusätzlich auch von →Arbeitsplatzdaten (zweiseitiges PIS) ermöglicht (engl.: Human Resource Information Systems).

Die Funktionalität von Personalinformationssystemen (PIS) beschränkt sich in einer *engen Begriffsauffassung* auf die Abspeicherung und Bereitstellung personalwirtschaftlich relevanter →Informationen. Der Bestand an →Daten, die enthalten sein sollen, ist meist nicht fest vorgegeben, sondern kann individuell verändert und ergänzt werden. Erfasste Daten können dabei historisiert beziehungsweise mit Gültigkeitszeiträumen versehen werden, was stichtagbezogene oder zeitraumorientierte Auswertungen in Vergangenheit, Gegenwart und Zukunft ermöglicht. Die Information des Anwenders erfolgt dann durch Wiedergabe einzelner Datensätze, insbesondere aber durch die Auswertungen des Datenbestands, bei denen die Daten komprimiert, aggregiert oder gefiltert werden, um selektiv und differenziert die tatsächlich benötigten Informationen zu erhalten.

Neben standardisierten Auswertungen sind auch aufgaben- und problemspezifische individuelle Auswertungen möglich. Zusätzlich zu Methoden der deskriptiven Statistik wie die Erstellung von Histogrammen, Mittelwertbildung oder Messung der Streuung finden sich hier regelmäßig typische Instrumente der Datenbankauswertung wie etwa Abfragen, Filter oder Listgeneratoren, die mittlerweile auch ohne Kenntnis und Anwendung spezifischer Programmier- oder Abfragesprachen anwendbar sind. Berichts- beziehungsweise Listgeneratoren ermöglichen die Zusammenstellung und Berechnung beliebiger Datenfelder auf einer Liste. Die Auswertungsergebnisse werden vielfach grafisch aufbereitet. Oft werden zur Auswertung auch Schnittstellen zu Tabellenkalkulations- beziehungsweise Datenbanksystemen angeboten, um deren mittlerweile sehr ausgereiftes Auswertungs- und Grafikinstrumentarium nutzen zu können. Teilweise können auch vordefinierte beziehungsweise individuell definierbare →Personalkennzahlen generiert werden. Auch die Ausgabe von Personalstammblättern, der Druck von Adressetiketten oder, unter Anbindung einer Textverarbeitungssoftware, der Druck von Serienbriefen wird von dieser Systemkategorie übernommen.

Alle diese auswertenden Methoden und Funktionalitäten finden sich mehr oder minder umfangreich auch bei anderen Kategorien personalwirtschaftlicher Anwendungssoftware. In einer *weiten Begriffsauffassung* wird der PIS-Begriff daher als umfassender Sammelbegriff für *alle* Arten personalwirtschaftlicher Anwendungssoftware verwendet. Diese weite Begriffsauffassung hat zur verbreiteten, aber funktional reduktionistischen und daher irrigen Auffassung beigetragen, verfügbare personalwirtschaftliche Anwendungssoftware würde „lediglich" die Funktion der Informationsspeicherung und -bereitstellung übernehmen.

Stefan Strohmeier

Personalinvestitionskonto

Konto zur Verbuchung von Personalaufwendungen im Rahmen der Kostenwertmethode des →Human Resource Accountings.

Es ist der Grundgedanke des Human Resource Accountings (HRA), dass personalbezogene Aufwendungen, zum Beispiel für Beschaffung (→Personalbeschaffung), Einarbeitung und Fortbildung (→Fort- und Weiterbildung) von Mitarbeitern, Investitionscharakter haben. Vor diesem Hintergrund wird angestrebt, den durch sie geschaffenen Wert gemäß etablierter Methoden der Buchhaltung und des Rechnungswesens zu erfassen und periodengenau zuzurechnen. Die inputorientierten Ansätze des HRAs ziehen dazu tatsächliche beziehungsweise geschätzte Aufwendungen für das Personal als Bewertungsgrundlage heran. Bei der Bewertung mit historischen Kosten (Kostenwertmethode) entspricht der Wert des Humanvermögens dann beispielsweise gerade den in der Vergangenheit für die →Personalbeschaffung, →Personalentwicklung und so weiter angefallenen (Anschaffungs-)Kosten. Diese investen Personalaufwendungen werden aktiviert, auf den eigens dafür eingerichteten Personalinvestitionskonten verbucht und gemäß ihrer geschätzten Nutzungsdauer (in Höhe der prognostizierten Betriebszugehörigkeit) abgeschrieben. Das Humanvermögen resultiert dann als Schlussbestand eines *Humanvermögenssammelkontos*.

Übersicht 1: Investitionsrechnung für den Personalbereich (in Anlehnung an *Lang* 1977, S. 6)

Personalinvestitionskonto für Abteilungsleiter Schmidt [€]			
Beschaffung	32.000,-	Abschreibung der Akquisition (1/10, da 10 Jahre Betriebszugehörigkeit prognostiziert)	4.400,-
Einarbeitung	12.000,-	Abschreibung der Fortbildung (1/3, da 3 Jahre Nutzung)	3.000,-
Fortbildung	9.000,-	(Schlussbestand) Humanvermögenssammelkonto	45.600,-
	53.000,-		53.000,-

Zielsetzung der →Investitionsrechnung mithilfe von Personalinvestitionskonten ist es, durch Anlehnung an die Standardrechenwerke von Unternehmen den Status des *Humanvermögens* als (immateriellen) Vermögenswert analog anderer Vermögensgegenstände in der Unternehmensrechnungslegung zu manifestieren. Damit einher geht jedoch die grundlegende Befürchtung, dass sich das →Personalmanagement hierdurch allzu sehr den formalen Erfordernissen des Rechnungswesens unterwerfen könnte. Nichtsdestotrotz gilt es als ein Vorteil solcher Investitionsrechnungsmethoden für den Personalbereich, dass die Übertragung von Investitionskalkülen sowohl unter Steuerungs- als auch unter Kommunikationsgesichtspunkten relevante Kennzahlen bereitzustellen vermag.

Literatur: *Lang, H.*: Ansätze zu einer Humanvermögensrechnung, in: Personal, 29. Jg. (1977), S. 5–8.

Roman Bechtel

Personalkennzahlen

machen in verdichteter Form betriebswirtschaftlich relevante Aussagen zu quantitativ erfassbaren Sachverhalten und Zusammenhängen.

Personalkennzahlen dienen zunächst als Informationsgrundlage. Aufbauen sollten darauf Planung, Steuerung und Kontrolle unternehmerischer Tätigkeit (*Kaps* und *Husmann* 1990, *Schulte* 2002). Zum einen gibt es *absolute Kennzahlen*, denen eine unmittelbare Aussagekraft zukommt:

- *Einzelzahlen*: Hierzu zählt zum Beispiel der aktuelle →Krankenstand im Unternehmen.
- *Summen*: Wie die Gesamtzahl der Mitarbeiter im Personalbereich.
- *Differenzen*: Darunter fällt etwa der Nettopersonalbedarf als Differenz zwischen dem Bruttopersonalbedarf und dem Personalbestand zu einem bestimmten Zeitpunkt.
- *Mittelwerte*: Beispielsweise die durchschnittliche Dauer der Betriebszugehörigkeiten der Mitarbeiter.

Zum anderen werden *Verhältniszahlen* herangezogen, die Auskunft über Relationen geben:

- *Beziehungszahlen*: Setzen verschiedene, in Zusammenhang stehende Zahlen zueinander in Beziehung, beispielsweise der Umsatz pro Mitarbeiter.
- *Gliederungszahlen*: Drücken (meist in %) strukturelle Verhältnisse aus, zum Beispiel der Anteil der →Personalkosten an den Gesamtkosten.
- *Indexzahlen*: Bilden zeitliche Entwicklungen ab, indem man ein geeignetes Ausgangsdatum bestimmt und die entsprechenden nachfolgenden Daten darauf bezieht, zum Beispiel Fehlzeiten- oder Personalkostenentwicklung in den letzten fünf Jahren.

Personalkennzahlen beziehen sich, wie die obigen Beispiele, auf das Personal des Unternehmens und die Funktion des →Personalmanagements. Dabei sind im Personalbereich einige Besonderheiten zu beachten (*Wunderer* und *Jaritz* 1999): Viele Sachverhalte lassen sich nicht direkt, sondern nur mittels Indikatoren erfassen, beispielsweise die Aufnahme der Mitarbeiterzufriedenheit (→Arbeitszufriedenheit) über Werte aus einer →Mitarbeiterbefragung. Viele Indikatoren sind dann auch nur ordinal skalierbar. Das heißt durch die Zahlen werden zwar Wertigkeiten abgebildet, die Relationen zwischen den einzelnen Werten sind jedoch nicht zwangsläufig gleich groß. Ein Zufriedenheitswert von 2 bedeutet nicht unbedingt eine genau doppelt so hohe Mitarbeiterzufriedenheit wie der Indikatorwert 1. Dadurch sind die Zahlen zwar nicht in ihrer Aussagekraft, jedoch in ihrer statistischen Verwendung beschränkt. Zudem ist die Erhebung meist aufwändiger. Metrische Angaben sind dagegen beispielsweise Krankenstand oder Fluktuationsquote. Aussagen über die Zufriedenheit können daraus aber nur mittelbar abgeleitet werden.

Nicht zuletzt ist im Personalmanagement sozialen Aspekten und der betrieblichen →Mitbestimmung Rechnung zu tragen. Letzteres greift vor allem dann, wenn die Erhebung der Kennzahlen EDV-gestützt erfolgen soll. Der →Betriebsrat ist gemäß § 80 BetrVG umfassend und rechtzeitig zu unterrichten und ihm sind gegebenenfalls notwendige Informationsunterlagen zur Verfügung zu stellen. Zu informieren ist darüber, welche Daten von welchen Mitarbeitergruppen (→Gruppe) sind, in welchem Turnus und wie sie gewonnen, verarbeitet und ausgewertet werden. Auch mit welchen Programmen und wem die Daten in welcher Form zur Verfügung gestellt werden sowie der Schutz der Daten, ist mitzuteilen. Werden Leistungen und Verhalten Einzelner kontrolliert, hat der Betriebsrat gemäß § 87 BetrVG darüber hinaus ein erzwingbares Mitbestimmungsrecht. Allerdings wird mit Kennzahlen für gewöhnlich das Gegenteil, die Zusammenfassung von Informationen, angestrebt.

Die allgemeine Dokumentations- und Informationsfunktion von Kennzahlen gegenüber verschiedenen Anspruchsgruppen ist laut *Potthoff* und *Trescher* (1986) zentral. Das Personalmanagement steht vielen Anspruchsgruppen gegenüber, von der Geschäftsleitung sowie dem Personalbereich selbst über die Arbeitnehmervertretung bis hin zu öffentlichen Einrichtungen sowie der Gesellschaft generell. Über die Dokumentations- und Informationsfunktion hinaus, gehen laut *Hentze* und *Kamel* (1993) die

- Planung von Zielen und Maßnahmen des Personalmanagements,
- (Kosten-)Kontrolle, Problemerkennung und -analyse,
- Entscheidungsunterstützung, Steuerung und →Koordination von personalbezogenen Maßnahmen sowie
- Nutzeneinschätzung beziehungsweise Nutzenmessung des Personalmanagements.

Erreicht wird dies dadurch, dass mit Kennzahlen

- durch Filterung des Datenanfalls und Aufbau einer Systematik Daten ausgelesen und verdichtet werden (können),
- quantifizierte Maßstäbe zum einfachen Vergleich gewonnen werden (können),
- Zusammenhänge dargestellt werden (können), die als Grundlage zur Erkennung von Ursachen für Mängel und Fehler, zur Erfassung von Faktoren der Erfolgswirksamkeit und zur Überprüfung der Auswirkungen vorhandener Schwächen und getroffener Maßnahmen dienen und
- Planvorgaben aufgestellt werden (können), die die Durchführung von Soll-Ist-Auswertungen, sowie Auswertungen im Zeitvergleich und damit eine zielorientierte Kontrolle und Steuerung ermöglichen.

Dem letzten Punkt kommt, durch das frühzeitige Erkennen von Abweichungen und der Möglichkeit der Gegensteuerung, eine besondere Bedeutung zu. Kennzahlen können somit (auch) als Frühwarnsystem wirken. Dabei muss eine gründliche Ursachenforschung betrieben werden, denn durch Kennzahlen werden oft nur Symptome angezeigt. Ein klassisches Beispiel hierfür ist eine erhöhte Fluktuation, die meist auf vielfältige interne Probleme, wie unflexible →Arbeitszeiten, schlechtes Betriebsklima, keine Entwicklungsperspektiven, und äußere Bedingungen, zum Beispiel die Arbeitsmarktlage oder die spezifische Personalstruktur, zurückgeführt werden kann. Bei der Interpretation von Kennzahlen sind immer auch die jeweiligen Rahmenbedingungen zu beachten. Die Qualifikationsstruktur, unter Umständen gegliedert nach Abteilungen oder Standorten, kann beispielsweise wie folgt festgemacht werden:

$$\frac{\textit{Anzahl Mitarbeiter bestimmter Qualifikationen}}{\textit{Gesamtzahl Mitarbeiter}} \times 100$$

Die Angabe dient einmal der Information, und zudem der Planung und Kontrolle der Qualifikationsstruktur der Belegschaft. Wichtig ist, ob mit den Mitarbeitern der vorhandenen Qualifikationsstruktur auch mittel- bis langfristig den Anforderungen neuer Technologien und neuer →Organisationsstrukturen entsprochen werden kann. Ansatzpunkte zur Veränderung der Qualifikationsstruktur liefern dann beispielsweise eine erhöhte Ausbildungstätigkeit oder eine vermehrte Einstellung von Akademikern.

Die Arbeit mit Kennzahlen ist in der betrieblichen Praxis des Personalmanagements unabdingbar, allerdings bringt sie auch Nachteile mit sich: So kann die Verdichtung zu unzulässigen Verkürzungen der Realität führen. Beispielsweise kann eine sinkende Krankenquote auf viele verschiedene Umstände zurückzuführen sein: Veränderung der Tätigkeiten und damit →Qualifikationen im Unternehmen (so weisen Mitarbeiter auf höher qualifizierten Arbeitsplätzen generell einen niedrigeren Krankenstand auf) oder bauliche Maßnahmen, wie der Ausbau einer Klimaanlage, aber auch Erhöhung des Drucks auf die Mitarbeiter, da in absehbarer Zeit →betriebsbedingte Kündigungen im Raum stehen. Diese Informationen vermittelt die genannte Kennzahl selbst nicht. Die Kennzahl ist ein wichtiges Indiz. Eine einzige Kennzahl zur Rechtfertigung weitreichender Veränderungen ist im Personalmanagement immer ungenügend. So informiert die Kennzahl der Bewerbungseingänge pro Rekrutierungskanal (Zeitung, Jobbörse, eigene Homepage, Aushang) über die Anzahl der Interessenten, die mit diesem Medium erreicht werden können. Erst die Kennzahl der eingegangenen →Bewerbungen in Relation zu den

Abbildung 1: Gängige Personalkennzahlen (*Schulte* 2002, S. 156)

Personalkennzahlensystem						
Personalbedarf und -struktur	Personalbeschaffung	Personaleinsatz	Personalerhaltung	Personalentwicklung	Personalkostenplanung	Ideenmanagement ...
Nettopersonalbedarf	Bewerber pro Ausbildungsplatz	Mitarbeiterproduktivität	Krankenstatistik	Ausbildungsquote	Personalintensität	
Arbeitszeitvolumen	Selektionsquoten	Führungsspanne	Fluktuationsrate	Übernahmequote	Personalzusatzkostenquote	
Qualifikationsstruktur	Kosten je Eintritt	Hierarchieebenen	Fluktuationskosten	Weiterbildungszeit pro Mitarbeiter	Personalkosten je Mitarbeiter	
Betriebszugehörigkeit	Rate der Frühfluktuation	Überstunden und Überstundenkosten	Unfallhäufigkeit	Anteil der PE-Kosten an Personalkosten	Personalkosten je Stunde	
...	...	...	...	...	...	

geeigneten Bewerbungen sagt jedoch etwas über die Qualität und damit Zielgruppengenauigkeit des Mediums aus. Nur beide Kennzahlen zusammen bilden die Grundlagen für einen sinnvollen Vergleich der verschiedenen Medien. Die Erhebung von immer mehr Kennzahlen stellt allerdings keine Lösung dar. Eine Kennzahleninflation zeichnet sich dadurch aus, dass Berichte aus →*Internem Personalreporting* und *Externem Personalreporting* nicht mehr weiterverwendet und meist nicht einmal mehr wahrgenommen werden.

Ein weiteres Problem kann sich mit der übermäßigen Fokussierung auf quantitative Kennzahlen und der zeitlichen Entwicklung von Kennzahlen ergeben. Die Erhebung quantitativer Kennzahlen ist einfach, ebenso der Zeitvergleich, was zu einem Selbstzweck der Erhebung ohne klare Zielsetzungen führen kann. Eine Reaktion erfolgt dann meist auch nur, wenn die Zahl im Zeitablauf signifikant steigt (Personalkosten, Krankenstand, Fluktuation) beziehungsweise fällt (Bewerbungseingänge, Weiterbildungstage, Beteiligung an einer Mitarbeiterbefragung). Besonderes Augenmerk sollte im Personalmanagement jedoch der quantitativen Abbildung qualitativer Sachverhalte (Güte des Seminars, Mitarbeiterzufriedenheit) und ein Abgleich mit vorgegebenen Zielen gewidmet werden.

Um der Forderung nach einer ausgewogenen Anzahl von Kennzahlen, die in wechselseitiger Beziehung zueinander stehen, zu genügen, empfiehlt sich die Entwicklung eines *Kennzahlensystems* (*Schulte* 2002). Dabei existiert bisher kein unternehmensübergreifendes, einheitliches Personalkennzahlensystem. Vielmehr ist dieses von jedem Unternehmen individuell zu entwickeln. Allerdings gibt es gängige Personalkennzahlen, mit denen die zentralen Themenfelder des Personals und des Personalmanagements abgebildet werden. In Abbildung 1 ist ein Teil eines typischen Kennzahlensystems, das heißt ein aus mehreren Kennzahlen bestehendes Beziehungssystem, für das Personalmanagement abgebildet. Eine Ordnung erfolgt hier nach den Funktionen des Personalmanagements. Die rechnerische Abhängigkeit der Kennzahlen voneinander ist in dieser Übersicht nicht beachtet, es handelt sich um ein sachlogisches System.

Weitere Gliederungskriterien für den Aufbau eines Personalkennzahlensystems, das prinzipiell aus der →*Personalstrategie* abzuleiten ist, lauten wie folgt:

- Für Vergleiche eignen sich über die funktionale Betrachtung hinaus Gliederungen nach Bereichen und Abteilungen des Unternehmens oder nach verschiedenen Mitarbeitergruppen. Oft werden auch mehrere Systeme übereinandergelegt.

- Kennzahlen können sich auf Potenziale, zum Beispiel Betreuungsquote (Anteil der Mitarbeiter im Personalmanagement/Gesamtbelegschaft), auf Prozesse, zum Beispiel Zeitdauer für die Bearbeitung einer Reisekostenabrechnung, oder Ergebnisse, wie Mitarbeiterzufriedenheit, beziehen (*Wiener* 2002).

- Zu empfehlen ist die grundsätzliche Unterscheidung zwischen direkt und indirekt kontrollierbaren Kennzahlen. Während bei ersteren sofort Maßnahmen ausgelöst und Veränderungen herbeigeführt werden können, sind letztete nur schwer zu beeinflussen und daher allenfalls langfristig anzugehen. Typische Beispiele sind die Reaktionszeiten im Personalbereich auf Mitarbeiteranfragen als unmittelbar zu beeinflussende Kennzahl und die Fluktuationsquote als nur mittelbar zu steuernde Kennzahl.

- Im Personalmanagement gibt es zum einen Kennzahlen, die sich auf die Funktionen beziehungsweise Prozesse des Personalmanagements beziehen, dazu gehören beispielsweise Seminarkosten, Zeitdauer der →Personalbeschaffung oder Personalkosten im Personalbereich. Diese Informationen werden in erster Linie zur Information über und Steuerung des Personalbereichs benötigt. Zum anderen gibt es Kennzahlen für das Personalmanagement, die Aussagen über das Personal des Unternehmens beinhalten wie die Personalstruktur, der Personalbedarf im nächsten halben Jahr oder die Krankenquote im Unternehmen. Diese Informationen dienen vorrangig der →Unternehmensführung.

- Kennzahlen sind darüber hinaus sinnvoll nach ihrer Herkunft in interne und externe Kennzahlen zu gliedern. Während erste, zum Beispiel die Ausbildungsquote (→Ausbildung), vom Unternehmen selbst gewonnen werden, werden zweite von anderen Institutionen oder aus Medien bezogen, zum Beispiel die Ausbildungsquote der Branche. Externe Kennzahlen gewinnen insbesondere im Rahmen der Personalforschung und des →Benchmarking an Bedeutung.

Das beziehungsweise die gewählten Systeme sollten, wie die Definition der Kennzahlen selbst, möglichst langfristig konzeptioniert und geführt werden. Nur dann sind Vergleiche im Zeitablauf und ein Verständnis in der Interpretation und dem Umgang mit den Ergebnissen in der →Organisation zu erreichen.

Literatur: *Hentze, J.*; *Kamel, A.*: Personalcontrolling, Bern etc. 1993. *Kaps, U.*; *Husmann, U.*: Kennzahlen als Steuerungs- und Führungsinstrument, in: Angewandte Arbeitswissenschaft – Zeitschrift für die Unternehmenspraxis, (1995), H. 144, S. 29–46. *Kobi, J.-M.*: Praxistaugliche Instrumente des Personalcontrolling, in: Personal, 49. Jg. (1997), H. 7, S. 370–373. *Potthoff, R.*; *Trescher, K.*: Controlling in der Personalwirtschaft, Berlin, New York 1986. *Schulte, C.*: Personal-Controlling mit Kennzahlen, 2. Aufl., München 2002. *Wiener, C.*: HR-Controlling – Trends, Konzepte und Umsetzung, in: Personal, 54. Jg. (2002), H. 4, S. 50–55. *Wunderer, R.*; *Jaritz, A.*: Unternehmerisches Personalcontrolling, Neuwied, Kriftel 1999.

Daniela Eisele
Klaus Möller

Personalkennzahlenblatt →Internes Personalreporting

Personalkompetenz

teilweise Sinnbild für die *Fähigkeit* zur Personalführung (→Mitarbeiterführung) und die →*Macht*, Personalentscheidungen treffen zu dürfen, teilweise aber auch für das *Potenzial* der einzelnen Person zur Entfaltung ihrer individuellen Fähigkeiten (→Qualifikation).

Personalkompetenz verstanden als Fähigkeit zur Personalführung ist nach *Erpenbeck* (2003) für die Charakterisierung der Funktionen des →Personalmanagements im Sinne der →*Personalkompetenzintegration* prägend. Personalkompetenz bezeichnet dabei die auf das Unternehmen verteilte Verankerung von Aufgaben der Personalführung und →Personalentwicklung. Personalkompetenz als Machtgefälle steht hingegen zum einen für die Freiheit, die *Auswahl* der eigenen Mitarbeiter und Assistenten selbst vornehmen zu dürfen und nicht an Entscheidungen der Personalabteilung gebunden zu sein. Zum anderen wird hierunter das Recht des Aufsichtsrats (→Unternehmensmitbestimmung) der Aktiengesellschaft zur Bestellung des Vorstands gemäß § 84 AktG verstanden. Als Potenzial umfasst die bei *Lang* (2000) auch als *Humankompetenz* bezeichnete Personalkompetenz personale Schlüsselkompetenzen wie Selbstwahrnehmung, Selbständigkeit, Kritikfähigkeit, Selbstvertrauen, Ausdauer, Zuverlässigkeit oder Verantwortungs- und Pflichtbewusstsein.

Für das *Personalmanagement* schafft Personalkompetenz – je nach Begriffsdefinition – neue Herausforderungen durch die Übertragung von klassischen Entscheidungen der Personalabteilung wie Einstellung und Höhergruppierung auf einen zunehmend größeren Personenkreis. Zudem bestehen nach *North* und *Reinhardt* (2005) die Herausforderungen an das Personalmanagement und insbesondere die Personalentwicklung darin, das Erkennen und die gezielte Ausnutzung der persönlichen Fähigkeiten der Mitarbeiter zu fördern.

Personalkompetenzintegration

Literatur: *Erpenbeck, J.*: Handbuch Kompetenzmessung: Erkennen, Verstehen und Bewerten von Kompetenzen in der betrieblichen, pädagogischen und psychologischen Praxis, Stuttgart 2003. *Lang, R.W.*: Schlüsselqualifikationen: Handlungs- unnd Methodenkompetenz, personale und soziale Kompetenz, München 2000. *North, K.*; *Reinhardt, K.*: Kompetenzmanagement in der Praxis: Mitarbeiterkompetenzen systematisch identifizieren, nutzen und entwickeln, Wiesbaden 2005.

Tobias Bernecker

Personalkompetenzintegration

grundsätzliche Fokussierung des →Personalmanagements am Eingang zum 21. Jahrhundert mit dem Ziel der →Professionalisierung der Personalarbeit über die Zusammenführung (verteilter) personalwirtschaftlicher →Kompetenz des gesamten Unternehmens zu einer gemeinsamen Wissensbasis.

Die Personalkompetenzintegration geht einher mit einer Integration des Personalmanagements in organisatorische Restrukturierungskonzepte wie insbesondere das Lean Management und das Business (Process) Reengineering. Personalkompetenzintegration markiert dabei nach *Scholz* (2000) den (vorläufigen) Endpunkt einer Entwicklungslinie, die in den 1950er Jahren mit der →*Personalverwaltung* beginnt und unter anderem →*Personalentwicklung* (ab 1970) und *Personalstrategieorientierung* (ab 1980) erfasst.

Literatur: *Scholz, C.*: Personalmanagement, 5. Aufl., München 2000.

Tobias Bernecker

Personalkosten

Summe aller Bruttolöhne und -gehälter, aller gesetzlichen, tarifvertraglich vereinbarten und/oder freiwilligen sozialen Aufwendungen sowie aller übrigen Personalnebenkosten (z. B. für Aus- und Weiterbildung), die ein →Arbeitgeber innerhalb eines bestimmten Zeitraums aufwendet.

Die Personalkosten werden in der Literatur und in der Praxis in der Regel mit dem →Personalaufwand gleichgesetzt, weil die Unterschiede schwer herauszuarbeiten sind, praktische Messprobleme auftreten und sich ein gemeinsamer Sprachgebrauch herausgebildet hat.

Grundsätzlich ist der *Personalaufwand* zum externen Rechnungswesen (→Betriebliches Rechnungswesen) hin orientiert, genauer: zur Gewinn- und Verlustrechnung. Dazu gehören unter anderem sowohl Löhne und Gehälter als auch soziale Abgaben und Aufwendungen für die Altersversorgung. *Personalkosten* hingegen weisen stets einen engen Leistungsbezug auf und sind die eigentliche Entscheidungsgrundlage im Hinblick auf die ökonomische Effizienz des Einsatzes von →Human Resources. Der Leistungsbezug lässt sich prinzipiell durch eine Werterhöhung darstellen. Für die personalökonomische Zielsetzung der effizienten *Human Resourcen-Allokation* werden alle Personalfunktionen und →Personalkostengruppen auf ihren Leistungsbezug hin analysiert und einem effizienzorientierten →Personalkostenmanagement unterstellt.

Neben dem Personalaufwand als periodisierten, sachzielbezogenen bewerteten Güterverzehr für den Einsatz der Human Ressourcen werden aus theoretischer Perspektive weitere, entscheidungsrelevante Kosten (also unter Ausschluss der →Sunk Costs) berücksichtigt. In Abhängigkeit der konkreten Entscheidungssituation zählen dazu Opportunitätskosten sowie gegebenenfalls kalkulatorische Kosten. Zu den Opportunitätskosten wird der Ressourcenverbrauch gerechnet, der für eine personalwirtschaftliche Aktivität verwendet wird, aber in einer anderen, ursprünglichen Verwendung eine Werterhöhung erbracht hätte. Dies wird auch als entgangener Alternativvertrag bezeichnet.

Theoretisch könnten zusätzlich noch kalkulatorische Kosten angesetzt werden, wenn eine Werterhöhung stattfindet, für die unternehmensinterne Ressourcen genutzt werden, die anderenfalls durch eine Marktleistung hätten abgedeckt werden müssen beziehungsweise denen keine Zahlungen gegenüberstehen, wie zum Beispiel analog zum kalkulatorischen Unternehmerlohn.

Anhand ausgewählter Personalfunktionen können diese Überlegungen verdeutlicht werden:

- →*Personalbeschaffung*: Während der Such-, Anbahnungs- und Auswahlphase entstehen sachbezogene Aufwendungen, wie zum Beispiel der Preis für die Schaltung von Stellenanzeigen in ausgewählten Medien, Bearbeitungsaufwand für die eingegangenen →Bewerbungen sowie Testkosten der Personalauswahlverfahren (→Auswahlverfahren). Zusätzlich entstehen jedoch auch Opportunitätskosten aufgrund der zeitintensiven Aktivitäten, die unter anderem darin bestehen, dass die Aufgabenträger alternative Einsatzmöglichkeiten ihrer Ressourcen zu einer Ertragserzielung nutzen könnten. Als Beispiel sind Funktionsträger in Leistungserstellungsprozessen zu nennen, die aufgrund der oben genannten Aktivitäten ihre eigentliche Aufgabenstellung in geringerem Umfang als vorgesehen wahrnehmen, wie zum Beispiel eine Instanz (→Aufbauorganisation), die bei der →Personalauswahl in einem →Assessment Center beteiligt ist und dafür die übliche, wertschöpfende Tätigkeit zurückstellt. Der Leistungsbezug dieser Personalfunktion ist in der Deckung des aus der →Personalbedarfsplanung abgeleiteten Personalbedarfs zu sehen. Entscheidungsrelevant ist zudem, dass die Personalbeschaffung sogar durch eine Marktleistung, zum Beispiel über eine private →Arbeitsvermittlung, zu erfüllen ist, also ein Preis als Vergleichsmaßstab vorliegt.

- *Aus- und Weiterbildung*: Für diese Funktionen entsteht ein →Bildungsaufwand, der Sachmittel, zum Beispiel für Raummiete oder Lehrbücher sowie das Entgelt der Lehrpersonen umfasst. Zu den Opportunitätskosten zählt der Arbeitsausfall der Ausbildungs- beziehungsweise Weiterbildungsteilnehmer und →Ausbilder, der in einigen Verfahren zum →Bildungscontrolling sogar erfasst wird. Der Leistungsbezug besteht in der Erhöhung des Werts der Human Ressources – genauer: in der gesteigerten Wertgrenzproduktivität des Faktors →Arbeit – für zukünftige Perioden. Dieser sollte allerdings um Abschreibungen, zum Beispiel aufgrund des Veralterns von →Wissen, korrigiert werden.

Ähnliche Überlegungen lassen sich für die →Personalkostengruppen – →Aktionskosten, Reaktionskosten, →Bestandskosten – treffen.

Neben der qualitativen, funktions- beziehungsweise strukturorientierten sowie quantitativen, mengen- beziehungsweise wertmäßigen Dimension der Personalkosten spielt, wie bereits an der Aus- und Weiterbildung verdeutlicht, die zeitliche Dimension eine weitere Rolle für die Ermittlung der Personalkosten. Für die →Personalplanung ist auch die zukünftige Entwicklung der Personalkosten entscheidungsrelevant, so dass die →Personalkostenplanung eng mit ihr verzahnt ist.

Probleme in der Ermittlung der Personalkosten bestehen in den Überschneidungen von Aufwands- und Opportunitätskostenkomponenten, in der Messbarkeit beziehungsweise der Quantifizierbarkeit sowohl von Kosten als auch von Leistungen sowie in der verursachungsgemäßen und zeitlichen Zuordnung dieser Größen.

Schließlich können Personalkosten von den →Arbeitskosten abgegrenzt werden. Während sich der Begriff der Arbeitskosten eher auf gesamtwirtschaftliche, aggregierte Daten bezieht, sind die Personalkosten die unternehmensbezogene beziehungsweise betriebliche Planungs-, Entscheidungs- und Steuerungsgrundlage für personalpolitische und -wirtschaftliche Maßnahmen.

Literatur: *Scholz, C.*: Personalmanagement, 5. Aufl., München 2000, S. 689–692.

Silvia Föhr

Personalkostenanalyse

Untersuchungsverfahren, das eine detaillierte Bestimmung der →Personalkostenstruktur sowie die qualitative und quantitative →Identifikation interner und externer Einflussfaktoren beinhaltet.

Darauf aufbauend wird nach Veränderungsbeziehungsweise Verbesserungsmöglichkeiten im Hinblick auf die personalökonomische Effizienz gesucht.

Silvia Föhr

Personalkostenbudget

finanzielle Obergrenze für personalwirtschaftliche Aktivitäten einer kostenverantwortlichen →Stelle.

Das Personalkostenbudget wird nach innerbetrieblichen Vereinbarungen oder durch Vorgabe der Unternehmensleitung festgesetzt. Aufgrund gesetzlicher und vertragsrechtlicher Bindungen ist der Spielraum recht gering und kann bezüglich der →Personalbeschaffung (Zahl der einzustellenden Mitarbeiter) und der freiwilligen Vergütungserhöhungen geschaffen werden. Im Rahmen der *Personalkostenbudgetierung* findet die Verteilung des von der Finanzplanung bestimmten Personalkostenbudgets, welche abteilungs-, projekt- oder kostenstellenbezogen erfolgen kann, statt.

Silvia Föhr

Personalkostengruppe

entsprechend ihrer strategischen Funktion und Wirkung gebildete Kostengruppen.

Für den Personalbereich lassen sich die →*Bestandskosten* als Personalbereitstellungskosten, die →*Aktionskosten* für Beschaffung (→Personalbeschaffung), Entwicklung (→Personalentwicklung), Einsatz und Freisetzung (→Personalfreisetzung) der Human Resources oder auch die →*Reaktionskosten* als Folge von Situationsveränderungen, zum Beispiel aufgrund einer neuen Rechtslage, unterscheiden.

Silvia Föhr

Personalkostenmanagement

Analyse, Planung und Kontrolle von Kostenverursachungsfaktoren, die unter anderem im Personalbestand, in geplanten und durchgeführten Veränderungsmaßnahmen und den Kosten der Personalarbeit selbst zu suchen sind.

Die Verknüpfung des →Personalmanagements mit den übrigen Teilen der Unternehmensplanung ist unverzichtbar. Dies gilt auch für die Verbindung mit der Finanz- und Budgetplanung. Als strategische Aufgabe wird das Personalkostenmanagement Maßnahmen zur langfristigen Veränderung der →Personalkostenstruktur entwickeln.

Silvia Föhr

Personalkostenplanung

quantitative Analyse, Steuerung und Kontrolle der →Personalkosten und ihrer zeitlichen Entwicklung.

Im Hinblick auf zukünftige Planungshorizonte soll die Entwicklung der Personalkosten ihrer Höhe nach und in ihrer Struktur abgestimmt werden. Dazu werden auch interne und externe Einflussfaktoren auf die Personalkosten in ihrer Wirkungsweise bestimmt und deren Veränderbarkeit durch personalpolitische Entscheidungen geprüft:

- *Interne Einflussfaktoren*: Sind unter anderem die →Organisationsstruktur, die →Arbeitsorganisation, der quantitative und qualitative Personalbestand sowie personalwirtschaftliche Maßnahmen.
- *Externe Einflussfaktoren*: Ergeben sich aus der Arbeitsmarktsituation (→Arbeitsmarkt) sowie den gesetzlichen und tariflichen Rahmenbedingungen.

Die *Grundlagen* der Personalkostenplanung sind Personalkostenarten (z. B. differenzierte Darstellung von Direktentgelt und →Personalzusatzkosten), organisatorische Einheiten und die mit den Personalkosten verfolgten Zielsetzungen. Die Analyse- und Prognosequalität von Personalkostenplanungsverfahren hängt von den verwendeten Instrumenten ab. Dazu gehören Maßzahlen, die sich zum Beispiel aus Mehrjahresvergleichen von Kosten in Relation zu Erfolgskennziffern, wie zum Beispiel Umsatz, Gewinn oder →Wertschöpfung errechnen (*Schoenfeld* 1992). Diese Maßzahlen sind so zu wählen, dass sie die Entscheidungsgrundlage für ein effizientes →Personalkostenmanagement sind.

Literatur: *Schoenfeld, H. M.*: Personalkostenplanung, in: *Gaugler, E.*; *Weber, W.* (Hrsg.): Handwörterbuch des Personalwesens, 2. Aufl., Stuttgart 1992, S. 1735–1746.

Silvia Föhr

Personalkostenplanungssysteme

Kategorie →personalwirtschaftlicher Anwendungssoftware, die Anwender bei der Planung, Steuerung und Kontrolle von →Personalkosten unterstützt.

Bezüglich der Kostenarten beschränken sich einfachere Personalkostenplanungssysteme auf einzelne, teils sehr spezifische Sachverhalte wie etwa Planung von Prämienlöhnen, von Beiträgen der →betrieblichen Altersversorgung oder von Jubiläumsrückstellungen. Üblicherweise können jedoch alle unmittelbaren Entgeltbestandteile geplant werden. In umfassenderen Systemen können beliebige, im Rahmen der Einführung frei zu bestimmende Kostenarten geplant werden. Methodisch werden hierzu mathematische Algorithmen zur Hochrechnung von Kostenbestandteilen verwendet. Viele Systeme sind mehrwährungsfähig.

Verschiedentlich wird die Kostenplanung auch mit Budgetierungszyklen verbunden. Da zentrale Basisdaten für die Kostenplanung der Personalabrechnung entstammen, existiert oft eine →Integration mit →Personalabrechnungssystemen. Dies ermöglicht ein umfassendes Kostencontrolling (→Personalcontrolling) mit vielfältigen Funktionen wie etwa den Abgleich von Plan-, Ist- und Sollkosten, die Bereitstellung beliebiger Personalkosteninformationen oder die Überwachung des →Budgets. Systeme zur →Personalkostenplanung weisen daher den Charakter eines →entscheidungsunterstützenden Systems auf.

Stefan Strohmeier

Personalkostenreduzierung
primäres Anpassungsziel in konjunkturell schwieriger Phase.

Neben den Maßnahmen der →Kapazitätsanpassung bestehen Kostenreduzierungspotenziale in der Gestaltung der Vergütung und der weiteren Personalnebenkosten. Hierzu stehen nach *Havranek* und *Niedl* (1999) sowie *Nagel* und *Schlegtendahl* (1998) prinzipiell

– die →Flexibilisierung des Gesamtbereichs von Vergütung und Zusatzleistungen,
– die Kürzung von variablen Gehaltsbestandteilen,
– das Aussetzen von außertariflichen Gehaltserhöhungen,
– der Abbau von Personalzusatzleistungen und
– der Abbau von →Personalentwicklungskosten

zur Disposition.

Vergütung und Zusatzleistungen werden primär als Gegenstand der Gestaltung von Anreizsystemen diskutiert, gleichwohl gehören sie zu denjenigen Elementen der →Personalkosten, die in der Rezession als erste reduziert werden.

Kostenreduzierung im Rahmen der *Entgeltgestaltung* umfasst insbesondere das Aussetzen von übertariflichen Entgelterhöhungen und die Kürzung von variablen Gehaltsbestandteilen, die leistungs- und/oder erfolgsabhängig gezahlt werden. Ferner wird gerade in letzter Zeit bei akuten Liquiditätskrisen zunehmend auch auf das Instrument des freiwilligen teilweisen Gehaltsverzichts im Sinne einer Reduzierung des vertraglich vereinbarten Grundgehalts zurückgegriffen, um im Gegenzug Arbeitsplätze zu sichern.

Die *Reduzierung von Zusatzleistungen* ist zunächst auch nur im Rahmen freiwilliger, über Gesetz und Tarif hinaus gewährter Leistungen möglich. Sie kann einzelne Leistungen, Leistungsbündel oder die Gesamtsumme der gewährten Leistungen beinhalten. Insbesondere bei älteren Unternehmen haben sich über die Jahre häufig zahlreiche Zusatzleistungen angesammelt, deren ursprünglich intendierte Anreizwirkung aufgrund veränderter Mitarbeiterinteressen gar nicht mehr gegeben ist und deren Abbau relativ unproblematisch sein sollte. Jedoch sind diese Leistungen häufig in →Betriebsvereinbarungen verankert, deren Aufkündigung unweigerlich zu Widerständen bei den Interessenvertretern führt, wenn keine Ersatzleistung erfolgt. Daher sollte beim Abbau von Zusatzleistungen immer auch das immanente Konfliktpotenzial in Relation zur erzielbaren Entlastung betrachtet werden.

Häufig werden aus diesem Grund leichter zu reduzierende Kostenbereiche in Betracht gezogen, zu denen neben Personalmarketingbudgets (→Budget) insbesondere die *Aus- und Fortbildungskosten* zählen. Immer weniger Unternehmen bieten Ausbildungsplätze (→Ausbildung) an und immer mehr streichen die Fortbildungsmaßnahmen als erstes. Gerade die Fortbildung ist jedoch eine wichtige Zukunftsinvestition, die für die Anpassungsfähigkeit des Unternehmens in der Zukunft und im Aufschwung notwendig ist. Daher ist auch hier bei der Analyse der Kostenentlastung immer auch die langfristige Wirkung derartiger Entscheidungen zu berücksichtigen.

Die Flexibilisierung von Entgelt und Zusatzleistungen in Form von →*Cafeteria-Systemen* stellt bei *Langemeyer* (1999) eine Sonderform dar, der aufgrund der zahlreichen kollektivrechtlichen Rahmenbedingen in Deutschland derzeit nur sehr begrenzt und nur für außertarifliche Mitarbeiter Relevanz hat. Unter Kostenaspekten ist dieser Ansatz insofern interessant, als er die Nutzung von Spielräumen in der Steuer- und Sozialgesetzgebung bei weitgehender Beibehaltung des Nettoeinkommens ermöglicht. Hinzu treten individuelle Nutzenbewertungen der Mitarbeiter je nach persönlicher Lebensphase und -situation.

Durch eine entsprechende Ausgestaltung können grundsätzlich auch die allgemein kostensenkenden Wirkungen flexibilisierter Entgeltsysteme durch →Deregulierung, Vermeidung von Mitnahmeeffekten und Anpassung an die wirtschaftliche Entwicklung erzielt werden. Wenn schließlich individualisierte →Arbeitszeitmodelle einbezogen werden, können gegebenenfalls auch Kapazitätseffekte daraus resultieren.

Literatur: *Langemeyer, H.*: Das Cafeteria-Verfahren, München 1999. *Nagel, A.*: Personalarbeit und Unternehmenserfolg in der Rezession, München, Mering 1997. *Scholz, C.*: Personalmanagement, 5. Aufl., München

Personalkostensimulation

2000. *Havranek, C.*; *Niedl, K.*: Gehaltsmanagement, Wien 1999. *Nagel, K.*; *Schlegtendahl, G.*: Flexible Entgeltsysteme, Landsberg/Lech 1998.

Annette Nagel

Personalkostensimulation

→Simulation unter Berücksichtigung alternativer, zukünftig zu erwartender Umweltzustände welche dazu dient, Alternativen zur →Personalplanung im Hinblick auf die Kostenwirkungen zu vergleichen.

Eine übliche Methode der *Personalkostensimulation* ist die der *System Dynamics*. Diese Simulationstechnik hat das Ziel, Kostenstrukturen in ihrer vernetzten →Komplexität abzubilden und verschiedenen Einflüssen auszusetzen. Die →Personalkosten sind dabei Variablen, die vom Personalbestand und den jeweiligen Kosten der →Arbeit abhängen. Betriebsinterne und -externe Faktoren wie Produktivität (→Arbeitsproduktivität), Absatz, Produktionstechnik, Wirtschaftswachstum, Lebenshaltungskosten, Konkurrenzsituation oder Verhandlungsmacht der jeweiligen Interessenvertreter sowie andere beeinflussende Faktoren dienen der Differenzierung. Unter Berücksichtigung der verschiedenen Konstellationen erfolgt eine Projektion der Personalkosten in die Zukunft.

Literatur: *Scholz, C.*: Personalmanagement, 5. Aufl., München 2000, S. 700.

Silvia Föhr

Personalkostenstruktur

Anordnung der →Personalkosten, deren Übersicht der Transparenz des unternehmerischen Kostenblocks dient und die Unterschiede der Verursachung durch die jeweiligen Kostenanteile deutlich macht.

Die Kriterien, nach denen eine Struktur sichtbar gemacht wird, sind vielfältig und richten sich meist nach verschiedenen Anteilen der Entgeltbestandteile sowie nach organisatorischen Einheiten. Das kann absolut (in €) oder relativ (in %) erfolgen. Für die statistische Weiterverarbeitung der Personalkostenstruktur lassen sich aus den →Tarifverträgen oder gesetzlichen Regelungen, zum Beispiel zur Sozialversicherung, bereits Vorgaben zur Strukturierung ableiten.

Im Rahmen der Personalkostenstrukturierung wird die Erfassung, Gestaltung und Beeinflussung der Personalkostenstruktur vorgenommen. Allgemein hat sie zum *Ziel*, Strukturen sichtbar und vergleichbar zu machen, so dass sich strategisch sogar eine günstige Wettbewerbsposition realisieren lässt. Ausgangsgrößen der Personalkosten können die Mengenkomponente (z. B. Zusatzleistungen, Arbeitstage, →Mehrarbeit) und/oder die Preiskomponente (Lohnsätze, Altersversorgung) sein. Die Dispositionsfreiheit eines einzelnen Unternehmens ist bei der letztgenannten Komponente vergleichsweise gering, weil viele dieser Daten gesetzlich oder tariflich verankert sind. Eine Steuerung ist hier begrenzt, allerdings bei der Mengenkomponente ausgedehnter möglich.

Literatur: *Scholz, C.*: Personalmanagement, 5. Aufl., München 2000, S. 695, 694–717.

Silvia Föhr

Personalleasing →Zeitarbeit

Personalleiter-Ausbildung

Qualifizierungsprogramm zur Vorbereitung der Übernahme einer Führungsfunktion im Personalbereich.

Eine allgemein gültige Personalleiter-Ausbildung gibt es nicht. Als Studienhintergrund werden von Personalleitern in der Praxis häufig Abschlüsse in Betriebswirtschaftslehre, Psychologie oder in den Rechtswissenschaften genannt. Daneben gibt es jedoch auch rein berufspraktische Wege oder so genannte „Quereinsteiger" in die Personalarbeit (→Personalmanagement). Es gibt eine Reihe an Bildungsangeboten für die Zielgruppe der (zukünftigen) Personalleiter, beispielsweise das der *Deutschen Gesellschaft für Personalführung*.

Laila Maja Hofmann

Personalmanagement

Zusammenfassung aller Maßnahmen und Entscheidungen personalwirtschaftlicher Art, die als integrierter Bestandteil des gesamten Managementprozesses in einem Unternehmen betrachtet werden.

Ziel des Personalmanagements ist die effiziente Verwendung und Weiterentwicklung der Ressource →Humankapital im Hinblick auf die Unternehmensziele. Eine inhaltliche Beschreibung von Personalmanagement enthält gemäß *Berthel* (2003) sowie *Scholz* (2000) im Wesentlichen folgende personalwirtschaftliche Felder:

- *Personalbedarfsbestimmung*: Personalkategorienbezogene Ermittlung des für die vorgesehenen Aktivitäten benötigten qualitativen und quantitativen Niveaus an Human Resources.
- *Personalbestandsanalyse*: Ermittlung des aktuell vorliegenden qualitativen und quantitativen Niveaus der Human Resources.
- →*Personalbeschaffung*: Deckung von Lücken zwischen Personalbedarf und aktuellem Personalbestand durch die Akquisition von Mitarbeitern aus dem externen, eventuell auch dem internen →Arbeitsmarkt.
- →*Personalentwicklung*: Anpassung des aktuellen qualitativen Bestands an Human Resources an das Soll-Niveau durch →Training, →Ausbildung und Weiterbildung.
- →*Personalfreisetzung*: Bei einem quantitativen Überhang von Human-Resources wird zum Beispiel durch →Entlassung eine Deckung von Soll- und Ist-Bestand herbeigeführt.
- *Personaleinsatz*: Zuordnung der vorhandenen Mitarbeiter zu organisatorischen Stellen, um die jeweiligen Stellenaufgaben zu erfüllen.
- *Personalführung* (→Mitarbeiterführung): Die hierarchische Ordnung der Stellen erfordert →Führungskräfte mit Weisungs- und Entscheidungsbefugnissen, die mithilfe von →Führungsinstrumenten die untergeordneten Mitarbeiter koordinieren.

In jedem Feld sind inzwischen eine Vielzahl von Methoden und Instrumenten entwickelt worden, um die jeweiligen Probleme zu lösen. Das Feld Personalführung macht deutlich, dass Personalmanagement nicht einzig Aufgabe einer →Personalabteilung ist. Den Linieninstanzen kommt je nach gewählter →Organisationsstruktur, innerhalb derer die personalwirtschaftlichen Leistungen erbracht werden (→Organisation der Personalarbeit), eine mehr oder weniger wichtige Rolle zu.

Eine Vielzahl von Einflussfaktoren auf Inhalt und Art des Personalmanagements können identifiziert werden: Marktliche Entwicklungen, die Dynamik der Technologien, aber auch Veränderungen in der Organisationsstruktur des Unternehmens, Internationalisierungsstrategien und vor allem auch ein Wandel in den Werten und Einstellungen führen zu einer hohen Veränderungsrate bei den Einflussfaktoren auf das Personalmanagement. Entsprechend müssen sich Inhalte und Instrumente des Personalmanagements anpassen.

Literatur: Berthel, J.: Personal-Management, 7. Aufl., Stuttgart 2003. *Scholz, C.*: Personalmanagement, 5. Aufl., München 2000, S 33.

Reinhard Meckl

Personalmanagement bei Mergers and Acquisitions

alle personalwirtschaftlichen Vorgänge, die mit dem Erwerb oder dem Verkauf von Unternehmen zusammenhängen.

Konstitutives Merkmal von →Mergers & Acquisitions (M&A) ist die Änderung der Eigentumsverhältnisse am Eigenkapital von Unternehmen beziehungsweise Unternehmensteilen. Das auf diese Weise realisierte externe Wachstum hat sich in den letzten Jahren gerade im internationalen Bereich als eine wichtige strategische Option für Unternehmen erwiesen. Die Realisierung von Größenvorteilen, die Verbesserung des Marktanteils und nicht zuletzt der schnelle Eintritt in ausländische Märkte sind wichtige Gründe für M&A.

Allerdings ist M&A eine strategische Option, die mit erheblichen Risiken verbunden ist. Empirische Studien zeigen, wie bei *Meckl*, *Sodeik* und *Fischer* (2006) ersichtlich ist, zwar unterschiedliche Erfolgsquoten von M&A-Projekten. Allerdings liegen die niedrigsten Misserfolgsquoten bei 30 % und gehen bei einigen Studien bis zu 70 %. Um die Erfolgswahrscheinlichkeit von M&A-Projekten zu erhöhen, wurden inzwischen Modelle und Konzepte zum Management von solchen Projekten entwickelt. Abbildung 1 zeigt den Prozessansatz, der sich auch in der Unternehmenspraxis durchgesetzt hat.

Abbildung 1: Der M&A-Prozess
(*Lucks/Meckl* 2002, S. 54)

Vorfeld	Transaktion	Integration
Basisstrategie	Due Diligence	Post-Closing-Integration-Plan
Screening	Pre-Closing-Integration-Plan	organisatorische/rechtliche Umsetzung
Vorfeldsondierung	Detailbewertung	
Führungskonzept	interne Beschlüsse	personalwirtschaftliche Umsetzung
Simulation		
Grobbewertung	Verhandlungen/Umsetzungsverträge	kultureller Wandel
Beurteilung der Genehmigungsfähigkeit		Zielverfolgung
	kartellrechtliche Prüfung	Folgerestrukturierungen
Vorverträge		
	Closing	

Der Gesamtprozess wird in drei Teile aufgeteilt, die jeweils die in Abbildung 1 enthaltenen Einzelaktivitäten aufweisen. Die wesentlichen Komponenten der *Vorfeldphase* enthalten die Grundsatzentscheidung, ob externes Wachstum aus strategischer Sicht ein sinnvoller Weg ist, die Kandidatensuche und den Erstkontakt mit dem Wunschkandidaten. Die *Transaktionsphase* weist im Wesentlichen die Aktivitäten der „technischen" Umsetzung des „Deals" auf, also zum Beispiel die Verhandlungen, die Unternehmensbewertung und letztendlich die Vertragsunterzeichnung. In der *Integrationsphase* liegt das Hauptaugenmerk auf der wertschaffenden Verbindung der gekauften Geschäftsaktivitäten mit den eigenen Unternehmensteilen. Organisatorische, rechtliche, personalwirtschaftliche und Controllingaspekte stehen hier im Vordergrund.

Personalwirtschaftliche Aspekte spielen in allen drei Phasen eine Rolle. Generell wird der Personalkomponente eine zentrale, in vielen Fällen eine geradezu entscheidende Relevanz für den Erfolg einer →Transaktion zugebilligt. Das Ziel bei M&A-Prozessen aus Personalsicht besteht darin, dass die Mitarbeiter der beiden Unternehmen so zusammengeführt werden müssen, dass eine möglichst hohe Effizienz in der integrierten Einheit erreicht wird. Das grundsätzliche Problem bei M&A-Projekten liegt aus personalwirtschaftlicher Sicht in der tiefgreifenden Unsicherheit, die sich nicht nur bei den „Gekauften", also den Mitarbeitern des akquirierten Unternehmens, einstellt, sondern auch bei den Mitarbeitern der Unternehmensbereiche, die mit den Gekauften verschmolzen werden sollen. Eine deutliche Wertsteigerung bei M&A-Projekten ist häufig nur dadurch erreichbar, dass Doppelaktivitäten zusammengelegt und dadurch Kostensynergien realisiert werden. Dies bedeutet in vielen Fällen, dass Mitarbeitern andere inhaltliche Aufgaben zugewiesen werden oder sie räumlich ihren Arbeitsplatz ändern müssen oder im schlimmsten Fall eine →Kündigung ausgesprochen wird. Diese Verunsicherung spiegelt sich in dem so genannten „Merger Syndrom" wider (Abbildung 2).

Es ist eine wesentliche Funktion des →Personalmanagements in M&A-Prozessen, dass dieses Syndrom überwunden und die rechte Seite der Abbildung 2 erreicht wird. Dazu sind personalwirtschaftliche Aktivitäten in der Vorfeld-, der Transaktions- und der Integrationsphase nötig.

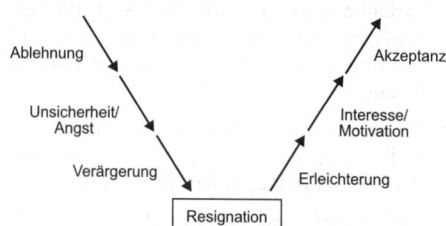

Abbildung 2: Das „Merger Syndrom"

Ablehnung → Akzeptanz
Unsicherheit/Angst → Interesse/Motivation
Verärgerung → Erleichterung
Resignation

Wichtige Aspekte aus personalwirtschaftlicher Sicht in der *Vorfeldphase* liegen in der Überprüfung der →Eignung potenzieller Übernahmekandidaten im Hinblick auf die personellen Belange. Im Rahmen der Auswahl möglicher Übernahmekandidaten, der Vorfeldsondierung und insbesondere beim Entwurf eines Führungskonzepts für die →Integration der gekauften Aktivitäten sind die personellen Gegebenheiten und Potenziale der möglichen Kandidaten einzuschätzen. Hierzu zählt zum Beispiel die Bewertung der Qualifikationsstruktur der Mitarbeiter des Übernahmekandidaten, aber auch erste Überlegungen zur quantitativen Ausstattung, insbesondere ob sich die Notwendigkeit eines Personalabbaus bei einer Zusammenfassung der Aktivitäten ergibt. Die Frage, ob aus unternehmenskultureller Sicht große Differenzen bestehen, ist ebenfalls zu thematisieren. Die personalwirtschaftliche Bewertung der Kandidaten muss dabei immer im Hinblick auf die mit der Akquisition verfolgten strategischen Ziele des Unternehmens erfolgen. Das wesentliche Problem gerade aus Sicht des Personalmanagements in der Vorfeldphase liegt in der Beschränktheit der zugänglichen Informationen, da eine offizielle Anfrage beim Zielunternehmen zumindest in dieser frühen Phase in den meisten Fällen nicht möglich ist.

Die *Transaktionsphase* beginnt mit der →Due Diligence, bei der Informationen über das Zielunternehmen von diesem zur Verfügung gestellt werden. Hierbei muss im Rahmen der →Human Resources Due Diligence die Gelegenheit genutzt werden, mehr Klarheit über die in der vorhergehenden Phase getroffenen Annahmen über die personalwirtschaftliche Situation des Zielunternehmens zu bekommen. Der Zugang zum Personalinformationssystem des Zielunternehmens, in welcher Form dieses System auch immer vorhanden ist, zur →Personalentwicklungsplanung oder zu den Personalbeständen verschiedener Unternehmensbereiche liefern wichtigen Input für die Erstellung des Pre-Closing-Integration-Plans, in dem festgelegt wird, welche Maßnahmen bei einem erfolgreichen Abschluss der Transaktion für die Integration zu treffen sind. Darüber hinaus sollte die Due Diligence auch dazu benutzt werden, mithilfe von Fachleuten aus dem Personalbereich einen Eindruck von den Managementqualitäten der →Führungskräfte im Zielunternehmen zu bekommen. Häufig bietet sich die Möglichkeit, →Interviews mit den Managern zu führen oder deren Werdegang einzusehen. Diese frühe Beschäftigung mit den Managern soll helfen, diejenigen zu identifizieren, die für eine Weiterbeschäftigung, eventuell sogar für eine →Beförderung in Frage kommen, um nach dem Abschluss der Transaktionsphase keine Zeit bei der wichtigen Frage der Besetzung der Führungspositionen zu verlieren.

Übersicht 1: Der Meilensteinplan für das Personalmanagement in der Integrationsphase (Lucks/Meckl 2002, S. 142)

Maßnahmen-kategorie	Anzahl Mitarbeiter	Kosten abschätzung	Zeithorizont/ Zwischenergebnisse	Verantwortlicher
Personalfreisetzung: Unternehmen A organ. Einheit 1 organ. Einheit n Unternehmen B organ. Einheit 1 organ. Einheit n				
Personalbeschaffung: Unternehmen A organ. Einheit 1 organ. Einheit n Unternehmen B organ. Einheit 1 organ. Einheit n				
Personalentwicklung: Unternehmen A organ. Einheit 1 organ. Einheit n Unternehmen B organ. Einheit 1 organ. Einheit n				

Der eindeutige Schwerpunkt des Personalmanagements bei M&A liegt *Pribilla* (2000) zufolge in der *Integrationsphase*. Grundsätzlich kann man die Integration der „harten" Personalprogramme wie zum Beispiel der Vergütungssysteme oder der →Personalentwicklung und die der eher „weichen" Faktoren wie dem →Führungsstil unterscheiden. Bei den Personalprogrammen müssen im Rahmen des Post-Closing-Integration-Plans detaillierte Maßnahmen zur personellen Integration bestimmt werden. Es empfiehlt sich, einen Meilensteinplan aufzustellen (Übersicht 1).

Für die einzelnen personalwirtschaftlichen Funktionsfelder mit den jeweiligen Programmen sind für das kaufende Unternehmen (z. B. Unternehmen A) und für das gekaufte Unternehmen (z. B. Unternehmen B) für die organisatorischen Einheiten jeweils festzulegen, wie viele Mitarbeiter betroffen sind, welche Kosten die Maßnahme verursacht, in welcher Zeit dies geschehen soll und vor allem, wer die Verantwortung für die →Implementierung der Maßnahme trägt.

Eine große Rolle spielen bei den mit der Integration in den meisten Fällen anstehenden Veränderungen die arbeitsrechtlichen Bestimmungen. Wesentlich ist in Deutschland § 613a BGB, der grundsätzlich festlegt, dass der Erwerber eines Betriebs oder Betriebsteils in die Rechte und Pflichten aus den zum Zeitpunkt des →Betriebsübergangs bestehenden Arbeitsverhältnissen (→Beschäftigungsverhältnis) eintritt (*Picot* 2000).

Bei den „weichen" Faktoren kann stellvertretend die Problematik der Vereinbarkeit der Kulturen erläutert werden. Die „neue" Unternehmenskultur (→Organisationskultur) zeigt sich für die Mitarbeiter des gekauften Unternehmens in direktester Form anhand des Führungsstils der Manager, die vom kaufenden zum gekauften Unternehmen wechseln. Sind die Führungsstile der „alten" und der „neuen" Unternehmenskultur sehr unterschiedlich, so kann es zu Ablehnung und Verstärkung des „Merger Syndroms" kommen. Ein kooperativer Stil und eine Einbindung der Mitarbeiter des gekauften Unternehmens zumindest in der Transformationsphase erleichtert die Zusammenarbeit in diesen Fällen.

Eine grundsätzliche Frage, die bei Personalüberlegungen im M&A-Fall immer besteht, ist die Bevorzugung der Mitarbeiter des Käuferunternehmens. Diese Frage ist insbesondere relevant bei der Besetzung der Führungspositionen. Aus ökonomischer Sicht ist diese Frage dahingehend zu lösen, dass die leistungsfähigsten Mitarbeiter an die für sie geeignetsten Stellen gesetzt werden sollten, unabhängig ihrer Herkunft. Dies kann durchaus auch bedeuten, dass die Managerposition mit einem Mitarbeiter aus dem gekauften Unternehmen besetzt wird und im Gegenzug die bisherige

Führungskraft oder auch zusätzliche Mitarbeiter aus dem kaufenden Unternehmen entlassen werden. Die Praxis zeigt allerdings, dass diese rein ökonomische Vorgehensweise nur schwer zu vermitteln ist.

Literatur: *Lucks, K.*; *Meckl, R.*: Internationale Mergers & Acquisitions, Berlin etc. 2002. *Meckl, R.*; *Sodeik, N.*; *Fischer, L.*: Erfolgsfaktoren bei M&A-Transaktionen – eine Querschnittsanalyse empirischer Untersuchungen, in: *Seidenschwarz, W.* (Hrsg.): Management von Unternehmenszusammenschlüssen, München 2006. *Picot, G.*: Rechtliche Parameter der Integrations- beziehungsweise Implementierungsmaßnahmen, insbesondere der Restrukturierungsmaßnahmen, in: *Picot, G.* (Hrsg.): Handbuch Mergers & Acquisitions, Stuttgart 2000, S. 359–376. *Pribilla, P.*: Personelle und kulturelle Integration, in: *Picot, G.* (Hrsg.): Handbuch Mergers & Acquisitions, Stuttgart 2000, S. 377–418.

Reinhard Meckl

Personalmanagement im öffentlichen Dienst

umfasst einerseits die Gestaltung von Systemen der Verhaltenssteuerung von Individuen oder →Gruppen in öffentlichen Institutionen (indirekte, systemische Personalfunktion); andererseits wird damit die unmittelbare Verhaltensbeeinflussung der öffentlich Beschäftigten durch Führungsprozesse verstanden (direkte, interaktionelle Personalfunktion; →Führung im öffentlichen Sektor).

Diese beiden Hauptfunktionen des →Personalmanagements dienen dem *Sachziel* öffentlicher Institutionen, der Gemeinwohlförderung, und dem *Formalziel*, indem die Systemgestaltung und die Verhaltenssteuerung sowohl unter Beachtung rechtsstaatlicher (z. B. Gleichheit) als auch ökonomischer (z. B. Wirtschaftlichkeit) Grundsätze erfolgen. Eine optimale Zielerreichung erfordert vor dem Hintergrund aktueller Entwicklungstendenzen im öffentlichen Dienst (z. B. Managementreformen) einen Wandel von der klassischen →Personalverwaltung hin zu einem umfassenden →Human Resource Management-Ansatz. Dieser versteht die Beschäftigten als strategischen Erfolgsfaktor jeder Institution, integriert verstärkt ihre Bedürfnisse (→Motiv) in die obersten Organisationsziele und leitet daraus gezielt Selektions-, Beurteilungs-, Belohnungs- und Entwicklungsstrategien (→Entwicklungsplanung) ab.

Die *Besonderheiten* des Personalmanagements im öffentlichen Dienst liegen

– im *Sachziel* öffentlicher Institutionen,

– in der Tradition des →*Berufsbeamtentums*, das dieser Berufsgruppe ein Arbeitsverhältnis (→Beschäftigungsverhältnis) und eine „Besoldung" auf Lebenszeit gewährt,

– im damit zusammenhängenden *Laufbahnprinzip*,

– in der *Regelgebundenheit* von Aufgaben und Prozessen,

– in der arbeitsteiligen und hierarchischen *Verwaltungsorganisation*,

– in der fehlenden *Ergebnisverantwortung* sowie

– in der *Aufgabenorientierung* (→Führungsstilmodell der Ohio-State-Forschung) des →Führungsstils

begründet.

Daraus ergeben sich *Problembereiche* im Personalmanagement des öffentlichen Dienstes: Die Leistungsmotivation (→Motivation) der Beschäftigten sinkt angesichts unausgeschöpfter Personalpotenziale, zu wenig genutzter →Leistungsbereitschaft sowie mangelhaften Anreiz- und Belohnungsstrukturen. Dem laufenden Erhalt der Arbeitsmarktfähigkeit der Beschäftigten (→Embloyability) wird unzureichend Rechnung getragen. Aufstiegs- und Entwicklungsmöglichkeiten sind oft wegen fehlender →Laufbahnmodelle beschränkt.

Die Gestaltung von Systemen beziehungsweise Instrumenten zur Lenkung der Verhaltenssteuerung im öffentlichen Sektor folgt nach *Thom* und *Ritz* (2004) einem zusammenhängenden *Prozessmodell des Personalmanagements*, das gezielte Ansatzpunkte für die oben erwähnten Problembereiche aufzeigt. Diese Gesamtschau der Teilfunktionen des Personalmanagements hat sich in den letzten Jahrzehnten sowohl als akademische Disziplin als auch in der Arbeitswelt stark verbreitet (vgl. etwa die Lehrbücher von *Berthel*, *Bühner*, *Drumm*, *Hentze*, *Hilb*, *Oechsler*, *Ridder* und *Scholz*; zitiert nach *Thom* 1999). Dabei lassen sich das Personalmanagement und seine Funktionen in die Grundkategorien

– der Metafunktion strategisches Personalmanagement sowie in

– Querschnittsfunktionen (Personalrecht, →Personalplanung, →Personalmarketing, →Personalcontrolling und Organisation des Personalmanagements) und

– Prozessfunktionen (Personalgewinnung, →Personalbeurteilung, →Personaleinsatz,

→Personalerhaltung, →Personalentwicklung und →Personalfreistellung) unterteilen (Abbildung 1).

Die indirekten, systemischen Personalfunktionen betreffen in erster Linie das Verhältnis zwischen der →Personalabteilung und den Fachabteilungen sowie allfällig externen Anbietern von Personaldienstleistungen.

Abbildung 1: Personalmanagement als Prozessmodell (*Thom/Ritz* 2004, S. 272)

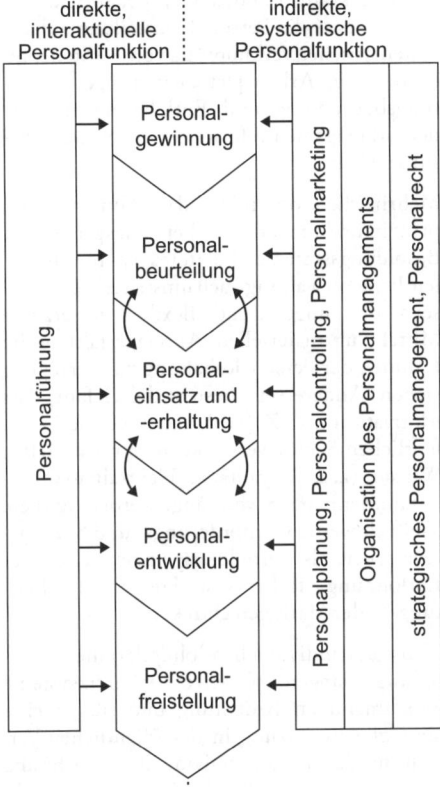

Das *strategische Personalmanagement* orientiert sich sowohl an den politischen Entscheidungen als auch an den Verwaltungsstrategien. Es integriert langfristige gesellschaftspolitische Kontextveränderungen sowie unterschiedliche Entscheidungsrationalitäten politischer, administrativer und externer Akteure in die →Personalstrategien. Vor diesem Hintergrund und angesichts der Mehrdimensionalität der Formalziele öffentlichen Handelns (z. B. Rechtsstaatlichkeit versus Wirtschaftlichkeit) ist die gleichzeitige Berücksichtigung sowohl bedarfs- als auch ressourcenorientierter Strategieansätze nötig. Das →strategische Personalmanagement beantwortet sodann die Grundfrage, welche Maßnahmen zum frühzeitigen Aufbau, zum Erhalt, zur Nutzung oder zum Abbau aktueller beziehungsweise zukünftiger Personalpotenziale ergriffen werden müssen. Die typischen Aktionsfelder sind die jeweiligen Elemente des abgebildeten Prozessmodells.

Das *Personalrecht* kennzeichnet die Grundlage des besonderen Dienst- und Treueverhältnisses von Personen, die in einem öffentlich-rechtlichen Dienstverhältnis stehen. Dieses im Vergleich zur privatrechtlichen Anstellung engere Rechtsverhältnis regelt insbesondere die Begründung und Beendigung des Dienstverhältnisses, die →Beförderung sowie die Amtspflichten (z. B. Gehorsams-, Schweige- und Treuepflicht), wodurch die verstärkte „Befehlsgewalt" des Staates vor allem gegenüber Personen im Beamtenverhältnis zum Ausdruck kommt.

Die *Organisation des Personalmanagements* regelt die geeignete →Arbeitsteilung zwischen Verwaltungsführung, Fachabteilung und Personalabteilung im Sinne der Kongruenz von Aufgaben, →Kompetenzen und →Verantwortung. Im Rahmen der Diskussion um Zentralisation oder Dezentralisation zeichnet sich eine Tendenz zu einer dezentralisierten Personalfunktion als Dienstleistungszentrum (Service Center) mit mehr personalbezogener Kompetenz der Fachabteilungen und der direkten →Führungskräfte ab. Die Verwaltungsführung ist für die →Personalpolitik und die strategisch-konzeptionelle Ausgestaltung der Personalfunktion zuständig. Zwischen dem Personalamt und den Fachämtern gibt es mehrere Aufgaben, die kooperativ gelöst werden (z. B. Personalmarketing, Personalentwicklung). Diese →Dezentralisierung wird jedoch in Zeiten finanzieller Knappheit begrenzt. Seltener werden Personalaufgaben als von der Zentralverwaltung losgelöste Gewinnzentren organisiert (z. B. Aus- und Weiterbildung, Beurteilung). Die Gliederung der Personalabteilung erfolgt entweder nach den Teilfunktionen (z. B. Personalentwicklung, Personalcontrolling), nach für Personengruppen, Fachabteilungen oder ähnlichen Organisationseinheiten zuständigen Personalreferenten oder durch Kombination beider Ansätze. Die Personalfunktion ist im öffentlichen

Dienst vielfach als Organisationseinheit mit Dienstleistungs- und Stabscharakter unterhalb der höchsten Hierarchieebenen (→Hierarchie) der Verwaltung angesiedelt.

Die Querschnittsfunktionen *Personalplanung, -controlling und -marketing* haben führungsunterstützenden Charakter, indem sie die informatorischen Grundlagen für die Steuerung des Personals zur Verfügung stellen. Sie werden zumeist von der zentralen Personalabteilung wahrgenommen. Die Managementreformen im öffentlichen Sektor verliehen insbesondere dem Personalcontrolling eine verstärkte Bedeutung als Bestandteil eines umfassenden Verwaltungscontrollings. Dadurch werden die Verwaltungsziele und die personalpolitischen Ziele miteinander verknüpft und ermöglichen die Planung, Steuerung und Kontrolle der für das Personalmanagement wichtigen Größen. Personalcontrolling setzt innerhalb öffentlicher Institutionen Minimalerfordernisse an eine Kosten- und Leistungsrechnung, an die Informations- und Kommunikationstechnologien sowie an die quantitativen und qualitativen Methoden der Betriebswirtschaftslehre zur Datenerfassung sowie -aufbereitung voraus.

Die *Personalgewinnung* umfasst die Suche und Bereitstellung von potenziellen Arbeitskräften (→Personalbeschaffung) sowie die daran anschließende →Personalauswahl. Das Ziel der Personalgewinnung besteht in der Deckung des Personalbedarfs in quantitativer, qualitativer, zeitlicher und örtlicher Hinsicht. Die Suche nach Arbeitskräften erfolgt auf dem internen oder externen →Arbeitsmarkt und wird zunehmend durch elektronische Verfahren unterstützt. Die dazu notwendige Öffentlichkeitsarbeit und Imageschaffung (Personalmarketing) wird von öffentlichen Institutionen vergleichsweise wenig gefördert. Die Personalauswahl wird nach Durchführung der gegenwärtigen Verwaltungsreformen gemäß der Studie von *Thom/Ritz* (2004) zukünftig eine der wichtigsten Personalfunktionen sein, da sie über Einstellungsverfahren verfügt, die strategiegerechte Personalpotenziale identifizieren hilft. Das Ziel besteht in der Bewerberauswahl unter dem Gesichtspunkt bestmöglicher Übereinstimmung zwischen Stellenanforderungen, →Eignung und Neigung der Kandidierenden. Nebst den traditionellen →Auswahlverfahren (z. B. Analyse der Bewerbungsunterlagen) erlangen eignungsdiagnostische Instrumente (z. B. →Persönlichkeitstests, →biographischer Fragebogen, →Assessment Center) bei der Führungskräfteauswahl einen höheren Stellenwert. Das →Vorstellungsgespräch erweist sich in öffentlichen Verwaltungen insgesamt aber immer noch als wichtigste Auswahlprozedur.

Personalbeurteilung, -einsatz, -erhaltung und *-entwicklung* bildet die Gesamtheit an personalwirtschaftlichen Maßnahmen, die laufend der →Motivation und →Qualifikation der Beschäftigten dienen. Sie liegen zu einem großen Teil im Verantwortungsbereich der Linienführungskräfte. Für den öffentlichen Sektor ist typisch, dass die Personalbeurteilung anhand systematischer Verknüpfung von →Stellenbeschreibung, Arbeitsplatzbewertung, →Leistungsbeurteilung und Entlohnung erst seit den Managementreformen der 1990er Jahre Einzug hält.

Mehrheitlich dominiert das Alimentationsprinzip und nicht das →Leistungsprinzip die Besoldungssysteme. Letzteres ist für die öffentliche Verwaltung auch umstritten, da einerseits nur ungenügend flexibel einsetzbare Mittel zur materiellen Anreizgestaltung im Rahmen der Personalerhaltung zur Verfügung stehen. Andererseits besteht die Gefahr, dass Motivation und Zufriedenheit, welche im öffentlichen Sektor verstärkt mit immateriellen Werten (z. B. Loyalitäts-, Neutralitätswerte) zusammenhängen, verdrängt werden können. Vielfach werden Anforderungs- und Sozialgerechtigkeit als Verteilungsprinzipien bei der Entlohnung stärker gewichtet als die Leistungs- oder Marktgerechtigkeit.

Nebst der individuellen lohnrelevanten Beurteilung erlangen kollektive →Anreizsysteme zunehmend an Bedeutung und stellen eine sinnvolle Ergänzung in der öffentlichen Verwaltung dar, da die individuelle Zurechnung von Leistung und Erfolg nicht immer praktikabel ist. Sie bewerten die endogen beeinflussten Produktivitäts- und Leistungssteigerungen von Arbeitsgruppen, Abteilungen oder sogar Amtsstellen und sehen entsprechende Belohnungen für die gesamte Mitarbeiterschaft vor.

Die *Personalentwicklung* umfasst die bildungs- und stellenbezogenen Maßnahmen bei Mitarbeitern aller Ebenen, basierend auf den relevanten informatorischen Grundlagen über Mitarbeiter, Organisationseinheiten und Arbeits- beziehungsweise Bildungsmärkte zur

Steigerung der Qualifikation. Ein Oberziel davon ist die Selbstentwicklung des Mitarbeiters im Sinne der Fähigkeits- und Bereitschaftserhöhung, seinen Arbeitsmarktwert laufend zu erhalten sowie nach neuen Problemlösungen zu suchen und Abweichungen von den gewohnten Routinen zu finden. Angesichts der Wissensintensität öffentlicher Institutionen werden hierfür stellenbezogene Maßnahmen wie →Job Rotation, →Job Enlargement, →Coaching oder →Mentoring zukünftig an Bedeutung gewinnen. Dies stellt eine große Herausforderung für viele →Angestellte im öffentlichen Sektor dar und bedeutet eine vollständige Abkehr von den Prinzipien der Beamtenlaufbahn, des Befehlvollzugs und der Verhaltensanpassung an Regeln und Richtlinien. Zunehmend organisiert die Verwaltung auch Personalentwicklungsmaßnahmen für Parlamentsmitglieder, da die neuen, vielfach komplexeren Steuerungsinstrumente eine laufende Weiterbildung bei der Legislative erfordern. Als besonderer Bestandteil der Personalentwicklung gilt das →Management Development im öffentlichen Dienst.

Die letzte Prozessfunktion eines umfassenden Personalmanagements stellt die *Personalfreistellung* im Sinne der qualitativen, quantitativen, zeitlichen und örtlichen Anpassung oder Beendigung des Arbeitsverhältnisses dar. Die Kritik an der Personalfreistellung im öffentlichen Sektor richtet sich an die fehlende →Flexibilität, welche sich einerseits negativ auf die Spielräume für die Personalplanung auswirkt. Andererseits entstehen in jeder Institution Probleme durch Fehlbesetzungen, die durch ein gelockertes Kündigungsrecht und eine den Verhältnissen angepasste Freistellungspolitik zugunsten der Institution und des Individuums behoben werden können.

Literatur: Derlien, H.-U.: Öffentlicher Dienst im Wandel, in: *König, K.* (Hrsg.): Deutsche Verwaltung an der Wende zum 21. Jahrhundert, Baden-Baden 2002, S. 229–253. Scholz, C.: Personalmanagement, 5. Aufl., München 2000. Thom, N.; Ritz, A.: Public Management. Innovative Konzepte zur Führung im öffentlichen Sektor, 2. Aufl., Wiesbaden 2004. Thom, N.: Personalmanagement – Entwicklungstendenzen und Zukunftsperspektiven, in: Die Unternehmung, 53. Jg. (1999), H. 6, S. 433–447. von Eckardstein, D.; Ridder, H.-G. (Hrsg.): Personalmanagement als Gestaltungsaufgabe im Nonprofit und Public Management, München etc. 2003. Wagner, D. (Hrsg.): Personal und Personalmanagement in der modernen Verwaltung, Berlin 1998.

Adrian Ritz

Personalmanagement in der Rezession

spezielle Form der Personalarbeit, die sich explizit auf eine konjunkturelle Krise ausrichtet und die eine besondere Vorgehensweise und →Strategie erfordert.

Rezessionen sind gesamtwirtschaftliche, durch Unterauslastung der Kapazitäten gekennzeichnete Abschwungphasen von befristeter Dauer. Als Bestandteil von Konjunkturzyklen werden sie als ein typisches Merkmal arbeitsteiliger Marktwirtschaften verstanden und haben dabei einen hinsichtlich Beginn, Ende und Ausmaß begrenzt vorhersehbaren und wiederkehrenden Charakter. Hierdurch eröffnet sich den Unternehmen grundsätzlich die Möglichkeit, Rezessionen nicht nur reaktiv, sondern auch vorausschauend antizipativ in ihr Entscheidungsfeld zu integrieren.

Auswirkungen der Rezession zeigen sich insbesondere auf dem Absatzmarkt durch steigenden Konkurrenz- und Wettbewerbsdruck und auf dem →Arbeitsmarkt durch einen je nach Arbeitsmarktsegment mehr oder weniger ausgeprägten Angebotsüberhang. In den einzelnen Unternehmen zeigen sich die Folgen der Rezession jedoch in unterschiedlich starker Ausprägung. Während die einen umfangreiche Abbaumaßnahmen initiieren, können andere im günstigsten Fall sogar Nachfragezuwächse verzeichnen. Die Ergebnisse der Rezessionsforschung, beispielsweise bei *Scholz* (1984) und *Nagel* (1997) belegen, dass die Unterschiede der Rezessionsfolgen in erster Linie auf die Art der →Unternehmensführung vor, in und nach der Rezession zurückzuführen sind.

Generelle Verhaltensweisen der Unternehmensführung in der Rezession sind die Betonung von Erhaltungszielen, die kurzfristige Planung und die Konzentration auf transparente, leicht zu messende Erfolgsgrößen auf der Kostenseite. Primärer Ansatzpunkt sind damit auch im Rahmen neuerer Unternehmensführungskonzepte die Mitarbeiter und die durch sie entstehenden Kosten.

Dieser Kostendruck führt dazu, dass Kosten- und Kapazitätsreduzierungen nach wie vor der primäre Ansatzpunkt der Rezessionsbewältigung sind. Die inzwischen allgemein anerkannte Erkenntnis, dass Mitarbeiter ein zentraler Erfolgsfaktor für die Überlebensfähigkeit des Unternehmens sind, ändert an den dominant eingesetzten kostenorientierten Bewältigungsstrategien empirisch gesehen bisher

Personalmanagement in der Rezession

nichts. Andererseits zwingt die Arbeitsmarktentwicklung zu neuen Konzepten. Die Analyse von Unternehmen, die auch in der Rezession keine Absatzeinbrüche zu verzeichnen haben, zeigt, dass ein *professionelles →Personalmanagement* hierzu einen entscheidenden Beitrag leisten kann.

Ein zentrales Kennzeichen dieser Unternehmen ist ein breites, auf mehrere Aktionsfelder gestütztes, und die Interessen der Mitarbeiter integrierendes Personalmanagement, das sich signifikant positiv auf die zentralen Erfolgsfaktoren *→Innovationsfähigkeit, Produktivität* (→Arbeitsproduktivität) und *Kosten* auswirkt und damit die Wettbewerbsfähigkeit der Unternehmen auch in der Rezession erhält.

Zu den durch Aktivitäten eines systematischen Personalmanagements zu beeinflussenden Steuerungsgrößen gehören im Wesentlichen: Kosten und Kapazitäten, →Motivation, Leistungsprozesse, →Information und →Kommunikation und →Kreativität.

Im Vordergrund des Anpassungsmanagements in der Rezession steht erstens die Reduktion von Kosten und Kapazitäten. Hierzu steht den Unternehmen grundsätzlich ein umfangreicher Katalog von Maßnahmen zur Verfügung. Sie werden im Allgemeinen unterschieden in Maßnahmen zur Kapazitätsanpassung *mit* Bestandsreduzierung (wie →Einstellungsstopps, Nutzung der natürlichen →Fluktuation, →Aufhebungsverträge, →Entlassungen, →Outplacement, Ausgliederung von Unternehmensbereichen) und Maßnahmen zur Kapazitätsanpassung *ohne* Bestandsreduzierung (wie →Arbeitszeitmodelle mit individueller oder kollektiver Arbeitszeitreduzierung, Überstundenabbau, Verzicht auf Aushilfen, Reduzierung von Fremdaufträgen). Neben den Kapazitätseffekten sind die sozialen Folgen zu berücksichtigen, hinsichtlich derer die Instrumente stark variieren.

Erfolgreiche Unternehmen zeichnen sich dabei erstens durch die Nutzung eines breiten Spektrums verschiedener Maßnahmen aus und beschränken sich nicht nur auf „harte" Entlassungen. Neben der nach Möglichkeit weitestgehenden Vermeidung sozialer Härten geht es diesen Unternehmen auch um die Reduzierung der hiermit einhergehenden mittelbaren Effekte der Produktivitätsverringerung bei den verbleibenden Mitarbeitern und den damit verbundenen, allerdings schwer quantifizierbaren *→Reaktionskosten*. Sie entstehen durch die unweigerlich aufkeimende Gerüchteküche und erhöhte Kommunikation der Mitarbeiter über den Abbau an sich und die betroffenen Mitarbeiter, aber auch durch die Angst des Einzelnen vor Arbeitsplatzverlust, welche die Konzentration auf die eigentlichen Aufgaben beeinträchtigt. Zwar existieren empirische Befunde (*Scholl* und *Blumschein* 1979), die besagen, dass in solchen Zeiten die →Fehlzeiten der Mitarbeiter zurückgehen, aber die Anwesenheit am Arbeitsplatz bedeutet nicht unweigerlich auch, produktive →Arbeit zu leisten.

Neben der Kosten- und Kapazitätsreduzierung zeichnen sich erfolgreiche Unternehmen zweitens durch ein *aktives Personalmanagement* zur Förderung der *Motivation* auch in der Rezession aus. Sie verlassen sich nicht darauf, dass die bedrohliche wirtschaftliche Gesamtsituation das Ihre zur Förderung der Leistung der Mitarbeiter beiträgt, weil die Mitarbeiter aus Angst vor potenziellem Arbeitsplatzverlust mehr arbeiten. Zentrale Gestaltungparameter sind eine Weiterführung von Personalentwicklungsmaßnahmen auf selbstinitiierter Basis zur Sicherung der Anpassungsfähigkeit des Unternehmens und der Beschäftigungsfähigkeit (→Employability) der Mitarbeiter am Arbeitsmarkt sowie ein an der →Motivationsstruktur der Mitarbeiter ausgerichteter →Führungsstil.

In wirtschaftlichen Schwächephasen ändert sich nach *Nagel* (1997) die Interessenstruktur der Mitarbeiter. In unsicheren Zeiten gewinnt das Bedürfnis (→Motiv) nach *Sicherheit* zwangsläufig an Bedeutung und zeigt sich auch in einer Neigung, an risikobehafteten Entscheidungen weniger beteiligt sein zu wollen. Partizipationswille und -bereitschaft nehmen bei höherer Risikobehaftung der Entscheidungen ab. Aus Unternehmenssicht gilt es, dies in der *Führungskultur* des Unternehmens bewusst zu berücksichtigen und einen mitarbeiterorientierten Führungsstil zu realisieren und fortzuführen sowie durch *Personalentwicklungsmaßnahmen* für den Einzelnen zu stützen. Personalentwicklungsmaßnahmen haben zusätzlich insofern einen motivierenden Bestandteil, als sie auch das Interesse des Unternehmens an den Mitarbeitern und deren Wertschätzung dokumentieren. Diese motivationsfördernden Effekte wurden durch die *Hawthorne-Experimente* entdeckt, aufgrund dessen die Relevanz zwischenmenschlicher Beziehungen deutlich wurde (→Human Relation-Theorie).

Sinnvolle Leistungsprozesse sind drittens ebenfalls eine wesentliche Voraussetzung für die unter Kostengesichtspunkten zu betrachtende *Prozessoptimierung* im Unternehmen. So wird ein erheblicher Teil der Kosten in Unternehmen durch schlecht organisierte, insbesondere aber schlecht umgesetzte Prozesse verursacht. Hierzu gehören vor allem unbeabsichtigte Störungszeiten, nicht notwendige Unterbrechungen des Arbeitsprozesses und Stillstandszeiten von Produktionsanlagen, verursacht durch mangelhafte Planung, mangelnde Motivation der Mitarbeiter und Konflikte zwischen den Mitarbeitern, die ihre Ursache sowohl in Fähigkeitsdefiziten als noch mehr in mangelnder Führungs-, Kommunikations- und insbesondere Konfliktfähigkeit haben. Konsequenz dieser – letztlich durch die Mitarbeiter verursachten – Problemfelder sind verlängerte Durchlaufzeiten und damit erhöhte Kosten.

Auch hier kann ein professionelles Personalmanagement in der Rezession durch Maßnahmen im Bereich der Schulung eben dieser Fähigkeiten und Fertigkeiten (→Qualifikation) der →Führungskräfte und Mitarbeiter zur Förderung der Leistungsmotivation (→Motivation) erhebliche Beiträge zur Optimierung der Kosten leisten.

Ein zentrales Problemfeld in wirtschaftlichen Schwächephasen ist viertens der *Informationsfluss* im Unternehmen. Während Führungskräfte und Unternehmensleitung in Anbetracht eines notwendigen Kapazitätsabbaus und der damit einhergehenden Auswahl der hiervon betroffenen Mitarbeiter im Allgemeinen eher zu einer Reduzierung der unternehmensseitigen Information gegenüber den Mitarbeitern neigen, wird für ein erfolgreiches Personalmanagement in der Rezession genau das Gegenteil propagiert. Dies erfolgt umso mehr, als Mitarbeiter gerade dann ein ausgeprägtes Informationsbedürfnis zu anstehenden Veränderungen haben und mangelnde Information durch eine umso intensivere Spekulation in der internen „Gerüchteküche", deren produktivitätshemmende Wirkung bereits angesprochen wurde, ersetzen. Gerade in schwierigen Unternehmensphasen erlangt die offene und offensive Information besondere Bedeutung für den Erfolg von Anpassungsmaßnahmen, weil sie den Betroffenen die Einsicht in die Zusammenhänge ermöglicht. Besonderes Augenmerk ist dabei auf die erkannten Leistungsträger des Unternehmens zu richten, da sie potenziell am ehesten einen Arbeitsplatz bei einem anderen Unternehmen erhalten können und daher auch als Erste das Unternehmen verlassen, wenn ihnen nicht umgehend die Perspektiven ihrer Arbeit offengelegt werden.

Aufgabe des Personalmanagements ist es daher, das Kommunikationsverhalten der Führungskräfte durch Offenlegung der Zusammenhänge zu stärken, Leistungsträger frühzeitig zu binden und die negativen Effekte der aufkeimenden Gerüchteküche zu reduzieren, damit sich die Mitarbeiter auf ihre Arbeit konzentrieren können. Eine offene und vertrauenswürdige Kommunikation zwischen den Hierarchieebenen (→Hierarchie) fördert wiederum die kollegiale Kommunikation zwischen den Mitarbeitern. Sie stellt eine wichtige Voraussetzung für Abstimmungsprozesse an den Schnittstellen arbeitsteiliger Arbeitsprozesse dar. Die Verminderung von Konflikten reduziert Störungen, verkürzt damit die Durchlaufzeiten und trägt über die Verbesserung der Leistungsprozesse zur Kostenreduzierung bei.

Fünftens ist eine unbelastete Kommunikation auch eine wesentliche Voraussetzung für *kreative Problemlösungen*. Innovationsfähigkeit ist auch und gerade in der Rezession ein wichtiger Erfolgsfaktor für die Wettbewerbsfähigkeit der Unternehmen. Innovationen setzen Kreativität voraus und diese wiederum erfordert einen intensiven, von macht-, hierarchie- und angstbedingten Kommunikationsbarrieren unbelasteten Informationsaustausch. Aufgabe des Personalmanagements in der Rezession ist es daher, die Kreativität und Innovationsfähigkeit des Unternehmens gezielt durch Anreiz- und Entgeltsysteme sowie Personalentwicklungsmaßnahmen zu erhalten und zu fördern.

Die Fülle der Ansatzpunkte und notwendigen Maßnahmen zeigt, dass ein reaktives Personalmanagement in der Rezession zur Bewältigung der Rezession nicht ausreicht, sondern vielmehr vor- und nachgelagerte Initiativen im Sinne eines →konjunkturabhängigen Personalmanagements sowie eine umfassende →Integration in die Unternehmensstrategie benötigt. Nur wenn die langfristige strategische Ausrichtung des Unternehmens klar ist, kann das Personalmanagement antizipativ, langfristig und strategisch an den Unternehmenszielen orientiert arbeiten und damit dem Ziel der Bündelung der Kräfte für die Zeit nach der Rezession gerecht werden.

Literatur: *Nagel, A.*: Personalarbeit in der Rezession, München 1997, S. 342. *Nagel, A.*: Personalarbeit und Unternehmenserfolg in der Rezession, München 1997, S. 213. *Scholl, W.*; *Blumschein, H.*: Personalplanung und Personalpolitik in der Rezession, Frankfurt a. M. 1979, S. 54–55. *Scholz, C.*: Strategisches Rezessionsmanagement, in: Harvard Manager, (1984), H. 1, S. 16–28.

Annette Nagel

Personalmanagement in Kirchen

Gewinnung, Begleitung und Erhaltung von sowohl haupt- als auch ehrenamtlichen Mitarbeitern (→Ehrenamt) in kirchlichen Institutionen.

Obwohl betriebswirtschaftliche Erkenntnisse vermehrt Eingang in den kirchlichen Bereich finden, ist ihre unreflektierte Übertragung nicht sinnvoll. *Besonderheiten* für das Personalmanagement in Kirchen sind:

- Die Kirche ist in erster Linie Glaubens- sowie Dienstgemeinschaft und weniger Zweckgemeinschaft.
- Kirchen erbringen Dienstleitungen an Personen, deren „Erfolg" mehrheitlich vom Leistungsempfänger abhängt.
- Der kirchliche Dienst weist gleichzeitig Existenz und Bedarf an Rationalität/Amt und Inspiration/→Charisma auf.
- Theologisches und nicht-theologisches Personal arbeiten nebeneinander.

Die *Personalgewinnung* geschieht vielfach über persönliches Ansprechen durch ehren- oder hauptamtliche Mitarbeitende. Sie setzt bei einer konkreten Tätigkeit im kirchlichen Dienst an und verlangt von dem Einzustellenden die Bereitschaft, zentrale Grundlagen wie Glaubens- sowie Dienstvorstellungen in die →Arbeit einbringen zu wollen. Zur Personalgewinnung gehört auch die vielfach vernachlässigte Absprache von Kompetenzbereichen (→Kompetenz) und Aufgabenbegrenzungen, um einer „Ausnutzung" der Ehrenamtlichen vorzubeugen.

Die *Personalbegleitung* richtet sich vor dem Hintergrund der zum Teil ungeklärten Zuständigkeiten und informellen Strukturen in kirchlichen Organisationen an die Hauptamtlichen. Gleichzeitig kann aber die Glaubensgemeinschaft der im kirchlichen Dienst Tätigen eine hierfür sehr wichtige Rolle wahrnehmen.

Die personenorientierte Beratung und Nachfrage nach den Vorstellungen der Ehrenamtlichen stellt einen wichtigen Erfolgsfaktor für die *Personalerhaltung* dar. Sie wird bei den Hauptamtlichen von der Kirchenverwaltung auch durch materielle →Anreize erwirkt. Die Ehrenamtlichen bleiben den vielerorts von Mitgliederschwund bedrohten Kirchen erhalten, indem auf ihre spezifischen Bedürfnisse (→Motiv) eingegangen wird – zum Beispiel bei älteren Menschen auf ihr Pflichtbewusstsein Gott und der Kirche gegenüber, bei der mittleren Generation auf ihr soziales Motiv, die Gemeinde als Lebenswelt und Beziehungsnetz zu gestalten, und bei jüngeren Menschen auf den Wunsch, Gemeinschaft zu erleben, geistliche Identität zu finden oder Freizeit zu gestalten.

Die Personalarbeit ist der Kern kirchlicher Trägerschaft und hat letztlich das Ziel, alle „Mitarbeiter" – ob haupt-, ehrenamtlich oder auch Gemeindemitglieder ohne zugewiesene Aufgabe – zu einer →Kultur des gemeinschaftlichen Lebens zu befähigen.

Literatur: *Klostermann, S.*: Management im kirchlichen Dienst, Paderborn 1997. *Krönes G. V.*: Personalmanagement in der Evangelischen Kirche, in: *von Eckardstein D.*; *Ridder, H.-G.* (Hrsg.): Personalmanagement als Gestaltungsaufgabe im Nonprofit und Public Management, München etc. 2003, S. 163–179.

Adrian Ritz

Personalmanagement in Kleinunternehmen

Erfüllung verschiedener personalwirtschaftlicher Kernfunktionen in Unternehmen bis zu 100 Mitarbeitern, die in der Regel nicht fest institutionalisiert (z. B. in Form einer eigenständigen →Personalabteilung) ist und üblicherweise nicht von eigens dafür eingestellten Experten, sondern – gewissermaßen „nebenbei" – von der Geschäftsführung beziehungsweise Unternehmensleitung wahrgenommen wird.

Allgemein gültige Aussagen zur personalwirtschaftlichen Praxis im Kleinunternehmen (→Kleinbasics) lassen sich nur sehr bedingt ableiten. Das wohl augenfälligste Ergebnis der verschiedenen empirischen Untersuchungen zu diesem Thema besteht jedoch in der Feststellung, dass das →Personalmanagement in vielen Kleinunternehmen eine eher untergeordnete Rolle spielt, wie etwa *Ackermann* und *Blumenstock* (1993) betonen.

Dieser *geringe Institutionalisierungs- und Professionalisierungsgrad* des Personalmanagements in Kleinunternehmen spiegelt sich in praktisch allen Bereichen der Personalarbeit wider (Übersicht 1): So beschränkt sich die →*Personalauswahl* etwa im Wesentlichen auf den Einsatz von persönlichen →Interviews, während aufwändigere Verfahren (wie z. B. Eignungstests oder auch →Assessment Center) nur in Ausnahmefällen zum Einsatz kommen.

Übersicht 1: Ausgewählte Ergebnisse zum Personalmanagement in Kleinunternehmen (*Behrends* 2002)

Personalwirtschaftliche Funktionsanforderung	Handhabung in Kleinunternehmen
Personalauswahl	-wenig systematische Personalplanung -kaum schriftlich fixierte Anforderungsprofile/ Stellenbeschreibungen -wichtigstes Auswahlverfahren: persönliches Interview
Personalentwicklung	-reaktive Personalentwicklung ohne systematische Bedarfsplanung und Erfolgskontrolle -überwiegend „Training on the Job"
Anreizgestaltung	-kaum differenzierte Anreizsysteme -Orientierung an tariflichen Standards -immateriell: hohe Aufgabenvielfalt und Handlungsautonomie
Kontrolle	-Koordination erfolgt primär über persönliche Weisung und gegenseitige Abstimmung -Verhaltenskontrolle oftmals durch professionelle Standards oder Unternehmenskultur
Arbeits- und Aufgabengestaltung	-höheres Maß an Ganzheitlichkeit bei der Aufgabengestaltung -wenig standardisierte Prozessvorschriften

Auf dem Gebiet der *betrieblichen* →*Personalentwicklung* beziehungsweise *Weiterbildung* lässt sich ein primär reaktives Vorgehen konstatieren. Hier dominiert ein bedarfsinduziertes „Training On-the-Job" ohne systematische Bildungsbedarfsanalysen oder Erfolgskontrollen.

Ausdifferenzierte und variable →*Anreizsysteme*, wie sie in der überwiegenden Mehrheit großer Unternehmen zur Anwendung kommen, sind in Kleinunternehmen nur selten anzutreffen. Die *Lohn- und Gehaltspolitik* orientiert sich weitgehend an tariflich vereinbarten Standards und auch die – angesichts der „besseren" Überschaubarkeit des betrieblichen Geschehens in Kleinunternehmen – bestehenden Möglichkeiten einer materiellen Mitarbeiterbeteiligung finden nur vereinzelt Berücksichtigung.

Bei näherer Betrachtung fällt allerdings auf, dass der Mehrheit der einschlägigen Untersuchungen bereits eine mehr oder weniger *großbetrieblich* geprägte Auffassung modernen Personalmanagements zugrunde liegt. Vielfach wird durch die jeweilige Art und Auswahl der Fragestellung eine präskriptive Sichtweise im Untersuchungsdesign verankert, welche die integrierten Personalmanagementsysteme großer Konzerne auch für Kleinunternehmen als Ideal zu erachten scheinen. Eine solche Herangehensweise berücksichtigt aber nur unzureichend die spezifischen – und angesichts der beschränkten personellen und materiellen Ressourcenausstattung oftmals ökonomisch sinnvollen – *strukturellen Gegebenheiten von Kleinunternehmen* und lässt diesen Unternehmenstypus beinahe zwangsläufig als „defizitär" erscheinen. Einschlägige Studien zeigen zwar, dass kleine Organisationsstrukturen tendenziell durch ein im Vergleich zu Großbetrieben deutlich geringeres Maß an (funktionaler) Spezialisierung und Regulierung gekennzeichnet sind, die Auswirkungen dieses weitgehenden Verzichts auf formal festgeschriebene, standardisierte Regelungen und Verfahren werden allerdings durch die Herausbildung entsprechender „funktionaler Äquivalente" ausgeglichen.

Nicht zuletzt die Erkenntnis der *industriesoziologischen Kleinbetriebsforschung* deuten in diesem Zusammenhang darauf hin, dass sowohl das soziale Geschehen als auch die Bewältigung elementarer betrieblicher Funktionsanforderungen in Kleinunternehmen oftmals auf eine *Handlungslogik* zurückzuführen ist, die sich nicht ohne Weiteres in die herkömmlichen Analyse- und Beurteilungskategorien einer in erster Linie „großbetrieblich geprägten" (Personal-)Managementlehre fügt. So zeichnen sich verschiedene Erscheinungsformen des von *Kotthoff* und *Reindl* (1990) identifizierten Typus der *gemeinschaftlichen Sozialordnung* oder beispielsweise auch die Mehrheit der im Rahmen des *Stanford Project on Emerging Companies* (vgl. *Baron* und *Hannan* 2002) untersuchten High-Tech-Start-ups dadurch aus, dass verstärkt Prinzipien so genannter *organischer Managementsysteme* an die Stelle bürokratischer Vorschriften und hierarchischer Strukturen treten: Eine angemessene *Koordination* der verschiedenen Teilaktivitäten kann aufgrund des persönlichen Kontakts zwischen (nahezu) allen Organisationsmitgliedern im Wesentlichen über eine kontinuierliche wechselseitige Abstimmung und/oder durch direkte Weisung erfolgen. Die eingeschränkten Möglichkeiten bei der Gewährung materieller →*Anreize* lassen sich entsprechend der geringen funktionalen Spezialisierung sowie des unmittelbar erkenn- und erlebbaren Beitrags der individuellen Aufgabenerfüllung zur übergeordneten Unternehmensaufgabe durch die (intrinsisch) motivierende Wirkung einer ganzheitlicheren und abwechslungsreicheren Aufgabengestaltung kompensieren.

Im Bereich der *Kontrolle* kann die Orientierung aufgrund gemeinsamer professioneller Standards oder unternehmenskulturell verankerter →*Normierung* des (Arbeits-)Verhaltens die Notwendigkeit formaler beziehungsweise hierarchischer Kontrollmechanismen reduzieren. Darüber hinaus fördert die geringe soziale und räumliche Distanz zwischen den Akteuren gerade in Kleinunternehmen auch die Herausbildung eines auf Gegenseitigkeit und →*Vertrauen* beruhenden *psychologischen Vertrags* zwischen der Organisation und ihren Mitgliedern. Arbeitsengagement und →*Kooperationsbereitschaft* seitens der Mitarbeiter sind in diesem Fall nicht bloß das Ergebnis (kurzfristiger) Kosten-Nutzen-Erwägungen, sondern resultieren aus einer verstärkten →*Identifikation* mit dem „eigenen" Unternehmen.

Zusammenfassend lässt sich festhalten, dass das Personalmanagement in Kleinunternehmen durch die Konstatierung seines im Vergleich zu Großunternehmen geringen Professionalisierungs- und Institutionalisierungsgrads zwar einerseits durchaus zutreffend, andererseits aber eben auch unvollständig beschrieben wird. Ob sich durch die Handhabung grundlegender personalwirtschaftlicher Funktionsanforderungen in Kleinunternehmen nicht auch spezifische Strategien beziehungsweise Muster ergeben, die keineswegs bloß Ausdruck einer defizitären Organisationsintelligenz sind, sondern den ökonomischen und sozialen Charakteristika dieser Unternehmen auf besondere Weise Rechnung tragen, ist eine Frage, deren systematische wissenschaftliche Erörterung noch geklärt werden muss.

Literatur: *Ackermann, K.-F.*; *Blumenstock, H.* (Hrsg.): Personalmanagement in mittelständischen Unternehmen, Stuttgart 1993. *Baron, J.*; *Hannan, M.*: Organizational Blueprints for Success in High-Tech Start-Ups: Lessons from the Stanford Project on Emerging Companies, in: California Management Review, 44. Jg. (2002), H. 3, S. 8–36. *Behrends, T.*: Personalmanagement, in: *Fischer, C. et al.* (Hrsg.): Fokus Mittelstand. Einzelaspekte der Mittelstandsforschung, Frankfurt a. M. etc 2002, S. 37–48. *Kotthoff, H.*; *Reindl, J.*: Die soziale Welt kleiner Betriebe. Wirtschaften, Arbeiten und Leben im mittelständischen Industriebetrieb, Göttingen 1990.

Thomas Behrends

Personalmanagement in Nonprofit- und Freiwilligen-Organisationen

mittelbare und unmittelbare Verhaltensbeeinflussung von Individuen und →Gruppen durch Systeme sowie Führungsprozesse vor dem Hintergrund der Beschäftigung von bezahlten und/oder unbezahlten Mitarbeitern in nicht gewinnorientierten →Organisationen.

Kleinere Nonprofit-Organisationen (NPOs) und Freiwilligen-Organisationen verfügen selten über systematische Verfahren und Instrumente des →Personalmanagements. Ein weit entwickeltes Personalmanagement in NPOs verfügt einerseits über eine auf die Organisationswerte abgestimmte →Personalstrategie, über aufeinander abgestimmte Verfahren und Instrumente sowie über unterschiedliche Ausprägungen der Maßnahmen im Personalmanagement betreffend der verschiedenen Mitarbeiterkategorien.

Obwohl nach *Schwarz*, *Purtschert* und *Giroud* (1999) das Themenfeld Personalmanagement nicht typisch für Nonprofit-Organisationen (NPO) ist, lassen sich die Grundsätze der allgemeinen Personalmanagementlehre – allerdings nur unter Berücksichtigung der *Besonderheiten von NPOs* – erfolgreich einführen.

Aus diesem Grund wird im Folgenden auf die spezifischen Merkmale von NPOs für die einzelnen Aufgabenfelder und Funktionen des Personalmanagements eingegangen.

Typische Unterschiede zu gewinnorientierten Unternehmen und auch staatlichen Organisationen (→Personalmanagement im öffentlichen Dienst) sind nach *von Eckardstein* (2002):

- *Mission vor Gewinnorientierung*: Die von der NPO verfolgten Werte und der damit verbundene Auftrag sind für das Personalmanagement handlungsleitend. Nicht die Gewinnorientierung und primär eine daraus folgende Instrumentalisierung der Mitarbeiter, sondern die Wahrung der Organisationswerte gegen außen durch ihre Realisierung gegenüber den Mitarbeitern ist oberstes Ziel der →Personalpolitik.

- *Besondere Personalstrukturen*: Nebst vollständig gegen Entgelt tätigen Mitarbeitern beschäftigen NPOs und Freiwilligen-Organisationen Personen, die unentgeltlich oder gegen ein im Vergleich zum Marktlohn geringeres Entgelt arbeiten (Ehrenamtliche, Zivildienstleistende, Freiwillige).

- *Unterschiedliche Motivationsstrukturen*: Ehrenamtlich (→Ehrenamt) und freiwillig wahrgenommene Tätigkeiten werden vielfach aus →intrinsischer Motivation (Arbeitsinhalt, Ehre) oder aus →extrinsischer Motivation, dann aber aufgrund immaterieller →Anreize (Gruppenmitgliedschaft, →Organisationskultur) ausgeübt. Dies hat einerseits den Vorteil, dass die Mitarbeiter zum größten Teil von sich aus motiviert sind und nicht durch →Führungskräfte motiviert werden müssen. Anderseits können das Arbeitsverhalten, die Arbeitsintensität und die Dauer des Engagements von Selbstmotivierten weniger gut durch die NPO beeinflusst werden. Das Nebeneinander von bezahlten und unbezahlten Beschäftigten stellt insofern besondere Anforderungen an das Personalmanagement und die Personalführung (→Mitarbeiterführung) in NPOs.

- *Restriktionen beim Personaleinsatz*: Teilzeitlich, ehrenamtlich oder freiwillig tätige Mitarbeiter stehen selten nur für die NPO zur Verfügung, sondern gehen entweder einer hauptamtlichen Berufstätigkeit nach oder haben anderweitige Verpflichtungen, die einen Vollzeiteinsatz ausschließen (z. B. Studierende, Pensionäre, Familienpersonen).

- *Begrenzte Qualitäts-, Kosten- und Leistungskontrollen*: Wie staatliche Institutionen sehen sich auch NPOs vielfach mit Schwierigkeiten bei der Leistungsmessung aufgrund ungenügender Indikatoren, Quantifizierungsmöglichkeiten oder Messverfahren konfrontiert (z. B. im Sozialbereich). Bei der Personalführung sind deshalb andere Erfolgskontrollen und Referenzgrößen zur →Leistungsbeurteilung heranzuziehen. Vor allem der Vergleich von Qualitäts-, Kosten- und Leistungsinformationen aus ehrenamtlicher gegenüber bezahlter Tätigkeit bereitet Probleme, weil entweder die Standards fehlen, Daten nicht systematisch erhoben werden oder das unterschiedliche Verhältnis der Mitarbeitergruppen Vergleiche kaum zulässt.

Diese besonderen Voraussetzungen des Personalmanagements in NPOs und Freiwilligen-Organisationen verlangen nach differenzierten Maßnahmen innerhalb der einzelnen Personalfunktionen. Das →*strategische Personalmanagement* muss sich insbesondere der Abstimmung zwischen Umfeldbedingungen, Organisationswerten beziehungsweise -zielen und den personalwirtschaftlichen Maßnahmen widmen. So muss nach *Simsa* (2001) das Personalmanagement einer auf Außenwirkung bedachten und konfrontativ auftretenden Menschenrechtsorganisation den im Hintergrund tätigen Ehrenamtlichen besonderes Augenmerk bei den Personalerhaltungsstrategien zukommen lassen. Nebst dieser konfrontativen Einflussstrategie unterscheidet *Simsa* kooperative (z. B. Verbände), schadensbegrenzende (z. B. Hilfsorganisationen) und konkurrierende oder ergänzende (z. B. Kulturorganisation) Einflussstrategien, die jeweils unterschiedliche Personalmaßnahmen erfordern.

Die *Personalgewinnung* in NPOs und Freiwilligen-Organisationen sieht sich bei der Auswahl von Ehrenamtlichen mit der Schwierigkeit konfrontiert, dass

- diesen oft nicht ein →Auswahlverfahren nach strengen Kriterien zugemutet werden kann, weil sie in ihrer Freizeit arbeiten,
- ihre Tätigkeit kaum Kosten verursacht,
- die NPO auf ihre →Arbeit angewiesen ist,
- sie vielfach auch finanzielle Spender sind und

– diese Personen oft maßgeblich zur Mitgliederwerbung beitragen.

Demgegenüber kann eingewendet werden, dass Ehrenamtliche die Leistungsqualität und das Organisationsimage wesentlich mitprägen, ihre Fähigkeiten (→Qualifikation) und →Kompetenzen für eine erfolgreiche Zusammenarbeit mit den bezahlten Mitarbeitern wichtig sind und zunehmend eine Konkurrenzsituation auf dem →Arbeitsmarkt unbezahlter Arbeitskräfte besteht, was eine professionelle Personalgewinnung rechtfertigt. Ebenso notwendig ist eine nach Kriterien orientierte Auswahl bei Personen mit Repräsentativaufgaben (z. B. Präsidialfunktion) oder hohen körperlichen →Arbeitsanforderungen, um langfristige Image- oder Gesundheitsschäden zu verhindern. Beim Personaleinsatz von Ehrenamtlichen sind nach *Badelt* (2002) im Voraus die Verfügbarkeit von Ehrenamtlichen mit den Arbeitsanforderungen abzustimmen und die Gefahr von →Burnout, Selbstausbeutung und Überbeanspruchung (→Belastungs-Beanspruchungs-Modell) aufgrund altruistischer Motivstrukturen sowie allfällige juristische Fragen in Bezug auf arbeits- und haftungsrechtliche Folgen abzuklären.

Die *Personalerhaltung* bei ehrenamtlicher Arbeit darf nicht vernachlässigen, dass Abgeltungen im Sinne der Kostenerstattung etwa von Porto, Telefongebühren und Zugang zu vergünstigten Leistungen oder Aufwandsentschädigungen wie Fahrtspesen auch bei unbezahlter Arbeit geregelt sein müssen. Ein wichtiges Argument für solche Aufwandsentschädigungen ist, dass dadurch sachlicher Kritik an ehrenamtlicher Arbeit offener begegnet wird, weil sie nicht vorschnell als Undankbarkeit angesehen wird. Entscheidend für die Erhaltung und Bindung Ehrenamtlicher ist der breite Einsatz immaterieller Anreize wie beispielsweise flexible →Arbeitszeiten, Weiterbildungsmöglichkeiten, regelmäßiger Anerkennung der geleisteten Arbeit und dem Aufzeigen der Notwendigkeit sowie Sinnhaftigkeit ehrenamtlicher Tätigkeit gegenüber bezahlter Arbeit.

Inwieweit Maßnahmen der →*Personalentwicklung* bei unbezahlten Arbeitskräften durch die NPO initiiert, durchgeführt und finanziert werden sollen, ist umstritten. Argumente dafür sind die auch in NPOs steigenden Arbeitsanforderungen, die zunehmende →Komplexität von →Arbeitssystemen (z. B. Informations- und Kommunikationstechnologien), die Notwendigkeit von im Hinblick auf Fach- und Persönlichkeitskompetenzen qualifizierten Ehrenamtlichen in Führungsprozessen, die Verhinderung eines Zweiklassensystems in Bezug auf die →Qualifikation und die damit zusammenhängenden Aufgabenbereiche zwischen bezahlten und unbezahlten Arbeitskräften. *Wehling* (1993) betont die Erkenntnis, dass unbezahlte Tätigkeiten eine Form der Freizeitgestaltung darstellen können und damit zusammenhängende Personalentwicklungsmaßnahmen als Freizeitaktivität wahrgenommen sowie konzipiert werden müssen. Entsprechend können die Motive und Ziele, eine Weiterbildung zu besuchen, zum Beispiel im Bedürfnis (→Motiv) nach geselliger Gemeinschaft, nach Kontaktknüpfung oder nach individueller Selbstverwirklichung mit nur zweitrangigem Bezug zur Freiwilligenarbeit liegen.

Die wohl schwierigste Maßnahme bei unbezahlten Arbeitskräften in NPOs und Freiwilligen-Organisationen ist die →*Personalfreisetzung*. Explizite Organisationsausschlüsse sind aufgrund der mit Freiwilligenarbeit verbundenen Mitgliedschaften und Spendenbeiträgen vielfach ein Tabu. Von daher gilt es darauf zu achten, dass unbezahlte Arbeit trotz klar geregelten Aufgaben- und Kompetenzbereichen nicht mit einem langfristig festgelegten Arbeitspensum einhergehen muss. Die flexible und begründete Veränderung des unbezahlten Arbeitsvolumens sollte immer möglich sein. Da Freiwillige jedoch auch Kosten für die NPOs verursachen, kann die Förderung des freiwilligen Ausscheidens beziehungsweise Wechsels vom Arbeits- in das Mitgliedschaftsverhältnis begründet sein. Dennoch sind alle Alternativen vor einer Freistellung zu prüfen und direkte Freisetzungsmaßnahmen wann immer möglich zu verhindern, da entlassene unbezahlte Arbeitskräfte oft aus Enttäuschung gegen innen und außen negative Informationen über die NPO verbreiten können.

Literatur: *Badelt, C.*: Ehrenamtliche Arbeit im Nonprofit Sektor, in: *Badelt, C.* (Hrsg.): Handbuch der Nonprofit Organisation, 3. Aufl., Stuttgart 2002, S. 574–604. *Schwarz, P.; Purtschert, R.; Giroud, C.*: Das Freiburger Management-Modell für Nonprofit-Organisationen, 3. Aufl., Bern etc. 1999. *Simsa, R.*: Einflussstrategien von Nonprofit-Organisationen: Ausprägungen und Konsequenzen für das Personalmanagement, in: Zeitschrift für Personalforschung, 15. Jg. (2001), H. 3, S. 284–305. *von Eckardstein, D.*: Personalmanagement in NPOs, in: *Badelt, C.* (Hrsg.): Handbuch der Nonprofit Organisation, 3. Aufl., Stuttgart 2002, S. 309–336. *Wehling, M.*: Personalmanagement für unbezahlte Arbeitskräfte, Bergisch Gladbach etc. 1993.

Adrian Ritz

Personalmanagement-Audit

zählt zu den Instrumenten der Ergebnis- beziehungsweise Erfolgskontrolle im Personalbereich (→ Personalcontrolling).

Ein →*Audit* (lat.: audire = hören) stellt allgemein eine Prüfung, Revision oder Berichterstattung dar, welche von einer unabhängigen Instanz (Auditor) durchgeführt wird.

Ziel des Einsatzes von Audits im →Personalmanagement ist es, mögliche Fehlentwicklungen in Bezug auf unternehmensweite Strukturen und Systeme, die das Mitarbeiterverhalten beeinflussen, aufzudecken sowie inhaltliche, formelle und konzeptionelle Neuerungen zu erreichen. Die *Notwendigkeit* zur Auditierung im Personalbereich basiert nach *Peemöller* (1997) auf folgenden zwei Faktoren. Einerseits bedingt das Erfordernis zum wirtschaftlichen Arbeiten Analyseinstrumente, mit denen sich die komplexen Sachverhalte im Personalbereich systematisch auf ihre Wirtschaftlichkeit erschließen lassen. Andererseits besteht die Notwendigkeit zur Prüfung, inwieweit personalwirtschaftliche Regelungen das Leistungsverhalten der Beschäftigten im gewünschten Maße beeinflussen (soziale Effizienz).

Analysebereiche von Personalmanagement-Audits können sowohl personalwirtschaftliche Aktivitäten, Strukturen als auch Konzepte sein. *Hentze* und *Kammel* (1993) grenzen fünf *Gegenstandsbereiche* von Personalmanagement-Audits ab:

1. *Prämissen-Audit*: Analysiert inwieweit die Bedingungen sich verändert haben, unter denen personalwirtschaftliche Entscheidungen (z. B. → Personalplanung) getroffen werden. Dient zur Revision von Entscheidungen.

2. *Strategien- und Ziele-Audit*: Analysiert Schwachstellen im personalwirtschaftlichen Zielsystem beziehungsweise der →Personalstrategie (z. B. Operationalisierung von Zielsetzungen, Abstimmung von Personalzielen untereinander und → Integration mit anderen Funktionsstrategien.

3. *Maßnahmen-Audit*: Analysiert Zweckmäßigkeit personalwirtschaftlicher Programme und Passung mit formaler Planung (→ Budget).

4. *Organisations-Audit*: Analysiert Einhaltung von Regeln (z. B. → Kompetenzen, Arbeitsanweisungen) durch Träger des Personalmanagements.

5. *Prozess-Audit*: Analysiert Planungs-, Kontroll- und Informationsprozesse im Personalbereich auf Zweckmäßigkeit und Regelhaftigkeit.

Krüger (1999) unterteilt den *Ablauf* eines Personalmanagement-Audit in vier Phasen:

1. *Planung und Vorbereitung*: Hierbei ist der Auditor auszuwählen und die Prüfkriterien und Standards zur Ergebnisbeurteilung festzulegen.

2. *Durchführung*: Bei der Durchführung eines Personalmanagement-Audits werden die in einem konkreten Unternehmen praktizierten Aspekte des Personalmanagements zu einem bestimmten Zeitpunkt anhand eines vorher erstellten Prüfkriterienkataloges erhoben und mit den wünschenswerten Zuständen abgeglichen. Dabei können Dokumentenanalysen, → Befragungen, → Beobachtungen und Kennzahlenanalysen eingesetzt werden.

3. *Berichterstattung*: Festgestellte Abweichungen werden schriftlich dokumentiert und gegebenenfalls Empfehlungen zur Reduzierung der Abweichungen gegeben (Maßnahmenprotokoll). Ergebnisse werden an Auftraggeber beziehungsweise an den auditierten Bereich übermittelt. Um Verbesserungsvorschläge machen zu können, bedarf es zusätzlich zur Ergebnisbeurteilung einer Analyse potenzieller Ursachen von Zielerreichung und Verfehlungen. Diese werden bei der Prüfung über die Beschreibung von beispielsweise Leistungserstellungsbedingungen oder möglichen Alternativen festgehalten.

4. *Audit Follow-Up*: Die Realisierung der Verbesserungsvorschläge wird zu einem späteren Zeitpunkt erneut durch einen Auditor überprüft.

Das Vorgehen lässt erkennen, dass letztlich die Regeltreue (d. h. die Einhaltung von Vorgaben) maßgebliches Erfolgskriterium ist. Im Rahmen der Prüfung wird die Regeltreue detailliert untersucht und nach Abschluss gegebenenfalls durch Ausstellung eines Zertifikates attestiert.

Abhängig vom Umfang der Abweichungen sind für diejenigen, die sich dem Personalmanagement-Audit unterziehen, unterschiedliche *Konsequenzen* verbunden. Im Rahmen der →Vorgesetztenbeurteilung können Audits Entscheidungen für Prämienzahlungen, Entwicklungs- und Versetzungsmaßnahmen begründen. Die Ergebnisse von Personalmanagement-Audits können ferner eine Grundlage für die Kreditvergabe oder die Ermittlung des Unternehmenswerts im Vorfeld eines Unternehmensverkaufs oder -zusammenschlusses bilden.

Die Zusammenstellung der Aspekte, die Gegenstand des Personalmanagement-Audit sind, kann entweder individuell durch das Unternehmen erfolgen oder in Form eines standardisierten Prüfkataloges festgelegt sein. Im Personalbereich ist die Standardisierung von Prüfkatalogen bislang relativ gering. Überdies sind Personalmanagement-Audits bislang vornehmlich in großen Unternehmen eingesetzt worden. Neuere *Entwicklungen* weisen darauf hin, dass die Bedeutung von Audits im Personalbereich zunehmen wird. Durch die zuletzt ausführlich von *Peterhoff* (2005) erörterte Bedeutung einer systematischen Personalrisikobeurteilung bei Unternehmensakquisitionen und -fusionen („Human Resource Due Diligence") sowie in Verbindung mit der Bonitätsprüfung von Betrieben durch Finanzinstitute nach Basel II gibt es Hinweise auf eine zunehmende Standardisierung von Audits und ihrem Einsatz auch in klein- und mittelständischen Betrieben. *Ackermann* (2003) zitiert beispielhaft hierfür den Kriterienkatalog des Deutschen Sparkassen- und Giroverbandes, von dessen 14 Prüfkriterien sich immerhin drei unmittelbar auf den Personalbereich beziehen. Er resümiert, dass gerade mittelständische Unternehmen auf eine Erfüllung dieser Anforderungen hinwirken müssen, um eine günstige Ausgangsposition bei Kreditverhandlungen zu gewinnen. Vor dem Hintergrund der →Internationalisierung des Personalmanagements erörtern *Florkowski* und *Schuler* (1994) mögliche Angleichungsprozesse auf globaler Ebene.

In Anbetracht der wachsenden Popularität von Audits im Personalbereich erscheint es notwendig, auch auf ihre möglichen *Grenzen beziehungsweise Defizite* hinzuweisen. Personalmanagement-Audits erfassen das Geschehen im Personalbereich nur punktuell und ersetzen keine kontinuierliche Begleitung. Da Audits von Dritten durchgeführt werden, können sie von den Betroffenen überdies berechtigterweise als Fremdkontrolle verstanden werden. Dies reduziert die Mitwirkungsbereitschaft, führt zur Zurückhaltung *beziehungsweise* Verfälschung von Informationen und stellt damit den Zweck der Auditierung in Frage. Um diesem Problem zu begegnen, schlagen *Wunderer* und *von Arx* (2002) eine Selbst-Auditierung vor. Dies hat jedoch den Nachteil, dass Fehler, die sich aus Denkfehlern ergeben und absichtliche Falschdarstellungen nicht aufgedeckt werden. *Wimmer* und *Neuberger* (1998) weisen überdies darauf hin, dass bei Personalmanagment-Audits eingesetzte Prüfkataloge Bezugsgrößen bilden, die mögliche Zielsetzungen und Anspruchsniveaus erst schaffen, insbesondere wenn die Erwartungen im Personalmanagement vorher diffus waren. Die zunehmende Standardisierung von Prüfkatalogen birgt dabei das Risiko, dass die Prüfkriterien als zwingende Erfordernisse betrachtet und nicht mehr auf ihre Sinnhaftigkeit hinterfragt werden. Andererseits können Personalmanagement-Audits dazu beitragen, das Management für bislang vernachlässigte Themen zu sensibilisieren (→Frühwarnsystem), indem sie auf blinde Flecken hinweisen und diese systematisch auf Problemstellen durchleuchten.

Literatur: *Ackermann, K.-F.*: Den Wert des Humankapitals bestimmen, in: Personalwirtschaft, 30. Jg. (2003), H. 9, S. 46–49. *Florkowski, G.W.; Schuler, R. S.*: Auditing human resource management in the global environment, in: International Journal of Human Resource Management, 5. Jg. (1994), H. 4, S. 827–852. *Hentze, J.; Kammel, A.*: Personalcontrolling, Bern 1993. *Krüger, G.*: Interne Prüfungen im Personalwesen, 2. Aufl., Frechen 1999. *Peemöller, V. H.*: Prüfungsansätze in der Personalwirtschaft, in: Zeitschrift für Interne Revision, 32. Jg. (1997), H. 6, S. 289–300. *Peterhoff, D.*: Human Resource Due Diligence, Wiesbaden 2005. *Wimmer, P.; Neuberger, O.*: Personalwesen, 2. Aufl., Stuttgart 1998. *Wunderer, R.; von Arx, S.*: Personalmanagement als Wertschöpfungs-Center. Unternehmerische Organisationskonzepte für interne Dienstleister, 3. Aufl., Wiesbaden 2002.

Julia Brandl

Personalmanagement-Ethik →Ethik im Personalmanagement

Personalmarketing

Anwendung von Methoden und Instrumenten aus dem Produkt- und Dienstleistungsmarketing auf →Personalbeschaffung und →Personalmanagement.

Personalmarketing ist ein noch relativ junger Zweig des Personalwesens. Mit der zunehmenden Verknappung qualitativ gut ausgebildeter Arbeitskräfte in den 1980er Jahren gewann das Konzept des Personalmarketings sowohl in der betriebswirtschaftlichen Literatur als auch in der Praxis von (Groß-)Unternehmen an Bedeutung.

Die Fachliteratur zum Personalmarketing lässt sich in zwei Phasen einteilen. Im deutschsprachigen Raum hat sich der Begriff des Personalmarketing Ende der 1960er Jahre etabliert. Zu den einschlägigen Arbeiten aus dieser *frühen Periode* zählen die von *Overbeck* (1968), *Rippel* (1973), *Hunziker* (1973) sowie *von Eckardstein* und *Schnellinger* (1975).

Overbeck (1968) setzt das Marketing des Absatzbereichs zur Personalbeschaffung an. Sein Konzept versteht den Menschen als bloßen Produktionsfaktor. *Büchner* (1972) beschäftigt sich eingehender mit der Übertragung des Personalmarketing-Gedankens in die Praxis und sieht den Fokus des Interesses zum Beispiel in den Bereichen →Arbeitsmarktforschung, →Personalplanung, Personalführung (→Mitarbeiterführung), Personalbeschaffung und →Personalentwicklung. *Büchner* (1972) legt – ebenso wie *Rippel* (1973) – Personalmarketing als unternehmensumfassendes und funktionsübergreifendes Konzept aus. *Rippel* stellt einen Zusammenhang zwischen dem Erfolg auf den Produktmärkten mit den Erfolg auf den →Arbeitsmärkten und im innerbetrieblichen Personalbereich heraus und zeichnet das Bild des „mündigen Mitarbeiters", der auch in der Arbeitswelt seine Ziele zu verwirklichen sucht. *Hunziker* (1973) legt den Schwerpunkt auf den externen Arbeitsmarkt und begreift Personalmarketing als Personalbeschaffung durch Personalwerbung, während *von Eckardstein* und *Schnellinger* (1975) ein mitarbeiterorientiertes, →internes Personalmarketing beschreiben und sich damit der Konzeption von *Rippel* (1973) nähern. Sie schreiben dem Unternehmen eine Dienstleistungsfunktion zu, die das Unternehmen gegenüber seinen Mitarbeitern zu erfüllen habe, um den Erwartungen und Interessen der Mitarbeiter Rechnung zu tragen. Zur Umsetzung dieses Anspruchs dient in erster Linie die Personalforschung, welche zum Beispiel mittels →Mitarbeiterbefragungen Informationen über die →Arbeitnehmer in Unternehmen zusammenstellt. Dagegen vernachlässigen *von Eckardstein* und *Schnellinger* (1975) die Fragen der externen Ausrichtung des Personalmarketings weitgehend.

Für die nachfolgenden 10 Jahre verlor Personalmarketing an Bedeutung und wurde unter neuen Vorzeichen mit einem Beitrag von *Seiwert* (1985) in einer *späteren Periode* wieder aktuell.

Ursprünglich lag der Entwicklung des Personalmanagements ein quantitativer Mangel an Arbeitskräften zugrunde. Dementsprechend wurde das extern orientierte Personalmarketing als Instrument zur Personalbeschaffung angesehen. Nach der Phase eines Arbeitskräfteüberangebots in den Jahren 1975 bis 1985 stellt sich seitdem das Problem der Verknappung an qualifizierten Führungs- und Fachkräften. In einem veränderten Begriffsverständnis endet Personalmarketing nicht mit der Beschaffung von Arbeitskräften. Es ist vielmehr eine „marktbezogene Denk- und Handlungskonzeption einer zukunftsorientierten Unternehmens- und →Personalpolitik" (Seiwert 1985, S. 349) mit den Zielen, einen bestehenden Mitarbeiterstamm zu erhalten und zu hohen Leistungen zu motivieren sowie externe Bewerber bestimmter Zielgruppen dazu zu veranlassen, dem Unternehmen bei der Arbeitsplatzwahl eine Präferenz gegenüber Konkurrenzunternehmen einzuräumen.

Gemäß der Idee des Produkt- und Dienstleistungsmarketings setzt Personalmarketing die Existenz eines Austauschverhältnisses zwischen Transaktionspartnern als Ausgangspunkt der Konzeption voraus. Traditionelles Produkt- und Dienstleistungsmarketing fokussiert auf die Förderung des Tausches von Gütern und Dienstleistungen gegen Geld zwischen dem Unternehmen und bestehenden und potenziellen Kunden. Im Personalbereich geht es analog darum, das Produkt Arbeitsplatz an gegenwärtige und zukünftige Mitarbeiter zu „verkaufen". Das Konzept des Personalmarketings geht dabei über die bloße Vermarktung von Arbeitsplätzen hinaus und betont auch intern die Ausrichtung der unternehmerischen Denk- und Handlungsweisen an den Bedürfnissen (→Motiv) der Kunden.

Staffelbach (1986) lehnt ein explizites Personalmarketing im Sinne einer eigenständigen Methodologie und als eigener Gegenstand einer selbständigen Disziplin ab, schreibt diesem jedoch wertvolle Erkenntnisse und neue Instrumente auf dem Gebiet der Personalpolitik zu.

Personalmarketing

Fröhlich (1987) beschreibt Personalmanagement als umfassendes strategisches Instrument, dem drei Hauptfunktionen zukommen: motivationsorientierte Mitarbeiterpflege, externe Personalentwicklung und eine allgemeine Imageprofilierung.

Das derzeitige Verständnis von Personalmarketing von einem ganzheitlichen, das heißt die externe und interne Sichtweise verbindenden Konzept spiegelt sich in den Aufgaben beziehungsweise Funktionen von Personalmarketing wider (*Scholz* 2000). *Externes Personalmarketing* richtet sich an potenzielle Mitarbeiter. Das Arbeitsplatzangebot soll so gestaltet werden, dass Bewerber relevanter Zielgruppen einer Tätigkeit im Unternehmen dem Vorzug gegenüber Konkurrenzunternehmen geben (→Akquisitionsfunktion). Darüber hinaus gilt es beim *internen Personalmarketing*, den gegenwärtigen Mitarbeiterstamm zu erhalten und im Hinblick auf die Erreichung der Unternehmensziele zu motivieren. Akquisition und →Motivation von Mitarbeitern erfolgen heute vor dem Hintergrund grundsätzlich substituierbarer Arbeitsplatzangebote. Zur Erhaltung und Steigerung ihrer Attraktivität als →Arbeitgeber für vorhandene und potenzielle Mitarbeiter müssen Unternehmen daher zwingend nach Differenzierungsmöglichkeiten suchen (→Profilierungsfunktion).

Zur Realisierung personalwirtschaftlicher Ziele kann das Personalmarketing auf Gestaltungsvariablen zurückgreifen, die analog zum Produktmarketing eine Informations- und Aktionsseite betreffen. Die *Informationsseite* umfasst Maßnahmen zur internen Personalforschung (z. B. Mitarbeiterbefragungen, Auswertung von Personalstatistiken oder Personalimagestudien) sowie zur externen Arbeitsmarktforschung, mit dem Ziel, entscheidungsrelevante →Daten zu gewinnen und diese als Basis für den Einsatz von Personalmarketinginstrumenten zu nutzen. Die *Aktionsseite* beinhaltet jene Instrumente, die auf den externen und internen Arbeitsmarkt gerichtet sind. Dabei lassen sich in Anlehnung an *Seiwert* (1985) und *Kotler* (1991) einzelne Instrumente des *Personalmarketing-Mix* unterscheiden:

- Aufgaben der *Kommunikationspolitik* sind, Arbeitsplätze so darzustellen, dass sie den Präferenzen gegenwärtiger und zukünftiger Mitarbeiter so weit wie möglich entsprechen, sowie die direkte Akquisition von Bewerbern für vakante Stellen. Als Hilfsmittel dienen beispielsweise Werbung, →Public Relations, Einstellungsgespräche, Messeteilnahmen und speziell für die interne →Kommunikation Unternehmenszeitschriften (→Mitarbeiterzeitschrift), die Einrichtung eines „Kummerkastens" oder →Mitarbeitergespräche.

- Die *Produktpolitik* betrifft Entscheidungen über das Leistungsangebot des Unternehmens und damit die tatsächliche Ausgestaltung von Arbeitsplatz und Arbeitsumfeld. Einzelne Instrumente können Arbeitsinhalte und -bedingungen, Aus- und Weiterbildungsmöglichkeiten, Einarbeitungskonzepte und Karriereplanung sein.

- Als Äquivalent zur Distributionspolitik im Absatzmarketing existiert im Personalbereich die *Akquisitionspolitik*. Hier geht es vor allem um geeignete Akquisitionskanäle und – aufgrund einer starken wechselseitigen Abhängigkeit – auch um probate Akquisitionswege. Akquisitionskanalmanagement umfasst die Planung, →Koordination, Umsetzung und Kontrolle aller auf die Akquisition von Mitarbeitern gerichteten Maßnahmen. Als Akquisitionswege kommen analog zum Absatzmarketing direkte Formen wie Firmenpräsentationen auf Messen oder Hochschul-Informationsveranstaltungen, Einladungen zu Betriebsbesichtigungen oder das Angebot von Praktikantenstellen und Plätzen für Werksstudenten und indirekte Formen wie Stellenanzeigen oder Personalimageanzeigen in überregionalen Tageszeitungen in Betracht. Den im Allgemeinen höheren Kosten direkter Akquisition steht in der Regel auch ein höherer Nutzen gegenüber. Die direkte Kontaktaufnahme mit potenziellen Bewerbern ermöglicht auch vor Vertragsschluss ein besseres Kennenlernen und eine Angleichung der unterschiedlichen Vorstellungen von Unternehmen und Bewerber. Zudem treten hier weniger Streuverluste auf als beispielsweise bei Stellenanzeigen in Printmedien.

- *Kontrahierungspolitische* Entscheidungstatbestände umfassen Fragen der Vertragsgestaltung von Vereinbarungen über das Arbeitsentgelt über die Rechte und Pflichten des →Arbeitnehmers und der →Arbeitszeit bis hin zu zusätzlichen Leistungen des Arbeitgebers.

Wenn es Unternehmen heute aufgrund – bezüglich der materiellen Entgeltkomponenten – kaum unterscheidbarer Arbeitsplatzangebote immer schwerer gelingt, sich von anderen Arbeitgebern zu differenzieren, kommt dem →Unternehmensimage eine entscheidende Rolle zu, wenn es darum geht, neue Mitarbeiter zu gewinnen und gegenwärtige Mitarbeiter zu erhalten und zu motivieren.

Reich (1993) identifiziert als Schwachstelle im Personalmarketing die auch heute noch fehlende oder unzureichende Erfolgskontrolle. Unternehmen, die im Begriff sind, ein Personalmarketing aufzubauen, konzentrieren sich zumeist auf die Zieldefinition, strategische Überlegungen und Umsetzungsmaßnahmen. *Erfolgskontrolle* im Personalmarketing greift üblicherweise auf Kennzahlen und Daten zurück, die im Rahmen des Personalcontrollings erhoben werden, beispielsweise solche zur →Fluktuation, →Arbeitszufriedenheit, Anzahl und Qualität der →Bewerbungen oder →Fehlzeiten.

Literatur: *Büchner, R.*: Personal-Marketing. Anleihen beim Marketing?, in: Marketing Journal, (1972), H. 6, S. 530–535. *Fröhlich, W.*: Strategisches Personalmarketing. Kontinuierliche Unternehmensentwicklung durch systematische Ausnutzung interner und externer Qualifikationspotentiale, Düsseldorf 1987. *Hunziker, P.*: Personalmarketing, Bern 1973. *Kotler, E.*: Strategisches Personalmanagement an Hochschulen, München 1991. *Overbeck, J. F.*: Möglichkeiten der Marktforschung am Arbeitsplatz und ihrer Auswertung zu einer Konzeption marktbezogener Personalpolitik, München 1968. *Reich, K.-H.*: Personalmarketing Konzeption, in: *Strutz, H.* (Hrsg.): Handbuch Personalmarketing, 2. Aufl., Wiesbaden 1993, S. 164–178. *Rippel, K.*: Personalmarketing als Managementfunktion in modernen Unternehmen, in: Marktforscher, (1973), H. 2, S. 31–40. *Scholz, C.*: Personalmanagement, 5. Aufl., München 2000. *Seiwert, L.*: Vom operativen zum strategischen Personalmanagement, in: Personalwirtschaft, (1985), H. 9, S. 348–353. *Staffelbach, B.*: Personal-Marketing, in: *Rühli, E.*; *Wehrli, P.* (Hrsg.): Strategisches Marketing und Management, Stuttgart 1986, S. 124–143. *von Eckardstein, D.*; *Schnellinger, F.*: Personalmarketing, in: *Gaugler, E.* (Hrsg.): Handwörterbuch des Personalwesens, Stuttgart 1975, S. 1591–1599.

Antje Koch

Personalmarketing und Agency-Beziehungen

Beziehung zwischen einem (potenziellen) →Arbeitgeber und einem (potenziellen) →Arbeitnehmer stellt ein klassisches Beispiel einer Principal-Agent-Beziehung (→Principal-Agent-Theorie) dar (*Arrow* 1985).

Die konstitutiven Merkmale einer Agency-Beziehung lassen sich wie folgt zusammenfassen: Ein Auftraggeber überträgt einem Agenten das Recht und die Pflicht, in seinem Namen ein bestimmtes Aufgabenspektrum zu erfüllen. Durch sein Handeln beeinflusst der Agent nicht nur sein eigenes Nutzenniveau, sondern auch das seines Principals. Informationsasymmetrien zu Lasten des Auftraggebers eröffnen dem Agenten diskretionäre Handlungsspielräume, die er opportunistisch zu seinem Vorteil ausnutzen kann. Der Principal kann versuchen, sich gegen ein derartiges Verhalten zu schützen, indem er den Agenten überwacht oder →Anreizsysteme zur Interessenangleichung installiert. Auch der Agent hat – wenn er zu einem Vertragsabschluss kommen will – ein Interesse, den Principal von seiner →Eignung zu überzeugen. Beiden Vertragspartnern entstehen dabei Kosten, die *Jensen* und *Meckling* (1976) als *monitoring expenditures* des Principals und *bonding expenditures* des Agenten bezeichnen. Trotz dieser Bemühungen kann die First Best-Lösung der Neoklassik nicht erreicht werden. Es verbleibt ein Wohlfahrtsverlust, den *Jensen* und *Meckling* (1976) als *residual loss* bezeichnen. Bei der Gestaltung von Agency-Beziehungen geht es letztlich darum, die Agency-Kosten zu minimieren.

Die mit asymmetrisch verteilten →Informationen verbundenen Probleme sind →*Adverse Selektion*, →*Moral Hazard* und →*Holdup* (*Akerlof* 1970). Im Bereich des externen →Personalmarketings sind Unternehmen vorwiegend der Gefahr der Fehlwahl ausgesetzt. Während des Prozesses der Bewerberauswahl (→Personalauswahl) hat der Arbeitgeber Schwierigkeiten, die Ausprägung der relevanten Eigenschaften (Talent, →Qualifikationen, persönliche Eigenschaften) des Bewerbers zu beobachten. Im Umgang mit diesen *Hidden Characteristics* bieten sich im Rahmen des externen Personalmarketings grundsätzlich die folgenden Lösungsmöglichkeiten: Das Unternehmen versucht, seinen Informationsstand über die Merkmale potenzieller Mitarbeiter zu verbessern (→*Screening*). Ein beliebtes Instrument zur Bewertung der fachlichen und sozialen →Kompetenz der Bewerber sind →Assessment Center. Bei Hochschulabsolventen bieten sich beispielsweise →Praktika oder die Betreuung von Diplomarbeiten zum frühzeitigen Kennenlernen potenzieller Mitarbeiter an. Unternehmen, die

Mitarbeiter vorwiegend aus dem eigenen Unternehmen rekrutieren, sind der Adverse Selektion-Gefahr weitaus weniger ausgesetzt, denn sie profitieren von ihrem Wissen über die bekannten Mitarbeiter. Maßnahmen zum Abbau von Informationsasymmetrien können auch von den Bewerbern selbst ausgehen, zum Beispiel durch das Beibringen von Zeugnissen, Referenzen, Arbeitsproben und ähnlichem (→ Signaling). → Self-Selection-Mechanismen sind so konstruiert, dass der Bewerber durch die Wahl des einen oder anderen Vertragsarrangements seine wahren Eigenschaften offenbart. Beispielsweise könnten → Führungskräfte wahlweise mit einem festen Gehalt oder einer Kombination aus Fixgehalt und → Aktienoptionen entlohnt werden.

Im internen Personalmarketing richten sich die Bestrebungen von Unternehmen auf den Erhalt des bestehenden Mitarbeiterstamms (→ Personalbindung) und darauf, die Belegschaft zu hohen Leistungen zu motivieren. Vor dem Hintergrund grundsätzlich divergierender Nutzenvorstellungen von Unternehmen und Mitarbeitern sowie hinsichtlich der Leistungsquantität und -qualität zu Gunsten der Mitarbeiter asymmetrisch verteilter Informationen, sind Unternehmen gezwungen, Mitarbeiter bezüglich ihrer → Leistungsbereitschaft zu überwachen und Fehlverhalten zu sanktionieren (*Monitoring*) beziehungsweise mittels Anreizsystemen für eine Interessenangleichung zu sorgen. → Anreize können monetärer und nicht-monetärer Natur sein. Erstere sind beispielsweise eine leistungsabhängige Entlohnung, Prämien und Boni. Nicht-monetäre Anreize sind vielschichtiger Natur und reichen von einer partizipativen → Mitarbeiterführung über die Gestaltung von Arbeitsplatz und Aufgabenspektrum (→ Job Rotation, → Job Enrichment, → Job Enlargement) bis zu Lob und Anerkennung durch Führungskräfte.

Mit dem Ziel, einen möglichst gut ausgebildeten und damit leistungsfähigen Mitarbeiterstamm zu haben, investieren viele Unternehmen erheblich in die Aus- und Weiterbildung ihrer Mitarbeiter. Aus der Perspektive der Agency-Theorie setzen sich Unternehmen dabei einer nicht unerheblichen *Hold-up*-Gefahr aus. Solche Investitionen sind für das einzelne Unternehmen grundsätzlich spezifischer Natur, denn das → Humankapital ist immer untrennbar mit seinem Träger verbunden. Welche konkreten Probleme mit Investitionen in das Humankapital von Mitarbeitern verbunden sind, hängt davon ab, ob es sich um Investitionen in *allgemeines* Humankapital (Wissen und Fähigkeiten, die die Produktivität (→ Arbeitsproduktivität) eines Mitarbeiters in jedem Unternehmen erhöhen, z. B. Sprachkenntnisse, Lesen und Schreiben) oder um *spezifisches* Humankapital (Wissen und Fähigkeiten, die die Produktivität eines Mitarbeiters nur in einem bestimmten Unternehmen erhöhen, z. B. Kenntnisse (→ Qualifikation) über die firmenspezifische EDV, über besondere Produktionsabläufe oder über den Umgang mit Kunden) handelt (*Becker* 1993).

Investiert ein Unternehmen in allgemeines Humankapital fällt der Produktivitätsanstieg unmittelbar dem Mitarbeiter zu, weil dieser mit dem Weggang drohen kann, um beispielsweise ein höheres Gehalt durchzusetzen. Ohne Bindungsmöglichkeiten werden Unternehmen kaum bereit sein, ausreichend in allgemeines Humankapital zu investieren. In der Praxis haben sich Institutionen etabliert, die auf eine Mitarbeiterbindung hinwirken: Pensionszusagen, die bei vorzeitiger → Kündigung entwertet sind, Sparpläne oder senioritätsabhängige Entlohnungs- und Beförderungsmuster (→ Beförderung). Mangels externer Vermarktbarkeit, fallen die Renten von Investitionen in spezifisches Humankapital dem Unternehmen zu, und es besteht hier kein Hold-up-Risiko. Aber der einzelne Mitarbeiter steht solchen Investitionen indifferent gegenüber, das heißt, für ihn gibt es grundsätzlich keine Anreize, sich besonders zu engagieren, wenn es um den Erwerb von firmenspezifischen Kenntnissen geht. Für das Unternehmen stehen zugleich die Erträge aus derartigen Investitionen auf dem Spiel. Folglich sollten Unternehmen, wenn es um Investitionen in spezifisches Humankapital geht, ihre Mitarbeiter am Ausbildungserfolg beteiligen, zum Beispiel, indem der Arbeitnehmer nach der → Ausbildung einen höheren Lohn erhält als er mit seinem Bestand an allgemeinem Humankapital auf dem → Arbeitsmarkt verdienen könnte. Auch hier verstärken Pensionszusagen oder mit der Betriebszugehörigkeit steigende Löhne die Bindung an das investierende Unternehmen.

Literatur: *Akerlof, G. A.*: The Market for 'Lemons': Quality Uncertainty and the Market Mechanism, in: Quarterly Journal of Economics, 84. Jg. (1970), S. 488–

500. *Arrow, K. J.*: The Economics of Agency, in: *Pratt, J. W.; Zeckhauser, R.* (Hrsg.): Principals and Agents: The Structure of Business, Boston 1985, S. 37–51. *Becker, G. S.*: Human Capital. A Theoretical and Empirical Analysis with Special Reference to Education, 3. Aufl., Chicago, London 1993. *Jensen, M. C.; Meckling, W. H.*: Theory of the Firm: Managerial Behavior, Agency Costs and Ownership Structure, in: Journal of Financial Economics, 3. Jg. (1976), S. 305–306.

Antje Koch

Personalmarketing-Audit

Überprüfung und Kontrolle des Erfolgbeitrags des →Personalmarketings eines Unternehmens in periodischen Abständen.

Ein Personalmarketing-Audit im Sinne einer Erfolgskontrolle kann im Rahmen des →Personalcontrollings vorgenommen werden. Im Rahmen des Audits stellen sich folgende *Kernfragen*:

- Haben die eingesetzten Instrumente und Mittel zur Erfüllung der Ziele des Personalmarketings beigetragen (Effektivität von Maßnahmen des Personalmarketings)?
- Stehen die eingesetzten Ressourcen (z. B. Finanzmittel, Mitarbeiterkapazitäten) in angemessenem Verhältnis zur Zielerreichung (Effizienz von Maßnahmen des Personalmarketings)?

Relativ unproblematisch ist beim Personalmarketing-Audit die Ermittlung der Kosten für die durchgeführten Maßnahmen des Personalmarketings. Diese können mithilfe einer ausgebauten und detaillierten Kosten- und Leistungsrechnung ermittelt werden. Kernproblem im Rahmen eines Personalmarketing-Audits ist die Ermittlung der Nutzenseite, das heißt inwieweit die gesetzten Ziele zum Beispiel bei der Steigerung des Bekanntheitsgrades und der Reputation als →Arbeitgeber (→Personalimage) oder bei der Gewinnung leistungsorientierter Mitarbeiter (→War for Talents) erreicht wurden und auf die ergriffenen Maßnahmen des Personalmarketings zurückgeführt werden können. Hier existiert nach *Scherm* (1995) ein Zurechnungsproblem, da die Attraktivität als Arbeitgeber neben dem Personalmarketing von einer Vielzahl weiterer Faktoren (z. B. Lohngefüge im Vergleich zu Konkurrenten, Aktionen von Konkurrenten, Produktimage, Standortimage) beeinflusst wird. Daher ist eine zuverlässige Evaluierung von Aktionen des Personalmarketings bisher allenfalls in Ansätzen möglich.

Grundvoraussetzung für ein Personalmarketing-Audit ist, dass die Ziele des Personalmarketings in der Vergangenheit eindeutig und in operationalisierter Form definiert wurden. Auf ihrer Grundlage und daraus abgeleiteter Maßnahmen lässt sich ein Personalcontrolling zum Beispiel mithilfe einer →Balanced Scorecard im Unternehmen implementieren.

Literatur: *Scherm, E.*: Internationales Personalmanagement, München etc. 1995, S. 122.

Wolfgang Burr

Personalmarketing-Medieninstrumente

im →Personalmarketing eingesetzte Medien und Kanäle, um die angepeilten Zielgruppen zu informieren, zu einer →Bewerbung zu motivieren und von der Attraktivität des Unternehmens als →Arbeitgeber (→Personalimage) zu überzeugen.

Zu nennen sind hier *papierbasierte* Medien (Stellenanzeigen, Imagebroschüren, Informationsmaterial über das Unternehmen für potenzielle externe Bewerber, Aushang interner Stellenanzeigen am schwarzen Brett) und elektronische Medien (→Internet-Jobbörse), Stellenangebote auf der Homepage des Unternehmens, Darstellung des Unternehmens in Massenmedien und das Informationsangebot des →Intranets für bereits beschäftigte Mitarbeiter). Daneben ist vor allem die direkte Face-to-Face-Kommunikation (→Kommunikation) ein wichtiges Medium zur Erreichung der angepeilten Zielgruppen (→Vorstellungsgespräche als Möglichkeit zur positiven Darstellung des Unternehmens, bereits beschäftigte Mitarbeiter als Botschafter und Werbeträger für das Unternehmen, Direktansprache potenzieller Bewerber, Gespräche zwischen Unternehmensangehörigen und potenziellen Bewerbern, z. B. auf Messeveranstaltungen sowie die positive Darstellung des eigenen Unternehmens in der alltäglichen, direkten →Interaktion zwischen Führenden und Geführten).

Oftmals stehen einem Unternehmen im Personalmarketing mehrere oder alle der oben genannten Medien zur Verfügung. Dies wirft die Frage auf nach dem effektivsten beziehungsweise effizientesten Medium zur Deckung des Kommunikationsbedarfes der angepeilten Zielgruppen. Zu ihrer Beantwortung hat die Betriebswirtschaftslehre Konzepte und Theorien entwickelt. *Daft* und *Lengl* (1984) haben ein Konzept der Informationsreichhaltigkeit vorgeschlagen, mit dessen Hilfe sie die Effizienz der Nutzung unterschiedlicher Kommnikationsmedien in unterschiedlichen Kommunikationssituationen beurteilen. Unter Informationsreichhaltigkeit verstehen sie die potenzielle Informationsübertragungskapazität eines Mediums. Die Kernaussage ihres Modells besteht darin, dass Kommunikationsprozesse und damit auch die korrespondierende Aufgabenerfüllung dann verbessert werden können, wenn das Kommunikationsmedium so ausgewählt wird, dass die Informationsreichhaltigkeit dieses Mediums den aus den Merkmalen der zu erfüllenden Aufgabe (z. B. Unsicherheit, Doppeldeutigkeit, Erklärungsbedürftigkeit von Inhalten des Personalmarketings) ableitbaren Informationsbedürfnissen bestmöglich entspricht. Effiziente Medienwahl wird bestimmt durch das Zusammenspiel von Informationsreichhaltigkeit des Mediums und der Erklärungsbedürftigkeit der zu kommunizierenden Werbeaussagen.

Eng damit hängt das Problem der koordinierten Abstimmung zwischen den verschiedenen Informationskanälen und Medien zusammen. Es besteht die Gefahr von Redundanzen und Ineffizienzen, wenn zum Beispiel interne Mitarbeiter gleichzeitig über die Werkszeitung, das →Intranet und das schwarze Brett der →Personalabteilung von einem internen Stellenangebot erfahren und die über die verschiedenen Kanäle erhaltenen Informationen unterschiedlich aktuell oder gar widersprüchlich sind. Bei einer fehlenden Koordination kann es im Falle widersprüchlicher Information über die verschiedenen Medien auch zu Glaubwürdigkeitsverlusten und Imageproblemen des Unternehmens kommen.

Literatur: *Daft, R. L.; Lengl, R. H.*: Information Richness: A new approach to managerial behavior and organizations design, in: Research in organizational behavior, 6. Jg. (1984), S. 191–233.

Wolfgang Burr

Personalmarketing-Organisation

organisationale Einbindung der Personalmarketingaktivitäten in die Binnenstruktur der unternehmerischen Personalfunktion.

Eine organisatorische Untergliederung der einzelnen Personalfunktion →Personalmarketing wird im Regelfall nur bei Großunternehmen mit der Möglichkeit zur Beschäftigung hoch spezialisierter Arbeitskräfte realisiert.

Denkbar wäre eine *funktionale* Untergliederung des Personalmarketings, zum Beispiel in die Teilfunktionen Planung des Personalmarketings, Auswahl und Koordination der Werbemedien und der Beschaffungswege, Kontrolle des Werbeerfolgs. Denkbar ist auch eine eher *divisionale* Untergliederung des Personalmarketings nach angepeilten Zielgruppen (→Führungskräfte, Hochschulabsolventen, Praktikanten, gelernte und ungelernte →Arbeitnehmer) oder Mischmodelle, die die beiden genannten Grundprinzipien kombinieren.

Neben der aufbauorganisatorischen Gestaltung ist auch die Frage nach effizienten und effektiven Arbeitsabläufen (Prozessmanagement) innerhalb der Personalmarketingfunktion zu beantworten. Sie stellt sich insbesondere bei einer funktionalen Untergliederung des Personalmarketings, da diese Form der →Aufbauorganisation Schnittstellenprobleme generiert und die Realisierung effizienter und koordinierter Arbeitsabläufe eher erschwert.

Literatur: *Domsch, M.; Gerpott, T. J.*: Organisation des Personalwesens, in: *Frese, E.* (Hrsg.): Handwörterbuch der Organisation, 3. Aufl., Stuttgart 1992, S. 1934–1949. *Konbiel, H.; Spengler, T.*: Personalwirtschaft und Organisation, in: *Frese, E.* (Hrsg.): Handwörterbuch der Organisation, 3. Aufl., Stuttgart 1992, S. 1949–1962. *Sauder, G.; Schmidt, H.*: Personalabteilung, in: *Strutz, H.* (Hrsg.): Handwörterbuch Personalmarketing, 2. Aufl., Wiesbaden 1993, S. 624–626.

Wolfgang Burr

Personalmarketing-Outsourcing

Frage der Eigenerstellung (make) beziehungsweise des Fremdbezugs (buy) für das →Personalmarketing.

Als Dienstleistung, die die →Personalabteilung für die anderen Unternehmensbereiche erbringt, stellt sich die Frage des Zukaufs des Personalmarketings von spezialisierten Dienstleistungsanbietern (→Outsourcing, z. B. Personalberatungen, die anstelle der Personalabteilung →Führungskräfte für gehobene und höchste Positionen im Unternehmen ansprechen, einladen und auswählen, Werbe- beziehungsweise Designagenturen sowie Internet-Dienstleister wie Webdesigner, Serverhosting oder Jobbörsen) oder die Eigenerstellung im Unternehmen (so kann ein Unternehmen sein Personalmarketingkonzept von eigenen Mitarbeitern planen, umsetzen und kontrollieren lassen).

Bei Outsourcing-Entscheidungen ist als erstes zu prüfen, ob es am Markt für die entsprechende Leistung überhaupt spezialisierte Anbieter gibt. Wird dies bejaht, so ist nachfolgend zu prüfen, ob Outsourcing einer Aktivität des Personalmarketings tatsächlich Kostenvorteile (Produktionskosten, Transaktionskosten) gegenüber der Eigenerstellung ermöglicht oder vielmehr nicht langfristig die Wettbewerbsposition (z. B. Zerstörung von Unternehmenskompetenzen im Personalmarketing) beeinträchtigt. Im Zusammenhang mit dem Outsourcing von Aktivitäten des Personalmarketings werden als mögliche Vorteile geringere Kosten und Spezialisierungsvorteile eines externen Dienstleisters, aber auch Flexibilitätsgewinne (weniger Kapitalbindung, Vermeidung von →Personalbindungen) des auslagernden Unternehmens erwartet. Als mögliche Nachteile eines Outsourcings sind die Gefahr des Entstehens von Abhängigkeiten von einem externen Dienstleistungsanbieter und langfristig der Verlust eigener →Kompetenz im entsprechenden Aktivitätsfeld zu sehen.

Literatur: *Burr, W.*: Service Engineering bei technischen Dienstleistungen, Wiesbaden 2002.

Wolfgang Burr

Personalmarkt

entweder der geographische Raum, in dem ein Unternehmen die von ihm benötigten Arbeitskräfte akquiriert, oder eine Menge von Individuen, die über die vom Unternehmen benötigten →Qualifikationen oder andere der Mitarbeiterselektion zu Grunde gelegten Merkmale verfügen und vom Unternehmen potenziell als Mitarbeiter akquiriert werden können.

Der Personalmarkt wird im Gegensatz zum →Arbeitsmarkt aus Sicht des einzelnen Unternehmens definiert. Er erscheint somit als unternehmensspezifische Teilmenge des gesamten Arbeitsmarktes, auf dem ein Unternehmen als Nachfrager von Arbeitskräften einer bestimmten Qualifikation auftreten will oder kann.

Unterscheiden lassen sich der *externe* Personalmarkt (Zusammentreffen von Unternehmen als potenziellem →Arbeitgeber und Individuen als potenzielle →Arbeitnehmer, die vor der Entscheidung stehen, sich bei einem Unternehmen zu bewerben) und der *interne* Personalmarkt zur Bezeichnung der bei einem bestimmten Unternehmen bereits eingestellten Arbeitnehmer und ihrer beruflichen Entwicklungsmöglichkeiten in Reaktion auf den Arbeitskräftebedarf der jeweiligen Unternehmensteilbereiche.

Wolfgang Burr

Personalminderbedarf

quantitatives Freisetzungsvolumen, das im Rahmen der →Personalfreisetzungsplanung ermittelt wird.

Personalökonomie

Ausprägung der Personalwirtschaftslehre, die Personalfragen auf der Basis ökonomischer Referenztheorien diskutiert.

Personalökonomische Publikationen im deutschsprachigen Raum stammen unter anderem von *Backes-Gellner* (1996), *Schauenberg* (1996), *Backes-Gellner, Lazear* und *Wolff* (2001) sowie *Sadowski* (2002). Als Referenztheorien dienen der Personalökonomie insbesondere die verschiedenen Bausteine der →Neuen Institutionenökonomik, also die →Transaktionskostentheorie, die →Theorie der Verfügungsrechte (Property-Rights-Theorie), die →Principal-Agent-Theorie sowie die Theorie unvollständiger Verträge. Methodisch findet verstärkt der Rückgriff auf Lösungsansätze der nicht-kooperativen Spieltheorie statt, da im Personalbereich vor allem die Interaktionsbeziehungen zwischen verschiedenen Akteuren im Vordergrund stehen.

Schauenberg (1996) liefert folgende Argumente, die erklären, warum die Personalökonomie in den letzten Jahren immer größer werdenden Zulauf erhalten hat:

Erstens bietet der Rückgriff auf die Neue Institutionenökonomik als Referenztheorie den großen Vorteil, dass hierdurch eine Diskussion von Personalfragen im Marktzusammenhang möglich ist. Es lassen sich somit neben internen Akteuren wie dem →Betriebsrat auch externe Akteure wie beispielsweise Tarifparteien, Arbeitsgerichte (→Arbeitsgerichtsbarkeit) oder private Arbeitsvermittler entweder isoliert oder aber in direkter →Interaktion mit den Unternehmen personalökonomisch diskutieren. Möglich wird auch die Analyse direkter →Interdependenzen zwischen verschiedenen Unternehmen im Personalbereich. Dies lässt sich unter anderem am Beispiel der Abwerbung von Mitarbeitern verdeutlichen: Eine ganze Reihe personalökonomischer Beiträge diskutiert diese Problematik vor dem Hintergrund der Tatsache, dass andere →Arbeitgeber üblicherweise schlechtere Informationen über das tatsächliche Talent eines Mitarbeiters haben als dessen aktueller Arbeitgeber. Diese anderen Arbeitgeber könnten in einer solchen Situation jedoch aus den personalpolitischen Entscheidungen des aktuellen Arbeitgebers wichtige Informationen über den Mitarbeiter gewinnen. Insbesondere könnten sie bei einer →Beförderung des Mitarbeiters oder bei einer Übernahme in ein unbefristetes →Beschäftigungsverhältnis nach der →Probezeit darauf schließen, dass es sich bei dem Mitarbeiter um jemanden mit überdurchschnittlich hohem Talent handelt. Rational wäre dann das Ausnutzen dieser Zusatzinformationen, indem der betreffende Mitarbeiter ein Abwerbeangebot erhält. Diese mögliche Gefahr – also eine Abwanderung des Mitarbeiters oder aber zumindest ein Hochbieten seiner Entlohnung, wenn dieser durch ein entsprechendes Gegenangebot gehalten werden soll – kann allerdings vom aktuellen Arbeitgeber antizipiert werden. Er steht dann vor folgendem Problem: Der Verzicht auf die Beförderung des Mitarbeiters würde zwar ein Abwerben beziehungsweise ein Hochbieten verhindern, auf der anderen Seite jedoch auch zu einer ineffizienten Allokation von Arbeitskräften im Unternehmen führen, da das hohe Talent des Mitarbeiters auf unteren Hierarchieebenen (→Hierarchie) nicht vollständig genutzt werden kann. Eine Beförderung hingegen implizierte die oben geschilderte Gefahr.

Zweitens kann ein Grund für die zunehmende Beliebtheit personalökonomischer Analysen darin gesehen werden, dass durch eine personalökonomische Betrachtungsweise ganz neue Fragen diskutiert werden, die im Rahmen nicht-ökonomischer Ansätze bisher noch wenig bis gar keine Beachtung finden konnten. Dies wurde durch das Abwerbungsbeispiel im obigen Absatz bereits deutlich. Generell ist dieser Punkt darauf zurückzuführen, dass der Adressat personalökonomischer Erkenntnisse nicht mehr – wie in der traditionellen Personalwirtschaftslehre üblich – primär die →Personalabteilung mit ihren administrativen Aufgaben ist. Stattdessen steht der Träger der Unternehmens- und damit auch der →Personalpolitik im Vordergrund – also die Unternehmensleitung beziehungsweise das Topmanagement. Mit anderen Worten, bei den Problemen personalökonomischer Forschung geht es primär um Personalprobleme, die auf höheren Managementebenen angesiedelt sind (z. B. Fragen nach der grundsätzlichen Gestaltung von Karrierestrukturen (→Betriebliche Karriereplanung), um Abwerbungsprobleme zu lösen). Entsprechend geht es in der personalökonomischen →Ausbildung nicht um die Vorbereitung auf eine administrative Tätigkeit in der Personalabteilung, sondern um die Vermittlung ökonomischer Ansätze für die flexible Lösung von Personalproblemen (z. B. Anreizprobleme) für Manager. Durch diese weitgehend neue Perspektive der Personalökonomie ist auch verständlich, dass ganz neue und spannende Fragen aufgeworfen werden.

Drittens ist eine personalökonomische Orientierung zudem auch dadurch attraktiv, dass sie eine bessere Anbindung an die volkswirtschaftliche Forschung (vor allem an die Arbeitsökonomik und die Bildungsökonomik) sowie an die übrigen betriebswirtschaftlichen Teildisziplinen erlaubt, welche überwiegend ökonomisch geprägt sind. Hierdurch wird nicht nur ein besserer Zugriff auf bereits bestehende modelltheoretische Ergebnisse möglich, sondern auch eine bessere Miteinbeziehung empirischer Ergebnisse der Arbeitsökonomik, die von der traditionellen Personalwirtschaftslehre bisher weitestgehend vernachlässigt worden sind. Dieser Aspekt hängt allerdings auch eng mit dem vorherigen Punkt zusammen: Beispielsweise haben empirische Ergebnisse zu Entlohnungsstrukturen früher wenig Beachtung gefunden, weil auch Fragen der Anreizgestaltung mittels Entlohnung so gut wie gar nicht diskutiert wurden.

Viertens kann ein wesentlicher Vorteil personalökonomischer Forschung auch darin gesehen werden, dass über personalökonomische Modelle sehr präzise Aussagen möglich werden, die zudem eine einfache Prüfung auf Robustheit erlauben, da alle zugrunde liegenden Modellannahmen explizit genannt werden müssen. Zudem lassen sich auf diese Weise recht leicht klare →Hypothesen formulieren, die anschließend empirisch überprüft werden können. Kritisch wird in diesem Zusammenhang allerdings regelmäßig von Nicht-Ökonomen angeführt, das ökonomische →Menschenbild sei nur eine Karikatur realer Akteure, so dass auch die modelltheoretischen Aussagen der Personalökonomie nur wenig wert seien. Dem muss jedoch ehrlicherweise entgegengehalten werden, dass letztlich jedes

– ökonomische wie auch nicht-ökonomische Modell nur eine Karikatur der Realität darstellt und ehrlicherweise auch nur darstellen kann beziehungsweise soll.

In diesem Zusammenhang ist zu betonen, dass die Opportunismusannahme in der Ökonomie nicht – wie von einigen Nicht-Ökonomen fälschlicherweise verstanden – von einem menschenverachtenden Menschenbild ausgeht, bei dem jeder Akteur nur darauf bedacht ist, anderen zu schaden. Die Opportunismusannahme dient in der (Personal-)Ökonomie lediglich als eine Art Worst-Case-Annahme, die es einem erlaubt zu analysieren, was im schlimmsten Fall passieren kann, wenn rationale Akteure ihre Entscheidungsspielräume streng nutzenmaximierend auch zu Lasten anderer ausnutzen. Für diese – aus ökonomischer Sicht eher interessanten – Fälle lassen sich dann entsprechende Lösungen herleiten. Diese Vorgehensweise schließt letztlich nicht aus, dass viele reale Akteure anders agieren als der Homo Oeconomicus, aber sie beschränkt auf effiziente Weise die Anzahl betrachteter Szenarien auf die Menge der aus problemorientierter Sicht relevanten Fälle.

Abschließend sei darauf hingewiesen, dass neuere Modelle im Bereich der Personalökonomie auch Akteure mit alternativen Präferenzen (wie Ungleichheitsaversion) mit einbeziehen, die das Verhalten realer Akteure weit besser abbilden als frühere Modellierungen, die noch sehr stark an neoklassischen Modellen orientiert waren. Eine willkürliche Modellierung beliebiger Präferenzen findet insofern nicht statt, als dass die neuen Modelle empirisch beobachtbare Verhaltensmuster nachbilden und zudem den typischen Homo Oeconomicus immer noch als Spezialfall mit einbeziehen.

Literatur: *Backes-Gellner, U.*: Personalwirtschaftslehre – eine ökonomische Disziplin?, in: *Weber, W.* (Hrsg.): Grundlagen der Personalwirtschaft, Wiesbaden 1996, S. 297–315. *Backes-Gellner, U.; Lazear, E. P.; Wolff, B.*: Personalökonomik, Stuttgart 2001. *Lazear, E. P.*: Personnel Economics, Cambridge, London 1995. *Sadowski, D.*: Personalökonomie und Arbeitspolitik, Stuttgart 2002. *Schauenberg, B.*: Personalwirtschaftslehre und ökonomische Theorien, in: *Weber, W.* (Hrsg.): Grundlagen der Personalwirtschaft, Wiesbaden 1996, S. 341–372.

Matthias Kräkel

Personalorganisation →Organisation der Personalarbeit

Personalplanung gedankliche Vorwegnahme von künftigen personalwirtschaftlichen Aktivitäten im Unternehmen.

Die Personalplanung umfasst das System betrieblicher Entscheidungen, mit dem das zukünftige Handeln im Personalbereich systematisch durchdacht und in Grundzügen festgelegt wird. Dem *Rationalisierungs-Kuratorium der Deutschen Wirtschaft* (1996) zufolge ist es das zentrale Ziel der Personalplanung, die im Unternehmen benötigten Mitarbeiter zur rechten Zeit, am rechten Ort, in der richtigen Anzahl und →Qualifikation zur Verfügung zu stellen.

Jene Sichtweise stellt den derivativen Charakter dieses personalwirtschaftlichen Aufgabenbereiches in den Vordergrund, der den gegenwärtigen →Anforderungen an eine zeitgemäße Personalplanung nur in Teilen gerecht wird. Insbesondere im Rahmen der →strategischen Personalplanung muss neben dieser *Prüffunktion* auch die *Beitragsfunktion* der Planung Berücksichtigung finden, die beispielsweise durch zeitnahe Informationen über Potenziale der Mitarbeiter Beiträge zu den anderen Teilplanungen des Unternehmens leistet. Hierzu ist ein Beobachtungsprozess (→Beobachtung) interner und externer Umweltfaktoren erforderlich, der notwendige Informationen über künftige personalplanungsrelevante Veränderungen bereitstellt und so ein antizipatives Handeln ermöglicht.

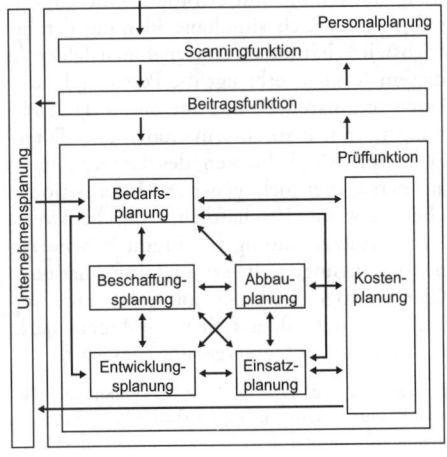

Abbildung 1: Funktionen der Personalplanung im Unternehmenskontext (*Liebel/Oechsler* 1994, S. 28)

Insbesondere für den originären Bereich der Prüffunktion ist eine →Differenzierung der personalwirtschaftlichen Ziel- und Maßnahmenplanung in verschiedene Planungsfelder zweckmäßig, wie Abbildung 1 visualisiert: Im Vordergrund stehen jene Entscheidungstatbestände, die auf die Sicherung des zukünftigen Personalbestands fokussieren wie die →*Personalbedarfsplanung* und die →*Personalbeschaffungsplanung*. Weitere Teilplanungen fokussieren auf die Zuordnung von Personen und Aufgaben (→*Personaleinsatzplanung*) und auf die Qualifizierung dieser Personen nach ihren persönlichen Entwicklungsmöglichkeiten und -wünschen beziehungsweise den betrieblichen Erfordernissen (→*Personalentwicklungsplanung*). Entscheidungen, die aufgrund personeller Überdeckung eine Verringerung der Arbeitnehmerzahl zum Ziel haben, werden in der →*Personalabbauplanung* subsumiert. Die →*Personalkostenplanung* beschäftigt sich mit den betriebswirtschaftlichen Folgen des vorweggenommenen künftigen Personaleinsatzes. Mit ihren Teilplanungen gewährleistet die Personalplanung die Feststellung und Deckung der aus der Unternehmensplanung abgeleiteten quantitativen und qualitativen Personalbedarfe.

Da die Planung personalwirtschaftlicher Aktivitäten in hohem Maße von anderen Plänen der Leistungserstellung abhängig ist und die Inhalte der Bereichsplanungen notwendige Informationen insbesondere für die Entwicklungsplanung liefern, ist eine isolierte Betrachtung der Personalplanung unmöglich. Vielmehr machen die vielschichtigen Wechselwirkungen eine →Integration in die Unternehmensplanung notwendig und erfordern eine sukzessive, besser noch simultane Planung der betriebswirtschaftlichen Unternehmensfelder. In diesem Kontext erbringt die Personalplanung einen originären Beitrag für die übrigen Planungen, indem sie Informationen über Potenziale und Möglichkeiten des Unternehmens aus personeller Sicht generiert, Informationen über personalwirtschaftlich wünschenswerte Arbeitsplatzgestaltung (→Ergonomische Arbeitsbedingungen) liefert und Informationen über künftige personalplanungsrelevante Veränderungen (z. B. auf dem →Arbeitsmarkt und/oder in der Gesetzgebung) beschafft.

Literatur: *Liebel, H.J.*; *Oechsler, W. A.*: Handbuch Human Resource Management, Wiesbaden 1994. *Rationalisierungs-Kuratorium der Deutschen Wirtschaft* (Hrsg.): RKW-Handbuch Personalplanung, 3. Aufl., Neuwied etc. 1996.

Yvonne Groening

Personalpolitik

langfristig wirksame Grundsatzentscheidungen, die das Handeln in allen personalwirtschaftlichen Aufgabenfeldern prägen.

Häufig steht die inhaltliche Ausgestaltung dieser Grundsatzentscheidungen im Vordergrund. Ein anderer Ansatzpunkt zur Beschreibung der *Personalpolitik* besteht darin, das Zustandekommen personalpolitischer Grundsatzentscheidungen zu betrachten. Dies lässt sich durch einige besonders markante Merkmale charakterisieren:

- Die personalpolitisch relevanten Entscheidungssituationen können weitgehend als schlecht strukturiert bezeichnet werden.

- Die Entscheidungstatbestände beziehen sich auf die durch unterschiedliche Wertvorstellungen geprägte Interessenabstimmung zwischen Unternehmensleitung und Mitarbeitern. Diese erfolgt im Spannungsfeld zwischen unternehmensexternen und -internen Einflussfaktoren.

- Die Entscheidungsergebnisse sind nur schwer zu korrigieren und damit in der Regel von langfristiger Bedeutung.

Personalpolitik als Grundsatzentscheidung und als Prozess gehört zum Kern der theoretischen wie auch praktischen Auseinandersetzung mit Personal in →Organisationen.

Yvonne Groening

Personalportal →HR-Portale

Personalportfolio →Portfoliomethode

Personalpotenzialdisposition →Personalbereitstellung

Personalpsychologie

hat als Gegenstand das Verhalten und Erleben des Menschen in →Arbeit, →Beruf und →Organisation und ist ein Teilgebiet der →Arbeits- und Organisationspsychologie.

Nach *Schuler* (2006, S. 4) betrachtet die Personalpsychologie „das Individuum in seinen Befindens-, Leistungs- und Entwicklungszusammenhängen als Mitarbeiter" eines Unternehmens oder einer Organisation.

Die Personalpsychologie ist – im Gegensatz zur eng verwandten Berufspsychologie, die sich vor allem mit Themen der Berufsklassifikation (→Klassifizierung der Berufe) und Berufsberatung beschäftigt – insbesondere an Entscheidungs- und Steuerungskomponenten des →Personalmanagements einer Organisation orientiert (*Schuler* 2006, S. 5).

Entsprechende, das Individuum betreffende, entscheidungs- und steuerungsrelevante personalpsychologische Aspekte sind sowohl aus der Perspektive des Individuums als auch aus der Perspektive der Organisation zu sehen und betreffen beispielsweise die Berücksichtigung von berufs- und tätigkeitsbezogenen individuellen Interessen, physische und psychische Gesundheit der Organisationsmitglieder, Interaktion, →Kommunikation und →Koordination von, mit und zwischen Organisationsmitgliedern, Führung (→Mitarbeiterführung), Förderung und →Motivation von Mitarbeitern sowie den Einsatz von personalpsychologischen Methoden bei Auswahlentscheidungen und Leistungsbeurteilungen. Personalpsychologische Ansätze und Aspekte sollten sich dementsprechend auch insbesondere in den personalwirtschaftlichen Aufgaben Personaleinsatz, →Personalentwicklung, →Personalfreisetzung, →Personalbeschaffung und Personalführung niederschlagen.

Literatur: *Schuler, H.*: Gegenstandsbereich und Aufgaben der Personalpsychologie, in: *Schuler, H.* (Hrsg.) Lehrbuch der Personalpsychologie, 2. Aufl. Göttingen etc. 2006.

Uwe Eisenbeis

Personalstrategie

Muster von personalbezogenen Entscheidungen und Handlungen.

Diese Interpretation spiegelt die Definition des Strategiebegriffs als Handlungsmuster wider. →Strategien können Ergebnis einer bewussten Planung sein, sie können sich jedoch auch im Laufe der Zeit entwickelt haben und somit emergenten Charakter aufweisen. Über den Personalstrategiebegriff existiert in der Forschung kein einheitliches Begriffsverständnis. Die unterschiedlichen Fassungen reflektieren den jeweiligen Problembezug, die konzeptionellen Grundlagen und die angewandten →Forschungsmethoden.

Der Bezug zwischen Konzeptionen des →strategischen Personalmanagements und der Personalstrategie ist ähnlich gelagert wie derjenige zwischen strategischer →Unternehmensführung und Unternehmensstrategie. Während das strategische Personalmanagement häufig eine prozesshafte Perspektive beinhaltet, beziehen sich Personalstrategien eher auf die inhaltliche Ebene des →strategischen Managements im Personalbereich.

Marion Festing

Personaltheorien

liefern anders als die reinen Prognoseansätze eine theoretische Fundierung für personalstrategische Vorschläge.

Abbildung 1: Theoretischer Bezugsrahmen zur Untersuchung strategischen Personalmanagements (*Wright/McMahan* 1992, S. 299)

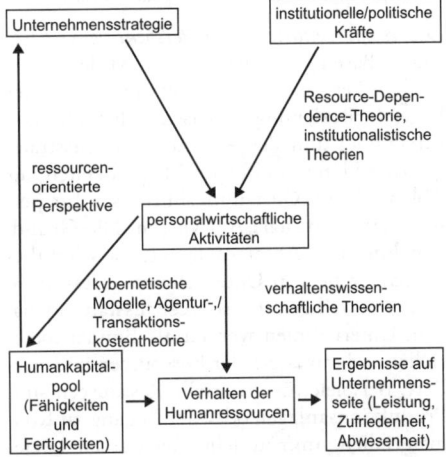

Grundlegende Überlegungen zur theoretischen Fundierung und damit zur Erklärung von strategischen personalwirtschaftlichen Aktivitäten werden in Beiträgen von *Wright* und *McMahan* (1992), *McMahan, Wright* und *Virick* (1999) beziehungsweise *Festing et al.* (2004) zusammengefasst und systematisiert. Als wesentliche Determinanten personalwirtschaftlicher Aktivitäten identifizieren sie die Unternehmensstrategie und institutionelle beziehungsweise politische Kräfte, die aus dem Umfeld des Unternehmens auf die Gestaltung personalwirtschaftlicher Aktivitäten einwirken können. Durch das →Personalmanagement selbst werden wiederum direkt oder indirekt der Humankapitalpool (→Humankapital) eines Unternehmens mit den entsprechenden Fähigkeiten und Fertigkeiten (→Qualifikation), das Verhalten (→Behavio-

Personaltheorien

rismus) der Mitarbeiter und die Ergebnisse auf der Ebene des Gesamtunternehmens beeinflusst. Die Zusammenhänge zwischen den Variablengruppen Unternehmensstrategie, institutioneller Kontext, Personalmanagement, Humankapitalpool, Verhalten der →Human Resources und Ergebnisse auf Gesamtunternehmensebene können durch theoretische Ansätze erklärt werden, die jeweils unterschiedliche Variablenbeziehungen in den Vordergrund der Betrachtung stellen. Abbildung 1 liefert Anhaltspunkte für mögliche Erklärungsleistungen der einzelnen Theorien in dem oben skizzierten Zusammenhang. Im Folgenden werden die von *Wright* und *McMahan* (1992) zusammengefassten Erklärungsbeiträge der theoretischen Konzepte für die personalwirtschaftlichen Aktivitäten kurz skizziert, um so die Aussagen des Schaubildes zu präzisieren.

Die *ressourcenorientierte Perspektive* (→Resource Based View) ist im Kontext des strategischen Personalmanagements primär in der Lage, die Beziehungen zwischen dem Humankapitalpool und der →Unternehmensstrategie zu erklären und bietet Möglichkeiten zur Ableitung von Gestaltungshinweisen für personalwirtschaftliche Aktivitäten. Die Grundannahme des Ansatzes lautet, dass Wettbewerbsvorteile von Unternehmen ihre Quelle in der jeweiligen Ressourcenausstattung haben. Unternehmen werden als Bündel materieller und immaterieller Ressourcen interpretiert. Beispiele für materielle Ressourcen sind Produktionsanlagen oder der Zugang zu Rohmaterialien, immaterielle Ressourcen beziehen sich auf Vermögenswerte wie Patente oder Handelsmarken, die Fähigkeiten der Mitarbeiter oder Managementsysteme. Werden die „Fähigkeiten der Mitarbeiter" und damit Charakteristika des Humankapitalpools als wettbewerbsvorteilgenerierende Ressourcen interpretiert, kann systematisch aufgezeigt werden, wie Human Resources zur Erlangung von Wettbewerbsvorteilen beitragen können. Die personalwirtschaftlichen Aktivitäten müssen so ausgestaltet sein, dass sie die Rekrutierung, Entwicklung und langfristige Nutzung der wettbewerbsrelevanten Human Resources sicherstellen. Ressourcenorientierte Erklärungsansätze stellen mittlerweile die dominierende Forschungsperspektive des →strategischen Personalmanagements dar.

Verhaltenswissenschaftliche Ansätze beschäftigen sich vorwiegend damit, den Zusammenhang zwischen der Unternehmensstrategie, personalwirtschaftlichen Aktivitäten und dem Verhalten der Human Ressourcen zu analysieren. Im Zusammenhang mit strategischem Personalmanagement wird davon ausgegangen, dass Unternehmensstrategien jeweils ein bestimmtes Rollenverhalten der Mitarbeiter erfordern. Dies wiederum kann durch geeignete personalwirtschaftliche Aktivitäten hervorgerufen und verstärkt werden. Eine besondere Bedeutung wird in diesem Zusammenhang der Kongruenz der personalwirtschaftlichen Maßnahmen untereinander zugeschrieben. Das Rollenverhalten der Individuen wird als wesentliches Mittel zur erfolgreichen →Implementierung von →Strategien interpretiert.

Kybernetische Systemmodelle sollen zur Klärung der Beziehung zwischen Unternehmensstrategie, personalwirtschaftlichen Aktivitäten und dem Verhalten von Human Ressourcen sowie dem Humankapital des Unternehmens beitragen. So kann vor dem Hintergrund eines offenen Systemmodells eine Typologie von Personalstrategien entwickelt werden. In dem Konzept besteht nach *Wright* und *McMahan* (1992) der Input in das Personalsystem aus →Kompetenzen der Mitarbeiter, die das Unternehmen aus der externen Umwelt einführen muss. Die Mitarbeiter entwickeln im Laufe ihrer Beschäftigungszeit bestimmte Verhaltensweisen, die letztlich zu Ergebnissen in Form von *Produktivität* (→Arbeitsproduktivität) und →Arbeitszufriedenheit führen. Strategisches Personalmanagement beinhaltet also diesem – auf der Basis der kybernetischen →Systemtheorie konzipierten – Beispiel zufolge zwei wesentliche Aufgabenbereiche: die Produktivität und das gewünschte Verhalten der Mitarbeiter sicherzustellen.

Die →Transaktionskostentheorie und die →Principal-Agent-Theorie fokussieren im Zusammenhang mit strategischem Personalmanagement Austauschbeziehungen zwischen →Arbeitgebern und →Arbeitnehmern. Beide Konzepte richten die Aufmerksamkeit auf die Existenz von bürokratischen Kosten beziehungsweise Transaktionskosten, die bei der Organisation von Arbeitsverhältnissen (→Beschäftigungsverhältnis) im Zusammenhang mit personalwirtschaftlichen Aktivitäten entstehen. Eine zentrale Annahme beider Konzepte ist, dass Individuen aufgrund des unterstellten Opportunismus (→Darwiportunismus) ein Interesse daran haben, ihre Leistung zu reduzieren und sich auf der Leistung der Gruppe auszuruhen (Trittbrettfahrerverhalten). So lange die Aufgabengestaltung keine messbaren Einzelbeiträge zum Gesamtergebnis erlaubt und keinen direkten Zusammenhang zwischen Einzelergebnissen und Belohnungen herstellt, wird der Theorie zufolge der Mitarbeiter keinen →Anreiz verspüren, seine Produktivität zu erhöhen. Insofern ist die aggregierte Leistung von Mitarbeitergruppen eine Funktion der im Unternehmen vorhandenen Kontrollsysteme. Diese wiederum liegen im Aufgabenspektrum des Personalmanagements und können zu einer Angleichung individueller Verhaltensweisen mit den strategischen Unternehmenszielen beitragen. Bei einer *transaktionskostentheoretischen Erklärung* strategischer Personalmanagementaktivitäten wird davon ausgegangen, dass die Unternehmensstrategie einen Einfluss auf die Art der →Arbeit, also die Charakteristika von Arbeitsmarkttransaktionen, besitzt. Es wird postuliert, dass in dem Ausmaß, in dem die Art der Arbeit variiert, auch das Personalmanagement und damit die Kontrollmechanismen variieren werden, um gewünschte individuelle Verhaltensweisen zu sichern und um somit Transaktionskosten zu minimieren.

Der →Resource Dependence-Ansatz unterstellt, dass die Abhängigkeit von kritischen Ressourcen das Handeln in →Organisationen bestimmt. Die Grundannahme der Theorie ist, dass Unternehmen (kritische) Ressourcen brauchen, um funktionsfähig zu sein. Die Kontrolle solcher (knapper) Ressourcen ist eine wichtige Machtbasis für Mitglieder der Organisation. Organisationsmitglieder, die über eine solche aus der Ressourcenkontrolle resultierende Machtposition verfügen, haben einen Einfluss auf die Auswahl und →Versetzung von →Führungskräften, die dann wiederum in erheblichem Maße organisationale Handlungen und Entscheidungen beeinflussen. Stellen bestimmte Mitarbeitergruppen kritische Ressourcen für ein Unternehmen dar, so wird postuliert, dass den personalwirtschaftlichen Maßnahmen eine besondere Aufmerksamkeit gewidmet wird, um so größtmöglichen Einfluss auf und über diese Zielgruppe sicherzustellen.

Die *institutionalistische Perspektive* umfasst keine einheitliche Theorie, sondern es können unter dieser Überschrift verschiedene Forschungsströmungen unterschieden werden. Der *Neo-Institutionalismus* fokussiert die Beziehung zwischen gesellschaftlichen und kulturellen Rahmenbedingungen auf der einen Seite und Unternehmen auf der anderen Seite. Er postuliert, dass organisationale Lösungen (Strukturen, Programme und Praktiken) gesellschaftliche Erwartungen widerspiegeln und somit ihre Legitimität erst durch die soziale Konstruktion der Wirklichkeit erhalten (*Meyer* und *Rowan* 1977). Ein weiterer Ansatz, der im Bereich der institutionellen Theorien verankert ist, ist der *Business Systems Ansatz*, der die Auswirkungen der institutionellen Umwelt, beispielsweise manifestiert durch staatliche Regelungen, das Finanz- oder Bildungssystem auf Organisationen und auf das hier fokussierte Personalmanagement, in den Vordergrund der Analyse stellt (*Whitley* 1992).

In einer neueren Veröffentlichung von *McMahan*, *Virick* und *Wright* (1999) wird das Theorienspektrum, das zur Erklärung strategischer personalwirtschaftlicher Aktivitäten herangezogen werden kann, um die Ansätze

– Population Ecology,
– Strategic Reference Points,
– Prospect,
– →Humankapitaltheorie sowie
– Faucaldian

ergänzt. Da diese theoretischen Zugänge derzeit noch keine Forschungsschwerpunkte darstellen, wird hinsichtlich einer Erläuterung auf die Originalquelle verwiesen.

Literatur: *Festing, M. et al.* (Hrsg.): Personaltheorie als Beitrag zur Theorie der Unternehmung, München, Mehring 2004. *McMahan, G. C.; Virick, M.; Wright, P. M.*: Alternative Theoretical Perspectives for Strategic Human Resource Management Revisited: Progress, Problems and Prospects, in: *Wright, P. M. et al.* (Hrsg.): Strategic Human Resource Management in the Twenty-First Century, Supplement 4, Greenwich 1999, S. 99–122. *Meyer, J. W.; Rowan, B.*: Institutionalized Organizations, in: American Journal of Sociology, 83. Jg. (1977), H. 2, S. 340–363. *Whitley, R.* (Hrsg.): European Business Systems. Firms and Markets in Their National Contexts, London 1992. *Wright, P.; McMahan, G. C.*: Theoretical Perspectives for Strategic Human Resource Management, in: Journal of Management, 18. Jg. (1992), H. 2, S. 295–320.

Marion Festing

Personalvertretungsrecht

regelt in öffentlich-rechtlichen Betrieben die →Mitbestimmung von →Arbeitnehmern.

Personalverwaltung

Auf Bundesebene und in jedem Bundesland gibt es eigene Personalvertretungsgesetze, die dem →Betriebsverfassungsgesetz nachgebildet sind. Anstelle des →Betriebsrats gibt es jeweils einen Personalrat, der aus verfassungsrechtlichen Gründen formal etwas weniger Rechte hat, zum Beispiel bei Einstellungs- und Kündigungsentscheidungen, faktisch jedoch häufig mehr zu sagen hat.

Alexander Dilger

Personalverwaltung

Gesamtheit an Aufgaben der Personaladministration im Hinblick auf →Personaldaten und →Personalentlohnung mit der Berücksichtigung von Personalbewegungen.

Das erste Aufgabenfeld, die *Beschaffung und Bearbeitung von Personalinformationen*, umfasst nach *Berthel* (2003) zunächst die Spezifizierung des von den Primäraufgaben benötigten Informationsinhalts. Aufgrund der Heterogenität des Informationsbedarfs können nur planbare, immer wiederkehrende oder arbeitsrechtlich notwendige →Daten von einer zentralen →Personalverwaltung regelmäßig erhoben werden. Individuelle Personalfragebögen bei Einstellung eines Mitarbeiters sind ein Instrument zur Datenerhebung. Gespeichert werden die individuellen Daten in einer →Personalakte. Diese Personalakten und -karteien werden normalerweise EDV-basiert geführt. Auf Basis der geordneten Speicherung der Daten werden Auswertungen und Aggregationen von den Personalverwaltungsstellen durchgeführt. →Altersstruktur, Vergütungsklassen oder auch →Qualifikationsprofile können so erstellt werden und bilden eine wichtige Grundlage für die Primäraktivitäten. Diese Informationen können in einem Personalinformationssystem zusammengefasst werden, das den autorisierten Nutzern den schnellen Zugriff auf eine Fülle von aktuellen Personaldaten des Unternehmens erlaubt und zum Beispiel über das →Intranet eines Unternehmens zugänglich ist.

Der zweite Aufgabenbereich betrifft die *Lohn- und Gehaltsberechnung und -auszahlung*. Bei der Berechnung der Vergütung sind die mit dem jeweiligen Mitarbeiter vereinbarten Gehaltskomponenten monatlich festzulegen. In vielen Fällen ergibt sich kein einfacher, feststehender Betrag, sondern es können auch Reisekosten- und Spesenersatz, Trennungs- und temporäre Zulagen, zum Beispiel für Auslandseinsätze, dazukommen. Darüber hinaus müssen alle relevanten arbeitsrechtlichen Vorschriften beachtet werden. Sozialversicherungsbeiträge, Lohnsteuer und zum Beispiel Vermögensbildungsmaßnahmen fließen in die Berechnung mit ein. Zu diesen regelmäßigen Abrechnungstätigkeiten kommen vereinzelt auftretende Aufgaben wie zum Beispiel die Einordnung von Mitarbeitern in Tarifklassen oder auch die Berechnung von Zahlungen aus einem →Sozialplan.

Als Drittes sind die *administrativen Aufgaben bei Personalbewegungen* zu bewältigen. Die formale Einstellung (→Personalbeschaffung) von Mitarbeitern, die →Versetzung und die →Entlassung bedingen jeweils eine Reihe von administrativen Tätigkeiten wie zum Beispiel Information des →Betriebsrats, Abschluss der Verträge oder An-, Um- oder Abmeldungen bei den Sozialversicherungen.

Für die regelmäßig wiederkehrenden Routinetätigkeiten der Personalverwaltung ist in den letzten Jahren eine verstärkte Auslagerung an spezialisierte externe Anbieter zu beobachten (→Outsourcing). Bei vielen dieser Verwaltungstätigkeiten kann aufgrund des hohen Volumens so eine deutliche Senkung der Kosten erreicht werden.

Literatur: *Berthel, J.:* Personalmanagement, 7. Aufl., Stuttgart 2003, S. 479–482.

Reinhard Meckl

Personalvorauswahl →Personalbeschaffung

Personalwirtschaft →Personalmanagement

Personalwirtschaftliche Anwendungssoftware

Programme, die Problemlösungen der Personalarbeit (→Personalmanagement) darstellen und Anwender bei der Bearbeitung personalwirtschaftlicher Aufgaben unterstützen oder diese ergänzen beziehungsweise ersetzen.

Anwendungssoftware stellt die zentrale Schnittstelle zwischen →Informationstechnik und Personalwirtschaft (→Personalmanagement) dar. Personalwirtschaftliche Anwendungssoftware wird oft mit dem Sammelbegriff →Personalinformationssystem bezeichnet. Analytisch lässt sich Anwendungssoftware in eine →Datenbankkomponente und eine →Methodenbankkomponente aufteilen, welche durch eine Ablaufsteuerung sowohl miteinander als auch mit dem Benutzer verbunden sind. Der gegenwärtige Verwendungsschwerpunkt personalwirtschaftlicher Anwendungssoftware liegt auf funktionsbezogener, standardisierter und fremderstellter Software. International liegt ein inzwischen außerordentlich umfangreiches Angebot an solchen Systemen vor, wie etwa *Strohmeier* (1998) bemerkt. Allein in der Bundesrepublik Deutschland beträgt das Angebot an Standardsoftware etwa 1.400 Systeme.

In *funktionaler Perspektive* gestalten sich die verfügbaren Systeme ausgesprochen heterogen. Wichtige Kategorien bilden derzeit →Arbeitsbewertungssysteme, →Bewerbungsmanagementsysteme, →CBT-Systeme, →Eignungsdiagnosesysteme, →Elektronische Personalakten, →Personalabrechnungssysteme, →Personalbedarfsplanungssysteme, →Personaleinsatzplanungssysteme, →Personalentwicklungsplanungssysteme, Personalinformationssysteme im engeren Sinn, Personalkostenplanungssysteme, →Reisemanagementsysteme, →Zeitwirtschaftssysteme und →Zutrittskontrollsysteme. Daneben findet sich Anwendungssoftware für viele weitere Funktionen.

Generell gilt, dass mittlerweile für *alle* personalwirtschaftlichen Aufgabenfelder Anwendungssoftware existiert. Inzwischen besteht auch der beklagte Mangel an dispositiver Anwendungssoftware nicht mehr. Nach dem übernommenen Funktionsumfang lassen sich funktional spezialisierte (Übernahme von „lediglich" einer speziellen Funktion) von funktional integrierter Anwendungssoftware (integrierte Übernahme mehrerer verschiedener beziehungsweise möglichst vieler Funktionen) unterscheiden. Funktional integrierte Systeme werden häufig in verschiedene Einzelbausteine, die so genannten Module, zerlegt, die miteinander per Schnittstelle interagieren. Oft sind letztere Systeme darüber hinaus integraler Bestandteil von umfassenderen →ERP-Systemen.

In *technischer Perspektive* lassen sich neben konventioneller Anwendungssoftware insbesondere →entscheidungsunterstützende Systeme, →Expertensysteme, →HR-Portale, →Selfservice Systeme sowie →Voice Response Systeme unterscheiden. In *organisatorischer Perspektive* handelt es sich bei den verfügbaren Systemen inzwischen überwiegend um →Mehrplatzsysteme und zunehmend auch um →Workflowsysteme.

In der Regel kombinieren reale Systeme verschiedene dieser Kategorien und Ausgestaltungsvarianten.

Literatur: *Strohmeier, S.*: Software Kompendium Personal, Frechen 1998.

Stefan Strohmeier

Personalzusatzbedarf →Bedarfsdeterminanten

Personalzusatzkosten

zusätzliche →Personalkosten, die durch gesetzliche, tarifliche und freiwillige →betriebliche Sozialleistungen entstehen.

Im Einzelnen gehören zu den Personalzusatzkosten das Entgelt für arbeitsfreie Tage, Sonderzahlungen, wie zum Beispiel →Erfolgsbeteiligungen, Urlaubsgeld oder vermögenswirksame Leistungen, Arbeitgeberbeiträge zu den Sozialversicherungen, →betriebliche Altersversorgung sowie sonstige Personalzusatzkosten. Letztere umfassen eine Vielzahl von →Sozialleistungen, zum Beispiel Aus- und Weiterbildung, Arbeitskleidung oder Jubiläumszuwendungen und →Sozialeinrichtungen, zum Beispiel Kantine, Betriebskindergarten oder betriebliche Sportstätten.

Silvia Föhr

Personelle Überdeckung

Personalüberausstattung, die vorliegt, wenn die →Personalausstattung größer als der Personalbedarf (→Bedarfsdeterminanten) ist.

Personalüberdeckungen erfordern gemäß *Bürkle* (2004) die Alimentierung nicht benötigter Arbeitskräfte und sind somit mit (Lohn) Kosten assoziiert, denen über den Zeitraum der Überdeckung vielfach keine Erträge gegenüberstehen. Für den Abbau personeller Überdeckungen kommen beispielsweise Maßnahmen wie →Entlassungen oder Vorruhestandsregelungen in Betracht. Personelle Überdeckungen lassen sich längerfristig bei natürlicher →Fluktuation und sonstigen Abgängen (z.B. Eintritt von Arbeitskräften in das gesetzliche Rentenalter) durch einen konsequenten Verzicht auf Neueinstellungen (→Personalbeschaffung) abbauen.

Gründe für eine eventuelle Inkaufnahme personeller Überdeckungen können in einer mangelnden Plastizität der Personalausstattung begründet sein, die es dem Unternehmen nicht

Personelle Unterdeckung

oder nur eingeschränkt ermöglicht, Arbeitskräfte freizusetzen. Diesbezüglich sei beispielsweise auf rechtliche Rahmenbedingungen wie die gesetzlichen →Kündigungsfristen verwiesen. Ein anderer Grund für die Inkaufnahme teurer Überausstattungen in einzelnen Perioden liegt laut *Bürkle* (2004) darin begründet, dass die Freisetzung (→Personalfreisetzung) von Arbeitskräften den Bruch eines impliziten Kontrakts mit den Arbeitskräften bedeutet und folglich Reputationsverluste entstehen würden. Häufig ist es aus (transaktions)kostentheoretischen Erwägungen heraus günstiger, Überausstattungen in einzelnen Teilperioden in Kauf zu nehmen, als nicht benötigte Arbeitskräfte zunächst zu entlassen und zu einem späteren Zeitpunkt bei Bedarf wieder einzustellen. Die Frage, ob es ökonomisch sinnvoll ist, bei temporären Bedarfseinbrüchen Arbeitskräfte zu entlassen oder ob eine Inkaufnahme von Überdeckungen zu präferieren ist, erfolgt nach *Kossbiel* (1988) in der →Personalplanung im Rahmen von Hire-and-Fire-Modellen. Dabei werden, wie *Kossbiel* (1998) betont, die Kosten des Haltens von Arbeitskräften (Lohnkosten) den Transaktionskosten (→Transaktionskostentheorie) einer Entlassung und zukünftigen Wiedereinstellung gegenübergestellt.

Im Falle personeller Überdeckungen lassen sich die überzähligen Arbeitskräfte unter Umständen alternativ einsetzen. So lassen sich im Einzelfall durchaus Erträge, zum Beispiel durch das Verleihen überzähligen Personals oder dessen Heranziehung zu Tätigkeiten, die üblicherweise fremdvergeben werden, erzielen. Letzteres führt gemäß *Kossbiel* (1998) zu Erträgen in Form von Kosteneinsparungen.

Literatur: *Bürkle, T.*: Beschäftigungssicherheit als konstituierendes Element interner Arbeitsmärkte, München, Mering 2004. *Kossbiel, H.*: Personalbereitstellung und Personalführung, in: *Jacob, H.* (Hrsg.): Allgemeine Betriebswirtschaftslehre, 5. Aufl., Wiesbaden 1988, S. 1045–1253. *Kossbiel, H.*: Vom ökonomischen Charme einfacher Pooling-Modelle der Personalplanung, in: *Woratschek, H.* (Hrsg.): Perspektiven ökonomischen Denkens: klassische und neue Ansätze des Managements. Festschrift für Rudolf Gümbel, Frankfurt a. M. 1998, S. 287–316.

Thomas Bürkle

Personelle Unterdeckung

Situation, die vorliegt, wenn die →Personalausstattung nicht ausreicht, um den Personalbedarf (→Bedarfsdeterminanten) zu decken. Personelle Unterdeckungen können durch entsprechende Veränderungen der Personalausstattung (z. B. durch →Personalbeschaffung) abgebaut werden. Alternativ bieten sich *Kossbiel* (1998) gemäß die Heranziehung von Zeitarbeitskräften, von Aushilfskräften oder entsprechende Überstundenregelungen (→Überstrunden) an. Die Unterdeckung kann ebenfalls durch eine Reduktion des Personalbedarfs abgebaut werden. Diesbezüglich kommt eine Reduktion des Leistungsprogramms oder eine Erhöhung der →Arbeitsproduktivität (z. B. durch technologische Neuerungen bzw. technischen Fortschritt im Prozess der Leistungserstellung) in Betracht. Eine Inkaufnahme der Überdeckung führt gemäß *Bürkle* (2004) dazu, dass das Leistungsprogramm nicht in dem geplanten Umfang erstellt werden kann und somit unter Umständen Lieferverträge nicht eingehalten werden können.

Literatur: *Bürkle, T.*: Beschäftigungssicherheit als konstituierendes Element interner Arbeitsmärkte, München, Mering 2004. *Kossbiel, H.*: Vom ökonomischen Charme einfacher Pooling-Modelle der Personalplanung, in: *Woratschek, H.* (Hrsg.): Klassische und neue Ansätze des Managements; Festschrift für Rudolf Gümbel, Frankfurt a. M. 1998, S. 287–316.

Thomas Bürkle

Personenbedingte Kündigung

zulässig, wenn ein →Arbeitnehmer für die vorgesehene →Arbeit ungeeignet ist, weil es an der notwendigen Konstitution, den notwendigen Kenntnissen oder Fertigkeiten (→Qualifikation) mangelt.

Bei einer personenbedingten Kündigung müssen

– körperliche Schwäche,
– Ungeschicklichkeit,
– beschränkte Auffassungsgabe,
– mangelnde Fähigkeit zum Erwerb der erforderlichen Kenntnisse,
– der Verlust der Arbeits- oder Fahrerlaubnis beziehungsweise für Piloten der Fluglizenz,
– eine längere Haftstrafe oder
– →Krankheiten, insbesondere Allergien (→Krankheitsbedingte Kündigung)

konstatiert werden, soll sie überhaupt realisierbar sein. Zudem darf der Arbeitgeber diese persönlichen Hinderungsgründe nicht schon bei der Einstellung gekannt haben. Der Gesetzgeber fordert zum Schutz der Arbeitnehmer in § 1 des Kündigungsschutzgesetzes, dass der Arbeitgeber die Möglichkeit einer Fortbildung, Umschulung, Versetzung und Änderungskündigung vor Ausspruch jeder Kündigung prüfen muss. Die Kündigung muss demnach die Ultima Ratio sein. Dies gilt in besonderem Maße bei personenbedingten Kündigungen. Falls die Gründe eine Folge langjähriger Beschäftigung oder des fortgeschrittenen Alters sind, legen die Arbeitsgerichte (→Arbeitsgerichtsbarkeit) hohe Maßstäbe an.

Reiner Bröckermann

Personenbezogene Daten

Einzelangaben über persönliche und sachliche Verhältnisse einer bestimmten oder bestimmbaren natürlichen Person, die das Gesetz als Betroffener bezeichnet (§ 3 Abs. 1 BDSG).

Juristische Personen, wie beispielsweise Kapitalgesellschaften, werden durch das BDSG nicht geschützt. Nach *Gola* und *Schomerus* (BDSG § 3 Rn. 3) sind Einzelangaben →Informationen, die sich auf eine bestimmte – einzelne – natürliche Person beziehen oder geeignet sind, einen Bezug zu ihr herzustellen. Die Aufzählung von persönlichen oder sachlichen Verhältnissen soll lediglich verdeutlichen, dass der Begriff umfassend zu verstehen und nicht auf Daten beschränkt ist, die ihrer Natur nach personenbezogen sind. Deshalb sind zum Beispiel auch Beschreibungen von Autos nebst Kfz-Kennzeichen Einzelangaben im Sinne des § 3 Abs. 1 BDSG (*Gola* und *Schomerus*, BDSG § 3 Rn. 4).

Als persönliche Verhältnisse werden Angaben über den Betroffenen selbst, seine Identifizierung und Charakterisierung anzusehen sein. Als Beispiele hierfür führen *Gola* und *Schomerus* (BDSG § 3 Rn. 5) Name, Anschrift, Familienstand, Ausweisnummer, Geburtsdatum, Staatsangehörigkeit, Konfession, →Beruf, Erscheinungsbild, Eigenschaften, Aussehen, Gesundheitszustand, betriebliche Telefonnummer, Versicherungsnummer sowie eMail-Adresse an. Sachliche Verhältnisse werden dagegen beschrieben durch Angaben über einen auf den Betroffenen beziehbaren Sachverhalt wie zum Beispiel Vermögensverhältnisse, Grundbesitz, vertragliche Beziehungen zu Dritten – zum Beispiel das Arbeitsverhältnis (→Beschäftigungsverhältnis) – oder Daten über die Kantinenabrechnung (*Gola* und *Schomerus* 2005, BDSG § 3 Rn. 6, 8; *Steckler* und *Schmidt* 2004).

Personenbezogen sind nur die Daten, die sich auf eine bestimmte oder bestimmbare Person beziehen. Das ist zunächst dann der Fall, wenn die Daten mit dem Namen des Betroffenen verbunden sind oder sich aus dem Inhalt beziehungsweise dem Zusammenhang der Bezug unmittelbar herstellen lässt. Für die Bestimmbarkeit kommt es auf die Kenntnisse (→Qualifikation), Mittel und Möglichkeiten der speichernden →Stelle an. Die Daten müssen nicht unbedingt mit dem Namen des Betroffenen verbunden sein. Es reicht nach *Gola* und *Schomerus* (BDSG § 3 Rn. 9) vielmehr aus, wenn die Verbindung ohne größeren Aufwand hergestellt werden kann.

Literatur: *Gola, P.; Schomerus, R.*: Bundesdatenschutzgesetz, 9. Aufl., München 2007. *Steckler, B.; Schmidt, C.*: Arbeitsrecht und Sozialversicherung, 6. Aufl., Ludwigshafen 2004.

Axel Benning

Personenentwicklung

Teilgebiet der →Personalentwicklung, das auf das Individuum als Objekt der Maßnahmen abstellt.

Bei der Personenentwicklung geht demzufolge um den *personalen* Aspekt der Personalentwicklung in Abgrenzung zur →Teamentwicklung, die auf den *interpersonalen* Aspekt, und zur →Organisationsentwicklung, die auf den *apersonalen* Aspekt fokussieren. Synonym werden die Begriffe →betriebliche Weiterbildung oder Qualifizierung verwendet.

Laila Maja Hofmann

Personenorientierung →Führungsstilmodell der Ohio-State-Forschung

Person-Environment-Fit

Konzept, das nach *von Rosenstiel* (2003) die Übereinstimmung zwischen der Person und der jeweiligen →Arbeitsumgebung fordert.

Die Suche nach dem Person-Environment-Fit gilt bereits für die →Personalauswahl, wonach Anforderungen des Arbeitsplatzes und die →Eignung des Bewerbers einander möglichst entsprechen sollten. Deshalb soll mit einer Auswahlentscheidung auf der einen Seite den Zielen und →Anforderungen der Organisation entsprochen und zum anderen für die Person Über- sowie Unterforderung vermieden werden. Es soll nicht nur Eignungs-, sondern auch durch Arbeits- oder Aufgabenanalyse „Situationsdiagnostik" betrieben werden.

Der Person-Environment-Fit-Ansatz unterscheidet zwei Arten der Übereinstimmung („Fit"): Zum einen die Übereinstimmung zwischen den Bedürfnissen (→ Motiv) der Person sowie den Befriedigungsangeboten der Situation und zum anderen die Übereinstimmung zwischen den Fähigkeiten (→ Qualifikation) einer Person und den an sie gestellten Anforderungen.

Konsequenzen der Nicht-Übereinstimmung von Person und Umwelt sind Stressreaktionen wie Angst oder psychosomatische Beschwerden. Der Person-Environment-Fit-Ansatz begreift deshalb → Stress als ein relationales Phänomen, das sowohl Überforderungsphänomene als auch Unterforderungssituationen umfasst. Externe wie interne Anforderungen können Stress auslösen.

Weinert (2004) differenziert mehrere „Fits", die auseinanderzuhalten sind: Fits zwischen Person und Organisation, zwischen Person und Arbeitsrolle, zwischen Person und Beruf, zwischen Person und Arbeitsgruppe sowie zwischen Person und Umwelt. Damit verbunden sind verschiedene Ebenen der Analyse und Probleme der Generalisierbarkeit.

Literatur: *von Rosenstiel, L.*: Grundlagen der Organisationspsychologie, 5. Aufl., Stuttgart 2003. *Weinert, A.*: Organisations- und Personalpsychologie, Weinheim 2004.

Erika Spieß

Persönliches Wissensmanagement

Konzept mit dem Ziel, Wissensbestände und Lernprozesse eigenständig zu koordinieren.

Nach *Reinmann-Rothmeier* und *Mandl* (2000) handelt es sich beim persönlichen Wissensmanagement um die Kommunikation, Nutzung, Generierung und Repräsentation von → Wissen durch das Individuum. Der Begriff des persönlichen Wissensmanagements wäre in früheren Arbeiten eher unter dem Stichwort persönliche Lernstrategien zu finden gewesen. Durch die hohe Aufmerksamkeit, die dem → Wissensmanagement zu Teil wurde, hat man diesen Begriff auch auf die Individuumsebene übertragen. Der Vorteil dieser Perspektive liegt aus personalwirtschaftlicher Sicht darin, dass Fragen des individuellen Lernens in den betrieblichen Kontext eingebettet werden, so dass man der Lern- und Problemperspektive Berufstätiger besser gerecht wird als in der allgemeinen pädagogischen Forschung.

Literatur: *Reinmann-Rothmeier, G.*; *Mandl, H.*: Individuelles Wissensmanagement. Strategien für den persönlichen Umgang mit Information und Wissen am Arbeitsplatz., Bern etc. 2000.

Uta Wilkens

Persönliches Zeitmanagement → Zeitmanagement

Persönlichkeitsentwicklung

geplante, systematische → Bildungsmaßnahmen, welche die Steigerung der personalen → Kompetenz zum Ziel haben, das heißt das → Wissen und die Fähigkeiten (→ Qualifikation) zum Umgang mit sich selbst (→ Selbstentwicklung).

In diesem Sinne ist die Persönlichkeitsentwicklung ein Teilgebiet der → Personenentwicklung und reiht sich somit ein in das Gefüge von → Personalentwicklung bestehend aus der → Organisationsentwicklung, die die Bearbeitung von objektivierten Strukturen und Bedingungen der Arbeitstätigkeit zum Ziel hat, der → Teamentwicklung, die auf die → Arbeit an interpersonalen Beziehungen fokussiert und der Entwicklung der Person, also der Qualifikation von Individuen und der Arbeit an deren individuellen Werdegängen, was die Weiterentwicklung der Persönlichkeit immer auch mit einschließt.

Inwieweit Persönlichkeit gezielt verändert werden kann, ist nach *Hofmann*, *Linneweh* und *Streich* (2006) strittig. Persönlichkeit kann nicht verliehen werden, jedoch kann ein Mensch heranreifen und sich zur Persönlichkeit entwickeln, also zu einem in sich gefestigten und im Gleichgewicht stehenden Menschen.

Grundlage für eine gezielte Persönlichkeitsentwicklung ist die *Selbstreflexionskompetenz*, das heißt die Fähigkeit, sich selber, seine Verhaltensweisen, Einstellungen und Werthaltungen zu hinterfragen und eine persönliche Stärken-/Schwächen-Analyse zu erstellen. Diese kann laut *Linneweh* (2003) dann als Basis für ein systematisches Persönlichkeitsmanagement genutzt werden.

Persönlichkeitsmanagement bedeutet *Linneweh* und *Hofmann* (2003) zufolge das selbstbestimmte Ausüben von Leitungsfunktionen in

Bezug auf die eigene Person und das eigene Lebensumfeld mit der Zielsetzung, die eigene Persönlichkeit zu entwickeln und eine tragfähige Balance zwischen →Beruf und Privatleben zu finden. Dieser Ansatz ist aus psychologischen Persönlichkeitstheorien entwickelt worden und geht von der Annahme aus, dass die menschliche Persönlichkeit in ihrer individuellen Besonderheit weniger ein abgeschlossenes Produkt als vielmehr ein ständig fortschreitender Prozess ist. Somit findet Persönlichkeitsentwicklung während der gesamten Lebensspanne statt.

Eine gezielte Entwicklung der eigenen Persönlichkeit sollte mit einer Standortbestimmung beginnen. Hierbei geht es darum, sich die eigene Situation bewusst zu machen. Bei dieser *Situationsanalyse* sollten möglichst alle für die Person relevanten Lebensbereiche einbezogen werden, das berufliche Umfeld, der Bereich der Freizeit und der außerberuflichen Aktivitäten und Interessen sowie das familiäre Umfeld (Partner, Kinder, Eltern). Es handelt sich nach *Hofmann, Linneweh* und *Streich* (2006) also um eine Art Bilanzierung des bisher Erreichten.

Nach der Standortbestimmung erfolgt die *Formulierung eines Zielkatalogs*, der im Idealfall alle Lebensbereiche einbezieht. Dann werden Strategien zur Erreichung der persönlichen Zielsetzung entwickelt, die in die Tat umgesetzt werden sollen. Hier wird es vor allem darauf ankommen, realistisch zu bleiben und sich selbst nicht zu überfordern. Gewohnheiten, die sich über Jahre hinaus verfestigt haben, lassen sich nicht von einem Tag zum anderen abändern. Abschließend sollten die Fortschritte „kontrolliert" und gegebenenfalls nachjustiert werden.

Es gibt für erfolgreiche Persönlichkeitsentwicklung keine Patentrezepte, jedoch eine Vielzahl an bewährten *Techniken und Methoden*: Grundsätzlich sollte *Linneweh* und *Hofmann* (2003) zufolge die Persönlichkeitsentwicklung ganzheitlich angelegt sein, das heißt körperliche, geistige und psychische Faktoren einbeziehen, da Veränderungen in einem der drei Bereiche immer Auswirkungen auf die beiden anderen haben.

Ziel aller Maßnahmen, die auf den *körperlichen* Bereich einwirken, ist die Bewahrung oder aber die Wiederherstellung von Gesundheit, die Schonung der eigenen körperlichen Ressourcen sowie die Stärkung der Widerstandskraft gegenüber den negativen Auswirkungen von →Stress, Verantwortungsdruck, Hektik und permanenter Anspannung. Ganz konkret bedeutet dies, die Minimierung von gesundheitlichen Risikofaktoren, wie sie beispielsweise durch mangelnde Bewegung, Übergewicht, falsche Ess- und Schlafgewohnheiten, Abhängigkeit von Medikamenten oder Drogen ausgelöst werden, sowie die Vorbeugung von gesundheitlichen Schäden beispielsweise durch bewusste Ernährung, regelmäßiges körperliches Training und durch gezielte Entspannung (z. B. durch autogenes Training). Auf der *psychischen* Ebene geht es um eine aktive Auseinandersetzung mit dem Spannungsfeld zwischen den eigenen und fremden Ansprüchen. Ziel der Veränderungsstrategien im *geistigen* Bereich ist laut *Linneweh* (2003) die Reduzierung von Belastungsfaktoren und Stressursachen (→Belastungs-Beanspruchungs-Modell) in den einzelnen Lebensbereichen und die Entwicklung von Möglichkeiten, die eigenen Konfliktpotenziale bewusst zu verarbeiten. Ganz konkret bedeutet das, den persönlichen Umgang mit den Anforderungen aus Beruf, Familie und Freizeit zu überprüfen, persönliche Zielsetzungen und eventuelle Blockaden zu überdenken, eigene Gewohnheiten, wie zum Beispiel die Arbeitsmethodik einschließlich dem →Zeitmanagement, das Verhalten gegenüber →Führungskräften, Mitarbeitern, Kollegen, Familie, Freunden unter anderem kritisch zu überprüfen und gegebenenfalls Alternativen zu entwickeln.

Um den Einstieg in eine systematische Persönlichkeitsentwicklung zu erleichtern, gibt es nach *Hofmann, Linneweh* und *Streich* (2006) unterschiedliche →Personalentwicklungsmethoden, die in Trainings On-the-Job oder Off-the-Job durchgeführt werden. Exemplarisch zu nennen sind insbesondere

— Seminare zur Stressbewältigung, in denen unter anderem Entspannungstechniken (bspw. Autogenes Training, Progressive Muskelentspannung) erlernt werden können,

— Arbeitsmethodik- beziehungsweise Zeitmanagement-Seminare,

— Gesundheitsmanagement-Trainings sowie

— →Coaching als individuelle Hilfestellung.

Die effektive Führung der eigenen Person gilt in vielen Unternehmen als fester Bestandteil ihrer Personalentwicklungsprogramme. Anders als in der Vergangenheit, in der Personalentwicklungsmaßnahmen vor allem auf die Weiterentwicklung beruflicher Kompetenzen abzielten, ist es heute weitgehend unbestritten, dass ein hohes Maß an personaler Kompetenz eine unverzichtbare Voraussetzung insbesondere für →Führungserfolg ist. Damit aus den herausfordernden Aufgaben, die sich aus einer gezielten Persönlichkeitsentwicklung ergeben, keine Überforderung wird, ist es laut *Hofmann, Linneweh* und *Streich* (2006) notwendig, von Seiten des Unternehmens ein effektives Persönlichkeitsmanagement nicht nur zu fordern, sondern aktiv zu fördern und geeignete Förder- und Trainingsmaßnahmen zu Erhalt und Ausbau von persönlicher Kompetenz anzubieten. Vor allem in Großunternehmen ist die →Work-Life Balance eines der zentralen Themen innerbetrieblicher Personalentwicklungs-Diskussionen. Dabei sucht man gemeinsam nach Möglichkeiten, die Rollenkonflikte zwischen Beruf und Privatleben auszugleichen. Ansätze hierfür sind unter anderem Arbeitszeitflexibilisierungsmodelle (bspw. →Sabbatical).

Literatur: *Hofmann, L.; Linneweh, K.; Streich, R.* (Hrsg.): Erfolgsfaktor Persönlichkeit, München 2006. *Linneweh, K.*: Stresskompetenz, Weinheim 2003. *Linneweh, K.; Hofmann, L.*: Persönlichkeitsmanagement, in: *von Rosenstiel, L.; Regnet, E.; Domsch, M.*: Führung von Mitarbeitern, 5. Aufl., Stuttgart 2003, S. 99–109.

Laila Maja Hofmann

Persönlichkeitskompetenz →Kompetenz

Persönlichkeitstests

finden im Rahmen von eignungsdiagnostischen beziehungsweise berufseignungsdiagnostischen Maßnahmen statt und sollen als allgemeine beziehungsweise spezifische Persönlichkeitstests entweder ein umfassendes Bild der Persönlichkeit geben oder aber spezifische Merkmale erfassen (→Test).

Das *Fünf-Faktoren-Modell* (→Eigenschaftstheorie der Führung) der Persönlichkeit („big five") ist das verbreiteste strukturtheoretische Persönlichkeitsmodell. Die fünf Faktoren des Modells und Beispiele für deren Ausprägungen lauten: Extraversion (z. B. gesellig), Neurotizismus (z. B. ängstlich, deprimiert), Verträglichkeit (z. B. freundlich, höflich), Gewissenhaftigkeit (z. B. verlässlich, sorgfältig), Offenheit für Erfahrungen (z. B. einfallsreich, kultiviert). Das *Leistungsmotivationsinventar* (LMI) unterscheidet 17 Teilaspekte der Leistungsmotivation; eines davon ist das mit viel Aufmerksamkeit diskutierte Merkmal der Kontrollüberzeugung. Der →Fragebogen zur *Kompetenz- und Kontrollüberzeugung* nach *Schuler* und *Höft* (2001) umfasst vier →Skalen (Selbstkonzept eigener Fähigkeiten, Internalität, soziale Externalität und fatalistische Externalität), wobei es Zusammenhänge mit klinischen Merkmalsdaten wie Depression und psychosomatische Beschwerden gibt.

Literatur: *Schuler, H.; Höft, S.*: Konstruktorientierte Verfahren der Personalauswahl, in: *Schuler, H.* (Hrsg.): Personalpsychologie, Göttingen 2001, S. 93–134.

Erika Spieß

Peter-Prinzip

nach *Laurence J. Peter* benanntes Prinzip, wonach Mitarbeiter in →Organisationen so lange befördert werden, bis sie die Position erreicht haben, auf der ihre →Eignung nicht mehr zur Bewältigung der →Anforderungen der →Stelle ausreichen.

Die *Ursache* für eine solche Praxis liegt darin, dass routinemäßige →Beförderungen ohne eine hinreichende Prüfung der Eignung von Mitarbeitern für die künftige Stelle vorgenommen werden. Nicht ausreichend für die Beantwortung der Frage nach der Eignung eines Mitarbeiters für eine andere Stelle ist eine →Leistungsbeurteilung, da diese lediglich den Erfolg von Mitarbeitern auf ihrer gegenwärtigen Position ausweist. Für eine begründete Beförderungsentscheidung ist stattdessen ein Vergleich der Anforderungen der zu besetzenden Stelle mit den gegenwärtigen und zukünftig noch zu entwickelnden →Qualifikationen des Mitarbeiters erforderlich. Eine entsprechende Prognose der künftigen Leistungen kann im Rahmen einer →Potenzialbeurteilung erfolgen.

Jürgen Grieger

Pfadanalyse →Kausalanalyse

Physiologisches Bedürfnis

in der →Bedürfnishierachie der →Motive von *Maslow* (1977) die unterste Bedürfniskategorie.

Physiologische Bedürfnisse müssen in *Maslows* Bedürfnishierarchie als erstes erfüllt werden, bevor der Mensch nach höheren Motiven strebt. Die physiologischen Bedürfnisse sollen die Grundfunktionen des menschlichen Organismus abdecken. Zu ihnen zählen das Bedürfnis nach Essen und Trinken, das Schlafbedürfnis oder der Sexualtrieb. Auch wenn diese Bedürfnisse kaum Gegenstand des organisationalen Anreizsystems sind, wirken sie sich als mögliche Ursache von →Leistungsstörungen dennoch auf den Erfolg einer →Gruppe oder →Organisation aus. Beispielsweise kann ein nicht befriedigtes Schlafbedürfnis im Sicherheitsbereich eines Unternehmens zum Risikofaktor werden.

Literatur: *Maslow, A.*: Motivation und Persönlichkeit, Olten 1977.

Markus Gmür

Physische Belastung

rückt die körperliche Beanspruchung in den Vordergrund (z. B. Belastung des Heb- und Stützapparates).

Um zu beurteilen, welche Faktoren physische Belastung verursachen können, kann eine Gefährdungsbeurteilung durchgeführt werden. Relevante juristische Rahmenbedingungen finden sich im →Arbeitsschutzgesetz und der Lastenhandhabungsverordnung. Gefährdungsquellen sind beispielsweise chemische Einwirkungen (z. B. Arsen, Quecksilber), Gase (z. B. Kohlenmonoxid), Lösemittel oder Schädlingsbekämpfungsmittel (Pestizide). Auch physikalische Einwirkungen können physische Belastung bedingen, etwa durch mechanische Einwirkung, Druckluft, Lärm oder Strahlen. Ferner können Infektionserreger, Parasiten, aber auch Stäube physische Belastungen darstellen. Nach der Vierten Europäischen Erhebung über die Arbeitsbedingungen werden am häufigsten stets gleiche oder repetitive Hand- oder Armbewegungen als physische Risikofaktoren genannt. Insgesamt zeigt sich, dass Beschäftigte häufiger angeben, ihre Arbeit sei gesundheitsbeeinträchtigend, wenn sie sich auch in hohem Maße physischer Belastungsgrößen ausgesetzt sehen. Akute und chronische Schäden können auftreten, es kann zu →Berufskrankheiten und Berufsunfähigkeit kommen.

Kerstin Wüstner

Pilotseminar

erstmalige Durchführung einer Weiterbildungsveranstaltung Off-the-Job (→Training).

Das Unternehmen möchte sich durch ein Pilotseminar unter anderem ein genaueres Bild über die →Kompetenzen des Seminardozenten machen oder das Konzept hinsichtlich der inhaltlichen Ausgestaltung oder des methodischen Ansatzes überprüfen.

Laila Maja Hofmann

Pink Slip Party

berufsbezogene Kontaktanbahnungsveranstaltung aus den USA, benannt nach dem Pink Slip, dem rosafarbenen Umschlag, in dem sich das Kündigungsschreiben befindet.

In den letzten Jahren haben viele hochqualifizierte Beschäftigte in der Informationstechnologie-Branche Bekanntschaft mit dem Pink Slip machen müssen. Diesen Beschäftigten will man die Möglichkeit geben, flexibel, unbürokratisch und schnell neue Kontakte zu knüpfen, und das in einer Form, die dem Selbstverständnis der New Economy entspricht, also nicht als bierernste →Arbeitsvermittlung, sondern in einer lockeren Partyatmosphäre.

Die Partys finden mittlerweile nicht nur in den USA, sondern nahezu weltweit statt. Es treffen sich die Arbeitslosen, aber auch Gäste, die einen Karriereschub ins Auge fassen, mit Personalberatern und Personalverantwortlichen aus der IT-Branche und traditionellen Unternehmen der so genannten Old Economy. Man tauscht unverbindlich Visitenkarten und Informationen aus und kann so eventuell ein Vertragsverhältnis anbahnen.

Reiner Bröckermann

Planung und ihre Wirkung

verhaltenswissenschaftliche Folgen der Planung.

Planung kann insbesondere bei wenig selbstbewussten Personen zu *inneren* →*Konflikten* führen. Sie schafft einerseits Handlungsspielräume und damit Unsicherheit, andererseits schränkt sie sie ein. Diese Vorbestimmung der Zukunft durch sein Handeln muss der Planende erst akzeptieren, bevor er die Zukunft gedanklich durchdringen kann. Manchmal geht das Formulieren von Zielen auch mit Angst vor dem Versagen einher, die ihn bereits für den Planungsprozess blockiert. Abhilfe kann nur ein Klima (→Arbeitsumgebung) der Fehlertoleranz und des Vertrauens schaffen, das Angstzuständen entgegenwirkt und die Aufgeschlossenheit und →Kreativität der Betroffenen fördert.

Jan Hendrik Fisch

Planungsbereiche der Personalplanungsmodelle

Typen von Planungsmodellen für die →Personaleinsatzplanung.

Bevor ein konkreter Modellansatz der →Personalplanung formuliert werden kann, ist die Planungssituation unter anderem daraufhin zu analysieren, welche Problembereiche als Datum und welche als Gegenstand der Planung anzusehen sind, das heißt es sind Referenz- und Teilbereiche der Personalplanung festzulegen. Beachtet man, dass der Personalbedarf den Personalsektor mit den übrigen betrieblichen Teilbereichen verbindet, dass der Personaleinsatz nie Datum der Personalplanung sein kann, und definiert man simultane Personalplanungen als solche, bei denen alle drei oben genannten Problembereiche der Personalplanung gleichzeitig geplant werden, dann lassen sich vier Typen von Planungsmodellen unterscheiden (*Kossbiel* 1988, *Vieth* 1999). In Übersicht 1 sind diese Modelltypen aufgeführt.

Übersicht 1: Referenz- und Teilbereiche der Personalplanung

	Sukzessive	Simultane
Isolierte	reine Personaleinsatzplanung	nicht definiert
	reine Personalbereitstellungsplanung	
Integrierte	reine Personalverwendungsplanung	simultane Personalplanung

Isoliert und *sukzessiv* sind Personalplanungen dann, wenn der Personalbedarf Datum ist. In dieser Klasse kennen wir zwei Modelltypen, die reine Personaleinsatzplanung, bei der unter gegebenem Personalbedarf und gegebener →Personalausstattung der Personaleinsatz optimiert wird und die reine Personalbereitstellungsplanung, bei der die Personalausstattung und (gegebenenfalls) der Personaleinsatz durch Entscheidungsvariablen repräsentiert werden. Bei *integrierten* Personalplanungen wird der Personalbedarf als Variable in den Kalkül eingebracht, wobei entweder ein Modell der simultanen Personalplanung oder ein Modell der reinen Personalverwendungsplanung vorliegt, und bei letzterer lediglich die Personalausstattung als Referenzbereich der Planung fungiert.

Literatur: *Kossbiel, H.*: Personalbereitstellung und Personalführung, in: *Jacob, H.* (Hrsg.): Allgemeine Betriebswirtschaftslehre, Wiesbaden 1988, S. 1045–1253. *Vieth, M.*: Personalplanung für Projekte, München, Mering 1999, S. 20.

Thomas Spengler

Point Ranking Method →Arbeitsbewertung

Polychronie

→Kulturdimension nach *Hall* (1981) zum individuums- und/oder kulturspezifischen Zeitverständnis (Gegenteil: →Monochronie).

Bei polychronem Zeitverständnis (= vieles gleichzeitig) wird die Zeit nicht als gerade Linie empfunden, sondern eher als Punkt oder Kreis mit zirkularer Bewegung, was bedeutet, dass weder Anfang noch Ende klar definiert sind. Im Arbeitsrhythmus finden sich häufig unvorhergesehene Unterbrechungen, Improvisation ist gefragt. Individuen polychroner Gesellschaften messen Pünktlichkeit weniger Bedeutung zu als Individuen monochroner Gesellschaften. Zwischenmenschliche Beziehungen haben nach *Davoine* (2002) höhere Priorität als ein festes Arbeitsprogramm. Polychrones Zeit- und Arbeitsverhalten begünstigt folglich schnelles Reagieren auf Veränderungen und schafft eine hohe Akzeptanz virtueller Organisationsformen.

Um keine monokausalen oder stereotypen Rückschlüsse auf bestimmte Gesellschaften oder deren Angehörige zu ziehen, darf eine kulturelle Dimension nicht isoliert betrachtet werden, sondern immer in Verbindung mit weiteren.

Literatur: *Davoine, E.*: Zeitmanagement deutscher und französischer Führungskräfte, Wiesbaden 2002. *Hall, E. T.*: The Silent Language, New York 1981.

Christoph I. Barmeyer

Portfoliomethode

ursprünglich aus der Kapitalmarkttheorie stammendes Instrument, das dem Anleger einen Überblick über sein investiertes Kapital und Hinweise auf dessen Zusammensetzung, in Abhängigkeit von Ertragskraft und Risiko gewährt.

Nach der Übertragung des Ansatzes auf das allgemeine Management durch Vertreter der *Boston Consulting Group*, die das Produktportfolio über die Koordinaten Marktanteil und Marktwachstum aufspannten, fand die Methode in allen Managementbereichen Eingang (*Macharzina* 2002).

Im →Personalmanagement ist das bekannteste Portfolio das auf *Odiorne* (1984) zurückzuführende *Leistungs-Potenzial-Portfolio*. Dieses wird in Abbildung 1 dargestellt. Dabei werden die aktuelle Leistung (teilweise auch die Bindung) eines Mitarbeiters auf der y-Achse und das vermutete Potenzial eines Mitarbeiters auf der x-Achse abgebildet. Während über die Begriffswahl nach wie vor diskutiert wird, ist das Vorgehen zur Ergänzung beziehungsweise Zusammenfassung der →Personalbeurteilung und →Personalentwicklung zumindest im nicht mitbestimmten Bereich mittlerweile gängig.

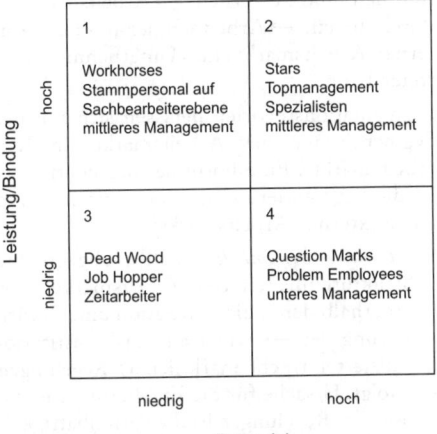

Abbildung 1: Personalportfolio (*Freund/Knoblauch/Eisele* 2003, S. 73)

Mit *Dead Wood* werden Mitarbeiter bezeichnet, die weder aktuell Leistungen bringen, noch Potenzial vermuten lassen. Bei diesen Mitarbeitern wäre zu prüfen, ob Sie sich am richtigen Platz, auf der passenden Position befinden und an was die Minderleistung konkret liegt. An der →Führungskraft? Am Wollen des Mitarbeiters? Am Können des Mitarbeiters? Entsprechend sind Alternativen zu ergreifen: Behebung der Missstände, →Versetzung des Mitarbeiters oder auch die →Trennung vom Mitarbeiter. Durch die Ergänzung der Bindung des Mitarbeiters an das Unternehmen als Kriterium kann es sich hier auch um Job Hopper und/oder Zeitarbeitnehmer handeln. In diesen Fällen lohnen sich für das Unternehmen Investitionen eher nicht, da die Mitarbeiter nicht lange im Unternehmen verbleiben.

So genannte *Workhorses* zeigen dagegen ein exzellentes Leistungsverhalten, weiteres Potenzial wird jedoch nicht gesehen. Die Mitarbeiterbindung (→Personalbindung) steht bei dieser Gruppe im Fokus, falsche Versprechungen für die Zukunft sollten aber vermieden werden. Betrachtet man zudem den Aspekt der Bindung der Mitarbeiter an das Unternehmen, findet sich in diesem Quadranten eine Mitarbeitergruppe, die eine tragende Säule des Unternehmens bildet.

Genau zu beobachten und eventuell gezielt zu fördern sind Mitarbeiter mit hohem Potenzial, aber aktuell geringem Leistungsverhalten, bezeichnet als *Question Marks*. Sollte sich allerdings das Leistungsverhalten langfristig nicht ändern, muss auch die Potenzialeinschätzung in Frage gestellt werden. Ebenso muss sich unter dem Aspekt der Bindung noch herausstellen, ob aus diesen Personen loyale Mitarbeiter werden oder ob sie das Unternehmen bald wieder verlassen.

Auf die *Stars* ist das besondere Augenmerk zu richten, denn bei diesen Mitarbeitern stimmt die aktuelle Leistung, darüber hinaus wird ihnen noch weitergehendes Potenzial zugesprochen. Ebenso ist die Bindung der Mitarbeiter relativ hoch.

Neben der individuellen Betrachtung ist für das Personalmanagement des Unternehmens zudem der Gesamtüberblick über eine Abteilung, einen Bereich oder eine hierarchische Ebene wesentlich (*Fopp* 1982). Häufungen in den unteren zwei Quadranten sind jeweils besonders kritisch zu betrachten und zu hinterfragen: Stimmen die Verfahren der →Leistungs- und →Potenzialbeurteilung? Sind einzelne Führungskräfte mit ihrer Arbeit oder mit der Beurteilung überfordert? Wurde eine Abteilung besonders schnell aufgebaut und eine gute Einarbeitung versäumt?

Ein weiteres bekanntes Portfolio des Personalmanagements ist das *Arbeitsmarktportfolio* (*Macharzina* 2000, *Freund*, *Knoblauch* und *Eisele* 2003). Auf der y-Achse wird die Stärke des jeweils relevanten →Arbeitsmarktsegmentes abgebildet. Der →Arbeitsmarkt wird dabei als stark (schwach) bezeichnet, wenn die Qualifikationsentwicklung aufgrund von Bildungsabschlüssen hoch (gering) ist, der gewerkschaftliche Organisationsgrad und die

Arbeitsgesetzgebung (weniger) restriktiv sind und Karriereerwartungen (wenig) ausgeprägt. Einen starken (schwachen) Arbeitsmarkt findet man zum Beispiel bei qualifizierten Spezialisten mit langjähriger Berufserfahrung (angelernten Aushilfskräften). Auf der x-Achse wird die relative Unternehmensstärke abgetragen. Eine starke (schwache) Position hat das Unternehmen, wenn in Zukunft nur wenige (sehr viele) Mitarbeiter des entsprechenden Segments vom externen Arbeitsmarkt benötigt werden, das Unternehmen gegenüber seiner Konkurrenz ein (weniger) attraktives Leistungsangebot bieten kann oder/und dem Unternehmen viele (wenige) alternative Möglichkeiten zur Verfügung stehen. In das Portfolio werden dann einzelne Mitarbeitergruppen (bspw. Fachexperten, Absolventen bestimmter Studienrichtungen, Teilzeitmitarbeiter oder Top-Management) übertragen.

Je nach Positionierung (→ Profilierungsfunktion) werden folgende strategische Stoßrichtungen empfohlen:

- *Widerstandsstrategie*: Durch Einsatz von Machtmitteln, Ausweichen und Abwandern, wenn die relative Stärke des Arbeitsmarktes gering und die Unternehmensstärke hoch ausgeprägt ist.

- *Anpassungsstrategie*: Durch Kompromissbildung und (symbolische) Erfüllung von Forderungen, bei einem starken Arbeitsmarkt und geringer Unternehmensstärke.

- *Antizipationsstrategie*: Durch Förderung von neuen Strukturen über das Unternehmen hinaus und prospektive Maßnahmen innerhalb des Unternehmens bei den jeweils mittleren Ausprägungen.

Die Portfolio-Methode ist vielseitig einsetzbar, wie ein Beispiel aus dem → Personalmarketing zeigt: Auf den Achsen wird auf der y-Achse die – über die → Befragung geschätzte – Relevanz der eingesetzten Maßnahmen des Personalmarketings (z. B. Angebot von Praktika und Diplomarbeiten, Messebesuche, Stipendienvergabe) abgebildet. Auf der x-Achse steht die Nutzungsintensität im Unternehmen. Erscheinen Maßnahmen im linken unteren Quadranten, das heißt haben sie eine geringe Relevanz bei der Zielgruppe, aber hohe Nutzungsintensität im Unternehmen, ist die Einschränkung der Intensität zu empfehlen. Dagegen sollte mehr in Maßnahmen im linken oberen Quadranten investiert werden. Denn hier wird vom Unternehmen bislang – trotz höherer Erfolgswahrscheinlichkeit – zu wenig getan.

So kann mit der Methode in vielen Fragestellungen ein strukturierter Überblick geschaffen werden. Dieser eignet sich gut als Grundlage, um generelle Handlungsrichtungen zu diskutieren, zu beurteilen und zu wählen.

Literatur: *Fopp, L.*: Mitarbeiter-Portfolio: Mehr als nur eine Gedankenspielerei, in: Personal, 34. Jg. (1982), H. 8, S. 333–335. *Freund, F.; Knoblauch, R.; Eisele, D.*: Praxisorientierte Einführung in die Personalwirtschaft, 6. Aufl., Stuttgart 2003. *Heinrich, D.*: Personal-Portfolio-Analyse, in: Personal, 42. Jg. (1990), H. 6, S. 228–231. *Macharzina, K.*: Unternehmensführung, 3. Aufl., Wiesbaden 2002. *Odiome, G. S.*: Strategic Management of Human Resources, San Fransisco 1984.

Daniela Eisele
Klaus Möller

Ports of Entry

Verbindungsstellen zwischen den betriebsinternen und -externen → Arbeitsmärkten, durch die ein → Arbeitnehmer in den → internen Arbeitsmarkt eines Unternehmens eintreten kann.

Segmentationstheorien befassen sich mit der Segmentierung des Arbeitsmarkts in Teilarbeitsmärkte. Eine Form der Segmentierung ist die Segmentierung in einen internen und einen externen Arbeitsmarkt:

- *Interne Arbeitsmärkte* stellen abgegrenzte Struktureinheiten des Arbeitsmarkts dar, innerhalb deren die Allokation und Gratifizierung der → Arbeit auf Basis institutionalisierter (nicht marktlicher) Regelungen erfolgt. Ursache für die Etablierung institutioneller Regelungen ist die Vorteilhaftigkeit der durch sie bewirkten Allokation angesichts von Marktunvollkommenheiten auf dem Arbeitsmarkt. So reduzieren interne Arbeitsmärkte unter anderem Transaktionskosten (→ Transaktionskostentheorie), die bei einer marktlichen Allokation in Kauf genommen werden müssten. Sie lassen sich demgemäß als Second-Best-Koordinationsdesigns interpretieren.

- Der *externe Arbeitsmarkt* unterliegt dagegen neoklassischen Allokationsmechanismen. Hierbei kommt dem Lohn eine dominierende Rolle zu.

Unterscheidungskriterium der beiden Segmente ist somit das Wirken beziehungsweise Nicht-Wirken von Institutionen. Diese stellen demnach Muster aus nicht-marktlichen Normen und Regelungen dar, die sich in typischen

Strukturmerkmalen interner Arbeitsmärkte wie zum Beispiel betriebliche Aufstiegsleitern, Senioritätsprinzip (→Seniorität) bei der →Beförderung, Verstetigung der Arbeitsverhältnisse (Beschäftigungssicherheit) oder Koppelung der Löhne an Stellen manifestieren. Der externe Arbeitsmarkt ist dagegen durch die herausragende Bedeutung des Lohns als dominierender Allokationsmechanismus gekennzeichnet.

Die Differenzierung zwischen einem internen und externen Arbeitsmarkt ist deutlich von der Differenzierung zwischen einem *betriebsinternen* und *betriebsexternen Arbeitsmarkt* abzugrenzen: Erstere stellen →Beschäftigungssysteme dar, die innerhalb eines Betriebs – und somit innerhalb des betriebsinternen Arbeitsmarkts – koexistieren können. Die Verbindung zwischen dem internen und dem externen Segment sind die Ports of Entry. Sie stellen die Einstiegspositionen des internen Arbeitsmarkts dar und gehören somit definitionsgemäß diesem an. Alle anderen Positionen des internen Arbeitsmarkts sind ausgehend von den Ports of Entry ausschließlich durch Beförderung beziehungsweise →Versetzung zu erreichen. Verlässt ein Arbeitnehmer das Unternehmen, so muss er in einem anderen Unternehmen wieder über die dortigen Ports of Entry in den internen Arbeitsmarkt eintreten. An diesen erfolgt eine arbeitgeberseitige Selektion der Arbeitskräfte auf Basis institutioneller Regelungen, die festlegen, wer in den internen Arbeitsmarkt eintreten darf. Dabei kommt ausschließlich den subjektiven arbeitgeberseitigen Präferenzen Bedeutung zu. Diese können auf objektiven Tatbeständen (z. B. formale Qualifikationserfordernisse) oder auch auf Vorurteilen (wie Präferenzen für Nationalität, Hautfarbe oder Geschlecht) basieren. Konkret kann beispielsweise das Vorliegen eines Ausbildungszertifikats (Schulzeugnis oder Hochschuldiplom) eine Eintrittskartenfunktion für die Ports of Entry haben.

Gemäß klassischen Ansätzen in der Literatur befinden sich Ports of Entry an der Basis der →Hierarchie des internen Arbeitsmarkts. Jedoch sind für unterschiedliche Bereiche des Unternehmens unterschiedliche Ports of Entry denkbar. So unterscheiden sich beispielsweise in Krankenhäusern die Einstiegspositionen von Krankenschwestern und Ärzten. An den Ports of Entry konkurrieren die Arbeitskräfte des externen Arbeitsmarkts um die Positionen. Nach erfolgtem Eintritt in den internen Arbeitsmarkt sind die Arbeitskräfte gegen externe Konkurrenz abgeschottet.

Literatur: *Alewell, D.*: Interne Arbeitsmärkte, Hamburg 1993. *Bürkle, T.*: Beschäftigungssicherheit als konstituierendes Element interner Arbeitsmärkte, München, Mering 2004. *Doeringer, P. B.; Piore, M. J.*: Internal Labor Markets and Manpower Analysis, New York, Lexington 1971. *Kerr, C.*: The Balkanization of Labor Markets, in: *The Technology Press of Massachusetts Institute of Technology* (Hrsg.): Labor Mobility and Economic Opportunity, New York, London 1954, S. 92–110. *Sesselmeier, W.; Blauermel, G.*: Arbeitsmarkttheorien, 2. Aufl., Heidelberg 1998.

Thomas Bürkle

Positionierung →Profilierungsfunktion

Post-Fordismus →Fordismus

Postindustrielle Arbeitswelt

weit reichende Veränderungen der Arbeitswelt, die sich aus der zunehmenden Verbreitung von Dienstleistungs- und Informationsarbeit ergeben.

Übersicht 1: Vergleich industrielle und postindustrielle Arbeitswelt

	Industrielle Arbeitswelt	Postindustrielle Arbeitswelt
Produkte	materielle Güter	immaterielle Güter
Produktionsprozess	Standardisierung, Mechanisierung	Kundeninteraktion, Medienunterstützung
Kontrolle/ Herrschaft	zentrale Steuerung, Fremdkontrolle	Selbstkontrolle
Kreativität/ Eigensinn	nicht erwünscht	gefordert
Arbeit	körperlich, organisational	geistig/emotional, zum Teil organisationsübergreifend
Beschäftigungsverhältnisse	Normalarbeitsverhältnis	atypische Beschäftigungsverhältnisse verbreitet

Durch elektronische Medien gestützte konsum- und produktionsbezogene Dienstleistungen verdrängen zunehmend die klassische mechanisierte, materielle Industriearbeit (→Tertiarisierung, →Wissensarbeit). Die damit verbundenen Veränderungen der Arbeitswelt

Postindustrielle Gesellschaft

gaben Anlass, von einer postindustriellen Arbeitswelt (*Deutschmann* 2002) zu sprechen, die die lange Zeit dominante industrielle Arbeitswelt ablöst.

Im Unterschied zur industriellen Arbeitswelt zeichnet sich die postindustrielle Arbeitswelt in der Tendenz durch eine geringere Standardisierung des Produktionsprozesses, immaterielle Produkte und eine erhöhte Selbstkontrolle der Arbeitskräfte aus.

Literatur: *Deutschmann, C.*: Postindustrielle Industriesoziologie, München, Weinheim 2002.

Axel Haunschild

Postindustrielle Gesellschaft

die in Industriegesellschaften als Folge der technologischen Entwicklungen und dem sich daraus ergebenden Wirtschaftswachstum entstandene Entwicklungsphase einer Dienstleistungsgesellschaft, deren Fokus weitgehend auf dem tertiären Sektor liegt.

Einher mit dieser Entwicklung gehen nicht nur eine verbesserte Güterversorgung, sondern die Menschen entwickeln auch verstärkt (sozial-)kulturelle Bedürfnisse, die ihnen eine persönliche Selbstverwirklichung erlauben.

Als →Menschenbild wird hier der sich selbstverwirklichende Mensch zugrunde gelegt, der nach →Autonomie strebt und →Selbstkontrolle, das heißt →Mitbestimmung am Arbeitsplatz sowie →Selbstmotivation (→Intrinsische Motivation) bevorzugt. Aus personalpolitischer Sicht kommt dem →Personalmanagement die Aufgabe des Unterstützers und Förderers und nicht des Kontrolleurs und Motivierers zu. Kritiker wie der amerikanische Soziologe *Bell* haben demgegenüber auch die Gefahr eines Verlustes von Tugenden (Arbeitsethos, Konsumverzicht) beschworen, die die Entwicklung des Kapitalismus ursprünglich gefördert haben. Ob diese Probleme durch die neuen Formen des Personalmanagements bewältigt werden können, ist sicherlich fraglich.

Literatur: *Bell, D.*: Die nachindustrielle Gesellschaft, Frankfurt a. M., New York 1975.

Dodo zu Knyphausen-Aufseß
Lars Schweizer

Postmoderne

gegenwärtige Epoche in der Entwicklung der westlichen Gesellschaft und Wirtschaft (syn.: reflexive Moderne, zweite Moderne).

Aus sozioökonomischer Hinsicht wurde die Epoche der Moderne mit der „Modernisierung" verbunden, also mit der Industrialisierung, der Entwicklung der Marktwirtschaft und der Demokratie sowie mit der Überzeugung, dass durch den technischen Fortschritt ein Mehr an Demokratie, an Lebensqualität und ein Weniger an sozialen →Konflikten erreicht werden kann. Im postmodernen Verständnis werden diese Mechanismen der Modernisierung in Frage gestellt, es wird zum Beispiel von der „Risikogesellschaft" als einer Konsequenz der Modernisierung gesprochen.

Der Übergang von Moderne in die Postmoderne wird anhand unterschiedlicher Merkmale beschrieben. Bezüglich des *gesellschaftlichen Lebens* werden Pluralisierung von Lebensformen, →Individualisierung gesellschaftlicher Verhältnisse und selbstreflexive Lebensführung (→Selbstreflexion) als Attribute einer postmodernen Gesellschaft diskutiert. In der *Wirtschaft* wird der Übergang zur Postmoderne als Wechsel von Massenproduktion zu flexibler Fertigung (→Flexibilisierung), von Güterproduktion zu Produktion von Dienstleistungen (→Postindustrielle Gesellschaft, Dienstleistungsgesellschaft), von materiellen Gütern zu →Information (Informationsgesellschaft), von Printmedien zu elektronischen Medien (eSociety) beschrieben.

Postmoderne als Epoche der Entwicklung ist in weiten Sphären des gesellschaftlichen Lebens zu beobachten: in der Architektur, Literatur und Sprache wie auch in der bildenden Kunst.

Flexibilisierung und Individualisierung sind eine Voraussetzung und gleichzeitig eine Konsequenz postmoderner Organisationsformen.

Literatur: *Beck, U; Giddens, A.; Lash, S.*: Reflexive Modernisierung, Frankfurt a. M. 1996. *Schreyögg, G.*: Organisation und Postmoderne, Wiesbaden 1999.

Sonia Hornberger

Postmodernismus

Mentalität (Denkhaltung) mit spezifischen Inhalten, die als Inbegriff eines kritischen Denkens gegenüber der Moderne und eines neuen Zeitgeistes aufgefasst wird.

Der Postmodernismus wird vor allem von französischen Philosophen wie *Lyotard*, *Derrida*, *Foucault* oder *Baudrillard* getragen. Als Begriff wurde er erstmals 1917 von *Pannewitz* in dessen Buch *Die Krise der europäischen Kultur* gebraucht.

Der Postmodernismus wird manchmal auch als eine konsequente Umsetzung der nicht immer konsequenten Moderne interpretiert. Dahinter verbirgt sich die Vorstellung, dass der Prozess der Modernisierung, also der allmähliche Vollzug der Moderne, ein durchaus paradoxer Prozess war, in dem traditionelle und moderne Modelle der Gesellschaft noch miteinander konkurrierten, und jede Differenzierung entsprechende Entdifferenzierungsprozesse auslöste. Dies resultierte nach *Lyotard* (1986) darin, dass die Moderne durch die Herrschaft von „Meta-Erzählungen" geprägt wurde, welche eine Leitidee vorgaben, die das Wissen einer Zeit bündelten und auf ein Ziel hin ausrichteten. Jedoch sind die Erfahrungen der Menschen mit diesen Leitideen negativer Art gewesen und die „Meta-Erzählungen" haben daher ihre Glaubwürdigkeit verloren, denn das Streben der Menschen nach dem Ganzen und Einen hat sich im 19. und 20. Jahrhundert nicht erfüllt. Den Verlust der Illusion von den Ganzheiten nimmt die Postmoderne für sich als Gewinn, da sie den Preis für diese Illusion in Zwang und Terror sieht, dem die Menschen ausgesetzt waren. Daher versteht die Postmoderne die Abkehr von „Meta-Erzählungen" als einen Zugewinn an →Autonomie und Freiheit, die sich in der Pluralität als neuer Orientierung niederschlägt. Die Postmoderne schätzt das Heterogene und Differente und trägt damit der Vielfalt der Denk- und Handlungsformen Rechnung.

In der Postmoderne wird versucht, durch die Abkehr von „Meta-Erzählungen" und der Verabsolutierung der Moderne Raum zum Nachdenken zu gewinnen, eine Diskussionskultur zu schaffen mit dem Ziel, das Projekt der Moderne auf seine Ursprünge zurückzuführen. Dabei handelt es sich um die rationale, dialogische Reflexion, die sowohl zu verallgemeinern versteht als auch gleichzeitig die Heterogenität des Daseins zu erhalten vermag, was bedeutet, dass Selbstbezüglichkeit und die Akzeptanz von Paradoxien als zentrales Element eines postmodernen Denkens akzeptiert werden. Dies wird allerdings nicht als Abkehr von der Rationalität verstanden, sondern ist vielmehr eine Reflexion dieser Rationalität. Daher erscheint Postmoderne eher als Bezeichnung für singuläre Ereignisse oder als Zäsur, die mittels eines künstlich erzeugten Abstandes zu dem, was als gesichert gilt, die Muße und den Freiraum schaffen soll, in denen sich eine neue Philosophie formen lässt, deren Fundament die Anerkennung der Individualität und Heterogenität ist. Der Prozess der →Individualisierung des Individuums im Sinne eines radikalen Eintretens für Pluralität und subjektive Rationalität ist ein zentraler Ansatzpunkt der Postmoderne. Dabei bedient sich der *Postmodernismus* auch gerne der Metapher des Marktes, die in diesem Kontext als ein Versuch interpretiert werden kann, die Spannung zwischen Holismus und →Individualismus zu überwinden und eine harmonisch funktionierende Ganzheit auf individueller Basis zu schaffen.

Was bedeutet nun die Ideologie des *Postmodernismus* für das Unternehmen als →Organisation und für dessen →Personalmanagement? Ein zentrales Anliegen des *Postmodernismus* ist verbunden mit der Organisation von Wissen. In einer postmodernen Gesellschaft wird Wissen nicht mehr nur um seiner selbst Willen produziert, sondern Wissen wird funktional verstanden. Es geht nicht mehr nur darum, Wissen zu besitzen, sondern um die Frage, wie dieses Wissen konkret eingesetzt werden kann und welcher Nutzen sich daraus ziehen lässt. Mitarbeiter müssen demnach im Rahmen der →Personalentwicklung Fähigkeiten (→Qualifikation) und Wissen vermittelt bekommen, die sie konkret in ihrem Arbeitsalltag nutzen können. Daraus lässt sich ableiten, dass Individualisierung als das zentrale Paradigma des Personalmanagements im *Postmodernismus* vorherrschend ist. Das zentrale Leitmotiv einer postmodernen Organisation wird demnach bestimmt durch die konsequente Berücksichtigung individueller Präferenzen, →Anforderungen und →Kompetenzen.

Dieser Trend spiegelt sich auch in der →Organisationsstruktur des Unternehmens wider. *zu Knyphausen-Aufseß* (1999) spricht in diesem Zusammenhang von einer „→Entgrenzung" des Unternehmens, die in zunehmenden Kooperationsvereinbarungen, der abnehmenden Bedeutung der Konzernzentrale sowie in einer verstärkten →Internationalisierung und →Globalisierung zum Ausdruck kommt. Dies resultiert in einer Delegation von →Macht und der →Dezentralisierung von Entscheidungskompetenzen, so dass im Kontext eines „entgrenzten" Unternehmens die Existenz einer homogenen Unternehmenskultur (→Organisationskultur) und/oder →Strategie des Unternehmens in Frage gestellt werden kann. Diese Schlussfolgerungen lassen sich so auch auf das Personalmanagement übertragen, welche den Anforderungen eines globalen Denkens bei gleichzeitig lokalem Handeln gerecht werden muss. Dies bedeutet, dass die Unternehmenszentrale nur noch eine „Kontextsteuerung" vornimmt und die einzelnen Unternehmensbereiche eine aus ihren Wissens- und Kompetenzerfordernissen abgeleitete →Personalstrategie definieren, die den individuellen Bedürfnissen (→Motiv) ihrer Mitarbeiter Rechnung trägt und der spezifischen Eigendynamik (Selbstreferentialität), dieser Prozesse gerecht wird. Hinsichtlich der Form der Organisationsgestaltung lassen sich hier zwei Trends identifizieren. Auf der Individualebene schlägt sich die zunehmende Individualisierung insbesondere in einer Privatisierung des Arbeitslebens (z. B. Telearbeiter, →Freie Mitarbeiter) nieder, was sich natürlich auch auf das Personalmanagement in entsprechender Weise auswirkt. Darüber hinaus wird für einzelne Geschäftsbereiche beziehungsweise Unternehmensteile die Profit-Center-Organisation (→Profit-Center) gewählt, da diese für den Geschäftsbereich einen Autonomiezuwachs sowie die Erweiterung des operativen Handlungs- und Entscheidungsspielraums nach sich zieht. Das Gesamtunternehmen folgt der Idee der Heterarchie und des Netzwerks als dominierendem Organisationskonzept.

Literatur: *Kirsch, W.*: Kommunikatives Handeln, Autopoiese, Rationalität. Kritische Anmerkungen im Hinblick auf eine evolutionäre Organisationstheorie, 2. Aufl., München 1997. *Lyotard, J.-F.*: Das postmoderne Wissen, Graz, Wien 1986. *Schreyögg, G.* (Hrsg.): Organisation und Postmoderne, Berlin 1999. *zu Knyphausen-Aufseß, D.*: Unternehmen in der Postmoderne. Auf dem Weg zu einer postmodernen Organisationstheorie ohne französische Philosophie, in: *Schreyögg, G.* (Hrsg.): Organisation und Postmoderne, Wiesbaden 1999, S. 127–155.

Dodo zu Knyphausen-Aufseß
Lars Schweizer

Potenzialbeurteilung

zukunftsgerichtete →Personalbeurteilung, bei der die →Qualifikation oder →Eignung einer Person für bestimmte Tätigkeiten oder Positionen erfasst und prognostiziert wird (syn.: Potenzialanalyse; Potenzialdiagnose).

Die Potenzialbeurteilung strebt für Mitarbeiter oder Bewerber die Beantwortung der Frage an, ob sie in der Lage sind oder mithilfe von Entwicklungsmaßnahmen dazu gebracht werden können, zukünftigen, bekannten, häufiger aber nicht mit Sicherheit prognostizierbaren oder unbekannten →Anforderungen gerecht zu werden.

Potenzialbeurteilungen fokussieren den Zukunftsaspekt von Qualifikationen und werden deshalb auch als *Eignungs- oder Erfolgsprognosen* bezeichnet; sie beinhalten eine Aussage über die relative Eignung von Personen in Bezug auf prognostizierte Anforderungen. Das Potenzial als Gegenstand der Beurteilung bezeichnet vorhandene, jederzeit realisierbare Qualifikationen, häufiger jedoch (noch) nicht vorhandene, aber durch Entwicklungsmaßnahmen zu erzeugende und künftig nutzbare Qualifikationen, sowie die grundsätzlichen Fähigkeiten einer Person, erforderliche Qualifikationen bei Bedarf zu entwickeln. *Potenzial* bezeichnet daher die bei Personen als Anlage vorhandene Möglichkeit der Entwicklung von Qualifikationen, wobei derartige Möglichkeiten selbst wiederum der Veränderung unterliegen. Insofern stellt sich die Frage nach den Prädiktoren für Potenzial oder Entwicklungsfähigkeit.

Die Potenzialbeurteilung ist der Personalforschung in →Organisationen zuzurechnen, weil mit ihr Informationen für rational zu treffende Personalentscheidungen im Rahmen qualitativer →Personalplanung erhoben werden. Sie bezieht sich dabei entweder sequenziell auf eine nächsthöhere Position oder absolut auf die generelle Weite der Entwicklungsmöglichkeiten einer Person. Unabhängig vom Ausmaß ihrer Reichweite gilt, dass die Potenzialbeurteilung *vorzeitig* – im Sinne eines Frühaufklärungssystems (→Frühwarnsystem) – anzeigt, welche *qualitativen* Personalressourcen im Betrieb vorhanden sind beziehungsweise sein werden und wo Lücken geschlossen beziehungsweise Möglichkeiten im Karrieresystem genutzt werden können. Sie entspricht damit substanziell einer Qualifikationsprognose (→Testverfahren), welche die für die Zukunft erwartbaren und realisierbaren Qualifikationen ermittelt.

Ziel ist das Erkennen des vorhandenen Anlagenpotenzials von Personen, um es als Entscheidungshilfe für die Personalplanung zu verwenden. Unter *Anlagenpotenzial* werden dabei die geistigen Fähigkeiten und personalen Merkmale wie Talent oder Begabung verstanden, also Eigenschaften der Person, die entweder ausgebildet sind, aber noch nicht genutzt werden oder noch ausgebildet werden können. Dabei geht es um das Erkennen von relativ stabilen und daher im Grundsatz wenig beeinflussbaren Persönlichkeitsmerkmalen, nach denen eine reliable und valide Unterscheidung von Personen möglich ist und denen als Diskriminierungskriterien zeitliche und transsituative Konsistenz zugesprochen werden können. Die Frage der Stabilität von Persönlichkeitsmerkmalen wird allerdings kontrovers diskutiert (→Erfassung von Persönlichkeitsmerkmalen).

Potenzialbeurteilung gelangt in der Praxis, entsprechend ihrer auf der Ablösung von inhaltlich konkret bestimmbaren Anforderungen aufbauenden Methodik, überwiegend bei Mitarbeitern zur Anwendung, für deren Aufgabengebiet wenig standardisierte und vorregulierte Tätigkeiten charakteristisch sind, für die eine Änderung des Aufgabengebiets geplant oder eine Tätigkeit auf einer hierarchisch höheren Position mit entsprechend höherer →Verantwortung vorgesehen ist. Insofern wird das zu bestimmende Potenzial auch als Management-Potenzial bezeichnet. Der vorrangige Einsatz von Potenzialbeurteilung bei →Führungskräften oder →Führungsnachwuchs wird unter anderem damit begründet, dass Fehlentscheidungen in diesem Bereich schwer korrigierbar sowie mit hohen Kosten und Reibungsverlusten verbunden sind.

Mit der Potenzialbeurteilung werden unterschiedliche *Funktionen* verfolgt. Neben einer allgemeinen Informationsfunktion (Schaffung einer Basis für betriebliche Auswahlentscheidungen im Bereich Personalplanung, →Personalbeschaffung und →Personalentwicklung) wird insbesondere Aufschluss darüber erwartet, welche Qualifikationen aktuell und zukünftig vorhanden sind. Eine weitere Funktion betrifft das Erkennen und die Beurteilung des Qualifikationspotenzials, das heißt die Beantwortung der Frage, ob und welche Qualifikationsmerkmale sich entwickeln und entwickelbar sind, um auf dieser Basis den Bedarf an Entwicklung bestimmen zu können. Schließlich zielt Potenzialbeurteilung auf Informationen, die eine Grundlage für Mitarbeiterförderung und Karriereberatung sowie Entwicklung und Handhabung einer Laufbahnplanung bilden. Dabei geht es um die Frage, von welchen Personen welche Positionen auf welchen hierarchischen Ebenen in welcher Zeit und mit welchem Entwicklungsaufwand eingenommen werden können. Weitere (latente) Funktionen besitzt Potenzialbeurteilung in den Bereichen Führung (→Mitarbeiterführung) und →Motivation. Die Führungskraft kann mit der gezielten →Kommunikation von Beurteilungen dem Mitarbeiter dessen Möglichkeiten beziehungsweise betrieblichen Karrierechancen aufzeigen. Durch solche Rückkopplung von auf die Zukunft gerichteten →Informationen wird dem Mitarbeiter zum einen Interesse an seiner Person signalisiert und zum anderen verdeutlicht, dass eine anforderungs- und leistungsgerechte Entwicklung mit der Eröffnung von Karrierewegen honoriert wird.

In Generalisierung zielt Potenzialbeurteilung darauf, die Entwicklungsfähigkeit von Personen zu bestimmen oder anhand des Vorhandenseins charakteristischer Merkmale abzuschätzen. Allerdings sind hiermit regelmäßig gravierende *Probleme* verbunden. Hierzu zählen unter anderem die Prognoseunsicherheit bezüglich der Entwicklung von Anforderungen und Qualifikationen, die Erfassung von Qualifikationen und der Schluss auf Eignung für zukünftige Tätigkeiten, die motivationale Aktivierung von Potenzial sowie die Schaffung entwicklungsfördernder Bedingungen. Aus diesen Gründen werden Erwartungen häufig darauf beschränkt, lediglich Hinweise auf die Einsatz- und Entwicklungsfähigkeit, -richtung, -dauer, -bedingungen und -wünsche von Mitarbeitern zu ermitteln. Doch auch diese relativierten Ansprüche setzen handhabbare *Verfahren* (→Beurteilungsverfahren) voraus, mit denen die geforderten Informationen erzeugt werden können. In der Literatur werden diagnoseorientierte und biographische Verfahren, insbesondere aber verhaltensbasierte Verfahren (→Assessment Center) vorgeschlagen. Neben der Erfassung personaler Eigenschaften, wie kognitive Leistungs- und Lernfähigkeiten, ist auch die Berücksichtigung typischer Situationsmerkmale vorzunehmen, da diese die Entwicklung von Personen − wenn auch auf jeweils individuelle Weise − unterstützen beziehungsweise behindern können.

Der Potenzialbeurteilung zugrunde liegende Informationen können auf einer Projektion verallgemeinerbarer, aus der Tätigkeit resultierenden Anforderungen basieren oder unmittelbar die Person und ihre Eigenschaften fokussieren.

Beziehen sich die zu ermittelnden Informationen über das Potenzial von Mitarbeitern auf zu erwartende Anforderungen im Kontext von zumeist *Führungspositionen*, so kommen hierin unterschiedliche Grade von Unsicherheit über deren Entwicklung zum Tragen. In Verallgemeinerung sind in diesem Zusammenhang das Führen von Personal, das Gestalten, Lenken und Verändern komplexer, vernetzter Systeme, deren langfristige Existenzsicherung in turbulenten Umwelten und bei umfangreichen Problemstellungen mit unsicherer Zukunft angesprochen. Die erfolgreiche Bewältigung solcher Anforderungen setzt die Fähigkeiten voraus, Probleme, Chancen und Entwicklungen rechtzeitig wahrnehmen, diagnostizieren und in motivierende Ziele transformieren zu können, systematisch zu denken, zu planen und zu handeln, Ressourcen zu katalysieren und Selbstregulation zu ermöglichen sowie komplexe partizipative Problemlösungsprozesse moderieren zu können. Darüber hinaus müssen entsprechende Personen über einen hohen Grad an sozialer und kommunikativer →Kompetenz verfügen sowie die problemgerechte Anwendung grundlegender Managementtechniken beherrschen. Diesen Anforderungen entsprechende Fähigkeiten stehen in großer Nähe zu relativ situationsunabhängigen Persönlichkeitseigenschaften.

Beziehen sich die zu ermittelnden Informationen über das Potenzial von Mitarbeitern deshalb auf Eigenschaften, so wird die Erstellung eines Gesamtbildes angestrebt, das nicht Stärken und Schwächen im Hinblick auf einige, für eine spezifische Position relevante Dimensionen aufzeigt, sondern versucht, die generelle Denk- und Vorgehensweise einer Person in Bezug auf allgemeine Managementfunktionen aufzuzeigen. Potenzialbeurteilung gerät dadurch zu dem Versuch, eine Person komplex und bezogen auf alle für ihre zukünftigen Tätigkeiten relevant erachteten Merkmale analytisch abzubilden.

Mit Blick auf die über Potenzialbeurteilung hinausgehende Absicht, Potenziale planmäßig zu entwickeln beziehungsweise zur Entfaltung zu bringen, ist es wichtig zu wissen, ob und inwiefern Eigenschaften wenig veränderbar sind, sich folglich Veränderungsbestrebungen entziehen, oder ob sie als veränderbar gelten und den Aufwand für Entwicklungsanstrengungen rechtfertigen können. Erscheinen sie stabil in dem Sinne, dass auch unter veränderten Bedingungen mit gleicher oder gleichartiger Ausprägung gerechnet werden kann, so ist dies von Vorteil für den Fall, dass sie generelle Fähigkeiten zum Erwerb von Qualifikationen beschreiben. Unabhängig von der Situation kann dann erwartet werden, dass die Person diese Eigenschaft bei Bedarf im Sinne der ihr übertragenen Aufgaben nutzen oder einsetzen (aktivieren) wird. Von Nachteil wäre Stabilität, wenn vom Fehlen hinreichender kognitiver Fähigkeiten auf die grundsätzliche Unfähigkeit geschlossen wird, sich bei Bedarf selbstständig Qualifikationen anzueignen. Im umgekehrten Fall einer relativen Veränderbarkeit von Eigenschaften würde dies hingegen bedeuten, dass als nicht hinreichend erachtete kognitive Fähigkeiten durch Entwicklungsmaßnahmen zumindest in Grenzen weiterentwickelt werden können.

Relativ stabile Eigenschaften, die einige Relevanz für die Bereitschaft und Fähigkeit besitzen, zukünftige, gegenwärtig aber noch unbestimmte Qualifikationen bei Bedarf zu entwickeln, sind die Intelligenz, die Lernfähigkeit und die Interessen einer Person. Solche Konstrukte von Prädiktoren für Potenzial versprechen Hinweise auf das Qualifikationspotenzial von Personen, da mit ihnen generalisierte Eigenschaftskonzepte bezeichnet sind, von denen auf die Fähigkeit geschlossen werden kann, sich veränderten Situationen und Anforderungen durch →Lernen anpassen zu können. Dies ist Voraussetzung dafür, Unsicherheit adäquat – beispielsweise durch Erarbeitung von auf die Organisationsziele bezogenen Problemlösungen – begegnen zu können und auch in schwierigen und unbekannten Situationen handlungs- und entscheidungsfähig zu bleiben.

Literatur: *Grieger, J.*: Hierarchie und Potential. Informatorische Grundlagen und Strukturen der Personalentwicklung in Unternehmungen, Neustadt, Coburg 1997. *Thömmes, J.*: Blinde Flecken in der Beurteilungspraxis? Eine systemtheoretisch-empirische Untersuchung zu Methoden der Potentialbeurteilung in Wirtschaftsorganisationen, München, Mering 1996. *Touet, M.*: Möglichkeiten und Grenzen der Potentialbeurteilung, Lohmar, Köln 1997. *von Rosenstiel, L.; Lang-von Wins, T.* (Hrsg.): Perspektiven der Potentialbeurteilung, Göttingen 2000.

Jürgen Grieger

Power Distance →Machtdistanz

Praktikum

Tätigkeit, die den Erwerb praktischer Kenntnisse (→Qualifikation) und Erfahrungen in einem Unternehmen im Rahmen einer meist unabhängigen, theoretischen →Ausbildung zum Ziel hat.

Ein Praktikum erfüllt aus Sicht des Praktikanten die Funktion der Informationsgewinnung, einerseits über Aufgabeninhalte eines Berufsbilds oder zumindest über Teilaspekte, andererseits erhält der Praktikant Einblicke in ein spezifisches Unternehmen. Aus Unternehmenssicht erfüllt das Praktikum ebenfalls eine Informationsfunktion, da das Unternehmen die Möglichkeit erhält, einen potenziellen zukünftigen Bewerber über einen bestimmten Zeitraum bei der Aufgabenausführung im Unternehmen zu beobachten. Dabei können Rückschlüsse auf dessen Arbeitsverhalten und Fähigkeiten gezogen werden.

Thomas Bürkle

Prämien(-lohn)

leistungsorientierte Vergütung, bei der eine außergewöhnliche Leistung mit einem zuvor festgelegten Betrag entgolten wird.

Im Unterschied zur →Erfolgsbeteiligung ist der Prämienlohn von der erbrachten Leistung als Ergebnis von →Qualifikation und →Motivation abhängig und nicht von dem daraus resultierenden Unternehmenserfolg. →Prämienlohnsysteme lassen sich nach drei Gestaltungsparametern unterscheiden:

1. *Prämienkriterium*: Prämienzahlungen können ähnlich wie im Akkordlohn von einer quantitativen Leistung abhängig gemacht werden, wobei im Gegensatz zum Akkordlohn von einer fix entlohnten →Normalleistung ausgegangen wird, und die Prämie für ein Überschreiten dieser Normalleistung gezahlt wird. Prämien können aber auch an Qualitätskriterien, wie zum Beispiel Fehlerhäufigkeit oder →Flexibilität, gekoppelt sein. Schließlich finden sich insbesondere in der industriellen Fertigung auch Ersparnis- oder Nutzungsprämien im Umgang mit Materialien beziehungsweise Fertigungskapazitäten.
2. *Prämienkurvenverlauf*: Die Prämienhöhe kann sich proportional zur Leistung bewegen (z. B. als prozentuale Beteiligung an Vertragsabschlüssen oder Einsparungsvolumen) oder fixierte Prämien für vorgegebene Leistungsstufen vorsehen (z. B. als fixe Prämie, die bei Unterschreiten einer bestimmten Fehlerhäufigkeit ausgezahlt wird).
3. *Prämienempfänger*: Hier ist vor allem zwischen Einzel- und Gruppenprämien zu unterscheiden. Bei Gruppenprämien wird die Prämie an eine gemeinsam zu erbringende Leistung (z. B. die Fehlerrate einer ganzen Abteilung) gekoppelt und demzufolge auch zu gleichen Teilen an alle Mitglieder ausgeschüttet (→Teamanreiz).

Prämienlohn wird wie jede andere Form des Leistungslohns als Motivationsinstrument zur Leistungssteigerung und -sicherung eingesetzt (→Extrinsische Motivation). Wesentliche Voraussetzungen für die Wirksamkeit von Prämienlohn sind *Beeinflussbarkeit*, *Messbarkeit* und *Transparenz*. Prämien wirken auf Individuen oder →Gruppen nur dann motivierend, wenn diese Personen der Überzeugung sind, dass sie die Wahrscheinlichkeit, die Prämie zu erhalten, auch wirklich durch eigene Anstrengungen erreichen können. Ungünstig ist dagegen eine Situation, in der das Erreichen der Prämie von anderen Personen oder nicht beeinflussbaren Rahmenbedingungen abhängig ist. Messbarkeit und Transparenz setzen voraus, dass das Erreichen der Prämienvoraussetzung objektiv beurteilt werden kann und ohne weiteres ersichtlich ist.

Markus Gmür

Prämienlohnsysteme

zusätzlich zum Grundlohn gestaltete, leistungsabhängige Lohnkomponenten, um differenzierte individuelle Leistungsanreize zu setzen.

Gestaltungsparameter sind bei den Prämienlohnsystemen die Prämienbemessungsgrundlage, der Prämiensatz und die Prämienlohnlinie (*Hentze* und *Graf* 2005):

- *Prämienbemessungsgrundlage*: Wird in ihrer Art bestimmt sowie mit einer Prämienanfangs- und einer -endleistung eingegrenzt. Die Bemessungsgrundlage kann zum Beispiel eine Mengenleistung, ein Qualitätsniveau, eine Rohstoff- oder Kostenersparnis, ein Auslastungsgrad oder ein Fertigstellungstermin sein. Die Prämienanfangs- und -endleistung definieren den erwarteten, prämienwirksamen Spielraum der Bemessungsgrundlage.
- *Prämiensatz*: Bezeichnet den Faktor, mit dem die erreichte Leistung im Hinblick auf die Bemessungsgrundlage in ein monetäres Äquivalent umgewandelt wird.

Prämiensystem

- *Prämienlohnlinie*: Stellt den Zusammenhang zwischen Leistung und Lohn dar. Ihr Verlauf hat verschiedene Anreizwirkungen: Ein *linearer Verlauf* sorgt für einen proportionalen →Anreiz zwischen der Prämienanfangs- und -endleistung, denn jede zusätzlich erbrachte Einheit der Bemessungsgrundlage hat konstante Auswirkungen auf die Entlohnung. Eine *degressive* beziehungsweise *progressive Prämienlohnlinie* schafft mit steigender Leistung einen unterproportional beziehungsweise überproportional steigenden Anreiz, die Höhe der Bemessungsgrundlage zu steigern. Eine letzte Variante sind *gestufte Prämien*. Mit der Gestalt der Lohnlinie kann das Verhalten der Mitarbeiter fein gesteuert werden.

Die Höhe einer Prämie beruht auf einer eindeutig feststellbaren Mehrleistung des Arbeitnehmers. Zur Verhaltenssteuerung sind in einem Prämienlohnsystem auch Kombinationen von unterschiedlichen Formen des Prämienlohns möglich (multiplikative oder additive Verknüpfung, direktkombinierte Berechnung), die vor allem empfehlenswert sind, wenn die →Arbeitsproduktivität der →Arbeit von mehreren Bestimmungsfaktoren abhängig und eine differenzierte Steuerung wünschenswert ist (*REFA* 1991).

Die Kombination von unterschiedlichen Prämienlohnkomponenten im Hinblick auf ökonomische Effizienz ergibt das optimale Prämienlohnsystem für ein Unternehmen.

Literatur: *REFA* (Hrsg.): Entgeltsysteme, München 1991, S. 43–58. Hentze, J.; Graf, A.: Personalwirtschaftslehre 2, Göttingen 2005.

Silvia Föhr

Prämiensystem

Berechnungsmethoden zur Bestimmung der Prämienhöhe in Abhängigkeit von der Bezugsgröße (z. B. Menge).

Prämiensysteme unterscheiden sich vor allem im Verhältnis der Bezugsgröße und der daraus resultierenden Prämienhöhe. Als „klassische" Prämiensysteme gelten zum Beispiel Berechnungsmethoden nach *Halsey* und *Bedaux* (*Scholz* 2000).

Der *Halsey-Lohn* (*Scholz* 2000) verbindet die Vorteile von Stück- und →Zeitlohn. Unter der Annahme, dass bei →Normalleistung nach beiden Entlohnungsformen derselbe Lohn resultiert, berechnet sich die Prämie für eine höhere Leistung aus der Relation der erzielten Zeitersparnis zur real aufgewandten Zeit. Mithilfe eines Prämienfaktors wird die auszahlungsrelevante Prämie bestimmt.

Das *Bedaux-System* (*Scholz* 2000) basiert auf einer eigenen Maßeinheit für die Leistung: „B" bezeichnet dabei die Normalleistung, das heißt die Arbeitsmenge, die ein geübter und geeigneter →Arbeitnehmer pro Minute bei normaler Arbeitsgeschwindigkeit erbringt. Dieser Wert beinhaltet auch Verteil- und Erholungszeiten. Bei Unterschreiten der errechneten Normalleistung wird ein Mindestlohn, andernfalls eine entsprechende Prämie gewährt.

Literatur: *Scholz, C.*: Personalmanagement, 5. Aufl., München 2000, S. 747–749.

Silvia Föhr

Präsentationssysteme →CBT-Systeme

Praxisschock →Entry Shock

Prekäre Beschäftigung

→Beschäftigungsverhältnisse, die von den betroffenen →Arbeitnehmern unfreiwillig eingegangen werden mussten beziehungsweise deren Ausgestaltung von ihnen als problematisch oder nachteilig wahrgenommen wird.

Eine begriffliche Ausdifferenzierung der atypischen oder neuen Beschäftigungsverhältnisse (→Atypische Beschäftigung) wurde in der Literatur durch die Bezeichnung prekäre Beschäftigungsverhältnisse vorgenommen (engl.: Precarious Employment).

Es liegt auf der Hand, dass der Grad an wahrgenommener Freiwilligkeit, Problematik und Nachteiligkeit stark von individuellen Präferenzen und sich wandelnden sozio-ökonomischen Rahmenbedingungen abhängt (*Wimmer* und *Neuberger* 1998). Auch wenn diese begriffliche Kategorie für quantitativ-empirische Aussagen daher nach *Büchtemann* und *Quack* (1990) schlecht operationalisierbar und validierbar ist, macht sie doch deutlich, dass nicht nur die faktische und beobachtbare Ausgestaltung des Beschäftigungsverhältnisses personalwirtschaftlich relevant ist, sondern auch ihre Wahrnehmung durch den Beschäftigten selbst. Die individuellen Auswirkungen prekärer Beschäftigung strahlen hierbei in andere Lebensbereiche aus (→Individualisierung, →Flexibilisierung, →Erwerbsbiographie).

Literatur: *Büchtemann, C.; Quack, S.*: How precarious is "non standard" employment? Evidence for West Germany, in: Cambridge Journal of Economics, 14. Jg. (1990), S. 315–329. *Wimmer, P.; Neuberger O.*: Personalwesen 2, Stuttgart 1998.

Axel Haunschild

Principal-Agent-Theorie

ökonomischer Ansatz zur Untersuchung von Situationen, in denen ein Individuum (Prinzipal; engl.: Principal) eine vertragliche Beziehung zu einem oder auch mehreren anderen Individuen (Agenten; engl.: Agent) eingeht, um diese mit bestimmten Handlungen zu beauftragen (syn.: Vertragstheorie).

Die Principal-Agent-Theorie versucht, die Struktur von Verträgen in mikroökonomischen Modellen als optimale Lösung von Anreizproblemen zu erklären, wenn Informationsasymmetrien bestehen, das heißt eine Partei mehr →Informationen als andere Parteien besitzt. Sie bildet ein grundlegendes Instrument der →Personalökonomie und der →Neuen Institutionenökonomik. Typischerweise kommt sie zur Anwendung, um Arbeitsbeziehungen zwischen einem →Arbeitgeber (Prinzipal) und einem oder mehreren →Arbeitnehmern (Agenten) zu analysieren.

Die Principal-Agent-Theorie nutzt dabei die Methoden der Spieltheorie, die ein umfassendes Instrumentarium entwickelt hat, um Interaktionssituationen unter Unterstellung von rationalem Verhalten der Akteure formalanalytisch auch in Situationen asymmetrischer Informationsverteilung zu analysieren.

Grundlegend werden die folgenden Formen asymmetrischer Information unterschieden: Besitzen die Vertragsparteien zum Zeitpunkt des Vertragsabschlusses die gleiche Information (das heißt sie sind symmetrisch informiert), erwirbt aber eine Partei nach dem Vertragsabschluss private Information, so spricht man von einer Situation des →*Moral Hazard*. Hier wird zwischen →*Hidden Action* und →*Hidden Information* unterschieden.

Man beachte jedoch, dass die Terminologie in der Literatur uneinheitlich verwendet wird. So fassen manche Autoren, wie zum Beispiel *Kräkel* (2004), sowohl nach- wie auch vorvertragliche private Information über bestimmte Größen unter dem Begriff Hidden Information zusammen. Ebenso werden manchmal die Begriffe Moral Hazard und Hidden Action bei *Mas-Colell, Whinston* und *Green* (1995) synonym verwendet.

Neben der Art der Informationsasymmetrien zwischen Prinzipal und Agent ist auch eine Beschreibung der Informationsasymmetrie zwischen den Vertragsparteien auf der einen Seite und den Gerichten auf der anderen Seite von zentraler Bedeutung. So kann es durchaus der Fall sein, dass die Vertragsparteien symmetrisch informiert über eine bestimmte Größe sind (diese Größe ist dann *beobachtbar*), jedoch diese Größe nicht von einem Gericht überprüft werden kann (sie ist dann nicht *verifizierbar*). In einem solchen Fall kann auch ein Vertrag nicht direkt auf diese Größe konditionieren, da er von einem Gericht nicht durchgesetzt werden kann.

Die Gesamtheit der Angaben über die Informationsverteilung der Akteure und den Ablauf der möglichen Handlungen nennt man das *vertragsspezifische Umfeld*. Für ein gegebenes vertragsspezifisches Umfeld kann bei Kenntnis der Nutzenfunktionen der Akteure die optimale Vertragswahl berechnet werden.

Literatur: *Kräkel, M.*: Organisation und Management, Tübingen 2004. *Mas-Colell, A.; Whinston, M. D.; Green, J. R.*: Microeconomic Theory, Oxford 1995, Kap. 14. *Schweizer, U.*: Vertragstheorie, Tübingen 1999.

Dirk Sliwka

Proaktives Feedback

→Feedback, welches vom Mitarbeiter aktiv gesucht wird (syn.: aktive Feedbacksuche).

Nach *Ashford* und *Cummings* (1983) fragen Mitarbeiter ihre →Führungskräfte oder andere Personen regelmäßig nach Feedback zur eigenen Leistung, da Menschen ihrer Natur nach *aktive Feedbacksucher* sind. In ihrem Modell benennen die Autoren vier Gründe, warum Menschen (an ihrem Arbeitsplatz) aktiv Feedback suchen:

1. *Selbstevaluation*: Menschen haben ein grundsätzliches Bedürfnis (→Motiv), ihre eigene →Kompetenz einzuschätzen.

2. *Selbstwerterhöhung*: Menschen haben ein Bedürfnis nach Bestätigung und Erhöhung des eigenen Selbstwertgefühls und suchen demnach nach positivem Feedback zur eigenen →Arbeitsleistung.

3. *Unsicherheitsreduktion*: Menschen sind sich oft unsicher, ob ihr eigenes Verhalten (→Be-

haviorismus) „richtig" ist und wie andere Menschen ihr Handeln beurteilen.

4. *Feedbackdefizit*: Oft wird zu wenig Feedback von der Umwelt „automatisch" bereitgestellt: Führungskräfte oder Kollegen geben keine Leistungsrückmeldung von sich aus.

Proaktive Feedbacksuche kann auf unterschiedliche Arten betrieben werden. Die *Beobachtungsstrategie* ist eine eher passive Form der Informationssuche, denn hier versucht der Mitarbeiter, eine Rückmeldung der Führungskraft zu seiner Leistung *indirekt* zu erschließen, indem er dessen Verhalten sowie nonverbale Äußerungen beobachtet und interpretiert. Die *Nachfragestrategie* dagegen ist *aktiv*, da hier eine Leistungsbewertung direkt von der Führungskraft eingeholt wird.

Ashford und *Cummings* (1983) benennen *Probleme* der proaktiven Feedbacksuche: Zum einen ist es je nach Situation mit einem hohen (emotionalen, zeitlichen) Energieaufwand verbunden, Feedback zu erfragen (z. B. dann, wenn der Feedbackgeber selten verfügbar ist oder zu unberechenbaren Reaktionen neigt). Zum anderen birgt eine aktive Feedbacksuche die Gefahr, sich als suchend und vermeintlich „unsicher" zu präsentieren und dadurch von anderen als inkompetent eingestuft zu werden.

Eine proaktive Feedbacksuche kann bei Mitarbeitern zum Ersten durch den →*Führungsstil* (Belohnung (→Belohnung und Bestrafung) aktiver Suche des Mitarbeiters durch die Führungskraft), zum Zweiten durch Organisationsentwicklungsmaßnahmen (z. B. Förderung positiver Kommunikationsnormen) gefördert werden.

Literatur: *Ashford, S. J.*; *Cummings, L. L.*: Feedback as an Individual Resource: Personal Strategies of Creating Information, in: Organizational Behavior and Human Performance, 32. Jg. (1983), S. 370–398.

Sabine Remdisch

Probezeit

befristetes, zur gegenseitigen Erprobung einem →Arbeitsvertrag vorgeschaltetes →Beschäftigungsverhältnis.

Liegen keine betrieblichen oder tariflichen Regelungen vor, ist nach arbeitsrechtlicher Praxis im Allgemeinen eine Dauer von bis zu sechs Monaten (bei besonders einfachen beziehungsweise anspruchsvollen auch kürzer oder länger) zulässig. Liegen keine tarifvertraglichen Regelungen vor, beträgt die →Kündigungsfrist für beide Parteien zwei Wochen, wobei an jedem Tag gekündigt werden kann. Ansonsten gelten die allgemeinen Kündigungsschutzregelungen (→Kündigungsschutz).

Axel Haunschild

Probezeit aus (arbeits-)rechtlicher Sicht

im →Arbeitsvertrag vereinbarter Zeitraum, in dem verkürzte →Kündigungsfristen gelten.

Kraft Gesetzes gilt keine *Probezeit*. § 1 Abs. 1 Kündigungsschutzgesetz (KSchG) regelt allerdings, dass das Kündigungsschutzgesetz erst nach sechsmonatigem Bestehen des Arbeitsverhältnisses (→Beschäftigungsverhältnis) eingreift. Dabei handelt es sich um die so genannte *Wartezeit*, die für jeden →Arbeitnehmer auch ohne besondere Vereinbarung gilt, nicht um eine Probezeit (→Kündigungsschutz). Der Begriff der Probezeit war lange Zeit nicht klar definiert, bis der Gesetzgeber in § 622 Abs. 3 BGB eine Regelung geschaffen hat. Nach dieser Vorschrift können →Arbeitgeber und Arbeitnehmer eine Probezeit von längstens sechs Monaten vereinbaren, was allerdings der ausdrücklichen Erwähnung im Arbeitsvertrag bedarf. Ist eine solche Probezeit vereinbart, hat sie ausschließlich Bedeutung für die Länge der →Kündigungsfrist. Die an sich in den ersten beiden Jahren des Arbeitsverhältnisses geltende Kündigungsfrist von vier Wochen zum 15. oder Ende eines Monats wird dann für die Dauer der Probezeit (aber – siehe oben – längstens für sechs Monate) auf zwei Wochen verkürzt, ohne dass die →Kündigung zum 15. oder zum Ende des Monats ausgesprochen werden muss. Kündigt ein Arbeitgeber ein am 01.01. eines Jahres geschlossenes Arbeitsverhältnis am 05.04., so endet das Arbeitsverhältnis am 31.05., wenn keine Probezeit vereinbart ist, mit Vereinbarung einer Probezeit dagegen am 19.04.

Friedrich Meyer

Problembereiche, Dimensionen und Notwendigkeit der Personalplanung

Thematisierung der drei Problembereiche mit vier Dimensionen sowie grundsätzliche Klärung, wann überhaupt →Personalplanung notwendig sind.

Aus dem *Substanzziel* der →Personalplanung (→Ziele der Personalplanung) lässt sich deren

Funktion ableiten, die in der – auf die Erreichung der Unternehmensziele gerichteten – Koordination ihrer Problembereiche „[...] unter Beachtung der für den Personalsektor geltenden Restriktionen und der zwischen dem Personalsektor und den übrigen Funktionsbereichen der Organisation bestehenden →Interdependenzen" (*Kossbiel* 1988, S. 1.105) liegt.

Als *Problembereiche* der Personalplanung kennzeichnen wir in Anlehnung an *Kossbiel* (1988) die Art und Anzahl benötigter Arbeitskräfte (→Personalbedarfsplanung), die Art und Anzahl verfügbarer Arbeitskräfte (→Personalausstattung) und die Zuordnung verfügbarer Arbeitskräfte zu organisatorischen Einheiten oder Tätigkeiten (→Personaleinsatzplanung). Es sei hier ausdrücklich betont, dass Personalbedarf und -ausstattung sauber auseinander zu halten sind, denn es besteht mitunter ein wesentlicher Unterschied zwischen dem benötigten und dem verfügbaren Personal. Hierauf werden wir unter dem Stichwort „klassisches Schema der Personalplanung" noch zurückkommen. Für diese drei Problembereiche sind vier Dimensionen einschlägig:

1. *Qualitative Dimension*: Welche Art von Arbeitskräfte?
2. *Quantitative Dimension*: In welchem Umfang?
3. *Temporale Dimension*: Wann sollen Arbeitskräfte eingesetzt werden?
4. *Lokale Dimension*: Wo sollen Arbeitskräfte eingesetzt werden?

Denkt man aber auch an Fairnessgesichtspunkte oder ähnliches – wie zum Beispiel bei der Gestaltung von Dienstplänen – dann können auch weitere Dimensionen einschlägig sein.

In der Funktionsbeschreibung der Personalplanung ist die Rede von Restriktionen, die für den Personalsektor gelten. Aus diesen folgt (unter anderem), dass bei der Abstimmung der genannten Problembereiche darauf zu achten ist, dass (grundsätzlich) die betrieblichen Personalbedarfe bezüglich der jeweils einschlägigen Dimensionen gedeckt werden können und dass (aus Gründen der Logik) mindestens soviel geeignetes Personal zur Verfügung steht, wie zum Einsatz vorgesehen wird. Diese beiden Forderungen werden im expliziten Ansatz der Personalplanung formalisiert, der unter Verwendung der Symbole aus Übersicht 1 wie folgt lautet:

$$PB_q = \sum_{r \in R_q} PE_{rq} \quad \forall q \in \overline{Q}$$

$$\sum_{q \in Q_r} PE_{rq} \leq PA_r \quad \forall r \in \overline{R}$$

Restriktion (1) fordert, dass sämtliche Personalbedarfe durch den Einsatz hinreichend qualifizierten Personals exakt gedeckt werden; Über- und Unterdeckungen sind somit (aus ökonomischen Gründen) ausgeschlossen, zum Beispiel um Produktivitätseinbußen (denn zu „viele Köche verderben den Brei") oder Konventionalstrafen zu vermeiden. Liest man Restriktion (2) von rechts, dann erkennt man die bereits oben erwähnte Forderung, dass mindestens soviel geeignetes Personal der jeweiligen Kategorien zur Verfügung stehen muss, wie zum Einsatz vorgesehen wird. Von der linken Seite aus gelesen kommt die ebenfalls logische Forderung zum Ausdruck, dass nicht mehr Personal eingesetzt werden kann als zur Verfügung steht.

Übersicht 1: Legende

Symbol	Definition
$\overline{Q}$	$\{q \mid q = 1, 2, ..., Q\}$ Menge der Personalbedarfskategorien (z. B. Tätigkeitsarten)
$\overline{R}$	$\{r \mid r = 1, 2, ..., R\}$ Menge der Arbeitskräftekategorien (z. B. Qualifikationsarten)
R_q	Menge der Arbeitskräftekategorien $r \in \overline{R}$, die für Personalbedarfe der Art $q \in \overline{Q}$ bereitgestellt werden können
Q_r	Menge der Personalbedarfskategorien $q \in \overline{Q}$, für die Arbeitskräfte der Art $r \in \overline{R}$ verwendet werden können
PB_q	(Personal-)Bedarf an Arbeitskräften zur Erledigung von Tätigkeiten der Art $q \in \overline{Q}$
PE_{rq}	(Personal-)Einsatz von Arbeitskräften der Art $r \in \overline{R}$ zur Erledigung von Personalbedarfen der Art $q \in \overline{Q}$
PA_r	(Personal-)Ausstattung mit Arbeitskräften der Art $r \in \overline{R}$

Problembereiche, Dimensionen und Notwendigkeit der Personalplanung

Verzichtet man auf Personaleinsatzvariablen – zum Beispiel weil man an einem differenzierten Personaleinsatzplan (noch) nicht interessiert ist und die betriebliche Personalausstattung lediglich auf ihre Bedarfsadäquanz hin überprüfen möchte – dann ist der *implizite Ansatz* zu formulieren. Dieser verlangt, dass die Teilpersonalbedarfe und alle ihre Kombinationen durch die jeweilige(n) Personalausstattung(en) mindestens gedeckt werden können beziehungsweise dass sie höchstens so groß werden dürfen wie die Anzahl geeigneter, verfügbarer Arbeitskräfte. Definiert man $\wp(\bar{Q})$ als die Potenzmenge aller Personalbedarfskategorien (also als die Menge aller Teilmengen von $\bar{Q}$), dann lautet der implizite Ansatz der Personalplanung wie folgt:

$$\sum_{q\in\hat{Q}} PB_q \leq \sum_{r\in\bigcup_{q\in\hat{Q}} R_q} PA_r \quad \forall\,\hat{Q}\in\wp(\bar{Q})\setminus\{\varnothing\}$$

Wir wollen die beiden Ansätze an folgendem einfachen Beispiel erläutern: In einer Abteilung sind zwei Arten von Tätigkeiten zu erledigen ($q = 1$ und $q = 2$). Dafür kommen drei Arten von Arbeitskräften in Betracht ($r = 1$, $r = 2$ und $r = 3$). Die Bereitstellungs- und Verwendungsmöglichkeiten sind in der folgenden Übersicht 2 notiert:

Übersicht 2: Bereitstellungs- und Verwendungsmöglichkeiten

	r=1	r=2	r=3
q=1	x	–	x
q=2	–	x	x

Für die Restriktionen vom Typ (1) gilt in diesem Beispiel:

$PB_1 = PE_{11} + PE_{31}$

$PB_2 = PE_{22} + PE_{32}$

Für die Restriktionen vom Typ (2) gilt:

$PE_{11} \leq PA_1$

$PE_{22} \leq PA_2$

$PE_{31} + PE_{32} \leq PA_3$

Der implizite Ansatz (3) lautet dann wie folgt:

$PB_1 \leq PA_1 + PA_3$

$PB_2 \leq PA_2 + PA_3$

$PB_1 + PB_2 \leq PA_1 + PA_2 + PA_3$

Wir wollen nun vier exemplarische Fälle betrachten, bei denen jeweils

$$\sum_{q=1}^{2} PB_q = \sum_{r=1}^{3} PA_r = 30$$

gilt.

Betragen die Personalbedarfe beispielsweise $(PB_1; PB_2) = (20;10)$, so ist nach den Restriktionensystemen (1), (2) sowie (3) eine Perso-

Übersicht 3: (Un)zulässige Personalausstattungen

	(PB_1;PB_2)	
	(20;10)	(19;11)
(PA_1; PA_2;PA_3) (20;5;5)	zulässig	unzulässig
(18;11;1)	unzulässig	zulässig

nalausstattung $(PA_1; PA_2; PA_3) = (18;11;1)$ unzulässig und eine Personalausstattung $(PA_1; PA_2; PA_3) = (20;5;5)$ hingegen zulässig. Gilt für die Personalbedarfsverteilung jedoch $(PB_1; PB_2) = (19;11)$, kehrt sich die (Un-)Zulässigkeit der Personalausstattungen, wie in Übersicht 3 verdeutlicht, um, wobei freilich nur in den Fällen der Zulässigkeit jeweils auch zulässige Personaleinsatzpläne nach (1) und (2) gefunden werden können.

Die zulässigen Personaleinsatzpläne sind in Übersicht 4 und Übersicht 5 aufgeführt.

Übersicht 4: Zulässiger Personaleinsatzplan

	r=1	r=2	r=3	PB_q
q=1	20	–	0	20
q=2	–	5	5	10
PA_r	20	5	5	

Übersicht 5: Zulässiger Personaleinsatzplan

	r=1	r=2	r=3	PB_q
q=1	18	–	1	19
q=2	–	11	0	11
PA_r	18	11	1	

Die einführenden Überlegungen abschließend, wollen wir uns noch mit der Notwendigkeit von Personalplanungen beschäftigen. *Personalplanungsprobleme* treten in nicht-trivialer Weise dann auf, wenn Mehrdeutigkeiten bezüglich mindestens einer der oben genannten Dimensionen vorliegen. Sie stellen sich zum Beispiel dann, wenn mehrere Kategorien von Arbeitskräften für die Erledigung ein und derselben Tätigkeitsart bereitgestellt werden können und/oder wenn ein und dieselbe Arbeitskräfteart für die Erledigung mehrerer Tätigkeitsarten verwendet werden kann (qualitative Dimension). Sie stellen sich aber beispielsweise auch, wenn – und dies ist in vielen Betrieben der Regelfall – mehrere Arbeitskräfte oder Arten von Arbeitskräften in mehreren Schichten oder nach mehreren Schichtmustern eingesetzt (temporale Dimension) oder wenn sie mehreren Niederlassungen zugeordnet werden können (lokale Dimension). In solchen Fällen so genannter Bereitstellungsbeziehungsweise Verwendungsmehrdeutigkeiten sind wir nach *Kossbiel* 1988, S. 1.094) auf die elaborierten Prozeduren des expliziten oder impliziten Ansatzes angewiesen. Das vielfach zitierte und nachstehend kurz referierte „klassische Schema der Personalplanung" ist dann zum Scheitern verurteilt. Dieses Schema sieht vor, dass der Netto-Personalbedarf wie folgt aus dem Soll-Personalbestand zu ermitteln ist (*Schoenfeld* 1992, *Schulte* 1989):

Soll-Personalbestand (Brutto-Personalbedarf)

– Ist-Personalbestand

+ Abgänge (aus z. B. Kündigungen)

– Zugänge (aus z. B. Neueinstellungen)

= Netto-Personalbedarf

Für den Fall, dass der Soll-Personalbestand kleiner (bzw. größer) ist als der Ist-Personalbestand, werden dann von den Verfechtern dieses Schemas Entlassungen (bzw. Einstellungen) in entsprechender Höhe empfohlen. Es ist – wie bereits angedeutet – wegen seiner übermäßigen Simplifizierung der Zusammenhänge in Fällen qualitativer, temporaler und/oder lokaler Mehrdeutigkeiten und wegen seiner einseitigen Fokussierung auf die Mengenkomponente bei gleichzeitiger Negierung der Preiskomponente abzulehnen.

Literatur: *Kossbiel, H.*: Personalbereitstellung und Personalführung, in: *Jacob, H.* (Hrsg.): Allgemeine Betriebswirtschaftslehre, Wiesbaden 1988, S. 1045–1253. *Schoenfeld, H. M. W.*: Personalkostenplanung, in: *Gaugler, E.*; *Weber, W.* (Hrsg.): Handwörterbuch des Personalwesens, 2. Aufl., Stuttgart 1992, Sp. 1735–1746. *Schulte, C.*: Personal-Controlling mit Kennzahlen, München 1989, S. 10–11.

Thomas Spengler

Produktivität →Arbeitsproduktivität

Professional and Managerial Position Questionnaire (PMPQ)

Verfahren, das einen Teil der strukturierten Arbeitsanalyse von →Führungskräften und Akademikern in vergleichbaren Positionen (Ingenieure, Techniker, Lehrpersonal) darstellt und der systematischen Analyse der spezifischen →Anforderungen der jeweiligen Position dient.

Der *PMPQ-Fragebogen* enthält über 100 Items, die in drei Kategorien zusammengefasst sind. Mit ihm werden detailliert →Informationen in den Bereichen

– der zur →Stelle gehörenden *Tätigkeiten* (bspw. Planung und Terminierung, Informationsmanagement, Beurteilung von Sachverhalten, →Kommunikation, soziale Beziehungen, Technikanwendung),

– der zur Erfüllung der Stellenanforderungen erforderlichen *Qualifikations-* und *Persönlichkeitsmerkmale* (bspw. Schulbildung, →Ausbildung, Erfahrung) sowie

– weitere Merkmale der Stelle als *Zusatzinformationen* (Anzahl der geführten Mitarbeiter, Leitungs- beziehungsweise →Kontrollspanne, Wert der verfügten Ressourcen)

erhoben.

Die Entstehung der Items in diesen Kategorien erfolgt auf der Basis von vier neunstufigen Skalen: *Teil der Position* (0 = nicht zutreffend, 9 = Haupttätigkeitsaspekt), →*Komplexität* (0 = nicht zutreffend, 9 = extrem komplex), *Bedeutung* (0 = nicht zutreffend, 9 = von extremer Wichtigkeit), →*Verantwortung* (0 = nicht zutreffend, 9 = extrem verantwortlich). Faktoranalytische Auswertungen von Erhebungen, die mit dem PMPQ-Fragebogen an zahlreichen Positionen in unterschiedlichen →Organisationen durchgeführt wurden, ergaben hinweise auf die Differenzierungsfähigkeit des Verfahrens.

Jürgen Grieger

Professionalisierung der Personalarbeit

Prozess der allgemeinen Qualitäts- und Leistungsverbesserung der Personalarbeit (→Personalmanagement) im Zusammenhang mit der Entwicklung einer entsprechenden mentalen Konstruktion dessen, was als „professionelle Personalarbeit" gelten soll.

Professionalität bedeutet umgangssprachlich, dass Personen einen →Beruf (ihre *Profession*) besonders gut ausüben, also letztlich gelernt haben, welches →Wissen für ein erfolgreiches Bewältigen der berufsspezifischen Herausforderungen nötig ist, und dieses auch einsetzen können. Eine berufliche Tätigkeit soll damit nicht amateurhaft, sondern eben auf „Profi-Niveau" ausgeführt werden. Diese Begriffseingrenzung ist jedoch noch recht grob. Konkreter werden Autoren wie beispielsweise *Tietgens* (1988) oder *Mieg* und *Pfadenhauer* (2003), die Professionalisierung in verschiedenen Berufsfeldern eingrenzen. Bei ihnen kommen *Aspekte* wie

- das *Wissen*, in welchem Gebiet genau man professionell sein möchte oder muss und →Verantwortung übernehmen wird,
- das hohe *Kompetenzniveau* in dem Sinne, das berufsbezogene Spezialwissen, das auch in anderen Kontexten oder gänzlich abstrakt erworben worden sein kann, fachlich einwandfrei anwenden zu können, sowie
- die *Verantwortlichkeit* im Sinne eines Mit- und Vorwärtsdenkens aus der Perspektive des Auftraggebers, also des Unternehmens, um dessen Zukunftsfähigkeit zu sichern,

zum Tragen. Diese Aspekte führen tendenziell zu einer Unentbehrlichkeit der Träger des Spezialwissens, aber auch zu potenziellen Spannungen zwischen professionellen Mitarbeitern samt ihrer sachbezogenen Autorität (→Macht) und dem daraus entstehenden Handlungsdrang auf der einen Seite mit den Mitarbeitern im Unternehmen, die aufgrund ihrer formalen Autorität viel stärker auf die Beachtung organisatorischer Regeln beharren, auf der anderen Seite (*Schimank* 2004). Hilfreich zur Entfaltung professioneller Arbeit ist daher ein flexibler Umgang mit den formalen Strukturen im Unternehmen.

Die *Voraussetzung* der Professionalisierung eines Berufsfeldes ist die grundsätzliche Möglichkeit, diesen Beruf professionell ausüben zu können. Im Fall der Personalarbeit befasst man sich seit den 1960er Jahren in der betriebswirtschaftlichen Forschung systematisch mit dem Personalwesen, das sich zu einem eigenständigen Hochschul-Fachgebiet entwickelt hat. Die einzelnen Tätigkeiten der Personalarbeit sind hinreichend definiert und mit Erklärungsmodellen unterlegt, und unzählige Personal-Fachbücher geben ihren Lesern darüber hinaus konkrete Hinweise für die Anwendung des Wissens. Die Professionalisierungspotenziale der Personalarbeit wachsen dauerhaft an, so lange man ernsthaft an ihr forscht. Dies allein stellt jedoch noch nicht sicher, dass einzelne in der Personalarbeit Tätige auch als Individuen „professionell" handeln.

Die *Gründe für eine unprofessionelle Personalarbeit* sind vielfältig und liegen entweder in der →Organisation begründet, die professionelles Handeln gar nicht erst zulässt oder verhindert, oder aber im Individuum begründet, das zu professionellem Handeln nicht in der Lage ist.

Im Verantwortungsbereich des Unternehmens wird zunächst gerade das Berufsfeld der Personalarbeit häufig von Personen gestaltet, die die Systemzusammenhänge des →Personalmanagements aus betriebswirtschaftlicher Sicht nicht wirklich gelernt haben. Obwohl auch Psychologen, Soziologen und Quereinsteiger aus noch entfernteren Berufen gute Personaler werden können, ist die Personalarbeit dennoch als betriebliche Funktion zunehmend in die betriebswirtschaftlichen Unternehmensstrategie-, Rechnungslegungs-, Finanzierungs- und Controllingzusammenhänge eingebettet, die verstanden werden müssen und in deren Umfeld man sich behaupten muss. Dies gelingt vor allem mit betriebswirtschaftlichen Argumenten, beispielsweise mit den gemeinsamen Währungen „Geld", „Kosten" oder →„Wertschöpfung". Letztlich ist also die betriebswirtschaftliche Einbettung der Personalarbeit ein „Muss".

Hinzu kommt die Ausweitung der betrieblichen Partizipation: In projektorientierten Arbeitsstrukturen, die zur Mode geworden sind, darf zunehmend „jeder" mitmachen. Dies hat einerseits den Vorteil, dass man näher an unterschiedlichen Problemen des Unternehmens mitarbeitet. Es kommt aber gleichzeitig zu einem wachsenden Einfluss von Personalarbeits-Laien in personalwirtschaftlichen Entscheidungsprozessen, wodurch die professionalisierte Personalarbeit zurückgedrängt wird.

Eine weitere Deprofessionalisierung resultiert aus der Bedrohung der Personalarbeit durch die Informationstechnologie. Wenn Computer die Personalarbeit übernehmen, dann ist auch viel Beurteilungskompetenz gerade komplizierter personalwirtschaftlicher Zusammenhänge verloren. Auch eine hochqualitative personalwirtschaftliche Unternehmenssoftware versucht, die Personalarbeit zu standardisieren und zu normieren. In einem solchen Fall ist die logische Konsequenz, dass personalwirtschaftliche Besonderheiten eines Unternehmens, die vielleicht über Jahre hinweg gewachsen sind und die einen wesentlichen Teil der Arbeitgebermarke ausmachen, plötzlich der Informatisierung der Personalarbeit geopfert werden. Entsprechende Bestrebungen seitens IT-Anbieter, die Personalarbeit in eine „HR-Fabrik" umzuwandeln, also in eine IT-gestützte, automatisierte Massenabfertigung der Humanressourcen eines Unternehmens, gefährden die Professionalität der Personalarbeit.

Problematisch im Hinblick auf die Professionalisierung kann die Entscheidung von Unternehmen werden, große Teile der Personalarbeit von dezentralen Bereichen in zentrale, unternehmensinterne „Shared Service Center" zu verlagern oder an externe Dienstleister zu vergeben. Dies ist bei eher harmlosen Aufgaben wie der operativen →Personalverwaltung oder Gehaltsabrechnung zwar durchaus möglich, nicht zuletzt aufgrund gut definierter Service Level Agreements. Doch je mehr strategierelevante Personalarbeitsbereiche ausgelagert werden, desto bedrohter ist die Professionalität der Personalarbeit (*Scholz* 2003): Wie soll denn ein Unternehmen im →War for Talents bessere Mitarbeiter bekommen als sein Konkurrent, wenn beide Unternehmen bei demselben Personalbeschaffungsdienstleister ihre Personalrekrutierung bestellen? Wo bleibt die Möglichkeit, sich als Unternehmen individuell mit einer „Unique Selling Proposition", also einer unverwechselbaren Markenbotschaft, auf dem →Arbeitsmarkt zu positionieren? Dies trifft auch für die ähnlich strategierelevante →Personalentwicklung zu, da nicht zuletzt über sie die Bindung von Mitarbeitern zentral beeinflusst wird. Somit ist gerade eine Auslagerung der Personalarbeit ein indirektes Eingeständnis, dass die eigene Personalarbeit nicht dazu fähig ist, aufgrund von Alleinstellungsmerkmalen strategische Wettbewerbsvorteile zu erlangen. Man verzichtet auf die Möglichkeit, bessere Personalarbeit zu machen als die Konkurrenz, und gibt damit die Chance auf, die Mitarbeiter, das wichtigste Kapital des Unternehmens, auch als solches zu behandeln.

Im Individuum begründet liegt die Auffassung der Personalaufgabe an sich. So kann man Personalarbeit sowohl in konjunkturell guten als auch in konjunkturell schlechten Zeiten entweder gut oder schlecht machen. Eine schlechte Personalarbeit zieht sich darauf zurück, die bürokratischen Aufgaben zu bewältigen, sich aber aus weit reichenden Entscheidungen herauszuhalten (*Scholz* 2000): Man ist eher Personalfunktionär oder taucht ab wie ein „Unterseeboot", spielt den Sozialapostel oder Weihnachtsmann, wenn es Geld zu verteilen gibt, oder hilft gar, als „Totengräber" großzahlige Mitarbeiterfreisetzungen auszuführen. Auf die gegenteilige Personalarbeit, die weit professioneller wäre, wird damit verzichtet – nämlich Ideengeber zu sein, mit →Visionen und passenden Realisierungsvorschlägen zur Entwicklung des gesamten Unternehmens beizutragen, sich mit Managementfunktionen wie etwa dem →Controlling auf Augenhöhe auseinanderzusetzen und im Übrigen als Ansprechpartner beratende Funktionen wahrzunehmen, die durchaus auch mit „harter" Betriebswirtschaft in der vermeintlich „weichen" Personalfunktion zu tun haben.

Mit einer solchen Positionierung (→Profilierungsfunktion) hängt auch zusammen, dass Personalentwicklung zwar für die Mitarbeiter des Unternehmens, nicht aber für die Mitarbeiter der Personalfunktion selbst vorgesehen wird. Eine Weiterbildung in eigener Sache wäre jedoch für eine Reihe von Personalmitarbeitern dringend angeraten, weil sie sich durch Ignoranz der Lernnotwendigkeit oder durch Lernverweigerung bereits von vielen Entwicklungen der zeitgemäßen Personalarbeit abgekoppelt haben.

Um den Professionalisierungsanspruch für das Personalmanagement zu entwickeln und einzulösen, lassen sich die folgenden *sechs Postulate* als Orientierungsrahmen heranziehen:

1. *Unternehmen müssen bewusst auf die Ausdifferenzierung, Spezialisierung und Weiterentwicklung ihrer Personalfunktion setzen* – anstatt lediglich darauf zu hoffen, die anstehenden Probleme lösten sich von selbst! Der Dreiklang „Differenzierung – Professionalisierung – Kontinuität" wird erfolgsentscheidend: Die Kenntnis über die tatsächlichen, differenzierten Bedürfnisse der Kunden der Personalarbeit, die nur über das tatsächliche Befragen gegenwärtiger und potenzieller Mitarbeiter zu erwerben ist, muss in der personalwirtschaftlichen Arbeit pro-

fessionell gespiegelt und glaubwürdig eingelöst werden – und dies nicht nur in einmaligen Aktionen, sondern kontinuierlich und damit sowohl für vorhandene Mitarbeiter als auch für gesuchte Bewerber nachvollziehbar und verlässlich.

2. *Unternehmen müssen ihre Personalarbeit zu einer zentralen →Kernkompetenz des Unternehmens machen, die sie stringent als solche kommunizieren, umsetzen und kontrollieren!* Dazu ist das strategische Bekenntnis des Unternehmens unverzichtbar, die Suche und das Binden ihrer Leistungsträger explizit zu einer der Kernprioritäten der Unternehmensentwicklung zu machen. Ohne ein solches Commitment, das sich durch die verschiedenen hierarchischen Ebenen des Unternehmens ziehen muss, entfalten etwaige Anstrengungen keine → Nachhaltigkeit.

3. *Unternehmen müssen ihre Personalleitung durch professionelle Personalmanager besetzen – also Personen, die fundiert personalwirtschaftlich ausgebildet sind!* Unternehmen benötigen für ihre Personalarbeit damit „echte Fachleute", die nicht im erstbesten Gespräch mit Unternehmensberatern mangels Argumenten einknicken, sondern ernstzunehmende Partner auf der Suche nach guten Problemlösungen sind.

4. *Unternehmen müssen ihre Personalfunktion als lernende Funktion ausgestalten, die sich auch selbst weiterentwickelt und die mit der Entwicklung des gesamten Unternehmens eng verzahnt ist!* Hierzu gehören nicht nur die Personalentwicklung der Personalabteilungsmitarbeiter, sondern auch deren Vernetzung mit Experten anderer Unternehmensbereiche, anderer Unternehmen und auch die Vernetzung mit der wissenschaftlichen Forschung.

5. *Unternehmen müssen dafür sorgen, dass professionelles Personalmanagement auf dem Radar der Unternehmensleitung und gerade auch der Aufsichtsgremien wie Aufsichtsrat oder Gesellschafterversammlung ist – zum Einfordern und zum ständigen Erinnern!* Je präsenter die Personalaufgaben Dritten sind, desto höher wird die Chance, dass es auch zur „Ablieferung" der professionellen Personalarbeit kommen wird. Damit werden in der Zukunft nicht nur Banken gemäß den Basel II-Richtlinien die Qualität von Management- und Personalführungsarbeit als Kriterien für die Kreditvergabe abfragen, sondern auch im Unternehmen selbst interessieren sich unterschiedliche Stellen für die Frage, wie wertschöpfend und erfolgsbeitragend die Personalarbeit ist.

6. *Unternehmen müssen nicht nur zulassen, sondern aktiv fördern, dass ihr Personalmanagement im Unternehmen als originäre Funktion gleichberechtigten Einfluss auf strategische Entscheidungen hat und nicht von anderen Funktionen wie der →Kostenrechnung oder der Finanzfunktion dominiert wird!* Die übrigen Funktionen im Unternehmen sollten ebenso bereit sein, den Beitrag der Personalfunktion anzuerkennen, wie die Personalfunktion deren Beiträge zum Gesamterfolg würdigt. Die Arroganz, mit der einige Finanzmanager und Controller (→Controlling) auf die aus ihrer Sicht inferiore →Personalabteilung und deren Arbeit herabblicken, ist gänzlich unangebracht und zeugt nur von strategischer Inkompetenz.

Aufbauend auf solcherart definierten Kompetenzen lassen sich die Aufgaben eines zeitgemäßen Personalmanagements – also unter anderem Identifikation, Aufbau, Weiterentwicklung und Schutz von hochleistungsorientierten Kernkompetenzen des Unternehmens – über die zentralen Aktivitäten →Personalmarketing, →Personalbeschaffung, →Personalentlohnung, Personalentwicklung, →Personalbindung und Personalführung (→Mitarbeiterführung) differenziert angehen *(von der Oelsnitz, Stein* und *Hahmann 2007).*

Die *Konsequenzen* einer Professionalisierung des Personalmanagements auf die in diesem Berufsfeld Tätigen ergeben sich zweifach:

Zum einen werden diejenigen, die sich nicht professionalisieren (dies also nicht wollen oder nicht können), zunehmend schneller als „unprofessionell" auffallen. „Stillstand ist Rückschritt" – nach diesem Motto bleiben die „Personaler der alten Schule" hinter Kollegen mit mehr →Kompetenz oder mehr proaktiver Verantwortungsübernahme zurück. Dies führt so weit, dass selbst über Jahrzehnte hinweg „verdiente" Personalmanager in Unternehmen kurzfristig ihren Platz räumen müssen, wenn sie die von ihnen erwartete Leistung nicht erbringen. Dabei sind zwei Dinge für sie neu: Erstens fragt überhaupt jemand nach der Leistung der Personalarbeit und der sie verantwortenden Abteilung. Zweitens sollen die Ergebnisse der Personalarbeit plötzlich bewertbar sein, möglichst in Euro. Damit ist die Personalarbeit an sich nicht mehr länger ein kontrollfreies Rückzugsgebiet für Ruhesuchende, sondern unterliegt – wie alle anderen betrieblichen Funktionen auch – dem allgemeinen Ökonomisierungsdruck. In einer solchen Arbeitswelt werden somit als erstes diejenigen, die sich weder Kompetenzen aufgebaut haben noch ihrer Verantwortlichkeit für die Überlebensfähigkeit ihres Unternehmens gerecht werden, vermeintliche „Opfer" der allgemeinen Professionalisierungsbewegung.

Zum anderen profitieren diejenigen, die sich regelmäßig den „schwachen Signalen" der Umwelt nicht verschließen, sondern sich mit ihnen konfrontieren und fragen, was diese schwachen Signale für ihre zukunftsorientierte Personalarbeit bedeuten werden. Die ständige Offenheit gegenüber einem vorausschauenden Denken und Handeln ist jedoch weder Selbstzweck noch rein altruistisch für das Unternehmen gedacht: Sie hilft den Personen auch, eine innerbetriebliche Vormachtstellung im persönlichen Kampf um arbeitsbezogene Vorteile zu erringen. So geht es um die relative Sicherheit des Arbeitsplatzes, um Fortbildungsmöglichkeiten, um Karriere- und Gehaltsentwicklungen, mit denen erfolgreiche Personaler eher belohnt werden als erfolglose. Darüber hinaus geht mit einer Professionalisierung und dem damit verbundenen Qualitätsaspekt der Arbeit und ihrer Ergebnisse häufig die Steigerung des berufsbezogenen Sozialprestiges ihrer Träger einher. Auch entstehen zunehmend berufsorientierte „Communities", also etwa Vereine, Verbände oder Netzwerke mit dem Fokus auf Personalarbeit. Sie beginnen mit der Zeit, eine eigene Berufsethik des „professionellen Personalmanagers" zu definieren.

Literatur: *Mieg, H. A.; Pfadenhauer, M.* (Hrsg.): Professionelle Leistung – Professional Performance. Positionen der Professionssoziologie, Konstanz 2003. *Schimank, U.*: Betriebs- und Organisationssoziologie, in: *Gaugler, E.; Oechsler, W. A.; Weber, W.* (Hrsg.): Handwörterbuch des Personalwesens, 3. Aufl., Stuttgart 2004. *Scholz, C.*: Personalmanagement, 5. Aufl., München 2000. *Scholz, C.*: Personalmanagement – Strategisches Outsourcing oder operative Selbstauflösung?, in: *Speck, P.; Wagner, D.* (Hrsg.): Personalmanagement im Wandel. Vom Dienstleister zum Businesspartner. Karl-Friedrich Ackermann zum 65. Geburtstag, Wiesbaden 2003, S. 105–123. *Tietgens, H.*: Professionalität für die Erwachsenenbildung, in: *Gieseke, W. et al.* (Hrsg.): Professionalität und Professionalisierung, Bad Heilbrunn 1988. *von der Oelsnitz, D.; Stein, V.; Hahmann, M.*: Der Talente-Krieg. Personalstrategie und Bildung im globalen Kampf um Hochqualifizierte, Bern etc. 2007.

Volker Stein

Profilierungsfunktion

zielgerichtete Planung, Gestaltung und Kontrolle der Außenwahrnehmung von Unternehmen(seinheiten) im Rahmen des →Personalmarketings.

Die zur Profilierung notwendige Positionierung erfolgt mithilfe des Marketing-Mix und steht in enger Beziehung mit dem →Unternehmensimage. Besonders in Zeiten des im Hinblick auf Fach- und →Führungskräfte umkämpften →Arbeitsmarktes ist es für ein Unternehmen von großer Bedeutung, ihr Produkt „Arbeitsplatz" so zu positionieren, dass es sich in den Augen der Kunden eindeutig von Konkurrenzangeboten abhebt, um letztlich eine →Unique Selling Position (USP) zu erreichen. Die Positionierung erfolgt über die für die Zielgruppe besonders wichtigen Imagefaktoren. Weil sich die Arbeitsplatzangebote bezüglich des Entgeltes oder der →Arbeitszeit kaum noch unterscheiden, ist es umso bedeutender, eine Abgrenzung auf der immateriellen und emotionalen Ebene vorzunehmen, beispielsweise durch eine spezifische Unternehmenskultur (→Organisationskultur). Es ist vor allem Aufgabe der Kommunikationspolitik, potenziellen Mitarbeitern ein bestimmtes Bild vom →Arbeitsangebot des Unternehmens zu vermitteln und die spezifischen Eigenschaften des Unternehmens als →Arbeitgeber herauszustellen.

Antje Koch

Profit Sharing →Erfolgsbeteiligung

Profit-Center

Organisationsform einer betrieblichen Einheit mit eindeutiger Ergebnisverantwortung, weshalb ein solches Center am finanziellen Erfolg gemessen wird, den es am Ende einer Abrechnungsperiode erzielt hat.

Bei der Führung (→Mitarbeiterführung) einer Personalabteilung als Profit-Center müssen mehrere Voraussetzungen gegeben sein. Grundsätzlich ist es nötig, dass die vom Profit-Center erbrachten *Leistungen bewertbar* sind um die →Verrechnungspreise, zu denen die personalwirtschaftlichen Leistungen abgegeben werden, zu bestimmen. Im Idealfall werden diese Preise aus Marktpreisen abgeleitet. Dies ist immer dann möglich, wenn ähnliche Leistungen auch von unternehmensexternen Dritten bezogen werden könnten, also ein externer Markt besteht. Die *Einrichtung von Marktstrukturen* ist eine weitere Voraussetzung für ein personalwirtschaftliches Profit-Center. Allerdings tritt unternehmensintern die Personalabteilung in den meisten Fällen als Monopolanbieter, die Unternehmensbereiche als Monopolnachfrager auf. Durchbrochen werden kann dieses Schema durch eine zumindest teilweise Erlaubnis an die Unternehmensbereiche, auch von externen Anbietern zu beziehen, was bei unternehmensspezifischen Leistungen häufig aber problematisch ist. Als dritte Voraussetzung ist die *Beeinflussbarkeit der Erfolgsgröße* durch die Profit-Center-Verantwortlichen sicherzustellen. Dies bedeutet, dass der Leiter der Personalabteilung Inhalt und Art als auch „Produktionsweise" der angebotenen personalwirtschaftlichen Leistungen bestimmen können muss. Spezielle Wünsche zum Beispiel des Vorstands des Unternehmens nach personalwirtschaftlichen Maßnahmen müssen extra vergütet werden. Schließlich muss für ein erfolgreiches „Profit-Center Personal" auch das geeignete Personal zur Verfügung stehen. Kundenorientierte Dienstleister müssen an die Stelle von Verwaltern einer Zentralabteilung treten.

Die *Vorteile* der Profit-Center-Struktur liegen in der effizienten Erstellung von personalwirtschaftlichen Leistungen. Der wirtschaftliche Druck, der durch die Ergebnisverantwortung gegeben ist, eventuell gekoppelt mit einem erfolgsorientierten Vergütungssystem für die Personalmanager soll zu einer günstigen Kosten/Leistungsrelation auch im Personalbereich führen. Zusätzlich ist laut *Bühner* (2005) gewährleistet, dass die Personalabteilung sehr kundenorientiert arbeitet, da sie ihre Leistungen auch vermarkten muss.

Als *Nachteil* kann konstatiert werden, dass eine aktive, zentral gesteuerte →Personalpolitik, die auf der Basis einer strategischen →Personalplanung konzipiert wird, zu kurz kommen kann. Außerdem kann das Gebot der →Gleichbehandlung der Mitarbeiter in einem Unternehmen verletzt werden, wenn diese zentrale Struktur nicht vorhanden ist.

Literatur: *Bühner, R.*: Personalmanagement, München 2005.

Reinhard Meckl

Projektive Verfahren

psychologische Verfahren, bei denen mit uneindeutigem Material gearbeitet wird, welches Reaktionen seitens der Testperson auslöst.

Durch die Antwort der Testperson auf das Testmaterial kann – der Theorie nach – auf die Persönlichkeit der Testperson geschlossen werden. Projektive Verfahren sind psychologischen Laien wohl hauptsächlich aufgrund des prominenten Vertreters „Rorschach-Form-Deute-Verfahren" (*Rorschach* 1992) bekannt und werden oftmals – fälschlicherweise – mit psychologischen Tests gleichgesetzt.

Innerhalb der psychologischen Diagnostik nehmen projektive Verfahren eine stark umstrittene Stellung ein: In der Praxis werden sie zwar immer noch vielfach eingesetzt, gleichzeitig jedoch – vor allem aufgrund fehlender beziehungsweise unzufriedenstellender →*Gütekriterien* – stark kritisiert.

Ursprünglich kommt der Begriff der Projektion aus der Psychoanalyse. *Freud* (1975, zit. nach *Kubinger* 2006) versteht darunter relativ allgemein „eine Veräußerlichung eines inneren Vorgangs". Der den projektiven Verfahren zugrunde liegende Begriff ist jedoch umfassender und zeigt sich auch in der grundsätzlichen Gestaltung projektiver Verfahren.

Unterschiede zwischen projektiven Verfahren zeigen sich in der Umsetzung des Testmaterials und des Antwortformats. Ebenso können die Auswertungsrichtlinien unterschiedlich sein. Eine gängige Unterscheidung projektiver Verfahren in drei Gruppen ist nach *Rollett* (2003) die folgende:

1. *Form-Deute-Verfahren*: Die Testperson soll zu mehrdeutigem (Bild-)Material interpretativ Stellung nehmen.
2. *Verbal-Thematische Verfahren*: Die Testperson soll Geschichten zu mehrdeutigem (Bild-)Material erzählen, zu bestimmten Themen Stellung nehmen oder Satzanfänge fortführen.
3. *Zeichnerische und gestalterische Verfahren*: Die Testperson soll Zeichnungen fortführen oder nach einer gewissen Instruktion etwas zeichnen.

Der Einsatzbereich projektiver Verfahren wird hauptsächlich im Bereich der klinisch-psychologischen Diagnostik oder aber bei besonderer Indikation gesehen. *Schuler* und *Höft* (2006) diskutieren die Anwendung projektiver Verfahren, speziell des thematischen Apperzeptionstest von *Murray* (1991), im Zusammenhang mit der Messproblematik von →Motiven in der →Personalauswahl. *Heyse* (2003, S. 364) bemerkt hinsichtlich der praktischen Bedeutsamkeit projektiver Verfahren im Zusammenhang mit den Rechtsgrundlagen in Deutschland, dass eine Person, auch wenn sie freiwillig eine psychologische Untersuchung mitmacht, darauf Anspruch hat, dass ihre Intimsphäre unverletzt bleibt. Er führt weiter aus: „Die Anwendung projektiver Verfahren ist nur dann zulässig, wenn es dafür eine besondere Indikation gibt, etwa bei psychiatrischen Fragestellungen". Für die berufliche →Eignungsdiagnostik ist aufgrund der →Betriebsverfassungsgesetze (BetrVG) beziehungsweise im öffentlichen Dienst die Personalvertretungsgesetze (PersVG) auch die →Mitbestimmung des →Betriebsrates für Tests im weiteren Sinn anzuführen: Verfahren, welche in der Auswertung einen Beurteilungsspielraum lassen – und als solche gelten Projektive Verfahren – unterliegen demnach der Zustimmung des Betriebsrates.

Der Nutzen projektiver Verfahren kann nach heutiger verbreiteter Auffassung darin gesehen werden, ein Hilfsmittel bei der Anamnese und bei der Erstellung von →Hypothesen darzustellen.

Eine neuere Entwicklung stellen *Semi-Projektive Verfahren* dar: Das Verfahren Multi-Motiv-Gitter (MMG) von *Schmalt*, *Sokolowski* und *Langens* (2000) wurde auch für den Personalbereich entwickelt und wird in der Personalauswahl und →Personalentwicklung eingesetzt.

Hinsichtlich der Hauptgütekriterien zeigen sich bei projektiven Verfahren erhebliche Mängel. Während es überhaupt kaum Studien zur →Validität und →Reliabilität gibt, so zeigen sich nur für einzelne projektive Verfahren Versuche, eine Normierung zu erstellen (bspw. Multi-Motiv-Gitter von *Schmalt*, *Sokolowski* und *Langens* 2000). Die Objektivität zeigt sich in vielerlei Hinsicht ebenso beeinträchtigt: Während die *Durchführungsobjektivität* bei standardmäßiger Instruktion als vorhanden bezeichnet werden kann, so kann die Forderung nach der *Auswertungsobjektivität* oftmals als nicht erfüllt bewertet werden: Teilweise existieren für ein und dasselbe Verfahren unterschiedliche Signierungskataloge nebeneinander, teilweise liegt die Verwertung der diagnostischen Information (und somit die Verrechnung), welches durch das zumeist offene Antwortformat nahezu alle Reaktionen und Antworten der Testpersonen zulässt, allein in den Händen des Testleiters.

Die Interpretationsobjektivität schlussendlich ist bei den meisten Projektiven Verfahren ebenso als mangelhaft zu bezeichnen. *Kubinger* (2006, S. 44) zieht dabei folgenden Schluss für die Auslegung der Resultate bezüglich einer Testperson (Tp) durch einen Testleiter (Tl): „Dagegen sind projektive Verfahren (fast definitionsgemäß) nicht interpretationseindeutig. Da sie regelmäßig an tiefenpsychologischen Theorien orientiert sind, obliegt es der (theoriegeleiteten, dennoch subjektiven) Deutung und Bewertung der Testreaktionen in Bezug auf den gesamten Kontext der Tp-Umwelt, zu welcher Interpretation der Tl schließlich gelangt."

Schlussendlich sollen auch einige Nebengütekriterien in Zusammenhang mit Projektiven Verfahren beleuchtet werden: Während Verfälschbarkeit aufgrund der inhaltlichen Konzeption Projektiver Verfahren definitionsgemäß nicht (bewusst) erfolgen kann, so ist gleichzeitig die Zumutbarkeit zu thematisieren. So weist *Kubinger* (2006) kritisch darauf hin, dass Instruktionen Projektiver Verfahren typischerweise die Testperson über das Messprinzip im Unklaren lassen: „Diese Strategie ist zwar der anzustrebenden Unverfälschbarkeit förderlich, wirft jedoch ethische Grundsatzprobleme auf."

Oftmals wird von Praktikern die Ökonomie als Hauptkriterium für die Verwendung Projektiver Verfahren angegeben. Dies ist unter dem Gesichtspunkt der Testdauer selbst durchaus nachvollziehbar, erscheint allerdings im Zusammenhang mit anderen (fehlenden) Gütekriterien als nur begrenzter Vorteil: Wenn letztendlich nicht klar ist, was gemessen wird (Validität), wie gut es gemessen wird (Reliabilität), ob unterschiedliche Testleiter dieselben Antworten gleich bewerten und somit die gleichen Schlüsse ziehen (Objektivität), dann erscheint es fragwürdig, ob man die (wenn auch kurze) Testzeit tatsächlich für projektive Verfahren verwenden sollte.

Eine Sonderstellung innerhalb der Projektiven Verfahren nehmen Semi-Projektive Verfahren ein. Gemeinsam ist ihnen die Verwendung mehrdeutiger Stimuli, allerdings unterscheiden sie sich dadurch, dass keine freie Reaktion der Testperson auf dieses Material möglich ist.

Projektlaufbahn

Das Antwortformat ist durch mehrere vorgegebene Aussagen charakterisiert, aus welchen die Testperson auswählen kann.

An dieser Stelle soll das Verfahren MMG näher vorgestellt werden, welches wohl den prominentesten Vertreter eines Semi-Projektiven Verfahrens in der →Personalpsychologie darstellt und auch in *Sarges* und *Wottawa* (2001) ausführlicher beschrieben wird.

Das MMG bedient sich hinsichtlich des Stimulusmaterials mehrdeutiger schematischer Zeichnungen, welche die drei Motive Anschluss, Leistung und →Macht anregen sollen. Diese Motive werden für den Bereich Management und Führung (→Mitarbeiterführung) als bedeutsam angesehen und sollen jeweils hinsichtlich zweier Aspekte – *Hoffnung auf* (das jeweilige Motiv) und *Furcht vor* (dem jeweiligen Motiv) – erfasst werden.

Zu jedem der insgesamt 14 Bilder werden Aussagen angeboten, welche Komponenten der vorher genannten Motive entsprechen. Die Testperson wird instruiert, „soziale Situationen zu beurteilen" und soll für jede Aussage angeben, ob diese zur entsprechenden Bildsituation passt oder nicht.

Hinsichtlich der oben genannten Kritik an den Gütekriterien Projektiver Verfahren ist das MMG nicht ganz so streng zu sehen. Immerhin existieren Untersuchungen zur Validität und Reliabilität. Derzeit aktuelle geschlechtsspezifische Normen wurden erhoben, allerdings kann die Repräsentativität insofern angezweifelt werden, als dass die Normstichprobe sich hauptsächlich aus Studenten und Teilnehmern an unterschiedlichen beruflichen Fortbildungsveranstaltungen zusammensetzt.

Die Objektivität ist hinsichtlich der Auswertung und Interpretation als besser zu bezeichnen als bei Projektiven Verfahren.

Insbesondere die fehlende Verrechnungssicherheit, die Interpretationsuneindeutigkeit und die fragliche Zumutbarkeit stellen neben dem Fehlen von Validitäts- beziehungsweise Reliabilitätsuntersuchungen die Hauptkritikpunkte Projektiver Verfahren dar. Für den Personalbereich scheint der Einsatz Projektiver Verfahren nicht angezeigt, nicht zuletzt aufgrund der DIN 33430.

Literatur: *Heyse, H.*: Rechtsgrundlagen – Deutschland, in: *Kubinger, K. D.; Jäger, R. S.* (Hrsg.): Schlüsselbegriffe der Psychologischen Diagnostik, Weinheim 2003, S. 362–368. *Kubinger, K. D.*: Psychologische Diagnostik, Göttingen 2006. *Murray, H. A.*: Thematic Apperception Test, 3. Aufl., Göttingen 1991. *Rollett, B.*: Projektive Verfahren, in: *Kubinger, K. D.; Jäger, R. S.* (Hrsg.): Schlüsselbegriffe der Psychologischen Diagnostik, Weinheim 2003, S. 340–348. *Rorschach, H.*: Psychodiagnostik, Bern 1992. *Sarges, W.; Wottawa, H.* (Hrsg.): Handbuch wirtschaftspsychologischer Testverfahren, Lengerich 2001. *Schuler, H.; Höft, H.*: Konstruktorientierte Verfahren der Personalauswahl, in: *Schuler, H.* (Hrsg.): Lehrbuch der Personalpsychologie, 2. Aufl., Göttingen 2006, S. 93–133. *Schmalt, H.-D.; Sokolowski, K.; Langens, T.*: Das Multi-Motiv-Gitter zur Erfassung von Anschluss, Leistung und Macht – MMG, Frankfurt a. M. 2000.

Ingrid Preusche

Projektlaufbahn →Laufbahnmodelle

Projektmanagement

nach *Litke* (2004) von Unternehmen eingesetzt, um Aufgaben zu lösen, die die vorhandene →Linienorganisation nicht oder nur mit mehr Aufwand oder mit weniger Erfolgswahrscheinlichkeit lösen kann.

Parallel zur Linienorganisation kann eine komplexe Projektmanagementstruktur aufgebaut werden. Kennzeichnend für Projektmanagement sind die temporäre Begrenzung der →Arbeit und die oft fachübergreifende Zusammenarbeit von Experten. Auch hohe →Komplexität der Aufgabenstellung sowie die Notwendigkeit innovative, kreative Lösungen zu finden, können Projektmanagement kennzeichnen. Für Führungsnachwuchskräfte und Fachspezialisten ist die Projektmanagementtätigkeit eine gute Chance, ihre Führungsfähigkeiten (→Eigenschaftstheorie der Führung) temporär zu testen. Das Unternehmen reduziert hierdurch die Gefahr einer Fehlbesetzung im Führungsbereich. Außerdem führt, wie *Kraus* (2004) betont, eine gut organisierte Projektmanagementkultur zu zahlreichen Vernetzungen von Mitarbeitern im Unternehmen. Das kann zu einer höheren →Innovationsfähigkeit und Reaktionsgeschwindigkeit auf Marktveränderungen führen.

Jedoch wird nach *Schelle* (2004) zunehmend beklagt, dass die Mitarbeiter in so vielen Projekten gleichzeitig mitarbeiten, dass sie für ihre eigentliche Arbeit keine Zeit mehr finden, beziehungsweise die Projektsitzungen so ineffizient sind, dass erhebliche Zeit verschwendet wird.

Literatur: *Kraus, G.*: Projektmanagement mit System, 3. Aufl., Wiesbaden 2004. *Litke, H.-D.*: Projektmanagement, 4. Aufl., Planegg, München 2004. *Schelle, H.*: Projekte zum Erfolg führen, 4. Aufl., München 2004.

Désirée H. Ladwig

Projektorganisation

Organisation von Vorhaben, die als Projekte bezeichnet werden und die Erreichung eines definierten Ziels in zeitlich begrenztem Rahmen und mit mehreren Personen verfolgen.

Projekte sind in vielen Fällen durch eine hohe →Komplexität und Unsicherheit sowie durch einen Umfang gekennzeichnet, der *Steinbuch* (2000) zufolge die →Koordination vieler Stellen notwendig macht. Beispiele für Projekte sind die Einführung eines neuen EDV-Systems oder eines neuen Vergütungssystems für →Führungskräfte.

Die Einmaligkeit der Aufgabenstellung macht es notwendig, dass für die Abarbeitung eines Projekts eine spezielle Organisation erstellt wird, da die „stehende" →Organisationsstruktur des Unternehmens normalerweise nur für die Routineaufgaben geeignet ist. Dieser Projektorganisation kommt die Aufgabe zu, den strukturellen Rahmen für eine erfolgreiche Durchführung des Projekts zu schaffen. Abbildung 1 zeigt typische Merkmale einer Projektorganisation.

Abbildung 1: Idealtypische Form einer Projektorganisation (*Meckl* 2000, S. 55)

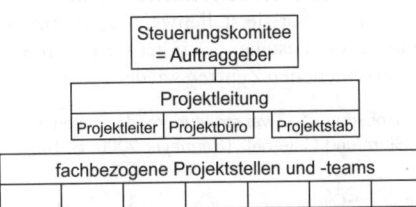

Am Beispiel des Projekts der Einführung eines neuen Vergütungssystems könnten die einzelnen Komponenten der Projektorganisation folgendermaßen aussehen: Das *Steuerungskomitee* umfasst Mitglieder des Top Managements, die für den Erfolg des Projekts die Endverantwortung tragen. Der Leiter des Personalwesens sollte hier ebenfalls vertreten sein. Es ist auch denkbar, dass das Projekt innerhalb der →Personalabteilung abgewickelt wird, wobei das Steuerungskomitee dann aus Managern der Personalabteilung zusammengesetzt wäre. Die Mitglieder des Steuerungskomitees geben, normalerweise in Abstimmung mit dem Projektleiter, Grundlinien für das Projekt vor und entscheiden über wesentliche Komponenten. In dem verwendeten Beispiel dürfte das die Entscheidung darüber sein, ob und, wenn ja, in welcher Bandbreite eine variable, leistungsbezogene Vergütung gewährt werden soll. Eine zentrale Funktion kommt dem *Projektleiter* zu. Er verfügt über die Entscheidungskompetenzen bei der Umsetzung des Projekts und hat planerische und koordinative Aufgaben zu lösen. Eine hohe fachliche →Kompetenz und vor allem Erfahrung und Fähigkeiten bei der Personalführung (→Mitarbeiterführung) sind für Projekte, die häufig unter Zeitdruck abgewickelt werden müssen, Voraussetzung für den Erfolg. Der Leiter ist zugleich Verbindungselement zum Steuerungskomitee und muss zum Beispiel auch die Ressourcenausstattung, also vor allem Projektstellen und finanzielle Mittel, mit den verantwortlichen Stellen im Unternehmen abstimmen. Es empfiehlt sich für das angesprochene Beispiel, einen erfahrenen Mitarbeiter aus der Personalabteilung zu wählen, der auch bisher schon mit Vergütungsfragen betraut war, da er dann über die notwendigen Kenntnisse und Informationen für eine erfolgreiche Projektabwicklung verfügt. Je nach Umfang des Projekts kann ihm für seine Aufgaben ein Stab beigeordnet sein. Die Zusammensetzung der *Projektteams* beziehungsweise *-stellen* hängt vom konkreten Projektauftrag ab. Externe als auch interne fachliche Experten müssen so ablauforganisatorisch strukturiert werden, dass Schnittstellen- und Kommunikationsprobleme minimiert werden. Die Mitglieder der Teams werden entweder mit ihrer ganzen Kapazität oder, was häufiger der Fall sein dürfte, teilweise dem Projekt zugeordnet.

Projekte im Personalbereich können zum Beispiel die Konstruktion eines neuen Anreizsystems, Entwurf und Umsetzung einer →Personalstrategie für die Bearbeitung eines Auslandsmarkts oder auch die personalwirtschaftliche Umsetzung einer Restrukturierung sein. Regelmäßig werden die Projektmitglieder aus der Personalabteilung ergänzt durch Mitarbeiter aus den betroffenen Organisationseinheiten.

Literatur: *Meckl, R.*: Controlling in internationalen Unternehmen. Erfolgsorientiertes Management internationaler Organisationsstrukturen, München 2000. *Steinbuch, P.*: Projektorganisation und Projektmanagement, 2. Aufl., Ludwigshafen 2000.

Reinhard Meckl

Proletariat

stammt vom lateinischen proletarii und bedeutet „die nichts außer ihren Nachkommen besitzen".

Im alten Rom war der Begriff Proletariat die Bezeichnung für die unterste, nicht steuer- und wehrdienstfähige Gesellschaftsschicht. Bei den Frühsozialisten umfasste der Begriff die Klasse der besitzlosen und lohnabhängigen Handarbeiter, die ihre Arbeitskraft als Ware im fremdbestimmten Arbeitsprozess anbieten. In der marxistischen Terminologie versteht man unter *Proletariat* den klassenbewussten Teil der Arbeiterklasse, der die führende Rolle im Klassenkampf gegen den Kapitalismus übernimmt, für die klassenlose Gesellschaft des Kommunismus kämpft und die in einem antagonistischen Verhältnis zur Klasse der Bourgeoisie steht, welche über den Besitz der Produktionsmittel verfügt. Angesichts der realen Entwicklung hin zu einer post-industriellen Dienstleistungsgesellschaft ist der Begriff des Proletariats als Analyse- beziehungsweise Beschreibungskategorie unbrauchbar geworden.

Dodo zu Knyphausen-Aufseß
Lars Schweizer

Promotion

Erlangung des Doktorgrads oder hierarchischer Aufstieg (→Beförderung) innerhalb des Unternehmens verbunden mit Verantwortungszuwachs und in der Regel höherer Vergütung.

Property-Rights-Theorie → Theorie der Verfügungsrechte

Proxemik

→Kulturdimension nach *Hall* (1966) zum kulturspezifischen Raumverständnis, das die Strukturierung und Nutzung des Raums durch Ordnungs- und Leitungssysteme beschreibt.

Zur Proxemik gehört etwa der physische Abstand (Nähe und Distanz) zwischen zwei Personen oder die Aufteilung, Ordnung und Nutzung des Raumes im Privatleben (Wohnung, Haus), im öffentlichen Leben (infrastrukturelle Maßnahmen) und in Unternehmen (Größe, Anordnung und Gestaltung von Gebäuden und Büros nach Zugehörigkeit, Funktionen, →Hierarchien).

Die Ausprägung des Raumverständnisses ist kulturabhängig und meist unbewusst; es gibt *kontaktreiche* →Kulturen, für die viel körperliche Nähe und Kontakt normal sind, aber auch *kontaktschwache* Kulturen, was sich in Bewegungsabläufen, körperlicher Distanz, Gesprächsabstand und Geräuschpegel niederschlägt. Divergierendes Raumverständnis zeigt sich auch in der Organisation des „Territoriums" in Unternehmen, wie etwa in der Gestaltung und Dekoration von (Großraum-) Büros oder anhand geschlossener oder offener Bürotüren. Unterschiedliches Raumverständnis kann Ursache für interkulturelle *Fehlinterpretationen* und Missverständnisse (→Critical Incident) sein: Welche Bedeutung hat eine häufig geschlossene Bürotür – Normalität, Macht, Ungestörtheit, Abgrenzung, Misstrauen?

Nach *Hall* (1966) lassen sich vorwiegend, wie in Abbildung 1 visualisiert, zwei Modelle strukturierender Systeme feststellen, die sich zum Beispiel in Verkehrs- und Verwaltungssystemen und Organigrammen finden. Da ist zum einen das System des „Sterns", das in romanischen Gesellschaften wie Italien, Spanien oder Frankreich existiert. In diesem System laufen alle Punkte und Funktionen in einem Zentrum zusammen. Zum anderen existiert das „Gittersystem", das in Gesellschaften wie Großbritannien, Deutschland oder in Nordamerika verbreitet ist. Dieses System trennt zwar die verschiedenen Aktivitäten und Funktionen und lässt sie stellenweise autonom nebeneinander bestehen, es führt sie aber in vielen verschiedenen Zentren wieder zusammen.

Abbildung 1: Zwei strukturierende Systeme: Stern und Gitternetz (*Barmeyer* 2000, S. 148)

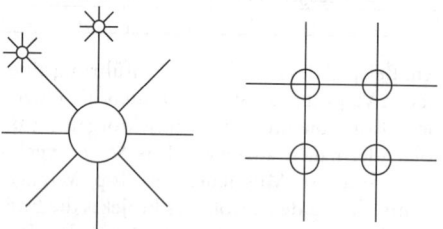

Literatur: *Barmeyer*, C. I.: Mentalitätsunterschiede und Marktchancen in Frankreich. Interkulturelle Kommunikation im deutsch-französischen Handwerk, St. Ingbert 2000. *Hall*, E. T.: The Hidden Dimension, New York 1966.

Christoph I. Barmeyer

Prozessanalyse →Evaluation

Prozess-Feedback → Feedback

Prozesskostenmanagement

Analyse und Gestaltung der Kostentreiber und Kostenfunktionen der Prozesse – meist mit Fokus auf die indirekten (Gemeinkosten-) Bereiche eines Unternehmens.

Abbildung 1: Ansatzpunkte des Prozesskostenmanagements (*Horváth&Partner* 1998)

a) Prozessstruktur

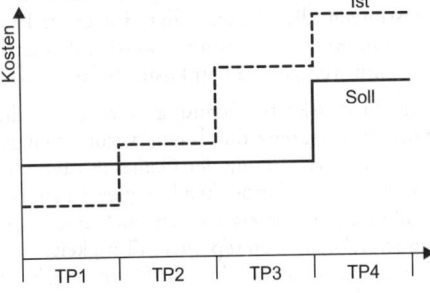

a) Prozessvolumen

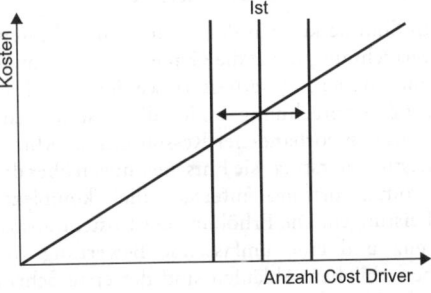

a) Prozesseffizienz

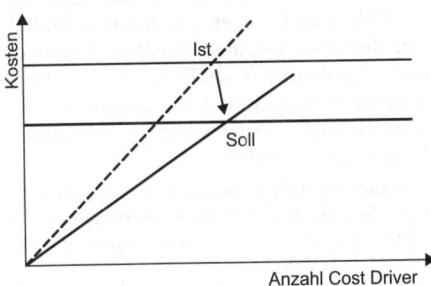

Für die moderne Organisationslehre ist die Ausrichtung der Unternehmen an den betrieblichen Prozessen ein bedeutendes Thema. Die klassische → Kostenrechnung stößt allerdings an ihre Grenzen, wenn es darum geht, in einem prozessorientierten Unternehmen das betriebliche Geschehen abzubilden. Um weiterhin eine Abbildungs- und Steuerungsfunktion zu erfüllen, muss die Kostenrechnung den veränderten Strukturen und Steuerungsmechanismen Rechnung tragen. Zusätzlich zu Zeit und Qualität sind die Kosten ein charakterisierendes Merkmal eines Prozesses. Dies macht eine Prozesskostenrechnung beziehungsweise ein Activity Based Costing (die nicht gleichzusetzen sind) erforderlich (*Stoi* 1999).

Neben den Prozesskosten gilt es auch, die dahinter stehenden Strukturen beeinflussbar zu machen (*Horváth & Partner* 1998). Zur Gestaltung der Prozesskosten existieren unterschiedliche Ansätze, die in Abbildung 1 visualisiert werden.

Die *Prozessstruktur* gibt die Veränderung des Prozesskostenverlaufs und der absoluten Prozesskostenhöhe durch die Gestaltung und Beeinflussung der Prozessstruktur, das heißt der Prozesszusammensetzung sowie der einbezogenen Prozessarten an. Von besonderer Bedeutung ist dabei der Abbau von → Komplexität.

Eine langfristige Senkung der Prozesskosten erfolgt durch die Beeinflussung des *Prozessvolumens* (z. B. statt einer Vielzahl von kleinen Einzelprozessen nur noch größere Sammelprozesse).

Eine Optimierung der *Prozesseffizienz* wird durch Maßnahmen erreicht, die auf das Verhalten der Prozesskosten in Abhängigkeit vom Ressourcenverbrauch gerichtet sind.

Literatur: *Horváth & Partner* (Hrsg.): Prozesskostenmanagement, 2. Aufl., München 1998. *Stoi, R.*: Prozessorientiertes Kostenmanagement in der deutschen Unternehmenspraxis, München 1999.

Klaus Möller

Prozesskostenrechnung

bezieht sich auf indirekte Leistungsbereiche im Unternehmen und ordnet die dort anfallenden → Gemeinkosten den wertschöpfenden Prozessen und in weiterer Folge den erbrachten Leistungen verursachungsgerecht zu.

Vorwiegend wird die Prozesskostenrechnung in den Bereichen der Material-, Fertigungs-, Logistik-, Verwaltungs- und Vertriebsgemeinkosten verwendet. Aufgrund der gestiegenen Gemeinkosten erweist sich die Verwendung von Zuschlagsätzen auf Material beziehungsweise auf direkte Lohnkosten als zunehmend ungenau. Wird dennoch eine Zuschlagskalkulation verwendet, sind Zuschlagssätze von mehreren 100 % keine Seltenheit. Demnach würde beispielsweise die Höhe der Logistikgemeinkosten vom Materialwert der für einen Kostenträger verwendeten Komponenten und nicht von den verursachten Leistungsprozessen abhängen. Somit werden durch eine Zuschlagskalkulation hochvolumige und hochpreisige Produkte mit einem Übermaß an Gemeinkosten belastet. Im Gegenteil werden komplexe Produkte, die etwa aus vielen Komponenten bestehen, viele Rüstvorgänge erfordern oder zum Beispiel in der Handhabung komplizierter sind, im Verhältnis zum verursachten Ressourcenverbrauch systematisch zu billig kalkuliert. Die Prozesskostenrechnung berücksichtigt derartige Komplexitätskosten über die Erfassung von Prozessverbräuchen der einzelnen betrieblichen Leistungen.

Ähnlich wie die Prozesskostenrechnung hat auch das amerikanische *Activtiy Based Costing* (ABC) eine starke Prozessorientierung. ABC bezieht sich jedoch im Wesentlichen auf fertigungsnahe Gemeinkosten, während die Prozesskostenrechnung auch in anderen Gemeinkostenbereichen sowie in Dienstleistungsunternehmen zur Anwendung kommt.

Die Einführung einer Prozesskostenrechnung beginnt mit einer Prozessanalyse (→Evaluation) in den ausgewählten Gemeinkostenbereichen. Innerhalb eines abgegrenzten Bereiches oder einer Kostenstelle werden alle Aktivitäten zu Teilprozessen zusammengefasst. Danach werden die identifizierten Teilprozesse abteilungs- beziehungsweise kostenstellenübergreifend zu Hauptprozessen verdichtet. Zur Kostenplanung und -steuerung werden für jeden Hauptprozess die relevanten *Cost Driver* bestimmt. Dies sind Maßgrößen für die Kostenverursachung (→Kostenrechnung). Beispiele hierfür sind die Anzahl der Bestellungen, der Sonderaufträge, der Änderungen, der verwendeten Teile, der Produktvarianten, der Lagerzugänge, der Kundenbesuche, der bearbeiteten Anträge oder ähnlicher Größen. Innerhalb der Kostenstellenkosten kann zwischen *leistungsmengeninduzierten* (lmi) und *leistungsmengenneutralen* (lmn) *Kosten* unterschieden werden. Lmi-Kosten verhalten sich zum Leistungsvolumen der Kostenstelle mengenvariabel während lmn-Kosten unabhängig von den Prozessleistungen einer Kostenstelle anfallen. Die lmn-Kosten werden im Verhältnis der lmi-Kosten auf die Teilprozesse verteilt. Wird nun die Gesamtsumme aller Teilprozesskosten aufsummiert und durch die (geplante) Prozessmenge dividiert, ergibt sich der (Plan-) Prozesskostensatz. Er sagt aus, wie viel ein Prozess abteilungsübergreifend (z. B. eine Bestellung, Einlagerung oder die Bearbeitung eines Antrages) kostet. Schließlich kann durch die Berücksichtigung unterschiedlicher Prozessverbräuche die →Kalkulation unterschiedlich komplexer Leistungen verbessert werden. Produkte und Leistungen, die weniger oder einfachere Prozesse in Anspruch nehmen, werden demnach auch mit weniger Gemeinkosten belastet.

Die Prozesskostenrechnung verbessert die Kostentransparenz durch eine verursachungsadäquate Verrechnung der Gemeinkosten und regt zu einem Überdenken komplexer Prozessstrukturen an. Sie eignet sich für Gemeinkostenbereiche, die von repetitiven Tätigkeiten abhängen, aus denen leicht Cost Driver abgeleitet werden können. Kreative Tätigkeiten wie Forschungsprozesse können in einer Prozesskostenrechnung nicht kalkuliert werden.

In Summe können damit die Gemeinkostenverrechnung sowie die Gemeinkostenplanung und -steuerung verbessert werden. Die Prozesskostenrechnung bildet die bestmögliche Nutzung vorhandener Ressourcen ab. Mittelfristig unterstützt sie Entscheidungen über das Produktportfolio unterschiedlich komplexer Leistungen. Die Erhöhung der Kostentransparenz und eine umfassende Bewertung von betrieblichen Abläufen sind der erste Schritt zu einem umfassenden Prozessmanagement. Langfristig ergibt sich daraus die Chance, angemessen auf Komplexitäten, die Varianten- und Teilevielfalt reagieren zu können. Im Rahmen eines *Process-Ownership-Modells* kann die abteilungsübergreifende Effizienz der Hauptprozesse systematisch sichergestellt werden, da damit eigene Prozessverantwortungsbereiche geschaffen werden.

Literatur: *Horváth, P.; Mayer, R.*: Prozesskostenrechnung, Der neue Weg zu mehr Kostentransparenz und wirkungsvolleren Unternehmensstrategien, in: Controlling 1. Jg. (1989), H. 4, S. 214–219.

Martin Piber

Prozesspromotor

im *Witte-Hauschildt*-Modell des →Innovationsmanagements die Rolle desjenigen, der Veränderungsprozesse durch Übernahme einer Koordinationsaufgabe fördert (→ Change Maker).

Psychische Beanspruchung

entsprechend der ISO-Norm 10075 individuelle, direkte Auswirkung von → psychischer Belastung (→ Belastungs-Beanspruchungs-Modell).

Mit einbezogen wird zudem das individuelle Können (Fähigkeiten und Fertigkeiten), das darauf Einfluss hat, wie die psychische Beanspruchung erfahren wird und welche individuellen Bewältigungsstrategien zur Verfügung stehen.

Kerstin Wüstner

Psychische Belastung

beschreibt Größen, die die psychische Gesundheit beeinträchtigen können.

Welche Einflüsse von einem Menschen als psychisch belastend erlebt werden, folgt keinen „objektiven" Gesetzen. Was für den einen Menschen eine psychische Belastung (→ Belastungs-Beanspruchungs-Modell) darstellt, etwa das Arbeiten unter Zeitdruck (→ Stress), kann für eine andere Person erst der nötige Ansporn sein.

Der DIN EN ISO Norm 10075 entsprechend wird psychische Beanspruchung als individuelle, direkte Auswirkung von psychischer Belastung definiert. Mit einbezogen wird zudem das individuelle Können (Fähigkeiten und Fertigkeiten), das darauf Einfluss hat, wie die psychische Beanspruchung erfahren wird und welche individuellen Bewältigungsstrategien zur Verfügung stehen.

Psychische Belastungen bei der Arbeit resultieren sowohl aus der Arbeitsaufgabe als auch aus den organisationalen und sozialen Rahmenbedingungen. In der Regel wird der Begriff der psychischen Belastung wertend (im Sinne von negativ belastend) verwendet. In der DIN EN ISO Norm 10075 wird die psychische Belastung definitorisch festgelegt. Sie reduziert ihre Betrachtung jedoch auf die Gesamtheit aller erfassbaren Einflüsse, die von außen auf den Menschen zukommen und psychisch auf ihn wirken. Damit gilt das als Belastung, was messbar ist. Aus psychologischer Sicht greift diese Betrachtung zu kurz, denn für eine Person kann eine (belastende) Realität unabhängig davon bestehen, ob ein außenstehender Beobachter die Zusammenhänge erfassen kann oder nicht. Demnach kann es einen Unterschied zwischen (gemessener) psychischer Belastung und (erlebter) psychischer Beanspruchung geben.

Wenn Herausforderungen, die an eine Person (von ihr selbst oder von ihrem sozialen Umfeld) gestellt werden, größer sind als die Ressourcen, über die eine Person zur Bewältigung der Herausforderungen zu verfügen meint, kann es zu *psychischer Überforderung* kommen. Im umgekehrten Fall liegt eine *psychische Unterforderung* vor, die aus dem Eindruck resultiert, dass eine Person ihre Fähigkeiten und Fertigkeiten nicht einsetzen kann. Wahrgenommene Herausforderungen werden als minderwertig oder unmotivierend abgewertet. Eine Person verfügt somit über Ressourcen, die sie nicht voll nutzen kann. Bei *psychischer Ermüdung* liegt eine vorübergehende Beeinträchtigung der psychischen → Leistungsfähigkeit eines Menschen vor. Wird psychische Beanspruchung als schwerwiegend erlebt und hält sie längere Zeit an, steigt die psychische Ermüdung. Im Falle einer lang anhaltenden psychischen Ermüdung kann es sich auch um eine Begleiterscheinung des → Burnout-Syndroms handeln.

Kerstin Wüstner

Psychologischer Kontrakt

stellt die wechselseitige Absprache zu Erwartungen und Verpflichtungen von → Arbeitnehmer und → Arbeitgeber in den Mittelpunkt.

Ein Psychologischer Kontrakt ist ein Vertrag, der nach *Rousseau* (1995) neben dem arbeitsrechtlich gültigen Vertrag zwischen der → Organisation und dem Mitarbeiter geschlossen wird und der eine Verpflichtung zu loyalem Verhalten auf beiden Seiten beinhaltet. *Ausgangspunkt* für den psychologischen Kontrakt ist eine reziproke → Interaktion von Mitarbeiter und Organisation. Neben der rein juristischen Vertragsauffassung werden beim psychologischen Vertrag zusätzlich organisationale, soziale und psychologische Dimensionen miteinbezogen. Der psychologische Vertrag besteht somit nicht in einem formalen Dokument, sondern wird als erlebte Praxis aufgefasst. Er wird als mehrdimensionales, differenziertes Phänomen gesehen. Darüber hinaus ist der psychologische Vertrag nicht statisch, sondern hängt auch mit dem Wandel der individuellen Persönlichkeit und den organisationalen Bedingungen zusammen.

Literatur: *Rousseau, D. M.*: Psychological Contracts in Organizations, Thousand Oaks 1995.

Erika Spieß

Public Relations (PR)

Teil der Kommunikationspolitik von Unternehmen mit dem Ziel sämtliche Anstrengungen eines Unternehmens zu planen, steuern und kontrollieren, die darauf abzielen, bei internen und externen Zielgruppen Verständnis, →Vertrauen, Akzeptanz und Glaubwürdigkeit zu erreichen.

Unternehmen versuchen, eine „Persönlichkeit" aufzubauen und diese in der Öffentlichkeit zum Ausdruck zubringen. Public Relations-Maßnahmen (z. B. Pressearbeit, Maßnahmen des persönlichen →Dialogs, Mediawerbung) können eine Absatzförderungsfunktion erfüllen, indem sie die Leistungsmerkmale von Produkten und Dienstleistungen herausstellen. Unternehmensbezogene Public Relations dient der Selbstdarstellung des Unternehmens und soll dessen Selbstverständnis in die Öffentlichkeit tragen.

Bezogen auf das →Personalmanagement dient PR maßgeblich als Kommunikationsinstrument gegenüber bereits im Unternehmen tätigen Mitarbeitern (interne Kunden im Sinne des internen →Personalmarketings) und potenziellen Mitarbeitern. Im ersten Fall kann personalmanagementbezogene PR beispielsweise dazu beitragen, bei den Mitarbeitern Verständnis für Entscheidungen der Unternehmensleitung zu erreichen und das →Commitment der Mitarbeiter gegenüber dem Unternehmen zu stärken. Im zweiten Fall ist personalmanagementbezogene PR als kommunikationspolitisches Instrument zu betrachten, das der Akquisition neuer Mitarbeiter dient und hier speziell imagebildende Wirkung hat.

Antje Koch

Q

Qualifikation

Gesamtheit an individuellen Fähigkeiten, Kenntnissen und Fertigkeiten im Berufsleben, die zur Erfüllung arbeitplatzspezifischer Tätigkeiten erforderlich sind.

Unter *Fähigkeiten* wird das gesamte relativ stabile Potenzial eines Menschen gefasst, mit dessen Hilfe er seine Umwelt beherrscht. Von Interesse ist hier insbesondere das technisch und sozial kompetente Handeln in Arbeitssituationen. Der Teil der Fähigkeiten, der überwiegend angeboren ist oder in früher Kindheit entwickelt wurde, wird auch als *Begabung* bezeichnet. Hiervon zu unterscheiden sind *Kenntnisse*, die als kognitives →Wissen über Schulungsmaßnahmen erworben wurden. Mit *Fertigkeiten* wird das durch Übungen entwickelte Potenzial bezeichnet, das es ermöglicht, automatisierte, aber nicht notwendigerweise unter Ausschaltung einer bewussten Kontrolle, berufspezifische Tätigkeiten auszuführen. Derartige Fertigkeiten können nach *Staehle* (1999) durch gezielte Trainingsmaßnahmen (berufliche Aus- und Weiterbildung), sowie durch →Lernen am Arbeitsplatz (Learning by Doing) verbessert werden.

Qualifikationen können entlang zweier Dimensionen definiert werden:

1. Unter *funktionalen Qualifikationen* werden alle spezifisch fachlichen und prozessgebundenen Qualifikationen gefasst.

2. *Extrafunktionale Qualifikationen* sind prozessungebunden und beziehen sich auf normative Orientierungen. Als Beispiele können hierfür Arbeitsdisziplin, Anpassungsbereitschaft oder →Flexibilität genannt werden.

Eine eher pädagogisch-didaktisch geprägte Klassifikation von Qualifikation, wobei eine synonyme Verwendung der Termini Qualifikation und →Kompetenz vorgenommen wird, unterscheidet die drei Bereiche →Fachkompetenz, Methodenkompetenz und Sozialkompetenz:

1. Unter *Fachkompetenz* wird all jenes Breiten- und Tiefenwissen und das dazugehörige Anwendungs-Know how verstanden, das zur fachlichen Bewältigung der Berufsaufgaben erforderlich ist.

2. *Methodenkompetenz* umfasst alle Fähigkeiten, die eine Person in die Lage versetzen, im Rahmen ihrer Aufgaben und Tätigkeiten zu analysieren, Konzepte zu entwickeln, Entscheidungen zu treffen und zu steuern.

3. *Sozialkompetenz* meint nach *Berthel* und *Becker* (2003) die Fähigkeit, in Gruppen unterschiedlicher sozialer Strukturen (z. B. Alter, Herkunft, Hierarchieebene) tätig zu sein. Hierzu zählt zum Beispiel die erfolgreiche Problemerkennung und Lösung.

Qualifikationen sind hinsichtlich ihrer Bedeutung kaum zu überschätzen. Sie spielen eine wesentliche Rolle für die Arbeitseinkommen, die durch die Humankapitalrendite (→Humankapital) abgebildet werden kann. In Anbetracht der herrschenden Massenarbeitslosigkeit (→Arbeitslosigkeit) erweisen sich Qualifikationen für die Arbeitsmarktchancen als zentral. Qualifikationen spielen auch in der →Personalpolitik von der →Ausbildung bis zur Weiterbildung eine wichtige Rolle. Sie stellen einen wichtigen Einflussfaktor für die Strukturierung (interner) →Arbeitsmärkte dar. Schließlich sind Qualifikationen, die nur teilweise mit Abschlüssen zertifiziert werden (können), auch in gesamtwirtschaftlicher Hinsicht von zentraler Bedeutung, etwa da die Wettbewerbsfähigkeit der deutschen Wirtschaft auch auf das Qualifikationsniveau der Beschäftigten zurückzuführen ist. Dennoch ist die Nützlichkeit und Produktivität von Qualifikationen nicht automatisch gegeben.

Auf der betrieblichen Ebene ist neben dem „Können" und „Wollen" der Beschäftigten auch das Ermöglichen, das „Dürfen" von Bedeutung. Und in gesamtwirtschaftlicher Perspektive ist auffällig, dass sich zahlreiche Beschäftigte in unterwertiger Beschäftigung befinden.

Literatur: *Berthel, J*; *Becker, F.*: Personalmanagement, 7. Aufl., Stuttgart 2003. *Staehle, W.*: Management, 8. Aufl., München 1999.

Florian Schramm

Qualifikationsanforderung

Fähigkeiten, über die ein fiktiver Bewerber verfügen muss, um den →Anforderungen zu genügen, die aus der Besetzung einer konkreten →Stelle resultieren.

Qualifikationsanforderungen lassen sich in Hard-Skills und Soft-Skills differenzieren:

- *Hard-Skills* umfassen das fachliche →Wissen einer Arbeitskraft sowie die Fähigkeit des Transfers dieses Fachwissens auf praktische Problemstellungen.

- *Soft-Skills* umfassen über das Fachwissen hinausgehende Fähigkeiten, die eine Arbeitskraft dazu befähigen, einen produktiven Beitrag zur arbeitsteiligen Leistungserstellung in Gruppen zu erbringen. Exemplarisch ist hierbei die Team-, Kommunikations- und Konfliktfähigkeit zu nennen.

Die Gesamtheit aller einzelnen auf einer Stelle benötigten Qualifikationsanforderungen lässt sich über die →Anforderungsanalyse ermitteln und im Rahmen eines →Anforderungsprofils darstellen. Die Qualifikationsanforderungen bilden eine wesentliche Grundlage der →Eignungsdiagnostik, da eine Aussage über die →Eignung einer Person nur durch eine Gegenüberstellung von individuellen Fähigkeiten und Anforderungen im Rahmen der Profilvergleichsmethode möglich ist.

Literatur: *Schuler, H.*; *Funke, U.*: Diagnose beruflicher Eignung und Leistung, in: *Schuler, H.* (Hrsg.): Organisationspsychologie, Bern etc. 1993, S. 235–283.

Thomas Bürkle

Qualifikationsbedarfsermittlung →Betriebliche Weiterbildung

Qualifikationsprofil

Darstellung der →Qualifikation eines Mitarbeiters.

Im →Personalmanagement werden Qualifikationslisten – zumeist auf Grundlage eines →Anforderungsprofils (→Anforderungsanalyse) eines bestimmten Arbeitsplatzes – erstellt. Anschließend werden die verschiedenen Merkmale entsprechend der individuellen Ausprägung bei der zu beurteilenden Person auf einer Skala bewertet. Die einzelnen Punkte werden dann verbunden, was, wie in Abbildung 1 dargestellt, zu einem Profil führt. Dies wird mit dem Anforderungsprofil verglichen, um Rückschlüsse auf die →Eignung der jeweiligen Person für einen bestimmten Arbeitsplatz ziehen zu können.

Abbildung 1: Qualifikationsprofil (*Hofmann* 2004)

Qualifikations-merkmale	Bewertung			
	1	2	3	...
Kenntnisse		○		
...				
Fähigkeiten		○		
...				
Fertigkeiten			○	
...				
(Motivation)				○

Wie auch beim Anforderungsprofil steht man beim Qualifikationsprofil vor der schwierigen Aufgabe, die Merkmale zu operationalisieren, eine passende Skalierung durchzuführen und schließlich die Bewertung vorzunehmen.

Laila Maja Hofmann

Qualifikationsprognose →Testverfahren

Qualifying Period

arbeits- oder ausbildungsvertraglich vereinbarte und zeitlich begrenzte Phase des Austestens der →Eignung eines Mitarbeiters (→Probezeit).

In der Qualifying Period kann das Arbeitsverhältnis (→Beschäftigungsverhältnis) unter erleichterten Bedingungen gekündigt werden. Sie ermöglicht es beiden Vertragsparteien herauszufinden, ob auf der einen Seite dem →Arbeitnehmer die Arbeitsstelle und das Unternehmen zusagen; auf der anderen Seite geht es für den →Arbeitgeber darum herauszufinden, inwieweit sich der neue Mitarbeiter für die zu besetzende Position eignet.

Laila Maja Hofmann

Qualität

gemäß der *International Organization for Standardization* (ISO) die Gesamtheit von Eigenschaften und Merkmalen eines Produkts oder einer Dienstleistung, die sich auf deren Eignung zur Erfüllung festgelegter oder vorausgesetzter Erfordernisse bezieht.

Bestimmte Eigenschaften von Produkten und Dienstleistungen setzen die Kunden eines Produktes oder einer Dienstleistung zum einen als selbstverständlich voraus. Zum Beispiel erwarten sie von einem Restaurant Sauberkeit. Zum anderen umfasst Qualität Eigenschaften, die ein Kunde bei dem von ihm präferierten Produkt oder der von ihm bevorzugten Dienstleistung besonders schätzt, zum Beispiel den Lieferservice eines Restaurants.

Im Kern geht es bei Qualitätsfragen zunächst darum, den Kunden im Rahmen der Kontaktanbahnung ein Leistungsversprechen zu kommunizieren, das diese veranlasst, das Produkt beziehungsweise die Dienstleistung nachzufragen (Phase 1 in Abbildung 1). Aus Sicht des Kunden ist es bedeutsam, dass die übergebene Leistung beziehungsweise das ausgelieferte Produkt dem von ihm wahrgenommenen Leistungsversprechen (Kosten-/Nutzenrelation) gerecht wird – oder dieses gar übertrifft (Phase 3 in Abbildung 1). Demgegenüber ist es für das Unternehmen von Bedeutung, den Prozess der Leistungserstellung (Phase 2 in Abbildung 1) so auszugestalten, dass potenzielle Kunden einerseits dem Leistungsversprechen vertrauen können und wollen. Andererseits hat das Unternehmen seine Strukturen, Prozesse und das Leistungsverhalten seiner Mitarbeiter so auszusteuern, dass das erzielbare Leistungsergebnis die Kundenerwartungen zumindest erfüllen, wenn nicht sogar übertreffen kann (bei einer angestrebten Aufwands-/Ertrags-Relation).

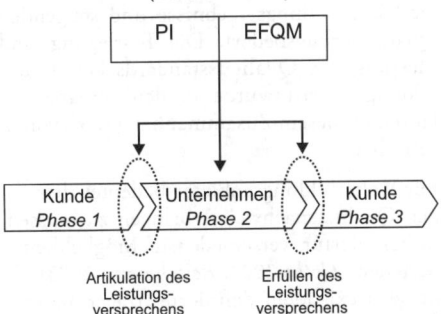

Abbildung 1: Qualitätsmanagement auf Basis von Performance Improvement (PI)/EFQM (*Bartscher* 2004)

Meist ist das Leistungsverhalten der Mitarbeiter die entscheidende qualitätsbeeinflussende Variable. Daher ist das →*Personalmanagement* in Qualitätsmanagementkonzepten (→Qualitätsmonopol) ein bedeutsames Handlungsfeld. Die zentrale Frage lautet: Wie stellt das Unternehmen sicher, dass die Mitarbeiter ihre →Leistungspotenziale so in den Leistungserstellungsprozess einbringen, dass am Ende die Erwartungen der Kunden erfüllt beziehungsweise übertroffen werden können?

Antworten erschließen sich aus dem Qualitätsmanagementansatz der →EFQM und zum anderen aus dem Analyse-/Handlungsmodell (→Mitarbeiter-Kompetenz-System).

Literatur: *Bartscher, T.*: Personaleinsatz, in: *Gaugler, E.; Weber, W.; Oechsler, W.* (Hrsg.): Handwörterbuch des Personalwesens, 3. Aufl., Stuttgart 2004, Sp. 1455–1469. *Malorny, C.*: TQM umsetzen. Der Weg zur Business Excellence, Stuttgart 1999. *Thom, N.; Zaugg, R. J.*: Excellence durch Personal- und Organisationskompetenz, Bern, Stuttgart, Wien 2001.

Thomas Bartscher

Qualitätsmanagement

alle Maßnahmen eines Unternehmens, die der Schaffung, Erhaltung und kontinuierlichen Verbesserung der Produkt- beziehungsweise Dienstleistungsqualität, gemessen an den Vorstellungen der Kunden, dienen.

Der Kundennutzen steht im Vordergrund:

- Wofür sind die Kunden bereit, Geld zu zahlen?
- Welche Erwartungen werden von den Kunden an die →Qualität eines Produktes beziehungsweise einer Dienstleistung gestellt?
- Was muss die →Organisation leisten, um diesen Erwartungen entsprechen zu können?

Genauso gilt aber: Welche Kundenerwartungen kann beziehungsweise will das Unternehmen nicht abdecken?

Ziel des Qualitätsmanagements ist, die Kunden zufriedenzustellen, um sie letztlich an das Unternehmen zu binden („Wir wollen, dass die Kunden zurückkommen und nicht die Produkte."). Dieser Argumentation folgend sind etwa durch die →EFQM und andere Anbieter Kriterienkataloge entwickelt worden. Auf deren Grundlage kann bewertet werden, inwieweit die aktuelle Leistungserstellung am Kundennutzen orientiert ist und wo etwaige Veränderungsprozesse anknüpfen müssen. Es sind alle Unternehmensbereiche, sämtliche Strukturen und Abläufe einzubeziehen – insbesondere die Ausgestaltung des →Personalmanagements. Deshalb wird in diesem Zusammenhang auch von einem →Total Quality Management (TQM) gesprochen.

Im Leistungsverhalten der →Führungskräfte und der Mitarbeiter spiegeln sich das Qualitätsverständnis eines Unternehmens und die diesbezüglichen Aktivitäten wider. Ihr Zusammenspiel bestimmt wesentlich die Qualität eines Produktes beziehungsweise einer Dienstleistung. Die Führungskräfte sollen ihre Mitarbeiter so unterstützen und beraten, dass diese ihre Potenziale möglichst optimal in den Leistungserstellungsprozess einbringen – gemessen an den Erwartungen der Kunden. Hierbei wird unterstellt, dass zufriedene Mitarbeiter grundsätzlich eher bereit sind, sich für das Unternehmen zu engagieren und qualitativ hochwertige →Arbeit zu leisten.

Das Qualitätsverständnis schlägt sich auch in den Anforderungen an die Arbeit der →Personalabteilung nieder. Qualitätsmanagement im Personalbereich bedeutet zum einen, jene personalwirtschaftlichen Handlungsfelder zu besetzen, die von den internen Kunden nachgefragt werden. Zum anderen sind diese Handlungsfelder so auszugestalten, dass den Erwartungen der internen Kunden entsprochen werden kann – unter Beachtung etwa bestehender arbeitsrechtlicher und tarifvertraglicher Bestimmungen. Schließlich ist von den Führungskräften und Mitarbeitern der Personalabteilung ein kundenorientiertes Arbeitsverhalten zu erwarten (→Kundenorientierung).

Literatur: *Kamiske, G.*: Der Weg zur Spitze, Leipzig 2001. *Kolb, M.; Bergmann, G.*: Qualitätsmanagement im Personalbereich, Landsberg/Lech 1997. *Scholz, C.* (Hrsg.): Innovative Personalorganisation, Neuwied, Kriftel 1999.

Thomas Bartscher

Qualitätsphilosophie

Bewusstsein im Unternehmen zur Idee, wie kollektiv mit →Qualität und deren Erreichung umgegangen werden soll.

Das Denken bestimmt das Handeln. Ist den Mitarbeitern eines Unternehmens bewusst, dass ihnen letztlich die Kunden das Gehalt zahlen, dann wird das Einfluss auf Einstellung und Verhalten (→Behaviorismus) haben. Bereits zu Beginn jedes Leistungserstellungsprozesses werden sie fragen: Wofür ist der Kunde bereit, Geld zu zahlen? Und: Was müssen wir tun, dass sich ein Kunde immer wieder für unser Produkt oder unsere Dienstleistung entscheidet?

So ist häufig in *Unternehmensleitbildern* festgehalten „Wir wollen präferierter Partner unserer Kunden sein!". Ziel dieser und ähnlicher Formulierungen ist, Orientierungspunkte für das qualitätsorientierte Leistungsverhalten zu setzen. Es wird eine unternehmerische →Vision entworfen. Den Mitarbeitern wird vermittelt, was zukünftig im Hinblick auf Qualität selbstverständlich sein soll. An dieser definitorischen Setzung sind alle Ziele, →Strategien und Maßnahmen auszurichten. →Total Quality Management ist eine solche Qualitätsphilosophie.

Die Qualitätsphilosophie soll auch prägend werden für die „Do's and Dont's", das äußere Erscheinungsbild oder das Image einer →Organisation. Entscheidungen, Maßnahmen und Verhaltensweisen, die dem entworfenen Selbstverständnis nicht entsprechen, sind zu unterbinden beziehungsweise zu korrigieren.

Literatur: *Kobjoll, K.*: Abenteuer European Quality Award, Zürich 2000. *Scholz, C.*: Personalmanagement, 5. Aufl., München 2000.

Thomas Bartscher

Qualitätssicherung bei Weiterbildungsanbietern

Festlegung und Messung von Qualitätsstandards bei →Organisationen, deren wesentliches Unternehmensziel die Qualifizierung von Personal ist.

Sowohl von Unternehmerseite als auch von staatlicher Seite wurden die Weiterbildungsbudgets in den vergangenen Jahren deutlich gekürzt, bei teilweise höheren Ansprüchen an die Weiterbildungsergebnisse und steigenden Qualifizierungsbedarf. Die Festlegung und Messung von Qualitätsstandards bei Weiterbildungsträgern wurde in den vergangenen Jahren in diesem Zusammenhang stark vorangetrieben.

Für Weiterbildungsanbieter bedeutet dies, einen Qualitätsnachweis erbringen zu müssen, wobei hierfür verschiedenste Möglichkeiten bestehen (*Holla* 2002, *Reischmann* 2003). Einerseits existieren definierte (trägerübergreifende) Mindeststandards, wie die DIN-ISO-Normen 9000ff. Eine Zertifizierung nach DIN-ISO erfolgt durch unabhängige Stellen und beruht auf dem Nachweis, dass die Dokumentation des eigenen Qualitätsmanagementsystems den Forderungen der DIN-ISO 9001 entspricht, und dass die Anweisungen und Regeln des Qualitätsmanagementsystems angewandt werden. Im Gegensatz dazu stellt das speziell für die Weiterbildung entwickelte bundesweite Qualitätszertifikat *Lernorientierte Qualität in der Weiterbildung* (LQW 2) nicht das Weiterbildungsprodukt, sondern den Lernenden beziehungsweise den Weiterbildungserfolg in den Fokus. Die Testierung nach LQW 2 stellt verpflichtende Anforderungen zum Beispiel in

– dem →Leitbild,

– der Bedarfserschließung,

– den Schlüsselprozessen,

– den Lehr-Lern-Prozessen,

– der Evaluation der Bildungsprozesse,

– der Infrastruktur oder

– der Führung (→Mitarbeiterführung),

die in einem Selbstreport nachgewiesen und durch eine Visitation bestätigt werden müssen. Die *European Foundation for Quality Management* (→EFQM) hat wiederum ein aus neun Kriterien bestehendes Managementmodell, welches zur Überprüfung des Reifegrads einer Organisation auf dem Weg zu einem umfassenden →Qualitätsmanagement und zur Feststellung von Verbesserungspotenzialen herangezogen wird. Neben den Zertifikaten existieren Gütesiegel von Gütesiegelvereinigungen beziehungsweise Berufsverbänden oder Qualitätspreise, wie dem jährlich durch die EFQM vergebenen *European Quality Award* (EFQM Excellence Award). Zahlreiche Checklisten werden von IHK, BIBB (Bundesinstitut für berufliche Bildung) oder der *Stiftung Warentest* zur Verfügung gestellt, die für die Qualitätsbeurteilung von Weiterbildungsangeboten aus Kundensicht eine Hilfestellung bieten sollen. Die Qualitätssicherung des Weiterbildungsprozesses bezieht sich dabei von der Erstellung von Curricula, über die Durchführung bis hin zur Erfolgskontrolle.

Auf den Weiterbildungsträger bezogene Qualitätskriterien sind beispielsweise mehrjährige Erfahrung des Weiterbildungsträgers, Lage und Ausstattung der Lehrräume, Aktualität der Themen oder Beratungsangebote.

Bei der Maßnahme selbst stehen unter anderem →Qualifikation und Fachwissen der Dozenten, aktuelle und gut strukturierte Unterlagen, Zielgruppenbeschreibungen oder auch Zieldefinitionen der Maßnahme im Vordergrund.

Sonderrollen nehmen Weiterbildungseinrichtungen ein, die durch die *Bundesagentur für Arbeit* öffentlich geförderte Weiterbildung durchführen. Sie sind seit Juli 2004 durch die neue Rechtsverordnung Anerkennungs- und Zulassungsverordnung (AZWV) verpflichtet, ein wirksames Qualitätsmanagement-System zu haben, welches von anerkannten Stellen zertifiziert sein muss. Weiterbildungsinstitute, die auf anerkannte Berufsabschlüsse vorbereiten, werden häufig auch über den Prüfungserfolg ihrer Weiterbildungsteilnehmer gemessen.

Auszeichnungen oder Zertifikate bescheinigen allerdings lediglich ein Mindestmaß an →Qualität bezüglich der vorgegebenen Standards. Deshalb wird die Entwicklung durchaus kritisch gesehen. Für viele Weiterbildungsträger ist das Erreichen eines Gütesiegels oder einer ISO-Zertifizierung reduziert auf das Ziel der Vermarktung, ohne dass tatsächlich fundamentale Veränderungen in Lehr- und Lernprozessen gemacht werden.

Literatur: *Holla, B.*: Qualitätsentwicklung in der Weiterbildung durch praxisorientierte Evaluation, Frankfurt a. M. 2002. *Reischmann, J.*: Weiterbildungs-Evaluation, Neuwied 2003.

Ulrike Horender
Klaus Möller

Qualitätszirkel

→Gruppe aus bis zu 15 Mitarbeitern, die gemeinsam Handlungsempfehlungen entwickeln, um Probleme im Leistungserstellungsprozess abzustellen.

Der Qualitätszirkel ist fest in die Unternehmensorganisation integriert und nicht auf ein bestimmtes Projekt oder ein Problem begrenzt. Die Teilnehmer, die sich regelmäßig und freiwillig treffen, wählen einen Leiter oder Moderator, der die Gruppe zusammenstellt sowie notwendige Techniken und Methodenwissen vermittelt.

Mithilfe von Qualitätszirkeln kann das bislang ungenutzte Problemlösungspotenzial der Mitarbeiter aktiviert werden. Personen, die von einem Problem betroffen sind, werden aktiv an dessen Lösung beteiligt. Der wesentliche *Vorteil* von Qualitätszirkeln liegt in der Verknüpfung von Problemerkennung, -analyse und -lösung. Durch die Umsetzung der erarbeiteten Lösungsvorschläge entsteht ein hoher Motivationseffekt (→Motivation) für die Mitarbeiter und Innovationspotenzial für das Unternehmen.

„Betroffene zu Beteiligten zu machen" ist einer der Grundgedanken, der dem Qualitätszirkel-Konzept zugrunde liegt. Ein anderer ist, die →Kompetenz der „Mitarbeiter vor Ort" zu erschließen. Beide Ziele haben unter anderem hohe Ansprüche an die →soziale Kompetenz der Mitarbeiter und → Führungskräfte in den →Organisationen zur Folge, in denen Qualitätszirkel implementiert werden. Führungskräfte müssen etwa „Vertrauen" und „angstfreie Verhaltensräume" schaffen, damit die Mitarbeiter überhaupt bereit sind, sich in Qualitätszirkel-Prozesse einzubringen. Des Weiteren müssen sich die Führungskräfte mit der Qualitätszirkelarbeit auseinandersetzen und sicherstellen (können), dass die Ergebnisse (angemessen) umgesetzt werden. Weiterhin ist von den Führungskräften zu fordern, dass sie die persönlichen Wachstumsprozesse ihrer Mitarbeiter einfordern und fördern. Letzteres kann dann zu „selbstbewussten" Mitarbeitern führen, die wiederum von den Führungskräften ein gewandeltes Führungsverständnis erwarten (*Bartscher* 2004).

Entschließen sich also Unternehmen/Führungskräfte dazu, Qualitätszirkel einzuführen, dann müssen sie sich vor dem Start überlegen, ob sie den – eben skizzierten – Weg auch wirklich bis zum Ende mitgehen wollen. Denn: Ein Zurück zur Ausgangssituation gibt es nach der →Implementierung nicht; somit ist die Entscheidung für die Einführung von Qualitätszirkel-Prozessen eine „entweder/oder"-Entscheidung. Dieser Sachverhalt wird in der Praxis häufig übersehen, weshalb es viele missglückte Qualitätszirkel-Projekte gibt, aus denen viele demotivierte Mitarbeiter hervorgegangen sind.

Literatur: *Bartscher, T.*: Gelebte und erlebte Wertschätzung: Voraussetzungen erfolgreicher Führungsarbeit, in: Management und Training, Zeitschrift für Human Resource Development, 31. Jg. (2004), S. 34–38. *Bungard, W.*: Qualitätszirkel in der Arbeitswelt, München 1992. *Rischar, K.*; *Titze, C.*: Qualitätszirkel, 4. Aufl., Renningen 2002. *Weber, W.*; *Mayrhofer, W.*; *Nienhüser, W.*: Grundbegriffe der Personalwirtschaft, Stuttgart 1993.

Thomas Bartscher

Quotenregelung

bei gleicher →Eignung, Befähigung und Leistung soll ein bestimmtes Geschlecht den Vorrang bei der Einstellung genießen, bis es gleichermaßen in der Belegschaft repräsentiert ist wie das andere Geschlecht.

Quotenregelungen sind aus dem Öffentlichen Dienst, weniger aus der Privatwirtschaft, bekannt. In der Bundesrepublik haben Bund und Länder solche Quotenregelungen erlassen, die sich in der Praxis zu Gunsten der Frau auswirken sollen, da das weibliche Geschlecht in aller Regel unterrepräsentiert ist. Der Europäische Gerichtshof hat allerdings eine Quotenregelung als Verstoß gegen den Gleichheitsgrundsatz angesehen, wenn bei gleicher Eignung, Befähigung und Leistung ein Bewerber allein wegen seines Geschlechts eingestellt wird (EuGH, Urteil vom 17.10.1994, NZA 1995, S. 1095). In einer späteren Entscheidung hat der Europäische Gerichtshof eine Quotenregelung unter der Voraussetzung als rechtmäßig beurteilt, dass eine so genannte Öffnungsklausel, die zusätzlich eine weitere objektive Beurteilung erfordert, für das andere Geschlecht vorhanden ist (EuGH, Urteil vom 11.11.1997, Slg 1997 I 6393; EuGH, Urteil vom 06.07.2000, NZA 2000, S. 435). Eine Quotenregelung im Öffentlichen Dienst, die ein unterrepräsentiertes Geschlecht sogar bei geringerer Eignung, Befähigung und Leistung bevorzugt, wäre ohnehin nicht rechtmäßig.

Friedrich Meyer

Radikaler Konstruktivismus

Unterscheidung in Realität und Wirklichkeit bei der davon ausgegangen wird, dass eine vom Menschen unabhängige Realität im ontologischen Sinne zwar existiert, diese jedoch der Erkenntnis des Menschen nicht unmittelbar zugänglich ist.

Der →Konstruktivismus findet seine Anwendung in vielerlei Wissenschaften wie zum Beispiel der Physik, Biologie, Psychologie, Soziologie, Literaturwissenschaft, Wirtschaftswissenschaften und kann daher nicht als eine einheitliche Theorie und Forschungsrichtung gelten. *Ernest* (1995) spricht gar davon, dass es genauso viele Spielarten des Konstruktivismus wie Forscher gibt. Zu den prominentesten Vertretern des radikalen Konstruktivismus zählen *von Foerster, von Glasersfeld, Hejl, Maturana, Varela, Piaget, Roth, Schmidt* und *Watzlawick*.

Trotz aller Verschiedenheit der Ansätze, die unter dem Sammelbegriff Konstruktivismus firmieren, liegt dennoch ein verbindender Gedanke vor. Dieser besagt, dass die für den Objektivismus kennzeichnende Annahme einer vom Menschen erfassbaren objektiven Realität, die unabhängig vom Bewusstsein ist – also für jeden gleich – und über die folglich Aussagen getroffen werden können, die objektiv, absolut und ohne Einschränkung wahr oder falsch sind, aufgegeben werden muss.

Menschen können die reale Außenwelt nicht entdecken und in ihrem →Wissen deckungsgleich abbilden. Vielmehr ist das im Wissen verankerte Bild der Welt das Ergebnis eines Erfindens oder Konstruierens von Modellen der Wirklichkeit basierend auf den individuellen Erfahrungen und stellt eine individuelle kognitive Leistung dar.

Im radikalen Konstruktivismus wird damit die intersubjektive Prüfbarkeit menschlicher Welterkenntnis – also die Möglichkeit objektiver Erkenntnis – im Allgemeinen negiert.

Damit einhergehend wird im radikalen Konstruktivismus →*Objektivität und Wahrheit durch Intersubjektivität und Viabilität ersetzt.*

Intersubjektivität wird über mehrere Stufen erreicht:

- Die erste Stufe besteht in der Konstruktion von Wirklichkeit jedes Einzelnen in einem individuellen, aktiven Wahrnehmungsprozess.

- Auf einer zweiten Stufe der Reflexion wird der Wahrnehmungsprozess unterbrochen, um das jeweils Wahrgenommene zu reflektieren. Die konstruierte Wirklichkeit wird mit jedem erneuten Auftreten des Ereignisses überprüft und gegebenenfalls angepasst oder gefestigt.

- Die dritte Stufe der Intersubjektivität schließlich wird über einen Austausch mit anderen Menschen erreicht, im Zuge dessen die eigenen Wahrnehmungen überprüft und mit denjenigen der anderen abgeglichen werden, so dass das individuelle Wirklichkeitskonstrukt innerhalb des Gesamtsystems brauchbar wird.

Da Menschen nicht über „ikonisches", wahres Wissen im Sinne einer objektiven Abbildung oder Repräsentation der vom handelnden und erkennenden Subjekt unabhängigen ontologischen Realität verfügen, geht es um den Aufbau viablen Wissens, das sie in der Erfahrungswelt prüfen. *Viabilität* ist laut *von Glasersfeld* (1995, 2000, 2004) gegeben, wenn die konstruierten Konzepte, Modelle oder Theorien in den Kontexten, in denen sie erzeugt wurden, adäquat beziehungsweise passend sind, sich als brauchbar erweisen (um gesteckte Ziele zu erreichen oder beabsichtigte Zwecke zu erfüllen), funktionieren (im Sinne eines Beitrags zur Lösung von Problemen), nützlich sind (zum Treffen von Vorhersagen, zum Erreichen oder Verhindern bestimmter Phänomene) und mit der individuellen Erfahrungswelt übereinstimmen. In kollektiven Austauschprozessen kann diese Viabilität weiter geprüft werden. Die Wahrheit besteht somit nicht länger in einer Übereinstimmung zwischen Aussagen und der Realität, sondern in einer Übereinstimmung zwischen denjenigen, die die Wahrheit überprüfen.

Die Anwendung der radikal konstruktivistischen Grundannahmen auf Unternehmen haben beispielsweise Auswirkungen auf die Art und Weise, wie Entscheidungsprozesse verlaufen, Lernprozesse organisiert oder Wissensmanagementsysteme aufgebaut werden sollten.

Aus der Idee des radikalen Konstruktivismus ergibt sich als Konsequenz für kollektive *Entscheidungsprozesse*, dass eine Toleranz für die Wirklichkeiten der anderen Entscheidungsträger gegeben sein muss. Die Wirklichkeiten anderer haben genauso viel Berechtigung wie die eigene. Um trotz der verschiedenen Wirklichkeiten eine Intersubjektivität zu erreichen, bedarf es der Herbeiführung eines Konsenses oder einer gemeinsam getragenen Entscheidung. Ein Konsens kann in Diskursen hergestellt werden, die *Abel* (1983) zufolge Unvoreingenommenheit, Nicht-Persuasivität und Zwanglosigkeit sowie Sachkunde und Aufrichtigkeit der Diskursteilnehmer erfordern. Hinsichtlich der gemeinsam getragenen Entscheidung führt die Viabilität dazu, dass bestimmte Lösungswege für Entscheidungsprobleme nicht länger als einzig wahre und richtige angesehen werden können, sondern dass mehrere gangbare beziehungsweise brauchbare Wege zu einem gesteckten Ziel zugelassen werden. Monoismus wird durch Pluralität ersetzt. Dies bedeutet nach *von Glasersfeld* (1995) nicht, dass unterschiedliche Lösungen als gleich wünschenswert angesehen werden müssen. Wenn sie geeignet sind, ein bestimmtes Ziel zu erreichen, kann die Präferenz für einen bestimmten Weg nicht mit dessen Richtigkeit gerechtfertigt werden, sondern nur in Bezug auf eine andere Werteskala wie Geschwindigkeit, Wirtschaftlichkeit, Konvention oder Eleganz.

Hinsichtlich von *Lernprozessen* in und von →Organisationen fordert der radikale Konstruktivismus eine veränderte Sichtweise von Wissenserwerb, die folgende Bereiche betrifft:

- *Den Lernenden und seine je individuelle Wissenskonstruktion*: Da Wissen vom Individuum nicht rezeptiv oder passiv aufgenommen wird, weder durch die Sinnesorgane noch durch →Kommunikation, muss dem Lernenden in Lernprozessen die Möglichkeit gegeben werden, sich aktiv und intensiv mit einem Lerngebiet auseinander zu setzen, um über die dabei gemachten Erfahrungen ihre eigene Welt zu konstruieren. Dem liegt die Annahme zugrunde, dass Wissen nicht einfach von einer Person auf eine andere Person weitergereicht werden kann. Die Lerngegenstände sollten realistisch und komplex sein und dem Lernenden ein situiertes Handeln ermöglichen. Nach *von Glasersfeld* (1989) bieten insbesondere Interaktionen mit anderen dem Lernenden die Möglichkeit, Wirklichkeitskonstruktionen zu überprüfen und Wissen aufzubauen beziehungsweise vorhandene Wissensstrukturen umzubauen. Diese Anpassung der Strukturen wird beendet, wenn ein „Passen" erreicht zu sein scheint; dieses Passen ist kein Hinweis auf eine Übereinstimmung, sondern zeigt lediglich an, dass keine Diskrepanzen mehr wahrgenommen werden. Gleichzeitig dienen derartige kollektive Lernprozesse der Herstellung von *Intersubjektivität*. Wissen wird somit nach *von Glasersfeld* (2002) nicht ausschließlich als Ergebnis, sondern als Prozess beziehungsweise Tätigkeit verstanden.

- *Die Aufbereitung der Lerninhalte*: Diese sind derart zu präsentieren, dass diese an das Vorwissen jedes Lernenden anschließen, da neues Wissen vom Lernenden mit vorhandenen Strukturen nur verknüpft wird, wenn eine „Passung" (Viabilität) beziehungsweise Anschlussfähigkeit von Wissen gegeben ist. Dies bedeutet, dass je mehr eine Person weiß, desto mehr kann sie lernen. Die Funktion von Wissen ist es, einen gangbaren Weg zu einem gesteckten Ziel zu finden. Ziel des Lernens ist nicht die Vermittlung betriebswirtschaftlicher Prinzipien, Tools oder Fakten, sondern die Vermittlung dessen, wie Lernende sich betriebswirtschaftliche Informationen zunutze machen können so wie Geschäftsführer und andere Entscheidungsträger dies tun würden. Auch dürfen die Lerninhalte im Sinne der Viabilität niemals als das einzig mögliche Wissen präsentiert werden. Es gilt, den Lernenden jeweils zu verdeutlichen, dass bestimmte Gesetzmäßigkeiten zwar als gesichert gelten können, aber nicht, weil sie „naturgegeben" sind, sondern weil sie auf Konvention beruhen.

Für ein →*Wissensmanagement* in Unternehmen ist die Grundannahme des radikalen Konstruktivismus über die Subjektivität des Wissens von zentraler Relevanz. Subjektivität bedeutet, dass sich Wissen nach *von Glasersfeld* (1997) ausschließlich in den Köpfen von Personen befindet und auf der Basis der individuellen, im Wesentlichen subjektiven Erfahrungen konstruiert wird. Daher ist *Maturana* und *Varela* (2003) zufolge das Gesagte beziehungsweise Geschriebene nicht gleich dem Gehörten beziehungsweise Gelesenen; allein der Hörer beziehungsweise Leser erzeugt die Bedeutung eines Wortes, Satzes oder Textes, indem dieser auf sein Vorwissen und seine subjektiven Erfahrungen zurückgreift. Folglich kann Wissen zwischen Mitarbeitern nicht mittels Worten transferiert werden, es sei denn dass die internen Repräsentationen der Beteiligten ein Mindestmaß an Ähnlichkeit aufweisen beziehungsweise eine gemeinsame Basis haben.

Andresen (2003) führt daher aus, dass es für ein erfolgreiches Wissensmanagement dem radikalen Konstruktivismus zufolge somit mehr als der Bereitstellung einer Datenbank bedarf. Wissen entsteht nicht automatisch mit dem Vorhandensein voller Datenbanken. Durch die sprachliche Übermittlung von Daten können *von Glasersfeld* (1989) zufolge im Rahmen des Wissensmanagements „lediglich" Wahrnehmungen geleitet, die begrifflichen Konstruktionen der angesprochenen Personen eingeschränkt und sie damit aufeinander orientiert werden. Wissen selbst jedoch kann nicht übertragen, sondern lediglich gelernt werden. Wissensmanagement kann Lernprozesse daher nicht ersetzen, sondern die individuelle Konstruktion von Wissen sowie der soziale Austausch zur Herstellung einer Intersubjektivität müssen in jedem Fall an den Transfer von Daten anschließen.

Literatur: *Abel, B.*: Grundlagen der Erklärung menschlichen Handelns. Zur Kontroverse zwischen Konstruktivisten und Kritischen Rationalisten, Tübingen 1983. *Andresen, M.*: Corporate Universities als Instrument des Strategischen Managements, Hamburg etc. 2003. *Ernest, P.*: The One and the Many, in: *Steffe, L. P.; Gale, J.* (Hrsg.): Constructivism in Education, New Jersey 1995, S. 459–486. *Maturana, H. R.; Varela, F. J.*: Der Baum der Erkenntnis. Die biologischen Wurzeln des menschlichen Erkennens, 11. Aufl., München 2003. *von Glasersfeld, E.*: Cognition, Construction of Knowledge, and Teaching, in: Synthese, Special Issue on Education, 80. Jg. (1989), H. 1, S. 121–140. *von Glasersfeld, E.*: A Constructivist Approach to Teaching, in: *Steffe, L. P.; Gale, J.* (Hrsg.): Constructivism in Education, New Jersey 1995, S. 3–15. *von Glasersfeld, E.*: Radical Constructivism: A Way of Knowing and Learning, London, Washington 1997. *von Glasersfeld, E.*: Konstruktion der Wirklichkeit und des Begriffs der Objektivität, in: *Gumin, H.; Meier, H.* (Hrsg.): Einführung in den Konstruktivismus, 5. Aufl., München, Zürich 2000, S. 9–39. *von Glasersfeld, E.*: Radikaler Konstruktivismus, 5. Aufl., Frankfurt a. M. 2002. *von Glasersfeld, E.*: Einführung in den radikalen Konstruktivismus, in: *Watzlawick, P.* (Hrsg.): Die erfundene Wirklichkeit. Wie wissen wir, was wir zu wissen glauben? Beiträge zum Konstruktivismus, 17. Aufl., München 2004, S. 16–38.

Maike Andresen

Radikalökonomische Theorie

vom marxistischen Gedankengut beeinflusste und unter anderem auf *Gordon, Edwards* und *Reich* (1982), die auch als Gruppe der „Radicals" bezeichnet werden, zurückgehende Arbeitsmarkttheorie, die von einer Spaltung des →Arbeitsmarktes in einen Primär- und Sekundärmarkt ausgeht.

Ausgehend von einer strikten Ablehnung der Annahmen der neo-klassische Theoriebildung setzt die Kritik der Radikalökonomischen Theorie insbesondere daran an, dass die Arbeitskraft als eine Ware wie jede andere behandelt wird, die in unkomplizierter Art und Weise im Produktionsprozess mit den anderen Produktionsfaktoren kombinierbar ist. Basierend auf der Unbestimmtheit des →Arbeitsvertrages, der eine Kontrolle der Beschäftigten erforderlich macht, wird der Effizienzdeterminismus der →Transaktionskostentheorie infrage gestellt. Während die Transaktionskostentheoretiker auf Basis des Arbeitsvertrages und der damit verbundenen Verfügungsrechte (→Theorie der Verfügungsrechte), den Arbeitsvertrag unter bestimmten Bedingungen als effizienteren Koordinationsmechanismus als den Markt ausweisen, sehen die „Radicals" in der mit dem Arbeitsvertrag einhergehenden Notwendigkeit der Kontrolle und den daraus entstehenden Kontrollkosten die Ineffizienz des kapitalistischen Unternehmens bestätigt.

Literatur: *Gordon, D.; Edwards, R.; Reich, M.*: Segmented Work, Divided Workers: The Historical Transformation of Labor in the United States, New York 1982.

Dodo zu Knyphausen-Aufseß
Lars Schweizer

Randbelegschaft

marginalisierte oder periphere Arbeitskraftgruppen, die nicht auf Basis eines Normalarbeitsvertrags (→Arbeitsvertrag) beschäftigt sind.

Für die USA hat *Morse* (1969) aufgezeigt, dass dies zum einen unbefristet vollzeitbeschäftigte →Arbeitnehmer kleinerer Unternehmen sind, deren →Sozialleistungen, Gewerkschaftsschutz, Entlohnungsstandards und Aufstiegschancen geringer als bei Mitarbeitern großer Unternehmen sind. Zum anderen sind dies so genannte *Peripheral Workers*, die ihre Arbeitsverhältnisse (→ Beschäftigungsverhältnis) als → Teilzeitarbeitsverhältnis oder diskontinuierlich wahrnehmen. Während sich die erste → Gruppe durch ein geringes Qualifikationsniveau auszeichnete, zeigte *Morse* für die zweite Arbeitnehmergruppe eine systematische, an der Herkunft, am Geschlecht und am Alter festzumachende Ausgrenzung (Peripherisierung), das heißt einen engen Zusammenhang zwischen gesellschaftlichem und beruflichem Status.

Die gegenwärtige ungleiche Verteilung prekärer → Beschäftigungsverhältnisse (→ Prekäre Beschäftigung) auf unterschiedliche Arbeitskraftgruppen und die geringe oder asymmetrische Mobilität zwischen → atypischen Beschäftigungsformen und → Normalarbeitsverhältnissen zeigt, dass nach *Schreyer* (2000) auch in Deutschland eine Segmentierung des → Arbeitsmarkts zu Lasten von Frauen, Niedrigqualifizierten und Jugendlichen vorhanden ist.

Auf *organisationaler Ebene* können als Randbelegschaft diejenigen Mitarbeiter oder Beschäftigten bezeichnet werden, die nicht zur → Stammbelegschaft beziehungsweise nicht zur → Kernbelegschaft gehören. Die *Bestimmung* der Randbelegschaft über eine Abgrenzung zur Stammbelegschaft ist leicht operationalisierbar, aber unter Umständen wenig aussagekräftig (so würden z. B. befristet beschäftigte Professoren oder Theaterregisseure zur Randbelegschaft gehören). Die Bestimmung über eine Abgrenzung von der Kernbelegschaft birgt das Problem der Kriterienfestlegung.

Eine Zunahme von → Beschäftigungsstrategien, die auf einer Marginalisierung bestimmter Beschäftigtengruppen basieren, bedeutet für die marginalisierten Gruppen zum Beispiel geringere Karrierechancen, Weiterbildungsmöglichkeiten und soziale Absicherung und hat damit im Blick zu behaltende arbeitsmarktliche und letztlich gesellschaftliche Konsequenzen.

Literatur: *Morse, D.*: The Peripheral Worker, New York 1969. *Schreyer, F.*: „Unsichere" Beschäftigung trifft vor allem die Niedrigqualifizierten, in: IAB Kurzbericht, H. 15, Nürnberg 2000.

Axel Haunschild

Rangfolgeverfahren

Verfahren, bei dem mithilfe von Arbeitsbewertungsverfahren (→ Arbeitsbewertungssysteme) entsprechend ihren → Anforderungen Aufgaben bewertet werden, um eine anforderungsabhängige Entlohnung zu gestalten.

Rangfolgeverfahren lassen sich in summarische und analytische Varianten trennen. Die *summarischen* Verfahren bewerten die Anforderungen einer → Arbeitsaufgabe als Gesamteindruck, die *analytischen* Verfahren bewerten zunächst einzelne Anforderungen und berechnen später einen Gesamtwert.

Das Rangfolgeverfahren gehört zu den *summarischen* Methoden der → Arbeitsbewertung und baut auf dem Prinzip der Reihung auf. Das Verfahren beginnt mit der Aufreihung der im Unternehmen vorhandenen Arbeiten. Anhand der Aufgabenbeschreibungen wird jede Arbeit mit den anderen Arbeiten verglichen. Eine Rangfolge wird nach dem wahrgenommenen Schwierigkeitsgrad der Arbeitsaufgaben gebildet und stellt die Grundlage für die Lohn- und Gehaltsdifferenzierung dar. Referenzrangfolgen finden sich zum Beispiel in → Tarifverträgen (*REFA* 1991).

Literatur: *REFA* (Hrsg.): Entgeltsysteme, München 1991.

Silvia Föhr

Rangreihenverfahren

Verfahren, bei dem mithilfe von Arbeitsbewertungsverfahren (→ Arbeitsbewertungssysteme) entsprechend ihren → Anforderungen Aufgaben bewertet werden, um eine anforderungsabhängige Entlohnung zu gestalten.

Rangreihenverfahren lassen sich in summarische und analytische Varianten trennen. Die *summarischen* Verfahren bewerten die Anforderungen einer → Arbeitsaufgabe als Gesamteindruck, die *analytischen* Verfahren bewerten zunächst einzelne Anforderungen und berechnen später einen Gesamtwert.

Das Rangreihenverfahren gehört zu den *analytischen* Methoden der → Arbeitsbewertung, und jede Arbeitsaufgabe wird in einzelne Anforderungsarten unterteilt, die hinsichtlich ihres Schwierigkeitsgrads bewertet werden. Der Arbeitswert einer Arbeitsaufgabe besteht dann in der Summe der Einzelbewertungen. Die in der Praxis verwendeten Methoden unterscheiden sich unter anderem in Art und Differenzierung der Anforderungskriterien und sind im Wesentlichen vom *Genfer Schema* abgeleitet. Dies trennt die Anforderungsarten in körperliche und geistige Anforderungen sowie Verantwortung und Umgebungseinflüsse. Die Anforderungen können noch weiter in Können (→Qualifikation) und Belastung (→Belastungs-Beanspruchungs-Modell) aufgeteilt werden.

Der Ablauf des Rangreihenverfahrens besteht zunächst im Beschreiben der Arbeit beziehungsweise des Arbeitsplatzes, danach in der Bestimmung der Anforderung nach Art und Höhe und schließlich in der Ermittlung des Gesamtarbeitswerts. Dieser kann dann einem Arbeitswertlohn zugeordnet werden (*REFA 1991*).

Literatur: *REFA* (Hrsg.): Entgeltsysteme, München 1991.

Silvia Föhr

Ranking Method →Arbeitsbewertung

Ratchet Effect →Sperrklinkeneffekt

Ratioskala

Ausprägung des →Skalenniveaus.

Die Ratioskala, für die auch die Begriffe Verhältnisskala oder Absolutskala verwendet werden, besitzt im Gegensatz zur →Nominalskala, →Ordinalskala und →Intervallskala einen Nullpunkt. Es bestehen zwischen Skalenpunkten nicht nur gleiche Abstände hinsichtlich des gemessenen Merkmals, sondern auch gleiche Verhältnisse zwischen den Skalenpunkten. Länge, Winkel, Preise, Temperatur in Kelvin sind Beispiele für Ratioskalen. Für eine formale Definition siehe Skalenniveau.

Benedikt Hell

Rattenrennen (Rat Race)

durch gegenseitige →Beobachtung verursachte Eskalation im Leistungsverhalten von Mitarbeitern, die oftmals über die Fabel von zwei hungrigen Ratten bildhaft umschrieben wird.

Das Rattenrennen geht auf eine Geschichte von *Akerlof* (1976) zurück: Zwei Ratten beobachten ein Stück Käse, das sich jede Ratte gern einverleiben möchte. Daraufhin fängt die eine Ratte an, mit hohem Tempo auf den Käse zuzulaufen, um ihn zuerst zu erreichen. Um ihre Chance auf das Stück Käse zu wahren, rennt nun auch die zweite Ratte mit entsprechendem Tempo auf den Käse zu. Als das die erste Ratte beobachtet, erhöht sie ihr Tempo, um den alten Abstand wiederherzustellen, woraufhin auch die zweite Ratte wieder schneller wird und so fort. Letztlich steht der mögliche Gewinn des Stücks Käse kaum noch in vernünftiger Relation zu den gewählten Anstrengungen der beiden Ratten.

Wie *Holmström* (1982) gezeigt hat, lässt sich diese Geschichte auf ein personalbezogenes Eskalationsverhalten übertragen. Insbesondere im Karrierewettbewerb sind solche Rattenrennen in der Praxis durchaus zu beobachten. Gerade junge Mitarbeiter wollen oftmals zu Beginn ihrer →Karriere ein hohes →Leistungspotenzial und Zähigkeit unter Beweis stellen, indem sie unter anderem freiwillig →Überstunden machen. Wird dies von den jungen Kollegen beobachtet, kann letztlich eine Nachahmung in einer Eskalation münden, die bis hin zu ernsthaften gesundheitlichen Gefährdungen führt (→Burnout).

Kräkel (2004) argumentiert, dass je nach Situation verschiedene *Ursachen* für ein Rattenrennen möglich sind: Zum einen kann dem →Arbeitgeber im Rahmen von Leistungsturnieren der Fehler unterlaufen, eine zu hohe Differenz zwischen Gewinner- und Verliererpreis zu wählen, was dann auch zu ineffizient hohen Anstrengungen bei den →Arbeitnehmern führt. Zum anderen kann ein ineffizient hohes Anstrengungsniveau aber auch das Ergebnis eines separierenden Gleichgewichts sein. Danach würden außerordentliche Talente unter den Arbeitnehmern bewusst ein hohes Anstrengungsniveau wählen, um in ihrem Verhalten (→Behaviorismus) nicht von weniger guten Talenten imitiert zu werden, die vergleichbare Anstrengungen nur unter Inkaufnahme eines exorbitant hohen Arbeitsleides leisten könnten. Sofern solch eine Separierung bewusst vom Arbeitgeber initiiert wird, ist ein Rattenrennen letztlich der Preis, den er für die Informationsaufdeckung zu zahlen hat.

Literatur: *Akerlof, G. A.*: The Economics of Caste and of the Rat Race and other Woeful Tales, in: Quarterly Journal of Economics, 90. Jg. (1976), S. 599–617. *Holmström, B.*: Managerial Incentive Problems – A Dynamic Perspective, in: *Walross, B.* (Hrsg.): Essays in Economics and Management in Honor of Lars Wahlbeck, Helsinki 1982, S. 209–230. *Kräkel, M.*: Organisation und Management, 2. Aufl., Tübingen 2004, Kap. IV.5.

Matthias Kräkel

Reaktionskosten

dem Unternehmen ohne vorangegangene, gezielte eigene Entscheidung, also nur durch eine Reaktion auf Handlungen anderer, vor allem der →Arbeitnehmer entstehende Kosten.

Reaktionskosten sind im weitesten Sinne eine Folge von Umweltentwicklungen und zu ihnen zählen im Wesentlichen Fluktuations- und Absentismuskosten (*Scholz* 2000). Kostenwirkungen durch →Fluktuation ergeben sich aus einer ungeplanten Vakanz in Form von Opportunitätskosten aus der Suche, Auswahl und Einarbeitung von neuen Arbeitskräften für die Wiederbesetzung der Stelle und gegebenenfalls auch aus der Minderleistung der abwanderungswilligen →Arbeitnehmer kurz vor dem Verlassen des Unternehmens. Kosten durch →Absentismus entstehen durch den Arbeitsausfall von kranken beziehungsweise unentschuldigt fehlenden Arbeitnehmern in Form von Opportunitätskosten.

Literatur: *Scholz, C.*: Personalmanagement, 5. Aufl., München 2000.

Silvia Föhr

Real Working Time

produktive →Arbeitszeit, das heißt Teilmenge der Anwesenheitszeit, zu der noch Unterbrechungen, →Pausen oder Rüstzeiten zählen (→Effektive Arbeitszeit).

Realoptionen

im Finanzbereich im Rahmen des Kaufs oder Verkaufs von Aktien, Anleihen, Devisen und anderen an der Börse gehandelte Objekte.

Seit den 1980er Jahren finden die Gedanken der Optionspreistheorie auch Eingang in die Überlegungen zur Bewertung von Handlungsspielräumen von Unternehmen. Aufgrund des Bezugs der Handlungsspielräume auf tatsächlich in einem Unternehmen ablaufende Prozesse werden die entsprechenden Optionen als Realoptionen bezeichnet.

Eine Option entspricht dem Recht (aber nicht der Pflicht) eines Inhabers, während eines festgelegten Zeitraums (der Laufzeit) ein genau bestimmtes Gut zu einem ebenfalls festgelegten Preis (dem Basiskurs) zu kaufen (Kaufoption) beziehungsweise zu verkaufen (Verkaufsoption).

Mit der Optionspreistheorie lassen sich im Unternehmen im Grundsatz alle Investitionsvorhaben abbilden, die einen zeitlichen Spielraum bei der Entscheidungsfindung erlauben (Aufschub-, Abbruch-, Änderungs-, Wachstumsinvestitionen).

Dabei besteht bei allen Investitionsarten die Gemeinsamkeit, dass versucht wird, endgültige Investitionsentscheidungen solange aufzuschieben, bis der mit der Zeit wachsende Informationsstand der Entscheidungsträger eine qualitativ bessere Bewertung der Investition ermöglicht. Bei einer Nichtentsprechung der Erwartungen über die Umfeldentwicklungen mit der Realität, unterbleibt die Ausübung der Investition. Als Verlust fällt dann lediglich der Optionswert an.

Damit besteht der Wert einer Investition im Gegensatz zu den bekannten Methoden der →Investitionsrechnung nicht nur aus dem Barwert der erwarteten Zahlungsüberschüsse, sondern beinhaltet zusätzlich den Wert der realen Option.

Für die Berechnung des Investitionswerts stehen unterschiedliche mathematische Verfahren zur Verfügung. In den meisten Fällen findet bei der Berechnung von Realoptionen das *Black & Scholes-Modell* (1973) Anwendung, in dem der Investitionswert von den Variablen

- Barwert der zukünftigen Zahlungsüberschüsse (entspricht bspw. dem Aktienkurs bei Finanzoptionen),
- notwendige Investitionen bei Ausübung der Option (entspricht dem Ausübungs-/Basispreis bei Finanzoptionen),
- risikoloser Zinssatz,
- projektspezifisches Risiko sowie
- Laufzeit der Option

bestimmt wird.

Dass Realoptionen nicht als Ersatz bestehender Verfahren der Investitionsrechnung angesehen werden dürfen, wird deutlich durch die Problematik, dass die Einflussfaktoren und die Umfeldentwicklung nicht zuverlässig ermittelt werden können und die mathematischen Berechnungen in der Praxis sehr komplex sind. Die Stärke der Realoptionen ist vor allem in der Ergänzung dieser Verfahren um die Bewertung von unternehmerischer →Flexibilität zu sehen.

Literatur: *Black, F.; Scholes, M.*: The Pricing of Options and Corporate Liabilities, in: Journal of Political Economy, 81. Jg. (1973), H. 3, S. 637–654. *Hommel, U.; Scholich, M.; Baecker, P.* (Hrsg.): Reale Optionen. Konzepte, Praxis und Perspektiven strategischer Unternehmensfinanzierung, Berlin etc. 2003.

Klaus Möller

Rechnungswesen → Betriebliches Rechnungswesen

Rechtliche Grundlagen der Arbeitswissenschaft → Arbeitswissenschaft

Recruiting Games

datenbankbasierte Software, die Unternehmen bei ihrer → Personalbeschaffung über das Internet unterstützt (syn.: Bewerbungsspiele; Berufsorientierungsspiele).

Recruiting Games sind Anwendungen des „Recruitainment" (*Diercks et al.* 2003) und verfolgen zwei Zielsetzungen:

1. Sie sind ein *Medium der personalmarketingwirksamen Ansprache* von potenziellen Bewerbern. Teilweise gelingt es Unternehmen, Bewerber anzusprechen, die sich sonst nicht angesprochen gefühlt hätten. Dies setzt allerdings voraus, dass die Recruiting Games auch von ihrer Optik und von ihrem Spielspaß her mit dem Niveau gängiger Online-Spiele mithalten (*Gersdorf* 2004). Zudem ist es notwendig, den sich an das Spiel anschließenden Kommunikations- und Abwicklungsaufwand bewältigen zu können, damit sich der anfänglich positive Imageeffekt nicht in eine Imageschädigung umkehrt.

2. Sie dienen über die zu bewältigenden Spielaufgaben der*Beschaffung von auswahlrelevanten Informationen* über Bewerber im Sinne einer Vorselektion und tragen damit zur Kostenreduktion im Beschaffungsprozess bei. Die Bewerberdaten können Selbsteinschätzungen zur Passung oder zur Nicht-Passung zum Unternehmen, individuelle und teambasierte Assessment Center-Aufgaben (→ Assessment Center) wie auch Fremdbewertungen von Gruppenmitgliedern umfassen. Aus den gesammelten Informationen in Verbindung mit eingebauten Kontrollfragen lassen sich Kompetenzprofile der teilnehmenden Spieler ableiten. Sie geben Auskunft über Eigenschaften wie → Kreativität, Teamfähigkeit, Lernfähigkeit, → Kundenorientierung oder → Leistungsorientierung.

Im Rahmen von Recruiting Games bauen potenzielle Bewerber zum Beispiel eine Stadt der Zukunft („Challenge Unlimited"/*Siemens*), entwickeln ein Unternehmen zum Marktführer („BCG Strategy Cup"/*Boston Consulting Group*), helfen Protagonisten bei ihrem Kampf gegen das Böse („Die Karrierejagd durchs Netz"/*Cyquest Internet AG*), stellen ihr Bankenwissen unter Beweis („Hotstaff"/*Commerzbank*), lernen spielerisch die Bahnwelt kennen („Tr.A.X."/*Deutsche Bahn*) oder proben virtuell den Soldatenalltag („America's Army"/*U.S.-Armee*).

Recruiting Games bereiten die Bewerberinterviews und die Bewerberselektion vor, wo dann aber wieder persönliche Gespräche stattfinden. Das interaktive Spielen von Recruiting Games kann bis zu mehreren Stunden dauern und fortlaufend oder nur zu bestimmten Zeitpunkten stattfinden. Aus Gründen des → Datenschutzes können die Bewerber entscheiden, ob sie nach Abschluss des Spielens ihre Daten an das Unternehmen weitergeben wollen. Die Unternehmen stellen ihrerseits teilweise über die Vergabe von digitalen Signaturen oder die Einladung der Teilnehmer in Testzentren sicher, dass die Spielenden letztlich auch mit den Bewerbern identisch sind.

Literatur: *Dierckes, J. et al.*: Vorteile und Nutzenpotentiale kombinierter Recruiting- und Marketinganwendungen. Ein Praxisbeispiel für Recruitainment: Cyquest „Die Karrierejagd durchs Netz", in: *Konradt, U.; Sarges, W.* (Hrsg.): E-Recruitment und E-Assessment, Göttingen etc. 2003, S. 127–144. *Gersdorf, S.*: Bewerberselektion in der Online-Welt, in: Personalmagazin, 6. Jg. (2004), H. 7, S. 70–72.

Volker Stein

Recruiting-Messe → Personalbeschaffung

Recruitment Consultants

unternehmensexterne Institution, die im Rahmen der → Personalbeschaffung die Anwerbung und – je nach Vereinbarung – auch die Auswahl von Arbeitskräften entgeltlich übernimmt.

Die Inanspruchnahme von Recruitment Consultants stellt eine Form des → Outsourcings personalwirtschaftlicher Funktionen dar.

Thomas Bürkle

Re-Entrainment

Wiederanpassung der physiologischen Tagesrhythmik (Circadianrhythmus physiologischer Funktionen) im Anschluss an eine Verschiebung von → Arbeit und Schlaf (z. B. bei Nachtschichtarbeitern).

REFA-Zeitschema

Diese Anpassung ist nur bei einer einzelnen Nachtschicht sofort erreichbar. Bei einer Wochennachtschicht wird der normale Tagesrhythmus erst nach 2–3 Tagen wieder erreicht.

Désirée H. Ladwig

REFA-Zeitschema

erlaubt eine Ermittlung von Soll-Zeiten mithilfe eines externen Fachmanns durch das Messen und Auswerten von Ist-Zeiten.

Für dieses REFA-Verfahren wurden nach *REFA* (1997) spezifische Zeitaufnahmebögen und Standardprogramme entwickelt. Die zuvor definierte →Normalleistung wird in Beziehung zur tatsächlichen Leistung des einzelnen Mitarbeiters gesetzt und sein individueller Leistungsgrad ermittelt. Der Leistungsgrad wird determiniert durch die Intensität wie Bewegungsgeschwindigkeit und Kraftanspannung und die Wirksamkeit als Beherrschung des Arbeitsvorgangs der Leistung. So kann zum Beispiel ein erfahrener älterer Mitarbeiter den gleichen Leistungsgrad wie ein unerfahrener, junger Mitarbeiter aufweisen, wenn er nachlassende physische Kräfte durch größere Erfahrung kompensieren kann. Das REFA-Zeitschema bestimmt eine →Auftragszeit, die für die Bearbeitung eines Auftrages notwendig ist. Das REFA-Zeitaufnahme-Verfahren ist in Deutschland weit verbreitet.

Literatur: *REFA* (Hrsg.): REFA Methodenlehre der Betriebsorganisation, Leipzig 1997.

Désirée H. Ladwig

Referentenmodell

Organisationsform der Personalarbeit (→Personalmanagement), die auf der Einrichtung dezentraler →Stellen im Personalbereich basiert, die mit Mitarbeitern besetzt werden, die sich mit einer spezifischen Personalmanagementaufgabe in einem bestimmten Betreuungsbereich beschäftigen.

Personalreferenten sind zum Beispiel zuständig für →Personalauswahl oder →Leistungsbeurteilung für eine Personalkategorie wie zum Beispiel →Führungskräfte oder für einen regionalen Bereich wie zum Beispiel Auslandsgesellschaften. Denkbar ist auch, dass ein Referent für ein betriebswirtschaftliches Funktionsfeld oder ein Werk verantwortlich ist. Je nach →Stellenbeschreibung ist ein Referent für wenige Mitarbeiter, dafür aber in allen personalwirtschaftlichen Bereichen oder für viele Mitarbeiter, dann aber nur für einzelne personalwirtschaftliche Spezialgebiete zuständig.

Bei der *organisatorischen Einordnung der Personalreferenten* sind zwei Varianten möglich. Zum einen kann der Referent einer zentralen →Personalabteilung zugeordnet sein. Als „verlängerter" Arm der Personalabteilung berät der Referent die Linienverantwortlichen vor Ort und setzt auch zentral entwickelte Konzepte um. Zum anderen können die Referenten direkt zu den Linienmanagern (→Einliniensystem) zugeordnet werden. Als Mitarbeiter des Linienmanagers sind sie ihm direkt verantwortlich. Bei dieser dezentralen Variante kommen der Personalabteilung nur Koordinationsaufgaben zu, die zum Beispiel in der Initiierung eines Wissenstransfers zwischen den Referenten bestehen.

Ein wesentlicher *Vorteil* des Referentensystems liegt nach *Thom* und *Nadig* (1993) in der persönlichen Betreuung der Mitarbeiter. Der Ansprechpartner der Personalabteilung ist vor Ort. Er kennt die spezifischen Probleme der von ihm Betreuten und kann mit den Führungskräften und Mitarbeitern ein Vertrauensverhältnis aufbauen. Voraussetzung hierfür ist, dass die Personalabteilung im zentralen Modell den Referenten genug Freiräume bietet und im dezentralen Modell die Linienmanager (→Einliniensystem) den Referenten als gleichwertigen Sparringpartner anerkennen. Außerdem ist es durch die Spezialisierung auf eine Personalgruppe möglich, Spezialistenkenntnisse für die spezifische Gruppe zu erwerben, was die Qualität der Personalarbeit erhöht. Die *Nachteile* des Referentensystems liegen auf der Kostenseite. Ein oder sogar mehrere Referenten für jede Personalkategorie oder jede Region bergen die Gefahr von Doppelarbeiten. Außerdem muss ein Personalreferent breite Kenntnisse (→Qualifikation) im Bereich der Personalwirtschaft aufweisen, damit er den →Anforderungen der Stelle gerecht werden kann.

Literatur: *Thom, N.; Nadig, P.*: Organisation des Personalwesens, in: *Krulis-Randa, J.; Benz, P.* (Hrsg.): Grenzen im Personalmanagement, Bern 1993, S. 83–97.

Reinhard Meckl

Referenzprinzip

Berechnung des Freizeitanspruchs in Abhängigkeit von der vertraglich vereinbarten täglichen →Arbeitszeit.

Bei einer täglichen Arbeitszeit von fünf Stunden bedeutet dies also, dass auch freie Tage mit nur fünf Stunden (z. B. →Überstunden) abgegolten werden müssen.

Désirée H. Ladwig

Reflexive Moderne →Postmoderne

Refreezing →Organisationsentwicklung

Regressionsanalyse

statistisches Verfahren der →Datenanalyse, mit dem der einseitige funktionale Zusammenhang zwischen einem quantitativen Merkmal Y und den quantitativen Merkmalen $X_1, .., X_m$ untersucht wird.

Im einfachsten Fall wird ein lineares (multiples) Regressionsmodell der Form

$$Y = \beta_0 + \beta_1 \cdot X_1 + \ldots + \beta_m \cdot X_m + U$$

unterstellt, wobei $\beta_0, ..., \beta_m$ die zu schätzende *Regressionskoeffizienten*, Y die abhängigen und $X_1, .., X_m$ die unabhängigen Merkmale darstellen. Die *Störvariable U* trägt der Tatsache Rechnung, dass die Variablen mit Messfehlern behaftet sind und Zusammenhänge zwischen ökonomischen Variablen im Allgemeinen stochastischer Natur sind.

Die Schätzung der Modellparameter erfolgt mithilfe der *Methode der kleinsten Quadrate*. Die Schätzwerte für die Regressionskoeffizienten werden dabei so bestimmt, dass die Abweichungsquadratsumme zwischen den tatsächlichen und den mithilfe des Modells geschätzten Werten für die Variable Y minimal wird. Zur Beurteilung der Güte der Schätzung wird das *multiple Bestimmtheitsmaß* herangezogen, das den durch die Regression erklärten Anteil der Gesamtvarianz angibt.

Unter der Normalverteilungsannahme mit Varianzhomogenität und einem Erwartungswert von Null für die Störvariablen können auch →Signifikanztests für einzelne Modellparameter oder das Gesamtmodell durchgeführt werden. In der empirischen Forschung ist dabei vor allem von Interesse, ob sich die Modellparameter signifikant von Null unterscheiden und damit die entsprechenden Variablen einen signifikanten Einfluss besitzen.

Literatur: *Backhaus, K. et al.*: Multivariate Analysemethoden, 10. Aufl., Berlin 2003. *Fahrmeir, L.; Hamerle, A.*: Multivariate statistische Verfahren, 2. Aufl., Berlin 1996.

Jobson, J. D.: Applied Multivariate Data Analysis, Bd. 1, New York, 1991.

Udo Bankhofer

Reifegradmodell

basiert auf dem →Führungsstilmodell der Ohio-State-Forschung und beinhaltet zwei voneinander unabhängige Dimensionen des →Führungsstils.

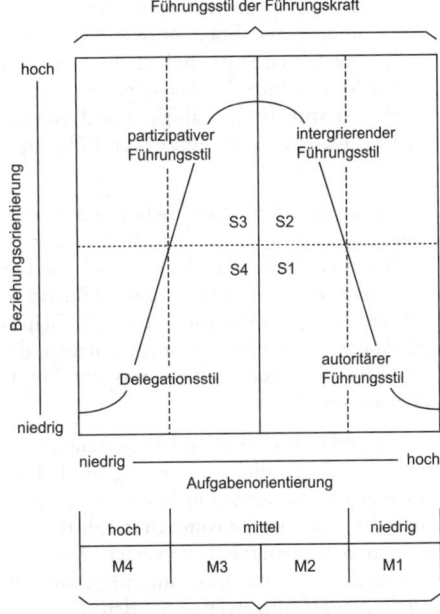

Abbildung 1: Reifegradmodell
(*Hersey/Blanchard* 1996)

Aus der Kombination von Mitarbeiter- und Aufgabenorientierung werden, wie Abbildung 1 visualisiert, die vier Grundführungsstile des Modells gebildet:

1. *Telling*: Diktierender Führungsstil mit geringer Mitarbeiter- und hoher Aufgabenorientierung.
2. *Selling*: Verkaufender Führungsstil mit hoher Mitarbeiter- und Aufgabenorientierung.
3. *Participating*: Partizipierender Führungsstil mit hoher Mitarbeiter- und geringer Aufgabenorientierung.
4. *Delegating*: Delegierender Führungsstil mit geringer Mitarbeiter- und Aufgabenorientierung.

Die vier Führungsstile des Modells sind in dieser Reihenfolge mit einer Linie verbunden, die trotz der zwei Dimensionen des Führungsstils ein Kontinuum zwischen den Grundstilen zum Ausdruck bringt.

Zur angemessenen Führung (→Mitarbeiterführung) eines Mitarbeiters beurteilt die →Führungskraft anhand eines →Fragebogens dessen *Reifegrad*, der sich aus der Arbeitsreife (Fähigkeit) und der psychologischen Reife (→Motivation) zusammensetzt. In der ersten Reifestufe (geringe Fähigkeit und Motivation) empfehlen *Hersey* und *Blanchard* (1996) das Telling, in der zweiten Stufe (geringe Fähigkeit, aber hohe Motivation) das Selling, in der dritten Stufe (hohe Fähigkeit, aber geringe Motivation) das Participating und in der vierten Stufe (hohe Fähigkeit und Motivation) das Delegating als effizienten Führungsstil.

Ziel des Modells ist jedoch nicht nur die Empfehlung des reifeabhängigen Führungsstils, sondern auch die Entwicklung der Mitarbeiter zu größerer Reife. Hierzu wird der Führungskraft eine dosierte Variation von Mitarbeiter- und Aufgabenorientierung vorgeschlagen, die dem selbstständigen Reifeprozess der Mitarbeiter vorauseilt.

Das situative Reifegradmodell genießt durch seine praxisfreundliche und wenig rigide Formulierung große Beachtung bei Führungskräften und wurde von den Autoren in zahlreichen Seminaren kommerziell verwertet. Aus wissenschaftlicher Sicht muss auf einige *konzeptionelle Mängel* hingewiesen werden: Das Modell berücksichtigt mit dem Reifegrad zweifellos eine bedeutsame Situationsvariable zur Bestimmung des effizienten Führungsstils, vernachlässigt dafür aber alle anderen. Die zeitliche Entwicklung der Reife mit zunächst steigender, dann sinkender und zuletzt wieder steigender Motivation beschreibt mit Sicherheit keinen zwangsläufigen Verlauf, sondern denjenigen, der eine möglichst einfache Modellbeschreibung erlaubt. Auch erscheint die eindeutige Zuordnung der Führungsstile zu den Reifegraden fragwürdig. Insbesondere könnte es treffende Argumente gegen eine reine Aufgabenorientierung bei neuen und daher noch unreifen Mitarbeitern geben.

Langfristig empfehlen *Hersey* und *Blanchard* (1996) eine geringe Mitarbeiter- und Aufgabenorientierung, was im Gegensatz zum →Verhaltensgitter von *Blake* und *Mouton* (1964) steht. Dieser Widerspruch ließ sich bislang noch nicht überzeugend auflösen. Schließlich werden von manchen Autoren Zweifel an der empirischen Unterstützung geäußert, die *Hersey* und *Blanchard* (1996) für ihr Modell in Anspruch nehmen. Hierzu hätten die von ihnen angeführten Untersuchungen zumindest eine einheitliche und valide Messung des Reifegrads aufweisen müssen.

Literatur: *Blake, R. R.; Mouton, J. S.*: The Managerial Grid, Houston 1964. *Hersey, P.; Blanchard, K. H.*: Management of Organizational Behavior, 7. Aufl., New York 1996.

Jan Hendrik Fisch

Reine Personalverwendungsplanung

sucht für eine vorab (als Datum) festgelegte und somit nicht mehr durch betriebliche Entscheidungen veränderbare →Personalausstattung optimale Beschäftigungsmöglichkeiten – den optimalen Personalbedarf – und gegebenenfalls den optimalen Personaleinsatzplan.

Übersicht 1: Legende

Symbol	Definition
$\bar{R}$	$\{r \mid r = 1,2,...,R\}$ Menge der Arbeitskräftearten.
$\bar{Q}$	$\{q \mid q = 1,2,...,Q\}$ Menge der Tätigkeitsarten.
$\bar{T}$	$\{t \mid t = 1,2,...,T\}$ Menge der Teilperioden.
$\bar{K}$	$\{k \mid k = 1,2,...,K\}$ Menge der Prozessarten.
D_k	Deckungsbeitrag, der mit der einmaligen Durchführung des Prozesses k verbunden ist.
K_q	Menge der Prozessarten $k \in \bar{K}$, bei denen Tätigkeiten der Art $q \in \bar{Q}$ zu erledigen sind.
a_{qk}	(Personal-) Bedarf für Tätigkeiten der Art q bei einmaliger Durchführung von Prozessen der Art k.
x_{kt}	Niveau des Prozesses k in Periode t.
x_{kt}^{max}	Bis zur Periode t maximal zulässige Durchführungen des Prozesses k.
PA_{rt}	Ausstattung mit Arbeitskräften der Art r in Periode t.

Im Folgenden soll ein Grundmodell formuliert werden, bei dem die personellen Beschäftigungsmöglichkeiten über Prozesse und Tätigkeiten bestimmt werden (*Kossbiel* 1988, *Muche* 1989). Benötigt werden dazu die in Übersicht 1 dargestellten Symbole.

Mit diesen Symbolen lautet das Grundmodell wie folgt:

Zielfunktion (1):

$$\sum_{t \in T} \sum_{k \in K} D_k \cdot x_{kt} \to \max!$$

Restriktionen (2–3):

Abstimmung Personalbedarf – Personalausstattung (2):

$$\sum_{q \in \hat{Q}} \sum_{k \in K_q} a_{qk} \cdot x_{kt} \leq \sum_{r \in \bigcup_{q \in \hat{Q}} R_q} PA_{rt}$$

$$\forall \hat{Q} \in \wp(\overline{Q}) \setminus \{\varnothing\}, \ t \in \overline{T}$$

Obergrenzen (3):

$$\sum_{t'=1}^{t} x_{kt'} \leq x_{kt}^{\max} \quad \forall k \in \overline{K}, t \in \overline{T}$$

Nichtnegativitätsbedingungen (4):

$$x_{kt} \geq 0 \quad \forall k \in \overline{K}, t \in \overline{T}$$

Während über die Zielfunktion (1) die Maximierung des durch die Durchführung von Prozessen zu realisierenden Deckungsbeitrags angestrebt wird, stellt man über (die entsprechend angepasste Form des impliziten Ansatzes in) Restriktion (2) sicher, dass nicht mehr als die vorhandene Anzahl an Arbeitskräften zur Prozessdurchführung benötigt wird. Mit Restriktion (3) wird die Einhaltung der Prozessobergrenzen garantiert und die Nichtnegativitätsbedingungen (4) gelten für die einschlägigen Prozessvariablen.

Literatur: *Kossbiel, H.*: Personalbereitstellung und Personalführung, in: *Jacob, H.* (Hrsg.): Allgemeine Betriebswirtschaftslehre, Wiesbaden 1988, S. 1045–1253. *Muche, G.*: Personalplanung bei gegebener Personalausstattung, Göttingen 1989.

Thomas Spengler

Reintegration

Wiedereingliederung von Fach- und →Führungskräften in das heimatliche Arbeits- und Lebensumfeld im Anschluss an eine →Auslandsentsendung (engl.: Reentry, Repatriation).

Von der Reintegration betroffen sind zum Beispiel die Auslandsentsandten des Mutterunternehmens, die nicht selten Rückkehrprobleme empfinden. Diese Rückkehrprobleme haben mit persönlichen Entwicklungen zu tun, vor allem aber mit Veränderungen der aufnehmenden →Organisation aufgrund von Umstrukturierungen, Stellenkürzungen oder gehaltlicher und hierarchischer Einstufung. Der heimkehrende Mitarbeiter muss sich somit mit zum Teil tiefgreifenden Veränderungen auseinandersetzen und einen Anpassungsprozess verarbeiten, wie *Sievert* und *Yan* (1998) sowie *Peltonen* und *Ladwig* (2005) beschreiben. Dies kann zu einem Reintegrationsschock führen, der einem „umgekehrten" →Kulturschock ähnelt.

Häufig ist die *internationale Personalarbeit* (→Internationales Personalmanagement) mit den Rückkehrproblemen überfordert, auch wenn Instrumente und Maßnahmen existieren: Zu Wiedereingliederungsmaßnahmen gehören während des Auslandsaufenthalts zum Beispiel die kontinuierliche Durchführung von Weiterbildungen bei Heimaturlauben oder die Betreuung durch einen Mentor (→Mentoring), der die Interessen des Auslandsentsandten in der Muttergesellschaft vertritt und ihn mit relevanten →Information versorgt; nach dem Auslandsaufenthalt der Besuch von Wiedereingliederungsseminaren (Reentry-Training).

Von zunehmender Bedeutung für das →Personalmanagement ist der Wissenstransfer und -austausch internationaler Erfahrungen der Auslandsentsandten und ihre sinnvolle Nutzung innerhalb der Organisation im Sinne eines systemischen →Wissensmanagements.

Literatur: *Peltonen. T.*; *Ladwig, D.*: Repatriierung und Identitätsbildung. Eine neue Betrachtungsweise der Reintegration nach einem Auslandseinsatz, in: *Stahl, G.*; *Mayrhofer, W.*; *Kühlmann, T.* (Hrsg.): Internationales Personalmanagement, München, Mering 2005, S. 325–346. *Sievert, H.-W.*; *Yan, S.*: Die Reintegration im internationalen Personalmanagement, in: *Barmeyer, C. I.*; *Bolten, J.* (Hrsg.): Interkulturelle Personalorganisation, Sternenfels, Berlin 1998, S. 241–273.

Christoph I. Barmeyer

Reisemanagementsysteme

Kategorie →personalwirtschaftlicher Anwendungssoftware, die Anwender bei der Planung, Beantragung, Genehmigung, Abrechnung sowie Auszahlung von Dienstreisen unterstützt.

Daneben können Reisedaten meist umfassend ausgewertet werden. Zur Auszahlung bieten die Systeme Möglichkeiten der Ausgabe von Überweisungsträgern oder Schnittstellen zu →Personalabrechnungssystemen oder zu kreditwirtschaftlichen Systemen. Reisemanagementsysteme werden zunehmend in Form von →Selfservice Systemen angeboten.

Stefan Strohmeier

Rekrutierung Prozess der →Personalbeschaffung

Rekrutierungscontrolling →Controlling der Personalgewinnung

Reliabilität

eignungsdiagnostisches Verfahren (→Eignungsdiagnostik), welches die Verlässlichkeit, also die Genauigkeit, mit der ein Merkmal gemessen wird, angibt (→Gütekriterien).

Das Testergebnis muss weitgehend replizierbar sein, beispielsweise wenn der →Test mit derselben Testgruppe wiederholt wird.

Erika Spieß

Relocation Service →Individualisierung

Remotivierung

fremdgesteuerte Wiedergewinnung von verloren gegangener →Motivation.

Bei der Remotivierung wird davon ausgegangen, dass →Demotivation das Ergebnis von Motivationsbarrieren ist. Demzufolge richtet sich Remotivierung auf die Beseitigung dieser Barrieren. Eine nachhaltige Remotivierung setzt voraus, dass die demotivierte Person die Ursachen ihrer Demotivation erkennt, einen aktiven Beitrag zu ihrer Beseitigung leistet und Gewissheit darüber hat, dass diese Ursachen ohne ihr eigenes Zutun auch nicht mehr auftreten werden. Die Bedeutung der aktiven Rolle bei der Remotivierung ergibt sich daraus, dass Demotivation eng mit dem Gefühl (→Emotionalität) eigener Handlungsunfähigkeit verbunden ist. Das gilt nach *Wunderer* und *Küpers* (2003) unabhängig davon, ob die Ursachen der Demotivation extern (z.B. →Frustration durch die Führungskraft oder die Unternehmenspolitik) oder intern (z.B. Gefühl eigener Unfähigkeit) sind.

Literatur: *Wunderer, R.; Küpers, W.*: Demotivation – Remotivation, Neuwied 2003.

Markus Gmür

Reorganisation

tief greifende Änderung der Struktur eines ganzen Unternehmens (→Organisationsstruktur) oder eines Unternehmensteils zur Erreichung vorgegebener Ziele.

Bei einer Reorganisation (→Organisatorischer Wandel) geht es nicht um die Anpassung einer Detailstruktur, sondern um die Veränderung der grundlegenden organisatorischen Prinzipien.

Auslöser von Reorganisationen sind in vielen Fällen Änderungen der strategischen Ausrichtung eines Unternehmens. Werden das Geschäftsmodell, die inhaltlichen Tätigkeiten oder auch die regionale Ausrichtung neu konzipiert, so gehen damit nach der These „structure follows strategy" von *Chandler* (1962) auch entsprechende Änderungen der organisatorischen Strukturen einher. *Ziel* der Reorganisation ist es in diesem Fall, eine effiziente Organisationsstruktur zur erfolgreichen Umsetzung der neuen →Strategie zu schaffen. Ein zweiter wichtiger Auslösetatbestand sind Ergebnisschwierigkeiten beziehungsweise damit zusammenhängend Wettbewerbsnachteile, die im Vergleich zu Wettbewerbern bestehen. Hohe Kosten oder generell Effizienzprobleme können auf eine den Umweltbedingungen und Anforderungen nicht mehr angepasste Struktur zurückzuführen sein. Reorganisationen der →Personalabteilungen zum Beispiel sind in den letzten Jahren zunehmend durch eine Änderung des Verständnisses der Rolle und der Aufgaben des Personalbereichs initiiert worden. Diese personalwirtschaftliche Reorganisationsdiskussion ist geprägt von der Substitution der funktional-zentralen Organisationsform (→Funktionale Organisationsform) durch eine divisional-dezentrale Organisationsform (→Divisionale Organisationsform). Ziel ist laut *Ackermann* (1994) die Verbesserung der →Kundenorientierung und die Erhöhung der →Flexibilität der Personalarbeit (→Personalmanagement).

Eine erfolgreiche Änderung von einer administrativ tätigen „Abteilung →Personalverwaltung" hin zu einem kundenorientierten →Profit-Center setzt eine detaillierte Planung des Reorganisationsprozesses voraus. Ein Reorganisationsprozess ist einzelfallspezifisch zu konzipieren und hängt stark von den spezifischen Rahmenbedingungen ab. Allerdings lassen sich einige allgemeingültige *Voraussetzungen* und *Erfolgsfaktoren* identifizieren:

- *Genaue Vorgaben durch das Top Management*: Die exakte Zieldefinition soll verhindern, dass trotz durchgeführter Änderungen das auslösende Problem nicht gelöst wird.

- *Explizites →Projektmanagement*: Eine effiziente →Projektorganisation, gekoppelt mit erfahrenen Projektmanagern (extern oder intern), sichert eine konsequente Verfolgung der Änderungsmaßnahmen.

- *Einbindung der betroffenen Mitarbeiter*: Eine offene →Kommunikation und transparente Darstellung der geplanten Änderung hilft, Vorbehalte und Unsicherheiten abzubauen. Da viele Reorganisationsprojekte in Deutschland mitbestimmungspflichtig sind, ist eine Information der Betroffenen beziehungsweise deren Repräsentanten ohnehin notwendig.

Bei Änderungen im Unternehmen wird es regelmäßig Gewinner und Verlierer geben. Ein Problem bei Reorganisationen besteht darin, dass die potenziellen Verlierer explizite oder implizite →Koalitionen bilden, die, auch wenn die Veränderungen für das Unternehmen sinnvoll wären, eine Blockadehaltung einnehmen. Solche mikropolitischen Prozesse können nur dann überwunden werden, wenn von Anfang an ein hohes Machtpotenzial bei der Umsetzung der Reorganisation eingesetzt wird.

Literatur: Ackermann, K.-F.: Die radikale Personalabteilung am Scheideweg, in: Ackermann, K.-F. (Hrsg.): Reorganisation der Personalabteilung, Stuttgart 1994, S. 3–21. Chandler, A.: Strategy and Structure. Chapters in the History of the Industrial Enterprise, Cambridge 1962.

Reinhard Meckl

Repatriierung

Maßnahmen zur Wiedereingliederung eines →Expatriates nach seiner Rückkehr in das Stammhaus.

Bei der Repartriierung sind sowohl Aspekte der beruflichen →Reintegration wie auch der Wiedereingliederung in das private Umfeld betroffen. Praktische Relevanz erhält das Thema durch die Tatsache, dass ein bedeutender Teil der Rückkehrer das Stammhaus nach relativ kurzer Zeit wieder verlassen und damit die entsprechenden Investitionen in das →Humankapital verloren gehen. Die Literatur zur Repatriierung ist weitgehend deskriptiver Natur, wie *Weber et al.* (2001) konstatieren.

Hirsch (1992) schlägt ein Prozessmodell der Repatriierung vor, das drei Phasen enthält:

1. *Naive →Integration*: Umfasst die ersten sechs Monate nach der Rückkehr. Sie ist gekennzeichnet durch einen allgemeinen Optimismus und die Bereitwilligkeit, sich in das Stammland beziehungsweise das Stammunternehmen einzugliedern.

2. *Reintegrationsschock*: Umfasst die folgenden sechs Monate. In dieser Phase erfährt der Rückkehrer vermehrt Anpassungsschwierigkeiten. Er realisiert, dass sich während des Auslandsaufenthaltes das berufliche und private Umfeld verändert hat. Er fühlt sich nicht heimisch und reagiert mit Unzufriedenheit oder Resignation.

3. *Echte Integration*: Dem Rückkehrer gelingt es, realistische Erwartungen zu entwickeln und sich damit seiner Umwelt wieder anzupassen und zu integrieren.

Dass die Rückkehr in das Stammland oftmals als schockartig beschrieben wird, steht mit klar umgrenzbaren Themen in Verbindung. Zentrale Problematik ist, dass dem Rückkehrer oftmals kein adäquater Arbeitsplatz zur Verfügung gestellt wird. Dazu kommt, dass dadurch der Eindruck eines Karriereknicks entsteht. Dies gilt insbesondere dann, wenn ehemalige Kollegen während der Abwesenheit höhere Positionen erreicht haben.

Ein wichtiger Aspekt betrifft auch den wahrgenommenen Verlust von Privilegien und eines höheren Status, den der Rückkehrer im Gastland oft innehatte, und der ihm nun nicht mehr gewährt wird. Schließlich spielen Veränderungen im persönlichen Umfeld des Rückkehrers eine ganz zentrale Rolle. Durch die Abwesenheit werden oftmals die Beziehungen zum Bekannten- oder Freundeskreis unterbrochen, die nur schwer zu reaktivieren sind.

Bei der Frage, welche Maßnahmen Unternehmen für eine erfolgreiche Repatriierung ergreifen sollten, wird zum Beispiel von *Weber et al.* (2001) betont, dass die Wiedereingliederung in allen Phasen der Entsendung (→Auslandsentsendung) eine Rolle spielen sollte. Im *Vorfeld der Entsendung* sollten bereits bei der Vertragsgestaltung karrierebezogene und/oder monetäre Anreize, die auf die Wiedereingliederung zielen, miteinbezogen werden. *Während der Entsendung* sollte das Unternehmen eine aktive Informationspolitik betreiben und regelmäßige Heimflüge organisieren. In der Literatur wird auch die Zuordnung eines →*Stammhauspaten* diskutiert, der in ständigem Kontakt zum Entsendeten steht. *Rechtzeitig vor der Rückkehr* sollte in Absprache mit dem Rückkehrer eine geeignete Position eingerichtet werden. Im *Anschluss an die Rückkehr* bietet sich die Organisation von Rückkehrer-Seminaren an, die den Teilnehmern sowohl praktisches →Wissen vermitteln als auch ein Forum des Erfahrungsaustausches bieten können.

Literatur: *Hirsch, K.*: Reintegration von Auslandsmitarbeitern, in: *Bergemann, N.; Sourisseaux, A.* (Hrsg.): Interkulturelles Management, Heidelberg 1992, S. 285–298. *Weber, W. et al.*: Internationales Personalmanagement. Wiesbaden 2001.

Rüdiger Kabst
Angelo Giardini

Replacement

vom Unternehmen ausgehende, klar strukturierte Form der →Trennung vom Mitarbeiter, die den Interessen der Beteiligten gerecht wird und für beide Seiten negative Effekte reduziert.

Bei der Trennung von Mitarbeitern, unter der sowohl →Kündigungen seitens des Unternehmens als auch →Aufhebungsverträge zu verstehen (→Personalfreisetzung) sind, betrachten viele Unternehmen in erster Linie die arbeitsrechtlichen und finanziellen Konsequenzen. Weitere negative Folgen wie Motivationsverluste bei den verbleibenden Mitarbeitern, Imageverlust oder Wettbewerbsnachteile bei Neueinstellungen rücken erst in letzter Zeit verstärkt ins Blickfeld. Gleiches gilt für die beruflichen, persönlichen und sozialen Auswirkungen auf Seiten des betroffenen Mitarbeiters. Hier gewinnt Replacement in den letzten Jahren an Bedeutung.

Im Zuge des Replacement bietet das Unternehmen dem freizusetzenden Mitarbeiter professionelle Unterstützung bei seiner beruflichen Neuorientierung an und übernimmt die dafür anfallenden Kosten. Es bedient sich dazu eines (i. d. R. externen) Beraters, der gleichzeitig das Unternehmen bei der optimalen *Gestaltung des Trennungsprozesses* betreut.

Als *Trennungsgründe* heben *Bolduan* und *Debus* (2002) insbesondere betriebswirtschaftliche und externe Faktoren wie Umstrukturierungen, →Outsourcing oder Rationalisierung hervor. Persönliche Faktoren wie Leistungsabfall oder mangelnde Anpassungsfähigkeit an neue Gegebenheiten spielen ebenfalls eine große Rolle.

Neben dem Begriff Replacement wird die Bezeichnung →*Outplacement* verwendet. Sie zeigt, dass man sich ursprünglich stärker auf die Trennungssituation an sich konzentriert hat. *Andrzejewski* (2004) und *Berg-Peer* (2003) betonen, dass heute der Aspekt der beruflichen Neuorientierung im Vordergrund steht. Dies wird auch in der dritten Begriffsvariante, dem *Newplacement*, deutlich. Es drückt noch stärker aus, dass es nicht nur um Unterstützung bei der Eingliederung als →Angestellter in ein anderes Unternehmen geht, sondern →Strategien und Maßnahmen für adäquate →Beschäftigungsformen wie Selbstständigkeit oder Beteiligung an einem Betrieb in Betracht gezogen werden. Der Berater übernimmt somit nicht die Aufgabe eines Arbeitsvermittlers, sondern bietet ein Dienstleistungsbündel an, welches den Betroffenen in die Lage versetzen soll, seinen zukünftigen Weg selbst zu definieren und zu beschreiben.

Erste Ansätze des Replacements sind bei der US-amerikanischen Armee nach dem Zweiten Weltkrieg zur →Reintegration der Soldaten ins zivile Berufsleben zu finden. Ende der 1960er Jahre fingen Privatunternehmen in den USA an, die Idee zu nutzen. Im deutschsprachigen Bereich hat es sich in den letzten Jahren verbreitet (*Wandersleben* 2004). Während zur *Zielgruppe* zunächst insbesondere →Führungskräfte der oberen Ebenen mit mehreren Jahren Betriebszugehörigkeit gehörten, zeigt sich nun ein deutlicher Trend, Replacements auch für mittlere Managementebenen und für hochqualifizierte Fachkräfte einzusetzen. Man verwendet hier *Einzel-Replacements*, die individuell auf die Betreuung eines Mitarbeiters ausgerichtet sind.

Der *Replacementprozess* läuft dabei in folgenden Phasen:

- *Entscheidung über die Trennungsabsicht*: In der Praxis hat sich gezeigt, dass die Trennungsentscheidungen in den allermeisten Fällen bereits vollzogen sind, bevor ein Berater hinzugezogen wird, so dass diese erste

Phase allein unternehmensseitig gestaltet wird.

- *Vorbereitung und Durchführung des Trennungsprozesses*: Nach *Andrzejewski* (2004) erarbeiten Berater und Führungskraft zunächst eine gemeinsame Strategie darüber, wie die Führungskraft die Trennungsabsicht übermittelt, ohne einerseits unsicher oder andererseits emotionslos und routinemäßig zu wirken. Allerdings muss auch vermutet werden, dass diese Phase dazu dient, insbesondere durch die psychische Entlastung der Personalverantwortlichen die Hemmschwelle für Trennungen teilweise herabzusetzen. An die gezielte Vorbereitung des Trennungsgesprächs schließt sich die Mitteilung der Trennungsabsicht an den Betroffenen an. Sie beinhaltet vor allem die sorgfältige Darlegung der Trennungsgründe und -modalitäten. Das Gespräch endet mit dem Angebot des Replacements. Soweit es angenommen wird, stellt man den Kontakt zum Berater her.
- *Beratung des freigesetzten Mitarbeiters*: Idealerweise kommt der Berater aus einem ähnlichen beruflichen Umfeld wie der Betroffene. Er sollte über langjährige Berufs- und Führungserfahrung sowie psychologische Kenntnisse verfügen. Auch eigene Freistellungserfahrungen sind von Vorteil. Ansonsten besteht die Gefahr, dass der Berater nicht als gleichwertig akzeptiert wird und somit die Ziele des Replacements nicht in vollem Umfang erreicht werden. Zunächst geht es in der Beratungsphase um Unterstützung bei der Verarbeitung der Trennungsnachricht. Der Betroffene soll Trauer, Enttäuschung und Schock oder Zorn möglichst schnell überwinden. Die Familie wird in diese Aufarbeitung häufig einbezogen. Während dieser Schritt eher mit Vergangenheitsbewältigung zu tun hat, schließt sich nun die Zukunftsorientierung an. Aufbauend auf einer Analyse der beruflichen und persönlichen Situation werden ein umfassendes Stärken-Schwächen-Profil erarbeitet und die neuen Karriereziele definiert. Dabei steckt man das Suchfeld zur beruflichen Neuorientierung bewusst weit und richtet es nicht nur auf eine ähnliche Position in der gleichen Branche sondern ebenso auf verwandte oder völlig neue Bereiche aus. *Stoebe* (1993) stellt fest, dass mit der beruflichen oft auch eine private Neuorientierung einhergeht. Anschließend wird eine Marketingstrategie zur weiteren Vorgehensweise festgelegt. Dazu gehören beispielsweise die Erstellung aussagekräftiger Bewerbungsunterlagen (→ Bewerbung), das Finden geeigneter Suchstrategien sowie Kommunikations- und Verhaltenstrainings. Neben fachlicher Unterstützung geht es um emotionellen Beistand, psychologische Aufbauarbeit sowie das Bereitstellen von technischen Hilfsmitteln. Während früher in dieser Phase der Analyse und Auseinandersetzung mit der alten und neuen Situation große Bedeutung beigemessen wurde, steht heute meist der Wunsch des freigesetzten Mitarbeiters nach schneller Aufnahme einer neuen Beschäftigung im Vordergrund.
- *Feedbackphase*: Hier liegt der Focus auf der individuellen Nachbetreuung und der Begleitung in die neue berufliche Situation. Es kann sich beispielsweise um Beratung beim Abschluss eines neuen → Arbeitsvertrags oder gezielte psychologische und fachliche Vorbereitung auf die neue Aufgabe handeln. Üblicherweise ist auch eine Betreuung während der → Probezeit beziehungsweise Anfangszeit in der Selbstständigkeit einbezogen.

Die *Dauer* des Replacement-Prozesses wird individuell zwischen Unternehmen und Berater vereinbart. Sie kann unbefristet sein und endet erst, wenn eine neue Tätigkeit erfolgreich aufgenommen wurde. Bei zeitlicher Befristung schließt sie unabhängig davon, ob eine neue → Stelle gefunden wurde, mit Zeitablauf ab.

Unternehmen beziehungsweise Vorgesetzte verbinden mit dem Replacement die Vorteile

- Verkürzung des Trennungsprozesses,
- Vermeidung arbeitsrechtlicher Auseinandersetzungen,
- Verringerung der Trennungskosten,
- Erhaltung der → Motivation der im Unternehmen verbleibenden Mitarbeiter,
- psychische Entlastung der Personalverantwortlichen,
- Verdeutlichung der Wahrnehmung unternehmerischer Fürsorgepflicht (→ Nebenpflichten) gegenüber den Share- und Stakeholdern sowie
- Erleichterung der Korrektur von Fehlbesetzungen.

Die Vorteile wiegen die zusätzlichen Kosten für das Unternehmen bei weitem auf. Das branchenübliche Honorar beträgt etwa 20 % bis 35 % des Jahreseinkommens des betroffenen Mitarbeiters.

Als wesentliche *Vorteile* für den betroffenen Mitarbeiter haben sich die

- Vermeidung beziehungsweise Verkürzung von Zeiten der →Arbeitslosigkeit,
- Erarbeitung eines Stärken-/Schwächenprofils,
- Beratung zu beruflichen Perspektiven,
- Hilfestellung bei der Bewältigung sozialer und psychischer Probleme,
- Hilfestellung bei der Auswahl und dem Aufbau von Kontakten sowie bei der Bewerbungsstrategie,
- professionelle Begleitung durch den Berater für einen vorher festgelegten Zeitraum, idealerweise bis zum Eintritt in ein neues Unternehmen

erwiesen. Noch nicht abschließend geklärt ist, ob Einzel-Replacements steuerrechtlich als geldwerter Vorteil zu betrachten und damit einkommenssteuerpflichtig sind.

Neben Replacements durch einen externen Berater gibt es seltener auch *interne Replacements* durch Unternehmensmitarbeiter. Die Zweckmäßigkeit dieses Ansatzes ist mit Vorsicht zu betrachten, da es fraglich ist, inwieweit ein gleichberechtigtes Vertrauensverhältnis zwischen dem Betroffenen, von dem man sich trennt, und dem Berater, der weiterhin Mitarbeiter des Unternehmens ist, aufgebaut werden kann. Zudem unterscheiden sich die beruflichen Erfahrungshorizonte oft erheblich, was die Akzeptanzproblematik verstärkt (*Berg-Peer* 2003). Die Inhalte dieser Form des Replacements werden sich deshalb meist auf Koordination und allgemeine Information beschränken.

Mittlerweile wird der Anwendungsbereich des Replacements teilweise auf Mitarbeiter unterer Hierarchieebenen (→Hierarchie) ausgedehnt, insbesondere wenn ein größerer Stellenabbau vorgesehen ist. Es handelt sich bei diesem so genannten *Gruppen-Replacement* allerdings eher um eine Art intensives Bewerbungstraining, verbunden mit psychologischer Betreuung. Auch ergänzende Informationen zur Existenzgründung werden häufig vermittelt. Die Gruppentermine können durch Einzelgespräche ergänzt werden.

Ob Replacement-Beratungen zur Normalität der Arbeitssituation werden oder das Beschäftigungsrisiko in zunehmendem Maße der persönlichen Risikosphäre der →Arbeitnehmer zugeordnet wird, ist derzeit nicht abzusehen.

Literatur: *Andrzejewski, L.*: Trennungskultur – Handbuch für ein professionelles, wirtschaftliches und faires Kündigungsmanagement, 2. Aufl., Kriftel 2004. *Berg-Peer, J.*: Outplacement in der Praxis, Wiesbaden 2003. *Bolduan, G.; Debus, I.*: Outplacement als Chance, Frankfurt a. M. 2002. *Heizmann, S.*: Outplacement – Die Praxis der integrierten Beratung, Bern 2003. *Stoebe, F.*: Outplacement. Manager zwischen Trennung und Neuanfang, Frankfurt a. M., New York 1993. *Wandersleben, N.*: Outplacement-Beratung, Düsseldorf 2004.

Christiana Nicolai

Reputation

Ansehen eines Unternehmens, das dieses bei den relevanten Anspruchsgruppen zu einem bestimmten Zeitpunkt genießt und das auf der Stabilität eines dem Unternehmen von diesen Anspruchsgruppen zugebilligten Eigenschaftsbündels im Zeitablauf beruht.

Ein einheitliches Verständnis des Reputationsbegriffs ist der Literatur allerdings nicht zu entnehmen. Viele Autoren, so zum Beispiel *Gerhard* (1995) und *Drösser* (1997), verwenden den Goodwill-Begriff als Synonym, andere wie zum Beispiel *Kaas* (1992) und *Spremann* (1988) definieren die Reputation rein (produkt-)qualitätsbezogen.

Reputation ist nicht objektiv gegeben oder messbar, vielmehr stellt sie nach *Müller* (1996) ein soziales Konstrukt dar, welches durch die Wahrnehmung und Intentionen einzelner Akteure beeinflusst wird und seinerseits die Wahrnehmung und Intentionen der Akteure beeinflusst. Reputation kann dabei ein multidimensionales Konstrukt sein. Ein Unternehmen kann entsprechend eine Vielzahl von Reputationen haben, beispielsweise eine Qualitätsreputation, eine Marketing- oder eine Innovationsreputation. Reputation ist ein wertneutraler Begriff, es ist nach *Gerhard* (1995) sowohl eine gute als auch eine schlechte Reputation eines Dienstleistungsanbieters möglich.

Reputation ist nach *Spremann* (1988) ein kritischer Faktor für den Unternehmenserfolg in vielen Branchen. Dies gilt insbesondere für Dienstleistungsunternehmen, die die →Qualität ihrer Dienstleistungen dem Kunden nur eingeschränkt kommunizieren und nachweisen können und daher auf Anbieterreputation als Qualitätssignal angewiesen sind. Aber auch für Sachgutproduzenten (z. B. PKW-Hersteller im Oberklassesegment) ist Reputation ein wichtiger Erfolgsfaktor.

Der Stellenwert der Reputation aus Anbieter- wie auch aus Nachfragersicht steigt im Regelfall mit dem Grad der Informationsdefizite auf Nachfragerseite. Liegen keine hinreichenden Informationen über die Dienstleistungsqualität beziehungsweise die Qualität des Sachgutes vor oder sind diese →Informationen für den potenziellen Kunden nur zu hohen Kosten beschaffbar, so wird Reputation laut *Gerhard* (1995) vom Nachfrager als Orientierungspunkt genützt, um Erwartungen bezüglich der Produktqualität zu bilden. Eine hohe Reputation wird dabei mit der Antizipierung zukünftigen Wohlverhaltens des Anbieters gleichgesetzt. *Spremann* (1988) sowie *Strasser* (2000) weisen darauf hin, dass Reputation wie ein Pfand wirkt, denn der Kunde als Principal kann die Reputation des Anbieters (als Agent) durch Nachrede vernichten, sollte dieser die Leistung nicht in der erwarteten und vereinbarten Form erbringen (→Principal-Agent-Theorie). Reputation hat somit nach *Kleinaltenkamp* (1992) vorbeugende Wirkung.

Eine einmal erworbene Reputation kann bei Nachfragern zur Reduktion der empfundenen Qualitätsunsicherheit beim Kauf einer Dienstleistung beitragen. Sie stellt gleichzeitig aus Anbietersicht einen Vermögensgegenstand von beträchtlichem Wert dar. Reputation ist eng mit der Vertrauenswürdigkeit eines Unternehmens verbunden und die Grundlage für die Bildung vertrauensvoller Erwartungen externer Stakeholder in Bezug auf das Unternehmen.

Die Reputation eines Unternehmens entsteht, wenn die von einzelnen Nachfragern gewonnene Qualitätserfahrung sich sehr schnell unter allen anderen Nachfragern herumspricht. Mit positiver Mund-zu-Mund-Propaganda und Erfahrungsaustausch betreiben Kunden nach *Müller* und *Riesenbeck* (1991) kostenlose Werbung für das entsprechende Unternehmen durch die Weitergabe von Information und tragen derart zum Aufbau seiner Reputation bei. Sie ist also das Resultat der →Kommunikation der Kunden untereinander (*Gerhard* 1995,

Backhaus 1999). Auf guten Erfahrungen beruhende freiwillige Kundenempfehlungen sind nach *Spremann* (1988) und *Lehmann* (1999) eng mit dem Entstehungsprozess von Reputation verbunden. Aufbau von Reputation kann aber auch erfolgen durch die Kommunikation zwischen dem Anbieter und den Nachfragern (Werbeaufwendungen, andere kommunikationspolitische Aktivitäten des Anbieters wie z. B. Corporate Design und →Corporate Identity).

Ein Teilaspekt der Reputation eines Unternehmens ist seine Reputation als Arbeitgeber, was in der Literatur unter dem Begriff →Personalimage beziehungsweise Arbeitgeberimage behandelt wird.

Literatur: *Backhaus, K.*: Industriegütermarketing, 6. Aufl., München 1999, S. 651. *Drösser, A.*: Wettbewerbsvorteile durch Qualitätskommunikation: Bewertungsmodell für traditionelle Marktsignale und zertifizierte Managementsysteme, Wiesbaden 1997, S. 94. *Gerhard, A.*: Die Unsicherheit des Konsumenten bei der Kaufentscheidung: Verhaltensweisen von Konsumenten und Anbietern, Wiesbaden 1995, S. 121–144. *Kaas, K.-P.*: Kontraktgütermarketing als Kooperation zwischen Prinzipalen und Agenten, in: Zeitschrift für betriebswirtschaftliche Forschung, 44. Jg. (1992), H. 10, S. 884–901. *Kleinaltenkamp, M.*: Investitionsgüter-Marketing aus informationsökonomischer Sicht, in: Zeitschrift für betriebswirtschaftliche Forschung, 44. Jg. (1992), H. 9, S. 809–829. *Lehmann, E.*: Asymmetrische Information und Werbung, Wiesbaden 1999, S. 171. *Müller, J.*: Diversifikation und Reputation: Transferprozesse und Wettbewerbswirkungen, Wiesbaden 1996, S. 93. *Müller, W.; Riesenbeck, H.-J.*: Wie aus zufriedenen auch anhängliche Kunden werden, in: Harvard Manager, 13. Jg. (1991), H. 3, S. 67–79. *Spremann, K.*: Reputation, Garantie, Information, in: Zeitschrift für Betriebswirtschaft, 58. Jg. (1988), H. 5/6, S. 613–627. *Strasser, B.*: Informationsasymmetrien bei Unternehmensakquisitionen, Frankfurt a. M. 2000, S. 31.

Wolfgang Burr

Resignation →Gelernte Hilflosigkeit

Resource Based View

geht davon aus, dass die verfügbaren Ressourcen des Unternehmens die Märkte, in denen das Unternehmen tätig sein kann und seinen Markterfolg bestimmen.

Ein Unternehmen ist dann im Wettbewerb erfolgreich, wenn es überlegene Ressourcen besitzt und/oder seine Ressourcen besser nutzt als seine Wettbewerber und dadurch eine überlegene Effektivität und Effizienz erzielt. Für diese Vorgehensweise, die zum Beispiel von

Resource Based View

Prahalad und *Hamel* (1990) sowie *Grant* (1991) empfohlen wird, spricht, dass die internen Ressourcen im Vergleich zur marktlichen Umwelt stabiler und durch das Unternehmen besser kontrollierbar sind und damit eine dauerhaftere Grundlage für die Strategieformulierung und die Rentabilität von Unternehmen darstellen.

Der Resource Based View of the Firm ist in Abgrenzung und Auseinandersetzung mit der traditionellen industrieökonomischen Strategielehre entstanden. Unterschiede zwischen dem →Market Based View of the Firm und dem Resource Based View of the Firm werden deutlich bei dem zentralen Problem der Verteidigungsfähigkeit eines Wettbewerbsvorteils (Sustainable Competitive Advantage): Die industrieökonomische Strategielehre nach *Porter* (1980) sieht einen verteidigungsfähigen Wettbewerbsvorteil dann erreicht, wenn es einem Unternehmen gelingt, sich durch eine geeignete Wettbewerbsstrategie gegen Wettbewerbskräfte in seiner Branche abzuschirmen. Vertreter des Resource Based View of the Firm betonen hingegen, dass ein verteidigungsfähiger Wettbewerbsvorteil nur auf Ressourcen aufgebaut werden kann, die bestimmte Ressourcenmerkmale (z. B. erschwerte Imitierbarkeit, erschwerte Substituierbarkeit, Seltenheit, Einzigartigkeit) besitzen und vom Unternehmen kontrolliert werden können.

In der jüngsten Strategieforschung bewegen sich die Vertreter beider Ansätze tendenziell aufeinander zu. Viele Vertreter des Resource Based View sehen sehr wohl die Notwendigkeit, Umwelt- beziehungsweise Branchenaspekte in einer ressourcenorientierten Analyse zu berücksichtigen (*Penrose* 1959, *Mahoney* und *Pandian* 1992, *Barney* 1991, *Freiling* 2001). *Porter* als Vertreter des Market Based View berücksichtigt in Erweiterungen und Neuformulierungen seines Ansatzes zunehmend auch ressourcenorientierte Konzepte und Ideen und erkennt durch seine kritische Auseinandersetzung mit dem Resource Based View seine Bedeutung in der Strategielehre indirekt an.

Gerade für das betriebliche Personalwesen kann der ressourcenorientierte Ansatz wertvolle Einsichten und Ideen generieren: So kann ein Unternehmen einen verteidigungsfähigen Wettbewerbsvorteil generieren, wenn es über Personal verfügt, das spezifisch ausgebildet und am →Arbeitsmarkt selten ist und dessen →Qualifikationen und Kenntnisse nicht leicht imitierbar sind (z. B. durch von Konkurrenten gestartete Qualifizierungsprogramme) und nicht durch andere Lösungen (z. B. Expertendatenbanken, Erhöhung der Zuverlässigkeit von Sachgütern, was die Notwendigkeit reduziert, qualifiziertes Servicepersonal vorzuhalten) substituiert werden können.

Der ressourcenorientierte Ansatz weist darüber hinaus darauf hin, dass es bei Ressourcen, die einen Sustainable Competitive Advantage generieren, auch darauf ankommt, ihre Mobilität (→Beschäftigungsstabilität) zu reduzieren und sie an das Unternehmen zu binden (→Personalbindung). Denn nur dann kann das Unternehmen sich die mit diesen Ressourcen erzielbaren Gewinne („Renten") auch aneignen. Diese Erfahrung haben beispielsweise Investmentbanken, IT-Dienstleister und Unternehmensberatungen in der Vergangenheit (zumindest bis zum Jahr 2002, ab dem sich die Arbeitsmarktlage für die Arbeitgeberseite verbessert hat) gemacht: Aufgrund ihrer hohen beruflichen Mobilität und ihrer Verhandlungsmacht konnten die gefragten Spezialisten (→War for Talents) erhebliche Gehaltssteigerungen realisieren und haben sich damit einen immer größeren Teil des Unternehmensgewinns aneignen können.

Ebenfalls weist der Resource Based View darauf hin, dass die Ressourcen, die einen Sustainable Competitive Advantage generieren, effizient und effektiv eingesetzt werden müssen, weil sonst ebenfalls die möglichen Gewinne nicht vollständig für das Unternehmen realisiert werden können. Übertragen auf das betriebliche Personalwesen bedeutet dies, gerade für hoch qualifizierte Mitarbeiter mit seltenen, spezifischen Kenntnissen eine besonders effiziente →*Personaleinsatzplanung* vorzusehen.

Ebenfalls zeigt der Resource Based View auf, dass vom externen →Personalmarkt nur Mitarbeiter mit allgemeiner Qualifikation beschafft werden können (→*Personalbeschaffung*), die dann durch eine „Veredelungsleistung" des Managements und des Unternehmens (z. B. durch →Sozialisation mit der Unternehmenskultur (→Organisationskultur), durch unternehmensspezifische Schulungs- und Ausbildungsmaßnahmen (→Ausbildung), durch →Integration von Mitarbeitern in Teamstrukturen) zu wertvollen Personalressourcen werden. Nur im Ausnahmefall ist es nach Ansicht von *Barney* (1986) aufgrund von Glück oder asymmetrisch verteilter →Information über den wahren Wert einer Ressource einem Unternehmen möglich, wertvolle Ressourcen vom Beschaffungsmarkt (übertragen auf das Personalwesen: Mitarbeiter mit besonders wertvollen Qualifikationen am Personalmarkt einzukaufen) ohne zusätzliche „Veredelungsleistung" des Unternehmens zu beziehen.

Zentral ist im Resource Based View of the Firm das Erklärungskonstrukt der →*Kompetenz*: Kompetenz eines Unternehmens ist nach *Sanchez*, *Heene* und *Thomas* (1996, S. 8) „an ability to sustain the coordinated deployment of assets in a way that helps a Firm achieve its goals. Here we use the word ability in the ordinary language meaning of a power to do something." Es handelt sich hierbei um Unternehmenskompetenzen, die dem Unternehmen als Ganzem und nicht einzelnen Mitarbeitern zugeschrieben werden. In der Realität ist zu beobachten, dass Unternehmen sich hinsichtlich ihrer Ressourcen, Strategien und Produkte teilweise fundamental unterscheiden und dass bestimmte Unternehmen bestimmte Aktivitäten besser erfüllen können als andere Unternehmen, das heißt in bestimmten Feldern (z. B. Marketing, Forschung und Entwicklung) eine höhere Kompetenz als andere Unternehmen aufweisen. Kompetenz ist gleichbedeutend mit der Fähigkeit des Unternehmens zum zielorientierten und koordinierten Einsatz seiner Ressourcen (etwa Sachmittel, Personal, →Wissen, Finanzmittel, Managementkapazitäten).

Für das betriebliche Personalwesen hat das Denken in Unternehmenskompetenzen mehrfache Implikationen:

- Zum einen ist es erforderlich, dass ein Unternehmen definiert, in welchen Aktivitäten es besser ist beziehungsweise zukünftig besser sein möchte als seine Wettbewerber. Sind die Kompetenzen definiert, dann kann die Personalbeschaffung, die Personaleinsatzplanung und die →Personalentwicklung an diesen definierten Unternehmenskompetenzen ausgerichtet werden.

- Zum anderen ist in den Bereichen, die nicht oder nicht mehr zu den definierten Kompetenzen eines Unternehmens gehören, nach Möglichkeiten zum effizienteren Einsatz des vorhandenen Personals oder gegebenenfalls zur →Personalfreisetzung zu suchen.

Die kompetenzorientierte Sichtweise verweist ebenfalls auf die Notwendigkeit, einzelne Mitarbeiter in Teamstrukturen und Unternehmensprozesse einzubinden, denn Kompetenz eines Unternehmens entsteht nur aus dem koordinierten Zusammenwirken der verschiedenen Unternehmensressourcen, die dabei durch die →Aufbau- und →Ablauforganisation und das Management des Unternehmens koordiniert werden und nach wiederholter Aktivierung der entsprechenden Aktivitäten zu automatisch ablaufenden Routinen (Kompetenzen) führen. Beim derzeitigen Stand des Resource Based View of the Firm sind allerdings das Entstehen von Unternehmenskompetenzen, insbesondere die Rahmenbedingungen und Voraussetzungen hierfür, erst ansatzweise erforscht.

Der Resource Based View hat vor allem in seiner Variante als *Knowledge Based View of the Firm* auf die große Bedeutung der Ressource Wissen für den Erfolg von Unternehmen und die Notwendigkeit, Wissen effizient einzusetzen bereits frühzeitig (so z. B. *Grant* 1991, *Kogut* und *Zander* 1993) hingewiesen. Gerade im Personalwesen von Unternehmen ist der Aufbau, die Nutzbarmachung und die Erhaltung individuellen und kollektiven Wissens unter den Schlagworten „lernende →Organisation" und „→Wissensmanagement" in den letzten Jahren intensiv diskutiert worden.

Literatur: *Barney, J. B.*: Firm Resources and Sustained Competitive Advantage, in: Journal of Management, 17. Jg. (1991), S. 99–120. *Barney, J. B.*: Strategic Factor Markets: Expectations, Luck, and Business Strategy, in: Management Science, 32. Jg. (1986), H. 10, S. 1231–1241. *Burr, W.*: Service Engineering bei technischen Dienstleistungen, Wiesbaden 2002. *Freiling, J.*: Resource-Based View und ökonomische Theorie, Wiesbaden 2001, S. 8–11. *Kogut, B.*; *Zander, U.*: Knowledge of the Firm and the Evolutionary Theory of the Multinational Corporation, in: Journal of International Business Studies, 24. Jg. (1993), H. 4, S. 625–645. *Kogut, B.*; *Zander, U.*: What Firms Do? Coordination, Identity, and Learning, in: Organization Science, 7. Jg. (1996), H. 5, S. 502–518. *Mahoney, J. T.*; *Pandian, J. R.*: The Resource-Based View within the Conversation of Strategic Management, in: Strategic Management Journal, 13. Jg. (1992), S. 363–380. *Penrose, E.*: The Theory of the Growth of the Firm, Oxford 1959, S. 79. *Porter, M. E.*: Competitive Strategy. Techniques for Analysing Industries and Competitors, New York 1980.

Wolfgang Burr

Resource Dependence-Ansatz

Resource Dependence-Ansatz beschäftigt sich mit der Untersuchung des Wirkungszusammenhangs zwischen Umwelt und Unternehmensverhalten und betrachtet →Organisationen beziehungsweise Unternehmen aus einer externen Perspektive.

Der Resource Dependence-Ansatz wurde 1978 von *Pfeffer* und *Salancik* konzipiert, die sich damit von der etablierten Organisationstheorie, die stärker auf die interne Perspektive fokussiert war, abheben wollten. Unternehmen benötigen zur Leistungserstellung Ressourcen verschiedener Art, über welche sie in der Regel nicht selbst, sondern andere, externe Organisationen verfügen, woraus sich die Notwendigkeit zahlreicher Austauschbeziehungen ergibt.

Nach *Pfeffer* und *Salancik* (1978) sind Unternehmen primär nicht unbedingt als zielgerichtete Sozialsysteme anzusehen, sie sind vielmehr Interessenkoalitionen, welche die Erhaltung des Systems in den Vordergrund stellen und sich von der Abhängigkeit von kritischen Ressourcen und der damit einhergehenden Störungsanfälligkeit so weit wie möglich befreien wollen. Die zentralen Zielsetzungen des Managements des Unternehmens bestehen daher in der Unsicherheitsreduktion sowie in der Erhaltung und Ausweitung seiner Machtposition gegenüber den (externen) Eigentümern von kritischen Ressourcen. Mithilfe von Joint Venture, Strategischen Allianzen und Ähnlichen Kooperationsformen können Unternehmen Umweltunsicherheit reduzieren und jene Ressourcen beschaffen, die sie zum Überleben beziehungsweise zum Selbsterhalt benötigen. Im Gegensatz zu den meisten anderen Organisation-Umwelt-Theorien wird die Umwelt hier also nicht abstrakt, sondern konkret erfasst: Es lassen sich aber in der Umwelt spezifische Institutionen (z. B. andere Unternehmen, →Gewerkschaften, Universitäten) identifizieren, mit denen eine Austauschbeziehung eingegangen wird. Diese Austauschbeziehungen haben auch Konsequenzen für die Machtverteilung innerhalb des Unternehmens: Diejenigen, die den Zugang zu den besonders kritischen Ressourcen haben, werden auch das Sagen im Unternehmen haben.

In einer wissensbasierten Wirtschaft ist die Bedeutung von Humanressourcen (→Human Resources) stark angestiegen – Humanressourcen sind zu *der* kritischen Ressource überhaupt geworden. Die Unternehmensberatungsgesellschaft *McKinsey & Company* hat deshalb Ende der 1990er Jahre einen →War for Talent proklamiert. Diejenigen Unternehmen, die die besten Humanressourcen an sich ziehen und binden können, sollten auch Wettbewerbsvorteile gegenüber anderen Unternehmen besitzen.

Gemäß der *Resource Dependence*-Theorie könnte dies auf den ersten Blick zu der Vermutung führen, dass die →Personalabteilung an →Macht gewinnt. Ebenso naheliegend ist aber die Vermutung, dass das Top-Management sich den kritischen Ressourcenzugang nicht nehmen lassen wird und sich deshalb durchaus in der Akquisition und Entwicklung von →Humankapital engagiert. Gleichzeitig ist ein erfolgreiches Top-Management offensichtlich auch selbst Inbegriff einer Ausstattung mit qualifizierten Humanressourcen. Insofern ist nicht überraschend, wenn Versuche unternommen werden, die Machtstellung gegenüber den Kapitaleigentümern auszubauen. Gerade Unternehmensberatungsgesellschaften sind hierfür ein besonders gutes Beispiel, weil hier das Modell des Partnerunternehmens dominierend geworden ist.

Die Resource Dependence-Theorie liefert deshalb auch einen geeigneten Ansatzpunkt, um Veränderungen in der →Corporate Governance-Struktur eines Unternehmens zu erklären.

Literatur: *Pfeffer, J.; Salancik, G. R.:* The External Control of Organizations, New York 1978. *zu Knyphausen-Aufseß, D.:* Auf dem Weg zu einem ressourcenorientierten Paradigma? Resource Dependence-Theorie der Organisation und Resource-based view des Strategischen Managements im Vergleich, in: *Ortmann, G.; Sydow, J.; Türk, K.* (Hrsg.): Theorien der Organisation. Die Rückkehr der Gesellschaft, 2. Aufl., S. 452–480.

Dodo zu Knyphausen-Aufseß
Lars Schweizer

Retention Management

Bündel von Maßnahmen zur →Personalbindung beziehungsweise zur Reduzierung der →Fluktuation.

Üblicherweise sind Adressaten solcher Maßnahmen diejenigen Beschäftigten, deren Leistung als hoch eingeschätzt wird („high performers") und die als schwer ersetzbar gelten. Auch hohe Arbeitslosenquoten und Personalabbau-Pläne sollten nicht darüber hinwegtäuschen, dass stets bei einer großen Anzahl von Beschäftigten sowohl die Bereitschaft wie auch die Möglichkeit zu einem Arbeitsplatzwechsel (→Job Rotation) besteht. Nicht zuletzt gilt es auch, den Abwerbungsversuchen durch Personalberatungsunternehmen (Headhunter) entsprechende individuelle Angebote an die Beschäftigten entgegenzusetzen.

Renate Ortlieb

Return on Education (RoE)

Methode zur Bewertung von eLearning-Maßnahmen (→eLearning).

Der Einsatz von eLearning-Maßnahmen hat im Aus-, Fort- und Weiterbildungsbereich (→Fort- und Weiterbildung) stark an Bedeutung gewonnen. Dies gilt besonders dann, wenn solche Maßnahmen einen Beitrag zum Unternehmenserfolg leisten sollen. *Becker* und *Günther* (2000) merken an, dass die in diesem Zusammenhang auftretenden Unsicherheiten über die Effekte von Weiterbildung und Kostendruck den Zwang zur Erfolgs- und Kostenkontrolle erhöhen. Im Rahmen des betrieblichen →Bildungscontrollings wird eine (unter der Berücksichtigung von betriebswirtschaftlichen Aspekten) Bewertung von eLearning-Maßnahmen vorgenommen. Dies kann durch Schätzung des (finanziellen) Vorteils aus dem eingesetzten Kapital zu einer klaren Alternative erfolgen.

Der Return on Education (RoE) ist eine Kennziffer, die sich an der dem Prinzip des Gewinnziels orientierenden Kennziffer →Return on Investment (RoI) anlehnt, die *Staudt et al.* (2003) als einen geeigneten Ansatz ansehen. Der RoI misst die Rentabilität beziehungsweise Ertragskraft des investierten Kapitals und kann zur Beurteilung der erwirtschafteten Kapitalverzinsung beziehungsweise des Rückflusses des investierten Kapitals in einer Periode herangezogen werden. Diese können als ein wichtiges Kriterium zur Messung und Analyse des (Unternehmens-) Erfolgs angewendet werden, wobei *Kieser* und *Nikolai* (2002) anmerken, dass der Gehalt ihrer Aussagekraft je nach Branche oder Unternehmen unterschiedlich zu bewerten ist und an vielerlei Stellen empirische Beweise fehlen beziehungsweise nicht geführt werden können.

Wöhe (2000) stellt fest, dass die Ausgestaltung von RoI-Kennziffern sehr unterschiedlich erfolgen kann. Alle Ansätze basieren jedoch darauf, dass der Rückfluss aus einer Investition durch die Investition selbst geteilt wird. Ein passender Ansatz zur Ermittlung des RoE wäre demnach unter anderem, dass die Zeitspanne (i. d. R. gemessen in Jahren) bestimmt wird, die eine Investition (bzw. die Bildungs-Investition) benötigt, um sich zu amortisieren.

Literatur: *Becker, F.*; *Günther, S.*: Ansätze zur Erfolgskontrolle in der Personalentwicklung, in: management & training – Magazin für Human Resources Development, 19. Jg., (2000), H. 2, S. 21–24. *Kieser, A.*; *Nikolai, A.*: Trotz eklatanter Erfolglosigkeit: Die Erfolgsfaktorenforschung weiter auf Erfolgskurs – Erfolgsfaktoren; Managementforschung; Methoden; Praxisrelevanz, in: *Achleintner, A. et al.* (Hrsg.): Die Betriebswirtschaft, 62. Jg., (2002), H. 6, S. 579–596. *Staudt, E. et al.*: IAI-Scorecard of Competence, in: *Erpenbeck, J.*; *von Rosenstiel, L.* (Hrsg.): Handbuch Kompetenzmessung – Erkennen, verstehen und bewerten von Kompetenzen in der betrieblichen, pädagogischen und psychologischen Praxis, Stuttgart 2003, S. 160–168. *Wöhe, G.*: Einführung in die Allgemeine Betriebswirtschaftslehre, 20. Aufl., München 2000.

Oliver Kamin

Return on Investment (RoI)

finanzwirtschaftliche Kennzahl zur Wirtschaftlichkeitsbetrachtung und Entscheidungsunterstützung, die angibt, welche Rendite das im Unternehmen eingesetzte – das heißt investierte – Kapital innerhalb einer Periode erwirtschaftet hat beziehungsweise wie hoch der prozentuale Anteil des Gewinns am Gesamtkapital ausfällt.

Diese Renditekennzahl zur Abbildung der Gesamtkapitalrentabilität gibt also Auskunft über die erwirtschaftete Kapitalverzinsung in einer Periode, indem sie als Verhältniskennzahl den Gewinn pro Einheit des investierten Kapitals darstellt. Der RoI gilt häufig als Maßstab für die Leistung und die Rentabilität eines Unternehmens oder Geschäftsbereichs.

Unterschiedliche RoI-Kennzahlen sind unter vielen Namen bekannt: als „Return on Invested Capital", „Return on Capital Employed" oder „Return on Equity". Dabei hat jede dieser RoI-Kennzahlen ihre eigene Berechnungsformel. Hinzu kommen unternehmensspezifische Modifikationen, weshalb die Klärung definitorischer Feinheiten vor Beginn etwaiger Berechnungen und Quervergleiche zwingend erforderlich ist. Generell errechnet sich der RoI jedoch als Quotient aus dem Periodengewinn und dem Kapitaleinsatz. Dabei werden üblicherweise auch Fremdkapitalzinsen als Gewinn der Kapitalgeber aus dem investierten

Kapital mit eingerechnet, da der RoI als Gesamtkapitalrendite die gemeinsame Rendite von Eigen- und Fremdkapitalgeber darstellt:

$$RoI = \frac{Gewinn + Fremdkapitalzinsen}{Gesamtkapital} * 100$$

Der Idee einer wertschöpfungsorientierten Ausgestaltung des →Personalmanagements folgend, werden in jüngerer Zeit verstärkt Vorschläge zur Diskussion gestellt, wie man das RoI-Konzept auch im personalwirtschaftlichen Kontext zur Anwendung bringen kann. Hier ist insbesondere der von *Fitz-enz* (2000) im Zusammenhang mit der Humankapitalberechnung vorgestellte Ansatz des →Human Capital Return on Investment (HCROI) zu erwähnen. Die Beziehung zwischen Investitionen in das →Humankapital und der betrieblichen Profitabilität kommt dabei als Profitrate der in das Personal investierten Aufwendungen in folgender Formel zum Ausdruck (*PricewaterhouseCoopers AG* 2007).

$$HCRoI = \frac{Umsatz - (operative\ Kosten - Personalkosten)}{Personalkosten}$$

Der HCRoI bildet so den operativen Ertrag ab, der aus den – in Form von →Personalkosten – in das Personal getätigten Investitionen resultiert. Sein Anspruch ist es damit, die Erfolghaftigkeit und Wirtschaftlichkeit von Personalinvestitionen unter Personalcontrollinggesichtspunkten zu belegen, also deren „Hebeleffekt" als Mittel zur Steigerung des Geschäftserfolges zu dokumentieren.

Literatur: *Fitz-enz, J.*: The ROI of Human Capital. Measuring the Economic Value of Employee Performance, New York etc. 2000. *PricewaterhouseCoopers AG*: Bewertung von Humankapital, München 2007.

Roman Bechtel

Riester-Rente

staatliches Förderprogramm für die private Altersversorgung.

Die Riester-Rente ist in verschiedenen Formen durchführbar, unter anderem auch im Rahmen der →betrieblichen Altersversorgung als →Betriebsrente. Allgemeine Varianten stellen die private Rentenversicherung mit konservativen Anlageformen, zum Beispiel festverzinsliche Wertpapiere, Aktien, Immobilien, fondsgebundene Rentenversicherungen, Investmentsparen, das klassische Banksparen oder die Immobilienförderung, zum Beispiel Bausparvertrag, dar. Die staatliche Förderung für die private Altersversorgung beinhaltet das Recht auf eine steuerbegünstigte Umwandlung von Teilen des Einkommens in eine betriebliche Altersversorgung.

Die Pensionszusage ist ab dem Alter des →Arbeitnehmers von 30 Jahren beziehungsweise nach fünf Jahren des Bestehens der Zusage unverfallbar. Es werden jedoch nicht alle Varianten von Betriebsrenten gefördert, sondern nur die Direktversicherung, die →Pensionskasse sowie der →Pensionsfond. Zudem sind strenge Bedingungen an die „Riester-Fähigkeit" der Anlageform gestellt, die zum Beispiel eine Zertifizierung nach bestimmten Kriterien (unter anderem Höhe der Beitragszahlungen, Mindestlaufzeit, Kapitalgarantie, Kostentransparenz) beinhalten. Die Finanzierung kann durch Gehaltsumwandlung oder allein durch den →Arbeitgeber erfolgen (vgl. *Gesetz zur Reform der gesetzlichen Rentenversicherung und zur Förderung eines kapitalgedeckten Altersvorsorgevermögens* 2001).

Literatur: Gesetz zur Reform der gesetzlichen Rentenversicherung und zur Förderung eines kapitalgedeckten Altersvorsorgevermögens, in: Bundesgesetzblatt, H. 31, Teil 1, S. 1310–1344, Bonn 2001.

Silvia Föhr

Rightsizing

Bestrebungen, die „richtige Größe" einer →Organisation (im engeren Sinne die richtige Anzahl von Mitarbeitern) zu erreichen.

Rightsizing wird zumeist als Restrukturierung oder Rationalisierung mit dem Ziel der Kostenreduktion verstanden und in diesem Zusammenhang auch als Euphemismus für *Downsizing* verwendet, welches nach *Wilkinson* (2005) eine permanente Personalreduktion zur Steigerung von Effizienz und Effektivität meint, aber jegliche Vergrößerung einer Organisation ausschließt.

Der Begriff des Rightsizing entstammt dem Vokabular der Elektronischen Datenverarbeitung (EDV), wo er Strategien zur Realisierung bedarfsgerechter Systemverhältnisse beschreibt, ohne bestimmte Plattformen zu bevorzugen. Im Gegensatz zum Downsizing, das auf eine vollständige Ablösung der Großrechnertechnologie zu Gunsten von kleineren Netzwerken und PCs abzielt, werden beim Rightsizing kooperative Verhältnisse zwischen Rechnerplattformen unterschiedlicher Größe aufgebaut. Rightsizing enthält somit auch Elemente des Upsizing, womit die Verlagerung von bisher verteilten EDV-Dienstleistungen zur Vereinheitlichung auf zentrale Computer mittlerer Größe gemeint ist.

Im Bereich des →Personalmanagements wird die erste Verwendung des Wortes Rightsizing *Roberts* zugeschrieben, der 1988 als Vizepräsident für Personal bei General Motors den 25 %igen Personalabbau (→Personalfreisetzung) als Rightsizing bezeichnete, um auszudrücken, dass General Motors schlanker und gleichzeitig wettbewerbsfähiger werden würde. Er grenzte dies bewusst ab von Downsizing, welches seit den frühen 1980er Jahren strategische Legitimität erlangt hatte, jedoch aufgrund von einigen Nachteilen bereits umstritten war.

Cascio (2007) weist darauf hin, dass Downsizing die Lernfähigkeit einer Organisation beeinträchtigen könne, da Mitarbeiter ohne Beachtung ihrer Einbindung in Abläufe und Systeme abgebaut würden. So würden soziale Netzwerke zerstört, die Arbeitsmoral angegriffen und letztlich die Fähigkeiten von Organisationen ausgehöhlt. *Kieser* (2002) verweist auf empirische Studien, nach denen Downsizing ohne eine gleichzeitige Neudefinition von Abläufen weder die Ertragskraft noch die Aktienkurse von Unternehmen nachhaltig verbesserte. Dies lässt sich auch durch die negativen Folgen von Downsizing auf die verbleibenden Mitarbeiter erklären, wozu häufig zunehmender →Stress, Ärger sowie Gleichgültigkeit und Zynismus zählen.

Während also Downsizing als Begriff für die kurzfristige und zuweilen kurzsichtige Behebung von Kostenproblemen gilt, steht Rightsizing vielmehr für einen strategischen Ansatz, der die Nachteile von Downsizing zu vermeiden versucht. Nach *Hitt et al.* (1994) ist Rightsizing eine integrierte, intern konsistente und extern legitimierte *Konfiguration* von organisatorischen Prozessen, Produkten und Menschen, basierend auf einer gemeinsamen →Vision über die Zukunft der Organisation und einer klar artikulierten Strategie, die vom Management unterstützt, von Organisationsmitgliedern verstanden und von beiden Gruppen gemeinsam verantwortet wird. Als Ergebnis eines Rightsizing können beispielsweise einzelne Bereiche ausgedehnt, andere verkleinert und einige unberührt gelassen werden, was einer organisatorischen Konfiguration mit einem stabilen Kern und einem flexiblen äußeren Ring entsprechen könnte.

Davison (2002) hält Rightsizing für synonym zu *Resizing* und grenzt dessen Bestandteile gegeneinander ab:

- *Downsizing*: Reduktion von Mitarbeitern und Kosten.
- *Redesign*: Änderung von Strukturen und Abläufen.
- *Upsizing*: Erhöhung der Mitarbeiterzahl in bestimmten Bereichen.
- *Sidesizing*: Repositionierung von Mitarbeitern in andere Bereiche.
- *Wrongsizing*: Herstellung einer falschen Größe einer Organisation und der damit einhergehende Verlust von wichtigen Talenten und Fähigkeiten.

Gerade letzteres wurde bereits als Gefahr eines reinen Downsizing angeführt.

Davison (2002) beschreibt Rightsizing als einen *Prozess*, bei dem klare strategische Ziele am Anfang stehen. Hieraus werden eine neue →Organisationsstruktur und Abläufe (Redesign), die hierfür notwendigen Fähigkeiten sowie die Anzahl der Mitarbeiter abgeleitet. Nach einem Abgleich der so beschriebenen Soll-Konfiguration mit den Ist-Fähigkeiten der heutigen Mitarbeiter und mit der heutigen und zukünftigen Situation auf dem →Arbeitsmarkt werden Personalveränderungen eingeleitet, zu denen neben Downsizing eben auch Upsizing und Sidesizing sowie unterstützende Maßnahmen wie →Training oder →Job Sharing gehören können. Arbeitsrechtliche Erfordernisse finden Berücksichtigung. Aktive →Kommunikation der geplanten Maßnahmen und eine weitgehende Einbindung der Mitarbeiter begleiten schließlich den gesamten Prozess, damit Größe und Qualität der organisatorischen Konfiguration „richtig" gewählt werden.

Literatur: *Cascio, W. F.*: Strategies for Responsible Restructuring, in: *Schuler, R. S.; Jackson, S. E.*: Strategic Human Resource Management, 2. Aufl., Oxford 2007, S. 366–383. *Davison, B.*: The Difference Between Rightsizing and Wrongsizing, in: Journal of Business Strategy, 23. Jg. (2002), H. 4, S. 31–35. *Hitt, M. A. et al.*: Rightsizing: Building and Maintaining Strategic Leadership and Long-Term Competitiveness, in: Organizational Dynamics, 23. Jg. (1994), H. 2, S. 18–32. *Kieser, A.*: Downsizing – eine vernünftige Strategie?, in: Harvard Business Manager, 24. Jg., (2002), H. 2, S. 30–39. *Wilkinson, A.*: Downsizing, Rightsizing or Dumbsizing? Quality, Human Resources and the Management of Sustainability, in: Total Quality Management, 16. Jg. (2005), H. 8/9, S. 1079–1088.

Matthias Tomenendal

Risikocontrolling

Gesamtheit der Aufgaben zur zielgerichteten Koordination der Risikopositionen eines Unternehmens im Rahmen von Planung, Kontrolle und Informationsversorgung.

Das Risikocontrolling ist Teil des Risikomanagements (→Chance Management). Während das Risikomanagement in seiner Gesamtheit auch die Planung und Auswahl des risikopolitischen Programms enthält, was vor allem Entscheidungsaufgaben beinhaltet, kann als *Hauptaufgabe des Risikocontrollings* die Bereitstellung von Informationen für Entscheidungen des Risikomanagements gesehen werden (*Diederichs* 2004). Das →Controlling sollte die →Unternehmensführung beim Aufbau sowie bei der Anwendung eines individuell geeigneten Risikomanagementsystems maßgeblich unterstützen. Dies beinhaltet die Bereitstellung von Methodenkompetenz (→Kompetenz), die Versorgung der Entscheidungsträger mit risikorelevanten Informationen und die Etablierung eines Risikoberichtswesens. Letzteres beinhaltet die strukturierte und systematische Informationsversorgung der Unternehmensleitung und anderer Führungsebenen zu sämtlichen Unternehmensrisiken, das heißt Informationen über identifizierte, analysierte sowie bewertete Risiken (*Dörner*, *Horváth* und *Kagermann* 2000).

Als Orientierungspunkt dient in der Regel die Verteilung der organisatorischen Zuständigkeiten hinsichtlich risikobehafteter Entscheidungen im Sinne einer kontinuierlichen Risikoüberwachung. Zudem kommt dem Risikoberichtswesen eine wichtige Bedeutung zur Erfüllung der gesetzlichen Pflichten hinsichtlich der Dokumentation des Risikomanagements im Unternehmen zu, welche vom KonTraG (Gesetz zur Kontrolle und Transparenz im Unternehmensbereich) gefordert wird (*Wolf* und *Runzheimer* 2001). Die Unternehmensleitung muss mithilfe einer geeigneten Dokumentation nachweisen, dass sie ihre Pflichten hinsichtlich der Einrichtung und dem laufenden Betrieb eines Risikomanagements erfüllt. Dabei bildet das Risikoberichtswesen die Grundlage für die Risikoberichterstattung nach KonTraG und den entsprechenden Prüfungshandlungen im Rahmen der Abschlussprüfung.

Literatur: *Diederichs, M.*: Risikomanagement und Risikocontrolling, München 2004. *Dörner, D.*; *Horváth, P.*; *Kagermann, H.*: Praxis des Risikomanagements, Stuttgart 2000. *Wolf, K.*; *Runzheimer, B.*: Risikomanagement nach KonTraG, Wiesbaden 2001.

Klaus Möller

Risikomanagement →Chance Management

Risikoprämie

Zuschlag, den →Arbeitnehmer erhalten, die bereit sind, den Einfluss von Unsicherheit auf das Arbeitsergebnis mit zu tragen, zum Beispiel in Form eines ergebnisabhängigen Entgeltanteils.

In der →Principal-Agent-Theorie wird diese durch den Vergleich der Second-Best-Lösung mit der First-Best-Lösung berechnet. Letztere ist eine fiktive Basis, die der Principal unter der Annahme berechnet, dass entweder der Arbeitseinsatz oder der Einfluss der Unsicherheit auf das Arbeitsergebnis beobachtbar wäre, also ein arbeitseinsatzabhängiges Entgelt möglich ist. Ist weder der Arbeitseinsatz noch die Umweltsituation für den Principal zu beobachten, bietet er dem Agenten einen anreizkompatiblen Vertrag an, der ein ergebnisabhängiges Entgelt beinhaltet, den Agenten zu einem optimalen Arbeitsanreiz veranlasst und zugleich aber auch dem Agenten eine bessere Situation ermöglicht als seine nächstbeste Alternative, den Reservationsnutzen. Die Risikoprämie wird dann notwendig, wenn der Agent risikoavers ist. Diese Risikoneigung begründet sich aus der mangelnden Diversifizierbarkeit des eigenen Kapitals, des →Humankapitals. Somit ist eine Versicherung über den Kapitalmarkt ausgeschlossen, so dass der Principal die (Teil-)Übernahme von Risiko durch den Agenten kompensieren wird. Anderenfalls wird der Agent eine alternative Beschäftigung annehmen (*Kräkel* 2004).

Literatur: *Kräkel, M.*: Organisation und Management, 2. Aufl., Tübingen 2004.

Silvia Föhr

Risikoschub

Tendenz von →Gruppen, riskantere Entscheidungen zu treffen als es der Einzelne gemacht hätte (syn.: Risky-shift-Phänomen).

Das Phänomen wurde in einem Experiment von *Wallach* (1994) erforscht und tritt besonders dann ein, wenn Risikobereitschaft eine →Gruppennorm ist. Dies erklärt sich dadurch, dass es in Gruppen zu einer Diffusion der Verantwortung kommt und die Gegenwart anderer Personen ermutigt, riskantere Entscheidungen zu treffen. Personen, die in der Diskussion einen größeren Einfluss ausüben, zeigen eine höhere Risikobereitschaft. In Gruppen wirken soziale Normen (→ Normen und Werte), die eine hohe Risikobereitschaft betonen und es gibt eine zunehmende Vertrautheit mit dem Problem, die den Eindruck seiner Gefährlichkeit verringert.

Literatur: *Hofstätter, P.R.*: Gruppendynamik. Kritik der Massenpsychologie, Reinbek 1993. *Wallach; M.A.; Kogan, N.; Bem, D.J.*: Diffusion of Responsibility and Level of Risk Taking in Group, in: Journal of Abnormal Social Psychology, 68. Jg (1964), H. 3, S. 263–274.

Erika Spieß

Rituale

standardisierte Verhaltensabläufe, in denen existenzielle Fragen durch kollektiv reglementiertes Handeln bearbeitet oder bewältigt werden.

Nach *Sackmann* (1983) finden Rituale meist zu einer bestimmten Zeit, an einem bestimmten Ort und mit einer bestimmten Rollenbesetzung (→ Rolle) statt. In → Organisationen sind das spezifische Handlungen, deren Funktion als beobachtbarer Bestandteil der → Organisationskultur latent gehalten wird. Rituale sind damit kulturell gebundene strukturierte Abläufe, die etwa Transitionen von Organisationsmitgliedern begleiten (Eintritt in die Organisation oder Pension, → Beförderungen) oder mit anderen Anlässen in Organisationen (z.B. Meetings, Aktionärsversammlungen) einhergehen. In jedem Ritual dominiert das mimetische, das nachahmend-darstellende Handeln, wobei das ursprüngliche Referenzmodell meist nicht mehr bekannt ist. Riten haben laut *Geertz* (1983) immer ein Doppelgesicht: Sie lösen Probleme für die Organisation und für den Einzelnen, sie verbinden „gelebte Welt und vorgestellte Welt".

Literatur: *Geertz, C.*: Dichte Beschreibung. Beiträge zum Verstehen kultureller Systeme, Frankfurt a. M. 1983. *Sackmann, S.*: Organisationskultur: Die unsichtbare Einflussgröße, in: Gruppendynamik, 14. Jg. (1983), H. 4, S. 393–406.

Michael Meyer

RHIA-Verfahren

Werkzeug zur → Arbeitsgestaltung, zur Bewertung von Arbeitsgestaltungsmaßnahmen, zum Vergleich von Arbeitstätigkeiten und zur Untersuchung der Effekte von Arbeitsbedingungen auf die Gesundheit.

RHIA steht für „Regulationshindernisse in der Arbeit" und Gegenstand der Analyse ist die Ermittlung aufgabenbezogener psychischer Belastungen (Regulationshindernisse), die das Erreichen von Arbeitsergebnissen erschweren beziehungsweise verhindern. Zu den verwendeten Methoden gehören Fremdeinschätzung, → Interview, → Beobachtung, Dokumentenanalyse, Beobachtungsinterview und → Fragebogen. Die Anwesenheit des Untersuchers während der zwischen 60 und 300 Minuten dauernden Untersuchung ist notwendig. Die Auswertungsdauer beträgt ungefähr 180 Minuten.

Identifizierbare Regulationshindernisse können motorische oder informatorische Erschwerungen ebenso wie Unterbrechungen sein, wobei je nach Störquelle (etwa durch Personen, Funktionsstörungen oder sonstige Blockierungen) unterschieden wird. Bei Regulationsüberforderungen wird nach aufgabenimmanenten (solchen, die z.B. durch monotone Arbeitsbedingungen oder Zeitdruck entstehen) und nach aufgabenspezifischen Regulationsüberforderungen differenziert. Zu Letzteren gehören etwa Beeinträchtigungen durch Lärm, falsche Beleuchtung und abträgliche Raumtemperatur (→ Arbeitsumgebung).

Die Handlungsregulationstheorie und das Belastungskonzept bilden die theoretischen Grundlagen des RHIA-Verfahrens. Im Rahmen der Handlungsregulationstheorie werden Personen als aktiv handelnde Wesen gesehen, die sich im Rahmen vorfindbarer Umweltbedingungen bestimmte eigenständige Ziele setzen. Diese Bedingungen können eine Zielerreichung begünstigen oder auch verhindern. Innerhalb eines gewissen → Handlungsspielraums ist der Mensch den zum Beispiel von *Lüders* (1999) beschriebenen theoretischen Postulaten zufolge fähig, zwischen verschiedenen Zielen zu wählen und sein Handeln auf das Erreichen der Ziele auszurichten. Dem Belastungskonzept liegt die Vorstellung zugrunde, dass von Personen nicht direkt beeinflussbare Behinderungen des Handelns bei der → Arbeit (Regulationsbehinderungen) höchst unterschiedlich in Erscheinung treten können. Zum einen kann es sich um dauerhafte Zustände handeln (wie z.B. monotone

Arbeitsbedingungen oder Zeitdruck), zum anderen können Regulationshindernisse intermittierend, aber gleichwohl wiederkehrend auftreten. In jedem Fall stören sie Arbeitsabläufe, erfordern zusätzlichen (Regulations-) Aufwand und sind psychisch mehr oder weniger belastend.

Das RHIA-Verfahren zur →Arbeitsplatzanalyse existiert in den beiden Versionen „RHIA-Produktion" und „RHIA-Büro". Die von *Leitner* (1993) erarbeitete Fassung für Produktionsarbeit eignet sich für Arbeitsplätze im gewerblichen Bereich der Industrie. Die ebenfalls von *Leitner* (1993) vorgelegte Bürofassung eignet sich für alle Bürotätigkeiten bis zur Ebene qualifizierter Sachbearbeitung. Sie ist nach einer von *Lüders* (1999) vorgelegten Studie jedoch nicht für Tätigkeiten geeignet, die überwiegend durch Beratung, Betreuung und →Ausbildung von Personen geprägt sind. Beide Versionen sind mit dem von *Volpert* (1983) konzipierten Verfahren VERA (Verfahren zur Ermittlung von Regulationserfordernissen in der Arbeitstätigkeit) kombinierbar. Auch die kombinierte Form des Verfahrens liegt in zwei vollständig überarbeiteten Versionen vor: dem von *Oesterreich* im Jahre 2000 entwickelten Verfahren „RHIA/VERA-Produktion" sowie der von *Leitner* und *Resch* bereits 1993 vorgelegten Fassung „RHIA/VERA-Büro".

Das RHIA-Verfahren gliedert sich in die Manualteile A, B, C, D und E:

- *Teil A*: Erfassung der gesamten Arbeitstätigkeit einer Person (Arbeitstätigkeiten können dabei aus mehreren →Arbeitsaufgaben bestehen).
- *Teil B*: Beschreibung der Arbeitsergebnisse, Auflistung der verwendeten Arbeitsmittel (→Arbeitssystem) und →Informationen, Darstellung des zeitlich-logischen Ablaufs der Arbeitsaufgabe, Sammlung von auftretenden Hindernissen bei der Aufgabenausführung.
- *Teil C*: Kennzeichnung der zeitlichen Struktur (RHIA-Büro), Erhebung der Zeitbindung einer Arbeitsaufgabe (RHIA-Produktion).
- *Teil D*: Erfassung und Bewertung von Regulationshindernissen und -überforderungen.
- *Teil E*: Zusammenfassung der wichtigsten Resultate der RHIA-Analyse.

Bezüglich der →Gütekriterien des RHIA-Verfahrens liegen zufriedenstellende Ergebnisse vor. So wurde die →Reliabilität für RHIA-Produktion anhand von 75 Studien überprüft, die *Lüders* (1999) in einer Übersicht zusammengefasst hat. Dabei lagen die ermittelten Pearson-Korrelationen zwischen r = .62 und r = .79. Noch besser fiel die anhand von 71 Untersuchungen vorgenommene Reliabilitätsprüfung im Bereich RHIA-Büro mit Pearson-Korrelationen zwischen r = .67 und r = .80 aus, deren Ergebnisse *Lüders* ebenfalls 1999 berichtet hat. Die Überprüfung der →Validität der RHIA-Skalen erfolgte unter anderem an 162 Arbeitsplätzen in sechs Industriebetrieben unterschiedlicher Branchen (Chemie-, Foto-, Automobil-, Stahl-, Papier- und Lebensmittelbranche). Bei der Überprüfung der kriteriumsbezogenen Validität wurden folgende Instrumente als Außenkriterien eingesetzt: Eine überarbeitete Version der 1986 von *Mohr* entwickelten „Freiburger Beschwerdeliste" und die gleichfalls 1986 von *Mohr* beschriebene „Skala zur Erfassung der Gereiztheit und Belastetheit". Die Ergebnisse lieferten nach 1987 von *Leitner et al.* dargestellten Angaben Korrelationen zwischen .28 und .35 für RHIA-Produktion beziehungsweise zwischen .22 und .32 für RHIA-Büro.

Zusammenfassend ist festzuhalten, dass sich das RHIA-Verfahren für die Beurteilung industriell-gewerblicher Arbeitstätigkeiten den Befunden zufolge gut eignet. Beide Fassungen, RHIA-Büro und RHIA-Produktion, sind branchenübergreifend einsetzbar. Mit RHIA-Produktion können jedoch keine Arbeitsaufgaben von Meistern sowie die in der betrieblichen →Hierarchie darüber liegenden Tätigkeiten untersucht werden. Ebenso wenig ist RHIA-Büro für Tätigkeiten konzipiert, die überwiegend durch Beratung, Betreuung und Ausbildung von Personen geprägt sind. Schließlich ist darauf zu achten, dass bei der Analyse nur hinreichend mit dem Verfahren betraute Personen eingesetzt werden.

Literatur: *Leitner, K. et al.*: Analyse psychischer Anforderungen und Belastungen in der Büroarbeit, Göttingen 1993. *Lüders, E.*: Analyse psychischer Belastungen in der Arbeit: Das RHIA-Verfahren, in: *Dunckel, H.* (Hrsg.): Handbuch psychologischer Arbeitsanalyseverfahren, Zürich 1999. *Mohr, G.*: Die Erfassung psychischer Befindensbeeinträchtigungen bei Industriearbeitern, Frankfurt a. M. 1986. *Oesterreich, R.; Leitner, K.; Resch, M.*: Analyse psychischer Anforderungen und Be-

lastungen in der Produktionsarbeit, Göttingen 2000.
Volpert, W.: Das Modell der hierarchischsequentiellen Handlungsorganisation, in: Hacker, W.; Volpert, W.; von Cranach, M. (Hrsg.): Kognitive und motivationale Aspekte der Handlung, Berlin 1983, S. 38–58.

Daniel Sodenkamp

Rolle

Vorstellung, dass Menschen in ihrem Leben verschiedene Verhaltensmuster einnehmen.

Der Begriff Rolle entstammt der →*Rollentheorie*. Sie versucht, das reale Spannungsverhältnis zwischen Individuum und Gesellschaft darzustellen und steht zwischen Soziologie und Psychologie. Der Rollenbegriff hat eine Nähe zur Alltagswelt, die ihm große Plausibilität verschafft. Die soziale Rolle wird als normative Verhaltenserwartungen an das Individuum definiert. Es handelt sich um ein ganzes Bündel an Erwartungen und Verhaltensvorschriften. Der Inhalt wird durch die Gesellschaft beziehungsweise die jeweilige Bezugsgruppe definiert. Über Sanktionen werden Rollenerwartungen spezifiziert. Rollen schränken einerseits individuelle Freiheiten ein (Berufsrolle), andererseits erklären sie die Verhaltenssicherheit. Die individuelle Verinnerlichung erfolgt über das Rollenlernen, das durch die →Sozialisation vermittelt wird.

Erika Spieß

Rollenmodell der Personalabteilung

Verhaltenserwartungen, die der →Personalabteilung entgegengebracht werden (Role Making), als auch die als Reaktion auf diese Erwartungen von der Personalabteilung gezeigten Verhaltensweisen (Role Taking).

Ziel der Betrachtung des Rollenmodells der Personalabteilung ist es, die Stellung der Personalabteilung als Institution, aber auch die Stellung der Personalarbeit (→Personalmanagement) an sich im Unternehmen besser erfassen zu können.

Ein diesbezügliches Modell wurde von *Shipton* und *McAuley* (1993) entwickelt. Die beiden Autoren verwenden als Beschreibungskriterien für die →Rollen die wahrgenommene →Macht der Personalabteilung und die →Integration der Personalarbeit im Unternehmen. Mit diesen beiden Dimensionen bilden sie vier Rollen (Abbildung 1):

Abbildung 1: Die Rollen der Personalabteilung (*Shipton/McAuley* 1993, S. 7)

	High Integration	Low Integration
High Power	Business Manager Model	Organization Development Model
Low Power	Administrative Model	Welfare Model

- *Administrative Model*: Weist der Personalabteilung die Rolle als Verwalter von personalwirtschaftlichen Aufgaben zu. Dementsprechend gering ist die Machtausprägung, da zum Beispiel die strategischen Personalentscheidungen nicht in der Personalabteilung entwickelt werden. Allerdings sind die →Interdependenzen mit den anderen Unternehmensbereichen erheblich, da eine ständige →Kommunikation zur Erledigung der Verwaltungsaufgaben nötig ist.

- *Welfare Model*: Hierbei zieht sich die Personalarbeit auf die Betreuung der Mitarbeiter im sozialen Bereich zurück. In solch paternalistischen Modellen wird die Personalarbeit generell als nachrangig angesehen, weswegen die Macht gering ist. Aufgrund der nur punktuell und nur zu einzelnen Individuen auftretenden Beziehungen ist auch die Integrationswirkung gering.

- *Organization Development Model*: Die Rolle der Personalabteilung fokussiert sich im Wesentlichen auf die Initiierung und Steuerung von Wandelprozessen. Auch die zielgerichtete Beeinflussung der Unternehmenskultur (→Organisationskultur) gehört zu den Aufgaben der Personalabteilung. Da die Wandelprozesse wesentliche Teile des Unternehmens betreffen können, ist die Macht der Personalabteilung als hoch einzustufen. Allerdings setzt die erfolgreiche Tätigkeit als →Change Agent voraus, dass die Involvierung mit den anderen Unternehmensbereichen nicht eng ist.

- *Business Manager Model*: Eine sowohl hohe Machtausübung als auch eine hohe Integrationswirkung wird der Rolle der Personalabteilung in diesem Modell zugewiesen. Zentralpunkt ist hier die unternehmerische Ausrichtung der Personalarbeit, die zur Wertsteigerung in allen Unternehmensbereichen beiträgt.

Generell können Rollenmodelle für Personalabteilungen einen guten Beitrag zur Definition der Stellung der Personalarbeit liefern. Allerdings dürften die Rollenerwartungen an die Personalabteilung von der konkreten Situation abhängen, was einer Allgemeingültigkeit von Rollenmodellen enge Grenzen setzt.

Literatur: Shipton, J.; McAuley, J.: Issues of Power and marginality in personnel, in: Human Resource Management Journal, 3. Jg. (1993), H. 4, S. 1–13.

Reinhard Meckl

Rollenspiele →Kommunikations- und Rollenspiele

Rollentheorie

abstrahiert weitgehend von Persönlichkeitseigenschaften und analysiert die sozialen Beziehungen zwischen den Mitgliedern einer Arbeitsgruppe und ihrer →Führungskraft über deren gegenseitige Verhaltenserwartungen.

Unter einer →Rolle versteht man das Bündel von Verhaltenserwartungen, die von anderen an eine Person gestellt werden. Studien von *Bales* und *Slater* (1955) legen die Vermutung nahe, dass sich in ungeführten →Gruppen eine *Rollendifferenzierung* von Tüchtigkeits- und Beliebtheitsführern durchsetzt, die der bewusst geschaffenen Struktur von Gruppen mit einer Führungskraft widerspricht. Im Rahmen der Rollentheorie wurden weitere intra- und interpersonale →Konflikte untersucht, anhand derer sich das Verständnis der Zusammenarbeit in Gruppen verbessern lässt. Der bisherige Forschungsstand lässt Gestaltungsempfehlungen für die Führung von Mitarbeitern (→Mitarbeiterführung) jedoch erst in begrenztem Maße zu.

Literatur: *Bales, R. F.; Slater, P. E.*: Role Differentiation in Small Decision-Making Groups, in: *Parsons, T.; Bales, R. F.* (Hrsg.): Family, Socialization and Interaction Process, Glencoe 1955, S. 259–306.

Jan Hendrik Fisch

Rollentheorie von *Belbin*

spezifisches Modell mit Aussagen zum Verhalten (→Behaviorismus) von Individuen in →Organisationen, die in hohem Maße durch deren →Rolle innerhalb ihres Teams (→Gruppe) geprägt sind (engl.: *Belbin*'s Team Roles).

Gemäß *Belbins* Rollentheorie sind folgende fünf Merkmale charakteristisch für erfolgreiche Teams:

1. Innerhalb eines Teams existieren im Wesentlichen die funktionale und die teambezogene rollenbedingte Orientierung. Die *funktionale Orientierung* manifestiert sich in der →Ausbildung, den Kenntnissen und den Erfahrungen der Teammitglieder. Die *teambezogene Orientierung* bezieht sich auf persönliche Merkmale der Teammitglieder, welche wiederum die →Interaktion innerhalb eines Teams beeinflussen.

2. Die Mitglieder des Teams nehmen jeweils unterschiedliche Rollen wahr. Dadurch kann das Team seine Ressourcen optimal nutzen.

3. Die Teammitglieder finden eine optimale Balance zwischen der funktionalen und der teambezogenen Orientierung. Diese Balance hängt wiederum von der Aufgabe und den Zielen eines Teams ab.

4. Die Mitglieder engagieren sich in hohem Maße innerhalb ihrer Rollen im Team.

5. Die Zuschreibung der Teamrollen zu einer Person basiert in erster Linie auf persönlichen Fähigkeiten (→Qualifikation) dieser Person.

Neben den grundlegenden Orientierungen von Rollen spezifiziert *Belbin* (1981, 1993) unterschiedliche Rollen innerhalb eines Teams. Der Teamleiter (→Team Leader) kann im Wesentlichen zwei Rollen einnehmen:

1. *Bewahrer*: Teamleiter, die diese Rolle einnehmen, konzentrieren sich auf die effiziente Nutzung der Ressourcen eines Teams. Sie fördern den →Teamgeist und legen Wert auf das Engagement der Teammitglieder für deren eigene Rolle.

2. *Initiativer*: Diese Teamleiter zeichnen sich durch hohe Handlungsorientierung aus und forcieren Veränderungen. In Verbindung mit Veränderungen werden auch vorübergehende Abweichungen von den Rollen akzeptiert.

Die Mitglieder des Teams können sieben unterschiedliche Rollen wahrnehmen:

1. *Planer*: Introvertierte und sehr kompetente Mitglieder, die Wert auf Stabilität legen. Diese Mitglieder setzen zunächst ihre eigenen Pläne um, ohne parallel neue Aktivitäten anzustoßen.
2. *Ressourcenentwickler*: Extrovertierte Mitglieder, die gerne neue Dinge ausprobieren. Diese Personen haben eine ausgeprägte Affinität zu Veränderungen und entwickeln ständig neue Ideen/Konzepte. Darüber hinaus verfügen sie über ein Netzwerk persönlicher Kontakte.
3. *Loyaler*: Teammitglieder mit hohem →Commitment zum Unternehmen. Die eigenen Interessen werden den Zielen des Unternehmens untergeordnet.
4. *Beobachter*: Personen, die diese Rolle wahrnehmen, werden punktuell hinzugezogen. Sie agieren als außenstehende dritte Person und sind mit der Bewertung und Strukturierung von Sachverhalten betraut. Diese (temporären) Teammitglieder haben tendenziell eine hohe Akzeptanz im Team aufgrund ihrer neutralen Position.
5. *Teampfleger*: Teammitglieder, die ein hohes Maß an zwischenmenschlichen Fähigkeiten aufweisen. Diese Teammitglieder tragen wesentlich zum Teamgeist und zur →Identifikation der Teammitglieder für das Team bei.
6. *Umsetzer*: Inhaber dieser Rolle sorgen dafür, dass angefangene Projekte zum Abschluss gebracht werden. Insbesondere überprüfen sie regelmäßig den Zielerreichungsgrad.
7. *Spezialist*: Teammitglieder, die über ein hohes Maß an →Fachkompetenz im Hinblick auf das zu lösende Problem verfügen.

Unzutreffenderweise wird der Ansatz von *Belbin* in der Literatur häufig als Theorie bezeichnet. Tatsächlich handelt es sich um eine Typologisierung möglicher Rollen in einem Team, die nicht einmal umfassend empirisch fundiert wurde. Trotzdem erfährt der Ansatz im Rahmen von Beratungsprojekten und als Instrument der →Teamentwicklung intensive Nutzung (*Stock* 2003).

Literatur: *Belbin, R.*: Management Teams: Why They Succeed or Fail, Oxford 1981. *Belbin, R.*: Team Roles at Work, Oxford 1993. *Stock, R.*: Teams an der Schnittstelle zwischen Anbieter- und Kunden-Unternehmen, Wiesbaden 2003.

Ruth Stock-Homburg

Rollierendes Arbeitszeitsystem

wenn Mitarbeiter abwechselnd nach verschiedenen Arbeitszeitsystemen arbeiten.

Ein *Beispiel* für ein rollierendes Arbeitszeitsystem ist die Regelung, nach der sukzessive jeder einmal die Aufgabe übernehmen muss, die Arbeitstage zwischen Weihnachten und Neujahr zu leisten.

Désirée H. Ladwig

Rosenkranz-Formel

zur Bestimmung des kurzfristigen Personalbedarfs (→Personalbedarfsbestimmungsmethode) einer organisatorischen Einheit (z. B. Abteilung).

Sie besteht aus zwei Termen:

$$PB = \frac{\sum_n x_n \cdot z_n}{T} \cdot NVZ + \frac{T^*}{T} \cdot \frac{NVZ}{TVZ}$$

mit

$PB =$ Personalbedarf in der betrachteten Periode

$x_n =$ Zahl der Geschäftsvorfälle der Art n in der betrachteten Periode

$z_n =$ Bearbeitungszeit pro Geschäftsvorfall der Art n laut Zeitstudie (Arbeitskoeffizient)

$T =$ Arbeitszeit pro Arbeitskraft und Periode

$T^* =$ Zeit für Verschiedenes in der betrachteten Periode

$NVZ =$ Notwendiger Verteilzeitfaktor

$TVZ =$ Tatsächlicher Verteilzeitfaktor

Der erste Term berücksichtigt über den Zähler die mit dem eigentlichen Aufgabenzweck der betrachteten organisatorischen Einheit verbundenen Aufgaben der Art (n), für welche die Bearbeitungszeit pro Aufgabeneinheit (der Arbeitskoeffizient) über eine Zeitstudie ermittelt werden kann. Die Besonderheit bei der Rosenkranz-Formel liegt in der Berücksichtigung der Verteilzeitfaktoren. Der notwendige Verteilzeitfaktor (NVZ) ist wie folgt definiert:

$$NVZ = \frac{(1 + NAZ) \cdot (1 + EZ)}{(1 - AFZ)}$$

mit

Rosenkranz-Formel

$NAZ =$ Zuschlag für Nebenarbeitszeiten
$EZ =$ Zuschlag für Erholungszeiten
$AFZ =$ Zuschlag für Ausfallzeiten

Im NVZ werden Zeiten, die neben den Bearbeitungszeiten für die eigentlichen Haupttätigkeiten anfallen, mit diesen aber in direkter Verbindung stehen, berücksichtigt. Dies geschieht in Form pauschaler Zuschläge. Fallen zum Beispiel erfahrungsgemäß Ausfallzeiten (bspw. krankheitsbedingt; →Fehlzeiten) in einem zeitlichen Umfang von 10 % in der Periode an, dann nimmt AFZ den Wert 0,1 an.

NAZ sind hingegen pauschale Zuschläge für Tätigkeiten, die in direkter Verbindung zu den Haupttätigkeiten stehen, aufgrund ihres unregelmäßigen Anfalls jedoch nicht sinnvoll über Zeitstudien (Arbeitszeit- und Zeitstudien) berücksichtigt werden können. Ist die Haupttätigkeit zum Beispiel das Erstellen von Briefen, so fallen als Nebentätigkeiten beispielsweise der Austausch der Druckerpatrone, das Nachfüllen von Papier oder das Hochfahren des Computers an. Der NAZ würde ohne den Anfall von Nebenarbeitszeiten, Ausfallzeiten und Erholungszeiten den Wert 1 annehmen. Sobald eine der drei Kategorien jedoch zu berücksichtigen ist, nimmt der notwendige Verteilzeitfaktor einen Wert größer als eins an, und bewirkt so eine Erhöhung des Personalbedarfs, der zur Erledigung der Haupttätigkeiten anzusetzen ist.

Der zweite Term erfasst über die Zeit für Verschiedenes (T^*) pauschal Zeiten, die für die Erledigung von Tätigkeiten anfallen, die zwar nicht zu den eigentlichen Haupttätigkeiten der Abteilung gehören, jedoch gleichwohl in der Abteilung anfallen. Hierunter fällt auch eine Vielzahl kleinerer Arbeiten, für die sich eine Zeitaufnahme nicht lohnt. Als Beispiel lässt sich die Bewirtung von Gästen des Betriebs erwähnen, die von den Schreibkräften durchgeführt wird. Der hierfür entstehende Personalbedarf wird im zweiten Term ermittelt. Auch hier kommen wieder pauschale Erhöhungen über den notwendigen Verteilzeitfaktor zum Tragen. Zusätzlich taucht der tatsächliche Verteilzeitfaktor auf (TVZ). Dieser ist wie folgt definiert:

$$TVZ = \frac{\text{tatsächlich benötigte Zeit für aufgenommene Arbeiten}}{\text{Zeitbedarf laut Zeitstudie}}$$

Der Zeitbedarf laut Zeitstudie entspricht:

$$\sum_n x_n \cdot z_n$$

Weicht die tatsächlich benötigte Zeit für die aufgenommenen Arbeiten von dem Zeitbedarf laut Zeitstudie ab, so ist dies gemäß Rosenkranz auf Ineffizienzen der Arbeitskräfte zurückzuführen. Diese Ineffizienzen können von den Arbeitskräften zu vertreten sein (z. B. Ausfüllen des Lotto-Zettels am Arbeitsplatz), jedoch auch aufgrund einer personellen Überbesetzung der Abteilung entstehen. Sobald Ineffizienzen vorliegen, die Arbeitskräfte also mehr Zeit benötigen, als ihnen gemäß Zeitstudie zugestanden wird, nimmt TVZ einen Wert größer als eins an. Damit führt das Vorliegen von Ineffizienz zu einer Reduktion des Personalbedarfs. Dahinter steht die Absicht, den Personalbedarf zu ermitteln, der bei effizienter Tätigkeitsausführung der Arbeitskräfte besteht und nicht den, der Ineffizienzen der Arbeitskräfte beinhaltet.

Die Rosenkranz-Formel lässt sich auf die Grundgleichung zur Personalbedarfsbestimmung zurückführen. Die →Bedarfsdeterminanten Leistungsprogramm (AE/P) (Arbeitseinheiten pro Periode), Arbeitskoeffizient (AZ/AE) (→Arbeitszeit pro Arbeitseinheit) und Arbeitszeit pro Arbeitskraft und Periode ($AZ/AK \cdot P$) lassen sich direkt dem ersten Term der Rosenkranzformel zuordnen. Die Zeit für Verschiedenes (T^*) enthält eine pauschale Zeitangabe mit der Dimension (AZ/P). Damit lässt sich die Rosenkranz-Formel wie folgt ausdrücken:

$$PB = \frac{\frac{AE}{P} \cdot \frac{AZ}{AE}}{\frac{AZ}{AK \cdot P}} \cdot NVZ + \frac{\frac{AZ}{P}}{\frac{AZ}{AK \cdot P}} \cdot \frac{NVZ}{TVZ}$$

Zu kritisieren ist an der Rosenkranz-Formel die Berücksichtigung der Ausfallzeiten im notwendigen Verteilzeitfaktor: Ausfallzeiten erhöhen demgemäß den Personalbedarf. Dem ist entgegenzuhalten, dass Ausfallzeiten eine Größe darstellen, welche die →Personalausstattung betrifft, jedoch nicht den Bedarf.

Literatur: Kossbiel, H.: Personalbereitstellung und Personalführung, in: *Jacob, H.* (Hrsg.): Allgemeine Betriebswirtschaftslehre, 5. Aufl., Wiesbaden 1988, S. 1045–1253. Kossbiel, H.: Personalwirtschaft, in: *Bea, F. X.; Dichtl, E.; Schweitzer, M.* (Hrsg.): Allgemeine Betriebswirtschaftslehre, Bd. 3, 8. Aufl., Stuttgart 2002, S. 467–553. *Rosenkranz, R.*: Personalbedarfsrechnung in Bürobetrieben, in: Das rationelle Büro, 19. Jg. (1968), H. 12, S. 16–22. *Rosenkranz, R.*: Die Bedeutung des notwendigen Verteilzeitzuschlags bei Personalbedarfsberechnungen, in: Bürotechnik, 24. Jg. (1976), H. 12, S. 56–59.

Thomas Bürkle

Rubikonmodell

Metapher für ein Phänomen aus der motivationspsychologischen Grundlagenforschung, die das Problem des „missing link" zwischen →Motivation und Handeln untersucht.

Um diese Lücke zu schließen, wird in *Motivationsprozesse*, die zur Bildung einer Intention führen und in *Volitionsprozesse* (→Volition), die zur Umsetzung der Intention führen unterschieden. Idealtypisch lässt sich der Prozess von der Motivation zum Handeln nach *Heckhausen*, wie in Abbildung 1 visualisiert, als eine Abfolge in vier Phasen darstellen.

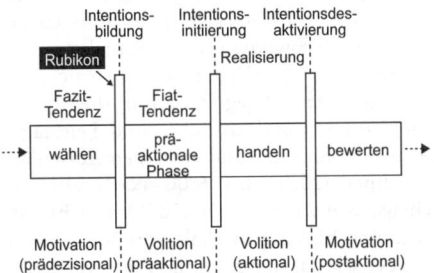

Abbildung 1: Das Handlungsmodell (*Heckhausen* 1989, S. 203)

In der *prädezisionalen Phase* werden mögliche Handlungsalternativen gegeneinander abgewogen. Sie wird mit der Bildung einer Intention beendet. Dabei besteht eine „Fazit-Tendenz", also eine Tendenz, zur Entscheidung zu kommen, die umso stärker wird, je länger der Prozess andauert.

Für die dann gefallene Entscheidung wird die *Rubikon-Metapher* benutzt: Cäsar überquerte den Fluss des Rubikon, um Rom zu erobern, und signalisierte mit diesem Schritt seinen Eroberungswillen, der kein Zurück mehr kennt. Ebenso ist man bei einem einmal getroffenen Entschluss nicht mehr zur Umkehr bereit.

Nach Überschreiten des Rubikon beginnt die Volitionsphase. Mit dem Begriff Volition soll der Unterschied zwischen zwei Erklärungsansätzen des Handelns verdeutlicht werden: zum einen geht es um die Erklärung der Wahl einer bestimmten Handlungsalternative und zum anderen um die Umsetzung dieser motivationalen Tendenz.

Volitionale Prozesse entscheiden, wann eine Handlung in Angriff genommen wird, wie ausdauernd und intensiv ein Ziel verfolgt wird. In dieser *präaktionalen Phase* wird eine Zielintention gebildet, und wenn sich eine günstige Gelegenheit zur Realisierung der gebildeten Zielintention bietet, kommt es zur Handlungsinitiierung. Dies mündet dann in das Handeln selbst, das als *aktionale Phase* bezeichnet wird. Nach Abschluss der Handlung beginnt wieder eine motivationale Phase: in dieser *postaktionalen Phase* sind die Motivationsprozesse darauf gerichtet, die erreichten Handlungsergebnisse zu bewerten. Dies hat wieder Konsequenzen für das zukünftige Handeln. Neben Aufwands- und Ertragsabwägungen kommt es in dieser Phase auch zu selbstbewertenden Emotionen (→Aktionstheorie der Motivation). Stolz oder Scham über die gelungene oder misslungene Leistung haben unmittelbaren Einfluss auf das zukünftige Verhalten (→Behaviorismus).

Neuberger (1995) hat das Rubikon-Modell auf Fragestellungen der →Arbeits- und Organisationspsychologie übertragen.

Literatur: *Heckhausen, H.*: Motivation und Handeln, 2. Aufl., Berlin etc. 1989. *Nerdinger, F.W.*: Motivation und Handeln in Organisationen, Stuttgart 1995.

Erika Spieß

Rückkehrgespräche →Krankenrückkehrgespräche

Rückwärtswechsel

Schichtsystematik, bei der auf die Frühschicht die Nachtschicht und dann die Spätschicht folgt (syn.: Rückwärtsrotation).

Das Gegenstück ist eine vorwärts rollierende Schichtfolge (→Schichtarbeit), bei der nach der Frühschicht die Spät- und darauf Nachtschicht folgt.

Désirée H. Ladwig

Rückzahlungsklauseln

Sicherstellung, durch die der Leistungszweck, den der →Arbeitgeber intendiert, gewährleistet wird und gleichwohl der →Arbeitnehmer im Genuss der erhaltenen Leistung verbleibt.

Bei bestimmten Leistungen des Arbeitgebers werden in der Praxis Rückzahlungsklauseln

Rufbereitschaft

auf der Ebene vereinbart, die zugleich die Leistung begründet, also entweder →Arbeitsvertrag, →Betriebsvereinbarung oder →Tarifvertrag. Häufig finden sich Rückzahlungsklauseln bei Sonderzahlung, zum Beispiel dem Weihnachtsgeld. Ebenfalls häufig anzutreffen sind Rückzahlungsklauseln, wenn der Arbeitgeber Kosten für die Fort- und Weiterbildung des Arbeitnehmers trägt. Derartige Klauseln müssen sich hinsichtlich ihrer Wirksamkeit ebenso wie die Rückzahlungsklauseln bei →Gratifikationen an der durch Art. 12 GG verbürgten Berufsfreiheit des Arbeitnehmers messen lassen. Gleichwohl kann der Arbeitgeber ein berechtigtes Interesse an solchen Klauseln haben. Deshalb ist das Interesse des Arbeitgebers, durch die Rückzahlungsklausel den Arbeitnehmer an das Arbeitsverhältnis zu binden, abzuwägen gegen das Interesse des Arbeitnehmers, wegen des Erhalts der Leistung nicht zu lange an den Arbeitgeber gebunden und so in seiner Berufsfreiheit eingeschränkt zu sein (BAG, Urteile vom 20. 02. 1975, 16. 03. 1995 AP Nr. 2, 18 zu § 611 Ausbildungsbeihilfe). Dabei ist die Höhe der Leistung zu berücksichtigen und insbesondere, welche beruflichen Vorteile der Arbeitnehmer durch die Fortbildung erlangt.

Individualvertraglich wird bei beträchtlichen Fortbildungskosten die übliche Regelung wirksam, nach der eine Bindungsdauer von drei Jahren vereinbart wird und der Arbeitnehmer für jeden Monat, den er das Unternehmen vor Ablauf dieser drei Jahre verlässt, 1/36 der Kosten zurückzahlt. In Einzelfällen wird zumindest in der Literatur auch eine Bindungswirkung von fünf Jahren diskutiert. Handelt es sich dagegen um Allgemeine Geschäftsbedingungen, ist seit der Einbeziehung der Arbeitsverträge in die AGB-Kontrolle seit dem 01. 01. 2002 fraglich, ob die bisher verwendeten Rückzahlungsklauseln wirksam sind. In der Praxis ist bei wirksamer Rückzahlungsklausel nicht selten, dass der neue Arbeitgeber, der diese Kosten ja nicht mehr zu tragen hat, den Rückzahlungsanspruch für den Arbeitnehmer übernimmt, um ihn so zum Wechsel des Arbeitgebers zu bewegen.

Friedrich Meyer

Rufbereitschaft

verlangt von einem Mitarbeiter zum Beispiel per Handy oder Pager/Piper abrufbereit und im Bedarfsfall kurzfristig einsetzbar zu sein. Rufbereitschaft gibt es in vielen →Berufen: zum Beispiel EDV-Spezialisten, Elektrotechniker, Feuerwehrleute, Polizei oder Ärzte. Bei den Ärzten gibt es die Bereitschaftsdienste, die seit dem jüngsten Gerichtsurteil des Europäischen Gerichtshofes als →Arbeitszeiten gewertet und bezahlt werden müssen (→Bereitschaftszeit). Ansonsten wird Rufbereitschaft oft pauschal oder als →Freizeitausgleich abgegolten.

Die Rufbereitschaft wird oft auf freiwilliger Basis organisiert oder ist definitiv im →Arbeitsvertrag integriert. Der Planungszeitraum liegt in der Regel bei einem Monat bis zu einem halben Jahr im Voraus. Ein Beispiel für eine typische Rufbereitschaftsregelung aus der Praxis: Einem Mitarbeiter werden für seine Rufbereitschaft 16 Überstunden pro Woche gutgeschrieben, unabhängig davon, ob es zu einem Einsatz kommt oder nicht. Montag bis Donnerstag wird eine Stunde pro Tag gutgeschrieben, am Freitag zwei Stunden, Samstag 4,5 Stunden und an Sonn- und →Feiertagen 5,5 Stunden. Kommt es zu einem Einsatz werden die tatsächlich geleisteten Stunden aufsummiert. Sie werden aber ebenfalls nur in Zeitguthaben (→Zeiterfassung), nicht in Geldleistungen abgegolten. Für die in den Nachtstunden und an Sonn- und Feiertagen geleisteten Einsatzstunden werden Aufschläge berechnet (20:00 bis 6:00 Nachtarbeitaufschläge von 25 % bis zu 100 %). Pro Einsatz wird eine Einsatzpauschale von 30 € gezahlt, die aber wie das übrige Einkommen versteuert werden muss. Ein telefonischer Einsatz (d. h. der Mitarbeiter kann das Problem per Ferndiagnose lösen) wird mit 15 € vergütet.

Literatur: *Bödecker, Th.*; *Helml, E.*: Arbeitsrecht – Rufbereitschaft und Bereitschaftsdienst, Kissing 2004.

Désirée H. Ladwig

Ruhegeldanpassung

in unterschiedlichen Abständen vorgenommene Angleichung gesetzlich und betrieblich verankerter Ruhegelder (→Betriebsrente) an die Entwicklung der Nettoeinkommen von →Arbeitnehmern.

Die *gesetzlichen Ruhegelder* werden im Rahmen des Rentenrechts jährlich angepasst, was auch normalerweise für die Beamtenpensionen durch die jeweilige Regelung von dem Bundes- und Landesgesetzgeber gilt. Die Anpassung der →betrieblichen Altersversorgung richtet sich nach bestimmten Dynamisierungsregelungen in der Ruhegeldordnung. Eine Mindestanpassung sieht § 16 Betriebsrentengesetz (BetrAVG) vor: Alle drei Jahre ist die Anpassung der betrieblichen Altersversorgung zu prüfen und darauf aufbauend nach billigem Ermessen zu entscheiden. In die Entscheidung fließen die Lage der Versorgungsempfänger, zum Beispiel Inflationsraten, und die des →Arbeitgebers, zum Beispiel dessen wirtschaftliche Situation, ein.

Literatur: *Steinmeyer, H.-D.*: Betriebliche Altersversorgung und Arbeitsverhältnis, München 1991, S. 51.

Silvia Föhr

Ruhepausen →Pausen

Ruhestand →Pensionierung

Ruhestandsvereinbarung

häufig in →Arbeitsverträgen, →Betriebs- oder Dienstvereinbarungen und →Tarifverträgen enthaltene Vereinbarung, dass das Arbeitsverhältnis zu dem Zeitpunkt beendet wird, ab dem der →Arbeitnehmer eine reguläre Altersrente beziehen kann.

Gemäß § 41 des Sechsten Buchs des Sozialgesetzbuchs sind Ruhestandsvereinbarungen zulässig. Wenn hingegen der →Vorruhestand vereinbart werden soll, muss dies drei Jahre vor Beendigung des Arbeitsverhältnisses geschehen.

Reiner Bröckermann

Ruhestandsverhältnis

Möglichkeit für →Arbeitnehmer ab Vollendung des 55. Lebensjahres, die Regelungen des Altersteilzeitgesetzes (→Altersteilzeit) auch als →Vorruhestand zu nutzen.

In diesem Fall arbeitet der Arbeitnehmer vorerst weiter in Vollzeit, um später als rechtlich vollwertiger Arbeitnehmer, aber im so genannten Ruhestandsverhältnis, die →Arbeitszeit auf Null zu senken.

Reiner Bröckermann

Ruhezeit

Zeitabschnitte, die einem Mitarbeiter nach seiner →Arbeitszeit zur →Erholung und Regeneration zu stehen.

Die Ruhezeiten müssen nach § 5 ArbZG ununterbrochen mindestens elf Stunden betragen. Im gastronomischen Bereich, bei Krankenhäusern, Pflegeeinrichtungen, Verkehrsbetrieben, Rundfunkanstalten, Landwirtschaft und tierhaltenden Betrieben kann diese Ruhezeit um eine Stunde verkürzt werden. Es muss aber innerhalb von vier Wochen ein Ausgleich erfolgen.

Désirée H. Ladwig

S

Saarbrücker Formel (SFo)

an der Universität des Saarlandes entwickelte Methode zur monetären Humankapitalbestimmung, die mit ihren Komponenten zentrale personalwirtschaftliche Handlungsfelder abdeckt und Stellschrauben zur Optimierung des aus der Berechnung resultierenden →Humankapitals offenlegt.

Als Ergebnis einer Studie zum Thema →Human Capital Management, die über 40 verschiedene Verfahren zur →Humankapitalberechnung vergleichend untersuchte (*Scholz, Stein* und *Bechtel* 2004), integriert die Formel Elemente verschiedener Bewertungsansätze:

- Der Grundidee *marktwertorientierter Ansätze* zur Bestimmung des Humankapitals folgend, werden Marktmechanismen als zentrale Formelkomponente berücksichtigt, indem die Wirkungszusammenhänge des →Arbeitsmarktes in die Berechnung einfließen: Dazu erfolgt ein Rückgriff auf branchenübliche Durchschnittslöhne und -gehälter (nicht aber die tatsächlich gezahlten) als Referenzgröße.

- Wie bei einigen *Accounting-orientierten Ansätzen* zur Humankapitalbestimmung werden auch personalbezogene Kosten mit einbezogen: Dies sind – neben der Lohnsumme – die →Personalentwicklungskosten, die sich als Erhaltungsinvestitionen in das Humankapital in der Bewertung niederschlagen. Derartige Überlegungen stammen insbesondere aus dem →Human Resource Accounting (HRA). Hinzu kommt der Gedanke, dass die Nutzungsdauer wertschöpfungsrelevanten Wissens begrenzt ist, weshalb im Zeitverlauf Abschreibungen vorzunehmen sind.

- Im Rückgriff auf die *indikatorenbasierten Bewertungsansätze* werden explizit auch „weiche" Komponenten in die Berechnung aufgenommen: Vor diesem Hintergrund gibt ein Motivationsindex Aufschluss über das Mitarbeiterverhalten, das das Humankapital entscheidend in seiner Höhe beeinflusst.

Um stringent Bezüge zur „Nutzung" des Humankapitals, also Wertschöpfungs- und Ertragsgrößen, aus der Bestimmung des Humankapitals herauszuhalten, wurde darauf verzichtet, zentrale Ideen der *Value Added-* und der *ertragsorientierten Ansätze* in die Saarbrücker Formel mit aufzunehmen. Da die Saarbrücker Formel Humankapital als in den Mitarbeitern eines Unternehmens verkörpertes „Wirkpotenzial" interpretiert, fließt der sich als Resultat des Personaleinsatzes einstellende Wertschöpfungsbeitrag folglich nicht in die Berechnung des Humankapitals ein. Die Fähigkeit des Managements, das vorhandene Humankapital im Zuge der Leistungserstellung in Erträge zu transformieren, bleibt damit von der eigentlichen Berechnung des Humankapitals entkoppelt.

Die Saarbrücker Formel verdichtet zentrale personalwirtschaftlich relevante Größen in folgendem Formelausdruck:

$$HC = \sum_{i=1}^{g} \left[\left(FTE_i \cdot l_i \cdot \frac{w_i}{b_i} + PE_i \right) \cdot M_i \right]$$

So mündet die Berechnung letztlich in eine konkrete Kennzahl zur Höhe des Humankapitals.

Die Berechnung des Humankapitals gemäß der Saarbrücker Formel stützt sich im Einzelnen auf folgende Parameter (*Scholz, Stein* und *Bechtel* 2004, *Scholz* 2005):

Die Beschäftigten des betrachteten Unternehmens werden in Vollzeitkräfte (→Full-Time Equivalents) umgerechnet und in strategisch sinnvolle Beschäftigtengruppen (i) unterteilt. Dies sind zum Beispiel – je nach Unternehmen – vorhandene Job Families oder Cluster ähnlich qualifizierter Mitarbeiter. Die entsprechende Unterteilung resultiert in der Größe FTE_i („Vollzeitbeschäftigte der Gruppe i").

Als Arbeitsmarktreferenzpreise für die Mitarbeiter in diesen Beschäftigtengruppen werden die branchenüblichen *Durchschnittslöhne und -gehälter* (l_i) angesetzt. Der *Marktwert* der Belegschaft – verstanden als Wiederbeschaffungswert am Arbeitsmarkt – richtet sich also danach, was die Mitarbeiter marktüblich verdienen würden. Entsprechendes Zahlenmaterial ist beispielsweise vom *Statistischen Bundes-*

Saarbrücker Formel (SFo)

amt über die regelmäßigen Gehalts- und Lohnstrukturerhebungen erhältlich.

Die Produkte aus Vollzeitkräften FTE_i und deren Durchschnittsreferenzgehältern l_i ergeben die Gehaltssummen, die ein Unternehmen üblicherweise für die einzelnen Beschäftigtengruppen seiner Belegschaft zahlen müsste. Dieser Betrag repräsentiert somit den Marktwert der Beschäftigtengruppen des Unternehmens als „Wertbasis" des Humankapitals. Basierend auf Beschäftigtenzahlen und Arbeitsmarktreferenzgehältern spiegelt diese Wertbasis als Bestandsgröße (in) den Grundwert der zur Leistungserstellung beitragenden Mitarbeiterfähigkeiten wider.

Die Quantifizierung der *Wissensrelevanzzeit* (w_i) stützt sich auf Erkenntnisse zur →Halbwertzeit des →Wissens als dem Zeitraum, in dem die Hälfte der vorhandenen Wissensinhalte obsolet geworden sind. Sie gibt an, in wie viel Jahren aktuelles Wissen ohne weitere Auffrischung nicht mehr für die →Wertschöpfung im Unternehmen brauchbar ist.

Die durchschnittliche *Betriebszugehörigkeit* (b_i) der Mitarbeiter kann ebenfalls auf der Ebene der unterschiedlichen Beschäftigtengruppen ermittelt werden. Sie repräsentiert die unternehmensseitige Verfügbarkeitsdauer über das Personal und damit gleichsam die „Nutzungsdauer" des Humankapitals.

Der Zusammenhang zwischen Wissensrelevanzzeit w_i und Betriebszugehörigkeit b_i verweist auf den „Wertverlust" des Humankapitals infolge der Veraltung von Fachwissen. Wurde in den frühen Veröffentlichungen zur Saarbrücker Formel eine Quantifizierung dieses Wertverlustes auf Basis eines Quotienten aus w_i und b_i als grobe Annäherung vorgeschlagen, berücksichtigen spätere Publikationen (*Scholz* und *Stein* 2006), dass der Relevanzverlust von Fachwissen mit einem gleichzeitigen Aufbau an Erfahrungswissen im Zeitverlauf einhergeht. Die hieraus resultierende →Komplexität führt zur Abbildung spezifischer Wissenskurvenverläufe, die insgesamt in den so genannten „wibi-Koeffizienten" münden, also eine beschäftigtengruppenspezifische Funktion aus w_i und b_i. Dies zeigt folgende Formel:

$$HC = \sum_{i=1}^{g} \left[(FTE_i \cdot l_i \cdot f(w_i, b_i) + PE_i) \cdot M_i \right]$$

Durch die Berücksichtigung des Wissensrelevanzaspektes in Verbindung mit der durchschnittlichen Zugehörigkeit der Mitarbeiter zum Unternehmen wird die „Verbleibedauer" des Wissens repräsentiert; dadurch erhält man Aufschluss über den Erhalt beziehungsweise den Verlust an Wissenssubstanz im Unternehmen und stellt so eine Querverbindung zum →Wissensmanagement her.

Die beschäftigtengruppenspezifischen *Personalentwicklungskosten* (PE_i) umfassen die im Erhebungszeitraum getätigten Investitionen in Weiterbildung und →Trainings (in). Vorhandene Mitarbeiter bleiben nur dann wertvolle Humankapitalträger, wenn sie ihr Wissen laufend aktualisieren und auf dem neuesten Stand halten. Dabei gilt als implizite Prämisse für die Berücksichtigung von Personalentwicklungskosten, dass die entsprechenden PE-Maßnahmen „sinnvoll", das heißt der →Arbeitsaufgabe beziehungsweise dem Geschäftszweck dienlich sein müssen. Dies in der Praxis sicherzustellen, ist – jenseits der Formellogik – schon im Eigeninteresse des Unternehmens.

Durch Personalentwicklungsaktivitäten erhöht sich das Humankapital in dem Maße, wie in die Belegschaft in Form von Weiterbildung investiert wird. Diese Form der – je nach spezifischer Tätigkeit und →Anforderung differenziert zu gestaltenden „Wertkompensation" – wirkt dem Wertverlust des Humankapitals damit unmittelbar entgegen.

Der *Motivationsindex* (M_i) rekurriert auf die Aspekte →Commitment, Arbeitskontext und Retention. Zur Quantifizierung des Motivationsindexes kann auf einen eigens konzipierten Referenzfragebogen mit 30 Standardfragen zurückgegriffen werden. Im Zuge einer stichprobenartigen →Mitarbeiterbefragung werden dann Durchschnittswerte über diverse Motivationsindikatoren gebildet und zu einem dimensionslosen Motivationsindex aggregiert. Dieser Motivationsindex geht multiplikativ mit einem Wert zwischen 0 (Minimum) und 2 (Maximum) in die Formelberechnung ein.

Das Humankapital verändert sich in Abhängigkeit von der Bereitschaft der Mitarbeiter zur Leistungserbringung, von ihrem Arbeitsumfeld und von der Neigung, im Unternehmen zu bleiben. Kommt es beispielsweise zu demotivationsbedingter Leistungszurückhaltung, so bedeutet dies eine Minderung des „theoretisch" verfügbaren Humankapitals; umgekehrt ist stark ausgeprägte →Leistungsbereitschaft ein Beitrag zur Steigerung des Humankapitals. Solche motivationsabhängigen „Wertveränderungen" reflektieren damit die Grundidee der Formel, dass sich steigende Mitarbeitermotivation positiv, sinkende →Motivation hingegen negativ auf das betriebliche Humankapital auswirkt.

Mit den beschriebenen Parametern der Saarbrücker Formel, die sich in die Komponenten Humankapital-Wertbasis, -Wertverlust, -Wertkompensation und -Wertveränderung übersetzen lassen, kann das Humankapital von Unternehmen, Abteilungen oder Teams durch Summenbildung über die betrachteten Beschäftigtengruppen berechnet werden. Zur Bereitstellung der formelrelevanten Inputdaten kann weitgehend auf die gängigen Management-Informationssysteme zurückgegriffen werden, da die meisten der Informationen als – bislang allerdings nicht in einem stimmigen Gesamtkonzept zusammengeführte – Steuerungskennzahlen standardmäßig in personalwirtschaftlichen Berichtsformaten verfügbar sind.

Die Grundlogik der Formel besagt dann, dass eine fähige, hoch motivierte Belegschaft, die über möglichst aktuelles wertschöpfungsrelevantes Wissen verfügt und durch →Personalentwicklung weitgehend auf diesem Wissensstand gehalten wird, zu einem hohen Humankapital führt. Das Humankapital wird dabei umso größer,

- je mehr Mitarbeiter (und zwar umgerechnet in Vollzeitkräfte) in dem betrachteten Unternehmen arbeiten (FTE_i),
- je höher die marktüblichen Durchschnittslöhne und -gehälter dieser (in Beschäftigtengruppen klassifizierten) Mitarbeiter sind (l_i),
- je aktueller und somit wertschöpfungsrelevanter das verfügbare Mitarbeiterwissen in dem Unternehmen ist (Funktion aus w_i und b_i),
- je höher die Investitionen in Personalentwicklungsmaßnahmen (PE_i) sind und
- je höher die Motivation der Mitarbeiter (M_i) ist.

Da sich die Auswirkungen bestimmter personalwirtschaftlicher Maßnahmen unmittelbar in den Kennzahlenbestandteilen der Saarbrücker Formel und damit folgerichtig im Humankapital niederschlagen, resultieren daraus konkrete Anknüpfungspunkte zur Optimierung des Humankapitals (→Human Capital Optimierung). Die Formel bildet mit ihren Formelkomponenten also zentrale personalwirtschaftliche Aktivitätsbereiche ab, in denen der Wert der humankapitalrelevanten Einflussgrößen zustande kommt. Unmittelbar an diese Kennzahlen anknüpfend erschließt sich damit das umfassende Instrumentarium des →Personalmanagements, um gezielt zu einer humankapitalbezogenen Wertsteigerung beizutragen. Auch können personalwirtschaftliche Zukunftsszenarien durchgerechnet werden, indem etwa eine Erhöhung der →Arbeitszeit, die Durchführung von Personalentwicklungsmaßnahmen, eine Verringerung des Personalbestandes, eine Veränderung der Betriebszugehörigkeitsdauern oder eine Beeinflussung der Mitarbeitermotivation unmittelbar in ihren monetären Auswirkungen darstellbar sind (*Scholz* und *Bechtel* 2005). Diese Möglichkeiten schaffen Transparenz im Tagesgeschäft und verbessern unmittelbar den Strategiebezug der Personalarbeit (→Personalmanagement). Der Aussagewert der Formel resultiert schließlich auch aus der vergleichenden Betrachtung der ermittelten Humankapital-Kennzahlen im Zeitverlauf beziehungsweise zwischen verschiedenen Unternehmenseinheiten (unternehmensintern) oder mit Wettbewerbern (unternehmensextern). Auch ist die interne oder externe Kommunikation der Humankapital-Kennzahlen in →Human Capital Statements möglich.

Verschiedene Rechenläufe bei realen Unternehmen haben die Funktionsfähigkeit und Praxistauglichkeit der Saarbrücker Formel bereits unter Beweis gestellt (*Bechtel* und *Heindl* 2006). Mit dem Ziel, durch eine fortgesetzte Etablierung der Formel die Personalarbeit weiter zu professionalisieren, arbeitet unterdessen eine →Gruppe von Wissenschaftlern und Praxisvertretern im „Saarbrücker-Formel-Netzwerk" kontinuierlich an der weiteren messtheoretischen →Standardisierung und erprobt verschiedene Lösungen zur informationstechnischen Unterstützung der Formel.

Literatur: *Bechtel, R.*; *Heindl, H.*: Bewertung des Personalvermögens mit der Saarbrücker Formel. Erste Erfahrungen bei der Deutschen Telekom AG, in: Das Personalvermögen, 3. Jg. (2006), H. 1, S. 17–19. *Scholz, C.*: Zehn Aktionsfelder der Saarbrücker Formel, in: Personalwirtschaft, 32. Jg. (2005), H. 2, S. 34–36. *Scholz, C.*; *Bechtel, R.*: Zehn Nutzen der Saarbrücker Formel, in: Personalwirtschaft, 32. Jg. (2005), H. 11, S. 32–36. *Scholz, C.*; *Stein, V.*: Wissensrelevanz in der Humankapi-

talmessung, in: CoPers, 14. Jg. (2006), H. 2, S. 30–32.
Scholz, C.; Stein, V.; Bechtel, R.: Human Capital Management. Wege aus der Unverbindlichkeit, München/Unterschleißheim 2004.

Roman Bechtel

Sabbatical

→ Langzeiturlaub, der durch Zeitentnahme aus dem Arbeitszeitkonto entsteht.

Bei einem Sabbatical handelt sich meist um mehrere Wochen bis mehrere Monate an Abwesenheit. Die Nutzung ist in der Regel nicht zweckgebunden und wird meist für Reisen oder für Weiterbildung (→ Fort- und Weiterbildung) genutzt, aber nicht selten auch aus Familiengründen genommen. Eine Voraussetzung ist die Zeitregelung über Arbeitszeitkonten. Die Zeitentnahme für ein Sabbatical muss jedoch nicht an ein vorab eingespartes Zeitguthaben (→ Zeiterfassung) geknüpft werden. Das Arbeitsverhältnis (→ Beschäftigungsverhältnis) wird durch ein Sabbatical in der Regel nicht abgebrochen, wenn auch zum Beispiel → Beurlaubungen mit einer Wiedereinstiegsgarantie häufig als Sabbaticals bezeichnet werden beziehungsweise diese als eine Alternative zur Entnahme der Freizeit aus dem Zeitkonto von den → Arbeitgebern angeboten wird.

Sabbatical ist eine Form der individualisierten → Arbeitszeit, bei der die → Flexibilität der Beschäftigten im Vordergrund steht. Eine Zunahme an betrieblicher Flexibilität wird durch Sabbaticals in der Regel nicht erreicht (→ Individualisierung).

In der deutschen Wirtschaft nimmt die Verbreitung und Nutzung von Sabbatical-Regelungen vor allem im Zuge der Bestrebungen nach einer → Work-Life Balance stetig zu.

Sonia Hornberger

Saisonarbeit

→ Arbeitszeit im Jahr, in der eine bestimmte → Arbeit ausschließlich anfällt (z. B. Spargelstechen) oder die Arbeit „saisonbedingt" besondere Ausmaße annimmt (z. B. Tourismusdienstleistungen in den Schulferienzeiten).

Welche Saisonzeiten gelten, ist von Branche zu Branche unterschiedlich. Während sich die Saisonarbeit in der Landwirtschaft an den Erntezeiten orientiert und im Tourismusbereich an den Ferienzeiten (z. B. Sommer-Winter-Saison), gibt es zum Beispiel im Pharmabereich für Allergieprodukte die Saisonzeiten September bis Februar, weil dann keine Pollen mehr fliegen und mit der Desensibilisierung begonnen werden kann.

Désirée H. Ladwig

Samstagsarbeit

→ Arbeitszeit, die auf Samstag fällt und möglicherweise (aber nicht zwingend) mit Zuschlägen vergütet wird.

Samstagsarbeit wird in einigen Branchen als Normalarbeitszeit (→ Flexible Arbeitszeit) gesehen. Die Woche besteht in diesem Fall aus sechs regulären Arbeitstagen (z. B. Handel). Hier haben sich die ursprünglichen Ladenöffnungszeiten in letzter Zeit erheblich ausgeweitet. Mehr als 5 Millionen → Arbeitnehmer arbeiten immer oder gelegentlich auch samstags (30 % im Handel, Verkehr und 30 % in der Landwirtschaft). In anderen Branchen ist die Samstagsarbeit „Sonderschicht" und wird mit entsprechenden Zuschlägen vergütet wie in der Automobilbranche. Im Zuge der zunehmenden → Flexibilisierung der Arbeitszeiten sind diese Zuschläge unter erheblichen Druck geraten und in einigen Bereichen gerade in jüngster Zeit mit dem „Gegengeschäft" der Beschäftigungssicherung abgeschafft worden.

Désirée H. Ladwig

SAP R/3 HR

personalwirtschaftliche Module des Client-Server-basierten → ERP-Systems der SAP AG (SAP steht für Systeme, Anwendungen und Produkte in der Datenverarbeitung; R steht für Realtime, dt.: Echtzeitverarbeitung; HR steht für → Human Resources).

Neben den HR-Modulen existieren vielfältige weitere Module in den generellen Bereichen Rechnungswesen (AC) und Logistik (LO) sowie ein Projekt(management)system und ein → Workflowsystem. Neben der branchenneutralen Kernanwendung werden inzwischen über 20 Branchenversionen angeboten. Durch eine große Zahl von Sprach- und Länderversionen ist das System international einsetzbar.

Die personalwirtschaftlichen Funktionalitäten umfassen dabei die Administration, → Personalbeschaffung, → Personalentwicklung, Arbeitgeberleistungen, Vergütungsmanagement, → Personalkostenplanung, Altersversorgung, Personalzeitwirtschaft, Personalabrechnung, Veranstaltungsmanagement,

→Reisemanagement und umfassende Informationssysteme.

Ebenfalls im HR-Segment finden sich Funktionalitäten für das Organisationsmanagement und die Stellenwirtschaft. Die Software bedarf vor dem Einsatz eines oft umfassenden Einführungs- und Anpassungsprozesses. SAP R/3 HR ist heute eines der weltweit wichtigsten und verbreitetsten personalwirtschaftlichen Softwaresysteme. SAP R/3 HR soll sukzessive durch das internetfähige Nachfolgeprodukt mySAP ERP →Human Capital Management ersetzt werden.

Stefan Strohmeier

Satellitenbüro →Telearbeit

Schadstoffe →Arbeitsumgebung

Schall →Arbeitsumgebung

Schattengehalt

(fiktives) fortgeschriebenes Inlandsgehalt eines vom Stammhaus ins Ausland entsandten Mitarbeiters (→Auslandsentsendung).

Das Schattengehalt ermöglicht zum Beispiel die Berechnung von Gehaltssteigerungen, die bei der Rückkehr des →Expatriates ins Stammhaus realisiert werden können. Gleichzeitig dient es gemäß *Oechsler* (1996) auch als Grundlage für die Fortführung von Beitragszahlungen der →betrieblichen Altersversorgung während der Abwesenheit des Mitarbeiters.

Literatur: *Oechsler, W. A.*: Arbeitsrechtliche Probleme bei der Entsendung von Führungskräften ins Ausland, in: *Macharzina, K.*; *Wolf, J.*: Handbuch Internationales Führungskräfte-Management, Stuttgart etc. 1995.

Rüdiger Kabst
Angelo Girardini

Scheinselbstständigkeit

→Beschäftigungsverhältnisse, die zwar auf freien →Dienst- oder →Werkverträgen basieren, deren Ausgestaltung aber wesentliche Merkmale eines →Arbeitsvertrags oder eines abhängigen Dienstvertrags aufweisen.

Auftraggeber können Arbeitskräfte auf Basis eines freien Dienstvertrags oder auf Basis eines Werkvertrags beschäftigen. Aufgrund der Tatsache, dass das →Arbeitsrecht nur →Arbeitnehmern Schutzrechte gewährt (Lohnfortzahlung im Krankheitsfall, bezahlter →Urlaub, →Kündigungsschutz, →Tarifrecht, Arbeitszeit- und Arbeitsschutzregelungen), und aufgrund der mit dem Arbeitnehmerstatus verbundenen sozialversicherungsrechtlichen Konsequenzen ist die Einstufung von Arbeitskräften als Arbeitnehmer oder als Selbstständiger (Ein-Personen-Unternehmen) von großer rechtlicher und personalwirtschaftlicher Relevanz.

Der Begriff *neue Selbstständige* kennzeichnet den generellen Trend zunehmender werk- oder dienstvertraglicher Beschäftigungsverhältnisse mit Ein-Personen-Unternehmen (→Self-Employment, →Ich-AG). Während zum Beispiel bei der Beauftragung von Angehörigen der Freien Berufe, wie Ärzte, Anwälte, Architekten, Journalisten und zum Teil Künstler, in der Regel eine eindeutige Abgrenzung vom Arbeitnehmerstatus möglich ist (→Arbeitnehmerähnliche Personen), ist dies in vielen anderen Fällen schwierig. So häufen sich nach *Boemke* und *Föhr* (1999) in den letzten Jahren Fälle, in denen vormals angestellte Mitarbeiter die gleichen Tätigkeiten als „Selbstständige" ausführen und das damit verbundene unternehmerische Risiko zu tragen haben. Auch werden teilweise bestimmte Tätigkeiten sowohl von Festangestellten als auch von Selbstständigen ausgeführt, das heißt der vertragliche Status unterscheidet sich, nicht aber die →Arbeit selbst. Beispiele hierfür finden sich zum Beispiel bei Regaleinrichtern im Kaufhaus, beim Hotel-Zimmerservice, bei Maurern, bei Auslieferungsfahrern, im Messe-, Garten- und Landschaftsbau sowie bei Honorarkräften in Bildung, Presse und Medien. Diese Beschäftigungsverhältnisse liegen in einem Graubereich zwischen einer Tätigkeit auf *eigene Rechnung mit eigenem Risiko* und einer *Weisungsbindung an* und *Eingliederung in* die beschäftigende Organisation.

Da in den für Arbeitsbeziehungen relevanten Gesetzen kein eindeutiger Arbeitnehmerbegriff verwendet wird und da es bei der Einstufung einer Arbeitskraft nicht auf den Wortlaut des Vertrags, sondern auf die faktischen Beschäftigungsbedingungen ankommt, ist das Vorliegen eines Arbeitsvertrags zwar ein wichtiges, aber weder ein hinreichendes noch ein notwendiges Kriterium für die (gegebenenfalls gerichtliche) Feststellung eines Arbeitnehmerstatus. In den letzten Jahren sind die hierbei auftretenden Abgrenzungsprobleme Gegenstand einer intensiven arbeitsrechtlichen und politischen Diskussion gewesen (siehe z. B. *Dietrich* 1999, *Rieble* 1998). Diskutiert wurden im Wesentlichen drei Modelle der Abgrenzung von Arbeitnehmern und Selbstständigen, das aus der Rechtsprechung heraus entwickelte *BAG-Modell* (Bundesarbeitsgericht) mit dem Leitbegriff „persönliche Abhängigkeit des Erwerbstätigen", das *Alternativmodell* mit dem Leitbegriff „Unternehmerrisiko" und das *Verbandsmodell* mit dem Leitbegriff „Versicherungs- und Beitragspflicht". Wesentliche Kriterien, die derzeit zur Überprüfung des Arbeitnehmerstatus herangezogen werden, sind:

- *Die persönliche Abhängigkeit des zur →Arbeitsleistung Verpflichteten.* Hierunter ist zum einen eine fachliche, eine zeitliche sowie eine örtliche Weisungsgebundenheit des Arbeitnehmers zu verstehen und zum anderen die betriebliche Eingliederung des Arbeitnehmers, die konkretisiert wird durch eine personelle Eingliederung (Zusammenarbeit mit Mitarbeitern des Auftraggebers) und eine materielle Eingliederung (Arbeit mit Arbeitsmitteln des Auftraggebers).

- Der *Grad der Übernahme eines Unternehmerrisikos.* Für das Vorliegen eines Arbeitnehmerverhältnisses spricht, wenn keine eigene Unternehmensorganisation vorhanden ist (keine eigenen Mitarbeiter, keine eigenen Geschäftsräume und kein eigenes Betriebskapital), kein Auftreten am Markt erfolgt (Arbeit nur für einen Auftraggeber) und keine angemessene Verteilung von Chancen und Risiken vorliegt (keine inhaltliche, örtliche und zeitliche unternehmerische Freiheit, kein eigener Kundenstamm, keine freie Preisgestaltung). Ebenso kann die Freiwilligkeit der Übernahme eines Unternehmerrisikos herangezogen werden.

Die Überprüfung der Sozialversicherungspflicht eines Dienstbeauftragten erfolgt in der Praxis unabhängig von der Überprüfung des Arbeitnehmerstatus. Derzeit wird gemäß dem Gesetz zur Förderung der Selbstständigkeit ein Erwerbstätiger als sozialversicherungspflichtig angesehen (*Scheinselbstständigkeitsvermutung*), wenn er mindestens drei der folgenden Kriterien erfüllt:

- Der Auftragnehmer beschäftigt nicht regelmäßig einen (nicht nur geringfügig beschäftigten) Arbeitnehmer.

- Der Auftragnehmer ist auf Dauer und im Wesentlichen nur für einen Auftraggeber tätig.

- Der Auftraggeber lässt vergleichbare Tätigkeiten regelmäßig durch von ihm Festangestellte verrichten.

- Der Auftragnehmer lässt typische Merkmale unternehmerischen Handelns vermissen.

- Die Tätigkeit des Auftragnehmers entspricht derjenigen, die er vorher schon im Rahmen eines unselbstständigen Beschäftigungsverhältnisses ausgeübt hat.

Die Diskussion um Kriterien zur Abgrenzung von Selbstständigen und Arbeitnehmern und die Probleme der Anwendung und Auslegung dieser Kriterien deuten darauf hin, dass das Bild, das von abhängiger und unabhängiger Erwerbsarbeit besteht, sowie die damit jeweils verbundenen Pflichten und (Schutz-)Rechte derzeit in Bewegung geraten sind.

Literatur: *Boemke, B.; Föhr, S.*: Arbeitsformen der Zukunft: Arbeitsflexibilisierung aus arbeitsrechtlicher und personalökonomischer Perspektive, Heidelberg 1999. *Dietrich, H.*: Empirische Befunde zur selbstständigen Erwerbstätigkeit unter besonderer Berücksichtigung scheinselbständiger Erwerbsverhältnisse, in: Mitteilungen aus der Arbeitsmarkt- und Berufsforschung, 32. Jg. (1999), S. 85–101. *Rieble, V.*: Die relative Verselbstständigung von Arbeitnehmern – Bewegung in den Randzonen des Arbeitsrechts, in: Zeitschrift für Arbeitsrecht, 29. Jg. (1998), S. 327–358.

Axel Haunschild

Schichtarbeit

bekannteste Beispiel für eine chronologische →Arbeitszeitvariation.

Die individuellen →Arbeitszeiten werden in einem festen Rhythmus gegenüber der normalen →Tagesarbeitszeit (i. d. R. 9:00–17:00) verschoben, um dadurch eine Verlängerung der →Betriebszeiten zu erreichen. Im Rahmen eines Dreischichtbetriebs mit jeweils 8-Stunden-Schichten wird die Betriebszeit auf 24 Stunden pro Tag ausgedehnt. Zusätzliche Wochenendschichten lassen die (auch laut ArbZG erlaubte) maximale Betriebszeit auf 168 Stunden pro Woche ansteigen. Das Schichtsystem von BMW kann nach *Bihl, Berghahn* und *Theunert* (2001) als wegweisend für ein effizienzsteigerndes Schichtsystem mit Verkürzung der individuellen Arbeitzeit auf das Grundmuster einer 4-Tage-Woche gelten. Es gibt Betriebe, in denen die Mitarbeiter in einer wöchentlichen Folge zwischen den drei Schichten wechseln, aber auch Unternehmen, in denen die Mitarbeiter längerfristig in einer

Schicht bleiben beziehungsweise nur für eine Schicht eingestellt wurden (z. B. die sehr begehrte Wochenendschicht).

In der Industrie sind drei Schichten à acht Stunden üblich für die *Schichtdauer*. Es gibt aber auch halbe Schichten, die dann nur vier Stunden dauern. In der Praxis gibt es auch die so genannte →Hausfrauenschicht sowie besondere Wochenendtages- und Nachtschichten mit vier bis sechs Stunden oder die →Schwedenschicht mit zehn bis zwölf Stunden Dauer.

Mit der *Schichtfolge* wird das Schichtsystem bezeichnet, welches zum Beispiel vorwärts rollierend oder rückwärts rollierend sein kann sowie die damit verbundene Folge von Früh-, Spät- und Nachtschicht. Bei einer *Vorwärtsrotation* folgen auf die Frühschicht die Spätschicht und die Nachtschicht, um dann wieder mit der Frühschicht zu beginnen. Bei einer *Rückwärtsrotation* folgen auf die Frühschicht die Nachtschicht, dann die Spätschicht und dann wieder die Frühschicht. Bestimmte Schichtfolgen (z. B. Frühschicht nach einer Nachtschicht) sind laut →Arbeitszeitgesetz (§ 5) nicht zulässig, da die arbeitsfreie Zeit zwischen zwei Schichten mindestens elf Stunden betragen muss (Ausnahmen sind allerdings möglich). Die *Schichtwechselperiodik* beinhaltet die Anzahl der gleichartigen nacheinander zu absolvierenden Schichten. Zum Beispiel ist die Schichtperiodik im 5-Tage-3-Schicht-Betrieb: fünfmal Frühschicht, Wochenende, fünfmal Spätschicht, Wochenende, fünfmal Nachtschicht, Wochenende und so weiter.

Übersicht 1: Empfehlenswerter Schichtplan

	M	Di	Mi	Do	Fr	Sa	So	M	Di	Mi	Do	Fr	Sa	So
1	F	F	S	S	N	N						F	F	S
2	N	N			F	F	S	S	N	N				
3			F	F	S	S	N						F	F
4	S	S	N	N				F	F	S	S	N	N	
5					F	F	S	S	N	N				

F: Frühschicht S: Spätschicht
N: Nachtschicht
Freischicht

Geplant wird die Schichtarbeit in der *Schichtplanung*. Sie hat die Zielsetzung, mit einem effizienten Schichtsystem die Durchlaufzeiten zu minimieren und die Maschinenauslastung zu maximieren. Diese Optimierung ist in der Realität schwer durchführbar, da immer entsprechende unvorhergesehene Unterbrechungen, Ausfallzeiten (→Fehlzeiten) oder Urlaubszeiten (→Urlaub) zu berücksichtigen sind. Heutzutage erledigen Softwareprogramme diese Aufgaben, die mit entsprechenden Algorithmen versorgt, alle möglichen und zulässigen Ablaufpläne berechnen. Übersicht 1 schlägt einen empfehlenswerten Schichtplan vor. Im Ergebnis gibt es kontinuierliche und diskontinuierliche Schichtpläne.

Übersicht 2: Schichtzyklusdauer

Woche	Mo	Di	Mi	Do	Fr	Sa	So
1	F	F	S	S	N	N	
2		F	F	S	S	N	N
3			F	F	S	S	N
4	N			F	F	S	S
5	N	N			F	F	S
6	S	N	N			F	F
7	S	S	N	N			F
8	F	S	S	N	N		

F: Frühschicht S: Spätschicht N: Nachtschicht

Die Dauer eines Schichtplans von Beginn bis zu dem Tag, an dem sich das Schichtsystem wiederholt bezeichnet man als *Schichtzyklus*. Dieser kann zum Beispiel, wie in Übersicht 2 dargestellt, acht oder zwölf Wochen umfassen. Dementsprechend ist die Schichtzyklusdauer der Zeitraum, in dem die verschiedenen Schichten abgearbeitet werden, bis zu dem Tag, an dem der Zyklus wieder von vorne beginnt.

Übersicht 3: Schichtwechselplan vorwärtsrollierend

	Mo	D	Mi	Do	Fr	Mo	D	Mi	Do	Fr	Mo	D	Mi	Do	Fr
1	F	F	F	F	F	S	S	S	S	S	N	N	N	N	N
2	S	S	S	S	S	N	N	N	N	N	F	F	F	F	F
3	N	N	N	N	N	F	F	F	F	F	S	S	S	S	S

F: Frühschicht S: Spätschicht N: Nachtschicht

Der *Schichtwechselplan* beinhaltet die logische Folge von Schichten. Ein Beispiel für eine solche Planung der Schichtwechsel, die auch in Übersicht 3 visualisiert ist, sieht wie folgt aus: Arbeitnehmergruppe 1 arbeitet fünf Tage

Frühschicht, dann wechselt sie zu fünf Tagen Spätschicht und dann fünf Tage Nachtschicht. Die Arbeitnehmergruppe 2 startet mit fünf Tagen Spätschicht, dann fünf Tage Nachtschicht und dann fünf Tage Frühschicht.

Die klassischen *Schichtwechselzeiten* liegen bei 6:00/14:00/22:00. Aber es gibt auch andere Schichtwechselzeiten, die sich mehr an den Bedürfnissen (→Motiv) der →Arbeitnehmer ausrichten, zum Beispiel nach *Hettinger, Kaminsky* und *Schmale* (1976):

Frühschicht   7:00 bis 16:00 (neun Stunden)
Spätschicht   16:00 bis 0:00 (acht Stunden)
Nachtschicht 0:00 bis 7:00 (sieben Stunden)
Oder nach *Carow* (1972):
Frühschicht   8:00 bis 18:00 (zehn Stunden)
Spätschicht   18:00 bis 2:00 (acht Stunden)
Nachtschicht 2:00 bis 8:00 (sechs Stunden)

Das Ergebnis sind dann die Schichtwechselzeitpunkte als Anfangs- und Endzeitpunkte der Schichten. 6:00 morgens ist beispielsweise ein Schichtwechselzeitpunkt, der zugleich Anfangszeitpunkt der Frühschicht und Endzeitpunkt der Nachtschicht ist.

Mitarbeiter, die im Schichtbetrieb arbeiten erhalten einen *Schichtzuschlag* zur Grundvergütung. Nachtschichten erhalten die höchsten Zuschläge, Früh- und Spätschichten weniger hohe. Schichtzuschläge können als Pauschalbeträge in Abhängigkeit von der Schichtanzahl in der Abrechnungsperiode oder als prozentualer Zuschlag zur Grundvergütung gezahlt werden.

Literatur: *Bihl, G.; Berghahn, A.; Theunert, M.:* Zukunftsorientierte Arbeitszeitgestaltung am Beispiel BMW Werk Regensburg, in: Arbeitszeitmanagement 2001, S. 241–258. *Carow, G.:* Arbeitszeit, Schichtarbeit und menschliche Tagesrhythmik, in: Arbeit und Leistung 1972, S. 18. *Hettinger, T.; Kaminsky, G.; Schmale, H.:* Ergonomie am Arbeitsplatz. Daten zur menschengerechten Gestaltung der Arbeit, Ludwigshafen 1976, S. 300.

Désirée H. Ladwig

Schmiergeldannahme

Annahme von über Gelegenheitsgeschenke hinausgehenden Werten durch einen →Arbeitnehmer.

Schmiergelder sind abzugrenzen von üblichen Gelegenheitsgeschenken, die – in der Regel von geringem Wert – zu bestimmten Geschäftsgepflogenheiten gehören, zum Beispiel Kugelschreiber, Termin- oder Wandkalender (*Richardi* 2000, § 53 Rn. 68, 71, *Zöllner* und *Loritz* 1998, § 13 I 3). Alles was darüber hinausgeht, stellt ein Schmiergeld dar. § 299 StGB bestimmt die Strafbarkeit der Annahme von Schmiergeldern, des Sich-versprechen-lassens und des Forderns von Schmiergeldern.

Arbeitsrechtlich (→Arbeitsrecht) verstößt der →Arbeitgeber durch die vorgenannten Handlungen gegen seine Treuepflicht. Geregelt wird die Schmiergeldannahme in →Arbeitsverträgen eher selten. Das Gesetz sieht in § 14 Abs. 5 Heimgesetz (HeimG) eine spezialgesetzliche Regelung vor. Der Verstoß des Arbeitnehmers gegen das aus der Treuepflicht abgeleitete Schmiergeldverbot wiegt in aller Regel so schwer, dass es neben der Strafbarkeit kündigungsrelevant wird. Dabei wird vielfach sogar nicht nur eine ordentliche, sondern sogar eine →außerordentliche, →fristlose Kündigung in Betracht kommen. Außerdem hat der Arbeitgeber einen Anspruch auf Herausgabe des vom Arbeitnehmer erhaltenen Schmiergeldes aus Geschäftsführung ohne Auftrag. Weiterhin besteht ein Schadensersatzanspruch, wenn dem Arbeitgeber ein Vermögensschaden entsteht, zum Beispiel durch überteuerten Einkauf einer Maschine, sofern nicht – was in der Regel zu bejahen sein dürfte – ohnehin dieser Hauptvertrag nichtig ist. In der Praxis wird dem öffentlichen Dienst häufig der Vorwurf gemacht, für Korruptionen aufgeschlossener zu sein als die Privatwirtschaft. Dieser Eindruck dürfte indes die tatsächliche Schmiergeldpraxis auch in der Wirtschaft nicht zutreffend wiedergeben.

Literatur: *Richardi, R.* (Hrsg.): Münchener Handbuch zum Arbeitsrecht, 2. Aufl., München 2000. *Zöllner, W.; Loritz, K.-G.:* Arbeitsrecht, 5. Aufl., München 1998.

Friedrich Meyer

Schwarzarbeit

liegt im Sinne des Gesetzgebers vor, wenn eine selbstständige oder unselbstständige Tätigkeit ausgeführt wird, ohne hierbei die gesetzlichen Anmelde- und Anzeigepflichten bezüglich Steuern und Sozialversicherungen vorzunehmen.

Durch die Schwarzarbeit müssen wirtschaftliche Vorteile in erheblichem Maße erzielt werden. Es handelt sich somit um eine illegale Tätigkeit. Schwarzarbeit liegt auch vor, wenn mit der

Leistungserbringung in erheblichem Umfang Leistungsmissbrauch (missbräuchlicher Bezug von Arbeitslosengeld, Arbeitslosenhilfe oder Sozialhilfe), unrechtmäßige Gewerbeausübung oder unerlaubte Handwerksausübung verbunden ist. Darüber hinaus wird von Schwarzarbeit gesprochen, wenn Steuern oder Sozialversicherungsbeiträge nicht abgeführt werden, sowie →Arbeitnehmer illegal beschäftigt werden oder ohne Erlaubnis der *Bundesagentur für Arbeit* an andere →Arbeitgeber im Sinne von Leiharbeitern weiter verliehen werden. Laut *Schneider* (2003) wird auch →Scheinselbstständigkeit als Schwarzarbeit definiert.

Negative Effekte der Schwarzarbeit sind insbesondere die hohen Ausfälle an Steuer- und Sozialversicherungsabgaben, die Verfälschung der amtlichen Statistiken, auf denen wirtschaftspolitische Maßnahmen basieren und ein Infragestellen des „Gemeinwohls", wie *Schneider* (2003) vermerkt. Die Ursache für die Existenz von Schwarzarbeit liegt nach Meinung vieler Experten in der hohen Steuer- und Abgabenbelastung, der Verunsicherung in der Steuer- und Sozialversicherungsgesetzgebung und einer Verschlechterung der Steuermoral.

Schwarzarbeit wuchs im Jahr 2003 weitaus stärker als die offizielle Wirtschaft und nimmt mit 370 Milliarden € einen Anteil von circa 17 % des BIP an. Zum Vergleich: 1975 betrug die Schwarzarbeit lediglich 6 % des BIP. Positiv ist allerdings, dass nach 2003 ein Rückgang zu verzeichnen ist. So wurden 2007 14,7 % des BIP mit Schwarzarbeit erwirtschaftet. Dies entspricht einer Summe von 349 Milliarden €. Fragt man nach den Verursachern dieses Phänomens, zeigt sich, dass das Baugewerbe und das gesamte Handwerk circa 40 % des Gesamtvolumens der Schattenwirtschaft ausmachen. Gefolgt wird diese Branche von anderen Gewerbe- und Industriebetrieben (z. B. Kfz oder Maschinenbau) sowie Dienstleistungsbetrieben (z. B. Hotels oder Gaststätten).

Literatur: *Franz, W.*: Arbeitsmarktökonomie, 5. Aufl., Berlin etc. 2003. *Schneider, F.*: Zunehmende Schattenwirtschaft in Deutschland. Eine wirtschafts- und staatspolitische Herausforderung, in: Vierteljahresheft zur Wirtschaftsforschung, 72. Jg. (2003), H. 1, S. 148–159.

Florian Schramm

Schwedenschicht

→Schichtarbeit mit verlängerter Schichtdauer, zum Beispiel zehn oder zwölf Stunden pro Schicht.

Schwerbehindertenrecht

gesetzliche Regelungen zum Schutz Schwerbehinderter und zu ihrer Fürsorge im Arbeitsleben.

Das Schwerbehindertenrecht war früher im Schwerbehindertengesetz geregelt, das durch das Sozialgesetzbuch IX (SGB IX) – Rehabilitation und Teilhabe behinderter Menschen – vom 19.06.2001 abgelöst wurde. Inhaltlich hat sich hierdurch wenig geändert. Teil zwei des SGB IX verfolgt drei Ziele, die Eingliederung des Schwerbehinderten in das Arbeitsleben, sein Schutz gegen unberechtigten Verlust des Arbeitsplatzes (→Sonderkündigungsschutz) sowie eine gesteigerte Fürsorgepflicht (→Nebenpflichten) des →Arbeitgebers gegenüber dem schwerbehinderten →Arbeitnehmer. Unter den Geltungsbereich des SGB IX fallen Personen mit einem Grad der Behinderung von mindestens 50 %, § 2 Abs. 2 SGB IX. Wenn infolge der Behinderung ein geeigneter Arbeitsplatz nicht erlangt oder nicht behalten werden kann, soll auf Antrag eine →Gleichstellung von Menschen mit einem Grad der Behinderung von mindestens 30 % erfolgen, so dass diese ebenfalls dem Geltungsbereich des SGB IX unterfallen (*Hromadka* und *Maschmann* 2002, § 10 Rn. 249).

Private und öffentliche Arbeitgeber, die über mindestens 20 Arbeitsplätze im Sinne des § 73 SGB IX verfügen, haben auf mindestens 5 % der Arbeitsplätze Schwerbehinderte zu beschäftigen, § 71 SGB IX. Geschieht das nicht, ist nach § 77 SGB IX eine *Ausgleichsabgabe* für jeden nicht besetzten Pflichtarbeitsplatz zu zahlen. Dabei kommt es nicht darauf an, ob der Arbeitgeber sich bewerbende Schwerbehinderte nicht einstellt oder bei ihm keine →Bewerbungen eingehen und aus diesem Grund die Nichtbesetzung der Pflichtplätze nicht zu vertreten ist. Die Ausgleichsabgabe ist ausschließlich für die Zwecke der Teilhabe schwerbehinderter Menschen im Arbeitsleben einschließlich begleitender Hilfen zu verwenden.

Die Regelung hinsichtlich der Pflichtarbeitsplätze gibt jedoch dem Schwerbehinderten keinen zivilrechtlichen Anspruch auf Einstellung, wenn er sich bewirbt und die Pflichtarbeitsplätze noch nicht besetzt sind (BAG, Urteil vom 01.08.1985, A Nr. 30 zu § 123 BGB). Der Arbeitgeber darf aber Schwerbehinderte nicht wegen ihrer Behinderung bei der Begründung oder Durchführung des Arbeitsverhältnisses (→Beschäftigungsverhältnis) benachteiligen

(§ 81 Abs. 2 SGB IX). Bei der Verletzung dieser Pflicht besteht allerdings ebenso wenig wie bei § 611 a BGB ein Anspruch auf Einstellung oder →Beförderung, sondern nur ein Anspruch auf Zahlung einer angemessenen Entschädigung in Geld.

Nach § 81 Abs. 4 Nr. 4, 5 SGB IX hat der schwerbehinderte Arbeitnehmer einen einklagbaren Anspruch auf behindertengerechte Einrichtung und Unterhaltung der *Arbeitsstätte* sowie auf Ausstattung seines Arbeitsplatzes mit den für ihn erforderlichen technischen Einrichtungen. Beides gilt nur dann nicht, wenn die dafür entstehenden Aufwendungen für den Arbeitgeber nicht zumutbar oder unverhältnismäßig sind.

Hinsichtlich des *Arbeitsentgelts* des Schwerbehinderten dürfen nach § 123 SGB IX Renten und vergleichbare Leistung bei der Bemessung des Entgelts nicht berücksichtigt, insbesondere nicht angerechnet, werden. Mit dem schwerbehinderten Arbeitnehmer darf allerdings eine geringere Entlohnung als mit dem gesunden Arbeitnehmer vereinbart werden, wenn seine →Leistungsfähigkeit durch die Behinderung objektiv und nachweisbar gemindert ist.

Gemäß § 125 SGB IX haben Schwerbehinderte einen gesetzlich geregelten Anspruch auf fünf Tage (früher sechs Tage) zusätzlichen →*Urlaub* jährlich. Dieser Anspruch kann weder durch →Arbeitsvertrag noch durch →Betriebsvereinbarung oder →Tarifvertrag abbedungen werden. § 124 SGB IX ordnet an, dass Schwerbehinderte auf ihr Verlangen von →Mehrarbeit freizustellen sind.

In Betrieben mit nicht nur vorübergehend mindestens fünf schwerbehinderten Arbeitnehmern kann eine *Schwerbehindertenvertretung* gewählt werden, § 94 SGB IX. Die jetzige Bezeichnung Schwerbehindertenvertretung ersetzt die frühere Bezeichnung Vertrauensmann, während auch nach der jetzigen Fassung die Amtsinhaber selbst immer noch Vertrauensperson heißen. Die Aufgaben der Schwerbehindertenvertretung ergeben sich aus § 95 SGB IX. Sie soll die Eingliederung schwerbehinderter Menschen in den Betrieb oder die Dienststelle erleichtern, vertritt ihre Interessen und steht den Schwerbehinderten beratend und helfend zur Seite. Dazu hat sie insbesondere darüber zu wachen, dass die Schutzvorschriften zugunsten Schwerbehinderter eingehalten werden, Maßnahmen, die den Schwerbehinderten dienen, bei der zuständigen Stelle zu beantragen, Anregungen und Beschwerden von schwerbehinderten Arbeitnehmern entgegenzunehmen. Das SGB IX wird, soweit seine Verpflichtungen nicht durch freie Entscheidung der Arbeitgeber erfüllt werden, von den Integrationsämtern und der Bundesagentur für Arbeit durchgeführt (§ 101 SGB IX).

Literatur: *Hromadka, W.*; *Maschmann, F.*: Arbeitsrecht, Bd. 1, 2. Aufl., Berlin etc. 2002.

Friedrich Meyer

Scientific Management

von dem Ingenieur *Taylor* (1856–1915) begründet, der Anfang des 20. Jahrhunderts die weltweite Rationalisierungsbewegung auslöste (syn.: Taylorismus, Wissenschaftliche →Unternehmensführung).

Für *Taylor* (1911) bestand die Herausforderung der *wissenschaftlichen Unternehmensführung* darin, naturwissenschaftliche Methoden auf die Untersuchung und Beeinflussung menschlicher Arbeitsleistungen anzuwenden, um so die offensichtlichen Ineffizienzen der bestehenden →Arbeitsorganisation zu beseitigen und die Produktivität (→Arbeitsproduktivität) zu steigern.

Die grundlegende Annahme der *wissenschaftlichen Unternehmensführung* bestand darin, dass sich die Menschen im Unternehmen hinsichtlich ihres Arbeitsverhaltens und ihrer →Arbeitsleistungen, ähnlich den technischen Betriebsmitteln, mathematisch-naturwissenschaftlich exakt einsetzen, organisieren und steuern lassen. Die wesentlichen Elemente des tayloristischen Systems waren die Durchführung von →Arbeits- und Zeitstudien, die systematische Auswahl der geeigneten Person für jede Arbeit, die optimale Gestaltung der →Arbeitsumgebung sowie das Prinzip der Spezialisierung. Kennzeichnend für diesen Ansatz ist auch die starke Betonung der Trennung zwischen Ausführungs- und Dispositionsaufgaben, die sich in einer funktionalen Differenzierung sowohl von einfachen Ausführungstätigkeiten als auch verschiedenen Führungsfunktionen widerspiegelt. Als Ergebnis der verschiedenen Studien und Analysen erfolgte eine Zerlegung der Arbeitsaufgaben in kleine, für jeden sehr schnell erlernbare und leicht ausführbare Teilaufgaben, die dann in einer zunehmenden Spezialisierung mündeten. Als →Menschenbild lag der rational-ökonomische Mensch zugrunde, was im Folgenden auch der zentrale Kritikpunkt am tayloristischen Konzept war, da es den Menschen entwürdigt und ihn auf die gleiche Ebene mit Maschinen stellt.

Im Zusammenhang mit dem Aufkommen neuer Informations- und Kommunikationstechnologien und der damit einhergehenden neuerlichen →Arbeitsteilung hat der *Neo-Taylorismus* Ende des 20. Jahrhunderts auf ungeahnte Weise neue Aktualität erfahren. Die rasch zunehmende →Komplexität der Aufgabenerfüllung aufgrund der gestiegenen →Anforderungen neuer Technologien hat zu einer verstärkten Arbeitsteilung (Spezialisierung) unter Spezialisten geführt. Der Unterschied zu den Anfangszeiten des Taylorismus besteht jedoch darin, dass die einzelnen Arbeitsschritte für sich genommen bereits sehr anspruchsvoll sind und von einer Monotonie der Arbeit keine Rede sein kann. Der Trend zum *Neo-Taylorismus* spiegelt sich auch in der Konzentration auf die →Kernkompetenzen des Unternehmens wider. Dies geht mit einem Anstieg der Outsourcingaktivitäten(→Outsourcing) einher, bei dem Produktionsketten auseinandergerissen werden, was wiederum eine verstärkte Arbeitsteilung zur Folge hat.

Während der Begriff des *Taylorismus* heute weitgehend negativ besetzt ist, lässt der Begriff der *wissenschaftlichen Unternehmensführung* auch positivere Interpretationen oder jedenfalls von der auf *Taylor* zurückgehenden Interpretation stark abweichende Deutungen zu. Wenn Wissenschaft etwas mit Theoriebildung zu tun hat, dann wird an jeder Universität im Rahmen der betriebswirtschaftlichen →Ausbildung letztlich der Anspruch erhoben, dass die Vermittlung eines theoretischen Rüstzeugs auch die praktische Unternehmensführung unterstützt – nach dem auf *Lewin* zurückgehenden Motto, dass es nichts so Praktisches gebe wie eine gute Theorie. Theoriebildung hat dabei zunächst etwas mit einem „sprachlichen Umweghandeln" in dem Sinne zu tun, dass die *Handlungsgrundlagen* so weit wie möglich explizit und damit zum potenziellen Angriffspunkt für Kritik gemacht werden sollen (nicht umsonst hat der Philosoph *Popper* Wissenschaftlichkeit mit „kritischem Rationalismus" gleichgesetzt). Darüber hinaus gehend können dann möglicherweise *Modelle* gebildet werden, mit denen die Konsequenzen alternativer Entscheidungen, →Strategien oder Kontrollverfahren verbessert und verglichen werden können. Diese Zielstellung dürfte in jüngerer Zeit im Bereich des →Personalmanagements vor allem dort eine Rolle spielen, wo →*ökonomische Theorien* angewendet werden sollen. Dass die dabei entwickelten Lösungsvorschläge nicht immer die Praxis anleiten müssen, hat *Kirsch* (1984) mit der Forderung auf ein Recht auf „Freiheit vor der Wissenschaft" deutlich gemacht.

Literatur: *Kirsch, W.*: Wissenschaftliche Unternehmensführung oder Freiheit vor der Wissenschaft, München 1984. *Taylor, F.*: The Principles of Scientific Management, New York 1911.

Dodo zu Knyphausen-Aufseß
Lars Schweizer

Screening

Mittel zur Steuerung der Selbstselektion (→Selfselection) von Akteuren.

Eine Vertragspartei betreibt Screening, wenn sie ihrem Vertragspartner ein Portfolio an Verträgen anbietet, aus dem dieser ein Vertragsangebot auswählen kann. Screening wird optimalerweise eingesetzt, wenn ein Problem →adverser Selektion vorliegt, so dass eine Vertragspartei vor Vertragsabschluss mehr →Information über bestimmte Parameter besitzt, die für die andere Vertragspartei von Bedeutung sind.

In der →Personalökonomie wird Screening in erster Linie im Zusammenhang mit der Auswahl von Mitarbeitern diskutiert. Besitzt etwa ein →Arbeitnehmer vor Abschluss eines Vertrages private Information über seine Fähigkeiten, so kann ein Unternehmen durch entsprechende Vertragsgestaltung versuchen, eine Selbstselektion der Arbeitnehmer zu erreichen. So kann eine stark leistungsabhängige Vergütung zu einer Selbstselektion der leistungsfähigen Arbeitnehmer führen, während weniger leistungsfähige Arbeitnehmer sich tendenziell für eine weniger leistungsabhängige Entlohnung entscheiden.

Literatur: *Mas-Colell, A.; Whinston, M. D.; Green, J. R.*: Microeconomic Theory, Oxford 1995, Kap. 13. D.

Dirk Sliwka

Seasonal Hours Contract

Jahresarbeitszeitvertrag (→Jahresarbeitszeit) mit Saisonbezug und einer kontinuierlichen monatlichen Bezahlung.

Selbstbestimmung

Während der Saisonzeiten kann die →Arbeit dann dem Arbeitsanfall entsprechend ausgedehnt und außerhalb der Saisonzeiten (im Extremfall auf Null) reduziert werden (→Saisonarbeit).

Désirée H. Ladwig

Selbstbestimmung

eigenständige Entscheidungsmöglichkeit bezüglich der Ziele und des Zwecks des eigenen Tuns sowie bezüglich des Maßes an zu übernehmender →Verantwortung durch das Individuum.

In der Personalwirtschaft (→Personalmanagement) wird Selbstbestimmung durch →Delegation erzielt und ist von dem Begriff →Selbstorganisation zu unterscheiden. Das Ausmaß der Selbstbestimmung kann variieren. Ein Gegenpol dazu bildet die Fremdbestimmung. So wie es keine absolute Selbstbestimmung für abhängig Beschäftigte geben kann, so gibt es auch keine absolute Fremdbestimmung.

Auf eine Fremdbestimmung wird auch im Rahmen der →Flexibilisierung und →Individualisierung nicht verzichtet. Ihre Funktion ist in den beiden Ansätzen jedoch deutlich unterschiedlich. Die Fremdbestimmung in der klassischen Individualisierung beschränkt sich auf die Fremdsteuerung im Sinne von Fremdentscheidung über den Rahmen und die Grenzen der Selbstorganisation. Es müssen adäquate Rahmenbedingungen für eine selbst gewählte Individualisierung geschaffen werden. In der Flexibilisierung auf individualisierter Basis trifft dagegen nicht nur diese Fremdsteuerung, sondern auch die Fremdforderung im Sinne von Fremdentscheidung über die Übernahme der Selbstorganisation durch das Individuum ein.

Eine Voraussetzung der Selbstbestimmung ist eine gewisse →Autonomie des Individuums beziehungsweise der →Gruppe gegenüber externen Vorgaben und Anpassungserfordernissen.

Literatur: *Hornberger, S.*: Individualisierung in der Arbeitswelt aus arbeitswissenschaftlicher Sicht, Frankfurt a. M. 2006.

Sonia Hornberger

Selbstbeurteilung

Form der partizipativen →Personalbeurteilung, bei der beurteilende und zu beurteilende Person zusammenfallen.

Als elementarer Bestandteil des subjektiven Erlebens, individueller Überzeugungen und Werthaltungen (→Normen und Werte) von Menschen finden Selbstbeurteilungen immer statt, wenngleich im Organisationskontext primär wertende Beschreibungen und Analysen der eigenen Fähigkeiten (→Qualifikation), Entwicklungspotenziale (→Entwicklungsplanung), Leistungen und Verhaltensweisen im Vordergrund stehen.

Obwohl Selbstbeurteilung im Zusammenhang zielorientierter Führungskonzeptionen (bspw. →Management by Objectives) sowie im →Personalgespräch als ein kooperatives Element an Bedeutung gewinnt und bei Personen als alltägliche Handlung im Sinne von Selbstbeobachtung (→Beobachtung) regelmäßig vorkommt, ist die Selbstbeurteilung als systematischer Bestandteil von →Leistungsbeurteilung in der Praxis nicht besonders verbreitet und auch als Gegenstand wissenschaftlicher Reflexion eher randständig. Der Grund dafür kann nicht in der Frage des Zugangs zu beurteilungsrelevanten →Informationen liegen, denn dem Selbstbeobachter ist das eigene Handeln normalerweise unmittelbar zugänglich. Als Ursache wird häufig genannt, dass Personen – aus Gründen der Erhaltung des Selbstwertgefühls und der Vermeidung negativer Konsequenzen – dazu tendieren, sich eher zu überschätzen als zu unterschätzen und Selbsturteile deshalb häufig von Fremdurteilen, insbesondere von Beurteilungen durch Führungskräfte abweichen. Dies liegt unter anderem daran, dass die relative Bedeutung der Leistungskriterien bei Führungskräften und Untergebenen recht unterschiedlich eingeschätzt wird.

Ergebnisse empirisch-psychometrischer Forschung bestätigen, dass Selbsturteile nur schwach mit Fremdurteilen korrelieren, im Verhältnis zu anderen Urteilen ausgesprochen stark zur Milde tendieren, über eine Mehrzahl von Urteilen nur geringe Veränderlichkeit aufweisen und eine verhältnismäßig geringe →Validität besitzen. Deshalb wird argumentiert, dass eine ausschließliche Selbstbeurteilung den funktionalen Erfordernissen von Personalbeurteilung nicht gerecht werden kann. Folglich wird sie meist als ein ergänzendes Element in Kombination mit →Gleichgestelltenbeurteilung oder als Bestandteil einer kooperativ mit der Führungskraft zu erarbeitenden Beurteilung verstanden.

Die Einbindung ergänzender Selbstbeurteilung in ein formales Beurteilungssystem stärkt die Position des Mitarbeiters und verweist auf die Bedeutung, die dem →Dialog und der Zusammenarbeit zwischen Führungskraft und Mitarbeiter sowie in diesem Rahmen zu initiierenden Entwicklungsprozessen – beispielsweise der Fähigkeit, sich selbst distanziert betrachten und kritisch reflektieren zu können – zugeschrieben wird.

Literatur: *Farh, J.L.*; *Werbel, J.O.*; *Bedeian, A.G.*: An Empirical Investigation of Self-Appraisal-Based Performance Evaluation, in: Personnel Psychology, 41. Jg. (1988), H. 1, S. 141–156. *Lane, J.*; *Herriot, P.*: Self-ratings, Supervisor Ratings, Positions and Performance, in: Journal of Occupational Psychology, 63. Jg. (1990), H. 1, S. 77–88. *Sarges, W.* (Hrsg.): Management-Diagnostik, 3. Aufl., Göttingen etc. 2000. *Thornton, G.C. III*: Psychometric Properties of Self-Appraisals of Job Performance, in: Personnel Psychology, 33. Jg. (1980), H. 2, S. 263–271.

Jürgen Grieger

Selbstentwicklung

zum einen die *Entwicklung des Selbst*, zum anderen die *Entwicklung durch das Selbst*.

Letzteres meint die individuelle, bewusste Gestaltung des eigenen Karriereverlaufs anhand von selbstinitiierter Qualifizierung innerhalb oder außerhalb des Unternehmens. Dieser Ansatz betont den Aspekt der Eigenverantwortung für Entwicklungsprozesse. Es kommen sowohl *vertikale* wie auch *horizontale* Karriereentwicklungen in Betracht. Selbstentwicklung nach diesem Verständnis fokussiert nicht in erster Linie auf betriebliche Interessen, sondern stellt die persönlichen Entwicklungsziele in den Vordergrund, die durchaus auch in Zielpositionen in anderen Betrieben liegen können. Trotz der klaren Ausrichtung auf persönliche Belange ist die Selbstentwicklung durchaus auch im Sinne des Unternehmens und sollte betrieblich gefördert werden. Vielfach werden betriebliche Personalentwicklungsangebote zur Selbstentwicklung genutzt.

Der Begriff *Selbstentwicklung*, der die Entwicklung des Selbst meint, wird oftmals auch mit →Persönlichkeitsentwicklung gleichgesetzt. Hierunter werden alle geplanten, systematischen Maßnahmen verstanden, die die Steigerung der personalen →Kompetenz zum Ziel haben, das heißt das →Wissen und die Fähigkeiten zum Umgang mit sich selbst sowie die persönliche Entwicklung.

Laila Maja Hofmann

Selbstgesteuerte Gruppe

teilautonome Arbeitsgruppe, bei der einzelne →Kompetenzen der →Führungskraft auf die gesamte →Gruppe übertragen werden, so dass diese in definierten Bereichen selbständig entscheiden kann.

Selbstgesteuerte Gruppen können beispielsweise über die Reihenfolge und Art der Aufgabenerfüllung sowie die Festlegung der →Arbeitszeit einzelner Gruppenmitglieder entscheiden.

Nach großer Beachtung des Konzepts in den 1970er Jahren trifft man selbstgesteuerte Arbeitsgruppen heute nur noch vereinzelt im Bereich der Fertigung an. Die *Produktivitätssteigerungen*, die man sich von diesem Konzept durch stärkere →Motivation und höhere →Arbeitszufriedenheit erhofft hatte, scheinen sich nicht in vollem Maße eingestellt zu haben. Die *finanziellen Vorteile* bleiben hiervon unberührt. Der Bedarf an höher bezahlten Führungskräften (Meistern) verringert sich bei selbstgesteuerten Gruppen beträchtlich.

Jan Hendrik Fisch

Selbstgesteuertes Team →Selbstgesteuerte Gruppe

Selbst-GmbH →Arbeitskraftunternehmer

Selbstkompetenz →Kompetenz

Selbstkontrolle

Überprüfung eines Arbeitsergebnisses durch die Person, die die Aufgabe bearbeitet hat.

Die *Vorteile* der Selbstkontrolle liegen im hohen Informationsgrad, den der Kontrollierende über mögliche Fehlerquellen hat. Des Weiteren kann die Kontrolle permanent und zeitnah durchgeführt werden. Auf die kostenintensive Einrichtung einer eigenen Kontrollstelle kann verzichtet werden. Die Nachteile liegen insbesondere im möglichen opportunistischen Verhalten der sich selbst kontrollierenden Mitarbeiter. Problematisch ist nach *Holtbrügge* (2004) außerdem die nur noch sporadisch vorliegende →Kommunikation zwischen →Führungskräften und Mitarbeitern, die negative Auswirkungen auf die Personalführung (→Mitarbeiterführung) haben kann.

Selbstkontrolle funktioniert nur, wenn die betroffenen Mitarbeiter nicht der Versuchung erliegen, gemachte Fehler zu vertuschen, sondern im Gegenteil bereit und motiviert sind, Fehler wieder zu beseitigen. Dies kann erreicht werden durch eine entsprechende →Personalauswahl, die beim Personaleinsatz kombiniert wird mit →Anreizsystemen, die nicht das Machen von Fehlern negativ sanktionieren, sondern deren Nichtbeseitigung. Eine →Team-Organisation, bei der die Gruppe für das Arbeitsergebnis als Ganzes verantwortlich ist, ist zusätzlich in der Lage, über gruppendynamische Prozesse eine Selbstkontrolle praktizierbar zu machen.

Literatur: *Holtbrügge, D.*: Personalmanagement, Berlin etc. 2004.

Reinhard Meckl

Selbstlernkonzepte

Bildungsansatz, der Eigeninitiative der Lernenden zwingend voraussetzt.

Bei Selbstlernkonzepten handelt es sich um individualisiertes →Lernen, das im Wesentlichen auf der selbstständigen Arbeit mit Medien und Lernmaterialien basiert. Oftmals synonym verwendete Begriffe sind *selbstgesteuertes* oder *selbstorganisiertes Lernen*.

Im Gegensatz zum *eigenverantwortlichen Lernen* beschränkt sich der Freiheitsgrad im →Lernprozess darauf, dass die Lernenden weitgehend selbst darüber entscheiden können, wann, wie lange und in welchem Tempo sie lernen wollen. Von eigenverantwortlichem Lernen wird gesprochen, wenn der Lernende zusätzlich über den Lerninhalt und die Lernmethode bestimmt. Durch die Gewährung von Freiräumen bei der (Mit-)Gestaltung von Lernprozessen sollen der Lernerfolg und der anschließende Transfer in die Arbeitswelt verbessert werden.

Selbstlernkonzepte gewinnen an *Bedeutung* aufgrund der steigenden Notwendigkeit von kontinuierlicher Weiterbildung in den Unternehmen bei gleichzeitig zunehmendem Kostendruck. Die Effizienz von Bildungsmaßnahmen rückt damit laut *Weiß* (2000/2001) in den Vordergrund. Insbesondere durch den Einsatz von technischen Medien im Rahmen der Selbstlernkonzepte versucht man, diesen Entwicklungen Rechnung zu tragen. Somit ist ein wichtiger Bestandteil von Selbstlernkonzepten die – zumindest partielle – Einbringung der Freizeit des Mitarbeiters in den Lernprozess. Diesem Ansatz liegt der Gedanke zugrunde, dass der Mitarbeiter zu einem Großteil selbst für seine →Employability, die Attraktivität für den →Arbeitgeber und den →Arbeitsmarkt verantwortlich ist. Es wird zunehmend von den Mitarbeitern erwartet, dass sie selbst Anstrengungen unternehmen, um sich weiter zu qualifizieren.

Übersicht 1 führt Vor- und Nachteile einiger *Selbstlernformen* auf.

Übersicht 1: Überblick über verschiedene Lernformen (*Regnet* 2003, S. 48)

Form	Vorteile	Nachteile
Fernstudiengänge/Fernakademien	- berufsbegleitend - anerkannter Abschluss - Zeitaufwand flexibel zu gestalten	- hohe Selbstmotivation und Selbstdisziplin nötig - wenig Präsenzphasen zum Austausch - hohe Abbruchquoten
eLearning, neue Medien, Video	- flexibel im Einsatz - attraktives Preis-Leistungsverhältnis - großes, relativ gutes Angebot	- persönliche Instruktionen und Austausch fehlen weitgehend - hohe Selbstmotivation nötig - Angebot muss zum eigenen Lernstil und Niveau passen
klassische Selbstlernmaterialien, Bücher, Studienhefte	- geringe Kosten - hohe Flexibilität im Einsatz - hohes Angebot vorhanden - komprimierte Wissensvermittlung	- hohe Selbstmotivation und Selbstdisziplin nötig - Instruktionen und Austausch fehlen - Transfer in Berufssituation nur eingeschränkt

Als größte *Schwierigkeit* bei Selbstlernkonzepten erweist sich häufig die mangelhafte Selbstmotivationsfähigkeit der Lernenden. Demzufolge werden in vielen Unternehmen „gemischte" Ansätze in der →Personalentwicklung verfolgt, in denen Selbstlernformen nur einen Bestandteil des Qualifizierungsprogramms darstellen (→Blended Learning).

Literatur: *Regnet, E.*: Eigenverantwortliches Lernen, in: *Hofmann, L.*; *Regnet, E.* (Hrsg.): Innovative Weiterbildungskonzepte, 3. Aufl., Göttingen 2003, S. 47–54. *Weiß, R.*: Entwicklungstrends betrieblicher Weiterbildung, in: *Schwuchow, K.; Gutmann, J.* (Hrsg.): Jahrbuch Personalentwicklung und Weiterbildung, Neuwied 2000/2001, S. 9–15.

Laila Maja Hofmann

Selbstmanagement

Form von sozialen Fertigkeiten beziehungsweise von →sozialer Kompetenz.

Beim Selbstmanagement geht es um eine adäquate Selbst- und Fremdwahrnehmung, um →Empathie (die Fähigkeit, sich in andere hineinversetzen und hineinfühlen zu können), um Zuhören-Können, Rhetorik und darum, generell gut mit zwischenmenschlichen Kontakten und Situationen umgehen zu können.

Erika Spieß

Selbstmotivation

Gegenteil von Fremdmotivation, die vorliegt, wenn eine Person die →Anreize für ihre Handlungen und Leistungen selbst bereitstellt.

Selbstmotivation kann sich sowohl über intrinsische Anreize (z. B. Stolz über die eigene Leistung) als auch extrinsische Anreize (z. B. sich selbst nach einer Anstrengung eine Ruhepause zu verschaffen) erstrecken, wie *Deci* und *Flaste* (1996) bemerken. Die Wahrscheinlichkeit, dass eine Person zur Selbstmotivation neigt, hängt vom Umfang der wahrgenommenen Handlungs- und Entscheidungsfreiräume ab. Selbstmotivation ist dementsprechend gefährdet, wenn die Person äußere Eingriffe durch andere Personen in ihren Entscheidungen wahrnimmt.

Literatur: *Deci, E. L.; Flaste, R.*: Why We Do What We Do: Understanding Self-Motivation, New York 1996.

Markus Gmür

Selbstorganisation

Übernahme von Entscheidungen bezüglich der Aufgabenerledigung und den dazu benötigten Ressourcen durch das Individuum.

Zu der hier angesprochenen Aufgabenerledigung gehören die Planung, Organisation, Durchführung als auch Kontrolle. Zu den auf das Individuum delegierten Aufgaben können neben →Arbeitsaufgaben im engeren Sinne auch Aufgaben, wie zum Beispiel die Gestaltung eigener →Arbeitszeiten (→Flexible Arbeitszeit), die Organisation der Arbeitsbedingungen bezüglich eines individualisierten Arbeitsorts oder selbstorganisiertes →Lernen gezählt werden.

Selbstorganisation basiert auf individuellen menschlichen Handlungen (→Individualisierung). Wesentliche Voraussetzungen zur Selbstorganisation stellen daher ein entsprechender Handlungs- und Entscheidungsspielraum und entsprechende Selbstorganisationskompetenzen dar. Diese beinhalten nicht nur →Kompetenzen zur eigenständigen Strukturierung und Ordnung von Aufgaben, Regeln und Handlungen, sondern zum Beispiel auch Gesundheitskompetenzen. Gesundheitskompetenzen, bestehend aus Gesundheitsbewusstsein und gesundheitsbezogenem →Wissen, bilden die Basis, damit eine selbstorganisierte →Arbeitsgestaltung gesundheitsgerecht vollzogen wird.

Das Prinzip der Selbstorganisation ist der Chaostheorie der Naturwissenschaften entnommen. In dieser wird der Zusammenhang zwischen Chaos und Struktur im Verhalten dynamischer Systeme thematisiert. In chaotischen Prozessen findet eine spontane selbstorganisierte Bildung von Strukturen und Ordnungen mit einer bemerkenswerten Stabilität und gleichzeitiger →Flexibilität statt. Selbstorganisationssysteme sind dann besonders sinnvoll und förderlich, wenn Umgebungsbedingungen einem Wandel ausgesetzt sind, da sie eine flexible Neuordnung als „Reaktion" ansteuern. Auch solche selbstorganisierten Prozesse sind regelbar (→Selbstbestimmung) im Sinne der Bereitstellung von Bedingungen zur Verwirklichung neuer Strukturierungen. Nach *Greif* und *Kurtz* (1996) wird die Funktion der „Attraktoren", also der Kräfte, die für eine finale Ordnungsbildung in chaotischen Systemen verantwortlich sind, in selbstorganisierten →Arbeitsorganisationen von Individuen übernommen beziehungsweise auf diese übertragen.

Literatur: *Greif, S.; Kurtz, H.-J.* (Hrsg.): Handbuch selbstorganisiertes Lernen, Göttingen 1996.

Sonia Hornberger

Selbstreflexion

Bewusstsein eines Menschen von sich selbst als Auseinandersetzung mit der eigenen Person.

Als *bewusste Selbstreflexion* kann bezeichnet werden, wenn das eigene Verhalten beobachtet, durchdacht, sprachlich beschrieben und mit anderen darüber kommuniziert wird. Bestandteile der Selbstreflexionsprozesse sind

Selbstdisziplin, Selbstbeobachtung (→Beobachtung) und →Selbstkontrolle.

Die Fähigkeit zur Selbstreflexion ist eine fördernde Voraussetzung für eigenverantwortliches Arbeitshandeln. Bei →Selbstbestimmung beziehungsweise →Selbstorganisation von Handlungen ist es wichtig, die eigenen subjektiv wahrgenommenen Konsequenzen von Handlungen bewusst zu reflektieren. Inhalte, Sinn und Zweck des eigenen Tuns werden überdacht, Alternativen, die leichter zum Ziel führen, gesucht. *Hornberger* (2006) empfiehlt daher, bei individualisierten Arbeitsbedingungen die Selbstreflexionsfähigkeit systematisch zu fördern (→Individualisierung).

Literatur: *Hornberger, S.*: Individualisierung in der Arbeitswelt aus arbeitswissenschaftlicher Sicht, Frankfurt a. M. 2006.

Sonia Hornberger

Selbstrekrutierung

→Personalbeschaffung – vornehmlich von →Führungskräften –, die zum großen Teil aus dem eigenen Unternehmen erfolgt sowie Einstellung von belegschaftsnahen →Auszubildenden.

Mittels Maßnahmen der Personal-/Führungskräfteentwicklung (→Managemententwicklung) lassen sich unternehmensintern Führungskräfte rekrutieren, deren Leistungsniveau und Qualifikationsstand bekannt ist. Auf diese Weise fallen niedrigere Beschaffungs- und Einarbeitungskosten an. Unternehmen, die exzessiv Selbstrekrutierung betreiben, verzichten jedoch eventuell auf die →Integration neuer Know how-Träger und laufen Gefahr, sich neuen Entwicklungen zu verschließen. Im Hinblick auf die Gewinnung von belegschaftsnahen Auszubildenden kann eine hohe →Identifikation von Familienangehörigen mit den Unternehmen vorteilhaft sein, was wiederum positive Auswirkungen auf die Leistungsmotivation (→Motivation) oder das Betriebsklima haben kann. Nachteile dieser Form der Selbstrekrutierung sind die Gefahr der Betriebsblindheit und der Vetternwirtschaft.

Antje Koch

Selbststeuerung

Idee der →Delegation von →Verantwortung und die Einbeziehung von Mitarbeitern in sie betreffende Entscheidungen, um deren →Leistungsbereitschaft und dadurch den Erfolg des Unternehmens zu steigern.

Der politisch-gesellschaftliche Zeitgeist Ende der 1960er, Anfang der 1970er Jahre machte vor den Werkstoren nicht Halt. Ein verbreitetes Schlagwort der damaligen Politik hieß „Mehr Demokratie wagen" und wurde analog auf den Arbeitskontext übertragen. Mit umfassenden gesetzlichen Regelungen zur betrieblichen →Mitbestimmung wurden die Weichen gestellt, um die allenthalben befürwortete Mitarbeiterbeteiligung zu verankern.

Dabei beschränkten sich die Maßnahmen jener Zeit nicht auf gesetzgeberisches Handeln allein. Vielmehr förderten die politischen Entscheider auch weit reichende Programme, die die Demokratisierung von Betrieben vorantreiben und das Erwerbsleben „menschlicher" machen sollten. Das vom Fördervolumen größte und überdies bekannteste dieser Programme, dessen Ausläufer sich bis in die heutige Zeit erstrecken, firmierte unter der Bezeichnung →Humanisierung der Arbeit. Allen voran wurden unter diesem Begriff Interventionen gefördert, die sich dem damals noch als vergleichsweise neu empfundenen Gedanken der →Gruppenarbeit sowie der Verantwortungsdelegation an nachgeordnete Arbeitseinheiten verschrieben.

Für die bis heute vorherrschende Auffassung, wonach Verantwortungsdelegation und Selbststeuerung von den betroffenen Mitarbeitern gewünscht und darum in Form erbrachter höherer →Arbeitsleistungen honoriert werden, wurde in jener Zeit der Grundstein gelegt. Jedoch wurde die Diskussion darüber, ob Selbststeuerung in jedem Fall und von allen Mitarbeitern tatsächlich immer auch gewünscht wird, damals wie heute allenfalls ansatzweise geführt. Dabei sind – zumindest theoretisch – durchaus Situationen und Person-Situations-Wechselwirkungen denkbar, in denen Mitarbeiter einem autoritären →Führungsstil den Vorzug gegenüber einer →Selbststeuerung geben. Dies könnte etwa der Fall sein, wenn eine hohe Unklarheit über die „richtige" Arbeitsmethode besteht oder allgemein bei Personen mit einem gering ausgeprägten Wunsch nach Verantwortungsübernahme. Diesen alternativen theoretischen Modellvorstellungen zum Trotz finden sich in der Literatur kaum empirische Studien, die eine befriedigende Beantwortung der Frage zuließen, ob ein autoritärer Führungsstil generell mit weniger Erfolg einhergeht als ein solcher, der →Gruppen ein hohes Maß an Selbststeuerung überlässt.

In der betrieblichen Praxis wurde die strikte Polarisierung zwischen autoritär geführten Arbeitseinheiten einerseits und sich selbst steuernden Arbeitseinheiten andererseits frühzeitig als wenig hilfreich ausgemacht. Schnell wurde klar, dass Entscheidungen und Verantwortung zum Teil, aber eben nur zu einem Teil, delegiert werden sollten. Begrifflich fand dies seinen Ausdruck in den vor allem in den 1970er und 1980er Jahren propagierten *Teilautonomen Arbeitsgruppen* (TAG). Als TAG bezeichnet man eine Gruppe von →Arbeitnehmern, die an zu funktionalen Einheiten zusammengefassten Arbeitsstationen konstant zusammenarbeiten und einen in sich abgeschlossenen Aufgabenbereich einschließlich direkt-produktiver und indirekter (z. B. vorbereitender oder kontrollierender) Aufgaben in eigene Verantwortung übertragen bekommen. Diese Definition macht zugleich deutlich, dass teilautonome Individualarbeitsplätze nicht Gegenstand der Debatte waren. Vielen unternehmerischen Verantwortungsträgern fiel die Delegation und der partielle Verzicht auf Kontrolltätigkeiten mit dem Wissen leichter, dass die abzugebenden Aufgaben von einem Gruppenverband übernommen würden. Damit verband sich die Erwartung, dass die Mitglieder einer Gruppe sich nicht nur wechselseitig unterstützen, sondern auch gegenseitig kontrollieren würden.

In der Praxis variieren die einer Gruppe übertragenen Entscheidungsbefugnisse enorm. Nach *Gullowsens* unverändert gültiger Klassifikation von 1972 sind sechs multiple Kriterien zur Einschätzung tatsächlich vorhandener Freiheitsgrade teilautonomer Arbeitsgruppen auf der Gruppenebene sinnvoll:

1. Die Gruppe hat Einfluss auf für sie geltende Zielsetzungen in quantitativer und qualitativer Hinsicht.
2. Innerhalb übergeordneter Rahmenbedingungen kann die Gruppe selbst festlegen, wo sie arbeitet, wann sie arbeitet und welche zusätzlichen Tätigkeiten sie ausübt.
3. Die Gruppe entscheidet über die Produktionsmethode.
4. Die Gruppe regelt die interne Aufgabenverteilung.
5. Die Gruppe entscheidet darüber, wer ihr Mitglied wird.
6. Die Gruppe entscheidet in Führungsfragen, ob sie für gruppeninterne Angelegenheiten einen Teamleiter haben will und gegebenenfalls, wer das sein soll und ob sie zur Regelung von Konflikten einen Entscheider haben will und gegebenenfalls, wer das sein soll.

Auf der *Ebene des einzelnen Gruppenmitglieds* entscheidet das Gruppenmitglied, wie die von ihm auszuführenden Aufgaben bewältigt werden.

In den nachfolgenden Jahren kamen alternative Begriffe für teilautonome Arbeitsgruppen auf. In der betrieblichen Umsetzung sprach man zunächst häufig von Fertigungsinseln. Sie haben die Aufgabe, Produktteile oder Endprodukte aus gegebenem Ausgangsmaterial möglichst vollständig zu fertigen. Die hierzu notwendigen Betriebsmittel sind räumlich und organisatorisch in der Fertigungsinsel zusammengefasst. Eine Gruppe von Arbeitern ist somit in der Fertigungsinsel gemeinsam für die organisatorischen, ausführenden und kontrollierenden Aufgaben zuständig. Später setzten sich zunehmend die Begriffe der sich selbst steuernden beziehungsweise partizipativen Gruppen durch. Welcher Begrifflichkeit auch immer man den Vorzug gibt, entscheidend ist die gemeinsame Grundüberzeugung aller Ansätze, dass Arbeitsgruppen zur Erreichung optimaler Effizienz ein möglichst hohes Maß an →Autonomie zu gewähren ist.

In jüngerer Zeit rückt, getrieben durch motivationspsychologische Erkenntnisse, verstärkt die Bedeutung von Zielsetzungen für den Erfolg selbst gesteuerter Arbeitsgruppen in den Mittelpunkt der Überlegungen. Dabei korrespondieren in den letzten Jahren entwickelte Techniken mit den unterschiedlichen Möglichkeiten zur Zielsetzung. Ziele können nach *Kleinbeck* (1996) fremd- oder selbstgesetzt sein und ebenso partizipativ vereinbart werden. Während selbstgesetzte Ziele im Arbeitsleben – anders als im privaten Bereich – eine nachgeordnete Rolle spielen, wurden verschiedene Techniken für fremdgesetzte Ziele entwickelt. Zu nennen ist etwa die von *Weber* und *Schäffer* im Jahre 2000 ausführlich beschriebene →Balanced Scorecard, die zur Top down-Vorgabe unternehmensweit verbindlicher Ziele geeignet ist. Eine Systematik zur partizipativen Zielvereinbarung (→Management by Objectives) mit einem entsprechend höheren Selbststeuerungsanteil der Arbeitsgruppe liefert etwa das ebenfalls 2002 von *Kleinbeck, Schmidt* und *Werner* beschriebene Partizipative Produktivitätsmanagement (PPM). In Theorie und Praxis koexistieren heute Methoden zur Fremd- und Partizipativzielvereinbarung nebeneinander, wobei der Beleg für die eindeutige Überlegenheit des einen oder anderen Ansatzes empirisch bis heute aussteht – worauf *Sodenkamp, Schmidt* und *Kleinbeck.* (2002) hingewiesen haben.

Literatur: *Gullowsen, J.*: A Measure of Work Group Autonomy, in: *Davis, L.*; *Taylor, J.* (Hrsg.): Job Design, Harmondsworth 1972, S. 374–390. *Kleinbeck, U.*: Arbeitsmotivation, Weinheim 1996. *Kleinbeck, U.*; *Schmidt, K.-H.*; *Werner, W.*: Produktivitätsverbesserung durch zielorientierte Gruppenarbeit, Göttingen 2002. *Sodenkamp, D.*; *Schmidt, K.-H.*; *Kleinbeck, U.*: Balanced Scorecard, Erfolgsfaktorenorientierte Balanced Scorecard und Partizipatives Produktivitätsmanagement – Ein Vergleich, in: Zeitschrift für Personalpsychologie, 1. Jg. (2002), H. 4, S. 182–195. *Weber, J.*; *Schäffer, U.*: Balanced Scorecard, Wiesbaden 2000.

Daniel Sodenkamp

Selbstunternehmer → Arbeitskraftunternehmer

Selbstverwirklichungsbedürfnis

in der → Bedürfnishierarchie von *Maslow* (1977) das dominante → Motiv eines autonomen und selbstbewussten Menschen, der sämtliche Defizitbedürfnisse befriedigen konnte.

Das Selbstverwirklichungsbedürfnis wird auch als Wachstumsbedürfnis (→ ERG-Theorie) bezeichnet, weil es die Voraussetzung dafür ist, dass der Mensch sich fortlaufend weiter entwickelt. Im Rahmen der beruflichen Tätigkeit ist dieses Bedürfnis mit Entscheidungs- und Gestaltungsfreiräumen, der Übernahme von → Verantwortung und der Möglichkeit, auch moralische oder ästhetische Vorstellungen zu realisieren, verbunden. Sobald ein Defizitbedürfnis aktuell wird, tritt das Selbstverwirklichungsbedürfnis hinter jenes Bedürfnis zurück. Wenn das Defizit beseitigt werden kann, wird die Selbstverwirklichung wieder dominant.

Literatur: *Maslow, A.*: Motivation und Persönlichkeit, Olten 1977.

Markus Gmür

Selbstwirksamkeit → Kompetenz, → Sozialkognitive Theorie

Self-Employment

faktischer Status eines Beschäftigten, der als Ein-Personen-Unternehmen im Rahmen eines → Dienstvertrags einem → Arbeitgeber oder Auftraggeber gegen Entgelt Dienste verrichtet oder der als Ein-Personen-Unternehmen im Rahmen von → Werkverträgen für Auftraggeber vereinbarte Leistungen gegen Entgelt erbringt.

Der Begriff Self-Employment betont sowohl den Aspekt der Selbstverantwortlichkeit für das Anbieten und das Verkaufen der eigenen Arbeitskraft am Markt (→ *Arbeitskraftunternehmer*) als auch die *Fremdnutzung der Arbeitskraft* im Rahmen eines → Beschäftigungsverhältnisses. Liegt ein abhängiges Dienstverhältnis vor, ist der vermeintliche Ein-Personen-Unternehmer arbeitsrechtlich (→ Arbeitsrecht) ein → Arbeitnehmer und damit scheinselbstständig (→ Scheinselbstständigkeit).

Da Self-Employment nicht einen juristischen, sondern einen faktischen Beschäftigtenstatus bezeichnet, umfasst der Begriff auch diejenigen Scheinselbstständigen, deren Arbeitnehmerstatus noch nicht gerichtlich festgestellt wurde beziehungsweise die sich als Ein-Personen-Unternehmer sehen oder die als Ein-Personen-Unternehmen behandelt werden. Der Anteil der Ein-Personen-Unternehmen an allen selbstständig Erwerbstätigen nimmt nach *Leicht* und *Philipp* (1999) zu; dieser Trend hat sich im Zuge der Förderung der Existenzgründung durch vormals Arbeitslose im Sinne der → Hartz-Kommission (→ Ich-AG) noch verstärkt.

Literatur: *Leicht, R.*; *Philipp, R.*: Der Trend zum Ein-Personen-Unternehmen. Institut für Mittelstandsforschung, Kurzinfo H. 5, Mannheim 1999.

Axel Haunschild

Self-Managed Team (SMT) → Selbstgesteuerte Gruppe

Self-Selection

globale Selektionsstrategie, die im Rahmen der → Personalauswahl auf die aktive, organisationsseitige Schaffung von Rahmenbedingungen abzielt, die zu einer Selbstauswahl der Bewerber führen.

Das Angebot alternativer Verträge könnte so durch das Unternehmen zu einer unterschiedlichen Zuordnung von Bewerbern unterschiedlicher Qualität führen. Konkret basieren Self-Selection-Strategien auf einem organisationsseitig bewusst gestalteten Signalisierungsprozess.

Angesichts der am → Arbeitsmarkt bestehenden Qualitätsunsicherheit zu Lasten des Unternehmens wird sich der →Arbeitgeber bei seinem Eignungsurteil an bestimmten beobachtbaren Charakteristika oder Aktivitäten eines Bewerbers (= Marktsignale) orientieren, deren →Beobachtung auf dessen Produktivität (→Arbeitsproduktivität) schließen lässt. Hat der Bewerber die Möglichkeit zur aktiven Beeinflussung der von ihm ausgehenden Signale, wird er bemüht sein, einen aus Sicht des Arbeitgebers positiven Eindruck zu erwecken (→Signaling).

Die durch Erwerb und Vermittlung solcher Signale verbundenen Kosten nennt man Signalisierungskosten. Das Unternehmen wird sich bei der Personalauswahl auf Signale stützen, die für die schlechten Qualitäten nur schwer oder unter Inkaufnahme einer Selbstschädigung zu erwerben sind. Die Selbstschädigung resultiert aus der Inkaufnahme von Signalisierungskosten, die über dem mit ihnen verbundenen Ertrag liegen. Als Beispiel lassen sich die hohen materiellen (Nachhilfe, lange Studiendauer) und →psychischen Belastungen (→Stress) zur Erlangung eines Hochschulabschlusses im Falle individueller Überforderung anführen, die aus Sicht des Individuums die Vorteile in Form des erzielbaren, vergleichsweise hohen Einkommens nach erfolgreichem Abschluss der →Ausbildung überkompensieren.

Die nachfolgend angesprochenen Self-Selection-Ansätze zielen in diesem Sinne darauf ab, die →Arbeitnehmer zur Auswahl eines Signals aus einer Reihe unternehmensseitig zur Verfügung gestellter Signalisierungsmöglichkeiten zu bewegen. Konkret geht es laut *Kräkel* (1993) bei Self-Selection-Ansätzen darum, die Arbeitnehmer in Kenntnis deren qualitätsspezifischen Kosten-Nutzen-Kalküls zur glaubwürdigen Signalisierung ihrer Qualität durch spezifisches, beobachtbares Wahlverhalten zu veranlassen. Self-Selection-Strategien stellen eine passive Form der Informationserhebung dar: Sie unterscheiden sich von den Screening-Ansätzen (→Screening) dadurch, dass sie laut *Alewell* (1993) durch eine bewusste organisationale Gestaltung der →Kontextfaktoren des Vertragswahlverhaltens der Arbeitskräfte die Bewerber zu einer eigeninteressegeleiteten, wahren Offenbarung ihrer Qualitätsinformation veranlassen.

Die Self-Selection-Modelle für den Arbeitsmarkt zeichnen sich überwiegend durch ein grundlegendes Konstruktionsprinzip aus. Allen Modellen liegen *Reward-Penalty-Strukturen* zugrunde, die unternehmensseitig so konzipiert sind, dass Individuen unterschiedlicher Qualität zu unterschiedlichen Präferenzordnungen über die offerierten Strukturen gelangen. Eine Reward-Penalty-Struktur wird in Form eines Kontrakts auf dem Arbeitsmarkt offeriert. In der Regel werden von einem Unternehmen mindestens zwei unterschiedliche Kontrakte angeboten.

Im Rahmen von Self-Selection-Ansätzen sind zwei Typen von Gleichgewichten zu unterscheiden:

1. In einem *separierenden Gleichgewicht* fragen Individuen aus zwei qualitativ unterschiedlichen →Gruppen auch unterschiedliche Kontraktarten nach.

2. In einem *Pooling-Gleichgewicht* fragen beide Gruppen denselben Kontrakt nach.

Ein funktionierendes Self-Selection resultiert in einem separierenden Gleichgewicht.

Eine vom Unternehmen offerierte Reward-Penalty-Struktur besteht aus jeweils einer bestimmten Ausprägung eines *Economic Good* (g) und eines *Economic Bad* (b). Das Gut (= Belohnung) ist in den meisten Modellen mikroökonomischer Herkunft der Lohn. Die Modelle divergieren hinsichtlich des verwendeten Übels (= Bestrafung). Als Beispiele für b lassen sich nach *Spence* (1974) exemplarisch eine hohe →Qualifikationsanforderung oder gemäß *Miyazaki* (1977) eine vom Unternehmen geforderte hohe Arbeitsanstrengung anführen. Das Economic Bad stellt das Opfer dar, das in Kauf genommen werden muss, um in den Genuss des Economic Goods zu kommen. Self-Selection-Mechanismen bauen darauf auf, dass der Preis des zu erbringenden Opfers bei unterschiedlich talentierten Individuen divergiert. Im Rahmen einer mikroökonomischen Nutzenanalyse (→Nutzwertanalyse) wird den Individuen eine Nutzenfunktion (U) der Form

$$U = U(g,b)$$

mit

$$\frac{\partial U(g,b)}{\partial g} > 0 \, ; \, \frac{\partial U(g,b)}{\partial b} < 0$$

unterstellt. Die Steigung einer daraus abgeleiteten Indifferenzkurve ist positiv; es besteht folglich eine kompensatorische Beziehung zwischen g und b. Ein weiteres Merkmal der Self-Selection-Theorien ist die Form der Segmentierung der Arbeitnehmer, die meist von einer qualitativ dichotomen Welt ausgeht: Ein

Self-Selection

Arbeitnehmer gehört demgemäss einer von zwei Kategorien (j), den talentierten Arbeitskräften ($j=2$) oder den weniger talentierten Arbeitskräften ($j=1$), an.

Abbildung 1: Qualitätsspezifische Indifferenzkurvenverläufe (*Bürkle* 1999, S. 103)

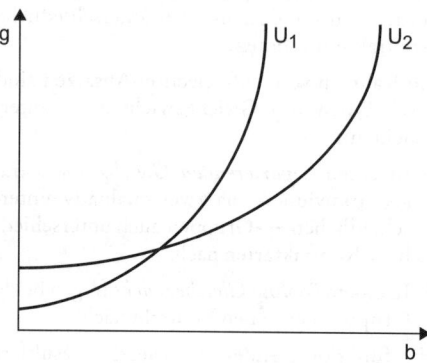

Wird ein Arbeitnehmer einer Qualität j mit einer spezifischen Entlohnungsfunktion $g(b)$ konfrontiert, dann wird er in Abhängigkeit seiner Qualität seinen Beitrag b so festlegen, dass sein Nutzen maximiert wird:

$$U[g(b), b, j] = \max!$$

Im Optimum ergibt sich bei einer additiv separierbaren Funktion bei gegebener Qualität folgende Identität:

$$\frac{\partial U}{\partial g} \cdot \frac{\partial g}{\partial b} + \frac{\partial U}{\partial b} = 0$$

$$\Rightarrow \frac{\partial g}{\partial b} = -\frac{\frac{\partial U}{\partial b}}{\frac{\partial U}{\partial g}} = MRS$$

Die linke Seite der Gleichung repräsentiert die Grenzrate der Substitution (MRS), welche der Steigung der Indifferenzkurve entspricht. Sie ist im Optimum gleich dem Verhältnis der Grenznutzen. Unterstellt man, dass unter der Annahme einer mit zunehmendem j zunehmenden Qualität

$$\frac{\partial MRS}{\partial j} < 0$$

gilt, dann folgt daraus, dass die Indifferenzkurve des weniger Talentierten (U_1) steiler verläuft, als die des Talentierten (U_2). Somit schneiden sich die, wie in Abbildung 1 dargestellt, Indifferenzkurven unterschiedlich talentierter Individuen (so genannte Single-Crossing-Property).

Inhaltlich steckt die Annahme dahinter, dass ein weniger talentiertes Individuum bei der Erbringung eines bestimmten Opfers (b) ein größeres Leid empfindet als das talentiertere. Um auf dem gleichen Nutzenniveau zu bleiben, fordert der weniger Talentierte folglich bei einer Ausdehnung von b eine vergleichsweise höhere →Kompensation, da das Grenzleid ($\partial U / \partial b$) mit zunehmender Opfererbringung bei ihm stärker ansteigt, als bei dem Talentierten. Divergierende, qualitätsspezifische Indifferenzkurvenverläufe ermöglichen die Identifikation einer Vielzahl von Tupeln – beziehungsweise Kontraktstrukturen – (P_1, P_2)

mit

$$P_1[b_1, g_1], P_2[b_2, g_2],$$

für die gilt

$$U_2(P_2) > U_2(P_1)$$
$$U_1(P_2) < U_1(P_1)$$

Alle Tupel, die diesen Bedingungen genügen, stellen laut *Miyazaki* (1977) Verträge mit Separierungseigenschaft dar. Die vertragliche Fixierung eines solchen Tupels durch das Unternehmen führt dann zur Etablierung eines separierenden Gleichgewichts, wenn diese Verträge gemäß *Miyazaki* (1977) bei Antizipation der Konkurrenzreaktionen der anderen Unternehmen auf dem →Arbeitsmarkt noch profitabel sind. Im Kontext der arbeitsmarktspezifischen Self-Selection-Ansätze differenziert das Unternehmen die Arbeitsverträge so, dass diese hinsichtlich der Präferenzordnung von unterschiedlich talentierten Individuen divergierend beurteilt werden.

Der erste Ansatz zur Etablierung eines Self-Selection-Prozesses auf dem Arbeitsmarkt stammt von *Spence* (1974). In diesem Modell wird der Lohn an das Bildungsniveau der Arbeitskräfte gebunden. Es basiert auf der Annahme, dass die individuellen Kosten zur Erreichung eines Bildungsniveaus mit der Qualität der Individuen divergieren. Die Eignung der Bildung als Signal wird damit begründet, dass es den „guten Qualitäten" leichter fällt, sich Bildung anzueignen als den „schlechten Qualitäten". Für letztere ist das Erreichen eines bestimmten Bildungsniveaus mit wesentlich höheren Kosten verbunden. Das Unternehmen koppelt den Lohn nun so an das Bildungsniveau, dass die weniger talentierten Individuen angesichts der komparativ höheren Bildungskosten ein geringeres Bildungsniveau anstreben als die talentierten und somit ein separierendes Gleichgewicht entsteht. *Spence* unterstellt keinen direkten Zusammenhang zwischen Bildung und Produktivität, sondern geht davon aus, dass die Höhe der Kosten der Aneignung von Bildung und die zukünftige Produktivität auf bestimmte Persönlichkeitsmerkmale ähnlich reagieren.

Hinsichtlich der diagnostischen Güte (→ Auswahlverfahren) von Self-Selection-Strategien ist zu konstatieren, dass eine hohe → Validität nur dann gegeben ist, wenn das Economic Bad (z. B. Bildungsniveau) auch tatsächlich in dem angenommenen Zusammenhang zur Qualität beziehungsweise Produktivität steht. Nur dann lässt sich aus dem im Verfahren beobachteten (Ersatz-)Merkmal – bei Self-Selection-Strategien ist dies das Kontraktwahlverhalten – valide auf das eigentliche Merkmal (Qualität) schließen. Jedoch scheidet eine verminderte Validität aufgrund der bewerberseitigen Möglichkeit der bewussten Fehlinformation, wie sie im Rahmen des Screenings besteht, bei Self-Selection-Strategien aus, da ein separierendes Gleichgewicht so konstruiert ist, dass bewusste Fehlinformation zu Selbstschädigung führt.

Problematisch ist bei Self-Selection-Strategien die Bedeutung des Informationsstands des Bewerbers hinsichtlich der eigenen Qualität, der in allen Modellen als vollkommen unterstellt wird. Dieses Argument betrifft die grundlegende, aufgrund hoher Informationserfordernisse beider Seiten bestehende Operationalisierungsproblematik, die bei Verlassen des den Self-Selection-Ansätzen zugrundeliegenden neoklassischen Argumentationsrahmens entsteht.

Die → Objektivität von Self-Selection-Strategien kann als sehr hoch eingestuft werden: Das Kontraktangebot ist anonym, da die Kontraktstruktur auf dem Arbeitsmarkt offeriert wird und so → Bewerbungen induziert werden. Die Auswertung der in der Kontraktwahl inkorporierten Qualitätsinformation ist eindeutig hinsichtlich der Entscheidungsregel: Das bewerberseitig signalisierte Interesse an einem Kontrakt $j \in \{1; 2\}$ führt zu einer eindeutigen Zuordnung des Bewerbers in die Kategorie j. Durch die Person des Untersuchers bedingte Ergebnisverzerrungen treten nicht auf. Die → Reliabilität von Self-Selection-Strategien ist bei Gültigkeit der Annahme stabiler Präferenzen, die somit ein überdauerndes Persönlichkeitsmerkmal darstellen, hoch einzuschätzen.

Ein Vorteil von Self-Selection-Strategien liegt darin begründet, dass ein weniger tiefer Eingriff in die Persönlichkeitssphäre der Bewerber erfolgt, als dies bei den Screening-Verfahren der Fall ist (vor allem bei → Persönlichkeitstests). Dies erfordert seitens des Unternehmens keine Beachtung der komplexen Rechtslage bei der Ausgestaltung des Selektionsverfahrens.

Die explizite Gestaltung von Self-Selection-Strategien fand in der betrieblichen Praxis bisher wenig Beachtung. In der Literatur sind Self-Selection-Ansätze praktisch ausschließlich im Rahmen der mikroökonomischen Arbeitsmarkttheorie beziehungsweise der Neuen Institutionenökonomie zu finden. Die betriebswirtschaftlich orientierte Personalwirtschaftslehre konzentriert sich primär auf Screening-Strategien. Self-Selection-Strategien werden nur im Einzelfall – primär im Rahmen des Personalmarketings – angedacht. Der Grund für die geringe praktische Akzeptanz liegt in dem hohen Abstraktionsniveau und der enormen Operationalisierungsprobleme infolge der für traditionelle mikroökonomische Self-Selection-Ansätze konstitutiven neoklassischen Nutzenanalyse. Der Self-Selection wird in der Praxis häufig nur eine Vorauswahlfunktion im Rahmen der Auswahlverfahren zugeschrieben.

Die in der Praxis häufig gelobte hohe prognostische Validität von → Assessment Centers, die in keinem Verhältnis zu der empirisch ermittelten „tatsächlichen" Validität steht, vermittelt nach *Rastetter* (1996) den Eindruck einer bewussten → Strategie zur Stärkung des Glaubens an die → Leistungsfähigkeit dieses Selektionsinstruments. Infolge dieser Überzeugung werden die subjektiven Erfolgswahrscheinlichkeiten der weniger produktiven Bewerber niedrig gehalten. Die Abschreckung der leistungsschwächeren Bewerber angesichts niedriger Erfolgswahrscheinlichkeiten einerseits, hohen Kosten der Teilnahme andererseits, führt zu einer sich selbst erfüllenden Prognose hinsichtlich der propagierten hohen Validität, ungeachtet des eigentlichen diagnostischen Werts des Verfahrens. Vor diesem Hintergrund einer Vorauswahlfunktion lassen sich Assessment

Selfservice Systeme

Centers zumindest teilweise als Self-Selection-Verfahren interpretieren.

Hinsichtlich der für die Induktion von Self-Selection-Prozessen erforderlichen Informationsübermittlung, verweist *Rastetter* (1996) auf die diesbezügliche Funktionalität einer Anwerbung durch informelle Vermittlung. Diese führt zu einer Übermittlung umfangreicher „Insiderinformationen" durch Beschäftigte, Kunden und Geschäftspartner an potenzielle Bewerber. Neben dem *Prescreening-Effekt* (Vorauswahl der Bewerber, da z. B. die Beschäftigten aufgrund der Berücksichtigung der eigenen →Reputation nur diejenigen Bekannten zu einer →Bewerbung veranlassen werden, die sie für geeignet halten) konstatiert *Rastetter* (1996) einen Self-Selection-Effekt aufgrund von *Realistic Job Information*, die dem Bewerber ein valideres Urteil über seine Eignung im Hinblick auf eine potenzielle Mitarbeit in einem spezifischen Unternehmen ermöglicht, als die knappe Information über Zeitungsanzeigen.

Globale Aussagen hinsichtlich einer ökonomischen Vorteilhaftigkeit von Self-Selection-Strategien gegenüber Screening-Strategien lassen sich nicht treffen. Die Self-Selection-Ansätze der Literatur vernachlässigen Verfahrenskosten, die mit der Etablierung einer Kontraktstruktur verbunden sind. Geht es nur darum, unterschiedliche Kontrakte zu drucken, dann werden diese geringer sein, als die Kosten von Screening-Verfahren, da keine aufwendigen →Tests durchzuführen sind. Die mit der organisationalen Umsetzung der Kontrakte verbundenen Maßnahmen können jedoch einen erheblichen Kostenfaktor darstellen.

Der Vergleich von Self-Selection- und Screening-Strategien ist grundsätzlich außerordentlich problematisch, da dies einen Vergleich von neoklassisch fundierten theoretischen Modellen mit empirisch in unterschiedlicher Güte abgesicherten real anzutreffenden Instrumenten zur Überwindung asymmetrischer Informationsverteilung auf Arbeitsmärkten erfordern würde.

Literatur: *Alewell, D.*: Interne Arbeitsmärkte, Hamburg 1993. *Bürkle, T.*: Qualitätsunsicherheit am Arbeitsmarkt. Die Etablierung separierender Gleichgewichte in Modellen der simultanen Personal- und Qualitätsunsicherheit, München, Mering 1999. *Kräkel, M.*: Entlohnung als Instrument zur Informationsaufdeckung bei der Personalauswahl, in: Zeitschrift für Personalforschung, 7. Jg. (1993), H. 4, S. 489–512. *Miyazaki, H.*: The Rat Race and Internal Labor Markets, in: The Bell Journal of Economics, 8. Jg. (1977), S. 394–418. *Rastetter, D.*: Personalmarketing, Bewerberauswahl und Arbeitsplatzsuche, Stuttgart 1996. *Spence, A. M.*: Market Signaling: Informational Transfer in Hiring and Related Screening Processes, Cambridge 1974.

Thomas Bürkle

Selfservice Systeme

Ausgestaltungsvariante →personalwirtschaftlicher Anwendungssoftware, die darauf abzielt, →Führungskräfte (Manager Selfservice), Mitarbeiter (Employee Selfservice) oder Bewerber (Applicant Selfservice) über direkte →Interaktion mit dem System als eigenständige, sich „selbstbedienende" Aufgabenträger in die Personalarbeit (→Personalmanagement) einzubeziehen.

Selfservice Systeme unterstützen daher eine →Dezentralisierung und Virtualisierung der Personalarbeit. Im Unterschied zu frühen Vorläufern sind solche Systeme mittlerweile fast ausschließlich internetbasiert (→eHRM) und werden inzwischen zunehmend im Rahmen von umfassenderen →HR-Portalen eingesetzt. Die insbesondere in den USA weiter verbreitete telefonbasierte Variante des Selfservice stellen →Voice Response Systeme dar.

Selfservice Systeme werden wegen eines möglichen Qualitätsverlustes der Personalarbeit und der Belastung (→Belastungs-Beanspruchungs-Modell) der Anwender teils auch kritisch gesehen.

Stefan Strohmeier

Seminar →Personalentwicklungsmethoden

Seminaradministrationssysteme

Kategorie →personalwirtschaftlicher Anwendungssoftware, die Anwender bei Administration der →betrieblichen Weiterbildung unterstützt.

Verwaltet werden zunächst die Daten von Weiterbildungsveranstaltungen, Dozenten, Referenten, Trainern, Schulungsräumen beziehungsweise Schulungsorten sowie von Teilnehmern. In Frage kommende Teilnehmer können in Einzel- oder Gruppenbuchungen den entsprechenden Weiterbildungsveranstaltungen zugeordnet werden. Meist kann unter Anbindung einer Textverarbeitung der gesamte Schriftverkehr zur Einladung von Teilnehmern und Dozenten sowie Buchung von Hotels übernommen werden. Einzelne Systeme können die Honorare externer Referenten berechnen und anweisen sowie eine Spesenabrechnung für Teilnehmer durchführen. Ein Teil der Systeme kann auch die Teilnahme Externer berücksichtigen. Hierbei können etwa über Mailingaktionen auf die entsprechende Weiterbildungsveranstaltung aufmerksam gemacht, Rechnungen erstellt und Zahlungseingänge überwacht werden.

Zur Information potenzieller Teilnehmer können regelmäßig auch Seminarbeschreibungen und -kataloge in Papier- oder elektronischer Form erstellt werden. Partiell bieten die Systeme auch Unterstützung bei der Durchführung personalentwicklungsbezogener Mitarbeiterfördergespräche (→Personalgespräch) und Leistungsbeurteilungen. Durch die häufig differenzierte Erfassung von Kosten sind auch Auswertungen im Sinne eines Bildungs(kosten)controllings möglich. Neuere Seminaradministrationssysteme sind häufig im Sinne eines →Selfservice Systems konzipiert, durch die sich interessierte Mitarbeiter und →Führungskräfte selbst über Weiterbildungsangebote informieren und diese buchen können.

Stefan Strohmeier

Senior Board →Junior (Executive) Board

Seniorität

Betriebszugehörigkeitsdauer (→Beschäftigungsstabilität) eines →Arbeitnehmers.

Besondere Bedeutung kommt der Seniorität als Grundlage der Entlohnung (Senioritätsentlohnung) und als Grundlage von Beförderungsentscheidungen zu. Unter der *Senioritätsentlohnung* versteht man eine mit zunehmender Betriebszugehörigkeitsdauer ansteigende Lohnhöhe. Diese wird auf zweierlei Weise inhaltlich begründet:

1. Es lässt sich auf einen Zusammenhang zwischen Erfahrung und Betriebszugehörigkeitsdauer verweisen, der sich in zunehmender Betriebsspezifität der Fähigkeiten manifestiert. In diesem Kontext sei auf den von *Williamson* (1985) erwähnten Effekt der fundamentalen Transformation verwiesen: Eine zu Beginn unspezifische Beziehung wird im Zeitablauf in eine spezifische Beziehung transformiert.
2. Eine Senioritätsentlohnung führt durch die faktische Belohnung (→Belohnung und Bestrafung) von Betriebstreue zu einer Reduzierung beziehungsweise Überwindung von →Moral Hazards und Hold-Up-Problemen (→Hold-Up). Charakteristisch für die Senioritätsentlohnung ist nach *Lazear* (1981) eine bei Beginn des →Beschäftigungsverhältnisses unterhalb des Wertgrenzprodukts liegende Entlohnung, die bei kontinuierlichem Anstieg ab einer bestimmten Betriebszugehörigkeitsdauer das Wertgrenzprodukt jedoch überschreitet. Dies lässt sich als eine zunächst sukzessive Hinterlegung eines Pfands interpretieren, das in späteren Perioden dem Arbeitnehmer sukzessive zurückerstattet wird. Die vollständige Zurückerstattung des zu Beginn des Beschäftigungsverhältnisses einbezahlten Pfands erfolgt erst nach einer entsprechend langen Betriebszugehörigkeitsdauer. Damit führt eine diesbezüglich vorzeitige Terminierung des Beschäftigungsverhältnisses aus Arbeitnehmersicht zu einem Verlust, da das Pfand noch überhaupt nicht oder noch nicht vollständig zurückgezahlt wurde. Dies hat zweierlei Implikationen für das Verhalten des Arbeitnehmers: Einerseits werden Arbeitnehmer, die bereits vor Eingehen der Arbeitsbeziehung wissen, dass sie nicht lange im Unternehmen verbleiben, dies jedoch nicht offenbaren, durch steile Alters-Entlohnungsprofile abgeschreckt. Dadurch werden Fluktuationskosten (→Reaktionskosten) für das Unternehmen reduziert. Andererseits entsteht für Arbeitnehmer, die diskretionäre Verhaltensspielräume ausnutzen und nicht die erwartete Arbeitsanstrengung erbringen (*Shirking*), im Falle der Aufdeckung des Verhaltens und einer damit verbundenen →Entlassung ein Verlustrisiko, das disziplinierend wirken kann. Zur allgemeinen Diskussion der Anreizwirkung der Senioritätsentlohnung schreiben *Backes-Gellner*, *Lazear* und *Wolff* (2001).

Neben der an die Betriebszugehörigkeitsdauer gekoppelten Entlohnung wird vereinzelt die Entlohnung auch an das Lebensalter gekoppelt. Ein Beispiel hierfür ist das Alters-Entlohnungsprofil des öffentlichen Dienstes in Deutschland, bei dem das Lebensalter eine bedeutende Rolle spielt.

Die freiwillige →betriebliche Altersversorgung lässt sich ebenfalls im Kontext der Senioritätsentlohnung interpretieren: Der Verzicht auf Gehaltsbestandteile während der aktiven Phase kann als sukzessive Hinterlegung eines Pfands aufgefasst werden, welches nach Be-

Sensitisierung

endigung der aktiven Phase in Form einer →Betriebsrente sukzessive rückerstattet wird. Voraussetzung für die Gewährung einer Betriebsrente ist eine Mindestzugehörigkeit (z. B. zehn Jahre) zu dem Unternehmen. Ein vorzeitiges Ausscheiden führt zu einem Verlust des Pfands.

Das Senioritätsprinzip stellt neben dem →Leistungsprinzip ein grundlegendes Prinzip für Beförderungen dar. Demgemäß wird bei Beförderungsentscheidungen jener Arbeitnehmer berücksichtigt, der die höchste Senioritätsposition aufweist. Auch bei der Beförderungsentscheidung wird bei Realisation des Senioritätsprinzips die Betriebstreue belohnt. Inhaltlich lässt sich das Senioritätsprinzip als Grundlage von Beförderungsentscheidungen auch damit begründen, dass Erfahrung und Betriebsspezifität der Fähigkeiten mit zunehmender Betriebszugehörigkeitsdauer zunehmen und somit eine verantwortungsvollere Position rechtfertigen.

Das Senioritätsprinzip bei Entlohnung und Beförderungsentscheidungen spricht gemäß *Bürkle* (2005) primär die Teilnahmeentscheidung beziehungsweise -motivation von Arbeitskräften an, da es auf die Dauer der Teilnahme am Unternehmen ausgerichtet ist. Dagegen wird beim Leistungsprinzip primär die Leistungsentscheidung beziehungsweise -motivation der Arbeitskräfte angesprochen, da individuelle →Arbeitsleistungen belohnt werden. Daher treten das Senioritäts- und das Leistungsprinzip als Grundlage für Entlohnung und Beförderungsentscheidungen häufig als Mischform auf.

Literatur: *Backes-Gellner, U.; Lazear, E. P.; Wolff, B.:* Personalökonomik, Stuttgart 2001. *Bürkle, T.:* Die Senioritätsentlohnung als Ergebnis einer paretoeffizienten Lohnallokation, in: *Kossbiel, H.; Spengler T.* (Hrsg.): Modellgestützte Personalentscheidungen 8. Aufl., München, Mering 2005, S. 81–102. *Lazear, E. P.:* Agency, Earnings Profiles, Productivity, and Hours Restriction, in: The American Economic Review, 71. Jg. (1981), S. 606–620. *Williamson, O. E.:* The Economic Institutions of Capitalism, New York 1985.

Thomas Bürkle

Sensitisierung →Habituation

Sensitivierung →Habituation

Sensitivitätstraining

gruppendynamisches Trainingsverfahren (Bewusstseinstraining).

Beim Sensitivitätstraining kommen etwa zehn Personen außerhalb ihrer Betriebe für circa eine Woche zusammen. Idealerweise sollten sich die Teilnehmer eines Sensitivitätstrainings nicht kennen. Als Grundregel gilt, dass über alles gesprochen werden darf, soweit es sich auf das „Hier und Jetzt" der Gruppe bezieht. Auf die Einhaltung der Regel achtet der →Trainer, der sich ansonsten im Hintergrund hält. Die Situation eines Sensitivitätstrainings zeichnet sich demzufolge im hohen Maße durch Unstrukturiertheit aus.

Ziel eines Sensitivitätstrainings ist die Steigerung der allgemeinen Kommunikationsfähigkeit durch den Ausbau der sozialen Sensibilität und durch die Erhöhung der →Flexibilität. Sensitivitätstrainings werden insbesondere im Rahmen von Organisationsentwicklungsmaßnahmen (→Organisationsentwicklung) eingesetzt.

Als entscheidendes *Problem* der Sensitivitätstrainings gilt neben der erheblichen emotionalen und →physischen Belastung die Frage, inwieweit das Gelernte auf die betriebliche Situation übertragen wird. Ähnliche Konzepte sind die so genannten T-Groups oder die Laboratoriumsmethode.

Laila Maja Hofmann

Serious Games →Digital Game Based Learning (DGBL)

Service Level Agreement (SLA)

Vereinbarung, die unternehmensintern oder zwischen zwei Unternehmen für den Bezug und die Bereitstellung einer Dienstleistung geschlossen wird.

Das Service Level Agreement (SLA) kann auch als Evolution aus zwei Entwicklungen gesehen werden: Zum einen aus *Verrechnungspreisverhandlungen* für die Dienste eines bestimmten Service-Centers (→Dienstleistungs-Center), bei denen neben Preis und Menge auch qualitative Faktoren berücksichtigt werden; zum anderen aus →*Dienstverträgen*, die mit externen Dienstleistern im Rahmen von Outsourcingprojekten (→Outsourcing) für extern bezogene Services abgeschlossen wurden (*Sturm* 2000).

SLA enthält neben einer Preisvereinbarung weitere Vereinbarungstitel wie die Beschreibung der angebotenen Leistungen (Leistungsumfang), den Kapazitätsrahmen (Abnahme- und Vorhaltungsmengen), Qualitätsstandards, gegenseitige Verantwortlichkeiten, Verrechnungsmodalitäten, Konsequenzen und Vermittlungsinstanzen bei Nichteinhaltung der Vereinbarung oder terminliche Vereinbarungen (*Boschen* und *Möller* 2004, *Bernhard et al.* 2003).

Die Gründe für die Anwendung von SLA liegen in dem Bestreben der Einführung marktähnlicher Verhältnisse. Im Gegensatz zu traditionellen Konzernumlagen, werden mit der Anwendung von SLA individuelle Vereinbarungen hinsichtlich der Mengen und Preise für die bereitgestellten Dienstleistungen zwischen den Beteiligten ausgehandelt. Dadurch hat der Dienstleistungskunde die Möglichkeit, auch auf die intern bezogenen Leistungen Einfluss zu nehmen und eine Anpassung der Leistungen an seine Bedürfnisse im Rahmen der Vorgaben des Unternehmens zu erwirken, was bei reinen Verrechnungsmodellen nicht möglich ist. Somit kann sichergestellt werden, dass im Unternehmen die Dienstleistungen angeboten, erbracht und bezogen werden, die wirklich benötigt werden. SLA übernehmen daher eine wichtige Lenkungsfunktion bei der Verrechnungspreisermittlung.

Literatur: *Bernhard, M. et al.* (Hrsg.): Praxishandbuch Service-Level-Management: Die IT als Dienstleistung organisieren, Düsseldorf 2003. *Boschen, T.; Möller, K.*: Controlling von Shared Service Centern durch Service Level Agreements, in: *Horváth, P.* (Hrsg.): Die Strategieumsetzung erfolgreich steuern, Stuttgart 2004, S. 83–105. *Lee, J.; Ben-Natan, R.*: Integrating Service Level Agreement: Optimizing Your OSS for SLA, Indianapolis 2002. *Schmidt, H.*: Entwurf von Service Level Agreements auf der Basis von Dienstprozessen, München 2001. *Sturm, R.*: Foundations of Service Level Management, Indianapolis 2000.

Klaus Möller

Service-Center → Dienstleistungs-Center

Sexuelle Belästigung

vorsätzlich sexuell bestimmtes Verhalten, das die Würde des Betroffenen verletzt oder ihn erheblich stört und deutlich erkennbar von ihm abgelehnt wird.

Sexuelle Belästigung am Arbeitsplatz ist eine Zumutung für die Betroffenen, behindert organisatorische Abläufe und verstößt gegen gesetzliche Vorschriften. Dass sie trotz ihrer eindeutigen Ablehnung ein ergiebiges Diskussionsthema ist, liegt an der Schwierigkeit ihrer Abgrenzung von anderen Verhaltensweisen (*Holzbecher et al.* 1997).

Zu der Frage, was die Würde des Menschen verletzt, existiert eine ausführliche Rechtsprechung. Was den Betroffenen im Einzelnen erheblich stört, ist objektiv jedoch kaum zu beurteilen. Einer vom Bundesfamilienministerium in Auftrag gegebenen Studie aus dem Jahre 1997 zufolge herrscht unter den Befragten weitgehend Einigkeit darüber, dass körperliche Übergriffe und sexuelle Erpressungen als Belästigung empfunden werden, während sie unter anderem in Abhängigkeit kultureller Hintergründe über das Hinterherpfeifen, Erzählen anzüglicher Witze oder Anbringen von Nacktfotos in Spinden geteilter Meinung sind.

Um für Gegenmaßnahmen breite Akzeptanz zu finden und mehr Wirkungen als Nebenwirkungen zu erzielen, könnte eine enge Abgrenzung sinnvoll sein.

Kritisch für die Abgrenzung sexueller Belästigung ist weiterhin die Frage der Ablehnung durch den Betroffenen. Angesichts der Tatsache, dass viele Ehepaare sich am Arbeitsplatz kennen lernen und empirische Untersuchungen, zum Beispiel von *Neuberger* (2002), übereinstimmend darauf hinweisen, dass ein Drittel aller Beschäftigten eine sexuelle Beziehung am Arbeitsplatz unterhalten oder schon einmal unterhalten haben, kann nicht bei jeder sexuellen Annäherung von einer Belästigung gesprochen werden. Um den Tatbestand der sexuellen Belästigung feststellen zu können, bedarf es daher bei solchem Verhalten, das nicht bereits die Würde des Betroffenen verletzt, seiner erkennbaren Ablehnung.

Sexuellen Belästigungen könnte vergleichsweise einfach entgegengewirkt werden, wenn der Kreis der Täter und Opfer begrenzt wäre. Dass ausschließlich Männer Frauen sexuell belästigen, kann nicht als gesichert gelten. Es gibt auch gegenteilige empirische Befunde (*Rastetter* 1994). Bekannt ist, dass Männer seltener über sexuelle Belästigung klagen als Frauen. Dies könnte unter anderem daran liegen, dass sie unter ihr weniger leiden oder befürchten könnten, im Falle der Äußerung unglaubwürdig zu erscheinen.

Die oben erwähnte Studie des Bundesfamilienministeriums, in der auch 19 % der Männer angaben, sexuell belästigt geworden zu sein, hat gezeigt, dass die Belästiger mit etwa 30 bis 50 Jahren tendenziell älter sind als die Belästigten mit rund 20 bis 30 Jahren. Die Betriebszugehörigkeit der Belästiger beträgt überwiegend zehn Jahre und mehr, die Belästigten sind meist erst kurze Zeit am Arbeitsplatz. Über 60 % der Belästiger sind verheiratet, unter 10 % leben in einer festen Partnerschaft, nur 13 % sind allein stehend. Interessant ist auch die Angabe, dass sexuelle Belästigungen meistens von Kollegen und nicht etwa von Führungskräften ausgehen. Kunden treten ebenso häufig als Belästiger in Erscheinung wie Führungskräfte. Einzelne →Stereotypen von sexuellen Belästigern stellen demnach nicht die Mehrheit; vielmehr geht sexuelle Belästigung von Angehörigen nahezu aller Gruppen aus.

Sexuelle Belästigung kann ein *triebhaftes Verhalten* des Belästigers darstellen oder absichtlich zur *Erniedrigung* des Belästigten eingesetzt werden. In letzterer Hinsicht ist sexuelle Belästigung allerdings ambivalent, denn durch die Behauptung von sexueller Belästigung lässt sich auch in umgekehrter Richtung →Macht ausüben (→Mikropolitik).

Soziale Kontrollmechanismen sind grundsätzlich dazu geeignet, um sexuelle Belästigung zu verhindern, sie können allerdings in zweierlei Hinsicht versagen:

1. Subkulturen können sich bilden, in denen sexuelle Belästigung gutgeheißen oder geduldet wird, und sie sich dementsprechend ungehemmt entwickeln. Eine heterogene Besetzung von Gruppen mit beiden Geschlechtern könnte die Subkulturbildung in dieser Hinsicht eindämmen oder verhindern.
2. Sexuelle Belästigungen treten im Rahmen von Zweierbeziehungen auch in intakten →Kulturen auf, wenn der Belästigte keine Möglichkeit hat, sich mit seiner Klage an das soziale Umfeld zu wenden.

Falls der Zwang zum Schweigen in einem Abhängigkeitsverhältnis begründet ist, kann ein Abbau der Machtposition des Belästigers durch größere Transparenz der Beziehung oder objektivierte Beurteilungen Abhilfe schaffen. Falls sexuelle Belästigung ein Tabuthema darstellt und es dem Belästigten an einer öffentlichen Plattform für sein Problem fehlt, ist diese durch breit angelegte Gesprächsinitiativen dezentral zu etablieren oder zentral als Anlaufstelle einzurichten. Zusätzlich können Führungskräfte dazu angehalten werden, verdächtigen Vorgängen in ihrer Arbeitsgruppe von sich aus auf den Grund zu gehen und nicht auf die Ansprache durch die Belästigten zu warten.

Literatur: *Holzbecher, M. et al.*: Sexuelle Belästigung am Arbeitsplatz, Stuttgart etc. 1997. *Neuberger, O.*: Führen und führen lassen, 6. Aufl., Stuttgart 2002. *Rastetter, D.*: Sexualität und Herrschaft in Organisationen, Opladen 1994.

Jan Hendrik Fisch

Sexuelle Belästigung aus (arbeits-)rechtlicher Sicht

vorsätzlich, sexuell bestimmtes Verhalten, das die Würde von Beschäftigten am Arbeitsplatz verletzt (§ 2 Abs. 2 BeSchG).

Der Gesetzgeber hat am 24.06.1994 das Gesetz zum Schutz der Beschäftigten vor sexueller Belästigung am Arbeitplatz (→Beschäftigtenschutzgesetz, BeSchG) erlassen. Ziel dieses Gesetzes ist die Ausformung der ohnehin geltenden Fürsorgepflicht (→Nebenpflichten) des →Arbeitgebers bezogen auf den Bereich der sexuellen Belästigung. Erfasst wird sexuell bestimmtes Verhalten, das von dem betroffenen →Arbeitnehmer abgelehnt wird und zudem geeignet ist, die Würde des Adressaten zu verletzen (LAG Chemnitz, Urteil vom 10.03.2000, Az.: 2 Sa 635/99).

Zur sexuellen Belästigung gehören sexuelle Handlungen und Verhaltensweisen, die nach den strafgesetzlichen Vorschriften unter Strafe gestellt sind. Die Strafbarkeit ist jedoch keine Voraussetzung für die Anwendbarkeit des BeSchG. Denn § 2 Abs. 2 Nr. 2 BeSchG erfasst darüber hinaus sonstige sexuelle Handlungen und Aufforderungen zu diesen, sexuell bestimmte körperliche Berührungen, Bemerkungen sexuellen Inhalts sowie das Zeigen und sichtbare Anbringen von pornografischen Darstellungen, die von den Betroffenen erkennbar abgelehnt werden.

Gemäß § 2 Abs. 3 BeSchG ist sexuelle Belästigung am Arbeitsplatz eine arbeitsvertragliche Pflichtverletzung (→Arbeitsvertrag), was auch vor Inkrafttreten des BeSchG galt. Betroffene Arbeitnehmer haben das Recht, sich bei Vorliegen einer sexuellen Belästigung zu beschweren, und der Arbeitgeber oder die →Führungskraft hat sodann geeignete Maßnahmen zu treffen, um die Fortsetzung der festgestellten Belästigung zu unterbinden. Zu solchen Maßnahmen gegenüber dem Täter kann eine Ermahnung, →Abmahnung, Um- oder →Versetzung, ordentliche oder sogar →außerordentliche Kündigung gehören. Welche Maßnahme geboten und auch rechtlich zulässig ist, hängt von Art, Dauer und Schwere der sexuellen Belästigung ab.

Hilft der Arbeitgeber einer berechtigten Beschwerde nicht ab, steht dem Betroffenen Arbeitnehmer je nach Schwere gegebenenfalls sogar ein fristloses Kündigungsrecht zu mit der Folge des Schadensersatzanspruchs aus § 628 BGB, der nach der Rechtsprechung des Bundesarbeitsgerichts allerdings bis zum Ablauf der ordentlichen →Kündigungsfrist beschränkt ist. Solange Abhilfe nicht geschaffen wird, hat der Arbeitnehmer außerdem ein →Zurückbehaltungsrecht an seiner →Arbeitsleistung, das seinen Vergütungsanspruch unberührt lässt (*Merkel* 1994).

In der Praxis ist festzustellen, dass sexuelle Belästigung am Arbeitsplatz zwar nicht die Regel, jedoch auch kein Einzelfall ist. Ein Großteil der Fälle wird nicht gerichtsbekannt, da der betroffene Arbeitnehmer sehr häufig mit Beweisproblemen konfrontiert wird.

Literatur: *Merkel, A.*: Sexuelle Belästigung am Arbeitsplatz, in: Arbeit und Arbeitsrecht, 1994, S. 267.

Friedrich Meyer

Shared Services

liegen dann vor, wenn innerhalb eines Unternehmens bestimmte Dienstleistungen wie →Personalmanagement, →Controlling und Finanzmanagement oder auch EDV-Dienstleistungen zentral erbracht und den dezentralisierten Geschäftseinheiten von der Konzern- oder →Unternehmensführung angeboten werden.

Die Konzeption wurde bereits in den 1970er Jahren als Weg zur Kostensenkung und besseren Ressourcennutzung propagiert. Größere Beachtung wurde ihr in Wissenschaft und Praxis erst Ende der 1990er Jahre geschenkt (*Schulman et al.* 1999). Eine Bündelung solcher Dienstleistungen soll eine bessere Servicequalität und Skaleneffekte bei den Servicekosten ermöglichen (→Erfahrungskurve, →Dienstleistungscontrolling). Die internen Kunden entscheiden dabei über die Art und Menge der angebotenen Dienstleistungen („ob" und „was"), während die zentralen Anbieter (Shared Service Center) über das „wie" der Auftragserfüllung entscheiden. Diese Dienstleistungen werden dann von Shared Service Centern erbracht. Ziel einer solchen →Organisationsstruktur ist es, im Unternehmen marktähnliche Bedingungen für die Erbringung dieser Dienstleistungen zu schaffen, um so Kosten- und Qualitätsvorteile zu erreichen. (*Schimank* und *Strobel* 2002).

Insbesondere für Zentralfunktionen wie Personal oder IT haben sich Shared Service Center in Großkonzernen als dominante Organisationsform etabliert. Notwendig zur erfolgreichen →Implementierung ist allerdings ein hoher Standardisierungsgrad der angebotenen Leistungen. Daher findet sich oft auch eine zweigeteilte Struktur, in der einerseits Basis- oder Standardleistungen (wie z. B. eine Benutzerschulung) angeboten werden und andererseits individuelle Leistungen in geringem Umfang (z. B. individuelle Führungscoachings) erbracht werden. Etabliert sich das Leistungsangebot und existiert eine externe Nachfrage, können Shared Service Center auch in eigenständige Organisationseinheiten ausgelagert werden und können dann selbständig am Markt agieren (*Boschen* und *Möller* 2004).

Literatur: *Boschen, T.; Möller, K.*: Controlling von Shared Service Centern durch Service Level Agreements, in: *Horváth, P.* (Hrsg.): Die Strategieumsetzung erfolgreich steuern, Stuttgart 2004, S. 83–105. *Kagelmann, U.*: Shared Service als alternative Organisationsform, Wiesbaden 2001. *Schimank, C.; Strobel, G.*: Controlling in Shared Services Centern; in: *Gleich, R. et al.* (Hrsg.): Controllingfortschritte, München 2002, S. 281–301. *Schulman, D. et al.*: Shared Services: Adding Value to the Business Units, New York 1999.

Klaus Möller

Shiftworking →Schichtarbeit

Shirking →Effizienzlohntheorie

Sicherheitsbedürfnis

Oberbegriff für Basismotive (→Motiv) des Menschen, Schutzlosigkeit, Ungewissheit beziehungsweise Verunsicherung zu reduzieren.

Zum Sicherheitsbedürfnis zählt das Streben nach Schutz vor äußeren Gefahren oder Störungen (Sicherheit im Sinne von „safety"), nach Gewissheit über zukünftige Ereignisse und ihre Konsequenzen (Sicherheit im Sinne von „certainty") sowie nach Sicherheit in den eigenen Zielen, Überzeugungen und Handlungen (Sicherheit im Sinne von „security").

In der →Bedürfnishierarchie von *Maslow* (1977) zählt das Sicherheitsbedürfnis („safety") zu den Defizit-Bedürfnissen, das heißt seine Befriedigung ist eine Voraussetzung dafür, dass eine Person langfristig leistungs- und selbstverwirklichungsfähig ist (→Motivation). Das Fehlen ausreichender Sicherheit kann zu →Leistungsstörungen, Änderungswiderständen oder Weggang führen.

SIETAR

Literatur: *Maslow, A.*: Motivation und Persönlichkeit, Olten 1977.

Markus Gmür

SIETAR

weltweit erste und größte Vereinigung von Wissenschaftlern, →Trainern und Personalentwicklern sowie anderen international arbeitenden Berufsgruppen, die ein gemeinsames Interesse an der Verbesserung →interkultureller Kommunikation und →Kooperation verbindet.

Die *Society for Intercultural Education, Training and Research* (SIETAR) wurde 1974 in den USA als ein internationales Netzwerk ins Leben gerufen. Ebenso existieren SIETAR EUROPE und zahlreiche Ländervereinigungen, wie zum Beispiel SIETAR Deutschland mit über 300 Mitgliedern. Zu den Aktivitäten von SIETAR gehört die Herausgabe von Newslettern und Journals, die Organisation von Kongressen, Weiterbildungsveranstaltungen, →Workshops sowie Arbeitsgruppen zur interkulturellen Kommunikation in Theorie und Praxis.

Christoph I. Barmeyer

Signaling

glaubwürdige Offenbarung von →Informationen über bestimmte eigene Eigenschaften eines ökonomischen Akteurs, die andere Akteure nicht beobachten können, über die Wahl bestimmter beobachtbarer Handlungen.

In der →Personalökonomie ist Signaling insbesondere von Bedeutung, wenn →Arbeitgeber das Talent von Bewerbern vor Vertragsabschluss nicht kennen (→Adverse Selektion), die →Arbeitnehmer aber beispielsweise durch die Wahl ihrer →Ausbildung, Information über dieses Talent zu offenbaren versuchen. Formaltheoretisch wurde diese Situation zum ersten Mal von *Spence* (1973) untersucht.

Eine Basisidee des Ansatzes ist, dass talentiertere Arbeitnehmer geringere Kosten haben, höhere Ausbildungsniveaus (z. B. durch weitere Schul- oder Hochschulabschlüsse) zu erreichen als weniger talentierte. Die Arbeitgeber beobachten zwar das Ausbildungsniveau, nicht jedoch das Talent eines Arbeitnehmers. Wie die spieltheoretische Analyse zeigt, können sowohl Pooling- wie auch Trenngleichgewichte auftreten:

- In einem *Pooling-Gleichgewicht* gelingt es den talentierteren Arbeitnehmern nicht, ihr Talent zu signalisieren, da dies von den weniger talentierten Arbeitnehmer imitiert wird.

- In einem *Trenngleichgewicht* hingegen ist das Signaling erfolgreich. Anhand des Ausbildungsniveaus kann der Arbeitgeber auf das Talent zurückschließen. Weniger talentierte Arbeitnehmer wählen dann geringere Ausbildungsniveaus, da das Imitieren der talentierteren Arbeitnehmer zu hohe Kosten verursacht.

Der beschriebene Mechanismus funktioniert, selbst wenn das Erreichen höherer Ausbildungsniveaus überhaupt keinen Effekt auf das →Humankapital eines Individuums hat. Unternehmen sind dann nur am Ausbildungsabschluss eines Bewerbers interessiert, da dieser Information über das Talent des Bewerbers offenbart. Grundvoraussetzung für die Wirkungsweise glaubwürdiger Signalisierung ist jedoch in der Tat, dass talentiertere Individuen geringere Kosten als weniger talentierte Individuen besitzen.

Literatur: *Mas-Colell, A.; Whinston, M. D.; Green, J. R.*: Microeconomic Theory, Oxford 1995, Kap. 13. C. *Spence, A. M.*: Market Signaling: Information Transfer in Hiring and Related Processes, Cambridge 1973.

Dirk Sliwka

Signifikanztest

statistische Methode zur Überprüfung von →Hypothesen anhand der Ergebnisse einer Stichprobe.

Der grundsätzliche Aufbau eines Signifikanztest ist wie folgt gekennzeichnet:

- Zunächst muss ein *Signifikanzniveau* festgelegt werden, mit dem die Wahrscheinlichkeit für die Fehlentscheidung zum Ausdruck gebracht wird, die Nullhypothese zu Unrecht abzulehnen.

- Danach ist eine *Testfunktion* zu ermitteln, die geeignet ist, die aufgestellten Hypothesen zu beurteilen.

- Abschließend wird mithilfe der Verteilung der Testfunktion ein *Verwerfungsbereich* konstruiert, so dass eine Entscheidung in Form einer Ablehnung oder Nichtablehnung der Nullhypothese möglich ist.

In Statistikprogrammen ist zur Durchführung eines Signifikanztest im Allgemeinen keine

Angabe des Signifikanzniveaus notwendig. Stattdessen wird ein so genannter p-Value ausgegeben, der angibt, dass zu jedem Signifikanzniveau, das größer als dieser p-Value ist, die Nullhypothese abgelehnt werden kann.

Signifikanztests können nach verschiedenen Kriterien klassifiziert werden. Eine mögliche Differenzierung ist die Unterscheidung in *parametrische* und *nichtparametrische* →Testverfahren. Bei den parametrischen Signifikanztests werden Hypothesen hinsichtlich einzelner Parameter der Verteilungen der Untersuchungsmerkmale überprüft, während mit den nichtparametrischen Testverfahren Hypothesen hinsichtlich der gesamten Verteilungen betrachtet werden. Eine weitere Differenzierung ergibt nach der Art und Anzahl der verwendeten Stichproben. Danach lassen sich Tests für *einfache*, mehrere *unabhängige* sowie *verbundene* Stichproben unterscheiden.

Literatur: *Bamberg, G.*; *Baur, F.*: Statistik, 12. Aufl., München 2002. *Fahrmeir, L. et al.*: Statistik, Berlin 2003.

Udo Bankhofer

Simulation

Vortäuschen bestimmter (Krankheits-)Symptome unter der Voraussetzung, dass sich Personen bestimmte Vorteile oder die Vermeidung negativer Konsequenzen aus Ihrem Verhalten bei einer Untersuchung erwarten.

Simulation kann insbesondere dann auftreten, wenn die Interessen von Auftraggeber und untersuchter Person nicht übereinstimmen (z. B. im Zusammenhang von militärpsychologischen Untersuchungen). Der Begriff der *Dissimulation* meint entsprechend das Verschweigen, Untertreiben oder Leugnen von (körperlichen/seelischen) Beschwerden oder Erkrankungen.

Weiterhin wird mit dem Begriff *(Computer-) Simulation* ein im Rahmen eignungsdiagnostischer Fragestellungen eingesetzter Verfahrenstyp bezeichnet, welcher persönlichkeitsrelevante wie auch leistungsbezogene Merkmale von Personen in möglichst (berufs-)realistisch nachgeahmten komplexen (computerisierten) Aufgabenstellungen zu erfassen beansprucht. Die Simulation *ILICA* von *Möseneder* und *Ebenhöh* (1996) bietet Testpersonen die individuelle Gestaltung eines freien Tages. Sie dient der Erfassung von Planungsstrategien beziehungsweise der Messung der Ablenkbarkeit beim Versuch, eine Planung in die Realität umzusetzen („Selbstverwaltungsfähigkeit"). Zu den Simulationen können auch *Komplexe Problemlöseszenarien* gerechnet werden, die besonders komplexe Aufgabenstellungen aus dem Alltag von Verantwortungs- und Entscheidungsträgern nachbilden. Situationen werden dann als komplex bezeichnet, wenn unter anderem eine große Anzahl an Variablen mit teilweise unbekannten Abhängigkeitsbeziehung berücksichtigt werden muss, das System dieser Variablen eigendynamisch und unter Gesetzmäßigkeiten gesteuert wird, welche nicht oder nur schwer durchschaubar sind. Im bekannten Szenario „Lohhausen" von *Dörner et al.* (1983) haben Personen beispielsweise die Aufgabe, als Bürgermeister die Entwicklung einer Kleinstadt durch Maßnahmen günstig zu beeinflussen.

Besondere Vorteile werden in der Realitätsnähe (ökologische →Validität) und in der weitestgehend unverfälschbaren Erfassung von Merkmalen gesehen. Kritisiert werden vor allem die Abhängigkeit der Messwerte und bislang ausstehende überzeugende prognostische Validierungen..

Literatur: *Dörner, D. et al.*: Lohhausen-Studie. Vom Umgang mit Unbestimmtheit und Komplexität, Bern 1983. *Möseneder, D.*, *Ebenhöh, J.*: ILICA – Ein Simulationstest zur Erfassung des Entscheidungsverhaltens, Frankfurt a. M. 1996.

Tuulia Ortner

Simulative Systeme →CBT-Systeme

Simultane Personalplanungen

bedeutet, dass gleichzeitig mit dem Personalbereich immer mindestens ein weiterer Funktionsbereich des Unternehmens beplant wird.

Bei simultanen Personalplanungen geht, ebenso wie bei der reinen Personalverwendungsplanung, der Personalbedarf als Entscheidungsvariable in den Optimierungskalkül ein. Im Gegensatz zu letztgenannter wird hier aber zusätzlich auch die optimale →Personalausstattung gesucht. Des Weiteren sind simultane Personalplanungen immer durch Anbindungen an mindestens einen weiteren Funktionsbereich des Unternehmens charakterisiert. Neben der →Personalbereitstellung und -verwendung werden im Zuge von simultanen Personal- und Investitionsplanungen Entscheidungen über die Art und Anzahl an-

Single-Loop-Learning

zuschaffender Maschinen (*Domsch* 1970), im Zuge von simultanen Personal- und Produktionsplanungen Entscheidungen über die Art und Anzahl zu produzierender Güter (*Kossbiel* 1988) sowie im Zuge der simultanen Personal- und Organisationsplanungen Entscheidungen über Art und Anzahl zu implementierender Stellen (*Spengler* 1993) vorbereitet beziehungsweise getroffen.

Literatur: *Domsch, M.*: Simultane Personal- und Investitionsplanung, Bielefeld 1970. *Kossbiel, H.*: Personalbereitstellung und Personalführung, in: *Jacob, H.* (Hrsg.): Allgemeine Betriebswirtschaftslehre, Wiesbaden 1988, S. 1045–1253. *Spengler, T.*: Lineare Entscheidungsmodelle zur Organisations- und Personalplanung, Heidelberg etc. 1993.

Thomas Spengler

Single-Loop-Learning → Organisationales Lernen

Situationsansatz der Führung

folgt der Grundannahme, dass die Enge der Beziehung zwischen dem → Führungsverhalten einerseits und dem → Führungserfolg andererseits in Abhängigkeit von den Merkmalen der Situation variiert (syn.: Situational Approach).

Die Berücksichtigung der Situation als führungsrelevante Determinante wird etwa seit Ende der 1950er Jahre diskutiert. Speziell in den 1960er und 1970er Jahren entstanden Führungsmodelle, die unterschiedliche Aspekte der Situation berücksichtigen und die in der Literatur unter dem Sammelbegriff der situativen Führungstheorien zusammengefasst werden (*Bass* 1990).

Die situative Führungsforschung stellt indes keine in sich geschlossene Führungsschule dar, sondern setzt sich aus verschiedenen Ansätzen zusammen. Am meisten bekannt geworden und in der Literatur diskutiert sind das → Kontingenzmodell von *Fiedler* (1967), die 3-D-Theorie von *Reddin* (1977), das normative → Entscheidungsmodell von *Vroom* und *Yetton* (1973) beziehungsweise *Vroom* und *Jago* (1988) und der situative Führungsansatz von *Hersey* und *Blanchard* (1977, 1993).

In den verschiedenen Führungsansätzen werden jeweils unterschiedliche Merkmale der Situation angenommen, die die Beziehung zwischen dem Führungsverhalten und dem Führungserfolg beeinflussen. Die am häufigsten genannten Charakteristika der Situation sind Merkmale der → Aufgabenstruktur und Merkmale der Geführten, weniger häufig werden Merkmale der → Gruppe thematisiert (*Gebert* und *von Rosenstiel* 2002).

Übersicht 1: Merkmale ausgewählter situativer Führungsansätze im Überblick

Ansatz	Eigenschaften des Führenden	Verhalten des Führenden	Situative Randbedingungen	Intervenierende Variablen
Fiedler 1967	Personen- oder Aufgabenorientierung		Aufgabenstruktur, Beziehung, Positionsmacht	
Reddin 1970		Related, Integrated, Separated, Dedicated	Aufgabenanforderungen, Mitarbeiter, Kollegen, Vorgesetzte, Organisationsstruktur und -klima	
Vroom/ Yetton 1973		Kontinuum von autoritär bis partizipativ	unterschiedliche Aspekte (z. B. Informationsverteilung)	Qualität, Effizienz und Akzeptanz der Entscheidung
Hersey/ Blanchard 1977; 1993		Telling, Selling, Participating, Delegating	aufgabenbezogene Reife der Geführten	

Als *Merkmale der Aufgaben* werden zum Beispiel die Aufgabenkomplexität, der Grad der Strukturiertheit der Aufgaben, die Art des Problems, die Entscheidungsqualität, die Notwendigkeit der Mitarbeiterakzeptanz für die Durchsetzung von Entscheidungen sowie der Zeitaufwand für eine Entscheidung oder die Art der Technologie genannt. Unter den *Merkmalen der Geführten* werden insbesondere die Persönlichkeitseigenschaften und die → Qualifikation als relevant erachtet. In Bezug auf die *Merkmale der Gruppe* werden die Größe, der Grad des wechselseitigen Vertrauens und der Kohäsion (→ Gruppenkohäsion) genannt, das Konfliktniveau und das → Commitment innerhalb der Gruppe. Weitere situative Merkmale auf der Ebene der Organisation sind

Größe, Struktur (→Organisationsstruktur), Formalisierungsgrad und Komplexitätsgrad der Organisation, →Kontrollspanne, →Zentralisierung versus →Dezentralisierung, Verteilung von →Macht und Autorität, Kommunikationsstruktur, →Organisationskultur und →Organisationsklima. Zusätzlich zu diesen organisationsinternen Merkmalen wird der Einfluss der externen Umwelt der Organisation (z. B. stabile versus turbulente Umwelt, ökonomische, politische und rechtliche Einflüsse) auf die Beziehung zwischen Führungsverhalten und Führungserfolg untersucht. Zentrale Merkmale der oben genannten situativen Führungsansätze zeigt Übersicht 1.

Stellvertretend für die Konzeption des situativen Führungsansatzes seien nachfolgend zwei prominente Ansätze kurz skizziert: Das Kontingenzmodell der Führung von *Fiedler* (1967) und das normative Entscheidungsmodell von *Vroom* und *Yetton* (1973).

Das Kontingenzmodell der Führung (auch: Leader-Match-Konzept) geht von der Annahme aus, dass das Zusammenspiel von →Führungsstil und situativer Günstigkeit die Effizienz einer Arbeitsgruppe bestimmt. Eine Situation ist dann günstig, wenn sie der Führungskraft ein hohes Maß an Macht beziehungsweise Einfluss auf das Verhalten der Gruppenmitglieder ermöglicht, das heißt wenn die Führer-Mitarbeiter-Beziehungen positiv sind, die Aufgaben der Geführten hochstrukturiert sind und seine Positionsmacht hoch ist. *Fiedler* (1967) unterscheidet zwischen einem aufgabenorientierten und einem personenbezogenen Führungsstil; die Operationalisierung erfolgt dabei durch den LPC-Score (Least Preferred Co-Worker), der bei personenbezogenem Führungsstil hoch ausgeprägt ist.

Nach *Fiedler* (1967) empfiehlt sich bei hoher oder geringer situativer Günstigkeit ein aufgabenbezogener Führungsstil, während bei mittlerer situativer Günstigkeit ein personenbezogener Führungsstil erfolgversprechend ist (Abbildung 1). Kritisiert werden am *Fiedler*schen Ansatz vor allem seine mangelnde theoretische Fundierung (insbes. die Beschränkung der Situation auf die Günstigkeit und die Vernachlässigung der Wechselwirkungen zwischen Führungsverhalten und Situation) sowie die mangelnde empirische Bestätigung sowie methodische Probleme (*Yukl* 2002). Aus normativer Sicht ist insbesondere seine Empfehlung angreifbar, jeweils die Situation dem (als tendenziell unveränderbar geltenden) Führungsstil einer →Führungskraft anzupassen (*Gebert* und *von Rosenstiel* 2002): Dies würde auch implizieren, beispielsweise eine ungünstige Situation willentlich zu erzeugen.

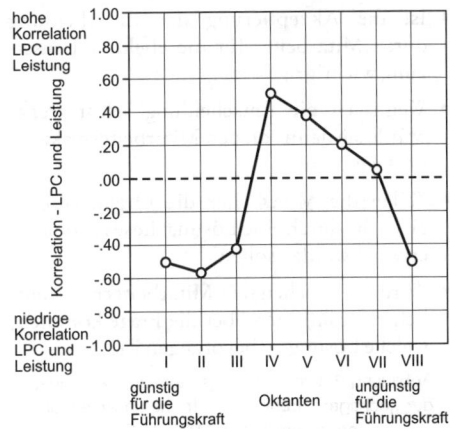

Abbildung 1: Das Kontingenzmodell
(*Fiedler* 1967, S. 176)

Ziel des normativen Entscheidungsmodells von *Vroom* und *Yetton* (1973) ist die Entwicklung einer Entscheidungslogik, mit deren Hilfe Führungskräfte die gegebene Führungssituation strukturieren und auf dieser Basis den geeigneten Führungsstil bestimmen können. *Vroom* und *Yetton* (1973) unterscheiden fünf Führungsstile:

1. *Autokratisch I (AI)*: Führender (F) löst das Problem allein und weist seine Ausführung an.

2. *Autokratisch II (AII)*: F holt zusätzliche Informationen bei den Mitarbeitern (MA) ein und entscheidet dann allein.

3. *Konsultativ I (BI)*: F bespricht sich mit MA und entscheidet dann allein.

4. *Konsultativ II (BII)*: F bespricht das Problem mit der ganzen Gruppe und trifft dann seine endgültige Entscheidung.

5. *Demokratisch (GII)*: F agiert als primus inter pares; die Gruppe diskutiert das Problem und entscheidet gemeinsam.

Zur Auswahl des jeweils angemessenen Führungsstils entwerfen *Vroom* und *Yetton* eine Situationstaxonomie, in der zunächst die jeweilige Führungssituation anhand von Filterfragen diagnostiziert wird, die jeweils mit Ja oder Nein zu beantworten sind:

Situationsansatz der Führung

- Gibt es ein Qualitätserfordernis derart, dass vermutlich eine Lösung sachlich besser ist als eine andere?
- Habe ich genügend →Informationen, um eine qualitativ hochwertige Entscheidung selbst treffen zu können?
- Ist das Problem strukturiert?
- Ist die Akzeptierung der Entscheidung durch Mitarbeiter für die effektive Umsetzung wichtig?
- Wenn ich die Entscheidung selbst treffe, würde sie dann von den Mitarbeitern akzeptiert werden?
- Teilen die Mitarbeiter die Organisationsziele, die durch eine Lösung dieses Problems erreicht werden sollen?
- Wird es zwischen den Mitarbeitern vermutlich zu Konflikten über die Frage kommen, welche Lösung zu bevorzugen ist?

Abbildung 2: Entscheidungsbaum zum Auffinden der „richtigen" Führungsmethode (in Anlehnung an *Vroom/Yetton* 1973, S. 36)

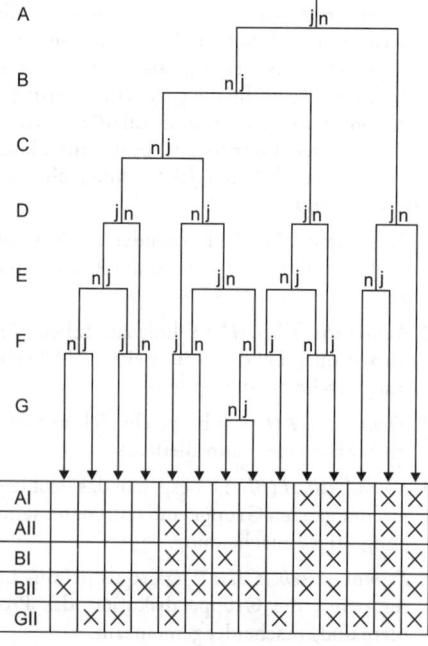

Diese Fragen werden in einer späteren Fassung des Modells von *Vroom* und *Jago* (1988) um fünf weitere ergänzt. Anhand eines Entscheidungsbaums, der die Fragen und ihre Antworten sequenziell aufeinander bezieht, werden die für die entsprechend diagnostizierte Situation erfolgversprechenden Führungsstile vorgeschlagen (Abbildung 2). Als Erfolgskriterien liegen dabei die Qualität der Entscheidungen, die Akzeptanz der Entscheidungen durch die Mitarbeiter und der Zeitaufwand für die Entscheidungsfindung zugrunde.

Da in einigen Fällen mehrere Führungsstile empfohlen werden, schlagen *Vroom* und *Jago* (1988) vor, die endgültige Entscheidung entweder nach dem Prinzip der Zeiteffizienz („Wähle unter den möglichen Führungsstilen immer den autokratischsten") oder dem Prinzip der Entwicklung des Teamgeistes („Wähle unter den möglichen Führungsstilen immer den partizipativsten") zu treffen.

Empirische Überprüfungen sprechen dafür, dass Führungskräfte ihr Verhalten tatsächlich im Sinne von *Vroom* und *Yetton* (1973) situationsabhängig variieren. Neben der auch hier ungelösten Frage der theoretischen Begründung für die Auswahl der Situationsvariablen wird das Modell von *Vroom* und *Yetton* (1973) unter anderem wegen seiner mechanistischen Anlage kritisiert, die den Führenden tendenziell bevormundet. Ein weiterer zentraler Kritikpunkt liegt wie im Hinblick auf *Fiedler* (1967) in der Gefahr eines Zirkelschlusses: Die jeweilige Führungssituation ist nicht „gegeben", sondern wird wesentlich durch das Verhalten des Führenden geprägt.

Situative Variablen werden als Determinanten des Führungsverhaltens auch in solchen Führungsansätzen berücksichtigt, die sich nicht explizit einem situativen Führungsverständnis zuordnen lassen. Dies gilt beispielsweise für die Weg-Ziel-Theorie der Führung (→Transaktionale Führung) sowie für die →transformationale Führung.

Der Denkansatz der Situationstheorie führt sowohl auf der theoretischen Ebene als auch in pragmatischer Hinsicht zu Problemen, die diesem Ansatz entsprechende *Kritik* eingetragen haben: Bis heute fehlt eine theoretische Klassifikation der führungsrelevanten Situationsmerkmale; einen Lösungsansatz zur theoretischen Fundierung situativer Merkmale liefert die Arbeit von *Boerner* (2002).

Ein weiterer Kritikpunkt betrifft den Vorwurf des Determinismus, der mit dem Vorwurf der Entmündigung des Führenden durch die Empfehlungen des situativen Ansatzes zusammenhängt. Dieser Kritikpunkt ist jedoch nur dann haltbar, wenn man von einem engen Verständnis des situativen Ansatzes ausgeht und die Merkmale der Situation als unabhängige Variable konzipiert: In diesem Fall würde das Führungsverhalten als abhängige Variable tatsächlich durch die situativen Randbedingungen determiniert. Eine solche einseitige Sichtweise wird jedoch in den situativen Führungsansätzen selbst nicht vertreten. *Hersey* und *Blanchard* (1977, 1993) etwa sprechen ausdrücklich von Wechselwirkungen zwischen dem Führungsverhalten und dem Reifegrad der Geführten.

Eine einseitige, deterministische Sichtweise ist darüber hinaus auch substanziell nicht haltbar. Die Situationsvariablen stellen keine unveränderlichen, unabhängigen Randbedingungen dar, auf die Führung lediglich reagiert. Darüber hinaus beeinflusst das Führungsverhalten als →Interaktion (→Mitarbeiterführung) selbstverständlich auch andere situative Bedingungen, wie zum Beispiel die Bedingungen der Aufgabe. Die Kontingenz zwischen situativen Randbedingungen und Führungsverhalten ist insofern nicht als Ausdruck eines situativen Determinismus, sondern als Ergebnis der Wechselwirkungen zwischen Führungsverhalten und situativen Randbedingungen zu interpretieren. Vor diesem Hintergrund ist eher die Frage zu stellen, inwieweit generell zwischen dem Führungsverhalten und den situativen Randbedingungen unterschieden werden kann, weil letztlich die Gefahr eines Zirkelschlusses naheliegt. Trotz dieser Kritikpunkte werden Aspekte der Situation heute in nahezu allen wissenschaftlich fundierten Auseinandersetzungen mit Führung berücksichtigt.

In pragmatischer Hinsicht besteht das Hauptproblem der situativen Ansätze darin, dass ein differentielles Führungsverhalten eine valide Situationsdiagnostik und eine entsprechende Verhaltensflexiblität der Führenden voraussetzt – aus diesem Grund schließen die situativen Ansätze (z. B. *Fiedler* 1967, *Vroom* und *Yetton* 1973) entsprechende Trainings für beide Fähigkeiten ein.

Literatur: *Bass, B. M.*: Handbook of Leadership, 3. Aufl., New York 1990. *Boerner, S.*: Führungsverhalten und Führungserfolg. Beitrag zu einer Theorie der Führung am Beispiel des Musiktheaters, Wiesbaden 2002. *Fiedler, F. E.*: A Theory of Leader Effectiveness, New York etc. 1967. *Gebert, D.; von Rosenstiel, L.*: Organisationspsychologie, 5. Aufl., Stuttgart 2002. *Hersey, P.; Blanchard, K. H.*: Management of Organizational Behavior, Upper Saddle River 1977. *Hersey, P.; Blanchard, K.:* Management of Organizational Behavior, Englewood Cliffs 1993. *Reddin, W. J.*: Das 3-D-Programm zur Leistungssteigerung des Managements, München 1977. *Vroom, V. H.; Jago, A. G.*: The New Leadership, Englewood Cliffs, 1988. *Vroom, V. H.; Yetton, P. W.*: Leadership and Decision-Making, Pittsburgh 1973. *Yukl, G. A.*: Leadership in Organizations, 5. Aufl., Englewood Cliffs 2002.

Sabine Boerner

Skala

Abbildung, die den Ausprägungen eines Merkmals reelle Zahlen zuordnet.

Eine *Skala* sollte dabei so gewählt werden, dass die →Informationen des Merkmals adäquat abgebildet werden. Je nach Informationsgehalt der Merkmale unterscheidet man dabei zwischen einer →*Nominalskala*, einer →*Ordinalskala* und einer *Kardinalskala*. Bei einer Nominalskala werden die Ausprägungen des Merkmals durch die zugeordneten Zahlen lediglich unterschieden. Bei einer Ordinalskala können die Ausprägungen des Merkmals nicht nur unterschieden, sondern zusätzlich noch in eine Rangordnung gebracht und durch die zugeordneten Zahlen repräsentiert werden. Eine Kardinalskala liegt schließlich vor, wenn darüber hinaus das Ausmaß des Unterschieds zwischen jeweils zwei Ausprägungen zum Ausdruck gebracht werden kann.

Udo Bankhofer

Skalenniveau

messtheoretische →Qualität einer →Skala.

Nach Art der zulässigen Transformationen werden die Skalenniveaus →Nominalskala, →Ordinalskala, →Intervallskala und →Ratioskala differenziert. Die *Skalentypen* unterscheiden sich hinsichtlich ihrer mathematischen Eigenschaften und damit hinsichtlich der statistischen Operationen und Verfahren, die mit ihnen durchgeführt werden können.

Bei Messungen wird zwischen den zu messenden Eigenschaften und den Zahlen, die den Objekten zur Kennzeichnung der Ausprägung der Eigenschaften zugewiesen werden, unterschieden. Die Eigenschaftsausprägung der zu untersuchenden Objekte (O) wird als empirisches Relativ (E), die durch die Messung zugeordneten Zahlen als numerisches Relativ (N) bezeichnet. Abbildung 1 zeigt die verschiedenen Zusammenhänge dieser in Bezug auf die verschiedenen Transformationen von Skalenniveaus.

Abbildung 1: Hierarchische Ordnung von Skalenausprägungen

Bedingungen für eine Nominalskala:

gilt für jedes Objektpaar (O_1, O_2):
$N(O_1) = N(O_2) \Leftrightarrow E(O_1) = E(O_2)$
$\wedge$
$N(O_1) \neq N(O_2) \Leftrightarrow E(O_1) \neq E(O_2)$

↓

Zusatzbedingungen für Ordinalskala:

$N(O_1) > N(O_2) \Leftrightarrow E(O_1) > E(O_2)$
$\wedge$
$N(O_1) < N(O_2) \Leftrightarrow E(O_1) < E(O_2)$

↓

Zusatzbedingungen für Intervallskala:

$N(O) = a*X+b \Leftrightarrow E(O) = X$
mit $a \neq 0$, X als Merkmalsausprägung von O

↓

Zusatzbedingungen für Ratioskala: b = 0

$N(O) = a*X \Leftrightarrow E(O) = X$ mit $a \neq 0$

mit $\Leftrightarrow$ als „nur dann, wenn" und $\wedge$ als „und"

Nominalskala, Ordinalskala, Intervallskala und Ratioskala bilden also eine hierarchische Ordnung. Analog zum Skalenniveau verhalten sich die Eindeutigkeit, Aussagekraft sowie der Informationsgehalt der Skalen. Jede hierarchisch höhere Skala kann in eine niedrigere überführt werden.

Benedikt Hell

Skill → Qualifikation

Slack

Überschussreserve, die dann vorliegt, wenn die Ressourcenausstattung eines Bereichs im Unternehmen höher ist, als es die Leistungserstellung erfordert (syn.: Organizational Slack).

Insbesondere bei einer zu hohen Ausstattung einer organisatorischen Einheit mit Personal liegt ein Slack vor. Grundsätzlich sollte im Sinne einer effizienten Gestaltung der →Organisation (→Organisatorische Effizienz) eine solche Verschwendung von Ressourcen verhindert werden. Durch eine dezidierte Aufgabenanalyse und Stellensynthese (→Aufgabenanalyse und -synthese) kann dies erreicht werden. Allerdings erscheint es in einigen Fällen nötig, einen Slack in Form von Redundanz bewusst in eine organisatorische Struktur einzubauen. Zur Sicherstellung der Aufgabenerfüllung durch eine →Gruppe sollte zum Beispiel darauf geachtet werden, dass wichtige →Qualifikationen mehrfach im Team vorhanden sind, um bei Ausfall eines Gruppenmitglieds die Arbeitsfähigkeit trotzdem aufrecht zu erhalten.

Reinhard Meckl

Social Audit

Überprüfung unternehmerischer Prozesse und Strukturen hinsichtlich ihrer ethischen Relevanz sowie die Kontrolle der Wirksamkeit implementierter →Ethikmaßnahmen.

Vor dem Hintergrund einer zunehmenden Diskussion über die sozialen und ethischen Konsequenzen unternehmerischen Handelns haben sich in den letzten Jahren die Bemühungen der Unternehmen verstärkt, Social Audits durchzuführen. Dazu erfolgt eine kritische →Selbstreflexion der unternehmerischen Bemühungen, bestimmte soziale und ethische Standards in der Praxis auch tatsächlich umzusetzen. Inhalte solcher Standards beinhalten beispielsweise Regelungen hinsichtlich Kinderarbeit, Zwangsarbeit oder →Arbeitszeiten (*Kreikebaum*, *Behnam* und *Gilbert* 2001). Das Ergebnis des Social Audits fließt typischerweise in ein Reporting ein und kann gegebenenfalls zertifiziert werden. Neben internen Social Audits nimmt in der Unternehmenspraxis die Bedeutung externer →Audits beständig zu. Die Auditierung erfolgt dann durch einen externen Auditor, zumeist ein spezialisiertes Unternehmen (z. B. Wirtschaftsprüfungsgesellschaften). Insbesondere externe Audits erscheinen Unternehmen zunehmend wichtiger, um die Legitimität ihrer Handlungen im Umgang mit Stakeholdern sicherzustellen und mögliche Ansatzpunkte zur Erhöhung der unternehmerischen Integrität zu identifizieren.

In der Unternehmenspraxis findet sich bislang keine allgemein anerkannte Verfahrensweise zur Durchführung von Social Audits. Die meisten Unternehmen orientieren sich dabei jedoch an ihren Erfahrungen, die sie im Rahmen der Auditierung von Umweltmanagementsystemen (ISO 14.000) und Qualitätsmanagementsystemen (→DIN EN ISO 9000) gesammelt haben. Danach geht es in einem Social Audit zunächst um die Feststellung des Ist-Zustands, bevor weitergehende Maßnahmen zur →Implementierung von Ethik umgesetzt werden (→Ethikmaßnahmen).

Entscheidende Bedeutung haben in jedem Auditprozess die Prüfkriterien, die sich im Fall von Umweltmanagementsystemen zum Beispiel auf ISO 14.000 stützen. Im Hinblick auf Social Audits besteht jedoch bislang das Problem, dass einheitliche ethische beziehungsweise soziale Prüfkriterien noch fehlen. Es gibt gleichwohl eine Reihe unterschiedlicher Initiativen, die bereits Kataloge entworfen haben, in denen „ethisch und sozial einwandfreies Verhalten" definiert werden. Zumeist orientiert man sich an den weltweit anerkannten Konventionen der Internationalen Arbeitsorganisation (IAO) oder dem UN Global Compact, um einen konsensfähigen Ausgangspunkt für ein Audit zu definieren. Dort erfolgt eine Präzisierung dessen, was die internationale Gemeinschaft sich unter ethisch und sozial einwandfreiem Verhalten von und in Unternehmen vorstellt. Bislang besteht jedoch noch ein abschließendes Begründungsproblem dieser Prinzipien. Insbesondere Anspruchsgruppen aus Entwicklungsländern kritisieren, dass diese sozialen Standards zu stark von westlichen Wertvorstellungen geprägt sind. Zudem gestaltet sich die Interpretation der jeweiligen ethischen Leitlinien (z.B. Kinderarbeit) im Einzelfall oftmals als schwierig. Es bietet sich für ein Social Audit also von vornherein an, auf die Branche beziehungsweise das Unternehmen abgestimmte Kriterien festzulegen beziehungsweise vorhandene Leitlinien (z.B. ILO-Leitlinien) anzupassen (*Waxenberger* 2001).

Die bekanntesten Ansätze zur strukturierten Ausgestaltung eines Social Audits sind momentan die Initiative AccountAbility 1.000 (AA 1.000) sowie Social Accountability 8.000 (SA 8.000). Beide Konzepte sind neueren Datums und wurden von Nichtregierungsorganisationen initiiert.

AA 1.000: Die Initiative schlägt einen insgesamt fünfstufigen Prozess für ein Social Audit vor, der über alle Stufen hinweg dokumentiert werden soll. In den ersten beiden Stufen gilt es, zunächst die grundsätzliche Bereitschaft zur Durchführung eines Social Audits zu überprüfen und festzustellen sowie bestehende Normen- und Wertestrukturen (→ Normen und Werte) der → Organisation zu erfassen. In Stufe drei erfolgt die konkrete Planung des Audits durch den Auditor in → Kooperation mit dem Management und den Mitarbeitern des Unternehmens. Auf dieser Stufe werden ethische und soziale Werte, Ethikmaßnahmen,

Übersicht 1: Spezifische Verhaltensleitlinien als Grundlage eines Social Audits nach SA 8000 (*Gilbert* 2003, S. 32)

Bereich	Spezifische Verhaltensleitlinien von SA 8000
Kinderarbeit	Unternehmen sollen Kinderarbeit weder anwenden noch unterstützen.
Zwangsarbeit	Unternehmen sollen Zwangsarbeit weder anwenden noch fördern.
Gesundheit und Sicherheit	Unternehmen sollen ein sicheres und gesundes Arbeitsumfeld bieten und adäquate Schritte zur Verletzungs- und Unfallverhütung unternehmen.
Gewerkschaftsfreiheit und Tarifverhandlungen	Das Unternehmen hat das Recht der Arbeitnehmer, Gewerkschaften zu gründen, ihnen beizutreten und Tarifverhandlungen zu führen, zu respektieren.
Diskriminierung	Jede Art der Diskriminierung aufgrund von Rasse, Kaste, nationaler Herkunft, Religion, sexueller Orientierung oder politischer Tätigkeit ist unvereinbar mit dem Standard.
Disziplinarstrafen	Körperliche Bestrafung, geistiger und physischer Zwang sowie verbale Beleidigungen sind unvereinbar mit SA 8000.
Arbeitszeiten	In keinem Fall darf die reguläre Wochenarbeitszeit 48 Stunden überschreiten. Ein freier Tag je Woche ist zu gewähren. Einschließlich Überstunden darf die Wochenarbeitszeit nicht mehr als 60 Stunden betragen.
Entlohnung	Löhne sollen den Mindestbedürfnissen der Arbeitnehmer gerecht werden und darüber hinaus einen Beitrag zur weiteren freien Verfügung enthalten.
Managementsystem	Unternehmen sollen Managementsysteme entwickeln, welche die Umsetzung, Einhaltung und Kontrolle der SA 8000 Standards ermöglichen.

Überwachungssysteme und Informationsabläufe des Unternehmens bereits mit in die Planung integriert. In der nächsten Phase erfolgt das eigentliche Audit des Unternehmens. Es geht dem Auditor hier um das Sammeln von Nachweisen und Belegen für das tatsächliche Verhalten und die Strukturen im Unternehmen. In der fünften und letzten Stufe erfolgt schließlich die Berichterstattung an das Ma-

Social Audit

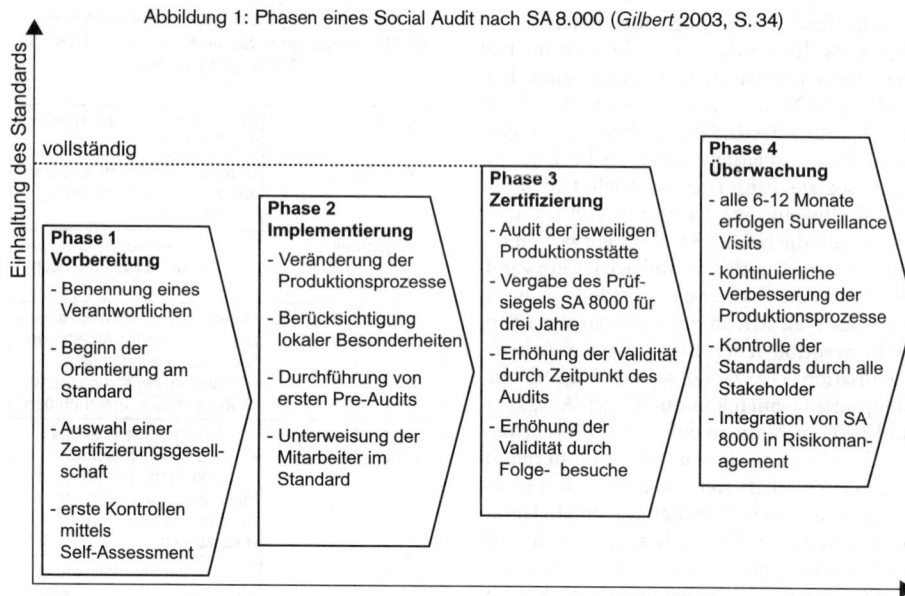

Abbildung 1: Phasen eines Social Audit nach SA 8.000 (*Gilbert* 2003, S. 34)

nagement. Ein solcher Social Audit Report beschreibt den Status Quo hinsichtlich der Einhaltung von ethischen und sozialen Standards und deckt Problembereiche auf. Gleichzeitig können jedoch bereits Vorschläge zur Verbesserung der Situation gemacht werden.

SA 8.000: Die Initiative bezeichnet ebenfalls eine Option für ein Social Audit, unterscheidet sich von AA 1.000 jedoch insbesondere in einem Punkt deutlich. Zwar favorisiert SA 8.000 ebenfalls einen mehrstufigen Auditprozess, an dessen Ende steht jedoch nicht nur ein Report an das Management, sondern auch eine *externe Zertifizierung*. Die erfolgreiche Umsetzung und Einhaltung sozialer Standards soll im Zuge eines „Third Party Audits" von externen und unabhängigen Zertifizierungsgesellschaften nach akzeptierten, allgemein bekannten und nachvollziehbaren Regeln überwacht und bestätigt werden. Als Grundlage für das Social Audit dient der Standard SA 8.000, der in Kooperation mit Vertretern von Unternehmen, United Nations, Zertifizierungsunternehmen sowie einer Vielzahl weiterer Non Governmental Organizations erarbeitet wurde. Unternehmen erhalten nach einem erfolgreichen Social Audit die Zertifizierung nach SA 8.000. Langfristig ist die Initiative darauf ausgelegt, ein weltweit gültiges Zertifizierungs- und Kontrollsystem zur Einhaltung von Sozialstandards durchzusetzen.

Unternehmen, die SA 8.000 befolgen, sollen nach innen und außen demonstrieren, dass sie ethisch unbedenklich produzieren. In einem Social Audit nach SA 8.000 verpflichten sich Unternehmen darauf, alle von ihnen kontrollier- und beeinflussbaren Bereiche sozialer Verantwortlichkeit auch tatsächlich aktiv zu handhaben. Als kontrollierbare Bereiche gelten in diesem Sinne auch die Zulieferer. Langfristig soll der Social Audit so über die eigenen Unternehmensgrenzen hinaus Wirkung entfalten und den gesamten Wertschöpfungsprozess umfassen. Unternehmen sind zu einer Kooperation mit ihren Lieferanten aufgerufen, um das SA 8.000 auch dort zu implementieren. Die normative Grundlage für ein Social Audit nach SA 8.000 resultiert aus der Forderung, dass Unternehmen alle national und international geltenden Gesetze einhalten müssen. Außerdem sollen Unternehmen eine Reihe von spezifischen Verhaltensleitlinien befolgen, die sich aus unterschiedlichen international geltenden Kodizes ableiten. Für eine erfolgreiche Zertifizierung ist es erforderlich, dass Unternehmen Anforderungen aus neuen Bereichen explizit in ihren Produktionsprozessen berücksichtigen (Übersicht 1).

Der Social Audit und die anschließende Zertifizierung von SA 8.000 erfolgt in verschiedenen Phasen, in denen unterschiedliche Aufgaben definiert sind (Abbildung 1):

- *Phase 1*: In der *Vorbereitungsphase* wird ein Manager zum Verantwortlichen für den Zertifizierungsprozess ernannt. Das Unternehmen beginnt, sich am Standard zu orientieren und wählt eine Zertifizierungsgesellschaft aus, mit der sie zusammenarbeiten will. Um Abweichungen von SA 8.000 aufzudecken, führt das Unternehmen erste Kontrollen in Form eines Self-Assessment durch.

- *Phase 2*: In der *Implementierungsphase* werden erforderliche Veränderungen vorgenommen. Der Auditor überprüft die Produktionsstätte und teilt dem Unternehmen Abweichungen zu SA 8.000 mit. Die Auditoren sind gehalten, sich mit lokalen Stakeholdern zu treffen, um Probleme bei der Zertifizierung bereits vor dem ersten Audit zu antizipieren. Erste Pre-Audits werden durchgeführt. Sowohl Arbeiter als auch Manager erhalten Unterweisungen im Standard, um diesen in ihre →Arbeit zu integrieren. Stellt der Auditor Abweichungen zu SA 8.000 fest, haben er und das Unternehmen Maßnahmen zur Behebung der Mängel zu entwickeln. Als erstes müssen dabei so genannte „Major Corrective Action Requests" behoben werden. Bei diesen handelt es sich um lebensbedrohliche oder unsichere Produktionsbedingungen (z. B. Brandschutzmängel oder gefährliche Chemikalien), denen Arbeiter ausgesetzt sind. Solange es in einem Betrieb noch Major Corrective Action Requests gibt, kann eine Zertifizierung auf keinen Fall erfolgen.

- *Phase 3*: Scheint eine Produktionsstätte alle in SA 8.000 geforderten Bedingungen zu erfüllen, findet in der *Zertifizierungsphase* das eigentliche Social Audit statt. Auditor, Unternehmen und betroffene Stakeholder (z. B. →Gewerkschaften und Mitarbeiter) arbeiten im Audit zusammen. Der Auditor prüft, ob alle Gesetze, die ILO-Konventionen sowie die spezifischen SA 8.000 Standards eingehalten werden. Ist die Zertifizierung erfolgreich, erhält die Produktionsstätte das Prüfsiegel nach SA 8.000, welches für drei Jahre Gültigkeit hat. Erfüllt eine Produktionsstätte die Standards nicht, fordert der Auditor das Unternehmen auf, Maßnahmen zur Abstellung der Mängel in Gang zu setzen. Um die →Validität des Audits zu erhöhen, ist der Auditor berechtigt, nach einem Audit unangemeldete Folgebesuche zu tätigen.

- *Phase 4*: In der *Überwachungsphase* erfolgen alle sechs bis zwölf Monate so genannte „Surveillance Visits", die eine kontinuierliche Überprüfung der Einhaltung der Standards gewährleisten sollen. Weicht ein Unternehmen wieder von SA 8.000 ab, dürfen Auditoren die Prüfplakette jederzeit entziehen. Die Einhaltung der Standards unterliegt außerdem einer laufenden Kontrolle durch Mitarbeiter und andere Stakeholder (z. B. Gewerkschaften, Amnesty International), die Verstöße gegen SA 8.000 melden können. Das Social Audit ist insofern als offener →Dialog zu begreifen, in dem alle betroffenen Stakeholder zu Wort kommen können.

Abschließend gilt es hervorzuheben, dass die verschiedenen Phasen eines Social Audit zeigen, dass Unternehmen die menschengerechte →Reorganisation ihrer Produktion und die Übernahme ethischer →Verantwortung als dauerhaften Prozess begreifen müssen, der nicht mit Abschluss eines Social Audits beziehungsweise dem Erhalt eines Zertifikats enden darf. Ein Audit soll nicht nur eine Momentaufnahme sein, sondern nachhaltige Anstrengungen um eine Verbesserung der Produktionsbedingungen honorieren.

Literatur: *Gilbert, D. U.*: Die Institutionalisierung von Unternehmensethik in internationalen Unternehmen, in: Zeitschrift für Betriebswirtschaft, 73. Jg. (2003), H. 1, S. 25–48. *Kreikebaum, H.; Behnam, M.; Gilbert, D. U.*: Management ethischer Konflikte in international tätigen Unternehmen, Wiesbaden 2001. *Waxenberger, B.*: Integritätsmanagement. Ein Gestaltungsmodell prinzipiengeleiteter Unternehmensführung, Bern, Stuttgart, Wien 2001.

Dirk Ulrich Gilbert

Sokrates

Aktionsprogramm der Europäischen Kommission im Bereich der allgemeinen Bildung mit dem Ziel, ein „Europa des Wissens" zu schaffen.

Diese übergeordnete Zielsetzung umfasst unter anderem die Förderung lebenslangen →Lernens, die Erleichterung des Zugangs Aller zur Bildung, die Unterstützung des Erwerbs anerkannter Qualifikationen und →Kompetenzen, die Förderung des Fremdsprachenlernens und die Verbesserung des Bildungswesens.

An Sokrates nahmen in der zweiten Phase (2000–2006) 31 europäische Länder teil. Sokrates ist ein Programm, das Stipendien und finanzielle Zuschüsse für europabezogene, länderübergreifende Vorhaben bewilligt, unter anderem im Hinblick auf Schulbildung (Aktion „Comenius"), Hochschulbildung (Aktion „Erasmus"), →Erwachsenenbildung (Aktion „Grundtvig"), Sprachenlernen (Aktion „Lingua") und Informations- und Kommunikationstechnologien in der Bildung (Aktion „Minerva").

Angesprochen sind explizit alle Akteure im Bildungsbereich, die innovative Ideen und Methoden befördern wollen. Sie können sich an die Europäische Kommission, Generaldirektion Bildung und Kultur sowie an die nationalen Agenturen, die in den beteiligten Ländern für Sokrates zuständig sind, wenden.

Volker Stein

Soll-Arbeitszeit

errechnete →Arbeitszeit, die in einem Betrieb oder in einer Branche zum Beispiel im Kalenderjahr geleistet werden soll.

In Verbindung mit den →Fehlzeiten errechnet sich dann die Ist-Arbeitszeit beziehungsweise die →effektive Arbeitszeit. Die Soll-Jahresarbeitszeit errechnet sich wie folgt:

365 Kalendertage pro Jahr
− 104 Sonnabende und Sonntage
= 261 Soll-Arbeitstage

Je nach Bundesland werden dann noch die gesetzlichen →Feiertage abgezogen (z. B. zwölf in Bayern). So erhält man die Soll-Arbeitstage für ein Bundesland.

Désirée H. Ladwig

Sonderkündigungsschutz

Regelungen, mit denen der Gesetzgeber unabhängig vom Vorliegen des allgemeinen →Kündigungsschutzes nach dem Kündigungsschutzgesetz (KSchG) bestimmte Personengruppen besonders schützen will.

Besonders zu nennen sind hier die Regelungen für Schwerbehinderte (→Schwerbehindertenrecht), Schwangere/Mütter (→Mutterschutz), Arbeitnehmer während der Elternzeit (→Erziehungsurlaub) und Betriebsratsmitglieder (→Betriebsrat).

Der Sonderkündigungsschutz für *Schwerbehinderte* ist im Sozialgesetzbuch (SGB) IX verankert. Erfasst werden Arbeitnehmer, die im Zeitpunkt des Zugangs der →Kündigung ununterbrochen mindestens sechs Monate beschäftigt waren (§ 90 Abs. 1 Nr. 1 SGB IX) und einen Grad der Behinderung von mindestens 50 % aufweisen (§ 2 Abs. 2 SGB IX). Bei einem Grad der Behinderung von mindestens 30 % besteht die Möglichkeit der →Gleichstellung gemäß § 2 Abs. 3 SGB IX, wenn sie infolge der Behinderung ohne Gleichstellung einen geeigneten Arbeitsplatz nicht behalten können. Ist im Zeitpunkt des Zugangs der Kündigung die Anerkennung der Schwerbehinderung beantragt, aber noch nicht anerkannt, besteht der Sonderkündigungsschutz gleichwohl, weil der entsprechende Bescheid zurück wirkt. In allen Fällen ist es jedoch Voraussetzung für das Eingreifen des Sonderkündigungsschutzes, dass der →Arbeitgeber im Zeitpunkt des Ausspruchs der Kündigung entweder Kenntnis von der Schwerbehinderung/Gleichstellung beziehungsweise den diesbezüglichen Anträgen hat oder aber der Arbeitnehmer den Arbeitgeber innerhalb einer Frist von einem Monat nach Erhalt der Kündigung darüber informiert. Inhaltlich besteht der Sonderkündigungsschutz darin, dass es zur Rechtmäßigkeit der arbeitgeberseitigen Kündigung einer vorherigen Zustimmung durch das →Integrationsamt bedarf (§ 85 SGB IX). Keiner Zustimmung bedarf es bei der Eigenkündigung des Arbeitnehmers, beim Abschluss eines →Aufhebungsvertrags oder Schließung eines befristeten →Arbeitsvertrags, der automatisch durch Zeitablauf endet.

Wichtig ist, dass die Zustimmung des Integrationsamts *vor* Ausspruch der Kündigung beantragt und erteilt werden muss. Das Integrationsamt kann nicht bereits ausgesprochene Kündigungen genehmigen. Bei der ordentlichen Kündigung hat das Integrationsamt zu entscheiden, ob der im Antrag vom Arbeitgeber geschilderte Sachverhalt auch unter Berücksichtigung der Schwerbehinderung geeignet ist, die Kündigung zu rechtfertigen. Das Integrationsamt entscheidet grundsätzlich nach pflichtgemäßem Ermessen, das allerdings für bestimmte Fälle der Betriebsstilllegung oder -einschränkung in § 89 SGB IX eingeschränkt wird. Nach erteilter Zustimmung zur ordentlichen Kündigung muss der Arbeitgeber diese innerhalb eines Monats nach förmlicher Zustellung des Bescheids aussprechen (§ 88 Abs. 3 SGB IX). Bei der →außerordentlichen Kündigung ist zu beachten, dass gemäß § 626 Abs. 2 BGB die Kündigung grundsätzlich innerhalb von zwei Wochen ausgesprochen werden muss, nachdem der Kündigungsberechtigte von dem zur Kündigung führenden Sachverhalt Kenntnis erlangt hat. Diese Frist kann bei Vorschaltung des Zustimmungsverfahrens vor dem Integrationsamt nicht eingehalten werden. Deshalb hat das Gesetz in § 91 Abs. 5 SGB IX klar gestellt, dass die Kündigung auch außerhalb der Zweiwochenfrist des § 626 Abs. 2 BGB ausgesprochen werden kann, was allerdings anders als bei der ordentlichen Kündigung nicht innerhalb eines Monats, sondern statt dessen unverzüglich nach Erteilung der Zustimmung geschehen muss. Außerdem muss nach § 91 Abs. 2 SGB IX der Zustimmungsantrag selbst vom Arbeitgeber innerhalb von zwei Wochen nach Kenntniserlangung vom → Kündigungsgrund gestellt werden. Das Integrationsamt trifft die Entscheidung sodann innerhalb von zwei Wochen (§ 91 Abs. 3 SGB IX). Dabei steht dem Integrationsamt kein freies Ermessen zu, sondern es soll die Zustimmung zur Kündigung erteilen, wenn diese aus einem Grund erfolgt, der mit der Schwerbehinderung nicht in Zusammenhang steht (§ 91 Abs. 4 SGB IX).

Der Sonderkündigungsschutz für *Schwangere* und *Mütter* ist in § 9 Mutterschutzgesetz (MuSchG) geregelt, der ein Kündigungsverbot enthält. Unter den Schutzbereich dieser Vorschrift fallen Frauen während der Schwangerschaft und bis zum Ablauf von vier Monaten nach der Entbindung. Schwangere und Mütter werden – ebenso wie Schwerbehinderte – vom Gesetz nicht vor dem Abschluss eines Aufhebungsvertrags, eines befristeten Arbeitsvertrags oder dem Ausspruch einer Eigenkündigung geschützt. Eine arbeitgeberseitige Kündigung ist dagegen unwirksam, und zwar sowohl die ordentliche als auch die außerordentliche Kündigung. Das gilt ohne jede Wartezeit vom ersten Tag des Arbeitsverhältnisses an. Voraussetzung für das Kündigungsverbot ist allerdings, dass der Arbeitgeber zur Zeit der Kündigung die Schwangerschaft oder Entbindung kennt beziehungsweise innerhalb von zwei Wochen nach Zugang der Kündigung durch Mitteilung erfährt. Eine spätere Mitteilung ist nur dann ausreichend, wenn der Arbeitnehmer ohne Verschulden an der Einhaltung der Zweiwochenfrist verhindert war und die Mitteilung anschließend unverzüglich nachgeholt wird. Eine Fristversäumung, die nicht schuldhaft ist, liegt etwa vor, wenn die Schwangere bei Erhalt der Kündigung selbst keine Kenntnis von der Schwangerschaft und auch keine unabweisbaren Anhaltspunkte dafür hatte, dass eine Schwangerschaft vorliegen könnte (BAG, Urteil vom 06.10.1983, EzA § 9 MuSchG n.F. Nr. 23).

Von dem grundsätzlichen Kündigungsverbot kann die für den Arbeitsschutz zuständige oberste Landesbehörde in *besonderen Fällen*, die nicht mit dem Zustand der Frau während der Schwangerschaft oder ihrer Lage bis zum Ablauf von vier Monaten nach der Entbindung in Verbindung stehen, *ausnahmsweise* die Kündigung für zulässig erklären (*Kittner* 2001, KSchR, § 9 MuSchG Rn. 142). Die Anforderungen für eine solche Ausnahme sind hoch. Es reicht nicht aus, dass die ohnehin bereits strengen Anforderungen an das Vorliegen eines wichtigen Grunds gemäß § 626 Abs. 1 BGB gegeben sind. Es muss darüber hinaus ein besonders wichtiger Grund vorliegen, der die Fortsetzung des Arbeitsverhältnisses unzumutbar macht. Ob ein besonderer Fall im Sinne des § 9 Abs. 3 MuSchG vorliegt, hängt von der Ausfüllung des unbestimmten Rechtsbegriffs „besonderer Fall" durch die Behörde ab, die nach Widerspruch und Klage beim Verwaltungsgericht (Anfechtungsklage des Arbeitnehmers oder Verpflichtungsklage des Arbeitgebers) vom Gericht vollständig überprüft werden kann. Ist ein besonderer Fall gegeben, liegt die Entscheidung, ob die Zulässigkeitserklärung erfolgt oder nicht im Ermessen der Behörde. Diese Ermessensentscheidung kann vom Verwaltungsgericht nicht aufgehoben werden, indem das Gericht sein Ermessen an die Stelle des Ermessens der Behörde setzt.

Bei einer außerordentlichen Kündigung kann der Arbeitgeber regelmäßig die Zweiwochenfrist des § 626 Abs. 2 BGB nicht einhalten, wenn er zuvor das behördliche Verfahren durchführt. Ebenso wie bei der Schwerbehinderung darf deshalb der Arbeitgeber nach Erhalt der Zulässigkeitserklärung die Kündigung aussprechen, auch wenn zu diesem Zeitpunkt die Zweiwochenfrist verstrichen ist, sofern er innerhalb von zwei Wochen nach Kenntnis des Kündigungsgrunds die Zulässigkeitserklärung beantragt hat. Liegt die Zulässigkeitserklärung vor, muss der Arbeitgeber allerdings unverzüglich die Kündigung aussprechen. § 9 Abs. 3 MuSchG bestimmt, dass in der Kündigungserklärung die Gründe angegeben werden müssen. Anders als bei sonstigen Kündigungen ist die Kündigung im Rahmen des § 9 MuSchG also bereits dann aus formalen

Sonderkündigungsschutz

Gründen unwirksam, wenn zwar ein besonderer Fall, der die Kündigung rechtfertigt, vorliegt, in der →Kündigungserklärung aber nicht angegeben wird.

Für den Sonderkündigungsschutz während der *Elternzeit* gilt § 18 Bundeserziehungsgeldgesetz (BErzGG). Die Elternzeit ist nach der Novellierung des BErzGG an die Stelle des früheren Erziehungsurlaubs getreten. Den Sonderkündigungsschutz genießt einmal, wer Elternzeit in Anspruch nimmt, ohne in dieser Zeit zu arbeiten. Darüber hinaus erfasst § 18 Abs. 2 BErzGG jedoch auch Arbeitnehmer, die während der Elternzeit bei ihrem Arbeitgeber →Teilzeitarbeit leisten (§ 18 Abs. 2 Nr. 1 BErzGG) oder aber Teilzeitarbeit leisten, ohne Elternzeit in Anspruch zu nehmen, dabei jedoch einen Anspruch auf Erziehungsgeld haben oder aber nur deshalb nicht haben, weil sie die Einkommensgrenzen überschreiten (§ 18 Abs. 2 Nr. 2 BErzGG). Im letzten Fall besteht Sonderkündigungsschutz nicht, solange kein Anspruch auf Elternzeit nach § 15 BErzGG besteht. Inhaltlich ist der →Kündigungsschutz dem System bei Schwangeren und Müttern aus § 9 MuSchG nachgebildet. Auch für Arbeitsverhältnisse in Elternzeit gilt deshalb, dass sie weder ordentlich noch außerordentlich gekündigt werden dürfen, es sei denn, dass ausnahmsweise die behördliche Zustimmung in einem besonderen Fall erteilt wird. Zeitlich beginnt der Sonderkündigungsschutz in dem Moment, in dem der Arbeitnehmer vom Arbeitgeber die Elternzeit verlangt, höchstens jedoch acht Wochen vor Beginn der Elternzeit. Der Sonderkündigungsschutz endet mit Ablauf der Elternzeit. Ein nachwirkender Sonderkündigungsschutz besteht nicht. Eine Kündigung des Arbeitnehmers zum Ende der Elternzeit ist nur unter Einhaltung einer Frist von drei Monaten zulässig (§ 19 BerzGG). Enthalten der Arbeitsvertrag oder ein →Tarifvertrag längere →Kündigungsfristen, so sind sie für diesen Fall nicht wirksam. Bei einer an sich kürzeren Frist gilt diese.

Beim Sonderkündigungsschutz für *Betriebsratsmitglieder* und *weitere Funktionsträger* sind die §§ 15 KSchG, 103 BetrVG zu beachten. Nach § 15 Abs. 1 KSchG ist eine ordentliche Kündigung für den dort genannten Personenkreis ausgeschlossen. Stattdessen ist ausschließlich eine außerordentliche Kündigung zulässig, für die die Voraussetzungen des § 626 BGB vorliegen müssen. Vom Schutzbereich des § 15 Abs. 1 KSchG erfasst werden Mitglieder eines →Betriebsrats, einer →Jugend- und Auszubildendenvertretung, einer Bordvertretung oder eines Seebetriebsrats. Nach Beendigung der Amtszeit greift inhaltsgleich ein nachwirkender Sonderkündigungsschutz von einem Jahr für die vorgenannten Personengruppen mit Ausnahme der Bordvertretung, für die der Schutz nur sechs Monate nachwirkt. Beruht die Beendigung der Mitgliedschaft auf einer gerichtlichen Entscheidung, greift der nachwirkende Schutz nicht ein. § 15 Abs. 2 KSchG erstreckt inhaltsgleich diesen Sonderkündigungsschutz auf die Funktionsträger im öffentlichen Dienst. Nach § 15 Abs. 3 KSchG sind auch Wahlvorstände und Wahlbewerber vom Zeitpunkt ihrer Bestellung beziehungsweise Aufstellung des Wahlvorschlags an vor einer ordentlichen Kündigung geschützt. Für sie gilt ein Nachwirkungszeitraum von sechs Monaten ab Bekanntgabe des Wahlergebnisses. Wird der Betrieb stillgelegt, ist die Kündigung sämtlicher vorgenannter Funktionsträger frühestens zum Zeitpunkt der Stilllegung zulässig, es sei denn, dass ihre Kündigung zu einem früheren Zeitpunkt durch zwingende betriebliche Erfordernisse bedingt ist, § 15 Abs. 4 KSchG. In diesem Fall kommt also eine ordentliche Kündigung in Betracht. Nur wenn überhaupt keine Beschäftigungsmöglichkeit für die Funktionsträger bereits vor der Stilllegung besteht, kann die Kündigung – unter Einhaltung der regulären Frist – zu einem früheren Zeitpunkt ausgesprochen werden. Damit steht zugleich fest, dass eine solche Kündigung zu einem Zeitpunkt vor Betriebsstilllegung freigestellte Betriebsratsmitglieder nicht erfassen kann, da diese ja ohnehin nicht mit dem ursprünglichen Inhalt des Arbeitsvertrags beschäftigt werden.

§ 15 Abs. 5 KSchG schließlich enthält eine Regelung für den Fall, dass nicht eine vollständige Betriebsstilllegung erfolgt, sondern lediglich eine Betriebsabteilung stillgelegt wird. Darunter versteht man eine organisatorisch abgrenzbare Einheit, die mit eigenen betriebstechnischen Mitteln einen bestimmten arbeitstechnischen Zweck verfolgt. Es kommt auf den eigenständigen Zweck, also die arbeitstechnische Abgrenzbarkeit an. Wird eine solche Betriebsabteilung geschlossen, sind die Funktionsträger, die in dieser Abteilung beschäftigt werden, in eine andere Betriebsabteilung zu übernehmen. Nur wenn das aus betrieblichen Gründen nicht möglich ist, kann nach Maßgabe des vorstehend geschilderten § 15 Abs. 4 KSchG eine ordentliche Kündigung ausgesprochen werden. Fraglich ist, welche betrieblichen Interessen der Beschäftigung des Funktionsträgers entgegenstehen können. Dabei ist insbesondere der Fall umstritten, dass in den anderen Betriebsabteilungen keine freien gleichwertigen Arbeitsplätze vorhanden sind. In diesem Zusammenhang ist nämlich die Frage zu beantworten, ob der Arbeitgeber verpflichtet ist, in einer anderen Betriebsabteilung einen Arbeitsplatz für den Funktionsträger frei zu kündigen. Das Bundesarbeitsgericht geht davon aus, dass eine solche Pflicht zur Freikündigung eines anderen Arbeitsplatzes bestehen kann. Allerdings sollen die sozialen Belange des betreffenden Arbeitnehmers und die berechtigten betrieblichen Interessen an seiner Beschäftigung abzuwägen sein gegen die Interessen der Belegschaft und des durch § 15 KSchG geschützten Funktionsträgers. Nach dieser Interessenabwägung müsste etwa ein Familienvater mit mehreren unterhaltsberechtigten Kindern und langer Betriebszugehörigkeit einem jungen und ledigen Wahlvorstand nicht weichen, wenn dieser nur noch nachwirkenden Kündigungsschutz genießt. Ein langjähriges Betriebsratsmitglied dagegen, das als einziges Mitglied in einem mehrköpfigen Betriebsrat Erfahrung in mehreren Amtsperioden gesammelt hat und deshalb für die Interessenvertretung der Belegschaft besonders wichtig ist, würde Vorrang vor einem anderen Arbeitnehmer genießen, so dass für dieses Betriebsratsmitglied ein Arbeitsplatz in einer anderen Betriebsabteilung frei gekündigt werden müsste.

Der im →Betriebsverfassungsgesetz normierte Sonderkündigungsschutz für Funktionsträger ist wie folgt geregelt: Bei der Kündigung eines „normalen" Arbeitsverhältnisses (→Normalarbeitsverhältnis) muss der Betriebsrat gemäß § 102 BetrVG angehört werden. Nach Erhalt einer abschließenden Stellungnahme, spätestens jedoch drei Tage nach Anhörung bei der außerordentlichen und eine Woche bei der ordentlichen Kündigung, kann der Arbeitgeber kündigen. Das gilt, soweit dem Betriebsrat die Kündigungsgründe ordnungsgemäß mitgeteilt wurden, unabhängig davon, ob der Betriebsrat der Kündigung zugestimmt oder ihr widersprochen hat.

§ 103 BetrVG geht über diese Regelung für Funktionsträger hinaus. Die Kündigung eines Mitglieds des Betriebsrats, einer Jugend- oder Auszubildendenvertretung, der Bordvertretung und des Seebetriebsrats, des Wahlvorstands sowie von Wahlbewerbern bedarf der Zustimmung des Betriebsrats (*Hromadka* und *Maschmann* 2002, § 10 Rn. 270). Erteilt der Betriebsrat innerhalb von drei Tagen nach Beantragung der Zustimmung diese nicht, gilt nicht wie im System des § 102 BetrVG die Zustimmung als erteilt, sondern als verweigert (BAG, Urteil vom 24. 10. 1996, DB 1997, S. 1.285). Der Arbeitgeber kann in diesem Fall beim Arbeitsgericht beantragen, die Zustimmung des Betriebsrats zur Kündigung ersetzen zu lassen. Dieser Antrag muss innerhalb der Zweiwochenfrist des § 626 Abs. 2 BGB gestellt werden. Das Arbeitsgericht prüft im Rahmen dieses Beschlussverfahrens, ob die Kündigung nach Abwägung aller Umstände rechtswidrig ist und deshalb der Betriebsrat seine Zustimmung verweigern durfte oder ob die Kündigung rechtmäßig ist mit der Folge, dass der Betriebsrat seine Zustimmung nicht verweigern durfte und diese somit durch das Arbeitsgericht zu ersetzen ist. Nach (rechtskräftiger) Ersetzung der Zustimmung muss der Arbeitgeber unverzüglich die Kündigung aussprechen. Die vom Betriebsrat erteilte oder vom Arbeitsgericht ersetzte Zustimmung muss in jedem Fall vor Ausspruch der Kündigung vorliegen. Da das Zustimmungsersetzungsverfahren Zeit kostet, wird in der Praxis der Arbeitgeber zu überlegen haben, ob es sinnvoll ist, den betreffenden Funktionsträger von der →Arbeitsleistung freizustellen. Unterliegt der Arbeitnehmer, hat er in diesem Fall zwar Annahmeverzugslohnansprüche (→Annahmeverzug) zu erfüllen. Je nach Art und Schwere der Pflichtverletzung kann es gleichwohl sinnvoll sein, eine solche Freistellung auszusprechen, weil dadurch dokumentiert wird, dass man sich zu einer weiteren Zusammenarbeit nicht in der Lage sieht.

Literatur: *Hromadka, W.; Maschmann, F.*: Arbeitsrecht, Bd. 1, 2. Aufl., Berlin etc. 2002. *Kittner, M.*: Kündigungsschutzrecht, 5. Aufl., Frankfurt a. M. 2001.

Friedrich Meyer

Sonderurlaub

→Urlaub, der über den arbeitsvertraglich (→Arbeitsvertrag) oder tariflich festgelegten Erholungsurlaub (→Erholung) hinaus vom →Arbeitgeber gewährt wird.

Bei Sonderurlaub handelt es sich um unbezahlte zusätzliche Urlaubstage, die für private Angelegenheiten (z. B. zwölf Wochen Schulferien der Kinder) oder Qualifizierungsmaßnahmen (z. B. über vier Jahre jeweils dreimonatige Freistellung für ein Masterprogramm) gewährt werden. In einigen Unternehmen und im öffentlichen Dienst gibt es Sonderurlaub für Dienstjubiläen, Geburts- oder Todesfälle und Hochzeiten.

Désirée H. Ladwig

Sonn- und Feiertagsarbeit

Regelungen für die →Arbeit an Sonn- und gesetzlichen →Feiertagen.

Generell dürfen →Arbeitnehmer nach § 9 Abs. 1 →Arbeitszeitgesetz (ArbZG) an Sonn- und Feiertagen von 0:00 bis 24:00 nicht beschäftigt werden. § 9 Abs. 2, 3 ArbZG enthält Ausnahmen für ein Vor- oder Zurückverlegen bei Schichtbetrieben (→Schichtarbeit) und Kraftfahrern. Einen Ausnahmenkatalog enthält außerdem § 10 ArbZG, in dem abschließend alle weiteren Fälle genannt werden, in denen von § 9 Abs. 1 ArbZG abgewichen werden darf. Dazu gehören beispielhaft Krankenhäuser, Gaststätten, Rundfunk, Energie- und Wasserversorgung, Landwirtschaft, Bewachung und einige weitere Ausnahmen. Allerdings gilt für diese Ausnahmen zugleich § 11 ArbZG, nach dem mindestens 15 Sonntage im Jahr arbeitsfrei bleiben müssen. Weiter ist gemäß § 11 Abs. 3 ArbZG ein Ersatzruhetag innerhalb von zwei Wochen nach dem Beschäftigungstag einzuräumen.

Die vorstehenden Bestimmungen sind insoweit zwingend, als sie durch Einzelarbeitsvertrag (→Arbeitsvertrag) nicht zu Lasten des Arbeitnehmers geändert werden dürfen. Durch →Tarifvertrag oder eine →Betriebsvereinbarung aufgrund des Tarifvertrags können die Regeln teilweise modifiziert werden (§ 12 ArbZG). Nach § 13 Abs. 3 ArbZG kann die Aufsichtsbehörde feststellen, ob eine Beschäftigung nach § 10 zulässig ist. Sie kann zudem bestimmte Abweichungen von § 9 ArbZG bewilligen, § 13 Abs. 3 Nr. 2, Abs. 4, 5 ArbZG. Verstöße des Arbeitgebers gegen die vorstehenden Bestimmungen werden als Ordnungswidrigkeit in § 22 Abs. 1 Nr. 5, 6, 7 ArbZG mit Bußgeld bis zu 15.000 € bestraft.

Friedrich Meyer

Sozialauswahl

Berücksichtigung sozialer Gesichtspunkte, die in § 1 des Kündigungsschutzgesetzes verbrieft sind und die der allgemeine →Kündigungsschutz für jede →Kündigung fordert.

Für →betriebsbedingte Kündigung präzisiert der Gesetzgeber diese Sozialauswahl im Absatz 3. Üblich ist nach *Bröckermann* (2007) eine Klassifikation in drei Stufen, die oft mithilfe schematischer Punktetabellen erfolgt.

→Arbeitnehmer, die besonderen Kündigungsschutz genießen, bleiben ebenso außen vor wie solche mit befristeten Arbeitsverhältnissen (→Befristete Beschäftigungsverhältnisse). Unter den übrigen Belegschaftsmitgliedern nimmt man sowohl einen horizontalen Vergleich innerhalb derselben hierarchischen Ebene vor als auch einen vertikalen Vergleich quer durch alle Hierarchieebenen (→Hierarchie) nach Tätigkeiten und →Qualifikationen.

Bei den vergleichbaren Arbeitnehmern sind zumindest das Lebensalter, die Dauer der Betriebszugehörigkeit und die Unterhaltspflichten zu berücksichtigen. Ausnahmen sind möglich, wenn die Weiterbeschäftigung bestimmter Arbeitnehmer wegen ihrer Kenntnisse, Fertigkeiten und Leistungen oder zur Sicherung einer ausgewogenen Personalstruktur im berechtigten betrieblichen Interesse liegt.

Literatur: *Bröckermann, R.*: Personalwirtschaft, 4. Auflage, Stuttgart 2007, S. 519–520.

Reiner Bröckermann

Sozialbericht →Personalbericht

Sozialbilanz

von Unternehmen zur Verfügung gestellte Berichtswerke, die über gesetzliche Anforderungen hinaus einer interessierten Öffentlichkeit Aufschluss über gesellschaftlich relevante Dimensionen der Unternehmenstätigkeit bieten sollen.

Ausgehend von einem umfassenden Informationsbedürfnis (→Motiv) von Investoren und Verbrauchern vor allem in den Vereinigten Staaten sind Sozialbilanzen seit den 1970er Jahren des letzten Jahrhunderts in Unternehmenspraxis und -literatur präsent. Durch den Aufbau einer positiven →Reputation kann sich der Ressourceneinsatz für die Erstellung von Sozialbilanzen betriebswirtschaftlich lohnen. Deshalb werden Sozialbilanzen als potenziell gewinnsteigerndes Instrument einer frei gewählten unternehmerischen →Strategie verstanden.

Das klassische Rechnungswesen (→ Betriebliches Rechnungswesen) eines Unternehmens erfasst jene Beziehungen des Unternehmens mit seiner Umwelt, die auf Zahlungsvorgängen in der Vergangenheit beruhen. Der Jahresabschluss mit Lagebericht lässt jedoch kaum Rückschlüsse auf die gesellschaftlichen Wirkungen der Geschäftstätigkeit zu, wie *Popp* (1990) bemerkt. Diesen Mangel versucht das Konzept der Sozialbilanz zu beheben, indem auch über Zahlungsströme hinausgehende Auswirkungen der Unternehmensaktivitäten berücksichtigt und kommuniziert werden. Durch die Zusammenstellung und systematische, nachprüfbare sowie regelmäßige Darstellung der Leistungen in Form von Aufwendungen und ihrer jeweiligen Auswirkungen auf die Gesellschaft soll die Zielerreichung von der Gesellschaft kontrollierbar und bei vorhandenen Fehlentwicklungen auch sanktionierbar werden. Die Sanktionen sind dabei nicht rechtlicher Art, sondern bestehen aus Reputationsbeziehungsweise Umsatzverlust.

Sozialbilanzen versuchen eine Offenlegung monetärer und nicht-monetärer → Informationen, beispielsweise über die Wirkungen betrieblicher Aktivitäten auf die natürliche Umwelt, die Produktsicherheit oder auch auf den Aufbau von Humankapital (→ Humankapitaltheorie).

In der amerikanischen Literatur findet man unter anderem Bezeichnungen wie Corporate Social Accounting, Corporate Economic Accounting oder Evaluation of Business Response to Social Priorities, im Deutschen werden die Begriffe gesellschaftsbezogene, gesellschaftsorientierte oder gesellschaftsverpflichtete Rechnungslegung beziehungsweise (Unternehmens-)Berichterstattung oder auch Sozialbericht (→ Personalbericht) (*Hemmer* 1980), Sozialreport synonym verwendet, obwohl sich dahinter oft sehr verschiedenartige Ansätze verbergen. Zumindest darüber, dass der Begriff Sozialbilanz mitunter missverständlich wirkt und falsche oder gar unerfüllbare Erwartungen wecken kann, besteht in der Literatur größtenteils Einigkeit. Das Attribut „sozial" soll den Bezug zur und die Verantwortung gegenüber der Gesellschaft beziehungsweise der Unternehmensumwelt zum Ausdruck bringen. Durch die Einbeziehung von → Daten, die nicht unbedingt für die monetäre Gewinn- oder Vermögensrechnung des Unternehmens, aber für die Gewinn- oder Vermögensrechnung einer erweiterten Bezugsgruppe relevant sind, soll der Horizont des klassischen betrieblichen Rechnungswesens überwunden werden. Der Begriff „Bilanz" muss in diesem Zusammenhang in einem weiteren, eher metaphorischen Sinne verstanden werden. *Schulte* (1974, S. 278) weist diesbezüglich darauf hin: „Bilanz verlangt in diesem Sinne keine ausgeglichenen Aktiva und Passiva, sondern soll darauf hinweisen, dass es sich um eine regelmäßige Rechnungslegung handelt, gleichgültig in welcher Form."

Die Ursprünge einer gesellschaftsorientierten Rechnungslegung reichen bis in die frühen 1930er Jahre zurück. Grund für ihre Entstehung war das sich entwickelnde Informationsbedürfnis über die gesellschaftlichen Auswirkungen unternehmerischen Handelns. Als direkte Vorläufer der gesellschaftsbezogenen Berichterstattung sind die externen „Social Audits" in den USA anzusehen, wie *Dierkes* (1974) feststellt. In Deutschland veröffentlichte die AEG-Telefunken-AG als erstes Unternehmen 1938 Sozialdaten. Getrieben von der Entwicklung in den USA und in Frankreich, sahen sich auch deutsche Unternehmen gezwungen, gesellschaftsbezogene Daten zu publizieren. Die erste Sozialbilanz in Deutschland wurde 1971 von der STEAG AG publiziert, deren Beispiel zahlreiche Unternehmen in den 1970er Jahren folgten. Es fehlten jedoch Konventionen zum Inhalt und zur Form, die eine Vergleichbarkeit und Nachprüfbarkeit ermöglichten. Um diesen Problemen zu begegnen, fanden sich 1976 Vertreter der Industrie zusammen und gründeten den Arbeitskreis „Sozialbilanz-Praxis". Dieser Arbeitskreis veröffentlichte 1977 Rahmenempfehlungen zur Erstellung von Sozialbilanzen, welche eine kritische Diskussion in der Literatur und Praxis entfachten. Zahlreiche Interessenvertretungen der Praxis, beispielsweise der Deutsche Gewerkschaftsbund und der Verband der chemischen Industrie, bemängelten die Empfehlungen des Arbeitskreises hinsichtlich des Aussagegehalts und der Umsetzbarkeit. Infolge dessen, stellten sie eigene Konzepte zur inhaltlichen Gestaltung einer Sozialbilanz vor. Die wissenschaftliche Auseinandersetzung mit den Empfehlungen verdeutlichte gravierende konzeptionelle Schwächen, führte jedoch nur bedingt zu Lösungen der Probleme. Es wurden Forderungen formuliert, einen allgemeinen Konsens über Form und Inhalt im Sinne

Sozialdatenschutz

von Konventionen zu finden und diese Standards gesetzlich zu fixieren, um eine Vergleichbarkeit und Nachprüfbarkeit der veröffentlichten Daten zu gewähren. Doch kam eine derartige Regelung bis heute nicht zustande. Hingegen wurde in Frankreich bereits Ende 1977 ein Gesetz zur Erstellung einer umfangreichen, mit einem speziellen Indikatorenkatalog versehenen Sozialbilanz verabschiedet.

Das Grundproblem der uneinheitlichen Mess- und Bewertungskriterien, das zu nur begrenzter Transparenz und Vergleichbarkeit von Unternehmensinformationen führt, lässt sich im Rahmen des bislang in Deutschland vorherrschenden Freiwilligkeitsparadigmas nicht auf Unternehmensebene lösen. Gesetzliche Regulierung und Zwang wären jedoch gleichfalls mit zahlreichen Nachteilen behaftet, von der zu erwartenden Bürokratisierung bis zum möglichen Informationsverlust durch nicht für alle Unternehmen und Verbraucher gleichermaßen sinnvolle Kriterien. Dennoch plädiert beispielsweise Greenpeace für eine EU-Richtlinie, die einheitliche Kriterienkataloge für ökologische und gesellschaftliche Unternehmenseinschätzungen vorschreibt. Ein wahrscheinlich aussichtsreicherer Trend zeichnet sich jenseits staatlicher Regulierung ab: Verlangt der Markt eine →Evaluation von Unternehmen nach gesellschaftlichen Kriterien, so generiert er sie. Einen Anhaltspunkt für einen möglichen Zukunftstrend liefert nach *Schieritz* (2000) insofern die Entwicklung von speziellen Rating-Agenturen in den USA und auch Europa. Diese Agenturen evaluieren nach von ihnen selbst spezifizierten und transparent gemachten ökologischen und sozialen Kriterien die Aktivitäten von Unternehmen, ähnlich wie beispielsweise Moody's oder Standard & Poors die wirtschaftliche Bonität bewerten. So können sogar soziale und ökologische Ranglisten erstellt werden. Diese können von Verbrauchern und Investoren als Entscheidungshilfe genutzt werden. Weltweit gibt es bislang etwa 30 solcher Agenturen, in Deutschland drei. Die ersten wurden in den 1970er Jahren in den USA gegründet. Es ist zu vermuten, dass sich unabhängige Einrichtungen in Zukunft auch verstärkt um die Durchführung von Humankapitalbewertungen auf volks- und betriebswirtschaftlicher Ebene bemühen werden. Der PISA-Test bietet ein Beispiel für einen Ansatz zur volkswirtschaftsorientierten Humankapitalbewertung im internationalen Vergleich.

Literatur: *Arbeitskreis „Sozialbilanz-Praxis",* in: *von Wysocki, K.* (Hrsg.): Sozialbilanzen, Stuttgart 1981, S. 151–165. *Dierkes, M.*: Die Sozialbilanz: Ein gesellschaftsbezogenes Informations- und Rechnungssystem, Frankfurt a. M. 1974. *Hemmer, E.*: Sozialbericht/Sozialbilanz in der Diskussion, in: Beiträge zur Wirtschafts- und Sozialpolitik 76, Köln 1980, H. 1. *Popp, C.*: Sozialbilanzen. Gesellschaftsbezogene Verfahren der Public Relations, Nürnberg 1990. *Schieritz, M.*: Noten für gutes Benehmen, in: Die Zeit 50. Jg. (2000), S. 39. *Schulte, H.*: Die Sozialbilanz der STEAG Aktiengesellschaft; in: Betriebswirtschaftliche Forschung und Praxis, o. Jg. (1974), H. 26, S. 277–294.

Birgitta Wolff

Sozialdatenschutz

Anspruch eines Jeden, dass die ihn betreffenden Sozialdaten (§ 67 Abs. 1 SGB X) von den Leistungsträgern nicht unbefugt erhoben, verarbeitet oder genutzt werden (§ 35 SGB I).

Soweit Sozialleistungsträger →personenbezogene Daten verarbeiten, sind neben den Vorschriften des Sozialgesetzbuchs auch diejenigen der Datenschutzgesetze anwendbar. Dies gilt insbesondere für die →Auftragsdatenverarbeitung der §§ 67 ff. SGB X. Dort ist geregelt, wann im Ausnahmefall eine Datenweitergabe erlaubt ist. Eine Offenbarung personenbezogener Daten darf danach nur dann erfolgen, wenn der Betroffene hierzu im Einzelfall schriftlich seine Einwilligung erteilt hat oder soweit eine gesetzliche Offenbarungspflicht besteht. Diese gesetzlichen Offenbarungspflichten ergeben sich aus §§ 67d–77 SGB X. Dies sind beispielsweise die Fälle der Amtshilfe (§§ 67e und 68 SGB X), der Erfüllung sozialer Aufgaben (§ 69 SGB X), der Durchführung des Arbeitsschutzes (§ 70 SGB X) oder der Schutz der inneren und äußeren Sicherheit (§ 72 SGB X).

Die Vorschriften der §§ 67 ff. SGB X sind denen des →Bundesdatenschutzgesetzes (BDSG) ähnlich. Der Einzelne hat im Prinzip dieselben Rechte wie im BDSG, nämlich Auskunft (§ 83 SGB X), Berichtigung, Löschung und Sperrung (§ 84 SGB X) sowie einen Schadensersatzanspruch, § 82 SGB X, der auf § 7 BDSG verweist.

Axel Benning

Soziale Bewegungen

Sammelbezeichnung zur Kennzeichnung politischer oder sozialer Aktivitäten von Personengruppen (→Gruppe), welche eine gemeinsame weltanschauliche oder soziodemographische Basis haben (engl.: Social Movement Theory).

Ein zentrales Kennzeichen sozialer Bewegungen ist das oftmals vorzufindende Element spontaner Mobilisierung, meist aus politischen Gründen des gesellschaftlichen Protests, indem voluntaristisches Handeln feste →Organisationsstrukturen ersetzt. Das Entstehen, die Entfaltung und der Erfolg einer Bewegung hängt davon ab, in welchem Maße es ihr gelingt, „Ressourcen" (materielle Güter, Finanzmittel, Zeit, Bürokapazität, Fähigkeiten der beteiligten Personen) zu mobilisieren und für die Erreichung der Bewegungsziele einzusetzen. Aufgrund des spontanen Auftretens und der fehlenden Organisationsstruktur liegt hier auch kein systematisches →Personalmanagement vor. Allerdings sind soziale Bewegungen (z. B. die Gemeinschaften zur Entwicklung von Open Source Software) ein interessanter Ansatzpunkt für personalwirtschaftliche Untersuchungen, insbesondere zur Frage, wie diese Bewegungen auch ohne extrinsische →Anreize genügend →Motivation für Leistungsbeiträge bereitstellen, während in Unternehmen offenbar großes Gewicht auf extrinsische Anreize gelegt werden muss.

Dodo zu Knyphausen-Aufseß
Lars Schweizer

Soziale Kompetenz

persönliche Fähigkeiten (→Qualifikation) und Einstellungen, die das Beziehungsverhalten von einer individuellen auf eine gemeinschaftliche Handlungsorientierung hin ausrichten.

Mit sozialer Kompetenz kann schlicht Freundlichkeit oder gute Manieren, Offenheit, Kommunikationsfähigkeit (→Kommunikation, →Interaktion), positive Ausstrahlung (→Charisma), Konfliktfähigkeit (→Konflikt), Einfühlungsvermögen, die Fähigkeit zur →Integration in eine →Gruppe (→Gruppennormen) sowie die Fähigkeit zum Aufbau und Unterhalt persönlicher Beziehungen gemeint sein.

In Verbindung mit Fach- und Methodenkompetenz (→Kompetenz) als „hard skills" wird vielfach auf die nicht geringer einzuschätzende Bedeutung von sozialer Kompetenz als „soft skills" hingewiesen. Zur Vermittlung sozialer Kompetenz werden Seminare angeboten.

Literatur: *Wunderer, R.*: Führung und Zusammenarbeit, 6. Aufl., Neuwied 2006.

Jan Hendrik Fisch

Soziale Lerntheorie der Führung

Weiterentwicklung der Theorie des operanten Lernens und der Sozialen Lerntheorie.

Nach dieser Theorie können Mitarbeiter insbesondere auf zwei Arten Einstellungen und Verhaltensweisen von der →Führungskraft erlernen:

1. →*Lernen durch Imitation*: Erlernen neuer Einstellungen beziehungsweise Verhaltensweisen durch Nachahmen beobachteten Verhaltens.

2. *Lernen aus den Konsequenzen des Verhaltens anderer*: Erlernen neuer Einstellungen beziehungsweise Verhaltensweisen durch die →Beobachtung von positiven beziehungsweise negativen Konsequenzen, die aus dem Handeln Dritter resultieren.

Die *Soziale Lerntheorie der Führung* liefert Erklärungsansätze für Selbststeuerungsprozesse und damit Implikationen für deren Steuerung und Gestaltung. Der Führungskraft kommt im Rahmen des Selbststeuerungsprozesses insbesondere die Aufgabe zu, sitationsgerechtes →Feedback und soziale Verstärkung zu geben.

Ruth Stock-Homburg

Soziale Netzwerke →Netzwerkhandeln

Soziale Normen

nach *Luhmann* (1984) Verhaltenserwartungen in und von sozialen Systemen, an denen – im Unterschied zu Kognitionen (→Wissen) – auch im Enttäuschungsfall festgehalten wird.

Soziale Normen bilden gemeinsam mit Kognitionen die Struktur eines sozialen Systems und beziehen sich in →Organisationen auf die Sachdimension (Themen), die Sozialdimension (Beziehungen) oder die Zeitdimension (Termine): Was wird entschieden, wer entscheidet mit wem, (bis) wann wird entschieden?

In der Soziologie gelten Normen (→Normen und Werte) als die zentrale Basis der sozialen Existenz von Menschen. Ihr wichtigstes Merkmal ist die Sanktionierung, wobei Normgeltungen auf Sanktionsgeltungen beruhen, eine perfekte Sanktionsgeltung aber die Norm selbst zerstört. Schwankungen des Sanktionenvollzuges weisen auf Normveränderungen in sozialen Systemen hin. Gemäß *Popitz* (2006) unterscheidet man generell zwischen allgemeinen Normen, die eine spezifische Gleichheit auch angesichts empirischer Ungleichheit postulieren, nicht-reziproken Partikularnormen, die Personen in unterschiedliche Kategorien ordnen und mit unterschiedlichen Verpflichtungen versehen, und reziproken Partikularnormen, die Pesonen wechselseitig binden. Für die →Macht der reziproken Partikularnormen liefert nach *Cialdini* (1997) die Sozialpsychologie unter dem Stichwort „Reziprozitätsprinzip" viele empirische Befunde.

Normen formieren sich auf allen sozialen Aggregatsebenen (→Gruppe, Organisation, Gesellschaft) und bilden einen wesentlichen Bestandteil der Tiefenstruktur von →Organisationskultur. Sie werden nach *Scott-Morgan* (1994) vielfach für den Widerstand gegenüber Veränderungen verantwortlich gemacht.

Literatur: Cialdini, R. B.: Die Psychologie des Überzeugens, Bern 1997. Luhmann, N.: Soziale Systeme, Frankfurt 1984. Popitz, H.: Soziale Normen, Frankfurt a. M. 2006. Scott-Morgan, P.: The Unwritten Rules of the Game, New York 1994.

Michael Meyer

Soziale Unterstützung

Umweltfaktoren, die negative Auswirkungen von Stressbelastungen (→Belastungs-Beanspruchungs-Modell) reduzieren beziehungsweise den positiven Effekt auf Gesundheit und Wohlbefinden erhöhen.

Das Konzept der sozialen Unterstützung gründet auf verschiedenen Forschungstraditionen, die sich mit dem Zusammenhang von sozialer Unterstützung und psychischer Gesundheit in den verschiedensten Kontexten (Familie, Freunde, →Arbeit) beschäftigen. Soziale Unterstützung spielt eine Rolle in stresstheoretischen und sozialpsychologischen Ansätzen sowie in der Führungsforschung.

Sozialer Unterstützung wird einerseits eine positive Funktion bei der Stressbewältigung („Pufferfunktion") zugeschrieben, andererseits ist sie wichtig im Sinne der Prävention, also der Vorbeugung von →Krankheiten. Häufig sind es nach *Stadler* und *Spieß* (2003) Definitionsversuche, die das Netzwerk sozialer Beziehungen in den Vordergrund stellen. Ebenso spielt das Ressourcen-Konzept eine Rolle.

Soziale Unterstützung kann entweder als eine Verhaltensweise aufgefasst werden oder aber als eine Kognition. Ein Beispiel für den ersten Fall stellt die konkrete Hilfeleistung bei Arbeitsproblemen dar. Unter dem Kognitionsaspekt ist soziale Unterstützung die wahrgenommene persönliche Verfügbarkeit bestimmter Unterstützungsleistungen oder eines Unterstützungssystems (z. B. das →Wissen darum, dass es eine Hotline gibt).

Drei Wirkungen werden sozialen Unterstützungsprozessen zugeschrieben:

1. Sie sind in der Lage, die Höhe der arbeitsbedingten Belastungen zu reduzieren.

2. Sie haben eine positive Funktion bei der Stressbewältigung.

3. Sie haben eine gesundheitsfördernde Wirkung durch den Aufbau gesundheitsfördernder Ressourcen.

Soziale Unterstützung erhöht die →Arbeitszufriedenheit und kann sich positiv auf →Fluktuation und →Fehlzeiten auswirken.

Es gibt verschiedene Taxonomien, um die Formen sozialer Unterstützung zu ordnen. Folgende Inhaltskategorien decken große Aspekte der jeweiligen Konzepte ab: Materielle Unterstützung, Unterstützung durch helfendes Verhalten, emotionale Unterstützung durch Zuneigung, →Vertrauen und Anteilnahme, →Feedback, informative Unterstützung, Orientierungshilfe, positive gesellige Aktivitäten und Zugehörigkeit zu einem Netzwerk. Dabei ist nach *Udris* und *Frese* (1999) aktive Hilfeleistung, emotionale Unterstützung und Anerkennung besonders wichtig.

Nicht jeder Mitarbeiter braucht in gleichem Maße Unterstützung bei der Arbeit: Erfahrene Mitarbeiter haben routinebedingt weniger Schwierigkeiten bei der Aufgabenerledigung als etwa Berufsanfänger. Diese müssen sich nicht nur mit neuen Arbeitsaufgaben auseinandersetzen, sondern auch erst ein soziales Netzwerk an ihrem Arbeitsplatz aufbauen. Auch wenn Mitarbeiter neue Aufgaben übertragen bekommen, haben sie häufig einen hohen Unterstützungsbedarf. Soziale Unterstützung ist zudem bei betrieblichen Veränderungsprozessen (Downsizing, →Outsourcing) wichtig sowie an Arbeitsplätzen mit dauerhaft hohen →Arbeitsanforderungen oder Belastungen (z. B. Fluglotse).

Literatur: Stadler, P.; Spieß, E.: Psychosoziale Gefährdung am Arbeitsplatz, Bremerhaven 2003. Udris, I.; Frese, M.: Belastung und Beanspruchung, in: Graf Hoyos, C.; Frey, D. (Hrsg.): Arbeits- und Organisationspsychologie, Weinheim 1999, S. 429–445.

Erika Spieß

Sozialeinrichtungen

Realisierung →betrieblicher Sozialleistungen, die bestimmte Angebote des →Arbeitgebers beinhalten, die ein →Arbeitnehmer auch auf dem Markt erhalten kann, ihm durch die Nutzung der betrieblichen Einrichtungen jedoch ein geldwerter Vorteil entsteht.

Zu Sozialeinrichtungen gehören unter anderem Kantinen, →Werkswohnungen, Betriebskindergärten, →Werksbüchereien oder Betriebssportanlagen. Die *Motive*, diese Einrichtungen anzubieten, sind vielfältig. Im Vordergrund steht die Möglichkeit, sich durch ein attraktives Angebot an derartigen Leistungen als Arbeitgeber am →Arbeitsmarkt im Vergleich zu den Wettbewerbern gut zu positionieren und gerade knappe Arbeitskräfte, zum Beispiel mit einem Betriebskindergarten überdurchschnittlich qualifizierte (Allein-)Erziehende, zu gewinnen.

Zwar hat der →Betriebsrat ein Mitbestimmungsrecht (→Mitbestimmung) in sozialen Angelegenheiten hinsichtlich der Form, Ausgestaltung und Verwaltung, kann die Errichtung von Sozialeinrichtungen aber nicht erzwingen beziehungsweise ihre Schließung nicht verhindern. Die Errichtung von Sozialeinrichtungen kann auch durch Abschluss einer freiwilligen →Betriebsvereinbarung erreicht werden.

Silvia Föhr

Sozialer Dialog

Besonderheit der europäischen Gesetzgebung auf dem Gebiet des →Arbeits- und Sozialrechts.

Vor der Unterbreitung von Vorschlägen im Bereich der Sozialpolitik muss die Kommission die europäischen Sozialpartner, also den →*Europäischen Gewerkschaftsbund* (*EGB*) einschließlich anderer gewerkschaftlicher Organisationen wie →EUROCADRES, die *Europäische Vereinigung der Industrie und Arbeitgeberverbände* (→UNICE) einschließlich der Mittelstandsorganisation →UEAPME sowie der *Europäische Zentralverband der öffentlichen Wirtschaft* (→CEEP) zu der Frage anhören, wie eine Gemeinschaftsaktion ausgerichtet werden sollte. Bei dieser Anhörung können die Sozialpartner der Kommission mitteilen, dass sie den Prozess nach Art. 139 EG-Vertrag in Gang setzen wollen. Gelingt es den Sozialpartnern, innerhalb von neun Monaten eine Einigung über den zu regelnden Gegenstand zu erzielen, so ist diese Vereinbarung die Grundlage für die weitere Rechtsetzungstätigkeit. Auf der Grundlage autonomer Rahmenvereinbarungen der Sozialpartner sind beispielsweise die Richtlinien über Elternurlaub (→Erziehungsurlaub) und →Urlaub aus familiären Gründen, über →Teilzeitarbeit und über befristete Arbeitsverträge ergangen. Können die Sozialpartner sich nicht einigen, fällt die Gesetzgebungskompetenz wieder an die EU-Organe zurück.

Christian Fischer

Soziales Feedback →Feedback

Sozialgeheimnis

Anspruch eines Jeden darauf, dass die ihn betreffenden Sozialdaten (§ 67 Abs. 1 SGB X) von den Leistungsträgern nicht unbefugt erhoben, verarbeitet oder genutzt werden.

Rechtliche Grundlage ist § 35 Abs. 1 SGB I. Danach umfasst die Wahrung des Sozialgeheimnisses die Verpflichtung, auch innerhalb des Leistungsträgers sicherzustellen, dass die Sozialdaten nur Befugten zugänglich sind oder nur an diese weitergegeben werden. Das Sozialgeheimnis ist eine Ausprägung des „Rechts auf informationelle →Selbstbestimmung" und bezeichnet die bereichsspezifische Ausgestaltung des Datenschutzes im Deutschen Sozialrecht. Leistungsträger im Sinne des § 35 Abs. 1 SGB I sind in den §§ 18 bis 29 SGB I genannt. Hierzu zählen zum Beispiel die Träger der Sozialversicherung, der Jugendhilfe, der Grundsicherung für Arbeitsuchende sowie der Sozialhilfe.

Literatur: *Zilkens, M.*: Datenschutz im Sozialrecht, ZfL 2008, S. 25.

Axel Benning

Sozialisation

Prozess, der sich beginnend in der Kindheit über Erzieher, Eltern, Lehrer, Werbung und Massenmedien bis ins Erwachsenenleben hinzieht.

Die berufliche Sozialisation bezieht sich auf die erfolgreiche Einarbeitung und Eingliederung von neuen Mitarbeitern in ein Unternehmen. Dabei suchen neue Mitarbeiter aktiv nach Möglichkeiten, ihre eigenen beruflichen und persönlichen Ziele im Unternehmen zu verwirklichen. Eine umfassende Theorie der Sozialisation gibt es noch nicht, jedoch schlägt *Heinz* (1994) erste Bausteine für eine integrative Theorie beruflicher Sozialisation vor:

- *Rollentheoretische Ansätze* (→Rollentheorie) betonen vor allem die Interaktionsprozesse in der →Arbeitsorganisation und die Passung zwischen Persönlichkeit der Mitarbeiter und →Organisationskultur.
- *Subjektorientierte Konzeptionen* betrachten die Sozialisationsprozesse als soziale Konstrukte.
- Die *psychologische Handlungstheorie* berücksichtigt vor allem die →Anforderungen in der →Arbeitsaufgabe.
- Der *berufliche Habitus* geht auf *Bourdieu* (1982) zurück und gilt als idealtypisches Konstrukt, das einen Bezugsrahmen für individualisierende Sozialisationsprozesse bietet.
- Die →*Interaktion von* →*Arbeit und Persönlichkeit* berücksichtigt als entscheidendes Kriterium die Restriktivität beziehungsweise Kontrolle der Arbeitstätigkeit.

Es gibt verschiedene Phasenmodelle der Sozialisation: Nach einem häufig angewandten Phasenmodell lässt sich der Sozialisationsprozess in eine Voreintritts-, Eintritts- und eine Metamorphosephase einteilen.

Die *Voreintrittsphase* entspricht vornehmlich der Fremd- und Selbstselektion. Die „Realistische Tätigkeitsvorschau" (engl.: Realistic Job Preview), gilt als Instrument dafür, Enttäuschungen zu ersparen, indem von vornherein keine übertriebenen Hoffnungen auf Seiten der Bewerber geweckt werden, zum Beispiel indem ein schneller Aufstieg versprochen wird, der aber nicht möglich ist. Auf Seiten der Bewerber führt eine realistische Vorausschau auf die Tätigkeit dazu, dass zu hohe Erwartungen an die zukünftige Tätigkeit ausbleiben, dass sich die Fähigkeit mit beruflichen Anforderungen umzugehen verbessert und die Unternehmen als „ehrlicher" wahrgenommen werden. Dadurch wird eine eher an den Bedürfnissen (→Motiv) der Bewerber ausgerichtete Selektion gefördert.

Die *Eintrittsphase* (Encounter) wird oft mit traumatischen Erfahrungen in Verbindung gebracht, es wird von Praxis- beziehungsweise Industrieschock oder →Entry Shock gesprochen. In dieser Phase sollen die Neulinge getestet werden, ob sie in die Organisation „passen". Entsprechend ist es für den Anfänger das wichtigste Problem, sich zurechtzufinden und akzeptiert zu werden. In dieser Phase spielt die →soziale Unterstützung eine große Rolle.

Die ersten Monate im Unternehmen haben eine weitreichende Konsequenz für die spätere Bindung an das Unternehmen und die gesamte berufliche Entwicklung. Es gibt nach *Neuberger* (1991) verschiedene Formen von Einführungskonflikten:

- *Einarbeitungskonflikt*: Der neue Mitarbeiter ist beispielsweise zu sehr auf sich gestellt.
- *Quantitative Rollenübertragung*: Der neue Mitarbeiter bekommt zum Beispiel zuviel Arbeit und Routinetätigkeit aufgebürdet.
- *Professionskonflikt*: Der neue Mitarbeiter kann seine Fähigkeiten zuwenig einbringen.
- *Rollenambiguität*: Der neue Mitarbeiter kennt seine →Rolle noch nicht.
- *Feedback-Defizit*: Der neue Mitarbeiter bekommt keine Rückmeldung.
- *Konflikt in der Tätigkeitsdefinition*: Der neue Mitarbeiter wird überwiegend mit formalen Aspekten der Arbeit beschäftigt.
- *Kompetenzkonflikt*: Die →Kompetenzen des neuen Mitarbeiters sind nicht geregelt.
- *Senderkonflikt*: Hier sind personale Rollenaspekte gemeint, wie unklare Anweisungen der →Führungskraft.
- *Intra-Gruppenkonflikt*: Hier geht es um soziale Konflikte in der Arbeitsgruppe.
- →*Entfremdung*: Der neue Mitarbeiter distanziert sich innerlich von seiner Arbeit.

Die Phase der *Metamorphose* bezieht sich auf den Transformationsprozess, in dem „der Stallgeruch" angenommen wird, das neue Mitglied zum „Vollmitglied" avanciert und die im Unternehmen vorherrschenden Werte und Einstellungen übernimmt.

Literatur: *Bourdieu, P.*: Die feinen Unterschiede, Frankfurt a.M. 1982. *Heinz, W.R.*: Berufliche und betriebliche Sozialisation, in: *Hurrelmann, K.; Ulich, D.* (Hrsg.): Neues Handbuch der Sozialisationsforschung, Weinheim 1994, S. 397–415. *Neuberger, O.*: Personalentwicklung, Stuttgart 1991.

Erika Spieß

Sozialkapital

in seinem ursprünglichen Entstehungs- und Verwendungszusammenhang als Oberbegriff für eine Vielzahl von Merkmalen verwendet, die das soziale Zusammensein von Individuen in der Zivilgesellschaft beziehungsweise in einer gesellschaftlichen Einheit konstituieren.

Diese Merkmale können beispielsweise →Vertrauen, Mitgefühl, Gemeinschaftsgeist und Gemeinsinn, guter Wille, geselliger Austausch, bürgergesellschaftliches und religiöses Engagement, →Interaktion in informellen sozialen Netzwerken sowie →Commitment sein. Sie repräsentieren in ihrer Gesamtheit die Grundlage für die (auch ökonomische) Wohlfahrt des Individuums, von Kollektiven und ganzen Volkswirtschaften (*Adler* und *Kwon* 2000, *Lesser* 2000, *Onyx* und *Bullen* 2000, *Putnam* 2001, *Adler* und *Kwon* 2002). In diesem Zusammenhang fokussierte die wissenschaftliche Beschäftigung mit Sozialkapital zunächst auf die Ergründung der Ursachen von Entwicklung und wirtschaftlicher Prosperität im regionalökonomischen Kontext, insbesondere so genannter Entwicklungsländer.

In der Übertragung auf den betriebswirtschaftlichen Kontext, in dem Unternehmen als komplexe soziale Interaktionssysteme wahrgenommen werden, ist das Sozialkapital von Unternehmen dann „ihre entwickelte →Kompetenz, Kooperationsfähigkeit zu bilden, zu erhalten und weiterzuentwickeln" (*Priddat* 2002, S. 930). Auf das Vorhandensein von Sozialkapital können damit die aus dem interaktionalen Miteinander einer Vielzahl von Mitarbeitern resultierenden, auf diese selbst (für →Arbeitnehmer: in Form höherer Einkommen), sowie auf übergeordnete soziale Einheiten (für Unternehmen: in Form verbesserter Produktivität) bezogenen positiven Nutzenwirkungen zurückgeführt werden.

Dies erklärt die weit verbreitete Wahrnehmung von Sozialkapital als einem immateriellen Vermögenswert von Unternehmen, der zur Erlangung von Wettbewerbsvorteilen beitragen kann. Dabei wird argumentiert, dass Unternehmen, die sich durch hohes Sozialkapital auszeichnen, wahrscheinlich erfolgreicher sein werden als ihre Wettbewerber mit relativ niedrigen Sozialkapitalausstattungen. Dadurch kommt der mehrstufige Zusammenhang zwischen dem individuellen Verhalten des Einzelnen, gruppenbezogenen Phänomenen der Sozialkapitalbildung und unternehmensbezogenen Performanceauswirkungen zum Ausdruck (*Bolino, Turnley* und *Bloodgood* 2002).

Nahapiet und *Ghoshal* (2000) unterscheiden aus analytischen Gründen drei Dimensionen des Sozialkapitals:

1. *Strukturdimension*: Stellt ab auf die Eigenschaften eines sozialen Systems und vorhandener Beziehungsnetze, also beispielsweise die spezifischen, von den verbundenen Personen abstrahierenden Netzwerkkonfigurationen.

2. *Beziehungsdimension*: Bezieht sich unter verhaltensorientierten Gesichtspunkten auf die interpersonellen, interaktionsbasierten Beziehungen und kommt etwa in Normen (→Normen und Werte), Vertrauen, Identitäts- und emotionalen Identifikationsaspekten zum Ausdruck.

3. *Kognitive Dimension*: Umfasst gemeinsam geteilte Interpretations- und Bedeutungsräume, was sich etwa in Sprachkonventionen niederschlägt.

Sozialkapital rekurriert damit ganz allgemein auf die interpersonalen Beziehungsgefüge zwischen Menschen einschließlich der in diese sozialen Netze eingebundenen, dadurch verfügbaren und daraus abgeleiteten aktuellen und potenziellen Ressourcen (*Nahapiet* und *Ghoshal* 2000).

Eher selten thematisiert die Literatur zur Theorie des Sozialkapitals auch ganz explizit die negativen Implikationen von Sozialkapital (*Portes* 2000). Diese sind beispielsweise die für Außenstehende ausgrenzende Wirkung starker sozialer Bindungen zwischen einzelnen Akteuren einer →Gruppe, die ungewollte Förderung von Trittbrettfahrerverhalten, entstehender Konformitäts- und Anpassungsdruck sowie gemeinsame Negativerfahrungen. Dadurch kann sich das als Public Good (*Dess* und *Shaw* 2001) überwiegend positiv konnotierte, sozial erwünschte Sozialkapital umkehren in ein Public Bad (*Portes* 2000).

Mit Blick auf die jüngeren Forschungsergebnisse zum Thema Sozialkapital soll exemplarisch auf die Erkenntnisse von *Cohen* und *Fields* (1999) hingewiesen werden, die sie in einer Studie des Sozialkapitalkonstruktes im Silicon Valley gewonnen haben. Danach resultieren Sozialkapital und die unter anderem darauf beruhenden ökonomischen Nutzenwirkungen im Silicon Valley gerade nicht – wie in der Sozialkapitalforschung im Allgemeinen unterstellt – auf sozialem Engagement und im Laufe vieler Jahre historisch gewachsenen Vertrauens- und Bindungsstrukturen. Vielmehr sind sie in dieser durch geringe soziale Verwurzelung und Schnelllebigkeit geprägten High-Tech-Region auf die Existenz zugleich hoch-kooperativer und hoch-kompetitiver Interaktions- und

Netzwerkstrukturen zurückzuführen. Der gemeinsame Nenner des herkömmlichen Sozialkapitalkonstruktes und des für das Silicon Valley identifizierten Sozialkapitals besteht in dem Rückgriff auf Netzwerkstrukturen. *Cohen* und *Fields* (1999, S. 127) sprechen hierbei – in Abgrenzung von dem üblicherweise zur Erklärung der Sozialkapitalentstehung herangezogenen historisch gewachsenen Vertrauen – von „performance-focused trust", das auf der wechselseitigen Erfüllung vorhandener Erwartungen zur Erbringung von (Hoch-)Leistung basiert. Die Relevanz dieser Forschungsergebnisse besteht in ihrem Beitrag zur Konkretisierung der ökonomischen Bedeutung gerade junger, kurzlebiger und vorübergehender Kooperationssituationen, in denen auf sozialer Interaktion basierende positive Effekte auch dann ihre Wirkung entfalten können, wenn dieser Zusammenarbeit keine lange historische Wachstumsphase vorausgegangen ist. Dies mag beispielsweise für zeitlich befristete Projektteams von Bedeutung sein oder auch für ein ganzes Unternehmen, wenn es bei diesem etwa infolge niedriger Betriebszugehörigkeiten nicht zu einem sozialen Zusammenwachsen kommt, stattdessen permanent neue Mitarbeiter integriert werden müssen. Durch den Erklärungsbeitrag für hochgradig dynamische Mitarbeiterkonstellationen entwickelt die Studie von *Cohen* und *Fields* (1999) eine alternative Sozialkapitalkonzeption mit besonderer ökonomischer Relevanz, da sie sich als Erklärungsperspektive auch für einem Unternehmen nicht bereits seit langer Zeit angehörende „Außenstehende" anbietet: „It is open to outsiders. Trust can be extended, rather quickly, to people from other places and other cultures, and even to people with different ideas" (*Cohen* und *Fields* 1999, S. 127).

Mit Blick auf das verwandte *Humankapitalkonstrukt* ist festzustellen, dass Investitionen in das →Humankapital gemäß der volkswirtschaftlichen →Humankapitaltheorie primär das Individuum betreffen, Investitionen in das Sozialkapital sich hingegen immer auf eine Mehrzahl von Menschen beziehen. Wird jedoch im betriebswirtschaftlichen Kontext als Nutznießer von Human- beziehungsweise Sozialkapitalinvestitionen immer das *Personal* eines Unternehmens, also eine Mehrzahl von Mitarbeitern identifiziert, so besteht ein qualitativer Unterschied zwischen Human- und Sozialkapitalkonzept nur noch im Hinblick auf die konkreten *Fähigkeiten*, die bei Ersterem

intellektueller und physischer, bei Letzterem interaktiv-sozialer Natur sind. Folglich kann Sozialkapital – damit allerdings abweichend von den üblicherweise vorgeschlagenen Konzeptionen – als die interaktional-soziale Facette des Humankapitals aufgefasst werden. Diese Interpretation findet sich in jüngster Zeit auch bei *Becker* (2004), wenn er Sozialkapital als „a form of human capital" deklariert. Sozialkapital – verstanden als interpersonale Sozialfähigkeiten der Mitarbeiter – ist damit aus betriebswirtschaftlicher Sicht Bestandteil des Humankapitals eines Unternehmens.

Literatur: *Adler, P. S.; Kwon, S.-W.:* Social Capital: The Good, the Bad, and the Ugly, in: *Lesser, E. L.* (Hrsg.): Knowledge and Social Capital, Boston etc. 2000, S. 89–115. *Adler, P. S.; Kwon, S.-W.:* Social Capital: Prospects for a New Concept, in: Academy of Management Review, 27. Jg. (2002), S. 17–40. *Becker, G. S.:* Talking Human Capital with Professor Gary S. Becker, Nobel Laureate. Interview von *Manville, B.*, http://www.linezine.com/7.1/interviews/gbbmthc.htm, 2004, abgerufen am 26.01.2005. *Bolino, M. C.; Turnley, W. H.; Bloodgood, J. M.:* Citizenship Behavior and the Creation of Social Capital in Organizations, in: Academy of Management Review, 27. Jg. (2002), S. 505–522. *Cohen, S. S.; Fields, G.:* Social Capital and Capital Gains in Silicon Valley, in: California Management Review, 41. Jg. (1999), H. 2, S. 108–130. *Dess, G. G.; Shaw, J. D.:* Voluntary Turnover, Social Capital and Organizational Performance, in: Academy of Management Review, 26. Jg. (2001), S. 446–456. *Lesser, E. L.* (Hrsg.): Knowledge and Social Capital, Boston etc. 2000. *Nahapiet, J.; Ghoshal, S.:* Social Capital, Intellectual Capital, and the Organizational Advantage, in: *Lesser, E. L.* (Hrsg.): Knowledge and Social Capital, Boston etc. 2000, S. 119–157. *Onyx, J.; Bullen, P.:* Measuring Social Capital in Five Communities, in: Journal of Applied Behavioral Science, 36. Jg. (2000), H. 1, S. 23–42. *Portes, A.:* Social Capital: Its Origins and Applications in Modern Sociology, in: *Lesser, E. L.* (Hrsg.): Knowledge and Social Capital, Boston etc. 2000, S. 43–67. *Priddat, B. P.:* Gemeinsinn als soziales Kapital. Wie Bürger und Staat besser kooperieren können, in: Universitas, 57. Jg. (2002), S. 928–935. *Putnam, R. D.* (Hrsg.): Gesellschaft und Gemeinsinn. Sozialkapital im internationalen Vergleich, Gütersloh 2001.

Roman Bechtel

Sozial-kognitive Theorie

empirisch gut abgesicherte Lerntheorie, die die Selbstwirksamkeitserwartung von Individuen und →Gruppen ins Zentrum der Betrachtung stellt.

Die sozial-kognitive Theorie von *Bandura* kombiniert Aussagen zu Makrobedingungen des Lernens mit Selbstkonstruktionen von handelnden Akteuren und kann damit als eine wichtige Grundlage für die Gestaltung von Lernprozessen in institutionalisierten Kontexten angesehen werden. Überdies gibt sie wichtige Hinweise für die Gestaltung von Interaktions- und Führungsbeziehungen im Betrieb.

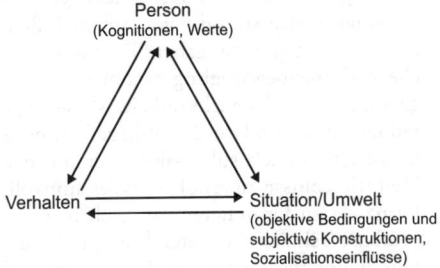

Abbildung. 1: Sozial-kognitive Theorie

Mit der Bezeichnung sozial-kognitive Theorie will *Bandura* (1986) zum Ausdruck bringen, dass sich *Verhalten*, *Umwelt* und *Person*, das heißt kognitive, biologische und andere intraindividuelle Faktoren, wie zum Beispiel Werte (→ Normen und Werte), gegenseitig beeinflussen (Abbildung 1). Dies ist in Abgrenzung zu behavioristischen Ansätzen (→ Behaviorismus), die Verhalten einseitig aus der Umwelteinwirkung und in Abgrenzung zu betriebspsychologischen Annahmen (→ Lerntheorien), die Verhalten einseitig intra-personal erklären, zu verstehen. Aufgrund der systematischen Weiterentwicklung seines Ansatzes wird *Bandura* mit unterschiedlichen Schulen in Verbindung gebracht. Angesichts der Integrationsleistung seines Ansatzes lässt er sich am ehesten der neobehavioristischen Schule zuordnen.

Bandura geht davon aus, dass Menschen zur Symbolisierung, zum vorausschauenden Denken und zur → Selbstreflexion in der Lage sind. Ihr Verhalten ist nicht nur ein Zusammenwirken aus Person und Umwelt, sondern wirkt gleichermaßen auf Umwelt und Person zurück und verändert diese. Sie sind mithin gegenüber der Umwelt nicht – wie im Behaviorismus – adaptiv, sondern generativ, kreativ und proaktiv, keine reinen Produkte, sondern auch Konstrukteure der Umwelt.

Folgende Kernaussagen kennzeichnen das Annahmesystem der sozial-kognitiven Theorie, dessen Komponenten in Abbildung 2 visualisiert sind:

- Individuen sind zum *Modelllernen*, zum → Lernen durch → Beobachtung des Verhaltens anderer und zum Lernen durch verbale oder bildhafte Präsentation in der Lage. Lernen kann durch Modellierung, Beobachtung, → Identifikation, Internalisierung und Rollenübernahme erfolgen (*Bandura* 1976).

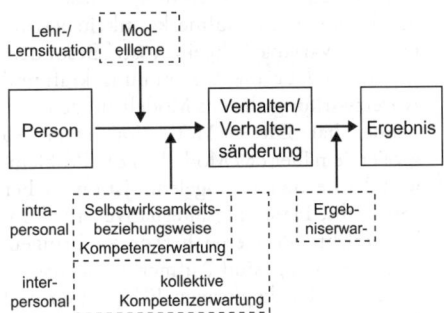

Abbildung 2: Komponenten der sozial-kognitiven Theorie

- Das lernende Individuum hat nicht nur eine Ergebniserwartung, die nur teilweise im persönlichen Einflussbereich liegt, sondern auch eine Selbstwirksamkeits- beziehungsweise Kompetenzerwartung (→ Kompetenz), von der die Lernanstrengung und der Lernerfolg abhängen (*Bandura* 1997). *Selbstwirksamkeit* beschreibt in den Worten von *Jonas* und *Brömer* (2002, S. 278) „die subjektive Überzeugung eines Individuums, ein bestimmtes Verhalten ausüben zu können". Nur wenn sich das Individuum in der Lage sieht, eine Handlung angemessen vollziehen zu können, wird es eine Lernanstrengung unternehmen. Dabei konnte gezeigt werden, dass die Selbstwirksamkeitserwartung auf unterschiedliche Lernsituationen übertragbar und für unterschiedliche Lernsituationen entwickelbar ist. Es ist ein situationsübergreifendes Konstrukt individuellen Verhaltens und individueller Entwicklung. Bei einer als hoch wahrgenommenen Selbstwirksamkeit können Misserfolge zudem besser verarbeitet werden und führen nicht zur Aufgabe des Ziels.

- Die individuelle Kompetenzerwartung steht in engem Zusammenhang mit der *kollektiven Kompetenzerwartung* des Individuums, innerhalb einer Gemeinschaft wirksam werden zu können und mit der Gemeinschaft als Ganzes handlungswirksam zu sein. *Bandura* (2000) geht hier von einer engen Verzahnung zwischen individueller und kollektiver Kompetenz aus.

Sozial-kognitive Theorie

Von den drei Kernannahmen der sozial-kognitiven Theorie begründeten die Überlegungen zum Modelllernen den Ausgangspunkt einer eigenständigen Lerntheorie. Modelllernen wird nach *Bandura* (1976) durch folgende Subprozesse gesteuert:

- *Aufmerksamkeitsprozesse*: Modelllernen erfordert genaue Beobachtung. Diese wird durch eine Reihe aufmerksamkeitsbestimmender Variablen beeinflusst. Besonders wichtig ist dabei die Ausstrahlungskraft und Anreizwirkung, die das Modell auf den Lernenden hat. Die →Motivation ist um so größer, je näher das Modell an die Problemwelt der Lernenden angelehnt ist und daher verspricht, Handlungsalternativen für konkret erlebte Probleme hervor zu bringen. Darüber hinaus sind Aufmerksamkeitsprozesse von den kognitiven Fähigkeiten und Vorkenntnissen des Lernenden abhängig.
- *Gedächtnisprozesse*: Das Behalten modellierter Ereignisse, auch über ausgedehnte Zeiträume hinweg, bis ein Individuum das Alter und den sozialen Status erreicht hat, denen ein bestimmtes Verhalten als angemessen zugerechnet werden kann, hängt vom bildlichen und sprachlichen Repräsentationssystem ab. Wird ein Modell mit Bildern oder bildhaften Geschichten beziehungsweise anschaulichen Beispielen unterlegt, kann es auch nach langen Zeiträumen lebhaft reproduziert werden. Verbale Kodierungen unterstützen, ebenso wie häufige Wiederholungen, den Gedächtnisprozess.
- *Motorische Reproduktionsprozesse*: Auch symbolische Repräsentationen von Handlungsvollzügen können die offene Ausführung der modellierten Verhaltensmuster steuern.
- *Verstärkungs- und Motivationsprozesse*: Generell distanziert sich Bandura von Verstärkungsprinzipien, wie sie im Behaviorismus vertreten werden. Seinen Experimenten zufolge findet Lernen ohne Verstärkung in ähnlicher →Qualität wie mit Verstärkung statt. →Anreize sind für Bandura kein zwingender Bestandteil von Modelllernen; sie können aber die Aufmerksamkeit des Lernenden erhöhen und von daher den →Lernprozess sinnvoll begleiten.

Banduras (1997) Überlegungen zur Selbstwirksamkeitswahrnehmung bilden heute den Hauptteil seiner Theorie. Sie werden empirisch durch die Arbeiten von *Schwarzer* und *Jerusalem* (1999) sowie *Schwarzer* und *Schmitz* (1999) unterfüttert. Die Selbstwirksamkeitswahrnehmung und damit die Lernanstrengung und der zu erwartende Lernerfolg einer Person werden laut *Bandura* (1997) von folgenden Erfahrungsbereichen beeinflusst:

- *Bewältigungserfahrung*: Der wichtigste Erfahrungsbereich sind die von einem Individuum bewältigten Aufgaben. Eine erfolgreiche Aufgabenbewältigung erhöht die wahrgenommene Selbstwirksamkeit, Misserfolge reduzieren diese. Um die wahrgenommene Selbstwirksamkeit sukzessive über positive (Teil-)Ergebnisse zu erhöhen, ist es sinnvoll, Lernziele zu formulieren, die sich in überprüfbare Teilziele herunter brechen lassen. Durch eine regelmäßige →Evaluation wird Bewältigungserfahrung aufgebaut und das Individuum gelangt zu einer realistischen Einschätzung der eigenen Handlungsmöglichkeit. Außerdem bietet es sich an, Probehandeln bei eher einfachen Aufgaben durchzuführen und sich dann sukzessive zu steigern, um das Misserfolgsrisiko zu reduzieren.
- *Stellvertretende Erfahrung*: Fehlt es in Verhaltensbereichen an eigenen Erfahrungen, kann die wahrgenommene Selbstwirksamkeit positiv durch Modellverhalten anderer, als soziale Vergleichsgruppe akzeptierter Personen beeinflusst werden. Vor diesem Hintergrund können im Erfahrungsaustausch und in Mentorenmodellen wichtige lernförderliche Gestaltungsansätze liegen.
- *Verbale Informationsvermittlung*: Kann eine Person ihre Verhaltensausführung selbst nur schwer einschätzen, lässt sich die wahrgenommene Selbstwirksamkeit durch →Feedback stärken. Voraussetzung ist, dass die Feedback-gebende Person als informiert und objektiv wahrgenommen wird und ihre Einschätzung von der (vagen) Selbsteinschätzung nicht zu stark abweicht als dass sie unglaubwürdig erscheint.
- *Psychologische und affektive Zustände*: Stimmungen und Gefühle stehen in enger Wechselwirkung mit der wahrgenommenen Selbstwirksamkeit. Bei →Stress und negativer Stimmung ist die wahrgenommene Selbstwirksamkeit geringer. Positive Gefühle steigern hingegen die wahrgenommene Selbstwirksamkeit. Dies begünstigt wiederum den Lernerfolg und wirkt zurück auf das Stress- und Stimmungsbild. Im Zeit- und

Konfliktmanagement liegen Ansatzpunkte zur Beeinflussung der affektiven Zustände.

Aufgrund der von *Bandura* (2000) angenommenen engen Verzahnung zwischen individueller und kollektiver Kompetenzerwartung – dieser dritte Baustein seiner Theorie wurde in jüngeren Arbeiten ergänzt – können die genannten Ansatzpunkte zur Steigerung der Selbstwirksamkeitserwartung auch für die kollektive Kompetenzentwicklung (→Kompetenzmanagement) als maßgeblich angesehen werden. Danach ist eine auf Vorbildverhalten, Experimentierflächen, gruppenbezogene Erfahrungsfelderweiterung und sozial-kommunikative Austauschprozesse gerichtete Organisation für die kollektive Kompetenzentwicklung besonders förderlich.

Kritik an der sozial-kognitiven Theorie von *Bandura* lässt sich von Seiten der handlungsorientierten Pädagogik, darunter Ansätze des →Action Learning, mit Blick auf *Banduras* Ausführungen zum Modelllernen üben. Handlungsorientierte Ansätze äußern Zweifel daran, dass sich Verständnis über rein kognitive Speicherung erzeugen lässt. Ein weiterer Kritikpunkt richtet sich auf *Banduras* Harmonisierungsgedanke zwischen individueller und kollektiver Kompetenz. Angesichts einer wachsenden →Individualisierung und vor dem Hintergrund neuer Arbeitskrafttypen (→Arbeitskraftunternehmer) kann hinterfragt werden, ob sich eine hohe individuelle Selbstwirksamkeitserwartung entsprechend auf der kollektiven Ebene auswirkt. Gleichzeitig liegt in dieser Überlegung aber auch eine Stärke, die den Ansatz als richtungsweisend für die zukünftige Kompetenzforschung (→Kompetenz, →Kompetenzmessung) erscheinen lässt. Durch die Verknüpfung von individueller und kollektiver Kompetenz gelingt diesem Ansatz im Gegensatz zur sonstigen Kompetenzforschung eine ebenenübergreifende Kompetenzbetrachtung (→Kompetenzebenen) vorzunehmen.

Literatur: *Bandura, A.*: Die Analyse von Modellierungsprozessen, in: *Baumgart, F.* (Hrsg.): Entwicklungs- und Lerntheorien, 2. Aufl., Bad Heilbrunn 2001, S. 153–163. *Bandura, A.*: Social Foundations of Thought and Action, New York 1986. *Bandura, A.*: Self-Efficacy: The Excercise of Control, New York 1997. *Bandura, A.*: Exercise of Human Agency Through Collective Efficacy, in: Current Directions in Psychological Science, 9. Jg. (2000), H. 3, S. 75–78. *Jonas, K.; Brömer, P.*: Die sozial-kognitive Theorie von Bandura, in: *Frey, D.; Irle, M.* (Hrsg.): Theorien der Sozialpsychologie, Bd. 2, 2. Aufl., Bern etc. 2002, S. 277–299. *Jerusalem, M.; Schwarzer, R.*: Die Skala der allgemeinen Selbstwirksamkeitserwartung, in: *Schwarzer, R.; Jerusalem, M.* (Hrsg.): Skalen zur Erfassung von Lehrer- und Schülermerkmalen, Berlin 1999, S. 57. *Schwarzer, R.; Schmitz, G. S.*: Kollektive Selbstwirksamkeitserwartung von Lehrern. Eine Längsschnittstudie in zehn Bundesländern, in: Zeitschrift für Sozialpsychologie 30. Jg. (1999), H. 4, S. 262–274.

Uta Wilkens

Sozialkonstruktivismus

baut auf der Idee einer intersubjektiven *Konstruktion sozialer Wirklichkeiten* und einzelner sozialer Phänomene, beispielsweise der →Organisation, auf.

Im Sozialkonstruktivismus, der auf *Berger* und *Luckmann* (1967) zurückgeht, schafft das Individuum seine Umwelt über subjektive Theorien („Theories in Use") selbst. Über Handeln, Interpretationen und Kommunikation werden Verhaltensregeln erzeugt, in Schemata institutionalisiert und durch die Weitergabe an nachfolgende Generationen in Traditionen überführt, was schlussendlich die Legitimierung zur Folge hat.

Auch die Organisation verkörpert in der Auffassung des →Konstruktivismus eine subjektive, in den Köpfen der Mitglieder verankerte Realität. Unternehmenswerte, Verhaltens- und Beziehungsstrukturen sind nach *Scholz* (2000) ebenfalls sozial konstruiert. Organigramm (→Aufbauorganisation), →Stellenbeschreibung und Kommunikationsgrundsätze dienen als „Ergebnisprotokoll". Die Hauptaufgabe, der sich das →*Personalmanagement* aus der Sicht des Konstruktivismus zu stellen hat, ist die Integration der subjektiven Sichtweisen von Mitarbeitern und →Führungskräften. Fehlerhafte Schemata, wie sie zum Beispiel durch →Mobbing entstehen, sind frühzeitig zu identifizieren und zu korrigieren, bevor sie durch →Sozialisation ihre Legitimierung in einem größeren Rahmen erfahren.

Literatur: *Berger, L. P.; Luckmann, T.*: The Social Construction of Reality, New York 1967. *Scholz, C.*: Personalmanagement, 5. Aufl., München 2000.

Tobias Bernecker

Sozialleistungen

Teil der →Personalkosten, den ein Unternehmen aus den unterschiedlichsten Gründen zusätzlich zum Entgelt für geleistete →Arbeit beziehungsweise Direktentgelt als →Personalzusatzkosten aufbringt.

Sozialplan

Grundsätzlich lassen sich Sozialleistungen wie folgt systematisieren:

- *Gesetzliche Sozialleistungen*: Sind per Gesetz festgelegt und damit zwingend vorgeschrieben, wie zum Beispiel Versicherungsbeiträge für die →Arbeitslosen-, Kranken- und Rentenversicherung, Entgelt für arbeitsfreie Tage oder Entgeltfortzahlung im Krankheitsfall.

- *Tarifliche Sozialleistungen*: Sind durch Tarifverträge determiniert, das heißt →Arbeitgeber werden zu weiteren Leistungen veranlasst, wie zum Beispiel Überstundenzuschläge (→Überstunden), weitergehende Urlaubsregelungen (→Urlaub) oder →betriebliche Altersversorgung, soweit ein entsprechender Tarifvertrag für sie Geltung besitzt.

Während diese Sozialleistungen einen Pflichtcharakter haben, ist es möglich, darüber hinaus noch freiwillig →betriebliche Sozialleistungen zu gewähren.

Literatur: *Schanz, G.*: Personalwirtschaftslehre, 3. Aufl., München 2000, S. 575.

Silvia Föhr

Sozialplan

wird zwischen →Unternehmer und →Betriebsrat ausgehandelt mit dem Ziel, wirtschaftliche Nachteile aus einer →Betriebsänderung zu kompensieren.

Der Sozialplan hat die Wirkung einer →Betriebsvereinbarung, kann jedoch auch Arbeitsentgelte und in →Tarifverträgen geregelte Arbeitsbedingungen betreffen. Während der →Interessenausgleich die Nachteile einer geplanten Betriebsänderung für die Beschäftigten möglichst gering halten soll, ist der Sozialplan für den Ausgleich oder zumindest die Milderung verbleibender wirtschaftlicher Nachteile einer solchen Änderung gedacht.

Ohne Betriebsrat gibt es mangels Verhandlungspartner keinen Sozialplan, ebenso wenig in Unternehmen mit nicht mehr als 20 Beschäftigten. Kommt es in den übrigen Unternehmen nicht zu einer Einigung über den Sozialplan, ist die →Einigungsstelle anzurufen, die einen erzwingbaren Sozialplan nach billigem Ermessen aufstellen kann, außer wenn es sich um reine →Entlassungen unterhalb bestimmter Schwellenwerte handelt oder das Unternehmen eine echte Neugründung innerhalb der letzten vier Jahre war.

Der Sozialplan kann alle möglichen Kompensationsregelungen für die wirtschaftlichen Nachteile aus einer Betriebsänderung umfassen. Für entlassene →Arbeitnehmer sind →Abfindungen üblich, die jedoch für das Unternehmen wirtschaftlich vertretbar sein müssen und nicht die verbleibenden Arbeitsplätze gefährden dürfen. Es können auch laufende Zahlungen fortgeführt oder nicht-finanzielle Leistungen gewährt werden, zum Beispiel ein weiteres Wohnrecht in Werkswohnungen oder die Aufhebung von Wettbewerbsverboten. Bei Teilzeitbeschäftigung (→Teilzeitarbeit) sind anteilige Abfindungen üblich, bei →Versetzungen zum Beispiel der Ersatz von Lohnausfällen, höheren Mieten oder Fahrt- beziehungsweise Umzugskosten. Im Insolvenzfall (→Insolvenz) ist das Sozialplanvolumen auf durchschnittlich zweieinhalb Monatsverdienste der zu entlassenden Arbeitnehmer sowie ein Drittel der Masse beschränkt, stellt jedoch eine Masseverbindlichkeit (die vor den einfachen Insolvenzforderungen zu begleichen ist) mit vergleichsweise hohen Befriedigungsquoten dar. Gesetzliche Grundlagen sind das →Betriebsverfassungsgesetz und die Insolvenzverordnung.

Alexander Dilger

Sozialplan aus (arbeits-)rechtlicher Sicht

Milderung wirtschaftlicher Nachteile, die für die →Arbeitnehmer mit einer →Betriebsänderung gemäß § 111 BetrVG verbunden sind (§ 112 Abs. 1 Satz 2 BetrVG).

Der Sozialplan hat nach § 112 Abs. 1 Satz 3 BetrVG die Wirkung einer →Betriebsvereinbarung, das heißt er gilt *normativ* und *zwingend* für die von ihm erfassten Arbeitsverhältnisse (→Beschäftigungsverhältnis) und begründet dadurch unmittelbare Ansprüche der Arbeitnehmer gegen den →Arbeitgeber bezüglich der im Sozialplan vereinbarten Leistungen.

Im Unterschied zum →Interessenausgleich ist der Sozialplan erzwingbar. Das geschieht, wenn Arbeitgeber und →Betriebsrat sich über den Sozialplan nicht einigen können, im Wege des Einigungsstellenverfahrens (§ 112 Abs. 4 Satz 1 BetrVG). Der Spruch der →Einigungsstelle ersetzt die Einigung zwischen Arbeitgeber und →Betriebsrat. Besteht die Betriebsänderung in einem reinen Personalabbau (→Personalfreisetzung), ist der Sozialplan nur erzwingbar, wenn die in § 112 a Abs. 1 BetrVG genannten

Zahlengrenzen überschritten sind. Außerdem ist ein Sozialplan gemäß § 112 a Abs. 2 BetrVG über das Einigungsstellenverfahren nicht erzwingbar, wenn es sich um den Betrieb eines Unternehmens in den ersten vier Jahren seiner Gründung handelt. Diese Vorschrift will neu gegründeten Unternehmen den Aufbau erleichtern und sie im Falle des Scheiterns von der Sozialplanpflicht befreien. Deshalb findet diese Privilegierung gemäß § 112 a Abs. 2 Satz 2 BetrVG keine Anwendung, wenn es sich um eine Neugründung in Zusammenhang mit der rechtlichen Umstrukturierung von Unternehmen oder Konzernen handelt.

Besteht eine Sozialplanpflicht, sind ausschließlich wirtschaftliche Nachteile der Betriebsänderung ausgleichsfähig, nicht immaterielle Nachteile (*Hromadka* und *Maschmann* 2001, § 16 Rn. 632). Solche wirtschaftlichen Nachteile entstehen bei Betriebsänderungen in den häufigsten Fällen durch →Entlassungen, →Versetzungen oder Änderungskündigungen (→Kündigung).

Die Betriebspartner sind bei der Ausgestaltung des Sozialplans grundsätzlich frei. Die für die Einigungsstelle geltenden gesetzlichen Vorgaben aus § 112 Abs. 5 BetrVG gelten für den außerhalb der Einigungsstelle geschlossenen Sozialplan, wenngleich das Bundesarbeitsgericht die Auffassung vertritt, dass die Betriebspartner sich von diesen Gedanken leiten lassen sollen. Weiterhin ist der Gleichheitssatz zu beachten (BAG, Urteil vom 11.02.1998, AP Nr. 121 zu § 112 BetrVG 1972). Es ist also im Sozialplan nicht zulässig, vergleichbare Arbeitnehmer oder →Gruppen von Arbeitnehmern ohne sachlichen Grund ungleich zu behandeln. Wird die Höhe von →Abfindungen unterschiedlich ausgestaltet, muss das also durch sachliche Gründe bedingt sein. Unzulässige Kriterien wären dabei das Geschlecht, die Rasse, die Religion, Staatsangehörigkeit und die weiteren in Art. 3 Abs. 3 GG genannten Kriterien.

Zulässig sind Stichtagsregelungen, nach denen die Leistung davon abhängig gemacht wird, ob der Arbeitnehmer zu einem bestimmten Zeitpunkt noch im Betrieb ist. Gleiches gilt für eine Regelung, nach der ältere Arbeitnehmer, die einen Rentenanspruch haben, von Abfindungsleistungen ausgenommen werden. Denn der Sozialplan soll wirtschaftliche Nachteile kompensieren, nicht jedoch den Arbeitnehmer besser stellen, als er ohne Betriebsänderung gestanden hätte. Mitarbeiter, die durch Eigenkündigung oder →Aufhebungsvertrag ausscheiden, dürfen von Sozialplanleistungen ausgenommen werden, es sei denn, der Beendigungstatbestand ist arbeitgeberseitig veranlasst (BAG, Urteile vom 20.04.1994, 19.07.1995, 24.01.1996, AP Nr. 77, 96, 98 zu § 112 BetrVG 1972). In diesem Fall kann es für die Frage, ob der Sozialplan für diesen Arbeitnehmer Ansprüche begründet, nicht auf die formale Ausgestaltung der Beendigung ankommen. Wird die Einigung der Betriebspartner durch den Spruch der Einigungsstelle ersetzt, enthält § 112 Abs. 5 BetrVG Vorgaben, an denen die Einigungsstelle ihr Ermessen ausrichten soll. Sie hat bei ihrer Entscheidung sowohl die sozialen Belange der Arbeitnehmer als auch die wirtschaftliche Vertretbarkeit für das Unternehmen zu berücksichtigen. Im Einzelnen soll sie beim Ausgleich oder bei der Milderung wirtschaftlicher Nachteile, insbesondere durch Einkommensminderung, Wegfall von Sonderleistungen oder Verlust von Anwartschaften auf →betriebliche Altersversorgung, Umzugskosten oder erhöhte Fahrtkosten, Leistungen vorsehen, die in der Regel den Gegebenheiten des Einzelfalls Rechnung tragen. Gemäß § 112 Abs. 5 Nr. 2 BetrVG hat sie die Aussichten der betroffenen Arbeitnehmer auf dem →Arbeitsmarkt zu berücksichtigen. Sie soll Arbeitnehmer von Leistungen ausschließen, die in einem zumutbaren Arbeitsverhältnis im selben Betrieb oder in einen Betrieb des Unternehmens oder eines zum Konzern gehörenden Unternehmens weiter beschäftigt werden können und die Weiterbeschäftigung ablehnen (BAG, Beschluss vom 28.09.1988, AP Nr. 47 zu § 112 BetrVG 1972); die mögliche Weiterbeschäftigung an einem Ort begründet für sich allein nicht die Unzumutbarkeit. Sie soll ferner im SGB III vorgesehenen Fördermöglichkeiten zur Vermeidung von →Arbeitslosigkeit berücksichtigen, § 112 Abs. 5 Nr. 2 a BetrVG.

Schließlich hat die Eignungsstelle nach § 112 Abs. 5 Nr. 3 BetrVG bei der Bemessung des Gesamtbetrags der Sozialplanleistungen darauf zu achten, dass der Fortbestand des Unternehmens oder die nach Durchführung der Betriebsänderung verbleibenden Arbeitsplätze nicht gefährdet werden. Angesichts dieser vom Gesetzgeber verwendeten unbestimmten Rechtsbegriffe ist es in der Praxis schwierig, die Kosten eines erzwungenen Sozialplans zu prognostizieren.

Der Spruch der Einigungsstelle kann gemäß § 76 Abs. 5 Satz 4 BetrVG innerhalb einer Frist von zwei Wochen angefochten werden, wenn geltend gemacht wird, dass die Einigungsstelle ihr Ermessen überschritten habe. Unter den Voraussetzungen des § 255 Abs. 1 SGB III kommt eine Förderung von Sozialplänen durch Leistungen des Arbeitsamts in Betracht.

Literatur: *Hromadka, W.*; *Maschmann, F.*: Arbeitsrecht, Bd. 2, 2. Aufl., Berlin etc. 2001.

Friedrich Meyer

Sozialverträglichkeit

Ergebnis einer Berücksichtigung sozialer Belange in unternehmerischen Entscheidungen.

Sozialverträgliche Entscheidungen herbeizuführen kann einerseits aus einer normativ verankerten →Verantwortung des Unternehmers gegenüber seinen Mitarbeitern hergeleitet werden und ergibt sich andererseits aus der Mittel-Zweck-Beziehung zu ökonomischen Fragestellungen.

Die Sozialverträglichkeit erlangt nach *Cascio* (2002) gerade dort besondere Bedeutung, wo soziale Belange der Mitarbeiter und ökonomische Interessen der Unternehmen in →Konflikt geraten. Dies ist zwangsläufig in rezessiven Phasen der Fall, wenn in der Folge mangelnder →Kapazitätsauslastung, Anpassungen in der Kapazitätsausstattung und Kostenreduzierungen umgesetzt werden müssen.

Die sozialen Belange der Mitarbeiter ergeben sich aus der individuellen Bedürfnisstruktur (→Motiv). Zentraler Bestandteil der Mitarbeiterinteressen ist in der Rezession die Arbeitsplatzsicherheit. Sie umfasst einem weiteren Verständnis folgend aber nicht nur den Arbeitsplatz selbst, sondern auch die mit ihm verbundenen materiellen und immateriellen Eigenschaften. Hierzu gehören unter anderem Karrieremöglichkeiten, der mit der Position (→Stelle) verbundene Status, ein regelmäßiger Einkommensstrom, →Autonomie, Selbstbestätigung sowie soziale Kontakte. Unter Bezugnahme auf *Maslows* →Bedürfnishierarchie zeigt sich, dass nahezu alle dort genannten Bedürfnisbereiche bei einem Arbeitsplatzverlust tangiert und beeinträchtigt werden. Die Folgen für den Mitarbeiter äußern sich je nach Persönlichkeit und physisch-psychischer Konstitution in →Stress auf psychischer und physischer Ebene und münden in diversen Formen des aktiven und passiven Widerstands auf verbaler oder nonverbaler Ebene.

Die Handhabung von Widerständen aber erfordert Zeit, die in rezessiven Phasen aufgrund anstehender Entscheidungs- und Handlungszwänge nur eingeschränkt vorhanden ist. Im Rahmen eines antizipativen Rezessionsmanagements sollten Widerstände bereits aufgefangen werden oder Handlungspläne zu ihrer Vermeidung entwickelt worden sein. Dies ist ebenso unter Berücksichtigung der damit verbundenen ökonomischen Folgen von →Aktions- und →Reaktionskosten sinnvoll.

Sozialverträgliche Lösungen sind daher auch unter dem Aspekt positiver ökonomischer Folgen durch Vermeidung von Kosten des Widerstands auf kollektiver und individueller Ebene anzustreben.

Sind Anpassungsmaßnahmen unvermeidlich, so impliziert ein sozialverträgliches Verhalten der Unternehmensleitung die nachfolgenden Aspekte:

- *Verantwortungsbewusstes Handeln*: Oberstes Leitprinzip ist das verantwortungsbewusste Handeln der Entscheidungsträger im Sinne wohlüberlegter und in ihren Konsequenzen vorausbedachter Lösungskonzepte, welche kurzfristige ad hoc-Entscheidungen grundsätzlich ausschließen. Gerade im Hinblick auf die zu berücksichtigenden Konsequenzen erfordert dies einen offenen und frühzeitigen partizipativen →Dialog mit Betroffenen und deren Interessenvertretung sowie das Einräumen von angemessenen Handlungs- und Anpassungsfristen und -alternativen. So sollte vor einer →betriebsbedingten Kündigung immer auch eine hausinterne →Versetzung in Betracht gezogen werden, auch wenn dies mit Anpassungsfortbildungen verbunden sein könnte. In Anbetracht der Erhaltung eines Arbeitsplatzes ist zu erwarten, dass Mitarbeiter durchaus bereit sind, die Kosten derartiger zweckgerichteter Fortbildungen (→Fort- und Weiterbildung) im Notfall auch selber zu übernehmen.

- *Partizipation und Fairness*: Eine Partizipation bei der Entscheidungsfindung in diesem Sinne kommt dem Bedürfnis nach Erhalt der →Handlungsfähigkeit entgegen und stärkt die Wahrnehmung eines fairen Umgangs mit der Situation. Fairer Umgang hat langfristig nachhaltig positive Wirkungen auf das Image des Unternehmens (→Unternehmensimage) und stärkt die Chancen, in späteren Wachstumsphasen wieder qualifizierte Mitarbeiter über den →Arbeitsmarkt gewinnen zu können.

- →*Gerechtigkeit*: Mitarbeiter haben gerade in schwierigen Zeiten eine ausgeprägte Sensibilität für Ungerechtigkeiten. Unternehmensleitungen, welche sich selber in Zeiten des Personalabbaus (→Personalfreisetzung) großzügige Gehaltssteigerungen zugestehen, verlieren an Glaubwürdigkeit und →Vertrauen. Eine gerechte Belastung (→Belastungs-Beanspruchungs-Modell) aller Mitarbeitergruppen im Unternehmen ist – auch im Verständnis der Mitarbeiter – nicht gleichbedeutend mit →Gleichbehandlung nach dem Gießkannenprinzip.
- *Sozialplan*: Risikogruppen, welche mit einer →Entlassung in eine existenzbedrohende Lebenssituation geraten könnten, sind immer anders zu behandeln, als →Gruppen, deren Lebens- und Einkommenssituation auf anderen Wegen abgesichert ist. Die klassische *Sozialauswahl* im Rahmen eines →*Sozialplans* stellt hier Rahmenbedingungen bereit, befreit aber nicht davon, sich individuell mit Einzelfällen beziehungsweise ausgewählten Mitarbeitergruppen auseinanderzusetzen. Der inhaltliche Schwerpunkt weiterer Maßnahmen liegt bei der Hilfe zur Selbsthilfe und kann, wie zum Beispiel Stoebe (1993) vorschlägt, auch ein →*Outplacement* beinhalten.
- *Transfersozialplan*: Die Bedeutung des Erhalts der Beschäftigungsfähigkeit (→Employability) hat auch der Gesetzgeber erkannt und in Neuregelungen zum Arbeitsförderungsrecht umgesetzt. Danach können Unternehmen, die in einem Sozialplan das Gewicht auf beschäftigungswirksame Maßnahmen statt auf rein ökonomisch orientierte Abfindungszahlungen (→Abfindung) legen, vom Arbeitsamt Eingliederungszuschüsse und Hilfsangebote erhalten. Im Ergebnis entwickelt sich der traditionelle Sozialplan zu einem so genannten Transfersozialplan weiter, dessen primäres Ziel der Weg der Mitarbeiter in ein neues →Beschäftigungsverhältnis ist. Gegenstand der Vereinbarungen sind dann neben – meist verringerten – Abfindungen insbesondere Beratungs- und Trainingsmaßnahmen zur Ermittlung der →Leistungsfähigkeit, der Chancen auf dem Arbeitsmarkt und der notwendigen Qualifizierungsmaßnahmen einschließlich der Beratung bei nachfolgenden →Bewerbungen. Allerdings steht den Beschäftigten kein Wahlrecht zwischen Fördermaßnahme und Abfindung zu. Die Kosten für Fortbildungsmaßnahmen oder Aufwendungen für externe Trainer übernimmt das Arbeitsamt. Der Schließungsaufwand des Unternehmens kann gegenüber einem klassischen Sozialplan um etwa die Hälfte reduziert werden.

Unter dem Aspekt der Sozialverträglichkeit wird der Transfersozialplan gegenüber dem klassischen Sozialplan weitaus positiver beurteilt, da er in seinem umfassenderen Ansatz nicht nur ökonomische, sondern auch psychische Belastungen und deren Handhabung integriert.

Literatur: *Bayer-Stiftung* (Hrsg.): Der Transfer-Sozialplan. Neuer Rechtsrahmen zur Beschäftigungssicherung in Krisenzeiten, Dokumentation der Fachtagung der Bayer-Stiftung für deutsches und internationales Arbeits- du Wirtschaftsrecht, München 2000. *Stoebe, F.:* Outplacement – Manager zwischen Trennung und Neuanfang, Frankfurt a. M. 1993. *Cascio, W.:* Responsible Restructuring, San Francisco 2002.

Annette Nagel

Sparkassenmodell

beinhaltet eine kontinuierliche monatliche Vergütung (z. B. auf der Basis von 40 Std./Woche) auch bei diskontinuierlicher monatlicher →Arbeitszeit (z. B. zwischen 32 und 48 Std./Woche schwankend, siehe Abbildung 1).

Abbildung 1: Sparkassenmodell

Arbeitszeit				Freizeit			Arbeitszeit		
J	F	M	A	M	J	J	A	S	O	N	D

☐ tatsächlich geleistete Arbeitszeit (9 Monate)
☐ bezahlte Arbeitszeit (12 Monate 9/12 des Vollzeitentgelts)

Um den Schutz durch die Sozialversicherung zu gewährleisten, sind kontinuierliche Entgeltzahlungen insbesondere bei längeren Freizeitintervallen (→Sabbatical) notwendig.

Désirée H. Ladwig

Spartenorganisation

→Divisionale Organisationsform

Sperrklinkeneffekt

Problem des wechselseitigen Opportunismus (→Darwiportunismus) von →Arbeitgeber und →Arbeitnehmer, wodurch ansonsten mögliche erhebliche Produktivitäts- und Motivationssteigerungen durch die Einführung variabler Entlohnungsformen verhindert werden (engl.: Ratchet-Effect).

Die *Grundüberlegung* ist, dass bei einem Wechsel von fixer zu variabler Entlohnung der individuelle Leistungsanreiz (→Anreiz) eigentlich stark steigt. Wer zum Beispiel unabhängig von seiner Anstrengung jede Stunde 10 € verdient, wird sich nicht besonders anstrengen, da der Lohn ohnehin feststeht. Er fertigt dann beispielsweise 10 Einheiten pro Stunde. Dies entspricht 1 € pro Einheit, doch bei Umstellung auf eine entsprechend variable Entlohnung, also von 10 € pro Stunde auf 1 € pro Einheit, verändert sich der Leistungsanreiz und die Anzahl der pro Stunde gefertigten Einheiten.

Ohne den Sperrklinkeneffekt ist durch eine Variabilisierung der Entlohnung durchaus eine Produktivitätsexplosion möglich: Eine Verdopplung bis Verdreifachung auf 20 bis 30 Einheiten pro Stunde ist keineswegs unrealistisch. Diese Leistungssteigerung ist im Interesse sowohl des Arbeitgebers als auch der Arbeitnehmer. Einerseits werden die Maschinen des Arbeitgebers besser ausgelastet und andere Fixkosten der Arbeit fallen ebenfalls weniger ins Gewicht, wenn die Beschäftigten produktiver sind. Andererseits verdienen die Arbeitnehmer erheblich mehr, wobei sie dafür natürlich auch mehr leisten. Doch da sie bei der variablen Entlohnung selbstständig ihr Arbeitsvolumen bestimmen können, ist ihre Nutzensteigerung garantiert (im ungünstigsten Fall fertigen sie weiterhin 10 Einheiten pro Stunde mit unverändertem Nutzen).

Beim Sperrklinkeneffekt greifen zwei Elemente ineinander, die diese Leistungssteigerung verhindern, obwohl sie im allseitigen Interesse und damit effizient wäre. Einerseits hat nämlich der Arbeitgeber einen Anreiz, bei entsprechender Leistungssteigerung den variablen Lohn zu senken. Wenn die Beschäftigten in dem Beispiel tatsächlich 30 Einheiten pro Stunde fertigen, kommen sie bei einem Lohn von 1 € pro Einheit auf einen Stundenlohn von 30 €. Dies ist weitaus mehr, als sie irgendwo anders verdienen könnten. Entsprechend stehen viele Bewerber vor der Firma Schlange. Auch zu einem niedrigeren Lohn findet der Arbeitgeber genug Arbeitskräfte. Der neue Gleichgewichtslohn liegt zum Beispiel bei 0,5 € pro Einheit. Da die einzelne Einheit dann weniger bringt, werden sich die Beschäftigten vermutlich etwas weniger anstrengen und zum Beispiel nur noch 25 Einheiten pro Stunde fertigen. Damit ergibt sich ein neuer Stundenlohn von 12,50 €, für den aber auch deutlich mehr gearbeitet werden muss als für den alten Fixlohn von 10 € pro Stunde. Würden die Arbeitnehmer wie früher bei der fixen Entlohnung nur zehn Einheiten pro Stunde schaffen, kämen sie auf magere 5 €.

Andererseits antizipieren die Arbeitnehmer die Lohnsenkung durch den Arbeitgeber. Sie rechnen mit dem anderen Element des Sperrklinkeneffekts, weshalb sie dieses zu verhindern suchen. Sie können das dadurch erreichen, dass sie auf die ursprüngliche Leistungssteigerung beim Übergang zur variablen Entlohnung verzichten. Wenn also der Sperrklinkeneffekt wirksam wird, sind bei Umstellung von 10 € pro Stunde auf 1 € pro Einheit nicht etwa 30 statt zehn Einheiten pro Stunde zu beobachten, sondern weiterhin zehn bis bestenfalls zwölf. Die Arbeitnehmer würden gerne bei einem garantierten Stücklohn von 1 € pro Einheit 30 Einheiten pro Stunde fertigen. Da sie jedoch keine Garantie auf diesen Lohnsatz haben und dessen Absenkung bei zu hoher Leistung erwarten, halten sie von vornherein die Leistung zurück. 12 € für zwölf Einheiten die Stunde sind zwar schlechter als 30 € für 30 Einheiten, aber deutlich besser als 12,50 € für 25 Einheiten. Der Sperrklinkeneffekt führt also dazu, dass die Vorteile variabler Entlohnung sich nicht wirklich einstellen, sondern die Produktivität (→Arbeitsproduktivität) auf einem vergleichbaren Niveau wie bei fixer Entlohnung verharrt. Beide Seiten würden von einer Produktivitätssteigerung profitieren. Die Arbeitnehmer scheuen jedoch vor einer erheblichen Leistungssteigerung zurück, da sie dann mit entsprechenden Lohnkürzungen rechnen müssten.

In dem Beispiel wäre ein Lohn von 0,80 € pro Einheit noch nicht unbedingt ein Zeichen von Arbeitgeberopportunismus, sondern vielleicht eine gelungene Aufteilung des Produktivitätsgewinns zwischen Arbeitgeber und Arbeitnehmern. Eine Lohnreduktion auf 0,50 € oder gar 0,40 € pro Einheit wäre hingegen opportunistisch und würde von den Arbeitnehmern durch vorherige Leistungszurückhaltung verhindert werden. Gegebenenfalls überwachen sich die Arbeitnehmer bei ihrer Leistungsreduktion gegenseitig und weisen neue Kollegen oder vorübergehend Beschäftigte (notfalls handfest) darauf hin, dass sie nicht „die Preise verderben" sollen. Dieses bewusste Verschleiern der eigenen →Leistungsfähigkeit ist der Arbeitnehmeropportunismus beim Sperrklinkeneffekt, der folglich eine asymmetrische Informationsverteilung bezüglich dieser Fähigkeit zur Voraussetzung hat. Eine andere Form des Arbeitgeberopportunismus wäre die →Entlassung von Beschäftigten, weil die Verbleibenden nun genug leisten würden.

Der Sperrklinkeneffekt lässt sich verhindern, wenn sich der Arbeitgeber glaubwürdig dazu verpflichten kann, den einmal vereinbarten Lohn auch zukünftig zu zahlen und nicht bei einer bedeutenden Leistungssteigerung zu kürzen. Solch eine Selbstbindung ist jedoch nicht so leicht möglich. Es könnten sich etwa in Zukunft Umstände ergeben, die eine Lohnkürzung geboten und sogar als im Interesse der Beschäftigten liegend erscheinen lassen, zum Beispiel wenn sich die wirtschaftlichen Rahmenbedingungen verschlechtern, der Produktpreis fällt und ohne Anpassung der Lohnkosten Entlassungen drohen. Vor allem aber sind kleine Produkt- oder Prozessinnovationen denkbar, nach denen nicht mehr genau dieselben Einheiten gefertigt werden, was eine neue Festsetzung der Löhne erfordert. Der →Betriebsrat stellt eine Institution dar, die das Verhalten (→Behaviorismus) des Arbeitgebers überwachen und damit den Sperrklinkeneffekt verhindern kann.

Literatur: *Ickes, B.*; *Samuelson, L.*: Job Transfers and Incentives in Complex Organizations: Thwarting the Ratchet Effect, in: RAND Journal of Economics, 18. Jg. (1987), S. 275–286. *Weitzman, M.*: The New Soviet Incentive Model, in: Bell Journal of Economics, 7. Jg. (1976), S. 251–257. *Weitzman, M.*: The „Ratchet Principle" and Performance Incentives, in: Bell Journal of Economics, 11. Jg. (1980), S. 302–308. *Wolff, B.*; *Lazear, E.*: Einführung in die Personalökonomik, Stuttgart 2001.

Alexander Dilger

Sperrklinkeneffekt in der leistungsabhängigen Entlohnung

Anheben von Anforderungsstandards infolge hoher Leistungsergebnisse in der Vergangenheit.

Der Sperrklinkeneffekt wurde zuerst bei der Analyse von Planwirtschaften beschrieben, in denen hohe Produktionsergebnisse staatlicher Betriebe häufig zu einer Erhöhung der geplanten Soll-Produktion für die Folgeperiode führten (*Freixas et al* 1985). Später befassten sich mit ihm verschiedene ökonomische Arbeiten in regulatorischen Kontexten, in denen einem regulierten Unternehmen Vorgaben auf Basis von Vergangenheitswerten gemacht wurden (z. B. *Laffont* und *Tirole* 1988). Die Problematik des Sperrklinkeneffekts liegt dabei jeweils in seiner negativen Anreizwirkung, da gute Leistungen durch das Anheben zukünftiger Anforderungsstandards „bestraft" werden. Für einen Agenten, der dies antizipiert, könnte es folglich rational sein, Leistung bewusst zurückzuhalten, um künftig steigende Anforderungsstandards zu vermeiden.

Im Personalbereich kommt dem Sperrklinkeneffekt insbesondere in Zusammenhang mit leistungsabhängigen Entlohnungsformen Bedeutung zu. Dies sei exemplarisch an einem einfachen Modell verdeutlicht (*Milgrom* und *Roberts* 1992): Die Produktion eines →Arbeitnehmers hänge sowohl von seinem Arbeitseinsatz als auch von seinem Talent ab, wobei der Arbeitseinsatz im Gegensatz zum Talent dem Arbeitnehmer Kosten (Arbeitsleid) verursacht. Dem →Arbeitgeber seien beide Parameter unbekannt. Er kann in jeder Periode nur die Produktion des Agenten beobachten, allerdings auf Basis seiner Beobachtungen Erwartungen über das Talent des Agenten bilden. In einer solchen Situation würde eine dauerhaft hohe Produktion des Agenten dazu führen, dass der Arbeitgeber ihm mit zunehmender Sicherheit ein hohes Talent zuschreibt. Über die Entlohnung muss er dem Arbeitnehmer jedoch nur das Arbeitsleid kompensieren, das heißt er wird die guten Leistungen des Agenten zunehmend seinem Talent zuschreiben und entsprechend die Entlohnung durch eine Anhebung der geforderten Leistungsstandards senken. Unter diesen Bedingungen kann es aber für den Agenten insbesondere in frühen Perioden rational sein, auch bei leistungsabhängiger Entlohnung Leistung zurückzuhalten, um beim Arbeitgeber nicht zu optimistische Erwartungen über sein Talent zu wecken und so künftig steigende Anforderungsstandards und entsprechende Lohneinbußen zu vermeiden.

Ein Lösungsansatz besteht hier zunächst im Verzicht auf die Verwendung vergangenheits-

Spesenbetrug

basierter Anforderungsstandards. So könnten etwa Leistungen anderer Arbeitnehmer mit ähnlichen Aufgaben als Alternative herangezogen werden (→Relative Leistungsvergleiche, Turnierlohnmodelle). Auch werden in der Literatur Beispiele beschrieben, in denen sich Unternehmen explizit verpflichtet haben, einmal gesetzte Anforderungsstandards nicht mehr zu ändern. Allerdings sind solche Verpflichtungen häufig nicht einklagbar und selten glaubhaft, da ein Arbeitgeber ex post immer Anreiz hat, aus seiner Sicht zu niedrig angesetzte Standards anzuheben. *Ickes* und *Samuelson* (1987) diskutieren als weitere Gegenmaßnahme Job Rotation und häufige Versetzungen: Wenn vom Leistungsergebnis des Mitarbeiters in einem Aufgabenbereich nur schlecht auf sein Leistungspotenzial in einem anderen Aufgabenbereich geschlossen werden kann, besteht für ihn bei regelmäßigem Wechsel der Aufgabenbereiche kein Anreiz mehr zu ineffizienter Leistungszurückhaltung.

Literatur: *Freixas, X.; Guesnerie, R.; Tirole, J.*: Planning under Incomplete Information and the Ratchet Effect, in: Review of Economic Studies, 52. Jg. (1985), H. 2, S. 173–191. *Ickes, B.W.; Samuelson, L.*: Job Transfer and Incentives in Complex Organizations: Thwarting the Ratchet Effect, in: RAND Journal of Economics, 18 Jg. (1987), H. 2, S. 275–286. *Laffont, J.-J.; Tirole, J.*: The Dynamics of Incentive Contracts, in: Econometrica, 56. Jg. (1988), H. 5, S. 1153–1175. *Milgrom, P.; Roberts, J.*: Economics, Organization & Management, Upper Saddle River 1992.

Achim Hecker

Spesenbetrug

stellt aus strafrechtlicher Sicht einen Betrug gemäß § 263 StGB dar, der im Zusammenhang mit der Abrechnung von Spesen begangen wird.

In der Praxis kommt der Spesenbetrug in den unterschiedlichsten Spielarten vor, beispielhaft Tankrechnungen für den Zweitwagen des Ehepartners, abgerechnete Doppel- statt Einzelzimmer, angebliche Kundenbewirtungen oder tatsächlich nicht gefahrene, aber über die Fahrtkostenerstattung des Privat-PKW abgerechnete Kilometer. Da nur in bestimmten Positionen Spesen anfallen und abgerechnet werden können, fällt auf, dass der Spesenbetrug im Wesentlichen im mittleren und gehobenen Management vorkommt.

Arbeitsrechtlich (→Arbeitsrecht) ist die Bewertung relativ eindeutig. Die Rechtsprechung vertritt konsolidiert die Auffassung, dass ein Spesenbetrug ein an sich zur →außerordentlichen Kündigung berechtigender wichtiger Grund im Sinne des § 626 Abs. 1 BGB ist (BAG, Urteil vom 22. 08. 1974, EzA § 103 BetrVG 1972 Nr. 6; LAG Hamm, Urteil vom 20. 04. 1983, Az.: 3 Sa 1606/82 n.V.; ArbG Leipzig, Urteil vom 18.11.1994, Az.: 17 Ca 5904/94).

Dass die Umstände des Einzelfalls dazu führen, aufgrund einer Interessenabwägung eine →fristlose Kündigung abzulehnen, ist eher selten. Deshalb führt Spesenbetrug in der Praxis regelmäßig zu einer fristlosen Kündigung. Das gilt auch bei kleineren oder sogar kleinsten Beträgen. Die Arbeitsgerichte (→Arbeitsgerichtsbarkeit) differenzieren grundsätzlich nicht nach der Höhe des Schadens, sondern stellen auf die Verletzung des Vertrauensverhältnisses ab, die in jedem Betrug unabhängig von der Summe liegt. Dass über die fristlose Kündigung hinaus der →Arbeitnehmer dem →Arbeitgeber den entstandenen Schaden zu ersetzen hat, ergibt sich aus § 280 BGB sowie § 823 Abs. 2 BGB in Verbindung mit § 263 StGB.

Friedrich Meyer

Spezialisierung der Personalentwicklung

Konzentration auf bestimmte Inhalte von Bildung und Förderung.

Meist wird unter der Spezialisierung der Personalentwicklung die spezielle Ausrichtung der →Personalentwicklung auf die Unternehmensentwicklung (→Organisationsabwicklung) dergestalt verstanden, dass schwerpunktmäßig solche Maßnahmen durchgeführt werden, die das unternehmerische Handeln bestmöglich unterstützen. Als nachteilig gilt hierbei eine mit zunehmender Spezialisierung sinkende →Flexibilität, die eine Anpassung an Neuerungen erschwert.

Laila Maja Hofmann

Spielen im Arbeitskontext

dient der Entwicklung der →Handlungsfähigkeit von Mitarbeitern, denn ähnlich wie Kinder können auch Erwachsene durch Spielen ihr Selbstbewusstsein, ihre →Kreativität und ihre Fähigkeit (→Qualifikation) zur Innen/Außen-Differenzierung für ihr Verhalten im Unternehmen schulen.

Mit *Spielen* ist an dieser Stelle nicht gemeint, dass Mitarbeiter ihre „Spielchen" treiben, um Ressourcen zu erlangen, Bündnisse zu schmieden, Dritte gegeneinander auszuspielen und vieles mehr: Dies sind Aspekte der →Mikropolitik. Auch geht es hier nicht um die Spieltheorie als angewandte Mathematik mit Wirtschaftsbezug, die die Struktur interdependenten Verhaltens in →Organisationen erklärt. Vielmehr steht bei der Beschäftigung mit dem Spielen im Mittelpunkt, warum und wie gespielt wird.

Spiel und →Arbeit gelten als zwei verwandte Formen von Handlungssystemen. Allgemein wird Spielen im Gegensatz zum Arbeiten zunächst als (wirtschaftlich) zweckfrei angesehen. Ohne diesen Unterschied könnte Spielen unmittelbar dazu benutzt werden, Handlungsfähigkeiten auch für den Arbeitskontext zu erwerben. Dennoch gibt es psychologische Argumente auch gegen die Zweckfreiheit des Spielens (*Dewey* 1930):

- Zum einen ist Spielen insofern auf eine innere Handlungsregulation gerichtet, als es nicht aus beliebigen Bewegungen besteht, sondern häufig sogar höchste Konzentration auf einen leitenden Gedanken erfordert.
- Zum anderen werden die ins Spielen eingebauten Zweckorientierungen nicht gegen innere Widerstände festgehalten, denn die Spielenden verfügen über Freiräume, da sie Zwecke fallen lassen oder modifizieren können.

Wenn im Spielen durch den Gedanken an ein angestrebtes Ergebnis eine längere Handlungskette angestoßen wird, ist der Übergang vom Spiel zur Arbeit fließend. In diesem psychologischen Sinne kann Spielen denselben Charakter wie Arbeit haben, da in beiden Fällen mit Selbsterfahrung gekoppelte Zielfindungen, -verstärkungen, -revisionen und -eliminationen stattfinden. Zudem geht es beim Spielen nicht nur um Vergnügen, sondern – durchaus arbeitsnah – um →Kooperation, Konkurrenz und Wettkampf.

Ausbildungssysteme, die spielerische Elemente einschließen, gelten daher als adäquate Mittel, Handlungsfähigkeiten für den Arbeitskontext zu vermitteln. Über das Gefordertwerden von Intellekt und Empfinden werden die →Selbstreflexion angeregt, Eigen- und Fremdbilder erfahren sowie →Vertrauen und Kreativität aufgebaut (*Winnicott* 2002). Die Umsetzung des während des Spielens Gelernten erfolgt dann außerhalb des abgegrenzten Spielkontextes im Arbeitskontext.

Spielen kann zur gezielten Themenbearbeitung und zur Gestaltung von Arbeitsprozessen eingesetzt werden. Dabei hebt sich der Spielprozess vom Arbeitsalltag ab, macht betriebliche Realität modellhaft erfahrbar und erlaubt die Kommunikation über die Selbstwahrnehmung einer Arbeitsgruppe, über das Kommunikationsverhalten auf unterschiedlichen Mitteilungsebenen und die Regeln im Arbeitskontext (wie →Begrüßungs- und Kennenlernspiele; →Kommunikations- und Rollenspiele), über konkrete Arbeitsinhalte (→Lern- und Informationsspiele) sowie über →Strategien und Taktiken des Handelns (→Unternehmensplanspiel).

Die Voraussetzung für den Einsatz von Spielen im Arbeitskontext ist die freiwillige Entscheidung einer →Gruppe, mitzuspielen. Dem Spielleiter kommt eine wichtige Rolle bei der Auswahl der Spiele, bei der Motivation der Mitspielenden, bei der Erklärung der Spielregeln, bei der Erhaltung des Spielflusses sowie bei der Auswertung des Spiels zu.

Literatur: *Dewey, J.*: Demokratie und Erziehung. Eine Einleitung in die philosophische Pädagogik, Breslau 1930. *Winnicott, D.W.*: Vom Spiel zur Kreativität, 10. Aufl., Stuttgart 2002.

Volker Stein

Spokesperson →Medienpersönlichkeiten

Sprecherausschuss

vertritt die Interessen der →leitenden Angestellten.

Gemäß dem *Sprecherausschussgesetz* wird er analog zum →Betriebsrat gebildet, hat jedoch ausschließlich Informations- und Beratungsrechte. Leitende Angestellte zählen nicht zu den →normalen Arbeitnehmern und werden nicht vom Betriebsrat vertreten. Ihre geringeren Mitbestimmungs- und Schutzrechte erklären sich dadurch, dass sie selbst teilweise Arbeitgeberfunktionen wahrnehmen und deshalb ein besonderes Vertrauensverhältnis zum →Arbeitgeber gegeben sein muss. Wer zu den leitenden Angestellten zählt, ist nicht immer leicht zu bestimmen. Insbesondere trifft dies auf Personen zu, die selbstständig Arbeitnehmer einstellen und entlassen dürfen oder die Generalvollmacht beziehungsweise Prokura (nicht nur formal) haben, die für den Betrieb wesentliche Entscheidungen selbständig treffen oder die ein Jahresentgelt wie andere leitende Angestellte beziehen.

Alexander Dilger

Sprecherausschuss aus (arbeits-)rechtlicher Sicht

für →leitende Angestellte das Parallelorgan zum →Betriebsrat der übrigen →Arbeitnehmer.

In Betrieben mit mindestens zehn leitenden Angestellten kann von den leitenden Angestellten ein Sprecherausschuss gewählt werden (§ 1 Abs. 1 Sprecherausschussgesetz, SprAuG). Wer leitender Angestellter ist und damit nicht vom Betriebsrat, sondern einem etwaigen Sprecherausschuss repräsentiert wird, richtet sich nach der Definition des § 5 Abs. 3 BetrVG. Der Schutz der leitenden Angestellten über den Sprecherausschuss ist allerdings nicht inhaltsgleich mit dem Schutz, der den übrigen Arbeitnehmern durch den Betriebsrat zukommt (*Hromadka* und *Maschmann* 2001, § 16 Rn. 681).

Die Mitwirkung des Sprecherausschusses ist in den §§ 25 ff. SprAuG geregelt. Er vertritt die Interessen der leitenden Angestellten und ist zur Durchführung dieser Aufgabe vom →Arbeitgeber rechtzeitig und umfassend zu informieren (§ 25 SprAuG). Der einzelne leitende Angestellte kann bei der Wahrnehmung seiner Belange gegenüber dem Arbeitgeber ein Mitglied des Sprecherausschusses gemäß § 26 SprAuG hinzu ziehen. § 27 SprAuG ordnet an, dass Arbeitgeber und Sprecherausschuss darüber zu wachen haben, dass der Gleichbehandlungsgrundsatz (→Gleichbehandlung) unter den leitenden Angestellten gewahrt wird.

Neben den vorstehenden allgemeinen Vorschriften über die Mitwirkung enthält das Sprecherausschussgesetz in §§ 30 ff. einzelne konkrete Mitwirkungsrechte. Nach § 30 SprAuG hat der Arbeitgeber den Sprecherausschuss rechtzeitig über Änderungen der Gehaltsgestaltung und sonstige Arbeitsbedingungen sowie Einführung oder Änderung allgemeiner Beurteilungsgrundsätze zu informieren. Eine beabsichtigte Einstellung ist gemäß § 31 Abs. 1 SprAuG mitzuteilen. Wichtig ist insbesondere, dass der Arbeitgeber bei einer →Kündigung eines leitenden Angestellten den Sprecherausschuss unter Mitteilung der Gründe (→Kündigungsgrund) anzuhören hat (§ 31 Abs. 2 SprAuG). Eine ohne oder mit nur unzureichender Anhörung ausgesprochene Kündigung ist unwirksam. Insoweit hat der Gesetzgeber die Rechtslage wie in der Betriebsverfassung (§ 102 BetrVG) ausgestaltet.

In wirtschaftlichen Angelegenheiten hat der Arbeitgeber den Sprecherausschuss mindestens ein Mal im Kalenderhalbjahr im Sinne des § 106 Abs. 3 BetrVG zu unterrichten, soweit dadurch nicht die Betriebs- oder Geschäftsgeheimnisse des Unternehmens gefährdet werden (§ 32 Abs. 1 SprAuG). Bei geplanten →Betriebsänderungen muss der Arbeitgeber nach § 32 Abs. 2 SprAuG rechtzeitig und umfassend den Sprecherausschuss unterrichten, wenn sich durch die Betriebsänderungen wesentliche Nachteile für die leitenden Angestellten ergeben können. Entstehen leitenden Angestellten wirtschaftliche Nachteile, hat der Arbeitgeber mit dem Sprecherausschuss über Maßnahmen zum Ausgleich oder zur Milderung dieser Nachteile zu beraten. Verletzt der Arbeitgeber seine Unterrichtungspflichten aus § 32 Abs. 1 und Abs. 2 Satz 1 SprAuG, kommt als Sanktion lediglich die Ahndung als Ordnungswidrigkeit gemäß § 36 SprAuG in Betracht, die zu einer Geldbuße von bis zu 10.000 € führen kann.

Anders als der Betriebsrat kann der Sprecherausschuss jedoch bei Betriebsänderungen keinen →Sozialplan erzwingen, der die wirtschaftlichen Nachteile, die sich aus der Betriebsänderung für die leitenden Angestellten ergeben, ausgleicht oder zumindest mildert (*Hromadka* und *Maschmann* 2001, § 16 Rn. 724). Eine solche Vereinbarung kann nur zustande kommen, wenn der Arbeitgeber sie freiwillig abschließt. Da der Sprecherausschuss in diesem wichtigen Bereich letztlich keine Durchsetzungsmöglichkeiten hat, Regelungen zugunsten der leitenden Angestellten zu erzwingen, wird er zuweilen als „Papiertiger" bezeichnet.

Literatur: *Hromadka, W.*; *Maschmann, F.*: Arbeitsrecht, Bd. 2, 2. Aufl., Berlin etc. 2001.

Friedrich Meyer

SPSS

ein in Wissenschaft und Praxis weit verbreitetes Programmsystem zur Durchführung statistischer Analysen.

Das Akronym SPSS stand ursprünglich für „Statistical Package for the Social Sciences", wobei das Anwendungsspektrum heute sicherlich deutlich weiter zu sehen ist, wie auch die heutige Interpretation von SPSS mit „Statistical Product and Service Solutions" zeigt. Die einzelnen Module und Systeme von SPSS beinhalten eine Vielzahl von Prozeduren zur uni- und multivariaten →Datenanalyse und stellen auch Werkzeuge zur Planung von Datenerhebungen sowie zum Daten- und Dateimanagement bereit. Neben dem Basissystem mit den gängigen statistischen Verfahren sind unter anderem Module zur →Regressionsanalyse, Zeitreihenanalyse, Analyse von Entscheidungsbäumen, Analyse von Kontingenztabellen, Conjointanalyse, Stichprobenplanung, Zeitreihenanalyse, →Kausalanalyse sowie zur Analyse fehlender →Daten verfügbar.

Literatur: *Bühl, A.; Zöfel, P.*: SPSS 11, 8.Aufl., München 2002. *Janssen, J.; Laatz, W.*: Statistische Datenanalyse mit SPSS für Windows, 4. Aufl., Berlin 2003.

Udo Bankhofer

Staffing →Personalbeschaffung, →Personaleinsatzplanung, →Personalfreisetzung

Stammbelegschaft

diejenigen Mitarbeiter, die einen unbefristeten →Arbeitsvertrag aufweisen und damit dem →Arbeitgeber dauerhaft ihre →Arbeitsleistung zur Verfügung stellen.

In Abgrenzung zur →Kernbelegschaft ist die Zugehörigkeit zur Stammbelegschaft unabhängig von der strategischen Bedeutung der Mitarbeiter oder ihrer →Qualifikationen für die Organisation.

Axel Haunschild

Stammhauspate

(meist höhergestellte) →Führungskraft, die einem →Expatriate für die Dauer der →Auslandsentsendung als Betreuer zur Seite gestellt wird.

Der Stammhauspate fungiert sowohl als Kontaktperson, die den entsendeten Mitarbeiter über Entwicklungen im Stammhaus auf dem Laufenden hält, als auch als sein (Interessen-) Vertreter für die Dauer der Abwesenheit. Der Stammhauspate kann auch zur Leistungsbeobachtung (→Beobachtung) eingesetzt werden.

Rüdiger Kabst
Angelo Giardini

Standardabweichung

wichtiger Streuungsparameter, der sich als positive Wurzel der mittleren quadratischen Abweichung, die das arithmetische Mittel der quadrierten Abstände aller Beobachtungswerte vom Mittelwert ist, ergibt.

Mit $x_1, ..., x_n$ als Beobachtungswerte des Merkmals X und $\overline{X}$ als arithmetisches Mittel dieser Beobachtungswerte kann die Standardabweichung s also gemäß

$$s = \sqrt{\frac{1}{n}\sum_{i=1}^{n}(x_i - \overline{x})^2}$$

berechnet werden. In vielen statistischen Programmpakete wird meist die in der induktiven Statistik bevorzugte *Stichprobenstandardabweichung* verwendet, bei der anstelle durch n durch $(n-1)$ dividiert wird. Dies ist damit zu begründen, dass die Abweichung eines Beobachtungswerts vom Mittelwert durch die Abweichungen der anderen Beobachtungswerte bereits bestimmt ist und damit nur $(n-1)$ Abweichungen frei variieren. Die Anzahl $(n-1)$ wird daher auch als *Freiheitsgrade* bezeichnet.

Udo Bankhofer

Standardisierung

Sollvorgabe durchschnittlicher Qualitätsmerkmale von Dienstleistungen und Vereinheitlichung der Strukturen und Prozesse zu deren Erstellung.

Eine Standardisierung ist im Bereich des →Personalmanagements vor allem bei unternehmensweit gültigen Regelungen und Verfahren, beispielsweise der →Personalentwicklung oder →Personalbeurteilung, denkbar. Die „Durchschnittlichkeit" der Regelungen und Verfahren führt nicht automatisch zu einer deutlichen Entfernung von hoher Qualität, sondern kennzeichnet lediglich die Bezugnahme auf besonders häufig auftretende Erwartungen, Bedürfnisse (→Motiv) und Situationen. Die personalwirtschaftlichen Strukturen richten sich damit aus primär ökonomischer Zielsetzung auf das Gemeinsame zwischen den betroffenen Mitarbeitern und den anzubietenden Dienstleistungen.

Standardisierung personalwirtschaftlicher Regelungen und Verfahren bedeutet nicht automatisch Ausblendung der Führungstätigkeit der Linienführungskräfte (→Führungskräfte). Vielmehr müssen diese die standardisierten Regeln und Verfahren anwenden. Entsprechend haben jegliche Standardisierungen ihre Grenzen dort, wo sie die interaktionelle →Mitarbeiterführung behindern und beispielsweise von Führungskräften Handlungen fordern, die nicht zu deren →Führungsstil passen. Aufgrund der notwendigen →Individualisierung der Führungskräfte/Mitarbeiter-Beziehung ist die interaktionelle Mitarbeiterführung selbst lediglich im Rahmen so genannter Führungssubstitute einer Standardisierung zugänglich (*Berthel* und *Becker* 2003).

Literatur: Berthel, J.; Becker, F.G.: Personal-Management, 7. Aufl., Stuttgart 2003.

Michael J. Fallgatter

Statistische Verfahren →Datenanalyse

Stehhilfen →Körperunterstützungen

Stelle

Aufgabenkomplex, der von einer dafür qualifizierten Person unter normalen Umständen bewältigt werden kann.

Stellen werden grundsätzlich unabhängig von dem jeweiligen Stelleninhaber gebildet. In einer Stelle konkretisieren sich gemäß *Picot* (1993) die formalen Rollenerwartungen (→Rolle), welche das Unternehmen einem Stelleninhaber gegenüber erhebt. Vielfach ist die Entlohnung an die Stelle gekoppelt.

Die →Differenzierung von Stellen erfolgt im Rahmen der Organisationsplanung, die sich mit dem Entwurf von Maßnahmenbündeln hinsichtlich der im Hinblick auf die Unternehmensziele optimalen →Koordination des arbeitsteilig von den Systemelementen getragenen Aktivitätengefüges befasst. Die Stellenplanung als Teilbereich der Organisationsplanung befasst sich mit der Zerlegung der Gesamtaufgabe des Unternehmens in Teilmengen niedrigerer →Komplexität und deren Zuweisung zu Stellen. Damit ergeben sich nach *Spengler* (1993) konkret folgende Fragestellungen:

- Wie soll die Gesamtaufgabe in Elementaraufgaben differenziert werden?
- Welchen Stellentypen sind die Elementaraufgaben in welchem Umfang zuzuweisen?
- In welchem Umfang sollen von einzelnen Stellentypen Parallelstellen eingerichtet werden?

Das Ergebnis der Stellenplanung ist die *Differenzierung* und *Spezifikation* von Stellen. Dabei lassen sich grundsätzlich unterschiedliche Formen der Stellendifferenzierung anführen:

- Im Rahmen einer *funktionalen Differenzierung* erfolgt eine Artteilung der →Arbeit. Sie ist dadurch gekennzeichnet, dass einzelne Aufgabenarten einzelnen Stellenarten entweder in vollem Umfang oder überhaupt nicht zugewiesen werden.

- Eine *segmentale Differenzierung* ist dadurch gekennzeichnet, dass eine reine Mengenteilung der Arbeit erfolgt, das heißt eine Aufgabe wird auf mehrere Stellenarten verteilt.

Aus der Differenzierung und Spezifikation von Stellen ergeben sich stellenspezifische Personalbedarfe, die durch Maßnahmen der →Personalbereitstellung zu decken sind.

Literatur: Picot, A.: Organisation, in: Bitz, M. et al. (Hrsg.): Vahlens Kompendium der Betriebswirtschaftslehre, Bd. 2, 3. Aufl., München 1993, S. 101–174. Spengler, T.: Lineare Entscheidungsmodelle zur Organisations- und Personalplanung, Heidelberg 1993.

Thomas Bürkle

Stellenanzeige →Personalbeschaffung

Stellenausschreibung →Personalbeschaffung

Stellenbeschreibung

Zusammenfassung einzelner Tätigkeiten des Leistungserstellungsprozess zu Aufgabenbündeln, die von einer Person erledigt werden sollen.

Die Stellenbeschreibung legt *Holtbrügge* (2004) zufolge fest, welche Tätigkeiten im Rahmen einer →Stelle zu leisten sind und wie die Stelle in das organisatorische Gesamtgefüge eingeordnet ist. Stellenbeschreibungen resultieren aus einer Aufgabenanalyse und der leistungserstellungsorientierten Synthese der anfallenden Aufgaben. Stellenbeschreibungen können durch ihre Verbindlichkeit und schriftliche Fixierung Kompetenzstreitigkeiten (→Kompetenz) und Aufgabenüberschneidungen vermindern und tragen zur Effizienzsteigerung bei. Im Wesentlichen enthält eine Stellenbeschreibung folgende Komponenten:

- *Stellenbezeichnung*: Name für die Stelle, häufig bereits versehen mit inhaltlicher Tätigkeitsbezeichnung.

- *Einordnung der Stelle*: Über-, Unter- und Nebenordnungsverhältnisse und eventuell die Einordnung in den Leistungserstellungsprozess.

- *Vertretungsregelungen*: Festlegung derjenigen Stelle, die die Aufgaben bei Ausfall der beschriebenen Stelle übernimmt und derjenigen Stelle(n), für die die beschriebene Stelle bei Ausfall zuständig ist.

- *Beschreibung der Aufgaben des Stelleninhabers*: Detaillierte Auflistung der Tätigkeiten, die mit der Stelle verbunden sind.

- *Notwendige →Qualifikationen*: Kenntnisse, Fähigkeiten und Berufserfahrung, die zur Bewältigung der Stellenaufgaben notwendig sind.

- *Entscheidungs- und Vollmachtbefugnisse*: Budgetvolumen (→Budget), inhaltliche und disziplinarische Bereiche, die vom Stelleninhaber entschieden werden können.

- *Informationsrechte und -pflichten*: Zusammenarbeit und Datenaustausch mit anderen Bereichen beziehungsweise vor- und nachgelagerten Stellen und Prozessstufen.

- *→Leistungsbeurteilung*: Kriterien, Form und Häufigkeit der Leistungsbeurteilung für den Stelleninhaber.

Die Stellenbeschreibung ist Grundlage für eine Vielzahl von Entscheidungen im personalwirtschaftlichen Bereich. Sie spielt eine wichtige Rolle für die Ermittlung des Personalbedarfs. Der quantitative Personalbedarf kann aus der Anzahl der Stellenbeschreibungen abgeleitet werden, der qualitative Bedarf durch die in der Beschreibung festgelegten →Anforderungen an die Qualifikation eines potenziellen Stelleninhabers. Durch Vergleich des in den Stellenbeschreibungen dokumentierten Personalbedarfs mit vorhandenem Personalbestand kann eine Bedarfs-, Auswahl- und schließlich →Entwicklungsplanung vorgenommen werden. Der Personaleinsatz wird vorgenommen auf der Basis des Vergleichs der Stellenbeschreibung mit den vorhandenen Qualifikationen des Bewerbers.

Nachteile der Stellenbeschreibungen liegen insbesondere in der Starrheit der Zuordnung von Aufgaben auf einen Stelleninhaber, da dadurch die geforderte →Flexibilität bei der Durchführung der Arbeiten leidet. In einem Umfeld, das sich ständig verändert und deshalb nur schwer planbar ist, zeigen sich die Grenzen der Stellenbeschreibungen.

Literatur: Holtbrügge, D.: Personalmanagement, Berlin etc. 2004.

Reinhard Meckl

Stellenbewertung →Anforderungsanalyse

Stellengesuch

Anzeige einer Arbeitskraft in Printmedien oder unter Verwendung internetbasierter Jobbörsen (Internet-Jobbörse), die eine →Stelle sucht.

Das Stellengesuch enthält Angaben über die Person (wie →Qualifikation oder Berufserfahrung) sowie zumeist grobe Angaben über die gesuchte Position hinsichtlich Arbeitsinhalt und geographischer Nähe.

Thomas Bürkle

Stellenplan

durch →Aufgabenanalyse und -synthese gebildete →Stellen mit ihren jeweiligen Stellenbeschreibungen.

Die Darstellung eines Stellenplans erfolgt häufig mittels eines Organigramms (→Aufbauorganisation), das gleichzeitig die ablauforganisatorische Einordnung einer erfassten Stelle erlaubt, oder auch durch eine einfache Auflistung der Stellenbezeichnungen. Ein Stellenplan kann für eine einzelne Abteilung oder für ein ganzes Unternehmen erstellt werden und ist Ausgangsbasis für eine Gruppierung der Stellen. Diese Einteilung kann nach benötigter →Qualifikation des potenziellen Stelleninhabers, nach Einordnung in den Leistungserstellungsprozess oder nach →Hierarchie erfolgen. Diese Gruppierungen werden verwendet, um den aktuellen Personalbestand in qualitativer und quantitativer Hinsicht und darauf aufbauend den Personalbedarf zu ermitteln.

Reinhard Meckl

Stellensperre

beabsichtigte, zeitlich begrenzte Vakanz einer →Stelle, das heißt eine Wiederbesetzung wird erst nach einer bestimmten Frist möglich.

Die Stellensperre dient der Budgetkorrektur, denn während der Sperre entfallen die sonst fälligen →Personalkosten. In der Variation der automatischen Stellensperre ist jede frei gewordene Stelle erst nach einer starr festgelegten Frist erneut zu besetzen. Ein Problem des automatischen Verfahrens ist, dass die Anpassung des als zu hoch bewerteten Personalbestands an den Personalbedarf vergleichsweise zufällige Auswirkungen in den Unternehmensbereichen hat, da nicht jede Vakanz vorhersehbar ist. Somit trifft sie beliebige organisatorische Einheiten, unabhängig von der tatsächlichen Unter- beziehungsweise Überbe-

lastung (→Belastungs-Beanspruchungs-Modell). Außerdem kann das Modell die Bereitschaft zur Personalveränderung hemmen.
Literatur: *Scholz, C.:* Personalmanagement, 5. Aufl., München 2000, S. 721–722.

Silvia Föhr

Stellteile →Anzeigen und Stellteile

Stellvertretung

Fall, in dem ein Mitarbeiter bei Ausfall eines Stelleninhabers dessen Funktion übernimmt.

→Aufbauorganisation und →Ablauforganisation sind darauf ausgerichtet, die Leistungserstellung durch die Zuweisung von Aufgaben zu Personen zu koordinieren. Fällt ein Mitarbeiter aufgrund von →Krankheit aus, so würde der Gesamtprozess der Leistungserstellung gestört werden. Aus diesem Grund sind Stellvertretungsregelungen zu treffen. Die schriftliche Fixierung der Stellvertreterregelung erfolgt in der →Stellenbeschreibung. Bei der Bestimmung der stellvertretenden Stelle ist darauf zu achten, dass der Stelleninhaber über die notwendigen →Qualifikationen zur Übernahme der neuen Aufgaben verfügt. Außerdem muss bedacht werden, dass es zu gravierenden Kapazitätsproblemen bei der stellvertretenden Stelle kommen kann, da die Aufgaben der eigenen Stelle ebenfalls zu erfüllen sind. Stellvertretungen können auch außerhalb der Nichtverfügbarkeit des Stelleninhabers wirksam sein. „Stellvertretender Abteilungsleiter" zum Beispiel bezeichnet eine Hierarchieposition (→Hierarchie), die diese Stelle gegenüber den „normalen" Stellen der Abteilung durch zusätzliche Entscheidungs- und Weisungskompetenzen auszeichnet.

Reinhard Meckl

Stereotype

verkürzen und vereinfachen Erfahrungen und Vorstellungen von Menschen, indem diese nicht als Individuen, sondern als Mitglied einer sozialen →Gruppe wahrgenommen werden, deren (vermutete) Eigenschaften jeder einzelnen Person zugeschrieben werden.

Als einer der ersten Autoren hat sich *Lippman* (1997) mit Stereotypen wissenschaftlich auseinandergesetzt. Zu unterscheiden sind *Autostereotype* (Zuschreibung von Attributen an die eigene Person) und *Heterostereotypen*, die anderen Personen oder sozialen Gruppen zugeschrieben werden.

Die zugeschriebenen Attribute können der Realität entsprechen beziehungsweise in einer vorausgegangen historischen Phase entsprochen haben oder aber jeder realen Basis entbehren. Sie entstehen durch selektive Wahrnehmung und Verfestigung beziehungsweise Verselbständigung der Eindrücke sowie durch Sozialisationsprozesse, in deren Rahmen Stereotype vermittelt werden. Stereotypen können auch auf theoretischen Konzepten basieren, nach *Osland* und *Bird* (2000) „sophisticated stereotyping" genannt.

Für das →Personalmanagement sind Stereotype hinsichtlich Geschlecht, Alter, Abstammung/Ethnizität, Behinderung, sexueller Orientierung und Religion/Weltanschauung, aber auch Klassen-/Schichtzugehörigkeit von besonderer Bedeutung, da sie →Kommunikation und →Kooperation zwischen diesen Gruppen behindern und zu Diskriminierungen führen können (→Diversity). So können beispielsweise Geschlechterstereotype dazu führen, dass weiblichen Mitarbeiter generell (potenzielle) Mutterschaft und damit verbundene Prioritätensetzung im privaten Bereich attribuiert wird, Vorstellungen also, die in der Realität auf einen überwiegenden Teil dieser sozialen Gruppe nicht zutreffen. Ähnlich sieht es mit der Zuschreibung nachlassender →Leistungsfähigkeit auf ältere Mitarbeiter aus.

Grundsätzlich sind Stereotype wertfrei. Im Gegensatz zu →Vorurteilen enthalten sie keine Auf- oder Abwertung von Personengruppen. Sie dienen der Reduzierung von →Komplexität und erleichtern das Erreichen wie auch das Aufrechterhalten von Konsistenz, Stimmigkeit und Eindeutigkeit. Sie haben damit eine Entlastungsfunktion für die Träger von Stereotypen. Damit ist allerdings ein Informationsverlust verbunden, tatsächliche Differenzierungen werden verwischt. Hieraus können Fehleinschätzungen und -entscheidungen in der Personalrekrutierung (→Personalbeschaffung) und -führung (→(Mitarbeiterführung) resultieren.

Es können →Konflikte zwischen unterschiedlichen sozialen Gruppen entstehen oder verschärft werden, wenn polarisierende Stereotypen Gemeinsamkeiten innerhalb der Belegschaft unsichtbar machen. Insbesondere demographische „Bruchstellen" („faultlines") sind nach *Li* und *Hambrick* (2005) als Quellen für gravierende Probleme in der Teamarbeit (→Gruppenarbeit) zu beobachten. Adressaten von Stereotypen können unter der Zuschreibung bestimmter Eigenschaften, die sie als Person nicht besitzen oder auch gar nicht besitzen wollen, leiden (z. B. „starke" Männer oder „weiche", sozialkompetente Frauen), auch wenn hiermit keine Abwertung, wohl aber eine Reduzierung ihrer Person verbunden ist.

Literatur: *Li, J. T.; Hambrick, D. C.*: Factional Groups: A New Vantage on Demographic Faultlines, Conflict, and Disintegration in Work Teams, in: Academy of Management Journal, 48. Jg. (2005), H. 5, S. 794–813. *Lippman, W.*: Public Opinion, New York 1997, 1. Aufl. 1922. *Osland, J. S.; Bird, A.*: Beyond Sophisticated Stereotyping: Cultural Sensemaking in Context, in: Academy of Management Executive, 14. Jg. (2000), H. 1, S. 65–79.

Katrin Hansen

Stichprobenverfahren →Multimoment-Verfahren

Stigmatisierung

Verhaltensmuster aus der Psychologie und Soziologie, bei dem eine Person über ein negativ definiertes Merkmal verfügt und daraufhin zusätzliche negative Merkmale zugeschrieben bekommt, die objektiv nichts mit dem tatsächlich gegebenen Merkmal zu tun haben.

Das Wort *Stigma* kommt aus dem Griechischen und bedeutet „Stich", „Punkt" und „Brandmal". Im →*Personalmanagement* wird von (negativer) Stigmatisierung gesprochen, wenn →Arbeitnehmer aufgrund eines Ereignisses oder Merkmals, wie zum Beispiel einer →Entlassung oder →Arbeitslosigkeit, von Unternehmen als Arbeitskräfte geringer Produktivität (→Arbeitsproduktivität) angesehen werden. In diesem Sinne ist Stigmatisierung immer ein Phänomen statistischer Diskriminierung, das heißt, es spielt keine Rolle, ob ein Arbeitnehmer tatsächlich eine geringe Produktivität aufweist. Allein schon die Tatsache, dass er zu einer →Gruppe von Arbeitnehmern mit unterdurchschnittlicher Produktivität gezählt wird, kann sich nachteilig für ihn auswirken. Wirtschaftliche Folgen einer derartigen Stigmatisierung können Lohneinbußen sowie noch längere Zeiten der Arbeitslosigkeit für die betroffenen Arbeitnehmer sein.

Literatur: *Grund, C.*: Der zwischenbetriebliche Arbeitsplatzwechsel, München 2001, S. 119–125.

Christian Grund

Stille Reserve

nach *Holst* (2000) Personen, die auf der einen Seite nicht als Arbeitslose (→Arbeitslosigkeit) registriert sind und auf der anderen Seite fähig und willens sind, spätestens bei einem hohen Beschäftigungsstand eine Erwerbstätigkeit aufzunehmen.

Der Personenkreis besteht aus einer Reihe von Teilgruppen:

- Personen, die ohne Einschaltung des Arbeitsamtes eine Erwerbsarbeit suchen.

- Personen, die aufgrund der Arbeitsmarktlage gegenwärtig die Arbeitssuche aufgegeben haben, bei einer Besserung der Arbeitsmarktsituation diese aber wieder aufnehmen werden.

- Personen, die bislang nicht am →Arbeitsmarkt aufgetreten sind, dies jedoch bei einer guten Arbeitsmarktlage tun werden.

- Personen, die aufgrund rechtlicher Bestimmungen zur Entlastung des Arbeitsmarktes zurzeit aus dem Arbeitsmarkt ausgeschieden sind.

Die Bestimmung des Umfangs und der Struktur der stillen Reserve ist mit großer Unsicherheit verbunden. Methodisch wird die Stille Reserve auf zwei Wegen ermittelt:

1. Zum einen kann sie indirekt über das →*Erwerbspersonenpotenzial* geschätzt werden. Dies besteht dann aus der Gesamtzahl von Erwerbspersonen, mit der maximal bei Vollbeschäftigung gerechnet werden kann. Die Informationen aus den Zeiten eines hohen Beschäftigungsstandes werden dann herangezogen und um demographische Informationen sowie Verhaltensannahmen ergänzt, um das Ausmaß der gegenwärtigen stillen Reserve abzuleiten.

2. Zum anderen können →*Befragungen* für die Bestimmung der Größe der stillen Reserve herangezogen werden.

Je nach Schätzverfahren und der Handhabung der Arbeitslosenstatistik schwanken laut *Holst* (2000) die Zahlen des Umfangs der stillen Reserven außerordentlich stark in einem Bereich von mehr als einer Million bis hin zu fast drei Millionen Erwerbspersonen, die im Prinzip auf dem Arbeitsmarkt aktivierbar wären.

Für das Verständnis des Geschehens auf dem Arbeitsmarkt ist die stille Reserve wesentlich, das sie unter anderem erklärt, dass die Entwicklung der Beschäftigtenzahl und der Zahl der registrierten Arbeitslosen nicht unmittelbar voneinander abzuleiten sind.

Stock Option

Literatur: *Holst, E.*: Die Stille Reserve am Arbeitsmarkt, Bonn, Berlin 2000.

Florian Schramm

Stock Option → Aktienoption

Straftaten nach BDSG

liegen vor, wenn vorsätzlich gegen Entgelt oder in der Absicht, sich oder einen anderen zu bereichern oder einen anderen zu schädigen eine Handlung begangen wird, die einen der in § 43 Abs. 2 BDSG genannten Ordnungswidrigkeitstatbestände erfüllt (§ 44 BDSG).

Die in § 43 Abs. 2 BDSG genannten Taten sind im Wesentlichen das unbefugte Erheben, Verarbeiten, Bereithalten, Übermitteln oder Abrufen von →Daten. Als Strafe können eine Freiheitsstrafe von bis zu zwei Jahren oder eine Geldstrafe verhängt werden. Allerdings wird die Tat nur auf einen entsprechenden Antrag hin verfolgt. Die Strafverfolgungsbehörden können also nicht von sich aus tätig werden. Antragsberechtigt sind der Betroffene, die →verantwortliche Stelle, der Bundesbeauftragte für den →Datenschutz und die Aufsichtsbehörden (§ 44 Abs. 2 BDSG).

Axel Benning

Strategic Business Unit → Strategische Geschäftseinheit

Strategie

vorausschauendes, planerisches Verhalten.

Der Begriff der Strategie wird in Wissenschaft wie Praxis allerdings in unterschiedlicher Weise verwendet. Die verschiedenen Definitionen lassen sich vorwiegend in Bezug auf zwei Kriterien unterscheiden:

1. Nach dem Kriterium, ob Strategien als *Handlungsorientierungen* oder *reale Verhaltensweisen* definiert werden.
2. Inhaltlich in *weite* und *enge* Strategiebegriffe.

Strategien als Handlungsorientierungen beschreiben im Sinne von *Intentionen* ex ante globale Aktivitäten und sollen zukünftige Entscheidungen oder Handlungen steuern (*Mintzberg*, *Ahlstrand* und *Lampel* 1999). Strategien sind aus dieser Perspektive *ex ante-Modelle beabsichtigten zukünftigen Verhaltens*. In dieser Sichtweise werden häufig Strategien mit *Plänen* gleichgesetzt. Diese Gleichsetzung ist jedoch nicht zwingend, da sich Handlungsorientierungen durchaus auch ungeplant entwickeln können (→Geplante Strategie). Strategien als Handlungsorientierungen können dabei sowohl *öffentlich formuliert* und gegebenenfalls formalisiert, das heißt schriftlich niedergelegt sein, sie können jedoch auch rein *kognitiver Natur* sein und „nur" in den Köpfen der Entscheider vorliegen.

Der Strategiebegriff wird jedoch auch im Sinne *realer Verhaltensweisen* verwendet, beispielsweise wenn in Geschäftsberichten die tatsächlich im Berichtszeitraum verfolgten Strategien beschrieben werden. Im Gegensatz zu der handlungsorientierten Perspektive einer zukünftigen Handlungssteuerung impliziert die Begriffsfassung von Strategien als reale Verhaltensweise eine *ex post-Betrachtungsweise* und eine grundsätzliche *Beobachtbarkeit* von Strategien.

Übersicht 1: Strategien als Handlungsorientierungen und reale Verhaltensweisen (*Bamberger/Wrona* 2004, S. 108)

Handlungs-orientierungen	Strategien als ...	
	reale Verhaltensweisen	
Modelle zukünftigen Verhaltens, die mehrere Entscheidungsepisoden überdauern und handlungsleitende Kraft entfalten entweder in öffentlich formulierter Form (formulierte Strategiepläne) oder in Form kognitiver Orientierungen	Manöver, strategisch relevante Handlungen, wie z.B. ein Markteintritt oder eine Akquisition	Handlungsstrukturen, Outcome vergangener Handlungen drücken sich aus z.B. in der Art und dem Grad der Internationalisierung

Strategien als reale Verhaltensweisen können weiter differenziert werden in *strategische Manöver*, das heißt bestimmte von außen beobachtbare, strategische Schritte wie etwa eine Akquisition oder eine Fusion und *Handlungsstrukturen*, mit denen das strategische Verhalten zu einem bestimmten Zeitpunkt mit Bezug auf bestimmte Strukturmomente beschrieben wird, zum Beispiel in dem die Diversifikation des Unternehmens als „verbunden" bezeichnet oder auf die Art und den Grad der →Internationalisierung Bezug genommen wird. In diesem Sinne sind Strategien als

Handlungsstrukturen *Outcome* vorangegangener Entscheidungen zu verstehen.

Übersicht 1 fasst diese Art der Strategiedefinition zusammen.

In der Literatur bestehen weitere Begriffsdifferenzierungen, wie etwa die Unterscheidung zwischen *intendierten, unrealisierten, deliberaten, emergenten* und *realisierten* Strategien, die *Mintzberg, Ahlstrand* und *Lampel* (1999) treffen.

Offensichtlich wird also der Begriff der „Strategie" nicht einheitlich verwendet und beinhaltet üblicherweise sowohl geplante als auch bereits realisierte Elemente. Problematisch erweist sich, dass es sich hierbei um recht unterschiedliche Phänomene handelt, deren Beziehung zueinander erklärungsbedürftig ist. Dies kann beispielsweise zu folgenden Fragen führen:

- Führt jede geplante Strategie zu einer – so auch beabsichtigten – tatsächlich verfolgten Strategie?
- Woher kommen die tatsächlich im Unternehmen verfolgten Strategien, wenn viele der Pläne in den Schubladen verstauben?

Unabhängig davon, ob Strategien im Sinne von Handlungsorientierungen oder realen Verhaltensweisen definiert werden, ist ihr inhaltlicher Bezug jeweils identisch. Eine vereinfachende Unterscheidung bildet hier folgende Differenzierung:

- *Unternehmensgesamtstrategien*: Betreffen die strategische Ausrichtung des gesamten Unternehmens und legen zum Beispiel die grundlegenden Aktivitätsbereiche fest. Es können hier Produkt-/Markt-Strategien und Eintritts- beziehungsweise Austrittsstrategien unterschieden werden.
- *Geschäftsfeldstrategien*: Bestimmen das strategische Verhalten in einem strategischen Geschäftsfeld. Eine wichtige Unterscheidung bilden hierbei →Wettbewerbsstrategien und Geschäftsentwicklungsstrategien.
- *Funktionale Strategien*: Bestimmen globale Aktivitätsstrukturen in den verschiedenen Funktionsbereichen des Unternehmens, wie beispielsweise Beschaffung, Produktion, Marketing, Finanzierung, Forschung und Entwicklung oder Logistik. Entsprechend wird von Beschaffungs-, Produktions-, Marketing-, oder →Personalstrategien gesprochen, wie *Bamberger* und *Wrona* (2004) detailliert schildern.

Dabei bilden diese drei Ebenen von Strategien eine rein *logische* →*Hierarchie*. Diese drückt weder die relative Bedeutung der verschiedenen Strategien aus, noch impliziert sie eine bestimmte Reihenfolge in der Entwicklung. Die drei Ebenen müssen auch nicht notwendigerweise der Organisationshierarchie entsprechen.

Ein zweites wichtiges Unterscheidungskriterium des Strategiebegriffs betrifft die unterschiedliche *Weite der inhaltlichen Fassung*. In einer *weiten Begriffsfassung* wird Strategie auf verschiedene *grundlegende Führungsentscheidungen*, wie die Wahl von Zielen, von Strategien und von Grundsätzen bezogen. Der Begriff der Strategie bezeichnet damit jene Phänomene, die auch zum Teil mit dem Begriff der „Unternehmenspolitik" belegt sind. Häufig findet jedoch die enge Begriffsfassung Anwendung, nach der Strategien (hier als Handlungsorientierungen) als Beschreibungen globaler Aktivitätsstrukturen zur Erreichung von Unternehmenszielen interpretiert werden (*Bamberger* und *Wrona* 2004).

Literatur: *Bamberger, I*; *Wrona, T.*: Strategische Unternehmensführung, München 2004. *Mintzberg, H.*; *Ahlstrand, B.*; *Lampel, J.*: Strategy Safari: Eine Reise durch die Wildnis des strategischen Managements, Wien 1999.

Thomas Wrona

Strategie-Center

Organisationsform einer betrieblichen Einheit, die der Entwicklung der grundlegenden (Personal-)Strategien für das Unternehmen dient.

Die operativen Personalaufgaben werden von Linienmanagern übernommen oder an externe Anbieter vergeben (→Outsourcing), aufgrund dessen die Strategie-Center-Struktur als zentrale Organisationsform einzustufen ist. Die konsequente Trennung von strategischen und operativen Aufgaben ist nach *Scholz* (2000) typisches Kennzeichen für eine Holding-Organisation, weswegen diese →Organisationsstruktur der →Personalabteilung auch als Holding-Modell bezeichnet wird.

Um der Aufgabe der personalstrategischen Steuerung des Unternehmens gerecht zu werden, muss die Personalabteilung *Bühner* (1994) zufolge

- personalwirtschaftlich relevante Umweltentwicklungen beobachten,
- die Unternehmensstrategie kennen und diese bei der Entwicklung der →Personalstra-

tegie als wesentlichen Bezugspunkt verwenden,

- die →Kernkompetenzen des Unternehmens identifizieren, bewahren und weiterentwickeln,

- verbindliche Leitlinien entwickeln, die für die dezentralen Personalverantwortlichen als Vorgaben gelten,

- das interne und externe Netzwerk von Beziehungen zur Abarbeitung personalwirtschaftlicher Aufgaben pflegen und entwickeln,

- die Auswahl der obersten →Führungskräfte aufgrund der strategischen Relevanz dieser Positionen durchführen und

- ein strategisches →Personalcontrolling betreiben.

Die *Vorteile* dieses Organisationstyps liegen insbesondere in der Trennung von strategischen Überlegungen und operativen Tätigkeiten. Durch die explizite Verankerung der personalstrategischen Aufgabe werden gute Voraussetzungen für eine erfolgreiche →Integration und Abstimmung der Unternehmensstrategie mit der Personalstrategie geschaffen. Personalwirtschaftliche Spitzenkräfte sorgen im zentralen Strategie-Center für eine proaktive →Personalpolitik. Gleichzeitig wird auf operativer Ebene die Personalverantwortung mit den unternehmerischen Entscheidungen zur Deckung gebracht. Dies trägt zu einem unternehmerischen und betriebswirtschaftlich orientierten Personalmanagement bei. Flache →Hierarchien und ein schneller Informationsfluss erlauben ein hohes Maß an →Flexibilität und Klarheit der Verantwortungszuweisung.

Nachteile liegen zum Beispiel im Verzicht auf Größendegressionseffekte durch Zusammenfassung personalwirtschaftlicher Aufgaben an zentraler Stelle. Außerdem müssen die Linienverantwortlichen über ein hohes Maß an personalwirtschaftlichen Kenntnissen verfügen. Ein grundlegendes Problem besteht in der Akzeptanz der zentral ausgearbeiteten Personalstrategien. Problemferne, die sich vor allem bei stark diversifizierten Unternehmen einstellen kann, kann zu einer mangelnden Akzeptanz der Strategien bei den Bereichsleitern führen. Ein Umsetzungsdefizit ist die Folge. Betreiben die dezentral Personalverantwortlichen dann noch ihre eigenen personalwirtschaftlichen Strategien, führt dies zu unabgestimmten und vermutlich qualitativ geringwertigen personalwirtschaftlichen Konzepten.

Literatur: *Bühner, R.*: Personalmanagement, Landsberg/Lech 1994. *Scholz, C.*: Personalmanagement, 5. Aufl., München 2000.

Reinhard Meckl

Strategieimplementierung

dient der möglichst konzeptgetreuen Umsetzung und Konkretisierung der definierten Strategiealternativen, um die intendierte Strategie (→Geplante Strategie) möglichst vollständig und detailliert in die realisierte Strategie zu übersetzen.

Bei der Strategieimplementierung werden im (idealtypischen, präskriptiven) Prozess des strategischen Managements die Phasen

- Zielklärung,

- Strategische Analyse,

- Strategieformulierung,

- Strategiebewertung und -auswahl sowie

- Strategieimplementierung

unterschieden.

Diese Umsetzung und Konkretisierung umfasst sachliche Aufgaben und solche der →Ablauforganisation und Steuerung sowie das Veränderungsmanagement. Die *sachlichen Aufgaben* bestehen aus Maßnahmen für eine Operationalisierung hinsichtlich der Gestaltung der Rahmenbedingungen (finanziell: →Budgetierung, rechtlich: Einbettung in das Gesamtunternehmen), organisationaler Strukturen (einschließlich ihrer Koordination) und Systeme (z. B. Kontroll-, Anreiz- und →Informationssysteme) bis hin zu Führung (→Mitarbeiterführung) und Management auf Ebene der einzelnen Mitarbeiter.

Die Aufgabe von Ablauforganisation und -steuerung besteht im Schaffen einer geeigneten Ablauf- und Projektorganisation für die Strategieimplementierung einschließlich der Zerlegung in Teilaufgaben, der Festlegung von Reihenfolgen und Meilensteinen und der Steuerung durch →Abweichungsanalyse, etwa mittels einer →Balanced Scorecard.

Die Perspektive des *Veränderungsmanagements* legt gegenüber der obigen Sichtweise der strategischen Planung besonderes Gewicht auf Schwierigkeiten und Widerstände bei der Umsetzung auf der Ebene einzelner Mitarbeiter und ihres gemeinsamen Verständnisses, das in der Unternehmenskultur (→ Organisationskultur) deutlich wird. Dieser Aspekt hat in den praktischen Diskussionen der letzten Jahre immer stärker an Bedeutung gewonnen.

Hinsichtlich der Arten strategischer Veränderungen wird zwischen evolutionären und revolutionären Veränderungen unterschieden:

- *Evolutionäre Veränderungen*: Sind durch gleichmäßige, kontinuierliche Anpassungen gekennzeichnet, die der (permanenten) Verbesserung existierender Lösungen (Feinabstimmung) und als Anpassungsreaktion auf allmähliche Umweltveränderungen (inkrementelle Anpassungen) dienen.

- *Revolutionäre Veränderungen (frame breaking change)*: Sind demgegenüber diskontinuierliche „Sprünge" auf vollständig andere, diskrete, qualitativ verschiedene Gestaltungsalternativen wichtiger Unternehmensteile (modulare Transformation) oder des gesamten Unternehmens (Unternehmenstransformation). Sie werden meist durch grundsätzliche Veränderungen von Rahmenbedingungen (politische und rechtliche Neuregelungen, technologische Sprünge, ökonomische Verwerfungen) und die implizierten Strategieveränderungen (Transformation von Kapitalgebern und Eignerstrukturen, Wandel von Produktlebenszyklen und Wettbewerbslogik, → Internationalisierung) ausgelöst, wie *Tushman, Newman* und *Romanelli* (1986) verdeutlicht haben.

Ein zentrales Ergebnis des Veränderungsmanagements besteht in der Erkenntnis, dass sich bei revolutionären Veränderungen die Strategieimplementierung nicht auf sachliche und organisatorische Aufgaben beschränken darf, sondern die Schwierigkeiten und Widerstände bei der Umsetzung einbeziehen muss. Dieser Aspekt wurde bereits 1951 von *Lewin* in seinem Phasenmodell für Veränderungsprozesse auf individueller Ebene formuliert und später erfolgreich auf das Veränderungsmanagement von → Organisationen übertragen. Er geht von den Prozessphasen

- Auslösung des Wandels durch „Auftauen" (*unfreezing*),
- sachliche Veränderung und Steuerung (*moving*) sowie
- Stabilisierung neuer Lösungen (*refreezing*)

aus.

Als zentral für den Beginn des Wandels wird die Stärkung der treibenden Kräfte bei gleichzeitiger Schwächung der hemmenden Kräfte angesehen. Dafür sind gleichermaßen die klare Vorgabe eines verständlichen und erstrebenswerten strategischen Ziels (→ Vision) sowie ein aktives Aufbrechen der (hemmenden) Unternehmenskultur erforderlich. Einen Überblick zum Veränderungsmanagement gibt das Lehrbuch von *Senior* (2002).

Literatur: *Lewin, K.*: Field Theory in Social Science, New York 1951. *Senior, B.*: Organisational Change, 2. Aufl., Harlow 2002. *Tushman, M. L.; Newman, W. H.; Romanelli, E.*: Convergence and Upheaval: Managing the Unsteady Pace of Organizational Evolution, in: California Management Review, 29. Jg. (1986), H. 1, S. 1–16.

Hagen Lindstädt

Strategie-Kultur-Abstimmung

Abstimmung der langfristigen Ziele eines Unternehmens (→ Strategie) mit den gemeinsamen Werte- und Normensystemen der Unternehmensmitglieder (→ Kultur, → Normen und Werte).

Die Strategie wird als Zusammenführung der definierten, langfristigen Ziele eines Unternehmens und der Maßnahmen zur Erreichung dieser Ziele gesehen. → Kultur (→ Organisationskultur) als gemeinsames Werte- und Normensystem der Organisationsmitglieder kann als Element des Systems Unternehmen aufgefasst werden.

Dieser Auffassung folgend sollten beide Elemente aufeinander abgestimmt werden, um einen *Intra-System-Fit* herzustellen. Ein solcher Fit wird nicht nur in der wissenschaftlichen Literatur von Autoren wie *Hahn* und *Taylor* (1999) oder *Hinterhuber* (1996, 1997) gefordert, sondern fand seinen Ausdruck auch im 7S-Modell der Unternehmensberatung *McKinsey*, dem bekanntesten Ansatz im Sinne eines Intra-System-Fit. Eine Abstimmung zwischen Strategie und Kultur kann somit als Teil der Führungsaufgabe, einen Intra-System-Fit herzustellen, verstanden werden.

Erster Schritt zur Erreichung dieser Übereinstimmung besteht in der Überlegung, welche Kultur zu einer definierten Strategie grundsätzlich passt, das heißt wann ein strategischer Fit bestehen würde. Die so abgeleitete Kultur wird als Soll-Kultur bezeichnet. Beispielhaft sei dies hier an den beiden generischen Strategieansätzen nach *Porter* dargestellt (→ Strategischer Wettbewerbsvorteil), die *Bea* und *Haas*

(2001) zur Ableitung einer Soll-Kultur nutzen:

- *Kostenführerschaft*: Unternehmenskultur sollte eine geschlossene Effizienzkultur sein, deren Grundwerte Sparsamkeit, Pünktlichkeit, Zuverlässigkeit und Disziplin sind.
- *Differenzierung*: Unternehmenskultur sollte eine offene Qualitätskultur sein, deren Grundwerte Innovationsbereitschaft, Null-Fehlertoleranz, →Kooperationsbereitschaft und Qualitätsbewusstsein sind.

Nachdem die Soll-Kultur definiert wurde, sollte im nächsten Schritt die heutige Kultur eines Unternehmens, die Ist-Kultur, erfasst und operationalisiert werden. *Sackmann* (2002) nennt unter anderem Mitarbeiterinterviews (→Mitarbeiterbefragung, →Interview) oder die Inhaltsanalyse von internen Dokumenten als mögliche Methoden für die Darstellung der gegenwärtigen Unternehmenskultur.

Der Vergleich der Soll- mit der Ist-Kultur zeigt im nächsten Schritt, ob zurzeit eine Übereinstimmung zwischen den beiden Elementen des Systems Unternehmen besteht. Sollte dies nicht der Fall sein, so kann entweder die Strategie oder die Kultur des Unternehmens angepasst werden. Allerdings sind beide Varianten in ihrer Reinform nicht umsetzbar. Denn einerseits ist die Strategie das Ergebnis eines normativen Prozesses, der die Umweltbedingungen und die betrieblichen Ressourcen des Unternehmens berücksichtigt hat und eine Abkehr davon die Nachhaltigkeit der Wettbewerbsfähigkeit des Unternehmens einschränkt. Andererseits ist Kultur das Ergebnis eines längeren Entwicklungsprozesses und nicht beliebig, vor allem nicht kurzfristig, anpassbar.

Vor dem Hintergrund dieser Problematik, sollte bereits zu dem Zeitpunkt der Strategieentwicklung, insbesondere bei der Bewertung der strategischen Handlungsoptionen, die Kultur des Unternehmens berücksichtigt werden. Dadurch wäre bereits zu diesem Zeitpunkt sichergestellt, dass eine wichtige Bewertungsdimension bezüglich der Implementierbarkeit einer Strategie Beachtung findet. So ist es denkbar, dass einige Handlungsoptionen aufgrund der bestehenden Unternehmenskultur von vornherein verworfen werden würden. Bei den verbleibenden Optionen ergeben sich aus der Analyse Hinweise auf die Art und den Umfang der erforderlichen Organisationsentwicklungsmaßnahmen.

Die Berücksichtigung der Unternehmenskultur, sollte also nicht am Ende eines Strategieprozesses stehen, sondern integrativer Bestandteil sein, um eine bestmögliche Abstimmung zu gewährleisten.

Neben dieser bewussten →Integration der Strategie-Kultur-Abstimmung im Strategieentwicklungsprozess bleibt zu bedenken, dass die Träger dieses Prozesses oftmals Teil der bestehenden Kultur sind. Aus diesem Grund kann es im Falle von sehr starken Unternehmenskulturen von Vorteil sein, externe Sichtweisen bei der Strategieentwicklung einzubeziehen, da ansonsten von vornherein der angedachte Lösungsraum eingeschränkt sein könnte.

Literatur: *Bea, F. X.*; *Haas, J*: Strategisches Management, 3. Aufl., Stuttgart 2001. *Hahn, D.*; *Taylor, B.*: Strategische Unternehmensführung, 8. Aufl., Heidelberg 1999. *Hinterhuber, H. H.*: Strategische Unternehmensführung, 6. Aufl., New York 1996/97. *Sackmann, S.*: Unternehmenskultur, Neuwied 2002. *Porter, M. P.*: Wettbewerbsvorteile, 6. Aufl., Frankfurt a. M. 2000.

Michael Wolff

Strategische Geschäftseinheit

Unternehmensbereich, der durch eine eigene →Strategie und Planung eigenständige Ziele, eigene Aufgabenstellungen, eine erkennbare Gruppe von Konkurrenten, ein spezifisches Kundensegment und eine Planungs- und Ergebnisverantwortlichkeit gekennzeichnet ist (engl.: Strategic Business Unit, SBU).

Ansoff formulierte bereits 1965, dass als Basis für strategische Entscheidungen Produkt-Markt-Kombinationen gebildet werden sollen. Diese Kombination bedeutet, dass eindeutig definiert wird, welches Produkt oder welche Produktgruppe auf welchem Markt abgesetzt werden soll. Die Marktabgrenzung kann dabei nach Kundensegmenten oder auch regional erfolgen. Mit diesen Kombinationen werden aus strategischer Sicht in sich konsistente, weil gleichen Marktkonstellationen gehorchende Bündel geschaffen und jeweils geeignete Strategien entworfen. Auf Basis der strategischen Geschäftseinheiten kann dann ein aktives Portfoliomanagement des Unternehmens betrieben werden.

Nach der These „structure follows strategy" von *Chandler* (1962) muss die Unternehmensorganisation auf diese strategische Einteilung Bezug nehmen. Im Idealfall sollte jede Produkt-Markt-Kombination als eigene, abgrenzbare organisatorische Einheit eingerichtet werden. Eine strategische Geschäftseinheit weist sechs *Merkmale* auf, wie sich beispielsweise bei *Hungenberg* (2004) finden lässt:

1. *Strategische Relevanz*: Die Einheit muss im Hinblick auf die Ausrichtung und die Geschäftstätigkeit des Unternehmens sowie bezüglich ihres Kernkompetenz-Know hows eine wichtige Rolle bereits jetzt oder in Zukunft spielen.

2. *Organisatorische Abgrenzung*: Innerhalb des Unternehmens sind die Grenzen der strategischen Geschäftseinheit eindeutig bestimmt.

3. *Verfügungsgewalt über alle für das Geschäft wichtigen Ressourcen*: Da die strategische Geschäftseinheit für ihr Geschäft durch den Ergebnisausweis verantwortlich ist und an dem Ergebnis auch gemessen wird, müssen alle wichtigen Entscheidungen für das Geschäft auch vom Management der strategischen Geschäftseinheit getroffen werden können. Dies betrifft insbesondere den Einsatz der Ressourcen. Des Weiteren muss verhindert werden, dass zum Beispiel durch Gestaltung der Transferpreise für die Zulieferungen im Unternehmen der Gewinnausweis verzerrt wird.

4. *Eindeutige Festlegung des bearbeiteten Marktes*: Neben der oben genannten homogenen Marktkonstellation ist hier besonders wichtig, dass sich keine Überschneidungen zu anderen strategischen Geschäftseinheiten des Unternehmens ergeben.

5. *Verantwortliches Management*: Die Einheit wird von einem eindeutig bestimmten Management geführt. Die Vergütung des Managements sollte zumindest teilweise vom Erfolg der strategischen Geschäftseinheit abhängen.

6. *Ergebnisverantwortung*: Die Einheit wird als →Profit-Center geführt und betreibt eine eigene Erfolgsrechnung.

Nicht nur am externen Markt tätige Produktbereiche eignen sich zur Bildung von strategischen Geschäftseinheiten. Solange ein Markt eindeutig definierbar ist, können die oben genannten Merkmale eingerichtet werden. Wird eine →Personalabteilung als Profit-Center mit eigener Ergebnisverantwortung geführt und die interne Erbringung von personalwirtschaftlichen Leistungen als Markt organisiert, so ist der Weg zu einer strategischen Geschäfts-

einheit nicht mehr weit. Allerdings stellen sich hier Probleme, die sich aus der internen Marktfiktion ergeben: Preise stellen sich nicht auf der Basis einer Angebot/Nachfrage-Situation ein, sondern müssen verhandelt werden.

Literatur: *Ansoff, H.*: Corporate Strategy, New York etc. 1965. *Chandler, A.*: Strategy and Structure. Chapters in the History of the Industrial Enterprise, Cambridge 1962. *Hungenberg, H.*: Strategisches Management in Unternehmen, Wiesbaden 2004.

Reinhard Meckl

Strategische Netzwerke

Kooperationsform aus rechtlich selbstständigen Unternehmen, welche kollektive →Strategien verfolgen und ökonomisch mehr oder weniger stark aufeinander angewiesen sind, je nachdem, wie einfach es für sie ist, einen Partner im Netzwerk zu substituieren.

Strategische Netzwerke werden in der Regel gebildet, um einen wirtschaftlichen Wettbewerbsvorteil zu erzielen. Während *vertikale Netzwerke* Verbindungen von Unternehmen sind, die auf nacheinander folgenden Stufen der Wertschöpfungskette (→Wertschöpfung) angeordnet sind, bestehen *horizontale Netzwerke* zwischen Unternehmen der gleichen Stufe, die vergleichbare Produkte oder Dienstleistungen anbieten. Auch Mischformen sind bei strategischen Netzwerken zu beobachten. Für das →Personalmanagement ist von Bedeutung, dass es im Rahmen der →Kooperation der vernetzten Unternehmen zu einer Zusammenarbeit sowie Abhängigkeiten insbesondere bei der →Personalplanung und dem Personaleinsatz, jedoch auch in der →Personal- und →Organisationsentwicklung kommen kann.

Markus-Oliver Schwaab

Strategische Personalplanung

spezielle ganzheitliche Sicht des Personalplanungsansatzes, die den Zusammenhang zwischen →Unternehmensstrategie, Struktur und →Personalstrategie betont und somit auch langfristig ausgerichtet ist.

→Personalplanung als „gedankliche Vorstrukturierung von zielorientierten Entscheidungs- und Handlungsprogrammen" (*Mag* 2004, Sp. 1602), die sowohl die Anforderungen des Unternehmens als auch die Fähigkeiten (→Qualifikation) der Mitarbeiter durch frühzeitige Antizipation und adäquate Aktion aufeinander abzustimmen versucht und letztlich

Strategische Stimmigkeit

für alle Felder im →Personalmanagement als Entscheidungsgrundlage beziehungsweise -unterstützung personalpolitischer Maßnahmen dient, wird somit (im Rahmen des Harvard-Konzepts) als strategische Personalplanung unmittelbar als Teil der General Management-Perspektive gesehen (z. B. *Beer et al.* 1985) oder leitet sich als Personalstrategie (*Michigan-Ansatz*) unmittelbar aus der Unternehmensstrategie ab (z. B. *Tichy, Fombrun* und *Devanna* 1982).

Personalwirtschaftliche (Planungs-)Aktivitäten sind somit in Verbindung mit Umweltbedingungen, Unternehmensstrategien und formalen Strukturen zu wählen („Stuttgarter Ansatz", Personalmanagementstrategie, *Ackermann* 1986, 1987). Hier setzt auch der Stimmigkeitsansatz an (*Scholz* 1987), der indessen Zusammenhang auf Stimmigkeitsbeziehungen zwischen Personalmanagement und Situationsmerkmalen abzielt.

Literatur: *Ackermann, K.-F.*: Contingency Model of HRM-Strategy, in: Management Forum, o. Jg. (1986), H. 6, S. 65–117. *Ackermann, K.-F.*: Konzeptionen des Strategischen Personalmanagements für die Unternehmenspraxis, in: *Glaubrecht, H.; Wagner, D.* (Hrsg.): Humanität und Rationalität in Personalpolitik und Personalführung, Freiburg 1987, S. 39–68. *Beer, M. et al.* (Hrsg.): Human Ressource Management, New York 1985. *Mag, W.*: Personalplanung, in: *Gaugler, E.; Oechsler, W. A.; Weber, W.* (Hrsg.): Handwörterbuch des Personalwesens, 3. Aufl. Stuttgart 2004, S. 1602–1616. *Scholz, C.*: Strategisches Management, Berlin etc. 1987, S. 61–103. *Tichy, N.; Fombrun, C.; Devanna, M. A.*: Strategic Human Resource Management, in: Sloan Management Review, 23. Jg. (1982), H. 2, S. 47–61.

Uwe Eisenbeis

Strategische Stimmigkeit

Ausmaß der Konsistenz mindestens zweier organisationaler Gestaltungskomponenten mit dem Ziel der Erlangung eines →strategischen Wettbewerbsvorteils (engl.: Strategic Fit).

Strategische Stimmigkeit wird seit langem in der Literatur zum →strategischen Management thematisiert (*Chandler* 1962, *Andrews* 1971, *Waterman* 1982, *Scholz* 1987a) und hat sich dort etabliert. Sie geht zum einen aus dem →Kontingenzansatz hervor, der betont, dass es keine generell optimale Handlungsweise gibt, sondern eine effektive und effiziente Organisationsgestaltung von den spezifischen situativen Gegebenheiten abhängt (*Hoffer* 1975, *Pugh* und *Hickson* 1976). Ableitbar ist der Stimmigkeitsgedanke zum anderen aus der Konsistenztheorie, die stimmige unternehmensinterne Komponenten verlangt (*Scholz* 1987b). Die theoretische Basis der Stimmigkeitsdiskussion legt vor allem *Venkatraman* (1989), der sechs alternative Sichtweisen von Stimmigkeit anhand von Kriterien wie der Spezifizität des Stimmigkeitskonzepts und der Variablenanzahl in der Stimmigkeitsgleichung differenziert.

Die *Realisation* der strategischen Stimmigkeit erstreckt sich primär auf die drei Bereiche Umwelt, →Strategie und System. Dabei gilt es, sowohl eine Stimmigkeit der Bereichskomponenten untereinander als „Intra-Bereichs-Fit" herzustellen als auch eine Stimmigkeit zwischen den Bereichen als „Inter-Bereichs-Fit" zu erzeugen. Beispielsweise ergibt sich innerhalb der Strategie als Intra-Strategie-Fit die Stimmigkeit zwischen den Teilstrategien der gewählten Unternehmensstrategie, als Intra-System-Fit die Stimmigkeit von Systemkomponenten wie Controllingsystem, Rechnungslegungssystem, IT-System oder Personalmanagementsystem untereinander. Bereichsübergreifende Strategische Stimmigkeiten ergeben sich als Stimmigkeit zwischen den externen Gegebenheiten und der intendierten →Unternehmensstrategie (Strategie-Umwelt-Fit), zwischen Strategie- und Systemkomponenten (Strategie-System-Fit) oder zwischen System und Umwelt (System-Umwelt-Fit) (*Scholz* 1987b). Diese drei Bereiche lassen sich durch weitere organisationale Komponenten erweitern. Das von *Waterman* (1982) und weiteren Kollegen bei McKinsey Ende der 1970er Jahre entwickelte „7S-Modell" nennt als Elemente der Strategischen Stimmigkeit Strategie, Struktur, Systeme, geteilte Werte (shared values), →Führungsstil (style), Fähigkeiten (skills) und die Belegschaft (staff). *Schwartz* und *Davis* (1981) betonen besonders die Stimmigkeit mit der →Organisationskultur. *Burton* und *Obel* (2004) stellen umfassend dar, wie sich strategische Stimmigkeit in ihrer Komplexität im Unternehmenskontext diagnostizieren und gestalten lässt.

Strategische Stimmigkeit impliziert keineswegs Konfliktfreiheit (→Konflikt). Es geht vielmehr um die wechselseitige Passung mehrerer Komponenten in Abhängigkeit von der Strategie und der Situation. So kann auch Wettbewerb zwischen zwei Komponenten gemäß *Scholz* (2000) dem Prinzip der Stimmigkeit entsprechen, wenn es die intendierte Strategie (→Geplante Strategie) des Unternehmens entsprechend vorsieht.

Der *Fokus empirischer Untersuchungen* zur strategischen Stimmigkeit liegt zu Beginn primär auf der Untersuchung der Stimmigkeit zwischen der Strategie und der Umwelt (z. B. *Hoffer* 1975); vereinzelt werden auch unternehmensinterne Untersuchungen durchgeführt (z. B. *Chandler* 1962, *Vorhies* und *Morgan* 2003). Zuerst wird dabei von den Autoren die Sichtweise vertreten, dass Stimmigkeit zwischen dem Unternehmen und seiner Umwelt die Leistung positiv beeinflussen, und erst im Laufe der Jahre entwickelt sich eine holistische Denkhaltung, in der mehrere Stimmigkeitskomponenten Einfluss haben. Hier werden auch explorativ nach statischen Unternehmenskonfigurationen im Sinne von organisationalen Archetypen und dynamischen Unternehmenskonfigurationen im Sinne von Querschnittsmustern der Unternehmensentwicklung („Quantum-Modell" nach *Miller* und *Friesen* 1984) gesucht. Empirische Belege für die Existenz des Stimmigkeitsprinzips unter Berücksichtigung situativer Faktoren werden vor allem von den Untersuchungen von *Tosi* und *Slocum* (1984) und *Venkatraman* (1989) angestoßen. Die Bestätigung der Existenz unterschiedlicher Fits anhand eines einheitlichen Datenpools wird von *Xu*, *Cavusgil* und *White* (2006) durchgeführt. Die Dynamisierung Strategischer Stimmigkeit untersuchen *Zajac*, *Kraatz* und *Bresser* (2000), indem sie die Strategieanpassung auf Veränderungen der internen und externen Unternehmensumwelt zurückführen.

Als *Vorteile* einer bestehenden strategischen Stimmigkeit gelten Kostenersparnisse aufgrund von Skaleneffekten sowie der erfolgreiche Wissenstransfer zwischen betrieblichen Akteuren. Eine große praktische Bedeutung erlangt strategische Stimmigkeit daher auch im Kontext von Unternehmensfusionen, bei denen es auf die Stimmigkeit zwischen den beteiligten Unternehmen ankommt.

Das Konzept der strategischen Stimmigkeit erfährt allerdings auch *Kritik*. Zum einen spricht *Schreyögg* (1984) von einem präfixierten Entsprechungsverhältnis, zum anderen wird von einigen Autoren nicht das Stimmigkeitsprinzip, sondern das Flexibilitätsprinzip als ausschlaggebend für organisationalen Erfolg propagiert (*Das* und *Elango* 1995). Beide Argumente lassen sich allerdings entkräften: Vor allem der Flexibilitätsgedanke kann als Form eines System-Umwelt-Fits interpretiert werden.

In der *personalwirtschaftlichen Anwendung* des Konzepts der strategischen Stimmigkeit lautet die Basishypothese analog, dass in sich stimmige Personalmanagementsysteme erfolgreicher sind als in sich unstimmige Personalmanagementsysteme. Dieser Erfolg bezieht sich auf das Managen und Führen solcher Systeme ebenso wie auf deren langfristiges Überleben im Sinne der evolutionstheoretischen Idee des „survival of the fittest", des „Angepasstesten". Bezogen auf das Personalmanagement haben *Wang* und *Shyu* (2008) anhand einer empirischen Untersuchung in 181 Firmen herausgefunden, dass ein Fit zwischen Unternehmensstrategie und Personalmanagementstrategie die Effektivität des Personalmanagements sowie die Unternehmensleistung steigert.

Die Herstellung einer strategischen Stimmigkeit im Personalmanagement kann grundsätzlich zwischen allen denkbaren Komponenten erfolgen. In der vorgestellten Systematik von Intra-Bereichs-Fits und Inter-Bereichs-Fits ergibt sich eine Reihe denkbarer Stimmigkeiten, so etwa die nachfolgenden Beispiele:

- Als *Intra-Strategie-Fit* müssen die Einzelaussagen der →Personalstrategie untereinander kompatibel sein.
- Als *Inter-Strategie-Fit* ist die strategische Abstimmung zwischen der Personalstrategie mit Strategien anderer Bereiche des Unternehmens wie etwa Produktion und Finanzen und mit der Unternehmensgesamtstrategie anzusehen.
- Als *Strategie-Umwelt-Fit* gilt beispielsweise die Ausrichtung der Personalstrategie auf die Gegebenheiten des →Arbeitsmarktes.
- Als *Strategie-Kultur-Fit* kann die Personalstrategie auf die Unternehmenskultur (→Organisationskultur) ausgerichtet werden und deren Grundorientierung, zum Beispiel eine →Leistungsorientierung, widerspiegeln.
- Als *Intra-System-Fit* gilt die Stimmigkeit innerhalb von Prozessketten, die einzelne Personalaufgaben abbilden. Ein Beispiel ist das →Führungssystem, in dem Führungsphilosophie, Führungskultur, Führungsstile, Führungssituationen und →Führungsinstrumente zueinander passen müssen.
- Als *Inter-System-Fit* gelten Passungen zwischen einzelnen Personalmanagementsystemen und weiteren betrieblichen Systemen wie dem IT-System und dem Rechnungswesen-System.

- Als *System-Umwelt-Fit* ist beispielsweise anzusehen, wenn Personalanzeigen zum eingesetzten Beschaffungsmedium passen, die →Personalbeschaffung insgesamt zum →Personalmarketing passt und das Personalmarketing insgesamt an der Unternehmensumwelt ausgerichtet ist.

- Als *Intra-Struktur-Fit* wird gefordert, dass die strategische Aufgabenbewältigung der Personalarbeit zur taktischen und die taktische zur operativen passen müssen, insbesondere was die Aufgabendelegation und die Prozessintegration betrifft.

- Als *Inter-Struktur-Fit* gilt die stimmige Einbindung der Personalorganisation (→Organisation der Personalarbeit) in die übrige →Aufbau- und →Ablauforganisation des Unternehmens.

Insgesamt ist davon auszugehen, dass sich diese und weitere Stimmigkeitsmuster ineinander verzahnen. Es gibt nicht den „one-best way" einer Strategischen Stimmigkeit für das Personalmanagement und gerade daher müssen sich Unternehmen dieser Gestaltungsherausforderung bewusst stellen.

Literatur: *Andrews, K. R.*: The Concept of Corporate Strategy, Homewood 1971. *Burton, R. M.; Obel, B.*: Strategic Organizational Diagnosis and Design. The Dynamics of Fit, 3. Aufl., Norwell 2004. *Chandler, A. D., Jr.*: Strategy and Structure, Cambridge, London 1962. *Das, T. K.; Elango, B.*: Managing Strategic Flexibility: Key to Effective Performance, in: Journal of General Management, 20. Jg. (1995), H. 3, S. 60–75. *Hoffer, C. W.*: Toward a Contingency Theory of Business Strategy, in: Academy of Management Journal, 18. Jg. (1975), H. 4, S. 784–810. *Miller, D.; Friesen, P. H.*: Organizations: A Quantum View, Englewood Cliffs 1984. *Pugh, D. S.; Hickson, D. J.*: Organizational Structure in its Context. The Aston Programme I, Westmead, Farnborough 1976. *Scholz, C.*: Corporate Culture and Strategy. The Problem of Strategic Fit, in: Long Range Planning, 20. Jg. (1987a), H. 4, S. 78–87. *Scholz, C.*: Strategisches Management, Berlin, New York 1987b. *Scholz, C.*: Strategische Organisation, 2. Aufl., Landsberg/Lech 2000. *Schreyögg, G.*: Unternehmensstrategie, Berlin, New York 1984. *Schwartz, H. M.; Davis, S. M.*: Matching Corporate Culture and Business Strategy, in: Organizational Dynamics, 10. Jg. (1981), H. 1, S. 30–48. *Tosi, H. L.; Slocum, J. W.*: Contingency Theory. Some Suggested Directions, in: Journal of Management, 10. Jg. (1984), H. 1, S. 9–26. *Venkatraman, N.*: The Concept of Fit in Strategic Management: Toward Verbal and Statistical Correspondence, in: Academy of Management Review, 14. Jg. (1989), H. 3, S. 423–444. *Vorhies, D. W.; Morgan, N. A.*: A Configuration Theory Assessment of Marketing Organization Fit with Business Strategy and Its Relationship with Marketing Performance, in: Journal of Marketing, 67. Jg. (2003), H. 1, S. 100–115. *Wang, D.-S.; Shyu, C.-L.*: Will the Strategic Fit Between Business and HRM Strategy Influence HRM Effectiveness and Organizational Performance?, in: International Journal of Manpower, 29. Jg. (2008), H. 2, S. 92–110. *Waterman, R. H., Jr.*: The Seven Elements of Strategic Fit, in: Journal of Business Strategy, 2. Jg. (1982), H. 3, S. 69–73. *Xu, S.; Cavusgil, S. T.; White, J. C.*: The Impact of Strategic Fit Among Strategy, Structure, and Processes on Multinational Corporation Performance: A Multimethod Assessment, in: Journal of International Marketing, 14. Jg. (2006), H. 2, S. 1–36. *Zajac, E. J.; Kraatz, M. S.; Bresser, R. K. F.*: Modeling the Dynamics of Strategic Fit: A Normative Approach to Strategic Change, in: Strategic Management Journal, 21. Jg. (2000), H. 4, S. 429–453.

Volker Stein

Strategischer Wettbewerbsvorteil

Positionsvorteil im Markt, der die Grundlage von Erfolgspotenzialen und, damit verbunden, dauerhafter und überdurchschnittlicher Gewinne bildet.

Entsprechend dieser Logik sind alle →Strategien unter dem Blickwinkel der Entwicklung von Wettbewerbsvorteilen zu beurteilen beziehungsweise zu wählen.

Die Erklärung von Wettbewerbsvorteilen richtet sich nach der jeweils zugrunde gelegten theoretischen Perspektive. Die beiden primären Forschungsströmungen, die die Diskussion in den letzten zwei Jahrzehnten dominiert haben, sind die auf der Industrieökonomik basierenden Ansätze von *Porter* (1992) und die ressourcenorientierte Perspektive (→Resource Based View). Beide unterscheiden sich voneinander durch die Grundlagen, die sie für die Erklärung von Wettbewerbsvorteilen heranziehen.

Porter (1992) sieht die primären Quellen von Wettbewerbsvorteilen im Wettbewerbsumfeld, konkreter in der Branchenstruktur, und in den entsprechend abgestimmten strategischen Aktivitäten eines Unternehmens. Als strategische Handlungsalternativen identifiziert er Kostenführerschaft, Differenzierung und die Nischenstrategie. Nach *Porter* (1992, S. 21) entstehen „Wettbewerbsvorteile [...] im Wesentlichen aus dem Wert, den ein Unternehmen für seine Abnehmer schaffen kann, soweit dieser die Kosten der →Wertschöpfung für das Unternehmen übersteigt. Wert ist das, was Abnehmer zu zahlen bereit sind, und ein höherer Wert resultiert aus dem Angebot zu Preisen, die für gleichwertige Leistungen unter denen der Konkurrenz liegen, oder ergibt sich aus einzigartigen Leistungen, die den höheren Preis mehr als wettmachen". Dieser Ansatz hat die strategische Managementdiskussion vor allem in den achtziger und frühen neunziger Jahren dominiert. Abbildung 1 zeigt die Beziehung zwischen den →Wettbewerbsstrategien und den Wettbewerbsvorteilen auf.

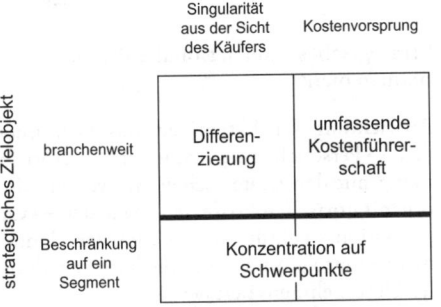

Abbildung 1: Die drei Wettbewerbsstrategien (Porter 1992, S. 67)

Die ressourcenorientierte Perspektive ist aus der Kritik an den von einer unternehmensexternen Perspektive dominierten Arbeiten *Porters* weiterentwickelt worden. Sie stellt unternehmensinterne Faktoren in den Vordergrund und interpretiert Ressourcen mit bestimmten Eigenschaften als Grundlagen für Wettbewerbsvorteile und damit als Basis für den ökonomischen Erfolg von Unternehmen. Diese Perspektive steht seit Beginn der neunziger Jahre im Mittelpunkt der strategischen Managementforschung.

Beide Forschungsrichtungen des strategischen Managements greifen in ihrer ausschließlichen Betrachtung der unternehmensexternen beziehungsweise -internen Faktoren zu kurz, weshalb vielfach im strategischen Management eine Kombination beider Überlegungen gefordert wird. Wird dieser Forderung gefolgt, werden Wettbewerbsvorteile als firmenspezifische Vorteile eines Unternehmens interpretiert, die von Wettbewerbern nicht oder nur zu hohen Kosten nachgeahmt werden können und die als Grundlage für die Entwicklung von Kostenführerschafts- oder Differenzierungsstrategien dienen.

Beide Erklärungsansätze besitzen unterschiedliche Implikationen für die Analyse der Bedeutung des →Personalmanagements zur Generierung von Wettbewerbsvorteilen. Nach *Porter* (1992) wird auf der Basis von vergleichenden Analysen der →Wertketten eingeschätzt, inwieweit die Gestaltung der Wertaktivitäten zur Erlangung von Wettbewerbsvorteilen beiträgt. Das Personalmanagement als unterstützende Funktion kann somit in unterschiedlichem Ausmaß die Kostenführerschafts- oder Differenzierungsstrategie eines Unternehmens unterstützen und somit mehr oder weniger gut zur Erlangung von Wettbewerbsvorteilen beisteuern. Hier steht der Vergleich mit Konkurrenzunternehmen im Vordergrund. Die ressourcenorientierte Perspektive dagegen vernachlässigt eine vergleichende Perspektive zwischen Konkurrenzunternehmen und postuliert stattdessen, dass Ressourcen eines Unternehmens bestimmten Kriterien genügen müssen, um für die Generierung von Wettbewerbsvorteilen relevant zu sein. Häufig werden hier die VRIN-Kriterien genannt, das heißt Ressourcen müssen valuable (wertvoll), rare (knapp), inimitable (nicht imitierbar) und nonsubstitutable (nicht substituierbar) sein. In der Literatur werden sowohl das Personalmanagement als auch das Personal als wettbewerbsrelevante Ressourcen analysiert und diskutiert.

Literatur: *Porter, M. E.*: Wettbewerbsstrategie, 7. Aufl., Frankfurt 1992.

Marion Festing

Strategisches Controlling

bezieht (im Gegensatz zum operativen →Controlling) die Umfeldsituation des Unternehmens in den Entscheidungsprozess ein und konzentriert sich dabei auf die langfristige Existenzsicherung (Erfolgspotenziale).

Im Gegensatz zum strategischen Contolling konzentriert sich das operative Controlling auf die Sicherung und Erzielung von Liquidität und Gewinn. Damit bildet das operative Controlling die notwendige Voraussetzung, um strategische Maßnahmen durchführen zu können. Das strategische Controlling untersucht die absehbare Wirkung alternativer →Strategien in verschiedenen prognostizierten Umfeldzuständen (Feedforward-Analyse oder Vorsteuerfunktion) (*Baum, Coenenberg* und *Günther* 2007).

Das strategische Controlling umfasst die Aufgabengebiete strategische Analyse, Strategiegenerierung und Strategieimplementierung:

• Bei der *strategischen Analyse* liegt der Aufgabenschwerpunkt in der externen Informationsgewinnung und -aufbereitung im Rahmen eines strategischen Früherkennungssystems (→Frühwarnsystem).

- Bei der *Strategiegenerierung* unterstützt das Strategische Controlling die Formulierung und Auswahl von Strategien (*Mintzberg* 1999). Insbesondere obliegt dem Strategischen Controlling die Koordination der Strategien auf den verschiedenen Strategieebenen. Dabei sind die funktionalen Strategien, die Geschäftsstrategien und die →Unternehmensstrategien aufeinander abzustimmen. Mit der Entscheidung über die zu realisierenden Strategien ist die grundsätzliche langfristige Entwicklungsrichtung des Unternehmens bestimmt.

- Bei der →*Strategieimplementierung* geht es besonders um die Umsetzung der Strategien in operative Maßnahmenprogramme. Zum einen muss sichergestellt sein, dass die Strategien während ihrer Umsetzungsphase noch auf stimmigen Annahmen basieren. Zum anderen müssen die Strategien durchgesetzt werden. Es ist die Aufgabe des strategischen Controllings, entsprechende Implementierungsentscheidungen zu initiieren und zu überwachen. Dazu hat sich die →*Balanced Scorecard* als Hilfsmittel etabliert.

Im Rahmen des strategischen Controllings finden spezifische Instrumente Anwendung. Dabei handelt es sich im Wesentlichen um Instrumente zur Beschaffung, Analyse und Prognose von Umwelt- und Unternehmensinformationen und um Instrumente zur Erarbeitung von Strategien (*Welge* und *Al-Laham* 2004). Als eher qualitativ und damit auf die Messung weicher Faktoren fokussierte Instrumente werden üblicherweise genannt: Potenzialanalyse (→Potenzialbeurteilung), Stärken-Schwächen-Analyse, Portfolio-Methoden, Gap-Analyse, →Erfahrungskurve, Lebenszyklusanalyse, Konzept der schwachen Signale nach *Ansoff* und die →Wertkette nach *Porter*.

Die quantitativen Instrumente des strategischen Controllings werden eingesetzt, um die Wirkung qualitativer Wettbewerbsvorteile auf erwünschte strategische Zielsetzungen zu analysieren. Durch die quantitative Bewertung wird festgestellt, ob der durch eine strategische Maßnahme erzielte Wettbewerbsvorteil zu einem nachhaltigen Erfolg und damit zu einer Steigerung des Unternehmenswertes führt. Zu den quantitativen Instrumenten zählen unter anderem das Strategische →Kostenmanagement und die Wertsteigerungsanalyse (Shareholder bzw. Stakeholder Value Analysis).

Literatur: *Ansoff, I. H.*: Strategic Management, London, Basingstoke, 1979. *Baum, H.-G.; Coenenberg, A. G.; Günther, T.*: Strategisches Controlling, 4. Aufl., Stuttgart 2007. *Mintzberg, H.*: Strategy Safari: Eine Reise durch die Wildnis des strategischen Managements, Wien 1999. *Porter, M. E.*: Wettbewerbsstrategie, Methoden zur Analyse von Branchen und Konkurrenten, Frankfurt 1983. *Welge, M. K.; Al-Laham, A.*: Strategisches Management, 4. Aufl., Wiesbaden 2004.

Klaus Möller

Strategisches Internationales Personalmanagement

Ausrichtung der Aktivitäten und Richtlinien des →Personalmanagements, die in Abstimmung mit den strategischen Aktivitäten, den organisatorischen Prozessen sowie der →Organisationsstruktur multinationaler Unternehmen erfolgt und zur Erreichung der globalen Unternehmensziele beiträgt.

Der Begriff →strategisches Personalmanagement umfasst Muster personalwirtschaftlicher Aktivitäten, durch die es der →Organisation ermöglicht werden soll, ihre Ziele zu erreichen. Wird dieser Definition eine internationale Perspektive hinzugefügt, so kommt man zu strategischem internationalem Personalmanagement. Abbildung 1 veranschaulicht dies.

Abbildung 1: Strategisches internationales Personalmanagement (*Weber et al.* 2001, S. 284)

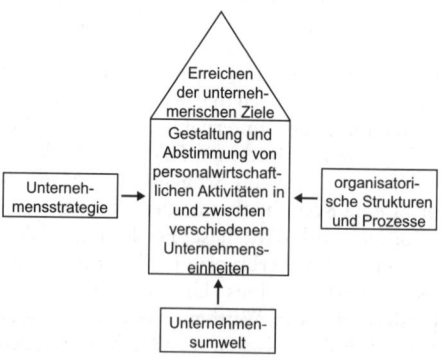

Die internationale Dimension findet sich in allen Variablen des Modells wieder. Hinsichtlich der strategischen Ausrichtung eines Unternehmens werden vor allem international orientierte Strategiekonzepte wie die Internationalisierungsstrategiekonzepte von *Porter* (1986) oder von *Bartlett* und *Ghoshal* (1990) herangezogen.

Sie stellen die Koordinationsmechanismen geographisch gesteuerter Aktivitäten in einem multinationalen Unternehmen in den Mittelpunkt der Betrachtung. So kann ein Unternehmen wie eine koordinierte Föderation gesteuert werden, in der viele Entscheidungen zwar dezentralisiert sind, diese jedoch einer Kontrolle durch das Stammhaus unterliegen. Im Gegensatz dazu werden nach *Bartlett* und *Ghoshal* (1990) auch integrierte Netzwerkorganisationen berücksichtigt, die sich dadurch auszeichnen, dass die Verantwortlichkeiten und Entscheidungen breit im Unternehmen gestreut sind. Entsprechend der strategischen Wahlmöglichkeiten gestalten sich zudem die organisatorischen Strukturen und Prozesse komplexer als in einem rein nationalen Unternehmen.

Im strategischen internationalen Personalmanagement ist auch die Unternehmensumwelt komplexer, da nicht nur ein kulturelles und institutionelles Umfeld zu beachten ist, sondern eine Vielfalt von Einflussfaktoren auf ein in vielen Ländern tätiges Unternehmen einwirkt. So lassen kulturspezifische Werte die Umsetzung weltweit standardisierter Personalpolitiken teilweise nicht zu. Beispielsweise gestaltet sich ein Personalbeurteilungsgespräch (→Mitarbeitergespräch) nach westlichem Vorbild in Japan schwierig. Auch können gesetzliche Rahmenbedingungen dazu führen, dass personalwirtschaftliche Instrumente wie beispielsweise →Aktienoptionen in einem Land attraktiver und damit wirksamer sind als in einem anderen Land.

Diese Faktoren beeinflussen die Beziehung der personalwirtschaftlichen Aktivitäten in und zwischen Unternehmenseinheiten. Unternehmen können weltweit einheitliche →Personalstrategien zumindest für besonders kritische Mitarbeitergruppen, häufig das Top-Management, verfolgen. Alternativ können sie das →Personalmanagement jeweils lokal in den Tochtergesellschaften gestalten, oder sie können einen Mix aus standardisierten und lokalen Elementen der Personalstrategie entwickeln. Alle diese Entscheidungen unterliegen jedoch den oben genannten Einflussfaktoren →Unternehmensstrategie, Organisationsstruktur, organisatorische Prozesse und der Berücksichtigung von Umweltvariablen.

Literatur: *Bartlett, C.; Ghoshal, S.:* Internationale Unternehmensführung, Frankfurt a. M. etc. 1990. *Porter, M.:* Changing Patterns of International Competition, in: California Management Review, 23. Jg. (1986), H. 2, S. 9–40. *Weber, W. et al.:* Internationales Personalmanagement, 2. Aufl., Wiesbaden 2001.

Marion Festing

Strategisches Management

Bezeichnung für eine anspruchsvolle Form der strategischen Führung (→Mitarbeiterführung).

Allerdings wird der Begriff des strategischen Managements in der deutschsprachigen Literatur uneinheitlich verwendet. Häufig wird er mit dem Begriff der *strategischen* →*Unternehmensführung* gleichgesetzt. In dieser allgemeinen Sichtweise bezeichnet strategisches Management alle Entscheidungen, Handlungen und Interaktionen, die sich in signifikanter Weise auf die Entwicklung und die Erhaltung von Erfolgspotenzialen beziehen und über welche die Lenkung, Gestaltung und Entwicklung des Unternehmens erfolgen. Die Konzeption eines „Strategic Management" wurde dabei durch *Ansoff, Declerk* und *Heyes* (1976) geprägt, mit der auf bestimmte Beschränkungen der strategischen Planung reagiert wurde:

- Strategisches Verhalten besteht nicht nur in der Entwicklung externer Strategien, sondern gleichsam auch in der Gestaltung der *internen Konfiguration* (z. B. der →Organisationsstruktur oder von Personalführungssystemen).

- Strategisches Verhalten ist nicht nur ein geistiger Prozess der Konzipierung von Handlungsentwürfen, sondern vielmehr auch konkretes *Implementierungshandeln*.

- Die strategische Führung von Unternehmen ist nicht ein systematischer rationaler Prozess, sondern in starkem Maße durch *psycho-* und *soziologische* sowie *politische Merkmale* gekennzeichnet.

- Die vierte Erweiterung betrifft die Berücksichtigung von *Diskontinuitäten* der Umwelt durch eine Suche nach schwachen Signalen und der Anwendung von strategischen Frühaufklärungssystemen (→Frühwarnsystem).

In dieser Perspektive wird das strategische Management auch in Beschreibungen der *disziplinären Entwicklung* des Fachs als Kritik und Erweiterung traditioneller, häufig normativ geprägter Planungsansätze gesehen, wie *Gluck, Kaufmann* und *Walleck* (1982) beziehungsweise Übersicht 1 ersichtlich werden lassen.

Strategisches Personalmanagement

Übersicht 1: Entwicklungsphasen zum strategischen Management (*Bamberger/Wrona* 2004, S. 32)

Phase 1: kurzfristige Budget-/ Finanz-planung	Phase 2: Langfrist-planung	Phase 3: strategische Planung	Phase 4: strategisches Management
-tendenziell stabile Umwelt und geringe Unternehmenskomplexität -Rationalisierung und Standardisierung von Arbeitsabläufen -Aufstellung von Effizienzstandards -Jahresbudgets -funktionaler Fokus	-steigende Umweltdynamik -Analyse langfristiger Marktchancen -Prognosen -Mehrjahresbudgets -langfristig optimaler Ressourceneinsatz bei gegebenen Produkt/Marktkombinationen	-steigende Diskontinuitäten -hoher Konkurrenzdruck -Planung von Strategien zur Umweltanpassung -SWOT-Denken -Segmentierung von Strategien in strategische Geschäftsfelder	-externes und internes strategisches Verhalten -Planung und Implementierung -Improvisationen -soziale/ politische Aspekte -Berücksichtigung von Diskontinuitäten -strategische Früherkennung

Abbildung 1: Merkmale eines strategischen Managements als eine anspruchsvolle Form der strategischen Führung (*Bamberger/Wrona* 2004, S. 38)

In einer *engeren Sichtweise* bezeichnet strategisches Management *eine bestimmte Art*, ein Unternehmen strategisch zu führen, an die bestimmte Anforderungen zu stellen sind. Von einem strategischen Management wird insbesondere dann gesprochen, wenn im Unternehmen die Aufgaben der strategischen Führung *bewusst wahrgenommen* sowie *reflektiert werden* (Kirsch 1997). Es wird in diesem Zusammenhang auch von einer *Professionalisierung* beziehungsweise *Rationalisierung* der strategischen Führung gesprochen. Sie äußert sich speziell

– in der Schaffung von *Regelungen*, insbesondere in Form von Managementsystemen beziehungsweise

– in der Verbesserung der zugrunde gelegten *Informationsbasis*, einer *systematischen* und *zielorientierten* Vorgehensweise oder der Nutzung wissenschaftlicher *Methoden*.

Kern eines strategischen Managements bildet die Existenz einer *konzeptionellen Gesamtsicht*, durch welche die langfristige Entwicklung des Unternehmens geleitet wird und die Aussagen zu Zielen, Strategien, Grundsätzen oder Managementsystemen beinhaltet. Abbildung 1 verdeutlicht diesen Zusammenhang.

Literatur: *Ansoff, H. I.*; *Declerk, R.*; *Hayes, R.* (Hrsg.): From Strategic Planning to Strategic Management, New York 1976. *Bamberger, I.*; *Wrona, T.*: Strategische Unternehmensführung, München 2004. *Gluck, F.*; *Kaufmann, S.*; *Walleck, S.*: The Four Phases of Strategic Management, in: Journal of Business Strategy, 2. Jg. (1982), H. 3, S. 9–21. *Kirsch, W.*: Strategisches Management: Die geplante Evolution von Unternehmen, München 1997.

Thomas Wrona

Strategisches Personalmanagement

Muster personalwirtschaftlicher Entscheidungen und Aktivitäten, durch die es der →Organisation ermöglicht werden soll, die unternehmerischen Ziele zu erreichen.

Diese Definition beinhaltet sowohl eine Abstimmung der personalwirtschaftlichen Aktivitäten mit dem strategischen Managementprozess der Organisation als auch eine Kongruenz zwischen einzelnen personalwirtschaftlichen Maßnahmen und Zielen (→Fit-Modelle). Somit stehen nicht mehr einzelne Mitarbeiter und →Stellen im Vordergrund, sondern das →Personalmanagement wird im gesamtorganisatorischen Kontext betrachtet. Wesentlicher Bezugspunkt vieler strategischer Personalmanagementkonzeptionen ist die Unternehmensstrategie.

Spätestens seit Ende der 1970er Jahre wird den Aspekten des strategischen Personalmanagements sowohl in der Wissenschaft als auch in der Praxis eine erhöhte Aufmerksamkeit geschenkt. Dies hat zur Folge, dass heute eine Fülle an Konzeptionalisierungen existiert. Strategische Personalmanagementkonzepte zielen darauf ab, die HR-spezifischen

Stärken einer Organisation zu identifizieren und auszubauen und Veränderungen im Umfeld eines Unternehmens besser Rechnung zu tragen. Damit wird diesen Ansätzen ein Problemlösungspotenzial unterstellt, das über das nicht strategisch ausgerichteter personalwirtschaftlicher Ansätze hinausgeht. Die strategische Orientierung kann durch die Begriffe systematisch, ganzheitlich, integrativ, umweltbezogen, langfristig und antizipativ beschrieben werden.

Marion Festing

Stress

physische und psychische Anspannung durch Überbeanspruchung und äußere Reize.

Nach *Selye* (1974, S. 58) definiert sich Stress weitgehend physiologisch als eine „unspezifische Reaktion des Körpers auf jede →Anforderung, die an ihn gestellt wird". Weiterhin kann man den Begriff in *Eustress*, der „positiven" (im Sinne von motivierenden) Ausprägungsform, und dem *Disstress*, der „negativen" Variante, unterscheiden.

In der modernen (Arbeits-)Welt hat das Wort Stress Eingang in die Alltagssprache gefunden. Stress kann dabei jeden Lebensbereich erfassen; dementsprechend vielfältig ist die alltagssprachliche Verwendung des Begriffs. Zum Beispiel wird von „Schulstress", „Prüfungsstress", „Arbeitsstress", „Beziehungsstress", „Freizeitstress" oder „Berufsaustrittsstress" gesprochen. Stress scheint zu einem Phänomen geworden zu sein, das Jung und Alt in der →Arbeit oder im Privatbereich treffen kann.

Die Wissenschaft hat sich zu Beginn der Erforschung des Themas Stress nicht mit dem Erleben von Stress bei einem Menschen beschäftigt, wie dies heutzutage in aller Regel der Fall ist, sondern Stress wurde innerhalb der Materialprüfung untersucht und bezog sich auf die Analyse von Anspannung und Verzerrung von Metallen oder Glas. Die Anwendung des Phänomens „Stress" auf den Menschen wurde insbesondere durch den Mediziner *Selye* eingeleitet.

Stress bezeichnet einen *Zustand* und nicht die Ursache des Stressgefühls. Eine Person *ist* gestresst. Weswegen die Person Stress erlebt, ist damit noch nicht bekannt. Darüber geben hingegen die Stressauslöser Auskunft (→Stressoren). Dazu kann man alles zählen, was in irgendeiner Form auf einen Menschen einwirkt, sei es eine äußere Belastung (→Belastungs-Beanspruchungs-Modell) oder ein innerer Reiz.

Literatur: *Selye, H.*: Streß, Bewältigung und Lebensgewinn, München 1974, S. 58.

Kerstin Wüstner

Stress am Arbeitsplatz

bezeichnet arbeitsbezogene Stresssituationen.

→Stress scheint heute zum festen Bestandteil des Arbeitslebens geworden zu sein. Dabei kann der Eindruck entstehen, ein gewisses Maß an →Stress sei notwendig, um die Bedeutung der eigenen →Arbeit in einer Organisation, manchmal auch im privaten sozialen Umfeld, zu rechtfertigen. Zuzugeben, keinen Stress zu haben, kann in einer wirtschaftlichen Situation, in der das Angebot an Arbeitsplätzen deutlich geringer ist als die Nachfrage danach, als riskante Strategie gedeutet werden.

Unabhängig davon lässt sich jedoch festhalten, dass die Belastungen (→Belastungs-Beanspruchungs-Modell) am Arbeitsplatz zugenommen haben. Laut Umfragen sind als häufigste →Stressoren

– unzureichende äußere Arbeitsbedingungen,
– Zeit- und Termindruck,
– Unklarheit über die erwartete Leistung,
– über- und unterfordernde Arbeiten, Mangel an Abwechslung,
– wenig Anerkennung, zu viel oder zu wenig →Verantwortung,
– Rivalität unter den Kollegen,
– Probleme mit der →Führungskraft und
– Schwierigkeiten mit den Kunden

zu nennen.

Welche Faktoren bei einer Person welchen Stellenwert einnehmen, hängt von dem konkreten Arbeitsinhalt, der →Arbeitsorganisation sowie von dem Individuum ab.

In der EU sind nach Schätzungen der *Europäischen Agentur für Sicherheit und Gesundheitsschutz* ungefähr 28 % aller →Arbeitnehmer von Stress betroffen. Dies sind über 40 Millionen EU-Beschäftigte (Stand 2002).

Kerstin Wüstner

Stresserfassung

dient der Analyse von Stresszuständen bei Individuen und kann – wie in der gesamten empirischen Sozialforschung – durch verschiedene Vorgehensweisen erfolgen, zum Beispiel durch quantitative oder qualitative Erhebungen oder ein Experiment.

Quantitative Instrumente basieren in der Regel auf vorformulierten, geschlossenen Fragen. In seltenen Fällen sind offene Antwortfelder gegeben. Betrachtet man die Breite an vorhandenen Stressfragebögen, so lassen sich insbesondere im *wissenschaftlichen Kontext* Instrumente mit erheblichem Seitenumfang finden (z. B. der englischsprachige Occupational Stress Questionnaire (OSQ), der vor allem in skandinavischen Ländern zum Einsatz kommt). Hier ist die Geduld des Interviewten gefragt, auch sind manche Fragen sehr persönlicher Art.

Gerade im *nicht-wissenschaftlichen Kontext* sind Stresstests demgegenüber ausgesprochen kurz. Solche →Tests sind vielfach in Zeitschriften abgedruckt oder werden im →Internet online zum Ausfüllen angeboten. Die Qualität dieser →Fragebögen schwankt stark. Einige der Tests erwecken den Eindruck einfacher Instrumente, die mehr der Unterhaltung dienen als einer der Problematik gerecht werdenden Analyse. Die Einfachheit hat aber auch ihre Vorteile. So sind die Fragen oft sehr verständlich gestellt, und der Test ist bereits in ein paar Minuten ausgefüllt. Welchen Nutzen die Person von dem Ausfüllen hat, ist allerdings eine zweite Frage. Erhält sie gar kein →Feedback auf die von ihr gegebenen Antworten, bleibt der Nutzen auf die Freude am Ausfüllen beschränkt. Nicht immer erscheint die Rückmeldung hilfreich, manchmal ist sie inhaltsleer, manchmal bezieht sich die Ergebnisinterpretation nicht auf die Fragen, sondern wirkt wie aus der Luft gegriffen. Grundsätzlich kann das Ausfüllen eines solchen Kurzfragebogens eine gewisse Sensibilisierung herbeiführen, die unter Umständen eine Eisbrecherfunktion übernimmt. Die Person wird fähig, sich mit dem Thema auseinanderzusetzen, sich auf die Fragen zur physischen und psychischen Befindlichkeit einzulassen, und findet so gegebenenfalls Anstoß und Mut, darauf aufbauend weitere Schritte zu unternehmen.

Von Vorteil können „Online-Tests" über das Medium Internet sein. Es macht diese Fragebögen prinzipiell allen Personen mit Internetanschluss zugänglich. Die Tests werden möglicherweise mit weniger sozialer Erwünschtheit ausgefüllt als ein Fragebogen, der unter anderen Bedingungen zu beantworten ist, da ein betriebliches Interesse nicht unmittelbar sichtbar wird und auch kein persönlicher Kontakt zu einem Interviewer gegeben ist. Gleichzeitig ist es denkbar, dass die Unpersönlichkeit von Nachteil ist, wenn sie von der Person dazu genutzt wird, sich hinter einer schnellen, oberflächlichen „Heileweltdarbietung" zu verstecken.

Aus wissenschaftlicher Sicht kann eine →Befragung über das Internet noch in anderer Hinsicht interessant sein. Die Kosten für Interviewer werden gespart und je nach technischer Lösung ist auch die Dateneingabe erheblich vereinfacht. Dem stehen Probleme gegenüber, dass beispielsweise eine „Zielgruppenkontrolle" erschwert wird oder dass Fragebögen zum Zeitvertreib, ohne jede Ernsthaftigkeit und Stimmigkeit von den Internetnutzern ausgefüllt werden. Inwiefern dieses Problem bei dem Medium Internet allerdings gravierender ist als bei persönlichen oder postalischen Befragungen, bleibt offen und wäre empirisch zu prüfen.

Für Praktiker, insbesondere in der *Personalarbeit* (→Personalmanagement), kann die Nutzung qualitativer →Interviews größere Vorteile bieten und leichter implementierbar sein, als dies vielleicht auf den ersten Blick erscheinen mag. Denn es ließen sich beispielsweise →Mitarbeitergespräche nutzen, um auch auf stressbezogene Themen einzugehen.

Literatur: *Institute of Occupational Health* (Hrsg.): OSQ, Helsinki 1992.

Kerstin Wüstner

Stresskosten

entstehen in Gesellschaften und auch einzelnen Unternehmen aufgrund neuer →Stress auslösender Belastungen (→Belastungs-Beanspruchungs-Modell) in der Arbeitswelt.

Die allgemeinen Gesundheitsrisiken haben zwar über die letzten Jahre hinweg abgenommen. Jedoch sind neue Risiken insbesondere durch den Wandel der →Arbeit aufgekommen. Diese neuen Risiken äußern sich verstärkt in Form →*psychischer Belastungen*. Dabei ist das Phänomen Stress auch von herausragender volks- und betriebswirtschaftlicher Bedeutung: Stress kann die Entstehung oder

Intensivierung psychosomatischer Beschwerden begünstigen, die →Arbeitsproduktivität einschränken, die →Arbeitszufriedenheit der Mitarbeiter reduzieren sowie die →Fehlzeiten und die →Fluktuation erhöhen. Aus diesem Grund gibt es verschiedene Initiativen, die durch Stress bedingten Kosten zu messen.

Eine EU-weite Studie hat durch sämtliche arbeitsbezogene Gesundheitsbeeinträchtigungen eine Belastung von 185 bis 269 Milliarden € jährlich für die 15 EU-Mitgliedsstaaten errechnet (*Europäische Agentur für Sicherheit und Gesundheitsschutz am Arbeitsplatz*). Vorsichtige Schätzungen gehen davon aus, dass mindestens 10 % der gesamten Kosten arbeitsbezogener Gesundheitsbeeinträchtigungen auf Arbeitsstress zurückzuführen sind. Wendet man diese Annahme auf die oben erwähnten Kosten an, so bewegen sich die stressbedingten Kosten bei etwa 20 Milliarden € jährlich.

Wenn in einer Gesellschaft die Monetarisierung psychosozialer Phänomene von herausragender Bedeutung ist, weil nur Zahlen Argumente für Handlungsansätze liefern, ist eine wie auch immer geartete Messung der Stresskosten von Vorteil. Allerdings kann ein solches Vorgehen nur eine mehr oder minder vage Annäherung an den Sachverhalt darstellen, die auf diversen Vorannahmen und sozialen Übereinkünften basiert. Einen exakten „objektiven" Rückschluss gibt es nicht.

Literatur: *Europäische Agentur für Sicherheit und Gesundheitsschutz am Arbeitsplatz* (Hrsg.): Wirtschaftliche Aspekte von Sicherheit und Gesundheitsschutz am Arbeitsplatz in den Mitgliedsstaaten der Europäischen Union, Bilbao 2005.

Kerstin Wüstner

Stressoren

Faktoren, die auf einen Menschen einwirken und eine Anpassungsleistung fordern.

Je nach Ursprung kann man innere und äußere Stressoren differenzieren:

- Zu den *inneren Stressoren* zählen körperliche (z. B. Zahnschmerzen), emotionale (z. B. Angst vor einem Kritikgespräch) und kognitive Stressoren (z. B. wiederkehrende negative Gedanken).
- *Äußere Stressoren* umfassen physikalische (z. B. Hitze) und bio-(chemische) Faktoren (z. B. Bodenozon).

Selbstverständlich ist eine trennscharfe Unterscheidung und Zuordnung nicht immer möglich. Außerdem gibt es auch komplexe Situationen, in denen mehrere Stressorengruppen zusammenkommen, wenn zum Beispiel ein Mitarbeiter im Hochsommer bei ausgefallener Klimaanlage ein Projekt fertigzustellen hat, er unter Schlafmangel leidet, zu viel Kaffee getrunken hat und Angst hat, nicht bis zur Abgabefrist fertig zu werden.

Stressoren können wahrgenommen werden, wie beispielsweise in einem →Vorstellungsgespräch, oder sie können nicht wahrgenommen werden, wie etwa Lärm. Stressoren können auch dann Wirkung entfalten, wenn sie unterhalb der Bewusstseinsschwelle liegen. Ein Beispiel wäre die Wirkung von Lärm auf das Herz-Kreislauf-System eines Menschen. Gerade wenn ein Stressor nicht (mehr) wahrgenommen wird und eine Person keine bewussten Vorsorge- oder Bewältigungsstrategien einsetzt, können die Folgen besonders schwerwiegend sein.

Kerstin Wüstner

Stresstheorien

erklären modellhaft Ursachen, Wirkungen und Referenzsysteme von →Stress.

Einen differenzierten Überblick über Stresstheorien bietet *Belschak* (2001). Stresstheorien lassen sich danach grundsätzlich in folgende Typen unterteilen:

- Der erste Typ zu den *Ursachen* vertritt den Standpunkt, Stress entstehe aufgrund eines bestimmten, ungünstigen Umwelteinflusses. Demnach käme es bei bestimmten Umwelteinflüssen bei allen Menschen gleichermaßen zu Stressreaktionen. Hierzu gehören alle Ansätze, die eine *Stressoren-Analyse* vornehmen.

- Der zweite Typ betrachtet insbesondere die *Reaktionen* von Menschen und versucht darzulegen, dass alle Menschen in etwa gleich reagieren, wenn sie Stress erleben. Hier steht also nicht die Ursache, sondern die Wirkung im Vordergrund. Gerade in naturwissenschaftlichen, medizinischen Herangehensweisen sind diese Stresskonzeptionen zu finden (z. B. *Selye* 1974, *Levi* 1974).

- Der dritte Typ an Stresstheorien stellt das *wechselseitige Einflussverhältnis* von Mensch und Umwelt heraus (z. B. *Lazarus, McGrath* 1981). Weiterhin kann unterschieden werden, ob Stresstheorien das Thema Stress allgemein und abstrakt beleuchten (z. B.

McGrath 1981) oder ob ein bestimmter Lebensbereich, in der Regel die →Arbeit (z. B. *Karasek, Siegrist* 1996), oder bestimmte kritische Lebensereignisse (z. B. *Holme* und *Rahe* 1967) betrachtet werden.

Eines der bekanntesten Stresskonzepte stammt von *Lazarus* und *Launier*. Stress wird hier nicht ausschließlich durch Reaktionsmechanismen des Organismus oder durch Anforderungen bedingt, sondern durch eine wechselseitige Beziehung zwischen Umwelt und Person. Dies erklärt auch die Bezeichnung dieses Stressansatzes als ein *transaktionales Modell*. Es stellt kognitive Prozesse vor allem aus bewertenden Prozessen in den Mittelpunkt:

- In der primären Bewertung urteilt eine Person über einen Reiz, den sie wahrnimmt. Das Ereignis kann entweder als unwichtig, positiv oder negativ eingestuft werden. Bei negativen Ereignissen differenziert *Lazarus* zwischen drei Belastungstypen, der Schädigung oder dem Verlust („Harm-Loss"), der Bedrohung („Threat") und der Herausforderung („Challenge").

- Ist der Umweltreiz für die Person bedeutsam, schätzt sie in einem zweiten Schritt (der sekundären Bewertung) ihre Bewältigungsfähigkeiten und -möglichkeiten ein, die ihr als „Antwort" auf die Umweltanforderungen zur Verfügung stehen. Wird die Bewältigungskapazität als ausreichend erachtet, um mit dem fordernden, bedrohlichen oder schädlichen Ereignis fertig zu werden, entsteht kein Disstress. Es ist aber durchaus möglich, dass es zu Eustress kommt. Im anderen Fall entwickelt sich Disstress, wenn Bewältigungsressourcen fehlen, nicht erkannt oder als nicht ausreichend erachtet werden.

- Auf diesen beiden kognitiven Prozessen aufbauend setzt das Bewältigungsverhalten an. Die gewählten Prozesse können problem- oder emotionszentriert sein und über eine Informationssuche, direkte Handlung oder intrapsychische Bewältigungsversuche ablaufen.

- Nach der Bewertung und dem daraus resultierenden Handeln reflektiert eine Person über Erfolg und Misserfolg. Es kommt zu einer Neubewertung, die unter Umständen Ausgangspunkt eines erneuten Stresszyklus sein kann.

Bei dem gesamten Stresszyklus spielen intervenierende Variablen eine Rolle. Diese setzen sich zusammen aus Merkmalen der Umwelt und Persönlichkeitseigenschaften. Bei der *Umwelt* ist zwischen formalen und inhaltlichen Merkmalen zu unterscheiden. Bei den formalen Merkmalen geht es um die Gefahr: Zu welchem Zeitpunkt tritt die Gefahr auf? Welche →Informationen liegen über die Stärke der Gefahr, über die zu erwartende Dauer und Vorhersagbarkeit vor? Wie sieht es mit der Kontrollierbarkeit der Situation aus? Die inhaltlichen Merkmale umfassen die Art der Gefährdung sowie die Art zur Verfügung stehender Ressourcen. Bei den *Personenmerkmalen* können Motivationsmuster, Wissen oder Bewältigungsmuster sowie individuelle Kontrollüberzeugungen eine Rolle spielen.

Ein ähnliches Modell (Abbildung 1) stammt von *McGrath* (1981). In diesem wird Stress als Störung des Interaktionsverhältnisses von Mensch und Umwelt in einem vierstufigen Zirkel konzipiert.

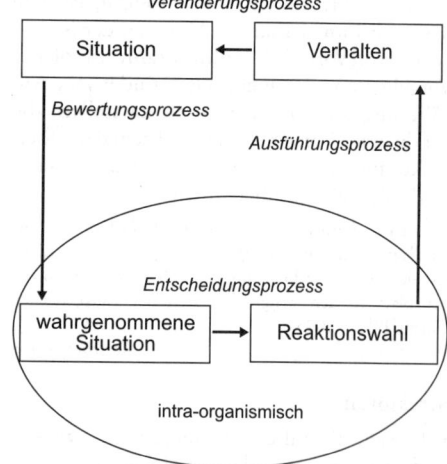

Abbildung 1: Stresszyklus (*McGrath* 1981)

Ausgangspunkt ist eine bestimmte Situation, mit der sich eine Person konfrontiert sieht. Sie nimmt diese Situation wahr und bewertet sie nach ihrer Stresshaftigkeit. Dann wählt sie einen Weg, um den Stress abzuwenden. Der Entscheidungsprozess wird von früheren Erfahrungen, die für die Beurteilung relevant erscheinen, dem momentanen Zustand des Organismus und den Verhaltensmöglichkeiten des Individuums geleitet. Danach schließt sich die Umsetzung der Handlungsabsicht in eine Handlung an. Von Bedeutung sind hier die persönlichen Fähigkeiten, die Schwierigkeit der zu bewältigenden Aufgabe und die Gütemaßstäbe, die man bei der Beurteilung der Ausführung zugrunde legt. Die Handlung wirkt über einen Beeinflussungs-, Wirkungs- oder Veränderungsprozess wiederum auf die Situation zurück. Hier beginnt der Zirkel von Neuem.

In dem Modell beruflicher Gratifikationskrisen (→Gratifikation) nach *Siegrist* sind das Bedürfnis (→Motiv) nach Selbstwirksamkeit (→Kompetenz), nach Selbstbewertung und nach Selbsteinbindung für das Wohlbefinden einer Person ausschlaggebend. Diese allgemeinen Überlegungen werden auch auf den Arbeitsbereich angewandt. Die Selbstwirksamkeit bedeutet dann die Möglichkeit, in dem Beruf etwas zu leisten, die Selbstbewertung umfasst Belohnung (→Belohnung und Bestrafung) und Anerkennung für berufliche Leistungen, die Selbsteinbindung meint die Mitgliedschaft in einer durch die berufliche Tätigkeit definierten Gruppe. Fehlen Leistung, Belohnung und Zugehörigkeit oder steht einer hohen Verausgabung eine niedrige Belohnung gegenüber, ruft dies eine berufliche Gratifikationskrise hervor.

Eine Reihe von Stresstheorien rückt die Bedeutung der *erlebten Kontrolle* eines Individuums in den Mittelpunkt. Stressreaktionen treten auf, wenn das Individuum einen Kontrollverlust erlebt. Das Erleben von Kontrolle stellt eine moderierende Variable im Prozess der Entstehung von Stressreaktionen dar. Die Integration der Kontrollvariable in die Stressforschung erfolgte im Demands-Control-Modell von *Karasek* beziehungsweise *Karasek* und *Theorell* (1990) und im darauf aufbauenden Job-Stress-Model von *Spector* (1998).

Im *Demands-Control-Model* von *Karasek* wird Stress als ein Überschuss an →Arbeitsanforderungen (Arbeitsbelastungen, unerwartete Aufgaben, Zeitdruck und interpersonale Konflikte) in Relation zum Entscheidungsspielraum, den das Individuum hat, definiert. Ein gewisses Ausmaß an Stress kann durchaus positive Wirkungen haben (Eustress). Negative Stressreaktionen nehmen zu, wenn die Arbeitsanforderungen relativ zum Entscheidungsspielraum ansteigen. Sind Arbeitsanforderungen und Entscheidungsspielraum hingegen gleichzeitig hoch, kann nach *Karasek* damit gerechnet werden, dass Lernprozesse stattfinden und neue Verhaltensweisen entwickelt werden. Sind Anforderungen und Kontrollmöglichkeiten gering ausgeprägt, kommt es zu einem Abfall an Problemlösungsaktivität.

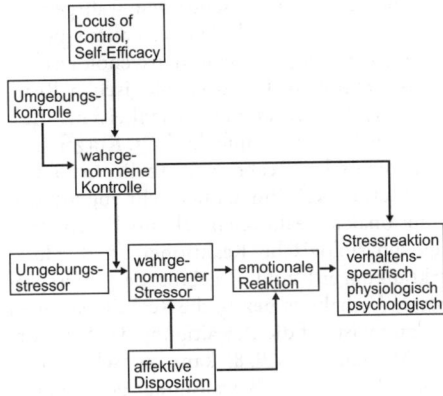

Abbildung 2: Das Kontrollmodell des Job-Stress-Prozesses (*Spector* 1998)

Die Kontrolltheorie des *Job-Stress-Prozesses* von *Spector* (1998), dargestellt in Abbildung 2, stellt eine differenzierte Weiterentwicklung des relativ einfachen Modells von *Karasek* dar. Mit der Unterscheidung zwischen objektiven Arbeitsanforderungen und deren subjektiven Wahrnehmung wird ein zentraler Schwachpunkt der Theorie von *Karasek* kompensiert. Ähnlich wie im Modell von *Lazarus* hängt die Wahrnehmung eines Stressors von der wahrgenommenen stressorspezifischen Kontrolle ab. Sie wird durch die Umgebungskontrolle und durch spezifische Persönlichkeitsvariablen bestimmt. Zur Bestimmung der Einflussgrößen auf der individuellen Ebene verwendet *Spector* zwei Kontrollerwartungskonzepte: Das Konzept *Locus of Control* (*Rotter*) beschreibt das Ausmaß, in dem ein Individuum glaubt, sein Schicksal selbst bestimmen zu können (internale Kontrolle) oder von externen Einflüssen abhängig zu sein (externale Kontrolle). Da es sich um eine sehr allgemeine Dispositionsvariable handelt, ist der Einfluss auf spezifisches Erleben und Verhalten geringer als bei der Variable *Self-Efficacy* (Selbst-Wirksamkeit; *Bandura*), welche sich auf Effizienzerwartungen in einem bestimmten Bereich (z. B. Arbeitsbereich) bezieht. Individuen mit hoher Self-Efficacy haben die Erwartung, die Anforderungen einer Situation erfüllen zu können, und werden diese nicht oder nur in einem geringen Ausmaß als →Stressor wahrnehmen. Darüber hinaus hängt die Wahrnehmung eines Stressors von der affektiven Dispo-

Stresstheorien

sition eines Individuums ab, wobei es interindividuell verschiedene Schwellenwerte gibt, oberhalb derer eine Situation als bedrohlich bewertet wird. Negative Emotionen (z. B. Ärger, →Frustration, Angst) treten unmittelbar ein und vermitteln zwischen dem wahrgenommenen Stressor und den verhaltensspezifischen, physiologischen und psychologischen Stressreaktionen. Die psychologischen Reaktionen (z. B. Arbeitsunzufriedenheit) manifestieren sich erst im Laufe der Zeit. Kurzfristige physiologische Reaktionen (z. B. Erhöhung des Blutdrucks) sind zeitlich sehr eng mit den emotionalen Reaktionen gekoppelt. Langfristige physiologische Reaktionen (z. B. Herzerkrankungen) sind Ergebnis des Stressprozesses. Verhaltensspezifische Reaktionsformen zielen meist auf die Bewältigung des Stressors ab. Mit *Lazarus* (1978) kann zwischen emotionsfokussierten (Bewältigung der emotionalen Reaktion) und problemfokussierten (auf den Stressor direkt gerichteten) Coping-Handlungen (→Coping) unterschieden werden.

Die Modelle von *Karasek* und *Spector* (1998) verbinden die Kernaussage, dass die erlebte Kontrolle die Beziehung zwischen Stressor und Stressreaktionsentstehung moderiert. Kritisiert wurde unter anderem der statische Charakter der Modelle.

Diesen Kritikpunkt greifen *kybernetische Stresstheorien* auf, die sich aufgrund ihrer Prozessorientierung als integrativer Rahmen für bestehende Stresstheorien eignen. Neben der klassischen kybernetischen Stresstheorie von *Cummings* und *Cooper* zählt der Ansatz von *Edwards*, der in Abbildung 3 visualisiert ist, zu den bekanntesten Theorien. *Edwards* definiert Stress als eine Diskrepanz zwischen gewünschten und wahrgenommenen Zuständen, die von einer gewissen subjektiven Wichtigkeit ist. Im Einzelnen postuliert *Edwards* (1992) folgende Zusammenhänge:

Die Feststellung einer *Diskrepanz* erfolgt durch die *Situationswahrnehmung*, die von folgenden Faktoren abhängt: *physische und soziale Umwelt*, *Persönlichkeitsmerkmale*, *soziale Informationen* (Ergebnisse von sozialen Vergleichs- und Bewertungsprozessen) und das Ausmaß der *kognitiven Konstruktion der Realität* (d. h. das Individuum verarbeitet nicht nur passiv externe Informationen, sondern konstruiert sich aktiv die Realität). Das Ergebnis der Wahrnehmungsprozesse stellt den Ist-Wert dar, der mit der *Wunschstruktur* der Person im Sinne von Werten und Zielen (Soll-Wert) verglichen wird. Wünsche bilden sich aufgrund der Lernerfahrungen einer Person. Stressbewältigung kann demnach auch in der Anpassung der Wünsche an die Situationswahrnehmung bestehen.

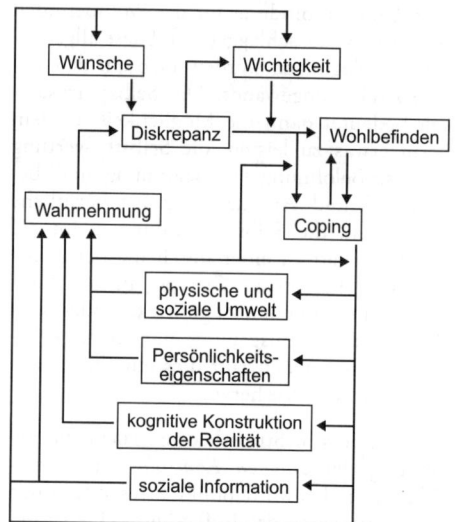

Abbildung 3: Kybernetisches Modell für Stress, Coping und Wohlbefinden (*Edwards* 1992)

Der *Vergleichsprozess* kann sowohl bewusst als auch fast automatisch und weitgehend unbewusst ablaufen. Stress entsteht nur dann, wenn die Diskrepanz von der Person als wichtig erlebt wird. Die *Wichtigkeit* beeinflusst sowohl die Beziehung zwischen Diskrepanz und Wohlbefinden als auch die Beziehung zwischen Diskrepanz und Coping. Die Wichtigkeit wird ebenso wie die Wunschstruktur durch die sozialen Informationen und Coping-Aktivitäten beeinflusst. Da größere Diskrepanzen als wichtiger erlebt werden, sind auch Diskrepanz und Wichtigkeit nicht unabhängig voneinander, sondern beeinflussen sich gegenseitig. Durch die Zunahme von Stress, das heißt durch ein Anwachsen der Variablen Wichtigkeit und/oder Diskrepanz, verschlechtert sich das psychologische und physiologische *Wohlbefinden* der Person (extreme Formen: Depression, Herzerkrankungen). Die *Coping*-Aktivitäten werden entweder unmittelbar durch Stress oder indirekt durch die Beeinträchtigung des Wohlbefindens ausgelöst und zielen darauf ab, die negativen Auswirkungen von Stress auf das Wohlbefinden zu reduzieren. Der Bewusstheitsgrad der Bewältigungsprozesse variiert auf dem Kontinuum von unbewussten, automatischen Reaktionen bis hin zu bewussten Entscheidungen und steigt in Abhängigkeit von der Neuheit und Ambiguität der Situation und der Höhe und Wichtigkeit der Diskrepanz. Das Coping-Verhalten kann sich auf eine Veränderung der Wahrnehmung und ihrer Bedingungsfaktoren, des Vergleichprozesses (Wünsche, Wahrnehmung, Wichtigkeit) oder des Wohlbefindens beziehen. Eine zentrale Aussage des kybernetischen Modells von *Edwards* (1992) ist, dass Stress von der Anzahl, Höhe und Wichtigkeit der wahrgenommenen Diskrepanzen abhängt.

Die Bedeutung des Themas Stress in Organisationen ist inzwischen weithin bekannt (siehe auch →Stress am Arbeitsplatz). Stress kann ganz erhebliche Kosten verursachen (→Stresskosten). Bleibt er unberücksichtigt, können Betroffene das →Burnout-Syndrom ausbilden. Stresstheorien, vor allem interaktionale Ansätze, stellen wertvolle Analysehilfen dar, die auch für eine empirische Erhebung herangezogen werden können (siehe auch →Stresserfassung). Aus theoretischen Ansätzen zur Erklärung von Stress und empirischen Befunden ergeben sich wichtige Implikationen für spezifische Personalfunktionen (→Arbeitsgestaltung, →Arbeitsplatzanalyse und Stellenbeschreibung, Personalbindung und -einsatz, →Personal- und →Organisationsentwicklung). Stressverminderung ist insbesondere eine Aufgabe des taktischen Personaleinsatzmanagements, das zum Beispiel Aspekte der personalen →Gruppenzusammensetzung berücksichtigt. Während sich üblicherweise Maßnahmen zur Stressprävention auf die Ebenen Individuum und Gruppe beziehen, betonen einige Stresstheorien die notwendige Ergänzung durch strukturelle Maßnahmen.

Literatur: *Belschak, F.*: Stress in Organisationen. Entwicklung eines integrativen Stressmodells für den Organisationsbereich und dessen empirische Überprüfung, Lengerich 2001. *Edwards, D.*: Discursive Psychology, London 1992. *Holmes, T.; Rahe, H.*: The Social Readjustment Rating Scale, in: Journal of Psychosomatic Research, 11. Jg. (1967), H. 2, S. 213–217. *Karasek, R.; Theorell, T.*: Stress, Productivity and the Reconstruction of Working Life, New York 1990. *Lazarus, R. S.; Launier, R.*: Stress Related Transactions Between Person and Environment, in: *Pervin, L. A.; Lewis, M.* (Hrsg.): Perspectives in Interactional Psychology, New York 1978, S. 287–327. *Levi, L.*: Psychosocial Stimuli, Psychophysiological Reactions, and Disease, in: *Levi, L.* (Hrsg.): Stress and Distress in Response to Psychosocial Stimuli, New York 1972. *McGrath, J. E.*: Stress und Verhalten in Organisationen, in: *Nitsch, J.* (Hrsg.): Stress, Bern 1981, S. 441–499. *Selye, H.*: Stress, Bewältigung und Lebensgewinn, München 1974. *Siegrist, J.*: Soziale Krisen und Gesundheit: Eine Theorie der Gesundheitsförderung am Beispiel von Herz-Kreislauf-Risiken im Erwerbsleben, Göttingen etc. 1996. *Spector, P. E.*: A Control Theory of the Job Stress Process, in: *Copper, C. L.* (Hrsg.): Theories of Organizational Stress, Oxford 1998, S. 153–169.

Andreas Bergknapp
Kerstin Wüstner

Stützflächensystem →Körperunterstützungen

Subjektivierung

→Strategie der Rationalitätssteigerung von →Organisationen durch einen erweiterten Einsatz subjektiver Potenziale und Leistungen der Beschäftigten.

Nach *Moldaschl* und *Voß* (2002) stellt Subjektivierung als eine Logik des Organisierens ein neues Grundprinzip der Einbindung des arbeitenden Individuums im Rahmen der posttayloristischen Entwicklungstrends in der Arbeitswelt dar (→Postmoderne). Diese Entwicklungstrends verlangen aufgrund der neuen →Anforderungen die „ganze Person" der Beschäftigten, das heißt, dass alle Subjektqualitäten mobilisiert und für Zwecke der →Arbeit nutzbar gemacht werden sollen (→Selbstorganisation). So werden von den Beschäftigten Qualitäten wie beispielsweise Risikobereitschaft, emotionale Intelligenz, Erlebnishunger, Beziehungsfähigkeiten, →Commitment und Enthusiasmus erwartet. Subjektivierung bedeutet den Übergang von der Fremdsteuerung zur →Selbststeuerung des Verhaltens der Beschäftigten in Wirtschaftsorganisationen (→Selbstbestimmung). Kontrollsysteme werden durch effektivere Selbstkontrolle substituiert (→Arbeitskraftunternehmer, →Selbstreflexion).

Literatur: *Moldaschl, M.; Voß, G. G.* (Hrsg.): Subjektivierung der Arbeit, München etc. 2002.

Sonia Hornberger

Subkultur

eine vom übergeordneten (unternehmens-)kulturellen Rahmen (→Organisationskultur) abweichende oder diesen sogar kontrastierende →Kultur einer mehr oder weniger abgeschlossenen organisationalen Teilgruppe.

Subsidiarität

Subkulturen sind insbesondere in großen oder auch international agierenden Unternehmen anzutreffen und können sich auf der Grundlage verschiedener Gruppenmerkmale herausbilden (Unternehmensfunktionen, Hierarchieebenen, Professionszugehörigkeit, Betriebszugehörigkeitsdauer, Standort etc.). Die Auswirkungen subkultureller Vielfalt auf die organisationale Leistungs- beziehungsweise Funktionsfähigkeit lassen sich nicht allgemein gültig beurteilen. Sie sind unter anderem abhängig von der spezifischen Einbettung der Subkulturen in die sie umgebende Kultur des Gesamtunternehmens sowie von den zwischen verschiedenen Subkulturen bestehenden Kooperations- beziehungsweise Konfliktregelungsmechanismen.

Aus der Präsenz verschiedenartiger, subkulturell begründeter Werthaltungen und Normen (→Normen und Werte) innerhalb des Unternehmens können auch für die Ausgestaltung der unterschiedlichen personalwirtschaftlichen Handlungsfelder weit reichende Konsequenzen resultieren. So kann es im Hinblick auf eine Unterstützung betrieblicher Sozialisations- und Integrationsprozesse zum einen erforderlich sein, neben der fachlichen Eignung im Zuge der →Personalauswahl auch den „subkulturellen Fit" eines Bewerbers zu überprüfen. Darüber hinaus spiegeln sich subkulturelle Charakteristika zumeist auch in spezifischen arbeitsplatzbezogenen Präferenzen und Erwartungen der jeweiligen Mitarbeiter wider. Für das →Personalmanagement ergibt sich hieraus die Notwendigkeit, über eine differenzierte, (sub-)kulturadäquate Ausformung etwa der betrieblichen Anreizpolitik, der →Personalentwicklung und Karrierepolitik oder auch der →Arbeitsorganisation und Aufgabenorganisation die Teilnahme- und Leistungsmotivation (→Motivation) der Beschäftigten zu fördern.

Thomas Behrends

Subsidiarität

Verteilung der Entscheidungskompetenzen in einer →Organisation auf die Weise, dass möglichst viele Entscheidungen und die dazugehörigen Ressourcen dezentral allokiert werden (→Dezentrale Organisationsformen).

Nur diejenigen Entscheidungen, die von einer untergeordneten →Stelle aufgrund von Informations- oder Kenntnisdefiziten nicht sinnvoll gefällt werden können, sollten nach oben delegiert werden. Das zentrale Problem beim Subsidiaritätsprinzip besteht in der →Identifikation der zu delegierenden Entscheidungen. Dezentral getroffene Entscheidungen im personalwirtschaftlichen Bereich weisen häufig Problemnähe und →Flexibilität auf. Allerdings ist nicht in jedem Fall klar, dass die dezentral Personalverantwortlichen auch die aktuellsten →Informationen über die Lösung eines Problems, zum Beispiel im arbeitsrechtlichen Bereich, haben, was für eine →Delegation an eine zentrale →Personalabteilung sprechen würde.

Reinhard Meckl

Suchtheorie →Arbeitsmarkttheorien

Summarische Arbeitsbewertung

typische Variante zur Ermittlung des Entgelts, die an den Anforderungen einer Aufgabe, die ein Mitarbeiter erfüllen soll, ansetzt.

Dazu dienen Verfahren der →Arbeitsbewertung, die sich in mehrere Schritte zerlegen lassen: Nach der möglichst genauen Abgrenzung einer →Arbeitsaufgabe werden die damit verbundenen Anforderungen festgestellt und anschließend bewertet. Dies kann *summarisch* oder *analytisch* erfolgen, also als Gesamteindruck oder mithilfe von Teilkriterien, wie zum Beispiel die körperlichen sowie geistigen Fähigkeiten für die Bewältigung der Aufgabe, Belastungen (→Belastungs-Beanspruchungs-Modell) durch die Aufgabe oder die Umgebungseinflüsse aus der Arbeitssituation. Bezugsgröße ist die →Normalleistung eines →Arbeitnehmers. Anhand der Bewertung mithilfe eines Arbeitswerts werden Lohngruppen sowie der anforderungsabhängige Lohn bestimmt.

Bei der *summarischen* Arbeitsbewertung werden die Anforderungen einer Arbeitsaufgabe an den Mitarbeiter in ihrer Gesamtheit erfasst. Einzelne Anforderungsarten werden nicht beziehungsweise nur implizit durch den Arbeitsbewerter berücksichtigt. Zwar sind derartige Verfahren kostengünstig, weil viele Analyseschritte ausbleiben, dafür ist die Nachvollziehbarkeit des Arbeitswerts nicht immer gegeben (*REFA* 1991).

Grundsätzlich unterscheidet man die Verfahren der summarischen Arbeitsbewertung in →Rangfolgeverfahren und Lohngruppenverfahren:

- Im *Rangfolgeverfahren* werden die Arbeitsaufgaben nach ihren Gesamtanforderungen geordnet, so dass eine höhere →Stelle in der Rangfolge höhere Anforderungen ausdrückt. In dieser ordinalen Reihung sind genaue Abstände zwischen den einzelnen Anforderungshöhen nicht zu erkennen. Entsprechend der Reihung werden Lohngruppen zugewiesen. Anhaltspunkte für diese Zuweisung sind fachlich einschlägigen Aufgabenkatalogen zu entnehmen. In Tarifverträgen ist jeder Lohngruppe der jeweilige tarifliche Grundlohn zugewiesen (REFA 1991).

- Im →*Lohngruppenverfahren* ist typischerweise gemäß eines geltenden Tarifvertrags eine Gruppeneinteilung von Lohngruppen, ein Lohnschlüssel in Prozent und der Grundlohn je Lohngruppe vorgegeben. Die Arbeitsaufgaben werden direkt den Lohngruppen zugeordnet. Zur Erleichterung der Zuordnung enthalten die Tarifverträge Beispiele und Beschreibungen von Aufgabeninhalten einzelner Lohngruppen (REFA 1991).

Außer der summarischen Arbeitsbewertung gibt es Verfahren der analytischen Arbeitsbewertung, die differenzierter sind, jedoch deutlich aufwändiger ausgeführt werden.

Literatur: *REFA* (Hrsg.): Entgeltsysteme, München 1991.

Silvia Föhr

Sunk Costs

Teil der in der Vergangenheit aufgewendeten Kosten, die für zukünftige Entscheidungen nicht mehr herangezogen werden (dürfen).

Entscheidungsrelevant bleiben diejenigen Kosten, die in der Vergangenheit angefallen beziehungsweise vordisponiert waren und deren Höhe noch in der Gegenwart beziehungsweise Zukunft verändert werden kann. Sunk Costs dürfen jedoch nicht mehr in der kostenmäßigen Beurteilung einer Handlungsalternative berücksichtigt werden.

Silvia Föhr

Supervision →Organisation der Führungskräfteentwicklung

Survey-Feedback

Feedback-Methode zur Erhöhung der innerbetrieblichen Partizipation der Mitarbeiter und spezielle Form der →Aktionsforschung.

Beim Survey-Feedback werden empirische Unternehmens- beziehungsweise Erfolgsdaten erhoben, die dann an die betroffenen Abteilungen zurückgemeldet werden. Die Datenerhebung erfolgt zwar durch qualifizierte Organisationsberater mittels standardisierter →Fragebögen, doch ist es das Ziel, dass die Informationen dann von den Betroffenen *selbst* genutzt werden, um ihre Situation zu verändern. Survey-Feedback besteht aus mehreren aufeinanderfolgenden Stufen. Nach einer Erhebung des Ist-Zustands in einer Abteilung werden die erfassten Daten aufbereitet und an die →Führungskräfte und Mitglieder der jeweiligen Organisationseinheit zurückgemeldet (→Feedback). Daraufhin erfolgen eine Diskussion der Ergebnisse und eine Festlegung notwendiger Maßnahmen und der Handlungsabfolge.

Sabine Remdisch

Survivor Envy

Neid, den Beschäftigte gegenüber den „Gewinnern" und Profiteuren der →Personalfreisetzung entwickeln.

Eine Personalfreisetzung statuiert folgende Gruppen von Betroffenen:

- Einige, die Verlierer, müssen ihren Arbeitsplatz aufgeben.

- Andere profitieren davon, da sie in Positionen aufsteigen, die frei werden, neue Privilegien erlangen und höhere Entgelte in Aussicht haben.

- Die Beschäftigten, die man einer dritten Gruppe zuordnen kann, sind betroffen und verängstigt, da sie die Schicksale der Verlierer vor Augen haben. Sie sind aber auch verärgert und verstimmt, denn sie beneiden die Personalfreisetzungsprofiteure.

Die Stimmungslage jener dritten Gruppe bezeichnet man als Survivor Envy.

Reiner Bröckermann

Suspendierung

umfasst als Teil der →Kündigung die Freistellung eines →Arbeitnehmers bei gleichzeitiger Fortzahlung des →Arbeitgebers.

Gemäß § 629 des Bürgerlichen Gesetzbuchs (BGB) muss Arbeitnehmern nach Ausspruch der Kündigung bis zum Ende des Arbeitsverhältnisses (→ Beschäftigungsverhältnis) auf Verlangen und in angemessenem Umfang Freizeit für die Stellensuche gewährt werden. Andererseits haben diese Arbeitnehmer in aller Regel bis zum Ende ihres Arbeitsverhältnisses einen Anspruch auf Beschäftigung zu den bisherigen Bedingungen. Selbst eine Freistellung bei Fortzahlung des Arbeitsentgelts, die Suspendierung, kommt nur dann infrage, wenn die Betroffenen damit einverstanden sind oder wenn das Interesse des Arbeitgebers an der Nichtbeschäftigung überwiegt. Allerdings kann der Arbeitgeber darauf bestehen, dass der Resturlaub während der →Kündigungsfristen abgewickelt wird, es sei denn, dem stünden berechtigte Interessen des Arbeitnehmers entgegen. Das wäre beispielsweise der Fall, wenn bereits eine Pauschalreise für einen anderen Termin gebucht worden ist.

Reiner Bröckermann

Swingtime

individueller Zeitausgleich von Zeit-Guthaben und -Schulden innerhalb einer Abrechnungsperiode (z. B. Woche, Monat, Jahr, →Lebensarbeitszeit).

SWOT-Analyse

Analyseverfahren, das aus der Analyse von Strengths, Weaknesses, Opportunities und Threats besteht.

Stärken und Schwächen beziehen sich auf das Unternehmen selbst, *Chancen und Bedrohungen* sind Gegenstand der Umweltanalyse; das heißt die →Identifikation der Quellen von Wettbewerbsvorteilen erfolgt sowohl unternehmensintern als auch unternehmensextern. Damit nimmt dieser bereits in den 1960er Jahren von *Learned et al.* (1965) entwickelte Analyserahmen die aktuelle theoretische Diskussion im →strategischen Management vorweg, in der nach *Barney* (1997) die Zusammenführung der eher marktorientierten Industrial-Relations-Perspektive mit der das Unternehmen selbst fokussierenden ressourcenorientierten Perspektive (→Resource Based View) gefordert wird.

Durch die Analyse der Stärken und Schwächen eines Unternehmens wird versucht, einen möglichst objektiven und systematischen Überblick über die Situation des Unternehmens zu generieren. Von großer Bedeutung ist hier eine Einschätzung mit Bezug zur Markt- und Wettbewerbssituation, das heißt bereits bei der Stärken-Schwächen-Analyse spielt hierbei ein unternehmensexterner Fokus eine Rolle. Für die Ermittlung der Stärken und Schwächen können verschiedene Ansätze Verwendung finden:

- In *klassischen Ansätzen* wird die aktuelle Situation mit Datenmaterial aus der Vergangenheit verglichen. Aus der jeweiligen Entwicklungstendenz werden Schlussfolgerungen für die Einordnung in das Stärken-Schwächen-Profil gezogen.

- *Wertorientierte Ansätze* legen ihrer Einschätzung eine Analyse der →Wertkette zugrunde.

- Die Einschätzung von Ressourcen und →Kompetenzen im Hinblick auf ihre Relevanz für die Erlangung von Wettbewerbsvorteilen steht im Mittelpunkt eines dritten Ansatzes.

Im Rahmen der Umweltanalyse von „Chance und Bedrohungen" geht es darum, aktuelle und zukünftige Chancen und Risiken abzuschätzen. Wichtig ist es hier, aus der Vielzahl der verfügbaren →Informationen diejenigen zu identifizieren, die für das fokale Unternehmen besondere Bedeutung besitzen in Bezug auf die spezifische Wettbewerbssituation und wichtige Aspekte der Umwelt. Innerhalb der Umwelt wird zwischen verschiedenen Ebenen unterschieden:

- *Globale Umwelt*: Beinhaltet politisch-rechtliche, ökonomische, soziokulturelle und technologische Faktoren.

- *Branchenstruktur*: Analyse kann sich beispielsweise an dem von *Porter* (1992) entwickelten Konzept der fünf Wettbewerbskräfte orientieren und betrachtet somit neue Anbieter, Abnehmer, mögliche Ersatzprodukte, Lieferanten sowie den Grad der Rivalität zwischen den bestehenden Wettbewerbern.

- *Branchendynamik*: Fügt dem eher statisch orientierten Ansatz der Branchenstrukturanalyse eine prozessorientierte Perspektive hinzu.

- *Analyse der brancheninternen Struktur*: Analyse der relevanten strategischen →Gruppen.

- *Konkurrenzanalyse*: Bezieht beispielsweise Marketingressourcen und -fähigkeiten, Produktionsressourcen und Forschungspotenzial, Finanzkraft und Rentabilität sowie das Managementpotenzial und die entsprechenden Fähigkeiten in die Überlegungen mit ein.

Das *Ziel* einer auf einer SWOT-Analyse basierenden →Unternehmensstrategie besteht darin, eine möglichst gute Übereinstimmung (Fit) zwischen betrieblichen Stärken und Schwächen mit den Chancen und Risiken der Umwelt zu realisieren.

Literatur: *Barney, J. B.*: Gaining and Sustaining Competitive Advantage, New York 1997. *Learned, E. P. et al.*: Business Policy, Homewood 1965. *Porter, M. E.*: Wettbewerbsstrategie, 7. Aufl., Frankfurt 1992. *Welge, M. K.; Al-Laham, A.*: Strategisches Management, 2. Aufl., Wiesbaden 1999.

Marion Festing

Symbolische Führung

Verlagerung der Führung (→Mitarbeiterführung) von ausdrücklichen →Führungsanweisungen hin zu impliziter Führung durch Symbole.

Symbole stehen anders als Fakten nicht nur für sich, sondern stehen als etwas, für etwas und für jemand:

- *Als etwas*: Sie sind ein objektiver Sachverhalt, der aber nicht als solcher, sondern in seiner Mehrdeutigkeit interessiert;
- *Für etwas*: Symbole verweisen auf etwas anderes und sind somit interpretationsfähig;
- *Für jemand*: Symbole bedeuten etwas für bestimmte Adressaten, deren Sozialisationserfahrung sie in die Lage versetzen, das Gemeinte zu dechiffrieren. Nur auf sie kann eine Wirkung ausgeübt werden.

Symbole leisten als Sinnbilder Sinnstiftung. Welcher Sinn durch sie ausgedrückt wird ist in bestimmten Denkeigenschaften festgelegt und im Allgemeinen eine kulturspezifische Konvention: Sinnstiftung setzt somit soziale Verbindlichkeiten und Verständlichkeit voraus.

Worauf ein Symbol verweist, muss nicht gegenwärtig sein, sondern kann auch unsichtbar oder ungegenständlich (z. B. Freundschaft) sein.

Es lassen sich

- *verbale Symbole* (Witz steht für gute Laune),
- *interaktionale Symbole* (Handschlag steht für Verbundenheit) sowie
- *artifizielle Symbole* (Krawatte steht für Konformität)

unterscheiden.

Jede →Führungskraft führt mehr oder weniger bewusst symbolisch, indem sie erwünschtes Verhalten über Symbole hervorruft, zum Beispiel sich Diskretion durch Schließen der Tür verschafft (*symbolisierte Führung*), und erwünschtes Verhalten in Symbolen verfestigt, zum Beispiel eine obligatorische Begrüßung am Morgen zur Steigerung der Pünktlichkeit einführt (*symbolisierende Führung*). Die Verhaltenssteuerung durch Symbole kann von Führungskräften absichtlich eingesetzt werden, funktioniert allerdings nur solange zuverlässig, wie sie von den Geführten nicht durchschaut wird.

Literatur: *Neuberger, O.*: Führen und führen lassen, 6. Aufl., Stuttgart 2002.

Jan Hendrik Fisch

SYMPAZ

ein von *Ackermann* und *Hofmann* im Auftrag des Verbandes der *Metallindustrie Baden-Württemberg e.V.* entwickeltes System (Systematische Methode zur Planung der Arbeitszeitflexibilisierung).

Synergie

kann sich ergeben, wenn zwei oder mehr vorher selbstständig agierende Bereiche oder Unternehmen zusammenarbeiten oder sich zu einer einheitlichen →Organisation zusammenschließen.

Tatsächlich erreicht werden Synergien, wenn die gemeinsam erzielte Lösung im Ergebnis nachweislich besser ist als die ansonsten erreichten Einzelergebnisse. Sie ergeben sich aber nicht zwingend. In der Praxis werden die angestrebten Effekte oftmals nicht erreicht. Aufgabe des →Personalmanagements ist es, bei Veränderungsprozessen wie zum Beispiel →Unternehmenszusammenschlüssen so steuernd einzuwirken, dass sich die Mitarbeiter den Neuerungen gegenüber aufgeschlossen zeigen. Das Personalmanagement ist dann als →Change Management gefordert, damit die anvisierten Synergien tatsächlich möglich sind.

Synergien können sich aus Kosteneinsparungen ergeben, wie sie beim Zusammenführen von administrativen oder produktiven Bereichen und dem damit oft einhergehenden Personalabbau (→Personalfreisetzung) möglich sind. Häufig ist die Reduktion von Arbeitsplätzen die erste Assoziation wenn von Synergien die Rede ist. Daher ist der Begriff an vielen Stellen vorbelastet und nicht mehr wertneutral. Dabei können Synergien auch daraus resultieren, dass sich durch die Zusammenarbeit vorher getrennter Organisationen neue Innovationspotenziale oder Marktchancen auftun. Diese Arten von Synergien werden gerade in auf Wachstum ausgerichteten Unternehmen angestrebt.

Markus-Oliver Schwaab

Syntegrity-Methode

systemorientierte Vorgehensweise zum Gruppenaustausch weit auseinanderliegender Positionen zu einem komplexen Thema, die auf hierarchieübergreifende und demokratische Weise die ergebnisorientierte Zusammenarbeit vieler Personen – auch und gerade mit unterschiedlichen Ansprüchen – unter gegenseitiger Nutzung vorhandener Kreativitätspotenziale beschleunigt.

Die von *Beer* (1994) entwickelte Methode mündet in die Präsentation von Gruppenaussagen, die zusammengestellt eine stimmige und zugleich multiperspektivische Sicht des Gesamtproblems abbilden.

Die Methode wird mittels eines Ikosaeders, eines 12-Ecks mit 30 Kanten und 20 Seitenflächen, veranschaulicht. Der gesamte Ikosaeder repräsentiert das zu lösende Gesamtproblem. Durch die Ecken werden die zu lösenden Fragestellungen, durch die Verbindungen zwischen den Ecken die an der Lösung beteiligten Personen (idealerweise 30) sowie deren Interaktionen symbolisiert. Der *Ablauf* gestaltet sich folgendermaßen:

- Zunächst werden den zwölf Ecken ganz unterschiedliche inhaltliche Facetten des Gesamtproblems zugeordnet. Jedes Team besetzt eine Ecke und somit ein Thema; jedes Team besteht aus so vielen Personen, wie die Ecke im Ikosaeder Verbindungen zu benachbarten Ecken hat, also fünf oder einem Vielfachen davon.
- Die erste Runde erfolgt „innerhalb der Ecken": Jedes Team diskutiert ihr eigenes Thema, um eine Diskussionsposition zu erarbeiten.
- Die zweite Runde nutzt die Verbindungen zwischen den Ecken: Die Teammitglieder teilen sich in fünf →Gruppen auf, was der Anzahl der benachbarten Ecken entspricht, und diskutieren jeder mit einer Nachbargruppe das Gesamtproblem nun in jeweils zwei inhaltlichen Facetten. Auf diese Weise tauscht sich eine Ecke (in Form ihrer Mitglieder) gleichzeitig mit fünf benachbarten Ecken aus.
- Die dritte Diskussionsrunde erfolgt wieder im ursprünglichen Eck-Team, wo die neuen fünf inhaltlichen Facetten zum Gesamtproblem berichtet werden.
- Die vierte Runde findet mit dem Team der genau gegenüberliegenden Ecke statt, so dass auf diese Weise die im Ikosaeder noch fehlenden Sichtweisen im Gespräch ergänzt werden können.
- Abschließend diskutiert jede Ecke ihr ursprüngliches Thema nochmals im Lichte aller erhaltenen →Informationen der anderen Themenbereiche des Ikosaeder-Gesamtmodells.

Eine offene Fragestellung wird also in mehreren Runden aus den unterschiedlichsten Perspektiven diskutiert, so dass alle Diskussionsteilnehmer nach und nach die kritischen Informationen der anderen Perspektiven erfahren. Hierdurch kann es der gesamten Gruppe gelingen, eine gemeinsame Problemwahrnehmung zu erlangen und, wenn benötigt, den größtmöglichen Konsens zu ermitteln (*Leonard* 1996). Dies erleichtert Konfliktlösungen oder nachfolgende Planungen und Entscheidungsfindungen und erzeugt zudem →Commitment, die gefundenen Lösungen auch umzusetzen. Anwendungsbeispiele aus dem Unternehmenskontext sind insbesondere komplexe Herausforderungen, die mit einem hohen Risiko des Scheiterns verbunden sind, beispielsweise die unternehmensweite Etablierung einer neuen IT-Architektur oder – mit Bezug zur Personalarbeit (→Personalmanagement) – die personalwirtschaftliche Bewältigung eines eingetretenen und die Existenz des Unternehmens bedrohenden Fachkräftemangels.

Literatur: *Beer, S.:* Beyond Dispute. The Invention of Team Syntegrity, Chichester etc. 1994. *Leonard, A.:* Team Syntegrity: A New Methodology for Group Work, in: European Management Journal, 14. Jg. (1996), H. 4, S. 407–413.

Volker Stein

Systematische Verhaltensbeobachtung

zentraler Zugang zur Informationsgewinnung innerhalb der Diagnostik.

Grundsätzlich ist die Unterscheidung zwischen einer Gelegenheitsbeobachtung (→Beobachtung) und einer systematischen Verhaltensbeobachtung zu treffen:

- Die *Gelegenheitsbeobachtung* findet sozusagen nebenbei statt, wobei es hier meist um die Gewinnung eines qualitativen Eindrucks geht.

- Die *systematische Verhaltensbeobachtung* hingegen ist wesentlich aufwändiger und zeichnet sich dadurch aus, dass schon vor Beginn der Beobachtung klare Richtlinien aufgestellt werden. Dabei stellen einzelne Verhaltensmerkmale einer Person einen Indikator für die jeweils interessierende Eigenschaft dar.

Für die Registrierung der Beobachtungen ist vorab ein Kategorienschema zu entwickeln beziehungsweise zu wählen, das es für den Beobachter möglich macht, eindeutig das Vorliegen eines Verhaltensmerkmals zu erfassen und keine Interpretationen seitens des Beobachters provoziert. Einen Überblick über die Methoden und Techniken der Quantifizierung gibt *Fassnacht* (1995).

In der Beurteilungsphase schließlich werden Regeln angewandt, die darüber Auskunft geben, wie die registrierten Verhaltensmerkmale zu bewerten sind. Diese Regeln müssen aus →Anforderungsanalysen und Gültigkeitsstudien begründet sein.

Literatur: *Fassnacht, G.*: Systematische Verhaltensbeobachtung, München 1995.

Ingrid Preusche

System-Coaching →Team-Coaching

Systeme vorbestimmter Zeiten (SVZ)

basieren auf Katalogen mit normierten Tätigkeiten (→Elementarzeitverfahren).

Die wichtigsten Formen sind das →Methods Time Measurement (MTM) und die →Work Factor Analysis (WFA).

Désirée H. Ladwig

Systemische Aufstellung →Organisationsaufstellung

Systemsoftware

bildet zusammen mit der →Hardware die technische Basis für den Einsatz →personalwirtschaftlicher Anwendungssoftware.

Die Systemsoftware umfasst generell Basisprogramme, das heißt Betriebssysteme, eventuelle additive Netzwerkbetriebssysteme, Benutzerschnittstellen, Datenbankmanagementsysteme, Kommunikationsprogramme und Dienstprogramme, die für eine Hardwarekategorie entwickelt wurden. Von besonderer Bedeutung sind speziell Betriebssysteme und Datenbankmanagementsysteme. Betriebssysteme haben die zentrale Aufgabe der Steuerung und Kontrolle des Einsatzes der von der Anwendungssoftware benötigten Ressourcen.

Die überwiegende Mehrheit verfügbarer Anwendungssoftware basiert inzwischen auf Varianten des Betriebssystems Windows. Datenbankmanagementsysteme dienen der anwendungssoftwareexternen Beschreibung, Speicherung, Verwaltung und Umformung benötigter Daten und dem Zugriff auf diese, wobei durch die konsequente Trennung von logischer Datenstrukturierung und physischen Dateien gegebenenfalls auch Daten für mehrere Anwendungssoftwaresysteme integriert verwaltet werden können (→Datenbankkomponente).

Stefan Strohmeier

Systemtheorie

auf den Biologen *von Bertalanffy* (1901–1972) zurückgehende interdisziplinäre Theorie zur Erklärung der Struktur und des Verhaltens von komplexen Systemen.

Die Systemtheorie ist vom Ursprung her sehr formal ausgerichtet; ihr Ziel ist eine exakte mathematische Formulierung von zum Beispiel Begriffen, Beziehungen oder Gesetzen. Häufig spricht man auch von einer System*kybernetik*; damit wird in besonderem Maße die Frage der Steuerung und Regelung von Systemen thematisiert. *Steuerung* bedeutet, dass Störungen, die aus der Umwelt auf ein System zukommen, zu Gegenmaßnahmen führen, über deren Erfolg allerdings keine Rückmeldung an das System erfolgt. Findet eine solche Rückmeldung statt und ist es im Prinzip möglich, damit einen Gleichgewichtszustand beziehungsweise den Systemerhalt sicherzustellen, spricht man von *Regelung*.

Die Systemtheorie lässt sich von ihrem Anspruch her auf biologische, technische und soziale Systeme anwenden. Für das →Personalmanagement ist sicherlich der Bezugspunkt des sozialen Systems von besonderem Interesse. Die Theorie sozialer Systeme ist vor allem von

Systemtheorie

Soziologen ausgearbeitet worden; die bekanntesten Vertreter sind *Luhmann, Parsons* und *Easton*. Die Theorievorschläge haben im Allgemeinen nicht das formal-mathematische Niveau, das den Begründern der Systemtheorie vorgeschwebt haben mag. Ausgangspunkt der Überlegungen ist, dass alle sozialen Systeme notwendigerweise bestimmte Strukturen aufweisen, die vom System, auch bei sich ändernden Umweltbedingungen, aufrecht erhalten beziehungsweise angepasst werden müssen, damit das System überleben kann. Diese Systembildung kann aber nur dadurch vonstatten gehen, wenn der Bezugspunkt der Analyse außerhalb des Systems selbst liegt, das heißt, der Sinn der Bildung von Systemen liegt darin, dass ausgegrenzte Bereiche geschaffen werden, die es erlauben, die existierende →Komplexität der Welt bei gegebener beschränkter Aufnahmefähigkeit zu reduzieren und so zu verarbeiten. *Systemtheorie* ist somit eine System-Umwelt-Theorie, da eine sinnstiftende Differenz (Grenzziehung) zwischen dem System und der Umwelt aufgebaut wird, die gleichzeitig auch konstitutiver Faktor der Systembildung ist.

Darauf aufbauend hat *Luhmann* (1996) die „Theorie selbstreferentieller Systeme" konzipiert und die von *Humberto Maturana* und *Francisco Varela* formulierte Idee der „Autopoiese" in die Systemtheorie eingearbeitet. Die Theorie der „Autopoiese" geht von der Annahme aus, dass komplexe Systeme sich in ihrer Einheit, ihren Strukturen und Elementen kontinuierlich und in einem operativ geschlossenen Prozess mithilfe der Elemente reproduzieren, aus denen sie bestehen. Allerdings darf hierbei nicht nur von einer reinen Selbstreferenz des Systems ausgegangen werden, denn das würde zu einer Reproduktion des immer Gleichen führen. Autopoietische Systeme sind daher durch eine Kombination von Selbst- und Fremdreferenz gekennzeichnet, die von *Luhmann* (1996) auch als mitlaufende Selbstreferenz bezeichnet wird. Dabei ist aber entscheidend, dass die Systeme, verstanden als strukturdeterminierte, selbststeuernde Systeme, von Umweltereignissen nur zu eigenen Operationen angeregt, nicht aber determiniert werden können. Diese Art der Umweltbeziehung wird als „strukturelle Kopplung" bezeichnet. Damit sind soziale autopoietische Systeme durch eine Kombination von selbstreferentieller (operativer) Geschlossenheit und fremdreferentieller (informationeller) Offenheit gekennzeichnet.

Die soziologische Theorie selbstreferentieller Systeme muss natürlich die Frage beantworten, was die Elemente sind, die ein System konstituieren. *Luhmann* (1996) begreift soziale Systeme ganz allgemein als Systeme von →*Kommunikationen* und, etwas spezieller, →*Organisationen* (Unternehmen) als Systeme von *Entscheidungen* (Entscheidungen werden also als spezieller Typ von Kommunikationen verstanden). Damit erweist sich die Systemtheorie als anschlussfähig an die entscheidungsorientierte Betriebswirtschaftslehre und auch an ökonomische Theoriekonzepte, welche die Rationalitätsbedingungen von Entscheidungen analysieren. Die Abgrenzung von System und Umwelt, spezifischer: von Organisation und Individuum, findet nach diesem Verständnis genau dort statt, wo das Individuum eine Beitrittsentscheidung fällt und durch Abschluss eines →*Arbeitsvertrages* zum Mitglied der Organisation wird. Mitgliedschaft zu einer Organisation bedeutet aber eben nicht, nunmehr auch Teil des Systems zu sein. Das Individuum als solches bleibt Teil der Umwelt; zur Organisation gehören nur die Entscheidungen beziehungsweise Handlungen, die zur Organisation gehören. (Die tautologische Formulierung ist beabsichtigt; es handelt sich um ein selbstreferentielles Theoriekonzept!).

Die Zuordnung des „Menschen" zur Umwelt sozialer Systeme hat der Systemtheorie den Vorwurf eingehandelt, „antihuman" zu sein. Systemtheoretiker antworten darauf, dass erst die klare Trennung zwischen Organisation und Individuum es ermöglicht, die „Responsiveness" des Systems gegenüber den Bedürfnissen (→*Motiv*) des Personals zum Thema zu machen.

Die Systemtheorie in der hier skizzierten Variante hat weitreichende Konsequenzen für die Frage nach der Steuerbarkeit sozialer Systeme (also für das, was oben als „Kybernetik" bezeichnet wurde). Wenn Unternehmen selbstreferentielle, „autopoietische" Systeme sind, sind Eingriffe der Führung (→*Mitarbeiterführung*) nicht ohne weiteres möglich, weil die Systeme ein „Eigenverhalten" haben, das eine Konsequenz der Systemgeschichte ist. Führung kann also bestenfalls eine Art „Arenamanagement" oder *Kontextsteuerung* sein, die einen Rahmen für die →*Selbstorganisation* des Systems setzt.

Wenn die Grenzen der Steuerbarkeit schon in Bezug aus die Organisation klar werden, so muss das umso mehr noch gelten für die Umwelt, die nach anderen Logiken operiert wie das System. Im Hinblick auf das Personalmanagement sind hier vor allem →*Anreizsysteme* von Interesse. Es ist schon erstaunlich, wie oft davon ausgegangen wird, dass →Anreize – insbesondere monetäre Anreize – das Individuum zu einem bestimmten Verhalten motivieren können. Individuen verhalten sich aber eben anders, als es der Logik des Systems entspricht, und entsprechend können Anreize auch sehr unterschiedlich und zum Teil durchaus dysfunktional wirken. So können, wie in der psychologischen Literatur hinlänglich diskutiert, extrinsische Anreize unter bestimmten Umständen zu einer *Verdrängung* intrinsischer Anreize führen. Die Systemtheorie kann dazu beitragen, solche Effekte verständlich zu machen und theoretisch zu fundieren.

Literatur: *Luhmann, N.*: Soziale Systeme, 6. Auflage, Frankfurt a. M. 1996. *von Bertalanffy, L.*: General System Theory, New York 1968. *Willke, H.*: Systemtheorie I, 5. Auflage, Stuttgart 1996.

Dodo zu Knyphausen-Aufseß
Lars Schweizer

T

Tacit Knowledge

Wissenskomponenten, die aus (Sinnes-) Wahrnehmungen und deren kognitiver Verarbeitung entstehen.

Tacit Knowledge betont das ressourcenorientierte Verständnis (→ Resource Base View) des Unternehmens, indem es sich auf Sinneswahrnehmungen bezieht und epistemologische Fragestellungen berührt. Die Komponenten können dem Wissenden bewusst oder unbewusst sein. Übersetzt wird der Begriff am besten mit *implizitem → Wissen*. Nach *Polanyi* (1985) wissen wir mehr als wir sprachlich explizieren können. Deshalb stellt Tacit Knowledge den Gegenpol zu explizitem Wissen dar. Menschen können ein Gesicht unter Milliarden von Gesichtern erkennen, ohne dass sie genau wissen, an welchen konkreten Merkmalen sie die Wiedererkennung festmachen.

Polanyi (1985) bezieht sich in seiner Analyse von Tacit Knowledge auf die Gestaltpsychologie. Eine *Gestalt* wird erkannt, ohne dass einzelne Details bewusst wahrgenommen werden. Dennoch gibt es so etwas wie eine unterschwellige Wahrnehmung. Auch wenn man sich bei einer Zugfahrt ganz auf sein Gegenüber konzentriert und im Gespräch vertieft ist, nimmt man durch das Fenster nebenbei wahr, wenn der Zug durch einen Tunnel fährt, oder wenn sich ein Sitznachbar eine Zigarette anzündet. Auf diese Art wird jede Wahrnehmung von unzähligen Sub- und Randwahrnehmungen begleitet. Damit bildet sich um jede Wahrnehmung herum ein Netzwerk an Assoziationen, das auch Töne, Gerüche und Stimmungen erfasst. Subwahrnehmungen sind größtenteils unbewusst und können deshalb nur unvollständig wiedergegeben werden. Dennoch formen sie die Gestalt der Situation und sind Teil des Tacit Knowledge. So sind auch praktische Erfahrungen oder Berufserfahrung allgemein nur zu einem geringeren Teil explizierbar. Sie bestehen aus einem Bündel unzähliger, miteinander verwobener Wahrnehmungen, die in der Vergangenheit gemacht wurden. Die Sprache ist nicht mächtig genug, um alle Nuancen und Feinheiten dieser Erfahrungen umfassen zu können.

In diesem Sinne führt *Learning by Doing* zu einer multiplen Auseinandersetzung mit der Situation und ihren Bestimmungsfaktoren. Davon werden nur wenige explizit wahrgenommen. Andere bleiben implizit und bilden das Tacit Knowledge. Die Übertragung in Sprache scheitert einerseits aus qualitativen und andererseits aus quantitativen Gründen: Fahrradfahren ist eine Fähigkeit, die nur beim praktischen Tun gelernt werden kann. Jedoch macht der Umfang der kontextrelevanten Faktoren eine vollständige Darstellung unmöglich.

In Unternehmen kommt Tacit Knowledge in Form von *Embodied Knowledge* (→ Wissen) bei jedem Mitarbeiter vor. Dazu zählen zum Beispiel praktische Erfahrungen im Bezug auf Materialien, Werkzeuge, Maschinen, Prozesse aber auch auf Kunden oder andere Mitarbeiter. Auf kollektiver Ebene spricht man auch von *Embedded Knowledge* (→ Wissen). Es besteht aus gemeinsam geteilten Wahrnehmungs- und Beurteilungsmustern der Wirklichkeit. Wie werden Marktsituationen, Deckungsbeiträge, Fluktuationsraten (→ Fluktuation) und andere Kennzahlen interpretiert? Die gemeinsamen Modelle dahinter, die auch auf neue Mitarbeiter übertragen werden, sind auch Teile des Tacit Knowledge. Sie können als im Hintergrund auf die Leistungsprozesse des Unternehmens wirkende Weltbilder verstanden werden.

Aus dem Tacit Knowledge entstehen im Laufe der Zeit spezielle Fertigkeiten, Menschenkenntnis oder eine gewisse Pfiffigkeit bei der Organisation von Unternehmensprozessen. Auch Intuition (→ Organisationales Lernen) beruht zum Teil auf Tacit Knowledge. Größtenteils ist es aber praktisches Wissen, das quasi als Könnenschaft explizites Wissen ergänzt, ohne die methodische Stringenz wissenschaftlichen Wissens aufzuweisen. Es beruht eher auf der *Kant'*schen Urteilskraft und ästhetischen Einschätzungen.

Die Übertragung von Tacit Knowledge von Person zu Person passiert passiv in Form von → *Sozialisation* und aktiv vor allem in Form von *Learning by Doing* und *dichten Erzählungen*. Alle Übertragungsformen sind zeitauf-

Tagesarbeitszeit

wendiger als die Vermittlung expliziten Wissens. Im Rahmen von Learning by Doing passiert nichts anderes, als dass durch das eigene praktische Tun verschiedenste Sinneswahrnehmungen entstehen und mit der Tätigkeit verknüpft werden. Auch Erzählungen bekommen ihre Farbe/Dichte gerade aufgrund der geschilderten Details, die scheinbar unwichtig, aber für den Zuhörer möglicherweise entscheidend sind oder noch werden. Schließlich kann Tacit Knowledge auch durch Metaphern transparent werden. Will man erklären, wie eine Platane riecht oder wie eine Harfe klingt, muss man versuchen die Wahrnehmung in die Nähe anderer, dem Zuhörer bekannten Wahrnehmungen, zu bringen. Wenn erklärt wird, dass Platanen leicht süßlich und ähnlich wie ein lauer Sommerwind riechen, kann dies ausreichen, um dem Zuhörer eindeutig eine olfaktorische Unterscheidung von anderen Bäumen zu ermöglichen. Dennoch muss die Erläuterung zwangsläufig unvollständig bleiben.

Literatur: *Polanyi, M.*: Implizites Wissen, Frankfurt 1985.

Martin Piber

Tagesarbeitszeit

→Zeitbudget der Tageswachzeit, das für die →Arbeit aufgewendet wird.

Welchen Anteil die Tagesarbeitszeit an dem gesamten Zeitbudget einnimmt, hängt von dem persönlichen →Arbeitszeitmodell ab (→Arbeitszeit und Freizeit). Neben der Tagesarbeitszeit sind zu verzeichnen: die →Ruhezeiten, Zeiten für die Nahrungsaufnahme und Körperpflege, Einkauf und soziale Kontakte (z. B. Familie oder Freunde) sowie Freizeitaktivitäten.

Désirée H. Ladwig

Tagesarbeitszeitverkürzung

Reduktion der täglich zu leistenden →Arbeit.

Man unterscheidet temporäre oder dauerhafte Tagesarbeitszeitverkürzung:

- *Temporär* kann eine Zeitverkürzung durch betriebliche oder persönliche Ursachen notwendig sein (z. B. →Kurzarbeit, Belastbarkeit).
- Eine *dauerhafte Tagesarbeitszeitverkürzung* hat sich seit der industriellen Revolution kontinuierlich bis 2004 im Arbeitsleben in Deutschland entwickelt.

Seit 2004 ist nach *Krings* (2000) erstmals wieder eine →Tagesarbeitszeitverlängerung im Gespräch. Historische Entwicklung der vorgeschriebenen →Arbeitszeit in Deutschland:

- Seit 321 Sonntagsarbeitsverbot von Konstantin dem Großen.
- Bis 1848: Der 14- bis 17-Stunden-Tag gilt – insbesondere auf dem Lande – für Männer, Frauen und Kinder sechs Tage die Woche.
- 1839: Der Zehnstundentag für Kinder von zehn bis sechzehn Jahren wird in Preußen erlassen.
- 1856: In der Druckindustrie wird der Zehnstundentag durchgesetzt.
- 1884/95: Der 9-Stunden-Tag wird flächendeckend eingeführt.
- 1892–1906: Verschiedene Industrieunternehmen führen den 8-Stunden-Tag ein.
- 1918: Die Demobilmachungsbehörde verordnet den 8-Stunden-Tag deutschlandweit.
- 1938: Der 8-Stunden-Tag wird mit Erlass der Arbeitszeitordnung Gesetz.
- 1965: Der 8-Stunden-Tag mit einer 5-Tage-Woche (40 Stunden) wird von der Druckindustrie eingeführt.
- 1967: Die Metallindustrie führt die 40-Stunden-Woche ein.
- 1984: Durchsetzung der 38,5-Stunden-Woche nach langem →Arbeitskampf.
- 1987: Verkürzung der tariflichen Arbeitszeit in der Metallindustrie auf 37,5 Stunden (ab 1988) und dann auf 37 Stunden (ab 1989).
- 1995: Verkürzung auf 35-Stunden-Woche in der Metallindustrie.
- 2004: Erhöhung der Arbeitszeit auf 40 Stunden pro Woche, bei unter anderem *Daimler*, dem öffentlichen Dienst in Bayern und der Lehrerarbeitszeit in Hamburg.

Literatur: *Krings, A.*: Theorie und Empirie unterschiedlich langer Arbeitstage am Beispiel von Schicht- und Teilzeitarbeit, München 2000.

Désirée H. Ladwig

Tagesarbeitszeitverlängerung

Verlängerung der →Arbeitszeit am Tage über den „normalen" Zeitraum hinaus.

Eine dauerhafte Verlängerung der täglichen →Arbeit über den „normalen" 8-Stunden-Tag hinaus ist für Manager regelmäßig üblich und zum Beispiel in der chemischen Industrie (12-Stunden-Schichten) aufgrund einer Sondergenehmigung erlaubt. Kurzfristige Tagesarbeitszeitverlängerung generell schlägt sich in →Mehrarbeit beziehungsweise →Überstunden nieder. In jüngster Zeit hat die Diskussion über eine Verlängerung der „normalen" Arbeitszeit ohne Lohnausgleich von beispielsweise 38,5 Stunden auf 40 Stunden im öffentlichen Dienst in Bayern und in einigen Industriebetrieben mediale Aufmerksamkeit erregt. Begründung für die Verlängerungen sind Kostengesichtspunkte und damit Wettbewerbsnachteile, die dem Standort Deutschland gegenüber Billiglohnländern aufgrund der weltweit höchsten Stundenlöhne erwachsen.

Désirée H. Ladwig

Tagesrhythmusstörungen

treten oft bei Nachtschichtarbeitern auf und können zu gesundheitlichen Beeinträchtigungen führen.

Die →Nachtschichtarbeit führt zu einer Verschiebung der Arbeits-, Schlaf- und Freizeitphasen gegenüber der Circadianrhythmik physiologischer Funktionen (→Inversion). Aus diesem Grund kommt es dann zu Tagesrhythmusstörungen.

Désirée H. Ladwig

Tagschicht

keine →Schichtarbeit, sondern der Mitarbeiter arbeitet regelmäßig zu den gleichen Tageszeiten (mit oder ohne →Gleitzeit).

Takeover

Übernahme eines Unternehmens durch ein anderes (→Unternehmenszusammenschluss).

Handelt es sich um einen *Friendly Takeover*, so geschieht dies im Einvernehmen mit Unterstützung der Geschäftsführung des übernommenen Unternehmens. Bei einem *Hostile Takeover* wird der Zusammenschluss entgegen den Wünschen der Geschäftsführung des Unternehmens betrieben, das übernommen werden soll. Je nach Form des Takeovers muss sich das →Personalmanagement unterschiedlichen Herausforderungen stellen.

Bei einer einvernehmlichen Übergabe gilt es, die Basis zu schaffen für ein zügiges Zusammenwachsen der betroffenen Unternehmen. Das Personalmanagement muss im Rahmen eines gezielten →Change Management unter anderem dazu beitragen, dass die für die neu zu schaffende Organisation wichtigen Mitarbeiter motiviert bleiben und nicht abwandern.

Bei einer sich abzeichnenden feindlichen Übernahme wird das Personalmanagement des angegriffenen Unternehmens zunächst versuchen, die Mitarbeiter gegen den Takeover zu mobilisieren. Sollte dieser dann doch stattfinden, so muss sich das Personalmanagement des akquirierenden Unternehmens der Herausforderung stellen, die Mitarbeiter des übernommenen Unternehmens für einen Verbleib in der neuen Organisation zu gewinnen. Gehen nämlich die Leistungsträger und damit große Teile des →Humankapitals, besteht die Gefahr, dass der Takeover nicht den angestrebten Vorteil bringt.

Literatur: *Schweiger, D. M.*: M&A Integration, New York etc. 2002.

Markus-Oliver Schwaab

Target Costing

Kostenmanagementverfahren, das auch als *Zielkostenrechnung* bezeichnet wird und die Absicht hat, eine möglichst marktnahe Steuerung des Unternehmens und ihrer organisatorischen Einheiten durch einen am Absatzmarkt orientierten vorgegeben Zielpreis zu erreichen.

Beim Target Costing geht es um ergebnisorientierte Aspekte, bei denen die konkreten Steuerungsgrößen die Zielkosten sind. Diese geben die maximal akzeptable Höhe der Produktkosten an, beantworten also die Frage, was ein Produkt kosten darf. Die Größe ergibt sich aus einem integrierten Kosten- und Erlösmanagement, da auch die Kundenwünsche in die Orientierung der Steuerung der Kosten einfließen (*Coenenberg* 1999). Für das →Personalmanagement beinhaltet ein Target Costing die Bestimmung der Obergrenze für die Kosten des Personaleinsatzes zur erfolgreichen Abwicklung eines Leistungserstellungsprozesses (*Scholz* 2000).

Literatur: *Coenenberg, A. G.*: Kostenrechnung und Kostenanalyse, 4. Aufl., Landsberg/Lech 1999. *Scholz, C.*: Personalmanagement, 5. Aufl., München 2000, S. 727–730.

Silvia Föhr

Tarifautonomie

Abkommen, nach dem die Tarifpartner (→Gewerkschaften und →Arbeitgeber) den →Ta-

Tarifgebundenheit

rifvertrag autonom, das heißt ohne dass irgendjemand auf die Verhandlungen Einfluss nehmen darf, verhandeln und abschließen.

Die Tarifautonomie, die insofern aus personalpolitischer Perspektive die Rahmenbedingungen vor allem für die →Lohnpolitik und das Arbeitszeitmanagement setzt, gehört in der Bundesrepublik Deutschland zu den →Grundrechten, die in der Verfassung verankert sind. Die Gewährleistung der Tarifautonomie sorgt für geordnete, branchenbezogene Tarifverhandlungen zwischen Arbeitnehmer- und Arbeitgebervertretern sowie – gegebenenfalls auch nach Arbeitskampfmaßnahmen (→Arbeitskampf) und Schlichtungsverfahren – für Tarifverträge, die unter anderem Tariflöhne und →Arbeitszeiten für eine bestimmte Laufzeit festlegen.

Typisch sind in diesem System *Flächentarifverträge*, die zwischen den Tarifparteien abgeschlossen und von der Bundesregierung als verbindlich erklärt werden. Sie gelten für alle →Arbeitnehmer und Arbeitgeber einer Region, die tarifgebunden sind, ohne besondere Bedingungen der einzelnen Unternehmen, zum Beispiel hinsichtlich der wirtschaftlichen Lage oder Rentabilitätskennzahlen, zu berücksichtigen.

Literatur: *Scholz, C.:* Personalmanagement, 5. Aufl., München 2000, S. 708–709.

Silvia Föhr

Tarifgebundenheit →Tarifvertrag

Tarifrecht

Gesamtheit der Tarife beziehungsweise →Tarifverträge betreffenden Rechtssätze.

Das Tarifrecht umfasst verschiedene Grundsätze und Prinzipien, die aus der (abstrakten sowie konkreten) tarifvertraglichen Regelung, aus den Regeln des Tarifvertragsgesetzes (TVG) sowie aus den von arbeitsrechtlicher Rechtsprechung (→Arbeitsrecht) und Literatur entwickelten Grundsätzen bestehen.

Von großer praktischer Bedeutung für das Tarifrecht ist dabei besonders der tarifliche Geltungsbereich – einschließlich Tariföffnungsklauseln, Tarifausschlussklauseln, Differenzierungsklauseln (Organisationsklauseln) und Außenseiterklauseln – sowie die Allgemeinverbindlichkeitserklärung. Dies gilt auch für die Grundsätze der Tarifkonkurrenz, Tarifpluralität und Tarifeinheit sowie für das tarifliche Entgelt (einschließlich Effektivklauseln), die tarifvertraglichen Nachwirkungen und die Tarifflucht.

Die Anwendbarkeit von Tarifverträgen auf ein Arbeitsverhältnis (→Beschäftigungsverhältnis) als zentrale Frage des Tarifrechts erfordert, dass das Arbeitsverhältnis dem *tariflichen Geltungsbereich* unterfällt und für beide Tarifvertragsparteien die *Tarifbindung* gilt. Möglich ist auch eine Allgemeinverbindlichkeitserklärung gemäß § 5 TVG oder die Einbeziehung des Tarifvertrages in einen →Arbeitsvertrag. Sofern die Betroffenen sowohl der Tarifbindung, als auch dem tariflichen Geltungsbereich unterliegen, werden abweichende arbeitsvertragliche Regelungen als unwirksam verdrängt. Eine Ausnahme besteht nur dann, wenn der Tarifvertrag durch *Tariföffnungsklauseln* ausdrücklich Abweichungen durch Arbeitsvertrag oder →Betriebsvereinbarung im Interesse flexibler Arbeitsbedingungen gestattet. Eine weitere Ausnahme bestimmt sich nach dem (i. E. umstrittenen, vgl. BAG NZA 1999, S. 887 ff.) →Günstigkeitsprinzip des § 4 Abs. 3 TVG, wenn eine arbeitsvertragliche, betriebliche oder betriebsverfassungsrechtliche Regelung für den →Arbeitnehmer im Einzelfall objektiv günstiger (vorteilhafter) ist. Nach dem punktuellen Günstigkeitsvergleich müssen die jeweiligen Einzelregelungen miteinander verglichen werden.

Während die *Tarifbindung* darüber entscheidet, welche Personen überhaupt der Normsetzungsmacht der Tarifvertragsparteien unterliegen (§ 3 TVG), ist der *tarifliche Geltungsbereich* maßgebend dafür, für welche Arbeitsverhältnisse der Tarifgebundenen ein bestimmter Tarifvertrag gelten soll. Daher unterliegt der tarifliche Geltungsbereich der Bestimmung der Parteien im Tarifvertrag. Der räumliche Geltungsbereich umfasst das (geographische) Tarifgebiet, wobei es auf den Sitz des Betriebes ankommt. Der betriebliche Geltungsbereich bestimmt sich nach den verschiedenen Wirtschaftszweigen, denen die Betriebe nach ihrem wirtschaftlichen Hauptzweck zugeordnet sind. Diese Zuordnung ist auch für Arbeitnehmer maßgebend, die betriebsfremde Tätigkeiten verrichten. Während der fachliche Geltungsbereich auf die Art der (tatsächlich geleisteten) →Arbeit bezogen ist, bezieht sich der persönliche Geltungsbereich auf alle im Tarifgebiet beschäftigten Personen, für die auch der fachliche Geltungsbereich einschlägig ist. Für die Erfassung des Arbeitsverhältnisses ist zudem der zeitliche Geltungsbereich zu beachten, da Tarifverträge auch mit rückwirkender Geltung geschlossen werden können (i. E. umstritten); bereits entstandene Rechtspositionen bleiben jedenfalls erhalten. Zulässig ist weiterhin die arbeitsvertragliche Vereinbarung eines Tarifvertrages (vgl. BAG NZA 1999, S. 879 ff.), wobei verschiedene Bezugnahmen möglich sind, die jeweils durch Auslegung (§§ 133, 157 BGB) zu bestimmen sind: Während die deklaratorische Verweisung lediglich die geltende Rechtslage wiedergibt, bezieht sich eine statische Verweisung im Unterschied zur volldynamischen Verweisung auf einen bestimmten Tarifvertrag. Soweit der Tarifvertrag gemeinsame Einrichtungen der Tarifvertragsparteien vorsieht, erstrecken sich die diesbezüglichen Regelungen unmittelbar und unabdingbar auch auf das Verhältnis der gemeinsamen Einrichtung zu den tarifgebundenen Arbeitsvertragsparteien einschließlich der Satzung (§ 4 Abs. 2 TVG).

Tarifkonkurrenz ist gegeben, wenn auf ein Arbeitsverhältnis mehrere Tarifverträge anwendbar sind. Dies ist der Fall bei Übereinstimmung der tariflichen Geltungsbereiche und Vorliegen von Tarifbindung. Fehlt letztere, ist *Tarifpluralität* gegeben. Während die *unechte Tarifkonkurrenz* bei einander ergänzenden Tarifverträgen vorliegt, ist die *echte Tarifkonkurrenz* nach dem (von der Rechtsprechung entwickelten) Prinzip der *Tarifeinheit* − Geltung nur eines Tarifvertrages in einem Betrieb − zu vermeiden. Nach dem Grundsatz der Spezialität soll dann derjenige Tarifvertrag Anwendung finden, dessen Geltungsbereich dem Betrieb am nächsten steht (BAG NZA 1990, S. 325).

Tarifausschlussklauseln beinhalten die tarifvertragliche Regelung, dass Arbeitnehmer, die nicht in der tarifschließenden Gewerkschaft organisiert sind, nicht zu denselben Bedingungen (einschließlich Vergünstigungen) beschäftigt werden dürfen. *Differenzierungs- oder Differenzklauseln* (auch als Spannensicherungsklauseln bezeichnet) bezwecken dabei die unterschiedliche Behandlung der verschiedenen Arbeitnehmergruppen (z. B. bei Weihnachts- und Urlaubsgeld). Dagegen bestimmen *Organisations-* oder *Absperrklauseln* Regelungen, die den →Arbeitgeber verpflichten, keine gewerkschaftlich nicht organisierten Arbeitnehmer (Außenseiter) zu beschäftigen. Dadurch werfen sie Probleme im Hinblick auf den arbeitsrechtlichen Gleichbehandlungsgrundsatz auf (vgl. dazu BAG AP GG Art. 9 Nr. 13). Demgegenüber intendiert die *Außenseiterklausel* gerade deren tarifliche →Gleichbehandlung.

Die *Allgemeinverbindlichkeitserklärung* ist mit ihren Voraussetzungen in § 5 TVG geregelt und beinhaltet die Erstreckung der Rechtswirkungen des Tarifvertrages auch auf Nichttarifgebundene (Außenseiter). Ein allgemeinverbindlicher Tarifvertrag erfasst damit sämtliche Arbeitgeber und -nehmer, die dem räumlichen, fachlichen und betrieblichen Geltungsbereich des Tarifvertrages unterliegen.

Unter den Voraussetzungen der Tarifbindung und des tariflichen Geltungsbereichs ist für die Parteien des Arbeitsvertrages auch das *tarifliche Entgelt* maßgebend. In diesem Fall darf die arbeitsvertragliche Vergütung das tarifvertraglich vereinbarte Entgelt nicht unterschreiten. Dies gilt insbesondere bei Kollision von arbeitsvertraglichem und tarifvertraglichem Entlohnungssystem. In diesem Fall ist eine doppelte Lohnberechnung durchzuführen, wobei die für den Arbeitnehmer günstigere Entgeltregelung maßgebend ist (§ 4 Abs. 3 TVG). Das darin liegende Günstigkeitsprinzip ist grundsätzlich auch dann zu beachten, wenn im Rahmen von Tariflohnerhöhungen geregelt wird, dass bisherige, günstigere Arbeitsbedingungen durch das Inkrafttreten der Neuregelung nicht berührt werden. In diesem Fall kann die bisherige Vergütung durch die Tariflohnerhöhung aufgesogen werden. Eine − dem Arbeitsvertrag zu entnehmende − Ausnahme kann dagegen für Sonderzuwendungen gelten (Leistungszulagen, z. B. in Gestalt von Prämien). Von Bedeutung sind daher *Effektivklauseln* im Tarifvertrag, wonach eine Tariflohnerhöhung auf die bisher effektiv gezahlte Vergütung aufzustocken ist (beschränkte Effektivklauseln), oder die vorsehen, dass über- oder außertariflich gewährte Lohnbestandteile zum Tariflohn werden (Effektivgarantieklauseln als allgemeine Effektivklauseln, vgl. zur Unwirksamkeit beider Klauselarten BAG NZA 1994, S. 181 ff.). Der Umfang der Anrechnung von Tariflohnerhöhungen bestimmt sich maßgebend durch die Auslegung des Arbeitsvertrages (§§ 133, 157 BGB); vgl. zur →Mitbestimmung des →Betriebsrates § 87 Abs. 1 Nr. 10 BetrVG.

Die Tarifvertragsnachwirkungen bestehen darin, dass beim Außerkrafttreten eines Tarifvertrages (§ 4 Abs. 5 TVG) oder beim Entfallen einer Voraussetzung der Tarifwirkung (Wegfall der Tarifbindung oder des tariflichen Geltungsbereiches, s.a. § 3 Abs. 3 TVG), die Rechtsnormen des Tarifvertrages auch weiterhin gelten, bis sie durch eine andere Abmachung ersetzt werden. Diese Weitergeltung von Inhaltsnormen eines Tarifvertrages bezieht sich jedoch nur auf Arbeitsverhältnisse, die in der tarifvertraglichen Laufzeit bestanden haben und nicht auf ein erst im Nachwirkungszeitraum begründetes Arbeitsverhältnis. Damit können entweder mittels Betriebsvereinbarung (§§ 87, 77 BetrVG) oder durch Arbeitsvertrag Regelungen bestimmt werden, die dem nachwirkenden Tarifvertrag widersprechen. Die Tarifvertragsnachwirkungen gelten auch für Tarifverträge, die für allgemeinverbindlich erklärt wurden (§ 5 TVG). Eine zeitliche Begrenzung der Nachwirkung ist trotz fehlender Regelung im TVG tarifvertraglich zulässig.

Eine *Tarifflucht* beinhaltet die Aushebelung der Wirkungen eines Tarifvertrages, insbesondere durch Beendigung der Tarifbindung, den Wechsel des tariflichen Geltungsbereichs oder der Ausgliederung von Betriebsteilen oder Aufgabenübertragung auf Dritte (→Outsourcing). Die Frage der Verbandsmitgliedschaft ohne Tarifbindung wird kontrovers diskutiert.

Literatur: *Glaubitz, W.*: Tariffähigkeit von Arbeitgeberverbänden mit tarifgebundenen und -ungebundenen Mitgliedern?, NZA 2003, S. 140–143. *Hanau, P.; Adomeit, K.*: Arbeitsrecht, 14. Aufl., Neuwied 2007. *Kempen, O. E.*: Aktuelles zur Tarifpluralität und zur Tarifkonkurrenz, NZA 2003, S. 415–420. *Richardi, R.; Wlotzke, O.* (Hrsg.): Münchener Handbuch zum Arbeitsrecht, Bd. 3, 2. Aufl., München 2000. *Schaub, G.*: Arbeitsrechts-Handbuch, 11. Aufl., München 2005. *Söllner, A.; Waltermann, R.*: Arbeitsrecht, 14. Aufl., München 2007.

Nikolaj Fischer

Tarifvertrag

Vertrag zwischen tariffähigen Tarifvertragsparteien auf der Grundlage der →Tarifautonomie (→Autonomie).

Der Tarifvertrag erfüllt vier Funktionen:

1. *Schutzfunktion*: Schutz des →Arbeitnehmers.

2. *Verteilungsfunktion*: Einkommensverteilung zwischen den Arbeitnehmern und deren Beteiligung am Sozialprodukt.

3. *Ordnungsfunktion*: Typisierung von →Arbeitsverträgen.

4. *Friedensfunktion*: Verhinderung von →Arbeitskämpfen.

Für das Verständnis des Tarifvertrages sind besonders die Tarifautonomie, der Vertragscharakter der Tarifvereinbarung als Ergebnis von Tarif(vertrags)verhandlungen, die Tariffähigkeit der Tarifvertragsparteien, die Tarifzuständigkeit, die Tarifbindung (bzw. Tarifgebundenheit) sowie die Beendigung des Tarifvertrages (einschließlich dessen →Kündigung) und das Tarifregister von Bedeutung.

Das Recht und die Möglichkeit des Abschlusses von Tarifverträgen folgt aus der Tarifautonomie. Gemäß Art. 9 Abs. 3 GG ist die Regelung der Arbeits- und Wirtschaftsbedingungen den Tarifvertragsparteien übertragen (sog. Koalitionsfreiheit als individuelle und institutionelle Garantie). Damit ist die Ordnung des Arbeitslebens in erster Linie der autonomen Gestaltung der Tarifvertragsparteien überlassen (Sozialpartnerschaft). Diese grundrechtliche Gewährleistung, die nicht nur von den staatlichen Gewalten gemäß Art. 1 Abs. 3 GG, sondern auch von Privaten zu beachten ist, umfasst neben dem Kernbereich „koalitionsgemäßer Betätigung" auch alle koalitionsspezifischen Verhaltensweisen (siehe BVerfG NJW 1999, S. 2.657 ff.). Der Gesetzgeber hat insoweit nur eingeschränkte Befugnisse. Dies gilt insbesondere für den Eingriff in bestehende Tarifverträge oder in die Zuständigkeit der Tarifvertragsparteien (vgl. zu →Arbeitsbeschaffungsmaßnahmen BVerfG NJW 1999, S. 3.033 ff.). Zur Abwehr von Eingriffen in die Koalitionsfreiheit steht der betroffenen Gewerkschaft ein →Unterlassungsanspruch analog § 1004 BGB zu (siehe BAG NZA 1999, S. 887 ff.). Während der Tarifvertrag Verfassungsrecht, europäisches Primär- und Sekundärrecht (dazu EuGH NJW 1975, S. 1.093 ff.) sowie zwingendes Gesetzesrecht beachten muss, kann er dispositives Recht verdrängen (Grenze: § 242 BGB). Die – streitige – Frage, ob dispositives Gesetzesrecht durch den Tarifvertrag geändert werden kann, ist durch Auslegung der entgegenstehenden Rechtsnorm zu klären. Von Bedeutung sind dabei vor allem Gesetzeszweck und -wortlaut. Von grundsätzlicher Relevanz ist die (i. E. umstrittene) Frage der Geltung der →Grundrechte auch für Tarifverträge, die über die grundrechtliche Schutzwirkung zu bestimmen ist (zur Bindung an Art. 3 Abs. 1 GG vgl. BAG NZA 2001, S. 508 ff.). Die Frage der Gemeinwohlorientierung von Tarifverträgen ist umstritten, wegen des Vertragscharakters und der Tarifautonomie der Vertragsparteien aber zu verneinen.

Im Hinblick auf den Vertragscharakter ist von Relevanz, dass der Tarifvertrag eine (notwendig schriftliche) Vereinbarung zwischen einem →Arbeitgeber(verband) und einer (oder mehreren) Gewerkschaft(en) als Tarifvertragsparteien ist (vgl. zur Schriftform § 1 Abs. 2 des Tarifvertragsgesetzes TVG, neugefasst durch Bekanntmachung vom 25.08.1969, BGBl. I S. 1.323, zuletzt geändert durch Art. 223 Abs. 5 v. 31.10.2006, BGBl. I S. 2.407). Der Tarifvertrag ist das Ergebnis erfolgreicher Tarifvertragsverhandlungen zwischen den Tarifvertragsparteien; der mangelnde Erfolg von Tarifvertragsverhandlungen erfordert den →Interessenausgleich durch Schlichtung oder das Zwangsmittel des Arbeitskampfes. Der Tarifvertrag enthält einen schuldrechtlichen Teil, soweit er die arbeitsrechtlichen Pflichten und Rechte der Tarifvertragsparteien regelt (§ 1 Abs. 1 1. Hs. TVG). Umfasst sind davon unter anderem die Friedenspflicht (→Arbeitskampfrecht) und die Einwirkungspflicht: Mit der Friedenspflicht wird das gegenseitige Versprechen bezeichnet, dass die Vertragsparteien und ihre Mitglieder den Wirtschaftsfrieden einhalten und insoweit auf Mittel des Arbeitskampfes verzichten. Die Pflicht zur Einwirkung soll die Tariftreue sicherstellen. Eine Verletzung dieser schuldrechtlichen Pflichten wird auch als Tarifbruch bezeichnet. Der Tarifvertrag enthält weiterhin einen normativen Teil (§§ 1 Abs. 1 2. Hs., 3 Abs. 2 TVG), soweit er Rechtsnormen zu Inhalt, Abschluss und Beendigung von Arbeitsverhältnissen sowie zu betrieblichen und betriebsverfassungsrechtlichen Fragen und gemeinsamen Einrichtungen der Tarifvertragsparteien bestimmt. Bei diesen Rechtsnormen, die nach denselben Grundsätzen wie ein Gesetz auszulegen sind, wird nach Inhalts- und Abschlussnormen (den Inhalt und Abschluss von Arbeitsverhältnissen betreffend), Solidarnormen (bezogen auf den Arbeitnehmer als Teil des Betriebes, z. B. Arbeitsschutzvorschriften), betrieblichen Normen (Solidarnormen und solche, die Fragen der allgemeinen Betriebsordnung regeln) sowie betriebsverfassungsrechtlichen Normen (§ 3 BetrVG) unterschieden (s. a. § 4 Abs. 2 TVG). Niederschriftserklärungen zum Tarifvertrag sind regelmäßig nur als Auslegungshilfen zu verstehen. Eine Tarifübung ist dann zu bejahen, wenn sie mit Kenntnis und Billigung der Tarifvertragsparteien praktiziert wird. Für die Rechtswirkungen des unabdingbaren normativen Teils (§ 4 Abs. 1 TVG) ist erforderlich, dass der Tarifvertrag rechtswirksam ist und den gemäß TVG zulässigen Regelungsspielraum wahrt. Damit die Rechtsnormen des Tarifvertrages unmittelbar und zwingend („beherrschend") auf das Arbeitsverhältnis einwirken können, ist es weiterhin erforderlich, dass die hiervon Betroffenen sowohl der Tarifbindung, als auch dem tariflichen Geltungsbereich unterliegen. Insbesondere aus dem schuldrechtlichen Charakter des Tarifvertrages folgt, dass die allgemeinen Regeln des Bürgerlichen Rechts über Vertragsschlüsse (z. B. §§ 145 ff. BGB) auch auf Tarifverträge Anwendung finden, soweit nicht Spezialregeln des →Arbeitsrechts vorgehen (z. B. ist beim Tarifvertragsabschluß →Stellvertretung nach §§ 164 ff. BGB zulässig, vgl. BAG NZA 1997, S. 1.064 ff.). Möglich ist daher auch eine vertragliche Verweisung auf einen anderen Tarifvertrag (s. BAG NZA 1994, S. 622 ff.).

Die Tarifvertragsparteien müssen auch tariffähig sein. Die *Tariffähigkeit*, die in einem besonderen arbeitsgerichtlichen Beschlussverfahren festgestellt werden kann (§ 97 ArbGG), ist die Fähigkeit (→Qualifikation), einen Tarifvertrag als Vertragspartei abzuschließen. Rechtsfähigkeit im Sinne von § 1 BGB ist dafür nicht zwingend erforderlich, da die spezielleren Regelungen des TVG maßgebend sind. Tarifvertragsparteien sind nach § 2 Abs. 1 TVG Vereinigungen von Arbeitgebern (vgl. BAG NZA 2004, S. 562 ff.) oder einzelne Arbeitgeber einerseits und →Gewerkschaften andererseits (zur Gewerkschaft als Arbeitgeber BAG NZA 1998, S. 754 ff.). Auch Zusammenschlüsse von Arbeitgeberverbänden und Gewerkschaften (als Spitzenorganisationen, § 2 Abs. 2 TVG) sind tariffähig und können entweder in ihrem Namen (bei entsprechender Satzungsermächtigung, § 2 Abs. 3 TVG) oder mit Vollmacht für die einzelnen, ihnen angeschlossenen Verbände Tarifverträge abschließen (vgl. für Handwerksinnungen § 54 Abs. 3 Handwerksordnung). Man spricht von einem mehrgliedrigen Tarifvertrag, wenn dieser auf Arbeitgeberseite von mehreren Arbeitgebern oder deren Verbänden abgeschlossen wird,

Tätigkeitsanalyse

während bei einem Firmentarifvertrag ein einzelnes Unternehmen Tarifvertragspartei ist.

Die *Tarifzuständigkeit* ergibt sich aus der Satzung der Verbände und beruht entweder auf dem Industrieverbandssystem oder dem Berufsprinzip. Bei Überschneidung der satzungsmäßigen Organisationsbereiche verschiedener Gewerkschaften soll eine Doppelzuständigkeit durch den Grundsatz der *Tarifeinheit* vermieden werden. In Streitfällen kann die Tarifzuständigkeit gemäß § 97 ArbGG geklärt werden.

Die *Tarifgebundenheit* oder *Tarifbindung* – als Unterwerfung unter die Normen eines Tarifvertrages – resultiert aus der vertraglichen Bindung (§ 3 TVG). Eine vertragliche Bindung entsteht jedoch nur, wenn die richtigen Vertragspartner rechtswirksam den Tarifvertrag schließen. Erst wenn diese Beteiligung gegeben ist, können beide Seiten auch Rechte aus dem Tarifvertrag herleiten. § 4 Abs. 1 TVG bestimmt, dass die tarifvertraglichen Inhalts- und Abschlussnormen für die beiderseits Tarifgebundenen unmittelbar und zwingend gelten. Charakteristisch für die Tarifbindung ist, dass die Rechtsnormen des Tarifvertrags nur zwischen tarifgebundenen Arbeitnehmern und Arbeitgebern Geltung erlangen (§ 3 Abs. 1 TVG), während betriebliche und betriebsverfassungsrechtliche Normen jedenfalls den tarifgebundenen Arbeitgeber erfassen (§ 3 Abs. 2 TVG).

Die *Beendigung des Tarifvertrages* erfolgt bei befristetem Abschluss durch Zeitablauf (Befristung), Eintritt einer auflösenden Bedingung (§ 158 Abs. 2 BGB), durch Vereinbarung der Parteien, durch Rücktritt bei Vertragsverletzungen (§§ 323, 326 BGB) sowie durch Kündigung, jedoch nur ausnahmsweise durch Wegfall einer Tarifvertragspartei. Eine Teilkündigung ist nur möglich, falls sich eine solche Regelung im Tarifvertrag befindet. Der Abschluss eines Vorvertrages ist gemäß BGB (ohne Wahrung der Schriftform) zulässig (BAG NJW 1977, S. 318 ff.). Die (i.E. umstrittene) Möglichkeit der außerordentlichen Kündigung des Tarifvertrages als Dauerschuldverhältnis ist (nach Maßgabe des § 314 BGB als ultima ratio, s. a. §§ 119, 123 BGB) zu bejahen (BAG NZA 1997, S. 830 ff.; BAG NZA 2000, S. 1.010). Der Verzicht auf entstandene tarifliche Rechte ist grundsätzlich unzulässig, mit Ausnahme einer von den Tarifvertragsparteien gebilligten vergleichsweisen Regelung (§ 4 Abs. 4 S. 1 TVG), beispielsweise bei Unklarheiten bezüglich der Eingruppierung (→ Umgruppierung). Eine Verwirkung tariflicher Rechte ist ausgeschlossen, zulässig sind jedoch tarifvertragliche → *Verfallfristen* (*Ausschlussfristen*), da sie der Rechtssicherheit bezüglich der Rechte und Pflichten der Arbeitsvertragsparteien dienen (§ 4 Abs. 4 S. 2 und S. 3 TVG).

In das beim *Bundesministerium für Wirtschaft und Arbeit* geführte *Tarifregister* (§ 6 TVG) werden Abschluss, Änderung und Aufhebung von Tarifverträgen eingetragen (vgl. zur Übersendungs- und Mitteilungspflicht der Tarifvertragsparteien § 7 TVG). Die Eintragung hat jedoch nur deklaratorische Bedeutung, öffentlicher Glauben an den Registerinhalt besteht nicht.

Literatur: *Däubler, W.* (Hrsg.): Tarifvertragsgesetz, 2. Aufl., Baden-Baden 2006. *Küttner, W.; Röller, J.* (Hrsg.): Personalbuch 2007: Arbeitsrecht, Lohnsteuerrecht, Sozialversicherungsrecht, 14. Aufl., München 2007. *Löwisch, M.; Rieble, V.*: Tarifvertragsgesetz, 2. Aufl., München 2004. *Schaub, G.*: Arbeitsrecht A-Z, 17. Aufl., München 2004. *Wank, R.*: Empfiehlt es sich, die Regelungsbefugnisse der Tarifparteien im Verhältnis zu den Betriebsparteien neu zu ordnen?, NJW 1996, S. 2273–2282.

Nikolaj Fischer

Tätigkeitsanalyse

Teil einer umfassenden Arbeitsstudiensystematik, bestehend in der Analyse der → Arbeitsaufgaben, → Arbeitsanforderungen und Arbeitshandlungen.

Begriff und Inhalt werden von Wissenschaftlern und Praktikern nicht einheitlich definiert. Tätigkeitsanalysen beschäftigen sich ausschließlich mit Aufgaben, → Anforderungen und/oder Handlungen und sind testtheoretisch begründet.

Es kann zwischen un-, halb- und vollstandardisierten Vorgehensweisen unterschieden werden:

- *Unstandardisierte Tätigkeitsanalysen* greifen beispielsweise auf Arbeitsplatzbeschreibungen, → Informationen aus Dokumentenanalysen, Ausbildungsberichte und Berichte von Stelleninhabern zurück.

- *Halbstandardisierte Tätigkeitsanalysen* setzen zum Beispiel Beobachtungs- und Interviewleitfäden (→ Interview) oder Arbeitstagebücher ein.

- Werden Merkmale einer Position quantitativ oder qualitativ nach genau festgelegtem Schema erfasst, dann handelt es sich um eine *standardisierte Tätigkeitsanalyse*.

Es gibt bereits umfangreiche Zusammenstellungen von Instrumenten der Tätigkeitsanalyse. Ein bekanntes Verfahren der engpassorientierten Tätigkeitsanalyse ist beispielsweise das *Arbeitswissenschaftliche Erhebungsverfahren zur Tätigkeitsanalyse* (AET). Es basiert auf dem Arbeitssystem- und dem →Belastungs-Beanspruchungs-Modell. Dabei werden das →Arbeitssystem, die Aufgaben und Anforderungen erfasst. Belastungsabschnitte werden nach ihrer Dauer, Höhe, Reihenfolge beziehungsweise Überlagerung und zeitlichen Lage innerhalb einer Schicht quantifiziert. Die Datenerhebung erfolgt mittels eines Beobachtungsinterviews durch geschulte Beurteiler (*Bokranz* und *Landau* 1991, *Luczak* und *Volpert* 1997).

Literatur: *Bokranz, R.*; *Landau, K.*: Einführung in die Arbeitswissenschaft, Stuttgart 1991. *Luczak, H.*; *Volpert, W.*: Handbuch Arbeitswissenschaft, Stuttgart 1997.

Margit Weißert-Horn
Regina Brauchler

Tätigkeitsbereicherung →Job Enrichment

Tätigkeitserweiterung →Job Enlargement

Taylorismus →Scientific Management

Team →Gruppe

Team Briefing

Einweisung des Teams (→Gruppe) in →Teamaufgaben oder Aufgabenteile.

Bei neu gebildeten Teams stellt das Team Briefing einen Bestandteil des →Gruppen-Coaching beziehungsweise der →Gruppenoptimierung dar. Bei bestehenden Teams ist es allerdings in der Regel unabhängig von Maßnahmen der Gruppenoptimierung. Mögliche Inhalte des Team Briefing sind:

- *Teambezogene Inhalte*: Ziele des Teams, Zuständigkeiten und Aufgabenverteilung innerhalb des Teams und Vorgehensweisen des Teams bei der Aufgabenerfüllung.
- *Aufgabenbezogene Inhalte*: Information über neue Aufgaben des Teams sowie Informationen über neue interne beziehungsweise externe Ansprechpartner des Teams.

Ziel des Team Briefings ist die Ausrichtung der →Motivation und des Verhaltens (→Behaviorismus) der einzelnen Teammitglieder auf die Erfüllung der gemeinsamen Aufgabe beziehungsweise die Erreichung der Teamziele sowie die Sicherstellung der Effizienz der Zielerreichung.

Ruth Stock-Homburg

Team Leader

Mitglied des Teams (→Gruppe), das mit mehr Entscheidungsbefugnissen ausgestattet ist und dem mehr →Verantwortung obliegt als anderen Teammitgliedern.

Team Leader nehmen unterschiedliche →Rollen innerhalb eines Teams wahr (→Rollentheorie von Belbin):

- *Aktive Team Leader* (active leader): Hochgradige Involvierung in die Aktivitäten des Teams verbunden mit hoher persönlicher Präsenz im Team. →Führungskraft ist in hohem Maße in die operativen Aktivitäten eines Teams eingebunden.
- *Passive Team Leader*: Führungskraft ist nicht in operative Prozesse des Teams involviert. Team nimmt Einfluss der Führungskraft in der Regel nicht unmittelbar wahr.

Teams, die durch einen passiven Team Leader geführt werden, weisen einen deutlich höheren Autonomiegrad (→Autonomie) auf als durch aktive Team Leader geführte Teams.

Ruth Stock-Homburg

Teamanreiz

durch eine →Motivation in Aussicht gestellte Belohnung (→Belohnung und Bestrafung) (z. B. eine Prämienzahlung), die nicht von der Leistung einer einzelnen Person, sondern von der Gesamtleistung einer →Gruppe abhängig gemacht wird.

Damit sich Teamanreize im Vergleich zu individuellen →Anreizen positiv auf die Motivation der Gruppenmitglieder auswirken, sollten nach *DeMatteo*, *Eby* und *Sundstrom* (1998) möglichst viele der sechs folgenden Voraussetzungen erfüllt sein:

1. *Transparenz*: Das Gruppenergebnis ist für die Mitglieder als Einheit klar erkennbar (z. B. der Prototyp eines Entwicklungsprojekts oder ein erfolgreicher Vertragsabschluss), während die Einzelbeiträge (z. B. Ideen, Aktivitäten oder Ressourcen) am Ende nur schwer voneinander zu trennen sind.

2. →*Motivationsstruktur*: Bei den Gruppenmitgliedern sind das →Sicherheits- und das →Zugehörigkeitsbedürfnis im Durchschnitt stark ausgeprägt, während die individuellen →Anerkennungs- und →Selbstverwirklichungsbedürfnisse eher im Hintergrund stehen. Die Motivationsstruktur in einer Gruppe hängt nicht allein von den individuellen Voraussetzungen ab, sondern wird durch die Unternehmenskultur (→Organisationskultur) überlagert: In einer Organisation, in der die Zusammenarbeit und gegenseitige Unterstützung hoch bewertet wird, ist auch die Akzeptanz von Teamanreizen wahrscheinlich.

3. *Homogenität*: Die Gruppenmitglieder sind sich in ihren Fähigkeiten (→Qualifikation), Zielen und Interessen ähnlich. Außerdem bewerten die Gruppenmitglieder ihre Beiträge als gleichwertig oder zumindest als vergleichbar.

4. *Interdependenz*: Die Gruppenmitglieder sind sich darüber bewusst, dass sie von der Unterstützung der übrigen Mitglieder abhängig sind, um ihren eigenen Beitrag zum Gruppenergebnis zu leisten.

5. *Dauer*: Die Gruppe besteht bereits über einen längeren Zeitraum hinweg in derselben Zusammensetzung. Mit der Dauer der Zusammenarbeit nimmt in der Regel das gegenseitige →Vertrauen zu, weil das →Wissen über die Fähigkeiten und die →Leistungsbereitschaft der anderen größer wird.

6. *Beitragssicherheit*: Die Mitglieder können sich darauf verlassen, dass jeder Einzelne seinen Beitrag leistet und keine Möglichkeiten zum so genannten „free-riding" (Trittbrettfahren) bestehen. Zum „free-riding" kann es beispielsweise bei räumlicher Distanz der Gruppenmitglieder kommen, weil dann die Leistungen durch die anderen Mitglieder nur eingeschränkt einsehbar sind.

Falls mehrere dieser Voraussetzungen nicht erfüllt sind, ist ein →Anreizsystem, das jeden Einzelnen für seine Leistungen belohnt, effizienter als ein Teamanreiz.

Literatur: *DeMatteo, J.S.*; *Eby, L.T.*; *Sundstrom, E.*: Team-Based Rewards: Current Empirical Evidence and Directions for Future Research, in: Research in Organizational Behavior, 20. Jg. (1998), S. 141–183.

Markus Gmür

Teamaufgabe

Aufgabe, die einer →Gruppe von mindestens drei Personen gestellt wird und die diese im Rahmen kooperativer Zusammenarbeit erfüllen sollen.

Eine Klassifizierung verschiedener Arten von Teamaufgaben (→Arbeitsaufgabe) kann anhand zweier Dimensionen mit den Ausprägungen

– kognitiv vs. verhaltensbezogen sowie

– kooperationsorientiert vs. konfliktorientiert

vorgenommen werden. Entlang dieser Dimensionen werden nach *McGrath* (1984) vier Typen von Aufgaben unterschieden:

1. *Planende und kreative Aufgaben* mit dem Ziel, neue Ideen und Lösungsansätze zu generieren.

2. *Entscheidungsbezogene Aufgaben*, deren Ziel in der Suche, Bewertung und Auswahl von Alternativen liegt.

3. *Konfliktbezogene Aufgaben*, deren Gegenstand die Verhandlung beziehungsweise das Management von →Konflikten ist.

4. *Konkurrierende Aufgaben* mit dem Ziel, mehrere Aufgaben zu priorisieren und zu erfüllen, die mehreren Parteien mit zum Teil gegensätzlichen Interessen (z.B. Unternehmen und Kunden) dienen.

Häufig untersuchte Merkmale der Teamaufgabe sind die aufgabenbezogene →Komplexität und die aufgabenbezogene Dynamik. Aufgabenbezogene Komplexität ist die Vielfalt und Unterschiedlichkeit der Inhalte beziehungsweise der Tätigkeiten in Verbindung mit den von einem Team zu erfüllenden Aufgaben. Aufgabenbezogene Dynamik ist die Häufigkeit, mit der wesentliche Veränderungen von Inhalten der Aufgaben eines Teams auftreten.

Literatur: *McGrath, J.*: Groups: Interaction and Performance, Englewood Cliffs 1984.

Ruth Stock-Homburg

Team-Coaching

Sonderform des →Gruppen-Coaching, bei der die →Gruppe in einem festen beruflichen Funktionszusammenhang steht (syn.: System-Coaching).

Beim Team-Coaching kann es sich um eine Arbeits-, Projekt- oder Führungsgruppe handeln.

Team-Coaching bietet sich an zur Klärung von →Rollen, Aufgaben und Beziehungen in einem Team, zur Erarbeitung gemeinsamer Zielsetzungen, zur Steigerung der →Leistungsfähigkeit des Teams oder zur Bearbeitung von →Konflikten.

Durch die Behandlung von persönlichkeits- und aufgabenbezogenen Themen sollen die →Kommunikation, →Motivation und →Kooperation in der Gruppe gefördert werden. Das →Coaching soll dem Team helfen, sich selbst zu steuern und die Leistung zu verbessern. Ein Team-Coaching ist die geeignete Interventionsmaßnahme, wenn ein Team neu zusammengesetzt wird, wenn neue Potenziale mobilisiert werden sollen, wenn Veränderungen zu managen sind oder eine Krise zu meistern ist.

Abhängig von der Zielsetzung findet Team-Coaching in unterschiedlichen Formen und in unterschiedlicher Intensität statt; von regelmäßigen, moderierten Teamgesprächen über ein- bis dreitägige Workshops bis hin zu mehrtägigen Teamentwicklungs-Seminaren mit Outdoor-Elementen.

Der →Coach übernimmt im Team-Coaching die Aufgabe des Analytikers und Prozessberaters. Von ihm werden umfangreiche methodische Kenntnisse (→Qualifikation) verlangt.

Eine Kombination aus Team-Coaching und →Einzel-Coaching ist sinnvoll, da die Gruppen sich in der Regel in einem gemeinsamen organisationalen Umfeld befinden, sodass die persönlichkeitsbezogene Beratungsarbeit ergänzend in einem Einzel-Coaching stattfinden kann.

Da es sich beim Team-Coaching um eine Sonderform des *Gruppen-Coaching* handelt, gelten auch die Vor- und Nachteile des Gruppen-Coaching.

Sabine Remdisch

Teamentwicklung

Teil der betrieblichen Qualifizierungsmaßnahmen, der auf die interpersonalen Beziehungen fokussiert.

Die Teamentwicklung reiht sich in das Gefüge der →Personalentwicklung ein, das sowohl die →Personen-Entwicklung (Qualifizierung von Individuen, →Selbstentwicklung bzw. →Persönlichkeitsentwicklung), die Teamentwicklung an sich und schließlich die →Organisationsentwicklung, das heißt das Arbeiten an objektivierten Strukturen und Bedingungen der Arbeitstätigkeit, umfasst.

Jede organisatorische →Gruppe im Betrieb, gekennzeichnet durch eine *gemeinsame Zielsetzung* beziehungsweise eine *gemeinsame Aufgabenstellung*, kann als „Team" bezeichnet werden. Und jede Führungskraft, die zusammen mit ihren Mitarbeitern eine möglichst effiziente Zielerreichung anstrebt, ist laut *Antoni* (2000) so etwas wie ein Teamentwickler.

Ganz grundsätzlich kann man davon ausgehen, dass das *Ziel* von Teamentwicklungsmaßnahmen darin liegt,

– die →Leistungsfähigkeit der betroffenen organisatorischen Einheit(en) optimal zur Entfaltung zu bringen und

– die Qualität der →Arbeit sowie die Qualität des Zusammenlebens im Team so zu gestalten, dass sich für das einzelne Teammitglied motivierende Rahmenbedingungen für die Arbeit und persönliche Entfaltungsspielräume ergeben.

Konkret heißt das beispielsweise unter anderem laut *Gebert* und *von Rosenstiel* (2002) sowie *Stumpf* und *Thomas* (2003):

- Verbesserung der →Kommunikation, auch durch das Erlernen von Kommunikationstechniken (z. B. →Feedback oder Aktives Zuhören).

- →Training von Arbeitstechniken, die sich besonders für Teamarbeit eignen (bspw. Metaplantechnik, Besprechungsmanagement, Problemlösetechniken oder Kreativitätstechniken).

- Entwickeln der Fähigkeit (→Qualifikation), gruppendynamische Prozesse wahrzunehmen und zu steuern.

- Klärung und Vereinbarung der Teamziele.

- Klärung des Rollenverständnisses im Team, gegebenenfalls Abgleich der jeweiligen Rollenerwartungen.

- Aufbau von →Vertrauen zwischen den handelnden Personen und Stärkung der Bereitschaft, sich gegenseitig zuzuarbeiten und/oder zu stützen.

Schließlich sollte es jedoch auch darum gehen, die Fähigkeit des Teams, mit anderen Arbeitsgruppen innerhalb der →Organisation effektiv zusammenzuarbeiten, auszubauen.

Teamentwicklung

Neben Begeisterung und →Motivation für Teamarbeit sind also eine ganze Reihe von spezifischen Fähigkeiten (→Qualifikation) notwendig, um Gruppen *erfolgreich* zu machen. Darüber hinaus müssen jedoch auch einige Rahmendaten gegeben sein; diese reichen von förderlichen situativen Rahmenbedingungen, wie zum Beispiel genügend Zeit oder einer „teamfreudigen" Führungskraft, bis hin zu rein technischen Voraussetzungen wie etwa das Vorhandensein von Arbeitsmaterial und Ausstattung (bspw. Pinnwände). Demzufolge sollte man sich vor einer Teamentwicklung über folgende Punkte klar sein:

- Wenn man sich für Teamentwicklungsmaßnahmen entscheidet, hat man sich damit auf Teamarbeit verpflichtet und zu einem bestimmten →Führungsstil bekannt. Dieser „mitarbeiterorientierte" Führungsansatz birgt eine Reihe von *Chancen*. So kann man von einer Erhöhung der Entscheidungsqualität durch die optimale Nutzung der →Kompetenzen der Mitarbeiter und einer Verringerung von Durchsetzungswiderständen bei der Umsetzung ausgehen. Diesen Vorteilen steht ein nicht zu unterschätzender *Nachteil* gegenüber: →Kooperation ist zeitaufwendig. Es empfiehlt sich, vor Beginn einer Teamentwicklung zu prüfen, ob die organisatorischen beziehungsweise situativen sowie materiellen Rahmenbedingungen eine Teamarbeit überhaupt zulassen, oder ob beispielsweise der Zeitdruck in dem betreffenden Fall viel zu hoch ist.
- Die Führungskraft ist eine *Schlüsselperson* für die Durchführung einer Teamentwicklung und auch für ihren späteren Erfolg. Es muss ihr von Anfang an klar sein, was von ihr erwartet wird und auf was sie sich einlässt. Hierbei kann die Reflexion folgender Fragen hilfreich sein: Bin ich als Führungskraft wirklich bereit, Entscheidungen zusammen mit meinen Mitarbeitern in einer partnerschaftlichen Atmosphäre zu treffen? Bin ich bereit, meine eigene →Rolle, eventuell auch meine Leistungen, in einem solchen Training in Frage stellen zu lassen?
- Auch bei allen anderen Beteiligten muss die Bereitschaft zur Teamentwicklung und Teamarbeit geklärt werden. Es muss klar sein, dass in einem Teamentwicklungstraining Probleme in der Sache und/oder zwischen Gruppenmitgliedern sehr offen und deutlich angesprochen werden; jeder also zum „Gegenstand des Lernens" werden kann.
- Im Idealfall bringen die Beteiligten an einer Teamentwicklungsmaßnahme schon solide kommunikative Kenntnisse (→Qualifikation) mit. Dann muss während der Teamentwicklungsmaßnahme nicht viel Zeit auf Wissensvermittlung über Kommunikation und Ähnliches verwendet werden. Dies stellt jedoch keine zwingende Voraussetzung dar. Eine kommunikative Grundfähigkeit muss allerdings bei allen Beteiligten vorhanden sein.
- Teamentwicklungsmaßnahmen machen insbesondere für solche Gruppen Sinn, die über längere Zeit zusammenarbeiten sollen und gemeinsamen Zielsetzungen verpflichtet sind. Eine Teamentwicklungsmaßnahme ist demzufolge eine Investition zur Optimierung der Zusammenarbeit. Eine solche Investition hat nur dann Sinn, wenn die Zusammensetzung der entsprechenden Gruppe über eine längere Zeit etwa stabil bleibt.

Das *Design* einer Teamentwicklungsmaßnahme beinhaltet in der Vorbereitungsphase unter anderem die genaue Zielvereinbarung (→Management by Objectives) zwischen Auftraggeber und →Trainer und Klärung der Erwartungen aneinander sowie die Sicherstellung der notwendigen Rahmendaten.

Das Teamentwicklungstraining selbst sollte dann die Vereinbarung von „Spielregeln" für die Kommunikation zwischen den Teammitgliedern und nach außen relativ zu Beginn vorsehen. Wenn Menschen in koordinierter Form und möglichst effizient ein gemeinsames Ziel erreichen wollen, bedarf es gegenseitiger Rücksichtnahme und Abstimmung. Sehr gerne folgt man dabei dem Konzept der „Themen-zentrierten Interaktion (TZI)" nach *Cohn* (1970). Die Einführung und das Training solcher Verhaltensspielregeln können aus zwei Gründen fruchtbar sein:

1. Die Trainingsteilnehmer schließen damit untereinander einen Vertrag und garantieren damit untereinander eine bestimmte Verlässlichkeit und Kalkulierbarkeit des Verhaltens.

2. Es wird damit gleichzeitig die →soziale Kompetenz trainiert.

Die wichtigsten TZI-Regeln, mit deren Hilfe man Kommunikationsprozesse effizienter gestalten kann, sind nach *von Rosenstiel* und *Comelli* (2003) in Anlehnung an *Cohn* (1970) in der Übersicht 1 aufgeführt:

Übersicht 1: TZI-Regeln (*von Rosenstiel* und *Comelli* 2003, S. 329):

- Jeder ist für sich selbst verantwortlich
- Jeder ist sein eigener Chairman
- Störungen haben Vorrang
- Wünsche muss man aussprechen
- Ich bin offen, echt und ehrlich – soweit möglich (d.h. was ich sage, meine ich auch)
- Jeder kann jederzeit „Nein" sagen
- Ich formuliere meine Meinung (statt sie hinter Fragen zu verstecken)
- Ich spreche per „ICH" und nicht per „MAN", „WIR" oder „ES"
- Ich sichere Vertraulichkeit

Im Verlauf von Teamentwicklungstrainings muss gewährleistet werden, dass die Teammitglieder ihre diagnostische Kompetenz ausbauen. Nicht nur für das Teamentwicklungstraining selbst, sondern auch für die spätere tägliche Zusammenarbeit im Betrieb sollten die Teilnehmer lernen, die in und zwischen Gruppen ablaufenden Prozesse zu bemerken, sie zu steuern und nach Möglichkeit zu nutzen. Dies geschieht innerhalb des Trainings mithilfe von Prozessanalysen. Hierfür werden alle relevanten Ereignisse und Prozesse, die innerhalb der Gruppe – offen oder verdeckt – ablaufen, erfasst und zum Gegenstand der Diskussion gemacht. Dies setzt die Fähigkeit zur Metakommunikation, das heißt die Fähigkeit, über die eigene Kommunikation zu sprechen, voraus. Den meisten Menschen fällt es sehr schwer, als unmittelbar Betroffene mental von sich selbst sowie den gemeinsam produzierten Kommunikationsereignissen Abstand zu nehmen und selber Lerngegenstand zu werden.

Wie bereits erwähnt, soll sichergestellt werden, dass die Teammitglieder für ihre Aufgabe ein Repertoire an Teamtechniken zur Verfügung haben. Das Einüben dieser Techniken ist üblicherweise Bestandteil einer Teamentwicklungsmaßnahme. Der Umfang der Wissensvermittlung und des notwendigen Trainings hängt von den Vorerfahrungen der Teilnehmer ab.

Schließlich gehört zu Teamentwicklungsmaßnahmen auch das „Nachfassen", da sie nicht als isolierte Einzelaktivitäten verstanden werden sollten, sondern als Prozess. Deshalb sollte schon in der Vorbereitungsphase einer Teamentwicklungsmaßnahme vereinbart werden, dass die Auswirkungen des initiierten Prozesses überprüft werden. Dies sollte nicht früher als zwei Monate und nicht später als sechs Monate nach Abschluss des Trainings geschehen. Für dieses Nachfassen wird normalerweise ein Workshoptag benötigt.

Literatur: *Antoni, C.*: Teamarbeit gestalten, Weinheim 2000. *Cohn, R.*: Das Thema als Mittelpunkt interaktioneller Gruppen, in : Gruppendynamik 2. Jg. (1970), S. 251–276. *Gebert, D.*; *von Rosenstiel, L.*: Organisationspsychologie, 5. Aufl., Stuttgart 2002. *von Rosenstiel, L.*; *Comelli, G.*: Führung zwischen Stabilität und Wandel, München 2003. *Stumpf, S.*; *Thomas, A.* (Hrsg.): Teamarbeit und Teamentwicklung, Göttingen 2003.

Laila Maja Hofmann

Teamfeedback → Feedback

Teamführung → Gruppenorientierte Personalführung

Teamgeist

Zusammengehörigkeitsgefühl innerhalb eines Teams (→ Gruppe), verbunden mit positiver sozialer Identität bedingt durch die Teamzugehörigkeit (syn.: Kohäsion).

Teamgeist entsteht, wenn die Teammitglieder an der Erreichung gemeinsamer Ziele arbeiten und sich mit dem Team und den Teamzielen identifizieren. Er zeigt sich in besonders starkem Zusammenhalt sowie einer intensiven Kommunikation und Kooperation zwischen den Teammitgliedern. Dadurch kann Teamgeist zur Erreichung der Teamziele und damit zum Teamerfolg beitragen. Gleichzeitig birgt ein stark ausgeprägter Teamgeist die Gefahr von zu hoher Konformität im Team, was zur Reduktion der Kreativität des Teams führen kann. Des Weiteren kann ein stark ausgeprägtes Zusammengehörigkeitsgefühl zu einer Abwertung von Personen und Gruppen außerhalb des Teams und zu entsprechenden → Konflikten führen.

Literatur: *Stock-Homburg, R.*: Personalmanagement, Wiesbaden 2008.

Ruth Stock-Homburg

Teamgrundlage

→ Teamaufgabe stellt eine wesentliche Grundlage der Teamarbeit dar.

Die Grundlage für die Teamarbeit wird vielfach durch den → Team Leader festgelegt.

Ruth Stock-Homburg

Teaminteraktion →Teamprozess

Teamkonflikte →Teamprozess

Teamlernen

sozialer beziehungsweise interaktionsbasierter →Lernprozess in →Gruppen.

Das Teamlernen weist nach *Kauffeld* und *Grote* (2000) drei wichtige Facetten auf:

1. *Soziale Lernprozesse*: Selbstorganisationsfähigkeit der Gruppe wird geschult.
2. *Synergie-Effekt* (→Synergie): Aufgrund des Reflexionsvermögens weist die Gruppe ein hohes Lernniveau auf.
3. *Ausweitung des Lernfeldes*: Erweiterung der individuellen →Kompetenz durch stattfindende Interaktionen in der Gruppe.

Es findet damit sowohl →Lernen in als auch Lernen von Gruppen statt.

Insbesondere die Reflexionsprozesse in Gruppen werden in unterschiedlichen Ansätzen als zentrale Grundlage des Lernens gesehen. Dies zeigt sich beim →Action Learning, im Dialog-Prinzip nach *Senge* (1990) wie auch im Ba-Konzept von *Nonaka* und *Konno* (1998) (→Wissensmanagement). Die Gruppe wird als sozialer Raum gesehen, der die Entwicklung neuer Deutungsmuster fördert, indem die Gruppe für neue Sichtweisen sensibilisiert wird, in deren Folge sich veränderte kollektive Schemata entwickeln können.

Literatur: *Kauffeld, S.*; *Grote, S.*: Gruppenarbeit macht kompetent – oder?, in: *Frieling, E. et al.* (Hrsg.): Flexibilität und Kompetenz – Schaffen flexible Unternehmen kompetente und flexible Mitarbeiter?, Münster 2000, S. 115–139. *Nonaka, I.*; *Konno, N.*: The Concept of "Ba": Building a Foundation for Knowledge Creation, in: California Management Review, 40. Jg. (1998), H. 3, S. 1–15. *Senge, P.*: The Fifth Disciplin. The Art and Practice of the Learning Organization, New York 1990.

Uta Wilkens

Teammerkmale

Eigenschaften, die ein Team (→Gruppe) – in Abgrenzung zu einer Ansammlung von Einzelpersonen – charakterisieren.

Teammerkmale können in *konstituierende* und *charakterisierende* Merkmale gegliedert werden. Zu den konstituierenden Merkmalen zählen:

- *Multipersonalität*: Ein Team besteht aus mindestens drei Mitgliedern.
- *Zielorientierung*: Die Teammitglieder arbeiten zusammen, um gemeinsame Ziele zu erreichen.
- *Gegenseitige Abhängigkeit*: Um die Teamziele zu erreichen, sind die Teammitglieder aufeinander angewiesen.

Merkmale, die ein Team charakterisieren sind:

- *Zwischenmenschliche* →*Interaktion*: Zwischen den Teammitgliedern findet regelmäßig fachlicher und zwischenmenschlicher Austausch statt.
- *Wahrnehmung von Mitgliedschaft*: Die Teammitglieder haben das Gefühl (→Emotionalität) der Zugehörigkeit zu einer sozialen Einheit innerhalb einer →Organisation.
- *Strukturierte Beziehungen*: Das Verhalten der Teammitglieder wird durch →Rollen, Regeln und Normen (→Normen und Werte) kontrolliert.
- *Gegenseitige Beeinflussung*: Die Teammitglieder haben Einfluss auf die Einstellungen beziehungsweise Verhaltensweisen der anderen Teammitglieder.
- *Individuelle* →*Motivation*: Die Teammitglieder sind motiviert, einen Beitrag zum Teamerfolg zu leisten, da sie aus der Mitgliedschaft im Team persönliche Bedürfnisse befriedigen können.

Literatur: *Stock-Homburg, R.*: Personalmanagement, Wiesbaden 2008.

Ruth Stock-Homburg

Team-Organisation

→Aufbauorganisation, die auf die →Organisation sozialer Einheiten fokussiert, die mithilfe der kooperativen →Interaktion von Menschen eine gemeinsame Aufgabe bearbeiten.

Zur Zielerreichung sind die Mitglieder des Teams (→Gruppe) voneinander abhängig. Der Teambegriff ist damit sehr weit gefasst. Aus organisatorischer Sicht können einzelne Abteilungen aus der Aufbauorganisation genauso darunter subsumiert werden wie die Mitglieder eines Prozesses. Tendenziell steht die Team-Organisation für eher dezentrale Strukturen, da den einzelnen Teams in vielen Fällen auch die Entscheidungskompetenz übertragen wird. Eine hohe Relevanz hat die Team-Organisation außerdem bei zeitlich beschränkten Projektgruppen. Hier wird ein meistens fachübergreifendes Team zur Lösung eines genau definierten Problems eingesetzt.

Die wesentlichen Implikationen der Team-Organisation liegen nach *Gemünden* und *Högl* (2001) insbesondere aus personalwirtschaftlicher Sicht in den benötigten Qualifikationen der Teammitglieder. Eine Team-Organisation ist in der Lage, Kenntnisse (→Qualifikation) und Fähigkeiten aus mehreren Bereichen zu vereinen, wenn die im Team vertretenen fachlichen Fähigkeiten entsprechend heterogen sind. Die Zusammenarbeit im Team setzt des Weiteren eine hohe Sozialkompetenz voraus. Die Kommunikations- und Konfliktlösungsfähigkeit der Mitglieder trägt wesentlich zum Erfolg der Teamarbeit bei. Bei internationalen, insbesondere kulturheterogenen Teams erhöht sich die Relevanz dieser Faktoren.

Neben den individuellen Fähigkeiten der Teammitglieder spielt auch das Schnittstellenmanagement zwischen den Teams eine große Rolle. Die Abstimmung zwischen Teams kann zum Beispiel durch regelmäßige Treffen, zumindest der Teamleiter, oder durch Mitarbeiter, die Mitglieder in beiden abzustimmenden Teams sind (Linking-Pins, →Kooperative Organisationsform), erreicht werden. Die nächsthöhere Koordinationsebene, also die Abstimmung und Ausrichtung aller Teams auf das Unternehmensziel, ist eine der Hauptaufgaben des Top-Managements bei einer Team-Organisation.

Literatur: *Gemünden, H.-G.*; *Högl, M.*: Determinanten und Wirkungen der Teamarbeit, in: *Gemünden, H.-G.*; *Högl, M.* (Hrsg.): Management von Teams, Wiesbaden 2001, S. 33–66.

Reinhard Meckl

Teamprämie

variable Vergütungsform, bei der die Höhe der Prämie von der gemeinsam erbrachten Leistung einer Arbeitsgruppe abhängt.

Teamprämien werden häufig da praktiziert, wo der Erfolg einer Abteilung oder einer →Gruppe nicht den individuellen Leistungen der Mitarbeiter zugeordnet werden kann (z. B. Projektgruppen in der Produktentwicklung oder Arbeitsgruppen in komplexen Fertigungsprozessen). Ihr Einsatz bietet sich aber auch für Bereiche an, wo die Gefahr besteht, dass einzelne Gruppenmitglieder ihren Erfolg auf Kosten der übrigen Mitglieder maximieren (z. B. regionale Verkäuferteams mit überlappenden Kundenbeziehungen). Die Motivationswirkung von Teamprämien hängt sowohl von Merkmalen der Arbeitsgruppe als auch der →Arbeitsaufgabe ab (→Teamanreiz).

Markus Gmür

Teamprozess

Bestandteil des →Input-Process-Output-Modells; vielfach Gleichsetzung mit dem Begriff teambezogener Interaktionsprozess.

Ein Teamprozess ist durch folgende vier Merkmale gekennzeichnet:

1. Die *Kommunikation* beschreibt die Häufigkeit beziehungsweise Dauer des Austauschs von →Informationen zwischen den Mitgliedern des Teams (→Gruppe).

2. Das Prozessmerkmal →*Kooperation* meint den Umfang, in dem sich die Mitglieder eines Teams gegenseitig unterstützen.

3. Hinsichtlich der Häufigkeit von →*Konflikten* wird zwischen zwei Konfliktarten unterschieden: Personenbezogene Konflikte bezeichnen persönliche, das heißt von sachbezogenen Aspekten weitgehend unabhängige Spannungen zwischen den Mitgliedern eines Teams; aufgabenbezogene Konflikte sind Differenzen zwischen Teammitgliedern, die sachliche Aspekte zur Ursache haben (bspw. die Auswahl von zielführenden Maßnahmen oder die Verteilung begrenzter Ressourcen).

4. Die *Prozessqualität der Entscheidungsfindung* beschreibt die Professionalität und Umsichtigkeit eines Teams im Rahmen des Vorbereitens und Treffens von Entscheidungen. Für eine hohe Prozessqualität der Entscheidungsfindung sprechen insbesondere eine angemessene Alternativenprüfung und Umsetzungsorientierung im Vorfeld von Entscheidungen sowie eine relativ geringe zeitliche Dauer (Schnelligkeit) der Entscheidungsfindung.

Ruth Stock-Homburg

Technischer Wandel und seine personalwirtschaftlichen Implikationen

wirkt sich sowohl auf die primären Funktionen der Personalwirtschaft (→Personalmanagement) als auch auf die sekundären Funktionen, wie die administrativen Aufgaben (→Personalverwaltung) aus.

Zu den primären Funktionen gehören die Ermittlung des zukünftigen Netto-Personalbedarfs in quantitativer und qualitativer Hinsicht sowie die Anpassung des vorhandenen Personalbestandes an den zukünftigen Personalbedarf unter Berücksichtigung wirtschaftlicher und sozialer Ziele. Die administrative

Technischer Wandel und seine personalwirtschaftlichen Implikationen

Aufgaben der sekundären Funktionen bieten zum Teil hohe Automatisierungspotenziale.

Der technische Wandel in Unternehmen geht mit einer zunehmenden *Mechanisierung* und *Automatisierung* der Bearbeitung von materiellen und immateriellen Objekten einher. Mechanisierung und Automatisierung bewirken einen sukzessiven Ersatz menschlicher Arbeitskraft, Steuerungs- und Überwachungsleistung durch Sachmittel wie zum Beispiel Maschinen oder Computer (Übersicht 1). Die vollautomatisierte Produktion als „menschenleere Fabrik" stellt allerdings immer noch eine Utopie dar.

Vom technischen Wandel ist in Unternehmen nicht nur der Produktionsbereich als Ort der industriellen Leistungserstellung, sondern auch in zunehmendem Maße der Vertriebs- und Verwaltungsbereich als Ort der Informationsverarbeitung betroffen. Dabei zeichnet sich durch die „mikroelektronische Revolution" (*Schanz* 2000) eine zunehmende →Integration von Steuerungstechniken im Fabrikbereich und Informations- und Kommunikationstechniken im Bürobereich ab, wie sie in der Konzeption eines Computer Integrated Manufacturing (CIM) angestrebt wird.

Übersicht 1: Stufen des technischen Wandels

Techni-sierungsstufe	Funktionen		
	Bearbei-tung	Steuer-ung	Überwach-ung
Manuelle Produktion	Mensch	Mensch	Mensch
Mechanisierte Produktion	Sach-mittel	Mensch	Mensch
Teilautomati-sierte Produktion	Sach-mittel	Sach-mittel	Mensch
(Voll-)automatisierte Produktion	Sach-mittel	Sach-mittel	Sachmittel

Die sich aus dem technischen und häufig auch gleichzeitigem →organisatorischen Wandel ergebenden Folgen für die Personalwirtschaft wie veränderte →Anforderungsprofile (→Anforderungsanalyse) oder höhere →Arbeitsproduktivität. wirken sich zunächst auf den qualitativen und quantitativen *Personalbedarf* aus. Zu den Auswirkungen auf den qualitativen Personalbedarf wurden im Zeitablauf die Dequalifizierungs-, die Höherqualifizierungs-, die Polarisierungs- und die Segmentierungsthese diskutiert (*Schanz* 2000). Während die ersten beiden Thesen eine allgemeine Absenkung oder Erhöhung der Anforderungen an das Personal postulieren, stellen die beiden letzten Thesen Mischungen dar, die auf eine Ausdünnung bei den mittleren Anforderungen hinauslaufen. So fallen zum einen vermehrt Tätigkeiten an, die nur noch geringe physische und kognitive Anforderungen stellen („Automatenwache"), da Einstell- und Steuerungsarbeiten sowie Werkstoffzu- und -abführung von den Fertigungsanlagen selbst vorgenommen werden. Gleichwohl können sich zum Beispiel durch die Monotonie neue →psychische Belastungen ergeben. Zum anderen fallen Tätigkeiten wie zum Beispiel Reparatur- und Wartungsaufgaben an, die hohe geistig-psychische Anforderungen stellen, da die →Komplexität automatisierter Fertigungsanlagen zu unerwarteten Störungen führen kann. Bei der Segmentierungsthese kommt noch hinzu, dass die hochqualifizierten Mitarbeiter als →Stammbelegschaft gehalten werden, während die weniger qualifizierten Mitarbeiter als →Randbelegschaft eine Pufferfunktion zu erfüllen haben. Insgesamt gesehen zeichnet sich eine gegenläufige Tendenz zwischen steigendem qualitativen und sinkendem quantitativen Personalbedarf ab.

Bei den Maßnahmen zur *Personalbedarfsdeckung* (→*Personalbereitstellung*) ist zwischen *strategischen Aufgaben* der Personalbeschaffung, Personalfreistellung, →Personalentwicklung und Personalerhaltung, die der quantitativ-qualitativen Anpassung des Personalbestandes an den Personalbedarf dienen, sowie *operativen Aufgaben* des Personaleinsatzes zur zeitlich-räumlichen Anpassung des kurzfristig gegebenen Personalbestandes an Personalbedarfsänderungen zu unterscheiden.

Die *Personalbeschaffung* dient der Beseitigung einer zukünftigen quantitativen und/oder qualitativen Unterdeckung. Lässt sich eine Unterdeckung nicht unternehmensintern beseitigen, ist eine externe Personalbeschaffung vorzunehmen. In beiden Fällen ist angesichts der gestiegenen Risiken einer Fehlauswahl eine überaus sorgfältige Personalselektion erforderlich. Bei der →Personalauswahl sind durch den technischen Wandel veränderte Anforderungsprofile zu berücksichtigen. Körperliche Belastungen (→Belastungs-Beanspruchungs-Modell) und Umgebungseinflüsse (Lärm, Schmutz oder

Temperatur) nehmen ab, während geistiges Können und Belastbarkeit sowie Verantwortung für zum Beispiel eine möglichst störungsfreie Maschinennutzung von zunehmender Bedeutung sind.

Im Falle einer (quantitativen) Überdeckung sind Maßnahmen der *Personalfreistellung* (→ Personalfreisetzung) zu ergreifen, die mit oder ohne → Entlassungen stattfinden können. Zur Vermeidung von Entlassungen können Mitarbeiter im Rahmen der Personalentwicklung qualifiziert werden, um sie auf neue Produktions-, Informations- und Kommunikationstechnologien vorzubereiten. Aber auch bei notwendigen Entlassungen werden in zunehmendem Maße Qualifizierungs- und Transfergesellschaften aus Sozialplanmitteln finanziert, die die Beschäftigungsfähigkeit (→ Employability) von Mitarbeitern unterstützen helfen.

Die *Personalentwicklung* dient zur Beseitigung einer qualitativen Unterdeckung und erfüllt damit auch den Zweck einer internen Personalbeschaffung. Die sich durch den technischen Wandel ergebenden Investitionen in das Sachkapital erfordern die rechtzeitige Planung und Durchführung von Bildungsmaßnahmen, um neue Technologien möglichst friktionslos nutzen zu können. Dies kann durch eine integrierte Investitions- und → Personalplanung unterstützt werden.

Der technische Wandel berührt besonders die *Personalerhaltung*, in der es um die Gestaltung von nichtmonetären und monetären → Anreizen zur positiven Beeinflussung von Teilnahme- und Leistungsentscheidung von Mitarbeitern geht. So kann die Arbeit mit modernen Technologien als nichtmonetärer Anreiz angesehen werden, wenn technikimmanente Spielräume bei der → Arbeitsgestaltung zur Erhöhung der Handlungsspielräume der Mitarbeiter, beispielsweise durch → Job Enrichment, genutzt werden. Traditionelle monetäre Anreize haben sich bei der Einführung neuer Produktions- und Bürokonzepte als kontraproduktiv erwiesen.

Bei der Ermittlung des anforderungsgerechten Entgelts (Entgeltsatzdifferenzierung) sind die Verfahren der → Arbeitsbewertung dem technischen Wandel anzupassen. So können die Verfahren der analytischen Arbeitsbewertung hinsichtlich der unterschiedenen Anforderungsarten und deren Gewichtung sowie der Zuordnung von Entgeltsätzen zu Arbeitswerten (Entgeltlinie) modifiziert werden. Jedoch erweist sich diese Vorgehensweise bei hoher technischer Dynamik als zu schwerfällig. Die Entwicklung geht dahin, statt einzelner Arbeitsplätze abgegrenzte → Arbeitssysteme mit vergleichbaren Tätigkeiten einer Entgeltgruppe zuzuordnen und sich damit dem summarischen Entgeltgruppenverfahren zu nähern. Ferner findet eine Aufhebung der Trennung in Arbeiter- und Angestelltenstatus (→ Angestellte) statt. Damit wird ein flexibler räumlicher Personaleinsatz ermöglicht, der nicht bei jedem Tätigkeitswechsel eines Mitarbeiters eine Neubewertung erforderlich macht. Durch den Einsatz paritätisch besetzter Eingruppierungskommissionen (→ Umgruppierung) gewinnen Verhandlungslösungen im Vergleich zu sachorientierten Verfahren der Arbeitsbewertung an Bedeutung. Die Einführung neuer Technologien in Unternehmen wird durch Besitzstandsgarantien für Rationalisierungsverlierer auf der Grundlage von tariflichen oder betrieblichen Rationalisierungsschutzabkommen erleichtert. Damit werden aber zunehmend personen- und nicht anforderungsbezogene Merkmale für die Ermittlung des Grundentgelts herangezogen.

Alternativ zu einem anforderungsorientierten Grundentgelt wird ein qualifikationsorientiertes Entgelt diskutiert, welches von der vorhandenen → Qualifikation eines Mitarbeiters und nicht von der geforderten Qualifikation, wie sie sich aus den Stellenanforderungen ergibt, ausgeht. Damit kann zum einen aus Gewerkschaftssicht eine Entgeltabsenkung infolge verringerter Anforderungen durch den technisch-organisatorischen Wandel verhindert werden. Zum anderen werden Anreize zur auch vom Mitarbeiter selbst veranlassten Qualifizierung und zur erhöhten Mehrfacheinsetzbarkeit geschaffen. Ein qualifikationsorientiertes Entgelt erhöht zudem die Bedeutung eines möglichst eignungsgerechten (→ Eignung) Personaleinsatzes, da damit qualifikationsbezogene Entgeltleerkosten vermieden werden.

Durch neue Fertigungstechnologien sind beim leistungsgerechten Entgelt aufgrund der abnehmenden Beeinflussbarkeit der Leistungsmenge durch das Personal sowie aufgrund zunehmender Steuerungs- und Wartungsarbeiten strukturelle Verschiebungen bei den Entgeltformen festzustellen. Der Anteil des rein mengenmäßig orientierten Akkordlohns ist rückläufig, während der →Zeitlohn in Verbindung mit Leistungszulagen, die das Leistungsverhalten und nicht das Leistungsergebnis bewerten, und multidimensionale Prämienlohnformen von steigender Bedeutung sind. Ferner finden zunehmend Entgeltformen Anwendung, die sich wie der Pensum- oder Programmlohn an der erwarteten anstatt der erbrachten Leistung orientieren. Damit soll ein hoher Nutzungsgrad der Anlagen sowie eine möglichst genaue Erfüllung der quantitativen und qualitativen Produktionsvorgaben im Sinne einer Verstetigung der Leistung erreicht werden.

An den *Personaleinsatz* (→Personaleinsatzplanung) werden durch den technischen Wandel in Verbindung mit neueren Organisationskonzepten wie zum Beispiel Lean Management ebenfalls veränderte Anforderungen gestellt. Eine kundenorientierte, flexible, automatisierte Produktion erfordert eine gestiegene zeitlich-räumliche →Flexibilität der Mitarbeiter nach dem von *Hartz* (1996) postulierten Leitbild der „atmenden Fabrik". Dazu dienen zum einen Ansätze der flexiblen Arbeitszeitgestaltung wie beispielsweise Jahresarbeitszeitmodelle (→Jahresarbeitszeit) oder Zeitwertpapiere. Zum anderen erfordern insbesondere gruppenorientierte Produktionsformen mehrfach einsetzbare Mitarbeiter. Im Bürobereich kann eine räumliche Flexibilität durch standortverteilte Arbeit oder standortungebundene Mobilarbeit (→Telearbeit) erreicht werden.

Im Bereich der Personalverwaltung lassen sich administrative Aufgaben wie zum Beispiel die Lohn-/Gehaltabrechnung durch computergestützte →Personalinformationssysteme automatisieren. Aber auch dispositive Aufgaben wie die →Personaleinsatzplanung werden durch Personalinformationssysteme unterstützt (*Henselek*, *Mag* und *Ruhwedel* 2001).

Generell sind mit dem technischen Wandel auch Fragen der →Mitbestimmung in Unternehmen verbunden. So hat nach § 81 Abs. 4 BetrVG der →Arbeitgeber den einzelnen →Arbeitnehmer über die Auswirkungen technisch-organisatorischer Änderungen auf Arbeitsplatz und -inhalt zu unterrichten. Mit dem Arbeitnehmer ist zudem die Beseitigung von Qualifikationsdefiziten zu erörtern. Ferner hat der →Betriebsrat nach § 87 Abs. 1 Nr. 10 f. BetrVG bei Fragen der Entgeltgestaltung mitzubestimmen. Nach § 90 Abs. 1 BetrVG hat der Arbeitgeber den Betriebsrat rechtzeitig über die Planung von technischen Anlagen zu unterrichten sowie die vorgesehenen Maßnahmen und ihre Auswirkungen auf die Arbeitnehmer zu beraten. Neben diesen technikspezifischen Normen hat der Arbeitgeber nach der allgemeinen Norm des § 92 Abs. 1 BetrVG den Betriebsrat über die Personalplanung, den Personalbedarf und die Maßnahmen zur Personalbedarfsdeckung zu unterrichten sowie diese Maßnahmen zu beraten. Bei →Betriebsänderungen, zum Beispiel durch grundlegende Änderungen der Betriebsanlagen oder durch die Einführung neuer Fertigungsverfahren, die für die Belegschaft Nachteile zur Folge haben, hat der Betriebsrat nach § 111 BetrVG ebenfalls ein Unterrichtungs- und Beratungsrecht.

Literatur: *Hartz, P.*: Das atmende Unternehmen. Jeder Arbeitsplatz hat einen Kunden, Frankfurt a. M., New York 1996. *Henselek, H.*; *Mag, W.*; *Ruhwedel, P.*: Die informationelle Unterstützung der Personalplanung durch SAP R/3 HR, in: Personal, 53. Jg. (2001), S. 122–127. *Oechsler, W. A.*: Personal und Arbeit, 7. Aufl., München, Wien 2000. *Schanz, G.*: Personalwirtschaftlehre, 3. Aufl., München 2000. *von Eckardstein, D.*: Entlohnung im Wandel. Zur veränderten Rolle industrieller Entlohnung in personalpolitischen Strategien, in: Zeitung für betriebswirtschaftliche Forschung, 38. Jg. (1986), S. 247–269.

Hilmar Henselek

Technisches Feedback →Feedback

Technologiedynamik

Facette der Systemdynamik, die sich neben der Markt- beziehungsweise Umfelddynamik und der →Organisationsdynamik positioniert.

Die Technologiedynamik stellt nach *Basalla* (1988) das Ergebnis des Wettbewerbs zwischen Volkswirtschaften beziehungsweise des Strebens der Unternehmen nach →Differenzierung dar. Eingeordnet in die Faktoren der organisatorischen Effizienz bildet die Technologiedynamik nach *Kieser* und *Walgenbach* (2003) damit neben Konkurrenz- und Kundenstruktur die wichtigste Determinante der *externen Situation* (d. h. des Umweltzustands) der Organisation. Insbesondere durch Einflüsse der Telekommunikationsindustrie, der Informationstechnologie sowie der Mediengesellschaft erfuhr die Technologiedynamik dabei zuletzt einen starken Bedeutungszuwachs für →Strategie, Entwicklung (→Organisationsentwicklung) und Erfolg des Unternehmens, wie *Gerybadze* (2004) und *Gerpott* (2005) betonen.

Um die Bedeutung der Technologiedynamik zu visualisieren, wird zumeist das *S-Kurven-Konzept* nach *Foster* (1986), welches Abbildung 1 veranschaulicht, herangezogen. Die Technologiedynamik wird dort in Relation zur →Leistungsfähigkeit einer Technologie und den aufzuwendenden F&E-Mitteln positioniert. Dabei stellt die Technologiedynamik die erste Ableitung des kumulierten F&E-Aufwands dar und ist in der Phase der Marktdurchdringung am höchsten.

Abbildung 1: S-Kurven-Konzept zur Bestimmung der Technologiedynamik (*Foster* 1986, S. 11)

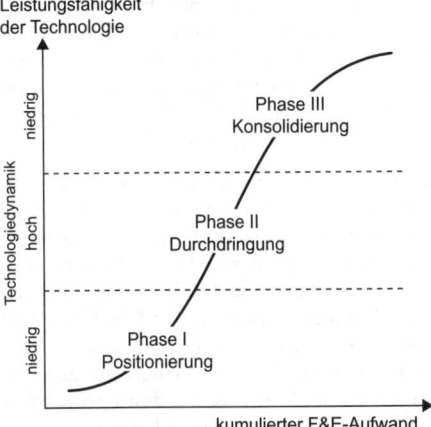

Die Höhe der Technologiedynamik wird geschätzt, indem eine Technologie als Basis- oder Schrittmachertechnologie positioniert wird. Technologiedynamik liegt nach *Basalla* (1988) dann vor, wenn im Vergleich zur Schrittmachertechnologie insbesondere eine *Verbesserung der Marktpositionierung* der Technologie im Verlauf der Entwicklung erzielt wird, zum Beispiel durch deren Etablierung als Standard. Damit einherzugehen hat ein erkennbarer *Nutzen beim Anwender*, der durch die verbesserte Technologie entsteht, wie beispielsweise durch einen Beitrag zur Vereinfachung von Arbeitsabläufen. Das Konzept der Technologiedynamik fordert weiterhin die *Messbarkeit* der Verbesserung, zum Beispiel in Form einer Effizienzsteigerung oder einer höheren Arbeitsgeschwindigkeit, und damit die *Kontrollierbarkeit* des erzielten Fortschritts.

Die mit der Technologiedynamik einhergehenden Herausforderungen an das →*Personalmanagement* bestehen zum einen in steigenden Anforderungen an die betriebliche Aus- und Weiterbildung (→Betriebliche Weiterbildung), insbesondere von Fachkräften, aber auch in Veränderungen in der →Personalbedarfsplanung. Nach *Bullinger* (2002) steht zunehmend die Beschäftigung von Spezialisten im Mittelpunkt, die in der Lage sind, die Leistungsfähigkeit einer Technologie weiter zu steigern, die Technologiedynamik beurteilen und kontrollieren zu können sowie deren Diffusion am Markt voranzutreiben.

Literatur: *Basalla, G.*: The Evolution of Technology, Cambridge 1988. *Bullinger, H.-J.*: Technologiemanagement: Forschen und arbeiten in einer vernetzten Welt, Berlin, Heidelberg 2002. *Foster, R. N.*: Innovation, London 1986. *Gerpott, T.*: Strategisches Technologie- und Innovationsmanagement, 2. Aufl., Stuttgart 2005. *Gerybadze, A.*: Technologie- und Innovationsmanagement, München 2004. *Kieser, A.; Walgenbach, P.*: Organisation, 4. Aufl., Stuttgart 2003.

Tobias Bernecker

Technologieorientierung →Technologiedynamik

Technologischer Wandel

Veränderungen der realisierbaren Produktionsmöglichkeiten.

Ziel ist die effizientere Nutzung der eingesetzten Ressourcen, das heißt, es soll mit gleich hohem Input ein höherer Output erzielt werden. Technologischer Wandel kann laut *Ruttan* (1959) als Ergebnis der Entwicklungsabfolge von Invention, über Innovation bis hin zum technologischen Wandel betrachtet werden. Unter *Invention* wird die Phase bezeichnet, in der die Idee von etwas Neuem entsteht und konkretisiert wird. *Innovation* ist der erste Teil der praktischen Umsetzung der Invention. Ziel ist es, die bestehenden Verfahrensweisen und technischen Prozesse zu optimieren. Werden die bestehenden Verfahrensweisen und technischen Prozesse nicht nur verbessert, sondern ändert sich die ihnen zugrunde liegende Funktionsweise, so spricht man von einem technologischen Wandel (→Technischer Wandel und seine personalwirtschaftlichen Implikationen).

Technologischer Wandel bedeutet eine Veränderung der Technologie. Der Begriff der *Technologie* bezeichnet allgemein alle Ergebnisse technischen →Wissens in Form von Verfahren und Prozessen. Da der Begriff in Deutschland vor allem durch die Ingenieurswissenschaften geprägt wurde, wird hier unter Technologie meist die Verfahrenskunde verstanden, die die Verfahren und Methodenlehre eines einzelnen Gebiets oder eines bestimmten Fertigungsablauf einschließt.

Technologischer Wandel findet als Abfolge von kurzen revolutionären und längeren inkrementellen Phasen statt. Technologischer Wandel ist kein sich linear entwickelnder Prozess, sondern findet sprunghaft in verschiedenen Gleichgewichtsphasen statt (Punctuated Equilibrium Paradigm, PEP). Das aus der Biologie stammende PEP beschreibt eine evolutionäre Entwicklung, in dem Perioden lokaler Gleichgewichts existieren. In diesen Perioden finden lediglich inkrementelle Formen des Wandels statt. Des Weiteren gibt es Phasen revolutionärer Veränderungen, in denen sich die Tiefenstruktur ändert. Nachgewiesen wurden die Entwicklungsphasen in der Technologiemanagement-Forschung zum Beispiel von *Miller* und *Friesen* (1980a; 1980b) sowie von *Romanelli* und *Tushman* (1985; 1994).

Treiber für Innovation und somit auch für technologischen Wandel sind Marktsog („market pull") und Technologiedruck („technology push"), wobei mit „market pull" die Anwendungs- und Marktorientierung gemeint ist, nach denen technologische Innovationen ausgerichtet werden. Bei einem „technology push" hingegen erfolgt der Impuls zur Innovation durch die Anwendung interner oder externer technologischer Grundlagenforschung auf neue Problemlösungen.

Literatur: *Miller, D.; Friesen, P. H.*: Momentum and Revolution in Organizational Adaption, in: Academy of Management, 23. Jg. (1980a), H. 4, S. 591–614. *Miller, D.; Friesen, P. H.*: Archetypes of Organizational Transition, in: Administrative Science Quarterly, 25. Jg. (1980b), S. 268–299. *Romanelli, E.; Tushman, M. L.*: Organizational Transformation as Punctuated Equilibrium: An Empirical Test, in: Academy of Management, 37. Jg. (1994), H. 5, S. 1141–1166. *Ruttan, V.W.*: Usher and Schumpeter on Invention, Innovation and Technological Change, in: Quarterly Journal of Economics, 73. Jg. (1959), H. 4, S. 596–606. *Tushman, M. L.; Romanelli, E.*: Organizational Evolution: A Metamorphosis Model of Convergence and Reorientation, in: *Cummings, L. L.; Staw, Barry M.* (Hrsg.): Research in Organizational Behavior, 7. Jg. (1985), S. 171–222.

Jetta Frost

Teilautonome Arbeitsgruppen →Selbststeuerung

Teilrente

Altersruhegeld, das in Höhe von entweder einem Drittel, der Hälfte oder von zwei Dritteln der zustehenden Vollrente bezogen wird.

Nach § 42 des Sechsten Buchs des Sozialgesetzbuches kann jeder Versicherte entscheiden, ob er die ihm zustehende Altersrente als Vollrente erhalten will oder ob er zunächst nur eine Teilrente beansprucht.

Eine Teilrente ist nur von Interesse, wenn parallel ein →Beschäftigungsverhältnis besteht. Das ist der Fall, wenn Beschäftigte nach der →Pensionierung mit voller oder reduzierter →Arbeitszeit tätig bleiben. Wenn der einschlägige →Arbeits- beziehungsweise →Tarifvertrag dies nicht vorsieht, müssen sich →Arbeitnehmer zunächst mit ihrem →Arbeitgeber einigen. Soweit dieser zustimmt, kann die Tätigkeit fortgesetzt werden. Möglich wäre auch die Aufnahme einer Beschäftigung bei einem anderen Arbeitgeber.

Wird eine Teilrente bereits vor Erreichen der maßgeblichen Altersgrenze in Anspruch genommen, also in Zukunft vor Vollendung des 67. Lebensjahres, wird, wie beim Bezug einer vorzeitigen Vollrente (→Vorruhestand), ein versicherungsmathematischer Abschlag vorgenommen. Zudem sind dann Hinzuverdienstgrenzen zu beachten. Je geringer der gewählte Anteil an der Vollrente ist, desto größer sind die Möglichkeiten des Zuverdienstes.

Reiner Bröckermann

Teilzeitanspruch

Anspruch eines →Arbeitnehmers gemäß § 8 Abs. 1 Teilzeit- und Befristungsgesetz (TzBfG), auf Verringerung seiner vertraglich vereinbarten →Arbeitszeit.

Dieser Anspruch besteht nur, wenn bei dem →Arbeitgeber ausschließlich der →Auszubildenden in der Regel 15 Arbeitnehmer beschäftigt sind (§ 8 Abs. 7 TzBfG). Der dem Arbeitnehmer gesetzlich eingeräumte Anspruch auf Reduzierung der Arbeitszeit kann weder durch den →Arbeitsvertrag noch durch die →Betriebsvereinbarung oder den →Tarifvertrag ausgeschlossen werden. Der Arbeitnehmer muss die Verringerung seiner Arbeitszeit und den Umfang der Verringerung spätestens drei Monate vor deren Beginn geltend machen und soll dabei die gewünschte Verteilung der Arbeitszeit angeben.

Gemäß § 8 Abs. 4 TVG hat der Arbeitgeber der Verringerung und der Verteilung der Arbeitszeit nach den Wünschen des Arbeitnehmers zuzustimmen, soweit betriebliche Gründe nicht entgegenstehen (Amtliche Begründung, BT-Drs 14/4379 zu Art 1 § 8 IV S. 17). Ein betrieblicher Grund liegt insbesondere vor, wenn die Verringerung der Arbeitszeit die Organisation, die Arbeitsabläufe oder die Sicherheit im Betrieb wesentlich beeinträchtigt oder unverhältnismäßige Kosten verursacht. Will der Arbeitgeber sich auf solche betrieblichen Gründe berufen, muss er spätestens einen Monat vor dem vom Arbeitnehmer gewünschten Beginn der →Teilzeitarbeit der Verringerung und/oder der Verteilung der Arbeitszeit schriftlich widersprechen. Geschieht das nicht, gilt die vom Arbeitnehmer gewünschte Arbeitszeit beziehungsweise deren Verteilung als festgelegt. Beruft er sich dagegen schriftlich und rechtzeitig auf betriebliche Gründe, muss der Arbeitnehmer Klage gegen den Arbeitgeber erheben, die auf dessen Zustimmung zur Änderung des Arbeitsvertrags gerichtet ist.

Gibt das Arbeitsgericht (→Arbeitsgerichtsbarkeit) dieser Klage statt, wird durch das Urteil die Zustimmungserklärung des Arbeitgebers ersetzt und somit der bisherige Arbeitsvertrag inhaltlich geändert. Ob das Gericht der Klage stattgibt oder sie abweist, hängt davon ab, ob dem Teilzeitwunsch beziehungsweise der gewünschten Verteilung der Arbeitszeit tatsächlich betriebliche Gründe entgegenstehen. Dabei muss nicht der Arbeitnehmer beweisen, dass sein Teilzeitwunsch und seine gewünschte Verteilung der Arbeitszeit in das betriebliche Konzept passen, sondern der Arbeitgeber muss darlegen und beweisen, dass betriebliche Gründe dem Wunsch des Arbeitnehmers entgegenstehen. Dabei machen die bislang zu § 8 TzBfG ergangenen arbeitsgerichtlichen Entscheidungen deutlich, dass die Rechtsprechung insoweit recht hohe Anforderungen an die Darlegung eines betrieblichen Grundes stellt. Der Arbeitgeber muss im Einzelnen konkret darlegen, warum es nicht möglich ist, in dem vom Arbeitnehmer gewünschten Umfang der Verringerung eine neue Teilzeitkraft einzustellen, die diesen Arbeitsbedarf abdeckt. Die in der Praxis gelegentlich anzutreffende Auffassung, dass zwei Teilzeitkräfte angeblich generell teurer seien als eine Vollzeitarbeitskraft, reicht dafür nicht aus.

Mehrkosten müssten konkret dargelegt werden und können bei zwei Teilzeitkräften statt einer Vollzeitkraft (→Full-Time Equivalent) in der Tat entstehen, etwa wenn Arbeitsmittel (→Arbeitssystem, z. B. Laptop) doppelt gekauft werden müssten, eine längere Einarbeitungszeit erforderlich ist oder Fortbildungskosten doppelt anfallen. Die Mehrkosten müssten aber ein erhebliches Gewicht erreichen, um den Teilzeitwunsch ausschließen zu können. Ebenso wenig darf der Arbeitgeber sich darauf beschränken, vorzutragen, Teilzeitkräfte für diese Tätigkeit seien auf dem →Arbeitsmarkt nicht verfügbar, wenn er vorher nicht zumindest den Versuch unternommen hat, durch entsprechende Ausschreibung oder andere geeignete Maßnahmen einen entsprechenden Arbeitnehmer zu finden. Kann der Arbeitgeber hingegen darlegen, dass zum Beispiel die Kundenbetreuung durch allein einen Arbeitnehmer erfolgen muss oder die Eigenart der Tätigkeit, zum Beispiel Projektleitung, zu einem umfangreichen Abstimmungsprozess und aufwändigen täglichen Übergabegesprächen führen würde, wenn sie von zwei Arbeitnehmern ausgeübt wird, können das betriebliche Gründe sein, die dem Teilzeitwunsch entgegenstehen.

Betriebliche Gründe, die der gewünschten Verteilung der Arbeitszeit entgegenstehen, können sich aus dem Organisationskonzept des Unternehmens ergeben. Dieses legt der Arbeitgeber fest. Kann der Arbeitgeber darlegen, dass die vom Arbeitnehmer gewünschte Lage der Arbeitszeit sich in dieses Organisationskonzept nicht einfügen lässt, kann der Arbeitnehmer eine Zustimmung des Arbeitgebers hinsichtlich der Lage der Arbeitszeit nicht durchsetzen (*Preis* und *Gotthardt* 2000, *Schiefer* 2000). Der Arbeitnehmer kann auch nicht verlangen, dass zum Beispiel Maschinenlaufzeiten oder Öffnungszeiten des Betriebs geändert werden, damit seinem Wunsch nach einer bestimmten Verteilung der Arbeitszeit entsprochen werden kann. Der Arbeitgeber muss in diesem Fall nur darlegen, wie sein Organisationskonzept aussieht. Er muss sich nicht dafür rechtfertigen, warum das Konzept so aussieht oder sich einer Diskussion aussetzen, ob ein anderes Organisationsmodell ebenfalls vertretbar wäre. Ähnlich wie bei der grundsätzlich freien unternehmerischen Entscheidung im Rahmen von betriebsbedingten Kündigungen ist auch bei § 8 Abs. 4 TzBfG eine

Teilzeitarbeit

Grenze erst dort zu ziehen, wo der Arbeitgeber offensichtlich unsachlich den Betrieb bewusst so organisiert, damit er dem Wunsch des Arbeitnehmers hinsichtlich der Lage der Arbeitszeit nicht entsprechen muss.

Damit der Arbeitgeber eine gewisse Planungssicherheit hat und nicht durch denselben Arbeitnehmer ständig Teilzeitwünsche geltend gemacht werden, hat der Gesetzgeber in § 8 Abs. 6 TzBfG angeordnet, dass eine erneute Verringerung der Arbeitszeit frühestens nach Ablauf von zwei Jahren verlangt werden kann, nachdem der Arbeitgeber einer Verringerung zugestimmt oder sie berechtigt abgelehnt hat. Hat der Arbeitgeber der Verkürzung der Arbeitszeit freiwillig zugestimmt, oder ist er dazu verurteilt worden und hat somit das Arbeitsverhältnis nunmehr einen neuen Inhalt, kann der Arbeitnehmer nicht verlangen, zur alten Arbeitszeit zurückzukehren. Ein spiegelbildlicher Anspruch auf Verlängerung der Arbeitszeit besteht nicht. Allerdings wird der teilzeitbeschäftigte Arbeitnehmer von § 9 TzBfG erfasst und ist daher bei der Neubesetzung von einem Vollzeitarbeitsplatz vorrangig zu berücksichtigen, wenn er sich darauf bewirbt. Neben § 8 TzBfG kann sich ein Anspruch auf Verringerung der Arbeitszeit aus § 15 Abs. 6, 7 BErzGG während der Elternzeit (→Erziehungsurlaub) ergeben. Für Schwerbehinderte besteht ein Anspruch auf Teilzeitbeschäftigung nach § 81 Abs. 5 SGB IX, wenn die kürzere Arbeitszeit wegen Art oder Schwere der Behinderung notwendig ist.

Literatur: Preis, U.; Gotthardt, M.: Neuregelung der Teilzeitarbeit und befristeten Arbeitsverhältnisse, in: Der Betrieb, 2000, S. 2064–274. Schiefer, B.: Entwurf eines Gesetzes über Teilzeitarbeit und befristete Arbeitsverhältnisse und zur Änderung und Aufhebung arbeitsrechtlicher Bestimmungen, in: Der Betrieb, 2000, S. 2116–2123.

Friedrich Meyer

Teilzeitarbeit

→Arbeitszeit, die kürzer als die regelmäßige Arbeitszeit vergleichbarer →Arbeitnehmer ist.

Diese Definition entstammt dem *Teilzeit- und Befristungsgesetz* (TzBfG). In diesem Gesetz wird kein absoluter Stundenmaßstab, sondern ein relationales Kriterium zur Abgrenzung von Teilzeitarbeit herangezogen. In der Literatur hat sich nach *Heilmann* und *Martin Troyano* (2002) (trotz z. B. des vielbeachteten Beispiels der 28,8-Stunden-Woche bei VW) derzeit eine Marke von 35 Arbeitsstunden pro Woche als Obergrenze dafür etabliert, was als Teilzeit bezeichnet und damit auch behandelt wird. Die untere Grenze von Teilzeitarbeit im engeren Sinne ist leichter zu bestimmen, da sie gesetzlich dort zu sehen ist, wo die geringfügigen, nicht sozialversicherungspflichtigen →Beschäftigungsverhältnisse (→Geringfügige Beschäftigung) beginnen. Dies ist derzeit bei einer Arbeitszeit von unter 15 Stunden der Fall (§ 8 Absatz 1 Sozialgesetzbuch IV).

Die *konkrete Ausgestaltung* der Teilzeitarbeit weist zwischen klassischer Halbtagsstelle, Blockteilzeit (auf wöchentlicher, monatlicher oder saisonaler Basis), variabler Arbeitszeit, →Job Sharing (Partnerteilzeit) und zeitautonomen Gruppen große Gestaltungsspielräume auf, die in der Praxis nach *Heilmann* und *Martn Troyano* (2002) auch zunehmend genutzt werden. Der in den letzten Jahren steigende Anteil der Teilzeitarbeitsverhältnisse an den Beschäftigungsverhältnissen insgesamt (derzeit circa 23 %, davon 85,5 % Frauen) kann nach *Wagner* (2004) unter anderem auf eine mit beschäftigungspolitischen Zielen begründete politische Förderung der Teilzeitarbeit sowie auf entsprechende Präferenzen der Arbeitnehmer zurückgeführt werden. Letztere können vielfältige, beispielsweise sozioökonomische (Notwendigkeit eines zweiten Familieneinkommens) oder in den gesellschaftlichen Werten („Zeitwohlstand") liegende Ursachen haben. Auffällig ist zum Beispiel, dass Teilzeitarbeit zum einen unter den Geschlechtern extrem ungleich verteilt ist und dass es zum anderen eine starke Branchenabhängigkeit der →Teilzeitquote gibt (siehe Übersicht 1).

Die Auswirkungen der Branchenstruktur und der nationalen sozio-kulturellen Rahmenbedingungen auf die Ausgestaltung von →Beschäftigungsformen wurde von *Baret, Lehndorff* und *Sparks* (2000) in einer ländervergleichenden Studie von Teilzeitbeschäftigung im Lebensmittelhandel aufgezeigt. Es zeigte sich dort, dass der Anteil von Frauen an den Teilzeitarbeitarbeitnehmern 99 % in Deutschland, 94 % in Frankreich und 85 % in Großbritannien betrug. Ein deutlicher statistischer Zusammenhang ergab sich zwischen dem zeitlichen Umfang an Kinderbetreuungsmöglichkeiten (Ganztagskindergärten und -schulen) als Indikator für gesellschaftlich veran-

Übersicht 1: Teilzeitquote nach Branche

Branche	Teilzeitanteil gesamt	Teilzeitanteil Frauen
Handel und Gastgewerbe	34	51,2
Grundstückswesen/ Vermietung/ Dienstleistung	30,2	47,6
öffentliche und private Dienstleistungen	35,7	44,4
Baugewerbe	8,3	42,2
Verkehr und Nachrichtenübermittlung	15,7	35,6
Land- und Forstwirtschaft, Fischerei	16,3	34,9
öffentliche Verwaltung	15,6	32,8
Kredit- und Versicherungsgewerbe	18,8	32
Bergbau und verarbeitendes Gewerbe	10,8	31,4
Energie- und Wasserversorgung	6,5	23,8

kerte Formen familiärer →Arbeitsteilung unddem Anteil an Frauen, die ganztags beziehungsweise auf Teilzeitbasis beschäftigt sind.

Hinsichtlich ihrer *Relevanz* handelt es sich bei Teilzeitarbeit um eine weit verbreitete, weitgehend akzeptierte und auch zum Teil erwünschte Abweichung vom Vollzeitcharakter des →Normalarbeitsverhältnis, die einen wichtigen Bestandteil einer zunehmenden zeitlichen →Flexibilisierung von Beschäftigungsverhältnissen darstellt. Da gerade hinsichtlich der Ausgestaltung der Arbeitszeit das Normalarbeitsverhältnis besonders stark erodiert ist, ließe sich argumentieren, dass es sich bei Teilzeitarbeit gar nicht um eine →atypische Beschäftigung handelt. Allerdings legt ein Blick auf die Struktur der Teilzeitbeschäftigten eine differenziertere Betrachtung nahe.

Solange Teilzeitarbeitsverhältnisse zunehmend kritisch diskutierte gesellschaftliche Arbeits- und Chancenverteilungen widerspiegeln, solange sie unfreiwillig oder aus Sachzwängen heraus eingegangen werden und eine höhere Befristungswahrscheinlichkeit aufweisen als Normalarbeitsverhältnisse und solange sie es den Teilzeitbeschäftigten nicht erlauben, eine angestrebte und als ausreichend angese-

hene finanzielle Lebensgrundlage zu erlangen, ist es sowohl aus analytischen als auch aus politischer Sicht problematisch, sie als „normale" oder reguläre Beschäftigungsverhältnisse zu bezeichnen.

Literatur: *Baret, C.; Lehndorff, S.; Sparks, L.* (Hrsg.): Flexible Working in Food Retailing. A Comparison between France, Germany, Great Britain and Japan, London 2000. *Heilmann, J.; Martn Troyano, N.*: Teilzeitbeit aus rechtlicher und personalpolitischer Sicht, in: *Martin, A.; Nienhüser, W.* (Hrsg.): Neue Formen der Beschäftigung – neue Personalpolitik?, München, Mering 2002, S. 153–206. *Wagner, S.*: Teilzeitarbeit: Ein Gesetz liegt im Trend, IAB Kurzbericht, (2004), H. 18.

Axel Haunschild

Teilzeitarbeit von Beamten

Anspruch auf →Teilzeitarbeit, der nach § 72 a Bundesbeamtengesetz zu genehmigen ist.

Dieser Anspruch ist, wie *Domsch et al.* (1994) betonen, zu genehmigen, sofern aus dienstlichen Belangen nichts dagegenspricht. Durch die 13. Änderung der Rechtsverordnung zur →Arbeitszeit der Bundesbeamten wurde die wöchentliche Arbeitszeit zum 01. 03. 2006 auf 41 Stunden pro Woche erhöht. Da Teilzeit für Beamte mindestens die Hälfte der regelmäßigen Arbeitszeit beinhalten muss, müssen mindestens 20,5 Stunden pro Woche (statt früher 19,25 Stunde) gearbeitet werden. Aber auch andere Teilzeitmodelle sind möglich (z. B. 2/3 Teilzeit; dies entspricht 26,5 Stunden). Teilzeitarbeit ist grundsätzlich nur befristet zu gewähren.

Die Möglichkeit des Altersteilzeitmodells für Beamte, das bis 2010 gelten soll, in Anspruch zu nehmen, wird derzeit stark eingeschränkt. Altersteilzeit wird nur noch gewährt, wenn der betroffene Dienstposten nicht nachbesetzt werden wird.

Literatur: *Domsch, M. E. et al.*: Teilzeitarbeit für Führungskräfte. Eine empirische Analyse am Beispiel des Hamburgischen öffentlichen Dienstes, München, Mering 1994.

Désirée H. Ladwig

Teilzeitarbeitsverhältnis

Situation, bei der ein →Arbeitnehmer eine kürzere regelmäßige →Wochenarbeitszeit als die eines vergleichbaren vollzeitbeschäftigten Arbeitnehmers hat.

Ziel des Teilzeit- und Befristungsgesetzes (TzBfG) ist es, →Teilzeitarbeit zu fördern und die Diskriminierung von teilzeitbeschäftigten Arbeitnehmern zu verhindern (§ 1 TzBfG). Der Begriff des teilzeitbeschäftigten Arbeitnehmers wird in § 2 TzBfG definiert.

Ist eine regelmäßige Wochenarbeitszeit nicht vereinbart, ist ein Arbeitnehmer teilzeitbeschäftigt, wenn seine regelmäßige →Arbeitszeit im Durchschnitt eines bis zu einem Jahr reichenden Beschäftigungszeitraums unter der eines vergleichbaren vollzeitbeschäftigten Arbeitnehmers liegt. Vergleichbar ist ein vollzeitbeschäftigter Arbeitnehmer des Betriebs mit derselben Art des Arbeitsverhältnisses (→Beschäftigungsverhältnis) und dergleichen oder einer ähnlichen Tätigkeit. Gibt es im Betrieb keine vergleichbaren vollzeitbeschäftigten Arbeitnehmer, ist der vergleichbare vollzeitbeschäftigte Arbeitnehmer anhand des anwendbaren →Tarifvertrags zu bestimmen; in allen anderen Fällen (wenn also ein Tarifvertrag keine Anwendung findet) gilt als solcher, wer im jeweiligen Wirtschaftszweig üblicherweise als vergleichbarer vollzeitbeschäftigter Arbeitnehmer anzusehen ist (*Hromadka* und *Maschmann* 2002, § 4 Rn. 38). Geringfügig Beschäftigte werden in der Praxis oft als Aushilfen geführt und als eine Art „Arbeitsverhältnisse zweiter Klasse" angesehen, auf die das →Arbeitsrecht oder die Vorschriften über Teilzeitarbeit keine Anwendung finden. Das ist unzutreffend. § 2 Abs. 2 TzBfG ordnet ausdrücklich an, dass auch eine →geringfügige Beschäftigung gemäß § 8 Abs. 1 Nr. 1 SGB IV ein Teilzeitarbeitsverhältnis im Sinne des TzBfG darstellt. Als Teilzeitarbeitsverhältnisse kommen reduzierte tägliche Arbeitszeiten, Gleitzeitregelungen (→Gleitzeit), Anpassung an den Arbeitsanfall gemäß § 12 TzBfG (→*KAPOVAZ*), Arbeitsplatzteilung (→Job Sharing) gemäß § 13 TzBfG oder Monats- beziehungsweise Jahresarbeitszeitkonten in Betracht.

§ 4 TzBfG enthält ein →Diskriminierungsverbot. Ein teilzeitbeschäftigter Arbeitnehmer darf wegen der Teilzeitarbeit nicht schlechter behandelt werden als ein Vollzeitarbeitnehmer, es sei denn, dass sachliche Gründe eine unterschiedliche Behandlung rechtfertigen. Insbesondere gilt das für das Arbeitsentgelt einschließlich aller Zuschläge, Sonderzahlungen oder geldwerten Leistungen, wobei im Rahmen der vorgeschriebenen anteiligen Gewährung ein Problem auftreten kann, wenn diese nicht teilbar sind. Werden teilzeitbeschäftigte Arbeitnehmer schlechter behandelt als Vollzeitarbeitnehmer und sind bei den Teilzeitkräften überwiegend und typischerweise Frauen beschäftigt, liegt zugleich eine so genannte mittelbare Diskriminierung des Geschlechts vor. §§ 6 ff. TzBfG enthalten weitere Vorschriften über die Teilzeitarbeit. Nach § 6 TzBfG hat der →Arbeitgeber den Arbeitnehmern, auch in leitenden Positionen, Teilzeitarbeit zu ermöglichen. Diese Vorschrift hat deshalb begrenzte Bedeutung, weil § 8 TzBfG ohnehin einen →Teilzeitanspruch einräumt.

§ 8 TzBfG gilt auch für →leitende Angestellte, selbst wenn diese in § 6 TzBfG nicht nochmals erwähnt würden. Der Aussagegehalt des § 6 TzBfG beschränkt sich deshalb darauf, dass die Position als leitender Angestellter für sich genommen kein betrieblicher Grund für eine Ablehnung des Teilzeitwunsches sein soll. Nach § 7 TzBfG soll der Arbeitgeber einen Arbeitsplatz, den er ausschreibt, auch als Teilzeitarbeitsplatz ausschreiben. Außerdem muss der Arbeitgeber einen Arbeitnehmer, der ihm den Wunsch nach Teilzeit mitgeteilt hat, über solche Arbeitsplätze im Betrieb oder Unternehmen informieren (*Hromadka* und *Maschmann* 2002, §4 Rn.40). Schließlich hat der Arbeitgeber die Arbeitnehmervertretung über vorhandene oder geplante Teilzeitarbeitsplätze sowie die Umwandlung von Teilzeit- in Vollzeitarbeitsverhältnisse und umgekehrt zu informieren. Teilzeitarbeitnehmer, die in eine Vollzeitstelle wechseln wollen, sind gemäß § 9 TzBfG bei gleicher →Eignung bevorzugt zu behandeln, wenn der Arbeitgeber einen Vollzeitarbeitsplatz besetzt. § 9 TzBfG gilt nicht nur für Arbeitnehmer, die zuvor nach § 8 TzBfG ihren Teilzeitanspruch erfolgreich geltend gemacht haben, sondern für alle Teilzeitarbeitnehmer, also auch für solche, deren Arbeitsverhältnis von Beginn an als Teilzeitarbeitsverhältnis ausgestaltet war.

Der Arbeitgeber hat dafür zu sorgen, dass auch Teilzeitbeschäftigte an Aus- und Weiterbildungsmaßnahmen teilnehmen können, es sei denn, dass dem betriebliche Gründe oder Aus- und Weiterbildungswünsche anderer teilzeit- oder vollzeitbeschäftigter Arbeitnehmer entgegenstehen (§ 10 TzBfG). Nach § 11 TzBfG darf der Arbeitgeber das Arbeitsverhältnis nicht mit der Begründung kündigen, dass der Arbeitnehmer sich geweigert habe, von einem Vollzeit- in ein Teilzeitarbeitsverhältnis zu wechseln oder umgekehrt. Eine →Kündigung aus anderen Gründen bleibt davon unberührt. Das Kündigungsverbot gilt auch, wenn das KSchG nicht eingreift, also auch innerhalb der ersten sechs Monate des Arbeitsverhältnisses sowie in →Kleinbetrieben. Sicherlich erlangt das Kündigungsverbot wenig praktische Bedeutung, wenn für den Arbeitgeber die Weigerung des Arbeitnehmers zwar inneres Motiv ist, aber als Begründung der Kündigung nicht angegeben wird.

§ 13 TzBfG regelt das Job Sharing. Arbeitgeber und Arbeitnehmer können vereinbaren, dass mehrere Arbeitnehmer sich einen Arbeitsplatz teilen. Ist einer dieser Arbeitnehmer – zum Beispiel wegen →Krankheit – an der Erbringung der →Arbeitsleistung verhindert, sind die anderen Arbeitnehmer zu dessen Vertretung verpflichtet. Das gilt allerdings nur, wenn sie sich für jeden einzelnen Vertretungsfall gesondert damit einverstanden erklären. Durch diese Formulierung bringt das Gesetz zum Ausdruck, dass generelle Vorabeinwilligungen unwirksam sind. Diese können nur für den Fall vereinbart werden, dass ein dringender betrieblicher Grund vorliegt und die Vertretung im Einzelfall zumutbar ist.

Literatur: Hromadka, W.; Maschmann, F.: Arbeitsrecht, Bd. 1, 2. Aufl., Berlin etc. 2002.

Friedrich Meyer

Teilzeitquote

Anteil teilzeitbeschäftigter →Arbeitnehmer an der Gesamtbelegschaft oder an der gesamten erwerbstätigen Bevölkerung eines Landes.

Übersicht 1: Teilzeitbeschäftigungsquote

	Männer (West)	Männer (Ost)	Frauen (West)	Frauen (Ost)
1991	2,3	1,2	34,3	17,5
1992	2,5	1,0	35,1	14,6
1993	2,6	1,3	36,1	16,5
1994	2,9	2,5	36,6	20,4
1995	3,2	2,9	37,3	20,7
1996	3,6	2,4	37,4	19,0
1997	4,2	2,8	39,1	20,5
1998	4,5	3,3	40,0	21,6
1999	4,8	3,6	41,7	22,0
2000	5,0	3,9	41,9	22,8
2001	5,3	4,5	43,1	24,4
2002	5,6	4,8	43,7	24,9
2003	6,1	5,7	44,7	26,6
2004	6,2	6,3	45,3	27,8

Wie Übersicht 1 zeigt, entwickelte sich die Teilzeitquote seit 1991 sowohl für Männer als auch für Frauen positiv.

Übersicht 2: Teilzeitquoten nach Branchen in Deutschland

Wirtschaftsbereiche	Teilzeitanteil in %		
	2001	2002	2004
Land- und Forstwirtschaft, Fischerei	13	14	16,3
Bergbau und verarbeitendes Gewerbe	11	10	10,8
Energie und Wasserversorgung	5	7	6,5
Baugewerbe	7	7	8,3
Handel und Gastgewerbe	32	33	34,0
Verkehr und Nachrichtenübermittlung	13	14	15,7
Kredit- und Versicherungsgewerbe	18	19	18,8
Grundstückswesen, Vermietung, Dienstleistung	28	29	20,2
Öffentliche Verwaltung	14	15	15,6
Öffentliche und private Dienstleistungen	33	34	35,7

Übersicht 3: Teilzeitquoten in Europa

Land	Teilzeitquote in %	
	2000	2004
Niederlande	41,2	45,6
Großbritannien	24,9	–
Schweden	22,8	23,9
Dänemark	21,7	22,5
Belgien	20,7	21,6
Deutschland	19,6	22,3
EU	18,0	19,5
Österreich	17,0	18,9
Frankreich	16,9	16,6
Irland	16,8	16,9
Finnland	12,2	13,1
Portugal	10,7	11,2
Italien	8,8	12,7
Spanien	8,2	8,6
Griechenland	4,6	4,6

Teilzeitschicht

Die Teilzeitquote hat sich seit den 1970er Jahren kontinuierlich erhöht. Teilzeitbeschäftigung ist aber immer noch überwiegend ein Frauenthema. Teilzeit für Fachspezialisten und →Führungskräfte wird in vielen Unternehmen, insbesondere auch in den traditionell „männlich" dominierten Branchen wie Bau- und Versorgungsbetriebe, problematisch gesehen, wie auch Übersicht 2 deutlich macht. Entsprechende Aufklärungsarbeit kann hier aber einen wesentlichen Beitrag zur Vereinbarkeit von Familie und Beruf, als auch zu einer Erhöhung der Arbeitszeitflexibilität leisten (→Mobilzeit).

Im internationalen Vergleich, dargestellt in Übersicht 3, sind die Niederländer bezüglich der Teilzeitquote ihrer Erwerbstätigen führend.

Literatur: *Statistisches Bundesamt* (Hrsg.), Fachserie 1, Reihe 4.1.1., Mannheim 2005.

Désirée H. Ladwig

Teilzeitschicht

gegenüber der normalen Vollzeitschicht (acht Stunden) verkürzte Schicht, von zum Beispiel vier Stunden (→Hausfrauenschicht) oder sechs Stunden.

Die Bedeutung von Teilzeitschichten steigt im Bürobereich mit zunehmender →Arbeitszeitverkürzung.

Désirée H. Ladwig

Telearbeit

Form der →Arbeit, die regelmäßig außerhalb der Organisationsstätte stattfindet (engl.: Telework; amerikanisch: Telecommuting).

Konstitutiv für Telearbeit (TA) ist demnach die Überbrückung einer räumlichen Distanz zwischen der Arbeitsstätte des Telearbeitenden und dem Verwendungsort des Arbeitsergebnisses in der Organisationsstätte durch den Einsatz von Informations- und Kommunikationstechniken (IKT).

Für TA erscheinen solche Arbeitsaufträge, -unterlagen und -ergebnisse geeignet, die sich mittels IKT verarbeiten und auswerten lassen. Darunter fallen alle Arbeiten, die mit →Informationen in elektronischer Form zu tun haben.

Während zu Anfang der Diskussion von TA in den 1970er Jahren energie-, verkehrs- und umweltpolitische Überlegungen dominierten, sind in den 1980er Jahren mehr einzelwirtschaftliche, regional- und arbeitsmarktpolitische Argumente festzustellen. Seit der Mitte der 1990er Jahre haben das günstige Preis-Leistungs-Verhältnis der für die Verbreitung von TA notwendigen IKT sowie die höhere Akzeptanz für differenzierte Formen der TA zu einer gestiegenen Anwendung der TA in Wirtschafts- und Verwaltungsorganisationen geführt. Auch im Zusammenhang mit der Diskussion von Netzwerk- und virtuellen Unternehmen spielt TA eine wichtige Rolle. Gegenwärtig wird TA unter den Aspekten der Lebensqualität und der →Work-Life Balance betrachtet.

TA bietet ein hohes Flexibilitätspotenzial hinsichtlich Arbeitsinhalt, -ort und -zeit, technischer Anbindung sowie rechtlichem Status der Telearbeitenden. Während zu Anfang der Beschäftigung mit TA unter dem *Aspekt der inhaltlichen Gestaltung* gut-strukturierte Unterstützungs- und Sachbearbeitungsaufgaben als adäquate TA-Aufgaben angesehen wurden, werden mittlerweile auch (schlecht-strukturierte) →Fach- und →Führungsaufgaben als TA-geeignet angesehen, sofern

– wenig spontane, persönliche →Kommunikation,

– keine permanente Anwesenheit in der Organisationsstätte,

– kein ständiger Rückgriff auf schriftliche Unterlagen und zentrale Dokumente und

– analytische und konzeptionelle Fähigkeiten für notwendig gehalten werden sowie

– Arbeitsergebnisse

einfach zu messen sind.

Das Spektrum der für TA geeigneten Aufgaben reicht von vergleichsweise einfachen Tätigkeiten wie Daten- oder Texterfassung bis hin zu anspruchsvollen Aufgaben wie →eLearning oder Consulting.

TA zeichnet sich durch eine *Tendenz zur Arbeitsanreicherung* aus. Dies wird durch die Reintegration von Unterstützungsaufgaben in Sachbearbeitungs- und Fachaufgaben, die Multimedia-Eigenschaft und Multifunktionalität moderner IKT sowie durch die erforderliche Selbstständigkeit der Telearbeitenden erreicht.

Die Auswirkungen neuer IKT und damit auch der Telearbeit auf den *Grad der Entscheidungszentralisation* können unterschiedlich beurteilt werden. Einerseits ist eine Entscheidungsdezentralisation denkbar, da eine umfassende und schnelle Informationsversorgung Entscheidungen auf niedrigeren Hierarchieebenen (→Hierarchie) ermöglicht. Andererseits erweitern IKT die Problemlösungskapazität höherer Instanzen (→Aufbauorganisation), so dass Entscheidungen zentralisiert werden können. Die Nutzung der Gestaltungsspielräume ist weniger von der Technik bestimmt, sondern eher in Abhängigkeit von Managementphilosophien und Unternehmensleitbildern (→Leitbild 1) zu sehen.

Eine weitere aufgabenrelevante Entscheidung betrifft die *Aufgabenerfüllung* durch einen oder mehrere Telearbeitende. Je schlechter eine Informationsaufgabe strukturiert ist, desto eher sollte sie durch eine →Gruppe bearbeitet werden. Die Telearbeitenden können dabei auf Groupware für computergestützte →Gruppenarbeit (Computer Supported Cooperative Work) zurückgreifen, die das Kommunizieren, das gemeinsame Bearbeiten von Dokumenten, den Einsatz von Entscheidungsunterstützungswerkzeugen, die Informationsverteilung und die Arbeit in Systemen mit geteiltem Arbeitsraum ermöglicht.

Unter dem *Aspekt der räumlichen Gestaltung* werden nach *Henselek* (1997) als wichtigste individuumsbezogene Organisationsformen der TA folgende unterschieden:

- *Isolierte TA*: Stellt die extremste Form der dezentralen Aufgabenerfüllung dar, da permanent und ausschließlich am Wohnort gearbeitet wird („Teleheimarbeit"). Als für diese Organisationsform adäquate Tätigkeiten werden Unterstützungs- und in Grenzen Sachbearbeitungsaufgaben angesehen, die vor allem extrinsisch motiviert sind. Zeitlich begrenzt kann die isolierte TA geeignet sein, um ein Organisationsmitglied zum Beispiel während einer Elternzeit (→Erziehungsurlaub) oder während der Pflege von Familienangehörigen weiterhin an eine Organisation zu binden.

- *Alternierende TA*: Stellt eine Mischung aus Büroarbeit in der Organisationsstätte (drei bis vier Wochentage) und isolierter TA zu Hause (ein bis zwei Tage) dar. Sie ist die am weitesten verbreitete Form der TA und eignet sich vor allem für Fach- und Führungsaufgaben, die sich durch komplexe Aufgabenstellungen, Kooperationsnotwendigkeiten und Rückgriff auf zentrale Arbeitsunterlagen auszeichnen. Die Möglichkeit des vorübergehenden Rückzugs in die weniger gestörte häusliche Arbeitsatmosphäre bietet sich bei Arbeiten mit einem hohen Konzentrationsbedarf wie zum Beispiel Planungsaufgaben an. Diese Form der TA wird vor allem von Knowledge Workern geschätzt.

- *Mobile TA*: Findet als standortunabhängige Organisationsform bei Außendienst- und Reisetätigkeiten Anwendung. Durch die Ausstattung mit tragbaren Arbeitsplatzrechnern, die an öffentliche oder private Leitungs- oder Funknetze angeschlossen werden können, kann Informationsarbeit unterwegs, während eines Reiseaufenthalts oder beim Kunden (on Site-TA) erbracht werden.

Als bislang in Deutschland wenig verbreitete *kollektive Organisationsformen* der TA werden unterschieden:

- In *Satellitenbüros* als Filialen von Organisationen können einzelne oder mehrere Funktionen der Organisationszentrale ausgegliedert werden. Der Standort von Satellitenbüros kann zum einen an den Wohnorten der Organisationsmitglieder ausgerichtet werden, so zum Beispiel in Randgebieten von Ballungszentren. Zum anderen können bei der →Personalbeschaffung räumliche Aspekte des Arbeitsmarktes berücksichtigt werden, so beispielsweise niedrigere Löhne in strukturschwachen Regionen oder in Niedriglohnländern.

- Ferner können telearbeitende Mitglieder verschiedener Organisationen in Wohnortnähe in *Nachbarschaftsbüros* tätig werden. Diese können von den Telearbeitenden selbst oder von deren Organisationen als Gemeinschaftsbetrieb getragen, von Dritten vermietet oder durch öffentliche Institutionen gefördert werden. Dabei auftretende organisatorische, rechtliche und datenschutzbezogene Probleme erschweren allerdings deren Verbreitung.

- Eine Weiterentwicklung stellen *Nachbarschaftszentren* (*Telecottage*) dar, die zusätzliche Sozial-, Kultur- und Gastronomieeinrichtungen aufweisen können.

Die *zeitliche Gestaltung* der TA bietet durch die Entkopplung von Kommunikationspartnern über starre →Arbeitszeitregelungen hinausgehend die Möglichkeit der Variation von Dauer und/oder →Lage der Arbeitszeit. Dies kann bei einem Telearbeitenden auch dazu führen, dass die individuelle Arbeitszeit über die →Betriebszeit der Organisationsstätte hinausgeht. Kritiker sehen darin die Gefahr des Unterlaufens gesetzlicher Arbeitszeitbestimmungen. Eine weitere zeitliche Stellschraube der TA ist bei alternierender und mobiler TA deren Anteil an der Gesamtarbeitszeit eines Mitarbeiters.

Unter dem *Aspekt der technischen Anbindung* von Telearbeitsplätzen kann zwischen den beiden Extremformen des *asynchronen Offline-Arbeitens* und des *synchronen Online-Arbeitens* unterschieden werden. Im ersten Fall wird nur zu bestimmten Zeitpunkten eine Rechnerverbindung zwischen Telearbeitendem und Organisationsstätte hergestellt. Im zweiten Fall besteht eine permanente Verbindung zum Informationsaustausch und zur Abstimmung.

Im Zusammenhang mit TA ist darüber zu entscheiden, ob eine solche Informationsaufgabe von einer Organisation selbst (Make) oder von Dritten (Buy) zu erfüllen ist. Diese Entscheidung hat Auswirkungen auf die *Art des* →*Beschäftigungsverhältnisses* des Telearbeitenden (*Wedde* 2002). Im Fall der Eigenerstellung wird ein Arbeitsverhältnis vorliegen, wie es heute den Regelfall darstellt und den höchsten arbeitsrechtlichen Schutz gewährleistet. Dabei kann TA auf Wunsch der Organisationsmitglieder oder auf Initiative der Organisation eingeführt werden. Im zweiten Fall ist die Akzeptanz der TA durch die Betroffenen davon abhängig, ob die Teilnahme an der TA auf Freiwilligkeit mit der Option der jederzeitigen Rückkehr in die Organisationsstätte beruht oder kraft →Direktionsrecht des →Arbeitgebers angeordnet wird. Regelungen zur TA sind zweckmäßigerweise in einer Betriebs- oder Dienstvereinbarung festzulegen. Im Fall des Fremdbezugs kann die Aufgabenerfüllung durch Heimarbeiter oder Hausgewerbetreibende (→Heimarbeit) nach dem Heimarbeitergesetz, durch →freie Mitarbeiter oder selbstständige (Tele-)Unternehmer auf der Grundlage eines →Dienst- oder →Werkvertrages erfolgen.

Über mögliche Vor- und Nachteile der TA aus Sicht von Telearbeitenden und Organisationen informieren Übersicht 1 und Übersicht 2 im Überblick.

TA als postindustrielle Organisationsform stellt veränderte →Anforderungen an die

Übersicht 1: Vor- und Nachteile der Telearbeit aus Sicht der Telearbeitenden

Telearbeitende	
Vorteile	Nachteile
- Autonomie - Arbeitszeitsouveränität - geringere Fahrtkosten - bessere Vereinbarkeit von privaten und beruflichen Interessen - attraktive Arbeitsform	- Zunahme von Bereitschaftsdiensten - Arbeit außerhalb der betriebsüblichen Arbeitszeit ohne finanziellen Ausgleich - Abwälzung des Betriebsrisikos auf Telearbeitenden - Verlust sozialer Kontakte - Probleme beim Umsetzen arbeitsschutzrechtlicher Vorschriften

→*Koordination* arbeitsteiliger Aufgabenerfüllung. Zur Koordination der TA kann auf strukturelle und nicht-strukturelle Koordinationsinstrumente im Rahmen des Telemanagements (*Picot, Reichwald* und *Wigand* 2003) zurückgegriffen werden. Strukturelle Koordinationsinstrumente wie persönliche Weisungen, Selbstabstimmung, Programme und Pläne sind mit Ausnahme der persönlichen Weisungen für alle Formen von TA geeignet, wobei

Übersicht 2: Vor- und Nachteile der Telearbeit aus Sicht der Organisation

Organisation	
Vorteile	Nachteile
- Kosten-, Zeit-, Qualitäts- und Flexibilitätsvorteile - Optimierung der Außendiensttätigkeit - Verbesserung der Rahmenbedingungen von Bereitschaftsdiensten - hohes Potential an Arbeitsflexibilisierung - Auffangen von Arbeitsspitzen - Verlagerung von Rechtspflichten auf Beschäftigte	- Einführungskosten - Verringerung von Fremdkontrolle - Kommunikations- und Koordinationsprobleme - datenschutzrechtliche Schwierigkeiten

der Einsatzschwerpunkt eher bei Unterstützungs- und Sachbearbeitungsaufgaben liegt. Nicht-strukturelle Koordinationsinstrumente wie organisationsinterne Märkte, →Organisationskultur und Rollenstandardisierung sind eher bei Fach- und Führungsaufgaben anwendbar. Da TA aufgrund der „Unsichtbarkeit" der Mitarbeiter eine verhaltensorientierte Mitarbeiterführung durch Vorgesetzte erschwert, erscheint eine zielorientierte Führung (→Mitarbeiterführung, →Management by Objectives) am ehesten geeignet. Dafür ist ein hoher Reifegrad des Telearbeitenden notwendig, der eine personen- und aufgabenbezogene Führung entbehrlich macht.

Literatur: *Bieler, F. et al.*: Organisation von Telearbeit, Berlin 2001. *Bundesministerium für Arbeit und Sozialordnung; Bundesministerium für Wirtschaft und Technologie; Bundesministerium für Bildung und Forschung* (Hrsg.): Telearbeit, Bonn 2001. *Godehardt, B.*: Telearbeit, Opladen 1994. *Henselek, H.*: Arbeitsflexibilisierung durch Telearbeit, 2.Aufl., Bochum 1997. *Picot, A.; Reichwald, R.; Wigand, R.T.*: Die grenzenlose Unternehmung, 5. Aufl., Wiesbaden 2003. *Wedde, P.*: Telearbeit, München 2002.

Hilmar Henselek

Tele-Coaching

Coaching-Variante, die unter Zuhilfenahme moderner Kommunikationsmedien wie beispielsweise dem Telefon, Fax, eMail oder Videokonferenzen stattfindet.

Fragen und Probleme des →*Coachee* werden am Telefon mit dem →*Coach* besprochen. So kann zum Beispiel in einem →*Einzel-Coaching* bei einem aktuellen Anliegen kurzfristig per Telefon Unterstützung und Beratung durch den Coach realisiert werden. In einer fundierten Coaching-Beziehung kann jedoch nicht grundsätzlich auf den persönlichen Kontakt zwischen Coach und Coachee verzichtet werden. Das Tele-Coaching dient primär als Ergänzung der regulären Coaching-Sitzungen. Es wird als Hilfsform des Coachings betrachtet.

Sabine Remdisch

Telecottages →Telearbeit

Teleheimarbeit →Telearbeit

Teleunternehmer →Telearbeit

Tempoarbeit

→Arbeit unter erhöhtem Zeitdruck.

Tempoarbeit kann sowohl temporär wie bei Auftragsspitzen oder kontinuierlich, beispielsweise bei Taktfrequenzen in der Montage (→Zeitakkord) auftreten. Medizinische Untersuchungen geben laut *Dunckel* und *Zapf* (1986) Hinweise auf einen Zusammenhang von als belastend empfundener Tempoarbeit und Herzinfarkt.

Literatur: *Dunckel, H.; Zapf, D.*: Psychischer Stress am Arbeitsplatz, Köln 1986.

Désirée H. Ladwig

Tendenzbetrieb

Betrieb, der nicht primär wirtschaftliche Zwecke verfolgt, sondern überwiegend politischen, religiösen, wissenschaftlichen oder ähnlichen Bestimmungen dient.

Beispiele für →Tendenzbetriebe sind Kirchen und →Gewerkschaften. Auf Tendenzbetriebe finden die Vorschriften des →Betriebsverfassungsgesetzes (→Betriebsrat) nur eine eingeschränkte Anwendung.

Uwe Jirjahn

Tendenzschutz

Regelungen, mit denen für bestimmte Unternehmen oder Betriebe (Tendenzunternehmen bzw. →Tendenzbetriebe) die →Mitbestimmung ausgeschlossen wird, um deren →Autonomie zu sichern beziehungsweise die staatskirchenrechtliche Ordnung sichergestellt wird.

Dieser Ausschluss der Mitbestimmung geschieht bei der betrieblichen Mitbestimmung über § 118 BetrVG beziehungsweise § 32 Abs. 1 Satz 2 SprAuG und bei der unternehmensbezogenen Mitbestimmung über § 1 Abs. 4 Satz 1 MitbestG sowie § 81 Abs. 1 BetrVG 1952. § 1 Abs. 4 Satz 1 MitbestG entspricht § 118 Abs. 1 Satz 1 BetrVG vollständig, § 81 Abs. 2 BetrVG 1952 weitgehend.

Nach § 118 Abs. 1 BetrVG finden die Vorschriften des BetrVG bei Tendenzbetrieben keine Anwendung, soweit die Eigenart des Unternehmens oder Betriebs dem entgegen steht. Die §§ 110 bis 113 BetrVG sind nicht, die §§ 111 bis 113 BetrVG nur insoweit anzuwenden, als sie den Ausgleich oder die Milderung wirtschaftlicher Nachteile für die →Arbeitnehmer infolge von →Betriebsänderungen regeln.

Tendenzbetriebe sind solche, die unmittelbar und überwiegend politischen, koalitionspolitischen, konfessionellen, karitativen, erzieherischen, wissenschaftlichen oder künstlerischen Bestimmungen oder Zwecken der Berichterstattung oder Meinungsäußerung, auf die Art. 5 Abs. 1 Satz 2 GG Anwendung findet, dienen. Bei Mischbetrieben kommt es auf die überwiegende Zweckbestimmung an.

Liegt ein Betrieb im Sinne des § 118 Abs. 1 BetrVG vor, ist eine Anwendung der §§ 106 bis 110 BetrVG vollständig ausgeschlossen. Es gibt also keinen →Wirtschaftsausschuss.

Soweit es die §§ 111 bis 113 BetrVG betrifft, kann auch bei Tendenzbetrieben im Falle einer →Betriebsänderung Sozialplanpflicht bestehen und ein →Sozialplan vom →Betriebsrat über das Einigungsstellenverfahren (→Einigungsstelle) erzwingbar sein. Der →Interessenausgleich entfällt. Die Unterrichtungs- und Beratungspflicht aus § 111 BetrVG bleibt allerdings bestehen. Die Rechtsfolgen der Verletzung dieser Pflicht sind umstritten. Nach Auffassung des Bundesarbeitsgerichts können Nachteilsausgleichsansprüche aus § 113 Abs. 3 BetrVG entstehen, wenn der →Arbeitgeber eine Betriebsänderung durchführt, ohne den Betriebsrat unterrichtet und mit ihm beraten zu haben (BAG, Urteil vom 27.10.1998, AZ.: 1 AZR 766/97). Abgesehen vom völligen Ausschluss der §§ 106 bis 110 BetrVG und teilweisen Ausschluss der §§ 111 bis 113 BetrVG sind die übrigen Vorschriften des BetrVG nicht anwendbar, soweit die Eigenart des Betriebs dem entgegensteht. Entscheidend ist dabei, ob aus Gründen des Tendenzschutzes eine Alleinentscheidung des Arbeitgebers möglich sein muss. Die Organisationsverfassung nach §§ 1 bis 73 BetrVG bedarf aus Tendenzschutzgründen in der Regel keiner Modifikation. Die allgemeinen Vorschriften über die Mitwirkung und Mitbestimmung aus §§ 74 bis 80 BetrVG und §§ 81 bis 86 BetrVG bedürfen nur insoweit einer Abänderung, als im Rahmen des § 75 BetrVG ein tendenzgerichtetes Verhalten der Arbeitnehmer wird verlangt werden dürfen.

Hinsichtlich der einzelnen Mitbestimmungsrechte bleiben die sozialen Angelegenheiten aus §§ 87 bis 89 BetrVG vom Tendenzschutz in weiten Teilen unberührt. Die sozialen Angelegenheiten betreffen in erster Linie den Arbeitsablauf, der keines besonderen Tendenzschutzes bedarf. Seinen zentralen Anwendungsbereich findet § 118 Abs. 1 BetrVG im Bereich der personellen Einzelmaßnahmen gemäß §§ 99 ff. BetrVG. Ein Widerspruchsrecht des Betriebsrats gemäß § 99 Abs. 2 BetrVG bei Einstellungen und →Versetzungen besteht nicht. Bei →Kündigungen ist der Betriebsrat gemäß § 102 Abs. 1 BetrVG anzuhören und der Arbeitgeber hat ihm auch die Gründe für die Kündigung (→Kündigungsgrund) mitzuteilen. Das Widerspruchsrecht nach § 102 Abs. 3 BetrVG und somit der →Weiterbeschäftigungsanspruch aus § 102 Abs. 5 BetrVG entfallen dagegen. Auf Religionsgemeinschaften und ihre karitativen und erzieherischen Einrichtungen findet das BetrVG unbeschadet deren Rechtsformen keine Anwendung (§ 118 Abs. 2 BetrVG).

Friedrich Meyer

Tendenzunternehmen →Tendenzbetrieb

Tensor-Organisation

Weiterführung der →Matrixorganisation zu einer Organisationsform, die in der Regel aus drei Dimensionen besteht.

Die Tensor-Organisation bildet normalerweise Funktionen, Regionen und Produkte als Matrix ab. Vorteil dieser Struktur ist, dass die für die zu fällenden Entscheidungen wesentlichen Unternehmensbereiche eingebunden werden, was zu einer inhaltlich richtigen im Sinne von möglichst viele Belange berücksichtigenden Entscheidung führen sollte. Problematisch ist aber die →Komplexität dieser Struktur. Eine sehr hohe Kommunikationsintensität, eine hohe Anzahl benötigter →Führungskräfte und ein ausgeprägtes Konfliktpotenzial kennzeichnen die Tensorstruktur.

Reinhard Meckl

Terminologische Grundlagen der Personalplanung

verschiedene Definitionen des Begriffes →Personalplanung.

Unter Rückgriff auf die Definition von *Schweitzer* (2001) des allgemeinen sowie auf die Definition von *Koch* (1980) des dispositiven Planungsbegriffs definiert *Kossbiel* (1993, Sp. 3127) Personalplanung als einen „[...] geordneten, informationsverarbeitenden Prozess, in dessen Verlauf, die Ausprägungen von Personalvariablen vorausschauend so festgelegt werden, dass angestrebte betriebliche Ziele erreicht werden."

Als solche Personalvariablen kommen grundsätzlich alle potenziellen Gestaltungsalternativen im Bereich personeller Verfügbarkeits- und Wirksamkeitsprobleme in Betracht, und zwar sowohl auf der Kategorial- als auch auf der Individualebene. Je nachdem, welche dieser beziehungsweise in welchem Umfang diese Gestaltungsvariablen in den Fokus gerückt werden, existieren je nach „Zählweise" bis zu sechs beziehungsweise neun Spielarten des Personalplanungsbegriffs, von denen hier drei herausgegriffen werden, nämlich der Begriff der Personalplanung im weitesten (a), im engeren (b) und im engsten (c) Sinne. Auf die in Übersicht 1 mit (a1)–(a3) gekennzeichneten (gleichsam wie (b) und (c) Varianten des Typs (a) darstellenden) Begriffe wird im Folgenden nicht tiefer eingegangen.

Übersicht 1: Personalplanungsbegriffe

	V/W	V	W
I/K	(a)	(a2)	(a2)
K	(a1)	(b)	(a3)
I	(a1)	(c)	(a3)

Bei der *Personalplanung im weitesten Sinne* sind simultan Entscheidungen über Gestaltungsvariablen sowohl im Bereich personeller Disponibilitäts- als auch personeller Funktionalitätsprobleme zu treffen. Es geht dann beispielsweise darum, nicht nur die Schulung und den Einsatz von Arbeitskräften zu planen, sondern auch über die Gewährung von Leistungsanreizen und die Ausgestaltung von Systemen der Mitarbeiterbeurteilung (→Personalbeurteilung) zu entscheiden. Des Weiteren werden gleichzeitig sowohl die Individual- als auch die Kategorialebene betrachtet, das heißt es werden betrieblicherseits konkret identifizierbare Personen und Kategorien von Arbeitskräften einerseits sowie aber auch einzelne Tätigkeiten und Kategorien von Tätigkeiten andererseits bei der Planung berücksichtigt. Dieser sehr weitgefassten, in der Literatur eher selten anzutreffenden Begriffsauslegung folgen zum Beispiel *Schoenfeld* (1970, S. 3), der mit der Personalplanung „[...] den gesamten personellen Sektor eines Betriebes voll zu erfassen [...]" gedenkt, *Marx* (1963), der die Planung leistungsgerechter Lohnstrukturen der Personalplanung subsumiert oder *Ulrich* und *Staerkle* (1965), die unter anderem Maßnahmen zur Beeinflussung des Arbeitsklimas (→Organisationsklima) als zur Personalplanung zugehörig deklarieren.

Personalplanungen im engeren Sinne konzentrieren sich auf Instrumente zur Disposition über Personalpotenzial, nämlich auf Gestaltungsalternativen der →Personalbereitstellung oder -verwendung und beziehen somit die planerische Bewältigung von Maßnahmen der Beeinflussung des Personalverhaltens nicht mit ein. Darüber hinaus bewegt man sich mit dieser Art der Personalplanung auf der Kategorial- und nicht etwa auf der Individualebene, so dass diese folgerichtig auch als *kollektive Personalplanung* bezeichnet wird (*Fürst* 1997). Dies bedeutet, dass sich die Personalplanung im engeren Sinne mit Kategorien von Arbeitskräften einerseits sowie mit Kategorien von Aktivitäten andererseits auseinander zu setzen hat, wobei Arbeitskräftekategorien zum Beispiel nach Qualifikationsarten oder (Dienst-)Altersgruppen und Aktivitätskategorien zum Beispiel nach Tätigkeitsarten oder Stellentypen differenziert werden können. Diese Auffassung von Personalplanung ist im (wissenschaftlichen) Schrifttum weit verbreitet, wie beispielsweise bei *Kossbiel* (1993), *Spengler* (1993), *Strutz* (1976) oder *Vieth* (1999) zu sehen ist.

Übersicht 2: Legende

Symbol	Erläuterung
I	Es wird lediglich die Individualebene betrachtet.
K	Es wird lediglich die Kategorialebene betrachtet.
I/K	Es werden sowohl die Individual- als auch die Kategorialebene betrachtet.
V	Es werden lediglich Verfügbarkeitsprobleme behandelt.
W	Es werden lediglich Wirksamkeitsprobleme behandelt.
V/W	Es werden sowohl Verfügbarkeits- als auch Wirksamkeitsprobleme behandelt.

Als zur *Personalplanung im engsten Sinne* zugehörig werden solche Personalplanungen bezeichnet, bei denen die oben genannten Personalvariablen (wiederum) aus dem Kranz der Personalbereitstellungs- beziehungsweise -verwendungsalternativen stammen. Im Gegensatz zu den Personalplanungen im engeren Sinne geht es hier nicht um Personenmehrheiten, sondern man bewegt sich auf der Individualebene (Namensebene), so dass vor allem betriebliche Karrieren bereits verfügbarer Mitarbeiter geplant werden. Diese Spielart von Personalplanung wird (deshalb) auch als *individuelle Personalplanung* bezeichnet und vielfach in Form der Laufbahn- oder Karriereplanung (→Betriebliche Karriereplanung, →Individuelle Karriereplanung) betrachtet,

Tertiarisierung

wie etwa von *Kossbiel* und *Spengler* (1995) sowie *Schneider* (1980), wobei letztgenannte aufgrund der mit ihr verbundenen vielfältigen und äußerst schwierig zu lösenden Abstimmungsprobleme als bis dato noch relativ unausgereift eingestuft werden kann. Quasi einen Sonderfall der Personalplanung im engsten Sinne stellt das *Personnel Assignment-Problem* dar, bei dem einzelne Arbeitskräfte einzelnen Tätigkeiten oder Stellen zugewiesen werden.

Literatur: *Fürst, A.*: Auftragsfolge- und Personalplanung, München und Mering 1997. *Koch, H.*: Neuere Beiträge zur Unternehmensplanung, Wiesbaden 1980. *Kossbiel, H.*: Personalplanung, in: *Wittmann, W. et al.* (Hrsg.): Handwörterbuch der Betriebswirtschaft, 5. Aufl., Stuttgart 1993, Sp. 3127–3140. *Kossbiel, H.; Spengler, T.*: Personalplanung für Führungskräfte, in: *Kieser, A. et al.* (Hrsg.): Handwörterbuch der Führung, 2. Aufl., Stuttgart 1995, Sp. 1736–1749. *Marx, A.*: Die Personalplanung in der modernen Wettbewerbswirtschaft, Baden-Baden 1963. *Schneider, G.*: Karriereplanung als Aufgabe der Personalplanung, Wiesbaden 1980. *Schoenfeld, H. M.*: Personalplanung, in: *Fuchs, J.; Schwantag, K.* (Hrsg.): AG-Plan-Handbuch zur Unternehmensplanung, Berlin 1970, Ziff. 2305, S. 3–71. *Schweitzer, M.*: Planung und Steuerung, in: *Bea, F. X.; Dichtl, E.; Schweitzer, M.* (Hrsg.): Allgemeine Betriebswirtschaftslehre, Bd. 2, 8. Aufl., Stuttgart 2001, S. 16–126. *Spengler, T.*: Lineare Entscheidungsmodelle zur Organisations- und Personalplanung, Heidelberg etc. 1993. *Strutz, H.*: Langfristige Personalplanung auf der Grundlage von Investitionsmodellen, Wiesbaden 1976. *Ulrich, H.; Staerkle, R.*: Personalplanung, Köln, Opladen 1965. *Vieth, M.*: Personalplanung für Projekte, München, Mering 1999.

Thomas Spengler

Tertiarisierung

Prozess der wachsenden Bedeutung tertiärer Wirtschaftsaktivitäten, also der Dienstleistungsarbeit.

Darüber, dass derzeit in Deutschland eine Tertiarisierung stattfindet, herrscht nach *Dostal* und *Reinberg* (1999) Übereinstimmung (→Postindustrielle Arbeitswelt). Dieser Prozess lässt sich, wie *Deutschmann* (2002) aufgezeigt hat, auf drei Ebenen beobachten:

1. Es wächst der Anteil des Dienstleistungssektors an der gesamten Wirtschaftsleistung. Neue Arbeitsplätze entstehen derzeit fast ausschließlich in diesem Sektor. Die stärkste Wachstumsdynamik ist hierbei im Bereich der produktionsnahen Dienstleistungen (z. B. Rechts- und Unternehmensberatung, Finanz- und Versicherungsdienstleistungen) und der Humandienstleistungen (z. B. Gesundheit, Soziales, Bildung, Kultur, Sport, Freizeit) zu verzeichnen.

2. Es findet eine Tertiarisierung des Sekundären Sektors statt, das heißt die Bedeutung industrieller Produktionsprozesse nimmt zulasten von Entwicklungs-, Entwurfs- und Servicetätigkeiten ab.

3. Die Produktionsarbeit selbst wird tertiarisiert, das heißt spontan und kreativ zu leistende Gewährleistungsaufgaben, nicht die Erfüllung technischer Vorgaben, stellen das Funktionieren der Produktion sicher.

Aufgrund sich verändernder Qualifikations- und Kompetenzstrukturen (→Kompetenz) stellen die genannten Entwicklungen neue Herausforderungen für die Personalarbeit (→Personalmanagement) dar, zum Beispiel bei der Auswahl und Entwicklung von Dienstleistungsarbeitern.

Neben diesem auf verschiedenen Ebenen stattfindenden Prozess der Tertiarisierung ist aber ebenso eine Industrialisierung des Dienstleistungssektors zu beobachten (→McJob, →Neotaylorismus). Ein gleichförmiger Trend in Richtung einer „tertiarisierten", postindustriellen Gesellschaft kann daher derzeit nicht diagnostiziert werden.

Literatur: *Deutschmann, C.*: Postindustrielle Industriesoziologie, München, Weinheim 2002. *Dostal, W.; Reinberg, A.*: Ungebrochener Trend in die Wissensgesellschaft (Arbeitslandschaft 2010 – Teil 2), in: IAB Kurzbericht, H. 10, Nürnberg 1999.

Axel Haunschild

Test

standardisiertes, routinemäßig anwendbares Verfahren zur Messung individueller Verhaltensmerkmale und psychologischer Konstrukte.

Testimonial →Medienpersönlichkeiten

Testtheorie

beschreibt, wie aufgrund eines Testergebnisses auf ein Persönlichkeits- oder Leistungsmerkmal geschlossen wird und stellt demzufolge die Grundlage für die Interpretation von Testergebnissen dar.

Derzeit baut die Mehrzahl von →Tests und →Fragebögen auf Grundlage der klassischen Testtheorie auf, welche im Wesentlichen auf korrelationsstatistische Betrachtungen aufbaut. Kritik am Ansatz der klassischen Testtheorie setzt insbesondere an der mangelnden empirischen Überprüfbarkeit der theoretischen Annahmen, an der Stichprobenabhängigkeit von Kennwerten sowie an fehlenden Nachweismöglichkeiten der im Rahmen von Messungen angestrebten Eindimensionalität an. Eine Überwindung dieser Probleme zeigt indessen die *probabilistische* oder *moderne Testtheorie*, die auf einem wahrscheinlichkeitstheoretischen Ansatz aufbaut. Einen zentralen Stellenwert nimmt hier das Rasch-Modell ein, welches die Wahrscheinlichkeit, dass eine Person ein Item löst, in Abhängigkeit ihres Personenparameters (der *wahren* Fähigkeit (→ Qualifikation) einer Person) und des Itemparameters (die Schwierigkeit des Items) beschreibt.

Tuulia Ortner

Testverfahren

standardisierte Instrumente, die in vielen Formen und Varianten bei der Bewerberauswahl (→ Personalauswahl) und -beurteilung (→ Personalbeurteilung) verwendet werden.

Ihre Verbreitung in der Praxis basiert auf dem Anspruch, mit weitgehend objektiven → Beurteilungsmethoden valide → Informationen über die → Qualifikation beziehungsweise → Eignung von Bewerbern und Mitarbeitern zu erheben. Testverfahren basieren auf den Annahmen,
- dass Charakteristika von Personen wie beispielsweise Intelligenz, Leistungsfähigkeit, Qualifikationen und → Motivation unterschiedlich sind,
- dass eine unmittelbare Beziehung zwischen dem Grad der Ausprägung solcher Charakteristika von Personen und ihrer Eignung oder Befähigung für bestimmte Aufgabenstellungen besteht,
- dass bestimmte Ausprägungen von Charakteristika bei Personen gemessen werden können und
- dass schließlich die Zusammenhänge von Testresultaten und → Arbeitsleistung evaluiert werden können.

Diese Annahmen werden in der Literatur zum Teil in Frage gestellt, da beispielsweise nicht mit Eindeutigkeit gesagt werden kann, dass eine → Arbeitsaufgabe nur bei Vorliegen ganz bestimmter Ausprägungen von spezifischen Merkmalen der Person hinreichend bewältigt werden kann.

Die in der *betrieblichen Praxis* eingesetzten Tests lassen sich folgendermaßen klassifizieren:

- *Leistungstests, Konzentrationstests und Reaktionstests* sind die einfachsten und am weitesten verbreiteten → Tests, mit denen das gegenwärtige fachliche Können und die Belastungsfähigkeit (→ Belastungs-Beanspruchungs-Modell) im Sinne des maximal möglichen Verhaltens geprüft werden sollen. Neben diesen Leistungstests kommen vor allem bei der Bewerberauswahl häufig spezielle Funktionstests zum Einsatz, die bestimmte sensomotorische Funktionen prüfen.

- → *Intelligenztests* messen bei Personen auf der Basis unterschiedlicher Intelligenztheorien das Konstrukt Intelligenz (meist im Sinne der kognitiven Leistungsfähigkeit). Sie beruhen auf der – problematischen – Annahme, dass Personen mit höherer Intelligenz Aufgaben im Allgemeinen schneller und qualitativ hochwertiger bewältigen können sowie lernfähiger sind als Personen mit geringerer Intelligenz.

- Mit *Eignungstests, Neigungstests und Begabungstests,* die teilweis speziell für bestimmte Positionen konzipiert sind, sollen die Lern- und Qualifizierungsfähigkeiten von Personen festgestellt werden. Derartige Tests stellen ein Verfahren der → Potenzialbeurteilung dar, geben aber keinen Aufschluss über motivationale Dispositionen von Personen, wie beispielsweise ihre Bereitschaft zur Qualifikationsentwicklung.

- *Interessentests* (→ Interessensfragebögen) erheben individuelle Interessen und gehen von der – problematischen – Annahme aus, dass das Vorhandensein bestimmter Interessen positiv mit Berufserfolg oder Misserfolg korreliert.

- → *Persönlichkeitstests* generieren Informationen über die „Passung" der getesteten Person in Bezug auf bestimmte Arbeitsumfelder. Die Basis für solche Aussagen liefern Schlüsse von bestimmten Eigenschaften der Person auf leistungsrelevante Verhaltensweisen in zukünftigen Arbeitssituationen, wie beispielsweise das Umgehen mit Instabilitäten und Veränderungen, die Reaktion auf hohe Belastungen und → Stress, die Entwicklung von Eigeninitiative und die Fähigkeit (→ Qualifikation), selbstständig zu denken.

Die genannten Testverfahren werden hinsichtlich ihrer prognostischen Güte recht unterschiedlich bewertet, teilweise werden sie auch ganz abgelehnt. Ihre starke Verbreitung in der betrieblichen Praxis wird mit dem Hinweis auf ihre Wirtschaftlichkeit und auf das Fehlen praktikabler Alternativen gerechtfertigt.

Literatur: *Grubitzsch, S.*: Testtheorie – Testpraxis: Psychologische Tests und Prüfverfahren im kritischen Überblick, 2. Aufl., Eschborn 1999. *Lienert, G. A.; Raatz, U.*: Testaufbau und Testanalyse, 5. Aufl., Weinheim 1994. *Sarges, W.* (Hrsg.): Management-Diagnostik, 3. Aufl., Göttingen etc. 2000.

Jürgen Grieger

Theoretische Fundierung des Personalmanagements

Entwicklung des →Personalmanagements (bzw. die fehlende Existenz einer solchen theoretischen Basis) als zentraler Diskussionspunkt.

In den 1990er Jahren hat sich die Diskussion um diese theoretische Fundierung im deutschsprachigen Raum auf die Frage konzentriert, ob sich das Personalmanagement bei seiner Theoriebildung eher an ökonomischen oder eher an verhaltenswissenschaftlichen Konzepten orientiert beziehungsweise orientieren soll.

Das faktische Verhalten in →Organisationen sowie der Einbezug des relevanten Umfelds ist Ausgangspunkt der *verhaltenswissenschaftlichen Orientierung*. Damit wird nicht ein notwendigerweise geschlossenes Theoriefundament als Ausgangspunkt gewählt, sondern es handelt sich meistens um ein praktisches Personalproblem, welches es zu lösen gilt. Der verhaltenswissenschaftliche Ansatz greift Problemstellungen aus dem konkreten personalen Anwendungszusammenhang auf und versucht diese mithilfe verschiedener Theorien aus unterschiedlichen Disziplinen oder durch die Entwicklung neuer Ansätze zu lösen. Als Quellen des verhaltenswissenschaftlich fundierten Personalmanagements sind beispielsweise die →Arbeitswissenschaft, die Psychologie, die Pädagogik oder die Soziologie zu nennen.

Die →*ökonomische Theorie*, die im Kontext des Personalmanagements auch als Arbeitsökonomik oder Personalökonomik bezeichnet wird, geht von einem einheitlichen, geschlossenen theoretischen Fundament für die Behandlung personalwirtschaftlicher Fragestellungen aus. Es geht hierbei um eine Konzentration auf mikroökonomische Modelle mit dem Ziel, eine einheitliche gedankliche und sprachliche Ausrichtung herbeizuführen. Im Rahmen der *ökonomischen Theorie* werden nutzenmaximierendes Verhalten, die Existenz stabiler Präferenzstrukturen sowie die Idee des Marktgleichgewichts als Prämissen der Analyse zugrunde gelegt. Mithilfe der auf diesen Annahmen basierenden ökonomischen Verhaltensmodelle werden die Entscheidungen von Individuen über verschiedene Handlungsalternativen unter bestimmten Bedingungen und gegebenen Ressourcen in den Mittelpunkt der Analyse gerückt. Gegenstände einer →Personalökonomie sind zum Beispiel die Untersuchung des Personals als →Arbeitsangebot und →Arbeitsnachfrage, die Einbettung der Arbeitsbeziehungen in staatliche Regulierung oder die Ausgestaltung des →Arbeitsvertrages und die Analyse des Arbeitsverhältnisses (→Beschäftigungsverhältnis) im Sinne der Prinzipal-Agent-Theorie.

Trotz der unterschiedlichen Herangehensweise zeigen beide Orientierungen auch einige Gemeinsamkeiten auf. Das zentrale Charakteristikum beider Ausrichtungen ist die Untersuchung von Verhalten im Wirtschaftskontext. Auch sprechen beide Perspektiven dem Personalmanagement eine harmonisierende, stabilisierende Aufgabe zu, da sie einen Gleichgewichtszustand im Unternehmen herbeiführen und aufrechterhalten sollen.

Die Unterscheidung zwischen ökonomischer und verhaltenswissenschaftlicher Orientierung sollte nicht darüber hinwegtäuschen, dass diverse weitere Möglichkeiten einer theoretischen Fundierung des Personalmanagements bestehen, zum Beispiel durch die →*Systemtheorie* oder den →*Resource Dependence-Ansatz*. Darüber hinaus ist immer wieder zu fragen, wozu die theoretische Fundierung eigentlich dienen soll. *Wunderer* und *Arx* haben vorgeschlagen, die Entwicklung der Personalwirtschaftslehre in fünf Phasen zu unterteilen – Bürokratisierung (bis etwa 1960), Institutionalisierung (bis etwa 1970), Humanisierung (bis etwa 1980), Ökonomisierung (bis etwa 1990), Unternehmerische Orientierung (ab 1990). Folgt man dieser Einteilung, würde beispielsweise eine theoretische Fundierung des Personalmanagements durch die ökonomische Theorie die vorletzte, aber eben nicht die letzte Phase der Entwicklung durch theoretische Analyse und daraus abgeleitete Gestaltungsvorschläge unterstützen.

Literatur: *Alewell, D.*: Zum Verhältnis von Arbeitsökonomik und Verhaltenswissenschaften, in: Die Betriebswirtschaft, 56. Jg. (1996), S. 667–683. *Weibler, J.*:

Ökonomische vs. Verhaltenswissenschaftliche Ausrichtung der Personalwirtschaftslehre – Eine notwendige Kontroverse?, in: Die Betriebswirtschaft, 56. Jg. (1996), S. 649–665. *Wunderer, R.*; *von Arx, S.*: Personalmanagement als Wertschöpfungs-Center. Unternehmerische Organisationskonzepte für interne Dienstleister, 3. Aufl., Wiesbaden 2002.

Dodo zu Knyphausen-Aufseß
Lars Schweizer

Theorie der Eigentumsrechte →Theorie der Verfügungsrechte

Theorie der gelernten Bedürfnisse

von *McClelland* (1951) zur Erklärung von Aufstiegs- und Leistungsmotivation (→Motivation) entwickeltes Konzept.

Abbildung 1: Bedürfniskategorien (*McClelland* 1951)

Dabei werden, wie in Abbildung 1 dagestellt, vier Motivkategorien unterschieden:

1. *Zugehörigkeitsmotiv*: Entspricht weitgehend den Bedürfnissen (→Motiv) nach *Maslow* (→Bedürfnishierarchie).

2. *Leistungsmotiv*: Entsprecht weitgehend den drei letztgenannten Bedürfnissen nach *Maslow*.

3. *Vermeidungsmotiv*: Das Bedürfnis, Misserfolg oder Zurücksetzung zu verhindern.

4. →*Machtmotiv*: Steht für das Bedürfnis, anderen überlegen zu sein und auf diese Einfluss nehmen zu können, entweder zum persönlichen Vorteil (*egoistisches Machtmotiv*) oder aber zum Nutzen anderer (*altruistisches Machtmotiv*).

Ein weiterer wesentlicher Unterschied besteht darin, dass *McClelland* überzeugt ist, dass die Bedürfnisse das Ergebnis eines Lernprozesses sind. Je nach den Erfahrungen, die eine Person als Kind, Jugendlicher oder Erwachsener gemacht hat, wird das eine oder andere Motiv stärker. Beispielsweise stärkt die Erfahrung, aus eigener Anstrengung Erfolge auch gegen Widerstand erzielt zu haben, das Leistungsmotiv (→Erfolgsmotivation). Währenddessen führt die Erfahrung, sich nur in einer festgefügten Gruppe durchsetzen zu können, zu einer Stärkung des Zugehörigkeitsmotivs.

Wie *McClelland* in seinen Untersuchungen festgestellt hat, heben sich erfolgreiche Führungspersönlichkeiten auffällig häufig durch stark ausgeprägte Leistungs- und Machtmotive bei geringen Zugehörigkeitsbedürfnissen ab.

Literatur: *McClelland, D.*: Personality, New York 1951.

Markus Gmür

Theorie der Verfügungsrechte

wichtiger Baustein im Gebäude der →Neuen Institutionenökonomik, der auf eine ökonomische Betrachtung von Gütern abstellt (syn.: Theorie der Eigentumsrechte, Property-Rights-Theorie).

Güter stiften demnach nicht nur einen Nutzen durch ihre (physikalischen) Eigenschaften, sondern insbesondere durch Rechte an diesen Gütern. Verfügungsrechte können Rechte an Sachen im Sinne des § 903 BGB sein und nach Artikel 14 GG auch Rechte an immateriellen Gütern umfassen. Als unterschiedliche Typen von Verfügungsrechten werden üblicherweise Gebrauchsrechte, Ertragsrechte, Veränderungsrechte und Verkaufsrechte unterschieden. Güter können dann als Bündel dieser Verfügungsrechte charakterisiert werden. Ist die Ausübung der Verfügungsrechte eingeschränkt (z. B. durch Gesetze oder Verträge), spricht man von einer *Verdünnung* der Verfügungsrechte.

Weitere gängige Klassifikationen von Verfügungsrechten sind *absolute* (von jedermann zu beachtende) gegenüber *relativen* (nur auf die jeweiligen Vertragspartner bezogene) Verfügungsrechten sowie *private* (von einem Einzelnen gehaltene) gegenüber *kollektiven* (von einer Gruppe von Akteuren zusammen ausgeübten) Verfügungsrechten und *Gemeinschaftsrechten*, bei denen jeder Einzelne einer Gruppe das Verfügungsrecht ausüben kann.

Als substanzielles Problem von Gemeinschaftsrechten wird häufig die Überbeanspruchung dieser Güter genannt. Beim Gebrauch eines Gutes fällt in diesem Fall der Ertrag regelmäßig dem Nutzer zu, während die Kosten von der Gemeinschaft zu tragen sind.

Neben einem positiven beschreibendem Erklärungsziel der Theorie der Verfügungsrechte lässt sich im Rahmen einer betriebswirtschaftlichen Anwendung mit der Frage nach einer sinnvollen Gestaltung von Organisationsformen beziehungsweise der vergleichenden Analyse unterschiedlicher Unternehmensverfassungen auch eine normative Zielsetzung verfolgen. Die Zuweisung von Entscheidungskompetenzen kann dabei mit der Verteilung von Verfügungsrechten gleichgesetzt werden. Dabei läuft die Argumentation immer über die Einsparung von Transaktionskosten.

Die Theorie der Verfügungsrechte steht damit in engem Zusammenhang mit der →Transaktionskostentheorie. Geht man von einer Welt ohne Transaktionskosten aus, lässt sich das *Coase-Theorem* (nach *Coase* 1960) ableiten. Danach ist die ex-ante-Verteilung an Verfügungsrechten unabhängig für das gesamtwirtschaftlich effiziente Ergebnis, das sich durch Tauschprozesse der Verfügungsrechte in dieser friktionslosen Welt einstellt. Als direkte Folgerung ergibt sich, dass in diesem Fall externe Effekte kein Problem darstellen, solange für deren Beeinflussung ein funktionierender Preismechanismus vorhanden ist. Von externen Effekten wird gesprochen, wenn die Produktions- oder Nutzenfunktion eines Wirtschaftssubjekts durch das Handeln eines anderen beeinflusst wird. Existiert ein funktionierender Preismechanismus, dann wird das gesellschaftlich optimale Maß des Guts produziert und dem Verursacher des externen Effekts werden die Kosten (bzw. die Nutzen im Fall von positiven externen Effekten) zugewiesen. Im Umkehrschluss bedeutet das Coase-Theorem dann aber gleichzeitig, dass immer dann, wenn Transaktionskosten relevant sind, die ex-ante-Verteilung der Verfügungsrechte sehr wohl entscheidend für das Erreichen eines effizienten Ergebnisses ist.

Der Verdienst dieser Theorie wird in der größeren Realitätsnähe im Vergleich zur traditionellen Neoklassik und insbesondere in der Möglichkeit einer expliziten Analyse der Ausgestaltung von Verfügungsrechtsstrukturen (z. B. in Unternehmen) gesehen.

Literatur: *Coase, R.H.*: The Problem of Social Cost, in: Journal of Law and Economics, (1960), H. 3, S. 1–44. *Richter, R.*; *Furubotn, E.*: Neue Institutionenökonomik, Tübingen 1996, S. 82–133.

Christian Grund

Theorie X und Y

von *McGregor* (1960) zur Unterscheidung von zwei markanten →Menschenbildern der Führung (→Mitarbeiterführung) entwickeltes Konzept.

Die Überlegungen von *McGregor* werden von ihm als Theorien bezeichnet, weil sie generalisierte Annahmen über die Natur und die Motive des typischen abhängig Beschäftigten darstellen. Diese Unterscheidung markiert eine Übergangsphase in der Führungspraxis, in der sich zunehmend partizipative oder delegative →Führungsstile verbreiteten.

Die *Theorie X* besteht aus der Annahme, dass der Mitarbeiter grundsätzlich nicht bereit sei, ohne äußeren Zwang Leistung zu erbringen oder gar →Verantwortung zu übernehmen. Diese Theorie bildet die Grundlage für ein autoritäres Führungsverständnis.

Demgegenüber gehen →Führungskräfte nach der *Theorie Y* davon aus, dass Mitarbeiter von sich aus motiviert sind, wenn sie sich mit den Unternehmenszielen identifizieren können und die Möglichkeit zur Selbstverwirklichung erhalten. Ein solches Menschenbild ist die Voraussetzung dafür, dass Führungskräfte Aufgaben und Verantwortung an ihre Mitarbeiter übertragen.

Literatur: *McGregor, D.*: The Human Side of Enterprise, New York 1960.

Markus Gmür

Total Cost Analysis →Lebenszykluskostenrechnung (LZR)

Total Cost of Ownership →Lebenszykluskostenrechnung (LZR)

Total Quality Control (TQC)

umfassende Qualitätsstrategie, die sich an den Kundenbedürfnissen ausrichtet (→Kundenorientierung).

Der Ansatz des Quality Control wurde von *Feigenbaum* durch sein gleichnamiges Buch im Jahr 1951 bekannt gemacht. Während seiner Zeit als Direktor für Produktion bei General Electric erweiterte *Feigenbaum* den Begriff zu

Total Quality Control, welches 1961 auch der Titel der zweiten Ausgabe seines Buches wurde. Vorläufer von *Feigenbaums* TQC-Absatz, bei dem zum ersten Mal die Erfüllung von *Kundenanforderungen* als Maßstab für Qualität galt, waren *Deming* (1952), bei dem die statistische Qualitätskontrolle im Mittelpunkt stand, und *Juran* (1951), der ein auch an subjektiven Gebrauchsnutzen-Überlegungen orientiertes Qualitätsverständnis prägte.

Eine Strategie der Total Quality Control hat in erster Linie drei Ansatzpunkte, durch die kundenorientierte Qualität hergestellt werden soll:

1. *Design* von neuen Produkten wie auch von neuen Entwicklungs- und Produktionsprozessen (Design Quality Control).
2. *Material*, welches beschafft, bezogen, inspiziert und für die Produktion verwendet wird (Incoming Material Quality Control).
3. *Endprodukt*, welches gefertigt, getestet, geliefert, installiert und serviciert wird (Product Quality Control).

Neben dieser im Ansatz *prozessorientierten* Qualitätsbetrachtung nennt *Binner* (2002) einige weitere Charakteristika von *Feigenbaums* (1991) TQC-Ansatz. Er fordert demnach

– einen *organisatorischen Rahmen*, der die Qualität sowohl am einzelnen Arbeitsplatz als auch zwischen Abteilungen sicher stellt,
– neueste *Technologie* zur Unterstützung von Qualitätsverbesserungen sowie
– Verständnis und Vertrauen der *Mitarbeiter* in den TQC-Ansatz, um ihn in der gesamten Organisation zu unterstützen.

Gerade der letzte Punkt leitet zur Weiterentwicklung von TQC zum *Company Wide Quality Control*-Ansatz (CWQC) von *Ishikawa* (1985) über, nach dem auch organisationsinterne Schnittstellen genauso wie Lieferanten-Kunden-Beziehungen behandelt werden sollen. Eine nächste konzeptionelle Erweiterung stellt gemäß *Rothlauf* (2004) das *Total Quality Management* (TQM) dar, ein integrativer Management-Ansatz, der Qualität in den Mittelpunkt stellt, dabei prozess-, mitarbeiter- und kundenorientierte Überlegungen explizit berücksichtigt und alle Tätigkeiten einer Organisation hierauf ausrichtet.

Zur praktischen *Umsetzung* von TQM orientieren sich Organisationen häufig an Kriterien, die von Institutionen zur Qualitätsförderung aufgestellt und als Basis für eine Preisvergabe genutzt werden. So prämiert beispielsweise in Europa die *European Foundation for Quality Management* (→EFQM) besondere Leistungen mit dem →*EFQM Excellence Award*. In den USA organisiert das *National Institute of Standards and Technology* (NIST) den →*Malcolm Baldrige National Quality Award*, und in Japan die *Japanese Union of Scientists and Engineers* (JUSE) den →*Deming Prize*.

Literatur: *Binner, H. F.*: Prozessorientierte TQM-Umsetzung, 2. Aufl., München 2002. *Deming, W. E.*: Elementary Principles of the Statistical Control of Quality, Tokio 1952. *Feigenbaum, A. V.*: Total Quality Control, 3. Aufl., New York 1991. *Ishikawa, K.*: What is Total Quality Control? The Japanese Way, Englewood Cliffs 1985. *Juran, J. M.*: Quality Control Handbook, New York 1951. *Rothlauf, J.*: Total Quality Management in Theorie und Praxis, 2. Aufl., München 2004.

Matthias Tomenendal

Total Quality Management

unternehmerische →Qualitätsphilosophie mit eindeutiger Priorität der Qualitätsbestellung und -sicherung auf allen strategischen und operativen Handlungsfeldern.

Ziel der Leistungserstellung ist, das den Kunden gegebene Leistungsversprechen zu erfüllen (Minimum-Qualität) und gegebenenfalls noch zu übertreffen. Dies ist nur möglich, wenn alle Unternehmensabläufe und -strukturen (→Organisationsstruktur) aufeinander abgestimmt sind und reibungslos ineinandergreifen. Ständig steht zudem die Frage im Raum, ob und wie das aktuelle Leistungsniveau ausgebaut und die Prozess- und Produktqualität weiter verbessert werden können.

Beide Qualitätsdimensionen werden maßgeblich durch das Leistungsverhalten der Mitarbeiter beeinflusst. Dabei stellt sich die zentrale Frage, wie die Mitarbeiter dazu bewegt werden können, das Leistungsverhalten zu zeigen, das erforderlich ist, um den Erwartungen der Kunden entsprechen zu können. Zu diesen Fragen werden unter anderem vom →Personalmanagement Antworten erwartet: Wie gewinnen wir die Mitarbeiter, deren →Kompetenzen wir benötigen, um den Erwartungen unserer Kunden entsprechen zu können? Welche →Führungskräfte benötigen wir in diesem Zusammenhang und was müssen wir von diesen erwarten können? Wie stellen wir sicher, dass unsere Führungskräfte die Mitarbeiter fordern und fördern, damit letztere „im Dienste" unserer Kunden arbeiten? Welche →Führungsinstrumente benötigen wir, um unsere Prozess- und Produktqualität und damit das Leistungsverhalten unserer Mitarbeiter nachhaltig an den Kundenerwartungen ausrichten zu können? Somit ist klar: Alle Mitarbeiter des Unternehmens wirken an der Erfüllung der Ziele des Total Quality Managements mit. Funktionsorientiertes Denken, Ressortegoismen oder etwa Insellösungen sind nicht akzeptabel. Das Personalmanagement ist damit ein zentraler Erfolgsfaktor des Total Quality Managements.

Der Begriff Total Quality Management (TQM) – die Begrifflichkeit lehnt sich an DIN EN ISO 8402 an – adressiert diesen umfassenden (ganzheitlichen) und letztlich kompromisslosen Anspruch. Diesen findet man etwa im →EFQM konkretisiert.

Literatur: *Bühner, R.*: Der Mitarbeiter im Total Quality Management, München 1993. *Engelhardt, H.*: Total Quality Management, München 2001. *Zink, K.*: TQM als integratives Managementmodell, München 2004.

Thomas Bartscher

Total Remuneration

Ansatz, der sich auf individuelle →Arbeitsverträge, die eine Grundvergütung und zusätzliche nicht-monetäre Vorteile beinhalten, bezieht.

Diese Gesamtvergütung ist nicht nur entscheidungsrelevant für beide Arbeitsvertragspartner, sondern hat auch ganz spezielle Anreizwirkungen. Die personalökonomische Beurteilung von Entlohnungssystemen bezieht sich in dieser Betrachtung nicht nur auf monetäre Elemente, sondern auch auf zusätzliche nicht-monetäre Vorteile, wie zum Beispiel reservierte Parkplätze, spezielle Erlaubnisse und persönliche Nutzung anderer (geldwerter) Vorteile.

Silvia Föhr

Traditionelle Strategieforschung →Market Based View

Träger der Personalarbeit

→Stellen, Instanzen (→Aufbauorganisation) und Abteilungen im Unternehmen, die unmittelbar mit personalwirtschaftlichen Aufgaben betraut sind.

Konsens herrscht *Drumm* (2005) zufolge darüber, die Unternehmensleitung, die →Personalabteilung mit eventuell ausgelagerten Mitarbeitern sowie die Linienführungskräfte (→Führungskräfte) dazu zu zählen. Strittig ist, ob auch die Arbeitnehmervertretungen, also vor allem der →Betriebsrat, als Träger von Personalarbeit (→Personalmanagement) oder als reines Interessengruppenorgan verstanden werden sollen. Jeden einzelnen Mitarbeiter als Träger der Personalarbeit zu bezeichnen geht aufgrund des Objektcharakters der Mitarbeiter in diesem Zusammenhang an der Grundsatzidee der Personalarbeit vorbei.

Die beiden wichtigsten *Probleme* in Zusammenhang mit den Trägern der Personalarbeit stellen die →Kompetenz und die Zuweisung von personalwirtschaftlichen Aufgaben dar.

Die wohl höchste *Kompetenz* liegt in der Personalabteilung beziehungsweise bei ihren Mitarbeitern vor. Für diese Träger ist die Personalarbeit das Kerngeschäft, mit dem sie sich schwerpunktmäßig beschäftigen und für das sie Expertenstatus erreichen sollen. Dementsprechend können von den Mitgliedern der Personalabteilung hohe Sachkompetenz und auch innovative Lösungen für Probleme im Personalbereich erwartet werden. Die Unternehmensleitung ist nicht schwerpunktmäßig mit Personalfragen beschäftigt und die meisten Mitglieder dieses höchsten Entscheidungsgremiums haben auch keine spezifische personalwirtschaftliche →Ausbildung. Allerdings trifft die Unternehmensleitung die wichtigsten im Sinne von weittragendsten personalpolitischen Entscheidungen. Diese Diskrepanz sollte durch eine dezidierte Beratung der Top-Manager durch die Personalabteilung überwunden werden. Linienführungskräfte haben jeden Tag mit personalpolitischen Fragen zu tun. Falls keine expliziten personalwirtschaftlichen Entscheidungen wie Einstellung (→Personalbeschaffung), →Beförderung, Vergütung, Beurteilung oder →Entlassung anstehen, so ist aber doch der täglich gepflegte Führungsstil als wichtige Komponente der betrieblichen →Personalpolitik zu sehen. Eine ausreichende →Personalentwicklung für →Führungskräfte in diesem Bereich ist wichtig für den generellen Erfolg. Eine Unterstützung bei den expliziten personalwirtschaftlichen Fragen durch Mitglieder der Personalabteilung erscheint angebracht.

Die Frage der *Zuweisung von personalwirtschaftlichen Aufgaben* bewegt sich im Wesentlichen in dem Spannungsfeld der zentralen Erfüllung der Aufgaben durch eine Personalabteilung oder der weitestgehend dezentralen Bearbeitung personalwirtschaftlicher Fragen durch die Linienführungskräfte (→Organisation der Personalarbeit). Für eine →Zentralisierung sprechen laut *Drumm* (2005) die hohe Professionalität, die dadurch gesicherte →Gleichbehandlung der Mitarbeiter und die Möglichkeit Kosten durch Zusammenfassung gleichartiger Aufgaben zu sparen. Für die dezentrale Erfüllung der Aufgaben (→Dezentralisierung) können die größere Nähe zum Problem und die →Individualisierung der Personalarbeit sowie die zeitnahe Erledigung der Aufgaben angeführt werden.

Literatur: Drumm, H.J.: Personalwirtschaftslehre, 5. Aufl., Berlin etc. 2005, S. 70–75.

Reinhard Meckl

Traineeprogramm

dient der gezielten Vermittlung überwiegend betriebsspezifischer →Qualifikationen.

Üblicherweise richten sich Traineeprogramme an Hochschulabsolventen. Im Rahmen dieses Programms werden im Hinblick auf die geplante zukünftige Verwendung des Trainees gezielt und planmäßig bestimmte Funktionsbereiche des Unternehmens (z. T. auch im Ausland) durchlaufen. In Ergänzung hierzu sind häufig auch Seminare zur Vermittlung funktionaler und extrafunktionaler Fähigkeiten vorgesehen. Traineeprogramme haben im Regelfall eine ex ante festgelegte Dauer. Sie dienen nicht der Erlangung formaler Ausbildungszertifikate (→Ausbildung), die eine Zuordnung zu einem Berufsbild (→Ausbildungsberufsbild) ermöglichen (z. B. kaufmännische Berufsausbildung).

Thomas Bürkle

Trainer

Person, die im Rahmen von Weiterbildungsveranstaltungen den Teilnehmern →Wissen und Fähigkeiten (→Qualifikation) vermitteln soll (dt.: Ausbilder, Übungsleiter).

Idealerweise geschieht dies über die aktive Einbindung der Teilnehmer, beispielsweise durch Rollenspiele (→Kommunikations- und Rollenspiele) mit Videofeedback. Trainer können fest angestellte Mitarbeiter des Unternehmens sein. Heutzutage werden Trainer jedoch meist als freiberufliche Berater für spezifische Aufgaben fallweise engagiert. Die Berufsbezeichnung Trainer ist nicht geschützt, was in der Praxis häufig zu Qualitätsproblemen führt. Die Durchführung eines →Pilotseminars ist demzufolge anzuraten.

Laila Maja Hofmann

Training

gehört zu den am häufigsten verwendeten Weiterbildungs- beziehungsweise →Personalentwicklungsmethoden, wobei das Einüben von Verhalten im Vordergrund steht.

Trainings lassen sich in verschiedene Unterkategorien einteilen:

Bei *Trainings Off-the-Job* handelt es sich um Bildungsmaßnahmen, die außerhalb des Leistungserstellungsprozesses stattfinden. Sie werden entweder als betriebsinterne Maßnahme (*Inhouse-Training*), bei der nur Mitarbeiter aus einem Unternehmen teilnehmen oder von externen Bildungseinrichtungen als *offene Trainings*, und daher mit Teilnehmern aus unterschiedlichen Unternehmen, angeboten. Der Vorteil von Inhouse-Trainings besteht in der Möglichkeit, die Maßnahme genau auf die Bedürfnisse (→Motiv) des Unternehmens auszurichten. Externe Trainings machen es hingegen den Teilnehmern einfacher, ihre Probleme offen anzusprechen, da in der Regel keine Kollegen aus dem Unternehmen dabei sind. Außerdem besteht die Möglichkeit zum unternehmensübergreifenden Austausch.

Trainings Off-the-Job finden üblicherweise in Form von Trainings, bei denen das Üben von bestimmtem Verhalten im Vordergrund steht oder Seminaren (Fokussierung auf Wissensvermittlung) statt. Die Begriffe Training und Seminar werden allerdings oftmals synonym gebraucht.

Zu den bekanntesten Off-the-Job Lehrmethoden gehören:

- *Lehrvortrag*: Die Teilnehmer haben keine Möglichkeit bei der Erarbeitung des Bildungsstoffes mitzuwirken.

- *Lehrgespräch*: →Dialog zwischen Dozent und Teilnehmern steht im Vordergrund und sichert somit den aktiven Einbezug der Zuhörer in die Erarbeitung des Bildungsstoffes.

- →*Gruppenarbeit*: Der Lernstoff wird weitgehend selbständig von den Teilnehmern erarbeitet.

- *Rollenspiel* (→Kommunikations- und Rollenspiele): Es dient vor allem dem Einüben von bestimmten Verhaltensweisen.

Trainingstechniken für Auslandseinsätze

- *Fallmethode*: Sie ermöglicht das →Lernen an konkreten Praxisbeispielen.

Der große Vorteil von Off-the-Job Veranstaltungen ist darin zu sehen, dass die Teilnehmer vom laufenden Betriebsgeschehen unbehelligt bleiben. Dadurch können vordringlich pädagogische Prinzipien berücksichtigt werden.

Trainings On-the-Job sind arbeitsplatzgebundene Bildungsmaßnahmen, die sich durch hohen Realitätsbezug auszeichnen. Die Vermittlung von →Wissen beziehungsweise Fähigkeiten erfolgt hier meist durch das direkte Zusammenwirken zwischen Führungskraft und Mitarbeiter. Hierbei wird der Leitsatz „learning by doing" verfolgt. Zu den bekanntesten On-the-Job Maßnahmen zählen

- planmäßige Unterweisung direkt am Arbeitsplatz,
- Patenschaften,
- Hospitationen (zeitlich begrenzter Einsatz in einer anderen Abteilung, i. d. R. auf gleicher hierarchischer Ebene),
- Übertragung begrenzter Verantwortung (ermöglicht ein langsames „Hineinwachsen" in neue weiterführende Aufgabengebiete unter der Kontrolle der →Führungskraft),
- Stellvertretungen,
- →Job Rotation,
- →Auslandsentsendungen,
- Projektarbeiten sowie
- →Junior (Executive) Board.

Dabei werden Methoden wie beispielsweise →Coaching, →Counselling oder →Mentoring eingesetzt.

Trainings Out-of-the-Job sind spezielle Trainings, die entweder den Ausstieg aus dem →Beruf vorbereiten und erleichtern sollen (z. B. Seminare zur Vorbereitung auf den Ruhestand) oder die das Verlassen des Unternehmens dadurch erleichtern sollen, dass Unterstützung bei der Suche nach einem neuen Arbeitsplatz (bspw. bei Arbeitsplatzabbau) durch den Betrieb gegeben wird. Als Beispiel können hier Outplacement-Seminare beziehungsweise -beratung (→Personalentwicklungsmethoden, →Personalentwicklung) genannt werden.

Unter *Trainings Near-the-Job* werden Bildungsmaßnahmen verstanden, die in enger räumlicher und/oder inhaltlicher Beziehung zum Arbeitsplatz beziehungsweise zur →Arbeitsaufgabe stehen. Hier wird versucht, die Vorteile des Trainings Off-the-Job, das heißt kaum Störungen durch das Betriebsgeschehen während der Bildungsmaßnahme, mit den Vorteilen des Trainings On-the-Job, den hohen Anwendungsbezug durch Lernen bei der Leistungserstellung, zu verbinden. Bekannte Verfahren sind beispielsweise Outdoor-Seminare, mittels derer →Teamentwicklung mit einer „echten" Arbeitsgruppe, jedoch nicht am Arbeitsplatz und nicht unmittelbar anhand von Arbeitsaufgaben aus dem Betrieb vorangetrieben werden soll.

Als *Trainings Out-of-the-Job* definiert man Maßnahmen, welche die Einführung von Mitarbeitern in neue Aufgabengebiete unterstützen.

Laila Maja Hofmann

Trainingstechniken für Auslandseinsätze

methodische Ansätze von Weiterbildungsmaßnahmen (→Personalentwicklungsmaßnahmen) im Rahmen von Auslandsentsendungen.

Weiterbildungsmaßnahmen nehmen einen zentralen Stellenwert in der →internationalen Personalentwicklung ein. Als Entwicklungsziele von Trainingsmaßnahmen können gemäß *Weber et al.* (2001) insbesondere die folgenden Aspekte genannt werden: Bewältigung des →Kulturschocks, Entwicklung eines dem Gastland adäquaten →Führungsverhaltens, Bewältigung der Rollenprobleme, Fähigkeit (→Qualifikation) zur Vermittlung der fachlichen Expertise und des Führungswissens an Mitarbeiter des Gastlandes, Innovationssicherung und Erwerb kommunikativer →Kompetenz.

In Anlehnung an *Landis* und *Brislin* (1983) kann grundsätzlich zwischen folgenden Trainingstechniken unterschieden werden:

- *Kognitive Trainingsmethoden*: Dient primär der Wissensvermittlung. Landeskundliche →Informationen werden durch Filme, Vorträge und schriftliches Informationsmaterial vermittelt. Zudem wird über besondere Verhaltensweisen, Traditionen und Lebensstile berichtet.

- *Affektive Trainingsmethoden*: Sollen es dem zu entsendenden Mitarbeiter ermöglichen, eine Beziehung zur fremden →Kultur aufzubauen. Sie gehen über die reine Informationsvermittlung hinaus, indem sie den Teilnehmer aktiv in den →Lernprozess einbeziehen. Typische Maßnahmen sind die Fallstudie, der Kulturassimilator oder das Rollenspiel. Die Zielsetzung besteht darin, potenzielle interkulturelle Probleme zu erkennen und zu bewältigen, indem eigene kulturelle Grundlagen erkannt und eine Attribuierung von Verhaltensweisen der Menschen in der Gastkultur erlernt wird.

- *Verhaltensorientierte Trainingsmethoden:* Sind durch eine höhere Intensität der Auseinandersetzung der Teilnehmer gekennzeichnet als die anderen beiden Trainingstechniken. Verhaltensorientierte Maßnahmen umfassen →Sensitivitätstraining, Simulationstraining und Felderfahrungen.

Generell wird die Annahme, dass interkulturelle Trainingsprogramme den Übergang in eine andere Kultur erleichtern, mittlerweile durch zahlreiche empirische Studien, wie beispielsweise bei *Bhawuk* und *Brislin* (2000), gestützt.

Literatur: *Bhawuk, D. P.; Brislin, R.*: Cross-Cultural Training: A Review, in: Applied Psychology: An International Review, 49. Jg. (2000), H. 1, S. 162–191. *Landis, D.; Brislin, R.*: Handbook on Intercultural Training, 1. Jg. (1983). *Weber, W. et al.*: Internationales Personalmanagement, Wiesbaden 2001.

Rüdiger Kabst
Angelo Giardini

Trait Approach →Eigenschaftstheorie der Führung

Transaktion

Austausch von Gütern, Dienstleistungen oder Verfügungsrechten (→Transaktionskostentheorie, →Theorie der Verfügungsrechte).

Transaktionale Führung

basiert auf dem Austausch (→Transaktion) von führungsseitiger →Motivation und mitarbeiterseitiger Anstrengung.

Im Vordergrund der in den 1970er Jahren konzipierten transaktionalen Führung (→Mitarbeiterführung) (Path Goal Theory of Leadership) von *House* (1971) und *Evans* (1970) stehen die motivationalen Voraussetzungen des Mitarbeiterverhaltens. Hierbei wird die Erwartungs-Wert-Theorie von *Vroom* (1964) zugrunde gelegt. Entsprechend soll der →Führungskraft erstens die Erwartung des Geführten stabilisieren, dass Anstrengung zu Leistung führt, zweitens soll sie die Erwartung des Geführten stützen, dass Leistung zu Belohnung (→Belohnung und Bestrafung) führt, und drittens die Belohnung so gestalten, dass sie die Befriedigung persönlicher Ziele des Geführten erlaubt.

Die Führungskraft hat damit die Aufgabe, Ziele zu definieren und dem Geführten den Weg zur Erreichung dieser Ziele zu ebnen. Dabei wird im Sinne einer austauschtheoretischen Beschreibung dieses Führungsmusters angenommen, dass der Geführte Leistung gegen Belohnung tauscht.

Literatur: *Evans, M. G.*: The Effects of Supervisory Behavior on the Path-Goal Relationship, in: Organizational Behavior and Human Performance, 5. Jg. (1970), S. 277–298. *House, R. J.*: A Path Goal Theory of Leader Effectiveness, in: Administrative Science Quarterly, 16. Jg. (1971), S. 321–339. *Vroom, V. H.*: Work and Motivation, New York etc. 1964.

Sabine Boerner

Transaktionskostentheorie

beschreibt als Teiltheorie der →Neuen Institutionenökonomik die effiziente Koordination von →Transaktionen.

Mit der Abwicklung einer Tauschbeziehung zwischen Geschäftspartnern sind in der Regel Transaktionskosten verbunden. Zu ihnen zählen Anbahnungskosten (z. B. zur Suche des Transaktionspartners), Vereinbarungskosten (z. B. im Rahmen von Vertragsverhandlungen), Kontrollkosten (z. B. zur Qualitätskontrolle), Durchsetzungskosten (z. B. Gerichtskosten) und Anpassungskosten (z. B. für vertragliche Nachverhandlungen). Sie werden auch als „Betriebskosten des Wirtschaftens" definiert und sind von den *Produktionskosten* abzugrenzen. Grundsätzlich lassen sich neben diesen externen Transaktionskosten (auf Marktebene) auch interne Transaktionskosten für die Koordination auf Organisationsebene benennen.

Während die neoklassische Theorie Transaktionskosten als eine Art Reibungsverluste beim Wirtschaften nicht berücksichtigt, stehen sie in der Transaktionskostentheorie im Zentrum der Analyse. Schätzungen ergeben, dass Transaktionskosten in der Wirtschaft der USA mehr als die Hälfte des Bruttosozialprodukts ausmachen.

Das Effizienzkriterium der Transaktionskostentheorie bildet der möglichst sparsame Einsatz knapper Ressourcen, wobei darunter sowohl Ressourcen zur Produktion als auch zur Abwicklung und Organisation des Austauschs verstanden werden. Die Bildung einer →Or-

Transaktionskostentheorie

ganisation, beispielsweise eines Unternehmens, ist im Sinne der Transaktionskostentheorie nach *Coase* (1937) immer dann sinnvoll, wenn dadurch im Vergleich zu einer reinen Marktlösung ceteris paribus ansonsten mehr externe Transaktionskosten eingespart werden können, als zusätzliche interne Transaktionskosten anfallen. Dabei ist die ceteris paribus-Annahme deshalb von Bedeutung, da von anderen Gründen für die Bildung von Organisationen, beispielsweise der Ausnutzung von Größenvorteilen in der Produktion (Economies of Scale), abstrahiert wird.

Entsprechend kann im Rahmen der Transaktionskostentheorie argumentiert werden, dass Unternehmen so lange wachsen, wie die zusätzlichen internen Transaktionskosten K', die durch die Aufnahme einer weiteren Transaktion im Unternehmen entstehen, geringer sind als die zusätzlichen externen Transaktionskosten U', die durch die Aufnahme einer weiteren Transaktion eingespart werden. U' kann dabei auch als Grenznutzen der Marktumgehung charakterisiert werden.

Damit bietet die Transaktionskostentheorie einen Erklärungsansatz zur Bestimmung der *optimalen Unternehmensgröße* n*: Diese ist dann erreicht, wenn die zusätzlichen internen Transaktionskosten der letzten aufgenommenen Transaktionskosteneinheit den externen Transaktionskosten entsprechen, die bei Abwicklung dieser Einheit über den Markt entstanden wären. An diesem Punkt sind die Transaktionen mit den größten relativen Transaktionskostenvorteilen bereits in die Organisation integriert, so dass eine weitere Vergrößerung der Organisation zu Effizienzverlusten führen würde (Abbildung 1).

Abbildung 1: Bestimmung der optimalen Unternehmensgröße (*Grund* 2005)

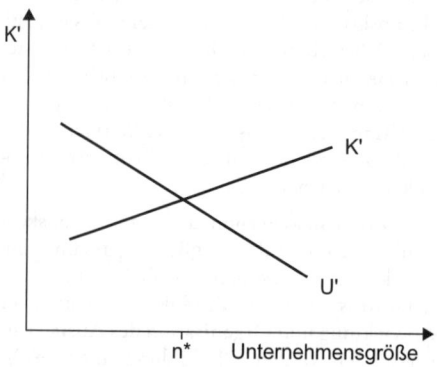

Verschiedene Einflussfaktoren determinieren die Höhe der Transaktionskosten: So sinken mit steigender *Häufigkeit* der Durchführung einer bestimmten Transaktion die externen Transaktionskosten pro Transaktion, da zum Beispiel die Anbahnungskosten wegfallen.

Dagegen steigen die Transaktionskosten mit höherer *Unsicherheit* an. Herrscht Unsicherheit über Qualitäten, Termine, Preise oder allgemein hinsichtlich zukünftiger Umweltzustände, so fallen die externen Transaktionskosten aufgrund hoher Vereinbarungs-, Kontroll- und Durchsetzungskosten vergleichsweise hoch aus.

Schließlich wird die Höhe der Transaktionskosten von der *Spezifität* der Transaktionssituation beeinflusst. Eine Leistung wird dann als spezifisch bezeichnet, wenn sie gar nicht oder nur schlechter für einen anderen als den ursprünglich vorgesehenen Zweck eingesetzt werden kann. Investiert ein Unternehmen beispielsweise in eine Spezialmaschine, die lediglich ein bestimmtes Produkt eines einzigen Großkunden herstellen kann, so ist die Situation von hoher Spezifität. Die Differenz zwischen dem Wert einer Investition in der aktuellen Verwendung abzüglich deren Wert in der nächstbesten Verwendung wird als *Quasi-Rente* bezeichnet, so dass mit der Quasi-Rente der Spezifitätsgrad steigt. Geht man von einer Neigung zu Opportunismus (→Darwiportunismus) bei den Vertragspartnern aus, so begibt sich derjenige Transaktionspartner, der eine spezifische Investition trägt, in ein Abhängigkeitsverhältnis. Er ist in Höhe der Quasi-Rente ausbeutbar. Dieses Problem wird mit →*Hold-up* bezeichnet. Dadurch steigen die externen Transaktionskosten mit der Spezifität der Situation, da der Tauschvertrag entsprechend aufwendig gestaltet werden muss, um die Hold-up-Gefahr einzuschränken.

Auf den Überlegungen zur Hold-up-Gefahr begründet sich auch ein zweiter Erklärungsansatz für die Existenz von Unternehmen, der auf *Williamson* (1971, 1979, 1990) zurückgeht. Die Hold-up-Gefahr ist strenggenommen nur dann relevant, wenn keine vollständigen Verträge geschrieben werden können. Eine vollständige vertragliche Regelung zwischen Vertragspartnern ist aber gerade aufgrund prohibitiv hoher Vereinbarungskosten häufig unmöglich, so dass Vertragslücken bestehen bleiben. Man spricht in diesem Zusammenhang auch von *unvollständigen Verträgen*. Zusätzlich ist es möglich, dass prohibitiv hohe Durchsetzungskosten eine Durchsetzung der Verträge vor einer dritten Partei (z. B. einem Gericht) unmöglich machen. In diesem Zusammenhang spricht man auch von *Nicht-Kontrahierbarkeit* von Verträgen. In solchen Fällen ist es häufig sinnvoll, die Vertragsbeziehungen in einer Organisation zu integrieren, um die Sicherung der Quasi-Renten zu gewährleisten. Im Fall des Zulieferers, der in die Spezialmaschine investiert hat, bietet sich im Sinne dieser Überlegungen eine vertikale →Integration mit dem Abnehmer an.

Mithilfe der Transaktionskostentheorie werden aber nicht nur die Existenz und die Größe von Organisationen diskutiert. Zwischen einer reinen Marktlösung und einer reinen Hierarchielösung (→Hierarchie) gibt es verschiedene Organisationsformen mittlerer vertikaler Integration, die auch als →Kooperationen bezeichnet werden, und deren relative Vorteilhaftigkeit im Einzelfall auf Transaktionskostenbasis erörtert werden kann.

Die Transaktionskostentheorie wird als Erklärungsansatz in vielen empirischen Studien insbesondere zur Frage der Entscheidung zwischen Eigenfertigung und Fremdbezug in den unterschiedlichsten Branchen und unterschiedlichen Organisationsformen, zum Beispiel Joint Ventures, Franchisingsysteme und strategischen Allianzen, herangezogen. Mitunter wird auch versucht, die Gestaltung von Verträgen zwischen Unternehmen und Arbeitnehmern transaktionskostentheoretisch zu erklären.

Zwar stehen die Ergebnisse vieler empirischer Studien im Einklang mit der Transaktionskostentheorie. Eine direkte *Überprüfung* im Hinblick auf ihre Erklärungskraft für die relative Vorteilhaftigkeit von Organisationsformen ist allerdings sehr schwierig und bisher noch nicht geschehen, da die Höhe der Transaktionskosten als zentrale Variable in den bestehenden Untersuchungen regelmäßig nicht berücksichtigt wird.

Trotzdem ist die Transaktionskostentheorie in den letzten Jahrzehnten zu erheblicher Bedeutung gekommen, da es ihr gelingt, in einem geschlossenen Rahmen auf Basis weniger Postulate in einfacher Form wichtige Erklärungsansätze zu bieten.

Literatur: *Coase, R. H.*: The Nature of the Firm, Econometrica, (1937), H. 4, S. 386–405. *Ebers, M.; Gotsch, W.*: Institutionenökonomische Grundlagen der Organisation, in: *Kieser, A.* (Hrsg.): Organisationstheorien, 5. Aufl., Stuttgart 2002, S. 208–235. *Picot, A.; Dietl, H.; Franck, E.*: Organisation, Stuttgart 1997. *Richter, R.; Furubotn, E.*: Neue Institutionenökonomik, Tübingen 1996, Kap. III, S. 82–133. *Williamson, O. E.*: Die ökonomischen Institutionen des Kapitalismus, Tübingen 1990. *Williamson, O. E.*: Transaction-Cost Economics: The Governance of Contractual Relations, Journal of Law and Economics, 1979, H. 22, S. 233–261. *Williamson, O. E.*: The Vertical Integration of Production, in: American Economic Review, Paper and Proceedings, 61. Jg. (1971), S. 112–123.

Christian Grund

Transformationale Führung

beschreibt die Veränderung (Transformation) der Geführten, wenn deren Bedürfnisse (→Motiv) und Anspruchsniveaus aktualisiert werden.

Im Gegensatz zur →transaktionalen Führung geht die *transformationale Führung*, die etwa seit den 1980er Jahren in der Führungsliteratur diskutiert wird (*Avolio, Bass* und *Jung* 1999), nicht von den bestehenden Bedürfnissen der Geführten aus; vielmehr werden hier neue Bedürfnisse und Anspruchsniveaus der Geführten hervorgerufen. Die →Führungskraft verdeutlicht durch ihr Vorbild zusätzlich den intrinsischen Wert der Anstrengung und steigert die Attraktivität des Nutzens durch die Formulierung einer →Vision (Abbildung 1).

Abbildung 1: Unterschiede zwischen der Weg-Ziel-Theorie der Führung und der transformationalen Führung (*Gebert* 2002, S. 224)

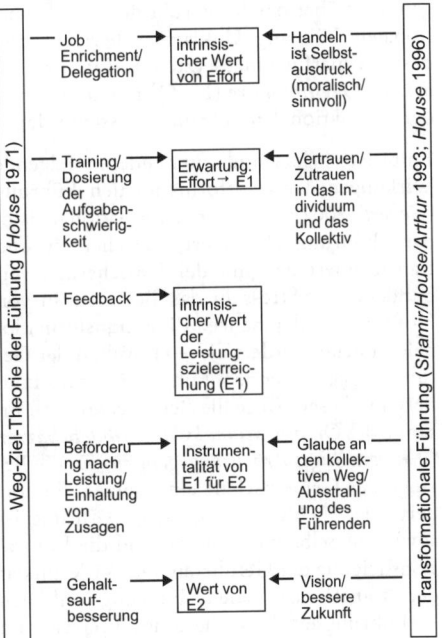

E1, E2: Ergebnis 1, Ergebnis 2 im Sinne von *Vroom* (1964)

Die verschiedenen Ansätze der transformationalen Führung stellen die charismatischen (→Charisma) Eigenschaften des Führenden (→Eigenschaftstheorie der Führung) in den Vordergrund. Der Verdienst des Konzepts der transformationalen Führung wird unter anderem darin gesehen, stärker als bisher auf emotionale, symbolische, sinnstiftende Wirkungen von Führung aufmerksam gemacht zu haben. Die Wirkung der charismatischen Führung wird insbesondere über die →Identifikation mit dem Führenden, die Internalisierung der Werte einer gemeinsamen Vision und die Identifizierung mit der Gemeinschaft erklärt, die eine überdurchschnittliche →Leistungsbereitschaft der Geführten freisetzen. Als kritisch gilt, dass über die Emotionalisierung der Führungsbeziehung die Gefahr der Entmündigung der Geführten, einer zu großen Abhängigkeit vom Führenden und einer Homogenisierung des Denkens der Geführten besteht (*Gebert* 2002).

Empirische Untersuchungen zur Wirksamkeit der transformationalen Führung kommen in der Regel zu dem Fazit, dass die transformationale Führung enger mit unterschiedlichen Leistungsindikatoren verbunden ist als die transaktionale Führung (*Geyer* und *Steyrer* 1998). Hierbei ist allerdings zu berücksichtigen, dass über das Konstrukt der transformationalen Führung Unklarheit herrscht und dass im hierfür eingesetzten *Multifactor Leadership Questionnaire* (MLQ) nur Teilfacetten der transaktionalen Führung erfasst wurden.

Empirisch belegt sind unter anderem folgende Wirkungen der transformationalen Führung (*Gebert* 2002): Eine transformational-visionäre Führung absorbiert Unsicherheit und transformiert den mit der Unsicherheit verbundenen →Stress in das Bewusstsein von Hoffnung und Chance. Eine transformationale Führung fördert die →Loyalität der Geführten gegenüber dem Führenden und stimuliert auf diesem Wege die Bereitschaft, sich im Sinne des *Organizational Citizenship Behavior* (→*Freiwilliges Arbeitsengagement*) für die Belange der Gemeinschaft einzusetzen. Sie fördert die →Motivation, den →Teamgeist sowie die Selbstwirksamkeit und die Innovationsneigung der Geführten. Die Wirksamkeit der transformationalen Führung auf den →Führungserfolg ist allerdings ihrerseits von situativen Randbedingungen abhängig, wie *Boerner* und *von Streit* (2005) bemerken.

Literatur: *Avolio, B.J.; Bass, B.M.; Jung, D.I.*: Re-Examining the Components of Transformational and Transactional Leadership Using the Multifactor Leadership Questionnaire, in: Journal of Occupational and Organizational Psychology, (1999), H. 72, S. 441–462. *Boerner, S.; von Streit, C.*: Transformational Leadership and Group Mood – Empirical Results from German Symphony Orchestras, in: Journal of Leadership and Organizational Studies, (2005), H. 12. *Gebert, D.*: Führung und Innovation, Stuttgart 2002. *Geyer, A.; Steyrer, J.*: Messung und Erfolgswirksamkeit transformationaler Führung, in: Zeitschrift für Personalforschung, 12. Jg. (1998), H. 4, S. 377–401.

Sabine Boerner

Trennung

unplanmäßige Beendigung von →Beschäftigungsverhältnissen im täglichen Betriebsablauf, aber auch durch den Ablauf der vertraglichen Frist oder das Erreichen des vereinbarten Zwecks, etwa das Ende einer Montagearbeit, denn damit endet das Vertragsverhältnis laut § 620 des Bürgerlichen Gesetzbuchs automatisch.

Trennungsgespräch

Gespräch zwischen →Führungskraft oder Mitarbeiter des Personalwesens und dem Betroffenen im Rahmen der →Kündigung.

In der Vorbereitung eines Trennungsgesprächs muss sich der kündigende →Arbeitgeber alle Fakten vergegenwärtigen, welche die beabsichtigte Kündigung rechtfertigen. Damit soll einer Emotionalisierung des Gesprächs vorgebeugt werden. Daneben sind die Einzelheiten der Trennung festzulegen. Das Gespräch sollte möglichst ungestört im Büro der Führungskraft stattfinden. Der Gesprächsverlauf muss so angelegt sein, dass die Kündigung in den ersten fünf Minuten deutlich und unmissverständlich ausgesprochen wird. Es muss klar werden, dass der Arbeitgeber die Entscheidung für eine Kündigung wohlüberlegt getroffen hat und dass diese Entscheidung unwiderruflich feststeht. Ein Austausch von Argumenten ist fehl am Platz. Die →Kündigungsgründe sollten sachlich erläutert werden. Anschließend sollte man sich mit den Reaktionen auf die Kündigungsnachricht auseinandersetzen. Am Ende des Gesprächs sind die Führungskräfte oder Personalverantwortlichen je nach Situation aufgefordert, Wege für eine berufliche Zukunft außerhalb des Unternehmens aufzuzeigen. Außerdem muss die Abwicklung des Arbeitsverhältnisses

(→Beschäftigungsverhältnis) angesprochen werden.

Reiner Bröckermann

Trotzkismus

durch *Trotzki* (1879–1940) begründet und bezeichnet eine theoretische Weiterentwicklung des Marxismus.

Laut *Trotzki* kann der Kommunismus nur funktionieren, wenn er auf internationaler Ebene verbreitet ist, weswegen die ganze Welt durch eine Revolution vom Kapitalismus befreit werden soll. *Trotzki* vertrat die Idee der permanenten Revolution, die eine möglichst rasche Überleitung der bürgerlichen in die proletarische Revolution vorsah, womit er im Gegensatz zu *Lenin* stand. Seine Forderungen waren unmittelbar auf die Bedürfnisse (→Motiv) der Arbeiterklasse, wie zum Beispiel den Kampf gegen →Arbeitslosigkeit, gleitende Lohn- und Arbeitszeitskalen oder eine Offenlegung der Geschäftsbücher, zugeschnitten. Ziel dieser Forderungen war es, die Anarchie der kapitalistischen Produktionsweise bloßzulegen und die Notwendigkeit einer geplanten Ökonomie sowie eines Arbeiterstaates zu erklären. Heute ist der *Trotzkismus* wesentlicher Bestandteil der Ideologie der Neuen Linken, da die Diktatur des Proletariats in Trotzkis Modell weggelassen wurde.

Dodo zu Knyphausen-Aufseß
Lars Schweizer

Truck-Verbot

früher so genannte Regelung, die verhindern wollte, dass ein →Arbeitgeber den →Arbeitnehmer statt mit Geld allein mit Waren bezahlt (BAG, Urteil vom 23.09.1992, Az.: 5 AZR 569/91).

Durch das Truck-Verbot sollte sichergestellt werden, dass der Arbeitnehmer einen bestimmten Betrag in Geld zur Verfügung hat. Heute regelt § 107 Gewerbeordnung (GewO) diese Frage. Nach § 107 Abs. 1 GewO ist das Arbeitsentgelt zu berechnen und auszuzahlen. Arbeitgeber und Arbeitnehmer können nach § 107 Abs. 2 GewO Sachbezüge als Teil des Arbeitsentgelts vereinbaren, wenn dies dem Interesse des Arbeitnehmers oder der Eigenart des Arbeitsverhältnisses (→Beschäftigungsverhältnis) entspricht. Der Arbeitgeber darf dem Arbeitnehmer jedoch keine Waren auf Kredit überlassen. Nach Vereinbarung darf er ihm Waren in Anrechnung auf das Arbeitsentgelt überlassen, wenn die Anrechnung zu den durchschnittlichen Selbstkosten erfolgt. Allerdings darf der Wert der vereinbarten Sachbezüge oder die Anrechnung der überlassenen Waren auf das Arbeitsentgelt die Höhe des pfändbaren Teils des Arbeitsentgelts nicht übersteigen. § 107 GewO erfasst nicht den Fall des Mitarbeiterverkaufs, bei dem der Arbeitnehmer die gekaufte Ware dem Arbeitgeber bezahlt.

Friedrich Meyer

Turnover →Fluktuation

Tutorielle Systeme →CBT-Systeme

Typ A-Verhalten, Typ B-Verhalten

Verhaltensmuster, die 1959 von den Kardiologen *Friedman* und *Rosenman* erstmals beschrieben wurden und die das Risiko einer koronaren Herzerkrankung erhöhen (Typ A) oder vermindern (Typ B).

Im Unterschied zu Typ B sind für Menschen vom Typ A die Verhaltensweisen und Merkmale

- motorische Unruhe,
- permanenter Zeitdruck,
- hohes Konkurrenzbewusstsein,
- Aggressivität,
- starke →Erfolgsorientierung,
- hohe Ansprüche an sich selbst und andere,
- starkes Kontrollbedürfnis und
- Hilflosigkeitsmuster bei anhaltender Unkontrollierbarkeit

charakteristisch. Einige dieser Eigenschaften und Verhaltensweisen werden in der Gesellschaft und im Berufsleben sehr geschätzt.

Unter gesundheitlichen Gesichtspunkten ist das Typ A-Verhalten dysfunktional, weil es von Bluthochdruck und verstärkter autonomer Erregung begleitet wird. So leiden Manager mit Typ A-Verhaltensmuster doppelt so häufig an Erkrankungen der Herzkranzgefäße wie Männer der Normalpopulation. Untersuchungen zeigen, dass Menschen vom Typ A ein größeres Risiko für alle Arten kardiovaskulärer Erkrankungen haben. Das Typ A-Syndrom ist bei Männern wesentlich stärker verbreitet als bei Frauen.

Die Messung erfolgt durch halbstandardisierte →Interviews, →Fragebögen oder Verhaltensbeobachtungen (→Systematische Verhaltensbeobachtung). Forschungsergebnisse zeigen, dass Typ A-Verhaltensweisen und damit die Wahrscheinlichkeit für Herzerkrankungen durch Beratung und verhaltenstherapeutische Techniken reduziert werden können. Diese Typen-Einteilung wird vor allem durch das Argument kritisiert, dass komplexe psychische und psychosomatische Prozesse auf ein einfaches und immer gleiches Ursachenbündel zurückgeführt werden. Zudem konnten in neueren Untersuchungen die postulierten Beziehungen zwischen Typ A-Verhalten und dem Risiko koronarer Erkrankungen nicht eindeutig nachgewiesen werden.

Literatur: *Friedmann, M.*; *Rosenman, R. H.*: Association of Specific Overt Behavior Pattern with Blood and Cardiovascular Findings: Blood Cholesterol Level, Blood Clotting Time, Incidence of Arcus Senilis, and Clinical Coronary Artery Disease, in: Journal of American Medical Association, 169. Jg. (1959), S. 1286–1296.

Andreas Bergknapp

U

Überstunden aus personalwirtschaftlicher Sicht

Zeit, die ein Mitarbeiter zusätzlich zu seiner normalen individuellen oder tariflich vereinbarten →Arbeitszeit leistet.

Überstunden werden meist auf freiwilliger Basis geleistet und mit Überstundenzuschlägen (25 % bis 100 %) oder →Freizeitausgleich entlohnt. Bei außertariflich bezahlten Mitarbeitern (AT-Mitarbeiter), insbesondere hoch dotierten →Führungskräften und Spezialisten, werden Überstunden überhaupt nicht bezahlt. Überstunden werden hier als selbstverständliches Engagement gesehen und ein Fehlen oft mit Karrierehemmnissen geahndet. Solche traditionellen Unternehmens(zeit)kulturen sind noch in vielen Unternehmen aktuell, werden aber zunehmend im Zuge einer →Work-Life Balance Bewegung von dem jüngeren weiblichen und männlichen →Führungsnachwuchs in Frage gestellt.

Désirée H. Ladwig

Überstunden aus (arbeits-)rechtlicher Sicht

→Arbeitszeit, die über den vom →Arbeitszeitgesetz vorgesehenen zeitlichen Rahmen hinausgeht.

Der Umfang der vom →Arbeitnehmer an sich geschuldeten Arbeitszeit kann sich aus seinem →Arbeitsvertrag oder einem →Tarifvertrag ergeben. Enthalten diese Rechtsgrundlagen keine Aussage über die Ableistung von Überstunden, ist der Arbeitnehmer zu solchen Überstunden auch nicht verpflichtet. Lediglich in betrieblichen Notfällen wäre der Arbeitnehmer dann aufgrund seiner Treuepflicht gehalten, in bestimmten Situationen Überstunden zu leisten (*Richardi* 2000, § 48 Rn. 129, *von Staudinger* 1993, § 611 BGB Rn. 35). Diese Ausnahmen sind aber eng zu fassen. Allein ein hoher Auftragsbestand etwa würde nicht ausreichen, um aus der Treuepflicht eine Verpflichtung zur Leistung von Überstunden abzuleiten.

Ist durch Arbeitsvertrag oder Tarifvertrag dagegen geregelt, dass der Arbeitnehmer zu Überstunden verpflichtet ist, muss untersucht werden, ob diese Bestimmung wirksam ist. Das war bislang weitgehend unproblematisch. Nachdem seit dem 01.01.2002 Arbeitsverträge einer Kontrolle als Allgemeine Geschäftsbedingungen gemäß §§ 305 ff. BGB unterworfen werden, ist die Rechtslage schwieriger. Insbesondere muss die Regelung dem Transparenzgebot gerecht werden. Obschon obergerichtliche Entscheidungen zu dieser Frage noch nicht vorliegen, wird man eine ausreichende Transparenz wohl nur bejahen können, wenn angegeben wird, bis zu welcher Obergrenze Mehrarbeit geschuldet sein soll und wie diese vergütet oder durch Freizeit abgegolten wird beziehungsweise mit welchem Betrag die Überstunden pauschalisiert in der vereinbarten Vergütung enthalten sind. Bei der Anordnung von Überstunden durch den →Arbeitgeber hat der →Betriebsrat jedenfalls immer dann ein Mitbestimmungsrecht (→Mitbestimmung) aus § 87 Abs. 1 Nr. 3 BetrVG, wenn mehrere Arbeitnehmer betroffen sind und damit ein kollektiver Bezug vorliegt. Das gilt auch dann, wenn die Arbeitnehmer zur Leistung von Überstunden gar nicht verpflichtet sind und sich freiwillig dazu bereit erklären. Ist dagegen nur ein einzelner Arbeitnehmer von den Überstunden betroffen, kann das Mitbestimmungsrecht gleichwohl eingreifen, wenn für die Überstunden ein betriebliches Regelungsbedürfnis besteht, was meistens der Fall sein dürfte.

Literatur: *Richardi, R.* (Hrsg.): Münchener Handbuch zum Arbeitsrecht, 2. Aufl., München 2000. *von Staudinger, J.* (Hrsg.): Kommentar zum Bürgerlichen Gesetzbuch mit Einführungsgesetz und Nebengesetzen, 12./13. Aufl., Berlin 1993.

Friedrich Meyer

UEAPME

in 1979 gegründeter Arbeitgeberverband mit Sitz in Brüssel, der auf europäischer Ebene die Interessen des Handwerks und der kleinen und mittleren Unternehmen (KMU) vertritt.

Aufgrund eines Kooperationsabkommens mit dem Industrie- und Arbeitgeberverband →UNICE nimmt die Union Européenne de

Umgedrehte Führung

l'Artisanat et des Petites et Moyennes Entreprises (UEAPME) am →Sozialen Dialog teil.

Christian Fischer

Umgedrehte Führung

vollzieht sich im Einklang mit der Interaktionstheorie nicht nur „von oben nach unten", sondern findet auch umgedreht „von unten nach oben statt".

Im Sinne des Arbeitsergebnisses ist in der umgedrehten Führung keine Fehlentwicklung zu sehen, wenn Mitarbeiter unaufgefordert Anregungen für Problemlösungen und künftige Aufgabenfelder einbringen oder zu einer effizienten Ressourcenallokation beitragen.

Die Möglichkeit zur Einflussnahme auf die →Führungskraft wird in unterschiedlicher Intensität genutzt. *Kipnis* und *Schmidt* (1988) unterscheiden:

- *Draufgänger*: Verkaufen der Führungskraft ihre Ideen zum eigenen Vorteil.
- *Taktiker*: Steuern auf dem Wege stets logisch erscheinender Begründungen die Mittelverteilung, die Zielfindung und die →Personalpolitik mit.
- *Beziehungsspezialisten*: Setzen Charme und Verhandlungsgeschick zum Erreichen ihrer Ziele ein.
- *Unbeteiligte Zuschauer*: Üben kaum Einfluss auf die Führungskraft aus.

Taktiker haben sich hinsichtlich Leistungsbeurteilung, Gehalt und Arbeitsbelastung (→Belastungs-Beanspruchungs-Modell) als die erfolgreichsten Mitarbeiter erwiesen.

Literatur: *Kipnis, D.; Schmidt, S. M.*: Upward-Influence Styles: Relationship with Performance Evaluations, Salary and Stress, in: Administrative Science Quarterly, (1988), H. 33, S. 528–542.

Jan Hendrik Fisch

Umgruppierung

Eingruppierung in eine andere Lohn- und Gehaltsgruppe als bisher (*Hromadka* und *Maschmann* 2002, § 16 Rn. 571).

Es kann sich dabei um eine *Höher- oder Rückgruppierung* handeln, die beide Unterfälle der Umgruppierung sind. Ist im →Arbeitsvertrag lediglich ein bestimmtes Eingruppierungssystem vereinbart, ohne eine Tarifgruppe anzugeben, so ist die anschließende Eingruppierung rein deklaratorisch. Gleiches gilt, wenn im Arbeitsvertrag zwar eine Tarifgruppe angegeben ist, die Auslegung des Arbeitsvertrags aber ergibt, dass auch diese Angabe nur deklaratorisch sein soll, also die Tarifgruppe angegeben wird, die, →Arbeitgeber und gegebenenfalls →Arbeitnehmer zu diesem Zeitpunkt als zutreffend ansehen. In den beiden vorgenannten Fällen kann es zu einer Umgruppierung kommen, wenn sich anschließend herausstellt, dass die nach Abschluss des Vertrags erfolgte Eingruppierung oder die im Vertrag bereits angegebene Tarifgruppe nicht zutreffend ist, weil der Arbeitgeber nicht die Tätigkeitsmerkmale dieser Gruppe erfüllt, sondern tatsächlich in eine höhere oder niedrigere Tarifgruppe einzugruppieren wäre. Außerdem kann eine Umgruppierung sich in diesen Fällen daraus ergeben, dass zwar die ursprüngliche Eingruppierung zutreffend war, sich aber die Tätigkeit des Arbeitnehmers so verändert hat, dass er nunmehr einer höheren oder niedrigeren Tarifgruppe angehört. Es ist allerdings der Anlass der Umgruppierung arbeitsrechtlich (→Arbeitsrecht) gesondert auf seine Wirksamkeit zu prüfen.

Eine geänderte Tätigkeit kann sich aus einer einvernehmlichen Änderung des Arbeitsvertrags oder einer Änderungskündigung (→Kündigung) ergeben, die – sofern das KSchG eingreift – der sozialen Rechtfertigung bedarf. Kraft →Direktionsrechts ist der Arbeitgeber nicht befugt, dem Arbeitnehmer einseitig eine niederwertige Tätigkeit zuzuweisen, da hierdurch das KSchG umgangen würde. Ist im Arbeitsvertrag eine Tarifgruppe angegeben und ergibt die Auslegung des Vertrags, dass diese Festlegung konstitutiv – also unabhängig von den tatsächlich vorliegenden Tätigkeitsmerkmalen – sein soll, scheidet eine Umgruppierung aus, wenn die vorgenommene Eingruppierung nicht den vom Arbeitnehmer ausgeübten Tätigkeiten entspricht. In diesem Fall kommt eine Umgruppierung deshalb nur in Betracht, wenn der Arbeitsvertrag einvernehmlich geändert wird oder aber eine Änderungskündigung wirksam ausgesprochen wird, wobei letzterenfalls nicht jede Änderungskündigung ausreichen kann, da die Vertragsparteien nun einmal unabhängig von der Tätigkeit eine bestimmte Vergütungsgruppe vereinbart haben.

In Betrieben mit in der Regel mehr als 20 Arbeitnehmern bedarf sowohl die Ein- als auch die Umgruppierung gemäß § 99 Abs. 1 BetrVG der Zustimmung des →Betriebsrats. Nach heutiger Rechtsprechung besteht dieses Mitbestimmungsrecht auch dann, wenn es sich um eine Umgruppierung als Korrektur zu einer deklaratorischen Angabe bei oder nach Abschluss des Arbeitsvertrags handelt. Stimmt der Betriebsrat der Umgruppierung nicht zu, ist das Zustimmungsersetzungsverfahren gemäß § 99 Abs. 4 BetrVG durchzuführen. Handelt es sich bei dem der Umgruppierung zugrunde liegenden Anlass um eine Änderungskündigung, ist zu beachten, dass neben dem Mitbestimmungsrecht aus § 99 Abs. 1 BetrVG (Umgruppierung) zugleich der Betriebsrat gemäß § 102 BetrVG anzuhören ist.

Literatur: *Hromadka, W.; Maschmann, F.*: Arbeitsrecht, Bd. 2, 2. Aufl., Berlin etc. 2002.

Friedrich Meyer

Unfair Dismissal

englische Bezeichnung für eine →Kündigung, die nicht auf rechtlich zulässige →Kündigungsgründe (→Fair Reasons for Dismissal) gestützt ist und folglich im →Kündigungsschutzprozess keinen Bestand haben wird.

Zuständig ist auch in Großbritannien die →Arbeitsgerichtsbarkeit, die eine Kündigung für nicht zulässig erklärt, wenn die Begründung nicht dem geltenden Recht entspricht oder dem Sachverhalt nicht angemessen ist. Ähnlich wie im deutschen Kündigungsschutzprozess lautet das Urteil, dass die Klage abgewiesen, das Arbeitsverhältnis (→Beschäftigungsverhältnis) bei Nachzahlung des entgangenen Arbeitsentgelts fortgesetzt oder eine →Abfindung gezahlt wird.

Literatur: *Heery, E.; Noon, M.*: A Dictionary of Human Resource Management, Oxford 2001, S. 103.

Reiner Bröckermann

Unfallschutz

Analyse von Unfallgeschehen und Maßnahmen zur Unfallverhütung einschließlich ihrer Kontrolle.

Eine wesentliche *Grundlage* des Unfallschutzes bildet die Analyse des Unfallgeschehens. Dabei wird zwischen Unfallhergang, -ursachen und -folgen unterschieden. Um Unfälle künftig vermeiden zu können, ist es hilfreich, dass diese Differenzierung sowohl für Unfallberichte als auch für die Unfallstatistik eingesetzt wird. Unfallursachen können auf das Verhalten der unmittelbar Beteiligten, das Verhalten der für die Organisation Verantwortlichen sowie das Verhalten technischer Gegenstände zurückgeführt werden. Da der Mensch am Ende der Kausalkette steht, ist er letztendlich immer für den Unfall verantwortlich.

Ein wirkungsvoller Unfallschutz sollte verschiedene Aspekte berücksichtigen. Bei der Umsetzung von Maßnahmen zur Unfallverhütung sollte an erster Stelle die Gefahrenbeseitigung, an zweiter Stelle die Trennung von Mensch und Gefahr, an dritter Stelle die Abschirmung von Gefahrenträger (Menschen) und Gegenständen und zuletzt der Appell an ein sicherheitsgerechtes Verhalten, stehen. Bei der Auswahl der Schwerpunkte des Unfallschutzes sollte die betriebliche Unfallstatistik zugrunde gelegt werden. Die Vorschriften sollten übersichtlich und einfach gestaltet sein. Eine wissenschaftliche Absicherung der Vorschriften ist wünschenswert. Die Wirkung der Unfallverhütungsmaßnahmen sollte einer Kontrolle unterzogen werden (*Luczak* und *Volpert* 1997).

Literatur: *Luczak, H.; Volpert, W.*: Handbuch Arbeitswissenschaft, Stuttgart 1997.

Margit Weißert-Horn
Regina Brauchler

UNICE

1958 gegründeter Dachverband der Industrie- und →Arbeitgeberverbände in Europa.

Die *Union des industries de la communauté européenne* (UNICE) vertritt die Interessen der Industrie- und Arbeitgeberverbände gegenüber den EU-Institutionen. UNICE wirkt am →Sozialen Dialog auf europäischer Ebene mit. Seit Anfang 2007 nennt sich UNICE Businesseurope (The Confederation of European Business).

Christian Fischer

Unique Selling Proposition (USP, Alleinstellungsmerkmal)

umfasst diejenigen Eigenschaften eines Produktes, einer Dienstleistung oder des anbietenden Unternehmens, mit denen der Anbieter ein einzigartiges Nutzenversprechen gegenüber der jeweiligen Nachfragergruppe generiert und sich damit von den Angeboten seiner Konkurrenten differenziert.

Im Kern handelt es sich somit um einen exklusiven Verkaufsvorteil, der vom Anbieter definiert und im Rahmen des Marketings an externe Interessenten kommuniziert werden muss. Alleinstellungsmerkmal oder Unique Selling Proposition (USP) transportiert somit als Kurzformel die spezifische Botschaft der Unternehmensphilosophie mit dem Ziel, den originären Nutzen für die Zielgruppe eindeutig und einprägsam zu vermitteln.

Eine USP kann ein Unternehmen auch für seine Funktion als →Arbeitgeber definieren, indem es die Einzigartigkeit der offerierten Stellen, der Arbeitsbedingungen, des ganzen Unternehmens und der sonstigen mit der Arbeitsleistung verbundenen Vorteile herausstellt, diese einzigartigen Gegebenheiten an potentielle Arbeitnehmer (zwecks Personalakquisition) oder an bereits im Unternehmen vorhandene →Arbeitnehmer (zwecks →Personalbindung und Reduktion von →Fluktuation) kommuniziert und auf diese Art ein Arbeitgeberimage (→Personalimage) beziehungsweise Arbeitgebermarkenimage (Employer Brand) kreiert. Die USP kann also beispielsweise in einem exklusiven Image als Arbeitgeber verkörpert werden. Das Arbeitgeberimage als USP soll dafür sorgen, besondere Charakteristika und Besonderheiten des eigenen Unternehmens in seiner Funktion als Arbeitgeber den potenziellen Bewerbern eindeutig, glaubwürdig und einprägsam zu vermitteln. Mit Hilfe einer solchen USP kann das Arbeitskräfte suchende Unternehmen komparative Konkurrenzvorteile gegenüber anderen Arbeitgebern oder sogar eine Alleinstellung im →Arbeitsmarkt zu erreichen versuchen.

Die Glaubwürdigkeit dieses einzigartigen Nutzens kann in der Öffentlichkeit mithilfe des regelmäßigen Arbeitgeber-Ratings und von Awards bestätigt werden. Ist die USP für die potenziellen und bestehenden Arbeitnehmer auf Dauer gegeben, erhält das Unternehmen eine bessere Chance für den komparativen Wettbewerbsvorsprung im →War for Talents.

Literatur: *Becker, J.:* Marketing-Konzeption, 8. Aufl., München 2006, S. 248, 207. *Gazdar, K.:* Die wichtigste Ressource, in: *Gazdar, K. et al.:* Erfolgsfaktor Verantwortung, Berlin, Heidelberg 2006, S. 61–79, 76. *Kotler, P.; Bliemel, F.:* Marketing-Management, 10. Aufl., München 2006, S. 442. *Nieschlag, R.; Dichtl, E.; Hörschgen, H.:* Marketing, 19. Aufl., Berlin 2002, S. 239. *Scheibe-Jaegger, A.:* Modernes Sozialmarketing, Berlin 2002, S. 62. *Vollert, K.:* Strategisches Marketing, in: *Kamenz, U.:* Applied Marketing, Berlin etc. 2003, S. 237. *Weis, H. C.:* Marketing, in: *Olfert, K.,* 13. Aufl., Ludwigshafen 2004, S. 468. *Zentes, J.; Swoboda, B.:* Grundbegriffe des Marketings, 5. Aufl., Stuttgart 2001, S. 547.

Wolfgang Burr

Universalismus

→Kulturdimension nach *Parsons* und *Shils* (1951) sowie *Trompenaars* (1993); die häufig in individualistischen Gesellschaften anzutreffen ist (→Individualismus) und besagt, dass Normen und Regeln für das Verhalten gegenüber anderen Menschen für alle gleich gelten (Gegenteil: →Partikularismus).

Gesellschaften mit einer universalistischen Orientierung zeichnen sich dadurch aus, dass diese Normen und Regeln von den Mitgliedern aufgrund innerer Verpflichtung eingehalten und als universell übereinstimmend angenommen werden. Regeln werden folglich mehr Wert beigemessen als Beziehungen. Universalistisch fundiertes Verhalten trägt dazu bei, dass Gleichheit hergestellt wird und Ausnahmen nicht toleriert werden. Diese Gleichheit betrifft im →Personalmanagement zum Beispiel →Beförderungen, Privilegien und Entlohnungssysteme. Verletzung von Regeln oder unausgeglichene, „ungerechte" Entlohnungssysteme führen zur Destabilisierung des Systems und werden deshalb geahndet.

Literatur: *Parsons, T.; Shils, E.:* Towards a General Theory of Action, Cambridge 1951. *Trompenaars, F.:* Handbuch globales Managen, 3. Aufl., München 1993.

Christoph I. Barmeyer

Universalistische Organisationsform

→Aufbauorganisation, in der die Aufgabenerfüllung an eine speziell dafür geschaffene Abteilung zugewiesen wird.

Die Form sollte im →Personalmanagement nicht mit dem zentralen Modell der Personalorganisation (→Organisation der Personalarbeit) gleichgesetzt werden, denn es besteht durchaus die Möglichkeit, dass die →Personalabteilung durch Verteilung auf die einzelnen Unternehmensbereiche sehr dezentral organisiert ist, trotzdem aber im Sinne der universalistischen →Organisation die Aufgaben im Personalbereich übernimmt. Die *Vorteile* dieser Variante liegen insbesondere in einer Professionalisierung der personalwirtschaftlichen Tätigkeit durch die Definition von →Stellen im Unternehmen, die sich nur mit diesen Aufgaben beschäftigen und damit Expertenstatus erwerben. *Probleme* können sich durch eine gewisse Problemferne und Abgeschlossenheit der Personalabteilung ergeben.

Reinhard Meckl

Unkündbarkeit

Fiktion, wonach ein Arbeitsverhältnis (→ Beschäftigungsverhältnis) durch den → Arbeitgeber nicht gekündigt werden kann.

Bei der Suche nach einer Unkündbarkeit stößt man bestenfalls auf zwei nennenswerte Sachverhalte. Nach § 620 Abs. 1 des Bürgerlichen Gesetzbuchs (BGB) enden befristete → Arbeitsverträge mit Ablauf der Zeit, für die sie eingegangen sind. Der Gesetzgeber sieht hier also keine ordentliche → Kündigung vor. Andererseits kann man natürlich auch in befristeten Arbeitsverträgen eine → Kündigungsfrist vereinbaren. Einige → Tarifverträge und das Dienstrecht für Beamte, Richter und Soldaten sehen vor, dass nach einer gewissen Tätigkeitsdauer das Recht des Arbeitgebers beziehungsweise Dienstherrn erlischt, eine ordentliche Kündigung auszusprechen.

Eine Unkündbarkeit im Wortsinne liegt aber selbst in den beiden genannten Konstellationen nicht vor. Völlig unbenommen bleibt bei allen Dienst- und Arbeitsverhältnissen die Möglichkeit, eine → außerordentliche Kündigung auszusprechen, wenn Tatsachen vorliegen, aufgrund derer die Fortsetzung des Arbeits- oder Dienstverhältnisses unzumutbar ist.

Reiner Bröckermann

Unsicherheitstoleranz

Ausmaß, in dem sich Gesellschaftsmitglieder durch unklare, unstrukturierte Situationen bedroht fühlen und diese über höhere Karrierestabilität, formelle Regeln, Glaubens- und Verhaltenscodes sowie eine Ablehnung abweichender Ideen oder Verhaltensweisen zu vermeiden versuchen.

Eine hohe →*Unsicherheitsvermeidung* wie in Japan oder Frankreich zeigt *Hofstede* (2001) zufolge an, dass die Menschen die Zukunft zu kontrollieren und zu beeinflussen versuchen. Sie ist verbunden mit Dogmatismus, Autoritarismus, Traditionalismus und Aberglauben. Manager haben einen Hang zu Entscheidungen mit geringem Risiko. Lebenslange Beschäftigung ist verbreitet. In schwach unsicherheitsvermeidenden → Kulturen wie Schweden und Dänemark wird abweichenden Ideen mit größerer Toleranz begegnet. Unternehmensaktivitäten sind weniger strukturiert und weniger formell, hohe Jobmobilität ist typisch und Manager sind risikobereiter.

Literatur: *Hofstede, G.*: Culture's Consequences. Comparing Values, Behaviors, Institutions and Organizations across Nations, 2. Aufl., Thousand Oaks 2001.

Maike Andresen

Unsicherheitsvermeidung

→ Kulturdimension nach *Hofstede* (2001), die den Grad beschreibt, bis zu dem sich die Angehörigen einer → Kultur durch ungewisse oder unbekannte Situationen bedroht fühlen.

Unsicherheitsvermeidung manifestiert sich in der Art und Weise, Uneindeutigkeiten zu reduzieren, Risiken zu vermeiden und die Zukunft zu gestalten. Dabei ist Unsicherheitsvermeidung nicht gleichzusetzen mit Risikovermeidung; es geht vor allem um die Reduktion von Uneindeutigkeit durch Planung und Organisation.

Auch wenn alle Gesellschaften generell Technik, Recht und Religion als Regulatoren für Unsicherheit nutzen, unterscheiden sich Gesellschaften vor allem darin, *wie* sie mit Unsicherheit umgehen, das heißt, in welchem Maße sie versuchen, Sicherheit zu gewinnen, um Angst zu mindern.

Gesellschaften mit einer *starken* Unsicherheitsvermeidung empfinden die dem Leben innewohnende Unsicherheit als ständige Bedrohung, die es zu bekämpfen gilt. Die Furcht vor uneindeutigen Situationen und unbekannten Risiken ist groß. Auf das Management bezogen bedeutet dies, dass Präzision und Pünktlichkeit als natürliche Eigenschaften angesehen werden. Manager mit *hoher* Unsicherheitsvermeidung weisen eine Präferenz für genaue Zeit- und Prozessplanung auf. In → Organisationen mit hoher Unsicherheitsvermeidung finden sich tendenziell viele Experten mit Detailwissen sowie bürokratische Strukturen mit Regeln und formalisierten Prozessen und Abläufen zur Verringerung von Risiken. Die Umsetzung von → Change Management braucht Zeit; Argumente, die gegen Veränderungen sprechen werden hervorgebracht. Gesellschaften mit einer *schwachen* Unsicherheitsvermeidung gehen davon aus, dass Unsicherheit (Ungewissheit) eine normale Erscheinung im Leben ist und hingenommen werden muss. Uneindeutige Situationen mit unbekanntem Risiko werden folglich akzeptiert. Auf das Management bezogen bedeutet dies, dass Präzision und Pünktlichkeit immer wieder erlernt werden müssen. Manager mit *niedriger* Unsicherheitsvermeidung sind flexibel und prozessorientiert, Zeit- und Prozessplanung dient nur der Orientierung. Es finden sich viele Generalisten mit Überblickswissen und Fähigkeit zur Synthese. Organisationen mit niedriger Unsicherheitsvermeidung weisen weniger hierarchische Ebenen und weniger formalisierte Prozesse auf. Die Bereitschaft für Veränderungen von Strukturen und Prozessen ist hoch.

Um keine monokausalen oder stereotypen Rückschlüsse auf bestimmte Gesellschaften oder deren Angehörige zu ziehen, darf eine kulturelle Dimension nicht isoliert betrachtet werden, sondern immer in Verbindung mit weiteren.

Literatur: *Hofstede, G.*: Culture's Consequences. Comparing Values, Behaviors, Institutions and Organizations across Nations, 2. Aufl., Thousand Oaks etc. 2001.

Christoph I. Barmeyer

Unterlassungsanspruch

Anspruch, den ein →Arbeitgeber gegenüber dem →Arbeitnehmer geltend machen kann, wenn dieser gegen ein →Wettbewerbsverbot verstößt.

In Betracht kommen Wettbewerbsverstöße während des bestehenden Arbeitsverhältnisses (→Beschäftigungsverhältnis), die gemäß § 60 HGB, der auf alle Arbeitnehmer entsprechend angewendet wird, untersagt sind. Nach Beendigung des Arbeitsverhältnisses kommt ein Unterlassungsanspruch des Arbeitgebers nur in Betracht, wenn er ein nachvertragliches Wettbewerbsverbot den Anforderungen der §§ 74 f. HGB entsprechend wirksam mit dem Arbeitnehmer vereinbart hat.

In der Praxis spielt der Unterlassungsanspruch des →Betriebsrats gegen den Arbeitgeber bei betriebsverfassungsrechtlichen Verstößen des Arbeitgebers eine große Rolle. Ausdrücklich geregelt ist dieser Unterlassungsanspruch in § 23 Abs. 3 BetrVG. Nach dieser Vorschrift kann der Betriebsrat oder eine im Betrieb vertretene Gewerkschaft bei groben Verstößen des Arbeitgebers gegen seine Verpflichtungen aus den BetrVG beim Arbeitsgericht (→Arbeitsgerichtsbarkeit) beantragen, dem Arbeitgeber aufzugeben, eine Handlung zu unterlassen. Es muss sich also um einen „groben" Verstoß des Arbeitgebers handeln. Ob außerhalb des § 23 Abs. 3 BetrVG ein Unterlassungsanspruch des Betriebsrats bei Verstößen gegen Mitbestimmungsrechte (→Mitbestimmung) besteht, war lange Zeit umstritten (bejahend: *Richardi* 1998, § 23 BetrVG Rn 98; verneinend: *Hess, Schlochauer* und *Glaubnitz* 1993, § 23 BetrVG Rn. 81). Inzwischen ist in der Rechtsprechung anerkannt, dass bei Verstößen des Arbeitgebers gegen die Mitbestimmungsrechte des Betriebsrats aus § 87 BetrVG ein Unterlassungsanspruch auch dann in Betracht kommt, wenn eine grobe Pflichtverletzung nicht vorliegt (BAG, Urteile vom 03.05.1994, 06.12.1994, 12.11.1997, AP Nr. 23, 24, 27 zu § 23 BetrVG 1972). Der Unterlassungsanspruch ist in der Hauptsache im Beschlussverfahren durchzusetzen. Er kann auch mittels einstweiliger Verfügung geltend gemacht werden.

Nach der Rechtsprechung des Bundesarbeitsgerichts kann ein Unterlassungsanspruch schließlich einer Gewerkschaft zustehen, wenn Arbeitgeber und Betriebsrat gegen im Betrieb geltende →Tarifverträge verstoßen, indem sie etwa durch →Betriebsvereinbarungen untertarifliche Arbeitsbedingungen vereinbaren. Sofern der Tarifvertrag keine entsprechende Öffnungsklausel enthält, sind solche Vereinbarungen unwirksam. Diese Unwirksamkeit kann jedenfalls vom einzelnen Arbeitnehmer geltend gemacht werden.

In der Praxis spielen die so genannten betrieblichen Bündnisse für Arbeit eine wesentliche Rolle. Diese wurden in der Praxis bisher häufig vereinbart und trotz ihrer Unwirksamkeit entsprechend durchgesetzt (wo kein Richter, da kein Kläger). Inhalt solcher betrieblicher Bündnisse für Arbeit war häufig eine Verschlechterung der Arbeitsbedingungen, etwa durch Lohnverzicht oder Vereinbarung einer höheren →Arbeitszeit. Das Bundesarbeitsgericht hat in der BURDA-Entscheidung anerkannt, dass die tarifvertragschließende Gewerkschaft aus Art. 9 GG einen Unterlassungsanspruch haben kann, um solche Bündnisse für Arbeit zu unterbinden. Die Entscheidung des Bundesarbeitsgerichts ist in der Literatur heftig kritisiert worden. Insbesondere ist es zudem seit längerer Zeit Gegenstand rechtspolitischer Diskussion, inwieweit der Flächentarifvertrag durch Regelungen auf betrieblicher Ebene verdrängt werden kann.

Literatur: *Hess, H.; Schlochauer, U.; Glaubnitz, W.*: Betriebsverfassungsgesetz, 5. Aufl., Berlin ect. 1993. *Richardi, R.*: Betriebsverfassungsgesetz, 7. Aufl., München 1998.

Friedrich Meyer

Unternehmensaufspaltung

ergibt sich aus strategischen, strukturellen oder finanzwirtschaftlichen Überlegungen, wenn es darum geht, aus einer →Organisation zwei eigenständige, unabhängig voneinander agierende Organisationen zu machen.

Gewöhnlich werden damit die Ziele verfolgt, dass sich die neuen Einheiten stärker auf bestimmte Aufgaben konzentrieren und infolge der kleineren Größe flexibler auf die Erfordernisse der Kunden reagieren können. Für die Mitarbeiter sind Unternehmensaufspaltungen regelmäßig mit einem Arbeitgeberwechsel (→Betriebsübergang) und Veränderungen der betrieblichen →Aufbau- und →Ablauforganisation verbunden. Das →Personalmanagement muss sich auf neue Mitbestimmungsstrukturen (→Mitbestimmung) und Widerstände der Belegschaft einstellen.

Um eine Unternehmensabspaltung handelt es sich, wenn das ursprüngliche Unternehmen weiter existiert, ein Teil davon jedoch als neue, eigenständige Organisation weiter geführt wird. Dies kann zum Beispiel dann der Fall sein, wenn ein Unternehmen einen bestimmten Funktionsbereich im Rahmen eines →Outsourcing ausgliedern will, wie dies immer wieder aus Kostengründen geschieht.

Literatur: *Gaul, B.*: Das Arbeitsrecht der Betriebs- und Unternehmensspaltung, Köln 2003.

Markus-Oliver Schwaab

Unternehmensethik

permanenter Prozess kritischer Reflexion der normativen Bedingungen unternehmerischen Handelns, der die →Verantwortung des Unternehmers zur Initiierung dialogischer Verständigung mit Betroffenen akzentuiert, um begründete prozessuale und materiale Normen (→Normen und Werte) selbstbindend in Kraft zu setzten.

Für eine begriffliche Bestimmung von Unternehmensethik ist zunächst die Unterscheidung von Moral, Ethos und Ethik fundamental:

- Als *Moral* bezeichnet man die Gesamtheit faktisch herrschender →Normen und Werte, die innerhalb eines bestimmten Gesellschafts- und Kulturkreises, zum Beispiel eines Landes, als allgemein verbindlich Anerkennung finden und für die Mitglieder dieser Gemeinschaft handlungsanleitend wirken.

- Unter *Ethos* hingegen versteht man das individuelle Wertegefüge einer einzelnen Person und die damit verbundene Akzeptanz, sich entsprechend verinnerlichter Werte und Normen zu verhalten.

- Unter *Ethik* versteht man schließlich die wissenschaftliche Reflexion des Problembereichs Moral, verbunden mit deren theoretischer Herleitung, Systematisierung und theoriegestützter Anwendung (*Kreikebaum*, *Behnam* und *Gilbert* 2001). Ethos und Moral beziehen sich folglich auf konkret praktische Problembestände, während die Ethik versucht, aus normativ, reflektierender Sicht Maßstäbe für gutes und gerechtes Handeln zu geben (→Gerechtigkeit).

Als wissenschaftliche Disziplin unterteilt man Ethik in die deskriptive und die normative Ethik. Während die *deskriptive Ethik* beschreibt, wie sich Menschen tatsächlich verhalten, versucht die *normative Ethik* Antwort auf die Frage zu geben, wie sie handeln sollten. Die normative Ethik als der wichtigste Bereich der praktischen Philosophie lässt sich wiederum unterteilen in die materiale und die formale Ethik. *Materiale Ethiken* gehen davon aus, dass sich konkrete Normen und Werte aus religiösen Vorstellungen ableiten oder in der sozialen Praxis finden lassen, an denen Menschen ihre Handlungen ausrichten sollten (z. B. Christliche Ethik). *Formale Ethiken* dagegen verzichten auf die Vorgabe konkreter materialer Normen zugunsten der Ableitung formal-prozeduraler Dialogprinzipien, die lediglich aufzeigen, wie ethische Reflexionsprozesse auszuführen sind (z. B. Diskursethik). Man geht in diesem Fall davon aus, dass eine Ethik nur dann intersubjektive Geltung erlangen kann, wenn sie nicht auf von Traditionen und Religion beeinflussten Normen beruht, sondern Individuen das moralisch Gute mittels prozessualer Normen in Dialogen beziehungsweise Diskursen selbst bestimmen können (*Habermas* 1992).

Die Unternehmensethik bietet eine Orientierung hinsichtlich der normativen Prinzipien, an denen Entscheidungsträger ihre Handlungen ausrichten sollen, um mit situationsbedingt verschiedenen Norm- und Wertvorstellungen konstruktiv umzugehen (*Steinmann* und *Löhr* 1992). Gleichzeitig sensibilisiert die Unternehmensethik für die Notwendigkeit, strukturelle und organisationskulturelle Voraussetzungen dafür zu schaffen, dass sich ethische Reflexion in Unternehmen entfalten kann (→Ethikmaßnahmen).

Ausgehend von diesem Grundverständnis hat sich im angloamerikanischen und deutschen Sprachraum in den letzten 20 Jahren eine heftige Diskussion zur Unternehmensethik entwickelt. Es gibt eine Vielzahl unterschiedlicher Ansätze, die das Verhältnis zwischen Ethik und Ökonomie verschieden beantworten (*Kreikebaum*, *Behnam* und *Gilbert* 2001). Einigkeit besteht jedoch darin, dass die Beschäftigung mit Unternehmensethik zwingend notwendig erscheint, denn unternehmerisches Handeln enthält neben der ökonomischen immer auch eine ethische Dimension. Letztlich fließen in jede Entscheidung individuell geprägte Wert- und Normvorstellungen als „moralische Vorprägungen" der Entscheidungsträger ein. Diese bieten Ansatzpunkte für eine gezielte ethische Reflexion. Beim Entscheidungsprozess nehmen sie Einfluss auf die Informationssuche, -verarbeitung und -bewertung, die der konkreten Entscheidung vorausgehen. Einen „moralfreien Raum" gibt es demnach für unternehmerische Entscheidungen nicht (*Gilbert* 2003).

Der Hinweis darauf, dass für Unternehmen eine Notwendigkeit besteht, ethische Verantwortung zu übernehmen, stößt in der Praxis oft auf die Kritik, dass moralisch einwandfreies Verhalten lediglich Kosten verursacht und negative ökonomische Konsequenzen hat. Viele Ökonomen verweisen ethische Reflexion sogar in das Gebiet der Philosophie und betonen das Gewinnprinzip als Leitidee unternehmerischen Handelns. Nach neoklassischem Verständnis ergibt sich aus dem Gebot der Gewinnmaximierung letztendlich sogar die vollständige Entlastung von ethischer Verantwortung für die Unternehmen. Nach dem Verständnis einer modernen Unternehmensethik ist Gewinn als Ziel unternehmerischen Handelns nach wie vor eine notwendige Voraussetzung, um den Unternehmensfortbestand zu sichern. An die Stelle der klassischen Gewinnmaximierung tritt jedoch eine multidimensionale Zielfunktion, die neben dem Gewinn auch moralische Orientierungsgrößen aufweist. Nach *Ulrich* (2002), dem prominentesten Vertreter der Unternehmensethikdiskussion im deutschsprachigen Raum, muss sich eine Grundkonzeption wirtschaftlicher Vernunft demzufolge letztlich an ihrer Lebensdienlichkeit für sämtliche Anspruchsgruppen eines Unternehmens messen lassen. Was aber ist lebensdienlich? Diese Frage ist ex-ante nicht einfach beantwortbar, sondern nur im Rahmen unternehmensethischer Reflexionsprozesse.

Den am weitesten entwickelten Ansatz, um unternehmensethische Reflexion in der Praxis umzusetzen, bezeichnet die so genannte integrative Unternehmensethik (*Ulrich* 2001, 2002), in der sich jedes Erfolgs- und Gewinnstreben kategorisch den normativen Bedingungen der Legitimität unternehmerischer Entscheidungen unterzuordnen hat. Unternehmen sollen kontinuierlich ethische Verantwortung übernehmen und ökonomischen Erfolg ausschließlich mit gesellschaftlich legitimen Strategien erreichen. Strategische Kalküle müssen diesem Verständnis nach stets in eine unternehmensethische Wertorientierung eingebettet und von dieser her sinnvoll begründet sein. Unternehmen müssen sich der Problematik bewusst sein, dass ohne die Berücksichtigung der vielfältigen ethischen, ökologischen und sozialen Ansprüche, Bedürfnisse (→Motiv) und Interessen betroffener Anspruchsgruppen auf lange Sicht auch keine ökonomischen Erfolgspotenziale realisierbar sind. In der Unternehmenspraxis gilt es deshalb dauerhaft Dialoge mit von Entscheidungen Betroffenen zu initiieren, da sich der Aufbau kommunikativer Verständigungspotenziale zunehmend als Notwendigkeit und Voraussetzung für die langfristige Erzielung strategischer Erfolgspotenziale erweist (*Steinmann* und *Löhr* 1992). Widerstände, Goodwill- und Legitimitätsverluste sowie deren unabschätzbare Folgekosten erscheinen dann steuer- oder zumindest beherrschbar.

Durch dialogische Verständigung kann es gelingen, externe Effekte zu internalisieren, indem Betroffene selbst in die Willensbildung einbezogen werden (*Gilbert* 2003). Das strategische Risiko von Fehlentscheidungen reduziert sich entscheidend, weil die Bedürfnisse von Betroffenen explizit Berücksichtigung finden und ihre Reaktionen besser antizipierbar werden. Ein solchermaßen dialogisches Verständnis von Unternehmensethik erhöht die Chance, frühzeitig existenzielle Bedrohungen aufgrund unbefriedigter Anspruchsgruppen zu erkennen und Wettbewerbsvorteile für das Unternehmen zu erzielen, weil verständigungsorientiert handelnde Konfliktparteien ihren Einsatz- und Leistungsbeitrag bereitwilliger steigern (*Ulrich* 2001). Die Beschäftigung mit Unternehmensethik verfolgt deshalb keine rein idealistischen Motive, sondern resultiert gleichermaßen aus betriebswirtschaftlichen Überlegungen.

Von der Unternehmensethik klar abzugrenzen gilt es die →Wirtschaftsethik. Beide Ethiken unterscheiden sich nicht bezüglich des grundsätzlichen Vorgehens und ihrer Aufgabe, ethische Reflexion in Gang zu setzen, sondern lediglich in ihrem Betrachtungsgegenstand. In der Wirtschaftsethik steht die Gesamtheit aller Wirtschaftsakteure im Vordergrund, bei der Unternehmensethik lediglich das einzelne Unternehmen und dessen Mitarbeiter. Nach diesem Verständnis stellt sich Unternehmensethik deshalb immer auch als Individualethik dar, im Sinne der Entscheidungen von handelnden Personen. Es gilt jedoch vor einem individualistischen Missverständnis zu warnen. Unternehmerische Entscheidungen werden in interdependenten Handlungszusammenhängen getroffen, das heißt, es besteht stets eine kollektive Verantwortung der Entscheidungsträger und damit des Unternehmens, die über die Eigenverantwortung Einzelner hinausgeht.

Im System Unternehmen erfolgt eine wechselseitige Beeinflussung zwischen den Strukturen des Systems und den Individuen, die diese entscheidend mitprägen. Individuelle Handlungen bewirken erst durch ihre Koordination Handlungen des Akteurs Unternehmen und bedürfen der Vorgabe von ethischen Handlungsorientierungen, um die verantwortungsbewusste Nutzung unternehmerischer Handlungsfreiräume zu gewährleisten. Eine Personifizierung des Unternehmens gilt es allerdings abzulehnen, weil es ohne die Handlungen der Individuen gar nicht handlungsfähig wäre. Akzeptiert man diese Sichtweise, folgt daraus unmittelbar, dass in Unternehmen alle einzelnen Akteure gemeinsam zur Verantwortung für ihre Handlungen gezogen werden, ohne dass der Einzelne dadurch aus der Verantwortung genommen wird. Die private Moral und die von Unternehmen unterscheidet sich demnach nur hinsichtlich ihres Organisationsgrades. Zur individuellen Verantwortung tritt nun auch eine institutionelle, und an Unternehmen als organisierte Institutionen werden Forderungen von Seiten verschiedenster Anspruchsgruppen gestellt.

Unternehmen sind insofern weniger als ein autonomer Akteur zu betrachten, sondern vielmehr als ein von Individuen gemeinsam verfolgtes Normengefüge, welches sich in institutionalisierten Rahmenbedingungen Geltung verschafft. Diese Auffassung betrachtet Unternehmen zwar als die maßgeblichen Handlungsträger, darf aber keinesfalls dazu führen, die ethische Verantwortung der Individuen zu negieren. Im Rahmen einer Beschäftigung mit Unternehmensethik ermöglicht letztlich nur eine integrierte Sichtweise der Mikro- (Individuum), Meso- (Unternehmen) und Makroebene (Rahmenordnung) die vollständige Betrachtung des Verantwortungsbegriffs, ohne dass es auf den einzelnen Ebenen zu einer ethischen Überforderung kommt. Unternehmensethische Reflexion und aus diesen Dialogprozessen resultierende Entscheidungen müssen sich immer sowohl an den unternehmerischen Rahmen als auch dem außerorganisatorischen Kontextbedingungen der Wirtschaft (Gesetze, Markt, →Kultur, Moral) orientieren.

Literatur: *Gilbert, D.U.*: Die Institutionalisierung von Unternehmensethik in internationalen Unternehmen, in: Zeitschrift für Betriebswirtschaft, 73. Jg. (2003), H. 1, S. 25–48. *Habermas, J.*: Moralbewußtsein und kommunikatives Handeln, 5. Aufl., Frankfurt a. M. 1992. *Kreikebaum, H.*; *Behnam, M.*; *Gilbert, D.U.*: Management ethischer Konflikte in international tätigen Unternehmen, Wiesbaden 2001. *Steinmann, H.*; *Löhr, A.*: Unternehmungsethik, in: *Frese, E.* (Hrsg.): Handwörterbuch der Organisation, 3. Aufl., Stuttgart 1992, Sp. 2451–2463. *Ulrich, P.*: Integrative Wirtschaftsethik. Grundlagen einer lebensdienlichen Ökonomie, 3. Aufl., Bern, Stuttgart, Wien 2001. *Ulrich, P.*: Der entzauberte Markt. Eine wirtschaftsethische Orientierung, Freiburg 2002.

Dirk Ulrich Gilbert

Unternehmensführung

Steuerung und Überwachung eines Unternehmens.

Nach der Definition von *Macharzina* und *Wolf* (2005) handelt es sich bei der Unternehmensführung um die „Gesamtheit derjenigen Handlungen der verantwortlichen Akteure, welche die Gestaltung und Abstimmung der Unternehmens-Umwelt-Interaktion im Rahmen des Wertschöpfungsprozesses zum Gegenstand haben und diesen grundlegend beeinflussen". Es wird deutlich, dass *Unternehmensführung* auf jede Art der Führung und das gesamte Unternehmen bezogen ist, während sich →Mitar-

Unternehmensimage

beiterführung lediglich auf die persönliche Beeinflussung der einer →Führungskraft unterstellten Mitarbeiter bezieht.

Literatur: *Macharzina, K.; Wolf, J.*: Unternehmensführung, 5. Aufl., Wiesbaden 2005.

Jan Hendrik Fisch

Unternehmensimage

Gesamtbild, das sich eine unternehmensexterne Person von einem Unternehmen macht (engl.: Corporate Image).

Das Unternehmensimage ist eine *subjektive Wahrnehmung* von Unternehmenskultur (→Organisationskultur), -leistung und -erfolg und muss daher nicht mit deren objektiver Ausprägung übereinstimmen. Dem Bestreben von Unternehmen, eine möglichst große Übereinstimmung von gelebter Unternehmenskultur (Corporate Culture; Menge aller geteilten →Normen und Werte sowie Einstellungen eines Unternehmens) und wahrgenommenem Unternehmensimage zu erreichen, dient die →Corporate Identity als ein übergeordnetes, integriertes Kommunikationsinstrument. Sie trägt das Bild der Corporate Culture nach außen und sorgt Idealerweise dafür, jene Bewerber anzuziehen, die sich mit den zentralen Werten und Zielen des Unternehmens identifizieren können. Gerade diese Mitarbeiter sind – im Streben, eigene Ziele und Vorstellungen zu verwirklichen – besonders motiviert, die Umsetzung der Unternehmensziele zu fördern.

Antje Koch

Unternehmenskultur →Organisationskultur

Unternehmensmitbestimmung

Einflussmöglichkeiten, welche die →Arbeitnehmer durch ihre Vertreter im Aufsichtsrat erhalten.

Institutionelle Rahmenbedingungen: Dem Aufsichtsrat obliegt die Bestellung und Abberufung sowie die Kontrolle der Geschäftsleitung. Zu den Kontrollrechten des Aufsichtsrats zählt der Anspruch auf →Informationen aus allen Bereichen des Unternehmens sowie die Möglichkeit, Zustimmung zu Geschäften weitreichender Bedeutung zu verweigern. Unternehmensmitbestimmung ist somit ein zentraler Bestandteil des deutschen Corporate Governance-Systems (→Corporate Governance), das im Sinne des Stakeholder-Ansatzes auf eine verstärkte Berücksichtigung von Mitarbeiterinteressen bei grundlegenden Unternehmensentscheidungen abzielt.

Die →Mitbestimmung auf der Unternehmensebene ist durch das →Betriebsverfassungsgesetz (BetrVG), durch das Mitbestimmungsgesetz (MitbestG) sowie durch das Montanmitbestimmungsgesetz (Montan-MitbestG) von 1951 geregelt. Das Montan-MitbestG findet auf Kapitalgesellschaften mit mehr als 1.000 Arbeitnehmern Anwendung, deren überwiegender Betriebszweck im Bergbau oder in der Eisen und Stahl erzeugenden Industrie liegt. Bei der Montanmitbestimmung setzt sich der Aufsichtsrat paritätisch aus Vertretern der Arbeitnehmer und Vertretern der Anteilseigner sowie aus einem neutralen Mitglied zusammen, das nicht gegen das Veto der Arbeitnehmervertreter gewählt werden kann. Ebenfalls kann der Arbeitsdirektor nicht gegen das Veto der Arbeitnehmervertreter berufen werden. Die Aufgaben des Arbeitsdirektors liegen vor allem im Personal- und Sozialbereich.

Außerhalb der Montanindustrie sind die gesetzlich vorgesehenen Mitbestimmungsmöglichkeiten abgeschwächt. Für Kapitalgesellschaften mit mehr als 2.000 Beschäftigten greift das MitbestG. Eine paritätische Mitbestimmung wird hier nicht erreicht, da der Aufsichtsratsvorsitzende, der in Patt-Situationen ein doppeltes Stimmrecht hat, letztlich auch gegen die Stimmen der Arbeitnehmervertreter gewählt werden kann. Darüber hinaus haben die Arbeitnehmervertreter auch bei der Bestellung des Arbeitsdirektor anders als in der Montanindustrie kein Vetorecht.

Die schwächste Form der Mitbestimmung auf Unternehmensebene sieht das BetrVG vor. Hiernach wird der Aufsichtsrat zu einem Drittel mit Vertretern der Arbeitnehmer besetzt, wenn es sich bei dem Unternehmen um eine Kapitalgesellschaft mit mehr als 500 Beschäftigten handelt. Keine Mindestzahlen für Arbeitnehmer gelten dagegen bei Aktiengesellschaften und Kommanditgesellschaften auf Aktien, die vor dem 10.08.1994 gegründet wurden und keine Familiengesellschaften sind.

Auswirkungen auf die Leistungsfähigkeit von Unternehmen: Inwieweit von Mitbestimmung überhaupt Auswirkungen auf die Leistungsfähigkeit von Unternehmen ausgehen, hängt davon ab, ob Arbeitnehmervertreter einen effektiven Einfluss auf Entscheidungen im Aufsichtsrat ausüben können. Mit Ausnahme der Montanmitbestimmung ist die Unternehmensmitbestimmung so ausgestaltet, dass letztlich die Anteilseigner über die Mehrheit der Stimmen bei Entscheidungen im Aufsichtsrat verfügen. Dies ist offensichtlich bei einer Drittelbeteiligung der Arbeitnehmervertreter nach dem BetrVG. Aber auch bei der Unternehmensmitbestimmung nach dem MitbestG ist der Einfluss der Vertreter der Anteilseigner formal letztlich durch den Aufsichtsratsvorsitzenden gesichert, der auch gegen die Stimmen der Arbeitnehmervertreter gewählt werden kann. Gleichwohl eröffnet die Unternehmensmitbestimmung den Arbeitnehmern selbst in diesen Fällen verschiedene Einflussmöglichkeiten. Zum einen kann es zu einer Intensivierung der →Kommunikation und damit zu einer Verbesserung des Informationsflusses kommen, was zur Folge hat, dass Interessen der Arbeitnehmer bei den Entscheidungen verstärkt Berücksichtigung finden. Allein dadurch, dass Entscheidungsprozesse für die Arbeitnehmer transparenter werden, kann ein Einfluss auf die im Aufsichtsrat getroffenen Entscheidungen ausgehen. Zum anderen ist zu berücksichtigen, dass verschiedene Gruppen von Anteilseignern unterschiedliche Interessen haben können, so dass Möglichkeiten für die Arbeitnehmervertreter bestehen, diejenigen Gruppen zu unterstützen, mit denen relativ große Interessenübereinstimmungen bestehen. Insgesamt ist es damit plausibel, dass Arbeitnehmervertreter in die häufig konsensorientierten Entscheidungen des Aufsichtsrats die Belange der Belegschaft einfließen lassen können.

Eine zweite Voraussetzung dafür, dass Mitbestimmung Auswirkungen auf die Leistungsfähigkeit von Unternehmen hat, besteht darin, dass der Aufsichtsrat das Management des Unternehmens effektiv kontrolliert. Wenig oder keine Auswirkungen von Mitbestimmung sind dann zu erwarten, wenn Aufsichtsräte eher passiv sind und nur dann aktiv ihre Kontrollrechte wahrnehmen, wenn extreme Situationen dies erforderlich machen. Es stellt sich ein zweistufiges Principal-Agent-Problem (→Principal-Agent-Theorie): Der Aufsichtsrat hat die Aufgabe, das Management eines Unternehmens zu kontrollieren, und muss dabei selbst →adäquate Anreize erhalten, damit er diese Kontrollfunktion effektiv ausübt.

Sofern Arbeitnehmervertreter in der Lage sind, Einfluss auf Entscheidungen des Aufsichtsrats auszuüben, und sofern der Aufsichtsrat das Management eines Unternehmens effektiv kontrolliert, können sich aus theoretischer Sicht sowohl positive als auch negative Wirkungen von Mitbestimmung ergeben, wie *Blaire* und *Roe* (1999) als auch *Frick*, *Kluge* und *Streeck* (1999) betonen. Positive Auswirkungen auf die Leistungsfähigkeit von Unternehmen lassen sich durch zwei Ansätze begründen. Erstens ermöglicht Mitbestimmung die Kommunikation zwischen Vertretern der Anteilseigner und Vertretern der Arbeitnehmer. Dies führt dazu, dass verbesserte Informationen über Präferenzen der Arbeitnehmer vorliegen. Werden grundlegende Unternehmensentscheidungen insbesondere im Personalbereich verstärkt an diesen Präferenzen ausgerichtet, dann kann dies nicht nur Vorteile für die Arbeitnehmer, sondern auch Vorteile für die Anteilseigner haben. Hierdurch lassen sich Fluktuationskosten (→Reaktionskosten) senken. Anreize für die Mitarbeiter können effektiver ausgestaltet werden. Des Weiteren kann Mitbestimmung zu einem verstärkten Vertrauen der Belegschaft in das Management des Unternehmens beitragen und hierüber die →Motivation und die →Kooperationsbereitschaft der Arbeitnehmer zum Beispiel bei Reorganisationsmaßnahmen (→Reorganisation) steigern. Zum einen werden die Unternehmensentscheidungen für die Belegschaft transparenter, wenn Arbeitnehmervertreter im Aufsichtsrat mehr Informationen über die den Entscheidungen zu Grunde liegenden Bedingungen erhalten. Zum anderen können Arbeitnehmer davon ausgehen, dass Entscheidungen nicht ohne weiteres gegen ihre Interessen getroffen werden können.

Negative Auswirkungen auf die Leistungsfähigkeit von Unternehmen ergeben sich dann, wenn Arbeitnehmervertreter ihre Einflussmöglichkeiten überwiegend für Umverteilungszwecke nutzen. Dies kann dazu führen, dass Kapitalgeber nur noch in geringerem Umfang bereit sind, in das Unternehmen zu investieren. In ähnlicher Weise kann sich die Verzögerung oder Blockierung von Entscheidungen negativ auf die Leistungsfähigkeit der mitbestimmten Unternehmen auswirken, da die Effektivität des Aufsichtsrats als Kontrollorgan abnimmt.

Unternehmensmitbestimmung

Empirische Untersuchungen liefern laut *Jirjahn* (2006) sowie *Kraft* und *Ugarkovic* (2006) kein einheitliches Bild der Unternehmensmitbestimmung. Ein Grund hierfür mag darin liegen, dass sich Aufsichtsräte verschiedener Unternehmen möglicherweise in ihrer Effektivität unterscheiden. Ähnlich wie in der Forschung zur betrieblichen Mitbestimmung (→Betriebsrat) verstärkt auf verschiedene Betriebsratstypen und auf Interaktionseffekte mit anderen betrieblichen Charakteristika abgestellt wird, sollte auch die empirische Forschung zur Unternehmensmitbestimmung sich um die Identifizierung verschiedener Typen von Aufsichtsräten und die Berücksichtigung von Interaktionseffekten zwischen Mitbestimmung und anderen relevanten Unternehmenscharakteristika bemühen. Mitbestimmung kann sich in einer Situation als sinnvoll erweisen, in welcher es dem Management oder den Anteilseignern nicht von sich aus gelingt, eine Vertrauensgrundlage mit der Belegschaft aufzubauen. Sind Manager beziehungsweise Anteilseigner von sich aus in der Lage, vertrauensvolle industrielle Beziehungen in einem Unternehmen zu schaffen und Kommunikationsmöglichkeiten mit der Belegschaft einzurichten, dann mag eine formale Repräsentation von Arbeitnehmerinteressen im Aufsichtsrat nicht immer erforderlich sein, so dass die negativen Effekte dominieren.

Gesetzliche Einführung von Mitbestimmung: Ein sehr grundsätzliches Problem betrifft die Frage, warum es überhaupt einer gesetzlichen Regulierung von Mitbestimmung bedarf. Häufig wird gegen die gesetzliche Einführung von Mitbestimmung vorgebracht, dass eine Mitbestimmung der Arbeitnehmer von den Anteilseignern auch freiwillig eingeführt werden würde, wenn sie zu einer Steigerung der Leistungsfähigkeit des Unternehmens beiträgt. Fördert Mitbestimmung die Leistungsfähigkeit von Unternehmen, dann bedarf es somit keiner gesetzlichen Einführung. Kommt Mitbestimmung jedoch nur durch eine gesetzliche Regelung zustande, dann wird dies als Hinweis dafür gesehen, dass sie nicht zur Steigerung der Unternehmensleistung beiträgt.

Ein möglicher Gegeneinwand besteht darin, dass Mitbestimmung sowohl zu einer Steigerung der Leistungsfähigkeit des Unternehmens – zum Beispiel in Form einer höheren Produktivität (→Arbeitsproduktivität) – als auch zu einer Stärkung der Verhandlungsposition der Belegschaft gegenüber den Kapitalgebern führt. Dominiert der Umverteilungsaspekt aus Sicht der Anteilseigner gegenüber dem Aspekt der gesteigerten Leistungsfähigkeit, dann besteht für sie kein Anlass, Mitbestimmung freiwillig einzuführen, auch wenn eine Mitbestimmung der Arbeitnehmer den zu verteilenden Kuchen vergrößert.

In diesem Zusammenhang stellt sich allerdings die Frage, warum die Arbeitnehmer nicht einfach mit den Kapitalgebern über die Einführung von Mitbestimmung verhandeln und den Anteilseignern im Rahmen dieser Verhandlungen Kompensationszahlungen (→Kompensation) für den künftigen Verlust an Verhandlungsmacht anbieten, der sich aus einer Mitbestimmung der Arbeitnehmer ergeben könnte. Dies würde sich für beide Seiten lohnen, sofern Mitbestimmung den zu verteilenden Kuchen vergrößert. Eine ähnliche Idee spielt auch in der wirtschaftspolitischen Diskussion eine Rolle. Als Alternative zu Mitbestimmungsregeln, die für alle Unternehmen gleichermaßen gelten, kommen Wahlmöglichkeiten in Betracht, bei denen Anteilseigner oder Geschäftsleitung auf der einen Seite und Arbeitnehmer auf der anderen Seite über den Grad der Mitbestimmung verhandeln. Bei Verhandlungen über den Grad der Mitbestimmung können sich jedoch zwei grundlegende Probleme stellen. Zum einen können Vermögens- oder Kreditmarktbeschränkungen bei den Arbeitnehmer dazu führen, dass sie die Zahlungen nicht leisten können, die erforderlich sind, um die Kapitalgeber für einen künftigen Verlust an Verhandlungsmacht zu entschädigen. Zum anderen dürfte es schwierig sein, künftige Umverteilungseffekte von Mitbestimmung einzuschätzen und vertraglich zu berücksichtigen. Mitbestimmung zielt auf die Beseitigung von Informationsasymmetrien zwischen Kapitalgebern, Management und Arbeitnehmern ab. Bei den Verhandlungen über den Umfang der Mitbestimmung müssten diese Informationsasymmetrien bereits beseitigt sein, um zu einer effizienten Verhandlungslösung zu gelangen.

Literatur: *Blair, M. M.; Roe, M. J.* (Hrsg.): Employees and Corporate Governance, Washington D.C. 1999. *Frick, B.; Kluge, N.; Sreeck, W.* (Hrsg.): Die wirtschaftlichen Folgen der Mitbestimmung, Frankfurt a. M. 1999. *Jirjahn, U.*: Ökonomische Wirkungen der Mitbestimmung in Deutschland: Überblick über den Stand der Forschung und Perspektiven für zukünftige Studien, in: Sozialer Fortschritt, 55. Jg. (2006), S. 215.226. *Kraft, K.,*

Ugarkovic, M.: Gesetzliche Mitbestimmung und Kapitalrendite, in : Jahrbücher für Nationalökonomie und Statistik, Bd. 226 (2006), H. 5, S. 588–604.

Uwe Jirjahn

Unternehmensplanspiel

→Simulation betrieblicher Zusammenhänge, die in Spielsituationen ohne Einfluss auf die tatsächliche Leistungserstellung des Unternehmens durchgeführt werden.

Unternehmensplanspiele gehen von der Annahme aus, dass bei adäquater Durchführung des Spiels ein guter Planspieler auch ein guter Leistungsträger und Teamworker im Unternehmen sein wird. Sie stellen – vor allem seit ihrem Durchbruch an der Harvard Business School – ein zentrales Instrument zur Vermittlung von Handlungsfähigkeiten dar (→Spielen im Arbeitskontext). Im Mittelpunkt stehen Steuerungsentscheidungen, die unter Zeitdruck getroffen werden müssen und Auswirkungen auf das Gesamtsystem Unternehmen aufweisen. Der Abbau von Angst vor Entscheidungen und Verantwortung ist eine weitere Zielsetzung von Planspielen und gleichzeitig wesentliche Voraussetzung für ein lernendes Unternehmen: Unternehmensplanspiele helfen Mitarbeitern, ohne Risiken für das Realsystem ein Gefühl (→Emotionalität) des Entscheiden-Könnens und der Übernahme von Verantwortung zu entwickeln.

Die Spielteilnehmer als Entscheidungsträger greifen durch ihre Entscheidungen direkt in das modellierte Planspielgeschehen ein und versuchen, möglichst gute Spielergebnisse zu erreichen. Dabei folgen sie dem typischen Muster von Entscheidungsprozessen: Beginnend mit der Problemstellung und der Definition eines Zielsystems werden aufgrund einer Situationsanalyse Entscheidungsalternativen entwickelt und bewertet. Die gewählte Entscheidungsalternative geht in die Fortschreibung des Unternehmensplanspiels ein, auf deren Ergebnis die nächste Spielrunde aufbaut. Hier kontrollieren die Spielteilnehmer die Auswirkungen ihrer Entscheidungen, bevor der Entscheidungsprozess von neuem beginnt.

Planspiele ermöglichen durch die spielerischen Komponenten entdeckendes →Lernen, darüber hinaus auch das Erfahren von Neben- und Langzeitwirkungen des eigenen autonomen Handelns (*Badke-Schaub* und *Tisdale* 1995). Auch die Erfahrung der individuellen Problemlösungskompetenz und der eigenen Reaktionen auf Unsicherheit und Erfolg/Misserfolg kann Resultat eines Planspiels sein, genauso wie der Erwerb neuer Problemlösestrategien. Die Spieler identifizieren komplexe Ursache-Wirkungs-Zusammenhänge im Unternehmen aus der Sicht von Entscheidungsträgern, interpretieren diese dann subjektiv und entwerfen sich so eine Sicht der (Unternehmens-)Welt.

Unternehmensplanspiele erfüllen damit die wesentlichen Anforderungen an →Ausbildungsmethoden. Sie machen die →Arbeit in Unternehmen als kreativen Prozess, der sich aus Intuition und Planung zusammensetzt, begreifbar und erlebbar. In ihm dürfen, als Gelegenheit zu eigenem Urteilen und zum Erkennen eigener Grenzen, Fehler gemacht werden.

In Unternehmensplanspielen können, abhängig vom Entwicklungsstand der Simulationsmethode, der verwendbaren Computertechnologie sowie den inhaltlichen Anforderungen an das zu erlernende Management, drei spezifische Schwerpunkte gesetzt werden.

Innovative Erforschung komplexer Systeme: Die Simulation wurde ursprünglich als →Forschungsmethode entwickelt, um auf der Basis der →Systemtheorie das Verhalten komplexer Systeme zu modellieren, wie zum Beispiel *Forresters* (1961, 1968) System Dynamics. Vornehmliche Ziele waren, komplexe Probleme begreifen zu lernen und erfolgreiche Problemlösungsstrategien für komplexe Systeme zu entwickeln. So zeigte beispielsweise die Forschungsgruppe um *Dörner* (1989) die charakteristischen Fallen

– ohne vorherige Situationsanalyse zu handeln,

– weder Fern- und Nebenwirkungen noch die Ablaufgestalt von Prozessen zu beachten,

– einem Methodismus zu verfallen, indem man glaubt, die richtigen Maßnahmen einzusetzen, weil keine negativen Effekte sichtbar werden, und

– als Reaktion auf Hilflosigkeit in Projektmacherei zu flüchten und zynische Reaktionen zu entwickeln.

auf, in die Bearbeiter komplexer Probleme immer wieder hinein geraten. Diese Fallen sind auch in Unternehmensplanspielen immer wie-

Unternehmensplanspiel

der zu beobachten; sie werden durchlaufen und damit als potenzielle Probleme in das Bewusstsein der Planspieler gerückt.

Übersicht 1: Kriterien zur Unterscheidung von Unternehmensplanspielen (*Ebert* 1993, *Riis, Johansen* und *Mikkelsen* 1995)

Kriterium	Unterscheidung in
Entscheidungsrahmen	– Teilspiele (Spielerrolle innerhalb der Unternehmensleitung) – Gesamtspiele (Spielerrolle ist Unternehmensleitung)
Unternehmensbranche	– allgemeine, branchenunabhängige Spiele – spezielle, branchenabhängige Spiele
Freiheitsgrad des Entscheidungsbereiches	– freie, verlaufs- und ergebnisoffene Spiele – starre Spiele mit engbegrenztem Handlungsspielraum
Entscheidungsabhängigkeit	– deterministische Spiele (Ergebnis eindeutig von Entscheidungen der Spieler abhängig) – stochastische Spiele (enthalten Zufallselemente)
Einfluss anderer Spielgruppen	– interaktive Spiele (mehrere Unternehmen spielen und beeinflussen wechselseitig ihre Ergebnisse) – nicht-interaktive Spiele (mehrere Spielgruppen spielen parallel und isoliert)
Offenheit	– offene Spiele (unmittelbarer Kontakt der Spielgruppen) – geschlossene Spiele (Interaktion der Spielgruppen nur über Spielleitung möglich)
Komplexität des Spielmodells	– einfache Spiele (Menge der zu verarbeitenden Einzelinformationen gering) – komplexe Spiele
Auswertung der Spiele	– manuelle Spiele – computergestützte Spiele
Bekanntheitsgrad der unterstellten Regeln	– Spiele mit verdeckten Regeln – Spiele mit offenen Regeln
Durchführung	– Vor-Ort-Planspiele – Fernplanspiele (Spielgruppen an getrennten Orten)
Inhalte	– Existenzgründungsspiele – Verbrauchsplanspiele – zweiseitige Marktspiele

Situative Vermittlung zeitgemäßen Managements: Inzwischen existiert eine Vielzahl von Planspielen, die kriterienabhängig systematisiert wird (Übersicht 1), sich ausbildungszielspezifisch einsetzen lässt und differenziert die Anforderungen eines strategischen und operativen Managements kombiniert. Ihre breite Akzeptanz sowohl bei den Einsetzenden als auch bei den Spielern ist nicht zuletzt auf ihre immer bedienerfreundlichere Programmierung zurückzuführen.

In der Managementausbildung sind für einen effektiven Planspieleinsatz Planspiele gefragt, die verschiedene Lernzielen kombinieren. Es werden

– *methodische Lernziele*, etwa das Erlernen vernetzten Denkens,

– *persönlichkeitsbezogene Lernziele*, etwa der Ausbau von Teamfähigkeit, →Zeitmanagement, Lernmotivation und Analysequalitäten,

– *fachlich-generelle Lernziele*, etwa das Verstehen der →Multiperspektivität von →Organisationen und das Anwenden von zwischen →Unternehmens- und →Personalstrategie stimmigen Führungskonzepten, sowie

– *fachlich-spezielle Lernziele*, etwa der Erwerb von Kenntnissen relevanter Prognose-, Planungs-, Kontroll-, Organisations-, Unternehmensanalyse-, Umweltanalyse-, Informationsverarbeitungs- und Wissensverarbeitungstechniken,

angestrebt und deren Zielerreichung kontrolliert.

Daneben sind Effizienzkriterien zu nennen. Sie setzen an der Anzahl der Teilnehmer (je mehr Spieler ein Planspiel spielen, desto rentabler ist es), dem Umfang des zugrunde liegenden Modells (je komplexer das Planspiel ist, desto teurer ist es), seiner Anmutungsqualität (je aufwändiger und unterhaltsamer ein Planspiel ausgestaltet ist, desto teurer ist es) sowie seiner Interaktivität (je mehr Verknüpfungen zu externen Datenquellen, etwa über das Internet, oder zwischen den Spielenden bestehen, desto mehr kostet das Planspiel an Kommunikationskosten) an.

Adaptive Berücksichtigung von Paradigmenwechseln: Unternehmensplanspiele als Ausbildungsmethode sind dann nützlich, wenn sie sich flexibel an neue Herausforderungen anpassen lassen. Gegenwärtig erfordern drei Paradigmenwechsel eine Reaktion in der Konzeptionierung von Planspielen:

1. *Im Bereich der Anwender*: Verschiebung ihrer Lernkreativität. Intensive Nutzer des Internets sowie die in Schulen im PC-gestützten Unterricht ausgebildeten Jugendlichen begreifen die Welt nicht mehr als Konstrukt aus linearen Prozessen, sondern als Verknüpfung vernetzter, rückgekoppelter Informationsbeziehungen. Für sie ist es längst nichts Neues mehr, per Computer die Welt zu erforschen. Im Gegenteil: Sie sind zunehmend in der Lage, kreative Problemlösungen durch ihre auf Veränderungen im weltweiten Gesamtsystem ausgerichtete Wahrnehmung zu generieren und in komplexen Systemen ihre Handlungen intuitiv auf Fernwirkungen hin abzuprüfen. Hierdurch wird es notwendig, zur intellektuellen Herausforderung für die Spielenden komplexere und realistischere Unternehmensplanspiele zu entwerfen, um die vorhandene Lernkreativität noch besser auszunutzen.

2. *Im Spezifischen Objektbereich der →Unternehmensführung*: →Entgrenzung von Organisationen und ihrer Virtualisierung. Planspiele können bezogen auf die von *Scholz* (2000) beschriebenen Dimensionen der Virtualisierung Erfahrungshorizonte erweitern: So wird die traditionelle hierarchische Führung von Unternehmen abgelöst durch eine netzwerkorientierte Kopplung von →Kernkompetenzen der Spielenden. Durch das Erfahren der Wirksamkeit von „weichen" Integrationsmechanismen wie Fairness, einer gemeinsamen →Vision oder der Ausbildung einer Schicksalsgemeinschaft wird es möglich, zusätzlich einen gemeinsamen Erfolg eines frei definierten integrativen Verbundes zu ermitteln. Zudem lassen sich über Unternehmensplanspiele die Charakteristika unterschiedlich „reicher" Kommunikations- und Informationsmedien in der →Interaktion erfahren.

3. *Im Übergeordneten Objektbereich*: Qualität ausgeweiteter Problemsichten. Die Managementwelt wird nicht auf einen einzigen objektiven Bezugspunkt hin ausgerichtet, sondern als Summe einer Vielzahl von System/Umwelt-Differenzen angesehen. In diesem Sinne ist sie multiperspektivisch: Die Handelnden definieren ihre eigenen, unterschiedlichen Sichtweisen der Systemelemente, der Umwelt und der Grenzen. Unternehmen lassen sich gemäß *Scholz* (2000) beispielsweise als strategische Herausforderung sehen, aber auch als mechanische Gestaltungsherausforderung, organische Entwicklungsherausforderung, unternehmenskulturelle Wahrnehmungsherausforderung, intelligente Lernherausforderung oder virtuelle Entgrenzungsherausforderung. Für Unternehmensplanspiele ergibt sich daraus die Anforderung, alternative Entscheidungen im Rahmen unterschiedlicher Perspektiven zuzulassen und bezogen auf die Möglichkeiten der Gestaltung von Management Freiheitsgrade bei der Strategiewahl bereitzustellen. Es ist notwendig, dass Erfolg durch die Anwendung unterschiedlicher →Strategien erreicht werden kann, dass es eben keinen „one-best way" der Planspiellösung gibt.

Grenzen der Planspielmethode finden sich zunächst in der Modellierung: In den mathematischen Algorithmen weisen üblicherweise die quantifizierbaren Einflussgrößen ein Übergewicht über die qualitativen, schwerer operationalisierbaren Einflussgrößen auf. Darüber hinaus liegt ein Risiko in dem zugrunde liegenden betriebswirtschaftlichen Modell, das Spieler dann in die Irre führt, wenn in ihm das Verhalten im Unternehmensplanspiel das Verhalten im Unternehmen nicht ausreichend realitätsnah abbildet und dadurch Trugschlüsse in die Realität übernommen werden. Schließlich kann auch im Spielverhalten eine Begrenzung liegen, etwa wenn ein existenter Siegeswille des Spielenden zu einer (teilweise nicht gewünschten) einseitigen Konzentration auf die Gewinnmaximierung führt.

Wichtige Voraussetzung für das Hinausschieben dieser Grenzen ist andererseits die →Qualifikation des Spielleiters: Hier ist insbesondere eine Mischung aus Betriebswirt, Organisationsberater, Pädagoge, Psychologe, Dozent und Planspielspezialist gefragt, um diese Fallen zu vermeiden. Zu seiner Rolle gehört es, sowohl die Spielteilnehmer als auch sich selbst kritisch auf Erfahrungen mit dem Spiel hin zu sensibilisieren, etwa mit den Fragen von *Thiagarajan* (1997):

- Wie haben Sie sich gefühlt? Dies betrifft das Planspiel selbst, die Ergebnisse, Teamerfahrungen und Selbsterfahrungen etwa mit Konfusion, Frustration, Irritation oder Freude.

- Was ist passiert? Allgemein wichtige Ereignisse im simulierten Spiel, bestimmte Ereignisse oder bestimmte Ereignistypen (besonders wichtig, besonders überraschend) lassen sich abfragen.
- Was haben Sie gelernt? Hilfreich sind offene Diskussionen darüber, inwieweit sich die Lerneffekte generalisieren lassen.
- Wo finden Sie die Erfahrungen im Arbeitsalltag wieder? Dabei kann das Planspiel als Anknüpfungspunkt für Assoziationen dienen, als Metapher interpretiert werden, oder spezifische Spielprinzipien lassen sich alltagsbezogen diskutieren.
- Was wäre, wenn...? Die Spielteilnehmer spekulieren, was beim Spiel anders verlaufen wäre, wenn Spielmodifikationen vorgenommen worden wären.
- Was würden Sie in Zukunft anders machen? Dies kann sich auf eigene Spielstrategien oder auf die Übertragung von Erkenntnissen in die Praxis beziehen.

Andererseits ist es notwendig, in die Modellierung des Unternehmensplanspiels immer wieder die neuesten Erkenntnisse der Forschung einfließen zu lassen beziehungsweise vor dem Einsatz eines Planspieles darauf zu achten, dass es regelmäßigen Aktualisierungen unterliegt.

Insgesamt bietet die Nutzung von Unternehmensplanspielen vielfältige situative, die →Kreativität stimulierende und implizites Lernen fördernde Ansatzpunkte zum spielerischen Training spezifischer Handlungsqualifikationen an.

Literatur: Badke-Schaub, P.; Tisdale, T.: Die Erforschung menschlichen Handelns in komplexen Situationen, in: *Strauß, B.; Kleinmann, M.* (Hrsg.): Computersimulierte Szenarien in der Personalarbeit, Göttingen etc. 1995, S. 43–56. *Dörner, D.*: Die Logik des Misslingens. Strategisches Denken in komplexen Situationen, Reinbek 1989. *Ebert, G.*: Kreatives Denken fördern, in: Personalwirtschaft, 20. Jg. (1993), H. 11, S. 18–22. *Forrester, J.W.*: Industrial Dynamics, Cambridge 1961. *Forrester, J.W.*: Principles of Systems, 2. Aufl., Cambridge. 1968. *Riis, J.O.; Johansen, J.; Mikkelsen, H.*: Simulation Games in Production Management. An Introduction, in: *Riis, J.O.* (Hrsg.): Simulation Games and Learning in Production Management. London 1995, S. 3–12. *Scholz, C.*: Strategische Organisation, 2. Aufl., Landsberg/Lech 2000. *Thiagarajan, S.*: Easy Money: An Exploration of Trust in Teams, in: Simulation & Gaming, 28. Jg. (1997), H. 2, S. 238–241.

Volker Stein

Unternehmensportal →HR-Portale

Unternehmensressource

unternehmenseigener Asset, der die Merkmale der schweren Limitierbarkeit, Intangibilität, schweren Substituierbarkeit sowie der Knappheit aufweist und für das Unternehmen wertvoll ist.

Der Begriff der Unternehmensressource hat durch die so genannte ressourcenorientierte →Unternehmensstrategie eine Renaissance erfahren. Vertreter der ressourcenorientierten Unternehmensstrategie (*Amit* und *Schoemaker* 1993, *Barney* 1991, *Dierickx* und *Cool* 1989, *Grant* 1991, *Wernerfelt* 1984) begründen die Entwicklung nachhaltiger Wettbewerbsvorteile eines Unternehmens mit der Existenz einzigartiger oder unternehmensspezifischer Ressourcenbündel (siehe auch →Strategischer Wettbewerbsvorteil). Heutzutage sind im Rahmen der →Unternehmensführung Realkapital, →Humankapital und organisatorisches Kapital die wichtigsten Ressourcen. Die Marktunvollkommenheit auf den Beschaffungsmärkten nimmt genau in der eben genannten Reihenfolge zu. Je unvollkommener der Ressourcenmarkt ist, desto größer ist die Wahrscheinlichkeit, dass die entsprechende Ressource einen nachhaltigen Wettbewerbsvorteil begründet.

Die ressourcenorientierte Unternehmensstrategie ergänzt die marktorientierte Unternehmensstrategie, deren bekanntesten Planungsinstrumente die Branchenanalyse (→Wettbewerbsstrategien, →SWOT-Analyse), Wertkettenanalyse (*Porter* 1980, 1985, →Wertkette) und das Marktanteils- und Marktwachstumsportfolio (*Henderson* 1979) sind, um Bedingungen, die einem nachhaltigen Wettbewerbsvorteil zugrunde liegen. Damit beruhen Wettbewerbsvorteile nicht mehr wie in der marktorientierten Unternehmensstrategie auf monopolistischen Renten, sondern auf Effizienzrenten durch die Ausnutzung von Ressourcenvorteilen. Wettbewerbsvorteile eines Unternehmens sind damit *Barney* (1991) zufolge nicht mehr mit kollektiven Wohlfahrtseinbußen verbunden. Es wird davon ausgegangen, dass Unvollkommenheiten auf dem Absatzmarkt keinen langfristigen Schutz vor Konkurrenten bieten. Langfristig ist jede monopolartige Stellung angreifbar, wenn alle Unternehmen auf die gleichen Ressourcen zurückgreifen können.

Grundlage der ressourcenorientierten Unternehmensstrategie sind die Arbeiten von *Selznick* (1957) und *Penrose* (1959) (→ Resource Based View). Beide erkannten, dass einzigartige Fähigkeiten und → Kompetenzen die Grundlage des unternehmerischen Wettbewerbsvorteils darstellen. Der Terminus „resource-based theory of the firm" wurde erstmals von *Wernerfelt* (1984) geprägt. Weitere Vorläuferarbeiten zur ressourcenorientierten Strategielehre waren eine Reihe von empirischen Beobachtungen: Erstens kamen *Dierickx* und *Cool* (1989) zu dem Ergebnis, dass kontinuierliche Forschungs- und Entwicklungsaufwendungen über längere Zeit zu besseren Resultaten führen als der Versuch, mit „crash"-Programmen Versäumtes in kürzester Zeit aufzuholen. Zweitens führten *Hansen* und *Wernerfelt* (1989) eine Untersuchung über die Bedeutung organisatorischer Variablen gegenüber ökonomischen Variablen auf die „inter-firm variances in profit rates" durch. Sie erklärten einen Großteil der Varianz des Unternehmenserfolges über interne, organisationale Erfolgsfaktoren. Drittens fand *Rumelt* (1991) heraus, dass sich die Gewinne von Unternehmen innerhalb einer Branche stärker unterscheiden als zwischen Branchen. Nicht nur die Auswahl der geeigneten Branche ist ausschlaggebend, sondern auch firmenspezifische Faktoren. Alle Untersuchungen zeigen, dass menschliche → Leistungsfähigkeit in → Organisationen je nach kultureller Basis, firmenspezifischen Eigenheiten oder kontinuierlicher Lernerfahrung unterschiedlich ausfällt. Es gibt organisatorische Erbschaften oder Pfadabhängigkeiten, die nicht auf dem Markt erworben werden können. Sie bestimmen die strategische Route eines Unternehmens und werden zur Grundlage der Entwicklung von → Kernkompetenzen.

Unternehmensressourcen werden dann zur Grundlage eines nachhaltigen, dauerhaften Wettbewerbsvorteils, wenn sie Eigenschaften aufweisen, die den Kunden einen Nutzen stiften und die Unvollkommenheiten auf dem Faktormarkt verstärken. In diesem Fall nimmt die Heterogenität des unternehmensspezifischen Ressourcenbündels zu. Solche Bündel werden dann zu Kernkompetenzen, wenn sie folgende Anforderungen erfüllen:

- *Generierung von Wert beziehungsweise Nutzenstiftung*, das heißt, die Kunden müssen bereit sein, für den durch diese Ressourcen begründeten Zusatznutzen zu bezahlen.
- *Knappheit beziehungsweise Unternehmensspezifität*, das heißt, die Ressourcenbündel müssen in der Tiefenstruktur des Unternehmens verankert sein und dürfen nur sehr schwer auf andere Unternehmen übertragen werden können. Dies ist vor allem bei intangiblen Ressourcen der Fall.
- *Nicht-Substituierbarkeit*, das heißt, es gibt keine anderen Ressourcenbündel, welche die Unternehmensleistung auf gleichwertige Weise erbringen können.
- *Nicht-Imitierbarkeit*, das heißt, die Ressourcenbündel sind nicht ohne weiteres durch ein anderes Unternehmen kopierbar.
- *Transferierbarkeit*, das heißt, die Ressourcenbündel müssen immer wieder auf innovative Produkte und Märkte angewendet werden können.

Die Nicht-Imitierbarkeit nimmt dabei die wichtigste Rolle ein.

Nicht oder nur schwer imitierbar sind solche Ressourcen, die

– in der Geschichte des Unternehmens begründet sind, das heißt, es gibt dementsprechend organisatorische Erbschaften oder Pfadabhängigkeiten,

– durch diffuse Kausalzusammenhänge gekennzeichnet sind, das heißt, es kann nicht genau ausformuliert werden, welcher Zusammenhang zwischen der Ressourcenausstattung des Unternehmens und seinem Wettbewerbsvorteil besteht,

– sich durch → Komplexität beziehungsweise Verflechtung miteinander auszeichnen,

– auf Akkumulationseffizienzen beruhen, das heißt, Ressourcen können umso leichter erworben werden, wenn bereits ein gewisser Bestand dieser Ressourcen im Unternehmen als Vorwissen („absorptive Kapazität") existiert.

Es handelt sich dabei um *intangible Ressourcen*, für die es keine definierten Beschaffungs- und Absatzmärkte gibt. Sie müssen im eigenen Unternehmen entwickelt werden. In jedem Unternehmen gibt es eine Vielzahl unterschiedlicher Ressourcen. Sind sie nicht-handelbar und intangibel, so bieten sie den höchsten Schutz vor Imitation und können zu Kernkompetenzen ausgebaut werden, weil sie nur innerhalb spezifischer Unternehmensstrukturen und -kulturen (→ Organisationsstruktur, → Organisationskultur) ihre Wirkung entfalten.

Unternehmensressource

Die Antwort auf die Frage, warum einige Unternehmen erfolgreicher sind als andere, verbirgt sich hinter dem Begriff der Kernkompetenzen. Kernkompetenzen sind geeignet, immer wieder innovative Produkte und Dienstleistungen hervorzubringen und neue Märkte zu erschließen. Dadurch können zukünftige Bedürfnisse (→Motiv) von Kunden befriedigt werden, die diese heute noch gar nicht kennen. Dieses Verhältnis zwischen Kernkompetenzen und marktfähigen Produkten beziehungsweise Dienstleistungen charakterisiert den Verwertungsaspekt. Beantwortet wird damit jedoch noch nicht die Frage, welche Fähigkeiten ein Unternehmen benötigt, um Kernkompetenzen überhaupt erst hervorbringen zu können. Dieses Verhältnis zwischen Kernkompetenzen und den zugrunde liegenden Fähigkeiten charakterisiert den Generierungsaspekt.

Der Verwertungsaspekt von Kernkompetenzen: Die Begründer des Begriffs Kernkompetenzen, *Prahalad* und *Hamel* (1991) verwenden die Metapher eines Baumes, um das Verhältnis zwischen Kernkompetenzen und marktfähigen Produkten zu verdeutlichen: Die Kernkompetenzen bilden die Wurzeln des Baumes, aus denen die Kernprodukte als Stamm und dicke Äste hervorgehen. Die dünneren Äste stellen die Geschäftseinheiten dar und die Blätter bilden die Endprodukte. Kernprodukte sind für die →Wertschöpfung des Endproduktes wichtig und fungieren deshalb als Bindeglied zwischen diesem und einer oder mehreren Kernkompetenzen. Dabei handelt es sich in der Regel um wichtige Baugruppen oder wichtige Komponenten wie beispielsweise Motoren, Bildschirme oder Halbleiter, die in verschiedene Endprodukte einfließen. Die Endprodukte werden als die dünneren Äste und Blätter des Baumes dargestellt. Hat ein Unternehmen eine dominante Position bei Kernprodukten, so kann es auch die Entwicklung von Endmärkten markant beeinflussen. Daraus folgern die beiden Autoren, dass ein Unternehmen die Fertigung von Kernprodukten forcieren sollte, weil damit Lerneffekte für die jeweils verwendeten Kernkompetenzen verbunden sind. Dem Marktanteil an dem tatsächlich gefertigten Endprodukt räumen *Prahalad* und *Hamel* lediglich eine nachgeordnete Stellung ein.

Ihr Ansatz visualisiert den Kausalzusammenhang zwischen Kernkompetenz, Kernprodukt, Endprodukten und nachhaltigem Wettbewerbsvorteil. Jedoch können sie nicht die Frage beantworten, wie in einem Unternehmen überhaupt Kernkompetenzen zu entwickeln sind und welche Fähigkeiten diesen zugrunde liegen. Dies ist Gegenstand des Generierungsaspektes.

Der Generierungsaspekt von Kernkompetenzen: Das Anhäufen technologischen Know hows reicht alleine noch lange nicht aus, um Kernkompetenzen generieren zu können. Entscheidend ist vielmehr die Fähigkeit (→Qualifikation), dieses Know how mit dem →Wissen und Können der Organisationsmitglieder kombinieren zu können. Kernkompetenzen lassen sich nicht im „Hauruck-Verfahren" aneignen. Ihr Fokus liegt nicht auf den materiellen Aspekten, sondern auf der Eigenschaft der Transformation, welche die schwere Imitierbarkeit begründet. Dies sind Faktoren, die nicht auf dem Markt gekauft werden können. Vielmehr müssen sie in langwierigen Innovationsprozessen oder Prozessen des →organisationalen Lernens aufgebaut werden. Im Mittelpunkt stehen die grundlegenden organisationalen Fähigkeiten des Unternehmens, spezifische und wertstiftende Kernkompetenzen zu generieren und hervorzubringen, wie *Chandler* (1990) sowie *Teece*, *Pisano* und *Shuen* (1997) hervorheben. Organisationale Fähigkeiten sind firmenspezifische Prozesse, die sich im Laufe der Zeit durch komplexe Interaktionen entwickeln und gewissermaßen die generelle Problemlösungsfähigkeit eines Unternehmens darstellen. Das dafür notwendige Koordinations- und Integrationswissen kann nicht von einem einzelnen Organisationsmitglied erfasst und artikuliert werden. Vielmehr unterliegt es der organisationsweiten, multipersonalen Verankerung des aus der Zusammenarbeit erworbenen kollektiven Könnens sowie der Aktivierung der →intrinsischen und →extrinsischen Motivation (*Frey* und *Osterloh* 2000, *Osterloh* und *Frey* 2000, *Osterloh*, *Frey* und *Frost* 1999). Damit erweist sich auch die Art und Weise, wie ein Unternehmen organisiert ist, als eine eigenständige Erfolgsdimension und eine wesentliche strategische Ressource des Unternehmens. Je komplexer und verwobener die organisationalen Koordinationsprozesse ausgestaltet sind, desto mehr nimmt ihre Kodifizierbarkeit ab. Das Unternehmen verfügt mit diesem kollektiven Können nämlich über spezifisches Kontextwissen, das nur innerhalb dieser Konfiguration von Beziehungen wirksam ist.

Kernkompetenzen sind gemäß *Polanyi* (1985) hochgradig organisationsgebunden, weil sie eine „Tacit"-Dimension haben. Das bedeutet, sie sind nach außen hin lediglich über ihre ökonomischen Wirkungen, nicht jedoch unmittelbar erkennbar. Sie können deshalb nicht eindeutig in konkreten Ergebnissen oder Leistungssteigerungen festgemacht werden. Sie sind implizit und somit nicht konkret bilanziell erfassbar. Vielmehr tragen sie in einem komplexen Funktionszusammenhang zum Unternehmenserfolg bei.

Literatur: *Amit, R.; Schoemaker, P. J. H.*: Strategic and Organizational Rent, in: Strategic Management Journal, 14. Jg. (1993), S. 33–46. *Barney, J. B.*: Firm Ressources and Sustained Competitive Advantages, in: Journal of Management, 17. Jg. (1991), S. 99–120. *Chandler, A. D. J.*: Scale and Scope. The Dynamics of Industrial Capitalism, Cambridge 1990. *Dierickx, I.; Cool, K.*: Asstes Stock Accumulation and Sustainibility of Competitive Advantage, in: Management Science, 35. Jg. (1989), S. 1504–1511. *Frey, B. S.; Osterloh, M.*: Motivation – der zwiespältige Produktionsfaktor. Managing Motivation. Wie Sie die neue Motivationsforschung für Ihr Unternehmen nutzen können, Wiesbaden 2000, S. 19–42. *Grant, R. M.*: The Resource-Based Theory of Competitive Advantage: Implication for Strategy Formulation, in: California Management Review, 33. Jg. (1991), S. 114–135. *Hansen, G. S.; Wernerfeld, B.*: Determinants of Firm Performance: The Relative Importance of Economics and Organizational Factors in Strategic Management, in: Strategic Management Journal, 10. Jg. (1989), S. 399–411. *Henderson, B. D.*: Henderson on Corporate Strategy, Cambridge 1979. *Osterloh, M.; Frey, B. S.*: Motivation, Knowledge Transfer and Organizational Form, in: Organization Science, 11. Jg. (2000), S. 538–550. *Osterloh, M.; Frey, B. S.; Frost, J.*: Was kann das Unternehmen besser als der Markt?, in: Zeitschrift für Betriebswirtschaft, 69. Jg. (1999), S. 1245–1262. *Penrose, E. T.*: The Theory of the Growth of the Firm, Oxford 1959. *Polanyi, M.*: Implizites Wissen, Frankfurt a. M. 1985. *Porter, M. E.*: Competitive Strategy. Techniques for Analysing Industries and Competitors, New York 1980. *Porter, M. E.*: Competitive Advantage. Creating and Sustaining Superior Performance, New York 1985. *Prahalad, C. K.; Hamel, G.*: The Core Competence of Corporation, in: Harvard Business Review, 68. Jg. (1990), H. 3, S. 79–91. *Rumelt, R. P., et al.*: Strategic Management and Economics, in: Strategic Management Journal, 12. Jg. (1991), H. 2, S. 66–78. *Selznick, P.*: Leadership in Administration, New York 1957. *Teece, D. J. et al.*: Dynamic Capability and Strategic Management, in: Strategic Management Journal, 18. Jg. (1997), H. 7, S. 509–533. *Wernerfelt, B.*: A Resource-Based View of the Firm, in: Strategic Management Journal, 5. Jg. (1984), S. 171–180.

Jetta Frost

Unternehmensstrategien

Bezeichnung sowohl für Handlungsorientierungen im Sinne von Modellen zukünftigen Verhaltens als auch für realisierte Aktivitätsstrukturen zur Erreichung von Unternehmenszielen.

Wichtige Merkmale von Unternehmensstrategien bilden *Bamberger* und *Wrona* (2004) zufolge:

- →Strategien beziehen sich auf *Aktivitätsstrukturen* und beschreiben eine geordnete Menge von Maßnahmen zur Zielerreichung. Insofern stellen sie *Mittel* in Bezug auf die Erreichung von Zielen dar und haben eine Instrumentalfunktion.

- Strategien sind *allgemeine/globale* Aktivitätsstrukturen, das heißt sie können nicht unmittelbar ausgeführt werden. Ihre Umsetzung erfordert eine Überführung in konkrete (operative oder taktische) Maßnahmen.

- Strategien sind nach *Gälweiler* (1974) auf die Realisierung von *Erfolgspotenzialen* gerichtet. *Bamberger* und *Wrona* (1996) interpretieren Erfolgspotenziale als Positionen, die Vorlaufsgrößen für zukünftigen Erfolg bilden und sollen damit kurzfristigem, gewinnorientiertem Handeln entgegenwirken. Der Entwicklung von Erfolgspotenzialen kommt im Sinne von Einflussgrößen auf langfristigem Erfolg eine Vorsteuerfunktion zu.

- Strategien liegen typischerweise *schlecht definierte Probleme* zugrunde. Dies bedeutet, dass die Probleme unvollständig formuliert sind oder Komponenten beinhalten, die nicht intersubjektiv eindeutig formuliert sind. Die beteiligten Akteure werden das Problem vor dem Hintergrund ihrer eigenen Erfahrung und Persönlichkeitsmerkmale unterschiedlich wahrnehmen und interpretieren. Strategien beinhalten insofern immer eine individuelle *Wertkomponente* und ihre zugrunde liegenden Probleme werden von *Kirsch* (1990) auch als *Multikontextprobleme* bezeichnet.

- Das Vorliegen schlecht definierter Probleme ist auch damit verbunden, dass es für strategische Probleme keine allgemeinen *Lösungsalgorithmen* gibt, welche im Sinne einer Routine oder eines Programms die Probleme einer eindeutigen Lösung zuführen. Strategische Methoden können insofern immer nur einen unterstützenden Charakter aufweisen und niemals zu einer optimalen Lösung führen.

Übersicht 1: Arten von Strategien

I. Unternehmensgesamtstrategien

Produkt/Marktstrategien
   Spezialisierung/Diversifizierung
   vertikale Integration
Eintrittsstrategien
   interne Entwicklung – Akquisition
   Eigentumsstrategien
   zeitlicher Eintritt

II. Geschäfts(feld)strategien

Wettbewerbsstrategien
   Kostenführerschaft
   Differenzierung
   Fokussierung
Geschäftsentwicklungsstrategien
   Marktanteilserweiterungsstrategien
   Konsolidierungsstrategien
   Rückzugsstrategien
   Turn-around-Strategien

III. Funktionale Strategien
F&E-Strategien Beschaffungsstrategien Produktionsstrategien Personalstrategien

(Internationalisierungsstrategien)

Strategien können in unterschiedlicher Weise klassifiziert werden, wie Übersicht 1 aufzeigt. Ausgangspunkt bildet dabei die grundlegende Unterscheidung von Unternehmensgesamtstrategien, Geschäfts(feld)strategien und funktionalen Strategien.

Dabei bilden diese drei Ebenen von Strategien eine rein *logische* →Hierarchie, das heißt es existiert weder eine ansteigende Bedeutung der Strategieebenen, so dass beispielsweise Unternehmensgesamtstrategien wichtiger als Funktionale Strategien sind, noch besteht in ihrer Entwicklung eine eindeutige Reihenfolge.

Damit verbunden ist, dass die Strategieebenen auch *interdependent* sind. So werden Wettbewerbsvorteile nicht allein durch →Wettbewerbsstrategien aufgebaut, sondern zum Beispiel ebenfalls durch das Eintreten in neue Märkte (Unternehmensgesamtstrategie) oder eine bestimmte Forschungs- und Entwicklungsstrategie (Funktionale Strategie).

Die →Interdependenzen der Strategieebenen zeigen sich insbesondere auch im Zusammenhang mit *Internationalisierungsstrategien* (→Internationalisierung), die sich grundsätzlich auf allen drei Ebenen wieder finden, wie Bamberger und Wrona (2003): Internationalisierungsstrategien drücken sich ebenso auf der Ebene von Unternehmensgesamtstrategien (z.B. Festlegung von Art, Anzahl und Diversität (→Diversity) der bearbeiteten Auslandsmärkte beziehungsweise hier angebotenen Produkte und Eintrittsart wie Export oder Direktinvestitionen) als auch auf der Ebene von Geschäftsfeldstrategien (bspw. internationale Wettbewerbsstrategien) und von Funktionalen Strategien (z.B. internationale →Personalstrategien) aus.

Die Entwicklung von Strategien zur Erzielung von Wettbewerbsvorteilen oder zum Aufbau von Erfolgspotenzialen ist somit stets durch die Berücksichtigung unterschiedlicher, sich wechselseitig beeinflussender Dimensionen gekennzeichnet.

Literatur: *Bamberger, I.; Wrona, T.:* Der Ressourcenansatz und seine Bedeutung für die Strategische Unternehmensführung, in: Schmalenbachs Zeitschrift für betriebswirtschaftliche Forschung, 48. Jg. (1996), S. 130–153. *Bamberger, I.; Wrona, T.:* Planung in internationalen Unternehmen, in: *Breuer, W.; Gürtler, M.* (Hrsg.): Internationales Management, Wiesbaden 2003, S. 57–109. *Bamberger, I.; Wrona, T.:* Strategische Unternehmensführung, München 2004. *Gälweiler, A.:* Unternehmensplanung, Frankfurt, New York 1974. *Kirsch, W.:* Unternehmenspolitik und strategische Unternehmensführung, München 1990, S. 11–13.

Thomas Wrona

Unternehmenszusammenschluss

zwei oder mehr →Organisationen schließen sich aus geschäftspolitischen Gründen zu einer gemeinsamen, einheitlich agierenden Organisation zusammen.

Häufig wird bei Unternehmenszusammenschlüssen von Fusionen (→Fusionsmanagement) oder →Mergers & Acquisitions gesprochen. Aber auch enge Kooperationen (→Kooperation bei Unternehmenszusammenschlüssen) oder strategische Allianzen (→Strategische Netzwerke) können einen Unternehmenszusammenschluss darstellen.

Es wird regelmäßig das *Ziel* verfolgt die vorhandenen Synergiepotenziale (→Synergie) auszuschöpfen. So kann sich die neue Einheit aufgrund der →Integration verschiedener Geschäftsbereiche oder Funktionen unter einer einheitlichen Führung (→Mitarbeiterführung) unter Umständen besser auf die Bedürfnisse (→Motiv) der Kunden einstellen. Noch häufiger spielen allerdings finanzwirtschaftliche, produktionstechnische oder vertriebsbezogene Überlegungen eine Rolle.

Für die Mitarbeiter sind Unternehmenszusammenschlüsse regelmäßig mit einem Arbeitgeberwechsel (→Betriebsübergang) und Veränderungen der betrieblichen →Aufbau- und →Ablauforganisation verbunden. Zumindest in einer Übergangszeit ist mit einer steigenden →Komplexität zu rechnen. Bildet die neue Organisation rechtlich eine Einheit, gilt es besonders auf die gesetzliche →Mitbestimmung zu achten. Bei den nach dem Zusammenschluss häufig vorgenommenen Restrukturierungen sind regelmäßig ein →Interessenausgleich und ein →Sozialplan abzuschließen, wenn sich aus Veränderungen negative Konsequenzen für das Personal ergeben.

Die Mitarbeiter reagieren auf Unternehmenszusammenschlüsse meist mit Verunsicherung und Zurückhaltung. Aufgabe des →Personalmanagements ist es, den Veränderungsprozess aktiv zu begleiten und unter anderem die Beschäftigten der neuen Organisation gezielt zu informieren, um die Basis für Akzeptanz zu schaffen.

Literatur: *Jansen, S. A.*: Management von Unternehmenszusammenschlüssen, Stuttgart 2004. *Schwaab, M.-O.*: Fusionen – Herausforderungen für das Personalmanagement?!, in: *Schwaab, M.-O.; Frey, D.; Hesse, J.* (Hrsg.): Fusionen – Herausforderungen für das Personalmanagement, Heidelberg 2003, S. 17–44. *Schweiger, D. M.*: M&A Integration, New York etc. 2002.

Markus-Oliver Schwaab

Unternehmer

Person, die unabhängig von den Weisungen anderer und unter Eingehen eines persönlichen Risikos erwerbswirtschaftlich tätig wird (syn.: Entrepreneur).

Das Besondere eines Unternehmers wird darin gesehen, dass er

- die unternehmerischen Funktionen Risikotragung beziehungsweise Risikoübernahme und/oder Innovation ausübt,
- eine Persönlichkeit ist, die über ein besonderes Fähigkeitsbündel verfügt, oder
- einen historisch-sozialen, im Kapitalismus wurzelnden Typus eines ökonomischen Akteurs darstellt.

In allen Fällen ist der Unternehmer abzugrenzen von einem mit der →Unternehmensführung beauftragten Manager und von dem arbeitsrechtlichen Begriff des →Arbeitnehmers. Auch ohne Mitarbeiter im Rahmen von →Werkverträgen tätige Auftragnehmer (→Self-Employment) sind aus arbeitsrechtlicher Perspektive als Unternehmer (Selbstständige, Ein-Personen-Unternehmen) zu bezeichnen.

Sieht man Unternehmertum nicht als personengebunden an, sondern als Dimension menschlichen Handelns (kreativer Umgang mit Ressourcen, Risikoübernahme), liegt der Gedanke nahe, sich diese Handlungsdimension in Unternehmen gezielt zunutze zu machen, das heißt individuelle Initiative und Verantwortungsübernahme gezielt zu unterstützen und einzufordern (→Intrapreneur).

Axel Haunschild

Unverfallbarkeit

Vorschrift in der →betrieblichen Altersversorgung zur Sicherung von Versorgungsansprüchen.

Gemäß § 1 b BetrAVG bleibt einem →Arbeitnehmer, dem Leistungen aus der betrieblichen Altersversorgung zugesagt worden sind, die Anwartschaft erhalten, wenn das Arbeitsverhältnis (→Beschäftigungsverhältnis) vor Eintritt des Versorgungsfalls, jedoch nach Vollendung des 30. Lebensjahrs endet und die Versorgungszusage zu diesem Zeitpunkt mindestens fünf Jahre bestanden hat (unverfallbare Anwartschaft). Liegen die Voraussetzungen dieser Unverfallbarkeit nicht vor, ist der Anspruch dementsprechend verfallbar. Endet das Arbeitsverhältnis also ohne die genannten Voraussetzungen, verfällt die Anwartschaft.

Friedrich Meyer

Up-or-Out-Regel

besonders kompetitive Form der Beförderungspolitik (→Beförderung) in Unternehmen.

Nach der Up-or-Out-Regel vereinbart das Unternehmen mit neuen →Arbeitnehmern bei Beschäftigungsbeginn einen Zeitpunkt, an dem sie im Fall einer guten Leistung befördert werden (Up) oder aber entlassen werden (Out), wenn ihre Leistung den →Anforderungen nicht genügt hat. Ein Verbleiben auf der ursprünglichen Stelle wird so explizit ausgeschlossen.

Ziel solcher Vereinbarungen ist es, sowohl Leistungsanreize bei den Arbeitnehmern zu induzieren als auch opportunistischem Verhalten der →Arbeitgeber entgegenzuwirken (→Darwiportunismus). Ohne einen im Vornhinein festgelegten Entscheidungszeitpunkt hätte der Arbeitgeber immer einen Anreiz, die Entscheidung hinauszuzögern, um Lohnkosten einzusparen. Ein grundlegendes Problem des Up-or-Out-Systems besteht darin, dass mitunter Arbeitnehmer mit guten (aber gerade nicht sehr guten) Leistungen entlassen werden müssen, obwohl das Unternehmen von ihnen weiterhin profitieren könnten.

Die Up-or-Out-Regel ist insbesondere in Anwaltskanzleien zu beobachten, in denen angestellte Anwälte nach einer gewissen Zeit zum Partner aufsteigen oder aber die Kanzlei verlassen müssen. Auch im deutschen Hochschulsystem ist indirekt eine Up-or-Out-Regel implementiert, indem Nachwuchswissenschaftler nach Abschluss ihrer Habilitation (bzw. dem Auslaufen ihrer befristeten Stelle als Juniorprofessor) entweder eine unbefristete Stelle als Professor oder aber gar keine Stelle an der Universität finden.

Literatur: *Lazear, E. P.:* Personnel Economics für Managers, New York etc. 1995, S. 486–488.

Christian Grund

Upskilling

Ausbau der →Qualifikation von Mitarbeitern.

Upskilling verbessert üblicherweise die →Employability, führt jedoch nicht zwangsläufig zu einer Gehaltsanhebung oder einer →Beförderung.

Oft wird der Begriff im Sinne von „Wissensintensivierungsprozess" verwendet. Hierunter wird beispielsweise der Trend zur Akademisierung im Unternehmen gefasst.

Laila Maja Hofmann

Upward Feedback

→Feedback von „unten nach oben", also von Mitarbeitern an ihre →Führungskräfte, zum Beispiel als ein Bestandteil des →360-Grad-Feedbacks.

Mögliche Inhalte der Rückmeldungen können zum Beispiel der →Führungsstil, das Feedbackverhalten oder die Aufgabenstrukturierung der Führungskraft sein.

Sabine Remdisch

Urlaub

privatrechtlicher Anspruch des →Arbeitnehmers gegen den →Arbeitgeber auf Befreiung von der →Arbeitsleistung (BAG, Urteile vom 28. 01. 1982, 08. 03. 1984, AP Nr. 11, 14 zu § 3 BUrlG Rechtsmissbrauch).

Die Einzelbestimmungen zum Urlaub sind im deutschen Recht im Bundesurlaubsgesetz (BUrlG) geregelt. Der Arbeitnehmer behält dabei seinen arbeitsvertraglichen (→Arbeitsvertrag) Vergütungsanspruch aus § 611 BGB. Der Urlaubsanspruch ist gemäß § 13 Abs. 1 BUrlG unabdingbar. Nach § 7 Abs. 3 BUrlG ist er grundsätzlich auf das Kalenderjahr befristet.

Der *Urlaubsanspruch* entsteht, wenn ein Arbeitsverhältnis (→Beschäftigungsverhältnis) vorliegt und die Wartezeit zurückgelegt ist. § 4 BUrlG regelt insoweit, dass der Urlaubsanspruch erstmals nach sechsmonatiger Wartezeit entsteht. Das Urlaubjahr ist das Kalenderjahr (§ 1 BUrlG). Der Urlaub kann bis zum 31.03. des Folgejahrs nur genommen werden, wenn dringende betriebliche oder in der Person des Arbeitnehmers liegende Gründe das rechtfertigen. Der Arbeitnehmer ist gemäß § 8 BUrlG gehindert, während des Urlaubs eine dem Urlaubszweck widersprechende Erwerbstätigkeit auszuüben. Erkrankt ein Arbeitnehmer (→Krankheit) während des Urlaubs, werden die durch ärztliches Zeugnis nachgewiesenen Tage der Arbeitsunfähigkeit auf den Jahresurlaub nicht angerechnet (§ 9 BUrlG). Das →Urlaubsentgelt bemisst sich nach § 11 BUrlG und ist der Höhe nach die durchschnittliche Arbeitsverdienst, den der Arbeitnehmer in den letzten 13 Wochen vor dem Beginn des Urlaubs erhalten hat, mit Ausnahme des zusätzlich für →Überstunden gezahlten Arbeitsverdienstes.

Der *Mindesturlaub* beträgt gemäß § 3 Abs. 1 BUrlG jährlich mindestens 24 Werktage. Dabei bestimmt § 3 Abs. 2 BUrlG, dass als Werktage alle Kalendertage gelten, die nicht Sonn- oder gesetzliche →Feiertage sind. Die 24 Werktage sind also auf eine 6-Tage-Woche bezogen und bedeuten, dass der jährliche Mindesturlaub dementsprechend vier Wochen beträgt. Bei einer 5-Tage-Woche oder einer Teilzeittätigkeit ist der Mindesturlaub entsprechend herunterzubrechen.

§ 6 BUrlG bestimmt den Ausschluss von Doppelansprüchen. Der Anspruch auf Urlaub besteht demnach nicht, soweit dem Arbeitnehmer für das laufende Kalenderjahr bereits von einem früheren Arbeitnehmer Urlaub gewährt worden ist.

Der Arbeitgeber gewährt den Urlaub durch Festlegung des Leistungszeitpunkts (*Richardi* 2000, § 89 Rn. 77). Dabei ist § 7 BUrlG zu beachten. Bei der zeitlichen Festlegung des Urlaubs sind nämlich die Urlaubswünsche des Arbeitnehmers zu berücksichtigen, es sei denn, dass ihrer Berücksichtigung dringende betriebliche Belange oder Urlaubswünsche anderer Arbeitnehmer, die unter sozialen Gesichtspunkten den Vorrang verdienen, entgegenstehen. Ein eigenmächtiger Urlaubsantritt des Arbeitnehmers kann eine →außerordentliche Kündigung rechtfertigen.

Literatur: *Richardi, R.* (Hrsg.): Münchener Handbuch zum Arbeitsrecht, 2. Aufl., München 2000.

Friedrich Meyer

Urlaubsabgeltung

gemäß § 7 Abs. 4 Bundesurlaubsgesetz (BUrlG) die finanzielle Abgeltung von Urlaub, der wegen Beendigung des Arbeitsverhältnisses ganz oder gar teilweise nicht mehr gewährt werden kann.

Der Abgeltungsanspruch ist ausdrücklich auf den Fall beschränkt, dass das Arbeitsverhältnis endet. In anderen Fällen, in denen etwa wegen →Krankheit ein →Arbeitnehmer Urlaub nicht nehmen konnte, erlischt der Urlaubsanspruch. Während des laufenden Arbeitsverhältnisses darf und kann Urlaub nicht abgegolten werden (vgl. BAG Urteile vom 29. 11. 1984, 22. 10. 1987, AP Nr. 22, 38 zu § 7 BUrlG Abgeltung). Die Höhe des Abgeltungsanspruchs im Rahmen des § 7 Abs. 4 entspricht der Höhe des →Urlaubsentgelts.

In der Praxis ist die Konstellation häufig, dass in Zusammenhang mit einer ausgesprochenen →Kündigung oder einem →Aufhebungsvertrag der Arbeitnehmer bis zum Ablauf der →Kündigungsfrist von der →Arbeitsleistung freigestellt wird. Geschieht eine solche Freistellung ohne Anrechnung auf noch offene Urlaubsansprüche, entsteht regelmäßig – sofern ein Urlaubsanspruch vorhanden ist – der Anspruch auf Urlaubsabgeltung gemäß § 7 Abs. 4 BUrlG. Denn während der Freistellung ist der Arbeitnehmer von der Arbeitsleistung ja ohnehin befreit, so dass eine Befreiung durch Urlaub nicht in Betracht kommt. Für den →Arbeitgeber ist das eine unbefriedigende Situation, die indes dadurch vermieden werden kann, dass die Freistellung unter Anrechnung auf noch offene Urlaubs- beziehungsweise sonstige Freizeitausgleichsansprüche (→Freizeitausgleich) vereinbart oder angeordnet wird. Zu einer solchen einseitigen Anordnung ist der Arbeitgeber in der Lage, weil er berechtigt ist, sämtliche offenen Urlaubsansprüche in die Kündigungsfrist des Arbeitnehmers zu legen, damit der Urlaubsabgeltungsanspruch gemäß § 7 Abs. 4 BUrlG nicht entsteht.

Friedrich Meyer

Urlaubsentgelt

bemisst sich nach § 11 Bundesurlaubsgesetz (BUrlG) nach dem durchschnittlichen Arbeitsverdienst, den der →Arbeitnehmer in den letzten 13 Wochen vor dem Beginn des →Urlaubs erhalten hat.

Nicht berücksichtigt wird ein zusätzlich für →Überstunden gezahltes Arbeitsentgelt. Zum Arbeitsentgelt gehörende Sachbezüge, die während des Urlaubs nicht weiter gewährt werden, sind für die Dauer des Urlaubs angemessen in bar abzugelten. Das Urlaubsentgelt gemäß § 11 BUrlG ist zu unterscheiden vom Urlaubsgeld, das eine zusätzliche Leistung darstellt und im Gesetz nicht geregelt ist, jedoch in →Arbeitsverträgen oder →Tarifverträgen häufig vereinbart wird (*Hromadka* und *Maschmann* 2002, § 8 Rn. 167).

Literatur: *Hromadka, W.; Maschmann, F.*: Arbeitsrecht, Bd. 1, 2. Aufl., Berlin etc.2002.

Friedrich Meyer

US-Generally Accepted Accounting Principles (US-GAAP)

US-amerikanische Vorschriften, welche die Buchführung und den Jahresabschluss von Unternehmen regeln.

Die Rechnungslegungsnorm gilt für Unternehmen seitens der *Securities and Exchange Comission* (SEC), deren Wertpapiere an einer nationalen Wertpapierbörse, im Handelssystem NASDAQ oder im Freiverkehr gehandelt werden (*Pellens, Fülbier* und *Gassen* 2004).

Da die Normensetzungskompetenz der SEC an den privaten Sektor abgetreten wurde und in der Zwischenzeit viele Institutionen, wie zum Beispiel das Financial Accounting Standards Board (FASB), damit befasst waren, ist das Normensystem der US-GAAP nun von einer Vielzahl möglicher Quellen von Rechnungsregeln bestimmt.

Weder das deutsche HGB noch US-GAAP berücksichtigen die Personalressource in der Bilanzierung. Das →Humankapital ist somit kein eigenständiger immaterieller Vermögensgegenstand sondern lediglich als derivativer Geschäfts- oder Firmenwert aktivierbar.

Literatur: *Pellens, B.; Fülbier, R. U.; Gassen, J.*: Internationale Rechnungslegung, 5. Aufl., Stuttgart 2004.

Klaus Möller

V

Validität

bezieht sich auf die Gültigkeit von →Tests und verlangt, dass die Ergebnisse, die durch einen psychologischen Test erzielt werden sollen, hinreichend verlässlich sind. Misst der Test das psychische Merkmal auch wirklich, lautet die kritische Frage. Die Standards für psychologische →Testverfahren der „American Psychological Association" unterscheiden verschiedene Validitäten: *Inhaltsvalidität* liegt dann vor, wenn den Testaufgaben direkt zu entnehmen ist, was der Test zu messen vorgibt (z. B. Rechtschreibdiktat). Die *Konstruktvalidität* (→Gütekriterien) bezieht sich auf das hinter den Testergebnissen stehende System beziehungsweise Konstrukt, wie latente Persönlichkeitsmerkmale. Bei der *kriteriumsbezogenen Validität* werden die Testresultate mit einem Außenkriterium korreliert (z. B. Schulleistung und Lehrerurteil). Bei der *prognostischen Validität* müssen die aufgrund der Testergebnisse vorausgesagten Vergleichsdaten abgewartet werden (z. B. Berufseignung und Berufserfolg).

Neuerdings wird der Validierungsprozess, wie beispielsweise bei *Höft* (2001), als erweitertes Hypothesenprüfverfahren angesehen.

Literatur: *Höft, S.*: Erfolgsüberprüfung personalpsychologischer Arbeit, in: *Schuler, H.* (Hrsg.): Personalpsychologie, Göttingen 2001, S. 619–651.

Erika Spieß

Variable Arbeitszeit

frei wählbare →Tages-, →Wochen-, →Monats-, →Jahres- und/oder →Lebensarbeitszeit.

Dauer und/oder →Lage der Arbeitszeit sind frei wählbar, ebenso →Kurzarbeit oder →Mehrarbeit. Es gibt keine →Kernzeit (→KAPOVAZ, →Abrufvertrag). Bei der *variablen Jahresarbeitszeit* handelt es sich um die Verteilung der Jahresarbeitszeit, die vom →Arbeitnehmer frei zu wählen ist. So kann nach *Mohr* und *Hoffmann* (2003) zum Beispiel in den Sommermonaten reduziert gearbeitet werden und diese Fehlstunden auf den Rest des Jahres verteilt wieder abgearbeitet werden.

Bei der *variablen* →*Teilzeitarbeit* kann der Teilzeitmitarbeiter selbst wählen, wann er seine →Arbeitszeit erbringen will. Das Gegenteil, bei dem der →Arbeitgeber die Arbeitszeit variabel regelt, bezeichnet man als →Abrufvertrag.

Literatur: *Mohr, H.; Hoffmann, D.*: Kundenorientierte variable Arbeitszeit, in: *Albers, S.; Hassmann, V.; Tomczak, T.* (Hrsg.): Vertrieb, Düsseldorf 2003.

Désirée H. Ladwig

Varianzanalyse

statistisches Analyseverfahren, mit dem der funktionale Zusammenhang zwischen einem quantitativen, abhängigen Merkmal Y und im Allgemeinen mehreren nominalen, unabhängigen Merkmalen $X_1, .., X_m$ (=*Faktoren*) untersucht wird.

Im Gegensatz zur multiplen linearen Regression (→Regressionsanalyse) ist aber nicht nur der jeweilige Einfluss der einzelnen unabhängigen Variablen auf die abhängige Größe von Interesse, sondern auch der Einfluss oder die Wirkung einer Kombination von exogenen Variablen. Neben den Einzeleffekten werden also auch *Wechselwirkungseffekte* (Interaktionen) zwischen verschiedenen exogenen Variablen betrachtet.

Liegt lediglich eine unabhängige nominale Variable vor, spricht man auch von einer *einfachen* oder *einfaktoriellen* Varianzanalyse, im Fall mehrerer unabhängiger nominaler Variablen entsprechend von einer *mehrfaktoriellen* Varianzanalyse. Gebräuchlich ist auch die Abkürzung *ANOVA* für „Analysis of Variance". Falls gleichzeitig mehrere abhängige quantitative Variablen betrachtet werden, spricht man von einer *multivariaten* Varianzanalyse oder auch *MANOVA*. Schließlich können im Rahmen einer erweiterten Varianzanalyse auch noch quantitative exogene Faktoren berücksichtigt werden, was mit dem Begriff *Kovarianzanalyse* umschrieben wird.

Die Schätzung der Modellparameter ist bei einer Varianzanalyse zweitrangig. Von zentraler Bedeutung ist die Analyse der Einflüsse der unabhängigen Variablen auf die abhängige

Größe mithilfe von →Signifikanztests. Diese basieren im Wesentlichen auf den durch das Modell erklärten sowie nicht erklärten Varianzanteilen an der Gesamtvarianz der abhängigen Variable. Neben dem gesamten Modell können gezielt auch die Einflüsse einzelner Faktoren sowie Wechselwirkungseffekte auf Signifikanz untersucht werden.

Literatur: *Backhaus, K. et al.*: Multivariate Analysemethoden, 10. Aufl., Berlin 2003. *Fahrmeir, L.*; *Hamerle, A.*: Multivariate statistische Verfahren, 2. Aufl., Berlin 1996. *Jobson, J. D.*: Applied Multivariate Data Analysis, Bd. 1, New York, 1991.

Udo Bankhofer

Verantwortliche Stelle

Person oder →Stelle, die personenbezogene →Daten für sich selbst erhebt, verarbeitet oder nutzt oder dies durch andere im Auftrag vornehmen lässt (§ 3 Abs. 7 BDSG).

Hierzu zählt auf jeden Fall der →Arbeitgeber, gleich ob er die Daten selbst verarbeitet oder durch Dritte im Wege der →Auftragsdatenverarbeitung verarbeiten lässt. Anders ausgedrückt handelt es sich um die natürliche oder juristische Person, Behörde, Einrichtung oder jede andere Stelle, die allein oder gemeinsam mit anderen über die Zwecke und Mittel der Verarbeitung von personenbezogenen Daten entscheidet.

Verantwortliche Stelle ist nicht nur die Organisationseinheit eines Unternehmens, welche die Daten tatsächlich erhebt und verarbeitet, wie zum Beispiel die →Personalabteilung. Vielmehr ist die natürliche oder juristische Person, der die Organisationseinheit angehört, einschließlich sämtlicher Untergliederungen, wie etwa Abteilungen, als verantwortliche Stelle anzusehen. Ansprüche aus dem BDSG wie etwa Auskunft, Berichtigung, Löschung, Sperrung und Schadensersatz sind immer gegenüber der verantwortlichen Stelle geltend zu machen.

Axel Benning

Verantwortung

Pflicht zur Rechenschaft für einen bestimmten Bereich.

Nach dem Kongruenzprinzip ist bei der Bildung organisatorischer →Stellen darauf zu achten, dass sie den übertragenen Aufgaben und →Kompetenzen (zugehörigen Handlungsrechten) entspricht. Eine Besonderheit stellt in diesem Zusammenhang die Führungsverantwortung dar. Im Gegensatz zur Handlungsverantwortung kann sie nicht an nachgelagerte Stellen delegiert werden, sondern verbleibt stets bei der Leitungsstelle.

Jan Hendrik Fisch

Verdachtskündigung

→außerordentliche Kündigung bei Verdacht eines Vertrauensbruchs, einer strafbaren Handlung oder einer sonstigen schwerwiegenden Vertragsverletzung nach § 626 BGB (BAG, Urteil vom 20. 08. 1997, AP Nr. 27 zu § 626 BGB Verdacht strafbarer Handlungen).

Die Verdachtskündigung ist von der Tatkündigung zu trennen, bei der der →Kündigungsgrund erwiesen ist. *Voraussetzung* für die Verdachtskündigung ist, dass objektive tatsächliche Anhaltspunkte einen dringenden Verdacht begründen und diese Verdachtsmomente so schwerwiegend sind, dass das Vertrauen des →Arbeitgebers in die Rechtschaffenheit des →Arbeitnehmers zerstört und damit die Fortsetzung des Arbeitsverhältnisses (→Beschäftigungsverhältnis) unzumutbar wird. Es muss ein dringender Verdacht bestehen, was nur dann der Fall ist, wenn eine hohe Wahrscheinlichkeit für die Tat besteht (*Schwerdtner* 1997 §626 Rn. 175, *Stahlhacke*, *Preis* und *Vossen* 1999, Rn. 579).

Die Verdachtskündigung muss sich außerdem auf eine Tat beziehen, die im Falle der Tatkündigung ebenfalls eine außerordentliche Kündigung rechtfertigen würde. Wäre bereits eine Tatkündigung bei einer bestimmten arbeitsvertraglichen (→Arbeitsvertrag) Pflichtverletzung nicht gerechtfertigt, kann auch eine Verdachtskündigung nicht gerechtfertigt sein. Die Rechtsprechung verlangt vom Arbeitgeber vor Ausspruch der Verdachtskündigung außerdem, dass er alles ihm Zumutbare zur Aufklärung des Sachverhalts tun muss. Dazu gehört auch eine Anhörung des verdächtigen Arbeitnehmers (BAG, Urteil vom 13. 09. 1995, AP Nr. 25 zu § 626 Verdacht strafbarer Handlungen). Die Ausschlussfrist des § 626 Abs. 2 BGB beginnt bei der Verdachtskündigung in dem Moment, in dem der Kündigungsberechtigte den Sachverhalt soweit aufgeklärt hat, dass er sich ein Urteil über den Verdacht und seine Dringlichkeit bilden kann. Während der Aufklärungsmaßnahmen, die diesen Kenntnisstand des Arbeitgebers erst herbeiführen sollen, läuft die Frist des § 626 Abs. 2 BGB nicht.

Literatur: *Schwerdtner, A.*: Münchener Kommentar, 3. Aufl., Köln etc. 1997. *Stahlhacke, E.*; *Preis, U.*; *Vossen, R.*: Kündigung und Kündigungsschutz im Arbeitsverhältnis, 7. Aufl., München 1999.

Friedrich Meyer

Veredelung (von Humankapital)

im originär produktionswirtschaftlichen Begriffskontext die Aufwertung eines Gutes ohne dessen nennenswerte substanzielle Veränderung.

In der *volkswirtschaftlichen* →*Humankapitaltheorie* handelt es sich bei der „Veredelung von Humankapital" um eine für die Vermittlung und den Aufbau von →Wissen verwendete Formulierung. *Franck* und *Opitz* (2000) beschreiben den Prozess der Produktion von →Humankapital an Hochschulen als Stufenprozess, bei dem die Kandidaten auf jeder Stufe veredelt werden, indem sie neue Kenntnisse und Fertigkeiten (→Qualifikation) erwerben. Solche Veredelungsstufen sind geprägt durch jeweils unterschiedliche Inhalte und Zielsetzungen. So geht es auf den unteren Stufen – etwa im Grundstudium – um die Vermittlung berufsqualifizierenden Basiswissens, während auf höheren Stufen – etwa im Haupt- oder Doktorandenstudium – die Vermittlung und Weiterentwicklung des Wissensstandes einer bestimmten Disziplin im Vordergrund stehen. Voraussetzung für den Eintritt in die nächsthöhere Veredelungsstufe ist das erfolgreiche Bestehen eines Selektionsprozesses, der durch die Vergabe von Noten, Leistungsnachweisen und Abschlusszeugnissen die Eignung bestimmter Kandidaten zur →Beförderung in die nachfolgende Stufe der Humankapitalproduktion erkennt. Versteht man Hochschulen als Humankapitalproduzenten, so können verschiedene Hochschultypen als Einrichtungen der Humankapitalproduktion, die auf spezifische Veredelungsaktivitäten spezialisiert sind, verstanden werden.

Im konzeptionellen Rückgriff auf die vorgenannten Aspekte des Veredelungsprozesses findet sich eine substantielle Weiterentwicklung des Konzeptes im Kontext des →*Resource Based View* (Schneider 1998, Bechtel 2006). Danach repräsentieren strategische Unternehmensressourcen genau diejenigen veredelten Inputgüter, denen aus Sicht des Resource Based View Untersuchungsrelevanz zukommt, da sie zur Erlangung nachhaltiger Unternehmenserfolge beitragen können, insofern sie die ressourcenbasierte Einzigartigkeit und Alleinstellung von Unternehmen im Wettbewerb bedingen.

In diesem Kontext repräsentiert der als Veredelung bezeichnete logische Transformationsschritt die unternehmensinterne Umwandlung von generischen (homogenen) Inputgütern in (heterogene) Ressourcen, die die Wettbewerbsfähigkeit von Unternehmen begründen: „Ressourcen sind in Märkten beschaffte Produktionsfaktoren, verändert beziehungsweise veredelt durch Findigkeit und Können von Unternehmensleitungen, Mitarbeitern oder externen Spezialisten zu unternehmenseigenen Merkmalen für Wettbewerbsfähigkeit. Während Produktionsfaktoren von allen Konkurrenten in Märkten zu kaufen sind, verkörpern Ressourcen unternehmensspezifische materielle und vor allem immaterielle Wirtschaftsgüter" (*Schneider* 1998, S. 345). Allerdings funktioniert Veredelung in einem weiteren und abstrakteren Sinne auch ohne menschliches Zutun, indem neu am Markt beschaffte Inputgüter durch die integrative Einbeziehung in den spezifischen Unternehmenskontext Teil des idiosynkratischen Ressourcenkonglomerates „Unternehmen" werden. Dabei ist im hiesigen Verwendungszusammenhang nicht eine *qualifikatorische Veredelung* (*Voß* und *Pongratz* 1998) im Sinne der Reaktivierung latenter Mitarbeiterfähigkeiten etwa durch →Personalentwicklungsmaßnahmen gemeint, sondern die als Aufwertung verstandene, sich qua Unternehmenseintritt *automatisch* vollziehende unmittelbare Vorbereitung der Arbeitsfähigkeit, die gegebenenfalls durch aktive managerielle Einflussnahme auf das spezifische Leistungserstellungsumfeld im weiteren Zeitverlauf begleitet werden kann. Insofern liefert der transformatorische Prozess der Veredelung die theoretische Erklärung für die – im Resource Based View als Prämisse vorausgesetzte – ressourcenausstattungsbedingte Heterogenität auch solcher Unternehmen, die gleiche Inputgüter am Faktormarkt bezogen haben.

Im personalwirtschaftlichen Anwendungszusammenhang bedeutet dies, dass Unternehmen zunächst Mitarbeiter – wie homogene Güter – an einem Faktormarkt, hier: dem →Arbeitsmarkt, beschaffen. Dabei führen unterschiedliche, unternehmensspezifische Erwartungshaltungen bezüglich des zukünftigen Nutzens der neu zu beschaffenden mitarbeitergebundenen Produktivitätsfähigkeiten infolge

Veredelung (von Humankapital)

von Marktimperfektion zu unterschiedlichen Beschaffungsaktivitäten und damit zu quantitativ heterogenen →Personalausstattungen. Die Einbindung der Mitarbeiter in den betrieblichen Leistungserstellungsprozess führt sodann aufgrund der Einzigartigkeit des Unternehmens mit seiner individuellen Gesamtressourcenkonfiguration zu einer spezifischen, idiosynkratischen Verwobenheit der Mitarbeiterschaft mit den übrigen Unternehmensressourcen. Diese interne Vermaschung der Mitarbeiter untereinander sowie mit den spezifischen Bedingungen des Unternehmens kann dann als Veredelung verstanden werden, die zu einer Herausbildung des Personals als spezifische Ressource in einem einzigartigen institutionellen Kontext und damit zu einer fortschreitenden qualitativen Heterogenisierung der Unternehmen führt.

Dieser logische Prozess der Veredelung ist dann analog zu der im →*Knowledge Based View* üblichen Argumentation, wonach sich die transformatorische Veredelung von als Rohstoff verstandener Information zu Wissen als Resultat der zweckorientiert-kontextbezogenen Vernetzung von Informationen einstellt (*Schreyögg* und *Geiger* 2003). Diese Einbindung der einzelnen Information in einen spezifischen Kontext begründet dann erst den Wert als Wissen. Analog resultiert der betrieblich-ökonomische Wert der Mitarbeiter aus ihrer zweckorientierten Vernetzung als Gesamtbelegschaft. Veredelung bedeutet dann eine zunehmende Ressourcenspezifizierung und bewirkt so abnehmende Imitierbarkeit.

Oliver (1997, S. 704) betont, dass sich selbst unter der Annahme vollkommener Faktormärkte mit für alle Wettbewerber gleichem Zugang zu den homogenen Inputgütern unterschiedliche Renten erzielen lassen „as a result of differences in the effectiveness of human resource approaches supporting resource selection and deployment". Versteht man diese veredelnde Gestaltungsaufgabe als zentrale Aufgabe des →Personalmanagements, so können damit letztlich personalwirtschaftliche Aktivitäten als herausragende Veredelungsmaßnahmen für Unternehmen zugleich zum spezifischsten Alleinstellungsmerkmal werden. Wenn Güter und Dienstleistungen zunehmend austauschbar und für Außenstehende kaum mehr unterscheidbar werden, so kommt damit letztlich auch dem Personalmanagement eine wettbewerbsentscheidende Rolle zu.

Betrachtet man Veredelung nicht nur als die innerhalb einer *logischen Sekunde* geschehende Einpassung eines neuen Mitarbeiters in ein Unternehmen, sondern stellt im Sinne von Historizität auf die zeitliche Dimension ab, die hier zum Tragen kommt, so ist von einem unternehmensspezifischen Sozialisationsprozess – verstanden als allmähliches Hineinwachsen in das soziale System Unternehmen – auszugehen. Der einzelne Mitarbeiter findet sich demnach in sein Unternehmen ein und verwächst so – im Sinne einer Herstellung von *Embeddedness* – mit dem Unternehmen, wird also Teil der gesamthaft einzigartigen Personalressourcenkonstellation. Dieses Grundverständnis des Zusammenhangs zwischen der extern arbeitsmarktlichen Beschaffung neuer Mitarbeiter und deren intern veredelnder Integration in die idiosynkratische Personalressource wird von *Dierickx* und *Cool* (1989, S. 1505) anschaulich zusammengefasst: „(...) firms do not employ 'generic labor', but people endowed with firm-specific skills and values. 'Generic labor' is rented in the market; firm-specific skills, knowledge and values are accumulated through on-the-job learning and training." In diesem Sinne ist die als Veredelung bezeichnete Transformation von homogenen Inputgütern in heterogene Ressourcen als eine spezifische Kontexteinbindung zu begreifen: Veredelung impliziert – aus Unternehmenssicht – eine Aufwertung des marktlich frei verfügbaren Arbeitnehmers (unternehmenseintrittsbedingt und durch fortgesetzte Zugehörigkeit zum Unternehmen) hin zu einem spezifischen Bestandteil der idiosynkratischen Personalressource.

Literatur: *Bechtel, R.*: Humankapitalberechnung zwischen Markt- und Ressourcenorientierung, München etc. 2006. *Dierickx, I.; Cool, K.*: Asset Stock Accumulation and Sustainability of Competitive Advantage, in: Management Science, 35. Jg. (1989), H. 12, S. 1504–1511. *Franck, E.; Opitz, C.*: Selektion und Veredelung von Humankapital: Implikationen für eine leistungsorientierte Vergütung von Hochschullehrern, in: Zeitschrift für Personalforschung, 14. Jg. (2000), S. 270–290. *Oliver, C.*: Sustainable Competitive Advantage: Combining Institutional and Resource-Based Views, in: Strategic Management Journal, 18. Jg. (1997), H. 9, S. 697–713. *Schneider, D.*: Vorläufer der Lehre von den Kernkompetenzen: von Xenophons Kyrupaedie über Babbage's Prinzip zu Lists „Gesetz der Kraftvereinigung", in: *Glaser, H.; Schröder, E. F.; von Werder, A.* (Hrsg.): Organisation im Wandel der Märkte, Erich Frese zum 60. Geburtstag, Wiesbaden 1998, S. 343–358. *Schreyögg, G.; Geiger, D.*: Wenn alles Wissen ist, ist Wissen am Ende nichts?! Vorschläge zur Neuorientierung des Wissensmanagements, in: Die Betriebswirtschaft, 63. Jg. (2003), S. 7–22. *Voß, G.G.; Pongratz, H.J.*: Der Arbeitskraftunternehmer. Eine neue Grundform der Ware Arbeitskraft?, in: Kölner Zeitschrift für Soziologie und Sozialpsychologie, 50. Jg. (1998), H. 1, S. 131–158.

Roman Bechtel

Vereinigte Dienstleistungsgewerkschaft (Ver.di)

weltweit größte Einzelgewerkschaft mit rund 2,5 Millionen Mitgliedern aus den verschiedensten Dienstleistungsbranchen; Mitgliedsgewerkschaft des →Deutschen Gewerkschaftsbund mit Sitz in Berlin.

Hervorgegangen im Jahr 2001 durch den Zusammenschluss der vier DGB-Gewerkschaften (→Gewerkschaften) Deutsche Postgewerkschaft (DPG), Gewerkschaft Handel, Banken und Versicherungen (HBV), Interessengemeinschaft Medien (IG Medien) und der Gewerkschaft Öffentliche Dienste, Transport und Verkehr (ÖTV) sowie der Deutschen Angestellten-Gewerkschaft (DAG).

Michael Fuhlrott

Verfallfristen

Vereinbarungen in →Tarifverträgen oder →Arbeitsverträgen, nach denen bestimmte Ansprüche erlöschen sollen, es sei denn, dass sie innerhalb der Frist geltend gemacht werden (*Wiedemann*, 1999, § TVG Rn. 713; syn.: Ausschlussfristen).

Solche Verfallfristen verfolgen den Sinn und Zweck, eine gewisse Sicherheit in Zusammenhang mit den Ansprüchen zu geben, die im Laufe des Arbeitsverhältnisses (→Beschäftigungsverhältnis) für beide Seiten erwachsen können. Sie sollen sicherstellen, dass beide Arbeitsvertragsparteien ihnen zustehende Ansprüche nur für einen begrenzten Zeitraum der Vergangenheit geltend machen können. Dieser Zeitraum ist in den meisten Verfallfristen deutlich kürzer als die Verjährungsfristen angegeben. Ein Großteil der Verfallfristen beträgt zwischen drei und sechs Monaten.

Zu unterscheiden sind einstufige und zweistufige Verfallfristen:

- Die *einstufige Verfallfrist* wird dadurch gewahrt, dass der Anspruch – auch außergerichtlich – bei der Gegenseite innerhalb der Frist geltend gemacht wird.

- Die *zweistufige Verfallfrist* sieht eine außergerichtliche Geltendmachung innerhalb der ersten Stufe und sodann – falls der Anspruch gleichwohl nicht erfüllt wird – eine weitere Frist in der zweiten Stufe vor, innerhalb derer der Anspruch gerichtlich geltend gemacht werden muss.

Wichtig ist in der Praxis, dass zur Geltendmachung einer Vergütungsforderung die Erhebung der →Kündigungsschutzklage ausreicht, soweit nicht die Verfallfrist eine besondere Form vorschreibt. Zu beachten ist freilich, dass die Kündigungsschutzklage die →Verjährung für Vergütungsansprüche nicht unterbricht.

Literatur: *Wiedemann, H.*: Tarifvertragsgesetz, 6. Aufl, Köln 1999

Friedrich Meyer

Verhalten →Behaviorismus

Verhaltensbedingte Kündigung

kann aufgrund von schuldhaften oder fahrlässigen Verstößen gegen eine arbeitsvertragliche (→Arbeitsvertrag) Verpflichtung ausgesprochen werden.

Beispiele für Begründungen einer verhaltensbedingten →Kündigung sind: Unpünktlichkeit, unentschuldigtes Fehlen, unbefugtes Verlassen des Arbeitsplatzes, eigenmächtiger Urlaubsantritt, eigenmächtige, unentschuldigte Urlaubsüberschreitung, Arbeitsverweigerung, Minderleistung, fehlerhafte Arbeitsergebnisse, Störungen des Betriebsfriedens oder des Betriebsablaufs, ein Verstoß gegen ein betriebliches Rauch- oder Alkoholverbot, eine Verletzung vertraglicher Treue- und Verschwiegenheitspflichten oder die Verletzung eines vertraglichen Wettbewerbsverbots. Diese Auflistung verdeutlicht, dass die meisten Beendigungskündigungen unter die Rubrik der ordentlichen, verhaltensbedingten Kündigungen fallen.

Reiner Bröckermann

Verhaltensgitter

bezieht sich auf das →Führungsstilmodell der Ohio-State-Forschung und teilt im Managerial Grid die beiden Dimensionen Beziehungsorientierung (Menschenorientierung) und Aufgabenorientierung (Sachorientierung) statt der üblichen zwei in neun Stufen ein.

Die Koordinaten, beispielsweise 9.1 oder 5.5, bezeichnen jeweils den →Führungsstil. Von den möglichen 81 werden allerdings nur fünf Felder beschrieben. Den bedeutendsten Führungsstil stellt der *9.9-Stil* dar, der mit hoher Beziehungs- und Aufgabenorientierung stets hohe →Arbeitsleistung von begeisterten Mitarbeitern hervorrufen soll. Da sich diese Aussage vor dem Hintergrund situativer Führungsmodelle und insbesondere dem →Reifegradmodell von *Hersey* und *Blanchard* schwer aufrechterhalten ließ, räumten *Blake* und *Mouton* (1985) in einer späteren Version des Modells die Möglichkeit ein, die allgemeine *9.9-Strategie* von Fall zu Fall taktisch in Richtung 1.9 oder 9.1 zu variieren.

Literatur: *Blake, R. R.*; *Mouton, J. S.*: The Managerial Grid III, 3. Aufl., Houston 1985.

Jan Hendrik Fisch

Verhaltensverankerte Beurteilungsskala (VVBS)

systematisch konstruierte, hinsichtlich einzelner Tätigkeiten beziehungsweise Positionen unterschiedlich verankerte →Skalen, mit denen die Leistung von Mitarbeitern dadurch beurteilt wird, dass beobachtete Ausprägungen leistungsrelevanter Verhaltensweisen eingestuft werden (syn.: Verhaltensorientierte Beurteilungsskala, VOBS).

Verhaltensverankerte Beurteilungsskalen kommen in den Verhaltensbeobachtungsskalen und den Verhaltenserwartungsskalen vor.

- *Verhaltensbeobachtungsskalen*: Basieren auf empirisch generierten, leistungskritischen Verhaltensaussagen, die ein erwünschtes Verhalten (→Behaviorismus) beschreiben, das vom Beurteiler beobachtet werden kann. Es handelt sich bei ihnen um meist fünfstufige Likert-Skalen, auf denen der Beurteiler jeweils die Häufigkeit des Auftretens des jeweiligen Verhaltens – beispielsweise zwischen den Polen „zeigt dieses Verhalten fast nie" und „zeigt dieses Verhalten fast immer" – anzugeben hat. Auf diese Weise sind mehrere Verhaltensitems je arbeitsplatzspezifischer Leistungsdimension zu beurteilen, wobei der Gesamtwert für jede Leistungsdimension aus der Summe der einzelnen Skalenwerte der Verhaltensitems generiert wird. Den möglichen numerischen Gesamtwerten werden anschließend, entsprechend der Stufenzahl der Skalen, verbale Urteile (bspw. von „nicht ausreichend" bis „hervorragend") zugeordnet.

- *Verhaltenserwartungsskalen*: Sind graphisch aufbereitete Einstufungsskalen, die erwartbare Merkmalsausprägungen von positionsspezifischem Leistungsverhalten verbal beschreiben. Unterschiedliche Leistungsgrade werden dabei auf einer →Ordinalskala durch vergleichsweise differenziert formulierte Verhaltensbeispiele für jede Leistungsdimension verankert. Anhand solcher Einstufungsskalen hat der Beurteiler für den zu Beurteilenden anzugeben, welche der erwarteten Verhaltensweisen tatsächlich beobachtet werden konnten beziehungsweise welches tatsächlich gezeigte Leistungsverhalten den erwarteten Verhaltensweisen zuzuordnen ist. Die Entwicklung stellenspezifischer Verhaltenserwartungsskalen erfordert allerdings einen hohen Aufwand. Deren Vorteile werden in der →Standardisierung des Beurteilungsprozesses, der systematischen Bezugnahme auf leistungsrelevantes Verhalten sowie in der Vergleichbarkeit von Urteilen über verschiedene Mitarbeiter gesehen.

Verhaltensverankerte Beurteilungsskalen finden Verwendung im Rahmen von Einstufungsverfahren der →Leistungsbeurteilung und ermöglichen die Erhebung leistungsrelevanter →Informationen in einer für Vergleichszwecke geeigneten Form.

Literatur: *Campbell, J. P.*; *Dunnette, M. D.*; *Arvey, R. D.*; *Hellervik, L. V.*: The Development and Evaluation of Behaviorally Based Rating Scales, in: Journal of Applied Psychology, 57. Jg. (1973), H. 1, S. 15–22. *Domsch, M. E.*; *Gerpott, T. J.*: Verhaltensorientierte Beurteilungsskalen, in: DBW, 45. Jg. (1985), H. 6, S. 666–680. *Latham, G. P.*; *Wexley, K. N.*: Increasing Productivity Through Performance Appraisal, Reading, Mass. 1994.

Jürgen Grieger

Verhaltenswissenschaftliche Entscheidungstheorie

stellt Entscheidungsprozesse in den Mittelpunkt der Organisationsanalyse; der Prozess wird jedoch nicht im Sinne der Entscheidungslogik, sondern vielmehr als menschliches Entscheidungsverhalten begriffen.

Das entscheidungstheoretische Spektrum ist dabei sehr breit gefasst und unterscheidet verschiedenartige Theoriestränge. Ein erster Forschungsstrang befasst sich zum Beispiel mit *Entscheidungen außerhalb* bzw. *an der Grenze der* →*Organisation*, den Teilnahme- und Beitragsentscheidungen. Eine zweite Forschungsrichtung widmet sich *Entscheidungen in Organisationen* (auch unter den Begriffen *Entschei-*

dungen von Organisationen oder *Organisationsentscheidungen* zu finden). Die beiden hier ausgewählten Forschungsrichtungen werden in Anlehnung an *Berger* und *Bernhard-Mehlich* (2002) im Folgenden kurz skizziert.

Die →*Anreiz-Beitrags-Theorie* stellt auf ein Gleichgewicht zwischen den von der betrachteten Organisation angebotenen →Anreizen und den individuellen Beiträgen der (potenziellen) Teilnehmer ab. Die Grundidee kann wie folgt skizziert werden: Die Organisation motiviert Individuen durch Anreize zu einer Teilnahme, durch die Teilnahme leisten die Individuen Beiträge, aus denen die Organisation →Kompensation schöpft und diese den Teilnehmern im Gegenzug wieder anbietet. Für (potenzielle) Teilnehmer ist die Mitgliedschaft in einer Organisation dann attraktiv, wenn

– der Nutzenentgang durch geleistete Beiträge durch die angebotenen Anreize mindestens aufgewogen wird (*Ausgewogenheitsaspekt*) und

– das Anreiz-Beitrags-Verhältnis dem individuellen Anspruchsniveau entspricht (*Zufriedenheitsaspekt*).

Die Nutzenbewertung erfolgt dabei subjektiv im Lichte der momentanen Bedürfnisse (→Motiv) und Ziele. Ein organisationales Gleichgewicht liegt dann vor, wenn die von der Transformation der Beiträge gewonnenen und den Teilnehmern zur Verfügung gestellten Anreize ausreichen, eine fortdauernde, ausreichende Beitragsleistung der Teilnehmer zu gewährleisten. Die Überlebensfähigkeit einer Organisation entspricht also der Fähigkeit, diese Balance von Belastung und Befriedigung bei den Organisationsteilnehmern zu erzeugen.

Der zweite hier ausgewählte Forschungsstrang verhaltenswissenschaftlicher Entscheidungstheorie befasst sich mit dem Organisationsproblem, wie Individuen trotz ihrer kognitiven Grenzen der Informationsaufnahme und -verarbeitung möglichst rationale Organisationsentscheidungen und -handlungen anstreben können. Es wird auf all diejenigen Mechanismen einer Organisation abgestellt, die die →Komplexität und die Veränderlichkeit der Umwelt reduzieren und so die Organisationsteilnehmer in eine vereinfachte Entscheidungssituation versetzen. Nach *Simon* (1976) sind komplexitäts- und unsicherheitsreduzierende Mechanismen beispielsweise die im Folgenden konkretisierten Aspekte der →Arbeitsteilung, standardisierter Verfahren und Programme, Herrschaft und →Hierarchie sowie →Kommunikation:

- Die *Arbeitsteilung* zergliedert eine komplexe Entscheidungssituation in Teilprobleme und daraus abgeleitete Ziele. Hierdurch verengt sich für den Organisationsteilnehmer der entscheidungsrelevante Wirklichkeitsausschnitt; die Situation wird handhab- und bearbeitbar.

- *Standardisierte Verfahren und Programme* entlasten die Organisationsteilnehmer bei sich wiederholenden Aufgaben von der Notwendigkeit, neue Lösungsalternativen zu entwickeln.

- Durch die Mechanismen *Herrschaft und Hierarchie* engt die Organisation die Entscheidungsspielräume und die Verhaltensmöglichkeiten ein und minimiert die Informationslast bei den einzelnen Organisationsteilnehmern.

- Über eine einheitliche, formalisierte *Kommunikation* fließen allen Organisationsteilnehmern selektive →Informationen in entsprechend definierten Wegen und aus festgelegten Richtungen zu; dies hat einen minimierenden Einfluss auf die Entscheidungs- und Handlungsräume.

Die verhaltenswissenschaftliche Entscheidungstheorie besitzt aufgrund der Vielzahl der empirischen Studien wie bspw. *Martin* (2004), aber auch aufgrund ihrer sehr komplexen und umfassenden Perspektive eine große Bedeutung für die Weiterentwicklung der Organisationstheorie und -forschung.

Literatur: *Berger, U.; Bernhard-Mehlich, I.*: Die Verhaltenswissenschaftliche Entscheidungstheorie, in: *Kieser, A.* (Hrsg.): Organisationstheorien, 5. Aufl., Stuttgart 2002, S. 133–168. *Simon, H. A.*: Administrative Behavior. A Study of Decision-Making Processes in Administrative Organizations, 3. Aufl., New York 1976. *Martin, A.*: Die Leistungsfähigkeit der Anreiz-Beitrags Theorie, in: *Festing, M. et al.* (Hrsg.): Personaltheorie als Beitrag zur Theorie der Unternehmung, München, Mehring 2004, S. 12–40.

Yvonne Groening

Verhältnisskala →Ratioskala

Verhandlungen mit Mitarbeitern

Führungsprozess in Abstimmung mit den Mitarbeitern.

Verjährung

Je mehr Partizipation eine →Führungskraft seinen Mitarbeitern bei Entscheidungen einräumt oder aufgrund deren spezieller Kenntnisse und Fähigkeiten (→Qualifikation) einräumen muss, desto eher ähnelt der Führungsprozess einer Verhandlung. Neben →Macht können die Verhandlungsparteien in solchen Situationen ihr Verhandlungsgeschick einsetzen. Gängige *Verhandlungstaktiken* sind Versprechungen, Drohungen, Aussitzen, Erzeugen von Zeitdruck, Schaffen von vollendeten Tatsachen oder Verbinden von verschiedenen Verhandlungsgegenständen in Paketen. *Verhandlungslösungen* versprechen eine ausgewogenere Interessenberücksichtigung als durchgesetzte Weisungen und genießen daher häufig eine höhere Akzeptanz.

Jan Hendrik Fisch

Verjährung

Zeitraum, in dem die Arbeitsvertragsparteien ihnen zustehende Ansprüche rückwirkend geltend machen können, sofern keine anderweitigen →Verfallfristen vereinbart sind.

Vergütungsansprüche aus dem Arbeitsverhältnis (→Beschäftigungsverhältnis) verjähren innerhalb der regelmäßigen Verjährungsfrist von drei Jahren gemäß § 195 BGB. Die Verjährungsfrist beginnt nach § 199 Abs. 1 Satz 1 BGB mit dem Schluss des Jahres, in dem der Anspruch entstanden ist.

Friedrich Meyer

Verrechnungspreise

unternehmensinterner Preis für den innerbetrieblichen Leistungsaustausch eines Zwischenprodukts.

Arbeitsteilige Prozesse in Unternehmen haben die Eigenschaft, dass ein innerbetrieblicher Leistungsaustausch stattfindet. Ein Endprodukt entsteht durch bestimmte Faktorkombinationen, zu denen auch Zwischenprodukte zählen. Diese Vorleistung hat für die Endleistung einen Wert und unter bestimmten Bedingungen kann eine derartige Vorleistung alternativ über den Markt bezogen werden. Entsprechende Vorleistungen können auch Dienstleistungen sein. Dem internen Anbieter entstehen Kosten, für die eine Gegenleistung in Form eines Verrechnungspreises – ähnlich dem Marktpreis – entsteht (*Kräkel* 2004).

Die Bestimmung des „richtigen" Verrechnungspreises ist nicht einfach und ist von der Zielsetzung der Preisbestimmung abhängig. Möglich sind kostenorientierte, marktorientierte oder verhandlungsbasierte Größen:

- In der Praxis finden *kostenorientierte Verrechnungspreise* einen breiten Einsatz, wobei selbst hier noch eine Differenzierung unter anderem in vollkosten-, teilkosten- oder grenzkostenorientierte Preise stattfinden kann.

- *Marktorientierte Verrechnungspreise* setzen voraus, dass es für das Zwischenprodukt einen Marktpreis gibt, so dass die nachfragende organisatorische Einheit eine alternative Bezugsquelle und die anbietende Einheit eine alternative Absatzmöglichkeit hätte.

- Neben diesen üblicherweise zentralen Regelungen zur Bestimmung der Verrechnungspreise gibt es die dezentrale Lösung, dass die organisatorischen Einheiten selbst über die Höhe des Verrechnungspreises für die innerbetriebliche Leistung *verhandeln*. Auch hier wird es ein Verhandlungsintervall geben, das von den rein variablen Kosten bis zum Marktpreis reicht. Während die Nachfrageseite von der Position ausgeht, weder einen Gemeinkostenanteil (→Gemeinkosten) noch einen Gewinnanteil im innerbetrieblichen Leistungsaustausch tragen zu wollen, wird die Anbieterseite gegebenenfalls auf den alternativen Ertrag der marktfähigen Leistung verweisen. Zwar hat diese dezentrale Lösung Informationsvorteile, jedoch auch den Nachteil, dass die Verhandlung konflikt- und zeitintensiv sein kann.

Bei der Berechnung von Verrechnungspreisen ist zu beachten, dass Synergieeffekte des Unternehmens nicht eliminiert werden.

Literatur: *Kräkel, M.*: Organisation und Management, 2. Aufl., Tübingen 2004.

Silvia Föhr

Verschwiegenheitspflicht

aus dem Grundsatz von Treu und Glauben folgende →Nebenpflicht des →Arbeitnehmers, über geheimhaltungsbedürftige Tatsachen während des Arbeitsverhältnisses (→Beschäftigungsverhältnis) Dritten gegenüber Stillschweigen zu bewahren.

Dazu gehören Betriebs- und Geschäftsgeheimnisse, weiterhin jedoch auch Vorgänge und Tatsachen, die dem Arbeitnehmer aus seiner betrieblichen Tätigkeit bekannt sind und an deren Geheimhaltung der →Arbeitgeber ein Interesse hat (vgl. BAG, Urteile vom 19.02.1991, 23.11.1993, AP Nr. 25, 33 zu § 95 BetrVG 1972), zum Beispiel also auch persönliche Umstände und Verhaltensweisen des Arbeitgebers oder seiner Kollegen. Strafrechtlich abgesichert ist die Verschwiegenheitspflicht in § 17 Gesetz gegen den unlauteren Wettbewerb (UWG), der eine Straftat normiert, wenn der Arbeitnehmer Geschäfts- oder Betriebsgeheimnisse während der Dauer des Arbeitsverhältnisses unbefugt an andere zu Zwecken des Wettbewerbs, aus Eigennutz oder in der Absicht, dem Arbeitgeber Schaden zuzufügen, mitteilt.

Nach Beendigung des Arbeitsverhältnisses soll eine Verschwiegenheitspflicht grundsätzlich nicht mehr gelten. Insoweit kann sich eine Strafbarkeit allerdings unter den engeren Voraussetzungen des § 17 UWG gleichwohl ergeben. Zivilrechtlich gilt eine nachvertragliche Verschwiegenheitsverpflichtung indes nur dann, wenn sie im →Arbeitsvertrag ausdrücklich vereinbart. Eine solche Vereinbarung ist zulässig. Verstößt der Arbeitnehmer gegen die Verschwiegenheitspflicht während des Arbeitsverhältnisses, können sich daraus Unterlassungs- und Schadensersatzansprüche sowie ein Kündigungsrecht (→Kündigung) für den Arbeitgeber ergeben. Ein Verstoß gegen eine wirksam vereinbarte nachvertragliche Verschwiegenheitspflicht löst Unterlassungs- und Schadensersatzansprüche aus.

Friedrich Meyer

Versetzung

liegt im betriebsverfassungsrechtlichen Sinne nach § 95 Abs. 3 BetrVG vor, wenn der →Arbeitgeber dem →Arbeitnehmer einen anderen Arbeitsbereich entweder für eine Dauer zuweist, die voraussichtlich einen Monat überschreitet, oder aber die mit einer erheblichen Änderung der Umstände verbunden ist, unter denen die →Arbeit zu leisten ist.

Eine solche Versetzung löst das Mitbestimmungsrecht (→Mitbestimmung) des →Betriebsrats gemäß § 99 BetrVG aus. In Unternehmen mit in der Regel mehr als 20 wahlberechtigten Arbeitnehmern hat der Arbeitgeber insoweit den Betriebsrat vor jeder Versetzung zu unterrichten und ihm Auskunft über die betroffene Person und die Auswirkungen der geplanten Maßnahme zu geben. Er bedarf für die Versetzung der Zustimmung des Betriebsrats, die er gemäß § 99 Abs. 3 BetrVG vom Arbeitsgericht (→Arbeitsgerichtsbarkeit) ersetzen lassen kann, wenn ein Zustimmungsverweigerungsgrund im Sinne des § 99 Abs. 2 BetrVG für den Betriebsrat nicht besteht.

Von dieser betriebsverfassungsrechtlichen Ebene zu unterscheiden ist die individualarbeitsrechtliche Zulässigkeit (→Arbeitsrecht) einer Versetzung. Diese bestimmt sich nach der Vereinbarung im →Arbeitsvertrag. Es ist zu prüfen, ob der Arbeitgeber durch →Direktionsrecht eine Versetzung vornehmen darf. Überschreitet die zugewiesene Tätigkeit den arbeitsvertraglich vereinbarten Rahmen und ist eine Versetzungsklausel arbeitsvertraglich nicht wirksam vereinbart, kommt eine einseitige Anordnung der Versetzung durch den Arbeitgeber nicht in Betracht (*Zöllner* und *Loritz* 1998, § 12 III 1) In diesem Fall muss der Arbeitgeber eine Änderungskündigung (→Kündigung) aussprechen, die freilich – sofern das KSchG eingreift – der sozialen Rechtfertigung bedarf.

Literatur: *Zöllner, W.; Loritz, K.G.:* Arbeitsrecht, 5. Aufl., München 1998.

Friedrich Meyer

Verteilung der einzelwirtschaftlichen Wertschöpfung

durch effiziente Kombination von →Arbeit und Kapital erzielter Mehrwert, der nach Abzug der von anderen Marktpartnern bezogenen Leistungen die →Wertschöpfung ergibt.

Die Verteilung der einzelwirtschaftlichen Wertschöpfung ist eine unternehmenspolitische Entscheidung. Zwei übliche Verfahren sind die Relation der Faktoreinkommen über die Vereinbarung der absoluten Lohnhöhe sowie die Verteilung auf die einzelnen Mitarbeiter (relative Lohnhöhe) und die Eigenkapitalgeber (Gewinnverteilung).

Silvia Föhr

Verteilzeit

Bestandteil der →Auftragszeit, in der die zu bearbeitenden Aufträge auf die Mitarbeiter und/oder Maschinen aufgeteilt werden.

Die Verteilzeit untergliedert sich in sachliche Verteilzeit, darunter fallen zusätzliche Tätigkeiten und Störungen, und persönliche Verteilzeit, die vom Mitarbeiter selbst zu verantworten ist.

Désirée H. Ladwig

Vertragsfreiheit

aus der allgemeinen Handlungsfreiheit des Art. 2 GG abgeleitete (BVerfGE 8, S. 328) Freiheit, ob, mit wem, in welcher Form und mit welchem Inhalt Verträge geschlossen werden.

Die Vertragsfreiheit ist ein Grundsatz, der in bestimmten Gesetzen seine Schranke findet. Das →Arbeitsrecht zählt zu den Rechtsgebieten, das relativ stark zwingend normiert ist, so dass von zahlreichen Gesetzen gerade nicht abgewichen werden darf und insoweit die Vertragsfreiheit eingeschränkt ist. Das gilt insbesondere für eine Reihe von Bestimmungen, die einseitig zwingend sind, also zwar geändert werden dürfen, nicht jedoch zum Nachteil des →Arbeitnehmers. Teilweise ergibt sich aus der gesetzlichen Formulierung selbst, ob das Gesetz zwingend wirkt. Teilweise kann die zwingende Wirkung indes nur aus dem Sinn und Zweck des Gesetzes, der Systematik oder der Entstehungsgeschichte abgeleitet werden.

Friedrich Meyer

Vertragsstrafe

wird im →Arbeitsrecht häufig verwendet, um insbesondere →Arbeitnehmer zu vertragsgerechtem Verhalten zu bewegen (vgl. BAG, Urteil vom 18. 09. 1991, EzA § 339 BGB Nr. 7).

So werden Vertragsstrafen oftmals für den Fall vereinbart, dass der Arbeitnehmer die →Arbeit nicht antritt oder ohne Einhaltung der →Kündigungsfrist aus den Diensten ausscheidet. Vertragsstrafen werden zudem häufig zur Absicherung nachvertraglicher →Wettbewerbsverbote vereinbart. Ohne Vereinbarung einer Vertragsstrafe ist der →Arbeitgeber gehalten, im Falle eines Verstoßes des Arbeitnehmers gegen eine bestimmte arbeitsvertragliche Verpflichtung einen →Unterlassungsanspruch geltend zu machen oder aber einen Schadensersatzanspruch, der in vielen Fällen schwer zu beziffern ist. Die Vertragsstrafe soll deshalb den Arbeitnehmer abhalten, derartige Pflichtverletzungen zu begehen, und ihn zu vertragsgerechtem Verhalten motivieren.

In einzelvertraglich ausgehandelten →Arbeitsverträgen sind Vertragsstrafen regelmäßig zulässig. Da Arbeitsverträge seit dem 01. 01. 2002 einer Billigkeitskontrolle als allgemeine Geschäftsbedingungen im Sinne der §§ 305 f. BGB unterzogen werden, ist streitig geworden, ob in formularmäßig verwendeten Arbeitsverträgen Vertragsstrafen noch vereinbart werden dürfen. Unter den Voraussetzungen des § 309 Nr. 6 BGB sind Vertragsstrafen in formularmäßigen Verträgen unwirksam. Ob die Besonderheiten des Arbeitsrechts im Sinne des § 310 Abs. 4 Satz 2 BGB eine andere Beurteilung rechtfertigen, ist sehr fraglich. Es liegen bereits mehrere Entscheidungen von Landesarbeitsgerichten vor, die die Vereinbarung einer Vertragsstrafe in formularmäßig verwendeten Arbeitsverträgen nunmehr nicht für zulässig halten (LAG Hamm, Urteil vom 24. 01. 2003 – 10 Sa 1158/02).

Friedrich Meyer

Vertragstheorie → Principal-Agent-Theorie

Vertrauen

Erwartung, dass sich Personen oder Systeme so verhalten, wie sie es versprochen oder signalisiert haben.

Wie *Luhmann* (2000) ausführt, bildet Vertrauen im Sinne des Zutrauens zu eigenen Erwartungen einen elementaren Tatbestand des sozialen Lebens, das aufgrund seiner →Komplexität ohne Vertrauen nicht bewältigt werden kann: „Im Akt des Vertrauens wird die Komplexität der zukünftigen Welt reduziert. Der vertrauensvoll Handelnde engagiert sich so, als ob es in der Zukunft nur bestimmte Möglichkeiten gäbe." (*Luhmann* 2000, S. 24).

Ripperger (1998) und darauf aufbauend *Seifert* (2001) grenzen Vertrauen schärfer ein. In einem mehrstufigen Prozess ordnen sie zunächst der Unsicherheit den Begriff der *Zuversicht*, verstanden als generelle Reaktion auf die Unsicherheiten des Lebens, zu und grenzen Zufall und Irrtum ebenso ab wie exogene, nicht beeinflussbare Ereignisse, in denen die *Hoffnung* der Komplexitätsreduktion dient.

Vertrauen bezieht sich auf den Umgang mit risikobehafteten Situationen, in denen Handlungsalternativen bestehen und Transaktionspartner existieren, von denen ein kooperatives Verhalten erwartet werden kann. Es wird weiter danach unterschieden, ob der Vertrauensgeber erwarten kann, dass der Vertrauensnehmer in der Lage ist, den Vertrag zu erfüllen (*Zutrauen*), und schließlich auch bereit dazu ist, auf opportunistisches Verhalten (→Darwiportunismus) zu verzichten *(Vertrauen im engeren Sinne).*

Generalisiertes Vertrauen im Sinne einer allgemeinen Vertrauensbereitschaft gegenüber Menschen generell oder gegenüber bestimmten Personengruppen liegt in der Person des Vertrauensgebers, seiner →Sozialisation und Erfahrung begründet und ist kulturell beeinflusst. *Spezifisches Vertrauen* stellt sich hingegen als Einzelfallentscheidung dar, die auf Basis einer Informationsverarbeitung und der Bewertung der jeweiligen Situation gefällt wird. Dabei werden sowohl Integrität im Sinne von Ehrlichkeit und Verhaltenskontinuität als auch Gesinnung des Partners im Sinne von Redlichkeit und Altruismus berücksichtigt. „Vertrauenswürdig ist, wer bei dem bleibt, was er bewusst oder unbewusst über sich selbst mitgeteilt hat" *(Luhmann* 2000, S. 48).

Vertrauen zwischen den Transaktionspartnern ist vor allem bei impliziten (psychologischen) Verträgen notwendig, die zwar als verbindlich angesehen werden, gerichtlich aber nicht durchsetzbar sind. Der Einsatz von Vertrauen ist insbesondere bei Transaktionen von hoher Komplexität notwendig, bei denen die Erwartungen der Vertragsparteien nicht oder nur zu prohibitiv hohen Transaktionskosten (→Transaktionskostentheorie) durch explizite Verträge geregelt werden können. Dies trifft nach *Ripperger* (1998) vor allem auf langfristige, sich über einen größeren Zeithorizont erstreckende Leistungsbeziehungen zu und schließt auch durch besonders starke Informationsasymmetrien gekennzeichnete Transaktionsbeziehungen mit ein. Dem Vertrauensmechanismus kommt bei der Regelung von Arbeitsbeziehungen im Unternehmen ein besonders hoher Stellenwert zu. Eine Zusammenarbeit, die auf Vertrauen basiert, führt nach *Seifert* (2001) zu einer höheren Informalität des Miteinanders, zu einer verbesserten Teamzusammenarbeit und einem offeneren Klima (→Arbeitsumgebung), woraus eine höhere →Innovationsfähigkeit resultieren kann. Durch den entfallenden Kontrollaufwand können Kosten reduziert werden. Die →Motivation der Mitarbeiter wird im Zuge zunehmenden Vertrauens ebenso steigen wie ihre →Handlungsfähigkeit, wenn sie sich nicht überfordert fühlen oder die mit dem Vertrauen verbundenen Reziprozitäts-Verpflichtung ablehnen.

Es ist also nicht etwa prinzipiell zwischen Vertrauen und Misstrauen zu unterscheiden, sondern ein situativ angemessener Grad des Vertrauens erscheint sinnvoll, welcher durch generalisiertes Vertrauen getragen wird, situationsspezifisch aber modifiziert und durch Kontrolle ergänzt werden kann und soll.

Literatur: *Luhmann, N.:* Vertrauen. Ein Mechanismus der Reduktion sozialer Komplexität, 4. Aufl., Stuttgart 2000. *Ripperger, T.:* Ökonomik des Vertrauens. Analyse eines Organisationsprinzips, Tübingen 1998. *Seifert, M.:* Vertrauensmanagement in Unternehmen, München, Mering 2001.

Katrin Hansen

Vertrauen in der Führung

wird durch Transparenz in den Entscheidungen der →Führungskräfte erreicht und ist eine wesentliche Voraussetzung der Zusammenarbeit.

Vertrauen in der Führung kann die zeitraubende Formulierung von Erwartungen und Versprechen beim Austausch von Leistungen weitgehend ersetzen.

Das *Problem* der Gewinnung von →Vertrauen im Führungsverhältnis besteht darin, dass es nicht direkt herbeigeführt werden kann, sondern ein Nebenprodukt meist andersgerichteter Handlungen ist. Die erkennbaren Eigenschaften einer Person und der sie umgebende Handlungsrahmen können für den ersten Kontakt ein Mindestmaß an Vertrauen hervorrufen, stabiles Vertrauen entwickelt sich aber erst im Zuge mehrerer positiver wechselseitiger Erfahrungen mit der anderen Personen. Offene und klare →Kommunikation schafft bekanntlich Vertrauen, dabei kommt es allerdings entscheidend auf die vermittelten Inhalte an. Erfolgreich bewältigte Konflikte tragen im Zweifel aber mehr zur Vertrauensbildung bei als verschwiegene, ungelöste.

Jan Hendrik Fisch

Vertrauensarbeitszeit

Modell der →flexiblen Arbeitszeit, in dem der →Arbeitgeber weitestgehend auf die Kontrolle der Einhaltung der Vertragsarbeitszeit durch jegliche Art der →Zeiterfassung verzichtet.

Die Entscheidung über die Länge und Dauer der täglichen →Arbeitszeit, zum Teil auch über den Ort der Arbeitsverrichtung, bleibt im

Vertrauensleute

Sinne der →Selbstorganisation den Beschäftigten überlassen. Da jedoch erstens die betriebliche →Flexibilität in diesem Modell Priorität vor der individuellen Flexibilität der Beschäftigten hat und zweitens die Teilnahme der Beschäftigten nicht auf freiwilliger Basis stattfindet, stellt die Vertrauensarbeitszeit einen Ansatz der →Flexibilisierung auf individualisierter Basis dar.

Die Verpflichtung der Arbeitgeber, die durchschnittliche Arbeitszeitdauer arbeitsvertraglich (→Arbeitsvertrag) festzulegen, bleibt hiervon unberührt. Der Kernpunkt liegt in der Ausbalancierung des Arbeitsvolumens und der vertraglichen Arbeitszeit. Die zugeteilten beziehungsweise vereinbarten Arbeitsaufgaben sollen dann von den Beschäftigten eigenverantwortlich, ergebnisorientiert und bis zum vereinbarten Termin erfüllt werden.

Dieses Modell wird seit Ende der 1990er Jahre vermehrt praktiziert. Durch die bis jetzt gesammelten Erfahrungen sowie Ergebnisse empirischer Studien werden zunehmend nicht nur die Förderlichkeiten, sondern auch die Zumutungen dieses Modells für die Betroffenen deutlich sichtbar. Die *Förderlichkeiten* richten sich vorrangig an die weitestgehende Selbstorganisation der Arbeitszeit, durch die die eigenen Zeitorganisations- und Koordinationsbelange mit dem Privatleben eher Berücksichtigung finden können. Die *Zumutungen* sehen Kritiker in der Übertragung der unternehmerischen Verantwortung auf die Beschäftigten sowie ihre Konfrontation mit firmeninternen Marktverhältnissen, indem sie nicht mehr (Arbeits-)Zeit, sondern das Arbeitsergebnis (und die Fehlerlosigkeit) gegen Geld tauschen (→Ergebnisorientierung). In letzter Konsequenz wird quasi der Stundenlohn variabilisiert. So zeigt die Praxis, dass die Vertrauensarbeitszeit zu einem Instrument der indirekten Steuerung werden kann, da der Leistungsdruck in der Regel zu einem Anstieg von tatsächlich geleisteten Arbeitsstunden führt.

Von den Beratungsinstitutionen wird daher empfohlen, die Arbeitszeit von einer Erfassungsgröße zu einer Planungs- und Steuerungsgröße werden zu lassen, indem auch unter den Bedingungen der Vertrauensarbeitszeit die Selbsterfassung ermöglicht wird, sowie ein Verfahren zur Bewältigung von Überlastsituationen zu vereinbaren.

Der kritische Faktor ist eben das Vorhandensein eines Überlastmanagements und der richtige Umgang mit Überlastsituationen. Hier spielt auch die vorherrschende Führungskultur eine wichtige Rolle, um Überlastsituationen überhaupt monieren zu können, ohne dass die Überlastung der mangelnden Leistungsfähigkeit der Betroffenen statt der falschen Abschätzung des Zeitaufwands für die zugeteilten Aufgaben zugeschrieben wird. Die bisherigen empirischen Ergebnisse weisen jedoch eher auf einen Mangel bezüglich des richtigen, auf Vertrauen basierenden Umgangs mit Überlastsituationen in der praktischen Umsetzung dieses Modells hin.

Literatur: *Böhm, S.; Hermann, C.; Trinczek, R.*: Herausforderung Vertrauensarbeitszeit – Zur Kultur und Praxis eines neuen Arbeitszeitmodells, Berlin 2004. *Hoff, A.*: Vertrauensarbeitszeit, Wiesbaden 2002.

Sonia Hornberger

Vertrauensleute

gewerkschaftliche Vertreter im Betrieb und seinen Abteilungen.

Während der →Betriebsrat alle Beschäftigten gemäß dem →Betriebsverfassungsgesetz repräsentiert, sind die Vertrauensleute die unterste Funktionärsebene der jeweiligen →Gewerkschaft und werden nur von den Gewerkschaftsmitgliedern gewählt. Sie vertreten deren Interessen gegenüber höheren Gewerkschaftsebenen, dem Betriebsrat und gelegentlich auch der Betriebsleitung. Außerdem beraten und schulen sie die Gewerkschaftsmitglieder und geben Informationen von oben nach unten sowie umgekehrt weiter.

Alexander Dilger

Verwarnung

Maßregelung eines →Arbeitnehmers durch den →Arbeitgeber, die aber nicht mit der Androhung von Sanktionen verbunden ist.

Die Maßregelung, die auch als Verweis bezeichnet wird, ist in keinem Gesetz geregelt, aber trotzdem mitbestimmungspflichtig (→Mitbestimmung). Anders als mit einer →Abmahnung kritisiert der Arbeitgeber mit einer Verwarnung das Verhalten (→Behaviorismus) eines Arbeitnehmers, ohne Sanktionen anzudrohen. Verwarnungen sind folglich nicht dazu geeignet, eine →Kündigung vorzubereiten.

Betriebsbußen sind Verwarnungen im weiteren Sinne. Ihre Rechtsgrundlage sind zumeist

→Betriebsvereinbarungen zwischen Arbeitgeber und →Betriebs- beziehungsweise Personalrat, die eindeutig umschriebene Tatbestände erfassen und ein faires Verfahren (→Disciplinary Procedure) unter Einbeziehung der Belegschaftsvertretung gewährleisten. Die Betriebsbuße muss im Verhältnis zu dem Ordnungsverstoß stehen und etwaige Geldbeträge dürfen nicht dem Arbeitgeber zufließen. Wenn gegen die Verhängung einer Betriebsbuße geklagt wird, nehmen die Arbeitsgerichte (→Arbeitsgerichtsbarkeit) eine Nachprüfung vor.

Reiner Bröckermann

Verwirkung

Ausprägung des Gebots, gemäß § 242 BGB Rechte nur nach Treu und Glauben auszuüben.

Die Verwirkung kann dazu führen, dass bestimmte Ansprüche nicht mehr durchgesetzt werden können. Sie setzt ein Zeit- und Umstandsmoment voraus (BAG, Urteil vom 28.05.2002, Az.: 9 AZR 145/01). Das *Zeitmoment* besteht darin, dass über einen bestimmten – in der Regel längeren – Zeitraum ein Anspruch nicht geltend gemacht wird. Das *Umstandsmoment* besteht darin, dass über diesen Zeitablauf hinaus weitere Umstände hinzutreten müssen, aus denen sich beim Anspruchsgegner ein berechtigtes und schützenswertes →Vertrauen ergibt, der Anspruchsinhaber werde den Anspruch auch in Zukunft nicht geltend machen. Ist ein Anspruch verjährt, verfallen oder wird ein Erlassvertrag geschlossen, gehen diese Rechtsinstitute der Verwirkung vor. Für eine Verwirkung ist dann kein Raum.

Friedrich Meyer

VIE-Theorie →Erwartungs-Valenz-Theorie

Virtuelle Belegschaft

Gesamtheit aller Mitarbeiter eines Unternehmens einschließlich derer, die zusätzlich im Rahmen von Netzwerken oder Projekten für weitere →Organisationen arbeiten.

Der Begriff virtuell bezeichnet dabei eine im Vergleich zu herkömmlichen Belegschaften nur dem Anschein nach vorhandene Belegschaft. Die auch vorzufindende Verwendung des Begriffs für Telearbeiter (→Telearbeit) macht den Begriff der Virtualität nicht an der vertraglichen Bindung zwischen →Arbeitgeber und →Arbeitnehmer fest, sondern an einer unter anderem von technologischen Möglichkeiten abhängigen Normalvorstellung über den Arbeitsort einer Belegschaft.

Axel Haunschild

Virtuelle Gemeinschaft →eHRM

Virtuelle Organisationsform

→Aufbauorganisation in Form eines Netzwerkes, das sich kurzfristig und für eine begrenzte Zeit zum Zweck der gemeinsamen Zielerreichung zusammenschließt.

Der Begriff virtuell ist den Computerwissenschaften entnommen und bedeutet so viel wie logisch, aber nicht physikalisch vorhanden. *Scholz* (1997) identifiziert folgende Merkmale, die bei einem virtuell organisiertem Unternehmen gegeben sein müssen:

- Kein gemeinsames juristisches Dach der organisatorischen Einheiten, die für die Teilaufgaben der Gesamtleistungserstellung verantwortlich sind.

- Organisatorische Teileinheiten verfügen über →Kernkompetenzen, die synergetisch kombiniert werden können.

- Einheitliches Auftreten gegenüber den Kunden.

- Ausgereifte Informationstechnologie stellt die intensive →Kommunikation sicher.

- Es herrscht gegenseitiges Vertrauen und Verzicht auf opportunistisches Verhalten (→Darwiportunismus) durch die einzelnen organisatorischen Einheiten.

Die *Vorteile* dieser Organisationsform liegen im Bereich der →Flexibilität. Die →Ablauforganisation und die Wertschöpfungskette (→Wertkette) wird, wie *Davidow* und *Malone* (1993) betonen, von den Beteiligten für jeden Leistungserstellungsvorgang optimiert. Die Fähigkeit, Ressourcen je nach Gebrauch zu aktivieren, impliziert eine hohe Ressourceneffizienz. *Nachteile* ergeben sich durch einige implizite Annahmen des Konzepts. Zu Beginn und bei Veränderungen der virtuellen Struktur muss eine Organisationsplanung erstellt und an alle Beteiligten kommuniziert werden. Eine völlig dezentrale Struktur ohne jede Art von (ex ante) Koordination ist kaum sinnvoll vorstellbar. Der Menschentypus, der zur Organisationsform „virtuell" passt, muss selbstmotivierend sein, vertrauensvoll, er muss in der Lage sein, sich selbst und andere zu organisieren, und darf nicht opportunistischen Neigungen erliegen. Hinzu kommen hohe fachliche →Anforderungen an die Mitarbeiter, da sie die →Kompetenz aufweisen müssen, den gesamten Leistungserstellungsprozess zu überblicken. Vertrauen ist in dieser Organisationsform entscheidend, da sonst aufgrund der Gefahr opportunistischen Verhaltens prohibitiv hohe Transaktionskosten (→Transaktionskostentheorie) entstehen würden.

Die virtuelle Organisation kann zwischen Unternehmen, aber auch innerhalb eines Unternehmens installiert werden. Aus diesem Grund stellt sich die Frage, wie eine interne Organisation, wie zum Beispiel die →Personalabteilung, virtuell organisiert werden kann. *Scholz* (1996) identifiziert drei Virtualisierungsdimensionen für die Personalabteilung:

1. *Entwicklung von Kernkompetenzen*: Der Aufbau und die klare Zuständigkeitsregelung für Kernkompetenzen im Bereich der Personalarbeit (→Personalmanagement) schafft die Voraussetzung für virtuelle Verbundstrukturen. Jeder Linienmanager (→Einliniensystem, →Linienorganisation) übernimmt dabei neben seinen bisherigen Aufgaben weitere, personalwirtschaftliche Aufgaben, zum Beispiel aus dem Bereich der →Personalentwicklung.

2. *Prozessbegleitende →Integration von Personalfunktionen*: Die verteilten personalwirtschaftlichen Kernkompetenzen müssen je nach Aufgabenstellung von den Beteiligten nach sachlogischen Gesichtspunkten zusammengeführt werden. Gegenseitiges Vertrauen und eine gemeinsame →Vision aller „Mitglieder" dieser virtuellen Personalabteilung sind Voraussetzung für eine erfolgreiche Virtualisierung.

3. *Informationstechnologisierung*: Die Zusammenarbeit der Kernkompetenzträger und deren Integration in die virtuellen Strukturen erfordert erhebliche Kommunikationsanstrengungen, die durch moderne Instrumente und Technologien erleichtert werden können.

Die mediengestützte Verknüpfung von personalwirtschaftlichen Teams in (ausländischen) Tochtergesellschaften und Beteiligungsunternehmen stellt *Drumm* (2005) zufolge eine inzwischen auch in der Praxis verbreitete realitätsnahe Variante des theoretischen Konstrukts „virtuelle Personalabteilung" dar.

Literatur: *Davidow, W.; Malone, M.*: Das virtuelle Unternehmen. Der Kunde als Co-Produzent, Frankfurt a. M. 1993. *Drumm, H.J.*: Personalwirtschaftslehre, 5. Aufl., Berlin etc. 2005. *Scholz, C.*: Die virtuelle Personalabteilung, in: Personalführung, 29. Jg. (1996), H. 12, S. 1080–1086. *Scholz, C.*: Strategische Organisation, Landsberg/Lech 1997.

Reinhard Meckl

Virtuelle Realität

fiktive, meist dreidimensionale Wirklichkeit, die am Computer modelliert und simuliert wird.

Der Besucher einer virtuellen Realität erfasst diese über technologische Hilfsmittel, wie Datenhandschuhe oder Datenbrillen. Mithilfe dieser Mittel kann er sich in der virtuellen Realität auch bewegen. Die virtuelle Realität ist somit in Grenzen auch dynamisch. Zu beachten ist zudem, dass eine virtuelle Realität sogar bei höchster Rechenleistung immer nur ein reduziertes Abbild der Wirklichkeit sein kann. Erzeugt werden virtuelle Realitäten heute mit der so genannten Virtual Reality Markup Language (VRML). Im →Personalmanagement lassen sich virtuelle Realitäten insbesondere bei der Aus- und Weiterbildung in technischen Berufen nutzen.

Stephan Kaiser

Virtueller Akteur →eHRM

Virtuelles Büro

Büro, das lediglich in der →virtuellen Realität, sprich im →Cyberspace, existiert.

Aus organisationaler Perspektive heißt das zunächst, dass die Mitarbeiter eines virtuellen Büros nicht in räumlicher Nähe sitzen müssen. Der Austausch von →Informationen erfolgt über Informations- und Kommunikationstechnologie. Funktional gesehen, werden durch das virtuelle Büro arbeitsteilige Prozesse räumlich und zeitlich entkoppelt. Dadurch lassen sich beispielsweise Dokumente an verschiedenen Orten und zeitgleich bearbeiten. *Voraussetzung* für ein virtuelles Büro sind, neben der technologischen Infrastruktur, eine Vertrauenskultur sowie zur →Selbstorganisation fähige Mitarbeiter, die mit der geringen organisatorischen Identitätsbildung umgehen können. Es wird somit auch zu einem Thema für das →Personalmanagement. *Vorteile* des virtuellen Büros liegen erstens in der effizienten Nutzung von Raum-, Mitarbeiter- und Zeitressourcen und zweitens in der erhöhten →Flexibilität der Arbeitsprozesse aufgrund der Loslösung von Zeit und Raum. Dem stehen jedoch Nachteile wie mangelnde →Datensicherheit und persönliche Distanz gegenüber, wie beispielsweise *Davenport* und *Pearlson* (1998) betonen.

Literatur: *Davenport, T. H.; Pearlson, K.*: Two Cheers for the Virtual Office, in: Sloan Management Review, 39. Jg. (1998), H. 4, S. 51–65.

Stephan Kaiser

Virtuelles HRM →eHRM

Virtuelles Team

→Gruppe von Mitarbeitern, die interdependent und ergebnisorientiert für einen abgesteckten Zeitraum an einer Aufgabenstellung arbeitet und dabei ein Zusammengehörigkeitsgefühl entwickelt.

Die Zusammenarbeit an sich trägt virtuelle Züge, da sie über Raum-, Zeit- und unter Umständen auch über Unternehmensgrenzen hinweg erfolgt. Das Team hat keine vorgegebene Struktur und Zusammensetzung. Es existieren keine formalen →Hierarchien. Die Teammitglieder arbeiten dezentral an verschiedenen Orten. Dadurch kommt es nur in seltenen Fällen zu einer Face-to-Face-Kommunikation. Die →Kommunikation erfolgt vielmehr über moderne Kommunikationsmedien, wie zum Beispiel eMail, →Internetkonferenzen, Chats, Groupware oder Mobilfunk. Der Vorteil von virtuellen Teams liegt vor allem im flexiblen, schnellen und damit kostengünstigen Zusammenbringen von Expertenwissen.

In der Unternehmenspraxis findet man virtuelle Teams in der Reinform selten, da die obengenannten Merkmale gleichzeitig kaum zu erfüllen sind. Vielmehr handelt es sich meist eher um partiell virtuelle Teams. Dabei scheitert die Reinform nicht unbedingt an der Virtualität, sondern häufig auch am Teamgedanken. Denn in virtuellen Arbeitsgruppen entstehen aufgrund des fehlenden persönlichen Kontaktes kaum Zugehörigkeitsgefühle und Vertrauen. Diese mangelnde Kohäsion (→Gruppenkohäsion) verhindert unter Umständen die Entwicklung leistungsfähiger virtueller Teams. Darüber hinaus setzt die mangelnde Kohäsion stark intrinsisch motivierte Teammitglieder voraus. Auch diese Voraussetzung ist in der Praxis nicht immer erfüllt. Für ein Mehr an Virtualität sprechen hingegen die technologischen Entwicklungen. Zu nennen sind hier neben den verbesserten Kommunikationsmöglichkeiten insbesondere so genannte Groupware-Anwendungen, mit deren Hilfe sich die →Arbeit virtueller Teams unterstützen lässt. Allerdings setzt dies wiederum voraus, dass alle Mitglieder des virtuellen Teams mit derartigen Anwendungen umgehen können und wollen. Insgesamt kann man den Eindruck gewinnen, dass den Vorteilen, die mit virtuellen Teams durchaus verbunden sein können, heute noch ungeklärte Fragen der Umsetzung in der Unternehmenspraxis gegenüberstehen.

Literatur: *Warkentin, M. E., Sayeed, L.; Hightower, R.*: Virtual Teams versus Face-to-Face Teams: An Exploratory Study of a Web-Based Conference System, in: Decision Sciences, 28. Jg. (1997), H. 4, S. 975–996.

Stephan Kaiser

Vision

Basiswert der →Organisation, der im →strategischen Management zur Konkretisierung abstrakter Missionen zu einem konkreten Konzept dient und im →Change Management das Veränderungsvorhaben symbolisiert.

Visionen zeichnen bereits vor einer Veränderung ein – zunächst noch virtuelles – Bild eines neu entstehenden Gefüges oder des Potenzials einer Innovation (→Technologischer Wandel). Die *Bedeutung* von Visionen ist allerdings umstritten. So zeigt die Empirie, dass in der Unternehmenspraxis insbesondere bei M&A-Aktivitäten (→Mergers&Acquisitions) der gemeinsamen (kompatiblen) Vergangenheit größere Bedeutung zugemessen wird als einer gemeinsamen Vision. Dennoch betont nach *Conger* (1989) insbesondere die sozialpsychologische Forschung zum Veränderungsmanagement und zur charismatischen →Mitarbeiterführung (→Charisma), wie erfolgskritisch Visionen für die erfolgreiche Mitarbeiterführung im Wandel sind. Auch im Performance Management wird die Bedeutung von Visionen betont, wie beispielsweise in Form einer führenden Rolle bei der Definition von Wachstum und Entwicklung als eine von vier Perspektiven im Grundkonzept der →Balanced Scorecard nach *Kaplan* und *Norton* (1996).

Visionäre Führung

Literatur: *Conger, J. A.*: The Charismatic Leader, San Francisco 1989. *Kaplan, R. S.*; *Norton, D. P.*: Balanced Scorecard, Boston 1996.

Tobias Bernecker

Visionäre Führung

in Unternehmen dadurch praktiziert, dass →Führungskräfte die →Vision des Unternehmens verinnerlicht haben und diese mit großem Engagement und großer Überzeugungskraft den Mitarbeitern kommunizieren.

Visionäre Führung ist eine spezielle Form der →transformationalen Führung nach *Bass* (1985). Im Gegensatz zur →transaktionalen Führung, bei der die Mitarbeiter durch materielle Ziele (d. h. äußere →Anreize) motiviert (→Motivation) werden, zielt die transformationale Führung darauf ab, die Beschäftigten auf ideelle Ziele (im Fall visionärer Führung: die Vision des Unternehmens) auszurichten. Die Mitarbeiter werden hierbei intrinsisch, das heißt durch die Aufgabe selbst motiviert (Intrinsische Motivation), sich über die Erwartungen hinaus im Unternehmen zu engagieren.

Visionäre Führung entfaltet ihre Kraft, wenn es den Führungskräften gelingt, dass die Vision bei den meisten Mitarbeitern eine individuelle und orientierende Bedeutung erlangt, indem sie als Basis für die Ableitung individueller Ziele dient.

Literatur: *Bass, B.*: Leadership and Performance Beyond Expectations, New York 1985. *Stock-Homburg, R.*: Personalmanagement, Wiesbaden 2008.

Ruth Stock-Homburg

Voice Response Systeme (VRS)

Ausgestaltungsvariante →personalwirtschaftlicher Anwendungssoftware, die darauf abzielt, den Telefonkontakt mit einem Anrufer in automatisierter Form abzuwickeln (syn.: Interactive Voice Response).

Der Anrufer kann den →Dialog mit der Anwendungssoftware über seine Sprache oder über Eingaben auf der Telefontastatur steuern, um so gewisse →Informationen zu erhalten oder gewisse Eingaben zu machen. Voice Response Systeme (VRS) sollen →Personalabteilungen prinzipiell bei der Bearbeitung von Routineanfragen und Routineeingaben entlasten. Sie stellen damit die telefonbasierte Variante eines →Selfservice Systems dar. Während VRS in den USA speziell für Anfragen von Bewerbern und Mitarbeitern durch-

aus üblich sind, finden sich personalwirtschaftliche VRS-Anwendungen in Deutschland eher selten.

Stefan Strohmeier

Volition

fester Wille, ein bestimmtes Ergebnis zu realisieren, der das Handeln zugunsten einer Zielverfolgung steuert.

→Zieltheorie und Selbstwirksamkeitstheorie sind derzeit die zentralen Ansätze der Arbeitsmotivation. Verschiedene Autoren haben in jüngerer Zeit darauf hingewiesen, dass →Motivation eine notwendige, aber keine hinreichende Bedingung darstellt, um das Leistungsverhalten von Individuen zu stimulieren oder zu erklären (*Gollwitzer, Heckhausen* und *Ratajczak* 1990, *Kehr* 2003, *Locke* 1991). Ziele und der Glaube, diese zu erreichen, werden nur wirksam, wenn Individuen ihre Motivation in konkrete Vorsätze übersetzen, →Commitment aufbauen und den Willen entwickeln, diese Vorsätze umzusetzen (*Gollwitzer, Heckhausen* und *Ratajczak* 1990, *Locke* 1991).

Während das Konstrukt Commitment intensiv erforscht wurde, hat das Phänomen Volition in der Managementliteratur bisher wenig Aufmerksamkeit erhalten. Wissenschaftler aus dem Bereich der Psychologie wie auch Managementforscher (*Bruch* und *Ghoshal* 2004) verweisen darauf, dass Schwierigkeiten bei der Zielverfolgung und bei entschlossenem Handeln nicht auf einen Mangel an Motivation oder Commitment zurückzuführen sind, sondern auf unzureichende Volition.

Volitionsforscher weisen ebenfalls darauf hin, dass sich die Motivationsforschung vor allem auf die Intentionsbildung fokussiert, die Probleme der Intentionsverfolgung jedoch vernachlässigt (*Bruch* und *Ghoshal* 2004). →Motivationstheorien sind daher nicht in der Lage, Schwierigkeiten zu erklären, die während der Intentionsumsetzung auftreten. Typische Umsetzungsdefizite, die auch als volitionale Probleme bezeichnet werden, sind Startschwierigkeiten bei der Umsetzung, Procrastination (Zögern, Zaudern), Ablenkungen von der Zielverfolgung, Aufgeben bei Hindernissen, Rückschlägen oder Langzeitzielen und Nicht-Wiederaufnahme von Zielen nach Unterbrechung der Zielverfolgung (*Gollwitzer, Heckhausen* und *Ratajczak* 1990).

Darüber hinaus geben →Motivationstheorien per Definition keine Antwort auf die Frage wie eine Person ein Ziel verfolgt, wenn sie nicht motiviert ist oder wenig motivierende Aktivitäten in Kauf nehmen muss, um ihr Vorhaben umzusetzen wie Beharrlichkeit, Disziplin oder Selbstüberwindung. Die Volitionsforschung untersucht dagegen gezielt wie zielgerichtetes Handeln in Situationen unterstützt wird, in denen die motivationale Basis schwach ist (*Kehr* 2003).

Die Volitionsforschung war Anfang des 20. Jahrhunderts unter anderem eine etablierte Disziplin der Psychologie. Die moderne Psychologie hat das Konstrukt Volition für mehrere Jahrzehnte fast vollständig vernachlässigt, bis unlängst deutsche Psychologen die Ansätze der klassischen Volitionspsychologie wieder aufgriffen (*Kuhl* 1987, *Gollwitzer, Heckhausen* und *Ratajczak* 1990, *Kehr* 2003).

Zwei wesentliche *Ansätze* der Volitionsforschung haben sich heraus gebildet:

1. *Konfliktorientierte Ansätze*: Eine Gruppe von Forschern definieren Volition als Selbststeuerungsmechanismus, der die Verfolgung von Intentionen trotz innerer psychischer Barrieren ermöglicht (*Kuhl* 1987, *Kehr* 2003). Das heißt, Willenskraft ermöglicht es, eine Intention zu verfolgen, selbst wenn die Umsetzung durch schwache Motivation oder andere innere Konflikte bedroht ist, zum Beispiel in Form von konfliktären Zielen, anderen motivationalen Versuchungen, handlungsbeeinträchtigenden Emotionen (→Aktionstheorie der Motivation) wie Angst, →Frustration oder Langeweile und verspäteter Belohnung (→Belohnung und Bestrafung). Volition werden hier zwei Funktionen zugesprochen: erstens die Verstärkung der gewünschten, aber motivational schwach unterstützten Absichten und zweitens die Unterdrückung unerwünschter Verhaltensimpulse wie Ablenkungen, anderer Versuchung oder Unlust (*Kehr* 2003). Der bedeutendste Ansatz im Bereich der konfliktorientierten Volitionsforschung liegt mit *Kuhl* (1987) Modell der Handlungskontrolle vor. Die Willensstärke wird hier durch das Ausmaß beschrieben, in dem eine Person volitionale Strategien der Selbstregulation einsetzt, welche die Aufmerksamkeit, Emotion und Motivation so steuern, dass die Zielverfolgung gegen störende Einflüsse abgeschirmt wird.

2. *Prozessansätze der Volition*: Die zweite Forschungsrichtung stellt die Unterschiede zwischen Motivations- und Volitionszuständen ins Zentrum (*Gollwitzer, Heckhausen* und *Ratajczak* 1990). Demnach sind motivationale Zustände mit der Intentionsbildung und dem Abwägen von Alternativen sowie einer relativ unvoreingenommenen Beurteilung und Informationsaufnahme verbunden. Dementsprechend hat die Person im Zustand der Motivation keine abschließende Entscheidung getroffen, ein Vorhaben umzusetzen. Motivation ist eher ein vergleichsweise oberflächliches Bedürfnis (→Motiv) etwas zu tun. Ein vollständiges Commitment liegt nicht vor (*Ghoshal* und *Bruch* 2003). Volitionale Zustände sind dagegen mit der Intentionsumsetzung verbunden und beinhalten eine selektive Wahrnehmung und verzerrte Beurteilung zugunsten der Intention sowie eine gedankliche Fokussierung auf Implementierungsfragen (→Implementierung). Volition geht damit einen entscheidenden Schritt weiter als Motivation; die Person hat sich entschieden, ein bestimmtes Vorhaben umzusetzen. Zweifel, ob sie eine bestimmte Intention verfolgen will, sind nicht mehr vorhanden. Die einzige verbleibende Frage ist: „Wie kann ich das Vorhaben verwirklichen?" (*Ghoshal* und *Bruch* 2003).

Ein bekanntes Modell der Phasen-Ansätze der Volition ist das Rubikon-Modell von *Heckhausen* und *Gollwitzer* (1987) (Abbildung 1), das den Ablauf vom Wunsch zur Realisierung von Zielen beschreibt.

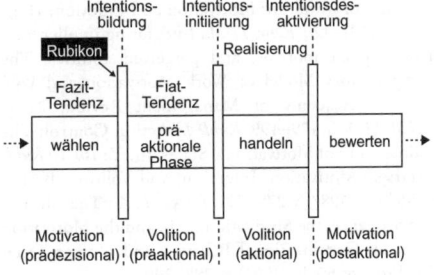

Abbildung 1: Das Rubikon Modell (*Heckhausen/Gollwitzer* 1987)

Willenskraft ist nicht für alle Arten von Aufgaben oder Zielen erforderlich; kurzfristige, leichte Aufgaben genauso wie Routinetätigkeiten und Zielumsetzungen, bei der wenig Ablenkung vorherrscht, erfordern in der Regel keine Willenskraft. Für Manageraufgaben ist Volition hingegen elementar. Angesichts typischer Merkmale von Managerarbeit können →Führungskräfte ihre Ziele und strategischen Vorhaben nur mit Willenskraft erreichen. Manager haben in der Regel bei ihrer →Arbeit mit hoch fragmentierten Aufgaben, einer Vielzahl an Unterbrechungen und unvorhergesehenen Anforderungen sowie einem hohen Anteil langfristiger, komplexer und innovativer Ziele zu tun. Ohne Willenskraft werden sie zwar Routinetätigkeiten nachgehen, auf Anfragen reagieren und einfache Probleme lösen können; nicht hingegen entscheidende Dinge bewegen und auch langfristige Vorhaben erfolgreich umsetzen (*Ghoshal* und *Bruch* 2003). Manageraufgaben sind prädestiniert für volitionale Probleme, die mit Motivation allein nicht überwunden werden können.

Großzahlige *empirische Untersuchungen* in verschiedenen Unternehmen zeigen in Übereinstimmung mit theoretischen Annahmen, dass die Willenskraft von Managern maßgeblich mit Leistung und Erfolg verbunden ist (*Bruch* und *Ghoshal* 2004). Die Untersuchungen zeigen weiterhin, dass Willenskraft keine generelle Persönlichkeitseigenschaft ist, sondern systematisch entwickelt und gefördert werden kann.

Literatur: *Bruch, H.; Ghoshal, S.*: Bias for Action. How Managers Can Harness the Power of Their Will, Boston 2004. *Ghoshal, S.; Bruch, H.*: Going Beyond Motivation to the Power of Volition, in: Sloan Management Review, 44. Jg. (2003), H. 3, S. 51–59. *Gollwitzer, P. M.; Heckhausen, H.; Ratajczak, H.*: From Weighing to Willing: Approaching a Change Decision Through Pre- or Postdecisional Mentation, in: Organizational Behavior and Human Decision Processes, 45. Jg. (1990), S. 41–65. *Heckhausen, H.; Gollwitzer, P. M.*: Thought Content and Cognitive Functioning in Motivational Versus Volitional States of Mind, in: Motivation and Emotion, 11. Jg. (1987), S. 101–120. *Kehr, H. M.*: Integrating implicit motives, explicit motives, and perceived abilities: The Compensatory Model of Work Motivation and Volition, in: Academy of Management Review, 29. Jg. (2003), H. 3, S. 479–499. *Kuhl, J.*: Action Control: The Maintenance of Motivational States, in: *Halish, F.; Kuhl, J.* (Hrsg.): Motivation, Intention, and Volition, Berlin, Heidelberg 1987, S. 279–291. *Locke, E. A.*: The Motivation Sequence, the Motivation Hub, and the Motivation Core, in: Organizational Behavior and Human Decision Process, 50. Jg. (1991), S. 288–299

Heike Bruch

Vollkostenrechnung

Verfahren der →Kostenrechnung, bei dem sämtliche Kosten auf entsprechende Bezugsobjekte, Kostenstellen beziehungsweise Kostenträger aufgeteilt werden und damit Unterstützung der Planungs-, Steuerungs- und Kontrollaufgaben im Unternehmen.

Aufgrund der mangelnden Zurechnungsmöglichkeit der →Gemeinkosten auf ein konkretes Objekt kann prinzipiell keine verursachungsgerechte Kostenermittlung erfolgen (*Ewert* und *Wagenhofer* 2002).

Literatur: *Ewert, R.; Wagenhofer, A.*: Interne Unternehmensrechnung, 5. Aufl., Berlin 2002.

Silvia Föhr

Vollzeitarbeit

→Arbeitnehmer arbeitet die volle – meist tarifvertraglich (→Tarifvertrag) festgelegte – regelmäßige →Arbeitszeit (Regelarbeitszeit), wobei sich der Umfang der Vollzeitarbeit in den letzten Jahren erheblich reduziert hat.

Vollzeitkraft →Full-Time Equivalent (FTE)

Vorgabezeit

setzt den tatsächlichen Zeitbedarf einer Tätigkeit fest.

Die Vorgabezeit setzt sich zusammen aus der statistischen Normalzeit (→Grundzeit), dem Erholungsfaktor (→Erholung) und der →Verteilzeit. Aus der Summe der Vorgabezeiten lässt sich der quantitative Personalbedarf, zum Beispiel für einen Auftrag, bestimmen (→Auftragszeit).

Désirée H. Ladwig

Vorgesetztenbeurteilung

besondere Form der →Personalbeurteilung, bei der die Mitarbeiter ihre direkte Führungskraft in Bezug auf seine Arbeits- und Führungsleistungen oder Fähigkeiten und Kenntnisse (→Qualifikation) beschreiben und nach vorgegebenen Kriterien – in der Regel im Rahmen eines formalisierten Prozedere – beurteilen (syn.: Aufwärtsbeurteilung).

Die Vorgesetztenbeurteilung ist für Unternehmen bedeutsam, da sie eine spezifische Perspektive der Einschätzung von Wirkungen des Verhaltens der Führungskraft enthält, die wichtige Hinweise für die Beurteilung der Führungsqualität und -effizienz liefern kann.

Zu den wichtigsten *Funktionen* zählen
– das →Feedback an die Führungskraft,

- die Verbesserung der Qualität der Führungsbeziehung durch Förderung der Bereitschaft der Führungskraft zur Änderung des →Führungsverhaltens sowie

- die Beteiligung der Mitarbeiter an der Gestaltung der Führungsbeziehung.

Je nach Art der Weitergabe erscheint die Nutzung der Informationen auf zwei verschiedene Weisen möglich: Zum einen werden die Ergebnisse direkt an die Führungskraft weitergegeben. In diesem Fall bleibt es ihm überlassen, welches Gewicht er den Urteilen seiner Mitarbeiter beimisst, und welche Konsequenzen er zu ergreifen bereit ist. Zum anderen gelangt die Information an andere Stellen (bzw. Personalabteilung, externe Berater) oder an die direkte Führungskraft des zu Beurteilenden, wobei es den Rezipienten der Beurteilung überlassen bleibt, mögliche Konsequenzen (z. B. Beratungsgespräche, →Personalentwicklung, →Beförderung, →Versetzung, Entgeltveränderungen) einzuleiten.

Wenn die Beurteiler mit ihrer Beurteilung aber keine direkten Möglichkeiten besitzen, einem Veränderungsanspruch Nachdruck zu verleihen, wird das hierarchische Prinzip von Beurteilung nicht in Frage gestellt. Die Vorgesetztenbeurteilung kann daher als Element eines partizipativ-kooperativen Führungskonzeptes erachtet werden und ist – im Verbund mit anderen Verfahren der Personalbeurteilung – Bestandteil des Anreizsystems. Dabei sind mögliche Widerstände seitens der Mitarbeiter und Führungskräfte zu beachten. Die Akzeptanz der Vorgesetztenbeurteilung kann erhöht werden, wenn die Betroffenen umfassend über die beabsichtigten Aufgaben und Funktionen informiert werden, die Chancen der Verbesserung von Führungsbeziehungen erläutert werden, Schulungen zur Erhöhung der Beurteilungsfähigkeit durchgeführt werden, Mitarbeiter nicht mit nachteiligen Konsequenzen zu rechnen haben, die sich aus dem hierarchischen Abhängigkeitsverhältnis ergeben könnten und Führungskräfte darin unterstützt werden, Beurteilungen angemessen aufzunehmen und erfolgreiche Gespräche zur Auswertung mit ihren Mitarbeitern zu führen.

Grundsätzlich ist anzunehmen, dass Vorgesetztenbeurteilung bei eher partizipativ führenden Führungskräften – aufgrund ihrer Aufgeschlossenheit für die Ansichten der Mitarbeiter – eine Verbesserung ihres Führungsverhaltens bewirken wird, während bei eher autoritär führenden Führungskräften – aufgrund des Mangels an hierarchieerzeugter Verbindlichkeit – ablehnende Reaktionen zu erwarten sind. Dies verdeutlicht das Dilemma, dass Vorgesetztenbeurteilung dort am schwierigsten zu praktizieren ist, wo die Erreichung der mit ihr angestrebten Ziele am dringendsten erscheint.

Literatur: *Bernardin, H.J.; Beatty, R.W.:* Can Subordinate Appraisals Enhance Managerial Productivity?, in: Sloan Management Review, 28. Jg. (1987), H. 4, S. 63–73. *Domsch, M.E.:* Vorgesetztenbeurteilung, in: *von Rosenstiel, L.; Regnet, E.; Domsch, M.E.* (Hrsg.): Führung von Mitarbeitern, 4. Aufl., Stuttgart 1999, S. 491–502. *Reinecke, P.:* Vorgesetztenbeurteilung. Ein Instrument partizipativer Führung und Organisationsentwicklung, Köln etc. 1983.

Jürgen Grieger

Vorruhestand

→Pensionierung vor Erreichen jener Altersgrenze, die der Gesetzgeber für den Bezug der Rente beziehungsweise Pension definiert (engl.: Early Rehrement).

Da die Altersgrenze für die Renten und Pensionen in Stufen auf die Vollendung des 67. Lebensjahres angehoben wird, ändert sich die Rechtslage jährlich.

Wer vorzeitig Rente beziehen muss oder will, muss pro Monat vorgezogener Rente einen Abschlag von 0,3 % auf den Rentenanspruch hinnehmen. Voraussetzung für den vorgezogenen Rentenbezug ist nach § 36 des Sechsten Buchs des Sozialgesetzbuchs, dass die Betreffenden das 62. Lebensjahr vollendet haben und eine Wartezeit von 35 Jahren nachweisen können. Für schwerbehinderte Menschen und Bergleute gelten die Sonderregelungen der §§ 37 ff. des Sechsten Buchs des Sozialgesetzbuchs.

Das eigentlich für Zwecke der gleitenden Pensionierung gedachte Altersteilzeitgesetz (→Altersteilzeit) bietet eine weitere Möglichkeit: Demnach können →Arbeitnehmer ab Vollendung des 55. Lebensjahrs in eine Phase reduzierter wöchentlicher →Arbeitszeit eintreten oder sogar vorerst weiter in Vollzeit arbeiten, um dann später – als rechtlich vollwertiger Arbeitnehmer, aber im →Ruhestandsverhältnis – die Arbeitszeit auf Null zu senken.

Für alle anderen denkbaren rechtlichen Ausgestaltungen, etwa über einen →Aufhebungsvertrag mit Arbeitnehmern, die das 55. Lebensjahr vollendet haben, oder Phasen der →Arbeitslosigkeit, ist Vorsicht geboten. Der →Arbeitgeber muss dabei bedenken, ob er die Bedingungen erfüllt, unter denen die ansonsten obligatorische Erstattungspflicht des Arbeitslosengeldes und der Sozialversicherungsbeiträge nach § 147 a des Dritten Buchs des Sozialgesetzbuchs ganz oder teilweise entfällt.

Ferner müssen die Betroffenen oft durch das Angebot eines teilweisen Ausgleichs der Einkommensnachteile, die beispielsweise durch ein reduziertes Nettoentgelt, eine reduzierte vorgezogene Rente oder das Arbeitslosengeld entstehen, vom Vorruhestand überzeugt werden.

Literatur: *Bröckermann, R.*: Personalwirtschaft, 4. Aufl., Stuttgart 2007, S. 205 und S. 525.

Reiner Bröckermann

Vorstellungsgespräch

letzte Stufe der →Auswahlverfahren, bei der die Bewerber zu einem persönlichen Gespräch eingeladen werden damit das Unternehmen einen Eindruck von dem potenziellen Mitarbeiter erlangen kann.

Das Vorstellungsgespräch ist den →Screening-Strategien der Auswahlverfahren im Rahmen der →Personalbeschaffung zuzurechnen. In der betrieblichen Praxis stellt es einen elementaren Bestandteil der →Personalauswahl dar. Vorstellungsgespräche erfüllen dabei eine Informationsfunktion sowohl aus Sicht des Unternehmens als auch des Bewerbers. Sie bieten dem Bewerber die Möglichkeit, offene Fragen hinsichtlich der zu besetzenden →Stelle, dem Unternehmen allgemein sowie zu den Rahmenbedingungen einer eventuellen Beschäftigung (z. B. Gehalt, →Urlaub oder →Arbeitszeit) zu klären. Dem Unternehmen bietet sich die Möglichkeit, sich ein Bild von der Erscheinung und der Persönlichkeit des Bewerbers zu machen. Damit erhofft sich das Unternehmen eine Prognose zukünftigen Ausdrucks-, Leistungs- und Sozialverhaltens.

Unter dem Gesichtspunkt der Testgütekriterien (→Gütekriterien) sind Vorstellungsgespräche vor allem hinsichtlich der →Objektivität kritisch zu beurteilen. Diesbezüglich ist zu berücksichtigen, dass der Beurteilende Phänomenen der Wahrnehmungsverzerrung unterliegt. So kann es zum Beispiel sein, dass der erste oder letzte vom Bewerber im Gespräch vermittelte Eindruck besonders stark gewertet wird (*Primacy-Recency-Effekt*), bei einzelnen Merkmalen (z. B. Kleidung) das Auftreten anderer Merkmale des Bewerbers automatisch unterstellt wird (*Stereotypenbildung*) oder bestimmte, besonders auffällige Merkmale andere Merkmale quasi überdecken (*Halo-Effekt*; →Beurteilungsfehler).

Weiterhin kann das Verhalten (→Behaviorismus) der Beteiligten problematisch sein: So müssen die vom Bewerber erteilten Auskünfte nicht mit dessen tatsächlichen Ansichten kongruent sein. Sie können vielmehr dem entsprechen, was der Bewerber glaubt äußern zu müssen, um den Erwartungen des Unternehmens zu entsprechen.

Der Interviewer kann zudem durchaus eigene Absichten verfolgen, die nicht denen des Unternehmens entsprechen. Ist der Interviewer die zukünftige →Führungskraft des Bewerbers, so kann er zum Beispiel eine Einstellung des objektiv geeignetsten Bewerbers verhindern, wenn er zukünftige Konkurrenz fürchtet. Zudem können persönliche Sympathien und Antipathien für die Beurteilung des Bewerbers ausschlaggebend sein. In diesem Kontext kann sich der Beurteiler für eine Einstellung des Bewerbers aussprechen, der eine große Ähnlichkeit mit der eigenen Person hinsichtlich Ansichten, Einstellungen und äußerer Erscheinung aufweist. Dies kann zum Effekt des „Klonens" einer Belegschaft führen.

Zur Gewährleistung einer zumindest ausreichenden Objektivität des Vorstellungsgesprächs ist es sinnvoll, einerseits eine strukturierte und standardisierte Gesprächsführung an Stelle eines freien Gesprächs festzulegen, andererseits empfiehlt sich eine Teilnahme mehrerer Beurteiler am Gespräch.

Literatur: *Berthel, J.*: Personalmanagement, 6. Aufl., Stuttgart 2000. *Finzer, P.*; *Mungenast, M.*: Personalauswahl, in: *Gaugler, E.*; *Weber, W.* (Hrsg.): Handwörterbuch des Personalwesens, 2. Aufl., Stuttgart 1991, Sp. 1583–1596.

Thomas Bürkle

Vorurteile

verfestigte, als gültig erachtete und emotional geladene Vorannahmen, die aus sozialen →Stereotypen oder aus individuellen Erfahrungen oder Vorstellungen entspringen.

Einzelnen Personen werden Attribute derjenigen sozialen →Gruppen zugeschrieben, denen sie zugeordnet werden. Damit sind Auf- oder Abwertungen verbunden (positive oder negative Vorurteile). Insofern vereinen Vorurteile komplexe Kombinationen aus Einstellungs-, Bewertungs- und Wahrnehmungsmustern.

Vorurteile wirken nach *Layes* (2003) durch die mit ihnen verbundene Komplexitätsreduktion entlastend für deren Träger und bieten Orientierung. Sie grenzen negativ belastete Außengruppen (Out-Group) ab und verstärken das Zusammengehörigkeitsgefühl der Innengruppe (In-Group), wie *Tajfel* (1982) bemerkt. Sie wehren intrapersonelle →Konflikte, Schuldgefühle und Selbstkritik ab, indem „Anderssein" nach außen verlegt und abgewertet wird. Durch ihre *Werteblandenheit* können Vorurteile noch stärker als Stereotype zu Spannungen und Konflikten zwischen sozialen Gruppen und zu Diskriminierung führen, da ein feindliches oder abwertendes Verhalten durch die emotionale Komponente Energie erhält und durch die Aufwertung der eigenen Gruppe beziehungsweise die Abwertung der „Anderen" gerechtfertigt werden kann (→Minoritäten).

Vorurteile können in Konflikten mit Kontrahenten, die mit geringerer Macht ausgestattet sind, gewalteskalierend wirken und haben nicht nur im Unternehmen, sondern auch auf der gesellschaftlichen Ebene hohe Relevanz (Ausländerfeindlichkeit, Diskriminierung von Frauen, →sexuelle Belästigung, Diskriminierung von Behinderten und Diskriminierung aufgrund der sexuellen Orientierung).

Im →Personalmanagement können Vorurteile zu Beobachtungsfehlern (→Beobachtung) bei der Personalrekrutierung (→Personalbeschaffung) und der →Personalbeurteilung sowie zu Fehlverhalten in der Führung (→Mitarbeiterführung) und der Personalförderung führen, wenn Individuen fälschlicherweise eine bestimmte (überhöhte oder unterschätzte) Leistungsfähigkeit oder →Leistungsbereitschaft attribuiert wird oder ihre tatsächliche Leistung im Sinne des positiven oder negativen Vorurteils interpretiert und dadurch fehlbewertet wird.

Vorurteile lassen sich nicht durch kognitive (z. B. Argumentation, Belehrung) oder emotionale Prozesse alleine aufbrechen. Als institutionalisierte Täuschungsmuster können sie Lernprozesse ver- oder behindern und sind durch neue Erfahrungen (bspw. persönlichen Kontakt zu Mitgliedern einer zuvor fremden, mit Vorurteilen belasteten Gruppe) häufig nicht korrigierbar, da diese Erfahrungen selektiv wahrgenommen oder im Sinne des Vorurteils interpretiert werden. Bearbeitet und abgebaut werden können Vorurteile nach *Thomas* (2005) nur in einem mehrdimensionalen Vorgehen, das Erfahrungen sowie deren rationale und emotionale Verarbeitung integriert und sich in einem förderlichen organisatorischen und gesellschaftlichen Rahmen abspielt, in welchem Vorurteile nicht etwa (unterschwellig) geschürt, sondern benannt und kritisch hinterfragt werden.

Literatur: *Layes, G.*: Interkulturelles Identitätsmanagement, in: *Thomas, A. et al.* (Hrsg.): Handbuch interkulturelle Kommunikation und Kooperation, Bd.1, Göttingen 2003, S. 117–125. *Tajfel, H.*: Gruppenkonflikte und Vorurteile, Bern 1982. *Tajfel, H.*: Social Identity and Intergroup Relations, Cambridge 1982. *Thomas, A.*: Interkulturelle Begegnung und Vorurteilsbildung, in: Psychologische Beiträge, 35. Jg. (1993), S. 210–224. *Thomas, A.*: Intercultural Competence: An Action- and Learning-Theoretical Concept, in: D.V. 1st International Conference on Intercultural Communication Competence, Singapore 2005.

Katrin Hansen

Vorwärtswechsel

Schichtfolge (→Schichtarbeit), bei der auf eine Frühschicht die Spätschicht und dann die Nachtschicht folgen (syn.: vorwärts rollierende Schicht, Vorwärtsrotation).

W

Wachstumsbedürfnis →ERG-Theorie

Wage Drift

Differenz zwischen dem tariflich vereinbarten Entgelt und dem von den Unternehmen durchschnittlich tatsächlich gezahlten höheren Entgelt (syn.: Lohndrift).

Durch die Ermittlung des Wage Drift ergeben sich Informationen zur Verfügbarkeit beziehungsweise Knappheit von Arbeitskräften, zum Beispiel in bestimmten Qualifikationsarten oder in den regionalen Personalmärkten. Eine hohe oder steigende Lohndrift deutet zum Beispiel auf ein unzureichendes Angebot von Fachkräften oder eine geringe Bereitschaft zur regionalen Mobilität (→Beschäftigungsstabilität) hin. Die Zahlung übertariflicher Entgelte soll →Anreize schaffen, diese Barrieren zu überwinden. Allerdings entsteht dadurch in der Regel das Problem, dass es nach Entspannung der entsprechenden Arbeitsmarktlage (→Arbeitsmarkt) schwierig sein kann, die Lohndrift wieder zu mindern (*Franz* 1999).

Literatur: *Franz, W.*: Arbeitsmarktökonomik, 4. Aufl., Wiesbaden 1999.

Silvia Föhr

Wage Gap

Differenzierung von Löhnen anhand von statistischen Arbeitnehmermerkmalen, wie zum Beispiel →Qualifikation, Zugehörigkeit zu einer Branche oder Region, Geschlecht.

Wage Gap wird mithilfe von Verfahren der empirischen →Arbeitsmarktforschung ermittelt und analysiert.

Silvia Föhr

Wahrheitsgebot

Grundsatz, dass bei der Formulierung von →Arbeitszeugnissen wahrheitsgemäße Inhalte beachtet werden müssen, die aus der Rechtsprechung resultieren.

Wandel

bildet die Reaktion auf einen Veränderungsbedarf und dient als Oberbegriff für mehrere Konzepte und Ansätze wie Diversifikation, Wachstum, Sanierung, M&A (Mergers&Acquisitions), →Internationalisierung oder Innovation.

Beim Wandel handelt es sich sowohl um einen Baustein des →*Change Managements* als auch um ein *generisches Konzept* zur Erfassung der Dynamik. Er findet in der Regel auf *mehreren Ebenen* statt, das heißt er betrifft gleichermaßen Gesellschaft, Unternehmen und Person. Durch den Wandel erfasst werden nach *Reiß* (1997) und *Krüger* (2000) Strukturen, →Strategien, Systeme und Personal. Dabei werden einerseits Oberflächenstrukturen, beispielsweise →Aufbau- und →Ablauforganisation gestaltet. Andererseits sind tief greifende Änderungen Gegenstand des Wandels. Sie machen →Normen und Werte zum Gegenstand der Veränderung.

Auslöser des Wandels ist nach *Staehle* (1999) eine *Krise*, das heißt eine als nachteilig empfundene Systemstörung. Krisen können dabei interne Ursachen, wie Performancedefizite oder externe Ursachen wie das Auftreten neuer Wettbewerber haben. Im Lebenszyklus der →Organisation stehen Krisen für Übergänge zwischen Entwicklungsphasen. Diese Übergänge gelten daher in besonderer Weise als Episoden des Wandels.

Neben der Bezugnahme auf den durch eine Krise induzierten *Wandlungsbedarf* (Veränderungsnotwendigkeit) ist für das erfolgreiche Management des Wandels die Wandlungskompetenz von besonderer Bedeutung. Nach *Krüger* (2000) sind hierfür sowohl *Wandlungsbereitschaft* (Einwilligung der Betroffenen) als auch *Wandlungsfähigkeit* (→Eignung der Betroffenen) zu fördern.

Wichtige *Gestaltungsfelder* der Theorie des Wandels sind der →organisatorische Wandel sowie die →Organisationsdynamik. Wichtigstes *Instrument* zur Gestaltung des Wandels ist das Change Management und dort insbesondere die →Implementierung.

Literatur: *Krüger, W.*: Excellence in Change – Wege zur strategischen Erneuerung, 3. Aufl., Wiesbaden 2000. *Poole, M. S.; et al.*: Organizational Change and Innovation Processes, Oxford, New York 2000. *Reiß, M.*: Aktuelle Konzepte des Wandels, in: *Reiß, M.; von Rosenstiel, L.; Lanz, A.* (Hrsg.): Change Management, Stuttgart 1997, S. 31–90. *Staehle, W. H.:* Management, 8. Aufl., Wiesbaden 1999.

Tobias Bernecker

War for Talents

intensive Konkurrenz von Unternehmen um hoch qualifizierte Nachwuchs- und →Führungskräfte.

Knappheit von Personal mit bestimmten →Qualifikationen ist für Unternehmen keine generell neue Erfahrung, sondern war bereits in den 1950er, 1960er und 1980er Jahren in Teilsegmenten des deutschen →Arbeitsmarkts zu konstatieren. Das Schlagwort „War for Talents" wurde vor wenigen Jahren geprägt von *Ed Michael*, amerikanischer Direktor von McKinsey. Zunehmend mehr Unternehmen erkennen die strategische Bedeutung des Verfügens über hoch qualifizierte und motivierte Fach- und Führungskräfte und dass ein Mangel an solchen Talenten zum Engpassfaktor für die weitere Unternehmensentwicklung werden kann.

Wesentliche *Gründe* für die Knappheit von hoch qualifizierten Nachwuchs- und Führungskräften sind in folgenden Punkten zu sehen:

- Die *demographische Entwicklung* führt nach *Wiedemeyer* (1993) zu einer zunehmenden Überalterung der deutschen Erwerbsbevölkerung (→Erwerbspersonen) und einer Verknappung des Arbeitskräfteangebotes vor allem an jungen Arbeitskräften.

- Gleichzeitig definiert der *strukturelle →Wandel* von der Industriegesellschaft zur Wissens- und Dienstleistungsgesellschaft die Anforderungen an Führungskräfte und Nachwuchskräfte neu und wertet nach Ansicht von *Jung* (1995) vor allem soziale und kreative Fähigkeiten auf. Diese Qualifikationen und Fähigkeiten sowie die physischen und psychischen →Arbeitsanforderungen der Wissens- und Dienstleistungsgesellschaft können die in den Unternehmen vorhandenen Mitarbeiter oftmals nicht oder nur zu hohen Weiterbildungskosten erfüllen.

- In die gleiche Richtung der Entwertung vorhandener Mitarbeiterqualifikationen und der Neudefinition benötigter Mitarbeiterqualifikationen wirkt der *technologische Wandel* (z. B. durch Ausbreitung von EDV und →Internet in Unternehmen).

- Generell ist die *Verfügbarkeit* von hoch qualifizierten Managementtalenten gering. Für →Führungsaufgaben sind nach *Feix* (1991) vor allem praktisch-intellektuelle Fähigkeiten, →soziale Kompetenz und Motivation in Form von ausgeprägtem Leistungs- und Gestaltungswillen erforderlich. Hohe Ausprägungen in allen drei Bereichen gleichzeitig sind selten anzutreffen, insofern ist hohes Managementpotenzial eine besondere Begabung und eine knappe Ressource.

- Ein weiterer Grund ist nach *Jung* (1995) in der →*Internationalisierung* der Märkte und der →*Globalisierung* der deutschen Unternehmen zu sehen, was ebenfalls bestimmte Managementqualifikationen (z. B. →interkulturelle Kompetenz und Auslandserfahrung) in ihrer Bedeutung aufwertet. Auch die Vergrößerung des deutschen Binnenmarktes durch die deutsche Wiedervereinigung und der nachfolgende Aufbau Ost haben zu einer steigenden Nachfrage nach qualifizierten Fach- und Führungskräften beigetragen.

- *Scherm* (1995) führt als weiteren Faktor das nicht an der Arbeitskräftenachfrage der Unternehmen orientierte *Studien- und Berufswahlverhalten* junger Menschen an.

Generell werden nach *Jung* (1995) diejenigen Arbeitsfelder, in denen hohe Qualifikation gefordert ist (z. B. qualifizierte Dienstleistungs- und Führungsfunktionen), in den nächsten Jahren weiter an Bedeutung gewinnen, während einfache Produktionstätigkeiten weiter an Bedeutung verlieren werden. Bei den Qualifikationsanforderungen erwartet *Jung* auch in Zukunft weiterhin steigende Anforderungen, die zudem immer schwerer vorhersagbar sein werden.

Trotz allgemein als hoch empfundener →Arbeitslosigkeit wird das Angebot in bestimmten Teilsegmenten des deutschen Arbeitsmarktes in langfristiger Betrachtung knapp bleiben. Insofern ist *Hentze* (1993, S. 153) Recht zu geben, wenn er konstatiert: „Qualifizierte Mitarbeiter sind nicht nur in Zeiten der Hochkonjunktur knapp."

Literatur: *Hentze, J.:* Personalplanung, in: *Strutz, H.* (Hrsg.): Handbuch Personalmarketing, 2. Aufl., Wiesbaden 1993, S. 153. *Jung, H.:* Personalwirtschaft, München etc. 1995, S. 832–839. *Scherm, E.:* Internationales

Personalmanagement, München etc. 1995. *Wiedemeyer, G. R.*: Mitarbeiterinformation, in: *Strutz, H.* (Hrsg.): Handbuch Personalmarketing, 2. Aufl., Wiesbaden 1993, S. 641.

Wolfgang Burr

Web-Based-Training (WBT)

Aus- und Weiterbildungsaktivitäten, die auf Basis der Internet-Technologie angewandt und optimiert werden.

Damit ist Web-Based-Training also nicht nur auf das →Lernen mithilfe der Web-Technologie beschränkt. Vielmehr bezieht sich der Begriff Web-Based-Training sehr umfassend auf den gesamten Prozess der Weitbildungsaktivitäten. Web-Based-Training beginnt also mit der Veröffentlichung von Informationen über das Kursangebot, beinhaltet die Kursanmeldung sowie das eigentliche interaktive, multimediale Training und ermöglicht Online-Prüfungen sowie eine Verwaltung der Teilnehmer und der angebotenen Kurse. So gesehen handelt es sich beim Web-Based-Training also um weit mehr als nur um eine Weiterentwicklung und Vereinfachung des klassischen →Computer-Based-Training (→CBT-Systeme) (CBT). Web-Based-Training wurde erst durch die verstärkte Nutzung der Internet-Technologie im Personalmanagement möglich.

Gegenüber dem bisher vorherrschenden Computer-Based-Training weist das Web-Based-Training den Vorteil auf, dass es zur Ausführung lediglich herkömmliche Internet-Browser (Microsoft Explorer, Netscape) benötigt. Die Trainingsprogramme an sich nutzen die Internet spezifischen Standards. Physische Datenträger sind nicht notwendig, da die Programme über das Internet beziehungsweise das unternehmensweite →Intranet erhältlich sind. Hierdurch können Web-Based-Training-Anwendungen relativ unabhängig von Ort und Zeit durch beliebig viele Personen genutzt werden. Web-Based-Training ermöglicht somit ein flexibles Lernen je nach individuellem Bedarf. Zudem geht man davon aus, dass über die Internet-Technologie die Inhalte der Trainingsprogramme einfacher und schneller aktualisiert werden können. Darüber hinaus bietet die Internet-Basis das Potenzial zum interaktiven und kommunikationsintensiven Lernen. In die jeweiligen Web-Based-Training-Anwendungen lassen sich Kommunikationsmöglichkeiten (z. B. Electronic Mail oder News Groups) zwischen Lernenden und/oder Lehrenden ohne größeren Aufwand integrieren.

Allerdings gibt es auch einige Einschränkungen: So bestehen auch heute noch Probleme mit der technisch einwandfreien und verzögerungsfreien Übertragung von multimedialen Daten. Zudem verlangt ein erfolgreiches Web-Based-Training den eigenverantwortlichen Umgang des Mitarbeiters mit der eigenen Weiterbildung, die gleichzeitig auch noch den Unternehmenszielen entsprechen sollte. Insgesamt dürfte Web-Based-Training trotz Interaktivität und Multimedialität lediglich eine sinnvolle Erweiterung klassischer Trainingsmethoden (→Training) bleiben. In den letzten Jahren erkennt man aufgrund pädagogischer und didaktischer Überlegungen zunehmend einen Trend zum so genannten →Blended Learning, also einer Mischung von klassischen Trainingsmethoden und neuen web-basierten Trainings.

Literatur: *Blake, C.*; *Gibson, J.W.*; *Blackwell, C.W.*: Web-Based Training: What Supervisors Need to Know, in: Supervision, 64. Jg. (2003), H. 12, S. 3–7. *Schreiber, D. A.*; *Berge, Z. L.*: Distance Training: How Innovative Organizations Are Using Technology to Maximize Learning and Meet Business Objectives, San Francisco, 1998.

Stephan Kaiser

Wechselschicht

Wechsel der Schichten, so dass zum Beispiel auf fünf Tage Frühschicht und Wochenende fünf Tage Spätschicht folgen.

Oftmals wechseln Schichtarbeiter ihre Schichten, es gibt aber auch Schichtarbeiter, die nur für eine Schicht (z. B. →Hausfrauenschicht) eingestellt werden und diese dann nicht wechseln können.

Désirée H. Ladwig

Wegzeiten

unterscheiden sich von Reisezeiten dadurch, dass sie durch räumliche Nähe des Ziels zum rechtmäßigen Arbeitsplatz gekennzeichnet sind und in der Regel – im Gegensatz zu Reisezeiten – nicht als →Arbeitszeiten vergütet werden.

Weg-Ziel-Modell

kognitive →Motivationstheorie wonach eine Person unter verschiedenen Handlungsmöglichkeiten diejenige wählt, die sowohl mit einem attraktiven Ziel (→Motiv) als auch einem sicheren Weg zu diesem Ziel verbunden ist.

Das Weg-Ziel-Modell wird durch die →Erwartungs-Valenz-Theorie unterstützt, die besagt, dass die Leistungsmotivation (→Motivation) nicht nur von den in Aussicht stehenden Belohnungen abhängt, sondern auch davon, ob die betreffende Person glaubt, diese Belohnung (→Belohnung und Bestrafung) auch realistisch erreichen zu können.

Es beruht auf den Arbeiten von *Evans* (1970) und *House* (1971). Danach sollte eine →Führungskraft ihr →Führungsverhalten so ausrichten, dass der Mitarbeiter ein attraktives Ziel vor Augen hat und überzeugt ist, dieses Ziel auf einem gangbaren Weg auch verwirklichen zu können. Die beiden Aspekte einer motivierenden →Mitarbeiterführung werden als Ziel-Komponente und Weg-Komponente bezeichnet. Eine Führungskraft muss also sowohl immer wieder motivierende Ziele setzen als auch realistische Bedingungen zu ihrer Erreichung schaffen. Dabei ist die Schwerpunktsetzung von der →Motivationsstruktur des betreffenden Mitarbeiters abhängig: Wenn der Mitarbeiter durch eine ausgeprägte →Erfolgsmotivation angetrieben wird, so ist für ihn die Attraktivität des Ziels entscheidend. Da die Erfolgserwartung in diesem Fall generell hoch ist, muss die Führungskraft auch kaum Unterstützung für die Weg-Komponente anbieten; es besteht sogar eher die Gefahr, den Mitarbeiter durch eine zu starke Steuerung zu demotivieren (→Demotivation). Ist der Mitarbeiter hingegen vor allem dadurch motiviert, Misserfolg zu vermeiden, so ist die Attraktivität des Ziels gering, wenn eine Führungskraft nicht die Weg-Komponente stärkt. Sie sichert in diesem Fall die →Motivation des Mitarbeiters beispielsweise dadurch, dass sie den Weg der Zielerreichung mit dem Mitarbeiter klärt und ihm nötigenfalls Unterstützung anbietet.

Literatur: *Evans, M. G.*: The Effects of Supervisory Behavior on the Path-Goal Relationship, in: Organizational Behavior and Human Performance, 5. Jg. (1970), S. 277–298. *House, R. J.*: A Path Goal Theory of Leadership Effectiveness, in: Administrative Science Quarterly, 16. Jg. (1971), S. 321–338.

Markus Gmür

Weiterbeschäftigungsanspruch

folgt aus § 102 Abs. 5 BetrVG, wenn der →Arbeitgeber eine ordentliche →Kündigung ausgesprochen hat, der →Betriebsrat der Kündigung frist- und ordnungsgemäß widersprochen hat und der →Arbeitnehmer nach dem KSchG Klage auf Feststellung erhebt, dass das Arbeitsverhältnis (→Beschäftigungsverhältnis) durch die Kündigung nicht aufgelöst worden ist (*Hromadka* und *Maschmann* 2001, § 16 Rn. 588).

Das Arbeitsgericht kann allerdings auf Antrag des Arbeitgebers eine Entbindung gemäß § 102 Abs. 5 Satz 2 BetrVG aussprechen. Neben diesem Weiterbeschäftigungsanspruch gemäß § 102 Abs. 5 BetrVG kann der Arbeitnehmer einen allgemeinen Weiterbeschäftigungsanspruch während des laufenden Kündigungsschutzverfahrens (→Kündigungsschutzprozess) haben. Abzuwägen ist insoweit der Beschäftigungsanspruch des Arbeitnehmers mit etwaigen schutzwürdigen Interessen des Arbeitgebers, die einer Weiterbeschäftigung entgegenstehen können (BAG, Urteile vom 10. 03. 1987, 17. 01. 1991, 12. 02. 1992, AP Nr. 1, 8, 9 zu § 611 BGB Weiterbeschäftigung).

Die Rechtsprechung steht insoweit auf dem Standpunkt, dass nach einem der Klage stattgebenden Urteil erster Instanz sowohl bei der →außerordentlichen als auch bei der ordentlichen Kündigung ein Weiterbeschäftigungsanspruch des Arbeitnehmers bis zum rechtskräftigen Abschluss des Verfahrens besteht. Dieser allgemeine Weiterbeschäftigungsanspruch kann gerichtlich zusammen mit der Klage durchgesetzt werden, wobei sich aus Kostengründen gegebenenfalls ein hilfsweiser Antrag auf Weiterbeschäftigung bis zum rechtskräftigen Abschluss des Verfahrens empfiehlt.

Literatur: *Hromadka, W.; Maschmann, F.*: Arbeitsrecht, Bd. 2, 2. Aufl., Berlin etc. 2001.

Friedrich Meyer

Weiterbildungsmethoden →Personalentwicklungsmethoden

Weiterbildungsträger →Berufliche Weiterbildung

Werksbücherei

offen zugänglicher Publikationsbestand eines Industriebetriebs.

Ursprünglich wurden solche Büchereien nicht nur eingerichtet, um einen Grundbestand an Fachliteratur bereit zu halten, sondern auch mit der Idee der sittlich-moralischen Bildung der Belegschaft. Beide Funktionen sind inzwischen in den Hintergrund getreten, weil die Informations- und Kommunikationstechnologie inzwischen effizientere Formen der Informationsbereitstellung ermöglichen (→Wissensmanagement) und weil die gesellschaftliche Modernisierung den Unternehmen die Legitimation der sittlich-moralischen Erziehung entzogen hat.

Markus Gmür

Werkswohnung

nach § 87 Abs. 1 Ziffer 9 BetrVG zur Verfügung gestellte Wohnräume, die im Zusammenhang mit einer Beschäftigung auf Basis eines gesonderten Mietvertrags überlassen werden.

Die Zuweisung oder Kündigung von Werkswohnungen sind mitbestimmungspflichtig (→Mitbestimmung). Davon zu unterscheiden sind *Werksdienstwohnungen* nach § 565e BGB, die im Rahmen des →Dienstvertrags zum Gebrauch überlassen werden, wie dies traditionell im Bergbau üblich war. Schließlich ist noch die *funktionsgebundene Werkswohnung* zu unterscheiden. Ihre Überlassung ist unmittelbar mit der Arbeitstätigkeit verbunden, wie dies zum Beispiel im Fall von Pförtnerwohnungen der Fall ist. Steuerrechtlich werden Werkswohnungen grundsätzlich als geldwerte und damit steuerpflichtige Vorteile betrachtet, soweit die Miete deutlich unter dem Niveau vergleichbarer Wohnräume auf dem freien Wohnungsmarkt liegt.

Markus Gmür

Werkvertrag

im Bürgerlichen Gesetzbuch (§§ 631–651 BGB) kodifizierte Form des Leistungsaustauschs, bei der sich ein →Unternehmer zur Herstellung eines bestimmten Erfolgs und der Besteller zur Entrichtung einer vereinbarten Vergütung verpflichten.

Werkverträge können Sachwerke (z. B. handwerkliche Leistungen) oder Leistwerke (bspw. einen Haarschnitt) zum Gegenstand haben. Abzugrenzen ist der Werkvertrag von einem →Dienstvertrag, bei dem nicht ein Werk, sondern eine Tätigkeit geschuldet wird. Ein auf Basis eines Werkvertrags tätig werdender Unternehmer ist kein →Arbeitnehmer, das →Arbeitsrecht findet also keine Anwendung. Die Vergabe eines Werkvertrags konstituiert zwar kein →Beschäftigungsverhältnis im engeren Sinn, kann aber als Alternative zu anderen Vertragsformen zur Fremdnutzung menschlicher →Arbeit mit zu den →Beschäftigungsformen gezählt werden.

Axel Haunschild

Wertanalyse

nach DIN 69910 ein strukturiertes System zum Lösen komplexer Probleme, für die keine vordefinierten oder numerischen Lösungen verfügbar sind. Sie beinhalten ein Zusammenwirken von Methodik, Verhalten und Management in interdisziplinären Teams (→Gruppe) mittels einer klaren Vorgehensweise.

Das ursprüngliche von *General Electric* entwickelte Verfahren der *Value Analysis* hat inzwischen große Verbreitung gefunden. Insbesondere bei Maßnahmen im Rahmen des Reengineering und des →Kostenmanagement findet sie häufige Anwendung. Im Rahmen eines strukturierten Prozesses verfolgt sie die Ziele Produktivitätssteigerung, Nutzensteigerung (für Hersteller, Anwender, Allgemeinheit) und Qualitätsverbesserung. Ein Wertanalyse-Projekt läuft in den folgenden sechs Phasen ab:

1. *Vorbereitende Maßnahmen*: Auswahl des Wertanalyse-Objektes, Festlegung der Aufgabe, Quantifizierung des Ziels, Bildung einer Arbeitsgruppe.

2. *Ermittlung des Ist-Zustand*: →Informationen beschaffen, Objekt beschreiben, Funktionen beschreiben, Funktionskosten ermitteln.

3. *Überprüfung der bisher gewonnenen Aussagen*: Prüfung der Funktionserfüllung, Prüfung der ermittelten Kosten, Prüfung der Notwendigkeit von Funktionen und Kosten, Festlegung der Soll-Funktion.

4. *Sammlung von Lösungsansätzen*.

5. *Prüfung der Lösungen*: Auf sachliche Durchführbarkeit und Wirtschaftlichkeit.

6. *Abschluss des Projektauftrages*: Bewertung und Gegenüberstellung der Lösungsansätze nach Kosten Ergebnis und Zeitaufwand, Auswahl und Empfehlung einer Lösung durch das Team, Verwirklichung der vorgeschlagenen Lösung.

Durch die Wertanalyse lassen sich erhebliche Kosteneinsparungen und Leistungsverbesserung realisieren, da überflüssige Funktionen des Produkts eliminiert werden. Zentral ist die notwendige Freisetzung von →Kreativität und die interdisziplinäre Zusammensetzung des Projektteams.

Klaus Möller

Werte und Wertewandel

Vorstellungen, die in der Gesellschaft als wünschenswert, sinnvoll und wichtig anerkannt sind – und zwar mit Blickrichtung auf das eigene Leben wie auch in Bezug auf die Gesellschaft, in der wir leben.

Werte sind mit *Strümpel* und *Scholz-Ligma* (1992, Sp. 2338) definierbar als „Leitbilder für ein gutes Leben oder eine erstrebenswerte Gesellschaft".

Diese doppelte Ausrichtung der Werte (→Normen und Werte) spiegelt sich auch in einer von *Rokeach* (1973), empirisch ermittelten und in Übersicht 1 dargestellten Liste von Terminal- beziehungsweise „höchsten" Werten wider, die von einer überwiegenden Mehrheit der Bevölkerung geteilt werden. Die hohe Bedeutung, die Werten generell beizumessen ist, erklärt sich zum einen dadurch, dass sie eine wichtige Orientierung für das individuelle Verhalten abgeben und einen wesentlichen Bestandteil der persönlichen →Motivation ausmachen; sie besteht zum anderen aber auch in der sozial integrierenden, gleichsam kulturbildenden Kraft der Werte (Stichwort „Wertegemeinschaften"), die sich nach *Hillmann* (2001) gleichermaßen auf →Gruppen, etwa →Organisationskulturen, als auch auf Gesellschaften, etwa Landeskulturen, bezieht.

Das Phänomen eines in kurzer Zeit sehr tief greifenden und verschiedenste gesellschaftliche Bereiche – zum Beispiel Politik, Familie, Religion, →Arbeit, Konsum, Freizeit (→Arbeitszeit und Freizeit) – betreffenden *Wertewandels* wurde Mitte der 1960er erstmals beobachtet und wird seither im Rahmen einer speziellen *Wertewandelforschung* empirisch untersucht und diskutiert. Als wichtigste Ursache für den beobachteten Wandel der Werte gilt dabei die Entwicklung der westlichen Gesellschaften nach dem Zweiten Weltkrieg, die sich mittels der Begriffe Demokratisierung, Massenwohlstand, Sozialstaatlichkeit, Bildungs- sowie Medienrevolution ansatzweise beschreiben lässt und die den Menschen innerhalb weniger Jahrzehnte von einer unsicheren Mangelgesellschaft in eine stabile Wohlstandsgesellschaft überführte.

Übersicht 1: Terminal- beziehungsweise „höchste" Werte des Menschen (*Rokeach* 1973)

- das Gefühl, etwas erreicht zu haben
- ein angenehmes Leben
- ein aufregendes Leben
- eine friedliche Welt
- Freiheit
- Genuss
- gesellschaftliche Anerkennung
- Gleichheit
- Glück
- innere Harmonie
- Selbstachtung
- Sicherheit für die Familie
- staatliche Sicherheit
- wahre Freundschaft
- Weisheit

Infolge dieser „stillen Revolution" vollzog sich gemäß *Inglehart* (1977) ein Wertewandel, der sich prägnant als Abnahme von *materialistischen Werten* (z. B. Befriedigung der körperlichen Bedürfnisse, wirtschaftliche Stabilität, Ruhe und Ordnung in Staat und Gesellschaft) und als Zunahme von *postmaterialistischen Werten* (z. B. Befriedigung geistiger, schöpferischer, ästhetischer, kontemplativer und sozialer Bedürfnisse, Mitspracherechte, Meinungsfreiheit, Naturschutz) umschreiben lässt. In einer anderen, ebenfalls überaus prägnanten und in Übersicht 2 illustrierten Interpretation bezeichnet *Klages* (1984, S. 18) den Wertewandel als „Wandel von Pflicht- und Akzeptanzwerten zu Selbstentfaltungswerten", wobei er – im Gegensatz zu *Inglehart* – keinen Werteumbruch, sondern eine Wertesynthese diagnostiziert, der zufolge die Bedeutungszunahme der neuen Werte keinen Bedeutungsverlust der alten Werte bedingt.

Von besonderem analytischen wie prognostischen Interesse erscheint bei alledem die Frage, mit welcher Dynamik sich der Wertewandel entwickelt hat und wie er sich weiter entwickeln wird. Diesbezüglich ist mit *Duncker* (2000, S. 22) „ein ernsthaftes Defizit der aktuellen Werteforschung" festzustellen; denn es gilt derzeit lediglich als gesichert, dass der Wertewandel offensichtlich keinen linearen Verlauf nimmt, sondern eher ungleichmäßig, schubartig, wellenförmig oder zyklisch verläuft – wobei längst auch gegenläufige Tendenzen festzustellen sind, wie *Hammes* (2002) betont. In diesem Sinne konstatiert bereits *Klages* (1986), dass es im Grunde unmöglich sei vorherzusehen, ob und wann sich ein

Wertewandelschub einstellt, und in welche Richtung er dann verlaufen wird. Die weitere Zukunft unserer Werte ist so gesehen als sehr offen anzusehen.

Übersicht 2: Wertewandel als „Wandel von Pflicht- und Akzeptanzwerten zu Selbstentfaltungswerten" (*Klages* 1984, S. 18)

Selbstzwang und -kontrolle (Pflicht und Akzeptanz)	Selbstentfaltung
→ Bezug auf die Gesellschaft	
Disziplin Gehorsam Pflichterfüllung Treue Unterordnung Fleiß Bescheidenheit	idealistische Gesellschaftskritik Emanzipation von Autoritäten Gleichbehandlung Demokratie Partizipation Autonomie
→ Bezug auf das individuelle Selbst	
Selbstbeherrschung Pünktlichkeit Anpassungsbereitschaft Fügsamkeit Enthaltsamkeit	Hedonismus Genuss Abenteuer Spannung Abwechslung Ausleben emotionaler Bedürfnisse Individualismus Kreativität Spontaneität Selbstverwirklichung Ungebundenheit Eigenständigkeit

Betrachtet man den speziellen und für das →Personalmanagement besonders wichtigen Aspekt des Wandels der Arbeitswerte vor diesem Hintergrund, so lassen sich folgende Aussagen treffen:

- Auskunft über die Arbeitswerte einer Gesellschaft gibt zum einen die Bewertung der Erwerbsarbeit im Kontext des gesamten Lebenszusammenhangs (*Arbeitsethik*). Der vermutlich verlässlichste Indikator hierfür ist die seit Jahrzehnten vom *Allensbacher Institut für Demoskopie* (*Noelle-Neumann* und *Köcher* 1992, 1997) durchgeführte →Befragung darüber, ob das Leben in erster Linie als Aufgabe („Leistungsorientierung") oder als Genuss („Genussorientierung") angesehen wird. Der Wert für die Leistungsorientierung ist dabei in der Gesamtauswertung von 60 % im Jahre 1964 auf 43 % im Jahre 1992 gesunken, wohingegen er für die Genussorientierung im selben Zeitraum von 28 % auf 37 % stieg. Bei der für die zukünftige Werteentwicklung besonders bedeutsamen Gruppierung der unter 30-jährigen hat sich die Leistungsorientierung im angegebenen Zeitraum sogar halbiert (1964: 52 %; 1992: 26 %), während die Genussorientierung entsprechend zunahm (1964: 33 %; 1992: 52 %). Diese Ergebnisse verweisen auf einen über lange Zeit klaren *Bedeutungsverlust der Erwerbsarbeit* – der sich seit Mitte der 1990er allerdings spürbar relativiert, wie *Bubeck* und *Bubeck* (2001) feststellen.

- Auskunft über die Arbeitswerte einer Gesellschaft geben zum anderen aber auch die Ansprüche und Erwartungen, die der Einzelne an die Erwerbsarbeit stellt (→*Arbeitszufriedenheit*). Diesbezüglich war nach *Strümpel* und *Scholz-Ligma* (1992) über lange Zeit ein Bedeutungszuwachs postmaterialistischer Bedürfnisse festzustellen, so beispielsweise der Wunsch nach häufigen und guten sozialen Kontakten, interessanten, abwechslungsreichen und verantwortungsvollen Tätigkeiten oder ausgeprägten Mitsprachemöglichkeiten am Arbeitsplatz. Materialistische Bedürfnisse wie eine hohes Einkommen oder schnelle Aufstiegsmöglichkeiten verzeichneten während dessen eine deutliche Bedeutungsabnahme. Mit Beginn der 1990er ist *Bubeck* und *Bubeck* (2001) zufolge gleichwohl auch hier – und vor allem bei der jüngeren Generation – eine Trendwende zu verzeichnen, der zufolge den traditionellen Arbeitswerten wie Arbeitsbereitschaft, Leistungs- und →Erfolgsorientierung sowie Pflichtbewusstsein eine wieder stärkere Bedeutung beigemessen wird.

Hinterlegt man diese Befunde mit der These von *Inglehart* (1977), wonach der Wertewandel wesentlich durch den Übergang der unsicheren Mangelgesellschaft in eine stabile Wohlstandsgesellschaft ausgelöst wurde, dann kann für den Bereich der Arbeitswerte im Umkehrschluss gefolgert werden, dass die zunehmende Instabilität der Arbeitsgesellschaft eine zunehmende Rückorientierung auf materialistische Werthaltungen begründet.

Literatur: *Bubeck, M.; Bubeck, P.*: Die Erwerbsarbeit – und was wir von ihr erwarten, in: Sozialwissenschaftliche Informationen, 30. Jg. (2001), H. 4, S. 72–77. *Duncker, C.*: Verlust der Werte?, Wiesbaden 2000. *Hammes, Y.*: Wertewandel seit der Mitte des 20. Jahrhunderts in

Wertkette

Deutschland, Frankfurt a. M. 2002. *Hillmann, K.-H.*: Zur Wertewandelforschung: Einführung, Übersicht und Ausblick, in: *Oesterdiekhoff, G.W.; Jegelka, N.* (Hrsg.): Werte und Wertewandel in westlichen Gesellschaften, Opladen 2001, S. 15–39. *Inglehart, R.*: The Silent Revolution, Princeton 1977. *Klages, H.*: Wertorientierungen im Wandel, Frankfurt a. M. etc. 1984. *Klages, H.*: Wertwandel in der Bundesrepublik: Ideologie und Realität, in: *Waigel, T.; Eisenmann, P.* (Hrsg.): Wertewandel in Staat und Gesellschaft, Rosenheim 1986. *Noelle-Neumann, E.; Köcher, R.* (Hrsg.): Allensbacher Jahrbuch der Demoskopie, Bd. 9, Allensbach etc. 1992. *Noelle-Neumann, E.; Köcher, R.* (Hrsg.): Allensbacher Jahrbuch der Demoskopie, Bd. 10, Allensbach etc. 1997. *Rokeach, M.*: The Nature of Human Values, New York 1973. *Strümpel, B; Scholz-Ligma, J.*: Werte und Wertewandel, in: *Gaugler, E.; Weber, W.* (Hrsg.): Handwörterbuch des Personalwesens, 2. Aufl., Stuttgart 1992, Sp. 2338–2349.

Thomas Kuhn

Wertkette

Konzept zur differenzierten Analyse der einzelnen unternehmerischen Aktivitäten und ihrer Wechselwirkungen im Hinblick auf deren Wertschöpfungsbeitrag (→Wertschöpfung).

Wird die Ausgestaltung dieser Aktivitäten im Vergleich zu Konkurrenzunternehmen analysiert, können sich hieraus wertvolle Hinweise für die Erlangung und Sicherung von Wettbewerbsvorteilen ergeben, wie beispielsweise *Bamberger* und *Wrona* (2004) betonen. Die Wertkette wurde von dem Beratungsunternehmen *McKinsey* entwickelt und von dem US-amerikanischen Forscher *Porter* in einen engen Zusammenhang mit den Wettbewerbsvorteilen (→Strategischer Wettbewerbsvorteil) eines Unternehmens gestellt.

Die Wertkette, wie in Abbildung 1 dargestellt, wird unterteilt in Wertaktivitäten und Gewinnspanne. Die *Gewinnspanne* beinhaltet die Differenz zwischen dem Gesamtwert des Unternehmens und der Summe derjenigen Kosten, die im Zusammenhang mit der Ausführung der Wertaktivitäten entstanden sind. Die *Wertaktivitäten* umfassen diejenigen Aktivitäten, die physisch und technologisch unterscheidbar von einem Unternehmen ausgeführt werden. Bei den Wertaktivitäten unterscheidet *Porter* (1992) zwischen den *primären* und den *unterstützenden* Aktivitäten des Unternehmens. Erstere umfassen diejenigen Bereiche, die in die physische Erstellung eines Produkts oder einer Dienstleistung involviert sind, sowie die Bereiche Logistik und Marketing. Die *unterstützenden Aktivitäten* liefern Inputs beziehungsweise die Infrastruktur, die den primären Aktivitäten des Unternehmens einen reibungslosen Ablauf ermöglichen. Hierzu gehören die Bereiche Beschaffung, Technologieentwicklung, die Firmeninfrastruktur (z. B. Planung, Finanzen, Rechnungswesen (→Betriebliches Rechnungswesen)) und das →Personalmanagement. Ferner können sowohl bei primären als auch bei unterstützenden Wertaktivitäten folgende Aktivitäten unterschieden werden:

- *Direkte Aktivitäten*: Sind direkt an der Wertbildung für den Käufer beteiligt (z. B. Montage oder Werbung).

- *Indirekte Aktivitäten*: Ermöglichen die kontinuierliche Ausführung von direkten Aktivitäten (bspw. Instandhaltung oder Verwaltung).

- *Qualitätssicherungsaktivitäten*: Sichern die →Qualität der anderen Aktivitäten (z. B. Güteprüfung oder Kontrollaktivitäten).

Zwar werden aus analytischen Gründen die Wertaktivitäten getrennt voneinander dargestellt und analysiert, in der Unternehmenspraxis sind sie jedoch ein System interdependenter Aktivitäten. Diese Verknüpfungen dienen der Koordination und Optimierung von Aktivitäten und somit dem Ziel der Kosteneinsparung.

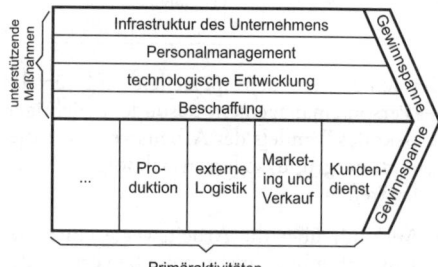

Abbildung 1: Wertkette (*Porter* 1992, S. 62)

Porters Auffassung zufolge erfordert die Identifikation von Wettbewerbsvorteilen eines Unternehmens – unabhängig davon, ob es auf nationaler oder auf internationaler Ebene agiert – eine detaillierte Betrachtungsweise der einzelnen funktionalen Aktivitäten im gesamtorganisatorischen Kontext. Somit basieren Wettbewerbsvorteile unmittelbar auf den Wertaktivitäten, da diese ausschlaggebend dafür sind, ob Unternehmen kostengünstiger als Konkurrenzunternehmen produzieren oder die Kundenbedürfnisse durch ihre Produktdifferenzierung besser befriedigen. Der Vergleich der

Wertketten (Abbildung 1) von Unternehmen erlaubt es somit, Ursachen für Wettbewerbsvorteile zu identifizieren.

Die Wertkette gliedert nach Porter (1992, S. 59) also „(...) ein Unternehmen in strategisch relevante Tätigkeiten, um dadurch Kostenverhalten sowie vorhandene und potenzielle Differenzierungsquellen zu verstehen. Wenn ein Unternehmen diese strategisch wichtigen Aktivitäten billiger oder besser als seine Konkurrenten erledigt, verschafft es sich einen Wettbewerbsvorteil."

Literatur: *Bamberger, I.; Wrona, T.*: Strategische Unternehmensführung, München 2004. *Porter, M. E.*: Wettbewerbsvorteile. Spitzenleistungen erreichen und behaupten, 3. Aufl., Frankfurt 1992.

Marion Festing

Wertorientiertes Controlling

unternehmenswertorientierte Ausrichtung einer Controllingkonzeption.

Zu Beginn der 1980er Jahre übertrugen Professoren amerikanischer Business Schools, *Rappaport* (1986) oder *Copeland*, vorhandenes Gedankengut aus der Finanzierungs- und Kapitalmarkttheorie auf die →Unternehmensführung und entwickelten damit erste konzeptionelle Ansätze zur unternehmenswertorientierten Steuerung des Unternehmens (Shareholder Value, wertorientierte Unternehmensführung, Value Based Planning). Der aus dem Amerikanischen stammende Begriff „Shareholder" ist nach der Grundidee des Shareholder Value-Konzeptes nicht nur mit „Aktionär" zu übersetzen, sondern ist unabhängig von der jeweiligen Rechtsform als Synonym für den Eigentümer eines Unternehmens zu sehen.

Der Wert eines Unternehmens (Shareholder Value) wird im wertorientierten Controlling als Barwert derjenigen Zahlungsüberschüsse (Cash Flows) definiert, der nicht wieder für Investitionen in das Anlagevermögen oder in das Netto-Umlaufvermögen (Working Capital, definiert als Umlaufvermögen minus kapitalkostenfreie Passiva) verwendet werden muss. Als Freier Cash Flow (Free Cash Flow) wird der verbleibende frei verwendbare Teil der Cash Flows bezeichnet, welcher den an den Eigentümer potenziell ausschüttbaren Zahlungsüberschuss darstellt.

Die Unternehmensbewertung für Gesamtunternehmen oder einzelne Unternehmensteile, wie zum Beispiel strategische Geschäftseinheiten, stellt die Basis dar, für die Entwicklung von verschiedenen Ansätzen, Methoden und Instrumenten im Hinblick auf ein strategisches und operatives Wertsteigerungsmanagement. Dies muss zum einen mit geeigneten Ansätzen der →Kommunikation mit den Eigen- und Fremdkapitalgebern (Value Reporting und Investor Relations) verbunden und zum anderen durch entsprechende →Anreizsysteme für das Management ergänzt werden.

Literatur: *Copeland, T.; Koller, T.; Murrin, J.*: Unternehmenswert. Methoden und Strategien für eine wertorientierte Unternehmensführung, Frankfurt a. M. 1998. *Günther, T.*: Unternehmenswertorientiertes Controlling, München 1997. *Rappaport, A.*: Creating Shareholder Value. The New Standard for Business Performance, New York 1986.

Klaus Möller

Wertorientierung   →Kulturdimension, →Normen und Werte

Wertschöpfung

beschreibt die Transformation von vorhandenen Gütern in Güter mit höherem Nutzen (und Wert) und ist damit originäres Ziel produktiver Tätigkeit.

Der Begriff Wertschöpfung wird als Maß für wirtschaftliche Leistung auf unterschiedlichen Ebenen verwendet: Im volkswirtschaftlichen Kontext bezogen etwa auf ein ganzes Land; im betriebswirtschaftlichen Kontext bezogen auf ein Unternehmen, bestimmte Teilaktivitäten eines Unternehmens – beispielsweise eines Geschäftsbereiches – oder auf einen einzelnen Leistungsprozess. Für die Berechnung der Wertschöpfung als Ertrag wirtschaftlicher Tätigkeit gilt:

Wertschöpfung = Leistung – Vorleistung

Je nach Bezugsebene sind der spezifischen Wirtschaftseinheit zuordenbare *Leistungen* und *Vorleistungen* anderer Wirtschaftseinheiten (d. h. vorgelagerter Produktionsstufen) in die Rechnung einzubeziehen. Der im betrieblichen oder einzelwirtschaftlichen Wertschöpfungsprozess geschaffene *Mehr-Wert* (Value Added) wird dann zu Einkommen, das unter den an der wertschöpfenden Aktivität direkt und indirekt Beteiligten (bspw. Arbeitnehmer, Eigen- und Fremdkapitalgeber, Staat) verteilt wird. Dadurch wird die gesellschaftliche Dimension der wertschöpfenden Tätigkeit deutlich, insofern verschiedene Wertschöpfungs-

Wertschöpfung

beiträge (z. B. Arbeitleistung, Kapitalbereitstellung, Bereitstellung des rechtsstaatlichen Rahmens) etwa durch Löhne und Sozialleistungen, Gewinne, Zinsen und Steuern als Einkommen den am Unternehmensgeschehen beteiligten Akteuren vergolten werden. *Nutznießer* der Wertschöpfung können daher sowohl unternehmensinterne als auch -externe Personen sein.

Zu großer Popularität im strategischen Management gelangte der Wertschöpfungsgedanke durch *Porters* (1985) Konzept der *Value (Added) Chain*: Jedes Unternehmen besitzt eine individuelle Wertschöpfungskette (→Wertekette), die die zugrunde liegenden interdependenten Wertaktivitäten des Unternehmens abbildet. Ist Wertschöpfung der um die Vorleistungen reduzierte Wert, den ein Unternehmen für seine spezifischen Kunden schafft, so gilt ein Geschäft dann als profitabel, wenn der geschaffene Wert die Kosten der Wertschaffung übersteigt. Zur Erlangung eines Wettbewerbsvorteils (→Strategischer Wettbewerbsvorteil) ist es folglich erforderlich, entweder zu niedrigeren Kosten zu produzieren (*Kostenführerstrategie*) oder eine →Differenzierung zu erzielen, die vergleichsweise höhere Preise rechtfertigt (*Differenzierungsstrategie*). Bei den Wertaktivitäten (Value Activities) kann nach *primären* und *sekundären Aktivitäten* unterschieden werden, die *Porter* wiederum in insgesamt neun generische Kategorien aufspaltet:

- *Primäre Aktivitäten*: Sind unmittelbar mit Herstellung und Vertrieb eines Produktes verbunden (Eingangslogistik, Ablauf und Produktion, Marketing und Vertrieb, Ausgangslogistik, Kundendienst).

- *Sekundäre Aktivitäten*: Unterstützen die primären Aktivitäten (Unternehmensinfrastruktur, →Personalmanagement, technologische Entwicklung, Beschaffung).

Die unternehmensspezifische Wertschöpfungskette ist ihrerseits wiederum in ein System *vor-* und *nachgelagerter* Wertschöpfungsketten – nämlich der Lieferanten und der Abnehmer – eingebettet, so dass sich in der Gesamtbetrachtung ein mehrstufiges *Value System* ergibt.

Wertschöpfung wird im unternehmerischen Sinne damit üblicherweise als die Schaffung von Wert für den Kunden – nämlich in Form eines Produktes oder einer Dienstleistung – interpretiert. Dabei wird regelmäßig übersehen, dass darüber hinaus auch solche betrieblichen Wertschöpfungswirkungen existieren, die nicht oder wenigstens nicht unmittelbar in monetären Kennzahlen abgebildet werden (können). Tatsächlich wird – über die monetär messbare Wertschöpfung an den Finanz- und Absatzmärkten hinaus – nämlich zumeist noch weiterer Mehrwert geschaffen; beispielsweise in Form der Verbesserung des Firmenimages, der →Innovationsfähigkeit und von Mitarbeiterkompetenzen.

Einhergehend mit der seit Mitte der 1980er Jahre stetig zunehmenden *Ökonomisierung* der Personalarbeit fühlt sich auch das →Personalmanagement immer mehr dem Primat der betrieblichen Wertschöpfung verpflichtet (*Wunderer* 1992, *Kiehn* 1996, *Fleer* 2001, *Scholz* und *Gutmann* 2003, *Deutsche Gesellschaft für Personalführung e.V.* 2004). Dies erfordert nicht zuletzt auch die Bereitstellung personal- und personalmanagementbezogener Erfolgsgrößen in Form spezifischer Personalkennziffern als zusätzliche Entscheidungsgrundlage für die Unternehmensleitung. Solche Kennzahlen werden zum Maßstab dafür, ob und inwieweit die als wertschöpfende Einheit verstandene →Personalabteilung ihrer strategischen Aufgabe des Aufbaus von Wettbewerbsvorteilen gerecht werden kann. Diese kennzahlenbasierte Schaffung von Transparenz führt letztlich zu einer weiteren →Professionalisierung der Personalarbeit sowie zur Etablierung der Personalabteilung in der Rolle des unternehmerisch denkenden und handelnden (strategischen) Business Partners. Inwieweit dieser Nachweis der Wertschöpfungswirkungen des Personalmanagements in einem webbasierten Prozessumfeld erfolgen kann, zeigt *Scholz* (2003) in seiner personalwirtschaftlichen →*MO 5-Wertschöpfungskette*.

Die personalwirtschaftliche Wertschöpfungsorientierung fokussiert damit gleichermaßen auf die effiziente Realisation personalwirtschaftlicher Prozesse und auf den als →Humankapital quantifizierbaren Wert der betrieblichen Personalressource.

Literatur: Bechtel, R.: Humankapitalberechnung zwischen Markt- und Ressourcenorientierung, München etc. 2006. *Deutsche Gesellschaft für Personalführung e.V.* (Hrsg.): Wertorientiertes Personalmanagement ein Beitrag zum Unternehmenserfolg, Bielefeld 2004. *Fleer, A.*: Der Leistungsbeitrag der Personalabteilung, Lohman etc. 2001. *Kiehn, A.*: Möglichkeiten und Grenzen der ökonomischen Analyse der Wertschöpfung des Personalmanagements, Bamberg 1996. *Porter, M. E.*: Competitive Advantage. Creating and Sustaining Superior Performance, New York etc. 1985. *Scholz, C.*: Die Saarbrücker MO5–Wertschöpfungskette, in: *Scholz, C.*; *Gutmann, J.* (Hrsg.): Webbasierte Personalwertschöpfung, Wiesbaden 2003, S. 123–144. *Scholz, C.*; *Gutmann, J.* (Hrsg.): Webbasierte Personalwertschöpfung, Wiesbaden 2003. *Wunderer, R.*: Von der Personaladministration zum Wertschöpfungs-Center. Vision, Konzeption und Realisation unternehmerischer Personalarbeit, in: Die Betriebswirtschaft, 52. Jg. (1992), S. 201–215.

Roman Bechtel

Wertschöpfungsbeitrag des Personalmanagements

Anteil, den das →Personalmanagement zur Generierung von Unternehmenswerten leistet.

Ausgangspunkt für eine Analyse von Wertschöpfungsbeiträgen des Personalmanagements ist die Idee der Value Chain nach *Porter* (1985). Betriebliche Aktivitäten, die für den Kunden des Unternehmens unmittelbar feststellbaren Nutzen generieren, zählen zu den Primäraktivitäten des Unternehmens. Dies sind Beschaffung, Produktion, Distribution, Marketing/Vertrieb und Services. Personalwirtschaftliche Aktivitäten fügen sich wie die allgemeine Verwaltung, Finanzierung, Rechnungswesen (→Betriebliches Rechnungswesen), Forschung und Entwicklung, technischer Support und Systemadministration als unterstützende Aktivitäten an die betriebliche Leistungskette an, wie in Abbildung 1 dargestellt.

Abbildung 1: Personalwirtschaft als Teil betrieblicher Wertschöpfung (*Porter* 1992, S. 62)

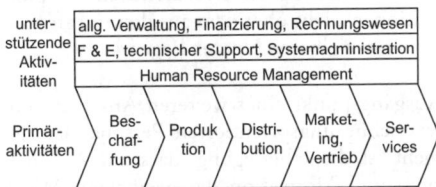

Ein messbarer Indikator der Fähigkeit, Kundennutzen zu generieren, ist der Unternehmensgewinn. Dieser beeinflusst den Wert des Unternehmens am Kapitalmarkt, der – zumindest bei börsennotierten Unternehmen – ebenfalls relativ leicht feststellbar ist.

Die Analyse betrieblicher Aktivitäten im Rahmen einer Wertschöpfungsanalyse befragt alle betrieblichen Aktivitäten auf den durch sie geschaffenen Unternehmenswert. Dabei ist davon auszugehen, dass die Generierung zusätzlichen Kundennutzens – beispielsweise durch verbesserte →Personalentwicklungsmaßnahmen – sich auch im Wert des Unternehmens niederschlägt. Die Kundenperspektive und die Kapitalmarktperspektive stehen deshalb konzeptionell nicht im Widerspruch zueinander. Ziel eines wertschöpfungsorientierten Personalmanagements ist letztlich die Steigerung des Unternehmenswertes – allerdings in einem nicht nur auf Aktienkurse fixierten Sinne, da Aktienkurse nicht unter allen Umständen gute Indikatoren des Unternehmenswertes sind. Vielmehr ist der Wert der Ressource „Mitarbeiter" auf eine Weise einzubeziehen, die die Aussagekraft von Aktienkursen übertrifft. Diese Sicht des Personalmanagements wird auch als →Human Capital Management bezeichnet, wie *Scholz, Stein* und *Bechtel* (2004) bemerken.

Wertschöpfungsbeiträge einzelner betrieblicher Aktivitäten sind jedoch gerade bei unterstützenden Aktivitäten wie Personalmaßnahmen mitunter schwer messbar. Leichter messbar sind dagegen die Kosten. Eine Wertschöpfungsanalyse des Personalmanagements provoziert nach *Dessler* (2003) sowie *Baron* und *Kreps* (1999) Fragen wie: „Wie sind unsere Kosten für eine gegebene Aktivität im Vergleich zu denen unserer Wettbewerber?" „Gibt es eine effizientere Methode, dieselbe Funktion zu erfüllen?", „Gibt es andere, die diese Aktivität kostengünstiger durchführen können?" oder „Gibt es eine Möglichkeit, aus dieser Aktivität einen komparativen Vorteil zu erzielen?".

Zu den Aktivitäten des Personalmanagements zählen nach *Drumm* (2000) →Rekrutierung, Arbeitsplatzzuordnung, Entlohnung, →Personalentwicklung, Pflege der Arbeitsbeziehungen, →Trennungen von Mitarbeitern mit jeweils diversen Sub-Funktionen. Sämtliche personalbezogenen Maßnahmen können je nach Fragestellung (Koordinations- oder Motivationsproblem) im Einzelnen analytisch nach ihren Problemlösungsqualitäten aufgeschlüsselt werden, wie es beispielsweise bei *Wolff* und *Lazear* (2001) vorgenommen wird. Für einen Überblick aus der Perspektive möglicher Wertschöpfungsbeiträge können sie nach dem Lebenszyklus eines Mitarbeiters im Unternehmen prozessorientiert dargestellt werden, wie in Abbildung 2 visualisiert.

Für jede Aktivität sind aus Sicht der Wertschöpfungsanalyse die oben gestellten Fragen

Wertschöpfungsbeitrag des Personalmanagements

zu beantworten. Tätigkeiten, die keinen wertsteigernden Netto-Effekt aufweisen, der mindestens dem Return aus alternativen Einsatzmöglichkeiten derselben Mittel aufweist, sollten aus ökonomischer Sicht unterlassen werden. Dies ist die aus einer RoI-Analyse (→Return on Investment) hergeleitete, generelle Gestaltungsempfehlung. Die Bewertung der Netto-Effekte von Personalmaßnahmen ist jedoch alles andere als trivial.

Abbildung 2: Personalwirtschaftliche Aktivitäten als Teil des Mitarbeiter-Lebenszyklus (*Porter* 1992, S. 62)

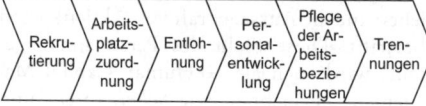

Um ein wertschöpfungsorientiertes Personalmanagement operationalisierbar zu machen und damit über das Niveau einer bloß abstrakten Leitlinie oder gar eines reinen Lippenbekenntnisses hinauszuheben, sind quantitative Verfahren zur Bewertung und Optimierung notwendig. *Scholz*, *Stein* und *Bechtel* (2004) unterscheiden marktwertorientierte, accountingorientierte, indikatorenbasierte, value added und ertragsorientierte Ansätze, die sie jeweils praxisnah beschreiben. Exemplarisch sei hier eines von vielen Verfahren vorgestellt, und zwar der Entgeltbarwert-Ansatz nach *Siegert* (1999), der zu den accountingorientierten Ansätzen zählt. *Siegert* argumentiert, dass analog zu Verfahren der Bewertung von *Investment Capital* – also klassischen Assets – auch Methoden der Bewertung von *Customer Capital* gefunden worden seien, um den Wert von Kunden- oder Markenloyalität diskutierbar zu machen. Analog könne auch die „dritte und relevanteste Wertquelle", das →Humankapital, sichtbar gemacht werden. *Siegert* schlägt die Ermittlung des Barwerts sämtlicher zukünftiger Entgeltzahlungen der zurzeit im Unternehmen arbeitenden Menschen vor. Dabei müssen einige Annahmen über zukünftige Gehaltssteigerungen (z. B. 3 % pro Jahr) und Mitarbeiter-Fluktuation (z. B. Null) getroffen werden. Im Prinzip erfolgt die Berechnung so:

$$HC \equiv \sum_{t=1}^{n} Personalaufwand * \frac{1}{(1+i)^t}$$

HC steht für Humankapital, t von 1 bis n bezeichnet den Zeitraum der Betrachtung. Der Zinssatz i bezeichnet den Diskontierungsfaktor. Der →Personalaufwand ergibt sich als Summe von Löhnen und Gehältern, wie vom Rechnungswesen ermittelt. Diese Methode ist mit Unschärfen behaftet, beispielsweise können menschliche Skills durch (exogene) technologische Innovationen entwertet werden. Analoges gilt jedoch auch für andere Assets und entwertet deshalb das Verfahren nicht grundsätzlich. Steigt nun beispielsweise die Produktivität (→Arbeitsproduktivität) eines Mitarbeiters durch eine effiziente Weiterbildungsmaßnahme, so schlägt sich das in dieser Formel nieder, weil er in der Regel eine höhere Gehaltserwartung für die Zeit nach der Schulung aufweisen wird. Somit steigt das Humankapital der Firma. Der Humankapitalwert wird also aus der Sicht des →Arbeitsmarktes ermittelt – mit dem Effekt, dass firmenspezifische Skills gegebenenfalls nicht vollständig reflektiert werden, weil sie den Wert des Mitarbeiters nur im eigenen Unternehmen, nicht allgemein am Arbeitsmarkt steigern. Alternativ bietet sich auch der Einsatz einer Scorecard (→Balanced Scorecard) zur Verbesserung des Returns on Investment aus personalwirtschaftlichen Aktivitäten an, wie *Phillips*, *Stone* und *Phillips* (2001) ausführlich darstellen (→HR Scorecard). Gemeinsam ist den zur Verfügung stehenden Verfahren, dass eine konkrete Datengrundlage geschaffen werden muss. Kosten von Aktivitäten müssen festgehalten, Erfolgswirkungen ermittelt oder zumindest plausibel geschätzt werden. Dabei ist wiederum darauf zu achten, dass die Kosten der Generierung der erforderlichen →Informationen nicht über dem aus diesen Informationen erzielbaren Nutzen liegen.

Ausgangspunkt eines weiteren Ansatzes zum wertschöpfungsorientierten Personalmanagement ist die Überlegung, dass zur Attrahierung und Motivation der geeigneten Mitarbeiter stets die Generierung eines im Prinzip bestimmbaren Mindestnutzenniveaus notwendig ist. Einen Einblick hierzu geben sowohl *Wolff* und *Lazear* (2001), *Backes-Gellner*, *Lazear* und *Wolff* (2001) als auch *Sadowski* (2002). Die Attrahierung und Motivation geeigneter Mitarbeiter ist Voraussetzung und Stellschraube für eine →Wertschöpfung aus Kunden- und Kapitalmarktsicht. Deshalb steht auch die arbeitsmarktorientierte Perspektive aus ökonomischer Sicht nicht im Widerspruch zur Kapitalmarktsicht. Soll ein Mitarbeiter angeworben werden (Attrahierungsproblem), so muss sein Netto-Nutzen aus dem angebotenen →Arbeitsvertrag mindestens auf dem Niveau seiner besten Alternative liegen, zum Beispiel einem Konkurrenzangebot. Soll ein bereits angestellter Mitarbeiter ein hohes Leistungsniveau anstelle eines niedrigeren erbringen (Motivationsproblem), so muss sein Netto-Nutzen – also sein Entgelt abzüglich subjektiver Kosten – aus der anstrengenderen Alternative höher sein als aus der weniger anstrengenden. Die Herausforderung ist hier, das erforderliche Nutzenniveau für den Mitarbeiter zu minimalen Kosten für das Unternehmen zu erreichen. Dazu gibt es nach *Wolff* und *Lazear* (2001) beispielsweise das Verfahren der „Nutzen- und Kostenarbitrage", bei dem unterschiedliche Kosten- und Nutzenkonstellationen von Unternehmen und Mitarbeitern im Hinblick auf mögliche Entgeltformen ausgenutzt werden, um durch die effiziente Wahl der jeweiligen Entgeltform eine Wertschöpfung zu erzielen. Die allgemeine Gestaltungsempfehlung für Kompensationspakete (→Kompensation) besagt, dass bei gegebenem Kostenbudget (→Budget) Mitarbeitern grundsätzlich solche Kompensationselemente angeboten werden sollen, die aus der jeweils subjektiven Sicht den relativ höchsten Nutzen stiften, oder dass versucht werden soll, das gegebene Mindestnutzenniveau des Mitarbeiters durch die Auswahl von für das Unternehmen möglichst günstig erstellbaren Kompensationselementen zu erreichen. Die Anwendung dieses Verfahrens erfordert die Schaffung einer geeigneten Informationsgrundlage, zum Beispiel über eine Mitarbeiterbefragung (→Befragung). Die Kosteninformationen zu den infrage kommenden Kompensationselementen liegen in der Regel in den Unternehmen vor. So kann dann, beispielsweise im Rahmen von →Cafeteria-Systemen, ein wertsteigerndes Matching von für das Unternehmen möglichst kostengünstigen monetären und nicht-monetären Kompensationsmodulen mit den Präferenzen der Mitarbeiter erfolgen.

Der Wertschöpfungsbeitrag des Personalmanagements kann insofern nicht nur durch umsatzsteigernde Maßnahmen erhöht werden, sondern auch durch Verbesserungen der Effizienz von Personalmaßnahmen, die zu Kostenreduktionen führen.

Literatur: *Backes-Gellner, U.; Lazear, E. P.; Wolff, B.:* Personalökonomik, Stuttgart 2001. *Baron, J. N.; Kreps, D. M.:* Strategic Human Resources, New York etc. 1999. *Dessler, G.:* Human Resource Management, 9. Aufl., Upper Saddle River 2003. *Drumm, H. J.:* Personalwirtschaft, 4. Aufl., Berlin etc. 2000. *Phillips, J. J.; Stone, R. D.; Phillips, P. P.:* The Human Resources Scorecard. Measuring the Return on Investment, Boston etc. 2001. *Porter, M. E.:* Competitive Advantage. Creating and Sustaining Superior Performance, New York etc. 1985. *Sadowski, D.:* Personalökonomie und Arbeitspolitik, Stuttgart 2002. *Scholz, C.; Stein, V.; Bechtel, R.:* Human Capital Management. Wege aus der Unverbindlichkeit, München 2004. *Siegert, T.:* Humankapital: Erfolgsmessung und Partizipation, in: *Bühler, W.; Siegert, T.* (Hrsg.): Unternehmenssteuerung und Anreizsysteme, Stuttgart 1999, S. 17–46. *Wolff, B.; Lazear, E. P.:* Einführung in die Personalökonomik, Stuttgart 2001.

Birgitta Wolff

Wertschöpfungs-Center

Organisationsform einer betrieblichen Einheit, die sich als strategische Geschäftseinheit versteht, neben einer Business-Dimension auch eine Service-Dimension enthält und deren Leistung am erzielten Wertschöpfungsbeitrag gemessen wird.

Übersicht 1: Dimensionen eines Wertschöpfungs-Centers Personal (*Wunderer* 1992, S. 206)

Management- und Service-Dimension (mit nicht-monetärer Nutzenbeurteilung)	Business-Dimension (mit monetärer Nutzenbewertung)
Management- und Servicebereitschaft	Cost-Center Kosten(vergleichs-)größen als Steuerungsinstrument
Management- und Serviceumfang	Revenue-Center Leistungs(vergleichs-)größen als Steuerungsinstrument
Management- und Servicequalität	Profit-Center Erfolgs(vergleichs-)größen als Steuerungsinstrument

Die erbrachte →Wertschöpfung eines Unternehmens, auch als Eigenleistung bezeichnet, errechnet sich aus der Differenz zwischen den vom Unternehmen erstellten, abgegebenen Leistungen und den vom Unternehmen bezogenen Leistungen. Diese Wertschöpfungsidee kann auf →Personalabteilungen übertragen werden.

Die Personalabteilung bestimmt die Wertschöpfungskette (→Wertkette), die sie anbieten will, durch Festlegung der personalwirtschaftlichen Leistungen, die erbracht werden. Der direkt bewertbare Teil dieser Leistungen wird durch die Business Dimension abgedeckt (Übersicht 1). Die höchste Stufe der organisatorischen Verankerung stellt hier das →Profit-Center dar, bei dem die Personalabteilung als ergebnisverantwortliche Einheit Leistungen verkauft und quantifizierbaren Wert schafft. Ist eine gleichzeitige Erfassung von Erträgen und Aufwendungen nicht möglich, kann das Modell eines →Cost-Centers oder Revenue-Centers gewählt werden, die jeweils zumindest eine für die Wertschöpfung wichtige Größe erfassen.

Zum Wertschöpfungs-Center wird die Personalabteilung erst durch Hinzunahme der Management/Service-Funktion. Diese Dimension bildet den qualitativen Nutzen ab, den einzelne Bezugsgruppen durch die Unterstützung durch die Personalabteilung haben. Dieser Nutzen ist ebenfalls Teil der von der Personalabteilung erbrachten Wertschöpfung. Bezugsgruppen sind zum Beispiel Linienmanager (→Einliniensystem), →Arbeitnehmer (-vertreter) oder die Geschäftsleitung. Nach einem Vorschlag von *Wunderer* (1992) soll diese Wertschöpfungskomponente durch eine bezugsgruppenorientierte Erfolgs- und Nutzenbewertung erfasst werden. Die wesentlichen Personalfunktionen, die die Personalabteilung erbringt, werden von Vertretern der oben genannten Bezugsgruppen durch Skalierung und Durchschnittsbildung in ihrer Nutzenstiftung für die jeweilige Bezugsgruppe eingeschätzt. Schlüsseldimensionen können zum Beispiel aus der Bewertung von Dienstleistungsqualität abgeleitet werden. Verlässlichkeit, →Flexibilität, →Kompetenz und →Kommunikation sind einige dieser Schlüsseldimensionen.

Voraussetzung für eine erfolgreiche Implementation des Wertschöpfungs-Center-Konzepts ist eine unternehmerische Denkweise auch in der Personalabteilung. Dazu bedarf es hoch qualifizierter und innovativer Personalmanager. Eine hohe Kosten- und Ertrags- beziehungsweise Nutzentransparenz sind die Folge dieses Konzepts. Problematisch ist allerdings die Quantifizierbarkeit der Wertschöpfung, da das vorgeschlagene Verfahren stark subjektive Einflüsse enthält.

Literatur: *Wunderer, R.*: Von der Personaladministration zum Wertschöpfungs-Center, in: DBW, 52. Jg. (1992), H. 3, S. 201–215.

Reinhard Meckl

Wertzahlverfahren →Arbeitsbewertung

Wettbewerbsstrategien

nach *Porter* (1992) das Streben nach einer günstigen Positionierung innerhalb einer Branche mit dem Ziel, eine langfristig gewinnbringende Position im Vergleich zu Konkurrenten einzunehmen.

Porter (1992) unterscheidet folgende drei Strategietypen:

1. *Umfassende Kostenführerschaft*: Die Strategie der Kostenführerschaft erfordert eine Gestaltung von Produktionsanlagen, die die Ausnutzung von *Economies of Scale* sowie erfahrungsbedingte Kostensenkungen ermöglicht. Ferner ist nach *Porter* (1992) eine strenge Kostenkontrolle in allen Bereichen des Unternehmens notwendig. Das wesentliche Charakteristikum dieser Strategie besteht also darin, geringere Kosten als die Konkurrenten aufzuweisen, wobei jedoch auch qualitative Aspekte nicht gänzlich unberücksichtigt bleiben dürfen. Voraussetzung für die Erzielung eines umfassenden Kostenvorsprungs können Faktoren wie ein hoher Marktanteil oder ein günstiger Zugang zu Rohstoffen sein, wie *Porter* (1992) zu Bedenken gibt.

2. *→Differenzierung*: Die Strategie der Differenzierung ist dadurch gekennzeichnet, dass ein Unternehmen sein Produkt oder seine Dienstleistung so gestaltet, dass es als einzigartig in der gesamten Branche angesehen werden kann. Dadurch differenziert sich das fokale Unternehmen von anderen. Idealerweise sollte diese Differenzierung auf mehreren Ebenen gleichzeitig erfolgen. Zwar sind Produktdifferenzierungen in der Regel mit höheren Aufwendungen für Forschungsmaßnahmen, Produktdesign, Materialien und/oder Kundenbetreuung verbunden, aber genauso wenig wie bei der Strategie der Kostenführerschaft der Qualitätsaspekt vernachlässigt werden sollte, weist *Porter* (1992) darauf hin, dass auch bei der Differenzierung die Kostenseite der Differenzierung nicht unberücksichtigt bleiben darf.

3. *Konzentration auf Schwerpunkte*: Diese Wettbewerbsstrategie fokussiert die Ausnutzung von Marktnischen. Die Marktnischen können sich auf eine bestimmte Kundengruppe, ein bestimmtes Produkt oder auf

eine bestimmte geographische Region beziehen. Ähnlich wie die Strategie der Differenzierung kann auch die Strategie der Konzentration auf Schwerpunkte in zahlreichen verschiedenen Ausprägungen auftreten. *Porter* (1992, S. 67) merkt jedoch noch folgendes zusätzlich an: „Die Strategie beruht auf der Prämisse, dass das Unternehmen sein eng begrenztes strategisches Ziel wirkungsvoller oder effizienter erreichen kann als Konkurrenten, die sich im breiteren Wettbewerb befinden".

Abbildung 1 verdeutlicht noch einmal die Gemeinsamkeiten und Unterschiede zwischen den von *Porter* identifizierten Wettbewerbsstrategien.

Abbildung 1: Die drei Wettbewerbsstrategien (*Porter* 1992, S. 67)

In der Regel wird sich *Porter* zufolge ein Unternehmen auf eine dieser Wettbewerbsstrategien konzentrieren, wenn es erfolgreich sein will. Es besteht jedoch auch die Möglichkeit, eine Kombination von Strategien zu verfolgen.

Literatur: *Bamberger, I; Wrona, T.*: Strategische Unternehmensführung, München 2004. *Porter, M. E.*: Wettbewerbsstrategie, 7. Aufl., Frankfurt 1992, S. 63–67.

Marion Festing

Wettbewerbsverbot

Verbot der Aufnahme einer Tätigkeit bei einem Wettbewerber des →Arbeitgebers durch den →Arbeitnehmer.

Während des laufenden Arbeitsverhältnisses (→Beschäftigungsverhätnis) besteht ein gesetzliches Wettbewerbsverbot aus § 60 HGB. Diese Vorschrift wird auf sämtliche Arbeitnehmer entsprechend angewendet (BAG, Beschluss vom 17.10.1969 – Az.: 3 AZR 442/68).

Nach Beendigung des Arbeitsverhältnisses besteht ein Wettbewerbsverbot nur, wenn unter Einhaltung der §§ 74 f. HGB ein *nachvertragliches Wettbewerbsverbot* wirksam vereinbart wurde. Voraussetzung für die Wirksamkeit eines nachvertraglichen Wettbewerbsverbots ist zunächst, dass die Vereinbarung schriftlich getroffen wird und eine vom Arbeitgeber unterzeichnete Vereinbarung dem Arbeitnehmer ausgehändigt wird. Außerdem ist das Wettbewerbsverbot nur verbindlich, wenn sich der Arbeitgeber verpflichtet, für die Dauer des Verbots eine Entschädigung zu zahlen, die für jedes Jahr des Verbots mindestens die Hälfte der zuletzt bezogenen vertragsmäßigen Leistungen erreicht. Unter „vertragsmäßigen Leistungen" versteht man sämtliche Vergütungsbestandteile, also Grundvergütung, Zulagen, Überstundenvergütung, variable Vergütung oder Ähnliches. Außerdem gehören dazu geldwerte Leistungen.

Ist diese so genannte →Karenzentschädigung zu niedrig vereinbart, ist das Wettbewerbsverbot nicht unwirksam, aber unverbindlich. Unverbindlichkeit bedeutet, dass dem Arbeitnehmer ein Wahlrecht zusteht, ob er sich entweder an das nachvertragliche Wettbewerbsverbot nicht gebunden fühlt, dann jedoch auch die vereinbarte (zu niedrige) Karenzentschädigung nicht erhält, oder aber das nachvertragliche Wettbewerbsverbot einhält und dafür die (zu niedrige) Karenzentschädigung geltend macht (BAG, Urteile vom 18.11.1967, 02.08.1971, 19.01.1978, 05.10.1982, AP Nr. 21, 27, 36, 42 zu § 74 HGB). Gemäß § 74a HGB ist das Wettbewerbsverbot außerdem unverbindlich, wenn es nicht zum Schutz eines berechtigten geschäftlichen Interesses des Arbeitgebers dient. Es ist unverbindlich, soweit es unter Berücksichtigung der gewährten Entschädigung nach Ort, Zeit oder Gegenstand eine unbillige Erschwerung des Fortkommens des Arbeitnehmers enthält. Wichtig ist zudem, dass das Verbot nicht auf einen Zeitraum von mehr als zwei Jahren von der Beendigung des Dienstverhältnisses an erstreckt werden darf.

Ein Arbeitgeber kann vor Beendigung des Arbeitsverhältnisses durch schriftliche Erklärung auf das Wettbewerbsverbot mit der Wirkung verzichten, dass er mit dem Ablauf eines Jahres seit der Erklärung von der Verpflichtung zur Zahlung der Entschädigung frei wird. Das nachvertragliche Wettbewerbsverbot tritt in diesem Fall mit Beendigung des Arbeitsverhältnisses gar nicht in Kraft, so dass der Arbeitnehmer sofort eine Wettbewerbstätigkeit aufnehmen darf. Für den Arbeitgeber wird die Zahlung der Karenzentschädigung reduziert, wobei der Arbeitgeber entsprechend der vorzitierten Regelung von der Zahlung zur Karenzentschädigung nur dann gänzlich frei werden kann, wenn die Lösungserklärung mindestens ein Jahr vor Beendigung des Arbeitsverhältnisses abgegeben wird (*Hromadka* und *Maschmann* 2002, § 10 Rn. 437).

Literatur: *Hromadka, W.*; *Maschmann, F.*: Arbeitsrecht, Bd. 1, 2. Aufl., Berlin etc. 2002.

Friedrich Meyer

Whistleblowing

Öffentlichmachen eines individuellen oder kollektiven Verhaltens, das dem Gemeinwohl schaden könnte, bevor dieser Schaden eingetreten ist.

Das „Verpfeifen" – so die wörtliche Übersetzung – meint laut *Lotter* (2003) das Alarmieren und Hinweisen auf illegale, illegitime oder unethische Handlungen Einzelner zu Lasten einer größeren →Gruppe. Solche Handlungen umfassen etwa Korruption, Bilanzfälschung, Betrug oder Vetternwirtschaft. Zielgruppe dieses Alarmierens sind beispielsweise übergeordnete →Führungskräfte, Aufsichtsgremien, Medien, Staatsanwaltschaft, Polizei, Aufsichtsämter und nichtstaatliche kritische →Organisationen. Whistleblowing setzt in der Regel erst dann ein, wenn vorausgehende Anläufe systeminterner Kritik vergeblich waren.

Whistleblowing ist idealerweise durch eine hohe Uneigennützigkeit des Whistleblowers und dessen hohes persönliches Risiko charakterisiert: Dieser zeigt in der Regel eine höhere Loyalität gegenüber dem kollektiven System als gegenüber einzelnen – mächtigen – Personen, die ihm durchaus auch gefährlich werden könnten. Whistleblowing entstammt häufig moralischer Entrüstung über Unfairness und Ungerechtigkeit.

In den USA und Großbritannien ist Whistleblowing bereits teilweise gesetzlich gedeckt, vergleichbar einer Kronzeugenregelung. In den USA müssen börsennotierte Unternehmen seit 2002 sogar ein System zur mitarbeiterseitigen Meldung von Rechtsverstößen einrichten. Dagegen sind entsprechende gesetzlichen Regelungen in Deutschland noch nicht vorhanden und würden zum Teil sogar gegen deutsche Datenschutzregelungen verstoßen. Jedoch bieten Beratungsangebote, zum Beispiel eine telefonische *Fairness-Helpline*, eine internetbasierte *Whistleblowerinfo-Plattform* oder ausführliche Verhaltens-Checklisten, Hilfen zur Situationsbewertung und zum angemessenen Vorgehen bei einem Verdacht auf illegale, illegitime oder unethische Handlungen Einzelner an.

Erste deutsche Unternehmen benennen als Vertrauenspersonen Anwälte, an die sich Mitarbeiter wenden können. Die Einrichtung einer anonymen Hotline für das Whistleblowing in Deutschland ist allerdings juristisch problembehaftet. Auf jeden Fall ist der →Betriebsrat in die Planung und Umsetzung mit einzubeziehen.

Literatur: *Lotter, W.*: Was ist eigentlich...Whistleblowing?, in: Brand I, 5. Jg. (2003), H. 6, S. 126–127.

Volker Stein

Winner's Curse

spezieller Fall in der Auktionstheorie, in dem ein Bieter nur deshalb eine Auktion gewinnt, weil er den unbekannten Wert des Versteigerungsobjekts am meisten überschätzt hat.

Bei Versteigerungen ist der wahre Wert der Versteigerungsobjekte den Bietern häufig unbekannt. Sie haben lediglich eine Erwartung über den Wert des Objekts. Differieren die ex ante Erwartungswerte zwischen den Bietern, dann werden regelmäßig einige Bieter den Wert des Objekts überschätzen, während ihn andere unterschätzen.

Erst nach dem Zuschlag für das Objekt offenbart sich dem Gewinner die zusätzliche →Information, dass alle anderen Bieter weniger geboten haben. Ex post muss er dann erkennen, dass er wahrscheinlich zu viel geboten hat. Sein ex post-Erwartungswert über den Wert des Objekts ist geringer als sein ex ante-Erwartungswert vor Auktionsbeginn. Dementsprechend wird der Winner's Curse auch als Entscheidungsanomalie im Sinne der Erwartungsnutzentheorie aufgefasst. Nur wenn der Bieter nicht von vornherein antizipiert, dass er den Erwartungswert später revidieren wird, kommt es zum Fluch des Gewinners. Das Ausmaß des Winner's Curse ist dabei von der Höhe der Unsicherheit über den wahren Wert und der Anzahl der Bieter bestimmt.

Auf dem →*Arbeitsmarkt* kann der Winner's Curse insbesondere bei Abwerbversuchen von →Arbeitnehmern auftreten. Im Regelfall wird der aktuelle →Arbeitgeber die Fähigkeiten (→Qualifikation) eines Arbeitnehmers besser einschätzen können als außenstehende Arbeitgeber. Um die Möglichkeit des Winner's Curse zu beschreiben, sei von der extremen Situation ausgegangen, dass der aktuelle Arbeitgeber die Fähigkeiten des Arbeitnehmers perfekt kennt und diese in Geldeinheiten bewertet werden können. Unterbreitet ein anderer Arbeitgeber diesem Arbeitnehmer ein Lohnangebot, so kann dies zu zwei Ergebnissen führen: Entweder der Abwerbungsversuch ist nicht erfolgreich. Dann war das Lohnangebot zu klein. Oder die Abwerbung ist erfolgreich. Dann hat der alte Arbeitgeber den Arbeitnehmer aber gehen lassen, weil das Lohnangebot im Vergleich zu den Fähigkeiten des Arbeitnehmers zu groß war.

Die Winner's Curse-Gefahr kann sogar noch verschärft werden, wenn betriebsspezifisches →Humankapital relevant ist, aber nicht beachtet wird. Hat ein Arbeitnehmer beispielsweise Kenntnisse erworben, die er vor allem bei seinem jetzigen Arbeitgeber produktiv einsetzen kann, sind diese Fähigkeiten in anderen Unternehmen meist weniger wert. Bei Abwerbversuchen sollte also entsprechend berücksichtigt werden, wie gut die Kenntnisse und Fähigkeiten des Arbeitnehmers auf die in Frage kommende →Stelle passen.

Literatur: Lazear, E. P.: Personnel Economics for Managers, New York etc. 1998, S. 209–222.

Christian Grund

Wirtschaftlichkeitsprinzip

kostengünstigster Einsatz beziehungsweise Kombination von Produktionsfaktoren (Arbeitseinsatz, Betriebsmittel, Werkstoffe) und damit einer der Bestimmungsfaktoren des Unternehmens (syn.: ökonomisches Prinzip).

Der wertmäßige Wirtschaftlichkeitsbegriff bezeichnet das Verhältnis zwischen der günstigsten und der tatsächlich erreichten Kostensituation. Der mengenmäßige oder technische Wirtschaftlichkeitsbegriff, der auch Produktivität (→Arbeitsproduktivität) genannt wird, ist das Verhältnis von mengenmäßigem Ertrag und mengenmäßigem Einsatz von Produktionsfaktoren. Überträgt man dieses Prinzip auf das →Personalmanagement, so muss dessen Ziel sein, den Produktionsfaktor Personal in seiner bestmöglichen, kostengünstigsten Verwendung zum Einsatz zu bringen.

Dodo zu Knyphausen-Aufseß
Lars Schweizer

Wirtschaftsausschuss

Informations- und Beratungsgremium zu Fragen wirtschaftlicher Angelegenheiten, das gemäß dem →Betriebsverfassungsgesetz in Unternehmen mit mehr als 100 ständig Beschäftigten zu bilden ist.

Dazu bestimmt der →Betriebsrat beziehungsweise der Gesamtbetriebsrat drei bis sieben Mitglieder dieses Ausschusses, darunter mindestens ein Betriebsratsmitglied. Alternativ kann der Betriebsrat die Aufgaben des Wirtschaftsausschusses einem Betriebsratsausschuss übertragen. Den jeweiligen Ausschüssen dürfen auch →leitende Angestellte angehören. Der Wirtschaftsausschuss soll einmal monatlich zusammen mit dem →Unternehmer beziehungsweise dessen Vertreter tagen, mit ihm die wirtschaftlichen Angelegenheiten des Unternehmens beraten und darüber dem Betriebsrat berichten. Dazu ist der Wirtschaftsausschuss laut § 106 des Betriebsverfassungsgesetzes umfassend und rechtzeitig vom Unternehmer zu informieren, insbesondere über alle die Arbeitnehmerinteressen berührenden Maßnahmen. Wird der Wirtschaftsausschuss nicht ausreichend informiert und kommt es darüber hinaus zu keiner Einigung zwischen Unternehmer und Betriebsrat, dann entscheidet die →Einigungsstelle. Wirtschaftsausschuss und Betriebsrat ist der Jahresabschluss zu erläutern.

Alexander Dilger

Wirtschaftsausschuss aus (arbeits-)rechtlicher Sicht

Gremium, welches gemäß §§ 106 f. BetrVG in Unternehmen mit in der Regel mehr als 100 ständig beschäftigten →Arbeitnehmern gebildet werden kann.

Der Wirtschaftsausschuss hat zur Aufgabe, wirtschaftliche Angelegenheiten mit dem →Unternehmer zu beraten und den →Betriebsrat zu unterrichten. Der Unternehmer muss den Wirtschaftsausschuss rechtzeitig und umfassend über die wirtschaftlichen Angelegenheiten des Unternehmens unter Vorlage der erforderlichen Unterlagen unterrichten, soweit dadurch nicht Betriebs- oder Geschäftsgeheimnisse des Unternehmens gefährdet werden. Der →Arbeitgeber muss darüber hinaus den Wirtschaftsausschuss über etwaige Auswirkungen einer wirtschaftlichen Maßnahme auf die →Personalplanung unterrichten.

Nach § 106 Abs. 2 BetrVG zählen zu den *wirtschaftlichen Angelegenheiten* insbesondere die wirtschaftliche und finanzielle Lage des Unternehmens, die Produktions- und Absatzlage, das Produktions- und Investitionsprogramm, Rationalisierungsvorhaben, Fabrikations- und Arbeitsmethoden, insbesondere die Einführung neuer Arbeitsmethoden, Fragen des betrieblichen Umweltschutzes, Einschränkung oder Stilllegung von Betrieben oder Betriebsteilen, Verlegung von Betrieben oder Betriebsteilen, Zusammenschluss oder Spaltung von Unternehmen oder Betrieben, Änderung der Betriebsorganisation oder des Betriebszwecks und schließlich sonstige Vorgänge und Vorhaben, die die Interessen der Arbeitnehmer des Unternehmens wesentlich berühren können. Wird eine Auskunft über wirtschaftliche Angelegenheiten des Unternehmens entgegen dem Verlangen des Wirtschaftsausschusses nicht, nicht rechtzeitig oder nicht ausreichend erteilt und kommt insoweit zwischen dem Unternehmer und dem Betriebsrat eine Einigung nicht zustande, entscheidet die →Einigungsstelle.

Friedrich Meyer

Wirtschaftsethik

als System- oder Ordnungsethik angelegt, die sich mit der ethisch-normativen Ausgestaltung der gesamtwirtschaftlichen Rahmenbedingungen, insbesondere der Wirtschaftsordnung, der Wirtschafts- und Sozialpolitik oder auch der internationalen Wirtschaftsbeziehungen, beschäftigt.

Die Wirtschaftsethik untersucht das wirtschaftliche Handeln aller Akteure und will über eine entsprechende Gestaltung der wirtschaftlichen Rahmenbedingungen beziehungsweise Regelungen ein ethisch erwünschtes Verhalten herbeiführen (*Kreikebaum, Behnam* und *Gilbert* 2001).

Von der Wirtschaftsethik gilt es die →Unternehmensethik abzugrenzen. Die Unternehmensethik bezieht sich als normative Ethik auf die produktive und soziale Dimension, die formellen und informellen Zusammenhänge sowie die Innen- und Außenbeziehungen des Unternehmens. Wirtschafts- und Unternehmensethik unterscheiden sich insofern nicht bezüglich ihres grundsätzlichen Vorgehens sondern lediglich hinsichtlich ihres Betrachtungsgegenstandes. Bei der Wirtschaftsethik steht die Gesamtheit der Wirtschaftsakteure im Zentrum der Analyse, bei der Unternehmensethik das einzelne Unternehmen (zum Teil auch einzelne →Unternehmer und Manager). Sowohl die Wirtschafts- als auch die Unternehmensethik beschäftigen sich damit, wie und welche moralischen →Normen und Werte in der Wirtschaft von Unternehmen zur Geltung gebracht werden können beziehungsweise sollten.

Wenn es um die Gesamtheit der Wirtschaftsakteure geht, rücken die für alle geltenden Regelungen in den Blickpunkt der Betrachtung. Wirtschaftsethik als System- oder Ordnungsethik fällt damit in den Bereich der *Institutionenethik*. Diese will über eine kritische Reflexion der bestehenden (Weiter-)Entwicklung neuer Institutionen (Regelungen), die für das wirtschaftliche Handeln aller gelten sollen, ein ethisch erwünschtes (annehmbares oder unbedenkliches) Verhalten erreichen.

In diesem Sinn hat die Wirtschaftsethik die Aufgabe, *Spielregeln* aufzustellen, in deren Rahmen sich die individuellen „Spielzüge" der Unternehmen entfalten können (*Homann* und *Blome-Drees* 1992). Sie regeln das Verhalten der Akteure aber nicht in einem deterministischen Sinne, so dass nur bestimmte, von vornherein festgelegte Spielzüge daraus resultieren können, sondern sie geben lediglich den Rahmen der Handlungsbedingungen vor. Diese Handlungsbedingungen lassen für die Unternehmen stets Handlungsfreiräume offen, innerhalb derer diese sich kreativ unterschiedliche Spielzüge ausdenken können.

Die Wirtschaftsethik zeichnet also im besten Falle nur eine bestimmte Rahmenordnung innerhalb eines Landes beziehungsweise auf supranationaler Ebene als ethisch aus, aufgrund der Individualität der Spielzüge aber nicht auch zweifelsfrei die konkreten Folgen letzterer. Hier kommt die Unternehmensethik zum Zuge und damit Fragen der Individualethik. Für die Unternehmensethik ergibt sich aus diesem Verhältnis eine wichtige Konsequenz: Immer dann, wenn ein diskretionärer Freiraum für unternehmerische Entscheidungen innerhalb einer bestimmten Rahmenordnung gegeben ist, kann von einem ethisch zu verantwortenden Handeln des Unternehmens gesprochen werden. Die unternehmensethische Reflexion und die daraus resultierenden Entscheidungen müssen sich dabei jedoch stets an den konkreten Bedingungen wirtschaftlichen Handelns (Gesetze, Markt, →Kultur, Moral) orientieren (*Behnam* 1998).

Diese Schlussfolgerung gilt es jedoch nicht so zu interpretieren, als wäre die Unternehmensethik lediglich als Lückenbüßer für wirtschaftsethische Verfehlungen auf der Ebene der Rahmenordnung zu begreifen. Das würde schließlich bedeuten, dass Unternehmensethik nur dann einsetzen würde, wenn die Rahmenordnung Defizite aufweist und somit die Wirtschaftsethik versagt hätte. Vielmehr sind Wirtschafts- und Unternehmensethik als *Komplemente* zu verstehen und haben ihre jeweils eigenen Aufgabengebiete, →Rollen und Funktionen. Dabei kommt die eine ohne die andere nicht aus. Die Wirtschaftsethik hat mit der Ausgestaltung der Institutionen auf der Ebene der Rahmenordnung zu tun und alles, was auf dieser Ebene regelbar ist, fällt somit in ihren Bereich. Da aber aus praktischen und systematischen Gründen nicht alles auf Makroebene der Rahmenordnung regelbar ist (z. B. Gesetzeslücken), setzt die Unternehmensethik dezentral ein und befasst sich mit Fragen der moralischen →Unternehmensführung innerhalb der jeweiligen Rahmenordnung. Sie betrifft die Anwendung traditioneller ethischen Argumentierens auf der Mesoebene in der Praxis der Unternehmen sowie im Bereich der Mitarbeiter (Mikroebene). Insofern ist die Wirtschaftsethik der Unternehmensethik nicht über- oder vorgeordnet, sondern stellt den Ausgangspunkt unternehmensethischer Überlegungen dar. Die Wirtschaftsethik stellt eher (nicht ausschließlich) die Frage nach der Legalität des wirtschaftlichen Handelns (durch das Setzen geeigneter Regelungen), während die Unternehmensethik eher (nicht ausschließlich) die Frage nach der Legitimität des unternehmerischen Handelns stellt.

Literatur: *Behnam, M.*: Strategische Unternehmensplanung und ethische Reflexion, Sternenfels 1998. *Homann, K.*; *Blome-Drees, F.*: Wirtschafts- und Unternehmensethik, Göttingen 1992. *Kreikebaum, H.*; *Behnam, M.*; *Gilbert, D. U.*: Management ethischer Konflikte in international tätigen Unternehmen, Wiesbaden 2001.

Dirk Ulrich Gilbert

Wissen

Gesamtheit der inhaltlich unterlegten und speichermäßig verfügbaren Kognitionen, der den →Lernprozess beeinflussenden Bedürfnisse und Einstellungen sowie handlungsunterstützenden Fertigkeiten.

Der Begriff des Wissens spielt in der pädagogischen und psychologischen Forschung zur Kennzeichnung individueller Grunddispositionen des Verhaltens eine wichtige Rolle. In der Managementlehre wird der Begriff auch zur Beschreibung kollektiver Grunddispositionen von →Gruppen, →Organisationen und Netzwerken verwendet (→Organisationales Wissen).

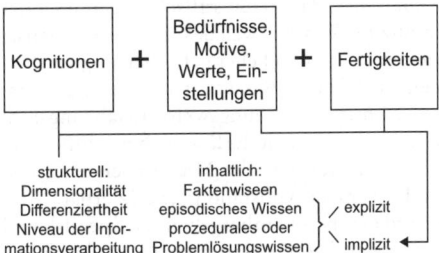

Abbildung 1: Dimensionen des Wissensbegriffs

Oftmals wird der Begriff des Wissens mit der *Kognition* gleichgesetzt. Kognitionen haben eine inhaltliche und eine strukturelle Komponente. Bei der *inhaltlichen* Komponente wird weiter unterschieden in Wissen über Dinge (Faktenwissen), Wissen über Ereignisse (episodisches Wissen) und Wissen über Zusammenhänge (prozedurales oder Problemlösungswissen), das nach *Heideloff* und *Baitsch* (1998) auch als mentales Modell im engeren Sinne bezeichnet werden kann. *Pawlowsky* (1994, S. 259) fasst diese Facetten des intrapersonalen Wissenssystems als „Gesamtheit der Annahmen einer Person über die Realität" zusammen und differenziert ihre *strukturelle* Komponente auf Basis der Theorie menschlicher Informationsverarbeitung anhand der drei Variablen Dimensionalität, Differenziertheit und Niveau der Informationsverarbeitung. Kognitionen sind aber nur eine Ausprägungsform des Wissens. Nach *Lewin* (1942) zählen ebenso die *Bedürfnisse,* →*Motive, Werte, Einstellungen* und *Fertigkeiten* zum individuellen Wissen, wie Abbildung 1 visualisiert. Sie sind Ausgangs- und Endpunkt des Lernprozesses (→Lernen), indem sie die Voraussetzungen definieren und Wahrnehmungen prägen, unter denen eine Verhaltensänderung stattfindet. Im Ergebnis des Lernprozesses ergibt sich wiederum eine Erweiterung des Wissens in einer oder mehrerer der genannten Dimensionen. Individuelles Wissen und situative Bedingungen des →Lernens beeinflussen sich demnach wechselseitig.

Dass individuelles Wissen immer auch im Kontextbezug zu sehen ist, und dabei Situation und Person nicht mehr voneinander zu trennen sind, wird besonders deutlich bei der von *Polanyi* (1962) vorgenommenen Unterscheidung zwischen *explizitem* und *implizitem Wissen*. Danach verfügen Menschen nicht nur über kodifizierbares Wissen, welches kommuniziert und zwischen Kontexten transferiert werden kann, sondern auch über →*Tacit Knowledge*, das heißt stillschweigendes oder implizites Wissen, welches über →Sozialisation erworben und eher gefühlsmäßig verstanden wird. Dieses Wissen ist an einen bestimmten Kontext beziehungsweise Erfahrungshintergrund gekoppelt. Es lässt sich nur innerhalb des Kontextes über das Mit-Erleben erwerben und ist nicht vollständig explizierbar. Aufgrund der damit einhergehenden Spezifik und Knappheit hat die Managementforschung insbesondere dem impliziten Wissen hohe Aufmerksamkeit geschenkt und aus einer ressourcenorientierten Perspektive (→Resource Based View) die Quelle nachhaltiger Wettbewerbsvorteile von Organisationen darin gesehen. An dieser Stelle wird bereits deutlich, dass die Grenzen zwischen individuellem und kollektivem Wissen fließend sind. Dies lässt sich auch an der Unterscheidung der folgenden *Wissensarten* nach *Blackler* (1995) erkennen:

- *Encoded Knowledge* (kodiertes Wissen): Besteht aus Sprache, Zeichen und Symbolen. Encoded Knowledge ist eher eine Vorstufe des Wissens, weil →Daten und →Informationen noch in keinen spezifischen Sinnzusammenhang eines Wissensträgers eingebunden sind und von daher auch noch kein Wissen darstellen können. Wissen unterscheidet sich nach *Bruner* (1990) von Information durch seinen narrativen Kern, welcher Bedeutungsreichtum (Meaning) schafft. Gleichwohl werden Daten und Informationen oftmals – insbesondere beim →Wissensmanagement – als Wissen bezeichnet. Dies ist insofern auch nicht falsch, weil es auf die Perspektive ankommt. Was für Person A Daten und Informationen sind, kann für Person B Wissen sein.

- *Embrained Knowledge* (kognitiv und gefühlsmäßig verstandenes Wissen): Individuelle, konzeptionelle und kognitive Fähigkeiten, auch im Sinne von Abstraktions- und Transferfähigkeiten. Da Lernen nicht nur explizit, sondern auch erfahrungsgeleitet erfolgt, handelt es sich bei Embrained Knowledge auch um implizites, gefühlsmäßig verstandenes Wissen einer Person. Embrained Knowledge ist an den Träger gebunden.

- *Embodied Knowledge* (Handlungsfähigkeit): Interaktionsfähigkeit beziehungsweise das soziale Handlungsvermögen von Individuen. Die an die Person gebundene, durch physische Präsenz und Face-to-Face-Beziehung zum Ausdruck gebrachte Fähigkeit von Individuen im sozialen Kontext wirksam zu werden, ist als eigene Ausdrucksform von Wissen neben den kognitiven Fähigkeiten und dem impliziten Verständnis zu sehen. Durch Embodied Knowledge findet die Verkoppelung des Individuums mit dem Arbeitskontext statt.

- *Embedded Knowledge* (kontextualisiertes Wissen): Organisationswissen in Form von Handlungsroutinen eines komplexen sozialen Systems. Hierbei handelt es sich um kontextgebundenes Wissen, welches unabhängig vom individuellen Wissensträger in dem jeweiligen Kontext verankert ist. Die Entwicklung von Embedded Knowledge, die Unabhängigkeit der →Organisation vom individuellen Wissensträger bildet einen Schwerpunkt des betrieblichen Wissensmanagements.

- *Encultured Knowledge* (kontextbezogene Erneuerungsfähigkeit): Verweist auf die Bedeutung des Lernens beziehungsweise der Weiterentwicklung innerhalb einer Verständigungsgemeinschaft. Hiermit wird die Fähigkeit angesprochen, innerhalb eines sozialen Kontextes implizites und explizites Wissen zwischen Individuen und Organisationen zu dynamisieren, indem das gemeinsame Verständnis über die soziale Realität kontinuierlich erneuert wird. Die aktive Beteiligung des Individuums an kollektiven Verständigungsprozessen zur Konstruktion einer gemeinsam geteilten Wirklichkeit ist

Grundlage organisationaler Erneuerung. Es geht um die Fähigkeit, den sozialen Kontext entwicklungsfähig zu halten. Encultured Knowledge wirkt den Beharrungskräften, die mit implizitem Wissen und Organisationswissen verbunden sein können, entgegen.

An der Darstellung von *Blackler* (1995) zeigt sich, dass organisationales Wissen nicht vollständig zu trennen ist von den individuellen Interaktions- und Verständigungsprozessen, da hierüber Vermittlungsarbeit und Erneuerungsfähigkeit begründet werden. Die vom Träger losgelösten organisationalen Routinen stellen demnach nur einen, den vollständig kontextualisierten Teil des organisationalen Wissens dar. Aus der Beschreibung der Wissensarten ergibt sich ferner, dass es problematisch ist, unterschiedliche Wissensarten in eine Taxonomie zu bringen, d. h. eine Differenzierung von Wissensarten nach Niveaustufen vorzunehmen. Denn alle genannten Wissensarten sind gleichbedeutend, um die →Handlungsfähigkeit von Individuen und Systemen, nicht nur gegenwärtig, sondern auch zukunftsbezogen zu sichern. Damit wird bereits eine zentrale Herausforderung des Wissensmanagements benannt, nämlich Wissen in tatsächliche Handlung (Aktion) zu überführen.

Literatur: Blackler, F.: Knowledge, Knowledge Work and Organizations: An Overview and Interpretation, in: Organization Studies, 16. Jg. (1995), H. 6, S. 1021–1046. *Bruner, J.*: Acts of Meaning. Cambridge, 1990. *Heideloff, F.; Baitsch, C.*: Wenn Wissen Wissen generiert: Erläuterungen rund um ein Beispiel, in: Pawlowsky, P. (Hrsg.): Wissensmanagement, Wiesbaden 1998, S. 67–83. *Lewin, K.*: Feldtheorie des Lernens, in: Baumgart, F. (Hrsg.): Entwicklungs- und Lerntheorien, Bad Heilbrunn 2001, S. 176–192. *Pawlowsky, P.*: Wissensmanagement in der lernenden Organisation, Paderborn 1994. *Polanyi, M.*: Personal Knowledge: Towards a Post-Critical Philosophy, New York 1962.

Uta Wilkens

Wissensarbeit

intellektuelle →Arbeit beziehungsweise Denktätigkeit schlechthin, die in der Regel im interaktiven Austauschprozess erbracht wird.

Der Begriff der Wissensarbeit kristallisierte sich in den späten 1950er Jahren im Zuge der wachsenden Computertechnologisierung heraus und wurde durch die Arbeiten von *Machlup* (1962) populär. Ihm ging es darum, eine qualitative Veränderung in der Arbeit beziehungsweise den ausgeübten Tätigkeiten auf der Grundlage verfügbarer volkswirtschaftlicher Statistiken zu verdeutlichen. Danach ist *White-Collar Work* eine erste, aber letztlich zu unpräzise Begriffsfassung. *Machlup* (1962) konzentrierte sich auf Tätigkeiten, die auf die *Produktion* und *Distribution von* →Wissen gerichtet sind, wobei Wissen vereinfacht als Nachricht, →Information oder →Kommunikation verstanden wird. Obgleich die Grenzen dieser Systematisierung, der zufolge beispielsweise Briefzusteller Wissensarbeit verrichten, Ärzte hingegen nicht, offensichtlich sind, findet sie heute nach wie vor Verwendung.

Der Schwerpunkt der aktuellen, oftmals auch umgangssprachlichen Begriffsfassung zur Wissensarbeit liegt auf dem *Wissensinput* in den Arbeitsprozess. Wissensarbeit zeichnet sich nach *Amar* (2002) durch Ausdeutungs- und Transferanforderungen, Abstraktionsgrad, Integrationserfordernisse, Umgang mit Zeit und Raum sowie Verbreitungsaufgaben aus. Dazu zählen professionalisierte, akademisch und technisch qualifizierte Berufe beziehungsweise Tätigkeiten mit Expertenwissen.

Kritisch bleibt anzumerken, dass der Begriff der Wissensarbeit (wie auch der Begriff der →Wissensarbeiter) im Vergleich zum allgemeinen Wissensbegriff wenig differenziert ist, da lediglich ein objektivistisches, aber kein interpretatives Wissensverständnis zugrunde gelegt wird. Kontextbezug, Verständnis und Verständigung beziehungsweise soziales Handlungsvermögen bleiben unberücksichtigt. In Erweiterung um die Definitionsmerkmale des Wissensbegriffs lässt sich Wissensarbeit als Tätigkeit kennzeichnen, bei der Verständigung durch Sprache, Zeichen und Symbole sowie →Interaktion in einer sozialen Gemeinschaft hergestellt wird, konzeptionelle und kognitive Fähigkeiten zum Einsatz kommen und →Handlungsfähigkeit durch Entwicklung von Routinen und Handlungsalternativen gesichert wird.

Auf diese Weise bezieht man die arbeitsorganisatorischen Charakteristika, die mit Wissensarbeit verbunden sind, in die Definition ein. Wissensarbeit erfolgt nach *Kotthoff* (1997) in der Regel interaktiv und projektbezogen in einer kleineren →Gruppe, die für ein spezielles Funktionsfeld verantwortlich ist, dabei in einer eher weit gefassten Zeitstruktur zwischen Aufgabendefinition und Ergebnis operiert und die Tätigkeit in eine individuelle Entwicklungsgeschichte einbettet.

Literatur: *Amar, A. D.*: Managing Knowledge Workers, London etc. 2002. *Kotthoff, H.*: Führungskräfte im Wandel der Firmenkultur: Quasi-Unternehmer oder Arbeitnehmer?, Berlin 1997. *Machlup, F.*: Knowledge Production and Occupational Structure, 1962 in: *Cortada, J.W.* (Hrsg.): Rise of the Knowledge Worker, Boston etc., 1998, S. 69–90.

Uta Wilkens

Wissensarbeiter

Sammelbegriff für Arbeitskräfte, deren Aufgabenfeld anspruchsvolle, wissensintensive geistige und kreative Tätigkeiten erfordert (engl.: Knowledge Worker).

Hierzu gehören zum Beispiel Informations- und Kommunikationstechnologie-Experten, Designer, Marketingspezialisten, Unternehmensberater, Medienfachleute, Wissenschaftler, Journalisten, Dozenten und Juristen.

Wissensarbeiter sind damit in der Regel, aber nicht zwangsläufig, Professionals, die eine höhere berufsfachliche, meist akademische →Ausbildung absolviert haben. Wissensarbeitern wird von einigen Gesellschaftsdiagnostikern (z. B. von der →Zukunftskommission) eine zunehmende *Verbreitung in* und *Relevanz für* die Arbeitswelt zugeschrieben (Knowledge Economy). Lebensstile von Wissensarbeitern kombinieren häufig Elemente der gesellschaftlichen Mittelschicht mit dem Lebensstil von Künstlern (Bohème). Sie zeichnen sich durch eine größere Unabhängigkeit von den sie beschäftigenden →Organisationen aus als klassische Arbeiter oder →Angestellte. *Florida* (2002) weist daher zu Recht auf den wachsenden Einfluss der so genannten *Creative Class* auf unsere gesamte Lebenswelt hin.

Literatur: *Florida, R.*: The Rise of the Creative Class: And How it's Transforming Work, Leisure, Community and Everyday Life, New York 2002.

Axel Haunschild

Wissensarten

Unterscheidungsformen und Systematisierungsansätze zum Wissensbegriff.

Der Begriff des →Wissens kann auf unterschiedliche Weise klassifiziert werden. Ein grundlegender Klassifikationsansatz richtet sich auf die Trägerebene des Wissens. Hierbei wird *individuelles* Wissen von *kollektivem* Wissen (→Organisationales Wissen) abgegrenzt, welches in →Gruppen, →Organisationen oder Netzwerken verankert ist. Auf der individuellen Ebene wird Wissen weiter differenziert nach unterschiedlichen *psychologischen Konstrukten*. Dazu zählen Kognitionen, die eine inhaltliche und eine strukturelle Komponente aufweisen, Bedürfnisse, →Motive, Werte, Einstellungen und Fertigkeiten.

Ein anderer Klassifikationsansatz unterscheidet zwischen explizitem, kodifizierbarem und transferierbarem Wissen einerseits und implizitem, erfahrungsbasiertem, gefühlsmäßig verstandenem, schwer transferierbarem Wissen andererseits. Diese Differenzierung orientiert sich an dem *Lernprozess* (→Lernen) des Erwerbs und Transfers des Wissens. Sie betrifft die individuelle und organisationale Ebene und zeigt insbesondere, dass auch individuelles Wissen kontexteingebunden ist.

Dass die Grenzen zwischen individuellem und kollektivem Wissen fließend sind, zeigt sich auch an den unter dem Stichwort Wissen ausführlich erläuterten Wissensarten

– Encoded Knowledge,

– Embrained Knowledge,

– Embodied Knowledge,

– Embedded Knowledge und

– Encultured Knowledge.

Diese Klassifikation zielt auf das Zusammenspiel zwischen individuellem Wissen und Handlungskontext ab. Die beiden erstgenannten Wissensarten sind unterschiedliche Ausdrucksformen individuellen Wissens, Embedded Knowledge ist rein organisational in Routinen verankert, wohingegen Embodied und Encultured Knowledge Übergänge zwischen individuellem Wissen und Handlungskontext betreffen.

Die Auseinandersetzung mit unterschiedlichen Wissensarten ist für die Förderung von individuellen und kollektiven Lernprozessen bedeutsam, weil sich Maßnahmen nur auf bestimmte Repräsentationsformen von Wissen beziehen können, beispielsweise →Trainings auf die Entwicklungen von Fertigkeiten oder Mentorenmodelle auf die Teilung impliziten Wissens bzw. Teamlernen auf gemeinsame Wirklichkeitskonstruktionen.

Literatur: *Blackler, F.*: Knowledge, Knowledge Work and Organizations: An Overview and Interpretation, in: Organization Studies, 16. Jg. (1995), H. 6, S. 1021–1046. *Heideloff, F.; Baitsch, C.*: Wenn Wissen Wissen generiert: Erläuterungen rund um ein Beispiel, in: *Pawlowsky, P.* (Hrsg.): Wissensmanagement, Wiesbaden 1998.

Uta Wilkens

Wissensbilanz

Berichtsinstrument zur Darstellung der immateriellen Vermögenswerte beziehungsweise des „→Intellektuellen Kapitals" (einschließlich des →Humankapitals) von Unternehmen.

Die implizite Grundannahme bei der Erstellung von Wissensbilanzen ist, dass sich →Wissen – verfügbar beispielsweise in den Köpfen der Mitarbeiter – als wettbewerbsrelevanter Faktor positiv auf den Unternehmenserfolg auswirkt. Vor diesem Hintergrund ist die in Wissensbilanzen vorgenommene *Inventarisierung* des betrieblichen Wissensvermögens im Idealfall nicht nur Gegenstand der externen Unternehmenskommunikation, sondern zugleich auch ein Beitrag zur Klärung der strategischen Ausrichtung sowie zur internen Steuerung des Geschäfts. Als Sonderform des →Personalberichts sind Wissensbilanzen eng verknüpft mit dem betrieblichen →Wissensmanagement und dem Konzept der lernenden →Organisation.

Der Begriff Wissensbilanz wird für teilweise unterschiedliche Konzepte und Instrumente verwendet, nämlich häufig einfach als Synonym für *Human* oder *Intellectual Capital Statements*, oft aber auch als Name ganz spezifischer Methoden beziehungsweise Formate zur Erfassung und Kommunikation immaterieller Vermögensgüter. Die Gemeinsamkeit aller üblichen Verwendungszusammenhänge besteht darin, dass – entgegen der suggestiven Begrifflichkeit – nie tatsächlich „Wissens"-bestände vollständig dokumentiert und offengelegt, geschweige denn nach gesetzlichen Regeln „bilanziert" werden. Vielmehr beinhalten Wissensbilanzen – nach dem Ermessen der berichtenden Unternehmen zusammengestellte – Informationen über wissensrelevante Facetten der eigenen Geschäftstätigkeit sowie über deren Wertschöpfungsbeitrag. Einen Einblick in die Bandbreite bestehender Wissensbilanz-Konzepte gibt die folgende Auswahl.

Die als *lernzeitbasierte Wissensbilanz* konzipierte Methode „WissensBilanz" dient als Kompetenzmanagementinstrument zum Abgleich arbeitsplatzbezogener →Anforderungs- und personenbezogener Fähigkeitsprofile; hierzu werden so genannte *Lernzeiten* als personenneutrale Messgröße für die spezifischen Anforderungen eines bestimmten Arbeitsplatzes definiert (*Lingemann* 2001). Die Lernzeit ist die Zeit, „die eine grundsätzlich geeignete Person mit durchschnittlicher Begabung nach Abschluss der allgemeinbildenden Schule und ohne Vorkenntnisse benötigt, um eine Aufgabe selbständig und in angemessener Zeit (z. B. REFA-Normalleistung) ausführen zu können. Die Lernzeit ist somit die Gesamtzeit, die erforderlich ist, alle Kenntnisse, Fertigkeiten und Erfahrungen zur Erfüllung einer Aufgabe zu erwerben" (*Lingemann* 2001, S. 176). Diese personenneutrale Lernzeit beschreibt damit das arbeitsplatznotwendige Wissen, bezeichnet als *WissenSystem* (WS). In einem zweiten Schritt wird der individuelle Wissensstand der Beschäftigten beispielsweise anhand absolvierter Lehrgänge erfasst, bezeichnet als *WissenMensch* (WM); dazu werden die für einzelne Qualifikationen veranschlagten Lernzeiten dem persönlichen Wissenskonto des jeweiligen Mitarbeiters zugebucht. Der anschließende Abgleich von Anforderungs- und Qualifikationsprofilen erlaubt dann die exakte Identifizierung etwaiger Qualifizierungslücken und resultierenden Weiterbildungsbedarfs. Abbildung 1 zeigt ein nach der Logik der Methode gestaltetes Beispiel.

Abbildung 1: Beispiel für eine personenbezogene lernzeitbasierte „WissensBilanz" (*Scholz/Stein/Bechtel* 2006, S. 92)

Wissensbilanz [in Stunden]		
Wissen des Systems (W_S)		Wissen des Menschen (W_M)
Maschine „Typ K46a" bedienen	32	Maschine „Typ K46a" bedienen	32
Maschine „Typ K46a" warten	17	Maschine „Typ K46a" warten	0
Produktqualität kontrollieren	23	Produktqualität kontrollieren	20
Wissen$_{System}$	**72**	**Wissen**$_{Mensch}$	**52**
		Qualifikationsbedarf	20
„Wissensbilanzsumme" = 72		

Eine Anwendung der lernzeitbasierten Wissensbilanzmethode scheint insbesondere für manuelle Tätigkeiten im Fertigungsbereich möglich, da hier fähigkeitsbezogene Anforderungen vergleichsweise einfach beschreibbar und Lernzeiten relativ genau quantifizierbar sind. Sie kommt im Zuge eines weltweiten Wissensmanagements beispielsweise bei Volkswagen zum Einsatz und dient dort als Grundlage der Entwicklung von Fachwissen (*Volkswagen AG 2007*).

Weit verbreitet ist die Übersetzung und Interpretation des aus Dänemark stammenden Modells für *Intellectual Capital Statements* als *kennzahlenbasierte Wissensbilanz* (*Danish Agency 2000, Danish Ministry 2003*). Die von der dänischen Regierung seit einigen Jahren aktiv forcierte Unternehmensberichterstattung über die betrieblichen Wissensressourcen versteht sich als integraler Bestandteil des Wissensmanagements und als Voraussetzung für die Erzielung nachhaltigen Erfolges. Die publizierten Leitfäden zur Erstellung und Analyse derartiger Intellectual Capital Statements unterscheiden vier elementare Bestandteile:

1. *Knowledge Narrative*: Eine einführende „Story" gibt zunächst Aufschluss über den Nutzenbeitrag der Produkte und Dienstleistungen sowie die spezifischen Gegebenheiten des Unternehmens, etwa im Hinblick auf seine Ressourcensituation.

2. *Management Challenges*: Anschließend werden die mit Blick auf die Umsetzung dieser Story im Wissensmanagement verankerten Herausforderungen skizziert.

3. *Actions* beziehungsweise *Initiatives*: Darauf aufbauend folgt eine Beschreibung der konkreten Aktivitäten, mit denen die geschilderten Herausforderungen bewältigt werden sollen.

4. *Indicators*: Schließlich werden pro Aktivität eine oder mehrere Kenngrößen zur Abbildung der Maßnahmen und zur Dokumentation des erzielten Fortschritts erhoben und berichtet.

Diese vier Elemente werden dann in einem mithilfe von Texten, graphischen Illustrationen und Kennzahlen gestalteten Bericht, dem Intellectual Capital Statement, zusammengeführt.

Eine weitere Form der *kennzahlenbasierten Wissensbilanz* folgt dem Vorbild der *Austrian Research Centers GmbH* (*ARC*) (2003), die seit 1998 Standardsetzer und Vorbild auf dem Gebiet der Wissensbilanzierung für eine Anzahl von Organisationen insbesondere im Hochschul- und Forschungsbereich sind (*Leitner et al.* 2001, *Blum* und *Borrmann* 2004); vor diesem Hintergrund kommt das *ARC*-Wissensbilanz-Modell beispielsweise auch beim *Deutschen Zentrum für Luft- und Raumfahrt e.V.* oder bei der *Oesterreichischen Nationalbank* zum Einsatz. Dieser österreichische Wissensbilanz-Ansatz verdankt seine Popularität nicht zuletzt dem Umstand, dass die Verpflichtung zur regelmäßigen Aufstellung von Wissensbilanzen in Österreich für Universitäten seit 2005 gesetzlich vorgeschrieben ist. Die Berichterstattung wissensintensiver Unternehmen über ihr immaterielles Vermögen nach dem ARC-Modell folgt einer Input-Prozess-Output-Sequenz: Basierend auf der →Vision und den generellen Zielen einer Organisation werden zunächst deren spezifische Wissensziele definiert; anschließend werden – der Dreiteilung in Humankapital, Strukturkapital und Beziehungskapital folgend – die dem Intellektuellen Kapital der Organisation inhärenten Wertschöpfungspotenziale identifiziert. Die Transformation dieser Potenziale in reale Ergebnisse wird über zentrale Kernprozesse beschrieben. Schließlich erfolgt eine Darstellung der immateriellen sowie der finanziellen Ergebnisse. Aus den Ergebniswirkungen können dann wieder Rückkoppelungsschleifen in Richtung der immateriellen Wertschöpfungspotenziale der Organisation abgeleitet werden. Die verschiedenen Bestandteile der Wissensbilanz werden mit Kennzahlen hinterlegt; so werden etwa zur Abbildung des Humankapitals üblicherweise verschiedene Personalstrukturdaten herangezogen, zum Beispiel Mitarbeiterzahl, Betriebszugehörigkeit, →Fluktuation, Frauenanteil in Führungspositionen und →Altersstruktur. Dabei folgt die Auswahl der als relevant erachteten Kennzahlen idealerweise der übergeordneten →Strategie.

Eine deutsche Ausprägung der *kennzahlenbasierten Wissensbilanz* geht zurück auf das vom *Bundesministerium für Wirtschaft und Arbeit* (*BMWA*) (2004) durchgeführte Projekt „Wissensbilanz – Made in Germany". Ziel dieses Projektes war es, die Wissensbilanz als Methode zur systematischen Erfassung, Darstellung und Bewertung des als erfolgskritisch wahrgenommenen, aber nur schwer greifbaren immateriellen Vermögens speziell für Unternehmen des Mittelstandes nutzbar zu machen. Die Logik des Modells (Abbildung 2) ähnelt dem österreichischen Ansatz: Ausgehend von der Vision und Strategie einer Organisation werden konkrete Maßnahmen abgeleitet, die sich ihrerseits in Geschäftsprozessen

Abbildung 2: Das Wissensbilanz-Modell des „Arbeitskreises Wissensbilanz" (*Bundesministerium für Wirtschaft und Arbeit* 2004, S. 15)

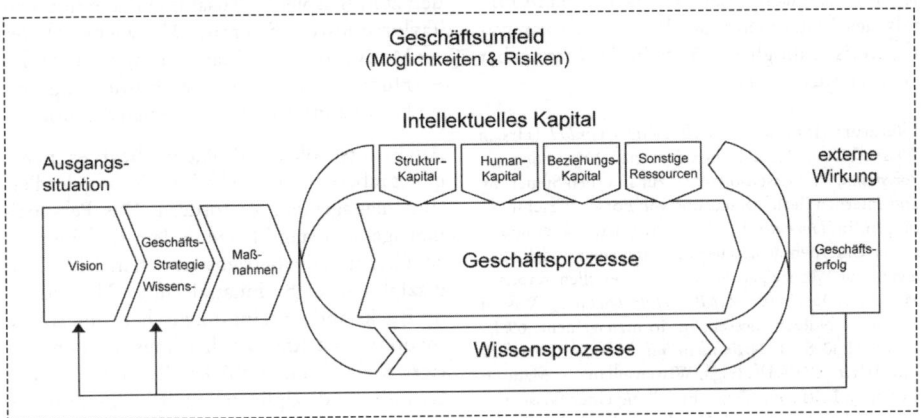

niederschlagen; zugleich werden hierdurch Wissensprozesse angestoßen, die das Intellektuelle Kapital (Humankapital, Strukturkapital, Beziehungskapital) in die Leistungserstellung integrieren; die Erstellung der Wissensbilanz umfasst dann unter anderem die Messung beziehungsweise Bewertung dieser immateriellen Einflussfaktoren, die insgesamt den Geschäftserfolg am Markt determinieren. Als Instrument zur strukturierten Darstellung und Entwicklung der immateriellen Unternehmenswerte einer Organisation zeigt die Wissensbilanz damit die Zusammenhänge zwischen den Organisationszielen, den Prozessen, dem Intellektuellen Kapital und dem resultierenden Geschäftserfolg auf und beschreibt diese Komponenten mithilfe von Indikatoren.

Ebenfalls unter dem Namen Wissensbilanz diskutiert werden schließlich das von *North*, *Probst* und *Romhardt* (1998) vorgestellte mehrstufige Indikatorensystem, die von *Bürgel* und *Luz* (2000) als Erfolgsindikator für Wissensmanagement vorgeschlagene Wissensbilanzierungsmethode ebenso wie bspw. die Ansätze *Intangible Assets Monitor*, *Intellectual Capital-Index*, *Skandia Navigator*, *IC-Rating* und vereinzelt auch die →*Balanced Scorecard* (*Scholz*, *Stein* und *Bechtel* 2006). Ihnen allen gemeinsam ist ebenfalls die Zielsetzung, →Informationen zu den immateriellen Vermögenswerten von Organisationen bereit zu stellen.

Einen Einblick in die Bandbreite der unter dem Sammelbegriff Wissensbilanz subsumierten Ansätze und Verfahren bieten *Mertins*, *Alwert* und *Heisig* (2005) in ihrem Herausgeberband: Darin werden einige der wichtigsten (europäischen) Methoden zur Wissensbilanzierung vorgestellt. Durch die Vielfalt der dort skizzierten konkurrierenden Vorschläge wird zugleich die Heterogenität der Wissensbilanzthematik deutlich, die eine →Standardisierung des Berichtsformates in absehbarer Zeit nicht erwarten lässt.

Zusammenfassend ist festzustellen, dass der deskriptive Charakter der verschiedenen Wissensbilanz-Konzepte in Form verbaler Statements und Kennzahlen einen wertvollen Beitrag zur – auch personalwirtschaftlichen – Transparenz leistet. Insofern eine unmittelbare Anknüpfungsmöglichkeit an personalbezogene Berichtsformate besteht, sind die sich hier erschließenden Kommunikationsmöglichkeiten durchaus interessant. Gleichwohl ist anzumerken, dass die unternehmensspezifische Erarbeitung *maßgeschneiderter* Informationen und Indikatorenkataloge stets das Resultat subjektiver Selektion ist, die womöglich nur bedingt dem Kriterium *strategische Relevanz* folgt. Dies birgt die Gefahr einer bloßen Datensammlung und erschwert Vergleiche zwischen Unternehmen, zumal monetäre Bewertungen des Intellektuellen Kapitals beziehungsweise des Humankapitals in der Regel unterbleiben. Insofern es jedoch auch nicht *ungefährlich* ist, wirklich aussagekräftige Details preiszugeben, da dies zugleich Stärken und Schwächen auch für Wettbewerber und Investoren transparent macht, ist ein Entkommen aus diesem grundsätzlichen Dilemma nicht zu erwarten: So ist ein selbstkritisches Offenlegen strategisch relevanter Sachverhalte mittels des Instruments der Wissensbilanz zwar theoretisch möglich, dürfte in der Praxis aber eher die Ausnahme bleiben.

Literatur: *Austrian Research Centers GmbH* (Hrsg.): Wissensbilanz 2003, Seibersdorf etc. 2004. *Blum, J.; Borrmann, R.*: Wissensbilanzen zur internen Steuerung und externen Berichterstattung von Forschungseinrichtungen, in: *Horváth, P.; Möller, K.* (Hrsg.): Intangibles in der Unternehmenssteuerung. Strategien und Instrumente zur Wertsteigerung des immateriellen Kapitals, München 2004, S. 405–417. *Bürgel, H. D.; Luz, J.*: Wissen nutzen – Nutzen messen, in: io management, 69. Jg. (2000), H. 10, S. 18–24. *Bundesministerium für Wirtschaft und Arbeit (BMWA)*(Hrsg.): Wissensbilanz – Made in Germany. Leitfaden 1.0 zur Erstellung einer Wissensbilanz, Dokumentation H. 536, Bergheim 2004. *Danish Agency for Trade and Industry* (Hrsg.): A Guideline for Intellectual Capital Statements – A Key to Knowledge Management, Copenhagen 2000. *Danish Ministry of Science, Technology and Innovation* (Hrsg.): Intellectual Capital Statements, Copenhagen 2003. *Leitner, K.-H. et al.*: Wissensbilanzierung für Universitäten, Wien etc. 2001. *Lingemann, H.-F.*: Wissensbilanz. Instrument für die Personalarbeit, in: FB/IE – Zeitschrift für Unternehmensentwicklung und Industrial Engineering, 50. Jg. (2001), S. 175–177. *Mertins, K.; Alwert, K.; Heisig, P.* (Hrsg.): Wissensbilanzen. Intellektuelles Kapital erfolgreich nutzen und entwickeln, Berlin etc. 2005. *North, K.; Probst, G. J. B.; Romhardt, K.*: Wissen messen – Ansätze, Erfahrungen und kritische Fragen, in: Zeitschrift Führung + Organisation, 67. Jg. (1998), H. 3, S. 158–166. *Scholz, C.; Stein, V.; Bechtel, R.*: Human Capital Management. Wege aus der Unverbindlichkeit, 2. Aufl., München/Unterschleißheim 2006. *Volkswagen AG* (Hrsg.): Wissensmanagement, Wissensbilanz 2007.

Roman Bechtel

Wissenschaftliche Unternehmensführung
→ Scientific Management

Wissenschaftstheoretische Einordnung des Personalmanagements

betrifft wesentlich die Frage, wie wissenschaftliche Aussagen zum →Personalmanagement zustande kommen, welchen erkenntnistheoretischen Status sie besitzen, wie theoretische und empirische Aussagen im Zusammenhang zueinander stehen und wie mit solchen Aussagen in der Praxis umgegangen wird.

Im Personalmanagement sind diese Fragen von besonderer Brisanz, weil offensichtlich immer der Mensch im Mittelpunkt des Erkenntnisinteresses steht und darum ein Manipulationsverdacht oder der Verdacht ideologischer Voreingenommenheit immer nahe liegen (→Personal-Ideologien). Diese Aspekte werden zum Beispiel im Zusammenhang mit dem Taylorismus (→Scientific Management), der →Motivation von Mitarbeitern, der Idee des →Humankapitals oder der Einführung von →Personalinformationssystemen diskutiert.

Angesichts solcher Probleme liegt es nahe, eine saubere theoretische Fundierung des Personalmanagement zu fordern. Das Personalmanagement stand lange in dem Ruf, hier gegenüber anderen betriebswirtschaftlichen Teildisziplinen (z. B. Finanzierung, Marketing) im Rückstand zu sein; inzwischen sind solche theoretischen Ansätze allerdings stark proliferiert, vielfach unter Rückgriff auf spezifische Grundlagendisziplinen (z. B. ökonomische Theorien, Verhaltenswissenschaften). Diese Theorien und die daraus abgeleiteten Forschungshypothesen werden vielfach auch einer empirischen Überprüfung ausgesetzt, die (meist implizit) den Anspruch der Annäherung an die Wahrheit erheben. Beispiele hierfür sind die umfangreichen Forschungen zur Führungskräftevergütung (Executive Compensation) und zur →Personalauswahl. In einschlägigen Überblicksarbeiten wird allerdings regelmäßig festgestellt, dass die verwendeten Konstrukte sehr unterschiedlich operationalisiert und gemessen werden (insb. dann, wenn als abhängige Variable die „Performance" erfasst werden soll) und die verwendeten statistischen Methoden mit erheblichen Problemen verbunden sind. Es ist deshalb wenig verwunderlich, dass auch die Forschungsergebnisse wenig konsistent sind und von einem wirklichen „Erkenntnisfortschritt" kaum gesprochen werden kann.

Wie in anderen betriebswirtschaftlichen Teildisziplinen muss auch im Personalmanagement die „Rigor versus Relevance"-Frage gestellt werden. *Lewin* (1951) hatte die These aufgestellt, dass „nichts so praktisch sei wie eine gute Theorie"; die soeben angesprochenen, teilweise sehr sophistizierten Forschungsarbeiten können einen solchen Anspruch aber kaum noch ernsthaft erheben. Interessant sind in diesem Zusammenhang Arbeiten, die sich theoretisch mit der Frage auseinandersetzen, warum bestimmte Theorien nur so zurückhaltend in der Unternehmenspraxis aufgenommen werden. *Brandl* und *Welpe* (2006) greifen in diesem Zusammenhang etwa auf die interpretative Accounting-Forschung zurück, um die noch geringe Diffusion des Humankapitalansatzes zu erklären. Umgekehrt könnte auch theoretisch und empirisch erforscht werden, wie die Anwendung theoretischer und empirischer Erkenntnisse die Praxis verändert. Dies entspricht der Idee eines selbstreferentiellen Forschungskonzeptes, das durch die neuere →Systemtheorie propagiert wird.

Literatur: *Brandl, J.; Welpe, I.*: Ursachen der Ablehnung von Human Capital Management seitens der Unternehmensführung, in: Die Betriebswirtschaft, 66. Jg. (2006), H. 5, S. 542–560. *Lewin, K.*: Field Theory in Social Science, New York 1951.

Dodo zu Knyphausen-Aufseß
Lars Schweizer

Wissensdiagnostik

zielt darauf ab, die Wissensbestände und Prozesse des →Wissensmanagements in →Organisationen, die als organisationale →Kernkompetenzen verstanden werden können, abzubilden und dabei Ansatzpunkte für Interventionen zu erkennen, um Maßnahmen des Wissensmanagements gezielter einsetzen zu können.

Obgleich die eng mit der →Kompetenzdiagnostik verwandte Wissensdiagnostik unmittelbar am Wissensmanagement ansetzt, liegen ihre Wurzeln nicht bei den Grundlagen →organisationalen Lernens. Vielmehr entstammen sie der Logik des ressourcenorientierten Ansatzes (→Resource Based View) und des Dynamic Capability Approach, die auf die wettbewerbsvorteilssichernde Bedeutung spezifischer Ressourcenbündel der Organisation sowie der organisationalen Erneuerungspotenziale hinweisen. Vor diesem Hintergrund wird →organisationales Wissen als zu diagnostizierende →Kernkompetenz verstanden. Dabei lassen sich die Ansätze generell danach unterscheiden, ob sie Wissensbestände erfassen – wobei die dabei verwendeten Strukturdaten (→Wissensmessung) in der Regel nicht die Kriterien erfüllen, um von Kernkompetenzen sprechen zu können – oder ob sie Wissensprozesse abbilden, die unter dem Gedanken der dynamischen Fähigkeiten eine wettbewerbsrelevante Rolle spielen können. Unterschiedliche Ansätze dazu werden unter dem Stichwort Kompetenzdiagnostik näher beschrieben.

Eine spezielle Methode der Wissensdiagnostik hat sich bislang nicht herausgebildet. Oftmals werden jedoch →Mitarbeiterbefragungen durchgeführt, um zu einer Datenbasis zu gelangen.

Uta Wilkens

Wissensgenerierung →Wissensmanagement

Wissensgesellschaft

Sammelbegriff für grundlegende Veränderungen des Wirtschaftens und Arbeitens, die auch das institutionelle Gefüge und die gesellschaftlichen Ordnungsmuster betreffen.

Wichtige Vorarbeiten zum Themenfeld Wissensgesellschaft hat *Bell* (1976) geleistet, der den →Wandel von der Industrie- zur Dienstleistungsgesellschaft unter anderem an der Veränderung der Berufsstruktur zu Gunsten höherqualifizierter Tätigkeit, einer wachsenden Bedeutung theoretischen →Wissens und einer zunehmenden Technologiebasierung festmacht. Später wurde deutlich, dass die Wissensanreicherung in den Wertschöpfungsprozessen gleichermaßen Industrie- und Dienstleistungsbereiche betrifft. Im industriellen Sektor findet eine Immaterialisierung der →Wertschöpfung statt und innerhalb des Dienstleistungssektors gewinnen sekundäre Dienstleistungen, wie Forschen, Entwickeln, Lehren, Publizieren, Beraten gegenüber primären Dienstleistungen, zu denen allgemeine Büro- und Unterstützungsdienste zählen, an Bedeutung.

Toffler (1993) und *Drucker* (1993) heben in diesem Zusammenhang den relativen Bedeutungsgewinn von →Wissen gegenüber den Produktionsfaktoren Boden und Kapital hervor. In der Folge können sich gesellschaftliche Kräfteverhältnisse verschieben, da nicht mehr die →Arbeitgeber, sondern die abhängig Beschäftigten im Besitz der zentralen Produktionsfaktoren sind.

Durch *Stehr* (1994) werden die veränderten Grundprinzipien des Wirtschaftens in einen weiteren gesellschaftlichen Kontext eingebettet. Danach geht die Entmaterialisierung der Wertschöpfung einher mit einer wachsenden Zahl von Arbeitsplätzen, die wissensfundierte →Arbeit einfordern, und einer Neudefinition von Zeit, Ort und Geschwindigkeit, das heißt mit einem Wandel von Ordnungsmustern, wie sie unter Bedingungen der Industriegesellschaft geformt wurden. Zudem ist eine Volatilität der Gesellschaft zu beobachten, da Staaten tendenziell an Handlungs- und sozialer Regulationsfähigkeit gegenüber einzelnen und kleinen →Gruppen verlieren, in deren Folge sich →Konflikte nur noch schwer kanalisieren und kollektiv lösen lassen. Die Bedeutung von Wissen zeigt sich in solch einem System im sozialen Handlungsvermögen, indem Wissen neue Handlungsalternativen offeriert.

Kritisch ist anzumerken, dass unterschiedliche Ansätze der Wissensgesellschaft weder eine übereinstimmende Begriffsfassung erkennen lassen, noch ein eindeutiges Indikatorensystem benennen, um die Wissensgesellschaft von vorausgegangenen Gesellschaftsformen abzugrenzen. Zeitangaben für den Beginn der Wissensgesellschaft schwanken zudem zwischen dem Ende des zweiten Weltkriegs und dem Ausgang des 20. Jahrhunderts. Offen bleibt auch, welche Gesellschaften unter die These gefasst werden und welche nicht. Empirisch gestützte Argumente beschränken sich oftmals auf Tertiarisierungstendenzen in den USA; gleichzeitig wird mit der These aber ein globaler Wandel beschrieben, der die Auflösung gesellschaftlicher Grenzen einschließt und sich überdies nicht auf wachsende Dienstleistungsanteile beschränkt. Der Vorwurf der undifferenzierten Argumentationsführung lässt sich bei der Auseinandersetzung mit der These von der Wissensgesellschaft nicht ohne weiteres ausräumen. Ist man jedoch bereit, sich auf den Grundgedanken einzulassen und viele kleine Einzelindikatoren als empirische Fundierung der These zu akzeptieren, so hat sie hohen heuristischen Wert, um aufmerksam auf neue Problemperspektiven zu machen. In diesem Sinne erfüllt sie auch eine wichtige Funktion für die personalwirtschaftliche Forschung, indem sie neue Forschungsfragen beispielsweise im Zusammenhang mit der Bildungspolitik, der →Erwerbsbiographie und Sicherung von Beschäftigungsfähigkeit (→Employability), der Herausbildung neuer Arbeitskrafttypen mit veränderten Identitäten (→Arbeitskraftunternehmer), der →Entgrenzung von Individuen und →Organisationen oder veränderten Kräfteverhältnissen zwischen Kapital und Arbeit, die veränderte Formen der Arbeitsregulation einschließen, aufwirft.

Die kritische Diskussion hat weniger eine komplette Ablehnung der These hervor gebracht, sondern sich auf den Aussagewert einzelner Indikatoren gerichtet, durch die veränderte Ordnungsprinzipien unterlegt werden sollen (*Bosch* 2001).

Literatur: *Bell, D.*: The Coming of Post-Industrial Society. A Venture in Social Forecasting, New York 1976. *Bosch, G.*: Konturen eines neuen Normalabseitsverhältnisses, in: WSI Mitteilungen (2001), H. 4, S. 219–230. *Drucker, P.*: Die postkapitalistische Gesellschaft, Düsseldorf etc. 1993. *Stehr, N.*: Knowledge Societies: The Transformation of Labour, Property and Knowledge in Contemporary Society, London 1994. *Toffler, A.*: Machtbeben. Der globale Vorstoß der Informationseliten, Düsseldorf etc. 1993.

Uta Wilkens

Wissensintensive Organisationen

Kennzeichnung von →Organisationen, deren Output (produziertes →Wissen) oder deren Input in Form von Problemlösungsfähigkeit im Zusammenhang mit intellektuellen Leistungen und Verständigungsprozessen steht.

Klassifizierungsvorschläge konzentrieren sich entweder stärker auf den Output oder den Input des Arbeitsprozesses. Die Richtung, die auf den *Wissensoutput* blickt, fokussiert Organisationen, die Wissen produzieren. Dabei wird ein objektivistisches Wissensverständnis zu Grunde gelegt, welches die interpretativen, konstruktivistischen Elemente von Wissen ausklammert. In der Folge würde man alle Organisationen, die mit der Verbreitung von →Information beschäftigt sind, als wissensintensiv ansehen, obgleich ihre internen Abläufe und Methoden stark standardisiert und repetitiv sein können, so dass sie nicht den Kriterien von →Wissensarbeit im Sinne von Abstraktions-, Transfer- und interaktionsbasierter Vermittlungsleistung entsprechen.

Die Richtung, die den *Wissensinput* ins Zentrum stellt, setzt sich mit den betrieblichen Wertschöpfungsprozessen auseinander. Nach *Starbuck* (1992) sind wissensintensive Unternehmen dadurch gekennzeichnet, dass bei ihnen Wissen in Abgrenzung zu Kapital und →Arbeit den Hauptinputfaktor in den Leistungserstellungsprozess bildet. *Starbuck* (1992) hebt hervor, dass unter den Begriff der wissensintensiven Organisation auch Unternehmen gefasst werden können, die Wissensoutput erzeugen, es bei einem auf den Input konzentrierten Definitionsansatz aber besser gelingt, auch die Wissensintensität im Wertschöpfungsprozess von Produktionsunternehmen zu beschreiben. Der ökonomische Erfolg dieser Unternehmen wird entscheidend durch eine entsprechende Wissensorganisation – Organisation als Prozess – mitbestimmt.

Allerdings warnt *Starbuck* (1992) vor einer zu weit gefassten Begriffsauslegung, indem er die spezifische Expertise als konstitutives Merkmal einer wissensintensiven Organisation fordert. Diese Bedingung erfüllt insbesondere →organisationales Wissen, weil die Expertise in den Interaktionen und Prozessen verankert ist. Hingegen ist fachbezogenes Expertenwissen stärker kodifiziert und von daher weniger originär und spezifisch.

Aus der Perspektive des ressourcenorientierten Ansatzes (→Resource Based View) wird die Argumentation von *Starbuck* einerseits gestützt, andererseits aber deutlich, dass Input nicht ganz die treffende Bezeichnung für die Rolle von Wissen in wissensintensiven Unternehmen ist. Wissen ist vielmehr die *Ressource*, die Leistungserstellung ermöglicht. Der Begriff Input deutet auf einen Verbrauch im Leistungserstellungsprozess hin. Dies ist bei Wissen jedoch nicht der Fall. Wissen generiert vielmehr unterschiedliche Handlungsmöglichkeiten in diesem Prozess.

Abbildung 1: Art der Wissensnutzung in unterschiedlichen Wissensorganisationen (*Blackler* 1995, S. 1030)

Problem-lösungsstrategie	Problemart	
	vertraute Probleme	neue Probleme
kollektiv	routinisierte Organisation: in Technologien, Regeln und Verfahren enthaltene Routinen (Embedded Knowledge)	kommunikationsintensive Organisation: kollektive Entwicklungs- und Verständigungsprozesse (Encultured Knowledge)
individuell	expertenabhängige Organisation: Know-how und direkte Interaktion von Individuen (Embodied Knowledge)	symbolanalytische Organisation: Transfer- und Abstraktionsfähigkeit von Individuen (Embrained Knowledge)

Eine weiterführende Differenzierung zwischen wissensintensiven Organisationen nimmt *Blackler* (1995) vor, der die Art des Wissenseinsatzes im Zusammenhang mit dem Grad der →Standardisierung des Problemlösungsprozesses und der Notwendigkeit der kollektiven Problembearbeitung betrachtet, wie in Abbildung 1 visualisiert wird.

In der routinisierten Organisation werden vertraute Probleme auf kollektiver Basis mithilfe von Technologie, Regeln und Verfahren gelöst. Erfolgt die Problembearbeitung eher individuell auf der Grundlage von Know how und individueller →Interaktion mit dem Leistungsempfänger, spricht *Blackler* (1995) von der expertenabhängigen Organisation. Richtet sich die individuelle Problembearbeitung auf neuartige Probleme, so sind Transfer- und Abstraktionsfähigkeiten gefordert. *Blackler* (1995) wählt dafür die Bezeichnung der symbolanalytischen Organisation. In der Tendenz (siehe Pfeile in der Abbildung 1) sieht er eine Schwerpunktverlagerung zur kommunikationsintensiven Organisation, in der auf der Grundlage kollektiver Entwicklungs- und Verständigungsprozesse neuartige Probleme gelöst werden. Auch hier zeigt sich, dass ein an Interaktion und Interpretation geknüpfter Wissensbegriff den Charakter von wissensintensiven Organisationen am besten unterlegen kann.

Literatur: *Blackler, F.*: Knowledge, Knowledge Work and Organizations: An Overview and Interpretation, in: Organization Studies, 16. Jg. (1995), H. 6, S. 1021–1046. *Starbuck, W. H.*: Learning by Knowledge-intensive Firms, in: Journal of Management Studies, 29. Jg. (1992), H. 6, S. 713–740.

Uta Wilkens

Wissenskapital →Intellektuelles Kapital, →Wissensmessung

Wissensmanagement

Aktivitäten, die auf die Identifikation, Erzeugung, Teilung, Verankerung und Anwendung von →Wissen in Organisationen gerichtet sind.

Das Management von Wissen steht im Zusammenhang mit der Unterstützung organisationaler Lernprozesse (→Organisationales Lernen). Durch Maßnahmen des Wissensmanagements soll der organisatorische Wandel (→Organisatorischer Wandel) indirekt beeinflusst werden, beispielsweise indem strategierelevantes Wissen aus den Subsystemen der Organisation besser zu den Entscheidungsverantwortlichen gelangt, die Organisation neue Deutungsmuster über die Umwelt entwickelt, um ihr Überleben dauerhaft zu sichern, oder bewährte Routinen in Form von Standard Operating Procedures in organisationsinterne Datenbanken zur kollektiven Verfügung eingespielt werden. Exemplarisch wurden damit drei ganz unterschiedliche Möglichkeiten aus einer Vielzahl von Ansatzpunkten des Wissensmanagements genannt.

Wissensmanagement wird in der Literatur als Prozess verstanden, der insbesondere an den unterschiedlichen Phasen organisationalen Lernens ansetzt. Obgleich hierzu in der internationalen Managementforschung zahlreiche Modelle entwickelt wurden, lassen sie eine große Ähnlichkeit erkennen. *Schindler* (2001) stellt elf Modelle vergleichend gegenüber und resümiert dabei, dass die Modelle teilweise zwar unterschiedliche Bezeichnungen wählen, letztlich jedoch das gleiche meinen. Übereinstimmend betonen sie die geringe Trennschärfe zwischen den Phasen des Wissensmanagements (z. B. Identifikation, Diffusion, Interpretation) wie auch den Umstand, dass diese nicht notwendigerweise sequentiell durchlaufen werden müssen. Unterschiede bestehen lediglich dahingehend, dass einzelne Autoren sich auf einen bestimmten Prozess besonders konzentrieren, wie beispielsweise *Nonaka* (1994) die Wissensgenerierung fokussiert. Eine ausschnittsweise Zusammenstellung über die Phasenmodelle des Wissensmanagements, die vorwiegend in der zweiten Hälfte der 1990er Jahre entwickelt wurden, gibt Übersicht 1.

Übersicht 1: Typische Beschreibungen von Wissensmanagementprozessen

Vertreter	Prozesse des Wissensmanagements
Pawlowsky 1994, 1998	Identifikation und Generierung Diffusion Integration und Modifikation Aktion
von Krogh/Venzin 1995	Identifikation Entwicklung Kompetenzbildung Innovationsmanagement
Probst/Raub/Romhardt 1997	Identifikation Erwerb Entwicklung (Ver)Teilung Nutzung Bewahrung Bewertung Verankerung
Boisot 1998	Scanning Problemlösen Abstraktion Diffusion Absorption Anwendung
Zack 1999	Creating Locating Capturing Sharing Expertising

Mit Ausnahme des Modells von *Zack* (1999), welches auf Informationsmanagement (→Information) beschränkt ist, legen die Ansätze einen Wissensbegriff zu Grunde, der auch implizite und interpretative Elemente enthält (→Organisationales Wissen). Dass sich je nach dem Grundverständnis von Wissen, dem Zielfokus der Organisation und der zu Grunde gelegten Steuerungslogik auch das Aufgabenspektrum des Wissensmanagements komplett verändert, veranschaulicht *Schneider* (2001) im *Grazer Metamodell des Wissensmanagement*. Versteht man Wissen als Bestand im Sinne von Fakten- und Problemlösungswissen, welches es zu multiplizieren gilt, und legt dabei ein mechanistisches Organisationsverständnis zu Grunde, so gelangt man zu einem tayloristischen Wissensmanagement, welches bereits von *Taylor* (1913) (→Scientific Management) proklamiert wurde. Danach sollte das individuelle Handlungswissen der Arbeitskraft abgeschöpft und in die Routinen und Verfahren der Organisation eingespeist werden. In neueren Arbeiten erkennt man Wissensmanagement nach tayloristischer Manier, so *Schneider* (2001, S. 35f.), daran, dass der Fokus „auf standardisierter Darstellung, Speicherung und Zur-Verfügung-Haltung von Wissen" liegt, was im Kern informationstechnisch bewältigt wird. „Lessons Learned, Best Practices und Standards werden in Intranets bereitgehalten", Sprachregelungen vereinheitlicht und ähnliches. Demgegenüber steht nach *Schneider* (2001) ein Wissensmanagement, wie es dem Kerngedanken der lernenden Organisation entspricht. Wissen beschreibt danach einen Prozess wachsenden Verständnisses in einem eigendynamischen komplex-adaptiven System, in dem lediglich eine indirekte Rahmensteuerung erfolgen kann, wobei aus der Dynamik Innovationen hervorgehen. Wissensmanagement unterstützt dann die Interpretationsleistungen und erhöht die Sensibilität für neue Impulse.

Die genannten Prozessmodelle des Wissensmanagements sind allesamt nicht frei davon, auch tayloristische Ansatzpunkte eines Wissensmanagements aufzuweisen. Sie sehen diese jedoch nicht als Widerspruch zum Leitgedanken der lernenden Organisation, sondern als ein Teilelement des Wissensmanagements. Insbesondere das Modell von *Pawlowsky* (1994, 1998) kontrastiert nicht etwa, sondern integriert die von Schneider genannten Perspektiven des Wissensmanagements. Zudem ist es das erste Modell des Wissensmanagements, das im deutschen Sprachraum entwickelt wurde, so dass es die Basis für die weiteren Ausführungen bildet.

Die von *Pawlowsky* (1998) benannten Phasen organisationales Lernens, die die Grundlage für das betriebliche Wissensmanagement bilden, sind zirkulär miteinander verknüpft, wie Abbildung 1 zeigt.

Abbildung 1: Lernphasen (*Pawlowsky* 1998, S. 22)

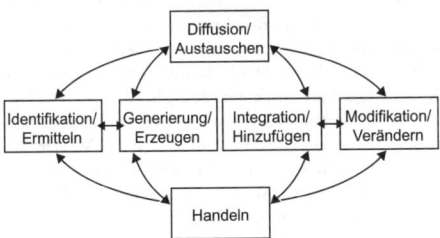

Bei der *Identifikation* und *Generierung* von Wissen geht es zunächst einmal um die Aufnahme geschäftspolitisch relevanter Informationen aus der Umwelt. Besonderes Augenmerk wird dabei neben dem systematischen Einsatz von Recherchemethoden auf die Berücksichtigung weniger herkömmlicher Instrumente gelegt, beispielsweise das Einholen eines regelmäßigen Kundenfeedbacks, die Auswertung von Reklamationen und ähnliches. Zur Identifikation von Wissen zählt auch die organisationsin- sowie -externe Identifikation von Wissensträgern, für die insbesondere Yellow Pages, Telefonbücher, die nicht nur Namen, sondern auch Wissensgebiete ausweisen, empfohlen werden. Ebenso verlangt die Identifikation von Wissen Methoden, die die Informationsselektion und Komplexitätsreduktion erleichtern, um Gefahren des Information Overload zu mindern. Bei der Generierung neuen Wissens wird auf die Bedeutung eines Ideenmanagements und den Einsatz von Kreativitätstechniken verwiesen, die die Wissenserzeugung durch Forschung und Entwicklung ergänzen. Von besonderer Bedeutung sind dabei die konstruktivistischen Überlegungen zur Wissensgenerierung, die im Konzept des „Ba" von *Nonaka* und *Konno* (1998) zum Ausdruck kommen. Hierbei geht es darum, einen Wissensraum für kollektive Wissensgenerierung zu schaffen, in dem der einzelne die Grenzen seines individuellen Wissens überschreitet. *Nonaka* vermutet dabei die Keimzelle neuen Wissens bei der Umwandlung von implizitem in explizites Wissen. „Ba" schafft die strukturellen und prozessualen Voraussetzungen für diesen Austausch.

Bei der *Diffusion* von Wissen geht es weitaus mehr als die informationstechnisch gestützte Weiterleitung von Informationen und die Errichtung elektronischer Austauschforen. Vielmehr geht es darum, die sozialpsychologisch-organisationskulturellen Voraussetzungen für die interpersonelle Wissensteilung zu schaffen. Voraussetzung für die Teilung von Wissen ist eine Vertrauensbasis (→Vertrauen) und ein kooperatives →Organisationsklima, damit Mitarbeiter vorbehaltlos ihr Wissen teilen. Dieses Klima (→Arbeitsumgebung) wird auch durch die Führungs- und Kommunikationskultur beeinflusst. So können Meeting-Kulturen, Open-Door-Policies, dialogische Gesprächsführungen (→Dialog), regelmäßige →Feedbacks und ähnliches der Diffusion von Wissen sehr zuträglich sein. Andere Ansätze zielen darauf ab, die Wissensteilung mit dem materiellen Entgeltsystem zu kombinieren, indem auf Wissensteilung gerichtete Verhaltensbewertungen oder Ergebnisse soziometrischer Tests in das Entgeltsystem einfließen. Ob dadurch möglicherweise eine Selbstverständlichkeit in der Wissensteilung zerstört wird, kann nur der Einzelfall zeigen. Gleichzeitig kann die Nicht-Teilung von Wissen nicht automatisch als strategische Wissenszurückhaltung angesehen werden. Gerade implizites Wissen ist den Wissensträgern oftmals nicht vollständig bewusst. Daher können auch Methoden des →Job Rotation oder Shadowing einen wichtigen Beitrag zur Diffusion von Wissen leisten. *Job Rotation* bezieht sich hier auf den systematischen Wechsel von Arbeitsplätzen entlang der Wertschöpfungskette und *Shadowing* meint die Beobachtung eines erfahrenen Kollegen und die gemeinsame Auswertung der Beobachtung, um so implizites Wissen zu explizieren.

Bei der *Integrations- und Modifikationsphase* geht es darum, implizite und explizite Handlungstheorien und Routinen wie auch mentale Modelle und organisationale Weltbilder in standardisierter und allgemein zugänglicher Form im betrieblichen Wissenssystem zu verankern. Dazu zählen beispielsweise Standard Operating Procedures, aber auch Zielsysteme und Visionen, die geteilt werden. Erstere können sinnvoll über das Intranet zugänglich gemacht werden, letztere sind eher mit Events, gemeinsamen Erlebnissen der Organisationsmitglieder zu verbinden. Ebenso geht es in dieser Lernphase jedoch darum, sich der Notwendigkeit bewusst zu sein, Handlungsroutinen und kollektive Deutungsschemata regelmäßig zu hinterfragen und gegebenenfalls zu verwerfen und zu erneuern. Die Fähigkeit zum Verlernen ist ein besonders schwieriger Teil des Lernens. Szenario-Planning-Workshops, regelmäßiges →Feedback und demokratische Gesprächsregeln können den Prozess der Modifikation unterstützen.

In der *Aktionsphase* geht es schließlich darum, Wissen in Handlung zu überführen. Dies kann durch Zielvereinbarungen gefördert werden, die gegebenenfalls auch mit Anreizsystemen gekoppelt sind, um die Erprobung und Umsetzung neuen Wissens zu belohnen. Eine Fehlerkultur trägt ebenfalls dazu bei, etwaige Handlungsbarrieren zu überwinden. Ein entsprechendes Monitoring (→Frühwarnsystem) kann die Umsetzung von Wissen kritisch überprüfen.

Führt man sich die unterschiedlichen hier skizzierten Ansatzpunkte eines betrieblichen Wissensmanagements vor Augen, so wird deutlich, dass es auf drei Säulen fußt, einer *informationstechnischen*, einer *organisationsstrukturellen* und einer *sozial-psychologischen* Säule. Von *Pawlowsky* werden diese Perspektiven integriert. Andere Autoren, unter anderem *Schneider* (2001), stehen diesem Ansatz skeptischer gegenüber, weil sie hinter den Säulen schwer miteinander vereinbare Steuerungslogiken erkennen. Während die informationstechnische Säule tendenziell eine mechanistische Organisation annimmt, spielen in der sozial-psychologischen Säule systemisch-interpretative Vorstellungen von der Organisation eine zentrale Rolle. Ein Hauptkritikpunkt, den man gegenüber dem Wissensmanagement, insbesondere seiner praktischen Umsetzung äußern kann, liegt darin, dass Implementierungen häufig auf eine Säule, zumeist die informationstechnische, beschränkt werden.

Eine umfassende Übersicht über ausdifferenzierte und international erprobte Instrumente des Wissensmanagements, die hier aus Platzgründen nicht gegeben werden kann, ist bei *Pawlowsky, Forslin* und *Reinhardt* (2001) zu finden; auch das von *Dierkes et al.* (2001) herausgegebene „Handbook of Organizational Learning and Knowledge" gibt insgesamt zahlreiche weiterführende Hinweise zum Thema Wissensmanagement.

Literatur: *Boisot, M.H.*: Knowledge Assets – Securing Competitive Advantage in the Information Economy, Oxfort 1998. *Dierkes, M., et al.* (Hrsg.): Handbook of Organizational Learning and Knowledge, New York etc. 2001. *Nonaka, I.*: A Dynamic Theory of Organisational Knowledge Creation, in: Organization Science, 5. Jg. (1994), H. 1, S. 14–37. *Nonaka, I.; Konno, N.*: The Concept of "Ba": Building a Foundation for Knowledge Creation, in: California Management Review, 40. Jg., 1998, H. 3, S. 1–15. *Pawlowsky, P.*: Integratives Wissensmanagement, in: *Pawlowsky, P.* (Hrsg.): Wissensmanagement, Wiesbaden 1998, S. 9–45. *Pawlowsky, P.; Forslin, J.; Reinhardt, R.*: Practices and Tools of Organizational Learning, in: *Dierkes, M., et al.* (Hrsg.): Handbook of Organizational Learning and Knowledge, New York etc. 2001, S. 773–793. *Pawlowsky, P.*: Wissensmanagement in der lernenden Organisation, Paderborn, 1994. *Probst, G. et al.*: Wissen managen. Wie Unternehmen ihre wertvollste Ressource optimal nutzen, Wiesbaden 1999. *Schindler, M.*: Wissensmanagement in der Projektabwicklung. Grundlagen, Determinanten und Gestaltungskonzepte eines ganzheitlichen Projektwissensmanagements, Köln etc. 2001. *Schneider, U.*: Die 7 Todsünden im Wissensmanagement. Kardinaltugenden für die Wissensökonomie, Frankfurt 2001. *Taylor, F.W.*: Die Grundsätze wissenschaftlicher Betriebsführung, München etc. 1913. *von Krogh, G.; Venzin, M.*: Anhaltende Wettbewerbsvorteile durch Wissensmanagement, in: Die Unternehmung, 49. Jg. (1995), H. 6, S. 417–435. *Zack, M.H.*: Managing Codified Knowledge, in: Sloan Management Review, 40. Jg. (1999), H. 4, S. 45–58.

Uta Wilkens

Wissensmanagement-System

Anwendungssystem, welches explizites und implizites →Wissen aus organisationsinterner und -externer Herkunft strukturiert und kontextualisiert, sowie Möglichkeiten zur Kombination und →Integration bereithält.

Zusätzlich sehen *Maier* und *Hädrich* (2001) ein Wissensmanagement-System (WMS) als ein dynamisches System an, welches Funktionen zur Unterstützung der →Identifikation, Akquisition, Speicherung, Aufrechterhaltung, Suche und Rückgewinnung, Distribution, Verkauf und der Logistik von Wissen in einem Unternehmen bereitstellt. Dies geschieht mit der Zielsetzung, das organisatorische →Lernen zu unterstützen und die organisatorische Effizienz zu erhöhen.

Eine wesentliche Hauptaufgabe von WMS sehen *Igel* und *Daugs* (2005) in der Bereitstellung des aus verschiedenen Informationsquellen gebildeten Wissens für unterschiedliche Nutzergruppen über eine Plattform beziehungsweise ein Online-Portal. Dies ist ein Grund, weswegen sich in diesen Systemen viele Eigenschaften von Content-Management-Systemen und Lernplattformen wieder finden. Wissen kann bei der Verarbeitung in einem WMS nicht nur aus elektronischen Datenbanken extrahiert und aufbereitet werden, sondern auch beispielsweise aus Büchern und audiovisuellen Inhalten (Bilder, Tonaufzeichnungen oder Filme) importiert werden. Häufig erweist sich eine Abgrenzung von WMS als schwierig. *Maier* und *Hädrich* (2001) führen hierzu aus, dass viele Hersteller ihre traditionellen Anwendungssysteme um Funktionen des →Wissensmanagements erweitern. Im Wesentlichen handelt es sich bei solchen WMS um eine Kombination zuvor separat vorgehaltener Funktionen, die unter dem Fokus ihres Einsatzes im Wissensmanagement, wie beispielsweise Dokumentenmanagement, Workflow-Management, Recherche, Erstellung von Wissenskarten, bilaterale und multilaterale →Kommunikation, Learning-Management und intelligenten Technologien bereitgestellt werden.

Zack (1999) teilt WMS in zwei Architekturtypen ein:

1. *WMS mit integrativer Architektur*: Haben als zentrales Element ein Repository, in dem explizites Wissen enthalten ist. Der Austausch zwischen Wissensproduzenten und Wissenskonsumenten wird durch die Anreicherung des expliziten Wissens im Kontext unterstützt.

2. *WMS mit interaktiver Architektur*: Haben als primäres Ziel das Zusammenspiel zwischen Personen im Fokus um den Austausch vorwiegend impliziten Wissens zu ermöglichen.

Mit dem Einsatz in gruppenübergreifenden Kontexten eines WMS im Unternehmen können alle von *Probst et al.* (1999) definierten zentralen Bausteine des Wissensmanagements bedient beziehungsweise unterstützt werden. Hierdurch kann das Ziel erreicht werden, das zuvor aufbereitete und archivierte Wissen optimal zu nutzen beziehungsweise weiterzuentwickeln, um neue Produktkonzepte, Prozesse und Geschäftsfelder zu realisieren oder bestehende Geschäftsprozesse zu verbessern.

Literatur: *Igel, C.; Daugs, R.*: eBuT: eLearning in der Bewegungs- und Trainingswissenschaft, in: *Igel, C.;* *Daugs, R.* (Hrsg.): Handbuch eLearning, Schorndorf 2005, S 303–315. *Maier, R.; Hädrich, T.*: Modell für Erfolgsmessung von Wissensmanagementsystemen, in: Wirtschaftsinformatik, 43. Jg. (2001), H. 5, S. 497–510. *Probst, G. et al.*: Wissen managen. Wie Unternehmen ihre wertvollste Ressource optimal nutzen, Wiesbaden 1999. *Zack, M.*: Managing Codified Knowledge, in: Sloan Management Review, 40. Jg. (1999), H. 4, S. 45–58.

Oliver Kamin

Wissensmessung

zielt darauf ab, das Wissenskapital von →Organisationen zu erfassen.

Überlegungen und Ansätze zur Messung von →Wissen haben ihren Ursprung nicht etwa in der organisations- und lerntheoretisch fundierten Forschung zum →organisationalen Lernen und zum →Wissensmanagement und brechen diese in operationalisierbare Größen herunter. Vielmehr sind sie aus der betrieblichen Praxis heraus entstanden, in der es im Zuge der Entwicklungen an den internationalen Börsen in den 1990er Jahren bis Mitte 2001 darum ging, die wachsende Kluft zwischen Börsen- und Buchwerten zu erklären und damit die dahinter liegenden immateriellen Vermögenswerte von Organisationen in operationalen Größen abbildbar zu machen. Das dementsprechend zu erfassende Wissenskapital setzt sich nach *Edvinsson* und *Malone* (1997) – sie sprechen auch von →intellektuellem Kapital – aus →Humankapital und Strukturkapital zusammen, wobei Strukturkapital weiter in Kundenkapital und →Organisationskapital untergliedert wird. Im Ergebnis gelangt man damit zu Messansätzen, die relativ losgelöst vom Begriff des Wissens mitarbeiter- und kundenbezogene Strukturdaten in Zusatzbilanzen ausweisen. Beispielgebend dafür ist der Skandia Navigator des schwedischen Versicherungsunternehmens *Skandia*.

Eine ausführliche Übersicht über Ansätze zur Messung von Wissen gibt *Reinhardt* (2002). Auf elaboriertere Messkonzepte wird unter dem Stichwort →Kompetenzmessung eingegangen.

Literatur: *Edvinsson, L.; Malone, M. S.*: Intellectual Capital, New York 1997. *Reinhardt, R.*: Wissen als Ressource, Frankfurt 2002.

Uta Wilkens

Wochenarbeitszeit

durchschnittliche →Arbeitszeit, die in einer Woche zu leisten ist und die tariflich (→Tarifvertrag), betrieblich oder individuell vereinbart sein kann.

Wird die regelmäßige normale Wochenarbeitszeit temporär oder dauerhaft ausgedehnt wird dies als *Wochenarbeitszeitverlängerung* bezeichnet. Das erlaubte Maximum der wöchentlichen Arbeitszeit liegt bei 48 Stunden mit mindestens 35 Stunden →Ruhezeiten.

Wochenendarbeit, das bedeutet streng genommen die →Arbeit an Samstagen und Sonntagen, im Rahmen einer Wochenendschicht aber auch die Arbeit zwischen Freitag und Sonntag wird zur Wochenarbeitszeit gezählt.

Haben die Mitarbeiter die Möglichkeit in ihrer Wochenarbeitszeit →Gleitzeit zu nutzen, so können diese innerhalb vorgegebener Bandbreiten Dauer und →Lage der Arbeitszeit innerhalb einer Woche frei wählen. In der übrigen Zeit (→Kernzeit) besteht allerdings Anwesenheitspflicht.

Désirée H. Ladwig

Wochenarbeitszeitverkürzung →Arbeitszeitverkürzung

Wochenarbeitszeitverlängerung →Wochenarbeitszeit

Wochenendarbeit →Wochenarbeitszeit

Wochengleitzeit →Wochenarbeitszeit

Work Factor Analysis (WFA)

→Elementarzeitverfahren, das die Berücksichtigung von simultan parallel ablaufenden Tätigkeiten und Grundbewegungen erlaubt.

Es werden insbesondere quantitative Einflussgrößen berücksichtigt, die sich aus den Maßen von Arbeitsplatz und Arbeitsgegenstand ableiten.

Literatur: *Sanfleber, H.*: Untersuchung zur Abhängigkeit von Elementarzeiten vom Aufbau des auszuführenden Bewegungsvorganges: Ein kritischer Beitrag zur Vorgehensweise der Verfahren vorbestimmter Zeiten, Köln 1968.

Désirée H. Ladwig

Work Sharing

Modell der →Arbeitsteilung mit dem vorrangigen Ziel der Beschäftigungswirksamkeit.

Vorhandene →Vollzeitarbeit wird unter mehrere Arbeitskräfte auf Teilzeitbasis (→Teilzeitarbeit) aufgeteilt. Können dadurch vorhandene Arbeitskräfte behalten werden, handelt es sich um eine *defensive, beschäftigungssichernde Maßnahme*. Werden neue Arbeitskräfte aus den Reihen der Erwerbslosen angestellt, geht es um eine *offensive, beschäftigungssteigernde Maßnahme*. Im Gegensatz zum →Job Sharing ist gemeinsame Verantwortung für die Arbeitserledigung bei Work Sharing keine Voraussetzung.

Sonia Hornberger

Workflowsysteme

Ausgestaltungsvariante →personalwirtschaftlicher Anwendungssoftware, die sich auf die Optimierung und Unterstützung der →Ablauforganisation richtet.

Zentral wird ein Ablaufmanagement arbeitsteiliger Aufgabenbearbeitung in →Mehrplatzsystemen übernommen. Dazu werden personalwirtschaftliche Geschäftsprozesse in Mehrplatzsystemen abgebildet und entsprechende Teilaufgaben entlang einer Prozesskette einzelnen Benutzern zugeordnet. Nach der Bearbeitung der Teilaufgabe durch einen Benutzer werden die Arbeitsergebnisse durch das System automatisch an den nächsten Arbeitsplatz weitergeleitet bis der Prozess komplett abgearbeitet ist.

Vor dem eigentlichen Einsatz eines Workflowsystems sind einzelne Prozesse daher zu definieren und zu optimieren, wofür die Systeme ebenfalls Funktionalitäten vorhalten. Als Alternative hierzu finden sich in immer mehr Systemen in nicht unerheblichem Umfang vordefinierte Standardvorgänge, die übernommen beziehungsweise modifiziert und übernommen werden können. Als Voraussetzung für den Einsatz von Workflowsystemen gilt das Vorliegen von strukturierten Arbeitsabläufen und eine relativ hohe Wiederholfrequenz der Arbeitsabläufe.

Zentrale Ziele von Workflowsystemen sind die Beschleunigung der Vorgangsbearbeitung durch Reduktion von Transport- und Liegezeiten sowie die Reduktion von Transport- und Bearbeitungskosten und die →Integration arbeitsteiliger Prozesse. Weitere Ziele liegen in der Erhöhung der Transparenz und Kontrolle der Vorgangsbearbeitung, indem mittels so genannter Monitoringfunktionen Abfragen über jeweilige Bearbeitungsstände einzelner Prozesse oder Termintreue einzelner Bearbeiter möglich werden.

Neben einer Software-immanenten Bereitstellung von Workflow-Funktionalitäten kann auch eine Anbindung per se nicht workflowfähiger personalwirtschaftlicher Anwendungssoftware an externe Workflowmanagement-Systeme erwogen werden.

Literatur: *Hamborg, K.-C.*; *Gruber, C.*: Groupware und Workflowmanagement, in: *Hertl, G.*; *Konradt, U.* (Hrsg.): Human Resource Management im Inter- und Intranet, Göttingen 2004, S. 110–126.

Stefan Strohmeier

Work-Life Balance

individuelles Gleichgewicht zwischen der beruflichen und außerberuflichen Lebenswelt.

Auf der einen Seite führen zunehmende →Arbeitsanforderungen zu einer stetigen Zunahme vor allem psychischer Arbeitsbelastungen (→Arbeitskraftunternehmer, →Belastungs-Beanspruchungs-Modell). Auf der anderen Seite wandeln sich die Einstellungen der Beschäftigten bezüglich ihrer →Arbeit und Familie. Die Arbeit genießt immer noch einen sehr hohen Stellenwert, allerdings wird ihre Stellung immer weniger auf Kosten der Qualität des familiären Lebens akzeptiert und realisiert.

Mit der zunehmenden →Entgrenzung betrieblicher Strukturvorhaben und Arbeitsverhältnisse (→Beschäftigungsverhältnis) durch flexible →Arbeitsformen und -strukturen (→Flexibilisierung) kommt es auch zu Entgrenzungen des Verhältnisses von Erwerbsarbeit und Privatsphäre der Beschäftigten, wobei in der Regel von einer erheblichen und weiterhin zunehmenden Dominanz der Arbeit über der außerberuflichen Lebenswelt berichtet wird. Es gilt, aktiv eigene Strukturen und damit Neubegrenzungen für das Arbeitshandeln und für die Wechselwirkung der Erwerbsarbeit mit der Privatsphäre zu entwickeln. Somit geht es bei der Work-Life Balance aus der *Perspektive der Beschäftigten* um Entwicklung einer nachhaltigen Fähigkeit, eine gesunde, immer wieder auszubalancierende Distanz zwischen ihrem beruflichen Engagement und ihrem Privatleben und damit um Schutz der Privatsphäre sowie der körperlichen, psychischen und sozialen Gesundheit (Übersicht 1).

Allerdings verfolgen auch *Unternehmen* zunehmend eine effiziente Umsetzung von Work-Life Balance-Maßnahmen. Als Beweggründe auf Seiten der Erwerbsorganisationen werden vor allem Steigerung unternehmerischer →Flexibilität durch eine bessere Nutzung der vielfältigen Potenziale der Beschäftigten (→Flexibilisierung), nachhaltige Nutzung von Human Resources, Minderung der personellen Ausfallkosten sowie Bindung von Mitarbeitern genannt (→Personalbindung).

Übersicht 1: Ziele von Work-Life Balance

	Unternehmen	Individuum
kurz-fristig	-Flexibilität steigern -Fehlzeiten reduzieren -Mitarbeiter binden	-tägliches Ausbalancieren des beruflichen Engagements und des Privatlebens
lang-fristig	-nachhaltige Nutzung vorhandener Humanressourcen -Diversity-Potenziale nutzen -Leistungsminderung vermeiden	-phasenbezogene Lebensgestaltung -Erhalt und Stärkung von bio-psycho-sozialer Gesundheit

Wenn auch individualisierte Arbeitszeit und organisatorische Maßnahmen zur Vereinbarkeit von Beruf und Familie zentrale Ansätze der Work-Life Balance bleiben, greifen betriebliche Balance-Programme, die nur auf diese beiden abzielen, zu kurz. Gesundheit und Wohlbefinden im weiten Sinne werden während der Arbeit beansprucht. So ist Work-Life Balance nicht nur zwischen Freizeit und Büro, sondern auch während der Arbeit herzustellen. Von einer ergonomischen Arbeitsplatz- sowie ästhetischen und kommunikationsförderlichen Raumgestaltung über Fitnessräume bis hin zu Rückzugsmöglichkeiten mit Hängematten und Duschen ist in der Praxis mittlerweile alles vertreten.

Auch empirische Studien (*Treier* 2001, *Knauth*, *Hornberger* und *Olbert-Bock* und *Weisheit* 2000) zeigen nur einen schwachen direkten Zusammenhang zwischen den familienfreundlichen Maßnahmen und einer referierten Work-Life Balance der Beschäftigten. Ein viel stärkerer Zusammenhang zeichnet sich dagegen zwischen einer demokratischen und unterstützenden Unternehmenskultur (→Organisationskultur) sowie einem freundlichen Betriebsklima und dem Empfinden einer Balance (sowie der Verbesserung von →Arbeitsleistung) ab. Sicherlich sind praktische Maßnahmen wie zum Beispiel →flexible beziehungsweise individualisierte Arbeitszeit (→Individualisierung) eine wesentliche Stütze für das Balance-Handeln der Beschäftigten, eine Legitimierung des Balance-Bestrebens und die Nutzung solcher Optionen muss aber durch eine unterstützende Unternehmenskultur entsprechend getragen werden.

Literatur: *Gottschall, K.*; *Voß, G.G.* (Hrsg.): Entgrenzung von Arbeit und Leben: Zum Wandel der Beziehung von Erwerbstätigkeit und Privatsphäre im Alltag, München 2003. *Treier, M.*: Zu Belastungs- und Beanspruchungsmomenten der Teleheimarbeit unter besonderer Berücksichtigung der Selbst- und Familienregulation, Hamburg 2001. *Knauth, P. et al.*: Erfolgsfaktor familienorientierte Personalpolitik, Frankfurt a. M. 2000.

Sonia Hornberger

Workshop

Arbeitsgespräch, in dem eine Gruppe von Mitarbeitern Lösungen für komplexe Fragestellungen erarbeitet.

Der Begriff Workshop wird oftmals auch für Veranstaltungen genutzt, in denen einem Kreis von Mitarbeitern Ergebnisse vorgestellt werden und anschließend daran Fragen des Zuhörerkreises beantwortet werden sollen. Bei diesen Gruppendiskussionen finden üblicherweise unterschiedliche Methoden der Visualisierung und Moderation sowie Kreativitätstechniken (→Kreativität) Anwendung, um die Effektivität der Sitzungen zu steigern.

Laila Maja Hofmann

World Wide Web (WWW)

über das Internet abrufbares Hypertext-System.

Das World Wide Web wird häufig – allerdings fälschlicherweise – mit dem gesamten Internet gleichgesetzt. Das World Wide Web besteht jedoch lediglich aus allen im Internet veröffentlichten Websites inklusive den darunter hängenden Webseiten. Es ist damit die zentrale Benutzeroberfläche des Internets, die aus Texten, Bildern und Ton besteht. Diese Websites sind auf Servern abgelegt. Um sie zu betrachten, sind so genannte Browser (z.B. Microsoft Explorer oder Netscape) notwendig. Ein zentraler Mehrwert des World Wide Web ist die mögliche Verknüpfung der einzelnen Websites durch so genannte Links. Dadurch wird das World Wide Web zu einem einzigen riesigen →Hypermediasystem.

Stephan Kaiser

Written Reasons for Dismissal

in Großbritannien schriftlich formulierte →Kündigungsgründe, die dem →Arbeitnehmer vorab mitgeteilt werden.

In Großbritannien ist der →Arbeitgeber verpflichtet, im Falle der →Kündigung jedem betroffenen Arbeitnehmer, der mindestens ein Jahr kontinuierlich bei ihm beschäftigt war, die Kündigungsgründe schriftlich als Written Reasons for Dismissal mitzuteilen.

Nach deutschem Recht ist eine Kündigung hingegen nur wirksam, wenn die zuständige Belegschaftsvertretung zuvor über die Gründe informiert wurde, was in der Regel aus Beweisgründen schriftlich geschieht. Der betroffene Arbeitnehmer kann gemäß § 3 des Kündigungsschutzgesetzes bei seiner Belegschaftsvertretung innerhalb einer Woche nach Zugang der Kündigung Einspruch einlegen, wenn er eine Kündigung für sozial ungerechtfertigt hält. Die Belegschaftsvertretung wird sich um eine Verständigung mit dem Arbeitgeber bemühen. Eine Angabe der Gründe im Kündigungsschreiben ist in Deutschland freilich bei ordentlichen, fristgemäßen Kündigungen (→Kündigungsfrist) weder vorgeschrieben noch üblich. Bei →außerordentlichen Kündigungen müssen die Gründe lediglich für →Auszubildende im Kündigungsschreiben, ansonsten nur auf Verlangen nachträglich schriftlich dargelegt werden.

Reiner Bröckermann

Written Warning

in Großbritannien vorgesehene schriftliche →Verwarnung für verhaltensbedingte Verfehlungen, die das Verhalten als inakzeptabel rügt, zur Verhaltensänderung ermahnt und Sanktionen in Aussicht stellt (→Disciplinary Procedure).

Nach mindestens zwei derartigen Written Warnings kann eine →Kündigung ausgesprochen werden. Dies gilt auch in Deutschland, wo man jedoch zwischen →Abmahnung und Verwarnung unterscheiden muss:

- *Abmahnungen* entsprechen inhaltlich und in den Konsequenzen den Written Warnings. Sie sind aber keineswegs an ein förmliches Verfahren gekoppelt. Im Übrigen unterliegen sie nicht dem Mitbestimmungsrecht.

- Mit einer *Verwarnung* maßregelt der →Arbeitgeber im Einvernehmen mit der Belegschaftsvertretung das Verhalten eines →Arbeitnehmers, ohne Sanktionen anzudrohen. Sie ist folglich nicht geeignet, eine Kündigung vorzubereiten. Betriebsbußen, also Verwarnungen im weiteren Sinne, beruhen indes auf einem der Disciplinary Procedure vergleichbaren Verfahren.

Die Verfahrensweise in Großbritannien überzeugt dadurch, dass den Betroffenen rechtliches Gehör, Beratung und Rechtsbeistand gewährt werden.

Reiner Bröckermann

Wrongful Dismissal

in Großbritannien → außerordentliche Kündigung ohne Einhaltung einer → Kündigungsfrist.

Da in Großbritannien kürzere Kündigungsfristen als in Deutschland üblich sind, gelten außerordentliche Kündigungen dort regelmäßig als unzulässig. In Deutschland sind derartige → Kündigungen laut § 626 des Bürgerlichen Gesetzbuchs zulässig, wenn Tatsachen vorliegen, aufgrund derer die Fortsetzung des Arbeitsverhältnisses (→ Beschäftigungsverhältnis) bis zum Ablauf der Kündigungsfrist oder der vereinbarten Vertragsdauer unter Berücksichtigung aller Umstände und unter Abwägung der Interessen beider Vertragsteile unzumutbar ist.

Reiner Bröckermann

Z

Zeitakkord

Entlohnungsform, bei der nach vorgegebenen Zeiten gearbeitet wird und eine Unterschreitung dieser Zeit zur Entgeltsteigerung führt. Der Zeitakkord, ist neben Geldakkord einer der beiden Akkordlohnformen. Der Akkordlohn besteht aus einem garantierten (tariflichen) Mindestlohn und einem Akkordzuschlag, der zwischen 15 % und 25 % des Mindestlohnes liegen kann. Der Vorteil einer Akkordbezahlung liegt im →Anreiz zu höherer Leistung. Wird aber nicht auch gleichzeitig eine Qualitätsprämie gewährt, kann es zu hohen Produktionszahlen mit hohem Ausschuss (mangelnde Qualität der Produkte) kommen. Akkordlohn kann zu einer permanenten Überforderung insbesondere der älteren Mitarbeiter führen, deren Kräfte altersbedingt nachlassen und die trotzdem versuchen, ihre alten Akkordsätze zu halten. Eine weitere Ausgestaltungsform ist der Gruppenakkord, bei dem die Leistungen einer Arbeitsgruppe nach Akkord bezahlt werden.

Désirée H. Ladwig

Zeitarbeit

Konstrukt eines →Beschäftigungsverhältnisses in einem Dreiecksverhältnis zwischen →Arbeitnehmer, Verleihunternehmen und Entleihunternehmen.

Während der Leiharbeitnehmer einen →Arbeitsvertrag mit dem Verleihunternehmen schließt, besteht zwischen dem Verleihunternehmen und dem Entleihunternehmen ein *Leasingvertrag*. Durch diesen Vertrag wird eine temporäre Arbeitsbeziehung zwischen Arbeitnehmer und Entleihunternehmen konstituiert, innerhalb derer das Entleihunternehmen →Direktionsrechte besitzt, das heißt es kann in einem bestimmten Rahmen über die Arbeitshandlungen des entliehenen Arbeitnehmers verfügen.

Bei *echter Leiharbeit* spricht der Arbeitnehmer vorübergehend seine Zustimmung darüber aus, einem anderen →Arbeitgeber „überlassen" zu werden. Bei der *unechten Leiharbeit* wird der Arbeitnehmer von vornherein zum Zwecke der →Arbeitnehmerüberlassung eingestellt. Zeitarbeit bezeichnet also diese unechte Leiharbeit, die seit 1972 im Arbeitnehmerüberlassungsgesetz geregelt ist. Die Überlassungshöchstdauer eines Arbeitnehmers bei demselben Entleihunternehmen ist seit In-Kraft-Treten des Gesetzes in verschiedenen Stufen von drei auf 24 Monate erhöht worden. Seit 2002 gilt hierbei, dass Leiharbeitnehmer nach zwölf Monaten im Entleihbetrieb die gleichen Arbeitsbedingungen und die gleiche Entlohnung wie die →Stammbelegschaft zu erhalten haben.

Während es in Europa üblich ist, dass zwischen Arbeitnehmer und Verleihunternehmen ein dauerhafter Arbeitsvertrag besteht, ist es in den USA durchaus üblich, dass Arbeitnehmer nach einer Verleihperiode und mangelnder Wiederverleihbarkeit freigesetzt werden und dass Zeitarbeitnehmer für mehrere Verleihunternehmen gleichzeitig arbeiteten. Auch wenn Zeitarbeitnehmer einen (Quasi-Normal-)Arbeitsvertrag mit dem Verleihunternehmen haben, sprechen sowohl das Dreiecksverhältnis zwischen Entleiher, Verleiher und Leiharbeitnehmer, aber auch die wechselnden Einsatzorte, für das Vorliegen einer →atypischen Beschäftigung. Allerdings deutet, wie *Jahn* und *Rudolph* (2002) zeigen, die Funktion von Zeitarbeit als Übergangsbeschäftigung (Brückenfunktion) darauf hin, dass es sich weniger um eine direkte Verdrängung des →Normalarbeitsverhältnisses durch permanente Zeitarbeit („permatemps") handelt. Auch das auf Basis der Vorschläge der →Hartz-Kommission eingeführte Konzept der Personal-Service-Agentur (PSA) sieht in Zeitarbeitsverhältnissen im Wesentlichen ein Instrument zur Wiedereingliederung Arbeitsloser.

Direkte Beschäftigungswirkungen verspricht die stark konjunkturabhängige Zeitarbeit nur begrenzt, da sie zu einer durch Lohndifferentiale (also geringere Löhne für Leiharbeitnehmer im Vergleich zur Stammbelegschaft) induzierten Verlagerung von Beschäftigung führt.

Als Form des Fremdpersonaleinsatzes oder auch Drittpersonaleinsatzes nach *Nienhüser* und *Baumhus* (2002) ist die gewerbsmäßige Arbeitnehmerüberlassung durch Zeitarbeitsfirmen von Formen des Drittpersonaleinsatzes abzugrenzen, bei denen ein Arbeitnehmer in einem „fremden" Betrieb arbeitet, hierbei aber keine Weisungsrechte auf diesen Betriebsinhaber übergehen. Diese Formen des Fremdpersonaleinsatzes basieren auf einer vertraglich geschuldeten Leistung oder einem vertraglich geschuldeten Erfolg des Arbeitgebers (→Dienstvertrag, →Werkvertrag) und bedürfen nicht einer Erlaubnis durch die Bundesagentur für Arbeit. Im konkreten Fall ist die Abgrenzung zwischen Leiharbeitnehmern und Fremdpersonaleinsatz auf werkvertraglicher Basis schwierig, wobei der Frage der Weisungsabhängigkeit vom Einsatzbetrieb besondere Relevanz zukommt.

Während zum Beispiel *Boemke* und *Föhr* (1999) auf besondere personalwirtschaftliche Probleme der Anreizgestaltung beim Einsatz von Zeitarbeitnehmern hinweisen, betont *Garsten* (1999) die individuellen Konsequenzen für Arbeitskräfte, die sowohl ihrem Arbeitgeber (Zeitarbeitsunternehmen) als auch der sie beschäftigenden →Organisation zugehören.

Literatur: *Boemke, B.*; *Föhr, S.*: Arbeitsformen der Zukunft: Arbeitsflexibilisierung aus arbeitsrechtlicher Sicht, Heidelberg 1999. *Garsten, C.*: Betwixt and Between: Temporary Employees as Liminal Subjects in Flexible Organizations, in: Organization Studies, 20. Jg. (1999), S. 601–617. *Jahn, E.*; *Rudolph, H.*: Auch für Arbeitslose ein Weg mit Perspektive (Zeitarbeit – Teil I), in: IAB Kurzbericht, H. 20, Nürnberg 2002. *Nienhüser, W.*; *Baumhus, W.*: „Fremd im Betrieb": Der Einsatz von Fremdfirmenpersonal als Arbeitskräftestrategie, in: *Martin, A.*; *Nienhüser, W.* (Hrsg.): Neue Formen der Beschäftigung – neue Personalpolitik?, München, Mering 2002, S. 61–120.

Axel Haunschild

Zeitautonome Arbeitsgruppe

Arbeitsgruppe, in der die Planung der Arbeitszeitverteilung und der Anwesenheitszeiten ihrer Mitglieder der →Selbstorganisation der Gruppe überlassen wird.

Die →Führungskraft macht lediglich Vorgaben, welche Zeiten abzudecken und welche Tätigkeiten zu erledigen sind (→Ergebnisorientierung).

Als *primäres Ziel* wird vor allem eine Erhöhung der →Arbeitsproduktivität und -qualität sowie der betrieblichen →Flexibilität angestrebt. Inwieweit individuelle Bedürfnisse (→Motiv) und Interessen einzelner Gruppenmitglieder in den Entscheidungsprozess innerhalb der →Gruppe einfließen, ist einer der zu gestaltenden Parameter und der auszuhandelnden Ziele. Wird ein Konsens zwischen den Organisations-, Gruppen- und Individuumsinteressen gefunden, kann das Modell der →Flexibilisierung auf individualisierter Basis zugeordnet werden.

Zum Einsatz zeitautonomer Gruppen kann es sowohl in Produktions- als auch in Dienstleistungsbereichen kommen.

Sonia Hornberger

Zeitbezug der Personalplanungsmodelle

werden nach der Fristigkeit des Planungszeitraums unterschieden.

Als Differenzierungskriterium dient somit der kalendarische Zeitbezug. Personalplanungsprobleme mit einem Horizont von bis zu drei Monaten werden dann häufig als kurz-, solche mit einem Horizont zwischen drei und zwölf Monaten oft als mittel- und solche, deren Planungshorizont über ein Jahr hinausreicht, werden häufig als langfristig bezeichnet. Selbstverständlich obliegt die konkrete Festlegung der Abgrenzung dem jeweiligen Entscheider und ist insofern nicht mit dem Anspruch auf generelle Gültigkeit verknüpft.

Viele Probleme der reinen →Personaleinsatzplanung stellen kurzfristige Planungsprobleme dar, so zum Beispiel wenn Arbeitskräfte einzelnen Maschinen oder Jobs zuzuordnen sind (Job Matching), wenn der Monatsdienstplan für das Pflegepersonal einer chirurgischen Klinik erstellt werden soll (Nurse Scheduling) oder wenn die Zuordnung von Busfahrern zu Linien eines städtischen Verkehrsbetriebes gesucht wird (Bus Driver Scheduling). Im Falle saisonaler (z. B. quartalsweiser), wiederkehrender Schwankungen des Personalbedarfs (z. B. in Warenhäusern oder in der Gastronomie) sind vielfach mittelfristige Personalbereitstellungsplanungen angebracht. Ein typisches Beispiel für langfristige →Personalplanungen hingegen sind alle Fälle, in denen gleichzeitig Entscheidungen über das zukünftige Produktions- und das Investitionsprogramm sowie über die optimale →Personalbereitstellung und -verwendung getroffen werden sollen.

Thomas Spengler

Zeitbudget

nach *Holz* (2001) Grundlage für eine Aufschlüsselung der zur Verfügung stehenden Zeit nach den einzelnen Verwendungsarten.

Ein Beispiel für ein mögliches *Zeitbudgetmuster* eines Managers zeigt Übersicht 1. Eine Woche hat 168 Stunden. Davon werden circa 68 Stunden für beispielsweise den Schlaf oder Hygiene verwendet. Bleibt ein verfügbares Zeitbudget von ungefähr 100 Stunden. Hiervon werden im Schnitt 70 Stunden für das Arbeitsleben aufgewendet (reine →Arbeitszeit, Reisezeiten und Organisation). 30 Stunden bleiben für den privaten Bereich übrig. Diese teilen sich auf in Haushalt und andere Verpflichtungen (zehn Stunden), soziale Kontakte (zwei Stunden), individuelle Freizeit (sechs Stunden), Partnerschaft und Familie (zwölf Stunden).

Übersicht 1: „Zeitbudget" pro Woche eines durchschnittlichen Managers

Gesamtzahl von Stunden pro Woche	168
./. Schlaf, Hygiene et cetera	68
Verfügbares Zeitbudget (Std.)	100
Arbeitsleben	
Arbeitszeit	56
Reisen	11
Organisation	3
Insgesamt	70
Privatleben	
Partnerschaft/Familie (inkl. Mahlzeiten)	12
Haushalt/andere Verpflichtungen	10
individuelle Freizeit (inkl. TV)	6
soziale Kontakte	2
Insgesamt	30

Jeder Mensch ist einzigartig und hat ein entsprechend individuelles Zeitbudget, das er ausgestaltet. Beschäftigte, die nach Tarifsystemen (→Tarifvertrag) bezahlt werden, verwenden entsprechend einen geringeren Aufwand ihrer Zeit für Arbeitszeit. Frauen investieren mehr Zeit für soziale Kontakte und leisten bislang noch (auch wenn beide Partner Vollzeit berufstätig sind) einen höheren Anteil an der Hausarbeit. Um das persönliche →Zeitmanagement optimieren zu können, empfiehlt sich die Erstellung eines individuellen Ist-Zeitbudgets durch ein Aufschreiben der einzelnen Zeitverwendungen über einen längeren Zeitraum von beispielsweise vier Wochen.

Literatur: *Holz, E.*: Zeitverwendung in Deutschland, Stuttgart 2001.

Désirée H. Ladwig

Zeitepochen →Zeitzäsuren

Zeiterfassung

erfasst alle zeitwirtschaftlichen Daten der Mitarbeiter eines Unternehmens.

Hierzu gehören unter anderem Anwesenheitszeiten, →Fehlzeiten, Urlaubszeiten, Weiterbildungszeiten, Komm- und Gehzeiten, Pausenzeiten (→Arbeitspausen), →Überstunden. Diese Daten werden in Zeiterfassungssystemen gespeichert und aufbereitet. Dies sind technische Hilfsmittel (früher Stechuhr), die die Zeiterfassung maschinell erledigen und die Daten für ein fundiertes Zeitcontrolling oder →Zeitmanagement des Unternehmens liefern. Bei maschineller Zeiterfassung werden die oben genannten Daten durch Zeitmesssysteme (früher Stechuhren) erfasst. Die neuerdings in einigen Unternehmen eingeführte →Vertrauensarbeitszeit verzichtet auf eine maschinelle Zeiterfassung und überlässt es der Eigenverantwortung des Mitarbeiters, seine →Arbeitszeit gemäß dem vertraglich vereinbarten Umfang und/oder entsprechenden Zielvereinbarungen zu gestalten.

In einem *Zeitguthaben* werden alle zuviel gearbeiteten Stunden und Urlaubsansprüche angesammelt. Sie können langfristig auf Zeitkonten angespart werden, um zum Beispiel vorzeitig in den Ruhestand (→Pensionierung) gehen zu können. Die Zeitkonten erfassen alle nicht entlohnten Arbeitsstunden, die dann unterschiedlich genutzt werden können. Auf dem *Überstundenkonto* werden Überstunden erfasst, die später vom Mitarbeiter abgefeiert oder ausbezahlt werden können. Hierdurch kann der Personaleinsatz je nach Auftragslage gesteuert werden. Auf dem *Lebensarbeitszeitkonto* von Volkswagen beispielsweise, werden die zuviel geleisteten Stunden aufgelistet, die Mitarbeiter können dann zum Beispiel zwei Jahre früher in Rente gehen. Das System der Arbeitszeitkonten soll bei Volkswagen auf eine Schwankungsstufe von plus/minus 400 Stunden ausgeweitet werden. Zuschläge sollen erst beim Überschreiten von durchschnittlich 40 Wochenstunden gezahlt werden. Die langfristigen Zeitguthaben können in einigen Unternehmen sogar verzinst oder gehandelt werden.

Die Summe der Zeitguthaben aller Mitarbeiter als zinsloser Kredit an die →Arbeitgeber, da die Leistungen zu einem Zeitpunkt x erfolgt sind und erst im Zeitpunkt y eingelöst werden (im Extremfall erst Jahrzehnte später) wird als *Zeitkredit* bezeichnet. Zeitschulden sind das Gegenteil von Zeitkrediten. Mitarbeiter schaffen es nicht, die vertraglich vereinbarte Arbeitszeit abzuleisten und rutschen auf ihrem Zeitkonto ins Minus.

Die Differenz zwischen tatsächlich geleisteter →Arbeit und vertraglich vereinbarter Leistung spiegelt sich im *Zeitsaldo* wider, welches positiv (→Überstunden) oder negativ (Minusstunden) sein kann. Der Umfang, den das Zeitsaldo sowohl im positiven wie auch im negativen Bereich erreichen kann, wird meist vom Arbeitgeber festgelegt.

Kommt es zu einer Überlastung durch Routinearbeiten und mangelndes Delegationsvermögen können *Zeitfallen* entstehen. Ein erfolgreiches Arbeitszeitmanagement (→Zeitmanagement) kann helfen, diesen zu entgehen.

Désirée H. Ladwig

Zeitgeber

zyklische Schwankungen der Arbeitsdisposition der →Arbeitnehmer.

Zeitguthaben →Zeiterfassung

Zeitkonto →Zeiterfassung

Zeitkredit →Zeiterfassung

Zeitliche Flexibilität →Flexibilisierung

Zeitlohn

Produkt aus zu vergütender Zeit und Lohnhöhe (Lohnsatz) – Monatslohn, Schichtlohn und fester Stundenlohn sind Bespiele für Zeitlöhne.

Zeitmanagement

Umgang mit der eigenen Lebenszeit aus →Arbeitszeit und Freizeit.

Eine Vielzahl von Ratgebern zum Zeitmanagement wie die →ABC-Analyse, der Minuten-Manager oder die Zeitfallen versucht Hilfen zu geben, um den Umgang mit der Zeit *ökonomisch* zu *optimieren*. Einen Einblick gibt beispielsweise *Haynes* (2003).

Welche Zeitkontingente man für welche Lebensbereiche investiert, hängt von den persönlichen Prioritäten ab und kann im (Lebens) Zeitablauf erheblichen Modifikationen unterliegen. Je nach Lebensabschnitt, in dem man sich gerade befindet (→Ausbildung, Eintritt ins Berufsleben, Austritt aus dem Berufsleben, Arbeitsplatz- oder Berufswechsel, Berufsunterbrechungen durch Weiterbildung, →Krankheit, Familienphase und/oder →Arbeitslosigkeit) sind unterschiedliche Zeitprioritäten auszumachen. Man unterscheidet zum einen extreme Zeitmanager, die möglichst jede Minute ihres Lebens verplanen (mit Arbeits- und Freizeitaktivitäten, Workoholiker/Leisure Stresser) und oftmals schon weit in die Zukunft planen (zehn bis 20 Jahre). Zum anderen gibt es extreme „Time Swinger", die ihre Zeit überhaupt nicht planen wollen oder können.

→*Zeitpioniere* versuchen eine →Work-Life Balance zu realisieren, zum Beispiel zwischen →Arbeitszeit und Freizeit, zwischen Anspannung und Entspannung, zwischen hochkonzentrierten Phasen und kreativen, kommunikativen Phasen. Sie versuchen blinden Aktionismus zu vermeiden (weder in der Arbeits- noch in der Freizeit) und Leerzeiten ertragen zu können, um daraus Ruhe und Gelassenheit zu schöpfen.

Je selbstbestimmter ein →Arbeitnehmer in den immer mehr real existierenden flexiblen →Arbeitszeitmodellen sein persönliches Zeitmanagement realisieren kann, desto mehr Verantwortung übernimmt er auch für eine *optimale* Nutzung dieser einzigartigen, *knappen* Ressource *Zeit*. Das so genannte →*Burnout* ist ein typisches Beispiel eines nicht optimalen persönlichen Zeitmanagements. Es tritt häufig bei älteren →Führungskräften im mittleren Management auf, die sich jahrelang auf die →Karriere konzentriert haben und fast ihre gesamte Lebenszeit in den Job investiert haben, sich jedoch zu wenig Zeit für die Regeneration gönnten.

Literatur: *Haynes, M. E.*: Persönliches Zeitmanagement – So entkommen Sie der Zeitfalle, 2. Aufl., Frankfurt a. M. 2003.

Désirée H. Ladwig

Zeitmessung →Zeiterfassung

Zeitpersonal

Mitarbeiter mit befristeten →Arbeitsverträgen.

Zeitpioniere

akzeptieren die Gleichung: „Lebenszeit = Arbeitszeit + Restzeit" nicht.

Zeitpioniere definieren nach *Hörning* (1998) ihre →Work-Life Balance völlig neu und reduzieren ohne Zwang und unter materiellen Verlusten die Arbeitszeit. Sie ersetzen Geldeinkommen durch Zeiteinkommen und verschaffen sich statt des gängigen materiellen einen unkonventionellen Zeitwohlstand. Sie versuchen, einen neuen Lebensstil zu entwickeln, ihre Freizeit bewusst sinnvoll auszufüllen und definieren neue Zeitbudgets mit Anteilen für familiäre, soziale, sportliche und Bildungsaktivitäten (→Arbeitszeit und Freizeit).

Literatur: *Hörning, K. H.*: Zeitpioniere – Flexible Arbeitszeiten – neuer Lebensstil, 3. Aufl., Frankfurt a. M. 1998.

Désirée H. Ladwig

Zeitsaldo →Zeiterfassung

Zeitsouveränität

→Arbeitnehmer kann die Dauer und →Lage der Arbeitszeit frei wählen.

Zeitsouveränität kann einen motivationssteigernden Effekt haben und ist insbesondere bei relativ autonom arbeitenden Fachspezialisten auch produktivitätssteigernd. Denn der Mitarbeiter kann entsprechend seiner Leistungs- und Motivationslage seine Arbeitszeit legen. In Schichtbetrieben sowie im Handel und in öffentlichen Versorgungseinrichtungen sind der Zeitsouveränität des Einzelnen dagegen betriebs- und aufgabenbedingte enge Grenzen gesetzt.

Désirée H. Ladwig

Zeitstudien →Arbeits- und Zeitstudien

Zeitstudium

Teilmenge des Arbeitsstudiums.

Dieser Begriff wird heutzutage nur noch selten benutzt. Er wurde ersetzt durch Zeitwirtschaft oder Datenmanagement.

Désirée H. Ladwig

Zeitvergütung

Form der Vergütung für die von dem Mitarbeiter geleistete Arbeit, die von der geleisteten →Arbeitszeit abhängt (syn.: →Zeitlohn).

Die Bemessung der Zeitvergütung hängt vom zeitlichen Input der Mitarbeiter ab, gemessen in Stunden, Tagen, Wochen oder Monaten. Die Lohnbestimmung setzt eine →Arbeitsbewertung voraus, um eine anforderungsabhängige Vergütung zu ermitteln. Vom Arbeitswert hängt die spezifische Vergütung für die erbrachte →Arbeitsleistung ab, und für dessen Ermittlung existieren verschiedene summarische und analytische Verfahren, zum Beispiel →Rangfolgeverfahren (*REFA* 1991).

Zeitvergütungssysteme werden eingesetzt, wenn das Arbeitsergebnis genau bestimmt und einfach kontrollierbar ist oder wenn es keine Möglichkeit gibt, explizite Leistungsanreize (→Anreiz), die eine Leistungsmessung bedingen, zu setzen. Um in dem Fall dennoch einen Leistungsanreiz zu schaffen, wird die Zeitvergütung neben einem Grundlohn um eine Leistungszulage ergänzt, die durch regelmäßige subjektive Leistungsbeurteilungen ermittelt wird (*Wöhe* 2005).

Literatur: *REFA* (Hrsg.): Entgeltdifferenzierung, München 1991. *Wöhe, G.*: Einführung in die ABWL, 22. Aufl., München 2005, S. 177.

Silvia Föhr

Zeitwettbewerb

internationaler Wettbewerb um Zeitvorsprünge, Geschwindigkeitsrekorde und Beschleunigungsquoten.

Die Reaktionsgeschwindigkeit auf Marktveränderungen und die Innovationsgeschwindigkeit erhöhen sich im globalen Wettbewerb stetig. Erst wenn eine höhere Geschwindigkeit keinen zusätzlichen Nutzen mehr stiftet, weil der Vergleich zu anderen nivelliert wurde, werden, so *Miketta* (2000), die Weichen im Zeitwettbewerb neu gestellt. Solange keine „Entschleunigungskartelle" genehmigt werden, ist die Wahrscheinlichkeit groß, dass der Zeitwettbewerb so lange beschleunigt, bis er seine physikalischen Grenzen erreicht oder seine Strecke monopolisiert hat.

Literatur: *Miketta, E.*: Neue Einstellung zur Zeit – gute Zeiten für Zeitpioniere, in: congena Texte, o. Jg. (2000), H. 1/2, S. 3–7.

Désirée H. Ladwig

Zeitwirtschaftssysteme

Kategorie →personalwirtschaftlicher Anwendungssoftware, die Anwender bei der Erfassung und Bewertung geleisteter →Arbeitszeiten unterstützt.

Neben festen Arbeitszeiten sind dabei weitere →Arbeitszeitmodelle wie etwa →Gleitzeit, Schichtarbeitszeitmodelle, →Job Sharing, Saison- und →Jahresarbeitszeiten, →Altersteilzeit oder Rotationsmodelle abbildbar. Teilweise können neben der Arbeitszeit auch Projekt- und →Auftragszeiten erfasst und ausgewertet werden. Meist sind die zur Erfassung und Bewertung heranzuziehenden Modelle in den Systemen durch Parametrisierung frei definierbar, wobei tausend und mehr mögliche Arbeitszeitmodelle durchaus keine Seltenheit darstellen. Mittels solcher Arbeitszeitmodelle können individuell für einzelne Mitarbeiter (segmente) Sollanwesenheitszeiten unter Berücksichtigung von →Urlaub und Schichtzeiten definiert werden.

Zur Erfassung tatsächlicher Anwesenheitszeiten werden zunächst Erfassungsterminals eingesetzt. Neben fest installierten Terminals existieren auch mobile Erfassungsgeräte, etwa zur Arbeitszeiterfassung an wechselnden Arbeitsstellen (→Stelle). Ebenso können vernetzte Arbeitsplatzrechner (→Selfservice Systeme) oder (Mobil-)Telefone (→Voice Response Systeme) für die Buchungen verwendet werden. Über die reine Erfassung hinaus werden im Sinne einer Arbeitszeitbewertung auch Zuordnungen von Arbeitszeiten zu einzelnen Lohn- beziehungsweise Gehaltsarten vorgenommen, wenn beispielsweise Nacht-, Feiertags- oder →Mehrarbeit anders als Normalarbeitszeit (→Flexible Arbeitszeit) vergütet wird. Wegen der Nähe zu Aufgaben der Abrechnung weisen Zeitwirtschaftssysteme häufig Schnittstellen zu →Personalabrechnungssystemen auf.

Literatur: *Mülder, W.; Störmer, W.*: Arbeitszeitmanagement und Zutrittskontrolle mit System, 3. Aufl., Neuwied 2002.

Stefan Strohmeier

Zeitzäsuren

sollen die kontinuierliche Entwicklung bezüglich der Wahrnehmung der →Arbeitszeit in Epochen untergliedern (syn.: Zeitepochen).

Die Beziehung zwischen →Arbeitszeit und Freizeit hat sich nach *Opaschowski* (1994) historisch in folgende Zeitzäsuren vollzogen

- 1950: Die Arbeitszeit bestimmt den Lebensrhythmus. 6-Tage-Woche mit 15 Tagen Jahresurlaub war die gängige Arbeitszeit nach Kriegsende. Freizeit dient überwiegend nur der →Erholung von den teils körperlich schweren Tätigkeiten.

- 1970: Bei 42 Stunden pro Woche und zunehmender Ersetzung der schweren manuellen Tätigkeiten durch Maschinen wird Energie frei, die Freizeit aktiv zu gestalten. Wochenenden erhalten Erlebniswert. Was in der Arbeitszeit verdient wird, wird zunehmend in die Freizeit investiert.

- 1990: Freizeit überholt die Arbeitszeit. Erfüllung und Selbstverwirklichung (→Selbstverwirklichungsbedürfnis) in der Arbeits- und der Freizeit wird angestrebt. Die (verringerte) Arbeitszeit soll mehr sein als verkaufte Lebenszeit.

- 2010: Die Grenzen zwischen Arbeitszeit und Freizeit verwischen sich. Erwerbsarbeit ist nicht mehr zentrales Lebensziel. Familienarbeit, soziales Engagement oder Weiterbildung nehmen bedeutendere Stellenwerte ein, als früher. Produktivität (→Arbeitsproduktivität) und Nützlichkeit gilt als oberste Maxime gleichermaßen für →Arbeit und Freizeit.

Literatur: *Opaschowski H.W.*: Schöne, neue Freizeitwelt? Wege zur Neuorientierung, Hamburg 1994, S. 29–30.

Désirée H. Ladwig

Zentrale Organisationsform

zieht ihre Vorteile im Wesentlichen aus Spezialisierungs- und damit Professionalisierungsüberlegungen.

Die klassische Form der Personalorganisation (→Organisation der Personalarbeit) ist gekennzeichnet durch die Einrichtung einer zentralen →Personalabteilung, die alle personalwirtschaftlichen Aufgaben übernimmt, die nicht direkt in der bilateralen Beziehung zwischen →Führungskräften und Mitarbeitern verankert sind. Allerdings bestehen auch in der Praxis abgemilderte Formen der zentralen Personalorganisation, die auch Komponenten der dezentralen Personalorganisation (→Dezentrale Organisationsform) aufweisen (Abbildung 1).

Die personalstrategische Steuerung des Unternehmens fällt aufgrund der möglichen zentralen Vorgaben und eines gut einzurichtenden

Abbildung 1: Zentrale Personalorganisation
(*Meckl/Scherm* 1994, S. 116–117)

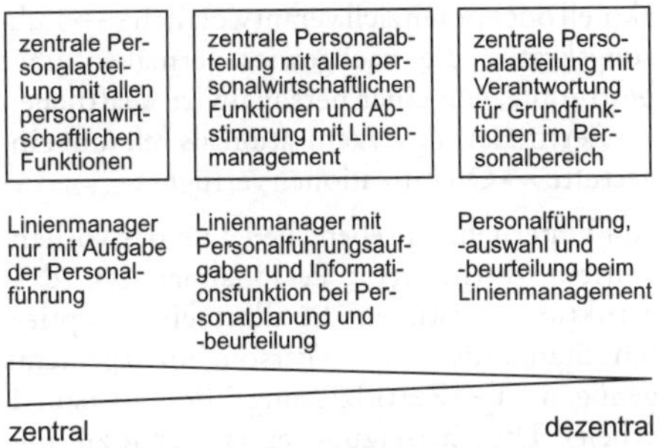

zentrale Personalabteilung mit allen personalwirtschaftlichen Funktionen	zentrale Personalabteilung mit allen personalwirtschaftlichen Funktionen und Abstimmung mit Linienmanagement	zentrale Personalabteilung mit Verantwortung für Grundfunktionen im Personalbereich
Linienmanager nur mit Aufgabe der Personalführung	Linienmanager mit Personalführungsaufgaben und Informationsfunktion bei Personalplanung und -beurteilung	Personalführung, -auswahl und -beurteilung beim Linienmanagement

zentral ────────────────► dezentral

→Personalcontrollings leichter. Volumeneffekte durch Zusammenfassung gleichartiger Aufgaben können genutzt werden, was zu Kostensenkungen beiträgt. Problematisch wirkt sich die Problemferne und damit implizite Starrheit des Systems aus. Auf Gesamtunternehmensebene entwickelte Personalkonzepte sind nicht auf den Einzelfall ausgerichtet, was zu →Demotivation bei den Mitarbeitern führen kann. Eine flexible und unbürokratische Lösung eines Problems wird erschwert. Besonders schwerwiegend wirkt sich dieses Problem bei international tätigen Unternehmen aus. Aufgrund der in vielen Fällen vorliegenden Unterschiede im →Arbeitsrecht, in der Markt- und →Organisationsstruktur und vor allem in den kulturellen Werten und Einstellungen erscheinen hier zentrale Lösungen als problematisch. Zentrale Organisationsformen, die zumindest in Teilbereichen dezentrale Elemente durch →Delegation von personalwirtschaftlichen Entscheidungsbefugnissen an die Linienmanager (→Einliniensystem) und/oder dezentrale Personalverantwortliche aufweisen, können die Nachteile der zentralen Variante mildern.

Literatur: *Meckl, R.*; *Scherm, E.*: Personalarbeit in der „schlanken" Unternehmung, in: *Scholz, C.*; *Oberschulte, H.* (Hrsg.): Personalmanagement in Abhängigkeit von der Konjunktur, München 1994, S. 109–129.

Reinhard Meckl

Zentralisierung

in Zusammenhang mit der Organisation von Unternehmen die Zusammenfassung von Einzelaufgaben oder →Kompetenzen bei einer →Stelle beziehungsweise bei einer organisatorischen Einheit des Unternehmens.

Zentralisiert werden kann nach verschiedenen Kriterien. Einerseits erfolgt die Zentralisierung nach der *Verrichtung*, die zur Zusammenfassung gleichartiger Tätigkeiten führt. Es ergibt sich dadurch zum Beispiel das Werkstattprinzip in Industriebetrieben, in dem beispielsweise alle Fräs-, Dreher- oder Bohraufgaben jeweils in einer organisatorischen Einheit zusammengefasst werden. Andererseits kann nach dem *Objekt* zentralisiert werden. Hier werden alle Aufgaben zusammengefasst, die zum Beispiel an einem Produkt anfallen. Eine produktbezogene divisionale Struktur (→Divisionale Organisationsform) wäre die Konsequenz. Wird verrichtungsorientiert zentralisiert, führt dies automatisch zu einer objektorientierten →Dezentralisierung. Somit sind Zentralisierung und Dezentralisierung als zwei Seiten der gleichen Medaille zu sehen.

Neben diesen sachbezogenen Zentralisierungskriterien ist gemäß *Frese* (2005) ein wesentlicher Aspekt bei der organisatorischen Zentralisierung die Zuweisung von *Entscheidungsrechten und -kompetenzen*. Eine →Organisation ist dementsprechend zentralisiert, wenn alle Entscheidungsrechte bei einer Person liegen, und dezentralisiert, wenn sie auf viele Organisationsmitglieder verteilt sind.

Durch die oben beschriebene sach- und entscheidungsorientierte Festlegung der organisatorischen Strukturen wird ein bestimmter Zentralisierungsgrad erreicht. Die *Vorteile* einer starken Zentralisierung im Hinblick auf die Verteilung der Entscheidungsrechte liegen *Meckl* (2000) zufolge in

– der Nutzung von Synergien wie zum Beispiel Lern- und Spezialisierungseffekten,

– der Vermeidung von Doppelarbeiten durch eine zentrale →Koordination und

– der Einheitlichkeit der Unternehmensausrichtung und Sicherstellung der Zielfinalität.

Auf der *Negativseite* einer starken Zentralisierung sind insbesondere

– die Verminderung der →Flexibilität durch längere Entscheidungswege,

– Problemferne der Entscheidung sowie

– negative Motivationswirkung auf die von der Entscheidung betroffenen Mitarbeiter

zu sehen, wie *Meckl* (2000) zu entnehmen ist.

Der optimale Zentralisierungsgrad, der sich im Spannungsfeld dieser Wirkungen ergibt, kann nur im Einzelfall und hier auch nicht punktgenau festgestellt werden. So sind für einzelne Aufgabenfelder, zum Beispiel für die Personalarbeit (→Personalmanagement), die Relevanz der einzelnen Argumente abzuschätzen. Wird auf die Nähe zu den betreuten Mitarbeitern Wert gelegt, so ist ein eher dezentrales Modell mit Verteilung der personalwirtschaftlichen Aufgaben im Unternehmen zu wählen. Erscheint die Vermeidung von Doppelarbeiten wichtig, so bietet eine zentrale Organisationsform Vorteile (→Organisation der Personalarbeit).

Literatur: *Frese, E.*: Grundlagen der Organisation, Wiesbaden 2005. *Meckl, R.*: Controlling im Internationalen Unternehmen, München 2000.

Reinhard Meckl

Zero-Base-Budgeting

Verfahren der Gemeinkostenplanung, bei der von den jeweiligen organisatorischen Einheiten eine Neuplanung des →Budgets vorzunehmen ist.

Zunächst werden zielrelevante Alternativen entwickelt, als „Entscheidungspakete" zusammengefasst und schließlich evaluiert. Mithilfe des Zero-Base-Budgeting können nicht nur →Gemeinkosten reduziert, sondern vor allem Budgets für aktuelle und zukünftige Strategieräume des Unternehmens umverteilt werden.

Silvia Föhr

Zero-Base-Planning →Nullbasisplanung

Zertifikat

Dokument, das die Einhaltung bestimmter transparenter und dem Wissensstand eines Fachgebiets entsprechender Regeln belegt und meistens von berufsständischen oder halbstaatlichen Zertifizierungsinstitutionen ausgestellt wird.

Die →personalwirtschaftlichen Zertifizierungsorganisationen sowie einzelne Zertifizierungsstellen, beispielsweise Weiterbildungsinstitutionen, können sich in einigen Ländern durch eine Akkreditierung ihre Kompetenz zur Zertifizierung formell anerkennen lassen. Im personalwirtschaftlichen Bereich umfasst eine Zertifizierung die Prüfung einer Person (→Zertifizierte Personalmanager) oder eines Unternehmens (→Zertifizierung der Personalarbeit) zum Erhalt eines Zertifikats.

Michael J. Fallgatter

Zertifizierte Personalmanager

für Personalarbeit (→Personalmanagement) aktuell oder potenziell verantwortliche →Führungskräfte, die nachgewiesenermaßen über bestimmte, von einer personalwirtschaftlichen →Zertifizierungsorganisation als relevant eingestufte →Qualifikationen verfügen.

Auf Unternehmensebene bedeutet das Vorhandensein zertifizierter Personalmanager, dass Strukturen existieren, die allgemein akzeptierten Standards des →Personalmanagements genügen (→Zertifizierung der Personalarbeit). Die Zielsetzung einer Zertifizierung von Personalmanagern ähnelt den Praktizierungsvoraussetzungen von Medizinern oder den Berufsvoraussetzungen von Wirtschaftsprüfern und Rechtsanwälten. Vor allem im angelsächsischen Raum findet seit den 1970er Jahren eine intensive Diskussion zur Zertifizierung von Personalmanagern statt. Zugleich bieten zahlreiche Zertifizierungsorganisationen umfassende Lehrgänge an, die mehrheitlich neben der Fachprüfung auch eine darauf gerichtete →Ausbildung umfassen. Die Ausbildungen und Prüfungen orientieren sich dabei an den Inhalten typischer Lehrbücher zum Personalmanagement.

Die *Vorteile* derartiger Zertifizierungsprogramme sind in erster Linie in der Wissensüberprüfung beziehungsweise Evaluierung individueller Qualifikationen, in deren Auf- und Ausbau sowie in der Errichtung professioneller Standards für das Personalmanagement zu sehen. Als wesentliche →Motive für die (freiwillige) Teilnahme von Personalmanagern an einem Zertifizierungsprogramm können die Wissensüberprüfung, der Wunsch nach Anerkennung, Interesse an persönlichen Herausforderungen und Karrierevorteile identifiziert werden (*Wiley* 2001). Auch wenn außer den meist individuell zu tragenden Kosten keine negativen Auswirkungen bestehen, so zeigt eine tiefer gehende Analyse jedoch eindeutig, dass die erhofften positiven Wirkungen aus *Unternehmensperspektive* fraglich sind. So können ausgehend von den spezifischen Rahmenbedingungen betrieblicher Personalarbeit zunächst Argumente angeführt werden, die die Nichtwirksamkeit personenbezogener Zertifizierungen aus einer funktionalen (Unternehmens-) Perspektive begründen. Die *Nichtwirksamkeit personenbezogener Zertifizierungen* lässt sich aus Unternehmenssicht aus mindestens vier Punkten ableiten.

Der Erfolg von betrieblicher Personalarbeit ist keinesfalls von einer Person allein abhängig, sondern auch vorrangige Aufgabe der Linienführungskräfte. Die Diskussion der Standardisierbarkeit betrieblicher →Personalarbeit macht dies deutlich (→Standardisierung). Das heißt, die Bedeutung einer Personalabteilung beziehungsweise der dafür verantwortlichen Personen wird durch Zertifizierungsüberlegungen systematisch überhöht. Zudem bleibt qualitativ hochwertige betriebliche Personalarbeit nicht nur auf den Input bezogen, sondern mündet in einen Output, der von den Verantwortlichen für die betriebliche Personalarbeit als wünschenswerter Zustand eingestuft wird und letztlich eine zumindest mittelbar positive Wirkung auf finanzwirtschaftlichen Steuerungsgrößen aufweist. Eine Zertifizierung betrieblicher Personalarbeit besitzt die Schwierigkeit, dass sie in den gängigen Konzeptionen auf die notwendige Bedingung für diesen zumindest mittelbaren finanzwirtschaftlichen Erfolg bezogen bleibt. Diese besteht im aktuellen, umfassenden und situationsspezifisch einsetzbarem Fachwissen über betriebliche Personalarbeit. Das Vorhandensein von solchem Wissen ist jedoch keineswegs gleichzusetzen mit der erfolgreichen →Implementierung entsprechender Strukturen. Dafür hinreichende Bedingungen bestehen vielmehr auf zwei Ebenen. Zum einen sind spezifische →Kompetenzen des verantwortlichen Personalmanagers erforderlich. Diese umfassen im Unterschied zu den üblicherweise zertifizierten sowie lehr- und lernbaren →Qualifikationen eine spezifische Selbstorganisationsdisposition. Diese Anforderungen sind deshalb insofern als hinreichende Bedingungen zu verstehen, als dadurch der Blick auf die Anwendung und damit auf die Vielschichtigkeit einer Nutzung von Qualifikationen gelenkt wird. Zum anderen kommen die von einem für betriebliche Personalarbeit Verantwortlichen meist nur sehr begrenzt gestaltbaren Situationsbedingungen hinzu. Entsprechend ist betriebliche Personalarbeit dann erfolgreich, wenn eine Passung von Qualifikationen, Kompetenzen und betrieblichen Gegebenheiten besteht. Die damit vorgenommene Differenzierung in Qualifikationen und Kompetenzen verweist nachdrücklich darauf, dass in dynamischen Umwelten Problemanalysen, -lösungen und darauf aufbauende erfolgreiche Handlungen allenfalls in stark begrenztem Maße durch lineare und standardisierbare Handlungsanweisungen vorweggenommen werden können. Führt man sich dies vor Augen, so wird ersichtlich, dass dieser entscheidende Punkt einer Zertifizierung weitgehend entzogen bleibt und sich Zertifizierungsbemühungen allein auf Qualifikationen beschränken können.

Der von Befürwortern zertifizierter Personalmanager immer wieder gezogene Vergleich zu anderen Fachdisziplinen ist nicht haltbar. So kann keineswegs von einer strukturellen Vergleichbarkeit zwischen der →Arbeit eines Verantwortlichen der Personalabteilung auf der einen und Medizinern, Rechtsanwälten oder Wirtschaftsprüfern auf der anderen Seite ausgegangen werden. Dies ist insofern unvergleichbar, als im ersten Fall die Konsumenten oder Abnehmer einer personalwirtschaftlichen Dienstleistung eine ungleich höhere Souveränität besitzen und nicht in gleichem Maße abhängig von der →Kompetenz zertifizierter Personen sind. Sieht man hingegen das jeweilige Unternehmen, das eine Führungskraft oder einen Sachbearbeiter für seine Personalarbeit einstellen möchte, dann kann nicht von einer durch staatliche oder verbandsbezogene Aktivitäten vor Inkompetenz zu schützenden Institution gesprochen werden. Bei den Konsumenten medizinischer, juristischer oder handels- beziehungsweise steuerrechtlicher Dienstleistungen ist die Situation jedoch anders, und zudem ist hier das relevante Fachwissen klarer eingrenzbar.

Die Zertifizierung von Personalmanagern unterstellt, dass ein allgemeingültiger Kanon von vermittelbaren Kenntnissen, Qualifikationen sowie lehr- und lernbaren Kompetenzen existiere. So wird die Unterstellung eines eindeutig eingrenzbaren Wissensstands beispielsweise bei *Wiley* (2001) deutlich. Eine solche Unterstellung ist jedoch problematisch, was sich leicht an der Unterschiedlichkeit der Ausbildung im Fach Personalmanagement an Universitäten und Fachhochschulen erkennen lässt (*Berthel* und *Becker* 2003, *Lazear* 1998, *Milgrom* und *Roberts* 1992, *Scholz* 2000). Höchst eindrucksvoll untermauern dies auch empirische Studien zum Erfolgsfaktor →Human Resource Management, die wie *Fleer* (2001) vielfach die Passung unterschiedlicher Maßnahmen zu den situativen Gegebenheiten eines Unternehmens betonen. Weiterhin wird in der Diskussion um zertifizierte Personalmanager oft nicht die Frage nach der Qualifikation der Zertifizierer gestellt. Ohne irgendeiner Institution die erforderlichen Kompetenzen abzusprechen, kann nur jeweils ein Ausschnitt aus dem verfügbaren Wissen gelehrt und überprüft werden. Das theoretische und praktische Wissen über die Wirksamkeit und die vielschichtigen Wechselwirkungen unterschiedlicher und sich teilweise sogar widersprechender Theorien und Konzepte zum Personalmanagement ist so breit gefächert, dass niemand die Deutungshoheit darüber beanspruchen und Teile aus diesem Wissen gerechtfertigter Weise zum Zertifizierungsgegenstand küren kann.

Diese Argumente begründen die Problematik von Zertifizierungen, die jedoch nicht gleichzusetzen ist mit dem Argument gegen eine fortlaufende und intensive Qualifizierung der Personalverantwortlichen. Daneben finden sich einige Argumente, die bislang in der Diskussion nicht auftauchende *nachteilige Konsequenzen* von Zertifizierungen ansprechen. Letztlich läuft die Ausbildung zum zertifizierten Personalmanager darauf hinaus, Unternehmen die Personalauswahlentscheidung in einem als besonders sensibel eingestuften Bereich zu erleichtern. Somit besteht die Gefahr, dass Zertifizierungsbemühungen eine Verantwortungsverschiebung auslösen. Eine solche Verlagerung von →Verantwortung ist jedoch nicht zu rechtfertigen, da auch die systematische und fortlaufende Leistungs- beziehungsweise Erfolgsbeurteilung eines zertifizierten Personalmanagers – und möglicherweise auch dessen →Entlassung – durch die Entscheidungsträger des betreffenden Unternehmens erfolgen muss. Wenn sich die Entscheidungsträger jedoch in der Lage sehen, eine Leistungs- beziehungsweise Erfolgsbeurteilung vorzunehmen und über die Karriereentwicklung eines zertifizierten Personalmanagers ohne Hinzuziehung einer externen (Zertifizierungs-)Institution zu entscheiden, dann gibt es keinen Grund, die Verantwortung für die →Personalauswahl auf eine Zertifizierungsorganisation zu verlagern. Ganz im Gegenteil müsste aufgrund der unweigerlich stattfindenden Verantwortungsübernahme für die fortlaufende Leistungs- beziehungsweise Erfolgsbeurteilung auf jeden Fall auch schon bei der Personalauswahl eine die Zertifizierung überflüssig machende Qualifikation beziehungsweise Kompetenz vorhanden sein.

Literatur: *Berthel, J.*; *Becker, F. G.*: Personal-Management, 7. Aufl., Stuttgart 2003. *Fleer, A.*: Der Leistungsbeitrag der Personalabteilung, Lohmar, Köln 2001, S. 3. *Lazear, E. P.*: Personnel Economics for Managers, New York etc. 1998. *Milgrom, P.*; *Roberts, J.*: Economics, Organization and Management, Englewood Cliffs, etc. 1992. *Scholz, C.*: Personalmanagement, 5. Aufl., München 2000. *Wiley, C.*: Professional Certification in Human Resource Management, in: Personalführung, 34. Jg. (2001), H. 6, S. 32.

Michael J. Fallgatter

Zertifizierung →Zertifikat, →Zertifizierter Personalmanager, →Zertifizierung der Personalarbeit, →Zertifizierungsorganisationen

Zertifizierung der Personalarbeit

umfassende →Evaluation der von einer meist zentralen →Personalabteilung entwickelten und unternehmensweit vorgegebenen Regelungen zur Durchführung verschiedener personalwirtschaftlicher Bereiche.

Auf dem Weg einer Zertifizierung kann analysiert werden, ob die betriebliche Personalarbeit (→Personalmanagement) in ihrer Gesamtheit breit akzeptierten Standards genügt. Bei einer solchen Vorgehensweise bestehen erhebliche Ähnlichkeiten zu den DIN ISO 9000-Normen im Rahmen des →Total Quality Managements. Zertifizierung setzt also auch bei der betrieblichen Personalarbeit →Standardisierung voraus und bezieht daraus eine Qualitätsvermutung. Mit Blick auf den nur unscharf definierbaren und schwer innerbetrieblich zu evaluierenden Bereich der betrieblichen Personalarbeit (→Evaluation) wird somit suggeriert, durch eine Zertifizierung der Personalarbeit könne eine Qualitätsbestätigung, -sicherung oder gar -steigerung erreicht werden.

Eine solche Zertifizierung auf Unternehmensebene und der Versuch, über die →Qualifikation einzelner für die betriebliche Personalarbeit verantwortlicher →Führungskräfte hinaus die betriebliche Personalarbeit einer Einschätzung zu unterziehen, ist derzeit vereinzelt ein Diskussionsgegenstand. Eine Analyse der Voraussetzungen zeigt zudem, dass die bestehenden Schwierigkeiten kaum in der Weise überwindbar sind, als dass mit dem Vorliegen eines Zertifikats auf die Existenz einer betrieblichen Personalarbeit geschlossen werden kann, die dem Stand der aktuellen Personalmanagement-Diskussion entspricht.

Zertifizierung von Personalarbeit würde dann gelingen, wenn ähnlich den DIN ISO 9000-Normen Standards definierbar wären, die eingehalten werden müssen, um eine die Interessen von Mitarbeitern und Unternehmen vereinende Personalarbeit zu erzielen. Zwischen Qualitäts- und Personalmanagement bestehen jedoch erhebliche strukturelle Unterschiede. So machen den Kern einer erfolgreichen Personalarbeit nur zu einem Teil die von einer zentralen Personalabteilung vorgegebenen Richtlinien aus. Vielmehr eröffnen derartige Regelungen – besonders anschaulich ist dies beispielsweise bei Personalentwicklungs- oder -beurteilungsregelungen (→Testverfahren) – einen →Handlungsspielraum, der nur von den verantwortlichen Linienführungskräften zielführend genutzt werden kann. Erst diese Anwendung durch Linienführungskräfte bietet die Voraussetzung dafür, dass die existenten Regelungen und damit die betriebliche Personalarbeit insgesamt vor dem jeweiligen kontextuellen Hintergrund interpretiert, eingesetzt und weiterentwickelt werden können.

In den Mittelpunkt rückt damit die von nahezu allen Personalforschern vertretene Sichtweise, dass besonders den Linienführungskräften eine herausragende Bedeutung für die betriebliche Personalarbeit zukommt. Diese besteht eben nicht nur in der interaktionellen →Mitarbeiterführung, sondern auch in der Handhabung zentraler Regelungen oder Verfahren des Personalmanagements (*Berthel* und *Becker* 2003). Diese von allen Führungskräften durchgeführte, situationsspezifische Anwendung von Regeln und Verfahren machen den Kern betrieblicher Personalarbeit aus. Eine Diskussion hierüber wird unter den Stichworten taktisches und operatives Personalmanagement geführt (*Scholz* 2000). Eine Zertifizierung dieser Systemhandhabung und damit der Vorgehensweise der einzelnen Führungskräfte ist jedoch kaum zu leisten. Somit bliebe jegliche auf verbindliche Regelungen bezogene Zertifizierung unweigerlich auf einer diffusen Ebene, denn ihr Bezug zum Erfolg des Personalmanagements wäre nicht bestimmbar. Entsprechend scheitert eine Zertifizierung betrieblicher Personalarbeit an seinem Gegenstand, der gerade nicht wie beispielsweise beim →Qualitätsmanagement auf verbindlich einführbare und unternehmensweit gültige Regelungen begrenzbar ist.

Literatur: *Berthel, J.; Becker, F.G.*: Personal-Management, 7. Aufl., Stuttgart 2003. *Scholz, C.*: Personalmanagement, 5. Aufl., München 2000.

Michael J. Fallgatter

Zertifizierungsorganisationen

stehen für spezifische Zertifizierungssysteme und führen Zertifizierungen durch.

Zertifizierungsorganisationen existieren seit den 1960er Jahren vor allem im angelsächsischen Raum. Aufgrund der seit langem breit akzeptierten Bedeutung betrieblicher Personalarbeit (→Personalmanagement) für den wirtschaftlichen Erfolg eines Unternehmens kann von einer auch weiterhin anhaltenden Diskussion über die Möglichkeiten und Notwendigkeiten →zertifizierter Personalmanager sowie zertifizierter betrieblicher Personalarbeit (→Zertifizierung der Personalarbeit) ausgegangen werden. Eine Zertifizierung auf Unternehmensebene und damit die →Evaluation der Ausgestaltung struktureller Regelungen der betrieblichen Personalarbeit wird nach *Wiley* (1999) derzeit jedoch von den meisten Zertifizierungsorganisationen nicht angeboten.

Für personalwirtschaftliche Zertifizierungsorganisationen ist es üblich, dass sie nicht auf einer bloßen ergebnisorientierten Prüfung der Einhaltung bestimmter Vorgaben stehen bleiben. Vielmehr umfasst deren Zertifizierung einen teilweise durchaus längeren Prozess, der den Weg zum Erhalt eines Zertifikats ebnet. Analyse-, Schulungs- und Beratungsdienstleistungen sind entsprechend häufig der zentrale Gegenstand einer Zertifizierung und werden von den Zertifizierungsorganisationen entgeltlich übernommen. Entsprechend ruft ein Zertifikat und die damit verbundene Dokumentation der Einhaltung bestimmter Regeln Vertrauen bei den von einer Zertifizierung betroffenen Unternehmen beziehungsweise Personen hervor. Die Aufrechterhaltung dieses Vertrauens erfordert, wie *Wiley* (1999), anmerkt, jedoch unbedingt die zeitliche Begrenzung eines Zertifikats, da sich sowohl das relevante →Wissen in vermutlich allen zertifizierbaren Bereichen als auch die zertifizierbaren Personen sowie die strukturellen Gegebenheiten in Unternehmen entwickeln werden und damit nicht von einer dauerhaften Erfüllung der Zertifizierungsanforderungen ausgegangen werden kann. Entsprechend gelten Zertifikate in den meisten Bereichen für zwei bis fünf Jahre.

Zertifizierungsorganisationen

In einer Reihe von Institutionen, die Zertifikate anbieten, lassen sich einige *Organisationen* identifizieren, die aufgrund ihrer nationalen beziehungsweise internationalen Akzeptanz eine besondere Bedeutung für die Zertifizierung von Personalmanagern besitzen. Im angelsächsischen Bereich sind dies nach *Schwind* (1996) vor allem das Board of Certified Safety Professionals (BCSP), das Human Resource Certification Institute (HRCI), die International Foundation of Employee Benefit Plans (IFEBP), die International Personnel Management Association for Human Resources (IPMA-HR), das Chartered Institute of Personnel and Development (CIPD) sowie das World at Work. In Deutschland initiierte die Deutsche Gesellschaft für Personalführung (DGFP) 2003 ein bundesweites Weiterbildungsprogramm zur Professionalisierung des Personalmanagements. In der Schweiz werden Berufsprüfungen für Personalfachleute von einer privaten Trägerschaft organisiert, die sich, wie *Benz* (2001) beschreibt, aus der Schweizerischen Gesellschaft für Human Resources Management (HR-Swiss), dem Zentralverband Schweizerischer Arbeitgeberorganisationen (ZSAO) und dem Schweizerischen Kaufmännischen Verband (KV Schweiz) zusammensetzt.

Ein *Vergleich der Zertifizierungsorganisationen* zeigt, dass von allen Anbietern in der Regel, je nach Position und Funktion des Teilnehmers, unterschiedliche Zertifizierungsprogramme angeboten werden. Üblich scheint dabei die Differenzierung in ein „Support Level" (Personalsachbearbeiter, Personalreferenten) sowie ein „Professional Level" (Personalgesamtverantwortliche) und damit die Ausrichtung auf operative sowie auf strategische beziehungsweise unternehmerische Aufgabengebiete zu sein. Gemeinsam ist darüber hinaus allen Zertifizierungsorganisationen, dass die Teilnahme an den Zertifizierungsprogrammen bestimmte Voraussetzungen erfordert, zu denen neben der Position des Teilnehmers auch die Berufserfahrung und der Wissensstand zählen. Demgemäß sind insbesondere in den USA auch Eingangstests für Teilnehmer obligatorisch.

Das *Ziel aller Zertifizierungsorganisationen* besteht in der Qualitätssteigerung der betrieblichen Personalarbeit. Entsprechend umfassen die typischen Inhalte der Zertifizierungsprogramme für Personalmanager strategische Aufgaben, die Gestaltung betrieblicher Sozialpartnerschaften sowie externer Beziehungen, Wertschöpfungs-, Kompetenz- und Instrumentenmanagement sowie das Management des Wandels. Hier lässt sich für den deutschsprachigen Raum auch eine grundlegende Übereinstimmung in den Inhalten der Zertifizierungsprogramme feststellen, wobei allerdings unterschiedliche Schwerpunktsetzungen erkennbar werden.

Teilweise bestehen erhebliche Unterschiede hinsichtlich der Art der Wissensvermittlung, der Dauer der Zertifizierungsprogramme sowie den Prüfungsmodalitäten: So sind einige Programme ausschließlich durch die theoretische Wissensvermittlung in Form von Seminaren gekennzeichnet, wogegen andere, insbesondere amerikanische Organisationen, stärker beziehungsweise zusätzlich auf praxisbasierte Arten des Lernens abstellen (z. B. BCSP und IPMA). Die Dauer von Zertifizierungsprogrammen schwankt zwischen dem Minimum von drei Wochen (DGFP) sowie fünf Jahren (IPMA und IFEBP). Allerdings gilt es in diesem Zusammenhang zu berücksichtigen, dass der Ablauf der einzelnen Programme unterschiedlich konzipiert ist. So werden Seminare teilweise an einem Tag in der Woche, teilweise abends und teilweise in Kompaktblöcken über mehrere Tage oder Wochen hinweg angeboten. Der *Zertifizierungsprozess* wird in der Regel mit einer Kombination aus schriftlichen und mündlichen Prüfungen beendet, wobei die Anzahl der zu absolvierenden Prüfungen deutlich schwankt. Zu berücksichtigen ist nach *Wiley* (1999) in diesem Zusammenhang zudem, dass eine Erneuerung beziehungsweise Bestätigung des Zertifikats bei den Organisationen BVSP, IPMA und HRCI verbindlich ist. Während sich die Bedeutung des deutschen und schweizerischen Zertifikats in erster Linie auf den nationalen Bereich beschränkt, bieten einige Organisationen in den USA (z. B. World at Work, BCSP, HRCI) auch explizit international ausgerichtete Programme an.

Die *Kosten* für ein Zertifizierungsprogramm variieren in Deutschland je nach Zielgruppe (Support oder Professional Level) zwischen 3.400 € und 7.400 €. Da das bundesweite Weiterbildungsprogramm der DGFP erst 2003 gestartet wurde, liegen derzeit noch keine Daten über die Anzahl zertifizierter Personalmanager vor. Für die Schweiz zeigt Benz (2001), dass seit Beginn des Programms im Jahre 1996 die Zahl der erfolgreichen Kandidaten von 284 auf 506 im Jahre 1999 angestiegen ist. Im angloamerikanischen Raum weist insbesondere das HRCI starke Zuwächse bei den Abschlüssen auf (von 2.417 im Jahre 1994 auf 7.593 im Jahre 2000 bei den Professionals beziehungsweise von 1.240 auf 3.661 bei den Senior Professionals). Dagegen sank die Zahl der jährlich erfolgreichen Teilnehmer bei IFEBP (im Zeitraum von 1994 bis 2000 von 710 auf 446) und BCSP (im Zeitraum von 1994 bis 2000 von 481 auf 305 beziehungsweise 697 auf 411). Für die letzten Jahre liegen keinerlei empirische Hinweise auf einen gegenteiligen Trend vor, was auch die aktuelle nationale und internationale Diskussion untermauert.

Auch wenn das Thema Zertifizierung sowohl im nationalen als auch im internationalen Bereich nach wie vor auf großes Interesse, vor allem von Praktikern und Unternehmen, stößt, bleibt die Frage nach den *Erfolgswirkungen* einer derartigen Maßnahme nicht nur unbeantwortet, sondern auch zweifelhaft. So ist es bei weitem nicht nur die →Qualifikation der für die betriebliche Personalarbeit verantwortlichen Mitarbeiter, die über das Ausmaß der Entsprechung zu definierbaren Standards des modernen Personalmanagements und damit über den Erfolg betrieblicher Personalarbeit entscheidet. Hinzu kommen eine Vielzahl struktureller Gegebenheiten, die sich unternehmensspezifisch entwickelt haben und möglicherweise erhebliche Implementierungsbarrieren (→Implementierung) darstellen. Zudem ist die Frage nach der Standardisierbarkeit und Existenz eines einheitlichen Kanons von Qualifikationen nur auf den ersten Blick lösbar. Allein die Vielzahl unterschiedlicher universitärer Curricula, die alle für sich eine gute →Ausbildung im Personalmanagement beanspruchen, macht dies deutlich (→Standardisierung; →Zertifizierter Personalmanager; →Zertifizierung der Personalarbeit).

Literatur: *Benz, P.*: Berufsprüfungen für Personalfachleute in der Schweiz, in: Personalführung, 34. Jg. (2001), H. 6, S. 40–48. *Schwind, H. F.*: Zertifikate für Personalmanager in Nordamerika: Für und Wider, in: Personal, 48. Jg. (1996), H. 5, S. 260–263. *Wiley, C.*: A Comparative Analysis of Certification in Human Resource Management, in: The International Journal of Human Resource Management, 10. Jg. (1999), H. 4, S. 737–762.

Michael J. Fallgatter

Zertifizierungssystem

→Zertifizierter Personalmanager, →Zertifizierung der Personalarbeit

Zeugnis

schriftliche Beurteilung des →Arbeitnehmers durch den →Arbeitgeber unter Beachtung rechtlicher Grundsätze.

Vor Beendigung eines Arbeitsverhältnisses (→Beschäftigungsverhältnis) besteht ein Anspruch auf ein *Zwischenzeugnis* nur im Ausnahmefall, es sei denn, ein für Arbeitgeber und Arbeitnehmer bindender →Tarifvertrag besagt etwas anderes. Schul- und Hochschulzeugnisse sowie die laut § 16 des Berufsbildungsgesetzes obligatorischen betrieblichen *Ausbildungszeugnisse* (→Ausbildung) sind bei der →Bewerbung zum Berufseinstieg von Interesse. Mit einiger Berufserfahrung tritt ihre inhaltliche Bedeutung hinter die Dokumentationsfunktion zurück. Sie dienen dann nur noch dem Beleg der Daten aus dem Lebenslauf. Abgangs- oder →*Arbeitszeugnisse* müssen gemäß § 109 der Gewerbeordnung bei Beendigung eines Arbeitsverhältnisses ausgestellt werden. Der Anspruch verjährt in der Regel nach drei Jahren, wenn Tarif- und →Arbeitsverträge keine kürzere Frist vorsehen. Die einfachen Zeugnisse oder →*Arbeitsbescheinigungen* beinhalten nur Angaben über die Person und die Art und Dauer der Beschäftigung, den Ausstellungsort, das Ausstellungsdatum sowie die Unterschrift des Arbeitgebers beziehungsweise der Personalleitung oder einer →Führungskraft.

In der Praxis stellt man regelmäßig ein *qualifiziertes Zeugnis* aus. Es ergänzt die Arbeitsbescheinigung um eine Positions- und Aufgabenbeschreibung verbunden mit der Dauer der Beschäftigung in den jeweiligen Aufgabengebieten sowie eine Beurteilung der Leistung, gegebenenfalls des Erfolges und des Sozial- beziehungsweise Führungsverhaltens. Es endet mit einer Auskunft zum Termin und Grund der Beendigung des Arbeitsverhältnisses und einem Schlusssatz. Beispiele hierfür sind in *Bröckermann* (2007), *Schleßmann* (1994) sowie *Weuster* und *Scheer* (2002) zu finden.

Die Gründe für die ungewohnte Zeugnissprache liegen darin, dass man bei der Formulierung von qualifizierten Arbeitszeugnissen drei Grundsätze beachten muss, die aus der Rechtsprechung resultieren:

1. Der Grundsatz der Zeugniswahrheit, das *Wahrheitsgebot*, muss beachtet werden. Ein Arbeitszeugnis enthält demnach sowohl berechtigte günstige als auch berechtigte ungünstige Aussagen. Außerdem verlangen

arbeitsrechtliche Grundsatzurteile (→Arbeitsrecht), der Wortlaut sollte immer vom verständigen Wohlwollen für den Arbeitnehmer getragen sein und ihm sein weiteres Fortkommen nicht unnötig erschweren (Wohlwollensgebot). Ansonsten können die betroffenen Arbeitnehmer, notfalls auf dem Klagewege, eine Berichtigung verlangen. Eine gewisse Vorsicht bei der Zeugnisformulierung ist folglich unumgänglich.

2. Nach dem Grundsatz der *Wahrung des Interesses Dritter* müssen sich alle künftigen Arbeitgeber darauf verlassen können, dass das Arbeitszeugnis wahrheitsgemäße Auskünfte erteilt. Andernfalls kann man vom Aussteller Schadensersatz verlangen, wenn dieser vorsätzlich in einer gegen die guten Sitten verstoßenden Weise gehandelt hat. Wahre Tatsachen und Beurteilungen sind freilich nur insoweit in das Arbeitszeugnis aufzunehmen, als ein künftiger Arbeitgeber hieran ein berechtigtes Interesse hat.

3. Außerdem gilt der Grundsatz der *Zeugniseinheit*, wonach ein qualifiziertes Zeugnis sich stets auf das Sozialverhalten und die Leistung zu erstrecken hat. Mit anderen Worten muss also auch dann etwas zur Leistung beziehungsweise zum Sozialverhalten gesagt werden, wenn hier eigentlich nur Negatives zu vermerken ist.

Um diese arbeitsrechtlichen Auflagen einhalten zu können, bedient man sich indirekter Zeugnisaussagen, die ungünstige Vorkommnisse verschlüsselt ausweisen. In der betrieblichen Praxis sind vor allem die *Formulierungsskala der Arbeitsgemeinschaft selbstständiger →Unternehmer* und bestimmte *Spezialformulierungen* üblich (Übersicht 1).

Das Bundesarbeitsgericht erachtet die Verwendung derartiger verschlüsselter Formulierungen, die wohlwollender klingen, als sie gemeint sind, bislang als zulässig.

Außerdem setzt man durch das *Verschweigen* wichtiger und *Hervorheben* unwichtiger Aspekte Akzente. Wird etwa das Verhalten gelobt, während die Leistung nur am Rande erwähnt wird, deutet das auf unzureichende Leistungen hin. Und das besondere Hervorheben der Pünktlichkeit, Ordentlichkeit und Genauigkeit bei einer Werbetexterin wäre dann eine bewusste Abwertung, wenn Aussagen über die für ihre Funktion unerlässliche →Kreativität fehlen.

Übersicht 1: Zeugnistexte und ihre Bedeutung (*Bröckermann* 2007, S. 107–108)

Zeugnistext	Bedeutung
hatte Gelegenheit, sich Wissen anzueignen	hat die Gelegenheit nicht genutzt
war ein kritischer Mitarbeiter	ein Nörgler
hatte für die Belegschaft großes Einfühlungsvermögen	Liebschaften
hatte eine gesellige Art zur Verbesserung des Betriebsklimas	übermäßiger Alkoholgenuss
hat Aufgaben mit vollem Erfolg delegiert	war faul und ließ andere darunter leiden
Arbeitsverhältnis endet umgehend mit dem heutigen Tage	außerordentliche, fristlose Kündigung
wir wünschen für die Zukunft viel Glück	es gab Probleme in der Zusammenarbeit

Trotz der Fülle von Interpretationsregeln lässt die Analyse von Zeugnissen keine eindeutigen Urteile zu. Zwar kann man regelmäßig davon ausgehen, dass man die indirekten Zeugnisaussagen in vielen Unternehmen kennt und beherrscht. Gleichwohl werden die Formulierungen uneinheitlich verwendet. In einigen Unternehmen ist ihre Bedeutung überhaupt nicht bekannt. Zudem sind Fehldeutungen nicht auszuschließen. Auch die Kritik, Arbeitszeugnisse spiegelten wegen der subjektiven Einflüsse weniger die Leistung als vielmehr das Wohlverhalten im Betrieb wider, ist nicht ganz unberechtigt.

Literatur: Bröckermann, R.: Personalwirtschaft, 4. Aufl., Stuttgart 2007, S. 102–109. *Schleßmann, H.*: Das Arbeitszeugnis, 14. Aufl., Heidelberg 1994. *Weuster, A.; Scheer, B.*: Arbeitszeugnisse in Textbausteinen, 9. Aufl., Stuttgart etc. 2002

Reiner Bröckermann

Ziehschein →Heuer

Ziele der Personalplanung

Die bei der (kollektiven) →Personalplanung verfolgten Ziele lassen sich hinsichtlich ihres *Inhalts*, des angestrebten *Zielausmaßes* und des verwendeten *Messniveaus* differenzieren.

In Anlehnung an *Kosiol* (1966) und *Kossbiel* (2002) lassen sich Ziele, je nachdem ob sie den Inhaltsaspekt eines Sachproblems betreffen oder ob sie (bei funktionaler Äquivalenz mehrerer Instrumente) ein Auswahlkriterium (→Eignungsdiagnostische Instrumente) darstellen, das über einen substanziellen Tauglichkeitsaspekt hinausgeht, in Substanz- und Formalziele differenzieren. Das oberste *Substanzziel* der Personalplanung liegt in der Herstellung und Sicherung der Verfügbarkeit über Personal (Stichwort: Disponibilitätsproblematik): Zu dessen Erreichung werden Personalbereitstellungs- oder -verwendungsmaßnahmen ergriffen, die (letztendlich) der Deckung betrieblicher Personalbedarfe dienen sollen. Stehen mehrere Personalpläne zur Verfügung, auf deren Basis dieses Substanzziel erreicht werden kann, so benötigt man zudem *Formalziele*. Diese liegen aus der Sicht des Betriebes darin, ökonomischen Erfolg zu erzielen und werden dann häufig in Form von Erlös-, Deckungsbeitrags-, Rentabilitäts-, Produktivitäts- oder Kostengrößen operationalisiert. Aus Sicht des Personals hingegen soll die Zufriedenheit der Arbeitskräfte erreicht werden. In solchen Fällen lassen sich dann zum Beispiel die korrespondierenden Neigungsgrade der Mitarbeiter in Ansatz bringen.

Im Rahmen der Personalplanung können mit Extremierungs-, Satisfizierungs-, Fixierungs- und Approximierungszielen grundsätzlich vier Zielarten verfolgt werden. Während *Extremierungsziele* grundsätzlich auf die Optimierung der jeweiligen Zielkriterien abstellen (es wird also die beste Lösung und damit die kleinste oder größte Ausprägung der Zielkriterien gesucht), möchte man bei der Verfolgung von *Satisfizierungszielen* zufrieden stellende Lösungen erreichen. Über *Fixierungs-* beziehungsweise *Approximierungsziele* strebt man eine exakte beziehungsweise näherungsweise Erreichung der Zielkriterien an. Die Maximierung von Umsätzen oder Deckungsbeiträgen, die Minimierung der →Personalkosten, die exakte Einhaltung oder Unterschreitung vorgegebener Personalkostenbudgets und die ungefähre Deckung des Personalbedarfs in Toleranzbereichen stellen typische praxisrelevante Beispiele für diese Zielarten dar. In der Systematik formaler Modelle der Personalplanung sind die genannten Zielarten teils in Zielfunktionen, teils im Raum der Restriktionen verortet.

Die Möglichkeiten einer rationalen Gestaltung von Personalplänen hängen maßgeblich davon ab, inwieweit die erforderliche Datenbasis bezüglich Zielfunktionen und Restriktionen erfasst, präzisiert beziehungsweise konkretisiert werden kann. Es geht also darum, auf welchem Niveau die jeweiligen →Daten und Datenrelationen gemessen werden. Beispielsweise ist im Kontext von Personaleinsatzplanungen darauf zu achten, dass alternative Personalzuordnungen hinsichtlich ihrer Zielbeiträge in eine Rangfolge zu bringen sind, so dass nominalskalierte – und damit die Rangfolge vernachlässigende – Daten nicht in Betracht kommen, sondern lediglich Daten höherer →Skalenniveaus in Ansatz zu bringen sind. Bei Vorlage ordinalskalierter Merkmale (→Ordinalskala) sind arithmetische Operationen bekanntermaßen unzulässig, so dass in solchen Fällen lediglich (mehr oder minder schlichte) Rangordnungsverfahren verwendet werden können. Ist man jedoch an einer höheren Präzision des Planungsergebnisses (bzw. dessen Legitimation) interessiert, so sollten die Zielkriterien folglich auf Kardinalskalenniveau angesiedelt sein. Sofern eine direkte Messung der Effizienz des Personalplans durch verhältnisskalierte Kriterien (wie z. B. Deckungsbeiträge oder Kosten) unmöglich erscheint, ist es ratsam, auf intervallskalierte (Ersatz-)Kriterien zurückzugreifen (z. B. auf Eignungsgrade bei Personalzuordnungsproblemen).

Literatur: *Kosiol, E.*: Die Unternehmung als wirtschaftliches Aktionszentrum, Hamburg 1966. *Kossbiel, H.*: Personalwirtschaft, in: *Bea, F. X.; Dichtl, E.; Schweitzer, M.* (Hrsg.): Allgemeine Betriebswirtschaftslehre, Bd. 3, 8. Aufl., Stuttgart 2002, S. 467–553.

Thomas Spengler

Zielformulierungen

Festlegung bestimmter Ziele, die erreicht werden sollen.

In empirischen Untersuchungen (*Mento, Steel* und *Karren* 1987, *Tubbs* 1986) ließ sich zeigen, dass es für die Leistungswirkung auf die *Präzision der Zielformulierung* ankommt. Demnach lässt sich durch eine konkrete, ambitionierte Zielvorgabe eine höhere Leistung erreichen als durch die Aufforderung, die höchstmögliche Leistung zu erbringen.

→Motivationstheorien legen zur Optimierung der Leistung von Mitarbeitern eine Bemessung der Zielhöhe im mittleren Bereich nahe, das heißt die Ziele sollen anspruchsvoll aber erreichbar sein. Dem Mitarbeiter die Aufgabe der Zielformulierung allein zu überlassen, sollte folglich ebenso vermieden werden wie sie ihm (auf Kosten der Akzeptanz) vorzuenthalten. Vielmehr ist eine gemeinsame Zielformulierung zu bevorzugen.

Literatur: *Mento, A. J.; Steel, R. P.; Karren, R. J.*: A Meta-Analytic Study of the Effects of Goal Setting on Task Performance: 1966–1984, in: Organizational Behaviour and Human Decision Processes, 39. Jg. (1987), S. 52–83. *Tubbs, M. E.*: Goal Setting: A Meta-Analytic Examination of the Empirical Evidence, in: Journal of Applied Psychology, 71. Jg. (1986), S. 474–483.

Jan Hendrik Fisch

Zielorientierte Führung

am Erreichen einer spezifischen Zielsetzung orientiertes →Führungsverhalten.

Der Ansatz der zielorientierten Führung (*Gebert* und *Ulrich* 1990) versteht sich nicht explizit als situatives Führungsmodell, setzt aber, unter Berücksichtigung der situativen Perspektive, an zwei Problembereichen der bisherigen, vorwiegend situativ orientierten Forschungstradition an: Ein Vorverständnis von Führung im Sinne des Führungsstilansatzes riskiert nicht nur eine einseitige Selektion von Führungseigenschaften, sondern setzt auch das Vorhandensein einheitlicher Führungsdimensionen voraus. Genauso ist ein einseitiges Vorverständnis der Kategorie →Führungserfolg unzweckmäßig, weil unterschiedliche Erfolgskriterien niedrig korreliert und daher offensichtlich unterschiedlich bedingt sind, so dass von differenziellen Effekten desselben Führungsverhaltens auf unterschiedliche Erfolgskriterien auszugehen ist.

Aus diesem Grund ist das jeweils erfolgsrelevante Führungsverhalten nicht ex ante definiert, sondern wird durch die systematische Beantwortung einer Kette von Fragen generiert (Abbildung 1):

- Welches ist das jeweilige *Ziel* (z. B. Umsatzsteigerung), zu dem der Mitarbeiter einen Beitrag leisten soll?
- Angesichts welcher Erfahrungen beziehungsweise welcher theoretischen Vorstellungen ist welches *Geführtenverhalten* unter Berücksichtigung welcher situativer Randbedingungen wichtig, um dem jeweiligen Ziel näherzukommen?
- Die Art des vermutlich wichtigen Geführtenverhaltens erfordert aufgrund welcher Erfahrungen beziehungsweise welcher theoretischer Vorstellungen angesichts welcher situativer Randbedingungen (z. B. Reifegrad der Mitarbeiter) welches *Führungsverhalten*?

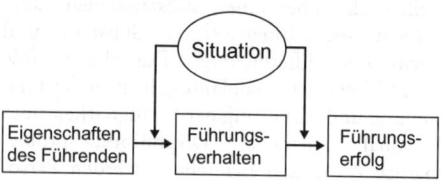

Abbildung 1: Reihenfolge der Fragen bei der zielorientierten Führung (*Gebert* 2002, S. 81)

Durch die Umkehrung der üblichen Fragereihenfolge wird es möglich, das Führungsverhalten – unter Berücksichtigung der relevanten situativen Randbedingungen – exakt auf den jeweils angestrebten Führungserfolg abzustimmen.

Die skizzierte Vorgehensweise versteht sich nicht nur als Alternative für die Theorie der Führungsforschung, sondern erweist sich auch pragmatisch als bedeutsam. In einer empirischen Studie im Bankenbereich bestätigte sich die differentielle Gültigkeit desselben Führungsverhaltens (*Gebert* und *Ulrich* 1991). Das Modell enthält keine inhaltlichen Vorgaben, sondern liefert im Sinne einer formalen Heuristik diejenigen Fragen, die in einer beliebigen Führungssituation (→Situationsansatz der Führung) zu stellen sind.

Hierin liegen die Stärke und die Schwäche des Ansatzes: Das Modell befreit aus den Sackgassen der theoretisch nur unzureichend begründbaren ex ante-Formulierung von Führungsverhalten, Führungserfolg und situativen Randbedingungen und eröffnet damit die Chance, festgefahrene Pfade zu verlassen. Zugleich dürfte die Einlösung dieses Modells nicht nur für den Praktiker, der bei der Beantwortung der Fragenkette vor allem auf seine Erfahrungen angewiesen ist, sondern auch in der Führungstheorie alles andere als einfach sein.

Literatur: *Gebert, D.*: Führung und Innovation, Stuttgart 2002. *Gebert, D.; Ulrich, J. G.*: Erfolgreiches Führen im Kreditgeschäft, Wiesbaden 1990. *Gebert, D.; Ulrich, J. G.*: Benötigen Theorie und Praxis ein verändertes Verständnis von Führung?, in: Die Betriebswirtschaft, 51. Jg. (1991), S. 749–761.

Sabine Boerner

Zielraum der Personalplanungsmodelle

dienen zur Optimierung der →Personalplanung.

Mit den Ein- und Mehrzielmodellen können ein oder mehrere Ziele verfolgt werden. Als

Ziele kommen beispielsweise die Minimierung der →Personalkosten (z. B. Einstellungs-, Entlassungs-, Gehalts-, Beförderungs-, Versetzungs- oder Schulungskosten), die Maximierung der Personalerträge (z. B. von Vertretern erwirtschaftete Umsätze oder Deckungsbeiträge), die Maximierung der Eignungsgradsumme von Mitarbeitern (z. B. →Euklidische Distanz oder gewichtete Abweichungssumme) aber auch die Zufriedenheit der Arbeitskräfte (z. B. Zufriedenheits- oder Neigungsgrade) in Betracht.

Sofern lediglich ein Ziel verfolgt wird oder wenn zwar mehrere Ziele verfolgt werden, diese jedoch additiv in einer Zielfunktion zusammengefasst werden können (wie z. B. bei der Minimierung der Personalgesamtkosten), spricht man von *Einzielmodellen*. In den Fällen, in denen hingegen mehrere, nicht additiv zu integrierende Teilzielfunktionen zu verwenden sind (z. B. wenn gleichzeitig die Zufriedenheit der Mitarbeiter maximiert und die Personalkosten minimiert werden sollen), geht es um *Mehrzielmodelle*. Letztere werden auch als Vektoroptimierungsprobleme bezeichnet, da man letztlich einen Vektor simultan zu optimierender Zielfunktionen erhält. Bei nicht-trivialen Vektoroptimierungsproblemen sind die einzelnen Ziele (zumindest partiell) konfliktär, so dass der optimale Kompromiss zu suchen ist.

Zur Optimierung von Multi Criteria-Problemen bietet das Operations Research vor allem vier (zum Teil nicht überschneidungsfreie) Lösungswege an (*Isermann* 1979, *Zimmermann* 1976):

1. Einer liegt in der Verwendung von *Goalprogramming-Ansätzen*, die mit Abstandsfunktionen arbeiten.
2. In den *klassischen Nutzenmodellen* werden die Teilzielfunktionen über Gewichtungsfaktoren und Aggregationsoperatoren zu einer übergeordneten Nutzenfunktion zusammengefasst.
3. Im Rahmen *interaktiver Verfahren* wird die übergeordnete Nutzenfunktion des Entscheidungsträgers im Laufe des Lösungsprozesses algorithmisch bestimmt, so dass er nicht gezwungen ist, sich ex ante auf eine bestimmte Präferenzfunktion festzulegen.
4. Bei der Formulierung *unscharfer interaktiver Nutzenmodelle* wird die Zufriedenheit des Entscheiders mit alternativen Ausprägungen der Teilzielfunktionen in Form unscharfer Mengen zum Ausdruck gebracht (*Spengler* 1993).

Aufgrund ihrer relativen prozeduralen Implizität sind die unter 4. aufgeführten Verfahren tendenziell zu empfehlen.

Literatur: *Isermann, H.*: Strukturierung von Entscheidungsprozessen bei mehrfacher Zielsetzung, in: OR Spektrum, 1. Jg. (1979), S. 3–26. *Spengler, T.*: Lineare Entscheidungsmodelle zur Organisations- und Personalplanung, Heidelberg etc. 1993. *Zimmermann, H.-J.*: Optimale Entscheidungen bei mehreren Zielkriterien, in: Zeitschrift für Organisation, 8. Jg. (1976), S. 455–460.

Thomas Spengler

Zieltheorie

gehört zu den Prozesstheorien der →Motivation und geht davon aus, dass Ziele für den Bearbeiter zu inneren Spannungen führen, die er durch Schritte zur Zielerreichung abbauen kann.

Die durch Zielsetzung hervorgerufene Motivation steigt mit der *Zielhöhe*, hängt dabei aber von der *Zielakzeptanz* (z. B. durch →Partizipation) und der *Zielidentifikation* (z. B. durch Belohnung) ab. Die Aussage, dass höchstmögliche Ziele die größtmögliche Motivation erzeugen, wird durch deren Rückwirkung auf die Akzeptanz relativiert. Im Übrigen aber sollen sich Richtung, Intensität, Ausdauer und angewandte Strategien des Bearbeiters durch die Zielsetzung steuern lassen.

Literatur: *Locke, E. A.*: Toward a Theory of Task Motivation and Incentives, in: Organizational Behaviour and Human Performance, 3. Jg. (1968), S. 157–189.

Jan Hendrik Fisch

Zielvereinbarung →Management by Objectives (MbO)

Zielvereinbarungssysteme

Personalführungsinstrument, in dessen Rahmen durch Führungsperson (→Führungskraft) und Mitarbeiter Leistungsziele festgelegt werden, die innerhalb eines vereinbarten Zeitraums durch den Mitarbeiter erreicht werden sollen.

Zielvereinbarungssysteme dienen der Umsetzung des Konzepts des Führens durch Ziele (syn.: →Management-by-Objectives). Ziel dieses Konzepts ist die Realisierung der Unternehmensziele durch eine adäquate Ausrichtung des Mitarbeiterverhaltens. Im Rahmen von Zielvereinbarungsgesprächen werden die Unternehmensziele über die unterschiedlichen Hierarchieebenen (→Hierarchie) und Organisationseinheiten hinweg auf den einzelnen Mitarbeiter heruntergebrochen. Ein Zielvereinbarungssystem gibt damit den Beschäftigten Orientierung und Handlungsmotivation. Ein in der Praxis bedeutendes Instrument zur Implementierung und Durchführung von Zielvereinbarungen ist die →Balanced Scorecard.

Literatur: *Stock-Homburg, R.*: Personalmanagement, Wiesbaden 2008.

Ruth Stock-Homburg

Zugehörigkeitsbedürfnis

repräsentiert die wesentlichen sozialen Bedürfnisse eines Individuums.

Das Zugehörigkeitsbedürfnis umfasst das Streben nach Zuneigung, Verständnis und Respektierung durch andere Personen und nach der Gewissheit, einer →Gruppe anzugehören. Nach der →Bedürfnishierarchie von *Maslow* (1977) zählt das Zugehörigkeitsbedürfnis zu den Defizit-Bedürfnissen, das heißt seine Befriedigung ist eine Voraussetzung dafür, dass eine Person langfristig leistungs- und selbstverwirklichungsfähig ist (→Motivation). Wird dieses Bedürfnis langfristig frustriert, kann es zur Ursache von →Leistungsstörungen, Widerstand oder Isolierung werden.

Literatur: *Maslow, A.*: Motivation und Persönlichkeit, Olten 1977.

Markus Gmür

Zukunftskommission

Kurzbezeichnung der 1995 von den Freistaaten Bayern und Sachsen berufenen und unter den Vorsitz von *Miegel* gestellten Kommission für Zukunftsfragen, der neben einigen Wissenschaftlern, unter anderem auch die Unternehmensberater *Roland Berger* und *Herbert Henzler*, angehörten.

Aufgabe der Kommission war es, den →Arbeitsmarkt in seinen Strukturen und Entwicklungen seit Beginn der 1970er Jahre zu analysieren, die Ursachen der ermittelten Befunde aufzuhellen und Maßnahmen zur Reform des Arbeitsmarkts zu unterbreiten, von denen eine Verbesserung der Beschäftigungslage, aber auch eine Steigerung des materiellen Wohlstands breiter Bevölkerungsschichten erwartet werden kann. In ihren 1996 bis 1998 erschienenen Abschlussberichten der *Kommission für Zukunftsfragen der Freistaaten Bayern und Sachsen* (1998) wurden Tendenzen zur Entwicklung einer →Wissensgesellschaft (→Wissensarbeiter, →Postindustrielle Arbeitswelt) und Wirkungen der →Globalisierung auf die Arbeitskräftenachfrage aufgezeigt sowie das durch das Kommissionsmitglied *Beck* (1999) in die Diskussion eingebrachte und vieldiskutierte Konzept der →Bürgerarbeit vorgeschlagen.

Literatur: *Beck, U.*: Schöne neue Arbeitswelt. Vision: Weltbürgergesellschaft, Frankfurt a. M. 1999. *Kommission für Zukunftsfragen der Freistaaten Bayern und Sachsen* (Hrsg.): Erwerbstätigkeit und Arbeitslosigkeit in Deutschland, München 1998.

Axel Haunschild

Zurückbehaltungsrecht

Möglichkeit für jemanden aus einem gegenseitigen Vertrag die ihm obliegende Leistung bis zur Bewirkung der Gegenleistung zu verweigern, es sei denn, dass er verpflichtet ist, vorzuleisten (§ 320 Abs. 1 BGB).

Zahlt etwa der →Arbeitgeber die Vergütung nicht aus, steht dem →Arbeitnehmer ein solches Zurückbehaltungsrecht an seiner →Arbeitsleistung zu (LAG Thüringen, Urteil vom 28. 1. 1999 – Az.: 5 Sa 895/97). Auch für den Zeitraum, in dem er das Zurückbehaltungsrecht ausübt, behält er den Vergütungsanspruch (§§ 615, 298 BGB). Der Arbeitnehmer kann ein Zurückbehaltungsrecht auch aus § 273 BGB stützen, wenn im Zeitpunkt der Beendigung des Arbeitsverhältnisses (→Beschäftigungsverhältnis) noch Vergütungsansprüche offen stehen und er insoweit etwa ihm zur →Arbeitsleistung überlassene Gegenstände des Arbeitgebers zunächst nicht herausgibt. Ein solches Zurückbehaltungsrecht ist in →Arbeitsverträgen in der Vergangenheit vielfach vertraglich ausgeschlossen worden. Soweit es sich um formularmäßig verwendete Arbeitsverträge handelt, ist ein solcher Ausschluss seit dem 01. 01. 2002 gemäß § 309 Nr. 2 b BGB unwirksam.

Friedrich Meyer

Zusammenhangsmaße

statistische Kennzahlen, die Stärke und Art des Zusammenhangs zweier Größen ausdrücken.

Als Maß für den Zusammenhang zweier Merkmale *X* und *Y* wird der *Korrelationskoeffizient* herangezogen. Bei ordinal- oder kardinalskalierten Merkmalen kann sowohl die Stärke als auch die Richtung des Zusammenhangs gemessen werden. Im Fall von zwei kardinalskalierten Merkmalen mit den Beobachtungswerten $x_1, ..., x_n$ und $y_1, ..., y_n$ sowie den entsprechenden arithmetischen Mitteln $\bar{x}$ und $\bar{y}$ ergibt sich der entsprechende *Bravais-Pearson-Korrelationskoeffizient r* gemäß

$$r = \frac{\sum_{i=1}^{n}(x_i - \bar{x})(y_i - \bar{y})}{\sqrt{\sum_{i=1}^{n}(x_i - \bar{x})^2 \sum_{i=1}^{n}(y_i - \bar{y})^2}} \in [-1;1]$$

Für r = 0 heißen die Merkmale unkorreliert und für r > 0 beziehungsweise r < 0 positiv beziehungsweise negativ korreliert. Im Fall ordinal- beziehungsweise nominalskalierter Merkmale können analog der Rangkorrelationskoeffizient von *Spearman* beziehungsweise der Kontingenzkoeffizient berechnet werden. Der Kontingenzkoeffizient ist allerdings nur in der Lage, die Stärke des Zusammenhangs zu messen.

Udo Bankhofer

Zusatznutzen →Wertschöpfung

Zutrittskontrollsysteme

Kategorie →personalwirtschaftlicher Anwendungssoftware, die Zutritt zum Unternehmen beziehungsweise Räumen, Raumzonen, Werksteilen, Aufzügen oder Parkplätzen regelt.

Entsprechend werden nicht nur Türen, sondern auch Tore, Drehkreuze, Aufzüge oder Parkplatzschranken durch diese Systeme gesteuert. Zur Erfüllung dieser Funktionen sind neben der reinen Anwendungssoftware und der korrespondierenden →Hardware weitere Hardwarekomponenten, insbesondere Erfassungsgeräte und Schließanlagen für Türen oder Tore, notwendig. Die Erfassungsgeräte dienen der →Identifikation entsprechender Mitarbeiter und der Weitergabe gewonnener Daten.

Einfache Öffnungssysteme öffnen bei positiver Identifikation von Mitarbeitern Türen. Zutrittsrechte können auch differenziert nach Tag(eszeit) oder Einsatzplan zugesprochen werden. Einige Systeme regeln auch den Austritt. Alarmsysteme lösen beim Versuch eines unberechtigten Zutritts Alarm aus. Zutrittsspeichernde Systeme können feststellen, wer wann welchen Raum betreten hat beziehungsweise einen Zutrittsversuch unternommen hat. Bei aufenthaltsspeichernden Systemen kann man eine minimale und maximale Aufenthaltsdauer vorsehen und, etwa im Brandfall, feststellen, wie viele Personen sich in welchen Räumen oder Zonen aufhalten. Bei einigen Systemen können Videokontrollen der entsprechenden Türen und Tore integriert werden.

Stefan Strohmeier

Zuwachsthese →Augmentationsthese

Zweckbezug der Personalplanungsmodelle

kommen zum Einsatz, wenn die →Personalplanung dem Zwecke der Erklärung, der Prognose, der Gestaltung und der Kritik bereits getroffener oder noch zu treffender Personalbedarfs-, -ausstattungs- oder -einsatzentscheidungen dient.

Diagnosemodelle dienen der Feststellung personalwirtschaftlicher →Daten wie beispielsweise der rechnerischen Ermittlung des Personalbedarfs (z. B. →Rosenkranz-Formel), von Fluktuationsraten (→Fluktuation) oder von →Personalausstattungen (z. B. Personalbewegungstableau).

Prognosemodelle werden eingesetzt, wenn zukünftige – und zumindest teilweise – zufallsabhängige Ausprägungen personalplanungsrelevanter Daten vorausgesagt werden sollen. Zu denken ist hier zum Beispiel an die Formel zur Prognose des langfristigen Personalbedarfs von *Doeringer, Piore* und *Scoville* (1972) oder an Markov-Ketten-Modelle zur Prognose der →Personalausstattung bei relativ konstanter →Personalpolitik wie bei *Kossbiel* (1988).

Dezisionsmodelle werden verwendet, wenn Entscheidungen über den Personalbedarf, die Personalausstattung oder den Personaleinsatz zu treffen sind. Der Kranz dieser Modelle umfasst alle isolierten, integrierten, sukzessiven und simultanen Personalplanungsansätze.

Simulationsmodelle hingegen dienen der simulativen Entwicklung personalplanerisch einschlägiger (Konstellationen von) Daten und/oder Entscheidungsvariablen, zum Beispiel zur Ermittlung von Worst- und Best-Case-Szenarien (→ Best Practices) im Rahmen der strategischen Personalplanung.

Seit Ende der 1960er Jahre gilt in der Betriebswirtschaftslehre die Verwendung des dispositiven Planungsbegriffes als Konvention. Planungen durchzuführen bedeutet mithin immer auch Entscheidungen vorzubereiten und zu treffen. Bei strenger Auslegung dürften somit lediglich die Dezisionsmodelle zu den Personalplanungsmodellen zählen. Da jedoch Diagnosen, Prognosen und Simulationen für Personalplanungen unerlässlich sind (denn man findet keinen zulässigen Personalplan ohne geeignete Datengrundlage) zählen wir, aufgrund ihrer unterstützenden Funktion, auch die anderen genannten Modelltypen zu den Personalplanungsmodellen.

Literatur: *Doeringer, P.B.*; *Piore, M.J.*; *Scoville, J.G.*: Corporate Manpower Forecasting, in: *Burack, E.H.*; *Walker, J.W.* (Hrsg.): Manpower Planning and Programming, Boston 1972, S. 111–120. *Kossbiel, H.*: Personalbereitstellung und Personalführung, in: *Jacob, H.* (Hrsg.): Allgemeine Betriebswirtschaftslehre, Wiesbaden 1988, S. 1045–1253. *Rosenkranz, R.*: Personalbedarfsrechnung in Bürobetrieben, in: Das rationelle Büro, 12. Jg. (1968), H. 12, S. 16–22. *Spengler, T.*: Grundlagen und Ansätze der strategischen Personalplanung, München, Mering 1999.

Thomas Spengler

Zweifaktorentheorie

Unterscheidung von Motivations- und Hygienefaktoren nach *Herzberg* (1968).

Die Zweifaktorentheorie ist das Ergebnis einer empirischen Untersuchung, die Mitte der 1960er Jahre zu den Ursachen von →Arbeitszufriedenheit durchgeführt wurde. Als Motivationsfaktoren werden Merkmale der Arbeitstätigkeit oder ihrer Rahmenbedingungen bezeichnet, welche von den Befragten häufig als Ursachen von Zufriedenheit genannt wurden, während sie kaum als Verursacher von Unzufriedenheit angeführt wurden. Dazu gehören in erster Linie die eigenen Leistungen und die Anerkennung dafür, eine interessante Tätigkeit, Aufstiegsmöglichkeiten und die Übernahme von →Verantwortung. Als Ursachen für Unzufriedenheit wurden vor allem Mängel in der Unternehmenspolitik und -organisation, Schwächen in der Führungstechnik sowie schlechte Beziehungen zu Kollegen genannt. Diese Verursacher von Unzufriedenheit bezeichnet *Herzberg* als Hygienefaktoren. Die häufigsten Ursachen für Zufriedenheit sind eigene Leistungen, Anerkennung, eine interessante Tätigkeit, Aufstiegsmöglichkeiten und hohe Verantwortung. *Herzberg* bezeichnet diese Faktoren als *Motivationsfaktoren*, weil sie vor allem positiv wirken. Deutlich wird, dass die Befragten die Ursachen für Zufriedenheit vor allem bei sich und die Ursachen für Unzufriedenheit überwiegend bei anderen Personen suchen. Aus dieser Theorie lässt sich die Schlussfolgerung ziehen, dass →Motivation auf Freiräumen zur Gestaltung der eigenen Tätigkeit beruht, während →Demotivation eng mit dem Erleben von Fremdkontrolle verknüpft ist.

Diese empirischen Ergebnisse konnten in Folgestudien nur beschränkt bestätigt werden und sind deshalb bis heute umstritten. Dennoch ist die Zweifaktorentheorie neben der →Bedürfnishierarchie nach *Maslow* die einflussreichste →Motivationstheorie in der Managementlehre; und obwohl einzelne Faktoren der Herzberg-Untersuchung aufgrund der Veränderungen in der Arbeitswelt heute eine andere Bedeutung für Motivation und Zufriedenheit haben werden, ist der grundlegende Zusammenhang zwischen Motivation und Zufriedenheit auf der einen Seite sowie Selbstkontroll- und Kompetenzerleben auf der anderen Seite immer noch gültig, wie *Deci* und *Ryan* (2000) feststellen: Arbeitszufriedenheit und Leistungsmotivation (→Motivation) sind umso höher, je stärker die Person sich als selbstbestimmt und kompetent wahrnimmt; dementsprechend sind sie gefährdet, wenn die Person durch die Arbeitsbedingungen in ihren Entscheidungen eingeschränkt ist und keine Bestätigung über ihre →Kompetenz bekommt.

Literatur: *Deci, E.L.*; *Ryan, R.M.*: The 'What' and 'Why' of Goal Pursuits: Human Needs and the Self-Determination of Behavior, in: Psychological Inquiry, 11. Jg. (2000), S. 227–268. *Herzberg, F.*: Work and the Nature of Man, London 1968.

Markus Gmür

Zweite Moderne →Postmoderne